william

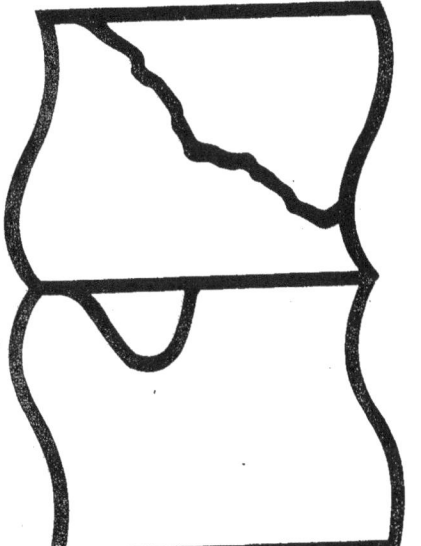

Texte détérioré — reliure défectueuse

NF Z 43-120-11

LES
MYSTÈRES DU PEUPLE

PAR

EUGÈNE SÜE

TOME SECOND

LIBRAIRIE DU PROGRÈS
DIRECTEUR : MAURICE LACHATRE
PARIS — 11, rue Bertin-Poirée, 11 — PARIS

102e livraison

LES MYSTÈRES DU PEUPLE

Le cabaret d'Alison la Vengroigneuse (page 7)

LE TRÉPIED DE FER ET LA DAGUE, OU MAHIET L'AVOCAT D'ARMES
(1300-1428)

CHAPITRE PREMIER

Le cabaret d'Alison la Vengroigneuse. — Guillaume Caillet. — Mahiet l'Avocat d'armes. — Le roi des Français faux-monnayeur. — *Mazurec l'Agnelet* et *Aveline qui jamais n'a menti.* — Le droit de prémices. — Le sire de Nointel. — Amende honorable du serf envers son maître. — *Adam le Diable.* — Arrêt de la sénéchaussée du Beauvoisis sur le droit du déflorement des vassales par leur seigneur. — Le tournoi. — La belle Gloriande, fiancée du sire de Nointel. — Le duel judiciaire. — Combat de Jacques Bonhomme, désarmé, contre un chevalier armé de toutes pièces. — Le messager du roi Jean. — Lâcheté de la noblesse. — Les cinq pendus. — Le revenant. — Mahiet l'Avocat d'armes retourne à Paris.

Moi, *Mahiet l'Avocat d'armes*, fils de Mazurec le Brenn, *le libraire*, qui eut pour père *Julyan*, pour grand-père *Karvelaïk*, et pour bisaïeul *Mylio le Trouvère*; j'ai aujourd'hui, cent ans passés ; je suis centenaire comme l'a été notre ancêtre *Amaël*, qui vit s'éteindre le dernier rejeton de Clovis et fut témoin de la splendeur éphémère du règne de Charlemagne ; les récits suivants, qui embrassent presque un siècle (de 1356 à 1432), ont été, à longues années d'intervalle, écrits par moi. Je les fais précéder de ces lignes que j'ajoute aujourd'hui à cette légende, parce que les évènements dont je viens d'être spectateur à la fin de ma vie centenaire (en cette année 1432), forment pour ainsi dire le complément des faits qui vont se dérouler devant vous, fils de Joël, à dater de 1356.

En 1356, la criminelle impéritie d'un roi cupide et prodigue, cruel et débauché, la lâcheté de la noblesse française, ont livré presque entièrement la Gaule aux Anglais, et après soixante et quinze années de ravages, de désastres, de misères, de hontes, d'ignominies, dont la noblesse et la royauté sont coupables et responsables, une fille du peuple vient de sauver, en cette année 1432, la Gaule de sa ruine et de chasser enfin l'étranger de notre sol ; et pourtant cette héroïne plébéienne, cette digne fille des Gauloises des temps antiques, a été brûlée vive, il y a peu de jours, par les prêtres catholiques ; et grande a été la joie féroce d'une foule de courtisans et d'officiers jaloux de la gloire de la fille du peuple. Elle a sauvé la Gaule, et le roi lâche, ingrat et corrompu, qu'elle a rétabli sur son trône, n'a fait aucun effort pour la sauver du supplice ! O Jeanne ! pauvre bergère de Domrémi ! O Jeanne ! pauvre vassale, ta race asservie, dégradée, torturée durant des siècles, était celle de JACQUES BONHOMME, qui après des maux inouïs, va se venger enfin de ses bourreaux séculaires ! Châtiment terrible ! Expiation légitime, légitime comme la justice de Dieu qui doit frapper le criminel sur la terre ou dans le monde des esprits.

. . . .

La première de ces légendes a été écrite par moi, Mahiet l'Avocat d'armes, vers la fin de l'an 1358 ; il y a de cela aujourd'hui près de soixante et seize ans ; j'avais alors vingt-quatre ans. J'ai continué notre chronique à dater de 1300, époque qui remonte à la naissance de mon père inscrite par mon aïeul sur nos parchemins. Ce sont les dernières lignes que sa main aient tracées.

. . . .

Avant de commencer ce récit, fils de Joel, je raconterai en quelques mots les évènements qui ont eu lieu en Gaule depuis l'année 1300. — A PHILIPPE LE HARDI, mort en 1285, avait succédé PHILIPPE LE BEL. Spoliation et fausse monnaie : ces mots résument le règne de ce roi prodigue et insatiable. Les Lombards et les Juifs sont chassés de la Gaule et dépouillés de leurs biens ; les bourgeois, les marchands, les vilains et jusqu'au clergé, sont écrasés de taxes, et malheur à ceux qui ne peuvent pas les payer ! leurs biens sont confisqués. Philippe le Bel, malgré sa guerre incessante contre les Anglais, veut mettre à contribution la Flandre, pays libre, industrieux et fort peu catholique ; mais *Pierre Kœnig*, vaillant plébéien, doyen de la corporation des tisserands de Bruges, se mettant à la tête de ses confrères et des autres corps d'artisans, châtie si rudement Philippe le Bel et sa chevalerie qui voulait, disait-elle, — *rebâtir ces manants, flamants*, que lesdits manants, exterminant à Courtrai la noblesse française (1302), emportent comme trophée de leur victoire *quatre mille paires d'éperons dorés*, enlevés aux talons agiles de ces preux batailleurs de tournois. Philippe le Bel, honteusement battu, contraint de renoncer aux richesses de la Flandre, à bout de ressources, n'ayant plus ni Juifs ni Lombards à spolier, extorque aux bourgeois jusqu'à leur vaisselle, jusqu'à leurs meubles, et commence le métier de faux monnayeur, en remplaçant par des monnaies falsifiées les bonnes pièces d'or et d'argent. Le clergé, possesseur d'immenses richesses, menaça Philippe le Bel d'excommunication, s'il osait toucher aux biens du Seigneur. Le prince se railla de ses menaces et, lorsque le pape Boniface s'avisa de récriminer contre la saisie des domaines ecclésiastiques, Philippe le Bel répondit à Boniface en improvisant un pape de sa façon dans la personne de *Bertrand de Goth*, archevêque de Bordeaux, qu'il installa dans le comtat d'Avignon. Il y eut donc alors deux papes, l'un siégeant à Rome et l'autre dans Avignon. Ce dernier, en retour de sa papauté, dut accorder à Philippe le Bel la condamnation des Templiers. Ces moines soldats, sanguinaires et débauchés, auraient, durant leur guerre en Terre sainte, pillé dans ce pays des richesses énormes. Le roi désirait ardemment les voir passer dans ses coffres ; de sorte que, son pape Bertrand lui ayant octroyé la condamnation des Templiers, ils furent accusés de magie, de sorcellerie, mis à la torture et brûlés dans leur magnifique palais du Temple à Paris. Ensuite de quoi, leurs dépouilles furent la proie de Philippe le Bel, ce roi des larrons et des faux monnayeurs, ce spoliateur infâme meurt en 1314 ; l'un de ses fils, Louis X, dit le HUTIN (l'étourdi), lui succède.

Sous ce règne, les seigneurs féodaux ressaisissent une partie de leur puissance, que les rois, depuis Louis le Gros, avaient constamment attaquée ou ruinée. Cette renaissance de la féodalité fait peser plus cruellement encore le joug du servage sur les serfs et sur les vilains. LOUIS LE HUTIN, voyant l'audace croissante des seigneurs, entre en lutte contre eux, non plus par les armes, mais par des procédures; grand nombre de haut barons, accusés d'empoisonnement et de commerce avec le diable, sont torturés et suppliciés; ce sont des procès stupides et atroces. Louis le Hutin meurt en 1316; son frère PHILIPPE V monte sur le trône, et peu de temps après, en 1322, *Charles IV* ou *le Bel*, dernier fils de Philippe, succède à ses deux frères. Alors s'ouvre une ère de crimes, d'horreurs à donner le vertige; on se croirait revenu à ces temps épouvantables où les premiers descendants de Clovis s'entr'égorgeaient. Deux reines des Français sont étranglées : Isabeau, sœur de Charles le Bel, mariée à *Edouard II*, roi d'Angleterre, se ligue avec son amant Mortimer pour conspirer contre son mari, qu'elle détrône, grâce à Philippe le Bel, et qu'elle assassine plus tard en *l'empalant avec un fer rouge*, supplice affreux que Frédégonde et Brunehaut n'avaient pas imaginé. Isabeau, cette mère adultère et homicide, finit plus tard ses jours dans un monastère, où il la fit emprisonner son fils Edouard III, lorsque, à la majorité, il ceignit la couronne d'Angleterre. A la mort de Charles le Bel (1328), une sorte de révolution s'accomplit au sujet de la transmission de la couronne que ces rois de race étrangère à la Gaule avaient coutume de se léguer de mâle en mâle, selon la loi salique, antique loi des Francs, qui excluait les femmes de la royauté. Charles le Bel, en mourant, ne laissait ni enfants, ni frère. L'héritière du trône eût été sa sœur, alors régente d'Angleterre pendant la minorité de son fils, cette même Isabeau qui avait fait empaler son époux avec un fer rouge.

PHILIPPE DE VALOIS, cousin de *Charles le Bel*, revendiqua la couronne en sa qualité de plus proche parent *mâle* du roi défunt et reconnu par le Parlement d'abord comme régent, puis comme roi, il inaugura le déplorable règne des VALOIS. Ce Philippe ambitieux, cupide, batailleur, ayant, pour guerroyer, besoin de l'aide de la noblesse féodale, dispense les seigneurs de payer leurs dettes contractées envers les bourgeois, abolit les franchises des communes, falsifie les monnaies selon la royale coutume, double les impôts, soumet les biens de l'Eglise à de fortes taxes et menace le pape Jean XXIII de le faire poursuivre et condamner comme *hérétique* par l'Université de Paris. Il refuse à ce pontife le droit de lever à son profit et pendant dix années, la décime des croisades, que le peuple hébété continuait de payer à l'Eglise, quoiqu'il n'y eût plus de croisades, depuis longtemps. Jean XXIII, selon la coutume des prêtres, ruse et atermoie, tandis que la libre et industrieuse Flandre, soulevée par le brasseur *Jacquemart Arteveld*, organisant, comme son prédécesseur *Kœnig*, les corporations de métiers, sauvegarde les franchises des communes du Nord et s'oppose aux nouvelles pilleries du roi des Français, obligé de poursuivre la guerre contre Edouard III, roi d'Angleterre, qui possédait, comme ses aïeux, un tiers de la Gaule, et contre la Bretagne.

Cette fière province, jadis libre, était tombée sous le joug féodal, mais ne voulait du moins subir que la domination des seigneurs de race armoricaine et poursuivait contre les rois des Français la lutte que ce peuple indomptable avait autrefois si héroïquement et si longtemps soutenue contre les rois franks, issus de Clovis et de Charlemagne. Philippe de Valois, aussi fourbe que sanguinaire, attire à Paris les plus influents des chefs bretons et, malgré la foi jurée, les fait décapiter. Les guerres civiles et étrangères continuent à désoler la Gaule; Edouard III, roi d'Angleterre, s'empare d'une partie de la Normandie et pousse ses ravages jusqu'à Boulogne, jusqu'à Saint-Cloud. — Quelques-unes de ses bandes s'avancent même sous les murs de Paris. Enfin, en 1346, Philippe de Valois et sa chevalerie, ignominieusement battus à la bataille de Crécy, voient en 1347 les Anglais s'emparer de Calais, une des portes de la Gaule. Cette ville n'échappe à l'incendie, au massacre, au pillage que par le dévouement d'Eustache Saint-Pierre et d'autres bourgeois qui viennent, la corde au cou, s'offrir à la mort pour sauver la vie de leurs concitoyens. Une horrible peste éclatant en 1348 met le comble à ces maux et dépeuple le tiers du pays.

Philippe de Valois, après avoir menacé le pape de le faire condamner comme hérétique, trouvant utile à ses intérêts de donner des preuves de catholicité, rend une ordonnance contre les blasphémateurs. Au premier blasphème, on perdait une lèvre, on coupait l'autre lèvre au second, et, au troisième, on arrachait la langue; on traitait pareillement ceux qui, entendant blasphémer, ne dénonçaient point le coupable. Philippe de Valois poursuivit d'ailleurs, sur les monnaies, son brigandage qui ruinait la Gaule. Dans le cours de l'année 1348, ce faux-monnayeur couronné rendit ONZE ordonnances qui élevaient ou réduisaient le cours de telle ou telle monnaie. Enfin, Philippe de Valois meurt en 1350 et laisse la couronne au roi JEAN, qui règne sur la Gaule au commencement de la légende suivante.

Dissipateur et cupide, cruel et débauché, de plus forcené faux-monnayeur comme ses aïeux, ce nouveau roi traite la Gaule comme un pays conquis et le partage avec ses favoris. Il a déjà fait mettre à mort le connétable d'Eu, conseiller de Philippe de Valois, et, de plus, fait poignarder sous les yeux les principaux seigneurs de Normandie, partisans de Charles le Mauvais, roi de Navarre, à qui Jean avait donné une de ses filles en mariage et qui réclamait la Champagne, dont il avait été dépossédé par son royal beau-père. Les impôts sont excessifs, la bourgeoisie ruinée, le commerce nul, les communications partout interceptées ; l'on n'ose sortir des villes de crainte de tomber au pouvoir des bandes de routiers, de Navarrais, de soudoyeurs et autres brigands qui infestent la Gaule ; la disette commence, les denrées sont hors de prix, la ruine générale, sauf à la cour somptueuse du roi Jean, et dans les manoirs des seigneurs où vont s'engloutir les richesses si péniblement acquises par le commerce des bourgeois, l'industrie des artisans et les écrasants labeurs des vilains et des serfs.

Ce récit commence pendant la sixième année du règne de *Jean*. Ce sont les mœurs de l'époque.

. . . .

Un dimanche, vers la fin du mois d'octobre 1356, un assez grand mouvement régnait, dès le matin, dans la petite ville de *Nointel*, située à quelques lieues de Beauvais en Beauvoisis. Déjà le cabaret d'*Alison la Vengroigneuse* (ainsi nommée en raison de son caractère revêche, quoiqu'elle fût bonne et charitable femme), se remplissait d'artisans, de vilains et de serfs qui venaient attendre l'heure de la messe dans cette taverne, où, grâce à la misère du temps, l'on buvait peu et l'on parlait beaucoup, ce dont Alison ne se plaignait guère. Aussi babillarde que vengroigneuse, dame Alison aimait mieux voir son cabaret rempli de jaseurs que vide de buveurs ; encore fraîche et accorte, quoiqu'elle eût dépassé la trentaine, elle portait courte cotte et gorgerette échancrée, peut-être parce que son corsage était rebondi et sa jambe bien tournée. Les cheveux noirs, l'œil vif, les dents blanches, la main prompte, Alison, depuis son veuvage, avait souvent cassé les pots de son cabaret sur la tête des buveurs trop expressifs dans leur admiration pour ses charmes ; aussi, en bonne ménagère, remplaçait-elle par précaution ses pots de grès par des pots d'étain. La dame semblait être, ce matin-là, de très méchante humeur, à en juger par son front plissé, ses mouvements brusques et sa parole âpre et grondeuse. Bientôt entra dans le cabaret un homme dans la maturité de l'âge ; sa figure osseuse, brûlée par le soleil, n'avait de remarquable que deux petits yeux fauves, perçants et rusés, à demi cachés sous ses épais sourcils grisonnants comme sa chevelure épaisse qui s'échappait en désordre de son vieux bonnet de laine. Il venait de parcourir une longue route, car la poussière couvrait ses sabots, ses mauvaises guêtres de toile et son sarrau rapiécé ; sa fatigue était grande, car il marchait péniblement appuyé sur un bâton noueux. A peine entré dans la taverne, il se laissa tomber sur un banc : ce serf... (il était serf et s'appelait Guillaume Caillet, retenez ce nom, fils de Joel) ; ce serf, à peine assis, appuya ses coudes sur ses genoux et son front sur ses mains. La Vengroigneuse, qui était de mauvaise humeur, nous l'avons dit, l'interpella brusquement :

— Que viens-tu faire ici ? je ne te connais pas ; si tu veux boire paye, sinon va-t-en !

— Pour boire, il faut de l'argent, et je n'en ai pas, — répondit Guillaume Caillet, — laissez-moi me reposer sur ce banc... bonne femme.

— Mon cabaret n'est pas une ladrerie, — reprit Alison, — hors d'ici, malandrin !

— Allons, notre hôtesse, on ne t'a jamais vue avec d'aussi mauvaises dispositions, — dit l'un des buveurs, — laisse en paix ce pauvre homme ; d'ailleurs, nous l'invitons à boire avec nous.

— Merci, — répondit le serf d'un air sombre en secouant la tête, — je n'ai point soif.

— Si tu ne bois pas, tu n'as que faire céans, — dit la cabaretière au moment où une voix, retentissant du dehors, s'écriait : — Hé, l'hôtesse !... l'hôtesse !... mille pannerées de démons ! Il n'y a donc ici personne pour prendre mon cheval ? Nous avons le gosier sec et les dents longues ! Hé, l'hôtesse ! qu'on s'occupe de nous.

L'arrivée d'un cavalier, bonne aubaine pour un cabaret, vint distraire Alison de son courroux ; elle appela sa servante et courut à la porte, afin de répondre à l'impatient voyageur qui, la bride de son cheval à la main, ne cessait de maugréer, joyeusement d'ailleurs. Ce nouveau venu était âgé d'environ vingt-quatre ans ; la visière de son casque de fer rouillé, complètement relevée, découvrait sa figure avenante et hardie sillonnée d'une profonde cicatrice qui labourait sa joue gauche. Grâce à sa carrure d'Hercule, sa lourde cuirasse de fer terni, mais en bon état, ne semblait pas lui peser davantage qu'une casaque de toile ; sa cotte de mailles, rapiécée à neuf en maints endroits, tombait jusqu'à la moitié de ses cuissards de fer, comme ses jambards, cachés sous ses grosses bottes de voyage ; son baudrier supportait une longue épée ; son ceinturon, un poignard très aigu appelé *miséricorde* ; sa masse d'armes, composée d'un gros bâton long comme le bras et terminé par trois chaînettes de fer rivées à un boulet du poids de sept à huit livres, pendait aux arçons de la selle de ce cavalier, ainsi que son bouclier garni de clous et de lames de fer ; trois bois de lance de rechange, liés ensemble, et dont l'extrémité reposait dans une sorte de poche de cuir ajustée à la courroie de l'un de ses étriers, se maintenaient droits le long du quartier de la selle, derrière laquelle était attachée une valise de basane. Le cheval, grand et vigoureux, avait la tête, le cou, le poitrail et une partie de la croupe couverts d'un caparaçon de fer, pesante armure que le robuste animal soutenait aussi facilement que son maître portait la sienne. Alison la Vengroigneuse, accompagnée de sa servante, accourant aux cris redoublés du voyageur, lui dit d'un ton aigre-doux : — Me voici, messire. Hum! si vous êtes un jour canonisé, ce ne sera point, je le crains fort, sous l'invocation de saint Patient!

— Ventre du pape, ma belle hôtesse! jamais trop tôt l'on ne saurait voir vos gentils yeux noirs et vos joues vermeilles ; aussi vrai que votre jarretière pourrait vous servir de ceinture, la plus jolie meschinette de Paris, d'où je viens, ne saurait vous être comparée. Par Vénus et Cupidon! vous êtes la perle des hôtesses.

— Vous venez de Paris? messire chevalier, — dit vivement Alison, à la fois flattée des compliments du voyageur et fière de posséder un hôte venant de Paris, la grand' ville, — quoi... vous venez de Paris?

— Sans débrider. Mais, dites-moi, ai-je été bien renseigné? N'y a-t-il pas ici aujourd'hui dans le val de Nointel un pardon d'armes?

— Oui, messire, vous arrivez à temps, le tournoi doit commencer tantôt après la messe.

— Alors, belle hôtesse, pendant que je conduirai mon cheval à l'écurie pour lui donner une bonne provende, vous me préparerez un excellent repas à moi, et afin qu'il me semble meilleur, vous le partagerez avec moi en causant, car j'ai beaucoup de renseignements à vous demander. — Puis, relevant sa cotte de mailles pour fouiller dans une pochette de cuir, le cavalier y prit une pièce d'argent et, la donnant à Alison, lui dit gaiement :

— Voici d'avance pour mon écot, car je ne suis pas de ces routiers comme on en rencontre tant de nos jours, qui payent leur hôte à coups d'épée ou en dévalisant la maison ; — mais, voyant la cabaretière examiner la pièce avant de l'embourser, il ajouta en riant : — Acceptez cette pièce d'argent comme je l'ai reçue, les yeux fermés ; le diable, le roi Jean et le maître des monnaies savent seuls ce que vaut cette pièce et si elle contient plus de plomb que d'argent.

— Ah! messire chevalier, n'est-il pas terrible de penser que notre seigneur le roi soit faux-monnayeur forcené! Quel temps que le nôtre! On est accablé d'impôts, et on ne sait jamais au juste la valeur de ce qu'on possède!

— Vrai Dieu! votre amoureux n'est point dans cette fâcheuse ignorance, je le gagerais, belle hôtesse?... Allons, vous achèverez de rougir de modestie pendant que votre servante me montrera le chemin de l'écurie, après quoi vous me préparerez mon déjeuner ; mais vous le partagerez avec moi, c'est entendu.

— Comme il vous plaira, messire chevalier, — répondit Alison de plus en plus charmée de la bonne humeur de l'étranger ; aussi s'occupa-t-elle promptement des préparatifs du repas et plaça bientôt sur l'une des tables de la taverne une appétissante tranche de lard entourée de fenouil vert, des œufs à la poêle, du fromage et un pot de cervoise mousseuse.

Le serf Guillaume Caillet, oublié par la cabaretière, le front appuyé dans ses deux mains, semblait étranger à ce qui se passait autour de lui et se tenait assis sur un banc, non loin de la table où se placèrent bientôt Alison et le voyageur. Celui-ci, de retour de l'écurie, se débarrassa de son casque, de son poignard et de son épée, qu'il plaça près de lui et commença de faire honneur au repas.

— Messire chevalier, — dit Alison, — vous venez de Paris! Que de belles histoires à raconter.

— De grâce, belle hôtesse, ne m'appelez pas messire chevalier ; je suis de race roturière et non point noble. Je me nomme *Mahiet* ; mon père est marchand libraire, et moi *avocat d'armes*, ainsi que vous le prouve mon harnais de bataille ; et tout à votre service.

— Il serait vrai, — dit Alison en joignant les mains avec une heureuse surprise, — vous êtes avocat combattant?

— Oui, et je n'ai point encore perdu de cause, puisque l'on ne m'a pas coupé, vous le voyez, le poing droit, désagrément réservé à tout avocat vaincu en duel judiciaire... Souvent blessé, j'ai du moins toujours rendu à mes adversaires une fève pour un pois. J'ai su à Paris que l'on donnait ici un tournoi, et pensant que, selon la coutume, il y aurait peut-être, avant ou après les passes d'armes, quelque combat judiciaire où je pourrais remplacer l'appelant ou l'appelé, je suis venu en tout hasard en cette ville. Or, comme cabaretière, vous devez être renseignée sur bien des choses de céans...

— Ah! messire avocat, c'est le ciel qui vous envoie. Il y a sûrement de la besogne pour vous.

— Le ciel se mêle, je crois, fort peu de mes affaires. Laissons Dieu et le diable s'arranger.

— Sachez que, pour mon malheur, j'ai un procès! Je suis, je l'avoue, dans un grand embarras.

— Vous, belle hôtesse?

— Il y a trois mois, j'ai prêté douze florins à *Simon le Hérissé*: quand je lui ai redemandé la somme, l'indigne larron a nié sa dette. Nous sommes allés par devant messire le sénéchal ; j'ai soutenu mon dire. Simon a soutenu le sien. Il n'y avait de témoins ni pour ni contre nous, et comme la dette contestée s'élevait au-dessus de cinq sous, le sénéchal a ordonné le duel judiciaire. Mais qui voudra prendre ma défense?

— Et vous n'avez trouvé personne pour être votre avocat d'épée contre Simon le Hérissé?

— Hélas! non, car il est, à cause de sa force et de sa méchanceté, très redouté dans tout le pays. Personne n'oserait lutter avec lui.

— Eh bien! ma belle hôtesse, vous pouvez compter sur moi ; je me battrai autant pour l'amour de vos beaux yeux que pour votre cause.

— Oh! ma cause est bonne, messire avocat ; j'ai si bien prêté douze florins à Simon le Hérissé que ce jour-là... Je vais vous narrer la chose...

— Ne m'en dites pas davantage ; une jolie bouche comme la vôtre ne saurait mentir, et puis j'ai l'habitude d'ajouter foi à ce que me déclarent mes clients. Il s'agit de donner non de solides raisons, mais de rudes coups d'épée, de lance ou de masses d'armes ; aussi, tant que ce poignet droit là ne sera pas coupé... il présentera des arguments plus concluant que les arguties des plus fameux légistes !

— Je ne dois point vous cacher que ce larron de Simon le Hérissé a été franc-archer. C'est un homme dangereux. Tout le monde le redoute.

— Belle hôtesse, j'ai une autre habitude quand je plaide ; c'est de ne pas m'enquérir de la manière de combattre de mon adversaire ; de cette façon, je ne forme point d'avance un plan d'attaque souvent mis en défaut par la pratique ; j'ai le coup d'œil prime-sautier ; une fois en champ clos, je toise mon homme, je dégaîne... et j'improvise d'estoc et de taille... Je me suis toujours félicité de cette manière de plaider. Ainsi, comptez sur moi. Le tournoi ne commence qu'à midi ; mes armes sont en bon état, mon cheval mange sa provende : un coup à boire ! Vive la joie, ma belle hôtesse ! et heur à la bonne cause !

— Ah ! secourable avocat, si vous gagnez mon procès, je vous donne trois florins. Ce ne sera pas trop payer la joie de vous voir mettre à mal ce truand de Simon le Hérissé.

— C'est dit : si je gagne votre procès, vous me donnerez trois florins et un beau baiser... et davantage si cela vous plaît... C'est entendu.

— Oh ! messire, ces choses-là ne se disent pas.

— Allons ! c'est moi qui vous donnerai le beau baiser, puisque cela vous embarrasse. Mais par la mort-Dieu ! votre front reste soucieux. Quoi ! vous manquiez d'avocat ! Le ciel... vous l'avez dit, le ciel vous en envoie un... il ne demande qu'à faire rage contre votre larron, et votre joli front ne se déride point !

— Je devrais être contente, et pourtant j'ai encore le cœur gros. Je veux tout vous dire.

— Auriez-vous un autre procès, ou un amoureux infidèle ? Je puis tout entendre de vous.

Alison resta un moment silencieuse et triste, puis elle reprit d'une voix dolente :

— Messire avocat, vous venez de Paris, vous êtes très savant : vous pourriez peut-être rendre service à un pauvre garçon très à plaindre qui doit aussi combattre aujourd'hui dans un duel judiciaire, mais dans des conditions bien tristes.

— Expliquez-vous ! dites-moi de quoi il s'agit.

— En ce pays de Nointel, lorsqu'une jeune fille serve ou bourgeoise se marie, le seigneur, lorsque cela lui plaît, a le droit à... la première nuit de noces de la vassale, ce que l'on nomme *le droit de cuissage*. N'allez point rire au moins.

— Rire ! non, par le diable ! — répondit Mahiet de qui les traits s'assombrirent soudain. Ah ! vous me rappelez une lugubre histoire.

— Il y a peu de temps j'allais plaider une affaire en champ clos, près d'Amiens. Je traversais un village ; je vois un rassemblement de serfs. Je m'informe et j'apprends que l'un de ces paysans, serf, bûcheron d'un fief de l'évêché, s'était, le matin même, marié à une jolie fille de la paroisse. L'évêque selon son droit, envoie chercher l'épousée pour la mettre en son lit et la dépuceler. Le serf répond au bailli épiscopal chargé de cette mission : « Ma femme est dans ma hutte, je vais vous l'amener. » Puis revenant au bout d'un instant, il lui dit : « Ma femme est un peu honteuse, elle n'ose venir, allez la chercher vous-même. » Et le serf disparaît. Le bailli entre dans la hutte, et qu'y voit-il ? La malheureuse créature gisait dans une mare de sang ; l'épousée était devenue cadavre.

— Grand Dieu ! Quelle terrible histoire !

— Son mari, pour la soustraire au déshonneur l'avait tuée d'un coup de hache.

— A ces mots, Guillaume Caillet jusqu'alors indifférent à ce récit, tressaillit, releva son visage farouche et écouta, tandis qu'Alison s'écriait, les larmes aux yeux : — Ah ! la pauvre femme ! ainsi mise à mort ! quel courage il a fallu à son mari pour se résoudre à une si effrayante extrémité ! Maudit soit les évêques et les seigneurs !

— Les hommes de résolution sont rares.

— Hélas ! messire avocat, ceux-là qui dégradés par le servage, restent indifférents à tant d'ignominie, sont peut-être moins à plaindre que ceux qui la ressentent.

— Mais le plus grand nombre d'entre eux la ressent, — s'écria Mahiet. — En vain, les seigneurs réduisent ces malheureux à l'état des brutes. Est-ce que même parmi les bêtes sauvages, le mâle ne défend pas jusqu'à la mort la possession de sa femelle ? Est-ce que, si grossiers, si abrutis, si craintifs que soient les hommes, ils ne deviennent pas jaloux dès qu'ils aiment ! L'amour n'est-il pas leur seul bien, l'unique consolation de leur misère ? Sang et mort ! je me sens féroce quand je songe à la rage, au désespoir du serf voyant l'humble compagne de ses tristes jours à jamais souillée par son seigneur ! Par le nombril de Satan ! Par les cornes de Moïse ! cette idée m'exaspère !

— Ah ! — dit Alison les larmes aux yeux, — en parlant ainsi, vous racontez l'histoire de ce pauvre Mazurec, ce jeune garçon de qui je voulais vous entretenir.

Guillaume Caillet, en entendant prononcer ce nom de *Mazurec*, tressaillit de nouveau, se leva brusquement de son siège ; puis, faisant un violent effort sur lui-même, il se rassit et prêta une attention croissante à l'entretien d'Alison et de Mahiet. Celui-ci parut aussi très frappé du nom de *Mazurec*, prononcé par la cabaretière, et continuant de lui parler :

La belle Gloriande, reine du tournois (page 16)

— Ce serf s'appelle Mazurec?
— Oui, messire; en quoi ce nom peut-il provoquer votre étonnement?
— Ce nom est l'un des prénoms de mon père; savez-vous quel âge peut avoir ce jeune homme?
— Il doit avoir au plus vingt ans; sa mère, qui est morte depuis longtemps n'était pas de ce pays.
— D'où venait-elle donc?
— Je ne saurais vous le dire; elle est arrivée ici peu de temps avant de mettre au monde Mazurec..... Elle mendiait son pain; elle a fait pitié au meunier du moulin Gaillon, notre voisin. Sa femme, depuis deux mois à peine, était morte en donnant naissance à un petit garçon. Le nom de la mère de Mazurec était Gervaise.
— Gervaise? — dit Mahiet, paraissant interroger en vain ses souvenirs, — elle s'appelait Gervaise?
— Oui, messire avocat, elle parut au meunier si avenante, si douce qu'il se dit : « Elle doit accoucher bientôt; elle sera, si elle le veut, la nourrice de mon enfant et du sien. » Il en a été ainsi. Gervaise a élevé les deux garçonnets; elle était si laborieuse et d'un si bon caractère que le meunier l'a toujours gardée pour servante, puis il est arrivé un grand malheur. Le comte de Beaumont a déclaré la guerre au sire de Nointel. Il y a de cela cinq ans. Le meunier a été forcé de suivre son seigneur à la guerre. Pendant ce temps-là, les gens de Beaumont sont venus jusqu'ici, mettant le pays à feu et à sac; ils ont incendié le moulin où était restée Gervaise avec les deux enfants. Elle a péri dans les flammes, ainsi que le fils du meunier; seul, par miracle, Mazurec a échappé à la mort, et, par compassion, nous l'avons recueilli, moi et mon mari.

103e livraison

— Vous êtes une digne femme, notre hôtesse. Il faudra, pardieu, que je fasse rendre gorge à ce Simon le Hérissé.

— Ne me louangez pas trop, messire avocat; le cœur le plus dur se serait intéressé à Mazurec. Ce pauvre enfant était la plus douce, la meilleure créature qu'il y ait au monde.. aussi l'avait-on surnommé *Mazurec l'Agnelet.*

— Et il tenait ce que son nom promettait?

— C'était un véritable agneau... Pendant toute la nuit, il pleurait sa mère et son frère de lait; durant le jour il nous aidait, selon ses forces, dans nos travaux. La guerre terminée, notre voisin le meunier ne revint pas : il avait été tué. Le sire de Nointel fit rebâtir le moulin dévasté. Dieu sait les taxes qu'il nous imposa, à nous ses vassaux, pour s'indemniser des frais de sa campagne contre le seigneur de Beaumont. Mazurec rentra comme garçon chez le nouveau meunier. Chaque dimanche, en venant à la messe, Mazurec s'arrêtait ici pour nous remercier de notre amitié pour lui. Il n'est pas de cœur plus reconnaissant que le sien. Maintenant voici la cause de son malheur. Il allait de temps à autre, par ordre du meunier, porter des sacs de farine au village de Cramoisy, à trois lieues d'ici, où le seigneur de Nointel a établi un poste fortifié. Dans ce village (ce pauvre Mazurec m'avait fait sa confidence), il vit plusieurs fois, assise devant la porte de sa cabane, une jeune fille très belle, filant à son rouet; d'autres fois il la rencontra faisant paître sa vache le long des chemins verts. Cette jeune fille, on l'appelait *Aveline-qui-jamais-n'a-menti.* Un cœur d'or, quoi !

Et ces deux enfants s'aimèrent?...

— Oh ! oui ! ils s'aimaient passionnément. Ils se convenaient si bien !

Guillaume Caillet écoutait les paroles d'Alison avec un redoublement d'attention, et n'ayant pu retenir une larme qui coula sur ses joues hâlées, il l'essuya du revers de sa main. La cabaretière continua :

— Mazurec était serf de la même seigneurie qu'Aveline et son père. Celui-ci consentait au mariage. Le bailli du sire, en l'absence de son maître, y consentait pareillement. Tout allait donc pour le mieux, et souvent Mazurec me disait les larmes aux yeux : « Dame Alison, quel dommage que ma mère ne soit pas témoin de mon bonheur!... »

— Et comment tant d'heureuses espérances ont-elles été détruites, belle hôtesse?

— Vous savez, messire, que les vassaux peuvent, lorsque le seigneur y consent, se racheter du droit infâme dont nous parlions tout à l'heure... Ainsi ma fait défunt mon mari, sans quoi je serais restée fille toute ma vie... Le père d'Aveline, pour tout bien, possédait une vache. Il la vendit, aimant mieux se défaire de cette bête nourricière que de voir sa fille qu'il adorait déshonorée par le sire de Nointel. Le jour de ses fiançailles, Mazurec se rend au château pour porter le prix de sa rédimation au bailli. Celui-ci était, par malheur, absent. Le fiancé revient chez Aveline, et son père décide qu'ils se marieront le lendemain matin et qu'aussitôt après la messe Mazurec retournera au château pour racheter sa femme du droit de prémices. Le mariage a lieu, et, selon la coutume, l'épousée reste enfermée chez le curé jusqu'à ce que l'époux ait apporté sa lettre de rédimation.

— Oui, — reprit amèrement Mahiet.

— Aussi, pour échapper à la honte, la fiancée se livre bien souvent à son promis avant le mariage. Au mari les prémices; c'est toute justice.

— Cela n'est que trop vrai, et souvent aussi les hommes abandonnent ensuite la pauvre fille et ne l'épousent pas. Mais ni Aveline, ni Mazurec n'avaient de ces mauvaises pensées; possédant la somme nécessaire pour se racheter, ils ne demandaient qu'à se libérer honnêtement du droit de cuissage et de jambage. La messe dite, Mazurec retourne au château, portant son argent dans une pochette suspendue à sa ceinture. Il rencontre un chevalier qui lui demande la route de Nointel, et, le croiriez-vous, messire? pendant que Mazurec lui enseigne son chemin, ce misérable chevalier se baisse sur sa selle comme pour rajuster la courroie de son étrier, puis soudain il arrache la pochette du pauvre Mazurec, pique des deux et se sauve.

— Il y a cent exemples de ces voleries qui semblent de plaisants tours à maints chevaliers ; mais, mort-dieu ! celle-là est infâme !

— Mazurec, désespéré, court en vain sur les traces de son larron; il le perd de vue, et, au bout d'une heure, haletant de fatigue, il arrive au château, se jette aux genoux du bailli, lui raconte son malheur en pleurant et demande justice contre le voleur. Le sire de Nointel, arrivé depuis le matin de Paris dans son manoir avec plusieurs de ses amis, traversait la salle au moment où Mazurec implorait le bailli. Le seigneur mis au courant de l'évènement, demande en riant si la mariée est jolie? « Il n'en est pas de plus belle dans vos domaines, monseigneur, » répond le bailli. Mais tout à coup, Mazurec avisant l'un des chevaliers de la suite du sire de Nointel, s'écrie : « Voilà celui qui m'a volé ma bourse, il y a une heure. — Misérable serf, — répond le seigneur, — oser accuser de vol un de mes hôtes ! Tu en as menti ! »

— Et, sans doute, le chevalier larron nia effrontément son larcin.

— Oui, messire. De son côté, Mazurec soutenait son dire ; aussi le seigneur, après s'être entendu à voix basse avec son bailli et le chevalier accusé de vol, a rendu l'arrêt suivant : « L'un de mes écuyers, — dit le seigneur de

Nointel, — va partir à l'instant, escorté de quelques hommes, il ramènera ici la nouvelle mariée ; je passerai, selon mon droit, la nuit avec elle, et demain matin elle sera rendue à ce vassal. Quant à l'accusation de vol qu'il a l'audace de porter contre un noble chevalier, celui-ci demande la preuve des armes, et si ce vil manant, quoique vaincu, survit au combat, il sera mis en sac et jeté à la rivière comme diffamateur d'un chevalier. Que la justice suive son cours !»

— Ah ! le malheureux est perdu, — s'écria Mahiet. — Le chevalier est *appelant*, et comme tel il a le droit de combattre à cheval et armé de toutes pièces contre le serf en sarreau, n'ayant pour sa défense qu'un bâton.

— Hélas ! messire, vous le voyez, ce n'était pas sans raison que j'avais le cœur navré. Le pauvre Mazurec, songeant moins au combat qu'à sa fiancée, se jette en sanglotant aux pieds de son seigneur et le supplie de ne pas déshonorer Aveline. Savez-vous ce que lui répond le seigneur de Nointel ? « JACQUES BONHOMME (c'est ainsi que les nobles appellent leurs serfs par dérision), *Jacques Bonhomme*, mon ami, je tiens pour deux raisons à passer cette nuit avec ta femme : d'abord, parce qu'elle est, dit-on, fort gentille, et puis parce que cela te punira d'avoir eu l'insolence d'accuser de larcin un de mes hôtes. » A ces mots, Mazurec l'Agnelet devient furieux comme le Loup. Il s'élance furieux sur son seigneur pour l'étrangler ; mais les chevaliers terrassent le malheureux serf, on le garrotte et il est plongé dans un cachot. Est-ce assez de cruauté ? Joignez à cela que le seigneur de Nointel est sur le point de se marier, car sa fiancée, la noble demoiselle Gloriande de Chivry, est reine du tournoi qui aura lieu tantôt.

— Misère de Dieu ! — s'écria Mahiet, les joues enflammées d'indignation, et de son poing d'Hercule frappant sur la table avec fureur, — il faut pourtant mettre un terme à ces horreurs ! Elles crient vengeance ! elles demandent du sang !

— Oh ! il y aura du sang, — dit tout bas une voix sourde à l'oreille de Mahiet, — beaucoup de sang ! La torche et la hache feront leur office.

Et l'avocat sentant une main vigoureuse s'appuyer sur son épaule, se retourna brusquement et vit derrière lui Guillaume Caillet.

— Que me veux-tu ? — reprit le jeune homme frappé de l'air sinistre et désespéré du vieux paysan. — Que veux-tu de moi ? Qui es-tu ?

— Je suis le père de la femme de Mazurec.

— Vous, pauvre homme ! — s'écria la cabaretière apitoyée. — Ah ! je regrette de vous avoir rudoyé. Pardonnez-moi, pauvre père. Hélas ! que venez-vous faire ici ?...

— Chercher ma fille, — dit Guillaume ; — et il ajouta avec un sourire affreux : — On va me la rendre, la nuit est passée, le droit infâme est payé.

— Mon Dieu ! mon Dieu ! — reprit Alison, ne pouvant contenir ses larmes. — Et quand on pense que ce pauvre Mazurec est prisonnier au château et que ce matin, avant la messe, il va faire amende honorable à genoux devant le seigneur de Nointel.

— Lui, soumis à cette humiliation, — s'écria Mahiet en interrompant la cabaratière, — et pourquoi fera-t-il amende honorable ?

— Hélas ! messire avocat, reprit Alison, — vous ignorez la fin de l'aventure. Pendant que l'on mettait Mazurec en prison, le bailli est allé chercher Aveline chez le curé et l'a amenée au château ; elle s'est défendue de toutes ses forces contre le seigneur ; alors il lui dit en riant : « Ah ! tu me résistes ? Eh bien ! Je me donnerai le plaisir d'user de mon droit par arrêt de justice. Ce sera une bonne leçon pour Jacques Bonhomme. » Alors il a fait mettre l'épousée dans un cachot et a porté plainte contre elle devant la sénéchaussée de Beauvais. La justice, reconnaissant le droit du seigneur sur sa vassale, a rendu un arrêt. C'est au nom de la justice que la malheureuse Aveline a été violentée cette nuit par notre sire ; c'est au nom de la justice que Mazurec est condamné à demander pardon à notre sire d'avoir voulu s'opposer à ce qu'il usât de son droit seigneurial ; c'est au nom de la justice qu'après cette expiation publique Mazurec doit se battre contre le chevalier larron.

— Oui, — reprit Guillaume Caillet en serrant les poings, — Mazurec va se battre à pied et armé d'un bâton contre son noble voleur couvert de fer... Mazurec sera vaincu et tué, ou, s'il survit, noyé. Je tâcherai de repêcher son corps, je l'enterrerai dans un trou..... et puis j'emmènerai ma fille... on me la rend ce matin, et qui sait si, dans neuf mois, je ne serai pas grand-père d'un noblïau. — Et le paysan reprit avec un sourire effrayant : — Oh ! s'il vit... cet enfant !... s'il vit... — Mais il n'acheva pas sa phrase, garda un moment le silence, et, mettant sa main calleuse sur l'épaule de Mahiet, il ajouta tout bas en s'approchant de son oreille : — Il y a un instant... vous avez dit : « Misère de Dieu ! il faut que cela finisse ! il faut du sang !»

— Oui, je le répète... ces horreurs crient vengeance ! Mort et massacre sur nos oppresseurs.

— Lorsqu'on dit cela tout haut, on est homme à agir, — reprit le serf en attachant sur l'avocat ses petits yeux fauves et perçants. — Si le moment d'agir vient... rappelez-vous de Guillaume Caillet... du village de Cramoisy, près Clermont...

— Je n'oublierai pas votre nom, — dit tout bas Mahiet à Guillaume en lui serrant la main, — l'heure de la justice et de la vengeance sonnera peut-être plus tôt que vous ne le pensez, surtout s'il est beaucoup de serfs comme vous !

— Il y en a, — répondit le vieux paysan toujours à voix basse, — *Jacques Bonhomme* est à bout. Nous préparons un soulèvement général.

— C'est pour m'assurer de ce fait que je suis venu en ce pays, — dit Mahiet à l'oreille de Guillaume sans être entendu d'Alison. — Silence et courage ! Le jour des représailles est proche.

Le vieux paysan, de plus en plus surpris de rencontrer dans Mahiet un auxiliaire inattendu, attachait sur lui son regard pénétrant ; car, habitué à la défiance par le servage, il craignait d'être abusé par les promesses d'un inconnu. Soudain le tintement de la cloche de l'église de Nointel se fit entendre. La cabaretière tressaillit et dit : — Ah ! je n'aurai jamais le courage d'assister à la cérémonie !

— Que voulez-vous dire ? — demanda Mahiet, tandis que les hommes rassemblés dans la taverne sortaient précipitamment en disant : — Courons au parvis... Il faut tout voir...

— Ils vont assister à l'amende honorable du pauvre Mazurec, — reprit Alison.

— J'aurai plus de courage que vous, bonne hôtesse, — répondit Mahiet en reprenant son épée, son casque, et cherchant des yeux Guillaume Caillet qui avait disparu, — je serai témoin de cette triste cérémonie, car, pour plusieurs raisons, le sort de Mazurec m'intéresse. Le tournoi ne commencera qu'après la messe, j'aurai le temps de revenir ici chercher mon cheval, afin d'aller ensuite me faire inscrire par le juge d'armes comme votre défenseur contre Simon le Hérissé.

— Mon Dieu, messire, il n'y a donc aucun moyen d'empêcher le duel judiciaire de ce pauvre Mazurec... Pour lui, c'est la mort !...

— Et s'il refuse le combat, il sera noyé ; telle est la loi des Français qui régit la Gaule ; mais je pourrai, je l'espère, donner à Mazurec quelques bons avis. Je vais essayer de le voir et de lui parler : attendez-moi ici, belle hôtesse, et ne vous désespérez pas.

Mahiet, ce disant, se dirigea vers le parvis de l'église, en suivant la foule qui s'y rendait.

L'église de Nointel s'élevait à l'extrémité d'une place assez vaste où aboutissaient deux rues tortueuses ; les maisons, généralement construites de bois sculpté avec art, avaient une toiture d'ardoises, aiguë et d'une inclinaison rapide ; quelques-unes de ces demeures étaient ornées de balcons où se pressaient de nombreux spectateurs. Mahiet, grâce à sa carrure athlétique, parvint, sans trop de peine, aux abords du parvis, où se trouvait déjà, en compagnie de plusieurs chevaliers, le seigneur de Nointel, grand jeune homme d'une figure hautaine et railleuse, et dont les cheveux d'un blond ardent étaient frisés comme ceux d'une femme ; il portait, selon la mode de ce temps-ci, une courte tunique de velours richement brodée et des chausses de soie de deux couleurs. Le côté gauche de ces vêtements était rouge, l'autre jaune ; ses souliers de cordouan à la *poulaine* se terminaient par une sorte de corne dorée semblable à celle d'un bélier ; à son chaperon de velours mi-parti jaune et rouge, orné d'une chaîne de pierreries, flottait une touffe de plumes d'autruche, parure d'un prix exorbitant. Les amis du sire de Nointel étaient vêtus, comme lui, d'habits de couleurs tranchées. Derrière cette brillante compagnie se tenaient les pages et les écuyers du seigneur portant ses couleurs. L'un d'eux tenait en mains sa bannière armoriée de trois serres d'aigle d'or sur un fond rouge. A la vue de ce blason particulier à la famille des Néroweg, Mahiet tressaillit de surprise et devint profondément pensif. Il fut tiré de sa rêverie par la voix glapissante d'un notaire royal qui, s'avançant jusqu'aux limites du parvis, cria par trois fois : « Silence ! » et lut ce qui suit au milieu de l'attention de la foule :

« Ceci est la charte et le statut du *droit de prémices*, que le seigneur de la terre et seigneurie de Nointel, Loury, Berteville, Cramoisy, Saint-Leu et autres lieux, a le pouvoir de réclamer, le premier jour des noces, de toutes les filles *non nobles* qui se marieront en ladite seigneurie, après quoi ledit seigneur ne pourra plus toucher à ladite mariée et devra la laisser au mari. Et comme le onzième jour de ce mois-ci, *Aveline-qui-jamais-n'a-menti*, serve de la paroisse de Cramoisy, se fut mariée à *Mazurec-l'Agnelet*, serf meunier du moulin Gallion, notre jeune, haut, noble et puissant seigneur *Conrad Néroweg*, chevalier, seigneur de ladite terre et seigneurie ci-dessus nommées, ayant voulu user de son droit de prémices sur ladite Aveline-qui-jamais-n'a-menti, et ledit Mazurec l'Agnelet, son mari, s'y étant voulu opposer en s'emportant dans de mauvaises paroles envers ledit seigneur, et ladite mariée ayant été requise de se soumettre audit droit et s'y étant obstinément refusée, ledit seigneur, pour cause de la désobéissance desdits mariés et de leurs mauvaises paroles, les a fait mettre en prison séparément, et est allé se plaignant d'une plainte criminelle devant messire le sénéchal de Beauvoisis pour l'informer de ce qui dessus est rapporté ; et comme il fut fait enquête et par écrit et par assemblée de témoins de droit et coutume ancienne, à cette fin de constater que ledit seigneur de Nointel a le droit de prémices ; l'information et l'enquête faites, il fut rendu une sentence par la sénéchaussée du Beauvoisis, dont la teneur suit mot à mot. »

— Et la loi... la justice consacrent cette infamie ! — dit Mahiet en serrant ses poings avec rage ! — A quel pouvoir humain peuvent en appeler ces malheureux vassaux dans leur désespoir ? Oh ! il faut de légitimes représailles pour les martyrs de tant de siècles !

Le notaire royal poursuivit ainsi :

« Entre le jeune, haut, noble et puissant Conrad Néroweg, seigneur de Nointel et autres seigneuries, demandeur en droit des prémices sur toutes et chacune filles non nobles qui se marient en ladite seigneurie, d'une part, Aveline-qui-jamais-n'a menti, nouvellement mariée à Mazurec l'Agnelet, défenderesse au susdit droit, d'autre part ; et ledit seigneur de Nointel, également demandeur en réparation et châtiment des mauvaises paroles prononcées par ledit Mazurec l'Agnelet ; vu par la sénéchaussée du Beauvoisis la plainte criminelle dudit seigneur et les informations et enquêtes prises, ladite cour, faisant droit aux parties, a dit et déclaré LEDIT SEIGNEUR ÊTRE BIEN FONDÉ EN DROIT ET EN RAISON DE PRÉTENDRE AUX PRÉMICES DE TOUTE FILLE NON NOBLE MARIÉE EN SES SEIGNEURIES, et pour raison de ce qui est ci-dessus déclaré, ladite cour a condamné et condamne ladite Aveline-qui-jamais-n'a-menti et ledit Mazurec l'Agnelet A OBÉIR AUDIT SEIGNEUR EN CE QUI TOUCHE SON DROIT DE PRÉMICES, et en ce qui touche les mauvaises paroles que ledit Mazurec l'Agnelet a prononcées contre son seigneur, ladite cour L'A CONDAMNÉ ET LE CONDAMNE A S'AMENDER ENVERS LEDIT SEIGNEUR ET LUI DEMANDER GRACE UN GENOU EN TERRE, LA TÊTE NUE ET LES MAINS ÉTENDUES EN CROIX SUR LA POITRINE, EN PRÉSENCE DE TOUS CEUX QUI FURENT ASSEMBLÉS EN SES NOCES. Et, de plus, ladite cour ordonne que la présente sentence sera publiée par un notaire royal ou appariteur au devant de l'église de ladite seigneurie. ».

Cet arrêt, où le plus exécrable de ces droits féodaux, né de la conquête franque, se trouvait confirmé, consacré par les organes de la justice et de la loi, causa dans la foule des émotions diverses. Les uns abrutis par la terreur, la misère et l'ignorance, lâchement résignés à une honte subie par leurs pères et réservée à leurs enfants, s'étonnaient de la résistance de Mazurec; d'autres, qui, par un sentiment, sinon d'amour, du moins de dignité, s'estimaient heureux d'avoir, grâce à leur argent, à la laideur de leurs femmes, ou à l'absence momentanée du seigneur, pu échapper à cette ignominie, ressentaient quelque pitié pour le condamné en faisant un retour sur eux-mêmes ; le plus grand nombre enfin, mariés ou non, serfs, vilains ou bourgeois, ressentaient une indignation violente à peine comprimée par la crainte; aussi quelques sourds murmures couvrirent-ils les dernières paroles du notaire ; mais ils firent place à l'angoisse et à la commisération de tous, lorsque, amené par les hommes d'armes du seigneur, le condamné parut devant le portail de l'église, Mazurec l'Agnelet, âgé d'environ vingt ans, avait dû à la bénignité de ses traits, à la douceur de son caractère, son surnom d'*Agnelet*; mais en ce jour, il semblait transfiguré par le malheur et le désespoir. Sa physionomie farouche, contractée, ses vêtements en lambeaux, son teint livide, ses yeux fixes, ardents, rougis par les larmes et l'insomnie, sa chevelure hérissée, lui donnaient un aspect effrayant. Deux hommes d'armes délivrèrent le condamné de ses liens, puis, pesant fortement sur ses épaules, le forcèrent de tomber agenouillé aux pieds du sire de Nointel qui riait avec ses amis de l'abjecte soumission de *Jacques Bonhomme*. Bientôt le notaire royal dit à haute voix : — « La réparation et amende honorable du condamné envers son seigneur doivent avoir pour témoins ceux qui ont assisté au mariage de Mazurec. Que ceux-là viennent. »

A ces mots, Mahiet l'Avocat d'armes vit sortir des premiers rangs de la foule Guillaume Caillet et un autre serf dans la vigueur de l'âge, nommé *Adam le Diable*. A la sueur qui baignait son visage osseux et hâlé, on devinait que ce paysan venait de parcourir rapidement une longue route. Mahiet, d'abord frappé de l'air déterminé d'Adam le Diable, le vit soudain, pour ainsi dire, se métamorphoser, ainsi que son compère Guillaume Caillet ; car tous deux, feignant l'hébétement et une humilité craintive, baissant les yeux, courbant l'échine, traînant la jambe, ôtèrent leur bonnet d'un air piteux en s'approchant du notaire royal. Guillaume le salua par deux fois jusqu'à terre, les bras croisés sur la poitrine, en lui disant d'une voix tremblante :

— Pardon... excuse... messire, si je venons seuls, mon compère et moi ; les deux autres témoins de la noce, *Michaud-tue-pain* et *Gros-Pierre*, ont comme ça pris la fièvre l'autre jour en curant les marais de notre bon seigneur, et ils claquent des dents et tremblotent sur la paille. C'est pourquoi ils n'ont point pu venir à la ville. Moi, je suis Guillaume, le père à l'épousée; voici mon compère Adam qui a assisté à la noce.

— Ces témoins suffiront, je pense, monseigneur, et l'amende honorable peut commencer ? — dit le notaire au sire de Nointel. — Celui-ci répondit d'un signe de tête affirmatif, tout en riant très fort avec ses amis de la physionomie stupide et craintive des deux manants. Mazurec, toujours agenouillé à quelques pas de son seigneur, n'avait pu, à l'aspect du père d'Aveline, retenir ses larmes ; elles coulèrent lentement de ses yeux enflammés, tandis que le notaire lui disait : — Mets tes mains en croix sur la poitrine, et lève les yeux au ciel.

Le condamné serra les poings avec rage et n'obéit pas au notaire.

— Hé!... fieu, — s'écria Guillaume Caillet en s'adressant à Mazurec d'un ton de reproche, — t'entends donc point ce doux sire ? Il te dit de mettre les deux bras en croix, comme ça... tiens... fieu... regarde-moi...

Ces derniers mots *regarde-moi* furent accentués de telle force par le vieux paysan que Mazurec releva la tête et comprit la signification du coup d'œil rapide que lui lança Guillaume. Aussi, obéissant dès lors aux ordres du notaire, le condamné plaça ses bras en croix sur sa poitrine.

— Maintenant, — reprit le tabellion, — lève la tête vers notre sire et répète mes paroles : « Monseigneur, je me repens humblement d'avoir eu l'audace de m'emporter en mauvaises paroles contre vous. »

Le serf hésita un moment, puis faisant un violent effort sur lui-même, il répéta d'une voix sourde : — Monseigneur, je me repens humblement d'avoir eu l'audace de m'emporter... en... mauvaises paroles... contre vous.

— *Item,* — poursuit le notaire : « Je me repens non moins humblement, monseigneur, d'avoir voulu méchamment m'opposer à ce que vous usassiez de votre droit de prémices sur une de vos vassales que j'ai prise pour ma femme. »

La résignation de Mazurec était à bout ; les dernières paroles du notaire rappelant au malheureux serf la violence infâme dont avait été victime la douce vierge qu'il aimait tendrement, il poussa un cri déchirant cacha sa figure entre ses mains et tomba la face contre terre en poussant des sanglots convulsifs. A ce spectacle, Mahiet, aussi navré que courroucé, allait, malgré lui, céder à son indignation, lorsqu'il entendit la voix de Guillaume Caillet. Celui-ci, se baissant vers Mazurec comme pour l'aider à se relever, lui avait dit deux mots à l'oreille sans être entendu de personne et continuait tout haut : — Hé ! fleu... quoi que t'as donc... à larmoyer mon garçon ?... On te dit que notre bon seigneur te pardonnera ta faute quand t'auras répété les mots qu'on te demande... Trédame ! degoise-les donc vivement ces mots !

— Mazurec, la figure baignée de larmes, et avec un sourire de damné, répéta ces mots après que le notaire les lui eût redits :

— Monseigneur, je me repens d'avoir voulu méchamment m'opposer à ce que vous usassiez de votre droit de prémices... sur ma femme.

« — En repentance de quoi monseigneur, — poursuivit le notaire, — je me remets humblement à votre merci et miséricorde... »

— En repentance de quoi, monseigneur, — articula Mazurec d'une voix affaiblie, — je me remets à votre merci et miséricorde...

— Ainsi soit-il, — dit le sire de Nointel d'un ton hautain et railleur, — je t'accorde merci et miséricorde... mais tu ne seras libre qu'après avoir satisfait au duel judiciaire où tu es appelé par mon hôte *Gérard de Chaumontel,* noble homme que tu as outrageusement diffamé en l'accusant de larcin. Puis, s'adressant à l'un des écuyers : — Que l'on garde ce manant jusqu'à l'heure du tournoi et que l'on rende la fille à son père. — Le jeune seigneur se dirigeant alors vers la porte de l'église avec ses amis leur dit en riant : — La leçon sera bonne pour *Jacques Bonhomme.* Savez-vous, messeigneurs, que ce lourdeau commence à vouloir dresser l'oreille et se rebeller contre nos droits ; quoiqu'elle fût gentillette, je me souciais assez peu de la femme de ce paysan ; mais il fallait prouver à cette mauvaise plèbe rustique que nous la possédons corps et âme ; aussi, mes seigneurs, n'oublions jamais le proverbe : *Poignez vilain, il vous oindra ; oignez vilain, il vous poindra.* Et sur ce, allons entendre la sainte messe ; vous me direz si Gloriande de Chivry, ma fiancée, que vous allez admirer à mon banc seigneurial, n'est pas un astre de beauté. — Heureux Conrad — dit Gérard de Chaumontel, le chevalier larron, — une fiancée belle et radieuse comme un astre et, par surcroît, la plus riche héritière de ce pays, puisque après la mort du comte de Chivry, sa seigneurie, faute de hoirs mâles, retombera de lance en quenouille ! Ah ! Conrad ! quels jours tissus d'or et de soie tu fileras, grâce à l'opulente quenouille de Gloriande de Chivry !

Au moment où les seigneurs ainsi devisant venaient d'entrer dans l'église, Mazurec, gardé prisonnier, disparaissait sous la voûte, et un homme du sire de Nointel amenait *Aveline-qui-jamais-n'a-menti.* Elle avait dix-huit ans au plus ; malgré sa pâleur et le bouleversement de ses traits, sa beauté était éblouissante. Elle marchait d'un pas défaillant, encore vêtue de son humble robe de noce en grosse toile blanche, ses cheveux épars couvraient à demi ses épaules ; ses bras meurtris portaient encore les traces de liens durement serrés, car cette nuit-là même, pour triompher de la résistance désespérée de sa victime, le sire de Nointel avait dû la faire garrotter. Ecrasée de honte à la pensée d'être ainsi livrée en spectacle à la foule, Aveline, dès son entrée sur le parvis, ferma les yeux par un mouvement involontaire, et ne vit pas d'abord Mazurec que l'on reconduisait en prison ; mais au cri déchirant qu'il poussa... elle tressaillit, trembla de tous ses membres, et son regard rencontra celui de son mari, regard navrant, désolé, où se peignaient à la fois un amour passionné et une sorte de répulsion douloureuse mêlée de jalousie féroce, soulevée chez Mazurec par le souvenir de l'outrage que sa femme avait subi. Ce dernier sentiment se trahit par un mouvement involontaire de ce malheureux qui, fuyant le regard suppliant d'Aveline, fit un geste d'horreur, cacha sa figure entre ses mains et s'élança sous la voûte comme un insensé suivi des hommes d'armes chargés de veiller sur lui.

— Il me méprise... — murmura la serve d'une voix mourante en suivant son mari d'un

œil hagard, — maintenant il ne m'aime plus.
— En disant ces mots, Aveline devint livide, ses genoux se dérobèrent sous elle; elle perdit connaissance et fût tombée sur le sol sans Guillaume Caillet qui, accourant, la reçut entre ses bras et lui dit : — Ton père te reste. — Puis, aidé d'Adam le Diable, il la souleva, et tous deux, emportant la jeune fille évanouie entre leurs bras, disparurent dans la foule.

Mahiet l'Avocat, témoin de ce navrant spectacle, entra précipitamment sous la voûte qui aboutissait au parvis, rejoignit les gardiens de Mazurec, et dit à l'un d'eux :

— Ce serf que l'on emmène est appelé en duel judiciaire, est-il vrai, camarade ?

— Oui, — répondit l'homme d'armes, — il doit se battre contre le chevalier Gérard de Chaumontel. Telle est la sentence prononcée.

— Il faut que je parle à ce serf.

— Il ne doit communiquer avec personne...

— Je suis son parrain d'armes dans ce combat, oserais-tu m'empêcher de voir et d'entretenir mon client? par la mort Dieu! je connais la loi... et si tu refuses...

— Il n'est pas besoin de crier si fort... Si tu es le parrain d'armes de Jacques Bonhomme... viens... tu as là un triste champion !

. . . .

Le tournoi ou *pardon d'armes*, ruineux spectacle offert à la noblesse du pays par le sire de Nointel à l'occasion de ses fiançailles, avait lieu dans une vaste prairie située aux portes de la ville ; le lieu du combat appelé *champ clos* ou lice de bataille, était, selon l'ordonnance royale de l'an 1306, de quatre-vingts pas de longueur sur quarante de largeur et entouré d'un double rang de barrières, laissant entre elles un espace de quatre pieds. Dans cet intervalle se tiennent les sonneurs de trompe ou de clairons ; les valets des chevaliers combattants sont aussi en cet endroit, prêts à retirer leurs maîtres de la mêlée, ou à les secourir lorsqu'ils tombaient de cheval, car ces preux tournoyeurs sont couverts d'armures si épaisses, si pesantes, qu'ils peuvent difficilement remuer. En dedans de ces barrières, l'on voit encore les hérauts et sergents d'armes chargés de maintenir l'ordre dans le tournoi et de juger les coups douteux. La plèbe de la ville et des campagnes voisines, accourue à ce spectacle au sortir de la messe, se presse au dehors des lices ; rien de plus déguenillé, de plus hâve, d'un aspect plus misérable, plus poignant que cette foule dont les labeurs écrasants fournissent seuls aux folles prodigalités de leurs seigneurs. La seule consolation de ces pauvres gens hébétés et craintifs est de pouvoir assister de loin, comme en ce jour, aux somptuosités qu'ils payent de leurs sueurs, de leur sang. Les vassaux sortant de leurs huttes de terre, où, épuisés par la faim, brisés de fatigue, — ils couchent chaque soir pêle-mêle sur le sol fangeux, comme des bêtes dans leur tanière, — contemplent avec une surprise mêlée parfois d'une haine farouche la brillante assemblée couverte de soie, de velours, de broderies et de joyaux, qui remplit un vaste amphithéâtre orné de tapis et de riches tentures, élevé sur toute la longueur de l'un des côtés du champ clos et réservé aux nobles dames, aux seigneurs et aux prélats du pays. De chaque côté de cet amphithéâtre, abrité contre le soleil et la pluie par des velariums, sont deux tentes destinées aux chevaliers qui prennent part aux joutes ; là ils revêtent leurs lourdes armures avant le combat, là encore on les transporte, lorsque, par suite d'une chute de cheval, ils ont été contus. De nombreuses bannières aux armes du sire de Nointel flottent au sommet des poteaux qui entourent la lice. La reine du tournoi est GLORIANDE, noble damoiselle, fille de *Raoul, comte et seigneur de* CHIVRY, et fiancée depuis un mois à Conrad de Nointel. Magnifiquement parée d'une robe incarnate brochée d'or, ses cheveux noirs tressés de perles, grande et remarquablement belle, mais d'une beauté hautaine et hardie, la lèvre dédaigneuse, le regard impérieux, Gloriande trône superbement sous une espèce de dais placé au milieu de l'estrade d'où elle peut dominer le champ clos. Son père, fier de la beauté de sa fille, se tient debout derrière elle ; les nobles hommes et les nobles dames de l'assemblée, quel que soit leur âge, sont assis sur des banquettes de chaque côté du dais où se pavane la jeune reine du tournoi. Soudain les clairons sonnent l'ouverture des passes d'armes. Un héraut vêtu mi-partie rouge et jaune, aux couleurs de Nointel, s'avance au milieu du champ clos et s'écrie selon l'usage : « — Ecoutez, écoutez, seigneurs chevaliers, gens de tous états : notre souverain seigneur et sire, par la grâce de Dieu, JEAN, roi des Français, défend, sous peine de vie et de la confiscation des biens, de parler, de crier, de tousser, de cracher, de faire aucun signal pendant le combat. »

Le plus profond silence s'établit ; l'une des barrières s'abaisse, et le sire de Nointel, revêtu d'une brillante armure d'acier rehaussée d'ornements d'or, paraît dans la lice ; monté sur un vigoureux destrier richement caparaçonné qu'il fait piaffer, caracoler avec aisance ; puis il s'arrête au pied du dais où trône Gloriande de Chivry, et la damoiselle, détachant sa gorgerette brodée de fils d'or, la noue au fer de la lance que son fiancé abaisse devant elle. Il est accepté par ce don de sa dame comme chevalier d'honneur : en cette qualité, il exerce une surveillance souveraine sur les combattants, et si, du bout de son arme, où flotte la gorgerette de la reine du tournoi, il touche l'un des tournoyeurs, celui-ci doit à l'instant cesser de combattre. En donnant sa gorgerette à son chevalier, la belle Gloriande a complètement mis à nu ses épaules et son sein ; elle accueille sans rougir les témoignages d'admiration de ses voisins dont les louanges libertines se ressentent fort de la crudité obscène du langage de ce temps-ci. Le sire de Nointel, après avoir fait le tour du champ clos en déployant de nouveau son adresse d'écuyer, revient se placer au bas de l'estrade, où est dressé le dais de la reine du tournoi, et lève sa lance. Aussitôt les clairons retentissent, les barrières s'ouvrent aux deux extrémités du champ clos, et chacune d'elles donne passage à un quadrille de chevaliers armés de toutes pièces, visières baissées, et seulement reconnaissables aux emblèmes ou à la couleur de leur bouclier et des banderoles de leur lance. Ces deux quadrilles, montés sur des chevaux bardés de fer, restent pendant un moment immobiles comme des statues équestres aux deux confins de la lice. Les lances de ces preux, longues de six pieds et dégarnies de fer, sont, comme on le dit, *courtoises ;* leur atteinte, aucunement dangereuse, ne peut que renverser de leurs montures les jouteurs mauvais écuyers. Le sire de Nointel consulte du regard la belle Gloriande. Elle fait d'un air majestueux un signe avec son mouchoir brodé. Aussitôt son chevalier d'honneur de pousser par trois fois le cri consacré : — *Laissez-les aller ! laissez-les aller ! laissez-les aller !*

Les deux quadrilles s'ébranlent, mettent leurs chevaux au galop, leurs lances en arrêt, et arrivent rapidement au milieu de la lice, où ils se heurtent, chevaliers et chevaux, avec un incroyable tintamarre de chaudronnerie. Dans le choc, la plupart des lances volent en éclats et les jouteurs désarçonnés se déclarent vaincus ; leur armure et leur cheval appartiennent de droit au vainqueur, car ces tournois sont un jeu de hasard comme celui des dés. Bon nombre de tournoyeurs renommés, plus avides de florins que d'une gloire puérile, tirent grand profit de leur adresse dans ces joutes ridicules, les adversaires qu'ils ont vaincu rachetant presque toujours leurs armes et leurs chevaux moyennant une rançon considérable. A un signal du sire de Nointel, une trêve de quelques instants succède au désarçonnement de deux des chevaliers qui ont roulé sur l'épaisse couche de sable dont le sol est prudemment couvert. Rien de plus piteux, de plus grotesque que la mine de ces preux désarçonnés. Leurs varlets les relèvent presque tout d'une pièce dans l'épaisse carapace de fer qui gêne leurs mouvements, et, les jambes raides, écartées, ils regagnent les barrières ruisselants de sueur, car ces nobles tournoyeurs portent sous leur armure, afin d'en amortir le frottement, un justaucorps et des chausses de peau rembourrés d'une épaisse garniture de crin. Les vaincus sortent honteusement de la lice, et les vainqueurs, après en avoir fait le tour en caracolant, s'approchent de l'amphithéâtre où trône la reine du tournoi ; ils inclinent leurs lances devant elle, par manière de galant hommage. La belle Gloriande leur répond par un gracieux sourire, et triomphants ils quittent la lice. Deux des cavaliers de chaque quadrille restent dans l'arène ; la lutte doit continuer à pied et à l'épée, épée non moins *courtoise* que la lance, c'est-à-dire sans pointe ni tranchant, de sorte que ces braves champions doivent s'escrimer avec des barres d'acier longues de trois pieds et demi, combat héroïque, d'autant moins périlleux que les vaillants qui l'affrontent sont préservés de tout danger par d'épais vêtements rembourrés de crin, recouverts d'une armure impénétrable.

A un nouveau signal du sieur de Nointel, une mêlée aussi furieuse que meurtrière s'engage entre les quatre preux. L'un d'eux, trébuchant, tombe à la renverse et demeure immobile et aussi empêché de se relever qu'une tortue couchée sur le dos ; un autre de ces Césars voit son épée brisée entre ses mains ; deux de ces quatre champions continuent de se battre et font rage. L'un porte un bouclier vert armorié d'un lion d'argent, l'autre un bouclier rouge armorié d'un dauphin d'or. Le chevalier au lion d'argent assène un si violent coup d'épée sur le casque de son adversaire, que celui-ci, étourdi du choc, tombe lourdement assis sur le sable de la lice. Victoire pour le chevalier au lion d'argent ! Ce grand vainqueur savoure superbement son triomphe en contemplant avec orgueil le vaincu piteusement assis à ses pieds ; puis, aux acclamations enthousiastes de la noblesse assemblée, le chevalier du lion d'argent s'approche du trône de la reine du tournoi, met devant elle un genou en terre, relève sa visière, et la belle Gloriande, après avoir jeté au cou du vainqueur une riche écharpe pour prix de sa vaillance, se baisse et, selon l'usage de ce temps-ci, lui donne sur les lèvres un long et plantureux baiser. Ce devoir attaché à ses fonctions honorifiques, Gloriande l'accomplit sans rougir et avec une aisance coutumière, car grâce à sa beauté, la damoiselle de Chivry a été maintes fois choisie dans le pays comme reine des tournois. Les clairons sonnent la victoire du chevalier au lion d'argent victorieux qui, se rengorgeant sous sa riche écharpe, met le poing sur la hanche, fait le tour de la lice et sort par l'une des barrières.

Ces premières passes d'armes sont suivies d'un intervalle pendant lequel les pages du sire de Nointel, porteurs de coupes, de plats et de hanaps d'or et d'argent, qui étincellent aux yeux éblouis des manants, font circuler parmi

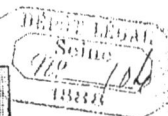

Gaulois contre Franck. Mazurec et le chevalier de Chaumontel (page 21)

noble assistance de l'amphithéâtre l'hypocras et les vins épicés, accompagnés de fines et succulentes pâtisseries. Chacun fait honneur à l'hospitalière magnificence du seigneur de Pointel. Ces seigneurs, leurs femmes et leurs filles achevaient de prendre gaiement leur réfection en devisant des divers incidents du tournoi, lorsqu'un sourd frémissement courut soudain dans la foule des paysans et des bourgeois entassés en dehors des barrières. Le populaire, jusqu'alors témoin des joutes, de la passe d'armes, n'avait éprouvé qu'un sentiment de curiosité ; mais dans le combat qui, disait-on, allait suivre ces luttes inoffensives, le populaire se sentait pour ainsi dire en cause. Il s'agissait d'un duel à mort entre un vassal et un chevalier, celui-ci à cheval et armé de toutes pièces, le vassal à pied, vêtu d'un sarrau et armé d'un bâton. Les plus craintifs, les plus abrutis des vassaux se sentaient révoltés à la pensée de cette lutte d'une féroce inégalité qui vouait l'un des leurs à une mort certaine. Ce fut donc au milieu d'un silence plein d'angoisse et d'irritation contenue que l'un des hérauts d'armes cria par trois fois, en s'avançant au milieu du champ clos, les mots consacrés : — *Que l'appelant vienne !...*

Le chevalier Gérard de Chaumontel, qui en *appelait* à l'épreuve du duel judiciaire contre l'accusation de vol soutenue par Mazurec, sort de l'une des tentes voisines et entre à cheval dans la lice, armé de toutes pièces ; son bouclier pend à son cou, sa visière est levée ; il porte à la main une petite image de saint Jacques, pour lequel ce bon catholique semble professer une dévotion particulière ; ses deux parrains, à cheval, comme lui, chevauchent à ses côtés. Ils font, ainsi que lui, le tour des barrières, tandis que la belle Gloriande dit à son père d'un ton dédaigneux : — Quelle honte pour la noblesse de voir un chevalier réduit, pour prouver son innocence, à combattre un manant !

— Ah! ma fille, dans quel temps vivons-nous! — reprit le vieux seigneur en grommelant, — ces damnés légistes royaux mettent leurs griffes sur tous nos droits, sous l'impertinent prétexte de les légaliser. N'a-t-il point fallu un arrêt de la sénéchaussée de Beauvoisis pour autoriser notre ami Conrad à user de son droit seigneurial sur cette misérable vilaine révoltée... — Mais, se rappelant que sa fille était fiancée au sire de Nointel, le comte de Chivry s'arrêta court. Gloriande devina la cause de la réticence de son père et lui dit avec une hauteur presque courroucée : — Me croyez-vous jalouse d'une pareille espèce? Puis-je regarder des serves comme des rivales?

— Non, non, je ne te fais point cette injure, ma fille... mais enfin la rébellion de cette vassale contre son seigneur est chose aussi nouvelle que monstrueuse. Ah! l'esprit de révolte de ces communes populacières, quoiqu'en partie détruites aujourd'hui, s'est propagé jusque dans nos domaines et a infecté nos paysans, et voilà que, par surcroît, la royauté porte une nouvelle atteinte à nos droits en prétendant qu'ils doivent être sanctionnés par les légistes. Maudits soient tous les rois réformateurs!

— Mais, mon père, ces droits nous restent.

— Corbleu! ma fille... nos privilèges ont-ils donc besoin de la confirmation des gens de robe? Notre race ne tient-elle pas ses droits seigneuriaux de l'épée de nos aïeux? Non, non, la royauté veut tout tirer à elle et sucer seule le populaire jusqu'à la moelle des os.

— Les rois, — dit un autre chevalier, — ne nous ont-ils pas enlevé un de nos meilleurs profits, la fabrication des monnaies dans nos seigneuries, sous prétexte que nous faisions de faux-monnayage? Au diable les rois défenseurs du droit! Aux enfers tous les gens de plume!

— Corbleu! cela fait bouillir le sang dans les veines, — s'écria le comte de Chivry; — est-il au monde pire monnaie que la monnaie royale? On a coupé en quartiers des faux-monnayeurs moins larrons que notre roi Jean et ses aïeux.

— Que ce bon prince ne compte pas sur nous, — reprit un autre chevalier. — La trêve avec les Anglais expire bientôt; si la guerre recommence, le roi Jean ne verra ni un de mes hommes, ni un de mes écus... Puisse-t-il laisser ses os dans la mêlée...

— Ah! messeigneurs, — dit Gloriande en étouffant un bâillement, — que votre conversation est pesante! Parlons donc de la Cour d'amour qui doit bientôt tenir à Clermont ses plaids amoureux pour laquelle je ferai venir les plus habiles floresses de coiffes de Paris. J'attends aussi un lombard qui doit m'apporter de magnifiques étoffes, brochées d'or et d'argent, que je porterai pendant la solennité.

— Mais avec quoi payerez-vous toutes ces belles choses? — s'écria le comte de Chivry! Comment fournirons-nous aux dépens de brillants tournois et aux somptuosités des Cours d'amour, si, d'un côté le roi nous ruine et que, de l'autre, *Jacques Bonhomme* se refuse à travailler pour nous...

— Ah! ah! ah! cher père, — dit la belle Gloriande en éclatant de rire, Jacques Bonhomme ne regimbera pas; et au premier claquement du fouet de l'un de vos veneurs, vous verrez ces manants se coucher à plat ventre. Et tenez, ajouta la damoiselle en redoublant ses éclats de rire, — voilà ce terrible Jacques Bonhomme... n'a-t-il pas l'air bien redoutable? Elle montrait du geste Mazurec l'Agnelet qui, au second appel du héraut d'armes venait d'entrer dans la lice accompagné de ses deux parrains, Mahiet l'Avocat d'armes et Adam le Diable. Mazurec, vêtu de son *bliaud* ou blouse (l'antique saie gauloise) de grosse toile bise comme ses chausses, portait un bonnet de laine, et ses sabots cachaient à demi ses pieds nus. Mahiet son parrain d'armes, tenait à la main un gros bâton de cormier de quatre pieds de longueur (selon l'ordonnance), choisi et fraîchement coupé par l'avocat dans un taillis voisin, parce que vert le cormier est très pesant et se brise difficilement. L'*appelé*, ainsi que l'*appelant* dans ce duel judiciaire, devait faire le tour de la lice avant le combat. Le serf accomplit, sombre et morne, à pas lents et mesurés, cette formalité accompagné de ses deux parrains.

— Mon brave garçon, — disait l'avocat à Mazurec, — n'oublie pas mes conseils et tu auras chance de mettre à mal ton noble larron, quoiqu'il soit à cheval et armé de toutes pièces.

— J'aime autant mourir, — répondit le serf avec accablement et continuant de marcher entre ses deux parrains la tête baissée, le regard fixe. — Ce matin, quand j'ai revu Aveline, ç'a été pour moi comme un coup de couteau en plein cœur, ajouta-t-il en sanglottant. — Ah! je suis un homme perdu!

— Ventre-Dieu! Par le nombril du pape! pas de faiblesse, — s'écria Mahiet, alarmé de l'abattement de son client; où est donc ton courage? Ce matin, d'agnelet tu étais devenu loup.

— Vivre maintenant avec ma pauvre femme serait pour moi un supplice de tous les jours, murmura le serf, j'aime mieux que le chevalier me tue tout de suite.

En parlant ainsi, Mazurec avait parcouru la moitié du champ clos accompagné de ses deux parrains. Ceux-ci, de plus en plus effrayés du découragement de ce malheureux, passaient en ce moment avec lui au pied de l'amphithéâtre où siégeaient la noblesse du pays et la belle

Gloriande. Adam le Diable, jetant un coup d'œil expressif à l'avocat, poussa du coude Mazurec et lui dit tout bas : — Regarde donc la fiancée de notre sire... Jarni ! est-elle belle ! Ça va-t-il faire un joli mariage ! Hein ! vont-ils être heureux, ces deux amoureux ! — A ces mots, qui tombaient comme du plomb fondu sur la plaie saignante de son cœur, le vassal tressaillit convulsivement. — Regarde-la donc, cette belle damoiselle, — poursuivit Adam le Diable, — vois comme elle est joyeuse sous ses riches atours ! Entends-tu comme elle rit ?... Va, pour sûr, elle rit de toi et de la femme qui, cette nuit, a été forcée par notre sire... Mais regarde donc la belle damoiselle ! je crois, Dieu me damne, qu'elle se moque de toi.

Mazurec, sortant de son accablement et sentant la rage lui monter au cœur, leva brusquement la tête. Pendant un moment, il contempla d'un œil ardent et rougi par les larmes la fiancée de son seigneur, cette fière damoiselle resplendissante de parures et de beauté, rayonnante de bonheur, entourée de brillants chevaliers qui, quêtant ses sourires, s'empressaient autour d'elle.

— A cette heure, la fiancée boit sa honte et ses larmes, — dit tout bas à l'oreille de Mazurec la voix mordante d'Adam le Diable. — Quoi ! pour venger Aveline et toi, tu n'essayerais pas de tuer ce noble qui t'a volé !..... Ce larron a causé ton malheur !...

— Mon bâton ! — s'écria le vassal en bondissant, ivre de fureur, au moment où un des sergents d'armes venait lui signifier qu'il ne pouvait s'arrêter ainsi dans la lice à regarder les dames et qu'il eût à se rendre dans l'une des tentes afin de prêter, avant le combat, les serments d'usage entre les mains du curé de Nointel. Mazurec, possédé de haine et de rage, suivit précipitamment les pas du sergent, et Mahiet, marchant plus lentement, dit à Adam le Diable :

— Vous avez dû souffrir beaucoup au cours de votre existence... Je vous écoutais tout à l'heure. Vous savez trouver le vif de la haine...

— Il y a trois ans, — répondit le serf d'un air farouche, — j'ai tué ma femme d'un coup de hache, et je l'aimais à l'adoration.....

— A Bourcy... près de Senlis.

— Qui vous l'a dit ? Comment le savez-vous ?

— Je passais en ce village le jour du meurtre... Vous avez préféré voir votre femme morte que souillée par votre seigneur.

— Oui. Tel était mon sentiment à cet égard.

— Et comment êtes-vous devenu serf de cette seigneurie ?

— Ma femme tuée, je me suis caché pendant un mois dans la forêt de Senlis, où j'ai vécu de racines, et puis je suis venu en ce pays. Guillaume m'a donné asile ; je me suis offert à l'intendant de la seigneurie de Nointel comme bûcheron. Au bout d'un an, l'on m'a compté parmi les vassaux du domaine ; j'y suis resté par amitié pour Guillaume.

Mazurec, pendant l'entretien de ses deux parrains, était arrivé près de la tente où il devait prêter les serments d'usage, ainsi que le chevalier de Chaumontel. Le curé de Nointel, vêtu de ses habits sacerdotaux et tenant à la main un crucifix, dit au serf et au chevalier :

— *Appelant* et *appelé*, ne fermez pas les yeux sur le péril où vous exposez vos âmes en combattant pour une mauvaise cause ; si l'un de vous veut se rétracter et se mettre à la merci de son seigneur et du roi, il le peut encore ; mais bientôt il ne sera plus temps. Vous allez, l'un ou l'autre, voir tout à l'heure les portes de l'autre monde ; là vous trouverez assis un Dieu impitoyable au parjure. *Appelant* et *appelé*, songez-y. Tous les hommes sont également faibles devant la justice de Dieu, car l'on n'entre point armé dans le royaume éternel. Voulez-vous vous rétracter ?

— Je soutiendrai jusqu'à la mort que ce chevalier m'a volé ; il a causé mes malheurs, — répondit Mazurec avec une rage concentrée ; — si le bon Dieu est juste, je tuerai cet homme !

— Et moi, je jure Dieu que ce vassal ment par sa gorge et me diffame outrageusement, — s'écria le chevalier de Chaumontel ; — je prouverai son imposture par l'intercession du Seigneur et de tous ses saints, notamment par le bon secours de messire saint Jacques, mon bienheureux patron.

— Oui, et surtout par le bon secours de ton armure, de ta lance et de ton épée, — ajouta Mahiet. — Infamie ! combattre à cheval, casque en tête, cuirasse au dos, épée au côté, lance au poing, un pauvre homme à pied, armé d'un bâton. Oui, tu agis comme un lâche. *Ergo*, tout lâche doit être larron ; *ergo*, tu as volé la bourse de mon client !

— Oser me parler ainsi ! s'écria le chevalier de Chaumontel ; — toi, mauvais routier ! méchant truand ! affreux scélérat !

— Joies du ciel ! des injures, s'écria Mahiet l'Avocat avec ravissement ! — Ah ! dom larron, si tu n'es pas le plus couard des lièvres à deux pattes, tu vas me suivre derrière ce pavillon, sinon je fouette à coups de fourreau d'épée ton ignoble face de malandrin.

Gérard de Chaumontel, pâle de courroux, allait peut-être, à l'extrême jubilation de Mahiet, accepter sa provocation, lorsqu'un des parrains du chevalier lui dit :

— Ce bandit veut sauver son client en te provoquant au combat, ne tombe pas dans le piège. Occupe-toi du vassal.

Gérard de Chaumontel, suivant ce prudent avis, répondit à Mahiet d'un air méprisant : —

Lorsque, par les armes, j'aurai convaincu cet autre manant de son imposture, je verrai si tu mérites que je relève ton insolent défi.

— Tu veux donc tâter du fourreau de mon épée ? — s'écria l'avocat. — Mort-Dieu ! je ne te ménagerai pas le régal, et si ta face patibulaire ne rougit plus de honte, elle rougira sous mes coups ! Lâche et félon...

— Pas un mot de plus, sinon je te fais expulser de la lice par mes hommes, dit le héraut d'armes à Mahiet ; — un parrain n'a pas le droit d'injurier l'adversaire de son client.

Mahiet comprit qu'il serait obligé de céder à la force et se tut en jetant un regard navré sur Mazurec. Le curé de Nointel, élevant alors son crucifix, reprit de sa voix nasillarde : — *Appelant* et *appelé*, persistez-vous un chacun à soutenir votre cause comme bonne ? jurez-vous sur l'image du Sauveur des hommes ? Et le curé présenta le crucifix au chevalier qui ôta son gantelet de fer et, étendant la main sur l'image du Christ, s'écria :

— Ma cause bonne, j'en jure Dieu.

— Ma cause bonne, dit à son tour Mazurec, — j'en prends Dieu à témoin ; mais battons-nous vitement, oh ! vitement.

— Jurez-vous, — reprit le curé, — de n'avoir sur vous, l'un et l'autre, ni pierre, ni herbe, ni autre charme magique, charroi ou invocation de l'ennemi des hommes ?

— Je le jure, — dit le chevalier.

— Je le jure, — dit Mazurec haletant de haine. — Oh ! que de temps perdu !

— Et maintenant, *appelant* ou *appelé*, — s'écria le héraut d'armes, — la lice vous est ouverte... faites votre devoir.

Le chevalier de Chaumontel, armé de toutes pièces, saisissant sa longue lance, enfourcha son destrier, que l'un de ses parrains tenait par la bride, et Mahiet, pâle, ému, dit à Mazurec en lui remettant son bâton :

— Courage !... suis mes conseils... et, je l'espère, tu assommeras ce lâche... Un dernier mot au sujet de ta mère... Jamais elle ne t'a appris le nom de ton père...

— Jamais... je vous l'ai dit ce matin dans ma prison ; ma mère évitait toujours de me parler de mon père.

— Et elle s'appelait Gervaise ? — reprit Mahiet d'un air pensif. — De quelle couleur étaient ses cheveux ? ses yeux ?

— Ses cheveux étaient blonds et ses yeux noirs ; pauvre chère mère...

— Et elle n'avait aucun signe remarquable ?

— Elle avait une petite cicatrice au-dessus du sourcil droit...

Soudain les clairons retentirent ; c'était le signal du duel judiciaire. Mahiet, ne pouvant retenir ses larmes, serra Mazurec entre ses bras et lui dit : — Je ne peux, dans un pareil moment, te faire connaître la cause du double intérêt que tu m'inspires... Mes soupçons, mes espérances me trompent peut-être... mais courage... frappe ton ennemi à la tête...

— Courage, — reprit à son tour Adam le Diable à demi-voix. — Pour échauffer ta haine, pense à ta femme... souviens-toi que la fiancée de notre sire a ri de toi... Tue le larron, et patience... un jour nous rirons à notre tour de la noble damoiselle... surtout songe à ta femme... à sa honte de ce matin, à ta honte à toi... songe que vous êtes tous deux malheureux pour toujours, et hardi sur le noble ! Hardi... tu as un bâton, des ongles et des dents !

Mazurec l'Agnelet poussa un hurlement de rage et se précipita dans la lice au moment où, répondant à un geste du seigneur de Nointel, le maréchal du tournoi donnait le signal du combat à l'*appelant* et à l'*appelé* en criant par trois fois, suivant les usages consacrés :

— Laissez-les aller.

La noble assistance de l'amphithéâtre riait d'avance de la piètre défaite de Jacques Bonhomme ; mais, dans la foule plébéienne, tous les cœurs se serrèrent avec angoisse, dans ce moment décisif. Le chevalier de Chaumontel, homme vigoureux, armé de toutes pièces, monté sur un grand cheval bardé de fer, sa longue lance en arrêt, occupait le milieu de la lice, lorsque Mazurec s'y élança pieds nus, vêtu de sa blouse et tenant à la main son bâton. A l'aspect du serf, le chevalier qui, par mépris pour un pareil adversaire, avait dédaigné d'abaisser sa visière, piqua son cheval de l'éperon en baissant sa lance au fer acéré, et chargea son adversaire, certain de le transpercer du premier coup et de le fouler ensuite aux pieds de son cheval. Mais Mazurec, se souvenant des avis de Mahiet, évita le coup de lance en se jetant brusquement à plat ventre ; puis, se relevant à demi au moment où le cheval allait le broyer sous ses sabots, il lui asséna des deux mains un si violent coup de bâton sur les jambes du devant que le coursier, à cette vive atteinte, fléchit, fit un faux pas, faillit s'abattre et ébranla son cavalier sur sa selle.

— Félonie, — cria le sire de Nointel avec indignation, il est défendu de frapper les chevaux.

— Bien touché, brave bonnet de laine, — cria le populaire palpitant d'angoisse et battant des mains, malgré la sévérité des ordonnances royales qui commandaient aux spectateurs d'un tournoi le plus profond silence.

— Hardi, Mazurec ! — crièrent aussitôt Mahiet et Adam le Diable, — courage ! assomme le noble ! tue-le ! A mort ! à mort le larron !

Mazurec, voyant le chevalier ébranlé sur ses arçons par le faux pas de sa monture, jette son bâton, ramasse d'une main une poignée de sable et, d'un bond vigoureux, s'élance en croupe de

Gérard de Chaumontel pendant que celui-ci cherche à reprendre son équilibre ; puis, se cramponnant d'une main au cou du chevalier, le vassal le renverse à demi en arrière et, de son autre main, il lui frotte les yeux avec le sable qu'il vient de ramasser... A cette cuisante douleur, le noble larron, presque aveuglé, pousse un cri, abandonne sa lance et les rênes de son cheval afin de porter ses mains à ses yeux. Mazurec l'enlace alors de ses deux bras, parvient à le désarçonner et à le faire choir de sa monture d'où ils tombent tous deux en roulant dans l'arène. La foule, croyant le serf vainqueur du chevalier, bat des mains, trépigne de joie en criant : — Victoire au bonnet de laine !

Gérard de Chaumontel, quoique aveuglé par le sable et étourdi par sa chute, trouve de nouvelles forces dans la rage de se voir désarçonné par un manant et reprend facilement l'avantage ; car, dans cette lutte inégale contre cet homme couvert de fer, les étreintes de Mazurec sont vaines ; ses ongles s'émoussent sur le poli de l'armure de son adversaire, et celui-ci, parvenant à mettre le vassal sous ses deux genoux, lui martèle la tête sous les coups redoublés de son gantelet de fer. Mazurec, le visage meurtri, ensanglanté, prononce une dernière fois le nom d'Aveline et reste sans mouvement. Gérard de Chaumontel, dont la vue s'éclaircit peu à peu, non content d'avoir presque écrasé la figure du vassal, tire son poignard pour achever sa victime ; mais, après un moment de réflexion et par un raffinement de cruauté, il remet sa dague à sa ceinture, se dresse debout et appuyant son pied de fer sur la poitrine haletante de Mazurec, il s'écrie d'une voix forcenée :

— Que ce vil imposteur soit garrotté, puis mis dans un sac et jeté à la rivière comme il le mérite, c'est la loi du duel, il faut l'exécuter.

Et Gérard de Chaumontel alla rejoindre ses parrains en se frottant les yeux, tandis que les sergents d'armes vinrent enlever le corps du vassal pour le porter sur le pont d'une rivière voisine de l'amphithéâtre. Le curé de Nointel suivit le condamné, afin de lui donner les derniers sacrements lorsqu'il aurait repris connaissance et avant qu'il fût mis dans un sac et jeté à la rivière selon l'ordonnance. La foule, un moment frappée de stupeur et d'épouvante par le dénoûment du combat judiciaire, commençait à sortir de son silence et, malgré ses habitudes de respect envers les seigneurs, murmurait avec une indignation croissante. Plusieurs voix, s'élevant, disaient que le chevalier ayant été désarçonné par le vassal, celui-ci devait être regardé comme vainqueur et ne pas être supplicié ; mais un évènement imprévu venant surprendre et captiver l'attention populaire, coupa court à ces récriminations. Une assez nombreuse troupe d'hommes d'armes, couverts de poussière et dont l'un portait une bannière blanche fleurdelisée d'or, parut au loin dans la prairie, se rapprocha rapidement des barrières de la lice, et Mazurec fut oublié. Le sire de Nointel, partageant l'étonnement de la noble assistance à la vue de la troupe armée qui déjà touchait aux barrières, piqua des deux, et s'adressant à l'un de ces nouveaux venus, héraut d'armes au surcot blasonné de fleurs de lis, il le salue courtoisement et lui dit :

— Messire héraut, qui t'amène ici ?

— Un ordre du roi, notre maître. Je suis chargé d'un message pour tous les seigneurs et hommes nobles du Beauvoisis ; apprenant que grand nombre d'entre eux étaient ici, réunis, je suis venu. Ecoutez donc l'envoyé du roi Jean.

— Entre dans la lice et lis ton message à haute voix, — répondit Conrad de Nointel au héraut qui, tirant d'un sac richement brodé un parchemin, se mit en devoir d'en donner lecture.

— Ce message extraordinaire ne flaire rien de bon, dit à sa fille Gloriande le seigneur de Chivry ; — le roi Jean va nous demander quelque levée d'hommes pour sa guerre contre les Anglais, à moins qu'il ne s'agisse d'un nouvel édit sur les monnaies, autre royale pillerie.

— Ah ! mon père, si comme tant d'autres seigneurs, vous aviez voulu aller à la cour du roi Jean, si magnifiquement prodigue, dit-on, envers ses courtisans ; ainsi vous retrouveriez d'un côté ce que vous auriez donné de l'autre... Et puis, c'est, dit-on, un si charmant séjour que la cour... Ce sont fêtes royales, danses continuelles rehaussées de la plus fine galanterie. Il faudra que Conrad, après notre mariage, me conduise à Paris. Je veux briller à la cour du roi.

— Tu es une écervelée — dit le vieux seigneur en haussant les épaules ! puis il ajouta en fermant à demi sa main et l'approchant de son oreille en manière de cornet, afin de mieux entendre le héraut royal : — Quelle diable d'antienne va-t-il nous chanter ?

« Jean, par la grâce de Dieu, roi des Français, — disait le héraut lisant sur son parchemin, — à ses chers, amés et féaux seigneurs du Beauvoisis, salut. »

— Bon, bon, nous nous passerions fort bien de ta politesse et de tes saluts, — grommela le vieux seigneur de Chivry ; — on emmielle la pilule pour nous la faire avaler.

— De grâce, mon père, laissez-moi donc écouter le messager, — dit Gloriande avec impatience. — Il y a dans le langage royal comme un parfum de cour qui me ravit.

Le héraut poursuivit ainsi : — « L'ennemi mortel des Français, le prince de Galles, fils du roi d'Angleterre, a perfidement rompu la trêve qui ne devait expirer que dans quelque temps. Il s'avance à la tête d'une forte armée. »

— Nous y voilà, — s'écria le comte de Chivry en frappant du pied avec colère, — c'est une levée d'hommes que l'on va nous demander. Sang et massacre! au diable le roi! Le héraut continua la lecture de son message.

« Les Anglais, après avoir mis tout à feu et à sang sur leur passsage, s'avancent vers le cœur du pays. Afin d'arrêter cette invasion désastreuse et dans ce cas de grand danger public, nous imposons à nos peuples et à notre bien-aimée noblesse un double impôt pour cette année-ci; de plus, nous enjoignons, mandons et ordonnons à tous nos chers, amés et féaux seigneurs du Beauvoisis de prendre les armes, de lever leurs hommes et de venir, sous huit jours, nous rejoindre à Bourges, d'où nous marcherons contre les Anglais, que nous vaincrons avec l'aide de Dieu et de notre vaillante noblesse. Que chacun soit à son poste de bataille.

« Telle est notre volonté.   « JEAN. »

Cet appel du roi des Français à sa vaillante noblesse du Beauvoisis fut accueilli par la noble assistance avec une stupeur qui fit bientôt place à des murmures de courroux et de révolte. Nous refusons nos hommes et notre argent.

— Au diable le roi Jean! — s'écria le comte de Chivry. — Il nous a déjà imposé des subsides pour entretenir des gendarmes : qu'il les mène guerroyer! Nous resterons dans nos manoirs.

— Bon! — dit un autre seigneur, — il n'a pas levé un seul homme d'armes; tout notre argent a passé en plaisirs et en festins : la cour de Paris est un gouffre!

— Quoi! — reprit un autre, — nous nous efforcerons de faire suer à *Jacques Bonhomme* tout ce qu'il peut rendre, et le plus clair de ce revenu passerait dans les coffres du roi! Non, de par Dieu! non! Nous avons déjà trop donné.

— Que le roi se défende; ses domaines sont plus exposés que les nôtres, qu'il les protège!

— C'est à peine si nous suffisons, nous et nos hommes, à sauvegarder nos châteaux des bandes de Navarrais et de souldoyers qui ravagent le pays ; et nous abandonnerions nos demeures pour marcher contre l'Anglais! Corbleu! nous serions de fiers oisons.

— Et en notre absence, *Jacques Bonhomme*, qui semble avoir des velléités de révolte, ferait de beaux coups!...

— Par la mort-Dieu, messieurs, — s'écria un jeune chevalier, — nous ne pouvons cependant pas, à la honte de la chevalerie, rester cantonnés dans nos manoirs, tandis que l'on va se battre aux frontières.

— Hé! qui vous retient, mon jeune batailleur? — s'écria le comte de Chivry ; — êtes-vous curieux de guerroyer? eh bien! partez vite et tôt... Chacun dispose à son gré de sa personne et de ses hommes.

— Quant à moi, — s'écria la belle Gloriande avec une fière indignation, je n'accorde pas ma main à Conrad de Nointel, s'il ne part pour la guerre et s'il ne revient couronné des lauriers de la victoire, amenant à mes pieds dix Anglais enchaînés. Honte et lâcheté! un preux chevalier rester coi, lorsque son roi l'appelle aux armes! Je ne reconnaîtrai pour mon seigneur qu'un vaillant chevalier.

Malgré les héroïques paroles de Gloriande et quelques rares protestations contre l'égoïste et ignominieuse couardise du plus grand nombre de ces seigneurs, un murmure général d'approbation accueillit les paroles du vieux sire de Chivry qui, encouragé par cet assentiment presque unanime, se dressa sur sa banquette et répondit au héraut d'une voix retentissante :

— Messire, au nom de la noblesse du Beauvoisis, je te réponds que nous avons si fort à faire dans nos domaines qu'il nous serait désastreux de nous en aller guerroyer au loin; d'ailleurs, l'on avisera aux demandes du roi, lorsque les députés de la noblesse et du clergé seront prochainement réunis en assemblée aux états généraux. Jusque là nous demeurerons tranquilles chez nous.

Une soudaine explosion de huées, partie de la foule, répondit aux paroles du sire de Chivry, et Adam le Diable, laissant pour quelques instants Mahiet l'Avocat auprès de Mazurec qui, revenu à lui, attendait l'heure de son supplice, courut se mêler à différents groupes de serfs, leur disant :

— Les entendez-vous, ces beaux sires?... A quoi sont-ils bons? A se battre dans les tournois avec des lances sans fer et des épées sans tranchant, ou à faire les bravaches en se battant armés de pied en cap contre Jacques Bonhomme armé d'un bâton.

— C'est vrai, — répondirent plusieurs voix courroucées. Au diable la noblesse!

— Pauvre Mazurec l'Agnelet! ça fendait le cœur de voir son visage saigner sous les gantelets de fer de ce noble.

— Et maintenant, ils vont mettre Mazurec dans un sac et le jeter à l'eau! Ma fine... c'est vraiment point juste...

— Ah! lorsque, par la lâcheté de nos seigneurs, l'Anglais arrivera jusqu'en ce pays, reprit Adam le Diable, nous serons entre nos maîtres et l'Anglais comme le fer battu entre l'enclume et le marteau. Pressurés par ceux-ci, pillés, larronnés par ceux-là, notre sort sera deux fois pire. Malheur sur nous!

— C'est ce qui arrive déjà quand les bandes de routiers s'abattent sur nos villages. On se sauve dans les bois, et, quand on revient, on trouve les maisons en flammes ou en cendres!

— Hélas! mon Dieu! quel sort que le nôtre!

— Notre curé dit pourtant que c'est notre salut!... dans le ciel! Autre duperie!

— Misère de nous! si, par-dessus tous nos maux, il faut encore être ravagés, torturés par les Anglais, c'est à périr tous.

— Oui, et tous nous périrons par la lâcheté de nos seigneurs, — reprit Adam le Diable. — Retranchés et approvisionnés dans leurs châteaux forts, eux, leurs familles et leurs hommes, ils nous laisseront piller, massacrer par les Anglais! Hélas! quel sort nous est réservé!

Et quand tout aura été dévasté chez nous, — reprit un autre serf avec désespoir, — notre seigneur nous dira comme il nous a dit lorsque la dernière bande des routiers a passé sur le pays comme un ouragan : « Paye ta redevance, *Jacques Bonhomme*. — Mais, monseigneur, les routiers nous ont tout pris; il ne nous reste que nos yeux pour pleurer, et nous pleurons. — Ah! tu regimbes, Jacques Bonhomme! vite les coups de bâton, la torture. » Ah! c'est par trop fort aussi... trop est trop! faut que ça finisse! A mort les nobles et les prêtres!

Les murmures de la plèbe rustique, d'abord sourds éclatèrent bientôt en huées, en imprécations si menaçantes et si directes à l'endroit de la noblesse, que les seigneurs, un moment abasourdis de l'incroyable audace des récriminations de Jacques Bonhomme, se dressèrent furieux, mirent l'épée à la main et, au milieu des cris effarés des dames et des damoiselles, descendirent précipitamment les degrés de l'amphithéâtre, afin de châtier les manants en se mettant à la tête des sergents du tournoi, de leurs hommes d'armes et de ceux du héraut royal qui se rangea du côté de la seigneurie contre les vassaux.

— Amis, cria Adam le Diable en courant parmi les groupes des serfs pour enflammer leur courage, — si les seigneurs sont cent, nous sommes mille. Est-ce que tout à l'heure Mazurec avec son bâton et une poignée de sable n'a pas désarçonné un chevalier ? Prouvons à ces nobles que nous ne les craignons pas. Aux pierres! aux bâtons! délivrons Mazurec l'Agnelet! A mort les nobles!

— Oui, oui, aux pierres! aux bâtons! délivrons Mazurec! répondirent les plus hardis de la foule, — au diable nos seigneurs qui veulent nous laisser à la merci des Anglais!

Déjà, sous la pression de cette multitude furieuse, une partie des barrières de la lice s'était rompue; grand nombre de vassaux, s'armant de ces débris de charpente, redoublaient d'imprécations et de menaces contre les seigneurs, lorsque Mahiet l'Avocat, attiré par le tumulte, se jeta dans la foule et, avisant Adam le Diable qui, l'œil étincelant, brandissait déjà comme une massue l'un des pieux de la barrière, courut à la rencontre du serf et s'écria : — Ces malheureux vont être écharpés... tu vas tout perdre... le moment n'est pas venu.

— Il est toujours temps d'assommer les nobles, — répondit Adam le Diable en grinçant des dents, et il redoubla ces cris : — Aux pierres! aux bâtons! délivrons Mazurec!

— Mais tu le perds! — s'écria Mahiet désespéré, — tu le perds! et j'espérais le sauver. — Puis, s'adressant aux serfs qui l'entouraient : — N'attaquez pas les seigneurs, vous êtes en rase plaine, ils sont à cheval, vous serez massacrés. Allons! battez en retraite.

La voix de Mahiet se perdit au milieu du tumulte, et ses efforts demeurèrent impuissants devant l'exaspération de la multitude. Il se trouva séparé d'Adam le Diable par un reflux de la foule, et bientôt les prévisions de l'avocat ne se réalisèrent que trop. La noblesse, un moment surprise et effrayée de l'agression de *Jacques Bonhomme*, agression jusqu'alors inouïe, se rassura, et bientôt ayant à sa tête le sire de Nointel, une cinquantaine d'hommes d'armes, de sergents et de chevaliers sautant à cheval, s'avança en bon ordre, chargea à coups d'épée, de lance et de masses d'armes, les vassaux révoltés; les femmes, les enfants mêlés à la foule, renversés, broyés sous les pieds des chevaux, poussèrent des cris déchirants; les paysans, sans ordres, sans chefs et déjà effrayés de leur propre audace, dont ils redoutaient les suites, prirent la fuite de tous côtés à travers la prairie; quelques-uns d'entre eux, les plus valeureux et les plus acharnés, se firent massacrer par les chevaliers, ou, trop grièvement blessés pour pouvoir s'échapper, restèrent prisonniers. Au plus fort de cette mêlée, Adam le Diable, déjà renversé d'un coup d'épée à la tête, cherchait à se relever, lorsqu'il sentit une main d'Hercule le saisir par le collet, le relever et, malgré sa résistance, l'entraîner loin de ce champ de carnage; le serf reconnut Mahiet, qui lui dit, en le forçant de le suivre : — Tu seras un homme précieux au jour de la révolte... mais se faire tuer aujourd'hui, c'est folie... Viens. Réservons-nous pour plus tard.

— Mazurec est perdu! — s'écria le serf avec désespoir en se débattant contre l'Avocat; mais celui-ci, sans répondre à Adam le Diable, déjà très affaibli par la perte du sang qui coulait de sa blessure, le força de se blottir à l'abri d'un amoncellement de branchages provenant des arbres abattus pour construire l'enceinte des lices, et tous deux restèrent étendus sur l'herbe.

. . . .

Le soleil s'est couché, la nuit vient. Les nobles dames, effrayées de l'émotion populaire, ont quitté le lieu du tournoi et, remontant sur leurs haquenées ou en croupe de leurs chevaliers, se sont dirigées vers leurs manoirs. A deux portées de trait des lices où sont restés les cadavres d'un assez grand nombre de serfs tués lors de leur vaine tentative de révolte, coule la rivière l'Orville. D'un côté, ses bords sont escarpés, mais de l'autre, ils sont bordés de nombreuses touffes de roseaux; on la traverse sur un pont de bois: à droite de ce pont sont plantés quelques vieux saules. Ils viennent d'être ébranchés à coups de hache, moins quelques gros rameaux fourchus assez forts pour servir de potence. Là sont déjà pendus les corps de quatre des vassaux restés prisonniers après leur rébellion; les corps de ces suppliciés se dessinent comme des ombres sur la limpidité du ciel crépusculaire; la nuit s'approche rapidement. Debout, au milieu du pont et entouré de ses amis, au milieu desquels se trouve Gérard de Chaumontel, le sire de Nointel fait un signe, et le dernier des révoltés restés captifs est, malgré ses cris, ses prières, pendu comme ses compagnons, à la saulaie de la rive. Alors un homme apporte sur le pont un grand sac de grosse toile grise, pareil à ceux dont se servent les meuniers; une forte corde passée à son orifice [en forme de coulisse permet de fermer étroitement ce sac. L'on amène Mazurec l'Agnelet étroitement garrotté; il s'est tenu jusqu'alors assis à l'une des extrémités du pont, à côté du curé. Celui-ci, après avoir été faire baiser le crucifix aux serfs que l'on a pendus, est revenu près du patient que l'on va noyer. Mazurec n'est plus reconnaissable; sa figure meurtrie, couverte de sang caillé, est hideuse; l'un de ses yeux a été crevé et son nez écrasé sous les coups furieux que lui a portés le chevalier de Chaumontel avec son gantelet de fer. Le bourreau entr'ouvre l'orifice du sac, tandis que le bailli de la seigneurie s'approche de Mazurec et lui dit: — Vassal, ta félonie est notoire, tu as osé accuser de larcin Gérard, noble homme de Chaumontel. Il en a appelé au duel judiciaire où tu as été vaincu et convaincu de mensonge et de diffamation; tu vas être, selon l'ordonnance royale, noyé jusqu'à ce que mort s'ensuive. C'est la sentence suprême, irrévocable.

Mazurec s'approche, et au moment où l'on va le saisir pour l'enfermer dans le sac, il lève la tête et, s'adressant au sire de Nointel et à Gérard, il leur dit, comme inspiré par une exaltation prophétique:

— On dit au pays que les gens qui vont périr sont devins; voilà ce que je prédis: — Gérard de Chaumontel, tu m'as volé et tu me fais noyer, tu seras noyé... Sire de Nointel, tu as violenté ma femme, ta femme sera violentée; ma femme mettra peut-être au jour un fils de noble; ta femme mettra peut-être au jour un fils de serf. Que Dieu se charge de ma vengeance! Il viendra le jour des représailles.

A peine Mazurec l'Agnelet achevait-il ces paroles que le bourreau se mit en devoir d'enfermer le patient dans le sac; Conrad pâlit, tressaillit à la sinistre prédiction de son vassal et ne put prononcer un mot; mais Gérard de Chaumontel, s'adressant au serf que l'on *ensaquait*, se mit à rire, et lui montrant du geste les cinq pendus qui se balançaient au vent du soir et que l'on apercevait encore vaguement comme des spectres à travers les pâles clartés du soir:

— Regarde les cadavres de ces vilains qui ont osé se rebeller contre leurs seigneurs! Regarde l'eau qui coule sous ce pont et qui va t'engloutir... si *Jacques Bonhomme* ose encore broncher, nos longues lances sont là pour le percer, les arbres branchus pour le pendre, et les rivières pour le noyer.

Mazurec a été enfermé dans le sac; au moment où ses bourreaux vont le précipiter dans la rivière, la voix du vassal crie une dernière fois du fond de son linceul:

— Gérard de Chaumontel, tu seras noyé..... Sire de Nointel, ta femme sera violentée...

Un éclat de rire méprisant du chevalier répondit à la prédiction du serf, et l'on entendit au milieu du silence de la nuit le bruit du corps de Mazurec l'Agnelet tombant dans les eaux profondes de la rivière.

— Viens, viens, — dit le seigneur de Nointel à Gérard d'une voix altérée, — retournons au château, ce lieu m'épouvante. La prophétie de ce misérable vilain me fait frissonner malgré moi... Il en a appelé aux représailles.

— Quelle faiblesse! Conrad, deviens-tu fou?

— Tout en ce jour est pour moi de mauvais augure! L'avenir m'épouvante.

— Que veux-tu dire? — reprit Gérard en suivant son ami qui s'éloignait d'un pas précipité. — Que parles-tu de mauvais augure? Allons, explique-moi la cause de cette terreur!

— Ce soir, Gloriande, avant de retourner à Chivry, m'a dit: — Conrad, nous serons demain fiancés dans la chapelle du château de mon père; je veux que le soir même vous partiez pour aller guerroyer avec le roi; mais je ne serai votre femme que si, au retour de la bataille, vous ramenez à mes pieds, comme gage de votre valeur, dix Anglais enchaînés faits prisonniers par vous. »

— Au diable la folle! — s'écria Gérard, — les romans de chevalerie lui ont tourné la tête!

« — Je veux, ajouta Gloriande, — que mon époux soit illustre par ses prouesses. Aussi, Conrad, demain je jurerai sur l'autel de finir mes jours dans un monastère, si vous êtes tué à la bataille ou si vous manquez aux promesses que j'exige de vous! »

— Mais ventre-Dieu! cette fille est folle avec ses Anglais enchaînés! Il n'y a que des coups à gagner à la guerre, et la fiancée risque de te voir revenir borgne, boîteux ou manchot..... si tu reviens... Au diable la folle demoiselle!...

— Il me faut céder au désir de Gloriande, il

Aveline et Mazurec (page 27)

n'est pas de caractère plus opiniâtre que le sien; d'ailleurs, elle m'aime autant que je l'aime; ses biens sont considérables; j'ai dissipé une partie de ma fortune à la cour du roi Jean; je ne peux donc renoncer à ce mariage, et, quoi qu'il m'en coûte, j'irai rejoindre l'armée avec mes hommes! C'est triste, mais il faut s'y résigner.

— Soit! mais alors bats-toi... prudemment et modérément.

— Je tiens fort à vivre afin d'épouser Gloriande... pourvu que pendant mon absence la prédiction de ce misérable vassal...

— Ah! ah! ah! — reprit Gérard de Chaumontel éclatant de rire et interrompant son ami, — ne vas-tu pas croire qu'en ton absence *Jacques Bonhomme* forcera ta fiancée?

— Ces vilains, chose inouïe, ont osé nous injurier, nous menacer, se ruer sur nous comme des bêtes féroces qu'ils sont.

— Tu s vu ces croquants fuir devant nos chevaux comme une nichée de lapins! les supplices de ce soir complèteront la leçon, et *Jacques Bonhomme* restera Bonhomme comme devant. Allons, déride-toi... et quoique je préfère cent fois la chasse, les tournois, le vin, le jeu et l'amour aux sottes et périlleuses prouesses de la guerre, je t'accompagnerai à l'armée, afin de te ramener vite près de la belle Gloriande. Quant aux Anglais prisonniers que tu dois conduire enchaînés à ses pieds, comme gage de ta vaillance, nous ramasserons à quelques lieues du manoir de ta dame les premiers manants qui nous tomberont sous la main, nous les garrotterons en leur défendant de prononcer un seul mot sous peine d'être pendus, et ils représenteront suffisamment les dix Anglais captifs. Ne trouves-tu pas l'idée plaisante? Conrad, Conrad, à quoi songes-tu?

105º livraison

— J'ai peut-être eu tort d'user de mon droit sur la femme de ce vassal, — reprit le sire de Nointel d'un air sombre et pensif ; — c'était un caprice libertin, car j'aime Gloriande ; mais la résistance de ce coquin qui t'accusait de vol... m'a irrité. — Puis, après un moment de silence, le sire de Nointel s'adressant à son ami : — Dis-moi la vérité ; entre nous, tu n'as pas larronné ce vilain ? le tour eût été plaisant... et je voudrais bien savoir si tu es le voleur.

— Conrad, ce soupçon est injurieux...

— Eh ! ce n'est pas dans l'intérêt de ce manant défunt que je te fais cette question, mais dans mon intérêt à moi.

— Comment cela ? Explique-toi clairement.

— Si ce vassal avait été injustement noyé... sa prophétie serait peut-être plus menaçante.

— Mort-Dieu ! est-ce que tu perds tout à fait la raison, Conrad ? Me vois-tu attristé parce que *Jacques Bonhomme* m'a prédit que je serai noyé ?... Corps-Dieu ! c'est moi qui veux noyer ta tristesse dans une coupe de ton vieux vin de Bourgogne... Allons, Conrad, à cheval... à cheval ! le souper nous attend, et après le festin, de jolies serves ; vivent la joie et l'amour ! courons ventre à terre jusqu'au manoir...

— J'ai peut-être eu tort de forcer la femme de ce serf, — répétait à part soi le sire de Nointel ; — je ne sais pourquoi en ce moment me revient à l'esprit une tradition conservée par la branche aînée de ma famille, qui habite l'Auvergne. Cette tradition raconte que la haine des serfs a souvent été fatale aux *Néroweg !*

— Hé ! Conrad, à cheval ; ton varlet tient l'étrier depuis une heure, — dit la joyeuse voix de Gérard. — A quoi penses-tu ?

— Je n'aurais pas dû forcer la femme de ce vassal, — murmura encore le sire de Nointel en montant à cheval et prenant la route de son manoir, accompagné de Gérard de Chaumontel.

. . . .

La salle basse du cabinet d'Alison la Vengroigneuse est close ; une lampe l'éclaire, la porte et les volets sont au dedans verrouillés. *Aveline qui jamais n'a menti* est à demi-étendue sur un banc, les mains croisées sur son sein, la tête appuyée sur les genoux d'Alison ; elle semblerait someiller, si de temps à autre un tressaillement convulsif n'agitait son corps ; son visage décoloré porte les traces des larmes qui, plus rares, s'échappent encore parfois de ses paupières gonflées. La cabaretière contemple cette infortunée avec une expression de pitié profonde. Guillaume Caillet, assis près de là, les coudes sur ses genoux, son front dans la main, ne quitte pas sa fille des yeux ; il s'est souvenu d'Alison et, comptant sur sa bonté, il a conduit Aveline dans la taverne à l'aide d'Adam le Diable, qui est ensuite retourné sur le lieu du tournoi, rejoindre Mahiet l'Avocat, qui plus tard l'a arraché du milieu de la mêlée.

Aveline, se redressant tout à coup effarée, s'écrie en proie à une sorte de délire :

— On le noie.... je le vois... il est noyé ! Avez-vous entendu le bruit de son corps tombant dans l'eau ? Mon fiancé est mort...

— Chère fille ! — dit Alison en fondant en larmes, — calmez-vous. Ayez confiance en Dieu... Peut-être aura-t-on eu pitié de lui...

— Elle a raison... c'est l'heure, — dit Guillaume Caillet d'une voix sourde ; — on devait noyer Mazurec à la fin du jour. Patience ! toute nuit a son lendemain. L'infortuné sera vengé.

Alison, qui soutient Aveline dans ses bras, entend heurter à la porte et dit à Guillaume :

— Qui peut venir à cette heure ?

Le vieux paysan se lève, s'approche de l'huis et dit au dehors.

— Qui va là.

— Moi, Mahiet l'Avocat, — répond une voix.

— Ah ! — murmure le père d'Aveline, — il vient de là-bas...

Et il ouvre à Mahiet ; celui-ci s'avance rapidement ; mais à l'aspect de la femme de Mazurec, soutenue presque défaillante dans les bras d'Alison, il se contient, s'approche de Guillaume et lui dit à voix basse : — Il est sauvé !

— Lui ! — s'écrie le serf avec stupeur, — sauvé !

— Silence ! — reprend Mahiet en montrant Aveline du regard — une pareille nouvelle trop brusquement apprise peut être fatale.

— Où est-il ? Où s'est-il réfugié ?

— Adam l'amène... il se soutient à peine... je le précède de quelques pas... Il pleut à torrents ; nous sommes venus à travers champs ; le couvre-feu a sonné, nous n'avons rencontré personne ; le pauvre Mazurec est sauvé.

— Je vais à leur rencontre, — dit Guillaume Caillet d'une voix palpitante. — Pauvre Mazurec ! cher fils ! cher enfant !

Mahiet s'approche d'Aveline, qui a jeté ses bras autour du cou d'Alison et sanglotte amèrement. — Aveline, — lui dit l'Avocat, — écoutez-moi, de grâce... Ayez courage et confiance...

— Il est mort, — murmure la serve en gémissant sans répondre à l'Avocat, — ils l'ont noyé.

— Non..... il n'est pas mort..... — reprend Mahiet, — il y a espoir de le sauver.

— Grand Dieu ! — s'écrie Alison, pleurant de joie et embrassant Aveline avec transport, — entends-tu, chère petite, il n'est pas mort...

Aveline joint les mains, veut parler ; mais les paroles expirent sur ses lèvres qui tremblent convulsivement.

— Voilà ce qui est arrivé, — reprit l'Avocat ; — on a mis Mazurec dans un sac... on l'a jeté à l'eau ; mais heureusement, — se hâta d'ajouter Mahiet, au moment où Aveline poussait un cri étouffé, — Adam le Diable et moi, profitant de la nuit, nous nous étions cachés dans les roseaux qui, à cent pas du pont, bordent la rivière ; son courant venait de notre côté ; nous voulions au moyen d'une longue perche, attirer à nous le sac où l'on avait enfermé Mazurec et l'en retirer à temps.

— Hélas! balbutia la jeune femme, — le secours est arrivé trop tard !

— Non, non, rassurez-vous, nous sommes parvenus à amener le sac sur la rive. Adam l'a fendu d'un coup de couteau, et nous avons retiré de ce linceul Mazurec respirant encore.

— Il vit! — s'écria la jeune fille folle de joie, et dans son premier mouvement elle se précipita vers la porte et tomba dans les bras de son père qui, rentré depuis quelques moments, est resté immobile au seuil.

— Oui, il vit, — dit Guillaume Caillet à sa fille en la serrant contre sa poitrine, — il vit... et le voilà...

Au même instant apparaît Mazurec, pâle, défait, ruisselant d'eau et soutenu par Adam le Diable ; soudain Aveline, au lieu de courir au-devant de son époux, s'arrête et recule avec épouvante en s'écriant : — Ce n'est pas lui !...

Elle ne reconnaissait plus Mazurec ! son œil crevé entouré de contusions bleuâtres, son nez écrasé, sa lèvre fendue et gonflée, changeaient tellement ses traits naguère si doux, si avenants, que l'hésitation de la femme du vassal dura pendant quelques instants ; mais bientôt revenue de sa poignante surprise, elle se jeta au cou de Mazurec et baisa ses blessures avec une sorte de frénésie. Il répondit aux étreintes d'Aveline, en murmurant d'une voix navrée :

— Hélas, ma pauvre femme... quoique je sois encore vivant, tu es veuve...

Ces mots rappelant aux deux époux qu'ils étaient à jamais séparés par l'outrage infâme dont Aveline avait été victime et qui pouvait la rendre mère... tous deux fondirent en larmes et restèrent embrassés dans un morne et muet désespoir. Pauvres victimes !

— Ah ! — s'écria Guillaume Caillet dont la rude figure ruisselait de pleurs en contemplant les deux infortunés qu'il montrait du geste à Mahiet, — pour les venger... que de sang... oh ! que de sang... que d'incendies... que de massacres... Les représailles seront terribles.

— Il faut égorger cette race seigneuriale, — reprit Adam le Diable en se rongeant les ongles avec une rage sourde, — il faut l'anéantir... il faut tout tuer, tout... jusqu'aux enfants au berceau. Il faut qu'il n'en reste pas un seul de cette seigneurie. — Puis se retournant vers Mahiet, le paysan ajouta d'un air de reproche farouche : —

— Et toi, tu nous dis de prendre patience...

— Oui, — répondit Mahiet, — oui, patience, si tu veux venger en un seul jour... ces millions d'esclaves, de serfs, de vilains de notre race qui, depuis des siècles, sont morts écrasés, torturés, massacrés par les seigneurs ; oui, patience, si tu veux que ta vengeance soit féconde et affranchisse tes frères ! Pour cela, je t'en conjure, et toi aussi, Guillaume, pas de révolte partielle ! que tous les serfs de la Gaule se lèvent ensemble le même jour, au même signal, et la race seigneuriale n'aura pas de lendemain.

— Attendre, — reprit Adam le Diable avec une sombre impatience ; — toujours attendre !

— Et quand viendra-t-il, le signal de la révolte ? — reprit Guillaume. — D'où viendra-t-il, ce signal ? Allons ! réponds !

— Il viendra de Paris, la ville des révoltes, des soulèvements du populaire, — dit Mahiet, — et ce sera dans peu de temps.

— De Paris ! — s'écrièrent les deux paysans d'un air de surprise et de doute. — Quoi ! ces Parisiens... Seraient-ils disposés à se révolter ?

— Comme vous, les Parisiens sont las des outrages et des exactions des seigneurs ; comme vous, les Parisiens sont las des voleries du roi Jean et de sa cour, qui ruinent et affament le pays ; comme vous, ils sont las de la couardise de la noblesse, seule force armée du pays, qui laisse ravager la Gaule par les Anglais ; enfin, les Parisiens sont las d'avoir tenté auprès du roi Jean prières, sacrifices, remontrances, pour obtenir de lui la réforme d'abus exécrables ; aussi les Parisiens sont-ils résolus d'en appeler aux armes contre la royauté ; la rupture de la trêve avec les Anglais, annoncée tantôt par le messager royal, hâtera sans doute l'heure de la révolte ; mais jusqu'à cette heure solennelle, patience, ou tout est perdu.

— Et ces Parisiens, — reprit Guillaume avec un redoublement d'attention, — qui les dirige ? Est-ce qu'ils ont un chef ?

— Oui, — reprit Mahiet avec enthousiasme, — le plus courageux, le plus sage, le meilleur des hommes ! L'honneur de notre pays !

— Et son nom ?

— Étienne Marcel, un bourgeois, marchand de draps, prévôt des échevins de Paris ; tout le peuple est avec lui parce qu'il veut le bien et l'affranchissement du peuple... Grand nombre des bourgeois des villes communales, aujourd'hui retombées sous le pouvoir royal, aussi prêtes à se soulever, correspondent avec Marcel ; mais il sent que bourgeois et artisans commettraient une méchante action, s'ils n'offraient leurs conseils, leurs secours aux serfs des campagnes, pour les aider à briser le joug des seigneurs ! En agissant avec ensemble, serfs, artisans et bourgeois, nous aurons facilement raison des seigneurs et de la royauté. Comptons-nous, comptons nos oppresseurs ; combien sont-ils ? Quelques milliers au plus, et nous sommes des millions et des millions !...

— C'est vrai, — dirent Guillaume et Adam en échangeant un regard approbatif, — les villes unies aux campagnes, c'est tout le monde ! les seigneurs et les tonsurés, ce n'est rien !

— D'après l'avis de Marcel, — reprit Mahiet, — j'étais venu en ce pays, où, selon l'usage, le tournoi devait amener un grand nombre de vassaux ; je voulais savoir si, dans cette province comme dans d'autres, les paysans, poussés à bout, songeaient enfin à la révolte ! Maintenant je n'en doute plus, car je vous ai rencontrés, vous, Guillaume et Adam, et j'ai vu tantôt, tout en regrettant ce mouvement partiel et trop hâté, que *Jacques Bonhomme*, las de ses hontes, de ses misères, de ses tortures, le moment venu, prendra les armes... Je m'en retourne à Paris le cœur plein d'espoir ; donc patience... amis... patience, et bientôt sonnera l'heure des représailles, l'heure de la justice inexorable. A mort les nobles et les prêtres !

— Oui, — répartit Guillaume, — nous réglerons les comptes de nos pères... et moi je réglerai le compte de ma fille... Vois-tu, mon enfant ? vois-tu... — Et le vieux paysan montrait du geste Aveline, assise à côté de Mazurec ; tous deux accablés, muets, le regard fixe, attaché sur le sol, se tenant par la main, ils semblaient abîmés dans leur désespoir.

— Mais j'y songe, — dit l'Avocat, — Mazurec ne peut maintenant rester dans le pays.

— J'ai pensé à cela, — reprit Guillaume, — cette nuit nous retournerons à Cramoisy avec ma fille et son mari ; je connais une caverne au plus épais de la forêt : cette cachette a longtemps servi d'asile à Adam ; je vais y conduire Mazurec. Chaque nuit, ma fille ira lui porter une partie de notre pitance ; la pauvre enfant est si désolée que la séparer tout à fait de son mari, ce serait la tuer... Il restera caché jusqu'au jour de la vengeance, et ce jour venu... compte sur moi, sur Adam et sur tant d'autres.

— Mais qui donnera le signal, auquel les gens des villes et des campagnes doivent se soulever ? — dit Adam le Diable.

— Paris, — répondit Mahiet. — Avant peu je vous ferai tenir ou je vous apporterai de l'argent pour acheter des armes ; mais n'éveillez pas les soupçons des seigneurs ; achetez les armes à une, à une... les jours de foire, et cachez-les chez vous. Si vous connaissez des forgerons de qui vous soyez sûrs, faites-leur façonner des piques... l'argent des villes vous donnera du fer... et avec lui vous aurez la vengeance et la liberté. Qui a du fer a du pain !

Soudain un hennissement prolongé retentit derrière la porte,

C'est *Phœbus*, mon cheval, — s'écria Mahiet frappé d'une joyeuse surprise ; — je l'avais attaché près du lieu du tournoi ; lassé de m'attendre, il aura brisé son licou et retrouvé le chemin de cette auberge, où il n'est pourtant venu qu'une fois... Brave *Phœbus*, — ajouta l'Avocat en allant vers la porte, — ce n'est pas la première preuve d'intelligence qu'il me donne. — A peine Mahiet eut-il ouvert la partie supérieure de l'huis que la tête de *Phœbus* y parut ; il fit entendre un nouveau hennissement et lécha les mains de son maître qui lui dit :

— Allons, mon bon compagnon, tu vas avoir une provende d'avoine, et en route !

— Quoi ! messire, vous partez cette nuit ? — dit Alison la Vengroigneuse en essuyant ses larmes, qui n'avaient cessé de couler depuis le retour de Mazurec, — vous partez malgré la nuit et la pluie ? Demeurez au moins jusqu'à demain matin avec nous.

— Le messager royal a apporté des nouvelles qui hâtent mon retour à Paris, ma belle hôtesse, gardez-moi une place dans votre cœur et... au revoir ; j'espère bientôt revenir à Nointel.

— Avant de nous quitter, messire Avocat, — reprit Alison en fouillant dans sa poche, — prenez ces trois florins d'argent, je vous les dois pour le gain de mon procès.

— Votre procès... mais je n'ai pas plaidé.

— Vous avez gagné ma cause sans plaider.

— Et comment cela ?

— Ce matin, lorsque vous êtes revenu chercher votre cheval pour vous rendre au tournoi, Simon le Hérissé sortait de sa maison au moment où vous passiez. « Voisin, — lui ai-je dit, — je n'avais pu jusqu'ici trouver un champion, maintenant j'en ai un. — Et où est-il ce beau champion, m'a répondu Simon d'un ton goguenard. — Tenez, lui ai-je dit, le voyez-vous ? c'est ce grand jeune homme qui passe là monté sur ce cheval bai. — Simon le Hérissé a couru sur vos pas, et après vous avoir attentivement regardé des pieds à la tête, il est revenu l'oreille basse et m'a dit : — Tenez, voisine, je vous donne trois florins, et soyons quittes. — Non voisin, vous me rendrez mes douze florins, sinon vous aurez à régler la dette avec mon avocat ; si ce n'est pas aujourd'hui, ce sera demain. » — Au bout d'un quart d'heure, Simon le Hérissé, devenu doux comme le miel, m'apportait mes douze florins ; en voilà donc trois pour vous, messire Avocat.

— Je n'ai pas plaidé, je n'ai rien à recevoir de vous, chère hôtesse, sinon un baiser que vous me donnerez en tenant mon étrier.

— Oh ! de grand cœur, messire Avocat, — répondit cordialement Alison ; — on embrasse ses amis, et je suis certaine que maintenant vous avez pour moi un peu d'affection.

Lorsque Phœbus eut mangé sa provende et Mahiet endossé par-dessus son armure une épaisse cape de voyage, il revint dans la salle basse, s'approcha de Mazurec, et lui dit avec émotion : — Courage et patience... embrasse-moi... Je ne sais pas pourquoi je sens qu'un autre intérêt que celui de tes malheurs m'atche à toi...... avant peu j'aurai éclairci mes doutes et je reviendrai ; — puis, s'adressant à Aveline qui jamais n'a menti : — Adieu ! pauvre enfant ; vos espérances sont détruites, du moins il vous reste un compagnon de chagrin ; vos larmes souvent se confondront avec les miennes et vous sembleront moins amères ; — se retournant vers Guillaume Caillet et Adam le Diable, serrant dans ses mains les mains calleuses des deux paysans : — Adieu ! frères... ayez souvenance de vos promesses, je n'oublierai pas les miennes ; sachons attendre le jour de la justice et des grandes représailles.

— Voir ce jour-là... et venger ma fille. Extermination des nobles et des prêtres ; — répondit Guillaume Caillet ; — je pourrai mourir après.

Mahiet l'Avocat, après avoir donné un cordial baiser sur les lèvres purpurines et deux sur les joues vermeilles d'Alison qui tenait l'étrier, s'élança sur son cheval et, malgré la pluie et les ténèbres, reprit en hâte le chemin de Paris.

Heureux voyage et prompt retour !

CHAPITRE II

Les États-Généraux. — Paris au xive siècle. — Guillaume Caillet et *Rufin-Brise-Pot*, écolier de l'Université de Paris. — L'enterrement de *Perrin Macé*. — L'enterrement de *Jean Baillet*. — ÉTIENNE MARCEL, le Drapier, prévôt des marchands de Paris, sa femme et sa mère. — Pétronille Maillart. — *Charles le Mauvais*, roi de Navarre. — Le retour de Mahiet l'Avocat. — Étienne Marcel harangue le peuple au couvent des Cordeliers. — Guillaume Caillet. — Le régent et ses courtisans. — Le sire de Nointel et le chevalier de Chaumontel. — La justice du peuple. — *Aux Armes !* — JACQUES BONHOMME.

Avant de poursuivre ce récit, fils de Joel, il est nécessaire de vous parler d'une institution oppressive aux temps abhorrés de la conquête franque et de la féodalité, mais qui est devenue, en ces derniers temps, un instrument d'affranchissement. La conquête franque, il y a près de six siècles, fonda la première dynastie de ces rois étrangers à la Gaule, sous le pouvoir desquels nous vivons encore aujourd'hui. CLOVIS et ses descendants convoquèrent presque annuellement, à des réunions qu'ils appelaient *champs de mai*, leurs principaux *leudes* ou chefs de bandes. Dans ces assemblées, d'où les Gaulois vaincus étaient exclus, les guerriers franks délibéraient avec le roi, et dans leur langage germanique, sur de nouvelles entreprises guerrières ou sur de nouvelles exactions à imposer au peuple asservi. Ce fut à ces *champs de mai* que, sous la domination envahissante des maires du palais, les rois fainéants, ces derniers rejetons de Clovis, abrutis et énervés, paraissaient une fois l'an, avec des barbes postiches, comme de grotesques et vains simulacres de la royauté. Ces assemblées se tinrent également sous les règnes de Charlemagne et des rois carolingiens. Les évêques, complices des Franks conquérants, faisaient partie de ces réunions, où siégeaient seuls la noblesse et le clergé. Hugues Capet et ses descendants tinrent aussi de temps à autre, dans leurs domaines, des *cours* ou *parlements* composés de seigneurs et de prélats, mais d'où les bourgeois, les artisans et les serfs, descendants des Gaulois conquis, restèrent exclus, ainsi que par le passé, ces assemblées représentant uniquement les intérêts des descendants ou des complices des conquérants.

Cependant, vers la fin du siècle dernier, en 1290, les légistes ou gens de loi, d'origine plébéienne, commencèrent d'entrer dans ces parlements. Le pouvoir royal établi sur les ruines de la féodalité, devenant de plus en plus oppressif et absolu, les parlements se bornaient à enregistrer et à promulguer servilement les ordonnances royales, au lieu de rester, comme par le passé, de libres assemblées où rois, seigneurs et prélats délibéraient en pairs, en égaux, sur les affaires de l'État (qui n'étaient point celles du populaire, ni de la bourgeoisie.) Mais bientôt il advint qu'en dépit des enregistrements, ni lois ni ordonnances n'étaient exécutés. L'esprit de liberté, soufflant enfin sur la vieille Gaule, avait amené une sorte d'insurrection générale contre la royauté ; les bourgeois, retranchés dans leurs cités, les seigneurs dans leurs châteaux, les évêques dans leurs diocèses, refusaient de payer les impôts, fixés selon le bon plaisir du roi. Ainsi *Philippe le Bel*, au commencement de ce siècle-ci, ne put faire exécuter l'ordonnance qui frappait d'un cinquième le revenu de chacun ; et quoique le décret eût été enregistré par le parlement, les officiers du roi, accueillis à coups d'épées, de pierres et de bâtons à Paris, à Orléans et ailleurs, ne purent faire entrer l'argent dans le Trésor. En cette occurrence, *Enguerrand de Marigny*, ministre habile, qui fut pendu plus tard, dit au roi Philippe le Bel : — « Beau sire, vous n'êtes pas le plus fort ; donc, au lieu d'ordonner, demandez, priez, suppliez, s'il le faut, et, pour ce faire, convoquez des *assemblées nationales*, ou états généraux, composées de prélats, de seigneurs et de bourgeois, députés des communes ; car de nos jours, beau sire, il faut absolument compter avec la bourgeoisie, qui a fini par s'émanciper. A cette assemblée nationale, exposez gentiment, doucement, honnêtement vos besoins, et vous avez grand'chance de voir remplir vos offres. »

L'avis était sage ; Philippe le Bel le suivit. De sorte que, pour la première fois depuis neuf siècles, et grâce aux insurrections communales,

les bourgeois, ces plébéiens représentant le peuple vaincu, la race gauloise asservie, prirent place à l'assemblée nationale à côté des seigneurs, représentant la conquête, et des évêques leurs complices. Ces états généraux assemblés, le roi, se faisant humble, petit, pauvret et bon prince, obtint d'eux les levées d'hommes et les subsides dont il avait besoin. Depuis lors, ses descendants, tous cupides, prodigues ou besoigneux s'il en fut, convoquaient l'assemblée nationale lorsqu'ils voulaient établir de nouvelles taxes ou faire des levées d'hommes. A ces assemblées, les bourgeois députés des communes se rendaient toujours avec défiance; car la royauté ne les convoquait jamais que pour exiger d'eux l'or et le sang de la Gaule. Exiger, c'est le mot ; car en vain les députés bourgeois refusaient les levées d'hommes et d'argent qui leur paraissaient injustement demandés, ces refus étaient annulés et voici de quelle manière : les états généraux se composaient de *trois états* : LA NOBLESSE, — LE CLERGÉ — LA BOURGEOISIE, chaque ordre étant représenté par un nombre égal de députés. Or, la bourgeoisie se trouvait seule de son avis contre la noblesse et le clergé. Ces deux ordres se montraient toujours fort empressés de satisfaire aux désirs de la royauté à l'endroit des impôts.

La raison en était simple: les prélats et les seigneurs exemptés des taxes en vertu des priviléges de leur noblesse ou de leur prêtrise, recevant, grâce aux prodigalités royales, une grosse part des impôts, ils les consentaient à cœur joie, puisqu'ils en profitaient et que le poids écrasant de ces taxes retombait tout entier sur la bourgeoisie et sur le populaire. Ceci est très fâcheux ; mais enfin, progrès immense, dû aux premières insurrections communales, ces bourgeois, quoique en minorité, ces bourgeois, représentant les Gaulois vaincus et asservis, depuis des siècles, avaient voix et place à l'assemblée nationale à côté des seigneurs et des évêques, représentant la conquête!

Quels progrès immenses accomplis depuis ces temps maudits où les rois franks et leurs leudes se réunissaient seuls dans leurs champs de mai pour délibérer, dans leur langage germanique, sur l'horrible servitude qu'ils nous imposaient à nous, peuple vaincu? Et ces pas vers un avenir meilleur encore, ces pas, ainsi que le disait notre aïeul Fergan, ont été lentement, laborieusement tracés d'âge en âge par nos pères, toujours persévérants, toujours en lutte, toujours en armes contre les prêtres, les nobles ou les rois, s'arrêtant parfois pour reprendre haleine ou panser leurs glorieuses blessures, mais ne reculant jamais. Souvenez-vous de ces exemples, fils de Joel.

Donc, le progrès était immense ; mais la bourgeoisie, en minorité dans les états généraux, ne pouvait jamais faire prévaloir sa volonté. Etienne Marcel le Drapier, prévôt des marchands, l'un des plus grands hommes qui aient illustré la Gaule, sut rendre à la bourgeoisie sa légitime prépondérance dans les états généraux : l'an passé (1355) le roi Jean voit son trésor vidé par sa ruineuse prodigalité, la Gaule est en feu, la guerre partout, le roi d'Angleterre, maître d'une partie de notre pays, prétend le conquérir entièrement; *Charles le Mauvais*, roi de Navarre, à qui Jean a donné sa fille en mariage, revendique à main armée plusieurs provinces pour la dot de sa femme. Dans cette situation désespérée le roi Jean convoque les états généraux afin d'obtenir de leurs députés des levées d'hommes et de l'argent; l'archevêque de Rouen, chancelier du roi, expose ses demandes avec hauteur ; mais cet impérieux chancelier comptait sans Etienne Marcel. Ce grand citoyen envoyé aux états généraux par la ville de Paris, indigné de voir la noblesse et le clergé écarter, par leurs votes, les justes réclamations des députés des communes, tonne contre cet abus odieux, et soutenu par l'attitude menaçante du peuple de Paris, il déclare qu'à l'avenir l'ADHÉSION DE LA NOBLESSE ET DU CLERGÉ N'ENCHAÎNERA PAS LES DÉPUTÉS DE LA BOURGEOISIE, et que si, contre la volonté des bourgeois, les seigneurs et les prélats accordent aux rois des levées d'hommes ou de l'argent sans garanties du bon emploi de ces troupes et de ces impôts pour la chose publique, les villes devront refuser de se soumettre aux décrets et ne fournir ni hommes ni argent à la royauté.

Ce langage énergique et sensé, mais inouï jusqu'alors, impose aux états généraux ; Marcel, au nom des députés de la bourgeoisie, pose à la royauté les conditions auxquelles il consent à accorder des hommes et des subsides ; la royauté accepte, sachant le peuple de Paris prêt à soutenir Marcel. Malheureusement (et il devait en faire bien des fois l'épreuve), le prévôt des marchands reconnut bientôt la vanité des promesses royales; l'argent voté par l'Assemblée nationale est follement dépensé par le roi et par les courtisans; les levées d'hommes, au lieu d'être employées contre les Anglais, dont les envahissements vont toujours croissant, servent aux guerres privées du roi Jean contre plusieurs seigneurs, afin d'agrandir ou de sauvegarder ses domaines particuliers. L'audace des Anglais redouble, ils rompent une trève conclue et menace le cœur de la Gaule. C'est alors que le roi Jean convoque en hâte sa fidèle et bien-aimée noblesse, l'appelant à la défense du pays.

Vous avez vu, fils de Joel, de quelle façon ces vaillants coureurs de tournois ont accueilli le héraut royal, lors de la passe d'armes de Nointel ; pourtant, bon gré mal gré, la plupart de ces preux, qui redoutaient pour eux-mêmes l'invasion étrangère, entraînent leurs vassaux à leur suite et rejoignent le roi Jean aux environs de Poitiers. Mais à la première attaque des archers anglais, cette brillante chevalerie tourne bride, joue des éperons, fuit lâchement et fait massacrer les pauvres gens qu'elle avait contraints à la suivre ; le roi Jean reste prisonnier des Anglais, et son fils *Charles, duc de Normandie*, âgé de vingt ans à peine, n'échappe à cette honteuse défaite avec ses frères que pour revenir à toute bride à Paris, où il convoque, en sa qualité de régent, les états généraux, afin d'en obtenir de nouvelles sommes d'argent destinées à la rançon des Français et des seigneurs prisonniers de l'ennemi. Sans Marcel le Drapier, la Gaule était perdue ; mais l'ascendant de son génie et de son patriotisme domine l'assemblée nationale. Marcel répond au chancelier, interprète des demandes du régent, qu'avant de s'occuper du rachat du roi et de sa chevalerie, il faut songer au salut du pays, qui exige des réformes urgentes et radicales qu'il énumère ; puis, suffisant à tout et déployant une activité surhumaine, il fait enclore Paris de nouvelles fortifications, afin de mettre la ville à l'abri des Anglais, qui s'avancent jusqu'à Saint-Cloud ; il arme les populations, organise la police des rues, assure les subsistances de la cité par des arrivages de grains, calme, raffermit les esprits alarmés, donne une pareille impulsion aux principales cités de la Gaule ; et en même temps, fidèle à son plan de réformes, poursuivi, mûri durant de longues années de sa vie obscure et laborieuse, il fait nommer une commission de quatre-vingts députés de la bourgeoisie, chargés de la rédaction des réformes imposées au régent. Les députés de la noblesse et du clergé se retirent dédaigneusement de l'Assemblée nationale, révoltés de l'audace des bourgeois législateurs. Ceux-ci, maîtres du terrain, sous la présidence et la haute inspiration de Marcel, rédigent un plan de réformes qui est à lui seul toute une immense révolution. C'est le gouvernement républicain de nos anciennes communes, étendu de la cité à la Gaule entière ; c'est le pouvoir des députés choisis par le pays substitué à l'absolutisme du pouvoir royal. Le roi n'est plus que le premier agent des états généraux, et il ne peut, sans leur volonté souveraine, disposer ni d'un homme ni d'un florin. Ces réformes, fruit des longues veilles d'Etienne Marcel, et solennellement acceptées, jurées par CHARLES, *duc de Normandie*, régent pour son père le roi Jean, prisonnier des Anglais, ces réformes ont été promulguées sous ce titre : *Ordonnance royale du 17ᵉ jour de janvier 1357.*

Voici cet édit, fils de Joël : il a été proclamé à son de trompe dans Paris et dans les principales cités de la Gaule ; je transmets ce parchemin à notre descendance de même que Fergan, notre aïeul, nous a transmis la copie de la *Charte de la commune de Laon.* Lisez et méditez, vous jugerez du nombre des abominables abus, nés du pouvoir royal, par la réforme même qui les atteint.

« LES ÉTATS GÉNÉRAUX se réuniront à l'avenir toutes les fois qu'il leur paraîtra convenable (et cela, sans avoir besoin du consentement du roi), pour délibérer sur le gouvernement du royaume, *sans que l'avis de la noblesse et du clergé puisse lier ou obliger les députés des communes.*

« Les membres des Etats généraux seront mis sous la sauvegarde du roi ou du duc de Normandie, protégés par leurs héritiers, et en outre les membres des Etats pourront aller par tout le royaume *avec une escorte armée chargée de les faire respecter.*

« Les deniers provenant des subsides accordés par les Etats généraux seront levés et distribués, *non par les officiers royaux, mais* PAR DES DÉPUTÉS ÉLUS PAR LES ETATS et ils *jureront de résister à tout ordre du roi et de ses ministres* si le roi ou ses ministres *voulaient employer l'argent à d'autres dépenses qu'à celles ordonnées par les Etats généraux.*

« Le roi n'accordera plus de pardons pour meurtre, viol, rapt ou infraction des trêves.

« Les offices de justice ne seront plus vendus *ni donnés à ferme.*

« Les frais de procédure et d'enquêtes et d'expédition seront réduits dans la chambre du parlement et celle des comptes, et les gens de ces deux chambres qui refuseraient, *seront chassés comme exacteurs des deniers publics.*

« Toutes prises de vivres, fourrages, argent, au nom et pour le service du roi ou de sa famille, seront interdites, et faculté donnée aux habitants de se rassembler au son de leur beffroi, *pour courir sus contre les preneurs.*

« Afin d'éviter tout monopole et toute vexation, nul des officiers du roi *ne pourra faire le commerce des marchandises ou du change.*

« Les dépenses de la maison du roi, du dauphin et de celle des princes, seront modérées et réduites à des bornes raisonnables par les Etats généraux ; et les maîtres d'hôtels royaux seront *obligés de payer ce qu'ils achèteront pour ces maisons.*

« Désormais, le roi, le dauphin, les princes, la noblesse, les prélats, quel que soit leur rang, *seront soumis à l'impôt ainsi que tous les citoyens,* comme le veut la justice.»

Oh ! fils de Joel, à ces antiques champs de mai où les Franks conquérants et les évêques, leurs complices, disposaient de nous, Gaulois vaincus, comme on dispose d'un vil bétail, comparez les Assemblées nationales de ce temps-ci, assemblées où domine cette laborieuse *roture* qui, par son industrie, son commerce, ses métiers, ses arts, enrichit les pays tandis que la royauté, la noblesse et l'Eglise le ruinent et l'épuisent... Comparez et méditez, fils de Joel : alors, instruits par la connaissance du passé, pleins de foi dans l'avenir, jamais, quelles que soient les épreuves qui vous attendent, vous n'éprouverez pas de lâches défaillances ; vous continuerez vaillamment, à travers les siècles, l'œuvre d'affranchissement commencée par nos pères, et vous marcherez d'un pas plus ferme, plus confiant encore, vers le but glorieux promis à notre race par la voix prophétique de Victoria la Grande.

Revenons maintenant à notre récit, interrompu au moment où Mahiet l'Avocat quittait le cabaret d'Alison pour retourner à Paris.

Paris a beaucoup changé d'aspect depuis le neuvième siècle, époque à laquelle vivait notre aïeul *Eidiol*, le doyen des nautoniers parisiens. Alors cette cité était renfermée tout entière dans l'île que baignent les deux bras de la Seine ; mais peu à peu, siècle à siècle, elle s'est beaucoup étendue à gauche et à droite de son antique berceau. Les champs, les prairies, au milieu desquels s'élevaient les abbayes et les habitations des faubourgs, se sont couverts d'innombrables maisons alignées sur des rues dont quelques-unes sont pavées de grès depuis l'an 1185. Peut-être un jour nos descendants seront-ils curieux de comparer le Paris de ce temps-ci (an 1356) au Paris de leur temps, de même qu'à cette heure nous le comparons à ce qu'il était, alors que notre aïeul Eidiol y résidait.

L'ancienne ville, renfermée entre les deux bras de la Seine, continue de s'appeler la *Cité* et sert généralement de demeure au clergé, dont les habitations semblent se grouper à l'ombre des hautes tours de l'immense basilique de *Notre-Dame*. L'évêque de Paris possède la juridiction de la Cité presque entière. Sur la rive droite de la Seine commence, à l'endroit où s'élève la grosse tour de la porte du Louvre, l'enceinte fortifiée de ce que l'on appelle communément *la ville*. Elle est peuplée de commerçants, d'artisans, de bourgeois, et contient les halles, à l'extrémité desquelles se trouve la tour du pilori, où l'on expose et exécute les malfaiteurs avant de porter leurs cadavres aux gibets de Montfaucon. La ceinture de fortifications dont Paris est entouré au nord s'étend depuis la grosse tour du Louvre jusqu'à la porte Saint-Honoré ; puis, la muraille, continuant vers la porte au *Coquillier*, va aboutir à la porte Montmartre, décrit une courbe à peu de distance de la rue Saint-Denis, remonte dans la direction des portes du Temple et de Saint-Antoine, arrive à la porte *Barbette*, flanquée de la grosse tour de *Billy*, bâtie sur le bord de la Seine vis-à-vis Notre-Dame et l'île aux Vaches. L'enceinte de remparts, interrompue par le cours de la rivière commence sur la rive gauche, entoure le quartier de l'*Université*, habité par les écoliers et qui a pour issues les portes *Saint-Victor*, *Saint-Marcel*, *Sainte-Geneviève*, *Saint-Jacques* et *Saint-Germain* ; puis, longeant l'hôtel de Nesle aboutit à la tour *Philippe-Hamelin*, bâtie sur la rive gauche en face de la tour du Louvre, élevée sur la rive droite. Cette vaste enceinte, qui assure la défense de Paris, a été complétée par les immenses travaux de fortifications dus au génie et à la prodigieuse activité d'Etienne Marcel. Il a fait armer les remparts de nombreuses machines de guerre et de plusieurs de ces nouveaux engins d'artillerie nommés *canons*, sortes de tubes faits de barres de fer reliées entre elles par des cercles de même métal ; ces canons, au moyen d'une poudre surprenante récemment inventée par un moine allemand, lancent des balles de pierre et de fer à une grande distance avec un bruit pareil à celui du tonnerre. Sans ces immenses travaux, exécutés en trois mois, la capitale de la Gaule tombait au pouvoir des Anglais.

Un assez long espace de temps s'était écoulé depuis que Mahiet l'Avocat avait quitté la petite ville de Nointel. Un homme coiffé d'un bonnet de laine, vêtu d'un vieux sarrau de toile grise, portant bissac au dos et gros bâton à la main, entrait dans Paris par la porte Saint-Denis : c'était Guillaume Caillet, le père d'*Aveline-qui-jamais-n'a-menti*. Le vieux paysan semblait encore plus sombre que d'habitude ; son œil cave et ardent, ses joues creuses, son sourire amer, témoignaient de sa douleur profonde et concentrée. Elle céda pourtant tout d'abord à l'étonnement que causait à Guillaume l'aspect tumultueux des rues de Paris, où il entrait pour la première fois. Cette multitude affairée, ces costumes divers, ces chevaux, ces chariots, ces litières qui se croisaient en tout sens, donnaient au campagnard une sorte de vertige ; tandis que ses oreilles tintaient au bruit assourdissant des cris incessamment poussés par les marchands ou leurs apprentis, qui, debout au seuil des boutiques, provoquaient les chalands. *Étuves chaudes, bains chauds,* — criaient les baigneurs. — *Échaudés, croquants, pâtés frais,* — criaient les pâtissiers. — *Vin nouveau, il arrive d'Argenteuil et de Suresne,* — criait un tavernier armé d'un grand hanap d'étain, en conviant les buveurs du geste et du regard. — *Qui veut faire raccommoder son pourpoint ?* — criait le tailleur. — *Le four est chaud : qui veut faire cuire son pain ?* — criait le fournier. Plus loin, on criait un édit royal annoncé d'abord par le tambour ou la trompette ; ailleurs, des moines quêteurs d'une confrérie criaient en tendant leur escarcelle : — *Donnez pour le rachat des âmes du Purgatoire !* — tandis que des mendiants, étalant

Etienne Marcel

leurs plaies réelles ou feintes, criaient : — *Donnez aux pauvres pour l'amour de Dieu!* Guillaume Caillet, avant de s'aventurer plus loin dans Paris, s'assit sur un montoir de pierre placé près d'une porte, voulant à la fois se reposer et accoutumer ses yeux et ses oreilles à ce spectacle et à ce bruit si nouveaux pour lui.

Bientôt les *crieries* furent presque couvertes par une rumeur lointaine qui s'élevait de la rue *Mauconseil* ; à cette rumeur se joignaient de temps à autre les sourds roulements du tambour et les sons lugubres des clairons. Soudain le vieux paysan entendit répéter de bouche en bouche autour de lui, avec un accent à la fois sinistre et courroucé : « Voici l'enterrement de ce pauvre Perrin Macé ! » Puis tous les passants et grand nombre de marchands et d'apprentis, laissant leurs boutiques sous la garde des femmes de comptoirs, coururent aux abords de la rue Mauconseil et de la rue *Où-l'on-cuit-les-oies*, qui lui fait presque face et par laquelle devait défiler le funèbre cortège, après avoir traversé la rue Saint-Denis.

Guillaume Caillet, frappé de l'empressement des Parisiens à se trouver sur le passage de cet enterrement, qui semblait un deuil public, suivit la foule, dont l'affluence devint bientôt considérable ; le hasard le plaça près d'un écolier de l'Université de Paris. Ce jeune homme, âgé de vingt-cinq ans environ, se nommait *Rufin-Brise-Pot*, surnom justifié du reste par la mine joviale et tapageuse de ce grand garçon, coiffé d'un mauvais chaperon de feutre devenu fauve de vétusté, habillé d'un surcot noir non moins rapiécé que ses chausses, et aussi dépenaillé que le fut jamais écolier de Paris. Guillaume, longtemps retenu par sa timidité rustique, n'avait osé adresser la parole à Rufin-Brise-Pot;

106e livraison

et cependant quelques propos tenus autour de lui dans la foule et par l'écolier lui-même augmentaient la curiosité du paysan ; telles étaient ces paroles :

— Pauvre Perrin Macé ! — dit un Parisien, — avoir eu le poing coupé et avoir été ensuite pendu sans jugement, de par le bon plaisir du régent et de ses courtisans !

— Voilà comment la cour respecte la fameuse ordonnance de notre ami Marcel !

— Oh ! cette noblesse !... c'est la peste et la ruine du pays ! Le clergé ! c'est là l'ennemi.

— Les nobles ! — s'écria Rufin-Brise-Pot, — ce sont des chevaux de parade houssés, empanachés, bons à piaffer, sans rien porter ni tirer, mais s'agit-il de donner un coup de collier, ils bronchent, ils renâclent !

— Pourtant, messire écolier, — se hasarda de dire un gros homme à chaperon fourré, — la noble chevalerie est digne de nos respects !

— La chevalerie, — s'écria Rufin avec un éclat de rire méprisant, — la chevalerie ne sert qu'à tournoyer dans les tournois pour le seul appât du gain, puisque le cheval et les armes du vaincu appartiennent au vainqueur ! Par Jupiter ! ces vaillants joutent à renverser leurs adversaires, de même que nous essayons d'abattre des quilles pour gagner l'enjeu lorsque nous faisons une partie de mail dans notre Val-des-Écoliers ; mais s'agit-il de risquer sa peau à la guerre sans autre gain que des horions, la noblesse fuit honteusement, comme il lui est arrivé de faire à la bataille de Poitiers, où elle a donné le signal du sauve-qui-peut à une armée de quarante mille hommes qui avait à combattre huit mille archers anglais ! Ventre du pape ! vos nobles ne sont pas des hommes, ce sont des lièvres !

— Allons, messire écolier, — reprit en riant un autre citadin, — ne médisons pas de la noblesse. Ne nous a-t-elle pas débarrassés du roi Jean en le laissant prisonnier des Anglais ?

— Oui, — dit une voix, — mais il nous faudra payer la rançon royale, et, en attendant, être gouvernés par le régent, un garçonnet de vingt ans, qui fait pendre les gens lorsqu'ils réclament l'argent que leur doit le trésor royal, et se regimbent lorsqu'on les frappe, comme a fait Perrin Macé.

— Grâce à Dieu, l'ami Marcel mettra bientôt ordre à tout cela...

— Marcel est la providence de Paris.

— Vous n'avez, mes compères, que le nom de Marcel à la bouche ; — reprit l'homme au chaperon fourré, avec une aigreur sournoise : — quoique maître Marcel soit prévôt des marchands et président de l'échevinage, il n'est pas « Jean-fait-tout ; » les autres échevins le valent en prud'homme, à commencer par maître Jean Maillart... C'est un brave citadin...

— Qui ose dire ici que quelqu'un peut être comparé au grand Marcel ! — s'écria Rufin-Brise-Pot. — Par Jupiter ! celui qui dit cette sottise parle comme un oison !

— Hum ! hum ! — reprit en grommelant l'homme au chaperon fourré, — c'est moi qui dis cela.

— Alors c'est vous qui parlez comme un oison ! — reprit Brise-Pot. Quoi ! vous osez soutenir que Marcel n'est pas le premier des citoyens ! lui, l'ami, le père du peuple :

— Oui, oui, — répondit la foule, — Marcel est notre sauveur ; sans lui, Paris était pris et ravagé par les Anglais.

— Marcel, — reprit Rufin-Brise-Pot avec un enthousiasme croissant, — lui qui a rétabli l'économie dans les finances, l'ordre et la sécurité dans la cité : Ventre du pape ! j'en sais quelque chose ! Il y a quinze jours, vers le minuit, je tapageais, en compagnie de mon ami *Nicolas-Poire-Molle*, à la porte d'une honnête maison de la rue *Trace-Pute* ; la dame du lieu, *Jeanne la Bocacharde*, refusait de nous recevoir, prétendant que *Margot la Savourée* et *Autruche la Bernée* n'étaient point au logis. A cette réponse, moi et mon ami Poire-Molle nous avons failli enfoncer la porte ; mais à ce moment passait une ronde d'arbalétriers institués par Marcel pour maintenir la police dans les rues, et ils nous ont arrêtés, puis fourrés à la prison du Châtelet, malgré nos privilèges d'écoliers de l'Université de Paris !... Dites maintenant que Marcel ne maintient pas l'ordre dans la cité !

— Il se peut, — reprit l'homme au chaperon fourré ; — mais tout autre échevin eût agi pareillement ; et maître Jean Maillart...

— Jean Maillart ! — s'écria Rufin-Brise-Pot. — Ventre du pape ! si lui ou tout autre, ou le roi lui-même, avait osé attenter aux franchises de l'Université, les écoliers, soulevés en masse, seraient descendus en armes de leur quartier Saint-Germain, et il y aurait eu bataille dans Paris. Mais ce que l'on permet à Marcel, parce qu'il est l'idole des Parisiens, on ne le permettrait à nul autre.

— L'écolier a raison, — s'écria-t-on dans la foule, — Marcel est notre idole, parce qu'il est juste, parce qu'il prend l'intérêt des bourgeois contre les courtisans, des petits contre les grands. Vive Étienne Marcel !

Sans l'activité de Marcel, sans son courage, sa prévoyance, Paris serait déjà mis à feu et à sang par les Anglais.

— Marcel n'a-t-il pas aussi empêché notre ville d'être affamée, lorsqu'il est allé lui-même, à la tête de la milice, jusqu'à Corbeil, pour défendre un arrivage de grains que les Navarrais voulaient piller ?

— Je ne dis point non, — reprit l'homme au

chapeau fourré avec une envieuse ténacité ; — mais, au lieu et place de Marcel, maître Maillart eût agi comme Marcel.

— Certainement, si l'échevin Maillart avait le génie de Marcel, il ferait, pardieu ! tout ce que fait Marcel, — reprit Rufin-Brise-Pot. — Il en est ainsi de *Jeanne-la-Bocacharde* : si elle portait barbe au menton, elle serait *Jeannot-le-Bocachard !*

Cette saillie de l'écolier fut accueillie par les rires approbatifs de l'assistance ; car l'immense majorité des Parisiens éprouvait pour Marcel autant d'attachement que d'admiration.

Guillaume Caillet, renfermé dans un sombre silence, écoutait attentivement ces propos divers et y trouvait la confirmation de ce que Mahiet l'Avocat, quelque temps auparavant, lui avait dit à Nointel de la légitime influence du prévôt des marchands sur le peuple de Paris. Soudain le bruit des tambours, des clairons, et les rumeurs lointaines d'une foule considérable se rapprochèrent de plus en plus ; le convoi débouchait de la rue Mauconseil pour traverser la rue Saint-Denis. Une compagnie d'arbalétriers de la cité, commandée par son capitaine, ouvrait la marche, précédée des tambours et des clairons, qui tour à tour faisaient retentir les glas funèbres ; puis venaient deux hérauts de la ville, vêtus, à ses couleurs, d'habits mi-partis rouges et bleus. Ces hérauts criaient alternativement, et de temps à autre, cette psalmodie lugubre d'une voix solennelle :

« — Priez pour l'âme de Perrin Macé, bourgeois de Paris, injustement supplicié !

« — Jean Baillet, trésorier du régent, — reprenait l'autre héraut, — avait au nom du roi, emprunté une somme d'argent à Perrin Macé.

« — Celui-ci réclama son argent, en vertu du nouvel édit qui ordonne aux officiers royaux de payer ce qu'ils ont acheté ou emprunté pour le roi, sous peine de voir leurs créanciers leur courir sus en vertu de la loi !

« — Jean Baillet a refusé de payer, et, en outre, a injurié, menacé, frappé Perrin Macé.

« — Perrin Macé, usant de son droit de légitime défense et du droit que lui donnait le nouvel édit, a rendu coup pour coup, a tué Jean Baillet, et s'est rendu dans l'église de Saint-Méry, lieu d'asile d'où il a réclamé une enquête et des juges.

« — Le duc de Normandie, régent, a envoyé aussitôt l'un de ses courtisans, le maréchal de Normandie, à l'église de Saint-Méry, en compagnie d'une escorte de soldats et du bourreau.

« — Le maréchal de Normandie a arraché Perrin Macé de l'église et, sur l'heure et sans jugement, Perrin Macé, après avoir eu le poing coupé, a été pendu.

« — Priez pour l'âme de Perrin Macé, bourgeois de Paris, injustement supplicié ! »

Après ces paroles, alternativement prononcées d'une voix solennelle par les deux hérauts, les sourds roulements du tambour et les sons plaintifs des clairons retentissaient de nouveau et dominaient à peine les imprécations de la foule, indignée contre le régent et sa cour. A la suite des hérauts venaient des prêtres avec leurs croix et leurs bannières ; puis recouvert d'un long drap noir brodé d'argent, le cercueil du supplicié, porté par douze notables vêtus de longues robes et coiffés de chaperons mi-partis rouges et bleus, ainsi qu'en portaient presque tous les partisans de la cause populaire ; le collet de leurs robes était fermé par des agrafes d'argent ou de vermeil, aussi émaillées, rouge et bleu, sur lesquelles on lisait cette devise ou cri de ralliement donné par Marcel : *A bonne fin !* Derrière le cercueil s'avançaient les échevins de Paris, ayant à leur tête Etienne Marcel, prévôt des marchands. Ce bourgeois obscur, sorti de sa boutique de drapier pour devenir l'un des plus illustres citoyens de la Gaule, atteignait alors la maturité de l'âge ; sa taille, moyenne mais robuste, s'était un peu voûtée par suite des fatigues, car sa prodigieuse activité d'homme d'action et de pensée ne lui laissait aucun repos. Sa figure ouverte et mâle fortement caractérisée, se terminait par une épaisse touffe de barbe brune ; mais ses joues et ses lèvres étaient rasées. Les agitations fiévreuses et son incessante préoccupation des affaires publiques avaient dégarni le front de Marcel, creusé ses traits, sans altérer en rien cette auguste sérénité qu'une conscience irréprochable donne à la physionomie de l'homme de bien. Rien de plus doux, de plus affectueux, que son sourire, lorsqu'il était sous l'impression des sentiments délicats et tendres, si familiers à son cœur ; rien de plus imposant que son attitude, de plus redoutable que son regard, lorsque Marcel, aussi puissant orateur que grand citoyen, tonnait, avec l'indignation d'une âme honnête et courageuse, contre les lâchetés, les trahisons et les crimes de la noblesse féodale et de la royauté despotique ! Le prévôt des marchands portait le chaperon rouge et bleu et l'agrafe à devise de ralliement, ainsi que les échevins dont il était accompagné.

Fils de Joel, gardez-en souvenir et honorez les noms de ces échevins ; car, sauf un traître (Jean Maillart), ils furent, comme Marcel, martyrs de la liberté. Ils se nommaient : *Delille, — Philippe Giffart, — Simon le Paonnier, — Jean Sorel, — Consac, — Josserand, — Pierre Caillart, — Jean Godard, — Pierre Puisier* et *Jean Maillart*. Ce dernier prêtait souvent son bras à Marcel, qui, fatigué de cette longue marche à travers les rues de Paris, acceptait cordialement l'appui de l'un de ses plus vieux amis ; car, depuis son enfance, il vivait dans une étroite intimité avec Maillart. Celui-ci, sans manifester ouvertement les ressentiments d'envie et de jalousie que lui inspirait la gloire du prévôt des marchands, ne put cependant s'empêcher de sourire amèrement lorsqu'il entendit les clameurs enthousiastes dont la foule salua le passage de Marcel.

Une femme vêtue de longs habits de deuil et dont la présence semblait étrange au milieu d'une pareille cérémonie, marchait à côté de Maillart; c'était sa femme Pétronille, jeune encore, assez belle, mais d'une figure bilieuse et revêche. Aussitôt après que les hérauts de la ville avaient terminé la psalmodie lugubre, qu'ils recommençaient de temps à autre, Pétronille Maillart éclatait en sanglots, en gémissements, et s'écriait, en élevant les bras et se tordant les mains de désespoir :

— Malheureux Perrin Macé! vengeance à ses cendres! vengeance!

Mais les cris plaintifs et les contorsions de dame Maillart paraissaient exciter dans la foule plus de surprise que d'intérêt.

— Par Jupiter! — s'écria Rufin-Brise-Pot, — que vient faire cette hurleuse à l'enterrement? qu'a-t-elle à se damener ainsi comme une possédée? Elle n'est ni la veuve ni la parente de Perrin Macé!

— C'est là ce qui rend sa présence ici encore plus admirable, — s'écria l'homme au chaperon fourré en s'adressant à la foule. — La voyez-vous, mes compères, la digne épouse de Jean Maillart? Voyez-vous comme elle témoigne par son désespoir de la part qu'elle prend, ainsi que son mari, au terrible sort du pauvre Perrin Macé?... Vous en êtes témoins, mes amis, dame Pétronille est la seule parmi toutes les femmes des échevins qui assiste à la cérémonie!

— C'est vrai, — dirent plusieurs voix, — pauvre chère femme! il faut qu'elle soit courageuse et fièrement désolée.

— Oui, et il n'en est pas sans doute ainsi de la femme de Marcel, notre premier magistrat; celle-là et les autres restent tranquillement chez elles sans le moindre souci de ce deuil public, — reprit l'homme au chaperon fourré; — remarquez cela, mes amis.

— Ventre du Pape! — s'écria Rufin-Brise-Pot — la femme de Marcel agit en personne sensée; elle a raison de ne pas venir ici se donner en spectacle et pousser des glapissements à rendre Belzébuth sourd, juste au momoment que les tambours se taisent... car l'affliction de cette hurleuse me paraît notée comme un papier de musique. Cette femme joue une comédie...

— Vous avez beau plaisanter, messire écolier, — reprit l'homme au chaperon fourré, — on saura que l'épouse de maître Maillart assistait à l'enterrement de Perrin Macé et que l'épouse de Marcel n'y a pas paru. Hum! Hum! mes amis, cela fait soupçonner beaucoup de choses, ou plutôt cela confirme certains bruits.

— Quelles choses? reprit Rufin-Brise-Pot, — quels bruits? Expliquez-vous.

Mais l'homme au chaperon fourré, sans répondre à l'écolier, se perdit parmi les gens en parlant bas à ses voisins. Durant ce léger accident, le cortège avait continué de défiler; les notables, portant des torches funéraires, venaient à la suite de l'échevinage; puis les corporations des artisans de métiers, précédées de leurs bannières; puis enfin une foule de gens de tous états éclatant en imprécations contre le régent et ses courtisans, et acclamant Marcel avec un redoublement d'enthousiasme, Marcel qui saurait, disait la foule, tirer vengeance d'une nouvelle et sanglante iniquité de la cour.

Bientôt le bruit circula de proche en proche qu'après la cérémonie Marcel haranguerait le peuple dans la grande salle du couvent des Cordeliers. Guillaume Caillet avait silencieusement assisté à cette scène qui semblait l'impressionner profondément. Aussi, après quelques moments de réflexion, surmontant sa timidité sauvage, il arrêta par le bras Rufin-Brise-Pot au moment où celui-ci allait se perdre dans la foule. L'écolier se retourna et, cédant à la jovialité de son caractère et voulant berner le campagnard, selon l'antique usage de l'Université de Paris, il lui dit en ricanant: — Je gage, mon rustique, que tu m'as tout à l'heure entendu parler de Jeannette la Bocacharde, honnête matrone de la rue Trace-Pute? Hein! je te devine, champêtre sylvain! tu voudrais admirer des beautés citadines? Ventre du pape! tu n'auras que le choix! sans parler d'*Audruche la Bernée* et de *Margot la Savourée*, je connais une certaine *Isabiau la Boudinière*, non moins appétissante que ses compagnes, *Agnès la Tronchette* et *Jehanne la Clopine*...

Guillaume Caillet, blessé des railleries de l'écolier, lui répondit brusquement: — Je suis étranger à Paris, je viens de loin...

— Tu veux sans doute entrer à l'Université? — dit Rufin en interrompant Guillaume et redoublant d'hilarité. — Tu es un peu barbon pour un bachelier; mais il n'importe; quelle faculté choisiras-tu? la théologie ou la médecine? les arts, les lettres ou le droit canon?

— Ah! ces gens des villes! — reprit le vieux paysan avec une poignante amertume, — ils ne valent pas mieux que les gens des châteaux! Va, pauvre Jacques Bonhomme, tu as partout des ennemis et nulle part des amis!

Guillaume fit un pas pour s'éloigner; mais Ruffin, touché de l'accent navré du campagnard, l'arrêta: — Ami, si je vous ai blessé, excusez-moi... Non, nous ne sommes pas les ennemis de Jacques Bonhomme, nous autres citadins, car nous avons deux ennemis communs : la noblesse et le clergé.

Guillaume, toujours soupçonneux, gardait le silence et essayait de lire sur les traits de l'écolier si ses paroles ne cachaient pas un piège ou une nouvelle raillerie. Ruffin devina la pensée du serf, l'examina plus attentivement, et, frappé du caractère sinistre de ses traits résolus, il reprit : — Que je meure comme un chien si je ne vous parle pas sincèrement! Ami, vous paraissez avoir beaucoup souffert ; vous êtes étranger, disposez de moi ! Je ne vous offre pas ma bourse, car elle est vide ; mais je vous offre la moitié du grabat où je couche, dans une chambre d'écolier de ma province et votre part de notre maigre pitance !

Le paysan, convaincu cette fois de la franchise du citadin, lui répondit : — Je n'ai pas le temps de rester à Paris ; je voudrais seulement parler à Mahiet l'Avocat et à Marcel : pourriez-vous me renseigner sur le moyen de les aborder ?

— Vous connaissez Mahiet l'Avocat ? — reprit vivement Ruffin, et une expression de tristesse rembrunit sa figure joviale.

— Lui serait-il donc arrivé malheur ?

— Il était parti pour assister à un tournoi en Beauvoisis, il y a déjà quelque temps de cela, et le pauvre garçon n'est jamais revenu... Son vieux père, déjà malade, est mort de chagrin par suite de la disparition de son fils... Brave Mahiet ! je suis entré à l'Université un an avant qu'il en sortît. C'était le meilleur, le plus vaillant garçon du monde... il aura été tué au tournoi ou assassiné en revenant à Paris, car les routiers infestent tous les chemins.

— Non, il n'a pas été tué au tournoi de Nointel, car, dans la nuit qui a suivi la passe d'armes, j'ai vu Mahiet monter à cheval pour s'en retourner à Paris.

— Vous êtes donc du Beauvoisis ?

— Oui, — répondit Guillaume Caillet. Puis il ajouta avec un soupir : — Allons, ce jeune homme est mort ; c'est dommage ; ils sont rares ceux qui, comme lui, aiment Jacques Bonhomme. — Et, après un moment de silence : — Et comment parviendrai-je auprès de Marcel ?

— En me suivant au couvent des cordeliers où le prévôt des marchands doit se rendre pour haranguer le peuple après l'enterrement de Perrin Macé. Venez avec moi.

— Marchez, — dit Guillaume, — je vous suis.

— Venez, nous sortirons par la porte au *Coquillier* ; ce sera le chemin le plus court.

Le vieux paysan marcha silencieusement à côté de Rufin qui voulut lui arracher quelques paroles au sujet de son voyage ; mais le serf resta impénétrable. Sortis par la porte Saint-Denis. et suivant les rues des faubourgs, beaucoup moins encombrées de population, Guillaume et son guide venaient de quitter la rue *Traversine* pour entrer dans la rue Montmartre *extra muros*, lorsqu'ils entendirent au loin les chants lugubres que le clergé psalmodie pour les enterrements, et, de temps à autre, retentissait une plaintive sonnerie de clairons. A ce bruit! les paysans rétrogradaient et les habitants de la rue fermaient leurs portes.

— Pardieu ! — dit l'écolier, — le hasard nous sert à souhait ; vous venez de voir honorer par le prévôt des marchands et par le peuple les cendres de Perrin Macé ; vous allez voir honorées les cendres de Jean Baillet, cause première de la sanglante iniquité dont Paris s'est indigné ; oui, honorées par le régent et par sa cour. Venez, venez, sans doute le cortège reconduit le cercueil au couvent des Augustins.

Et l'écolier hâtant sa marche, suivi du paysan et de quelques rares curieux, ils atteignirent l'angle de la rue Montmartre et de la rue *Quoque-Héron*, en face de laquelle se trouve l'entrée du couvent des Augustins, dont les portes s'ouvrirent pour recevoir le cercueil.

— Voyez, — dit l'écolier à Guillaume, — rien de plus significatif que le contraste offert par ces deux enterrements ; à celui de Perrin Macé se pressait un peuple immense, grave, recueilli dans sa juste indignation ; à l'enterrement de Jean Baillet, assistent seulement le régent, les princes ses frères, les courtisans et les officiers ou serviteurs de la maison royale ; mais de peuple, point !... Les citoyens font le vide autour de cette manifestation royale, jetée comme un défi à la manifestation populaire. Dites, ami, l'aspect même de ces deux convois ne parle-t-il pas aux yeux ? A l'enterrement de Perrin Macé, c'était une innombrable multitude de bourgeois, d'artisans simplement ou pauvrement vêtus ; au convoi de Jean Baillet, c'est une poignée de courtisans, d'officiers ou de serviteurs splendidement dorés et couverts de soie, de velours, de brocart d'or et d'argent ou de livrées magnifiques.

Guillaume Caillet, après avoir écouté l'écolier en attachant sur lui ses yeux perçants, secoua la tête d'un air pensif et reprit :

— Mahiet ne me trompait pas. — Puis, après une pause : — Mais qu'attendent donc les Parisiens ? Nous sommes prêts, nous autres, et depuis longtemps !

— Que voulez-vous dire ? — demanda Rufin.

Le paysan, retombant dans sa sombre taciturnité, ne répondit rien. Le cortège, en ce moment, défilait ; le cercueil de Jean Caillet, décoré d'une housse magnifique et précédé de hérauts et de sergents royaux, était porté par douze serviteurs du régent richement habillés à ses livrées. Le jeune prince et ses frères, accompagnés des seigneurs de leur cour, suivaient le cercueil. Charles, duc de Normandie et régent des Français comme fils aîné du roi Jean, alors prisonnier des Anglais, avait, ainsi que ses frères et la noblesse française, ignominieusement pris la fuite à la bataille de Poitiers. Ce jouvenceau, qui gouvernait alors la Gaule, atteignait à peine sa vingtième année ; il était frêle et pâle, sa figure maladive cachait, sous un masque benin et timide, un grand fonds d'obstination, de perfidie, de ruse et de méchanceté, vices odieux généralement rares chez les adolescents autres que ceux des races royales. Magnifiquement vêtu de velours vert brodé d'or, coiffé d'un chaperon noir orné d'une chaîne de pierreries et d'une aigrette, le régent, chétif et languissant, marchait à pas lents et s'appuyait sur une canne. A peu de distance de lui s'avançaient les princes ses frères, puis les seigneurs de sa cour ; parmi ceux-ci, le maréchal de Normandie, qui, par ordre du jeune prince, avait présidé à la mutilation et au supplice de Perrin Macé. Le maréchal et le sire de Conflans, autre conseiller favori du régent, tous deux superbes, arrogants, jetèrent sur les rares spectateurs du cortège des regards dédaigneux et menaçants, et échangèrent quelques mots à demi-voix avec le sire de Charny, courtisan non moins aimé du prince que détesté du peuple. Soudain Rufin-Brise-Pot sentit son bras brusquement saisi par la main vigoureuse de Guillaume Caillet, qui, les yeux fixes, étincelants, la poitrine bondissante, disait à l'écolier d'une voix entrecoupée :

— Regarde... les voilà !... les voilà tous deux ! le seigneur de Nointel et l'autre, le chevalier Gérard de Chaumontel !... Oh ! les vois-tu tous deux avec leurs chaperons écarlates, là-bas, à côté de ce gros homme qui porte un manteau d'hermine ?

— Oui, oui, je vois ces deux seigneurs, — reprit l'écolier, surpris de l'émotion du paysan ; — mais pourquoi tremblez-vous ainsi ?

— Au pays on les croyait morts ou prisonniers des Anglais, — reprit Guillaume ; — heureusement, il y est rien... Les voilà... les voilà... je les ai vus de mes yeux !... — Puis, les lèvres contractées par un sourire effrayant, le serf ajouta en levant ses deux poings vers le ciel : — Oh ! Mazurec !... oh ! ma fille ! enfin voilà ces deux hommes ! Ils vont retourner au pays pour le mariage de la belle Gloriande... nous les tenons... nous les tenons !...

— Le regard de cet homme me donne le frisson, — se dit l'écolier en contemplant le paysan avec stupeur ; et il ajouta tout haut : — Quels sont ces deux seigneurs dont vous parlez !

Mais Guillaume reprit, sans répondre à Rufin :
— Oh ! plus que jamais, j'ai hâte de parler à Marcel ! Je veux voir le prévôt des marchands.

— En ce cas, — reprit l'écolier, — venez vous reposer chez moi, et à la tombée du jour nous irons attendre le prévôt des marchands au couvent des Cordeliers, où il doit haranguer le peuple ce soir. Mais, encore une fois, quelle est la cause de votre surprise à la vue de ces deux seigneurs de la suite du régent ?

Le paysan jeta un regard oblique et défiant sur l'écolier, resta muet et devint de plus en plus sombre.

— Ventre du pape ! — se dit Rufin-Brise-Pot, — j'ai là un singulier compagnon ; il reste muet ou il parle en énigmes. Il m'attriste, moi qui ne suis pas d'humeur chagrine ! il m'effraye, moi qui ne suis pas d'humeur poltronne !

Et l'écolier, accompagné de Guillaume Caillet, se dirigea vers le quartier de l'Université.

. . . .

La maison d'Etienne Marcel était située près de l'Eglise Saint-Huitace (Saint-Eustache), dans le quartier des Halles. La boutique, remplie de pièces de drap rangées sur des tablettes, située au rez-de-chaussée, communiquait avec une salle à manger ; dans cette salle aboutissait un escalier conduisant à l'appartement situé au premier étage.

La nuit venue, le magasin fermé, Marguerite, femme de Marcel, et Denise, sa nièce, étaient remontées dans l'une des chambres du premier étage, où elles s'occupaient d'un travail de couture à la clarté d'une lampe. Marguerite est âgée de quarante-cinq ans environ ; elle a dû être belle ; son visage est doux, pensif et grave. Sa nièce Denise touche à sa dix-huitième année ; son gracieux visage, habituellement d'une sérénité candide, semble ce soir-là profondément attristé. Depuis quelques instants, les deux femmes, diversement absorbées, sont silencieuses. Denise, la tête baissée, ralentit peu à peu le mouvement de son aiguille ; bientôt ses mains retombent sur ses genoux et des larmes coulent de ses yeux ; Marguerite, non moins rêveuse que sa nièce, lève machinalement son regard vers la jeune fille, et, remarquant ses pleurs, lui dit avec tendresse :

— Pauvre enfant ! je devine la cause de ton chagrin ; car je connais ta pensée constante. Je ne voudrais pas te faire partager une espérance que je conserve à peine moi-même ; mais enfin, quoique la durée de l'absence de *Mahiet* justifie nos craintes, rien n'est pourtant désespéré... il reviendra peut-être...

— Non, non, — répondit Denise, donnant un libre cours à ses larmes ; — si Mahiet vivait encore, il n'aurait pas laissé son père dans la cruelle incertitude qui a hâté la fin de ses jours ; si Mahiet vivait encore, il aurait instruit de son sort mon oncle Marcel, qu'il aimait et vénérait à l'égal de son père ! Non, non, — ajouta Denise en sanglotant, — il est mort ; je ne le verrai plus !

— Mon enfant, il est bien possible que Mahiet, entraîné par son imprudent courage, soit allé combattre à Poitiers, où il sera peut-être resté prisonnier des Anglais? Or, de prison l'on revient! aussi, je t'en conjure, ne t'afflige pas ainsi... je souffre tant de te voir pleurer !

La jeune fille, au lieu de répondre à Marguerite, se rapprocha d'elle, prit ses deux mains, qu'elle baisa, et lui dit :

— Chère et bonne tante, oubliant vos chagrins, vous essayez de me consoler... J'ai honte de ne pas savoir contenir ma douleur, lorsque vous vous montrez si ferme, si courageuse, devant maître Marcel et votre fils !

— En vérité, Denise, je ne te comprends pas, — dit Marguerite avec un léger embarras ; — ma vie est si heureuse, qu'il ne me faut aucun courage pour la supporter...

— Mon Dieu! ne vous vois-je pas chaque jour accueillir maître Marcel et André, votre fils, le sourire aux lèvres et le front tranquille, tandis que votre cœur est bourrelé d'angoisses...

— Tu es dans l'erreur... Denise.

— Oh! croyez-moi, si ce n'est pas une curiosité indiscrète qui m'a guidée lorsque j'ai essayé de pénétrer vos sentiments ; c'est le désir de ne rien dire qui puisse blesser votre pensée secrète quand je suis seule avec vous, ainsi que cela m'arrive si souvent maintenant, bonne et chère tante.

— Excellente enfant ! — reprit Marguerite en embrassant Denise avec effusion et ne retenant plus ses larmes ; — comment ne serais-je pas profondément touchée de tant de délicatesse et d'affection? comment ne pas y répondre par une confiance sans réserve ? — Puis, après un dernier moment d'indécision et faisant un effort sur elle-même, Marguerite ajouta : — Eh bien, tu t'es pas trompée ! oui, ma vie se passe dans les angoisses, dans les alarmes. Merci à toi de m'avoir arraché cette confidence ; maintenant, du moins, je pourrai pleurer devant toi sans contrainte ! épancher mon cœur !... et, ce tribut payé à la faiblesse, je pourrai me montrer plus ferme devant mon mari et mon fils !... Hélas ! je l'avoue, ma seule crainte est de leur laisser deviner ce que je souffre ! Je connais l'affection de Marcel pour moi ; elle égale celle que j'ai pour lui... et, s'il me savait malheureuse, peut-être ferais-je faiblir en lui ce calme, cette force d'esprit qui ne l'ont jamais abandonné jusqu'ici et dont, plus que jamais, il a besoin dans ces temps difficiles...

— Ah ! les femmes qui vous envient vous plaindraient à cette heure si elles vous entendaient, bonne et chère tante !

— Oui, — reprit Marguerite avec amertume, — l'on envie la femme de Marcel, l'idole du peuple... de Marcel, le vrai roi de Paris... On envie... la compagne de ce grand citoyen... Hélas ! elle devrait exciter au contraire la pitié... Tendres épanchements, douces joies du foyer, bonheur des plus humbles ! depuis longtemps je ne vous connais plus ! L'artisan, le commerçant, après leur journée de labeur accomplie, jouissent du moins, au sein de leur famille, du repos jusqu'au lendemain ; tandis que mon pauvre mari passe les nuits entières à travailler... Et moi, sa femme, je demeure en proie à des appréhensions incessantes, le jour et la nuit, redoutant qu'on attente à sa vie ou à celle de mon fils !...

— Vous n'avez aucun motif de trembler pour la vie de maître Marcel, qui ne peut faire un pas sans être entouré par une foule idolâtre.

— Je redoute la haine du régent, celle des prêtres et celle des nobles.

A ce moment, *Agnès la Béguine*, servante de confiance de Marguerite, entra dans la chambre et dit à sa maîtresse : — Madame, la femme de maître Maillart l'échevin vient vous visiter.

— Si tard ! Tu lui as dit j'étais céans ?

— Oui, madame.

Marguerite fit un mouvement d'impatience chagrine, essuya en hâte ses yeux pleins de larmes et dit à mi-voix à Denise :

— Tout à l'heure tu parlais des envieuses... Pétronille Maillart est de ce nombre... Aussi, je t'en conjure, cache tes pleurs pour éviter que cette femme fasse de méchantes réflexions sur notre tristesse !... Elle est cruellement jalouse de la popularité de Marcel ; et Maillart partage, je le crois, les sentiments envieux de sa femme.

— Maillart serait jaloux de mon oncle, son ami d'enfance ?

— Maillart est un homme faible et dominé par sa femme.

— Maître Maillart parle toujours de courir aux armes, de massacrer les nobles et les prêtres!

— La violence n'est pas la force, Denise, et les caractères les plus emportés sont souvent aussi les moins fermes... Mais silence ! voici Pétronille... Quel peut être le but de sa visite à cette heure ?

Pétronille Maillart entrait à ce moment encore vêtue de ses habits de deuil. Dès son arrivée dans la chambre, elle jeta un regard inquisiteur sur l'épouse de Marcel et sur Denise, et remarqua sans doute les traces de leurs larmes récentes, car un sourire effleura ses lèvres. Puis elle dit, en affectant une grande commisération :

— Excusez-moi, dame Marguerite, de venir si tard dans votre logis ; mais je désirais vous entretenir de choses graves.

— Vous êtes toujours la bienvenue, dame Pétronille ?

— Pas en ce moment, je le crains. Le chagrin aime la solitude, et je m'aperçois avec douleur que vos yeux et ceux de votre chère nièce sont encore rouges de larmes. Juste ciel ! est-ce que vous auriez quelques craintes au sujet de notre excellent ami Marcel ? est-ce que le populaire s'aviserait de méconnaître les services qu'il a rendus à Paris ? Ingratitude des foules !

— Rassurez-vous, madame, reprit Marguerite en interrompant Pétronille ; — Dieu merci, je n'éprouve aucune crainte au sujet de mon mari, Denise et moi nous sommes en effet fort attristées ; car, peu d'instants avant votre arrivée, nous parlions de l'un de nos amis dont le sort nous cause de cruelles inquiétudes. Vous l'avez vu souvent ici ; c'est Mahiet l'Avocat.

— Certainement, je me le rappelle fort bien ; c'était un véritable Hercule... Ainsi donc le pauvre garçon est trépassé ?

— Nous ne voulons pas croire à un pareil malheur ; mais depuis longtemps nous n'avons reçu aucune nouvelle de Mahiet.

— Rien de plus naturel, dame Marguerite ; et je m'explique alors votre tristesse... Maintenant, j'arrive au but de ma visite, qui, vu l'heure avancée, doit vous surprendre ; car le couvre-feu a depuis longtemps sonné. Vous savez combien Maillart et moi nous sommes affectionnés à votre mari et à vous ?

— Je vous sais gré de cette amitié.

— Or, le devoir des vrais amis est de parler en toute sincérité.

— Certes, rien de plus précieux que des amis sincères ! Parlez donc, madame.

— Eh bien ! chère dame Marguerite, l'on a malheureusement remarqué votre absence à l'enterrement de ce pauvre Perrin Macé. J'assistais à la cérémonie ; vous le voyez à mes habits de deuil. Je devais, en ma qualité de femme d'échevin, rendre ce dernier hommage à la mémoire de cette pauvre victime d'une iniquité.

— Madame... je ne puis que plaindre la victime si intéressante.

— Vous n'êtes pas révoltée en songeant au sort de cet infortuné ?

— Cette grande iniquité a révolté mon mari. En sa qualité de premier magistrat de la cité, il a dû se mettre à la tête du convoi.

— Premier magistrat de la cité ! — reprit dame Maillart avec une sorte d'aigreur, — jusqu'à ce que l'on en choisisse un autre, puisque chacun des échevins peut devenir prévôt des marchands. L'élection en décide.

— Certainement, — dit Marguerite en échangeant un regard avec Denise qui avait repris son travail de couture. — Le devoir de mon mari, poursuivit la femme de Marcel, était d'abord de protester contre le crime des courtisans du régent en se rendant solennellement à l'enterrement de Perrin Macé.. Quant à moi, dame Pétronille, sachant que la coutume n'est pas que les femmes assistent à ces tristes cérémonies, je suis restée à la maison.

— Est-ce qu'en de si graves circonstances l'on a souci de la coutume : — s'écria dame Maillart. — On consulte d'abord son cœur ; ainsi ai-je fait. De noir vêtue de la tête aux pieds, j'ai suivi le funèbre cortège en gémissant et en pleurant toutes les larmes de mon corps ; aussi je vous le dis en amie, chère dame Marguerite, il est très regrettable que vous ne m'ayez pas imitée.

— Chacun est juge de sa conduite, madame.

— Sans doute, lorsqu'il ne s'agit que de soi ; mais, dans cette affaire, il s'agissait aussi de votre mari, notre excellent ami Marcel. Aussi je crains qu'en cette circonstance vous ne lui ayez fait grand tort dans l'esprit du populaire !

— Que voulez-vous dire ?

— Hé ! mon Dieu ! pauvre chère dame ! est-ce que je me serais empressée d'accourir céans après le couvre feu, s'il ne s'agissait de vous donner un avis charitable ?

— Je ne doute pas de votre bonne volonté, madame ; Marcel a lui-même provoqué le caractère solennel que l'on a donné aux funérailles de Perrin Macé ; il y a assisté à la tête des échevins. Il a fait en cela tout son devoir.

— Sans doute, mon mari ne venait qu'après le vôtre, madame, — reprit l'envieuse avec dépit, — puisque maître Marcel a le pas sur tout l'échevinage en sa qualité de prévôt des marchands... Tous le reconnaissent comme le chef.

— Eh, madame ! il ne s'agit pas du rang, — s'écria Marguerite, — je voulais seulement vous dire que Marcel a assisté à ces funérailles.

— Oui, mais vous n'y assistiez pas, dame Marguerite ; aussi l'on disait dans le peuple : — « Tiens, la femme de maître Maillart, l'échevin, suit le convoi de Perrin Macé ! Oh ! oh ! elle ne se soucie point de la coutume, celle-là ; avant tout elle a voulu, comme son mari, protester par sa présence et, par ses larmes contre l'iniquité de la cour. Pourquoi donc l'épouse du premier de nos magistrats reste-t-elle chez elle ? Est-ce que maître Marcel serait moins courroucé qu'il ne le paraît contre l'attentat des courtisans du régent ? Est-ce qu'il voudrait ménager, comme on le dit, la chèvre et le chou ? se préparer secrètement des moyens de rapprochement avec la cour ? est-ce que maître Marcel voudrait trahir le peuple ? »

— Oh ! c'est infâme ! — s'écria Denise, ne pouvant contenir son indignation, — oser accuser maître Marcel de trahison, parce que ma tante, en femme de bon sens, n'est pas allée à la funèbre cérémonie faire montre et enseigne d'une douleur de commande !

— Denise ! — dit vivement Marguerite à la jeune fille, craignant d'envenimer cette discussion, puérile en apparence, mais dont les suites pouvaient être dangereuses pour Marcel. Il était trop tard, et dame Pétronille, se levant, reprit aigrement en s'adressant à Denise :

— Apprenez, ma mie, que ma douleur, non

Entrevue d'Étienne Marcel et de Charles le Mauvais (page 46)

plus que celle de mon mari, n'était point une douleur de commande!

— Dame Pétronille, — ajouta Marguerite avec anxiété, — ce n'est pas là ce que Denise a voulu dire... écoutez-moi, de grâce.

— Madame, répondit sèchement la femme de Maillart, — j'étais venue ici pour vous avertir en véritable amie de propos, sans doute peu réfléchis, mais dangereux pour la popularité de maître Marcel; car, à cette heure, ces propos circulent dans tout Paris... Loin de me remercier, l'on m'accueille ici par des paroles insultantes. La leçon est bonne, j'en profiterai.

— Dame Pétronille...

— Il suffit, madame; ni moi ni mon mari nous ne remettrons jamais les pieds chez vous. Je voulais amicalement vous signaler le danger que courait la bonne renommée de maître Marcel : j'ai fait mon devoir, advienne que pourra !

— Dame Pétronille! — répondit Marguerite avec une dignité triste et sévère, — depuis que Marcel a consacré sa vie aux affaires publiques, il n'est pas une de ses paroles, pas un de ses actes, dont il ne puisse répondre le front haut; il a fait le bien pour le bien, sans rien attendre de la reconnaissance des hommes; il saura rester indifférent à leur ingratitude; si un jour ses services sont méconnus, il emportera dans sa retraite la conscience de s'être toujours conduit en honnête homme. Quant à moi, je bénirai le jour où mon mari quittera les affaires publiques pour reprendre notre vie obscure et nos occupations ordinaires.

Marguerite s'exprimait avec une si évidente sincérité en parlant de son goût pour la retraite et l'obscurité, que dame Pétronille, furieuse de n'avoir pu blesser la femme qu'elle enviait, perdit toute mesure :

107e livraison

— Votre erreur est grande, madame; en ces temps-ci, il ne dépend pas d'un homme comme maître Marcel de s'ensevelir tranquillement dans la retraite; non, non, quand on a été l'idole de Paris, il s'agit de conserver, ou non, la confiance du peuple. Si on la perd, on est regardé comme traître, et vous savez ce que l'on fait des traîtres? La mort!

— Les ennemis de Marcel auraient-ils donc l'audace de vouloir le signaler comme un traître? — s'écria dame Marguerite les larmes aux yeux; — est-ce à sa vie que l'on en veut? Allons, répondez, dame Pétronille, vos réticences bouleversent mon esprit.

Cet entretien fut interrompu par l'arrivée du prévôt des marchands. Quoiqu'il parût harassé de fatigue, sa figure rayonnait de joie, et dès la porte il s'écria : — Marguerite! Denise! bonne nouvelle! excellente nouvelle!

A peine eut-il prononcé ces mots, que Pétronille Maillart, le saluant d'un air sec et guindé, passa rapidement devant lui et sortit sans prononcer une parole. Très surpris de ce brusque et silencieux départ, le prévôt des marchands regarda Marguerite et Denise d'un air interrogatif; puis remarquant le trouble et l'inquiétude éveillés en elles par les odieuses calomnies de dame Pétronille : Qu'as-tu, Marguerite? et pourquoi la femme de notre ami nous quitte-t-elle d'une façon si étrange?

— Ah! mon oncle, — dit la jeune fille les larmes aux yeux, — il y a des gens bien méchants!... Serpents et vipères.

— Il faut les plaindre, mon enfant; mais tu ne parles pas, je l'espère, de méchantes gens à propos de la femme de Maillart?

— Mon ami, — reprit Marguerite avec embarras, — il faut mépriser les sots propos; cependant la sottise, en ces temps-ci, peut avoir des résultats bien graves...

— Allons, — dit tristement Marcel, — je n'avais qu'une heure à passer près de vous; je suis brisé de fatigue; j'espérais goûter quelque repos; j'arrivais tout joyeux d'une bonne nouvelle qui devait vous rendre aussi heureuses que moi, et voilà tout mon plaisir gâté! Ils sont pourtant si doux pour moi ces moments de paix et d'épanchement que je goûte près de vous deux, chers objets de ma tendresse!

— Ces moments-là sont bien rares, — dit Marguerite avec un soupir mélancolique; — et ils nous sont aussi précieux qu'à toi... cher et bien aimé Marcel, tu ne dois pas en douter.....

— Je le sais; mais heureusement tu n'es pas de ces femmes sans courage, dont les continuelles anxiétés font le tourment de l'époux qui les aime et qui souffre de leurs angoisses! Non, tu es vaillante, tu acceptes avec fermeté la condition que les événements nous ont faite, certaine que je me conduis en homme de bien; aussi je te vois toujours le front tranquille, le sourire aux lèvres; et, dans ta sage et douce sérénité, je me retrempe, je reprends de nouvelles forces pour la lutte; car maintenant ma vie n'est qu'une lutte. Cette lutte est sainte, glorieuse, féconde.... mais elle épuise...... et du moins, grâce à toi, chère Marguerite, je retrouve toujours dans notre foyer ce calme heureux, ce confiant abandon qui est à l'âme ce qu'un paisible sommeil est au corps!

— Cher Etienne, nous parlerons plus tard de la visite de dame Pétronille, — reprit Marguerite en interrompant son mari et craignant de troubler les instants de repos qu'il venait chercher auprès d'elle. — Tu nous annonces une bonne nouvelle... nous attendons ton récit.

— J'aime mieux cela, — répondit le prévôt des marchands avec un soupir d'allégement en s'asseyant entre sa femme et Denise, tandis que celle-ci le débarrassait avec prévenance de son chaperon et de son manteau. — En montant ici, — ajouta Marcel, — j'ai dit à Agnès de mettre un couvert de plus pour le souper.

— Notre fils reviendrait-il ce soir de la Bastille Saint-Antoine? demanda vivement Marguerite; — est-ce la bonne nouvelle que tu nous apportais? Nous serons heureuses de le voir.

— Non, non, André ne reviendra que demain matin, après avoir passé sa nuit de guet à la Bastille avec sa compagnie d'arbalétriers. Mon fils doit donner l'exemple de la régularité dans le service; il ne négligera aucun de ses devoirs.

— Et qui donc viendra ce soir souper avec nous, mon oncle?

— Qui cela, chère Denise? — répondit Marcel en souriant, — qui cela? L'un de nos meilleurs amis. Devine, si tu le peux.

— Simon le Paonnier? Pierre Caillart? Maître Delille? Philippe Giffart? Jean Godard? Josserand? Jean Sorel?

— Non, Denise. Ne cherche pas notre convive parmi mes compères les échevins; il n'est pas encore d'âge à figurer dans ces graves fonctions. Mais, pour t'aider à deviner, j'ajouterai que notre convive de ce soir arrive de province.

— Sera-ce donc mon vieux cousin qui réside avec sa fille à *Vaucouleurs?* Aurait-il quitté la paisible vallée de la Meuse pour venir nous voir?

— Non, chère Denise; l'ami que nous attendons est seulement absent de Paris depuis quelque temps. Fais un effort de mémoire.

— Depuis quelque temps?... — reprit d'abord machinalement Denise; puis, frappée d'une idée soudaine, mais osant à peine y arrêter son esprit, la pauvre enfant pâlit, joignit ses deux mains tremblantes, et, attachant sur le prévôt des marchands un regard à la fois rempli d'angoisse et d'espérance, elle balbutia : — Mon oncle, que dites-vous? Serait-ce?... »

— J'ajouterai, de plus, que le sort de cet ami nous a causé de vives inquiétudes...

— Lui ! — s'écria Denise en se jetant au cou de Marcel ; — il serait vrai..... Mahiet est de retour !... Dieu soit loué !

— Mahiet ! — reprit à son tour Marguerite, partageant la surprise et la joie de sa nièce. — Tu l'as vu ? Il est à Paris ?

— Oui ce matin, à l'hôtel de ville, j'ai vu ce digne garçon. Il est en bonne santé, quoiqu'il ait beaucoup souffert dans ses pérégrinations.

Il faut renoncer à peindre l'émotion, les douces larmes de Denise. Cette émotion calmée, le prévôt des marchands dit à sa femme :

— Je présidais ce matin à l'hôtel de ville notre conseil des échevins, lorsqu'un de nos sergents me remet une lettre : je l'ouvre et je lis que Mahiet demande à m'entretenir. On le fait monter, par mon ordre, dans la chambre où je travaille, et j'y cours aussitôt après notre séance. Ah ! ma pauvre Denise ! je l'avoue, j'ai eu peine à reconnaître notre ami, tant il était changé, maigri... les yeux caves et les pommettes saillantes.

— Que lui est-il donc arrivé, mon Dieu ? — demanda Denise. — Est-il allé guerroyer contre les Anglais, ainsi que le craignait ma tante ? Sort-il de prison ?

— Il sort de prison ; mais il n'est point allé à la guerre, — reprit Marcel. — Voici ce qui lui est arrivé : il était, vous le savez, parti pour Nointel en Beauvoisis. Après avoir quitté Nointel dans la nuit et s'être reposé une heure au point du jour à Beaumont-sur-Oise, il se remet en route ; au bout de quelque temps, il entend derrière lui le galop précipité d'un cheval, et il voit venir, fuyant à toute bride, un homme ayant une femme en croupe, poursuivi par trois cavaliers armés qui accouraient au loin. Le couple s'arrête à quelques pas de Mahiet, et l'homme, un jouvenceau de vingt ans au plus, dit à notre ami : « — Nous fuyons le château du sire de Beaumont ; il est le tuteur de ma sœur qui m'accompagne, et a voulu la violenter. Il accourt sur nos pas, avec ses hommes ; vous êtes armé, par pitié, protégez-nous, aidez-moi à défendre ma sœur !... »

— Je connais le cœur et le courage de Mahiet, — dit Denise avec émotion ; — il aura pris la défense de ces malheureux !

— Sans aucune hésitation ; car, « en sa qualité d'avocat, m'a-t-il dit, il ne pouvait refuser une si bonne cause. » Le sire de Beaumont arrive avec ses deux écuyers...

— Et le combat s'engage ! — s'écria Denise en joignant les mains. — Pauvre Mahiet ! ainsi seul contre trois...

— Il était de force à les vaincre. Malheureusement, au début de l'action, l'un des combattants lui assène par derrière un si furieux coup de masse d'armes sur la tête, que le casque de Mahiet en est brisé. Il tombe sans connaissance sous les pieds de son cheval... et quand il revient à lui, il se trouve demi-nu sur la paille et tout endolori, au fond d'un cachot.

— Pauvre Mahiet ! — dit Marguerite. — Ce cachot était sans doute l'une des prisons du château de Beaumont, où l'on avait, après le combat, transporté notre ami blessé, mourant et dépouillé de ses armes ?

— Oui chère Marguerite ; et c'est dans ce cachot que Mahiet, en proie à une fièvre violente, est resté durant sa longue absence de Paris.

— Hélas ! combien il a dû souffrir ! Mais, mon oncle, comment notre pauvre ami a-t-il pu s'échapper de prison !

— Le sire de Beaumont, peu de jours après avoir fait prisonnier Mahiet, était parti avec ses hommes pour guerroyer contre les Anglais. A-t-il été tué ou retenu captif lors de la déroute de Poitiers ? Mahiet l'ignore ; mais, il y a deux jours, le château du sire de Beaumont a été attaqué et enlevé par la bande d'un certain capitaine Griffith.

— Ce terrible aventurier anglais qui est venu jusqu'à Saint Cloud, ce jour où nous avons eu tant de frayeur ; car, parti à la tête de la milice, vous l'avez combattu et heureusement refoulé loin de Paris. Grand Dieu ! — ajouta Denise avec effroi, — entre quelles mains le pauvre Mahiet était-il tombé !

— Rassure-toi, chère enfant, car, par un singulier hasard, notre ami n'a eu qu'à se louer de cet aventurier. Cet homme féroce et étrange a parfois quelques mouvements de générosité. Donc, ces Anglais, après avoir, selon leur coutume, mis à sac le château de Beaumont, massacré les hommes, violenté les femmes, ont, dans leur ardeur de pillage, fouillé le manoir jusqu'aux souterrains. Ils arrivent au cachot de Mahiet, brisent ses chaînes et le conduisent devant le capitaine Griffith, heureusement ce jour-là en belle humeur. Après avoir interrogé notre ami, frappé sans doute de sa vaillante et robuste apparence, il lui propose d'entrer dans sa compagnie ; Mahiet refuse. Alors le capitaine Griffith, sans doute à moitié ivre, lui fait donner des vêtements, deux florins d'argent, et lui dit, faisant allusion à la maigreur de notre ami : « — Lorsque tu auras de la viande sur les os, tu dois être un rude compagnon ; si je te retrouve, je serai content de rompre une lance contre toi. Tu es libre, va-t'en : et que le diable, mon patron, te soit en aide ! »

— Le capitaine Griffith est un effroyable bandit, — reprit Denise, — et cependant je ne puis m'empêcher de lui être reconnaissante d'avoir rendu la liberté à Mahiet.

— De sorte qu'en quittant le château de Beaumont, — reprit Marguerite, — notre ami est revenu directement à Paris ?

— Oui, — répondit tristement Marcel ; — et un chagrin cruel et imprévu l'attendait ici.
— Hélas ! — dit Denise, — la mort de son père ? Quel coup terrible pour notre ami !
— Ce coup a été affreux pour lui. Jugez de sa douleur ; en arrivant, il court joyeux à la maison de notre vieil ami, Lebrenn le libraire, et là, Mahiet apprend la perte qu'il a faite... Il a passé la fin du jour d'hier et cette nuit dans la solitude et dans les larmes. Ce matin, il est venu me trouver à l'hôtel de ville ; et ce soir nous pourrons du moins lui offrir les consolations d'une amitié éprouvée.

Agnès la Béguine, entrant à ce moment, dit à Marcel en lui remettant une petite médaille d'or émaillée de vert, sur laquelle on voyait un C et un N surmontés d'une couronne :
— Un homme, encapé jusqu'au nez et dont on voit à peine les yeux, est dans la boutique ; il désire entretenir à l'instant maître Marcel ; et il m'a donné cet émail en me recommandant de vous l'apporter.

Marcel, à la vue de la médaille, tressaillit de surprise et dit à sa femme : — Chère Marguerite, je ne jouirai même pas de cette heure de repos sur laquelle je comptais. Laissez-moi seul ; descends chez Denise. Mahiet ne peut tarder à venir ; ne m'attendez pas pour souper.
— Puis, s'adressant à Agnès la Béguine : — Faites monter cet homme.

— Marcel, — reprit Marguerite avec inquiétude, tandis que la servante sortait pour accomplir les ordres de son maître, — tu es harassé de fatigue, et tu n'auras pas même le temps de prendre ton repas ?
— Tout à l'heure, en descendant, je mangerai à la hâte avant de sortir.
— Quoi ! mon ami, encore une nuit de veillée !
— J'ai convoqué une réunion nocturne au couvent des Cordeliers ! — ajouta Marcel, dont les traits s'assombrirent, — l'enterrement de Perrin Macé sera peut-être le signal de grands évènements ! Nous devons tout prévoir.

Le prévôt des marchands s'interrompit à la vue de l'homme encapé qu'Agnès venait d'introduire. Marguerite sortit d'autant plus alarmée que les paroles inachevées de son mari réveillaient en elle le souvenir de son dernier entretien avec Pétronille Maillart. Après le départ des deux femmes, l'étranger, s'assurant que la porte était close, se débarrassa de sa chape et la jeta sur un meuble. Cet homme, d'une très petite stature, âgé de vingt-cinq ans au plus et simplement vêtu d'un pourpoint de buffle, avait des traits fins et réguliers ; mais, malgré la grâce de sa figure, l'affabilité de ses manières et la douceur presque caressante de sa voix, quelque chose de sardonique dans son sourire et d'insidieux dans son regard trahissait la méchanceté de son âme et la dangereuse perversité de son esprit. Marcel, de plus en plus soucieux, semblait accepter la visite de l'étranger comme l'une de ces nécessités pénibles que subissent souvent les hommes mêlés aux grandes affaires publiques ; mais son attitude glaciale, son coup d'œil soupçonneux, révélaient sa répulsion pour ce personnage, auquel il dit : — Je ne m'attendais pas à recevoir cette nuit dans ma maison le roi de Navarre.

CHARLES LE MAUVAIS (c'était son surnom mérité) répondit en souriant et de sa voix insinuante, l'un de ses charmes les plus perfides :
— Les rois ne se visitent-ils pas entre eux ? Quoi d'étonnant à ce que Charles, roi de Navarre, vienne visiter Marcel, roi du peuple de Paris ? Nous sommes souverains l'un et l'autre.
— Sire, — répondit Marcel avec impatience, — arrivez au but de votre visite ; que me voulez-vous ? Pas de mots inutiles.
— Tu es bref dans tes paroles !
— Bref est le langage des affaires ; et d'ailleurs, il est bon de mesurer les paroles qu'on prononce devant vous.
— Tu te défies donc toujours de moi ?
— Toujours et plus que jamais.
— J'aime la franchise.
— Venez au fait et dites-moi ce que vous voulez, sans réticence ni arrière-pensée.

Charles le Mauvais resta un moment silencieux ; puis, attachant hardiment son œil de vipère sur le prévôt des marchands, il répondit lentement en pesant sur chacun de ses mots :
— Ce que je veux, Marcel ? Je veux être roi des Français !... Cela t'étonne !
— Non, — répondit le prévôt des marchands avec un sang-froid qui stupéfia d'abord Charles le Mauvais ; — tôt ou tard vous deviez en venir à cette ouverture.
— Tu prévois les choses de loin... Et quand cette prévision t'est-elle venue ?
— Lorsque j'ai vu votre créature *Robert le Coq*, évêque de Laon, se jeter avec ardeur dans le parti populaire, et se montrer l'un des plus fougueux ennemis du roi JEAN, dont vous avez épousé la fille...
— Cependant, si j'ai bonne mémoire, tu t'es fort servi de l'influence de l'évêque de Laon sur les états généraux pour leur faire accepter ta fameuse ordonnance de réformes.
— J'emploie tout instrument qui m'aide à faire le bien.
— Et ensuite, tu le brises ?
— Si cela est nécessaire ; mais Robert le Coq est trop souple pour qu'on le brise. Pourtant, malgré sa finesse, j'ai deviné son but secret.
— Et ce but ?
— Le peuple de Paris, dans son bon sens, a surnommé l'évêque de Laon *une bisaiguë à deux tranchants* : et le peuple, sire, a raison. En se montrant si hostile au roi Jean, votre

beau-père, et plus tard si hostile au régent, votre beau-frère, l'évêque de Laon jouait un double jeu : il voulait, à l'aide du parti populaire, d'abord détrôner la dynastie régnante... et puis... vous donner la couronne. Voilà pourquoi, sire, je ne suis pas surpris de vous entendre dire que vous voulez être roi des Français.

— Que penses-tu de ma prétention?

— Vous avez quelques chances de monter sur le trône. J'en conviens sans peine.

— Avec ton concours, maître Marcel?

— Peut-être entrerai-je dans vos projets.

— Il serait vrai! — s'écria le roi de Navarre pouvant à peine dissimuler sa joie. Puis, réfléchissant et jetant sur le prévôt des marchands un regard défiant, il garda un moment le silence et reprit : — Marcel, tu me tends un piège... Je sais comment, et plus d'une fois, tu t'es exprimé sur mon compte, dans les plus mauvais termes.

— Sire, on vous appelle *Charles le Mauvais*, et je vous tiens pour bien nommé; mais vous êtes actif, subtil, aventureux; vous commandez à de nombreuses bandes armées; vos partisans sont puissants, vos richesses considérables; vous êtes une force qui, le moment venu, peut être utile. Aussi vous ai-je fait délivrer de la prison, où vous retenait le roi Jean, votre beau-père.

— De sorte que moi, Charles, roi de Navarre, je ne serais qu'un instrument entre les mains de Marcel le marchand drapier?

— Sire, vous avez vos vues; j'ai les miennes que je vais vous exposer. Le régent, hypocrite et tenace, se fait un jeu de ses serments. Il a signé, promulgué les ordonnances de réformes; il m'a embrassé en pleurant, en m'appelant son bon père; il a juré Dieu et tous ses saints qu'il voulait le bien du peuple, qu'il s'associait loyalement aux grandes mesures décrétées par l'Assemblée nationale. Le régent manque à toutes ses promesses; sa ruse, son inertie calculée, son mauvais vouloir, l'audace croissante de ses courtisans et de la noblesse, souveraine en ses domaines entravent ou empêchent l'exécution des nouveaux édits. Le régent excite en secret la jalousie de grand nombre de villes communales contre Paris; qui veut, dit-on, « gouverner la Gaule. » La noblesse, dans son inaction raisonnée, à l'abri de ses châteaux forts, laisse les Anglais étendre leurs ravages jusqu'aux portes de Paris. La fausse monnaie royale continue de ruiner le commerce, d'anéantir le crédit. Enfin, il y a deux jours, des favoris du régent ont fait mutiler et supplicier un bourgeois de Paris sous leurs yeux, affichant ainsi l'insolent mépris de la cour pour les lois rendues par les états généraux. Le plan de la cour est simple : lasser le pays à force de désastres; rendre impossible le bien que l'on attendait si justement de l'Assemblée nationale, gouvernement populaire ayant le roi, non plus pour maître, mais pour agent; enfin l'on espère pouvoir dire un jour au peuple, dont ces odieuses menées auront rendu la misère intolérable : « Peuple, voilà les fruits de ta rébellion. Au lieu de demeurer soumis, comme par le passé, à l'autorité souveraine de tes rois, tu as voulu régner par toi même, en envoyant tes députés aux états généraux; tu portes aujourd'hui la peine de ton audace. Puisse cette rude leçon te prouver une fois de plus que les princes sont nés pour commander, les peuples pour obéir. Maintenant, paye les impôts, reprends avec une humble repentance ton joug séculaire! »

— Vrai Dieu! tu aurais assisté souvent aux secrets entretiens de mon beau-frère et de ses conseillers, que tu ne serais pas mieux instruit de leurs projets!... Et s'ils triomphent, te voilà désespéré?

— Désespéré pour aujourd'hui, sire; mais plein d'espoir pour demain. La conquête de la liberté est aussi certaine qu'elle est lente, laborieuse et pénible... Je ne désespère pas encore d'aujourd'hui; je veux faire une dernière tentative auprès du régent.

— Et si tu échoues, tu viens à moi?

— Entre deux maux, sire, il faut bien choisir le moindre.

— Enfin, tu crois trouver en moi ce qui manque au régent?

— Vous avez sur lui un avantage immense. Vous voulez devenir roi; et la naissance du régent l'a fait roi de France.

— Oublies-tu ma royauté de Navarre?

— En effet, sire, je l'oubliais... ainsi que vous l'oubliez pour la couronne de France. Je disais donc qu'un roi par droit de naissance, regarde toute réforme comme une atteinte à son pouvoir... Vous, au contraire, vous regarderez les réformes comme un moyen d'usurper le pouvoir. Or, si perfide, si méchant que vous soyez, Charles le Mauvais, je vous défie de ne pas signaler votre avènement au trône, et cela dans votre seul intérêt, par de grande mesures utiles au bien public. Ce sera autant d'acquis... plus tard nous aviserons...

— A me renverser?

— J'y travaillerais sire, et de toutes mes forces, du moment où vous vous écarteriez de la bonne voie. Vous êtes prévenu.

— Ainsi, maître Marcel, tu détruirais sans remords ton ouvrage?

— Sans remords! Et puis, il est bon que ce ne soient plus, comme au temps de la première et de la seconde race, les maires du palais ou les grands seigneurs féodaux qui détrônent les roi et changent les dynasties!

— Et qui donc accomplirait cette rude besogne? Je demande à connaître l'ouvrier.

— Le peuple, sire!... Il faut qu'il apprenne, ce peuple encore enfant et crédule, qu'il peut d'un souffle balayer ses maîtres souverains, issus de la conquête et sacrés par l'Eglise. Aussi, lorsqu'un jour, dans des siècles peut-être, ce peuple atteindra l'âge de virilité, il comprendra la ruineuse superfluité du pouvoir royal; mais ces temps sont lointains! De nos jours, le peuple, ignorant et coutumier, voudra, s'il détrône un maître, en couronner un autre, à la condition qu'il soit prince. Vous êtes, sire, l'un de ces prédestinés; vous pouvez même prétendre à régner sur la Gaule au nom d'une de vos aïeules dépossédée de la couronne au bénéfice de son cousin Philippe de Valois, ancêtre du roi Jean. Donc, il n'est point impossible que vous régniez un jour sur la France... éventualité déplorable! mais réelle!

— Il te faut du courage pour me parler ainsi!

— Au lieu de vous dire la vérité, je vous flatterais bassement, que roi demain, votre premier soin serait toujours de vous défaire de moi. Je ne me fais point d'illusion à cet égard.

— Me défaire de toi, qui m'aurais servi?

— Précisément pour ce motif, car ma présence vous rappellerait sans cesse votre dette... Mais il n'importe; que je meure aujourd'hui ou demain, que vous soyez roi ou non, que ma dernière tentative sur le régent échoue, que le parti de la cour triomphe, quoi qu'il arrive, si le présent échappe au parti populaire, l'avenir lui appartient. Oui, quoi qu'on fasse, l'ordonnance des réformes de 1356 et l'action souveraine de l'Assemblée nationale en ces temps-ci laisseront des traces impérissables. J'ai semé trop hâtivement, disent les uns... et ils ajoutent: « A semaille hâtive, moisson tardive; » soit, mais j'ai semé... le grain est en terre, tôt ou tard l'avenir récoltera! ma tâche est accomplie, je puis mourir. Maintenant, sire, je me résume: si je ne réussis point dans ma dernière tentative sur le régent, j'ai recours à vous. L'on vous nommera d'abord capitaine général de Paris... ce sera votre premier pas vers le trône... ensuite nous aviserons à conduire la chose à *bonne fin*, selon votre devise.

— Mes premières paroles, en entrant chez toi, ont été: — Marcel, je veux être roi des Français. J'avais mon projet; j'y renonce pour me ranger au tien, — dit Charles le Mauvais en reprenant sa chape. — Tu es un de ces hommes inflexibles que l'on ne convainc pas plus que l'on ne les corrompt. Je ne chercherai pas à te faire revenir de tes préventions contre moi, ni à acheter ton alliance. Si dangereuse qu'elle puisse être pour moi, je l'accepte telle que tu me l'offres; je retourne à Saint-Denis attendre l'événement; dans le cas où ma présence serait nécessaire à Paris, écris-moi et j'arrive. Je te demande un secret absolu sur notre entrevue.

— Nos intérêts communs exigent ce secret.

— Adieu, Marcel. Que Dieu te garde!

— Adieu, sire.

Et le roi de Navarre, s'encapant jusqu'aux yeux, quitta le prévôt des marchands. Celui-ci le suivit du regard et se dit après le départ de Charles le Mauvais; — Nécessité fatale! concourir à l'élévation de cet homme! et pourtant il le faut! Ce changement de dynastie peut m'aider à sauver la Gaule, si demain le régent trompe ma dernière espérance... Oui, Charles le Mauvais, pour usurper et conserver la couronne, entrera forcément dans cette large voie des réformes qui seules peuvent alléger le poids qui écrase le peuple des villes et surtout le peuple des champs! O pauvre plèbe rustique, si patiente dans ton martyre séculaire! ô pauvre Jacques Bonhomme! ainsi que t'appelle la noblesse dans son insolent orgueil, ton jour d'affranchissement approche! Uni pour la première fois dans une cause commune avec la bourgeoisie et le peuple des cités, lorsque tu seras debout et en armes, Jacques Bonhomme, comme tes frères des villes, nous verrons si ce Charles le Mauvais, si exécrable qu'il soit, osera dévier de la voie où il faudra qu'il marche! — A ce moment une cloche ayant sonné, Marcel tressaillit et ajouta: — J'aurai à peine le temps de me rendre au couvent des Cordeliers pour préparer nos amis à la mesure de demain... mesure terrible! mais légitime comme la loi du talion..... loi suprême et nécessaire en ces temps désastreux, où la violence ne peut être combattue, vaincue que par la violence! Ah! que le sang versé retombe sur ceux qui, poussant le peuple à bout, ont provoqué ces luttes impies!

Et ce disant, le prévôt des marchands descendit l'escalier de sa boutique pour aller rejoindre sa femme, sa nièce et Mahiet l'Avocat, qui, selon le désir de Marcel, soupaient en l'attendant. Tableau charmant de cet intérieur.

⁂

Guillaume Caillet, après s'être reposé dans la demeure de Rufin-Brise-Pot, l'avait accompagné au couvent des Cordeliers, où se pressait une foule avide d'entendre le prévôt des marchands. Les *Cordeliers*, ordre monacal pauvre, jalousant profondément les autres ordres et le haut clergé, si splendidement dotés, s'étaient rangés du parti de la ville contre la cour; la grande salle de leur couvent servait habituellement de lieu de réunion aux assemblées populaires. Rufin, connaissant le frère portier, obtint pour lui et pour son compagnon la permission d'attendre Marcel dans le réfectoire, qu'il avait à traverser avant de se rendre dans la salle où il devait haranguer le peuple. Cette salle immense, aux murailles et aux voûtes de pierre, seulement éclairée par deux lampes brûlant sur une sorte de tribune placée à l'une de ses extrémités, déjà s'encombrait d'une foule impatiente dont les premiers rangs étaient seuls vivement éclairés; les autres, selon qu'ils s'éloignaient de plus en plus de la lumineuse estrade, restaient dans une demi-obscurité qui, à l'autre bout de la salle, se changeait presque en ténèbres. L'auditoire se composait de bourgeois et d'artisans dont un grand nombre portaient des chaperons mi-partie rouges et bleus, couleurs adoptées par le parti populaire, et des agrafes ayant pour devise ces mots : *A bonne fin!*

Les deux enterrements qui avaient eu lieu durant le jour, et dont le contraste et la signification étaient si évidents, servaient de texte aux entretiens de la réunion bruyante et animée; les esprits les moins clairvoyants pressentaient l'imminence d'une crise décisive et d'un conflit inévitable entre le parti de la cour et le parti populaire, représentés, l'un par le régent, l'autre par le prévôt des marchands. Aussi, l'arrivée de ce dernier était-elle attendue avec autant d'impatience que d'anxiété. Au bout de peu d'instants, il entra par une porte pratiquée près de la tribune, et accompagné de plusieurs échevins, parmi lesquels se trouvait Jean Maillart; puis venaient Mahiet l'Avocat, Rufin-Brise-Pot et Guillaume Caillet. Ce dernier s'était assez longuement entretenu avec Mahiet et le prévôt des marchands avant leur entrée dans la grande salle. Des acclamations enthousiastes saluèrent l'arrivée de Marcel et des échevins; il monta sur l'estrade, au pied de laquelle resta Maillart; les autres échevins s'assirent non loin de Marcel, qui bientôt s'exprima de la sorte au milieu du profond silence qui se fit peu à peu :

— Mes amis, le moment est grave; pas de découragement, mais plus d'illusion : le régent et la cour ont jeté le masque ! Ce matin, à notre protestation solennelle contre l'arrêt inique et sanglant qui, au mépris des lois, a frappé Perrin Macé, la cour a répondu en suivant le convoi de Jean Baillet; c'est un défi..... Acceptons le défi ! Préparons-nous à combattre.

— Oui ! oui ! — s'écria la foule ; — le régent et ses courtisans ne nous feront pas reculer !

— Un moment effrayé par l'énergie de l'Assemblée nationale, le régent avait accordé, juré l'accomplissement des réformes ! Les députés des villes de la Gaule, réunis à Paris en états généraux, devaient, avec le loyal concours du régent, régir sagement, paternellement, le pays tout entier, comme les magistrats des communes régissent les cités. Ainsi, plus de tyrannie royale et féodale, plus de prodigalités ruineuses, plus de fausse monnaie, plus de justice vénale, plus d'impôts immodérés, plus de taxes arbitraires, plus d'exactions pillardes au nom du roi et des princes, plus d'odieux privilèges pour l'Église et pour la noblesse; enfin, plus de ces droits seigneuriaux infâmes, horribles, qui soulèvent le cœur et révoltent la raison. Voilà ce que nous voulions ; mais, c'est aussi ce que le régent et la cour repoussent énergiquement.

— Sang et tuerie ! il faudra bien qu'ils le veuillent ! — s'écria Maillart d'une voix tonnante en se dressant sur son siège et gesticulant ; — sinon, nous les massacrerons tous, depuis le régent jusqu'au dernier de ses courtisans ! à mort les traîtres ! aux armes ! mettons le feu aux palais et aux châteaux !

Grand nombre de voix applaudirent à l'exaltation des paroles de Maillart ! et l'homme au chaperon fourré, qui se trouvait à cette réunion ainsi qu'il s'était trouvé le matin au convoi de Perrin Macé, allait disant de groupe en groupe :

— Hein ! mes amis, quel intrépide que maître Maillart ! il ne parle que de sang et de massacre ! Maître Marcel, au contraire, semble toujours craindre de se compromettre. Cela ne m'étonne point; car l'on dit qu'il a secrètement embrassé le parti de la cour.

— Marcel... trahir le peuple de Paris !... — répondirent plusieurs voix, — vous radotez, bonhomme ! Passez votre chemin.

— Enfin, mes amis, Marcel se tait et ne répond pas à l'appel aux armes si bravement jeté par maître Maillart.

— Comment voulez-vous que Marcel parle au milieu de ce bruit ? Mais, silence ! le calme se rétablit, il va parler; écoutons !

— Pas de criminelle faiblesse, — reprit Marcel, — mais aussi pas de vengeance aveugle !... Il faudra que bientôt peut-être ce cri : Aux armes ! éclate d'un bout à l'autre de la Gaule, et dans les villes et dans les campagnes !

— Eh ! que nous importent les campagnes ? — s'écria Maillart. — Faisons nos affaires nous-mêmes, pour nous-mêmes ; retroussons nos manches et frappons sans pitié !

— Ami, ton courage l'emporte, — dit Marcel à Maillart avec un accent de reproche cordial.

— Est-ce que le bonheur et la liberté doivent être le privilège de quelques-uns ? est-ce que nous autres, bourgeois et artisans des cités, nous sommes le peuple entier ? est-ce qu'il n'y a pas des millions de serfs, de vassaux, de vilains, abandonnés sans merci au pouvoir féodal ? Qui prend souci de ces malheureux ? Personne ! Qui représente leurs intérêts aux états généraux ? Personne !... Puis se retournant vers Guillaume Caillet, qui, à l'écart et dans l'ombre, écoutait attentivement le prévôt des marchands, il désigna le vieux paysan aux regards de l'auditoire et ajouta : — Je me trompe !... Les serfs, en ce jour, sont ici représentés. Contemplez ce vieillard, et écoutez-moi...

Tous les yeux se tournèrent vers Guillaume, qui, dans sa timidité rustique, baissa la tête ; Marcel continua :

— Écoutez-moi ! et votre cœur, comme le mien, bondira d'indignation ; comme moi, vous crierez : Justice et vengeance! Guerre aux châteaux ; paix aux chaumières! L'histoire de ce vassal est celle de tous nos frères des campagnes.

Cet homme avait une fille, la seule consolation de ses misères ; le nom de cette enfant, aussi belle que sage, vous dira sa candeur : on l'appelait *Aveline-qui-jamais-n'a-menti*. Elle fut fiancée à un garçon meunier, vassal comme elle ; on l'appelait, à cause de sa douceur, *Mazurec l'Agnelet*. Le jour de leur mariage qui fixé... Mais, de nos jours, la première nuit de noces de l'épousée appartient à son seigneur... Les nobles appellent cela le droit de prémices...

— C'est une honte! — s'écria la foule dans son indignation furieuse, — une exécrable honte! C'est le droit de cuissage et de jambage.

— Et de cette honte exécrable, ne sommes-nous pas complices en laissant nos frères la subir? — s'écria Marcel d'une voix tonnante qui domina les frémissements courroucés de la foule. — Puis il reprit, au milieu d'un profond silence : — Si la mariée est laide ou si les seigneurs sont dans l'impuissance de violenter leurs vassales, ils se montrent bons princes ; l'époux leur donne de l'argent, et il échappe à l'ignominie. Guillaume Caillet, c'est le nom du père de l'épousée, cet homme qui est là, a voulu soustraire sa fille à la honte ; le bailli, en l'absence du seigneur, consentait au rachat du droit de prémices. Guillaume vend son unique bien, sa vache nourricière, et en remet le prix à Mazurec, qui, tout heureux, se rend au château pour rédimer l'honneur de sa femme. Un chevalier passait d'aventure sur la route ; il dévalise le vassal. Celui-ci, arrivant éploré au manoir, reconnaît son voleur parmi les hôtes de son seigneur, récemment de retour ; le vassal lui demande grâce pour sa femme et justice contre son larron. « — Ah! ta fiancée, dit-on, est jolie, et tu accuses de larcin un de mes nobles hôtes, — reprend le seigneur. — Je mettrai ta fiancée dans mon lit, et tu seras puni de mort comme diffamateur d'un chevalier... » — Ce n'est pas tout... s'écria Marcel en comprimant du geste une nouvelle explosion de la foule, de plus en plus indignée. — Le vassal, désespéré, injurie son seigneur ; on jette le vassal en prison ; c'est la coutume ; on traîne la fiancée au château... Elle résiste à son seigneur... il peut la garrotter et la violer ; le fait-il? Non. Il s'agit de donner une éclatante leçon à Jacques Bonhomme ; de prendre sa femme, non plus seulement au nom du droit du plus fort, mais au nom de la loi, au nom de la justice, au nom de ce qu'il y a de plus sacré en ce monde après Dieu! Le seigneur se donne cette féroce jouissance. Il dépose à la sénéchaussée de Beauvoisis une PLAINTE CONTRE LA RÉSISTANCE DE SA VASSALE! Les juges s'assemblent: un arrêt est rendu au nom du droit, de la justice et de la loi, ainsi conçu : « Le seigneur ayant droit aux prémices de l'épousée sa vassale, il usera de son droit sur elle ; l'épouse, ayant osé se révolter contre le légitime exercice de ce droit, fera, les mains jointes et à genoux, amende honorable à son seigneur! De plus, ledit vassal ayant accusé de larcin un noble homme, et celui-ci demandant à prouver son innocence par les armes, nous ordonnons le duel judiciaire. Le chevalier, selon la loi, se battra armé de toutes pièces et à cheval, le serf à pied, armé d'un bâton ; et s'il est vaincu et qu'il survive, il sera noyé comme diffamateur d'un chevalier ». Telle est la justice féodale.

A ces dernières paroles de Marcel, une explosion de fureur éclata dans l'auditoire ; Guillaume Caillet cacha dans ses mains son pâle et sombre visage. Le prévôt des marchands, dominant le tumulte, continua de la sorte :

— La *justice* a prononcé ; l'arrêt est exécuté. On traîne la vassale garrottée dans le lit de son seigneur ; il la déshonore, et on la rend ensuite à son époux. Ce malheureux fait amende honorable à genoux devant son suzerain ; puis il va combattre demi-nu le chevalier couvert de fer... Vous devinez l'issue de ce duel... le vassal, vaincu, est mis dans un sac et jeté à la rivière... C'est la justice féodale!

— Et aujourd'hui, ma fille porte en son flanc un enfant de son seigneur! — s'écria Guillaume Caillet, effrayant de haine et de rage, en faisant quelques pas vers l'auditoire. — Que faudra-t-il faire de cet enfant, qui vient au monde, bourgeois de Paris? — ajouta le vieux paysan. — Vous avez des femmes, des filles, des sœurs, vous autres : répondez, que feriez-vous? faudra-t-il aimer cet enfant de la honte? faudra-t-il le haïr comme l'enfant du bourreau d'Aveline? et au jour de la naissance du louveteau, devrai-je lui briser la tête pour qu'il ne devienne pas loup? Que faire?

A ces paroles de Guillaume Caillet, personne ne répondit. Un morne silence régna dans la foule, et Marcel s'écria :

— Voilà donc ce qui se passe aux portes de nos cités! Le peuple des campagnes est livré sans pitié à la merci des seigneurs! Les femmes sont violées! les hommes sont mis à mort! Nous avons été complices des bourreaux de tant de victimes par notre criminelle indifférence ; mais nous portons aujourd'hui la peine de notre égoïsme. Nous avions cru, nous autres habitants des villes, que nous serions assez forts pour dompter les seigneurs et la royauté, nous avions pensé que nous pourrions les contraindre à réformer les exécrables abus qui nous écrasent ; aujourd'hui il faut bien reconnaître que nous avions trop présumé de notre puissance. Le régent et ses partisans trahissent leurs serments, ruinent nos espérances ; en vain, pour rappeler à ce prince ses

Meurtre des conseillers du Régent (page 53)

promesses sacrées, je lui ai demandé audience sur audience, au nom des États généraux... les portes du Louvre sont restées fermées. L'audace de nos ennemis vient de ce que notre pouvoir finit aux portes de nos villes. Unissons-nous aux serfs de la campagne; ne séparons plus notre cause de la leur, et les choses prendront un autre aspect. Nous n'obtiendrons jamais de réformes sincères, durables et fécondes, sans une étroite alliance avec les gens des campagnes. Si demain, à un signal donné, les serfs se soulevaient en armes contre leurs seigneurs, les gens des villes contre les officiers royaux, aucune puissance humaine ne serait capable de dominer ce soulèvement de tout un peuple. Le régent, les seigneurs et leurs hommes d'armes seraient emportés, anéantis dans cette tempête. Alors, le peuple des Gaules, rentrant en possession de sa liberté, de son sol, verrait s'ouvrir pour lui un avenir de paix, de grandeur et de prospérité sans fin!... Voulez-vous réaliser cet avenir en vous unissant étroitement avec nos frères les paysans?

— Oui! oui! nous le voulons — s'écrièrent les échevins présents à cette réunion.

— Oui! oui! nous le voulons — répétèrent les mille voix de la foule avec un enthousiasme impossible à rendre; — unissons-nous à nos frères des campagnes! que notre devise soit aussi la leur : *A bonne fin* pour les gens des villes! *A bonne fin* pour les paysans!

— Viens, pauvre martyr! s'écria Marcel les yeux baignés de larmes, en pressant contre sa poitrine Guillaume Caillet, non moins ému que le prévôt des marchands, — j'en prends à témoin le ciel et ces cris échappés de tant de cœurs généreux apitoyés par le récit des tortures de ta famille... l'indissoluble alliance de tous les

108ᵉ livraison

enfants de notre mère-patrie est conclue en ce jour! Unissons-nous contre l'ennemi commun! Artisans, bourgeois et paysans : *Tous pour chacun ; chacun pour tous !* et *à bonne fin la bonne cause!* Guerre aux châteaux !...

O fils de Joel! moi, Mahiet l'Avocat, qui écris cette légende, jamais je n'oublierai l'élan sublime, le saint enthousiasme de la foule à la vue du prévôt des marchands, vêtu de la robe magistrale, serrant dans ses bras le serf aux mains calleuses et vêtu de haillons! Je me disais : « — La voilà donc à jamais cimentée cette alliance si ardemment désirée par *Fergan*, notre aïeul ; cette alliance qui peut seule assurer l'affranchissement de la Gaule! »

Guillaume, profondément touché et surpris de ce qu'il voyait et entendait, se sentit, malgré sa rudesse énergique, prêt à défaillir ; des larmes sillonnaient son visage, il fut obligé de s'adosser au mur, tandis que Marcel s'écriait :

— Que tous ceux qui veulent mener la bonne cause à bonne fin se trouvent demain matin en armes sur la place de l'église Saint-Eloi.

— Compte sur nous, Marcel ; — cria la foule ; — nous serons tous au rendez-vous ! — Nous te suivrons les yeux fermés ! — Vive Marcel ! — Vivent les paysans ! — A bonne fin ! à bonne fin ! Guerre aux châteaux, paix aux chaumières !

Et la foule sortit en tumulte de la grande salle des Cordeliers.

— Voyez-vous, mes compères, à quel point ce Marcel se défie du bon peuple de Paris ! — dit l'homme au chaperon fourré à plusieurs citadins qui, comme lui, quittaient la salle. — L'avez-vous entendu?

— Qu'a-t-il dit de si fâcheux pour le peuple de Paris? Allons ! bonhomme, reviens à la raison.

— Comment! il appelle à son secours les manants, les rustres des campagnes! Ne sommes-nous donc pas assez vaillants pour faire nous-mêmes nos affaires sans l'appui de Jacques Bonhomme? Vraiment, maître Marcel n'a jamais montré plus ouvertement le mépris qu'il a pour nous ! Jean Maillart est bien autrement ami du peuple ! Vive Jean Maillart !

. . . .

Le soleil est depuis longtemps levé. Le régent, qui, récemment et pour cause, est venu habiter la tour du Louvre, a quitté son lit, placé au fond de sa vaste chambre à solives peintes et dorées, aux tentures magnifiques ; de riches fourrures couvrent le plancher. Quelques favoris ont l'insigne honneur d'assister au lever de ce mièvre et sournois jouvenceau qui règne sur la Gaule. L'un de ces courtisans, le seigneur de Norville, jaloux de l'emploi des serviteurs du prince, s'est agenouillé à ses pieds et lui chausse ses souliers, à longues pointes recourbées ; tandis que le régent, assis au bord de sa couche, la tête baissée, soucieux, pensif et faisant, selon son habitude, tourner ses pouces, se laisse machinalement chausser... Hugues, sire de Conflans, maréchal de Normandie, l'ordonnateur de la mutilation de Perrin Macé, s'entretient à voix basse dans l'embrasure d'une fenêtre avec Robert, maréchal de Champagne, autre conseiller du prince. Celui-ci, après avoir pendant quelque temps encore regardé ses pouces tourner, lève la tête ; et, de sa voix grêle, appelant le maréchal de Normandie :

— Hugues, à quelle heure ferme-t-on le barrage de la Seine au-dessous de la poterne qui conduit au bord de la rivière?

— Sire, le barrage est fermé à la tombée du jour. — Et le maréchal ajouta avec un ricanement sardonique : — C'est l'ordre de Marcel ?

— La nuit venue, aucun bateau ne peut sortir de Paris ?

— Non, sire, la nuit venue, personne ne peut sortir de Paris ni par eau, ni par terre ; toujours par ordre de Marcel.

— En ce cas, — reprit le régent sans regarder son interlocuteur et après avoir réfléchi pendant quelques instants, — tu te procureras ce matin un bateau ; tu le feras amarrer sur la rive en dehors du barrage, à peu de distance de la poterne où aboutit le petit escalier de la tour. Toi et Robert, — ajouta le régent en désignant le maréchal de Champagne, — vous vous tiendrez prêts à m'accompagner. Prudence et discrétion !

Les deux favoris restèrent un moment muets de surprise ; puis le maréchal s'écria : — Vous songeriez à quitter Paris de nuit et furtivement, sire ? vous laisseriez ainsi la place à ce misérable Marcel ? Eh ! mordieu ! si cet insolent bourgeois vous gêne, sire, suivez le conseil que je vous ai donné tant de fois ! Faites pendre Marcel et son échevinage, comme j'ai fait pendre Perrin Macé ! Cette exécution a-t-elle soulevé les Parisiens ? Non, pas un de ces musards n'a osé broncher ; ils se sont contentés de se rendre en masse aux funérailles du pendu ! Chargez-moi de vous débarrasser de Marcel ainsi que de sa bande ; ce sera bientôt fait.

— Entre autres croquants à pendre haut et court, — ajouta le maréchal de Champagne, — il y a un certain Maillart qui ne tarit point en propos violents et meurtriers contre la cour !

— Maillart ! — Qu'on ne touche pas à un cheveu de la tête de Maillart, — reprit vivement le régent en attachant sur ses courtisans un regard morne et faux.

— Il sera fait selon votre volonté, sire, — répondit le maréchal de Normandie assez surpris des paroles du prince, — nous épargnerons Maillart ; mais, par Dieu ! commandez que ces autres insolents meneurs des états généraux soient mis à mort, et Marcel le premier de tous ! Vos ordres seront exécutés.

— Hugues, — répondit le prince en se levant pour endosser sa robe, que le seigneur de Norville s'empressa d'offrir à son maître après l'avoir chaussé, — que le bateau soit, selon mes ordres, préparé pour ce soir. Soyez exacts au rendez-vous. Prudence et discrétion.
— Vous ne faites point cas de mes avis! — s'écria le maréchal presque courroucé... votre clémence pour ces vils bourgeois vous perdra! Votre bonté vous égare!
— Ma clémence! ma bonté! — reprit le jeune prince en jetant sur le maréchal un regard d'une expression sinistre.

Le courtisan, comprenant la secrète pensée de son maître, répondit : — Si vous êtes décidé à faire prompte justice de cette insolente bourgeoisie, pourquoi autant tarder, sire?
— Oh! oh! pourquoi? — dit le jeune prince en hochant la tête; puis, restant de nouveau pensif, il reprit après quelques moments de silence : — Que ce soir le bateau soit prêt!

Les favoris du régent connaissaient trop sa ténacité et sa profonde dissimulation pour essayer d'obtenir de lui qu'il s'expliquât plus clairement; cependant le maréchal de Normandie allait encore insister sur le même sujet, lorsqu'un des officiers du palais entra et dit :
— Sire, le seigneur de Nointel et le chevalier de Chaumontel demandent à être introduits pour prendre congé de vous, faveur que vous leur avez accordée hier.

Sur un signe du régent, l'officier sortit à reculons et revint presque aussitôt accompagné de Conrad de Nointel et du chevalier de Chaumontel. Les fatigues de la guerre n'avaient en rien altéré la santé des deux seigneurs. Tous deux avaient des premiers lâché pied à la bataille de Poitiers; et le fiancé de la belle Glorianda de Chivry ne ramenait point les dix prisonniers anglais que la noble damoiselle voulait voir enchaînés à ses pieds comme gage de la valliance de son futur époux.
— Ainsi donc, Conrad de Nointel, tu quittes déjà notre cour pour retourner dans ta seigneurie? — dit le régent. — Nous espérons te revoir en de meilleurs temps; nous aimons toujours à compter un Néroweg parmi nos fidèles, car ta famille est, dit-on, aussi ancienne que celle des premiers rois franks qui ont conquis cette terre des Gaules... N'as-tu pas un frère aîné?
— Oui, sire; la branche aînée de ma famille habite l'Auvergne, où elle possède des domaines qu'elle doit à l'épée de mes aïeux, compagnons de guerre de Clovis. Mon père avait quitté son château de Ploërnel, situé près de Nantes, pour venir habiter Nointel, qui lui était échu en héritage de ma mère. Il préférait le voisinage de Paris et de la cour au voisinage de la sauvage Bretagne! Je suis de l'avis de mon père, et je compte bien ne jamais habiter les domaines que je possède en ces pays et qui sont régis par mes baillis.
— Je compte sur ta promesse, car l'illustration de ta race me rend plus jaloux encore de te conserver à ma cour.
— Sire j'y reviendrai pour un double motif, d'abord pour plaire au régent, ensuite parce que ma fiancée, la damoiselle de Chivry, a le plus grand désir de voir la cour. Mais il me faut quitter Paris en hâte, pour aller chercher l'argent nécessaire à ma rançon et à celle de mon ami. C'est une grosse somme à payer.
— Vous avez donc été faits tous les deux prisonniers par les Anglais?
— Oui, sire, répondit le chevalier de Chaumontel; — mais comme je ne possède que mon casque et mon épée, Conrad, en loyal frère d'armes, se charge de payer pour moi...
— Les Anglais vous ont laissés libres sur parole? Ce sont des ennemis généreux.
— Oui, sire, — repondit Conrad de Nointel, — j'ai été pris par les hommes du duc de Norfolk; il a mis notre rançon au prix de six mille florins. « Mais, lui ai-je dit, si tu me gardes prisonnier, jamais mon bailli ne pourra obtenir de mes vassaux une somme aussi considérable; il faut la main vigoureuse de leur seigneur pour arracher tant d'argent à ces vilains. Laisse-moi donc retourner dans mes domaines, et je te jure ma foi de catholique et de chevalier que je te rapporterai très prochainement les six mille florins de notre rançon. »
— Et l'Anglais a accepté?
— Sans hésitation, sire, et apprenant que ma seigneurie était située dans le Beauvoisis, il me dit : — « Tu rencontreras dans ces parages un certain bâtard, qu'on nomme le capitaine Griffith, qui bat depuis longtemps les environs de Beauvoisis avec sa bande. »
— C'est parbleu vrai! — dit l'un des courtisans; mais heureusement les châteaux fortifiés des seigneurs sont à l'abri des ravages de ce chef d'aventuriers; il se rejette sur le populaire des campagnes, et ses bandes mettent tout à feu et à sang! C'est un rude batailleur.
— Eh bien! — reprit le régent avec un sourire cruel, — que les bourgeois, qui prétendent gouverner à notre place, fassent cesser ces désastres! — Puis s'adressant au seigneur de Nointel : — Apprends-nous ce que ce capitaine aventurier a de commun avec ta rançon?
— C'est à Griffith que je dois remettre le prix de mon rachat, ainsi qu'une lettre que m'a donnée pour lui le duc de Norfolk.

Le maréchal de Normandie, prêtant l'oreille du côté de la fenêtre, interrompit Conrad de Nointel en disant : — Quel est ce bruit?... il me semble entendre des rumeurs lointaines.
— Des rumeurs! — s'écria le seigneur de Norville, — quels audacieux se permettraient

de pousser des rumeurs aux abords du palais du roi ! Ordonnez, sire, qu'on châtie ces manants.

— Ce ne sont plus des rumeurs, mais des cris menaçants, — ajouta vivement le maréchal de Champagne en courant à la porte qu'il ouvrit, et aussitôt une bouffée de clameurs furieuses pénétra dans la chambre royale; presque en même temps un des officiers du palais, accourant du fond d'une longue galerie, pâle et épouvanté, s'écria en se précipitant dans l'appartement : — Sire, fuyez! le peuple de Paris envahit le Louvre! vos gardes sont désarmés!

— A moi, mes amis!... — s'écria le régent, blême de terreur, en se réfugiant sur son lit et essayant de se cacher dans les rideaux, — défendez-moi !... ces scélérats en veulent à ma vie.

Au premier signal du danger, les maréchaux de Normandie et de Champagne, ainsi que quelques autres courtisans, avaient résolûment mis l'épée à la main; Conrad de Nointel et son ami le chevalier de Chaumontel, d'une vaillance tempérée par une extrême prudence, cherchèrent des yeux une issue protectrice, tandis que le seigneur de Norville, sautant sur le lit, cherchait à se cacher sous le même rideau que le régent. Soudain une seconde porte, faisant face à celle de la galerie, s'ouvrit, et un grand nombre d'officiers du palais, de prélats et de seigneurs, entrèrent précipitamment en criant :
— Le Louvre est envahi par le peuple !... Marcel est à la tête d'une bande de meurtriers ! Sauvez le régent !

Presque au même instant les courtisans virent apparaître, au fond de la galerie aboutissant à la chambre royale, Marcel accompagné d'une foule compacte armée de piques, de haches et de coutelas. Ces hommes, bourgeois ou artisans de Paris, ne poussaient plus aucun cri; l'on n'entendait que le piétinement de leurs pas sur les dalles de la galerie. Le silence de cette foule armée semblait plus redoutable que les clameurs qu'elle poussait naguère. A sa tête s'avançait le prévôt des marchands, calme, grave et résolu: un peu derrière lui marchaient Guillaume Caillet armé d'une pique, Rufin-Brise-Pot tenant une masse d'armes, et Mahiet l'Avocat l'épée à la main. Pendant le peu d'instants que Marcel mit à traverser la galerie, les courtisans éperdus tinrent à mots rompus une sorte de conseil; mais aucun de ces avis confus et précipités ne prévalut; le régent resta caché dans les rideaux du lit, ainsi que le seigneur de Norville; la majorité des courtisans, pâles et tremblants, mais que le respect humain empêchait de fuir, se pressèrent dans la partie la plus reculée de la chambre, tandis que Conrad de Nointel et son ami, moins scrupuleux, ayant trouvé le moyen de se rapprocher de la seconde porte qui donnait sur un autre appartement, s'esquivèrent prudemment.

Marcel, en se présentant au seuil de la chambre royale, ne trouva prêts à en défendre l'accès que les deux maréchaux l'épée à la main. Mais, en ce moment suprême, soit que l'aspect du prévôt des marchands leur en imposât, soit qu'ils reconnussent l'inutilité d'une lutte mortelle pour eux, ils abaissèrent leurs épées.

— Où est le régent? — demanda Marcel d'une voix haute et ferme, — je désire lui parler; il n'a rien à craindre du peuple.

L'accent du prévôt des marchands était si sincère, la loyauté de sa parole si généralement reconnue, même par ses ennemis, que, cédant à la fois à un sentiment de dignité royale et à la confiance que lui inspirait la parole de Marcel, le prince sortit de derrière ses rideaux, enhardi d'ailleurs par la présence des gens de cour et par l'attitude impassible des gens armés qui venaient d'envahir le Louvre :

— Me voici, — dit le régent en faisant quelques pas à la rencontre de Marcel, et pouvant à peine, malgré sa dissimulation, cacher la colère qui succédait chez lui à l'épouvante ; — que me veut-on? Le régent attend que vous parliez.

Marcel se retourna vers les hommes armés dont il était suivi, leur commanda du geste et du regard de rester silencieux et de ne pas dépasser la porte de la chambre royale où il entra seul; le régent, après s'être consulté pendant quelques instants à voix basse avec ses courtisans, reprit d'une voix de plus en plus rassurée en s'adressant au prévôt des marchands : — Ton audace est grande !... entrer en armes dans mon palais !...

— Sire! depuis longtemps je vous ai demandé par lettres une audience sans pouvoir l'obtenir; j'ai dû forcer vos portes pour vous faire entendre, au nom du pays, un langage d'une sincérité sévère...

— Finissons, — dit le régent avec impatience. Que veux-tu? Parle...

— Sire! le peuple exige d'abord l'accomplissement loyal des ordonnances de réformes que vous avez signées et promulguées.

— On t'appelle le roi de Paris, — répondit le régent avec un sourire amer et sardonique. — Eh bien! règne... sauve le pays!

— Sire! la voix de l'Assemblée nationale a été écoutée à Paris et dans quelques grandes villes; mais vos partisans et vos officiers, souverains dans leurs seigneuries, ou dans les pays qu'ils gouvernent en votre nom, se liguent pour empêcher l'exécution des lois dont dépend le salut de la Gaule. Il faut qu'un pareil état de choses cesse promptement, sire... très promptement! Le peuple le veut ainsi.

Le régent se retourna vers un groupe de prélats et de seigneurs, à la tête desquels se trouvait le maréchal de Normandie, se consulta de nouveau pendant quelques instants avec eux à voix basse; puis il répondit au prévôt des marchands d'un ton hautain : — Sont-ce là toutes tes doléances? Expose tes griefs.

— Ce sont d'impérieux avertissements.
— Que demandes-tu encore?
— Un acte de justice et de réparation, sire : Perrin Macé, bourgeois de Paris, a été mutilé, puis mis à mort, au mépris du droit et des lois, par l'ordre de l'un de vos courtisans... Il faut que celui-là qui a fait supplicier un innocent soit condamné à mort! C'est la loi du talion.

— Par la croix du Sauveur! — s'écria le régent, — tu oses venir me demander ici la condamnation et l'exécution du maréchal de Normandie, le meilleur de mes amis!

— Cet homme vous perd par ses détestables conseils. Il doit expier son crime.

— Impudent coquin; s'écria le maréchal de Normandie furieux, en menaçant Marcel de son épée, — tu as l'audace de t'attaquer à moi!

— Pas un mot de plus, — reprit le régent en interrompant son favori et abaissant d'un geste l'épée dont il menaçait Marcel, — c'est à moi de répondre ici; et j'ordonne à maître Marcel de sortir de céans et sur l'heure.

— Sire, répondit le prévôt des marchands avec une sorte de commisération protectrice, — vous êtes jeune et j'ai les cheveux gris... votre âge est impétueux, le mien est calme... donc, j'ai le droit et le devoir de vous donner une leçon; je vous conjure au nom du pays, au nom de votre couronne, d'accomplir loyalement vos promesses; et, si pénible qu'elle vous semble, d'accorder la réparation que je vous demande au nom de la justice. Prouvez ainsi que lorsque la loi est audacieusement violée, vous punissez le coupable, quel que soit son rang... Sire, il est temps encore pour vous d'écouter enfin la voix de l'équité!...

— Et moi, je te dis, maître Marcel, — s'écria le prince furieux, — qu'il est temps, plus que temps, de mettre terme à tes insolentes requêtes! Sors d'ici à l'instant!...

— Hors d'ici ce manant rebelle à son roi! — s'écrièrent les courtisans, rassurés et trompés, comme le régent par l'attitude des gens armés dont Marcel était accompagné, et qui demeuraient immobiles et muets; aussi, s'adressant à eux, le maréchal de Normandie s'écria :

— Et vous, bonnes gens de Paris, qui maintenant regrettez la criminelle démarche où cet endiablé rebelle vous a entraînés malgré vous, joignez-vous à nous, les vrais amis de votre roi, pour punir la trahison de ce misérable Marcel... Que son sang retombe sur lui.

Le prévôt des marchands étouffa un soupir de regret, se recula de deux pas pour se mettre hors d'atteinte de l'épée dont le maréchal le menaçait, se retourna vers ses hommes et leur dit : — Faites ce pourquoi vous êtes venus.

A ces mots, les hommes armés, jusqu'alors fidèles aux recommandations de Marcel, se dédommagèrent de leur silence et de leur contrainte prolongée par une explosion de cris indignés, menaçants, qui frappèrent de stupeur et d'épouvante le régent et ses courtisans. Rufin-Brise-Pot s'élança sur le maréchal de Normandie et le saisit au collet : — Tu as fait mutiler et pendre Perrin Macé, tu seras pendu! La potence est préparée.

— Voilà pour toi, truand! — riposta le maréchal en portant à l'écolier un coup d'épée qui lui traversa le bras gauche; — la corde qui doit me pendre n'est pas encore tressée.

— Non; mais le fer qui t'assommera est forgé, mon noble homme! — répondit l'écolier en assénant sur la tête du maréchal un furieux coup de masse d'armes. — On m'appelait Rufin-Brise-Pot; je suis Rufin-Brise-Tête!...

L'écolier disait vrai : le crâne du maréchal éclata; et il expira en tombant aux pieds du régent, dont il ensanglanta la robe. Durant le tumulte qui suivit ces représailles, le maréchal de Champagne s'élança sur Marcel, le poignard à la main; mais Guillaume Caillet, qui jusqu'alors avait cherché d'un œil ardent le sire de Nointel, parmi la foule brillante, se jeta au devant du prévôt des marchands, prévint Mahiet, qui s'élançait dans la même intention, et le vieux paysan plongea sa pique dans le ventre du maréchal. Le corps du courtisan roula sur le plancher. La justice du peuple est terrible.

Les seigneurs et les prélats qui étaient successivement accourus dans la chambre royale s'enfuirent éperdus par la porte qui leur avait donné accès; et lorsque le régent, qui, défaillant de terreur, venait de s'affaisser sur son lit en cachant sa figure entre ses mains, rouvrit les yeux, il se vit seul avec Marcel, non loin des cadavres de ses deux conseillers. Les hommes armés s'étaient lentement retirés dans la galerie, ainsi que Guillaume; et Mahiet s'occupait, près d'une fenêtre, de bander à l'aide de son mouchoir, la blessure de l'écolier; enfin, dépassant l'une des draperies du lit, derrière lesquelles il s'était jusqu'alors tapi immobile et coi, l'on voyait les pieds du seigneur de Norville, qui n'avait pas même eu la force de fuir.

— Grâce! maître Marcel! — s'écria le régent livide d'épouvante, en se jetant aux genoux du prévôt des marchands et levant vers lui ses mains suppliantes et ses yeux noyés de larmes; — ne me tuez pas, ayez pitié de moi, mon bon père! Grâce et miséricorde!

— Nous ne songeons pas à vous tuer! — dit Marcel péniblement ému de ce soupçon et se courbant pour relever le régent, — Ah! que mon nom soit maudit si la pensée d'un pareil crime m'est jamais venue! Ne craignez rien, sire, et relevez-vous! Le peuple de Paris est bon.

— Ah! bon père! c'est à genoux que je vous demande pardon d'avoir méconnu vos sages avis et écouté de mauvais conseillers. — Puis, éclatant en sanglots, le jeune prince ajouta en se tordant les mains de désespoir : — Hélas! mon Dieu! seul et si jeune, loin de mon pauvre père, prisonnier, est-ce de ma faute si j'ai placé ma confiance dans les hommes dont j'étais entouré ? — Jetant alors les yeux sur les cadavres des deux maréchaux, il reprit avec un accent de douleur déchirante : — Les voilà ceux qui m'ont perdu! Ils m'aimaient, ils m'avaient vu naître ; mais, comme moi, ils étaient aveuglés par l'erreur!... Ah! bon père! ne me reprochez pas de pleurer sur le sort de ces malheureux ; ce sont les derniers adieux que je leur adresse ! — Et le régent, toujours agenouillé, s'affaissa sur lui-même, cacha sa figure dans ses mains et continua de sangloter. Pleurs de rage et non de repentance.

Marcel, depuis longtemps, connaissait par expérience la profonde duplicité du régent, duplicité presque incroyable dans un âge si tendre ; cependant, la sincérité de l'accent de ce jeune homme, ses prières touchantes, ses pleurs, les regrets qu'il ne craignait pas de témoigner au sujet de la mort de ses deux conseillers, tout fit penser au prévôt des marchands que le prince, effrayé des terribles représailles accomplies sous ses yeux, se reprochait amèrement ses erreurs, et qu'enfin, convaincu que son intérêt surtout lui commandait de rompre avec un passé funeste, il voulait fermement marcher dans la bonne voie. Aussi Marcel, se félicitant de cet heureux changement, dit tout bas à Mahiet : — Fais retirer nos gens de la galerie ; qu'ils sortent du palais et aillent s'assembler avec le peuple sous la grande fenêtre du Louvre ; toi et Rufin, restez près de moi. Je vais emmener le régent hors de cette chambre : la vue de ces deux cadavres lui est trop pénible.

Mahiet et l'écolier exécutèrent les ordres du prévôt des marchands. Le régent, affaissé sur lui-même, continuait de sangloter ; le seigneur de Norville sortit de sa cachette sans être remarqué du prince et, s'approchant sur la pointe du pied, lui dit : — Sire, le plus fidèle de vos serviteurs est glorieux d'avoir bravé mille morts plutôt que de vous laisser seul avec ces rebelles scélérats ; souffrez, noble et cher maître, que je vous aide à vous relever.

Le régent obéit machinalement, et s'apercevant que Marcel, occupé à donner ses instructions à Mahiet et à Rufin, ne pouvait ni le voir ni l'entendre, il dit tous bas à Norville : — Ne me quitte pas, épie le moment où je pourrai te parler sans être vu de personne. — Remarquant alors que Marcel se rapprochait de lui, tandis que l'avocat et l'écolier sortaient de la chambre, le régent, poussant un sanglot lamentable, se tourna vers les cadavres des deux maréchaux et murmura d'une voix étouffée : — Adieu, ô vous qui m'aimiez et de qui j'ai partagé les funestes erreurs. Que Dieu vous reçoive en son Paradis.

— Venez, sire, venez ! — dit Marcel avec douceur en emmenant le régent dans la galerie ; — venez, appuyez-vous sur moi !

Le seigneur de Norville suivit le prince, qu'il couvait de l'œil, et dit à demi-voix au prévôt des marchands : — Ah! maître Marcel, soyez le protecteur, le tuteur de mon pauvre jeune maître... il a toujours eu un fonds de tendresse pour vous.

— Maintenant, sire, — dit Marcel au régent lorsqu'ils eurent fait quelques pas, — je crois à vos promesses... je crois à la salutaire influence du terrible exemple dont vous avez été témoin !... Ah! ce sont là de douloureuses extrémités ; mais la violence engendre fatalement la violence !... Il dépend de vous, sire, que de pareilles représailles ne se renouvellent plus. Donnez le premier l'exemple de votre respect pour la loi. Tous alors en appelleront à la loi au lieu de recourir à la force, dernier recours des hommes lorsqu'ils ont invoqué en vain la justice ! Le moment est décisif ; si vous trompiez encore nos espérances... nos dernières espérances ; s'il nous était malheureusement démontré par une suprême épreuve que vous êtes incapable ou indigne de régner, sous le contrôle vigilant et sévère des états généraux, élus par la nation, je vous le dis sincèrement, sire, le peuple, à bout de déceptions, de souffrances, de désastres, de misères, respecterait votre vie, mais choisirait un roi plus soucieux du bien public... Vous auriez cessé de régner.

— Hélas! bon père! pourquoi me faire des menaces? Je suis un pauvre jeune homme à votre merci! Ayez pitié de moi !

— Sire, je ne vous menace pas; loin de moi une pareille lâcheté! Je vous montre les choses sous leur véritable aspect : il dépend de vous de concourir au salut du pays.

— Parlez, parlez, bon père... je vous obéirai comme le fils le plus respectueux ; je vous le jure sur le salut de mon âme : désormais vous serez mon seul conseiller... Parlez ; qu'ordonnez-vous ?

— Le peuple est assemblé devant le Louvre. il connaît déjà la mort du maréchal de Normandie. Paraissez à la fenêtre... dites à la foule quelques bonnes paroles ; annoncez hautement vos sages résolutions ; déclarez que la cause du peuple est désormais la vôtre ; et, tenez, sire, — dit Marcel en ôtant son chaperon et le présentant au régent : — En gage d'alliance, de bon vouloir et de concorde, portez mon chaperon aux couleurs du parti populaire ; les habitants de Paris vous sauront gré de cette première preuve de condescendance et de bon accord.

— Donnez, donnez, — reprit vivement le jeune prince en se coiffant avec empressement du chaperon de Marcel, chaperon mi-partie rouge bleu. — Un ami comme vous, bon père, pouvait seul me donner un pareil conseil... Ouvrez cette fenêtre, je veux parler à mon bien-aimé peuple de Paris, — ajouta le régent, s'adressant au seigneur de Norville, qui, se tenant à l'écart durant l'entretien de Marcel et du prince, s'était peu à peu rapproché de lui, comme il en avait reçu l'ordre ; ouvrez donc la fenêtre à deux battants.

— Mahiet, — reprit à demi-voix Rufin-Brise-Pot à l'Avocat pendant que le régent, se dirigeant lentement vers la fenêtre que le sire de Norville s'empressait d'ouvrir, semblait se consulter avec Marcel, — que penses-tu des bonnes résolutions de ce jeune homme ?

— Ainsi que maître Marcel, je le crois sincère; non que je me fie au cœur de ce garçon de race royale, mais parce qu'il est de son intérêt de suivre de sages avis... et il s'y conforme...

— Hum! hum! m'est avis qu'il joue la comédie. Mauvaise garantie que la parole d'un prince.

— Supposes-tu le régent assez dissimulé ou assez fou pour tromper maître Marcel ?

— Aussi vrai qu'Homerus est le roi des rapsodes! jamais Margot la Savourée n'a été si près de me jouer un tour sournois et scélérat que lorsqu'elle m'appelle son *rat musqué*, son *beau roi*, son *canard doré*, et autres dénominations non moins flatteuses que fallacieuses.

— Mais, quel rapport existe-t-il entre le régent et ta Margot ? Cesse donc de plaisanter.

— Ecoute-moi jusqu'à la fin. J'ai précisément rendez-vous ce soir près du Louvre, au bord de la rivière, avec Margot la Savourée, parce que, suivant elle, Jeannette la Bocacharde ne veut pas me voir dans sa maison. Eh bien! j'en jure par Ovidius, le poète chéri de Cupido, cette Margot ne s'est montrée si câline, si chatte en m'engageant à aller humer les brouillards de la Seine, que parce qu'elle a résolu de me manquer de parole ce soir et d'aller ribauder ailleurs.

— Rufin, parlons sérieusement.

— Sérieusement, Mahiet, je crains qu'il en soit des promesses du régent comme des promesses de Margot! Tiens... j'aurais préféré recevoir un coup d'épée de plus, quoique celui que j'ai embourbé me cuise diablement, et avoir assommé ce mièvre jouvenceau comme j'ai assommé son maréchal de Normandie.

— Allons, ce sont là des exagérations dignes de Jean Maillart... Mais, à propos, est-ce qu'il ne nous a pas accompagnés au palais ?

— Non, non; après avoir, à l'insu de Marcel et de toi qui marchiez en tête de nos amis, poussé quelques misérables brutes à massacrer maître Dubreuil qui passait sur sa mule, Maillard a disparu! Je n'ai aucune confiance en lui.

— Ciel et terre! ce meurtre est déplorable! C'était assez du maréchal de Normandie et du maréchal de Champagne.

— Ecoutons, écoutons... — reprit Mahiet en interrompant son compagnon et lui montrant le régent qui, s'étant avancé sur le balcon, s'adressait au peuple rassemblé dans la rue.

— Bien-aimés habitants de ma bonne cité de Paris, — disait le jeune prince d'une voix émue et pleine de larmes, — je me présente à vous fermement résolu de réparer mes torts. Je le jure par ces couleurs qui sont les vôtres et qui seront désormais les miennes, — ajouta-t-il en portant la main au chaperon rouge et bleu dont il s'était coiffé. — Le maréchal de Normandie, l'un de mes conseillers, avait fait injustement supplicier Perrin Macé, honnête bourgeois de Paris. Le maréchal vient d'être mis à mort; puisse cette réparation vous satisfaire, chers et bons Parisiens! Oublions nos discordes ; unissons-nous dans un commun accord pour le bien du pays... Aimons-nous, aidons-nous ! Je confesse mes erreurs ! ne me les pardonnerez-vous pas? Hélas ! je suis si jeune ! de mauvais conseillers m'avaient égaré ; mais je n'en aurai qu'un seul : ce conseiller... le voilà. — Et le régent, se tournant vers Marcel, ajouta : — Bons habitants de Paris, recevez cet embrassement que je vous donne du fond du cœur dans la personne du grand citoyen que nous chérissons, que nous vénérons tous... — En prononçant ces derniers mots, le jeune prince se jeta en pleurant dans les bras du prévôt des marchands et le serra contre lui. Embrassements de prince, caresses mortelles !

A ce spectacle touchant, les clameurs enthousiastes de la foule mobile et crédule retentirent de toutes parts, et les cris prolongés de : — *Vive Marcel! vive le régent! à bonne fin!* — saluèrent ce rapprochement comme un heureux augure pour l'avenir.

Marcel, profondément ému, dit au régent en rentrant avec lui dans la galerie : — Sire, le peuple, plein d'espoir et de confiance, acclame de ses cris joyeux une ère de paix, de justice, de grandeur et de prospérité. Ne trompez pas tant d'heureuses espérances ; le bien vous est si facile ! il est si beau de léguer à la postérité un nom glorieux et béni de tous !

— Mon bon père ! — répondit le régent d'une voix palpitante, — mes yeux s'ouvrent à la lumière ; mon cœur s'épanouit... je renais pour une vie nouvelle... Vous ne me quitterez pas de la journée, de la nuit s'il le faut. A l'œuvre... prenons de concert des mesures promptes, énergiques... Ah ! vos vœux seront exaucés ; je léguerai à la postérité un nom béni de tous... venez, mon bon père ! — Et le jeune prince, passant avec une familiarité filiale son bras au cou de Marcel, fit quelques pas avec lui dans la galerie en se dirigeant vers son cabinet de travail; mais, s'arrêtant soudain, il ajouta de l'air le plus naturel en paraissant réfléchir : — Ah ! j'oubliais !

— Et, quittant le prévôt des marchands, il fit quelques pas au-devant du seigneur de Norville et l'appela. Celui-ci accourut, et le prince lui dit à voix basse : — Ce soir, à la tombée de la nuit, qu'un bateau monté de deux hommes sûrs, m'attende en dehors du barrage de la rivière en face de la poterne du Louvre... Rassemble dans un coffre mon or, mes pierreries, et tiens-toi prêt à m'accompagner. Prudence et discrétion !

— Sire, comptez sur moi !

— Et bien ! Mahiet, — disait Marcel à l'Avocat pendant le secret entretien du régent et de son courtisan, — tu le vois... mon espoir n'a pas été trompé. La leçon a été terrible mais salutaire... Retourne chez moi et dis à Marguerite que je ne rentrerai qu'à une heure assez avancée de la soirée ; je veux mettre à profit sur-le-champ les bonnes résolutions de ce jeune homme. Lui et moi nous travaillerons peut-être une partie de la nuit.

— Pardonnez-moi, bon père, — dit le régent au prévôt des marchands en revenant près de lui ; — nous veillerons fort tard sans doute, et je voulais faire prévenir la reine que je ne la verrais pas de la journée.— Puis, replaçant son bras autour du cou de Marcel, il dit en l'emmenant vers son cabinet : — Et maintenant à l'œuvre ! mon bon père, à l'œuvre ! et promptement...

Tous deux, suivis du seigneur de Norville, quittèrent la galerie d'où Mahiet et Rufin sortirent aussi en devisant.

— Après ce que tu viens d'entendre, disait l'Avocat à l'écolier, — peux-tu conserver encore quelques doutes sur la sincérité du régent ? crois-tu qu'il joue la comédie ?

— Te rappelles-tu, Mahiet, qu'à l'Université nous avions coutume de viser quelque but avec une pierre en nous disant : — « Si ma pierre frappe au but, mon premier désir sera exaucé ? »

— Rufin, — reprit tristement l'avocat d'armes, — depuis qu'en arrivant à Paris j'ai appris la mort de mon père, j'ai perdu ma gaieté. Je te dirai encore, comme tout à l'heure, parlons sérieusement, ami Rufin.

— Je ne voudrais pas, mon brave Mahiet, paraître faire peu de cas de ta douleur, et pourtant, si étranges que soient mes paroles, et par Jupiter elles sont sincères ! je ne peux te répondre que ceci : Avant-hier, Margot la Savourée m'a donné, avec grand renfort de câlines chatteries rendez-vous ce soir au bord de la rivière, près de la tour du Louvre. Si Margot est fidèle à sa promesse, je croirai le régent sincère dans ses bonnes résolutions.

— Au diable le fou ! — dit Mahiet en haussant les épaules avec impatience, et il sortit de la galerie en précédant Rufin qui se disait d'un air cogitatif : — Décidément, Rufin-Brise-Tête, mon ami, tu deviens fataliste comme un mahométan ! Cela est honteux pour un libre penseur.

. . . .

Marcel n'avait pas encore reparu chez lui, quoique la soirée fût assez avancée ; Marguerite, Denise et Guillaume Caillet étaient rassemblés dans l'une des chambres hautes de la maison ; les deux femmes écoutaient avec un intérêt croissant et douloureux le récit de Mahiet qui venait de leur raconter l'histoire d'*Aveline-qui-jamais-n'a-menti* et de *Mazurec l'Agnelet*.

— Délivré des prisons du château de Beaumont, grâce à la bizarre générosité de ce capitaine Griffith, — disait l'Avocat, — je me rendis en hâte à Paris, et à mon arrivée, — ajouta le jeune homme sans pouvoir retenir ses larmes, — j'appris la mort de mon père vénéré.

— Ah ! du moins il vous a aimé jusqu'à la fin, — dit Denise partageant l'émotion de Mahiet ; — presque chaque jour votre père venait ici, et nous ne parlions que de vous !

— Que cette pensée vous console, Mahiet, reprit Marguerite, — votre père vous regardait comme le meilleur des fils !

— Je le sais, dame Marguerite, et cette pensée m'apporte quelque consolation dans mon chagrin. Mon père m'a donné avant de mourir une preuve de la confiance qu'il avait dans mon respect et ma tendresse ; il m'a fait une révélation importante.

— Sur quel sujet ? — demanda Marguerite.

— Je vous ai fait connaître le profond intérêt que m'inspirait Mazurec, l'époux de la fille de Guillaume, — répondit Mahiet avec émotion ; — Eh bien ! d'après les dernières révélations de mon père, je ne peux plus en douter ; Mazurec est mon frère !

— Vous en êtes certain ? — s'écrièrent à la fois Marguerite et Denise. — Cet infortuné, ce martyr serait votre frère ?

— Est-ce possible ? — dit à son tour Guillaume Caillet non moins surpris, — et comment le savez-vous ?

— Lorsque je perdis ma mère, — reprit Mahiet, — j'étais enfant et mon père fort jeune. Un jour, quatre ou cinq ans après son veuvage, rentrant dans Paris par les faubourgs à la tombée du jour, il trouva sur le bord d'un chemin, évanouie et blessée, une jeune paysanne. Emu de pitié il la releva et la porta dans une auberge voisine ; la jeune fille, revenue à elle, lui apprit qu'elle était vassale de l'évêché de Paris, et qu'ayant perdu sa mère au berceau, elle fuyait les mauvais traitements d'une marâtre impitoyable qui, le même jour, en la battant avait failli la tuer. Cette jeune fille s'appelait Gervaise. Mon père, touché de sa jeunesse, de son malheur et de sa beauté, la plaça comme apprentie chez une lavandière, voisine de notre maison ; il visita souvent sa protégée ; tous deux s'aimèrent, et un jour Gervaise apprit à mon père qu'elle portait dans son sein le fruit de leur commun égarement. Mon père comprit en honnête homme son devoir ; mais, forcé de quitter momentanément Paris

Fuite du Régent (page 59)

pour un voyage, il promit par serment à Gervaise de l'épouser à son retour. Plusieurs semaines, un mois, deux mois se passèrent... mon père ne revint pas...

— Il était pourtant incapable de manquer à une promesse sacrée, — reprit dame Marguerite. — Pendant de longues années nous avons connu votre père; nous avions apprécié la droiture, la bonté de son cœur ; sans nul doute, il en a été empêché par quelque grave accident.

— Presque arrivé au terme de son voyage, mon père fut dévalisé, blessé, laissé pour mort par une bande de routiers qui dès lors infestaient la Gaule.

— Et il ne put, sans doute, donner de ses nouvelles à Gervaise?

— Non, dame Marguerite, car il languit longtemps dans un état désespéré. La malheureuse jeune fille se crut abandonnée. Les suites de sa faute commençaient à trahir sa faiblesse. Alors en proie à la honte et au désespoir, elle quitta Paris. Pauvre victime des préjugés!

— Son état ne la rendait que plus intéressante.

— Mon père, à peine convalescent, se hâta d'écrire à Gervaise pour lui annoncer son prochain retour; mais, lorsqu'il arriva, elle avait disparu. Malgré toutes ses recherches, jamais il ne put parvenir à la retrouver; sa disparition fut pour lui un grand chagrin et le remords de sa vie. Tel est l'aveu qu'il m'a fait dans une lettre écrite peu de temps avant sa mort, dans laquelle il me conjurait, si, par un hasard impossible à prévoir, je rencontrais Gervaise ou son enfant, de réparer les torts qu'involontairement il avait eus envers la mère et l'enfant.

— Ainsi, grâce à une rencontre étrange, — reprit dame Marguerite, — vous êtes certain que ce malheureux Mazurec, dont vous nous racon-

109ᵉ livraison

tiez l'histoire navrante, est bien votre frère?
— Je n'en puis douter. Gervaise, ayant quitté Paris, est venue, mendiant son pain, en Beauvoisis, peu de temps avant de mettre Mazurec au monde, et lui-même m'a dit que sa mère se nommait Gervaise, qu'elle avait les cheveux blonds, les yeux noirs et une cicatrice au-dessus du sourcil gauche... Ce portrait répondait complètement à celui que mon père m'a laissé de cette pauvre créature. La cicatrice provenait du coup qu'elle avait reçu de sa marâtre. Enfin, la pauvre mère, en donnant à son fils l'un des noms de mon père, en l'appelant Mazurec, a fourni une dernière preuve.

— Un grand chagrin aura tout au moins été épargné à votre père, — reprit tristement Denise, — puisqu'il a quitté la vie avant de connaître l'horrible sort du fils de Gervaise!

A ce moment des pas s'étant fait entendre dans l'escalier, Marguerite prêtant l'oreille, se leva vivement et se dirigea vers la porte en disant: — C'est Marcel! béni soit Dieu! — Et elle ajouta tout bas en s'adressant à Denise qui la suivait: — J'avais peine à cacher mon inquiétude; l'absence prolongée de mon mari m'alarmait. Béni soit Dieu pour son retour!

Le prévôt des marchands entra bientôt, et, après avoir répondu aux témoignages de tendresse de sa femme et de sa nièce, il leur dit, en souriant: — Vous me croyez harassé de fatigue? Il n'en est rien. Je viens de passer la journée et une partie de la nuit au travail avec le régent, et jamais je ne me suis senti plus allègre, plus dispos! C'est un délassement si doux que le bonheur! et j'étais profondément heureux en voyant ce jeune homme revenir comme par enchantement au bien, à l'équité, exprimer des regrets pour ses erreurs, et promettre de les réparer... j'avais bien raison de dire qu'il ne fallait jamais désespérer de la jeunesse!

— Ainsi, mon ami, — dit Marguerite, — le régent n'a pas trompé vos dernières espérances?

— Il les a dépassées. Nous venons de prendre les mesures les plus promptes, les plus énergiques, pour que ces réformes si justes, si fécondes, promulguées l'an passé par l'Assemblée nationale, soient enfin réalisées. Nous ferons appel à tous les courages, à tous les dévouements du pays pour terminer cette guerre désastreuse contre les Anglais. Ce n'est pas la noblesse, mais le peuple tout entier, paysans, bourgeois, artisans, que nous appellerons à cette guerre sainte! Ce grand triomphe sera le signal de l'affranchissement de nos frères des campagnes, — ajouta le prévôt des marchands en tendant la main à Guillaume. — Oui, ceux-là qui auront glorieusement vaincu, chassé l'ennemi, redevenus libres par leur victoire, seront à jamais délivrés de la tyrannie des seigneurs, qui n'ont pas su défendre notre mère-patrie. Oh! mes amis, que d'angoisses, que de souffrances cet espoir me fait oublier! voir enfin la Gaule victorieuse et affranchie, paisible et prospère!

Soudain ces mots prononcés dans l'escalier d'une voix haletante: — Maître Marcel, trahison... trahison! — interrompirent le prévôt des marchands et firent tressaillir ceux qui l'écoutaient; presque aussitôt Rufin-Brise-Pot entra précipitamment dans la salle en répétant: — Maître Marcel... trahison... trahison!

— Qui donc trahit? — s'écria Mahiet, — parle.

— Te rappelles-tu que ce matin, au Louvre, répondit Rufin, — je disais: « Si Margot la Savourée vient au rendez-vous qu'elle m'a donné, je croirai à la sincérité des promesses du régent? »

— Jeune homme, — reprit sévèrement Marcel en voyant sa femme et sa nièce rougir d'embarras aux amoureuses confidences de l'écolier, — est-ce pour vous livrer à de méchantes plaisanteries que vous venez jeter l'inquiétude dans cette maison?

— La nouvelle que je vous apporte sera mon excuse, maître Marcel, — répondit respectueusement Rufin en essuyant son front baigné de sueur: — le régent est parti de Paris...

— Le régent parti! — s'écria Marcel frappé de stupeur. — C'est impossible, je l'ai quitté depuis une demi-heure à peine!

— C'est justement le temps qu'il lui a fallu pour descendre du Louvre, sortir par la poterne qui s'ouvre sur la rive au dehors du barrage et monter dans un batelet qui l'attendait.

— Tu rêves, — reprit Mahiet, tandis que le prévôt des marchands semblait pouvoir à peine croire à ce qu'il entendait, — tu rêves, mon brave Rufin, ou tu sors de quelque taverne l'esprit troublé par les fumées du vin?

— Par Bacchus le dieu du vin et par Morphéus le dieu du sommeil, — s'écria l'écolier, — je suis aussi certain d'être éveillé que de n'être point ivre! De mes deux yeux j'ai vu le régent monter en bateau; de mes deux oreilles j'ai entendu le régent dire à un confident qui l'accompagnait: — « Je quitte cette ville maudite, et je fais serment de n'y rentrer que lorsque Marcel, les échevins et les autres chefs de ces rebelles auront payé de leur tête leur insolente audace et la révolte de ces damnés parisiens. » Est-ce clair? et d'ailleurs oserais-je venir ici conter des bourdes à maître Marcel, qu'autant que personne j'admire, je respecte; surtout depuis que, bravant les privilèges de l'Université, il m'a fait fourrer au Châtelet, ainsi que mon ami Nicolas-Poire-Molle, pour cause de tapage nocturne à la porte de *Jeannette la Bocacharde!* — Rufin-Brisse-Pot, voyant que, malgré certains détails saugrenus de son récit, l'on commençait d'ajouter foi à ses paroles, poursuivit ainsi, tandis que le prévôt des marchands semblait en proie à un douloureux étonnement et à une indignation croissante:

— J'avais donc un rendez-vous au bord de la rivière, en dedans du barrage, avec Margot la Savourée. Lassé d'attendre en vain cette fallacieuse pécore, j'allais me retirer lorsque je vois, de l'autre côté du barrage, poindre la lueur d'une lanterne dans l'enfoncement de la poterne du Louvre; sachant, comme tout le monde, que le couloir voûté de cette issue aboutit à l'un des escaliers de la grosse tour, un soupçon me vient. La nuit était profonde, et au risque de me noyer et d'aller chez Pluton attendre de nouveau Margot la Savourée, mais cette fois au bord du Styx, je parviens à l'aide des pieux et de la chaîne du barrage, à l'escalader. A ce moment, le porteur de la lanterne, qui avait sans doute voulu s'assurer de la présence du bateau, rentra dans le palais. Je me glisse le long de la muraille du Louvre jusqu'à la poterne, et là, caché par le battant de la porte restée ouverte, j'entends bientôt une voix dire : — « Venez, venez, sire, le bateau et les deux bateliers sont sur la rive ; » à quoi le régent répond par ces mots que j'ai rapportés à maître Marcel : — « Je quitte cette ville maudite, et je fais serment de n'y rentrer que lorsque Marcel, les échevins et les autres chefs de ces rebelles auront payé de leur tête leur insolente audace et la révolte de ces damnés Parisiens. » Le régent et son confident se dirigent aussitôt vers la rive, et bientôt le bruit des rames du bateau qui s'éloignait rapidement se perd dans la nuit. — Puis l'écolier, s'adressant à Mahiet d'un air triomphant : — Hein ! que te disais-je ce matin ? tu me traitais de fou ! et pourtant tu le vois, Margot la Savourée m'a envoyé me morfondre au bord de la rivière, et le régent est parti en menaçant les Parisiens de sa vengeance ! Maugrebleu ! la croyance au fatalisme est une belle chose !

Marguerite, en apprenant que Marcel courait de nouveaux dangers, échangea furtivement avec Denise un regard d'angoisse, essayant de cacher sa frayeur à son mari, afin de ne pas augmenter ses soucis. Guillaume Caillet, pressentant que la trahison du régent allait hâter le soulèvement des serfs des campagnes, hochait la tête avec une expression de triomphe sinistre. Le prévôt des marchands, les bras croisés sur sa poitrine, le front penché, les lèvres contractées par un sourire amer, dit lentement après quelques moments de silence : — Telles ont été les paroles du régent en me quittant : — « Mon bon père, je vous en conjure, allez prendre un peu de repos, la nuit s'avance, et je désire, demain au point du jour, reprendre nos travaux avec une ardeur nouvelle. Allez vous reposer, mon bon père, et comme moi vous jouirez de ce doux sommeil que nous donne la conscience d'avoir fait le bien. » Telles ont été les dernières paroles de ce jeune homme.

— Ah ! Marcel ! — dit Marguerite avec abattement, — combien tu dois regretter ta confiance en lui !

— Ne regrettons jamais d'avoir cru au repentir des hommes, car nous deviendrions impitoyables. Et puis, il est des trahisons si noires, si monstrueuses que, pour les soupçonner, il faudrait être presque capable de les commettre.

— Et après un nouveau silence méditatif, Marcel reprit : — Je croyais épargner à la Gaule de nouveaux déchirements ! vaine espérance ! Ce malheureux fou veut la guerre ! combien il est à plaindre d'être si mal inspiré !

— Tu le plains ! — s'écria Marguerite, — et ses dernières paroles ont été des menaces de mort contre toi !

— Chère femme, s'il ne s'agissait que de ma tête, je n'engagerais pas une lutte terrible. J'ai accompli des actes, qui tôt ou tard, porteront leurs fruits ; ma part en ce monde a été belle et grande, et je suis prêt à quitter la vie. Ce n'est pas ma tête que je veux disputer au régent, c'est la vie de nos échevins, c'est la vie d'une foule de nos concitoyens menacée par l'impitoyable vengeance de la cour ! Ce que je veux défendre, ce sont nos libertés si chèrement conquises par nos pères ; ce que je veux assurer, c'est l'affranchissement de ces millions de serfs poussés à bout par l'oppression des seigneurs ; ce que je veux enfin, c'est le salut de la Gaule, aujourd'hui épuisée, mourante ! Le sort en est jeté, le régent et les seigneurs veulent la guerre ! ils auront la guerre ! guerre terrible !... telle que jamais on n'en aura vu de mémoire d'homme ! — et le prévôt des marchands s'assit à une table et écrivit rapidement quelques lignes sur un parchemin.

— Non, — reprit Guillaume Caillet avec un frémissement de rage, — non, jamais l'on n'aura vu ce que l'on va voir... Allons, debout, Jacques Bonhomme ! — s'écria le vieux paysan avec une exaltation sauvage, — debout ! prends ta faux, hardi ! Fais la moisson, Jacques Bonhomme, et fais-la rude ! Fauche à plein bras ! fauche court et dru ; que pas un brin ne reste à glaner après toi !... — Et tendant à Marcel sa main tremblante, le serf ajouta : — Adieu, je pars content. Demain soir je serai au pays ; et à l'aube, Jacques Bonhomme sera debout en Beauvoisis, en Picardie, en Laonnais, et dans d'autres contrées !

— Suspends ton départ pendant une heure seulement, — répondit le prévôt des marchands en scellant la lettre qu'il venait d'écrire ; — je vais au Louvre; et tu partiras à mon retour.

— Mon ami, — dit Marguerite avec angoisse, — que vas-tu faire au Louvre?

— M'assurer du départ du régent, quoiqu'à ce sujet le récit de Rufin ne me laisse presque aucun doute. Je veux, avant de recourir à de terribles extrémités, être certain de la trahison du régent.

Marcel parlait ainsi lorsque sa servante, Agnès la Béguine, entra précipitamment et lui remit une lettre que l'un des sergents de la ville venait d'apporter en hâte. Marcel prit cette lettre, la lut rapidement et s'écria : — Les échevins sont assemblés à l'Hôtel de Ville et m'attendent. L'un d'eux, instruit par un des gens du Palais de la fuite du régent, a couru au Louvre, s'est assuré du fait, et a convoqué en hâte l'échevinage. Plus de doute, la trahison du régent est avérée. — Remettant alors à Mahiet la lettre qu'il venait d'écrire, Marcel ajouta : — Monte à cheval et porte ce billet au roi de Navarre, à Saint-Denis; n'attends pas la réponse, et pour cause...

— Je monte en croupe derrière toi, Mahiet, — s'écria Guillaume Caillet; — j'arriverai au pays quelques heures plus tôt.

— C'est dit, — reprit l'Avocat; et s'adressant au prévôt des marchands : — Quand j'aurai remis votre lettre au roi de Navarre, maître Marcel, je poursuivrai ma route avec Guillaume pour rejoindre mon frère, le pauvre Mazurec.

C'est ton devoir ! Va, — répondit Marcel en tendant ses bras à Mahiet. — Embrasse-moi; qui sait si nous devons jamais nous revoir ! — Puis, le prévôt des marchands, après avoir serré l'Avocat contre sa poitrine, prit la main de Denise, qui détournait la tête pour cacher ses larmes : — Quoi qu'il m'arrive, Denise sera ta femme à ton retour, tu ne saurais avoir une plus digne compagne, et elle choisir un plus digne époux. Mets ta main dans la sienne, vous êtes fiancés... Fasse le ciel que j'assiste à votre union! Si, plus tard, quelque danger te menace, tu trouveras un abri sûr en Lorraine, à *Vaucouleurs*, chez les parents de ma nièce.

Denise, fondant en larmes, presque défaillante et soutenue par Marguerite, non moins émue, tendit sa main à Mahiet, qui la couvrit de baisers, tandis que Marcel disait à Guillaume Caillet:

— Maintenant l'heure a sonné! Aux armes, Jacques Bonhomme! Paysans, artisans et bourgeois, tous pour chacun ! chacun pour tous ! A bonne fin la bonne cause !

— A bonne fin la bonne cause ! — reprit le serf en frémissant d'impatience, — à mauvaise fin les prêtres et les seigneurs! et debout Jacques Bonhomme ! Guerre aux châteaux !

— Et moi, — s'écria l'écolier s'adressant à Guillaume, pendant que Marcel donnait à voix basse ses dernières instructions à l'Avocat, — je t'accompagne aussi. J'ai des jarrets d'acier à lasser un cheval; je dépasserai la monture de Mahiet! A bonne fin la bonne cause! je représente l'alliance de l'Université avec la gent rustique ! *Rufin-Brise-Pot* était mon nom de paix; *Rufin-Brise-Tête* devient mon nom de guerre! Et, par le dieu Sylvanus, génie des champs et des forêts, je ferai rage dans cette guerre sylvestre et bocagère! En avant ! en avant !...

Bientôt Guillaume Caillet, accompagné de l'Avocat et de l'écolier quittait la maison du prévôt des marchands pour gagner le Beauvoisis en traversant Saint-Denis.

CHAPITRE III

Ravages des Anglais en Gaule. — Le capitaine Griffith — Sa bande et son chapelain. — Exactions et tortures subies par les vassaux forcés de payer la rançon des seigneurs prisonniers des Anglais. — Le souterrain de la forêt de Nointel. — Le bailli. — Les serfs sont fumés dans le souterrain. — Aveline-qui-jamais-n'a-menti et Mazurec l'Agnelet. — Le capitaine Griffith et Alison. — Rufin-Brise-Pot et Mahiet l'Avocat d'armes. — Guillaume Caillet.

La Jacquerie

Le lendemain du jour où Guillaume Caillet, Mahiet l'Avocat d'armes et Rufin-Brise-Pot avaient quitté Paris, une bande d'aventuriers anglais commandés par le capitaine *Griffith*, qui depuis quelque temps ravageait le Beauvoisis, cheminait vers le village de Cramoisy au soleil levant, par une belle matinée de mai. Ces hommes, diversement armés, au nombre de quatre cents environ, marchaient en désordre, sauf une cinquantaine d'archers portant à l'épaule leur arc de frêne de six pieds de long, arme familière aux Anglais, et dont ils se servaient avec une telle supériorité, qu'à la bataille de Poitiers dix mille bons archers suffirent pour mettre en pleine déroute l'armée du roi Jean, composée de plus de quarante mille hommes et commandée par l'élite de la noblesse française.

Plusieurs charrettes vides attelées de chevaux ou de bœufs, conduites par des paysans forcés de suivre la bande de Griffith sous peine de mort, devaient servir à charroyer le butin. Les Anglais allaient vendre le produit de leurs vols ainsi que les bestiaux qu'ils enlevaient aux laboureurs dans les villes voisines, où ils étaient assurés de trouver des acheteurs, par cette victorieuse raison que ceux qui refusaient d'acheter étaient pendus sur l'heure. Le capitaine Griffith prétendait être fort généreux envers ses clients, puisqu'il consentait à leur abandonner les dépouilles et les bestiaux qu'il avait larronnés, en échange d'un argent qu'il aurait pu leur prendre. Mais en sa qualité de bâtard d'un grand seigneur, le duc de *Norfolk*, il tenait à faire les choses courtoisement, en véritable Anglais, disait-il, et non point vilainement, comme tant de routiers et de soudoyers des grandes compagnies.

Le capitaine Griffith, homme dans la force de l'âge, robuste, corpulent, aux cheveux et à la barbe d'un blond ardent, déjà quelque peu grisonnants, chevauchait à la tête de ses archers, l'élite de sa troupe. Armé de toutes pièces, il avait suspendu son casque à l'arçon de sa selle et portait un bonnet de peau de renard. La hardiesse, la luxure et une sorte de jovialité cruelle se lisaient sur les traits de l'Anglais, enluminés par le vin et le suc des viandes, dont il engloutissait habituellement une énorme quantité dans ses repas. L'air matinal lui ayant ouvert l'appétit, si tant est que son appétit fût jamais assouvi, le bâtard de Norfolk déchiquetait à belles dents un morceau de jambon, et, de temps à autre, accolait amoureusement une outre pendue à ses arçons. A côté de lui chevauchait son lieutenant, qu'il appelait son *chapelain* par dérision impie; car ce Griffith, âme mille fois damnée, comme dirait un prêtre catholique, plaisait à toutes sortes de sacrilèges avec une joie diabolique digne du vieux *Rolf*, le pirate north-man des anciens temps.

Ce *chapelain*, gros et grand coquin à trogne rouge, aussi vigoureux que son capitaine, portait par dessus sa maille de fer une robe de moine et sur sa tête un morion d'acier.

— Mon fils, — dit-il en s'adressant au bâtard de Norfolk, — sans vouloir t'offenser, je te ferai remarquer que voici trois fois que tu embouches cette outre, sans offrir à ton père en Belzébuth de calmer sa soif !

— Qu'as-tu donc mangé, chapelain, que tu sois si fort altéré ?

— Par le diable ! j'ai mangé... des yeux le jambon que tu dévorais à belles dents...

— Eh bien, désaltère-toi en me regardant boire ! A ta santé, compère !

— Sacrilège ! refuser du vin à un chapelain qui a soif ! J'aimerais mieux, pour ton salut, te voir encore une fois voyager tout un jour dans un chariot traîné par l'abbé de Saint-Patrice et son chapitre.

— Peuh ! — fit Griffith ; — il y avait des relais.

— C'est vrai, plusieurs relais de douze moines chacun, et on les attelait à tour de rôle ; cela milite en ta faveur.

— Allons, bois, chapelain du diable ; bois à mes amours.

Le chapelain, après avoir longuement collé ses lèvres à l'orifice de l'outre que lui remit le capitaine, les en détacha un moment, moins pour répondre à son digne compagnon que pour reprendre haleine, et lui dit en soufflant : — Quels amours ? Est-ce du sacré ou du profane ?

Et il recommença de boire.

— Cette jolie cabaretière qui nous a échappé lors du pillage de la petite ville de Nointel. Depuis ce jour, la paire de jambes rondes de cette brunette me trotte dans la cervelle. Foi de bâtard de Norfolk, — ajouta le capitaine, pendant que le chapelain continuait d'aspirer à longs traits le contenu de l'outre, — il est deux choses pour lesquelles je vendrais mon âme à Belzébuth : premièrement, happer cette fraîche et dodue cabaretière ; secondement, me battre contre ce grand coquin que nous avons relâché des prisons de Beaumont. Il n'avait alors que la peau sur les os ; mais quand il sera remplumé, je gagerais ton cou, chapelain, qu'il n'est pas dans ce pays couard des Gaules un champion pareil ! Je suis las de trouver au bout de ma lance de mièvres chevaliers que j'abats comme des quilles. Quels couards que tous ces nobles de France !

Soudain le lieutenant, qui continuait de boire, fit entendre une sorte de grognement prolongé, en indiquant de la main dont il ne soutenait pas l'outre, une petite troupe de piétons armés accompagnant un homme à cheval, et qui suivaient une route un peu divergente de celle des Anglais, mais, comme elle, aboutissant à un carrefour situé au sommet d'une colline. Le cavalier, chef de ces piétons, leur ordonna de s'arrêter ; puis, traversant une prairie au galop de son cheval, il s'approcha de la bande d'aventuriers la main droite levée, attestant ainsi qu'il n'avait aucune intention hostile. Néanmoins, le capitaine Griffith, redoutant quelque embûche, fit faire halte à sa troupe, mit ses archers en ligne, se coiffa de son casque, prit sa longue et forte lance des mains de l'un de ses hommes ; et voyant le chapelain toujours accolé à l'outre, la lui enleva des lèvres d'un coup si dextrement dirigé, qu'après avoir effleuré le nez du buveur, la pointe de la lance piqua l'outre et la fit voler à dix pas. Assez de breuvage !

— Heureusement l'outre est vide, — dit le chapelain en s'essuyant la bouche du revers de la main ; pas une goutte n'a été perdue.

Le cavalier inconnu approchait toujours, mais il arrêta brusquement sa monture, voyant les autres Anglais appuyer, selon l'usage, le pied gauche sur le milieu du bois de leur arc afin de le bander :

— Je viens ici en ami !

— Qui es-tu ? — demanda le bâtard de Norfolk, — que veux-tu ?

— Je suis le bailli du sire de Nointel, seigneur de ces domaines ; je désire parler au vaillant capitaine Griffith.

— C'est moi... que me veux-tu ?

— Messire, vous venez piller les bourgs et les villages de notre seigneur, le sire de Nointel ?

— Tu voudrais peut-être m'en empêcher ?

— Au contraire, messire, j'accours au nom de mon seigneur, vous offrir les conseils de ma vieille expérience pour vous aider à rançonner ces vilains, car Jacques Bonhomme est matois, il a plus d'une cachette... où il met à l'abri ses deniers, ses provisions et même ses bestiaux.

— Chapelain, — dit le capitaine en interrompant le bailli, — nous allons couper les deux oreilles de ce ribaud, qui vient ici pour nous railler... Tire ton coutelas, et donne-lui l'absolution de ses péchés.

— Messire, écoutez-moi, — s'écria le bailli, — et vous serez convaincu que je ne plaisante point! Vous êtes fils du duc de Norfolk?

— Fils bâtard de par la vertu de ma mère; mais comme elle m'a donné bon poing, bon œil et bonnes dents, je la tiens quitte du reste. Je suis toujours noble par un côté.

— Le duc, votre père, sait que vous tenez la campagne en ce pays, et il est émerveillé de vos prouesses. C'est ce qu'il a écrit à mon maître.

— Il y a quelque temps je lui ai écrit par l'occasion d'un franc archer qui retournait en Guyenne : — « Milord! vous ne m'avez rien donné de votre vie, sinon un coup de pied, dont mes chausses frémissent encore; je n'en suis pas moins votre bâtard affectionné qui fait rage en Gaule et qui signe *le capitaine Griffith*. »

— Messire. — dit le bailli en remettant une lettre au capitaine, — voici la réponse du noble duc, votre père.

Griffith, fort étonné, rompit les sceaux du parchemin et lut : — « Un de ces couards chevaliers français, que j'ai fait prisonnier à la bataille de Poitiers, te remettra cette lettre et six mille florins pour sa rançon. Tu es un brave coquin. Continue tes exploits.» « NORFOLK.»

— Quel père! — dit le chapelain en levant les yeux et les mains au ciel. — Quel fils!

— Six mille florins! — s'écria Griffith. — Allons, le bonhomme s'est souvenu que ma respectable mère avait un fin corsage. — Et s'adressant au bailli : — Où sont ces six mille florins?

— Dans la bourse des vassaux de mon seigneur, le sir de Nointel, qui a été fait prisonnier à la bataille de Poitiers par le noble duc de Norforlk; mais, hélas! mon maître, ruiné par les frais de la guerre, ne possède pas chez lui un florin; pourtant il a juré sa foi de catholique et de chevalier qu'il payerait sa rançon à votre père ou à vous, messire; il tiendra sa promesse. Il est d'antique usage que les vassaux rachètent de leurs deniers leurs seigneurs prisonniers; je viens donc, sire capitaine, vous offrir par ordre de mon maître, mes petits services, à seule fin de vous aider à recouvrer la somme; recouvrement fort difficile à faire sans mon concours... Si vous en voulez une preuve, vous n'avez qu'à me suivre à peu de distance d'ici, et vous verrez quelque chose qui vous causera un grand étonnement.

Le capitaine Griffith, dont la curiosité était éveillée, mit son cheval au pas de celui du bailli, et la troupe, continuant sa marche, descendit la pente de la colline, au pied de laquelle s'étendait le grand village de Cramoisy, composé d'environ trois cents cabanes et maisons. Le silence des tombeaux régnait dans ces demeures désertes, dont les portes ouvertes laissaient voir l'intérieur nu et vide. Griffith stupéfait arrêta son cheval et dit au bailli :

— Par le diable! où sont donc les habitants de ces bicoques?

— Les autres villages de cette seigneurie sont aussi déserts que celui-ci. Vous n'y trouverez, messire, ni femmes, ni hommes, ni enfants, ni bétail, — reprit le bailli. — Il ne reste, vous le voyez, que les quatre murs de ces maisons. Aussi, vous serait-il difficile de recouvrer céans la moindre parcelle de vos six mille florins. Jacques Bonhomme est un fin renard; il a eu vent de votre approche, et il s'est terré... pour vous échapper... mais à fin renard fin limier : je connais le terrier de Jacques Bonhomme; suivez-moi, messire.

— Et où cela? En quel endroit nous mènes-tu?

— A une lieue d'ici... mais il nous faudra descendre de cheval, vers la lisière de la forêt; vous laisserez là le gros de votre troupe; une douzaine de vos archers suffiront à la besogne que je médite, peu dangereuse.

— Pourquoi veux-tu que je descende de cheval et que je laisse derrière moi le gros de ma troupe?

— D'abord, il nous serait impossible de traverser à cheval les fondrières, les fourrés, les marécages où il nous faudra pénétrer avant d'arriver au terrier de Jacques Bonhomme; ensuite le renard à l'oreille fine, et le bruit d'une grande troupe d'hommes lui donnerait l'éveil.

— Capitaine, — dit le lieutenant, — si ce coquin nous conduisait à quelque embuscade?

— Chapelain, jamais Griffith n'a reculé devant le danger, — reprit le capitaine, — et d'ailleurs si ce bailli à museau de fouine nous trompait, qu'il se tienne pour averti : au premier soupçon d'une embûche, nous le découperons proprement en morceaux.

— C'est juste! répondit le chapelain; — en route! Sa peau répond de notre vie.

— En route! — répéta Griffith. Et la troupe, guidée par le bailli, que ses hommes avaient rejoint, quitta le village de Cramoisy et se dirigea vers une forêt dont la lisière s'étendait à l'horizon.

. . . .

A deux lieues environ du village de Cramoisy se trouvait au plus profond de la forêt seigneuriale de Nointel, un immense souterrain, taillé dans un tuf calcaire, offrant peu de résistance au pic et à la pioche; ce souterrain date de ces temps lointains et désastreux, où les pirates *north-mans*, remontant le cours de la Somme, de la Seine et de l'Oise, ravageaient les contrées arrosées par ces rivières. Ceux des serfs que leur misère atroce ne poussait pas à se joindre aux *North-mans*, et qui voulaient échapper à leurs pilleries, à leurs massacres, avaient creusé ce lieu de refuge; et, emportant le peu qu'ils possédaient, emmenant leur bétail, ils restaient cachés dans ces retraites jusqu'à ce que les pirates eussent quitté le pays. De semblables abris ont été, dans ces temps-ci, pratiqués sur presque tous les points de la Gaule par les vassaux de la noblesse, afin d'échapper au brigandage des Anglais, des routiers, des soudoyers qui dévastent les provinces, et aussi afin d'échapper aux exactions des seigneurs, devenus intolérables depuis que Jacques Bonhomme est forcé de payer la rançon de ses seigneurs et maîtres faits prisonniers à la bataille de Poitiers. Les paysans, dans d'autres parties de la Gaule, se retirent, eux et leur famille, sur des radeaux qu'ils ancrent au milieu des rivières, et qui, souvent submergés ou emportés par les grandes eaux, s'engloutissent avec les pauvres gens dont ils sont encombrés ; jamais la désolation, jamais l'épouvante, n'ont à ce point régné sur cette malheureuse terre ; la plupart des hameaux sont abandonnés, les champs restent incultes ; l'on prévoit des disettes comparables à celles qui ont dépeuplé la Gaule avant et après l'an mil.

Le souterrain où se sont réfugiés les habitants de Cramoisy et de quelques autres villages de la seigneurie de Nointel, se compose d'une longue voûte à l'extrémité de laquelle sont pratiqués, de droite et de gauche, deux autres vastes couloirs, où s'entassent les bestiaux, bœufs, vaches, chèvres et moutons ; un puits destiné à les abreuver est creusé au milieu de la galerie principale. Au dessus de ce puits, une ouverture pratiquée dans la voûte et à demi masquée par de grosses pierres et des broussailles donne un peu de jour et un peu d'air à cet asile souterrain, sombre, glacial et suintant incessamment les pleurs de la terre. Là sont rassemblées plus de mille personnes, hommes, femmes, enfants ; tous ont fui leurs demeures. Le lait du bétail, quelques poignées de seigle ou de blé qu'ils mangent après l'avoir concassé entre deux pierres, entretiennent plutôt qu'ils n'apaisent l'angoisse de la faim chez ces infortunés. Une chaleur humide, suffocante, nauséabonde, causée par cette agglomération d'hommes et d'animaux, règne dans ces lieux sinistres. Tantôt l'on entend des gémissements plaintifs ; tantôt l'éclat de querelles violentes, ainsi qu'il en surgit toujours parmi des hommes presque sauvages exaspérés par la souffrance. Des enfants hâves, demi-nus, mais conservant l'insouciance de leur âge, jouaient en ce moment aux abords du puits, alors éclairés par un rayon de soleil filtrant à travers les roches et les broussailles dont était à demi obstruée l'unique ouverture de la voûte ; ce rayon jeta aussi sa vive lumière sur un groupe de trois personnes placées dans un enfoncement, à peu de distance du puits. Ces trois personnes sont *Aveline-qui-jamais-n'a-menti*, *Alison la Vengeoigneuse* et *Mazurec l'Agnelet*.

La cabaretière, lors du pillage de la petite ville de Nointel par les hommes du capitaine Griffith, ayant pu sauver ce qu'elle possédait d'argent, s'était rendue au village de Cramoisy, où elle savait retrouver Aveline. En apprenant dans ce village que les Anglais continuaient de ravager le pays, elle avait, ainsi que les paysans, cherché un abri dans le souterrain.

Aveline, dans un état de grossesse avancé, s'attend d'un jour à l'autre à mettre au monde l'enfant de sa honte et du viol commis sur elle par son seigneur. A peine vêtue de quelques haillons, elle est couchée sur la terre froide et dure; Alison, toujours compatissante, soutient sur ses genoux la tête languissante et pâle de la jeune femme, dont la maigreur est effrayante. Ses joues caves font paraître ses yeux démesurément grands; elle les attache en ce moment d'un air suppliant sur Mazurec, qui, non loin d'elle, aiguise sur une pierre les pointes acérées d'une fourche de fer en murmurant à demi-voix :

— Guillaume tarde bien à revenir de Paris; nous l'attendons cependant pour commencer la tuerie!... le massacre... Oh ! saintes représailles !

Et Mazurec continue d'aiguiser silencieusement sa fourche; il est hideux à voir... Devenu borgne depuis son duel judiciaire contre le chevalier de Chaumontel, ses paupières renfoncées, flasques et à demi-closes laissent apercevoir entre elles, au lieu du globe de l'œil, une cavité sanguinolente; son nez, aplati, écrasé, est couturé de cicatrices violettes comme sa lèvre supérieure, fendue en deux, qui découvre ses dents à demi-brisées. Ses longs cheveux touffus, hérissés, tombent sur les lambeaux de son sayon de poil de chèvre, d'où sortent ses bras nerveux et décharnés. Aveline, attachant toujours son regard suppliant sur son mari, lui dit d'une voix triste et affaiblie :

— Mazurec, si, avant de mourir, je mets au monde mon enfant... promets-moi de ne pas le tuer !... Réponds-moi... je t'en conjure au nom de Dieu. Grâce pour l'innocente créature !

— Je ne promets rien, — dit le vassal d'une voix sourde en continuant d'aiguiser sa fourche;
— nous verrons plus tard ce qu'il faudra faire.

— Il tuera l'innocente créature, dame Alison ! — s'écrie Aveline en pleurant et cachant sa tête dans le sein de la cabaretière.

— Tais-toi ! — reprit Mazurec avec un regard de tigre qui rendit sa figure plus effrayante encore, — tais-toi ! autrement je croirai que tu es fière d'avoir un enfant de ton seigneur !

Aveline pousse un sanglot convulsif, et Alison, indignée, s'écrie :

— Malheureux! vous serez cause de la mort de votre femme!

— J'aimerais autant la voir morte que vivante.. mais l'enfant qu'elle porte dans son sein... ne verra pas le jour... j'étoufferai ce fils de noble !

— Eh bien! tuez de suite la mère et l'enfant;

ce sera moins cruel que de faire ainsi mourir la pauvre Aveline à petit feu !— Et Alison ajoute d'un ton de reproche navrant : — Ah! Mazurec l'Agnelet ! cette infortunée de qui vous souhaitez aujourd'hui la mort faisait autrefois bondir votre cœur quand vous passiez devant sa porte où elle filait sa quenouille...

A ces mots, qui rappellent à Mazurec les premiers temps de son amour, temps si doux, même pour le misérable serf, il fond en larmes, jette sa fourche loin de lui, et, embrassant étroitement sa femme, dont il baise la pâle figure, il s'écrie en pleurant :

— Pardon, ma pauvre Aveline !... Hélas! mon sang s'est tourné en fiel; j'ai tant souffert... je souffre tant!... Pardonne-moi, chère femme !

Mazurec parlait ainsi, lorsque soudain l'espèce de soupirail pratiqué au-dessus du puits est presque entièrement obstrué au moyen de grosses pierres roulées en dehors par les hommes du bailli de Nointel; et sa voix arrivant à travers l'étroit orifice, qui laisse filtrer un peu de clarté dans le souterrain, fait entendre ces paroles :

— Vous tous, vassaux de la paroisse de Cramoisy et villages voisins, vous êtes, pour votre quote-part de la rançon de notre très-noble, très-haut, très-cher et très-puissant seigneur, taxés à mille florins; les autres paroisses de la seigneurie seront taxées de même. Boursillez donc vite entre vous afin de parfaire la somme exigée; vous avez des cachettes où vous enfouissez votre pécule... Choisissez donc, et promptement, entre la mort et votre argent; car si, durant le temps qu'il me faut pour dire un *pater* et un *ave*, l'un de vous n'apporte point les mille florins à l'entrée du souterrain, vous serez tous fumés comme renards dans leur terrier, après quoi l'on fouillera vos cadavres.

Le bailli se tut, le soupirail fut complétement bouché avec des mottes de terre, et la caverne plongée dans de profondes ténèbres.

— Oh! mon Dieu ! que va-t-il arriver ? Ne me quittez pas, Mazurec, — dit Aveline en frémissant et enlaçant de ses bras son mari, qui s'était redressé pour écouter les paroles du bailli; d'abord accueillies par un morne silence de stupeur et d'effroi, elles se répètent de bouche en bouche parmi les vassaux. Ces malheureux tenaient d'autant plus âprement à leur petit pécule, leur suprême ressource, fruits de leurs labeurs écrasants, de privations homicides, qu'ils n'avaient pu jusqu'alors le soustraire à la rapacité qu'à force de soins, de ruses, luttant même avec une héroïque ténacité contre la torture qu'on infligeait, afin de leur arracher l'aveu de l'endroit où ils enfouissaient le peu qu'ils possédaient. Aussi, le premier moment de stupeur passé, des cris d'indignation et de révolte éclatent parmi les serfs. Les rumeurs se propagent de plus en plus.

— Nous quittons nos maisons pour vivre dans les cavernes comme des bêtes fauves, et l'on vient nous traquer jusqu'ici !

— Etre pillés par les Anglais, et nous voir encore forcés de payer la rançon de notre seigneur ! Est-ce assez de misère ?

— Non, non ! Qu'on nous fume, qu'on nous brûle, qu'on nous massacre... on ne tirera pas un denier de nous !

— Nous jetterons dans le puits les quelques sous qui nous restent, plutôt que de les donner à notre bourreau !

Il fallut peu de temps au bailli pour dire son *pater* et son *ave*; et comme il ne vit aucun des serfs sortir de leur refuge pour apporter la somme exigée, il donna l'ordre de *fumer le terrier de Jacques Bonhomme*, opération facile. L'on descendait dans le souterrain par un passage étroit et d'une pente assez rapide taillé dans le roc; les Anglais de Griffith et les gens du bailli entassèrent dans ce couloir des broussailles sèches, y mirent le feu, et, à l'aide de leurs longues lances, poussèrent dans ce foyer embrasé des branchages verts dont la vapeur, âcre, épaisse, remplit bientôt l'intérieur du souterrain, la seule ouverture qui aurait pu donner issue à la fumée ayant été d'avance hermétiquement bouchée.

Ce fut quelque chose d'affreux ! d'après ce que me rapporta plus tard mon frère Mazurec. Les vassaux suffoqués, aveuglés par cette noire et cuisante fumée, ressentaient des douleurs atroces; les bestiaux, ayant à supporter les mêmes souffrances, devinrent furieux, rompirent leurs liens, se ruèrent dans les ténèbres au milieu de la foule, l'écrasant sous leurs pieds, la transperçant à coups de cornes. Les cris plaintifs des femmes et des enfants, les imprécations des hommes, les mugissements du bétail, formaient un concert infernal.. Plusieurs vassaux parvinrent à se diriger à tâtons vers le puits et s'y précipitent afin d'échapper à une torture prolongée; d'autres s'élancent éperdus afin de sortir du gouffre; mais, étouffés par les flots de vapeur qui s'échappent de l'étroite entrée du souterrain, changée en fournaise, ils tombent brûlés au milieu des flammes ; d'autres se jettent à plat ventre et, rampant la face contre terre, ils grattent le sol avec leurs ongles et, collent leurs bouches aux excavations, espérant, dans leur délire, pouvoir aspirer ainsi un peu d'air ; enfin, voulant leur épargner un plus long supplice, des mères étranglent leurs enfants à l'agonie.

Mazurec revient à des sentiments d'autant plus tendres pour Aveline qu'il frémit à l'idée de l'horrible mort dont elle est menacée, il l'a tenue étroitement embrassée dès que la fumée a commencé d'envahir la caverne; mais la jeune vassale, étant depuis longtemps épuisée par la

Mort d'Aveline qui jamais n'a menti (page 67)

misère, la douleur et le chagrin, ne devait pas survivre à ce nouveau péril, et, râlant déjà, elle attache ses lèvres glacées sur celles de Mazurec, comme si l'infortunée, pour échapper à la suffocation, voulait aspirer le souffle de son mari, puis il se sent convulsivement serré entre les bras raidis d'*Aveline-qui-jamais-n'avait-menti*... enfin ses mains se détachent de lui...

— Morte! — s'écrie le serf d'une voix déchirante, — morte sans vengeance!... morte, ma chère, ma bien-aimée Aveline!...

— Tu peux la venger, nous sauver tous deux et grand nombre de ces malheureux, — dit la voix haletante d'Alison qui conservait encore sa raison et son énergie. — Hâtons-nous! — poursuivit la tavernière d'une voix de plus en plus oppressée; — essayons de sortir d'ici; je donnerai au bailli trois cents florins que j'ai cousus dans ma robe; il nous fera grâce, sinon, tue-le... Prends ta fourche qui est là... sous ma main... essayons de fuir!

Mazurec pousse un cri de joie sauvage: l'imminence du danger, l'espoir de la vengeance, décuplent ses forces; il saisit sa fourche de la main droite, et de la gauche traînant Alison derrière lui, guidé par la lueur rougeâtre projetée sur l'issue du souterrain, le vassal manœuvre de sa fourche pour se frayer un passage à travers la foule éperdue, renverse les uns, passe sur le corps des autres, et arrive non loin du foyer de feu et de fumée, dont les abords sont jonchés de cadavres. Abandonnant alors la main d'Alison et s'avisant d'un moyen auquel personne n'avait songé au milieu de la panique générale, Mazurec plonge sa fourche dans l'amoncellement de broussailles embrasées, les écarte, en jette une partie derrière lui, s'ouvre une issue, traverse le sol couvert de

110ᵉ livraison

débris enflammés et gravit en quelques bonds l'entrée de la caverne. Il s'arrête un instant pour respirer un air pur; son énergie redouble et d'un dernier effort il s'élance au dehors... A l'aspect inattendu de Mazurec, effrayant de rage et brandissant sa fourche, les Anglais et les gens du bailli reculent frappés de stupeur. Le vassal court sus au bailli, lui enfonce son fer dans le ventre, le renverse, s'acharne sur lui avec furie, le foule aux pieds, continue à le cribler de coups à travers la poitrine, à travers la figure, partout enfin où il peut l'atteindre, et disant à chaque blessure :

— Voilà pour Aveline, que tu as traînée au lit de ton seigneur!... Voilà pour Aveline, que tu as fait mourir étouffée!

Le capitaine Griffith pousse un éclat de rire cruel et s'écrie :

— Je prends ce forcené lardeur sous ma protection; j'admire sa dextérité à se servir de sa fourche... — Puis s'interrompant, Griffith ajoute en frappant dans ses mains : — Par l'enfer! voici mes beaux yeux noirs et ma paire de jambes rondes! Ah! cette fois, tu ne m'échapperas pas, la belle! A moi tous tes trésors!

L'Anglais s'exclamait ainsi à la vue d'Alison qui apparaissait à l'entrée du souterrain, pâle haletante, les cheveux en désordre, ses vêtements à demi brûlés, et si affaiblie qu'elle ne pouvait marcher qu'en s'appuyant aux blocs de rochers. Le capitaine Griffith, sans être touché de l'aspect lamentable d'Alison, n'écoute que la férocité de sa luxure, s'élance d'un bond sur sa proie et, l'enlaçant de ses bras nerveux, s'écrie : — Cette fois, je te tiens! A moi la belle!

— Grâce! crie Alison en se débattant, — grâce... je vous donnerai tout l'argent que je possède... Grâce et miséricorde.

— L'amour d'abord, l'argent après! — répond le bâtard de Norfolk en emportant Alison.

— Mazurec... au secours! — murmure la cabaretière. Mais celui-ci, exaspéré par l'ivresse du sang, par l'ardeur de la vengeance, déchiquetait, à coups de fourche, le cadavre du bailli, et n'entendit pas l'appel d'Alison.

Tout à coup Mahiet l'Avocat d'armes sortant d'un épais taillis et apparaissant au sommet d'une éminence rocheuse, se précipite sur les pas du ravisseur, suivi de Guillaume Caillet, d'Adam le Diable, de Rufin-Brise-Pot et de quelques serfs armés de haches, de fourches et de faux. Cette petite troupe, attirée par les cris perçants d'Alison, accourait, précédant un grand nombre de paysans révoltés, cheminant à travers la forêt et s'avançant plus lentement.

— Me voici, belle hôtesse! — cria Mahiet en sautant de roche en roche, son épée à la main, — me voici... prêt à vous défendre...

— Mon hercule du château de Beaumont! — exclame le bâtard de Norfolk en dégainant à la vue de Mahiet qu'il reconnaît. Abandonnant alors Alison, il s'élance l'épée haute sur Mahiet :

— Je ne demandais à Satan que deux choses : forcer cette fraîche commère, et te retrouver un peu remplumé, mon vigoureux garçon! Commençons par toi; la belle aura son tour!

— Je n'ai point encore grand' chair sur les os, — reprit l'Avocat d'armes en attaquant intrépidement le bâtard de Norfolk, — mais tu ne tarderas pas à reconnaître que mon poignet n'a pas perdu toute sa vigueur.

Un combat acharné s'engage entre Mahiet et le capitaine, tandis que Guillaume, Adam le Diable, l'écolier Rufin-Brise-Pot et plusieurs serfs leurs compagnons se jettent avec furie sur le chapelain de Griffith et quelques archers dont il s'était fait suivre, quand il avait laissé le gros de la troupe des Anglais vers la lisière de la forêt, d'après le conseil du bailli.

— Tue, tue les Anglais!... A mort les Anglais!...

Ecrasés par le nombre, taillardés à coups de faux, éventrés à coups de fourche, assommés à coups de cognée, pas un des hommes du capitaine Griffith n'échappa au carnage. Le Chapelain, après s'être héroïquement défendu contre Adam le diable, armé d'un coutre de charrue, et contre Rufin, faisant rage de sa grande épée, tomba sous leurs coups. Mazurec, distrait de son acharnement contre les restes sanglants du bailli par l'arrivée des paysans et de Guillaume Caillet, brandit sa fourche, prêt à se joindre aux combattants; mais, frappé d'une idée subite, il gravit le monticule où était pratiquée, au-dessus du souterrain, l'ouverture récemment bouchée par les ordres du seigneur de Nointel, et, se servant de sa fourche comme d'un levier, il fait rouler au loin les pierres qui obstruaient ce soupirail. La fumée, trouvant une issue, s'en échappe à flots pressés, noirs et épais; Mazurec, rentrant alors dans la caverne, y disparaît.

A ce moment, Mahiet, blessé au bras, mais tenant sous ses genoux le capitaine Griffith, cherchait son poignard à sa ceinture pour le plonger dans sa gorge en disant : — Tu vas mourir, chien d'Anglais qui veux forcer nos filles et jusqu'aux femmes mourantes!

— Aussi vrai que tu es la meilleure épée que j'aie rencontrée en ce pays, mon seul regret est de laisser derrière moi cette commère!

Telles furent les dernières paroles du bâtard de Norfolk. Mazurec reparût bientôt sortant du souterrain, et portant entre ses bras le cadavre d'Aveline :

— Guillaume, voilà votre fille! voilà ma femme!... Et vous tous qui avez des femmes, des fils, des parents, des amis, entrez dans ce souterrain; cherchez-les parmi les morts et les agonisants! Notre seigneur, le sire de Nointel, nous a fait fumer dans notre refuge, parce que nous n'avons pas voulu donner d'argent pour payer sa rançon!... Allez relever les cadavres!

Grand nombre de paysans courent au souterrain. Guillaume Caillet s'approche de Mazurec qui tient toujours enlacé le corps de sa femme.

— Couchons-la sur le gazon, — dit le vieillard.
— Nous allons creuser sa fosse...

Mais à peine le corps est-il déposé à terre que, se précipitant sur ces restes inanimés avec des cris arrachés du plus profond de ses entrailles paternelles, Guillaume sanglotant couvre de pleurs et de baisers le visage glacé de sa fille.

— J'ai trop pleuré ; je n'ai plus de larmes, — dit Mazurec l'Agnelet en contemplant d'un œil sec et ardent ce spectacle navrant, tandis qu'Adam le Diable, à l'aide de son coutre de charrue, creuse silencieusement la fosse d'Aveline.

Un massif d'arbres et de rochers avait jusqu'alors caché cette scène funèbre à Mahiet, qui, n'ayant pas non plus remarqué son frère pendant la chaleur du combat, était alors assis sur l'herbe, soutenu par Rufin-Brise-Pot et abandonnant son bras blessé aux soins d'Alison. La cabaretière, toujours courageuse et serviable, malgré tant d'émotions diverses, avait déchiré sa gorgerette, et, agenouillée devant l'Avocat d'armes, s'occupait de le regarder avec tendresse et de panser sa blessure.

— Lors de notre première rencontre, vous avez gagné mon procès : aujourd'hui je vous dois l'honneur et la vie ; comment jamais m'acquitter envers vous ? Hélas ! je vous sais trop dédaigneux de l'argent pour vous offrir trois cents florins cousus dans ma jupe.

— Voulez-vous vous acquitter envers moi, chère et bonne hôtesse ? Allez à Paris ; et, quand vous y serez arrivée, vous demanderez où demeure maître Étienne Marcel; tout le monde vous enseignera son logis, vous direz à sa femme que j'ai reçu une blessure légère et nullement dangereuse. Cela rassurera dame Marcel et sa nièce... ma fiancée...

Ah! vous êtes fiancé, messire? — reprit Alison en tressaillant et devenant vermeille; puis, étouffant un soupir, elle ajouta d'une voix tremblante : — Dieu protège vos amours! Je ferai ce que vous désirez, j'irai à Paris... Je rendrai le calme de l'esprit à celle que vous aimez ; je serais à sa place heureuse, oh! bien heureuse... d'être rassurée, si j'aimais quelqu'un. — Ce disant, Alison baissa la tête pour cacher une larme furtive qui brilla dans ses beaux yeux noirs.

— Ah! Mahiet, — dit tout bas Rufin frappé de la grâce et de la bonté de la jeune femme, — une gentille et honnête personne comme celle-là vaut cent fois *Margot la Savourée* !

— Chère hôtesse! — reprit Mahiet après un moment de réflexion, — voulez-vous me permettre de vous donner un conseil?... en ces temps-ci, une femme voyageant seule court de grands dangers, acceptez pour compagnon mon ami Rufin que voilà.

— Mahiet, — dit vivement l'écolier, — je veux rester avec toi et combattre la seigneurerie.

— Tu t'es bravement battu, malgré ta blessure reçue avant-hier et qui te fait encore beaucoup souffrir ; tu peux rendre un grand service à notre cause, en allant apprendre à Marcel que les paysans sont en armes dans cette province, et que Guillaume Caillet a donné le signal de l'insurrection. Marcel attend ces nouvelles pour agir... et s'il a quelque message de confiance à m'adresser, il me l'enverra par ton entremise. Tu viendras alors me rejoindre en Beauvoisis ; tu seras facilement renseigné dans le pays sur la direction de la troupe de Jean Caillet, que je ne quitterai pas. — Voyant enfin l'écolier ébranlé, Mahiet, ajouta tout bas : — Malgré tes étourderies de jeunesse, tu es un honnête garçon ; promets-moi de veiller sur Alison comme un frère sur sa sœur...

— Je te le promets, Mahiet, et tu peux te fier à ma parole! Je serai un bon guide pour Alison.

Soudain Mahiet tressaillit : il venait d'apercevoir Mazurec et Guillaume transportant les restes d'Aveline... Il comprit tout ce qui avait dû se passer... ses traits exprimèrent une douleur profonde, et, s'agenouillant, il dit :

— Agenoux, Rufin... à genoux, bonne hôtesse. Je dois attendre la fin de ces funérailles pour révéler à Mazurec qu'il est mon frère...

Adam le Diable venait d'achever de creuser la fosse d'*Aveline-qui-jamais-n'avait-menti*. Guillaume et Mazurec, tenant par les épaules et par les pieds le corps de la jeune femme, la descendaient dans la tombe... Les paysans s'agenouillèrent mornes et silencieux.

Oh! fils de Joël! ce fut un tableau d'une grandeur lugubre, que ces humbles funérailles de la pauvre vassale pieusement accomplies sous la voûte de la forêt, au milieu de ces rocs entassés aux abords du souterrain... immense tombeau de tant d'autres victimes! Tout concourait à rendre cette scène terrible, saisissante! Ici les débris sanglants et sans forme du bailli, l'exécuteur impitoyable des ordres du sire de Nointel ; plus loin, les cadavres des Anglais, non moins exécrés que les seigneurs par le peuple des campagnes ; plus loin, encore, la foule des serfs, à genoux, tête nue, vêtus de haillons, brandissant des armes étranges, meurtrières, et contenant à peine leur fureur; enfin, ce père, cet époux, enterrant de leurs mains celle-là qui devait être la consolation de la vieillesse de l'un... la joie, l'amour de la jeunesse de l'autre!

Lorsque le corps de la morte fut étendu au fond de la fosse, Adam le Diable commença de la combler de terre ; alors Guillaume Caillet, debout près de la sépulture de sa fille, et tenant serré sur sa poitrine Mazurec, s'écria d'une voix qui fit palpiter tous les cœurs :

— Adieu, ma fille! adieu ma pauvre Aveline! toi qui jamais n'avait menti! toi qui jamais n'avait fait le mal! adieu! et pour toujours adieu! — Puis levant vers le ciel sa main tremblante, le vieux paysan s'écria d'une voix éclatante : — Je le jure ici par le corps de mon enfant enterrée de mes mains! par les os de nos amis, de nos parents dont ce souterrain est le tombeau! par les tortures que nous endurons! par la sueur, par le sang de nos pères! je vengerai ma fille! je vengerai nos pères! je vengerai notre race des souffrances qu'elle a endurées! Guerre aux châteaux, sans trêve ni merci!

Les vassaux, entraînés par ces paroles, se dressèrent debout en agitant leurs cognées, leurs bâtons, leurs fourches, leurs faux, et répondirent tous d'une voix répétée à l'infini par les échos de la forêt : — Vengeance! Justice!

Tout à coup des paysans qui étaient entrés dans la caverne sortirent avec épouvante en criant : — Morts... tous morts ou agonisants, les enfants, les femmes, les vieux, les jeunes... tous morts...

— Tous morts! — répéta Guillaume Caillet d'une voix terrible, — les petits enfants! les femmes! les vieux! les jeunes! tous morts! Debout! Jacques Bonhomme! Debout, mes Jacques! la Jacquerie commence!

— Elle commencera par le château de Chivry, — s'écria Adam le Diable. — Au château de Chivry doit aujourd'hui se rendre notre sire pour épouser la belle Gloriande... — Le jour du tournoi elle a ri de toi, Mazurec! tu vas rire à ton tour de la noble damoiselle..... Hardi, mes Jacques, la Jacquerie commence!

— Ah! ah! la belle Gloriande! — reprit Mazurec avec un éclat de rire féroce et délirant.

— Je vais me présenter à elle avec un œil crevé, le nez écrasé! Oh! pour la belle Gloriande... que d'épouvante, que d'épouvante... Son mari m'a pris ma fiancée!... Hardi, mes Jacques, la Jacquerie commence! Guerre aux châteaux!

Les paysans révoltés suivirent en tumulte les pas de Guillaume Caillet, d'Adam le Diable et de Mazurec en criant, à travers la forêt : — A Chivry... Hardi, les Jacques... la Jacquerie commence!

— Adieu, bonne hôtesse! — dit Mahiet en se levant et se préparant à suivre Mazurec. — Adieu, Rufin... veille avec la sollicitude d'un frère sur l'excellente femme qui se confie à ta sauvegarde.

— J'ai foi en votre ami, — reprit Alison ; car vous m'avez dit; « Fiez-vous à lui... »

— Et j'en jure Dieu! — répondit l'écolier d'une voix pénétrée, — vous pouvez vous fier à moi comme à Mahiet, jolie hôtesse.

— Adieu, Rufin ; je vais rejoindre mon frère, lui révéler les liens qui nous unissent et combattre avec lui. Encore adieu, bonne Alison ; dites à dame Marcel et à Denise, ma fiancée, que, si je ne les revois pas, ma dernière pensée aura été pour elles. Et toi, Rufin, dis à Marcel que les paysans de cette province sont à la besogne. Extermination des seigneurs!

— Au revoir, Mahiet, — reprit tristement l'écolier en tendant la main à son ami, — si maître Marcel a quelque message à l'envoyer, je le prierai de m'en charger... Adieu.

L'Avocat serra une dernière fois la main de son compagnon et rejoignit en hâte les Jacques dont on entendait au loin les clameurs retentissantes. La bonne Alison, avant de suivre l'écolier, s'agenouilla en pleurant sur la fosse d'*Aveline-qui-jamais-n'avait-menti* et lui adressa du cœur et des lèvres un suprême adieu

CHAPITRE IV

Le château de Chivry. — La salle du dais. — Le sire de Nointel conduit aux pieds de sa fiancée dix captifs enchaînés. — Un repas de noces au XIVe siècle. — La poterne du château. — La loi du talion. — Le pont de l'Orville. — Le sire de Nointel et le chevalier de Chaumontel. — Charles le Mauvais. — Message de Mahiet. — Politique du roi de Navarre. — Guillaume Caillet couronné roi des Jacques.

Le château de Chivry, situé à trois lieues de Nointel et bâti, comme presque tous les manoirs féodaux, au sommet d'une montagne escarpée, n'a rien à redouter d'une attaque de vive force ; défendu par cent hommes d'armes et par sa position, il peut résister à un long siège ; et pour entreprendre une pareille attaque, des machines de guerre et des engins d'artillerie eussent été indispensables. La magnificence intérieure de cet édifice seigneurial égale sa force défensive ; entre autres somptuosités, la salle du *dais*, ou salle d'honneur, offre un coup d'œil splendide. Ses solives, peintes et dorées, étincellent sur le bleu du plafond ; de riches tentures couvrent les murailles, et d'énormes cheminées de pierre sculptée, où brûlent des troncs d'arbres entiers, s'élèvent aux deux extrémités de cette immense galerie, éclairée par dix fenêtres à ogives, aux vitraux armoriés, et large de cent pas sur deux cents de longueur ; vastes dimensions indispensables aux cérémonies des festins d'apparat, dans lesquelles les majordomes du sire de Chivry entrent, selon la coutume, à cheval, par l'une des portes de la salle, apportant solennellement dans des plats d'argent les *mets d'honneur*, tels que paons et faisans rôtis, ornés de leur tête, de leurs ailes et de leurs queues chatoyantes, ou encore pâtisseries gigantesques représentant le manoir seigneurial orné d'un écusson de vives couleurs, glorieux mets que les pages placent sur la table devant la reine du festin et qui doit être découpé par l'écuyer.

Ce jour là, une brillante compagnie, nobles, seigneurs, dames, damoiselles et enfants de châtellenies voisines, réunis dans la galerie du château de Chivry, s'empressent autour de la belle Gloriande, triomphalement assise sous le dais, sorte de siège élevé recouvert de brocart d'or et surmonté d'un ciel empanaché ; jamais la damoiselle n'a paru aux yeux éblouis de ses admirateurs plus superbe et plus rayonnante : elle resplendit de parure ; ses cheveux noirs, tressés d'un fil de perles et d'escarboucles, sont à demi cachés par son virginal chapel de fiancée ; sa robe de velours blanc, brochée d'argent, découvre hardiment sa poitrine et ses bras accomplis. Une écharpe de soie orientale, frangée de perles, ceint sa taille svelte et élevée. L'œil brillant, la joue animée, la lèvre souriante, Gloriande reçoit les compliments de la noble assemblée qui la félicite sur son mariage, dont l'heure va bientôt sonner à la chapelle du château. Le vieux sire de Chivry jouit du bonheur de sa fille et des hommages dont il la voit entourée. Cependant, malgré l'épanouissement de ses traits, Gloriande fronce de temps à autre ses noirs sourcils en regardant avec impatience du côté des portes de la grande galerie ; le comte de Chivry, surprenant un de ces regards impatients, dit à sa fille en souriant : — Sois tranquille... Conrad ne tardera pas à paraître. Tiens, voici ton fiancé... regarde-le... ma belle amoureuse ! Quel noble prestance !

Au moment où le vieux seigneur parle ainsi, un cortège triomphant entre dans la salle immense. Des joueurs de clairon ouvrent la marche, sonnant un air de bravoure, puis viennent des pages, aux livrées du sire de Nointel, suivis de ses écuyers ; ceux-ci conduisent enchaînés dix hommes hideux à voir ; leur crâne et leur visage, complétement rasés, sont d'un brun couleur de suie ; mornes, accablés, ils tiennent leur tête tristement baissée et portent de longs sarraus tout neufs, en étoffe mi-partie blanche et verte (couleurs armoriales de la maison de Chivry). De temps à autre ces captifs secouent leurs chaînes avec fracas en poussant des gémissements lamentables ; derrière eux s'avance Conrad Neroweg, sire et seigneur de Nointel, superbement campé sur son cheval de guerre, la visière baissée, sa lance au poing, et revêtu d'une splendide armure de bataille. A ses côtés, mais à pied, marche Gérard de Chaumontel, aussi armé de toutes pièces et semblant partager le triomphe de son ami. Les acclamations de la noble assistance accueillent ce cortège, et la belle Gloriande, envermillonnée, se lève de son siège et, agitant son mouchoir, s'écrie :

— Gloire au victorieux ! honneur au plus vaillant des preux !

— Gloire au victorieux ! — répète la noble assistance, — honneur au plus vaillant des preux ! Vive le seigneur de Nointel !

Le sire de Nointel descend alors de son cheval, relève la visière de son casque, et tandis que ses écuyers font signe aux prisonniers de s'agenouiller, il prononce le discours suivant :

« — Ma dame m'avait ordonné d'aller guerroyer contre l'Anglais, et de lui ramener dix captifs ; le devoir de tout preux chevalier est d'obéir à la reine de ses pensées. Voici les dix soldats anglais que j'ai faits captifs à la bataille que nous avons livrée. C'est moi, captif du dieu d'amour, qui conduis ces hommes enchaînés aux pieds de ma dame. »

Ces chevaleresques et galantes paroles excitent les transports de l'assemblée ; le sire de Nointel s'incline modestement et reprend :

— Ces capifs appartiennent à ma dame ; qu'elle dispose de leur sort en souveraine !

— Puisque mon vaillant chevalier me prie de décider du sort de ces captifs, — reprend la belle Gloriande, — j'ordonne qu'ils soient délivrés de leurs chaînes... et qu'on leur fasse largesse ! Le jour de mon mariage doit être pour tous un jour de liesse... — Puis, tendant sa main à Conrad qui met un genou en terre devant sa fiancée : — Voici ma main, sire de Nointel ; je ne saurais la donner à un plus valeureux chevalier.

— Heureux jours aux deux époux ! — crie l'assemblée, — gloire et bonheur à Gloriande de Chivry et à Conrad de Nointel ! ! !

Pendant que la brillante compagnie témoigne ainsi de la part qu'elle prend à la félicité des deux futurs époux, le sire de Chivry s'approchant du chevalier de Chaumontel, lui dit à demi-voix en regardant les prisonniers anglais :

— Gérard, quelle diable d'espèce d'Anglais est celle-là ?... ils sont noirs comme des taupes !

— Messire comte, — répond gravement le chevalier, — ces coquins sont de la tribu anglaise des *Ratamorphrydich*.

— Comment appelez-vous cette tribu ? — dit le vieux seigneur stupéfait de ce nom barbare ; — je n'en ai jamais entendu parler.

— Les *Ratamorphrydich*, — reprend le chevalier, — sont une des tribus les plus féroces du nord de l'Angleterre ; on la croit issue d'une colonie gyptiaque ou même syriaque, venue des déserts de Moscovie aux rivages d'Albion, sur des chevaux marins !...

— Très bien, — reprit le vieux seigneur abasourdi de la science géographique du chevalier. L'explication est complète et acceptée.

La cloche de la chapelle du château de Chivry ayant en ce moment tinté, le sire de Chivry dit au chevalier : — Voici le premier coup de la messe de mariage. Ah! Gérard, c'est un beau jour pour mes vieux ans que celui-ci... doublement beau, car il luit en de tristes temps !

— Mais il me semble, messire, que vous n'avez pas lieu de vous plaindre des évènements ; Conrad vous revient couvert de lauriers, prisonnier des Anglais, sur parole, il est vrai ; mais en ce moment ses vassaux boursillent sa rançon ; il est aimé de votre fille qu'il adore ; votre château bien approvisionné, bien fortifié, défendu par une vaillante garnison, n'a rien à redouter des Anglais et des routiers ; Jacques Bonhomme, encore tout meurtri de la leçon qu'il a reçue l'an passé au tournoi de Nointel, n'ose lever le nez de dessus les sillons qu'il laboure pour vous : vivez donc en paix et en joie ! Vive l'amour et nargue de l'avenir !

— Mon père, — dit au comte de Chivry la belle Gloriande, — voici le second coup de cloche pour la messe... Partons !

— Eh bien ! chère impatiente, — réplique le vieux seigneur en souriant à sa fille, — donne la main à Conrad et allons à l'autel.

— Ah! mon père, vous ne savez pas que Conrad a parlé de moi au régent, notre sire? Ce jeune et gracieux prince désire me voir à la cour... Nous partirons avant huit jours pour Paris... D'ici là, j'aurai le temps de faire faire trois robes: l'une de brocart d'or...l'autre de brocart d'or et d'argent... la troisième lamée et à ramages.

— Tu te feras faire dix robes, vingt robes si tu le veux, et des plus riches! Rien de trop beau pour Gloriande de Chivry, lorsqu'elle paraîtra à la cour ! Il est bon de prouver à ces rois, qui prétendent primer la seigneurie, qu'autant qu'eux autres nous sommes grands seigneurs; l'argent ne te manquera pas: mes baillis frapperont double taxe sur mes vassaux en l'honneur de ton mariage, selon la coutume. Mais voici un autre impatient qui te prie d'avoir pitié de son martyre, — ajouta gaiement le comte en montrant Conrad qui s'approchait de Gloriande. Le sire de Nointel prit avec amour la main de sa fiancée, le cortège se forma, et la noble assistance, suivie des pages, des écuyers, se dirigea vers la chapelle du manoir.

Les prisonniers anglais, délivrés de leurs chaînes par ordre de la damoiselle de Chivry, venaient les derniers. Au moment où ils passaient le seuil de la porte de la galerie, il tomba de dessous le sarrau de l'un des captifs, un grand couteau à manche de bois grossier et à lame fraîchement aiguisée.

— Adam le Diable, — dit à voix basse un autre prisonnier, — ramasse donc ton couteau... sans attirer sur toi l'attention des soldats.

. . . .

Le mariage de la damoiselle de Chivry et du seigneur de Nointel a eu lieu le matin, et dans la galerie du manoir, transformée en salle de festin, sont réunis tous les invités à ces brillantes épousailles ; le repas a duré jusqu'à une heure assez avancée de la soirée, il touche à sa fin. Durant six heures et plus, les nobles convives ont fait fête à tous les *services* de cet interminable repas; car pendant que Jacques Bonhomme soutient à peine sa triste vie avec des fèves presque pourries et de l'eau pour boisson, les seigneurs mangent à crever dans leur peau; jugez-en, fils de Joel, d'après le festin de noces de la belle Gloriande. Le *premier service*, destiné à ouvrir l'appétit, se composait de limons, de fruits confits au vinaigre, de cerises aigres, de salaisons, de salades et autres mets appétissants. *Second service* : Pâtes d'écrevisses et d'amandes à la crème, brouets de viandes macérées cuites avec du bouillon, potages au riz, à l'avoine, à la fromentée, au *macaroni*, à la chair pilée, au millet, servis sur table de façon à ce que les diverses couleurs dont ils sont habilement teints par un cuisinier expert réjouissent agréablement la vue des convives ; potages blancs, bleus, jaunes, rouges, verts ou *dorés*, harmoniaient leurs nuances. *Troisième service:* Rôtis à la sauce, et combien d'innombrables sauces ! sauce à la cannelle, à la noix muscade, aux bourgeons, aux raisins, au genêt, aux roses, aux fleurs, toutes ces sauces teintes aussi de couleurs variées. *Quatrième service:* Pâtés de toutes sortes, pâtés de sanglier, pâtés de cerf, pâtés monstrueux renfermant, au milieu de rangées d'oisons gras, un agneau farci ; enfin les pâtisseries, ces tartes à *double visage*, aux herbes, aux feuilles de roses, aux cerises, aux châtaignes, et, au milieu de cette profusion de tartes, s'élevait une pâtisserie monumentale de trois pieds de hauteur, représentant les donjons, les tours, les remparts du noble manoir de Chivry... La longue table, chargée d'une riche vaisselle où se reflète la clarté de grands luminaires d'argent, garnis de flambeaux de cire, offre un joyeux désordre ; les hanaps, les coupes d'argent ou de vermeil, remplis de vins herbés, circulant de main en main, redoublent la bonne humeur des convives ; quelques-uns commencent à chanceler sur leur siège, étourdis par les fumées de l'ivresse ; beaucoup de nobles dames et damoiselles, sans avoir fêté jusqu'au délire bachique les épousailles de Gloriande, ont la joue plus que vermeille, l'œil émerillonné, le sein palpitant, et rient aux éclats des récits licencieux que les seigneurs, assis à côté d'elles et buvant à la même coupe, leur content à l'oreille. Au dehors de la salle du banquet, les serviteurs et les hommes d'armes du château, partagent la liesse générale, célèbrent le mariage de la damoiselle de Chivry à grand renfort et reconfort de pots de bière, de cidre ou de vin ; grand nombre de ces buveurs sont complètement ivres.

La belle Gloriande et Conrad restent étrangers

à l'allégresse causée par la bonne chère et les propos graveleux; plus doux est l'énivrement des deux fiancés; ils se chérissent, et bientôt pour eux va sonner l'heure du déduit amoureux; parfois, ils échangent sournoisement un coup d'œil d'impatience; ardents sont les regards de Conrad, troublés sont les regards de Gloriande; son beau sein fait doucement onduler ses colliers de perles et de diamants; elle fronce même ses noirs sourcils et hausse ses blanches épaules en entendant son père, déjà fort aviné, crier à tue-tête pour demander silence, déclarant qu'il veut chanter une vieille chanson à boire en vingt-huit tensons!!! et chaque couple buvant au même hanap sera tenu de le vider entre chaque tenson! après quoi les fiancés seront cérémonieusement conduits par les damoiselles d'honneur dans la chambre nuptiale, dont la porte s'ouvre sur la galerie. A cette proposition de son père, de chanter vingt-huit tensons! proposition acclamée par les convives, la belle Gloriande jette un regard désolé sur Conrad, et celui-ci, s'adressant à son ami Gérard de Chaumontel, lui dit à voix basse :

— Au diable le vieil ivrogne... et sa chanson !

— A propos, — répond en éclatant de rire le chevalier à moitié ivre, — le bonhomme m'a demandé tantôt pourquoi nos prisonniers anglais étaient noirs comme des taupes? — Mais, s'interrompant, le chevalier reprit après un moment de réflexion : — Conrad, n'y avait-il pas onze manants au lieu de dix que nous avons ramassés sur la lisière de la forêt, d'où ils sortaient armés de fourches, de faux, de cognées? Ils allaient chasser des loups qui leur causaient grand dommage! Ah! ah! ah! je ris encore en pensant à notre capture... Mais par le diable... c'est onze manants et non point dix que nous avons pris... Comment se fait-il qu'étant onze... ils ne soient plus que dix?

— Oublies-tu que l'un de ces manants s'est échappé en route?

— Quel trait de lumière! s'écria Gérard en calculant sur ses doigts avec une gravité d'ivrogne, — ces manants étaient au nombre de onze. Bien... l'un d'eux s'est échappé... donc il ne doit en rester que dix! Conrad, tu es le plus lumineux des mortels!

En cet instant, le seigneur de Chivry entonnait d'une voix forte le quatrième tenson de son chant bachique; la belle Gloriande ne put endurer plus longtemps son amoureux martyre; elle échangea un coup d'œil d'intelligence avec Conrad, et presque aussitôt elle poussa un léger cri étouffé, en saisissant le bras de son père auprès de qui elle siégeait. Le vieux seigneur s'interrompit brusquement de chanter, et dit à Gloriande avec surprise :

— Qu'as-tu, chère fille? Es-tu indisposée?

— J'éprouve une so** d'éblouissement, je me sens malade; je vais me retirer chez moi.

— Ma bien-aimée Gloriande, — dit vivement le sire de Nointel en se levant, — souffrez que je vous accompagne...

— Oui, je vous en prie, Conrad... Je prendrai l'air à la fenêtre de notre chambre; il me semble que cela me fera du bien...

— Allons, mes enfants, — reprit tristement le seigneur de Chivry, — je recommencerai ma chanson au repas de demain matin. — Puis il ajouta : — Que les damoiselles d'honneur de l'épousée veuillent bien l'accompagner, selon l'usage, jusqu'à la porte de la chambre nuptiale.

A ces mots, plusieurs jeunes damoiselles quittèrent à regret les chevaliers auprès desquels elles étaient assises, et entourèrent la mariée, tandis que Conrad faisait le tour de la table immense pour aller rejoindre sa femme, et que deux pages ouvraient la porte de la chambre des époux, brillamment éclairée par des flambeaux de cire parfumée. Au fond l'on apercevait le lit nuptial, surmonté d'un dais armorié et à demi entouré de rideaux de tapisserie scintillante de fils d'argent; mais voici que soudain Gérard de Chaumontel, de plus en plus ivre, se hissant sur son siège, se met à crier :

— Nobles dames et damoiselles, je demande à vous prouver que je suis un homme... de divination singulière !

— Voyons... prouvez, — reprit gaiement l'assistance, — prouvez-nous cela, chevalier ! Nous écoutons ! Voyons cette preuve de divination.

— L'an passé, — reprit Gérard, — lors du tournoi de Nointel, où vous assistiez tous et où Jacques Bonhomme a osé regimber, Conrad a fait pendre quelques-uns de ces croquants et noyer celui que j'avais vaincu en combat judiciaire, le tout selon les us et coutumes.

— Je voudrais bien voir noyer un vilain ! moi, — cria un enfant de douze ans, le fils du sire de Bourgueil. — J'en ai vu fouetter, essoriller, pendre et écarteler des vilains, mais point je n'en ai vu noyer! Mon père, vous ferez noyer un vilain... pour voir... n'est-ce pas? Je veux voir noyer un vilain..... c'est mon caprice.

— Mon fils, — répondit à l'enfant le sire de Bourgueil d'un ton doctoral, — votre interruption est messéante... vous deviez attendre que le chevalier eût fini de parler et alors m'expliquer votre désir.

— Ce manant que j'avais vaincu, — poursuivit Gérard de Chaumontel, — ce manant, au moment de prendre son premier et son dernier bain, m'a dit d'une voix de diable enrhumé : — « Tu me fais noyer, tu seras noyé. » — Et à Conrad : — « Tu as outragé ma femme, ta femme sera outragée. »

— Allons, il est ivre, le sire de Chaumontel ! — dirent en murmurant quelques assistants.

— Cette lugubre histoire de pendus et de noyés est incongrue en un jour de noces !

— Assez ! chevalier, assez !

— Cuvez en paix votre vin, bon sire !

— Attendez que je vous prouve... en quoi je suis un homme des plus singulièrement divinatoires... — reprit Gérard. Mais les huées couvrent sa voix, et le sire de Nointel, frissonnant malgré lui au souvenir funèbre évoqué par son ami, prend la main de Gloriande, que les damoiselles d'honneur entourent, et lui dit en se dirigeant avec elle vers la chambre nuptiale :

— N'écoutez pas ce fou, il est ivre... venez, ma bien-aimée... L'amour nous attend !

Tout à coup un écuyer, livide, ensanglanté, paraît comme un spectre à la grande porte de la galerie... fait deux pas, chancelle, tombe sur les dalles qu'il rougit de son sang, et en expirant murmure ces seuls mots : — Monseigneur... oh ! monseigneur ! Prenez garde à vous !

A ce spectacle, un cri d'horreur et d'effroi part de toutes les bouches. La belle Gloriande, saisie d'épouvante, se jette dans les bras de Conrad. L'assemblée, morne, stupéfaite, garde pendant un instant le silence, et l'on entend au loin éclater de formidables rumeurs... Un autre écuyer, pâle, couvert de sang, accourt et s'écrie d'une voix entrecoupée :

— Trahison !... trahison !! Les prisonniers anglais ont égorgé les gardes de la poterne du château... et l'ont ouverte à une multitude furieuse... Voilà les assaillants !...

Aussitôt ces cris, répétés par une foule de voix : *Jacquerie ! Jacquerie !* retentissent au dehors de la grande salle, et les vitraux des fenêtres défoncés à coup de fourche et de hache volent en éclats.

Une bande nombreuse de Jacques, conduits par Adam le Diable et par ses compagnons, à figure noircie, qui avaient joué le rôle de captifs anglais, pénètrent dans la salle du festin, à travers les portes et les croisées ; la noble assistance épouvantée reflue d'un même mouvement vers la porte principale, espérant fuir de ce côté ; mais à cette porte apparaissent Guillaume Caillet et Mazurec l'Agnelet, à la tête d'une autre troupe de Jacques armés de bâtons, de coutres de charrue et de faux. Presque tous ces paysans révoltés étaient des vassaux des seigneurs de Nointel et de Chivry. A l'aspect de cette foule hâve, farouche, ensanglantée, demi-nue, traînant les haillons de la misère et du servage, les dames, les damoiselles, poussent des cris de terreur et s'entassent éperdues au fond de la grande salle. Les seigneurs ayant, selon l'usage, quitté leurs armures et leurs armes pour vêtir leurs habits de gala, saisissent des couteaux de table, des hanaps d'argent ou des escabeaux, afin de se défendre ; les joyeuses fumées du vin se dissipent soudain, et ils se rangent en tumulte devant les femmes afin de les protéger.

Guillaume Caillet lève sa hache par trois fois ; à ce signal, les clameurs tumultueuses des Jacques cessent peu à peu, et bientôt se fait un grand silence, troublé seulement par les exclamations d'effroi et les gémissements des femmes épouvantées.

— Mes Jacques ! — s'écria Guillaume Caillet, — vous avez apporté des cordes, garrottez d'abord tous ces nobles hommes, tuez ceux qui résistent, mais épargnez le père et l'époux de la mariée... épargnez aussi le chevalier de Chaumontel. Nous avons un compte à régler avec eux.

— Je me charge de ces trois-là, je les connais, — dit Adam le Diable. — A moi, mes Anglais ! Serrez les cordes.

Les vassaux s'élancent sur les seigneurs ; quelques-uns opposent aux Jacques une résistance désespérée et sont tués ; mais la plupart de ces chevaliers, démoralisés, atterrés par cette brusque attaque, se laissent garrotter, et, parmi ceux-là, le vieux seigneur de Chivry, Gérard de Chaumontel et Conrad de Nointel, que l'on arrache des bras de la Belle Gloriande. Celle-ci, plus furieuse encore qu'effrayée, s'emporte en imprécations, en injures contre ces manants révoltés ; Adam le Diable s'empare d'elle, la maîtrise, met sa robe en lambeaux, et lui attache les mains derrière le dos, en disant avec un ricanement farouche :

— Chacun son tour, ma noble damoiselle... L'an passé, tu as ri de nous au tournoi de Nointel ; à cette heure... nous allons rire de toi, ma belle amoureuse...

— Ce prisonnier anglais me connaît ! — s'écria Gloriande. — Est-ce un rêve horrible que tout ceci ? Conrad vengez votre femme.

— Je suis vassal de la seigneurie de Nointel et non point Anglais, ma belle, — répondit Adam le Diable. — Ce rôle de captifs nous a été imposé par ton noble époux, ton vaillant chevalier, le sire de Nointel, trop lâche pour faire de véritables prisonniers ; il nous a rencontrés sur la lisière de la forêt et nous a ordonné, sous peine d'être pendus, de l'accompagner ici, afin de servir de complices à sa fourberie, et pour figurer les prisonniers anglais qu'il devait te ramener de la bataille qui a été livrée ; nous avons consenti à la mascarade ; elle nous donnait accès dans le château de ton père. L'un de nous, s'échappant en route, est allé donner l'ordre à nos compagnons de s'approcher des remparts de ce manoir à la faveur de la nuit. Nous avons égorgé les hommes d'armes qui étaient de garde à la poterne ; puis nous avons baissé le pont et introduit ici nos Jacques ; maintenant, nous allons rire de toi, ma belle... comme tu as ri de nous au tournoi de Nointel ! Nous aurons notre jour de gaieté.

Gloriande laissa parler Adam le Diable sans

La révolte des Jacques (page 74)

lui répondre, et elle s'écrie, frémissant d'une indignation douloureuse.

— Conrad a menti!... Conrad est un lâche!...
— Ton noble époux est un menteur et un lâche! — répond Adam le Diable en entraînant Gloriande vers l'extrémité de la salle. — A belle garce il faut un mari plus vaillant; je vais te conduire à l'amoureux de tes rêves.

Gloriande de Chivry oublie un instant ses dangers, ses terreurs. Accablée par cette pensée horrible pour son orgueil, que Conrad de Nointel était un lâche, elle se laisse entraîner, presque sans résistance par Adam le Diable vers l'extrémité de la salle.

Au milieu des Jacques formés en cercle, se tient Guillaume Caillet s'appuyant sur le manche de sa lourde hache ; près de lui se trouvent Mahiet l'Avocat d'armes, les bras croisés sur la poitrine, le front pensif, et Mazurec l'Agne-let, veuf d'*Aveline-qui-jamais-n'avait-menti*. Ce serf à demi vêtu d'un sayon de peau de chèvre, les cheveux hérissés, les bras nus et sanglants, l'œil crevé, le nez écrasé, la lèvre fendue, est d'une épouvantable laideur. Adam le Diable pousse Gloriande vers Mazurec en lui criant : — Voilà ton nouveau mari ! Allons ! belle garce, embrasse ton seigneur et maître !

— Gloriande recule d'un pas et jette un cri d'effroi à l'aspect du serf défiguré.

Mais quelle est son épouvante, lorsqu'elle voit Mazurec s'avancer lentement en fixant sur elle son œil cave, étincelant de haine, et qu'elle sent s'appesantir sur son épaule la main calleuse du serf lui disant d'une voix sourde :

— Au nom de la force... tu es à moi... de même qu'au nom de la force Aveline, ma fiancée, a appartenu à Conrad de Nointel...

— Que dit ce monstre ? — murmure Glo-

111e livraison

riande éperdue en se rejetant en arrière afin de se dégager de l'étreinte du vassal. — Mon père... au secours, mon père!...

Le vieux seigneur de Chivry était là, garrotté comme Gérard de Chaumontel et Conrad de Nointel. Ce dernier, hébété par la frayeur, écrasé par le remords, n'entend rien, ne voit rien, et murmure :

— Ayez pitié de moi! Seigneur, mon Dieu!... Je suis un grand pécheur... je me repens d'avoir outragé la fiancée de ce vassal...

— Mon père, au secours! — crie toujours Gloriande en essayant d'échapper aux robustes mains de Mazurec l'Agnelet, dont les ongles, crispés comme les serres d'un oiseau de proie, retiennent la fiancée du sire de Nointel à ses côtés. A moi la noble damoiselle !

— Vassal! dit d'une voix haletante le vieux seigneur de Chivry à Guillaume Caillet, — tu es le chef de cette bande de forcenés ; sauve la vie et l'honneur de ma fille, et je te promets le pardon... Sois clément et miséricordieux. J'en jure par le Dieu vivant! je te ferai grâce du châtiment que méritent tes crimes !

— Noble seigneur, — reprend le chef des Jacques avec un calme sinistre, — c'est un beau jour que le jour des noces d'une enfant qu'on aime! C'est un beau jour pour les gens nobles.

— Hélas! ce matin, je croyais, en effet, que le jour du mariage de ma fille Gloriande serait un beau jour pour moi .

— Je pensais de même au matin du jour des noces de ma fille *Aveline-qui-jamais-n'avait-menti*... Un vassal a des entrailles de père... j'aimais tendrement mon enfant ! Elle était douce, belle et pure ; elle faisait la joie, l'orgueil de ma misérable vie... Le sire de Nointel, ton gendre, a fait traîner ma fille dans son lit... et puis le lendemain il me l'a rendue !...

— Le sire de Nointel a usé des droits qu'il a sur toute fille non noble ! Il a usé des droits de cuissage !... C'est la loi féodale.

— Conrad de Nointel a usé des droits qu'il tenait de la force... Aujourd'hui, les Jacques sont les plus forts, ils vont user de leur puissance... — répondit Guillaume Caillet sans se départir de son calme farouche. — Mazurec, fiancé de ma fille, a voulu s'opposer à ce qu'elle fût violentée... et, en punition de sa rébellion, il a dû faire amende honorable à genoux devant son seigneur... Hier, ma fille a été, comme tant d'autres victimes, étouffée par la fumée dans un souterrain, par l'ordre du bailli du sire de Nointel... — « Œil pour œil, dent pour dent ! » — dit l'Écriture ; le sire de Nointel a outragé la fiancée de Mazurec l'Agnelet ; la fiancée du sire de Nointel appartient à Mazurec...

Les Jacques accueillent avec des cris de triomphe l'arrêt prononcé par leur chef, pendant qu'Adam le Diable enfonce d'un coup de pied une porte située au fond de la grande galerie, et, aux clartés des flambeaux de cire parfumée qui brûlent dans des luminaires de vermeil, les Jacques voient l'intérieur éblouissant de la chambre nuptiale du sire de Nointel...

La belle Gloriande, défaillante de terreur, se débat en vain contre Mazurec, qui l'entraîne vers le lit nuptial. — Mon père ! délivrez-moi !

— Aveline m'appelait aussi à son secours, — dit Guillaume Caillet en maintenant le comte de Chivry. Tu boiras le calice jusqu'à la lie.

— Oh ! la mort !... — crie Conrad de Nointel, chez qui la rage succède à l'épouvante, et qu'Adam le Diable et un des Jacques contiennent à grand' peine, — oh ! la mort, et ne pas voir ces horreurs ! Ciel et terre ! ce misérable vassal oser porter la main sur Gloriande ! Ce truand arrache les derniers voiles, il va forcer ma fiancée !...

— Oh ! oh ! tu fais rébellion ! — dit Adam le Diable en éclatant de rire. — Nous te condamnons à faire amende honorable à deux genoux devant ton maître et seigneur Jacques Bonhomme, dans la personne de Mazurec, et tu lui demanderas pardon de l'avoir injurié... de l'avoir appelé truand...

— Conrad, sachons mourir ! — reprend le chevalier Gérard de Chaumontel. — Nous serons bientôt vengés de ces truands ; pas un n'échappera aux lances des chevaliers.

Mahiet l'Avocat d'armes, jusqu'alors impassible, s'avance et, appuyant son gantelet sur l'épaule du chevalier :

— Tu t'es battu couvert de fer contre mon frère Mazurec demi-nu, armé d'un bâton ; j'ai décidé que tu te battrais contre lui, toi demi-nu et armé d'un bâton, lui, armé et couvert de fer. Si tu es vaincu, tu seras mis en sac et noyé ; aujourd'hui, Jacques Bonhomme, d'appelé... est devenu appelant.

— Mais avant le combat, — s'écrie Adam le Diable, — soupons, mes Jacques, la table est mise, il reste du vin dans les amphores... des viandes sur les plats !... Faisons chère lie, à la barbe de ces seigneurs, pères, frères ou maris de ces nobles dames et damoiselles !... Hardi, mes Jacques! vive l'amour ! vive le vin ! Après le festin, nous enfermerons dans les souterrains du château toute cette noblesse, hommes, femmes, enfants ! Les ruines du manoir incendié seront leur tombeau !... Hardi, Jacques Bonhomme ! vive l'amour ! vive le vin ! A nous les dames et les damoiselles de ces nobles !...

. . . .

A cet endroit de mon récit, moi, Mahiet, qui écris ceci, je frissonne encore d'horreur au souvenir de l'infernale orgie dont j'ai été témoin et des férocités qui l'ont suivie !...

Ces Jacques à demi sauvages, poussés à bout par le désespoir, n'ayant à attendre aucune justice des hommes, rendaient, dans leur aveugle fureur, le mal pour le mal !... Hélas, je dois le reconnaître ici, la vengeance est pleine d'amertume, et les représailles dont j'ai été le témoin m'ont presque fait oublier les cruautés de nos oppresseurs séculaires !... les atrocités des prêtres, des nobles et des rois !...

. . . .

La nuit va bientôt faire place au jour, la lune se couche, les premières lueurs de l'aube empourprent l'orient. La troupe de Jacques, qui a mis à feu et à sang le manoir de Chivry, se dirige vers le pont de l'*Orville*, du haut duquel, l'année précédente, Mazurec, mis en sac, a été jeté à la rivière. A la tête de cette troupe marchent Guillaume Caillet, Mazurec, Mahiet et Adam le Diable ; viennent ensuite les Jacques, conduisant garrottés le sire de Nointel et le chevalier de Chaumontel, demi-nus et désarmés. Mazurec l'Agnelet, coiffé du casque du chevalier de Chaumontel, revêtu de sa cuirasse et de sa cotte de mailles, armé de son poignard et de son épée, marche entre Mahiet l'Avocat d'armes et Guillaume. Celui-ci s'arrêtant au sommet de la colline qu'ils venaient de gravir, et d'où l'on découvrait le pays à quatre lieues à la ronde, grâce aux premières lueurs de l'aube, s'écrie en désignant tour à tour différents points de l'horizon rougi par les flammes ou obscurci par leurs noires fumées :

— Voyez-vous le château de Chivry, le château de Bourgueil, le château de Saint-Prix, le château de Montsorin, le château de Villiers, le château de Rochemur, et tant d'autres, et tant d'autres ! mis cette nuit à feu, à sac et à sang par des bandes de vassaux révoltés ?... Entendez-vous le tocsin des villages appelant les serfs aux armes ?... Il a sonné toute la nuit, il sonne encore, ce tocsin ! Il appelle les Jacques à la curée des nobles !...

En effet, les tintements précipités des cloches, sonnant à toute volée dans une foule de villages disséminés au milieu des plaines et des bois, arrivaient jusqu'au sommet de la colline, apportés par la brise matinale. L'horizon, réverbérant la lueur des incendies qui dévoraient tant de manoirs féodaux, semblait en feu ; les premiers rayons du soleil pouvaient à peine pénétrer l'épaisseur de ces sombres nuages.

— Le coup d'œil vaut la musique ! — dit Adam le Diable prêtant l'oreille aux retentissements du tocsin. Puis, croisant les mains derrière son dos, écartant les jambes, se cambrant sur ses robustes reins, il embrasse d'un regard avide le rideau flamboyant des lointains incendies. — Les voilà donc en feu, en ruines ! ces fiers donjons cimentés de sang, de la sueur de notre race, et qui, pendant des centaines d'années, ont été l'effroi de nos pères ! Ah ! ah ! ah ! — ajoute le paysan avec un éclat de rire farouche, — combien, à cette heure, il doit se passer de choses lugubres dans ces manoirs !...

— A cette heure, — reprend Guillaume Caillet, — en Beauvoisis, en Laonnais, en Picardie, en Vermandois, en Champagne, partout enfin dans l'Ile-de-France, Jacques Bonhomme fait de pareils feux de joie !... Partout on massacre les prêtres et les nobles !...

— Je voudrais voir toutes les flammes, — dit Adam le Diable en hochant la tête, — je voudrais entendre tous les cris !

— Ah ! — dit Mahiet avec une amertume profonde, — si les cris des Gaulois nos pères, esclaves, serfs ou vassaux, morts martyrs depuis la conquête franque, pouvaient s'entendre à travers les âges !... ah ! si les cris de nos mères, écrasées sous le servage, affamées par la misère, outragées par les seigneurs, pouvaient s'entendre à travers les âges !... cet effroyable concert de malédictions, de hurlements, de douleur, arriverait du fond des siècles jusqu'à nous !... Elle est donc venue l'heure de la justice !

— Mon frère, — reprend Mazurec l'Agnelet, sombre et abattu, en hâtant le pas pour devancer Adam le Diable et Guillaume Caillet, et afin de se trouver un moment seul avec Mahiet, — j'ai un aveu à te faire... et, peut-être, à réclamer ton indulgence pour une défaillance de mon cœur... Lorsque j'ai eu entraîné la fiancée de Conrad dans la chambre nuptiale... et après que la porte de la chambre se fut refermée sur nous, la belle Gloriande est tombée à mes genoux devant moi, les mains jointes, elle a demandé grâce ! je me suis dit : — « Ma pauvre Aveline a dû crier ainsi grâce... en suppliant mon seigneur de ne pas l'outrager... elle a dû bien souffrir... » — J'ai pleuré en pensant à Aveline ; j'ai oublié ma haine et ma vengeance... La belle Gloriande, me voyant pleurer, a redoublé ses supplications ; alors je lui ai dit : — « Dans ma condition de serf, je n'avais qu'une joie au monde, l'amour d'*Aveline-qui-jamais-n'avait-menti*... Elle a été outragée par mon seigneur, ton fiancé ; et, après des mois de douleur et de désespoir, elle est morte étouffée dans le souterrain du bois de Nointel, au moment de mettre au jour l'enfant de sa honte... Il me semble voir ma pauvre Aveline, à genoux comme toi, demandant grâce ; c'est elle qui me fait pitié... ne crains rien de moi !... » — La belle Gloriande a pris mes mains dans les siennes, elle les a baisées en pleurant... elle m'a supplié de la laisser fuir par un passage secret ; j'y ai consenti. Je suis resté dans la chambre songeant à Aveline... jusqu'au moment où l'on a mis le feu au château. Je n'ai pas voulu outrager la fiancée de mon seigneur... La vengeance ne m'aurait pas rendu mon bonheur perdu !...

— Oh ! pauvre frère ! âme tendre ! cœur généreux ! — répond Mahiet vivement ému, — toi que la nature avait fait *Mazurec l'Agnelet*, et que la férocité de tes maîtres a transformé en *Mazurec le Loup!* tu étais né pour aimer, non pour haïr... Hélas! tu dis vrai, la vengeance ne rend pas le bonheur perdu!... Martyr sublime, tu n'as pas besoin de mon indulgence pour ta généreuse conduite! ton cœur n'a pas eu de défaillance; mais il s'est inspiré du principe de miséricorde proclamé par le jeune maître de Nazareth!... — Puis, voyant Adam le Diable et Guillaume Caillet se rapprocher, Mahiet l'Avocat d'armes ajoute tout bas: — Frère, que personne ne sache que tu as respecté Gloriande; il faut surtout que Conrad, pour sa punition, croie au déshonneur de sa fiancée!... — S'adressant alors à Guillaume, qui venait de le rejoindre: — Nous voici bientôt au pont de l'Orville, hâtons-nous... Nos compagnons ont hâte de nous voir arriver. L'œuvre n'est pas encore terminée.

. . . .

Le soleil levant éclaire de ses rayons les eaux rapides de l'Orville, où, l'année précédente, Mazurec a été précipité, garrotté et lié dans un sac. L'on voit encore sur la berge les troncs des vieux saules où les vassaux faits prisonniers après leur révolte ont été pendus; le vent du matin courbe les roseaux à l'abri desquels Adam le Diable et Mahiet, cachés pendant les préparatifs du supplice de Mazurec, avaient pu ensuite le retirer de l'eau.

Bientôt les Jacques arrivent au pont, le traversent et atteignent la grande prairie au milieu de laquelle a eu lieu le tournoi donné par leur seigneur, le sire de Nointel; là, ils s'arrêtent, Grand nombre d'entre eux s'étaient trouvés spectateurs de la passe d'armes, puis du duel judiciaire entre Mazurec et le chevalier de Chaumontel. Quelques paysans, d'après les ordres de Guillaume Caillet, vont couper, à l'aide de leurs cognées, des pieux et des tiges de jeunes arbres au moyen desquels ils établissent des barrières autour d'un espace de trente pieds carrés environ. Les Jacques se rangent et se pressent autour de ce champ clos improvisé.

Guillaume Caillet s'approche de ceux de ses hommes qui amènent garrottés le sire de Nointel et le chevalier de Chaumontel. Ce dernier est pâle, mais résolu; Conrad, abattu, découragé, s'abandonne à une terreur superstitieuse: il voit se réaliser la sinistre prédiction de son vassal, qui, l'année précédente, lui avait dit:

— *Tu as outragé ma fiancée; ta fiancée sera outragée!*.... C'est la peine du talion.

Le sire de Nointel n'a conservé de ses riches habits que son pourpoint et ses chausses de velours, déjà mis presque en lambeaux par les ronces du chemin; une sueur froide colle ses cheveux à ses tempes. Guillaume Caillet lui dit:

— L'an passé, ma fille a été mise de force dans ton lit... cette nuit, Mazurec a rendu outrage pour outrage... ma fille et tant d'autres victimes ont péri d'une mort atroce dans le souterrain de la forêt de Nointel... Cette nuit ta fiancée et tant d'autres nobles sont morts dans les souterrains du château de Chivry, incendié par Jacques Bonhomme. Mais cela ne suffit point... Mazurec a été condamné à te faire amende honorable parce qu'il t'avait injurié... Comme tu as injurié Mazurec lorsqu'il entraînait ton épousée... tu vas faire amende honorable aux genoux de Mazurec. Si tu refuses, — ajoute Guillaume Caillet voyant son seigneur frapper du pied avec rage, — si tu refuses... je te condamne au même supplice que tu as fait subir à plusieurs de tes vassaux: deux jeunes arbres vigoureux seront courbés, l'on t'attachera à l'un par les pieds, à l'autre par les mains, et on laissera ensuite les baliveaux se redresser... Te voilà prévenu, sire de Nointel!...

— J'ai assisté au supplice de mon compère *Toussaint-Cloche-Gourde*, ainsi écartelé, par tes ordres, entre deux baliveaux de chêne! — dit Adam le Diable. — Je sais comment on s'y prend pour mener cette torture à bien... choisis: l'amende honorable ou le supplice.

— Soumets-toi, Conrad! — dit Gérard de Chaumontel avec une dédaigneuse amertume, — subissons jusqu'au bout les avanies de ces manants; nous serons vengés. Oh! bientôt le casque aura raison du bonnet de laine, et la lance de la fourche...

Conrad de Nointel, frissonnant d'épouvante à la menace de la torture, dit à Guillaume d'une voix rauque:

— Marche... je te suis... — Et se retournant vers son ami: — Gérard, ne me laisse pas seul.

— Je serai ton fidèle compagnon jusqu'à la fin, — répond le chevalier. — Nous avons vidé joyeusement plus d'une coupe ensemble, nous mourrons l'un près de l'autre!

Les deux nobles, conduits par les Jacques, arrivent au milieu de l'enceinte, autour de laquelle se pressent les vassaux révoltés; presque tous aussi avaient été témoins de l'amende honorable de Mazurec. Celui-ci, revêtu de l'armure de Gérard de Chaumontel, se tient debout, au milieu de la lice, appuyé sur sa longue épée.

— A genoux! — dit Adam le Diable au sire de Nointel; et, pesant de sa forte main sur l'épaule de son seigneur, il le fait tomber agenouillé devant le vassal. — Et maintenant, noble seigneur, répète mes paroles: —

— « Seigneur Jacques Bonhomme, je m'accuse et me repens humblement de m'être emporté en mauvaises paroles contre vous, lorsque, cette nuit, vous entraîniez ma noble fiancée...»

Les éclats de rire, les moqueries, les huées des Jacques accueillent ces mots qui rappellent au sire de Nointel la perte de son bonheur et l'outrage dont sa fiancée a été victime; il s'affaisse sur lui-même, pousse un rugissement de douleur, et des larmes brûlantes tombent de ses yeux. Mort et massacre !

— Voilà qui est douloureux, seigneur de Nointel !... — dit Guillaume Caillet, — se voir obligé de demander à genoux pardon d'avoir voulu s'opposer à l'outrage qui désespère votre vie ! Le pauvre Mazurec l'Agnelet a subi cette honte, l'an passé, comme tu la subis en ce moment !... C'est justice ! A genoux donc !

— Allons, dépêchons ! — reprend Adam le Diable, — fais amende honorable à genoux devant Jacques Bonhomme, sinon tu es écartelé sur l'heure, noble sire !

Le sire de Nointel ne répond que par un nouveau rugissement de fureur en se tordant sous ses liens. Misère de ma vie !

— Conrad, — dit Gérard, — répète donc ces vaines paroles, cède à ces lâches truands : que peux-tu contre la force ? Il faut se soumettre.

— Jamais, — s'écrie le sire de Nointel exaspéré ; — plutôt souffrir mille morts ! Demander pardon à ce misérable serf... lorsqu'à mes yeux il a entraîné... ma fiancée... ma belle et fière Gloriande... — Puis il éclata en cris de rage : — Sang et massacre ! Tout à l'heure j'étais anéanti... maintenant j'ai l'enfer dans l'âme... Oh ! si j'étais libre... je déchirerais ces manants avec les ongles, avec les dents ! Je leur ferais subir mille morts pour une !...

— Sire de Nointel, si tu fais amende honorable aux genoux de Mazurec, je te mets ensuite une épée à la main, — dit Mahiet l'Avocat d'armes en s'approchant lentement. Je te promets de me battre avec toi, et tu mourras du moins en homme. Allons ! à genoux...

— Vrai ! — balbutie Conrad dans l'égarement du désespoir et de la fureur, — tu me donneras une épée !... je pourrai mourir en voyant couler le sang d'un de vous... misérables serfs révoltés !

Alors Mahiet, prenant l'épée nue que son frère Mazurec tenait à la main, il la jette sur le sol à peu de distance de Conrad, et, mettant le pied sur la lame, il ajoute :

— Fais l'amende honorable... tu seras aussitôt délivré de tes liens ; tu prendras cette épée, et... combat à mort entre nous, fils des Néroweg !

— Allons, beau sire, — reprend Adam le Diable s'adressant à Conrad, — allons, répète après moi — « Seigneur Jacques Bonhomme, je m'accuse et me repens humblement,... »

— « Seigneur Jacques Bonhomme, » — répète Conrad de Nointel d'une voix stranguiée par la colère et couvant d'un œil ardent l'épée dont la vue seule lui donnait la force d'accomplir cette expiation terrible, — « seigneur Jacques Bonhomme, je m'accuse et me repens humblement... » Honte et humiliation !

— De m'être emporté de mauvaises paroles contre vous, seigneur Jacques Bonhomme, » poursuit Adam le Diable au milieu des nouveaux éclats de rires et des huées des Jacques, — lorsque vous alliez outrager ma fiancée dans le lit nuptial... la belle Gloriande de Chivry. »

— Non, non, jamais ! — s'écrie Conrad de Nointel en écumant, — jamais ! je ne répéterai ces paroles infâmes !

Mahiet jette son casque loin de lui, déboucle son corset d'acier, dégrafe ses brassards, ôte son surpoint de buffle et, ne gardant sur lui que la partie de son armure qui couvre ses cuisses et ses jambes, il écarte sa chemise, met sa poitrine à nu, et dit au sire de Nointel :

— Voilà de la chair à trouer, si tu le peux... je suis déjà blessé à la cuisse... cela égalise pour toi les chances ; de plus, je te jure de ne te frapper qu'à la poitrine ; oui, je te le jure, aussi vrai que, esclaves ou serfs, ceux de ma race se sont déjà rencontrés le fer à la main, à travers les âges, avec tes aïeux !

— Ah ! chien bâtard de cette vile race gauloise conquise par mes ancêtres... je te tuerai ! — s'écrie Conrad de Nointel presque délirant ; et, toujours agenouillé aux pieds de Mazurec, il murmure d'une voix pantelante : — « Je me repens, seigneur Jacques Bonhomme, de m'être... emporté en mauvaises paroles... contre vous... lorsque vous avez voulu.... outrager... ma fiancée dans le lit nuptial... »

— « La belle Gloriande de Chivry... » et prononce le nom distinctement, — reprit Adam le Diable. — Allons, vite...

— « La belle... Gloriande... de... Chivry... » répète Conrad avec un sanglot déchirant.

— Haut, puissant et redouté seigneur de Nointel ! Jacques Bonhomme te pardonne l'outrage qu'il t'a fait ! — répond Mazurec au milieu d'une nouvelle explosion de cris de triomphe et de huées méprisantes poussées par les Jacques.

— L'épée ! l'épée ! — crie Conrad en se redressant livide, effrayant, les mains toujours liées derrière le dos ; et s'adressant à Mahiet : — Tu m'as promis du sang... le tien... ou le mien... mais je veux mourir en voyant du sang... Aux épées, aux épées !

— Délivrez-le de ses liens, — dit l'Avocat d'armes tenant toujours sous son pied l'épée sur le sol et tirant la sienne.

Pendant que les Jacques délient les cordes dont est garrotté le seigneur de Nointel, le chevalier Gérard de Chaumontel fait un pas vers son ami et lui dit :

— Adieu, Conrad... La fureur t'aveugle, tu es affaibli par les fatigues de cette nuit... tu seras tué par cet hercule... champion de son état... mais nous serons vengés.

— Moi ! tué... — s'écrie le sire de Nointel avec un éclat de rire effrayant. — Non, non, c'est moi qui vais tuer ce chien bâtard... C'est moi qui vais égorger ce truand...

— Recommande ton âme à messire saint Jacques, — dit Gérard d'un ton pénétré ; — son invocation est sans égale dans les duels.

— Oh ! j'invoquerai ma haine, — reprend Conrad en secouant ses bras qu'Adam le Diable allait débarrasser de leurs derniers liens ; mais Mahiet fait signe à son compagnon de suspendre un moment encore la délivrance du sire de Nointel, et reprend d'une voix forte et recueillie en s'adressant aux révoltés :

— Il y a onze cents ans de cela... l'un de mes aïeux, *Schanvoch le Soldat*, frère de lait de Victoria la Grande, la femme empereur, qui a prédit l'affranchissement de la Gaule, Schanvoch le Soldat s'est battu contre l'un des chefs des hordes franques qui déjà menaçaient d'envahir la Gaule, notre mère patrie ; ce chef s'appelait *Néroweg l'Aigle-Terrible*... il était l'ancêtre du sire de Nointel que voici... Deux siècles plus tard, les Francs, grâce à la complicité des évêques de Rome, avaient conquis la Gaule et réduit ses habitants au plus cruel esclavage ; depuis lors, notre terre est devenue la proie de nos conquérants ; depuis lors, nous l'avons arrosée de nos sueurs, de nos larmes, de notre sang... Aux premiers jours de cette conquête, *Karadeuk le Bagaude*, notre aïeul à Mazurec et à moi, un esclave révolté, s'est battu contre Néroweg, comte au pays d'Auvergne, comte de par le droit de la rapine et du meurtre. Ce Néroweg avait soumis à une torture atroce *Loysik l'Hermite-Laboureur* et *Ronan le Vagre*, fils de Karadeuk le Bagaude. Bagaudie et Vagrerie étaient la Jacquerie de ce temps-là... Vagres et Bagaudes se vengeaient déjà comme les Jacques de l'oppression des seigneurs d'origine étrangère ; le comte Néroweg est tombé sous la hache de Karadeuk... Enfin, il y a près de trois cents ans, un autre de mes aïeux, *Dèn-Braô le Maçon* et plusieurs serfs, ses compagnons de travail, ont été enterrés vifs par Néroweg V, sire de Plouernel au pays de Bretagne. Ce noble homme enterrait ainsi avec Dèn-Braô le secret de la construction d'un passage souterrain conduisant à son manoir féodal. Le fils de Dèn-Braô, resté serf de la seigneurie de Plouernel, s'appelait *Fergan le Carrier*. Néroweg VI enleva le fils de Fergan, afin de faire servir cet enfant aux sanglants sortilèges d'une magicienne. Fergan put délivrer son fils ; mais il vit le supplice de ses deux parents ; *Bezenech le Riche* et *Isoline*, sa fille. Imposé à une énorme rançon par Néroweg VI et hors d'état de la payer, Bezenech périt au milieu d'affreux tourments ; Isoline, témoin de la torture de son père, devint folle de terreur ; elle mourut sous les yeux de Fergan le Carrier : il creusa sa fosse. Vint le temps des croisades... Fergan retrouva seul à seul son seigneur au fond des déserts de la Syrie. Il pouvait le tuer par surprise ; il lui proposa le combat... Enfin, il y a un an, mon frère *Mazurec l'Agnelet* a vu sa fiancée déshonorée par le sire de Nointel, fils des Néroweg, qui a contraint mon frère à faire amende honorable à ses pieds, puis à se battre demi-nu contre le chevalier de Chaumontel armé de toutes pièces. Mazurec, vaincu dans cette lutte inégale, condamné à être noyé dans un sac, périssait sans Adam le Diable et moi : nous l'avons retiré de la rivière... Enfin, *Aveline-qui-jamais-n'avait-menti* a péri d'une affreuse mort... L'histoire des maux de notre race à nous tous qui sommes ici... c'est l'histoire de notre race asservie, opprimée par la tienne, sire de Nointel, depuis tant de siècles ! oui, parmi ces milliers de vassaux révoltés qui à cette heure courent aux armes, il n'en est pas un dont la famille n'ait souffert ce que la mienne a souffert ! notre légende est la leur ! Comprends-tu que maintenant le trésor de haine, de vengeance accumulé de siècle en siècle dans l'âme navrée de Jacques Bonhomme ? Comprends-tu que d'âge en âge les pères aient légué à leurs enfants cette haine, seul héritage que leur laissa sa servitude ? Comprends-tu que le vassal a un terrible compte à régler avec son seigneur ? Comprends-tu que Jacques Bonhomme soit à son tour sans merci ni pitié ? Comprends-tu, enfin, que si, en ce moment, au lieu de me battre contre toi, je t'assommais dans tes liens, comme un loup pris au piège, ce serait justice ? justice incomplète ! tu n'as qu'une vie... et ils sont innombrables les fils de la vieille Gaule morts victimes des Francs conquérants !...

Ces dernières paroles furent suivies d'une explosion de fureur des Jacques, exaspérés contre le sire de Nointel ; ils sentaient que la légende de la famille de Mahiet était la légende du martyre séculaire de Jacques Bonhomme.

— A mort ce seigneur !... à mort sans combat !... — répètent les paysans insurgés ; — à mort comme un loup pris au piège !...

—Vassal, tu as promis de te battre avec moi !... — s'écrie Conrad de Nointel. — A quoi bon parler ici du passé ?

— Tu répudies les actes de tes ancêtres ? Tu renies donc ta race ?

—Ton épée entrerait dans ma gorge, que jusqu'à la fin je me dirais fier d'appartenir à la race guerrière qui vous a tenus sous le fouet et le bâton, misérables serfs !... En mourant, je vous cracherai encore à la face !...

Mahiet contient du geste une nouvelle explosion de fureur des Jacques, et dit à Adam le Diable :

— Délivre ce noble seigneur de ses derniers liens... Une fois de plus, à travers les âges, un fils de Joel et un fils de Néroweg vont se mesurer l'épée à la main !...

— Puisse notre descendance se rencontrer encore avec la tienne pour son malheur!—répond d'une voix sourde Conrad de Nointel. — La branche aînée de ma famille habite ses domaines d'Auvergne... et le frère de mon père a des fils! La race des Néroweg surgira à travers les âges.

— Bataille! bataille! — dit Mahiet en dégainant. — C'est un combat à mort, sans merci ni pitié!... Bataille!

— Et moi aussi, frère, je serai sans pitié ni merci pour ce lâche voleur, cause de tous mes maux!—s'écrie Mazurec l'Agnelet en montrant du poing Gérard de Chaumontel; et il ajoute:

— Adam, délie ses mains; il y a de la place ici pour se battre deux contre deux. A mon frère notre sire... à moi ce chevalier larron... Donne-moi une fourche; la fourche est la lance de Jacques Bonhomme!

Gérard de Chaumontel, délivré de ses liens et seulement vêtu de sa chemise et de ses chausses, reçoit de Guillaume Caillet un bâton pour se défendre, et est poussé par Adam le Diable en face de Mazurec; celui-ci, protégé de la tête aux pieds par l'armure de fer du chevalier, qu'il lui a enlevée, tient à la main une fourche à trois pointes acérées.

— Avance donc, double larron!—dit Mazurec; — faut-il que j'aille à ta rencontre?

Le chevalier, blême d'effroi et poursuivi des huées des Jacques, serre des deux mains son bâton et répond en essayant de sourire:

— Les hérauts d'armes n'ont pas encore donné le signal...

Conrad de Nointel, dont les bras ont été déliés, se baisse vers la terre afin de saisir l'épée que Mahiet tient toujours sous son pied.

— Un moment! — dit l'Avocat d'armes en pesant toujours sur le glaive. — Seigneur de Nointel, regarde-moi en face... si tu l'oses!

Conrad se relève, attache ses yeux étincelants sur son adversaire et lui dit d'une voix sourde:

— Que veux-tu?

— Je veux, beau sire, l'aiguillonner au combat; je me défie de ton courage, car tu as fui lâchement à la bataille de Poitiers. Tout à l'heure tu m'as traité de vil esclave bon pour le fouet et le bâton?...

— Et je le répète, — dit Conrad pâle de rage, — vil truand!

— Tiens, voici pour cet outrage! — répond Mahiet souffletant le visage livide du sire de Nointel. — Ce soufflet est l'aiguillon que je t'ai promis... Serais-tu plus couard qu'un lièvre, la fureur maintenant te tiendra lieu de courage, ajoute-t-il en faisant un bond en arrière pour se mettre en défense. Conrad de Nointel, exaspéré, s'élance l'épée haute sur l'Avocat, au moment où Gérard de Chaumontel, armé de son bâton, reculait prestement hors de portée de la fourche de Mazurec.

— Infâme larron! — crie le vassal courant sus au chevalier en brandissant sa fourche,— j'étais plus brave que toi... Je me suis jeté sous les pieds de ton cheval et je t'ai pris corps à corps!...

— Mes Jacques, — dit Adam le Diable voyant le chevalier de Chaumontel reculer à chaque pas de Mazurec, — croisons nos faux derrière ce chevalier de la couardise; il tombera sur nos fers s'il veut échapper à la fourche de Mazurec.

Les Jacques suivent le conseil d'Adam et Gérard de Chaumontel, au moment où Mazurec se précipite sur lui sa fourche en arrêt, voit s'élever derrière lui un redoutable cercle de faux menaçantes.

— Lâches manants! infâmes coquins, vous abusez de votre force!

— Et toi, beau sire, — répond Adam le Diable, — n'abusais-tu pas de ta force en combattant à cheval et armé de toutes pièces contre Mazurec demi-nu, n'ayant qu'un bâton pour se défendre?

Pendant ce court dialogue, le sire de Nointel chargeait Mahiet avec impétuosité. Rendu très dextre au maniement de l'épée par l'habitude des tournois, jeune, agile, vigoureux, il porte plusieurs coups très adroits à l'Avocat d'armes; celui-ci les pare en gladiateur consommé, disant avec mépris:

— Savoir si bien se servir d'une épée, et avoir fait une si piteuse retraite à la bataille de Poitiers! Quelle honte!...

En cet instant, Mahiet, par une brusque retraite de corps, évite l'épée de Conrad de Nointel, riposte vigoureusement, atteint son adversaire à l'épaule, et, à son grand étonnement, le voit soudain rouler sur le sol, raidir ses membres et rester immobile.

— Quoi? — dit l'Avocat d'armes en baissant son épée, — mort pour si peu? abattu si vite?...

— Mon frère, défie-toi... c'est peut-être une ruse!...—s'écrie Mazurec, à qui Gérard de Chaumontel vient d'asséner un si furieux coup de bâton, qu'il se brise en éclats sur le casque de fer du vassal. — Sans ce casque, j'étais assommé. Oh! c'est une bonne coutume pour vous, sires chevaliers, de vous battre ainsi armés contre Jacques Bonhomme demi-nu! dit Mazurec. Et, quoique ébranlé du choc, il enfonce sa fourche dans le ventre du chevalier larron; celui-ci tombe en blasphémant. Et Mazurec répète, à la vue de Conrad, immobile sur le sol: — Mon frère, défie-toi; c'est une ruse!

En effet, Mahiet, surpris de la chute de son adversaire, se courbait vers lui, lorsque le sire de Nointel se redresse brusquement sur son séant, se cramponne d'une main aux jambes de l'Avocat d'armes, et, tenant de son autre main une courte dague jusqu'alors cachée dans ses chausses, il essaye de percer le flanc de son ennemi, qui, saisi par les jambes, perd l'équilibre.

— Ah! vipère! — dit Mahiet laissant échapper malgré lui son épée en tombant sur le corps

de Conrad dont il peut à peine maîtriser le bras;
— j'avais l'œil au guet... ta mort était feinte!...
— Et, arrachant la dague des mains du sire de Nointel, il la plonge dans sa poitrine : Meurs donc, fils des Néroweg !

— Gérard... — murmure Conrad d'une voix agonisante, — j'ai... eu tort de violenter la femme de ce vassal... Oh !... Gloriande...

— Je garde cette dague au pommeau armorié du blason des Néroweg, — dit Mahiet en retirant du corps de Conrad l'arme ensanglantée ; — elle augmentera les reliques de notre famille !

A peine Mahiet s'était-il éloigné du cadavre du sire de Nointel, que ses vassaux, tant de fois victimes de sa cruauté, se précipitent dans l'arène, et, à coups de faux, de fourches, de haches, s'acharnent sur ses restes encore pantelants, et les mutilent avec une furie sauvage, tandis qu'Adam le Diable, aidé de deux Jacques, relevait le chevalier de Chaumontel, encore vivant quoique grièvement blessé par le coup de fourche de Mazurec.

— Donnez le sac et la corde ! — dit Adam. L'un des paysans apporte un sac dont il s'était précautionné au château de Chivry. Le corps sanglant du chevalier Gérard de Chaumontel est ensaqué ; sa tête cadavéreuse sort de ce linceul. Les Jacques le chargent sur leurs épaules, et se dirigent vers le pont d'Orville.

— Rappelle-toi ma prédiction, — dit Mazurec au chevalier avec un sourire sinistre... — Je t'ai prédit que tu serais noyé !

Gérard de Chaumontel pousse des gémissements lamentables ; une terreur superstitieuse succède à son audace, et il murmure d'une voix défaillante :

— Messire saint Jacques, ayez pitié de moi... messire saint Jacques, intercédez pour moi... auprès du Seigneur Dieu et de tous ses saints... Je suis puni justement... J'avais volé la bourse de ce vassal... Seigneur... Seigneur mon Dieu, ayez pitié de moi !

Les paysans arrivent sur le pont de l'Orville, transportant le corps du chevalier de Chaumontel, garrotté dans le sac ; il est précipité dans la rivière, aux acclamations frénétiques des Jacques. Puissent-ils ainsi périr tous les nobles !

. . . .

Mahiet, du haut du pont où sont massés les paysans, aperçoit au loin un cavalier arrivant à toute bride, le reconnaît bientôt et s'écrie : — Rufin-Brise-Pot !

L'Avocat d'armes court au devant de l'écolier que suivent à une assez grande distance plusieurs groupes d'insurgés, Rufin saute à bas de son cheval et dit à Mahiet :

— J'ai appris par les paysans que je précède qu'il y avait un grand rassemblement de Jacques, j'espérais te trouver parmi eux et je suis venu, afin de te remettre une lettre de maître Marcel... Il se passe d'étranges choses à Paris.

Mahiet prend la missive avec empressement, et pendant qu'il la lit, Rufin-Brise-Pot lui dit :

— Par Jupiter ! la compagnie d'une honnête femme porte vraiment bonheur ! Quand j'avais Margot la Savourée sous le bras, il m'arrivait toujours malencontre, tandis que rien n'a été plus heureux que mon voyage avec cette charmante Alison la Vengroigneuse, qui, je le crains, ne vengroigne qu'à l'endroit de Cupido ! Nous sommes arrivés à Paris sans encombre, et dame Marguerite a parfaitement accueilli Alison. Ah ! mon ami, j'idolâtre cette divine cabaretière ! Fi... le vilain mot ! Non, non, cette Hébé ! ! Hébé n'était-elle point la cabaretière olympique ! Ah ! si Alison m'acceptait pour époux, nous fonderions une agréable taverne, particulièrement destinée aux écoliers de l'Université. L'enseigne serait splendide ; on y lirait des vers grecs et latins en manière d'appel aux buveurs ; de ces vers voici le sens : — *De même que messire Bacchus peut...*

Mahiet interrompt l'écolier et lui dit vivement, après avoir lu la lettre d'Étienne Marcel :

— Rufin, je retourne à Paris avec toi ; le prévôt des marchands a des ordres à me donner ; Mazurec est vengé, partout les Jacques se soulèvent, selon ce que Marcel a appris par des gens arrivés des provinces ; il faut maintenant mettre à profit et diriger ce mouvement formidable... il faut organiser la Jacquerie... Attends-moi là pendant quelques instants, je reviens.

Et Mahiet, retournant vers Guillaume Caillet, Mazurec et Adam le Diable, les prend à l'écart et leur dit :

— Marcel me rappelle près de lui ; le régent s'est retiré à Compiègne ; il a mis Paris hors la loi, et se dispose à marcher, à la tête des troupes royales, contre cette cité ; on l'attend, il y sera, de par Dieu, bien reçu ! Toutes les villes de communes, *Meaux, Amiens, Laon, Beauvais, Noyon, Senlis,* sont en armes ; partout les paysans s'insurgent, les bourgeois, les corporations de métiers s'allient à eux. Le roi de Navarre est capitaine général de Paris ; cet homme mérite son nom de *Mauvais,* mais c'est un puissant instrument. Marcel le brisera s'il dévie de la bonne voie et ne s'incline pas devant la souveraineté populaire... L'heure de l'affranchissement de la Gaule a enfin sonné... Mais pour mener l'œuvre à bonne fin, il faut régulariser la Jacquerie ; ses bandes éparses doivent se rallier, se discipliner et former une armée capable de combattre celle du régent d'abord, et les Anglais ensuite ; écrasons nos ennemis du dedans, et après ceux du dehors...

— C'est juste, — dit Guillaume Caillet pensif ; dix bandes éparses ne peuvent pas grand'chose, dix bandes réunies peuvent beaucoup. Je suis

Supplice du roi des Jacques (page 88)

connu en Beauvoisis; nos Jacques me suivront partout où je les conduirai. L'extermination des prêtres et des seigneurs achevée, nous tomberons sur les Anglais... vermine qui ronge le peu que la seigneurie et le clergé nous laissent...

— La tuerie d'hier me met en goût! — s'écrie Adam le Diable en agitant sa faux. — Nous faucherons les Anglais jusqu'au dernier... A mort les prêtres, les nobles et les Anglais...

— Et la moisson sera belle si nous fauchons avec ensemble, — reprend Mahiet. — Meaux, Senlis, Beauvais, Clermont, attendent les Jacques: leurs portes seront ouvertes aux paysans; ils trouveront là des vivres et des armes...

— Du fer et du pain! rien de plus! — dit Guillaume Caillet. — Ensuite... quel est le projet de Marcel?

— Ces villes fortes, occupées par les Jacques et par la bourgeoisie armée, tiendront en échec les troupes du régent dans cette province, — répond Mahiet. — Les autres contrées s'organiseront pareillement... Maintenant, écoute bien les instructions que me donne Marcel. Le roi de Navarre est des nôtres parce qu'il espère, avec l'appui du parti populaire, détrôner le régent; il occupe Clermont avec ses troupes, il doit se rendre de là sous les murs de Paris, pour y attendre l'armée royale; il a besoin de renfort. Marcel se défie de lui; rallie toutes les bandes des Jacques, et rends-toi à Clermont à la tête de sept à huit mille hommes; tu pourras ainsi sans crainte te joindre à Charles le Mauvais, dont il faut toujours se méfier; mais sa troupe ne comptant qu'environ deux mille gens de pied et cinq cents cavaliers, elle serait, en cas de trahison, écrasée par les Jacques, trois ou quatre fois supérieurs en nombre!

— C'est entendu, — reprend Guillaume Cail-

112e livraison

let après avoir attentivement écouté l'Avocat d'armes. — Et de Clermont... marcherons-nous droit sur Paris?

— Aussitôt après ton arrivée à Clermont, tu recevras de nouvelles instructions de Marcel. Dompter la seigneurie, détrôner le régent, chasser l'étranger de notre sol, tel est le but du prévôt des marchands. La campagne terminée, l'heure de l'affranchissement de Jacques Bonhomme sera venue : délivré de la tyrannie des seigneurs, des pilleries des Anglais, libre, heureux, paisible enfin, il jouira des fruits de ses rudes labeurs, et goûtera sans crainte les douces joies de la famille..... Oui..... toi Guillaume, toi Adam, toi Mazurec, et tant d'autres, hélas! frappés dans leurs plus chères affections, vous aurez été les derniers martyrs des seigneuries et du clergé, et les libérateurs de notre race...

— Mahiet..... quoi qu'il arrive maintenant, vainqueur ou vaincu, je peux mourir, ma fille est vengée, — répond Guillaume Caillet. — Je te promets de conduire plus de dix mille hommes sous les murs de Clermont ; le sang des prêtres et des seigneurs, l'incendie de leurs châteaux, de leurs églises marqueront la route des Jacques...

— Marcel me rappelle à Paris ; je retourne près de lui ; mais tu me verras à Clermont, où je t'apporterai de nouvelles instructions...

— Puis serrant Mazurec entre ses bras : — Adieu, mon frère... mon pauvre frère... adieu... et à bientôt... Guillaume, je le laisse auprès de toi... veille sur l'infortuné.

— Je l'aime comme j'aimais ma fille ! Nous parlerons d'elle... et nous combattrons en hommes qui ne tiennent plus à la vie !

Mahiet, après ses adieux à son frère, se dirige en toute hâte vers Paris, prenant en croupe Rufin-Brise-Pot ; les Jacques, dont le nombre grossit à chaque instant, se préparent à marcher sur Clermont, où se trouvait alors Charles le Mauvais, roi de Navarre.

. . . .

Charles le Mauvais, roi de Navarre, occupait, à Clermont en Beauvoisis, le château des comtes de ce pays, vaste édifice dont l'une des tours dominait la place dite « *du Faubourg.* » Le premier étage de ce donjon, éclairé par une longue et étroite fenêtre ogivale, formait une vaste salle circulaire ; là était assis auprès d'une table Charles le Mauvais ; le jour venait à peine de paraître, le prince disait à l'un de ses écuyers :

— A-t-on fini de dresser l'échafaud ?

— Oui, sire... vous pouvez le voir d'ici par la fenêtre... il est tel que vous l'avez commandé.

— Quelle contenance font les bourgeois ?

— Ils sont consternés, toutes les boutiques sont closes, personne ne circule dans les rues.

— Et le populaire ?..... les corporations des métiers ? Fait-on entendre des murmures ?

— Sire, depuis l'exécution d'hier, il ne reste guère de menues gens..... dans les rues ni sur les places... Le populaire se montre rare.

— Mais enfin ce qui en reste ?

— Ce qui en reste est consterné, épouvanté, comme la bourgeoisie.

— Néanmoins, que mes Navarrais fassent bonne garde aux portes de la ville, aux remparts et dans les rues, qu'ils tuent sans miséricorde tout bourgeois, manant ou artisan, qui oserait mettre le nez hors de chez lui ce matin.

— L'ordre est déjà donné, sire ; il sera exécuté.

— Et les chefs de ces maudits Jacques ?

— Toujours impassibles, sire.

— Sang du Christ ! il faudra bien qu'ils remuent tout à l'heure..... L'on s'est procuré un trépied ? Que le bourreau se tienne à son poste.

— Oui, sire. Tout est préparé selon vos ordres.

— Que tout soit prêt pour sept heures sonnant.

— Tout sera prêt, sire.

Charles le Mauvais réfléchit un instant, et dit, en montrant une médaille émaillée de son chiffre placée près de lui sur une table :

— L'homme arrêté cette nuit, aux portes de la ville, et qui m'a envoyé cette médaille par l'un de mes archers, est-il arrivé ?

— Oui, sire... on vient de l'amener désarmé et garrotté selon vos ordres... Il est gardé à vue dans la salle basse. Qu'ordonnez-vous ?

— Qu'on l'introduise ici...

L'écuyer sort, Charles le Mauvais se lève de son siège, s'approche de la fenêtre donnant sur la place où est dressé l'échafaud, et, après l'avoir entr'ouverte afin de regarder au dehors, il la referme et revient s'asseoir près de la table, les lèvres contractées par un sourire sinistre. A ce moment, l'écuyer rentre précédant des archers entre lesquels marche Mahiet l'Avocat d'armes, les mains liées derrière le dos, les traits enflammés de courroux. Charles le Mauvais fait un signe à l'écuyer ; celui-ci s'éloigne avec les Navarrais ; le prince et Mahiet restent seuls, mais ce dernier toujours ligotté.

— Sire, je suis victime d'une méprise ou d'une indigne trahison ! — s'écrie l'Avocat d'armes. — Je désire pour votre honneur qu'il y ait méprise... Faites enlever mes liens.

— Il n'y a point de méprise.

— Alors c'est trahison ! me désarmer ! me garrotter !... moi, porteur de la médaille que je vous ai fait remettre avec un billet constatant que j'étais envoyé près de vous par maître Marcel ! C'est trahison, sire ! indigne félonie !...

— Il n'y a dans tout ceci ni méprise, ni félonie. Trêve de paroles imprudentes.

— Qu'est-ce donc alors ?

— Une simple mesure de prudence, — répond froidement Charles le Mauvais, et il ajoute : — Tu as signé ta lettre, *Mahiet l'Avocat d'armes*... C'est ton nom et ta profession ?

— Oui, sire, je suis le défenseur des opprimés.

— Marcel t'envoie près de moi ?
— Je vous l'ai dit et prouvé en vous faisant parvenir cette médaille ; que désirez-vous de moi ? Interrogez et je répondrai.
— Quel est le but de ton message ?
— Vous le saurez lorsque vous m'aurez fait délivrer de mes liens.
— Les cordes ne te lient pas la langue... ce me semble ? Tu es bien ainsi pour répondre.
— Vous méconnaissez mon caractère d'ambassadeur ! C'est en cette qualité que je viens ici.
— C'est subtil... mais prends garde, les instants sont précieux, ton message est sans doute important... sa réussite peut être compromise par ton silence prolongé.
— Sire, je venais à vous, sinon en ami, du moins en allié, vous me traitez en ennemi ; maître Marcel me saura gré de ma réserve...
— Soit... — dit Charles le Mauvais ; et il frappe sur un timbre. A ce bruit, son écuyer rentre : — Que l'on reconduise cet homme hors de la ville, et que les portes en soient refermées. On ne le laissera pas rentrer céans.
Mahiet fait un mouvement, et, après quelque hésitation, il reprend : — Si outrageant que soit votre accueil envers un envoyé de Marcel, je parlerai afin de remplir ma mission.
L'écuyer sort de nouveau à un signe du roi de Navarre, et celui-ci dit à Mahiet : — Quel est ton message ?
— Maître Marcel m'a chargé de vous signifier, sire, qu'il est temps d'ouvrir la campagne ; l'armée du régent marche sur Paris, tous les vassaux sont soulevés en armes ; de nombreuses troupes de *Jacques* doivent être en marche sur Clermont pour se joindre à vous... Je suis même surpris de ne pas trouver les Jacques ici...
— Par quelle porte es-tu entré dans Clermont ? A quel endroit as-tu franchi les murs ?
— Par la porte du chemin de Paris. Il faisait encore nuit lorsque je suis arrivé dans cette ville et quand je vous ai dépêché l'un des archers qui m'ont arrêté.
— Tu n'as causé avec aucun soldat ?
— L'on m'a laissé enfermé seul dans l'une des tourelles du rempart, je n'ai pu causer avec personne. Je n'ai communiqué qu'avec vos archers.
— Continue... Voyons, quel est ton message.
— Maître Marcel veut connaître quel sera votre plan de campagne lorsque vos troupes seront renforcées de huit à dix mille Jacques qui, d'un moment à l'autre, arriveront à Clermont, ainsi que nous en sommes informés.
— Nous parlerons de ceci tout à l'heure... Auparavant, dis-moi quel était l'état des esprits à Paris ? Redoute-t-on de nouvelles rebellions.
— Les adversaires de Marcel, partisans du régent, s'agitent fort ; ils essayent d'égarer la population en imputant à la révolte tous les maux dont souffre la cité. Des troupes royales s'étaient emparées d'Etampes et de Corbeil, afin d'empêcher les arrivages de grains et d'affamer Paris ; Marcel s'est mis à la tête des milices bourgeoises et, après un combat meurtrier, il a repoussé les royaux et assuré la subsistance de Paris. Mais les adversaires du prévôt des marchands redoublent leurs sourdes menées, afin d'amener une partie de la bourgeoisie à repentance envers le régent ; le peuple plus habitué aux privations, se résigne ; toujours plein de foi dans un avenir qui doit l'affranchir, il ne défaille ni dans son énergie ni dans son dévouement à Marcel, surtout depuis que la nouvelle du soulèvement des Jacques est parvenue à Paris. Les vassaux de toute la vallée de Montmorency sont insurgés... — Mais, s'interrompant, Mahiet ajoute : Sire ! faites moi délivrer de ces liens, ils sont une honte pour moi et pour vous... Vous me traitez en prisonnier.
— Tu disais donc que les partisans du régent s'agitent ? Maillard doit être parmi les meneurs de ce mouvement ?
— Non... pas ouvertement du moins. Les chefs avoués du parti de la cour sont de nobles hommes ; entre autres le chevalier de Charny et le chevalier Jacques de Pontoise. Il faut donc agir promptement, résolument. Vous avez de grandes chances de régner sur la Gaule, si vous venez au secours des Parisiens, si vous combattez les troupes du régent, et si vous utilisez, selon les vues de maître Marcel, le puissant concours que vous offre la Jacquerie ! Les paysans n'ont pas, après les prêtres et les seigneurs, d'ennemis plus implacables que les Anglais. Le but de Marcel en appuyant l'insurrection des Jacques, en organisant leurs bandes, est surtout de les lancer en masse contre les Anglais au nom de la patrie ravagée par leurs bandes, et de repousser enfin l'étranger de notre sol. Le triomphe est certain si l'on profite de l'exaltation des Jacques en la dirigeant vers ce but sacré : le salut et la délivrance du pays ! Voilà pourquoi, sire, maître Marcel a voulu opérer la jonction des Jacques avec les forces dont vous disposez.
— Notre ami Marcel, — reprend Charles le Mauvais avec un sourire sardonique, — avait bien choisi mes auxiliaires, ces paysans révoltés !
Le roi de Navarre frappe sur un timbre ; un écuyer paraît et sort après avoir écouté quelques mots que le prince prononce à voix basse.
— Sire, — dit Mahiet, — voici bien des mystères : se trame-t-il quelque nouvelle trahison contre moi ? Parlez, je suis en votre pouvoir.
— Il ne se trame aucune trahison, — reprend Charles le Mauvais en haussant les épaules !...
— Je désire seulement me précautionner afin que notre entretien reste calme et mesuré comme il convient à des gens comme nous.

— Sire, ai-je donc manqué jusqu'ici de calme et de mesure? Mon langage est respectueux.

— Jusqu'ici... non... mais tout à l'heure, il se pourrait que ta modération fût mise à une rude épreuve... mes précautions sont bonnes.

La rentrée de deux écuyers robustes, accompagnant le confident de Charles de Navarre, interrompt les dernières paroles de ce prince; et avant que Mahiet, dont les mains étaient déjà liées, ait pu faire un mouvement, il est terrassé malgré son énergique résistance.

— Tudieu! mon Hercule!... quelle vigueur d'athlète! Ai-je tort de me précautionner contre les suites de notre entretien, malgré tes assurances de rester calme et mesuré?

Les trois écuyers parviennent, non sans peine, à garrotter ses jambes aussi étroitement que ses bras, après quoi le roi de Navarre leur dit:

— Placez le messire envoyé sur ce siège, près de la fenêtre; il se tiendra assis ou debout à sa guise... Maintenant, sortez.

Resté seul avec Mahiet en proie à une fureur impuissante, le prince reprend:

— A cette heure, notre conversation peut continuer paisiblement.

— Ah! Charles le Mauvais, tu t'appliques chaque jour à justifier ton nom! — s'écrie Mahiet. — Mes soupçons ne me trompaient pas! Tu vas m'apprendre quelque infâme trahison...

Le roi de Navarre hausse les épaules avec dédain et répond:

— Vassal! si je te faisais l'honneur de te craindre, je t'aurais déjà fait pendre..... si je trahissais Marcel, je serais à Compiègne aux côtés du régent... Tu n'es pas pendu, je ne suis point à Compiègne!..... Reprenons tranquillement notre entretien, interrompu au moment où tu me parlais des Jacques... Eh bien! les Jacques sont venus par bandes... les dignes auxiliaires de ton ami Marcel...

— Ici?... à Clermont?...

— Ils sont venus ici... à Clermont, au nombre de huit à dix mille.

— Où sont-ils?

— Oh! oh!... où ils sont? — répond Charles le Mauvais avec un sourire féroce, — où ils sont?... Embarrassante question que celle-là!... Elle fait, depuis que l'homme est homme, le désespoir de ceux qui cherchent à savoir où l'on va... en sortant de ce monde-ci... Ils sont où nous irons tous...

— Qu'entends-je?... les Jacques?...

— Ils sont... où nous irons tous!... tu ne me comprends donc pas?

— Morts! — s'écrie Mahiet frappé de stupeur et d'effroi, — morts! massacrés! mon Dieu!

— Allons, calme-toi... et écoute les détails de l'aventure... tu la transmettras à tes amis.

— Cet homme m'épouvante! — dit Mahiet le front baigné d'une sueur froide. — Est-ce un piège qu'il me tend?

— Les Jacques sont venus, — reprend Charles le Mauvais, — ces bêtes féroces qui pillent et incendient les châteaux, égorgent les prêtres et les seigneurs, violentent les femmes, massacrent les enfants, afin, disent ces forcenés, que la seigneurie soit anéantie!

— Misère de Dieu! — s'écrie Mahiet en se dressant debout; — les représailles de Jacques Bonhomme ont duré un jour..... son martyre remonte à des siècles!...

— Vassal! — dit avec une hauteur souveraine le roi de Navarre en interrompant Mahiet, — les droits du conquérant sur la race conquise, les droits du seigneur sur le serf sont absolus, sont divins!... Tout vilain ou manant révolté mérite la mort! C'est la loi féodale.

L'Avocat d'armes tressaille, regarde fixement le roi de Navarre et lui dit: — Charles le Mauvais, tu ne me laisseras pas sortir vivant d'ici; tu serais perdu si je rapportais tes paroles à Marcel!...

— Tu sortiras vivant d'ici, — répond froidement le prince; — et en outre de mes paroles, tu rapporteras à Marcel le récit des faits...

Mahiet, en proie à d'inexprimables angoisses, retombe sur son siège; le roi de Navarre continue:

— D'abord, tu diras à Marcel que, si rusé qu'il soit, je n'ai point été sa dupe: les chefs de ces Jacques, qu'il m'envoyait comme auxiliaires, devaient devenir mes surveillants, et au besoin mes bourreaux... si je m'écartais de la ligne tracée par cet insolent bourgeois. Je n'étais entre ses mains, m'a-t-il dit, « qu'un instrument qu'il briserait au besoin!... » Eh bien! j'ai brisé l'un des redoutables instruments de Marcel, j'ai anéanti la Jacquerie... et, en ce moment, mes amis Gaston Phœbus, comte de Foix, et le captal de Buch écrasent à Meaux les derniers tronçons de ce serpent de révolte qui voulait se dresser contre la seigneurie.

— La Jacquerie écrasée! anéantie! — dit Mahiet avec une stupeur croissante. Puis revenant à son premier soupçon: — Charles le Mauvais, tu es le plus fourbe des hommes... tu me tends un piège... Si les Jacques sont venus à Clermont au nombre de huit à dix mille, tu n'avais pas de forces suffisantes pour les exterminer.

— Messire envoyé, tu es trop prompt dans tes jugements. Ecoute d'abord, tu apprécieras ensuite. Je t'ai promis des faits; les voici: Hier, vers le milieu du jour, j'ai été averti de l'approche des Jacques; la bourgeoisie de Clermont et les corps de métiers, infectés du vieux levain communier, sont sortis de la ville afin d'aller à la rencontre de ces forcenés et de leur faire fête. J'ai encouragé ces démarches; et pendant que les Jacques faisaient halte dans certain vallon situé en dehors de Clermont, trois de leurs

chefs se sont présentés au pont-levis demandant à m'entretenir...
— Quels sont les noms de ces chefs?
— Guillaume Caillet... Adam le diable... et Mazurec l'Agnelet... J'ai ordonné d'introduire près de moi les trois chefs des Jacques ; je les ai fort courtoisement accueillis, leur touchant dans la main, les appelant mes compères, leur donnant l'accolade! Nous sommes convenus que, d'après les volontés de Marcel, ils seraient mes auxiliaires, et que bientôt nous nous mettrions en marche vers Paris ; en attendant le départ, leurs hommes devaient rester campés dans le vallon ; les chefs, après avoir été donner l'ordre de ce campement, se concerteraient avec moi pour nos opérations. Chose dite, chose faite. Les trois chefs vont veiller au campement des Jacques et reviennent ici ; mon premier soin est de les faire jeter au cachot : je savais de reste que, privées de leurs chefs, ces exécrables bandes seraient à moitié vaincues. J'envoie alors l'un de mes officiers, le sire de Bigorre, prévenir les Jacques qu'ensuite de ma conférence avec leurs chefs, ceux-ci désirent que leurs hommes commencent sur l'heure quelques exercices de bataille avec mes archers et mes cavaliers, afin de s'habituer à l'ordonnance militaire. Les Jacques, donnant dans le piège, acceptent joyeusement cette proposition... ils se forment en bataille.....

Charles le Mauvais voit l'indignation et la colère de Mahiet se trahir par de brusques mouvements malgré ses liens, s'interrompt un moment et ajoute : — Je me félicite de plus en plus de l'avoir fait garrotter. Réserve ta fureur, elle aura tout à l'heure de quoi s'exercer... Je poursuis... Les bourgeois et les corps de métiers de Clermont avaient fait mettre de nombreux tonneaux en perce, afin de fêter les Jacques, leurs compères ; la liesse est complète après boire, les Jacques demandent à grands cris une première marche militaire en manière d'exercice. Le sire de Bigorre, habile capitaine, commande la manœuvre, de telle sorte qu'après quelques marches et contremarches, les Jacques se trouvent entassés en troupeaux dans le fond du vallon, tandis que mes archers garnissent toutes ses pentes à bonne portée de trait, et que mes cavaliers occupent les deux seules issues qui pouvaient permettre aux fuyards de s'échapper de cette gorge profonde...

— Vous êtes experts, vous autres princes, dans les massacres !... dit Mahiet avec une amertume désespérée.

— Ce fut une vraie battue aux loups, — répond Charles le Mauvais. — Les Jacques, en stupides et féroces animaux, tout fiers de parader aux yeux de la bourgeoisie de Clermont, essayent de régler leur marche au pas militaire, se redressent, portant aussi fièrement leurs bâtons, leurs fourches et leurs faux que s'ils avaient en mains les nobles armes de la chevalerie ; ils applaudissent à la belle ordonnance de mes gens d'armes, qui couronnent les hauteurs du vallon au fond duquel cette Jacquerie est amoncelée. Soudain les clairons sonnent ; cette sonnerie divertit fort ces manants révoltés ; mais leur divertissement ne dure guère ; aux premiers sons du clairon, mes archers bandent leurs arcs, et une grêle de traits meurtriers lancés de haut en bas par mes soldats au milieu des masses compactes de cette Jacquerie la décime. La panique se met dans le troupeau sauvage, ces brutes veulent fuir par les deux issues du vallon ; mais ils se trouvent en face de mes cinq cents cavaliers couverts de fer, qui, à coups de lance, d'épée, de masse de fer, chargent furieusement cette canaille, tandis que mes archers continuent de cribler de traits les flancs de la bande et ceux qui tentent de gravir les pentes de la colline... C'était une superbe tuerie !... La terre était jonchée de morts !...

... Mahiet, consterné, ne peut retenir un sourd gémissement ; Charles le Mauvais sourit d'un air sinistre et poursuit ainsi :

— Rien de plus couards que ces truands après leur premier élan. Telle était leur épouvante, selon le sire de Bigorre, qu'ils se laissaient égorger comme des veaux, se jetant à genoux, tendant la gorge à l'épée, la poitrine à la flèche, la tête à la massue. Bref, tous ceux que le fer n'a pas carnagés sont morts étouffés sous les cadavres. Les bourgeois et la plèbe, spectateurs de la tuerie, aussi entassés au fond de la vallée, ont en grand nombre partagé le sort de Jacques Bonhomme leur compère ; de sorte que, du même coup, je me suis débarrassé des paysans et de la plèbe de la ville ainsi que d'une notable partie des bourgeois communiers. Je tiens leur cité en mon pouvoir, je la garde ; c'est affaire à régler entre leur comte et moi. Maintenant, messire ambassadeur, dis à Marcel de ma part de ne plus mêler les Jacques à nos opérations ; d'abord il reste peu ou prou de ces bêtes féroces ; puis, c'est un méchant compagnonnage. Tout à l'heure tu seras délivré de tes liens, ton cheval te sera rendu. Si, doutant de mes paroles, tu veux t'assurer de la réalité de cette boucherie, avant de retourner à Paris, rends-toi au vallon, regarde, et surtout bouche-toi le nez... car la charogne de cette Jacquerie commence à puer très-fort !

Mahiet, oubliant qu'il est garrotté, fait un nouveau mouvement afin de s'élancer sur Charles le Mauvais ; celui-ci reprend en riant :

— Ingrat !... tu voudrais m'étrangler... Mais tu ignores combien j'ai été généreux ; j'ai épargné la vie des trois chefs de cette bande de loups enragés... Tu en doutes ? — ajoute le roi de Navarre, répondant à un soupir douloureux de

Mahiet, qui songeait à son frère, tu mets en doute ma clémence et ma générosité !

— Il serait vrai ? — s'écrie l'Avocat d'armes, cédant à une vague espérance ; — Mazurec mon frère aurait échappé au massacre ?

— Si tu parles paisiblement, au lieu de mugir comme un taureau entravé, je te donne ma foi de chevalier que tu verras ton frère.

— Mazurec vit... je le verrai !...

— Il vit... et tu le verras, foi de chevalier ! Mais, de par Dieu ! causons raisonnablement ; il nous faut maintenant aviser aux moyens à prendre, afin que Marcel et moi nous puissions agir de concert pour la réussite de nos projets.

— Marcel n'agira pas de concert avec le bourreau de tant de victimes ! — s'écrie Mahiet, — Marcel ne s'alliera pas avec toi, qui m'as dit que tout vassal rebelle méritait la mort !... Cette funeste alliance, contractée sous l'impérieuse nécessité des circonstances, est à jamais rompue ! C'est un terrible enseignement ; il éclairera les peuples tentés de chercher un appui dans les princes pour combattre un ennemi commun !

— Tu calomnies le bon sens de Marcel, de qui j'apprécie la sagesse politique. C'est un maître homme que ce marchand drapier ! Sais-tu ce qu'il te répondra lorsque, de retour à Paris, tu vas lui annoncer le carnage de cette Jacquerie ?

— Oh ! oui, je le sais...

— Il répondra ceci : « — Bourgeoisie et Jacquerie étaient mon armée à moi, Marcel ; j'espérais la discipliner et pouvoir dire au roi de Navarre : Mon armée est supérieure à la vôtre, acceptez mes conditions, marchons ensemble contre le régent, je vous promets sa couronne si vous consentez à subir la loi absolue des Assemblées nationales ; sinon, non. Alliez-vous au régent contre nous, peu m'importe ; les bourgeoisies tiennent les villes, les paysans la campagne ; je ne vous crains pas. Mais voici que la Jacquerie, le gros de mon armée, est anéantie, — ajoutera judicieusement Marcel ; — le désastre est irréparable. Il me reste deux partis à prendre : faire ma soumission au régent, lui livrer ma tête et celle de mes amis, ou bien servir les projets du roi de Navarre qui possède une armée capable de résister aux troupes royales. Donc, au lieu d'imposer des conditions au roi de Navarre, je suis forcé de subir les siennes. »

— Voilà ce que te dira Marcel.

— Jamais Marcel ne trahira la cause à laquelle il a voué sa vie.

— Bien loin de trahir la cause du peuple, il assurera l'exécution d'une partie de ses desseins. Me crois-tu donc assez sot pour ignorer que, forcément,.. (Marcel me l'a dit, et il disait vrai), que, forcément, si je monte au trône, je devrai accomplir la plupart des réformes que ce redresseur d'abus poursuit depuis tant d'années ? Est-ce que, tôt ou tard, les bourgeoisies ne se rebelleraient pas contre moi, comme elles se sont rebellées contre le régent, si je ne leur donnais plus de libertés ? Marcel m'a encore dit avec son bon sens ordinaire : — « Vous, sire, qui ambitionnez la couronne, vous ne verrez dans chaque réforme qu'un moyen de vous affermir sur le trône ; le régent, au contraire, considérerait chaque réforme comme une atteinte à la souveraineté de ses droits héréditaires... »

— Charles le Mauvais, si telles sont tes intentions, si chacune de tes paroles n'est pas un mensonge ou ne cache pas un piège, pourquoi as-tu massacré les Jacques ? pourquoi as-tu écrasé ce soulèvement populaire ? Ne devait-il pas assurer l'affranchissement de la Gaule et chasser les Anglais de notre sol...

— Me prends-tu pour une buse ? Sur quoi régnerais-je si la Gaule était complètement libre ? et que deviendrait la seigneurie ? Non, non, bon gré, malgré, je serai forcé de consentir bon nombre de réformes qui satisferont les bourgeoisies ; je me résignerai non pas à être l'instrument passif des Assemblées nationales, ainsi que le veut Marcel, mais à gouverner de concert avec elles ; et j'emploierai tous mes efforts à terminer la guerre contre les Anglais. Quant à débâter Jacques Bonhomme, non point ; je me ferais un ennemi de chaque seigneur ! Jacques Bonhomme restera Jacques Bonhomme comme devant ! Qui donc remplirait le trésor royal si j'affranchissais Jacques Bonhomme ! Qui donc taillerait-on à merci et à miséricorde ? L'affranchissement de Jacques Bonhomme serait la fin de la seigneurie et de la royauté !... Ces pestes de franchises bourgeoises, issues des exécrables communes, sont déjà trop menaçantes pour les trônes... Ceci entendu, tu diras à Marcel que, dès demain, je réunirai les différentes troupes de mon armée, et que je marcherai vers Paris, dont il m'ouvrira les portes... Aussi, afin de convenir de ce fait et d'autres, tu lui diras de venir me trouver à Saint-Ouen, où je serai après-demain soir...

L'impitoyable logique de Charles le Mauvais redoublait encore l'horreur qu'il inspirait à Mahiet ; cette horreur, il allait la témoigner, lorsque sept heures sonnèrent au loin à l'église paroissiale de Clermont. Le roi de Navarre sourit et dit à l'Avocat d'armes :

— Je t'ai promis que tu verrais ton frère... tu vas le voir. Je veux bien t'apprendre comment j'ai découvert votre parenté... J'avais fait placer dans un endroit secret de la prison des trois chefs de cette Jacquerie un coquin tout oreilles chargé d'épier ces truands ; il a entendu l'un d'eux, s'adressant à ses complices, exprimer le regret de ne pouvoir s'entretenir une dernière fois avec son frère Mahiet, l'Avocat d'armes, ami de Marcel. Or, ce matin, recevant ta lettre, signée Mahiet, et dans laquelle tu l'annonçais comme envoyé du prévôt des marchands... il m'a été facile de reconnaître ta parenté avec ce Jacques.

— Où est mon frère, où est ce pauvre Mazurec ? Faites-moi mettre en face de lui.

— Tu vas le voir ; ne t'en ai-je pas donné ma foi de chevalier ?... N'oublie pas de prévenir Marcel que je l'attendrai à Saint-Ouen, après-demain soir. Que le diable te conduise !

Le roi de Navarre sort de la chambre. Un moment après son départ, la porte s'ouvre de nouveau, l'Avocat d'armes fait un mouvement de joie, s'attendant à voir entrer Mazurec ; il n'en est rien, il voit paraître l'un des écuyers du prince.

— Ton maître m'avait assuré que je verrais mon frère, le pauvre Mazurec — dit Mahiet avec une anxiété croissante. Celui-ci ouvre la fenêtre près de laquelle est assis l'Avocat d'armes, et la lui désignant du geste, il répond :

— Regarde, notre sire est fidèle à sa promesse.

Puis il s'éloigne, après avoir enfermé le prisonnier dans la salle.

Mahiet, saisi d'un pressentiment sinistre, s'approche de la fenêtre aussi rapidement qu'il le peut, malgré les liens dont ses jambes sont garrottées. Tel est le spectacle épouvantable qui s'offre à ses yeux...

Au-dessous de lui, à une profondeur de trente pieds environ, se trouve une enceinte assez vaste, entourée de maisons, et à laquelle aboutissent deux rues, alors barrées par des pelotons de soldats chargés d'empêcher les habitants de la cité de pénétrer dans cette place. A son extrémité, à peu de distance de la fenêtre où se tient Mahiet, s'élève un vaste échafaud ; en son milieu se dresse un poteau garni d'une sellette formant siège ; de chaque côté de ce poteau, deux billots servent de base à deux pieux très aigus. Plusieurs bourreaux vont et viennent sur la plate-forme de l'échafaud : les uns garnissent de chaînes le poteau du milieu ; les autres, occupés autour d'un fourneau, tournent et retournent au milieu d'un ardent brasier, à l'aide de tenailles, l'un de ces petits trépieds de fer dont se servent les paysans pour poser leur marmite auprès de l'âtre. Ce trépied commence à rougir ; les bourreaux agenouillés autour du fourneau soufflent de tous leurs poumons afin d'aviver l'incandescence des charbons.

Le son de plusieurs trompettes se fait entendre dans la direction de l'une des deux rues ; les soldats postés à son issue s'écartent et donnent passage à une première troupe d'archers. Entre celle-ci et la seconde s'avancent d'un pas ferme Guillaume Caillet, Adam le Diable et Mazurec l'Agnelet ; celui-ci à demi-vêtu d'un vieux sayon de peau de chèvre, les deux autres paysans portant l'antique blaude (blouse) gauloise, des sabots et des bonnets de laine. L'on a dédaigné de garrotter leurs mains et leurs pieds ; Adam et Mazurec ont passé chacun un bras sur l'épaule de Guillaume, placé entre ses deux compagnons. Tous trois, ainsi enlacés, la tête haute, le regard intrépide, la démarche résolue, se dirigent vers l'échafaud préparé pour ces martyrs. — Qu'il vienne, le jour des représailles !

Un grand nombre d'archers composant l'arrière-garde de l'escorte se disséminent sur la place, leur arc bandé, les yeux levés vers les fenêtres des maisons environnantes. L'une de ces croisées s'ouvre, aussitôt deux traits volent, sifflent, disparaissent à travers l'ouverture de la fenêtre... un gémissement lugubre et un cri de mort s'élèvent de l'intérieur de la maison. Les deux archers garnissent leurs arcs de nouveaux traits ; ils exécutent les ordres qu'ils ont reçu de leurs chefs : défense a été faite aux bourgeois de la ville habitant les demeures voisines de la place de paraître à leurs fenêtres durant le supplice des trois chefs de la Jacquerie. Tous trois arrivent près de l'échafaud.

Mahiet, haletant, la figure baignée d'une sueur froide, saisi d'horreur, de désespoir à la vue de ce spectacle, sent son esprit se troubler ; il se croit obsédé par un rêve effrayant... Il distingue les figures, il entend la voix de Mazurec, d'Adam et de Guillaume échangeant un suprême adieu au pied de l'échafaud, pendant que les bourreaux s'occupent des derniers préparatifs du supplice... Guillaume Caillet, prenant les mains d'Adam et de Mazurec, s'écrie d'une voix forte qui parvient aux oreilles de l'Avocat d'armes :

— Hardi, mes Jacques ! hardi jusqu'à la fin !... Adam, ta femme est vengée !... Mazurec, notre Aveline est vengée !... nos parents, nos amis étouffés, brûlés dans le souterrain de la forêt de Nointel sont vengés !... Le bourreau va nous torturer, nous mettre à mort, qu'importe ? Notre mort ne fera pas revivre ces belles dames, ces nobles seigneurs tombés sous nos coups au milieu de leur bonheur ! Ils regrettaient la vie... nous ne la regrettons pas, nous autres dont la vie est pleine de misères et de larmes !... La Jacquerie nous a vengés !... Un jour, d'autres achèveront ce que nous avons commencé !... Hardi, mes Jacques ! hardi jusqu'à la fin !...

— Oh ! Jacques Bonhomme, martyr depuis tant de siècles !... — répètent Adam et Mazurec dans un élan d'exaltation farouche ; — la Jacquerie t'a vengé !... D'autres achèveront ce que nous avons commencé !... Hardi, mes Jacques ! hardi jusqu'à la fin !...

Les bourreaux, occupés des apprêts du supplice, ne s'inquiètent point de ce que peuvent dire les trois paysans, dont les paroles ne peuvent avoir d'écho sur cette place déserte ; mais lorsque le trépied de fer est chauffé à blanc, l'un des tourmenteurs s'écrie :

— C'est prêt. Accomplissons la besogne.

Aussitôt les archers enchaînent les trois Jacques sur la plate-forme de l'échafaud et les livrent aux bourreaux. Guillaume Caillet est assis garrotté sur la sellette placée au bas du poteau dressé entre les deux billots surmontés d'un pieu aigu ; Mazurec et Adam, les mains liées derrière le dos, dépouillés de leurs vêtements, sauf leurs braies, sont conduits vers ces billots. Un bourreau arrache le bonnet de laine qui couvre les cheveux gris de Guillaume Caillet, tandis que l'un des autres tourmenteurs, saisissant avec des tenailles le petit trépied chauffé à blanc et les pieds renversés en l'air, emboîte dans le cercle de fer brûlant le crâne du vieux paysan et lui dit :

— Je te couronne, roi des Jacques !...

Guillaume Caillet pousse des rugissements de douleurs atroces ; ses cheveux flambent, la peau de son front grésille, saigne, se fend sous la pression du trépied de fer incandescent. Les haches des autres bourreaux se lèvent sur Adam et sur Mazurec agenouillés devant les billots.

— Mon frère !... — s'écrie Mahiet l'Avocat d'armes parvenant à vaincre cette oppression qui suffoquait et étouffait sa voix comme au milieu d'un rêve horrible, — mon frère !...

A cet appel déchirant, Mazurec relève et tourne vivement la tête vers la fenêtre d'où est parti le cri... mais au même instant l'éclair de la hache des bourreaux, qui s'abaisse et frappe, luit au yeux de Mahiet, le corps de son frère s'affaisse... sa tête roule sur la plate-forme de l'échafaud qu'elle arrose de jets de sang.

L'Avocat d'armes est saisi de vertige, le cœur lui manque, il chancelle et tombe privé de connaissance. Le terrible spectacle avait pris fin.

. . . .

Lorsqu'il reprit ses sens, Mahiet était délivré de ses liens et étendu sur de la paille, dans une salle basse. Un archer veillait à ses côtés à la clarté d'une lampe. La nuit était venue ; rassemblant ses souvenirs comme s'il se fût éveillé d'un sommeil pénible, l'Avocat d'armes se rappela l'affreuse réalité ; l'archer lui apprit que, trouvé sans connaissance, dans la salle de la tour, par les écuyers de Charles le Mauvais, et transporté en ce lieu, il était, après un long accès de délire, tombé dans une torpeur profonde. Il lui annonça que ses armes et son cheval lui seraient rendus, et qu'il pouvait quitter Clermont quand il le voudrait. Mahiet pria l'archer de le conduire auprès de l'un des officiers du roi de Navarre, dans l'espoir d'obtenir la permission de rendre un pieux hommage aux restes de Mazurec ; le prince consentit à la demande de l'Avocat d'armes ; celui-ci quitta le château, se dirigea vers le lieu du supplice, et, à la clarté de la lune, monta sur l'échafaud gardé par des soldats ; les cadavres des trois Jacques devaient rester encore exposés durant la journée du lendemain. Guillaume Caillet, après sa torture, avait été, ainsi que ses deux compagnons, décapité ; sa tête et les leurs étaient plantées à l'extrémité des pieux aigus qui surmontaient les billots. Mahiet baisa religieusement le front glacé de son frère Mazurec l'Agnelet... et descendit de l'échafaud ; son pied heurta le petit trépied de fer, tombé sur le sol après l'exécution de Guillaume Caillet.

— Cet instrument de supplice, témoin de la mort de mon frère, augmentera les reliques de notre famille ; je le joindrai à la dague de Néroweg, seigneur de Nointel ! — se dit l'Avocat d'armes en ramassant furtivement le trépied qu'il cacha sous sa cape ; il alla chercher son cheval à la porte de Clermont, et quitta cette ville pour se rendre en hâte à Paris auprès d'Etienne Marcel.

Hélas ! de graves évènements avaient eu lieu.

CHAPITRE V

La maison d'Etienne Marcel. — Marguerite et Denise. — La femme d'un grand citoyen. — Dame Pétronille Maillart. — L'offre de service. — Alison la Vengroigneuse. — Retour de Marcel. — Le Testament. — Rufin-Brise-Pot et l'homme au chaperon fourré. — La porte Saint-Antoine. — Le val des écoliers. — Principaux évènements politiques de 1300 à 1428.

Un mois environ s'était écoulé depuis la mort de Guillaume Caillet, d'Adam le Diable et de Mazurec l'Agnelet.

Denise, nièce d'Etienne Marcel et fiancée de Mahiet l'Avocat d'armes, retirée dans une grande salle, située au-dessus du magasin de draperie du prévôt des marchands, s'occupait d'un travail de couture à la clarté d'une lampe ; l'inquiétude se peignait sur le doux visage de la jeune fille ; parfois, suspendant le jeu de son aiguille, elle prêtait l'oreille du côté de la fenêtre, à travers laquelle l'on entendait de temps à autre le bourdonnement confus et les pas précipités d'un grand nombre de personnes qui traversaient la rue en courant ; puis ce bruit s'éloignait, s'apaisait, et la rue redevenait silencieuse. Ces rumeurs, symptômes de l'agitation qui régnait dans Paris, alarmaient de plus en plus Denise.

— Mon Dieu ! se disait-elle, — le tumulte augmente, ma tante Marguerite ne revient pas ; où peut-elle être allée ? pourquoi a-t-elle emprunté la mante d'Agnès, notre servante ? pourquoi ce déguisement ? pourquoi avoir caché son visage sous un capuchon ? Elle s'est peut-être rendue à l'Hôtel de Ville, où mon oncle et Mahiet sont depuis ce matin. — Au souvenir de l'Avocat

Les écarts de jeunesse de Rufin Brise-Pot (page 95)

d'armes, Denise rougit, soupira et ajouta : — Oh ! s'il y avait quelque danger, Mahiet veillerait sur Marcel, comme il aurait veillé sur son père... Mais l'absence si prolongée de ma tante me cause une mortelle inquiétude... Que Dieu veille sur elle...

Agnès la Béguine, vieille servante du logis, entra précipitamment, et s'adressant à Denise qu'elle avait vue naître : — Depuis une heure je remarque dans la rue trois hommes de méchante mine qui ne quittent pas les abords de la porte ; je les ai épiés à travers les volets entr'ouverts ; tantôt ils paraissent se consulter à voix basse... tantôt ils se séparent ; l'un se tient alors à gauche de la porte, l'autre à droite et le troisième en face de la maison... Il faut qu'ils soient placés là afin d'épier les personnes qui peuvent entrer ici ou en sortir.

— Cet espionnage me semble inquiétant ; j'en avertirai ma tante dès qu'elle sera de retour.

— La voici peut-être, — répondit la servante. J'ai entendu ouvrir et fermer la porte du magasin ; ce doit être madame.

En effet, Marguerite Marcel parut bientôt dans la chambre, jeta loin d'elle une mante à capuchon dont elle était revêtue, et dit à Agnès la Béguine :

— Laisse-nous...

La femme du prévôt des marchands tomba assise sur un siège, brisée par la fatigue et l'émotion. Son accablement, la pâleur de son visage, les palpitations de son sein, redoublèrent les appréhensions de Denise ; elle s'apprêtait à interroger sa tante, lorsque celle-ci, faisant un effort sur elle-même, se calma et dit à Denise d'une voix ferme :

— Du courage, mon enfant, du courage !

— O ciel !... ma tante, avons-nous quelque

113e livraison

malheur à déplorer? Que nous arrive-t-il?
— Non... quant à présent; mais demain, mais ce soir peut-être... — Et, s'interrompant, Marguerite reprit d'un ton de plus en plus calme et décidé : — J'ai payé mon tribut à la faiblesse ; je me sens forte maintenant ; je suis préparée à tout... Je saurai m'élever du moins par la résignation jusqu'à la hauteur de l'homme dont je suis fière de porter le nom ! Ah ! jamais homme de bien n'a été plus indignement méconnu, plus lâchement attaqué !...

— Ainsi, maître Marcel est exposé à de nouveaux périls?

— Mes pressentiments ne me trompaient pas ; ce que je viens d'apprendre par moi-même les confirme. Un complot se trame contre Marcel et ses partisans ; sa vie, celle de ses amis, sont mis en jeu... Eh bien ! vienne l'heure des dangers, il fera son devoir, moi le mien... je serai dévouée à mon mari jusqu'à la mort!

Ces derniers mots furent prononcés par Marguerite avec un tel accent de sinistre détermination, que Denise ne put retenir un cri de surprise et d'effroi.

— Ma résolution t'étonne, pauvre enfant ! — reprit la femme de Marcel ; — tu me trouves aujourd'hui bien vaillante !... Pourtant, l'an passé... pourtant, naguère encore, je t'avouais mes angoisses, mes frayeurs de chaque jour à la seule pensée des périls auxquels s'exposait mon mari ! Je ne songeais qu'à déplorer ses fatigues, à maudire ses travaux immenses qui lui laissaient à peine chaque nuit deux heures de repos ! Je regrettais ces temps paisibles où, étranger aux choses politiques, il ne s'occupait que des intérêts de notre commerce de draperie ! Notre obscurité, du moins, nous épargnait le triste spectacle des haines, de l'envie, déchaînées plus tard contre la gloire et la popularité de Marcel !...

— Ah ! ma tante, vous dites vrai ! Souvenez-vous de cette méchante envieuse Pétronille Maillart ! Grâce à Dieu ! elle n'est plus revenue ici depuis le jour de l'enterrement de Perrin Macé ! Nous n'avons plus eu à subir sa présence.

— Son mari, je n'en doute plus à cette heure, est l'un des chefs du complot qui se trame contre Etienne.

— Maître Maillart !... l'ami d'enfance de mon oncle ! lui qui, naguère encore, protestait de l'affection qu'il lui portait !...

— Maillart est d'un caractère faible, il cède à l'influence que sa femme exerce sur lui ; celle-ci est dévorée d'envie. Elle jalousait en moi l'épouse de celui que le peuple idolâtre appelait le Roi de Paris. En ce temps-là, j'aurais sacrifié la gloire de Marcel à son repos... son génie à sa sécurité ! la moindre agitation populaire m'effrayait pour lui... j'étais faible, j'étais lâche !... Mais aujourd'hui que la haine, l'ingratitude, l'iniquité le poursuivent, je me sens forte, je me sens brave, je me sens fière d'être la femme de ce grand citoyen : je me sens capable de lui prouver mon dévouement jusqu'à la mort !...

— Ah ! fasse le ciel que votre dévouement ne soit pas mis à une si terrible épreuve ! Mais comment avez-vous été instruite d'un complot ourdi contre mon oncle?

— Ce soir, j'ai voulu mettre un terme à mes anxiétés, connaître au vrai l'état des esprits à l'égard de Marcel : je me suis enveloppée d'une mante, de crainte d'être reconnue, je suis allée me mêler aux groupes nombreux qui se sont formés dans notre quartier.

— Je comprends tout maintenant ! Ainsi, ce que vous avez appris par vous-même?...

— Me fait présager une crise prochaine et redoutable. La vie de Marcel est en grand péril.

— Mon Dieu ! ne vous abusez-vous pas?...

— Non, non ! On impute à Marcel les privations, les souffrances, les maux qu'entraîne après soi la conquête laborieuse de la liberté ; mon mari est attaqué à la fois par des émissaires du parti de la cour et par ceux du parti de Maillart. Ces émissaires se mêlent parmi ce pauvre peuple, crédule au mal ainsi qu'au bien, mobile dans ses affections, capricieux dans ses haines ; on lui répète à satiété que tous les malheurs du temps eussent été évités si l'échevin Maillart, véritable ami du peuple, eût été écouté ; d'autres prêchent une prompte soumission au régent comme seul terme aux désastres publics. — « Que demande le régent, après tout, ajoutent ses prôneurs, qu'exige-t-il en retour de son pardon ! Huit cent mille écus d'or destinés à la rançon du roi Jean, à la tête des chefs de la révolte, ainsi que celle de ses principaux partisans? La paix de la cité serait-elle achetée trop cher au prix d'un peu de honte, d'un peu d'or, d'un peu de sang ? »

— Grand Dieu ! — s'écria Denise pâle et tremblante, — quels sont les chefs des révoltés dont le régent demande la mort!!!

— Ce sont Marcel... mes fils... nos meilleurs amis... tous gens de bien, dévoués au bonheur public, adversaires de l'oppression et de l'iniquité... ennemis acharnés des Anglais, qui ravagent notre malheureux pays, et qui eussent mis Paris à feu et à sang, si Paris n'était à l'abri de leurs attaques, grâce aux fortifications élevées par les soins de Marcel ! Aujourd'hui le peuple semble avoir oublié les services rendus à la cité par mon mari ; il paraît avoir oublié que c'est à Marcel qu'il est redevable des réformes imposées au régent et qui le garantissent des rapines et des violences des gens de la cour !

— Est-il possible que le peuple montre tant d'ingratitude envers maître Marcel !

— L'âme de mon mari est trop grande, son esprit est trop juste, pour qu'il ait pris pour

mobile de ses actions la reconnaissance des hommes... Que de fois ne m'a-t-il pas dit : — « Pratiquons le juste et le bien ; ils portent en eux-mêmes notre récompense... » Marcel est préparé à tout ; cependant, pensant que le résultat de mes observations de ce soir pouvaient lui être utiles, je suis entrée chez la femme de notre ami Simon le Paonnier, qui demeure non loin de l'Hôtel de Ville, j'ai écrit à mon mari tout ce que j'avais vu ou entendu. Ma lettre lui a été portée par un homme sûr... — Mais voyant les larmes de Denise, longtemps contenues, inonder son visage, Marguerite ajouta tendrement :
— Pourquoi pleures-tu, chère Denise ?...
— Hélas ! ma tante, je n'ai ni votre force ni votre courage... l'idée des dangers qui menacent maître Marcel et... nos amis... me cause une épouvante insurmontable...
— Pauvre enfant ! tu penses à Mahiet, ton fiancé ? C'est pour nous un ami sûr.
— S'il y a quelque tumulte, quelque bataille, il se jettera au plus fort du péril... pour sauver maître Marcel.
— Je regrette pour ton bonheur, pauvre enfant de t'avoir autrefois appelée près de moi à Paris ; tu vivrais paisible dans cette petite ville de Vaucouleurs, éloignée du centre des troubles et de la guerre...

Agnès la Béguine rentra en cet instant, précédant la personne qu'elle annonçait, et dit précipitamment à Marguerite :
— Dame Maillard vient céans, afin de vous rendre, assure-t-elle, un grand service ; elle désire vous parler sur le champ.
— Je ne veux pas la voir ! s'écria Marguerite avec impatience ; — cette femme m'est odieuse ! Je ne consens pas à la recevoir.
— Elle venait, disait-elle, madame, afin de vous rendre un grand service, — répondit la servante, regrettant d'avoir involontairement contrevenu aux désirs de sa maîtresse ; — je croyais bien agir en la faisant monter ; malheureusement, il est trop tard pour la congédier...

Pétronille Maillard parut en effet sur le seuil de la porte. Une haine triomphante, à peine contenue, se trahit dans le regard que la femme de l'échevin jeta d'abord sur Marguerite ; mais, prenant soudain une voix doucereuse, elle s'approcha de Marguerite :
— Bonsoir, dame Marcel, bonsoir, pauvre chère dame Marcel !...
— Cette feinte pitié cache quelque odieuse perfidie, — pensa Denise, dont le visage était baigné de pleurs ; — je ne veux pas donner à cette méchante femme le spectacle de ma douleur.

La jeune fille sortit en même temps que la servante. Marguerite, restée seule avec la femme de l'échevin, lui répondit sèchement :
— Je suis très-étonnée de vous voir ici, madame, nos relations d'amitié doivent cesser.

— Je comprends votre étonnement, pauvre dame Marcel ; car nous ne nous sommes pas revues depuis le jour de l'enterrement de Perrin Macé. Oh ! la popularité de maître Marcel était alors immense, on l'appelait le roi de Paris... l'on ne jurait que par lui... on le regardait comme le sauveur de la cité...
— Madame, parlons, je vous prie, moins du passé, et davantage du présent... Abrégez votre visite. Que voulez-vous de moi ?
— Vous demander d'abord d'oublier la petite querelle que nous avons eue ici, vous et moi, le jour de l'enterrement de Perrin Macé ; puis je viens rendre un grand service à ce pauvre maître Marcel...
— Mon mari n'excite la compassion de personne... et n'a nul besoin de vos services.
— Hélas ! que ne puis-je vous laisser dans cette erreur, dame Marguerite ! mais je suis obligée de vous dire la vérité, de vous apprendre, puisque vous l'ignorez, que vous n'êtes plus la *reine de Paris* comme au temps où maître Marcel en était le roi. Et, au risque de blesser votre légitime orgueil, j'ajouterai à regret que la position de votre mari est à cette heure désespérée... Vous me voyez navrée du chagrin qui vous accable...
— Votre excellent cœur s'alarme à tort, dame Pétronille. Ne prenez pas souci de nos chagrins.
— Je suis malheureusement certaine de ce que je vous affirme.
— De vos affirmations, de vos confidences, je doute fort, madame.
— Vous n'êtes donc pas instruite de ce qui se passe dans Paris ?
— Je sais qu'il y a dans Paris des méchants et des envieux.
— Je vous connais trop bien, dame Marcel, pour supposer qu'une sage et discrète personne comme vous l'êtes, veuille m'adresser le reproche d'être envieuse...
— En vérité, je n'oserais, madame... je n'oserais, en vérité...
— Vous auriez grandement raison ; hélas ! en quoi votre sort est-il à cette heure digne d'envie ? Le temps est à l'orage pour vous.
— Les envieux se contentent de peu, dame Maillart ; ils envient jusqu'au calme et au courage que l'on puise dans une conscience pure au jour du malheur !...
— Vous l'avouez donc !... Le jour du malheur est venu pour vous et pour votre mari ! — s'écria la femme de l'échevin, triomphante et oubliant un moment son rôle hypocrite ; mais, se ravisant, elle ajouta d'un ton patelin :
— Cet aveu me fait du moins espérer que vous agréerez les offres de service de mon mari.

Marguerite sentant la gravité des dernières paroles de la femme de l'échevin, attacha sur elle un regard pénétrant et répondit :

— Maître Maillart vous envoie offrir ses services à mon mari? D'où vient sa sollicitude?

— Ne sont-ils pas amis d'enfance et compères? L'on n'oublie jamais l'amitié des jeunes années! Notre affection vous est acquise.

— Il en est ainsi du moins chez les cœurs généreux. Mais si maître Maillart veut rendre service à mon mari, d'où vient qu'il vous envoie ici, madame? Ne voit-il pas Marcel chaque jour à l'Hôtel de Ville?

— Depuis hier soir, Maillart et ses amis n'ont pas mis les pieds à l'Hôtel de Ville... et pour cause; il ne saurait non plus, par un autre motif, mettre les pieds dans cette maison. Voilà pourquoi il m'a chargée de venir vous offrir ses conseils et ses services.

— Quels sont ces conseils... ces services?

— Maillart conseille à votre mari de quitter secrètement Paris pendant cette nuit.

— Voilà le conseil; il vise une grave résolution. Quant au service... quel est-il?

— Mon mari offre de favoriser la fuite de Marcel, si vous adoptez ce conseil.

— Comment cela?

— Maillart enverra chez vous, à minuit, un homme sûr qui devra accompagner votre mari. Il devra s'encaper, afin de n'être point reconnu, et suivra en toute confiance notre émissaire, chargé de le conduire en un lieu sûr... Mais il faut que votre mari soit absolument seul, sinon l'émissaire l'abandonnerait.

— Maître Maillart, dans son empressement à conseiller et à servir mon mari, oublie, ce me semble, que Marcel et le conseil de ville, *les gouverneurs*, ainsi qu'on les appelle, sont encore maîtres de Paris; les dizainiers, les capitaines des portes, leur obéissent; or, si jamais, ce que je crois impossible, mon mari voulait abandonner son poste au moment du danger, il monterait à cheval avec quelques amis et se ferait ouvrir l'une des portes de Paris... Il en a le droit et le pouvoir.

— Votre observation serait juste si les ordres de maître Marcel devaient être écoutés, si nous étions encore à cette époque où, primant tout le monde à Paris, il avait la première place dans les cérémonies... mais les temps sont changés, bonne dame Marguerite; à l'heure où je vous parle, l'autorité de votre mari est bien près d'être méconnue; s'il voulait se faire ouvrir une des portes de la ville, afin de s'échapper, cette fuite confirmerait les bruits qui courent sur sa trahison : on crierait: « Arrêtez le traître! mort aux traîtres! » cent bras vengeurs se lèveraient, et maître Marcel tomberait sous les coups, meurtri, défiguré, couvert de sang, massacré!... et son corps serait mis en pièces... Tel est le sort qui lui serait réservé.

— Oh! assez! assez!... — balbutia Marguerite en frissonnant et cachant son visage entre ses mains. — Cela est horrible! Taisez-vous...

— N'est-ce pas, chère dame, que cette mort serait affreuse? Aussi, pour épargner une pareille fin à son compère, mon mari m'a chargée de venir vous faire ses offres de services, dame Marcel.

Marguerite, malgré sa mauvaise opinion de Maillart et de sa femme, dont elle connaissait les sentiments jaloux, ne supposa pas que les propositions de l'échevin, l'un des plus anciens amis de Marcel, appartenant comme lui au parti populaire, pussent cacher un piège ou un guet-apens; elle crut même à un témoignage de compassion sincère, facile à concevoir chez l'envieux, au moment où il triomphe de la déchéance de son rival. Enfin, l'état des esprits dans Paris, dont Marguerite avait voulu s'assurer elle-même durant la soirée, ne confirmait que trop les paroles de la femme de l'échevin au sujet de l'impopularité croissante de Marcel... seulement Marguerite connaissait assez l'énergie du caractère, la force d'âme de son mari pour être certaine qu'à moins d'être réduit à une extrémité terrible, jamais il ne se résoudrait à quitter Paris en fugitif. Cependant, l'heure de cette extrémité menaçante pouvait arriver, et, en ce cas, l'offre de Maillart n'était point à dédaigner. Ces réflexions se présentèrent rapidement à l'esprit de Marguerite; elle resta pendant un moment pensive, silencieuse, tandis que la femme de l'échevin l'observait attentivement, attendant sa réponse dans une anxiété à peine dissimulée.

— Dame Maillart, — reprit Marguerite, — je veux croire, je crois au généreux sentiment qui a dicté les offres de services que vous venez me faire de la part de votre mari.

— Ainsi la chose est entendue, — s'écria la femme de l'échevin avec une vivacité qui aurait dû exciter la défiance de Marguerite, — l'émissaire en question sera ici à minuit; votre mari le suivra sans se faire accompagner de personne... Aucune escorte, c'est entendu.

— Permettez, dame Pétronille; je ne saurais accepter votre offre au nom de mon mari; il est seul juge de sa conduite. Il m'a fait espérer qu'il pourrait venir ici prendre quelques moments de repos dans la soirée; si mon attente n'est pas trompée, je le verrai bientôt... je l'instruirai des propositions de maître Maillart. Priez-le seulement d'envoyer ici un émissaire à l'heure dite, à minuit, mon mari avisera.

— Il ne doit pas hésiter un moment; croyez-moi, pauvre dame Marguerite, il faut user de toute votre influence sur votre mari afin de le décider à profiter de la chance de salut qui lui reste. Il court les plus grands périls.

Denise, entrant soudain d'un air inquiet, dit à Marguerite :

— Ma tante, dame Alison désirerait vous parler à l'instant, parler à vous seule... — Et jetant un regard significatif sur la femme de l'échevin, Denise semblait ajouter : — Saisissez cette occasion de mettre terme à la visite de cette méchante femme.

Marguerite comprit la pensée de sa nièce, et dit à la femme de l'échevin : — Veuillez m'excuser ; j'ai à recevoir une visite.

— Adieu, bonne dame Marcel, — dit la femme de l'échevin en faisant un pas vers la porte ; — et surtout n'oubliez pas mes avis. Il faut savoir se résigner à ce qu'on ne peut empêcher... les jours se suivent et ne se ressemblent pas... tel qui était hier triomphant se voit aujourd'hui... vous m'entendez de reste... Bonsoir, chère dame, je vous souhaite de meilleurs jours ! Que Dieu vous garde, vous et les vôtres !

L'envieuse sortit en jetant à la dérobée un regard de vipère sur Marguerite ; bientôt Alison la Vengroigneuse, restée en dehors de la salle, accourut à l'appel de Denise.

La jolie cabaretière était toujours accorte ; ses beaux yeux noirs, ses dents blanches, son gracieux corsage, et surtout son excellent cœur justifiaient la préférence que l'écolier Rufin accordait à cette aimable et honnête femme au détriment de Margot la Savourée. Enfin, grâce à Mahiet, Alison avait, non-seulement sauvé son honneur des violences du capitaine Griffith, mais aussi soustrait à la rapacité de l'Anglais une somme d'or assez rondelette, cousue dans les plis de sa cotte. Mahiet l'Avocat d'armes, jadis son défenseur contre Simon le Hérissé, puis, plus tard, son libérateur, alors qu'elle était exposée aux violences du bâtard de Norfolk, avait d'abord inspiré à Alison un sentiment plus tendre que la reconnaissance ; mais la jeune femme, instruite des fiançailles de Denise et de Mahiet, luttant bravement contre son penchant naissant, et voulant s'en distraire, s'était plu à remarquer que Rufin-Brise-Pot, malgré sa turbulence, ne manquait ni de dévouement, ni de cœur, ni d'esprit, ni d'agréments extérieurs. Aussi, depuis que, fuyant les horreurs de la guerre qui désolait le Beauvoisis, elle s'était réfugiée à Paris, recommandée par Mahiet à la bienveillance de la famille du prévôt des marchands, Alison avait souvent revu l'écolier dans la petite chambre de l'auberge où elle logeait, et pensait parfois que, malgré son nom, mal sonnant pour une taverne, Rufin-Brise-Pot ne ferait peut-être point un mauvais mari ; elle sentait, en outre, sa vanité assez flattée par l'espoir d'ouvrir un cabaret dont les principaux clients seraient messieurs les écoliers de l'Université. Alison, accueillie avec bonté par Marguerite et par Denise, leur conservait une grande reconnaissance ; elle accourait ce soir-là chez elles dans l'espoir de leur être utile. Marguerite, s'apercevant de l'inquiétude peinte sur les traits de la cabaretière, lui dit affectueusement, en lui prenant les mains :

— Bonsoir, chère Alison... vous semblez alarmée. Dites-nous les causes de votre trouble.

— Ah ! dame Marguerite, je n'ai que trop sujet d'être inquiète, sinon pour moi, du moins pour vous. — Et, s'interrompant, elle ajouta : — D'abord, et afin de ne pas oublier cette circonstance, je dois vous prévenir qu'en entrant ici j'ai remarqué trois hommes, ayant leur figure cachée par leur capuce, qui semblaient placés en embuscade. Ces hommes paraissent avoir de mauvais desseins.

— Agnès, notre servante, les a aussi remarqués, — dit Denise, nous sommes prévenues.

— Ce sont des espions, sans doute, — reprit Marguerite. — Mais Marcel n'a point à redouter les conséquences d'un espionnage ; tout ce qu'il fait est dans l'intérêt du peuple, et aucune de ses actions n'a besoin d'être cachée. Néanmoins, comme la haine s'attache maintenant à ses pas... ce renseignement peut être utile.

— Hélas ! il m'est pénible de vous apporter peut-être une mauvaise nouvelle, à vous, dame Marguerite, qui m'avez accueillie avec tant de bonté à mon arrivée du Beauvoisis.

— Mahiet, notre ami, vous recommandait à notre intérêt, il nous instruisait de vos malheurs et de vos tendres soins pour cette infortunée *Aveline-qui-jamais-n'a-menti* ; notre bienveillance à votre égard était naturelle. Mais de quoi s'agit-il ?

— Ce soir, dans ma chambre, à l'auberge, je regardais par ma fenêtre le tumulte de la rue, car il règne ce soir une grande agitation dans Paris, lorsqu'un jeune homme, envoyé par messir l'écolier Rufin-Brise-Pot, m'a apporté, tout hors d'haleine, ce billet.

Alison tira de sa gorgerette un papier qu'elle remit à Marguerite ; celle-ci le prit vitement et lut à haute voix :

« Aussi vrai que Vénus, dans sa beauté olympique... »

— Passez ! passez, dame Marguerite ! et lisez à partir de la quatrième ou cinquième ligne, — dit Alison, rougissant et souriant à demi. — Ce sont fleurettes que s'amuse à me conter messire Rufin ; ne vous y arrêtez pas plus que je ne m'y suis arrêtée moi-même... Ce brave garçon aurait dû s'abstenir de ces mièvreries en m'écrivant sur un sujet sérieux.

Marguerite, après avoir parcouru des yeux les premières lignes de l'épître, dans lesquelles l'écolier déployait sa faconde amoureuse et mythologique, arriva au sujet essentiel de la missive.

« ..... Rendez-vous en hâte à la maison de maître Marcel ; s'il n'est pas chez lui, dites à son honorée femme de le faire avertir de ne pas sortir de l'Hôtel de Ville sans être bien accompagné. Je suis sur la trace d'un complot qui le menace; dès que j'aurai quelque preuve certaine de cette trame, je me rendrai, soit chez maître Marcel, soit à l'Hôtel de Ville pour lui faire part de ma découverte. Qu'il se méfie surtout de l'échevin Maillart; il n'a pas de plus mortel ennemi. Il devrait le faire emprisonner sur l'heure..... de même que je voudrais sur l'heure avoir pour prison votre cœur, dont le gentil garçonnet *Cupido* est le gardien. »

— Passez, passez, dame Marguerite, ce sont encore fleurettes; il n'y a rien de plus à lire, — reprit Alison. — Et de nouveau je m'étonne de ce que le messire écolier mêle folies à choses si graves. Hélas! tout cela est bien sérieux.

— Oh! grave! bien grave!... cette lettre redouble mes craintes, — répondit Marguerite en tressaillant. Puis, songeant à son récent entretien avec la femme de l'échevin, elle se dit : — L'offre de l'échevin cacherait donc un piège?... Cependant je ne peux croire encore à une aussi horrible trame!

— Mon Dieu! — s'écria Denise avec amertume, — et pourtant mon oncle, malgré nos pressentiments, nous répond toujours lorsque nous lui parlons des soupçons que nous inspire maître Maillart : — « Il n'est pas méchant homme; mais il subit aveuglément l'influence de sa femme qui est dévorée d'envie et de vanité. Ne portez pas de mauvais jugements sur lui. »

— Chère Alison! — reprit Marguerite après quelques instants de réflexion, — vous n'avez pas interrogé le messager qui vous a apporté cette lettre?

— Si fait, madame... je lui ai demandé en quel endroit il avait laissé messire Rufin.

— Que vous a-t-il répondu?

— Que l'écolier se trouvait dans une taverne voisine de l'arcade Saint-Nicolas lorsqu'il lui avait remis ce billet....

Au moment où Alison prononçait ces derniers mots, deux hommes encapés jusqu'aux yeux entrèrent dans la chambre. Marguerite reconnut son mari et Mahiet l'Avocat d'armes, lorsque ceux-ci se furent débarrassés de leurs casaques.

— Enfin, te voilà... te voilà! — s'écria Marguerite ne pouvant maîtriser sa profonde émotion et se jetant au cou de Marcel, tandis que Denise tendait la main à son fiancé qui la pressa respectueusement contre ses lèvres; celui-ci portait par-dessus ses armes un surcot noir, depuis qu'il avait vu supplicier sous ses yeux son frère Mazurec l'Agnelet; les traits de Mahiet, pâles et tristes, témoignaient de son chagrin. Marguerite, après avoir tendrement embrassé son mari, qui lui rendit ses caresses avec effusion, lui dit, contenant à peine son angoisse, en lui remettant la lettre de Rufin Brise-Pot :

—Mon ami, prends connaissance de ce billet, la bonne Alison vient de l'apporter en toute hâte.

Marcel lut la lettre à voix basse, et au milieu d'un profond silence; Marguerite, sa nièce et Alison observaient attentivement la physionomie du prévôt des marchands; il resta calme; il sourit même aux passages semés de fleurettes mythologiques de l'écolier; puis rendant la lettre à Alison, il lui dit affectueusement :

— Je vous remercie de votre empressement à m'apporter ce message, dame Alison; notre ami Rufin s'alarme à tort.

— Pourtant mon ami, ce complot dont parle l'écolier? — répondit vivement Marguerite, — ce complot dont il suit la trace?...

— Rufin se sera sans doute exagéré l'importance d'un fait insignifiant, chère Marguerite...

— Mais... ce qu'il dit de Maillart?

— Hier soir, Maillart m'a serré amicalement la main en sortant de l'Hôtel de Ville, après une discussion dans laquelle il était d'un avis opposé au mien...

— Les opinions sont diverses, mais les liens d'une vieille amitié « sont impérissables, » a même ajouté maître Maillart, — reprit Mahiet.

— Marcel, — dit Marguerite ressentant une défiance croissante contre l'échevin depuis les avertissements de l'écolier, — la femme de Maillart est venue ce soir... me proposer pour toi un refuge en cas de danger...

— Cette offre généreuse ne m'étonne pas.

— Un homme doit se rendre ici cette nuit: tu le suivras seul... et bien encapé, — ajouta Marguerite. — Seul... entends-tu Marcel? il te conduira en un lieu sûr d'où tu pourras fuir sans péril.

— C'est trop d'obligeance, — répondit en souriant le prévôt des marchands. — Grand merci de la proposition : je ne songe point à fuir, tant s'en faut... Jamais nous n'avons été si proches du triomphe.

— Que dis-tu?... — s'écria Marguerite renaissant à l'espérance, tant elle avait besoin d'espérer. — Il serait vrai? Cependant cette agitation... ce tumulte dans Paris... ces bruits alarmants?... — Et, ressentant de nouveau ses angoisses un moment calmées par les paroles rassurantes de son mari, elle ajouta tristement : — La précaution que tu as prise ainsi que Mahiet de t'envelopper dans cette cape, afin, sans doute, de n'être pas reconnu à travers les rues, tout me fait craindre que tu ne l'abuses... ou que, par tendresse pour moi, tu veuilles m'abuser...

— Ma tante oubliait de vous dire que trois hommes semblent être depuis ce soir au guet pour épier notre maison, — dit Denise, et eut aperçut que Mahiet semblait frappé de cette circonstance.

— J'ai aussi remarqué en entrant, — reprit Alison, — trois hommes qui paraissent être des espions. Leur présence est étrange.

— Mon ami, — dit Marguerite en s'efforçant de lire sur la physionomie du prévôt des marchands si l'assurance dont il témoignait était feinte ou réelle, — je t'ai envoyé ce soir un billet que j'avais écrit chez notre ami Simon le Paonnier... dans lequel je te faisais part de mes impressions sur tout ce que j'avais vu dans la soirée... en t'engageant à prendre des précautions pour ta sûreté...

— J'ai reçu ta lettre chère et bien-aimée femme ! — répondit Marcel en serrant tendrement dans ses mains celles de Marguerite. — Tu as foi en moi, n'est-ce pas ?... Eh bien ! crois-moi donc lorsque je t'affirme que vos alarmes sont vaines; mieux que personne, je sais ce qui se passe ce soir dans Paris. Nos ennemis s'agitent? me calomnient? Je les laisse dire et j'agis, certain de mener mon œuvre à *bonne fin*, selon notre devise ; d'ailleurs ma présence ici, n'est-elle pas la meilleure preuve de ma confiance dans l'état des choses ? J'ai voulu, après la réception de ta lettre, quitter un moment l'Hôtel de Ville afin de venir te calmer, te réconforter, et aussi te prier de ne point t'inquiéter si demain tu ne me voyais pas de toute la journée... parce que demain de graves intérêts se décideront. Enfin, — reprit gaiement Marcel, — comme je tiens à mettre à néant toutes les objections, chère peureuse, j'ajouterai, dût ma modestie en souffrir... j'ajouterai qu'en m'enveloppant de cette cape, je voulais pouvoir venir ici et m'en retourner sans être arrêté vingt fois dans ma route par les acclamations populaires ; car, en dépit de la haine et de l'envie de quelques bourgeois partisans du régent, Marcel est toujours aimé du peuple de Paris.

— Vous n'en douteriez pas, dame Marguerite, — ajouta Mahiet, — si vous aviez entendu comme moi, en cette journée, les harangues des corporations de métiers venant assurer maître Marcel de leur dévouement...

Ces paroles de Mahiet, la physionomie souriante et sereine du prévôt des marchands, l'accent de conviction qui régnait dans ses réponses, apaisèrent quelque peu les alarmes de Marguerite et de Denise ; celle-ci dit à Marcel : — Votre seule présence nous rassure, cher et bon oncle, de même que la vue du médecin suffit à calmer, parfois, les souffrances du malade...

— Mon brave Mahiet, — reprit gaiement Marcel en regardant l'Avocat d'armes, — ceci s'adresse à moi autant qu'à toi... heureux et amoureux fiancé...

— Chère Denise, — dit l'Avocat d'armes à la jeune fille qui rougissait, — le deuil de mon pauvre frère a reculé l'époque de notre mariage... Je regrette moins ce retard, en songeant qu'en ces jours de troubles je n'aurais pu vous consacrer tous mes instants ; mais croyez-en maître Marcel, de meilleurs temps approchent... Ai-je besoin de vous dire qu'ils sont l'objet de tous mes vœux, puisqu'ils verront notre union?

— Dame Alison, — reprit cordialement Marcel, — puisque nous parlons mariage... prenez donc en pitié l'amoureux martyre de ce pauvre Rufin... C'est un bon et loyal cœur, malgré quelques écarts de jeunesse qui lui ont mérité son surnom de *Brise-Pot*; mais, j'en suis certain, la salutaire influence d'une honnête et aimable femme comme vous ferait de lui un excellent mari ; je verrais avec un double plaisir vous et Rufin, Denise et Mahiet, aller à l'autel le même jour. Qu'en pensez-vous ?

— Ceci demande réflexion, — répondit Alison d'un air méditatif; — ceci demande beaucoup de réflexion, maître Marcel... Du reste, — ajouta-t-elle souriant et rougissant, — je ne dis ni oui, ni non... Je désire consulter dame Marguerite...

— Bonne chance pour Rufin, — reprit le prévôt des marchands : — femme qui ne dit pas non a grande envie de répondre oui.

— Marcel ne conserverait pas tant de liberté d'esprit s'il se croyait lui et ses partisans à la veille d'un grand danger, — pensait Marguerite de plus en plus rassurée par la douce gaîté de son mari. — Je me serai exagéré l'importance de ce que j'ai entendu dire ce soir ; mon mari a raison : même au plus fort de sa popularité, la calomnie le poursuivait ; Maillart peut à la fois céder à l'envie et au sentiment généreux né d'une ancienne amitié ! il peut croire à la perte de la popularité de Marcel, s'en réjouir, et cependant vouloir le sauver. Cette méchante Pétronille a envenimé une offre honorable en soi, sinon Maillart serait le plus exécrable des hommes, ce que je ne puis admettre ; une pareille perversité dépasserait les limites du possible...

— Denise, — dit le prévôt des marchands à sa nièce en la baisant au front, — fais porter une lampe dans mon cabinet, j'ai quelques papiers à prendre. — Et s'adressant à sa femme, qu'il baisa aussi au front : — Je reviendrai te dire adieu.... Viens avec moi, Mahiet, nous avons à causer ensemble...

Denise s'empressa de porter une lampe dans le cabinet de Marcel, où il s'enferma avec l'Avocat d'armes.

. . . .

Marcel, resté seul dans son cabinet avec Mahiet, devint pensif ; à la riante sérénité dont ses traits avaient été empreints durant son entretien avec Marguerite, succéda une expression de gravité mélancolique ; il contempla en silence, pendant quelques instants, sa studieuse retraite, témoin des méditations de son âge mûr; puis s'appuyant sur une grande table couverte de parchemins, il dit à Mahiet avec un soupir de regret:

— Combien de longues veillées j'ai passées ici, élaborant, à la lueur de cette petite lampe, ces plans de réformes qui seront un jour, quoi qu'il arrive, la base immuable des franchises du peuple, l'évangile des droits du citoyen! Ici se sont écoulées les plus heureuses, les plus belles heures de ma vie!... Quel bonheur pur je goûtais! Soutenu par mon ardent amour du juste et du bien, éclairé par les leçons du passé, je m'élevais jusqu'aux plus sublimes théories de la liberté! J'ignorais alors les déceptions, les maux, les retards, les luttes, les orages qu'engendre fatalement la pratique des choses! la vérité m'apparaissait dans sa radieuse simplicité... Je comptais alors sans les passions humaines... Il n'importe, la vérité est absolue..... Tôt ou tard elle s'impose à l'humanité, qui toujours marche, progresse et s'améliore...

Mahiet écoutait Marcel avec un muet respect; il vit cet homme illustre, le front pensif, s'absorber de plus en plus dans ses réflexions. Au bout de quelques instants, Marcel se dirigea vers un bahut de chêne noirci par les années; il l'ouvrit, tira divers parchemins de ce coffre, les apporta sur la table, prit un escabeau, s'assit et commença d'écrire... Sa figure mâle et caractérisée révéla bientôt un attendrissement croissant; Mahiet, à sa grande surprise, aperçut quelques larmes tombant des yeux du prévôt des marchands sur les lignes qu'il venait de tracer... Les pleurs de ce grand citoyen, d'une si rare énergie, d'un stoïcisme antique, impressionnèrent vivement l'Avocat d'armes; son cœur se serra; il commença de soupçonner les motifs de l'affectation de sécurité dont Marcel avait fait montre devant sa famille. Enfin, il le vit essuyer ses yeux du revers de sa main, et sceller d'un cachet de cire noire, au moyen du large chaton d'une bague d'or qu'il portait au doigt, le parchemin sur lequel il venait d'écrire; après quoi le joignant aux autres papiers dont il fit une même liasse aussi scellée d'un cachet noir, il la replaça dans le bahut, referma le couvercle et donna la clé de ce meuble à Mahiet, et lui dit d'une voix pénétrée:

— Garde cette clé .. je te charge de la remettre à ma femme et de lui apprendre, si certaines circonstances se réalisent, que dans ce coffre elle trouvera, jointe à mon testament et à quelques papiers qu'il est bon de conserver, une lettre pour elle... écrite par moi ce soir... pour ma bien-aimée Marguerite...

— Maître Marcel, — reprit Mahiet en tressaillant, — ces dispositions sont sinistres...

— Sinistres... non... mais prudentes; j'ai accompli un devoir sacré... je me trouve dans une situation d'esprit singulière...les derniers évènements, ceux de ce jour, jettent dans ma pensée, non du doute sur la résolution que je dois prendre, une sorte de confusion à l'endroit des moyens à employer; or, jamais la lucidité de mon jugement ne m'a été plus nécessaire qu'en ce moment où il faut que je m'arrête à un parti suprême, irrévocable; il me semble qu'en examinant avec toi l'état des choses, elles m'apparaîtront plus nettes; la pensée *parlée* se précise, tandis que muette, elle s'égare souvent de réflexions en réflexions et s'éloigne d'autant du but qu'elle doit atteindre. Ainsi donc, écoute-moi, et si dans ce rapide exposé tu remarquais quelque omission, quelque obscurité, avertis-moi... C'est un devoir d'amitié que je te conjure de remplir...

— Je vous écoute, maître Marcel.

— Lors de ton retour de Clermont... permets que je ne m'appesantisse pas sur ta douleur privée... j'ai gémi sur la mort de ton malheureux frère... à ton retour de Clermont, tu m'apprends le massacre des Jacques. Le lendemain, nous sommes instruits que le captal de Buch et le comte de Foix ont exterminé à Meaux une autre troupe considérable de paysans révoltés. Enfin, la noblesse, sortant de la stupeur où l'avaient plongée ces insurrections formidables, s'est réunie en troupes, et, battant les campagnes, elle a mis à mort, au milieu d'affreux supplices, une foule de serfs, hommes, femmes, enfants, partisans ou non de la Jacquerie, et livré leurs villages aux flammes... C'en est donc fait... pour longtemps du moins, de l'alliance des gens des villes et des gens des campagnes. L'anéantissement de la Jacquerie réduit la bourgeoisie à ses seules forces pour lutter contre le régent; elle doit accepter cette lutte inégale ou se livrer à Charles le Mauvais, et au lieu de lui imposer des conditions... nous devrons subir les siennes.

— Tel était l'espoir de ce fourbe sanguinaire; il me l'a dit en termes formels lors de notre entrevue à Clermont.

— Cependant cet habile politique, en massacrant les Jacques, s'est privé de puissants auxiliaires contre le régent, dont les troupes sont de beaucoup supérieures à celles du roi de Navarre. Ses calculs peuvent être déjoués.

— Ah! le misérable prince! s'il avait suivi vos généreux conseils, ses bandes, renforcées de milliers de paysans en armes et des milices bourgeoises, écrasaient les troupes royales; et, profitant de l'élan des populations, non moins exaspérées contre les Anglais que contre les seigneurs, Charles de Navarre chassait l'étranger de la Gaule et montait sur le trône au milieu des acclamations d'un peuple qu'il gouvernait, soumis lui-même à l'autorité des assemblées nationales! La Gaule se trouvait délivrée des seigneurs, du clergé et des Anglais!

— Telle pouvait être la glorieuse mission de Charles le Mauvais; cette mission pourrait encore être la sienne, s'il avait le courage, la sagesse, la loyauté de se vouer corps et âme à un si noble but; je te le démontrerai bientôt... Mais à cette heure il n'est, ainsi que nous,

Assassinat d'Etienne Marcel par Jean Maillart (page 103)

qu'un rebelle à l'autorité du régent. Celui-ci commande à des forces considérables ; il a pour lui la tradition monarchique qui, aux yeux des peuples, se perd dans la nuit des âges ; il a pour lui son nom royal, les courtisans, le clergé, les officiers royaux, les gens du fisc, de justice, tous ceux enfin qui vivent d'abus ou d'exactions, clientèle immense qui donne au régent une force redoutable... Charles le Mauvais est trop clairvoyant pour n'avoir pas déjà reconnu tout ce qu'il a perdu en anéantissant la Jacquerie, et combien maintenant il a peu de chances d'usurper la couronne. Il a dû penser à un accommodement éventuel avec le régent dans le cas où notre cause, à laquelle il paraît encore attaché, serait compromise ou perdue...

— Vous croyez que Charles le Mauvais a traité avec le régent?

— Tout me le donne à penser... La conduite du roi de Navarre, depuis ces derniers temps, décèle un homme flottant entre l'ambition de monter sur le trône et la crainte d'une défaite qu'il payerait de sa vie et de la perte de ses domaines. Il nous envoie quelques renforts insignifiants ; mais il refuse d'entrer à Paris. Il a accepté le titre de capitaine général de notre cité ; mais la reine, sa mère, a de fréquentes entrevues avec le régent. Le moment est critique. Le parti de la cour exploite contre nous, avec sa perfidie habituelle, les malheurs publics qui ont, pour cause première, les folles prodigalités de la cour. Le roi Jean et ses créatures, par leurs rapines, par leurs violences, par des impôts écrasants, ont poussé à bout les villes et les campagnes ; une révolution a éclaté. Nous avons conquis des réformes radicales ; elles devaient inaugurer une ère de paix, de prospérité sans égale, *puisque la liberté c'est à la fois*

114ᵉ livraison

l'indépendance et le bien-être. Mais la liberté n'est complète qu'avec la possession des instruments de travail.

— Vérité profonde, maître Marcel : la tyrannie engendre toujours la servitude, et la servitude la misère. L'insurrection des serfs, les délivrant de la tyrannie de la seigneurie, pouvait seule leur assurer la jouissance des fruits de la terre qu'ils cultivent pour leurs bourreaux.

— Oui ; mais toute résolution est laborieuse et rude : elle ne peut du jour au lendemain remédier à des maux qui sont le fatal héritage du passé ; parfois même ces maux s'aggravent momentanément, de même que la plaie cautérisée par le fer devient pendant quelque temps plus douloureuse. Ces maux, ces misères ont été portés à leur comble par les ravages des Anglais depuis la défaite de Poitiers ; mais le peuple les a vaillamment endurés, pressentant les résultats de notre révolution de 1357 et plein d'espoir en elle. Le conseil de ville, présidé par moi, par les *gouverneurs*, comme on appelle les échevins, a dû exercer une dictature temporaire, recourir souvent à des mesures énergiques, terribles, pour combattre les Anglais qui étaient à nos portes et le parti de la cour dans nos murs ! Le peuple a d'abord accepté cette dictature au nom du salut de la cité, mais ensuite il s'en est détaché quand il s'est aperçu que nous ne pouvions pas réaliser instantanément ses espérances de bien-être matériel. Le peuple est las de notre dictature... Dans sa désespérance crédule, il a ouvert l'oreille aux pernicieuses paroles de ses ennemis ! Il se retire de la lutte au moment d'achever son œuvre d'affranchissement ! Le peuple déplore sa rébellion ; il est près de maudire les échevins qui ont sacrifié leur repos, leurs biens, leur vie pour sa délivrance. Il s'imagine qu'en se soumettant humblement au régent, qu'en reprenant son joug séculaire, ses maux s'apaiseront. Demain, peut-être, le peuple me traînera aux gémonies, moi jadis son idole ! Que ma destinée s'accomplisse.

Le prévôt des marchands continua après un moment de silence :

— Résumons-nous : nous pouvons à peine compter maintenant sur l'appui des masses populaires ; Charles de Navarre est un allié douteux ; le régent, un adversaire formidable.

— Malheureusement, ces symptômes de défaillance du peuple, entretenue, augmentée par les manœuvres des affidés du régent, m'avaient aussi frappé depuis quelques jours. Faut-il donc renoncer à tout espoir, maître Marcel ?

— Non, non ! j'ai voulu établir combien notre position était critique, mais tout n'est pas perdu... Ce peuple, en vertu même de sa mobilité, est capable de soudains revirements ; une fraction notable de la bourgeoisie, fermement résolue de mener notre œuvre *à bonne fin*, selon notre devise, ira avec nous jusqu'au bout, quels que soient les dangers qui menacent sa vie, ses biens en cas d'échec... Nous pouvons encore réagir sur la population, la surexciter, l'arracher à sa fatale désespérance, aux suggestions de ses ennemis, prendre contre eux des mesures terribles et engager une lutte décisive contre le régent ; mais la Jacquerie est anéantie, et il serait insensé d'entreprendre cette lutte sans l'appui des forces de Charles le Mauvais. Voici donc la dernière chance qui nous reste : je mettrai cette nuit même ce prince en demeure de se déclarer contre le régent, de se compromettre enfin assez ouvertement pour qu'il se trouve dans l'alternative de vaincre avec nous et de régner, ou de perdre ses domaines et la vie si le régent est vainqueur. Ces propositions acceptées, Charles le Mauvais ainsi résolu de jouer sa tête contre une couronne, entre alors à Paris à la tête de ses Navarrais ; nous tentons un suprême effort, nous exaltons le peuple, nous combattons le régent ; si nous sommes victorieux, nous soulevons contre les Anglais les paysans échappés aux vengeances de la noblesse. L'étranger est chassé du sol ; la Gaule, délivrée de ses ennemis du dedans et du dehors, délègue à Charles de Navarre la souveraineté, sous le contrôle des assemblées nationales ; et nos provinces forment une puissante fédération dont Paris est le centre !

— Ce résultat serait encore admirable ; mais Charles le Mauvais tiendra-t-il sa promesse quand il sera couronné roi de France ? se résignera-t-il à subir la loi des états généraux ?

— Il eût subi toutes nos conditions avant l'anéantissement de la Jacquerie, contre-poids suffisant à ses bandes de soudoyers. Mais la force des choses l'obligera de maintenir, en manière de don de joyeux avènement, en montant sur un trône usurpé, bon nombre de réformes ; ainsi, une partie de nos conquêtes sur la royauté demeureraient acquises à l'avenir. Ce n'est pas tout. Le peuple encore dans l'ignorance, est routinier : depuis des siècles, accoutumé à être despotiquement gouverné par un prince de sang royal, il ne peut arriver sans transition à un gouvernement libre, régi par des magistrats électifs, ainsi que l'étaient les villes de communes lors de leur affranchissement ; mais peu à peu l'expérience viendra ; n'est-ce point déjà un pas immense dans cette voie que le renversement d'une dynastie, que l'intronisation d'un nouveau roi par la seule volonté des citoyens ?... Le divin prestige de la royauté reçoit ainsi un coup mortel. Pouvoir choisir un souverain implique le droit de le déposer ou de se passer de lui. Enfin, n'oublions pas ceci, toujours dans l'hypothèse du succès de Charles le Mauvais : la Gaule sera délivrée des Anglais ; puis, quoi qu'il arrive, la noblesse gardera le souvenir de cette insurrection formidable des Jacques ; et, forcément, adoucira le sort de ses serfs, sachant que Jacques Bonhomme, de nouveau poussé à bout, peut prendre encore la faux, la fourche et la torche.

— Oui, maître Marcel l'avenir est beau... si Charles le Mauvais se déclare ouvertement contre le régent et si nous triomphons.

— J'ai tout pesé, tout calculé. Si nous succombons dans cette lutte suprême, Charles le Mauvais partage notre défaite, paye comme nous sa rébellion de sa tête ; c'est un méchant prince de moins ; le régent revient à Paris, de même qu'il y rentre fatalement si le roi de Navarre refuse d'embrasser notre cause ; car ce serait faire acte de folie que de tenter sans lui de résister au régent. Examinons cette dernière hypothèse : désirant couper court aux hésitations de Charles le Mauvais, j'ai mis le prince en demeure de se prononcer cette nuit même...

— Cette nuit ?

— A une heure du matin, j'attends à la porte Saint-Antoine le roi de Navarre ; je lui ai déclaré hier à Saint-Denis que je ne compterais plus sur lui, que je le regarderais comme un traître si, à l'heure dite, il ne se trouvait pas à ce rendez-vous, afin d'entrer dans Paris avec moi et m'annoncer solennellement demain à l'Hôtel de Ville qu'il embrasse notre cause et donne l'appui de ses armes. Nous sommes abandonnés à nos propres forces si Charles le Mauvais manque au rendez-vous de cette nuit.

— Que vous a-t-il répondu, maître Marcel ?

— Il m'a répondu, selon son habitude, qu'il aviserait. Or, si la crainte de perdre ses domaines et de risquer sa tête l'emporte sur son ambition, il ira se jeter aux pieds du régent, lui offrira ses services contre nous en repentance de sa trahison passée ; le régent a tout intérêt à ménager un pareil adversaire : il lui accordera sa grâce, tous deux marcheront sur Paris à la tête de leurs troupes réunies et notre ville retombera sous le joug monarchique.

— Alors, maître Marcel, — s'écria Mahiet, — appelons aux armes tout ce qui reste de gens de cœur dans la cité, renfermons-nous dans nos remparts, si habilement fortifiés par vos soins, faisons-nous tuer jusqu'au dernier ; le régent ne rentrera dans sa capitale que par la brèche et sur nos cadavres !

— Cette résolution est héroïque ; mais tu oublies les horreurs qui suivent l'assaut d'une ville. Tu oublies Meaux livré aux flammes par le captal de Buch et le comte de Foix ; les femmes violées, éventrées, les enfants, les vieillards massacrés ou périssant dans l'incendie !...Livrer Paris à un pareil sort ! Paris le cœur et la tête de la Gaule !.... Non, non, entreprendre de résister au régent sans l'appui de Charles le Mau-

vais, c'est nous exposer à une perte certaine. Préférons à l'héroïsme stérile le sacrifice salutaire. Notre défaite même sera féconde !...

— Maître Marcel, je ne vous comprends plus...

— Quelles que soient la ténacité, la duplicité du caractère du régent, les terribles leçons qu'il a reçues ne seront pas perdues pour lui : il a dû, fuyant le soulèvement populaire, abandonner furtivement son palais du Louvre... il s'est vu sur le point de perdre la couronne ; s'il rentre ici, grâce à la soumission des Parisiens, pour peu que sa vengeance et son orgueil royal soient satisfaits, ce prince maintiendra nécessairement certaines réformes. Elles seront moins nombreuses sans doute que celles qu'aurait acceptées Charles le Mauvais pour consolider son usurpation ; mais enfin ces réformes demeureront toujours acquises à l'avenir, notre révolution aura porté ses fruits, le fardeau qui pèse sur le peuple aura été allégé. Me comprends-tu ?... D'où vient ton étonnement ?

— Mais pour satisfaire aux ressentiments du régent, pour assouvir sa vengeance, il faudra les têtes des chefs de la rébellion.

— Il faudra quelques têtes !...... — répondit Marcel avec une simplicité antique en interrompant Mahiet. — Oui, le régent demandera d'abord mon supplice et celui des *gouverneurs*, principaux chefs de la révolution..... Eh bien ! nous livrerons nos têtes au régent !..... Je suis d'accord avec nos amis sur ce point..... Notre entretien, en élucidant les faits, ainsi que je l'espérais, me confirme dans ma résolution. A une heure du matin, je me rends à la porte Saint-Antoine, où j'attendrai Charles le Mauvais ; s'il manque au rendez-vous, je monte à cheval, je vais rejoindre le régent à son camp de Charenton ; je lui offre ma vie, si elle ne lui suffit pas, celle de nos amis ; ils m'ont autorisé à disposer de leurs têtes ! En retour, je demanderai au Prince le maintien des réformes qu'il a jurées en 1357. Je demanderai beaucoup afin d'obtenir quelques concessions..... Ces réformes prépareront l'avènement de notre plan de gouvernement, basé sur la fédération des provinces et la permanence d'assemblées nationales souveraines, déléguant d'abord un simulacre de couronne à un fantôme de roi, et plus tard, supprimant cette vaine idole, la *royauté* ; le gouvernement des Gaules libres et confédérées redeviendra alors tel qu'il était avant les conquêtes de César, ainsi que nous l'apprend l'histoire, et ainsi que je l'ai lu dans les légendes de la famille. Commune et fédération !

— Lors de l'abolition de la commune de Laon et de tant d'autres républiques municipales détruites par Louis le Gros, mon aïeul Fergan le Carrier disait à son fils, qui désespérait de l'avenir, ce que vous me dites à cette heure : « Espère, mon enfant, espère... aie foi dans le progrès lent, laborieux, mais irrésistible, des choses !... » Mon aïeul disait vrai !... Grâce à votre génie, j'aurai vu en ce siècle-ci le gouvernement municipal des anciennes communes, gouvernement libre, paternel et sage, appliqué non plus seulement à une cité, mais à la Gaule entière. Soyez glorifié pour ce progrès.

— Tel était mon rêve ! *L'unité sociale et l'uniformité administrative. Les droits politiques étendus à l'égal des droits civils. Le principe de l'autorité transféré de la couronne à la nation. Les états généraux changés en assemblées nationales sous l'influence du peuple et de la bourgeoisie, seules forces vives de la nation, et la souveraineté populaire attestée par le renversement d'une dynastie et la délégation de la couronne sur une autre branche...* jusqu'au jour de la suppression de la royauté, dernier vestige des hontes de la conquête franque !... Tel était mon rêve ! Le temps changera ce rêve en réalité ! il se peut que j'aie devancé l'esprit de mon siècle... est-ce un mal ?... Ce gouvernement de l'avenir aura été pratiqué pendant trois ans !... Nos enfants seront d'autant plus confiants dans l'espoir de leur délivrance, qu'instruits par le passé, ils sauront que leurs pères ont eu leur affranchissement entre leurs mains ; qu'un jour, redevenus libres, ils ont dompté, chassé la royauté, et que s'ils sont retombés sous leur joug séculaire, c'est qu'à la veille du triomphe, ils ont cédé au découragement ! c'est qu'après avoir surmonté les plus rudes obstacles, ils ont défailli au moment de toucher au but ! Ce sera pour nos fils un grand et profitable enseignement ; peut-être ma mort et celle de nos amis la rendront encore plus éclatant ! Notre mort aura été féconde comme notre vie !... l'échafaud la couronnera !...

Le prévôt des marchands semblait transfiguré en prononçant ces patriotiques paroles ; sa foi religieuse dans l'avenir de sa cause illuminait son regard. Mahiet le contemplait dans une muette admiration, lorsque Denise, entr'ouvrant en ce moment la porte du cabinet de Marcel, dit timidement à l'Avocat d'armes :

— Mahiet, votre ami Rufin désirerait vous parler à l'instant.

— Maître Marcel, — reprit Mahiet, — il s'agit sans doute de ce complot dont Rufin croit avoir saisi la trace ?

— Mon enfant, dis à Rufin d'entrer, — reprit le prévôt des marchands s'adressant à Denise. Et bientôt parut l'écolier.

— Maître Marcel, — dit-il vivement, — je crois avoir été, cette fois, aussi bien servi par la déesse Fortune que lors de cette nuit où j'ai découvert la fuite du duc de Normandie...

Puis, l'écolier tira de sa pochette une lettre, et, la remettant au prévôt des marchands, ajouta : — Veuillez prendre connaissance de ceci, maître Marcel, et si l'on peut présumer du message par le messager, cette lettre ne doit rien flairer de bon.

Marcel reçut la lettre, rompit les sceaux, tressaillit en reconnaissant la main qui l'avait écrite, et il commença de lire cette missive avec une attention profonde, tandis que Mahiet, emmenant l'écolier à l'autre extrémité du cabinet, disait tout bas :

— De qui tiens-tu cette lettre, ami Rufin ?

— Par Hercule ! je la tiens... de la force de mon poignet ! sans oublier cependant l'assistance que m'ont prêtée mon compère *Nicolas-Poire-Molle* et deux Ecossais, écoliers *martinets*, dont j'avais fait l'an passé connaissance en soutenant contre eux la supériorité flagrante de la rhétorique de Fichetus *sur le vrai art de pleine rhétorique de* Faber.. Notre discussion étant devenue d'orale..... manuelle, au plus grand honneur de la rhétorique... il m'était resté un frappant souvenir de leurs poings...

— Les instants sont précieux, Rufin, la chose est grave : je t'en supplie, arrive au fait.

— Ce soir, à la tombée de la nuit, je cheminais dans la rue *Où-l'on-cuit-les-oies*, oubliant, malgré le parfum qui s'exhalait des rôtisseries, que j'avais dîné d'un hareng, et songeant à ce trésor, à cette escarboucle, ou plutôt à ce bouquet de lis et de roses que dame Vénus, sa marraine, a baptisé du nom succulent d'Alison...

— Mort-Dieu ! Rufin !...

— Calme-toi, j'impose silence à mon cœur... et j'arrive au fait. Donc... j'aperçois un rassemblement nombreux vers l'extrémité de la rue *Où-l'on-cuit-les-oies* ; je me glisse à travers la foule, j'arrive au premier rang, et j'avise certain gros coquin à chaperon fourré noté par moi comme forcené partisan de Maillart. Ledit gros coquin pérorait contre maître Marcel, lui attribuant tous les maux dont on souffre, et s'écriant : « Il faut en finir avec la tyrannie des gouverneurs. L'armée du régent est réunie à Charenton, afin de marcher contre nous ; le régent est furieux, il veut mettre sa bonne ville de Paris à feu et à sang ; Maillart, véritable ami du peuple, est seul capable de résister au régent ou de traiter avec lui et de sauver ainsi la cité des maux qui la menacent... »

— Toujours ce Maillart !!

— Ce langage m'exaspère... J'étais prêt à éclater et à confondre l'homme au chaperon fourré, dont le langage, je l'avoue, produisait assez d'impression sur la foule. Quelques-uns même commençaient de vitupérer fort contre maître Marcel et les gouverneurs, lorsque j'entends dire derrière moi en latin : — *L'eau commence à bouillir, il ne faut pas tarder à y jeter le poisson.* — Une autre voix ajouta aussi en latin : — *Et pour ce faire, hâtons-nous d'aller prévenir le maître cuisinier.* — Cherchant à pénétrer le sens mystérieux de ces paraboles, je me retournai vers mes hâbleurs de latin, lorsqu'ils s'écrient et en français cette fois : — « Noël, Noël pour Maillart, au diable Marcel ! c'est un scélérat ! un traître ! il complote avec les Navarrais ! Noël pour Maillart ! seul il peut mettre fin à nos maux ! » Une partie de la foule répète ces cris : le gros coquin à chaperon fourré clôt sa péroraison, descend du montoir où il était perché. Les deux hâbleurs de latin se rapprochent de lui, et pendant que le rassemblement se disperse, mes trois compères s'éloignent et s'entretiennent avec animation. Je ne les perdais pas de vue, je les suis de près, ces mots entrecoupés arrivent à mon oreille : *Rendez-vous... cheval... arcade Saint-Nicolas*. Tu sais combien, même en plein jour, l'arcade Saint-Nicolas est sombre et déserte ; la nuit tombait, l'idée me vient que ces coquins pouvaient avoir quelque rendez-vous suspect dans cet endroit écarté, car je me remémorais ces mystérieuses paroles échangées en latin : *L'eau commence à bouillir...* ceci pouvait signifier : le bouillonnement de la colère populaire... *Le poisson que l'on devait jeter dans ce bouillonnement*, ce pouvait être maître Marcel ; et enfin, *le cuisinier qu'il s'agissait d'aller prévenir...*

— Ce pouvait être Maillart ou le régent, — ajouta Mahiet. — Je ne crois pas ta pénétration en défaut... Cela fait honneur à ton jugement.

— Ces mots : *cheval... rendez-vous... arcade Saint-Nicolas*... pouvaient signifier aussi qu'un messager à cheval attendait mes coquins dans ce lieu retiré ; je le connaissais de reste, car souvent Margot la Savourée... Mais foin de Margot ! je me disais au contraire : « Ah ! si au lieu de suivre vers cet endroit propice aux amours ce gros ribaud à chaperon fourré, je suivais la divine Alison... »

L'Avocat d'armes fit un mouvement d'impatience, prit son ami par le bras, et d'un geste significatif lui montra à l'autre extrémité du cabinet le prévôt des marchands qui, le front appuyé dans sa main, contemplait la lettre dont il venait d'achever la lecture, et pensif souriait avec une douloureuse amertume. L'écolier comprit la pensée de Mahiet et reprit à voix plus basse :

— J'ai des jambes de cerf ; j'en use en coupant au court à travers le champ de Saint-Paterne, pour devancer mes hommes à l'arcade Saint-Nicolas ; j'y arrive : elle était noire comme un four ; je prête l'oreille, je n'entends rien ; je connaissais l'endroit, je cherche à tâtons et je trouve certaine niche où était autrefois placée la statue du saint ; je me blottis dans cette cavité, et à tout hasard j'attends. Bien m'en prit, car au bout d'un quart d'heure des pas résonnent sous la voûte, je reconnais la voix de l'homme au chaperon fourré disant à petit bruit en manière d'appel : « Hé... Hé... *Jean-Quatre-Sous*. » Puis mon homme ajoute après un moment de silence — « Il n'est pas encore arrivé... au diable le musard ! — Il n'y a pas de temps perdu, — répond une autre voix ; — il ne lui faut que trois heures pour se rendre à cheval à Charenton. Il y sera, bien certainement.

— La chose est grave, — reprit Mahiet. — C'est à Charenton que le régent tient ses quartiers. Il y a donc complot et trahison.

— Justement ; aussi tu dois penser combien je me félicitais de ma découverte ; évidemment il se tramait quelque complot avec le parti de la cour. Enfin Jean-Quatre-Sous arrive par l'autre côté de l'arcade, et l'homme au chaperon fourré lui dit : — « Es-tu prêt à partir ? — Oui, mon cheval est sellé dans l'écurie de l'auberge des *Trois-Singes*. — Voici la lettre, — reprend la voix du chaperon fourré. — fais toute diligence pour te rendre au quartier de l'armée royale ; tu remettras ta missive au sénéchal du Poitou ; c'est convenu avec lui. — Mais, me laissera-t-on sortir de la ville ? — demande le messager. — Ne crains rien à ce sujet, — lui répond-on. — La porte Saint-Antoine est gardée ce soir par des hommes qui sont à nous. Maître Maillart doit se trouver avec eux ; tu leur diras pour mot de ralliement : *Montjoie au roi et au duc ;* ils te laisseront passer ; donc à cheval, à cheval ! » Après quoi le chaperon fourré et ses deux compères s'éloignent d'un côté, Jean-Quatre-Sous de l'autre. Je sors de ma niche, où je figurais tant bien que mal Saint-Nicolas, et je suis le messager, que je puis envisager au dehors de la voûte à la clarté de la lune. Ce ribaud était grand, fort et bien armé ; je voulais m'emparer de la lettre qu'il portait. Comment faire ? J'y songeais, lorsque je le vois entrer dans la taverne des *Trois-Singes*. Je pensais qu'il allait prendre son cheval à l'écurie ; point... Jean-Quatre-Sous, en homme de prévoyance, demande à souper avant de se mettre en route, et à travers la porte ouverte je le vois s'attabler. Bacchus a voulu que j'aie souvent vidé plus d'un pot dans la taverne des *Trois-Singes* sans le casser après boire. Je connais l'hôtelier, un digne homme, du parti de Marcel ; j'écris d'abord quelques mots à la divine Alison que dame Vénus... attache à son char.

— Nous savons cela... arrive au fait.

— Incertain du succès de mes desseins, je voulais du moins et au plus tôt faire prévenir maître Marcel qu'il se tramait quelque chose contre lui ; l'hôtelier se charge d'envoyer mon billet à l'auberge d'Alison, et bientôt... bénie soit la déesse Fortune ! je vois entrer mon compère Nicolas Poire-Molle en compagnie des écoliers écossais avec qui j'avais autrefois discuté à si beaux coups de poing en l'honneur de la rhétorique de *Fichetus* ; ils venaient pour boire du vin herbé ; je voyais du coin de l'œil Jean-Quatre-Sous dévorer son souper à belles dents ; mon plan était formé, je le communique à mes amis et à l'hôtelier, lui confiant mes soupçons, éveillés par le rendez-vous de l'arcade Saint-Nicolas. Rien de plus simple que mon projet : chercher querelle à Jean-Quatre-Sous, tomber sur lui, m'emparer de sa missive, et enfermer ensuite ce truand dans la cave des *Trois-Singes*, afin de l'empêcher d'aller donner l'éveil au parti de Maillart... Sitôt dit, sitôt fait... je m'approche de la table de Jean-Quatre-Sous, je le querelle ; il me répond insolemment, je saute sur lui, Nicolas-Poire-Molle fouille dans la pochette de notre homme, y prend la lettre, et...

Le récit de l'écolier fut interrompu par Marcel, qui se leva après être resté longtemps pensif, et dit à Mahiet en allant vers lui.

— Je te parlais de mes hésitations ; cette lettre y eut mis un terme si ma résolution n'eut été prise. — Sais-tu qui a écrit cette lettre ?

— Non..... maître Marcel..... qui donc en est l'auteur ? Un ami ou un ennemi ?

— Mon plus ancien ami, — dit le prévôt des marchands avec chagrin et dégoût, — Jean Maillart ! — Cette lettre prouve que depuis quelque temps Maillart, malgré ses affectations de dévouement à la cause populaire et ses violences de langage contre la cour, négociait secrètement avec le parti royaliste, dont les chefs sont ici, le sire de Charny et le chevalier Jacques de Pontoise, pour la noblesse, et pour la bourgeoisie, Maillart et les anciens échevins, Pastorel et Jean Alphonse... Ce sont nos pires ennemis.

— Maître Marcel, reprit Mahiet, — vous et es gouverneurs ne prendrez-vous pas de mesures rigoureuses contre ces traîtres ?

— Ils osent conspirer dans nos murs !—ajouta l'écolier, — ils cherchent à égarer un peuple trop crédule ! Ils ont mérité la mort.

— Nos ennemis l'auront voulu, il faudra les frapper de terreur, car ils appellent sur Paris de terribles vengeances, — répondit Marcel. — Oui, Maillart, instruisant le régent de nos divisions intestines, du découragement que les agents de la cour ont inspiré à la population, de la haine qu'ils ont excitée contre nous, conjure ce prince de marcher sur Paris, affirmant que le peuple est las de souffrir, qu'un mouvement en sa faveur éclatera dans nos murs à son approche, que ses partisans sont de garde cette nuit et le seront demain encore à la porte Saint-Antoine, qu'ils ouvriront les portes aux troupes royales, et qu'enfin Maillart espère pouvoir me livrer au régent... moi... l'âme de la révolution.

— Plus de doute ! — s'écria Mahiet avec horreur. — Ainsi la femme de Maillart en venant ici ce soir proposer à dame Marcel des moyens de faciliter votre fuite, vous tendait un piège...

— ... Me tendait un piège, — répondit Marcel avec une méprisante amertume. — Je me confiais à la foi de mon plus vieil ami... je me rendais seul chez lui, et il m'emprisonnait sans doute dans sa demeure afin de me livrer au régent à son retour à Paris.

— Trahison et lâcheté ! — s'écria l'écolier indigné. — Quel monstre femelle ! Ah ! déjà je l'avais jugée à ses lamentations hypocrites lors de l'enterrement de Perrin Macé !

— L'envie et l'orgueil qui la dévorent ont perdu Maillart, — reprit le prévôt des marchands. — La vanité de cette folle a poussé son mari au mal, à la plus insigne bassesse. Cet homme sans caractère, sans conviction, rappelle dans sa lettre au sénéchal qu'en récompense des services qu'il rend au parti de la cour, le régent lui a fait promettre des lettres de noblesse !!! Maillart qui me reprochait sans cesse de ne pas exterminer ceux du parti de la cour qui restaient à Paris !... lui... qui ne trouvait pas assez d'injures pour flétrir la noblesse !

— Misère de Dieu ! — s'écria Mahiet, — votre sang, maître Marcel, devait être le prix de l'anoblissement de cet infâme...

— Cette trahison m'est doublement cruelle... je connais les hommes ; cependant, jusqu'au dernier moment j'ai répugné à croire à l'odieuse félonie de Maillart... mon ami d'enfance... Allons, il n'y a plus à hésiter... la réaction du parti de la cour serait impitoyable... Notre seule chance de salut est dans l'appui du roi de Navarre... et dans les mesures rigoureuses que nous devons prendre contre nos implacables ennemis...

— Maître Marcel, dit tout bas Mahiet au prévôt des marchands, — si Charles le Mauvais ne se trouve pas au rendez-vous cette nuit que ferez-vous ? Quels sont vos projets ?

— En ce cas, je monte à cheval et je vais livrer au régent ma tête et celle des *gouverneurs*... Notre sang assouvira la soif de vengeance du jeune prince et il épargnera Paris.

Un grand tumulte, d'abord lointain, puis de plus en plus rapproché, se fit entendre dans la rue ; bientôt éclatèrent les cris de : *Noël à Marcel ! A bonne fin ! à bonne fin ! Noël à Marcel !* Presque aussitôt Marguerite entra dans le cabinet de son mari, lui disant :

— Simon le Paonnier, Philippe Giffart, Consac et autres de nos amis, sont en armes dans la rue, au milieu d'un grand nombre de tes partisans fidèles, qui témoignent par leurs cris de leur dévouement pour toi. Nos amis ont cru prudent de venir te chercher afin de t'escorter durant le trajet d'ici à l'Hôtel de Ville.

— Adieu, Marguerite, chère et bien-aimée femme ! — reprit Marcel avec une émotion profonde mais contenue, songeant que pour la dernière fois peut-être il serrait dans ses bras la compagne dévouée de sa vie, — adieu ! —

répéta-t-il en embrassant sa femme avec tendresse, — adieu... et au revoir !...

— Ah ! mon ami, ces cris qui acclament ton nom avec enthousiasme me rassurent... et nos amis veillent sur toi !...

— Ne crains rien ; demain je te reverrai... Adieu !.. encore adieu !... — reprit Marcel, qui, malgré son courage, sentait son cœur se briser au moment de cette séparation, peut-être éternelle. Après avoir embrassé de nouveau Marguerite avec effusion, il descendit dans la rue ; plusieurs échevins l'attendaient au milieu d'une foule de ses partisans, dont les acclamations sympathiques redoublèrent à sa vue. Le découragement avait, il est vrai, gagné la majorité du peuple ; mais le prévôt des marchands pouvait encore cependant compter sur des cœurs intrépides et dévoués.

— Amis, — dit à haute voix Marcel aux échevins, — nous n'allons pas à l'Hôtel de Ville, mais à la porte Saint-Antoine. Je vous instruirai en route de mes résolutions.

Ces paroles furent entendues par l'un des trois hommes qui, durant toute la soirée, n'avaient pas quitté les abords de la maison du prévôt des marchands ; cet espion dit à ses compagnons :

— Que l'un de vous aille en hâte avertir le sire de Charny que Marcel se rend avec ses hommes à la porte Saint-Antoine ; l'autre ira prévenir maître Maillart de l'arrivée de cette bande de forcenés en les devançant ; moi, je les suivrai de loin afin d'épier leurs mouvements. Que chacun soit à son poste et bien armé.

. . . .

Une heure du matin venait de sonner à l'église du quartier Saint-Antoine ; la lune, au moment de disparaître à l'horizon, jetait encore assez de clarté pour argenter d'une frange de vive lumière les derniers créneaux des deux hautes tours qui défendaient la porte Saint-Antoine, vers laquelle Etienne Marcel, accompagné de Philippe Giffart, échevin, et de Mahiet, se dirigeait tenant à la main deux lourdes clés ; les autres magistrats et un groupe de leurs partisans étaient, sur l'invitation du prévôt des marchands, restés dans une maison voisine des remparts. Le plus profond silence régnait aux abords d'une large et sombre voûte conduisant à la porte de la ville. Un homme tenant un cheval par la bride suivait Marcel à quelque distance.

— Le moment est décisif, — disait-il à ses compagnons. — Si Charles le Mauvais est venu à notre rendez-vous, il nous reste une chance de succès... sinon, je monte à cheval, et je vais au camp de Charenton me livrer au régent...

Le prévôt des marchands achevait à peine de prononcer ces paroles, lorsque les deux factionnaires postés en dehors de la voûte obscure sous laquelle il allait s'engager crièrent *Montjoie au roi et au duc* ! Et presque aussitôt apparaît Jean Maillart sortant du noir passage qui conduisait à la porte. A l'aspect de son ancien ami, dont il connaît l'infâme trahison, le prévôt des marchands s'arrête indigné, et le colloque suivant s'établit entre eux :

— *Marcel*, — dit l'échevin d'un ton impérieux, — *Marcel, que faites-vous ici à cette heure ? Vous devriez être à l'Hôtel de Ville.*

— *De quoi vous mêlez-vous ?* — répond Marcel. — *Je suis ici pour veiller à la sûreté de la ville dont j'ai le gouvernement.*

— *Pardieu !* — s'écrie Maillart en se rapprochant insensiblement du prévôt des marchands, — *Pardieu ! vous n'êtes ici pour rien de bon !*

— Et, se tournant vers les deux factionnaires, immobiles à quelques pas : — *Vous le voyez, Marcel tient à la main les clés de la porte de la ville... c'est pour trahir !...*

— *Misérable ! Abominable coquin,* — s'écria Marcel, — *tu mens par la gorge !*

— *Non, traître ! c'est vous qui mentez !* — reprit Maillart. Et levant soudain une courte hache qu'il avait jusqu'alors tenue cachée derrière son dos, il s'élança d'un bond vers le prévôt des marchands en s'écriant : — *A moi, mes amis ! à mort Marcel ! à mort lui et les siens ! ils sont tous traîtres !...* — Et avant que Mahiet et Philippe Giffart aient pu prévoir et parer cette attaque soudaine, il décharge un si furieux coup de hache sur la tête de Marcel, que celui-ci chancelle et tombe baigné dans son sang. L'ami du peuple était assassiné.

Au cri de Jean Maillart : *A moi mes amis !* la voûte de la porte, noyée d'ombre, s'illumine soudain de lueurs de plusieurs falots, jusqu'alors cachés sous les capes de ceux qui les portaient ; à cette clarté rougeâtre, l'on voit un grand nombre d'hommes armés de piques, de hallebardes, de coutelas, embusqués dans cet endroit ténébreux. Parmi eux sont le sire de Charny, le chevalier Jacques de Pontoise et l'échevin Pierre Dessessarts. A peine Marcel est-il tombé sous la hache de Maillart, que la troupe d'assassins, s'élançant en criant : *Montjoie au roi et au duc !* se précipite sur le prévôt des marchands, afin de l'achever. Le malheureux, le crâne ouvert, la figure ensanglantée, essayait de se relever, soutenu par Mahiet et par Philippe Giffart ; ceux-ci font des efforts surhumains pour défendre le blessé ; mais bientôt ils sont, comme lui, renversés, percés, hachés de coups. Les autres *gouverneurs* et plusieurs de leurs partisans, retirés dans la maison voisine des remparts, où ils attendaient l'issue du rendez-vous de Marcel et du roi de Navarre, entendant un tumulte croissant et les cris de : *Montjoie au roi et au duc !* cri de ralliement des royalistes, accourent à la porte Saint-

Antoine, afin de venir en aide au prévôt des marchands; mais leurs chaperons rouges et bleus les désignent à la fureur des meurtriers; ils sont, malgré leur défense héroïque, massacrés comme leur chef. Cette tuerie n'assouvit pas la rage de Maillart et du sire de Charny.

— A mort tous les ennemis du régent, notre sire! — s'écrie le chevalier. — Nous savons où ils gîtent; courons à leurs demeures, nous les tuerons en leur lit!

— A mort! — reprend Jean Maillart en brandissant sa hache, — à mort les partisans de Marcel! A mort tous les communiers!

— *Monjoie au roi et au duc!* — répète la bande armée en poussant des hurlements. — A mort les chaperons rouges et bleus!

— Amis! — s'écria soudain le seigneur de Charny, — le corps du chevalier de Conflans, victime du parti populaire, a été exposé au *val des Écoliers :* que le corps de Marcel y soit exposé comme représailles!... Chargez-le sur vos épaules!

— Demain on placera ce cadavre sur la claie, on le traînera dans la boue jusqu'en face du Louvre, que notre bien-aimé sire le régent a dû quitter devant les menaces de Marcel; après quoi l'on jettera à la Seine la charogne de ce forcené, indigne d'une sépulture chrétienne! — ajouta Jean Maillart. — Puis il se dit, pensant à sa femme : — Pétronille ne me reprochera plus d'être primé par le prévôt des marchands; Pétronille ne sera plus rongée d'envie; Pétronille n'entendra plus dire que Marguerite est la femme du *Roi de Paris!...* J'aurai un titre de noblesse.

Les ordres du sire de Charny et de Maillart furent exécutés; l'on chercha le cadavre du prévôt des marchands parmi les corps de ses amis. Quatre hommes soulevèrent sur leurs épaules les restes défigurés du grand citoyen, et, à la lueur des torches, le sinistre cortège, brandissant ses armes, se dirigea vers le val des Écoliers en hurlant :

— A mort les partisans des *gouverneurs!*
— A mort les chaperons rouges et bleus!
— *Montjoie au roi et au duc!*

. . . .

Telle a été la fin de ce glorieux martyr... Hélas! fils de Joel, telle fut la mort d'Étienne Marcel, illustre génie à qui la Gaule devra peut-être un jour sa liberté, car il a semé les champs de l'avenir. Marcel n'a fait que devancer les idées de son temps; il a semé, la semence a été arrosée de son généreux sang, notre descendance récoltera. Qu'elle honore pieusement d'âge en âge la mémoire immortelle de ce martyr de la liberté! Adoptons sa devise : Commune et fédération!

La haine des ennemis du prévôt des marchands le poursuivit outre-tombe: son cadavre, porté au val des Écoliers, y demeura exposé aux insultes, aux railleries de la foule mobile et ingrate dont il avait voulu l'affranchissement et le bonheur!... Le lendemain de sa mort, ses restes sanglants, mutilés, jetés sur une claie, furent traînés vers la Seine, en face du Louvre, et précipités dans le fleuve...

Telle a été la sépulture de ce grand citoyen!

Les principaux chefs du parti populaire, au nombre de soixante, et entre autres *Simon le Paonnier, Cousac, Pierre Caillart,* furent suppliciés par ordre de Jean Maillart et du sire de Charny, devenus dictateurs. Ces exécutions accomplies, ils députèrent au régent : — *Simon Maillart* (frère de l'échevin), le chevalier *Dessessarts* et *Jean Pastorel,* — afin d'instruire le jeune prince qu'il pouvait rentrer dans sa bonne ville de Paris, soumise et repentante. Le régent répondit que « ce ferait-il volontiers. » — Et le régent partit du pont de Charenton, accompagné d'une nombreuse chevalerie, et descendit au Louvre. *Là il trouva Jean Maillart, qui grandement était en sa grâce et son amour...* Que son nom soit maudit!

« Comme le régent, pour se rendre au Louvre, passait par une certaine rue, un artisan osa crier à forte et intelligible voix : — *Pardieu! sire, si l'on m'avait cru, vous ne fussiez pas rentré ici; mais on n'y fera rien pour vous.* »

Ce fait, et d'autres encore prouvent, à l'honneur de l'humanité, que l'ingratitude, la défaillance, la versatilité du peuple, fruits de son ignorance et de son asservissement séculaire, offrirent du moins de consolantes exceptions. Le souvenir de Marcel resta vivant et sacré dans beaucoup de cœurs fidèles à la cause populaire; malgré le triomphe du parti de la cour, plusieurs conspirations se tramèrent dans le but de renverser le trône et de venger sur le régent la mort du prévôt des marchands et de ses amis. Le dernier de ces conspirateurs fut un riche bourgeois de Paris nommé Martin Pisdoé; il monta sur l'échafaud et paya de sa tête son religieux dévouement à la mémoire d'Étienne Marcel. Le sang des martyrs féconde la liberté.

Mahiet l'Avocat d'armes, qui a écrit ce récit, auquel il a joint la DAGUE de *Néroweg, sire de Nointel,* et le TRÉPIED DE FER, instrument de supplice de *Guillaume Caillet,* Mahiet l'Avocat d'armes fut laissé pour mort, près de la porte Saint-Antoine, au milieu d'un monceau de cadavres. Rufin-Brise-Pot et Alison la Vengroigneuse, instruits durant la nuit par la rumeur populaire du meurtre du prévôt des marchands et de ses partisans, coururent vers le théâtre du massacre, afin de s'informer de Mahiet; ils le trouvèrent percé de coups, presque expirant, et le transportèrent chez une personne charitable du voisinage, où, grâce à leurs soins compatissants, il revint à la vie. Protégé par l'obscurité

Charles VI, le fou, indifférent aux déportements de sa femme, Isabeau de Bavière (page 111)

de son nom, il resta longtemps caché dans cet asile, souvent visité par un chirurgien ami de Rufin. Il reprit peu à peu quelque force.

Marguerite apprit la mort de son mari par des envoyés de Jean Maillart, qui vinrent la prendre dans son logis au milieu de la nuit. Cette malheureuse femme, conduite en prison, demanda en vain la grâce d'ensevelir Marcel de ses mains : on lui refusa cette consolation suprême ; elle connut plus tard les ignominies prodiguées au cadavre de son époux. Elle mourut pendant sa captivité. Les biens du prévôt des marchands furent confisqués au profit du régent. Alison, toujours serviable, offrit à Denise, qui se trouvait ainsi abandonnée sans ressources, de partager la chambre qu'elle occupait à l'auberge ; souvent toutes deux vinrent visiter Mahiet l'Avocat d'armes dans sa retraite. Entre autres blessures, un coup de hache devait

le priver pour toujours de l'usage de son bras droit. Lorsque ses autres plaies furent complètement guéries, il épousa Denise ; le même jour. Alison épousa Rufin-Brise-Pot. Mahiet avait hérité d'un petit patrimoine grâce auquel il pouvait à peu près subvenir aux besoins de sa femme et aux siens, l'infirmité résultant de sa blessure ne lui permettant plus de continuer son métier d'*avocat d'armes*. La seule parente qui restait à Denise habitait vers la frontière de la Lorraine, la ville de Vaucouleurs ; Mahiet résolut de se rendre en cette contrée. Il eut été imprudent à lui, malgré son peu de renom, de continuer, après sa guérison, de demeurer à Paris, la réaction du parti de la cour se montrant implacable. Mahiet réalisa son patrimoine, se sépara non sans regret de Rufin Brise-Pot et d'Alison, et parvint, à travers mille dangers causés par les bandes d'Anglais et de routiers

115ᵉ livraison

qui ravageaient la Gaule, à atteindre avec Denise la ville de Vaucouleurs où ils s'établirent.

Moi, *Allan Lebrenn*, petit-fils de Mahiet Lebrenn, l'avocat d'armes, j'intercale ici quelques lignes afin d'expliquer et de combler une lacune existant dans la chronique que m'a léguée mon aïeul, ainsi que la *dague* du sire de Nointel et le petit *trépied de fer* de Guillaume Caillet, objets vénérés dont j'ai augmenté les reliques de notre famille. Treize feuillets contenant le récit de la longue vie de mon grand-père depuis l'an 1359, époque de son mariage, jusque vers l'année 1425 ou 1426, ont été sans doute égarés par lui. Cette période de son existence, ainsi que je l'ai su de lui et de mon père, n'offrait d'ailleurs aucun évènement important. Mon aïeul, ne pouvant plus exercer son métier de champion, ouvrit, sans trop d'opposition de la part des prêtres de Vaucouleurs, une école où il enseignait à lire aux enfants. Le produit de cet enseignement, ajouté à son patrimoine, lui permit d'élever sa famille, composée de mon père et de ses deux sœurs, que nous avons perdues. Les jours de mon aïeul s'écoulèrent assez paisibles, ainsi que les nôtres ; car, sauf l'attaque de quelques bandes d'aventuriers, facilement repoussés par nous, *Vaucouleurs* et toute la rive gauche de la Meuse jusqu'à Domrémy n'eurent pendant près d'un demi-siècle aucunement à souffrir des ravages des Anglais ; ils désolaient l'intérieur de la Gaule, mais ils ne se hasardaient pas dans nos contrées. Malheureusement, vers le mois de juillet de l'année 1424, après la bataille de *Verneuil*, perdue par Charles VII, des troupes nombreuses d'Anglais, venant renforcer les garnisons qu'ils tenaient en Champagne, envahirent notre vallée, jusqu'alors si tranquille ; après des luttes acharnées, héroïques, les habitants, malgré l'infériorité de leur nombre, et souvent guidés par mon aïeul, repoussèrent plusieurs fois l'ennemi. Mon père fut tué lors de la dernière de ces attaques ; il était né en l'année 1368, environ dix ans après le mariage de mon aïeul avec Denise, nièce d'Etienne Marcel. En mémoire de ce grand homme, mon père reçut le nom d'*Etienne*. Denise mourut en lui donnant le jour. Il témoignait dès son adolescence un goût très-vif pour l'art du dessin ; il apprit le métier de dessinateur et de peintre en figure sur vitraux ; j'ai embrassé l'industrie de mon père. Je suis né en l'année 1399 ; mon père est mort en 1424, âgé de cinquante-six ans. Mon aïeul Mahiet l'Avocat d'armes, à la suite de l'histoire de sa vie de 1359 à 1426, fragment du manuscrit égaré, a cru devoir instruire brièvement notre descendance des évènements publics accomplis durant cette longue période. Ce récit était précédé des feuillets perdus ; le voici, ainsi que la seconde partie de cette légende, aussi écrite par mon aïeul : — *Le Couteau de Boucher* ou JEANNE LA PUCELLE.

..... Moi, Mahiet l'Avocat d'armes, après vous avoir raconté, fils de Joel, les incidents de mon obscure existence, consolée par les vertus angéliques de ma bien-aimée Denise, toujours regrettée, je dois vous faire connaître ce qui s'est passé en Gaule depuis la mort d'*Etienne Marcel* jusqu'à ce jour, ainsi que nos pères ont toujours fait de siècle en siècle en nous léguant les annales de notre famille.

Il faut que vous connaissiez, fils de Joel, les horribles désastres dont la pauvre vieille Gaule, notre mère-patrie, soumise depuis Clovis à des rois étrangers, a souffert sans intervalle pendant les soixante-dix années qui ont suivi l'assassinat de MARCEL ; d'une partie de ces maux, de ces désastres publics, j'ai été témoin, car je touche à ma quatre-vingt-seizième année.

Malgré des misères sans fin, sans nombre, malgré l'oppression des rois et des seigneurs, de nouvelles insurrections ont encore éclaté, tour à tour victorieuses et vaincues ; mais, ainsi que déjà vous l'avez vu dans la légende de notre famille, chaque lutte doit porter ses fruits. De même que le libre et fier esprit des *communes*, que Louis le Gros croyait avoir étouffé dans le sang des communiers, se ranimant d'âge en âge, plus vivace que jamais, s'est révélé dans toute sa puissance en 1357, au patriotique appel de Marcel, de même ces réformes imposées à la royauté par le génie de ce grand citoyen, passagèrement disparues devant le découragement du peuple, devant le parjure, la trahison, les violences sanguinaires, ont été exigées de nouveau, et le seront encore de siècle en siècle après quelque soulèvement populaire. Ainsi pas à pas, d'âge en âge, notre race marchant intrépidement, opiniâtrement à sa délivrance, verra luire enfin le grand jour de l'affranchissement de la Gaule, prédit par *Victoria la Grande*... à notre aïeul *Scanvoch*.

Fils de Joel, pas de défaillance ! regardez derrière vous le chemin déjà parcouru ; l'*esclavage* n'a-t-il pas depuis longtemps fait place au *servage ?* Le serf a souffert et souffre encore dans son âme, dans sa chair, dans l'âme, dans la chair de sa famille ; mais du moins il n'est plus vendu comme un vil bétail, conduit, parqué en troupeaux humains du nord au midi de la Gaule, ainsi qu'il en était aux premiers temps de la conquête franque, alors que vivaient nos pères *Karadeuc le Bagaude* et *Ronan le Vagre* ; les terribles représailles de la Jacquerie ont frappé la noblesse d'une terreur *salutaire* : la crainte rendra les seigneurs moins cruels pour les vassaux. Donc, courage, fils de Joel, songez au progrès accompli ; instruits par le passé, ayez foi dans l'avenir.

Le supplice de *Marcel* et de ses partisans, le massacre des Jacques, empirèrent les malheurs de la Gaule; mais du moins les paysans, en courant sus aux seigneurs à coups de faux, de fourches, de haches, apprirent à manier ces armes rustiques, et souvent en usèrent depuis contre les Anglais, mieux que la chevalerie n'usait de la lance et de l'épée. A ce propos, conservez pieusement, fils de Joel, les noms obscurs de deux de ces héros laboureurs échappés au carnage des Jacques. L'un se nommait *Guillaume-aux-Alouettes*; l'autre le *Grand-Ferré*. Ils s'étaient retranchés avec d'autres paysans et leur famille dans un lieu assez fort, voisin de Compiègne, afin de se soustraire aux rapines des Anglais. Ceux-ci, campés à *Creil*, crurent n'avoir qu'à paraître pour chasser Jacques Bonhomme de sa retraite; mais il avait fauché, haché, enfourché tant de seigneurs casqués et cuirassés, qu'il craignait moins les gens d'armes anglais : il soutint bravement leur choc. Guillaume-aux-Alouettes, chef des paysans, est blessé mortellement; ses compagnons exaspérés, commencent à frapper sur l'ennemi *comme s'ils battaient leur blé sur l'aire de leur grange*, ils assomment, ils écrasent les assaillants. Le *Grand-Ferré*, géant d'une force extraordinaire, manœuvra tant et si fort de sa lourde cognée de bûcheron, qu'il tua *quatre Anglais* pour sa part; les paysans demeurèrent maîtres de leur refuge. Le Grand-Ferré, fatigué du combat, but de l'eau glaciale d'une fontaine seule boisson de Jacques Bonhomme... il fut pris de fièvre et se coucha sur la paille, seul lit de Jacques Bonhomme... La maladie s'aggrava durant la nuit. Le lendemain les Anglais, honteux de leur défaite, reviennent à la charge; la femme du Grand-Ferré accourt et s'écrie :

Oh! mon pauvre homme, voici les Anglais!
— *Ah! les brigands! ils croient me prendre parce que je suis malade!* — dit le Grand-Ferré : — *mais il ne me tiennent pas encore!*

En oubliant son mal, il se lève demi-nu, prend sa cognée, s'adosse à un mur, tue cinq Anglais, et les autres se sauvent. Le Grand-Ferré se remet sur sa paille, tout échauffé de la lutte, boit encore de l'eau froide et meurt regretté de tous ses amis du village.

Fils de Joel, conservez un pieux souvenir de *Guillaume-Aux-alouettes* et du *Grand-Ferré*; ces noms rustiques de nos annales plébéiennes traverseront les âges et seront aussi chers à notre descendance que les noms de tant de rois fainéants, cruels et despotes, lui seront odieux. Guillaume aux-Alouettes et le Grand-Ferré, valeureux paysans, sont les précurseurs de l'héroïque fille du peuple, de la pauvre bergère de Domrémy, de *Jeanne la Pucelle*, qui, soixante et dix années plus tard, chassera les Anglais de la Gaule, envahie depuis la bataille de Poitiers, à la honte éternelle de la chevalerie. Mais, hélas! malgré ces traits de bravoure isolés de Jacques Bonhomme, les Anglais devaient longtemps encore désoler les Gaules.

Le roi de Navarre, redoutant la vengeance du régent, rentré dans sa capitale après la mort de Marcel et le supplice de ses amis, tenait de son côté la campagne. Maître d'Etampes, de Corbeil, il arrêtait la navigation de la Seine; les denrées n'arrivaient plus à Paris; et telle était la rareté des subsistances, que le blé, qui en temps ordinaire se vend *douze sous* le setier, valait *trente livres*. Les Anglais, les Navarrais, les routiers, les soudoyers ravageaient le pays, incendiaient les bourgs, les villages. Depuis le massacre des Jacques, tous paysans, laboureurs, les bras manquant à la culture des terres, une effroyable disette se déclara et fut le signal de nouveaux malheurs. Edouard, roi d'Angleterre, débarque à Calais, en 1360, à la tête d'une armée considérable, s'approche de Paris jusqu'au Bourg-la-Reine, incendie les faubourgs de Saint-Germain, de Saint-Marcel et de Notre-Dame-des-Champs; le régent effrayé, signe la paix avec l'Angleterre, le 1er mai 1360, aux conférences de Bretigny, paix humiliante et désastreuse. Les Anglais, maîtres depuis longtemps de la Normandie, du Maine, de l'Anjou, conservaient l'Aquitaine en toute souveraineté, ainsi que la ville de Calais, les comtés de Ponthieu, de Guines et de Montreuil: le régent payait en outre, pour la rançon de son père, le roi Jean, l'énorme somme de trois millions d'écus d'or, impôt écrasant qui pesa exclusivement sur les paysans, le populaire des villes et la bourgeoisie. Ce roi, lâche, prodigue et méchant, qui coûtait à son peuple tant de larmes, tant d'or, tant de sang, resta par goût en Angleterre où il menait joyeuse vie, entouré de courtisanes.

Une peste effroyable décime les populations en 1361, sévissant surtout sur les femmes et sur les enfants; l'on ne voyait que des hommes en habit de deuil. En 1362, de nombreuses bandes de gens, réduits à la misère par les impôts, par les exactions de toutes sortes, s'organisent sous le nom de *Tard-Venus*; ils attaquent et pillent les petites villes, les châteaux, les couvents, les églises. L'un des chefs de ces *Tard-Venus* s'intitulait AMI DE DIEU ET ENNEMI DE TOUT LE MONDE. Le pape établi à Avignon (la chrétienté jouissait alors de trois papes) prêche la croisade contre ce soi-disant *ami de Dieu*; mais les croisés se joignent aux *Tard-Venus* et les pilleries redoublent.

Le roi Jean, s'amusant fort en Angleterre, y demeurait toujours, quoique racheté au prix d'une rançon écrasante pour son peuple. Ce prince, digne de sa race, mourut à Londres d'indigestion en 1364. Son fils, duc de Normandie et régent, lui succéda sous le nom de Charles V, dit le *Sage* ou l'*Astucieux*; perfide, dissimulé, cruel, avide d'argent, grand ami des rhéteurs, des astrologues et des procureurs, ce roi quittait rarement son hôtel de *Saint-Pol*, à Paris, et son château de Vincennes, où il s'enfermait, soigneusement gardé, de crainte du populaire. Cependant Charles V, ainsi que le prévoyait Etienne Marcel, fut forcé, par la marche irrésistible et progressive des choses, d'opérer une partie des réformes imposées à la royauté par la révolution de 1357. L'œuvre immortelle du génie patriotique du prévôt des marchands, teinte de son généreux sang et de celui de ses partisans, porta ses fruits, et devait dans l'avenir en porter encore davantage.

En 1378, Charles V voulut conquérir la Bretagne, berceau de notre race, dont notre aïeul *Vortigern* fut l'un des derniers défenseurs, et que son fils *Gomer* dut quitter, il y a plusieurs siècles, pour venir habiter d'autres provinces de la Gaule, où les évènements ont fixé notre famille depuis cette époque. Hélas! l'Armorique, si longtemps libre, choisissant ou révoquant ses chefs, façonnée à l'indépendance par es mâles enseignements des druides, avait enfin subi le double joug de l'Eglise de Rome et de la féodalité. Les seigneurs et les prêtres asservissaient ce peuple jadis si jaloux de sa souveraineté, ainsi que l'étaient dans l'antiquité toutes les provinces des Gaules indépendantes l'une de l'autre, mais puissamment fédérées entre elles. Cependant les rois franks n'avaient pu réunir la Bretagne à leur domaine; les ducs bretons prêtaient seulement foi et hommage lige à la royauté, mais régnaient de fait. En 1378, Charles V, apprenant le détrônement de Jean IV, duc de Bretagne, chassé par ses sujets, crut l'occasion favorable pour s'emparer de cette province. Il avait pris à sa solde et nommé connétable de France Bertrand Duguesclin, grand homme de guerre, mais traître à sa terre natale et à sa race, car, Breton, il attaquait la Bretagne comme soudoyer d'un roi franc; aussi le nom de Duguesclin a été, est et sera en exécration parmi les fils de l'Armorique. J'ai connu au village de *Domremy*, non loin de *Vaucouleurs*, une femme de *Vannes*, nommée *Sybille*, venue en Lorraine après cette guerre impie. Sybille était l'une des marraines de Jeanne la Pucelle, alors enfant, et savait beaucoup de légendes et de *bardits*, entre autres celui-ci, composé à l'occasion de la trahison de Duguesclin. Les Bretons, menacés par les troupes de Charles V, avaient rappelé leur duc Jean IV, réfugié en Angleterre après son détrônement. Lisez-le, ce *bardit*, fils de Joel, lisez-le : il vous prouvera que si asservie que soit l'Armorique, elle conserve une patriotique horreur pour la race des conquérants des Gaules.

LE CRI DE GUERRE CONTRE LES FRANCS

— « Un navire est entré dans le golfe, ses blanches voiles déployées. — Le seigneur Jean est de retour. — Il vient défendre son pays. — Nous défendre contre les Francs qui empiètent sur les Bretons. Un cri de joie fait trembler le rivage. — Les montagnes du Laz résonnent. — La cavale blanche hennit, bondit d'allégresse. — Les cloches chantent joyeusement dans toutes les villes à cent lieues à la ronde. — L'été revient, le soleil brille, le seigneur Jean est de retour! — Il a sucé le lait d'une Bretonne, un lait plus sain que le vin vieux. — Sa lance, quand il la balance, jette de tels éclairs qu'elle éblouit tous les regards. »

— « Frappe toujours sur les Francs, seigneur duc! — Frappe! courage! lave tes mains dans le sang franc. — Tenons bon, Bretons! tenons bon! ni merci, ni trêve, sang pour sang! — Le foin est mûr; qui fauchera? Le blé est mûr; qui moissonnera? Le roi des Francs prétend que ce sera lui. — Il va venir faucher en Bretagne avec une faux d'argent. — Il moissonnera nos champs avec une faucille d'or. — Voudraient-ils savoir ces Francs si les Bretons sont manchots? — Voudrait-il apprendre le seigneur roi franc s'il est homme ou Dieu? »

— « Les loups de l'Armorique grincent des dents en attendant le ban de guerre. — Ecoutez-les hurler de joie à l'odeur du sang franc. — On verra bientôt dans les chemins le sang couler comme de l'eau. — Oui, couler si bien, que le plumage des cygnes qui y nageront deviendra rouge comme braise. On verra plus de tronçons de lances épars sur le champ de bataille, que l'on ne voit de rameaux sur terre dans la forêt après l'ouragan. — Là où les Francs tomberont, ils resteront couchés jusqu'au jour du jugement. — Jusqu'au jour où ils seront jugés et châtiés avec Bertrand Duguesclin, le traître, qui commande l'attaque. — La pluie d'orage sera l'eau bénite qui arrosera leurs tombes. »

On sent rugir, dans ce bardit, la haine du Breton contre le conquérant. Malgré la valeur de Duguesclin, Charles V ne put joindre la Bretagne à son royal domaine. Si abâtardie, opprimée qu'elle fût par les prêtres de l'Eglise de Rome et les seigneuries, la vieille Armorique gauloise témoigna une fois de plus son horreur pour les rois de la race franque.

O fils de Joel! ceux d'entre vous qui, plus heureux que moi et nos aïeux, absents de Bretagne depuis le temps où vivait Gomer, fils de Vortigern, ceux d'entre vous qui reverront cet antique berceau de notre famille, salueront avec respect ces pierres sacrées de Karnak, témoins séculaires du sacrifice d'Hèna, la vierge de l'île de Sèn, s'offrant en holocauste pour le salut de la patrie, envahie par l'armée de Jules César ; ils n'oublieront pas qu'un barde breton, *Myrdin* (Merlin), a prédit, il y a des siècles, que la Gaule serait délivrée de l'oppression étrangère par une vierge plébéienne des frontières de la Lorraine, et descendue d'un bois de chêne, bois vénéré des druides. Cette prophétie du barde armoricain devait s'accomplir ; vous verrez la pauvre bergère de Domrémy, Jeanne la Pucelle, inspirée par l'antique légende bretonne, devenue populaire en ce pays-ci, chasser les Anglais hors de nos frontières, et, expiant sa gloire par le supplice, mourir dans les flammes d'un bûcher, ainsi qu'est morte notre aïeule, Hèna, la vierge de l'île de Sèn ! Le bûcher allumé par les prêtres catholiques !... Exécration sur l'infâme clergé !

O fils de Joel, pour juger de la grandeur du service rendu à la patrie par Jeanne Darc ; pour juger de la lâche et ignoble ingratitude du roi franc envers l'héroïne plébéienne à qui ce prince dut sa couronne ; pour juger de la haine, de la jalousie féroce des gens de cour et des gens de guerre du conseil royal, liguées avec les évêques de Rome, afin de livrer Jeanne la Pucelle aux flammes du bûcher ; pour juger la monstruosité de ses actes, il faut que vous connaissiez les nouveaux désastres, les calamités qui ont accablé notre malheureux pays depuis 1380, où mourut Charles V, jusqu'en 1429, où Jeanne la guerrière porta un coup mortel à la domination anglaise dans les Gaules.

Charles V, mort en 1380, laisse son fils Charles VI en bas âge ; les ducs de Bourgogne, de Berry et d'Orléans composent le conseil de régence, sous la présidence du duc d'Anjou, forcené larron qui, durant l'agonie de Charles V, s'était emparé des trésors du mourant. Le duc d'Anjou veut, en manière de don de joyeux avènement, frapper de nouvelles taxes sur les Parisiens ; mais l'esprit révolutionnaire n'était pas mort avec Marcel. Le peuple, à la suite de ses funestes défaillances, se réveille, et, le 15 novembre 1380, il s'assemble sur la place du Parloir-aux-Bourgeois, en face le Châtelet ; JEAN MORIN, *cordonnier*, appelle aux armes les corps de métiers. Trois cents hommes courent aux piques, aux bâtons, mettent à leur tête *Jean Culdoe*, prévôt des marchands, se rendent au palais, somment le duc d'Anjou d'abolir les nouvelles taxes. Ce beau duc demande jusqu'au lendemain pour réfléchir aux sommations ; le répit lui est accordé ; mais à l'heure dite, le peuple revient en force plus menaçant que la veille. Cette fois encore est justifié ce précepte, écrit à chaque page de notre histoire : « L'on n'obtient rien des rois par les suppliques, on les contraint à tout par la menace ou par l'insurrection. » En effet, le chancelier lit à la multitude courroucée une ordonnance du roi en son conseil où assistaient les ducs d'Anjou, de Berry, de Bourgogne et de Bourbon, laquelle ordonnance abolissait les *aides, subsides, fouages, impositions, gabelles, établis depuis Philippe le Bel.* Réforme autrefois impérieusement réclamée par Étienne Marcel, et à demi accomplie par Charles V, après son avènement au trône. Les Parisiens se retirent satisfaits ; mais, ainsi que vous l'avez vu et que vous le verrez sans doute tant de fois encore, fils de Joel, les concessions accordées, jurées par la royauté, sont bientôt éludées ou reniées par elle. L'émotion populaire calmée, l'audace revient à nos maîtres ; ils ne songent plus qu'à retirer ce qu'ils ont été forcés de céder. Tout prince est égoïste et lâche.

Aussi, le duc d'Anjou rétablit en 1382 les impôts abolis en 1380, et ordonne entre autres, le 1er mars, de lever un impôt sur les comestibles au profit du trésor royal. Les collecteurs du fisc se montrent aux halles et veulent saisir un panier de *cresson* que vendait une pauvre vieille femme ; le populaire des halles chasse à coups de pierre les gens du fisc. Paris s'émeut, s'insurge, force l'Hôtel de Ville, et à défaut d'autres armes (toutes les armes avaient été enlevées par ordre du duc d'Anjou avant la proclamation du nouvel édit), les insurgés s'emparent de maillets de plomb, antiques engins de guerre, les soldats du duc d'Anjou sont assommés à coups de maillets, et leurs vainqueurs se glorifient du nom de MAILLOTINS.

L'insurrection s'étend rapidement ; *Rouen, Blois, Orléans, Beauvais, Reims*, imitent l'exemple des Parisiens ; l'on se révolte partout contre les derniers impôts ; nulle part les gens du fisc n'osent reparaître ; le jeune duc, en compagnie du jeune roi CHARLES VI, se trouvait à Meaux, lors de ces soulèvements ; il rassemble des troupes considérables et marche d'abord sur Rouen. Le tumulte de cette ville s'était apaisé après l'expulsion des agents du fisc, des collecteurs des taxes ; les Rouennais ouvrent sans crainte leurs portes au duc d'Anjou ; mais ce beau duc, afin d'inspirer à son pupille Charles VI le goût des supplices, fait pendre sous les yeux du royal adolescent neuf échevins désignés comme chefs de la sédition, désarme la ville, y laisse une garnison de soldats mercenaires, rétablit les impôts, et, à la tête d'une grosse armée, s'avance vers Paris. Les habitants de cette cité s'étaient, comme ceux de Rouen, calmés après avoir chassé les collecteurs d'une taxe inique ; ainsi que les Rouennais, ils ouvrent sans défiance leurs portes à leur jeune sire Charles VI. Le prévôt des marchands, accompagné de douze échevins, se rend à la rencontre de ce tyranneau ; mais, conseillé par le duc d'Anjou, il refuse de recevoir les magistrats populaires, et, suivi des princes ses oncles, il entre à cheval dans Paris, à la tête de ses gens d'armes, la lance haute, comme s'il fût entré dans une place conquise.

Les principaux *Maillotins* sont surpris et arrêtés chez eux pendant la nuit. Tout concert entre les chefs populaires devient impossible; le peuple, terrifié, défaille encore une fois, reste inerte; bientôt commencent les cruautés d'une réaction impitoyable : un orfèvre et un drapier sont d'abord pendus publiquement par ordre du roitelet de quatorze ans, qui, depuis les exécutions de Rouen, prend goût au sang et au gibet. La femme de l'orfèvre allait mettre un enfant au jour; elle se jette de désespoir par une fenêtre et se tue sur le coup. Trois cents marchands des plus riches, des plus notables de Paris, sont traînés en prison; après quoi on les fait venir un à un dans la chambre du conseil, et là, sous menace de mort, les délégués royaux taxent les prisonniers; ceux-ci à six mille écus, d'autres à trois mille, qui plus, qui moins, selon la richesse de chacun. Charles VI et le duc d'Anjou, grâce à cet abominable guet-apens, embourent en un seul jour *quatre cent mille écus*. Malédiction sur le royal voleur !

Quant aux pauvres gens incapables de racheter leur vie à prix d'or, pas de grâce pour eux, un grand nombre sont suppliciés en public; mais les conseillers royaux, craignant de pousser Paris à bout par les exécutions réitérées, enveloppent leurs meurtres de ténèbres. Les révoltés, cousus dans des sacs, sont nuitamment jetés à la Seine; le gouffre muet emporte son invisible proie; d'autres révoltés, afin d'échapper à ce supplice, se tuent dans leur prison. Ces obscures victimes ne suffisent pas aux vengeances royales, et, entre autres notables, JEAN DESMARETS, vieillard de soixante-dix ans, l'un des magistrats les plus vénérés du parlement, est conduit sans jugement au gibet; il dit à haute voix, impossible devant la mort : — « *Où sont-ils ceux-là qui m'ont jugé ? qu'ils viennent et qu'ils osent avouer les motifs de ma condamnation.* » — Jean Desmarets subit vaillamment son supplice; d'autres Maillotins moururent non moins courageusement. Glorifions les martyrs !

La réaction, redoublant d'audace et de fureur, ivre de sang, ivre de son triomphe, se déchaîne sur Paris; la milice bourgeoise est désarmée, les portes de la ville enlevées, les offices électifs abolis, la justice municipal détruite, la gestion des deniers de la cité mise aux mains avides des officiers royaux, les maîtrises, les corporations d'artisans supprimées, enfin toutes les libertés conquises au prix du sang de nos pères et de luttes séculaires, sont anéanties en un jour, ou plutôt *pour un jour*... Le tyranneau Charles VI rétablit d'un trait de plume toutes les taxes écrasantes du passé, y compris celles que son père Charles V avait été obligé d'abolir après la mort de Marcel.

Rouen, Reims, Orléans, Troyes, Sens, Châlons, sont traitées avec la même férocité; leur bourgeoisie, leurs corporations d'artisans décimées par les supplices ou frappées par d'énormes rançons; enfin comme, à Paris, on tue les pauvres, l'on spolie les riches ; le roitelet Charles VI, ses oncles, leurs principaux courtisans se partagent le fruit de ces rapines, se réjouissent d'avoir étouffé dans le sang le légitime esprit de révolte d'un peuple opprimé, et, ainsi que vous l'avez vu si souvent, fils de Joel, dans la légende de notre famille, la liberté, la justice, la foi jurée, le droit, l'humanité, sont foulés aux pieds par la noblesse et par la royauté. Mais l'ivresse de cette royauté, gorgée d'or et de sang, aura, quelques années plus tard, un réveil terrible!

Les cités en deuil, appauvries, ruinées, décimées, n'étaient pas les seules à souffrir. Le duc de Berry, oncle de Charles VI, accablait le Languedoc d'impôts; les paysans, poussés à bout, se soulevèrent et commencèrent une seconde Jacquerie, dont les *Tard-Venus* avaient été les précurseurs. Ces nouveaux Jacques du Languedoc prirent le nom de TUCHINS. Ils s'allièrent aux bourgeois des villes du Midi pour courir sus aux couvents, aux églises, aux châteaux; des torrents de sang coulèrent des deux côtés : Jacques Bonhomme sut encore se venger des prêtres catholiques et des seigneuries.

Au mois de juillet 1385, *Charles VI*, plongé depuis longtemps dans des excès honteux et précoces, contracte un mariage digne de lui : il épouse ISABEAU DE BAVIÈRE, monstre femelle dont les débordements, les forfaits doivent rappeler ceux de *Frédégonde* et de *Brunehaut*. La Gaule est toujours mise à feu, à sac et à sang par les Anglais ; leurs garnisons de Calais, de Cherbourg, ravagent le nord et l'ouest de notre malheureux pays. Leurs troupes, cantonnées en Saintonge, en Guyenne, en Poitou, ravagent le Midi; la guerre contre le roi de Castille et les Flamands, de nouveau insurgés contre leur duc, épuise les dernières ressources créées par des impôts exorbitants. Charles VI, las de partager avec ses oncles le profit des rapines organisées par ordonnances royales, s'affranchit de leur tutelle en 1388, veut régner par lui-même et se livre dès lors à un faste inouï et à son goût désordonné pour les plaisirs. Énervé par ses débauches, exalté, puis hébété par le vertige du pouvoir absolu, sa raison s'ébranle, et, à peine âgé de vingt-trois ans, il est atteint, en 1391, d'un premier accès de folie. Cet accès dure un mois environ; mais l'année suivante, vers le commencement de juillet, chevauchant avec sa suite et son frère le duc d'Orléans, sur la route du Mans, Charles VI, soudain en proie à une folie furieuse, se précipite sur ses écuyers, les frappe à coups d'épée, blesse plusieurs d'entre eux et est sur le point de tuer son frère. A cette frénésie succède un profond accablement; l'on en profite pour garrotter le sire, dont la raison resta complètement égarée pendant un an. Le duc de Bourgogne s'empare de la régence du royaume, au détriment du duc d'Orléans, frère de Charles VI ; le duc d'Orléans se dédommage en subornant sa belle-sœur la reine Isabeau de Bavière, qui profite de la folie de son mari pour se livrer à ses déportements.

Au bout d'une année, Charles VI retrouve sa raison, se plonge dans de nouveaux excès : ce ne sont, à l'hôtel de Saint-Pol, que fêtes, danses, festins, tournois, mascarades, où les courtisans paradaient déguisés sous des peaux de bêtes figurant des loups, des ours, des lions. Pendant que le roi se divertissait de ces saturnales, le duc de Bourgogne conservait prudemment le maniement des affaires publiques; au mois de juin 1393, Charles VI retombe dans son insanité d'esprit. Cependant, il retrouve sa raison pendant quelques mois en 1394; mais bientôt il la reperd; et depuis lors, jusqu'à la fin de sa trop longue vie, sa folie fut constante, sauf quelques rares intermittences de lucidité. Jamais la Gaule n'avait connu de plus horribles jours : partout la guerre civile et étrangère; les finances pillées tour à tour par le duc d'Orléans ou par le duc de Bourgogne, selon qu'ils s'imposaient à Charles VI lors de ses éphémères retours à la raison. Philippe le Hardi, duc de Bourgogne, meurt en 1404; le duc d'Orléans, amant de la reine Isabeau, lui succède au pouvoir, mais, en 1408, il est assassiné par ordre du duc de Bourgogne. Ce meurtre donne le signal d'une nouvelle guerre civile acharnée; l'héritier du duc de Bourgogne, après l'assassinat du duc d'Orléans, qui laissait un fils, s'empare du gouvernement, de complicité avec la reine Isabeau de Bavière, dont il devient à son tour l'amant, quoique souillé du sang du duc d'Orléans, premier amour de cette reine adultère et incestueuse. Telles sont les mœurs de nos princes et de nos rois !

Le duc de Bourgogne, afin d'assurer son pouvoir, appelle à lui des Brabançons, des Lorrains, indistinctement connus sous le nom de *Bourguignons*; le duc d'Orléans et les autres princes de la famille royale, qui disputaient le pouvoir au duc de Bourgogne pendant les accès de démence de Charles VI, s'entourent de leur côté d'aventuriers normands, et surtout gascons, commandés par le comte d'*Armagnac*. Ces bandes prirent son nom, de même que celles du duc de Bourgogne prirent le sien; dès lors ces deux factions : *Armagnacs* et *Bourguignons*, plongèrent le pays dans les horreurs d'une guerre civile acharnée qui devait durer plus de vingt-cinq ans.

Le duc de Bourgogne, résidant à Paris, gouvernait le royaume au nom de Charles VI. Les Parisiens adoptèrent en majorité le parti bourguignon : ils crurent le moment venu de reconquérir leurs libertés; mais la bourgeoisie, ruinée par les exactions royales, presque anéantie par les supplices qui suivirent l'insurrection des *Maillotins*, n'étant plus en état de diriger le mouvement révolutionnaire, s'effaça devant l'influence des chefs des corporations de métiers, hommes rudes, illettrés, énergiques, impitoyables, mais dévoués à leur cause, convaincus de leurs droits, valeureusement décidés à poursuivre l'œuvre de Marcel, à ressaisir leurs franchises, à mettre un terme aux dilapidations de la cour. La plus puissante des corporations de Paris était alors celle des bouchers; elle avait pour syndics les trois frères LEGOIX.

JEAN DE TROYES, homme de bien et de courage, chirurgien célèbre, grand orateur, enflammé de l'amour du bien public, appuyait de son éloquence et de ses lumières le parti populaire; les frères Legoix crurent politique, selon les conseils de Jean de Troyes de soutenir l'influence du duc de Bourgogne contre les Armagnacs ; ils obtinrent de lui l'autorisation de lever une troupe de cinq cents garçons bouchers ou écorcheurs, de les armer, de leur confier la garde de Paris, précieux privilège; car, désarmés depuis la dernière révolte, les citoyens avaient dû subir un joug odieux sans résistance possible. *Tibert* et *Saint-Yon*, maîtres de la grande boucherie près le Châtelet; *Caboche*, écorcheur de bêtes à la tuerie de l'Hôtel-Dieu, marchaient d'accord avec les frères Legoix et Jean de Troyes.

C'était en 1411 : l'on apprenait chaque jour à Paris, en outre des forcenneries des Anglais, les ravages des Armagnacs dans le Vermandois, où ils se trouvaient en force, sous les ordres du duc de Bourbon, du comte d'Alençon et de Clignet de Brabant, amiral de France ; les maisons et les biens de ceux du parti bourguignon que ne protégeaient pas les remparts des cités étaient pillés, les femmes étaient violées, puis éventrées, les hommes suspendus au-dessus de brasiers ardents jusqu'à ce que ces malheureux eussent fait connaître l'endroit où ils cachaient leur argent. Les Armagnacs pénètrent en Champagne, en Artois, et désolent ces provinces.

Charles VI continuant d'être en démence, sauf quelques rares retours de raison, et le duc de Guyenne, son fils aîné, n'inspirant aucune confiance, le duc de Bourgogne est nommé généralissime par le conseil royal; le duc d'Orléans et autres chefs du parti des Armagnacs sont mis hors la loi; la guerre civile redouble de fureur. Le duc de Bourgogne rassemble son armée à Douai, et étend ses quartiers jusqu'à Montdidier; le duc d'Orléans, le comte d'Armagnac, prennent position depuis Beaumont jusqu'à Clermont en Beauvoisis. Une défection considérable de l'armée du duc de Bourgogne retarde ses mouvements; les Armagnacs s'approchent rapidement de Paris, occupent Pantin, Saint-Ouen, Montmartre, mettent le pays à sac, à feu et à sang.

Le duc de Bourgogne, laissant Paris découvert, négociait afin de s'assurer l'appui du roi d'Angleterre, tandis que le duc d'Orléans négociait de son côté avec ce prince dans les mêmes intentions: mais le roi d'Angleterre, préférant l'alliance des Bourguignons, leur envoie des renforts. Ils traversent la Seine à Meulan, arrivent le 29 octobre 1411, sans rencontrer les Armagnacs; ceux-ci, n'ayant pas défendu le passage de la rivière, sont forcés de battre en retraite, après de sanglants combats à La Chapelle Saint-Denis et au pont de Saint-Cloud. Le duc d'Orléans propose alors à Henri, roi d'Angleterre, de s'unir à lui pour démembrer la France; mais Charles VI, retrouvant une lueur de raison et apprenant le commerce adultère de sa femme Isabeau de Bavière et du duc de Bourgogne, s'allie contre lui avec le duc d'Orléans et les Armagnacs. De nouvelles luttes s'engagent, ensuite desquelles le duc de Bourgogne se soumet au roi; la paix d'Arras, signée en 1412, met pendant quelques mois à peine un terme aux calamités publiques.

Les nouveaux chefs du parti populaire à Paris, après s'être longuement concertés, organisés, certains de l'appui secret du duc de Bourgogne, qui voulait ressaisir le pouvoir, donnent le signal de l'insurrection; le 29 avril 1413, les frères Legoix, Tibert, Saint-Yon, Caboche, et plus de vingt mille hommes du peuple, se dirigent vers la Bastille, forteresse récemment élevée par Charles VI afin d'assurer la tyrannie royale et de comprimer les mouvements populaires. La foule assiégeait cette citadelle, renfermant une grande quantité d'armes et allait la détruire, lorsque le duc de Bourgogne accourt, supplie les insurgés de venir hardiment exposer leurs griefs au dauphin, duc de Guyenne, leur affirmant que ce jeune prince cédera devant une intimidation salutaire. Le peuple se porte en masse à l'hôtel de Saint-Pol, sommant à grands cris le dauphin de paraître. Il paraît en effet, pâle, tremblant, à une fenêtre de son palais, amené par le duc de Bourgogne, ainsi qu'autrefois parut au balcon du Louvre le dauphin de Normandie, plus tard Charles V, amené par Marcel.

— Mes amis, — s'écria le duc de Guyenne éperdu de frayeur, à la vue de la foule menaçante, — je suis prêt à vous entendre et à exécuter ce que vous me conseillerez.

Le peuple, tout d'une voix, acclame Jean de Troyes pour son représentant, et l'invite à signifier au dauphin d'avoir à accomplir la réforme des abus déjà obtenue au temps de Marcel et des Maillotins et de supprimer les taxes. Jean de Troyes entre au palais et dit sévèrement au duc de Guyenne:

— « Le peuple de Paris vous sait entouré de conseillers perfides; ils vous détournent de vos devoirs envers le pays; ils vous entraînent dans des dérèglements de conduite auxquels votre esprit et votre corps ne sauraient résister. Chacun de vos jours est un scandale, chacune de vos nuits une débauche; le terrible exemple du roi votre père, tombé en démence, par suite de ses excès, devrait vous faire réfléchir... Souvent le peuple de Paris a élevé la voix pour vous prier d'éloigner de vous d'indignes conseillers; leur orgueil, leur insatiable cupidité, sont d'invincibles obstacles à la réforme des abus que nous exigeons. Éloignez d'abord de votre entourage ces misérables dignes de l'aversion de Dieu et des hommes; nous vous demandons qu'on nous les livre, afin que nous tirions vengeance de leur trahison. Les Parisiens voient avec déplaisir que ces mauvaises gens vous ont appris à faire de la nuit le jour, à passer votre temps dans des danses dissolues, dans des orgies, et dans toutes sortes de débauches indignes du rang royal. »

Le dauphin, effrayé, consent à cette première demande; le duc *de Bar*, cousin du roi; *Jean de Vailly*, chancelier du duc de Guyenne; *Jacques de la Rivière*, son chambellan; les sires *d'Anyennes*, *de Boissay*, *de Giles*, *de Vitry*, ses valets de chambre; *Jean de Ménil*, écuyer tranchant, et sept autres compagnons de débauche du jeune prince, et dont quelques-uns avaient été les plus implacables fauteurs de la réaction contre les Maillotins, sont arrêtés par le peuple et conduits prisonniers à l'hôtel d'Artois, demeure du duc de Bourgogne. Puis, ainsi qu'autrefois le duc de Normandie, qui depuis fut Charles V, se coiffa du chaperon rouge et bleu de Marcel en manière d'aquiescement aux volontés des Parisiens, le duc de Guyenne, sur l'invitation de Jean de Troyes, se coiffa d'un chaperon blanc, signe de ralliement des insurgés. Enfin, la royauté, cédant à la force, à la peur, promulgue, le 25 mai 1413, une ordonnance confirmant les réformes exigées par Marcel cinquante-sept ans auparavant, et poursuivies, plus tard, en 1380, par les Maillotins... Victoire pour le peuple!

Mais, hélas! fils de Joel, ainsi que vous l'avez déjà vu tant de fois dans le cours de nos annales, la royauté ne jure que pour se parjurer, n'accorde aujourd'hui que pour reprendre demain ce qu'elle a concédé! comptant sur la ruse, sur la violence, pour rebâter Jacques

Jeanne Darc et sa marraine Sybille au bois chesnu (page 118)

Bonhomme à sa première défaillance. Le peuple crut naïvement avoir pour jamais reconquis ses franchises, avoir mis le fruit de ses labeurs à l'abri des pillards de la cour ; il se crut enfin assuré de garanties légales pour sauvegarder l'avenir... Il n'en fut rien ! Le dauphin et sa cour, après cette concession forcée aux volontés des Parisiens, ne songèrent qu'à rétablir les anciens abus et à se venger du populaire; ils entrèrent en négociation secrète avec le *roi de Sicile*, les ducs d'Orléans et de Bourbon.

Ceux-ci, malgré la nouvelle ordonnance qui interdisait aux princes du sang d'entretenir des bandes armées, devenues la désolation et la terreur du pays, avaient rassemblé un corps de troupes considérable à vingt-cinq lieues de Paris, prêt à marcher contre cette cité; des traîtres semèrent d'abord la division, puis la haine entre les chefs des corporations, dont l'unité pouvait seule consacrer le triomphe de l'insurrection... Les charpentiers, auxquels se joignit une partie de la bourgeoisie, se liguèrent contre les bouchers. Ces discordes, perfidement exploitées par le parti de la cour, assurèrent le triomphe d'une nouvelle réaction; elle fut horrible, impitoyable contre ceux qu'on appelait les *Cabochiens*. L'ordonnance royale, du 18 septembre 1413, qui les condamnait à mort ou à l'exil leur reprochait : « D'avoir envoyé sur différents points de la France des messagers chargés de lettres diffamatoires envers le roi et son fils le dauphin, pour engager les autres villes et leur menu peuple dans la révolte des Parisiens, *afin d'attenter contre le roi et sa famille, et* DE DÉTRUIRE LA ROYAUTÉ *en machinant la mort des seigneurs, la destruction de l'ordre ecclésiastique tout entier, ainsi que de l'ordre de la noblesse.* »

116e livraison

L'œuvre des anciens communiers, précurseurs de Marcel, se poursuivait toujours, au prix du sang de nouveaux martyrs de la cause populaire; voici les noms obscurs, mais glorieux, des principaux bannis et suppliciés : le chirurgien *Jean de Troyes* et ses trois fils, — les frères *Legoix* et leurs fils, — *Garnot, Saint-Yon*, bouchers, — *Simon le Coutellier*, dit *Caboche*, dont le nom avait été adopté pour désigner les insurgés qu'on appelait les Cobochiens; — *Baudé des Bordes, — André Roussel, — Denis de Chaumont, — Eustache de Laire, — Dominique François, — Nicolas de Saint-Ilier, — Jean le Bon, — Pierre Berbo, — Félix du Bois, — Pierre Lombard, — Nicolas du Quesnoy, — Jean Guérin, — Jean Lymorin, — Jacques Lamban, — Guillaume Gente, — Jean Parent, — Jacques de Rouen, — Martin de Nauville, — Martin de Coulomnier, — Toussaint Bagart, — Jean Rapiot, — Hugues de Verdun, — Laurent Calot, — Jean Malacre*.

Après le supplice ou le bannissement de ces citoyens, l'ordonnance des réformes du 25 mai 1413 est anéantie... Le dauphin et ses courtisans se plongent dans de nouveaux excès ; la guerre civile entre Armagnacs et Bourguignons continue plus ardente que jamais. Tour à tour maîtres du gouvernement d'un roi en démence, ils luttent de violences et de représailles. En 1415, le roi d'Angleterre, voyant la Gaule épuisée, déchirée par les factions, fait une descente à Harfleur; la bataille d'*Azincourt*, où la chevalerie succombe, continue les désastres de la bataille de Poitiers. Les Anglais, victorieux, étendent chaque année leurs conquêtes, facilitées par les luttes intestines des Bourguignons et des Armagnacs.

Ceux-ci, en 1419, attirent le duc de Bourgogne, *Jean-Sans-Peur*, au pont de Montereau, sous prétexte de réconciliation; ils massacrent ce prince; son fils, *Philippe le Bon*, s'unit aux Anglais pour venger son père. Henri V d'Angleterre, allié du duc de Bourgogne et maître de Charles VI, obtient, en 1420, de cet idiot couronné, la main de sa fille, et après sa mort, le trône de France, à l'exclusion du dauphin survivant, le duc de Guyenne étant mort des suites de ses débauches. Le pauvre peuple toujours sacrifié.

Henri V, roi d'Angleterre, ROI DE FRANCE, trône à Paris, à l'hôtel de Saint-Pol, ou au château de Vincennes; la majorité des prêtres catholiques acclament et bénissent l'Anglais conquérant du royaume, ainsi que jadis l'Église romaine avait acclamé, béni, sacré, consacré CLOVIS conquérant des Gaules. Le peuple et la bourgeoisie, écrasés d'impôts, découragés, ayant perdu leur plus généreux sang durant les deux dernières révolutions, assistent consternés au démembrement de la mère-patrie; la défaillance gagne les plus fermes cœurs, et, en haine de la royauté française, on se résigne à la domination anglaise, à ses hontes, à ses horreurs.

En 1422, le roi d'Angleterre meurt, laissant son fils, enfant sous la tutelle du régent, le duc de Bedfort; deux mois après, Charles VI, le roi idiot, meurt aussi. Son fils Charles VII, dépossédé de la couronne de France, ne règne plus que sur la Touraine et le Berry; les Anglais se préparent à envahir ces provinces, afin d'être maîtres de la Gaule entière; ils s'avancent vers la Loire. Charles VII, lâche, insouciant, débauché, résigné d'avance à la perte de sa couronne, voyageait avec ses maîtresses de Tours à Bourges, et de Bourges à Chinon. Une dernière bataille, dite la bataille des *harengs*, perdue contre les Anglais en 1428, leur livrait le pays jusqu'à Orléans; ils mettent le siège devant cette cité. Jamais la Gaule n'avait été plus épuisée, plus misérable, plus ravagée, plus dépeuplée. Depuis Laon jusqu'à la frontière d'Allemagne, il ne restait pas un village sans ruines, tous les champs étaient depuis des années envahis par les bois, par les broussailles; les loups prenaient possession du pays, venaient hurler aux portes des bourgs et des villes fortifiées, seuls lieux habités au milieu de ces campagnes désertes.

En ces extrémités terribles, *Jeanne Darc* apparut comme l'ange sauveur de la patrie. J'ai écrit la légende de Jeanne, à Vaucouleurs, après avoir soigneusement interrogé tous ceux qui connaissaient l'héroïque paysanne depuis son enfance. J'ai été témoin de son agonie, de son supplice... pauvre victime de l'ingratitude royale! pauvre martyre de l'Inquisition!...

JEANNE LA PUCELLE OU LE COUTEAU DE BOUCHER
(1412-1461)

CHAPITRE PREMIER
Domrémy

La semaine de Jeanne Darc. — Arrivée de Jeanne à Orléans le vendredi soir 20 avril. — Levée du siège dans la nuit du samedi 7 mai 1429. — En huit jours la ville est délivrée. — Les Anglais sont battus et chassés des positions qu'ils occupaient en Touraine. — Jeanne part pour Loches afin d'annoncer sa victoire à Charles VII et le conduire à Reims, où il doit être sacré.

Ceci est la légende de la plébéienne CATHOLIQUE et ROYALISTE : — *Charles VII* devait sa couronne à *Jeanne Darc*... il l'a honteusement reniée, lâchement délaissée.— Chaque jour elle s'agenouillait pieusement devant les prêtres... les tonsurés l'ont brûlée vive. — La chevalerie avait laissé les Anglais conquérir la Gaule... la Pucelle parvient à délivrer sa patrie, à repousser l'étranger... elle est poursuivie, trahie, livrée par les chevaliers. — L'implacable jalousie des capitaines et des courtisans, l'ingratitude royale, la férocité cléricale, ont dressé le bûcher de la pauvre plébéienne ! — Sois bénie à travers les âges, ô vierge guerrière ! sainte fille de la mère-patrie !—Lisez cette légende, et jugez à l'œuvre les gens de cour, les gens de guerre, les gens d'église et la royauté !
. . . .

Domrémy est un village des frontières de la Lorraine, sis au versant d'une vallée fertile ; la Meuse arrose ses pâturages. Un bois de chênes, où existent encore quelques souvenirs de la tradition druidique, avoisine l'église ; cette église est la plus belle de toutes les paroisses de la vallée, qui commence à *Voucouleurs* et finit à Domrémy. Sainte Catherine et sainte Marguerite, superbement peintes et dorées, ornent le sanctuaire ; saint Michel archange, tenant son épée d'une main et de l'autre ses balances, resplendit au fond d'une chapelle obscure. Heureuse est la vallée qui commence à Vaucouleurs et finit à Domrémy ! Seigneurie royale, perdue aux confins des Gaules, elle n'a pas souffert jusqu'alors des désastres de la guerre, dont le centre du pays, depuis un demi-siècle et plus, est si grandement désolé ; ses habitants se sont affranchis du servage, profitant des troubles civils et de l'éloignement de leur suzerain, séparé d'eux par la Champagne, tombée au pouvoir des Anglais.

Jacques Darc, d'une famille longtemps serve de l'abbaye de Saint-Rémy, puis du sire de Joinville, avant que le fief de Vaucouleurs fût réuni au domaine du roi, Jacques Darc, honnête laboureur, père de famille sévère, un peu rude homme, vivait de la culture de ses champs. Sa femme s'appelait *Isabelle Romée* ; son fils aîné, *Pierre* ; le second, *Jean*, et sa fille, née le jour des Rois de l'an 1412, s'appelait *Jeannette*. Alors âgée de treize ans passés, c'était une avenante, douce et pieuse enfant, d'une intelligence précoce, d'un esprit sérieux pour son âge ; elle se mêlait cependant aux jeux de ses compagnes, et jamais ne se montrait glorieuse de son agilité, lorsque, selon son habitude, elle gagnait dans leurs jeux le prix de la course. Elle ne savait ni lire ni écrire ; active, laborieuse, elle aidait sa mère aux soins du ménage, menait aux champs les brebis, était habile à coudre et à filer. Souvent pensive lorsque seule au fond des bois elle gardait ses moutons, elle trouvait un plaisir inexprimable à entendre le son lointain des cloches, à ce point que, parfois, elle faisait de petits présents de fruits ou d'écheveaux de laine au clerc de la paroisse de Domrémy, lui demandant avec gentillesse de prolonger un peu la sonnerie de la vesprée ou de l'*Angelus*. Jeannette se plaisait encore à conduire son bétail dans l'antique forêt de chênes appelée « le *bois Chesnu*, » vers une claire fontaine ombragée par un hêtre vieux de deux ou trois cents ans, et connu dans le pays sous le nom de « l'*Arbre des Fées*. » L'on disait à la veillée que les prêtres des anciens dieux de la Gaule apparaissaient parfois, vêtus de leurs longues robes blanches, sous la sombre voûte des chênes de cette forêt, et que souvent de petites fées venaient, au clair de lune, se mirer dans les eaux de la fontaine.

Jeannette ne redoutait point les fées, sachant qu'un signe de croix mettait en fuite les malins esprits ; elle professait une dévotion particulière pour *sainte Marguerite* et *sainte Catherine*, les deux belles saintes de sa paroisse. Lorsqu'aux jours de fête elle accompagnait aux offices divins ses parents bien-aimés, elle ne se lassait pas de contempler, d'admirer ses bonnes saintes, à la fois souriantes et majestueuses sous leurs couronnes d'or. Saint Michel attirait également son attention ; mais la sévérité des traits de l'archange, sa flamboyante épée, intimidaient la bergerette, tandis qu'elle ressentait une confiance ineffable en ses chères saintes. Elle avait pour marraine *Sybille*, vieille femme originaire de Bretagne, filandière de son état. Sybille connaissait une foule de légendes merveilleuses, parlait familièrement des fées, des génies ou autres êtres surnaturels. Quelques-uns la croyaient sorcière ; mais son bon cœur, sa piété, l'honnêteté de sa vie, ne justifiaient en rien ces soupçons de magie. Jeannette, objet de prédilection de sa marraine, écoutait avidement les légendes qu'elle lui contait, lorsqu'elle la rencontrait en allant abreuver ses brebis à la fontaine de l'*Arbre de Fées*, Sybille faisant de préférence rouir son chanvre dans un ruisseau voisin. Les miraculeux récits de sa marraine se gravaient profondément dans l'esprit de Jeannette, de plus en plus sérieuse et pensive à mesure qu'elle approchait de sa quatorzième année ; elle éprouvait depuis quelque temps de vagues tristesses ; maintes fois seule dans les bois ou dans les prairies, entendant le bruit lointain des cloches, qu'elle aimait tant, elle se prenait à pleurer sans savoir pourquoi elle pleurait ; ces larmes involontaires la soulageaient. Mais ses nuits devenaient agitées, inquiètes ; elle ne dormait plus de ce paisible sommeil dont jouissent les enfants rustiques après de salutaires fatigues. Elle rêvait beaucoup : tantôt ses songes lui retraçaient les légendes de sa marraine ; tantôt elle voyait sainte Marguerite et sainte Catherine lui sourire d'un air tendre.

. . . .

Ce jour là, beau jour d'été, le soleil se couchait derrière le château de l'Ile, petite forteresse située entre les deux bras de la Meuse, à une assez longue distance du village de Domrémy. Jacques Darc habitait une maison voisine de l'église, dont le pourpris touchait à la haie de clôture du jardin. La famille du laboureur, réunie devant la porte du logis, jouissait de la fraîcheur du soir, les uns assis sur un banc, les autres sur le sol. Jacques Darc, homme robuste, au regard sévère, au teint hâlé, aux cheveux gris, se reposait des travaux de la journée, ainsi que ses deux fils, Pierre et Jean. Leur mère Ysabelle filait sa quenouille ; Jeannette cousait du linge. Grande et forte pour son âge, svelte, bien proportionnée, elle avait les cheveux noirs, et noirs aussi étaient ses yeux brillants, largement ouverts ; l'ensemble de ses traits promettait une beauté mâle et douce à la fois. Elle portait, selon la mode lorraine, une jupe de gros drap écarlate, et de son corsage, échancré aux épaules, sortaient les manches de sa chemise, découvrant à demi ses bras nerveux et blancs, légèrement dorés par le soleil.

La famille Darc écoutait les récits d'un étranger, vêtu d'un surcot brun, chaussé de grandes bottes éperonnées, tenant un fouet à la main, et portant en sautoir une boîte de fer-blanc attachée à une courroie. Cet étranger, nommé *Gillon-le-Chanceux*, parcourait à cheval de grandes distances, en sa qualité de *messager-volant* ; il transmettait les lettres que s'écrivaient les personnages importants. Il revenait d'accomplir l'un de ces messages auprès du duc de Lorraine, et s'en retournait vers Charles VII, alors résidant à Bourges. Gillon-le-Chanceux, passant par Domrémy, avait prié Jacques Darc de lui enseigner une auberge où il pourrait souper et donner la provende à son cheval.

— Partagez notre repas, et mes fils conduiront votre monture à l'écurie, — répondit au messager le laboureur hospitalier. L'offre acceptée, l'on soupa ; l'étranger, désireux de payer son écot à sa manière, en donnant de récentes nouvelles de France à la famille Darc, raconta comment les Anglais, maîtres de Paris, de presque toutes les provinces, y régnaient despotiquement, terrifiant les populations par des violences, par des rapines sans fin ; comment le roi d'Angleterre, encore enfant, avait, sous la tutelle du duc de Bedford, hérité de la couronne de France, tandis que le pauvre Charles VII, le vrai roi, abandonné de presque tous les seigneurs, relégué en Touraine, n'espérait pas même soustraire à la domination des Anglais cette province, dernier débris de ses Etats. Gillon-le-Chanceux, messager de cour, naturellement royaliste et du parti des *Armagnacs*, professait, en courtisan de bas étage, une sorte d'adoration pour Charles VII, adoration stupide, menteuse ou aveugle ; car ce jeune prince, énervé par de précoces débauches, égoïste, cupide, ingrat, envieux, et particulièrement couard, ne paraissait jamais à la tête des troupes qui lui restaient, se consolait de leurs défaites et de sa honte en buvant frais ou en chantant avec ses maîtresses. Mais, dans sa ferveur royaliste, Gillon-le-Chanceux, laissant à l'ombre les vices de son maître, ne mettait en lumière que ses malheurs.

— Pauvre jeune roi !... c'est grand pitié de voir ce qu'il endure ! — disait le messager en terminant son récit. — Sa damnée mère, *Isabeau de Bavière*, a causé tout le mal !... Ses déportements avec le duc d'Orléans, sa haine contre le duc de Bourgogne, ont amené les terribles guerres civiles des Bourguignons et des Armagnacs. Les Anglais, déjà maîtres de plusieurs de nos provinces depuis la bataille de Poitiers, se sont facilement emparés de presque toute la France, déchirée par les factions ; ils lui imposent un joug affreux, la mettant à sac, à feu et à sang ! Enfin, le duc de Bedford, tuteur d'un roi au berceau, règne à la place de notre gentil dauphin ! Maudite soit Isabeau de Bavière ! cette femme a perdu le royaume... Nous ne sommes plus Français... mais Anglais !

— Merci à Dieu ! — dit Jacques Darc, — du moins nous sommes toujours Français, nous autres, dans notre vallée !... Elle n'a pas connu les désastres dont vous parlez, ami messager. Vous dites donc que Charles VII, notre jeune prince, est un digne sire ?

— Juste ciel !... — s'écria Gillon-le-Chanceux, flatteur et menteur comme un valet de cour, — Charles VII est un ange ! Tous ceux qui l'approchent l'adorent, le révèrent, le bénissent ! Il a la douceur de l'agneau, la beauté du cygne et le courage du lion !

— Le courage du lion ! — dit Jacques Darc avec admiration. — Notre jeune sire s'est donc battu bravement, ami messager ?

— Si on l'eût écouté, il se serait déjà fait tuer à la tête des troupes qui lui sont restées fidèles ! — répondit Gillon-le-Chanceux, en gonflant ses joues. — Mais la vie de notre auguste maître est si précieuse, que les seigneurs de sa famille et de son conseil ont dû s'opposer à ce qu'il risquât ses précieux jours d'une façon que j'oserais qualifier... d'inutilement héroïque ! Les soldats qui suivent encore la bannière royale sont complètement découragés par suite des défaites qu'ils ont essuyées ; le plus grand nombre des évêques et des seigneurs se sont déclarés pour le parti des Bourguignons et des Anglais ; tout le monde délaisse notre jeune sire, et bientôt, peut-être, forcé d'abandonner la France, il ne trouvera pas dans le royaume de ses pères un abri pour reposer sa tête !... Ah ! maudite, trois fois maudite soit sa méchante mère Isabeau de Bavière !...

La nuit venue, Gillon-le-Chanceux remercie le laboureur de Domrémy de son hospitalité, remonte à cheval et poursuit sa route : la famille Darc, après s'être apitoyée sur le sort du jeune roi, fait en commun la prière du soir, et chacun va chercher le sommeil.

. . . .

Jeannette, cette nuit-là, ne s'endormit pas aussitôt que d'habitude. Silencieuse et attentive aux récits du messager, elle avait pour la première fois entendu des imprécations proférées à propos des ravages des Anglais et des infortunes du gentil dauphin de France. Jacques Darc, sa femme, ses fils, après le départ de Gillon-le-Chanceux, s'étaient encore longuement appesantis, lamentés sur ces malheurs publics. Vassaux du roi, ils l'aimaient, ils le révéraient d'autant plus... qu'ils le connaissaient moins et ne subissaient point son vasselage, dont ils s'étaient affranchis, grâce à leur éloignement de leur suzerain et aux troubles du temps. Braves et dignes gens, mais crédules.

Les enfants sont d'ordinaire les échos de leurs parents ; aussi, à l'exemple de son père, de sa mère, Jeannette, dans sa crédulité naïve et tendre, plaignait de tout son cœur ce gentil dauphin de France, si doux, si beau, si vaillant, et si malheureux par la faute de sa méchante mère. Hélas ! il se trouvait « presque sans abri pour reposer sa tête, abandonné de tous, et bientôt forcé de fuir du royaume de ses ancêtres, » — ainsi que l'avait dit le messager.

Jeannette, qui, depuis quelque temps, se prenait souvent à pleurer sans cause, pleura les infortunes de son roi et s'endormit en priant ses chères saintes et saint Michel archange d'intercéder auprès du Seigneur Dieu en faveur de ce pauvre jeune prince. Ces pensées poursuivaient la bergerette jusque dans ses rêves, rêves bizarres où elle voyait tantôt le dauphin de France, beau comme un ange des cieux, lui sourire avec tristesse et bonté, tantôt des hordes d'Anglais, armés de torches et d'épées, marcher, marcher, laissant derrière eux un long sillon de sang et de flammes.

Jeannette s'éveilla ; mais, l'imagination vivement frappée du souvenir de ses songes, elle ne put s'empêcher de penser beaucoup au gentil dauphin de France, et d'éprouver grand'pitié pour lui. Le jour venu, elle rassembla les brebis, qu'elle menait chaque matin au pacage, et les conduisit vers le vieux bois chesnu, où elles trouvaient ombre fraîche et herbe fleurie. Pendant qu'elles paissaient, elle s'assit près de la *fontaine aux Fées*, ombragée par un hêtre séculaire, puis fila machinalement sa quenouille.

Au bout de peu d'instants, Sybille, marraine de Jeannette, vint aussi à la fontaine, portant sur son dos une grosse liasse de chanvre ; elle venait la placer dans le ruisseau formé par l'écoulement de la source afin de la rouir. Quoique les gens simples crussent Sybille sorcière, ses traits ne rappelaient en rien ceux que l'on prête aux vieilles femmes possédées du malin esprit : nez crochu, menton fourchu, regard de chouette et regard ténébreux. Non, rien de plus vénérable que le pâle visage de Sybille, encadré de cheveux blancs ; ses yeux brillaient d'un feu concentré, lorsqu'elle disait les antiques légendes ou les héroïques bardits de l'Armorique, sa terre natale. Sans croire aucunement à la magie, Sybille avait une foi profonde à certaines prophéties des anciens bardes gaulois : de même que les chrétiens ont foi aux prophéties de leurs Écritures qu'ils appellent saintes. Fidèle à la croyance druidique de nos pères, la marraine de Jeannette savait que l'on ne meurt jamais et que l'on va continuer de vivre à l'infini, âme et corps, dans les étoiles, mondes nouveaux et mystérieux. Mais, respectant la religion de sa filleule, jamais Sybille ne cherchait à jeter le trouble ou le doute dans la croyance de cette enfant. Elle l'aimait tendrement, toujours prête à lui raconter quelque légende écoutée par Jeannette avec recueillement. Ainsi se développait en elle cet esprit contemplatif, réfléchi, rare à son âge, et non moins frappant que la précocité de son intelligence. Elle était préparée pour un rôle mystique.

La bergerette filait machinalement sa quenouille, suivant ses brebis d'un regard distrait; elle ne vit ni n'entendit Sybille. Celle-ci, après avoir déposé à quelques pas de là et maintenu sous des pierres son chanvre exposé au courant du ruisseau, s'approcha doucement et donna un baiser sur le cou penché de sa filleule qui poussa un léger cri et dit ensuite en souriant :

— Ah ! marraine... vous m'avez fait grand'peur.

— Tu n'es pourtant pas peureuse ! tu as été plus brave que moi l'autre jour en écrasant une grosse vipère à coups de pierre. — A quoi pensais-tu donc tout à l'heure ?

— Hélas ! je pensais que le gentil dauphin, notre sire... qui est si doux, si beau, si vaillant, et cependant si malheureux par la faute de sa mauvaise mère, sera peut-être forcé d'abandonner la France !

— Qui t'a appris cela ?

— Un messager s'est arrêté hier à la maison ; il nous a parlé du mal que font les Anglais dans les pays d'où il vient et des peines de notre jeune sire. Oh ! marraine, je me sentais aussi apitoyée sur lui que s'il était mon frère, je n'ai pu m'empêcher de pleurer avant de m'endormir... Hélas ! le messager revenait toujours à dire que la mère de notre gentil dauphin était fautive de ces grands maux, et que cette méchante femme avait perdu la Gaule...

— Le messager a dit cela ? — reprit Sybille, tressaillant à un souvenir soudain ; — il a dit qu'une femme avait perdu la Gaule ?

— Oui, oui. Et il racontait que, par sa faute, les Anglais font endurer misères sur misères aux gens de la campagne ; ils les pillent, ils les tuent, ils mettent le feu à leurs maisons ; ils sont sans merci pour les femmes et les enfants ; ils emmènent le bétail des laboureurs. — Et Jeannette suivait d'un œil inquiet ses blanches brebis. — Ah ! marraine, le cœur me saignait en écoutant le messager raconter les infortunes de notre jeune sire et du pauvre monde de ces contrées... Dire que c'est une méchante femme qui cause tant de maux !

— Une femme a fait le mal, — répondit Sybille en hochant la tête d'un air pensif ; — une femme réparera le mal...

— Comment donc cela ?

— Une femme a perdu la Gaule, — reprit Sybille de plus en plus rêveuse et le regard errant dans l'espace ; — une jeune fille sauvera la Gaule... La prédiction va-t-elle donc s'accomplir ? Que Dieu en soit loué !

— Quelle prédiction, marraine ?

— La prophétie de MERLIN... le fameux enchanteur Merlin... un barde de Bretagne.

— Et quand a-t-il fait cette prophétie ?

— Il y a mille ans et plus.

— Mille ans et plus !... Merlin était donc un saint, marraine ? C'était un grand saint ?

Sybille, absorbée dans ses pensées, ne parut pas entendre la question de la bergerette ; et, le regard errant dans l'espace, elle murmura d'une voix lente ce vieux chant de l'Armorique :

« — MERLIN... MERLIN... MERLIN... *où allez-vous si matin avec votre chien noir ?*

« — *Je viens chercher ici..... l'œuf rouge du serpent marin...*

« — *Je viens chercher, dans la vallée, le cresson vert et l'herbe d'or.*

« — *Et la branche élevée du chêne... dans les bois, sur le bord de la fontaine.* »

— La branche élevée du chêne... dans les bois, sur le bord de la fontaine ? — reprit Jeannette en regardant au-dessus et autour d'elle, frappée des paroles et de l'expression recueillie de la figure de Sybille ; — c'est comme ici, marraine... c'est comme ici !... — Puis remarquant que la vieille Bretonne ne l'écoutait pas et paraissait plongée dans une sorte de contemplation intérieure : — Marraine, — ajouta-t-elle en posant sa main sur le bras de Sybille, — marraine, quel est donc ce Merlin dont vous parlez ? Répondez, chère marraine.

— Un barde gaulois dont les chants sont encore chantés dans mon pays, — répondit Sybille en sortant de sa rêverie ; — on parle de lui dans nos plus anciennes légendes.

— Oh ! marraine, dites-m'en une, s'il vous plaît. J'aime tant à les entendre, vos belles légendes... Souvent j'en rêve !

— Allons, sois satisfaite, mon enfant, je vais te dire la légende d'un paysan qui épouse la fille d'un roi de Bretagne.

— Serait-il possible !... un paysan épouser la fille d'un roi !

— Oui ; et cela, grâce à la harpe et à l'anneau de Merlin...

Et Sybille dit à sa filleule la légende suivante d'une voix rhythmée :

LA HARPE DE MERLIN LE BARDE

« — Ma pauvre grand'mère, j'ai envie d'aller à la fête que donne le roi.

« — Non, Alain, vous n'irez pas à cette fête, non ; vous avez pleuré cette nuit en rêvant.

« — Ma pauvre petite mère, si vous m'aimez, vous me laisserez aller à la fête nouvelle.

« — Non ; en allant, vous chanterez ; en revenant, vous pleurerez.

« — Alain, malgré sa grand'mère, est parti... »

— C'était mal à lui de désobéir, — dit Jeannette, écoutant avidement sa marraine ; — c'était mal à lui de désobéir !

Sybille baisa Jeannette au front et continua :

« Alain a équipé son poulain noir, — il l'a ferré d'acier poli, — il lui a attaché un anneau au cou, — un ruban à la queue, — et il est arrivé à la fête. — Comme il arrivait, les trompettes sonnaient, les crieurs criaient : — Celui qui franchira au galop, en un bond franc et parfait, la grande barrière du champ de foire, aura pour épouse la fille du roi... »

— La fille du roi! il serait vrai! — répéta la bergerette émerveillée en joignant les mains et abandonnant sa quenouille.

« — En entendant ces mots du crieur, — poursuivit Sybille, — le poulain noir d'Alain hennit à tue-tête, bondit, s'emporta, souffla du feu par les naseaux, jeta des éclairs par les yeux, dépassa tous les autres chevaux et franchit la barrière d'un bond.

« — Sire, — dit Alain au roi, — vous l'avez juré, votre fille *Linor* doit m'appartenir...

« — Elle n'appartiendra ni à toi ni à tes semblables... Tu n'es pas de notre race. »

— Le roi avait promis et juré, — s'écria Jeannette; — il mentait donc à sa parole? Oh! ce n'est pas le gentil dauphin notre sire qui mentirait à sa promesse! n'est-ce pas marraine?

Sybille secoua mélancoliquement la tête et poursuivit :

« — Un vieil homme qui était auprès du roi, un vieil homme qui avait une longue barbe, plus blanche que la laine sur le buisson de la lande, et une robe galonnée d'argent tout le long, parla tout bas au roi, qui, l'ayant écouté, frappa trois coups de son sceptre pour que tout le monde fît silence, et dit à Alain :

« — Si tu m'apportes la harpe de *Merlin*, qui, par quatre chaînes d'or, est suspendue au chevet, de son lit ; oui, si tu parviens à détacher cette harpe et à me l'apporter, tu auras ma fille peut-être... »

— Et cette harpe, marraine, où était-elle? — demanda la bergerette, de plus en plus intéressée. — Comment donc faire pour l'avoir?

« — Ma pauvre grand'mère, — dit Alain en revenant à sa maison, — ma pauvre grand'mère, si vous m'aimez, vous me donnerez un conseil. Mon cœur est brisé.

« — Méchant garçon! si tu m'avais écouté, si tu n'étais pas allé à cette fête, ton cœur ne serait pas brisé. Allons, ne pleure pas; la harpe sera détachée. Voici un marteau d'or, va... »

« Alain revient au palais du roi disant: Bonheur et joie! me voici derechef ; j'apporte la harpe de Merlin... »

— Il avait donc pu prendre la harpe? — dit Jeannette ébahie. — Et où?... et comment l'avait-il prise, marraine?

Sybille mit d'un air mystérieux un doigt sur ses lèvres.

— « J'apporte la harpe de Merlin, — dit Alain au roi : — sire, votre fille Linor doit être à moi, vous l'avez promis.

« Quand le fils du roi entendit cela, il fit la moue et parla tout bas à son père ; le roi, l'ayant écouté, dit à Alain : — Si tu m'apportes l'anneau que Merlin porte au doigt de la main droite, tu auras ma fille Linor... »

— Quoi! marraine, manquer deux fois à sa promesse? Ah! c'est mal de la part du roi!... Et le pauvre Alain, que va-t-il devenir?...

— « Alain, — reprit Sybille, — s'en retourne en pleurant et va trouver bien vite sa grand' mère.

— « Hélas! grand'mère, le seigneur roi avait dit... et voilà qu'il s'est dédit! »

« — Ne te chagrine pas ainsi, cher enfant! Prends un rameau qui est là dans mon petit coffre, où il y a douze feuilles, — douze feuilles vermeilles aussi brillantes que de l'or, — et que j'ai été sept nuits à chercher en sept bois, il y a sept ans... »

— Qu'est-ce que c'était donc que ces feuilles d'or, marraine? Les anges ou les saintes les avaient données à la grand'mère?

Sybille secoua négativement la tête et continua sa légende.

— « Lorsqu'à minuit le coq a chanté, le cheval noir d'Alain l'attendait à la porte.

— « Ne crains rien, cher petit-fils, Merlin ne s'éveillera pas ; tu as mes douze feuilles d'or... Va vite.

« Le coq n'avait pas fini de chanter, que le poulain noir galopait sur le chemin... Le coq n'avait pas fini de chanter, que l'anneau de Merlin était enlevé... »

— Et cette fois, Alain a épousé la fille du roi, marraine?

— « Le matin, au point du jour, Alain était près du roi, lui présentant l'anneau de Merlin.

— Le roi, tout stupéfait, et tous ceux qui étaient là, disaient :

— « Voilà pourtant que ce jeune paysan a gagné la fille de notre sire!

— « C'est vrai, — dit le roi à Alain. — Mais je te demande une chose, — ce sera la dernière: — si tu fais cela, tu auras ma fille, et tout le royaume de Léon.

— « Que faut-il faire, sire?

— « Amener Merlin à la cour pour célébrer ton mariage avec ma fille... »

— Mon Dieu! — dit la bergerette, s'émerveillant davantage encore, — comment cela va-t-il finir?

— « Pendant qu'Alain était au palais, sa grand'mère voit passer Merlin, l'enchanteur Merlin, devant sa maison.

— « Merlin d'où viens-tu avec tes habits en lambeaux? — Où vas-tu ainsi nu-tête et nu-pieds? — Où vas-tu ainsi, vieux Merlin, avec ton bâton de houx?

— « Hélas! hélas! je vais chercher ma harpe, consolation de mon cœur en ce monde. — Je vais chercher ma harpe et mon anneau que j'ai perdus ou qu'on m'a volés.

— « Merlin, Merlin, ne vous chagrinez pas,

votre harpe n'est pas perdue, — ni votre anneau non plus. — Entrez, Merlin, venez vous reposer et manger.

« Je ne me reposerai, je ne mangerai rien au monde que je n'aie retrouvé ma harpe et mon anneau. Ni l'un ni l'autre n'ont été volés.

— « Merlin, entrez, votre harpe sera retrouvée ; — entrez, Merlin, votre anneau sera retrouvé.

« La grand'mère pria tant et tant Merlin qu'il entra dans sa cabane.

— « Lorsqu'au soir Alain revint à sa maison, le voilà qui tressaille d'épouvante en jetant les yeux sur le foyer, en y voyant Merlin assis la tête penchée sur sa poitrine ; Alain ne savait où fuir.

« — Ne crains rien, mon garçon, ne crains rien, Merlin dort d'un profond sommeil ; — il a mangé *trois pommes rouges* que j'ai fait cuire sous la cendre. — Maintenant, il nous suivra partout ; nous l'emmènerons devers notre seigneur le roi... »

— Et Merlin y est allé, marraine ?

« — Qu'est-il arrivé dans la ville, que j'entends tant de bruit ? — disait le lendemain la reine à sa suivante. — Qu'est-il arrivé dans la cour, que la foule y pousse des cris de joie?

« — Madame, c'est que toute la ville est en fête ; c'est que Merlin entre au palais avec une vieille, vieille femme, vêtue de blanc, grand'mère du jeune garçon qui doit épouser votre fille. Oui, madame la reine...

« Et la noce a été célébrée ; Alain a épousé Linor ; Merlin a chanté le mariage. Il y a eu cent robes de laine blanche pour les prêtres, — cent colliers d'or pour les chevaliers, — cent manteaux bleus de fête pour les dames, — et huit cents braies pour les pauvres gens.

« Et tout le monde s'en est allé content. — Alain est parti pour le pays de Léon avec sa femme, sa grand'mère et une suite nombreuse. — Mais Merlin a disparu ; Merlin est perdu. — L'on ne sait ce qu'il est devenu ; — l'on ne sait quand reviendra Merlin !... »

Jeannette avait écouté Sybille avec une profonde attention, frappée surtout de ce fait singulier : *un paysan épousant la fille d'un roi;* dès lors Jeannette s'excusait à ses propres yeux de penser si souvent, depuis la veille, à son jeune sire, si doux, si beau, si brave, et si malheureux par la faute de sa méchante mère et la cruauté des Anglais. Aussi, après un moment de silence, la bergerette dit à Sybille :

— Oh ! marraine, la belle légende !... Elle me semblerait encore plus belle si, le sire de Léon ayant à combattre un ennemi autant cruel que les Anglais, Alain le paysan avait sauvé son roi avant de se marier avec sa fille... Et qu'est devenu Merlin, le grand enchanteur Merlin ?

— L'on assure qu'il doit dormir mille ans et plus... Mais, avant de s'endormir, il a prédit que *le mal qu'une femme ferait à la Gaule serait réparé par une jeune fille... une jeune fille de ce pays-ci...*

— De ce pays-ci, marraine?

— Oui, des Marches de la Lorraine; et qu'elle naîtrait près d'un grand bois de chênes ?

Jeannette, les mains jointes, saisie d'étonnement, regardait Sybille en silence et songeait que, selon la prophétie de Merlin, la France serait sauvée par une jeune fille de Lorraine, peut-être même de Domrémy ? Cette libératrice ne devait-elle pas descendre d'un antique bois *chesnu?* Le village de Domrémy n'avoisinait-il pas une forêt de chênes séculaires ?

— Quoi ! marraine, — reprit la bergerette, — il serait vrai... Merlin a prédit cela ?

— Oui, — répondit Sybille, pensant que sans doute étaient venus les temps où devait s'accomplir la prophétie du barde gaulois ; — oui, il y a mille ans et plus, cette prédiction a été faite par le grand enchanteur Merlin.

— Et en quels termes, marraine ?...

Sybille appuya son front sur sa main, se recueillit ; puis, d'une voix basse et lente, fit ainsi connaître à sa filleule cette mystérieuse prophétie, que l'enfant écouta dans un religieux silence :

LA PROPHÉTIE DE MERLIN

« — Quand le soleil se couche, quand la lune brille, je chante.

« — Jeune, je chantais.... devenu vieux, je chante.

« — L'on me cherche, et l'on ne me trouve pas...

« — L'on ne me cherchera pas, et l'on me trouvera...

« — Peu importe ce qui arrive...

« — Ce qui doit être, sera !

« — Je vois la Gaule perdue par une femme... je vois la Gaule sauvée par une vierge des Marches de la Lorraine, et d'un bois chesnu venue.

« — Je vois aux Marches de la Lorraine une forêt profonde, une forêt de chênes où croît, près de la claire fontaine, l'herbe divine que le druide coupe avec une faucille d'or.

« — Je vois un ange aux ailes d'azur, éclatant de lumière ; il tient en ses mains une couronne royale.

« — Je vois un cheval de guerre aussi blanc que la neige. — Je vois une armure de bataille aussi brillante que de l'argent. — Pour qui cette couronne? ce cheval ? cette armure ?

« — La Gaule, perdue par une femme, sera sauvée par une vierge des Marches de la Lorraine, d'un bois chesnu venue. — Pour qui cette couronne? ce cheval ? cette armure ?

« — Oh ! que de sang ! il jaillit, il coule à

Les habitants de Domrémy fuient épouvantés devant l'incendie (page 127)

torrents!... oh! que je vois de sang! que je vois de sang! C'est un lac, une mer de sang.

« — Il fume! sa vapeur monte..... monte comme un brouillard d'automne vers le ciel, où gronde la foudre, où luit l'éclair!

« — A travers ces foudres, ces éclairs, ce brouillard sanglant, je vois une vierge guerrière.

« — Elle bataille, elle bataille..... et bataille encore, au milieu d'une forêt de lances! elle semble chevaucher sur le dos des archers...

« — Le cheval de guerre aussi blanc que la neige était pour la vierge guerrière!... pour elle était l'armure de bataille aussi brillante que l'argent!... Elle est entourée d'une escorte.

« — Mais pour qui la couronne royale?

« — La Gaule, perdue par une femme, sera sauvée par une vierge des marches de la Lorraine, d'un bois chesnu venue.

« A la guerrière le cheval et l'armure! Mais à qui la couronne royale? L'ange aux ailes d'azur la tient entre ses mains. Le sang a cessé de couler par torrents, la foudre de gronder, l'éclair de luire. Les guerriers sont au repos.

« — Je vois un ciel serein; les bannières flottent, les clairons sonnent, les cloches résonnent; cris de joie! chants de victoire!

« — La vierge guerrière reçoit des mains de l'ange de lumière la couronne royale.

« — Un homme agenouillé, portant long manteau d'hermine, est couronné par la vierge guerrière. Quel est donc l'élu de la vierge?

« — Peu importe ce qui arrive...

« — Ce qui doit être sera!...

« — La Gaule, perdue par une femme, est sauvée par une vierge des marches de la Lorraine, d'un bois chesnu venue. »

« — La prédiction est au livre des destins. Jeannette, suspendue aux lèvres de Sybille,

117e livraison

ne l'interrompit pas et écouta cette mystérieuse prophétie avec une émotion croissante ; son imagination, impressionnable et vive, se figurait la vierge de Lorraine revêtue de sa blanche armure, montée sur son blanc coursier, bataillant au milieu d'une forêt de lances, et ainsi que le disait le chant prophétique, *chevauchant sur le dos des archers.* Puis, la guerre terminée l'étranger vaincu, l'ange éclatant de lumière..... (*saint Michel*, sans doute, pensait la bergerette, qui, chaque dimanche, voyait à sa paroisse la fière statue de l'archange)..... puis, l'étranger vaincu, l'ange éclatant de lumière, tenant la couronne royale, la donnait à la guerrière ; et, au bruit des clairons, des cloches, des chants de victoire, elle rendait sa couronne au roi... Et ce roi, quel pouvait-il être? sinon le gentil dauphin de qui la mère avait causé les malheurs de la France !... Il ne venait pas à la pensée de la bergerette qu'elle serait un jour la vierge guerrière prophétisée par la légende; mais le cœur de la naïve enfant battait de joie en songeant qu'elle serait Lorraine, la libératrice de la Gaule !

Oh ! merci, marraine, de m'avoir conté cette belle légende ! — dit Jeannette, les larmes aux yeux et se jetant au cou de Sybille. — Matin et soir, je prierai Dieu, ses saints et saint Michel archange de faire arriver bientôt la prophétie de Merlin. Enfin les Anglais seraient chassés de France ! notre jeune sire couronné, grâce au courage de la jeune Lorraine d'un bois chesnu venue !... Que Dieu exauce nos prières.

— *Peu importe ce qui arrive.... ce qui doit être sera. La prophétie se réalisera.*

— Et pourtant, — reprit la bergerette après un moment de réflexion, — une jeune fille chevaucher, batailler, commander à des gens d'armes, comme un capitaine ! est-ce que cela est possible ?... Mais Dieu lui donnera du courage.

— Jadis, mon père a connu en notre contrée de Bretagne, la femme du *comte de Montfort*, vaincu et fait prisonnier par le roi de France ; elle s'appelait *Jeanne* comme toi. Longtemps elle a vaillamment guerroyé sur terre ou sur mer, portant casque et cuirasse ; elle voulait sauver l'héritage de son fils, un enfant de trois ans. L'épée ne pesait pas plus au bras de la comtesse Jeanne que la quenouille ne pèse aux mains d'une filandière...

— Quelle femme ! marraine, quelle femme !

— Il y avait bien d'autres guerrières, voilà de cela des cents et des cents ans ! elles venaient des pays lointains du Nord, sur des vaisseaux, assez hardies pour aller, en remontant la Seine, attaquer Paris; on les appelait les *Vierges aux Boucliers*. Elles ne craignaient pas les plus braves soldats ; ceux qui voulaient les épouser devaient d'abord les vaincre par les armes !

— Voyez donc !... quelles furieuses !...

— Enfin, dans des temps encore plus anciens, les Bretonnes des Gaules, suivaient leurs maris, leurs fils, leurs pères, leurs frères à la bataille ; elles assistaient aux conseils de guerre ; et souvent elle combattaient jusqu'à la mort !...

— Marraine, est-ce que l'histoire d'*Hèna*, que vous m'avez racontée une fois, n'est pas une légende de ces anciens temps ?

— Si, mon enfant.

— Oh ! marraine, — reprit la bergerette avec une grâce caressante, — redites-la-moi donc encore cette légende... Hèna s'est montrée autant courageuse que. le sera la jeune fille lorraine dont Merlin prédit la venue.

— Allons, — répondit Sybille en souriant, — encore cette légende, et je rentre à la maison : Mon chanvre est à rouir ; je reviendrai le chercher ce soir, avant de commencer la veillée.

LA LÉGENDE D'HÈNA

« — Elle était jeune, — elle était belle, — elle était sainte ; — elle a donné son sang à Hésus pour la délivrance de la Gaule.— Elle s'appelait Hèna, Hèna la vierge de l'île de Sèn !

« — Bénis soient les dieux ! ma douce fille, — lui dit son père Joel, le brenn de la tribu de Karnak, — bénis soient les dieux, puisque te voilà ce soir dans notre maison pour fêter le jour de ta naissance ! — Mais qu'as-tu ? — Je vois des larmes dans tes yeux.

« — Si ma figure est triste, ma bonne mère, — si ma figure est triste, mon bon père, — c'est que je viens vous dire adieu et au revoir.

« — Et où vas-tu, chère fille ? — Ton voyage sera donc bien long ! -- Où vas-tu ainsi ?

« — Je vais en ces mondes mystérieux que personne ne connaît et que tous nous connaîtrons ; — où personne n'est allé, — et où tous nous irons, — pour revivre avec ceux que nous avons aimés... »

— Ces mondes-là, — dit Jeannette, — c'est le paradis où sont les anges et les saints du bon Dieu, n'est-ce pas, marraine ?

Sybille secoua la tête d'un air de doute sans répondre à sa filleule et continua le récit de sa légende :

« — En entendant Hèna leur dire adieu et au revoir, — son père et sa mère se regardèrent tristement ; — et s'attristèrent tous ceux de la famille, et aussi les petits enfants. — Hèna avait un grand amour pour les enfants.

« — Pourquoi donc, chère fille, quitter ce monde-ci, — pour t'en aller, — sans que l'ange de la mort t'appelle ?

« — Mon bon père, ma bonne mère, Hésus est irrité, — l'étranger menace notre Gaule bien-aimée ; — le sang innocent d'une vierge, offert par elle aux dieux, peut apaiser leur colère. - Adieu donc et au revoir, vous tous, mes parents, mes amis ; — gardez ces colliers, ces anneaux en souvenir de moi. — Que je baise une dernière fois vos têtes blondes, chers petits enfants. — Souvenez-vous d'Héna, votre amie; — elle va vous attendre dans les mondes inconnus.

« — Brillante est la lune, — immense est le bûcher; — il s'élève auprès des pierres sacrées de Karnak. — La voilà... c'est Héna !... — Elle monte sur le bûcher, sa harpe d'or à la main; elle chante ainsi :

« — Prends mon sang, ô Hésus! et délivre mon pays de l'étranger! — Prends mon sang, ô Hésus! Pitié pour la Gaule! et victoire à nos armes!

« — Il a coulé, le sang d'Héna. — O vierge sainte! il n'aura pas en vain coulé, ton sang innocent et généreux! — Aux armes! aux armes! — Chassons l'étranger! victoire à nos armes! »

Les yeux de Jeannette se remplirent de nouveau de larmes, et elle dit à Sybille, lorsque celle-ci eût achevé cette légende :

— Oh! marraine, si le bon Dieu, ses saintes ou son archange me disaient : « — Jeannette, quoi aimerais-tu mieux, être Héna ou la guerrière lorraine qui doit chasser ces méchants Anglais de la France et rendre sa couronne à notre gentil dauphin ?... »

— Que préférerais-tu?

— J'aimerai mieux être Héna qui, pour délivrer son pays, a offert son sang au bon Dieu, sans répandre celui de personne... tandis que la guerrière de notre pays devra répandre tant de sang! tuer tant de monde avant d'être victorieuse et de faire couronner notre pauvre jeune sire !... Ah! marraine, — ajouta la bergerette en frémissant, — Merlin a dit qu'il voyait le sang couler à torrents et fumer comme un brouillard!

Jeannette s'interrompit, se leva soudain, entendant à quelques pas, dans le taillis, un assez grand bruit, mêlé de bêlements plaintifs; presque aussitôt, l'un de ses agneaux sortit effaré des buissons, poursuivi par un gros chien noir; il n'aboyait pas, car il mordait à belles dents le mouton à la cuisse. Laisser sa quenouille, ramasser deux pierres, dont elle s'arma, courir au chien, tel fut le premier mouvement de l'enfant, tandis que Sybille, effrayée, lui criait :

— Prends garde! chien qui n'aboie pas a la rage mue!

Mais la bergerette, l'œil brillant, la figure animée, ne tint compte des avertissements de sa marraine, s'élança sur le chien, armée de ses deux pierres; et, au lieu de les lui jeter, en l'assaillant ainsi de loin, elle se servit d'elles pour le frapper à tour de bras sur la tête, sur la mâchoire, si bien, si fort, qu'il abandonna l'agneau, prit la fuite, la gueule pleine de flocons de laine, et poussa des gémissements lamentables, toujours poursuivi par Jeannette, qui ramassant de nouvelles pierres, l'en cribla, jusqu'à ce qu'il eût disparu à travers le fourré. Lorsqu'elle revint auprès de Sybille; celle-ci fut frappée de l'air intrépide de l'enfant. Sa coiffe, dénouée, laissait tomber sur ses épaules les tresses de ses cheveux noirs. Encore haletante de sa course, elle s'appuya un moment, essoufflée, aux roches moussues de la fontaine, ses bras pendants le long de sa jupe écarlate : puis, avisant le mouton qui, saignant, palpitait sur l'herbe, la bergerette fondit en larmes; son courroux fit place à la compassion. Elle alla puiser dans le creux de sa main de l'eau à la source, s'agenouilla devant l'agneau, lava la plaie, disant tout bas :

— Notre gentil dauphin est innocent comme toi, pauvre agnelet; et ces méchants chiens anglais voudraient le déchirer!...

Soudain les cloches de l'église de Domrémy commencèrent à sonner lentement dans le lointain. A ce bruit, qu'elle aimait passionnément, la bergerette, ravie, s'écria :

— Oh! marraine, les cloches, les cloches!...

Et Jeannette, en proie à une sorte d'extase, son agneau serré contre sa poitrine, prêtait l'oreille aux vibrations sonores que le vent matinal apportait jusqu'au bois chesnu.

. . . .

Plusieurs semaines se passèrent. La prédiction de Merlin, le souvenir des malheurs du roi, des désastres de la France, ravagée par les Anglais, revinrent obstinément à la pensée de Jeannette; car souvent ses parents s'entretenaient de ces tristes événements en sa présence. Aussi, durant les heures solitaires qu'elle passait aux champs ou aux bois avec son troupeau, parfois elle se prenait à répéter à voix basse ces passages de la prophétie du barde gaulois :

— « *La France, perdue par une femme, sera sauvée par une vierge des marches de la Lorraine, d'un bois chesnu venue.* »

Ou bien encore :

— « *Oh! que de sang! il jaillit, il coule à torrents... il fume et, comme un brouillard, monte vers le ciel, où gronde la foudre, où luit l'éclair!... A travers ces foudres, ces éclairs, ce brouillard sanglant, je vois une vierge guerrière. Blanc est son coursier, blanche est son armure; elle bataille et bataille encore au milieu d'une forêt de lances et semble chevaucher sur le dos des archers!* »

Et puis l'ange de lumière remettait la couronne royale aux mains de la guerrière, qui couronnait son roi au milieu des cris de joie et et des chants de victoire!

Chaque jour, regardant des yeux de son esprit vers les frontières de la Lorraine, sans voir apparaître la vierge libératrice, Jeannette en vain suppliait ses bonnes saintes, sainte Marguerite et sainte Catherine, d'intercéder auprès du Seigneur Dieu pour le salut du gentil dauphin, dépossédé de son trône... en vain elle les suppliait d'obtenir la délivrance de ce pauvre pays de France, depuis tant d'années la proie des Anglais; demandant ainsi au ciel avec ferveur l'accomplissement de la prophétie de Merlin, prophétie vraisemblable aux yeux de Jeannette, depuis que Sybille lui avait raconté les exploits de ces vierges guerrières venant des mers lointaines du Nord sur leurs vaisseaux et assiégeant Paris; ou bien encore les vaillances de la comtesse Jeanne de Montfort, se battant comme une lionne pour défendre son lionceau; ou bien enfin les actions héroïques de ces gauloises des anciens temps, qui accompagnaient à la bataille leurs époux, leurs pères et leurs frères !

Jeannette atteignit les approches de sa quatorzième année, âge auquel les natures robustes, saines, fortement développées par les salubres fatigues de la vie rustique, entrent d'ordinaire dans la période de la puberté. Dès lors, sur le point de devenir *jeunes filles*, elles éprouvent en ce moment, si grave pour leur sexe, des anxiétés sans motif, de vagues tristesses, un impérieux besoin de solitude où elles donnent librement cours à des langueurs rêveuses, nouveautés dont s'inquiète leur pudique instinct, symptômes de l'éveil d'un cœur virginal, premières et confuses aspirations de la jeune fille vers les douces joies et les austères devoirs de l'épouse et de la mère... fins sacrées des destinées de la femme !...

Il n'en était pas ainsi de Jeannette; elle ressentait ces mystérieux symptômes: mais sa candeur l'égarait sur leur cause. L'imagination remplie des merveilleuses légendes de sa marraine, qu'elle continuait de voir presque chaque jour à la fontaine de l'Arbre des Fées, l'esprit de plus en plus frappé des prophéties de Merlin, quoiqu'elle se crût étrangère à cette prédiction, Jeannette dans la chaste ignorance de son âme, attribuait à la douloureuse et tendre pitié que lui inspiraient les malheurs de la Gaule et de son jeune roi ces vagues tristesses, ces larmes involontaires, ces aspirations confuses, signes précurseurs de l'âge pubère; son cœur innocent commençait à s'émouvoir, mais ne devait jamais battre que pour la France.

Jeanne Darc ne devait connaître qu'un amour... le saint amour de la patrie !...

. . . .

— Isabelle, — disait ce soir-là, d'un air sévère, Jacques Darc à sa femme, seul à seul avec elle au coin de leur foyer, — je ne suis point du tout satisfait de Jeannette: dans quelques mois elle aura quatorze ans; grande et forte pour son âge, elle devient paresseuse. Hier, je lui faisais tirer l'eau du puits, afin d'arroser les légumes de notre jardin; vingt fois elle s'est arrêtée, la main sur la corde des seaux, le nez en l'air et bayant aux corneilles. Il me faudra la relever rudement du péché de paresse.

— Jacques, écoute-moi. Ne t'es-tu pas aperçu que depuis quelque temps Jeannette est un peu pâle, n'a presque plus d'appétit, est souvent distraite et devient de plus en plus taciturne ?

— Je ne me plains point de ce qu'elle parle peu, je n'aime pas les bavardes... Je me plains de sa paresse, de ses distractions, je veux qu'elle redevienne laborieuse, active comme par le passé...

— Ce changement que nous remarquons dans notre fille ne provient pas de sa mauvaise volonté, mon ami.

— D'où provient-il donc ?

— Hier encore, vraiment inquiète de sa santé, j'ai interrogé Jeannette. Elle souffrait, m'a-t-elle dit, de violents maux de tête depuis quelque temps ; elle se sentait courbaturée sans avoir presque marché ; elle dormait à peine et éprouvait parfois des vertiges, pendant lesquels tout semblait tourner autour d'elle. Ce matin, en allant à Neufchâteau porter du beurre et des volailles, j'ai consulté frère Arsène, le chirurgien, sur l'état de Jeannette...

— Eh bien ! Qu'a dit le frère Arsène ?

— Lorsque je lui ai eu appris de quoi elle se plaignait, il m'a demandé son âge. — « Treize ans et demi passés, — lui ai-je répondu. — Est-elle forte et d'une bonne santé ? — Oui, mon père, elle est forte et se portait très bien avant ces changements que je remarque en elle et dont je m'inquiète. — Rassurez-vous, — m'a dit frère Arsène, — rassurez-vous, bonne mère, votre petite fille, bientôt sans doute, sera *grande fille*, en un mot sera *formée*. A l'approche de cette crise, toujours si grave, les jeunes filles deviennent languissantes, rêveuses, souffrantes, taciturnes, recherchent la solitude; les plus robustes deviennent mièvres, les plus laborieuses indolentes, les plus gaies tristes. Cela dure quelques mois, et ensuite elles reprennent leurs habitudes. Mais, — a ajouté frère Arsène, — il faut se garder, sous peine de graves accidents, de contrarier, de gronder votre fille en un tel moment; l'on a vu des émotions trop vives arrêter ou supprimer pour toujours la crise salutaire que sollicite la nature; et, en ce cas, se produisent de graves et souvent irréparables malheurs. « Des jeunes filles sont ainsi devenues maniaques, idiotes ou folles. » Tu vois, Jacques, avec quels ménagements nous devons traiter Jeannette ?

— Tu as sagement fait de consulter frère Arsène ; aussi, je me reprocherais d'avoir tantôt durement morigéné cette enfant sur ses distractions et sa paresse, si ce soir, en m'embrassant comme de coutume avant d'aller se cou cher, elle ne m'avait prouvé qu'elle ne songeait plus à mes reproches.

— Grâce à Dieu! j'ai remarqué comme toi, Jacques, qu'elle paraissait pour toi aussi affectueuse que d'habitude...

Isabelle fut soudain interrompue par plusieurs coups frappés à la porte de la maison, quoiqu'il fît nuit depuis longtemps.

— Qui peut venir frapper chez nous? — dit Jacques Darc, aussi surpris que sa femme, en se levant afin d'aller ouvrir la porte.

A peine fut-elle entrebâillée, qu'un vieillard d'une figure vénérable et douce, mais en ce moment pâlie par l'épouvante, descendit en hâte de son cheval et s'écria tout essoufflé :

— Malheur à nous! mes amis... les Anglais! les Anglais!... Le pays va être envahi!

— Grand Dieu! que dites-vous, mon oncle! reprit Isabelle, reconnaissant *Denis Laxart*, le frère de sa mère.

— Les troupes de France viennent d'être complètement battues à la bataille de *Verneuil*; les Anglais, renforcés dans la Champagne, débordent maintenant dans notre vallée... Voyez, voyez... — reprit Denis Laxart en attirant Isabelle et Jacques Darc au seuil de leur maison et leur montrant à l'horizon vers le nord une grande lueur rougeâtre qui faisait paraître plus noires encore les ombres de la nuit, le village de Saint-Pierre est déjà en flammes; le gros de la troupe de ces brigands assiège Vaucouleurs, d'où j'ai pu m'échapper. Une de leurs bandes parcourt la vallée, mettant tout à feu, à sac et à sang sur leur passage!... Fuyez, fuyez!... emportez ce que vous avez de plus précieux.... Le hameau de Saint-Pierre n'est qu'à deux lieues d'ici; les Anglais viendront peut-être cette nuit à Domrémy... Je cours en hâte à Neufchâteau rejoindre ma femme et mes enfants, qui, depuis quelques jours sont dans cette ville, chez une parente. Fuyez! il en est temps; sinon avant deux heures, vous serez massacrés!... fuyez!...

Ce disant, Denis Laxart, éperdu, remonte à cheval, part à toute bride, laissant Jacques Darc et sa femme stupéfaits, terrifiés de l'invasion des Anglais; car jusqu'alors, ils ne s'étaient jamais approchés de la paisible vallée de la Meuse. Les fils du laboureur, éveillés en sursaut par les coups violemment frappés à la porte et par les éclats de voix de Denis Laxart, s'étaient vêtus à la hâte; ils accoururent dans la chambre de Jacques Darc.

— Mon père, est-il donc arrivé quelque malheur? D'où vient que vous paraissez si effrayé?

— Les Anglais! — reprit Isabelle, livide d'effroi; — nous sommes perdus! mes pauvres enfants; c'en est fait de nous!

— Le village de Saint-Pierre est en feu! — s'écria le laboureur; voyez, là-bas, au bord de la Meuse, vers le château de l'Ile, voyez ces grandes flammes! Dieu nous soit en aide! notre contrée va être ravagée comme le reste de la Gaule! Malheur sur nous!

— Mes enfants, — dit Isabelle, — aidez-moi à rassembler ce que nous avons de plus précieux et sauvons-nous!

— Poussons nos bestiaux devant nous, — ajouta Jacques; — si les Anglais s'en emparent ou les tuent, nous sommes ruinés! Ah! malheur à nous! malheur à nous!

— Mais où fuir? — dit Pierre, l'aîné des fils; — de quel côté nous sauver, sans risquer de tomber entre les mains des Anglais?

— Mieux vaut encore rester ici! — reprit Jean.

— Il ne peut nous arriver pire qu'en fuyant; nous essayerons de nous défendre.

— Essayer de nous défendre! Veux-tu donc notre mort à tous? Hélas! le Seigneur Dieu nous abandonne!

Et pleurant, gémissant, la pauvre femme, la tête perdue, tirait en hâte de ses coffres, trop pesants pour être transportés au loin, et lançait pêle-mêle sur le plancher de la chambre les meilleures hardes de son mari et les siennes; sa robe de noce, précieusement empaquetée; des pièces de toile, des étoffes de laine, filées ou tissées durant les veillées d'hiver; la brassière de baptême de Jeannette, pieuse relique maternelle; toutes choses, enfin, si précieuses à une ménagère. Elle mit à son cou une antique chaîne de vermeil, héritage de sa mère et sa parure aux jours de fête; elle enfouit dans sa poche une petite tasse d'argent gagnée jadis par Jacques Darc au tir de l'arbalète. Jeannette s'étant, comme ses frères, vêtue précipitamment, entrait en ce moment; son père et les deux jeunes garçons, sans s'occuper d'elle, se demandaient avec une anxiété croissante s'il valait mieux abandonner le village ou y attendre, à tout hasard, les Anglais. Puis, revenant au seuil de la porte ouverte, ils se montraient, désespérés, l'incendie qui, à deux lieues de là, finissait de dévorer le hameau de Saint-Pierre, sur le bord de la Meuse; les flammes ne jaillissaient plus que par bouffées, s'élevant alors vers le ciel étoilé comme de grandes gerbes de feu. Et chacun de répéter en se lamentant :

— Maudits soient les Anglais! malheur à nous!... Que faire?

Jeannette, apprenant si soudainement l'invasion de l'ennemi, voyant au loin l'incendie, et sous ses yeux son père, ses frères, bouleversés par l'épouvante, sa mère, effarée, entassant en désordre tout ce que la famille pouvait emporter; Jeannette, d'abord terrifiée trembla de tout son corps, devint d'une pâleur mortelle; ses yeux se noyèrent de larmes; tout son sang affluant à son cerveau, elle éprouva un moment de vertige, un nuage passa devant ses yeux, et, trébuchant, elle tomba, presque défaillante, sur un escabeau. Mais bientôt elle se releva, rappelée à elle-même par la voie de sa mère:

— Vite, vite, Jeannette, aide-moi à empaqueter ces hardes! sauvons-nous! les Anglais vont venir tout piller... tout tuer ici!...

— Où nous sauver? — dit Jacques. — Nous pouvons rencontrer les Anglais sur la route.... c'est courir au devant du danger!

— Restons ici, mon père, — reprit Jean, — et défendons-nous...Je l'ai déjà dit, c'est encore le meilleur parti à prendre...

— Mais nous sommes sans armes! — s'écria Pierre; — et ces brigands sont armés jusqu'aux dents! Ils nous égorgeront jusqu'au dernier.

— Que faire? — reprenaient alors le laboureur et ses fils, — que faire?... Seigneur Dieu, ayez pitié de nous! secourez-nous!...

Isabelle n'écoutait, n'entendait ni son mari, ni ses fils; elle ne songeait qu'à la fuite, courant çà et là dans la chambre, afin de s'assurer qu'elle ne laissait rien de transportable, ne pouvant se résigner à l'abandon de ses ustensiles de ménage en cuivre et en étain, si soigneusement fourbis par elle et étalés sur le dressoir.

Jeannette, à la suite d'un moment de frayeur et de défaillance, se leva, essuya ses yeux du revers de sa main, aida sa mère à empaqueter les objets épars sur le sol, et, s'élançant à la porte, contempla au loin les derniers reflets de l'incendie, qui rougissaient encore l'horizon dans la direction du château de l'Ile et du village de Saint-Pierre; puis, après un instant de réflexion, elle revint vers Jacques Darc, et, guidée par son bon sens, dit d'une voix assurée:—
Mon père, nous n'avons qu'un refuge... Le château de l'Ile. La châtelaine est secourable; nous n'aurons rien à craindre à l'abri des murailles de cette maison-forte, et son préau contiendrait vingt fois plus de bétail que nous n'en avons, nous et nos voisins.

— Jeannette a raison, — s'écrièrent les deux jeunes gens; — allons au château de l'Ile. Nous passerons avec notre chariot et notre bétail dans le bac... Notre sœur a raison!

Votre sœur est folle! — reprit le laboureur en frappant du pied.—Les Anglais sont à Saint-Pierre, ils y mettent tout à feu et à sang!... aller là, c'est nous jeter dans la gueule du loup!

— Mon père, votre crainte n'est pas fondée! répondit Jeannette; — les Anglais, après avoir brûlé ce village, l'auront abandonné. Il nous faut plus de deux heures pour nous y rendre; nous prendrons la vieille route de la forêt, nous sommes assurés de ne pas rencontrer l'ennemi de ce côté. Nous passerons le bac..... et nous nous réfugierons au château.

— C'est juste, — dirent les deux garçons; — une fois le mal accompli, ces brigands s'en vont, laissant les ruines derrière eux.

Jacques Darc parut ébranlé par le raisonnement de sa fille. Soudain, l'un des deux garçons s'écria, montrant au loin les premières clartés d'un nouvel incendie beaucoup plus rapproché de Domrémy:

— Voyez.... Jeannette ne s'est pas trompée; les Anglais ont abandonné Saint-Pierre, ils s'approchent d'ici par le chemin de la plaine, ils brûlent tout sur leur passage; ils viennent de mettre le feu au hameau de *Maxey*!...

— Que Dieu nous soit en aide! — reprit le laboureur. — Sauvons-nous vers le château de l'Ile en suivant la vieille route de la forêt. Jeannette, cours à l'étable, rassemble les brebis; vous mes fils, allez à l'écurie atteler nos deux vaches au chariot; Isabelle et moi, nous transporterons les paquets dans la cour, pour les charger sur la voiture, tandis que vous vous occuperez de l'attelage... Vite, vite, mes enfants, avant deux heures, les Anglais seront ici.... Hélas! si jamais nous rentrons à Domrémy, hélas! nous ne trouverons plus que les cendres de notre pauvre maison!...

. . . .

La famille Darc n'avait pas été seule à s'apercevoir des ravages nocturnes des Anglais, toute la paroisse fut bientôt sur pied, en proie à la consternation, à l'épouvante. Les plus effrayés, emportant quelques vivres, abandonnant tout ce qu'ils possédaient, s'enfuirent au fond des bois; d'autres, espérant que les Anglais ne s'avanceraient peut-être pas jusqu'à Domrémy, hasardèrent de courir cette chance et restèrent au village; d'autres, enfin, se décidèrent à chercher aussi un refuge dans le château de l'Ile. Bientôt la famille Darc quitta sa maison, Jeannette guidant ses moutons, qui obéissaient à sa voix; Jacques conduisant le chariot, sur lequel était assise sa femme au milieu des paquets de hardes, de quelques sacs de blé et d'ustensiles de ménage entassés à la hâte; les deux fils chargèrent sur leur épaules les outils aratoires qu'ils pouvaient emporter. Cette fuite à travers les ténèbres, rougies à l'horizon par la réverbération des incendies, était navrante. Imprécations des hommes, gémissements des femmes, cris des enfants se pendant éplorés aux jupes de leurs mères, dont quelques-unes serraient contre leur sein un nouveau-né; pêle-mêle effaré de paysans, de bétail, de chariots, se heurtant, s'encombrant, dans ce sauve-qui-peut d'une terreur nocturne.... c'était affreux! Ces pauvres gens, laissant derrière eux leurs seules richesses, leurs greniers remplis de la dernière récolte, s'attendaient à ce qu'elles seraient dévorées par les flammes, ainsi que l'humble demeure où ils étaient nés. Ces désespoirs éclataient en sanglots, en plaintes douloureuses, et surtout en malédictions, en paroles de haine, de fureur contre les Anglais. Ce spectacle fit sur Jeannette une impression profonde, ineffaçable... les calamités de la guerre, pour la première fois, frappaient son esprit. Elle devait bientôt contempler ces désastres dans toute leur horreur!... Qu'ils soient maudits, les promoteurs des guerres!

. . . .

Les fugitifs arrivèrent près du hameau de Saint-Pierre, situé au bord de la Meuse; un amas de décombres noircis, quelques débris de charpentes brûlants encore... voilà tout ce qui restait du village!...... Jeannette, devançant ses brebis, s'arrêta saisie d'épouvante...

A quelques pas de là fumaient les ruines d'une chaumière, abritée par un grand noyer aux feuilles roussies, aux branches charbonnées par l'incendie; à l'une des branches de cet arbre pendait, la tête en bas, un homme attaché par les pieds au-dessus d'un brasier à demi-éteint; sa figure, corrodée par le feu, n'avait plus forme humaine; ses bras raidis, contournés, témoignaient des tortures de son agonie. Non loin de lui, deux cadavres presque nus, celui d'un vieillard à cheveux blancs et celui d'un adolescent, gisaient étendus dans une mare sanglante; ils avaient dû tenter de se défendre contre les Anglais; le fer d'une cognée de bûcheron était à demi-caché sous le cadavre du vieillard; l'adolescent tenait encore entre ses mains crispées le manche d'une fourche. Enfin une jeune femme, le visage caché sous d'épais cheveux blonds, arrachée sans doute en chemise de son lit, râlait sur un tas de fumier, les entrailles ouvertes, tandis qu'un enfant à la mamelle, oublié dans ce carnage, se traînait, avec des vagissements plaintifs, vers le corps ensanglanté de sa mère. Jeannette resta pétrifiée d'horreur devant cette boucherie, devant ces victimes de l'incendie, du pillage, du viol, du massacre. Cet homme pendu par les pieds, la tête plongée dans un brasier, s'était sans doute refusé à révéler l'endroit où il tenait caché son argent; ce vieillard et cet adolescent, l'un le père, l'autre le frère de cette jeune femme, tués en voulant la défendre du dernier outrage, avaient vu leur fille, leur sœur, violée, éventrée, jetée expirant sur un fumier, où son petit enfant se traînait en vagissant. Telle était la guerre féroce des Anglais contre la Gaule depuis plus d'un demi-siècle, depuis la défaite de la chevalerie à la bataille de Poitiers! Jeannette ne put supporter l'épouvantable spectacle qui s'offrait à ses regards; et, de nouveau frappée de vertige, elle chancela, s'affaissa sur elle-même. Pierre, son frère aîné, venant à quelques pas d'elle, la reçut défaillante entre ses bras et, aidé de son père, la plaça sur le chariot à côté d'Isabelle.

. . . .

La châtelaine du château de l'Ile, et son mari, vaillant soldat, permirent aux fugitifs de Domrémy de camper, eux et leur bétail, dans les préaux, vastes dépendances de cette demeure fortifiée, située entre les deux bras de la Meuse; malheureusement, les habitants du village de Saint-Pierre, surpris pendant leur sommeil, n'avaient pu gagner cet abri hospitalier. Les Anglais, après le ravage de la vallée, se repliant sur Vaucouleurs, concentrèrent leurs forces devant cette place, dont ils poussèrent activement le siège. Quelques-uns des paysans réfugiés dans le château de l'Ile, et parmi eux Pierre, l'un des frères de Jeannette, allèrent, pendant la nuit, à la découverte le surlendemain de leur fuite; ils rapportèrent la nouvelle du départ de l'ennemi, qui, las d'incendie et de carnage, s'était éloigné de Domrémy sans y mettre le feu, après avoir pillé les maisons et tué quelques habitants. La famille Darc et les fugitifs, de retour au village, s'occupèrent de réparer leurs désastres.

Jeannette, durant son séjour au château de l'Ile, avait été en proie à des accès de fièvre ardente; tantôt, durant son délire, elle invoquait sainte Catherine et sainte Marguerite, ses bonnes saintes, croyant les voir près d'elle et leur demandant à mains jointes de mettre un terme aux férocités des Anglais; tantôt la scène affreuse du hameau de Saint-Pierre se retraçant à son cerveau troublé, elle poussait des cris d'effroi ou sanglottait à la vue des victimes qui lui apparaissaient livides, sanglantes; tantôt, enfin, le regard étincelant, la joue empourprée, elle parlait avec exaltation d'une vierge guerrière, revêtue d'une blanche armure, montée sur un blanc coursier, qu'elle voyait, disait-elle, exterminer les Anglais. Puis Jeannette répétait d'une voix palpitante ce refrain de la prophétie de Merlin : — *La Gaule, perdue par une femme, sera sauvée par une vierge des frontières de la Lorraine et du bois chesnu venue...*

Isabelle, veillant jour et nuit sa fille, attribuait l'égarement d'esprit de la pauvre enfant à la violence de la fièvre et au terrible souvenir du carnage des habitants de Saint-Pierre. Un grand abattement, une extrême faiblesse, succédèrent à la maladie de Jeannette; revenue à Domrémy, elle dut rester au lit pendant quelques semaines, mais ses rêves lui retraçaient les mêmes images que son délire. Elle éprouva d'ailleurs un vif chagrin : sa marraine avait été, sans que l'on pût s'expliquer cette cruauté, l'une des victimes des Anglais; son cadavre fut retrouvé percé de coups. Jeannette pleura Sybille, autant par tendre affection que par regret d'être à jamais séparée de celle qui lui contait de si merveilleuses légendes. C'était une sainte en paradis.

. . . .

Deux mois se passèrent. Jeannette touchait à l'âge de quatorze ans; elle semblait revenue à la santé; cependant, les symptômes de sa puberté n'ayant pas paru, elle ressentait fréquemment des douleurs de tête presque intolérables, suivies de vertiges et d'éblouissements. Isabelle, d'autant plus inquiète qu'elle se rappelait les paroles du médecin, alla de nouveau le consulter; il répondit : « — que l'émotion violente causée par l'invasion des Anglais et par le spectacle de leurs cruautés avait dû jeter une perturbation profonde dans l'organisation de la jeune fille; mais que ses maux cesseraient lorsque les lois de la nature suivraient leur cours. »

Cette réponse calma les alarmes d'Isabelle; d'ailleurs, Jeannette s'occupait comme par le passé des travaux de la maison et des champs, redoublait d'activité, s'évertuant de cacher à tous les yeux ses tristesses involontaires, ses anxiétés, ses distractions, qui n'étaient plus sans motif...; les désastres de la Gaule les causaient. Jeannette se disait que les horreurs dont elle avait été témoin lors de son passage au hameau de Saint-Pierre ensanglantaient toutes les contrées du pays, frappaient surtout ceux de sa race, paysans comme elle; de sorte qu'en s'apitoyant sur eux, elle s'apitoyait sur les siens. Depuis ce jour funeste, elle s'attristait, pleurait plus encore peut-être sur les maux affreux dont elle avait vu de ses yeux un exemple, que sur les infortunes du gentil dauphin, qu'elle ne connaissait pas; aussi, espérait-elle avec une impatience croissante la venue de cette guerrière libératrice qui, chassant l'étranger, rendrait au roi sa couronne, à la France la paix et le repos.

Ces pensées absorbaient surtout Jeannette lorsque, seule dans les bois ou aux champs, elle paissait son troupeau ; elle se livrait alors sans contrainte à ses rêveries, aux souvenirs des légendes dont on l'avait bercée. L'émotion indéfinissable où la plongeait le bruit des cloches produisait souvent, et depuis quelque temps, sur ses sens, d'étranges illusions ; le tintement lointain des cloches, en venant expirer à son oreille, lui semblait alors se transformer en un murmure de voix célestes d'une douceur ineffable; mais elles ne prononçaient aucune parole distincte. En ces moments, Jeannette sentait le sang affluer à son cerveau, ses yeux se voilaient, le monde visible disparaissait à ses regards; elle tombait dans une sorte d'extase, d'où elle sortait brisée, comme si elle se fût réveillée d'un rêve pénible.

Pendant l'un des jours que Jeannette gardait son troupeau en filant sa quenouille sous le vieux hêtre de la Fontaine-aux-Fées, il se passa un fait singulier qui eut une influence décisive sur la destinée de la bergerette. Les Anglais, renforcés de plusieurs bandes de Bourguignons, envoyés par le maréchal Jean de Luxembourg, avaient continué le siège de Vaucouleurs qui se défendait héroïquement. L'invasion anglaise dans cette vallée, jadis si paisible, avait amené une scission entre ses habitants ; plusieurs d'entre eux, notamment les gens de Saint-Pierre et de Maxey, cruellement atteints par les derniers ravages, voulaient se donner aux Anglais, afin de sauvegarder leurs biens et leurs personnes. Ceux-là formèrent dans la vallée le parti *anglais* ou *bourguignon* ; d'autres au contraire, encore plus irrités qu'effrayés, voulaient résister aux Anglais. Ces pauvres gens comptaient sur l'appui du roi de France, leur suzerain, « qui ne les laisserait pas exposés plus longtemps à de si grandes misères, » disaient-ils. Ces derniers composaient le parti *armagnac* ou *royaliste*. Les enfants, toujours imitateurs de leurs parents, se divisaient aussi en Armagnacs et en Bourguignons lorsqu'ils jouaient à la bataille ; les deux partis, dans ces jeux, finissaient toujours par prendre leur rôle au sérieux ; alors les gourmades, les coups de pierre ou de bâton échangés entre les deux *armées* se rapprochaient fort des réalités de la guerre.

Les habitants de Domrémy, appartenant généralement au parti royaliste, et ceux de Saint-Pierre et de Maxey au parti anglais, les enfants de ces diverses localités partageaient l'opinion de leur famille; aussi arrivait-il souvent que les garçonnets de Maxey, en gardant leur bétail, s'approchaient jusqu'aux limites de la commune de Domrémy, injuriaient les petits pâtres de ce village; la dispute s'échauffait, l'on s'émeutait et l'on convenait de terminer le différend *par les armes*, c'est-à-dire à coups de poing, même à coups de bâton, accompagnés de volées de cailloux en guise de traits d'arbalète et de balles d'artillerie.

Jeannette, gardant ses brebis, filait sa quenouille sous les arbres du bois chesnu et, rêveuse, répétait à demi-voix ce passage de la prophétie de Merlin :

« — Pour qui cette couronne royale? ce cheval? cette armure?

« — Oh! que de sang! Il jaillit, il coule à torrents! Oh! que je vois de sang! que je vois de sang! C'est un lac, une mer de sang.

« — Il fume..... sa vapeur monte..... monte comme un brouillard d'automne vers le ciel;

« — Vers le ciel où gronde la foudre, où luit l'éclair...

« — A travers ces foudres, ces éclairs, ce brouillard sanglant, je vois une guerrière ; blanc est son coursier, blanche est son armure.

« — Elle bataille.... bataille et bataille encore au milieu d'une forêt de lances, et semble chevaucher sur le dos des archers... »

Soudain Jeannette entend au loin une rumeur, d'abord confuse, et qui, se rapprochant de plus en plus, est bientôt accompagnée de ces clameurs poussées par des voix enfantines : *Bourgogne et Angleterre!* auquel répond cet autre cri : *France et Armagnac!* Presque aussitôt une troupe de garçonnets de Domrémy apparaissent au tournant de la lisière du bois, fuyant en désordre sous une grêle de pierres que

Les communications de Jeanne Darc avec les esprits du monde invisible (page 132)

venaient de leur lancer les garçonnets de Maxey. L'engagement avait été vif, la victoire bien disputée à en juger par les vêtements en lambeaux, les yeux contus et les nez saignants des plus héroïques de ces bambins ; mais, cédant à la panique, ils se sauvaient à toutes jambes, en pleine déroute. Leurs adversaires, satisfaits de leur victoire, essoufflés de leur course, et craignant sans doute les abords de Domrémy, place forte de l'armée en retraite, s'arrêtèrent prudemment à la limite du bois qui les cachait, et répétèrent par trois fois le cri triomphant : *Bourgogne et Angleterre*!

Ce cri victorieux fit bondir Jeannette, transportée de colère, de honte en voyant ceux de son village qui combattaient pour la Gaule, pour le roi, fuir devant les partisans de Bourgogne et d'Angleterre ; bientôt accourt près d'elle un adolescent de quinze ans, nommé *Urbain*, capitaine de la troupe fuyarde, brave soldat du reste, car il avait la tête fendue d'un coup de pierre, et son bonnet restait au pouvoir de l'ennemi ; la bergerette arrête ce garçonnet par le bras, et, indignée, s'écrie : — Tu te sauves, Urbain !

— Oui, certes, je me sauve, — répondit le *capitaine* hochant la tête, et essuyant avec de l'herbe son front ensanglanté ; — nous nous sommes battus tant que nous avons pu... mais ceux de Maxey sont une vingtaine, et nous ne sommes que onze !...

Jeannette frappa du pied et reprit :

— Vous avez la force de vous sauver... et vous n'auriez pas la force de vous battre !

— D'abord ils ont des bâtons, et ça n'est pas de jeu... Nous sommes les plus faibles.

— On fonce sur eux et on prend leurs bâtons !

— Ça t'est bien aisé à dire, Jeannette !

— Aussi aisé à faire qu'à dire ! — s'écria la

118ᵉ livraison

bergerette; — tu vas le voir.... Venez! venez!

Et sans s'inquiéter si elle était ou non suivie, cédant à un élan involontaire, elle prend sa course vers l'ennemi, alors masqué par un massif d'arbres, et s'écrie d'une voix forte en agitant sa quenouille en manière d'étendard :

— France! France! hors d'ici Bourgogne et Angleterre!

— Jeannette, pieds nus, bras nus, en manche de chemise blanche et en jupe écarlate, avec son petit chapel de paille sur ses longs cheveux noirs, la joue animée, le regard brillant, inspiré, était en ce moment si entraînante qu'Urbain et les autres garçonnets se sentirent soudain réconfortés, soulevés; ils ramassent des pierres, et se précipitant à la suite de la bergerette qui, dans sa course rapide, semblait à peine effleurer le gazon, ils s'écrient comme elle avec exaltation : « — France! hors d'ici Bourgogne et Angleterre ! »

Les soldats de l'armée ennemie, dans la sécurité du triomphe, ne se doutant pas du ralliement de leurs adversaires, jusqu'alors masqués par les arbres, s'étaient arrêtés à deux cents pas de là et se reposaient sur leurs lauriers en se vautrant sur l'herbe fleurie, cueillant des fraises sauvages ou jouant à la poucette avec des cailloux ; d'autres, grimpés dans les arbres, cherchaient des nids d'oiseaux ; d'autres, enfin, perdus à travers les buissons, mangeaient des mûres. La reprise inattendue des hostilités, les cris soudains poussés par l'armée royaliste et par Jeannette, qui la commandait, surprirent fort l'armée bourguignonne; elle fit cependant bonne contenance, son chef appela ses soldats aux armes ; aussitôt les dénicheurs de nids dégringolent des arbres, les mangeurs de mûres accourent les lèvres empourprées, ceux qui commençaient à dormir sur le gazon se relèvent en se frottant les yeux ; mais avant que le corps de bataille soit formé, avant que les maraudeurs l'aient rejoint, les soldats de Jeannette, enflammés du désir de venger leur défaite, entraînés par l'élan de leur chef, fondent vaillamment sur l'ennemi aux cris redoublés de *France! France!* Nos héros prennent aux cheveux Bourguignons et Anglais, les gourment, les harpaillent avec tant de fureur, que, par un brusque revirement, les victorieux deviennent les vaincus, se débandent, prennent la fuite.

Ce triomphe redouble l'ardeur des assaillants, animés du désir de rapporter quelques bonnets ennemis en guise de dépouilles opimes ; et le parti français de se mettre à toutes jambes aux trousses du parti anglais, Jeannette toujours en tête. Elle avait intrépidement combattu, faisant rage à grands coups de sa quenouille, garnie d'un chanvre épais, arme terrible et meurtrière.... ainsi qu'on s'en doute! Cependant les Anglais, stupéfaits de la soudaine apparition de la bergerette à la jupe écarlate, sortant du voisinage de la Fontaine-aux-Fées, dont la réputation suspecte s'étendait au loin dans la vallée, prirent Jeannette pour un farfadet; la peur leur donna des ailes, et les Français se virent à leur tour vaincus... mais à la course. Les plus agiles de la bande s'égrenaient çà et là à la poursuite de l'ennemi, et, haletants, essoufflés, harassés, tombaient sur le chemin ; Urbain et deux ou trois autres des plus acharnés s'attachaient toujours aux pas des fuyards, à l'exemple de Jeannette; celle-ci, en proie à une exaltation vertigineuse, ne s'occupait plus de ses soldats, ne voyait rien autour d'elle, attachant son regard étincelant sur un groupe d'Anglais qu'elle apercevait au loin et qu'elle voulait atteindre; il lui semblait qu'alors sa victoire serait complète. Mais les fuyards ayant beaucoup d'avance, elle désespérait de les rejoindre, lorsqu'en courant, elle avise, paissant benoîtement dans un pré, un bon âne, indifférent aux hasards des combats; agile et robuste comme une fille des champs, d'un bond elle saute sur le grison, le talonne, le pousse devant elle à grands coups de quenouille, l'excite de la voix, et le force de prendre le galop. Il se livre d'autant plus allégrement à cette allure, que la direction vers laquelle on le poussait était celle de son écurie ; il dresse les oreilles, lâche une joyeuse ruade qui ne désarçonne pas Jeannette, et court sus aux Anglais, qui, par malheur pour eux, suivaient le chemin de son étable. Ils n'avaient point songé, dans l'ardeur de leur fuite, à regarder derrière eux ; mais entendant tout à coup les pas d'un animal galopant à leurs trousses et les cris victorieux de la bergerette, ils se crurent poursuivis par le diable, et de peur de quelque horrible apparition, ils se jetèrent à genoux les yeux fermés, les mains jointes, demandant grâce et miséricorde. L'ennemi était décidément vaincu.

Jeannette, sautant à bas de l'âne, le laissa continuer sa route, menaça de son innocente quenouille ceux qui se rendaient à sa merci, et leur dit d'une voix vibrante et animée :

— Méchants ! pourquoi vous dire Bourguignons et Anglais, puisque nous sommes de France ? C'est contre l'Anglais qu'il nous faut aller... Hélas ! il nous fait si grand mal !...

Ce disant, la bergerette, en proie à une émotion indéfinissable, fondit en larmes, ses genoux vacillèrent, elle tomba sur l'herbe à côté des vaincus ; et ceux-ci, se relevant éperdus, s'enfuirent à toutes jambes.

Jeannette resta seule, tellement troublée, qu'elle ne savait si elle veillait ou si elle rêvait. Cependant, encore toute palpitante de la lutte, des aspirations confuses fermentaient dans son esprit ; elle venait de ressentir pour la première fois un élan d'ardeur guerrière provoquée par la honte d'une défaite subie aux cris victorieux de *Bourgogne et Angleterre*. Oubliant que cette bataille puérile n'était qu'un jeu, indignée, révoltée de l'échec de son parti, elle avait vu ces enfants, reconfortés à sa voix, ranimés, entraînés par son exemple, retourner au combat et vaincre aux cris de *France ! France !...*

A cette remémorance se mêlait vaguement celle de l'horrible massacre du village de Saint-Pierre ; se souvenant aussi des prophéties de Merlin, la bergerette élevait sa pensée vers sainte Catherine et sainte Marguerite, ses deux bonnes saintes, qu'elle priait avec tant de ferveur, leur demandant de chasser de France les Anglais et de prendre en pitié son gentil dauphin ; le chaos de ces idées sans suite, sans liens, se heurtant dans le cerveau brûlant de Jeannette, lui causèrent l'un de ces douloureux vertiges auxquels elle était de plus en plus sujette depuis la perturbation profonde jetée dans sa santé ; elle tomba dans une sorte d'extase, ses yeux se voilèrent et lorsqu'elle reprit connaissance, le soleil, déjà disparu, faisait place au crépuscule. Elle se dirigea en toute hâte vers la Fontaine-aux-Fées, près de laquelle pâturaient ses brebis ; le trajet était long, elle perdit beaucoup de temps à rassembler son troupeau épars, et ne put qu'à la nuit noire regagner Domrémy, tremblant d'avoir encouru la colère de son père par ce retard, et surtout craignant de s'entendre reprocher sévèrement la part qu'elle avait prise au combat des garçonnets ; car Urbain, tout glorieux de sa victoire, pouvait, de retour au village, avoir jasé de la bataille. Aussi la pauvre enfant sentit son cœur battre d'effroi lorsqu'arrivant près de sa maison, elle vit la figure inquiète et courroucée de Jacques Darc. Dès qu'il aperçut sa fille, il vint vivement à elle d'un air menaçant et lui dit : — Par mon Sauveur ! est-ce à la nuit noire que vous devez ramener vos brebis ? — Et s'avançant de plus en plus irrité, la main levée sur Jeannette : — Mauvaise enfant sans vergogne ! n'avez-vous pas été batailler avec les garçons du village contre ceux de Maxey ? Jacques Darc allait dans sa colère, battre la coupable, lorsque Isabelle, accourant, retint le bras de son mari et s'écria : — Jacques, je t'en supplie, pardonne-lui pour cette fois !

— Soit... pour cette fois encore, je serai indulgent ; mais que la fille ne s'avise plus d'aller garçonner ainsi ; sinon, aussi vrai que je suis son père, je la châtierai rudement ! et en attendant, elle ira se coucher ce soir sans souper...

. . . .

La bergerette, désolée des reproches de son père, conduisit ses brebis à l'étable et alla se coucher sans partager le souper de la famille. Ce jeûne devait avoir des suites étranges et décisives. La faim, à l'âge de Jeannette, est surtout impérieuse ; si l'estomac est vide, le cerveau travaille doublement, ainsi que le prouvent les hallucinations des anachorètes longtemps privés de nourriture. La pauvre enfant, affligée de la rigueur paternelle, se remémora les évènements de la journée, pleura beaucoup et s'endormit. Jamais son sommeil ne fut plus pénible, plus agité de rêves bizarres où se retraçaient les légendes merveilleuses que lui racontait Sybille, sa marraine. Tantôt, dans ces songes, Héna, la vierge de l'île de Sên, offrait son sang en sacrifice pour la délivrance de la Gaule, et debout, sa harpe d'or à la main, expirait au milieu des flammes d'un bûcher... Mais, ô surprise ! Jeannette reconnaissait ses traits dans ceux d'Héna...

Tantôt Merlin, suivi d'un chien noir aux yeux flamboyants, apparaissait, son grand bâton noueux à la main, sa longue barbe blanche au vent, et cherchait *l'œuf rouge du serpent* marin sur une grève déserte en chantant cette prophétie : — « Que la France, perdue par une femme, serait sauvée par une vierge des frontières de la Lorraine, et du bois chesnue venue... »

Puis c'était le combat enfantin de la veille, prenant des proportions colossales, devenant une bataille immense. Des milliers de soldats cuirassés, casqués, armés de lances et de glaives, pressés, amoncelés comme les vagues de la mer, ondulaient, se heurtaient, se brisaient, flot de fer contre flot de fer ; le choc des armures, les cris des combattants, les hennissements des chevaux, les fanfares des clairons, les décharges de l'artillerie, retentissaient au loin ; le rouge étendard d'Angleterre écartelé de la croix de Saint-George et le blanc étendard de la France fleurdelisé d'or flottaient au-dessus de la mêlée sanglante... Une guerrière revêtue d'une blanche armure, montée sur son blanc coursier, tenait le drapeau français... et Jeannette reconnaissait encore ses traits dans ceux de cette guerrière ; sainte Catherine et sainte Marguerite, planant au-dessus d'elle dans l'azur du ciel, lui souriaient, tandis que saint Michel archange, ses larges ailes déployées, la tête à demi tournée vers elle, lui montrait de sa flamboyante épée une couronne d'or soutenue par les anges et éblouissante comme une étoile...

Ce long rêve, çà et là interrompu par des réveils incertains, fiévreux, pendant lesquels le songe se confondait avec la réalité dans l'esprit troublé de Jeannette, dura jusqu'au matin. Le jour venu, elle s'éveilla brisée, le visage baigné de larmes qui avaient coulé de ses yeux durant son sommeil ; elle fit, selon son habitude, sa prière du matin, suppliant ses deux bonnes saintes d'apaiser le courroux de son père. Elle le trouva dans l'étable, où elle se rendit afin de conduire aux champs son troupeau; mais Jacques Darc lui signifia sévèrement quelle ne mènerait plus paître ses moutons, qu'elle surveillait si mal; son jeune frère les conduirait au pacage, elle resterait à coudre et à filer au logis. Ce fut pour elle un grand chagrin de renoncer à aller chaque jour près de cette claire fontaine, solitude ombreuse où elle se plaisait tant à écouter le bruit des cloches, dont les dernières vibrations semblaient depuis quelque temps arriver à son oreille comme un céleste murmure de voix argentines. Elle se soumit aux volontés paternelles, et pendant la matinée s'occupa de différents travaux du ménage; Isabelle, plus indulgente que Jacques, dit à sa fille, vers le milieu du jour, d'aller jouer dans le jardin en attendant l'heure du repas.

Il était environ midi, le soleil d'été dardait ses rayons brûlants sur la tête de Jeannette; affaiblie par le jeûne de la veille, fatiguée par ses songes pénibles, elle s'assit sur un banc, le front dans sa main, et resta rêveuse, pensant aux prophéties de Merlin... Bientôt, les cloches de *Greux* commençant de tinter au loin, elle écouta les sonneries avec ravissement, oubliant que le soleil frappait à plomb sur sa tête nue; peu à peu le bruit des cloches s'affaiblit, et elle éprouva soudain un éblouissement si intense, si vif, que l'éclatante clarté du soleil, réfléchie sur le mur blanc de l'église qui faisait face à Jeannette, lui parut sombre auprès du flot de lumière où se noya son regard ; à ce moment même, il lui sembla que les vibrations mourantes des cloches, au lieu de se fondre, ainsi que par le passé, en un murmure inintelligible, se changeaient en une voix d'une douceur infinie et qui lui disait tout bas :

— JEANNE, SOIS SAGE ET PIEUSE !... DIEU A DES DESSEINS SUR TOI ; TU CHASSERAS L'ÉTRANGER DE LA GAULE !...

La voix se tut, l'éblouissement de Jeannette cessa. Éperdue, saisie de frayeur, elle fit quelques pas dans le jardin; puis, tombant agenouillée, les mains jointes, elle invoqua sainte Catherine et sainte Marguerite, ses bonnes saintes, se croyant obsédée par le démon.

. . . .

Ce jour du mois de JUILLET de l'AN 1425 décida de l'avenir de Jeanne Darc; la vive lumière dont sa vue avait été éblouie, la voix mystérieuse dont son oreille avait été frappée, furent les premières communications des esprits protecteurs de Jeannette, ou de ses saintes, comme elle dit dans la suite. A l'encontre de tant d'autres visionnaires, dont les hallucinations sans liens, sans but, flottent au gré de l'égarement de leur raison, les communications de Jeanne avec les êtres du monde invisible se rattachèrent toujours à leur cause première, son horreur des Anglais et son désir de les chasser de la Gaule. Enfin, l'esprit nourri des mystérieuses légendes de sa marraine, l'imagination frappée de la prophétie de Merlin, le cœur rempli d'une ineffable compassion pour son jeune roi, qu'elle croyait digne d'intérêt, navrée surtout des maux affreux dont souffraient les gens de sa condition rustique, exposés aux rapines, aux violences sanguinaires des Anglais ; ressentant contre eux cette vaillante haine dont les poursuivaient *Guillaume-aux-Alouettes* et le *Grand-Ferré*, héros obscurs, fils de la Jacquerie et précurseurs de la bergère de Domrémy, elle dut se croire destinée à *bouter l'étranger hors de France* et à rétablir son roi sur le trône !

Du mois de Juillet 1425 jusqu'au mois de février 1429, depuis la quatorzième jusqu'à la dix-septième année de Jeanne, trois ans s'écoulèrent. Les communications des esprits devinrent de plus en plus fréquentes ; Jeannette voyait sainte Marguerite et sainte Catherine venir à elle souriantes et l'embrasser tendrement; d'autres fois saint Michel archange lui apparaissait tenant d'une flamboyante épée d'une main, et de l'autre la couronne de France; d'autres fois encore des multitudes d'anges se jouaient au milieu d'un immense et éblouissant rayon projeté du ciel à la terre, où ils tourbillonnaient, comme ces atomes qui fourmillent à nos yeux dans l'axe d'un rayon de soleil traversant un lieu obscur. Il ne se passait presque pas de jour sans que Jeanne, surtout après la sonnerie des cloches, n'entendît la voix de ses chères saintes :

« — Jeanne, va au secours du roi de France; tu chasseras les Anglais..... tu rendras son royaume au gentil sire !...

« — Hélas ! je ne suis qu'une pauvre fille ; je ne saurais chevaucher ni conduire des hommes d'armes, » — répondait la naïve bergère. Cependant, le souvenir de la légende de Merlin succédant parfois à ces doutes d'elle-même, elle se demandait pourquoi elle ne serait pas appelée à réaliser cette prédiction. Le Seigneur Dieu ne lui disait-il pas par la voix de ses saintes : *Va au secours de ton roi ?* — N'était-elle pas née sur les frontières de la Lorraine et près d'un bois chesnu ? N'était-elle pas vierge ? Ne s'était-elle pas volontairement vouée à un célibat éternel, obéissant peut-être en cela non moins aux répugnances d'une chasteté invincible qu'au désir de donner ainsi un gage de plus à l'accomplissement de la prophétie du barde gaulois ? N'avait-elle pas, à l'âge de seize ans, confondu aux yeux de tous, par l'irrésistible sincérité de ses paroles, un jeune garçon de son village, un menteur, qui prétendait tenir d'elle une promesse de mariage ? la pudeur ombrageuse de Jeanne se révoltant même à la pensée d'une légitime union ! Ne se rappelait-elle pas, enfin, que, lors de cette bataille enfantine entre les garçonnets de Maxey et ceux de Domrémy, son courage, sa prompte décision, son élan, avaient changé la défaite en victoire? Dieu et ses saintes aidant, ne pourra-t-elle pas être aussi victorieuse lors d'une bataille véritable?

Jeanne était pieuse, de cette piété ingénue qui élève et rapporte tout à Dieu, créateur de toutes choses; elle le remerciait avec effusion de se manifester à elle par l'intermédiaire de ses saintes, qu'elle continuait de voir et d'entendre; mais elle ne ressentait pas pour les prêtres la confiance que lui inspiraient sainte Catherine et sainte Marguerite; elle accomplissait pieusement ses devoirs catholiques, se confessait, communiait souvent, selon l'usage, sans pourtant jamais entretenir maître *Minet*, son curé, ni aucun autre clerc de ses communications avec les êtres du monde invisible. Elle renfermait au plus profond de son cœur ses vagues aspirations à la délivrance de la Gaule, les cachant même à sa petite amie *Mangeste*, et à sa grande amie *Hauguette*, gardant aussi son secret envers sa mère, son père, ses frères. Pendant trois ans, elle s'imposa sur ces mystères un silence absolu; grâce à un puissant empire sur elle-même elle se montra, comme par le passé, laborieuse, active, s'employant aux travaux des champs ou du ménage, malgré la croissante obsession de *ses voix*, qui, de plus en plus impérieuses, lui répétaient presque chaque jour :

« — Va, fille de Dieu ! les temps sont venus !... marche au secours de la patrie envahie !.... Tu chasseras les Anglais, tu sauveras ton roi, tu lui rendras sa couronne !... »

Les communications des esprits devenaient de plus en plus fréquentes à mesure que Jeanne approchait de sa dix-septième année; les grands desseins dont elle se sentait devoir être l'instrument prenaient de plus en plus possession d'elle-même..... Cette obsession incessante, douloureuse, la poursuivait partout.

« — J'éprouvais, — disait-elle plus tard, — j'éprouvais dans mon esprit ce que doit ressentir en son corps une femme en mal d'enfant. »

Sainte Marguerite et sainte Catherine apparaissaient à la jeune fille, l'encourageaient, la rassuraient, lui promettaient l'aide de Dieu dans les actes qu'elle devait accomplir; lorsque la vision s'évanouissait, la pauvre fille fondait en larmes, « — regrettant que ses bonnes saintes ne l'eussent pas emmenée avec elles chez les anges dans le paradis du bon Dieu. »

Cependant, malgré ces alternatives de foi et de défaillance à sa mission, Jeanne en vint à se familiariser avec cette idée, dont sa modestie, sa simplicité, s'étaient longtemps effrayées; *commander des hommes d'armes et, à leur tête, vaincre les Anglais*.

Dans cette organisation admirable, une sagacité rare, un excellent bon sens, une remarquable aptitude militaire, s'alliaient, sans rien perdre de leur valeur, aux exaltations de la femme inspirée; aussi, se rappelant sans cesse cette bataille enfantine où la victoire était restée de son côté, Jeanne se disait :

« — Hommes et enfants, lorsqu'on sait les entraîner, doivent obéir à la même impulsion, aux mêmes sentiments généreux; et, avec l'aide du ciel, il en serait des hommes de l'armée royale comme il en a été des garçonnets de Domrémy, ils suivraient mon exemple.

« *Relever le courage d'une armée découragée, abattue, l'exalter, la conduire droit à l'ennemi, quel que soit le nombre, l'attaquer avec audace en rase campagne ou derrière ses retranchements et le vaincre, ce n'est pas une entreprise impossible... Si elle réussit, les conséquences d'une première victoire, ranimant l'esprit d'une armée démoralisée par l'habitude de la défaite, sont incalculables...* »

Ces pensées révélaient chez Jeanne une profonde intuition des choses de la guerre. Elle n'était point d'ailleurs de ces mièvres visionnaires qui attendent du Seigneur Dieu seul le triomphe de la bonne cause; l'un de ses dictons familiers était celui-ci : *Aide-toi, le ciel t'aidera.*. Elle pratiqua toujours cet adage du bon sens rustique : aussi, lorsque plus tard un capitaine lui disait dédaigneusement : « — Si le Seigneur Dieu veut chasser les Anglais de la Gaule, il le peut par le seul effet de sa volonté; il n'a donc besoin ni de toi, Jeanne, ni de gens d'armes, » Jeanne répondait :

« — Les gens d'armes batailleront.... et Dieu donnera la victoire... »

. . . .

Ces trois années d'obsessions mystérieuses qui préludaient à sa gloire furent pour Jeanne un temps de luttes secrètes et déchirantes; afin d'obéir à *ses voix*, afin d'accomplir sa mission divine et de réaliser la prophétie de Merlin, il lui faudrait batailler.... et elle avait si grande horreur du sang, que *ses cheveux se dressaient lorsqu'elle voyait couler le sang français*, — dit-elle un jour. — Il lui faudrait vivre dans les camps avec les soldats... et l'une de ses vertus principales était une pudeur exquise; il lui faudrait quitter cette maison où elle était née, renoncer à ces humbles travaux domestiques où elle excellait, *ne craignant personne pour coudre et pour filer*, — disait-elle dans son naïf orgueil. — Il lui faudrait enfin se séparer de ses jeunes amis, de ses frères, de son père, de sa mère tendrement chéris, pour se rendre, elle, pauvre paysanne inconnue, au fond de la Lorraine auprès du roi Charles VII, et lui dire :

« — Sire, je suis envoyée vers vous de par Notre-Seigneur Dieu; confiez-moi le commandement de vos troupes, je bouterai les Anglais hors de France et vous rendrai votre couronne. »

Lorsque Jeanne songeait à cela, en ces heures de doute où, son extase dissipée, elle retombait dans les réalités pures, la pauvre enfant reculait devant un abîme de difficultés, d'impossibilités sans nombre. Elle se prenait en dérision, en pitié; le passé lui semblait un songe; elle se demandait si elle n'était pas folle; elle suppliait *ses voix* de se faire entendre, ses saintes de lui apparaître, afin de ranimer sa foi dans sa mission divine et ainsi lui prouver que jusqu'alors elle n'avait pas été le jouet des égarements de sa raison... Mais la crise de Jeanne était passée, les voix mystérieuses restaient muettes, elle se regardait alors comme une misérable insensée... puis le lendemain ou pendant la nuit même, elle voyait venir à elle ses deux belles saintes, coiffées de leur couronne d'or, vêtues de brocart, exhalant une senteur céleste, et, souriantes, elles lui disaient : « — Courage, Jeanne, fille de Dieu ! courage !... tu délivreras la Gaule... ton roi te devra sa couronne !... Les temps approchent ! Sois préparée à remplir ta mission. »

La jeune vierge reprenait créance dans sa prédestination, jusqu'au jour où de nouveaux doutes l'accablaient et se dissipaient encore ; ces doutes cependant allèrent s'amoindrissant. Vint enfin le moment où, n'éprouvant plus de défaillances, invinciblement pénétrée de la divinité de sa mission, Jeanne résolut de l'accomplir à tout prix, n'attendant qu'une circonstance opportune; sentant surtout plus que jamais la nécessité de pratiquer son adage favori: *Aide-toi, le ciel t'aidera*, tous les efforts de son esprit tendirent dès lors à s'instruire en secret de l'état des choses en Gaule et d'acquérir les premières notions du métier des armes.

Les évènements publics et la situation géographique de la vallée servirent Jeanne à souhait. Les marches de la Lorraine étaient souvent traversées par des messagers allant en Allemagne ou en revenant; Jacques Darc, curieux de nouvelles comme le sont les gens éloignés du centre du pays, offrait de temps à autre l'hospitalité à ces chevaucheurs. Ils jasaient de la guerre des Anglais, seule affaire de ces tristes temps; Jeanne, toujours contenue aux yeux de ses parents, étrangers aux vastes desseins qui fermentaient en elle, filait silencieusement sa quenouille, ne perdant pas un mot des récits qu'elle entendait. Parfois, cependant, elle hasardait timidement quelques questions aux voyageurs sur les intérêts relatifs à sa pensée secrète, et s'éclairait peu à peu. Ce n'est pas tout : les habitants de Vaucouleurs, par leur résistance héroïque, avaient plusieurs fois forcé les Anglais de lever le siège de cette place ; ceux-ci, aux approches de la mauvaise saison, allaient prendre leurs quartiers d'hiver en Champagne et revenaient au printemps; durant ces marches, ces contre-marches, les partis ennemis ravagèrent de nouveau la vallée de la Meuse. Jacques Darc, ses enfants et d'autres laboureurs, furent encore obligés d'aller chercher un refuge au château de l'Ile, souvent attaqué, vaillamment défendu. Le danger passé, les paysans retournaient au village.

Les séjours de la famille Darc dans le château de l'Ile, bien fortifié, occupé par des soldats expérimentés; les alertes, les veilles de guet, les assauts que la garnison eut à soutenir, familiarisèrent Jeanne avec le métier des armes: recueillie en elle-même, obéissant à sa vocation guerrière, observant attentivement ce qui se passait autour d'elle, se rendant compte des préparatifs et des moyens de défense, écoutant, méditant les ordres donnés aux soldats par leurs chefs, elle apprenait ou devinait ainsi les principes élémentaires de l'art militaire. Ces notions germaient, fructifiaient, mûrissaient dans l'esprit prompt et pénétrant de la jeune fille; elle doutait moins d'elle-même lorsque ses voix lui disaient :

« — Les temps approchent... Tu chasseras les Anglais de la Gaule; tu es la vierge dont Merlin a prophétisé la venue !... »

Le grand-oncle de Jeanne, nommé Denis Laxart, habitait Vaucouleurs; il connaissait depuis longtemps le commandant *Robert de Baudricourt*, capitaine renommé dans le pays, abhorrant les Anglais, ardemment dévoué au parti royaliste; souvent Jeanne interrogeait son oncle sur le capitaine Robert de Baudricourt, sur son caractère, sur son affabilité, sur la manière dont il accueillait les pauvres gens ; le bon Denis, dans sa simplicité, ne soupçonnant pas le motif des questions de sa nièce, les attribuait à une curiosité de jeune fille, et lui répondait — « que Robert de Baudricourt, aussi brave soldat que brutal et violent, envoyait d'ordinaire tout le monde au diable; que c'était un terrible homme dont il avait grand'peur, et qu'il n'abordait jamais qu'en tremblant. »

— « Il est dommage qu'un si bon capitaine soit d'un si aigre abord et si rude homme, » — disait Jeanne à son oncle en soupirant. Et elle changeait l'entretien, triste et découragée, pour y revenir plus tard.

Jeanne, devenue une belle jeune fille, atteignit la fin de sa dix-septième année, les temps prédits par ses voix étaient venus...

Vers les derniers jours du mois de février 1428, une petite troupe de soldats, retournant en Lorraine auprès de leur duc, appartenant au parti armagnac, firent halte à Domrémy; les villageois, hospitaliers, emmenèrent cordialement ces étrangers dans leurs maisons. Il échut en partage à Jacques Darc un sergent d'armes; la famille lui fit bon accueil, les jeunes ge.as l'aidèrent à se débarrasser de son casque, de son bouclier, de sa lance et de son épée; ces armes brillantes furent déposées dans un coin de la salle où Jeanne et sa mère s'empressaient de préparer le repas de la famille. La vue des armes qu'il venait de quitter firent tressaillir la jeune fille, elle ne put résister au désir de les toucher furtivement; profitant même d'un moment où elle resta seule, elle coiffa sa jeune tête du casque de fer, et prit dans sa main virile la lourde épée, qu'elle sortit de son fourreau et qu'elle brandit en frappant d'estoc et de taille.

Jeanne, à dix-sept ans, était svelte et forte, grande et belle; les superbes contours de son sein virginal s'arrondissaient sous son corsage, écarlate comme sa jupe; ses grands yeux noirs, au regard pensif et doux, sa chevelure d'ébène, son teint pur, légèrement hâlé par le soleil, sa bouche vermeille, ses dents blanches, sa physionomie chaste, sérieuse et candide, donnaient à l'ensemble de sa personne un aspect attrayant et lorsqu'elle eut coiffé le casque du soldat, la jeune fille resplendit d'une beauté guerrière. En ce moment, rentrèrent le sergent et Jacques Darc; celui-ci fronça sévèrement le sourcil. Mais le soldat, charmé de voir son casque sur la tête de cette belle paysanne, lui adressa quelques fleurettes; le mécontentement du laboureur redoubla, cependant, il se contint. Jeanne, rougissant, se décasqua, remit l'épée dans son fourreau; l'on s'attabla pour le souper. Le sergent d'armes, quoique jeune encore, avait, disait-il, fait plusieurs fois partie des compagnies envoyées avec les troupes royales contre les Anglais; il parla fort de ses prouesses, caressant sa moustache et de côté regardant Jeanne.

Celle-ci, à l'extrême surprise de sa famille, malgré le courroux contraint et croissant de son père, sortit de sa réserve ordinaire, approcha son escabeau de celui du soldat, parut admirer beaucoup ce vaillant, l'accabla de questions sur l'armée royale, sur ses forces, sur sa manière de combattre, sur sa position présente, sur le nombre de ses bombardes d'artillerie, sur le nom des capitaines qui inspiraient confiance aux hommes d'armes.

Le sergent, très flatté de la curiosité de cette belle fille à l'endroit des faits et gestes militaires, pensant même qu'elle s'intéressait plus encore peut-être au guerrier qu'à la guerre, répondit galamment à toutes les questions de Jeanne. Elle l'écoutait si avidement, semblait enfin, par le feu de ses regards, par l'animation de son visage, prendre à cet entretien un si profond intérêt, que Jacques Darc, indigné, s'imaginait que la fière mine du soldat affolait Jeanne, et lui lança des regards furieux; elle ne remarqua pas l'indignation paternelle, redoubla ses questions, apprit avec une douleur secrète que, refoulée au-delà de la Loire, après une récente défaite, dite *la bataille des harengs*, l'armée royale avait fui en désordre, que les Anglais assiégeaient Orléans et que, cette ville prise, la Touraine envahie, c'en était fait du roi et de la France, puisque tout son territoire appartiendrait dès lors aux Anglais.

— Rien ne peut donc sauver la Gaule! — s'écria Jeanne en proie à une exaltation indicible; — tout est donc perdu?

— Si avant un mois le siège d'Orléans n'est pas levé, — reprit le sergent, — si les Anglais ne sont pas repoussés loin des rives de la Loire, il n'y aura plus de France! aussi vrai que vous êtes la plus belle fille de la Lorraine. Sang-Dieu! lorsque tout à l'heure vous étiez coiffée de mon casque, je croyais voir la déesse de la guerre; Avec un capitaine tel que vous j'attaquerais seul une armée!

A ces mots, Jacques Darc se leva brusquement de table, dit à son hôte que le jour finissant, et que les gens rustiques, levés à l'aube, se couchaient avec le soleil. Le sergent, dépité de recevoir ainsi congé, reprit lentement ses armes, essayant de rencontrer le regard de Jeanne; mais celle-ci, insoucieuse du soldat, assise sur son escabeau, plongée depuis quelques instants dans de pénibles réflexions, songeait aux nouveaux désastres de la Gaule, sans pouvoir retenir les larmes qui roulaient dans ses yeux.

— Plus de doute, — se dit le laboureur, — ma fille, jusqu'à ce jour si chaste, si pieuse, s'est subitement affolée de ce bravache; elle pleure son départ... Honte à elle et à nous! Maudite soit l'hospitalité que j'ai donnée à cet étranger! Que le diable le garde!

Jacques Darc, après le départ de son hôte, parut de plus en plus sévère; contenant à peine son indignation, il s'approcha de sa fille, la prit rudement par le bras, lui indiqua d'un geste impérieux l'échelle qui conduisait au réduit où elle couchait, et s'écria:

— Montez là-haut; pour aujourd'hui trop de discours, demain matin je vous parlerai!

Jeanne, absorbée par ses cruelles pensées, obéit machinalement à son père; et lorsqu'elle eut regagné sa chambre, celui-ci reprit, s'adressant à ses fils, très étonnés de sa rudesse envers leur jeune sœur:

— Que Dieu nous soit en aide! avez-vous vu de quel air Jeanne regardait ce sergent?... Ah! si elle devait jamais s'en aller avec un homme d'armes, votre devoir serait de la noyer de vos propres mains; sinon, je vous le jure, je l'étranglerais plutôt moi-même.

Le laboureur prononça ces paroles avec une telle explosion de colère, que Jeanne les entendit; elle devina l'erreur de son père et pleura. Mais bientôt *ses voix* lui dirent:

« — L'heure est venue... La France et son roi sont perdus sans toi... Va, fille de Dieu!...

sauve ton roi!... sauve la France!... Le Seigneur est avec toi!... Tu vas entrer dans la carrière. »

. . . .

Ecoutez, fils de Joel, écoutez cette légende de la plébéienne catholique et royaliste : — Charles VII a dû sa couronne à Jeanne Darc... il l'a reniée, et lâchement délaissée ! — Chaque jour elle s'agenouillait pieusement devant les prêtres catholiques... les prêtres l'ont condamnée à être brûlée vive ! — La chevalerie avait laissé les Anglais s'emparer de la Gaule ; — Jeanne chasse l'étranger de notre pays, et elle est poursuivie, trahie, livrée aux Anglais par les chevaliers ! — Sois bénie à travers les âges, ô vierge guerrière ! sainte fille de la mère-patrie !... — Ecoutez, fils de Joel, écoutez cette légende, — et jugez à l'œuvre : gens de cour, gens de guerre, gens d'Eglise et de royauté !...

CHAPITRE II

Vaucouleurs

Le capitaine Robert de Baudricourt et Denis Laxart. — L'entrevue. — Le sire de Novelpont. — Jeanne. — L'inspiration. — Départ pour le château royal de Chinon

Robert de Baudricourt, chef de guerre à Vaucouleurs, homme dans la force de l'âge, d'une tournure martiale, d'une figure dont la rudesse était rachetée par un regard intelligent et pénétrant, se promenait avec agitation dans une salle du château de la ville. Instruit par une récente dépêche de la position désespérée de Charles VII et des dangers que courait Orléans, vivement assiégée par les Anglais, le capitaine marchait à grands pas, maugréant, blasphémant, ébranlant le plancher sous le choc impatient de ses talons éperonnés ; soudain un rideau de cuir, qui masquait l'entrée principale de la salle, se souleva et laissa voir à demi le visage timide et effarouché de *Denis Laxart*, grand-oncle de Jeanne. Robert de Baudricourt, sans apercevoir le bonhomme, frappa du pied, donna un violent coup de poing sur la table où était restée la funeste dépêche qu'il venait de relire encore et s'écria :

— Mort et furie ! c'en est fait de la France et du roi ! Tout est perdu, même l'honneur.

Denis Laxart, à cette exclamation furibonde, n'eut pas le courage d'aborder en ce moment le terrible capitaine, referma prestement le rideau, derrière lequel cependant il resta, attendant pour se présenter un instant plus opportun ; mais le courroux de Robert redoubla, il s'écria en frappant de nouveau du pied :

— Malédiction ! tout est perdu !... tout !...

— Non, messire !... non, tout n'est pas perdu ! — dit résolûment le bon Denis, surmontant ses craintes, mais demeurant néanmoins abrité par le rideau ; puis, avançant seulement sa tête en dehors de la portière, il répéta : — Non, messire, tout n'est pas perdu !

Le capitaine, entendant cette voix timide, se retourna, reconnut le vieillard qu'il affectionnait et lui dit brusquement :

— Que fais-tu... là à cette porte ? entre... entre donc ! Que me veux-tu ?

Mais voyant Denis hésiter, il ajouta d'une grosse voix :

— De par le diable, entreras-tu ?

— Me voici, messire... me voici entré ! Mais pour l'amour du bon Dieu, ne vous emportez point ; je vous apporte une bonne nouvelle... une nouvelle... inespérée... une nouvelle miraculeuse... Tout n'est pas perdu, messire... au contraire... tout est sauvé ! Le roi et la Gaule !

— Denis ! — reprit le capitaine en jetant un regard menaçant sur l'oncle de Jeanne, — si tu n'avais des cheveux blancs, je te ferais chasser du château à coups de fourreau d'épée ? Tu oses railler ! parler du salut du roi et de la France dans les circonstances où nous sommes.

— Messire, je vous en supplie, écoutez sans colère ce que j'ai à vous raconter, si incroyable que cela puisse paraître !... Je n'ai point la figure d'un bouffon et vous me connaissez depuis longtemps ! Veuillez m'écouter avec patience.

— Je te connais, je te sais bon et prud'homme ; aussi tes paroles malsonnantes m'ont-elles fort surpris... Allons, parle.

— Messire, vous le voyez, j'ai le front baigné de sueur, la voix étranglée, le corps tout tremblant, pourtant je n'ai point seulement commencé de vous apprendre ce pourquoi je suis venu... Si donc vous m'interrompiez avec colère... je perdrais le fil de mes idées...

— Ventre-Dieu ! Allons ! au but !

Denis Laxart fit un grand effort sur lui-même, et, après s'être recueilli un moment, dit au capitaine d'une voix précipitée :

— Je suis allé hier à Domrémy voir ma nièce, qui a épousé Jacques Darc, honnête laboureur, dont elle a deux fils et une fille ; la fille s'appelle Jeannette et a dix-sept ans...

Mais Denis, voyant l'impatience à peine contenue du capitaine sur le point d'éclater à cet exorde, se hâta d'ajouter :

— J'arrive au fait, messire, qui va vous paraître étonnant, prodigieux..... Hier soir, ma petite-nièce Jeannette m'a dit : — « Mon bon oncle, vous connaissez le capitaine Robert de Baudricourt ; il faut que vous me conduisiez à Vaucouleurs, auprès de lui. »

— Que me veut ta nièce ?

Jeanne Darc la Pucelle

— Elle veut vous révéler, messire, ce qu'elle m'a raconté hier soir, à l'insu de ses parents, à l'insu même de maître Minet, son curé. Il paraît que Jeannette est inspirée de Dieu..... que des voix mystérieuses lui annoncent, depuis longtemps, qu'elle chassera les Anglais de la Gaule en se mettant à la tête des troupes du roi, et qu'elle lui rendra sa couronne...

Robert de Baudricourt, d'abord stupéfait de l'extravagance de ces paroles, eut peine à se contraindre ; il fut sur le point de chasser brutalement le pauvre Denis. Cependant, se dominant par pitié pour le vieillard, il lui dit d'un accent sardonique :

— Tel était le secret que ta nièce voulait me confier ? C'est une singulière révélation.

— Oui, messire... elle se proposait ensuite de vous demander les moyens de se rendre auprès du gentil dauphin, notre sire, qu'elle veut absolument entretenir des projets que le Seigneur Dieu a sur elle... pour la délivrance de la Gaule et de son roi. Or, je vous l'avoue, j'ai été frappé de l'accent de sincérité de Jeannette, lorsqu'elle m'a eu raconté ses visions de saintes et d'archanges, lorsqu'elle m'a appris comment elle entendait des voix mystérieuses qui, depuis trois ans, l'obsédaient, lui prophétisant qu'elle était la vierge dont Merlin prédisait la venue pour la délivrance de la Gaule.

— Ainsi, tu as confiance dans la sincérité de ta nièce ? — dit le capitaine avec un mélange de mépris et de compassion en interrompant le vieillard, qu'il regardait comme stupide ou comme fou... — Ainsi, tu as ajouté foi aux paroles de cette fille ?

— Jamais on n'a eu un mensonge à reprocher à ma nièce. Aussi, cédant à ses instances, hier soir, j'ai obtenu de Jacques Darc, qui semblait

119ᵉ livraison

fort irrité contre sa fille, de lui permettre de m'accompagner, sous le prétexte de venir passer quelques jours en cette ville avec ma femme. Ce matin, partant de Domrémy avant l'aube, j'ai pris Jeannette en croupe; nous sommes arrivés ici il y a une heure; ma nièce m'attend chez moi, où je dois lui porter votre réponse.

— Eh bien! voici ma réponse... Il faut souffleter à tour de bras cette effrontée folle et la reconduire à ses parents, afin qu'ils la châtient. Maître Denis Laxart, je vous croyais un prud'homme, vous n'êtes qu'un vieil oison ou qu'un vieux fou! N'avez-vous pas honte, à votre âge, d'ajouter foi à de pareilles sottises et d'avoir l'impudence de me faire de telles confidences? Mort et furie! Hors d'ici! Par les cinq cents diables de l'enfer... sortez à l'instant!

. . . .

Le pauvre Denis Laxart sortit tout éperdu, mais plus tard il revint au château de Vaucouleurs; il revint non plus seul, mais avec Jeanne, inquiet, tremblant à la seule pensée d'affronter encore le courroux du sire de Baudricourt. Jeanne avait tant prié, tant supplié son oncle de la conduire près du terrible capitaine, qu'il s'était rendu aux instances de sa nièce. Que l'on juge de l'effroi du bonhomme, lorsqu'en compagnie de la jeune fille, il approcha du rideau de cuir masquant l'entrée de la salle où se tenait Robert de Baudricourt. Celui-ci s'entretenait avec messire *Jean de Novelpont*, chevalier habitant Vaucouleurs, et lui disait, continuant une conversation commencée : C'est une folle bonne à souffleter... N'est-ce pas aussi votre avis?

— Eh! qu'importe! si l'on avait pu tirer quelque parti de sa folie! — répondait Jean de Novelpont. — Imaginez un homme en proie à une maladie incurable, il est abandonné des médecins; condamné pour eux à mourir, on lui propose d'essayer *in extremis* d'un philtre prétendu salutaire, composé par un fou. Notre malade ne doit-il pas tenter cette dernière chance de guérison ? Le peuple et les soldats sont crédules; l'annonce d'un secours céleste, surnaturel, peut ranimer l'espérance des populations et de l'armée, relever leur courage, les rendre victorieux après tant de défaites. Les conséquences d'un premier succès, d'une victoire sur les Anglais, ne seraient-elles pas incalculables ?

— Si l'on remportait une seule victoire, — répondit Robert de Baudricourt quelque peu ébranlé, — nos soldats reprendraient courage, et ils pourraient peut-être vaincre les anglais.

— Pourquoi ne pas consentir à voir cette fille? Vous pourrez l'interroger et prendre un parti.

— Une visionnaire... une vachère !

— Dans l'état désespéré où se trouve la France, que risque-t-on de recourir à l'empirisme? Vous eussiez agi en homme sensé en consentant à écouter cette paysanne... La prophétie de Merlin qu'elle invoque, absurde ou non, est populaire en Gaule... Je me souviens d'avoir entendu raconter cette légende dans mon enfance... Partout, d'ailleurs, l'on prophétise à cette heure en notre malheureux pays. Las d'attendre des moyens humains la délivrance des maux qui nous accablent, on la demande aux moyens surnaturels; les doctes clers de l'Université de Paris, les prêtres même n'ont-ils pas fait appel à la clairvoyance des hommes versés dans les saintes Ecritures et habitués à la vie contemplative? En certaines circonstances, il faut oser... tout oser !

— Par la mort du Christ ! c'est encore toi ! — s'écria Robert de Baudricourt en interrompant son ami et voyant la figure craintive de Denis Laxart apparaître à la fente du rideau de cuir;
— ne crains-tu pas de lasser ma patience !

Denis ne répondit rien, s'effaça devant Jeanne: celle-ci écarta le rideau, s'avança résolûment vers les deux chevaliers; son oncle la suivit levant les yeux au ciel, son couvre-chef à la main et tremblant de tous ses membres.

. . . .

Jeanne vieille ou laide eût été sans doute à l'instant chassée dédaigneusement par Robert de Baudricourt; mais il fut, ainsi que le sire Jean de Novelpont, frappé de la beauté de la jeune fille, de l'expression douce et mâle de ses traits, de son maintien chaste, modeste, assuré. Les deux chevaliers, saisis d'étonnement, se regardèrent en silence; le sire de Novelpont, hochant la tête en souriant, semblait dire à son ami : — « Avais-je tort de vous conseiller de voir cette pauvre visionnaire? »

Robert de Baudricourt hésitait encore sur l'accueil qu'il devait faire à Jeanne, lorsque l'autre chevalier l'interpella, afin de l'éprouver :

— Eh bien, mon enfant ! il faudra donc que le roi soit chassé de France? et que nous devenions Anglais? Est-ce pour empêcher cela que vous êtes ici ? Eh bien ! parlez, je vous écoute.

— Messire, — répondit Jeanne d'une voix douce et ferme, empreinte d'un accent d'irrécusable sincérité, — je suis venue ici, dans cette ville royale, afin de demander au sire Robert de Baudricourt de me faire conduire vers le dauphin de France : l'on n'a pas eu souci de mes paroles, pourtant il faut qu'avant huit jours je sois auprès du roi. Si je ne pouvais marcher, j'irais sur les genoux; il n'y a au monde ni capitaine, ni duc, ni prince, capable de sauver le royaume de France sans le secours que j'apporte de par l'assistance de Dieu et de ses saints. — Puis Jeanne soupira et, le regard humide de larmes, ajouta naïvement : — J'aimerais mieux rester à coudre et à filer en notre maison auprès de ma pauvre mère... mais Dieu m'a donné une tâche... je dois l'accomplir.

— Et de quelle façon accompliras-tu cette

tâche? — reprit Robert de Baudricourt, non moins surpris que son ami du mélange d'assurance, de douceur ingénue et de conviction qui régnaient dans la réponse de la jeune fille. — Comment feras-tu, toi, simple bergère, pour vaincre et chasser les Anglais, lorsque La Hire, Xaintailles, Dunois, Gaucourt, et tant d'autres capitaines ont été battus?

— Je me mettrai hardiment à la tête des gens d'armes, et, Dieu aidant, nous vaincrons?

— Ma fille... — reprit Robert de Baudricourt avec un sourire d'incrédulité, — s'il est dans la volonté de Dieu de chasser les Anglais de la Gaule, est-ce qu'il a besoin de toi et des gens d'armes? D'un souffle il anéantira nos ennemis.

— Les gens d'armes batailleront... Dieu donnera la victoire! — répondit Jeanne avec laconisme. — Aide-toi... le ciel t'aidera...

Les deux chevaliers se regardèrent de nouveau, de plus en plus étonnés du langage et de l'attitude de cette fille des champs; Denis Laxart, triomphant, se frottait les mains.

— Ainsi, Jeanne, — reprit Jean de Novelpont, — tu veux te rendre auprès du roi?

— Oui, messire, plutôt demain qu'après-demain; plutôt aujourd'hui que demain. Il faut qu'avant un mois le siège d'Orléans soit levé. Dieu nous donnera la victoire.

— C'est donc toi, ma belle enfant, qui feras lever le siège d'Orléans?

— Oui, sous le bon plaisir de Dieu.

— Sais-tu seulement ce que c'est que le siège d'une ville et en quoi il consiste?

— Eh! messire, ce sont des assiégeants et des assiégés... La chose est bien simple.

— Mais les assiégés doivent tenter des sorties contre l'ennemi retranché à leurs portes.

— Messire, nous sommes trois dans la salle: si l'on nous enfermait ici, et que nous fussions résolus de sortir ou de mourir, ne sortirions-nous pas, quand même il y aurait dix hommes à la porte?

— Par quel moyen?

— En combattant hardiment... Dieu ferait le reste! Les assiégés feront des sorties.

— Dans un siège, ma fille, il ne s'agit pas seulement de sorties... Les assiégeants entourent la ville de nombreuses redoutes ou bastilles garnies de machines, de traits, de bombardes d'artillerie, défendues par des fossés profonds, comment t'emparerais-tu de ces formidables retranchements?

— Je descendrais la première dans le fossé, je monterais la première aux échelles, en disant aux gens d'armes: « Suivez-moi, entrons hardiment là-dedans; le Seigneur est avec nous! »

Les deux chevaliers se regardèrent, ébahis des réponses de Jeanne; Jean de Novelpont surtout éprouvait une émotion croissante qui touchait à l'admiration pour cette belle jeune fille d'une vaillance si naïve; Denis Laxart pensait à part lui:

— Mon bon Dieu! où Jeannette va-t-elle donc chercher tout ce qu'elle dit!... Elle parle en capitaine! Où a-t-elle puisé tant de sagesse?

— Jeanne, — reprit Robert de Baudricourt, — si je consentais, selon ton vœu, à te faire conduire devers le roi, il te faudrait traverser des contrées au pouvoir des Anglais... Le trajet est long d'ici en Touraine; tu courrais de grands risques.

— Le Seigneur Dieu et mes bonnes saintes ne nous abandonneraient pas; nous éviterions de passer par les villes en voyageant plutôt de nuit que de jour... Aide-toi... le ciel t'aidera!

— Ce n'est pas tout, — reprit Robert en attachant sur Jeanne un regard pénétrant; — tu es femme, tu devras chevaucher seule de ton sexe en compagnie des hommes qui t'escorteront, loger pêle-mêle avec eux dans les endroits où vous vous arrêterez pour reposer.

Denis se gratta l'oreille en regardant sa nièce d'un air embarrassé; Jeanne rougit, baissa les yeux et répondit avec modestie:

— Messire, je prendrai des habits d'homme, si vous pouvez m'en procurer; je ne les quitterai ni jour ni nuit; et d'ailleurs les gens de mon escorte voudraient-ils causer de la peine à une honnête fille qui se confie à eux?

— Enfin sauras-tu monter à cheval?

— Il faudra bien que j'apprenne à chevaucher. Ayez seulement soin, messire, que le cheval ne soit pas méchant.

— Jeanne, — dit Robert de Baudricourt après un moment de silence, — tu te prétends inspirée de Dieu? envoyée de par lui pour faire lever le siège d'Orléans, vaincre les Anglais, rétablir le roi sur son trône?... Mais qui prouvera que tu as dit la vérité!

— Mes actes, messire...

Cette réponse, faite d'une voix douce et assurée, impressionna vivement les deux chevaliers; Robert de Baudricourt reprit:

— Ma fille, retourne chez ton oncle avec lui... avant peu, je te ferai connaître mes intentions. J'ai besoin de réfléchir sur ta demande.

— J'attendrai, messire. Mais, au nom de Dieu, si je dois partir pour aller devers le dauphin, que ce soit plutôt aujourd'hui que demain; il faut qu'avant un mois le siège d'Orléans soit levé.

— Pourquoi tiens-tu autant à la levée de ce ce siège?

— Eh! messire, — répondit Jeanne en souriant, — je tiendrais moins à délivrer cette bonne ville, si les Anglais ne tenaient point tant à la prendre!... Le succès de la guerre est là pour eux; il est aussi là pour nous!

— Eh bien! sire capitaine, — dit tout bas Denis Laxart, radieux, à Robert de Baudricourt,

— me faut-il souffleter à tour de bras cette folle effrontée? Vous m'engagiez pourtant à le faire.

— Non, car, bien que visionnaire, c'est une brave enfant! — répondit aussi tout bas le chevalier. — Du reste, j'enverrai le curé de Vaucouleurs l'interroger et, au besoin, l'exorciser dans le cas où il y aurait quelque sorcellerie là-dessous... Retourne chez toi....

Denis et Jeanne sortent de la salle; les deux chevaliers demeurent livrés à leurs réflexions.

. . . .

Lorsque Jeanne eut disparu, Robert de Baudricourt s'empressa de s'approcher de la table et se mit en devoir d'écrire, disant à Jean de Novelpont; — Maintenant, je pense comme vous; je vais mander au roi cette étrange aventure et lui soumettre cet avis, qu'en l'état désespéré des choses, l'on pourrait essayer de tirer parti de l'influence qu'exercerait sur l'armée, complètement découragée, cette jeune fille se disant inspirée, envoyée de Dieu! Je la vois déjà, docile au rôle qu'on lui ferait jouer, passant devant le front des troupes, revêtue d'une armure, et son beau visage sous un casque de guerre! Les hommes se prennent autant par les yeux que par l'esprit... — Puis, s'interrompant et s'apercevant que le sire de Novelpont ne l'écoutait pas, marchait de long en large dans la salle: — Jean, à quoi diable pensez-vous?

— Robert, — reprit gravement le chevalier, — cette fille n'est pas une pauvre visionnaire dont on peut se servir *in extremis*, comme d'un instrument, quitte à le briser s'il ne répond pas à ce qu'on attend de lui...

— Qu'est-elle donc?

— Son regard, son accent, son attitude, son langage, tout révèle une femme extraordinaire... une femme inspirée...

— Allez-vous prendre ses visions au sérieux?

— Je suis incapable de pénétrer ces mystères; je crois ce que je vois, ce que j'entends, ce que j'éprouve. Jeanne est ou sera une femme de guerre illustre, et non l'instrument passif des capitaines... Elle peut sauver le pays...

— Si c'est une sorcière, le curé fera jouer le goupillon et nous en rendra bon compte.

— Je suis tellement frappé de ses réponses, de sa candeur, de sa hardiesse, de son bon sens, de son irrésistible sincérité, que si le roi répond à votre messager qu'il consent à voir Jeanne... je suis résolu de l'accompagner dans son voyage...

— Ah! sire Jean! — dit en riant Robert de Baudricourt, — voici une résolution bien prompte!... Seriez-vous féru par les beaux yeux de cette pucelle?...

— Que je meure si je cède à quelque pensée mauvaise! Telle est la fière innocence du regard de cette jeune fille, que luxurieux serais-je..... son regard refroidirait à l'instant ma luxure. Je jurerais par mon salut que Jeanne est chaste! Ne l'avez-vous pas vue rougir jusqu'au front à l'idée de chevaucher seule de son sexe en compagnie des cavaliers de son escorte? Ne l'avez-vous pas entendue témoigner de son désir de prendre des habits d'homme, qu'elle ne quitterait ni jour ni nuit durant le voyage? Robert, la chasteté annonce toujours une belle âme.

— Si elle est véritablement chaste, elle ne saurait être sorcière, les démons ne pouvant, dit-on, posséder le corps d'une vierge!... Mais, tenez, beau sire, à votre insu, la beauté de cette pucelle vous séduit, vous voulez être son chevalier durant ce long voyage; il peut offrir d'heureuses chances à votre amoureuse courtoisie..... — Allons, trêve de plaisanteries, — ajouta Robert de Baudricourt, répondant à un geste d'impatience de son ami. — Voici ma pensée sur cette belle fille: — Si elle n'est sorcière, elle a le cerveau détraqué par ses visions, se croyant d'ailleurs de bonne foi inspirée de Dieu; telle qu'elle est ou paraît être, cette fille peut devenir un instrument précieux entre les mains du roi. Peuple et soldats sont ignorants et crédules; s'ils voient dans Jeanne une envoyée de Dieu; s'ils croient qu'elle leur apporte un secours surnaturel, ils reprendront courage et feront des efforts pour venger leurs défaites. Cette exaltation, habilement exploitée par les chefs de la guerre, peut avoir d'heureux résultats. Pour nous, c'est le point important.

— L'avenir vous prouvera votre erreur. Jeanne est trop sincère et, à tort ou à raison, trop pénétrée de la divinité de sa mission pour accepter le rôle que vous lui destinez dans votre pensée, pour se résigner à être une machine aux mains des chefs; elle agira d'elle-même, par elle-même. Je la crois douée naturellement du génie militaire, comme l'ont été tant de capitaines d'abord inconnus. Quoi qu'il doive arriver, vous devez écrire au roi pour l'instruire de ce qui se passe ici.

— Tel est aussi mon dessein.

— A quel roi écrirez-vous?

— Avons-nous donc deux maîtres?

— Mon cher Robert, j'ai accompagné à la cour le comte de Metz, auprès de qui je commandais une compagnie de cent lances; j'ai donc vu de près les choses à Chinon ou à Loches... Mon opinion est faite sur notre sire.

— S'ensuit-il qu'il y ait deux rois?

— Il est un roi du nom de Charles VII, dont le souci se borne à régner sur le cœur des femmes de bonne volonté; énervé par la mollesse, ingrat, égoïste, insoucieux de l'honneur, ce prince, confiné à Chinon ou à Loches, au milieu de ses favoris, de ses maîtresses, laisse ses soldats combattre, mourir pour défendre les débris de son royaume, et jamais on ne l'a vu à la tête de ses troupes...

— C'est une honte pour la royauté!

— Il est un autre roi du nom de *Georges La Trémouille*, despote jaloux, haineux, ombrageux ; il règne en maître sur les deux ou trois provinces dont se compose à cette heure le royaume de France, et mène le bâton haut nos seigneurs du conseil royal. C'est le vrai maître.

— Je savais qu'en effet le maire du palais de notre roi fainéant était le sire de La Trémouille ; c'est donc à lui que je vais écrire...

— N'en faites rien, Robert, croyez-moi !

— Vous dites vous-même qu'il est le maître ?... le roi de fait ?...

— Oui ; mais voulant rester maître et roi de fait, il ne souffrira point qu'un autre que lui ait trouvé un moyen de salut pour la Gaule. Le sire de La Trémouille repousserait donc, n'en doutez pas, l'intervention de Jeanne... Ecrivez au contraire directement à Charles VII : l'étrangeté de l'aventure le frappera ; ne fût-ce que par curiosité, il voudra voir Jeanne. Il trouve les jours longs dans sa retraite de Loches ou de Chinon ; les agaceries de ses maîtresses sont souvent impuissantes à le tirer de son ennui... la venue de Jeanne sera pour lui une nouveauté, une distraction...

— Vous êtes un homme de bon conseil ; je vais écrire directement au roi et lui expédier sur l'heure un messager. Si la réponse est favorable à Jeanne, vous êtes toujours résolu de l'accompagner ?

— Plus que jamais.

— Le trajet est long. Vous aurez à traverser une partie de la Bourgogne et de la Champagne, occupées par les ennemis.

— Je prendrai avec moi mon écuyer Bertrand de Poulangy, homme prudent mais résolu ; je lui adjoindrai quatre valets bien armés ; une petite troupe passe plus facilement inaperçue. D'ailleurs, ainsi que Jeanne l'a sagement proposé, nous éviterons autant que possible les villes en voyageant de nuit, et nous reposant le jour dans quelques métairies isolées.

— N'oubliez pas que vous aurez à traverser de nombreuses rivières, puisque partout les ponts sont rompus depuis les guerres.

— Nous trouverons des bacs sur toutes les rivières. D'ici, nous irons à Saint-Urbain, où nous pourrons séjourner sans péril ; nous éviterons Troyes, Saint-Florentin, Auxerre ; arrivés à Gien, nous serons en pays ami. Nous nous dirigerons alors vers Loches ou Chinon, résidences royales.

— Avouez-le, sire Jean de Novelpont... vous êtes quelque peu féru de la beauté de Jeanne ?

— Sire Robert de Baudricourt, je suis glorieux d'être le chevalier de l'héroïne guerrière qui peut-être sauvera la Gaule...

. . . .

Le 28 février de l'an 1428, vers le déclin du jour, une foule d'habitants de Vaucouleurs, hommes, femmes, enfants, se pressaient aux abords du château, foule impatiente, enthousiaste. Jugez-en, fils de Joel, par ces paroles échangées entre nos citadins.

— Vous êtes certain que la gentille Jeanne sortira du château par cette porte ?

— J'en suis sûr... l'on ne peut sortir à cheval par la poterne ; Jeanne suivra ensuite le rempart avec le sire de Novelpont, qui l'accompagne en ce long voyage. D'ici, nous la verrons parfaitement sur son beau cheval blanc.

— Tous nos cœurs sont avec elle !!

— La voilà donc accomplie, la prédiction de Merlin : *La Gaule, perdue par une femme, sera sauvée par une vierge des marches de la Lorraine, d'un bois chesnu venue !*

— Elle va nous délivrer des Anglais ! le pauvre va respirer ! Calme et travail pour nous.

— Plus d'alerte, plus d'incendie, de pillages, de massacres ! Bénie soit-elle !

— Dieu nous envoie Jeanne la Pucelle..... gloire à Dieu !

— Une fille des champs, pourtant... une simple bergère !

— Le Seigneur Dieu l'inspire... elle vaut une armée ; les archanges combattront avec elle.

— Vous savez, messires, que maître Tiphaine, le curé de la paroisse Saint-Euterpe, s'est chargé d'exorciser la Pucelle dans le cas où elle eût été sorcière et possédée du démon. Le clerc portait la croix, l'enfant de chœur l'eau bénite, maître Tiphaine le goupillon. Cependant il n'osait point trop s'avancer devers la Pucelle, craignant quelque tour du malin esprit.

— « Approchez, bon père, — lui a dit Jeanne en riant, — je ne m'envolerai pas. »

— Elle était bien certaine d'être fille de Dieu !

— Evidemment elle était vierge, puisque après l'exorcisme il n'est sorti de sa bouche aucun démon griffu !

Tout le monde sait en effet que le diable ne peut habiter le corps d'une pucelle ; donc, Jeanne ne saurait être une sorcière, quoi qu'on ait dit de Sybille, sa marraine.

— Loin de soupçonner Jeanne d'être une invocateresse de démons, maître Tiphaine a été si édifié de sa douceur, de sa modestie, que le lendemain de l'exorcisme il l'a admise à la sainte communion... elle a mangé le pain des anges.

— C'est par ma foi bien heureux ! qui mangerait donc le pain des anges, sinon Jeanne ?

— Savez-vous, mes compères, que pendant que le sire de Baudricourt attendait la réponse du roi, et de par Dieu ! m'est avis que cette réponse s'est fait assez attendre, monseigneur le duc de Lorraine, instruit par le bruit public que Jeanne était la pucelle prophétisée par Merlin, a voulu la voir ?

— Et qu'est-il advenu de cette entrevue ?

— Le sire de Novelpont a conduit Jeanne

auprès du seigneur duc... — « Eh bien! ma fille, — lui a-t-il dit, — toi qui es envoyée de Dieu, conseille-moi donc? je suis malade... et ce me semble près de ma fin... »

— Tant pis pour lui! Qui donc ignore que le seigneur duc est souffrant des suites de ses débauches, et que pour s'y livrer à son aise, il a vilainement renvoyé sa femme!

— Jeanne savait cela, sans doute; car elle a répondu au duc : « — Monseigneur rappelez votre duchesse auprès de vous, vivez en honnête homme, Dieu ne vous abandonnera pas... Aide-toi... le ciel t'aidera... »

— Bien répondu, sainte fille!...

— On assure que c'est son mot favori : *Aide-toi... le ciel t'aidera!*

— Alors, que le ciel et tous ses saints la protègent pendant le long et périlleux voyage qu'elle va entreprendre !

— Est-ce croyable ?... une pauvre enfant de dix-sept ans commander une armée ?

— Moi et cinq autres archers de la compagnie du sire de Baudricourt, nous lui avions demandé comme une grâce d'accompagner Jeanne la Pucelle, il nous a refusé ! ! Ventre du pape! j'aurais aimé à avoir cette belle fille pour capitaine!... conduit par elle, je défierais tous les Anglais ! Oui, oui ! par le nombril de Satan !

— Des gens d'armes commandés par une femme, voilà cependant qui est singulier !

— Deux beaux yeux qui vous regardent et semblent vous dire : « Marche à l'ennemi ! » vous mettent la flamme au cœur ! une douce voix qui vous dit : « Hardi... en avant ! » rendrait vaillant le plus lâche !

— Surtout lorsque cette voix est inspirée de Dieu, brave archer !

— Qu'elle soit inspirée par Dieu, par le diable ou par sa seule bravoure, je m'en soucie comme d'une flèche brisée; fût-on un contre mille, il faudrait avoir la couardise d'un lapin pour ne pas suivre une belle fille qui, l'épée à la main, s'élance sur l'ennemi !

— Je ne peux m'empêcher de songer au chagrin que le départ de Jeanne doit causer à sa famille, si glorieuse que soit la destinée de la Pucelle. Sa mère doit en être fort attristée.

— Je tiens de dame Laxart que Jacques Darc, très sévère et très rude homme, après avoir fait par deux fois écrire à sa fille de revenir près de lui, ne voulant pas qu'elle s'en allât ainsi chevauchant avec des gens d'armes, l'a maudite; de plus, il a défendu à sa femme et à ses deux fils de jamais revoir Jeanne. Elle a pleuré toutes les larmes de son corps en apprenant la malédiction paternelle : « Le cœur me saigne de quitter ma famille, — disait la pauvre fille à dame Laxart, — mais il faut que j'aille où Dieu m'envoie. J'ai une glorieuse mission à remplir. »

— Le père de la Pucelle est un brutal !...

C'est un mauvais cœur... oser maudire sa fille... elle qui doit sauver la Gaule !

— Et elle la sauvera... Merlin l'a prédit !

— Ce sera un beau jour que celui où les Anglais seront boutés hors de notre pauvre pays, qu'ils ravagent depuis tant d'années !

— La faute en est à la chevalerie ; pourquoi s'est-elle montrée si lâche à la bataille de Poitiers ? Triste engeance que la noblesse !

— Et par surcroît *Jacques Bonhomme*, opprimé, torturé, a été forcé de payer la rançon des seigneurs, couards à éperons dorés !...

— Mais *Jacques Bonhomme* à bout de misère s'est regimbé dans son désespoir. Oh ! du moins une fois la fourche et la faux ont eu raison de la lance et de l'épée ! La Jacquerie a vengé les serfs ! Mort à tous les nobles !

— Et ensuite quel carnage n'a-t-on pas fait des Jacques! Il viendra, le jour des représailles !

— Ils ont eu leur tour ! ça console !

— Aujourd'hui ce sera le tour de ces Anglais ! grâce à Jeanne la Pucelle... l'envoyée de Dieu ! elle les boutera dehors !

— Oui, oui, laissez-la faire... elle a promis qu'avant un mois il ne resterait pas en France un de ces *goddons*.

— Gloire à elle ! la bergère de Domrémy aura accompli ce que ni roi, ni ducs, ni chevaliers, ni capitaines n'ont pu mener à bonne fin !

— Noël à Jeanne ! née comme nous de pauvres gens ! qu'elle soit bénie des pauvres serfs qui souffraient mort et passion des Anglais !

— On abaisse le pont-levis du château ..

— La voilà ! c'est elle...

— Qu'elle est leste et belle sous ses habits d'homme ! Salut à Jeanne la Pucelle.

— Voyez donc ! on dirait d'un beau jeune page avec ses cheveux noirs coupés en rond, sa capeline écarlate, sa tunique verte, ses chausses de daim à aiguillettes et ses bottes éperonnées... Vive notre Jeanne.

— Elle a par ma foi l'épée au côté !

— Le sire de Baudricourt, quoique fort peu généreux, lui en a fait présent.

— C'est bien le moins ! nous autres de Vaucouleurs, n'avons-nous pas boursillé afin d'acheter un cheval à cette guerrière !

— Maître Simon, le marchand de toile, a répondu de la haquenée comme d'une bête patiente et douce; un enfant la conduirait: elle servait de monture à une noble dame pour la chasse au faucon.

— Foi d'archer ! Jeanne se tient déjà en selle comme un capitaine ! Ventre du pape ! est-elle belle et bien tournée !... Que ne suis-je de ses gens d'armes ! j'irais avec elle au bout du monde, rien que pour le plaisir de la regarder !

— De fait, si j'étais soldat, j'aimerais mieux obéir à un ordre donné d'une douce voix par des lèvres mignonnes, qu'à un ordre donné par une voix rude, par une bouche lippue, hérissée de poils roux et gras!

— Voyez-vous sire Jean de Novelpont, avec son armure de fer, qui chevauche à la droite de Jeanne? Celui-là est un digne seigneur.

— On dirait qu'il veille sur elle comme sur sa fille... Que Dieu les garde!

— Il vient de rajuster quelque chose à la bride de la haquenée de la Pucelle.

— A sa gauche est le sire de Baudricourt... il l'accompagne sans doute pendant une partie du chemin.

— Voilà l'écuyer Bertrand de Poulangy, portant la lance et l'écu de son maître.

— Jésus! ils n'ont que quatre hommes armés avec eux! en tout six personnes, pour escorter Jeanne d'ici en Touraine! à travers tant de mauvais pays! Quelle imprudence!

— Dieu veillera sur la sainte fille!

— Voyez donc... elle se retourne sur sa selle et fait de la main comme un signe d'adieu à quelqu'un du château...

— Maintenant elle porte son mouchoir à ses yeux, comme pour essuyer des larmes...

— Elle vient sans doute d'adresser cet adieu à son oncle et à sa tante, les vieux Laxart?

— Oui, les voici tous deux à la fenêtre basse de la grosse tour... les mains jointes et pleurant de voir leur nièce s'éloigner pour toujours peut-être? La guerre est si chanceuse!

— Pauvre chère fille! le cœur doit lui saigner... comme elle dit... s'en aller toute seule, loin des siens, batailler à la merci de Dieu!

— Elle va tourner l'angle du rempart...

— Qu'elle entende du moins nos adieux. Noël à Jeanne la Pucelle! — Noël à Jeanne! Noël! Noël! Mort aux Anglais!

— Elle nous entend... et nous fait un signe d'adieu. Victoire à notre Jeanne!

— Mère! mère! prends-moi dans tes bras... hausse-moi donc... que je la voie encore!

— Viens, mon enfant, regarde-la bien, souviens-toi toujours de Jeanne! Grâce à elle, les mères désolées ne pleureront plus sur leurs fils, sur leurs maris massacrés par les Anglais...

— Noël à Jeanne... Noël!...

— Elle a tourné l'angle des remparts... la voilà partie...

— Noël à Jeanne la Pucelle!... que le bon Dieu l'accompagne!

— Qu'elle nous délivre à jamais des Anglais. Noël! Noël!!!

. . . .

Ecoutez, fils de Joel, écoutez cette légende de la plébéienne catholique et royaliste: Charles VII devait sa couronne à Jeanne Darc... il l'a reniée et lâchement délaissée. — Chaque jour elle s'agenouillait pieusement devant les prêtres catholiques... les prêtres l'ont condamnée à être brûlée vive! — La chevalerie avait laissé les Anglais s'emparer de la Gaule; Jeanne chasse l'étranger de notre pays, et elle est poursuivie, trahie, livrée aux Anglais par les chevaliers. — Sois bénie à travers les âges, ô vierge guerrière! sainte fille de la mère-patrie!

— Ecoutez, fils de Joel, écoutez cette légende, et jugez à l'œuvre: gens de cour, gens de guerre, gens d'église et de royauté!

CHAPITRE III

Chinon

Arrivée de Jeanne à la cour de Charles VII. — Le conseil du roi. — L'évêque de Chartres. — Le sire de Gaucourt et Georges de la Trémouille. — La plébéienne et le roi. — La belle Aloyse. — La reine Yolande de Sicile

Le 7 de mars 1429, trois des principaux membres du conseil du roi Charles VII étaient assemblés dans une salle du château de Chinon: *Georges de La Trémouille*, chambellan, ministre despote, avide et ombrageux; le sire *de Gaucourt*, soldat envieux et féroce; *Régnault*, *évêque de Chartres*, prélat fourbe et ambitieux.

— Que la fièvre emporte ce Robert de Baudricourt! assez audacieux pour écrire directement au roi et l'engager à accueillir cette vachère! — s'écriait Georges de La Trémouille.— Charles VII trouve l'aventure plaisante et veut voir cette folle! Les sots prétendent qu'elle est envoyée de Dieu... je maintiens qu'elle est envoyée par le diable à la traverse de nos intérêts!

— Il n'y a qu'un moyen d'éluder l'ordre formel du roi, — reprit l'évêque de Chartres. — Ce damné Jean de Novelpont a tant clabaudé, que notre sire veut absolument voir cette vassale que nous avions confinée depuis le jour de son arrivée dans la tour du Coudray pour y attendre l'audience royale. L'effrontée vagabonde toute glorieuse de l'enthousiasme imbécile dont elle a été l'objet de la part de ces musards de Lorraine, s'étonnait de ne pas avoir été présentée à Charles VII! Sang du Christ! notre roi fainéant est capable, autant pour se railler de nous que pour se décharger de tout souci à l'endroit du salut de son royaume, de tenter Dieu en acceptant le secours de cette Jeanne... En ce cas, messeigneurs, c'est fait de l'influence du conseil royal! Nous n'avons qu'à quitter le poste.

— Moi, Raoul de Gaucourt, j'aurai servi avec *Sancerre*! avec le *connétable de Clisson*! j'aurai vaincu le Turc à Nicopolis, et je devrai subir les ordres d'une gardeuse de bétail! Mort et massacre! je briserai plutôt mon épée!

— Ce sont là des mots, Raoul de Gaucourt,—

dit le sire de La Trémoille pensif; — les mots sont impuissants contre les faits! Notre sire, indolent, mobile et lâche, peut, en l'état désespéré des choses, vouloir essayer de l'influence, prétendue surnaturelle, de cette vachère.... Ne nous abusons point: depuis le jour où, par mon ordre, Jeanne a été reléguée dans la tour du Coudray, à une demi-lieue d'ici, les criailleries de Jean de Novelpont ont ému une partie de la cour; son enthousiasme pour ladite Jeanne, ses récits sur sa beauté, sur sa modestie, sur le génie militaire qu'elle possède, ont inspiré une vive curiosité à bon nombre de courtisans.

— Merci de moi! — s'écria Raoul de Gaucourt, — prétendre qu'une fille de labour possède le génie militaire, c'est à devenir fou de malerage!

— Raoul, ne vous emportez point, — reprit l'évêque de Chartres; — mon fils en Dieu, Georges de La Trémouille, précise les faits. Il dit vrai... Une partie de la cour, éprise des nouveautés, jalouse de notre pouvoir, lasse de voir une partie de ses domaines au pouvoir des Anglais, a ouvert l'oreille aux récits exaltés de Jean de Novelpont sur cette visionnaire; bon nombre de courtisans ont obsédé le roi; il veut la voir, et il serait absurde et impolitique d'essayer de lutter contre le courant.

— Ainsi, nous devons céder! — s'écria Raoul de Gaucourt en frappant avec rage sur la table du conseil, — céder devant cette sorcière qu'on devrait faire rôtir sur les fagots!

— On pourra se servir des fagots plus tard, brave Raoul; mais quant à présent, il faut céder... Vous le savez mieux que moi, en votre qualité de capitaine expérimenté, La Trémouille, on peut tourner les positions que l'on ne saurait emporter de front.

— Vous parlez d'or, cher tonsuré; entre amis concourant au même but, ayant les mêmes intérêts, l'on se doit toute la vérité; je vais donc vous faire connaître toute ma pensée sur la situation actuelle. Je suis parvenu depuis longtemps à éloigner du conseil du roi les princes du sang; nous régnons... Et d'abord, en ce qui me touche, je suis, quant à présent, loin de désirer le terme de la guerre avec les Anglais et les Bourguignons; j'ai besoin qu'elle dure. Mon frère, familier du régent d'Angleterre et du duc de Bourgogne, a obtenu deux des sauvegardes pour mes domaines; cette année encore, lorsque l'ennemi s'est avancé jusque sous les murs d'Orléans, mes terres et ma seigneurie de *Sully* ont été épargnées. Ce n'est pas tout : grâce aux troubles civils et aux nombreux partisans que je tiens à ma solde en Poitou, cette province est à ma merci; je ne perds pas l'espoir de l'annexer à mes possessions si la guerre se prolonge quelque temps encore. J'ai donc un puissant intérêt à ruiner les projets de cette envoyée de Dieu, s'ils pouvaient jamais se réaliser; je ne veux pas l'expulsion des Anglais, je ne veux pas la fin de la guerre, parce que cette guerre me sert!... Tels sont, en toute sincérité, les motifs personnels qui me guident... Maintenant, examinons si vos intérêts à vous, Régnault, évêque de Chartres, à vous, Raoul de Gaucourt, ne sont point de même nature que les miens. Quant à vous, évêque de Chartres, si la guerre se termine soudain par la force des armes, que deviennent toutes vos négociations tramées depuis longtemps, soit avec le régent d'Angleterre, soit avec le duc de Bourgogne? négociations qui vous ont coûté tant de labeurs et donnent, avec raison, au roi une si haute idée de votre importance? Que deviennent ces garanties, ces avantages pécuniaires, qu'en négociateur bien avisé vous demandiez aux princes avec lesquels vous traitez?

— Toutes mes espérances tombent à néant, si nos troupes, fanatisées par cette fille, obtiennent la victoire dans une seule rencontre avec les Anglais! — s'écria l'évêque de Chartres. — Le régent d'Angleterre m'écrivait dernièrement encore « qu'il n'était pas éloigné d'accepter mes propositions de traité, auquel cas, ajoutait le duc de Bedfort, j'étais assuré d'obtenir tout ce que je sollicitais de lui. » Mais si la guerre se rallume vive, ardente, sous l'inspiration de cette paysanne endiablée, les négociations sont rompues, et adieu les avantages que j'espérais! Ainsi, vous avez dit vrai, Georges de la Trémouille, nos intérêts nous commandent de nous unir contre Jeanne!

— Quant à vous, Raoul de Gaucourt, — reprit le sire de La Trémouille, vous n'ignorez pas que Dunois, Lahire, Xaintrailles, le connétable Richemont, le duc d'Alençon, et autres chefs de guerre, sont jaloux de votre mérite, de votre siège au conseil royal, et se déclareront partisans de cette fille, dont ils se feront un docile instrument pour vous perdre. Si l'armée royale remporte une seule victoire, votre influence, votre renommée militaire, seront éclipsées par le succès de vos rivaux. Notre roi, mobile, ingrat, irrésolu, comme nous le connaissons, vous sacrifiera au premier soupçon de trahison ou d'impéritie!

— Tonnerre et sang! — s'écria Raoul de Gaucourt, — grande envie j'ai d'aller droit à la tour du Coudray et de faire occire cette sorcière sans autre forme de procès! Nous trouverons des prêtres pour affirmer que Satan, son patron, l'a emportée...

— Le moyen est violent et maladroit, cher capitaine! — reprit Georges de la Trémouille; — l'on peut arriver au même but par d'autres voies. Il est entendu que moi, vous et l'évêque de Chartres, nous avons un intérêt commun à nous liguer contre cette fille; maintenant, avisons aux moyens de la perdre. Commençons

Les amours du roi Charles VII (page 147)

par vous, saint évêque de Chartres, directeur spirituel de notre sire ; si débauché qu'il soit, il a de temps à autre peur du diable ; ne pourriez-vous insinuer à ce bon roi qu'il compromettrait le salut de son âme en ajoutant foi témérairement, sans préalable enquête, aux assertions de cette créature, soi-disant envoyée de Dieu, mais qui est plutôt suscitée par Satan!

— Excellente idée ! reprit l'évêque de Chartres. — Je démontre à Charles VII qu'il est urgent de faire examiner Jeanne par les clercs en théologie, seuls aptes à reconnaître et à déclarer solennellement si elle obéit à une inspiration divine ou si elle n'est, au contraire, qu'une fourbe effrontée possédée du malin esprit ; auquel cas, et en accordant sa confiance à cette fille, notre sire se rendrait ainsi complice d'une sorcière. Je compose en conséquence l'assemblée canonique chargée de prononcer irrévocablement, infailliblement, sur le degré de foi que l'on doit accorder à la prétendue mission divine de Jeanne ; elle est, selon mes instructions secrètes, déclarée hérétique, sorcière, possédée du malin esprit, et pour elle bientôt flamberont les fagots attendus par ce brave Gaucourt ! Nous la ferons brûler vive.

— Sang-Dieu ! — s'écria le soldat, — je mettrai moi-même le feu au bûcher. La voilà brûlée, cette infâme serve qui voulait commander à de nobles chefs de guerre !...

— Elle n'est pas encore rôtie, cher Gaucourt! — dit le sire de La Trémouille. — Supposons que l'attente de notre ami l'évêque de Chartres soit trompée ; supposons que, par fatalité, le conseil canonique, contrairement aux instructions de notre digne évêque, déclare ladite Jeanne bien et dûment inspirée de Dieu...

— Je réponds des clercs que je choisirai pour

120e livraison

cet examen! Tous seront à mon entière dévotion.

— Cher évêque, il arrive, parfois, que les soldats, dont nous croyons pouvoir répondre corps pour corps, nous échappent au moment de l'action! il peut en être ainsi de vos clercs. Admettons donc que le roi Charles veuille risquer *in extremis* de mettre à la tête de ses armées ladite Jeanne; c'est alors que vous, Raoul de Gaucourt, vous pouvez, mieux que personne, perdre cette insolente... qui n'a qu'une idée fixe, faire lever le siège d'Orléans. Il faut que vous demandiez au roi le commandement de la ville d'Orléans et que vous consentiez à servir sous les ordres de cette fille!

— Que l'enfer me confonde si jamais, ne fût-ce que pour un jour, je consens à recevoir des ordres de cette vachère!...

— Ne soyez donc point tempête et flamme, brave Gaucourt. Songez que le gros des troupes serait de la sorte sous votre commandement immédiat. Jeanne vous donnera des ordres, mais vous pourrez les éluder, vous pourrez traverser, contrarier tous ses plans de bataille; vous pourrez apporter des lenteurs calculées dans l'exécution des mouvements des troupes; vous pourrez surtout... manœuvrer de façon à faire prendre cette enragée par les Anglais. Il vous est possible, enfin, à vous plus qu'à nous, de l'empêcher de gagner sa première bataille!

— Au premier échec qu'elle subit, — ajoute l'évêque de Chartres, — son prestige s'évanouit l'enthousiasme qu'elle excitait se change en mépris; on a honte de s'être laissé prendre à un piège aussi grossier; le revirement est soudain! Et si, contre tout espoir... je devrais dire contre toute certitude... l'assemblée canonique choisie par moi déclare Jeanne véritablement inspirée de Dieu... si le roi la met à la tête de ses troupes, la perte de sa première bataille, grâce à vos adroites manœuvres, brave Gaucourt, porte un coup fatal à cette aventurière! Victorieuse, elle était l'envoyée de Dieu! vaincue, elle est l'envoyée de Satan!... On procède contre elle, sous prétexte d'hérésie et de sorcellerie... alors flambe pour elle ce fagot que vous seriez si empressé d'allumer... Il dépend donc de vous de la faire brûler vive ou de la laisser prendre par les Anglais, qui l'occiront...

— De fait, — reprit Raoul de Gaucourt d'un air méditatif, — cette vachère ordonne, je suppose, une sortie contre les assiégeants: on baisse le pont, cette endiablée s'élance, quelques-uns des nôtres la suivent... Je donne le signal de la retraite, mes gens se hâtent de rentrer dans la ville, le pont est relevé... la ribaude demeure au pouvoir de l'ennemi!...

— Pouvons-nous compter sur vous?

— Oui; car j'entrevois le moyen, soit par une fausse sortie, soit par d'autres manœuvres, de venir à bout de cette diablesse!

— Et maintenant, — reprit le sire de La Trémouille, — ayons bon espoir, notre trame est bien ourdie, nos filets habilement tendus; il est impossible que cette visionnaire échappe, soit à vous, Gaucourt, soit à vous, digne évêque.... Quant à moi, je ne resterai point inactif..... Et d'abord, saint évêque, n'est-il pas avéré que le démon ne saurait posséder le corps d'une vierge?

— C'est indubitable selon les formules de l'exorcisme... C'est nous qui tranchons la chose.

— Jeanne se prétend pucelle, puisque ses fanatiques imbéciles l'appellent déjà *Jeanne la Pucelle*... Or, cette coureuse, indécemment vêtue d'habits d'homme, est sans doute la concubine de Jean de Novelpont, à en juger par l'intérêt qu'il lui porte; ou bien elle est restée réellement chaste; je chercherai à éveiller la curiosité libertine du roi, en lui proposant d'assembler un concile de matrones..... Ce concile, présidé, je le suppose, par la belle-mère du roi, *Yolande de Sicile*, serait chargé de s'assurer que Jeanne est réellement vierge.... Si elle ne l'est point, il s'élève aussitôt contre elle les plus véhéments soupçons d'imposture et de sorcellerie... Elle n'est plus cette prétendue sainte fille inspirée de Dieu, mais une audacieuse paillarde, digne compagne des filles de bonne volonté qui suivent les gens d'armes; elle est honteusement fouettée; puis chassée, sinon brûlée comme sorcière!...

— J'admets qu'elle soit ribaude, — reprit l'évêque de Chartres, — et, comme vous, je suis persuadé que Jean de Novelpont, si affolé d'elle, doit être son amant; mais, cependant, si par hasard elle ne mentait point en se faisant appeler *Jeanne la Pucelle*? s'il était solennellement constaté qu'elle est encore pure, ne serait-ce point un grand avantage pour elle? n'en resterait-il pas une présomption favorable à la divinité de sa mission? Tandis qu'en ne soumettant pas Jeanne à cette épreuve, le champ reste libre à des suppositions..... qu'il nous est facile de rendre odieuses... nous userons de la calomnie.

— Votre objection est grave, — répondit le sire de La Trémouille à l'évêque; — cependant, en supposant que cette fille soit chaste, songez quelle devra être sa honte à la pensée d'un examen si humiliant pour elle! Plus elle aura conscience de l'honnêteté de sa vie, jusqu'alors irréprochable, plus cette créature sera navrée, indignée d'un soupçon outrageant pour son honneur!... plus il y aura en elle de pudeur, plus elle se révoltera contre l'impudicité d'une pareille vérification! elle la repoussera comme une sanglante injure et refusera de paraître devant le concile de matrones!.... Ce refus, habilement exploité, tournera contre elle...

— Foi de soldat! l'idée est ingénieuse et bouffonne! car je prévois que notre paillard sir voudra présider le concile examinateur!

— Cependant, si la Jeanne se soumet à l'épreuve et en sort triomphante, elle aura un grand avantage sur nous.

— Elle aura le même avantage si on la croit pucelle sur parole.... La convocation du concile de matrones nous offre deux chances : si Jeanne se soumet au honteux examen, elle peut être déclarée ribaude.... si elle refuse l'épreuve, ce refus tourne contre elle !...

— Il n'y a rien à répondre; j'adhère au concile de matrones qui décidera sur le pucelage.

— Maintenant, résumons et arrêtons notre plan de conduite : premièrement, obtenir du roi qu'un concile de matrones soit appelé à connaître publiquement de la virginité de notre aventurière ; secondement, dans le cas où elle sortirait triomphante de cette épreuve, convoquer un conseil canonique chargé de poser à cette fille les plus subtiles, les plus ardues, les plus embarrassantes questions théologiques, et de déclarer d'après ses réponses... qu'elle est ou n'est pas inspirée de Dieu. Enfin troisièmement, si, par impossible, ce second examen lui est encore favorable, manœuvrer de telle sorte qu'elle perde sa première bataille et reste prisonnière des Anglais... De toute façon elle est perdue.

Un écuyer de Charles VII entre en ce moment, après avoir frappé à la porte de la chambre du conseil, et vient prévenir le sire de La Trémouille que le roi le mande à l'instant.

Charles VII, ce *gentil dauphin* de France, objet du culte fervent et naïf de Jeanne, reléguée depuis plusieurs jours dans la tour du Coudray ; Charles VII, après s'être longuement entretenu avec le sire de La Trémouille, vint trouver sa belle maîtresse, Aloyse de Castelnau. Il devisait avec elle, indolemment étendu à ses pieds. Frêle et de petite stature, ce prince, quoique âgé de vingt-trois ans à peine, était déjà pâli, flétri, énervé, par les excès. Aloyse, dans tout l'éclat de sa beauté, répondait à une plaisanterie de son royal amant à propos de *Jeanne la Pucelle*, et, riant à demi, disait :

— Fi ! Charles... fi ! libertin ! tenir de tels propos sur cette vierge inspirée qui a la volonté de te rendre la couronne de France !...

— S'il en doit être ainsi, les vues du Seigneur Dieu sont étranges et impénétrables, comme disent les tonsurés !... Faire dépendre la couronne et le royaume de France d'un pucelage, de la virginité d'une vachère...

— Encore ? — fit Aloyse en interrompant Charles. — Je devine ta vilaine pensée à l'endroit de cette pauvre fille.

— Je me demande comment a pu germer dans l'esprit de cette pauvre fille l'idée de me rendre ma couronne !..

— Tu fais montre de trop d'insouciance pour ton royaume !

— Bien au contraire... je tiens fort à ma couronne... ce sont les soucis de la royauté qui me font parler ainsi, ma belle maîtresse.

— Si les Anglais prennent Orléans, la clé de la Touraine et du Poitou... s'ils envahissent ces provinces, que te restera-t-il ?

— Toi, ma belle !... Et, s'il faut l'avouer, j'ai pensé bien souvent que mon aïeul, le roi Jean, de joyeuse mémoire, dut noter parmi les heureux jours de sa vie... celui où il perdit la bataille de Poitiers...

— Ce jour où ton aïeul, prisonnier des Anglais, fut emmené dans leur pays ? Tu es fou, mon Charles bien-aimé.

— Sans nul doute, je suis fou, mais fou d'amour pour toi, mon Aloyse ! Mais revenons au roi Jean... prisonnier lors de la bataille de Poitiers ; on le conduit en Angleterre. Il y est reçu avec une courtoisie chevaleresque, avec une magnificence inouïe ; on lui donne pour prison un palais somptueux, on le convie à des repas exquis ; les plus jolies filles d'Angleterre sont chargées de le garder ; ses préaux sont des forêts giboyeuses, de vastes plaines, de claires rivières ! Aussi, l'amour, le jeu, la table, la pêche, la chasse, se partagent ses instants, jusqu'à ce qu'il meure enfin d'indigestion !... Pendant que le roi Jean jouissait paisiblement en Angleterre des délices de la vie, que faisait son fils, ce malheureux Charles V ? Chassé de Paris par une vile populace, révoltée à la voix de Marcel, cet infortuné *Charles le Sage*, épouvanté des férocités de la Jacquerie, obsédé par les tracas de la royauté, brisé par les fatigues de la guerre, toujours chevauchant, toujours couchant sur la dure, ne dormant que d'un œil, faisant maigre chère, encore plus maigre amour, allant d'ici, de là, par monts, par vaux, soufflait d'ahan à force de courir après sa couronne !... Pâques-Dieu ! est-ce là de la sagesse ?...

— Du moins, il eut la gloire de reconquérir sa couronne ! et se donna le plaisir de faire supplicier ses ennemis !

— Oh ! je comprends le bonheur de la vengeance ! j'ai en abomination ces insolents Parisiens, ces chasseurs de rois ; et si j'avais en mon pouvoir cette cité maudite, je ferais pendre les plus forcenés Bourguignons ; mais je me donnerai garde d'y établir ma résidence, de peur de nouvelles séditions ! Charles V s'est vengé, a régné, mais au prix d'angoisses, de fatigues, de guerres civiles incessantes ; tandis que son père, le roi Jean, vivait joyeusement, plantureusement, amoureusement, en Angleterre !...

— Désirer ceci, m'opposer à cela, en ce qui touche les affaires d'État, sont labeurs d'esprit dont je laisse l'ennui à La Trémouille et à ses compères de mon conseil royal. Sans m'inquiéter de l'avenir, mon Aloyse, je me laisse aller au courant, bercé dans tes bras... Quoi qu'il arrive, je m'en ris ! Et vive l'amour !...

— Charles, tu ne parles pas en roi !

— Foin de la royauté ! cuisante couronne d'épines ! Que tes blanches mains me tressent un chapel de myrtes, remplissent ma coupe, et je verrai gaiement crouler les débris de mon trône... Lorsque les Anglais auront conquis les provinces qui me restent, ils prendront soin de moi comme ils ont fait pour mon aïeul le roi Jean ! Alors, vivent le vin, la paresse et l'amour !... Si, au contraire, le Seigneur Dieu, dans sa maugréance contre moi, m'a suscité cette enragée pucelle qui s'obstine à vouloir me rendre le royaume de mes pères, avec son escorte de tracas, d'anxiétés, de labeurs... ainsi soit-il !... que ma destinée s'accomplisse !... Mais, j'en jure Dieu ! je ne bougerai d'un pas pour assurer la réussite des projets de cette batailleuse !

— Tu as bien peu de foi dans les inspirations de Jeanne, une pucelle !

— J'ai foi dans tes beaux yeux, parce qu'ils tiennent tout ce qu'ils promettent, et nullement en cette bergère ; et, si je n'étais chaque jour obsédé par les criailleries des gens qui ont plus que moi à cœur la royauté, je l'aurais déjà renvoyée à ses moutons. Mais la Trémouille lui-même est d'avis de céder à ces clameurs. Les uns s'opiniâtrent à voir dans Jeanne un instrument divin ; d'autres soutiennent qu'en l'état désespéré des choses, l'on doit essayer de tirer parti de l'influence que cette pucelle peut exercer sur l'esprit des soldats. Je suis donc obligé de la recevoir aujourd'hui à la cour ; mais La Trémouille pense qu'un concile de matrones doit décider si cette belle fille possède réellement le charme magique au moyen duquel je dois reconquérir ma couronne !

— Allons, Charles, trève de vilaines railleries !

— Diane serait ta patronne, que tu ne te montrerais pas plus farouche, mon Aloyse !..... Je ne te reconnais pas aujourd'hui !...

— Hélas ! je constate une fois de plus combien tu es indolent, couard et insoucieux de ton honneur ! Combien de fois ne t'ai-je pas dit: « Mets-toi à la tête de tes soldats, qui sont indignés de voir que le roi refuse de partager leurs dangers !... Prends une résolution hardie, endosse la cuirasse et va batailler !... »

— Peste ! mon Amazone ! vous parlez à votre aise des périls de la guerre ! Je ne suis point un César... tant s'en faut...

— Cœur sans vergogne ! misérable couard !...

— Je tiens à vivre pour t'aimer !

— Tu me fais rougir de male-honte !...

— Tu rougis d'être la maîtresse du pauvre *roi de Bourges*, comme on m'appelle... de régner sur un roi si piètre ! tu voudrais régner sur le roi de la France entière !

— Ai-je tort de vouloir que tu règnes glorieusement? Je te désirerais une autre ambition.

— Eh ! ma belle, redevenu roi de France trouverai-je le satin de ta peau plus blanc ? le vin meilleur ? la paresse plus douce ?

— Mais la gloire !... la gloire !...

— Vanité !... vanité !... Je n'ai jamais été jaloux que d'une gloire, celle du grand roi Salomon, de ce valeureux prince aux six cents concubines en plus de quatre cents femmes légitimes ! mais ne pouvant atteindre à la hauteur de cet amoureux potentat, je me contente d'aspirer à la destinée du roi Jean mon aïeul...

— Honte sur toi ! Charles, ces sentiments sont dégradants, et crains de ne plus trouver un seul capitaine qui veuille combattre pour toi !

— Oh ! ces vaillants qui combattent mes ennemis, n'ont guère souci de mes intérêts ; ils bataillent à la tête de compagnies mercenaires, pour piller la populace et pour retrouver leurs seigneuries, tombées au pouvoir des Anglais...

La belle Aloyse allait répondre à Charles VII, lorsque Georges de La Trémouille, après avoir frappé, entra chez le roi et lui dit :

— Sire, tout est préparé pour la réception de Jeanne. On attend vos ordres.

— Allons recevoir cette pucelle ! J'approuve fort ton idée de mettre cette inspirée à l'épreuve, afin de savoir si elle me reconnaîtra parmi les courtisans, tandis que Trans jouera le rôle de roi... La comédie va commencer.

. . . .

Les hommes et les femmes de la cour de Charles VII, réunis dans une galerie du château de Chinon, agités de sentiments divers, attendent l'arrivée de Jeanne la Pucelle. Les uns, en très petit nombre, la croient inspirée ; mais les autres voient en elle une pauvre visionnaire, docile instrument dont les politiques pouvaient se servir, ou une aventurière, forte de son audace ou de la crédulité des sots. Mais tous, quel que soit leur jugement sur la mission que s'attribue la paysanne de Domrémy, voient en elle une fille de la plèbe rustique, et se demandent comment le Seigneur Dieu a pu choisir son élue dans une si basse condition !

A l'extrémité de la galerie, le sire *de Trans*, splendidement vêtu, trône sur un siège élevé placé sous un dais ; il simule le roi, tandis que Charles VII, placé au milieu de ses familiers, rit sous cape de l'épreuve à laquelle il va soumettre la sagacité de Jeanne. Celle-ci entre bientôt, conduite par un chambellan ; elle tient sa toque à la main et porte ses habits d'homme, courte tunique, chausses à aiguillettes, bottines éperonnées. Jeanne, d'abord intimidée à l'aspect des courtisans, se réconforte, et, le front haut, le maintien modeste et assuré, elle s'avance dans la galerie. Soupçonnant vaguement le mauvais vouloir de plusieurs personnages de l'entourage du roi, elle redoute un piège et dit au chambellan qui la guidait :

— Ne me trompez pas, messire, montrez-moi le dauphin de France !

Le chambellan indique du geste le sire de Trans, se prélassant sous un dais à l'extrémité de la Galerie ; ce seigneur, homme de haute stature, de forte corpulence, atteignait la maturité de l'âge. Jeanne, durant sa route, avait souvent interrogé le chevalier de Novelpont sur Charles VII, sur ses dehors, sur ses traits ; apprenant ainsi que ce prince était chétif, pâle, de petite taille, et ne trouvant aucun rapport entre ce portrait et la figure du sire de Trans, elle s'aperçut aisément que l'on se jouait d'elle. Blessée au cœur de cette jonglerie, preuve de défiance outrageante ou plaisanterie indigne de la royauté, si Charles VII était complice de ce mensonge, Jeanne, la rougeur au front, se retourne vers le chambellan :

— Vous me trompez..... celui que vous me montrez n'est pas le roi !

Avisant alors à quelques pas d'elle un frêle et pâle jeune homme de petite taille, dont les traits concordaient parfaitement avec le signalement dont elle gardait un souvenir toujours présent, Jeanne va droit au roi, fléchit le genou devant lui, en disant d'une voix douce et ferme : — Messire dauphin, le Seigneur Dieu m'envoie vers vous en son nom pour vous secourir... Donnez-moi des gens d'armes, je ferai lever le siège d'Orléans, je chasserai les Anglais de votre royaume ; et, avant un mois, je vous conduirai à Reims... où vous serez couronné roi de France.

Quelques assistants, convaincus que la paysanne de Domrémy obéissait à une inspiration divine, regardèrent comme surnaturelle la pénétration dont elle venait de faire montre en reconnaissant Charles VII, confondu parmi ses courtisans, et furent d'autant plus frappés du langage qu'elle tenait au roi ; d'autres, en grand nombre, attribuant à jeu du hasard la pénétration de Jeanne, ne virent dans ses paroles qu'une ridicule ou folle jactance ; ils dissimulèrent à peine leur dédain railleur pour cette fille des champs osant effrontément promettre au roi de chasser de son royaume les Anglais, jusqu'alors vainqueurs de célèbres chefs de guerre.

Charles VII attacha sur Jeanne un regard défiant et libertin qui la fit rougir, lui ordonna de se relever, et lui dit d'un air nonchalent et sardonique où le doute perçait à chaque parole !

— Ma pauvre fille, nous te savons gré de ton bon vouloir pour nous et pour notre royaume ; tu nous promets de chasser miraculeusement les Anglais, de nous rendre notre couronne, rien de mieux ; mais enfin, tu te prétends inspirée de Dieu... et, par surcroît, pucelle..... Il faut, avant d'ajouter foi à tes promesses, acquérir tout d'abord la certitude que tu n'es pas possédée du malin esprit et que tu es vierge... Or, sur ce dernier point, ta jolie figure autorise au moins le doute...... afin de le lever, la vénérable Yolande, reine de Sicile et mère de ma femme, présidera un concile de matrones chargées par nous de vérifier, de constater, dûment, congruement, notoirement ta virginité ; ensuite de quoi, ma belle enfant, si tu sors triomphante de cette épreuve, il s'agira de s'assurer que tu es véritablement envoyée vers moi de par Dieu. A cet effet, une assemblée des plus illustres clercs en théologie, réunie dans notre ville de Poitiers, où siège notre parlement, t'examinera, t'interrogera et déclarera, selon tes réponses, si tu es inspirée de Dieu ou possédée du diable. Tu vois, ma fille, qu'il serait insensé de te confier le commandement de nos gens d'armes avant de nous être assurés que Dieu t'inspire véritablement, et surtout... que tu es bien pucelle ?...

A ces paroles, remplies de sécheresse, de défiance et d'impudeur outrageuse, accueillies par les sourires lubriques de tous les assistants et prononcées par ce *gentil dauphin de France* dont les malheurs avaient depuis si longtemps navré son cœur, Jeanne resta d'abord anéantie ; puis sa chasteté, sa dignité se révoltèrent à la seule pensée de l'examen honteux, humiliant que devait d'abord subir publiquement sa personne par ordre de Charles VII.

En proie à une douleur amère, un moment, selon les prévisions de Georges de La Trémouille, promoteur de cette indigne épreuve, Jeanne eut la pensée de renoncer à sa mission, d'abandonner le roi à son destin ; mais bientôt elle réfléchit qu'il ne s'agissait pas seulement de ce prince indolent, ingrat et débauché, mais de la délivrance de la Gaule, pillée, ravagée, ensanglantée depuis tant d'années !... de la Gaule à bout de maux, de misères, et que le Seigneur Dieu prenait en pitié ! Aussi, retrempant sa foi, son énergie dans le souvenir des promesses de la voix mystérieuse, qui la guidait, se rappelant les prophéties de Merlin, confiante dans le génie militaire qu'elle sentait se développer en elle, puisant dans la conscience de sa pureté, dans l'ardeur de son patriotisme le courage de se résigner à l'ignominie dont on la menaçait, mais voulant cependant tenter de s'y soustraire, elle leva vers Charles VII ses yeux noyés de larmes et lui dit : — Hélas ! sire, pourquoi ne pas me croire et me mettre à l'œuvre ! Je vous le jure, je suis venue à vous de par la volonté du ciel !

CHAPITRE IV

Poitiers

Jeanne à Poitiers. — La reine Yolande de Sicile et le concile de matrones. — L'examen. — L'évêque de Chartres. — Maître Erault et François Garivel, conseillers du roi. — Guillaume Aymeri, frère prêcheur. — Pierre Seguin, carmélite. — Réponse de la Pucelle. — Sa lettre aux Anglais. — Départ pour Orléans.

Jeanne, à son arrivée à Poitiers, où siégeait le parlement, demeura chez maître *Jean Rabateau*, et fut confiée à sa femme, bonne et digne personne, qu'elle charma par sa piété, son innocence et sa douceur ; elle partagea le lit de son hôtesse, pleura toute la nuit en pensant à l'injurieux et impudique examen qu'elle devait subir le lendemain, en présence de la reine Yolande de Sicile et de plusieurs autres nobles dames, parmi lesquelles se trouvait la dame de Gaucourt. Son mari, dévoué aux perfides projets de Georges de la Trémouille, avait obtenu qu'elle fût comprise au nombre des femmes chargées de constater la virginité de Jeanne ; il espérait ainsi être certainement des premiers instruits du résultat de l'épreuve.

Cette épreuve infâme eut lieu !... Aucun doute ne resta sur la pureté de Jeanne...

C'est la rougeur au visage, l'indignation au cœur, les larmes aux yeux, que j'écris ces lignes, fils de Joel !... Hélas ! pensez à la honte mortelle, à l'affliction douloureuse de la chaste fille des champs, soumise à cet outrageant examen !... elle dont l'une des plus saillantes vertus était une pudeur exquise !

. . . .

Bon nombre de conseillers royaux ou membres du parlement, assistés de plusieurs clercs en théologie, entre autres FRÈRE SÉGUIN de l'ordre des carmélites, FRÈRE AYMERI, de l'ordre des prêcheurs, MAÎTRE ERAUT et MAÎTRE FRANÇOIS GARIVEL, conseillers du roi, se rendirent, vers le milieu du jour, au logis de Jean Rabateau, afin de procéder à l'interrogatoire de Jeanne, qui les attendait, toujours vêtue de ses habits d'homme et préparée à leur répondre.

Figurez-vous, fils de Joel, une vaste salle basse, en son milieu une table, autour de laquelle se rangent ces hommes appelés à constater que la Pucelle est ou n'est pas possédée du malin esprit. Les uns sont en froc brun ou en robe blanche à capuce noirc ; d'autres en robes rouges fourrées d'hermine. Leur aspect est défiant, ironique ou sévère. Ils ont été choisis à dessein par l'évêque de Chartres, qui les préside en sa qualité de chancelier de France. Ce saint homme, âme damnée de Georges de la Trémouille, a vu avec un secret dépit la pureté de Jeanne reconnue par le concile de matrones ; mais, malgré ce premier échec, il espère que la pauvre paysanne, troublée à l'aspect imposant du docte et redoutable tribunal, abasourdie de subtiles ou insidieuses questions sur les matières théologiques les plus ardues, se compromettra, se perdra par ses réponses. Plusieurs courtisans, ayant foi dans la mission de la jeune inspirée, l'ont suivie à Poitiers, afin d'assister à son interrogatoire ; ils se pressent à l'entrée de la salle. L'assemblée paraît bienveillante.

Jeanne est introduite ; elle s'avance, pâle, triste, les yeux baissés. Telle est sa délicate et fière susceptibilité, qu'à la vue de ces conseillers, de ces prêtres, de ces *hommes*, instruits de l'humiliant examen qu'elle vient de subir, Jeanne, quoique sa pureté virginale ait été constatée, se sent presque autant confuse que si on l'eût déclarée impure ! pour une âme aussi chaste, aussi élevée que la sienne, l'ombre d'un soupçon, même évanoui, devient un irréparable outrage ! Cependant, elle domine sa confusion, invoque l'appui de ses bonnes saintes ; et il lui semble entendre leur voix mystérieuse murmurer doucement à son oreille :

« — Va, fille de Dieu ! ne crains rien, le Seigneur est avec toi... Réponds sincèrement, hardiment ; tu sortiras triomphante de cette nouvelle épreuve... »

L'ÉVÊQUE DE CHARTRES fait signe à Jeanne de s'approcher de la table, et lui dit d'une voix grave, presque menaçante : — Jeanne, nous sommes envoyés de par le roi pour t'examiner et t'interroger... n'espère pas nous abuser par tes mensonges par tes fourberies.

JEANNE. — Je n'ai jamais menti !..... je vous répondrai... Vous vous êtes de savants clercs ; moi, je ne sais ni A ni B... je ne puis vous dire autre chose, sinon que j'ai mission de Dieu de faire lever le siège d'Orléans...

FRÈRE SÉGUIN, *aigrement*. — Tu prétends que le Seigneur Dieu t'envoie vers le roi ?... L'on ne doit point te croire ; les saintes Écritures défendent d'ajouter foi aux paroles des personnes qui se disent inspirées d'en haut, si elles ne donnent un signe certain de la divinité de leur mission..... Or, quel signe peux-tu donner de la tienne ? Nous l'attendons encore.

JEANNE. — Les signes que je donnerai seront mes actes. Vous jugerez s'ils viennent de Dieu.

MAÎTRE ÉRAUT. — Quels seront ces actes ?

JEANNE. — Ceux que je dois accomplir par la volonté de Dieu.

FRANÇOIS GARIVEL. — Mais, enfin, quels sont ces actes ? Réponds d'une manière plus précise.

JEANNE. — Ils sont au nombre de trois.

FRÈRE SÉGUIN. — Quel est le premier?

JEANNE. — La levée du siège d'Orléans; après quoi je chasserai les Anglais de la Gaule.

MAITRE ÉRAUT. — Ensuite, le second acte?

JEANNE. — Je ferai sacrer le dauphin à Reims.

FRÈRE SÉGUIN. — Et puis, le troisième acte?

JEANNE. — Je rendrai Paris au roi.

Les membres du tribunal, malgré leurs préventions ou leur mauvais vouloir contre Jeanne, qu'ils voient pour la première fois, sont non moins frappés de sa beauté, de son attitude, que de la précision de ses réponses, empreintes d'un irrésistible accent de conviction; l'auditoire, composé des partisans de Jeanne, parmi lesquels se trouve Jean de Novelpont, témoigne par un murmure approbateur de l'impression de plus en plus favorable que leur causent les paroles de la jeune fille; certains membres du tribunal paraissent aussi ressentir pour elle un intérêt croissant. L'évêque de Chartres, alarmé de ces symptômes, s'adressant à Jeanne presque avec colère, lui dit: — Tu promets de faire lever le siège d'Orléans, de chasser les Anglais de la Gaule, de faire sacrer le roi à Reims et de lui rendre Paris? Ce sont là de vains mots!... Nous ne te croirons pas, si tu ne nous donnes un *signe* prouvant que tu es véritablement inspirée de Dieu et choisie par lui pour accomplir ces choses vraiment merveilleuses...

JEANNE, *avec impatience.* — Encore une fois, je ne suis pas venue à Poitiers pour faire montre de signes! Donnez-moi des gens d'armes, conduisez-moi devant Orléans; le siège sera bientôt levé et les Anglais chassés du royaume. Tel sera le signe de ma mission... Si vous ne me croyez pas, venez guerroyer à mes côtés; vous verrez si, Dieu aidant, je ne tiens pas ma promesse! Ce seront là mes signes et mes actes.

MAITRE ÉRAUT. — Ton assurance est grande; où la puises-tu?

JEANNE. — Dans la confiance à la voix de mes chères saintes; elles me conseillent et m'inspirent au nom de Dieu!

FRÈRE SÉGUIN, *brusquement.* — Tu parles de Dieu... y crois-tu?

JEANNE. — J'y crois plus que vous, qui supposez que l'on peut n'y pas croire!...

FRÈRE AIMERY, *avec un accent limousin très-grotesque.* — Tu dis Jeanne, que des voix te conseillent au nom de Dieu? En quelle langue te parlent ces voix?

JEANNE, *souriant à demi.* — Dans une langue meilleure que la vôtre, messire...

Cette plaisante et fine repartie fait éclater de rire les partisans de Jeanne, hilarité partagée par plusieurs membres du tribunal; ils commencent à penser que, malgré la bassesse de sa condition, la gardeuse de bétail n'est point une créature vulgaire. Quelques-uns voient en elle une inspirée; d'autres, moins crédules, se disent que, grâce à sa beauté, à son esprit, à sa vaillante résolution, elle pourrait, en l'état désespéré des choses, devenir un instrument précieux pour la guerre; enfin, ils songent que déclarer Jeanne possédée du démon, et repousser ainsi l'aide inattendue qu'elle apporte au roi, serait les exposer à de graves reproches de la part des partisans de Jeanne, témoins de son interrogatoire, reproches bientôt accueillis, répétés par la clameur publique. L'évêque de Chartres, complice de La Trémouille et de Gaucourt pénètre facilement les dispositions du tribunal, et, de plus en plus courroucé, s'écrie, s'adressant à ceux qui l'assistent comme juges:

— Messires, les saints canons nous défendent d'ajouter foi aux paroles de cette fille; et les saint canons sont notre livre à nous!

JEANNE, *redressant fièrement la tête.* — Et moi, je vous dis que le livre du Seigneur qui m'inspire vaut mieux que les vôtres! et dans ce livre-là, nul prêtre, si savant qu'il soit, ne saurait lire!...

MAITRE ÉRAUT. — La religion défend aux femmes de porter des habits d'homme, sous peine de péché mortel; pourquoi les avez-vous revêtus? Qui vous en a donné l'autorisation?

JEANNE. — Il faut bien que je prenne des habits d'homme, puisque je dois guerroyer avec des hommes jusqu'à la fin de ma mission; ils n'auront ainsi aucune mauvaise pensée contre moi. Tel est le motif de mon déguisement.

MAITRE FRANÇOIS GARIVEL. — Ainsi, vous, une femme, vous ne craindrez pas de répandre le sang en bataillant?

JEANNE, *avec une douceur angélique.* — Dieu me préserve de répandre le sang!... j'ai horreur du sang!... Je ne veux tuer personne; je ne porterai à la guerre qu'un bâton ou un étendard, pour guider les gens d'armes... je laisserai mon épée au fourreau.

MAITRE ÉRAUT. — En supposant que notre assemblée déclare au roi notre sire, qu'il peut, en sûreté de conscience, vous confier des hommes d'armes afin que vous tentiez de faire lever le siège d'Orléans, quels moyens emploieriez-vous pour arriver à ce but?

JEANNE. — Afin d'éviter, s'il est possible, l'effusion du sang, je sommerai d'abord les Anglais, de par Dieu qui m'envoie, de lever le siège d'Orléans et de retourner dans leur pays; s'ils refusent d'obéir à ma lettre, je marcherai contre eux à la tête de l'armée royale, et, avec l'aide du ciel, je les bouterai hors de la Gaule!

L'ÉVÊQUE DE CHARTRES, *avec dédain.* — Tu veux écrire aux Anglais, et tu viens de nous dire que tu ne savais ni A ni B?

JEANNE. — Je ne sais écrire, mais je saurai dicter, seigneur évêque.

L'ÉVÊQUE DE CHARTRES. — Je te prends au

mot. Voici des plumes, un parchemin, je serai ton secrétaire... Voyons, dicte-moi ta lettre aux Anglais; ce sera sur ma foi, d'un beau style!

Un grand silence se fait. L'évêque, triomphant, prend la plume, croyant avoir tendu un piège dangereux à la pauvre fille des champs, incapable, selon lui, de dicter une lettre à la hauteur des circonstances; les partisans de Jeanne eux-mêmes, quoique très irrités du mauvais vouloir de l'évêque contre elle, craignent de la voir succomber à cette nouvelle épreuve. Tous les esprits sont dans l'attente.

L'ÉVÊQUE DE CHARTRES, *ironiquement*. — Allons, Jeanne, me voici prêt à écrire sous ta dictée... Commence ton épître.

JEANNE. — Ecrivez messire.

Et la Pucelle dicte d'une voix douce et ferme la lettre suivante :

« Au nom de JÉSUS et de MARIE.

« Roi d'Angleterre, faites raison au roi du ciel, remettez à Jeanne les clés de toutes les villes que vous avez forcées; elle vient de par Dieu, vous les réclamer au nom du roi Charles, elle est prête à vous accorder la paix si vous voulez sortir de France.

« Roi d'Angleterre, si vous n'agissez point ainsi que je vous en prie, moi, Jeanne, chef de guerre, partout j'atteindrai vos gens, je les chasserai, qu'ils le veuillent ou non ; s'ils se rendent à merci, je les recevrai à miséricorde; sinon, je leur causerai si grand dommage, que depuis mille ans, en France, on n'aura rien vu de pareil ! Ce qui est dit se fera.

« Vous, archers et autres compagnons d'armes qui êtes devant Orléans, allez-vous-en, de par Dieu, on Angleterre, votre pays; sinon, craignez donner, vous vous souviendrez de votre défaite !... Vous ne garderez pas la France; elle sera au roi Charles, à qui Dieu l'a donnée !»

Jeanne s'interrompt de dicter, et, s'adressant à l'évêque de Chartres, stupéfait de la mâle simplicité de la lettre qu'il était, à son grand dépit, obligé d'écrire :

— Messire, quels sont les noms des capitaines d'Angleterre ?

L'ÉVÊQUE DE CHARTRES. — Le comte de Suffolk, le sire de Talbot et le chevalier Thomas d'Escall, lieutenants du duc de Bedfort, régent pour le roi d'Angleterre.

JEANNE. — Ecrivez, messire.

« Comte de Suffolk, sire de Talbot, chevalier Thomas d'Escall, vous tous lieutenants du duc de Bedfort, *se disant* régent du royaume de France pour le roi d'Angleterre, faites réponse ! Voulez-vous lever le siège d'Orléans ? voulez-vous cesser les grandes cruautés dont vous accablez les pauvres gens du pays de France ? Si vous refusez la paix dont Jeanne vous requiert vous garderez navrante mémoire de votre déroute ; l'on verra les plus beaux faits d'armes qui oncques furent accomplis en la chrétienneté par les Français ! l'on verra qui aura raison de vous... ou du ciel !...

« Ecrit le mardi de la grande semaine de Pâques de l'an 1429. »

JEANNE, *s'adressant à l'évêque de Chartres, après avoir dicté*. — Messire, signez pour moi, s'il vous plaît, mon nom au bas de cette lettre: je ferai ma croix en Dieu à côté de la signature, puisque je ne sais point écrire, et mettez dessus le parchemin pour envoi :

Au duc de Bedford, QUI SE DIT *régent du royaume de France, pour le roi d'Angleterre*.

Les partisans de Jeanne, les membres du tribunal, l'évêque de Chartres lui-même, pouvaient à peine en croire leurs oreilles : une pauvre fille des champs, venue depuis peu du fond de la Lorraine, tenir dans cette lettre un langage à la fois si net, si fier, si sensé... cela touchait au miracle!

Oui, miracle de courage ! miracle de raison ! miracle de patriotisme ! aisément accomplis par Jeanne, grâce à son intelligence supérieure et à sa confiance dans son génie militaire, dont elle commençait à avoir conscience, grâce à sa foi dans l'appui du ciel, que lui promettaient ses voix mystérieuses, grâce enfin à sa ferme résolution d'agir valeureusement, selon ce proverbe, qu'elle se plaisait à répéter : *Aide-toi... le ciel t'aidera* !

La déclaration du tribunal, au secret courroux de l'évêque de Chartres, ne fut pas douteuse ; il déclara que la virginité de Jeanne ayant été constatée, le démon ne pouvait posséder ni son corps, ni son âme; qu'elle paraissait inspirée de Dieu, et que l'énormité des malheurs publics autorisait le roi à user, en pleine sécurité de conscience, d'un secours inattendu et sans doute providentiel.... Charles VII, malgré sa honteuse indolence, malgré l'opposition de Georges de la Trémouille, et de crainte d'exaspérer l'opinion publique, de plus en plus prononcée en faveur de Jeanne, Charles VII se vit obligé d'accepter l'aide de la paysanne de Domrémy, contre laquelle il maugréait et endiablait; la croyant peu ou prou inspirée de Dieu, il songeait surtout avec effroi aux agitations, aux soucis que devait lui susciter cette vaillante et chaude reprise d'hostilités contre les Anglais. Il redoutait de se trouver contraint, par la force des choses, de se montrer à la tête de ses troupes, de chevaucher par monts et par vaux, d'endurer les fatigues, de braver les périls. Néanmoins, il lui fallut céder au courant de l'enthousiasme produit par les promesses libératrices de Jeanne la Pucelle; il fut décidé qu'elle se rendrait à Blois, et de là dans la cité d'Orléans, où elle aviserait à la levée du siège

Jeanne Darc sur les remparts (page 159)

de cette ville, en conférant à ce sujet avec *Dunois, La Hire, Xaintrailles* et autres capitaines de grand renom. On attacha au service de la Pucelle un écuyer nommé *Daulon*, et un jeune page de quinze ans du nom d'*Imerguet*; elle eut des chevaux de bataille, des valets pour les soigner. L'on fit forger une armure à la guerrière; elle demanda, en souvenir de la prédiction de MERLIN, que cette armure fût de couleur blanche, comme l'un de ses coursiers, comme son pennon et son étendard, où elle fit peindre deux anges aux ailes d'azur tenant à la main un rameau de lis fleuris. Georges de la Trémouille et ses deux complices, l'évêque de Chartres et le sire de Gaucourt, furieux de n'avoir pu faire tomber Jeanne dans leurs pièges, poursuivirent leur œuvre de ténèbres avec un féroce acharnement; il fut convenu entre eux, selon leur plan projeté depuis longtemps, que Gaucourt demanderait à Charles VII le commandement de la ville d'Orléans. Les trois complices espéraient ainsi entraver, ruiner les opérations militaires de la Pucelle, l'exposer à un premier échec qui la perdrait à jamais, ou la laisser prisonnière des Anglais à la faveur d'une sortie, en abandonnant la guerrière au plus fort du danger.

Le jeudi 28 *avril* 1429, Jeanne Darc partit de Chinon pour Blois, où elle devait se rencontrer avec Dunois et le maréchal de Retz avant de se rendre à Orléans; elle se mit en route, se rappelant le combat enfantin des garçonnets de Maxey contre ceux de Domrémy, combat où, pour la première fois, elle avait vaguement ressenti sa vocation guerrière, songeant aussi à ce passage de la prédiction de MERLIN, le barde gaulois :

« — Je vois un ange aux ailes d'azur, écla-

121ᵉ livraison

tant de lumière; il tient en ses mains une couronne royale.

« — Je vois un cheval de guerre aussi blanc que la neige.

« — Je vois une armure de bataille aussi brillante que l'argent.

« — Pour qui cette couronne royale ? ce cheval ? cette armure ?

« — La Gaule, perdue par une femme, sera sauvée par une vierge des marches de la Lorraine et d'un bois chesnu venue.

« — Pour qui cette couronne royale ? ce cheval ? cette armure ?

« — Oh ! que je vois de sang ! il jaillit, il coule à torrents ! oh ! que je vois de sang ! que je vois de sang ! C'est un lac, c'est une mer de sang !

« — Il fume... sa vapeur monte... monte comme un brouillard d'automne vers le ciel, où gronde la foudre, où luit l'éclair !

« — A travers ces foudres, ces éclairs, ce brouillard sanglant, je vois une vierge guerrière; blanche est son armure, blanc est son coursier.

« — Elle bataille... bataille... et bataille encore au milieu d'une forêt de lances, et semble chevaucher sur le dos des archers. »

« — Ce cheval de guerre aussi blanc que la neige était pour la vierge guerrière; pour elle était l'armure de bataille aussi brillante que l'argent.

« — Mais pour qui la couronne royale ?

« — La Gaule perdue par une femme, sera sauvée par une vierge des marches de la Lorraine et d'un bois chesnu venue... »

. . . .

Écoutez, fils de Joel, écoutez cette légende de la plébienne catholique et royaliste : — Charles VII devait sa couronne à Jeanne Darc... il l'a reniée et lâchement délaissée. — Chaque jour elle s'agenouillait pieusement devant les prêtres catholiques... les prêtres l'ont condamnée à être brûlée vive ! — La chevalerie avait laissé les Anglais s'emparer de la Gaule; — Jeanne chasse l'étranger de notre pays et elle est poursuivie, trahie, livrée aux Anglais par les chevaliers. — Sois bénie à travers les âges, ô vierge guerrière ! sainte fille de la mère-patrie ! — Écoutez, fils de Joel, écoutez cette légende, et jugez à l'œuvre : gens de cour, gens de guerre, gens d'Église et royauté !

Maudits soient les gens mitrés et casqués !

CHAPITRE V

Orléans

LA SEMAINE DE JEANNE DARC. — Arrivée de Jeanne à Orléans, le vendredi soir 29 avril 1429. — Levée du siège dans la nuit du samedi 7 mai 1429. — En huit jours, la ville est délivrée. — Les Anglais sont battus et chassés des positions qu'ils occupaient en Touraine. — Jeanne part pour Loches afin d'annoncer sa victoire à Charles VII et le conduire à Reims, où il doit être sacré.

En une semaine la vierge guerrière, inspirée par le saint amour de la patrie, a vaincu les Anglais, triomphants depuis la bataille de Poitiers ! En une semaine la vaillante fille du peuple accomplit ce qui, depuis plus d'un demi-siècle, avait été au-dessus des forces de nobles et illustres capitaines !

Voici, fils de Joel, voici, jour par jour, le récit de la SEMAINE DE JEANNE DARC :

Soirée du vendredi 29 avril 1429

La nuit est venue, tiède nuit printanière, mais l'on se croirait en plein jour dans la rue qui conduit à la porte *Banier*, l'une des portes d'Orléans. Toutes les fenêtres, où se pressent les habitants, sont garnies de lumières; à ces vives clartés se joignent les lueurs des torches dont se sont munis un grand nombre de bourgeois et d'artisans armés, formant une double haie dans toute la longueur de la voie publique, afin de contenir la foule. Le courage de ces soldats citadins a été rudement éprouvé par les périls du siège, que, seuls pendant longtemps, ils ont soutenu, se refusant à admettre dans leur cité les compagnies des chefs de guerre, composées de soudards insolents, voleurs et féroces ; mais la bourgeoisie d'Orléans, après maints efforts de bravoure, voyant son nombre diminuer de jour en jour, sous les coups des assiégeants, s'était vue forcée d'accepter et de solder le concours des bandes mercenaires de *Lahire*, de *Dunois*, de *Xaintrailles* et des autres capitaines de métier qui se louaient à beaux deniers comptants, eux et leurs hommes, à qui les payait. Dangereux auxiliaires, traînant toujours à leur suite une troupe de femmes de mauvaise vie et non moins pillards que les Anglais.

Aussi, plusieurs fois, les échevins d'Orléans, citoyens résolus, qui conduisaient vaillamment leur milice sur les remparts lors des assauts, ou hors la ville lors des sorties, avaient eu de vives altercations avec les capitaines à propos des excès de leurs gens ou de leur mollesse à la bataille. Ces hommes d'armes de métier, n'ayant pas, comme les habitants, à défendre leur famille, leurs biens, leur foyer, se souciaient peu de la prompte levée du siège, hébergés, soldés qu'ils étaient par la cité. Les Orléanais attendaient donc avec une impatience inexprimable la venue de Jeanne Darc; ils espéraient, grâce à elle, chasser les Anglais de leurs redoutes et pouvoir se délivrer de l'onéreux concours des capitaines français.

Une foule compacte d'hommes, de femmes, d'enfants, contenus par la haie des militaires, occupent les deux côtés de la rue, à l'extrémité de laquelle est située la demeure de maître *Jacques Boucher*, trésorier, maison encore plus brillamment illuminée que les autres. Le bourdonnement de la multitude est dominé, tantôt par le tintement précipité du beffroi de l'Hôtel de Ville, sonnant à toute volée, tantôt par les détonations des bombardes d'artillerie annonçant l'arrivée de la Pucelle ; les figures des citadins, naguère assombries ou abattues, respirent la joie, l'espérance ; chacun répète que la vierge lorraine, prophétisée par *Merlin*, vient secourir Orléans ; elle est belle à éblouir Dieu, elle est vaillante et douée d'un instinct militaire dont Dunois, Lahire, Xaintrailles, capitaines de renom, défenseurs soldés de la ville, ont été eux-mêmes frappés la veille lors de leur entrevue à Blois avec la guerrière. Deux de leurs écuyers, arrivés durant le jour à Orléans, ont raconté cette merveille qui circule de bouche en bouche, et ont annoncé pour le soir même l'entrée de Jeanne Darc.

Partout sur son passage, depuis Chinon jusqu'à Blois, ont ajouté les écuyers, sa marche a été une ovation continuelle, saluée par les cris d'allégresse des populations rustiques, exposées depuis si longtemps aux ravages de l'ennemi, et acclamant leur ange sauveur envoyé de par Dieu ! Ces récits et d'autres encore font renaître à la confiance des habitants de la ville. La foule se presse surtout aux abords de la maison de Jacques Boucher, où l'héroïne est attendue.

Neuf heures sonnent à la tour de l'église de Sainte-Croix. Presque au même instant l'on entend résonner au loin des clairons ; ce bruit se rapproche de plus en plus, bientôt l'on voit à la lueur ardente des torches apparaître une chevauchée. Le petit page Imerguet et l'écuyer Daulon marchent les premiers, portant l'un le pennon, l'autre le blanc étendard de la guerrière, où sont peints deux anges au ciel d'azur, tenant à leur main des rameaux de lis fleuris ; Jeanne Darc vient ensuite, montée sur un cheval blanc caparaçonné de bleu, revêtue d'une légère armure de fer étamé, pareil à l'argent mat, armure complète, jambards, cuissards et cotte de mailles, brassards et cuirasse bombée, protégeant le sein virginal de la jeune fille ; la visière de son casque, entièrement relevée, découvre son doux et beau visage, encadré de cheveux noirs, coupés en rond à la naissance du cou. Profondément émue des acclamations dont les bonnes gens d'Orléans la saluent, et dont elle fait honneur à ses saintes, une larme roule dans ses yeux noirs et double leur éclat. Déjà familiarisée avec le maniement du cheval,

elle guide gracieusement sa monture d'une main, et de l'autre tient un mince bâton blanc, seule arme dont elle veuille, dans son horreur du sang, se servir pour conduire les soldats au combat. Près d'elle chevauche Dunois, couvert d'une brillante armure rehaussée d'ornements dorés ; puis s'avancent, mêlés aux échevins d'Orléans, le maréchal de Retz, Lahire, Xaintrailles et autres capitaines. Parmi ces seigneurs se trouve le sire de *Gaucourt* amenant à Orléans un renfort de troupes royales, et chargé du commandement de la ville ; le regard sinistre, la haine et l'envie au cœur, il médite ses ténébreux projets. Des écuyers, des bourgeois d'Orléans armés ferment la marche du cortège, bientôt confondu dans une foule si compacte que pendant un moment le cheval de Jeanne Darc ne peut faire un pas. Des hommes, des femmes, des enfants, ravis de sa beauté, de son maintien à la fois modeste et guerrier, la contemplent avec ivresse, la comblent de bénédictions ; quelques-uns même, dans leur enthousiasme, veulent baiser ses bottines éperonnées, à demi recouvertes par les écailles de ses jambards. Aussi touchée que confuse de cet accueil, elle dit naïvement à Dunois en se tournant vers lui :

— En vérité, je ne saurais avoir le courage de me défendre de ces empressements, si Dieu ne m'en défend pas lui-même.

En ce moment un milicien, porteur d'une torche, s'approche si près de la Pucelle pour la mieux voir, qu'il met involontairement le feu à l'extrémité de l'étendard que portait l'écuyer Daulon ; Jeanne, craignant qu'il courût quelque danger, poussa un cri d'effroi, attaque de l'éperon son cheval devant qui la foule reflue, et se rapprochant ainsi d'un bond de l'écuyer, elle saisit la bannière enflammée ; puis, après avoir étouffé le feu entre ses gantelets, elle la fait gracieusement flotter en l'agitant au-dessus de son casque, comme si elle eût voulu rassurer les gens d'Orléans sur un accident qui pouvait leur paraître de mauvais augure. Jeanne, en cette circonstance, témoigna tant de présence d'esprit et d'aisance cavalière, que la foule charmée redoubla ses acclamations. Les soldats des compagnies eux-mêmes qui, n'étant pas cette nuit-là de garde aux remparts, avaient pu se joindre à la foule, croyant voir dans la Pucelle l'ange de la guerre, se sentaient réconfortés ; il leur semblait, ainsi qu'aux archers de Vaucouleurs, que, menés à la bataille par un si gentil capitaine, ils devaient vaincre l'ennemi et prendre une revanche de leurs défaites. Dunois, Lahire, Xaintrailles, le maréchal de Retz, capitaines expérimentés, remarquaient l'exaltation de leurs soudards, la veille encore si découragés. Le sire de Gaucourt, observant l'influence exercée par la Pucelle, non seulement sur les miliciens d'Orléans, mais encore sur une soldatesque farouche, devenait de plus en plus sombre et secrètement courroucé.

Jeanne continuait de s'avancer lentement vers la maison de Jacques Boucher à travers une foule idolâtre, lorsque le cortège fut un moment arrêté par un détachement d'hommes d'armes, sortant des rues latérales à la voie de la porte Banier ; ils conduisaient deux prisonniers anglais et marchaient de compagnie avec un grand et gros homme d'une figure aussi joviale que résolue ; Lorrain de naissance, mais depuis longtemps citoyen d'Orléans, il se nommait *maître Jean*, et passait, à bon droit, pour le meilleur canonnier-couleuvrinier de la ville. Ses deux énormes bombardes, baptisées par lui *Riflard* et *Montargis*, placées au dedans des piliers du pont, sur la redoute de la *Belle-Croix*, et qu'il pointait sans jamais manquer son coup, causaient de nombreux dommages aux Anglais : ils le redoutaient et l'abhorraient. Notre gai couleuvrinier n'ignorait pas cette haine, car ses canons servaient toujours de point de mire aux archers anglais ; aussi parfois s'amusait-il à feindre d'être tué ; soudain il s'affaisait à côté de l'une de ses bombardes. Les canonniers, citadins comme lui, le relevaient, l'emportaient, en poussant des gémissements lamentables ; les Anglais triomphaient de ce deuil ; mais le lendemain ils revoyaient maître Jean plus joyeux, plus dispos que jamais, pointer encore contre eux, et à leur grand désastre, *Riflard* et *Montargis*. Quelques jours après, il contrefaisait de nouveau la mort et ressuscitait à miracle. Donc maître Jean marchait de compagnie avec les soudards qui amenaient deux prisonniers anglais ; à la vue de la guerrière, il s'approcha d'elle, la contempla pendant un moment, ému de respect et d'admiration ; puis il lui tendit sa large main fortement gantée, en disant, non sans une sorte d'orgueil :

— Vaillante Pucelle, voyez en moi un *pays* ! je suis, comme vous, né en Lorraine... et à votre service, ainsi que *Riflard* et *Montargis*, mes deux gros canons.

Dunois se penchant, vers Jeanne, lui dit à demi-voix :

— Ce brave homme est maître Jean... le meilleur et le plus hardi couleuvrinier qui soit ici ; il est de plus très expert en ce qui touche le siège d'une ville.

— Je suis contente de rencontrer ici un *pays*, — répondit la Pucelle en souriant et tendant cordialement son gantelet au canonnier. — J'irai voir demain matin manœuvrer *Riflard* et *Montargis* ; nous examinerons ensemble les retranchements de l'ennemi, vous serez mon maître en artillerie, et nous chasserons les Anglais à coups de canon... Dieu aidant !

— Payse ! — s'écria maître Jean transporté d'aise, — rien qu'à vous voir mes bombardes partiraient toutes seules et leur boulet irait droit au but frapper les Anglais.

Le couleuvrinier prononçait ces mots lorsque Jeanne entendit un cri douloureux et, du haut de son cheval, vit l'un des deux prisonniers anglais emmenés par les soldats tomber soudain à la renverse, saignant, le crâne ouvert par un coup de manche de pique, que l'un de ces soudards venait de lui asséner sur la tête en s'écriant :

— Regarde bien Jeanne la Pucelle... chien de *goddon* ! aussi vrai que je t'assomme, elle vous boutera tous hors de France !

La guerrière, à l'aspect du sang dont elle avait horreur, pâlit et par un mouvement plus prompt que la pensée, sauta en bas de son cheval, navrée de la brutalité de ce soldat, courut à l'Anglais, s'agenouilla près de lui, et soulevant la tête de ce malheureux, s'écria les larmes aux yeux en s'adressant aux miliciens qui l'entouraient :

— Prenez-le à merci, le prisonnier est désarmé... venez à son secours !

A cet appel miséricordieux, quelques femmes, émues de pitié, entourèrent le blessé, déchirèrent leurs mouchoirs et bandèrent sa plaie, tandis que la guerrière, toujours agenouillée, soutenait la tête de l'Anglais. Il reprit ses sens, et à l'aspect du beau visage de la jeune fille, empreint de compassion, il joignit les mains avec adoration et pleura...

— Va, pauvre soldat, ne crains rien, l'on ne te fera plus de mal ! — lui dit Jeanne en se relevant ; et elle mit le pied à l'étrier que lui présentait son petit page Imerguet.

— Fille de Dieu, vous êtes une sainte ! — s'écria une jeune femme exaltée par l'acte charitable dont elle venait d'être témoin ; et se jetant à genoux devant la guerrière au moment où elle allait enfourcher sa monture : — Par grâce daignez toucher mon anneau ! — Et elle élevait sa main vers Jeanne : — Ainsi bénie par vous, je conserverai cette bague comme une pieuse relique.

— Je ne suis pas une sainte, — répondit la guerrière avec un sourire ingénu. — Vous êtes sans doute bonne et digne femme, vous valez autant que moi.

Ce disant, Jeanne, remontant à cheval, fut saluée des nouvelles acclamations de la foule. Charmés de tant de modestie, les soldats les plus endurcis furent touchés des sentiments de commisération dont elle venait de faire preuve en faveur d'un ennemi désarmé. Loin de la taxer de faiblesse, ils admiraient la bonté de son cœur et sa générosité.

Maître Jean acclamait sa *payse* avec frénésie, les cris de Noël à Jeanne ! Noël à la libératrice d'Orléans ! éclatèrent comme un tonnerre ;

et presque soulevée, elle et son cheval, par le flot populaire, Jeanne arriva devant la maison de maître Jacques Boucher. Debout, au seuil de sa porte, ayant près de lui sa femme et sa fille Madeleine, il attendait sa jeune hôtesse, et l'introduisit, ainsi que les échevins et les capitaines, dans une grande salle où était préparé un somptueux souper pour la brillante chevauchée ; mais, timide et réservée, la Pucelle dit à maître Jacques Boucher :

— Merci à vous, messire, je ne souperai pas ; s'il plaisait à votre damoiselle de me mener dans la chambre où je dois coucher et de m'aider à me désarmer, je lui serais reconnaissante. Vous m'enverrez seulement, messire, un peu de pain coupé en tranches dans de l'eau et du vin... cela me suffira, je dormirai ensuite : il faut que demain matin je sois éveillée au petit jour, afin d'aller visiter les retranchements ennemis avec maître Jean le Coulevrinier.

La Pucelle, selon son désir, se retira conduite par Madeleine, fille de Jacques Boucher. Celle-ci, d'abord saisie d'un respect craintif à la vue de la guerrière inspirée, fut bientôt tellement enchantée de sa douceur, de ses paroles affables, qu'elle lui proposa naïvement de partager sa chambre durant son séjour à Orléans. Jeanne accepta cette offre avec joie, tout heureuse de rencontrer une compagne qui déjà lui agréait beaucoup ; Madeleine l'aida gentiment à se désarmer, lui apporta sa réfection, et au moment de se mettre au lit, Jeanne lui dit :

— Maintenant que je vous connais, vous et vos parents, Madeleine, je suis bien plus aise encore que Dieu m'ait envoyée pour secourir la bonne ville d'Orléans.

La Pucelle s'agenouilla au chevet de son lit, fit sa prière du soir, invoqua ses chères saintes, appelant avec un soupir de regret leurs bénédictions sur sa mère, sur son père, sur ses frères, et s'endormit d'un paisible sommeil, tandis que Madeleine resta longtemps éveillée, contemplant avec une muette admiration la douce héroïne.

Journée du samedi 30 avril 1429

Un peu avant le point du jour, maître Jean le coulevrinier, exact au rendez-vous de la veille, se trouvait devant la porte du logis de Jacques Boucher ; après quelques instants, Jeanne, déjà levée, entr'ouvrit la fenêtre de sa chambre, située au premier étage, regarda dans la rue, encore assez obscure, et à demi-voix cria :

— Hé ! maître Jean, êtes-vous là ?

— Oui, ma vaillante payse, — répondit le Lorrain ; — je vous attends depuis un moment.

Bientôt Jeanne sortit de la maison et vint rejoindre le coulevrinier. Elle n'avait pas revêtu son armure de bataille ; mais une légère maille de fer ou *jaseran*, qu'elle portait par dessus sa tunique ; sa capeline remplaçait son casque. Elle tenait son bâton à la main et portait sur son épaule un court manteau, dont elle voulait s'envelopper à son retour, afin de n'être pas reconnue et de se soustraire ainsi aux ovations populaires. Elle pria maître Jean de faire avec elle le tour de la ville en dehors des remparts, afin de se rendre compte de la position et de la force des retranchements ennemis ; elle partit avec son guide, traversa les rues, encore désertes, et, sortant par la porte Banier, commença son excursion. Douze formidables redoutes, ou *bastilles*, entouraient la ville du côté de la Beauce et du côté de la Sologne, à petite portée de bombarde ; les plus considérables de ces ouvrages d'attaque se nommaient la bastille de *Saint-Laurent*, à l'ouest ; celle de *Saint-Pouaire*, au nord ; celle de *Saint-Loup*, à l'est, et celles de *Saint-Privé*, des *Augustins* et de *Saint-Jean-le-Blanc*, au sud et de l'autre côté de la Loire. Puis, en face de la tête du pont, protégé du côté des assiégés par un boulevard fortifié, les Anglais avaient élevé un formidable château-fort flanqué de tours en charpentes, qu'ils appelaient les *Tournelles*. Toutes ces redoutes, munies de nombreuses garnisons, étaient entourées de fossés larges, profonds, et d'une ceinture de palissades plantées au pied d'épais remparts de terre, couronnées de plates-formes aux embrasures armées de bombardes et de balistes destinées à lancer des traits. Ces bastilles, distantes les unes des autres de deux ou trois cents toises, cernaient complètement Orléans, coupaient ou dominaient les routes et la rivière en amont.

Jeanne Darc interrogea longuement le coulevrinier sur la manière de combattre des Anglais dans les redoutes, dont elle s'approcha plusieurs fois avec une tranquille audace, afin de juger par elle-même des moyens de défense des assiégeants ; durant cet examen, elle faillit être atteinte par une volée de traits lancés de la bastille *Saint-Laurent*. Elle ne s'émut pas, sourit en voyant les flèches tomber à quelques pas d'elle, et étonna non moins maître Jean par le calme de sa bravoure que par la netteté de ses observations ; elles révélaient une surprenante aptitude militaire, un coup d'œil rapide et sûr. Entre autres choses, elle dit au coulevrinier, après s'être enquise de lui de la façon dont on avait jusqu'alors guerroyé, qu'il lui semblait qu'au lieu d'attaquer, ainsi que par le passé, plusieurs redoutes à la fois dans des sorties générales, il vaudrait mieux concentrer les troupes sur un seul point, attaquer ainsi successivement les bastilles les unes après les autres, avec certitude de les emporter, puisqu'elles ne pouvaient contenir dans leur enceinte qu'un nombre limité de défenseurs, tandis qu'en rase campagne rien ne bornait le nombre des assaillants, leur masse réunie pouvant être trois ou quatre fois supérieure en force à la garnison de chaque redoute prise isolément. Jeanne témoignait enfin, par une foule de remarques, de cette intuition extraordinaire dont sont doués les grands capitaines; le couleuvrinier, de plus en plus surpris d'une pareille vocation guerrière, s'écriait :

— Hé, payse! dans quel livre avez-vous donc appris tout cela?

— Dans le livre où me fait lire le Seigneur Dieu en m'inspirant, il est toujours ouvert devant moi — répondait naïvement Jeanne.

Pendant que la Pucelle, examinant ainsi les retranchements ennemis, méditait, mûrissait son plan de bataille, le sire de Gaucourt, nommé chef des troupes royales envoyées à Orléans, méditait, mûrissait son œuvre de ténèbres et de trahison, dès longtemps machinée avec ses deux complices du conseil du roi, La Trémouille et l'évêque de Chartres. Au point du jour, Gaucourt alla visiter les capitaines les plus influents; l'envie, la méchanceté, suppléèrent à la finesse dont il manquait. Soigneusement endoctriné, d'ailleurs, par La Trémouille, il s'adressa aux plus mauvaises passions de ces gens d'épée, leur rappela le délirant enthousiasme avec lequel Jeanne avait été reçue la veille par la population, par la milice urbaine, par leur propre soldatesque; n'avaient-ils pas, eux guerriers célèbres, été humiliés du triomphe de cette paysanne, de cette gardeuse de bétail? Le fol espoir que l'on mettait en cette visionnaire n'était-il pas un outrage à leur renommée? Ne se sentaient-ils pas blessés, courroucés de cette pensée, que leurs compagnies, jusqu'alors abattues, découragées, semblaient s'enflammer d'ardeur au seul aspect de cette fille de dix-sept ans, même avant qu'elle eût livré son premier combat? Ces insidieuses paroles trouvèrent un écho dans l'âme perverse de plusieurs de ces capitaines; et, ainsi que cela s'est déjà rencontré et se rencontrera encore chez les chefs de guerre, plusieurs capitaines ouvrirent l'oreille aux insinuations perfides de Gaucourt, et convinrent, sinon de refuser ouvertement leur concours à la Pucelle, tout au moins d'entraver les projets de Jeanne, d'empêcher leur réussite et de lui opposer toujours l'avis du conseil de guerre. Seuls, Dunois, et Lahire soutinrent qu'il était *politique* de mettre à profit l'exaltation inspirée à la population et à la soldatesque par la présence de la Pucelle, et qu'il fallait la seconder si elle faisait preuve d'un véritable génie militaire. Malgré ces observations, la majorité des chefs de guerre persévéra dans son mauvais vouloir contre la jeune fille de Domrémy, qu'ils jalousaient vilainement. Gaucourt augura bien de ses noirs projets, sans pourtant oser encore s'ouvrir à ses complices sur cette machination infâme : « Faire tomber la Pucelle entre les mains des Anglais, en l'abandonnant dans une sortie et relevant le pont-levis derrière elle... » ainsi que cela devait arriver un jour!

. . . .

Jeanne, revenue de sa longue excursion au dehors d'Orléans en compagnie de maître Jean, dit à Gaucourt et à d'autres chefs, qui vinrent la voir, qu'elle s'était recueillie, que *ses voix* lui conseillaient d'attaquer le lendemain, dimanche matin, avec toutes les forces de l'armée réunies, la bastille des Tournelles, afin de dégager d'abord la tête du pont d'Orléans, d'assurer du côté de la Beauce le ravitaillement de la ville, où les vivres commençaient à manquer, et de faciliter l'entrée des renforts envoyés de Tours ou de Blois. Les capitaines se signèrent en entendant la Pucelle, fille de Dieu, proposer cette énormité : combattre un dimanche! Ne serait-ce pas, objectaient-ils à Jeanne, inaugurer ses armes par un sacrilège? Quant à eux, leurs mains se sècheraient plutôt que de tirer l'épée en ce jour, dévolu au repos de par les commandements de leur sainte mère l'Eglise catholique, apostolique et romaine. En vain Jeanne s'écria :

— Eh! messires! celui-là prie... qui combat pour le salut de la Gaule!... — les capitaines demeurèrent inébranlables dans leur foi orthodoxe à la pieuse observance du repos dominical. Jeanne se vit obligée bien à regret de remettre le combat au lundi ; mais, voulant tenter encore, grâce à ce retard, d'éviter l'effusion du sang, qu'elle abhorrait, elle pria Daulon, son écuyer, d'écrire sous sa dictée une nouvelle lettre de quelques lignes ; elle voulait l'adresser aux Anglais, la première leur ayant été envoyée de Blois par un héraut. La missive écrite et signée de son nom, Jeanne y apposa, en manière de contre-seing, *sa croix en Dieu*; mit le parchemin dans sa pochette, et engagea les capitaines à l'accompagner sur le boulevard ou retranchement élevé sur le milieu de la Loire, en face de la grande bastille des Tournelles, occupée par les Anglais ; la guerrière voulait examiner de nouveau cette importante position, en prévision de l'assaut du lundi. On se rendit à son désir, et plusieurs chefs de guerre l'accompagnèrent jusqu'à la porte du châtelet de la rivière, au milieu d'un grand concours de peuple et de soldats des bandes mercenaires non moins enthousiastes que la veille. Jeanne poussa jusqu'au boulevard du pont, si voisin des Tournelles, que la voix des assiégés pouvait être entendue des assiégeants. Bon nombre de miliciens d'Orléans se trouvaient de garde sur la plate-forme crénelée de leur retranchement, garni de balistes, engins de guerre destinés à lancer des traits et de grosses pierres ; ces bonnes gens, transportés de joie de voir la Pucelle parmi eux, l'entourèrent, s'écriant avec une valeureuse impatience : « A quand l'assaut ? » Elle le promit pour le lendemain et ordonna de hisser un drapeau blanc, afin de proposer ainsi une trêve d'une heure aux Anglais des Tournelles, à qui elle voulait parler. Le pavillon de paix s'éleva dans les airs, les assiégeants répondirent par un signal pareil qu'ils acceptaient momentanément une suspension d'armes, plusieurs d'entre eux parurent aux embrasures de leur bastille, ignorant encore le voisinage de Jeanne. Elle prit une grosse flèche appelée *carreau* dans l'une des trousses suspendues à chaque baliste, fit pénétrer le fer du trait à travers le parchemin sur lequel était écrite la missive apportée par elle dans sa pochette, et l'ayant ainsi assujettie, elle remit la flèche à l'un des balistiers, le priant de la lancer dans les Tournelles, au moyen de la machine de guerre ; puis, montant debout et bien en vue sur le parapet, Jeanne cria aux Anglais :

— Ecartez-vous, afin de n'être pas blessés par la flèche où est attachée la lettre que je vous écris. Lisez... c'est du nouveau.

La baliste joua, le trait siffla et porta dans le retranchement ennemi la missive de Jeanne, ainsi conçue :

« Vous tous, gens d'Angleterre, qui n'avez aucun droit sur le royaume de France, moi, Jeanne, je vous demande, de par Dieu, d'abandonner vos bastilles et de retourner dans votre pays, sinon je vous ferai un tel dommage, que vous vous en souviendrez éternellement. Voici la seconde fois que je vous écris... c'est assez...

« JEANNE. »

Les soldats anglais, instruits par leurs espions de l'enthousiasme incroyable et menaçant excité dans Orléans par l'arrivée de la Pucelle, commençaient à la croire inspirée du diable ; déjà leurs chefs ne combattaient pas sans efforts cette dangereuse superstition. Aussi, apprenant par sa missive que la Pucelle se trouvait si près d'eux, les plus timides pâlirent, les autres poussèrent des imprécations furieuses. L'un de ces forcenés, capitaine anglais de grand renom, appelé *Gladescal*, homme d'une taille colossale, armé de toutes pièces, tenait encore à la main la lettre de la Pucelle, il lui montra le poing en écumant de rage.

— Toi et tes hommes, abandonnez cette bastille, — lui cria Jeanne de sa voix douce et grave, — rendez-vous tous à merci, vous aurez la vie sauve sous la condition que vous consentirez à retourner tous dans votre pays.

A ces paroles de paix, Gladescal et ses soldats répondirent par une nouvelle explosion de menaces. La voix de stentor de Gladescal dominait toutes les autres : — Je te ferai rôtir sorcière endiablée !

— Si tu peux me prendre ! — répondit Jeanne. — Mais moi, si je peux te vaincre, et je le pourrai, de par Dieu ! je te bouterai hors de France, toi et tous les tiens, à grand renfort de horions, puisque tu refuses de te rendre à merci. Dieu combat avec nous.

— Retourne garder tes vaches, vile serve ! — hurla Gladescal ; — va-t-en, ribaude, sacrée garce, triple paillarde !

— Oui, oui, — répétèrent les Anglais en redoublant de huées, — va-t'en, garder tes vaches ! va-t'en, ribaude ! infernale sorcière !

Ces immondes et obscènes injures, à elle adressées à la face de tous, ne pouvaient atteindre la vierge guerrière, forte de la conscience de son irréprochable pureté ; mais elles blessèrent cruellement cette pudeur exquise, l'un des traits les plus saillants de son naturel, et la jeune fille se prit à pleurer.

Plusieurs des capitaines qui accompagnaient Jeanne souriaient méchamment, espérant que les invectives des Anglais la flétriraient aux yeux des miliciens d'Orléans et des soldats témoins de ces outrages ; il n'en fut rien : émus de sa beauté virginale, de son regard céleste, de ses larmes touchantes, éprouvant enfin ce religieux respect que sa personne inspirait à tous ceux qui l'approchaient, ils ne purent contenir leur indignation ; enflammés de courroux, ils se précipitent aux créneaux et, menaçant du poing les Anglais, leur rendent injure pour injure, criant avec exaltation :

— Noël ! Noël à Jeanne la Pucelle !...

— Nous vous écharperons, truands ! pourceaux d'Angleterre !

— Jeanne vous boutera hors d'ici, *goddons* que vous êtes !

Quelques balistiers même, dans leur exaspération, oubliant la trêve, firent jouer leurs machines de guerre, chargées de traits ; l'ennemi répondit à cette agression par une volée de flèches. La vierge guerrière, insoucieuse du danger, ne bougea du parapet, semblant défier la mort d'un regard serein : deux hommes furent blessés à ses côtés. Les miliciens, la couvrant de leurs corps, la forcèrent à descendre du parapet, la suppliant de ménager ses jours pour le grand assaut du lundi ; tandis que la plupart des Anglais, attribuant à une cause surnaturelle le hasard qui venait de protéger la Pucelle contre une décharge meurtrière, éprouvèrent un redoublement de crainte superstitieuse. La peur du diable et des sortilèges.

Journée du dimanche 1er mai 1429

Jeanne n'ayant pu vaincre le mauvais vouloir des capitaines et les déterminer à attaquer le dimanche matin les retranchements, s'en alla au point du jour examiner de nouveau les positions de l'ennemi en compagnie de maître Jean le coulevrinier ; elle l'affectionna bientôt singulièrement ; plus tard ce vaillant l'accompagna dans presque toutes ses autres batailles, chargé par elle du commandement de l'artillerie. Le canonnier devait à sa longue expérience du siège d'Orléans des connaissances approfondies en ce qui touche l'attaque et la défense des places fortes : Jeanne, douée d'un esprit pénétrant en ce qui touchait les choses de la guerre, tira en peu de temps grand profit du savoir pratique de maître Jean. De retour de son excursion matinale, la Pucelle se rendit à la cathédrale de Sainte-Croix, elle y entendit la messe et communia au milieu d'un immense concours de peuple, frappé de sa modestie et de sa piété. A son retour chez Jacques Boucher, elle se plut à aider, durant l'après-midi, dans leurs travaux d'aiguille, Madeleine et sa mère, qui, surprises et charmées de voir cette guerrière dont on attendait le salut de la ville... du royaume ! se montrer si ingénue, si avenante et si habile dans les travaux de son sexe, la chérissaient d'heure en heure davantage ; plus d'une fois elle fut obligée d'interrompre l'ouvrage de couture dont elle s'occupait, afin d'apparaître à l'une des croisées du logis, appelée à grands cris par les clameurs de la multitude idolâtre assemblée aux abords de la demeure du trésorier.

Vers le soir, les capitaines jaloux ou ennemis de la Pucelle, réunis en conseil, décidèrent que l'attaque projetée pour le lundi matin n'aurait pas lieu ; il était indispensable, selon eux, d'attendre un renfort amené de Blois par le maréchal de Saint-Sever, et qui devait essayer d'entrer dans Orléans durant la nuit du mardi. Ce nouveau retard, dont elle fut instruite par l'un des chefs de guerre, affligea profondément Jeanne ; guidée par son bon sens, elle trouvait ces lenteurs désastreuses ; c'était, selon elle, risquer de laisser refroidir l'ardeur des troupes, ranimées par sa présence, et donner aux Anglais le temps de se remettre de leur stupeur. Car, de plus en plus consternés de ce que l'on racontait de prodigieux sur la Pucelle, ils n'avaient pas osé, depuis son arrivée à Orléans, sortir de leurs bastilles pour venir escarmoucher contre la ville. Mais Jeanne, obligée d'en référer à la volonté des chefs de guerre, contre lesquels elle ne songeait pas encore à lutter, dut se résigner à ce nouveau retard. Elle pleura beaucoup ; puis, à force de réfléchir, commença d'ouvrir les yeux aux empêchements calculés qu'on lui suscitait, et *ses voix*, échos de sa conscience et de ses pensées, lui dirent :

« — On te trompe... ces capitaines veulent s'opposer traîtreusement aux vues que le Ciel a sur toi pour la délivrance d'Orléans et le salut de la Gaule... Courage, Dieu te protège ; ne compte que sur toi pour accomplir la sainte mission qu'il t'a donnée ! »

Journée du lundi 2 mai 1429

Jeanne, le jour venu, réconfortée par ses *voix*, envoie son écuyer Daulon chez les chefs de guerre, les convoquant à midi dans la maison de son hôte ; la plupart d'entre eux se rendent à cet appel. Lorsqu'ils sont rassemblés, la vierge guerrière, nullement intimidée, leur déclare avec douceur et fermeté que si le lendemain, mardi, ils ne règlent pas définitivement, de concert avec elle, le plan d'attaque pour le mercredi matin, sans nul autre délai, elle montera à cheval ce jour-là, prendra son étendard, et, précédée de son écuyer sonnant du clairon, de son page portant son pennon, elle parcourra les rues de la cité, appelant aux armes les bonnes gens d'Orléans, voire même les soldats des compagnies ; et que, elle seule, les conduira au combat, certaine de vaincre avec l'aide de Dieu.

Ce langage résolu, la crainte de voir la Pucelle accomplir sa menace, impressionnèrent vivement les capitaines ; quelques signes de mécontentement populaire s'étaient déjà manifestés au sujet du retard inexplicable que l'on mettait à user du secours inattendu apporté par Jeanne, l'envoyée du ciel. Les échevins, rappelant avec dignité leurs preuves nombreuses de bravoure, leur dévouement à la chose publique, se plaignaient amèrement d'être à peine écoutés dans les conseils où l'on décidait du sort de la cité ; ils blâmaient non moins hautement que Jeanne des temporisations funestes, peut-être irréparables. Cédant malgré eux à cette pression de l'opinion générale, les chefs de guerre promirent à la Pucelle de se réunir le lendemain, afin d'aviser avec elle à un plan de bataille. Sans la conscience de son génie militaire, sans son invincible patriotisme, sans sa foi profonde dans l'appui de Dieu, Jeanne eût déjà renoncé à la pénible et glorieuse tâche qu'elle s'imposait. L'insouciant et lâche égoïsme de Charles VII, ses injurieuses défiances, l'infâme examen qu'elle avait dû subir, le mauvais vouloir des capitaines à son égard depuis son arrivée à Orléans, avaient profondément navré son âme simple et loyale ; mais résolue de délivrer la Gaule de ses ennemis séculaires et de sauver le roi, malgré lui, parce qu'elle voyait le salut du pays dans le salut du trône, l'héroïne, oubliant ses souffrances, ne songeait qu'à poursuivre jusqu'à la fin son œuvre libératrice !

Journée du mardi 3 mai 1429

Le mardi, le conseil de guerre s'assembla dans la maison de Jacques Boucher, en présence de Jeanne. Elle exposa clairement, brièvement son plan d'attaque, mûri, modifié à la suite des nombreuses reconnaissances faites par

Jeanne Darc à la bastille de Saint Loup (page 164)

elle depuis trois jours en visitant les retranchements ennemis; au lieu d'attaquer de prime abord les Tournelles, elle proposait de réunir toutes les forces disponibles, d'enlever la formidable redoute de *Saint-Loup*, située sur la rive gauche de la Loire, et l'un des ouvrages les plus importants des assiégeants, car, commandant la route du Berry et de la Sologne, il rendait très difficile le ravitaillement de la ville et l'entrée des renforts. Cette bastille emportée, l'on marcherait successivement contre les autres; Jeanne distrayait seulement des troupes de l'expédition un corps de réserve prêt à sortir de la ville, afin de pouvoir protéger les assaillants de la bastille de Saint-Loup contre les garnisons des autres redoutes, dans le cas où les Anglais, venant au secours des leurs, tenteraient ainsi une diversion. Quelques hommes de guet, placés d'avance dans la tour du beffroi de l'Hôtel de Ville d'Orléans, seraient chargés d'observer les mouvements des Anglais, et s'ils quittaient leurs retranchements afin d'opérer la jonction prévue par Jeanne, les gens de guet, sonnant à toute volée le beffroi, donneraient de la sorte au corps de réserve le signal d'aller à l'ennemi, afin de lui couper la route de Saint-Loup, de le repousser et de l'empêcher de prendre les Français à revers. Ce plan, développé avec une entente de la guerre dont les capitaines jaloux et rivaux de la Pucelle restèrent eux-mêmes confondus, fut adopté; l'on convint que les troupes seraient prêtes à marcher au point du jour.

Journée du mercredi 4 mai 1429

Jeanne, assurée de combattre le lendemain, dormit, durant la nuit du mardi au mercredi, d'un sommeil paisible comme celui d'un enfant,

122e livraison

tandis que Madeleine demeura presque constamment éveillée, en proie à une douloureuse inquiétude, pensant, non sans effroi, que sa compagne devait, au point du jour, livrer une bataille meurtrière. L'aube venue, Jeanne s'éveilla, fit sa prière du matin, invoqua ses bonnes saintes, puis Madeleine l'assista pour s'armer. Tableau touchant et charmant ! l'une de ces jeunes filles, délicate et blonde, soulevait péniblement les pièces de l'armure de fer dont elle aidait sa virile amie à se revêtir, lui rendant ce service avec une inexpérience dont elle souriait elle-même à travers ses larmes, qu'elle contenait de son mieux, songeant aux dangers prochains qui menaçaient la guerrière !

— Il faut m'excuser, Jeanne, j'ai plus l'habitude de lacer ma gorgerette de lin qu'un gorgerin de fer, — disait Madeleine ; — mais avec le temps, je saurai, je l'espère, vous armer aussi promptement que le ferait votre écuyer. Vous armer !... mon Dieu ! je ne puis prononcer ce redoutable mot sans pleurer !.. Il est donc vrai, vous allez ce matin à l'assaut ?

— Oui ; et s'il plaît à Dieu, Madeleine, nous chasserons d'ici ces Anglais qui ont causé tant de dommage à votre bonne ville d'Orléans et au pauvre peuple de France !

La guerrière, ce disant, venait de boucler les courroies de ses jambards par-dessus ses chausses en peau de daim, dont la ceinture dessinait sa taille flexible et robuste. Elle avait alors les épaules et le sein demi-nus, elle se hâta de croiser sa camise entr'ouverte, rougissant d'un chaste embarras, quoiqu'elle fût en présence d'une jeune fille de son âge, mais telle était la pudeur de Jeanne, qu'en une pareille occurrence elle eût rougi devant sa mère !... Endossant ensuite un justaucorps de buffle légèrement rembourré de crin et déjà noirci par le frottement de l'armure, elle ajusta son corselet de fer ; Madeleine le laça de son mieux, ne pouvant retenir ses pleurs.

— Puisse cette cuirasse vous protéger, Jeanne, contre l'épée des ennemis ! Hélas ! une jeune fille guerroyer ! affronter tant de périls !

— Ah ! chère Madeleine, avant de quitter Vaucouleurs, je disais au sire de Baudricourt, ce seigneur qui m'a fait parvenir jusqu'au dauphin de France : « J'aimerais mieux rester à coudre et à filer auprès de ma mère ; mais il faut que j'accomplisse ce pour quoi Dieu m'envoie. »

— Que de dangers vous avez courus, ma chère Jeanne, et vous allez courir encore, pour accomplir cette mission !

— Le danger m'inquiète peu ; je m'en remets à la volonté du Ciel..... Ce qui me navre, c'est que l'on ne se hâte pas de m'employer ; ces lenteurs sont funestes à la Gaule.... il me semble que je ne dois pas vivre longtemps.

La vierge guerrière prononça ces derniers mots avec une mélancolie si douce, que les pleurs de Madeleine redoublèrent ; laissant sur un meuble le casque qu'elle s'apprêtait d'offrir à sa compagne, elle se jeta dans ses bras sans prononcer une parole et l'embrassa en sanglotant, comme elle eût embrassé sa sœur à l'heure suprême d'une séparation éternelle. Dame Boucher entra en ce moment, et dit précipitamment :

— Jeanne, Jeanne, le sire de Villars et Jamet du Tilloy, échevins, sont en bas dans la salle ; ils désirent vous parler à l'instant. Votre page vient d'emmener votre cheval ; il paraît qu'il se passe quelque chose de nouveau.

— Adieu ! à revoir, chère Madeleine ! dit la guerrière à la jeune fille éplorée. — Rassurez-vous ; mes saintes et le Seigneur me sauvegarderont sinon des blessures, du moins de la mort, jusqu'à ce que j'aie terminé la mission qu'ils m'ont donnée !..... Puis, prenant à la hâte son casque, son épée, ainsi que le léger bâton qu'elle avait coutume de porter à la main, la Pucelle descendit en hâte dans la grande salle.

— Jeanne, — lui dit l'échevin *Jamet du Tilloy*, honnête et courageux citoyen, — tout était prêt, selon le conseil d'hier, pour attaquer ce matin la bastille de Saint-Loup ; mais, au point du jour, un messager est venu nous annoncer l'arrivée d'un grand convoi de vivres et de munitions que nous envoient, par le chemin de la Sologne, les gens de Blois, de Tours et d'Angers, sous la conduite du maréchal de Saint-Sever. L'escorte du convoi n'est pas assez nombreuse pour passer sans péril à portée de la bastille de Saint-Loup, qui domine la seule route praticable aux charrois ; les Anglais peuvent sortir de leur redoute, assaillir ce ravitaillement, impatiemment attendu par la ville. Les capitaines, encore assemblés en conseil à cette heure, débattent la question de savoir s'il vaut mieux attaquer la bastille de Saint-Loup que d'aller au devant du maréchal de Saint-Sever, qui attend un renfort pour continuer sa marche vers Orléans.

— A quelle distance ce convoi est-il d'ici, messire ? — demanda Jeanne.

— A deux lieues environ ; il devra forcément passer devant le front de la redoute de Saint-Loup. Là est le grand péril.

Jeanne, après un moment de réflexion, répondit avec assurance :

— Songeons avant tout au ravitaillement de la ville et aux munitions ; l'on ne se bat pas sans vivres. Faisons entrer ce matin le convoi dans Orléans ; tantôt nous attaquerons et nous prendrons la bastille, avec l'aide de Dieu.

L'avis de la Pucelle parut sage. Elle monte à cheval, et accompagné du sire de Villars, se dirige vers l'Hôtel de Ville, où l'échevin Jamet du Tilloy l'a précédée en hâte, faisant sur sa route appeler la milice aux armes, lui donnant rendez-vous à la porte de Bourgogne, sous la conduite des dizainiers et des quarteniers ; les chefs de guerre se rendent cette fois, sans conteste, à la volonté de Jeanne, fortement appuyée par les échevins. Bientôt elle sort par la porte de Bourgogne, à la tête de deux mille hommes demandant à grands cris le combat, impatients de venger leurs défaites, transportés d'ardeur à la vue de la guerrière chevauchant avec grâce sur son blanc coursier, tenant à la main sa bannière. A peu de distance de la bastille de Saint-Loup, véritable forteresse, renfermant une garnison de plus de trois mille hommes, Jeanne avait pris le commandement de l'avant-garde, chargée d'éclairer la marche de la colonne ; mais, soit terreur superstitieuse causée par la présence de la Pucelle, qu'ils reconnaissaient de loin à sa blanche armure et à son étendard, soit qu'ils attendissent le convoi pour sortir de leurs retranchements et l'attaquer, les Anglais se tinrent à l'abri de la redoute, se bornant à envoyer aux gens d'Orléans quelques volées de traits, quelques boulets d'artillerie qui blessèrent peu de monde. Cette hésitation de l'ennemi, ordinairement si audacieux, augmente la confiance des Français ; ils laissent la bastille derrière eux, rencontrent vers Saint-Laurent un poste avancé chargé de couvrir le convoi stationnaire ; les soldats de son escorte, à la vue d'un renfort venu d'Orléans sans obstacle de la part des Anglais retranchés dans leur bastille, attribuent ce succès à l'influence de la Pucelle ; leur espoir redouble. Le maréchal de Saint-Sever, frappé de la réussite de l'entreprise, due à la prompte décision de Jeanne, craignait cependant, non sans vraisemblance, que l'ennemi eût à dessein laissé passer les Français sans les inquiéter afin de les assaillir avantageusement à leur retour, gênés qu'ils seraient dans leur manœuvre, dans leur marche, par les charrois considérables et les bestiaux du convoi dont ils formaient l'escorte. Le maréchal hésitait à prendre un parti.

— Allons hardiment ! — répliqua Jeanne, — notre assurance imposera aux Anglais ; s'ils sortent de leur redoute, nous les combattrons ; s'ils ne sortent pas, nous conduirons le convoi à Orléans. Après quoi nous reviendrons tantôt attaquer leur bastille, et nous les vaincrons, de par Dieu ! Ayez confiance, maréchal.

Ces paroles, prononcées d'une voix ferme, entendues par quelques soldats, redites par eux de rang en rang, exaltent l'enthousiasme de la troupe ; l'on se met en route pour Orléans, les charrettes et le bétail placés au centre de la colonne, Jeanne à la tête d'une forte avant-garde, résolue de soutenir le premier choc de l'ennemi ; mais il ne parut pas. L'on sut plus tard, de l'aveu de plusieurs prisonniers anglais, que leurs chefs, comprenant quelle influence décisive le bon ou mauvais résultat du premier combat livré à la Pucelle devait avoir sur le moral de leurs troupes, déjà ébranlé par les merveilleux récits dont elle était l'objet, voulaient la vaincre à tout prix, et ne voulaient engager la bataille que dans de telles conditions, qu'ils auraient la certitude du triomphe ; de là leur inertie lors du passage du convoi, qui entra sans coup férir dans Orléans, au grand réconfort des habitants et des miliciens, fanatisés par ce premier succès de la Pucelle. Voulant mettre à profit leur élan, elle se proposait de repartir à l'instant, afin d'aller attaquer la bastille de Saint-Loup ; les capitaines lui firent observer que leurs hommes avaient besoin de manger, mais qu'elle serait prévenue du moment de l'assaut. Elle se rendit à ces raisons, retourna chez Jacques Boucher, se réfectionna, selon son habitude, avec un peu de pain et de vin trempé d'eau, fit délacer sa cuirasse, se jeta sur son lit, à demi-armée, afin de se reposer en attendant le moment de l'assaut, et s'endormit ; l'imagination frappée des évènements du jour, elle rêva bientôt que les troupes marchaient sans elle à l'ennemi. La pénible impression de ce songe la réveille, le bruit sourd de quelques détonations lointaines d'artillerie la fait bondir sur son lit ; son rêve ne la trompait pas, l'on commençait l'attaque de la redoute. Le sire de Gaucourt, chargé d'avertir la Pucelle de l'heure du combat, ne l'avait point instruite du départ des troupes ; elle court à la fenêtre, l'ouvre, voit le petit page Imerguet tenant son cheval en bride et causant sur le seuil de la porte avec dame Boucher et sa fille. Ni le page ni l'écuyer de Jeanne n'étaient non plus prévenus de la sortie ; mais ignorant cette circonstance, la guerrière s'écrie, penchée à la fenêtre et s'adressant à Imerguet d'un ton de reproche :

— Ah ! méchant garçon ! on assaille les retranchements sans moi ! vous ne me disiez pas que le sang français coulait !..... — Madeleine, venez en hâte, je vous prie, m'aider à lacer ma cuirasse. Hélas ! il n'y a que trop de temps perdu.

A cet appel, Madeleine et sa mère remontent précipitamment auprès de Jeanne. Elle s'arme complétement, descend dans la rue, s'élance sur le cheval de son page ; mais s'apercevant qu'elle a oublié sa bannière auprès de son lit, où elle la plaçait toujours, elle dit à Imerguet :

— Vite, mon étendard ! allez le chercher dans ma chambre ; vous me le donnerez par la fenêtre afin de perdre moins de temps.

Le page se hâte d'obéir, tandis que dame Boucher et sa fille adressent à la Pucelle de navrants adieux. Elle se dresse debout sur ses étriers, reçoit des mains d'Imerguet l'étendard, qu'il lui remet à travers la croisée du premier étage ; puis, enfonçant ses éperons dans le ventre de son cheval, la guerrière fait de la main un signe affectueux à Madeleine et part avec une telle rapidité que les étincelles jaillissent des pavés sous les fers de sa monture.

Le sire de Gaucourt, en cachant à Jeanne l'heure de l'assaut, afin de l'empêcher de s'y trouver, espérait ainsi la perdre dans l'esprit des soldats, son absence au moment du danger pouvant s'attribuer à un manque de courage; Gaucourt, placé à la porte de Bourgogne à la tête des compagnies de réserve, vit donc avec autant de surprise que de colère accourir Jeanne au grand galop, revêtue de sa blanche armure, son blanc étendard à la main. Elle passa devant le traître comme une apparition, et disparut bientôt à ses yeux dans un nuage de poussière soulevé par l'allure rapide de son cheval, qu'elle poussait à toute bride sur la route de Sologne, entendant avec désespoir les détonations d'artillerie devenir de plus en plus fréquentes; à mesure qu'elle s'approchait du lieu du combat, les cris des soldats, le choc des armes, les formidables rumeurs de la bataille arrivaient distinctement à l'oreille de la guerrière. Enfin elle aperçoit la bastille de Saint-Loup, coupant la route de Sologne dominant la rive de la Loire, et élevée au pied d'une antique église puissamment fortifiée; cette église formait une seconde redoute au milieu de la première, dont les parapets étaient en ce moment à demi-voilés par la fumée des bombardes. Leur feu redoublait, les derniers rangs des Français descendaient, par une pente presque à pic, dans un fossé profond, première défense du retranchement, lorsque Jeanne, abandonnant son cheval ruisselant de sueur, courut, sa bannière à la main, se joindre aux combattants; soudain ceux-ci, au lieu de continuer à descendre le talus, font volte-face, le gravissent en désordre, s'écriant:

— La bastille est imprenable!
— Les Anglais sont endiablés!
— La Pucelle n'est plus avec nous!
— Dieu nous abandonne!

Les capitaines avaient espéré profiter de l'enthousiasme inspiré de l'héroïne pour conduire sans elle les troupes à l'assaut, leur promettant qu'elle viendrait bientôt les guider. Confiants dans cette promesse, le premier élan des assaillants, composés en majorité de miliciens d'Orléans, bourgeois et artisans, fut valeureux; mais les Anglais, ne voyant pas la Pucelle parmi les Français, s'imaginèrent qu'ils étaient privés d'un appui que beaucoup d'entre eux regardaient comme surnaturel, sentirent renaître leur audace, repoussèrent l'attaque et foudroyèrent l'ennemi qui se découragea; la panique se mit dans quelques rangs, les moins braves s'efforçaient de regagner le revers du fossé lorsque Jeanne parut, accourant à eux le regard inspiré, le visage rayonnant d'une ardeur guerrière..... Ils s'arrêtent; il leur semble qu'une puissance surhumaine les réconforte,

la honte de la défaite leur monte au front, ils rougissent de fuir aux yeux de cette belle jeune fille, qui, faisant flotter sa bannière, s'élance vers le fossé, s'écriant d'une voix vibrante:

— Hardi! suivez-moi!... La bataille est à nous, de par Dieu!... Victoire à la Gaule.

Les fuyards, entraînés par la magie de la vaillance et de la beauté de l'héroïne se précipitent sur ses pas, aux cris mille fois répété de:
— Noël! Noël à Jeanne!
— Jeanne est avec nous!

Ces clameurs, annonçant la présence de la Pucelle, redoublent l'énergie des intrépides qui tenaient encore au fond du fossé, décimés par les pierres, par les boulets, par les traits lancés sur eux du haut des boulevards de la redoute; Jeanne, leste, souple et forte, s'appuyant parfois sur l'épaule de ceux qui l'entourent, descend avec eux dans le fossé, criant:

— A l'assaut! marchons hardiment! Dieu sera pour nous! Victoire à la Gaule.

Les rangs s'ouvrent devant l'héroïne et se referment sur son passage. Sa bravoure entraîne les moins courageux; arrivant au pied du talus qu'il faut gravir, sous une grêle de projectiles, pour atteindre un retranchement palissadé protégeant le boulevard, elle avise maître Jean: ni lui ni ses couleuvriniers, bonnes gens d'Orléans, n'avaient reculé d'une semelle depuis le commencement de l'assaut; ils se disposaient à franchir la douve du fossé du côté de l'ennemi.

— Eh! mon bon pays! — dit gaiement Jeanne au canonnier, — montons vite là-haut, la redoute est à nous!...

Et la Pucelle, s'appuyant sur la lance de son étendard pour escalader la pente escarpée, a bientôt devancé de quelques pas la ligne des assaillants; enlevés par son exemple, ils atteignent le faîte du talus. Plusieurs tombent morts ou blessés aux côtés de l'héroïne sous une pluie de balles et de traits; la première, elle met le pied dans un étroit chemin de ronde au-delà duquel se trouve le retranchement palissadé; se tournant alors vers ceux qui la suivent, elle s'écrie:

— Aux palissades!... aux palissades!... bon courage!... Les Anglais sont forcés!... je vous le dis, de par Dieu!

Maître Jean et ses hommes abattent les pieux à coups de hache, la brèche est pratiquée, le flot des assaillants fait irruption par cette trouée comme un torrent par la porte d'une écluse; une mêlée furieuse s'engage corps à corps avec les Anglais.

— En avant! — crie Jeanne, conservant son épée au fourreau et agitant seulement sa bannière; — le ciel nous protège! en avant!

— Voyons si le ciel te protège, damnée sorcière! s'écrie un chef anglais, et il assène un furieux coup d'épée sur la tête de la Pucelle;

mais son casque la préserve ; elle reçoit en même temps un coup de masse d'armes qui fausse son armure à l'épaule droite. Un moment étourdie de ces rudes atteintes, elle chancelle, maître Jean la soutient, deux de ses canonniers la couvrent de leur corps ; mais bientôt elle reprend ses esprits, se redresse, se précipite au plus fort de l'action. L'élan des miliciens est irrésistible, le boulevard est jonché de cadavres des deux partis ; les Anglais, refoulés, cèdent de nouveau à la terreur superstitieuse que leur inspire la Pucelle, se retranchent dans les nombreux bâtiments de charpente servant de caserne à la garnison de la bastille et de logement à ses capitaines. La lutte continue acharnée, sans merci ni pitié, à travers les espèces de rues qui séparent ces vastes constructions de bois ; chaque demeure des chefs, chaque caserne, devient une redoute qu'il faut emporter. Les Français, enflammés par la présence de la Pucelle, les attaquent, les enlèvent ; les Anglais survivant à la furie de ce premier assaut défendent le terrain pied à pied, parviennent à se retirer en bon ordre dans l'église qui couronne la redoute, église aux murailles épaisses surmontées d'un haut clocher. Retranchés dans ce fort dont ils barricadaient intérieurement la porte, leurs archers, abrités par les murs de l'édifice, visant à travers d'étroites meurtrières, criblent les assaillants de leurs traits ; d'autres Anglais, postés sur la plate-forme du clocher, font rouler sur l'ennemi des pierres énormes dont provision a été faite à l'avance. Les Français, réunis en masse sous les contre-forts de l'église et complètement découverts, sont écrasés, décimés, par des ennemis invisibles dont pas une flèche ne manque son but. La Pucelle voit l'hésitation succéder à l'entraînement des siens. Elle s'élance sa bannière à la main. Victoire à la Gaule !

— Enfoncez la porte ! entrons hardiment dans l'église ; elle est à nous de par Dieu !...

Maître Jean et quelques hommes déterminés attaquent, mais en vain, à coups de hache la porte revêtue d'une armature de fer, tandis qu'une grêle de traits, lancés par d'étroites ouvertures pratiquées dans le bâtiment en retour, pleuvent sur le coulevrinier et ses compagnons ; plusieurs d'entre eux tombent à ses côtés, un vireton lui perce le bras. Les Anglais retranchés au sommet de la tour de l'église scient la charpente de la toiture du clocher, puis, à l'aide de leviers, la renversent sur les assaillants ; grand nombre d'entre eux sont ensevelis sous cette avalanche de pierres, d'ardoises, de chaîneaux de plomb et de poutres ; les survivants, terrifiés, vont céder à la panique et s'enfuir de la redoute.

— En avant ! — s'écrie Jeanne ; — nous manquions de poutres, les *goddons* nous en envoient !... Prenez le plus gros de ces madriers, il vous servira de bélier, la porte cédera, nous aurons ces Anglais, fussent-ils cachés dans les nues. La victoire est à nous, de par Dieu.

Les soldats, ranimés par ces paroles, obéissent à la Pucelle ; maître Jean, malgré sa blessure, dirige la manœuvre. On dégage des décombres une poutre énorme, vingt hommes la soulèvent ; ils l'emploient en guise de bélier pour enfoncer la porte de l'église. Soudain des soldats qui, du haut du parapet de la redoute, dominaient au loin la plaine, s'écrient :

— Nous sommes perdus ! l'ennemi sort en grand nombre de la bastille de Saint-Pouaire !

— Il va nous prendre à revers !

— Nous allons nous trouver entre ces troupes fraîches et les Anglais retranchés dans l'église !

Ce mouvement, habilement prévu par Jeanne, qui avait donné les ordres nécessaires pour le neutraliser, s'opérait en effet.

— Ne craignez rien ! — dit la guerrière à ceux qui l'entouraient, atterrés de cette nouvelle ; — une troupe de réserve va sortir de la ville et couper le chemin aux Anglais. Ne regardez pas derrière vous, mais devant vous !... Hardi ! enlevons l'église !...

A peine Jeanne achevait-elle ces paroles, que les tintements précipités du beffroi de la cité se font entendre. Bientôt un corps de cavalerie, suivi de près par une des compagnies d'infanterie débouchant d'Orléans à grands pas et en bon ordre, se met en bataille sur le chemin de la Sologne, tracé entre la bastille de Saint-Loup et celle de Saint-Pouaire, dont la garnison venait d'effectuer une sortie ; mais ces Anglais, intimidés par l'attitude résolue du corps de réserve, commandé par le maréchal de Saint-Sever, s'arrêtent, puis rentrent dans leurs retranchements. Les soldats de Jeanne, voyant ainsi ses paroles réalisées, croient à sa prescience divine ; désormais certains de n'être pas attaqués à revers, enflammés par leur premier succès, ils redoublent d'efforts pour s'emparer de l'église. Deux madriers énormes manœuvrés, comme des béliers par vingt hommes à la fois, ébranlent la porte massive bardée de fer, malgré les traits des Anglais ; les mourants, les blessés sont remplacés par leurs compagnons. Jeanne, intrépide, debout près d'eux, sa bannière à la main, les encourage de la voix et du geste, échappant à la mort, grâce à l'excellence de la trempe de son armure. Enfin la porte cède sous les coups réitérés des poutres, elle tombe au dedans de l'église ; mais une bombarde intérieurement placée en face du portail vomit, avec une détonation terrible, une décharge de balles d'artillerie et de morceaux de fer sur les assaillants. Bon nombre sont mortellement atteints ; les autres se précipitent dans la vaste et sombre basilique, où s'engage de nouveau un combat opiniâtre, sanglant. Il se poursuit de marche en marche, dans l'escalier de la tour, jusque sur la plate-forme découronnée de sa toiture, du haut de laquelle les Anglais sont précipités dans l'espace; enfin, au moment où le soleil rougissait de ses derniers rayons. les eaux paisibles de la Loire, l'étendard de Jeanne flottait au sommet de l'église, aux cris mille fois répétés des vainqueurs :

— Noël! Noël à la Pucelle!

La victoire gagnée, l'ivresse de la bataille dissipée, l'héroïne redevint la jeune fille remplie de tendre commisération pour les vaincus. En descendant du clocher, où sa valeur l'avait emportée, elle pleura, voyant les marches, rougies de sang, disparaître à demi sous les cadavres; elle supplia les soldats de cesser le carnage, d'épargner les prisonniers. Parmi ceux-ci se trouvaient trois capitaines ; espérant échapper à la mort, ils avaient endossé des habits sacerdotaux, oubliés dans un coin de la sacristie depuis que les Anglais s'étaient emparés de l'église de Saint-Loup. On trouva ces trois faux clercs réfugiés au fond d'une chapelle obscure; les vainqueurs voulaient les massacrer, Jeanne s'y opposa, disant que la vie des prêtres était sauve ; d'autres, encore épargnés à sa prière, furent emmenés captifs. Les casernes, les logements de la route, construits en charpente et recouverts de planchettes, furent livrés aux flammes ; cet immense incendie, luttant contre les premières ombres de la nuit, jeta la consternation dans les autres redoutes anglaises et éclaira le départ des Français.

Lorsque Jeanne, à la lueur des torches, rentra dans Orléans à la tête des citoyens de la ville, le beffroi de la maison commune, toutes les cloches des églises, sonnèrent à grande volée, les canons retentirent, tout dans la ville était joie, espérance, enthousiasme; la Pucelle, par son premier triomphe, venait de donner le *signe* qu'elle était véritablement envoyée de Dieu. Elle fut accueillie comme une libératrice par la foule idolâtre.

Jeanne à son retour chez maître Jacques Boucher, dont la femme et la fille la couvrirent de caresses, Jeanne assembla les capitaines et leur dit : « — Dieu nous a soutenus jusqu'ici, messires; mais nous ne sommes qu'au commencement de notre tâche, achevons-la promptement... Aide-toi, le ciel t'aidera !... Il faut demain, au point du jour, profiter du découragement que notre victoire d'aujourd'hui aura jeté parmi les Anglais, retourner hardiment à l'attaque et enlever les autres bastilles. »

Mais, hélas! la fin de cette journée si glorieuse pour la guerrière devait remplir son âme d'amertume. Dunois, Lahire, Xaintrailles, beaucoup moins malveillants pour Jeanne que les autres capitaines, reculèrent devant sa courageuse résolution et la taxèrent de témérité ; profitant de cette indécision funeste, Gaucourt et le parti ouvertement hostile à la Pucelle firent déclarer par le conseil de guerre « qu'en présence de la solennité religieuse du lendemain jeudi, fête de l'Ascension, il serait outrageusement impie d'aller au combat, et que le conseil se réunirait seulement vers le milieu du jour, afin d'aviser aux déterminations à prendre. »

Cette décision déplorable donnait aux Anglais le temps de se remettre de leur défaite et faisait courir le risque de perdre les fruits de la première victoire de Jeanne. L'aveuglement, la perfidie ou la couardise de ces gens de guerre l'indignèrent; navrée, elle se retira dans sa chambre, où, pleurant, elle s'agenouilla, suppliant ses bonnes saintes de la conseiller. Puis, les yeux encore mouillés de larmes, que Madeleine, sa compagne, essuyait, triste et surprise, ne pouvant comprendre la cause des chagrins de son amie après une si glorieuse journée, Jeanne s'endormit, évoquant dans sa pensée, afin de se réconforter, ce passage de la prophétie de *Merlin* déjà si miraculeusement accompli :

« — Oh ! que je vois de sang ! que je vois de sang !... Il fume ! sa vapeur monte, monte, comme un brouillard d'automne, vers le ciel, où gronde la foudre, où luit l'éclair !...

« — A travers ce brouillard sanglant, je vois une vierge guerrière; blanc est son coursier, blanche est son armure...

« — Elle bataille, bataille et bataille encore, au milieu d'une forêt de lances, et semble chevaucher sur le dos des archers ennemis ! »

Journée du jeudi 5 mai 1429

Jeanne, malgré l'ingénuité de son caractère loyal, ne pouvait plus douter du méchant vouloir ou de la jalousie des chefs de guerre à son égard; ils invoquaient hypocritement la sainteté du jour de l'Ascension, afin de paralyser, grâce à leur inertie calculée, les desseins de la guerrière. En cette extrémité, elle demanda conseil à *ses voix* mystérieuses ; plus que jamais elles furent l'écho de son excellent jugement, de son patriotisme et de son génie militaire. Ces voix mystérieuses lui répondirent :

— Ces capitaines, ainsi que presque tous les nobles qui font de la guerre un métier, sont dévorés d'envie. Leur haine jalouse s'irrite contre toi, pauvre fille des champs, parce que ton génie les écrase; ils aimeraient mieux que les Anglais s'emparassent d'Orléans que de voir le siège levé par ta vaillance. Peut-être n'oseront-ils pas refuser ouvertement de te seconder, de peur d'exciter l'indignation de leurs propres soldats, et surtout des milices bourgeoises et du populaire d'Orléans; mais ces chevaliers s'opposeront traîtreusement à tes projets, jusqu'au jour où l'exaspération générale les forcera de te suivre avec leurs bandes mercenaires. Tu ne peux donc compter, pour accomplir ta mission libératrice, que sur toi, sur les échevins et sur les milices urbaines d'Orléans. Ceux-là ne se battent pas par vaine gloire, par métier, ils combattent pour défendre leur foyer, leur famille, leur cité; ceux-là te chérissent, te respectent. Tu es leur ange sauveur; leur confiance en toi, encore augmentée par la victoire d'hier, est aujourd'hui sans bornes; appuie-toi hardiment sur ces braves gens, tu triompheras des envieux et de l'ennemi avec l'aide de Dieu!

Ce conseil donné par les voix des esprits de Jeanne la réconfortèrent. Elle apprit, en outre, dès le matin, que la prise de la bastille de Saint-Loup avait un immense résultat. Cette bastille, commandant à la fois la route de Sologne, du Berry, et le passage de la Loire, en amont d'Orléans, empêchait l'arrivage des approvisionnements ou des renforts; mais les paysans des environs, instruits de la destruction de cette formidable redoute, et sachant le passage libre, amenaient déjà des vivres à la ville comme en un jour de marché. Grâce à ces provisions et à l'entrée du convoi de la veille, l'abondance succédait à la disette, et de cette heureuse fortune les habitants glorifiaient Jeanne. Autre résultat précieux: de nombreuses bandes, armées de leur mieux, fanatisées par les récits que l'on faisait de la Pucelle, entraient dans la cité du côté de la Sologne, offrant leur concours pour marcher contre les Anglais avec la milice urbaine. L'héroïne sentit dès lors quel puissant contre-poids elle pouvait opposer au mauvais vouloir des capitaines; elle résolut d'agir en conséquence, chargea Daulon, son écuyer, de convoquer pour l'heure de midi, chez maître Boucher, après la grand'messe, les chefs de guerre et les échevins, insistant beaucoup auprès de son hôte pour que nul de ces magistrats ne manquât au conseil; puis voulant mettre la matinée à profit, elle pria Madeleine de lui procurer les habits de l'une des servantes de la maison et une mante à capuchon, quitta ses vêtements d'homme, reprit le costume de son sexe, s'encapa soigneusement afin de n'être pas reconnue dans la ville, gagna les bords de la Loire et prit un batelet, disant au batelier de traverser le fleuve pour aborder à une assez grande distance de la bastille de *Saint-Jean-le-Blanc*, située sur la rive opposée à celle où fumaient encore les débris de la redoute de Saint-Loup.

Jeanne débarqua afin d'examiner, selon son habitude, les retranchements qu'elle se proposait d'assaillir. Non loin de la bastille de Saint-Jean-le-Blanc s'élevait le *couvent des Augustins*, composé de bâtiments massifs puissamment fortifiés. Au delà, les tournelles, véritable citadelle flanquée de hautes tours de charpente, étendaient leur front du côté de la Beauce et de la Touraine, en face du pont d'Orléans, depuis longtemps coupé par l'ennemi. Une autre formidable redoute, celle de *Saint-Privé*, située à gauche, non loin des Tournelles complétait les ouvrages du siège des Anglais au midi de la ville. La guerrière se proposait d'enlever successivement ces quatre positions redoutables, après quoi les Anglais devaient abandonner la place, les autres bastilles de peu d'importance qu'ils occupaient à l'ouest de la ville étant hors d'état de résister après la destruction de leurs principaux travaux de siège. Jeanne observa longuement et à loisir les abords de ces ouvrages, méditant son plan d'attaque; ses habits de femme n'inspiraient aucune défiance aux sentinelles anglaises; ces divers renseignements pris d'un coup d'œil intelligent et sûr, elle regagna son batelet, rentra chez maître Boucher, si bien encapée dans sa mante qu'elle put échapper à tous les yeux. Elle revêtit ensuite ses habits d'homme afin de se rendre à la grand' messe, où elle communia. Les acclamations enthousiastes qui éclatèrent sur son passage à sa sortie de l'Eglise, lui prouvant qu'elle pouvait fermement compter sur l'appui du peuple d'Orléans, elle rentra chez maître Jacques Boucher, où étaient convoqués les chefs de guerre et les échevins. Le conseil se réunit, mais Jeanne n'y fut pas tout d'abord mandée.

A ce conseil assistaient les magistrats de la cité, ainsi que Xaintrailles, Dunois, les maréchaux de Retz et de Saint-Sever, le sire de Graville, Ambroise de Loré, Lahire et autres chevaliers. Le sire de Gaucourt présidait l'assemblée en sa qualité de capitaine royal. La précédente victoire de la Pucelle, victoire où plusieurs de ceux des capitaines qui lui étaient le moins hostiles avaient joué un rôle secondaire, leur inspirait une secrète et amère envie; d'abord ils avaient compté se servir de cette fille des champs comme de l'instrument passif de leurs volontés, utiliser à leur profit son influence et commander par sa voix; il n'en allait point ainsi. Forcés de reconnaître, surtout depuis le combat de la veille, que Jeanne les primait dans le métier des armes, irrités de l'atteinte portée à leur renommée militaire, persuadés que les succès militaires seraient reportés, attribués à Jeanne, ils s'allièrent à ses ennemis, tacitement, dans ce conseil, et adoptèrent à l'unanimité pour le lendemain le plan de bataille que voici:

— « L'on feindrait de vouloir attaquer la forteresse des Tournelles afin de tromper l'ennemi, de le faire sortir des redoutes situées de l'autre côté de la Loire, pour aller au secours des positions menacées; il serait dupe sans doute de cette ruse de guerre, et pendant que quelques détachements continueraient d'escarmoucher du côté des Tournelles, les troupes royales et les compagnies, renforcés de la plus grande partie des milices urbaines, iraient attaquer et prendraient facilement les bastilles où les Anglais n'auraient laissé que de faibles garnisons, dans leur empressement de courir à la défense d'un poste très important. »

Ce plan de bataille, plus ou moins bon au point de vue stratégique, cachait une lâche perfidie, un piège infâme, horrible, tendu à Jeanne... Maître Jacques Boucher, parlant au nom des échevins et répondant au sire de Gaucourt qui venait d'exposer le plan adopté par les chevaliers, fit observer que puisque tel était leur avis, il fallait mander la Pucelle, afin de lui soumettre les projets du conseil.

Le sire de Gaucourt se hâta d'objecter au nom de tous les capitaines :

— « Que l'on *n'était pas certain que cette fille saurait garder le secret sur un sujet si délicat.* Ce doute existant, elle devait seulement être instruite du projet d'attaque contre les Tournelles, *sans être prévenue que cette manœuvre était une feinte, une ruse de guerre*; de sorte que pendant cette escarmouche, commandée par la Pucelle en personne, le gros des troupes irait mettre à exécution le véritable plan de bataille, *dont Jeanne n'aurait pas connaissance.*

Ce piège infernal était habilement tendu; les capitaines, comptant sur l'intrépidité de la guerrière, certains qu'elle marcherait sans hésiter à la tête d'un petit nombre de soldats contre les formidables Tournelles, ne doutaient pas que, dans cet assaut aussi meurtrier qu'inégal, elle ne fût tuée ou prise, pendant que les chefs de guerre, sortant d'Orléans par le côté opposé, à la tête du gros des troupes, iraient attaquer les autres bastilles, presque entièrement abandonnées des Anglais, venus à l'aide des défenseurs des Tournelles. Enfin, Jeanne ayant hautement déclaré la veille, contre l'opinion des chevaliers, « que la levée du siège d'Orléans dépendant presque entièrement de la prise des Tournelles, il fallait sans retard attaquer cet ouvrage important », elle croirait son avis enfin adopté par le conseil de guerre après mûres réflexions, et, emportée par son courage, marcherait à un combat où elle devait être tuée. Ainsi s'accomplirait le complot tramé de longue main par La Trémouille, Gaucourt et l'évêque de Chartres.

Les échevins, malgré leur défiance des capitaines, ne soupçonnèrent pas l'abominable guet-apens que l'on tendait à la guerrière. Elle fut introduite; Gaucourt lui fit connaître la décision du conseil, omettant surtout d'ajouter :

— « que l'attaque des Tournelles ne serait qu'une feinte. » La Pucelle, douée d'un rare bon sens et d'une extrême sagacité, avait eu trop de preuves de l'opposition constante apportée jusqu'alors à ses desseins par les capitaines pour ne pas être étonnée de les voir soudainement adhérer à un projet si vivement blâmé la veille; aussi, pressentant quelque embûche, elle écouta silencieusement Gaucourt, allant et venant dans la salle d'un air pensif, puis s'arrêta, attacha son loyal et beau regard sur le traître et lui dit fièrement :

— Messire Gaucourt, ne me cachez rien de ce qui a été résolu; j'ai su et je saurai bien garder d'autres secrets que le vôtre.

Ces paroles, où se révélait la méfiance de la Pucelle envers ces chevaliers, les confondirent; ils s'entre-regardèrent muets, troublés. Dunois, le moins mauvais d'entre eux, éprouva un remords, il ne put se résoudre à demeurer complice de cette exécrable trahison; mais, sans toutefois la dévoiler, il reprit :

— Jeanne, *ne vous courroucez pas*, l'on ne peut tout vous dire à la fois... l'on vous a fait connaître la première partie de notre plan de bataille; maintenant, je dois ajouter que l'attaque des Tournelles sera une feinte, et pendant que les Anglais viendront au secours des leurs en traversant la Loire, nous irons attaquer du côté de la Sologne leurs bastilles, qu'ils auront laissées à peu près dégarnies de combattants.

Malgré ces tardives explications, l'héroïne ne douta plus de la perfidie de ces hommes de guerre, mais leur cacha sa douloureuse indignation; et, forte de sa supériorité militaire, leur déclara net, avec sa franchise rustique, que le plan de bataille du conseil était détestable et, qui pis est... honteux. Ne se réduisait-il pas à une ruse de guerre non seulement couarde à l'excès, mais des plus funestes en ces circonstances ? Ne fallait-il pas, en continuant à exalter leur bravoure par des entreprises hardies, au besoin téméraires, relever le moral des défenseurs de la ville, si longtemps abattu ? les convaincre que rien ne pouvait plus résister à leur vaillance ? Or, en supposant la réussite de cette piteuse feinte, quelle misérable victoire ! aller attaquer un ennemi que l'on sait absent, et, grâce à des forces cinq ou six fois supérieures en nombre, écraser une poignée d'hommes ! Exposer ainsi les vainqueurs à un lâche triomphe, alors qu'avait sonné l'heure des résolutions héroïques ! cent fois mieux vaudrait cent fois une glorieuse défaite !... Enfin, admettant le succès de cette ruse de guerre, que détruirait-on ? Quelques redoutes à peine défendues; mais sans importance depuis la prise de la grande bastille de Saint-Loup, qui seule coupait les communications de la Sologne et du Berry avec Orléans. Asssurément ce plan était détestable.

Ce plan de bataille était donc de tous points mauvais et inopportun; il fallait, au contraire,

Le départ pour le combat

le lendemain matin, non pas *feindre* d'attaquer, mais attaquer réellement, audacieusement les Tournelles, en passant la Loire un peu au-dessus de Saint-Jean-le-Blanc, première redoute à enlever, ensuite on marcherait contre le couvent fortifié des Augustins, puis contre les Tournelles. Ces positions emportées, les Anglais, hors d'état de tenir un jour de plus dans leurs autres bastilles, seraient forcés de lever le siège d'Orléans.

Tel était son plan de bataille à elle, Jeanne, et rien au monde ne la ferait dévier de sa résolution, *ses voix* l'ayant inspirée de par Dieu ! Elle était donc décidée, dans le cas où les chefs de guerre s'opposeraient à son projet, de le mener malgré eux à bonne fin, réclamant seulement l'aide des échevins et des milices de la bonne ville d'Orléans, que le Seigneur prendrait sous sa protection, parce que ceux-là défendaient leur cité, la France et le roi contre les Anglais. Elle ferait donc, le jour même, convoquer la milice pour le lendemain à l'aube; et, suivie ou non des capitaines et de leurs bandes, elle irait droit à l'ennemi.

Le projet de Jeanne, exposé d'une voix ferme, complètement approuvé par les échevins, souleva les plus violentes objections de la part des chevaliers; ils le déclarèrent aussi hasardeux qu'impraticable. Le sire de Gaucourt résuma les avis de ses complices en s'écriant avec une hauteur méprisante, « qu'après tout, le conseil des chefs de guerre avait pris une décision, qu'elle serait maintenue, et *qu'ils s'opposeraient par la force, s'il le fallait, à ce que les gens d'Orléans tentassent le lendemain une attaque, et que telle était la volonté du conseil.* »

— Votre conseil a décidé, dites-vous ? — reprit Jeanne avec une assurance sereine.— Mon

123ᵉ livraison

conseil, à moi, a aussi décidé..... c'est celui de Dieu; je lui obéirai malgré vous!...

Et la Pucelle sortit pénétrée d'une profonde douleur causée par la perfidie et la méchanceté de ces gens de guerre; mais fermement résolue de mettre un terme à tant de funestes retards, et d'accord avec les échevins de ne demander au besoin, le salut de la cité qu'à la bravoure de ses citoyens. Jeanne s'occupa des préparatifs de l'attaque du lendemain, elle chargea les échevins de rassembler bon nombre de grands bateaux destinés à transporter les combattants, à la tête desquels elle devait, à l'aube, attaquer les Anglais du côté des Tournelles.

Journée du vendredi 6 mai 1429

Le sire de Gaucourt était venu, avant le point du jour, avec une troupe de soudards des compagnies, prendre le commandement de la porte de Bourgogne, par où devait passer Jeanne, afin de se rendre au bord de la Loire pour y effectuer l'embarquement de ses troupes. Gaucourt ordonna aux soldats, qu'il posta sous la voûte, de ne laisser sortir personne de la ville, d'user de leurs armes contre quiconque voudrait violer leur consigne; puis, se retirant à quelques pas, enveloppé dans sa cape et prêtant l'oreille de temps à autre du côté de l'intérieur de la ville, le traître attendit.

L'aube ne tarda pas à paraître; ses premières lueurs blanchirent l'horizon, sur lequel se dessinaient les tours crénelées de la porte de Bourgogne. Bientôt une rumeur lointaine attira l'attention de Gaucourt; cette rumeur augmentait en s'approchant, il reconnut le bourdonnement d'une foule considérable et le cliquetis des armes; il réitéra ses ordres à ses soldats, et se tint dans l'ombre de la voûte qui reliait les deux tours élevées à cette entrée de la ville. Au bout de peu d'instants déboucha dans la rue conduisant à la porte de Bourgogne une colonne compacte, marchant en bon ordre, composée de la milice urbaine et de paysans des environs, entrés dans Orléans depuis la prise de la bastille de Saint-Loup; maître Jean et une vingtaine de ses couleuvriniers citadins marchaient aux premiers rangs, traînant sur un chariot deux petites couleuvrines portatives, baptisées *Jeannette* et *Jeannelon* par maître Jean, en l'honneur de sa *payse*; un autre chariot, aussi traîné à bras, contenait les munitions de ces machines d'artillerie. A la tête de la colonne s'avançait la guerrière à cheval, escortée de plusieurs échevins armés qui jusqu'alors avaient pris part à la défense de la cité. L'un d'eux, pour ne pas retarder la sortie des troupes, hâta le pas de sa monture et se dirigea vers la porte, afin de la faire ouvrir; un sergent d'armes, à moitié ivre, saisit la bride du cheval de l'édile, et s'écria grossièrement:

— On ne passe pas, il est défendu de sortir de la ville! Telle est la consigne.

— Les portes de la ville doivent s'ouvrir ou se fermer par l'ordre des échevins... je suis échevin... Vous devez m'obéir.

— J'ai ma consigne, — reprit le soudard en dégaînant; — arrière, sinon, je t'écharpe!

— Misérable ivrogne! oser menacer un magistrat de la ville!...

— Je ne connais que mon capitaine; et puisque tu veux passer malgré ma consigne, tiens!... — ajouta-t-il en portant à l'échevin un coup d'épée qui glissa sur l'armure. En même temps, le sergent s'écria: — A moi mes hommes!

Une vingtaine de soldats accoururent. Déjà ces soudards avinés entouraient, huaient, menaçaient l'édile de la cité, lorsque Jeanne, son écuyer Daulon, son page et les autres échevins, formant la tête de la colonne, arrivèrent sur le lieu de la lutte; alors apparut le sire de Gaucourt, les traits enflammés de colère; il fit signe à ses soldats de s'écarter, s'avança vers l'héroïne et lui dit insolemment:

— Jeanne, hier le conseil de guerre s'est opposé à ton entreprise d'aujourd'hui... tu ne sortiras pas de la ville...

— Vous êtes un mauvais homme! — s'écria la guerrière indignée, — je passerai, que vous le veuilliez ou non! Les gens d'Orléans me suivront... et nous vaincrons les Anglais comme nous les avons déjà vaincus.

Cette fière réponse de la Pucelle aux imprudentes paroles du capitaine royal, entendues par maître Jean et ses couleuvriniers, répétées de rang en rang parmi les miliciens, causèrent une telle exaspération contre Gaucourt, que de toutes parts éclatèrent des cris furieux:

— A mort le traître! Echarpons le capitaine.

— Il ose s'opposer au passage de la Pucelle!

— A mort le traître!... à mort ses soldats, pires que les Anglais!...

Et maître Jean, ses couleuvriniers, ainsi qu'une foule de citoyens armés, assaillirent Gaucourt et ses soudards, les rouèrent de coups de manches de piques; après quoi les plus animés des miliciens, non contents d'avoir à demi assommé le capitaine et sa bande, s'opiniâtraient à vouloir les pendre. Jeanne et les échevins obtinrent à grand'peine la grâce de Gaucourt et des siens. Il avoua, depuis, n'avoir jamais vu la mort de plus près qu'en ce jour-là.

La porte de Bourgogne ouverte, la troupe continua sa marche vers les bords de la Loire, dont les premières lueurs du jour rougissaient les eaux paisibles. Jeanne avait la veille, plusieurs fois, instamment recommandé aux échevins de veiller à ce qu'une vingtaine de grands bateaux de la Loire, appelés *chalans*, capables de contenir cinquante ou soixante hommes chacun, fussent dès le soir amarrés au rivage et prêts, au point du jour, à l'embarquement des troupes. Comme elle n'oubliait aucune mesure de prudence, cinquante soldats devaient rester de guet, durant la nuit, à bord de cette flottille, afin de la défendre au besoin contre un coup de main des Anglais. Les échevins s'étaient eux-mêmes occupés de l'exécution des ordres de la Pucelle ; cependant, sentant s'augmenter sa défiance des chefs de guerre, surtout depuis la récente tentative de Gaucourt, et désirant s'assurer que ses moyens de transport étaient prêts, elle donne de l'éperon à son cheval, devance la colonne, se dirige au galop vers la grève du fleuve, qu'une berge assez élevée dérobait à ses yeux. Quelle est la stupeur douloureuse de la guerrière ! elle ne voit sur le rivage que cinq ou six grands bateaux et quelques batelets ; elle pousse son cheval à mi-corps dans la Loire, afin d'interroger un vieux marinier assis à l'arrière de l'un des chalans ; elle apprend que, vers minuit, un capitaine est venu requérir les bateaux pour le service de l'armée royale. Le vent étant favorable, ce capitaine avait ordre, disait-il, de faire remonter la flottille devers Blois, pour y prendre des renforts. Plusieurs patrons mariniers, entre autres celui qui parlait à Jeanne, avaient répondu qu'ils ne bougeraient de leur ancrage sans contre-ordre des échevins ; mais le capitaine menaçant les nautoniers de les mettre à mal s'ils refusaient de lui obéir, le plus grand nombre d'entre eux, cédant à l'intimidation, croyant d'ailleurs qu'il s'agissait réellement aller chercher des renforts à Blois, avaient orienté leurs voiles dans cette direction. Six chalans, sans compter quelques petites embarcations, restaient seuls ancrés près de la rive.

Cette nouvelle machination des chevaliers poigna le cœur de la guerrière sans abattre son courage, sans troubler sa présence d'esprit ; ses troupes, grâce au nombre de bateaux sur lesquels elle comptait, devaient être mises à terre en deux ou trois voyages, et il en faudrait huit ou dix, afin d'opérer ce débarquement, les moyens de transports étant réduits de plus des deux tiers. Elle perdait ainsi un temps précieux ; les Anglais, épiant sans doute ses mouvements du haut de leur redoute, remarquant le petit nombre de bateaux dont elle disposait, pouvaient tenter une sortie, repousser cette descente en se portant sur le rivage avant que toutes les troupes eussent eu le temps de prendre terre ou de se former en bataille. Jeanne, appréciant le péril extrême de sa position, loin de se décourager, sentit qu'il lui fallait, au contraire, redoubler d'audace, de sang-froid, de prévoyance ; aussi, pleine de foi dans sa mission divine, elle se dit, selon son proverbe favori : *Aide-toi... le ciel t'aidera.*

Le soleil se levait derrière les coteaux boisés de la Loire et les rideaux de peupliers qui ombragent ses bords, lorsque les premiers rangs des miliciens arrivèrent sur le rivage. Leur déconvenue fut d'abord profonde à la vue du petit nombre de bateaux qui les attendaient ; mais Jeanne, ne leur laissant pas le temps de la réflexion, s'écria :

— Que les plus hardis me suivent ! les autres viendront ensuite !...

Ce fut alors à qui se précipiterait dans les chalans, afin d'être compté par l'héroïne au nombre des plus hardis ; elle abandonne sa monture à un valet, se jette dans un batelet, seulement accompagnée de son écuyer, de son page et d'un marinier chargé de ramer ; puis elle circule plusieurs fois autour des bateaux, veillant à ce qu'ils ne soient pas encombrés outre mesure ; chacun des miliciens ayant à grand cœur d'être nombré parmi les intrépides, ils luttaient d'empressement à s'embarquer. Enfin, les chalans remplis, leurs voiles se déploient, le vent, favorable, soufflant alors vers la rive gauche du fleuve, ils s'éloignent de la grève, précédés de plusieurs batelets où se trouvent les échevins, maître Jean et quelques-uns de ses couleuvriniers, les autres étant montés à bord des bateaux avec *Jeannette* et *Jeanneton*, les deux gentilles couleuvrines, placées sur leurs petits chariots. Le premier des batelets d'avant-garde porte la Pucelle, revêtue de sa blanche armure éclairée par les premiers feux du soleil ; debout, immobile à la proue du léger esquif, appuyée sur la lance de son étendard, dont la brise matinale soulève les plis, la guerrière se dessine sur l'azur du ciel comme l'ange de la patrie.

A peine le batelet a-t-il touché l'autre bord de la Loire, que Jeanne s'élance sur la grève, range ses hommes en bataille à mesure qu'ils débarquent ; maître Jean et ses canonniers mettent à terre les deux couleuvrines transportées par l'un des grands bateaux, qui retournent chercher à plusieurs reprises les soldats restés sur le rivage opposé. Ces voyages durèrent plus d'une heure, heure d'impatience, heure d'angoisse inexprimable pour l'héroïne. A chaque instant, elle craignait de voir les Anglais sortir de leurs retranchements afin d'écraser le petit nombre de braves qu'elle commandait ; mais ses craintes furent vaines, la prise héroïque de la bastille de Saint-Loup, tombée la surveille au pouvoir des Français, consternait les Anglais ; attribuant à des sorcelleries le triomphe de la Pucelle, ils n'osèrent la combattre à découvert, et l'attendirent à l'abri de leurs retranchements. Elle augura bien de cette timidité par l'heureux succès de ses armes. Lorsque sa dernière phalange eut opéré son débarquement, Jeanne, à la tête de deux mille hommes, miliciens et paysans, marche droit à la bastille de Saint-Jean-le-Blanc, fortifiée de la même façon que la bastille de Saint-Loup. Maître Jean, afin de protéger la descente des assaillants dans le fossé d'enceinte, établit *Jeannette* et *Jeanneton* sur le revers de la douve, et les pointe contre les parapets de la redoute, dont les bombardes, les machines de traits commençaient de lancer leur projectiles sur les Français ; mais grâce à la précision du tir du couleuvrinier, plusieurs de ces engins de guerre sont renversés. L'assaut devenu ainsi moins meurtrier, la Pucelle et sa troupe traversent le fossé, laissent morts ou blessés bon nombre des leurs, gravissent le revers de l'escarpement, arrivent aux palissades, les forcent ; le blanc étendard flotte bientôt sur le boulevard des retranchements, et après une résistance désespérée, les Anglais, cédant soudain à la panique, tournent casaque, traversent la Loire à un passage guéable, et se retirent en désordre dans une petite île voisine de Saint-Aignan.

L'attaque, rude, sanglante, dura plus de deux heures ; Jeanne, avant d'accorder un moment de repos à ses gens, ordonne que les casernes de la bastille de Saint-Jean-le-Blanc, construites en charpentes, soient livrées aux flammes, afin de ruiner ces ouvrages et de signaler sa nouvelle victoire aux bonnes gens d'Orléans. Après une courte halte, les combattants, exaltés par le triomphe, suivent la guerrière à l'attaque du couvent des Augustins, fortifié puissamment ; il fallait l'enlever avant de commencer le siège des Tournelles, véritable forteresse élevée à l'entrée du pont de la ville. Jeanne, grâce à une protection que ses amis appelaient divine, n'avait pas jusqu'alors été blessée, bien qu'elle eût toujours marché à la tête des siens ; mais grand nombre d'entre eux étaient tombés à ses côtés. Malgré cette réduction notable de ses forces, elle laisse derrière elle la redoute incendiée pour livrer assaut au couvent des Augustins, défendu par plus de deux mille hommes de garnison, auxquels venaient de se joindre un millier de soldats accourus des Tournelles ; grâce à ce renfort, les chefs anglais, au lieu d'attendre l'ennemi à l'abri des fortifications du couvent, se décident à tenter un coup décisif, à livrer bataille en plaine, comptant sur l'avantage du nombre, soutenus qu'ils sont par une partie des troupes de la redoute de Saint-Privé, élevée à droite et à quelque distance des Tournelles, aussi sorties de leurs retranchements afin de prendre à revers les Français. Jeanne, commandant environ quatorze cents hommes, se trouvait en face de plus de trois mille hommes, et menacée sur son flanc droit par un autre corps considérable.

A la vue de la supériorité numérique de l'ennemi, s'avançant en masses compactes couvertes de fer, le rouge étendard de Saint-Georges flottant au vent, la guerrière se recueille un instant, croise ses mains sur son sein cuirassé, lève vers le ciel son regard inspiré ; soudain elle croit entendre la voix mystérieuse de ses saintes murmurer à son oreille : « — Va, fille de Dieu ! attaque audacieusement l'ennemi ; quelle que soit sa force, tu vaincras !

La Pucelle tire pour la première fois son épée, s'en sert pour désigner l'ennemi, se retourne vers ses troupes, saisit son étendard de la main gauche et s'écrie d'une voix éclatante :

— Hardi ! en avant ! Dieu est avec nous !

Ces mots accompagnés d'un geste héroïque, la sublime expression des beaux traits de la guerrière, entraînent les soldats sur ses pas, tous les cœurs sont embrasés du patriotisme qui l'enflamme ; ces hommes ne sont plus eux, mais elle-même ! toutes les volontés semblent concentrées dans une seule volonté ! toutes les âmes fondues en une seule ! en cette heure suprême les miliciens atteignent à ce superbe dédain de la mort dont étaient transportés les Gaulois nos pères lorsque, demi-nus, ils s'élançaient sur les légions romaines bardées de fer, les terrifiant, les ébranlant par leur outre-vaillance. Il en est d'abord ainsi de l'attaque intrépide de la vierge des Gaules : loin de céder au nombre, selon l'espoir des Anglais, elle fond sur eux à la tête de sa troupe ; stupéfaits, épouvantés de tant d'audace, ils mollissent, se rompent, ouvrent leurs rangs, malgré les ordres, les menaces, les imprécations, les efforts désespérés de leurs capitaines ; une large trouée est faite au centre de l'ennemi. Ce premier succès exalte les gens d'Orléans jusqu'au délire de l'héroïsme, ils font rage à coups d'épées, de piques, de masses d'armes ; la trouée s'élargit, sanglante, profonde, le blanc étendard de la Pucelle avance... le rouge étendard de Saint-Georges recule... Les bras des Anglais sont comme paralysés et frappent des coups incertains ; quelques Français seulement sont tués ou blessés. Du côté des Anglais, le sang coule à flots. Suffolk, qui se comportait intrépidement, s'écrie en montrant à ses hommes, égarés par la panique, son épée rougie :

— Voyez ce sang, misérables lâches !... croyez-vous maintenant ces ribauds invulnérables ? vous laisserez-vous vaincre par une vachère ?... Si elle est sorcière, prenons-la, mort-Dieu ! et brûlons-là... le charme cessera !... Mais pour la prendre, il faut combattre ou mourir en soldats de la vieille Angleterre !...

Cet énergique langage, l'exemple de leurs chefs, la certitude de l'infériorité numérique des troupes de la Pucelle, le son retentissant des clairons de la garnison de Saint-Privé accourant au secours des Anglais engagés, raniment leur courage ; la honte, la colère de la défaite, changent leur panique en une exaltation furieuse. Ils reforment leurs rangs, reprennent l'offensive ; malgré les prodiges de vaillance de leurs adversaires, ils les forcent à leur tour de reculer en désordre. Au milieu de cette lutte acharnée, Jeanne eût été tuée sans le dévouement de maître Jean et d'une vingtaine d'hommes déterminés ; ils lui font un rempart de leurs corps, voulant préserver sa vie, si chère, si précieuse à tous. Ils défendent le terrain pied à pied, à chaque instant cette poignée de braves s'éclaircit ; une centaine des leurs, combattant à l'aile gauche, refluent, écrasés par le nombre. Dans ce mouvement de retraite et de confusion, Jeanne est entraînée malgré elle vers le rivage de la Loire, quelques voix éperdues crient déjà :

— Aux bateaux !... sauve qui peut !... Aux bateaux !... La bataille est perdue.

Les Anglais, triomphants, poursuivent la Pucelle de leurs huées, de leurs injures accoutumées ; ils continuent leur marche en avant :

— Ribaude ! Vachère ! Paillarde !
— Nous allons te prendre et te brûler, sorcière ! sacrée garce !

La panique cette fois a gagné les rangs des Français. Ils se débandent, fuient en plein désarroi vers la Loire ; la Pucelle s'efforce en vain de les rallier. Soudain, cédant à une inspiration de son génie, au lieu de résister au courant qui l'emporte, elle le devance, gagne de vitesse les plus agiles des fuyards, en agitant son étendard ; ils la suivent, se joignent à elle, et ainsi forcément se reforment à peu près en ordre. Les huées, les imprécations méprisantes des Anglais redoublent contre la guerrière, surtout lorsqu'ils voient les mariniers, témoins de la défaite, partager la panique générale, hisser en hâte les voiles des bateaux, seul moyen de retraite des Français, et s'éloigner du rivage, de crainte d'être abordés par les vainqueurs. Ceux-ci, dès lors certains du succès de la journée, dédaignent même de précipiter la déroute des fuyards. Acculés à la Loire, les Français vont être noyés ou pris, et Jeanne des premières ; le gros de la troupe des Anglais s'arrête pour pousser trois hourras de triomphe, quelques compagnies s'avancent seules, avec une lenteur dérisoire, afin d'opérer une capture si facile.

— Allons, Jeanne, allons ! — crient de loin les chefs, — allons, ribaude ! rends-toi !... Tu seras brûlée, sorcière ! c'est ton destin !...

Cette présomptueuse confiance de l'ennemi donne le temps à l'héroïne de reformer en bataille ses gens accourus vers la Loire.

— Prisonniers ou noyés ! — dit-elle en leur montrant les bateaux éloignés du rivage. — Encore un effort... et, de par Dieu, nous vaincrons, comme nous avons déjà vaincu ! Attaquons d'abord l'avant-garde des Anglais, qui croit déjà nous tenir... Hardi ! en avant !...

Et, faisant volte-face, elle court à l'ennemi.
— Hardi ! en avant ! en avant !... — répètent maître Jean et les plus déterminés des citadins d'Orléans en suivant la guerrière.
— Hardi ! en avant ! — répètent leurs compagnons. Exterminons tous les Anglais.

Ce n'est plus du courage, ce n'est plus de l'héroïsme, c'est une frénésie surhumaine qui transporte cette poignée de Français et décuple leurs forces. Les compagnies ennemies détachées en avant-garde pour s'assurer d'une capture qu'ils croyaient assurée, stupéfaites de ce mouvement offensif, ne peuvent tenir contre l'irrésistible choc de ce suprême élan du désespoir et du patriotisme ; ramenées en désordre, l'épée dans les reins, vers le corps de bataille, elles culbutent ses premiers rangs, y jettent l'épouvante, la confusion.

Les craintes superstitieuses des Anglais, portées à leur comble par le premier avantage de Jeanne, reprennent sur eux un nouvel empire, justifié par l'audace inouïe de ces hommes qui, naguère en fuite, retournent à l'attaque avec intrépidité. Les premiers rangs de l'ennemi enfoncés, l'alarme se propage d'autant plus vive, qu'en la partageant ceux qui se trouvent éloignés du centre de l'action ignorent la cause de cette brusque déroute. On se heurte, on se foule, on s'écrase, les ordres des chefs se perdent au milieu de cet effroyable tumulte, leurs efforts sont impuissants à conjurer cette défaite ; les cris des premiers fuyards : — « La sorcière a déchaîné sur nous ses démons ! » se répètent de bouche en bouche. Pour comble d'effroi, les Anglais de la bastille de Saint-Privé, arrivant au secours des leurs, aperçoivent les bateaux, d'abord éloignés de la rive, y revenir encombrés de soldats, après avoir touché à l'autre bord, où étaient arrivées les compagnies des chefs de guerre ; ceux-ci, cédant à l'exaspération des habitants d'Orléans, se décidaient à opérer leur jonction avec la Pucelle. A la vue de ce renfort, les Anglais regagnent le couvent des Augustins, ceux de Saint-Privé pareillement, ceux des Tournelles également ; aussi, lorsque les troupes amenées par le maréchal de Saint-Sever et autres chevaliers débarquaient sur la plage, la guerrière se préparait à attaquer le couvent des Augustins, ne voulant pas donner à l'ennemi le temps de se remettre de sa panique. Jeanne, soutenue par les renforts des capitaines, s'élance à l'assaut du couvent ; au moment où, la première, elle mettait le pied dans un étroit passage conduisant aux palissades qu'elle voulait forcer, elle pousse un grand cri, sentant des dents de fer la saisir, la mordre un peu au-dessus de la cheville, broyer le fer de son jambard, et ne s'arrêter qu'à l'os de sa jambe... elle avait mis le pied dans l'une des chausses-trappes disposées à l'avance par les Anglais en cet endroit. Ruse de guerre.

La douleur fut si vive, que Jeanne, déjà épuisée par les fatigues de la journée, s'évanouit et tomba entre les bras de Daulon, son écuyer. Lorsqu'elle revint à elle, le jour finissait, les retranchements étaient emportés, leurs défenseurs tués ou prisonniers. On avait transporté l'héroïne dans le logement de l'un des capitaines anglais tué pendant le combat; elle se vit entourée des chefs de guerre. Son écuyer s'apprêtait à déboucler son jambard, afin de panser sa blessure; mais, rougissant de pudeur à l'idée d'exposer sa jambe nue aux regards de ces hommes, Jeanne refuse obstinément ses soins, et ne songeant qu'à profiter de la prise du couvent des Augustins, elle défend de l'incendier, ordonne d'y loger pendant la nuit une forte garnison qu'elle conduira le lendemain matin à l'attaque des Tournelles. Après ces ordres et d'autres encore, donnés particulièrement à maître Jean avec cette sagacité militaire si remarquable en elle, la guerrière demanda d'être reconduite en bateau à Orléans, se sentant incapable de marcher à cause des douleurs que lui causait sa blessure. Le couvent des Augustins s'élevait presque sur les bords de la Loire; Daulon, maître Jean, quelques-uns des couleuvriniers portèrent Jeanne jusqu'à la rive du fleuve sur un brancard improvisé avec des bois de lances, la placèrent dans un bateau où quelques-uns entrèrent, ainsi que son page et son écuyer; puis l'on fit force de rames vers Orléans, où la guerrière put débarquer à la nuit. Jeanne pria Daulon d'étendre son manteau sur le brancard où elle fut replacée au sortir du bateau, désirant, par modestie, n'être pas reconnue durant le trajet du quai au logis de son hôte; car toutes les fenêtres étaient illuminées. Mais, invisible à tous, elle fut témoin de la joie délirante qu'inspirait son dernier triomphe à la population répandue dans les rues : on eût dit une soirée de fête, l'espérance épanouissait tous les visages. La Pucelle avait, en deux jours, détruit ou enlevé trois des plus redoutables fortifications des Anglais, délivré grand nombre de prisonniers; il s'en trouvait plus de huit cents dans le couvent des Augustins; en vertu de la confiance qu'elle inspirait, l'on ne doutait plus du bon succès de l'assaut du lendemain; les Tournelles seraient enlevées, et, ainsi qu'elle l'avait promis de par Dieu, l'ennemi lèverait le siège d'Orléans. Victoire à la Gaule!

La Pucelle, cachée sous le manteau qui la couvrait, fut transportée chez Jacques Boucher. Sa femme et sa fille, aussi instruites de la victoire du jour par la clameur publique, mais pleines d'anxiété sur le sort de la victorieuse, la voyant apportée étendue sur un brancard, furent d'abord saisies d'effroi; mais bientôt Jeanne les rassura, leur promettant qu'avec leur aide elle pourrait monter à sa chambre. Là, elle reçut de ses hôtesses les soins empressés dont sa chasteté n'avait pas à s'offenser. Madeleine et sa mère, ainsi que toutes les femmes de ce temps-ci, possédaient quelques notions du pansement des plaies; elles appliquèrent l'huile, le baume, le lin, sur la blessure de l'héroïne, après l'avoir désarmée, remarquant avec inquiétude son armure faussée, éraillée, ou même fortement entamée en vingt endroits par des coups de lance ou d'épée. De nombreuses contusions, bleuâtres, douloureuses, résultant de tant de chocs, amortis grâce à sa cuirasse et à ses brassards, meurtrissaient çà et là le corps de Jeanne, ressentant seulement alors les souffrances, les fatigues, auxquelles sa vaillante énergie l'avait rendue insensible durant l'acharnement du combat. Elle prit un peu de nourriture, fit sa prière du soir, remercia Dieu et ses saintes de l'avoir soutenue dans ces luttes sanglantes, implorant leur aide pour la bataille du lendemain. La guerrière se préparait à demander au sommeil un repos réparateur, lorsque maître Boucher, ayant frappé à la porte, demanda d'être introduit près de Jeanne pour un motif aussi urgent qu'important. Elle s'enveloppa en hâte de l'une des robes de Madeleine afin de recevoir la visite de son hôte, et fut tout d'abord frappée de l'indignation, du courroux, dont ses traits étaient empreints; car, en entrant, il s'écria devant sa femme et sa fille, non moins inquiètes que la guerrière :

— Quelle imprudence! j'ai peine à le concevoir! Savez-vous, Jeanne, qui je viens de voir à l'instant?... Le sire de Gaucourt...— Et à un mouvement interrogatif que fit la guerrière, son hôte ajouta : Croiriez-vous que cet homme a déjà oublié la rude leçon de ce matin? Croiriez-vous qu'à son instigation *les capitaines, réunis ce soir après souper, ont décidé que : vu le petit nombre des compagnies d'hommes d'armes réunies dans Orléans, le conseil de guerre s'oppose à la bataille de demain, déclarant que l'on doit se tenir satisfait des succès remportés jusqu'ici, attendre des renforts... et jusqu'à leur arrivée, ne rien tenter contre les Anglais.* Je suis chargé, Jeanne, de vous faire connaître à l'instant cette détermination, afin que vous vous y conformiez...

— C'est une odieuse trahison! — s'écria dame Boucher, fort étrangère au métier des armes, mais frappée de l'indignité de la décision des chevaliers. — Quoi! rester dans nos murs à la veille d'un dernier triomphe qui doit délivrer la cité!

— J'ai parlé en ce sens au sire de Gaucourt, — poursuivit Jacques Boucher. — J'ai consenti à communiquer à Jeanne le résultat du conseil des capitaines, déclarant d'avance que j'étais certain qu'elle refuserait de leur obéir, et qu'en ce cas, l'appui des échevins et des bonnes gens d'Orléans ne lui manquerait pas...

— Vous avez répondu, messire, ce que j'aurais répondu moi-même, — reprit la guerrière avec un sourire d'une amertume navrante, provoqué par cette nouvelle preuve de la perfidie de ces gens de guerre. — Rassurez-vous... Vos vaillantes milices occupent cette nuit le couvent des Augustins; dès demain, au point du jour, j'irai les rejoindre afin de les conduire à l'assaut, et, avec l'aide du ciel et leur courage, nous enlèverons les Tournelles. Quant au méchant vouloir des capitaines, j'ai un moyen certain d'en triompher; c'est pourquoi, je vous ai demandé de me faire escorter demain à l'aube par les trompettes de la cité. Bonsoir, messire, ayez confiance et courage; la bonne ville d'Orléans sera délivrée de par Dieu!...

Jacques Boucher se retira, suivi de sa femme, Madeleine resta seule auprès de la guerrière; elle se mit au lit. Cédant cependant à un vague pressentiment, Jeanne pria sa compagne, à qui elle avait ingénuement avoué sa complète ignorance de l'écriture et de la lecture, d'écrire à Isabelle Darc, sa mère, une lettre qu'elle dicta, lettre simple, touchante, respectueuse, où perçait à chaque mot son amour pour sa famille et le souvenir de ses jours heureux passés à Domrémy; dans cette missive, elle n'oubliait ni ses amies du village, ni même le bon vieux sacristain qui pour la satisfaire, au temps de son enfance, alors qu'elle aimait si passionnément le son des cloches, prolongeait à dessein la sonnerie des matines ou de l'*Angelus*. Cette lettre, empreinte de sentiments graves, religieux et doux, témoignait d'une appréhension confuse, au sujet des chances meurtrières de la bataille du lendemain. Madeleine, qui plus d'une fois avait essuyé ses larmes en écrivant sous la dictée de la guerrière, fut frappée de cette appréhension, et dit d'une voix tremblante :

— Hélas! Jeanne, craignez-vous qu'il vous arrive malheur?

— Que la volonté du ciel soit faite! chère Madeleine; mais, je ne sais pourquoi, il me semble que je dois être encore blessée demain. Ah! je le disais bien, on a eu tort de tarder à m'employer... je ne dois pas vivre longtemps!...

— Et après un moment de silence pensif, Jeanne ajouta : — Dieu vous garde! chère compagne, je vais m'endormir... je ressens une grande fatigue, il faut pourtant que demain je sois sur pied avant l'aube!

Journée du samedi 7 mai 1429

Au point du jour, Jeanne s'arma, aidée par Madeleine; la blessure qu'elle avait reçue à la jambe lui causait une vive douleur; aussi, quoique le trajet fût court depuis Orléans jusqu'au couvent des Augustins, elle avait demandé son cheval. Madeleine, après avoir tendrement embrassé sa compagne, la soutint pour l'aider à descendre les degrés jusqu'au seuil du logis. Là se trouvaient Jacques Boucher, sa femme et une de leurs amies, nommée Colette, épouse du greffier *Millet;* tous trois, déjà levés, attendaient la guerrière pour lui adresser leurs adieux. La tristesse se peignait sur leurs traits en songeant aux nouveaux périls que l'héroïne allait braver; elle calma de son mieux ces appréhensions, recommanda très instamment à Jacques Boucher de faire proclamer dans la cité que, pour le bon succès de l'assaut des Tournelles, ce fort devait être assailli du côté du pont, par les chefs de guerre, au moment où elle commencerait l'attaque du couvent des Augustins. Les capitaines, ainsi forcés de céder à la clameur publique, n'oseraient persister dans leur coupable résolution de la veille; ils prêteraient, bon gré mal gré, leur concours à la guerrière. Elle achevait de donner ces instructions à son hôte, lorsqu'un pêcheur vint proposer à dame Boucher une énorme alose qu'il venait de prendre dans la Loire; Jeanne, afin de ne pas laisser ses hôtes sous une impression de tristesse, dit gaiement à Jacques Boucher :

— Messire, achetez cette alose et gardez-la pour ce soir; je reviendrai par le pont d'Orléans lorsque nous aurons pris les Tournelles, et je vous amènerai un *goddon* (un Anglais) prisonnier, qui prendra sa part de notre souper.

Jeanne, montant à cheval, précédée de son écuyer, de son page et des trompettes de la ville, sonnant par son ordre le réveil et l'appel aux armes, traversa ainsi toute la cité, afin de se rendre à la porte de Bourgogne, où l'attendait maître Jean le canonnier, le syndic des charpentiers, nommé *Champeaux*, et le syndic des pêcheurs, nommé *Poitevin*, tous deux aussi intelligents que résolus.

La Pucelle, en parcourant les rues au bruit retentissant des clairons sonnant l'appel aux armes, voulait mettre les citadins en éveil et leur faire savoir qu'elle partait pour l'assaut, espérant ainsi contraindre les capitaines à la seconder dans un combat d'où dépendait la délivrance d'Orléans; sinon, couverts cette fois d'une honte ineffaçable, exposés à l'indignation populaire par un refus de concours, ils risquaient leur vie. Jeanne en arrivant à la porte de Bourgogne y trouva maître Jean le canonnier, accompagné de Champeaux le charpentier, Poitevin, le marinier. Au premier, elle commanda de façonner promptement, à grand renfort d'ouvriers, un pont volant destiné à être jeté sur la rivière; il remplacerait les deux arches de l'ancien pont de pierre, depuis longtemps coupées par les Anglais, afin d'isoler les Tournelles du boulevard de la ville, en leur donnant la Loire pour fossé; mais cette communication rétablie selon que le voulait la guerrière, permettrait aux capitaines restés dans Orléans de s'avancer jusqu'au pied de la forteresse et de l'assaillir. La pose du pont et le commencement de cette attaque seraient annoncés par le tintement du beffroi; à ce signal, Jeanne marcherait à l'assaut de son côté. Le charpentier promit que tout serait prêt en deux heures. L'écuyer Daulon fut chargé par Jeanne d'aller instruire de ces dispositions les chefs de guerre; puis, prévoyant qu'ils pourraient ne pas exécuter ses ordres, ou combattre mollement, elle commanda au marinier Poitevin de remplir de fagots arrosés de goudron deux grands bateaux de la Loire, et dans le cas où l'attaque par le pont volant n'aurait pas lieu ou serait repoussée, le marinier, assisté de quelques hommes intrépides, devait attacher les brûlots à la charpente et aux pilotis des Tournelles, afin de les embraser. Les Anglais auraient ainsi, derrière eux, l'incendie, et de front, les assaillants.

Maître Jean, selon les instructions de la guerrière à lui données après le combat de la veille, s'était occupé, durant la nuit, à faire transporter sur des chariots grand nombre d'échelles d'escalade devers le couvent des Augustins; puis, à l'aide de ses bons compères, le marinier Poitevin, le charpentier Champeaux, et de leurs artisans, il avait établi deux ponts de bateaux, le premier, jeté de la rive droite de la Loire à la petite île de Saint-Aignan, le second jeté de cette île à une chaussée pratiquée sur la rive gauche du fleuve presque en face de la bastille de Saint-Jean-le-Blanc, détruite précédemment. En ouvrant cette voie aux gens de pied, aux chevaux, aux machines d'artillerie, la Pucelle voulait faciliter le passage des troupes et des canons de maître Jean, ainsi amenés aisément d'Orléans aux abords des Tournelles et assurer la retraite des combattants en cas d'échec, si on avait l'ennemi en forces devant soi.

Jeanne allait atteindre le pont de bateaux, lorsqu'elle fut rejointe par Dunois et Lahire. Ces capitaines, cédant non moins au point d'honneur qu'au cri public de la cité, avertis du départ de Jeanne pour l'assaut, venaient, à la tête de leurs compagnies, prendre part au combat; le commandeur de Girème, le maréchal de Saint-Sever et autres chefs de guerre, devaient, conformément aux ordres de la Pucelle, assaillir de leur côté les Tournelles au premier tocsin du beffroi, signal convenu pour annoncer la pose du pont volant et le commencement de l'attaque sur les deux points à la fois. L'héroïne, suivie de Lahire et de Dunois, arriva devant le couvent des Augustins; les miliciens, formés en bataille dès le point du jour, attendaient avec impatience le moment de marcher à l'ennemi; leurs acclamations accueillirent la venue de Jeanne. Elle voulut, en attendant le moment de l'assaut général, visiter les abords des Tournelles, s'approcha de cette forteresse, défendue par un large fossé, au delà duquel s'élevait un retranchement palissadé; puis un rempart muni d'artillerie, flanqué des tourelles en charpente; ces ouvrages présentaient un front formidable. Déjà les engins d'artillerie de grande portée lançaient à toute volée leurs balles contre maître Jean et ses couleuvriniers, alors en train d'*asseoir* leur canons, afin de les pointer contre les remparts et d'y pratiquer une brèche pour l'assaut. La guerrière, insoucieuse des boulets qui venaient parfois labourer le sol aux pieds de son cheval, examina très attentivement l'*assolement* des bombardes de maître Jean; puis, avec une précision de coup d'œil dont fut confondu le vieux couleuvrinier, elle l'engagea de rectifier la position de quelques engins d'artillerie; il reconnut la justesse des observations de Jeanne, et fit selon qu'elle le désirait. Soudain, le son du beffroi retentit au loin; il devait signaler l'attaque générale, il n'en fut rien : au lieu de commencer l'action de leur côté, les chefs de guerre gagnèrent du temps par de fausses manœuvres, laissèrent Jeanne s'engager d'abord avec ses troupes contre les Anglais, et espérèrent que ceux-ci, n'étant pas obligés de diviser leurs forces, ainsi qu'elle s'y attendait, l'écraseraient en les concentrant. Ignorant cette nouvelle trahison des chevaliers, la Pucelle donna ordre à maître Jean d'ouvrir son feu contre les remparts, pour protéger la descente des troupes dans le fossé; elles s'ébranlèrent, mais ne pouvant supporter l'idée de rester clouée sur son cheval au lieu de prendre une part active à ce combat décisif, la guerrière, malgré sa blessure de la veille, mit pied à terre, surmonta les souffrances aiguës, oubliées bientôt dans l'effervescence du combat, et, son étendard à la main, marcha la première à l'assaut.

Les Anglais étaient commandés par leurs plus illustres chefs, renfermés dans les Tournelles : le *sire de Talbot*, le *comte de Suffolk*, *Gladescat*, et d'autres encore. Ces capitaines, désespérés de leurs défaites récentes, voulaient les venger à tout prix. Cette journée suprême allait décider du sort d'Orléans, peut-être de la puissance anglaise en Gaule; il fallait, par une éclatante victoire, relever le moral des troupes découragées. Les chefs, rassemblant leurs soldats d'élite, vainqueurs dans vingt batailles, leur rappellent leurs succès passés, surexcitent leur orgueil national, raniment leur ardeur martiale, et parviennent à effacer encore une fois de l'esprit de leurs hommes la terreur superstitieuse dont les a frappés la Pucelle. Les Français éprouvent une résistance furieuse, acharnée; trois fois ils montent à l'assaut, ici

Jeanne Darc blessée à l'attaque des Tournelles (page 178)

par la brèche, ailleurs en *eschellant* les Tournelles, trois fois ils sont repoussés, les échelles culbutées, rompues sous le poids de ceux qui les gravissent; une grêle de balles, de traits, de carreaux, de viretons, crible les Français; le fond des fossés se pave de morts, de mourants. Maître Jean, la brèche ouverte, était parvenu à rejoindre la Pucelle au moment où elle s'élançait sur une échelle que des intrépides appliquaient pour la quatrième fois au pied d'une tour élevée; maître Jean suit la guerrière, elle avait déjà gravi quelques échelons, lorsqu'elle est frappée au défaut de son gorgerin et de sa cuirasse par un *vireton*, long trait acéré, lancé par une baliste avec une telle force, que, traversant de part en part l'armure de la Pucelle, il entre à la naissance de son sein, ressort à demi vers la partie inférieure de son épaule et reste engagé dans cette profonde blessure.

L'héroïne, renversée en arrière par la violence du coup, tombe dans les bras du canonnier qui montait derrière elle; il parvient, à l'aide de quelques miliciens, à la transporter défaillante en dehors du fossé. Elle est déposée sur le gazon au pied d'un grand arbre, à peu près à l'abri des projectiles ennemis. Devenant très pâle, elle se sentait, disait-elle, mourir... mais conservait toute sa présence d'esprit et déplorait amèrement l'inertie des capitaines, qui, n'ayant pas attaqué les Tournelles du côté de la ville, compromettaient une victoire certaine sans leur trahison. Soudain l'écuyer Daulon, instruit de la blessure de la guerrière par les rumeurs répandues de proche en proche, accourt, et la voyant si grièvement atteinte, s'écrie que, pour l'empêcher d'être étouffée par le sang, il faut à l'instant délacer sa cuirasse et arracher le fer de la plaie... A ces mots, le pâle visage de Jeanne

124ᵉ livraison

s'empourpre de confusion, sa pudeur se révolte à la pensée d'exposer ses épaules et son sein nus aux regards des hommes dont elle est entourée, appréhension si pénible, qu'elle ne peut retenir ses larmes, larmes touchantes, arrachées non par la douleur du corps, mais par la chasteté de l'âme. Pudeur de vierge.

Maître Jean, maintes fois blessé lui-même, affirme aussi que de laisser quelques moments de plus le fer dans la plaie, c'est exposer les jours précieux de l'héroïne; en effet, de plus en plus oppressée, elle croyait toucher à son agonie, cependant elle ne voulait pas mourir encore: sa mission n'était pas accomplie. Elle invoque ses saintes, se réconforte par cette prière mentale, y puise le courage de se résigner à une nécessité cruelle pour sa pudeur; mais avant de permettre que l'on s'occupe du pansement de sa plaie, Jeanne ordonne de suspendre l'assaut, les troupes ayant besoin de repos. Elle charge Dunois, qui accourt auprès d'elle avec Lahire et Xaintrailles, d'envoyer à l'instant à Orléans l'un des capitaines s'enquérir des causes de la fatale inaction des autres chefs de guerre et de leur enjoindre de commencer dans une heure l'attaque du côté du pont, sinon de faire du moins approcher des Tournelles les brûlots de Poitevin le marinier; le beffroi donnerait le signal de ces opérations. Les trompettes sonnent la retraite aux acclamations triomphantes des Anglais, enivrés de ce premier succès; mais grâce à la vaillante exaltation inspirée par l'héroïne à ses soldats, ils demandent à grands cris de retourner bientôt à l'assaut, afin de la venger. Un cercle de sentinelles, placées à quelque distance de l'arbre au pied duquel on l'avait étendue, contient la foule inquiète, frémissante et désolée. La guerrière, rougissant de confusion, permet à son écuyer de délacer sa cuirasse, et d'une main ferme arrache elle-même le fer de son sein, sans pouvoir étouffer un cri de douleur. Dunois et les autres chevaliers voulaient la faire transporter à Orléans, où elle recevrait, disaient-ils, de meilleurs soins, lui proposant aussi de remettre le combat au lendemain; elle s'y oppose, affirme que si les chefs de guerre la soutiennent, quoique tardivement, du côté d'Orléans, lorsque l'attaque commencera, le succès est certain, et termine en disant à Dunois:

— Que nos gens prennent quelque nourriture; nous retournerons à l'assaut; les Tournelles seront à nous, de par Dieu!

Le fer extirpé de la blessure, la guerrière consentit à se laisser panser; ce que sa chasteté souffrit en ce moment surpassa les plus grandes douleurs physiques... Lorsque, après avoir quitté sa cuirasse et son buffle, elle sentit sa camise de lin, trempée de sang, qui seule voilait encore ses épaules et son sein, écartée par les mains de son écuyer, ému de respect, Jeanne, frissonnant de tout son corps, ferma involontairement les yeux; l'on eût dit qu'elle espérait clore ainsi sous ses paupières les regards qu'elle redoutait... Mais la vierge de la patrie était si sacrée pour tous, que l'ombre même d'une mauvaise pensée ne troubla pas la pureté du pieux attendrissement de ceux-là qui virent ainsi la belle guerrière demi-nue.

Daulon, ainsi que tous les écuyers de profession, était expert en chirurgie; il portait avec lui dans une pochette de cuir suspendue à son côté, du linge, de la charpie, un flacon de baume. Il posa le premier appareil sur la blessure, si dangereuse, selon lui, que Jeanne commettrait une grande imprudence en retournant au combat; elle fut inflexible à ce sujet. Elle éprouvait déjà tant de soulagement, disait-elle, qu'elle ressentait à peine sa plaie; son gorgerin, étroitement relacé, maintiendrait l'appareil; elle demanda seulement, pour apaiser sa soif brûlante, quelques gorgées de breuvage. Maître Jean alla remplir à un ruisseau voisin une gourde à moitié pleine de vin, qu'il offrit à la guerrière; elle se désaltéra, revêtit son armure, se leva debout et fit quelques pas, afin d'essayer ses forces. Ses traits célestes, pâlis par la perte de son sang, reprirent bientôt leur expression sereine et résolue; elle engagea ceux qui l'entouraient à s'écarter pendant un moment, s'agenouilla près du vieux chêne, joignit les mains, se recueillit, pria, remercia ses bonnes saintes de l'avoir délivrée d'un péril mortel, les supplia de la soutenir, de la protéger encore. Presque aussitôt elle entendit les voix mystérieuses murmurer à son oreille:

— Va, fille de Dieu!... courage! combats avec ton audace accoutumée... le ciel te donnera la victoire!... Par toi la Gaule sera délivrée.

L'héroïne, inspirée, se relève, coiffe son casque, saisit sa bannière, appuyée au tronc de l'arbre, et s'écrie d'une voix vibrante:

— Maintenant, à l'assaut!... les Tournelles seront à nous de par Dieu!... Aux armes!... hardi!... en avant!... Victoire à la Gaule.

Ce cri de guerre est répété de proche en proche avec un frémissement de bravoure impatiente. Soudain les sons précipités du beffroi, les détonations des bombardes éclatant du côté de la ville, annoncent enfin la tardive exécution de ses ordres; les chefs de guerre assaillaient les Tournelles par le pont au moment où elle allait de nouveau les attaquer de front. Cette heureuse diversion redouble l'ardeur des soldats de la Pucelle; guidés par elle, ils recommencent l'assaut avec un élan irrésistible;... car, après une lutte opiniâtre, sanglante, prolongée jusqu'à la nuit, les Tournelles furent emportées. Comme la veille, lors de la prise du couvent des Augustins, les derniers rayons du soleil enveloppèrent de leur vermeille auréole les plis flottants de l'étendard de Jeanne Darc, planté sur les créneaux de la forteresse anglaise... L'ennemi était encore vaincu.

Gladescal, qui avait si outrageusement injurié Jeanne, fut tué pendant le combat, ainsi que le seigneur de *Moulin*, le seigneur de *Pommiers*, le *bailli de Trente*, et grand nombre de nobles ou bannerets d'Angleterre ; presque tous leurs hommes furent faits prisonniers, ou furent noyés ou brûlés en voulant fuir, après leur défaite, par le pont volant, au-dessous duquel Poitevin le marinier lança ses brûlots enflammés. Le pont s'embrasa, s'effondra sous les pieds des fuyards qui périrent dans les flammes ou dans les flots.

Selon les prévisions de Jeanne, les garnisons des autres bastilles, au nombre de huit à dix mille hommes, délogeant en hâte pendant la nuit qui suivit la prise des Tournelles, se retirèrent, frappées d'épouvante et de consternation. La guerrière, au point du jour, monte à cheval, rassemble les milices urbaines, quelques compagnies des capitaines, sort en bon ordre de la ville, et va offrir le combat aux Anglais ; mais ils battent précipitamment en retraite, devers Meung et Beaugency, places fortes qu'ils tenaient encore. Ce jour-là, le dimanche 8 mai 1429, Jeanne rentra dans Orléans, à la tête des troupes, et alla entendre la messe de midi à l'église de Sainte-Croix, au milieu d'un concours immense de peuple, ivre de joie et de reconnaissance pour la guerrière, *l'ange sauveur d'Orléans !*

Telle fut la semaine de Jeanne Darc !... En huit jours et en trois combats, elle fit lever un siège qui durait depuis près d'un an... et ainsi porta un coup mortel à la domination anglaise dans les Gaules. Victoire à la Gaule.

. . . .

Ecoutez, fils de Joel, écoutez cette légende de la plébéienne catholique et royaliste : — Charles VII devait sa couronne à Jeanne Darc... il l'a reniée, et lâchement délaissée ! — Chaque jour elle s'agenouillait pieusement devant les prêtres... les prêtres l'ont condamnée à être brûlée vive ! — La chevalerie avait laissé les Anglais s'emparer de la Gaule ; — Jeanne chasse l'étranger de notre pays, et elle est poursuivie, trahie, livrée aux Anglais par les chevaliers ! — Sois bénie à travers les âges, ô vierge guerrière ! sainte fille de la mère-patrie !... — Ecoutez, fils de Joel, écoutez cette légende, — et jugez à l'œuvre : gens de cour, gens de guerre, gens d'Eglise et royauté !...

CHAPITRE VI

Reims

Actes de Jeanne Darc depuis la levée du siège d'Orléans jusqu'au sacre de Charles VII, à Reims. — Prise de Jargeau, — de Beaugency. — Bataille de Patay. — Lâcheté de Charles VII. — Désespoir de Jeanne. — Elle quitte la cour et va se réfugier dans une métairie. — Nouveaux pressentiments de trahison. — Charles VII est sacré à Reims.

Telle fut la *semaine de Jeanne Darc*. Ces premiers combats préludèrent à d'autres victoires, remportées sur les Anglais par la paysanne de Domrémy. Mais, hélas ! son secret martyre allait de jour en jour croissant comme sa gloire. Charles VII, prince couard et ingrat, énervé, plongé dans une ignoble mollesse, devait faire souffrir à Jeanne toutes les tortures, toutes les déceptions, dont peut souffrir une âme enflammée de patriotisme, lorsqu'elle s'est dévouée à un prince dont la bassesse égale l'égoïsme et la lâcheté.

Le siège d'Orléans levé, Jeanne court au château de Loches, précédée du retentissement de ses triomphes ; les portes du palais s'ouvrent devant elle, le roi, dit-on, est enfermé dans sa chambre de retraite avec *son conseil*. Elle frappe à la porte du déduit royal, entre et dit résolument à Charles VII :

— Sire, ne tenez pas de si longs conseils avec messeigneurs, le siège d'Orléans est levé ; cette bonne ville vous est rendue, il faut venir hardiment vous faire sacrer à Reims ; ce sacre vous couronnera véritablement roi de France aux yeux des Français, et les Anglais ne pourront plus rien contre vous...

Le bon sens, l'instinct politique de Jeanne, traçaient à Charles VII la seule voie qu'il eût à suivre : son sacre à Reims, consécration divine de son pouvoir contesté, donnait aux yeux des peuples ignorants et crédules un puissant prestige à sa royauté ainsi reconstituée, relustrée, retrempée, rajeunie ; c'était de plus et surtout un audacieux défi jeté aux Anglais, dont le roi se prétendait aussi roi de France, défi menaçant après la victoire d'Orléans ; mais Jeanne avait compté sans la pusillanimité de ce prince si amoureux de sa paresse, si jaloux de ses plaisirs, si ennemi des moindres fatigues, si soigneux de sa personne ! Pour aller se faire sacrer à Reims, il faudrait monter à cheval et se mettre à la tête de l'armée ! Il faudrait affronter quelque péril, car depuis Orléans jusqu'à Reims, tout le pays appartenait encore aux Anglais !

— Aller à Reims, mais ce projet est insensé, criminel, — s'écriaient La Trémouille et l'évêque de Chartres. — Ce projet ne met-il pas en danger les jours ou au moins la santé du roi?

Et le piteux sire de s'écrier comme eux :

— Moi! sortir de mes châteaux de Loches ou de Chinon! alors que les Anglais tiennent encore Meung, Beaugency, Jargeau et autres places fortes aux frontières de la Touraine... Mais au premier pas que je tenterais hors de mes retraites, ils me happeraient.

Et il maugréait à part soi, envoyant au diable cette enragée Pucelle qui avait souci plus que lui de l'honneur de la royauté.

Jeanne, navrée, indignée, se contenant à peine, répondit que si le départ de Charles VII dépendait seulement de la prise de toutes les places fortes possédées en Touraine par les Anglais, elle prendrait ces forteresses et chasserait l'ennemi si loin, si loin, qu'il ne pourrait inspirer la moindre crainte au roi. Elle lui donne donc rendez-vous à Gien, le suppliant de s'y trouver sous huit jours, lui promettant qu'il pourra, sans danger, se mettre alors en route pour Reims. Cette promesse faite avec l'espoir, Dieu aidant, de l'accompagner, la guerrière quitte la cour et rejoint les troupes royales.

Le 12 juin 1429, Jeanne enlève la place forte de Meung, celle de Jargeau le 17 du même mois, et celle de Beaugency le 18. Elle déploie dans ces assauts la même valeur, le même génie militaire, que lors du siège d'Orléans, et faillit être tuée devant Jargeau ; puis elle gagne la grande bataille de Patay, où toutes les forces des Anglais étaient réunies sous les ordres de leurs plus illustres chefs, le *sire de Talbot*, les *comtes de Warvick, de Suffolk*, et autres, qui sont faits prisonniers. Jeanne, lors de ce long et sanglant combat, se montra l'égale des plus fameux capitaines par la hardiesse de ses manœuvres, par la promptitude de son coup d'œil, par l'usage qu'elle fit de l'artillerie, par l'élan extraordinaire qu'elle sut communiquer aux troupes, grâce à son assurance et à son humeur enjouée. Un moment avant l'action elle dit gaiement au duc d'Alençon ces mots dignes des temps antiques de la Gaule :

— Beau sire... avez-vous de bons éperons ?

— Quoi... — reprit le duc surpris, — des éperons... pour fuir ?

— Non, messire... mais pour poursuivre...
— répondit Jeanne. Et l'ennemi, après sa défaite, est poursuivi la lance dans les reins, durant une retraite de trois lieues. Mais ces victoires furent remportées par la guerrière, non moins sur les Anglais que sur la méchante perfidie de la plupart des chefs de guerre, dont la jalousie contre l'héroïne augmentait à mesure de ses triomphes ; elle ne doutait plus de leur secrète animosité. Dès lors un vague pressentiment lui dit qu'elle serait trahie, livrée par eux ; mais elle avait dès longtemps fait le sacrifice de sa vie.

Jeanne, espérant que ses derniers triomphes mettraient enfin un terme aux indécisions de Charles VII, retourne auprès de lui :

« — Sire, Meung, Beaugency, Jargeau, emportés d'assaut, est-ce assez? Les Anglais vaincus en bataille rangée à Patay, est-ce assez? Talbot, Warvick, Suffolk, vaincus ou prisonniers, est-ce assez ? Hésiterez-vous à me suivre à Reims, où vous serez sacré... de par Dieu ? »

Le royal couard n'hésite point... Il refuse net... Les Anglais étaient chassés de Touraine ; mais ils tenaient encore les provinces qu'il fallait traverser pour se rendre à Reims.

Jeanne ne put surmonter son dégoût, son indignation douloureuse ; n'espérant plus rien de ce lâche, elle voulut l'abandonner à ses destins. Désespérée, elle dépose son armure, quitte la cour, à l'insu de tous, et va errer toute la journée dans les champs en proie aux plus affligeantes réflexions, et songeant à s'en retourner à Domrémy. Le soir venu, s'apercevant qu'elle s'est égarée, elle va demander l'hospitalité dans une pauvre métairie de Touraine. Jeanne sans armes, vêtue de ses habits d'homme, ressemblait à un jeune page ; elle est accueillie comme tel par les bonnes gens qui lui donnent asile; ils la reçoivent de leur mieux, l'engagent à prendre place à leur foyer. Elle s'y assoit; bientôt le paisible aspect de cette rustique demeure lui rappelle le temps heureux de sa première enfance passé à Domrémy. Ces doux souvenirs de la maison paternelle arrachent à Jeanne des larmes involontaires ; ses hôtes, frappés de sa tristesse, l'interrogent avec un timide et respectueux intérêt.

— Comment pleurer en de si beaux jours, — lui disent-ils naïvement, — en ces beaux jours de délivrance pour la Gaule ! et surtout pour les pauvres paysans comme nous ! à jamais délivrés des Anglais par la pitié du Seigneur Dieu et par la vaillance de Jeanne la Pucelle, notre ange sauveur !

Dans l'enthousiasme de leur reconnaissance, ils montrent à la guerrière attendrie un petit morceau de parchemin attaché au-dessus du manteau de la cheminée ; sur ce parchemin était écrit le nom de JEANNE, surmonté d'une croix... Ces bonnes gens, à défaut de l'image de leur bien-aimée libératrice, avaient écrit son nom, témoignant ainsi du culte ingénu qu'ils vouaient à l'héroïne... Puis, ce furent de leur part des questions sans fin, adressées au jeune page, leur hôte, sur Jeanne leur ange céleste ! Peut-être l'avait-il vue, cette sainte fille, la *Notre-Dame de Bon-Secours* des paysans qui souffraient tant des cruautés des Anglais, avant qu'elle les eût chassés du beau pays de Touraine. C'était enfin dans la chaumière un concert de bénédictions mêlées d'adorations passionnées pour la Pucelle... De plus en plus émue, elle se reprocha sévèrement sa défaillance : abandonner Charles VII à ses destinées, c'était abandonner la France, c'était surtout exposer ces pauvres paysans, humble, laborieuse race dont elle était née, à retomber sous le joug de l'étranger ; c'était livrer ces malheureux à toutes les horreurs de cette guerre, que l'héroïne avait mission de terminer. Ces pensées la raffermissent, lui inspirent la résolution de lutter pour l'accomplissement de ses projets, de lutter opiniâtrément contre le roi, contre ses conseillers, contre les capitaines qui la poursuivent de leur haine, et qu'elle redoute plus encore peut-être que les Anglais. Ceux-ci la combattent par les armes, à ciel ouvert ; les autres machinent sous ses pas de ténébreuses trahisons. Absorbée par ses méditations, Jeanne se jette sur un lit de bruyères fraîchement coupées, seule couche que ses hôtes puissent lui offrir ; elle invoque l'appui, le conseil de ses saintes ; bientôt elle entend leurs voix chéries murmurer à son oreille :

« — Va, fille de Dieu, pas de faiblesse, accomplis ta mission, le ciel ne t'abandonnera pas. »

A l'aube, la guerrière quitta ses hôtes, ignorant que leur pauvre réduit avait été visité par l'ange sauveur du pays. Jeanne, décidée à cacher au roi le mépris qu'il lui inspirait, à ne voir en lui que l'instrument du salut de la Gaule, elle revint à la cour. La disparition de la Pucelle avait jeté l'inquiétude, l'alarme chez ceux-là qui hâtaient de leurs vœux le terme de la domination anglaise. Le projet de Jeanne : *faire sacrer le roi à Reims*, ébruité par les conseillers, dans l'espoir d'en faire ressortir l'absurdité, avait rencontré une foule de partisans frappés de la grandeur politique, de l'audace de cette résolution. Le retour de la Pucelle fut regardé comme providentiel ; le cri public devint si puissant, que le lâche monarque se résigna enfin à partir à la tête de ses troupes, incessamment grossies par la renommée de la Pucelle, et se mit en route pour Reims.

Ce voyage développa sous un jour tout nouveau le génie de l'héroïne : d'une énergie, d'une intrépidité sans égale, dans ses batailles acharnées contre l'ennemi séculaire des Gaules, elle se montra douée d'une ineffable puissance de persuasion lorsqu'elle entreprit d'amener, sans combat, les villes du parti anglais ou bourguignon à redevenir françaises en ouvrant leurs portes devant Charles VII, de qui elle avait obtenu, non sans peine, la promesse écrite d'accorder une amnistie absolue aux cités jusqu'alors dissidentes. Jeanne, sans tirer l'épée, sut reconquérir au roi toutes les places fortes situées sur le chemin qu'il parcourut pour se rendre à Reims ; elle trouva dans son âme, dans son aversion de la guerre civile, dans son patriotisme, des trésors d'éloquence naïve et touchante, qui, jointe à sa renommée, déjà si populaire, pénétraient tous les esprits, désarmaient tous les bras, et gagnaient tous les cœurs à la cause de ce misérable prince, qu'elle protégeait, qu'elle couvrait de l'éclat de sa gloire plébéienne, et qu'elle faisait aimer en parlant en son nom !

Lorsque l'armée royale arrivait devant une place forte, Jeanne s'approchait seule des barrières, son étendard à la main, jurant Dieu qu'elle ne voulait verser le sang français, priant, suppliant ceux qui l'écoutaient de renier la domination anglaise, si honteuse, si fatale au pays, de reconnaître le pouvoir de Charles VII, sinon par royalisme, du moins par haine de l'étranger, par amour pour la patrie, depuis tant d'années saignante, déshonorée sous un joug affreux ; la beauté de l'héroïne, son émotion, sa voix douce et vibrante, l'immense retentissement de ses victoires, le charme irrésistible de cette nature virginale et guerrière, opéraient des prodiges. Le vieux sang gaulois, depuis si longtemps refroidi, bouillonnait dans les veines des moins vaillants à ces cris d'affranchissement et de patrie jetés par cette jeune fille de dix-sept ans, dont l'épée avait déjà gagné tant de batailles ; les barrières des villes tombaient à sa voix.

Le royal couard, ébahi, et surtout ravi de ne courir aucun risque, entrait triomphant dans ses bonnes villes, qui de fait acclamaient la Pucelle. Cependant un jour il eut grand'peur : une forte garnison anglaise occupait la ville de Troyes, son échevinage appartenait au parti bourguignon exalté ; les portes furent barricadées, les remparts occupés, les canons tirèrent sur les éclaireurs de l'armée royale. Charles VII parlait déjà de jouer des éperons ; Jeanne à grand'peine le retint, s'avança seule aux barrières, demandant de parlementer avec les échevins. Les chefs anglais lui répondirent par des injures accompagnées d'une volée de traits ; le soldat qui portait la bannière de l'héroïne fut tué à ses pieds. Quelques citoyens de Troyes, appartenant au parti français, postés aux barrières, entendirent Jeanne offrir de parlementer ; ils répandirent ce bruit parmi les habitants, depuis longtemps fatigués, irrités de la domination étrangère, mais contenus par les soldats ou par des échevins forcenés Bourguignons. Une agitation croissante se manifesta dans la cité ; quelques compagnies anglaises tentèrent une sortie contre l'avant-garde commandée par Jeanne, elles furent ramenées battant. Encouragé par leur défaite, le parti français, nombreux à Troyes, courut aux armes, et soutenu par le voisinage des troupes royales, renversa l'échevinage Bourguignon, élut d'autres magistrats municipaux, et se mit en mesure d'attaquer les Anglais, retranchés dans une forteresse dominant la ville ; ceux-ci, effrayés de l'attitude menaçante de la population, abandonnèrent la citadelle, pendant la nuit, et gagnèrent la campagne. Les nouveaux échevins demandèrent une entrevue à Jeanne ; ils subirent à leur tour l'irrésistible charme de sa beauté, de sa douceur, de son éloquence. Assurés par elle que nul des citoyens ne serait inquiété au sujet de ses actes passés, ces magistrats remirent les clés de la ville à la Pucelle, qui les porta au roi, ainsi rentré en possession de l'une des cités les plus considérables de son empire.

La marche du roi continua triomphale jusqu'à Reims, grâce à la merveilleuse influence de Jeanne. A Châlons, l'héroïne eut une surprise délicieuse à son cœur : elle rencontra quatre paysans de Domrémy. Instruits par le bruit public qu'elle devait traverser la Champagne, ils s'étaient bravement mis en chemin pour la voir à son passage ; parmi eux se trouvait Urbain, le garçonnet, jadis général de l'armée enfantine, qui dut à la bravoure de Jeannette sa fameuse victoire sur les bambins de Maxey. Ces souvenirs et tant d'autres remémorances du village furent échangés entre l'héroïne et les compagnons de son enfance. Durant cet entretien, quelques paroles d'un sinistre augure échappèrent à Jeanne ; Urbain lui demandait ingénument comment elle avait la force, le courage d'affronter les périls du combat ; elle sourit amèrement, resta quelques instants pensive, attristée, puis, révélant ainsi de funestes pressentiments, éveillés en elle par les machinations ténébreuses des chefs de guerre dont elle avait déjà failli être victime, elle répondit à Urbain :

— *Je ne crains rien... SINON... LA TRAHISON !*

Ah ! pauvre fille de Domrémy ! tes appréhensions ne te trompaient pas ; mais avant de gravir ton calvaire jusqu'à la cime, et d'y trouver le martyre, il fallait que tu accomplisses la sainte mission dont tu avais été chargée, frapper la domination anglaise en Gaule d'un coup irréparable en réveillant dans les âmes l'esprit de nationalité endormi depuis plus d'un demi-siècle, et faire sacrer à Reims Charles VII. Ce n'était pas cet homme, méprisable à ses yeux, que Jeanne voulait consacrer à la face du monde ; c'était l'incarnation vivante de la France dans la personne de son souverain, incarnation visible aux yeux du peuple.

La guerrière accomplit sa promesse, Charles VII fut conduit à Reims ; il y arriva le 16 juillet 1429, trente-cinq jours après la levée du siège d'Orléans, signal des nombreuses déroutes des Anglais et de la décadence de leur domination en Gaule. Jeanne eut à Reims la noble pensée de terminer les discordes civiles ; elle espéra mettre fin à ces luttes acharnées entre Armagnacs et Bourguignons qui, depuis tant d'années, désolaient, épuisaient le pays, le livraient à l'étranger... Le jour du sacre de Charles VII, elle dicta cette lettre si belle, si touchante, adressée au duc de Bourgogne, chef du parti qui portait son nom :

« Haut et redouté prince, duc de Bourgogne, moi, Jeanne, je vous requiers, de par le roi du ciel, mon souverain Seigneur, que le roi de France et vous fassiez bonne paix, ferme, sincère, qui dure longtemps ; pardonnez-vous l'un à l'autre de bon cœur, entièrement, ainsi que doivent faire de loyaux chrétiens. S'il vous plaît de guerroyer, allez guerroyer contre les Sarrasins.

« Duc de Bourgogne, je vous en prie, supplie, aussi humblement que supplier je puis, ne guerroyez plus contre le saint royaume de France ! faites promptement retirer vos gens, qui tiennent plusieurs forteresses du royaume ; le roi de France est prêt à vous accorder la paix... son honneur sauf !... Je vous fais savoir de par Dieu, que vous ne gagnerez pas bataille contre les loyaux Français, non ; ne guerroyez donc plus contre nous. Croyez-moi, quelque nombre de soldats que vous ameniez, ils ne pourront rien ; et ce serait grand'pitié de répandre encore tant de sang dans de nouvelles batailles !...

« Que Dieu vous garde et nous mette en paix !

« Ecrit à Reims, avant le sacre du roi Charles, le dix-septième jour de juillet 1429,

« JEANNE. »

Cette lettre, à laquelle, selon son habitude, la guerrière apposa sa *croix en Dieu*, faute de savoir écrire, fut envoyée par un héraut à Philippe de Bourgogne ; puis, endossant sa blanche armure, montant son plus beau cheval de bataille, Jeanne, le casque en tête, l'épée au côté, son étendard à la main, chevauchant à la droite de Charles VII, précédant les capitaines, les courtisans splendidement vêtus, se rendit à l'antique cathédrale de Reims, au milieu d'un immense concours de peuple qui voyait dans le sacre du roi la fin du règne de l'étranger, le terme des malheurs de la France. La cérémonie resplendit de toutes les pompes de l'Eglise catholique ; et à la clarté de milliers de cierges, à travers la vapeur des encensoirs d'or, devant l'autel éblouissant de lumières où s'agenouillait Charles VII, l'évêque de Reims le sacra roi, au bruit des cloches, des fanfares lointaines et des détonations de l'artillerie...

Témoin de ce spectacle imposant, la jeune fille de Domrémy, debout dans le chœur de la basilique et s'appuyant pensive sur la lance de son étendard, reportait sa pensée à quatre années de là... elle donna une larme à la mémoire de Sybille, sa marraine, se rappelant ce passage de la prophétie de l'enchanteur *Merlin*, désormais accomplie :

— « A la vierge guerrière le cheval et l'armure ; mais à qui la couronne royale !... L'ange aux ailes d'azur la tient entre ses mains.
— « Le sang a cessé de couler à torrents... la foudre de gronder... les éclairs de luire...
— « Je vois un ciel pur... les bannières flottent... les clairons sonnent... les cloches résonnent... cris de joie ! chants de victoire !
— « La guerrière reçoit des mains de l'ange de lumière la couronne d'or ; et un homme portant long manteau d'hermine est couronné par la vierge guerrière...
— « Peu importe ce qui arrive...
— « Ce qui doit être sera...
— « La Gaule, perdue par une femme, est sauvée par une vierge des marches de la Lorraine et d'un bois chesnu venue !... »

. . . .
Ecoutez, fils de Joel, écoutez cette légende de la plébéienne catholique et royaliste : — Charles VII devait sa couronne à Jeanne Darc... il l'a reniée et lâchement délaissée. — Chaque jour elle s'agenouillait pieusement devant les prêtres... les prêtres l'ont condamnée à être brûlée vive ! — La chevalerie avait laissé les Anglais s'emparer de la Gaule ; — Jeanne chasse l'étranger de notre pays, et elle est poursuivie, trahie, livrée aux Anglais par les chevaliers. — Sois bénie à travers les âges, ô vierge guerrière ! sainte fille de la mère-patrie !
— Ecoutez, fils de Joel, écoutez cette légende, et jugez à l'œuvre : gens de cour, gens de guerre, gens d'Eglise et royauté !

ROUEN OU LE MYSTÈRE DE LA PASSION DE JEANNE DARC

Actes de Jeanne depuis le sacre de Charles VII jusqu'au combat de Compiègne, où, par trahison, elle est faite prisonnière le 24 mai 1430. — L'évêque *Pierre Cauchon* et le *chanoine Loyseleur*. — Le procès. — L'abjuration. — La condamnation. — Le supplice.

L'on écrit et l'on représente en ces temps-ci, fils de Joel, beaucoup de *mystères*, récits dialogués par des hommes et des femmes figurant des personnages historiques, grossières imitations des œuvres dramatiques de l'antiquité, ainsi que les *jeux partis* du treizième siècle, dont notre aïeul *Mylio-le-Trouvère* nous a jadis laissé un exemple. Moi, Mahiet-l'Avocat d'armes, qui écris cette légende, j'ai employé, selon un usage répandu aujourd'hui, la forme du *mystère* afin de vous retracer la *Passion* de l'héroïne plébéienne ; car Jeanne eut sa PASSION, couronnée par le martyre, comme le Christ !

Le lieu de la première scène est une salle du palais de l'Archevêché de Rouen, antique bâtiment où, il y a huit siècles et plus, le roi *Karl-le-Sot* fiança Giselle sa fille au vieux Rolf et abandonna l'une de ses plus belles provinces au chef des pirates *north-mans*. Ces bandits, envahissant plus tard, sous Guillaume le Conquérant, le pays d'Angleterre, ont fait souche de ces chefs anglais qui, depuis tant d'années, ravagent et asservissent la Gaule. La Normandie est devenue l'une des provinces d'Angleterre ; le duc de Bedfort, régent, occupe Rouen. L'archevêché de cette ville sert de logis à PIERRE CAUCHON, *évêque de Beauvais*, vendu âme et corps, mitre et crosse, au parti anglais. Le mois de *février* 1431 touche à sa fin. Pierre Cauchon, douillettement vêtu d'une robe de soie violette, est assis dans un escabel à bras, au coin d'un foyer embrasé, d'où rayonnent la chaleur et la clarté ; de joyeux reflets se jouent sur le tapis oriental et sur les solives peintes et dorées du plafond de la vaste salle, somptueusement meublée. Une table encombrée de parchemins, dressée près de la haute cheminée sculptée, est éclairée par un luminaire d'argent massif garni de flambeaux de cire allumés ; un siège, alors vacant, sur le dossier duquel se trouve une pelisse noire fourrée, fait face, de l'autre côté de cette table, au siège occupé par l'évêque. La figure de Pierre Cauchon, à la fois saisissante et repoussante, offre un mélange d'audace, de ruse, d'opiniâtreté remarquable ; ses petits yeux, d'un bleu clair, pétillants de finesse, parfois luisants de férocité, disparaissent à demi sous le renflement de ses grosses joues rouges et sous ses épais sourcils, gris comme ses cheveux, presque entièrement cachés sous sa calotte violette. Son front est sillonné de veines bleuâtres ; son nez camus, troué de larges narines poilues, fait ressortir la singulière proéminence de sa mâchoire. Lorsqu'il rit, son rire cruel découvre des dents inégales et jaunâtres. Tantôt penché sur la table, lisant un parchemin couvert d'une écriture fine et serrée, il frotte joyeusement l'une contre l'autre ses mains velues, tantôt il regarde impatiemment devers la porte de la chambre, comme s'il eût hâté de ses vœux le retour d'un personnage absent. Enfin la porte s'ouvre, un autre prêtre paraît ; c'est un chanoine, il se nomme NICOLAS LOYSELEUR. Son visage est osseux et blême, son œil couvert comme celui d'un reptile ; ses paupières rouges manquent de cils, une fissure blafarde indique à peine ses lèvres au sourire hypocrite. C'est une face à la fois cafarde et patibulaire, une vraie face de dévot.

L'ÉVÊQUE PIERRE CAUCHON, *se levant à demi, s'écrie vivement.* — Quelles nouvelles ? quelles nouvelles ?... Sont-elles bonnes ou mauvaises ?

LE CHANOINE LOYSELEUR. — Le messager envoyé par le capitaine Morris a laissé la Pucelle dans la prison de la maison forte de Bréville.

L'ÉVÊQUE CAUCHON. — Quelle est la mission de cet homme?

LE CHANOINE LOYSELEUR. — Il est venu, d'après l'ordre du capitaine Morris, inviter le comte de Warwick à faire préparer le cachot de la vieille tour pour y recevoir Jeanne Darc qui doit arriver à Rouen, sous bonne escorte, demain matin au plus tard.

L'ÉVÊQUE CAUCHON. — Le capitaine Morris a-t-il exactement suivi mes instructions?

LE CHANOINE LOYSELEUR. — De point en point, monseigneur. La captive voyage dans une litière fermée, les fers aux pieds et aux mains; lorsqu'on a dû traverser une ville, on a bâillonné ladite Jeanne. Personne n'a pu approcher d'elle, les gardes de l'escorte ont dit à tout venant qu'ils conduisaient à Rouen une vieille sorcière qui égorgeait de petits enfants afin d'accomplir ses maléfices.

L'ÉVÊQUE CAUCHON, *riant*. — Et les bonnes gens de se signer en s'éloignant avec épouvante de la litière? Plèbe imbécile.

LE CHANOINE LOYSELEUR. — Il en est arrivé comme vous le dites; cependant, à Dieppe, l'exaspération publique contre la prétendue sorcière est devenue si violente, que le peuple voulait l'arracher de nos mains pour la mettre en pièces.

L'ÉVÊQUE CAUCHON. — Les bélîtres! Et que nous serait-il donc resté à nous autres?

LE CHANOINE LOYSELEUR. — Sauf cet incident, le voyage s'est effectué heureusement; personne ne s'est douté sur la route que la prisonnière fût Jeanne la Pucelle.

L'ÉVÊQUE CAUCHON. — Cela était de la dernière importance. La renommée de cette fille est maintenant si populaire en Gaule, même au sein des provinces soumises à nos amis d'Angleterre, que si l'on eût appris qu'on l'emmenait prisonnière, la plèbe des villes ou des champs se serait émue, et aurait peut-être enlevé cette diablesse à ses gardiens... Enfin, nous la tenons.

LE CHANOINE LOYSELEUR, *montrant les parchemins*. — Allons-nous continuer la lecture abrégée des faits et gestes de la Pucelle?

L'ÉVÊQUE, *prenant le parchemin où il a jusqu'alors écrit un grand nombre de notes*. — Certes, puisque ces faits et gestes seront la base de la procédure; à mesure que vous lirez, chanoine, je noterai les actes sur lesquels ladite Jeanne devra être spécialement interrogée. Ce récit que m'a envoyé secrètement mon frère en Dieu, l'évêque de Chartres, par ordre du sire de la Trémouille, est fort exact; on l'attribue à un certain *Perceval de Cagny*, écuyer du duc d'Alençon, et favorable à la Pucelle, ou plutôt juste envers elle. Cette justice qu'on lui rend ne m'inquiète point; ses actes ont eu de si nombreux témoins, qu'il serait malhabile de vouloir nier ou altérer la vérité à ce sujet, puisque ces actes portent en eux-mêmes la condamnation de cette possédée..... Où en étions-nous restés de notre lecture?

LE CHANOINE LOYSELEUR. — Au départ de Reims après le sacre.

L'ÉVÊQUE CAUCHON. — Continuez. — *Il trempe sa plume dans l'écritoire et se dispose à formuler ses notes.*

LE CHANOINE, *lisant*. — « Le roi, après avoir été sacré, resta à Reims jusqu'au jeudi suivant; il en partit pour aller souper et coucher à l'abbaye de Saint-Marcoul, où on lui apporta les clés de la ville de Laon. Le samedi 23 juillet 1429, le roi vint dîner et coucher à Soissons; il y fut très bien reçu, la Pucelle ayant été d'abord haranguer le peuple aux barrières de la ville, le conjurant de renier le parti anglais et redevenir Français. Ces paroles furent accueillies avec enthousiasme; plusieurs femmes, qui devaient prochainement accoucher, ou dont les enfants n'étaient pas encore baptisés, prièrent la Pucelle de leur choisir des noms de baptême, qui, disaient-elles, seraient pour eux un gage de protection divine... »

L'ÉVÊQUE, *vivement et écrivant*. — A noter... très important... excellent! excellentissime!

LE CHANOINE LOYSELEUR. — « Le vendredi 29 juillet, le roi se présenta devant Château-Thierry; la Pucelle fit déployer les enseignes, parla encore au peuple, la ville se rendit. Le roi y demeura jusqu'au lundi 1er août; ce jour, il alla coucher à Montmirail, en Brie. Le mardi 2 août, le roi entra dans Provins, où il fut non moins bien traité que dans les autres villes; il séjourna là jusqu'au vendredi 3. Le dimanche 7 août, il alla coucher à Coulommiers; le mercredi 10, à la Ferté-Milon; le jeudi 12, à Crespy, en Valois; le vendredi 13, à Lagny-le-sec. En cette ville, une femme éplorée, traversant la foule dont était entourée la Pucelle, vint en pleurant se jeter à ses pieds, la suppliant de venir voir un petit enfant mourant, qu'elle pourrait, d'un mot, disait-elle, rappeler à la vie; cette pauvre femme, dans sa naïve admiration pour la Pucelle, lui attribuait ainsi un pouvoir divin, comparable à celui de Jésus de Nazareth. »

L'ÉVÊQUE CAUCHON, *écrivant avec une joie sinistre*. — Je ne donnerais pas ce fait pour cent sous d'or!... (*Dilatant ses larges narines poilues.*) Ah! quelle délectable senteur de fagot et de rôti je commence à flairer! Poursuivez, chanoine. Le procès se corse.

LE CHANOINE LOYSELEUR. — « Le samedi 14, la Pucelle, instruite par les éclaireurs envoyés par elle que l'ennemi se trouvait à peu de distance, fit mettre, avec sa promptitude habituelle, l'armée en bataille dans la plaine de Dammartin-en-Gouelle, assigna le poste de chacun

Jeanne Darc trahie par les chefs militaires est faite prisonnière (page 188)

donna ses ordres en capitaine consommé ; mais les Anglais, effrayés de l'attitude de l'armée royale, n'osèrent engager le combat... quoique très supérieurs en nombre... »

L'ÉVÊQUE CAUCHON, *d'une voix sourde*. — Oh ! il faudra bien, afin de sauver l'honneur de nos amis d'outre-mer, que leur lâcheté soit attribuée aux sorcelleries de Jeanne !

LE CHANOINE LOYSELEUR. — « Le dimanche 14 août 1429, la Pucelle, le comte d'Alençon, le comte de Vendôme, et autres chefs de guerre, accompagnés de six à sept mille combattants, campèrent près de Montépilloy, à deux lieues de Senlis ; le duc de Bedford et huit à neuf mille Anglais défendaient les abords de Senlis, postés à une demi-lieue en avant de cette ville, ayant devant eux la petite rivière de la Nonette, et à droite un village nommé Notre-Dame de la Victoire. On escarmoucha des deux côtés ; à la nuit, chacun regagna son camp, au grand mécontentement de la Pucelle, qui, contrairement à l'avis des capitaines et du roi, voulait engager une action générale. Les Anglais profitèrent de cette lenteur pour se retrancher pendant la nuit à grand renfort de palissades et de fossés, se servant aussi de leurs charrois pour se couvrir, sachant qu'ils étaient défendus sur leurs derrières par la rivière. Au point du jour, la Pucelle, malgré l'opposition des capitaines, marchant à la tête de quelques compagnies déterminées qui lui obéissaient toujours, se mit en devoir d'aller défier les Anglais jusqu'au pied de leurs retranchements ; mais elle apprit que, durant la nuit, ils avaient abandonné Senlis et se retiraient sur Paris... »

L'ÉVÊQUE CAUCHON. — Sorcellerie !... diablerie !... c'est une fille possédée.

LE CHANOINE LOYSELEUR. — « Le mercredi

125e livraison

17 août, l'on apporta au roi les clés de Compiègne, le jeudi, il entra dans cette cité aux acclamations du peuple, criant avec frénésie: Noël à la fille de Dieu !... »

L'ÉVÊQUE, *écrivant*. — Fille de Dieu ! tu as des fanatiques bien imprudents, ma mie !

LE CHANOINE LOYSELEUR. — « Lorsque le roi quitta Crespy, il ordonna aux maréchaux de Boussac et de Retz de s'en aller sommer les habitants de Senlis de se rendre : ils répondirent qu'ils se rendraient non pas au roi, mais à la Pucelle, qu'ils regardaient comme envoyée de Dieu, comme la sœur des anges.

L'ÉVÊQUE CAUCHON, *écrivant*. — Sœur des anges ! envoyée de Dieu, allons, ces coquins auront aussi apporté leur fagot au bûcher.

LE CHANOINE LOYSELEUR. — « Le roi voulut, au grand chagrin de la Pucelle, séjourner à Senlis, au lieu de pousser en avant ; il semblait satisfait des succès obtenus jusque-là, ne rien désirer davantage. Son conseil fut de cet avis, la Pucelle prétendait au contraire qu'il suffirait au roi de se présenter devant Paris pour que cette cité ouvrît ses portes à son souverain. — Ne craignez rien, disait Jeanne au roi, je parlerai si doucement aux Parisiens qu'ils aimeront mieux redevenir Français que de rester Anglais. »

L'ÉVÊQUE CAUCHON. — Quel démon d'orgueil que cette vachère... Elle ne doutait de rien... Oh ! elle payera cher son infernal orgueil !

LE CHANOINE LOYSELEUR. — « Le mardi 23 août, la Pucelle, nonobstant l'opposition du roi et de son conseil, partit de Compiègne avec le duc d'Alençon, y laissant le prince et le gros de l'armée. Le vendredi suivant, 26 août, la Pucelle entrait sans coup férir dans Saint-Denis, qui se déclara royaliste. A cette nouvelle, le roi, non sans hésitation, vint dans cette ville ; mais son conseil s'opposait plus opiniâtrement que jamais aux desseins de la Pucelle. Jeanne affirmait que si elle était écoutée, elle rendrait les Parisiens au roi par Dieu... et sans verser une goutte de sang... »

L'ÉVÊQUE CAUCHON, *avec emportement*. — Exécrable hypocrite ! à l'entendre, elle est tout miel... et, à sa voix homicide, les Français sont devenus les bouchers des Anglais ! (*Écrivant*.) N'oublions pas de la signaler surtout comme un monstre altéré de carnage.

LE CHANOINE LOYSELEUR. — « Le duc de Bedford, apprenant la prise de Senlis et la marche de la Pucelle sur Paris, renforça la garnison et prit de rigoureuses mesures contre ceux du parti armagnac ou royaliste, qui voulaient redevenir Français. Le duc confia spécialement la défense des portes et des remparts à des Anglais ou à de forcenés Bourguignons capables de résister au charme des douces paroles de la Pucelle. Plusieurs fois, elle s'avança seule, à cheval, près des barrières des portes, suppliant ceux qui étaient Français comme elle de ne pas souffrir plus longtemps la domination des Anglais, qui causaient tant de dommage au pauvre peuple de France ; mais les gens du parti bourguignon et les Anglais l'injuriaient, la menaçaient de tirer sur elle, quoiqu'elle fût venue pour parlementer... Alors elle s'en retournait, pleurant l'endurcissement ou l'aveuglement de ceux-là qui, Français, voulaient rester Anglais. Pourtant, chaque jour elle entendait *ses voix* lui assurer que la Gaule ne serait sauvée que lorque tous les Anglais seraient chassés de son sol ou exterminés... »

L'ÉVÊQUE CAUCHON, *écrivant*. — Encore *ses voix*... Notons de rechef ce fait, si capital dans l'instruction de notre procès...

LE CHANOINE LOYSELEUR. — « Le roi continuant de refuser de se rapprocher de Paris et de se présenter à ses portes, ainsi que le voulait la Pucelle, elle déclara au duc d'Alençon, qui avait grande créance en elle, que sainte Marguerite et sainte Catherine, lui étant de nouveau apparues, lui commandaient d'exiger du roi qu'il fît tous ses efforts pour regagner sa bonne ville de Paris par sa présence et sa clémence avec une amnistie générale... »

L'ÉVÊQUE CAUCHON, *écrivant*. — Encore sainte Marguerite et sainte Catherine... Notons ce fait, non moins capital que celui *des voix*... Ah ! double sorcière ! tu as des visions ! des apparitions !... (*Riant*.) Il t'en cuira ma fille !...

LE CHANOINE LOYSELEUR. — « Le duc d'Alençon, cédant au désir de la Pucelle, retourna devers le roi, qui lui promit que le 27 août il se rendrait à la Chapelle-Saint-Denis, pour de là marcher vers Paris ; mais il ne tint pas sa promesse. Le duc d'Alençon retourna devers lui, le lundi 5 septembre ; grâce à ses instances, le roi, après de longues hésitations et contre l'avis de son conseil, vint coucher à la Chapelle-Saint-Denis le mercredi 7 septembre, à la grande joie de la Pucelle, et chacun disait dans l'armée : *la Pucelle rendra Paris au roi, s'il veut seulement consentir à se montrer aux portes de la ville*. Le jeudi 8 septembre, le duc d'Alençon et quelques capitaines, entraînés par la Pucelle, partirent vers huit heures du matin de la Chapelle-Saint-Denis, en belle ordonnance, laissant le roi, qui ne voulut point les accompagner. La Pucelle s'étant rendue à la porte Saint-Honoré, défendue par les compagnies anglaises, car elle aurait eu, disait-elle, horreur de voir battre Français contre Français, prit son étendard à la main et, audacieusement, entra la première dans le fossé, à l'endroit du marché aux pourceaux. L'assaut fut long et sanglant, les Anglais se défendaient vaillamment ; la Pucelle fut blessée d'un trait d'*arbalète-à-hausse-pieds*, qui lui traversa la cuisse de part en part ; elle tomba, et s'écria qu'il fallait soutenir et redoubler l'attaque. Mais le sire de Gaucourt et d'autres l'emportèrent malgré ses faibles efforts, car elle perdait son sang; on la plaça sur un chariot, et elle fut ramenée à la Chapelle-Saint-Denis. »

L'ÉVÊQUE CAUCHON, *écrivant*. — Constatons de nouveau la sanglante forcennerie de cette diablesse enragée, qui, contre l'avis de tous, s'obstine à batailler... Insistons sur sa soif de carnage. Elle conseille d'exterminer les Anglais.

LE CHANOINE LOYSELEUR. — « Le lundi 12 septembre, la Pucelle, pouvant à peine se tenir à cheval, voulut aller du côté de Saint Denis, afin de s'assurer qu'un pont qu'elle avait ordonné de construire était jeté sur la Seine, afin de faciliter le passage des troupes; ce pont avait été en effet jeté, mais plus tard coupé par ordre du roi, résolu de ne plus rien tenter du côté de Paris. Le mardi 13 septembre 1429, le roi, de l'avis de son conseil, partit de Saint-Denis après dîner, afin de s'en retourner devers la Loire; la Pucelle, désespérée du partement du roi, pleura beaucoup, et voulant, dans sa première affliction, renoncer à le servir, elle quitta son armure et la déposa en *ex-voto* devant la statue de Notre-Dame, dans la basilique de Saint-Denis... » Toujours même couardise royale.

L'ÉVÊQUE CAUCHON, *se frottant les mains, puis écrivant*. — Excellent! excellentissime!... idolâtrie!... sacrilège!..... Dans son orgueil infernal, elle offre son armure à l'adoration des simples!

LE CHANOINE LOYSELEUR. — « Dans son désespoir, la Pucelle voulait s'en retourner en son pays de Lorraine, auprès de sa famille, et renoncer pour toujours à la guerre; mais le roi lui ordonna de le suivre à Gien, où il aurait, disait-il, besoin d'elle. L'on arriva dans cette ville le 29 septembre. La Pucelle proposa au duc d'Alençon de l'aider à reconquérir son duché de Normandie sur les Anglais; le duc fit part de ce projet au roi, il s'y refusa, voulant garder la Pucelle près de lui en Touraine, pour défendre cette province dans le cas d'un retour agressif des Anglais. La Pucelle prit plusieurs places fortes aux environs de Charité sur-Loire, et vint mettre le siège devant cette ville; mais le conseil royal n'envoyant à la Pucelle ni vivres ni argent pour ses soldats, elle fut forcée à son grand regret, de renoncer à cette attaque, et se rendit le 7 mars 1430 au château de Sully, chez le sire de la Trémouille, où se trouvait le roi. La Pucelle se courrouça fort et hautement en la présence du prince contre les conseillers royaux et les chefs de guerre, leur reprochant avec amertume de mettre traîtreusement obstacle au complet recouvrement du royaume. Reconnaissant dès lors qu'elle était désormais inutile au service du roi, mais espérant encore servir la France, elle quitta pour toujours Charles VII, et, sans prendre congé de lui, s'éloigna sous prétexte d'aller exercer militairement au dehors du château une compagnie d'hommes résolus, attachés à sa fortune. Elle se rendit avec eux à Crespy, en Valois; de là, elle fut bientôt mandée par le sire de Flavy au secours de Compiègne, alors assiégée par le duc de Bourgogne et le comte d'Arundel. La Pucelle n'obtempéra pas sans grande perplexité au désir du sire de Flavy; elle n'ignorait pas la perfidie et la férocité proverbiales de ce capitaine; mais les habitants de la place qu'il commandait avaient, lors de son premier voyage dans cette cité, accueilli Jeanne avec tant d'affection, que, surmontant son appréhension, elle résolut de venir en aide à ces bonnes gens. Le 23 mai 1430, elle sortit de Crespy, à la tête de sa compagnie, forte de deux ou trois cents hommes; grâce aux ténèbres et aux habiles précautions dont elle entourait sa marche nocturne, ses troupes, passant inaperçues entre le camp anglais et le camp bourguignon, entrèrent, ainsi qu'elle, à Compiègne, avant le jour. Tout d'abord elle alla entendre la messe à la paroisse de Saint-Jacques; l'aube commençait à peine de poindre, mais les habitants en grand nombre s'étaient déjà rendus à l'église en apprenant l'arrivée de leur libératrice. Celle-ci, après la messe, se retira près de l'un des piliers de la nef, et s'adressant à plusieurs habitants qui se trouvaient là en compagnie de beaucoup d'enfants, aussi désireux de la voir, elle leur dit bien tristement : — *Mes amis, l'on m'a vendue et trahie, bientôt je serai prise et mise à mort... mes voix m'avertissent depuis longtemps de cette trahison...* »

L'ÉVÊQUE CAUCHON. — Ah! combien il est heureux pour nous que Jeanne n'ait point écouté ses pressentiments! elle échappait encore au piège tant de fois et vainement tendu à cette diablesse par les chefs de guerre, dont la jalousie vindicative servait si heureusement nos desseins ainsi que ceux de La Trémouille, de Gaucourt et de mon compère en Dieu l'évêque de Chartres...

LE CHANOINE LOYSELEUR, *s'interrompant de lire*. — En effet, l'émissaire que monseigneur l'évêque de Chartres a dépêché secrètement ici, et que j'ai été visiter de votre part, m'a appris que c'est de concert avec le sire de la Trémouille que Flavy a mandé la Pucelle à Compiègne, dans l'espoir de la faire prendre par les Anglais.

L'ÉVÊQUE CAUCHON, *riant*. — Je donnerai à Flavy, quand il le voudra, l'absolution de tous ses crimes, en retour de la capture de Jeanne... Continuez, chanoine ; tout à l'heure, je m'ouvrirai complètement à vous sur mes projets.

LE CHANOINE LOYSELEUR, *lisant*. — « La Pucelle se disposa, le jour venu, à tenter une vigoureuse sortie. La ville de Compiègne est située sur la rive gauche de l'Oise ; au delà de la rive droite s'étend une prairie large d'un quart de lieue, terminée par un escarpement du côté de la Picardie ; cette prairie basse, souvent inondée, est traversée par une chaussée partant du pont de Compiègne et aboutissant à la colline qui, à l'horizon, s'élève en face de la cité. Trois villages délimitent les confins de la prairie : *Margny* à l'extrémité de la chaussée ; *Claroy* à trois quarts de lieue en amont et au confluent des deux rivières d'Aronde et d'Oise ; *Venette* à une demi-lieue sur le chemin de Pont-Saint-Maxence. Les Bourguignons avaient un camp à Margny et un autre à Clairoy, les Anglais occupaient Venette. La défense de Compiègne se composait d'une redoute placée à la tête du pont et de boulevards à angles sortants et rentrants fortement palissadés. Tel était le plan d'attaque de la Pucelle : enlever d'abord le village de Margny, puis celui de Clairoy ; et, maîtresse de ces deux positions, attendre au débouché de la vallée d'Aronde les troupes du duc de Bourgogne, qui, au bruit de l'action, ne pouvait manquer d'accourir à l'aide des Anglais. Jeanne, prévoyant ce mouvement et voulant aussi assurer sa retraite, avait demandé au sire de Flavy de se charger de tenir en échec le duc de Bourgogne, s'il débouchait de la vallée avant la prise de Margny ou de Claroy, et de disposer une réserve de gens de trait sur le front et sur les flancs de la redoute, prêts à protéger sa retraite ; de plus, des bateaux couverts, placés sur l'Oise, étaient destinés à recevoir les piétons en cas de revers. Ces ordres donnés, la Pucelle, malgré de sinistres pressentiments, se hâta de monter à cheval, à la tête de sa compagnie, marcha droit au village de Margny, et quoique vigoureusement défendu, elle l'enleva. Les Anglais campés à Claroy s'avancent pour venger la défaite des leurs, et sont d'abord culbutés ; mais ils reviennent par trois fois à la charge avec acharnement. Ce combat se livrait dans la prairie basse ; il se prolongea. Le duc de Bourgogne ne tarda pas à déboucher de la vallée d'Aronde et gagna la jetée ; Jeanne, dans la prévision de ce mouvement, avait chargé Flavy de tenir les Bourguignons en échec, cet ordre ne fut pas exécuté. Les Bourguignons débouchèrent par la chaussée. A l'aspect de ce renfort, des lâches ou des traîtres crièrent : « Sauve qui peut ! courons aux bateaux !... » Les troupes auxiliaires de la Pucelle, commandées par des hommes de Flavy, se débandent, s'élancent vers les barques préparées au bord de la rivière, laissant Jeanne et sa petite compagnie soutenir seuls le choc des Anglais et des Bourguignons ; elle le soutint hardiment, et assaillie de nouveaux pressentiments à la vue de la déroute de ses auxiliaires, dont les capitaines n'avaient exécuté aucun de ses ordres, elle résolut de mourir plutôt que de tomber vivante au pouvoir des Anglais, mit l'épée à la main et s'élança avec une folle témérité contre un ennemi cent fois supérieur en nombre à la poignée de héros qui combattaient près d'elle. Ceux-ci, après des prodiges de valeur, voyant la bataille perdue, voulurent, au prix de leur vie, sauver celle de la Pucelle ; deux d'entre eux, malgré ses prières, malgré sa résistance, saisirent son cheval par le mors, afin de la reconduire de force dans la ville, tandis que leurs compagnons se feraient tuer jusqu'au dernier pour couvrir sa retraite. Déjà ils approchaient d'un pont-levis jeté sur un fossé qui séparait la redoute de la chaussée, lorsque ce pont fut relevé par ordre du sire de Flavy... La Pucelle et ses fidèles soldats, ainsi méchamment trahis et livrés à l'ennemi, se ruèrent sur lui avec la furie du désespoir, Jeanne, atteinte de plusieurs coups à la fois, fut précipitée à bas de son cheval et aussitôt entourée d'une foule d'Anglais et de Bourguignons, se disputant cette glorieuse capture ; elle resta au pouvoir d'un archer, banneret du *bâtard de Wandomme*, écuyer, natif du pays d'Artois et lieutenant de sire *Jean de Luxembourg*, seigneur du parti bourguignon. La Pucelle, garrottée sur le champ de bataille, fut liée sur un cheval et conduite au château de Beaurevoir et appartenait au sire de Luxembourg, suzerain du bâtard de Wandomme, lequel était capitaine de l'archer qui avait fait la Pucelle prisonnière ; celle-ci, après être restée quelque temps prisonnière dans ce château, apprit que le sire de Luxembourg *l'avait vendue, comme sa capture, au régent d'Angleterre, moyennant dix mille sous d'or*. Le désespoir la saisit à la pensée d'être livrée aux Anglais ; et soit qu'elle espérât s'échapper, soit qu'elle voulût mettre fin à ses jours, elle s'élança du haut de l'une des tours du château de Beaurevoir, où elle était tenue prisonnière. Mais cette chute n'eut pas de suites mortelles ; Jeanne relevée évanouie et couverte de contusions, fut jetée dans un cachot, et bientôt mise aux mains d'un capitaines anglais chargé d'apporter à sire Jean de Luxembourg les dix mille écus d'or, prix du sang de la Pucelle. On l'emmena, sous bonne escorte, au château de Dugy, près de Saint-Riquier... Ainsi fut trahie, vendue et livrée Jeanne la Pucelle, à la grande douleur des loyaux français... »

(*Le chanoine dépose sur la table la chronique dont il vient d'achever la lecture.*)

L'ÉVÊQUE CAUCHON, *avec une joie féroce.* — Moi, j'ajouterai ce que ce chroniqueur royaliste n'a pu savoir : que la Pucelle, transportée du château de Dugy au château de Crotoy, fut de là embarquée sur la Somme jusqu'à Saint-Valery, d'où elle fut dirigée sur le château d'Eu, de là conduite à Dieppe, et de Dieppe ici, à Rouen, où elle arrivera cette nuit ou demain matin... Voici donc cette diablesse en notre pouvoir... Maintenant, chanoine, je dois vous faire une ouverture des plus graves; vous pouvez rendre à nos amis d'outre-mer, au cardinal de Winchester, au duc de Bedford, régent, et au gouvernement anglais un service signalé... La rémunération dépassera toutes vos espérances, je vous le jure! aussi vrai que l'archevêché de Rouen m'a été promis par le régent d'Angleterre si Jeanne est congruement brûlée!... Vous serez royalement récompensé.

LE CHANOINE LOYSELEUR. — De quoi s'agit-il, monseigneur ? Je suis prêt à vous obéir.

L'ÉVÊQUE CAUCHON. — Avant de vous instruire et quoique je connaisse par expérience la pénétration de votre esprit, la subtilité de ses ressources, je dois brièvement, clairement, vous faire connaître la cause et le but du procès ecclésiastique que, dès demain, nous allons intenter à ladite Jeanne.

LE CHANOINE LOYSELEUR, *impassible*. — Je vous écoute attentivement.

L'ÉVÊQUE CAUCHON. — D'abord, reprenons les choses en peu de mots et *ab ovo*... L'an passé, la France entière tombait au pouvoir des Anglais sans le secours apporté par la Pucelle à Charles VII; et malgré ce prince, malgré La Trémouille, malgré les capitaines, cette diablesse a fait lever le siège d'Orléans, remporté d'autres victoires non moins éclatantes, finalement elle a fait sacrer son roi à Reims, résultat immense pour les populations, la consécration divine constituant à leurs yeux le droit et la puissance du souverain. Aussi, beaucoup de grandes villes, jusqu'alors aux mains des Anglais, ont ouvert leurs portes à Charles VII, lors de son retour de Reims; partout le sentiment national s'est réveillé à la voix de la Pucelle, et la domination étrangère, acceptée depuis plus d'un demi-siècle, semble maintenant révoltante... Par contre, les prodigieux succès de Jeanne ont jeté la consternation, l'épouvante dans l'armée anglaise; les choses en sont venues aujourd'hui à ce point, qu'à Londres, le gouvernement a été obligé de promulguer deux édits, dont voici les titres : (*L'évêque prend des parchemins sur la table et lit*.) « Edit contre les capitaines et les soldats qui refusent de passer en France par terreur des maléfices de la Pucelle. » Mieux que cela... je vais vous donner confidentiellement lecture d'un passage significatif d'une lettre adressée par notre régent, le duc de Bedford, au conseil du roi d'Angleterre, Henri VI. Ecoutez, chanoine, et méditez (*L'évêque lit*). « ...Tout nous a réussi jusqu'au temps du siège d'Orléans; depuis lors, la main de Dieu a frappé de rudes coups sur les gens de notre armée. La principale cause de ce malheur a été, comme je le crois, la funeste opinion et funeste crainte que nos soldats avaient d'un disciple du démon, d'un limier de l'enfer, appelé *la Pucelle*, qui a usé de faux enchantements et de *sorcellerie*, lesquels coups et déconfitures ont non seulement fort diminué le nombre de nos soldats, mais ont abattu en merveilleuse façon le courage de ceux qui nous restent. » (*L'évêque remet les parchemins sur la table, et s'adressant à l'autre prêtre, toujours impassible*.) Le charme d'un demi-siècle de victoires est rompu, l'élan est donné aux populations; et si Charles VII n'eût pas été l'indolence, la lâcheté même; si le duc de Bedford en promettant la souveraineté de Poitou à La Trémouille, de grands avantages à l'évêque de Chartres et à Gaucourt, s'ils servaient secrètement et faisaient prévaloir les intérêts de l'Angleterre au sein du conseil royal; enfin sans la prise de la Pucelle à Compiègne, la France redevenait... française ! cinquante ans de luttes, de succès, seraient perdus, et Henri VI ne ceindrait plus les deux plus belles couronnes du monde... Mais il ne faut point s'abuser, Henri VI n'est plus roi de France que de nom... les provinces qu'il possède encore au cœur de la Gaule sont au moment de lui échapper. Les victoires de cette endiablée ont réveillé le sentiment patriotique, si longtemps endormi; partout l'espoir renaît; on a honte de ce qu'on appelle le joug de l'étranger, on le maudit; le pouvoir de l'Angleterre sur ce pays-ci est grandement compromis... Or, pour nous autres qui sommes devenus Anglais, c'est la ruine, la proscription ou la potence, dans le cas où le parti français serait vainqueur! Tel est donc au vrai l'état des choses. Si Charles VII triomphe nous sommes perdus.

LE CHANOINE LOYSELEUR. — Evidemment, monseigneur, j'ai pu me convaincre de cette vérité lors de ma dernière et secrète entrevue avec l'émissaire du sire de La Trémouille. Ce seigneur, quoique suprême conseiller de Charles VII, est, au fond de l'âme, aussi Anglais que nous, aussi désireux que nous de voir son maître vaincu; et il ne se fait pas illusion sur les progrès du mal.

L'ÉVÊQUE CAUCHON — Le mal existant, il faut s'efforcer d'y remédier en en déterminant la cause... or, quelle est cette cause ?

LE CHANOINE LOYSELEUR. — Jeanne! l'endiablée Pucelle... véritable suppôt du démon.

L'ÉVÊQUE CAUCHON. — Nous nous entendons de reste. Donc le sire de Flavy ayant, à l'instigation de la Trémouille, attiré la Pucelle à Compiègne, sous prétexte de la mander au secours des bonnes gens de cette ville, a lancé notre batailleuse en avant, puis l'on a relevé le pont derrière elle; de sorte qu'enfin elle est prise... Il faut maintenant tirer le meilleur parti de notre capture, payer dix mille beaux écus d'or à Jean de Luxembourg. Résumons les faits. Les soldats d'Angleterre sont convaincus que tant que Jeanne vivra ils seront battus par les Français... S'il en arrive ainsi, la domination anglaise s'écroule, et nous engloutit sous ses ruines. Afin de nous préserver de ce malheur, que faut-il faire ? Rendre le courage aux Anglais en les délivrant de leur épouvantail..... Jeanne !... Donc Jeanne doit mourir..... La Pucelle doit être brûlée vive...

LE CHANOINE LOYSELEUR. — La logique le veut ainsi. Elle doit être jugée, condamnée et brûlée.

L'ÉVÊQUE CAUCHON. — Certes ! *logicè*, il faut qu'elle soit rôtie.... mais ici se présentait une grave difficulté..... Les capitaines anglais, fiers et imbus des principes de la chevalerie, auraient considéré comme une lâcheté d'occire purement et simplement leur prisonnière, qui les avait vaincus à force de génie militaire; ils craignaient, en faisant tuer Jeanne dans sa prison, d'encourir le mépris de ceux qui portent des éperons et une épée. Alors, le cardinal de Winchester et moi, nous leur avons tenu ce langage : « Vous ne pouvez, vous, chefs de guerre, égorger une guerrière tombée entre vos mains par le sort des armes ; mais l'Eglise peut... mieux que cela.... l'Eglise doit, à la première requête de la sainte Inquisition, procéder contre une sorcière, une invocatrice de démons, la convaincre de sorcellerie, d'hérésie, et la livrer au bras séculier.... qui la brûle..... la fait rôtir pour la plus grande gloire de Dieu... »

LE CHANOINE LOYSELEUR. — C'est le droit de l'Eglise catholique, notre sainte mère.

L'ÉVÊQUE CAUCHON. — Et elle en usera..... car aussitôt la Pucelle livrée au bûcher comme sorcière, les terreurs des soldats d'Angleterre s'évanouissent, ils reprennent courage et avantage, le pouvoir d'outre-mer, à cette heure gravement ébranlé en Gaule, se raffermit. La Trémouille continue de nous servir, dans l'espoir d'obtenir le Poitou pour domaine, l'armée anglaise reconquiert tout ce qu'elle a perdu dans ces derniers temps, s'empare des provinces qui lui restaient à envahir ; Charles VII, complètement dépossédé, quoique sacré à Reims, s'en va vivre à Londres, comme le bon roi Jean son aïeul ; il oublie la royauté de France ; nous n'avons plus rien à craindre, et le siège épiscopal de Rouen est à moi. La question ainsi clairement posée, il s'agit de faire rôtir Jeanne, en d'autres termes de la convaincre d'hérésie.

LE CHANOINE LOYSELEUR. — Tout est là, Monseigneur. Nous mènerons l'affaire selon vos idées.

L'ÉVÊQUE CAUCHON. — Tout, absolument... Et, de nouveau, examinons les chances du procès qui lui est intenté. Un premier obstacle s'offrait, à savoir : un recours direct de Charles VII au pape ; ce prince pourrait en effet supplier notre saint-père d'user de sa toute puissante influence pour empêcher l'Inquisition de poursuivre son accusation d'hérésie contre la Pucelle. C'est à cette fille que Charles VII doit sa couronne ; car, avant le sacre Reims, il était quasi découronné ; la plus vulgaire reconnaissance, le moindre respect humain, lui dictent cette démarche, eût-il même la certitude de ne pas réussir... Mais nous savons ce que vaut la reconnaissance des rois...

LE CHANOINE LOYSELEUR. — J'ai eu l'assurance formelle, lors de mon entrevue avec l'émissaire de la Trémouille et de l'évêque de Chartres, que cette démarche de Charles VII envers notre saint-père ne serait point tentée ; le procès d'hérésie suivra paisiblement son cours... Bien plus, l'évêque de Chartres s'est chargé d'instruire les notables de Reims de la prise de la Pucelle, et de leur faire pressentir le sort qui l'attendait ; il s'est exprimé en ces termes que m'a fidèlement transmis son émissaire, je les ai notés, les voici : (*Il lit.*) « L'évêque de Chartres donne avis aux gens de Reims que la Pucelle a été prise devant Compiègne, parce qu'elle ne voulait croire à aucun conseil et faisait tout à son plaisir. » — L'évêque ajoute que, — « sur le bruit que l'on répand que les Anglais feront mourir la Pucelle, Dieu a permis qu'il en soit ainsi, parce qu'elle s'était constituée en orgueil, qu'elle portait des habits d'homme et n'obéissait pas à ce que Dieu lui commandait. » Vous le voyez, monseigneur après une telle lettre, écrite par un évêque, membre du conseil royal, l'on doit être persuadé que Charles VII n'interviendra ni directement, ni indirectement, auprès de notre saint-père à l'endroit de ce procès... elle est délaissée et reniée par le roi.

L'ÉVÊQUE CAUCHON. — De plus, nous avons la certitude que Charles VII et son conseil, tacitement aussi désireux que nous de voir brûler Jeanne, n'interviendront pas davantage auprès du pouvoir laïque qu'ils ne sont intervenus auprès du pouvoir ecclésiastique. Depuis six mois l'on traîne la Pucelle de prison en prison, est-ce que Charles VII et ses conseillers ont fait l'ombre d'une démarche auprès du roi d'Angleterre en faveur de la captive ? Est-ce qu'ils ne pouvaient pas la réclamer, soit à caution, soit en échange de prisonniers anglais ? Vaines démarches peut-être ! mais elles auraient témoigné du moins de ce respect de soi, dont les ingrats se croient obligés de faire montre.

LE CHANOINE LOYSELEUR. — Cependant, monseigneur, permettez-moi de vous adresser une question... Jeanne a été prise le 24 mai de l'an passé 1430 ; depuis ce temps, elle est prisonnière. Pourquoi cette lenteur dans l'instruction du procès ? Prise, condamnée, exécutée.

L'ÉVÊQUE CAUCHON. — Je vais répondre à votre question, et vous reconnaîtrez qu'il n'y a point eu de ma faute. La nouvelle de la prise de Jeanne nous est arrivée le 25 mai au matin ; dès le lendemain, le greffier de l'Université de

Paris adressa par mon ordre, au nom et sous le sceau de l'inquisiteur de France, une sommation à monseigneur le duc de Bourgogne (suzerain de Jean de Luxembourg, dont l'un des écuyers était le capteur de la Pucelle), une sommation tendant à ce que ladite Jeanne fût remise à la juridiction dudit inquisiteur, afin d'avoir à répondre, selon la formule, « au bon conseil, faveur et aide des bons docteurs et maîtres de l'Université de Paris. »

LE CHANOINE LOYSELEUR. — Mais, monseigneur, il s'est passé quatre à cinq mois avant qu'il ait été fait droit à la requête de l'inquisiteur? On eût pu abréger les préliminaires de la procédure et livrer la Pucelle au bourreau.

L'ÉVÊQUE CAUCHON. — Ignorez-vous donc que les décisions de l'Université de Paris, corps ecclésiastique cependant engagé dans la politique, exercent une puissante action, non-seulement sur la majorité du haut clergé, qui soutient la domination anglaise, mais encore sur les évêques restés fidèles au parti royaliste? Or, ceux-ci, cédant au torrent de l'opinion, n'avaient-ils pas déclaré, par l'organe des clercs réunis à Poitiers il y a deux ans pour interroger Jeanne : « qu'elle n'était ni hérétique, ni sorcière, et que Charles VII pouvait, sans péril pour son salut, user de l'aide qu'elle lui apportait? » — Eh bien ! cette doctrine avait rencontré des partisans, même au sein de l'Université de Paris, corps éclairé croyant peu aux sorcelleries. L'Université s'est d'abord montrée récalcitrante à mon projet de faire intenter par elle-même à la Pucelle le procès d'hérésie... il m'a fallu beaucoup de temps, de négociations, d'argent, pour convaincre les récalcitrants que, politiquement, il était de la dernière importance de paraître croire à la sorcellerie de Jeanne, et par ainsi de la livrer aux flammes, sans quoi son influence subsisterait malgré sa captivité ; or, cette influence, désastreuse pour les Anglais, victorieuse pour les Français, pouvait, ainsi que cela avait déjà failli arriver, rendre Charles VII maître de Paris. Que succèderait-il alors ? L'Université se verrait décimée, proscrite, dépouillée de ses privilèges par ce prince. Donc elle devait, afin d'échapper à ces dangers, briser l'instrument qui pouvait les produire, en d'autres termes, faire brûler Jeanne comme sorcière ; (*riant*) car, en vérité, l'on est toujours obligé d'en revenir... au fagot... Le bûcher est le suprême argument.

LE CHANOINE LOYSELEUR. — Enfin, monseigneur, l'Université a évoqué le procès?

L'ÉVÊQUE CAUCHON. — Oui ; mais ce n'était qu'un léger succès. Les hésitations que j'avais à vaincre chez plusieurs universitaires me donnaient à craindre pour le bon résultat du procès s'il eût été à leur merci. Je voulus, après avoir fait évoquer par les prêtres de l'Université, faire juger la cause par un tribunal ecclésiastique à ma dévotion ; à force de chercher le moyen d'arriver à ce but, je l'ai trouvé ; il est très ingénieux et digne de nous, ministres de Dieu, qui avons la mission de tromper les hommes ; jugez-en... Où a été prise la Pucelle ?

LE CHANOINE LOYSELEUR. — A Compiègne.

L'ÉVÊQUE CAUCHON. — De quel diocèse ressort Compiègne? Suivez bien mon raisonnement.

LE CHANOINE LOYSELEUR. — Du diocèse de Beauvais.

L'ÉVÊQUE CAUCHON. — Qui est évêque de Beauvais, par la grâce des intrigues, par l'intervention des jolies courtisanes, et par la miséricorde divine? Paillardise et simonie.

LE CHANOINE LOYSELEUR. — Vous, monseigneur. Vous êtes en possession de l'évêché.

L'ÉVÊQUE CAUCHON, *se frottant les mains*. — Voilà, chanoine !... La Pucelle, prise sur le territoire de mon diocèse, se trouvant ma justiciable, je devenais son juge ordinaire ; l'Université évoquait le procès, mais il s'instruirait par devant un tribunal ecclésiastique choisi par moi ! J'ai nommé juges du tribunal les chanoines du chapitre de Rouen, et les prêtres de l'Université de Paris qui étaient à ma dévotion ; entre ceux-ci, j'ai colligié surtout bon nombre de bénéficiers normands que leurs intérêts livrent corps et âme aux Anglais. J'ai aussi appelé quelques jeunes lauréats de l'école, mais peu rompus à la pratique des choses ; ma préférence flatte leur orgueil et m'assure leur aveugle concours. Je vous citerai *Guillaume Erard, Nicole Midi, Thomas de Courcelles*, astres naissants de la théologie et du droit canon. Le tribunal est complètement à moi ; dès demain il peut fonctionner, selon le droit inquisitorial. A ce sujet, cher chanoine, j'arrive au fait qui vous est personnel... je veux parler du grand service que vous pouvez rendre à l'Angleterre ; le duc ne se montrera point reconnaissant envers vous à la façon de Charles VII envers Jeanne. Vous aurez honneurs et richesses.

LE CHANOINE LOYSELEUR. — De quoi s'agit-il, monseigneur? Parlez et ordonnez.

L'ÉVÊQUE CAUCHON. — Vous connaissez le droit inquisitorial ; ses procédés sont fort simples et vont droit au but. La sixième décrétale dit formellement : « Que les juges des hérétiques ont la faculté de procéder d'une manière simplifiée, directe, sans vacarme d'avocats, ni figure de jugement. »

LE CHANOINE LOYSELEUR. — « *Simpliciter et de plano, absque advocatorum ac judiciorum strepitu et figura.* » Le texte est formel.

L'ÉVÊQUE CAUCHON. — D'où il suit que moi et l'inquisiteur Jean Lemaître nous formerons une autorité suffisante pour appliquer à Jeanne la loi contre les hérétiques. Mais, pour ce faire, il faut qu'elle convienne ou donne des preuves de son hérésie... Là se rencontre une grave difficulté qu'il dépend de vous d'aplanir.

LE CHANOINE LOYSELEUR. — Comment, monseigneur, devrai-je procéder ?

L'ÉVÊQUE CAUCHON. — Si dévoués que soient les juges du tribunal, il leur faut des preuves certaines, valables, pour condamner Jeanne en sauvegardant la dignité de l'Eglise ; or, l'on dit la diablesse fine et rusée... J'ai lu ses réponses à son interrogatoire à Poitiers ; elle a souvent étonné, embarrassé ses juges par sa présence d'esprit ou l'élévation de ses réponses. Il ne faut point qu'il en soit à Rouen comme à Poitiers. Voici quelle serait la marche sommaire que je voudrais voir imprimer au procès, afin que Jeanne ne puisse pas s'en tirer : obtenir d'elle des aveux malsonnants, damnables au point de vue catholique, la condamner là-dessus ; puis, après sa condamnation, trouver le moyen de l'amener à rétracter publiquement ses erreurs, et l'admettre à la pénitence !

LE CHANOINE LOYSELEUR, *stupéfait*. — Mais si elle renie ses erreurs, elle n'est pas condamnée, monseigneur ! Mais si elle est admise à la pénitence, elle n'est point brûlée !...

L'ÉVÊQUE CAUCHON. — Patience... écoutez-moi... Si Jeanne abjure ses erreurs, elle est admise à la pénitence ; notre sainte mère l'Eglise aura fait preuve de mansuétude et d'indulgence ! Ainsi en jugeront les imbéciles.

LE CHANOINE LOYSELEUR. — Jeanne échappe au fagot. Votre but ne sera pas atteint.

L'ÉVÊQUE CAUCHON. — Pour un jour... Mais bientôt on l'amène, par un moyen habile, à retomber dans ses premières déclarations hérétiques, peut-être même à soutenir que son abjuration a été le résultat d'un piège à elle tendu, d'une surprise ; on l'amène à persévérer dans ses erreurs damnables. Ce revirement criminel nous donne alors le droit de condamner la pénitente sans pitié comme relapse ; nous l'abandonnons au bras séculier, qui la livre au bourreau. De sorte que, les apparences de la charité ecclésiastique ainsi sauvées, tout l'odieux du procès retombera sur Jeanne.

LE CHANOINE LOYSELEUR. — Ce projet est excellent ; mais comment arriver à sa réussite ?

L'ÉVÊQUE CAUCHON. — Je vous le dirai tout à l'heure ; parlons d'abord des preuves flagrantes d'hérésie qu'il est nécessaire de trouver dans les réponses de Jeanne. Un exemple vous précisera ma pensée. Cette fille prétend avoir vu des saintes et des anges, entendu des voix surnaturelles ; or, aux yeux de l'Eglise et de ses saints canons, Jeanne n'a point QUALITÉ *suffisante et reconnue pour converser et commencer avec les bienheureux du paradis* ; aux yeux de l'Eglise, les visions et apparitions de ladite Jeanne, au lieu de procéder de Dieu... et de venir des puissances célestes...

LE CHANOINE LOYSELEUR. — ... Procèdent directement du démon : preuve flagrante que Jeanne est invocateresse de diables... partant sorcière... et digne du fagot !

L'ÉVÊQUE CAUCHON. — Un instant... il y a là un écueil... il faut le tourner.

LE CHANOINE LOYSELEUR. — Quel écueil, monseigneur ? Je n'aperçois pas ledit écueil.

L'ÉVÊQUE CAUCHON. — L'Eglise admet un correctif en ce qui touche l'aveu des choses surnaturelles ; le tribunal se trouverait ainsi empêché de condamner la Pucelle sur ces faits, si, par malheur, au lieu de dire affirmativement : « J'AI ENTENDU des voix, » elle disait : « J'ai CRU entendre des voix. » Cette forme dubitative ferait tomber à néant ce chef d'accusation, si important ; or, je crains que, soit par instinct de conservation, soit qu'on l'ait endoctrinée d'avance, Jeanne, donnant à ses réponses cette forme dubitative et non point affirmative, ne nous crée perfidement à ce sujet un obstacle insurmontable... Me comprenez-vous ?

LE CHANOINE LOYSELEUR. — Parfaitement, monseigneur. Mais comment arriver à ce que Jeanne, au lieu de dire : « *Je crois avoir* entendu des voix, » dise affirmativement : « *J'ai entendu* des voix ? »

L'ÉVÊQUE CAUCHON. — Rien de plus simple... Il faut qu'un conseiller en qui elle aura toute créance dicte à Jeanne certaines réponses capables d'entraîner sûrement sa condamnation.

LE CHANOINE LOYSELEUR. — Monseigneur, cette fille est d'un esprit au-dessus du commun et douée d'un rare bon sens... à ce qu'on prétend... comment espérer qu'elle ira se livrer aveuglément à un conseiller inconnu ?

L'ÉVÊQUE CAUCHON. — Mon fils en Christ, quel est votre nom ?

LE CHANOINE. — Je m'appelle Nicolas Loyseleur. Tel est mon nom.

L'ÉVÊQUE CAUCHON. — Je crois ce nom véritablement prédestiné.

LE CHANOINE LOYSELEUR. — Prédestiné ?...

L'ÉVÊQUE CAUCHON, *riant*. — Sans doute... De quelle façon l'adroit oiseleur pratique-t-il la pipée pour attirer à lui la défiante perdrix ? Il imite subtilement le ramage de l'oiselle, et celle-ci, croyant au voisinage de l'une de ses pareilles, accourt à la voix trompeuse et tombe dans le piège... Or, mon digne chanoine, l'apôtre saint Pierre était *pêcheur* d'hommes, vous serez *oiseleur* de femmes... *ad majorem Ecclesiæ gloriam* ! Pour la gloire de l'Eglise.

LE CHANOINE LOYSELEUR, *après avoir réfléchi un instant*. — J'entrevois vaguement votre pensée, monseigneur...

L'ÉVÊQUE CAUCHON. — La Pucelle arrive demain matin au château de Rouen... son cachot, ses fers sont préparés..... Eh bien ! il faut que demain matin, en entrant dans son cachot, elle

Jeanne Darc dans son cachot (page 196)

vous y trouve; il faut que vous soyez son compagnon... et bientôt après son confident.

LE CHANOINE LOYSELEUR. — Moi! Monseigneur... je devrai remplir une telle mission?

L'ÉVÊQUE CAUCHON.—Vous... Enchaîné, ayant des fers aux mains et aux pieds. Vous vous lamenterez, vous gémirez sur la cruauté des Anglais, sur ma dureté à moi, évêque, qui souffre que l'on traite avec inhumanité un pauvre prêtre dont le seul crime est d'être resté fidèle à son roi et à la France. Votre rôle est tracé.

LE CHANOINE LOYSELEUR, *avec un sourire*. — Notre divin maître l'a dit ; « Rendons à César ce qui est à César, et à Dieu ce qui est à Dieu. »

L'ÉVÊQUE CAUCHON. — A quel propos cette citation! Elle est tout à fait hors de propos.

LE CHANOINE LOYSELEUR. — Rendons à l'Inquisition ce qui est à l'Inquisition... Le moyen que vous proposez est fort adroit, je l'avoue; mais il a déjà été pratiqué contre les hérésiarques albigeois, témoin cette septième décrétale du droit inquisitorial : « Que nul n'approche de l'hérétique, si ce n'est, de temps à autre, une ou deux personnes fidèles qui, avec précaution, et comme si elles avaient compassion de lui, le conseillent, etc., etc. »

L'ÉVÊQUE CAUCHON. — Eh ! pardieu ! c'est justement parce que le moyen a été souventes fois employé avec succès par l'Inquisition qu'il est sûr et éprouvé! je ne prétends point me targuer du mérite de l'invention. Il va de soi que, tout en étant l'oiseleur de Jeanne, vous serez aussi l'un de ses juges. Afin que vous puissiez jouir des résultats de votre adroite pipée, je vous ai réservé une place au tribunal ; vous siégerez en robe, votre cagoule complètement rabattue cachera votre visage, Jeanne ne pourra pas vous reconnaître. Délateur et juge ; c'est convenu.

126ᵉ livraison

LE CHANOINE LOYSELEUR. — Cela sera d'autant plus nécessaire, monseigneur, que, grâce à mon caractère de prêtre, il me sera facile d'amener cette fille à la confession ; or, dans ce cas, vous comprenez l'immense parti que l'on pourrait tirer contre elle d'aveux faits en toute sincérité, au tribunal sacré de la pénitence...

L'ÉVÊQUE CAUCHON, *transporté*. — Chanoine... chanoine !... le régent d'Angleterre et le cardinal de Winchester sauront dignement récompenser notre zèle..... Vous serez évêque et moi archevêque !...

LE CHANOINE LOYSELEUR. — Ma récompense est en moi-même, monseigneur ; ce que je fais, vous l'avez dit, je le fais à la plus grande gloire de l'Église de Rome ! et surtout à son grand profit !... Je suis indigné de voir une foule stupide attribuer un pouvoir surnaturel, des relations divines, à cette créature qui, selon le droit canon, n'a aucune *qualité* pour ces célestes commerces ! Je ressens pour Jeanne cette haine vigoureuse, légitime, dont la poursuivaient les chefs de guerre, ses rivaux. — « A quoi bon, — disaient-ils avec raison, — naître de noble race ? à quoi sert-il de vieillir sous le harnais, s'il suffit de l'arrivée d'une vachère pour éclipser nos illustres maisons ? » Vous taxez Charles VII d'ingratitude, monseigneur, c'est à tort..... En se montrant ingrat, il fait acte de dignité royale... Il a agi en politique en répudiant les services de cette fille. Charles VII ne pouvait pas intervenir en faveur de Jeanne sans faire implicitement cet aveu outrageant pour sa majesté royale : — « Une vassale a rendu la couronne au descendant des rois franks ». L'Angleterre, l'Église, la chevalerie française, Charles VII et son conseil, tous ont intérêt à ce que la Pucelle soit brûlée vive.... Et elle sera rôtie, quand je devrais moi-même allumer le bûcher !...

L'ÉVÊQUE CAUCHON, *riant*. — C'est trop de zèle, chanoine ! Notre sainte mère l'Église, dans sa miséricorde infinie, envoie les gens au bûcher, mais ne les brûle point de ses mains maternelles ; l'exécution regarde le pouvoir séculier... Or, grâce à votre concours spirituel, il en sera ainsi de Jeanne ; elle sera rôtie comme hérétique relapse, et l'Église catholique se sera montrée jusqu'à la fin pleine de clémence pour l'impénitente. Notre triomphe aura des suites d'une extrême importance auxquelles vous ne songez pas. Jeanne deviendra, même aux yeux de ses partisans, la plus misérable des créatures..... nous brûlons son corps et nous flétrissons sa renommée à présent et à toujours.

LE CHANOINE LOYSELEUR. — Comment donc cela, monseigneur ? Je ne saisis pas bien...

L'ÉVÊQUE CAUCHON. — Demain je vous prouverai ce que j'avance ; nous chercherons aussi quel parti nous pouvons tirer pour nos desseins de l'ombrageuse chasteté de cette diablesse, puisque, Dieu me pardonne ! elle a encore son pucelage. Mais la soirée s'avance, allez prendre quelques heures de repos, mon fils ; il faut que demain, au point du jour, vous soyez dolent, gémissant, les fers aux pieds et aux mains, couché sur la paille dans le cachot de Jeanne.

Le chanoine sort, l'évêque reste seul, occupé de préparer les pièces du procès et de dresser une série de questions basées sur les actes et les paroles de Jeanne la Pucelle.

. . . .

Il fait encore nuit ; une lampe éclaire faiblement les ténèbres du cachot souterrain de la vieille tour du château de Rouen, une sorte de cave demi-circulaire ; ses murs verdâtres suintent l'humidité de l'hiver ; une étroite meurtrière, garnie d'un énorme barreau, est pratiquée dans la muraille de six pieds d'épaisseur. En face de ce soupirail, se présente, sous un couloir voûté, une porte massive, renforcée de plaques et de boulons de fer, percée d'un guichet grillagé toujours ouvert. Une caisse de bois, remplie de paille, est placée à gauche de la porte ; une longue chaîne, scellée dans la muraille et rivée à une lourde ceinture de fer, alors ouverte au moyen de charnières, est jetée sur la paille ; l'extrémité de la caisse, servant de lit, est formée par une poutre destinée à entraver les pieds de la prisonnière. Un coffre, un escabeau, une table, meublent ce sinistre cachot, éclairé par une lampe. Parallèlement et à l'opposé de la litière de paille s'en trouve une autre, où est couché le chanoine Loyseleur enchaîné ; il vient d'adresser quelques paroles au geôlier, nommé *John*, soldat anglais dans la force de l'âge, vêtu d'un vieux surcot de buffle. Sa figure basse et féroce est bourgeonnée par l'abus du vin et des liqueurs fortes ; sa barbe épaisse, inculte comme sa chevelure, s'étale sur sa poitrine ; un coutelas pend à son côté. Soudain, un autre homme à figure patibulaire pousse la porte entr'ouverte et dit en anglais à John :

— Venez vite... la voilà, cette sorcière !...

Le geôlier sort précipitamment, il fait un signe d'intelligence au chanoine Loyseleur en emportant la lampe ; le prêtre s'étend sur la paille et feint de dormir ; la porte est au dehors fermée à double tour. La lueur blafarde de l'aube, si pâle en ces jours d'hiver, filtrant à travers le soupirail du cachot, laisse tout l'intérieur de la pièce dans une obscurité presque complète ; la place occupée par le chanoine reste noyée d'ombre. La scène va commencer...

Bientôt la lourde porte grince sur ses gonds, Jeanne Darc entre, précédée de John ; il jette sur elle un regard farouche. Deux autres geôliers, aussi armés, suivent leur chef ; l'un tient un marteau et un ciseau, l'autre porte sur son épaule un petit coffre contenant un peu de linge et quelques hardes appartenant à la prisonnière. Elle est à peine reconnaissable; depuis son séjour prolongé dans les prisons, le frais coloris de la fille des champs ou de la guerrière vivant toujours au grand air, en plein soleil a disparu. Son beau visage étiolé par la souffrance, creusé par la maigreur, est d'une pâleur maladive; un sourire amer contracte ses lèvres. Son regard est triste et fier; ses yeux noirs semblent encore agrandis dans la cavité de ses joues blêmies. Elle porte une capeline de feutre, une tunique brune, des chausses étroites nouées à son pourpoint par des aiguillettes; les lacets de ses bottines de cuir sont cachés par deux gros anneaux de fer garnis de chaînons à peine assez longs pour qu'elle puisse faire deux pas; des menottes fortement serrées collent ses mains l'une à l'autre. Ses vêtements, usés, délabrés par le voyage, déchirés aux coudes, laissent apercevoir par ces déchirures une chemise sordide; les soldats anglais chargés de la garde de l'héroïne avaient ordre de ne la quitter ni jour ni nuit, de coucher dans sa chambre lors des haltes, peu nombreuses, qu'elle faisait en chemin; aussi n'a-t-elle jamais voulu, par pudeur, se dévêtir devant ses gardiens... et le voyage a duré plus d'un mois! Pauvre et intéressante victime!

John ordonne à ses aides de déferrer l'héroïne et de la ligotter solidement; ils s'approchent d'elle avec une méfiance mêlée de crainte; elle est sorcière à leurs yeux; ils redoutent quelques maléfices. Cependant ils commencent d'abord par la ceindre à la hauteur de la taille de la large et lourde ceinture de fer, brisée par des charnières dont les branches sont ensuite refermées au moyen d'un cadenas; la clé est remise à John. La dimension de la chaîne, scellée d'un côté, au mur et de l'autre rivée à la ceinture de la captive, lui permet à peine de s'asseoir ou de s'étendre sur sa litière. L'un des geôliers s'occupe alors du déferrement; il frappe à coups de marteau appliqué sur la clavette qui rive les menottes, elles tombent des mains de Jeanne Darc, dont les poignets sont bleuâtres de meurtrissures; elle étire avec un soupir de soulagement ses bras endoloris et gonflés. Les geôliers déferrent ensuite ses pieds, pour les enserrer de nouveau à l'aide d'anneaux et d'une lourde chaîne traversant la poutre fixée à l'extrémité de la couchette où la guerrière accablée de fatigue, d'afflictions, tombe assise, cachant son visage entre ses deux mains, demeurées libres.

John fait sortir ses hommes et jette un regard d'intelligence au chanoine Loyseleur; la prisonnière n'a pu encore l'apercevoir, tapi dans un endroit du cachot complètement obscur; le geôlier sort et referme la porte; on voit à travers son guichet briller de temps à autre les casques de fer des deux sentinelles placées au dehors. Invisible au milieu des ténèbres que ne peut dissiper la faible clarté du jour filtrée par l'étroit soupirail, le chanoine suspend sa respiration et observe Jeanne; celle-ci, le visage caché dans ses mains, reste profondément absorbée dans ses pensées... douloureuses, navrantes pensées!..... Elle ne s'abusait plus, Charles VII l'abandonnait à ses bourreaux. Elle connaissait dès longtemps l'égoïsme, la couardise, l'ingratitude de ce prince; deux fois elle avait voulu l'abandonner à son destin, indignée, révoltée de ses lâchetés; mais, par patriotisme, elle s'était résignée à le couvrir de sa gloire, sachant qu'aux yeux du peuple, la France se personnifiait dans son roi... Cependant l'héroïne espéra d'abord que ce prince essayerait de la sauver: il lui devait tout; et de lui seul, d'ailleurs, elle pouvait attendre quelque pitié. Instruite par tant de preuves de l'envie, de la haine dont la poursuivaient les chefs de guerre, elle ne comptait nullement sur leur intérêt; n'étaient-ils pas, après plusieurs tentatives de trahison infâme, parvenus à la livrer aux Anglais devant Compiègne? Un moment aussi, dans la candeur de sa foi, elle avait cru à la charitable intervention de ces prêtres, de ces évêques, qui, à Poitiers, déclaraient que Charles VII pouvait, en sécurité de conscience, accepter le secours inattendu que Jeanne la Pucelle lui apportait au nom de Dieu; oui, elle avait cru à l'intervention de ces prêtres qui l'admettaient avec tant d'empressement à la communion, et à la confession, qui chantaient ses louanges, et, au milieu des pompes de l'Église catholique, célébraient la fête du 8 mai, anniversaire commémoratif de la levée du siège d'Orléans, religieuse solennité ordonnée par l'évêque du diocèse, imposante procession où le clergé, précédant les échevins tenant un cierge à la main, sortait de la cité afin d'aller faire de pieuses stations aux différents lieux témoins des glorieux combats de la guerrière.

Mais Jeanne Darc n'en doutait plus, les prêtres, ainsi que le roi, l'abandonnaient à ses bourreaux; d'autres prêtres du Christ la jugeraient, la condamneraient. Les Anglais, chargés de l'amener prisonnière, lui avaient souvent répété durant le voyage: — « Tu vas être brûlée, sorcière! il est à Rouen des prêtres qui t'enverront au bûcher!... »

Convaincue par ces paroles qu'elle ne pouvait attendre ni merci ni justice du tribunal ecclésiastique devant lequel on allait la faire paraître, Jeanne, accablée sous le poids de ces déceptions amères, dont le ressentiment poignant sans aigrir son âme angélique, se demandait, avec une anxiété pleine de doutes, pourquoi le Seigneur la délaissait, elle, l'instrument des volontés divines? elle, toujours obéissante à ces saintes voix qu'elle entendait si clairement?

ces voix qui, depuis sa captivité, lui disaient encore chaque jour : « Va, fille de Dieu ! ne crains rien... prends à gré ton martyre... tu as accompli ton devoir... le ciel est avec toi !... »

Cependant le ciel la livrait aux Anglais, ses ennemis implacables !

Cependant les prêtres du Seigneur se montraient, disait-on, impatients de la condamner au feu... ! Où donc était Dieu ? Il l'abandonnait...

Ces contradictions jetaient un trouble profond dans l'esprit de la prisonnière ; souvent aussi elle éprouvait une grande affliction, songeant qu'elle laissait sa mission inachevée... le sol de la Gaule n'était pas encore complètement délivré de la domination étrangère...

Telles sont les pensées de Jeanne à cette heure où, le visage caché entre ses mains, elle est assise sur la paille de son cachot, n'ayant pas encore remarqué la présence du chanoine Loyseleur, tapi dans l'ombre et guettant sa proie... Soudain la guerrière tressaille de surprise, presque d'effroi ; elle entend au milieu de l'obscurité, que son regard ne pénètre pas encore, une voix compatissante s'écrier :

— Relève ton front, vierge !... le Seigneur ne t'abandonnera pas ! On veille sur toi.

JEANNE DARC. — Qui donc me parle ?

LE CHANOINE LOYSELEUR, *se dressant sur la paille*. — Qui vous parle ? Un pauvre vieux prêtre... catholique et royaliste... victime de son dévouement à sa foi et à son roi, crimes que les Anglais ne pardonnent pas... Depuis un an et plus, je suis plongé dans ce cachot, les fers aux mains et aux pieds, ne demandant qu'une chose à mon Créateur... de me rappeler à lui !... Hélas ! j'ai tant souffert !... Mais j'oublie mes souffrances, puisqu'il m'est permis de contempler la sainte fille, la vierge inspirée du ciel, victorieuse des Anglais, libératrice de la France !... Que son nom soit glorifié.

JEANNE, *attendrie*. — Plus bas, mon père, l'on pourrait vous entendre... Je ne crains rien pour moi ; je redoute pour vous la colère des geôliers.

LE CHANOINE LOYSELEUR, *avec exaltation, d'une voix éclatante*. — Que peuvent contre moi ces Anglais que j'abhorre, ces ennemis de notre patrie bien-aimée ? Je prie Dieu de m'envoyer le martyre, s'il me juge digne de cette glorieuse auréole !

JOHN, *apparaissant au guichet, feignant le courroux*. — Si tu continues de crier si fort, je te fais sangler à coups de baudrier !

LE CHANOINE LOYSELEUR, *encore plus exalté*. — Coupe mes membres en morceaux ! arrache la peau de mon crâne, bête féroce ! jusqu'à la mort je m'écrierai : Gloire à Dieu !... Vive le roi Charles VII... anathème sur les Anglais !

JOHN, *toujours au guichet*. — Le capitaine de la tour va venir, je l'instruirai du danger qu'il y a de te laisser dans le même cachot que cette sorcière, avec qui tu peux machiner des maléfices, tonsuré du diable !... Mais si tu continues à hurler, l'échine te cuira !... (*John se retire du guichet*).

LE CHANOINE, *s'agitant dans ses fers, qui rendent un bruit sinistre*. — Scélérat !... idolâtre !... tu brûleras dans l'enfer.

JEANNE DARC, *d'une voix suppliante*. — Mon bon père, calmez-vous, n'irritez pas cet homme... il vous éloignerait de moi... Hélas ! dans ma détresse, ce serait une grande consolation pour moi de pouvoir écouter la parole d'un prêtre du Seigneur. Ne me retirez pas votre appui.

LE CHANOINE LOYSELEUR, *avec contrition*. — Que Dieu me pardonne d'avoir cédé à un mouvement de colère ! je le regretterais doublement si, à cause de cela, ces méchants me séparaient de vous... (*A voix basse et feignant de regarder vers le guichet avec la crainte d'être entendu.*) J'espérais vous être utile... vous sauver peut-être... par mes conseils...

JEANNE DARC. — Que dites-vous, bon père ?

LE CHANOINE LOYSELEUR, *toujours à voix basse*. — J'espérais pouvoir vous donner d'utiles conseils au sujet du procès que l'on vous intente, et vous empêcher de tomber dans les pièges que vous tendront sans doute ces indignes prêtres, ces juges simoniaques, vendus aux Anglais ! Enfin, j'espérais pouvoir vous admettre à la confession et au bonheur ineffable de la communion, dont vous avez peut-être été privée depuis longtemps ?

JEANNE DARC, *soupirant*. — Depuis ma captivité, je n'ai pu approcher de la sainte table !

LE CHANOINE LOYSELEUR. — Je suis parvenu à soustraire à la vue des geôliers des hosties consacrées ; mais loin de réserver pour moi seul ce pain des anges, je vous aurais conviée à ce festin céleste... manger son Dieu !

JEANNE DARC, *joignant les mains avec un pieux ravissement*. — O mon père ! mon bon père ! Combien je vous serais reconnaissante !

LE CHANOINE LOYSELEUR, *d'une voix précipitée, mais de plus en plus basse ; il jette çà et là des regards inquiets sur le guichet.* — Les moments sont précieux, l'on va peut-être m'arracher d'ici, je ne sais si je vous reverrai jamais, sainte fille.... Prêtez-moi toute votre attention, retenez mes avis, ils peuvent vous sauver. Sachez que demain, aujourd'hui peut-être, vous serez traduite devant un tribunal ecclésiastique, sous l'accusation d'hérésie, de sorcellerie.

JEANNE DARC. — Les Anglais qui m'ont amenée ici prisonnière m'ont menacée de ce tribunal. Je dois être comdamnée.

LE CHANOINE LOYSELEUR. — Cette menace n'est point vaine.... Hier, notre geôlier m'a dit : — « Tu auras bientôt pour compagne de prison Jeanne la sorcière ; elle sera jugée, condamnée, brûlée comme magicienne vendue à Satan et hérétique, par nos bons seigneurs les clercs ! »

JEANNE DARC, *frémissant.* — Mon Dieu !...

LE CHANOINE LOYSELEUR. — Qu'avez-vous, chère et sainte fille ? Vous paraissez tremblante !

JEANNE DARC, *frissonnant et accablée.* — Mon père, que Dieu me soit en aide !.... Grâce à lui, je n'ai jamais connu la peur.... *(cachant sa figure entre ses mains avec un mouvement d'épouvante)* mais brûlée ! Seigneur Dieu ! brûlée !... Quel épouvantable supplice !

LE CHANOINE LOYSELEUR. — Vous n'avez que trop raison de craindre ; le but du tribunal est de vous envoyer au bûcher !...

JEANNE DARC, *d'une voix étouffée.* — Des prêtres, pourtant !.... Quel mal ai-je fait à ces prêtres ?... Pourquoi me poursuivent-ils ?

LE CHANOINE LOYSELEUR. — Ah ! ma fille, ne blasphémez pas ce saint mot de prêtres en l'appliquant à ces tigres altérés de sang !

JEANNE DARC. — Pardon, mon père !

LE CHANOINE LOYSELEUR, *d'une voix empreinte d'une tendre commisération.* — Douce et chère fille, pouvez-vous redouter un mot de blâme de ma bouche ?..... Non, non, une généreuse indignation m'emportait contre ces nouveaux pharisiens qui conspirent votre mort, comme leurs prédécesseurs des anciens temps conspiraient la mort de Jésus, notre Rédempteur !.... Je suis clerc en théologie, je sais comment procèdent les tribunaux semblables à celui devant lequel vous devez paraître ; je connais votre vie ; la voix glorieuse de votre renommée m'a instruit de vos nobles actions.

JEANNE DARC, *avec abattement.* — Ah ! si j'étais restée à coudre et à filer... je ne serais pas à cette heure en danger de mort !

LE CHANOINE LOYSELEUR. — Allons, fille de Dieu ! pas de défaillance ! Le Seigneur ne vous a-t-il pas dit, par la voix de ses saintes et de son archange : — « Va fille de Dieu ! va au secours de ton roi... tu délivreras la Gaule !... »

JEANNE DARC. — Oui mon père.

LE CHANOINE LOYSELEUR. — Ces voix... vous les avez entendues ?

JEANNE DARC. — Oui, mon père.

LE CHANOINE LOYSELEUR, *avec insistance.* — Vous les avez entendues, ces saintes voix, des oreilles de votre corps ?

JEANNE DARC. — Aussi bien que j'entends votre voix en ce moment.

LE CHANOINE LOYSELEUR. — Vous avez vu vos saintes ; vous les avez vues de vos yeux vues ?

JEANNE DARC. — De même que je vous vois.

LE CHANOINE LOYSELEUR, *radieux et avec expansion.* — O chère fille ! tenez ce langage devant le tribunal ecclésiastique, et vous êtes sauvée !...vous éviterez le piège qui vous est tendu !

JEANNE DARC. — Daignez expliquer le sens de vos paroles, mon cher père et protecteur.

LE CHANOINE LOYSELEUR. — Si pervers, si inique que soit ce tribunal de sang, il est, après tout, composé d'hommes revêtus du caractère sacré ; ces prêtres ont un certain respect à garder envers eux-mêmes et les autres. Vos juges vous diront d'un air confit et bénin : « — Jeanne, vous prétendez avoir vu sainte Marguerite, sainte Catherine et saint Michel archange, vous prétendez avoir entendu leurs voix ; ne serait-ce point une illusion de vos sens ? En ce cas, les sens, par leur grossièreté, étant susceptibles d'égarement, l'Eglise hésiterait à vous imputer à crime une erreur charnelle... » Eh bien ! pauvre chère fille ! *(Les traits du chanoine simulent une anxiété navrante)* si, abusée par cet insidieux langage et croyant y voir une issue pour votre salut, vous répondiez : — « En effet, je n'affirme pas avoir vu les saintes et l'archange... je n'affirme pas avoir entendu leurs voix... mais je CROIS avoir vu... je CROIS avoir entendu... » si vous disiez cela, chère et sainte fille, vous seriez perdue !... *(Mouvement de Jeanne Darc.)* Voici pourquoi : Reculer devant l'affirmation de ce que vous avez réellement vu et entendu, présenter ces faits sous les formes du doute, serait faire planer sur vous l'accusation d'un mensonge odieux, blasphématoire, hérétique au premier chef ! on vous accuserait... *(d'une voix de plus en plus menaçante)* on vous accuserait de vous être fait un jeu des choses les plus sacrées ! on vous accuserait d'avoir, grâce à ces tromperies diaboliques, abusé les populations en vous donnant pour une inspirée de Dieu, que vous outragiez d'une façon horrible et sacrilège par cette fourberie abominable ! impie !... *(D'une voix sourde, mais effrayante.)* Alors on prononcerait contre vous une excommunication terrible qui vous retrancherait du corps de la sainte Eglise catholique, comme un membre gangrené, pourri, infect !! vous seriez livrée au bras séculier, c'est-à-dire au bourreau, conduite au bûcher et brûlée vive comme hérétique, apostate, idolâtre ! Les cendres de votre corps seraient jetées au vent !...

JEANNE DARC, *blême d'effroi, pousse un cri déchirant. La pauvre victime semble terrifiée.*

LE CHANOINE LOYSELEUR, *à part.* — Le bûcher l'épouvante ; elle est à nous !... *(Il joint les mains d'un air suppliant, et du regard montre à Jeanne le guichet, où vient d'apparaître la figure de John, avec qui le prêtre échange un signe d'intelligence ; puis il ajoute, en s'adressant à Jeanne.)* Silence ! Jeanne, ma sainte fille en Dieu, vous nous perdez tous deux !

JOHN, *d'une voix rude à travers le guichet.* — Encore du bruit et des cris !... Faut-il que j'entre pour vous mettre à la raison ?...

LE CHANOINE, *d'un ton brusque.* — Les fers de ma pauvre compagne l'ont blessée, la douleur lui a arraché un cri involontaire.

JOHN. — Elle n'est pas au bout de ses gémissements !... Elle poussera bien d'autres cris sur le bûcher qui l'attend, l'exécrable sorcière !

LE CHANOINE LOYSELEUR, *semblant à peine contenir son indignation, se tourne vers le geôlier.* — Aie du moins la charité de ne pas insulter à nos malheurs, prends pitié de cette pauvre enfant !

John s'éloigne du guichet en grommelant. Jeanne Darc, anéantie par l'épouvante, est retombée sur sa paille et elle étouffe ses sanglots; mais, reprenant un peu courage après le départ du geôlier, elle se redresse à demi et dit à son compagnon de prison : — Pardonnez-moi ma faiblesse, mon père... Hélas ! la seule pensée de cette horrible mort... L'idée d'avoir à monter sur un bûcher... (*Elle n'achève pas la phrase commencée et éclate en sanglots.*)

LE CHANOINE LOYSELEUR. — Hélas ! en vous mettant sous les yeux le sort affreux qui vous est réservé, si vous tombez dans le piège que l'on vous tendra sans nul doute, je voulais vous mettre en garde contre vos ennemis.

JEANNE DARC, *essuyant ses pleurs, reprend avec l'accent d'une profonde reconnaissance.* — Dieu vous récompensera, mon bon père, de la grande pitié que vous témoignez à moi qui vous suis inconnue...

LE CHANOINE LOYSELEUR. — Vous n'êtes pas pour moi une inconnue, Jeanne ; je sais que vous êtes une des gloires de la France !... l'élue du Seigneur ! Ecoutez donc ce qui me reste à vous dire, et j'ai hâte de compléter les conseils que j'ai à vous donner avant qu'on m'arrache de ce cachot. Si, abusée par de perfides suggestions, vous répondez à vos juges que vous croyez avoir vu vos saintes vous apparaître, que vous croyez avoir entendu leurs voix, au lieu d'affirmer résolument que vous avez vu de vos yeux, entendu de vos oreilles, sainte Catherine, sainte Marguerite et Michel archange... envoyés par Dieu notre Seigneur...

JEANNE DARC. — Telle est la vérité, mon père. Je dirai ce que j'ai vu et entendu ; je n'ai jamais menti...

LE CHANOINE LOYSELEUR. — Il faut confesser la vérité hardiment, à la face de vos juges... vous leur répondrez : « — Oui, j'ai vu de mes yeux ces êtres surnaturels; oui, j'ai entendu de mes oreilles ces paroles merveilleuses. » Alors, chère fille, le tribunal, malgré son méchant vouloir, ne pouvant surprendre la moindre hésitation dans vos réponses, sera forcé de reconnaître en vous la vierge sainte, l'élue, l'inspirée du ciel ! et si pervers, si dévoués aux Anglais que soient vos juges, ils seront obligés de vous absoudre, de vous rendre à la liberté.

JEANNE DARC, *cédant à l'espérance.* — S'il ne faut dire que la vérité pour être sauvée, ma délivrance est assurée ! Merci à Dieu et à vous, mon bon père ! merci pour vos bons conseils !...

LE CHANOINE LOYSELEUR. — Si l'on vous demande des détails circonstanciés sur la forme et la figure de vos apparitions, refusez de répondre là-dessus ; l'on pourrait tirer de vos paroles des propositions malsonnantes. Bornez-vous à l'affirmation pure et simple de la réalité de vos visions et de vos révélations...

(*On entend au dehors du cachot le bruit de pas nombreux, le cliquetis des armes et ces mots :* — A vos postes ! à vos postes ! voilà le capitaine de la tour.)

LE CHANOINE LOYSELEUR, *prête l'oreille, et dit vivement à Jeanne.* — C'est le capitaine. Le geôlier va peut-être accomplir sa menace, me faire enlever d'auprès de vous, chère fille... Il vous reste un moyen de nous revoir, demandez au capitaine l'autorisation de me prendre pour confesseur ; il n'osera repousser votre demande, et alors je pourrai approcher de vos lèvres la sainte hostie, le pain des anges !

(*La porte de la prison s'ouvre avec fracas; un capitaine entre suivi de John et des guichetiers de la prison.*)

LE CAPITAINE, *désignant le chanoine.* — Que l'on conduise ce vieux coquin de tonsuré dans un autre cachot où il fera jeûne forcé.

LE CHANOINE LOYSELEUR. — Messire capitaine, je vous en supplie ! souffrez que je reste auprès de Jeanne, ma fille en Dieu !...

LE CAPITAINE. — Si cette sorcière est ta fille, ta vraie fille, tu es donc Satan en personne ?·

LE CHANOINE LOYSELEUR. — Par pitié ! ne nous séparez pas !

LE CAPITAINE ET JOHN. — Hors d'ici ce prêtre de Belzébuth !...

JOHN, *brutalement au chanoine.* — Allons ! debout... dépêchons !

Le chanoine Loyseleur se lève péniblement de sa couche de paille en faisant bruire ses fers et en poussant de lamentables soupirs. Jeanne s'avance vers le capitaine autant que le lui permet la longueur de sa chaîne, et lui dit d'une voix douce et implorante :

— Messire, accordez-moi une grâce que l'on ne refuse guère aux prisonniers : permettez-moi de choisir ce saint prêtre pour confesseur.

LE CAPITAINE. — Ton confesseur sera le bourreau... truande !...

LE CHANOINE LOYSELEUR, *portant à ses yeux ses mains enchaînées.* — Ah ! messire capitaine, vous êtes impitoyable !...

JOHN, *au chanoine, le poussant rudement.* — Marche ! marche ; tu auras le temps de pleurer dans ton cachot !

JEANNE DARC. — Messire capitaine, ne repoussez pas ma prière... souffrez que ce bon prêtre m'entende quelquefois en confession ?

LE CAPITAINE *feint de se laisser attendrir,*

échange à la dérobée un regard avec le chanoine et dit à Jeanne. — Je prendrai les ordres du comte de Warwick, quant à présent... *(à John)* emmenez ce prêtre de satan et jetez-le dans un cachot.

LE CHANOINE LOYSELEUR, *suivant les geôliers.* — Courage noble Jeanne ! courage, ma fille !... Souvenez-vous de mes conseils... Que le saint nom de Dieu demeure glorifié... *(Il sort.)*

JEANNE DARC, *les larmes aux yeux.* — Dieu me garde d'oublier vos conseils !... Que le Seigneur vous conserve, bon père !... — *(Elle retombe accablée sur sa couche de paille).*

LE CAPITAINE, *s'adressant à John.* — Enlevez les fers de la prisonnière, on va la conduire là-haut... le tribunal est assemblé.

JEANNE DARC *se dresse et frissonne involontairement.* — Déjà !

LE CAPITAINE, *avec un éclat de rire féroce.* — Enfin... tu trembles, sorcière ! Ta bravoure provenait de l'assistance des démons !...

Jeanne Darc sourit avec un amer dédain : John et un autre geôlier s'approchent d'elle afin de la délivrer des fers qu'elle porte à la ceinture et aux pieds. Elle tressaille de dégoût et devient pourpre de honte, en sentant les mains de ces hommes toucher en les déferrant, son corps et ses membres par dessus ses habits, presque en lambeaux ; puis, blessée, non dans un vain orgueil, mais dans sa dignité, à la pensée de paraître devant ses juges presque vêtue de haillons, elle dit au capitaine : — Messire, j'ai là, dans ce coffret, un peu de linge et d'autres vêtements ; veuillez, ainsi que vos hommes, sortir pendant quelques instants, afin que je puisse m'habiller.

LE CAPITAINE, *éclatant de rire.* — De par le diable ton patron ! si tu veux changer d'habits, changes-en devant nous, et au lieu de quelques instants, je t'accorderai tout le temps que tu voudras à ta toilette... je t'aiderai même si tu le veux, ma belle sorcière !...

JEANNE DARC *rougit de confusion, et répond d'une voix ferme.* — Allons au tribunal... Que Dieu me soit en aide ! Vous êtes vraiment dur de refuser cette petite faveur à une prisonnière.

LE PROCÈS DE JEANNE DARC

Le tribunal ecclésiastique devant lequel Jeanne Darc doit paraître, est assemblé dans l'ancienne chapelle du vieux château de Rouen ; les voûtes, les murs, les piliers, sont noircis par le temps. Il est huit heures ; la pâle clarté de cette matinée de février, glaciale et brumeuse, pénètre dans la vaste nef par une seule fenêtre ogivale, pratiquée dans l'épaisse muraille, derrière l'estrade où siègent les prêtres-juges, présidés par l'*évêque* PIERRE CAUCHON. A gauche du tribunal se trouve la table des greffiers, chargés de reproduire la minute de l'interrogatoire et des réponses de l'accusée ; en face de cette table, le siège de *Pierre d'Estivet*, promoteur du procès. Rien de plus sinistre que l'aspect de ces hommes ; ils ont, afin de se préserver du froid, endossé de longues robes fourrées dont le capuchon rabattu cache presque entièrement leur visage. Ils tournent le dos à l'unique fenêtre, qui jette dans la chapelle un jour blafard, et sont complètement dans l'ombre ; un reflet de lumière blanchâtre effleure la crête de leurs cagoules noires et glisse sur leurs épaules. L'évêque de Beauvais est revêtu de ses habits sacerdotaux.

Voici les noms des juges assistant à cette première séance ; ils ont de nombreux assesseurs chargés de les suppléer au besoin. Les prêtres de l'Université de Paris sont en partie réservés pour les autres audiences. Voici les noms de ces prêtres infâmes ; ne les oubliez jamais, fils de Joel ; ces noms doivent être écrits dans la mémoire des hommes en lettres de sang et être voués à l'exécration des peuples :

PIERRE DE LONGUEVILLE, *abbé de la Sainte-Trinité de Fécamp;* JEAN HULOT DE CHATILLON, *archidiacre d'Evreux* ; — JACQUES GUESDON, *de l'ordre des frères mineurs;* — JEAN LEFÈVRE, *moine augustin.* — MAURICE DU QUESNAY, *prêtre professeur en théologie;* — GUILLAUME LEBOUCHER, *prêtre docteur en droit canon;* — GUILLAUME DE CONTI, *abbé de la Trinité du mont Sainte-Catherine;* — BONNEL, *abbé de Corneilles;* — JEAN GARIN, *archidiacre du Vexin français;* RICHARD DE GRONCHET, *chanoine de la collégiale de la Saussaye;* — PIERRE MINIER, *prêtre bachelier en théologie;* RAOUL SAUVAGE, *de l'ordre de Saint-Dominique;* ROBERT BARBIER, *chanoine de Rouen;* DENIS GASTINEL, *chanoine de Notre-Dame-la-Ronde;* JEAN LEDOUX, *chanoine de Rouen;* — JEAN BASSET, *chanoine de Rouen;* JEAN BRUILLOT, *chantre de la cathédrale de Rouen;* — AUBERT MOREL, *chanoine de Rouen;* — JEAN COLOMBELLE, *chanoine de Rouen;* LAURENT DUBUST, *prêtre licencié en droit canon;* — RAOUL AUGUY, *chanoine de Rouen;* — ANDRÉ MARGUERIE, *archidiacre du Petit-Coux;* — JEAN ALESPÉE, *chanoine de Rouen;* — GEOFFROY DE CROTAY, *chanoine de Rouen;* — GILLES DES CHAMPS, *chanoine de Rouen;* — JEAN LEMAITRE, *vicaire et inquisiteur de la foi;* enfin, NICOLAS LOYSELEUR, *chanoine de Rouen,* qui cache complètement son visage sous sa cagoule. — Les greffiers, THOMAS DE COURCELLES, MANCHON, TAQUEL BOIS-GUILLAUME, sont à leur table, prêts à minuter le procès ; le chanoine PIERRE D'ESTIVET, promoteur, est à son siège ; les membres du tribunal ecclésiastique viennent de prendre place.

L'ÉVÊQUE PIERRE CAUCHON, *se levant.* — Mes très chers frères, Pierre d'Estivet, promoteur de la cause à instruire contre Jeanne la Pucelle, va exposer brièvement notre requête. Écoutez-le avec la plus grande attention. (*Il se rasseoit.*)

LE CHANOINE PIERRE D'ESTIVET, *se lève, prend sur sa table un parchemin et lit.* — « Nous, Pierre Cauchon, évêque de Beauvais par la miséricorde divine, métropolitain de la ville et du diocèse de Rouen, nous vous avons convoqué, mes très chers frères, au nom du vénérable et révérendissime chapitre de la cathédrale, pour examiner et juger les faits ci-après expliqués.

« A l'auteur, au consommateur de la foi, Notre-Seigneur Jésus-Christ, salut.

Une certaine femme, vulgairement appelée *Jeanne la Pucelle,* a été prise et faite prisonnière à Compiègne, dans le ressort de notre diocèse de Beauvais, par des soldats de notre très chrétien et sérénissime maître Henri VI, roi d'Angleterre et des Français.

« Ladite femme étant, à nos yeux, véhémentement soupçonnée d'hérésie, et notre devoir étant de lui intenter un procès en matière de foi, nous avons requis et exigé qu'icelle femme nous fût livrée et envoyée ; nous, évêque, instruit par la clameur publique des faits et gestes de ladite Jeanne, faits et gestes attentatoires, non seulement à notre foi, mais à celle de la France et de la chrétienneté tout entière, voulant, en cette matière, procéder avec diligence, mais avec maturité, nous avons décrété que ladite Jeanne serait appelée par devant nous et interrogée sur ses faits et gestes, ainsi que sur des propositions concernant la foi, et l'avons citée à comparaître devant nous, dans la chapelle du château de Rouen, aujourd'hui, 20 février 1431, à huit heures du matin, afin qu'elle eût à répondre aux accusations portées contre elle. » (*Le promoteur se rasseoit.*)

L'ÉVÊQUE PIERRE CAUCHON. — Introduisez l'accusée dans l'enceinte du tribunal.

Deux appariteurs vêtus de robes noires sortent de la chapelle et rentrent un moment après, amenant Jeanne Darc. La guerrière, jadis si résolue, si sereine en ces jours de combat où revêtue de sa blanche armure, chevauchant sur son ardent cheval de bataille, elle marchait aux ennemis, son étendard déployé ; la guerrière frissonne de peur à la vue de ce tribunal de prêtres à demi cachés dans l'ombre de la chapelle, laissant à peine apercevoir leurs traits sous leurs cagoules, muets, immobiles, ressemblant à des fantômes noirs ; elle se rappelle les paroles, les conseils du chanoine Loyseleur, dont elle est loin de soupçonner la présence parmi ses juges. Le souvenir de ces paroles, de ces conseils, la rassure et l'effraye à la fois ; le chanoine, en lui donnant le moyen d'échapper aux pièges qu'elle doit redouter, l'a prévenue que le tribunal était d'avance résolu de la livrer au bûcher. Cette pensée jette d'abord le trouble, la frayeur, dans l'esprit de la prisonnière, affaiblie déjà par tant de misères, par tant d'afflictions ; elle sent ses genoux chanceler à ses premiers pas dans la chapelle, et, obligée de s'appuyer sur le bras de l'un des appariteurs, elle s'arrête durant un moment. Les prêtres-juges, à l'aspect de cette jeune fille, à peine âgée de dix-neuf ans, encore si belle, malgré sa pâleur, sa maigreur et ses habits en lambeaux, la contemplent avec une sombre curiosité, mais n'éprouvent ni intérêt, ni pitié pour l'héroïne de tant de victoires. Au point de vue politique et religieux, elle est pour eux une ennemie ; leur animadversion contre elle étouffe tout sentiment humain. Ses hauts faits, son génie, sa gloire, les irritent d'autant plus qu'ils ont conscience de l'abominable crime dont ils vont se rendre complices par ambition, par fanatisme d'orthodoxie, par cupidité ou par haine de parti. Jeanne Darc, dominant enfin son émotion, reprend courage et s'avance entre les deux appariteurs ; ils la conduisent jusqu'au pied du tribunal et se retirent. Elle n'ose lever les yeux sur ses juges, ôte respectueusement son chaperon, qu'elle conserve à sa main, s'incline et reste debout devant l'estrade.

L'ÉVÊQUE CAUCHON, *se levant.* — Jeanne, approchez...... (*Elle s'approche*). Notre devoir de conservateur et de soutien de la foi catholique, avec l'aide de Notre-Seigneur Jésus-Christ, nous engage à vous avertir charitablement que, pour accélérer le jugement de votre procès et pour le soulagement de votre âme, vous devez dire la vérité, toute la vérité ; enfin, répondre sans subterfuge à nos interrogations. Vous allez jurer sur les saintes Écritures de dire la vérité (*A l'un des appariteurs*). Apportez un missel.

L'homme noir apporte un missel et le présente à Jeanne Darc.

L'ÉVÊQUE CAUCHON. — Jeanne, à genoux..... jurez sur ce missel de dire la vérité.

JEANNE DARC, *avec défiance et appréhension.* — J'ignore sur quoi vous voulez m'interroger, messires ? peut-être me ferez-vous de telles questions que je ne saurais y répondre ?

L'ÉVÊQUE CAUCHON. — Vous jurerez de répondre sincèrement sur ce que nous demanderons concernant votre foi... et autres choses...

JEANNE *s'agenouille, pose les deux mains sur le missel.* — Je jure de dire la vérité.

L'ÉVÊQUE CAUCHON. — Quels sont vos prénoms ?

JEANNE DARC. — En Lorraine, l'on m'appelait

Jeanne devant le tribunal (page 202)

Jeannette.... depuis mon arrivée en France, on m'appelle Jeanne. Tel est mon nom.

L'ÉVÊQUE CAUCHON. — Où êtes-vous née?

JEANNE DARC. — Au village de Domrémy, dans la vallée de Vaucouleurs.

L'ÉVÊQUE CAUCHON. — Quels sont les noms de votre père et de votre mère?

JEANNE DARC, *avec émotion*. — Mon père s'appelle Jacques Darc..... ma mère, Ysabelle Romée. Tels sont les noms de mes chers parents.

L'ÉVÊQUE CAUCHON. — En quel lieu avez-vous été baptisée?

JEANNE DARC. — En l'église de Domrémy.

L'ÉVÊQUE CAUCHON. — Quels ont été vos parrain et marraine?

JEANNE DARC. — Mon parrain se nommait Jean Lingué, ma marraine, Sybille. (*A ce souvenir une larme roule dans ses yeux*).

L'ÉVÊQUE CAUCHON. — Cette femme prétendait avoir vu les fées... Ne passait-elle pas, dans la contrée, pour être devineresse et sorcière?

JEANNE DARC *d'une voix plus assurée*. — Ma marraine était bonne et sage femme.

L'ÉVÊQUE CAUCHON. — Quel prêtre vous a baptisée à votre naissance?

JEANNE DARC. — Maître Jean Minet, notre curé, un saint homme.

L'ÉVÊQUE CAUCHON. Quel âge avez-vous?

JEANNE DARC. — Dix-neuf ans bientôt.

L'ÉVÊQUE CAUCHON. — Savez-vous votre *Pater Noster*?

JEANNE DARC. — Ma mère me l'a appris, et je le récite matin et soir. (*Elle soupire*).

L'ÉVÊQUE CAUCHON. Vous engagez-vous à ne pas essayer de vous enfuir du château de Rouen, sous peine de passer pour hérétique?

JEANNE DARC *garde pendant un moment le silence, réfléchit, et son assurance revenant*

127e livraison

peu à peu, elle répond d'une voix ferme. — Je ne prends pas cet engagement ; je ne veux pas promettre de ne pas essayer de m'échapper si j'en trouve l'occasion.

LE DOMINICAIN RAOUL SAUVAGE, *d'un ton menaçant.* — Alors, on doublera vos chaînes pour vous empêcher d'essayer de fuir !

JEANNE DARC. — Il est permis à tout prisonnier de chercher à s'échapper de sa prison.

L'ÉVÊQUE CAUCHON, *sévèrement, après s'être consulté à voix basse avec quelques-uns des juges placés près de lui.* — Ouïes et entendues les paroles de rébellion de ladite Jeanne, nous commettons particulièrement à sa garde le noble homme *Jean le Gris*, garde de notre sire le roi d'Angleterre et de France, et adjoignons à Jean le Gris les écuyers *Berwick* et *Talbot*, gens d'armes anglais, tous trois chargés de la garde de la prisonnière, et auxquels nous recommandons de ne permettre à personne de s'approcher d'elle ni de lui parler sans notre permission. *(S'adressant au tribunal.)* Ceux de nos très chers frères qui ont quelques questions à adresser à l'accusée peuvent les lui poser.

UN JUGE. — Jeanne, vous jurez de dire toute la vérité ? J'attends votre réponse.

JEANNE DARC, *avec dignité.* — J'ai déjà juré... cela suffit ; je ne mens jamais !

LE JUGE. — Avez-vous, dans votre enfance, appris à travailler comme les filles des champs ?

JEANNE DARC. — Ma mère m'a appris à coudre et à filer et aussi à faire les travaux des champs.

UN AUTRE JUGE. — Aviez-vous un confesseur ?

JEANNE DARC. — Oui, le curé de notre paroisse est mon confesseur et mon guide spirituel.

LE JUGE. — Avez-vous confessé à votre curé ou à un autre homme d'Eglise vos révélations ?

JEANNE DARC. — Non, je n'en ai rien dit.

(Les prêtres échangent entre eux des regards significatifs et quelques paroles à voix basse. L'interrogatoire continua.)

LE JUGE *reprend.* — Pourquoi ce silence envers votre curé ?

JEANNE DARC. — Si j'avais ébruité mes apparitions, mon père et ma mère se seraient opposés à mon entreprise.

UN AUTRE JUGE. — Croyez-vous avoir commis un péché en quittant votre père et votre mère, contrairement à ce précepte de l'Ecriture : « Tes père et mère honoreras ?... »

JEANNE DARC. — Je ne leur avais jamais désobéi avant de les quitter... Mais je leur ai écrit ; ils m'ont pardonné...

LE JUGE. — Ainsi, vous croyez pouvoir violer sans péché les commandements de l'Eglise ?

JEANNE DARC. — Dieu me commandait d'aller au secours d'Orléans ; j'aurais été fille de roi... que je serais partie !

L'ÉVÊQUE CAUCHON, *jetant sur le tribunal un regard significatif.* — Vous prétendez, Jeanne, avoir eu des relations, des visions... à quel âge cela vous serait-il advenu ?

JEANNE DARC. — J'avais treize ans et demi. Il était midi, en été, j'avais jeûné la veille ; j'ai entendu *la voix* qui semblait venir de l'Eglise ; en même temps, j'ai vu une grande clarté dont j'ai été éblouie.

L'ÉVÊQUE CAUCHON, *lentement et pesant chacun de ses mots.* — Vous dites avoir entendu des voix... en êtes-vous bien certaine ?

JEANNE DARC, *à part.* — Voilà le piège dont ce bon prêtre m'a avertie... j'y échapperai en disant la vérité... *(Haut.)* J'ai entendu ces voix comme j'entends la vôtre, messire évêque.

L'ÉVÊQUE CAUCHON. — Vous affirmez cela ?

JEANNE DARC. — Oui, messire, parce que cela est la vérité.

L'ÉVÊQUE CAUCHON *promène un regard triomphant sur le tribunal, ce regard est compris ; il se fait un moment de silence. (Au greffier.)* — Vous avez textuellement minuté la réponse de l'accusée ?

UN GREFFIER. — Oui, monseigneur.

UN JUGE. — Et en France, Jeanne, avez-vous entendu ces voix ?

JEANNE DARC. — Oui, messire.

UN AUTRE JUGE. — Selon vous, d'où venaient ces voix ?

JEANNE DARC, *avec un accent de conviction profonde.* — Ces voix venaient de Dieu !

UN JUGE. — Qu'en savez-vous ?

UN AUTRE JUGE. — En quelles circonstances avez-vous été prise à Compiègne ?

AUTRE JUGE. — Qui a dicté la lettre adressée par vous aux Anglais ?

Ces questions incohérentes se croisant coup sur coup, dans le but de troubler Jeanne Darc, elle garde un moment le silence et reprend : — Si vous m'interrogez tous à la fois, messires, je ne pourrai vous répondre à chacun.

L'ÉVÊQUE CAUCHON. — Enfin qui vous porte à croire que les voix dont vous parlez étaient divines ?

JEANNE DARC. — Elles me disaient de me conduire en honnête fille, et qu'avec l'aide de Dieu je sauverais la France !

UN JUGE. — Vous a-t-il été révélé que si vous perdiez votre virginité, vous perdriez votre bonheur à la guerre ?

JEANNE DARC, *rougissant.* — Cela ne m'a pas été révélé.

LE JUGE. — Est-ce à l'ange saint Michel que vous avez promis de rester pucelle ?

JEANNE, *avec une chaste impatience.* — C'est à mes saintes que j'ai fait mon vœu !

UN AUTRE JUGE. — Ainsi, les voix de vos saintes vous ont ordonné de venir en France ?

JEANNE DARC. — Oui, pour son salut et celui du roi, et délivrer la Gaule du joug des Anglais.

L'ÉVÊQUE CAUCHON. — A cette époque, n'avez-vous pas eu l'apparition de sainte Catherine et de sainte Marguerite à qui vous attribuez ces voix. Ces voix divines, selon vous ?

JEANNE DARC. — Oui, messire.

L'ÉVÊQUE CAUCHON, *lentement.* — Vous êtes certaine d'avoir eu cette apparition ?

JEANNE DARC. — J'ai vu mes chères saintes aussi bien que je vous vois, messire.

L'ÉVÊQUE CAUCHON. — Vous l'affirmez ?

JEANNE DARC. — Je l'affirme sur mon salut.

Nouveau et profond silence parmi les prêtres ; plusieurs prennent des notes, d'autres échangent à voix basse quelques paroles.

UN JUGE. — A quel signe avez-vous reconnu que celles que vous nommez sainte Catherine et sainte Marguerite étaient des saintes ?

JEANNE DARC. — A leur sainteté.

L'ÉVÊQUE CAUCHON. — L'archange saint Michel vous est-il apparu ?

JEANNE DARC. — Oui, messire, et plusieurs fois.

UN JUGE. — Comment était-il vêtu ?

JEANNE DARC, *se rappelant les conseils du chanoine Loyseleur.* — Je n'en sais rien...

LE JUGE. — Vous ne répondez pas ? L'ange était donc tout nu ?

JEANNE DARC, *rougissant.* — Croyez-vous que Dieu n'ait pas de quoi le vêtir ?

L'ÉVÊQUE CAUCHON. — Vous parlez bien hardiment ; vous croyez-vous en la grâce de Dieu ?

JEANNE DARC. — Si je n'y suis pas, que Dieu m'y mette... si j'y suis, qu'il m'y conserve. (*D'une voix haute et ferme.*) Mais retenez bien ceci : vous êtes mes juges, vous prenez une grande charge en m'accusant... et à moi le fardeau m'est léger !...

Ces nobles paroles, prononcées par la guerrière avec la conviction de son innocence et témoignant sa méfiance à l'égard de ses juges, annoncent un changement survenu dans son esprit depuis le commencement de son interrogatoire. Elle venait d'invoquer secrètement *ses voix*...; elles lui avaient répondu : « — Va, ne crains rien, réponds hardiment à ces méchants prêtres... tu n'as rien à te reprocher... Dieu est avec toi... il ne t'abandonnera pas !... »

Raffermie par cette pensée, par cette espérance, l'héroïne redresse le front, son pâle et beau visage se colore légèrement, ses grands yeux noirs s'attachent résolument sur l'évêque... elle pressent qu'il est son ennemi mortel. Les prêtres-juges remarquent l'assurance croissante de l'accusée, un instant auparavant si timide, si abattue ; cette transformation est d'un favorable augure pour leurs projets. Jeanne Darc, dans sa fière animation, peut et doit laisser échapper des aveux qu'elle eût renfermés en demeurant réservée, craintive et défiante. Le prélat, malgré sa scélératesse, sent peser sur lui le pur regard de l'accusée ; il baisse sa face hypocrite, détourne les yeux et continue l'interrogatoire avec des défaillances dans la voix.

— Ainsi, Jeanne, c'est par ordre de vos voix que vous êtes allée trouver à Vaucouleurs un capitaine nommé Robert de Baudricourt, lequel capitaine vous a donné une escorte chargée de vous conduire devers le roi, à qui vous avez promis la levée du siège d'Orléans ?

JEANNE DARC. — Oui, messire, vous dites vrai.

L'ÉVÊQUE CAUCHON. — Reconnaissez-vous avoir dicté une lettre adressée au duc de Bedfort, régent d'Angleterre, et à d'autres illustres capitaines ?

JEANNE DARC. — J'ai dicté cette lettre à Poitiers, messire.

L'ÉVÊQUE CAUCHON. — Dans cette missive, vous menaciez les Anglais de les faire occire ?

JEANNE DARC. — Oui... s'ils ne retournaient pas dans leur pays, et s'ils continuaient de faire endurer misère sur misère au pauvre peuple de France, à ravager le pays, à brûler les villages.

L'ÉVÊQUE CAUCHON. — Cette lettre n'était-elle pas écrite par vous sous l'invocation de Notre-Seigneur Jésus-Christ et de sa Mère immaculée la sainte Vierge ?

JEANNE DARC. — Je faisais écrire, en tête des lettres que je dictais : *Jésus-Maria*, en guise de prière... Était-ce donc un mal ?

L'ÉVÊQUE CAUCHON *ne répond rien, jette un regard oblique sur le tribunal ; plusieurs de ses membres relatent sur leurs tablettes la dernière réponse de l'accusée, réponse de la dernière gravité, à en juger par leur empressement à la noter. Le prélat poursuit ainsi.*

— De quelle façon signiez-vous les lettres dictées par vous ?

JEANNE DARC. — Je ne sais pas écrire ; je mettais pour signature au bas du parchemin ma croix en Dieu...

Cette seconde réponse, non moins dangereuse que la première est notée avec un égal empressement par les prêtres ; il se fait un profond silence. L'évêque semble interroger les greffiers du regard et leur demander s'ils ont achevé de minuter les paroles de l'accusée ; paroles auxquelles il attache une importance capitale ; puis, s'adressant à l'héroïne :

— Après plusieurs combats, vous avez forcé les Anglais de lever le siège d'Orléans ?

JEANNE DARC. — Mes voix m'ont conseillée... j'ai combattu... Dieu nous a donné la victoire !

UN JUGE. — Si ces voix sont celles de sainte Marguerite et de sainte Catherine, ces saintes haïssent donc les Anglais ?

JEANNE DARC. — Ce que Dieu hait, elles le haïssent... ce qu'il aime, elles l'aiment !

UN AUTRE JUGE. — Alors, Dieu aime les Anglais, puisqu'il les a rendus si longtemps victorieux, et ont conquis une partie de la France.

JEANNE DARC. — Il les a sans doute abandonnés en punition de leurs cruautés.

UN AUTRE JUGE. — Pourquoi Dieu aurait-il choisi pour les vaincre une fille de votre espèce plutôt que toute autre personne !

JEANNE DARC. — Parce qu'il aura plu au Seigneur de faire dérouter les Anglais par une pauvre fille comme moi...

LE JUGE. — Combien votre roi vous donnait-il d'argent pour le servir ?

JEANNE DARC, *fièrement.* — Je n'ai jamais rien demandé au roi, sinon bonnes armes, bons chevaux, et le paiement de mes soldats !...

L'ÉVÊQUE CAUCHON. — Lorsque votre roi vous mit à l'œuvre de guerre, vous vous êtes fait faire un étendard... de quelle étoffe était-il ?

JEANNE DARC. — Il était de blanc satin... (*Elle baisse tristement la tête en songeant aux gloires passées de sa bannière, si terrible aux Anglais dont elle est à cette heure captive, elle étouffe un soupir*).

L'ÉVÊQUE CAUCHON. — Quelles figures étaient peintes sur son étoffe !

JEANNE DARC. — Deux anges tenant des fleurs de lis... Deux symboles : Dieu et le roi.

Ces mots sont notés avec un nouvel empressement par plusieurs membres du tribunal ; et l'un d'eux s'adressant à la guerrière :

— Renouvelait-on souvent votre étendard ?

JEANNE DARC. — On le renouvelait autant de fois que sa lance était rompue dans les batailles... elle l'était souvent.

UN AUTRE JUGE. — Quelques-uns de ceux qui vous suivaient ne se faisaient-ils pas fabriquer des étendards pareils aux vôtres ?

JEANNE DARC. — Les uns, oui ; les autres, non.

LE JUGE. — Ceux qui portaient une bannière semblable à la vôtre étaient-ils heureux à la guerre, mettaient-ils les Anglais en déroute.

JEANNE DARC. — Oui... quand ils étaient vaillants... ils triomphaient des Anglais.

UN AUTRE JUGE. — Est-ce parce qu'ils vous croyaient inspirée de Dieu que vos gens vous suivaient au combat ?

JEANNE DARC. — Je leur disais : « Entrons hardiment parmi les Anglais ! » j'y entrais la première... on me suivait.

LE JUGE. — Enfin, vos gens vous croyaient-ils inspirée de Dieu ?

JEANNE DARC. — Qu'ils me crussent ou non inspirée, ils s'en fiaient à mon courage.

L'ÉVÊQUE CAUCHON. — Lors du sacre de votre roi à Reims, n'avez-vous pas fait orgueilleusement tournoyer votre bannière au-dessus de la tête de ce prince !

JEANNE DARC. — Non ; mais, seule parmi les chefs de guerre, j'ai accompagné le roi dans la cathédrale, mon étendard à la main.

UN JUGE, *aigrement.* — Ainsi, tandis que les capitaines ne portaient pas leur étendard à cette solennité, vous seule portiez le vôtre !

JEANNE DARC. — Il avait été à la peine... il pouvait bien être à l'honneur !

Cette réponse sublime, d'un si légitime et si touchant orgueil, empreinte d'une simplicité antique, frappe d'admiration les bourreaux de la victime, malgré leur acharnement contre elle. Mots héroïques et navrants !... Ils disaient au prix de quels périls, et surtout de quelles poignantes déceptions, Jeanne avait obtenu son triomphe ! Oh ! oui, ton glorieux étendard et toi, vous aviez été cruellement *à la peine,* pauvre martyre !... Ton corps virginal a été brisé par les rudes fatigues de la guerre ! tu as versé ton généreux sang sur les champs de bataille ! tu as lutté avec l'admirable opiniâtreté, avec les mortelles angoisses du plus saint patriotisme, contre les ténébreuses machinations, contre les trahisons des chefs de la guerre, qui ont enfin causé sa perte ! tu as lutté contre l'inertie de Charles VII, ce poltron qu'avec tant de *peine* tu as traîné de victoire en victoire jusqu'à Reims, où tu l'as fait sacrer roi ! Ta seule récompense fut de voir ton étendard *à l'honneur* de cette consécration solennelle, dont tu espérais le salut de la Gaule ! TON ÉTENDARD AVAIT ÉTÉ A LA PEINE... IL POUVAIT BIEN ÊTRE A L'HONNEUR !...

La surprise des prêtres-juges à ces paroles sublimes cause un silence de quelques instants ; l'évêque Cauchon le rompt le premier, et s'adressant à l'accusée d'une voix lente, en pesant chacun de ses mots, symptômes ordinaires de la dangereuse perfidie des questions qu'il posait :

— Jeanne, lorsque vous entriez dans une ville, les habitants ne baisaient-ils pas vos mains, vos pieds, vos vêtements ?

JEANNE DARC. — Beaucoup le voulaient, et quand de pauvres gens, des femmes, des enfants, venaient à moi, je craignais, en les repoussant, de les chagriner...

Cette réponse de l'accusée doit être invoquée contre elle : plusieurs des juges prennent des notes, un sourire sinistre effleure les lèvres de l'évêque Cauchon. Il poursuit son interrogatoire :

— Jeanne, avez-vous tenu des enfants sur les fonts du baptême ?

JEANNE DARC. — Oui, j'ai tenu un enfant sur les saints fonts à Soissons, deux autres à Saint-Denis. Ce sont les seuls dont j'aie été marraine.

L'ÉVÊQUE CAUCHON. — Quels noms leur donniez-vous ?

JEANNE DARC. — Aux garçons, le nom de *Charles,* en l'honneur du roi de France... aux filles, le nom de *Jeanne,* parce que les mères le demandaient...

Ces mots, où se peignaient d'une manière charmante le tendre enthousiasme que la guerrière inspirait au peuple et la générosité qu'elle montrait pour Charles VII, devaient être une charge de plus contre l'accusée ; quelques juges notèrent la réponse.

L'ÉVÊQUE CAUCHON. — Une mère, à Lagny, ne vous a-t-elle pas priée d'aller visiter son enfant mourant ?

JEANNE DARC. — Oui, mais on l'avait déjà porté à l'église Notre-Dame. Des jeunes filles de la ville étaient agenouillées sous le portail et priaient pour cet enfant ; je me suis mise à genoux parmi elles, j'ai aussi, à son intention, prié Dieu, afin de lui attirer les bénédictions.

LE CHANOINE LOYSELEUR, *dont la capoule est complètement rabattue, et déguisant sa voix, qu'il rend ainsi sourde et caverneuse.* — Lequel des deux papes est le vrai pape ?

JEANNE DARC *abasourdie.* — Il y a donc deux papes ? Messire, j'ignorais cela.

L'ÉVÊQUE CAUCHON. — Vous vous dites inspirée de Dieu ; il doit vous avoir enseigné auquel des deux papes vous devez obéissance ?

JEANNE DARC. — Je n'en sais rien... C'est au pape à savoir s'il obéit à Dieu, et à moi d'obéir à qui se soumet à Dieu..,

L'ÉVÊQUE CAUCHON *à Loyseleur, avec un accent significatif.* — Mon très cher frère, nous réserverons pour un autre interrogatoire la grave question que vous venez de poser à propos de l'Église triomphante et de l'Église militante ; poursuivons l'interrogatoire sur d'autres matières. (*S'adressant à Jeanne Darc avec une inflexion de voix annonçant la gravité de la question.*) Lors de votre départ de Vaucouleurs, vous avez pris l'habit d'homme... est-ce à la requête de Robert de Baudricourt ou par votre propre volonté ? Répondez d'une façon catégorique.

JEANNE DARC. — C'est de ma propre volonté.

UN JUGE. — Vos voix vous ont-elles ordonné de quitter les habits de votre sexe ?

JEANNE DARC. — Tout ce que j'ai fait de bon, je l'ai fait par le conseil de mes voix... Quand je les ai bien comprises, mes saintes et l'archange m'ont bien guidée.

UN AUTRE JUGE. — Ainsi, vous ne croyez pas commettre de péché en portant ces vêtements masculins dont vous êtes encore couverte ?

JEANNE DARC, *avec un soupir de regret.* — Ah ! pour le bonheur de la France et le malheur de l'Angleterre ! pourquoi ne suis-je pas libre avec habits d'homme, mon cheval et mon armure !... Je vaincrais bien encore nos ennemis.

UN AUTRE JUGE. — Voudriez-vous entendre la messe ?

JEANNE DARC, *tressaillant d'espérance.* — Oh ! de tout mon cœur !

LE JUGE. — Vous ne pouvez l'entendre sous ces habits qui ne sont pas ceux de votre sexe.

JEANNE DARC *réfléchit un instant. elle se souvient des obscènes et grossiers propos de ses geôliers, et redoute leurs outrages, dont elle est plus facilement défendue par ses vêtements d'homme. cependant elle répond.* — Me promettez-vous que; si je reprends mes habits de femme, j'entendrai la messe ?

LE JUGE. — Oui, Jeanne, je te le promets.

(*Mouvement d'impatience de l'évêque, qui, d'un regard, blâme le juge de sa maladresse.*)

JEANNE DARC. — Alors, que l'on me donne une robe très longue, je la mettrai pour aller à la chapelle ; mais en revenant dans ma prison, je reprendrai mes habits d'homme.

Le juge consulte du regard l'évêque afin de savoir si l'on peut accéder à la demande de l'accusée ; le prélat répond par un signe de tête négatif, et s'adressant à Jeanne :

— Ainsi vous persistez à conserver vos vêtements masculins ?

JEANNE DARC. — Je suis gardée par des hommes... ces habits me conviennent mieux.

L'INQUISITEUR DE LA FOI. — Vous avez porté, vous portez ce costume masculin volontairement ?... de votre plein gré ?

JEANNE DARC. — Oui ; et je le porterai toujours.

Un nouveau silence se fait ; les prêtres-juges triomphent de la réponse si catégorique de l'accusée, réponse bien grave, car l'évêque Cauchon dit aux greffiers :

— Avez-vous minuté les paroles de ladite Jeanne ? Que pas un mot ne soit omis.

UN GREFFIER. — Oui, monseigneur.

L'ÉVÊQUE CAUCHON, *à l'accusée.* — Vous avez souvent parlé de saint Michel... A quoi avez-vous reconnu que la forme qui vous est apparue était celle de ce bienheureux archange ?... Le démon ne pouvait-il pas prendre la figure d'un bon ange, pour vous induire à mal ?

JEANNE DARC. — J'ai reconnu saint Michel à ses conseils ; ils étaient ceux d'un ange et non d'un démon, ils venaient du ciel, non de l'enfer.

UN JUGE. — Quels étaient ces conseils ?

JEANNE DARC. — Ces conseils étaient de me conduire en pieuse et honnête fille ; il me disait qu'alors Dieu m'inspirerait, m'aiderait pour le salut de la France.

L'INQUISITEUR DE LA FOI. — De sorte que vous affirmez non seulement avoir vu des yeux de votre corps vous apparaître une vision surnaturelle sous la figure de saint Michel ; mais vous affirmez, en outre, que cette figure était réellement celle de ce personnage sacré ?

JEANNE DARC. — Je l'affirme... puisque je l'ai entendu de mes oreilles... puisque je l'ai vu de mes yeux... Pour moi nul doute sur l'archange.

L'ÉVÊQUE CAUCHON, *aux greffiers.* — Minutez cette réponse, sans omettre le moindre détail.

UN GREFFIER. — Oui, monseigneur.

Le chanoine Loyseleur, dont les traits sont toujours soigneusement cachés sous sa cagoule, et qui tient, par surcroît de précaution, un mouchoir sur le bas de son visage, se lève et va parler à l'oreille du prélat; celui-ci se frappe le front, comme si les paroles de son complice lui rappelaient un oubli sur un sujet de grande importance. Loyseleur regagne son siège.

L'ÉVÊQUE CAUCHON. — Jeanne, lorsqu'après avoir été prise devant Compiègne, l'on vous a conduite au château de Beaurevoir, vous vous êtes précipitée de l'une des tours en bas?

JEANNE DARC. — C'est la vérité.

L'ÉVÊQUE CAUCHON. — Quelle était la cause de cette résolution?

JEANNE DARC. — J'avais entendu dire dans ma prison que j'étais vendue aux Anglais..... j'ai mieux aimé risquer de me tuer que de tomber entre leurs mains; j'ai tenté de m'échapper en sautant du haut en bas de la tour.

L'INQUISITEUR. — Est-ce par le conseil de vos voix que vous avez agi de la sorte?

JEANNE DARC. — Non... elles me le déconseillaient, me disant « de prendre courage, que Dieu viendrait à mon secours, et qu'il était lâche de fuir le danger... » Mais ma crainte des Anglais a été plus forte que le conseil de mes voix.

UN JUGE. — Quand vous avez sauté de la tour, aviez-vous l'intention de vous tuer?

JEANNE DARC. — Je voulais me sauver... et en sautant je me suis recommandée à Dieu, espérant, avec son aide, échapper aux Anglais.

L'INQUISITEUR. — Après votre chute, n'avez-vous pas renié le Seigneur et ses saints?

JEANNE DARC. — Jamais je n'ai renié ni Dieu ni ses saints!

UN JUGE. — Au moment de sauter du haut en bas de la tour, avez-vous invoqué vos saintes?

JEANNE DARC. — Oui, je les invoquées, malgré leur déconseil, je leur ai demandé la protection de Dieu pour la Gaule... ma délivrance... et le salut de mon âme.

L'INQUISITEUR. — Depuis que vous êtes prisonnière à Rouen, vos voix vous ont-elles promis votre délivrance?

JEANNE DARC. — Tout à l'heure encore, elles m'ont dit: « Prends tout en gré, souffre courageusement ton martyre... Aie courage et patience, tu gagneras le paradis! »

L'INQUISITEUR. — Croyez-vous le gagner?

JEANNE DARC, *avec une conviction radieuse*. — Je le crois aussi fermement que si j'y étais déjà. Dieu m'y réserve une place.

L'ÉVÊQUE CAUCHON, *vivement en jetant un regard expressif aux juges*. — Voilà une réponse d'un grand poids! Orgueil, présomption.

JEANNE DARC, *avec un sourire céleste*. — Aussi je tiens ma croyance au paradis pour un grand trésor!.. C'est là ma force.

Le rayonnement de la foi naïve de la vierge guerrière illumine ses beaux traits, leur donne une expression divine. Ses yeux noirs, brillants du doux éclat de l'inspiration, sont levés vers le ciel, un moment éclairci; elle en contemple l'azur à travers la fenêtre du sombre édifice. Jeanne, dans le ravissement de son espoir céleste, se sent détachée de la terre... mais, hélas! un incident puéril vient rappeler aux réalités la pauvre prisonnière. Un joyeux oiselet s'en vient, voletant, effleurer d'une aile légère le vitrail de la croisée; à la vue de cet oiseau, libre dans l'espace, l'héroïne, cédant à un douloureux retour sur elle-même, retombe de toute la hauteur de sa radieuse espérance, soupire, baisse la tête, et des larmes roulent dans ses yeux. Ces diverses émotions ne lui ont pas permis de remarquer la joie des prêtres-juges, de ces infâmes tonsurés, inscrivant sur leurs tablettes ces deux énormités ajoutées à tant d'autres aveux qui doivent la conduire au bûcher :

« Ladite Jeanne a volontairement risqué le suicide en se précipitant du haut en bas de la tour de Beaurevoir.

« Ladite Jeanne a la sacrilège audace de se dire, de se croire aussi sûre du paradis que si elle y était déjà! »

Mais la tâche des prêtres-bourreaux n'est pas encore accomplie; l'héroïne est distraite de ses pénibles pensées par la voix de l'évêque Cauchon:

— Jeanne, croyez-vous être en péché mortel?

JEANNE DARC. — Je m'en rapporte à Dieu pour tous mes actes.

L'INQUISITEUR. — Vous croyez donc inutile de vous confesser, quoique en état de péché mortel.

JEANNE DARC. — Je n'ai jamais commis de péché mortel, du moins à ma connaissance.

UN JUGE. — Qu'en savez-vous?

JEANNE DARC. — Mes voix m'auraient reproché ce péché... mes saintes m'auraient délaissée... Mais je me confesserais si je le pouvais... l'on ne peut avoir la conscience trop nette.

L'ÉVÊQUE CAUCHON. — N'est-ce donc point un péché mortel de prendre un homme à rançon et de le faire mourir prisonnier?

JEANNE DARC, *avec stupeur*. — Qui a fait cela?

L'ÉVÊQUE CAUCHON. — Vous!

JEANNE DARC, *indignée*. — Jamais!

L'INQUISITEUR. — Et Franquet d'Arras?

JEANNE DARC, *consultant ses souvenirs, garde un moment le silence et reprend*. — Franquet d'Arras était un capitaine de routiers bourguignons; je l'ai fait prisonnier à la guerre. Il a avoué être traître, larron et meurtrier; son procès a duré quinze jours devant les juges de Senlis. J'avais demandé la grâce de cet homme, dans l'espoir de l'échanger contre un digne bourgeois de Paris captif des Anglais; mais apprenant que ce bourgeois était mort en prison, j'ai dit au bailli de Senlis : « — Le prisonnier dont je comptais obtenir l'échange est mort; vous pouvez, si bon vous semble, faire justice de Franquet d'Arras, traître, larron et meurtrier. »

UN JUGE. — Avez-vous fait donner de l'argent à celui qui vous a aidé à prendre Franquet d'Arras ?

JEANNE DARC, *haussant les épaules.* — Je ne suis ni monnoyeur, ni trésorier de France, pour faire donner de l'argent à quelqu'un.

L'ÉVÊQUE CAUCHON. — Vous avez exposé en *ex-voto* des armes dans la basilique de Saint-Denis ! Dites-nous dans quelle intention ?

Jeanne Darc reste silencieuse, absorbée par de cruels souvenirs. Gravement blessée sous les murs de Paris, elle avait ensuite offert en pieux hommage son armure à la vierge Marie, cédant à un mouvement d'indignation provoqué par la lâcheté de Charles VII, qui, après les prodiges de la victorieuse campagne de l'héroïne, s'en était retourné en Touraine retrouver ses maîtresses ! En vain Jeanne lui avait dit : « Affrontez les Anglais, qui presque seuls garnissent les remparts de Paris ; présentez-vous hardiment aux portes de cette cité, promettant aux Parisiens l'oubli du passé, la concorde pour l'avenir ; tentez ainsi, presque à coup sûr, la conquête de votre capitale ! » Mais le royal poltron avait reculé devant le péril, au grand désespoir de Jeanne : alors, voulant renoncer à la guerre, abandonnant son armure, elle l'avait offerte en *ex-voto.* Jeanne ne pouvait faire un tel aveu à ces prêtres ; guidée par la générosité de son âme, éclairée par son bon sens, elle eût mieux aimé mourir que d'accuser Charles VII et le couvrir d'ignominie aux yeux de ses ennemis. Dans la royauté, elle voyait la France ; et la honte du roi devait rejaillir, ineffaçable, sur le royaume. Elle répondit donc à l'évêque Cauchon, ainsi qu'elle l'avait toujours fait jusqu'alors, de manière à sauvegarder l'honneur de Charles VII :

— J'avais été blessée sous les murs de Paris ; j'ai offert mon armure devant l'autel de la sainte Vierge en reconnaissance de ce que ma blessure n'avait pas été mortelle.

L'INQUISITEUR, *paraissant se rappeler un oubli.* — Pendant le temps que vous faisiez la guerre, portant harnais de bataille et habits d'homme, avez-vous reçu l'Eucharistie ?

Un mouvement de tous les prêtres-juges, le silence qui se fait dans le tribunal, témoignent de la gravité de la question posée à l'accusée.

JEANNE DARC. — J'ai communié toutes les fois que je l'ai pu... et pas aussi souvent que je l'aurais voulu...

L'ÉVÊQUE CAUCHON, *vivement.* — Greffiers, vous avez écrit ?

UN GREFFIER. — Oui, monseigneur.

L'ÉVÊQUE CAUCHON. — De quel lieu étiez-vous partie lorsque vous êtes venue à Compiègne pour la dernière fois ?

JEANNE DARC *tressaille douloureusement à ce souvenir.* — Je venais de Crespy, en Valois.

L'ÉVÊQUE CAUCHON. — Vos voix vous ont-elles commandé cette sortie où vous avez été prise ?

JEANNE DARC. — Pendant la dernière semaine de Pâques, mes voix m'avaient encore avertie que bientôt je serais trahie et livrée... mais qu'il devait en être ainsi... de ne pas m'étonner, de prendre tout à gré... que Dieu me viendrait en aide...

UN JUGE. — Ainsi, vos voix, les voix de vos saintes, vous disaient que vous seriez prise ?

JEANNE DARC, *soupirant.* — Oui, elles me le disaient depuis longtemps... je demandais à mes saintes de mourir aussitôt que je serais prisonnière, afin de ne pas souffrir longtemps...

L'INQUISITEUR. — Vos voix vous ont-elles indiqué précisément le jour où vous seriez prise ?

JEANNE DARC. — Non, pas précisément ; elles m'annonçaient seulement que bientôt je serais trahie et livrée... Je l'ai dit aux bonnes gens de Compiègne le jour de la sortie.

UN JUGE. — Si vos voix vous avaient ordonné de livrer bataille devant Compiègne en vous avertissant que vous seriez prisonnière ce jour-là, leur auriez-vous obéi nonobstant ?

JEANNE DARC. — J'aurais obéi à regret ; mais j'aurais obéi, quoi qu'il pût m'arriver...

UN JUGE. — Avez-vous passé le pont pour faire votre sortie de Compiègne ?

JEANNE DARC, *de plus en plus cruellement affectée par cette remémorance.* — Cela est-il donc du procès ?

L'ÉVÊQUE CAUCHON. — Répondez.

JEANNE D'ARC, *d'une voix brève et hâtée.* — J'ai passé le pont ; je suis sortie par le passage de la redoute ; j'ai attaqué avec ma compagnie les Bourguignons du sire de Luxembourg ; je les ai repoussés par deux fois jusqu'à leurs retranchements, la troisième jusqu'à mi-chemin. Alors les Anglais sont venus, ils m'ont coupé la retraite ; plusieurs de mes soldats voulaient me faire rentrer dans Compiègne, mais le pont était levé derrière nous... Nous étions trahis... J'ai été prise... (*Elle tressaille*).

L'ÉVÊQUE CAUCHON. — Jeanne, votre interrogatoire est, pour aujourd'hui, terminé. Priez le Seigneur d'éclairer votre âme et de vous guider dans la voie du salut éternel ; que Dieu vous garde et vous vienne en aide !...(*Il fait le signe de la croix*). Au nom du Père, du Fils et du Saint-Esprit... *Amen !*

Tous les prêtres-juges se lèvent et répètent : *Amen !*

L'ÉVÊQUE CAUCHON. — Que Jeanne la Pucelle l'accusée soit amenée dans sa prison...

Les deux appariteurs s'approchent de Jeanne Darc, chacun d'eux la prend par le bras ; ils l'emmènent hors de la chapelle, dans la pièce où se trouvent les soldats anglais chargés de reconduire la prisonnière à son cachot.

Jeanne Darc, livide, hâve, brisée par la maladie depuis son dernier interrogatoire, est à demi-couchée sur la paille de son cachot, ses vêtements d'homme tombent en lambeaux; elle est enchaînée par le milieu du corps. Elle a entouré, au moyen de quelques chiffons, les lourds anneaux de fer au-dessus de la cheville; leur pression a meurtri, entamé sa chair jusqu'au vif; ses plaies sont douloureuses; douloureuse aussi est l'une de ses blessures, qui s'est rouverte. Mais l'affaiblissement de la vierge guerrière, la profonde altération de ses traits, a une autre cause que celle des souffrances, cause étrange, qui remonte à quelques jours de là. L'un des geôliers, remarquant que la captive touchait à peine aux aliments grossiers qu'on lui donnait, avait dit « qu'afin de la *remettre en appétit* », l'évêque Pierre Cauchon enverrait un mets préparé dans son hôtel. Le lendemain, elle mangea d'un poisson qui avait été envoyé de la part du prélat; presque aussitôt après son repas elle avait été prise de vomissements convulsifs, et s'était évanouie. Ses geôliers la crurent au moment de trépasser, l'un d'eux courut chercher un médecin. Celui-ci arriva, reconnut les symptômes d'un empoisonnement, et parvint à la rappeler à la vie, mais non à la santé. La prisonnière, depuis lors, est restée languissante, abattue et sans force.

Jeanne Darc n'est pas seule dans son cachot; le chanoine Loyseleur est assis sur un escabeau à côté de l'espèce de cercueil rempli de paille où elle est couchée. Se croyant en danger de mort, elle vient de se confesser à Loyseleur, de lui ouvrir son âme, de lui raconter sa vie entière; loin de soupçonner l'infernale trahison de ce prêtre, elle a puisé de religieuses consolations, de vagues espérances, dans les preuves de touchant intérêt dont il a paru l'entourer. Le chanoine a souvent visité la captive depuis leur première entrevue, ayant obtenu à grand'peine, disait-il, la permission de sortir de son cachot pour venir lui offrir ses secours spirituels; elle lui a rendu compte de ce qui s'était passé lors de son interrogatoire. Le prêtre l'a félicitée d'avoir soutenu la réalité de ses apparitions et de ses révélations et l'a engagée à éviter un autre piège, plus dangereux que le premier et qui lui serait tendu, selon ses prévisions, dans un autre interrogatoire. L'un des juges lui ayant demandé « auquel des deux papes alors existants il fallait obéir ? » elle devait, selon le chanoine, si on la pressait de questions à propos de l'obédience due au pape et à son Église, « déclarer si elle s'en rapportait absolument, aveuglément, à ses juges ecclésiastiques pour l'appréciation de ses actes et de ses paroles », elle devait les récuser, et en appeler d'eux à Dieu seul... à Dieu, le souverain juge.

Jeanne Darc, étrangère aux subtilités théologiques, ajouta foi aux paroles du chanoine. La machination tramée par ce prêtre et par l'évêque son complice était d'une extrême habileté. Montrant d'abord à l'accusée une voie de salut dans la pratique persévérante, l'une de ses plus saillantes vertus, la sincérité, il lui dit : — « Soutenez hardiment que vous avez vu de vos yeux, entendu de vos oreilles, vos visions et vos révélations. « Jeanne, ayant en effet vu, entendu ces choses, qui étaient surnaturelles pour une époque où l'on ne connaissait pas les liens qui rattachent les esprits au monde matériel, fut inébranlable dans ses affirmations. Ses bourreaux voulaient, en outre, amener l'infortunée à s'avouer hérétique, pour légitimer le sanglant arrêt qu'ils étaient décidés à prononcer contre elle.

Or, c'était se reconnaître hérétique au premier chef que de récuser le tribunal ecclésiastique. Sa condamnation était assurée.

Ce jour-là, le chanoine s'était rendu auprès de Jeanne Darc; afin de la maintenir dans les résolutions qu'il lui a suggérées, et après avoir entendu la confession générale de Jeanne, lui avoir prodigué de paternelles et consolantes paroles, il se dispose à la quitter, appelle le geôlier à travers le guichet, toujours ouvert. John paraît, lui donne quelques bourrades et pousse le prêtre hors du cachot avec une brutalité feinte, referme la porte sur lui ; la prisonnière reste seule dans son cachot.

Jeanne Darc, en faisant sa confession générale au chanoine, en lui racontant sa vie entière, avait non moins cédé à une habitude religieuse qu'au désir d'évoquer une dernière fois à son propre souvenir tout son passé, de s'interroger scrupuleusement sur tous ses actes, en présence du sort affreux dont on la menaçait; de rechercher enfin avec une inexorable sévérité envers elle-même quels reproches on pouvait lui adresser? La seule pensée de ce supplice, être brûlée vive... causait à l'héroïne, une défaillance, une terreur invincible!... Les causes de cette terreur étaient diverses... d'abord la honte de se voir traînée au supplice comme une criminelle à la face du peuple, les tortures atroces que l'on devait endurer en sentant les flammes dévorer la chair vive... mais ce qui inspirait surtout une horreur insurmontable à la chaste jeune fille, c'était la crainte d'être conduite au bûcher demi-nue... Elle avait, à ce sujet, interrogé plusieurs fois, le chanoine Loyseleur, et avait appris que « qu'on menait les hérétiques, hommes ou femmes, à la mort sans autre vêtement qu'*une chemise*, et coiffés d'une sorte de grande mitre en carton où l'on inscrivait les crimes du patient. » A cette idée de paraître aux regards de la foule les jambes, les bras, les épaules, le sein nus, le corps à peine voilé d'une toile de lin,

L'évêque Cauchon

tout ce qu'il y avait en elle de fierté, de pudeur, se révoltait; dans ces moments de désespoir, elle était prête à faire tous les aveux que désiraient ses juges, sous la seule condition qu'ils l'exempteraient de l'ignominie. En vain ses voix continuaient de se faire entendre et lui disaient:
— « Souffre vaillamment ton martyre jusqu'à la fin.., l'ombre même d'une action mauvaise ne peut ternir le pur éclat de la vie!... Ne cède pas à une vaine honte qui retombera sur tes bourreaux! Affronte sans rougir les regards des hommes... la gloire te couvre d'une céleste auréole!... haut le cœur! »

Hélas! en ces moments de désespérance, l'héroïne redevenait la timide jeune fille qui, dans sa pudeur ombrageuse, renonçait même aux joies sacrées de l'épouse, avait voué sa virginité à ses saintes; aussi, malgré les encouragements de ses voix, elle se sentait défaillir, surtout devant cette pensée: *être conduite en chemise au bûcher*.. Ces défaillances devenaient surtout fréquentes depuis sa maladie, qui, brisant le ressort de cette nature énergique et tendre, l'accablait, la minait lentement; parfois, cependant, l'héroïne retrouvait son courage, sa résolution. Ses voix lui disaient: — « Ne transige pas avec ces faux prêtres, qui se prétendent tes juges, et ne sont que les meurtriers! Soutiens hardiment la vérité, glorifie-toi d'avoir sauvé la France avec l'aide du ciel!... défie le supplice!... On brûlera ton corps; mais ta renommée vivra impérissable comme ton âme immortelle, qui, radieuse, rejoindra son Créateur! Noble victime de l'hypocrisie des prêtres, de la méchanceté des hommes, abandonne ce triste monde et remonte au paradis.

Telles étaient, depuis son dernier interrogatoire et les longues souffrances de sa maladie,

128ᵉ livraison

les alternatives de résolution et de découragement qui tour à tour exaltaient ou brisaient la prisonnière ; mais ce jour là, rassurée envers elle-même par son examen de conscience, Jeanne Darc se sent tellement affaiblie par ses maux, accablée par ses chagrins, qu'elle espère bientôt mourir dans son cachot, et échapper à ses bourreaux. Soudain elle entend un bruit de pas au dehors ; elle reconnaît la voix de l'évêque Cauchon disant aux guichetiers :

— Ouvrez-nous la porte de la prison de Jeanne ; ouvrez devant la justice de Dieu.

La porte s'ouvre, le prélat paraît, accompagné de sept prêtres-juges : GUILLAUME BOUCHER, — JACOB DE TOURS, — MAURICE DE QUESNE, — NICOLAS MIDI, — GUILLAUME ADELIN, — GÉRARD FEUILLET, — HAITON, et *l'inquisiteur* JEAN LEMAITRE.

Les membres du saint tribunal sont accompagnés de deux greffiers ; l'un porte un gros flambeau de cire allumé, pour éclairer le cachot, l'autre greffier, tient un cahier de parchemin et une écritoire. L'évêque est revêtu de ses habits sacerdotaux, ses complices sont revêtus de leurs robes de prêtres ou de leurs capuces de moines ; ils se rangent silencieusement en demi-cercle autour de la caisse de bois remplie de paille où la captive est étendue enchaînée. L'évêque s'avance vers elle ; l'un des greffiers s'asseoit devant une table placée près de lui, il y dépose son écritoire et ses parchemins. L'autre greffier, debout près de son compagnon, l'éclaire au moyen de son flambeau ; sa lumière rougeâtre, se reflétant çà et là sur les figures des prêtres, immobiles comme des spectres, donne à cette scène un aspect lugubre. Jeanne Darc, surprise de cette visite inattendue dont elle ignore le but, se lève péniblement sur son séant ; elle jette sur l'assistance un regard interdit et craintif.

L'ÉVÊQUE CAUCHON, *avec un accent de compassion hypocrite.* — Ces révérends prêtres, docteurs en théologie, et moi, nous venons vous visiter dans votre prison, hors de laquelle vous ne pouvez en ce moment être transportée ; nous venons vous apporter de consolantes paroles. Vous avez été interrogée par les plus doctes clercs en droit canon ; vos réponses, je dois vous en avertir paternellement, ont été empreintes des plus condamnables erreurs, et si vous persistiez dans ces erreurs, si préjudiciables au salut de votre âme et de votre corps, nous serions obligés de vous abandonner au bras séculier.

JEANNE DARC, *d'une voix affaiblie.* — Je me sens si malade, si affaiblie, qu'il me semble que je vais mourir... s'il en doit être ainsi par la volonté de Dieu, je vous demande la communion avant ma mort, et la terre sainte pour mon corps après ma mort...

UN JUGE. — Soumettez-vous à l'Eglise ; tant plus vous craignez la mort, tant plus vous devez vous amender.

JEANNE DARC. — Si mon corps meurt en prison, je vous demande pour lui la terre sainte... si vous me refusez, je m'en réfère à Dieu..... Que sa sainte volonté s'accomplisse...

L'ÉVÊQUE CAUCHON. — Voilà une parole bien grave... Vous vous en référez à Dieu ?..... Mais entre vous et Dieu, il y a son Eglise...

JEANNE DARC. — N'est-ce pas tout un... Dieu et son Eglise ?...

L'ÉVÊQUE CAUCHON. — Apprenez, ma chère fille, qu'il y a l'EGLISE TRIOMPHANTE, où se trouvent Dieu, les saints, les anges, les âmes sauvées ; il y a en outre, l'EGLISE MILITANTE, composée de notre saint père le pape, vicaire de Dieu sur la terre, des cardinaux, des prélats, des prêtres et de tous les catholiques, laquelle Eglise est infaillible, en d'autres termes ne peut jamais errer, jamais se tromper, guidée qu'elle est par la divine lumière du Saint-Esprit ! Voilà, Jeanne, ce que c'est que l'Eglise militante. Voulez-vous vous en rapporter à son jugement ?... voulez-vous, oui ou non, nous reconnaître pour vos juges, nous, membres de l'Eglise militante ?

JEANNE DARC *se souvient des conseils du chanoine : plus de doute, on lui tend un nouveau piège ; sa méfiance s'accordant avec sa foi naïve, elle répond aussi fermement que le lui permet sa faiblesse.* — Je suis venue vers le roi, pour le salut de la France, de par Dieu et ses saintes !... A cette Eglise-là... *(avec un geste sublime)* celle de là-haut !... je me soumets en tout ce que j'ai fait et dit !...

L'ÉVÊQUE CAUCHON, *s'efforçant de contenir sa joie.* — Ainsi, vous ne voulez pas accepter le jugement de l'Eglise militante sur vos paroles et vos actes ?

JEANNE DARC. — Je m'en rapporterai à cette Eglise si elle n'exige pas de moi l'impossible.

L'INQUISITEUR. — Qu'entendez-vous par là ?

JEANNE DARC. — Renier ou révoquer les visions que j'ai eues de par Dieu... Pour rien au monde je ne les renierai ou les révoquerai... Je ne consentirai pas à sauver ma vie par un mensonge...

L'ÉVÊQUE CAUCHON, *d'un ton doucereux.* — Si l'Eglise militante déclarait ces visions et apparitions choses illusoires, diaboliques, pourriez-vous refuser de vous soumettre à ce jugement ?

JEANNE DARC. — Je m'en rapporte à Dieu seul, qui m'a toujours inspirée ; je n'accepterai, je n'accepte le jugement d'aucun homme, tous les hommes étant sujets à l'erreur.

L'ÉVÊQUE CAUCHON, *s'adressant au greffier.* — Ecrivez cette réponse, greffier, écrivez et annotez... sans rien omettre.

LE GREFFIER. — Oui, Monseigneur.

L'INQUISITEUR. — Ainsi, vous ne vous croyez pas sujette de l'Eglise militante? à savoir : de notre saint-père le pape? de nos seigneurs les cardinaux, des archevêques, des évêques, des saints ministres de Dieu.

JEANNE DARC, *l'interrompant.* — Je me reconnais leur sujette... Dieu le premier servi!...

Cette admirable réponse frappe d'abord de stupeur ces prêtres, et pendant un moment les déconcerte; l'âme naïve et pure qu'ils croyaient enlacer dans le perfide réseau de leurs subtilités théologiques leur échappait d'un coup d'aile en remontant vers Dieu!

L'ÉVÊQUE CAUCHON, *reprenant le premier la parole, et d'un ton sévère.* — Vous nous répondez en idolâtre... vous vous exposez à un grand péril pour votre âme et pour votre corps.

JEANNE DARC. — Je ne saurais répondre autrement, monseigneur.

UN PRÊTRE, *durement.* — En ce cas, vous mourrez apostate!

JEANNE DARC, *avec un touchant orgueil.* — J'ai reçu le baptême, je suis bonne chrétienne, je mourrai chrétienne!

L'ÉVÊQUE CAUCHON. — Désirez-vous recevoir le corps du Sauveur?

JEANNE DARC. — Hélas! je le désire de toute mon âme.

L'ÉVÊQUE CAUCHON. — Alors, soumettez-vous à l'Eglise militante.

JEANNE DARC. — Je sers Dieu de mon mieux... j'attends tout de lui, rien des évêques, rien des prêtres, rien de personne.

L'INQUISITEUR. — Si vous refusez de vous soumettre à la sainte Eglise catholique, apostolique et romaine, vous serez abandonnée comme hérétique, et condamnée à être brûlée.

JEANNE DARC, *exaltée par sa conviction et l'horreur que lui inspirent ses juges.* — Le bûcher serait là, je ne répondrais autrement!...

L'ÉVÊQUE CAUCHON. — Jeanne, ma chère fille, votre endurcissement est exécrable... Quoi! si vous étiez devant un concile composé de notre saint-père, des cardinaux et des évêques, et qu'ils vous enjoignissent de vous soumettre à leur décision...

JEANNE DARC, *l'interrompant avec une douloureuse impatience.* — Ni pape, ni cardinaux, ni évêques, ne tireraient de moi autre chose que ce que je vous ai déjà dit!... Ayez donc merci d'une pauvre créature!... Je me meurs!... (*Elle retombe défaillante sur la paille*).

L'ÉVÊQUE CAUCHON. — Vous soumettriez-vous au successeur de Saint-Pierre, à notre saint-père? Répondez catégoriquement.

JEANNE DARC. — Faites-moi conduire vers lui, je répondrai; je lui demanderai sa bénédiction.

L'ÉVÊQUE CAUCHON. — Ce que vous dites est insensé... Persistez-vous à garder vos habits d'homme, ce qui est blâmable au premier chef?

JEANNE DARC. — Je prendrais robe et chaperon de femme pour me rendre, si je le pouvais, à l'Eglise, afin d'y recevoir le corps de mon Sauveur; mais de retour ici, je reprendrais mes habits d'homme, de peur d'être outragée par vos gens, comme cela est déjà arrivé.

L'INQUISITEUR. — Une dernière fois, prenez garde : si vous persistez dans vos coupables erreurs, notre sainte mère l'Eglise, malgré sa miséricorde infinie, sera forcée de vous livrer au bras séculier, et ce sera fait du salut de votre âme et de votre corps.

JEANNE DARC. — Ce sera fait aussi du salut de vos âmes, à vous... qui m'aurez injustement condamnée. Pensez-y bien.

L'ÉVÊQUE CAUCHON. — Jeanne, je dois charitablement vous le déclarer, si vous vous opiniâtrez dans votre endurcissement, il y a ici près des tourmenteurs, et ils vous mettront à la torture. (*Il montre la porte, Jeanne frissonne*)... Il y a ici près des tourmenteurs... ils vous attendent et ils vous mettront à la plus cruelle torture... à seule fin d'obtenir de vous des réponses moins condamnables.

JEANNE DARC *a cédé à un premier mouvement de terreur à la pensée de la torture; mais surmontant bientôt cette faiblesse, elle puise une énergie surhumaine dans la conviction de son innocence, se redresse, écrase les prêtres-juges sous son regard, et s'écrie avec un accent d'indomptable résolution.* — Faites-moi arracher les membres!... faites-moi saillir l'âme hors du corps! vous n'obtiendrez rien autre chose de moi!... Et si la torture m'arrache le contraire de ce que j'ai dit jusqu'ici, j'en prends Dieu à témoin, la douleur seule m'aura fait parler contre la vérité!

L'ÉVÊQUE CAUCHON. — Jeanne, cet emportement... aggrave singulièrement votre position.

JEANNE DARC. — Écoutez, prêtres du Christ, écoutez, seigneurs de l'Eglise, vous voulez ma mort; si pour me faire mourir, on doit m'ôter mes vêtements, je ne vous demande qu'une chemise de femme pour aller au bûcher...

L'ÉVÊQUE CAUCHON, *surpris.* — Vous prétendez porter chemises et habits d'homme par commandement de Dieu; pourquoi demanderiez-vous, pour aller au supplice, une chemise de femme? C'est une singulière inconséquence.

JEANNE DARC. — Parce qu'elle est plus longue.

Ces prêtres infâmes étaient décidés à infliger à cette malheureuse enfant de dix-huit ans, à peine tous les martyres, depuis ceux de la torture jusqu'à ceux du bûcher; cependant ils tressaillirent au cri sublime de la pudeur de cette vierge, qui demandait à ses bourreaux, comme grâce suprême, une chemise de femme pour aller à la mort, parce que cette chemise était plus longue!... parce qu'elle pourrait mieux dérober le corps de la victime aux regards de la foule ! L'évêque Cauchon seul n'en éprouva aucun attendrissement, et apostrophant durement ses complices : — Mes très chers frères, nous allons nous réunir dans une salle de la tour afin de délibérer sur l'urgence de la torture à infliger à ladite Jeanne...

L'évêque et les juges sortent du cachot, suivis des greffiers ; Jeanne Darc reste seule.

Le tribunal ecclésiastique est assemblé dans une salle basse, sombre et voûtée ; le greffier vient de lire aux prêtres-juges le dernier interrogatoire, auquel plusieurs d'entre eux n'ont pas assisté ; ils s'apprêtent à délibérer sur la question de savoir si l'accusée sera mise ou non à la torture.

Le greffier vient de communiquer au tribunal ecclésiastique la minute des dernières réponses de Jeanne Darc.

L'ÉVÊQUE CAUCHON. — Mes très chers frères, au nom du Père, du Fils et du Saint-Esprit.....

TOUS LES JUGES, *d'une seule voix*. — *Amen!*

L'ÉVÊQUE CAUCHON. — Mes très chers frères, nous, Pierre, évêque de Beauvais par la miséricorde divine, vu l'opiniâtre endurcissement de ladite Jeanne, vu la pestilence hérétique dont ses réponses sont empoisonnées, nous vous consultons, mes très chers frères, sur le point de savoir s'il est urgent et expédient, ainsi que nous le pensons nous-même de mettre ladite Jeanne à la torture, afin d'obtenir d'elle des réponses et des aveux qui puissent sauver sa pauvre âme des flammes éternelles et son corps des flammes temporelles ? Veuillez opiner par ordre de préséance.

NICOLAS DE VANDERESSE. — Il ne me paraît point, quant à présent, opportun de soumettre ladite Jeanne à la torture.

ANDRÉ MARGUERIE. — Je trouve la torture superflue ; les réponses de l'accusée suffisent à la condamner. Donc, pas de torture.

GUILLAUME ÉRARD. — Il n'est pas besoin, en effet, d'obtenir de ladite Jeanne de nouveaux aveux ; ceux qu'elle a faits appellent le châtiment temporel. N'allons pas au-delà.

ROBERT BARBIER. — Je partage l'avis de mon très cher frère.

DENIS GASTINEL. — Je pense qu'il faut surseoir à la torture. Elle est inutile pour le cas actuel.

AUBERT MOREL. — Selon moi, il faut immédiatement appliquer ladite Jeanne à la torture, afin de savoir si les erreurs où elle persiste sont sincères ou mensongères.

THOMAS DE COURCELLES. — J'opine qu'il est bon de mettre à la torture ladite Jeanne.

NICOLAS COUPEQUESNE. — Je ne crois pas expédient de soumettre Jeanne aux tortures de son corps ; mais on doit l'admonester une dernière fois, afin de l'obliger à se soumettre à l'Eglise militante.

JEAN LEDOUX. — C'est mon avis. Pas de torture.

ISAMBARD DE LA PIERRE. — C'est aussi le mien.

NICOLAS LOYSELEUR. — Il me paraît indispensable pour *la médecine* de l'âme de ladite Jeanne, qu'elle soit torturée... Du reste, je m'en rapporte à l'opinion de mes très chers frères. Décider la question.

GUILLAUME HAITON. — Je trouve la torture inutile. Je me prononce contre son application.

Il résulte de cette délibération que la majorité des prêtres-juges n'est pas d'avis d'appliquer Jeanne Darc à la torture, beaucoup moins par un sentiment d'humanité que parce que les aveux de l'accusée assurent sa condamnation, ainsi que l'a dit avec une naïveté féroce le chanoine ANDRÉ MARGUERIE ; néanmoins, l'évêque Cauchon, que cette torture alléchait, comme l'odeur du sang délecte le loup, semble fort mal content de l'évangélique mansuétude de ses très chers frères en Jésus-Christ, assez charitables pour trouver qu'il suffit à la gloire de l'Eglise de Rome de brûler Jeanne Darc, sans avoir préalablement tenaillé ses membres ou disloqué ses os. Ces prêtres cléments ont d'ailleurs songé que Jeanne, affaiblie, souffrante comme elle l'était, pouvait expirer de douleur sur le chevalet des tourmenteurs ; et ils veulent que le supplice de l'héroïne soit éclatant.

L'ÉVÊQUE CAUCHON, *dissimulant à peine sa mauvaise humeur.* — La majorité de nos très chers frères se prononçant contre l'application de ladite Jeanne à la torture, et ce moyen d'obtenir de sincères aveux de l'accusée étant écarté, je requiers que, sans désemparer, elle soit amenée ou transportée céans, afin qu'il lui soit donné acte et lecture du réquisitoire lancé contre elle, par notre très cher frère MAURICE, chanoine du très révéré chapitre de la cathédrale de Rouen.

Les juges-prêtres s'inclinent en manière d'assentiment. Nicolas Loyseleur sort, afin d'aller donner l'ordre de transférer Jeanne Darc devant le tribunal ; mais il ne reparaît pas durant cette séance, de crainte d'être reconnu par la prisonnière. Le traître tremble devant sa victime.

Jeanne Darc, trop faible pour pouvoir marcher, mais toujours enchaînée par les pieds, est apportée sur un brancard dans la salle basse de la cour par deux geôliers ; ils déposent à quelques pas des prêtres-juges le brancard où est étendue la prisonnière. Résolue de soutenir la vérité jusqu'à la mort, elle se demande pourtant quels crimes elle a commis ? Elle a affirmé la réalité des visions qu'elle a eues ; elle a soumis en son âme et conscience tous les actes de sa vie au jugement de son souverain maître et juge... Dieu ! Si persuadée qu'elle soit de la partialité, de la perfidie de ce tribunal ecclésiastique, elle a peine à croire à la possibilité de sa condamnation, ou plutôt elle s'épuise à en deviner les motifs. Son pâle visage s'est légèrement coloré d'une animation fébrile ; elle se soulève à demi sur son brancard, appuyée sur l'une de ses mains ; ses grands yeux noirs, caves et brillants, s'attachent avec anxiété sur les prêtres-juges, et au milieu du profond silence dont a été suivie son entrée, elle attend...

Le chanoine Maurice, vêtu de la robe canonicale, tient en main un parchemin où est minuté l'acte d'accusation qu'il va lire.

Vous allez entendre, fils de Joel, cet *acte d'accusation* dressé par ces prêtres, par ces misérables tonsurés qui s'intitulent les représentants de Dieu ! Exécration sur eux !

La *guerrière*, en défendant le sol de la patrie, a égalé les plus illustres capitaines !

La *chrétienne*, au fort des batailles, a toujours laissé son épée au fourreau, se contentant de guider ses soldats en portant l'étendard. Chaque jour elle s'agenouillait dans le temple, afin d'y recevoir le pain des anges !... Vous avez lu ses lettres écrites aux capitaines étrangers ou aux chefs des factions civiles. Elle adjurait les Anglais, au nom du Dieu de charité, de concorde et de justice, d'abandonner un pays qu'ils possédaient contre tout droit, qu'ils dominaient par la violence, leur promettant merci et paix s'ils renonçaient à une conquête inique rendue plus odieuse encore par la rapine et le massacre. Lorsqu'elle s'adressait aux Français armés contre les Français, elle leur rappelait qu'ils étaient de France, les adjurait de s'allier contre l'ennemi commun.

Jeanne Darc, comme femme, a toujours donné l'exemple des plus généreuses, des plus angéliques vertus ! sa pudeur lui a inspiré des paroles sublimes, qui seront l'admiration des siècles ! Qu'elle soit glorifiée !

Comment ces prêtres-juges ont-ils pu formuler contre la guerrière, contre la chrétienne, contre la vierge, une seule accusation qui ne révolte pas le plus vulgaire bon sens, la plus simple honnêteté ? une accusation qui ne soit pas un sanglant outrage, une insulte dérisoire, un défi sacrilège, jetés à tout ce qui a été, et sera l'objet de la vénération des hommes ?

Ces prêtres infâmes, ces évêques vendus aux Anglais, ont feuilleté le recueil des canons de l'Eglise, les décrétales de l'Inquisition, et ils ont trouvé douze chefs capitaux d'accusation contre la guerrière, contre la chrétienne, contre la vierge ! Honte sur ces prêtres infâmes !

Douze chefs capitaux d'accusation ! Et, chose plus abominable encore, ces accusations sont fondées, légitimes, elles sont justes aux yeux de ces juges orthodoxes. Elles sont l'expression complète, absolue, irrévocable de l'Eglise de Rome ; elles ressortent en fait, en droit, de l'application légale de la juridiction de l'Eglise, une et infaillible, éternelle et divine !... Une comme Dieu ! infaillible comme Dieu ! divine comme Dieu ! éternelle comme Dieu !... au dire des prêtres catholiques !...

Ecoutez, fils de Joel, la vie de Jeanne Darc, résumée par ces prêtres en douze chefs d'accusation... L'héroïne est là, son corps est brisé, fébricitant ; son âme toujours pleine de foi et d'énergie ! La séance est ouverte.

Les prêtres-juges restent impassibles, silencieux. Voyez-les à l'œuvre.

L'ÉVÊQUE CAUCHON, *s'adressant à l'accusée, d'une voix grave.* — Jeanne, notre très cher frère, le chanoine Maurice, va nous donner lecture du réquisitoire dressé contre vous. (*L'évêque se signe dévotement.*) Au nom du Père, du Fils et du Saint-Esprit. *Amen !*

LES PRÊTRES JUGES, *d'une seule voix.* — *Amen !* Tous font le signe de la voix.

LE CHANOINE MAURICE, *d'une voix sépulcrale et d'un ton menaçant.* — « Premièrement, Jeanne tu as dit qu'à l'âge de treize ou quatorze ans, tu as eu des révélations et des apparitions d'anges et de saintes, auxquelles tu donnes le nom de saint Michel, de sainte Catherine, de sainte Marguerite ; tu as dit que tu les avais vues fréquemment des yeux de ton corps ; tu as dit qu'elles avaient fréquemment conversé avec toi. Tels sont tes dires.

« Sur ce point, considérant le but et la fin de ces révélations et apparitions, la nature des choses révélées, la qualité de ta personne, l'Eglise déclare ces choses mensongères, séductrices, pernicieuses, et procédant du malin esprit et du diable.... »

Le chanoine Maurice s'interrompt pendant un moment après la lecture de ce premier chef d'accusation, afin que sa gravité puisse être pesée, appréciée, par Jeanne Darc ; mais les paroles qu'elle vient d'entendre la reportant aux premiers temps de son jeune âge, jours paisibles écoulés au milieu des douces joies de la famille, elle oublie le présent et s'absorbe dans les souvenirs de son enfance avec une mélancolie amère et douce à la fois.

LE CHANOINE MAURICE. — « Secondement, Jeanne, tu as dit que ton roi, te reconnaissant à des signes comme véritablement envoyée de Dieu, t'avait donné des gens d'armes pour batailler; tu as dit que sainte Marguerite et sainte Catherine t'avaient accompagnée à Chinon et en d'autres lieux, où elles te guidaient de leurs conseils.

« L'Eglise déclare cette affirmation menteuse, fallacieuse, dérogatrice à la dignité des saintes et des anges.

« Troisièmement, Jeanne, tu as dit que tu avais reconnu les anges et les saintes aux conseils qu'ils te donnaient ; tu as dit que tu crois ces apparitions bonnes ; que tu y crois aussi fermement qu'à la foi de Notre-Seigneur Jésus-Christ. Ce qui constitue un outrage à la Divinité.

« L'Eglise déclare que ce ne sont point là des signes suffisants pour reconnaître des saints et des saintes ; que tu as cru témérairement, affirmé avec jactance, et que tu erres dans la foi... Tu es hors de la communion des fidèles. »

Jeanne Darc, sortie de sa rêverie, écoutait cette nouvelle accusation sans la comprendre. Où était la jactance? la témérité? le mensonge? Elle avait reconnu les saintes à la sagesse de de leurs conseils : « — Jeanne, sois pieuse, conduis-toi en fille sage, — lui disaient ces voix mystérieuses ; — le ciel te prêtera son aide pour chasser l'étranger de la Gaule. » — Et la promesse de ses saintes s'était accomplie, elle avait remporté d'éclatantes victoires sur les ennemis de la France... Où était le mensonge? la témérité? la jactance?

LE CHANOINE MAURICE. — « Quatrièmement, Jeanne, tu as dit que tu étais douée de la faculté de savoir certaines choses de l'avenir, et que tu avais reconnu ton roi sans l'avoir jamais vu.

« L'Eglise te déclare convaincue de présomption, d'arrogance et de sorcellerie. »

Jeanne Darc, sans s'arrêter à l'imputation de sorcellerie, qui lui semblait insensée, soupira tristement, se rappelant sa première entrevue à Chinon avec le gentil dauphin de France, alors que, venant vers lui, apitoyée par ses malheurs, dévouée à la royauté, Charles VII, l'accueillant d'abord par de misérables bouffonneries, lui imposait ensuite, à elle si chaste, un infâme examen, puis la renvoyait devant un concile de prêtres du Christ réunis à Poitiers, qui, frappés de la sincérité de ses réponses, l'avaient déclarée divinement inspirée... Et voici que d'autres prêtres, parlant au nom du même Christ, la traitaient de sorcière !...

LE CHANOINE MAURICE. — « Cinquièmement, Jeanne, tu as dit que, par le conseil de Dieu, tu as porté et continues de porter des habits d'homme, courte tunique, chausses nouées avec des aiguillettes, capeline et cheveux coupés en rond à la hauteur de l'oreille, ne gardant enfin sur toi rien qui dénote ton sexe, sauf ce que la nature trahit ; tu as, avant d'être prisonnière, plusieurs fois reçu la sainte Eucharistie sous le costume masculin ; et malgré tous tes efforts pour te faire renoncer à ce costume, tu t'obstines à le conserver, prétendant agir par le conseil de Dieu.

« L'Eglise te déclare en ceci blasphématrice de Dieu, contemptrice de ses sacrements, transgresseuse de la loi divine, de l'Ecriture sainte et des sanctions canoniques ; l'Eglise te déclare mal agissante, errante dans ta foi et idolâtresse à l'exemple des gentils... »

Jeanne Darc, songeant aux chastes motifs qui l'avaient décidée à revêtir les habits d'homme, tant que sa mission divine l'obligerait de vivre dans les camps auprès des soldats, se rappelant aussi avec quel empressement les prêtres, les prêtres comme ses juges, l'admettaient à la confession et à la communion, lorsque couverte de son armure de guerre, elle venait solennellement remercier Dieu de lui avoir octroyé la victoire ; Jeanne Darc se demandait par quelle aberration d'esprit, d'autres prêtres du Christ voyaient en elle une blasphématrice, une idolâtresse à l'exemple des gentils!

LE CHANOINE MAURICE. — « Sixièmement, Jeanne, tu as dit que souvent, en tête des lettres que tu adressais aux chefs de guerre ou autres, tu faisais écrire ces noms divins : *Jésus Maria*, et qu'ensuite tu traçais au bas desdistes lettres le signe révéré de la *croix*; dans ces lettres homicides, tu te vantais de faire occire ceux qui résisteraient à tes commandements altiers ; tu as affirmé que tu parlais et agissais ainsi par inspiration et suggestion divine.

« L'Eglise te déclare traîtresse, menteuse, cruelle, désireuse de l'effusion du sang humain, séditieuse, provocatrice de la tyrannie, blasphématrice de Dieu dans ses saints commandements et révélations ! »

Jeanne Darc, à cette accusation stupide et inique, ne put retenir un frémissement d'indignation. On l'accusait de cruauté ! on l'accusait d'avoir fait couler le sang humain ! elle qui, le jour même de son entrée triomphante à Orléans, voyant un captif anglais tomber sous les coups d'un soudard brutal, émue de pitié, s'était élancée de son cheval, puis agenouillée près du blessé, dont elle soutenait la tête, avait imploré pour lui la commisération des assistants ! Elle désireuse de l'effusion du sang humain ! mais elle avait sauvé du massacre, en maintes circonstances, des prisonniers anglais et les avait renvoyés libres ! elle qui avait fait écrire, sous l'invocation du Christ, tant de lettres de ses vœux ardents pour la paix ! elle qui avait dicté cette touchante missive au duc de Bourgogne où elle le suppliait de mettre fin aux désastres de la guerre civile ! elle qui marchait toujours au combat, affrontant la mort, sans autre arme que sa bannière de satin blanc !... elle, dont le sang avait coulé sur le champ de bataille, et qui, jamais, n'avait répandu celui de personne !

LE CHANOINE MAURICE. — « Septièmement, Jeanne, tu as dit qu'ensuite de tes révélations tu as quitté, vers l'âge de dix-sept ans la maison paternelle contre la volonté de tes parents, plongés par ton départ dans une douleur voisine de la folie ; qu'ensuite tu es allée vers un certain capitaine nommé Robert de Baudricourt, lequel t'a fait conduire à Chinon, près de ton roi, à qui tu as dit que tu venais, au nom de Dieu, pour chasser les Anglais et lui rendre sa couronne.

« L'Eglise te déclare impie envers tes parents, transgresseuse de ce commandement de Dieu :

Tes père et mère honoreras, blasphématrice envers le Seigneur, errante dans la foi et faiseuse de promesses présomptueuses et téméraires, en opposition avec notre mère l'Eglise. »

Cette accusation était aussi injuste que les accusations précédentes. Hélas! de quelles angoisses déchirantes n'avait-elle pas souffert, alors qu'obsédée par ses voix qui lui disaient chaque jour : — Marche à la délivrance de la Gaule! — Elle dut se résigner à abandonner sa famille, qu'elle chérissait et vénérait! Combien de fois, résistant aux enivrements de ses victoires, n'avait-elle pas répété ces paroles touchantes : « J'aimerais mieux être à coudre et à filer auprès de ma pauvre mère!... » Et, lorsqu'un moment arbitre des destinées de la France, elle recevait une lettre de son père, qui la comblait de bénédictions et lui pardonnait son départ, Jeanne ne s'était-elle pas écriée, moins glorieuse de ses triomphes que de la clémence parternelle : — Mon père m'a pardonné! — Après cette sainte absolution, les prêtres l'accusaient de fouler aux pieds les commandements de Dieu!...

LE CHANOINE MAURICE. — « Huitièmement, Jeanne, tu as dit que tu avais sauté du haut de la tour du château de Beaurevoir, aimant mieux risquer de te tuer que de tomber aux mains des Anglais, et que, malgré le conseil de l'archange Michel et de tes saintes, qui t'ordonnaient de ne pas tenter de t'échapper ou de te tuer, tu as persévéré dans ton projet.

« L'Eglise te déclare coupable d'avoir cédé au désespoir, d'avoir voulu être homicide envers toi-même ; et d'avoir criminellement interprété la loi du libre arbitre humain... »

Jeanne Darc sourit avec dédain en entendant ces prêtres lui reprocher d'avoir tenté d'échapper à ses ennemis qui venaient de la vendre dix mille écus d'or aux Anglais.

LE CHANOINE MAURICE. — « Neuvièmement, Jeanne, tu as dit que tes saintes t'avaient promis le paradis si tu conservais ta virginité, vouée à Dieu ; et que tu étais aussi certaine du paradis que si tu jouissais déjà de la félicité des bienheureux ; tu as dit que tu ne te croyais pas en péché mortel, parce que tu entendais toujours les voix de tes saintes.

— « L'Eglise te déclare présomptueuse, téméraire dans tes assertions, menteuse, pernicieuse et exhalant une odeur pestilentielle. »

Jeanne leva vers la voûte de la salle son regard rayonnant de foi et d'espérance, et elle entendit ses voix lui dire : — « Courage, sainte fille... que t'importent les vaines paroles des hommes et de ces prêtres, Dieu t'a jugée digne de son saint paradis! »

LE CHANOINE MAURICE. — « Dixièmement, Jeanne, tu as dit que l'archange Michel et tes saintes, te parlant en langue gauloise (*gallicè*), t'avaient affirmé qu'elles étaient ennemies des Anglais et amies de ton roi.

« L'Eglise te déclare superstitieuse, sorcière, blasphématrice envers l'archange Michel, sainte Catherine et sainte Marguerite, et contemptrice du sentiment de l'amour du prochain.

« Onzièmement, Jeanne, tu as dit que si le mauvais esprit t'était apparu sous la figure de saint Michel, tu aurais bien su le discerner et le reconnaître.

« L'Eglise te déclare idolâtre, invocatrice de démons et coupable de jugement illicite... »

Jeanne Darc croyait rêver en entendant cette accusation de sorcellerie et d'invocations démoniaques! Sorcière! parce qu'elle affirmait avoir vu ce qu'elle avait vu! sorcière! parce qu'elle affirmait avoir entendu ce qu'elle avait entendu! sorcière invocatrice de démons! parce que des visions lui étaient apparues, visions si peu désirées ou invoquées par elle, que d'abord, éperdue d'effroi, elle avait prié Dieu d'éloigner d'elle ces apparitions!

LE CHANOINE MAURICE. — « Douzièmement, Jeanne, tu as dit que si l'Eglise voulait te faire avouer quelque chose de contraire aux inspirations que tu prétends avoir reçues de Dieu, tu t'y refuserais absolument, ne reconnaissant en cela ni le jugement de l'Eglise, ni d'aucun homme sur la terre ; tu as dit que cette réponse venait, non de toi, mais de Dieu, quoique l'on t'ait cité à plusieurs reprises l'article de foi : *unam Ecclesiam catholicam*, et que l'on t'ait démontré que tout catholique doit soumettre ses actes et ses paroles à l'Eglise militante, représentée par le pape et ses ministres.

« L'Eglise te déclare schismatique, ennemie de son unité et de son autorité ; elle te déclare de plus témérairement endurcie dans les faux errements de ta foi et apostate... *Amen*!... »

LES PRÊTRES-JUGES, *d'une seule voix*. — *Amen*! Tous se signent dévotement.

Si Jeanne Darc, dans la loyauté, dans l'humilité habituelle de son âme, eût reconnu la réalité de quelqu'une des accusations dirigées contre ses actes et ses paroles, elle se fût inclinée devant le jugement de ces prêtres ; mais, après les avoir écoutés, demeurant plus que jamais convaincue de leur iniquité, plus que jamais elle se résolut de récuser de pareils juges et d'en appeler de ces prêtres infâmes à Dieu..!

La lecture du réquisitoire terminée, l'évêque Pierre Cauchon s'avance près du brancard de Jeanne Darc :

— « Maintenant, Jeanne, tu sais quelles terribles accusations pèsent sur toi ; nous voici au terme du procès, il est temps de bien réfléchir à ce que tu viens d'entendre ; car si, après avoir été si souvent admonestée par moi, ainsi que par nos très chers frères, le vicaire de l'Inquisition et autres doctes prêtres, tu persistais, hélas! dans tes erreurs, au mépris de la révérence due à Dieu, au mépris de la foi et de la loi de Notre-Seigneur Jésus-Christ, au mépris de la sécurité de la conscience catholique ; si tu persistais à te montrer un objet de scandale horrible, de pestilence infeste et nauséabonde, pour les catholiques, ce serait, ma très chère fille, au grand dommage de ton âme et de ton corps... Au nom de ton âme impérissable, mais damnable, au nom de ton corps périssable, je t'exhorte une dernière fois à t'amender, à revenir dans le giron de notre sainte mère l'Église catholique, apostolique et romaine, à te soumettre à l'obéissance de son jugement ; sinon, je t'en avertis charitablement, une dernière fois, ton âme serait damnée, damnée pour l'éternité et livrée à Satan, et ton corps détruit par le feu... ce dont je prie à mains jointes (*il se prosterne et fait un signe de croix*) le Seigneur de te préserver !... »

Jeanne Darc fait un effort surhumain pour se lever et se tenir debout, elle y parvient, se raffermit sur ses jambes chancelantes et enchaînées ; élevant alors la main droite vers la voûte, elle s'écrie d'une voix ferme, avec un accent de conviction héroïque :

— J'en prends le ciel à témoin ! je serais condamnée... je verrais les fagots... le bourreau prêt à y mettre le feu... je serais dans le feu... que je répéterais jusqu'à la mort : oui, j'ai dit la vérité.... oui, Dieu m'a inspirée... oui, j'attends tout de lui et rien de personne... oui, Dieu est mon seul juge, mon seul maître !...

Jeanne Darc, épuisée par ce dernier effort, retombe sur la paille de son brancard au milieu du profond silence des juges-prêtres ; ils se réunissent en un groupe dont l'évêque Cauchon forme le centre ; ils se consultent à voix basse avec lui pendant quelques instants, puis le prélat, s'approchant de Jeanne Darc, lui dit d'une voix éclatante, avec un geste de malédiction : La sentence est prononcée.

— Au nom du Père, du Fils et du Saint-Esprit ! nous Pierre, évêque de Beauvais, par la miséricorde divine, nous te déclarons blasphématrice, sacrilège, invocatrice de démons, apostate et hérétique ! nous te frappons d'excommunication majeure et mineure, nous te déclarons à jamais retranchée du corps de notre sainte mère l'Église et t'abandonnons au bras séculier, qui demain brûlera ton corps et jettera tes cendres au vent !... *Amen !*

LES PRÊTRES-JUGES, *d'une seule voix.* — *Amen !* Tous font le signe de la croix.

JEANNE DARC, *sublime.* — C'est votre jugement ! j'attends avec confiance celui de Dieu !...

Les geôliers remportent l'accusée dans son cachot. La séance a pris fin.

. . . .

Le 24 mai 1431, vers les huit heures du matin, par un radieux soleil de printemps, une foule considérable se presse aux abords du cimetière de l'abbaye de Saint-Audoin, à Rouen ; un mur à hauteur d'appui entoure ce lieu de sépulture. Un échafaud assez élevé, composé d'une vaste plate-forme où sont disposés plusieurs sièges recouverts de housses violettes, est dressé dans l'intérieur et près de l'entrée de ce cimetière. Des soldats anglais, casqués et cuirassés, la lance au poing, forment une haie et contiennent le populaire qui semble être dans l'attente d'un grand évènement.

Le populaire attend Jeanne Darc qui doit monter sur cet échafaud, s'agenouiller aux pieds de l'évêque Cauchon, et là, les mains en croix sur la poitrine, abjurer ses erreurs passées, renier ses visions, renier ses révélations, renier sa foi, sa gloire, son patriotisme ; enfin se soumettre humble, contrite, repentante, au jugement souverain des évêques et des prêtres de la sainte Église catholique, apostolique et romaine...

Jeanne, hier encore, malgré l'épuisement de son corps, si fière, si résolue dans ses réponses à ses accusateurs ! Jeanne qui s'écriait : Le bûcher serait là... le bourreau serait là... je répéterais jusqu'à la mort : oui, j'ai dit la vérité... oui, Dieu m'a inspirée... oui, Dieu est mon seul juge, mon seul maître !... »

Quel inconcevable changement s'est donc opéré dans cette âme naguère si ferme, si convaincue ? Défaillance humaine !

L'héroïne, après sa sentence prononcée la veille par l'évêque Cauchon, a été rapportée dans son cachot : l'exaltation fiévreuse qui la soutenait en présence de ses juges a fait place à un profond abattement, mais elle est résignée au supplice. Le chanoine Loyseleur, autorisé, dit-il, par le capitaine de la tour à apporter les dernières consolations à la condamnée, vint la visiter ; elle accueillit le prêtre avec reconnaissance. Instruit du sort de Jeanne, il fondait en larmes, il gémissait, il se lamentait, s'appesantissant sur les horribles détails du supplice que sa pauvre chère fille en Dieu allait subir. Affreux détails ! Jeanne Darc serait conduite au bûcher vêtue d'une chemise, non pas d'une chemise de femme, selon le vœu suprême de la victime, parce que *cette chemise serait pluslongue*, mais vêtue d'une chemise d'homme ; et ce n'était rien encore... Les chefs anglais avaient décidé qu'avant de livrer Jeanne aux flammes on lui ôterait sa grande mitre de carton de dessus la tête, et sa chemise... et qu'on l'enchaînerait nue au poteau...

Dès que Jeanne eût appris qu'elle serait conduite au bûcher en chemise d'homme, puis attachée toute nue au poteau par la main des bourreaux, et ainsi exposée aux yeux de tous... son esprit s'égara ; elle rassembla ce qui lui

Abjuration de Jeanne Darc (page 221)

restait de force, et, quoique enchaînée par les pieds, par les mains, par la ceinture, elle se redressa sur sa couche de paille et, s'élançant, se heurta violemment la tête à deux reprises contre le mur de son cachot, espérant se briser le crâne et mourir; mais l'élan de la pauvre créature, faible, épuisée, défaillante, ne fut pas assez vigoureux pour produire un choc mortel ou même dangereux. Elle retomba sur sa couchette, où le chanoine la contint charitablement; il sanglotait, suppliant sa chère fille en Dieu de ne point céder à un aveugle désespoir!... C'était, il est vrai, quelque chose d'abominable pour la condamnée si pure en son âme, si chaste en son corps, d'être ainsi, d'abord demi-nue, puis enfin toute nue, absolument nue... abandonnée aux regards lascifs, aux railleries obscènes de la soldatesque et du peuple!... Cela sans doute durerait longtemps, une heure au moins, peut-être davantage: les Anglais se plairaient à prolonger l'exposition des nudités de la Pucelle... Mais, hélas! comment éviter cette abomination? Il y aurait un moyen, non point douteux, mais certain, non-seulement d'éviter ces hontes mais encore de se soustraire au bûcher, et même d'échapper aux mains des Anglais! grâce à ce moyen, Jeanne pourrait recouvrer sa liberté, retourner à Domrémy près d'une famille aimée, là, goûter un calme réparateur après tant de cruelles épreuves. Puis, sa santé revenue, la vierge guerrière revêtirait son armure de bataille, appellerait aux armes les vaillants, et, à leur tête chasserait enfin complètement les Anglais hors de France!

Jeanne Darc croyait rêver en écoutant le chanoine; son âge, ses larmes, ses gémissements, le constant intérêt qu'il témoignait à la captive depuis son emprisonnement, éloignaient de son esprit tous mauvais soupçons. Stupéfaite, elle interrogea le prêtre sur ce moyen, si certain, disait-il, d'échapper à des ignominies pires que le supplice et de recouvrer sa liberté.

Le tentateur poursuivit avec une infernale habileté son œuvre de ténèbres. Il commença par demander à l'héroïne si, en son âme et conscience, elle ne regardait point ses juges comme des monstres d'iniquité, de noirceurs? De ceci, elle convint aisément. Dès lors, pourrait-elle se croire engagée, obligée par des promesses faites à ses bourreaux, elle, prisonnière? subissant le droit de la force? elle, vendue à prix d'or? Non, concluait le chanoine, une promesse faite à ses bourreaux afin de se soustraire à d'abominables ignominies et aux horreurs du supplice ne pouvait lier l'innocente victime. Ses engagements étaient nuls.

Jeanne demandait quelle était cette promesse, — et le prêtre de répondre, qu'il s'agissait simplement d'abjurer, de renier, *en apparence*, les erreurs que le tribunal reprochait à la condamnée; enfin de se soumettre... toujours *en apparence*... au jugement de l'Eglise.

Ce mensonge révoltait la conscience de Jeanne: de renier la vérité... c'était renier Dieu...

— Oui, mais des lèvres, seulement des lèvres, et non du cœur! poursuivait le tentateur. C'était céder à la violence, c'était parler momentanément le langage des bourreaux, langage fallacieux, perfide, et, grâce à cette légitime fourberie, leur échapper, conserver ainsi à Dieu son élue, à la France son espoir et sa libératrice! C'était renier de la bouche, tout en continuant de glorifier du fond de l'âme, de nobles actes inspirés par le ciel.

— Mais promettre d'abjurer à condition de recouvrer sa liberté c'était s'engager à abjurer, — répondait Jeanne, ébranlée par les sophismes du tentateur.

Et qu'importait cela? reprenait le chanoine, qu'importait d'abjurer même publiquement? de s'agenouiller devant l'évêque et de lui dire des lèvres: « Mes apparitions, mes révélations étaient des illusions; j'ai péché en prenant l'habit d'homme; j'ai péché en guerroyant; j'ai péché en refusant de me soumettre au jugement de l'Eglise; je m'y soumets, à cette heure et je regrette mes péchés. » Qu'importaient ces vaines paroles? Est-ce qu'elles partaient du for intérieur, refuge sacré de la vérité chez les opprimés? Est-ce que le Seigneur, qui lit le secret de nos pensées, ne lirait pas dans l'âme de Jeanne au moment même où elle feindrait d'abjurer: « — Mon Dieu! toi pour qui rien n'est caché, je bénis, je glorifie intérieurement ces visions, ces aspirations, signes révérés de ta toute-puissance! je te proclame mon unique juge, ô mon divin maître! et dans ta miséricorde infinie, tu me pardonneras quelques vaines paroles que m'arrachent le désir d'être encore l'instrument de ta volonté suprême et l'espoir de chasser, avec ton aide, l'étranger du sol sacré de la patrie!... »

Hélas! fils de Joel, Jeanne succomba devant ce tentateur infernal; en vain elle entendit ses voix lui dire encore:

« — Renier la vérité, c'est renier Dieu! Tu vas mentir à la face du ciel et des hommes par pudique honte plus encore que par peur du bûcher; tu vas mentir dans l'espoir d'être libre et d'achever la mission divine... Ce mensonge est lâche et coupable! »

Mais Jeanne, affaiblie par les souffrances, épuisée par la lutte, et surtout épouvantée à la pensée de voir son corps virginal mis à nu par le bourreau et exposé sans voile aux regards des hommes, Jeanne, espérant enfin jouir de sa liberté, revoir sa famille, et peut-être achever sa mission libératrice, n'écoutant pas cette fois l'inflexible voix de son honneur, de sa foi, de sa conscience, promit au chanoine Loyseleur d'abjurer publiquement dès le lendemain, et de se soumettre à l'Eglise, à la condition d'obtenir de l'évêque d'être mise en liberté aussitôt après son abjuration. Le chanoine offrit charitablement ses services à la prisonnière, espérant mener à bien cette négociation, et obtenir, disait-il, à forces d'instances auprès du farouche capitaine de la tour, la permission de se rendre à l'instant même chez le prélat. Cette permission, il l'obtint, on peut le croire; vers minuit, il revint avec le promoteur et un médecin. Le promoteur jura solennellement à Jeanne Darc, au nom de l'évêque, qu'elle serait libre après son abjuration publique; le médecin engagea la captive à prendre un breuvage à la fois cordial et soporifique; ce breuvage lui donnerait le sommeil jusqu'au lendemain, et des forces pour la cérémonie expiatoire. Jeanne Darc consentit à tout, se disant: Demain, je serai libre et j'aurai échappé à une ignominie pire que le supplice!

Voilà pourquoi, fils de Joel, l'on a dressé dans le cimetière de l'abbaye de Saint-Audoin ce vaste échafaud, où bientôt Jeanne Darc sera conduite afin de prononcer son abjuration...

La foule impatiente attend l'arrivée du cortège. Le peuple de Rouen, depuis un demi-siècle sous le joug de la domination anglaise, appartient en majorité au parti bourguignon, et voit dans Jeanne Darc une ennemie; cependant, le grand renom de la guerrière, sa jeunesse, sa beauté, ses malheurs, sa gloire, éveillent un profond sentiment de pitié pour elle chez ceux qui sont restés Français ou du parti armagnac. Mais l'on ne sait encore dans quel but Jeanne Darc doit être amenée processionnellement sur cet échafaud; les uns disent qu'une exposition publique précédera le supplice auquel elle est sans doute condamnée ; d'autres, ignorant la marche et la sentence de ce ténébreux procès, prétendent qu'elle va être interrogée publiquement. William Poole, le comte de Warwick et d'autres Anglais, chefs de guerre ou personnages éminents, sont groupés dans un espace réservé en dedans du cimetière, à proximité de l'échafaud.

Soudain une rumeur, d'abord lointaine, puis croissante, annonce l'arrivée du cortège ; la foule se presse et devient plus compacte aux abords du cimetière. La procession s'approche, escortée par des archers anglais. A sa tête marchent le cardinal de Winchester, revêtu de la pourpre romaine ; l'évêque de Beauvais, mitre d'or en tête, crosse d'or en main, et sur les épaules chasuble de soie violette étincelante de broderies ; puis c'est l'inquisiteur Jean Lemaître, sous son froc de moine, accompagné de Pierre d'Estivet, promoteur du procès, et de Guillaume Erard ; enfin, deux greffiers, portant écritoires et parchemins.

A quelques pas derrière eux, soutenue par deux pénitents dont le vêtement gris est percé de deux trous à hauteur des yeux, Jeanne s'avance lentement ; sa faiblesse est extrême, et quoique ses yeux soient grands ouverts, elle ne paraît pas complètement réveillée, on la croirait encore sous l'influence engourdissante du breuvage soporifique et cordial. Elle semble regarder sans voir et entendre avec indifférence les huées de la foule, qui, parfois, excitée par l'exemple des soldats anglais formant la haie, vociferent contre la victime. Elle est coiffée d'une grande mitre en carton noir sur laquelle on lit, écrit en grosses lettres blanches : Hérétique. — Idolâtre. — Apostate. — Une longue robe flottante de grosse laine noire l'enveloppe depuis le cou jusqu'à ses pieds nus. Elle s'arrête un moment devant l'échafaud, tandis que le cardinal, l'évêque, les autres prêtres, y prennent place : puis, sur le signe de l'un des greffiers, les deux pénitents, soutenant Jeanne Darc sous les bras, l'aident à monter les degrés conduisant à la plateforme. Le ciel est d'une admirable sérénité, le soleil splendide ; la douce tiédeur de ses rayons pénètre, réchauffe peu à peu Jeanne Darc, frissonnante et encore glacée jusqu'aux os par l'humidité de la prison souterraine, où elle a, durant tant de mois, nuit et jour, été ensevelie. Elle aspire avec délices, à pleins poumons, le grand air vif et pur ; l'atmosphère de son cachot était si lourd, si fétide ! Elle renaît ; son sang, engourdi, refroidi, se ranime, circule plus activement dans ses veines ; elle éprouve ce ciel d'azur inondé de lumière, à regarder l'herbe verte du cimetière, émaillée de fleurs printanières. Au loin se montre un massif de grands arbres plantés aux abords de l'abbaye. Les oiseaux gazouillent, les insectes bourdonnent, tout chante, tout rayonne en ce doux mois de mai ! L'aspect de la nature, dont Jeanne est privée depuis si longtemps, elle, accoutumée dès son enfance à vivre au milieu des prairies et des bois, la plongeant dans une sorte d'extase, elle oublie ses souffrances, son martyre, sa condamnation, l'abjuration qu'elle va prononcer ; ou si sa pensée s'y arrête, c'est pour songer avec ravissement que bientôt elle sera libre... Oh ! libre ! être libre ! revoir son village, le vieux bois chesnu, la claire fontaine des Fées, les bords riants et ombreux de la Meuse !... revoir sa famille, ses amis, et, renonçant aux amères déceptions de la gloire, fuyant l'ingratitude royale, l'hypocrisie, la haine, l'envie des hommes, couler paisiblement ses jours à Domrémy, occupée des travaux rustiques comme aux beaux jours d'autrefois !... Et cela, tout cela... au prix de quelques paroles prononcées devant ces bourreaux, ces monstres d'iniquité... Oh ! Jeanne, en ce moment d'exaltation, eût signé son abjuration de son sang ; les battements de son cœur, palpitant d'espoir, étouffaient en elle les voix austères de son honneur, de sa foi. En vain elles lui disaient : « — Ne défaille pas ! soutiens hardiment la vérité à la face de ces faux prêtres, et tu seras délivrée de tes misères, non pour un jour, mais pour l'éternité !... » Les voix ne sont pas écoutées... Hélas ! elle est bientôt rappelée à la réalité par la voix de l'évêque Pierre Cauchon lui disant d'un ton sévère et menaçant :

— Jeanne, à genoux !... courbe le front !

Jeanne Darc s'agenouille sans quitter du regard ce beau ciel d'azur, ce soleil radieux, où elle cherche la force de persévérer dans sa résolution d'abjurer. Il se fait un profond silence dans la foule, dont les premiers rangs peuvent entendre les paroles prononcées sur l'échafaud.

L'ÉVÊQUE CAUCHON, *se signant et d'une voix retentissante.* — « Mes très chers frères, le Seigneur l'a dit à son apôtre saint Jean : *Le palmier ne peut de lui-même produire des fruits s'il ne reste pas dans la vie...* Ainsi, mes très chers frères, vous devez persévérer dans la véritable vie de notre sainte mère l'Église catholique, apostolique et romaine, que Notre-Seigneur Jésus-Christ a bâtie de sa main droite ! Mais il est, hélas ! des âmes perverses, abominables, idolâtres (*il désigne du geste Jeanne Darc*), chargées de crimes hérésiarques, qui se dressent avec une infernale audace contre l'unité de notre sainte Église, au grand scandale, à la douloureuse épouvante des bons catholiques... (*A Jeanne Darc d'une voix menaçante*). Te voici sur un échafaud, à la face du ciel et des hommes, la lumière entrera-t-elle enfin dans ton âme orgueilleuse et diabolique ? soumettras-tu enfin humblement à l'Église militante tes actes et tes paroles? actes énormes! paroles monstrueuses! selon le jugement infaillible des prêtres du Seigneur! Réfléchis et réponds... sinon, l'Eglise t'abandonne au bras séculier. » Ton corps flambera sur le bûcher.

Ces paroles du prélat produisent une grande agitation dans la foule; la majorité des assistants est hostile à Jeanne Darc, un petit nombre la prend en pitié. Ces divers sentiments s'expriment par des cris, des imprécations et quelques paroles charitables.

— Elle n'est donc pas encore condamnée, la sorcière! A mort l'abominable idolâtre.

— On lui laisse une porte de salut pour s'échapper! A mort l'hérétique.

— Par saint Georges! foi d'archer anglais! je mets le feu à la maison de l'évêque si cette ribaude n'est pas sur l'heure menée au bûcher!

— On lui ferait grâce! et elle a exterminé par ses maléfices notre invincible armée!

— Ses partisans veulent la sauver!

— Puissent-ils réussir!... pauvre fille! elle a tant souffert! Grâce et miséricorde pour elle.

— Est-elle pâle et amaigrie! elle a l'air d'un fantôme! Ayez pitié de l'infortunée.

— C'est pour la France qu'elle a combattu... et nous sommes Français, après tout!

— Ne parlez pas si haut, mon compère, les soldats anglais pourraient vous entendre.

— Jésus! mon Dieu! la brûler! elle si vaillante! si pieuse! ce serait une barbarie.

— Est-ce donc sa faute si Dieu l'a inspirée!

— Si des saintes lui ont apparu! lui ont parlé! c'est pour elle un grand honneur.

— Comment un évêque du bon Dieu ose-t-il l'accuser de sorcellerie?

— A mort! à mort! la sorcière!

— A mort! à mort! la diablesse! et vive la vieille Angleterre!

— Au bûcher la p..... des Armagnacs!...

Jeanne Darc, à ces cris féroces, à ces infâmes insultes, sent redoubler sa terreur; elle songe à l'ignominie qui l'attend avant son supplice si elle n'abjure pas. Abjurer, c'est échapper à cette honte mortelle; abjurer, c'est recouvrer la liberté! Jeanne Darc se résigne donc; mais sa loyauté, sa conscience, se révoltent encore en ce moment suprême, et au lieu de renier complètement ses erreurs, elle murmure, toujours agenouillée, ces mots d'une voix faible:

— J'ai dit sincèrement aux juges toutes mes actions; j'ai cru agir de par Dieu! Je ne veux accuser ni mon roi, ni personne... Si j'ai péché, je suis seule coupable, et je m'en rapporte à Dieu! J'implore sa miséricorde.

L'ÉVÊQUE PIERRE CAUCHON, *d'une voix éclatante.* — Subterfuges! subterfuges! Oui ou non, tiens-tu pour vrai ce que les prêtres, tes seuls juges en matière de foi, déclarent de tes actes et de tes paroles! paroles et actes qualifiés fallacieux, homicides, sacrilèges, idolâtres, hérésiarques et diaboliques, réponds! *(Silence de Jeanne.)* Une seconde fois, je te requiers de répondre!... *(Silence de Jeanne.)* Une troisième fois, je te requiers de répondre!... Tu te tais? Tu es une abominable scélérate.

Oui, l'héroïne se taisait, torturée par les déchirements d'une lutte intérieure et suprême.

— Abjure! — lui disait son instinct de conservation et de liberté. — N'abjure pas, ne mens pas... courage! courage! — lui criait sa conscience; — soutiens la vérité jusqu'à la honte, jusqu'à la mort! — Et l'infortunée, se tordant les mains, demeurait muette et en proie à d'horribles angoisses!

L'ÉVÊQUE CAUCHON, *s'adressant au peuple.* — Hélas! mes très chers frères! vous voyez l'endurcissement opiniâtre de cette infortunée! elle repousse sa tendre mère l'Eglise, qui lui tend les bras avec amour et pardon! Hélas! hélas! le malin esprit possède à jamais celle-là, qui tout à l'heure aura été Jeanne! celle-là dont le corps va être livré aux flammes ardentes du bûcher! celle-là, dont les cendres vont être jetées au vent! celle-là, qui, privée de la sainte Eucharistie au moment de sa mort, et chargée de l'excommunication de l'Eglise, va être plongée au fond des enfers pour l'éternité!... Hélas! hélas! Jeanne, tu l'as voulu... Nous avions cru à ton repentir, nous avions consenti à ne pas te livrer au bras séculier; mais tu persistes dans ton hérésie, écoute ta sentence! *(Il se recueille un moment avant de la prononcer.)*

PLUSIEURS SOLDATS ANGLAIS, *agitant leurs lances.* — Allons donc! Qu'on en finisse.

— Vite au feu la sorcière!

— A mort la magicienne! à mort!

D'AUTRES VOIX, *dans la foule.* — Pauvre vaillante fille! Pitié, miséricorde.

— Seigneur Dieu! mais elle ne peut nier ses visions! grâce! grâce!

— Ce serait, de sa part, mensonge et lâcheté! courage! courage!

L'ÉVÊQUE CAUCHON, *se levant terrible, et les mains étendues vers le ciel, s'apprêtant à maudire l'accusée.* — Jeanne, écoute la sentence... Au nom du Père, du Fils et du Saint-Esprit! nous, Pierre, évêque de Beauvais, par la miséricorde divine, nous te déclarons...

JEANNE DARC *jette un cri de terreur, joint les mains, tombe affaissée sur l'échafaud, en criant d'une voix désespérée* — Grâce! grâce!

L'ÉVÊQUE CAUCHON. — Te soumets-tu au jugement de l'Eglise?

JEANNE DARC, *livide, et dont les dents claquent d'épouvante.* — Oui! je m'y soumets.

L'ÉVÊQUE CAUCHON. — Renies-tu tes apparitions, tes révélations, comme mensongères, sacrilèges, et diaboliques?

JEANNE DARC, *brisée, éperdue et d'une voix*

haletante. — Oui, oui, je les renie, puisque les prêtres les trouvent mauvaises à croire et à soutenir. Je m'en rapporte à eux... je me soumettrai à tout ce que l'Eglise ordonnera de moi... grâce ! Ayez pitié de moi.

(*Elle reste agenouillée, ployée sur elle-même, et cache, en sanglotant, son visage entre ses mains.*)

L'ÉVÊQUE CAUCHON, *avec un feint élan de charité.* — Oh ! mes très chers frères, le beau jour ! le saint jour ! le glorieux jour ! que celui où l'Eglise, dans sa maternelle allégresse, ouvre les bras à l'une de ses enfants, repentie après de longs égarements ! Jeanne, ta soumission sauve ton âme et ton corps ; répète avec moi la formule d'abjuration...

(*Il fait signe à l'un des greffiers, qui lui apporte un parchemin où est écrite d'avance la formule d'abjuration.*)

De violentes rumeurs éclatent dans la foule ; les soldats anglais et les gens du parti bourguignon, irrités de voir la Pucelle échapper au supplice, s'emportent en imprécations contre ses juges, ils accusent l'évêque et le cardinal de trahison, menacent de brûler leurs maisons ; les chefs anglais partagent l'indignation de leurs soldats. L'un de ces capitaines, le comte de Warwick, sortant de l'enceinte où ils sont réunis, monte précipitamment les degrés de l'estrade ; et, s'approchant du prélat, lui dit tout bas d'un ton courroucé : — Evêque ! évêque ! est-ce là ce que tu nous as promis ? — Patience, donc ! — répond le prélat à voix basse : — je tiendrai ma promesse. Mais calmez vos hommes ; ils sont capables de nous assommer !

Le comte de Warwick, connaissant assez Pierre Cauchon pour se fier à sa parole de sang, quitte l'estrade, rejoint ses compagnons d'armes, leur communique la réponse de l'évêque ; et ils vont de rang en rang, s'efforçant d'apaiser la colère des soldats en leur assurant que la sorcière sera brûlée, malgré son abjuration. Cette abjuration consterne d'abord ceux qui s'apitoyaient sur le sort de Jeanne Darc ; puis ils s'indignent contre elle. Si elle renie ses visions, elles étaient donc feintes ? elle mentait donc en se disant envoyée de Dieu ? Si elles étaient vraies, elle se déshonorait par une honteuse lâcheté en les reniant par peur de la mort ! LACHE OU MENTEUSE, voilà le jugement qu'ils portaient, qu'ils devaient porter de Jeanne Darc. La trame infernale des prêtres était habilement ourdie ; ils éteignaient la pitié même dans le cœur des partisans de l'héroïne ! Celle-ci, toujours agenouillée sur l'échafaud et pliée sur elle-même, le visage caché entre ses mains, semble étrangère à ce qui se passe autour d'elle ; accablée par tant d'émotions, son esprit se trouble, sa seule pensée est d'échapper, par une abjuration aveugle, aux tortures prolongées qu'elle endure. Le silence se rétablit.

L'ÉVÊQUE CAUCHON *se lève, tenant un parchemin, et dit :* — Jeanne, tu vas répéter du cœur et des lèvres, à mesure que je la prononcerai, la formule d'abjuration suivante ; écoute... (*Il lit d'une voix éclatante.*) « Toute personne qui a erré dans la foi catholique et qui, depuis, par la grâce de Dieu, est retournée en la lumière de la vérité et à l'union de notre sainte mère l'Eglise, se doit garder d'une rechute provoquée par le malin esprit, et de retomber ainsi en damnation ; pour cette cause, moi, JEANNE, vulgairement appelée *la Pucelle,* misérable pécheresse, reconnaissant avoir été liée par les chaînes de l'erreur, et voulant revenir à notre sainte mère l'Eglise catholique, apostolique et romaine ; moi, JEANNE, afin de prouver que je reviens à ma tendre mère, non par feinte, mais de cœur, je confesse, premièrement, avoir très grièvement péché en donnant mensongèrement à croire que j'ai eu des apparitions et révélations de par Dieu, sous les figures de sainte Marguerite, sainte Catherine et saint Michel archange. » (*S'adressant à Jeanne Darc.*) Confesses-tu avoir, en cela, menti fallacieusement ? avoir été impie et sacrilège ?

JEANNE DARC, *brisée.* — Je le confesse !

Une explosion de cris, poussés par la foule indignée, succède à la confession de la repentie ; les plus furieux sont ceux qui ressentaient pour elle la plus tendre pitié.

— Ainsi, tu mentais !
— Tu abusais les pauvres gens, misérable hypocrite !
— Et moi qui la plaignais !
— L'Eglise est trop indulgente !
— Recevoir à la pénitence une si infâme trompeuse !
— Ma foi, mes compères, elle est bien capable d'être endiablée, ainsi que le disent les Anglais ! Ribaude et menteuse.
— Elle n'en a pas moins remporté de grandes victoires !
— Par sorcellerie ! Vous allez peut-être plaindre cette menteuse ?
— La peur du fagot fait avouer bien des choses, mon compère.
— Alors, elle est donc lâche ? elle n'a donc pas le courage de soutenir la vérité en face de la mort ? Quelle défaillance !

Le silence se rétablit peu à peu. Jeanne Darc a entendu les terribles accusations lancées contre elle ; mais le courage l'abandonne. Revenir sur ce premier aveu, c'est convenir qu'elle a cédé à la peur ; son esprit affaibli se trouble de plus en plus.

L'ÉVÊQUE CAUCHON, *continuant de lire à la pénitente la formule d'abjuration.* — « Secondement, moi, JEANNE, je confesse avoir grièvement péché en séduisant les créatures par de superstitieuses divinations, en blasphémant ses anges, ses saintes, en méprisant la loi divine, l'Ecriture sacrée, ainsi que les droits canons. » *(S'adressant à Jeanne.)* Le confesses-tu ?

JEANNE DARC. — Je le confesse !

L'ÉVÊQUE CAUCHON, *lisant*. — « Troisièmement, moi JEANNE, je confesse avoir grièvement péché en portant un habit dissolu, difforme et déshonnête, contre la décence de la nature ; en portant mes cheveux taillés en rond, à l'exemple des hommes, contre toute pudeur. » *(S'adressant à Jeanne.)* Confesses-tu ce péché ?

JEANNE DARC. — Je le confesse !

L'ÉVÊQUE CAUCHON, *lisant*. — « Quatrièmement, moi, JEANNE, je confesse avoir grièvement péché en portant armures de guerre avec jactance, en désirant avec cruauté l'effusion du sang humain. » *(S'adressant à Jeanne.)* Le confesses-tu ?

JEANNE DARC, *se tordant les mains*. — Mon Dieu ! Puis-je affirmer de telles choses ?

L'ÉVÊQUE CAUCHON. — Quoi ! tu hésites ? *(A voix basse.)* Prends garde ! le bûcher t'attend !

JEANNE DARC *répond d'une voix défaillante*. Je le confesse, mon père !

L'ÉVÊQUE CAUCHON, *d'une voix retentissante*. — Jeanne, tu confesses avoir désiré avec cruauté l'effusion du sang humain ?

JEANNE DARC. — Je le confesse !

D'innombrables cris d'horreur s'élèvent dans la foule ; les soldats anglais menacent Jeanne de leurs armes. Quelques hommes ramassent des pierres afin de lapider l'héroïne. Les imprécations redoublent contre la pénitente.

— C'est par pure cruauté que cette harpie guerroyait !

— Elle voulait se saouler de sang.

— Elle l'avoue !

— Et l'Eglise lui pardonne !

— Je ressentais grande pitié pour cette misérable ; maintenant je dis comme les Anglais : A mort cette tigresse altérée de sang !

— Stupides que vous êtes ! vous croyez ces prêtres ! Jeanne allait donc après la bataille boire le sang des cadavres !

— Vous la défendez ?

— Oui ! Ah ! pourquoi suis-je seul !

— Vous êtes un traître !

— C'est un Armagnac !

— A mort l'Armagnac !

La foule assomme de coups le défenseur de l'héroïne. Celle-ci n'a plus conscience de ce qu'elle entend, de ce qu'elle dit, son esprit s'égare ; elle n'a plus que la force et l'intelligence de répondre machinalement : — Je le confesse, — à chaque fois que l'évêque Cauchon lui dit : Le confesses-tu ? Elle conserve cependant assez de raisonnement pour penser que cette agonie ne peut longtemps se prolonger ; dans quelques ins-

tants, elle aura fini d'abjurer, elle sera morte ou libre ! Pauvre martyre.

L'ÉVÊQUE CAUCHON, *lisant*. — « Cinquièmement moi, JEANNE, je confesse avoir grièvement péché en soutenant que tous mes actes, que toutes mes paroles, m'étaient inspirés de par Dieu, ses saintes et ses anges, tandis que je méprisais Dieu et ses sacrements, et que j'invoquais constamment les mauvais esprits ! » *(S'adressant à Jeanne.)* Le confesses-tu ?

JEANNE DARC. — Je le confesse !

VOIX, *dans la foule*. — Elle confesse sa sorcellerie !

— Par saint Georges ! elle a exterminé, par maléfices, des milliers de nos compagnons de guerre, et elle échapperait au bûcher !

— Elle sera brûlée plus tard ; nos capitaines nous l'ont promis !

— S'ils nous trompent, nous la brûlons nous-mêmes !

L'ÉVÊQUE CAUCHON, *lisant*. — « Sixièmement, moi, JEANNE, je confesse avoir grièvement péché en étant schismatique. » *(S'adressant à Jeanne.)* Le confesses-tu ? Réponds !

JEANNE D'ARC. — Je le confesse !

L'ÉVÊQUE CAUCHON, *lisant*. — « Lesquels crimes et erreurs en la foi catholique, moi Jeanne, retournée à la vérité, par la grâce du Seigneur, et aussi par la grâce de votre sainte et infaillible doctrine, mes bons et révérends pères, je renie et abjure ! » *(A Jeanne.)* Renies-tu, abjures-tu tes crimes et tes erreurs !

JEANNE DARC, *défaillante*. — Je les renie !... je les abjure !

L'ÉVÊQUE CAUCHON, *lisant*. — « En foi et créance de quoi, moi, Jeanne, je déclare me soumettre au châtiment que m'infligera l'Eglise, promettant et jurant à monseigneur saint Pierre, prince des apôtres, et à notre saint-père le pape de Rome, son vicaire, et à ses successeurs, et à vous, mes seigneurs, et à vous, mon révérend père en Dieu, monseigneur l'évêque de Beauvais, et à vous, religieuse personne, frère Jean Lemaître, vicaire de l'Inquisition de la foi, moi, Jeanne, je vous jure, à vous tous mes juges, de ne retomber jamais dans les criminelles erreurs dont il a plu au Seigneur de me délivrer ! je jure de toujours demeurer en l'union de notre sainte mère l'Eglise et en l'obéissance de notre saint-père le pape ! » *(A Jeanne.)* Le jures-tu ?

JEANNE DARC, *d'une voix défaillante*. — Je le jure... et je meurs ! ..

L'évêque Cauchon fait signe à l'un des greffiers d'ouvrir l'écritoire qu'il porte suspendue à son côté ; il y prend une plume, la trempe dans l'encre et la remet au prélat, auquel il présente, en guise de pupitre, son bonnet carré qu'il tient des deux mains. Le prélat place sur ce bonnet le parchemin, qu'il continue de lire à haute voix en tenant la plume:

— « Moi, Jeanne, j'affirme et confirme tout ce qui est dit plus haut, le jurant et l'affirmant au nom du Dieu vivant et tout-puissant et des saints Évangiles, en preuve de quoi, ne sachant écrire, j'ai signé cette cédule de mon signe. » (*A Jeanne Darc, toujours agenouillée, lui présentant la plume et lui montrant le parchemin, qu'il étale sur le bonnet du greffier.*) Maintenant, fais ta croix ici, en bas, puisque tu ne sais pas écrire.

Jeanne Darc, presque agonisante, essaye de tracer une croix au bas du parchemin ; elle n'y peut parvenir, ses forces l'abandonnent. Le greffier s'agenouille auprès de la patiente, guide sa main inerte et glacée, l'aide à apposer ainsi son *signe* au bas de l'acte ; puis, appelant les pénitents à robes grises, restés au pied de l'échafaud, il leur livre Jeanne Darc presque évanouie ; ils se placent à ses côtés, la soutenant dans leurs bras; sa tête allanguie retombe sur son épaule, ses paupières demi-closes laissent apercevoir son regard vitreux ; de temps à autre un tressaillement convulsif agite son corps et prouve seul que la vie ne l'a pas abandonné.

L'ÉVÊQUE CAUCHON, *d'une voix retentissante.*
— « Au nom du Père, du Fils et du Saint-Esprit. *Amen !* Tous les pasteurs, chargés de veiller avec amour et vigilance sur le troupeau du Christ, doivent s'efforcer d'éloigner de ce cher troupeau confié à leur garde toutes les causes de pestilence, d'infection et de corruption, et essayer de ramener les brebis égarées dans les chemins épineux ; c'est pourquoi, nous, Pierre, évêque de Beauvais, par la miséricorde divine, assisté de Jean Lemaître, inquisiteur de la foi, et autres doctes et révérends prêtres, juges compétents, ouï et entendu tes assertions et tes aveux à toi, Jeanne, dite la Pucelle, nous te déclarons: Coupable d'avoir soutenu mensongèment que tu avais eu des visions et révélations divines ! Coupable d'avoir séduit les faibles et d'avoir cru témérairement ! Coupable d'avoir méprisé les sacrements et les saints canons ! Coupable d'avoir favorisé les séditions contre notre souverain et sérénissime maitre le roi d'Angleterre et de France ! Coupable d'avoir versé le sang humain avec cruauté ! Coupable, d'avoir apostasié, schismatisé, blasphémé, idolâtré et invoqué le malin esprit !... Mais puisque, par la grâce du Tout-Puissant, tu reviens enfin au giron de notre sainte et douce mère l'Église, et que, remplie d'une contrition sincère, d'une foi non feinte, tu as fait publiquement et à haute voix l'abjuration de tes erreurs criminelles et hérésiarques, nous te relevons présentement du châtiment de l'excommunication et de ses suites, à la condition expresse que tu reviennes sincèrement à notre sainte et miséricordieuse Église ; et désirant charitablement t'aider à faire ton salut par la pénitence, nous te condamnons, toi Jeanne, dite la Pucelle, à une prison perpétuelle, où tu auras pour nourriture le pain de la douleur ! pour breuvage l'eau de l'angoisse ! à seule fin que, pleurant durant ta vie entière tes monstrueux péchés, tu ne les commettes plus ! Telle est ta condamnation finale et définitive... Et maintenant, tu vois combien pour toi l'Église de Notre-Seigneur se montre tendre mère... Abjure, abandonne, déplore donc à jamais tes coupables erreurs ! renonce pour toujours à tes habits d'homme, honte de ton sexe ! sinon, si tu retombais dans ce péché mortel d'idolâtrie ou dans d'autres, l'Église, avec une douleur profonde et maternelle, te retrancherait pour jamais de son corps, et te livrerait au bras séculier, qui te jetterait dans les flammes du bûcher comme un membre gangrené d'une incurable pourriture !... Gloire à Dieu au haut des cieux. *Amen !* »

La foule, et surtout les soldats anglais, accueillent ce *miséricordieux* jugement par des clameurs menaçantes ; le populaire fait un mouvement pour forcer la porte du cimetière, gardée par une escorte d'archers. Ceux-ci, non moins exaspérés, veulent se joindre aux mécontents, afin d'assaillir le tribunal ; mais ils sont contenus par leurs chefs. Le comte de Warwick monte précipitamment les degrés de l'échafaud, et, s'adressant à l'évêque d'un ton courroucé : — Évêque, cette comédie a-t-elle assez duré ? nous ne répondons plus du courroux de nos soldats et de l'indignation populaire si, malgré son abjuration, cette sorcière n'est pas brûlée sur l'heure !

L'évêque Cauchon ne peut réprimer un geste d'impatience ; il parle bas à l'oreille du capitaine anglais, qui, d'abord surpris, répond par un geste d'adhésion. Le prélat ajoute à demi-voix : — Soyez certain de ce que je vous promets ; et maintenant, faites garder la porte du cimetière, afin que la foule n'y fasse point irruption. Nous allons sortir par le jardin de l'abbaye ; et par cette issue l'on va aussi emporter la Pucelle, car elle serait massacrée par ces bonnes gens, et il ne faut point cela... il faut qu'elle vive encore. Elle n'est qu'évanouie ; on la réconfortera dans sa prison.

Le comte de Warwick quitte l'estrade, l'évêque donne ses instructions aux deux pénitents qui soutiennent Jeanne Darc, complètement privée de connaissance ; ils la soulèvent, l'un par dessous les bras, l'autre par les pieds, descendent les degrés de l'échafaud, et, chargés de leur fardeau, se dirigent en hâte, à travers le cimetière, vers le jardin de l'abbaye, tandis que les soldats anglais, obéissant, non sans hésitation, aux ordres de leurs chefs, qui leur promettent le prochain supplice de Jeanne Darc, serrent leurs rangs devant la porte du cimetière, et s'opposent ainsi à l'irruption de la foule, qui demande à grands cris la mort de la sorcière ! Pauvre victime des prêtres maudits !

. . . .

Vous frémissez d'épouvante, fils de Joel ! des larmes d'indignation, de douleur, coulent de vos yeux ! Vous croyez que le martyre de la vierge des Gaules touche à sa fin ? vous croyez que Jeanne, transportée agonisante dans son cachot, va mourir ?... — Il faut qu'elle vive encore, — a dit l'évêque Cauchon, et elle vivra pour souffrir plus qu'elle n'a encore souffert durant son long martyre... puis elle sera jetée dans les flammes...

Jeanne Darc, après son abjuration solennelle, a été apportée mourante, non dans son cachot, mais dans une chambre du château de Rouen. Par ordre de l'évêque, deux vieilles femmes ont été chargées de veiller sur elle ; on l'a couchée dans un lit moelleux, on a desserré ses mâchoires, contractées par les convulsions, on lui a fait boire quelques gorgées d'un breuvage calmant. Le médecin est venu de jour et de nuit visiter Jeanne Darc ; et le deuxième jour après son abjuration, elle se trouve hors de danger. Lorsque Jeanne eût repris connaissance et conscience d'elle-même, elle se vit dans une vaste chambre proprement meublée ; les tièdes rayons du soleil se jouaient à travers les vitraux de la croisée ; deux vieilles femmes, assises au chevet de la malade, semblaient la regarder avec un touchant intérêt. Après s'être crue le jouet d'un songe, elle pensa que, selon la promesse qui lui avait été faite par le promoteur au nom de l'évêque, on l'avait mise secrètement en liberté ; elle crut enfin que des personnes charitables avaient obtenu de l'évêque la permission de la faire transporter chez elles. Jeanne ne ressentit d'abord que la joie d'être libre, n'éprouva aucun remords d'avoir renié la vérité... Le bonheur d'avoir échappé à tant de hontes, l'espoir de revenir bientôt à la santé, de retourner à Domrémy auprès de ses parents, étouffèrent en elle les reproches de ses voix. Elle demanda aux deux vieilles dans quel lieu elle se trouvait ; celles-ci se prirent à sourire et mirent leur doigt sur leurs lèvres d'un air mystérieux. Jeanne crut deviner à ce signe qu'elles ne pouvaient répondre à sa question, mais qu'elle se trouvait en un asile sûr et hospitalier ; gardant à ce sujet le regret qu'on lui recommandait, elle s'abandonna sans réserve au bonheur de revivre, de voir à travers ses fenêtres l'azur des cieux, de sentir ses membres endoloris, meurtris pendant si longtemps par le poids de ses chaînes, dégagés enfin de leurs cruelles entraves ; elle se félicitait surtout d'être délivrée de la présence de ses geôliers, dont les propos méchants ou obscènes, les regards licencieux, lui causaient un supplice de tous les instants. Elle ne refusa pas de prendre quelque nourriture et un peu de vin généreux trempé d'eau ; ses forces augmentèrent ; aussi, le troisième jour qui suivit son abjuration, elle put se lever. Ses gardiennes lui présentèrent une longue robe de femme et un chaperon ; Jeanne, n'éprouvant plus les pudiques appréhensions que lui inspirait dans son cachot la vue de ses geôliers, reprit sans hésitation les habits de son sexe après avoir quitté son lit. La porte de la chambre qu'elle occupait s'ouvrait sur une sorte de plateforme, où les vieilles l'engagèrent à se promener ; une clôture en planches assez élevée pour que le regard ne pût s'étendre au-delà, entourait cette terrasse ; de pareilles planches, placées en dehors de la fenêtre et à moitié de sa hauteur, interceptaient ainsi complètement la vue extérieure.

Jeanne resta longtemps sur la plate-forme voisine de sa chambre, aspirant l'air printannier avec délices ; puis, la nuit venue et se sentant légèrement fatiguée par sa promenade, elle se coucha non loin du lit destiné à ses gardiennes, et s'endormit profondément.

La pauvre martyre sujette aux faiblesses humaines et toute à la joie de se voir libre après de si longues souffrances, n'avait éprouvé d'abord aucun remords de son abjuration ; cependant vers la fin de la journée, de vagues ressentiments, avant-coureurs du prochain réveil de sa conscience, ayant jeté quelque trouble dans son esprit, elle avait cherché dans le sommeil un repos réparateur et l'oubli d'elle-même... Cet espoir fut trompé...

Sainte Marguerite et sainte Catherine apparurent en songe à l'héroïne, non plus souriantes et tendres, mais tristes, menaçantes, et lui reprochant d'avoir renié la vérité par peur de la honte et du bûcher. Profondément impressionnée par ce rêve, Jeanne se réveilla en sursaut, le visage inondé de larmes ; et elle vit les deux saintes coiffées de leur couronne d'or, vêtues de blanc et d'azur, se dessiner lumineuses, presque transparentes, au milieu des ténèbres et l'appelant par son nom.

Jeanne, palpitante, les mains jointes et agenouillée sur sa couche, sanglotait, implorait son pardon. Les deux saintes, sans répondre, lui montrèrent le ciel d'un geste significatif ; puis l'apparition pâlit, s'effaça, et l'obscurité redevint profonde...

L'héroïne, brusquement ramenée à la réalité de sa position par ses saintes, sentit se réveiller sa conscience, endormie depuis son abjuration ; elle se retraça cette solennité dans toute son horreur ; elle se rappela les malédictions dont l'avaient accablée ceux qui d'abord la plaignaient. Cette accusation terrible et légitime retentissait de nouveau à son oreille :

Tentatives de viol sur Jeanne d'Arc (page 226)

« — Si les visions de Jeanne sont inventions et fourberies, elle a trompé les simples... elle a menti !... Elle ne mérite que le mépris.

« Si ces visions sont réelles, si Dieu l'a inspirée, elle se couvre de honte en abjurant par peur de la mort !... »

— *Lâche* ou *menteuse*, — répétaient à Jeanne ses voix inexorables ; lâche ou menteuse ! telle est la renommée que tu laisseras après toi ! — Ce que souffrit la pauvre créature, durant cette nuit de remords désespérés, est inexprimable ; elle retrouvait toute la lucidité de son esprit, toute l'énergie de son caractère, pour se maudire elle-même ! Sa haute raison lui montrait les conséquences fatales de son abjuration : les soldats, les populations levées à sa voix contre l'étranger, apprendraient bientôt le parjure de celle-là qu'ils croyaient inspirée ! le doute d'eux-mêmes, l'abattement, la défaite, pouvaient succéder à l'entraînement dont peuple et soldats étaient jusqu'alors transportés ! Malheur !... La mémoire de la vierge guerrière survivant à son martyre aurait exalté les courages, soulevé des haines vengeresses contre les Anglais, et le grand œuvre de la complète délivrance de la Gaule se fût achevé au nom de la victime, en exécration de ses bourreaux !...

Enfin, même après sa mise en liberté, Jeanne pourrait-elle continuer la guerre ? quelle confiance inspirerait aux populations celle qui avait été convaincue de *mensonge* ou de *lâcheté* ?

La trame des prêtres était ourdie avec un art diabolique ! ces gens d'Église avaient prévu, calculé les suites de l'apostasie de l'héroïne ; ils savaient que, Jeanne conduite au bûcher après avoir confessé la divinité de sa mission, devenait une sainte ; mais que si elle reniait son passé, elle était déshonorée.

130ᵉ livraison

Vains remords! pensait Jeanne; comment rétracter une abjuration publique? Et cela fût-il possible, qui croirait à la sincérité d'une créature qui, une fois déjà, avait renié sa foi, son honneur. Pauvre victime d'un clergé infâme!

Au point du jour, Jeanne Darc entend frapper à la porte de sa chambre, les vieilles se lèvent, vont s'enquérir de la personne qui frappe; c'est leur révérend père en Dieu, le chanoine Loyseleur; il désire parler à l'instant à l'héroïne. Elle revêt ses habits de femme, se prépare à recevoir le prêtre, éprouvant toutefois à son égard un ressentiment d'amertume, et l'accusant intérieurement de l'avoir amenée à abjurer en surexcitant l'effroi que lui inspiraient les ignominies dont on la menaçait; cependant, elle réfléchit qu'après tout, ce prêtre avait pu s'imaginer que ses conseils étaient salutaires, et que seule elle était responsable de sa lâche apostasie. Jeanne accueillit le chanoine avec sa douceur habituelle; elle apprit de lui qu'elle se trouvait encore prisonnière dans le château de Rouen; mais que l'évêque ne tarderait pas à la mettre en liberté. Le prélat, ajoutait le chanoine, n'avait plus aucun intérêt à la retenir prisonnière, et devait la faire évader nuitamment le lendemain ou le surlendemain. C'était à ses supplications personnelles auprès du capitaine du château, prétendait Loyseleur, qu'elle devait sa translation dans cette chambre; mais le capitaine exigeait que sa capture, à peu près revenue à la santé, fût reconduite le matin même dans son cachot.

Jeanne Darc ajouta foi aux paroles de ce prêtre; elle se résigna facilement à retourner dans son cachot, mais elle demanda au chanoine, comme grâce suprême, qu'on lui apportât ses habits d'homme qui la mettraient à l'abri des outrages de ses gardiens. Loyseleur promit à Jeanne Darc de faire part de son désir au capitaine du château. Soudain, l'une des vieilles rentre, annonçant que le geôlier, escorté de soldats, vient réclamer la prisonnière; le chanoine lui affirme qu'elle sera bientôt libre, et quitte la chambre au moment où entre John portant des menottes qu'il applique aux mains de l'héroïne, puis il la reconduit dans son cachot. Les habits d'homme que Jeanne avait laissés ont disparu. Elle s'attend à être enchaînée par le milieu du corps et par les pieds, ainsi qu'elle avait coutume de l'être; mais John, la délivrant même de ses menottes, lui apprend qu'elle ne portera plus de fers. Il sort en jetant un regard étrange sur Jeanne Darc; celle-ci, insoucieuse de cet adoucissement aux rigueurs de sa captivité, s'assoit sur sa couche de paille et demeure immobile, plongée dans l'abîme de ses pensées.

. . . .

Depuis longtemps il fait nuit; la petite lampe de fer éclaire de sa faible lueur le cachot de Jeanne Darc, brisée de remords sans cesse ravivés par ses voix qui lui reprochaient son abjuration, et cherchant dans son esprit les moyens d'expier sa faiblesse... La captive regrette amèrement la disparition de ses habits masculins; agitée de vagues pressentiments, redoutant un danger sur lequel elle osait à peine arrêter son esprit, elle s'est de son mieux étroitement enveloppée dans sa robe, et craignant de céder au sommeil qui la gagne, elle n'a pas voulu rester sur sa couche de paille, et s'est assise à terre en s'adossant à la muraille; mais ses paupières appesanties se ferment malgré elle, son front s'incline peu à peu et tombe appuyé sur ses genoux, qu'elle enlace de ses deux bras... Elle s'endort...

Soudain apparaît au guichet du cachot la figure blême du chanoine Loyseleur; il voit Jeanne endormie et se retire.

Quelques instants après, la lourde porte de la prison s'ouvre sans bruit, et se referme si doucement, que le sommeil de Jeanne Darc n'a été interrompu, ni par ce léger bruit, ni par les pas de deux hommes qui viennent d'être introduits dans ce sinistre lieu... Ces deux hommes, officiers anglais, nommés *Talbot* et *Berwick*, ont été commis à la garde de Jeanne Darc par l'évêque Cauchon; ils sont dans la vigueur de l'âge; leurs riches pourpoints sont taillades, selon la mode du temps. Ces deux nobles officiers ont cherché dans l'excitation du vin le courage de tenter l'atrocité inouïe... le crime sans nom... qu'ils veulent commettre! leur joue est enflammée, leurs yeux étincellent, un sourire lubrique contracte leurs lèvres avinées... A l'aspect de Jeanne endormie, ils s'arrêtent un moment..... se consultent du regard...

Non! je ne peux continuer ce récit! la plume s'échappe de ma main! des larmes ont voilé ma vue! Non, je ne saurais poursuivre le récit de cet abominable attentat!...

Et pourtant il faut que cette légende vous soit transmise dans sa terrible réalité, fils de Joel, afin que vous conserviez pour les bourreaux de l'héroïne plébéienne une sainte et légitime horreur! bourreaux casqués ou mitrés! gens de guerre ou gens d'Église!

Les deux Anglais sont restés pendant un instant immobiles, se consultant du regard; puis ils s'élancent tous les deux sur la victime. Jeanne réveillée en sursaut se redresse et se débat pour se soustraire aux étreintes des agresseurs... Berwick la prend au milieu du corps, tandis que Talbot, passant derrière elle, la saisit par les bras, approche sa bouche des lèvres de Jeanne Darc qui détourne violemment la tête et jette un cri déchirant. Les deux Anglais l'entraînent vers la couche de paille... l'héroïne puise une force surhumaine dans l'énergie du désespoir... une lutte s'engage... horrible...

sans nom ;... Berwick et Talbot, à moitié ivres, exaspérés par la résistance de l'héroïne, s'abandonnent à la fureur de la luxure inassouvie... ils frappent Jeanne Darc à coups de poing..... son visage est meurtri... ensanglanté... elle résiste encore !... la victime appelle à son secours.

La porte s'ouvre enfin, et apparaît le chanoine Loyseleur jouant l'indignation ; il porte un coffret où sont renfermés les habits de Jeanne, et s'adressant au capitaine de la tour, dont il est accompagné : — Vous le voyez de vos yeux, on veut commettre sur cette infortunée un abominable attentat ! — Berwick et Talbot, ayant peut-être conscience de leur infamie, laissent Jeanne Darc s'échapper de leurs mains, et sortent du cachot avec le capitaine de la tour. Jeanne Darc, éperdue, le visage couvert de sang, tombe presque inanimée sur sa couche, près de laquelle le chanoine vient déposer les vêtements masculins de l'héroïne, et avant qu'il ait pu adresser la parole à la victime il est interpellé par le geôlier, qui lui dit brutalement, en le menaçant de son poing :

— Hors d'ici, vieux tonsuré !... chanoine de Satan... au diable le trouble-fête !

— Pauvre fille ! s'écrie le prêtre en s'éloignant, — je vous ai rapporté vos vêtements !... Reprenez-les, malgré votre serment juré sur les saints Evangiles... On vous condamnera peut-être comme relapse ; mais mieux vaut souffrir la mort que le dernier outrage !

La porte du cachot se referme sur le chanoine. Tout rentre dans le silence et les ténèbres.

....

La trame infernale ourdie par l'évêque Cauchon et le chanoine Loyseleur dès avant le commencement du procès intenté à Jeanne Darc, s'est déroulée lentement, et de point en point. Voici en quoi elle consistait :

« — *Faire d'abord condamner l'accusée sur ses propres aveux, provoqués par un adroit conseiller ;*

« *Obtenir ensuite l'abjuration de ses erreurs, lui accorder la vie au nom de la maternelle douceur de l'Eglise ;*

« *Et enfin amener la pénitente à commettre un acte de relapse, et sur ce... la faire brûler sans miséricorde..* »

Ces horreurs ont été accomplies au nom de Dieu et de l'Eglise !

Tout a été mis en œuvre par les prêtres contre cette innocente jeune fille, la gloire de la France !... le mensonge, le faux serment, la scélérate hypocrisie, la confession sacrilège, le poison, et enfin... le viol !... le viol était le dernier nœud de la trame ! Il fallait obliger l'héroïne à revêtir ses habits d'homme, pour se défendre contre de nouveaux outrages. Or, le seul fait de ce travestissement, solennellement abjuré par elle sur les saints Evangiles, la constituait RELAPSE, entraînait sa condamnation au bûcher !... L'attentat devait se borner à une tentative... sinon, Jeanne Darc, foudroyée par la honte, risquait d'expirer subitement dans son cachot... et l'on voulait qu'elle vécût... pour le bûcher !...

Cette lamentable histoire touche à son terme !... suivons la vierge jusqu'à la cime de son calvaire, et là sa PASSION sera complète !... Elle trouvera le calice de fiel... la couronne d'épines... la mort... et criera : GLOIRE A VOUS, MON DIEU !... ainsi que le jeune maître de Nazareth, que notre aïeule *Geneviève* a vu crucifier à Jérusalem, il y a quatorze siècles et plus ! Honte ! exécration sur l'Eglise catholique !

Il est huit heures du matin ; Jeanne Darc est revêtue de ses habits d'homme ; on l'a enchaînée de nouveau. Son beau visage est meurtri des coups qu'elle a reçus durant la lutte nocturne ; une seule pensée l'absorbe : pourra-t-elle confesser hautement la vérité de ce qu'elle a renié ?... L'attente de l'héroïne n'est pas trompée ; l'évêque, instruit par son complice des évènements de la veille, a envoyé plusieurs juges chargés de visiter Jeanne dans son cachot ; ils entrent au nombre de sept.

Voici leurs noms :

NICOLAS DE VENDERESSE, — GUILLAUME HAITON, — THOMAS DE COURCELLES, — FRÈRE, ISAMBARD DE LA PIERRE, — JACQUES CAMUS, NICOLAS BERTIN, — JULIEN FLOQUET.

Jeanne Darc, songeant que son crime est flagrant, ressent une joie amère à la vue de ces prêtres ; le front haut, calme, résolu, elle semble provoquer leur interrogatoire ; mais, par pudeur et par dignité de soi, ne voulant pas s'exposer à rougir devant ces hommes, elle est décidée à garder le silence sur l'attentat de la nuit. Les juges se rangent autour de la captive, enchaînée sur sa couche.

THOMAS DE COURCELLES, *feignant la surprise*. — Quoi ! Jeanne, vous voici en habits d'homme ? malgré votre serment, juré sur l'Evangile, de renoncer à jamais à ces vêtements idolâtres ?

JEANNE DARC, *d'une voix brève et se contenant à peine*. — J'ai repris ces habits parce que... j'ai dû les reprendre.

NICOLAS DE VENDERESSE. — Vous avez manqué à votre serment !

JEANNE DARC, *indignée*. — Vous avez manqué aux vôtres ! A-t-on tenu les promesses que l'on m'a faites ? m'a-t-on permis d'entendre la messe ? m'a-t-on rendu à la liberté après mon abjuration ? Vous êtes fourbes et hypocrites.

JACQUES CAMUS. — Nous avons dû nous conformer à la sentence ecclésiastique qui vous condamne à une prison perpétuelle.

JEANNE DARC. — J'aime mieux mourir que de rester dans cette prison ! (*Elle tressaille d'horreur au souvenir de l'attentat nocturne.)* Si l'on m'avait permis d'entendre la messe, si l'on m'eût laissée dans un lieu honnête, délivrée de mes fers et gardée par des femmes, j'aurais continué de me vêtir avec les habits de mon sexe. S'il y a faute, elle vient de vous.

FRÈRE ISAMBARD DE LA PIERRE, *l'interrompant.* — Avez-vous entendu vos voix depuis votre condamnation?

JEANNE DARC, *amèrement.* — Oui... je les ai entendues!

(Les prêtres se regardent et échangent un signe d'intelligence.)

GUILLAUME HAITON. — Que vous ont dit vos voix? Nous désirons le savoir.

JEANNE DARC, *d'une voix ferme.* — Elles m'ont dit que j'avais commis une lâcheté en niant la vérité!

JACQUES CAMUS. — Avant l'abjuration, que vous avaient dit vos voix?

JEANNE DARC, *jette sur ses juges un regard intrépide.* — Mes voix me disaient qu'il serait criminel de renier l'inspiration divine qui m'a toujours guidée!... *(Mouvement des prêtres.)* Mes voix me disaient jusque sur l'échafaud: « Réponds hardiment à ce prêcheur... c'est un faux prêtre!... » Malheur à moi! je n'ai pas obéi à mes voix!

Les prêtres gardent pendant un moment le silence et échangent des regards expressifs; Thomas de Courcelles reprend lentement:

— Voici des paroles aussi téméraires que coupables!... Après avoir abjuré, vous retombez dans vos erreurs damnables!

JEANNE DARC, *d'une voix éclatante.* — L'erreur, c'est de mentir... en abjurant, je mentais! Ce qui est très blâmable, c'est de damner son âme, et je la damnais en ne soutenant pas que j'avais obéi à la volonté du ciel!... Mes voix m'ont reproché d'avoir abjuré!

JACQUES CAMUS. — Ainsi, après avoir repris vos habits d'homme, premier crime, crime irrémissible... qui vous constitue relapse... *revolvatis ad vestrum vomitum*, vous retournez à votre vomissement, vous osez soutenir de rechef que ces prétendues voix...

JEANNE DARC. — Les voix de mes saintes... viennent de Dieu!

THOMAS DE COURCELLES. — Sur l'échafaud, vous avez avoué.

JEANNE DARC. — Sur l'échafaud, j'étais lâche! je mentais, je cédais à un sentiment de terreur.

JACQUES CAMUS. — A cette heure, croyant n'avoir plus à redouter le supplice, vous revenez sur vos précédentes déclarations.

JEANNE DARC *inflexible.* — A cette heure, je soutiens que la peur seule m'a forcée d'abjurer, d'avouer le contraire de la vérité! J'aime mieux mourir que de rester dans cette prison! J'ai dit. Vous n'obtiendrez plus un mot de moi.

JACQUES CAMUS, *d'une voix lugubre.* — Au nom du Père, du Fils et du Saint-Esprit. Ainsi soit-il!

Les prêtres sortent lentement; Jeanne Darc, demeurée seule, s'agenouille sur la paille de sa couche, où elle est enchaînée par le milieu du corps. Elle lève vers la voûte de la prison son visage radieux, inspiré, joint les mains et prie avec ferveur, remerciant ses saintes de lui donner le courage d'expier, de racheter son apostasie, en marchant résolument au supplice.

. . . .

Les prêtres, après avoir interrogé Jeanne Darc dans son cachot, se sont rendus chez l'évêque Cauchon, afin de l'instruire du résultat de leur visite et de leur interrogatoire, résultat attendu et prévu par le prélat, qui avait déjà convoqué dans la chapelle de l'archevêché de Rouen un nombre suffisant de juges pour procéder à la condamnation définitive de la relapse. Tous les tonsurés ont pris place dans les stalles de l'antique chapelle; l'évêque Cauchon, assis au centre du chœur, les préside, il réclame d'un geste le silence:

— Au nom du Père, du Fils et du Saint-Esprit! Mes très chers frères, Jeanne est retombée dans ses erreurs damnables, et, au mépris de son abjuration solennelle, prononcée en face de Dieu et sur les saints Évangiles, non seulement elle a repris ses habits d'homme, mais encore elle revient à soutenir avec opiniâtreté que tout ce qu'elle a dit et fait, elle l'a dit et fait par l'inspiration divine! Je vous requiers de vous prononcer par ordre, sur le sort de ladite Jeanne, accusée de se montrer relapse, me réservant de vous requérir de délibérer de nouveau si je le trouvais opportun.

L'ARCHIDIACRE NICOLAS DE VENDERESSE. — Ladite Jeanne doit être abandonnée au bras séculier pour être brûlée vive, comme relapse.

L'ABBÉ AGIDIE. — Jeanne est hérétique et relapse, l'on n'en saurait douter; cependant, je suis d'avis de lui proposer d'abjurer une seconde fois ses erreurs, sous peine d'être livrée au bras séculier.

LE CHANOINE JEAN PINCHON. — Jeanne est relapse: je m'en rapporte pour sa punition à mes très-chers frères.

LE CHANOINE GUILLAUME ÉRARD. — Je déclare ladite Jeanne relapse et méritante du bûcher.

LE CHAPELAIN ROBERT GILIBERT. — Jeanne doit être brûlée comme relapse et hérétique.

L'ABBÉ DE SAINT-AUDOIN. — Cette femme est relapse; qu'elle abjure une seconde fois, sinon, qu'elle soit condamnée.

L'ARCHIDIACRE JEAN DE CASTILLONE. — Que la relapse soit livrée au bras séculier.

LE CHANOINE ERMANGARD. — Je demande le supplice exemplaire de ladite Jeanne.

LE DIACRE BOUCHER. — Jeanne doit être condamnée comme relapse après une seconde lecture d'abjuration.

LE PRIEUR DE LONGUEVILLE. — C'est aussi mon avis. Qu'elle soit brûlée vive.

LE RÉVÉREND PÈRE GIFFARD. — Selon moi, la relapse doit être condamnée sans délai.

LE RÉVÉREND PÈRE HAITON. — Je déclare ladite femme relapse; je requiers contre elle le prompt châtiment de son crime si elle refuse d'abjurer une seconde fois.

LE CHANOINE MARGUERIE. — Jeanne est relapse; qu'elle soit livrée à la justice séculière.

LE CHANOINE JEAN DE L'ÉPÉE. — Je pense comme mon frère. Elle doit être brûlée vive.

LE CHANOINE GARIN. — C'est mon opinion.

LE CHANOINE GASTINEL. — Abandonnons la relapse au bûcher.

LE CHANOINE PASCAL. — Telle est aussi mon avis. Qu'elle soit brûlée vive.

LE RÉVÉREND PÈRE HOUDENC. — Les explications dérisoires de cette femme me prouvent surabondamment qu'elle a toujours été idolâtresse et hérésiarque; elle est, par surcroît relapse; je demande qu'elle soit, sans retard, livrée à la justice séculière.

LE RÉVÉREND MAITRE JEAN DE NIBAT. — Ladite Jeanne est impénitente et relapse; qu'elle subisse sa peine.

LE RÉVÉREND FABRE. — Coutumière d'hérésie, endurcie dans ses erreurs, rebelle à l'Eglise, le corps de ladite Jeanne doit être livré aux flammes, ses cendres jetées au vent.

L'ABBÉ DE MONTEMART. — Je pense comme mon frère; seulement, je désire qu'elle soit mise en demeure d'abjurer une seconde fois.

LE RÉVÉREND GUÉLON. — C'est mon avis.

LE CHANOINE COUPEQUESNE. — C'est aussi le mien.

LE CHANOINE GUILLAUME. — Qu'il soit proposé à ladite Jeanne de se rétracter une seconde fois; sinon, le supplice.

LE CHANOINE MAURICE. — J'opine pour cette nouvelle et suprême admonestation, bien que je n'en attende aucun résultat.

LE DOCTE GUILLAUME DE BANDIBOSC. — Je me range de l'avis de mon très-cher frère.

LE DIACRE NICOLAS CAVAL. — Que ladite relapse soit traitée sans pitié, selon ce qu'elle mérite. Elle doit être brûlée vive.

LE CHANOINE LOYSELEUR. — Ladite Jeanne doit être livrée aux flammes temporelles.

LE RÉVÉREND THOMAS DE COURCELLES. — Cette femme est hérétique et relapse; on peut l'admonester encore et lui déclarer que si elle persiste dans ses erreurs, elle n'a rien à attendre de ce monde.

LE RÉVÉREND PÈRE JEAN LEDOUX. — Quoique cette dernière tentative me semble illusoire, on peut en essayer, afin de démontrer l'inépuisable mansuétude de notre sainte mère l'Eglise.

MAITRE JEAN TIPHAINE. — J'opine pour cette tentative illusoire.

LE DIACRE COLOMBELLE. — Je partage cette opinion.

FRÈRE ISAMBARD DE LA PIERRE. — La justice séculière aura son cours, si ladite Jeanne refuse d'abjurer une seconde fois.

De la délibération de ces prêtres, il résulte que les uns veulent le supplice immédiat, et les autres, plus nombreux de quelques voix, sont d'avis d'exiger de Jeanne Darc une seconde abjuration, généralement convaincus, d'ailleurs, de l'inutilité de cette tentative, sachant par leurs complices que l'héroïne est résolue de chercher dans le supplice l'expiation d'aveux arrachés par la crainte; ainsi, lorsqu'il s'agit, quelques jours auparavant, d'infliger la torture à l'accusée, les plus charitables de ces ministres du Seigneur se prononcèrent contre les tortures, sous ce naïf prétexte : « qu'il suffisait des aveux précédents de Jeanne pour la condamner au bûcher. » Ils pouvaient donc, cette fois encore, faire montre de la miséricorde de leur tendre et sainte mère l'Eglise. L'évêque Cauchon, plus net et plus franc, certain d'avance du succès de son argumentation, résume la délibération et s'oppose absolument à ce que l'on tente d'amener une seconde fois la relapse à contrition; la plupart de ceux-là mêmes qui se déclarent partisans de cette mesure ne la regardent-ils pas comme illusoire? alors, à quoi bon la tenter? Et lors même que l'on serait certain d'obtenir de la relapse une seconde abjuration, elle produirait un effet déplorable. N'avait-on pas vu, lors de la première admonestation, le populaire et les soldats, exaspérés de la clémence du tribunal, crier à la trahison et prêts à se soulever? Voudrait-on affronter, provoquer de terribles agitations dans la cité? L'Eglise n'avait-elle pas prouvé une fois de plus sa maternelle charité en admettant ladite Jeanne à la pénitence, malgré son hérésie endiablée? Comment cette mansuétude avait-elle été accueillie? Par un redoublement de jactance, d'audace et d'impiété! L'évêque Cauchon termine en adjurant ses très chers frères, au nom de la dignité de l'Eglise, au nom de la paix de la cité, au nom des plus graves intérêts politiques, au nom de leur conscience et de la justice éternelle, de déclarer sans verbiage et sans délai ladite Jeanne relapse et, comme telle, abandonnée au bras séculier, à seule fin d'être conduite le lendemain au supplice, après avoir été publiquement excommuniée par l'Eglise. — Les prêtres-juges se rendent aux observations du prélat; le greffier minute l'arrêt de mort, l'audience est levée. Pierre Cauchon sort le premier de la chapelle; il rencontre au dehors du saint lieu plusieurs capitaines anglais, attendant l'issue de la délibération

avec une impatience sanguinaire. L'un d'eux, le comte de Warwick, dit au prélat : — Eh bien ! qu'a-t-on décidé de cette sorcière ?
L'ÉVÊQUE PIERRE CAUCHON, *joyeusement.* — *Farewel!* c'est fini !...
LE COMTE DE WARWICK. — Ainsi, la Pucelle ?...
L'ÉVÊQUE PIERRE CAUCHON. — Sera brûlée demain !... Brûlée vive sur la place publique.

. . . .

Moi, *Mahiet-l'Avocat d'armes,* aujourd'hui centenaire comme le fut notre aïeul AMAEL, qui combattait sous *Karl-Martel* et connut *Charlemagne,* moi, Mahiet, qui écris cette légende, voici ce que j'ai vu le 30 mai de l'an 1431 dans la ville de Rouen, où j'étais arrivé la veille venant de Vaucouleurs. En ces temps de guerre, les communications sont si difficiles entre le centre de la Gaule et les provinces éloignées, que la famille de Jeanne Darc n'avait été instruite de sa captivité à Rouen et de son procès que depuis peu de temps par la clameur publique ; ses parents, malgré leur désolation, n'osaient, ne pouvaient entreprendre un si long voyage, afin de connaître le sort de Jeanne. J'allai voir Denis Laxart, digne homme avec lequel j'étais lié d'amitié depuis longues années ; je lui offris de partir pour Rouen avec mon petit-fils ; ma fervente admiration pour l'héroïne plébéienne m'inspirait cette résolution. Malgré mon grand âge, les périls de la route ne m'effrayaient point ; mais j'étais pauvre. Cependant, en boursillant avec Denis Laxart et quelques bonnes gens de Vaucouleurs, nous réunîmes la somme nécessaire à mon voyage et à l'achat d'un cheval ; je me mis en route avec mon petit-fils en croupe. Après beaucoup de traverses et de dangers, car les chemins continuent d'être infestés de bandes de soldats déserteurs et de malandrins, nous parvînmes jusqu'à Rouen. Je logeai dans une modeste hôtellerie située sur la place du Vieux-Marché. J'appris bientôt l'abjuration solennelle de Jeanne Darc, et je sus que ses ennemis la traitaient de fourbe, tandis que ceux qui s'étaient d'abord apitoyés sur elle, lui reprochaient sa lâcheté ; j'ignorais alors les causes ténébreuses de cette apostasie, cependant, ma conscience, ma raison, le souvenir de mes fréquents entretiens avec Denis Laxart, qui m'avait raconté si souvent dans leurs moindres détails l'enfance et la première jeunesse de l'héroïne, enfin le récit de tant de faits si glorieux pour elle, apportés par sa renommée jusqu'au fond de la Lorraine, tout me donnait à penser qu'une abjuration, si contraire au ferme courage, à la loyauté de la vierge guerrière, devait cacher quelque sinistre mystère. Je ne partageais donc pas le sentiment de répulsion qu'elle inspirait même à ceux qui s'étaient émus de ses malheurs. Quant aux Anglais, je m'expliquais leur haine contre la Pucelle. Ce peuple, grâce à la couardise de notre chevalerie et de la royauté, nous a causé, depuis plus d'un demi-siècle, des maux affreux ; ce peuple est valeureux et fier, quoique endiablé d'orgueil ; ses nobles capitaines, longtemps invincibles, se sont vus vaincus en vingt batailles par l'héroïne plébéienne. Elle a ainsi détruit le prestige de leurs victoires passées ; ils ne peuvent lui pardonner d'avoir porté un coup irréparable, un coup mortel à leur domination en Gaule ; et tout le fait présager, mon petit-fils verra leur expulsion complète de ce royaume. Ce sera à l'éternelle gloire de Jeanne.

Arrivé à Rouen le 29 mai 1431, vers la tombée du jour, j'appris dans l'hôtellerie où je logeai, l'apostasie de Jeanne et ses conséquences funestes. Vers le soir, l'on répandit le bruit que la *relapse* serait brûlée vive le lendemain matin. En effet, au milieu de la nuit, mon petit-fils et moi, ainsi que plusieurs voyageurs, nous fûmes réveillés par un grand bruit ; à la lueur de plusieurs torches portées par des soldats, nous vîmes, par les fenêtres de notre auberge, des charpentiers occupés de dresser des échafauds ; le jour venu, je sortis. Déjà des compagnies d'archers anglais formaient un cordon autour du lieu du supplice et une haie prolongée jusqu'à l'angle d'une rue débouchant sur la place du Marché ; ces deux rangs de soldats laissaient entre eux une large voie qui communiquait de la rue à l'espace vide réservé autour des échafauds. Ils étaient au nombre de trois ; le plus élevé placé à quelque distance des deux autres. Sur l'un de ceux-là, celui de droite, tendu de draperies pourpres, je vis un siège plafonné d'un dais cramoisi, orné de touffes de plumes blanches à chacun de ses angles, et couturé de galons d'or ; une rangée d'autres sièges à housse également d'étoffe cramoisie accostait ce dais somptueux, où l'on montait par plusieurs degrés de charpente recouverts de riches tapis. L'estrade de gauche, de même hauteur et dimension que celle de droite, était simplement drapée de noir, ainsi que ses banquettes. Le dernier échafaud, pilier massif en maçonnerie, haut de dix pieds environ, large de quatre en tous sens, offrait à son sommet une étroite plate-forme ; en son milieu l'on avait scellé un gros poteau garni de ferrements et de chaînes ; l'on parvenait à cette plate-forme par un étroit escalier du bas perdu dans un énorme amoncellement de fagots mêlés de paille, de sarments de vigne, arrosés de bitume et de soufre ; les bourreaux achevaient d'étager ces combustibles le long des quatre faces et jusqu'au faîte du pilier. A voir ces préparatifs, je frissonnais d'épouvante. De grands pieux enfoncés en terre, non loin de ce bûcher, supportaient de larges panneaux de bois oblongs, en manière d'enseignes ; on y lisait en grosses lettres blanches sur un fond noir :

— Jeanne, qui s'est fait nommer la Pucelle, condamnée a être brulée vive.
— Menteresse. — Pernicieuse. — Abuseresse du peuple.
— Devineresse. — Superstitieuse. — Blasphématrice de Dieu.
— Présomptueuse. — Malcréante en la foi de Jésus-Christ. — Idolâtre. — Cruelle. — Dissolue.
— Invocatrice de diables.
— Apostate. — Schismatique. — Relapse.

Tel est le jugement de ces hommes d'Eglise sur Jeanne Darc...

Hélas! il y a quatorze siècles et plus, notre aïeule Geneviève a vu supplicier à Jérusalem le jeune maître de Nazareth!

J'aurai vu supplicier la jeune fille de Domrémy! Pauvre victime des prêtres catholiques.

La *croix* de l'ami des pauvres et des affligés se dressait entre les gibets d'un voleur et d'un assassin!

La *croix* de la vierge des Gaules se dresse entre deux échafauds; sur l'un vont siéger ses juges: l'évêque Pierre Cauchon et ses assesseurs; sur l'autre échafaud vont siéger les complices, les instigateurs de ce meurtre: le cardinal de Winchester et les officiers anglais. Rien n'aura manqué au calvaire de l'héroïne plébéienne... Comme son divin maître, elle doit mourir entourée de scélérats!...

Il est huit heures du matin, toutes les cloches des paroisses de Rouen sonnent un glas funèbre... Pauvre Jeanne, en son enfance, elle l'aimait tant le son des cloches!... Le soleil de mai... ce même soleil qui éclaira la première défaite des Anglais devant Orléans!... pur, radieux, inonde de lumière les trois échafauds. La foule s'entasse, se presse, aux abords de l'enceinte laissée vide près du lieu du supplice et défendue par un double rang d'archers anglais; d'autres spectateurs se groupent aux fenêtres, aux balcons des vieilles maisons de bois à pignons aigus qui entourent la place du Marché. Bientôt l'on voit entre la haie de soldats ondoyer des panaches, reluire l'acier des casques, étinceler l'or, les pierreries des mitres, des crosses; ces gens casqués ou mitrés sont les capitaines anglais et les prélats. Voici d'abord son éminence monseigneur le cardinal de Winchester, vêtu de la pourpre romaine, suivi de monseigneur l'évêque de Boulogne et de monseigneur l'évêque de Beauvais, Pierre Cauchon. Après eux s'avancent le seigneur comte de Warwick et autres nobles gens de guerre. Ils gravissent lentement, majestueusement, les degrés de l'estrade; le cardinal s'assied sous le dais; à sa droite et à sa gauche prennent place les deux évêques, puis Warwick et les autres chevaliers anglais se groupent autour du prélat. L'échafaud drapé de noir est occupé par les juges du procès, son promoteur, les assesseurs, les greffiers, tous les complices du crime.

L'aspect et l'arrivée de ces illustres, doctes ou sacrés personnages, ne satisfait qu'à demi l'impatience de la foule; la condamnée ne paraît pas encore. De menaçantes rumeurs commencent de circuler, surtout dans les rangs des soldats ou parmi les gens du parti bourguignon, l'on entend dire çà et là:

— L'évêque tiendra-t-il sa promesse, cette fois? Malheur à lui s'il se joue de nous.

— La sorcière sera-t-elle enfin brûlée?

— Les fagots sont prêts... les bourreaux ont la torche en main...

— On devrait pouvoir la brûler deux fois, l'infâme relapse!

— Elle a osé soutenir effrontément qu'elle avait abjuré par force! elle persiste à se dire inspirée de Dieu!

— Quelle insolente menteuse! Par saint Georges! nous eût-elle jamais vaincus sans l'assistance du diable! nous les premiers archers du monde! J'étais à la bataille de Patay, où les plus vaillants hommes d'armes d'Angleterre ont été exterminés; j'ai vu des légions de démons s'élancer contre nous à sa voix! Nous ne pouvions être vaincus que par cette endiablée.

— Les démons, messire archer... étaient des soldats français!

— Sang et mort! croyez-vous des soldats capables de nous vaincre! C'étaient des démons, par saint Georges! de vrais démons cornus, griffus, armés d'épées flamboyantes; ils voltigeaient au-dessus de nos têtes et nous criblaient de pierres et de balles d'artillerie!

— Peut-être bien était-ce le jet furieux de quelques bombardes ou gros canons masqués par un pli de terrain, messire archer?

— Bombardes et canons de Satan, oui! mais de France, non!...

— Aussi vrai que notre cardinal a son chapeau rouge sur la tête, si la p..... des Armagnacs n'est pas brûlée cette fois, moi et les archers de ma compagnie, nous rôtissons l'évêque Cauchon et tous les tonsurés.

— Ha! ha! ha! bien trouvé, mon Hercule!... l'évêque Cauchon rôti comme un porc... ha! ha! ha! Ce sera un curieux spectacle.

— C'est trop de délai... A mort la sorcière!

— Veut-on nous faire coucher ici!

— Au bûcher l'hérétique!

— A mort la relapse!

— Au bûcher l'invocatrice de démons! la dissolue! A mort la Jeanne.

— L'abuseuse du peuple!

— La malcréante en la foi de Notre-Seigneur Jésus-Christ!

— Au bûcher l'idolâtre! l'apostate! au bûcher vite et tôt!

Telles sont les clameurs des Anglais ou des

partisans bourguignons ; les gens du parti royaliste ou armagnac sont beaucoup moins nombreux. Quelques personnes parmi eux, les femmes surtout, éprouvent un retour de pitié pour Jeanne Darc, dont l'abjuration a si cruellement indigné ceux-là qui la regardaient comme inspirée; chez plusieurs, cette indignation subsiste encore dans toute son énergie. Ces sentiments divers, lorsqu'ils témoignent de quelque charité, s'expriment souvent à demi-voix par crainte des Anglais.

— Enfin, — disent les uns, — si la Pucelle a défailli une fois devant le supplice, elle ne faiblira pas aujourd'hui !

— Ainsi... elle ne mentait pas ! elle va soutenir jusqu'à la mort qu'elle était inspirée de Dieu ! Pauvre jeune fille !

— Et pourtant elle a nié...

— Qui a menti une fois peut mentir encore !

— Si elle a abjuré, c'était par crainte du fagot... cela se comprend assurément.

— Elle a été lâche ! on la disait si vaillante !

— C'est qu'en face du bûcher... on hésite !... Voyez donc, mes compères, cet amoncellement de bois clair arrosé de poix !

— Quand on pense que tout cela va flamber autour de Jeanne, comme un feu de paille, et faire pétiller, grésiller sa peau !...

— Mes cheveux se dressent sur ma tête rien que d'y penser!

— Pauvre malheureuse ! quelle torture !

— Que voulez-vous? nos seigneurs les évêques et les docteurs en droit canon la condamnent... elle est donc coupable !

— De si doctes hommes ne sauraient se tromper ! Nous devons le croire.

— Quand l'Eglise a prononcé, nous devons nous taire et nous incliner... on a de la religion ou l'on n'en a point !

— Je ne suis pas suspect, moi ! je suis Armagnac et royaliste, je déteste la domination anglaise ! Je regardais Jeanne quasi comme une sainte avant sa condamnation ; maintenant, je ne veux même pas m'apitoyer sur elle. Ce serait une manière de blâmer ses juges ; ma foi de bon catholique s'oppose à un pareil blâme ! On doit croire sans raisonner.

— Le tribunal ecclésiastique n'a-t-il pas montré combien l'Eglise est miséricordieuse, puisqu'il a admis Jeanne à la pénitence !

— Pourquoi a-t-elle été relapse !

— Tant pis pour elle si elle si on la brûle... elle l'aura voulu !...

— Vous conviendrez alors qu'en allant volontairement au bûcher elle fait preuve de courage! C'est une fille intrépide.

— Elle fait montre d'une rébellion et d'une jactance idolâtres !

— Jeanne Darc a-t-elle vaincu les Anglais en vingt batailles? a-t-elle fait sacrer le roi à Reims? Répondez...

— Ce que vous dites est vrai ; mais nos seigneurs les évêques jugent ces choses-là autrement et mieux que nous ne pouvons les juger. Je ne sors pas de ce raisonnement aussi simple que juste : l'Eglise est infaillible, l'Eglise condamne Jeanne ; donc Jeanne est coupable !

Ce raisonnement, des plus orthodoxes, prévalait sur les timides et rares témoignages d'intérêt accordés à l'héroïne par quelques âmes pitoyables ; elle devait voir ceux-là mêmes qui étaient restés Français sous la domination anglaise, égarés par de nouveaux pharisiens, assister impassibles à son supplice, de même que son divin maître Jésus, condamné au gibet, vit ce peuple de pauvres et d'affligés, si aimés de lui, insensibles à son supplice, prononcé par les saints docteurs de la loi et par les prêtres de son temps.

O peuple ! est-ce ton cœur qu'il faut blâmer? est-ce ton ignorance, ton aveuglement qu'il faut plaindre? lorsque tu laisses traîner aux gémonies tes défenseurs!

Soudain un frémissement court dans la foule; ce frémissement annonce l'approche de la condamnée. Mahiet l'Avocat d'armes, dont le petit-fils est mêlé à la foule à quelques pas de là, s'appuie au mur de l'hôtellerie ; il a pour voisin un prêtre vêtu de son froc noir, au capuchon rabattu ; indifférent jusqu'alors aux conversations engagées autour de lui, ce prêtre s'écrie d'une voix caverneuse :

— La voilà ! la voilà ! La victime s'approche...

Jeanne Darc, debout sur une charrette de labour traînée par un cheval, est vêtue du *san-benito*, longue robe noire parsemée de flammes rouges, et coiffée d'une sorte de mitre de carton noir où sont écrits ces mots : — Idolâtre. — Hérétique. — Relapse. Le moine Isambard de la Pierre, l'un de ses juges, debout dans le chariot à côté d'elle, lui donne les consolations suprêmes ; elle semble l'écouter... mais ces témoignages tardifs d'une compassion banale n'arrivent à son oreille que comme un murmure confus... Elle n'attend plus rien des hommes ; son regard élevé vers le ciel, plonge dans l'infini. Elle se sent détachée de la terre, elle a secoué ses dernières terreurs humaines ; oui ! au moment de monter sur le chariot, elle s'est écrié en sanglotant: — « *Hélas !... faut-il que mon corps si pur de toute souillure, soit bientôt détruit par le feu ! J'aimerais cent fois mieux être décapitée que brûlée !...* » Mais après cette dernière plainte, arrachée par l'appréhension de la douleur du corps, l'âme a vaincu la matière, la vierge des Gaules marche résolûment au supplice... Le chariot s'arrête au pied de l'estrade où trônent le cardinal de

Supplice de Jeanne Darc (page 235)

Winchester, les deux évêques et les chefs de guerre, tous mitrés et casqués.

Frère Isambard de la Pierre descend de la charrette, fait signe à Jeanne Darc de l'imiter, et lui donne l'appui de son bras, empêchée qu'elle est dans ses mouvements par les plis de sa robe. L'infortunée a peine à marcher.

FRÈRE ISAMBARD. — Jeanne, agenouillez-vous afin d'entendre dans une humble posture l'excommunication et l'arrêt que va prononcer contre vous monseigneur l'évêque de Beauvais.

Jeanne Darc s'agenouille dans la poussière au pied de l'estrade tendue d'étoffe pourpre; l'évêque Pierre Cauchon se lève, s'incline devant le cardinal de Winchester, s'avance jusqu'au rebord de la plate-forme, au bas de laquelle la condamnée est à genoux.

VOIX DE SOLDATS ANGLAIS. — Au diable les oraisons! Que l'on passe de suite à l'exécution.

— Est-ce un leurre pour soustraire la ribaude aux rôtissures? Assez de simagrées!

— Prends garde, évêque... tu ne nous tromperas pas cette fois!

— Au bûcher sans plus tarder! au bûcher la sorcière! A mort la fille ou l'évêque!

L'ÉVÊQUE PIERRE CAUCHON *apaise d'un geste expressif les clameurs des Anglais, fait le signe de la croix, et fait son allocution d'une voix retentissante :* — « Mes très chers frères, si un membre souffre, dit l'apôtre aux Corinthiens, le corps entier souffre! ainsi, lorsque l'hérésie infecte un membre de notre sainte Église, il est urgent de le séparer des autres, de peur que sa pourriture ne gangrène le corps mystique de Notre-Sauveur. Les instituts sacrés ont décidé, mes très chers frères, qu'il fallait, afin de soustraire les fidèles au venin des hérétiques, ne pas laisser ces vipères dévorer le sein de notre

131ᵉ livraison

mère l'Eglise; c'est pourquoi, nous, évêque de Beauvais, par la miséricorde divine, assisté des doctes et révérendissimes Jean Lemaître et Jean Graverant, inquisiteurs de la foi, nous disons à toi, Jeanne, vulgairement appelée la Pucelle : — Nous t'avions justement déclarée idolâtre, devineresse, invocatrice de diables, sanguinaire, dissolue, schismatique et hérétique !... Tu avais abjuré tes crimes, signant volontairement cette abjuration de ta main ; mais tu es bientôt revenue à tes erreurs damnables, comme le chien retourne à son vomissement... Pour ce fait, nous te déclarons excommuniée, hérésiarque et relapse... nous te condamnons à être extirpée du milieu des fidèles comme un membre pourri de la lèpre de l'hérésie, et nous te livrons, t'abandonnons, te rejetons à la justice séculière, lui demandant, à part la mort et la mutilation des membres, que tu vas subir, de te traiter avec modération ! *Au nom de la sainte Trinité. Amen !...* »

Une explosion de cris de joie féroce accueille cet arrêt ; les soldats anglais se montrent satisfaits. Le peuple contemple Jeanne Darc avec horreur... l'Eglise infaillible l'a excommuniée... L'un des assesseurs est descendu de son estrade et parle à voix basse au frère Isambart ; celui-ci s'adresse à Jeanne :

— Vous avez entendu votre arrêt ; relevez-vous, ma fille.

Pierre Cauchon est resté debout au bord de l'estrade ; Jeanne Darc se relève, et montrant à ce prélat le ciel, comme pour le prendre à témoin de ses paroles, elle dit à voix haute, avec un accent de reproche écrasant :

— ÉVÊQUE ! ÉVÊQUE !... JE MEURS PAR VOUS !...

Pierre Cauchon, malgré son audace, tressaille, pâlit et courbe son front sous cet anathème ; il va se rasseoir auprès du cardinal.

A ces mots du prélat : « Jeanne, je t'abandonne à la justice séculière, » deux bourreaux se sont approchés. Ils prennent chacun par un bras la patiente et la conduisent vers l'échafaud ; frère Isambart l'accompagne.

JEANNE DARC, *au moine*. — Mon père, je voudrais une croix pour mourir en la regardant.

PLUSIEURS SOLDATS ANGLAIS *formant la haie*. — Tu n'as pas besoin de croix, relapse ! sorcière !... Aux fagots ! aux fagots ! finissons-en.

— Tu veux gagner du temps !

— Assez de retards ! à mort l'hérétique !

— Au bûcher ! au bûcher !...

Frère Isambart dit quelques mots à l'oreille de l'assesseur qui est descendu de l'estrade ; celui-ci s'éloigne précipitamment dans la direction d'une église voisine de la place. Un boucher anglais, au tablier sanglant, à la figure endurcie, placé près du petit-fils de Mahiet l'Avocat d'armes a entendu la suprême demande de Jeanne Darc. Cet homme s'est ému, des larmes coulent de ses yeux ; il tire son couteau de sa ceinture, coupe en deux morceaux une baguette qu'il tenait à la main, et dans sa hâte de façonner cette croix informe, il jette son couteau à terre, prend une cordelle dans sa poche, lie les deux morceaux de bois en forme de croix, et la remet au frère Isambart de la Pierre, après avoir écarté d'un coup de sa robuste épaule deux soldats formant la haie ; puis il reste près d'eux, les mains jointes, contemplant la victime avec une sorte d'adoration. Le petit-fils de Mahiet ramasse le couteau du boucher, tombé à ses pieds : ce sera une précieuse relique à joindre aux autres reliques de la famille.

Frère Isambart a reçu du boucher anglais la croix grossière ; il la donne à la patiente.

JEANNE DARC, *la saisissant avec transport.* — Merci, mon père !... (*Elle la porte à ses lèvres*.)

FRÈRE ISAMBART, *tout bas.* — J'ai envoyé quérir à l'église de Saint-Ouen une grande croix portant l'image de notre Sauveur ; on la tiendra de loin devant vos yeux le plus longtemps possible. Adressez vos prières à Jésus-Christ.

JEANNE DARC. — Surtout qu'on la tienne bien haut, afin que je voie jusqu'à la fin l'image de notre Sauveur.

VOIX DES SOLDATS ANGLAIS. — Ça va-t-il finir !

— Que marmotte ce tonsuré à l'oreille de la sorcière ! Qu'il aille au diable avec elle !

— Au bûcher sans tant de retards l'invocatrice de démons !

— Au feu ! au feu !... le moine et la Pucelle !

Jeanne Darc, conduite au pied du bûcher, en mesure du regard la hauteur, et ne peut vaincre un frisson d'épouvante ; les bourreaux secouent les torches qu'ils tiennent à la main, afin d'en aviver la flamme. Deux d'entre eux ont précédé la victime sur la plate-forme bâtie sur le pilier de maçonnerie ; ils la couvrent de paille et de sarments de vigne, dernière couche des matières combustibles amoncelées jusqu'à cette hauteur ; puis ils adaptent les ferrements au poteau, taillé dans du bois vert, afin qu'il puisse résister à l'action du feu.

UN BOURREAU, *indiquant à Jeanne Darc le petit escalier*. — Tu vas monter par là, sorcière !... tu ne redescendras plus !

FRÈRE ISAMBART. — Je vous accompagnerai, ma chère fille, jusqu'à la cime du bûcher.

Jeanne Darc gravit lentement les échelons de l'escalier, embarrassée dans les plis de sa robe, et arrive au faîte du bûcher. Une immense clameur s'élève du sein de la foule à la vue de la vierge des Gaules, ainsi exposée aux regards de tous ; puis le silence se fait.

JEANNE DARC, *d'une voix forte*. — Dieu seul a inspiré mes actions !

Des huées, des imprécations furieuses couvrent la voix de la condamnée ; le cardinal de Winchester, les évêques, les juges-prêtres, les capitaines se lèvent spontanément, afin de mieux jouir de la vue du supplice... Après avoir placé Jeanne debout adossée au poteau, l'un des bourreaux enserre la victime de la ceinture, l'autre du carcan de fer; une chaîne assujettit ses jambes, elle n'a de libre que ses mains, et tient la croix de bois grossière façonnée par le boucher anglais, qu'elle presse de ses lèvres. A ce moment, un prêtre en surplis portant l'un de ces grands crucifix d'argent que l'on promène aux processions, arrive en hâte et se place assez loin du bûcher, en tenant cette croix aussi élevée que possible; c'est celle que frère Isambard a envoyé quérir. Il la montre à Jeanne Darc; elle tourne la tête de ce côté autant que le lui permet son collier de fer, et ne quitte plus des yeux l'image du Christ.

UN BOURREAU, *à frère Isambard.* — Allons, mon révérend, ne restez pas là, ça va flamber.

FRÈRE ISAMBARD. — Dans un instant... je vous suis... Je veux achever la prière commencée.

LE BOURREAU, *à part.* — Je vais te faire descendre plus vite que tu ne le voudrais, mon révérend ! marmotte tes patenôtres.

Les deux bourreaux abandonnent la plateforme du bûcher; le moine donne à Jeanne Darc les suprêmes consolations; elles les reporte ailleurs et plus haut... dans sa conscience et dans le ciel !

Soudain un pétillement sec, vif, crépite à la base du bûcher, d'où s'échappent quelques bouffées de fumée.

JEANNE DARC, *avec anxiété.* — Mon père, descendez ! descendez vite ! le feu est au bûcher !

Tel est le sublime adieu de la victime à l'un de ses juges !

Le moine descend en hâte l'escalier, en jetant un regard courroucé aux bourreaux; ceux-ci, à l'aide de leurs torches, allument en plusieurs endroits à la fois la paille et les fagots imprégnés de bitume et de soufre. Aussitôt des flots de noire fumée tourbillonnent dans les airs et dérobent Jeanne Darc aux regards de la foule; le feu a d'abord brillé, couru, serpenté, à travers les couches inférieures du bûcher; bientôt toutes s'embrasent, la nappe de flamme monte, monte, avivée par le vent, qui chasse le nuage des premières vapeurs; elles se dissipent... l'on voit Jeanne Darc sortir de leurs limbes... Déjà le feu gagne la paille et les sarments de vigne entassés sur l'étroite plate-forme où reposent ses pieds; ses vêtements fument... Enserrée dans les trois cercles de fer qui, par le cou, par la ceinture, par les jambes, l'attachent au poteau, elle se tord de douleur et jette ce cri déchirant:

DE L'EAU !... DE L'EAU !...

Puis, regrettant ce vain appel à la pitié arraché par la torture de son corps, elle exclame :

— DIEU M'A INSPIRÉE !...

Mais la robe de Jeanne Darc prend feu, devient une des mille flammes de cette fournaise, d'où s'élance enfin vers le ciel ce cri poussé par une voix dont l'accent n'a rien d'humain :
— JÉSUS ! !...

La vierge des Gaules a expié sa gloire immortelle ! Qu'ils soient maudits tous les prêtres catholiques ! Exécration sur l'Eglise catholique, apostolique et romaine !

. . . .

Les flammes ont diminué d'intensité, elles s'affaiblissent, elles s'éteignent, elles sont éteintes... Un épais brasier entoure la base du pilier de maçonnerie servant de centre au bûcher; l'on voit à son sommet, fixés par les liens de fer au poteau carbonisé, l'on voit, debout encore, des débris noirâtres... informes... sans nom... C'est tout ce qui reste de la Pucelle.

Deux bourreaux appliquent une échelle au flanc du massif de pierre, montent sur son faîte à peine refroidi, abattent à coups de hache la poutre où sont enchaînés les membres de celle qui fut Jeanne Darc, et, à l'aide de crocs de fer, précipitent le tout du haut de la plate-forme au milieu du brasier ; d'autres bourreaux couvrent ces débris d'un nouvel amoncellement de fagots. De grandes flammes jaillissent encore ; et lorsque rien ne flambe, rien... l'on découvre un amas de cendres rouges, mêlées çà et là d'ossements calcinés... entre autres un crâne... Cendres et ossements sont mis par les bourreaux dans un coffre de bois, le coffre est placé sur un brancard, et ils s'en vont, suivis d'un grand concours de peuple poussant des cris de joie sauvage, jeter dans la Seine les cendres de l'ange sauveur de la France !

Alors le cardinal, les évêques, les capitaines, les prêtres-juges, quittent processionnellement, comme ils y étaient venus, la place du Vieux-Marché de Rouen... ils se sont repus du supplice de Jeanne Darc, la justice de ces hommes de cour, de guerre et d'Eglise est satisfaite.

. . . .

Vers la fin du martyre de Jeanne Darc, moi, Mahiet l'Avocat d'armes, j'ai été témoin d'un fait étrange. Mon petit-fils était venu me rejoindre, rapportant le *couteau du boucher* ; nous nous tenions sur un banc de pierre voisin de la porte de notre hôtellerie, nous avions près et au-dessous de nous un prêtre encapé dans son froc et sa cagoule noire, il avait paru assister avec indifférence au supplice de l'héroïne, mais lorsqu'elle apparut se tordant au milieu du feu et d'une voix déchirante criant : — De l'eau, de l'eau ! — ce prêtre tressaillit, leva les mains au ciel, et murmura : Grâce ! Oh ! Grâce ! Enfin, lorsque Jeanne Darc expirante, dévorée par les flammes, jeta cette invocation suprême: Jésus !... le prêtre s'écria :
— Je suis damné !...

Puis il tomba renversé à nos pieds en proie à d'affreuses convulsions; elles duraient encore lorsque la foule quitta le lieu du supplice afin de suivre les bourreaux chargés de jeter à la Seine les cendres de Jeanne Darc. Mon petit-fils et moi, émus de pitié pour ce malheureux, de qui les plus charitables s'éloignaient, le regardant comme possédé des malins esprits, nous le transportons à l'hôtellerie dans notre chambre, nous lui donnons nos soins; peu à peu il revient à lui, nous regarde d'un air égaré, répétant avec épouvante: — « Je suis damné! je suis le complice et l'instrument de l'évêque de Beauvais dans le meurtre de Jeanne!... » Je ne puis compter sur la miséricorde de Dieu.

Ce prêtre, c'était le chanoine Loyseleur.

Ce monstre en soutane a connu le repentir! Revirement étrange, incroyable, auquel je n'ajouterais foi si je n'en avais été témoin, ce misérable sentit son endurcissement se changer en remords au spectacle du martyre de sa victime. Hélas! les remords étaient tardifs.

Ce n'est pas tout: lorsque ce prêtre nous vit témoigner l'horreur que nous inspiraient ses aveux, lorsque je m'écriai: Maudits soient les secours que je t'ai donnés, assassin! — il me demanda d'une voix palpitante d'angoisse si je plaignais Jeanne; mes larmes le prouvaient. S'informant alors de moi, il me demanda qui j'étais, et apprenant que mon admiration passionnée pour la vierge des Gaules et le désir de m'instruire de son sort, au nom de sa famille désolée, m'avaient amené à Rouen, le chanoine Loyseleur parut frappé d'une idée subite, me supplia de l'attendre le soir même dans mon hôtellerie. — Jamais je ne pourrai réparer, expier mon crime, me dit-il; mais je vous donnerai le moyen de flétrir les bourreaux de la victime.

Le soir même il m'apporta une liasse de parchemins contenant:

— « La confession générale de Jeanne Darc, transcrite par lui le jour même où il l'avait entendue, et où cette grande âme s'était montrée à lui dans son héroïque simplicité.

— « Des notes qu'il avait prises et conservées à la suite de son entretien avec l'émissaire de Georges de la Trémouille, et où se trouvait dévoilée la trame ourdie contre Jeanne par les gens de cour, les gens de guerre et les gens d'Eglise avant la première entrevue de l'héroïne et de Charles VII.

— « La copie d'une chronique contemporaine intitulée: *Journal du siège d'Orléans*, et une autre écrite par *Perceval de Cagny*, écuyer du duc d'Alençon, qui n'avait pas quitté Jeanne depuis le siège d'Orléans jusqu'après le siège de Paris. Ces copies manuscrites faisaient partie des documents réunis par l'évêque Pierre Cauchon pour l'instruction du procès.

« — L'une des minutes de ce procès, où se trouvaient relatés la tenue des audiences, l'interrogatoire et les réponses de l'accusée.

» — Enfin, un aveu complet et écrit des machinations employées par Loyseleur, de concert avec l'évêque Cauchon, pour capter la confiance de Jeanne dans sa prison, ainsi que le projet arrêté entre eux dans un long entretien avant le commencement du procès. »

Ces matériaux m'étaient donnés par le chanoine dans l'espoir de me mettre à même de réhabiliter un jour la mémoire de Jeanne Darc; quant à lui, il le sentait, poursuivi par d'effroyables remords, il mourrait bientôt ou perdrait la raison. Déjà, le matin, il n'avait pas osé s'asseoir au milieu des juges de Jeanne Darc, de peur d'être reconnu par elle; mais le spectacle de son agonie et de son martyre le frappant d'épouvante, il connut enfin le repentir et le désespoir.

Ce prêtre, ayant déposé ces manuscrits entre mes mains, me quitta d'un air sinistre, égaré; j'ignore ce qu'il est devenu.

Le lendemain, je suis parti de Rouen avec mon petit-fils et, de retour à Vaucouleurs, je m'occupai d'écrire pour notre descendance cette légende de Jeanne Darc; ce que je savais de son enfance, grâce à Denis Laxart, et les parchemins du chanoine Loyseleur m'ont permis de rendre ce récit d'une véracité complète. J'ai joint à cette chronique le COUTEAU DE BOUCHER, il augmentera le nombre des reliques de notre famille. Qu'ils soient maudits les prêtres!

Jusqu'à présent, ici, en ce pays de Lorraine, berceau de la vierge des Gaules, j'ai vainement tenté de la réhabilitation aux yeux de ses amis, de ses parents; tous m'ont répondu ce que tant de fois j'avais entendu dire à Rouen et dans d'autres cités:

— *Malgré sa gloire, malgré les immenses services rendus à la France, Jeanne est coupable, Jeanne est criminelle, Jeanne est à jamais vouée aux flammes des enfers*. L'EGLISE INFAILLIBLE L'A CONDAMNÉE!..,

Le jugement des hommes passe... la vraie gloire est impérissable!... Un jour la Pucelle sera glorifiée et ses bourreaux conspués!

ETIENNE MARCEL, le grand citoyen, a été traîné sur la claie, ses restes mutilés ont été jetés à la Seine par un peuple abusé.

J'ai vu jeter à la Seine les cendres de JEANNE DARC, poursuivie des malédictions d'une multitude fanatique et féroce...

La mémoire de Marcel et de Jeanne Darc vivra dans le cœur, dans l'admiration des hommes des nouvelles générations.

MARCEL a porté un coup fatal aux royautés futures...

JEANNE DARC a porté un coup mortel à la domination anglaise

. . . .

LES JÉSUITES

LA FRANCE AU XVᵉ SIÈCLE

Mon aïeul MAHIET LEBRENN, l'*Avocat d'armes*, de retour à Vaucouleurs, est mort le 17 juin 1432, huit ans après mon père.

Moi, *Allan Lebrenn*, j'ai joint aux reliques de notre famille la LÉGENDE DE JEANNE DARC et le COUTEAU DE BOUCHER qui a servi à façonner la croix que l'héroïne des Gaules pressa sur ses lèvres durant l'agonie de son martyre ; ma vie n'ayant offert aucun incident digne d'être rapporté, je consigne à la suite de la légende de Jeanne Darc le récit sommaire des faits qui se sont passés en Gaule jusqu'à cette année 1461 (soixante-deuxième année de mon âge), selon que je les ai entendu raconter.

Avant de commencer ce récit, je note ici une découverte qui date, dit-on, de l'an 1435 à 1436 ; elle doit avoir un jour pour l'instruction et l'affranchissement de l'humanité, des résultats incalculables. JEAN GUTENBERG, né à Strasbourg, vers 1400, et plus tard établi à Mayence, où il s'est associé avec le *libraire* FAUST et SCHŒFFER *l'orfèvre*, a trouvé le moyen de remplacer les livres écrits à la main par des *livres imprimés*, au moyen des caractères de l'alphabet fabriqués et fondus en métal, par le même procédé que les monnaies. Sur ces caractères mobiles, mais maintenus alignés dans des cadres et imbibés d'une couche d'encre, l'on applique une feuille de papier humide ; puis, à l'aide d'un instrument appelé presse, dont le pressoir des vignerons a donné l'idée première, l'on obtient sur le papier l'empreinte, l'*impression* des caractères. L'on peut de la sorte, en un mois, reproduire presque à l'infini le même ouvrage, tandis que du temps de notre aïeul *Lebrenn le Libraire*, et récemment encore, un copiste passait souvent plusieurs années à écrire un livre, qui restait unique et dont le prix demeurait si élevé, qu'un très petit nombre de seigneurs ou de personnages très riches possédaient des livres ; aussi l'ignorance, était-elle et est-elle encore générale, tandis que l'imprimerie se répandant de plus en plus rendra le savoir aussi universel que l'est à cette heure l'ignorance, cause première du malheur et de l'asservissement des peuples. Mais cette invention, « L'IMPRIMERIE, » a porté un coup mortel aux artisans qui s'occupaient de l'écriture et de l'enluminure des livres, comme mon fils *Stéphan*. Cause d'une mauvaise organisation.

Un parent de ma femme, *Jean Saurin*, maître imprimeur à Paris, se trouve en ce moment de passage ici, à Vaucouleurs, se rendant auprès du duc de Lorraine, afin de porter à ce puissant seigneur quelques livres récemment imprimés. Jean Saurin m'a proposé de prendre en apprentissage mon fils Stéphan, et de faire de lui un artisan d'imprimerie, puisque son métier d'écrivain de manuscrits est à peu près ruiné ; il m'en coûterait beaucoup de me séparer de mon cher fils, et j'ai ajourné la réponse que je dois donner à maître Jean Saurin jusqu'à son retour de Lorraine.

Ceci dit, je commence le récit sommaire des faits accomplis depuis 1431, époque du supplice de Jeanne Darc, jusqu'à la mort de Charles VII, arrivée en cette année 1461.

Les bourreaux de la Pucelle d'Orléans espéraient qu'après son martyre, les Anglais, délivrés des craintes superstitieuses qu'elle leur inspirait, vengeraient leurs défaites passées, raffermiraient leur domination, si profondément ébranlée en Gaule. Il n'en fut rien : l'élan était donné, et le sentiment patriotique réveillé par les victoires de la guerrière. Sa condamnation au feu pour crime de sorcellerie et d'hérésie la rendit pendant longtemps, il est vrai, un objet d'horreur pour la multitude, selon les infernales prévisions de ses meurtriers ; mais la haine des Anglais devint de plus en plus ardente et vivace au cœur des Français. Les ténébreuses machinations de Georges de la Trémouille et de ses complices, plus tard mises à jour, déchaînèrent contre lui l'indignation publique. Le connétable de Richemont, habile homme de guerre, ennemi personnel de la Trémouille, le fit attaquer à coups d'épée ; laissé pour mort, l'ancien favori de Charles VII ne guérit de ses blessures que pour se voir exilé par ce roi, aussi insoucieux de la chute de ses courtisans que de leur toute puissante influence sur les affaires de l'État. La disgrâce de la Trémouille, secret allié de l'étranger, les divisions du cardinal de Winchester et du duc de Glocester, oncle du roi Henri VI, encore enfant, paralysèrent les derniers efforts des troupes d'Angleterre ; elles ne recevaient plus ni renforts, ni argent, et pouvaient à peine se tenir sur la défensive, ayant à lutter contre la valeureuse activité du connétable de Richemont. L'esprit national, ressuscité à la voix de Jeanne Darc, prenait chaque jour un nouvel essor. En 1433, deux conspirations se tramaient à Paris afin d'en chasser les Anglais et d'y introduire des troupes françaises commandées par les capitaines de Charles VII. Le duc de Bourgogne, depuis si longtemps allié de l'Angleterre, cède aux habiles suggestions du connétable de Richemont, nouveau conseiller de Charles VII, et consent à conclure à Nevers, au mois de janvier 1435, une trêve avec la France ; cette trêve réduisait presque les Anglais à l'inaction, en leur enlevant l'appui des Bourguignons. La chute de La Trémouille permit à d'honnêtes gens, douloureusement indignés des maux de la France, de se grouper autour de Charles VII. Insoucieux du mal et du bien, ne songeant qu'à se livrer sans contrainte à son indolence, à ses plaisirs, le roi abandonna aussi facilement la direction de l'Etat à ces honnêtes gens, qu'il l'avait abandonnée au traître La Trémouille. Ces conseillers bourgeois se nommaient : *Jouvenel*, chancelier de France ; les frères *Bureau*, dont l'un fut maître de l'artillerie ; *Guillaume Cousinot* et l'argentier *Jacques Cœur;* ce dernier, fils d'un mercier de Bourges, devait être, ainsi que Jeanne Darc, victime de la honteuse ingratitude de Charles VII. Le hasard voulut que ce prince eût alors pour maîtresse *Agnès Sorel;* cette jeune femme, contre les habitudes des courtisanes royales, soutint de tout son pouvoir les hommes de bien dont se composait le conseil royal. Jacques Cœur devait à son négoce avec l'Orient et l'Italie une fortune énorme ; il apporta de l'ordre dans les finances, mit un terme à la scandaleuse falsification des monnaies, qui rendait presque impossibles les transactions commerciales. Bureau, chargé de la direction de l'artillerie, organisa cette arme sur un pied formidable. Le connétable de Richemont, grand capitaine, mais jusqu'alors éloigné du commandement des armées par la jalousie de la Trémouille, battit les Anglais en plusieurs rencontres ; enfin, grâce à ses habiles négociations avec le duc de Bourgogne, celui-ci, en retour d'immenses concessions de territoire, rompit complètement avec l'Angleterre, et contracta une alliance avec Charles VII. Ce pacte terminait la guerre civile des Armagnacs et des Bourguignons, qui, depuis le commencement du siècle, désolait la Gaule ; ce pacte, enfin, réalisait tardivement la généreuse pensée de Jeanne Darc, qui, le jour du sacre de Charles VII à Reims, écrivait au duc de Bourgogne cette touchante lettre où elle le suppliait de mettre fin à des luttes homicides. Ce traité de paix, signé à Arras le 21 septembre 1435, fut accueilli par la France avec une joie universelle : on espérait voir bientôt cesser les maux d'une guerre séculaire. En effet, les Anglais, privés du puissant appui des Bourguignons, restaient seuls en présence d'un peuple résolu à briser son joug. L'année suivante (1436), Paris ouvrit ses portes au connétable de Richemont, promettant, au nom de Charles VII, clémence et oubli pour le passé, ainsi que l'avait conseillé Jeanne Darc au royal couard.

La reddition de Paris fut le signal de la complète expulsion des Anglais ; leurs terribles guerres civiles de la *Rose blanche* et de la *Rose rouge*, en divisant, épuisant leurs forces, permirent au connétable de reprendre toutes les provinces conquises par eux ; et enfin, en cette année 1450 (dit un chroniqueur de ce temps-ci), « furent réduits en l'obéissance du roi de France, les duchés de Normandie et de Guyenne, et généralement tout le royaume, excepté les villes de Calais et de Guines, qui demeurèrent seules aux Anglais. »

Ainsi fut accomplie l'œuvre de délivrance entreprise par Jeanne Darc. Peu à peu, l'horreur qu'elle inspirait depuis sa condamnation pour crime d'hérésie et de sorcellerie s'effaça ; l'instinct des peuples leur faisait comprendre que la vaillante initiative de l'héroïne plébéienne avait sauvé la Gaule...

Bientôt l'opinion publique se réveilla, un immense cri d'indignation retentit d'un bout à l'autre de la France, demandant la réhabilitation de la mémoire de la Pucelle et la flétrissure de ses bourreaux. Ceci émut Charles VII, en dépit de son insouciance, puis le prince devenait dévot. Le bon sire se disait que la mémoire de Jeanne Darc demeurant entachée d'hérésie et de sorcellerie, il restait constant qu'il devait sa couronne aux maléfices d'une sorcière ; en quoi il voyait un grand péril pour son âme. Obéissant donc, non moins au cri public qu'à une vague terreur superstitieuse, il ordonna une enquête sur le procès de la Pucelle. Mais la difficile était de décider le clergé de la sainte Eglise catholique à s'avouer coupable d'une horrible iniquité, d'un exécrable meurtre ecclésiastique ; les prêtres et les évêques refusèrent de consentir à la révision du procès de l'héroïne, et pendant cinq ans (de 1450 à 1455) le pape de Rome opposa une force d'inertie aux requêtes incessantes du conseil de Charles VII, présidé par Jacques Cœur. On menaça le pape d'évoquer l'affaire sans son concours ; on lui fit sentir que le roi très chrétien ne pouvait passer plus longtemps aux yeux de son peuple pour le complice d'une magicienne. Enfin, au bout de cinq ans de négociations, un arrêt fut rendu à Rouen, le 1er juin 1456, portant en substance : « que Jehanne, que Dieu absolve, était déclarée n'avoir onc encouru aucune tache d'infamie, et reconnue innocente de crimes et de péché. »

A cette même époque Charles VII s'occupait de dépouiller Jacques Cœur de ses immenses richesses, honnêtement acquises et dues à sa prodigieuse intelligence du négoce. L'heure de cette pillerie était propice. Au conseil royal, d'abord composé de bourgeois probes, intelligents, dévoués au bien public, succédait une assemblée de gens de cour, et parmi eux, le fils de La Trémouille, digne héritier de son père. Le conseil prêta la main à cette abominable spoliation, assuré d'avoir large part à la curée. Antoinette de Villequier, la nouvelle maîtresse du roi, et son mari, furent des plus âpres à cette convoitise. Les trésors de Jacques Cœur étaient considérables. Il faisait le plus noble usage de sa fortune. Comme les Médicis, en Italie, il encourageait les arts avec une rare intelligence du beau ; il avait fait construire à Bourges, sa ville natale, un palais, chef-d'œuvre d'architecture, orné de tableaux et de statues d'un grand prix. Un pareil luxe déployé par un bourgeois, fils d'un mercier, révoltait d'autant plus les gens de cour, que presque tous devaient à l'argentier Jacques Cœur de grosses sommes généreusement prêtées ; ces vautours de palais, comptant aussi sur la curée, ou tout au moins espérant se soustraire au payement de leurs dettes, entrèrent dans la ligue formée contre l'argentier. Parmi ceux-là, citons d'abord un soudard coupable de crimes sans nombre, et fort dans les bonnes grâces du roi : le comte de *Dammartin*; puis le fils de la Trémouille ; les sires de *La Fayette* et de *Cadillac*, principaux débiteurs de Jacques Cœur. Ils commencèrent par répandre le bruit que l'argentier avait empoisonné Agnès Sorel; puis, lorsque cette calomnie eût pris quelque consistance, une femme de la cour, Jeanne de Vendôme, dont le mari comptait au nombre des débiteurs de Jacques Cœur, l'accusa formellement auprès de Charles VII de l'empoisonnement d'Agnès Sorel. Chacun savait que la favorite était morte des suites d'une couche malheureuse, chacun connaissait aussi son affection pour Jacques Cœur, qu'elle avait nommé exécuteur de ses volontés dernières ; mais les gens de cour espéraient, grâce à cette accusation monstrueuse, déchaîner l'opinion publique contre l'argentier, universellement affectionné.

Jacques Cœur, arrêté à Taillebourg, le 31 juillet 1451, comme empoisonneur, vit, même avant l'instruction de son procès, ses domaines mis *sous la main du roi*. Toutes les sommes saisies dans les coffres de l'argentier furent portées à Charles VII ; le roi s'adjugea d'abord cent mille écus d'or et fit largesses du surplus à sa maîtresse Antoinette de Villequier, à son mari, à Dammartin, à La Trémouille, à La Fayette, à Gouffier et autres nobles barons, déjà débiteurs de la victime; après quoi, l'on s'avisa de son procès.

Gouffier et Dammartin, enrichis des dépouilles de l'argentier, présidèrent la commission chargée de le condamner! Cependant, les juges, malgré leur indignité, n'osèrent récuser le témoignage du médecin d'Agnès Sorel, qui prouva la véritable cause de sa mort; l'accusation d'empoisonnement fut écartée ; mais ils accusèrent Jacques Cœur d'avoir voulu exciter le dauphin *Louis* à prendre les armes contre son père Charles VII, accusation qu'ils durent abandonner comme la première. Cependant les juges, ayant à cœur une condamnation contre celui dont l'on s'était partagé les dépouilles, imaginèrent d'autres griefs. On lui reprocha d'avoir appauvri la France en exportant du cuivre et de l'argent chez les Sarrasins ; — d'avoir altéré les monnaies à son profit; — d'avoir commis des exactions en Languedoc. — Or, si Jacques Cœur exportait de l'argent et du cuivre pour les nécessités de son commerce, il importait de l'or en échange de ces métaux. — Loin de s'être prêté à l'altération des monnaies, ce fut lui, au contraire, qui, par de sévères édits, mit un terme à ces manœuvres. — Enfin, au lieu de commettre des exactions en Languedoc, l'argentier avait enrichi cette province industrieuse, en offrant de nouveaux débouchés à son négoce avec les Levantins. — Jacques Cœur, fort de son bon droit, de sa conscience, voulut se défendre contre ces calomnies ; on lui refusa le droit d'en appeler à une foule de gens de bien dont il invoquait les dépositions. Il demanda que l'on prît connaissance de ses livres de commerce ; on lui répondit qu'ils étaient brûlés. Tout moyen de justification lui fut interdit, et après deux années d'une cruelle captivité, convaincu (selon ses ennemis) de concussion, de crime de lèse-majesté et autres forfaits, il fut condamné à perdre la tête; tous ses biens furent confisqués au profit du roi, qui s'adjugea encore quatre cent mille écus à titre *de restitution!* après quoi le bon sire poussa la clémence jusqu'à commuer la peine capitale en un bannissement éternel. Jacques Cœur termina ses jours dans l'île de Chio peu de temps après son exil. Après la chute de Jacques Cœur les finances recommencèrent d'être en proie aux dilapidations de la cour. Charles VII eut recours à des impôts écrasants pour combler le gouffre de ses prodigalités. Ce prince frappe une taxe de deux cent mille écus sur la Guyenne. Bordeaux, capitale de la province, et d'autres villes entrent en révolte, refusent de payer les taxes, et appellent l'Angleterre à leur secours.

Les Anglais envoient des vaisseaux à Bordeaux et y débarquent des troupes sous les ordres du vieux *Talbot*. La Guyenne, en haine des exactions de la royauté française, se donne aux Anglais; mais ceux-ci, après une année de guerres désastreuses, sont contraints (en 1453) de quitter cette province. Charles VII continue d'épuiser les ressources de ses peuples, pour satisfaire ses passions amoureuses. Sa maîtresse Antoinette de Villequier lui vendait moyennant finances ses damoiselles d'*honneur*, et les nobles courtisans lui vendaient à leur tour leurs filles ou leurs femmes. Mais le roi vieillissait, et en vieillissant il éprouvait de sinistres appréhensions au sujet de son fils, le *dauphin* Louis. Ce prince, rusé, perfide, d'une cruauté sournoise, moitié tigre, moitié renard, vivait retiré dans son apanage du Dauphiné qu'il accablait d'impôts. Les Dauphinois se plaignent à Charles VII; celui-ci enjoint à son fils d'alléger les taxes. Louis reste sourd à cette injonction ; alors son père lui signifie l'ordre de revenir auprès de lui, l'avertissant qu'en cas de refus il ira le chercher à la tête d'une armée. Louis ne tient aucun compte de cette invitation et demeure dans son apanage. Le comte de Dammartin entre alors en Dauphiné à la tête d'une armée royale et contraint Louis à se réfugier en Bourgogne, auprès de son oncle le duc Philippe.

L'expulsion des Anglais, les sages mesures prises par les conseillers bourgeois de Charles VII, alors que Jacques Cœur faisait partie de cette réunion, avaient à peu près rétabli l'ordre dans le royaume ; mais plusieurs princes de la famille royale, ne pouvant plus, comme par le passé, rançonner, piller les populations, trouvèrent gênante la paix qui mettait un terme à tant de maux. Ils entreprirent alors de livrer la Gaule à tous les désastres de la guerre, et se préparèrent à une révolte ouverte. Le duc d'Alençon, autrefois compagnon d'armes de Jeanne Darc, noua un complot avec les Anglais, leur promettant de leur livrer les forteresses de son duché de Normandie, à la condition d'être reconnu roi souverain de cette contrée. Charles VII, instruit à temps des desseins du duc d'Alençon, le fit arrêter, juger, condamner à mort, et mit, selon sa coutume, la main sur les domaines du condamné. Un autre prince du sang, Jean d'Armagnac, traitait en ce même temps avec l'Espagne contre la France. Le duc s'opiniâtrait à épouser sa sœur Isabelle, dont il avait déjà trois enfants, et demandait au pape Calixte III une dispense pour son mariage ; un saint évêque (celui de Lectoure) partit pour Rome, chargé de la négociation auprès du saint-père ; mais attendant le retour de l'évêque, Jean d'Armagnac fit bénir son union incestueuse par son chapelain. Le roi, épouvanté de tant de trahisons, et mis en défiance de plus en plus contre son fils Louis, le fit sommer de revenir à la cour, pour l'avoir sous sa main ; mais le dauphin, qui redoutait son père autant qu'il le détestait, resta en Bourgogne. Charles VII se persuada alors que son fils songeait à le faire empoisonner, et crut qu'il avait choisi pour exécuter le parricide un de ses serviteurs les plus intimes ; à partir de ce moment il refusa obstinément de boire ou de manger. Son agonie, causée par les tortures de la faim et de la soif, a été lente, horrible ; enfin il est mort le 22 juillet de cette année-ci (1461), à l'âge de cinquante-huit ans, après un règne de trente-neuf ans.

JEANNE DARC et JACQUES CŒUR sont vengés!...

. . . .

Moi, *Allan*, fils d'*Etienne* et petit-fils de *Mahiet* LEBRENN, *l'Avocat d'armes*, j'ai achevé d'écrire ce qui précède cejourd'hui, neuvième jour du mois d'août 1461, dans la soixante-deuxième année de mon âge. Je te lègue les reliques et les légendes de notre famille, à toi, mon fils *Stéphan* LEBRENN, afin que tu transmettes ce legs à notre descendance. Tu inscriras dans nos annales les évènements de ta vie qui pourraient offrir quelque enseignement à notre lignée.

Si tu mourais sans enfants ou sans parents tu aurais soin de léguer nos légendes à un ami qui se chargerait de les faire *imprimer*. Mon aïeul Mahiet me l'a dit bien souvent : L'histoire de notre obscure famille plébéienne est l'histoire de notre race, à nous Gaulois asservis, depuis la conquête franque. Ce livre ainsi reproduit, répandu à des milliers d'exemplaires, grâce à la nouvelle découverte de l'imprimerie, serait assurément d'une grande utilité pour nos frères du peuple. Mais si tu meurs dans tes enfants, ô mon Stéphan, transmets-leur pieusement notre chronique, et que ce soient eux qui se chargent du soin de la compléter et de la publier.

Allan Lebrenn est mort à Vaucouleurs, le 11 décembre de l'année 1461, quelques mois après avoir sommairement retracé les principaux évènements de la fin du règne de Charles VII (depuis la mort de notre aïeul Mahiet l'Avocat d'armes).

Moi, *Christian Lebrenn*, petit-fils de Stéphan, j'ai lu dernièrement dans une chronique contemporaine, dont l'auteur se nomme Jacques Ducler, le portrait suivant de Charles VII (liv. XXIX, p. 231) ; je le joins à notre légende à l'appui du jugement porté par *Allan Lebrenn* sur ce roi, qui abandonna *Jeanne Darc* aux fureurs de l'Inquisition et causa la mort de *Jacques Cœur*, après l'avoir dépouillé de ses biens. Telle est la corruption royale :

« ..... Icelui, le roi Charles VII, menait très sainte vie et disait ses heures canoniaux ; et quoiqu'il se continuât au service de Dieu, lorsque la belle Agnès fut morte, le roi s'énamoura de la nièce de ladite Agnès, mariée au seigneur de Villequier. Elle était aussi belle que sa tante, et son mari se tenait avec elle à la cour ; elle avait toujours cinq à six damoiselles des plus belles de France et de petite condition, lesquelles suivaient le dit roi Charles partout où elle allait. Madame de Villequier se fit céder par ses parents Blanche de Rebreuve, pour la bailler au roi, bien que celle-ci protestât en pleurant qu'elle aurait mieux aimé conserver sa vertu, dût-elle seulement vivre de pain et d'eau claire ; mais bientôt elle se consola et partagea les faveurs du roi avec la dame de Villequier et ses demoiselles suivantes. »

Louis XI

Le même *Jacques Duclerc* (liv. XXIX, p. 222), parlant des mœurs des moines, des prélats et des prêtres de son temps, disait :

« .....Il est vrai d'assurer que le plus grand nombre des gens d'église, en ce temps-ci et auparavant, étaient si dissolus au péché de luxure et avarice, ambitions et délices mondaines, que ce serait pitié à les mettre par écrit; et aussi bien les grands comme prélats et autres que les pauvres prêtres et ordres mendiants. Ces désordres du clergé irritèrent profondément les gens de bien; mais l'Inquisition veillait, et tous ceux qui osaient hautement blâmer ces scandales étaient accusés d'hérésie, d'affiliation aux Vaudois, descendants des Albigeois, puis arrêtés et soumis à des tortures épouvantables, jusqu'à ce qu'ils eussent confessé leur hérésie. La plupart confessaient par terreur; grand nombre de ces malheureux furent suppliciés à Arras en 1460. L'un d'entre eux, échevin d'Arras, l'un des hommes les plus honorables de la ville, après avoir été souventes fois torturé, déclara, au moment de périr sur l'échafaud, que tous ceux qu'il avait accusés d'être Vaudois dont aucuns étaient là présents, échevins et autres, ne l'étaient point; il ajouta que ce qu'il avait dit, écrit et confessé là-dessus, il l'avait dit, écrit ou confessé par la force de la torture, et qu'autant de gens qu'il connaissait, il les avait tous nommés, et si plus il en eût connu, plus il en aurait nommés, pour faire cesser la torture qui brisait ses membres tandis que l'on approchait de la plante de ses pieds des flambeaux de cire bien allumés et bien ardents. Ce dont il demandait pardon à Dieu. »

Ceci se passait, fils de Joel, à la fin du règne de Charles VII, ce dévot qui *disait ses heures canoniaux et menait très sainte vie* (dit le

132ᵉ livraison

chroniqueur), en ayant un harem comme le sultan des Turcs et nombre d'odalisques.

. . . .

Moi, *Christian Lebrenn*, fils de *Melar* et petit-fils de *Stéphan Lebrenn* qui eut pour père *Allan* et pour aïeul *Mahiel l'Avocat d'armes*, témoin du supplice de Jeanne Darc à Rouen, je veux, avant d'ajouter une nouvelle légende et une nouvelle relique à celles de notre famille, relater sommairement ici les principaux évènements des règnes de Louis XI, de Charles VIII et de Louis XII ; j'y ajouterai ce qui s'est passé de plus important sous la royauté de François Ier jusqu'à l'année 1634, où commence le récit écrit par moi. Mon grand-père avait laissé à mon père, et mon père m'a laissé cette lacune à remplir. A l'aide de quelques notes, j'ai complété ces renseignements par des informations prises à Paris auprès de personnes très bien instruites de l'histoire du dernier siècle et de celui-ci, entre autres MM. *Henri* et *Robert* ESTIENNE, grands érudits, célèbres imprimeurs chez qui mon père, moi et mon fils aîné, nous avons été employés en qualité d'artisans dans l'imprimerie.

. . . .

Le 22 juillet de l'an 1461, Louis XI, fils de Charles VII et de *Marie d'Anjou*, né à Bourges le 3 juillet 1423, monta sur le trône. Autant son père s'était montré indolent, peu soucieux des affaires de l'Etat, abandonnées à ses conseillers ou à ses favoris, autant Louis XI se montrait actif, jaloux de sa puissance ; il n'aimait personne, se méfiait de tout le monde. Froidement calculateur, ne ressentant ni pitié, ni colère, ni affection, ni entraînement, il se bornait à faire le mal nécessaire à la réussite de ses projets ; en ce cas, il allait jusqu'aux plus terribles extrémités. Plein de défiance, de mépris pour les hommes, comptant uniquement sur les ténébreuses ressources de son esprit astucieux, subtil et tenace, il voulut tout accomplir par lui-même, et se passer de conseillers ; il voyait en eux des traîtres ou des incapables. Son modèle était Pierre Sforza, devenu tyran de Lombardie par la fourberie, l'audace, la trahison et d'implacables cruautés ; Louis XI n'avait point à usurper un trône, mais à défendre le sien de l'envahissement des princes du sang et des grandes seigneuries. A ce but il marcha droit, résolu de l'atteindre par tous les moyens, depuis la flatterie qui séduit, la ruse qui divise, jusqu'au meurtre qui débarrasse d'un ennemi.

Louis XI apprend la mort de son père ; sans dissimuler sa joie parricide, il quitte aussitôt la cour du duc Philippe de Bourgogne et va se faire sacrer à Reims. Une seule idée le préoccupe tout d'abord ; détruire la puissance des princes du sang, des grands vassaux, éternels rivaux de la royauté, et achever ainsi l'œuvre commencée par Charles VII. Les maisons princières de France, depuis l'expulsion des Anglais, semblaient devenues presque aussi indépendantes de la couronne qu'au vieux temps de la féodalité ; les comtes d'*Albret*, de *Foix*, d'*Armagnac*, les ducs de *Bretagne*, de *Bourgogne* et d'*Anjou*, souverains dans leurs provinces, reconnaissaient à peine la suzeraineté du roi de France, accablaient d'impôt les villes et les campagnes. Louis XI, despote cupide, entreprit de rester seul maître, seul exacteur de ses peuples. Habile et dissimulé, il feignit d'abord de s'appuyer sur les bourgeoisies, connaissant leur haine invétérée contre les seigneuries ; il affecta de s'entourer de petites gens. Sobre, avare, ennemi du luxe des cours, parce que la royauté payait toujours ce luxe, n'ayant qu'une passion : la chasse ; sordide dans ses vêtements, vêtu d'une casaque grise, coiffé d'un vieux chapeau orné de reliques de plomb, chaussé de gros housseaux de voyage, il plut d'abord aux bonnes gens par sa simplicité goguenarde et familière ; il voulait, disait-il, rendre aux villes leurs franchises, abolir les taxes les plus pesantes. En effet, il sembla tout d'abord fidèle à ses promesses, à en juger d'après sa parcimonie : à la cour, plus de fêtes, plus de tournois, plus de mascarades, plus de festins somptueux, plus de galas ; Louis XI préférait consacrer à l'entretien d'une compagnie de cent lances la somme qu'il eût dépensée en un seul jour de liesse. Les courtisans, habitués aux prodigalités de Charles VII, à faire chère lie dans le palais royal, se montrèrent déconvenus et courroucés de l'avarice, des goûts ignobles de ce roi : ne prenait-il pas pour chambellan son barbier *Olivier le Diable*, et pour compère *Tristan l'Hermite*, prévôt des bourreaux. Les princes du sang, les grands vassaux, instruits des projets de Louis XI à leur égard, n'attendirent pas qu'il les attaquât ; ils formèrent une ligue de la noblesse, et mirent à leur tête *Charles le Téméraire*, fils du duc de Bourgogne, ancien hôte de Louis XI.

Jean de Calabre, le duc de *Bourbon*, le duc de *Nemours*, le comte d'*Armagnac*, le duc de *Bretagne*, le sire d'*Albret*, et enfin le duc de *Berry*, frère du roi, étaient les principaux moteurs de cette ligue, qu'ils appelaient LIGUE DU BIEN PUBLIC, afin de donner à croire au peuple qu'ils se liguaient dans son intérêt. L'intention des révoltés était de réduire Louis XI à la royauté de l'*Ile-de-France*, et le forcer à les reconnaître princes souverains indépendants de la couronne. Le rusé sire opposa à la ligue des seigneuries la ligue des bourgeoisies ; il abolit dans toutes les villes tailles, gabelles, aides, taxes et surtaxes ; il rendit aux communes leurs franchises ; il se déclara le *très cher ami* et bon compère des bourgeois et du populaire.

Les simples ajoutèrent foi à la sincérité de ces actes; Paris s'enthousiasma du roi réformateur. N'accordait-il pas de son plein gré les réformes poursuivies d'âge en âge par les communes, par Marcel, le prévôt des marchands sous le roi Jean, par les Maillotins et les Cabochiens? Paris fournit vingt mille hommes à Louis XI pour l'aider à combattre la Ligue du Bien public... Et ici, fils de Joel, remarquez quel progrès accompli à travers les siècles : les seigneuries, les princes du sang, n'osent avouer que leur orgueil et leur cupidité sont les mobiles de leur révolte; pour se créer des partisans, ils sont obligés de colorer leur rébellion du prétexte du *bien public*. La guerre civile éclate; et après la sanglante bataille de Montlhéry (1465), Louis XI, forcé de traiter avec les princes coalisés, leur accorde toutes leurs demandes, secrètement résolu de ne tenir aucune de ses promesses. Dissoudre la ligue en satisfaisant ses chefs, afin de pouvoir ensuite triompher d'eux isolément, tel était son but ; il cède donc au duc de Berry, son frère, la Normandie en apanage ; à Charles le Téméraire une partie de la Picardie ; enfin, il accorde libéralement à chacun tout ce qu'on exigeait. Quant au *bien public*, prétexte de la ligue, oncques il n'en fut question. Les chefs de la révolte, leurs exigences satisfaites, se désunirent, selon les prévisions de Louis XI. Une année s'est à peine écoulée que, profitant de la rébellion de Liège et de Dinant, suscitée par lui contre le duc de Bourgogne, afin de l'empêcher de venir au secours du duc de Berry et de Normandie, il ressaisit cette province et reprend ainsi successivement ses concessions, attaquant tour à tour les ligueurs du bien public, hors d'état de lui résister isolément. Cependant, ils essayèrent, en 1472, une nouvelle coalition contre Louis XI; son frère, le duc de Berry, récemment dépouillé de la Normandie, devient l'âme de ce complot, où entrent aussi Juan II, roi d'Aragon, qui réclamait le Roussillon, et Édouard IV, roi d'Angleterre, qui réclamait *son royaume de France!* Les bourgeoisies, un moment dupes des ordonnances réformatrices de Louis XI, voyaient les impôts, chaque jour s'aggravant, redevenir aussi écrasants que sous le règne de Charles VII; l'affection des peuples, d'abord surprise par les mensongères promesses de Louis XI, fait place à un mécontentement croissant. La misère, déjà profonde, allait être portée à son comble par les maux d'une nouvelle guerre civile. Le duc de Berry, son chef, était poussé à la révolte par la dame de Montsoreau, sa maîtresse; celle-ci est enlevée par l'effet d'un poison violent; peu de temps après, le duc de Berry meurt, également empoisonné. Louis XI délivré de son frère, le plus dangereux de ses ennemis, dirige ses forces contre don Juan d'Aragon, qu'il chasse du Roussillon, et se porte ensuite sur Calais, où débarquait l'armée d'Édouard IV, qui comptait sur l'appui des troupes du duc de Bourgogne; mais Charles le Téméraire était occupé alors en Allemagne à combattre des ennemis que lui avait suscités la politique de Louis XI. Celui-ci gagne les conseillers d'Édouard IV, les corrompt à force d'or, et la France échappe à une nouvelle invasion des Anglais. Un implacable ennemi restait à Louis XI, le fougueux Charles le Téméraire; on le trouve à point nommé percé de coups après une bataille livrée aux Suisses. Ce prince, ne laissant pas d'enfants, non plus que les ducs de Provence et d'Anjou, ces trois grands fiefs retournent à la couronne de France. Les seigneurs, complices de la nouvelle ligue, sont poursuivis; le comte de Saint-Pol est décapité; le duc de Nemours, dont Louis XI espérait des révélations, est conduit à la Bastille, mis en une cage de fer, et plusieurs fois torturé, afin de lui arracher des aveux. L'on a cité une lettre de Louis XI au gouverneur de la Bastille, disant à propos du duc de Nemours : « Il faut le torturer beaucoup et longtemps... le faire parler clair. Agissez âprement, faites-le-moi bien parler. » Le duc de Nemours *parla bien*, et, à la suite de ses tortures, fut placé, les membres brisés, sur un cheval caparaçonné de noir, et conduit aux Halles, où il eut la tête tranchée. Enfin, bourrelé d'inquiétudes, craignant toujours, ainsi que son père Charles VII, d'être entouré d'empoisonneurs, sombre, inquiet, farouche, s'imposant une réclusion volontaire, Louis XI mourut, abhorré de tous, le 24 août 1483.

. . . .

Louis XI laissait deux filles (ANNE, mariée à *Pierre II*, seigneur de Beaujeu; JEANNE, mariée à *Louis*, duc d'Orléans) et un fils, qui régna sous le nom de CHARLES VIII. Cet enfant, faible, maladif, presque contrefait, âgé de treize ans et demi, était d'une santé si débile, que son père lui avait interdit de continuer ses études, l'assurant qu'il saurait toujours suffisamment de latin s'il connaissait et pratiquait cette maxime ; — *Qui nescit dissimulare nescit regnare* (qui ne sait dissimuler ne sait régner). La France vit avec inquiétude ses destinées livrées aux mains d'un enfant ou aux hasards d'une régence. L'esprit public, longtemps endormi ou terrifié sous Louis XI, aussi prodigue de promesses que de rigueurs, se réveilla; de courageux citoyens reprirent l'œuvre d'affranchissement poursuivie depuis Étienne Marcel par les Maillotins et par les Cabochiens. D'un bout à l'autre de la Gaule, on demanda la convocation des États généraux; Anne de Beaujeu, sœur de Charles VIII et régente, dut céder au vœu général du pays. L'assemblée des États se réunit à Tours en 1483, peu de temps après la mort de Louis XI. Moi, Christian Lebrenn, j'ai eu entre les mains une copie du *Journal de ces Etats généraux*; j'y ai noté de patriotiques paroles et de vertes remontrances, adressées au chancelier de France par le bourgeois Philippe Pot, au nom des communes.

« Avant tout, je désire que vous soyez bien convaincu que la *chose publique* n'est que la CHOSE DU PEUPLE, — disait Philippe Pot au chancelier. — Le peuple a délégué aux rois sa souveraineté; quant à ceux qui ont exercé le pouvoir de toute autre manière et sans le consentement des citoyens, ils n'ont pu être réputés que tyrans et usurpateurs du bien d'autrui. Il est évident que le roi n'étant pas en âge de gouverner par lui-même la chose publique, d'autres doivent le suppléer; *mais ces fonctions n'appartiennent pas à quelques princes de sa famille*, elles appartiennent à ceux que la nation désignera. Le pouvoir souverain doit revenir au peuple, qui l'a transmis; or, j'appelle le peuple, non le populaire ou certaines classes du royaume, mais l'universalité des citoyens, représentés par les Etats généraux... »

Les députés du tiers état ou des communes déposèrent ensuite les cahiers renfermant leurs réclamations; ils signalaient:

« La misère excessive à laquelle le peuple était réduit, et attribuaient cette misère aux exactions du clergé, à la vente des bénéfices ecclésiastiques, aux horribles vexations des gens de guerre, qui, cheminant sans cesse de province en province, logeaient chez le laboureur, et quoique celui-ci eût déjà payé la taille afin d'être défendu et non pillé par eux, ces gens de guerre ne se contentaient pas de ce qu'ils trouvaient dans le logis du paysan, mais le contraignaient, à grands coups de bâton, d'aller chercher à la ville des mets délicats. »

Les députés des communes demandaient aussi qu'on supprimât les pensions accordées aux seigneurs; « (car disaient les cahiers du tiers état) ces coûteuses pensions sont payées des deniers du pauvre laboureur, et trop souvent ses enfants, obligés de mendier leur pain à la porte de quelqu'un de ces riches bénéficiers, envient la nourriture de ses chiens de chasse. »

Enfin, les cahiers du tiers état posaient fermement les principes suivants, affirmés par Etienne Marcel plus d'un siècle auparavant:

« — *La royauté est un* OFFICE, *non un* HÉRITAGE.

« — C'est le peuple souverain qui, dans l'origine, *créa les rois*.

« — L'Etat est la CHOSE DU PEUPLE.

« — La souveraineté n'appartient pas aux princes, *qui n'existent que par le peuple*.

« — Un fait ne prend force de loi *que par la sanction des Assemblées nationales*; rien n'est SAINT NI SOLIDE SANS LEUR AVEU. »

Oh! sans doute, fils de Joel, nous ne sommes pas au terme de nos maux, de nos épreuves: nous aurons encore longtemps à lutter, à souffrir avant de voir l'aurore de ce beau jour d'affranchissement prédit par Victoria la Grande; mais comptez les pas déjà faits à travers les âges par notre race asservie depuis la conquête des rois francs! Songez à ces temps maudits où la Gaule ressemblait à un immense atelier d'esclavage, où nos pères, courbés sous le fouet et sous le glaive, étaient parqués, vendus, exploités, comme un vil bétail, abrutis, terrifiés, saignants sous le double joug des leudes de Clovis et des évêques, ses complices. Ainsi nos pères ont traîné leur misérable vie pendant cinq siècles et plus, malgré l'héroïque révolte des *Vagres*, descendants des *Bagaudes* et précurseurs des *Jacques*. Mais enfin les horreurs de la féodalité soulèvent les *communes*, premier signal de la grande et terrible lutte des conquis contre les conquérants, des opprimés contre les oppresseurs, lutte continuée par Marcel, par les Maillotins, par les Cabochiens; lutte féconde, car à chacun de ces combats acharnés nous avons brisé quelque anneau de notre chaîne séculaire. Et enfin, voici qu'au quinzième siècle ce peuple, d'abord esclave, puis serf, puis vassal, tremblant jadis devant ses maîtres, rois, évêques et seigneurs, se redresse, revendique hardiment ses droits.

« Il est temps de mettre un terme à vos exactions, à vos tyrannies; le peuple est las d'entretenir votre opulente fainéantise. Rois issus de la conquête et sacrés de droit divin par l'Eglise, vous n'êtes rien que par la volonté de la nation; la royauté n'est point un pouvoir à jamais acquis et héréditaire, mais une magistrature révocable par les Assemblées nationales, car rien n'est *solide* ni *saint* sans leur aveu... »

Oui, fils de Joel, voilà ce qui a été hardiment déclaré à la royauté, à l'Eglise et aux seigneuries lors de la convocation des Etats généraux en 1484. La cour, effrayée de leur fière attitude, les dissout; mais ils se séparent en protestant que le subside n'est voté que pour deux ans, et se réservent de demander un compte sévère de son emploi. Ils déclarent enfin l'impôt levé non de par le bon plaisir et le droit absolu de la royauté, mais par don et octroi volontaire de l'Assemblée nationale. De nouvelles discordes viennent encore épuiser, désoler le pays, nouveaux désastres causés par l'ambition, la cupidité des princes de la famille royale. Le duc d'Orléans dispute la régence à Anne de Beaujeu; les ducs de Bretagne, de Bourbon, et d'autres princes se liguent avec lui contre la régente, et sauf une trêve de quelques mois, cette guerre civile dure cinq ans. La Bretagne, après la défaite de son duc, est réunie à la couronne de France, en 1491, autant par la force des armes que par le mariage d'*Anne*, héritière de cet apanage, avec Charles VIII. Bientôt celui-ci rêve une conquête insensée, celle des royaumes de Naples et de Constantinople; mais pour n'être pas inquiété par ses voisins, ce prince abandonne le Roussillon au roi d'Espagne *Ferdinand le Catholique*, monstre couronné; cède l'Artois et la Franche-Comté à *Maximilien*, empereur d'Allemagne; et ouvrant ainsi le territoire à l'étranger par l'abandon de ces trois provinces, il renonce aux contrées les plus florissantes de la Gaule pour tenter des conquêtes aussi hasardeuses que lointaines. En 1494, Charles VIII se dispose à entrer en Italie et s'arrête à Lyon.

Voici, d'après *Arnold Ferron*, de quelle manière le roi employait son temps :

« ..... Le roi Charles VIII ne parut occupé que de son amour pour les plus belles femmes de Lyon; il les invitait à ses festins, il leur désignait des retraites mystérieuses où ces femmes, qu'il avait séduites, devaient le rencontrer; et il trouvait des hommes parmi la noblesse qui se faisaient avec empressement les ministres et entremetteurs de ces plaisirs. Ainsi il abrégeait les jours par les repas, et les nuits se prolongeaient dans les voluptés. » Après quelques semaines de séjour à Lyon, Charles VIII envahit l'Italie à la tête d'une armée composée de soldats de toutes les nations : Français, Allemands, Suisses, Italiens; dans cette guerre féroce, les envahisseurs, craignant à chaque pas d'être empoisonnés ou assassinés, massacraient leurs prisonniers. Alexandre VI, ce pape infâme, vingt fois meurtrier, se cache au château Saint-Ange à l'arrivée de Charles VIII à Rome; quelques hommes de bien engagent le roi à faire déposer ce pontife, la honte du genre humain, cet incestueux qui partageait les faveurs de Lucrèce Borgia, sa fille, avec son propre fils à lui; mais Charles VIII, en bon catholique, demande la bénédiction d'Alexandre VI, conclut un traité avec lui, et marche sur Naples. Son roi, Alphonse II, prend la fuite, et ses Etats tombent au pouvoir des Français; leurs capitaines laissés dans le pays comme gouverneurs excitent des révoltes parmi les populations par leurs exactions et leurs cruautés. L'Europe, soulevée contre Charles VIII par la folle témérité de ses agressions, menace la France d'une coalition formidable. Le roi rassemble en Italie toutes les troupes dont il peut disposer, se dirige vers les Apennins et gagne la bataille de *Formose*, en 1495. Mais bientôt les Français sont chassés de Naples ; et après tant de trésors dépensés, tant de sang versé pour cette lointaine et stérile conquête, elle échappe enfin à Charles VIII, qui meurt sans enfants à Amboise, à l'âge de vingt-sept ans, le 7 avril 1498.

Charles VIII a pour successeur Louis XII, fils unique de *Charles, duc d'Orléans*. Il allège quelque peu les impôts lors de son avènement au trône ; et quoique marié avec *Jeanne* (fille de Louis XI), il demande à l'Eglise l'annulation de ce premier mariage, afin d'épouser la veuve de Charles VIII. Le pape Alexandre VI accède au désir de Louis XII, et prononce le divorce. Le digne fils de ce pape, *César Borgia*, dont le nom rappelle tous les crimes, est chargé d'apporter à Louis XII la bulle de séparation, et ce Borgia est reçu à la cour de France avec gratitude, vénération et solennité, en prince de l'Eglise catholique, apostolique et romaine. Louis XII, saisi du même esprit de vertige que ses prédécesseurs, veut tenter à son tour la conquête d'Italie, prétendant avoir des droits sur le duché de Milan au nom de son aïeule Valentine Visconti, héritière des souverains de cet Etat. En 1499, une armée française envahit le Milanais; l'année suivante, Louis XII perd cette conquête, la reprend après de nouveaux combats, pour la reperdre plus tard. Les républiques d'Italie, celles de Gênes et de Venise, entre autres, possédaient d'immenses richesses dues à leur commerce et à leur industrie; Louis XII, l'empereur d'Allemagne et le roi d'Espagne, envieux de cette opulence républicaine, dont ils veulent se partager les dépouilles, se liguent, le 10 décembre 1508, avec le nouveau pape *Jules II* qui avait succédé à Alexandre VI. Gênes et Venise succombent, et sont mises à rançon.

L'accord entre deux voleurs dure peu : Jules II, pontife sanguinaire, forcené batailleur, casqué, cuirassé, ayant toujours le glaive en main, déchaîne l'Europe contre la France; Louis XII, au moment de combattre le saint-père, est saisi d'un pieux scrupule; il lui semble sacrilège de guerroyer le vicaire du Christ; mais rassuré par l'avis des doctes clercs qu'il consulte, il envoie une armée en Italie. Jules II excommunie les troupes de Louis XII, et les combat à outrance; le chevalier Bayard, grand homme de guerre, extermine à Ferrare les troupes du pape. Jules II pousse contre la France les Suisses, les princes d'Allemagne; et Louis XII perd, en 1512, toutes ses conquêtes d'Italie. L'année suivante, Jules II devient l'âme d'une nouvelle ligue composée de Henri VIII, roi d'Angleterre, et de Maximilien, empereur d'Allemagne; les bandes aguerries des cantons suisses se joignent aux troupes de ces deux souverains pour envahir la Gaule. Trente mille Anglais débarquent à Calais ; vingt mille Allemands passent la frontière, s'emparent de Thérouanne, de Tournay; tandis que vingt mille Suisses entrent en Bourgogne, prennent Dijon et marchent sur Paris. En cette terrible extrémité, Louis XII, voyant l'ennemi au cœur du royaume, est réduit à acheter une paix humiliante au prix d'énormes concessions de territoire. Elle est signée le 10 mai 1515, et pour la consolider, Louis XII, veuf de sa seconde femme, épouse la sœur de Henri VIII, roi d'Angleterre; il survit peu de temps à cette union, et meurt à Paris, le 1er janvier 1515, à cinquante-sept ans, sans laisser de fils. Malgré ses folles visées de conquête en Italie, qui causèrent à la Gaule tant de désastres et lui coûtèrent tant d'hommes et tant d'argent, Louis XII ne fut pas cruel, il ne souilla pas le trône par le scandale éclatant de ses débauches; gai compère après boire (il ivrognait souvent), se plaisant aux contes graveleux, il se contenta de courtiser ses trois femmes. RABELAIS, le malin curé de Meudon, a dernièrement, dans ses allégories, tracé ce portrait de Louis XII, sous le sobriquet de *Grand-Gousier* : « Grand-Gousier était bon raillard en son temps, aimant à boire net autant que qui fût alors au monde. Il mangeait volontiers salé; à cette fin, avait ordinairement bonne provision de jambons de Mayence et de Bayonne, force langues de bœufs fumées, d'andouilles en la saison, bœuf à la moutarde, saucisses et boutargue. En son âge viril, Grand-Gousier épousa *Gargamelle*, fille du roi des Parpaillots, belle gouge et de bonne troigne... »

La réputation d'ivrognerie de Louis XII était d'ailleurs proverbiale. Il se plaignait un jour d'avoir été trompé deux fois par le roi d'Espagne Ferdinand V le Catholique, l'un des plus grands scélérats parmi les porte-couronnes : « — Le roi de France se plaint de ce que je l'ai trompé deux fois, l'*ivrogne* ! — s'écria Ferdinand V. — Il a bien menti, de par Dieu! je l'ai trompé plus de dix! »

FRANÇOIS Ier succède à Louis XII, dont il est le plus proche parent, ayant eu pour père CHARLES, duc d'Angoulême, cousin germain de Louis XII. A peine monté sur le trône (1er janvier 1515), à l'âge de vingt et un ans, il est, à l'exemple des deux derniers rois, possédé de la furie de conquérir l'Italie, royale folie qui avait causé tant de guerres désastreuses et laissé le trésor royal à sec après la mort de Louis XII. François Ier aime la bataille pour la bataille, en vaillant et robuste gendarme qu'il est, car il a presque six pieds de hauteur, et il joint à ses goûts guerriers un faste effréné, l'amour de la table, de la chasse, et un penchant désordonné pour les femmes. Il choisit ses maîtresses tantôt à sa cour, tantôt dans la boutique des marchands, et au besoin dans la fange des cités; sa corruption date de l'enfance. « A dix ans, — dit l'un de ses panégyristes, — il avait déjà une maîtresse, des favoris et des flatteurs. » Plus besogneux à lui seul que ne l'ont été tous ses prédécesseurs, François Ier s'imagine de remédier à l'insuffisance des impôts en vendant au plus offrant les charges judiciaires; de sorte que le juge, achetant cher le droit de juger, vend le jugement en conséquence au lieu de le rendre avec équité. François Ier recommence donc la guerre d'Italie. Le 13 septembre 1515, il traverse les Alpes, et après un combat acharné, prolongé pendant deux jours, il remporte la sanglante victoire de *Marignan* et recouvre le Milanais, déjà tant de fois reconquis et perdu. Après cette victoire, il se rencontre à Bologne avec le pape LÉON X, successeur du sanguinaire Jules II. Lors de cette entrevue, François Ier accorde au pape le droit de lever sur les fidèles de la Gaule l'*impôt des décimes*, soi-disant destiné à subvenir aux frais d'une croisade contre les Turcs, mais, en réalité, pour grossir l'escarcelle pontificale; en retour de cette concession, Léon X accorde à François Ier la nomination aux bénéfices ecclésiastiques, en d'autres termes, le droit de vendre au plus offrant ou d'octroyer à ses créatures abbayes, cures, prieurés, évêchés, et d'en faire le commerce ainsi qu'il a déjà fait des charges judiciaires. Le traité royal et papal fut ratifié au concile de Latran, le 16 août 1516; et bientôt l'on vit des courtisans laïques, des gens de guerre, et même des *femmes*, maîtresses ou entremetteuses de François Ier et de ses favoris, posséder prieurés, cures, abbayes, évêchés. Ces étranges bénéficiers faisaient administrer leurs biens ecclésiastiques par des vicaires et emboursaient les revenus. François Ier avait mis à l'encan la justice et la religion; c'était beaucoup, mais pas assez pour combler le gouffre de ses prodigalités. Le luxe insensé de ce prince dépassait toute limite; ainsi, ayant eu 1520 (le 7 juin) une entrevue avec Henri VIII, roi d'Angleterre, dans une vallée voisine de la mer, on dressa un camp pour servir de logement à François Ier et à sa cour. Toutes les tentes furent façonnées en étoffes cramoisies doublées de drap d'or; ce ne furent que galas, fêtes et tournois. Les seigneurs déployèrent à l'envie une magnificence inouïe, dont les vassaux de leurs domaines payèrent les frais. On a dit depuis à cette occasion, en manière de proverbe, que beaucoup de seigneurs portaient, lors du *camp du Drap-d'Or*, leurs métairies et leurs forêts sur le dos, tant la somptuosité de leurs habits était pour eux ruineuse. Mais Jacques Bonhomme à la vie dure, ses bras sont robustes, sa sueur est féconde; à force de travaux, il subvenait à peu près au luxe de ses maîtres. La guerre est jeu de prince; François Ier aimait fort ce jeu sanglant. Était-il las de boire, de chasser, de parader dans les tournois, de courtiser ses maîtresses, de bâtir des palais enchantés, de les combler de tableaux, d'objets d'art d'un prix inestimable, il se harnachait de sa splendide armure de bataille, montait à cheval, et à la tête de sa brillante gendarmerie, tirait l'épée contre ses voisins. Ainsi, en 1521, il déclare la guerre à *Charles-Quint*, roi d'Espagne, s'empare de Saint-Jean-Pied-de-Port et de Pampelune; mais ces places fortes sont bientôt reprises, et la Navarre reconquise par les Espagnols, tandis que le pape Léon X, se tournant contre la France, s'allie à Charles-Quint pour chasser les Français du Milanais; le connétable de Bourbon, cousin du roi, se joint à l'ennemi. Les Anglais, les Allemands entrent en Picardie, la ravagent; les Espagnols assiègent Bayonne; les Allemands envahissent la Provence, attaquent Marseille. François Ier, au lieu de repousser cette formidable agression, qui met l'étranger au cœur du royaume, s'opiniâtre à aller de nouveau conquérir le Milanais; malgré l'avis contraire de ses généraux, il assiège Pavie, le 24 février 1525, et après une bataille acharnée, où fut tué le chevalier Bayard, François Ier, est fait prisonnier et conduit en Espagne. Charles-Quint lui donne le château de Madrid pour prison. Hélas! depuis la captivité du roi Jean, les peuples savent ce que coûte la rançon de leurs sires; celle de François Ier fut exorbitante. Il s'engagea, par un traité signé en 1526, à payer *onze millions d'écus* au roi d'Angleterre; de plus, François Ier cède à Charles-Quint la Bourgogne, le Charolais, et renonce à toutes ses prétentions sur le royaume de Naples, sur le duché de Milan, sur la seigneurie de Gênes et autres souverainetés imaginaires. A ces conditions, le *roi Gentilhomme* (ainsi qu'il s'intitule) est mis en liberté, donnant ses deux fils en otage comme garantie de sa parole.

Au mépris des traités, malgré la foi jurée, au risque de prolonger la captivité de ses fils, garants de sa parole, et d'ameuter de nouveau l'Europe contre la France, à peine François Ier a-t-il recouvré sa liberté, qu'en 1527 il envoie une armée en Italie; mais, ainsi que toutes les fatales expéditions contre ce pays, la campagne, heureuse d'abord, malheureuse ensuite, aboutit à une dernière défaite, à une paix humiliante, ruineuse, conclue en 1529. Dans ce traité, François Ier s'obligeait à payer deux millions d'écus d'or pour la rançon de ses fils, jusqu'alors prisonniers à sa place....

François Ier, en parcourant l'Italie, s'est épris de l'amour des arts, amour noble en soi lorsqu'il élève l'âme; mais, hélas! Néron aussi aimait les arts; Néron aussi aimait les palais splendides ornés des chefs-d'œuvre de Rome et de la Grèce; Néron aussi raffolait de l'architecture, à ce point qu'il fit brûler la vieille Rome pour la rebâtir à neuf! En vérité, je m'indigne lorsque j'entends glorifier ce goût de François Ier pour les arts, et l'absoudre de ses guerres stupides et désastreuses, de son faste écrasant, de ses parjures, de ses débauches, de la vente à l'encan des offices du prêtre et du juge! O dérision! les impôts sont triples, la misère est partout ailleurs qu'à la cour; et parce que, au prix de sommes énormes puisées dans notre bourse, ce bon sire appelle près de lui les plus grands hommes de l'Italie, *Benvenuto Cellini*, le célèbre orfèvre florentin; *Léonard de Vinci*, le peintre inimitable; *Sébastien Serlo*, *le Rosso*, *le Primatice*, et tant d'autres illustres artistes, afin d'embellir ses splendides résidences de Chambord, d'Anet, de Fontainebleau, véritables palais de fées où ce roi gentilhomme fait, à nos dépens, grande vie, grande chère avec ses courtisans et sa sultane favorite, Diane de Poitiers; l'on admire, l'on s'exclame, peu s'en faut que l'on ne décerne l'apothéose à ce « gros garçon qui devait tout gâter, » disait Louis XII après boire. Hélas! l'homme a tenu ce que l'enfant promettait! Sa mère, Louise de Savoie, femme perdue de mœurs, l'a corrompu dès l'enfance, comme autrefois Brunehaut corrompait ses fils et ses petits-fils, afin de régner à leur place; mais les rois *sont hors de pages*, a dit François Ier; et, au grand dépit de sa mère, il use et abuse du pouvoir royal. — Cependant de grands évènements se préparent; la *réforme religieuse* en a donné le signal. Les scandales de l'Eglise de Rome sont devenus si monstrueux, qu'elle-même a tenté, mais en vain, d'y remédier lors des deux conciles de Bâle et de Constance; le mal résiste et existe dans toute son horreur. Le successeur de l'infâme Alexandre VI et du féroce Jules II, le pape Léon X, voluptueux, ami des arts libertins et profanes, donne au Vatican des fêtes splendides, où les nobles dames d'Italie, que ce pontife courtise galamment, assistent aux représentations de *la Mandragore*, comédie de Machiavel, licencieuse à ce point qu'elle ferait rougir les prostituées, impie à ce point que le malheureux qui répéterait les blasphèmes, les railleries sacrilèges de cette œuvre bouffonne, serait brûlé comme hérétique. Mais il faut de l'or, beaucoup d'or, pour payer les fêtes de Léon X et satisfaire à ses prodigalités; les *annates* et les décimes de guerre levés sur l'ignorante crédulité de la chrétienté, destinés à la prétendue croisade contre les Turcs, ne suffisent plus; la cour de Rome bat monnaie en vendant des indulgences pour tous les crimes, l'Europe est inondée de ces marchands d'indulgences. Cet abominable trafic indigne quelques prêtres, hommes de bien, véritables disciples du Christ. J'ai entendu *Olivier Malitard*, prêtre, s'écrier en chaire, à propos de ces vendeurs d'indulgences:

— Cafards! jongleurs! ne tenez-vous pas vos auditeurs pour leur soustraire leur bourse! Croyez-vous qu'avec des milliers de péchés il suffit de jeter six blancs dans un tronc pour être absous? Cela m'est dur à croire; mais plus dur à prêcher. »

Un autre prédicateur, le curé *Ménot*, s'écriait du haut de sa chaire:

« — Essayez de mourir avec votre dispense

du pape, vous verrez, sottes gens, triples imbéciles, si vous n'êtes pas damnés ! »

Les honnêtes gens éclairés, quelle que soit leur condition, se révoltent contre ces énormités ; mais le peuple, tenu dans une crasse ignorance ; mais beaucoup de bourgeois et de nobles, aussi superstitieux que dépravés, trouvent bon de pouvoir, moyennant quelques écus, être fourbes, larrons, adultères, homicides ! incestueux ! ! parricides ! ! ! L'indulgence pontificale, payée comptant, les absout devant leur conscience et devant Dieu des plus exécrables forfaits ! Le premier et le plus rude coup porté en ce siècle-ci à l'Eglise de Rome lui fut porté par *Martin Luther.* Né en Saxe, à Eisleben, le 10 novembre 1483, fils de pauvres paysans travaillant aux mines, admis par charité à l'université d'Erfurt, puis plus tard moine et prédicateur fameux, Luther, d'abord plein de foi dans l'Eglise catholique, apostolique et romaine, fait un voyage à Rome, relatif aux intérêts de l'ordre religieux auquel il appartenait. J'ai lu ceci dans les œuvres de Luther.

« ... Un jour, à Rome, je disais la messe, il se trouva qu'à l'autel voisin l'on avait déjà lu sept messes avant que j'eusse pu achever la mienne. — *Marche, marche,* me dit un prêtre ; *renvoie vite à Notre-Dame son fils,* — faisant ainsi une allusion impie à la transsubstantiation du pain en corps et en sang de Jésus-Christ. — *Dépêche, dépêche, finis-en donc une bonne fois.* — D'autres prêtres, lorsqu'ils disaient la messe (ils s'en vantaient devant moi en raillant), au lieu de prononcer les paroles sacramentelles qui doivent transformer le pain et le vin en la chair du Sauveur, disaient ces mots dérisoires : *Pain tu es, pain tu resteras ; vin tu es, vin tu resteras...* J'étais un jeune moine grave et pieux ; de telles paroles m'affligeaient profondément. Si l'on parle ainsi à Rome librement, publiquement, me disais-je, que serait-ce si les actions répondaient aux paroles, et si tous, pape, cardinaux, courtisans, disaient ainsi la messe ? Et moi qui leur en ai entendu dire dévotement un si grand nombre, comme ils m'ont trompé !...La ville de Rome est remplie de désordres et de meurtres ; on ne saurait croire que de péchés, que d'actions infâmes se commettent dans cette capitale de la chrétienté, il faut le voir et l'entendre. Aussi a-t-on coutume de dire : S'il y a un enfer, Rome est bâtie au-dessus ; c'est un abîme d'où sortent tous les péchés. Plus on approche de Rome, plus on trouve de mauvais chrétiens. »

Enfin, Christian Lebrenn, qui écris ceci, j'ai lu dans l'œuvre de MACHIAVEL, qui vivait à Florence lorsque Luther y passa pour se rendre à Rome : « Le plus grand symptôme de la ruine prochaine du christianisme, c'est que, plus les peuples se rapprochent de la capitale de la chrétienté, moins on trouve en eux d'esprit chrétien ; les exemples scandaleux et les crimes de la cour de Rome sont cause que l'Italie a perdu tout sentiment de piété. Nous devons principalement à l'Eglise et aux prêtres d'être devenus des impies et des scélérats. »

Telle était la Babylone moderne, si justement, si formidablement attaquée par Luther. Avant lui, et il y a des siècles, vous l'avez lu dans nos annales de familles, fils de Joel, les *Ariens* au temps de Clovis, plus tard les *Pélagiens,* puis les *Albigeois* ou *Parfaits,* révoltés contre la sanglante tyrannie, contre l'insatiable cupidité, contre les excès scandaleux de l'Eglise de Rome, avaient tenté de ramener le christianisme à la douce et sainte morale évangélique prêchée par Jésus de Nazareth. Martin Luther (et avant lui, dans le siècle précédent, *Jean Huss et Jérôme de Prague*) poursuivit l'œuvre de ces réformateurs ; la pureté de sa vie, son éloquence, son courage, son audace et surtout les monstruosités résultant de la vente des indulgences, donnèrent à cette nouvelle attaque contre l'autorité pontificale une puissance irrésistible. Luther, appuyé de l'autorité des livres saints, reconnaissait le mystère de la Trinité, la divinité du Christ rédempteur ; mais il déclarait et affirmait ceci ; « — Il n'est pas besoin de l'Eglise catholique comme intermédiaire entre l'homme et Dieu. — Le Christ nous a rachetés en versant son sang sur la croix. » — L'aimer, c'est prier. — Croire, c'est sauver son âme. — Les promesses des prêtres à l'endroit de notre salut, en retour de dons pécuniaires sous couleurs d'œuvres pies, sont d'insignes fourberies. » — Le purgatoire, une fable. — La messe, l'adoration des images et des saints, la confession, autant d'idolâtries. — Le clergé n'a pas le monopole de l'administration des sacrements. — Tout chrétien de bonnes vie et mœurs est pasteur. — Les sacrements sont réduits à trois : le Baptême, la Pénitence et la Communion. — Les vœux monastiques, le célibat des prêtres, autant d'insultes à la raison, à la nature et à la volonté divine. — Le pape est l'Antechrist ; — Rome une Babylone moderne où vient affluer l'argent de la chrétienté, subtilisé par les jongleries des moines et les piperies ecclésiastiques. — Les biens immenses du clergé doivent être employés : — à l'entretien d'écoles gratuites établies dans les anciens couvents ; — à secourir les vieillards, les infirmes et les malades ; — à l'éducation des orphelins ; — à venir en aide aux étrangers nécessiteux ; — à rémunérer modestement les ministres du culte réformé. »

La voix tonnante de Luther eut, en Allemagne un immense écho ; ses partisans devinrent innombrables. Le pape lui ordonna de se rendre à Rome afin d'y être jugé ; c'était inviter

Paris au XVIe siècle (page 252)

le réformateur à monter volontairement au bûcher, ce dont il se garda, continuant de prêcher la réforme, soutenu par la majorité des princes de l'Empire, non moins las du joug pontifical que les peuples. La France aussi s'émut à la voix de Luther, les uns voulant seulement mettre un terme aux effroyables abus de l'Église ; les autres, en plus petit nombre, espérant à la faveur de la réforme religieuse, poursuivre les réformes politiques tentées de siècle en siècle avant et depuis la mort d'Étienne Marcel. Ces idées émancipatrices, semées d'âge en âge par les insurrections contre le pouvoir royal, ont germé, fructifié.

Jacques Almain a écrit en ce temps-ci.

— « La puissance des rois procède des peuples ; Dieu ne l'a pas conférée immuablement à certaines personnes. »

Guillaume Pépin a écrit : — « Les rois prodigues et cruels qui attentent à la liberté de leurs sujets rendent ainsi les révoltes légitimes ; car les sujets ont pour eux le droit divin qui créa la liberté. » — Et Guillaume Pépin ajoute : — « Que les rois se sont associé les nobles, comme Lucifer s'est associé les démons. » Ceci peut se lire dans le livre intitulé : *Sermones de destructione Ninivæ*, imprimé par moi, Christian Lebrenn, à Paris, en 1525, chez maître Robert Estienne.

Le besoin de s'affranchir du triple joug de la noblesse, de l'Église et de la royauté, n'est pas seulement commun en Allemagne, à la Gaule : un chancelier du roi d'Angleterre, un écrivain profond, nommé *Thomas Moore*, dans son Utopie, a jeté les bases d'une république modèle. — « Dans ce pays d'Utopie, chacun exercera son culte selon sa conscience ; les nobles et les prêtres, dépouillés de leurs

133e livraison

privilèges, n'ayant d'autres droits que ceux des citoyens, ne posséderont plus, au détriment des peuples, tous les biens de la terre; chacun jouira des fruits de son travail, selon cette parole du Christ: Celui qui ne travaille pas ne doit pas manger. »

Enfin la révolution religieuse fait de tels progrès en Angleterre, que Henri VIII rejette l'autorité du pape; la chambre des lords et celle des communes a reconnu, par un édit récent, Henri VIII chef de l'Église anglicane, presque entièrement conforme aux principes posés par Luther. En Gaule, les *Vaudois* du Midi, descendants des Albigeois qui, des siècles avant le luthérianisme, s'étaient séparés de l'Église de Rome, afin de pratiquer l'Évangile dans sa pureté primitive, ont longtemps échappé à la persécution, grâce à leur petit nombre, à leur prudence, à leur modération ; mais aujourd'hui la réforme se propage en France, ils vont être sans doute, ainsi que les autres réformés, victimes de leur insurmontable horreur pour la communion catholique. François Ier, la noblesse, le clergé, le Parlement, la Sorbonne, grand nombre de bourgeois, se montrent implacables envers l'hérésie pour plusieurs raisons: d'abord ils se partagent les dépouilles des hérétiques ; ensuite, depuis que François Ier s'est réservé la distribution ou la vente des bénéfices ecclésiastiques, il est peu de familles de courtisans, du parlement, ou de la riche bourgeoisie, qui ne jouissent de la totalité ou d'une portion du revenu d'un évêché, d'un prieuré, d'une abbaye, d'une prébende, d'une cure ; or, la réforme attaquant, non par la violence, mais par le raisonnement et la persuasion, les scandaleux abus de ces bénéfices, ceux-là qui en jouissent perdraient, si la raison triomphait, les revenus dont ils s'enrichissent ; enfin la royauté, le clergé, la noblesse sentent vaguement leur existence menacée par les idées nouvelles : nier, au nom de la raison, l'autorité du pape, source de tout droit, de tout pouvoir..... du pape, qui sacre les rois, n'est-ce pas nier la seigneurie, son principal soutien, et comme elle, procédant des sanglantes iniquités de la conquête franque ? Telles sont les causes de la fureur des ennemis du luthérianisme; l'orgueil, la cupidité, l'amour du pouvoir absolu, sont leurs seuls mobiles ; ce qu'ils défendent, ce sont leurs privilèges, c'est leur superbe, mais non la foi. Les hérétiques, ainsi qu'on les appelle, ne reconnaissent-ils pas les bases immuables du catholicisme : le mystère de la Trinité, la divinité du Christ, la rédemption par l'Eucharistie, et jusqu'au péché originel ? Malheureusement, le peuple superstitieux et crédule par suite de son ignorance, est complètement sous la domination et l'inspiration des moines; ceux-ci affectent de parler son grossier langage, ils excitent, ils exploitent ses mauvaises passions, ils lui peignent les hérétiques sous les couleurs les plus mensongères. Cependant, les hommes honnêtes, éclairés, de toutes les classes, — hélas ! il est vrai, peu nombreux, — se montrent ouvertement ou tacitement partisans de la réforme, selon que leur position leur permet ou non de braver le péril. La princesse *Marguerite*, sœur de François Ier, femme d'un grand sens et d'un noble esprit, affiche hautement son penchant pour les idées nouvelles, auxquelles se sont ralliés quelques seigneurs, beaucoup de gens de lettres, d'avocats, de riches bourgeois, d'artistes, d'industrieux commerçants. Le premier martyr de la réforme a été de notre temps un pauvre cardeur de laine, natif de Meaux, nommé *Jean Leclerc* ; soulevé, comme tous les gens de bien, par la vente des indulgences, il afficha sur les murs de la cathédrale un placard où il flétrissait cet infâme trafic. Jean Leclerc fut arrêté, battu de verges, marqué d'un fer chaud et proscrit ; il se réfugia dans la ville de Metz, y prêcha hautement la foi évangélique. Arrêté de nouveau et couronné d'un cercle de fer rouge, comme Guillaume Caillet, le chef des Jacques, il périt sur le bûcher. Les œuvres de Luther ont été, d'après l'ordre de François Ier, livrées aux flammes, par la main du bourreau, sur le parvis Notre-Dame. Un gentilhomme du pays d'Artois, *Louis de Berquin*, ayant écrit un livre pour soutenir le luthérianisme, a été brûlé vif à Paris, le 22 avril 1529, sur la place Maubert ; et brûlés aussi : un cordelier à Vienne en Dauphinois, et un curé à Séez, tous deux partisans de la réforme ; enfin, à Toulouse, l'Inquisition a célébré il y a deux ans (le 31 mars 1532) un auto-da-fé où trente-deux hérétiques ont péri par le feu. Malgré les supplices, préludes d'une persécution sans merci ni pitié, le nombre des réformés va s'augmentant chaque jour dans l'ombre et le secret. L'on parle beaucoup aujourd'hui d'un jeune homme, ancien disciple de l'université de Bourges ; il paraît destiné à devenir le Luther de la France. Fils d'un procureur fiscal et notaire apostolique de Noyon, il se nomme JEAN CALVIN. A peine âgé de douze ans, il jouissait déjà d'une cure et d'une prébende dépendant de la cathédrale, obtenue grâce à l'influence que donnait à son père sa position de notaire apostolique ; Jean Calvin, *curé prébendier* à douze ans, offrait l'un des mille exemples des ridicules et scandaleuses conséquences de la distribution des bénéfices ecclésiastiques. Loin de profiter de cet avantage, contre lequel se révoltait sa conscience, son sens droit, son inflexible raison, Jean Calvin, refusant les avantages pécuniaires de la cure et de la prébende dont son enfance avait été gratifiée, embrassa vaillamment, ardemment, le luthérianisme. En 1532, il publia un beau livre, commentaire du traité de Sénèque *sur la Clémence*; il adressa cette œuvre, d'une mâle éloquence, à François Ier, comme une sévère protestation contre les persécutions religieuses. L'immense érudition de Calvin, son impitoyable logique, portèrent de rudes coups à l'Église catholique. La Sorbonne et le Parlement décrétèrent contre lui; il fut obligé de fuir pour échapper à une condamnation. Les uns prétendent qu'il a quitté la France, d'autres affirment qu'il voyage secrètement de ville en ville au péril de ses jours, et que son zèle, son activité, l'ardeur de sa foi, gagnent de nombreux adhérents à la réforme. Tel est, fils de Joel, en cette année 1535, vers le milieu de laquelle commence la légende suivante : « LA BIBLE DE POCHE OU LA FAMILLE DE CHRISTIAN L'IMPRIMEUR, » tel est l'état des choses sous François Ier, faste royal, misère du peuple.

. . . .

Allan Lebrenn, petits-fils de *Mahiet l'Avocat d'armes*, témoin du martyre de Jeanne Darc, quitta Vaucouleurs en 1461. Après la mort de son père, il trouva difficilement à gagner sa vie dans l'exercice de son métier de copiste et de peintre en manuscrits, les progrès rapides de l'imprimerie rendant inutiles les livres écrits, toujours si coûteux. Jean Saurin, maître imprimeur de Paris, s'étant, lors de son passage à Vaucouleurs, vivement intéressé à Allan Lebrenn, et frappé de son intelligence, lui proposa de le suivre à Paris et de lui faciliter les moyens de devenir artisan d'imprimerie; notre aïeul accepta et réussit au mieux dans sa nouvelle carrière. Il se maria vers 1465 et mourut en 1474, laissant un fils, Mélar Lebrenn (né en 1466), qui fut mon père. Il travailla longtemps aussi dans l'imprimerie de Jean Saurin; mais après la mort de celui-ci, mon père, qui s'était marié (en 1495) et avait un fils (moi, Christian, né en 1496) et deux filles, nées durant les années suivantes, fut congédié par le successeur de Jean Saurin, nommé Noël Compaing. Cet homme, forcené catholique, irrité de ce qu'il appelait l'incrédulité de mon père, le poursuivit d'odieuses calomnies, le signalant aux autres membres de la corporation des imprimeurs comme un artisan inhabile dans sa profession et comme un homme sans probité; mon père, sous le coup de ces accusations mensongères, vit peu à peu le travail lui manquer; ses épargnes suffirent d'abord aux besoins de sa femme et de ses enfants; mais repoussé de tous ceux qui auraient pu l'occuper, ses ressources s'épuisèrent, il ne possédait plus rien au monde, sinon les légendes et les reliques de notre famille. Il tenta, dans son désespoir, une dernière chance de salut; il connaissait de renom maître HENRI ESTIENNE, le plus célèbre imprimeur du siècle passé; l'on vantait sa bonté à l'égal de son savoir; mon père résolut de s'adresser à lui, mais il le trouva rempli de préventions à son égard par suite des odieux propos de maître Compaing; après avoir exposé les causes de la haine de ce méchant homme, mon père offrit à M. Henri Estienne de le mettre à l'essai comme artisan d'imprimerie; son offre acceptée, il fit montre d'une telle habileté, soit comme compositeur, soit comme correcteur d'épreuves, que maître Henri Estienne, reconnaissant la fausseté des accusations portées contre mon père en ce qui touchait la pratique de sa profession, le jugea également calomnié en ce qui touchait sa probité, s'intéressa d'autant plus à lui qu'il le savait victime d'indignes calomnies, lui confia divers travaux, et bientôt l'affectionna singulièrement, non moins pour son mérite d'artisan que pour la droiture et la bonté de son cœur. Mes deux sœurs furent emportées par la contagion qui sévit à Paris en 1512; ma mère leur survécut peu de temps; je perdis mon père, *Mélar Lebrenn*, en 1519, trois ans après mon mariage avec ma bien-aimée femme, *Brigitte Ardouin*, brodeuse en fil d'or et d'argent. Je suis entré dans l'imprimerie de mon maître Henri Estienne à l'âge de douze ans comme apprenti; après la mort de cet homme vénéré, j'ai continué d'être employé par son fils, maître ROBERT ESTIENNE. Héritier des vertus de son père, il le surpasse dans la science; ses éditions des auteurs de l'antiquité, grecs, hébreux ou latins, font l'admiration des érudits, par la correction du texte, la rare beauté des caractères et la perfection de l'impression; il a aussi publié, en petit format dit *de poche*, l'Ancien et le Nouveau Testament, traduits en français, véritable chef-d'œuvre typographique. Je suis attaché à maître Robert Estienne par les liens d'une inaltérable reconnaissance, son père a sauvé le mien d'un abîme de misère et de désespoir. De tels services ne peuvent s'oublier.

Trois enfants sont nés de mon mariage avec Brigitte; elle m'a donné un fils en 1516, il a aujourd'hui dix-huit ans; une fille en 1518, aujourd'hui âgée de seize ans; et un dernier enfant en 1520, qui touche à sa quinzième année. Il se nomme *Odelin*, il est apprenti chez maître Raimbaud, l'un des plus célèbres armuriers de Paris; mon fils aîné, ainsi que moi, artisan d'imprimerie, s'appelle *Hervé*, en mémoire du père de sa mère; et j'ai donné à ma fille le nom d'*Héna*, en souvenir de notre aïeule, la vierge de l'île de Sèn.

Telle est donc la situation de notre famille.

LA BIBLE DE POCHE OU LA FAMILLE DE CHRISTIAN L'IMPRIMEUR.
(1534-1610)

LA COMPAGNIE DE JÉSUS

Paris au seizième siècle. — La maison de Christian. — Le vol. — Les âmes du purgatoire. — Odelin, Héna et Hervé. — La vente des indulgences à l'église Saint-Dominique. — Le confessionnal. — L'imprimerie de Robert Estienne. — Le banni. — L'adoration des images. — Le meurtre. — Frère et sœur. — Torquedillon le Franc-Taupin. — Le souper. — Les galanteries et les duels du capitaine don Ignace de Loyola. — Son procédé pour dompter les hommes, les femmes et les chevaux. — Les seigneurs en débauche. — L'évêque colonel. — Marie la Catelle, la maîtresse d'école. — Frère saint Ernest martyr. — Les carrières de Montmartre. — La compagnie de Jésus. — Le serment d'Ignace de Loyola et ses dix premiers disciples.

Combien de changements dans Paris, fils de Joel, depuis le temps où notre aïeul Eidiol, le nautonier parisien, habitait cette ville, au neuvième siècle, lors de l'invasion des Northmans! combien de changements, même depuis l'an 1350, alors que notre aïeul Mahiet l'Avocat d'armes, tombait blessé aux côtés d'Etienne Marcel, assassiné par Jean Maillart et les royalistes! La population de la grande cité est aujourd'hui (en 1534) d'environ quatre cent mille âmes; chaque jour de nouvelles demeures s'élèvent dans les faubourgs en dehors des remparts, dont l'enceinte est devenue insuffisante, quoiqu'ils renferment douze à treize mille maisons. Mais, ainsi que par le passé, Paris est toujours divisé, pour ainsi dire, en quatre villes, par deux rues qui se coupent en croix; la rue *Saint-Martin*, prolongée par la rue *Saint-Jacques*, le traverse de l'est à l'ouest; la rue *Saint-Honoré*, prolongée par la rue *Saint-Antoine*, le traverse du nord au midi. Aux gens de cour, le quartier du Louvre; aux gens de guerre, le quartier de la Bastille, de l'Arsenal, rempli d'armes, et du Temple, rempli de poudre; aux gens d'études et de lettres, le quartier de l'Université; aux gens d'église, le quartier Notre-Dame et Saint-Germain, où sont bâtis les couvents des Cordeliers, des Chartreux, des Jacobins, des Augustins, des Dominicains, et tant d'autres moutiers de moines et de nonnes, sans compter les monastères disséminés dans la ville; les commerçants habitent généralement le centre de Paris, vers la rue Saint-Denis; les fabricants, le quartier de l'Est, le plus misérable de tous; là se trouvent des logeurs, où, pour un liard chaque nuit, vont coucher les artisans. La majeure partie des maisons bourgeoises et tous les couvents sont maintenant bâtis en pierre, et non plus en bois comme autrefois; ces modernes constructions, recouvertes de toits d'ardoise ou de plomb, ornées de sculptures, deviennent de jour en jour plus nombreuses. Il en est ainsi des crimes de toute sorte; leur augmentation est hors de toute mesure. Les meurtriers, les bandits, prennent, la nuit venue, possession des rues; ils sont au nombre de vingt-cinq ou trente mille organisés en compagnies, *Guelleris*, *Plumets*, *Rougets*, *Tire-laine*; ceux-ci dévalisent les bourgeois, auxquels il est interdit de porter des armes; les *Tire-soie*, plus audacieux, s'attaquent aux gentilshommes, toujours armés; les *Barbets* se déguisent en artisans de diverses professions ou en moines de divers ordres, et s'introduisent dans les maisons pour voler: c'est encore la compagnie de la *Matte*, ou *Fins Mattois*, coupeurs de bourse; les *Mauvais-Garçons*, les plus redoutables de tous, offrent publiquement, à prix débattu et convenu, leur poignard à qui veut se délivrer d'un ennemi. Paris regorge de filles perdues, de courtisanes de tout étage; jamais la corruption, dont la royauté, l'Église, la seigneurie donnent de si scandaleux exemples, n'a exercé plus de ravages. Une maladie honteuse, importée d'Amérique par les Espagnols, après les conquêtes de Christophe Colomb, empoisonne la vie jusque dans sa source. Paris offre un mélange sans nom de fanatisme, de débauche et de férocité: au-dessus de la porte des lupanars, on voit des images de saints et de saintes dans leurs niches, devant lesquelles, voleurs, meurtriers, courtisanes se découvrent ou s'agenouillent en passant; les *Tirelaine*, les *Guilleris* et autres brigands, font brûler des cierges à l'autel de la Vierge ou dire des messes pour le bon succès de leurs crimes; la superstition progresse en raison de la scélératesse. L'on cite des médecins communiant chaque semaine, et qui, d'accord avec d'impatients héritiers, empoisonnent dans des breuvages pharmaceutiques leurs riches malades dont la succession se fait trop attendre; l'on ne recule plus devant d'effroyables forfaits, surtout depuis que les indulgences papales, vendues à beaux deniers, assurent aux criminels absolution et impunité. Les vertus domestiques, les bonnes mœurs, semblent réfugiées au sein des familles qui ont embrassé la réforme et pratiquent la morale évangélique; ainsi la famille de Christian l'imprimeur, avait trouvé la paix et le bonheur du foyer, jusqu'au jour fatal où commence cette légende.

C'était vers le milieu du mois d'août 1534,

Christian Lebrenn occupait à Paris une modeste demeure située vers le milieu du Pont-au-Change ; presque tous les ponts, bordés de maisons, forment ainsi des rues au-dessous desquelles passe la rivière. Au rez-de-chaussée se trouvait la cuisine, où l'on prenait ses repas ; derrière cette salle, dont la porte et la fenêtre donnaient sur la voie publique, était une pièce ou couchait *Hervé*, fils aîné de Christian, et son frère *Odelin*, apprenti armurier chez maître Raimband. Mais à l'époque où commence ce récit, Odelin, absent de Paris, voyageait en Italie avec son patron, celui-ci étant allé à Milan étudier les procédés de fabrication des armuriers milanais, aussi célèbres que ceux de Tolède. Le premier étage de la demeure de Christian se composait de deux chambres ; il occupait l'une avec sa femme *Brigitte*, et leur fille *Héna* occupait l'autre. Enfin, un galetas, servant de débarras pour les provisions d'hiver, s'étendait sous les combles de la maison et avait vue sur la rivière.

Ce soir-là, Christian s'entretenait avec sa femme ; il faisait nuit depuis longtemps, les enfants reposaient, une lampe éclairait la chambre des deux époux. On voyait les métiers à broder de Brigitte et d'Héna près de la fenêtre aux petites vitres en losanges, enchâssées dans des nervures de plomb ; au fond de cette pièce assez vaste, le lit de noyer surmonté de son ciel, enveloppé de ses rideaux de serge orangé ; plus loin une petite bibliothèque où sont rangés les livres, à l'impression desquels Christian et son père ont concouru dans l'atelier d'imprimerie de maîtres Henri et Robert Estienne ; entre autres une *Bible de poche* reliée en basane noire, à fermeture et à coins de cuivre. En face de cette bibliothèque est un bahut de chêne assez curieusement sculpté ; là, Christian renferme les reliques, les légendes de sa famille et ce qu'il possède de précieux. Au-dessus de ce bahut, une vieille arbalète et une hache de guerre sont accrochées au mur ; car il est utile d'avoir des armes chez soi pour repousser les attaques des bandits, de plus en plus audacieux. Deux coffres à sièges recouverts de cuir, et destinés à renfermer les hards, quelques escabeaux, complètent le modeste ameublement de cette chambre. Christian est profondément soucieux ; Brigitte, non moins soucieuse que lui, abandonne son travail de brodeuse, qu'elle accomplissait à la clarté de la lampe, se rapproche de son mari ; celui-ci, le regard fixe, le coude sur son genou et le front dans sa main, dit à sa femme :

— Oui, la personne qui a volé cet argent dans le bahut, ici, en cette chambre, et sans briser la serrure de ce meuble, doit hanter familièrement la maison.

— Te l'avouerai-je, Christian, depuis hier que nous nous sommes aperçus de ce larcin, je suis dans des transes continuelles.

— Nul autre que nous et nos enfants n'entre ici.

— Non, à l'exception de nos marchands ou de leurs employés ; mais sachant, entre autres malfaiteurs, les *Barbets* assez hardis ou rusés pour prendre au besoin l'apparence d'honnêtes commerçants, afin de s'introduire chez nous et d'y tenter quelque mauvais coup, sous prétexte de venir me faire une commande de broderie, jamais ni moi, ni Héna, nous ne quittons cette chambre lorsque nous y recevons un étranger.

— Je cherche dans mon souvenir quelles personnes de notre intimité ont pu entrer céans, — reprit l'imprimeur avec une pénible anxiété.

— Lefèvre, de temps à autre passe la soirée chez nous ; parfois nous sommes montés ici lui et moi, lorsqu'il m'a demandé de lui lire quelques légendes de notre famille.

— Mon ami, il y a d'abord assez longtemps que nous n'avons vu M. Lefèvre, et de cela tu t'étonnais dernièrement encore ; puis il est impossible de soupçonner ton ami, un homme de mœurs austères, toujours occupé de sciences...

— Dieu me garde de l'accuser ! J'énumérais seulement le très petit nombre de personnes qui entrent familièrement ici.

— Il y a encore mon frère... C'est, il est vrai, un soldat d'aventure ; il a ses défauts, de grands défauts, mais...

— Ah ! Brigitte ! Joséphin a pour toi, pour nos enfants, une affection si tendre, si touchante... Je le crois capable de commettre en pays ennemi de grands excès, ainsi que font les gens de son métier ; mais lui, qui presque chaque jour s'asseoit à notre foyer, commettre un larcin chez nous. Jamais je n'ai eu..... je n'aurais cette idée !

— Merci de tes paroles, mon ami, oh ! merci.

— Tu as pu supposer que je soupçonnais ton frère ? Non, mille fois non !

— Que te dirai-je ? la vie vagabonde qu'il a menée depuis sa jeunesse... les habitudes de violence, de rapine, reprochées à si juste titre aux *Francs-Taupins*, aux *Pendards*, et autres soldats aventuriers, compagnons d'armes de mon frère, pouvaient faire naître des doutes dans un esprit prévenu, et... mais mon Dieu... Christian... qu'as-tu ? qu'as-tu donc ? — s'écria Brigitte voyant son mari cacher avec accablement sa figure entre ses deux mains pendant un moment, puis se lever brusquement et marcher çà et là en proie à une angoisse profonde.

— Mon ami, — reprit Brigitte, — quelle pensée soudaine est venue t'affliger !... des larmes roulent dans tes yeux ? ton visage est altéré... Tu ne me réponds pas !

— Le ciel m'en est témoin ! — s'écria l'artisan levant les yeux au ciel d'un air navré, — la perte de ces vingt-deux écus d'or, si laborieusement gagnés par nous, m'a vivement affecté : c'était la dot de notre fille ; mais cette perte n'est rien auprès de...

— Achève... qu'as-tu à m'apprendre ?

— Non, oh non !... c'est trop affreux !...

— Christian... que veux-tu dire ?

— Laisse-moi ! laisse-moi !... — Puis regrettant ce mouvement de brusquerie involontaire, l'artisan prit les mains de Brigitte entre les siennes et lui dit d'une voix douloureusement émue : — Excuse-moi, pauvre chère femme... quand je songe à cela, vois-tu, je n'ai plus la tête à moi ! Lorsque tantôt, à l'imprimerie, cet horrible soupçon s'est présenté à mon esprit, j'ai cru que j'en deviendrais fou ! je l'ai combattu de tout mon pouvoir... mais tout à l'heure en énumérant avec toi les personnes de notre intimité que nous aurions pu accuser de larcin, l'affreux soupçon dont je te parle m'est revenu à la pensée. Telle est la cause de mon trouble.

Christian, retombant assis sur son escabeau, frémit et de nouveau cacha sa figure entre ses mains tremblantes.

— Mon ami, cette pensée que tu fuis, qui t'accable... quelle est-elle ? fais-la-moi connaître, je t'en conjure...

L'artisan après un moment de lutte douloureuse avec lui-même, murmura d'une voix affaiblie et comme si ses paroles lui eussent brûlé les lèvres.

— Tu l'as aperçue comme moi, depuis quelque temps... cela remonte à peu près à l'époque du départ d'Odelin pour Milan... tu l'as aperçue comme moi d'un grand changement dans le caractère, dans les habitudes d'Hervé...

— Notre fils !... — s'écria Brigitte avec stupeur ; puis elle ajouta : — Miséricorde... tu le soupçonnerais d'un si infâme vol ?

Christian garda un morne silence que Brigitte, éperdue de douleur, n'osa d'abord interrompre, puis elle reprit :

— C'est impossible ! Hervé, élevé par nous dans les mêmes principes que son frère... Hervé, qui jamais ne nous a quittés...

— Brigitte, je te l'ai dit, ce soupçon est horrible ; je l'ai repoussé de toutes les forces de mon âme... — Puis, s'interrompant d'une voix étouffée par les sanglots. — Et si cela était pourtant !!!... Si notre fils était le coupable ?

— Mon ami, tu m'épouvantes ! Tu aimes trop Hervé, ton jugement est trop sûr, ton esprit trop pénétrant, pour qu'un pareil doute te soit venu sans motif... Notre fils est à l'imprimerie continuellement près de toi, ainsi qu'Héna est ici près de moi, tu dois mieux que personne connaître le cœur de cet enfant... — Et après un moment de silence, Brigitte reprit, pleurant à chaudes larmes : — Ah ! je le sens, ce soupçon, ne fût-il jamais justifié, sera l'amertume de ma vie ! Notre fils être soupçonné d'un larcin !

— Aussi, je ne pouvais confier qu'à toi, qu'à toi seule au monde cet horrible soupçon ! Enfin, ce n'est qu'un soupçon ; n'exagérons rien, ne nous laissons pas abattre, approfondissons les faits, rappelons soigneusement nos souvenirs ; peut-être arriverons-nous... que Dieu m'entende !... à reconnaître que ces soupçons ne sont pas fondés. Je te le disais tout à l'heure, de grands changements se sont manifestés dans les habitudes, dans le caractère d'Hervé. Tu les as remarqués comme moi ces allures singulières.

— Oui, depuis quelque temps, lui, jadis si gai, si ouvert, si affectueux, devient glacial et sombre, rêveur et taciturne ; il a pâli, maigri ; il s'irrite d'un mot. Peu de temps avant le départ de notre petit Odelin, il avait plusieurs fois, et sans cause, rudoyé ce pauvre enfant, pour qui jusqu'alors il s'était montré plein de tendresse... et souvent, depuis cette époque, j'ai aussi reproché à Hervé ses brusqueries, je dirais presque ses duretés envers sa sœur, qu'il chérissait ; il semble maintenant l'éviter ; sa conduite envers elle est parfois inexplicable. Tiens... hier encore, lorsque toi et lui vous êtes rentrés de l'imprimerie, Héna, après l'avoir embrassé selon sa coutume, a présenté son front à son frère... il l'a repoussée brutalement.

Ce fait m'avait échappé ; mais, comme toi, je suis frappé de la froideur croissante d'Hervé pour sa sœur. Quel mystère cela cache-t-il ?

— Cependant, mon ami, nous aimons nos enfants d'un amour égal ; Hervé pourrait se trouver blessé si nous montrions quelque préférence pour Héna ou pour Odelin ; mais nous ne leur témoignons aucune préférence au détriment de leur frère. Notre tendresse est égale pour tous.

— Sans doute ; aussi faut-il, je crois, chercher ailleurs la cause des changements dont nous nous affligeons ; peut-être a-t-il, à notre insu, de mauvaises relations... J'ai été frappé d'un fait : l'amour paternel ne m'aveugle pas, je reconnais à Hervé de grandes aptitudes, sans parler du don d'une éloquence naturelle singulière à son âge, il est devenu excellent latiniste ; aussi est-il parfois chargé d'aller collationner des manuscrits précieux chez quelques érudits, amis de M. Robert Estienne ; notre fils s'occupait ordinairement de cette tâche avec autant d'exactitude que de célérité ; maintenant ses absences de l'atelier se prolongent outre mesure, deviennent fréquentes, enfin il n'accomplit pas ou accomplit mal ces travaux de collation. M. Robert Estienne s'est plaint à moi amicalement, me disant qu'il fallait surveiller Hervé, qu'il touchait à sa dix-huitième année, qu'il pouvait nouer de mauvaises relations et nous causer plus tard quelques soucis.

— A ce propos, mon ami, je reprochais, il y a peu de jours, à Hervé, l'éloignement qu'il montre pour ses amis d'enfance, bons et braves jeunes gens, cependant! Il fuit leur société, repousse leurs avances cordiales. La seule personne qu'il fréquente intimement est fra-Girard le cordelier, le fils de notre voisin le mercier.

— Je préférerais, pour notre fils, une autre compagnie, non que j'accuse fra-Girard d'être vicieux comme tant d'autres moines ; on le dit de mœurs austères ; mais plus âgé qu'Hervé, il a, je le crains, pris sur lui beaucoup d'influence, et l'a rendu d'une farouche intolérance. Beaucoup d'artisans de l'imprimerie de M. Estienne sont comme lui partisans de la réforme ; les uns ouvertement, malgré le péril ; les autres, tacitement. Notre fils, plus d'une fois, s'est élevé avec une violence inouïe contre les idées nouvelles qu'il nomme des hérésies ; il sait pourtant que toi et moi nous les partageons.

— Hélas! mon ami, quelle femme, quelle mère, ne partagerait pas la pensée des réformés, lorsqu'ils repoussent la confession ? N'avons-nous pas été obligés d'engager notre fille à ne plus aller se confesser... en raison des honteuses questions qu'un prêtre osait lui adresser et qu'elle nous rapportait dans la candeur de son âme... Mais pour en revenir à Hervé, si, d'un côté, son intimité avec fra-Girard me semble fâcheuse au point de vue de l'intolérance, l'influence de ce moine, dont on vante l'austérité, a dû éloigner de notre fils jusqu'à la tentation de cet acte odieux... dont nous ne pouvons parler sans verser des larmes de douleur... — ajouta Brigitte en essuyant ses yeux humides ; — car, enfin, mon ami, la piété d'Hervé devient chaque jour plus fervente ; ce malheureux enfant s'impose souvent, tu le sais, malgré nos représentations et au risque de compromettre sa santé, des jeûnes prolongés... N'ai-je pas découvert, aux traces ensanglantées laissées sur sa chemise, qu'à certains jours il porte sur la peau une ceinture intérieurement garnie de pointes de fer ? Ce n'est pas là l'hypocrisie ! il croyait cacher à tous les yeux les secrètes macérations qu'il s'inflige par pénitence ; un hasard me les a fait découvrir. Je déplore le fanatisme, mais ce fanatisme peut être aussi une sauvegarde ; l'exagération même des principes religieux d'Hervé doit le prémunir contre les tentations mauvaises... Le ciel soit béni ! tu disais vrai, Christian ; en approfondissant les faits, nous arrivons à reconnaître l'injustice de nos soupçons... Notre fils est innocent, n'est-ce pas ton avis ? Christian !...

L'artisan morne et pensif, avait écouté sa femme sans l'interrompre ; il reprit :

— Non, chère femme, non, le fanatisme n'est pas une sauvegarde contre le mal... Hélas! au contraire de toi, en m'appesantissant sur les faits que tu viens de me rappeler, j'ose à peine te l'avouer, mes doutes, loin de diminuer, augmentent. Oui, je crois notre fils coupable.

— Grand Dieu! Quelle horrible pensée!

— Je crois notre fils sincère dans ses pratiques dévotieuses, si exagérées qu'elles soient ! mais je crois aussi que l'une des plus terribles conséquences du fanatisme est d'obscurcir, de pervertir chez ceux qu'il domine, les plus simples notions du bien et du mal, du juste et de l'injuste. La foi religieuse tient lieu de morale.

— Mais le vol, puisqu'il faut articuler ce mot, le vol... comment le fanatisme pourrait-il l'excuser ? Tu dois être dans l'erreur à ce sujet.

— Écoute-moi, Brigitte. Il y a quelques jours... et ce souvenir a été l'une des causes qui ont éveillé mes soupçons... il y a quelques jours, à l'atelier, l'un de nos compagnons de travail s'indignait du trafic des indulgences qui, depuis peu de temps, s'exerce à Paris, et disait, à ce propos, qu'en outre de l'immoralité de ce négoce pratiqué au nom du pape, l'argent ainsi extorqué à l'ignorance, à la crédulité populaire, pouvait-être considéré comme le fruit d'une fourberie ; sais-tu ce qu'a répondu notre fils ? — Il s'est écrié : « — Cela est faux ! cela est impie ! l'argent employé à une œuvre pie, fût-il le fruit d'un vol... d'un meurtre... cet argent est épuré, sanctifié, dès lors qu'il est employé à la plus grande gloire du Seigneur. »

Brigitte pâlit et murmura d'une voix étouffée par les sanglots.

— Ah! maintenant j'ai peur... moi aussi, j'ai peur ! Que Dieu aie pitié de nous !

— Comprends-tu que si notre fils a commis la honteuse action dont nous hésitons à le croire coupable, ce malheureux enfant aura, dans son aveugle fanatisme, cru faire un acte méritoire si le fruit de son larcin a été employé à une œuvre pie ou à faire dire des messes ?

Au moment où Christian prononçait ces mots, il entendit, d'abord au loin et bientôt sur le pont au Change, le bruit retentissant de plusieurs grosses sonnettes et le grincement aigu des crécelles, interrompus çà et là par une psalmodie lugubre, après quoi le fracas des sonnettes et des crécelles redevint assourdissant. L'artisan, non moins surpris que sa femme, se leva, ouvrit la fenêtre, et vit défiler une longue procession ; à sa tête marchait un détachement d'archers du guet portant leur arbalète sur l'épaule gauche, et à leur main droite un gros cierge allumé ; puis venaient des moines dominicains au froc blanc à capuchon noir, agitant les sonnettes et les crécelles ; derrière eux s'avançait un chariot traîné par deux chevaux houssés de caparaçons noirs, semés de larmes d'argent. Les quatre faces de ce chariot, très élevé, formaient une sorte d'immense transparent quadrangulaire et intérieurement éclairé, où étaient représentés, au milieu d'un océan de flammes, des hommes, des femmes, des enfants, des vieillards, plongés jusqu'à mi-corps dans cette fournaise, et élevant avec des contorsions désespérées leurs mains suppliantes vers une image de Dieu, assis sur un trône; à chacune des faces du transparent, et surmontant ces peintures, l'inscription suivante se lisait écrite en grosses lettres rouges et noires :

PRIEZ
POUR LES AMES DU PURGATOIRE
DEMAIN
EN
L'ÉGLISE DU COUVENT DE SAINT-DOMINIQUE
L'INDULGENCE
ÉLÈVERA SON TRONE
PRIEZ ET DONNEZ
POUR LES PAUVRES AMES DU PURGATOIRE

Quatre moines, munis de longs bâtons dorés, terminés par des lanternes de verre, sur lesquelles on voyait aussi peintes des âmes en peine, marchaient de chaque côté du char, suivis par d'autres dominicains portant un grand crucifix argenté. Les moines entonnèrent en chœur d'une voix retentissante ce psaume lugubre de la pénitence :

De profundis clamavi ad te, Domine ;
Domine, exaudi vocem meam.
Fiant aures tuæ intendentes
In vocem deprecationis meæ!

Le bruit des sonnettes et des crécelles succéda de nouveau à ces chants funèbres, pendant que la procession continuait son chemin ; un autre détachement d'archers du guet fermait la marche. Une multitude de femmes et d'hommes déguenillés, à figures cyniques ou patibulaires, presque tous rôdeurs ou rôdeuses de nuit, ou pire encore, accompagnaient ce cortège, se tenant par le bras, dansant, se signant de temps à autre et hurlant :

— Gloire au saint-père! Vive Jésus!
— Il nous envoie des indulgences!
— Nous en avons besoin! Vive Marie!
— Béni soit-il! Vive le Saint-Esprit!

Puis ils échangeaient à voix haute des plaisanteries grossières ou obscènes, empreintes cependant d'une foi sauvage aux plus déplorables superstitions. Grand nombre de citains habitant les maisons bâties sur le pont avaient ouvert leurs fenêtres au passage de la procession ; quelques-uns d'entre eux s'étaient agenouillés pieusement dans l'intérieur de leur logis. Christian, lorsque le bruit se fut éloigné, referma la croisée de sa chambre, et, de plus en plus attristé, dit à sa femme :

— Hélas! cette procession est pour moi d'un désolant à-propos...

— Je ne te comprends pas, mon ami.

— Brigitte, tu as vu sur le transparent porté par le chariot que conduisaient les moines, une peinture représentant les âmes du purgatoire se tordant au milieu des flammes. — Les moines dominicains délégués par le pape à la vente des indulgences plénières vendent en outre le rachat des âmes en peine. — Ainsi, ceux-là qui partagent cette croyance sont persuadés que, moyennant argent, ils arrachent aux flammes du purgatoire, non seulement ceux de leurs proches ou de leurs amis qu'ils supposent exposés à ce supplice, mais aussi des inconnus. Hervé n'a-t-il pas pu se dire : « Avec l'or dérobé à mon père, je rachèterai vingt âmes... cinquante âmes du purgatoire... »

— N'achève pas, Christian! — s'écria Brigitte en frémissant; — mes doutes, hélas! deviennent presque des certitudes... — Mais, s'interrompant soudain et prêtant l'oreille du côté de l'une des portes de la chambre, elle ajouta tout bas : — Ecoute... écoute...

Les deux époux se turent; au milieu du profond silence de la nuit, ils entendirent le bruit d'une sorte de cinglement redoublé, çà et là coupé de quelques intermittences. Christian, frappé d'une idée subite, fit signe à sa femme de rester immobile, prit la lampe, poussa doucement une porte s'ouvrant sur un escalier de bois façonné en vis, à l'aide duquel on descendait dans la salle basse; et, s'arrêtant au rebord du palier, l'artisan abrita sous sa main la clarté de la lampe; il vit Hervé, éveillé sans doute par les tintements des sonnettes de la procession, seulement vêtu de ses chausses et d'une chemise, agenouillé sur le carreau et s'infligeant sur les flancs, sur les épaules une rude discipline, au moyen d'un martinet composé de plusieurs cordes terminées par des nœuds. Hervé se flagellait avec une si farouche exaltation, qu'il ne s'aperçut pas de la présence de son père sur le palier de l'escalier, quoique la faible clarté de la lampe projetât ses lueurs dans la salle basse. Brigitte avait suivi son mari, toute en pleurs, en marchant aussi légèrement que possible; il sentit bientôt s'appuyer sur son épaule la main tremblante de sa femme, qui lui dit tout bas à l'oreille à travers des sanglots étouffés et d'une voix navrée :

— Ah! le malheureux enfant!...

— Viens, ma chère femme, le moment est favorable pour obtenir de notre fils un aveu...

— Et s'il avoue... que tout lui soit pardonné! — répondit l'indulgente mère. — Il aura cédé au fanatisme de la charité.

L'artisan, tenant sa lampe à la main, descendit dans la cuisine avec sa femme, sans chercher à dissimuler leur approche ; le bruit de leurs pas, résonnant sur les degrés de bois, attira enfin l'attention d'Hervé. Il tourna soudain la tête du côté de l'escalier, aperçut son père et sa mère, se releva brusquement, comme mu par un ressort, et, dans sa surprise, laissa tomber sa discipline sur le carreau.

Le fils de Christian atteignait sa dix-huitième

L'interrogatoire (page 250)

année; sa figure, naguère encore très ouverte, joyeuse, vermeille, et respirant la franchise, était devenue pâle et sombre; ses yeux, d'une mobilité inquiète, semblaient vouloir se dérober au regard de ses interlocuteurs. La présence inattendue de ses parents parut d'abord lui causer une impression pénible, embarrassante; mais se reprochant sans doute cette fausse honte, il dit résolûment, mais sans lever les yeux :

— Je me donnais la discipline... je croyais être seul... J'accomplissais une pénitence...

— Mon fils, — reprit l'artisan, — puisque te voici levé, assieds-toi là... ta mère et moi, nous avons à t'entretenir de choses sérieuses, nous serons mieux ici que là-haut, où nous pourrions, en causant, réveiller ta sœur.

Le jeune homme, assez étonné, s'assit sur un escabeau; Christian prit un siège à son tour; Brigitte resta debout près de lui, accoudée sur son épaule et ne quittant pas son fils des yeux.

— Mon ami, — reprit Christian, — je dois d'abord t'assurer que nous n'avons jamais songé à contrarier les pratiques religieuses auxquelles, depuis peu de temps, tu te livres avec la fougueuse ardeur d'un néophyte; mais puisque l'occasion se présente, je te ferai à ce sujet quelques observations toutes paternelles.

— Je vous écoute, mon père, parlez.

— Tu as été élevé par nous, ainsi que ta sœur et ton frère, dans la doctrine évangélique selon ces principes du Christ : « Aimez-vous les uns les autres; — ne faites à autrui ce que vous ne voudriez pas que l'on vous fît; — pardonnez les offenses; — plaignez les méchants; secourez les affligés; honorez les repentis; soyez laborieux et probes. » Ce peu de mots résument la morale éternelle dont ta mère et moi nous t'avons prêché l'exemple depuis ton enfance;

134ᵉ livraison

lorsque tu as eu l'âge de raison, j'ai tâché de te pénétrer de cette croyance de nos pères : que nous sommes immortels âme et corps, et qu'après ce que l'on appelle la mort, moment de transition entre l'existence qui finit et celle qui recommence, nous allons renaître ou plutôt continuer de vivre, esprit et matière, dans d'autres sphères, nous élevant ainsi successivement, à chacune des phases de notre existence éternelle, vers une perfection infinie comme celle du Créateur.

— Ceci, mon père, est de l'hérésie, et n'a aucun rapport avec le dogme catholique.

— Soit, je ne t'impose pas cette croyance ; tout homme est libre de chercher dans ses aspirations religieuses l'idéal des rapports entre le Créateur et la créature ; cette liberté est le plus bel attribut de l'esprit, le plus beau droit de la conscience humaine.

— Il n'existe au monde que la religion catholique, la religion révélée, — reprit Hervé d'une voix tranchante ; toute autre croyance est fausse.

— Mon ami, — dit Christian, interrompant son fils, — je ne veux pas engager avec toi une discussion théologique... — Depuis quelque temps, tu as perdu ta gaieté, tu sembles te défier de nous, tu deviens de plus en plus concentré, taciturne ; tes absences de l'imprimerie sont souvent prolongées hors de toute mesure ; ton caractère, jadis si avenant, si facile, se montre irritable, aigri, à ce point qu'avant son départ pour Milan, tu rudoyais souvent ton jeune frère Odelin. Depuis tu t'es montré de plus en plus brusque, dur, envers ta sœur... Pourtant, tu le sais, elle t'aime tendrement.

A ces derniers mots, Hervé tressaillit ; sa physionomie, lorsqu'il entendit prononcer le nom de sa sœur, s'assombrit davantage et prit une expression indéfinissable ; il garda un moment le silence, sa voix acerbe, assurée, lors de ses dernières réponses touchant sa foi religieuse, s'altéra, et il balbutia :

— J'ai parfois des accès de méchante humeur, dont je prie Dieu de me délivrer... Si j'ai... rudoyé... ma sœur... c'est sans mauvaise intention... J'ai pour elle une très vive affection.

— Nous en sommes certains, mon enfant, — reprit Brigitte. — Ton père te cite ce fait comme l'un des symptômes de ce changement que nous observons en toi et dont nous nous alarmons.

— Enfin, — ajouta Christian, — nous te voyons avec regret renoncer à la société de tes amis d'enfance et ne plus prendre part à d'innocents plaisirs, qui sont ceux de ton âge.

L'accent d'Hervé, si mal assuré lorsqu'il avait été question de sa sœur Hèna, redevint âpre et ferme, il répondit :

— Les amis que je fréquentais naguère sont trop mondains, ils courent à la damnation ; mes pensées, maintenant, sont autres que les leurs.

— Tu es libre du choix de tes relations, mon ami, pourvu qu'elles soient honorables ; ainsi, tu es lié depuis peu de temps d'une amitié intime avec fra Girard le cordelier...

— Dieu l'a envoyé sur mon chemin... c'est un saint ! sa place est marquée au Paradis.

— Je ne discuterai pas la sainteté de fra Girard ; on dit qu'il est de mœurs honnêtes, et je le crois. J'aurais, il est vrai, préféré te voir une autre intimité ; ce moine a quelques années de plus que toi, tu parais avoir en lui une confiance aveugle, je crains que la ferveur de son zèle ne le jette dans l'intolérance et que tu ne partages la farouche exaltation de ses sentiments religieux. Mais, enfin, je ne t'ai jamais reproché ta liaison avec fra Girard...

— Malgré vous, mon père, et sans avoir égard à vos remontrances, je serais allé du côté de mon salut. Dieu passe avant la famille.

— Crois-tu donc, mon enfant, que nous soyons opposés à ton salut ! — dit Brigitte avec un accent d'affectueux reproche. — Ne sais-tu pas combien nous t'aimons ? toutes nos pensées ne sont-elles pas dictées par notre attachement pour toi ? Peux-tu douter de notre affection ?

— Le bonheur est dans la foi, et du ciel nous vient la foi ! Hors de l'Église, point de salut.

— Tu aurais pu répondre autrement aux douces paroles de ta mère, — dit Christian, voyant sa femme attristée par la sèche réponse d'Hervé. — Si la foi vient du ciel, l'amour filial est aussi un sentiment céleste, Dieu veuille qu'il ne soit pas affaibli dans ton cœur... Dieu veuille enfin que l'influence de fra Girard ne tende pas, à son insu peut-être et au tien, à pervertir dans ton esprit les simples notions du bien et du mal.

— Je ne vous comprends pas, mon père...

L'artisan jeta un regard expressif sur Brigitte, qui, devinant la secrète pensée de son mari, éprouva une mortelle angoisse.

— Je vais me faire comprendre, — poursuivit Christian. — Te souviens-tu qu'il y a peu de jours, dans notre atelier, quelques-uns de nos compagnons de travail s'indignaient contre le trafic des indulgences ?

— Oui, mon père ; et j'ai flétri comme elles méritaient de l'être ces paroles blasphématoires. Les indulgences ouvrent la porte du ciel.

— L'un de nos compagnons a hautement assimilé le négoce des indulgences à un larcin... — reprit l'artisan sans pouvoir vaincre complètement son émotion, tandis que Brigitte cherchait en vain le regard de son fils, qui depuis le commencement de cet entretien, tenait constamment ses yeux baissés. — En entendant émettre cette sévère opinion sur les indulgences, — ajouta Christian, — tu t'es écrié, mon fils, que tout argent, provint-il du vol, devenait saint si on l'employait à des œuvres pies, tu as dit cela? Tu as justifié ainsi un acte répréhensible.

— C'est ma conviction.

L'artisan reprit après un moment de silence:

— Mon ami, tu as été sans doute ce soir réveillé comme nous par le bruit de la procession? C'était la procession des indulgences.

— Oui, mon père... aussi, dans l'espoir de rendre plus efficaces mes prières pour la délivrance des âmes, je me suis macéré...

— Les moines affirment que les âmes en souffrance peuvent être rachetées par l'argent?

— C'est la doctrine de l'Eglise catholique, mon père. Or l'Eglise ne peut errer.

— Hervé, tu trouverais, je suppose, dans la rue une cassette ou une bourse remplie d'or, le croirais-tu le droit d'en disposer en faveur des âmes du purgatoire sans t'enquérir du véritable propriétaire de la bourse?

— Je n'hésiterais pas un seul instant à faire ce que vous dites. Je la porterais à l'église.

Christian et Brigitte, après cette réponse, échangèrent un regard douloureux; leurs soupçons se trouvaient presque justifiés. Du moins ils comptaient sur la franchise d'Hervé: persuadé que tout moyen était licite afin d'assurer le salut des âmes en peine, il avouerait sans doute son larcin. L'artisan reprit:

— Mon fils, nous ne t'avons jamais donné l'exemple de la duplicité, en ce moment surtout où nous devons faire appel à ta franchise, nous te parlerons sans détour, et je te dirai ceci: le fruit des laborieuses épargnes de ta mère et des miennes nous a été récemment dérobé, la somme est de vingt-deux écus d'or...

Hervé demeura impassible et muet.

— Ce larcin a été commis hier ou avant-hier, — poursuivit Christian, péniblement surpris de l'impassibilité de leur fils; — cette somme, déposée dans le bahut de notre chambre, n'a pu être soustraite que par quelqu'un très familier dans la maison...

Hervé, les mains croisées sur ses genoux, les yeux constamment baissés, demeura silencieux, impénétrable.

— Ta mère et moi avons d'abord cherché dans notre esprit qui pouvait avoir commis cet acte coupable, reprit Christian; puis il ajouta en accentuant lentement ces dernières paroles:

— Il nous est ensuite venu à l'idée que le larcin étant, selon tes convictions, justifiable... c'est-à-dire autorisé s'il était commis en vue d'une œuvre pie... tu aurais pu... dans un moment d'égarement, détourner cette somme afin de la consacrer au rachat des âmes du purgatoire.

Les deux époux attendaient la réponse de leur fils avec angoisse... Christian l'examinait attentivement, il remarqua que malgré l'apparente impassibilité d'Hervé, une légère rougeur lui montait au visage, et bien que ses yeux fussent toujours baissés, il jeta furtivement sur son père un regard oblique... Ce regard faux et sombre, surpris par Christian, le navra; il ne douta plus de la culpabilité de son fils, il désespéra même d'un aveu loyal qui pouvait atténuer la gravité d'un acte honteux, et poursuivit d'une voix pénétrée: — Mon fils, je vous ai fait connaître les soupçons douloureux qui pèsent sur notre cœur... qu'avez-vous à répondre?

— Mon père, — dit Hervé d'une voix brève et ferme, — je n'ai pas touché à votre argent.

— Il ment... — pensa l'artisan désolé; — il ment... c'est bien notre fils qui a commis le vol.

— Hervé, — s'écria Brigitte, le visage baigné de pleurs, se jetant aux genoux de son fils et l'enlaçant de ses bras! — mon enfant, sois franc... nous ne te gronderons pas! Mon Dieu! nous croyons à la sincérité de tes nouvelles convictions... elles sont ta seule excuse!... Tu auras cru qu'au moyen de cet argent qui restait enfermé dans un tiroir, tu pouvais arracher de pauvres âmes du purgatoire des catholiques... le côté charitable d'une pareille superstition peut, doit exalter une jeune tête comme la tienne... Je te le répète, ce serait là ton excuse; nous l'accepterions, dans l'espoir de te ramener à des idées plus saines sur le bien et sur le mal... Mais à ton point de vue, à toi, loin d'être coupable, ton action a dû te sembler méritoire... pourquoi ne pas l'avouer? Est-ce la honte qui te retient, pauvre enfant? Ne crains rien, ce secret restera entre ton père et moi. — Puis, embrassant le jeune homme avec effusion, Brigitte ajouta: Est-ce que les principes dans lesquels nous t'avons élevé ne nous rassurent pas pour l'avenir, malgré ton aveuglement passager? est-ce que tu peux jamais devenir un malhonnête homme, toi? toi qui nous a donné jusqu'ici tant de sujets de contentement? Allons, un effort, mon Hervé... dis-nous la vérité... tu changeras notre tristesse en joie, parce que les aveux prouveront ta franchise, ta confiance dans notre indulgence et notre tendresse. Mais, quoi, tu ne réponds rien ?... rien... quoi, pas un mot?... — s'écria la malheureuse femme, voyant son fils rester imperturbable. — Quoi! nous aurions à nous plaindre, et nous supplions!... tu devrais fondre en larmes, et c'est moi qui pleure!... tu devrais être à nos genoux... je suis aux tiens... et tu restes là comme un marbre glacé! malheureux enfant!

— Ma mère, — répéta Hervé d'une voix inflexible, les yeux toujours baissés, — je n'ai pas touché à votre argent.

Brigitte, désespérée de tant d'insensibilité, se releva, puis, sanglotant, se jeta au cou de son mari... Je suis une mère bien à plaindre.

— Mon fils, reprit Christian d'une voix sévère, — si vous êtes coupable... et, à mon cruel regret, j'ai tout lieu de le craindre... apprenez ceci : eussiez-vous employé à ce que vous appelez « des œuvres méritoires » l'argent dérobé céans, vous n'auriez pas moins commis un vol, entendez-vous ? un vol dans toute la honteuse acception du mot !.., Je ne me trompais pas ! il est donc vrai ! votre ami fra Girard a perverti en vous, par d'indignes sophismes, les plus simples notions du juste et de l'injuste !... Ah ! quoi qu'en disent des moines imposteurs ou insensés, la morale humaine et divine réprouvera toujours le larcin, quels que soient ses déguisements ou ses prétextes hypocrites ! Le croire impuni, que dis-je ! méritant !... parce que ses produits sont consacrés à des œuvres charitables, c'est la plus monstrueuse aberration qui ait jamais révolté la conscience de l'honnête homme ! — Puis, soutenant et dirigeant vers l'escalier Brigitte éplorée, Christian, emportant la lampe, ajouta en gravissant les degrés : — Puisse le ciel vous ouvrir les yeux, mon fils, et vous inspirer le repentir !

Hervé, toujours imperturbable, ne parut pas entendre les dernières paroles de son père ; lorsque celui-ci rentrant, ainsi que sa femme, dans la chambre haute, en eût fermé la porte, le jeune homme, resté au milieu des ténèbres, se jetant à genoux sur le carreau, ramassa sa discipline et recommença à se flageller avec une fureur sauvage, étouffant les plaintes que lui arrachait parfois involontairement la douleur, et murmurant seulement de temps à autre, d'une voix haletante, le nom de sa sœur Héna... en proie à une sorte de délire...

. . . .

Le lendemain matin de cette soirée, si navrante pour Christian et pour sa femme, la foule encombrait la paroisse du couvent des Dominicains, foule bizarre, composée de gens de toute condition : voleurs, mendiants, artisans, bourgeois, seigneurs, filles perdues, béguines, bourgeoises, grandes dames, femmes et enfants, jeunes et vieux ; tous attirés par la solennité religieuse de ce jour, se pressant surtout aux abords du chœur. Cette enceinte, fermée par une grille de fer à hauteur d'appui, devait être le théâtre des actes les plus importants de la cérémonie. Parmi les spectateurs placés dans le voisinage du chœur se trouvait Hervé Lebrenn et son ami fra Girard, moine cordelier âgé de vingt-cinq ans environ, d'une figure austère et cadavéreuse. Ce masque ascétique cachait une fourbe infernale servie par une intelligence supérieure ; le moine couvait, pour ainsi dire, d'un regard fascinateur son jeune compagnon, qui bientôt baissa la tête, croisa les bras sur sa poitrine, et parut en proie à une préoccupation profonde.

— Hervé, — dit fra Girard à voix basse, — te rappelles-tu le jour où, poussé par le désespoir, par l'épouvante, tu es venu me confesser... ce qu'à peine tu osais avouer à toi-même ?

— Oui, — répondit Hervé, tressaillant, et baissant les yeux, — oui, je me le rappelle.

— Alors, — reprit le cordelier, — alors, je t'ai dit que l'Eglise catholique, dont tu étais presque séparé depuis ta naissance par une éducation impie, avait des consolations... mieux que cela, des espérances... mieux encore, d'ineffables certitudes aux plus grands pécheurs, pourvu qu'ils eussent la foi. Peu à peu nos longs et fréquents entretiens ont fait pénétrer la divine lumière dans ton esprit, les écailles sont tombées de tes yeux ; cette foi que je te prêchais a rempli, a débordé ton âme... Le jeûne, les macérations, les prières ardentes ont aplani la voie de ton salut... Voici l'heure de la récompense... Béni soit le Seigneur !

A peine fra Girard eût-il prononcé ces mots, que les sons graves de l'orgue remplirent d'une harmonie mélancolique la sombre église, où le jour pénétrait à travers ses étroites vitrines coloriées ; une procession venant de l'intérieur du cloître des Dominicains entra dans l'église, dont elle fit le tour en parcourant les bas-côtés. Le cortège s'ouvrait par quatre estafiers vêtus de rouge, aux livrées du pape, ils promenaient des étendards blasonnés où brillaient les armoiries pontificales ; venaient ensuite des prêtres en surplis entourant un crucifix et chantant les psaumes de la pénitence ; puis d'autres estafiers portant un brancard recouvert d'un drap d'or au milieu duquel on voyait, placée sur un coussin de velours cramoisi, une boîte de vermeil, laquelle contenait la bulle de LÉON X qui commettait l'ordre de Saint-Dominique à la dispense des indulgences. Plusieurs thuriféraires, marchant à reculons devant le brancard, s'arrêtaient de temps à autre pour mouvoir leurs encensoirs de cuivre et d'argent doré, d'où s'exhalaient des flots de vapeur embaumée. Derrière le brancard s'avançait, serrant entre ses bras une grande croix de bois rouge, un prieur dominicain, commissaire apostolique préposé à la vente des indulgences, homme dans la force de l'âge, de haute taille et si corpulent, que son ventre semblait prêt à crever son froc ; une épaisse barbe noire encadrait son visage fortement coloré ; à sa démarche triomphante, aux regards superbes qu'il jetait autour de lui, l'on devinait dans ce moine le héros de la fête. Il était suivi des pénitenciers et des sous-commissaires apostoliques, tenant à la main des baguettes blanches ; enfin, d'autres estafiers soutenaient, au moyen de poignées de cuir adaptées à ses extrémités, un vaste coffre recouvert de velours cramoisi et fermé de trois serrures dorées ; une fente pareille à celles des troncs des églises était pratiquée dans le couvercle de ce coffre, destiné à recevoir les deniers des acheteurs d'indulgences ou des fidèles qui voulaient rédimer les âmes du purgatoire. Lorsque la procession, au passage de laquelle la foule se prosterna religieusement, eût achevé de circuler autour de l'église, les estafiers porteurs des bannières les disposèrent en trophée au-dessus du maître-autel, devant lequel furent processionnellement apportés le brancard recouvert de drap doré, la bulle et le grand coffre. Près de ce coffre se plaça le commissaire apostolique tenant à la main sa croix de bois rouge: les pénitenciers allèrent se ranger devant plusieurs confessionnaux dressés pour la circonstance aux abords du chœur et ornés des armoiries pontificales. La curiosité éveillée par la marche du cortège accompagnée de l'harmonie de l'orgue et du chant des prêtres avait causé une certaine agitation dans l'église; peu à peu le calme se rétablit, les fidèles agenouillés se relevèrent, et tous les yeux se tournèrent impatiemment vers le chœur. Hervé, l'un des premiers prosterné, se releva l'un des derniers, en proie à une angoisse profonde; la sueur baignait son visage devenu livide, il respirait à peine, il attacha un regard presque égaré sur fra Girard, et lui dit d'une voix entrecoupée:

— Ah! si je pouvais compter sur tes promesses! le moment est venu d'y croire... et je tremble!

— Homme de peu de foi! — répondit sévèrement le cordelier en montrant à Hervé le commissaire apostolique qui se préparait à prendre la parole, — écoute... et repens-toi de tes doutes... Demande pardon à Dieu.

Un profond silence se fit; le marchand d'indulgences retroussa gaillardement les manches de son froc, ainsi que l'eût fait un bateleur de la foire, afin de n'être pas gêné dans les mouvements désordonnés dont il accompagnait son débit, et désignant du geste la croix rouge dressée à côté de lui, il s'écria d'une voix de stentor qui fit trembler les vitraux de l'église:

« — Au nom du Père, du Fils et du Saint-Esprit... *Amen!*... Vous voyez bien cette croix, mes chers frères. Eh bien! cette croix a autant d'efficacité que la croix de Jésus-Christ! Vous me demanderez pourquoi? Je vous répondrai que cette croix est pour ainsi dire l'enseigne des indulgences que notre saint-père m'a chargé de dispenser. Mais que sont ces indulgences? me demanderez-vous encore. Ce qu'elles sont, mes frères? Elles sont le don le plus précieux, le plus miraculeux, le plus merveilleux, que le Seigneur ait jamais octroyé aux fidèles!... Donc, venez, venez à moi! je vous donnerai des lettres munies des sceaux de notre saint-père; et grâce à ces lettres, mes frères, le croiriez-vous? non seulement les péchés que vous avez commis vous seront pardonnés, mais vous aurez l'absolution des péchés que vous auriez envie de commettre!... »

— Entends-tu?... — dit tout bas fra Girard à Hervé. — L'on peut acquérir l'absolution des péchés que l'on a commis et de ceux que l'on a l'intention de commettre!

— Il est... des... choses... des crimes, des attentats... que peut-être l'on n'oserait absoudre, — balbutia Hervé avec une secrète épouvante.

— Malheur à moi! Je suis sur une pente fatale.

— Ecoute, — reprit le cordelier, — écoute jusqu'à la fin; alors tu comprendras.

La foule entassée dans l'église avait accueilli avec un murmure d'indicible allégresse les paroles du dominicain vendeur d'indulgences, ceux-là surtout dont l'escarcelle était garnie sentaient combien leur salut devenait facile s'ils se précautionnaient à l'avance d'une absolution embrassant le passé, le présent et l'avenir. Le commissaire apostolique remarqua l'effet produit par ses paroles, et reprit d'un ton jovial et familier avec de grandes contorsions :

— « Tenez, mes très chers frères, raisonnons un peu..... Vous voulez, je suppose, entreprendre un voyage dans un pays étranger, infesté de voleurs; aussi, craignant d'être dévalisés en route avant d'arriver à votre destination, vous ne voulez pas vous charger de votre argent. Que faites-vous, alors? Vous portez, n'est-ce pas, cet argent chez un banquier, à seule fin qu'en lui accordant un léger profit il vous donne une lettre de banque, moyennant quoi la somme que vous avez déposée chez lui vous sera payée à l'étranger, au terme de votre voyage. Vous me comprenez bien, chers frères ? »

— Oui, — répondirent plusieurs fidèles, — nous comprenons... continuez votre discours.

« — Misérables pécheurs! — reprit le dominicain d'une voix tonnante, changeant soudain d'accent, — misérables pécheurs! vous me comprenez, dites-vous? et vous hésiteriez à m'acheter, pour quelques écus, une lettre de salut?... Quoi! malgré tous les péchés dont vous pourrez vous rendre coupables durant le voyage de la vie, infesté de tentations diaboliques bien autrement dangereuses que les voleurs, cette lettre vous sera payée au Paradis en monnaie divine de salut éternel par le Tout-Puissant, sur qui nous, banquiers des âmes, nous avons tiré en votre nom... et vous hésiteriez à assurer à si peu de frais votre part des célestes jouissances des bienheureux! Non, non, vous n'hésiterez pas, mes frères, à m'acheter mes indulgences! — ajouta le dominicain en reprenant un air paterne et familier. — Ce n'est pas tout, mes frères, mes indulgences ne sauvent pas seulement les vivants, elles délivrent les morts; oui, les morts fussent-ils aussi endurcis que Lucifer! Mais comment, me direz-vous, les indulgences délivrent-elles les morts? Comment elles les sauvent? — s'écria le marchand de salut en faisant de nouveau éclater sa voix formidable. — Est-ce que vous n'entendez pas vos parents, vos amis, même des inconnus, mais qu'importe, puisque vous êtes chrétiens? est-ce que vous n'entendez pas leur effroyable concert de malédictions, de hurlements, de grincements de dents, qui s'élève du fond des abîmes de feu où se tordent dans la fournaise ces pauvres âmes du purgatoire... en attendant que la miséricorde de Dieu ou les bonnes œuvres les délivrent de leur épouvantable supplice? Est-ce que vous n'entendez pas, misérables pécheurs! les gémissements lamentables de ces malheureux qui, du fond du gouffre où les flammes les dévorent, vous crient : — O cœurs de pierre! nous endurons un épouvantable supplice, une aumône nous délivrerait... vous pouvez la donner... et vous ne la donnez pas?... — Vous ne la donnerez pas, mes frères? Et moi je dis que vous la donnerez, cette aumône, quand vous saurez qu'à l'instant même où votre écu tombera dans le coffre que voici (*il le montre*), crac... psitt... l'âme s'élance du purgatoire et s'envole dans le ciel, comme une colombe délivrée! *Amen!* Boursillez, boursillez, mes frères! »

L'auditoire du dominicain parut, en majorité, peu soucieux de la délivrance des âmes en peine; il y avait dans cette croyance superstitieuse, si aveugle qu'elle fût, un certain côté charitable peu accessible aux fidèles attirés par l'unique but de pouvoir, en achetant des indulgences, se livrer en sécurité de conscience à tous les débordements, à tous les crimes.

Un homme à figure patibulaire, nommé Picrochole, l'un de ces *Mauvais-Garçons* qui louent leur poignard homicide à qui le paye, dit tout bas à un *Tire-laine*, autre bandit et des pires de son espèce :

— Aussi vrai que ce franc-taupin dont je te parlais tout à l'heure m'a sauvé la vie à la bataille de Marignan, je ne donnerais pas six blancs pour le rachat des âmes du purgatoire! Ah! si j'étais assez riche pour acheter une bonne lettre d'absolution... sangdieu; comme je la payerais comptant et trébuchant! Une fois la cédule en poche, on a la main plus ferme à la besogne, l'on ne tremble pas en dépêchant son homme; l'on sait qu'avec une absolution en règle l'on pourra narguer la fourche de Satan au jour du jugement. Mais, par saint Cadouin! que me font à moi les âmes du purgatoire? Je me moque de leur délivrance. Et toi, Grippe-Minaud?

— Confession! — répondit le tire-laine, — je me soucie des âmes du purgatoire comme d'une bourse vide... Mais dis-moi, Pichrochole, — ajouta Grippe-Minaud d'un air pensif, — des lettres d'absolution sont trop chères pour des hallepopins de notre sorte... or, si l'on volait au commissaire une de ces bienheureuses cédules, ce vol ne serait point un péché?

— Pardieu! puisque l'on est absous de tout par avance! Mais ce sont trésors bien gardés.

Pendant ces réflexions échangées entre le mauvais-garçon et le tire-laine, le commissaire apostolique retroussait de nouveau les manches de son froc et, toujours riant et gesticulant, continuait son prêche en ces termes :

— « Mais, me direz-vous, mes frères, tu vantes beaucoup tes indulgences; il est cependant des crimes si affreux, si abominables, si monstrueux que tes indulgences ne sauraient les absoudre?... Non! non! non! mes frères, cent mille fois non! mes indulgences sont si bonnes, si sûres, si efficaces, si puissantes, qu'elles absolvent tout... absolument tout!... En voulez-vous un exemple? Supposons que, par impossible, quelqu'un ait fait violence à la sainte mère de Dieu... Abominable sacrilège! »

Un long murmure d'épouvantable espérance accueillit ces paroles du trafiquant d'indulgences; un horizon sans bornes s'ouvrait à des forfaits inouïs... Hervé, entre autres, suspendu aux lèvres du dominicain, éprouvait une sorte de vertige, il se croyait sous l'obsession d'un rêve; il fut rappelé à la réalité par la voix caverneuse de fra Girard, qui lui dit tout bas avec un accent de triomphe :

— Faire violence à la sainte mère de Dieu! et l'on serait pardonné!... Tu entends! tu entends! Les indulgences couvriraient ce forfait.

Hervé tressaillit de tout son corps, ne répondit rien, cacha son visage entre ses mains; mais bientôt chancelant comme un homme ivre, il sentit ses genoux se dérober sous lui, et fut obligé de s'appuyer sur le bras du cordelier, qui le contemplait avec une expression de joie infernale.

Le trafiquant d'indulgences s'était un moment interrompu après son abominable proposition, afin de mieux en assurer l'effet; il reprit d'une voix de stentor :

— « Vous frémissez, mes frères! tant mieux, cela prouve que vous comprenez l'horreur du sacrilège que je vous cite pour exemple! or, tant plus le sacrilège est horrible, tant plus est souveraine la vertu de mes indulgences, puisqu'elles pourraient l'absoudre. Oui, mes frères, vous auriez voulu faire violence à la mère du Sauveur, toujours vierge, et vous auriez pu accomplir ce sacrilège... qu'en payant... mais en payant largement mes indulgences, vous seriez pardonnés... Cela est plus clair que le jour! puisque le Seigneur, Notre-Seigneur Dieu, n'est plus Dieu, en cela qu'il a remis tous ses pouvoirs au pape... Mais pourquoi, direz-vous, mes frères, notre saint-père distribue-t-il la grande grâce des indulgences? Pourquoi? — reprit le dominicain d'un ton lamentable. — Hélas! hélas! hélas! mes frères! c'est afin de pouvoir, grâce au produit de la vente des indulgences, réédifier à Rome la basilique de Saint-Pierre et de Saint-Paul, en sorte qu'elle n'ait pas sa pareille au monde ; car elle ne doit pas avoir sa semblable, cette basilique qui contient les corps sacrés de ces deux apôtres ! Et pourtant, le croiriez-vous, mes frères ! la cathédrale de Rome est dans un tel état de ruine, que les os saints, sacro-saints de Saint-Pierre et de Saint-Paul sont continuellement battus, inondés, souillés, déshonorés par la pluie et par la grêle, et qu'ils tombent en miettes! »

Un frémissement de douloureuse indignation courut parmi les fidèles, apprenant ainsi que les reliques des apôtres étaient exposées au vent et à la pluie par suite de la dégradation de la basilique de Rome... alors qu'au contraire il n'existe pas au monde un plus merveilleux monument, où l'on admire les chefs-d'œuvre de Michel-Ange, mort en ce siècle-ci... Aussi le dominicain, voyant le bon succès de sa péroraison, s'écria d'une voix tonnante :

« — Non, mes frères, non, les cendres sacrées des apôtres ne resteront pas plus longtemps dans la boue et dans l'opprobre !... non ! l'indulgence a établi son trône dans l'église de Saint-Dominique. — Puis, désignant le grand coffre et frappant à coups de poing redoublés sur son couvercle, le commissaire apostolique ajouta en mugissant de sa voix de taureau : — Apportez votre argent ! apportez, bonnes gens !... apportez !... je vous donne le premier l'exemple de la charité... je consacre cette pièce d'or au rachat des âmes du purgatoire !... »

Et tirant de sa poche un demi-ducat, qu'il fit longtemps briller en le montrant à la foule, le dominicain le jeta dans le coffre par la fente de son couvercle, sur lequel il continua de frapper à grands coups en criant :

« — Apportez votre argent !... apportez, bonnes gens !... apportez vos ducats !... »

Les premiers rangs de la foule s'ébranlaient afin de répondre à l'appel du trafiquant d'indulgences et de vider leur escarcelle ; mais contenant du geste ces empressés, il reprit :

« — Un mot encore, mes chers frères ! Vous voyez ces confessionnaux décorés des armes de notre saint-père ? les prêtres qui vont vous y entendre représentent les pénitenciers apostoliques de Rome lors d'un grand jubilé ; ceux qui voudront prendre part aux trois principales indulgences entreront dans ces confessionnaux et feront connaître en conscience au pénitencier de combien d'argent ils peuvent se priver pour obtenir les grâces suivantes.

» La première est la révision absolue de tous les péchés passés, présents ou futurs.

» La seconde est la participation à toutes les œuvres et mérites de la sainte Église catholique, apostolique et romaine, tels que jeûnes, prières, pèlerinages, macérations de toute nature.

» La troisième... soyez bien attentifs, mes frères, aux derniers les bons ! comme dit le proverbe... cette indulgence-là dépasse tout ce que peuvent espérer les plus fidèles croyants !... »

— Ecoute, — dit tout bas fra-Girard à Hervé, — écoute... et repens-toi d'avoir douté des ressources de la foi...

— Oh ! je ne doute plus, et pourtant j'ose à peine espérer... — murmura d'une voix pantelante le fils de Christian, tandis que le dominicain s'écriait :

« — La troisième grâce, mes frères, vous donne le droit de vous choisir un confesseur qui, toutes les fois que vous craindrez de mourir, sera tenu, en vertu de la lettre d'absolution que vous aurez payée, reçue, et dont vous lui donnerez connaissance, sera tenu de vous accorder l'absolution, non seulement des péchés que vous aurez commis, mais des plus grands crimes dont la rémission est réservée au siège apostolique, à savoir ce qu'on appelle les cas réservés : la bestialité, le péché contre nature, le parricide et l'inceste... »

A peine le dominicain eut-il prononcé ce dernier mot que les traits d'Hervé devinrent effrayants ; ses yeux étincelèrent, et un sourire de damné crispa ses lèvres, lorsque fra Girard, se penchant à son oreille, lui dit : — T'ai-je trompé ? Il absout même les incestueux.

« — Enfin, mes frères, — ajouta le commissaire apostolique, — la quatrième grâce consiste à délivrer les âmes du purgatoire. Pour cette faveur-là, mes frères, il n'est point nécessaire, comme pour les trois premières, d'avoir la contrition au cœur et de se confesser ; non, non, il suffit seulement de verser votre offrande à la caisse... Ainsi vous arracherez aux supplices les âmes des trépassés ! Ainsi vous concourrez à la sainte œuvre de la reconstitution de la basilique de Saint-Pierre de Rome... Donc, mes frères, — ajouta-t-il en frappant de nouveau avec force sur la caisse, — apportez votre argent ! apportez vos ducats ! apportez !... »

Après cette dernière exhortation, les grilles du chœur s'ouvrirent, et ceux-là qui, en petit nombre, désiraient charitablement délivrer des âmes en peine commencèrent à défiler devant le coffre, où ils jetaient leur offrande après avoir fait le signe de la croix, mais les confessionnaux où siégeaient les pénitenciers chargés de délivrer les cédules d'absolution furent aussitôt assiégés surtout par ceux qui désiraient commettre impunément, aux yeux du ciel et de leur conscience, depuis le simple péché véniel jusqu'aux monstruosités dont frémit la nature... Ce fut quelque chose d'épouvantable que cet empressement à la curée de l'impunité !

Dieu juste ! et les vicaires ordonnent, exploitent ce trafic ! Vois la conscience humaine bouleversée jusque dans ses fondements, perdant jusqu'au discernement du crime et de la vertu ! la morale éternelle pervertie, étouffée par les superstitions sacrilèges ! les hommes poussés au vertige, à la folie du mal, par l'assurance de l'impunité, certains de l'avoir, Dieu d'équité, pour complice ! des âmes, jusqu'alors innocentes, ne reculant plus devant l'assouvissement de ces passions exécrables dont la seule pensée est un forfait ! Le pape de Rome n'absout-il pas pour l'éternité, en retour de quelques écus, le parricide et l'inceste ?... et s'il a la foi, l'incestueux, le parricide, se sait, se sent à jamais absous !... Oh ! du moins, à l'honneur du sentiment religieux, don divin, quel que soit son dogme, les prêtres catholiques eux-mêmes, de principes austères, malgré leur intolérance, ont, en ces temps maudits, répudié avec indignation ces idolâtries monstrueuses, inconnues du paganisme antique et du fétichisme le plus sauvage !... Non, non, Christ, ton céleste Évangile a été, est et sera l'éclatante condamnation de ces horreurs commises en ton nom révéré !... Ils le blasphèment, ton nom sacré, ces pénitenciers qui occupent les confessionnaux armoriés du blason pontifical ; ces nouveaux marchands du temple osent vendre, à prix d'argent, des lettres de salut !... Hélas ! Après quelques mots échangés avec fra Girard, l'un des premiers Hervé alla s'agenouiller dans l'ombre de l'un des confessionnaux ; il y resta peu de temps ; mais ceux qui se trouvaient près de là entendirent le pénitencier pousser une exclamation de stupeur, puis, après un assez long silence entrecoupé par les sanglots étouffés du pénitent, le tintement de l'or qu'il comptait au prêtre siégeant au fond du confessional, annonça la fin de l'entretien absolutoire, et bientôt Hervé sortit du tribunal de la pénitence tenant un parchemin qu'il serrait d'une main convulsive ; puis, fendant la foule compacte, toujours suivi de fra Girard, il se retira dans l'une des chapelles latérales de la nef, et, s'agenouillant devant une statue de la Vierge éclairée par la lampe de ce sanctuaire, Hervé lut la lettre d'absolution qu'il venait d'acheter avec l'or volé à son père. Tels étaient les termes de cette lettre :

« Que Notre-Seigneur Jésus-Christ ait pitié de toi (le nom demeurait en blanc et devait être rempli par le possesseur de la lettre), qu'il t'absolve par les mérites de la très sainte Passion ! Et moi, en vertu de la puissance apostolique qui m'a été confiée, je t'absous de toutes les censures ecclésiastiques, jugements et peines que tu as pu mériter ; de plus, *de tous les excès, péchés et crimes que tu as pu commettre, quelques grands et énormes qu'ils puissent être, et pour quelque cause que ce soit,* fussent-ils même réservés à notre saint-père le pape et au siège apostolique (tels que LA BESTIALITÉ, LE PÉCHÉ CONTRE NATURE, LE PARRICIDE, L'INCESTE). J'efface toutes les traces d'inhabileté, toutes les notes d'infamie que tu aurais pu t'attirer à cette occasion ; je te remets de nouveau participant des sacrements de l'Église ; je t'incorpore de rechef dans la communion des saints ; je te rétablis dans l'innocence et la pureté dans laquelle tu as été à l'heure de ton baptême, en sorte qu'au moment de ta mort la porte par laquelle on entre dans le lieu des tourments et des peines te sera fermée, et qu'au contraire la porte qui conduit au Paradis de la joie te sera ouverte, et *si tu ne devais pas bientôt mourir, ô mon fils !* cette grâce DEMEURERA IMMUABLE POUR LE TEMPS DE TA FIN DERNIÈRE.

« Au nom du Père, du Fils et du Saint-Esprit. *Amen !*

« *Frère* JEAN TEZEL, commissaire apostolique, l'a signée de sa propre main. »

Hervé, toujours agenouillé, interrompit souvent la lecture de cette cédule par des exclamations haletantes ; l'absolution dont il était possesseur s'étendait sur le passé, sur le présent, sur l'avenir... cette cédule ne portant aucune date, selon que fra Girard l'avait fait observer à l'acheteur, couvrait de son apostolique efficacité tous les péchés, tous les crimes, que le détenteur de l'indulgence pouvait commettre jusqu'à la fin de ses jours. Hervé plaça le parchemin plié, dans un scapulaire suspendu à son cou sous son pourpoint, courba son front jusque sur la dalle du sanctuaire et le baisa pieusement... Hélas ! ce malheureux était sincère dans son épouvantable reconnaissance envers le pouvoir divin qui lui accordait cette rémission ; l'esprit égaré par une détestable influence, il se savait, il se croyait absous de tout ce que rêvait son imagination en délire ; Fra Girard contemplait avec une expression de triomphe sinistre Hervé prosterné ; soudain celui-ci se releva en proie à une sorte de vertige, se dirigeant d'un pas chancelant vers la grille de la chapelle. Le cordelier l'arrêta, et lui montrant l'image de la Vierge, vêtue d'une longue robe de drap d'argent brodée de perles et coiffée d'une couronne d'or qui scintillait dans la pénombre du sanctuaire à la clarté du lampadaire :

— Regarde l'image de la mère du Sauveur, et rappelle-toi les paroles du commissaire apostolique... Si l'horrible sacrilège dont il parlait était réalisable, il pourrait être absous par la lettre que tu possèdes ! S'il en est ainsi, et cela n'est pas douteux, que deviennent ces remords, ces terreurs qui t'assiègent depuis trois mois ? depuis le jour où, éperdu de désespoir en lisant au fond de ton cœur une effrayante découverte, tu es venu me confesser tes misères, cédant malgré toi à l'irrésistible instinct qui te disait : « Dans la foi seule tu trouveras ta guérison. » Ton instinct ne te trompait pas ; en ce jour, tu es assuré d'une place au Paradis, Hervé...

Robert Estienne

— J'entends... et depuis un moment, ô céleste miracle, dont je rendais grâce à la mère du Sauveur le front dans la poussière !... oui, depuis un moment, depuis que je possède cette cédule sacrée, ma conscience est redevenue sereine, mon esprit paisible, mon cœur est plein d'espoir, car je n'ai plus qu'à vouloir... à oser... et je veux, j'oserai !... A moi les joies du Paradis !

Hervé prononça ces mots avec une assurance tranquille ; il ne mentait pas, non, sa conscience était sereine, son esprit paisible, son cœur plein d'espoir, ses traits mêmes semblèrent soudain transfigurés, leur expression farouche et tourmentée fit place à une sorte de béatitude extatique, un léger coloris ranima ses joues, depuis si longtemps pâlies par le jeûne, par les macérations et par de terribles angoisses. Le moine souriait à cette métamorphose ; il prit Hervé par le bras, sortit avec lui de l'église, et, au moment de le quitter, lui dit : — Tu es entré dans la voie du salut, tu as maintenant une foi éprouvée... hésiteras-tu longtemps encore à te ranger parmi les militants qui prêchent et font triompher cette foi, dont tu as toi-même aujourd'hui reconnu l'efficacité miraculeuse ? Pense à la gloire de notre sainte mère l'Église !...

— Ne me parle pas de ceci... mes pensées sont ailleurs... près de ma sœur Héna...

— Soit ; mais, Hervé, rappelle-toi toujours ce que je t'ai dit souvent, et ce que la modestie oublie trop : ton intelligence est grande, ton érudition remarquable, le ciel t'a départi le don précieux d'une éloquence persuasive ; les ordres monastiques, et surtout celui auquel j'appartiens, je l'avoue humblement, se recrutent difficilement de jeunes gens dont l'avenir donne de brillantes espérances... c'est te dire de quel prix serait pour nous ton entrée dans notre

135ᵉ livraison

ordre, tu pourrais y faire un chemin rapide, éclatant... même devenir le prieur de ce monastère... Mais je me tais, tu m'écoutes à peine; nous reprendrons cet entretien... Où vas-tu de ce pas?

— Je vais rejoindre mon père à l'imprimerie de M. Robert Estienne.

— Sois prudent... Surtout pas d'indiscrétion.

— Girard, — reprit Hervé d'une voix légèrement altérée, après un moment de réflexion, — je ne sais ce qui peut, d'ici à peu de jours, arriver... Je veux et j'oserai... Puis-je en tout cas, compter sur un refuge auprès de toi?

— A quelque heure du jour ou de la nuit que ce soit, tu peux sonner à la petite porte du couvent où s'adressent les fidèles qui viennent demander notre assistance pour les agonisants, tu me feras appeler par le frère portier, tu seras introduit, tu trouveras chez nous un asile inviolable; tu seras à l'abri de toute poursuite.

— Je te remercie de la promesse et j'y compte... Adieu... Songe à moi dans tes prières.

— Adieu et à bientôt, — répondit le cordelier, suivant du regard Hervé, qui s'éloignait rapidement. — Quoi qu'il arrive, — ajouta fra Girard, — il est à nous corps et âme... de telles acquisitions sont précieuses en ces temps de lutte implacable contre l'hérésie. Dieu soit loué.

À l'époque où se passe ce récit, l'on remarquait, vers le milieu de la rue *Saint-Jean-de-Beauvais*, une grande maison neuve d'un style simple, gracieux, importé d'Italie depuis le commencement du siècle; sur une enseigne dorée, ornée des armes symboliques de l'Université de Paris et suspendue au-dessus de la porte, on lisait: ROBERT ESTIENNE, IMPRIMEUR. De gros barreaux de fer mettaient les fenêtres du rez-de-chaussée à l'abri des audacieuses tentatives des bandits, dont la ville était infestée, précautions complétées par une armature de gros clous de fer à têtes saillantes renforçant encore la solidité de la porte massive, surmontée d'une imposte à demi cintrée où étaient sculptés les attributs des sciences et des arts, élégante ornementation due au ciseau de l'un des meilleurs élèves du *Primaticio*, célèbre artiste italien appelé en France par le roi François Ier. Cette demeure appartenait à maître Robert Estienne, célèbre imprimeur, digne successeur de son père dans cette savante industrie, et l'un des hommes les plus érudits de ce siècle-ci. Profondément versé dans la science du latin, du grec et de l'hébreu, maître Robert Estienne a élevé l'imprimerie à un rare degré de perfection; passionément épris de son art, il apporte un tel soin aux œuvres sorties de ses presses, que non seulement il corrige lui-même les épreuves des livres grecs, latins ou hébreux imprimés par lui, mais en outre il affiche ces épreuves à sa porte pendant un certain laps de temps, promettant une récompense à celui qui lui signalerait quelque incorrection. Parmi les plus beaux ouvrages publiés par maître Robert Estienne, l'on remarque une Bible et un Nouveau Testament traduits en français, objets de l'admiration des savants et de l'appréhension de la Sorbonne et du clergé, aussi inquiets que courroucés de voir se populariser, par l'imprimerie, la connaissance textuelle des livres saints, qui condamnent une foule d'abus, d'idolâtries, d'exactions, introduits depuis des siècles dans le culte catholique par l'Eglise de Rome. Robert Estienne avait épousé depuis quelques années *Perrine Bade*, jeune et belle personne, fille d'un savant imprimeur et très versée elle-même dans la connaissance du latin. La maison de Robert Estienne offrait le noble exemple de ces familles bourgeoises dont les mœurs pures, les mâles vertus domestiques, contrastaient avec la corruption presque générale de ce temps-ci. Accusé d'être partisan de la Réforme et ayant déchaîné contre lui la Sorbonne et le parlement, attaché par des liens d'intérêt personnel à la cause catholique, Robert Estienne eût été déjà traîné au bûcher comme hérétique, sans la puissante protection de la princesse *Marguerite de Valois*, sœur de François Ier, femme lettrée, d'un esprit hardi, d'un généreux caractère, et qui favorisait la Réforme; le roi lui-même, aimant les arts et les lettres, beaucoup plus par orgueilleuse imitation des princes d'Italie que par élévation d'esprit, protégeait Robert Estienne, voyant en lui un homme illustre dont la gloire rejaillirait sur le prince son Mécène. Le rare savoir, le talent et surtout les biens considérables qu'il devait à son patrimoine et à ses travaux, avaient suscité au célèbre imprimeur des ennemis nombreux, acharnés; ses confrères, jaloux de l'inimitable perfection de ses œuvres; les membres de la Sorbonne, du parlement, ou les courtisans, auxquels le roi et son âme damnée, le cardinal chancelier Duprat, distribuaient les biens confisqués aux hérétiques, avaient maintes fois espéré de s'enrichir des dépouilles de Robert Estienne. Mais ses adversaires, grâce à l'influence de la princesse Marguerite, étaient jusqu'alors demeurés impuissants contre lui; cependant, sachant combien la faveur royale est capricieuse et précaire, il s'attendait à tout avec la sérénité du sage et la conscience de l'homme de bien, soutenu dans sa lutte contre les méchants par l'affection de sa jeune femme.

Les ateliers de maître Robert Estienne occupaient le rez-de-chaussée de sa maison; ses artisans, soigneusement choisis par lui, presque tous fils d'ouvriers employés par son père, méritaient sa confiance. Plusieurs fois ils avaient dû repousser par les armes des bandits fanatiques soulevés à la voix des moines, qui signalaient l'imprimerie comme une officine d'inventions diaboliques qu'on devait démolir et brûler. Le populaire, ignorant et crédule, s'était rué sur la maison de Robert Estienne, et sans le courage de ses défenseurs, elle eût été mise sac. D'ailleurs, chaque patron est maintenant obligé de se créer une sorte de garde personnelle composée de ses ouvriers; le fameux orfèvre *Benvenuto Cellini*, appelé de Florence par François Ier, redoute tellement la jalousie des artistes français et italiens, qu'il ne sort jamais qu'accompagné de plusieurs de ses élèves armés jusqu'aux dents. Naguère encore, il a subi un véritable siège dans le petit château *de Nesle*, dont le roi l'a gratifié; les arquebusades ont duré deux jours, force est restée à Benvenuto et à la garnison de sa demeure; François Ier a beaucoup ri de l'aventure. Tel est l'ordre qui règne dans la cité, telle est la sécurité dont jouissent les citoyens en nos tristes temps.

L'imprimerie de Robert Estienne ressemblait autant à un arsenal qu'à une imprimerie; des piques, des arbalètes, des épées, étaient placées près des presses, des casiers ou des tables de marbre. Christian, quoique la nuit fût venue, restait ce soir-là dans l'atelier; il y attendait maître Robert Estienne, d'après l'invitation de ce dernier. Les traits de l'artisan, si soucieux la veille lors de son entretien avec son fils, s'étaient éclaircis : Hervé, de retour de l'église de Saint-Dominique longtemps après l'heure où l'on se mettait d'habitude au travail dans la maison de M. Estienne, et voyant son père surpris et mécontent de cette nouvelle absence, lui avait dit hypocritement :

— De grâce, ne me jugez pas sur les apparences ; soyez-en certain, mon père, je reviendrai digne de vous... vous me pardonnerez un moment de funeste égarement. Je commence à reconnaître le danger de l'influence que je subissais aveuglément.

Puis Hervé s'empressa de regagner le temps perdu en se livrant activement au labeur. Bientôt l'entretien des ouvriers de l'imprimerie revenant par hasard sur la vente des indulgences, qu'ils flétrissaient avec une nouvelle énergie, Hervé, loin de prendre avec emportement, ainsi qu'il l'avait fait naguère, la défense de ce trafic, resta muet et parut confus ; Christian augura bien du silence et de l'embarras de son fils.

— Notre entretien d'hier a sans doute porté ses fruits, — se disait l'artisan ; ce malheureux enfant aura ouvert les yeux à la lumière, il aura reconnu l'abîme où le fanatisme le poussait. Patience! les principes dans lesquels je l'ai élevé reprendront le dessus, j'ai maintenant lieu de l'espérer.

Vers la fin de la journée, averti que maître Robert Estienne voulait l'entretenir et le priait de surprendre son départ, Christian songeant qu'en ne rentrant pas chez lui avant la nuit, selon sa coutume, il risquait d'inquiéter Brigitte, chargea son fils de l'instruire de la cause d'un retard dont elle aurait pu s'alarmer ; puis, demeuré seul dans l'atelier, il continua à la lueur d'une lampe, de mettre en page un livre latin ; il fut interrompu dans cette occupation par l'un de ses amis, nommé Justin, pressier de l'imprimerie. Quelques labeurs urgents, des tirages à terminer, l'avaient retenu dans une pièce voisine; surpris de trouver encore Christian à l'ouvrage, il lui dit :

— Je ne comptais pas te rencontrer encore ici, cher camarade, l'heure du repos a sonné.

— M. Estienne m'a fait prier de l'attendre après la journée; il désire me parler.

— Le hasard me sert à point, je voulais aller chez toi ce soir te proposer de nous rendre demain à Montmartre afin de visiter l'endroit en question... plus j'y songe, plus je suis convaincu que nous ne pourrons choisir une localité mieux appropriée à nos desseins.

— Je suis porté à le croire, d'après les détails que tu m'as donnés à ce sujet... Mais es-tu bien certain que cet endroit nous offre toutes les garanties de secret et de sécurité désirables ?

— Pour nous édifier complètement à ce sujet, je désirerais examiner de nouveau ces lieux avec toi; car il y a longtemps que je les ai parcourus... et il se pourrait qu'ils ne fussent plus ce qu'ils étaient... Veux-tu que nous allions les visiter demain soir?

— Oui, car il serait temps de nous mettre à l'œuvre... cette œuvre, c'est notre armée, Justin ! c'est notre seul moyen de combattre nos ennemis tout-puissants ! De jour en jour ils deviennent plus menaçants... ils ont pour eux la force, le nombre, le pouvoir, l'audace, les juges, les soudards, les prêtres, les bourreaux, les traditions séculaires, le fanatisme féroce d'un peuple égaré, perverti par les moines... Nous, qu'avons-nous ? Ceci... — ajouta Christian, désignant du geste à son ami une presse à imprimer dressée au milieu de l'atelier, — cet instrument, ce levier d'une force irrésistible... c'est la pensée... c'est l'idée ! Courage, ami ! espérons, humbles soldats de la pensée ! l'imprimerie changera la face du monde... et nos tyrans mitrés, casqués ou couronnés auront vécu! L'imprimerie sera un jour l'émancipatrice.

— A cet avenir lointain ou prochain j'ai foi, ainsi que toi, Christian ! La pensée, insaisissable comme la lumière, et lumière aussi, pénètre, pénétrera partout! les ténèbres de l'ignorance se dissiperont, et la liberté rayonnera pour tous !... A l'œuvre, Christian; notre local choisi, nous exécuterons nos projets. Je serai chez toi demain soir; la lune se lève tard, sa lumière nous guidera, et... — Mais, s'interrompant,

Justin ajouta : — Voici le patron... Je te laisse et à demain. Je serai exact au rendez-vous.

— A demain, — répondit Christian, tandis que son ami sortait par une porte de l'atelier s'ouvrant sur une ruelle déserte.

Maître Robert Estienne, alors âgé d'environ trente ans, était de taille moyenne et d'une physionomie ferme, douce et grave à la fois ; son regard brillait d'intelligence ; quelques rides précoces sillonnaient son large front déjà dégarni de cheveux vers les tempes par la contention de l'étude. Il portait un pourpoint et des chausses bouffantes de taffetas noir ; une fraise blanche plissée encadrait son visage, terminé par une barbe légère taillée en pointe.

— Christian, — dit Robert Estienne, — j'ai à vous demander un service... un grand service.

— Parlez, monsieur Estienne ; vous connaissez mes sentiments pour votre maison et tout ce qui vous touche ; je vous suis aussi dévoué que mon père l'était à votre père. Et s'il plaît à Dieu, — ajouta l'artisan en étouffant un soupir, — il en sera ainsi de mon fils envers votre fils.

— Ces longues relations de famille à famille nous honorent tous deux, Christian ; aussi je n'hésite pas à vous demander un grand service... Voici de quoi il est question : Ma maison, vous le savez, est le point de mire de mes ennemis, et sans parler de l'espèce d'assaut qu'elle a dû soutenir contre de malheureux fanatiques soulevés par les moines, ma demeure est incessamment épiée. Les persécutions redoublent contre ceux que l'on soupçonne d'être partisans de la Réforme, depuis que des placards imprimés, violemment hostiles à l'Eglise de Rome, ont été affichés de nuit dans Paris. Jean Morin, lieutenant criminel, digne instrument du cardinal chancelier Duprat, et servi par les délations de ce misérable espion connu sous le nom de *Guînier*, fait trembler Paris devant les perquisitions de sa police ; il a dernièrement encore rendu un arrêt en vertu duquel les sergents de guet ont, à toute heure de jour et de nuit, le droit de visiter de la cave au grenier le domicile de ceux que l'on accuse d'hérésie. Je suis de ceux-là... et malgré la protection de la princesse Marguerite, il se peut que, d'un moment à l'autre, mon logis soit envahi par les estafiers du lieutenant-criminel.

— Cela est malheureusement vrai, vos ennemis sont puissants et nombreux.

— Eh bien ! Christian, un homme que j'aime à l'égal d'un frère, un homme de bien, un ennemi des prêtres, un proscrit !... m'a demandé asile, il est ici, caché, depuis hier soir ; à chaque instant je tremble que l'on vienne fouiller ma maison et qu'ainsi le refuge de mon ami soit découvert... Il y va de sa vie...

— Grand Dieu ! Ah ! je comprends vos angoisses... Votre ami se trouve en grand péril.

— En cette extrémité, je me suis déterminé à m'adresser à vous... j'ai pensé que, votre heureuse obscurité vous épargnant l'espionnage dont je suis poursuivi, vous pourriez peut-être, pendant deux ou trois jours, donner l'hospitalité à mon ami et l'emmener chez vous ce soir même, sans avoir à courir aucuns risques.

— J'y consens de grand cœur !

— Je n'oublierai jamais le service que vous me rendez, — dit maître Robert Estienne en serrant cordialement la main de l'artisan ; — je ne devais pas douter de votre générosité.

— Seulement, monsieur, je dois vous en prévenir, l'asile est aussi humble qu'il est sûr.

— Ce proscrit est habitué depuis plusieurs mois à voyager de ville en ville, plus d'une fois ce généreux apôtre a passé des nuits au fond des bois, ou des jours dans les ténèbres des caves ; tout refuge lui est bon.

— En ce cas, voici ce que je vous propose. Je demeure, vous le savez, sur le pont au Change ; il existe sous le toit de la maison un galetas, où l'on peut à peine se tenir debout ; mais suffisamment aéré par une petite fenêtre s'ouvrant sur la rivière. Demain matin après l'heure à laquelle nous partons, mon fils et moi pour nous rendre ici, ma femme, car il me faudra lui confier notre secret, mais je réponds d'elle comme de moi-même...

— Je le sais, vous devez avoir toute confiance dans Brigitte ; vous pouvez tout lui révéler.

— Donc, demain matin, ma femme, après mon départ, éloignera ma fille en la chargeant d'une commission en dehors, et transportera dans le galetas un matelas, des draps, ce qui sera nécessaire enfin pour rendre ce refuge un peu habitable ; mais durant cette nuit-ci, notre hôte devra se résigner à coucher enveloppé tout simplement dans une couverture sur le plancher... mais une nuit est bientôt passée...

— Peu importe... Et comment introduire ce soir chez vous à l'insu de votre famille ?... Je connais vos habitudes domestiques : votre femme et vos enfants vous attendent maintenant pour souper dans la salle basse, dont la porte ouvre sur le pont, ils vous verront entrer avec un étranger... Puis, j'y pense, le frère de votre femme, cet ancien Franc-Taupin, ne vient-il pas presque chaque jour partager vos repas ?... C'est une nouvelle difficulté à tourner.

— Il est vrai ; aussi je ne le mettrai pas dans notre confidence, quoique ses défauts... et ils sont nombreux chez ce pauvre soldat d'aventure !... soient rachetés à mes yeux par son dévouement, par son adoration pour sa sœur et pour mes enfants.

— En ce cas, ce soir, comment faire ?

— J'amènerai ce proscrit comme un ancien ami que j'aurai invité à partager notre souper ; mon fils et ma fille, selon leur coutume, regagneront leur chambre à la fin du repas, nous resterons seuls à table, mon hôte, moi, ma femme et son frère, le Franc-Taupin, s'il est venu ce soir à la maison. En ce cas, je le prierai, afin de terminer joyeusement la soirée, d'aller chercher un pot de vin herbé; ce breuvage se vend dans une taverne du quai aux orfèvres, à quelque distance de chez moi ; je profiterai de l'absence du Franc-Taupin pour mettre en deux mots ma femme dans la confidence; mon hôte montera au galetas, et lors du retour de mon beau-frère, je lui dirai que notre convive, craignant de trop s'attarder, nous a quittés en me chargeant de lui présenter ses compliments et ses adieux. Vous le voyez, tout peut s'accommoder ainsi avec secret et sécurité.

— Je le reconnais... Maintenant, Christian, si, par impossible, si malgré toutes vos précautions, ce proscrit était surpris dans votre maison par la police du lieutenant criminel, vous ne l'ignorez pas, et je dois insister là-dessus, vous risqueriez la prison... peut-être un châtiment plus terrible... car en ces temps il y a peu à compter sur la justice. Les tribunaux ecclésiastiques sont implacables... la torture ou la mort.

— Monsieur Estienne, me croyez-vous accessible à la crainte?

— Non, je sais votre dévouement pour moi ! Cependant, croyez-le, si la surveillance exercée sur ma maison ne me mettait pas dans l'impossibilité d'offrir un refuge assuré à l'ami bien cher que je vous confie, je ne vous exposerais pas à des dangers que je serais jaloux de braver moi-même... J'avais d'abord songé à lui donner asile dans ma courtille de Saint-Ouen; cette maison des champs est solitaire et assez éloignée du village ; mais, pour plusieurs raisons dont il n'est pas encore permis de vous instruire, il faut que mon ami demeure caché au centre de Paris. Enfin, je vous le répète, Christian, si, contre toute probabilité, vous deviez être inquiété, s'il devait vous arriver dommage au sujet du service que vous m'aurez rendu, votre femme, vos enfants, trouveraient dans ma famille soutien et protection...

— Monsieur Estienne, je n'oublierai de ma vie que mon père, indignement calomnié par le successeur de l'imprimeur Jean Saurin, mourait de faim et de désespoir, lui et sa famille, sans la généreuse assistance de votre père ! Cette dette de reconnaissance envers vous et les vôtres, quoi que je fasse, je ne l'acquitterai jamais... Mon avoir si modeste et ma vie sont à vous...

— Mon père a agi en homme de bien, rien de de plus ; mais si vous tenez absolument à vous croire notre obligé, votre noble action sera pour nous une preuve de plus de votre reconnaissance, digne Christian ; mais je ne vous ai pas tout dit... — Obéissant à un sentiment de délicate réserve, vous ne m'avez pas demandé en faveur de qui je sollicitais de vous ce refuge...

— Ce proscrit est digne de votre amitié, c'est un apôtre, monsieur Estienne, ai-je besoin d'en savoir davantage?

— Sans vous livrer un secret qui n'est pas le mien, il m'est cependant permis de vous apprendre que ce proscrit est le plus courageux des apôtres de la Réforme. Je dois donc uniquement à votre attachement le service que vous me rendez, puisque, en accordant un asile à mon ami, vous ignoriez être en communion d'idées. Votre acte généreux vous est dicté par votre affection pour moi et pour les miens ; à mon tour aussi, je contracte une dette de gratitude envers vous et les vôtres. A ce sujet, Christian, — ajouta maître Robert d'un accent pénétré, — laissez-moi vous exprimer toute ma pensée sur votre fils. Depuis quelque temps nous nous sommes souvent entretenus du chagrin qu'il vous causait ; je le regrette doublement, car j'attendais beaucoup d'Hervé. Il montrait même en dehors de la pratique de notre art, où il commence à exceller, des aptitudes variées ; son savoir précoce, sa rare intelligence, le don naturel d'une éloquence chaleureuse, le rangeaient, à mes yeux, parmi ce petit nombre d'hommes destinés à briller dans quelque carrière qu'ils embrassent ; enfin, ce qui primait, selon moi, chez Hervé, ces avantages de l'esprit, c'était la bonté, la droiture de son cœur : mais ses habitudes sont devenues irrégulières ; son caractère affectueux, ouvert, expansif, semble transformé. Je me suis jusqu'ici toujours gardé de lui témoigner l'affliction que je ressentais de sa conduite ; cependant il a conservé pour moi, je le crois, de l'attachement, du respect ; m'autorisez-vous à avoir avec lui une conversation sérieuse, paternelle? peut-être aurait-elle un résultat salutaire ?

— Je vous remercie, monsieur Estienne, de cette offre ; mais j'ai lieu d'espérer que mon fils dès aujourd'hui, est revenu à des pensées meilleures, qu'un soudain et heureux changement s'est opéré sur lui... car... Christian ne put achever ; il fut interrompu par l'arrivée de madame Estienne, belle jeune femme d'une figure douce et grave, qui entra précipitamment dans l'atelier et dit à son mari d'une voix émue en lui remettant une lettre ouverte :

— Lisez, mon ami ; vous reconnaîtrez qu'il n'y a pas un moment à perdre... — Et, se retournant vers Christian : — Pouvons-nous compter sur vous?

— En tout et pour tout, madame !

— Plus de doute ! — s'écria maître Robert Estienne, après avoir lu la lettre. — Cette nuit, peut-être, notre maison sera visitée... on est sur les traces de notre ami !

— Je cours vite le chercher, — reprit madame Estienne. — Christian et lui sortiront par la ruelle; la maison doit être surveillée du côté de la rue Saint-Jean-de-Beauvais.

— Monsieur, — dit l'artisan à son patron, — j'irai, par surcroît de précaution jusqu'au bout de la ruelle, afin de reconnaître si le passage est libre; je l'explorerai dans tous les sens.

— Allez, mon ami, vous nous retrouverez dans la petite cour avec le proscrit.

Cette petite cour, Christian la traversa en sortant de l'atelier; puis il poussa les verrous d'une porte donnant sur une ruelle déserte et la parcourut dans toute sa longueur sans y rencontrer personne, la nuit, presque transparente, permettant de voir assez loin devant soi. Ainsi assuré que ce passage offrait toute sécurité, Christian revint à la porte de la cour où se tenait maître Robert Estienne, serrant dans ses mains celle d'un homme de taille moyenne, simplement vêtu de noir.

— Monsieur, dit Christian à son patron, la ruelle est déserte; nous pouvons sortir sans être aperçus de personne.

— Adieu, mon ami! — dit d'une voix émue maître Robert Estienne au proscrit. — Fiez-vous à votre guide, comme vous vous fieriez à moi-même... Suivez-le et ayez égard à toutes ses recommandations pour votre sûreté. Que le ciel protège votre précieuse vie!...

— Adieu! adieu!... — répondit l'inconnu, non moins ému que l'imprimeur; et il suivit Christian. Tous deux, après avoir quitté la ruelle et cheminé sans encombre dans la direction du pont au Change, arrivèrent à un guichet sous lequel ils devaient passer afin de traverser la *Cour-Dieu;* leur marche fut arrêtée par une foule compacte rassemblée aux abords du guichet, garni d'un tourniquet, destiné à empêcher les chevaux et les voitures d'entrer dans cette enceinte entourée de maisons appelée la Cour-Dieu. Des soldats du guet étaient mêlés à la foule.

— Pourquoi donc cet attroupement? — demanda Christian à un homme de carrure athlétique, portant une chemise aux manches retroussées, un tablier sanglant et un long couteau à son côté.

— Saint-Jacques! — répondit le boucher avec un accent de pieuse satisfaction, — les révérends pères cordeliers de la Cour-Dieu ont eu là une bonne idée.

— Comment? — reprit Christian, — quelle idée! Mettez-nous au courant de ce qui se passe.

— Ces braves moines ont établi sur la place, à la porte de leur couvent, une chapelle ardente, au pied d'une belle station de la sainte Vierge, et deux moines quêteurs se tiennent à côté de la statue, un gourdin d'une main et une bourse de l'autre...

— A quoi bon cette chapelle et ces moines quêteurs armés de gourdins?

— Saint-Jacques! — et le boucher se signa, — grâce à cette chapelle, on reconnaît ces chiens de luthériens lorsqu'ils passent.

— Par quel moyen les reconnaît-on?

— S'ils passent devant la chapelle sans s'agenouiller aux pieds de la sainte Vierge et sans mettre une pièce de monnaie dans la bourse des moines quêteurs, c'est une preuve que ces ensabbattés sont hérétiques... alors, on court dessus, on les assomme, on les écharpe! Tenez, entendez-vous? entendez-vous...

En effet, à ce moment, des cris perçants à demi étouffés par des rumeurs courroucées s'élevaient de l'intérieur de la place de la Cour-Dieu, où l'on ne pouvait pénétrer que par le guichet; son tourniquet ne livrant passage qu'à une personne à la fois, ses abords s'encombraient de moment en moment d'une foule avide de jouir du triste spectacle offert par *l'épreuve des luthériens*... Les cris de la victime ayant cessé, les clameurs s'apaisèrent; les assistants attendaient une nouvelle exécution; le boucher reprit:

— Le parpaillot ne crie plus... il a son compte... que le feu de Saint-Antoine arde ces musards qui avancent si lentement sous le guichet! je n'aurai pas vu assommer ce maudit!

— Mon ami, dit le mystérieux compagnon de Christian au boucher, — ce sont donc de bien grands scélérats, ces luthériens? Je vous adresse cette question en ma qualité d'étranger...

Vingt voix s'empressèrent charitablement de répondre à l'inconnu, alors tellement engagé, ainsi que Christian, au milieu de la foule toujours grossissant, qu'ils durent se résigner à attendre leur tour pour traverser le guichet.

— Pauvre homme! d'où sortez-vous donc? disait l'un s'adressant à l'inconnu. — Quoi! vous demandez si les luthériens sont des scélérats? Mais ce sont d'infâmes brigands.

Et chacun de citer à l'envi les scélératesses des réformés:

— Ils lisent la Bible en français!

— Ils ne se confessent point!

— Ils ne chantent pas la messe.

— Ils ne croient ni au pape, ni aux saints, ni à la virginité de Marie, ni aux reliques!

— Ni au sang de notre Sauveur!... ni à la goutte de lait de sa sainte mère!... ni à la miraculeuse dent de saint Loup!

— Et par quoi remplacent-ils la sainte messe... ces forcenés? Par des sabbats, par des orgies abominables!

— Oui, oui, c'est la vérité...

— J'ai connu, moi qui vous parle, le fils d'un tailleur qui s'est laissé une fois prendre à la glu de ces suppôts du démon... Voici ce qu'il a vu... il me l'a raconté le lendemain. — Les luthériens se sont rassemblés la nuit... à minuit, dans une vaste cave, hommes, filles et femmes pour célébrer leur *lutherie*. Un riche bourgeois, demeurant dans la même rue que le tailleur, assistait à ce sabbat avec ses deux jeunes filles. Quand tous ces parpaillots ont été rassemblés, leur prêtre a revêtu une simarre en peau de bouc, avec une coiffure hérissée de cornes de taureau, puis il a apporté un petit enfant vivant; il l'a étendu sur une table éclairée par deux grands cierges de cire, et pendant que ces hérétiques chantaient leurs psaumes en français, entremêlés d'invocations magiques, leur prêtre a égorgé l'enfant!...

— Les assassins! les monstres! les démons!

— Ce prêtre de Lucifer a ensuite recueilli le sang de l'enfant dans un vase et en a aspergé l'assemblée!... Puis il a arraché le cœur et il l'a mangé... La lutherie était célébrée.

— Saint-Jacques! et on ne les saignera pas tous jusqu'au dernier, ces fils de Satan! — s'écria le boucher en portant la main à son couteau, tandis que le proscrit, échangeant un regard expressif avec Christian, disait à ceux qui l'entouraient :

— De telles monstruosités sont-elles donc possibles? Les choses se sont-elles ainsi passées?

— Si c'est possible; *Frère Saint-Laurent-sur-le-gril*, révérend carme, mon confesseur, m'a dit, parlant à moi, Marotte, qu'il n'y a pas une assemblée de ces hérétiques où l'on n'égorgeât un ou deux enfants au moins !

— Jésus Dieu ! tout le monde sait cela, — poursuivit le narrateur, — le fils du tailleur dont je parle assistait à ce sabbat; il a tout vu de ses yeux : or, après que les luthériens ont eu reçu, en guise de baptême, l'aspersion du sang de l'enfant égorgé, leur prêtre leur a dit : « — Maintenant quittez vos habits et priez Dieu à notre mode. Vivent l'enfer et la lutherie. »

— En disant ces mots, il a éteint les deux cierges, et parpaillots, parpaillotes, aussi peu vêtus qu'Adam et Eve, hommes, femmes, jeunes filles, tous pêle-mêle dans les ténèbres... Enfin... vous comprenez... C'est abominable.

— Quelle horreur!! Malédiction sur eux!

— Miséricorde! que Dieu nous protège...

— Confession!! de telles infamies annoncent la fin du monde!

— Frère Saint-Laurent-sur-le-gril, révérend carme, mon confesseur, m'a dit, parlant à moi, Marotte, que toutes leurs lutheries se terminaient ainsi. Il était si indigné, ce bon père, qu'il m'a donné sur ces sabbats des détails... ah ! mais des détails qui me rendaient le visage rouge et chaud comme braise.

Ce récit, résumant les stupides et atroces calomnies répandues par les moines contre les réformés, fut interrompu par de nouvelles clameurs poussées dans l'intérieur de la Cour-Dieu. Christian et l'inconnu, écoutant avec un secret dégoût et une muette indignation tant d'ignominies mensongères colportées par un peuple ignorant et crédule, avaient suivi le mouvement de la foule; ils se trouvaient sous la voûte du guichet, d'où ils purent embrasser d'un coup d'œil ce qui se passait sur la place. Une sorte de reposoir, garni de cierges allumés, se dressait sous la voûte de la porte du couvent des cordeliers; une statue de la Vierge, de grandeur naturelle, sculptée en bois, magnifiquement vêtue d'une robe de brocart d'or, le visage peint comme un portrait, dominait le reposoir. Plusieurs cordeliers, parmi lesquels Christian reconnut fra Girard, stationnaient aux abords de la chapelle ardente; deux d'entre eux, tenant à la main de larges bourses de velours, étaient postés de chaque côté de la statue; un groupe nombreux d'hommes et de femmes déguenillés, d'une figure cynique, repoussante ou féroce, armés de bâtons, et groupés non loin de la porte du couvent, attendaient le moment de s'élancer, au signal des moines, sur les malheureux suspectés d'hérésie; chaque passant, sortant du guichet, traversait forcément la place à peu de distance de la statue de la Vierge : s'il s'agenouillait devant elle et jetait son aumône dans la bourse des quêteurs, aucun danger ne le menaçait; mais s'il n'accomplissait pas cet acte de dévotion, la bande féroce, déchaînée par les moines, courait sus au luthérien, le rouait de coups, et souvent il demeurait assommé sur la place. Toutes les personnes qui précédèrent Christian et l'inconnu allèrent, soit par piété, soit par crainte, se mettre à genoux devant l'image de la Vierge, après quoi chacun en se relevant déposait son offrande dans la bourse tendue par les deux cordeliers. Un homme jeune encore, frêle et de petite stature, derrière qui se trouvait Christian, dit à demi-voix en se préparant à faire jouer le tourniquet, afin de sortir du guichet :

— Je suis catholique, mais, sang-Dieu ! j'aime mieux être écharpé que de subir une pareille oppression ! Au diable tous les moines !

— Vous auriez tort... — lui dit tout bas Christian, — cette indignité me révolte autant que vous; mais que faire contre la force ? Soumettez-vous à ces ignominies.

— Je protesterai au péril de ma vie! de pareils excès déshonorent la religion, — répondit cet honnête homme à Christian. Et sortant du guichet d'un pas ferme, il traversa la place sans tourner la tête du côté du reposoir; mais à peine l'eût-il dépassé, que les gens déguenillés groupés autour des moines, s'élançant à la poursuite de ce malheureux, l'atteignirent et l'enveloppèrent en hurlant : — Hérétique! luthérien! — Il outrage l'image de la mère du Sauveur ! — A genoux ! — Le parpaillot! à genoux ! Mort à l'hérétique.

Pendant que ces fanatiques entouraient leur victime, Christian dit à son compagnon :

— Profitons du tumulte pour échapper à ces bêtes féroces; malheureusement il est inutile d'essayer de soustraire à leur fureur insensée cet homme de cœur qu'ils asssaillent...

Christian et l'inconnu sortirent à leur tour du guichet et traversèrent la place, se dirigeant en hâte vers son autre issue, sans s'arrêter devant le reposoir; les moines, les remarquant, s'écrièrent, mais trop tard : — Voilà deux autres hérétiques! ils se sauvent afin de ne pas s'agenouiller devant la sainte Vierge! arrêtez-les!... Contraignez-les de vider leur escarcelle.

La voix des cordeliers ne parvint pas aux oreilles de la bande d'énergumènes acharnés à leur proie; ils poussaient des hurlements sauvages en assommant, non pas un hérétique, mais un catholique, coupable de se refuser à une adoration imposée brutalement, et qu'il eût accomplie de son plein gré. Ce malheureux, après s'être courageusement défendu à coups de canne, sa seule arme, mais accablé par le nombre, gisait livide, sanglant, presque inanimé, sur le pavé, où une horrible mégère le traînait par les cheveux, tandis que d'autres forcenés de la lie du peuple, lui lançaient des coups de pieds à la figure.

— Miséricorde!... — criait-il d'une voix éteinte; — Jésus!... mon Dieu!... ayez pitié de moi!... On assassine un bon catholique!

Ce furent ses dernières paroles; bientôt il ne cria plus... Le boucher avec qui Christian avait échangé quelques mots accourut se joindre aux bourreaux; après s'être pieusement agenouillé devant la statue de la Vierge, il tira son couteau, le brandit et s'écria :

— Saint-Jacques! laissez-moi saigner le luthérien, cela me vaudra bien une indulgence... et puis c'est mon état de saigner!

Des éclats de rire féroces accueillirent la sanglante raillerie du boucher, on lui fit place auprès du cadavre; il s'accroupit sur ce corps pantelant, scia le cou avec son couteau, détacha la tête du tronc, la saisit par sa chevelure, et montrant cet épouvantable trophée à la foule, il s'écria avec une exaltation farouche :

— Ce chien d'hérétique ne voulait pas s'incliner devant la mère du Sauveur... il mettra devant elle le front sur le pavé!

Ainsi dit, ainsi fait. Le boucher, suivi de la bande forcenée, court vers le reposoir, tenant de ses mains rouges et fumantes de sang la tête cadavéreuse; il s'agenouille et la dépose, le front contre terre, au pied de la statue de Marie, à l'acclamation sauvage des autres assassins, pieusement agenouillés comme lui.

— Ah! monsieur, c'est affreux! — murmura Christian d'une voix palpitante en sortant de la Cour-Dieu avec son compagnon. — C'est au nom de la douce mère du Christ que ces horreurs se commettent!... Oh! les misérables! aussi stupides que féroces!

— Ignorance, misère et fanatisme! voilà leur excuse... N'accusons pas ces malheureux; ils sont ce que les moines les font! — répondit l'inconnu à Christian avec un sourire d'une amertume navrante. Oh! les moines, ces moines! quand donc aurons-nous purgé la société de cette engeance infernale?

Et tous deux cheminèrent en hâte vers la demeure de l'artisan, sans oser retourner la tête.

. . . .

— « Ne crains rien; j'ai un moyen certain de rentrer en grâce auprès de ma famille, » — avait dit Hervé à fra Girard en sortant de l'église de Saint-Dominique, où il s'était procuré la *lettre d'indulgence* qui l'absolvait par avance de tous les forfaits. Hervé fut, hélas! fidèle à sa promesse. Depuis longtemps de retour au logis paternel, et poursuivant son œuvre d'infernale hypocrisie, il était parvenu à éveiller dans l'âme de sa mère les mêmes espérances que dans l'âme de Christian; aussi, entendant Hervé la supplier d'une voix émue de suspendre son jugement sur lui au sujet du larcin dont on le soupçonnait, avouer qu'il reconnaissait trop tardivement les funestes effets d'une dangereuse influence, et voyant enfin son fils répondre avec une effusion inattendue à l'affectueux accueil de sa sœur, Brigitte se dit, comme Christian : — Espérons, Hervé revient à des sentiments meilleurs; le pénible entretien d'hier soir a porté ses fruits, nos remontrances ont eu sur lui une action salutaire, les principes qu'il a reçus de nous reprennent leur empire... Espérons!

Et l'heureuse mère, le cœur aussi allègre qu'il était contristé la veille, s'occupait des préparatifs du repas du soir. Héna, non moins joyeuse que Brigitte du retour de tendresse d'Hervé, rayonnait de bonheur, et ce sentiment l'embellissait encore. Atteignant à peine sa dix-septième année, d'une taille svelte et accomplie, elle portait ses épais cheveux blond cendré, tressés en deux nattes, qui encadraient son rose et frais visage et se rejoignaient à la naissance de son cou; la suavité de ses traits, d'une angélique beauté, eût inspiré le divin Raphaël Sanzio. Blanche comme un lis, elle en avait le pudique éclat; la candeur, la bonté, se lisaient dans l'azur de ses yeux. Souvent ils s'arrêtaient avec ravissement sur ce méchant frère tant chéri dont la pauvre enfant s'était crue désaimée. Assise près de lui, occupée d'un travail de couture, elle se sentait, comme autrefois, remplie d'une douce confiance envers Hervé, et celui-ci semblait redevenu affectueux et riant comme autrefois; tous deux, par un tacite accord, écartant toute allusion à un passé pénible, s'entretenaient aussi familièrement que si leur

Ignace de Loyola chez la gitanilla (page 270)

fraternelle intimité n'eût jamais subi la moindre atteinte. Hervé, malgré son empire sur lui-même et sa dissimulation profonde, se trouvait gêné, sentait le besoin de parler, cherchant à s'étourdir par le son des paroles, afin d'échapper à l'obsession de sa pensée secrète, et choisissant au hasard le sujet de l'entretien. Le frère et la sœur continuaient ainsi leur conversation, tandis que Brigitte était momentanément à l'étage supérieur, pour vaquer aux soins du ménage.

— Hervé, — disait la jeune fille à son frère en réfléchissant, — ton récit m'intéresse vivement; quel âge semblait-il avoir, ce moine?

— Que sais-je?... vingt cinq ans peut-être.

— Sa figure était à la fois belle, triste et douce, n'est-ce pas? Sa barbe est un peu plus claire que ses cheveux châtains : ses yeux sont noirs, et il est très pâle; physionomie sympathique.

Héna, en causant ainsi avec son frère, continuait de coudre; elle ne put remarquer l'expression de surprise qui se trahit sur les traits d'Hervé. Cependant il répondit à sa sœur en souriant :

— Voilà un signalement complet... il faut avoir regardé bien attentivement les gens pour conserver d'eux un souvenir aussi vivant. Puis, qui te porte à croire que le moine dont il est question soit ce beau moine à barbe châtain-clair dont tu viens de me tracer le portrait?

— Ne m'as-tu pas dit, cher frère, que tu as été tantôt témoin d'une action touchante dont un jeune moine était l'auteur? — Eh bien! l'idée m'est venue qu'il s'agissait peut-être du religieux dont je te parle... Allons, continue cet intéressant récit.

— Et quel est ce moine? où l'as-tu vu? d'où le connais-tu? — demanda d'une voix brève Hervé à sa sœur avec une sorte de jalouse an-

136e livraison

goisse à peine contenue. La naïve enfant, se méprenant sur le sentiment qui dictait les questions de son frère, lui répondit gaiement :

— Oh ! oh ! seigneur Hervé vous êtes bien curieux ; achevez d'abord votre histoire, ensuite je vous répondrai.

Hervé, affectant un ton plaisant, reprit en jetant sur sa sœur un regard profond et pénétrant : — Oh ! oh ! demoiselle Hèna, vous me reprochez ma curiosité... pourtant la vôtre, ce me semble, égale la mienne... Il n'importe, soyez satisfaite... Donc, ce matin, je passais devant le porche de l'église Saint-Merry ; je vois un attroupement, je demande quelle en est la cause ; l'on me répond qu'un enfant de six mois à peine avait été déposé pendant la nuit sous le portail de la paroisse.

— Pauvre petite créature !

— En ce moment, un jeune moine fend la foule, prend l'enfant dans ses bras, et les larmes aux yeux, les traits empreints de la pitié la plus touchante, il réchauffe de son haleine les mains de ce pauvre abandonné, l'enveloppe soigneusement dans l'une des longues manches de son froc, et il s'enfuit aussi joyeusement que s'il eût emporté un trésor ; la foule l'applaudit, et j'entends dire autour de moi que ce moine de l'ordre des Augustins, se nomme *frère Saint-Ernest-Martyr.*

— Comment, Martyr ?... lui si charitable ?...

— Tu ignores, ma sœur, qu'en entrant en religion, les moines renoncent à leurs noms de famille et prennent des noms de saints, tels que : frère *Saint-Pierre-ès-liens, Saint-Sébastien-percé-de-flèches, Saint-Laurent-sur-le-gril, Saint-Antoine-au-cochon...*

— Oh ! les tristes noms !... ils donnent le frisson !... Le dernier est vraiment grotesque...

— Enfin, — reprit Hervé, qui ne cessait d'attacher son regard inquisiteur sur Hèna, — le frère Saint-Ernest-Martyr s'éloigna précipitamment avec son précieux fardeau, et quelqu'un dit : — Pour certain, ce bon moine va porter ce pauvre pauvre petit chez *Marie-la-Catelle...*

— J'en étais sûre, s'écria ingénument Hèna ; c'est bien lui ; c'est mon moine !...

— Comment, ton moine ? — demanda en souriant Brigitte, qui descendait de l'étage supérieur et dont le cœur s'épanouissait en voyant son fils et sa fille s'entretenir cordialement ainsi qu'autrefois. — De quel moine parles-tu d'un ton si expressif, chère Hèna ?

— Mère, te souviens-tu de la Catelle et de son école ? Te rappelles-tu cette excellente femme ?

— Sans doute. Je me souviens de cette jeune veuve, Marie-la-Catelle. L'école qu'elle a fondée pour l'instruction des enfants pauvres est une œuvre de touchante charité, qui doit aussi beaucoup à *Jean Dubourg,* drapier de la rue Saint-Denis, et à un riche bourgeois, M. La*forge* ; ils viennent généreusement en aide à la Catelle, et sa sœur Marthe, la femme de *Poille,* architecte-maçon, qui partage avec elle les soins maternels qu'elle donne à de pauvres orphelins, recueillis dans sa maison, qu'on appelle à juste titre « la maison du bon Dieu... »

— Lorsque nous sommes allées chez la Catelle, — poursuivit Hèna, — te souviens-tu, mère, que c'était l'heure de l'école ?

— Oui... un moine augustin faisait la leçon aux enfants groupés autour de lui, les uns assis à ses pieds, les autres sur ses genoux...

— Eh bien ! mère, j'écoutais ce moine expliquant aux enfants cette parabole : « Méchants sont ceux-là qui vivent du lait de la brebis, se vêtissent de sa toison, et laissent la pauvre bête sans pâture..... » Il disait, à ce propos, des choses empreintes d'une si douce et si tendre charité, quoique bien simples et à la portée de l'intelligence des enfants, que les larmes me venaient aux yeux.

— Je partageais, Hervé, l'émotion de ta sœur, — reprit Brigitte s'adressant à son fils, qui, silencieux et absorbé dans ses pensées, ne prenait plus part à l'entretien. — Tu ne peux l'imaginer avec quelle bonté charmante ce jeune moine instruisait ces enfants, mesurant ses paroles à la portée de leur intelligence, afin de les pénétrer de la simple et pure morale évangélique. Marie-la-Catelle nous assurait qu'il valait autant par la science que par la vertu.

Deux coups frappés au dehors de la porte de la maison interrompirent cet entretien.

— Enfin ! — dit Brigitte à Hervé, — voici sans doute ton père ; les rues sont peu sûres pendant la nuit, et j'aime mieux qu'il soit ici que dehors. Nous ne verrons pas sans doute mon frère ce soir ; car l'heure habituelle du souper est depuis longtemps passée, — ajouta Brigitte en allant au devant de son mari, à qui Hervé venait d'ouvrir la porte de la maison. Christian entra en compagnie de l'inconnu, homme jeune encore, d'une figure remarquable par son expression de fermeté réfléchie ; ses yeux noirs, pleins d'intelligence et de feu, très rapprochés du nez, donnaient à son pâle et austère visage un caractère singulier. Brigitte, à l'aspect de cet hôte inattendu, fit un mouvement de surprise.

— Chère femme, — lui dit Christian, — je t'amène à souper M. Jean... l'un de mes anciens amis, que j'ai rencontré ce soir.

— Qu'il soit le bienvenu chez nous, — répondit Brigitte, tandis que ses deux enfants observaient l'étranger avec curiosité. Hèna, selon sa coutume, embrassa tendrement son père ; mais Hervé, attachant sur lui un regard timide et repentant, semblait hésiter à suivre l'exemple de sa sœur. L'artisan tendit les bras à son fils, et lui dit à l'oreille en le serrant contre son cœur : — Je n'ai pas oublié tes bonnes paroles de tantôt ! — Puis, s'adressant à son hôte, Christian ajouta : — Voilà ma famille... ma fille est broderesse comme sa mère ; mon fils aîné est, ainsi que moi, artisan d'imprimerie chez M. Robert Estienne ; mon second fils, apprenti armurier, voyage en Italie... Grâce à Dieu, nos enfants sont sages, laborieux, et méritent d'être aimés comme nous les aimons, ma digne femme et moi !...

— Que la bénédiction du ciel continue de s'étendre sur votre famille !..... — répondit M. Jean d'une voix affectueuse, pendant qu'Héna et son frère disposaient les couverts et apportaient sur la table les mets préparés pour le souper de la famille.

— Brigitte, — dit Christian, — et ton frère ?

— Je m'étonnais tout à l'heure de son absence, mon ami ; elle m'inquiéterait, si je ne comptais sur la bravoure de mon frère, sur sa grande épée, enfin sur son apparence peu attrayante pour les voleurs de nuit, — ajouta Brigitte en souriant. — Tire-laine ou guilleris n'auraient guère souci d'attaquer un franc-taupin... Mettons-nous à table sans lui ; il saura bien, s'il vient souper avec nous, regagner le temps perdu et faire les morceaux doubles...

Les convives prirent place autour de la table ; M. Jean se trouvait placé entre Christian et Brigitte. S'adressant à celle-ci, il lui dit :

— Il règne dans cette demeure, madame, tant d'ordre, tant d'exquise propreté, que l'on doit en féliciter la ménagère de la maison.

— L'accomplissement des devoirs domestiques est un plaisir pour moi comme pour ma chère fille, monsieur ; l'ordre et la propreté, c'est notre luxe, à nous autres pauvres gens.

Sancta simplicitas ! — dit l'étranger ; puis il reprit en souriant : — C'est une vieille et bonne devise ; en d'autres termes, *sainte simplicité*... Vous m'excuserez, madame, d'avoir parlé latin... C'est un oubli de ma part.

— A propos de latin, — reprit l'artisan, s'adressant à sa femme, — Lefèvre n'est pas venu non plus aujourd'hui ?

— Non, mon ami, et comme toi je m'étonne de la rareté de ses visites : autrefois, il se passait peu de jours sans qu'il vînt nous voir ; peut-être se trouve-t-il malade ou absent de Paris. J'irai prendre demain de ses nouvelles.

— Lefèvre est un très savant latiniste, — dit Christian, s'adressant à M. Jean, — c'est l'un de mes plus anciens amis ; il professe à l'Université. C'est un rude et tenace montagnard de la Savoie ; mais sous son âpre écorce bat un cœur excellent... Nous l'estimons beaucoup.

Christian allait continuer de parler lorsqu'il fut interrompu par cette cantilène, chantée au dehors de la maison d'une voix forte :

Un franc taupin, un arc de fresne avait,
Tout vermoulu, à corde renouée,
Sa flèche était de papier empennée,
Ferrée au bout d'un ergot de chapon,
Derideron, vignette sur vignon ! derideron !

C'est mon bon oncle ; sa chanson favorite nous l'annonce ! — dit gaiement Héna en se levant pour aller ouvrir la porte du logis.

. . . .

Joséphin, frère de Brigitte, surnommé *Tocquedillon-le-*Franc-Taupin, entra bientôt dans la salle basse. Soldat d'aventure depuis l'âge de quinze ans, il avait quitté en vagabond la maison paternelle pour s'enrôler plus tard dans les francs-taupins, sorte de milice irrégulière chargée, lors du siège des villes, de creuser les tranchées destinées à couvrir les approches des assaillants. L'on appelait ces soldats mercenaires francs-taupins, parce que, ainsi que les *francs archers*, ils étaient affranchis de l'impôt de la taille, et parce que leur travail souterrain ressemblait beaucoup à celui de la *taupe* ; mais sortis de leurs tranchées, les francs-taupins se montraient, disait-on, peu vaillants ; leur poltronnerie, à tort ou à raison, devint proverbiale, témoin la chanson favorite du frère de Brigitte Celui-ci n'était cependant pas poltron, tant s'en faut ; car, après avoir fouillé la terre lors de deux ou trois sièges, révolté d'appartenir à un corps d'une si couarde renommée, il s'était enrôlé dans une autre milice irrégulière, redoutée de chacun, les *Aventuriers* ou *Pendards*, dont un écrivain de ce temps-ci a tracé ce portrait, malheureusement trop véridique :

« Quels gens vagabonds, flagitieux, meurtriers, que ces pendards ! renieurs de Dieu ! loups ravisseurs ! violeurs de femmes ! dévoreurs de peuple ! chassant le bonhomme de sa maison, buvant son pot et couchant dans son lit ! Habillés à la pendarde de chemises à longues manches montrant leurs poitrines velues, de chausses bigarrées laissant voir la chair ; les jambes nues et portant leurs bas à la ceinture, de crainte de les user. Faisant trembler la volaille au poulailler, le lard au garde-manger. Riards, frisques, hardis, goguelus ; toujours bien fendus de gueule, et n'aimant rien tant que de rigouler ensemble le vin larronné ! »

Tocquedillon-le-Franc-Taupin, malgré son intrépidité à la guerre, sans ressembler de tous points à ce portrait du *Pendard*, en conservait force traits ; mais il adorait, il vénérait sa sœur, et dès qu'il s'asseyait à son foyer, il semblait métamorphosé. Rien dans ses paroles, dans sa conduite, ne rappelait l'audacieux aventurier ; timide, affectueux, sentant combien ses propos de taverne ou de pires lieux eussent été méséants en présence des enfants de Brigitte, qu'il chérissait à l'égal de leur mère, il se possédait toujours et ne leur faisait jamais entendre que le langage d'un homme de bien. Il témoignait à Christian autant d'attachement que de respect, et se fût, comme on le dit, jeté au feu pour la famille. Alors âgé d'environ trente ans, maigre, osseux, il avait près de six pieds de hauteur; déjà couturé de blessures, devenu borgne à la guerre, il portait un large emplâtre noir sur l'œil gauche. Ses cheveux étaient ras, sa barbe taillée en pointe, sa moustache retroussée, son nez bourgeonné par l'abus du vin; et sa bouche lippue, fendue de l'une à l'autre oreille, découvrait des dents de requin lorsqu'en vrai *riard* il se livrait aux accès de son imperturbable bonne humeur. Dès qu'il fût entré dans la salle basse, le franc-taupin déposa dans un coin sa vieille épée rouillée, embrassa sa sœur, les deux enfants, tendit cordialement sa main à Christian, s'inclina respectueusement devant l'inconnu, et il s'assit timidement à sa place accoutumée à la table de la famille. Christian vint en aide à l'embarras de son beau-frère et lui dit, après lui avoir serré la main amicalement :

— Votre absence nous eût inquiétés, Joséphin, si nous n'avions su que vous êtes de ceux-là qui, l'épée au côté, défient tout... et se défendent contre tous.

— Ah! beau-frère, la meilleure épée du monde ne nous défend pas de la surprise; celle que je viens d'éprouver m'a terrassé... Or, comme j'ai la surprise très-salée, je meurs de soif; souffrez que je boive un coup... — Le coup bu, le franc-taupin ajouta d'un air effaré : — Ventre-saint-Quenet! qu'ai-je vu là?... Je suis certain de ne m'être pas trompé; il ne me reste qu'un œil, mais il est bon!... De par tous les diables! je l'ai vu, bien vu... Singulière rencontre!

— Qu'avez-vous vu, Joséphin?

— J'ai rencontré tout à l'heure, à la tombée de la nuit, ici... à Paris... le capitaine *don Ignace de Loyola*, gentilhomme espagnol... satané bretteur et enragé coureur d'aventures galantes... homme terrible...

A ces mots, l'inconnu tressaillit, tandis que Christian disait au franc-taupin : — Quel est donc ce capitaine dont la rencontre vous a causé tant d'étonnement?

— Vous l'avez connu? — reprit vivement M. Jean avec un accent de vif intérêt, — vous avez connu don Ignace de Loyola?

— Pardieu! j'ai été son page...

— Ainsi, Loyola a été capitaine? — dit M. Jean, prêtant une attention croissante aux paroles du franc-taupin. — Vous avez quelques notions sur sa vie, sur son caractère, sur ses habitudes? Parlez-nous donc de cet homme.

— Ventre-saint-Quenet! je ne l'ai pas quitté pendant trois mois! De par tous les diables! je ne l'ai quitté ni jour ni nuit...

— Quelles étaient ses mœurs?...

— Oh! oh! notre hôte, je ne saurais vous répondre là-dessus en présence de ma sœur; c'est un récit par trop à la pendarde...

— Ami Christian, — dit M. Jean, — vous êtes surpris de ma curiosité au sujet du capitaine espagnol. Plus tard, vous comprendrez que les renseignements dont il s'agit vous intéressent aussi. Ce sera pour vous une curieuse histoire.

— Hêna, Hervé, — reprit l'artisan, — le souper touche à sa fin, mes enfants; il est tard, vous pouvez vous retirer.

— J'ai une broderie à terminer, — dit Brigitte; — je vais travailler là-haut avec Hêna; je descendrai ensuite desservir le souper. Tu m'appelleras, Christian, si tu as besoin de quelque chose. Demeure à causer avec notre hôte et Joséphin.

Hervé embrassa son père avec un redoublement de tendresse affectée, se retira dans la chambrette où il couchait; Brigitte et sa fille montèrent à l'étage supérieur. L'inconnu et Christian restèrent seuls avec le franc-taupin; celui-ci reprit en riant :

— Ma sœur et ses enfants sont partis, ma langue se délie. Dites-moi, beau-frère, avez-vous ouï parler du levrier du fabliau? Les plus belles lices soupiraient pour lui, il restait insensible à leurs tendres grognements : on lui mit un froc de moine, et aussitôt il devint amoureux comme un forcené. Eh bien! le capitaine Loyola était non moins forcené pour l'amour que ce levrier-là, sans avoir jamais eu besoin de revêtir un froc, et... Mais, j'oubliais... Savez-vous, beau-frère, avec qui, ce soir, j'ai rencontré don Ignace, le spadassin et le coureur de belles filles? — Avec votre ami Lefèvre...

Christian resta muet d'étonnement; puis, s'adressant à M. Jean :

— Mon étonnement est grand, je l'avoue, Lefèvre, dont je vous ai déjà entretenu, est un homme austère, absorbé par la science et par l'étude... Quels rapports peut-il avoir avec ce débauché?... J'en cherche en vain l'explication.

— Si vous êtes surpris, beau-frère, je ne le suis pas moins que vous! — reprit le franc-taupin. — Le capitaine Loyola, que j'ai vu, il y a quatorze ou quinze ans, le plus beau, le plus frisqué, le plus galant des cavaliers, couvert de velours, de soie et de dentelles, est aujourd'hui aussi dépenaillé qu'un tire-guenille, qu'un claquedents; aussi je n'aurais jamais cherché mon fringant capitaine sous la souquenille noire d'un halepopin, sans Lefèvre, qui, m'arrêtant près des piliers des halles, où je passais, m'a demandé de vos nouvelles, beau-frère; alors, en examinant de plus près son crasseux compagnon, qu'ai-je reconnu?... Don Ignace!

— Ses rapports avec Lefèvre me surprennent tellement, Joséphin, que je suis autant que notre hôte impatient de vous entendre.

— Donc, c'était en 1521, pendant le siège de Pampelune, — reprit l'aventurier, — et, récomment enrôlé parmi les francs-taupins, je creusais avec eux une tranchée aux abords de la place, fouillant la terre en vraies taupes. Les Espagnols font une sortie pour détruire nos ouvrages ; aux premières arquebusades, mes compagnons se jettent à plat ventre, le nez dans leur trou ; leur couardise me révolte, je m'arme de ma pioche, je me jette dans la mêlée, piochant à tour de bras sur les Espagnols. Un coup de masse d'arme m'assomme à demi, je tombe ; en revenant à moi, je me trouve sur le champ de bataille, parmi plusieurs des nôtres prisonniers comme je l'étais. Une compagnie d'arquebusiers espagnols nous entourait ; son capitaine, la visière de son casque relevée, monté sur un cheval mauresque noir comme l'ébène, houssé de velours rouge brodé d'argent, essuyait sa longue épée sanglante sur la crinière de sa bête. Ce capitaine était don Loyola ; moustache noire relevée à la castillane, mouche au menton, teint olivâtre, l'air intrépide, mine hautaine, et guerrière, voilà son portrait. Il m'avait vu piochant dur ses soldats, et prit à gré ma pioche et ma jeunesse ; il se mit à rire, m'interpellant en français : « — Veux-tu être mon page ? Ta figure éveillée annonce un coquin intelligent ; je te donnerai une livrée rouge et argent, un ducat chaque mois, et tu feras chère lie dans mon hôtel… » — Ah ! beau-frère ! faire chère lie, moi dont l'estomac était toujours creux comme la tonne de Saint-Benoît et ouvert comme la gibecière d'un avocat ! Endosser une belle livrée rouge et argent, alors que mes chausses m'annonçaient depuis si longtemps de quel côté soufflait la bise ! Embourser chaque mois un ducat, moi qui n'avais encore maraudé de toute la campagne qu'une écuelle de bois qui me servait de chapeau ! Je jette ma pioche en signe de joie, je réponds à don Ignace que je le suivrais chez le grand diable d'enfer, et je rentre dans Pampelune avec mon nouveau maître.

— Ceci me semble étrange, — reprit Christian. — Quels services pouvait rendre à don Ignace un page ignorant la langue du pays ?

— Diavol ! c'est pour cela qu'il me prenait à son service. Oh ! le madré compère que don Ignace ! A peine arrivé chez lui, un vieux majordome, le seul de ses gens qui parlât français, me fait équiper à neuf des pieds à la tête ; chausses bouffantes de velours rouge, pourpoint de satin blanc, court mantel galonné d'argent, fraise et toque à l'espagnole : vous me voyez d'ici, beau-frère, attifé en vrai page de cour. J'avais mes deux yeux alors, vrais lumignons de malice ! et le museau futé d'un renardeau ! Ainsi vêtu battant neuf, le majordome me présenta au capitaine Loyola. — « Sais-tu pourquoi, — me dit-il, — je te prends pour page, toi, Français ? C'est parce que, ne sachant pas l'espagnol, tu seras forcément discret avec les gens de ma maison et ceux du dehors… »

— Ceci n'est pas malhabile, — dit Christian. — Don Ignace avait, je l'imagine, des secrets amoureux à garder ?

— Ventre saint Quenet ! je lui ai connu jusqu'à trois maîtresses à la fois : une gentille marchande, une fière marquise, et une endiablée gitana, la plus belle fille de Bohême qui ait jamais fait bourdonner un tambour de basque. Mais le capitaine Loyola, vrai franctaupin d'amour, galantissait à tranchées couvertes ; il cherchait le mystère… « Ce qui est ignoré n'existe pas, » me disait souvent le vieux majordome, écho de son maître.

— Ce qui est ignoré n'existe pas… — répéta M. Jean d'un air pensif. — Oui, à en juger par ces paroles, ce doit bien être là l'homme tel que l'on me l'a dépeint.

— Tenez, — reprit Joséphin, — écoutez le récit de la première soirée pendant laquelle j'ai servi de page à don Ignace ; vous connaîtrez ce paillard ! Une trêve de quinze jours fut convenue entre Français et Espagnols à la suite de la sortie où l'on m'avait fait prisonnier ; le capitaine Loyola, en homme avisé, voulut mettre la trêve à profit pour ses amours. Vers minuit il me mande près de lui. Diavol ! s'il était martial sous son armure de bataille, qu'il était fringant sous son habit de cour ! Pourpoint taillade en velours vert brodé d'or, chausses bouffantes de satin blanc, souliers à barbe d'écrevisse, toque à plumes, chaîne d'or et de pierreries pendant à son cou !… Que dirais-je ? il rayonnait, resplendissait ! et, de plus, flairait comme baume ! un vrai rat musqué ! Il me donne à porter une échelle de soie et une guitare, prend son poignard, son épée, s'enveloppe d'un manteau de taffetas couleur de muraille, s'encape jusqu'aux yeux ; le vieux majordome nous ouvre une porte dérobée, nous quittons la maison, et après la traversée de quelques rues étroites, nous arrivons à une petite place déserte. Mon maître se glisse sous un balcon fermé de jalousies, me demande sa guitare, et le capitaine Loyola de roucouler sa romance ; au gazouillement de ce rossignol moustachu, l'une des jalousies du balcon se soulève, il en tombe un bouquet de fleurs de grenadiers ; don Ignace le ramasse, prend un billet caché dans les fleurs, et me donne le bouquet à garder ainsi que sa guitare. Je croyais notre soirée finie ; ventre saint Quenet ! elle commençait ! don Ignace se mettait en paillardise par cette guitarade, de même qu'on se met en soif en mangeant une couenne de lard à la moutarde ! A propos de soif, beau-frère, humons ce pot, l'appétit vient en mangeant, mais la soif s'en va en buvant… Qui boit sans soif boit pour la soif à venir… soif est le fait des bêtes… buverie est le fait de l'homme… Par saint Pansart et saint Goguelu ! mouillons, mouillons le dedans ! notre langue ne sèchera que trop tôt!... Bien malheureux Mardi-Gras, patron des pots et des andouilles... Au diable le pape et toute la prêtraille!...

— Joséphin, — dit Christian en souriant et versant à boire au franc-taupin, qu'il interrompit au milieu de ses dictons et invocations bachiques, — je vous sais érudit en propos de buverie; mais notre hôte et moi, nous sommes curieux de la fin de votre récit.

— Tête-Dieu! aussi vrai que l'ombre seule d'une abbaye de carmes suffit à guérir les femmes de la stérilité, je ne noyerai pas la fin de l'aventure de don Ignace au fond de ce pot! Le voilà vide!

Et le franc-taupin, essuyant du revers de sa main la moustache de vin humide, continua:

— Donc, le capitaine Loyola, après sa guitarade, poursuit sa course nocturne dans les rues de Pampelune; nous arrivons en face d'un logis de grande apparence; mon maître s'arrête sous un balcon situé assez loin de la porte d'entrée, me donne sa guitare, sa longue épée, ne garde pour arme que son poignard, se débarrasse de son manteau et me dit: « — Tu tiendras l'extrémité de l'échelle pendant que j'escaladerai le balcon; puis tu te mettras au guet, non loin de la porte de cette maison. Si quelqu'un entre céans, accours vite sous cette fenêtre et frappe deux fois dans les mains, j'entendrai ton signal. » — Ceci convenu, don Ignace frappe, lui, trois fois dans ses mains; aussitôt je vois, à travers l'ombre de la nuit, une forme blanche se pencher sur l'appui de la balustrade et nous lancer un cordon; mon maître y attache une échelle, la forme blanche tire la corde, l'assujettit au balcon, je tiens l'échelle par son dernier échelon, et le capitaine Loyola de grimper à la paillardise, leste, chafriolant comme un matou courant les gouttières; moi, non moins piteux que le chien du tournebroche manivellant le rôti que du coin de l'œil il guigne sans en prendre sa part, je m'embusque près de la porte. Diavol! au bout de peu d'instants, qu'est-ce que j'aperçois? Plusieurs seigneurs éclairés par des laquais tenant des flambeaux et débouchant dans la rue. L'un d'eux vient droit à la porte où j'étais aux aguets et entre au logis où chafriolait mon maître; obéissant à ma consigne, mais oubliant que la lueur des flambeaux me trahissait, je cours vers le balcon, je frappe deux coups de ma main... Ventre-saint-Quenet! j'avais été vu... Deux laquais me saisissent au moment où le capitaine Loyola, averti par mon signal, enjambait la balustrade pour redescendre dans la rue; mais il est reconnu à la clarté des torches. « — C'est lui!... le voilà!... » — crient d'un ton menaçant les seigneurs groupés dans la rue. Ainsi découvert, don Ignace se laisse bravement glisser le long de son échelle, touche terre et appelle: « — Holà! page, mon épée!... »

— Don Ignace de Loyola, je suis don Alonzo, frère de dona Carmen, — dit l'un des cavaliers.

— Je suis prêt à vous rendre raison! » — répond fièrement le capitaine. — Mais, ventre-saint-Quenet! il en allait des duels de don Ignace comme de ses amours: avant la fin de l'un, un autre commençait... Soudain apparaît au balcon l'homme que j'avais vu entrer dans la maison, bref, le mari de la belle, don Hercule de Luga; il tenait une épée sanglante à la main. Il se penche vers la rue et s'écrie: « — Amis, justice est faite de la femme!... il reste à faire justice de son complice... Retenez-le... Je descends... »

— Malheureuse femme! — dit Christian. — Cette mort dont il était cause a dû terrifier ce débauché?

— Lui? Diavol! lui, terrifié pour si peu? Jugez-en... Au moment où il apprend la mort de son infante, il reçoit son épée des mains de don Alonzo, qui me l'avait enlevée; don Ignace la pique sur le bout de sa semelle, et sans sourciller fait ployer la lame pour s'assurer de sa trempe. Voilà comme il était terrifié de la mort de sa maîtresse... Le mari, don Hercule, sort de la maison, s'approche de mon maître et lui dit: « — Don Ignace de Loyola, je t'ai reçu en ami à mon foyer, tu as suborné ma femme, tu es un félon indigne de toute chevalerie! » — A cela, beau-frère, savez-vous ce que répond le capitaine Loyola? Si vous le devinez, je peux crever de male-soif; ou plutôt, non, foin de ces funèbres pronostics! je veux boire, boire jusqu'à ce que mes semelles suintent le vin!...

— Achevez, Joséphin, achevez votre récit...

« — Don Hercule, — répond superbement le capitaine Loyola, en subornant Carmen, ce n'est pas TA femme que j'ai subornée... c'est UNE femme comme une autre!... Tu m'outrages en m'accusant de félonie; tu vas payer cher cette insulte... Je vais te tuer comme un chien. »

— Entendez-vous? Peut-on imaginer plus odieuse subtilité? — dit Christian à M. Jean. — Quelle hypocrite distinction! Ce débauché a séduit cette infortunée; mais ce n'est pas l'épouse de son ami, c'est *la femme*, en tant que femme!... Dieu juste! subtiliser ainsi... Au moment où le cadavre de la victime palpite encore!...

— C'est bien là l'homme que l'on m'a dépeint, — répète l'inconnu d'un air pensif. — Ce que j'apprends est une révélation.

— L'issue du duel ne pouvait être douteuse, — poursuit le franc-taupin: — le capitaine Loyola passait pour le plus adroit spadassin des Espagnes, il méritait sa renommée. Don Hercule tombe frappé à mort. Alonzo veut venger sa sœur et son beau-frère; mais ce jeune homme est désarmé d'un tour de main par don Ignace, qui, l'épée haute, lui dit: « — Ta vie m'appartient; tu m'as outragé en partageant les injurieux soupçons de don Hercule, qui m'accusait d'avoir trahi l'amitié en subornant son épouse... Va en paix, jeune homme, repens-toi de tes mauvaises pensées... je te pardonne!... » — Après quoi, le capitaine Loyola est allé finir sa nuit chez sa gitanilla; je les entendais (toujours comme le chien du tournebroche) rire, chanter, chafrioler en rigolant les flacons de vin d'Espagne; puis nous sommes rentrés à la maison au point du jour. Maintenant, beau-frère Christian, que dites-vous du galant? Jugez, d'après cette soirée, du nombre de belles que le capitaine a loyolisées!...

— Ah! l'infernale hypocrisie de cet homme rend plus horribles encore ses débauches et ses meurtres de spadassin!

M. Jean, adsorbé par une pensée secrète, dit au franc-taupin, après un moment de silence;
— Vous avez suivi Loyola à la guerre!... La compagnie de ce capitaine était-elle bien disciplinée? De quelle façon traitait-il ses hommes?

— Ses soldats? Ventre-saint-Quenet! Imaginez, non des hommes, mais des statues de fer que d'un geste, d'un clin d'œil, don Ignace mouvait ou pétrifiait à son gré; rompus, brisés à son commandement ainsi que des machines, il disait : « Allez... » — ils allaient, non pas seulement pour faits de guerre, mais pour toutes choses!... Voire! ils n'étaient plus eux; mais lui, diavol! Le capitaine Loyola domptait hommes et femmes comme les chevaux... par les mêmes moyens.

— Quels procédés? Expliquez-vous, Joséphin.

— Imaginez qu'un jour on lui amène un sauvage étalon de Cordoue, un enragé, un démon; deux écuyers pouvaient à peine le maintenir à l'aide de longes attachées à son caveçon ; don Ignace fait conduire dans une petite cour fermée de tous côtés ce farouche animal, reste seul avec lui. Je me tenais en dehors, derrière la porte de la cour; d'abord j'entends l'étalon hennir de fureur, puis de douleur, puis je n'entends plus rien. Au bout de deux heures, le capitaine Loyola sortait de la cour monté sur ce cheval, blanc d'écume, encore frissonnant de crainte; mais aussi docile que la mule d'un curé...

— Voilà qui est étrange! — reprit Christian. — Cet homme avait-il donc un charme magique pour dompter les chevaux?

— Oui, beau-frère. Son talisman se composait d'un frein à la fois si terrible et si habilement façonné, que si les chevaux obéissaient passivement à sa main, ils ne ressentaient aucune douleur; mais au moindre écart, le capitaine Loyola faisait jouer certaine bascule d'acier adaptée au mors et armée de pointes, aussitôt l'animal hennissait de douleur et, immobile, s'écrasait sur ses jarrets, après quoi don Ignace, le flattant de la main, lui donnait quelque dariole!... Ventre-saint-Quenet! frein de fer et darioles, c'est avec cela que le capitaine loyolisait hommes, femmes et chevaux!...

— Et malgré son joug inflexible, — reprit M. Jean, — ses soldats l'aimaient-ils?

— S'ils l'aimaient? Diavol! Oubliez-vous donc les darioles? — Boudins, andouilles, chapons, oies grasses, outres gonflées de val-de-penas, gaies ribaudes, gogailles sur ripailles, à la caserne!... en pays ennemi, franc pillage, libre viol, tout à feu, à sang, à sac! et vive la berelidondaine! Voilà les darioles du capitaine Loyola!... Il en gratifiait, s'il le fallait, ses soldats aux dépens de son escarcelle en seigneur magnifique; mais ses soldats réfléchir, penser, ruminer, ratiociner, vouloir? jamais!... mais demander pourquoi ceci et cela? jamais! — « Tue! » dit le capitaine; voire! il dit «Tue...» tuons... — Mais c'est ton ami, ton frère, ton père, ta sœur, ta mère? — Voire! il a dit «Tue, tuons... tuons... darioles... darioles! sinon le frein... le frein!... Et il joue et rudement! coups de bâton, estrapades, essorillements, suspendaison par les membres et autres trinqueballements du diable!... — « Ce cher maître, — me disait souvent le vieux majordome, — ce cher maître, il se fait tout à tous, pourvu qu'un chacun lui délaisse entièrement, absolument, son petit vouloir; le chatouillement de ce cher don Ignace est l'omnipotence. Posséder une femme, dompter un cheval rétif, manœuvrer ses hommes de fer comme on plie un roseau, voilà sa joie! Il s'éjouit à absorber les âmes! quant aux corps, il les choie, les caresse, les encoqueluchonne, les goberge, les empâte, les engraisse, pourvu qu'ils marchent à son contentement... Et il en est ainsi: qui a l'âme a le corps... »

Christian hésitait à croire le récit du franc-taupin; il ne pouvait admettre le récit de ce monstrueux portrait. M. Jean semblait moins surpris, mais plus alarmé; il dit à Joséphin, qui, ayant voulu de nouveau se verser à boire, soupirait en voyant les pots vides:

— Mais par quel concours de circonstances extraordinaires Ignace de Loyola, tel que vous nous le dépeignez, tel qu'il était, je le crois, a-t-il pu se métamorphoser à ce point de venir ici, à Paris, s'asseoir sur les bancs du collège Montaigu, parmi les plus jeunes écoliers?

— Quoi! — dit Christian stupéfait, — Ignace de Loyola serait aujourd'hui simple écolier!

— Il allait à ce collège, — reprit M. Jean ; — et un jour, il s'est résigné à recevoir publiquement le fouet, en châtiment d'un manque de mémoire. Tant d'humilité chez un tel homme a quelque chose d'inexplicable ou d'effrayant.

— Ignace de Loyola! ce débauché! ce spadassin! ce superbe orgueilleux!... — s'écria Christian. — Est-ce bien possible?...

— Ventre-saint-Quenet! beau-frère, — reprit

à son tour le franc-taupin, — l'on me dirait que les moines de Cîteaux ont laissé leurs tonnes vides après la vendange, que cela me semblerait moins énorme que ceci : Le capitaine Loyola mettre bas ses chausses pour recevoir le fouet... Diavol! à moi!... — s'écria le franc-taupin en égouttant inutilement un pot; j'étrangle de surprise!...

— Mais il ne faut pas étrangler de soif, brave Joséphin, — reprit Christian, souriant à demi et échangeant un regard d'intelligence avec M. Jean. — Ces pots sont vides ; il faudra que tout à l'heure, votre récit achevé, et afin de fêter notre hôte, vous alliez chercher dans la taverne que vous connaissez un pot de vin d'Argenteuil. C'est chose convenue, beau-frère.

— Saint-Pansard! ayez pitié de ma panse! C'est ma foi vrai, beau-frère, les pots sont vides! J'en devine la raison... Autrefois, je buvais tout... maintenant, je ne laisse rien... Un pot de vin, avez-vous dit? *Amen !* — reprit le franc-taupin, se levant. — Nous porterons à notre hôte un rouge bord! à la cardinale! Oui, beau-frère, c'est convenu. Et de ce pas, je vais quérir non pas un pot, mais deux ou trois.

— Non, de grâce, terminez d'abord votre récit; il m'intéresse plus que vous ne sauriez le croire, — dit vivement M. Jean. — Mais, encore une fois, à quelle cause, vous qui avez si bien connu Loyola, attribuez-vous cette incroyable métamorphose?

— Que la caquesangue m'étouffe! que la fièvre quartaine me serre si j'en sais rien! Tantôt, j'écarquillais mon œil à me rendre louche, si je n'étais borgne, en contemplant don Ignace; le revoyant si dépenaillé, si hâve, si punais, appuyé sur sa béquille; je n'ai pas eu le courage de me rappeler à lui... Ventre-saint-Quenet! je me sentais vergogneux d'avoir été page de ce crasseux béquillard !

— Comment! Vous le disiez si beau gentilhomme, si adroit spadassin... et il était boiteux? Vous affirmez qu'il était dépenaillé?

— Il est resté boiteux depuis deux blessures reçues au siège de Pampelune! Diavol! tous les pères, tous les frères, tous les maris, dont le capitaine a loyolisé les femmes, les filles ou les sœurs, auraient été vengés de reste si, comme moi, ils l'avaient vu se tordre, ainsi qu'un possédé, en hurlant comme cent loups à la suite de ses blessures. Ventre du pape! quelles laides grimaces il faisait!

— Quoi, Joséphin, un homme si intrépide se montrait à ce point faible devant la douleur?

— Devant la douleur, non! puisque, à cause de ses blessures, il a enduré volontairement des tortures auprès desquelles ses premières souffrances étaient des chatouillements...

— Mais ces tortures, pourquoi les a-t-il endurées? Donnez donc des explications.

— Voici. La trêve des Espagnols et des Français dura quelques jours; à son terme, le capitaine Loyola monte à cheval et commande une sortie à la tête de sa compagnie, il fait rage et reçoit dans la mêlée deux arquebusades : l'une lui casse la jambe droite au-dessous du genou, l'autre lui brise la cuisse gauche. On rapporte mon galant à sa maison ; nous le couchons dans son lit. Savez-vous, beau-frère, les premiers mots de don Ignace?

« — Mort et passion! je resterai peut-être difforme pour la vie!... » — Et, le croiriez-vous? le capitaine Loyola a pleuré comme une femme! — Oui, il a pleuré! non de douleur, ventre-saint-Quenet! mais de rage! Jugez donc! quelle déconvenue pour lui, si beau, si frisqué cavalier. Allez donc, béquillard, rôder sous les balcons et roucouler votre romance! courez donc en clopinant après les belles senoras! jetez-vous donc à leurs pieds, au risque de ne pouvoir vous relever qu'en criant : « Aïe... la cuisse! aïe... la jambe! » Enfin, allez donc boitaillant, espadouner contre frères et maris jaloux !

— Un homme de ce caractère, — dit Christian, — à ce point affolé de ses avantages physiques?... C'est incompréhensible!...

— Non, non, — reprit M. Jean pensif. Oh! l'âme humaine, quel abîme! Je crois maintenant comprendre... — Mais, s'interrompant, il dit au franc-taupin : — Ainsi, don Ignace était surtout dominé par la crainte de demeurer difforme pour toute sa vie?

— C'était son souci. Mais voire! j'ai horreur d'un pot vide, mon souci devient-il un robinet vineux? Non! de même la jambe du capitaine Loyola, après sa guérison, resta, comme il le craignait, plus courte que l'autre. « — Ah! chiens! ah! juifs! Ah! païens de chirurgiens! — hurla don Ignace à cette découverte; — qu'on m'amène ces ânes en robe! ces fraters de Belzébuth! je veux les couper en quartiers!... » — Les pauvres hères, mandés en hâte, accourent tout tremblants, flairent, tournent, retournent, reflairent la jambe de don Ignace, après quoi ces grabeleurs de chair chrétienne affirment pouvoir rendre le capitaine Loyola aussi ingambe que devant. « — A vous cent ducats d'or si vous tenez votre promesse ! — s'écrie-t-il se voyant déjà chevauchant, bouffant, piaffant, rigoulant, paradant, et surtout loyolisant! — Oui, notre seigneur, cette boiterie disparaîtra, répondent les rebouteurs, — *ma*... il nous faut, premièrement, casser votre jambe là où elle a été déjà brisée... secondement, seigneur, il nous faut proprement disséquer la chair qui recouvre la portion d'os qui saille au-dessous de votre genou... tiercement, scier dextrement ledit os... moyennant quoi, le daim des bois sera moins agile que votre excellence... — Cassez! recassez! disséquez! sciez! par la mort-Dieu! —

Marie la Catelle défendue par frère Saint-Ernest-Martyr (page 283)

s'écrie le capitaine Loyola ; — mais que je marche droit ! Allons ! mettez-vous à la besogne...»
— Mais ces opérations devaient lui causer d'atroces douleurs ?
— Ventre-saint-Quenet ! lorsque l'on a scié l'os, le grincement de dents du capitaine Loyola couvrait le bruit des dents de la scie !... Ses contorsions le faisaient ressembler à un vrai démon. Ses souffrances étaient épouvantables.
— Et la guérison ?
— Parfaite... Néanmoins, il restait la cuisse gauche, non encore débandée ; mais les fraters juraient sur leurs lancettes que ce membre serait autant, sinon plus sain qu'avant sa cassure. Au bout de six semaines, le capitaine Loyola se lève pour essayer de marcher, il marche... gloire aux rebouteurs ! Il ne boitait plus, il est vrai, de la jambe droite... mais, diavol ! sa cuisse gauche s'était raccourcie de deux pouces, en vertu d'un tendon blessé... Voilà mon galant clopin-clopant ! Tout était à recommencer.
— Quelle dut être la fureur de don Ignace !
— Tigres hurlants, lions rugissants, auraient été agnelets bêlants auprès du capitaine Loyola en sa forcennerie. — « Cher et doux maître, — lui dit son vieux majordome, — que les saints vous assistent... Pourquoi désespérer ? Les fraters ont merveilleusement guéri votre jambe droite ; pourquoi ne guériraient-ils pareillement votre cuisse gauche ? » — Le noyé se raccroche à un fétu. — Holà ! page, cours chez les fraters ! — me crie le capitaine : — ramène-les sur l'heure. — Seigneur, voici les chirurgiens. — J'ai souffert mort et passion pour la guérison de ma jambe droite ; je souffrirai autant et plus pour la guérison de ma cuisse gauche. Pouvez-vous la guérir ? » — dit don Ignace aux rebouteurs. Et les voilà tâtant, pressant, pétrissant,

137e livraison

manipulant la cuisse bistournée du patient en hochant la tête et matagrobolisant entre leurs dents : « — Seigneur, nous pouvons, item, vous délivrer de cette boiterie; ma... il nous faut, premièrement, vous assujettir sur le dos, immobile pendant deux mois, au moyen d'une ceinture d'acier fixée au bois de votre lit... secondement, l'on passera une écharpe sous vos bras, laquelle écharpe sera solidement assujettie au dossier de votre couche... tiercement, l'on suspendra au moyen d'un anneau, un poids de cinquante livres à votre jambe gauche, à seule fin que ledit poids distende constamment votre cuisse, puisque vous serez maintenu immobile dans votre lit moyennant l'écharpe et la ceinture d'acier. Or, à l'aide de ces machines, avant deux mois votre cuisse aura récupéré sa longueur, et le cerf des forêts sera moins alerte que votre excellence... — Faites! — dit Loyola! — tiraillez, distendez, écartelez-moi, sang-Dieu! mais que je marche!... »

— C'était affreux! — reprit Christian; — c'était le supplice du chevalet... prolongé au delà des limites de la souffrance possible!...

— Ventre-saint-Quenet! quoi d'impossible à un galant résolu de ne point béquiller?... Don Ignace a subi cette torture pendant deux mois; le vieux majordome et moi, nous veillions notre maître. Il poussait parfois des cris... ah! quels cris! on les entendait à mille pas de la maison. Enfin, lorsque, brisé par la douleur, il fermait les yeux pour sommeiller, aussitôt la souffrance le réveillait en sursaut; alors ce n'étaient plus des cris, mais des hurlements de damné!... Au bout de deux mois d'insomnie, de supplice, n'ayant plus que la peau sur les os, mais jusqu'alors, du moins, soutenu par l'espoir de sa guérison, le capitaine Loyola, d'après le conseil des fraters, quitte son lit de torture, se lève, marche... Diavol! non seulement sa cuisse n'était point rallongée; mais son genou, tenu si longtemps immobile, restait ossifié... Le capitaine Loyola ne souffla mot, devint livide comme un cadavre, tomba sans connaissance; on le crut trépassé. Le lendemain, le majordome m'a signifié que notre maître n'avait plus besoin de page, m'a remis quelque argent; j'ai quitté l'Espagne, je suis revenu en France avec d'autres prisonniers... Tantôt seulement, depuis quinze ou seize ans, j'ai rencontré sous les piliers des halles don Ignace de Loyola, en compagnie de votre ami Lefèvre. Voilà, beau-frère, mon récit... Jarnigoy! il est salé! Aussi, ventre-saint-Quenet! la langue me pèle; mon gosier arde; il prend feu; à l'aide! au vin! au vin! le vin se change en eau pour éteindre l'incendie!... Je cours chercher ce fameux nectar d'Argenteuil! — ajouta le franc-taupin en se levant; — je reviens tôt, et alors, trinquedrille... trinquedraille avec notre hôte; à plein pot, grand'goule!

Et Joséphin sortit en chantant d'une voix retentissante son refrain favori :

Un franc-taupin, un arc de fresne avait
Tout vermoulu, à corde renouée;
Sa flèche était de papier empennée,
Ferrée au bout d'un ergot de chapon!
Derideron, vignette sur vignon!

A peine le franc-taupin sorti, l'inconnu dit à Christian :

— Le récit de votre beau-frère est une révélation pour moi, la vie passée d'Ignace de Loyola m'explique sa vie présente...

— Mais cet homme, quel est-il? D'où vient l'intérêt, la curiosité, l'inquiétude qu'il semble vous inspirer?

Christian parlait ainsi lorsque sa femme descendit; à sa vue, il se rappela qu'il était urgent de conduire l'inconnu au galetas avant le retour de Joséphin. — Brigitte, — dit l'artisan, — Héna est-elle couchée?

— Oui, mon ami, nos chers enfants sont couchés l'un et l'autre.

— M. Robert Estienne m'a confié un secret et demandé un service, ma chère Brigitte. Il s'agit de cacher ici, pendant un jour ou deux, M. Jean, notre hôte de ce soir; le galetas m'a semblé offrir une retraite sûre. J'ai momentanément éloigné ton frère; accompagne notre hôte là-haut, je reste ici pour attendre Joséphin.

Brigitte reprit la lampe qu'elle venait de déposer sur la table, et dit à l'inconnu en se préparant à monter l'escalier :

— Venez, monsieur; votre secret restera entre Christian et moi; vous pouvez compter sur notre discrétion.

— Je n'en doute pas, madame, — répondit Jean; — de ma vie je n'oublierai votre généreuse hospitalité. — Puis, s'adressant à l'artisan : — Pourrez-vous plus tard, lorsque votre beau-frère se sera retiré, venir me rejoindre? je désirerais m'entretenir avec vous.

— J'irai vous trouver, monsieur, après le départ de Joséphin, — répondit Christian à l'inconnu, qui suivit Brigitte et monta à l'étage supérieur.

Tous deux venaient de disparaître, lorsque soudain des clameurs, des éclats de rire, auxquels se joignaient par intervalles les cris suppliants d'une femme, se firent entendre sur le pont. Quoique habitué à ces tapages nocturnes, car la nuit les guilleris, les mauvais-garçons, les tire-laine et autres bandits, infestaient les rues, que souvent troublait aussi le vacarme des jeunes seigneurs en débauche, le premier mouvement de l'artisan fut d'aller au secours de celle dont les cris devenaient de plus en plus plaintifs; mais réfléchissant que les honnêtes femmes ne s'aventuraient guère à une pareille heure hors de chez elles, craignant surtout, en intervenant dans cette rixe, de provoquer l'envahissement de sa demeure et de compromettre ainsi la sécurité de son hôte, il entr'ouvrit le volet de la fenêtre de la salle basse, et voilà ce qu'il vit à la lueur de plusieurs flambeaux portés par des pages habillés de riches livrées. Trois seigneurs avinés, sortant sans doute de quelque orgie, entouraient une femme, dont Christian ne put distinguer la figure ; ces ivrognes voulaient l'entraîner avec eux ; elle résistait à leurs efforts, enlaçant de ses bras le pilier d'une grande croix dressée au milieu du pont et s'écriait d'une voix suppliante : — Laissez-moi... messeigneurs... au nom du ciel ! laissez-moi !... grâce... pitié pour une femme... grâce... messeigneurs...

— Que le feu de saint Antoine m'arde si tu ne viens pas avec nous, paillarde ! — reprit un des seigneurs en saisissant la femme par le milieu du corps. — Une coureuse de nuit... faire tant de façons ! Allons la belle, marche ou sinon nous déchirons tes vêtements...

— Vous vous méprenez, messeigneurs, — répondit la pauvre créature, haletante de cette lutte. — Je suis une honnête veuve...

— Honnête et veuve ! — s'écria un autre de ces débauchés, — tête-Dieu ! quelle aubaine ! nous allons te remarier au plus tôt...

Et de nouveau les seigneurs voulurent arracher leur victime du pied de la croix où elle se cramponnait avec terreur, appelant à son aide. A ces cris, un jeune moine passant près de là accourut et, témoin de la scène, s'élance vers les agresseurs, leur disant d'une voix émue :

— Ah ! mes frères... violenter une femme au pied de la croix ! C'est commettre une lâche action réprouvée de Dieu !...

— De quoi te mêles-tu, frocard ? rat de couvent ! — s'écria l'un des assaillants en s'avançant vers le moine d'un air menaçant. — Sais-tu à qui tu parles ? sais-tu que je peux, non seulement t'assommer... mais t'excommunier, bélître ? — Je suis le marquis de Fleurange, colonel du régiment de Normandie et, par surcroît, évêque de Coutances. Donc, passe ton chemin vite et tôt, mauvais tonsuré, croqueur de messes ! sinon, usant de mon pouvoir spirituel et temporel, je t'excommunie, et je te rosse !...

— Frère *Saint-Ernest-Martyr !* au secours ! c'est moi *Marie-la-Catelle*... — s'écria la jeune veuve, reconnaissant le moine à la lueur des flambeaux ; — par pitié, ne m'abandonnez pas !

— Ah ! mes frères ! s'écria le moine indigné en courant vers Marie, — celle que vous outragez est une sainte ! elle recueille les enfants abandonnés, elle les instruit, elle est bénie de tous... elle a droit à tous les respects.

— Si elle est sainte, je suis évêque... et de sainte à évêque, il n'y a que la main ! — répondit en éclatant de rire le marquis de Fleurange.

— Elle aime les enfants ; qu'elle s'ébaudisse, tête-Dieu ! Je me charge d'accroître sa famille...

— Vous me tuerez avant de parvenir jusqu'à elle ! — s'écria le moine en repoussant vigoureusement le marquis. Celui-ci, alourdi par l'ivresse, trébucha, sacrant et blasphémant, tandis que frère Saint-Ernest-Martyr, se précipitant au devant de la jeune veuve, cramponnée à la croix, lui fit un rempart de son corps, croisa les bras sur sa poitrine, et, défiant du regard les seigneurs, leur dit : Avancez !... Vous m'aurez tué avant de toucher à cette femme.

— Insolent frocard ! tu oses nous menacer, porter la main sur moi ! — s'écria, furieux, le *colonel-évêque*, quelque peu raffermi sur ses jambes ; et, tirant de son baudrier son épée au fourreau, il la prit à deux mains et frappa si violemment de sa pesante poignée le moine au front, que celui-ci, étourdi du coup, chancela, essaya en vain de s'appuyer à la croix, et tomba, le crâne entr'ouvert, aux pieds de Marie-la-Catelle.

Christian, malgré la prudence que lui commandait la sûreté de son hôte, ne put rester plus longtemps témoin impassible de ces brutalités ; il éprouvait pour la jeune veuve, dont il connaissait les vertus, un respectueux attachement et craignait de voir exposé au redoublement de mauvais traitements le moine qui venait de tenter si généreusement de secourir la victime de ces ivrognes. Christian poussa le volet de sa fenêtre, s'arma d'un gros bâton ferré, quitta sa maison avec précaution, referma sans bruit la porte derrière lui, afin que l'on ne soupçonnât pas d'où il sortait, et, avisant à leurs croisées plusieurs de ses voisins attirés par le bruit, il cria : Aux bâtons, mes amis ! aux bâtons !... Souffrirez-vous que l'on outrage des femmes ! que l'on assomme des gens sans défense ! Aux bâtons mes amis ! et sauvons les victimes.

Et il se dirigea résolument vers les trois seigneurs et leurs pages. A ce moment, le franc-taupin, de retour, apportait les pots de vin d'Argenteuil qu'il était allé quérir ; mais reconnaissant l'artisan à la lueur des flambeaux et l'entendant appeler ses voisins aux bâtons, il déposa les flacons de vin au seuil de la maison et tira sa longue épée, s'écriant : — Ventre-saint-Quenet ! me voici ! ma fine lame n'a pas pris l'air depuis longtemps ; elle frétille d'aise dans ma main ! A mort les ennemis du bon peuple de Paris... A mort les nobles et leurs pages...

Quelques voisins de Christian sortirent comme lui de leur demeure, armés, les uns de bâtons, les autres de piques. Les trois seigneurs firent d'abord brave contenance, se serrèrent côte à côte et dégaînèrent ; mais leurs pages, autant par crainte d'être assommés dans la bagarre que par malice, éteignirent tout à coup leurs flambeaux en criant : — Messeigneurs ! voici une ronde d'archers du guet ; ils débouchent sur le pont... Alerte ! alerte !... Sauve qui peut !

Les pages, après ce mensonge, s'échappent à toutes jambes, laissant leurs maîtres et leurs adversaires dans une obscurité profonde. Peu soucieux des archers du guet, qui n'osaient jamais réprimer les désordres de la seigneurie, mais songeant qu'il fallait tenir tête à huit ou dix hommes déterminés, les trois seigneurs, profitent des ténèbres et s'esquivent sur les pas de leurs pages, tandis que les voisins de Christian demandent une lanterne, afin de pouvoir relever le blessé ; l'artisan court chez lui, allume et rapporte un fallot. A sa clarté il voit le moine étendu au pied de la croix et baigné dans son sang, coulant à flots de sa blessure ; Marie-la-Catelle, agenouillée près de lui, le visage baigné de larmes, étanchait la blessure de son défenseur. Frère Saint-Ernest-Martyr fut, à l'aide du franc-taupin et des voisins, transporté chez Christian. Celui-ci offrit aussi un asile à la veuve, presque défaillante de frayeur. Brigitte, chargée par son mari de guider leur hôte jusqu'au galetas, dont l'unique fenêtre s'ouvrait sur la rivière, n'avait rien pu savoir des évènements précédents ; mais, de retour dans la salle basse, grandes furent sa surprise et son alarme à la vue de la Catelle, pâle, les vêtements en désordre et appuyée sur une table, contemplant avec pitié le jeune moine, qui commençait à reprendre ses esprits, grâce aux soins de l'artisan et du franc-taupin. — Grand Dieu ! Voilà un pauvre moine couvert de sang ; — hélas ! Marie, que vous est-il arrivé ? — dit Brigitte, s'approchant en hâte de la veuve.

— Retenue chez une amie plus tard que je ne l'aurais désiré, sa servante m'accompagnait, nous traversions le pont, lorsque des seigneurs en débauche nous ont adressé des paroles outrageantes ; la pauvre servante, effrayée, s'est enfuie, m'a laissée seule. Ces hommes voulaient m'entraîner avec eux ; frère Saint-Ernest-Martyr passait par hasard, il a tenté de me secourir... il a reçu au milieu du front un coup de pommeau d'épée... il est tombé sanglant à mes pieds... Heureusement votre mari et les voisins sont venus à notre secours, et, grâce à eux, nous avons échappé à la brutalité de nos assaillants ; mais le jeune moine est blessé.

— Chère sœur, donne-moi de l'eau fraîche et du linge, — dit à Brigitte le franc-taupin : souvent blessé à la guerre, il possédait quelques notions du pansement des plaies.

— Je vais chercher du linge là-haut ; je ramènerai ma fille, elle nous aidera, — dit Brigitte en remontant.

Marie-la-Catelle, un peu remise de son émotion, se rapprocha du moine avec un redoublement d'intérêt ; le franc-taupin, regardant autour de lui, dit à Christian :

— Et votre hôte, où donc est-il ? Aurait-il joué des talons ? Je l'aurais désiré plus brave.

— Non, non, Joséphin ; peu de temps avant le tumulte de la rue, notre hôte a quitté la maison, craignant de trop s'attarder.

— Que ne m'attendait-il ? Je l'aurais reconduit chez lui après avoir vidé notre pot d'Argenteuil. Mais, j'y songe, — reprit le franc-taupin en laissant Christian soutenir seul le religieux, — je vais faire boire quelques gorgées de vin au blessé ; diavol ! le vin a cela de miraculeux, qu'il est aussi secourable aux mal portants qu'aux bien portants. — Et prenant un pot, il ajouta en l'approchant de ses lèvres : — Essayons d'abord le breuvage avant de l'administrer... c'est le devoir de tout prudent pharmacope de s'assurer de la qualité de la tisane !

Pendant que le franc-taupin *essayait* longuement ce breuvage, Brigitte redescendit avec sa fille ; elle s'était vêtue à la hâte ; son frère, réveillé par le bruit, s'habilla aussi et sortit de sa chambre. Il allait demander à son père la cause de l'agitation qui régnait dans la maison ; mais il se tut en apercevant celui qu'Héna appelait ingénument : *son moine*. Un éclair brilla dans le regard d'Hervé, ses traits prirent pendant un instant une expression féroce ; puis, dominant ces ressentiments, il observa dès lors avec une attention persévérante sa sœur et le religieux, à qui le franc-taupin venait de faire boire quelques gorgées de vin. Rappelé à lui par ce breuvage réconfortant, frère Saint-Ernest-Martyr ouvrit les yeux ; il vit à peu de distance de lui, comme une apparition céleste, l'angélique figure d'Héna, qui, le regard humide de commisération, offrait d'une main tremblante à son oncle les linges dont il se servait afin d'achever le pansement du blessé, soutenu par Christian et par son fils ; aussi, lorsque, reprenant tout à fait ses esprits, rassemblant ses souvenirs, le jeune moine eût conscience des soins empressés dont l'entourait la famille qui l'avait recueilli, des pleurs d'attendrissement et de reconnaissance inondèrent son visage, dont les traits, pâlis par la perte de son sang, rappelaient la beauté touchante que les peintres prêtent à l'image du Christ. Leur expression d'ineffable gratitude leur donnait en ce moment un charme si doux, qu'Hervé tressaillit d'une rage secrète ; sa colère fut même sur le point d'éclater lorsqu'il surprit les regards de sa sœur et du moine se rencontrant à leur insu, et qu'il les vit tous deux rougir, baisser les yeux avec un embarras croissant. Ces remarques échappèrent aux autres membres de la famille. Frère-Saint-Ernest-Martyr se tourna vers Christian, lui dit d'une voix affaiblie : — C'est sans doute à vous, monsieur, que je dois la vie ?... Et je vous suis inconnu... Fasse le ciel que je puisse un jour vous prouver la reconnaissance dont je suis pénétré !... Merci pour votre intervention.

— Mon frère, — répondit l'artisan, — en vous secourant, quoique inconnu, j'aurais accompli mon devoir de chrétien ; mais souvent notre amie Marie-la-Catelle nous a parlé de vous avec l'estime qui vous est due... Ma femme a assisté aux enseignements que vous donnez aux enfants ; elle a gardé le meilleur souvenir de la morale évangélique que vous leur prêchez.

— Ah ! l'on ne saurait jamais assez louer ce bon frère ! — ajouta Marie-la-Catelle ; — ce que l'on sait de lui n'est rien auprès de tant d'actions généreuses qu'il pratique en secret...

— Ma sœur... ma sœur... — dit le religieux, rougissant de modestie et interrompant la veuve, — n'exaltez pas ainsi mes faibles mérites ; j'aime les enfants ; les instruire est pour moi un bonheur... leur affection me récompense au-delà du peu que je fais pour eux. Mon devoir est d'accord avec mes sympathies.

— Allons, mon frère, je me tais, — répondit Marie-la-Catelle ; je ne dirai pas le bien que je pense de vous, étant en cela l'écho de ceux dont vous êtes connu ; je ne dirai pas que, tout à l'heure, au risque de votre vie, vous avez couru à ma défense ; je ne dirai pas qu'avant hier encore, un homme entraîné par le courant de la rivière, près de l'île Notre-Dame, allait périr, lorsque vous vous êtes élancé...

— Ma chère sœur, — reprit frère Saint-Ernest-Martyr avec un mélancolique sourire en interrompant de nouveau la veuve, dont les louanges mettaient Hervé au supplice, — votre manière de ne pas dire les choses est trop transparente... De grâce, jetons un voile sur les actes dont vous parlez... tout autre les eût accomplis comme moi. Chacun, dans ce monde, doit assistance à ses frères.

— Puis, fuyant le regard d'Héna, qu'involontairement il venait de rencontrer encore, le jeune moine se leva de son escabeau et dit à Christian : — Adieu, monsieur ; je ne suis qu'un pauvre religieux de l'ordre de Saint-Augustin, je ne peux rien, sinon conserver une gratitude éternelle de votre bon secours... Croyez-le bien, votre souvenir et celui de votre compatissante famille me seront toujours présents... Que la protection de Dieu s'étende sur votre maison.

— Quoi, mon frère, — reprit l'artisan, — votre blessure est à peine pansée, et vous voulez quitter cette maison ? Reposez-vous encore ; vous êtes trop affaibli pour continuer votre route...

— Il est tard ; je me sens en état de retourner à mon couvent. J'étais allé, avec la permission du supérieur, porter quelques consolations à un bon vieux prêtre de Notre-Dame gravement malade... La nuit s'avance, souffrez que je me retire... il me semble que le grand air me fera du bien, — et s'inclinant respectueusement devant Héna et sa mère en rougissant, il dit à Marie-la-Catelle : — C'est demain jour d'école, chère sœur ; j'espère pouvoir aller, ainsi que de coutume, donner la leçon aux enfants...

— Dieu veuille que vous puissiez tenir votre promesse, mon frère ! — répondit la jeune veuve. — Mais je suis moins vaillante que vous ; je n'oserais retourner de nuit chez moi, et je prierai Brigitte de vouloir bien me donner asile pour cette nuit.

— Croyez-vous que je vous aurais laissée partir, chère Marie ? — répondit la femme de Christian. — Vous partagerez le lit d'Héna...

Le franc-taupin, après le pansement de la blessure du moine, était resté silencieux, partageant l'intérêt que tous les membres de la famille (moins Hervé, hélas !...) éprouvaient pour frère Saint-Ernest-Martyr ; sa modestie, son courage, la douceur de sa figure, le bien que chacun disait de lui, émurent Joséphin, susceptible de sentiments généreux malgré ses allures de soudard, et sa vie d'aventures ; aussi, voyant le religieux, après de nouveaux remercîments adressés à Christian, se diriger vers la porte, le franc-taupin prit son épée, son chapeau, et dit :

— Mon révérend, vous ne vous en irez pas seul ; je vous accompagnerai jusqu'aux Augustins. Le propre des horions reçus en plein crâne, est souvent de causer plus tard des étourdissements... vous pouvez être surpris en route par une syncope... et, je vous offre mon bras...

— Merci, Joséphin, — dit affectueusement Brigitte, — merci de ta secourable pensée, mon ami ! accompagne ce digne moine.

— Je vous suis obligé de votre offre, — répondit le moine au franc-taupin ; — mais je ne souffrirai pas que vous vous donniez la peine de me reconduire ; le caractère dont je suis revêtu et ma robe me protégeront contre les rôdeurs.

— Votre robe ! Si je ne savais quel digne homme est dedans, je la laisserais s'en aller toute seule ; Ventre-saint-Quenet ! je n'aime guère les frocards, car, vu que le singe ne garde pas la maison comme le chien, ne tire pas la charrette comme le bœuf, ne porte pas le faix comme le cheval... — Or, semblablement au singe inutile, un moine ne laboure comme le paysan, ne défend la contrée comme le soldat, ne guérit les malades comme le médecin, ventre saint-Quenet ! Ces frocards assourdissent le voisinage à force de trinqueballer leurs cloches, pour ce que messe bien sonnée est à demi dite ; ils marmottent leurs patenôtres pour gagner leurs soupes grasses et non pour sauver les âmes... — Mais vous, mon révérend, vous qui travaillez dans la science, vous qui défendez les opprimés, vous qui réconfortez les affligés, vous qui sacrifiez votre vie pour autrui, vous qui subvenez aux souffreteux, vous qui endoctrinez les petits enfants comme le bon docteur évangélique... vous n'êtes point de ces croqueurs de patenôtres, de ces grands avaleurs de messes, quoique vous portiez leur robe. Aussi, les mauvais-garçons, tireurs de laine et autres confrères *in partibus* des moines moinaudant, pourraient, flairant sous votre froc un honnête homme, vous mettre à mal par unique haine du bien. Donc, vous prendrez mon bras, Diavol ! et, je vous accompagne malgré vous...

La famille de Christian, d'abord alarmée de l'étrangeté des premières paroles du franc-taupin, mais bientôt rassurée, loin de l'interrompre, se plut à l'écouter louanger à sa mode le jeune religieux ; Héna, surtout, par son sourire ingénu et charmé, semblait applaudir son oncle, tandis qu'Hervé, contenant à peine sa sombre impatience, jetait un regard oblique sur frère Saint-Ernest-Martyr.

Celui-ci répondit au franc-taupin : — Mon cher frère, si la plupart des moines sont malheureusement tels que vous les dépeignez, plaignez-les, pardonnez-leur ; s'ils sont autres que vous le croyez, s'ils sont méritants, faites chrétiennement des vœux pour qu'ils persévèrent dans la bonne voie. Vous m'offrez votre bras, je l'accepte... si je le refusais, vous penseriez que je conserve quelque ressentiment de votre malicieuse satire.

— Du ressentiment ! vous, mon révérend ! autant parler de la férocité de l'agneau... Bonsoir, chère sœur, bonsoir, mes enfants, — ajouta le franc-taupin, embrassant tendrement tour à tour Brigitte, Héna et Hervé. — Il ne manque à mes embrassades que mon petit Odelin ; mais, ventre-saint-Quenet ! je ne ferai pas comme le monnayeur de ma compagnie, qui embourse la paye des absents, et lorsque ce gentil apprenti armurier sera de retour, je lui payerai l'arriéré de mes embrassades !

— Cher enfant ! — dit Brigitte attendrie, songeant à son fils, — puisse-t-il nous revenir bientôt ! Il nous tarde bien de le revoir.

— Comme à toi son absence me pèse, — ajouta Christian ; — depuis si longtemps sa place reste vide à notre foyer !

— Vous verrez qu'il va nous arriver grandi, mais grandi à n'plus le reconnaître... — reprit Héna. — Quelle fête pour nous que son retour ! quel bonheur de lui faire oublier les fatigues du voyage !... Quelle joie de l'entendre nous raconter son voyage de Milan, ses aventures de route ses excursions en Italie !...

Hervé n'eut pas une parole pour l'absence de son frère !

Le jeune moine se levant de son siège, prit congé de l'artisan, lui disant :

— Que le ciel continue de bénir votre hospitalière et heureuse famille, sanctuaire des vertus domestiques, bien rares aujourd'hui !

— Diavol ! mon révérend, vous parlez d'or ! — dit le franc-taupin en offrant l'appui de son bras au jeune moine. — Quand j'entre dans cette pauvre et chère maison, il me semble que je laisse à la porte le grand diable d'enfer, qui trop souvent me donne le branle ; et quand je sors d'ici, je crois quitter le paradis ! Voire ! peut-être m'attend-il dehors, Belzébuth, le malin au pied fourchu ; mais ce soir, me voyant en votre compagnie, mon révérend, il n'osera me happer !... Allons en route, mon révérend !

Ce disant, le franc-taupin sortit avec le moine, Brigitte conduisit la Catelle dans la chambre d'Héna, et Christian monta au galetas, afin d'aller s'entretenir avec M. Jean.

Hervé, resté seul dans la salle basse, les poings crispés, les lèvres serrées, murmurait d'un air sombre :

— Oh ! ce moine... ce maudit moine... — Puis, réfléchissant : — Quelle idée !... oui, oui... elle détournera jusqu'à l'ombre d'un soupçon... Suivons cette inspiration qu'elle vienne du diable ou de Dieu.

Il n'acheva pas et prêta l'oreille du côté de l'escalier par où Marie-la-Catelle, Brigitte, Héna et son père étaient remontés à l'étage supérieur quelques moments auparavant.

Christian, après avoir gravi avec précaution l'échelle de meunier qui conduisait au galetas, y trouva l'inconnu assis sur le rebord de l'étroite fenêtre ouverte sur la rivière ; la lune, alors en son décours, se levait au milieu d'un ciel d'étoiles et jetait sa pâle clarté sur l'austère visage de l'étranger. Distrait de ses pensées, il se retourna vers Christian : — Il me semble avoir entendu quelques rumeurs du côté du pont, que s'est-il donc passé ?

— Des seigneurs en débauche ont voulu violenter une femme ; nous sommes allés à son aide quelques-uns de nos voisins, mon beau-frère et moi... Grâce à Dieu ! Marie-la-Catelle est sauve...

— Quoi ! — dit vivement M. Jean en interrompant l'artisan, — il s'agit de cette digne veuve qui s'est associée à Jean Dubourg, drapier, rue Saint-Denis, à Etienne Laforge, riche bourgeois de Tournai, et à l'architecte-maçon Poille, afin de recueillir les orphelins abandonnés ? Pauvre femme, par sa charité, par la pureté de ses principes et son dévouement à l'enfance, elle mérite l'affection de tous les gens de bien...

— La tâche qu'elle s'est imposée est remplie de dangers... Les moines et les religieuses de son quartier la soupçonnent de partager les idées, les espérances des réformés ; déjà une fois on l'a emprisonnée au Châtelet, son école a été fermée ; mais grâce à l'intervention de l'une de ses parentes, attachée au service de la reine Marguerite, qui protège la Réforme, Marie a été mise en liberté, son école rouverte. Cependant, les persécutions redoublent maintenant contre les hérétiques, je crains de nouveaux périls pour notre amie, dont la foi est inébranlable.

— Oui, la persécution redouble, — reprit M. Jean d'un air pensif ; et après un moment de silence, il ajouta : — Monsieur Christian Lebrenn, je peux m'ouvrir à vous en toute sincérité. Je suis étranger à Paris, vous connaissez cette ville ; est-il possible de trouver dans ses murs, ou hors de ses remparts, un endroit où l'on puisse réunir une centaine de personnes en secret et en sécurité ? Ces personnes, je dois vous en avertir, appartiennent à la Réforme.

L'artisan réfléchit et répondit : — Il serait difficile et dangereux de réunir dans l'intérieur de Paris un tel nombre de personnes. Le Gaînier, chef des espions du lieutenant criminel, déploie une infatigable activité pour découvrir et dénoncer toutes les réunions qu'il suspecte, ses agents sont partout répandus ; une assemblée si considérable éveillerait sans doute leur attention. Mais hors Paris, l'on n'aurait pas à craindre la même surveillance ; et peut-être pourrai-je vous indiquer un lieu sûr. Cependant, avant de poursuivre cet entretien, je dois vous faire un aveu. Nous avons le projet, l'un de mes amis et moi, d'écrire et d'imprimer secrètement quelques feuilles volantes destinées à propager le mouvement de la Réforme ; ces placards, répandus dans Paris ou affichés de nuit sur les murs, donneraient, nous l'espérons, quelque élan à l'opinion publique... Un seul obstacle nous arrêtait jusqu'ici : trouver un endroit sûr, écarté, où nous pourrions établir, sans risquer d'être surpris, notre petite imprimerie ; mon ami, je le crois, découvert une localité convenable pour nos desseins, elle le serait peut-être aussi pour les vôtres.

— Cette maison se trouve donc hors des murs de Paris ?

— Ce n'est pas une maison ; mais une carrière abandonnée située à Montmartre... Mon ami est né dans ce faubourg, sa mère l'habite encore, il connaît tous les recoins de cette colline de pierre ; il a pensé que la grotte vaste et profonde visitée par lui nous offrirait les garanties de solitude et de sûreté que nous cherchons. S'il en est ainsi, la réunion dont vous me parlez pourrait se tenir à Montmartre. — Je dois aller demain soir avec mon ami prendre connaissance des lieux ; cet examen fait, nous vous communiquerons nos observations et, s'il y a lieu, vous fixeriez le jour de votre assemblée.

— En supposant que demain soir, lors de votre excursion à Montmartre, vous reconnaissiez qu'en effet cette carrière est convenable pour notre assemblée, qu'elle offre une complète sécurité, comment donnerait-on aux personnes convoquées les indications suffisantes à les guider à ce rendez-vous ?

— Ce serait, je le crois, facile, après l'inspection attentive des localités ; je pourrais demain vous fournir ces renseignements.

— Monsieur Christian, pourriez-vous m'indiquer, en outre, où je pourrais trouver un homme digne de confiance qu'on chargerait de porter des lettres de convocation à certaines personnes qui, à leur tour, convoqueraient leurs amis à cette réunion ?

— Je porterai ces lettres si vous le désirez, monsieur... je comprends toute la gravité d'une pareille mission...

— Au nom de la cause que nous servons tous, monsieur Christian, je vous remercie de votre généreux concours, reprit l'inconnu avec effusion. — Ah ! les temps sont menaçants... notre entretien de ce soir avec votre beau-frère a été pour moi presque une révélation sur cet homme étrange, ce spadassin déterminé, cet ancien coureur d'aventures galantes, dont je connaissais les ténébreuses menées...

— Ignace de Loyola ?... Mais quels sont donc ses desseins ?

— De demi-ouvertures faites par lui à quelqu'un digne de toute créance, et qu'il espérait capter, m'ont été rapportées... Alors, j'ai entrevu le but infernal poursuivi par Ignace de Loyola, et...

La voix de Brigitte, à demi montée sur l'échelle du galetas et appelant son mari avec précaution, interrompit l'inconnu ; Christian prêta l'oreille, et sa femme lui dit : — Viens vite, j'ai entendu Hervé sortir de sa chambre, je crois qu'il se dispose à monter chez nous ; notre porte est d'ailleurs fermée en dedans.

L'artisan fit signe à son hôte qu'il n'avait rien à craindre, et descendit en hâte l'échelle aboutissant à un cabinet obscur dont la seule issue communiquait à la chambre des deux époux.

Christian venait de fermer soigneusement la serrure du placard conduisant à l'escalier du galetas, et avait eu à peine le temps de s'asseoir, lorsque Hervé frappa doucement à l'autre porte de la chambre en appelant son père ; Brigitte alla ouvrir et dit à son fils :

— Que veux-tu, mon enfant ?

— De grâce, chers parents, accordez-moi un moment d'entretien.

— Soit... — reprit l'artisan. — Mais descendons ; notre pauvre Marie-la-Catelle partage le lit de ta sœur, elle a grandement besoin de repos, notre conversation pourrait troubler son sommeil.

Le père, la mère et le fils se rendirent dans la salle basse où avait eu lieu le pénible entretien de la veille ; à peine y furent-ils entrés, qu'Hervé se jeta à genoux, prit les mains de son père, les baisa en fondant en larmes et murmurant d'une voix étouffée :

— Pardon... pour ma conduite passée... pardon !... mes bons et chers parents !...

— Béni soit Dieu ! nous ne nous étions pas trompés, — pensèrent Christian et Brigitte en échangeant un regard de satisfaction profonde; — ce malheureux enfant est touché de repentir.

— Mon fils, — dit l'artisan, — relève-toi.

— Non... pas avant que vous et ma mère m'ayez pardonné mon action infâme... — Et, sanglotant, il ajouta : — C'est moi... moi, votre fils... c'est moi qui ai volé les écus d'or !...

— Hervé, — reprit Christian ému de ces remords (hélas ! il les croyait sincères), — hier, à cette même place, ta mère et moi nous t'avons dit : — « Si, dans un moment d'égarement, tu as commis ce larcin, avoue-le... il te sera pardonné... »

— C'est avec bonheur que nous tenons notre promesse, — ajouta Brigitte, — nous pardonnons à ton repentir... Relève-toi.

— Ah ! jamais plus qu'en ce moment je n'ai eu conscience de l'indignité de ma conduite !... Mon Dieu ! tant d'indulgence de votre part, et de la mienne tant de bassesse ! Ma vie entière sera consacrée à l'expiation de mon infamie, — dit Hervé se relevant.

— Je ne te le cache pas mon ami, — reprit Christian dans sa paternelle mansuétude, — je m'attendais presque à cet aveu de ta faute ; certains heureux symptômes, aujourd'hui remarqués par ta mère et par moi, nous faisaient espérer ton retour au bien, aux principes d'honnêteté dans lesquels nous t'avons élevé...

— Ne te le disais-je pas hier ? reprit Brigitte. — Est-ce que notre fils peut jamais devenir indigne de notre tendresse, indigne des exemples qu'il a reçus de nous, comme son frère, comme sa sœur ? Non, non, il nous reviendra, il réprouvera ses erreurs... Vois-tu, cher... cher enfant, — ajouta-t-elle en l'embrassant avec effusion, — je te connaissais mieux que tu ne te connaissais toi-même ! Béni soit Dieu de ton retour au bien !

L'effroyable hypocrite se jeta au cou de sa mère, répondit à ses caresses avec un feint attendrissement, et dit d'un ton pénétré :

— Bon père ! bonne mère ! l'aveu de ma honteuse action m'a mérité mon pardon... peut-être un jour me rendrez-vous votre estime... lorsque vous aurez pu juger de la sincérité de mes remords. Sachez la cause d'un repentir dont la soudaineté doit vous surprendre...

— Douce surprise, grâce à Dieu !... parle, parle, cher enfant.

— Vous ne vous trompiez pas, mon père... Oui, égaré, perverti par les conseils de fra Girard, j'ai dérobé votre argent afin de le consacrer à des œuvres que je croyais méritoires...

— Ah ! je le dis avec orgueil pour nous et pour toi ! — s'écria Brigitte, — jamais en t'accusant, nous ne t'avons cru capable de t'être laissé entraîner à cet acte coupable pour l'amour de l'or, par le désir de te procurer des jouissances égoïstes, par un sentiment de cupidité ! non, mille fois non...

— Merci ! oh ! merci, ma bonne mère, de me rendre du moins cette justice, ou plutôt de la rendre à l'éducation que je vous dois ! Non, le fruit de mon larcin n'a pas été dissipé en prodigalités... Non, je ne l'ai pas conservé comme un avare, par amour de l'or... Ces écus d'or ont été versés dans la caisse du commissaire apostolique des indulgences, afin d'obtenir la rédemption des âmes du purgatoire.

— Je te crois, mon fils ; le côté charitable, généreux de cette idolâtrie, si profitable à l'avidité de l'Eglise de Rome, devait séduire ton cœur... Mais comment as-tu reconnu la fourbe de ce trafic monacal ? Donne-moi quelques explications à cet égard.

— Ce matin après avoir déposé mon offrande dans la caisse des indulgences ouverte en l'église de Saint-Dominique, j'ai entendu prêcher le commissaire apostolique... Ah ! mon père, tout ce qui était resté en moi de sentiments honorables s'est alors révolté, la lumière s'est faite soudain à mes yeux, j'ai mesuré la profondeur de l'abîme où m'entraînait un fanatisme aveugle..... Savez-vous ce que ce moine, parlant au nom du Christ, parlant au nom du Tout Puissant, a osé dire à la foule assemblée dans l'église ? « La vertu de mes indulgences est si efficace, — s'est écrié ce moine, — si grandement efficace, que si, par impossible, quelqu'un avait violenté la mère du Sauveur, ce crime sans nom lui serait remis par la grâce de mes indulgences... Donc, achetez-les, mes frères ! apportez, apportez votre argent ! boursillez, boursillez... »

Christian et sa femme écoutaient leur fils dans une silencieuse épouvante ; les sacrilèges paroles qu'il leur rapportait, en leur causant un frisson d'horreur, leur expliquaient le repentir, les remords d'Hervé.

— Ah ! maintenant, je comprends tout, mon enfant ! — s'écria Christian. Cette monstruosité sacrilège a été pour toi une révélation, une consolation ! oui, soudain tes yeux se sont ouverts à la lumière, tu as pris en horreur ces prêtres infâmes, tu as reculé d'effroi sur la pente fatale où la superstition te poussait !...

— Oui, mon père, cette monstruosité fut pour moi une révélation, le voile s'est déchiré, j'ai vu clair : il me fallait être dupe ou complice de ces abominables fourberies ; le dégoût, l'indignation, m'ont rappelé à moi-même... Je crus m'éveiller d'un songe pénible et me rappelant que, pendant plusieurs mois, j'avais subi l'empire de fra Girard... j'ai maudit sa détestable obsession, qui m'éloignait d'une famille chérie,

La messe des Jésuites dans les carrières de Montmartre (page 295)

vénérée... j'ai maudit les odieux sophismes qui, pervertissant mon esprit, ainsi que vous le disiez si justement, mon père, les plus simples notions du bien et du mal, m'ont amené à commettre un vol... action doublement infâme, car la confiante sécurité du foyer paternel la favorisait! Oh! ma mère, à mesure que je reprenais ainsi possession de mon âme, écrasé de honte, déchiré de remords, je le sentais, je n'avais plus qu'un moyen de salut... le repentir! qu'un espoir... votre pardon! qu'un refuge... votre tendresse. Je reviens donc à vous, chers parents.

Christian et Brigitte ne pouvaient soupçonner la sincérité de leur fils : ils crurent à son repentir, ils crurent au retour de sa tendresse, ils crurent à l'horreur que lui inspirait le passé... Ils remercièrent Dieu de leur avoir rendu un fils; et, en s'endormant, leur dernière pensée fut pour Hervé! Hélas! Sécurité trompeuse.

Le lendemain du jour où le proscrit, ami de Robert Estienne, avait trouvé asile dans la maison de Christian, celui-ci, la nuit venue, se rendit à Montmartre avec Justin, son compagnon, afin d'aller visiter la carrière abandonnée où ils comptaient établir leur imprimerie secrète; cet endroit désert devait aussi servir prochainement de lieu de réunion aux chefs des réformés de Paris. La lune se leva brillante lorsque les deux artisans arrivèrent aux environs de l'abbaye de Montmartre. Ils prirent, à gauche de l'église, un chemin conduisant à un mamelon surmonté d'une croix; puis ils descendirent un sentier rapide, à l'extrémité duquel se trouvait l'ouverture de la carrière.

— Il me semble, si mes souvenirs d'enfance ne me trompent pas, — dit Justin à Christian, — qu'autrefois cette carrière avait deux issues : l'une par laquelle nous allons entrer; la seconde,

138e livraison

sorte de couloir souterrain, doit aboutir, vers l'autre flanc de la colline, à une profonde excavation d'où l'on peut sortir par une rampe très-rapide. Je me rappelle même qu'une partie de ce couloir offrait les traces d'une maçonnerie très ancienne.

— C'était sans doute l'un de ces refuges creusés, il y a des siècles, par les habitants lors des invasions des pirates northmans.

— Il se peut. Mais, comme il faut tout prévoir, cette carrière serait pour nos amis les réformés un lieu de réunion d'autant plus sûr, qu'en cas d'alerte, il suffirait d'un homme de guet posté à chacune des issues pour donner l'alarme; l'on pourrait fuir par un côté ou par un autre. Les agents du lieutenant criminel ont cent yeux et autant d'oreilles; l'on ne saurait, dans cette occurence, prendre trop de précautions.

— Si tes souvenirs sont fidèles, cette double issue serait en effet précieuse, et le lieu de réunion sauvegardé contre toute surprise.

— Nous allons facilement nous assurer de la disposition des lieux, — dit Justin. Et fouillant à son escarcelle il y prit un briquet; tandis que Christian tirait de sa poche un bout de cierge dont il s'était muni. L'ouverture irrégulière de la grotte s'arrondissait sous une saillie de roche calcaire recouverte de quelques pouces de terre où croissaient des ronces et des genêts sauvages; un sentier abrupt conduisait à cette espèce de plate-forme, située au-dessus de l'entrée de la carrière où pénétrèrent les deux artisans. Ils n'allumèrent pas d'abord leur cierge, de peur que le vent ne l'éteignît; mais au bout de quelques pas faits à tâtons dans l'obscurité, l'étincelle jaillit de la pierre du briquet, et bientôt la faible lumière du cierge jeta ses lueurs dans l'intérieur de la caverne, très spacieuse quoique sa voussure fût assez basse. Un gros bloc de pierre de cinq à six pieds de hauteur sur huit à dix d'épaisseur, détaché sans doute depuis longues années des parois de ce lieu souterrain, en occupait le fond.

— Maintenant, je me le rappelle parfaitement, — dit Justin, — l'ouverture du couloir dont je t'ai parlé se trouve derrière cette pierre. Allons en avant, nous sommes en bonne voie.

Ce disant, Justin s'engagea, suivi de son compagnon, dans un étroit intervalle laissé entre la muraille naturelle de la carrière et le bloc; soudain ils entendirent le bruit des pas et des voix de plusieurs personnes se rapprochant de plus en plus de l'entrée de la grotte. Le premier mouvement de Justin, aussi surpris qu'alarmé, fut d'éteindre son cierge; puis, il dit tout bas à Christian, tapi, comme lui, derrière le bloc de pierre : — Ne bougeons pas... si l'on vient ici, l'on ne pourra nous découvrir...

Les deux artisans restèrent immobiles dans leur cachette, se demandant avec autant d'étonnement que d'angoisse qui pouvait se rendre à cette heure avancée en cet endroit désert.

Telle fut la scène nocturne, fils de Joel, à laquelle Christian et son ami assistèrent, invisibles et muets :

Les personnages qui pénétraient dans la carrière s'étaient aussi munis de luminaire; l'un d'eux alluma un gros flambeau de cire dont la clarté rougeâtre illumina les traits des nouveaux venus, au nombre de sept. Celui d'entre eux qui entra le dernier, lorsque la torche fut allumée, jeta çà et là, autour de lui, des regards annonçant que ces lieux lui étaient familiers; il marchait difficilement, boitait très-bas, s'appuyant d'une main sur une canne façonnée en béquille; il semblait dans la maturité de l'âge. Des vêtements noirs, usés, sordides, dessinaient sa taille robuste et élevée; une fraise à l'espagnole, d'un blanc douteux, encadrait son visage osseux et olivâtre, terminé par une barbe pointue. Sa tête était presque dégarnie de cheveux. Son regard dominateur, son front impérieux, son port de tête altier, donnaient à sa physionomie, puissamment caractérisée, une expression d'inflexibilité absolue... Le personnage entrait en scène.

Cet homme se nommait IGNACE DE LOYOAL.

Ses six compagnons s'appelaient JACQUES LAINEZ, Espagnol; ALPHONSE SALMERON, INIGO DE BOBADILLA et RODRIGUEZ D'AZEVEDO, Portugais; FRANÇOIS XAVIER, gentilhomme français; et enfin PIERRE LEFÈVRE, natif des montagnes de la Savoie, celui qui, pendant dix ans, avait été l'ami intime de Christian Lebrenn.

François Xavier tenait le flambeau de cire allumé; Lefèvre portait sur son épaule un paquet volumineux. Les six disciples de Loyola, immobiles, muets, attachaient leurs yeux sur lui, non pour essayer de deviner la pensée de leur maître, ils n'auraient pas eu cette audace... mais pour tâcher de prévenir sa volonté, quelle qu'elle pût être. Loyola, contempla de nouveau l'intérieur de la grotte, dit d'une voix solennelle : — Salut, retraite profonde, où comme autrefois, dans la caverne de Manrès, j'ai souvent médité, mûri mes desseins!... — Puis, prenant un bloc de pierre pour siège, croisant ses mains sur la poignée de sa béquille, appuyant son menton sur ses mains, il promena son regard sur ses disciples restés debout, les yeux baissés, impassibles comme des statues, il se recueillit un moment et reprit : — Mes fils, ce soir, je vous ai dit : « Venez... » Vous êtes venus, ignorant où je vous conduisais... Pourquoi m'avez-vous suivi ? Réponds, *Xavier*. Entendre l'un de mes disciples, c'est les entendre tous..., l'entendre aujourd'hui, c'est entendre ceux qui lui succéderont d'âge en âge... car tous seront l'écho lointain de ma pensée....

— Maître, vous nous avez dit: « Venez. » Nous sommes venus... Commandez et vous serez obéi.

— Sans vous demander où je vous conduisais. Sans même chercher à vous rendre compte de ce que je pouvais vous demander... Réponds... Lefèvre...

— Maître, nous vous avons suivi sans réflexion... sans examen.

— Pourquoi sans réflexion, sans examen? Réponds, Lainez...

— Les membres du corps obéissent à la volonté qui les dirige : ils n'interrogent pas cette volonté; ils obéissent.

— Xavier, — reprit Loyola, — place ton flambeau dans un interstice de ce roc. Lefèvre, dépose ce paquet à tes pieds; il contient tes habits sacerdotaux et ce qui est nécessaire pour célébrer le saint sacrifice de la messe.

François Xavier assujettit le flambeau entre deux pierres; Lefèvre dépose son paquet près de lui; les autres disciples restent debout, les yeux baissés. Loyola, toujours assis et le menton appuyé sur la poignée de sa béquille, reprend : — François Xavier, lorsque je t'ai rencontré sur les bancs de l'Uuniversité, quel était ton caractère? Quelles étaient tes habitudes?

— Maître, j'apportais aux choses de la vie une fougue extrême...

— Et toi? — Inigo de Bobadilla?

— Maître, les obstacles me rebutaient, j'étais faible, pusillanime, mon âme manquait d'énergie... Ma nature était lâche et sans ressort.

— Et toi, Jean Lainez?

— Maître, j'avais une confiance excessive en moi-même... Vanité extrême...

— Et toi, Rodriguez d'Azevedo?

— Maître, mon cœur débordait de tendresse; une action touchante, une parole affectueuse, rendaient mes yeux humides de larmes... J'étais bon pour tous, empressé à venir en aide à nos semblables... Nature confiante et expansive.

— Et toi, Alphonse Salmeron?

— Maître, l'orgueil me dominait; je me sentais fier de ma force physique, de mon intelligence... Je me croyais un homme supérieur.

— Et toi, Jean Lefèvre?

— Maître, ma ténacité montagnarde ne tenait compte des observations que pour les vaincre... Je ne souffrais aucun contradicteur.

— Oui, tels vous étiez! — et qu'êtes-vous maintenant? Réponds, Jean Lefèvre... entendre l'un de vous, c'est entendre les autres.

— Maître, nous ne sommes plus nous-mêmes... ton âme a absorbé la nôtre... Nous sommes les instruments de la volonté; nous sommes les corps, tu es l'esprit; nous sommes les esclaves soumis, tu es le maître inflexible; nous sommes les bâtons, tu es la main; et sans ton souffle qui nous anime, nous ne sommes que des cadavres.

— Comment êtes-vous parvenus à ce complet anéantissement de vous-mêmes? Comment s'est opérée cette absorption de vos personnalités dans la mienne?

— Maître, l'étude de tes *Exercices spirituels* a opéré ce miracle.

Loyola paraît satisfait, il garde un moment le silence, le menton toujours appuyé sur ses deux mains croisées sur la poignée de sa béquille; il reprend : — Oui, vous étiez ceci; vous êtes devenus cela... Et moi, qu'étais-je? et que suis-je devenu? Je vais vous le dire. J'étais un fier gentilhomme de Biscaye, beau cavalier, vaillant capitaine, hardi séducteur, heureux spadassin; la main de Dieu me frappe à la guerre, me rend difforme. Grand désespoir! Renoncer aux femmes, aux duels, aux chevaux, à la bataille, au commandement de mes soldats, rompus, brisés, façonnés par la discipline militaire! Cloué sur un lit de tortures, acceptées dans l'espoir de faire disparaître ma difformité; la grâce m'a touché! je me sentais encore plein de force, de puissance, j'étais possédé d'un invincible besoin de domination; l'Esprit-Saint m'a dit: « Dévoue-toi au triomphe de l'Eglise catholique; ta domination s'étendra en raison de ta foi. » Alors, je me suis demandé quels services je pouvais rendre à l'Eglise catholique; j'ai regardé autour de moi, qu'ai-je vu?... L'esprit de LIBERTÉ, cette pestilentielle émanation de l'humanité déchue, partout en lutte contre l'AUTORITÉ, cette émanation de la Divinité; je me suis promis de soumettre l'esprit de *liberté* au frein inflexible de l'*autorité*, de même que j'ai soumis au frein des chevaux indomptés. Le but prévu, quels moyens de l'atteindre? Je les ai cherchés ; j'ai voulu expérimenter sur moi-même jusqu'à quel point l'on peut, soutenu par la foi dans l'idée que l'on poursuit, dépouiller le vieil homme. Riche de mon patrimoine, j'ai mendié mon pain ; fier gentilhomme, je me suis exposé aux outrages; adroit spadassin, j'ai subi des insultes ; somptueux dans mes vêtements, soigneux de ma personne, j'ai vécu couvert de haillons et dans la crasse ; ignorant, illettré, je me suis assis à trente ans au milieu d'enfants sur les bancs du collège Montaigu, et pour une faute d'inadvertance, jai reçu le fouet ; quelques-uns de mes desseins, pénétrés par des prêtres orthodoxes, m'ont valu leurs persécutions ils m'ont frappé d'ostracisme, j'ai tout supporté sans murmure. Certain dès lors que je pouvais demander à mes disciples les sacrifices que je m'imposais à moi-même, je vous ai faits tels qu'il faut que vous soyez.. Vous l'avez dit, vous êtes les membres, je suis l'esprit ; vous êtes les instruments, je suis la volonté. Le moment d'agir est venu, l'œuvre nous appelle... Cette œuvre, quelle est-elle?

Cette œuvre est d'assurer le règne de l'autorité sur le monde.

— Quelle autorité ?
— Maître, il n'y en a qu'une ; celle de Dieu, visiblement incarnée dans son vicaire, le pape, qui est à Rome.
— Entendez-vous par là : autorité spirituelle ou temporelle ?
— Maître, qui a pouvoir sur l'âme doit avoir pouvoir sur le corps ; qui dicte la loi divine doit dicter la loi humaine.
— Que doit être le pape ?
— Pontife et empereur du monde catholique.
— Qui gouvernera, sous lui, les nations ?
— Le clergé.
— La domination temporelle doit donc aussi appartenir à l'Eglise catholique, apostolique et romaine ?
— Toute autorité émane de Dieu ; ses ministres sont de droit divin les maîtres des nations et doivent être investis de toute autorité.
— Telle est donc l'œuvre à accomplir ?
— Oui, maître.
— Existe-t-il des obstacles à son accomplissement ?
— Il en existe d'énormes.
— Quels sont-ils ?
— Le roi d'abord.
— Ensuite ? — reprend Loyola, — ensuite ?
— L'indocilité des bourgeoisies.
— Ensuite ?
— La nouvelle hérésie connue sous le nom de Réforme.
— Ensuite ?
— L'imprimerie, ce fléau qui étend chaque jour et en tous lieux ses ravages.
— Ensuite ?
— Les mœurs trop ouvertement scandaleuses des ecclésiastiques.
— Enfin ?
— Souvent l'ineptie, la faiblesse, la cupidité insatiable ou les débordements de la papauté.
— Tels sont donc les obstacles qui s'opposent au gouvernement absolu du monde catholique par son Eglise ?
— Oui, maître.
— Est-il possible de triompher de ces obstacles ?
— Nous le pouvons par vous, maître, si votre esprit parle par notre bouche, si votre volonté dicte nos actes.
— A tout seigneur tout honneur..... commençons par les rois. Que sont-ils au regard des papes ?
— Leurs rivaux.
— Que doivent-ils être ?
— Leurs premiers sujets.
— Ne vaudrait-il pas mieux pour la plus grande gloire et sécurité de l'Eglise catholique, que la royauté fût abolie ?
— Cela serait préférable.
— Comment subordonner absolument les rois aux papes ? ou, mieux encore, comment détruire la royauté ?
— En soulevant contre elle tous les sujets.
— Par quels procédés ?
— En déchaînant les passions d'une populace ignorante ; en exploitant le vieil esprit communier des bourgeoisies ; en exaltant les rancunes des seigneurs, jadis pairs des rois aux temps de la féodalité ; en excitant les hommes les uns contre les autres.
— N'est-il pas un dernier moyen de se défaire des royautés ?
— Le poignard, ou le poison.
— Entendez-vous par là qu'un membre de l'Eglise doit et peut poignarder un roi ; peut et doit empoisonner un roi ?
« — Maître, il n'appartient pas aux moines de tuer ouvertement... ou par embûche les rois. On doit d'abord avertir paternellement ceux-ci, puis les excommunier, les déclarer déchus de l'autorité royale ; après quoi, l'*exécution appartient à d'autres.* »
— Et, qui déclare les rois déchus de l'autorité royale, et les met ainsi au ban de l'humanité, hors la loi divine et humaine ?
« La voix publique, une assemblée de prêtres, de théologiens, ou l'avis d'hommes sensés. »
« — J'admets l'autorité royale renversée, par le meurtre ou autrement... le pouvoir ne tombera-t-il pas, soit aux mains des grands, des seigneurs, soit aux mains des bourgeoisies, soit aux mains du populaire ?
— Oui, pour un jour... Mais si le pouvoir tombe aux mains du populaire, l'on retourne contre lui les grands, c'est-à-dire la seigneurie et la bourgeoisie... si le pouvoir tombe aux mains de la bourgeoisie, l'on retourne contre elle le populaire et les grands... si, enfin, le pouvoir tombe aux mains des grands, l'on retourne contre eux bourgeoisie et populaire.
— A la suite de ces guerres civiles, que doit il arriver ?
— Tous les pouvoirs ainsi annihilés, détruits les uns par les autres, l'Eglise catholique restera seule debout, impérissable.
— Vous avez parlé d'agir sur le populaire, sur la bourgeoisie, sur les grands, afin de se servir de ces différentes classes pour renverser le pouvoir royal, et de les déchaîner ensuite les unes contre les autres ; quel moyen d'action aurez-vous sur elles ?
— La direction de leur conscience, et surtout celle des femmes, par la confession.
— Comment parviendrez-vous à diriger les consciences ?
— En établissant des maximes si douces, si flexibles, si commodes, si complaisantes aux passions, aux vices, aux péchés, que le plus grand nombre des hommes et des femmes nous choisiront pour confesseurs, nous livreront la

direction de leur âme... Or, diriger les âmes des créatures, c'est s'assurer l'empire du monde...

— Voyons l'application de cette doctrine, — reprend Loyola. — Je suis moine, vous êtes, je le suppose, — ajoute-t-il, s'adressant tour à tour à chacun de ses disciples, — vous êtes mon confesseur, je vous dis : Mon père, il est défendu, sous peine d'excommunication, de quitter, ne fût-ce que pour un instant, l'habit de notre ordre ; je m'accuse de m'être vêtu en laïque.

« — Mon fils (répondrai-je), — dit l'un des disciples d'Ignace, — distinguons : si vous avez quitté momentanément l'habit religieux, afin de ne pas le souiller par une action honteuse, telle que d'aller filouter ou hanter une maison de jeu ou faire une partie de débauche, vous avez obéi à un sentiment de vergogne et vous ne méritez pas l'excommunication. »

— Je suis bénéficier, — reprend Loyola, — je paye une pension viagère à un quidam, je désire sa mort, afin d'être libéré envers lui ; ou bien, héritier d'un père opulent, je suis impatient de voir arriver le terme de sa vie... Je m'accuse à vous de ces sentiments.

« — Mon fils (répondrai-je), un bénéficier peut, sans péché, désirer la mort de ceux qui ont pension sur son bénéfice, en cela que ce n'est point la mort de ses créanciers qu'il souhaite, mais l'extinction de sa dette. Mon fils (répondrai-je à l'autre pénitent), vous commettriez un crime abominable en désirant par pure méchanceté la mort de votre père ; mais vous ne péchez nullement en la désirant, non dans une pensée parricide, mais uniquement dans l'impatience de jouir de son héritage. »

— Je suis valet, je viens à vous m'accuser d'être l'entremetteur des amours de mon maître et, de plus, de l'avoir larronné.

« — Mon fils (répondrai-je), porter les lettres ou les présents à la concubine de votre maître, l'aider même à s'introduire chez elle en tenant l'échelle, sont choses permises ou indifférentes, puisque, en votre qualité de serviteur, ce n'est point à votre volonté que vous obéissez, mais à celle d'autrui. Quant aux larcins que vous avez commis, il est évident que si, par nécessité, vous avez été forcé d'accepter des gages trop minimes, vous êtes en droit de récupérer autrement un salaire légitime. »

— Je suis spadassin ; je m'accuse au tribunal de la pénitence de m'être battu en duel.

« — Mon fils (répondrai-je), si en vous battant vous avez cédé, non point à une pensée homicide, mais au besoin légitime de venger votre honneur, vous n'avez pas péché. »

— Je suis lâche ; je me suis défait de mon ennemi par un meurtre, en guet-apens. Je viens vous faire cet aveu, à vous, mon confesseur, et vous en demander l'absolution.

« — Mon fils (répondrai-je), si vous avez commis le meurtre, non pour le meurtre en lui-même, mais pour échapper aux dangers que votre ennemi pouvait vous susciter, vous n'avez point péché ; il est, en ce cas, licite de tuer son ennemi hors de tout témoin. »

— Je suis juge : je m'accuse d'avoir, moyennant un présent reçu de l'une des parties, rendu un arrêt en sa faveur ?

« — Où est le mal, mon fils (répondrai-je) ? Vous avez, en considération de ce présent, rendu un arrêt favorable au donateur ; ne pouviez-vous par votre seul bon plaisir, favoriser tout autre ? Vous n'avez nul besoin d'absolution. »

— Je suis usurier ; je m'accuse, à différentes fois, d'avoir retiré un gros pécule de mon argent. Ai-je péché selon la loi de l'Eglise ?

« — Mon fils (répondrai-je), voici dorénavant comment il faut vous conduire en pareille matière : Quelqu'un vous demande un prêt, vous répondez : — Je n'ai point d'argent à prêter ; mais j'en ai à placer à profit honnête. Si donc vous me garantissez le remboursement de mon capital, et de plus un bénéfice certain, je vous confierai la somme pour que vous la fassiez valoir ; mais je ne vous la prêterai point. Du reste, mon fils, vous n'avez pas péché si l'intérêt que vous avez reçu de votre argent, si gros qu'il soit, a été simplement à vos yeux une marque de gratitude et non une condition de prêt. Allez en paix, mon fils. »

— Je suis banqueroutier ; je m'accuse d'avoir soustrait à la connaissance de mes créanciers une grosse somme d'argent.

« — Mon fils (répondrai-je), le péché est grave si vous avez détenu cette somme par une basse cupidité ; mais si vous avez uniquement voulu vous assurer, à vous et à votre chère famille, une existence favorable, et même un peu de luxe, soyez absous. »

— Je suis femme ; je m'accuse d'avoir été adultère, et d'avoir ainsi obtenu des richesses considérables de mon galant. Puis-je jouir de ces biens en sécurité de conscience ?

« — Ma fille (répondrai-je), les biens acquis par la galanterie et l'adultère ont, il est vrai, une source illégitime ; mais, néanmoins, leur possession peut être considérée comme légitime, puisque aucune loi divine ou humaine ne contrarie cette possession. »

— J'ai volé une somme considérable ; je m'en accuse et je vous demande l'absolution.

« — Mon fils (répondrai-je), il est criminel de voler, à moins cependant que l'on n'y soit contraint par une extrême nécessité, moins encore par des motifs graves. »

— Je suis riche, mais peu ou point aumônier ; je m'en accuse.

« — Mon fils (répondrai-je), la charité envers son prochain est un devoir chrétien ; cependant, si le superflu vous est nécessaire, vous ne péchez point on ne vous dépouillant pas de ce qui est à vos yeux le nécessaire; je vous absous. »

— Je convoitais un héritage; je m'accuse d'avoir empoisonné celui de qui je devais hériter. Puis-je conserver ses biens?

« — Mon fils (répondrai-je), la possession des biens acquis par voies honteuses, même par le meurtre, est légitime, en tant que possession ; vous pouvez-donc les conserver. »

— L'on m'a déféré le serment; ma conscience me défend le parjure et mon intérêt me l'ordonne. Vous êtes mon confesseur, je vous consulte en cette occasion.

« — Vous pouvez, mon fils, concilier votre intérêt et votre conscience; voici comme : On vous demandera, je le suppose : — Affirmez-vous par serment n'avoir point commis tel acte? — vous répondez tout haut : — je jure devant Dieu et devant les hommes que je n'ai pas commis cet acte... (et vous ajoutez mentalement) *ce jour-là*... — Ou bien encore on vous dit : Jurez-vous de ne jamais faire telle chose? — vous répondez : — Je le jure... (et vous ajoutez mentalement), *à moins que je ne change de volonté. Au quel cas je ferai cette chose.* »

— Je suis femme et non mariée; j'ai cédé à un séducteur; je redoute la colère et les reproches de ma famille.

« — Ma fille (répondrai-je), rassurez-vous ; une personne de votre âge peut librement disposer de son corps et d'elle-même ; ayez autant d'amants que vous en voudrez ; je vous absous. »

— Je suis une joueuse forcenée ; je m'accuse d'avoir dérobé à mon mari quelques sommes, que j'ai perdues au jeu?

« — Ma fille (répondrai-je), tout étant commun ou devant l'être entre époux, vous n'avez pas péché en puisant à la bourse commune, vous pouvez continuer ; je vous absous. »

— Je suis femme; j'aime la parure, et je m'en accuse.

« — Ma fille (répondrai-je), si vous vous parez sans mauvaise intention et seulement afin de satisfaire à votre goût naturel pour la parure, vous ne péchez point. »

— Je m'accuse d'avoir suborné la femme de mon meilleur ami.

« — Mon fils (répondrai-je), distinguons : si vous avez, par traîtrise, suborné cette femme *précisément parce qu'elle était* l'épouse de votre ami, vous avez péché; mais si vous l'avez subornée ainsi que vous *eussiez fait de toute autre*, vous n'avez pas outragé l'amitié; il est tout naturel de désirer la possession d'une jolie femme, vous n'avez point péché; je n'ai même pas à vous absoudre. »

— Voilà qui est bien, — reprend Loyola ; — mais vous absolvez tout ce que la morale humaine et les Pères de l'Eglise condamnent.

— Maître, vous l'avez dit : *les absous ne réclameront point*.

— Quel est motif de la complaisance de vos doctrines dans toutes les circonstances ?

— A cette heure, il règne parmi les hommes une incurable corruption ; la rigueur les éloignerait de nous, notre tolérance pour leurs vices doit nous livrer, corps et âme, nos pénitents.

— Maître, cette génération pourrie, en nous abandonnant la direction de son âme, nous donnera plus tard l'éducation exclusive de ses enfants ; nous élèverons ces générations selon qu'il convient, en les prenant du berceau à la tombe, en les façonnant, les pétrissant de telle sorte que, leurs appétits satisfaits, et à jamais délivrées des tentations de ces trois infernales rebelles : *Raison, Dignité, Liberté*, ces générations, bénissant leur douce servitude, soient à nous ce que nous sommes à toi, ô maître ! des serviles, des esclaves, des corps sans âmes, des cadavres !

— Parmi les obstacles que notre œuvre rencontre ou peut rencontrer, vous avez cité la papauté ?

— Oui, maître, parce que l'élection du sacré collège peut appeler au trône pontifical des papes faibles, stupides ou scélérats.

— Quel remède à cette éventualité ?

— Constituer en dehors de la papauté, du collège des cardinaux, de l'épiscopat, du clergé régulier, des ordres religieux, une compagnie dont les membres ne pourront jamais être élus papes, ni accepter aucune dignité catholique, si élevée ou si humble que soit cette dignité, de sorte que cette compagnie conserve toujours son indépendance, son action pour ou contre l'Eglise établie pour combattre ou pour défendre son chef.

— Quelle sera l'organisation de cette redoutable compagnie ?

— Un *général* élu par ses membres la dirigera souverainement.

— Quel engagement prendront ses membres envers lui ?

— Celui d'une obéissance muette, aveugle, servile.

— Que seront-ils dans ses mains ?

— Ce que nous sommes entre les tiennes, ô maître ! des instruments aussi dociles que le bâton dans la main d'un vieillard.

— Quel sera le théâtre de l'œuvre de la compagnie ?

— Le monde entier.

— Comment se partagera-t-elle l'univers ?

— En *provinces*... province de France, d'Espagne, d'Allemagne, d'Angleterre, des Indes, d'Asie et autres, sous le gouvernement d'un *provincial* choisi par le général de l'ordre.

— La compagnie étant supposée organisée, quel nom prendra-t-elle ?

— Celui de la Compagnie de Jésus.

— Comment la compagnie de Jésus deviendra-t-elle le contrepoids de la papauté, et, au besoin, dominera-t-elle la papauté, si elle dévoyait de la route qu'elle doit suivre pour assurer à l'Eglise catholique le gouvernement absolu des nations ?

— Indépendante de l'Eglise établie, dont elle n'attend ni ne veut rien, ni pourpre, ni crosse, ni bénéfices, la compagnie de Jésus, grâce à la commodité, à la tolérance de ses doctrines, conquerra bientôt le domaine et l'empire des consciences ; elle confessera les laquais et les rois, le moine mendiant et le cardinal, la courtisane et la princesse, la bourgeoise, la cuisinière, la fille d'amour et l'impératrice. Le concert de cette immense clientèle agissant comme un seul homme, sous l'influence de la compagnie de Jésus, inspirée par son général, doit assurer à celui-ci une telle puissance, qu'à un moment donné il dictera des ordres à la papauté, la menaçant de déchaîner contre elle toutes les consciences et les bras dont il dispose. Le général sera plus puissant que le pape.

— En outre de l'action sur les consciences, la compagnie de Jésus n'aura-t-elle point d'autres leviers secondaires ?

— Oui, maître, et des plus efficaces. Quiconque, laïque ou ecclésiastique, pauvre ou riche, femme ou homme, grand ou petit, abandonnera aveuglément son âme à la direction de la compagnie de Jésus, sera toujours et partout, et contre qui, et contre quoi que ce soit, soutenu, protégé, favorisé, défendu, innocenté par la compagnie et ses adhérents ; le pénitent d'un jésuite verra s'ouvrir à ses yeux l'horizon des plus hautes espérances ; le chemin des honneurs, des richesses, s'aplanira devant lui ; un manteau tutélaire couvrira ses fautes, ses égarements, ses crimes ; ses ennemis deviendront ceux de la compagnie, elle les poursuivra, les traquera, les atteindra, les frappera, quels qu'ils soient, où qu'ils soient, et par tous les moyens possibles, de sorte que le pénitent d'un jésuite pourra prétendre à tout, et ce sera quelque chose d'effrayant d'encourir ses ressentiments !

— Ainsi, vous avez foi dans l'accomplissement de notre œuvre ?

— Une foi absolue.

— Cette foi, qui vous l'a donnée ?

— Toi, maître, toi, Ignace de Loyola, de qui le souffle nous inspire, toi, notre maître, celui par qui nous vivons...

— L'œuvre est immense : dominer le monde ! et nous ne sommes que sept !...

— Maître, tu nous commandes, nous sommes LÉGION !

— Sept... seulement sept, mes fils... sans autre force que notre foi à notre œuvre.

— Maître, la foi soulève des montagnes... Commande...

— Oh ! mes vaillants disciples ! — s'écria Ignace de Loyola en se dressant sur sa béquille, — quelle joie pour moi de vous voir ainsi pénétrés de ma substance, nourris de la moelle de mes doctrines !... Debout ! debout ! le moment est venu d'agir... voilà pourquoi je vous ai, ce soir, réunis ici, à Montmartre, où si souvent je suis venu méditer dans cet antre, cette seconde taverne de Manrès où, en Espagne, après de longues années, j'ai entrevu la profondeur, l'immensité de mon œuvre... Oui, pour vous y associer à cette œuvre, j'ai brisé, dompté, absorbé des personnalités ; j'ai fait de vous des instruments aussi dociles qu'un bâton dans la main d'un vieillard ; oui, j'ai pris vos âmes ; oui, vous n'êtes maintenant entre mes mains que des cadavres ! Oh ! mes chers cadavres ! mes bâtons ! mes serviles ! mes esclaves ! glorifiez votre servitude... elle vous donne l'empire du monde !... Vous serez les maîtres de tous les hommes ! Vous serez les dominateurs de toutes les femmes !...

Les disciples de Loyola l'écoutaient dans un religieux silence ; il resta un moment abîmé dans la contemplation de son épouvantable orgueil, rêvant la domination universelle, puis il reprit :

— Il faut nous préparer par le saint sacrifice de la messe au dernier acte de cette grande journée, il faut recevoir le corps de Jésus, nous qui formons son intrépide milice ! nous les JÉSUITES !... — Puis, s'adressant à Lefèvre : — Tu as apporté ce qu'il faut pour dire la messe ; cette pierre, — et il montra du geste le bloc derrière lequel se cachaient Christian et Justin, — cette pierre nous servira d'autel. Allons, à l'œuvre, disciple bien-aimé !...

Lefèvre ouvre le paquet dont il s'était chargé, il en retire un surplis, une chasuble, un évangile, une étole, un calice, une boîte d'hosties, et deux petits flacons de vin et d'eau ; il se revêt des habits sacerdotaux, tandis que l'un des disciples prend la torche de cire, s'agenouille et éclaire l'autel improvisé, sur lequel les autres jésuites disposent les objets nécessaires à la célébration du sacrifice divin. Il s'accomplit devant Loyola et ses disciples ; la voix de Lefèvre officiant et psalmodiant, trouble seule le silence de cette solitude, vaguement éclairée par les reflets rougeâtres du flambeau de cire. Le moment de la communion venu, les sept fondateurs de la compagnie de Jésus reçoivent avec onction l'Eucharistie ; l'office terminé, Loyola se redresse d'un air inspiré et dit à ses disciples :

— Et maintenant, venez, venez...

Il sort en boitant, suivi de ses acolytes, laissant sur le bloc de pierre les objets de culte.

Christian et Justin, à peine les jésuites éloignés, abandonnent avec précaution leur cachette, épouvantés du secret qu'ils viennent de surprendre. Christian pouvait à peine croire que Lefèvre, l'un de ses plus anciens amis et dont les idées inclinaient jadis à la Réforme, fût devenu prêtre et l'un des plus ardents sectaires de Loyola.

— Les voilà dehors, — dit tout bas Justin à son compagnon ; — je n'ai pas une goutte de sang dans les veines... fuyons !

— Quelle imprudence ! nous pouvons rencontrer ces fanatiques... Ils vont sans doute revenir ici ; attendons leur départ.

— Non, non, je ne reste pas un moment de plus ici ; j'ai peur.

— En ce cas, tentons de fuir par l'autre issue qui, m'as-tu dit, aboutit derrière cette pierre. Allons ! reprends courage.

— J'ignore si ce couloir n'est pas maintenant obstrué... il serait périlleux de nous y engager sans lumière, et cette lumière nous trahirait... retournons sur nos pas...

Justin, de plus en plus effrayé, se dirige rapidement vers l'entrée de la carrière, Christian le suit, ne voulant pas l'abandonner ; mais au moment de sortir de ce lieu souterrain, ils entendent au-dessus de leur tête un bruit de voix. La lune, alors levée, jetait sa clarté sur l'unique sentier qui conduisait au carrefour de l'abbaye.

— Nous ne pouvons sortir d'ici sans être vus, — dit tout bas Justin avec angoisse ; — ces hommes sont réunis sur la plate-forme qui domine l'ouverture de la carrière.

— Ecoute, — dit Christian, cédant à un sentiment d'invincible curiosité, — écoute, ils parlent.

Les deux artisans demeurent immobiles et muets. Pendant un moment règne un silence solennel, puis la voix d'Ignace de Loyola arrive à leurs oreilles comme si elle descendait du ciel.

— Le jurez-vous ? disait le fondateur de la compagnie de Jésus, — le jurez-vous au nom du Dieu vivant ?

— Au nom de Dieu, — reprirent les jésuites, — nous le jurons !... Nous obéirons, maître !..

— Mes fils, — reprit avec solennité la voix de Loyola, — d'ici vous voyez les quatre points cardinaux de ce monde dont je vous partage l'empire, vaillants soldats de la compagnie de Jésus. Là-bas, au nord, la Moscovite, l'Allemagne, l'Angleterre. A toi l'Allemagne, la Moscovite, l'Angleterre, *Jean Lainez*.

— Maître, que ta volonté soit faite !

— Là-bas, à l'orient, c'est la Turquie, l'Asie, la Terre-Sainte... A toi la Turquie, l'Asie, la Terre-Sainte, *Rodriguez d'Azevedo*...

— Maître, que ta volonté soit faite !

— Là-bas, à l'occident, la nouvelle Amérique et ses Indes... A toi la nouvelle Amérique et ses Indes, *Alphonse Salmeron*...

— Maître, que ta volonté soit faite !

— Là-bas, au midi, l'Afrique, l'Italie, l'Espagne, le Portugal... A toi l'Afrique, l'Italie, l'Espagne, le Portugal, les îles de Corse et de Sardaigne, les îles Baléares, *Inigo de Bobadilla*... Voilà ton empire.

— Maître, que ta volonté soit faite !

— Enfin, ici, à nos pieds, Paris, capitale de la France, qui à elle seule est un monde... A toi Paris, à toi la France, *Jean Lefèvre*...

— Maître, que ta volonté soit faite !

— Dès demain, ceignez vos reins, partez, le bâton à la main, seuls, inconnus ; et à l'œuvre, soldats de Jésus ! à l'œuvre les Jésuites ! le royaume de la terre est à nous !... Dès demain, je pars pour Rome offrir ou imposer au pape notre invincible appui !

La voix de Loyola se tut ; Christian et Justin, entendant les sectaires descendre de la plateforme, se hâtèrent de regagner leur cachette, masquée par le bloc de pierre sur lequel se trouvaient encore les objets dont s'était servi Lefèvre pour la célébration de la messe. Celui-ci rentra bientôt avec ses compagnons, se dévêtit de ses habits sacerdotaux et s'approcha de l'autel improvisé afin d'enlever les vases sacrés ; ce faisant, il heurta le calice, qui roula et tomba derrière le bloc où se blotissaient les deux artisans ; ils se crurent perdus. Jean Lefèvre contourna le bloc afin d'aller chercher le calice, tombé non loin de Christian ; celui-ci vit le jésuite s'approcher, se baisser, ramasser le vase sacré, sans paraître apercevoir, dans la demi-obscurité, son ancien ami, qu'il touchait presque, et rejoindre les autres disciples.

— Lefèvre nous a vus ! — pensa Christian ; il est impossible qu'il ne nous ait pas aperçus... cependant, pas un mot, pas un geste n'a trahi sur son visage la surprise et l'inquiétude où doit le plonger notre présence ici, nous, maintenant maîtres du secret de leur compagnie.

Pendant que Christian se livrait à ces réflexions, Lefèvre, toujours imperturbable, replaça dans son sac les objets dont il s'était servi pour la célébration du service divin, sortit de la carrière avec ses compagnons et alla dire quelques mots à l'oreille de Loyola ; celui-ci tressaillit légèrement, se recueillit et répondit aussi tout bas à Lefèvre, qui baissa la tête en signe d'aquiescement ; puis le fondateur de la compagnie de Jésus et ses disciples disparurent dans les détours du chemin et regagnèrent Paris. Telle est l'origine de cette compagnie infernale.

Attentat incestueux d'Hervé sur Héna (page 302)

PREMIÈRE PARTIE

LA RÉFORME

Jean Calvin. — Profession de foi des réformés. — L'amiral Gaspard de Coligny. — Clément Marot le poète. — Le vicomte Néroweg de Plouernel. — Bernard Palissy le potier. — Le chirurgien Ambroise Paré. — Le prince Karl de Gerolstein. — Inceste et parricide. — Les archers du guet. — Le couvent des Augustins. — La taverne du vin Pineau. — Franc-Taupin, Tire-Laine et Mauvais-Garçon. — La courtille de M. Robert Estienne. — Le 21 janvier 1535.

Christian, de retour chez lui vers le milieu de la nuit, s'empressa d'instruire son hôte des faits survenus à Montmartre; M. Jean conclut de cette découverte qu'il fallait se hâter de rassembler les chefs des réformés dans la carrière abandonnée, où l'on n'avait pas à craindre le retour des membres de la société de Jésus, Ignace de Loyola devant partir immédiatement pour Rome, tandis que ses disciples devaient gagner les contrées lointaines qui leur étaient dévolues. Enfin, si Lefèvre, selon que Christian persistait avec raison à le croire, s'était aperçu de la présence des deux artisans au conciliabule des jésuites, cette raison surtout les empêcherait de revenir à Montmartre. M. Jean résolut de convoquer en ce lieu, le lendemain à dix heures du soir, les chefs des réformés de Paris, indiquant dans sa lettre les moyens d'arriver au lieu de réunion. Justin devait aller en temps opportun s'assurer que la seconde issue était

139ᵉ livraison

praticable. En outre, il fut convenu entre Brigitte et son mari qu'elle sortirait avec sa fille, avant le coucher du soleil, pour permettre à l'inconnu de quitter la maison sans être aperçu par Héna. Christian, de son côté, devait se servir du prétexte d'une invitation à souper chez un ami, pour engager son fils à l'accompagner dans le trajet qu'il avait à faire et, quand il jugerait que M. Jean aurait dû effectuer son départ, il se réservait de congédier son fils. Les choses se passèrent comme il avait été convenu. Lorsque Brigitte et Héna rentrèrent au logis, après une courte promenade sur les bords de la Seine, le proscrit avait abandonné son refuge hospitalier pour se rendre près de la porte Montmartre, où Christian devait l'attendre afin de le conduire au lieu du rendez-vous.

La femme et la fille de l'artisan travaillaient devant leur métier de brodeuse à la lueur d'une lampe, Brigitte songeant au repentir d'Hervé, tandis qu'Héna, rêveuse, laissait parfois son aiguille inactive. La jeune fille restait absorbée et comme étrangère à tout ce qui se passait autour d'elle. Neuf heures sonnèrent à l'horloge lointaine de la tour Saint-Jacques-la-Boucherie.

— Neuf heures, — se dit Brigitte. — Notre fils ne peut tarder à rentrer. Avec quelle joie je l'embrasserai ce soir !... de quel poids ses aveux ont allégé mon cœur !... Cher enfant !...

Puis s'adressant à Héna sans quitter sa broderie du regard :

— Béni soit Dieu ! chère fille, tu n'auras plus désormais à te plaindre de la froideur d'Hervé... non, non ! et lorsque le petit Odelin sera de retour d'Italie, nous vivrons tous unis, heureux comme par le passé. Aussi, j'attends avec impatience l'arrivée de maître Raimbaud, l'armurier, qui nous le ramènera, notre gentil Odelin.

Mais Brigitte ne recevant aucune réponse de sa fille, leva les yeux vers elle et lui dit :

— Voilà plusieurs fois, chère fille, que je t'adresse la parole, tu sembles ne pas m'entendre. De cette distraction quelle est donc la cause ?

Héna garda un moment le silence, sourit naïvement et répondit :

— Si singulier que cela soit, pourquoi, mère, ne te le dirais-je pas ?... Ce serait la première fois de ma vie que j'aurais un secret pour toi...

— Eh bien ! mon enfant, quelle est la cause de tes distractions ?

— C'est... frère Saint-Ernest-Martyr... ma bonne mère.

Brigitte, s'arrêtant de broder, contempla sa fille d'un air d'extrême surprise. Héna reprit avec un candide sourire :

— Cela t'étonne, mère ?... Je suis encore bien plus étonnée que toi !

Héna prononça ces mots avec une telle ingénuité, son beau regard, limpide comme son âme, s'attacha sur celui de sa mère avec tant de confiance, que Brigitte, à la fois inquiète et rassurée, inquiète de cette révélation, rassurée par l'innocente sécurité d'Héna, lui dit après un moment de silence :

— En effet, chère fille, je suis surprise de ce que tu m'apprends ; tu n'avais vu, ce me semble, frère Saint-Ernest-Martyr que deux ou trois fois chez notre amie Marie-la-Catelle, avant ce malheureux évènement arrivé l'autre soir sur le pont.

— Certainement, mère ; et voilà justement ce qu'il y a d'extraordinaire... Depuis avant-hier, je pense constamment à frère Saint-Ernest-Martyr ? Et ce n'est pas tout... Cette nuit j'ai rêvé de lui !

— Rêvé de lui ! — dit vivement Brigitte.

Héna, pour toute réponse, et loin de fuir le regard maternel, fit par deux fois un signe de tête affirmatif, en ouvrant ses beaux yeux bleus, où se lisait l'étonnement naïf et charmant que lui causaient ses propres sentiments.

— Oui, mère, j'ai rêvé de lui ; je le voyais recueillir à la porte d'une église un pauvre enfant grelottant de froid, le prendre dans ses bras, le réchauffer de son haleine, le contempler d'un air si apitoyé, si tendre, que les larmes me gagnaient. Cela m'a tellement émue que je me suis éveillée en sursaut... et je pleurais réellement !

— Ce rêve est singulier, chère fille...

— Singulier ?... Non ! le rêve s'explique. Avant-hier, Hervé m'a raconté un trait charitable de frère Saint-Ernest-Martyr ; le soir même nous voyons ce pauvre moine transporté ici le visage ensanglanté ; j'aurai eu l'esprit frappé, j'aurai rêvé de lui, cela se comprend... mais ce que je ne conçois pas, c'est qu'éveillée... bien éveillée, je pense encore à lui... Tiens, en ce moment même, en fermant les yeux, — et Héna, souriant, les ferma, — je le vois comme s'il était là avec sa figure si douce lorsqu'il regarde les petits enfants.

— Mais enfin, chère fille, lorsque tu penses à frère Saint-Ernest-Martyr, de quelle nature sont tes pensées ?

Héna se recueillit un instant et répondit :

— Comment t'expliquer cela, mère ? Lorsque je pense à lui, je me dis : combien il est bon, généreux, vaillant, frère Saint-Ernest-Martyr ! Avant-hier, il brave les épées pour défendre Marie-la-Catelle ; un autre jour, au pont Notre-Dame, il se jette à l'eau pour sauver un malheureux qui se noyait ; il recueille des petits enfants abandonnés ou bien il les instruit avec tant d'affection, de sollicitude, qu'un tendre père ne leur témoignerait pas plus d'intérêt...

— En y réfléchissant, chère fille, il n'y a dans tout ceci rien que de fort naturel. Ce frère est un homme de bien; tu songes à ses bonnes actions; c'est tout simple...

— Mais non, mère, ce n'est pas aussi simple que tu le dis! Est-ce que tu n'es pas ce qu'il y a de meilleur au monde ? Est-ce que mon père n'est pas autant homme de bien que frère Saint-Ernest-Martyr ? Est-ce que vous n'êtes pas mes parents chéris, vénérés ? Cependant... et voilà ce qui me confond, comment se fait-il que je pense plus souvent à lui qu'à vous ?

Puis, avec un accent d'adorable ingénuité, la jeune fille ajouta :

— Quand je te le dis, mère, c'est vraiment extraordinaire!

Plusieurs coups heurtés précipitamment à la porte de la maison interrompirent cet entretien. Brigitte dit à sa fille :

— Ouvre la fenêtre et vois qui frappe; c'est sans doute ton frère.

— Oui, mère, c'est lui, c'est Hervé, — répondit Hèna entr'ouvrant la fenêtre.

Et elle descendit dans la salle basse.

— Mon Dieu! — pensait Brigitte avec angoisse, — comment interpréter les confidences d'Hèna ? Son âme est incapable de dissimulation; elle m'a dit toute la vérité, sans se rendre compte du sentiment qu'elle éprouve pour ce jeune moine... Combien j'ai hâte d'instruire Christian de cette étrange découverte!

Le bruit des pas d'Hervé, qui gravissait en hâte les degrés de l'escalier, attira l'attention de Brigitte. Elle vit soudain entrer son fils, suivi de sa sœur; il s'écria d'un air effaré en mettant le pied dans la chambre :

— Ah! ma mère!... — et il l'embrassa tendrement, — ah! ma mère, quelle triste nouvelle!

— Cher enfant, qu'y a-t-il ?

— Cette pauvre Marie-la-Catelle...

— Que lui est-il arrivé ?

— Ce soir, en sortant avec moi de l'imprimerie, mon père m'a engagé à l'accompagner pendant une partie de sa route; il se rendait chez un ami avec lequel il soupe ce soir. « La maison de la Catelle est sur notre passage, » m'a-t-il dit, « nous irons savoir si elle ne se ressent pas de sa pénible émotion d'avant-hier soir. »

— Hier matin, après l'avoir reconduite chez elle même, — reprit Brigitte, — nous avons laissé Marie calme et rassurée; c'est une femme courageuse...

— Malgré son caractère ferme, son empire sur elle-même, elle a subi le contre-coup de la scène de l'autre soir; et cette nuit, Marie-la-Catelle a été saisie d'un accès de fièvre chaude. On l'a saignée deux fois aujourd'hui; tout à l'heure, nous l'avons trouvée dans un état désespéré. On redoute pour elle une fin fatale.

— Pauvre Marie! — dit Hèna en joignant les mains avec une expression navrée, tandis que ses yeux se remplissaient de larmes; — quel malheur! Je suis bien attristée de cette nouvelle.

— La fatalité a voulu que sa belle-sœur soit partie hier pour Meaux avec son mari, — ajouta Hervé; la Catelle, presque mourante, est abandonnée en ce moment aux soins d'une servante...

— Hèna, vite, ma mante! — dit Brigitte en se levant brusquement; — je ne laisserai pas cette excellente amie livrée à des mains mercenaires!... Je cours auprès d'elle.

— Chère et excellente mère, tu préviens les désirs de mon père... — reprit Hervé, tandis que sa sœur s'empressait de chercher dans un coffre la mante de Brigitte. — Mon père m'a dit : « Va promptement avertir ta mère de ce malheur; je sais combien elle est affectionnée à notre amie, elle voudra passer la nuit à son chevet et lui donner les soins dont elle a besoin. »

— Brigitte s'enveloppant dans sa mante, se disposait à quitter le logis.

— Mère, — dit Hèna, tu ne m'emmènes donc pas avec toi?

— Y songes-tu, mon enfant, à cette heure de la nuit?...

— C'est à moi, sœur, d'accompagner notre mère, — reprit Hervé.

Puis l'hypocrite ajouta avec un accent de tendresse contenue en offrant à Brigitte son front à baiser :

— N'est-ce pas le plus doux de mes devoirs de veiller sur toi, bonne mère ?

— Ah! — dit Brigitte d'une voix émue en baisant son fils au front, — je te reconnais, mon Hervé!...

Elle faisait ainsi allusion aux pénibles évènements des derniers jours, déjà pardonnés. Puis elle reprit :

— Une femme de mon âge ne court aucun risque dans les rues, mon enfant, et je ne veux pas que ta sœur reste seule dans la maison.

— Je ne suis pas peureuse, — répondit Hèna.

— D'ailleurs je verrouillerai la porte en dedans; je serai plus rassurée qu'en te sachant à cette heure dans les rues sans protection. Mon Dieu! mère, rappelle-toi donc ce qui est arrivé avant-hier à la Catelle... Permets qu'Hervé t'accompagne.

— Mère, — ajouta Hervé, — tu entends cette chère sœur.

— Mes enfants, nous perdons un temps précieux... N'oublions pas que notre amie est, à cette heure, presque expirante, abandonnée aux soins d'une servante... Adieu!...

— Quel malheur que justement notre oncle soit allé aujourd'hui à Saint-Denis! — reprit Hervé en soupirant.

Puis, semblant frappé d'une idée subite :

— Mère, pourquoi Hèna et moi ne l'accompagnerions-nous pas?

— Oh! gentil frère, tu mérites d'être embrassé

vingt fois pour cette pensée-là, — dit la jeune fille sautant au cou d'Hervé; puis l'embrassant tendrement. — C'est convenu, mère, nous partons tous les trois.

— Impossible de laisser la maison seule, mes enfants; qui ouvrira la porte à votre père lorsqu'il rentrera? Puis, maître Simon ne nous a-t-il pas, hier, envoyé un petit sac de perles pour broder la robe de velours de Mme la duchesse d'Etampes? Ces perles ont une valeur considérable; je serais dans une grande inquiétude si ces objets précieux restaient sans gardien. Mais, sachant que tu es là, mon Hervé, je serai rassurée, — ajouta Brigitte avec un regard de confiance affectueuse qui semblait dire à son fils : « Tu as commis hier un larcin, mais tu es redevenu homme de bien, et aujourd'hui je te donne la garde d'un trésor... »

Hervé devina la pensée de Brigitte, et, portant à ses lèvres la main de sa mère, il lui dit :

— Ta confiance en moi sera justifiée.

— Cependant, ce soir, un peu avant la nuit, nous avons quitté la maison pour aller nous promener au bord de la rivière, — reprit Héna; — que risquerions-nous maintenant en sortant tous les trois?

— Chère fille, tantôt il faisait encore jour, les boutiques de nos voisins étaient ouvertes, les malfaiteurs n'auraient rien osé tenter en un pareil moment; tandis qu'à cette heure, toutes les boutiques étant fermées, les rues, presque désertes, appartiennent aux larrons...

— Mais dans ces rues, tu vas t'exposer, mère?

— Je n'ai rien sur moi qui puisse tenter la cupidité des voleurs... Adieu! adieu, mes enfants! — ajouta Brigitte en embrassant tour à tour Héna et son frère. — Demain matin, chère fille, ton frère ou ton père te conduira chez la Catelle, où tu me trouveras... nous reviendrons ici ensemble... Hervé, éclaire-moi...

Brigitte descendit rapidement l'escalier précédée de son fils, qui portait la lampe; à peine sa mère fut-elle sortie de la maison qu'Hervé remonta lentement dans la chambre haute, se disant :

— Il faut à ma mère une heure pour aller chez la Catelle, autant pour revenir; mon père ne doit pas être de retour avant minuit... j'ai deux heures à moi... mettons-les à profit...

Et pressant sur son cœur d'une main convulsive le scapulaire contenant la « lettre d'absolution, » Hervé rentra dans la chambre où Héna se trouvait seule.

Il vit, du seuil de la porte, sa sœur agenouillée; surpris, il s'avança et lui dit :

— Héna, que fais-tu?

— Je prie Dieu qu'il veille sur notre mère et qu'il rende la santé à notre amie, répondit la jeune fille en se relevant; puis elle ajouta en soupirant : — J'ai le cœur attristé! Pourvu qu'il n'arrive aucun malheur à notre mère...

Ce disant, la jeune fille s'assit devant son métier de broderesse; son frère prit place à côté d'elle sur un escabeau, et après quelques moments de silence :

— Héna, te rappelles-tu qu'il y a environ trois mois j'ai soudain changé de manière d'être avec toi?

La jeune fille, assez surprise du commencement de cet entretien, répondit :

— Pourquoi rappeler ces mauvais jours, mon frère? Grâce au ciel, ils sont passés, ils ne reviendront plus...

— Te rappelles-tu, — poursuivit Hervé sans tenir compte de l'observation de sa sœur, — te rappelles-tu que, loin d'aller au devant de tes caresses, je les repoussais?

— Je ne veux pas me souvenir de cela, Hervé; je ne m'en souviens plus maintenant...

— Héna... j'avais fait alors dans mon cœur une étrange découverte... Je t'aimais!

La jeune fille laissa tomber son aiguille, se retourna vivement vers son frère et, attachant sur lui ses yeux étonnés, le regarda un moment en silence, puis elle reprit en souriant avec un accent de tendre reproche :

— Comment! tu as été si longtemps à découvrir que tu m'aimais? et cette découverte a été pour toi... étrange?

— Oui, — répondit Hervé, ne relevant pas la naïve méprise de sa sœur, — oui, cette découverte a été tardive... oui, elle m'a paru étrange... Contre ce sentiment, longtemps j'ai lutté, mes nuits se passaient sans sommeil...

— Tu ne dormais plus parce que tu m'aimais. Voilà qui est étrange.

— Parce que je t'aimais...

— Allons, Hervé, c'est mal de plaisanter sur ce pénible sujet... Oublies-tu notre chagrin à tous lorsque nous t'avons vu devenir soudain si sombre, si taciturne, nous témoigner presque de l'éloignement? Notre pauvre petit Odelin, qui depuis est parti pour Milan avec maître Raimbaud, s'attristait moins peut-être de la pensée de nous quitter que de ta froideur envers nous tous...

— Les remords ne me laissaient ni paix, ni trêve... Hélas! je dis bien, les remords.

— Les remords?... — répéta la jeune fille interdite; je ne te comprends pas...

— Ces déchirements de mon âme et un vague instinct d'espoir, m'ont poussé aux pieds d'un saint homme; il m'a écouté en confession; il m'a fait entrevoir les ressources inépuisables de la foi... Mes remords se sont évanouis, le calme est rentré dans mon cœur; et maintenant, Héna, je t'aime sans remords, sans lutte, je t'aime avec sécurité...

— Oh! s'il en est ainsi, je continue ma broderie, — dit la jeune fille; et se retournant vers son métier, elle se remit au travail, ajoutant d'un ton enjoué : — Dès que le seigneur Hervé m'aime sans remords et avec sécurité, tout est dit ; il est vrai que je ne comprends absolument rien à ces grands mots de lutte, de déchirements à propos du retour de l'affection du seigneur Hervé pour une sœur qui l'aime autant qu'elle en est aimée !...

Puis, s'attristant et regardant son frère :

— Tiens, mon ami, je cesse mes railleries ; car tu as souffert pendant longtemps ; tu semblais accablé par un chagrin secret... De ce chagrin, quelle était la cause ? Nous l'ignorons encore... Fais-nous la connaître.

— La cause de mon amour pour toi, Hèna !

— Encore !... Allons, Hervé, je ne suis qu'une fille bien ignorante auprès de toi, qui sais le grec et le latin ; mais lorsque tu me dis que la cause de ton secret chagrin était ton attachement pour moi...

— J'ai dit amour, Hèna...

— Amour, attachement, tendresse, n'est-ce pas la même chose ?

— Tu me parlais avant-hier de frère Saint-Ernest-Martyr ?

— Justement, tout à l'heure encore, je m'entretenais de lui avec notre mère... — Et s'interrompant : — Mon Dieu ! chère bonne mère ! quand je songe qu'à cette heure elle est dans les rues, sans avoir personne près d'elle pour la protéger !...

— Rassure-toi, notre mère ne court aucun danger.

— Que le ciel t'entende, Hervé !

— Revenons au frère Saint-Ernest-Martyr, dont tu parlais tout à l'heure encore à notre mère... Aimes-tu ce moine de la même manière que tu m'aimes ?

— Est-ce que cela peut se comparer ? J'ai passé ma vie près de toi, tu es mon frère... et je n'ai vu ce pauvre moine que peu d'instants en cinq ou six rencontres.

— Tu l'aimes... ne mens pas !

— Mon Dieu ! de quel air tu me dis cela, Hervé... Je n'ai rien à cacher.

— Tu aimes ce moine ?

— Certainement, de même que l'on aime ce qui est juste et bon... parce que je connais les généreuses actions de frère Saint-Ernest-Martyr. Toi-même, avant-hier encore, m'as raconté de lui un trait bien touchant...

— Tu penses continuellement à ce moine ?

— Continuellement, non... mais ce soir je disais à notre mère que je m'étonnais de penser à lui très souvent...

— Hèna, suppose que nos parents songent à te marier, que ce jeune moine, au lieu d'être religieux, soit libre, qu'il puisse devenir ton mari, et j'admets qu'il t'aime... l'épouserais-tu ?

— Quelle folle supposition !

— Admettons tout ce que je viens de dire. S'il n'était pas moine, s'il t'aimait, si nos parents consentaient à ce mariage ; accepterais-tu cet homme pour ton mari ?

— Cher frère, tu me fais là des questions...

— Tu l'épouserais avec joie ; — reprit Hervé d'une voix sourde, attachant sur sa sœur un regard jaloux et féroce qu'elle ne put remarquer, car sa broderie dont elle s'occupait l'aidait à cacher l'embarras où la jetait le singulier interrogatoire qu'elle subissait ; mais sa loyauté naturelle reprenant le dessus, Hèna répondit sans lever les yeux sur son frère :

— Pourquoi ne consentirais-je pas à épouser un homme de bien, si nos parents approuvaient ce mariage ?

— Ainsi tu aimes ce moine ! oui, tu l'aimes d'amour ! Son souvenir t'obsède... Le trouble, l'affliction qu'avant-hier tu ressentais lorsqu'on l'a transporté ici blessé, les larmes que j'ai surprises dans tes yeux... c'était autant de symptômes de ton amour pour lui !

— Hervé, je ne sais pourquoi tes paroles me troublent, m'inquiètent, me serrent le cœur, me donnent envie de pleurer. Il n'en était pas ainsi lorsque ce soir je m'entretenais de frère Saint-Ernest-Martyr avec ma mère. Puis, ta figure est sombre, presque irritée.

— Ce moine, je le hais à la mort !

— Mon Dieu ! Que t'a-t-il fait ?

— Ce qu'il m'a fait ? — reprit Hervé, — tu l'aimes ! voilà son crime.

— Mon frère ! s'écria Hèna en quittant son métier pour se jeter au cou d'Hervé, qu'elle enlaça de ses bras, — ne prononce pas de telles paroles ; tu me rends trop malheureuse.

Hervé, éperdu, serrait sa sœur dans une étreinte passionnée, couvrait de baisers son front et ses cheveux, tandis que Hèna, répondant innocemment à ces caresses, disait avec une douce émotion :

— Bon frère, tu n'es plus fâché ? Si tu savais combien j'étais alarmée de te voir une figure si méchante.

Soudain l'on frappa fortement à la porte de la maison ; le frère et la sœur entendirent la voix sonore et joyeuse du franc-taupin chantant son refrain favori :

Un franc-taupin, un arc de fresne avait
Tout vermoulu, à corde renouée ;
Derideron, vignette sur vignon !

Hervé tressaillit ; puis, réfléchissant, il courut à la croisée de la chambre, l'ouvrit, et se penchant en dehors : Bonsoir, mon oncle.

— Cher neveu, je reviens de Saint-Denis ; je n'ai pas voulu rentrer à Paris sans vous donner le bonsoir à tous.

— Ah ! cher oncle, un grand malheur est arrivé ! La Catelle est mourante ; elle a fait appeler ma mère qui est partie aussitôt. Je n'ai pu l'accompagner, obligé de rester ici auprès d'Héna en l'absence de mon père. Nous sommes bien inquiets en songeant que notre mère sera forcée de revenir ici seule au milieu de cette sombre nuit.

— Seule ! et moi donc, Ventre-saint-Quenet ! à quoi suis-je bon, sinon à veiller sur ma sœur ? — reprit Joséphin. — Je cours de ce pas chez la Catelle ; je ramènerai ta mère. Sois sans inquiétude, mon garçon. A mon retour, j'embrasserai toi et la sœur si vous n'êtes pas couchés.

Le franc-taupin s'éloigna en toute hâte ; Hervé ferma la fenêtre et se rapprocha vivement d'Héna, qui lui dit :

— Pourquoi as-tu engagé notre oncle à aller ce soir chercher notre mère ? Elle doit rester toute la nuit auprès de la Catelle. Tu ne me réponds pas ; voilà ta figure redevenue sombre. Mon Dieu ! qu'as-tu ? Mon frère, mon frère, ne me regarde pas ainsi, je suis toute tremblante.

— Héna, je t'aime..., je t'aime d'amour... !
— Je... ne sais pas ce... que... tu veux dire... je ne comprends pas le sens de tes paroles, et tu me fais peur... tes yeux sont injectés de sang...
— L'amour que tu ressens pour ce moine... je le ressens pour toi !... Je t'aime passionnément.
— Hervé... ton esprit s'égare... tu ne penses pas ce que tu dis...
— Il faut que tu sois à moi !...
— Grand Dieu ! est-ce que je deviens folle aussi ?... ce que je vois... ce que j'entends... est-ce une réalité ?
— Héna... tu es belle ! ma sœur ! je t'adore...
— Ne m'approche pas !... Grâce... Hervé... mon frère... tu n'as plus ta raison... Reconnais-moi donc... c'est moi... Héna... ta sœur... moi qui suis là devant toi... à tes genoux...
— Viens... Viens dans mes bras...
— Au secours ! ma mère !... mon père !..
— Ta mère est loin... ton père aussi... nous sommes seuls, dans l'ombre... et je suis absous !... Tu seras à moi, de gré ou de force...

Ce monstre, voulant accomplir son forfait au milieu des ténèbres, renverse la lampe d'un coup de poing, s'élance sur Héna, la saisit entre ses bras. La jeune fille lui échappe, gagne la porte qui communique sur l'escalier conduisant à la salle basse, et le descend en quelques bonds. Hervé se précipite à sa poursuite, et l'atteint au moment où elle vient de franchir les derniers degrés. La malheureuse enfant appelle à l'aide ! mais son frère, la contenant d'une main, essaie de l'autre d'étouffer ses cris, de crainte qu'ils ne soient entendus des voisins. Tout à coup la porte d'entrée de la maison s'ouvre, laisse pénétrer la clarté de la lune dans la salle basse, l'éclaire, et Brigitte paraît au seuil du logis. La pauvre mère, frappée d'épouvante, aperçoit sa fille se débattant dans les bras de son frère et criant d'une voix affaiblie : « Au secours !... au secours !...» Le misérable, furieux de voir sa victime sur le point de lui échapper, étourdi par le vertige du crime, ne reconnaît pas d'abord Brigitte, repousse Héna derrière lui, et saisit au foyer un lourd fourgon de fer, il va s'en servir comme d'une massue, ne reculant pas devant le meurtre pour se délivrer d'un témoin importun... Déjà l'arme terrible est levée, lorsque l'incestueux distingue à la clarté de la lune les traits de la Catelle.

— Sauve-toi, mère, murmure Héna, il va te tuer... il est fou... un instant de plus et je succombais victime de ses violences !... — Puis elle se rapproche de Brigitte.

— Infâme s'écria la pauvre mère, voilà donc pour quel motif tu m'as éloignée d'ici ? Dieu a permis qu'à moitié chemin j'aie rencontré le beau-frère de la Catelle...

— Sortez ! — crie Hervé en proie à un délire féroce ; et relevant le fourgon de fer qu'il avait abaissé dans le premier moment de sa surprise il menace de nouveau Brigitte, — sortez !

— Parricide ! tu oses lever ce fer sur moi... ta mère...

— Tous mes crimes sont absous !... Inceste... parricide... tout est absous !... Sortez, ou je vous tue !...

A peine ces épouvantables paroles sont-elles prononcées, que le bruit de pas nombreux parvient dans la salle basse à travers la porte laissée ouverte par Brigitte ; presque aussitôt une troupe d'archers du guet, commandés par un sergent d'armes et guidés par un homme vêtu d'un froc noir, à capuchon rabattu, s'arrêtent et se groupent devant la demeure de Christian. Le franc-taupin les a rencontrés à peu de distance du pont au Change ; quelques mots échangés entre lui et les soldats lui ont fait connaître la mission qu'ils avaient à remplir. Inquiet, il avait rebroussé chemin, et il les avait suivis de loin. Le sergent du guet entre au moment où Hervé venait de menacer la vie de sa mère.

— Christian Lebrenn demeure ici ? — dit le soldat ; répondez à l'instant.

Brigitte, bouleversée, ne peut d'abord articuler un mot : Héna trouve la force de se relever, de courir vers Brigitte et de se jeter dans ses bras. Hervé laisse tomber à ses pieds le fer dont il s'est armé, reste immobile, farouche, les bras croisés sur sa poitrine. L'homme au visage masqué par la cagoule de son froc noir (cet homme était Jean Lefèvre, l'un des disciples d'Ignace de Loyola) dit quelques mots à l'oreille du sergent ; celui-ci s'adressant de nouveau à Brigitte d'une voix rude :

— C'est ici la demeure de Christian Lebrenn, artisan d'imprimerie ?

— Oui, — répond Brigitte ; et très alarmée de la visite de ces soldats, elle reprend : — Mon mari est absent et ne rentrera que tard au logis.

— Vous êtes la femme de Christian Lebrenn? — reprit le sergent ; puis, indiquant tour à tour du geste Héna et Hervé : — Ce jeune homme et cette jeune fille sont vos enfants? Par ordre de M. Jean Morin, lieutenant criminel, je suis chargé d'arrêter Christian Lebrenn, imprimeur, sa femme, son fils et sa fille, accusés d'hérésie et de les conduire en lieu sûr.

— Mon mari n'est pas ici! — s'écrie Brigitte, songeant d'abord au salut de Christian, quoique frappée de stupeur et de crainte par cette menace d'arrestation. Soudain, à quelques pas derrière les archers, apparaît aux yeux de Brigitte le franc-taupin, les dépassant de la tête, grâce à l'élévation de sa taille. D'un geste, il lui fait signe de garder le silence ; puis il plie en deux son long corps et disparaît.

— Vous prétendez que votre mari n'est pas ici? — reprend le sergent. — Nous allons fouiller la maison. — Et s'adressant à ses hommes : — Attachez les mains de ce jeune homme, de cette jeune fille et de cette femme, et veillez sur les prisonniers.

Jean Lefèvre, le visage tenu caché par la cagoule de son froc, ne pouvait être reconnu de Brigitte : il savait les êtres de cette maison, au foyer de laquelle il s'était souvent assis en ami! Il fait signe au sergent de le suivre, et, prenant un fallot des mains de l'un des archers, il gravit les degrés de l'escalier, entre dans la chambre des deux époux, et, indiquant du geste le bahut où Christian plaçait ce qu'il avait de plus précieux, il lui dit :

— Les papiers en question doivent se trouver là, dans un coffret de bois noir.

La clé était restée à la serrure du meuble, dont le sergent ouvre les deux battants; il prend sur l'une des tablettes un assez grand coffret.

— C'est cela même, — dit Jean Lefèvre. — Donnez-moi cette cassette; je la remettrai à M. le lieutenant criminel.

— Ce Christian est caché quelque part, — reprit le sergent en regardant sous le lit et derrière les rideaux.

— C'est presque certain, — dit Jean Lefèvre. — Il sort très rarement le soir; l'on devait d'autant mieux espérer de le trouver ici à cette heure, qu'il a passé une partie de la dernière nuit dehors.

— Pourquoi n'est-on pas allé l'arrêter dans la journée à l'imprimerie de M. Estienne ? — ajouta le sergent en continuant ses recherches, — on ne l'aurait pas manqué.

— A cela, je répondrai d'abord, mon ami, que malheureusement, vu l'absence de M. le lieutenant criminel, mandé depuis le matin chez monseigneur le cardinal Duprat, notre ordre d'arrestation n'a pu être délivré que très tard dans l'après-dîner ; puis, vous le savez aussi bien que moi, les artisans de M. Estienne sont infectés d'hérésie, ils ont des armes, ils auraient tenté de résister à l'arrestation de leur camarade. Force fût restée sans doute aux archers ; mais pendant cette lutte, Christian pouvait fuir, tandis qu'il y avait mille chances de le surprendre chez lui sans défiance au milieu de la nuit et avec toute sa famille.

— Et pourtant, jusqu'ici il nous échappe ! — reprit le sergent après de nouvelles investigations ; et remarquant la porte de la chambre d'Héna, il fouille aussi cette pièce sans plus de résultat, et dit : — Rien non plus de ce côté.

— Alors, visitons le galetas ! Donnez-moi la lanterne et venez. S'il n'est pas là haut, il nous faut renoncer pour cette fois à notre capture... Heureusement, nous avons la femme, les enfants... et ceci... — ajouta le jésuite en montrant le coffret qu'il tenait sous son bras ; — nous retrouverons Christian.

Ce disant, Jean Lefèvre ouvre la porte du placard communiquant au renfoncement où aboutissait l'échelle de meunier, la gravit, suivi du sergent, arrive dans le grenier qui avait servi de refuge à l'inconnu, aperçoit un matelas, quelques restes de pain et de fruits, et sur un escabeau un encrier, des plumes, enfin, épars sur le plancher, des fragments de papiers couverts d'écriture fine et serrée, et en partie déchirés.

— Quelqu'un était caché ici et y a séjourné ! — dit vivement le sergent ; — ce matelas, ces plumes annoncent la présence d'un étranger à habitudes studieuses.

Puis, courant vers la petite fenêtre donnant sur la rivière.

— Peut-être Christian s'est échappé par là ?

Pendant que l'archer se livrait à de nouvelles recherches, fouillant en vain les coins et recoins du galetas, Jean Lefèvre ramassait soigneusement les fragments de papier disséminés sur le plancher, les rassemblait, et agenouillé près de l'escabeau, où il venait de placer la lanterne, les examinait attentivement; soudain il tressaille et s'adressant au sergent :

— Il y a tout lieu de penser que Christian Lebrenn n'est pas ici ; je crois avoir deviné la cause de son absence... Il faudra cependant, avant de quitter cette maison, visiter la chambre où couchaient ses deux fils; elle est située derrière la salle basse. Hâtons-nous, votre expédition n'est pas terminée ; il faudra sans doute sortir de Paris cette nuit et pousser plus loin notre reconnaissance.

— Sortir de Paris, mon révérend ?

— Oui, peut-être ; mais il faut qu' j'avise auparavant M. le lieutenant criminel. Quelle découverte !... pouvoir écraser d'un coup la nichée de vipères !... *ad majorem Dei gloriam!*

Jean Lefèvre et le sergent redescendent dans la salle basse ; et après quelques mots dits à l'oreille du soldat, le jésuite sort de la maison, emportant le coffret où sont renfermées les légendes et les reliques de la famille Lebrenn.

— La chambre occupée par Hervé est fouillée aussi vainement que les autres pièces de la maison. Durant ces perquisitions, Brigitte s'est efforcée de calmer la frayeur de sa fille ; Hervé, morne et sombre, les mains liées de cordes comme sa mère et sa sœur, est resté étranger à tout ce qui se passait autour de lui. Le sergent du guet, renonçant à la capture de Christian, revient vers les prisonniers et annonce à Brigitte qu'il l'emmène ainsi que ses enfants. La pauvre femme le supplie d'avoir compassion de sa fille qui pouvait à peine se soutenir. Le sergent répond durement que si la jeune hérétique ne peut marcher, on la fouaillera et qu'on la traînera toute nue par les rues. Puis s'adressant à ses archers :

— Que trois d'entre vous restent dans cette maison ; lorsque Christian frappera pour rentrer chez lui, vous ouvrirez la porte, et vous vous assurerez de sa personne.

Brigitte ne peut retenir un douloureux gémissement en entendant donner cet ordre ; Christian devait, pensait-elle, tomber fatalement dans ce piège, revenant sans défiance à son foyer. Les trois archers s'enferment dans la salle basse ; les autres, sous la conduite de leur chef, sortent de la maison et, emmenant Brigitte et ses deux enfants, se remettent en marche pour les conduire en prison.

— Par pitié, — dit la malheureuse mère au sergent, — déliez mes mains, que je puisse donner à ma fille l'appui de mon bras ; elle est si défaillante, qu'il lui sera impossible de nous suivre...

— C'est inutile, — reprit le sergent, — au bout du pont vous serez séparées ; vous n'allez pas dans la même prison que votre fille.

— Grand Dieu ! où l'emmenez-vous donc ?

— Au couvent des Augustines... Vous irez, vous, au Châtelet... Allons, en route et marchons lestement.

Hervé, jusqu'alors concentré dans sa farouche impassibilité, dit vivement au sergent :

— Si l'on doit me conduire dans un couvent, je demande à aller aux Cordeliers.

— M. le lieutenant criminel décidera, — réplique le sergent.

Les archers, un instant stationnaires, continuent leur chemin. Hélas ! comment peindre la douleur, le désespoir d'Iléna et de sa mère en apprenant qu'elles n'auront pas même la consolation de subir ensemble leur dernière infortune ? Cependant, un éclair d'espérance luit dans l'âme de Brigitte : elle avait échangé ses dernières paroles avec le sergent non loin de la croix dressée au milieu du pont, et près laquelle les archers passaient en ce moment. La femme de Christian voit le franc-taupin agenouillé au pied de la croix se frappant la poitrine à grands coups de poing, gesticulant, levant la tête et criant comme un énergumène :

— Seigneur ! Seigneur ! *ton œil a tout vu... ton oreille a tout entendu...* rien n'est caché pour toi... aie pitié de moi, misérable pécheur que je suis ! grâce à toi, *il sera sauvé...* j'en ai l'espoir ! Au nom de la très sainte Trinité !

— Voilà un bon catholique qui ne saurait manquer de faire son salut, — dit le sergent de guet en se signant devant la croix et remarquant le franc-taupin à genoux, qui continuait à se frapper la poitrine avec furie, tandis que les archers s'éloignaient d'un pas accéléré, entraînant leurs prisonniers.

— Soyez béni, mon Dieu ! — se disait Brigitte, comprenant l'avertissement donné par Joséphin, — mon frère a tout vu, tout entendu ; il restera aux abords de la maison, il espère sauver Christian du danger qui le menace, il lui apprendra que sa fille est conduite au couvent des Augustines et moi à la prison du Châtelet.

Tel était en effet le dessein du franc-taupin. Lorsque les archers eurent disparu, il se rapprocha de la maison de Christian, la contemplant avec tristesse à la clarté de la lune. Par hasard son regard se porta sur un scapulaire tombé au seuil de la porte ; il le reconnut pour l'avoir vu parfois sur la poitrine d'Hervé. Les cordons de ce scapulaire s'étaient rompus durant la lutte entre Iléna et son frère, et le sachet détaché du cou d'Hervé, avait coulé entre sa chemise et son pourpoint, puis glissé à terre. Le franc-taupin ramassa cette relique, l'ouvrit machinalement et en sortit la *lettre d'absolution* qu'il parcourut des yeux, puis il la remit dans le scapulaire.

. . . .

Pendant que ces évènements se passaient dans sa maison, Christian, accompagné de son hôte mystérieux, gravissait les pentes de la colline de Montmartre en suivant le chemin qui conduit à l'abbaye.

— Monsieur Lebrenn, — dit M. Jean, depuis quelques moments silencieux, — je croirais faire acte d'ingratitude et de défiance en vous cachant plus longtemps mon nom ; peut-être est-il déjà parvenu jusqu'à vous... Je suis Jean Calvin.

— Je suis heureux, monsieur, d'avoir donné asile au chef de la Réforme, au vaillant apôtre qui a déclaré la guerre au catholicisme et qui propage en France les idées nouvelles.

— Hélas ! notre cause compte déjà les martyrs par milliers... Peut-être en augmenterai-je bientôt le nombre, ma vie est entre les mains du Seigneur !

— Nos ennemis sont puissants.

Parmi ces ennemis les plus redoutables seront les jésuites, ces sectaires dont vous avez

Jean Calvin

hier surpris le secret. Leurs desseins n'étaient pas si absolument cachés que je ne fusse déjà instruit des efforts tentés par leur chef pour grouper autour de lui des hommes actifs, dévoués, résolus ; de là, le vif intérêt que m'inspirait le récit de votre parent, autrefois page d'Ignace de Loyola, en ce temps-là capitaine d'armes. Cette révélation et la vôtre m'ont donné la clé du caractère du fondateur de la compagnie de Jésus, de son besoin de domination et des moyens dont il se sert pour assouvir son ambition. La discipline militaire, qui fait du soldat un instrument passif de son chef, est appliquée à la domination des âmes, qu'elle rend non moins passives, non moins serviles. Son projet est d'attirer à lui, de diriger, d'assujettir toutes les consciences, grâce à une doctrine qui innocente et encourage les plus détestables passions. Ignace de Loyola l'a dit :

« Toutes les voies s'aplaniront devant les pénitents d'un jésuite ; un manteau tutélaire couvrira leurs fautes, leurs erreurs, leurs crimes ; ce sera quelque chose de redoutable que d'encourir leurs ressentiments ! »

— J'ai frémi en entendant cet homme distribuer l'empire du monde à ses disciples au nom de cette doctrine impie... Elle doit, il faut l'avouer avec douleur, donner aux jésuites une puissance formidable tant que l'homme ne sera pas régénéré ; mais, grâce à Dieu, la Réforme compte aussi des adeptes fervents !

— Les disciples de la Réforme sont encore peu nombreux, mais leur influence sur la masse du peuple n'en est pas moins considérable par sa valeur morale. Tous les esprits droits, purs, généreux, sont avec nous. Savants, poètes, commerçants, artisans éclairés comme vous, monsieur Lebrenn ; riches, bourgeois, artistes, pro-

140e livraison

fesseurs, même des gens d'épée viendront ce soir, dans notre réunion, confesser la vérité évangélique.

— C'est une terrible extrémité que la guerre civile..... cependant viendra peut-être le jour où les gens d'épée seront nécessaires à la défense de la Réforme !

— Puisse ce jour néfaste n'arriver jamais! Mon avis est que l'on doit pousser jusqu'aux dernières limites la patience, la résignation, le respect des lois et de l'autorité royale ; cependant s'il fallait tirer l'épée, non pour imposer par la violence l'Eglise évangélique, mais pour défendre notre vie, celle de nos frères, je n'hésiterais pas à faire un appel aux gens de guerre partisans de la Réforme. Et, parmi ceux-là, nous compterions, je pense, un jeune homme qui est à peine sorti de l'adolescence et qui fait présager un grand capitaine pour son âge mûr ; on le nomme *Gaspard de Coligny.* Son père s'est conduit vaillamment dans les dernières guerres d'Italie et d'Allemagne, et est mort laissant ses fils encore enfants. Mme de Coligny les a élevés dans la foi évangélique. J'ai trouvé, il y a un an, refuge chez elle, dans son château de Châtillon-sur-Loing, en Bourgogne ; là, j'ai connu son fils aîné, Gaspard. La précoce maturité de l'esprit de ce jeune homme, sa douceur, ses vertus, son dévoûment à notre cause, ont éveillé en moi les plus heureuses espérances. Ce sera l'une des colonnes du temple nouveau... et un terrible ennemi pour le pape de Satan.

— Monsieur, — dit Christian à voix basse en interrompant Jean Calvin, — nous sommes suivis ; je remarque depuis quelques temps, à peu de distance derrière nous, trois personnes qui semblent régler leurs pas sur les nôtres.

— Arrêtons-nous, laissons-les passer ; nous verrons si on s'obstine à nous suivre. Peut-être aussi sont-ce des amis qui, comme nous, se rendent à l'assemblée.

Christian et Jean Calvin s'arrêtèrent ; bientôt ils furent dépassés par trois hommes vêtus de couleur sombre, portant tous trois l'épée ; l'un d'eux, à la faveur de la clarté de la lune, qui venait de se lever à l'horizon, parut examiner attentivement Jean Calvin en passant près de lui ; puis, après avoir encore marché pendant quelques instants avec ses amis, il les quitta, revint sur ses pas, et s'approchant de Christian et de son compagnon, il dit en portant courtoisement la main à sa toque :

— Monsieur Calvin, je suis heureux de vous rencontrer.

— Monsieur de Coligny ! reprit le réformateur avec un accent de joie, — vous êtes venu... comme j'en avais l'espoir...

— Il était bien naturel que je me rendisse à l'appel de celui dont je partage les doctrines et pour lequel ma mère a tant d'estime et d'affection.

— Les deux personnes dont vous êtes accompagné, monsieur de Coligny, sont des nôtres ?

— Oui, monsieur ; l'un est Français, l'autre étranger, tous deux voués à notre cause. J'ai cru pouvoir les amener à notre réunion ; je réponds d'eux comme de moi-même. L'un est un prince d'Allemagne, Karl de Gerolstein, cousin du prince des Deux-Ponts, et comme lui l'un des plus valeureux partisans de Luther ; mon autre ami, fils puîné de M. le comte Néroweg de Plouernel, l'un des plus grands seigneurs de Bretagne et d'Auvergne, est pour la Réforme aussi zélé que l'est son frère aîné pour le maintien des privilèges et de la domination de l'Eglise de Rome.

— Tristes divisions du foyer domestique ! — dit Jean Calvin en soupirant. — Espérons que la lumière évangélique éclairera, pénètrera tous les cœurs de la grande famille du Christ !

— Puisse cette ère de paix et de concorde venir bientôt, monsieur Calvin, — répondit Gaspard de Coligny ; l'avènement de cet heureux jour est vivement désiré par mon ami Gaston, vicomte de Plouernel, capitaine au régiment de Bretagne. Il a, de tout son pouvoir, propagé la Réforme dans sa province ; et pour vous le peindre d'un trait, j'ajouterai que souvent ma mère m'a dit que je ne pouvais choisir un ami plus sage, plus méritant, que Gaston Néroweg, vicomte de Plouernel...

— Le jugement d'une mère, et d'une mère telle que Mme de Coligny, ne saurait s'égarer dans le choix des amis de son fils, — répondit Jean Calvin. — Notre cause est celle de tous les gens de bien. Je désire témoigner à vos amis ma vive satisfaction pour le concours qu'ils nous apportent.

Gaspard de Coligny alla rejoindre ses amis afin de les prévenir du désir de Jean Calvin qu'ils lui fussent présentés.

Christian, en entendant prononcer le nom du vicomte Néroweg de Plouernel, avait tressailli de surprise ; le hasard le rapprochait de l'un des descendants des Néroweg, cette race de seigneurs francs avec laquelle les fils de Joel le Gaulois s'étaient tant de fois rencontrés, pour leur malheur, à travers les âges. Il ressentait une sorte de répulsion instinctive à l'égard du vicomte de Plouernel, et jeta sur lui un regard inquiet et sombre lorsque, accompagné de M. de Coligny et du prince Karl de Gérolstein, il s'avança vers Jean Calvin. Pendant que celui-ci échangeait quelques paroles avec les nouveaux venus, Christian examinait curieusement le descendant des Néroweg. Ses traits offraient le caractère typique de sa race : cheveux d'un blond vif, nez aquilin, yeux ronds et perçants ; mais l'artisan fut frappé de l'expression de franchise et de bonté qui rendait attrayante la physionomie de ce jeune homme.

— Messieurs, — dit Jean Calvin, dont la voix vint interrompre les réflexions de Christian, — messieurs, je suis heureux de vous présenter à mon tour l'un des nôtres, M. Lebrenn, digne auxiliaire des travaux d'imprimerie de notre ami Robert Estienne. M. Lebrenn a couru de réels dangers en m'accordant l'hospitalité; en outre, c'est à lui que nous devons la découverte de la localité où nous nous réunissons cette nuit.

— Monsieur, reprit Gaspard de Coligny, s'adressant à Christian d'un ton pénétré, — mes amis et moi nous partageons les sentiments de reconnaissance de M. Jean Calvin à votre égard.

— Et de plus, monsieur Lebrenn, — ajouta Néroweg, vicomte de Plouernel, j'aime à rencontrer ici l'un des coopérateurs de l'illustre Robert Estienne... Nous autres, gens de guerre, nous n'avons à mettre au service de la cause de la liberté religieuse que notre épée; mais vous et les compagnons de vos travaux, monsieur Lebrenn, vous possédez un merveilleux talisman : l'imprimerie!... Gloire à cette découverte! la lumière succède aux ténèbres! déjà l'Ecriture sacrée, au nom de laquelle l'Eglise de Rome imposait aux peuples tant d'idolâtries séculaires, n'est plus un mystère... elle doit à l'imprimerie une seconde révélation. Enfin, grâce aux résultats de l'imprimerie, on peut espérer que la fraternité évangélique règnera un jour sur la terre!

— Vos paroles sont justes, monsieur de Plouernel; oui, la découverte de l'imprimerie est marquée du doigt de Dieu, — dit Jean Calvin. — Mais la nuit s'avance, nos amis nous attendent sans doute, allons les rejoindre.

Et ayant à ses côtés Gaspard de Coligny et le vicomte de Plouernel, Jean Calvin, le promoteur des nouvelles doctrines, continua de gravir la pente sinueuse de la colline de Montmartre.

Christian, dans l'extrême surprise où le jetaient les affables paroles du descendant des Néroweg, ne trouva tout d'abord, à son grand regret, un seul mot à lui répondre; il suivit silencieusement Jean Calvin, ne remarquant pas que le prince Karl de Gerolstein l'observait depuis quelques moments avec une attention croissante. Ce seigneur, dans la vigueur de l'âge, de haute stature, d'une figure mâle et ouverte, chemina quelques pas aux côtés de l'artisan, puis il lui dit :

— Croyez-le, monsieur, si je n'ai pas tout à l'heure payé, comme mes amis, un juste éloge à la courageuse hospitalité accordée par vous à Jean Calvin, je n'apprécie pas moins la générosité de votre conduite... Votre nom a frappé mon esprit, il a éveillé en moi de nombreux souvenirs... des remémorances de famille...

— Mon nom, prince?

— Epargnez-moi cette appellation princière; Christ l'a dit : « Tous les hommes sont égaux devant Dieu?... » Nous sommes tous frères. — Vous vous appelez Lebrenn? Le berceau de votre famille est la Bretagne armoricaine?

— Oui, monsieur; tout cela est exact.

— Avant la conquête de la Gaule par Jules César, votre famille habitait près des pierres sacrées de Karnak?

Christian regarda Karl de Gerolstein, sans dissimuler sa stupeur de rencontrer un étranger singulièrement instruit de ces particularités de famille remontant à tant de siècles; le prince poursuivit son interpellation.

— Vers le milieu du huitième siècle, l'un de vos aïeux, nommé Ewrag, fils de Vortigern, l'un des plus intrépides défenseurs de l'indépendance de la Bretagne, et petit-fils d'Amaël, qui connut Charlemagne, quitta sa terre natale pour aller habiter les pays du Nord.

— Oui, après la grande insurrection armoricaine. Les Bretons avaient fait appel, dans cette révolte, aux pirates northmans établis à l'embouchure de la Loire; Ewrag s'embarqua pour le Nord avec ces gens de mer.

— Il laissait en Gaule deux de ses frères?

— Rosneven et Gomer...

— Cet Ewrag, désormais établi au Danemark, eut un petit-fils nommé Gaëlo; il fut, en l'an 912, l'un des chefs de pirates qui vinrent assiéger Paris sous le commandement du vieux Rolf, plus tard duc de Northmandie. Gaëlo fut reconnu comme l'un des membres de votre famille par Eidiol, en ces temps-là doyen des nautonniers parisiens.

— En effet, Gaëlo fut amené blessé dans la maison de mon aïeul Eidiol; l'on aperçut, en pansant la blessure du pirate northman, ces deux mots : « Brenn-Karnak, » tracés sur son bras en caractères ineffaçables, usage souvent adopté en ces temps désastreux où la violence et l'esclavage séparaient fréquemment les familles dès le berceau... Grâce à ces signes indélébiles, elles pouvaient du moins espérer de reconnaître leurs enfants au milieu de tant de bouleversements.

— Gaëlo, après avoir épousé la belle Sygne, l'une des Vierges-aux-Boucliers, faisant partie de l'expédition du vieux Rolf, repartit pour le Nord. Et depuis cette époque aucunes nouvelles.

— Oui; et depuis des siècles, nous avons toujours ignoré le sort de cette branche de notre famille. Mais, monsieur, il m'est impossible de comprendre comment vous, prince allemand, vous possédiez une connaissance si exacte des annales de ma famille roturière et de race gauloise. Voulez-vous me donner des explications.

Christian fut interrompu par Jean Calvin, qui, se retournant de son côté, lui dit :

— Nous voici au sommet de la montée; quel chemin devons-nous prendre pour gagner la carrière? Veuillez nous guider dans ce labyrinthe.

— Je vais marcher le premier et vous indiquer le sentier à suivre, — répondit Christian,

Et il hâta le pas, tandis que le prince de Gerolstein lui disait :

— Il m'est impossible d'avoir en ce moment avec vous un entretien dont je suis, pour mille raisons, très désireux, veuillez me dire en quel lieu je pourrai vous rencontrer.

— En ma demeure, sur le pont au Change, en face et à droite de la croix, en venant du côté du Louvre.

— Je me rendrai chez vous demain soir, monsieur Lebrenn.

— Et, tendant la main à l'artisan, le prince Karl de Gerolstein ajouta :

— Donnez-moi la main, Christian Lebrenn, nous sommes du même sang... Le berceau de notre race est la vieille Gaule armoricaine ; le hasard des siècles et les conquêtes ont rendu notre maison souveraine, mais nous sommes d'origine plébéienne.

Le prince après avoir cordialement serré la main de Christian ébahi, alla rejoindre Jean Calvin et ses amis. Justin, placé en vedette à l'entrée du sentier rocailleux conduisant à la carrière, s'avança vers son compagnon d'atelier, lui disant :

— Je commençais à m'alarmer. Toutes les personnes convoquées au rendez-vous sont depuis longtemps arrivées; j'en ai compté soixante-deux... Je reste ici de guet ; maître Robert Estienne a prié l'un de ses amis d'aller veiller vers l'escarpement de l'excavation où aboutit l'issue souterraine de la carrière... Tu connais ce couloir pratiqué derrière la grosse pierre à l'abri de laquelle nous étions cachés l'autre nuit pendant l'entretien d'Ignace de Loyola et de ses disciples. J'ai visité ce matin cette voie ; elle est praticable.

— En cas d'alarme, tu accourras pour avertir l'assemblée. C'est bien compris.

— De son côté, l'ami de maître Robert Estienne donnerait l'éveil si besoin était. Or, il est presque impossible que la carrière soit envahie par ses deux issues à la fois ; l'une d'elles restera toujours libre ; nos amis peuvent délibérer en toute sécurité.

— Si la réunion n'est pas troublée par quelque incident, ami Justin, je reviendrai par ce sentier ; nous rentrerons ensemble dans Paris.

— C'est convenu. Nos dispositions sont prises.

Bientôt Christian, Jean Calvin et ses amis pénétrèrent dans la carrière ; là se trouvaient réunis les principaux partisans de la Réforme à Paris : avocats, gens de lettres, riches commerçants, artistes, savants illustres, seigneurs, gens de cour et d'épée. Ainsi, indépendamment de Gaspard de Coligny, du prince Karl de Gerolstein, du vicomte de Plouernel, d'autres personnages marquants faisaient partie de l'assemblée : Jean Dubourg, drapier à Paris, rue Saint-Denis; Étienne Laforge, riche bourgeois; Antoine Poille, architecte maçon, beau-frère de Marie-la-Catelle (celle-ci avait été également convoquée, comme étant l'une des plus utiles coopératrices de la Réforme); Clément Marot, l'un des plus grands poètes de ce temps-ci ; un jeune et savant chirurgien, Ambroise Paré, l'espoir de son art et de la science, homme charitable, ouvrant sa bourse aux infortunés auxquels il donne ses soins : Bernard Palissy, potier de terre, dont les œuvres seront immortelles, et aussi versé dans les connaissances de l'alchimie que célèbre sculpteur ; quelques chefs des corporations, mais en petit nombre, assistaient aussi à la réunion. Les corps de métiers, plongés dans l'ignorance, subissaient encore l'influence des moines et ressentaient contre les réformés une haine aveugle. Quelques flambeaux de cire, apportés par plusieurs des assistants, éclairaient les profondeurs de la carrière, jetant des lueurs confuses sur ces personnages graves et recueillis. Lorsque Jean Calvin entra dans la carrière, il fut reconnu de quelques-uns des réformés ; son nom courut de bouche en bouche ; ceux qui ne l'avaient point encore vu se rapprochaient de lui pour le contempler. Le caractère résolu de sa physionomie pensive se réflétait sur son visage. Un profond silence se fit, les réformés se rangèrent en cercle autour de leur apôtre ; celui-ci monta sur un bloc de pierre pour mieux se faire entendre. Puis s'adressant à l'assistance :

— Mes chers frères, je viens de parcourir la plus grande partie de la France ; j'ai conféré avec la plupart de nos pasteurs et de nos amis, afin d'arrêter, de concert avec eux, les articles de la foi de la religion évangélique, dont la base a été posée par l'immortel Luther. Si la formule de nos communes croyances est adoptée par vous telle qu'elle a été par la plupart de nos amis, l'unité de l'Église réformée sera constituée. Voici notre Credo :

Jean Calvin. — « Nous croyons et confessons qu'il y a un seul Dieu, essence unique, spirituelle, éternelle, invisible, immuable, infinie, incompréhensible, ineffable, qui peut toutes choses, qui est toute sage, toute bonne, toute juste et toute miséricordieuse. »

Les Réformés. — Telle est notre croyance ; — telle est notre confession.

Jean Calvin. — « Nous croyons et confessons que Dieu se manifeste tel aux hommes, par la création, par la conservation et par la conduite de cette création ; puis par la révélation de sa parole, recueillie par Moïse, et qui constitue ce que nous appelons l'*Écriture sainte* contenue dans les livres canoniques de l'Ancien et du Nouveau Testament. »

Les Réformés. — C'est le livre, le livre unique ; — le Code du bien et du mal ; — l'enseignement de l'homme et de l'enfant; — la source divine de tout bien, de toute force, de toute consolation, de toute espérance!

CHRISTIAN LEBRENN, à part. — Moïse était disciple des prêtres de Memphis ; je veux bien admettre qu'il ait donné tel ou tel dogme égyptien comme émanant d'une révélation divine, peu importe... mais ceci demeure à l'état d'hypothèse. Je n'admets pas les prétendus textes sacrés.

JEAN CALVIN. — « Nous croyons et confessons que la parole contenue dans les livres saints, procédant de Dieu et des hommes, est la règle de toute vérité ; qu'il n'est loisible à personne d'y rien changer ; que la coutume, les jugements, les édits, les conciles, les miracles ne sauraient être opposés en rien à cette Ecriture sainte, mais au contraire, doivent être réformés par elle. »

LES RÉFORMÉS. — Nous voulons pure et simple la parole de Dieu ; — nous la voulons dégagée de toutes les impostures romaines qui, depuis des siècles, la faussent et la pervertissent!

CHRISTIAN LEBRENN, à part. — Ici commence la liberté d'examen, voilà pourquoi j'adhère à la Réforme...

JEAN CALVIN. — « Nous croyons et confessons que cette Ecriture sainte nous enseigne que l'essence divine se compose de trois personnes : le Père, le Fils et le Saint-Esprit, et que cette Trinité est source de toutes choses visibles et invisibles. Telle est notre croyance. »

LES RÉFORMÉS. — C'est pour nous un article de foi, — le fondement de notre religion.

CHRISTIAN LEBRENN, à part. — Ceci est encore du domaine des hypothèses... et des absurdités religieuses. Encore un article de foi à repousser.

JEAN CALVIN. — « Nous croyons et confessons que l'homme ayant été créé pur et entier à l'image de Dieu est, par sa propre faute, déchu de la grâce qu'il avait reçue, et que toute la lignée d'Adam est entachée du péché originel, jusqu'aux petits enfants dans le ventre de leur mère. Telle est notre croyance sur ces questions. »

LES RÉFORMÉS. — Nous devons accepter tout ce qui est dans les livres saints. — La volonté du Seigneur est impénétrable ; — qu'elle soit faite en toute chose ! — Notre raison doit s'humilier devant ce qui lui semble incompréhensible !

CHRISTIAN LEBRENN, à part. — Dieu d'amour et de miséricorde ! proclamer en ton nom que ta volonté frappe dans le sein maternel l'enfant encore à naître ! Dieu juste ! toi qui sais tout, passé, présent, avenir, *tu le savais*, l'homme, la créature, l'homme, qui n'a été que parce que tu lui as dit : *Sois...* devait tomber dans le péché... *tu le savais* !... Des générations, innocentes de la faute du premier homme, devaient subir le châtiment terrible qu'il t'a plu de lui infliger... *tu le savais* !... Et pourtant tu as dit: « Homme, tu tomberas dans le péché ! cette tache originelle marquera tes enfants jusque dans le ventre de leur mère !... » Dieu clément! pardonne à l'infirmité de mon entendement ; mais je ne puis croire que le père voue à jamais ses enfants au malheur ; je ne puis croire que le père se plaise à laisser flotter l'esprit de ses enfants entre le juste et l'injuste, surtout lorsqu'il *sait* que, fatalement, ils choisiront l'iniquité, lorsqu'il *sait* que la conséquence de ce choix sera terrible pour eux et pour leur race... Dieu juste! quel est le but constant des pensées, des efforts de tout homme de bien, dans la limite de ses facultés? Donner à ses enfants une éducation telle, qu'elle les préserve du vice... telle, qu'il puisse se dire: « Mes enfants seront honnêtes gens ! » Et toi, Dieu tout-puissant ! tu aurais dit : « Je *veux* que les mauvais penchants de mes créatures l'emportent sur les bons, je veux qu'elles deviennent criminelles et soient à jamais damnées !... » Jamais je n'admettrai une telle doctrine !...

JEAN CALVIN. — « Nous croyons et confessons que, par suite du péché originel, l'homme, corrompu dans sa nature, aveugle dans son esprit, dépravé dans son cœur, a perdu toute vertu, et, quoiqu'il ait encore conservé quelque discernement du bien et du mal, il tombe dans les ténèbres lorsqu'il veut comprendre Dieu à l'aide de son intelligence et de sa raison humaine ; enfin, quoiqu'il ait volonté de faire ceci ou cela, cette volonté est captive du péché, de sorte que l'homme, fatalement voué au mal et tombé en malédiction, n'est libre de faire le bien que par la grâce de Dieu ? »

LES RÉFORMÉS — Telle est la volonté du Seigneur ; — nous tombons dans les ténèbres lorsque nous voulons comprendre Dieu à l'aide de notre raison.

CHRISTIAN LEBRENN, à part. — Non ! non ! Dieu n'a pas dit : « Mes créatures, au lieu de m'aimer, de m'adorer dans le rayonnement de ma gloire, m'adoreront dans les ténèbres de leur intelligence, obscurcie par ma volonté !... » Non ! Dieu n'a pas dit : « Homme tu seras fatalement voué au mal ! tu seras à jamais captif du péché ! je t'enferme dans un cercle de fer dont tu ne pourras sortir que par ma grâce ! » Si l'omnipotence de Dieu a fait l'homme méchant ou bon, pourquoi le punir ou le récompenser? Autre article de foi à repousser.

JEAN CALVIN. — « Nous croyons et confessons que Jésus-Christ, étant la sagesse de Dieu et son Fils éternel, a revêtu notre chair afin d'être Dieu et homme en une seule personne; nous le considérons tellement dans sa divinité, que nous le dépouillons de son humanité; nous croyons et confessons que Dieu, en envoyant son Fils, a voulu montrer son ineffable bonté envers nous en le livrant à la mort et le ressuscitant pour accomplir toute justice et nous acquérir la vie céleste! Telle est notre croyance. »

LES RÉFORMÉS. — Gloire à Dieu ! — il nous a envoyé son Fils pour nous racheter par son sang ! Dieu a été crucifié pour le salut de l'humanité.

CHRISTIAN LEBRENN, *à part*. — Autre absurdité mise par Calvin au compte de la divinité. Dieu peut-il condamner l'homme pour se donner la satisfaction de le rédimer ? O Christ ! pauvre artisan de Nazareth, ami des affligés, des repentis et des déshérités, tu ne t'enveloppes pas d'une nuée impénétrable ; je vois ton pâle et doux sourire entouré d'une auréole sanglante et empreint d'une souffrance toute *humaine*. Ta divine parole est accessible même à l'intelligence des petits enfants ; ta morale évangélique doit être et sera le code de l'humanité ! *Les fers des esclaves seront brisés*, as-tu dit, il y a quinze cents ans et plus ; cependant les pharisiens qui s'appellent tes prêtres ont, durant des siècles, possédé des esclaves, puis des serfs, et aujourd'hui ils comptent des vassaux par milliers !... *Aimez-vous les uns les autres !* as-tu dit ; et les pharisiens qui s'appellent tes prêtres ont fait couler, et font couler à cette heure, des torrents de sang chrétien ! Je ne partage pas les croyances des réformés, mais je suis de cœur et d'âme avec eux lorsqu'ils combattent les iniquités, les cruautés, les idolâtries de l'Eglise de Rome ! Je suis de cœur et d'âme avec eux lorsqu'ils dévouent leur vie au triomphe de ta doctrine, ô Christ ! au nom de l'égalité, de la fraternité humaine ! Là est la vraie force, la puissance véritable de la Réforme. Qu'importe ces dogmes mosaïstes du péché originel, de la fatalité du mal, de la méchanceté native de l'homme ? La Réforme *agit* vaillamment, *agit* généreusement, *agit* chrétiennement, en ramenant ton Eglise, ô Christ ! à sa simplicité, à sa pureté première et en combattant le pape de Rome.

JEAN CALVIN. — Nous croyons et confessons que, par le sacrifice unique que Notre-Seigneur Jésus-Christ a offert en croix, nous sommes réconciliés avec Dieu pour être tenus et réputés justes devant lui ; ainsi nous croyons que nous devons à Jésus-Christ notre délivrance complète et parfaite ; nous croyons et confessons que, sans méconnaître les vertus et les mérites, nous nous en tenons, pour la rémission de nos péchés, à la simple obéissance, à la foi et à la loi de Jésus-Christ.

LES RÉFORMÉS. — La loi et la foi de Jésus-Christ, tout est là ; — c'est notre code ! — La loi et la foi de Jésus-Christ, — c'est l'amour du prochain, — c'est l'égalité, — la fraternité, — c'est la révolte contre ces idolâtries au nom desquelles les plus grands scélérats sont et se croient absous de leurs crimes par l'achat des indulgences ! — C'est seulement par la foi et la pratique de la loi évangélique que nos péchés nous seront remis !

JEAN CALVIN. — « Nous croyons et confessons que, puisque Jésus-Christ nous est donné comme unique intermédiaire auprès de Dieu, et qu'il nous recommande de nous retirer dans la solitude pour adresser privément, en son nom, nos prières à son Père, tout ce que les hommes ont imaginé de l'INTERCESSION DES SAINTS TRÉPASSÉS n'est qu'abus et tromperie inventés pour faire dévier les hommes de la simple et droite prière ; finalement, nous tenons le PURGATOIRE pour une illusion du même genre, ainsi que les VŒUX MONASTIQUES, les PÈLERINAGES et les DÉFENSES DE MARIAGE CONCERNANT LES PRÊTRES, la CONFESSION AURICULAIRE, l'observance cérémonieuse de certains jours où l'on ne peut consommer de viande ; enfin, nous tenons comme illusions les INDULGENCES et AUTRES IDOLATRIES par lesquelles on pense mériter grâce et salut, et nous les regardons comme des inventions humaines destinées à imposer le joug aux consciences. »

CHRISTIAN LEBRENN, *à part*. — Là est toute la Réforme ! la RÉFORME D'ACTION, la RÉFORME MILITANTE ; et voilà pourquoi ma dignité, mon esprit, mon cœur, sont avec elle !... C'est un grand pas vers le règne de la RAISON PURE fondé sur le libre examen ; le terrain se déblaie, l'homme en communion et communication directe avec Dieu par la prière, sans l'intervention de l'Eglise. Plus de pape, incarnation de l'autorité divine et humaine, ainsi que l'entend Ignace de Loyola ; plus de pontifes dissolus et féroces qui se disent tes vicaires, Dieu clément ! Plus de saints, plus de purgatoire ; plus de trafic des indulgences ! Plus de vœux monastiques ; les moines fainéants deviendront d'honnêtes et bons citoyens ! Plus de célibat pour les prêtres ; les pasteurs deviendront pères de famille ! Plus de confession auriculaire ; alors échec à Ignace de Loyola, qui veut, par le tribunal de la pénitence, s'emparer des consciences ; par la conscience, des âmes ; par les âmes, des corps, et fonder ainsi la plus épouvantable tyrannie théocratique. O doux maître de Nazareth ! que la Réforme triomphe, que ta loi évangélique, dans sa pureté première, soit la loi du monde, et le pouvoir des oppresseurs casqués, mitrés ou couronnés aura cesser d'exister. Ni rois, ni prêtres, ni maîtres.

LES RÉFORMÉS. — Plus de pape ; — plus de cardinaux ni d'évêques ; — plus d'idolâtrie ; — plus de célibat pour les pasteurs évangéliques ; — plus d'adoration d'images ; — plus de confession ; — plus d'intermédiaire entre Dieu et l'homme ; — telle est notre confession, — telle est notre croyance !

JEAN CALVIN. — « Nous croyons et confessons ces illusions romaines de pures idolâtries : nous les rejetons ; appuyés par l'autorité des livres saints, par les paroles et les actes des apôtres : *Timothée*, texte 2 ; *Jean*, textes 16, 22, 24

Matthieu, textes 6 et 9 ; *Luc*, textes 11, 12, 25 ; par l'*Epître aux Romains*, texte 14, et autres textes évangéliques.

» Nous croyons et confessons que là où la parole de Dieu n'est pas reçue, il n'y a aucune Église ; et pour cela nous rejetons les assemblées de la papauté, d'où la vérité divine est bannie, où les sacrements sont corrompus, abâtardis, falsifiés, tandis que les superstitions et idolâtries y sont florissantes et fructueuses. »

LES RÉFORMÉS. — Oui, séparons-nous de la prétendue Eglise de Rome ; — cette impure Babylone ; cette sentine de tous les vices, cette grande prostituée ; — cette source empoisonnée de laquelle découlent tous les maux de l'humanité !. Ni papes, ni évêques, ni prêtres, ni moines.

JEAN CALVIN. — « Nous croyons et confessons que tous les hommes sont vrais pasteurs en quelque lieu qu'ils soient, pourvu qu'ils soient purs et qu'ils reconnaissent pour seul souverain et universel évêque Notre-Seigneur Jésus-Christ ; pour cette cause, nous répudions la papauté, nous protestons que nulle Eglise, s'appelât-elle CATHOLIQUE, ne peut prétendre aucune domination ou autorité sur toute autre Eglise. »

LES RÉFORMÉS. — Voilà pourquoi nous répudions l'Eglise de Rome ! Christ est notre pape, notre évêque ! — il ne doit pas exister d'intermédiaire entre lui et nous !

JEAN CALVIN. — « Nous croyons et confessons que les pasteurs, surveillants et diacres, doivent procéder à l'élection et qu'ils doivent avoir ainsi témoignage de la confiance du peuple ; nous croyons que, pour exercer leur office, ils doivent concentrer entre eux les règles générales de l'Eglise, sans décréter, sous l'ombre du service de Dieu, aucune règle qui puisse lier les consciences. »

CHRISTIAN LEBRENN, *à part*. — *La liberté de conscience*, c'est l'affranchissement de l'homme ! Honneur à la Réforme d'avoir proclamé ce grand principe ! Puisse-t-elle lui être fidèle !

LES RÉFORMÉS. — Oui, nous voulons élire nos pasteurs, ainsi qu'ils étaient élus dans la primitive Eglise !

JEAN CALVIN. — « Nous croyons et confessons qu'il n'y a que deux sacrements : le *baptême*, qui nous lave de la souillure du péché originel ; et la *sainte cène*, ou communion, qui nous nourrit, nous vivifie spirituellement de la substance de Jésus Christ, mystère céleste, seulement accessible à la foi.

« Enfin, nous croyons et confessons que Dieu a voulu que les peuples soient gouvernés, qu'il a établi les royaumes électifs ou héréditaires, des principautés, des républiques ou autres formes de gouvernement ; nous tenons donc pour certain qu'il faut obéir à leurs lois et statuts, payer les tributs et impôts, et remplir tous les devoirs de citoyens et de sujets de bonne et franche volonté, encore que les gouvernements fussent iniques, *pourvu que l'empire souverain de Dieu demeure en son entier;* par ainsi, nous répudions ceux qui voudraient rejeter les gouvernements, les supériorités, mettre confusion dans la société et communauté de biens parmi les hommes et renverser l'ordre de la justice ? »

CHRISTIAN LEBRENN, *à part*. — Non ! Non ! L'homme ne doit pas se soumettre à une autorité inique ? Non, non ! Jean Calvin sent lui-même ce qu'une pareille résignation aurait de blessant pour la dignité humaine, aurait de contradictoire à l'essence même de la Réforme... Cette Réforme n'est-elle pas une légitime révolte contre l'iniquité du pouvoir pontifical ? et, au besoin, contre la force temporelle qui voudrait imposer le culte romain aux réformés ? Aussi, après avoir posé ce principe : l'on doit se soumettre aux gouvernants, fussent-ils iniques, Calvin ajoute : *pourvu que l'empire souverain de Dieu demeure en son entier*. L'on ne doit pas obéissance à une autorité qui porterait atteinte aux droits sacrés de l'homme et à toutes leurs conséquences !

JEAN CALVIN. — Telle est, mes chers frères, notre confession de foi, l'adoptez-vous ?

LES RÉFORMÉS. — Oui, oui, nous l'adoptons ; — nous la pratiquerons, nous la soutiendrons, au péril de nos biens, de notre liberté, de notre vie !. Nous le jurons !

JEAN CALVIN. — La voilà donc, la confession de foi de ces hérétiques, que le clergé catholique présente au peuple ignorant et abusé comme des monstres souillés de tous les crimes, vomis par les enfers, comme des ennemis acharnés de Dieu et des hommes. Que confessent-ils ces hérétiques ? Ils confessent les dogmes fondamentaux de l'Eglise chrétienne révélés par la divinité ! Mais ces hérétiques repoussent les inventions, les idolâtries, les abus, les scandales de l'Eglise des papes ! Là est notre crime, crime irrémissible ! nous attaquons la cupidité, l'orgueil et le despotisme des prêtres !

Ici, dans le lieu où nous sommes réunis afin de confesser le plus sacré des droits : LA LIBERTÉ DE CONSCIENCE, sept prêtres se sont engagés par un serment redoutable à assurer l'omnipotence absolue de Rome sur les âmes, à fonder le règne d'une puissance théocratique sur le monde ! Cette nouvelle société s'appelle la *Société de Jésus*; elle doit être et sera un instrument formidable entre les mains de nos ennemis ! Ce fait est un indice des dangers dont nous sommes menacés. Préparons-nous à combattre cette milice partout où elle s'établira.

Notre Credo, notre confession de foi est fixée... cette confession sera celle de toutes les Eglises évangéliques de France. Maintenant, quelle attitude devons-nous prendre en face du redoublement de persécutions dont nous sommes menacés?... Devons-nous les subir avec résignation ; ou bien devons-nous repousser la force par la force? J'invite notre ami Robert Estienne à émettre son opinion à ce sujet.

MAITRE ROBERT ESTIENNE. — Selon moi, nous devons adresser au roi François 1er de nouvelles requêtes, afin qu'il lui plaise de nous laisser exercer paisiblement notre religion, en nous conformant aux lois du royaume; si notre supplique est repoussée, nous puiserons dans la force de nos convictions le courage de supporter la persécution jusqu'aux dernières limites du possible... Mais, ensuite, on devra aviser.

JEAN DUBOURG, *le marchand drapier*. — Je partage l'avis de Robert Estienne; résignons-nous. Un homme de bien doit épuiser la source de toutes les amertumes, de toutes les douleurs plutôt que de déchaîner sur son pays les horreurs d'une lutte fratricide !

JEAN CALVIN. — Monsieur de Coligny, quelle est votre opinion?

GASPARD DE COLIGNY. — Monsieur, je suis de beaucoup, je crois, le plus jeune de l'assemblée ; je me rangerai à l'avis qui prévaudra.

JEAN CALVIN. — Parlez... Vous êtes homme de guerre; il importe de connaître votre opinion.

GASPARD DE COLIGNY. — Puisque vous insistez, monsieur, je dois déclarer ici que ma famille doit beaucoup aux bontés du roi ; il a bien voulu me confier, à moi presque adolescent, une compagnie dans son armée; je suis donc lié envers lui par la reconnaissance... Mais il est pour moi un sentiment supérieur à celui de la gratitude due à des faveurs royales... ce sentiment est celui des devoirs qu'impose la foi ! Tout en déplorant les cruelles extrémités de la guerre civile, dont j'ai horreur ; tout en regrettant profondément de tirer l'épée contre le roi, ou plutôt contre ses funestes conseillers, je me résoudrais à cette fatalité si, la persécution arrivant à ses dernières limites, il fallait défendre la vie de nos frères, placés dans cette alternative : de périr ou d'abjurer leur foi... Quant à me prononcer sur l'opportunité du moment de la lutte, si, ce qu'à Dieu ne plaise, elle doit jamais s'engager... je laisse cette décision à de plus expérimentés que moi. Au moment de l'action, mes biens, mon épée, ma vie, seront au service de la cause. Je ferai mon devoir, tout mon devoir.

AMBROISE PARÉ. — Christ et mes obligations professionnelles me commandent d'accorder mes soins à nos amis et à nos ennemis ; je ne saurais donc apporter ici, mes frères, que des paroles de paix. Soyons inflexibles dans notre croyance ; mais forçons nos persécuteurs eux-mêmes à reconnaître notre modération ; lassons leur violence par notre patience et par la résignation. Laissons les épées au fourreau.

LE VICOMTE DE PLOUERNEL. — La patience pourtant a ses bornes! ... Notre résignation n'a-t-elle pas assez duré ; n'augmente-t-elle pas l'audace de nos ennemis ? Voulez-vous une dernière fois recourir à d'humbles requêtes ? Soit, requêtons, supplions à nouveau ; mais si l'on nous répond par des dénis de justice, alors, dressons-nous résolument contre nos ennemis. Nous sommes en majorité dans plusieurs villes commerçantes, dans certaines provinces, repoussons la force par la force. Nos ennemis reculeront devant notre attitude et feront droit à nos légitimes exigences. Selon moi, pousser trop loin notre longanimité serait nous exposer à voir décimer chaque jour notre parti ; et l'heure du combat venue... elle viendra fatalement... nous aurons perdu nos meilleurs soldats. En résumé, tentons une dernière fois d'obtenir le libre exercice de notre culte... Si notre demande est repoussée, recourons aux armes !

LE PRINCE KARL DE GEROLSTEIN. — Mes frères, je suis étranger, j'arrive d'Allemagne ; j'ai assisté aux luttes et au triomphe de la Réforme prêchée par le grand Luther. L'on n'a pas, dans notre vieille Allemagne, requêté, supplié ; l'on a affirmé le droit de tout homme à prier selon sa conscience ; artisans, seigneurs, bourgeois, ont dit : « Nous ne voulons plus subir le joug de l'Église de Rome ; et à qui voudrait nous l'imposer par l'épée, nous résisterons par l'épée. » A cette heure, la Réforme, en Allemagne, défie ses ennemis. L'Allemagne n'est pas la France ; mais les hommes sont partout des hommes ; partout la résolution s'appelle la résolution, et ses conséquences sont partout les mêmes. Nous devons soutenir le droit par les armes.

JEAN CALVIN. — Monsieur Christian Lebrenn, quelle est votre opinion sur le grave sujet mis en délibération ?

CHRISTIAN LEBRENN. — L'histoire nous enseigne que demander aux papes ou aux rois la réforme des superstitions ou de la tyrannie est absolument inutile. Jamais l'Église de Rome ne renoncera volontairement à des idolâtries, à des abus qui font sa puissance et sa richesse ; jamais un roi catholique, consacré par l'Église et s'appuyant sur elle comme elle s'appuie sur lui, ne reconnaîtra volontairement la Réforme. La Réforme nie l'autorité du pape ; attaquer le pape, c'est attaquer les rois ; renverser l'autel, c'est ébranler le trône ; toutes les autorités sont solidaires. Que demandons-nous ? Exercer paisiblement notre culte en nous conformant aux lois du royaume. Mais les lois du royaume défendent formellement l'exercice de tout autre culte que celui de l'Église catholique. Ou confesser notre foi et subir les rigueurs des lois ; ou leur échapper en abjurant ; ou leur résister par les armes. Obtiendrons-nous des édits de tolérance ? Nous ne devons pas en avoir l'espoir. Mais eussent-ils été consentis, que notre sécu-

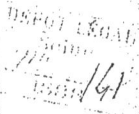

La flagellation dans le couvent (page 319)

rité n'en serait pas plus garantie. Un édit est révocable. Il faudra donc arriver fatalement à l'une de ces trois résolutions : — l'abjuration, — le martyre, — ou la révolte. — Le sang des martyrs est fécond ; mais le sang des soldats combattant pour le plus sacré des droits est fécond aussi... Nous ne devons, nous ne pouvons, selon moi, espérer ni l'autorisation ni la tolérance de notre culte ; tôt ou tard, poussés à bout par la persécution, nous serons obligés de repousser la violence par la violence. Envisageons cette nécessité terrible ; mais disons-nous ceci pour la paix de notre conscience : A cette heure encore, il dépend de l'Eglise de Rome et du roi de France de mettre un terme au supplice de nos frères, de prévenir les maux des guerres civiles et religieuses ; il suffit pour cela d'un arrêt ainsi conçu : *Chacun peut, librement, publiquement, exercer sa religion en respectant la croyance d'autrui...* Cet arrêt, si juste, si simple, consacrant la plus inviolable des libertés, est la solution équitable et pacifique de la question religieuse. Croyez-vous que, sur notre humble requête, cet arrêt sera rendu ?

LES RÉFORMÉS. — Ni le roi, ni le pape, ni les évêques, ni les prêtres, ni les moines n'adhéreront à un semblable décret.

CHRISTIAN LEBRENN. — Cependant, pour mettre le droit de notre côté, adressons une dernière requête ; si elle est repoussée, courons aux armes et exterminons nos oppresseurs. C'est toujours par l'insurrection que l'on conquiert les libertés ?

JEAN CALVIN. — Notre frère Bernard de Palissy veut-il nous faire connaître son opinion ?

BERNARD DE PALISSY, *avec une bonhomie pleine de finesse.* — Je ne suis qu'un pauvre faiseur de pots ; mais comme il s'agit de les

141ᵉ livraison

casser résolument... selon le jugement de notre ami l'artisan d'imprimerie, je vous raconterai ce qui m'arriva l'autre jour. Je m'étonnais comme vous de ce que la religion évangélique, douce, charitable, paisible, résignée, ne demandant rien pour son petit troupeau, qu'une modeste place au soleil du bon Dieu, eût autant d'ennemis acharnés. Comme je suis un peu versé dans l'alchimie : Voire ! me suis-je dit, lorsque, pour confectionner les vernis, les couleurs, les émaux dont je décore mes vases, je rencontre une substance réfractaire, que fais-je ? Je la soumets à l'alambic, je la décompose, et ainsi je reconnais les éléments divers dont elle est formée. Voire ! passons à l'alambic les ennemis de la Réforme, afin de découvrir en eux ce qui les rend si réfractaires. Je soumets d'abord à mon alambic philosophique le cerveau d'un chanoine, et je lui demande : « Pourquoi es-tu si grand ennemi de la religion évangélique ? — Pardieu ! — me répond le chanoine, — parce que vos ministres étant prêcheurs et gens de science, nos ouailles voudraient aussi nous entendre prêcher en moines de sapience ; or, je ne sais point prêcher, moi, et encore moins lire et écrire. Je suis accoutumé dès mon noviciat à mes grandes aises, à l'ignorance, à la fainéantise, c'est pourquoi je soutiens l'Eglise de Rome, qui soutient mon ignorance, mes grandes aises et ma fainéantise... » Ensuite de ce moine, j'expérimentai la tête d'un abbé ; elle ne voulait supporter l'alambic, elle regimbait, mordait, rageait dans de noires colères vindicatives, ne voulant point absolument que l'on vit ce qu'il y avait dedans elle ; je parvins cependant à séparer ses parties, savoir : la colère noire et pernicieuse d'un côté ; l'ambition et l'orgueil de l'autre ; les pensées de meurtre intestin que notre abbé nourrissait contre ses ennemis ; après quoi je reconnus que sa superbe, son avarice, sa vindicative, le rendraient toujours réfractaire à l'humilité de l'Evangile... J'expérimentai pour lors un conseiller du parlement, le plus fin Gautier qu'on sût voir ; et ayant distillé mon galant dans mon alambic, je trouvai que dans son ventre il y avait plusieurs gros morceaux de bénéfices dont il s'était tellement engraissé, qu'il crevait dans ses chausses ; quoi voyant, je lui dis : « Viens ça... N'est-ce point pour conserver tes gros morceaux de bénéfices que tu ferais le procès aux réformés ? — N'est-ce pas damnable ? — Quoi damnable ? — me répondit-il ; — il y aurait donc infiniment de damnés, car en notre cour souveraine du parlement et dans toutes les cours de France, il est bien peu de conseillers ou de présidents qui ne possèdent quelque morceau de bénéfices ecclésiastiques qui aide à entretenir les dorures, les accoutrements, les banquets, les menus plaisirs de la maison et la grasse cuisine ? Or,

bélître de potier (à moi il parlait), si la Réforme triomphait, est-ce que nos bénéfices ecclèsiastiques ne s'en iraient pas à veau-l'eau ? et avec eux toutes nos petites et grandes réjouissances ? Et c'est pour cela que nous vous brûlons, païens ! » Quoi entendant, je m'écriai : O pauvres chrétiens, où en êtes-vous ? Vous avez contre vous les cours du parlement, les grands seigneurs, qui profitent aussi des bénéfices ; or, tant qu'ils seront repus d'un tel potage, ils resteront vos ennemis capitaux ; ce pourquoi je suis d'avis que nous serons persécutés tout le temps de notre vie, mes frères... Ayons donc refuge en notre capitaine et protecteur Jésus-Christ, lequel saura un jour laver l'injure des méchants et le mal qu'on nous aura fait... Donc, souffrons, résignons-nous jusqu'au martyre, et, selon le petit jugement d'un pauvre potier, ne cassons point les pots, mes frères... Quoi faire de pots cassés ?

JEAN CALVIN. — Notre célèbre poète Clément Marot nous fera-t-il connaître son opinion ?

CLÉMENT MAROT. — Mes frères, notre ami Bernard Palissy, l'un des grands artistes de ce temps-ci... et de tous les temps... vous a parlé en potier ; moi, poète, je vous parlerai du profit que l'on pourrait tirer de mon métier en faveur de notre cause. Avant de recourir à la terrible extrémité de la guerre civile, pourquoi ne pas tenter encore d'agir par la persuasion ; d'attirer le monde à nous par le charme de la parole évangélique ? Tenez, l'autre jour, une idée m'est venue : les femmes valent mieux que nous... cet aveu est facile en présence de notre sœur Marie-la-Catelle, que j'aperçois ; elle est la vivante démonstration de mon dire ; personne de nous, et des plus pleins de bien, ne la surpasse en tendre commisération pour les affligés, en soins délicats et touchants pour les pauvres enfants abandonnés ; donc les femmes valent mieux que nous, sont plus que nous accessibles aux sentiments purs, élevés, célestes ; puis, pour elles, la vie se résume en ce mot : aimer... De l'amour terrestre à l'amour divin, il n'y a qu'une aspiration plus haute : tâchons d'élever les femmes jusqu'à cette sphère sublime. Ce dicton vulgaire, mais juste : « Les petites causes produisent souvent de grands effets, » m'a inspiré la pensée que voici ; je me suis demandé : Que chantent d'habitude les femmes artisanes, bourgeoises ou dames ? Des chansons d'amour. Ces chansons, la corruption des mœurs de notre temps, les a presque toujours faites grossières ou obscènes ; d'ordinaire, l'esprit, le cœur, deviennent l'écho de ce que dit la bouche, de ce qu'entend l'oreille, de ce qui occupe la pensée. Ne serait-ce point un grand bien de substituer à ces chants licencieux de chastes chants, attrayants par l'amour ? Ce pourquoi j'ai songé à mettre en vers et en musique les saints cantiques de l'Ecriture, si souvent parfumés d'une poésie adorable, espérant que peu à peu les chanteuses, pénétrées de l'ineffable vertu de ces chants célestes, les diront, non plus des lèvres, mais du plus profond de leur cœur ; et alors seraient comblés mes vœux.

Clément Marot allait réciter quelques-uns de ses vers charmants qu'il avait composés, lorsque soudain Justin entra précipitamment dans le souterrain en criant :

— Alerte! alerte!... une troupe d'archers et de cavaliers du guet monte le chemin de l'abbaye... j'ai vu reluire leurs casques... Fuyez par l'autre issue de la carrière !...

Un grand tumulte succéda aux paroles de l'artisan. Justin prit l'un des flambeaux, courut à l'entrée du couloir masqué par le bloc de pierre et pénétra dans l'étroite ouverture en recommandant aux assistants de le suivre.

— Frères ! — s'écria le comte de Plouernel, — nous tous hommes de guerre qui sommes ici, restons et mettons flamberge au vent; le guet n'osera porter la main sur aucun de nous, la cour compte avec nos familles... Quant à vous, Calvin, et ceux de nos amis qu'aucun privilège ne met à l'abri des poursuites de nos ennemis, fuyez !

— Vous pouvez sortir de céans en toute sécurité, — ajouta Gaspard de Coligny ; — les archers du guet nous trouvant ici prêts à ferrailler avec eux ne pousseront pas plus avant leurs recherches.

— S'ils venaient par hasard à découvrir la seconde issue, — ajouta le prince Karl de Gerolstein, — nous les chargerions vigoureusement et nous les ferions reculer de manière à vous laisser le passage libre pour la retraite.

Jean Calvin, dont la vie était si précieuse à l'Eglise évangélique, s'avance le premier sur les pas de Justin, porteur du flambeau ; puis les autres réformés se pressent à leur suite. Le couloir, très étroit à son entrée, allait s'élargissant et aboutissait à une excavation entourée de berges, dont l'une offrait un étroit sentier à l'aide duquel l'on pouvait gravir jusqu'à la crête de ce ravin, au delà duquel se trouvaient les champs et les bois étagés au versant de la colline de Montmartre. Robert Estienne, Clément Marot, Bernard Palissy et Ambroise Paré ne quittaient pas Jean Calvin; Christian aidait Marie-la-Catelle à traverser les rocailles. Lorsque les fugitifs se trouvèrent réunis au fond de l'excavation, Jean Calvin leur dit :

— Avant de nous séparer, mes frères, je vous renouvelle l'expresse recommandation de ne pas tenter une rébellion qui, en ce moment surtout, servirait la cause de nos ennemis... Résignation, courage, persévérance, espoir, telle doit être maintenant notre devise... Notre heure viendra !... Certain, après la réunion de cette nuit, de l'adhésion des réformés de Paris au *Credo* de l'Eglise évangélique, je vais poursuivre mon voyage à travers la France, engager nos frères des provinces à imiter l'exemple de Paris, à opposer la patience aux violences de nos ennemis. — Puis, s'adressant à Christian : — Monsieur Lebrenn, vous avez prononcé une phrase dont la profonde justesse m'a frappé : « Un simple arrêt portant que chacun est libre de professer ouvertement son culte en respectant celui d'autrui, — avez-vous dit, — préviendrait d'affreux malheurs... Que le sang qui coulera peut-être un jour retombe sur ceux-là qui, par un déni de justice, auront soulevé la guerre civile!... » Anathème à ceux-là !... Et c'est parce que l'équité et le droit sont avec nous qu'il nous faut redoubler de modération...

Après de touchants adieux échangés entre Jean Calvin et les religionnaires, il fut convenu qu'ils rentreraient dans Paris par groupes isolés de trois ou quatre personnes, afin de ne pas éveiller les soupçons des gardiens des portes Montmartre et Saint-Honoré, instruits sans doute de l'expédition du guet contre une assemblée nocturne d'hérétiques tenue à Montmartre. Le jour allait bientôt paraître, Jean Calvin, Robert Estienne, Clément Marot, Ambroise Paré, Bernard Palissy et quelques autres, après avoir gravi le sentier qui conduisait hors du ravin, se dirigèrent à travers champs du côté de la porte Saint-Honoré ; d'autres groupes se formèrent, tirant chacun séparément de son côté. Christian, Justin, Jean Dubourg, Laforge, autre riche bourgeois, Marie-la-Catelle et son beau-frère Poille, le maçon architecte, prirent la route de la porte Montmartre, où ils arrivèrent au soleil levant. Quoique leur groupe ne fût composé que de six personnes, ils convinrent, par surcroît de prudence, de ne pénétrer dans Paris que deux à deux : d'abord Jean Dubourg et Laforge ; puis la Catelle et son beau-frère ; enfin Justin et Christian. Leur rentrée ne devait éveiller aucun soupçon, pensaient-ils ; car déjà les paysans qui apportent des légumes et des fruits aux halles se pressaient aux abords de la porte de la ville avec un grand nombre de charrettes. Justin et Christian, bientôt séparés de leurs amis au milieu de cet encombrement de charrois, n'étaient plus qu'à quelques pas de la voûte du rempart, lorsqu'ils entendirent tout à coup de grandes clameurs et ces mots répétés par une foule de voix : « — Luthériens ! Luthériens! A mort les hérétiques ! » — Un cruel pressentiment pénétra l'esprit de Christian et de son compagnon ; ceux de leurs amis qui les précédaient avaient sans doute été reconnus et arrêtés à la porte Montmartre. Tenter de les secourir, c'était s'exposer à partager leur sort sans espoir d'aider à leur délivrance.

— N'essayons pas de rentrer à Paris à cette

heure, — dit Justin à Christian, — nous sommes artisans de l'imprimerie de M. Robert Estienne, cela suffit pour que nous soyons soupçonnés d'hérésie... Ce Gainier, l'espion du lieutenant criminel, a sans doute donné notre signalement à sa bande... Faisons le tour du rempart afin de rentrer par la bastille Saint-Antoine; cette porte est si éloignée de Montmartre, que peut-être l'on n'aura pas donné l'éveil de ce côté...

— Ma femme et mes enfants seraient dans une mortelle inquiétude s'ils ne me revoyaient pas ce matin à la maison, — répondit Christian; — je vais tâcher de passer à la faveur du tumulte qui, malheureusement pour nos amis, augmente... Entends-tu ces cris forcenés?

— Je ne veux pas braver un péril... Adieu, Christian; je n'ai ni femme ni enfants, mon absence prolongée n'inquiétera personne; je préfère gagner la bastille Saint-Antoine. Nous nous retrouverons tantôt, je l'espère, à l'imprimerie... Que Dieu te garde!

Les deux amis se séparent; Christian dont l'angoisse augmente à chaque instant en songeant à la pauvre Marie-la-Catelle et à ceux qui l'accompagnent, se résout à pénétrer à tout risque dans Paris; cependant, avisant près de lui un paysan conduisant une charrette remplie de légumes et recouverte d'une toile soutenue par des cerceaux, il lui dit en tirant de sa poche une pièce de monnaie:

— Mon ami, je suis harassé de fatigue, je vais du côté des halles; j'aurais besoin d'un peu de repos; voulez-vous me donner place dans votre charrette jusqu'au milieu de la ville?

— Volontiers... montez dans ma charrette et dormez, si vous le pouvez, — répondit le paysan en prenant la pièce de monnaie.

Christian monte et se tapit au fond du chariot, écarte les plis de la toile afin de tâcher de voir ce qui se passe au dehors; car les clameurs deviennent de plus en plus menaçantes. Hélas! à peine la charrette, après avoir franchi la voûte de la porte, a-t-elle pénétré dans l'intérieur de la cité, que Christian aperçoit à peu de distance de lui, déjà garrottés, Marie-la-Catelle, son beau-frère Poille, Jean Dubourg et Laforge; un rang d'archers contenait à grand'peine la multitude furieuse qui demandait à grand cris qu'on lui livrât « ces hérétiques, ces ensabattés, ces luthériens égorgeurs d'enfants! » Les victimes, pâles, mais calmes, promenaient sur ces fanatiques un regard serein; Marie-la-Catelle, les yeux levés au ciel, les mains croisées sur la poitrine, semblait résignée au martyre. Les imprécations redoublaient; déjà les plus forcenés du populaire ramassaient des pierres afin de lapider les victimes, lorsque la charrette où se tenait caché Christan, poursuivant lentement sa marche, déroba ce cruel spectacle à la vue de l'artisan. Il sut plus tard les détails de l'arrestation de ses amis. La Catelle et son beau-frère, depuis longtemps signalés par le Gainier comme hérétiques endurcis, avaient été reconnus et saisis par les espions du lieutenant criminel, postés depuis le milieu de la nuit à la porte Montmartre; Jean Dubourg et Laforge, marchant à quelques pas derrière Marie-la-Catelle et cédant à un mouvement généreux, avaient couru à son secours, et pour ce généreux élan, ils avaient été comme elle arrêtés, garrottés. Christian sut aussi plus tard que la réunion des réformés à Montmartre avait été dénoncée par Lefèvre. Celui-ci, guidant les recherches du sergent dans le galetas, et remarquant, épars sur le plancher, quelques débris de lettres de convocation écrites par Jean Calvin où se lisait le mot *Montmartre*, courut communiquer ses soupçons au lieutenant criminel. Il mit le guet en campagne; mais à leur entrée dans la carrière, les archers, se trouvant en face de seigneurs et de gens d'épée résolus à leur résister, n'avaient point osé les arrêter.

Christian descendit de la charrette au milieu de Paris et se dirigea en hâte vers sa maison; il arrivait sur le pont au Change, lorsqu'il vit accourir à lui le franc-taupin. Joséphin avait attendu pendant toute la nuit le retour de l'artisan; il l'instruisit de l'arrestation de sa femme, de ses enfants, du danger dont il était menacé s'il rentrait chez lui, et le décida à se rendre dans un refuge où il serait en sûreté.

Héna Lebrenn, séparée de sa mère, avait été conduite et enfermée au couvent des Augustines; elle raconta les suites de son arrestation dans une lettre destinée à Brigitte, mais qui ne put parvenir à la pauvre mère par suite de circonstances lamentables.

Décembre 1534. — Au couvent des Augustines.

Joies du ciel! l'on m'assure, bonne mère, que tu recevras cette lettre! Mes idées se troublent; je voudrais pouvoir te dire à la fois tout ce qui m'est arrivé depuis notre séparation jusqu'à ce moment... Hélas! j'ai tant de choses à t'apprendre; vous serez, toi et mon bon père, et mon bon oncle Joséphin, si étonnés, si chagrins peut-être, en sachant qu'aujourd'hui même...

Mais il me faut reprendre mon récit à dater de ce malheureux jour où nous avons été conduites, toi à la prison du Châtelet, moi ici... J'ignore ce qui vous est advenu à toi et à mon père; mes questions à ce sujet sont toujours restées sans réponse. L'on m'a affirmé que vous jouissiez d'une bonne santé..... et c'est tout... Je l'espère, je le crois; quel intérêt aurait-on eu à m'abuser sur vos chères existences?

J'ai donc été amenée ici au milieu de la nuit et enfermée dans une cellule, sans avoir vu personne que la tourière. Te dire combien j'ai pleuré, à quoi bon ? Le matin venu, la tourière m'a appris que j'aurais, à midi, la visite de madame la supérieure ; j'ai demandé la permission d'écrire à ma famille, afin de l'instruire du lieu de ma réclusion. On m'a répondu que l'abbesse déciderait de cela. Elle s'est rendue auprès de moi à midi. J'ai cru d'abord voir en elle une dame de la cour, tant elle était superbement parée ; rien dans ses vêtements ne rappelait le costume religieux. Elle est jeune et belle ; il m'a semblé lire la bonté sur son visage. Je me suis jetée à ses pieds, la suppliant d'avoir pitié de moi et de me faire conduire auprès de mes parents ; voici sa réponse :

« — Ma chère fille, vous avez été élevée dans l'impiété ; vous êtes ici pour travailler à votre salut. Lorsque vous serez suffisamment instruite dans notre sainte religion catholique, apostolique et romaine, vous prononcerez des vœux éternels afin d'entrer dans notre ordre des *Augustines;* il vous sera ensuite permis de revoir vos parents. Vous ne quitterez pas cette cellule avant d'avoir pris le voile ; vous sortirez seulement chaque jour pour faire une promenade sous les arceaux du cloître en compagnie de l'une de nos sœurs. Il dépend de vous d'acquérir promptement l'instruction religieuse nécessaire pour entrer dans notre ordre ; après quoi vous pourrez recevoir chaque semaine votre famille au parloir du couvent.

« — Mais, madame, je n'ai pas la vocation religieuse, — ai-je répondu à l'abbesse, — et aurais-je cette vocation, que je ne prononcerais pas des vœux sans le consentement de mon père.

« — Votre père est dans les cieux, c'est le Seigneur Dieu ; votre mère est aussi au ciel c'est la sainte vierge Marie. A ces divins parents vous devez obéissance et non à vos parents charnels hérétiques. Ils vous ont infectée d'une pestilentielle hérésie ; le Seigneur, dans sa miséricorde, a voulu, pour le bonheur de votre âme, vous enlever à cette école de perdition ; le giron de notre sainte mère l'Église vous est ouvert, revenez-y. Soyez docile, vous serez heureuse ; sinon, à mon grand regret, j'emploierais la rigueur afin de vous contraindre à votre propre bien. Dès demain, un de nos frères de l'ordre de Saint-Augustin viendra vous donner l'instruction religieuse ; vous n'aurez aucun rapport avec vos parents avant la prononciation de vos vœux ; il dépend ainsi de vous de revoir bientôt votre famille. Pensez-y bien. »

La supérieure, sans vouloir m'entendre davantage, m'a laissée seule.

Il me fallait donc embrasser la vie monastique ou perdre l'espérance de jamais vous revoir, mon bon père, ma bonne mère ! Cette pensée fut affreuse pour moi ; je résolus de résister aux volontés de l'abbesse. Je pensais que ma détermination à ce sujet une fois connue, on me rendrait ma liberté. Grande était mon erreur !

Vers la fin du jour, l'une des sœurs vint me proposer une promenade sous les arceaux du cloître : je lui déclarai qu'aucune puissance humaine ne me contraindrait à des vœux qui devaient à jamais m'éloigner de mes parents bien-aimés. Cette religieuse, d'une figure sèche et méchante, m'engagea à réfléchir avant de parler, ajoutant que si, par obstination, je refusais de faire mon salut, l'on saurait, par de rudes traitements, m'amener à l'obéissance. Notre promenade terminée, je regagnai ma cellule ; l'on m'apporta mon repas ; je me couchai fort attristée.

Au milieu de la nuit, je fus réveillée brusquement ; la vieille tourière entrait en compagnie de quatre tourières grandes et fortes, l'une d'elles portait une lanterne. J'eus peur ; je me mis sur mon séant et je demandai ce que l'on voulait de moi.

— Levez-vous et suivez-nous, — me répondit la vieille religieuse. J'hésitais à obéir ; elle ajouta : — Pas de résistance, sinon nos tourières vous emporteront de force.

Je me résignai ; je m'apprêtais à prendre ma robe, mais la religieuse jeta sur mon lit une espèce de sac de crin qu'elle avait apporté.

— Voilà le seul vêtement qui vous convienne désormais ! — reprit-elle.

Je me vêtis de ce cilice ; j'allais mettre mes chaussures, lorsque la religieuse me dit :

— Vous marcherez pied nus ; il faut mortifier votre chair rebelle.

L'expression de la figure de cette femme et de ses compagnes me parut impitoyable ; je compris l'inutilité de la résistance, des supplications, et pieds nus, vêtue du sac de crin, je suivis la religieuse. L'une des tourières nous éclairait de sa lanterne. Nous traversons le cloître et plusieurs passages ; sur l'un d'eux s'ouvrait une fenêtre basse intérieurement voilée par des rideaux de soie rouge, à travers lesquels perçait une vive lumière. En passant devant cette croisée, j'entendis une voix d'homme chanter en s'accompagnant du théorbe ; ces chants étaient accueillis par les éclats de rire de plusieurs femmes et de plusieurs hommes réunis en cette salle ; les paroles arrivaient distinctes à nos oreilles, elles me parurent de celles qu'une honnête femme ne doit pas entendre. La religieuse hâta sa marche, nous entrâmes dans une petite cour ; l'une des tourières ouvrit une porte, et à la lueur de la lanterne, je vis la profondeur d'un escalier qui descendait sous terre. Saisie de frayeur, je me recule ; mais la religieuse me poussant par les épaules :

— Allez, allez... on vous mène en un lieu où vous méditerez à loisir sur votre obstination !

Je suivis la tourière qui nous éclairait ; je descendis les marches d'un escalier de pierre ;

l'humidité glaçait mes pieds nus. Au bas de cet escalier était un couloir voûté sur lequel donnaient plusieurs portes; l'on ouvre l'une d'elles, l'on me fait entrer dans un caveau, où je vois une caisse faite comme un cercueil et remplie de cendres, un prie-Dieu de bois surmonté d'une croix, et près de la couche de cendres, une cruche de terre et un pain placés par terre.

— Telle sera votre demeure jusqu'à ce que vous soyez revenue de votre endurcissement, — me dit la religieuse. — Si la solitude et les mortifications ne domptent pas votre rebellion, on aura recours à d'autres châtiments.

On me laissa sans lumière dans ce caveau ; la porte refermée sur moi, je me jetai sur ma couche de cendres : j'avais grand froid, la robe de crin me causait des cuissons insupportables, les ténèbres m'épouvantaient. Je me rappelais, pauvre chère mère, ma petite chambre près de la tienne, mon lit si blanc et ce baiser que chaque soir tu venais me donner avant que je fusse endormie ; je sanglotais : peu à peu, mes larmes se tarirent ; engourdie par le froid, je sommeillai jusqu'au jour, sa lueur m'arrivait à travers le soupirail de ma prison. Je te l'avoue, bonne mère, et tu pardonneras ma faiblesse, abattue par les souffrances de cette première nuit, craignant d'être condamnée à rester longtemps dans ce caveau, je me résignai à consentir à tout ce que l'on exigerait de moi ; je voulais à tout prix sortir de ce lieu sinistre. J'attendis impatiemment la religieuse afin de lui faire ma soumission ; personne ne vint, ni ce jour-là, ni pendant une semaine environ. Je crus d'abord que ma raison allait s'égarer, je frissonnais de peur à chaque instant, le silence même de cette espèce de tombe me causait de folles terreurs. Je gémissais, vous appelant, toi et mon père, comme si vous pouviez m'entendre ; puis je retombais anéantie sur ma couche de cendres. Combien mon âme était triste!

Peu à peu, cependant, je m'habituai à ma prison, à mon cilice, à mon pain dur et noir; le calme revint dans mon esprit, je me dis : « Je suis victime d'une grande méchanceté ; mes parents m'ont enseigné qu'il fallait subir avec courage les épreuves de la vie, ne jamais s'abaisser à la lâcheté, au mensonge. Je périrai dans le couvent ou j'en sortirai pour retourner auprès de ma famille. » J'attendais cette fois la religieuse, non plus pour me soumettre, mais pour lui déclarer ma ferme résolution de résister à sa volonté ; vaine attente ! Pendant huit autres jours environ, personne ne vint. Ma détermination, au lieu de faiblir, s'exaltait dans la solitude ; je passais mes journées à songer à vous. Souvent la contention de mon esprit devenait si forte que je me figurais vous voir, vous entendre ; je n'étais plus dans ce caveau, j'étais près de vous, dans notre maison. Chaque matin, à mon réveil, j'invoquais pour vous les bénédictions du ciel ; puis je disais : « Bonjour père, bonjour mère... » Je vous racontais mon affliction, mes souffrances, vous m'encouragiez à ne pas succomber dans cette rude épreuve ; vos sages et tendres paroles me réconfortaient... Enfin, je pensais aussi à...

..... Je viens d'hésiter à vous dire la vérité ; mais vous m'avez enseigné l'horreur du mensonge et de la dissimulation... Je continue donc : seulement, bonne mère, je ne sais si, lorsque tu recevras cette lettre, tu seras encore prisonnière et séparée de mon père ; si vous êtes au contraire réunis, peut-être devras-tu ne pas lui donner connaissance du passage que tu vas lire... peut-être, et c'est ma vive espérance, mon père ignore-t-il que celui que j'appelais mon frère... dans un accès de folie...

Ma main tremble à ce souvenir.

Durant cet horrible soirée, avant ton retour inattendu à la maison, avant que j'eusse compris la signification des paroles d'Hervé, il m'avait déjà éclairée sur la nature du sentiment que j'éprouvais pour frère Saint-Ernest-Martyr... A cette heure, je ne saurais plus en douter, c'était de l'amour que j'éprouvais pour lui... et au fond de ma prison, dans mes nuits d'affliction, je ne pouvais m'empêcher de songer à vous sans penser à lui...

Tel est l'aveu que tout à l'heure j'hésitais à te faire... Si cet attachement est coupable, bonne mère, pardonne-le, il est involontaire.

Je songeais dans mon cachot, non moins à frère Saint-Ernest-Martyr qu'à vous, mes parents bien-aimés... résolue de mourir ici ou d'aller vous rejoindre... Soudain une pensée cruelle, qui ne m'était pas jusqu'alors venue, traversa mon esprit... Vivre près de vous, c'était aussi vivre sous le même toit qu'Hervé ! J'attribuais... j'attribue encore à un égarement passager de sa raison les évènements de cette funeste soirée... Tu les as sans doute cachés à mon père... Hervé, retrouvant son bon sens, aura maudit son aberration d'un moment ; son repentir vous touchera, l'on est indulgent pour les fous... et cette nuit-là, il était fou !... Cependant, la seule idée de le revoir me faisait frémir... l'unique espoir qui m'eût jusqu'alors soutenue : celui de passer mes jours près de vous comme autrefois, s'assombrissait... il me semblait impossible de supporter désormais la présence d'Hervé... Je me livrais à ces nouvelles et pénibles réflexions, lorsqu'un matin la porte de mon caveau s'ouvrit, la religieuse entra suivie des tourières.

— Etes-vous plus docile? me demanda-t-elle. — Consentez-vous à recevoir l'instruction religieuse nécessaire à la prononciation de vos vœux dans notre ordre des Augustines !

— Non ! m'écriai-je, — vous n'obtiendrez

rien de moi, ni par la persuasion, ni par la violence! Je demeurerai fidèle à mes croyances.

— On saura vous dompter par la rigueur! — répondit la vieille religieuse; l'on saura vous contraindre à faire votre salut, méchante hérétique; pécheresse endurcie!...

A un signe de la religieuse, deux des tourières s'emparèrent de moi, et malgré mes efforts, mes larmes, mes cris, elles me dépouillèrent de mon cilice, de mon dernier vêtement, me continrent... et leurs deux compagnes me flagellèrent le corps avec une violence inouïe; la honte et la douleur, car mes épaules et mon sein étaient meurtris, déchirés à coups de discipline, m'arrachèrent une lâche supplique... Je promis une soumission absolue. Mon obéissance apaisa mes bourrelles; on me reconduisit dans ma cellule. Pour première preuve d'obéissance, je devais, le jour même, consentir à me confesser à l'un des moines augustins, directeurs de la maison, lequel serait chargé de me donner l'instruction religieuse. Vers le milieu du jour j'allai à la chapelle. O mère, quelle fut ma surprise! aux premiers mots que m'adressa le moine qui occupait le confessionnal, je reconnus le son de la voix de Saint-Ernest-Martyr... Je me crus sauvée... Je me nommai, je lui appris notre arrestation à toutes deux, je le conjurai d'aller trouver mon père et mon cher oncle Joséphin, restés libres sans doute, et de les instruire de l'endroit où toi et moi nous étions détenues. Hélas! mon espérance fut de courte durée! Frère Saint-Ernest-Martyr, en butte à l'animadversion des moines, et surtout de l'abbé de son couvent, n'avait pas la permission de sortir; depuis plusieurs jours il était prisonnier dans sa cellule, d'où il ne sortait pas pour remplir son ministère dans le couvent des Augustines, où il pénétrait par un passage souterrain qui reliait les deux moutiers. Je lui demandai s'il lui serait possible de faire parvenir une lettre à ma famille. — Il me répondit qu'il doutait qu'on me permit d'écrire, et que, du reste, il ne voyait pour lui aucun moyen de faire parvenir ma missive à destination en raison de la surveillance dont il était l'objet. Je lui racontai mes souffrances, mes chagrins, depuis mon entrée chez les Augustines; je l'entendis pleurer dans l'ombre, et lorsque je le priai de me donner ses conseils, il me dit:

— Si vous vous sentiez, ma sœur, une vocation religieuse décidée, si vos parents l'approuvaient, je vous engagerais encore à réfléchir avant de prononcer des vœux éternels; mais cette vocation, vous ne l'avez pas, vous êtes retenue contre votre gré, à l'insu de votre famille... Que résoudre en cette pénible circonstance?... Refuser, ainsi que vous l'avez fait jusqu'ici, de prendre le voile, c'est vous exposer à subir des mauvais traitements, des rigueurs, auxquelles vous succomberiez; entrer en religion, même contrainte par la force, c'est renoncer pour toujours aux douces joies de la famille. Avant de faire un choix, ma sœur, tâchez de gagner du temps; je vous y aiderai en arguant auprès de votre supérieure, de la nécessité des délais pour compléter votre éducation religieuse. Votre père et votre oncle se sont sans doute mis à votre recherche. Donc ayez bon espoir dans le succès de leurs démarches. Votre père agira auprès de M. Robert Estienne, et celui-ci auprès de la princesse Marguerite pour obtenir votre libération. Comptez sur mon vif désir de vous être utile; c'est un devoir pour moi de vous consoler, de vous soutenir dans votre cruelle situation. A ce devoir je ne faillirai pas.

Tels ont été, bonne mère, les conseils de frère Saint-Ernest-Martyr. Je les ai d'abord suivis; mais il lui fut impossible de sortir de son couvent ni de vous écrire, n'osant se confier pour cela aux autres moines qui l'auraient probablement dénoncé à l'abbé.

Hélas! bonne mère, je devais être frappée d'un nouveau malheur; frère Saint-Ernest-Martyr a cessé de venir me donner l'instruction religieuse; peu de jours après notre conférence il a été remplacé par un autre moine augustin. Tant d'afflictions me rendirent gravement malade; je sentis, à la peine que me causait l'absence de frère Saint-Ernest-Martyr, combien je l'aimais. Cet amour, il ne le soupçonne pas, il l'ignorera toujours. Mon cœur se brise à la pensée de ce qui me reste à l'apprendre...

Le nouveau moine augustin qui avait été chargé de me catéchiser, m'inspirait une sorte de répulsion instinctive dont je ne pouvais dissimuler les manifestations. Il se plaignit à la supérieure de mes mauvaises dispositions à son égard. L'abbesse me manda près d'elle et me déclara qu'instruite ou non, je prononcerais mes vœux le surlendemain, ajoutant qu'alors on me permettrait de voir ma famille.

Je priai la supérieure de m'accorder un jour de plus pour réfléchir sur cette grave résolution. Ma requête fut accueillie. Voici quelles ont été mes réflexions: me refuser à entrer en religion, — c'est m'exposer à subir encore ces violences, ces châtiments, dont le souvenir me rend pourpre de honte... c'est renoncer à mon unique espérance de revoir de temps à autre mes parents bien-aimés. D'autre part je sens que mon amour pour frère Saint-Ernest-Martyr ne finira qu'avec ma vie... ne pouvant être à lui je n'épouserai personne... renoncer à lui, c'est renoncer au monde, aux joies de la famille. Pourquoi alors ne prendrais-je pas le voile?

J'étais seule, sans conseils, affaiblie par la souffrance, obsédée par des religieuses qui employaient tour à tour la persuasion et la menace; je désespérais de trouver le moyen de t'instruire de mon sort, ma bonne mère, je me suis résignée à prononcer mes vœux...

Ce matin, la cérémonie a eu lieu; j'ai été baptisée en religion d'un triste nom; on m'appelle *Sainte-Françoise-au-Tombeau*... Je dois passer cette nuit en prières dans la chapelle de la Vierge, suivant l'usage pour les prises de voile.

Mes vœux prononcés, l'abbesse m'a fait donner ce qu'il me fallait pour écrire, encre et papier, me promettant que cette lettre serait remise demain à ma famille.

J'ai été coupable de prendre une si grave résolution sans ton consentement, bonne mère, et sans le consentement de mon père.

J'interromps ma lettre à cet endroit... Neuf heures sonnent à l'horloge du couvent, je vais être conduite à la chapelle, où je dois veiller toute la nuit. Que Dieu prenne pitié de moi !

Demain, bonne et tendre mère, je terminerai cette lettre que j'emporte cachée dans mon corsage. Je te dirai ce qu'auront été mes pensées.

A demain, mère. Je finirai mes confidences.

Cette légende vous apprendra, fils de Joel, à la suite de quels évènements Christian devint possesseur de la lettre de l'infortunée Héna, ainsi que du journal écrit par le frère Saint-Ernest-Martyr, lorsqu'il était dans le couvent des Augustins, prisonnier et surveillé.

FRAGMENT DU JOURNAL D'ERNEST RENNEPONT
EN RELIGION FRÈRE SAINT-ERNEST-MARTYR

Décembre, 1534.

Seigneur Dieu ! ayez pitié de moi ! Je viens de revoir cette jeune fille ! je l'ai confessée dans le couvent de nos sœurs augustines. Elle y est enfermée; on veut la contraindre à prononcer ses vœux. Pauvre victime !

Lorsque j'ai reconnu sa voix, lorsque, dans l'ombre du confessionnal, j'ai entrevu sa figure angélique, mon cœur a tressailli d'une joie insensée; puis j'ai tremblé, j'ai pleuré... O vous qui lisez au fond des âmes, vous le savez, mon Dieu ! ma première pensée a été de sortir du tribunal de la pénitence; je ne me sentais plus digne d'y siéger... Mais cette enfant, dans son infortune, n'avait que moi pour appui; elle vous remerciait avec tant d'effusion, ô mon Dieu ! de m'avoir envoyé sur son chemin, que ma résolution a faibli, je suis resté...

..... A vous, mon divin maître, je me confesse. Oui, la première fois que j'ai vu cette jeune fille chez Marie-la-Catelle, alors que j'enseignais les enfants dans son école, j'ai été frappé de la beauté d'Héna Lebrenn, de sa modestie, de sa candeur, de sa grâce! Marie-la-Catelle, sans le savoir, a rendu plus profonde la vive impression que m'avait causée son amie, en me parlant de ses vertus, de la bonté, de la loyauté de son caractère. Oui, je le confesse, depuis ce jour, malgré ma raison qui me disait : un tel amour est insensé; malgré ma foi qui me disait : un tel amour est coupable; cette passion folle, cette passion criminelle a pris chaque jour sur moi un nouvel empire. Ma rencontre d'aujourd'hui, en m'ouvrant sans réserve cette âme ingénue et charmante, a pour jamais rivé ma chaîne; je l'aime avec passion; je traînerai ce fatal amour jusqu'au tombeau.

..... Impossible de sortir de mon couvent ! Je suis l'objet d'une surveillance de tous les moments ; le soupçon et la haine veillent autour de moi. Comment prévenir la famille d'Héna de la contrainte que l'on exerce sur elle? Les jours se passent; je tremble que, sans s'arrêter à mes observations, basées sur ce que l'instruction religieuse d'Héna n'est pas assez avancée, l'abbesse des Augustines ne la contraigne à prononcer ses vœux... Si j'étais assez misérable pour écouter la voix d'un exécrable égoïsme, j'éprouverais une sorte de joie en songeant qu'Héna, ne pouvant m'appartenir, ne serait à personne après son entrée en religion... Non, si je le pouvais, je rendrais cette infortunée à sa famille... J'ouvrirais les portes du couvent.

..... La famille !... une épouse !... des enfants !... les sentiments les plus doux, les plus chers, les plus sacrés qui puissent élever l'âme à la hauteur de tes desseins providentiels, ô céleste Créateur !... la famille !... cet ineffable sanctuaire des vertus domestiques m'est à jamais fermé... Maudits soient-ils ceux qui ont fondé les premiers couvents !

..... Et qui me l'a fermé, ce sanctuaire? Est-ce ta volonté, Dieu juste ! toi qui as donné une compagne à l'homme? Non, non, ni ta parole, révélée par tes prophètes, ni la parole de ton Fils, notre Rédempteur, n'ont dit à tes prêtres : « Vous resterez en dehors de l'humanité; vous êtes au-dessus ou au-dessous des devoirs qu'impose cette sainte mission : — assurer le bonheur d'une épouse, élever des enfants dans l'amour et la pratique du juste et du bien, leur donner le pain de l'âme et le pain du corps !... »

Ces réformés, ces hérétiques, sont restés fidèles aux préceptes divins; leurs pasteurs sont époux et pères...

..... En ce moment les bruits et les chants de l'orgie pénètrent jusqu'au fond de ma cellule, mystères de corruption, de débauche! Le pauvre peuple ignorant croit au célibat des moines et à la chasteté des nonnes!... Moines et nonnes se livrent à toutes les abominations.

La taverne du vin Pineau (page 324)

Avant d'avoir rencontré Héna chez Marie-la-Catelle, vous le savez, ô mon Dieu! j'étais frappé de la justice des réformes réclamées en votre nom par les Luthériens; j'étais en communion avec eux, sinon des lèvres, du moins du fond de l'âme. L'adoration des images et des saints, l'arrogance du clergé, la confession, qui livre à des prêtres infâmes les secrets du foyer domestique, la rédemption des péchés et des âmes mise à prix d'argent, le trafic des indulgences; tant d'iniquités, tant d'outrages à la morale m'indignaient. Mon esprit s'ouvrait à la lumière.

..... J'ai fait un rêve étrange!
Devenu pasteur de la religion réformée, j'avais pu épouser Héna... nous habitions un village au fond d'une riante vallée; je donnais l'instruction aux jeunes garçons, Héna réunissait autour d'elle les jeunes filles. Dieu bénissait notre union; deux beaux enfants venaient resserrer les liens de notre tendresse... O saintes joies de la famille. Héna, ma femme bien-aimée!

..... Fou que je suis! au lieu d'appesantir ma pensée sur ce rêve, que ne puis-je l'arracher de mon esprit. Jusqu'ici, du moins, je trouvais une amère consolation dans cette pensée: l'*impossible*... — Je suis moine; un obstacle infranchissable me sépare d'Héna. — Ma douleur se repaissait des plus lugubres pensées; plongé dans un labyrinthe sans issue, aucune lueur d'espérance ne pénétrait la profondeur de mon désespoir; mais à cette heure, mais depuis ce rêve funeste, je me dis:

— Et pourtant, je pouvais être heureux. Je pouvais embrasser la religion évangélique, devenir l'un de ses pasteurs, ne pas forfaire à mon serment de me vouer au service de Dieu, et

142e livraison

cependant épouser Héna, puisque les ministres réformés ne sont pas soumis au célibat.

..... Merci à vous, mon Dieu! si intense même que fût cette espérance, elle s'est évanouie... je suis retombé dans l'abîme de ma désespérance... pour épouser Héna, il fallait qu'elle t'aimât! Son cœur aurait-il pu jamais battre pour un homme vêtu d'un froc de moine?

..... Qui m'a fait moine? A treize ans, avais-je assez de raison pour décider de ma vocation, pour comprendre la signification des vœux monastiques? N'est-ce pas pour obéir à mon père que je suis entré novice dans l'ordre des Augustins? Tel a été mon premier pas dans la vie religieuse; et par lassitude, par habitude, par soumission, je devais me consacrer à cette vie stérile et morne! J'ai fléchi devant la volonté paternelle... Ainsi va le monde!... A mon frère aîné la liberté de choisir une carrière, une épouse; à lui le patrimoine héréditaire; à lui les joies de la famille; à moi la claustration; à moi les vœux de sujétion, de célibat et de pauvreté! Telles sont les iniquités des catholiques.

..... Une fièvre lente me mine, me dévore; je ne suis plus que l'ombre de moi-même. L'instruction religieuse que chaque jour je donne à Héna dans l'ombre du confessionnal est pour moi un supplice; je suis devenu d'une sensibilité nerveuse, que le son si doux de la voix de ma pénitente ébranle jusqu'aux dernières fibres de mon cerveau; son souffle, qui parfois arrive à mon visage au travers de la grille du confessionnal, fait ruisseler mon front d'une sueur brûlante, bientôt glacée à mes tempes... Je n'ai plus le courage de subir plus longtemps cette torture... Je deviendrais fou... Voir, sentir près de moi cette jeune fille, dont la pensée remplit mon âme, et sans cesse me contraindre, veiller sur chacune de mes paroles, sur leur intonation, sur les soupirs, sur les larmes que m'arrachent ses peines et les miennes, afin de lui cacher mon secret. Je suis à bout de forces... La fièvre, l'insomnie ont usé ma vie; à peine si je pourrai me traîner de ma cellule jusqu'à l'église des Augustines... Rappelez-moi donc à vous, ô mon Dieu!... ayez pitié de moi!... miséricorde!... Abrégez mes tourments.

..... Plus de doute, Héna va être contrainte à prononcer ses vœux. Hier, je me suis rendu au couvent des Augustines afin de déclarer à la supérieure que ma santé affaiblie m'ordonnait un repos absolu, et que je ne pourrais continuer l'instruction religieuse de la professe.

— Héna Lebrenn est-elle enfin en état de prendre le voile? m'a demandé la supérieure.

— Pas encore, ai-je répondu à l'abbesse.

— En ce cas, — a-t-elle repris, — le Seigneur l'éclairera de sa grâce quand il lui plaira, c'est son affaire : mais il faut qu'avant huit jours cette fille soit entrée en religion, suivant l'ordre que j'ai reçu de mes supérieurs ecclésiastiques. Un autre de nos frères augustins sera chargé de compléter bien ou mal l'instruction de la novice. C'est le révérend père Lefèvre qui l'a fait rentrer ici ; elle a un frère que l'on a aussi arraché à la perdition. Avec lui, la tâche a été facile ; loin de se refuser à prononcer ses vœux, il a demandé à entrer dans l'ordre des Cordeliers et a été conduit à leur couvent, auprès d'un de ses amis, fra Girard. Le père et la mère sont hérétiques endiablés ; qu'ils soient maudits!

Ainsi, contre tout droit et équité, ces deux enfants ont été arrachés à leur famille et en seront à jamais séparés... Je donnerais ma vie pour instruire M. et Mme Lebrenn du sort réservé à leur fille! Mais, hélas! nul moyen de les voir.

..... Héna prononce demain ses vœux au couvent des Augustines; j'ai été instruit du fait par le moine qui m'a remplacé près d'elle comme catéchiseur. Mon Dieu! la pauvre enfant est perdue, à jamais perdue pour sa famille.

Pourtant, il me reste encore une lueur d'espoir ; la surveillance que l'on exerce sur moi est devenue moins rigoureuse depuis que ma vie s'éteint et que je ne quitte plus mon lit... Si ce soir, à la nuit, je puis sortir du couvent, j'irai avertir M. Lebrenn du péril imminent dont sa fille est menacée ; peut-être que, grâce à la recommandation de M. Robert Estienne, la princesse Marguerite pourrait obtenir la liberté d'Héna avant la prise de voile.

..... Mon Dieu ! exaucez ma prière et délivrez-moi ensuite de la vie!... Je demanderai à être enseveli dans mon froc, où je tiens cachés ces feuillets, seuls confidents de mon amour!...

. . . .

LA TAVERNE DU VIN PINEAU

Telle était l'enseigne d'un cabaret qui servait de rendez-vous aux bandits de toute sorte qui infestaient alors la cité de Paris. Les archers du guet respectaient ce coupe-gorge à demi souterrain ; ils ne s'aventuraient jamais dans la ruelle tortueuse et obscure au milieu de laquelle se balançait et grinçait au vent la vieille enseigne du *Vin Pineau*, bien connue des larrons. Trois hommes attablés dans l'un des réduits de ce repaire s'entretenaient d'un projet important, à en juger par le mystère dont ils entouraient leur réunion ; PICROCHOLE LE MAUVAIS-GARÇON et son compère GRIPPE-MINAUD LE TIRE-LAINE, qui assistaient plusieurs mois auparavant à la vente des indulgences dans l'église Saint-Dominique, étaient deux des interlocuteurs de cette conversation, engagée depuis quelques instants avec JOSÉPHIN LE FRANC-TAUPIN. Transformation étrange ! cet aventurier, jadis d'une inaltérable bonne humeur, était méconnaissable ; ses traits mornes, farouches, révélaient de profonds chagrins, et il laissait près de lui son pot plein de vin. Quelle plus grande preuve de son chagrin !

— Saint-Cadouin ! — dit Picrochole en matière d'invocation dévote, — nous voici seuls ; nous diras-tu ce que tu veux de nous, Joséphin ?

— Picrochole, je t'ai connu à la guerre...

— Oui, j'étais arquebusier dans la compagnie de M. de Montluc ; mais las de tuer à la bataille et sans profit, des Italiens, des Espagnols, des Suisses, des Flamands, que je ne connaissais point, j'ai préféré tuer, pour de l'argent, des Français, que je connais moyennant le signalement qu'on me donne. Je me suis fait *mauvais-garçon*, je mets au service de celui qui me paie ma dague et mon épée. Troc pour troc.

— C'est être soldat d'une autre manière, — ajouta Grippe-Minaud, mais il faut pour ce métier un courage que je ne possède pas. Je préfère m'adresser à d'honnêtes bourgeois qui, la nuit venue, regagnent leur demeure sans autre arme... qu'une lanterne.

— Picrochole, — reprit le franc-taupin, — je t'ai sauvé la vie à la bataille de Mirande, je t'ai dégagé des mains de deux lansquenets qui, sans moi... te faisaient passer un mauvais quart d'heure. Je crois m'être conduit en camarade.

— Saint-Cadouin ! me prends-tu pour ingrat ? Si tu as un service à me demander, tu peux parler sans crainte d'un refus.

— En te rencontrant tantôt, la pensée m'est venue que tu pouvais me venir en aide...

— Est-ce un ennemi dont il faut te débarrasser ? Tu n'as qu'à me mettre en face de lui.

Joséphin secoua négativement la tête et montra du bout du doigt sa longue épée, déposée sur la table. Cela suffit pour toi une telle besogne.

— Tu es capable de te débarrasser toi-même de tes ennemis, reprit le mauvais-garçon ; je n'en doute pas. De quoi s'agit-il donc ?

Le franc-taupin poursuivit d'une voix navrée, tandis qu'une larme roulait dans son œil :

— Picrochole, j'avais une sœur...

— De quel ton tu racontes la chose ; tu ne dirais pas plus tristement... Picrochole, les pots sont vides et pas d'argent pour les faire remplir.

— Morte ma sœur ! — s'écria le franc-taupin avec un accent de désespoir, — il y a dans mon cœur un vide que rien ne comblera !

Et il cacha son visage entre les mains.

— Le vide a du bon quand on le fait dans la bourse d'un bourgeois, — dit Grippe-Minaud, tandis que son compagnon reprit :

— Donc, Joséphin, tu avais une sœur... tu ne l'as donc plus ! continue la narration.

— Elle est morte !... — murmura le franc-taupin, étouffant un sanglot, puis se contenant, il ajouta : Il me reste une nièce...

— Une nièce ? — dit le mauvais-garçon. — Est-ce à elle qu'il faut rendre service ? Est-elle jeune et jolie ?...

Le bandit se tut devant le coup d'œil terrible qui lui lança l'aventurier ; puis il reprit :

— Je t'ai connu meilleur compagnon, jadis...

— Je ne ris plus... — répondit le franc-taupin d'un air sinistre ; — ma gaîté s'en est allée !... Arrivons au fait. . Ma sœur est morte en prison ; j'ai pu du moins obtenir la permission de la voir avant qu'elle ait fermé les yeux, et recevoir ses dernières volontés. Elle laisse trois enfants, une fille et deux garçons, mais l'aîné ne compte pas.

— Comment cela ? Explique-nous ce rébus.

— Je m'entends... La fille de ma sœur a été arrêtée, conduite au couvent des Augustines, où elle est à cette heure enfermée...

— Saint-Cadouin ! de quoi te plains-tu ? Avoir une nièce au couvent, c'est presque avoir pour soi un ange au paradis !

Et le mauvais-garçon se signa dévotement en portant son pouce de son nez à son menton, puis de l'un à l'autre des coins de sa bouche.

— Ah ! que n'ai-je sœur, fille ou nièce au couvent ! elles prieraient pour la rémission de mes péchés... je serais sans souci pour l'avenir, comme le poisson dans l'eau.

— Et leurs prières ne te coûteraient pas un denier ! — ajouta Grippe-Minaud en soupirant.

— Ah ! si ma fille Marotte ne s'était, à quatorze ans, sauvée avec un argoulet, elle serait à cette heure au couvent, priant pour son bon père le tire-laine !... Confession ! c'eût été mon rêve !

Et le larron se signa de la même manière que son compère le mauvais-garçon.

Ces paroles des deux bandits agréèrent au franc-taupin ; elles lui étaient une nouvelle preuve du mélange de superstition et de scélératesse habituelle à ces bandits ; leur fanatisme servait ses projets. Il continua sa communication qu'écoutèrent ses deux camarades.

— Ma nièce n'a pas de vocation religieuse ; elle a été conduite et retenue par force à ce couvent, il faut qu'elle en sorte... Veux-tu m'aider à l'enlever ?

— Saint-Cadouin ! — s'écria le mauvais-garçon avec terreur et se signant de nouveau, — ce serait un sacrilège !

— Violer un lieu saint ! — reprit Grippe-Minaud, pâlissant et se signant comme Picrochole ; — Confession ! mes cheveux se dressent sur ma tête, rien que d'y penser !

Les deux brigands, muets de stupeur, s'entre-regardèrent tremblants, effarés ; le franc-taupin ne parut nullement surpris de leurs scrupules et, après quelques instants de silence, il ajouta :

— Mauvais-garçons et tire-laines sont bons

catholiques, je le sais; aussi, rassurez-vous, mes dévots, j'ai le pouvoir de vous absoudre...

— Vas-tu nous conter que tu es commissaire apostolique?

— Qu'importe, si je vous assure une indulgence plénière? Ah! mon compère.

— Toi... toi, Joséphin?... Tu nous bernes! Et tu prétendais n'être plus bon raillard?

L'aventurier, séparé des deux larrons par la largeur de la table, plaça son épée entre ses jambes, planta devant lui sa dague nue et à sa portée, puis il tira de la poche de ses larges chausses un parchemin... C'était la lettre d'absolution d'Hervé, ramassée par le franc-taupin au seuil de la maison de sa sœur, lors de l'arrestation de la famille Lebrenn. Il déplia la cédule apostolique; la tint ouverte et bien en vue des deux brigands, et leur dit;

— Regardez et lisez, puisque vous savez lire.

— Une lettre d'absolution! — s'écrièrent le mauvais-garçon et le tire-laine, dont les yeux étincelèrent de convoitise en examinant le parchemin. — Il y a les sceaux, les signatures... rien n'y manque?

— J'ai vu avant-hier pareille cédule entre les mains du comte de Saint-Mexin, qui m'a donné dix ducats pour dépêcher certain gros avocat, un mari qui gêne un avocate dans ses amours avec ce jeune seigneur!

— Confession! — s'écria Grippe-Minaud en se signant de nouveau, — lettre complète!... elle remet même les *cas réservés!*... Grâce à cette absolution, on pourrait tout faire, tout!... sans péril pour son âme!

Les deux bandits, après avoir lu et contemplé avec extase la cédule apostolique, échangèrent un coup d'œil rapide et significatif surpris par le franc-taupin, déjà sur ses gardes; il se jeta vivement en arrière, se leva de son siège, enfouit le précieux parchemin dans sa poche, s'éloigna de la table, et debout, la jambe tendue en avant, son épée d'une main, sa dague de l'autre, il dit aux deux compagnons :

— Ventre-saint-Quenet! mes maîtres, je vous savais trop bons catholiques pour n'être pas tentés de me poignarder afin de vous emparer de cette cédule absolutrice des crimes passés, présents et futurs! Voire! mes halepopins, il ne me reste qu'un œil; mais il est bon!

— Tu es fou; l'on ne se défie pas ainsi d'un vieil ami, — reprit Picrochole; — tu t'es mépris sur notre intention.

— Nous voulions seulement voir de plus près cette bienheureuse et inestimable lettre — ajouta le tire-laine. — Confession! êtes-vous heureux, compagnon, de posséder un pareil trésor! — Et il se signa. — Saints et saintes du paradis, gratifiez-moi d'une pareille aubaine, je fais brûler vingt cierges à la Chandeleur!

— Il dépend de vous de posséder ce trésor, — reprit l'aventurier. — Je vous donne cette lettre d'absolution, si ce soir vous m'aidez à enlever ma nièce du couvent des Augustines; vous serez, de par cette cédule apostolique, absous de vos péchés passés, présents, futurs, et, par surcroît, du sacrilège de cette nuit; vous pourrez donc désormais nager en plein crime, sans soucis pour votre âme, comme disait Picrochole... Vous aurez le paradis tout gagné.

— Mais, reprit le mauvais garçon en hochant la tête, — cette lettre n'absout qu'un seul chrétien.., et nous sommes deux?

— L'affaire faite, vous jouerez la cédule aux dés! — répondit Joséphin. — Il y aura un perdant et un gagnant; la chance est égale pour chacun de vous.

Les deux bandits se consultèrent du regard; Picrochole reprit :

— Mais comment possèdes-tu cette lettre? Ces absolutions-là sont les plus coûteuses... Saint-Cadouin! le moins qu'elles vaillent est, dit-on, vingt-cinq écus d'or!

— Peu t'importe de savoir de qui je tiens cette cédule!... Mort de ma sœur! tout l'or du monde ne paierait pas les larmes que ce parchemin a fait couler!... reprit le franc-taupin, dont les traits exprimèrent une douleur profonde en songeant aux révélations que lui avait faites Brigitte sur Hervé.

Puis, se maîtrisant, l'aventurier ajouta : — Voulez-vous, oui ou non, tous deux me prêter ce soir main-forte pour enlever ma nièce du couvent des Augustines et pour une autre expédition? C'est une partie double à jouer.

— Saint-Cadouin! il y a deux coups à faire; tu ne nous as pas dit cela d'abord...

— La seconde expédition n'est qu'un jeu; s'emparer d'un coffret.

— Que contient ce coffret, — demanda le tire-laine affriandé?

— Des papiers, — répondit le franc-taupin, — et quelques objets sans valeur. De plus, comme vous êtes de scrupuleux catholiques, j'ajouterai, pour la paix de votre âme, que ce coffret, qu'il s'agit de reprendre, a été volé à mon beau-frère. Vous aiderez à une restitution.

— Joséphin, tu veux nous en donner à garder! — dit le mauvais-garçon; l'on n'attache pas tant de prix à des paperasses et à des objets sans valeur.

— Lorsque cette cassette sera en notre pouvoir vous l'ouvrirez... si elle contient des choses précieuses, elles seront à vous...

— Il n'y a rien à répondre à cela, — reprit Picrochole en regardant le tire-laine; — c'est loyal, hein? Nous accepterons la proposition.

— Très loyal... Mais procédons par ordre... L'enlèvement de la religieuse... Nombril du pape! je frissonne en y songeant; car si le coup des dés ne me donne pas la lettre d'absolution, je resterai chargé d'un sacrilège!...

— C'est la chance, — dit l'aventurier; — mais si tu gagnes l'indulgence... te voilà en sécurité pour l'éternité, mon catholique, quelque crime que tu commettes.

— Par le membre de Satan! je le sais bien, tentateur!... c'est là ce qui m'affriole!...

— Moi aussi! reprit l'autre brigand. — Mais comment nous y prendrions-nous pour pénétrer dans le couvent des Augustines?

— Je vais vous expliquer le plan. Mon beau-frère se cache de crainte d'être arrêté : ma nièce, conduite au couvent des Augustines, a été forcée de prononcer ses vœux aujourd'hui.

— Comment le sais-tu?

— J'étais allé tantôt, selon que cela m'arrive souvent, faire une station devant la maison de ma sœur... et songer..

— Dans quel but?

— Afin de la regarder, cette pauvre demeure, aujourd'hui déserte, et où, lors de mon retour de chaque campagne, Brigitte, son mari, leurs enfants, me faisaient si doux accueil! Vous parlez de paradis, mes dévots; cette maison-là était mon paradis, à moi!... Et encore aujourd'hui, j'allais rôdant autour d'elle comme une âme en peine, l'œil attaché sur cette fenêtre fermée où tant de fois j'avais vu les figures chéries de ma sœur et de sa fille me sourire quand je frappais à leur porte...

L'expression des traits, l'accent de la voix du franc-taupin, émurent les deux bandits malgré leur endurcissement; Joséphin étouffa un soupir et reprit :

— Donc, tantôt, je rôdais autour de la maison, lorsque vint à moi un moine... oh! un bon moine! si pâle, si défait, que j'eus peine à le reconnaître; mais lui, quoiqu'il ne m'eût rencontré qu'une fois, me reconnut à ma taille et à l'empâture que j'ai sur l'œil. Il me demanda s'il pouvait parler à l'instant à ma sœur ou à mon beau-frère. — Ma sœur est morte, et mon beau-frère se cache, — dis-je à ce religieux. Alors, il m'apprend que ma nièce est enfermée au couvent des Augustines, où lui, moine augustin, a été son confesseur; que, soumis depuis plusieurs mois à une séquestration rigoureuse, il a pu cependant s'échapper, la surveillance dont on l'entourait s'étant un peu relâchée depuis quelques jours... Pauvre moine! il était si miévre, si affaibli, si décharné, qu'il pouvait à peine se soutenir... Ignorant les malheurs de notre famille, il venait révéler aux parents de ma nièce ce qu'il savait d'elle. Il risquait, son évasion découverte, d'être poursuivi; je le conduisis en un lieu sûr où se cache mon beau-frère. Chemin faisant, j'ai appris du moine ceci : ma nièce a prononcé ses vœux aujourd'hui; après quoi, selon la coutume, elle passera la nuit seule en prières dans l'oratoire de la Vierge, séparée de l'église du couvent par l'un des enclos du cloître. Maintenant, attention, mes maîtres, aux renseignements que m'a donnés le moine : les murailles de la cour de la chapelle longent la ruelle Saint-Benoît. Je suis allé, avant la tombée de la nuit, examiner les murailles; elles ne sont pas fort élevées, il nous sera possible de les escalader pendant que l'un de nous fera le guet dans la ruelle.

— Ce sera moi! — dit vivement-Grippe-Minaud; — je retiens ce poste!... J'ai l'œil d'un lynx, l'oreille d'une taupe!

— Tu fais donc le guet; moi et Picrochole, nous escaladons la muraille, il m'attend aux abords de la chapelle, afin de me prêter main-forte au besoin, si quelqu'un tentait de s'opposer à l'enlèvement de ma nièce. Je la trouve dans l'oratoire, elle me suit, nous forçons l'une des portes du jardin, je conduis avant la fin de la nuit la pauvre enfant près de son père, où elle sera en sûreté; puis, au point du jour, nous entreprendrons la seconde expédition.

— Ce coffret dont il faut s'emparer?

— Rien de plus facile. Nous nous rendons tous les trois au collège Montaigu, nous demandons au portier le numéro de la chambre de l'abbé Lefèvre; c'est lui le voleur du coffret...

— Cornes de Moïse! — s'écria Grippe-Minaud en se signant, — un abbé! porter encore la main sur un oint du Seigneur!

— Deux sacrilèges en un jour! — ajouta le mauvais-garçon en hochant la tête; — c'est lourd sur la conscience!

— Et la lettre d'absolution! — s'écria impatiemment l'aventurier. — Par l'enfer! dont vous craignez les rôtissures, mes bons catholiques! avez-vous la foi, oui ou non?

— C'est vrai, — reprit Picrochole, — il y a la cédule d'absolution... elle nous couvre! Grâce à sa bénéfique vertu, l'un de nous sera blanc comme neige à l'intérieur!

— Donc, — ajouta le franc-taupin, — nous demandons l'abbé Lefèvre sous le prétexte d'une affaire urgente à lui communiquer, nous montons jusqu'à la chambre, nous frappons à la porte; notre homme, encore au lit, se lève, et ouvre; nous nous précipitons sur lui, vous le bâillonnez, je cherche le coffret en question, je le trouve, j'en suis certain. Nous attachons à son lit l'abbé, toujours bâillonné, afin qu'il ne puisse donner l'alarme; nous refermons la porte, et nous détalons!

— Oh! ce serait un jeu, s'il ne s'agissait pas d'un prêtre! — dit le tire-laine en interrompant le franc-taupin. — Et puis l'enlèvement de ta nièce! la violation d'un lieu saint!...

— J'ai dépêché avant-hier mon septième homme! — ajouta le mauvais-garçon. Aussi n'ai-je pas la conscience tranquille, car, pour acheter l'absolution d'un meurtre, il faudrait payer plus que le meurtre ne rapporte!... Mais un meurtre laïque est une peccadille auprès d'un sacrilège !... Et si, après l'expédition que tu nous proposes, je ne gagne pas aux dés la cédule apostolique? Saint-Cadouin ! je ne rêverai que des flammes éternelles...

— C'est la chance, reprit Joséphin. — Mais l'heure s'avance, décidez-vous ? est-ce oui ? est-ce non ? Dois-je me mettre en quête ailleurs.

— Quand nous remettras-tu la lettre ?

— Lorsque ma nièce sera en sûreté auprès de son père, et lorsque j'aurai le coffret entre mes mains. Chose convenue, chose due.

— Si tu nous trompes ; si, l'expédition faite, tu ne nous livres pas la cédule catholique ?

— Ventre-saint-Quenet ! et si, profitant d'un moment où je ne serai pas sur mes gardes, vous me poignardez cette nuit, afin de vous emparer de la lettre avant de m'avoir rendu les services que j'attends de vous ? Les chances sont égales et se compensent. Assez de paroles.

— Ah ! Joséphin, un pareil soupçon envers moi, ton ancien compagnon d'armes !...

— Confession ! nous qui avons bu au même pot, nous croire capables d'un procédé aussi peu délicat ! Reviens à de meilleurs sentiments.

— Sang Dieu ! la soirée s'avance ; il nous faut le temps de préparer nos moyens d'escalade, reprit l'aventurier. — Une dernière fois, est-ce oui ou non ?

Les deux bandits se consultèrent pendant quelques instants du regard ; puis Picrochole, tendant la main au franc-taupin :

— Foi de mauvais-garçon... et sur le salut de mon âme... c'est dit... tu peux compter sur moi, à la vie, à la mort.

— Foi de tire-laine... et sur le salut de mon âme... c'est dit... tu peux disposer de moi.

— Marchons ! reprit le franc-taupin.

— Joséphin sortit de la taverne du *Vin Pineau*, accompagné des deux bandits.

LA COURTILLE DE L'IMPRIMEUR ROBERT ESTIENNE

La *courtille*, ou maison des champs, que possédait Robert Estienne près de Saint-Ouen, sur la route de Saint Denis, était solitaire et assez éloignée du village ; le chemin de traverse qui conduisait à l'entrée de cette demeure aboutissait à une grille en fer voisine d'une maisonnette occupée par le jardinier et par sa femme. Le logis principal s'élevait au milieu d'un jardin clos de murailles. Le lendemain de cette soirée où le franc-taupin, le mauvais-garçon et le tire-laine s'étaient rencontrés à la taverne du *Vin Pineau*, Michel, le jardinier de M. Robert Estienne, de retour des champs vers la fin de la journée, fort contrarié de ne pas trouver sa femme Alison au logis, dont elle avait emporté la clé, maugréait, tempêtait en soufflant dans ses doigts engourdis par la froidure de décembre ; enfin il vit sa femme, revenant du village sans doute, se diriger vers la grille.

— Où diable es-tu allée ? cria Michel à Alison du plus loin qu'il l'aperçut. — Ne pouvais-tu, du moins, laisser la clé à la porte de la maison ? Au diable les femmes oublieuses.

— J'étais allée... à confesse, — répondit la jardinière, évitant le regard de son mari et poussant la grille. — J'avais emporté la clé parce que tu étais aux champs.

— A confesse... à confesse... — reprit Michel, grommelant ; — et moi, je me morfondais.

— Il faut pourtant bien que je fasse mon salut ! Tu m'as envoyée ce matin à Paris porter une lettre à notre maître ; M. le curé a bien voulu m'entendre au confessionnal cette après-dînée, j'ai profité de sa bonne volonté.

— Soit ; mais, jarnigué ! tâche de gagner le paradis sans m'exposer à geler de froid !

A peine les deux époux sont-ils entrés dans la maisonnette que Michel prête l'oreille du côté de la grille et dit vivement :

— J'entends le trot d'un cheval.

Puis, ressortant, le brave Michel regarde dans l'avenue à travers la grille, reconnaît M. Robert Estienne, et s'écrie :

— Alison, viens vite ; c'est notre maître !

Et le jardinier ouvre les battants de la grille à Robert Estienne ; celui-ci descend de son cheval, dont il remet la bride à son serviteur, lui disant :

— Bonjour, Michel... Quoi de nouveau ici ?

— Ah ! monsieur, beaucoup de choses...

— Est-ce que mon hôte courrait quelque danger ? Quelque indiscrétion aurait-elle été commise ?

— Non, grâce à Dieu ! monsieur, soyez tranquille ; vous pouvez compter sur ma femme comme sur moi-même. Personne ne se doute, dans le village, qu'il y ait quelqu'un de caché dans votre maison.

— Que s'est-il passé alors depuis ma dernière visite ? Alison m'a apporté ce matin un billet de l'ami à qui je donne asile ; mais ce billet, tout en réclamant ma présence ici, ne m'annonçait aucun événement grave.

— Sans doute la personne qui est ici, monsieur, se réserve de vous apprendre qu'elle n'est plus seule céans.

— Comment cela ?

— Avant-hier, ce grand borgne qui vient de temps à autre, et toujours de nuit, est arrivé en plein jour, monté dans une petite charrette attelée d'un âne et remplie de paille. Il m'a chargé de garder la charrette, est allé trouver votre hôte, puis ils sont revenus tous deux, et de la paille dont était garnie la charrette, ils ont tiré... un moine !

— Un moine! tu dis... un moine.

— Oui, monsieur, un jeune moine de l'ordre des Augustins qui semblait n'avoir pas une heure à vivre, tant il était pâle et défait.

— Et qu'est-il devenu ?

— Il est resté ici... et votre hôte m'a dit : « Michel, gardez, je vous en prie, un secret absolu sur l'arrivée de ce religieux dans cette maison ; je préviendrai M. Estienne de l'évènement. Votre maître approuvera mes dispositions. »

— Vous avez suivi ces recommandations ?

— Oui, monsieur... mais ce n'est pas tout... Cette nuit, le grand borgne est revenu avant le point du jour ; il était à cheval et avait derrière lui en croupe et cachée dans un manteau... une religieuse... Je suis allé aussitôt avertir votre hôte ; il est accouru, et peu s'en est fallu qu'il ne se soit évanoui à la vue de cette nonne ; puis, fondant en larmes, il est rentré avec elle dans la maison, tandis que le grand borgne repartait au galop. Il faisait alors à peine jour. Enfin, vers le midi, le grand borgne est encore revenu, mais cette fois vêtu d'un sarrau et d'un bonnet de paysan ; il apportait à votre hôte un coffret, après quoi, il s'en est allé...

M. Robert Estienne, très surpris de ce que lui apprenait le jardinier, se dirigea vers la maison, où il frappa d'abord, en manière de signal, deux coups, puis un troisième séparé des premiers par un léger intervalle ; et bientôt Christian vint ouvrir la porte.

— Mon ami, qu'avez-vous ; que s'est-il passé ? — s'écria Robert Estienne, frappé de la profonde altération des traits de l'artisan, qui se jeta dans les bras de son patron en murmurant au milieu de sanglots étouffés:

— Ma fille !... ma fille !...

Robert Estienne répondit à l'étreinte convulsive de Christian, et, croyant qu'il s'agissait d'un irréparable malheur, il reprit d'une voix émue:

— Du courage, mon ami... du courage...

— Elle est retrouvée !... — s'écria Christian. Et un éclair de joie ineffable brilla dans ses yeux. Mon enfant nous est rendue.

— Elle est ici !... elle est près de moi !...

— Il est vrai! reprit Robert Estienne. Puis se rappelant les paroles de son jardinier :

— Cette religieuse ?...

— C'est Hèna... Mais venez, venez, monsieur, mon cœur déborde de joie, ma tête se perd... Oh! jamais je n'ai eu plus besoin de vos sages conseils... Que faire dans cette occurence ?

Christian et son patron s'étaient jusqu'alors tenus à l'entrée d'un vestibule ; ils se rendirent dans une chambre voisine.

— De grâce, mon cher Christian, calmez-vous, dit M. Robert Estienne, apprenez-moi ce qui s'est passé... Vous avez, dites-vous, besoin de mes conseils ? Il est inutile d'ajouter que mes conseils et mon amitié vous sont acquis.

L'artisan se recueillit pendant un moment, et essuyant du revers de la main les larmes dont son visage était inondé :

— Vous avez connu l'arrestation de ma femme, de ma fille et de mon fils aîné dans notre maison. L'on m'eût également arrêté si l'on m'avait rencontré au logis. Mon beau-frère qui s'était posté aux abords de ma maison m'a prévenu du danger que je courais et m'a fait rebrousser chemin. Grâce à Joséphin et à vous, j'ai trouvé un refuge, d'abord à Paris, puis ici, dans cette retraite qui vous a paru offrir plus de sécurité.

— N'acquittais-je pas ainsi une dette de reconnaissance ? Votre hospitalité envers Jean Calvin a été, peut-être, la cause principale de la persécution dont vous et votre famille êtes les victimes. Malgré mes vives instances, la princesse Marguerite, dont le crédit seul m'a jusqu'ici soutenu contre mes ennemis, a refusé de tenter aucune démarche en votre faveur. Le cardinal Duprat lui a dit : « Madame, l'homme auquel vous vous intéressez est l'un des plus forcenés ennemis du roi et de l'Eglise ; si nous parvenons à mettre la main sur ce Christian Lebrenn, il n'échappera pas à la potence qu'il mérite ! » Tant d'acharnement contre vous, laborieux et obscur artisan, me confond.

— De cet acharnement je connais maintenant la cause, monsieur Estienne, et avant de poursuivre notre entretien, je vous dois cette révélation ; elle pourra influer sur les conseils que j'attends de vous.

Christian ouvrit le coffret renfermant ses légendes de famille, que le franc-taupin avait rapporté le matin, y prit un papier, le remit à M. Robert Estienne et lui dit :

— Veuillez lire ceci, monsieur ; les manuscrits auxquels cette note fait allusion sont les chroniques dont je vous ai quelquefois parlé.

M. Robert Estienne prit la note et lut :

IGNACE DE LOYOLA, GÉNÉRAL DE LA COMPAGNIE DE JÉSUS

A. M. D. G.

(Ad Majorem Dei gloriam)

« Les manuscrits ci-joints, malgré l'incorrection de leur style et autres défauts de forme, peuvent devenir, depuis la découverte de l'imprimerie, une arme très pernicieuse.

« Cette légende, transmise d'âge en âge, dans le secret du foyer domestique, à d'obscures générations du menu peuple, ne pouvait, avant la diabolique invention de l'imprimerie, avoir d'autre inconvénient que de perpétuer d'exécrables traditions dans une seule famille ; mais il n'en est plus ainsi à cette heure. Ces rapsodies sont empreintes de la haine de race que porte le Gaulois au Franc, le conquis au conquérant, le serf à son seigneur, le sujet à la royauté et à l'Eglise; ces rapsodies pourraient être maintenant multipliées en nombre infini par le moyen de l'imprimerie, et ainsi répandues dans le mauvais peuple, trop enclin à la rébellion contre l'autorité pontificale et l'autorité royale. Or, le peuple instruit, par ces légendes, de faits historiques qui doivent toujours être pour lui LETTRE CLOSE, si l'on veut qu'il ressente à l'endroit du trône et de l'autel une soumission aveugle, un respect et une terreur salutaires, ce mauvais peuple s'engagerait plus audacieusement encore à l'avenir dans ces révoltes dont pas un siècle n'a été à l'abri jusqu'ici, ce à quoi la société de Jésus, avec l'aide de Dieu, mettra ordre.

« Donc, il faut sans retard faire disparaître ces manuscrits, et, comme l'a proposé notre cher fils Lefèvre, briser les traditions de cette famille *Lebrenn* en employant les moyens suivants :

« Faire condamner le père et la mère comme hérétiques; les faits d'hérésie surabondent contre eux. La torture et le bûcher pour ces infâmes.

« Enfermer dans un couvent et contraindre à y prononcer leurs vœux le fils et la fille (Héna et Hervé), actuellement à Paris.

« Quant au plus jeune fils, Odelin, âgé de quinze ans et voyageant à cette heure en Italie, avec maître Raimbaud, armurier, signalé comme hérétique, il faut attendre le retour de cet adolescent à Paris, suivre à son égard la même marche, l'enlever, le mettre au couvent, l'obliger à prononcer ses vœux; il a quinze ans, et malgré le vice de son éducation première, il sera facile d'agir sur un enfant de cet âge. Si, contre toute probabilité, l'on ne réussissait point, on le retiendrait au couvent jusqu'à l'âge de dix-huit ans; plus tard on ferait prononcer une condamnation pour crime d'hérésie contre lui et on le ferait brûler vif.

« J'*insiste*... il est important, non seulement de détruire les manuscrits susdits, mais encore de briser la tradition de cette famille et de l'éteindre... soit en la livrant au bras séculier pour crimes d'hérésie, soit en ensevelissant à jamais ces derniers rejetons dans l'ombre d'un cloître.

« Il faut bien se rappeler ceci : — il n'est point de petits ennemis; — les causes les plus infimes produisent souvent de grands effets; — il suffit, à un moment donné, en un temps de rébellion, d'un homme de résolution pour entraîner le populaire. Or, grâce à sa tradition séculaire, la famille Lebrenn pourrait produire l'un de ces hommes-là. Nous devons prévoir cette occurrence et supprimer cette famille.

« Si, par impossible, les mesures ci-dessus indiquées ne réussissaient point, si cette dangereuse race se perpétuait, il faut que notre ORDRE, dans son égale perpétuité, ait toujours l'œil ouvert... sur ces *Lebrenn*, qui, certainement, engendreront de pernicieux scélérats.

« Cet exemple entre mille autres exemples prouve la nécessité des *registres* dont j'ai parlé. Je VEUX qu'il ne soit tenu un dans chaque division par le provincial de notre ordre; JE VEUX que l'on inscrive en ce registre les noms des familles sur lesquelles l'attention de l'Ordre doit être plus spécialement attachée. Ces renseignements ainsi conservés et transmis de siècle en siècle offriront à notre Compagnie des moyens de surveillance et d'action sur les générations futures. Telle est ma volonté.

» Notre cher fils Lefèvre inaugurera donc le registre de la *province de France* en y inscrivant le nom de la famille *Lebrenn;* on y ajoutera ceux de *Robert Estienne*, de *Gaspard de Coligny*, du *prince de Gerolstein*, d'*Ambroise Paré*, de *Clément Marot*, de *Bernard Palissy*, du *vicomte de Plouernel* et autres, qu'il serait trop long d'énumérer ici, mais que l'on trouvera dans les listes d'hérétiques fournies par le Gainier à M. le lieutenant criminel, qui s'empressera de mettre ces documents à la disposition de notre cher fils Lefèvre, que Dieu garde...

» I. L. »

— *Ignace de Loyola !* — ajouta Christian, traduisant les initiales I et L prononcées par Robert Estienne, qui, muet de stupeur, regardait l'artisan. Celui-ci reprit avec une sombre amertume : — Les ordres d'Ignace de Loyola ont été suivis... Ma femme... — et il étouffa un sanglot, — ma femme a été arrêtée, emprisonnée comme hérétique... Béni soyez-vous, mon Dieu! elle est morte en prison... cette mort l'a sans doute sauvée du bûcher!... Ma fille a été conduite au couvent des Augustines, où la malheureuse enfant a été contrainte hier de prononcer des vœux éternels... Mon fils Hervé... ah! ce monstre ne mérite plus le titre de fils...

— Qu'avez-vous donc à lui reprocher?

— Une lettre de ma fille adressée à sa mère, dont elle ignorait la mort, m'a mis sur la voie d'un horrible secret... J'ai interrogé ce matin mon beau-frère, qui, plus heureux que moi, avait pu voir Brigitte dans sa prison... il m'a dévoilé d'horribles mystères...

— Achevez votre récit, mon ami...

Alors essuyant son front baigné d'une sueur froide, l'artisan reprit :

— Hervé est entré au couvent des Cordeliers... non contre son gré... mais avec joie !... il ne quittera pas fra Girard, le démon qui l'a perdu... On attend mon fils Odelin à son retour d'Italie... Hélas! l'enfant est en route, il m'a été impossible de prévenir maître Raimbaud de ce qui s'est passé ici, ne sachant où lui adresser mes lettres. Ils tomberont aux mains de nos ennemis.

— Juste ciel! — s'écria Robert Estienne, frappé d'un souvenir soudain et interrompant Christian, — plus de doute... Tout à l'heure, en

Le franc-taupin

vous écoutant me raconter comment les instructions d'Ignace de Loyola avaient été suivies, je m'étonnais de ce que, même en ces tristes temps où la liberté, la vie des citoyens est à la merci du bon ou du mauvais vouloir du cardinal Duprat et de son instrument, le lieutenant criminel Jean Morin, ce complot tramé contre votre famille ait pu être exécuté aussi rapidement; maintenant, je ne m'en étonne plus, Ignace de Loyola exerce une puissante influence sur le cardinal Duprat, devenu membre de la Compagnie.

— Déjà la société de Jésus est à l'œuvre ?…

— N'en doutez pas !… Lorsque je suis allé supplier la princesse Marguerite d'intercéder en faveur de Marie-la-Catelle, de Jean Dubourg, de Laforge et autres de nos amis, ma protectrice m'a demandé si je connaissais un certain gentilhomme, jeune encore et boiteux, qui presque chaque jour avait de longues conférences avec le cardinal, et sur qui, disait-on, il avait pris un grand empire. J'ai pu édifier la princesse sur le chef du nouvel ordre des Jésuites, grâce aux renseignements que vous m'avez fournis. Il est évident que c'est avec la connivence du cardinal qu'Ignace de Loyola a pu atteindre votre famille. Mais ce qui ne m'est pas expliqué, c'est la cause qui pousse cet homme à vous poursuivre avec tant d'acharnement et à vouloir votre mort.

— Ignace de Loyola ne me pardonne pas, sans doute, d'avoir surpris le secret de son Ordre. Lefèvre, l'un de ses disciples et l'un de mes anciens amis, m'a aperçu lors de cette nuit funeste, caché derrière une grosse pierre au fond de la carrière; mais il a feint de ne pas me voir pour ne pas éveiller mes craintes, et, dès le lendemain, il guidait chez moi les archers du guet, s'emparait de mes papiers de famille, dont je lui

143ᵉ livraison

avais autrefois donné connaissance, et montait au galetas où, découvrant quelques débris de lettres laissés par Jean Calvin, il aura été mis ainsi sur la trace de l'assemblée des réformés à Montmartre, car, quelques heures après l'arrivée des religionnaires, la carrière était envahie par les archers...

— Mais comment vos légendes de famille et la note qui les concerne sont-ils revenus dans vos mains?

— C'est encore par l'intervention du frère de de ma femme, ce soldat d'aventure dont je vous ai souvent parlé. Joséphin, c'est le nom de mon beau-frère, se rendait à notre maison lorsque Brigitte et les enfants ont été arrêtés, il les a vu emmener; il a vu également un homme vêtu d'un froc noir à capuchon rabattu emporter le coffret contenant nos légendes: cet homme était mon ancien ami Lefèvre... Une fois hors de chez moi, ne croyant plus nécessaire de cacher sa figure, il a relevé son capuchon, Joséphin l'a reconnu; cette découverte a été pour moi une révélation... Ce soir-là, mon beau-frère ne pouvait tenter d'arracher ma femme et ma fille aux mains des archers; il est resté aux environs de ma demeure, épiant mon arrivée. C'est de lui que j'ai appris l'arrestation de ma famille. Enfin, hier, rencontrant dans le voisinage de notre maison un jeune moine augustin évadé de son couvent, et sachant par lui que ma fille avait prononcé ses vœux, le franc-taupin, certain du lieu où se trouvait Héna, a résolu de l'enlever de son cloître à l'aide de gens déterminés; il a réussi dans cette difficile entreprise. Enfin, ne doutant pas que le coffret renfermant nos légendes ne fût entre les mains de Lefèvre, il s'est rendu de grand matin, bien accompagné, au collège Montaigu, a enlevé de force à ce jésuite le coffret où se trouvait, jointe à nos chroniques, la note d'Ignace de Loyola, et me les a rapportées ce matin.

— Quel dévouement! Grâce à ce vaillant aventurier, votre fille vous est rendue... Ce moine à qui vous avez donné ici l'hospitalité est sans doute celui qui, fuyant son couvent, a mis le franc-taupin à même de délivrer votre fille? La situation paraît moins dangereuse.

— Oui, monsieur Estienne... Maintenant, je vous en adjure, éclairez-moi de vos conseils; ma tête se perd, je suis en proie aux plus cruelles perplexités.

— Vous craignez que l'on ne retrouve les traces de votre fille?

— Cette crainte est terrible, mais ce n'est pas là ma plus grande appréhension.

— Qu'avez-vous donc encore à redouter?

— Christian sanglota : Je suis un malheureux père! Vous ne savez pas tout... Ce jeune moine est frère Saint-Ernest-Martyr.

— Celui-là est un vrai disciple du Christ!

Marie-la-Catelle m'a souvent dit qu'il inclinait à la Réforme.

— Écoutez, monsieur Estienne... A peine arrivé ici, épuisé déjà par une fièvre lente, ce jeune moine perd connaissance; je lui donne tous mes soins, je le dévêts de son froc, je le couche en mon lit, je le veille. Quelques feuillets de papier étaient tombés de ses vêtements, je les ramasse, j'y jette les yeux, je lis le nom de ma fille... je cède, je l'avoue, à un sentiment de curiosité peut-être blâmable, je déplie ces feuillets... Ah! quelle découverte!...

— Ces feuillets?

— Contenaient les fragments d'une sorte de journal, confident des pensées de ce jeune moine... J'apprends ainsi que, choisi pour être le confesseur et l'instructeur de ma fille au couvent des Augustines... il est devenu épris d'elle! il aime Héna passionnément.

— Vous sait-il instruit de son secret?

— Oui... en sortant de sa défaillance, il a vu entre mes mains les fragments de son journal; il a jeté un cri d'effroi. « Rassurez-vous. — lui ai-je dit, — l'âme d'un honnête homme se reflète dans ces révélations; je ne peux que vous plaindre... »

— Votre fille se trouve ici avec lui?

— Ma fille... — reprit Christian, attachant sur M. Robert Estienne un regard noyé de larmes, — ma fille ignore la passion de ce jeune moine... et elle l'aime...

— Malheureuse enfant!

— Cet amour la tue... c'est une des causes qui l'ont décidée à prononcer ses vœux... Elle m'a tout avoué avec sa candeur habituelle.

— Depuis qu'ils sont ici, Héna et ce jeune moine se sont-ils vus?

— Non. Ce pauvre jeune homme, Ernest Rennepont, tel était son nom avant d'entrer en religion, instruit par moi de la présence de ma fille dans cette maison, voulait aller se livrer aux supérieurs de son Ordre, de crainte que l'on ne nous regardât comme complices de son évasion. J'ai repoussé avec énergie cette proposition qui était le sacrifice de sa vie.

— Chacun de ces jeunes gens ignore que l'amour qu'il éprouve est partagé par l'autre.

— Ma fille en mourra, monsieur Estienne... elle en mourra!... Ma tête se perd à sonder cet abîme de maux... Que faire? que résoudre? Je vous ai prié de venir ici sans m'expliquer davantage, mettant mon dernier espoir dans votre haute raison; elle jettera peut-être quelques lueurs au milieu de ce chaos d'afflictions devant lequel mon désespoir recule. Je ne vois autour de nous qu'abîmes et périls.

Christian s'arrêta de parler.

M. Robert Estienne resta quelques moments silencieux et recueilli; puis il reprit :

— Mon ami, vous connaissez comme moi la

vie de Luther. Ce grand réformateur, moine, comme Ernest Rennepont, et ainsi que lui d'abord, plein de foi dans l'Eglise romaine, s'est séparé d'elle, à cause des scandales dont il a été le témoin... Croyez-vous Ernest Rennepont décidé à embrasser la Réforme ?

— J'ignore quelle peut être sa pensée à cet égard; mais lorsqu'il m'a vu instruit de son amour pour Hèna, il s'est s'écrié : « Moi, misérable moine, en aimant Hèna, j'ai commis un crime aux yeux de l'Eglise. Pourtant, Dieu le sait, la pureté de cet amour honorerait tout homme de bien qui ne serait pas condamné au célibat ! »

— Revenons à Luther... Le Réformateur s'est surtout élevé avec une irrésistible logique contre le célibat des prêtres...

— Grand Dieu ! — s'écria Christian en interrompant M. Robert Estienne, — quel souvenir vos paroles éveillent... Ces fragments de journal écrits par ce malheureux moine font mention d'un rêve dans lequel il se voyait pasteur de la religion évangélique, époux d'Hèna, donnant, ainsi qu'elle, l'instruction aux enfants...

— Pourquoi Ernest Rennepont ne conformerait-il pas sa conduite aux préceptes de Luther ?

— Ah ! monsieur ! — murmura Christian en portant les deux mains à son front brûlant, — l'espoir, le doute, troublent ma raison... je n'ose m'abandonner à cette pensée, de crainte d'une affreuse déception... Cependant vos paroles sont empreintes de la plus grande sagesse et d'une extrême bienveillance.

— Mon ami, raisonnons avec calme... dominez un moment vos angoisses... Ce jeune moine est un homme de cœur, nous ne pouvons en douter; sa conduite dans ces dernières circonstances n'a-t-elle pas augmenté votre affection, votre estime pour lui ?

— C'est la vérité. Je l'estime beaucoup.

— Son pur et noble amour pour Hèna honorerait, il vous l'a dit, tout honnête homme ?

— Je le crois fermement depuis que j'ai lu ces pages qu'Ernest Rennepont pensait écrire pour lui seul...

— Maintenant, mon ami, admettons qu'il embrasse la Réforme... son savoir, ses bonnes mœurs, son penchant pour l'éducation des enfants, le rendraient digne d'être ministre de la nouvelle Eglise : aussi, j'en suis presque certain, nos amis le proposeraient avec joie à l'élection de nos frères, et ceux-ci l'acclameraient pasteur, car jamais la parole évangélique n'aurait de plus digne interprète.

— Ah ! monsieur Estienne, de grâce, n'ouvrez pas mon cœur à une suprême espérance, peut-être décevante !

— Hélas ! vous avez tant souffert, que je comprends votre hésitation devant un consolant espoir; mais réfléchissez, et vous reconnaîtrez que cet espoir n'a rien d'exagéré... Résumons-nous : Ernest Rennepont renonce à son Ordre, embrasse la Réforme, est reconnu pasteur, il peut contracter mariage... Ceci admis, ne pensez-vous pas que votre fille consente à cette union, si vous l'approuvez ?

— Elle meurt de ce fatal amour, se croyant séparée d'Ernest Rennepont par un abîme d'impossibilités; elle ne refuserait donc pas de s'unir à celui qu'elle aime.

— Eh bien ! mon ami, quels obstacles prévoyez-vous ? Ces espérances, loin d'être décevantes, ne deviennent-elles pas des certitudes ? La douleur de ces deux infortunés ne se change-t-elle pas en un bonheur ineffable ?... Vous restez soucieux, accablé.

— Monsieur Estienne, ce projet est trop beau !

— Christian ! vous, homme de raison et de fermeté, éprouver une pareille défaillance !

— La mort de ma femme, la situation lamentable dans laquelle se trouve ma chère fille, le crime de ce misérable que je ne veux plus appeler mon fils... tant de chagrins ont brisé les ressorts de mon âme... Je suis comme anéanti et sans force...

— Jamais pourtant vous n'avez eu plus besoin de votre énergie... Ce projet est trop beau, dites-vous, mon ami ? Mais, fût-il accompli, ne courez-vous pas encore les plus grands dangers ? Oubliez-vous que votre liberté, que votre vie, sont menacées ? Oubliez-vous qu'à cette heure sans doute on cherche les traces d'Ernest Rennepont et de votre fille ? Reprenez du courage avec l'espérance de triompher de vos ennemis. Nous devons continuer la lutte sans trêve ni repos.

— Merci à vous, monsieur Estienne, merci ! vos paroles me réconfortent. Oui, ce projet, qui arracherait ma fille au désespoir qui la tue... ce projet, hélas ! est loin d'être accompli...

— Voici mon avis : je vais, si cette démarche vous embarrasse, aller trouver Ernest Rennepont, lui proposer d'embrasser la Réforme, de devenir pasteur de la nouvelle Eglise, enfin de réaliser son rêve, si Hèna acceptait cette union. Certain du consentement d'Ernest Rennepont, vous vous rendriez alors près de votre fille; sa réponse ne saurait, selon moi, être douteuse. Le mariage convenu, il faut se hâter ; la disparition d'Hèna, la restitution forcée de vos papiers de famille, vont redoubler l'ardeur de vos persécuteurs; vous ne serez pas longtemps en sûreté, vous, votre fille et son époux, dans le voisinage de Paris. Voici à quoi j'avais déjà songé, dans le cas où cette retraite-ci ne vous offrirait plus assez de sécurité : j'ai un ami imprimeur à La Rochelle, ville fortifiée, riche, industrieuse, bien armée, complètement vouée à la Réforme, et assez confiante dans la puissance de ses franchises municipales, dans ses remparts et dans le courage de ses nombreux habitants pour défier nos ennemis ; vous serez à, vous et les vôtres, en pleine sécurité; vous pourriez y vivre du fruit de votre travail; mieux que personne, je sais combien vous êtes habile dans votre art. Enfin, si vous devez quitter Paris avant le retour de votre fils Odelin...

Ah! monsieur Estienne, je tremble en songeant que Lefèvre épie la venue de cet enfant pour l'enlever... quel coup ce serait pour moi!... Quel sort nos ennemis réserveraient à mon pauvre Odelin?

— Je veillerai sur votre fils. J'irai dès demain chez dame Raimbaud, peut-être son mari l'aura-t-il instruite du jour probable de son retour d'Italie; en ce cas, et même de toute façon, votre beau-frère le franc-taupin, qui déjà vous a donné tant de preuves de dévouement, pourra nous aider à prévenir l'enlèvement de votre fils Odelin. Je compte beaucoup sur son concours.

— Que le ciel vous entende!

— L'on entre généralement à Paris en revenant d'Italie, par la porte de la Bastille.

— Oui, monsieur; et maître Raimbaud demeurant, comme la plupart des armuriers, dans le voisinage de cette forteresse, rentrera presque certainement par le faubourg Saint-Antoine. C'est un point établi.

— Il faudra donc que le franc-taupin, si dame Raimbaud est instruite du prochain retour de son mari, reste en observation sur la route d'Italie ou aux abords de la Bastille, afin de guetter l'arrivée de votre fils, de l'empêcher d'entrer à Paris et de lui remettre une lettre de vous qui l'engagerait à aller vous rejoindre à La Rochelle; je me chargerai de fournir à Odelin les ressources nécessaires pour le voyage. Quand il sera à La Rochelle, près de vous, il continuera son métier d'armurier. Maintenant, Christian, je partage vos prévisions... les temps approchent où, plus que jamais, seront occupés ceux-là qui forgent les armes de guerre!... Allons, du courage! Réservons-nous pour le jour des luttes.

— Comment vous témoigner ma reconnaissance? Vous pensez à tout.

— Mon ami, depuis deux générations, votre famille et la mienne se sont mutuellement rendu assez de services pour qu'il soit impossible de dire de quel côté se trouvent les obligés... Ne perdons pas un moment, conduisez-moi auprès d'Ernest Rennepont; dès que je connaîtrai sa résolution, je vous en ferai part; vous pourrez alors proposer ce mariage à votre fille avec les plus grands ménagements, car dans son état de faiblesse et de souffrance, il faut lui épargner de trop vives émotions. La joie peut tuer aussi bien que le désespoir.

Christian conduisit M. Robert Estienne auprès du jeune moine, les laissa tous les deux et attendit la fin de leur entretien, après lequel il devait aller retrouver Hèna.

. . . .

Sœur *Sainte-Françoise-au-Tombeau*, ainsi qu'Hèna Lebrenn avait été baptisée en religion, occupait dans la courtille une chambre voisine de celle de son père; la jeune fille portait encore ses habits de nonne. La pâleur de son visage, encadré des plis de sa coiffe et de son long voile blanc, se distinguait à peine de la mate blancheur du lin; douleur et résignation se lisaient sur ses traits, rendus presque diaphanes par la maigreur. Assise près d'une fenêtre, les mains jointes sur ses genoux, ses grands yeux bleus levés vers le ciel, elle semblait regarder sans les voir les sombres nuées que la bise poussait avec de longs gémissements... Hèna songeait aux événements accomplis depuis trois jours. Malgré sa résolution de se vouer à la vie religieuse afin de revoir sa famille, de ne plus habiter sous le même toit que son frère, dont la passion lui inspirait une horreur invincible, et d'ensevelir à jamais dans l'ombre glacée du cloître son fatal amour pour frère Saint-Ernest Martyr, la jeune fille, lors de cette nuit où, ses vœux prononcés, elle priait seule dans la chapelle de la Vierge, accueillit cependant son oncle Joséphin comme un libérateur et n'hésita pas à fuir avec lui du couvent des Augustines. Elle ignorait le sort de sa mère; l'espoir de se retrouver bientôt près de ses parents tant aimés après une si cruelle séparation domina tout autre sentiment; mais lorsque, revoyant Christian, la malheureuse enfant apprit de lui la mort de Brigitte, les poursuites dont il était l'objet et la présence de frère Saint-Ernest-Martyr dans ce refuge, elle faillit devenir folle. Affaiblie par la souffrance, bouleversée par tant d'événements imprévus, un moment son esprit se troubla; mais la droiture de sa raison triompha de cet accablement; et elle se dit:

— Mon devoir est tracé... Je resterai auprès de mon père, je m'efforcerai par ma tendresse de lui rendre moins cruelle la perte de ma mère; s'il doit fuir, je l'accompagnerai en exil; je remplacerai également ma mère auprès de mon jeune frère Odelin... Je n'essaierai pas d'oublier frère Saint-Ernest-Martyr; mais, conservant cet amour au plus profond de mon cœur, je vous dirai, ô mon Dieu: Faites, par votre grâce infinie, que cet amour ne me tue pas... faites que je vive pour mon père, qui a besoin de mes soins et de mon affection!

Telles étaient les pensées de la jeune fille lorsqu'elle vit entrer Christian dans sa chambre. Le visage de l'imprimeur reflétait un sentiment de bonheur contenu; des larmes..... douces larmes, cette fois... noyaient ses yeux. Malgré son désir de ne pas montrer sa joie devant sa fille, de crainte de l'impressionner trop vivement, il ne put s'empêcher de la serrer entre ses bras à plusieurs reprises et de la couvrir de baisers. Hèna, touchée de cette effusion de caresses et frappée du changement des traits de son père, s'écria :

— Dieu soit loué! père, tu as à m'annoncer une bonne nouvelle... On ne te poursuit plus : et tu ne seras plus forcé de te cacher...

Christian secoua négativement la tête, et tenant toujours sa fille entre ses bras, la contemplant avec ravissement, il s'assit, la garda sur ses genoux, ainsi que l'on tient un enfant ; puis, d'une voix tremblante d'émotion :

— Oui, ma chère Hèna... oui, bien-aimée, j'ai à t'apprendre une bonne nouvelle à toi... mais non pas celle à laquelle tu as pensé ; il nous faudra bientôt quitter cette retraite, où nos persécuteurs nous découvriraient peut-être, et nous nous en irons loin, bien loin d'ici... pour échapper à toutes les poursuites.

— Cependant, père, ta voix tremble de bonheur... je lis le contentement sur ton visage...

— Cette nouvelle si heureuse... si inespérée, te concerne... te concerne seule...

— Seule, mon père...

— Non, non, pas seule... Ce qui est heureux pour toi ne l'est-il pas pour moi ?...

Hèna regarda Christian avec étonnement ; il hésitait à poursuivre, redoutant les suites d'une révélation trop brusque ; il se recueillit un instant et reprit :

— Sais-tu, mon enfant, ce que c'est qu'un pasteur de la religion réformée ?

— C'est, je crois... un ministre de l'Evangile.

— Oui, les pasteurs répandent la parole évangélique ; mais à l'encontre des prêtres catholiques condamnés au célibat par l'Eglise, les ministres du culte réformé peuvent se marier, goûter les douces joies de la famille, en accomplir les devoirs...

Un sourire d'amertume effleura les lèvres d'Hèna ; son père la couvait des yeux ; il pénétra le fond de ses secrètes pensées.

— Ce droit d'être époux et pères, reconnu par l'Eglise évangélique à ses ministres, a engagé quelques prêtres catholiques à rompre avec l'Eglise de Rome et à embrasser la Réforme.

Hèna, penchant son front sur l'épaule de son père, fondit en larmes ; il fit un léger mouvement en arrière afin de dégager le visage éploré de sa fille, qu'il tenait toujours assise sur ses genoux, enlacée de ses bras, et le cœur palpitant d'espérance :

— Mon enfant, tu dis sans doute à part toi : « Hélas! frère Saint-Ernest-Martyr est un prêtre catholique!... »

— Tu as deviné ma pensée, cher père ; je me dis que je n'ai qu'à m'incliner devant une situation fatale. Mais parlons de cette bonne nouvelle que tu parais si empressé de m'apprendre...

— Soit, chère enfant... Cependant, afin de n'avoir pas à revenir sur un sujet douloureux pour toi... je t'annoncerai que frère Saint-Ernest-Martyr, ou plutôt Ernest Rennepont, qui est son véritable nom, se sépare du catholicisme et embrasse la Réforme...

Christian sentit Hèna trembler convulsivement sur ses genoux ; la pauvre enfant porta ses deux mains à son visage, où de nouveau ruisselèrent des pleurs.

— Ma chère fille ! — reprit l'artisan, contenant à peine sa joie, — encore un aveu que j'attends de ta franchisse... tu te dis, n'est-ce pas : « Ernest Rennepont abjure ses vœux... le voici libre... il peut actuellement chercher une compagne... S'il m'avait aimée !... »

— Père, bon père, laissons ces pensées...

— O mon enfant bien-aimée ! — s'écria l'artisan radieux, — ô mon soutien, ma seule consolation, courage ! courage ! non plus pour lutter contre le chagrin... mais pour te défendre... du saisissement que souvent nous cause un bonheur inattendu...

— Un bonheur inattendu, mon père?...

— Oui, cette heureuse nouvelle que je t'apporte... C'est d'abord la résolution d'Ernest Rennepont de devenir pasteur de l'Eglise évangélique ; ainsi il pourra, en continuant de servir Dieu, se marier... Oui, et si le vœu le plus cher de son noble cœur était réalisé, sais-tu, mon Hèna, quelle serait l'épouse de son choix ?... Ce serait... ce serait... toi, mon trésor !.,, Ernest Rennepont t'aime éperdûment depuis le jour où il t'a vue chez Marie-la-Catelle !...

Hèna, malgré les précautions employées par son père, ne résista pas à la secousse que lui causa cette révélation ; Christian, tenant toujours sa fille assise sur ses genoux et serrée dans ses bras, la vit pâlir, incliner la tête sur son épaule et perdre connaissance. Il se leva, porta la jeune fille sur son lit, au chevet duquel il s'agenouilla, attendant la fin d'une crise causée par un excès de bonheur. Bientôt il entendit frapper à la porte ; il demanda :

— Est-ce vous, monsieur Estienne ?

— Oui... et je ne suis pas seul...

— N'entrez pas, alors... — reprit Christian. — Hèna est évanouie, et je craindrais qu'en reprenant ses esprits, la vue de son fiancé lui causât une trop vive émotion.

En effet, quelques mouvements d'Hèna, le léger incarnat dont ses joues se coloraient peu à peu, annoncèrent que la connaissance lui revenait ; ses yeux demeurèrent demi clos, elle tourna vers son père sa tête allanguie ; puis, attachant sur lui un regard fixe, encore à demi voilé, elle parut interroger ses souvenirs confus.

— Non, ce n'est pas un rêve, — dit l'artisan, — non, fille chérie, tu n'es pas le jouet d'une illusion... Ernest Rennepont renonce à la vie monastique, il embrasse la religion évangélique, dont il sera pasteur ; il t'aime depuis longtemps du plus pur, du plus noble amour. J'ai surpris le secret de son âme; et jamais père n'a pu désirer pour sa fille un époux plus digne d'estime et d'affection...

Puis, indiquant du geste la porte voisine :

— Il est là, accompagné de notre ami M. Estienne; te sens-tu maintenant assez vaillante pour les recevoir tous les deux, pauvre chère enfant?... Veux-tu qu'ils entrent l'un et l'autre dans ta chambre ?

— Il m'aime! — reprit Héna en prenant les mains de son père et les baisant; — Il m'aime aussi!... et depuis longtemps ?

— Oui, oui... mais il te dira cela mieux que moi... ajouta Christian avec un sourire d'ineffable bonheur. — Il est là; il n'attend qu'un signal de nous pour venir à toi, ma fille chérie.

Héna s'assit sur son lit, plaça l'une de ses mains sur son cœur pour en comprimer les battements, et encore trop émue pour parler, elle fit à son père un signe de tête affirmatif ; l'artisan introduisit alors dans la chambre M. Robert Estienne, soutenant par le bras Ernest Rennepont. A ce moment, l'on entendit au dehors, du côté de la cour, les pas d'un cheval; Christian, cédant à un mouvement d'inquiétude involontaire, courut à la fenêtre, et se rassura en reconnaissant son beau-frère le franc-taupin qui descendait de sa monture. Héna et Ernest Rennepont, étrangers à ce qui se passait autour d'eux, ne se quittaient pas du regard ; lorsque le jeune homme fut près du lit où Héna se tenait assise, il se mit devant elle à genoux, joignit les mains, leva vers elle son pâle visage, alors rayonnant d'une félicité céleste: et tous les deux, incapables de prononcer une parole, se contemplèrent avec recueillement. M. Robert Estienne ne put retenir ses larmes; l'artisan s'approcha des deux fiancés, prit la main d'Héna, la plaça dans celle d'Ernest Rennepont, toujours agenouillé ; puis d'une voix entrecoupée par l'émotion :

— Soyez fiancés... jamais de plus nobles cœurs n'ont été dignes d'êtres l'un à l'autre...

Christian prononçait ces mots solennels lorsque le franc-taupin entra ; déjà instruit par son beau-frère de l'amour réciproque des deux jeunes gens, celui-ci tressaillit de joie en les voyant réunis.

— Apprenez tout, mon ami, — dit l'artisan à Joséphin ; — ma fille et celui que, dès aujourd'hui, j'appelle mon fils, vous doivent leur liberté. Vous avez le droit de connaître ce qui les intéresse... Ernest Rennepont renonce à ses vœux monastiques, il abjure le catholicisme et embrasse la religion réformée, dont il sera pasteur; or, les pasteurs évangéliques peuvent se marier...

— Alors, hâtez le mariage! — reprit à voix basse l'aventurier en emmenant Christian et M. Robert Estienne dans l'embrasure de la croisée, tandis que les deux fiancés demeuraient sous l'empire d'une sorte d'extase, n'entendaient rien, ne voyaient rien de ce qui se passait autour d'eux. Le franc-taupin ajouta à voix basse : J'accours de Paris; j'ai entendu proclamer à son de trompe un avis portant que sœur *Sainte-Françoise-au-Tombeau* et frère *Saint-Ernest-Martyr* sont considérés comme relaps, et sous le coup de la peine dont ce crime est puni... le bûcher... Satanée religion catholique! Damnation !

— Le bûcher!... — murmura Robert Estienne, frissonnant d'horreur et d'un geste rapide arrêtant une exclamation d'épouvante près d'échapper à Christian.

— Le temps presse, — ajouta le franc-taupin; — mon beau-frère, sa fille et le jeune moine doivent quitter votre maison cette nuit même; ils n'y seraient plus en sûreté demain.

— Je me range à votre avis, — reprit Robert Estienne. — Voici alors de quelle manière nous devons procéder : vous, Joséphin, vous retournerez à Paris porter une lettre de moi à l'un de nos pasteurs, pour le prier de venir ce soir même recevoir l'abjuration d'Ernest Rennepont et donner la bénédiction nuptiale aux deux fiancés... Aussitôt après, Héna et son mari se mettront en route avec vous et avec Christian qui prendra mon cheval. Sa fille montera en croupe...

— Le jeune moine se mettra derrière moi, sur mon courtaud, dit le franc-taupin ; je conduirai les fugitifs jusqu'à une distance de cinq ou six lieues de Paris...

— Ce soir, vous apporterez des habits séculiers pour nos jeunes gens, — dit M. Robert Estienne en donnant sa bourse au franc-taupin.

— Vous paierez aussi le prix de son courtaud au maquignon qui vous a loué l'animal ; Ernest Rennepont le gardera et accompagnera Christian et sa fille à la Rochelle...Là seulement ils seront tous les trois en sûreté... Donc, ne perdons pas une minute; vite, à cheval, Joséphin, à cheval!... Il y va de la vie pour vous tous.

L'aventurier sortit précipitamment, jetant sur Héna et sur Ernest Rennepont un regard attendri ; tous les deux, le ciel dans le cœur, ignoraient les nouveaux dangers dont ils étaient menacés. La Société de Jésus veillait !...

. . . .

Il est bientôt minuit; M. Robert Estienne, Christian, sa fille, Ernest Rennepont et le franc-taupin sont réunis dans le salon de la maison des champs, incertain refuge qu'ils doivent bientôt quitter. Un vieillard à cheveux blancs, pasteur de l'Église évangélique, s'est rendu dans la soirée à l'appel de Robert Estienne, afin de venir recevoir l'abjuration des fiancés et leur donner la bénédiction nuptiale. Une table où sont placés des flambeaux occupe le fond de la salle ; sur cette table sont un encrier, des plumes, du papier et une petite Bible de poche à fermoirs d'argent. Hèna et Ernest Rennepont sont debout. Derrière la table se tient le pasteur; Robert Estienne, Christian et le franc-taupin assistent les deux fiancés. L'agitation que causent aux futurs époux tant d'événements inattendus, les ébranlements causés par un bonheur contenu, animent leurs traits naguère décolorés ; tous les deux recueillis et songeant au passé, élèvent leur âme vers Dieu dans un élan d'ineffable reconnaissance ; ils implorent sa miséricorde. Leur amour n'a rien de terrestre ; ils ne voient dans la consécration de leur mariage que le droit de se dévouer l'un à l'autre, de lutter de sacrifices, d'abnégation, de servir la sainte cause du progrès ; ils savent quels sont les périls que doivent affronter les apôtres de la nouvelle doctrine.

Le pasteur, prenant sur la table un feuillet de papier, lit l'acte d'abjuration suivant d'une voix solennelle :

« Cejourd'hui, 19 décembre 1534, ont comparu devant nous : ERNEST RENNEPONT, nommé dans sa religion *frère Saint-Ernest-Martyr* et LOUISE-HÈNA LEBRENN, nommée dans sa religion *sœur Sainte-Françoise-au-Tombeau*, lesquels ont déclaré qu'ils veulent renoncer à l'idolâtrie romaine, jurant de confesser la religion de l'Evangile, de vivre, de mourir dans cette foi, de participer au saint sacrement de la Cène ; à ces conditions, il a été dit à Louise-Hèna Lebrenn et à Ernest Rennepont qu'ils seront admis dans l'Eglise évangélique. »

— Veuillez signer l'acte d'abjuration.

Hèna et Ernest signent l'acte d'une main ferme, puis ils s'agenouillent sur deux chaises apportées par Christian et le franc-taupin ; le pasteur reprend d'une voix émue, s'adressant aux fiancés :

— Vous, *Hèna Lebrenn* ; et vous, *Ernest Rennepont*, voulez-vous vivre dans cet état de mariage que Dieu lui-même a institué et que saint Paul représente comme honorable entre tous les états? Si tel est votre dessein, Hèna Lebrenn, Ernest Rennepont, faites connaître votre volonté... Voulez-vous être unis l'un à l'autre ? »

— Oui ! — répondit Ernest en levant les yeux, comme pour prendre le ciel à témoin de cet engagement.

— Oui ! — dit à son tour Hèna.

— « Puisqu'il en est ainsi, — reprit le pasteur, — que le Seigneur daigne bénir votre dessein ! Vous, Ernest Rennepont, vous déclarez ici devant Dieu que vous avez pris et que vous prenez pour épouse Hèna Lebrenn ici présente?... Vous promettez de vivre saintement avec elle, de lui garder votre foi, comme c'est le devoir d'un bon et fidèle mari, et comme Dieu vous le commande dans sa parole?... »

— Oui ! répondit Ernest Rennepont.

— « Et vous, Hèna Lebrenn, vous déclarez ici devant Dieu que vous avez pris, que vous prenez Ernest Rennepont, ici présent, pour votre époux?... Vous promettez de l'aimer, de vivre saintement avec lui, de lui garder votre foi, comme c'est le devoir d'une épouse fidèle, et comme Dieu vous le commande dans sa parole?... »

— Oui, — reprit Hèna, les yeux chastement baissés.

« — Souvenez-vous l'un et l'autre de vos promesses, — poursuivit le pasteur ; — et puisque Dieu vous a unis par le lien sacré du mariage, vivez ensemble dans la paix, dans l'union, dans la pureté, vous aidant l'un et l'autre et vous gardant fidélité suivant la loi divine... O Seigneur Dieu! Dieu de sagesse et de bonté — ajouta le ministre évangélique en joignant ses mains vénérables, — puisqu'il t'a plu appeler ces fiancés à l'état sacré du mariage, donne-leur ta bénédiction... et si tu veux qu'ils aient des enfants, fais que, digne époux et digne épouse, ils les instruisent dans la piété, et les forment à la vertu... »

Soudain la touchante solennité de cette cérémonie est interrompue par l'entrée de Michel, le jardinier; pâle, éperdu, il accourt, et poussant violemment la porte, s'écrie :

— Monsieur Estienne... malédiction sur moi ! vous êtes trahis !...

Un moment de stupeur silencieuse accueille ces paroles. Hèna, par un mouvement instinctif, se jette dans les bras de son père ; Ernest Rennepont se rapproche d'elle ; le franc-taupin s'élance à la fenêtre et prête l'oreille du côté de la cour, tandis que le pasteur lève les yeux en disant :

— Seigneur, si vous me réservez au martyre... la victime est prête... que votre volonté soit faite !

— Nous sommes trahis, Michel ? — s'écria Robert Estienne. — Et qui nous a trahis ?

— Ma femme !... Ah ! maudite confession !... Alison a révélé à notre curé qu'un religieux et une religieuse se cachaient ici... Ma femme vient de me faire cet aveu en pleurant. Le curé était parti en hâte pour Paris aussitôt après l'avoir confessée et lui avoir arraché son secret. Mort et damnation sur l'infâme !...

Puis, se jetant aux pieds de Robert Estienne, Michel s'écria, les mains jointes :

— Mon brave et digne maître !... ne me regardez pas comme un malhonnête homme !... Je suis étranger à cette trahison !

— A cheval ! — s'écria le franc-taupin, — et partons sur l'heure ! Le curé aura prévenu son évêque, l'évêque aura prévenu le cardinal Duprat, et celui-ci aura donné ses ordres au lieutenant criminel ; les archers du guet doivent être sur la route de Saint-Ouen... Ne perdons pas un instant... à cheval !... Le mien est sellé... faites seller le vôtre, monsieur Estienne... Christian prendra sa fille en croupe, je prendrai Ernest Rennepont sur mon courtaud... et au galop !... Nous serons bientôt hors d'atteinte.

Le franc-taupin, joignant l'action à la parole, s'élance hors de la chambre, entraînant Ernest Rennepont presque malgré lui ; Christian, reconnaissant la sagesse du conseil de Joséphin, enlace Hèna de l'un de ses bras, la soutient et la guide sur les pas du franc-taupin ; Robert Estienne et le pasteur s'empressent de les suivre, tandis que le jardinier, désespéré, se lamente en répétant :

— Maudite confession !... Infâme curé !...

L'aventurier se hâtait de faire sortir son cheval de l'écurie ; Robert Estienne sellait précipitamment le sien avec l'aide de Michel, lorsque Alison accourt, effarée, du fond de l'allée qui aboutissait à la porte extérieure de la courtille et s'écria :

— Ah ! mon pauvre homme ! tout est perdu !... Voilà les archers ; j'ai entendu le bruit de leurs chevaux dans l'avenue qui conduit à la grille... J'ai vu briller les mousquets à travers les haies de la route...

— La grille de votre habitation est-elle fermée ? demanda le franc-taupin, gardant seul son sang-froid en présence de l'imminence du danger. — La grille est-elle solide ?

— Elle est solide et fermée... à double tour... — répond le jardinier. — La clé est à la maison.

— Il faudra du temps pour forcer cette porte, — reprit le franc-taupin. Et s'adressant à Robert Estienne : — Y a-t-il une autre issue que cette grille pour sortir d'ici ?

— Aucune autre... le jardin est clos de murs.

— Les murs sont-ils élevés ?

— De six pieds environ.

— En ce cas, — reprend l'aventurier, — rien n'est désespéré.

A ce moment, l'on entend dans la direction de l'allée principale le cliquetis des sabres qui se heurtent sur les mousquets, et une voix criant :

— Ouvrez... au nom du roi, ouvrez !...

— Voilà les archers... c'est fini de nous !... — murmura Hèna, frappée d'épouvante, en se jetant dans les bras de Christian.

— Je vais me livrer, — s'écrie Ernest Rennepont en s'élançant vers l'allée ; — les archers ne pousseront peut-être pas plus loin leurs recherches. Que le Dieu tout-puissant vous couvre de sa protection...

Le franc-taupin saisit le fiancé d'Hèna par la manche de son froc, l'empêche de faire un pas de plus et dit au jardinier :

— As-tu une échelle ici ?

— Oui, monsieur.

— Cours la chercher...

Michel obéit, tandis que les archers redoublent leurs clameurs et menacent de forcer la grille si on ne l'ouvre pas.

— Monsieur Estienne, — dit l'aventurier, — hâtez-vous pour aller parler aux archers ; demandez-leur ce qui les amène chez vous à cette heure, retenez-les au dehors, gagnez du temps, je me charge du reste. Si vous pouvez retenir seulement les soldats un demi-quart d'heure, la partie est gagnée, ils ne trouveront plus personne au logis.

Robert Estienne se tournant vers Christian, qui soutenait Hèna :

— Allons ! Christian... du courage, du sang-froid ; la situation est pleine de périls, mais rien n'est encore désespéré...

Et il se dirigea vers la grille au moment où le jardinier apportait sur son épaule une longue échelle.

— En dehors des murailles du jardin, — demanda le franc-taupin à Michel, — y a-t-il une grande route ou des champs ;

— Des champs, monsieur, séparés du mur par un sentier et une haie ; des prairies à la suite qui s'étendent à perte de vue.

Joséphin prêta l'oreille du côté de la grille ; et remarquant l'apaisement des clameurs des archers, s'écria :

— Courage... bon espoir... M. Estienne parlemente avec les soldats ; nous aurons le temps de fuir...

Et s'adressant au jardinier, porteur de l'échelle :

— Conduis-nous vite à l'extrémité du jardin.

Michel devance les fugitifs dans une longue avenue, et à une distance de trois cents pas, il s'arrête devant une muraille où il applique son échelle.

— Dépêchons-nous, — dit le franc-taupin, prêtant de nouveau l'oreille ; — les archers deviennent menaçants, ils vont forcer la grille.

Christian gravit le premier l'échelle, atteint le chaperon du mur, s'y place à cheval, et, se baissant, tend ses mains à Hèna, qui monte après lui ; puis il la soutient, la tenant enlacée entre ses bras, l'assied et la maintient près de lui sur la crête de la muraille, où parviennent tour à tour Ernest Rennepont et l'aventurier. Celui-ci attirant l'échelle à lui, à l'aide du jardinier, la fait basculer ; bientôt elle est dressée de l'autre côté du mur, les fugitifs descendent un à un dans un sentier bordé d'une haie haute et épaisse.

— Nous sommes sauvés ! — s'écrie Christian en serrant passionnément Hèna contre sa poitrine, — nous sommes sauvés, chère enfant !...

— Pas encore ! — exclame une voix rude.

Et un archer se dresse debout derrière la haie, où il se tenait embusqué ; puis il crie de toutes ses forces :

Raimbaud l'armurier et le jeune Odelin (page 338)

— Alerte, compagnons! à moi... alerte!...
Franchir la haie d'un bond, saisir l'archer à la gorge d'une main en tirant de l'autre son épée, tel fut le premier mouvement du franc-taupin; mais les cris du soldat ont été entendus, plusieurs autres fantassins, venus en croupe des archers à cheval et postés à l'entour des murailles accourent précédés d'un sergent pour porter secours à leur camarade, s'écriant:
— Tuez tous ceux qui résisteront!... mais gardez saufs le moine et la nonne!...
Une mêlée s'engage au milieu de la demi-obscurité de la nuit; Christian, après des efforts surhumains pour arracher sa fille aux soldats, est renversé d'un coup d'épée. Ernest Rennepont, Héna, restent au pouvoir des gens du guet. Le franc-taupin, après avoir à demi étranglé l'archer qui avait appelé à l'aide ses compagnons, profite du tumulte et des ténèbres, et s'éloigne en rampant sur le sol. Tapi derrière la haie, il entend tomber à quelques pas de lui Christian, murmurant d'une voix éteinte: — Je me meurs... au secours! au secours!
L'artisan fut laissé pour mort par les archers. Ces hommes tenaient surtout, selon les ordres de leurs chefs, à la capture du moine et de la nonne, qu'ils emmenèrent. Peu à peu le silence se fit dans cette solitude, le bruit d'une troupe de cavalerie s'éloignant au grand trot annonça bientôt le départ des soldats retournant à Paris. L'aventurier sortit alors de sa retraite, courut auprès de Christian, s'agenouilla près de lui, écarta son pourpoint, sa chemise, humides de sang, et plaça sa main sur son cœur. Il en sentit les battements...
— Il n'y a qu'un moyen de salut pour Christian, — se dit le franc-taupin. — Si le jardinier n'est pas arrêté, il consentira à donner asile au

144ᵉ livraison

blessé... Tâchons d'arracher mon beau frère à la mort... et après, je le jure, tu seras vengée, ô ma sœur !... vengée aussi ta fille... dont je prévois l'horrible destinée...

Michel et sa femme consentirent à recueillir le blessé et à le soigner dans la maison de Robert Estienne. Celui-ci et le pasteur avaient été emmenés prisonniers à Paris par les archers.

Le 21 janvier 1535, quelques semaines après l'arrestation d'Héna Lebrenn et d'Ernest Rennepont, dans la courtille de maître Robert Estienne, deux cavaliers venaient de traverser le pont de Charenton se dirigeaient vers Paris. *Maître* RAIMBAUD *l'armurier*, l'un de ces cavaliers, était un homme dans la maturité de l'âge, d'une figure ouverte et résolue. Coiffé d'un large chapeau de feutre, il portait une jaque de mailles de fer par dessus son pourpoint et de grosses bottes de voyage; un coutelas pendait à son côté, des pistolets garnissaient ses fontes, et son long manteau brun cachait la croupe de son robuste cheval. L'autre cavalier, ODELIN LEBRENN, atteignait alors sa quinzième année; ses traits ingénus et charmants, légèrement hâlés par le soleil d'Italie, rappelaient ceux de sa sœur Héna. Une toque noire ornée d'une petite plume rouge placée un peu de côté sur les cheveux blonds du jouvenceau découvrait complètement sa riante figure, de plus en plus épanouie à mesure qu'il approchait du terme de son voyage. L'apprenti et son patron gravissaient alors une côte rapide au pas de leurs chevaux; celui d'Odelin, malgré la pente de la montagne, prenait parfois le trot, sournoisement hâté dans sa marche par l'éperon de l'adolescent. Maître Raimbaud souriait dans sa barbe grise, devinant la cause de l'impatience d'Odelin, mais maintenant cependant son courtaud à un pas régulier. Il venait de déjouer une fois de plus l'innocente manœuvre de son apprenti, qui le devançait.

— Eh bien ! Odelin, — lui cria-t-il, — voici encore ton cheval au trot. On dirait qu'il est talonné par le diable.

— Maître Raimbaud, ce n'est pas par ma faute, répondit le jouvenceau confus, s'arrêtant à regret, — mon cheval me force la main... ce sont sans doute les mouches qui le tourmentent; de là vient qu'il accélère son allure.

— Tête-Dieu ! des mouches au mois de janvier, mon garçon ! — reprit gaiement l'armurier en rejoignant son apprenti; — tu te crois toujours en été sur les routes du Milanais.

— Je ne saurais soutenir mon mensonge, maître Raimbaud... je vous avoue donc qu'à mesure que nous approchons de Paris où m'attendent ma mère, mon père, ma sœur, mon frère et mon bon oncle Joséphin... je ressens un tel frémissement de joie, qu'à mon insu mes éperons se rapprochent des flancs de mon cheval... et alors l'animal prend le trot.

— Je comprends ton impatience, mon garçon, elle est la louange de ton cœur; mais tâche de te modérer un peu. Nous avons fait une longue traite aujourd'hui, n'essoufflons pas nos chevaux. Certain du bonheur qui t'attend, à quoi bon courir après ?

— C'est vrai, maître Raimbaud, — reprit Odelin, rose d'émotion et le regard humide ; — car, dans deux heures, je reverrai tous ceux que j'aime, je les embrasserai...

— Et moi je les rendrai plus heureux encore de ton retour, en leur disant combien j'ai été satisfait de toi durant notre voyage.

— Comment n'aurais-je pas tâché de vous contenter, maître Raimbaud ? je serais votre fils, que vous ne me traiteriez pas avec plus de tendresse, avec une plus grande sollicitude.

— C'est qu'un digne fils ne se conduirait pas autrement que tu te conduis envers moi, mon petit Odelin ; tels sont les fruits de l'éducation que tu as reçue de ton brave père et de ton excellente mère.

— Ah ! maître Raimbaud, quand je songe aux caresses qui m'attendent !

— Gare aux éperons, mon garçon ! gare aux éperons !... Mais nous voici bientôt au faîte de la montée, arrête un instant ton cheval ; l'une des courroies de la valise est à demi débouclée ; resserre-la.

— Mon Dieu ! si je l'avais perdue pourtant, ma valise, — s'écria l'apprenti, devenant pourpre de crainte.

Puis, arrêtant sa monture, il se retourna sur sa selle, s'empressa de rajuster la courroie, et énumérant avec une complaisance enfantine les trésors renfermés dans le porte-manteau, il reprit :

— Si je l'avais perdue, chère valise, adieu mes petits présents... ma bague d'argent ciselé pour ma chère mère, le Quinte-Curce imprimé à Bologne pour mon bon et savant père, une épingle de vermeil pour ma belle Héna, une écritoire de bronze florentin avec tous les accessoires pour le studieux Hervé...

— Et ce fameux flacon de vin *d'Imola* pour ton oncle le franc-taupin, qui sera ravi de déguster ce nectar d'Italie.

— Ce n'est pas tout, maître Raimbaud ; je rapporte aussi pour mon oncle une dague de fin acier de Milan, que j'ai forgée dans l'atelier de messer Gaspard à mes moments perdus..... Cher oncle, j'aurais cru l'offenser en ne lui rapportant qu'un flacon !...

— Allons, la courroie est rajustée, remettons-nous en route; et, arrivés au sommet de la côte, nous prendrons le trot, mon impatient... Je dis le trot, entends-tu bien... et non point le galop... ménageons nos montures.

Bientôt maître Raimbaud et son apprenti poursuivirent rapidement leur route; déjà ils distinguaient au loin à l'horizon les flèches des nombreux clochers des églises de Paris, lorsqu'en passant devant une maison isolée du chemin, et qu'à son enseigne rouillée l'on reconnaissait pour être une auberge, ils entendirent une voix forte leur crier:

— Maître Raimbaud! Odelin! holà! holà!

— C'est mon oncle! — dit vivement le jouvenceau en arrêtant soudain son cheval sur ses jarrets, — je reconnais la voix de mon oncle!

— Il sera venu à notre rencontre, instruit sans doute par ma femme du jour de notre arrivée, — reprit l'armurier en mettant aussi sa monture au pas.

Puis, regardant de ci, de là, autour de lui, avec surprise, il ajouta:

— Mais où diable est niché le franc-taupin? Il n'est pas au ciel, je le suppose, et la voix semblait cependant venir d'en haut.

Odelin, non moins étonné que son patron, jetait aussi les yeux autour de lui, lorsqu'il vit sortir du cabaret, qu'ils avaient dépassé, un capucin d'une très grande stature, le visage presque caché sous le capuchon de son froc, le corps ceint d'un chapelet à gros grains. Le moine se dirigeait à grandes enjambées vers les voyageurs.

— Ah! mon Dieu! — s'écria Odelin au moment où le capuchon du moine qui accourait vers eux se releva soulevé par le vent, — mon oncle Joséphin s'est fait capucin!

— Tête-Dieu! — reprit l'armurier, partageant la stupeur de son apprenti, — que le feu de ma forge m'arde, si je m'attendais à cette métamorphose!... le franc-taupin capucin!...

L'aventurier, voyant son neveu, sur lequel il jeta un rapide regard, se disposer à mettre pied à terre, le prévint du geste et lui dit:

— Reste à cheval, mon enfant.

Et s'adressant à l'armurier:

— Maître Raimbaud, entrons dans ce cabaret; le gîte est sûr et il y a une écurie pour vos chevaux... Nous avons à causer ensemble.

— Faire une halte ici? Non, pardieu! j'ai trop de hâte d'aller embrasser ma femme; tantôt, si vous le voulez, nous viderons un pot de vin chez moi, mon brave pendard! — répondit l'armurier se méprenant sur l'invitation du franc-taupin. Chaque chose en son temps; les affaires avant les plaisirs. — Je veux être à Paris avant la fin du jour. Ainsi donc, au revoir à Paris.

— Maître Raimbaud, vous ne pouvez rentrer à Paris avant la nuit et sans de grandes précautions, — dit à voix basse l'aventurier. — Suivez-moi dans ce cabaret, vous mettrez vos chevaux à l'écurie, et je vous apprendrai de tristes nouvelles, les plus tristes qui se puissent imaginer; mais pas un mot de ceci à Odelin.

— Allons! soit, — reprit maître Raimbaud en tournant bride, pressentant de fâcheux évènements, tandis que l'apprenti, ignorant la confidence faite par son oncle à l'armurier, se dirigeait, ainsi que lui, dans l'auberge, se demandant avec une surprise croissante comment le franc-taupin était devenu capucin.

Celui-ci rabattit le capuchon de son froc, précéda les deux voyageurs dans la cour du cabaret, où s'ouvrait la porte de l'écurie; maître Raimbaud dit à Odelin:

— Desselle nos chevaux, mon ami, donne-leur la provende, puis tu viendras nous rejoindre à l'intérieur du cabaret.

— Quoi, maître Raimbaud, nous restons ici, et nous sommes à peine à deux heures de marche de Paris!

— Occupe-toi des chevaux, mon garçon; je t'apprendrai plus tard pour quel motif nous séjournons dans cette auberge.

Odelin, se disposant à obéir à son patron, descendit lestement de cheval, puis se jeta au cou du franc-taupin, lui disant d'une voix entrecoupée par de douces larmes:

— Bon et cher oncle! ma mère, mon père, ma sœur, mon frère, tout le monde est-il en bonne santé à la maison?

Joséphin, sans répondre à son neveu, le serrait dans ses bras avec tendresse; l'enfant sentit couler sur ses joues les pleurs tombés de l'œil de l'aventurier.

— Mon oncle, vous pleurez?

— De joie, mon enfant! — répondit Joséphin d'une voix entrecoupée; — c'est de joie de te revoir après si longue absence.

Et se dégageant des bras de son neveu, il ajouta:

— Tu viendras nous rejoindre tout à l'heure; tu demanderas à l'aubergiste de t'indiquer la chambre haute qui donne sur la route.

Et se tournant vers l'armurier:

— Venez, maître Raimbaud, venez...

Odelin, tout joyeux de sa rencontre avec son oncle, et se disant qu'après tout le moment si impatiemment attendu par lui de revoir sa famille ne serait guère retardé, s'occupa de desseller les chevaux et de leur donner leur provende; puis l'aimable enfant, dans son empressement d'offrir au franc-taupin les petits présents qu'il rapportait d'Italie, chercha dans sa valise le flacon de vin d'Imola et la dague forgée par lui, afin d'en faire hommage à Joséphin avant leur rentrée dans Paris.

. . . .

Le franc-taupin conduisit maître Raimbaud dans une chambre haute du cabaret ayant vue sur la grande route, et instruisit l'armurier de la mort de Brigitte, de l'arrestation d'Héna et d'Ernest Rennepont, emprisonnés comme religieux relaps; enfin, du départ de Christian pour La Rochelle. L'espoir du franc-taupin s'était réalisé : la présence de son beau-frère dans la courtille de Robert.Estiènne n'avait pas été soupçonnée; les dernières perquisitions opérées par les archers en cette demeure l'avaient mise à l'abri de nouvelles recherches. Le crédit de la princesse Marguerite, le lustre que jetaient sur le règne de François Ier les œuvres merveilleuses de l'imprimerie de Robert Estienne, le sauvèrent cette fois encore; ce devait, hélas! être la dernière..., le sauvèrent de la haine de ses ennemis; il ne fut pas inquiété, quoique l'on eût trouvé dans sa maison un religieux et une religieuse relaps. Christian attendit donc sans péril, à Saint-Ouen, le moment où, guéri de sa blessure par les soins du chirurgien Ambroise Paré, qui vint secrètement lui faire des visites, il pût partir pour La Rochelle. Le coffret contenant les légendes de la famille Lebrenn avait été prudemment enfoui dans le jardin par le franc-taupin pendant la nuit même où les archers vinrent arrêter Hèna. Lorsque Christian fut en état de se mettre en route, il prit le déguisement d'un porte-balle vendeur de chapelets et de reliques; ces dévotieux trafics devaient le préserver de nouveaux dangers durant sa route. Et portant sur son dos sa balle, renfermant aussi les légendes de sa famille, il s'achemina vers La Rochelle, où il arriva sain et sauf.

Maître Raimbaud, atterré de ces révélations, car il portait un vif intérêt à Christian et à sa famille, s'écria navré :

— Pauvre Odelin! quel coup inattendu pour ce malheureux enfant! Tout à l'heure encore, la seule pensée de revoir sa famille le transportait de joie... et il va apprendre...

Puis, s'interrompant :

— C'est horrible!

— Horrible!... — répéta le franc-taupin d'un air sinistre. — Mais le sang appelle le sang!... Soldat aventurier depuis l'âge de quinze ans, j'étais déjà loup... Je deviendrai tigre... Les Réformés tireront l'épée pour venger leurs martyrs... Alors, pas de quartier pour les catholiques! Mort de ma sœur! — ajouta le franc-taupin, effrayant, en levant le poing vers le ciel, — je serais cul-de-jatte et manchot, que je déchirerais les papistes avec les dents!... Mais, — reprit-il en se contenant, — avisons au plus pressé. Maître Raimbaud, voici une lettre de votre femme; j'en connais le contenu. — Elle vous conjure de ne pas rentrer à votre armurerie, de vous rendre dans un asile assuré qu'elle vous indique; là, elle ira vous rejoindre, afin de se concerter avec vous sur les résolutions à prendre. C'est une femme prudente et résolue.

— Ma bonne Marthe s'effraie à tort, dit l'armurier, après avoir parcouru la lettre de sa femme. Si violente que soit la persécution contre les Réformés, je n'ai, quoique hérétique, rien à craindre; je travaille pour plusieurs seigneurs de la cour, j'ai fabriqué leurs plus belles armes, ils ne me refuseront pas leur appui...

— Maître Raimbaud, vous doivent-ils de l'argent, ces papes-geais de cour à plumage de paon, à serres de vautour;

— Certes, ils me doivent de grosses sommes.

— Ils vous feront brûler pour s'acquitter envers vous... Soyez-en certain.

— Tête-Dieu! vous pourriez bien dire la vérité, Joséphin! Il faut aviser.

— Eh bien! rentrez secrètement à Paris, demeurez-y caché pendant quelques jours, emportez ce que vous possédez de plus précieux, et fuyez vers La Rochelle... Mettez-vous hors de la portée des griffes des tigres. C'est le meilleur parti que vous ayez à prendre.

— Mais ce pauvre enfant... Odelin?

— Mon neveu et moi nous vous accompagnerons... Je flaire bataille et carnage du côté de La Rochelle!... Quand je parle bataille je vois rouge... Va pour le rouge... j'aime le vin... je boirai du sang!... Oh! sang! tu couleras fumant et chaud des poitrines papistes comme le vin de la bonde du tonneau!... Mort de ma sœur! quand viendra-t-il le jour où je pourrai venger Brigitte... Hèna!... mes deux pauvres martyres.

L'armurier reprit après un moment de silence et de réflexion :

— Ma tête se perd au milieu de tant de révélations; j'ai oublié de vous demander où se trouve la fille de Christian.

— Elle est prisonnière au Châtelet, et l'on instruit son procès.

Puis, cachant son visage entre ses mains, l'aventurier ajouta d'une voix déchirante :

— Elle sera jugée, condamnée, jetée au bûcher... brûlée vive comme religieuse relapse...

— Grand Dieu! une telle barbarie peut-elle être accomplie?

— Hèna! — poursuivit Joséphin sans répondre à maître Raimbaud, — douce et chère créature! vivante image de ma sœur!... pauvre enfant que, toute petite, j'ai bercée sur mes genoux... tu seras vengée...

Le franc-taupin ne put en dire davantage et éclata en sanglots.

— Malheureux Christian! reprit maître Raimbaud apitoyé, — quelles angoisses auront été les siennes!

— Il a fallu forger une histoire pour le décider à partir, — répondit l'aventurier en essuyant du revers de sa main son œil ardent. M. Estienne a affirmé à Christian que la princesse avait obtenu grâce de la vie pour Hèna : mais sous la condition qu'elle passerait son existence dans un couvent et loin de Paris, alors Christian s'est décidé à fuir, afin de se conserver pour son dernier enfant, Odelin...

Actuellement il est en sûreté à La Rochelle.

— Et Hervé ? Vous ne parlez pas de lui...

— Mort de ma sœur ! ne prononcez pas le nom de ce monstre ! je l'étranglerais de mes mains, quoique fils de Brigitte !.. Il est à cette heure cordelier... il a déjà prêché dans leur église sur l'extermination des hérétiques ! la reine assistait à ce sermon... On vantait l'éloquence du jeune moine... Mort et damnation !

Et frissonnant d'horreur, le franc-taupin reprit :

— Ne prononcez pas devant moi le nom de ce monstre ! Que l'enfer l'engloutisse !

L'armurier ignorait les causes de la claustration d'Hervé et était non moins stupéfait d'apprendre l'entrée de ce jeune homme dans un ordre religieux, que d'entendre Joséphin exprimer sa haine contre l'un des enfants de sa sœur ; mais il ne voulut pas s'appesantir sur un sujet qui impressionnait à ce point l'aventurier et il reprit :

— Tout ce que vous venez de me raconter m'a tellement bouleversé, que je n'ai pas encore songé à vous demander pour quel motif vous portez cette robe de capucin ?

— La cause en est bien simple, repartit Joséphin. J'étais signalé aux limiers du lieutenant criminel et dénoncé probablement par les deux bandits qui m'avaient aidé dans l'enlèvement de ma nièce du couvent, ma grande taille et mon emplâtre sur l'œil me rendaient reconnaissable et d'une capture trop facile ; j'ai pris alors la robe des capucins qui me permet de cacher mon visage. Ces religieux n'ont pas de couvent de leur ordre à Paris ; quelques-uns y viennent de temps à autre de leurs moutiers de Chartres ou de Bourges pour besacer ; l'un de ceux de Chartres m'eût-il abordé, je lui aurais répondu : Je suis de Bourges ; à ceux de Bourges : Je suis de Chartres... Je me suis établi dans ce cabaret depuis trois jours ; j'ai dit à l'hôte que j'attendais un étranger pour affaires de mon ordre ; je paie régulièrement chaque matin mon logis ; le cabaretier ne s'est pas alors montré trop curieux. Voilà en peu de mots l'explication de mon déguisement. J'ajouterai pour votre gouverne, maître Raimbaud, que l'exaspération des catholiques contre les Réformés est actuellement poussée jusqu'au paroxysme. On parle de massacrer les Huguenots en masse.

— A quelle cause attribue-t-on ces menaces de mort, ce redoublement de haine contre nous ?

— A l'application de placards imprimés et apposés clandestinement sur les murs de Paris par les soins de l'un des camarades de Christian, nommé Justin, dans lesquels on flétrit la conduite des prêtres, des moines et de tous les papistes. On a déjà arrêté un grand nombre d'hérétiques qui sont destinés au bûcher ; d'autres ont été massacrés par une populace abrutie : *la grande lévrière à gueule sanglante,* comme disent les moines en parlant de la masse ignorante du pauvre peuple. Vous pouvez juger par là des dangers que vous courrez à Paris, si vous tentez d'y rentrer, vous, maître Raimbaud, signalé comme hérétique. Mon neveu Odelin court les mêmes périls ; on s'apprête à l'arrêter dès qu'il sera entré dans votre maison.

— Comment, on arrêterait un enfant !

Les enfants deviennent des hommes avec le temps, et l'on redoute les hommes ! J'aurais dû te poignarder, Ignace de Loyola, quand j'étais ton page ! C'est toi qui voulais faire brûler le père et la mère comme hérétiques, cloîtrer les trois enfants afin de supprimer cette race que tu appelais maudite ! Mais le père a échappé au supplice, et je saurai soustraire à tes recherches son dernier enfant ! Après quoi, bataille et carnage ! mort de ma sœur ! je veux répandre à flots le sang des catholiques ! Le temps presse... hâtons-nous... Vous ne pouvez donc rentrer chez vous, maître Raimbaud, non plus que mon neveu ne peut venir dans votre maison sans risque de la vie pour l'un et pour l'autre. Voici quel est le projet que j'ai soumis à M. Robert Estienne et qu'il a approuvé. Je me suis muni d'un second froc de capucin pour Odelin. Nous rentrons dans Paris notre besace sur le dos, sans éveiller la défiance ; nous gagnons un asile assuré chez un ami qui demeure rue Saint-Honoré et où M. Estienne viendra nous rejoindre. C'est lui qui se charge d'instruire Odelin des malheurs qui viennent de frapper la famille. Demain soir nous quittons Paris sous notre froc, et j'accompagne mon neveu auprès de son père à La Rochelle... Si vous vous décidez aussi à changer de résidence, maître Raimbaud, et à venir à La Rochelle avec votre femme, nous conviendrons d'un rendez-vous dans une ville, à quelques lieues de Paris, où Odelin et moi nous vous attendrions. C'est à vous de réfléchir sur l'objet et de décider.

— Votre projet me paraît sage, Joséphin, et je me déciderai probablement à suivre vos conseils... D'après ce qui se passe à Paris, je vois que je n'y serais plus en sûreté.

— Alors, maître Raimbaud, laissez les chevaux dans cette auberge, l'un de vos artisans viendra demain les chercher ; ne rentrez dans Paris qu'à la tombée du jour, et la tête bien encapée ; vous irez droit à la maison dont votre femme vous a donné l'adresse...

Le franc-taupin fut interrompu en ce moment par son neveu qui entrait dans la chambre tenant dans une main un flacon recouvert d'une enveloppe de jonc finement tissue, et dans l'autre main une dague d'acier ; il présenta tout joyeux ces deux objets à Joséphin, lui disant avec gentillesse :

— Cher oncle, j'ai forgé cette dague pour

vous avec le meilleur acier de Milan, et je vous ai rapporté ce flacon de vieux vin d'Imola pour fêter ce jour si heureux pour nous et boire à la réunion de la famille...

Les paroles de cet enfant contrastaient d'une manière si poignante avec les réalités qu'il ignorait encore, que maître Raimbaud et l'aventurier, échangeant un regard douloureux, restèrent muets. Le capuchon de Joséphin, alors rabaissé sur ses épaules, découvrait complètement ses traits, creusés, assombris par le chagrin, à ce point qu'Odelin, voyant pour la première fois son oncle à visage découvert, recula d'un pas; remarquant aussi la profonde tristesse de maître Raimbaud, et inquiet de leur silence à tous les deux, son cœur se serra; il pressentit vaguement quelque malheur. Le franc-taupin, touché de la marque d'affectueux souvenir de son neveu, prit le flacon et la dague, considéra l'arme et la plaça sous son froc à la ceinture; il murmura à demi-voix :

— Oh! bonne lame; tu m'es donnée par le fils... tu vengeras la mère, le père... et leur fille!

Puis, déposant le flacon près de lui et embrassant Odelin :

— Merci, cher enfant, la dague me servira... Quant au flacon!... les goûts changent... je ne bois plus de vin... Maintenant, aux affaires... j'ai à te remettre un billet de la part de ton père... prends-en connaissance immédiatement.

— Ne vais-je donc pas revoir mon père, tout à l'heure, à la maison?

Odelin, fort étonné, lut ce qui suit :

« Mon Odelin bien-aimé, conforme-toi à tout ce que ton oncle Joséphin exigera de toi et sans l'interroger. Ne t'alarme pas, je t'embrasserai bientôt; je t'aime toujours du plus profond de mon cœur.

« Ton père,
« Christian. »

Odelin, malgré de vagues et croissantes inquiétudes, se sentit rassuré par ces mots de son père : « Je t'embrasserai bientôt. » Il dit au franc-taupin :

— Qué dois-je faire, mon oncle?

L'aventurier prit sur le lit un paquet, en tira une robe de capucin, et dit à son neveu :

— Il faut d'abord, mon enfant, endosser ce froc par-dessus tes vêtements, et, lorsque nous serons dehors, tu auras le soin de rabaisser ton capuchon sur ton visage, comme je le fais moi-même en ce moment.

— Moi? — reprit Odelin, — ébahi, revêtir ce costume!... — Mais se rappelant la recommandation de Christian : — J'oubliais que mon père a écrit que je devais vous obéir, mon oncle, sans m'enquérir des motifs de vos ordres. Je vais donc endosser ce vêtement.

— Allons, — dit maître Raimbaud s'efforçant de sourire afin de tranquilliser Odelin, — d'apprenti armurier, te voilà transformé en apprenti capucin... Ce changement ne paraît pas être de ton goût, mon gentil ami.

— C'est la volonté de mon père, maître Raimbaud, j'obéis; mais je n'aime guère, en effet, endosser une robe de moine.

— Je suis meilleur papiste que toi, petit Odelin, — répondit le franc-taupin avec une pointe d'ironie, en aidant au déguisement de son neveu; — j'aime tant les moines, que j'espère un jour donner à tous ceux que je rencontrerai... la calotte rouge de cardinal!... Maintenant, prends cette besace, courbe l'échine, et, la jambe traînante, le cou tors, nous imiterons de notre mieux la démarche de cette vermine catholique, apostolique et romaine.

— Combien ma mère, ma sœur et Hervé vont être surpris en me voyant entrer chez nous, ainsi accoutré, dit Odelin, souriant à demi. Cher oncle! si mon père est seul instruit de mon déguisement, je frapperai à la porte de la maison, en demandant l'aumône en nasillant... Voyez-vous d'ici leur surprise à tous, lorsque je relèverai mon capuchon? *Per Bacco!* comme disent les Italiens, nous en rirons aux larmes.

— Ton idée est bonne, — répondit le franc-taupin avec embarras. — Mais le jour s'avance, dis adieu à maître Raimbaud et partons.

— Maître Raimbaud reste donc ici?

— Oui, mon enfant...

— Qui prendra soin des chevaux?

— Ne t'inquiète pas des bêtes... elles auront leur provende.

L'armurier embrassa son apprenti, qu'il affectionnait presque à l'égal d'un fils, en lui faisant ses adieux.

— Vous me dites adieu d'un air attristé, maître Raimbaud... et comme si notre séparation devait être bien longue, — reprit Odelin dont le regard devint humide. — Mon oncle... mon cher oncle!... je sens que mes inquiétudes renaissent... je ne m'explique pas la tristesse de maître Raimbaud, et je ne me rends pas compte de ce déguisement que nous prenons pour entrer dans Paris...

— Cher enfant, rappelle-toi les recommandations de ton père, — dit l'aventurier. — Ne me fais pas de questions auxquelles je ne saurais maintenant répondre...

L'enfant se résigna en soupirant, et, chargé de sa besace, descendit l'escalier sur les pas de son oncle; celui-ci, entendant résonner sur les degrés les éperons d'Odelin, lui dit :

— J'ai oublié de te faire quitter tes éperons; ôte-les pendant que je vais aller payer le cabaretier, tu m'attendras sur la route, hors de la maison, à l'entrecroisement des chemins.

— Mon oncle, puis-je mettre dans ma besace

quelques petits présents que je rapporte d'Italie pour notre famille?...

— Fais comme il te plaira, — répondit le franc-taupin.

Pendant qu'Odelin entrait dans l'écurie pour quitter ses éperons et prendre dans sa valise les objets qu'il désirait emporter avec lui, Joséphin alla payer son hôte.

— Le cabaretier, qui se tenait dans la salle des buveurs, n'avait pu voir descendre de la chambre haute le jeune Odelin vêtu en capucin.

— Vous nous quittez bien vite, mon révérend, j'avais espéré que vous feriez un plus long séjour chez nous, mais je comprends que vous ayez hâte d'aller à Paris pour assister à la grande cérémonie.

— De quelle cérémonie voulez-vous donc parler, brave homme?

— Un voyageur nous a dit que les cloches et les carillons sonnaient à tout rompre, dans Paris, depuis ce matin, que toutes les maisons des rues que devait traverser une superbe procession étaient tapissées par ordre du lieutenant criminel, et qu'à chaque fenêtre on entretenait une torche allumée. Il nous a dit encore que le roi, la reine et tous les princes, ainsi qu'une foule de grands seigneurs et de hauts dignitaires, assisteraient à la cérémonie... la plus belle qu'on aura jamais vue...

— Bonsoir, mon hôte, et au revoir, — dit Joséphin, empressé de mettre fin à la conversation pour aller rejoindre son neveu qui l'attendait à la porte de l'auberge; et, à part lui, il songea :

— Quelle peut bien être cette cérémonie dont on a entretenu le cabaretier? Après tout, l'événement ne peut que nous être favorable, facilitant notre passage à travers la foule, dont les rues seront remplies, pour gagner sûrement la retraite que nous a désignée M. Estienne.

Le franc-taupin et son neveu se dirigèrent vers Paris, où ils arrivèrent alors que le soleil commençait de décliner à l'horizon.

21 JANVIER 1535

21 janvier 1535!!... Hélas! cette date doit rester inscrite en traits de sang dans nos annales plébéiennes, fils de Joel! S'il est une justice humaine ou divine... et moi, Christian Lebrenn, qui écris ces lignes, je crois aux justices vengeresses, expiatrices!... Un jour, lors des temps lointains prédits par Victoria la Grande... le 21 JANVIER sera peut-être également une date fatale pour la race des bourreaux couronnés, pour les princes, les nobles et les infâmes prêtres catholiques...

Vous allez le voir, fils de Joel... vous allez le voir à l'œuvre pie, ce roi François Ier, ce roi chevalier, ce roi très chrétien, comme ont coutume de nommer François Ier les bateleurs de cour. Roi chevalier, il parjure sa foi!... Roi gentilhomme, il vend à l'encan la main de justice et les charges d'âmes!... Roi très chrétien, il se vautre dans les plus sales débauches. Pour donner à l'adultère une saveur d'inceste, il partage avec l'un de ses fils, époux de Catherine de Médicis, la couche de la duchesse d'Étampes; enfin, il expire des suites d'une *vérole*, après dix années d'atroces souffrances! Mais, pour le moment, ce forcené catholique est plein de santé et s'occupe d'honorer Dieu, ses saints et son Église, par un sacrifice humain.... Hypocrisie, férocité!

Une solennité magnifique devait être, ce jour-là, l'objet de l'admiration des bons catholiques de Paris, ainsi que l'avait annoncé le cabaretier au franc-taupin. Lisez, fils de Joel, l'ordonnance affichée dans Paris, par ordre du roi très chrétien, François Ier :

« Le jeudi 21 janvier 1535, aura lieu une procession solennelle en l'honneur de Dieu, notre Créateur, de la glorieuse Marie et de tous les benoîts saints du Paradis. Notre Seigneur, le roi François Ier, a été informé des erreurs qui pullulent en ce temps-ci, et des placards et livres hérétiques, affichés ou jetés dans les rues et carrefours de Paris, par les méchants de la secte de Luther, et autres blasphémateurs du saint Sacrement de l'autel; lesquels maudits veulent anéantir notre foi catholique et les constitutions de notre mère, la sainte Église de Dieu.

« Pour ces causes, notre dit Seigneur François Ier a tenu son conseil et, pour réparer l'injure faite à Dieu, a délibéré de faire une procession générale, laquelle sera terminée par le supplice de plusieurs hérétiques. En cette procession seront portés la sainte Eucharistie et les plus beaux reliquaires de la ville de Paris.

« Premièrement, le 17 dudit mois de janvier, sera publié à son de trompe, par tous les carrefours de Paris, l'ordre donné à chacun de nettoyer les rues où ladite procession passera, de tendre toutes les maisons de belles tapisseries. Chaque maître desdites maisons devra, le jour de la procession, se tenir tête nue et devant sa porte une torche ardente à la main. — *Item*, le mercredi suivant, 20 dudit mois, seront assemblés tous les principaux des universités de Paris, auxquels sera ordonné de tenir enfermés les écoliers desdits collèges, avec injonction de ne les laisser sortir qu'après la procession, pour obvier à la confusion et au tumulte. En outre, les écoliers devront jeûner le jour et la veille de la procession. — *Item*, les prévôts des marchands et échevins de la ville de Paris feront placer des barrières à l'issue des rues par lesquelles doit passer ladite procession pour empêcher le peuple de traverser les files des processionneurs. Deux dizainiers et deux archers seront commis à la garde de chacune desdites barrières. *Item*, il sera élevé des reposoirs au milieu des rues Saint-Denis, Saint-Honoré, à la croix du Trahoir et à l'extrémité du pont de Notre-Dame, lequel sera orné d'un luminaire doré, avec l'histoire du saint Sacrement en peintures historiées, et d'un dais de lierre au-dessous duquel pendront plusieurs couronnes et des banderoles où sera écrite cette devise sacrée : IPSI PERIBUNT, TU AUTEM PERMANEBIS. (*Ils périront*, les hérétiques, *mais toi, sainte mère Eglise, tu resteras.*)

« La même devise sera transcrite sur des billets attachés au cou d'une nuée de petits oiseaux, auxquels on donnera la volée lors du passage de ladite procession, etc., etc. »

. . . .

Le programme de la cérémonie fut suivi de point en point. Le franc-taupin et Odelin étaient entrés dans Paris par la porte de la bastille Saint-Antoine, encapés sous leurs frocs de capucins, et prirent la direction de la rue Saint-Honoré. Ladite rue était éclairée par les torches que chaque propriétaire tenait à la main, au seuil de la porte de son logis, selon les ordres de l'édit royal ; de riches tapisseries, des tentures, des draps ornés de feuillage vert, pavoisaient les murailles du haut en bas des maisons ; hommes, femmes, enfants, encombraient les fenêtres ; une foule animée circulait joyeuse et acclamant les splendeurs de cette fête. Le franc-taupin et Odelin, arrivés près de l'arcade des Eschappes, aboutissant à la rue Saint-Honoré, durent faire halte et attendre que le cortège fût passé, pour traverser la rue. Toutes les issues étaient fermées de barrières, et gardées par des dizainiers de la ville et des archers du guet.

Joséphin et son neveu, grâce au respect qu'inspirait leurs frocs, peuvent enfin franchir la barrière qui les séparait des premières files de la procession et se mettre dans le cortège.

L'idolâtrie romaine et l'orgueil royal s'étalent au milieu des pompes superbes. Roi, reine, princes, princesses, cardinaux, archevêques, maréchaux, courtisans, femmes de cour, grands officiers de justice, magistrats consulaires, bourgeois, corporations d'artisans, tous vont se repaître du supplice de ces hérétiques, dont le seul crime consistait dans la pratique de la primitive doctrine évangélique.

Lisez, fils de Joel, le récit de cette solennité exécrable qui nous a été transmis par un spectateur, ardent catholique et fervent royaliste, dom Félibien... Conservez dans nos légendes ces pages, témoignage irrécusable du fanatisme religieux en ces temps d'ignorance, sous la domination cléricale et le despotisme monarchique. Exécration sur la religion catholique !

« Premièrement, venoient en tête de la procession les Suisses de la garde du roy, précédant la reine, richement accoutrée d'une robe de velours noir fourrée de loups cerviers, montée sur une haquenée blanche houssée de drap d'or frisé, accompagnée de mesdames filles du roy, aussi richement accoutrées de robes de satin cramoisi couvertes de profilures d'or, sur de belles haquenées splendidement caparaçonnées ; d'autres dames et princesses, plusieurs gentilshommes, escuyers, maistres d'hostels, à cheval, pages, lacquais à pied et Suisses de la garde marchoient après ladite reine. — Après, marchoient les cordeliers en grand nombre, portant plusieurs reliquaires et tenant chacun un petit cierge en main avec grande dévotion. — Après, marchoient les frères Prescheurs Jacobins, portant plusieurs reliquaires ; chacun avoit un chapelet de Notre-Dame et prioit Dieu en grande dévotion. — Après, les Augustins marchant en semblable ordre, portant plusieurs reliquaires. — Après, les Carmes, dans le même ordre ; puis toutes les paroisses de la ville de Paris, portant leurs croix, les prêtres revêtus de leurs chapes, d'autres portant des reliquaires entourés d'un grand nombre de torches. — Après, les églises collégiales, portant plusieurs reliquaires et corps saints avec plusieurs torches à l'entour. — Après, les Mathurins, tout habillés de blanc, en grande dévotion, tenant chacun un cierge blanc en leurs mains. — Après, les religieux de Saint-Magloire, portant la châsse de monsieur saint Magloire. — Après les religieux de Saint-Germain-des-Prez, portant la châsse de monsieur saint Germain-le-Vieil, que de mémoire d'homme l'on n'a vu passer l'enceinte de Saint-Germain. A droite du corps saint, lesdits religieux, portant chacun un cierge blanc ardent ; à gauche, les religieux de Saint-Martin-des-Champs, portant la châsse de saint Paxant, martyr, lesdites châsses côte à côte l'une de l'autre. — Après, les reliques de monsieur saint Eloy, dans la châsse dudit saint, portée par les serruriers qui avaient chacun un chapeau de fleurs sur la tête. — Après, monsieur saint Benoist et autres châsses de corps saints de ladite ville. — Après, un grand reliquaire tout d'or, de prix inestimable, enrichi de pierreries et renfermant des ossements entiers de plusieurs saints, le tout porté par seize bourgeois de la ville de Paris ; on voyait de l'autre côté le grand chef saint Philippe, reliquaire exquis de Notre-Dame de Paris. — Après venoient en bel ordre les châsses de madame sainte Geneviève portée par dix-huit hommes tout nuds (sauf la camise), coiffés de chapeaux de fleurs, et par quatre religieux, aussi en camise, jambes et pieds nuds ; puis la châsse de monsieur saint Marcel, portée par les orfèvres en grande révérence et en honorables habits, laquelle châsse, de mémoire d'homme, n'avait été portée oultre les ponts au delà de Notre-Dame. Et afin que lesdites châsses fussent mieux conduites à travers la grande presse du

Le roi François Ier

peuple, curieux de les voir et de les approcher, furent ordonnés à l'entour d'icelles plusieurs archers et autres officiers de la ville. — Après, marchoient les religieux de Sainte-Geneviève et de Saint-Victor, nuds pieds, chacun un cierge ardent, priant Dieu en grande dévotion. — Après, les chanoines et prêtres de Saint-Germain-l'Auxerrois, chantant plusieurs cantiques de louanges en musique. — Après, les docteurs séculiers et réguliers des quatre facultés de l'Université de Paris; le recteur avec ses bedeaux portant devant lui leurs masses d'or et d'argent. — Après, les docteurs en théologie, médecine et autres en grand nombre, vêtus de leurs habits sacerdotaux, tenant chacun un cierge blanc ardent. — Après, marchoient en bel ordre des deux côtés de la rue, les Suisses de la garde du roi, vêtus de velours à sa livrée, chacun armé d'une hallebarde; les fifres et tambourins de guerre marchant deux à deux en bel ordre devant lesdits Suisses, sonnant de leurs tambourins et fifres en forme lamentable. — Après, les hautbois, trompettes, cornets et clairons, marchant tous habillez des livrées du roy, sonnant mélodieusement et chantant cette belle hymne: *Pange, lingua, gloriosi corporis mysterium*, etc., qui est l'hymne du saint sacrement, qui émouvoit un chacun à pleurer, tant grand personnage fût-il. — Après M. de Savigny, l'un des capitaines des gardes du roy, mettant ordre à ce qu'il n'y eût tumulte à ladite procession. — Après, marchaient les hérauts d'armes du roy, vêtus de leurs cottes de drap d'argent. — Après les chantres dudit seigneur, tant les domestiques que ceux de la Sainte-Chapelle du palais mêlés, chantant: *O salutaris Hostia*, et autres belles antiennes. — Après, dix prêtres revêtus de chasubles, têtes

145e livraison

nues, portant le chef de monsieur saint Louis, jadis roi de France, enchâssé et orné de quantités de pierreries d'inestimable valeur. — Après, le saint et précieux reliquaire de la sainte COURONNE D'ÉPINES de notre Sauveur et Rédempteur Jésus-Christ, qui est un reliquaire inestimable, lequel, de mémoire d'homme, n'avait été porté en quelque procession que ce fût, et lequel faisait dresser les cheveux de la tête à ceux qui les voyoient, et les rendoit tout ravis en Dieu, commémorant de sa benoîte passion. — Après, la VRAIE croix où Notre-Seigneur Jésus fut crucifié, provenant de ladite Sainte-Chapelle, et une autre pièce de ladite vraie croix, provenant de Notre-Dame de Paris. — Après la VERGE D'AARON, ancien reliquaire; le saint FER de la lance dont Longus perça le précieux côté de notre Sauveur Jésus-Christ; l'un des SAINTS CLOUS dont il fut cloué; l'ÉPONGE; le CARCAN; la CHAINE dont Notre-Seigneur fut attaché au pilier; sa ROBE IMMACULÉE; la TOILE de laquelle il fut ceint à la scène du suaire et du tombeau; les DRAPELETS de sa nativité; le ROSEAU qui lui fut donné quand il fut couronné d'épines; la TABLE DE CAMAYEU qui fut taillée au désert par les enfants d'Israël; la GOUTTE DU PRÉCIEUX SANG de notre Sauveur Jésus-Christ; la ROBE DE POURPRE de notre Rédempteur Jésus; enfin, la GOUTTE DE LAIT de la glorieuse Vierge Marie, Mère de Dieu. Lesquels beaux saints reliquaires, tirés du trésor de ladite Sainte-Chapelle, furent accompagnés et portés par dix archevêques ou évêques vêtus de leurs habits pontificaux, allant deux à deux. — Après, les ambassadeurs de l'empereur, du roy d'Angleterre, de Venise, et autres potentats et seigneurs. — Après et de front, les cardinaux de Tournon, le Veneur et de Givry, l'évêque de Soissons, messire Gabriel de Saluces, évêque d'Aire, portant un beau reliquaire en croix, garni de plusieurs pierres précieuses. — Après, les gentilshommes avec les haches d'armes, escortant le précieux et sacré corps de Notre-Seigneur Jésus-Christ au sacrement de l'autel, porté par M. l'évêque de Paris en une croix, sous un dais de velours cramoisi violet, et semé de fleurs de lys d'or, porté par nos seigneurs les enfants du roy; c'est à sçavoir : Monseigneur le Dauphin, messeigneurs d'Orléans et d'Angoulême et monsieur de Vendosme, tous les dits princes têtes nues et vêtus de robes de velours noir à grandes tresses de fil d'or, doublées de satin blanc, et près d'eux, plusieurs comtes et barons pour les soulager. — Après, marchoit le ROY NOTRE SIRE, nu-tête, en grande révérence, vêtu d'une robe de velours noir fourrée de genettes noires, ceint d'une ceinture de taffetas, tenant en sa main une torche blanche ardente, garnie d'une poignée de velours cramoisi. Et étoit près de lui monseigneur le cardinal de Lorraine, auquel, quand le saint sacrement arrêtoit auxdits reposoirs, ledit seigneur roy bailloit sa torche, pendant qu'il faisoit son oraison les mains jointes; ce que voyant le peuple, il n'y avoit ni grand ni petit qui ne pleurât à chaudes larmes et qui ne priât Dieu pour le roy que ledit peuple voyoit en si grande dévotion et faisant un si dévot acte et si digne de grande mémoire. Aussi, est-il à présupposer que ni juif, ni infidèle, voyant l'exemple du prince et de son bon peuple, ne se fût converti à la foi catholique. — Après, les parlements, les huissiers devant, portant chacun une verge à la main; les quatre notaires, les greffiers au criminel, vêtus de robes écarlates, ayant leurs chaperons fourrés; messieurs les présidents en manteaux, portant leurs mortiers, les maîtres des requêtes et conseillers en robes rouges. — Après, les généraux de la justice, des aydes et des monoyes, les élus de Paris et du Châtelet; messieurs des comptes et de la ville de Paris, ayant tous chacun un cierge blanc ardent en main, et vêtus de leurs robes mi-partie rouge et brun, couleurs de la ville. — Enfin, les archers, arbalestriers et hacquebutiers de Paris, vêtus de leurs hacquetons de livrées, tenant chacun une torche en sa main. » Telle était la grande cérémonie catholique.

La procession suivit la rue Saint-Honoré, la rue Saint-Denis, la rue Saint-Jacques-la-Boucherie, et traversa le pont Notre-Dame.

Des cages qui renfermaient des oiseaux furent ouvertes et les petits volatiles s'échappèrent de leur prison à tire d'ailes. La procession se développa sur la place du parvis Notre-Dame; toutes les maisons, tapissées de haut en bas, regorgeaient de spectateurs placés aux fenêtres et jusque sur les corniches, les fûts de colonnes et sur les toits. Le franc-taupin et son neveu aperçurent à ce moment Hervé mêlé aux cordeliers et dont il portait l'habit.

— Mon frère! s'écria Odelin, — faisant un mouvement pour s'élancer vers Hervé et le rejoindre; voilà mon frère.

Mais Joséphin saisit son neveu par le bras et lui dit à voix basse:

— Si tu fais un seul geste qui attire l'attention sur nous, cher enfant, nous sommes reconnus comme des intrus et arrêtés.

L'exclamation d'Odelin, couverte par la psalmodie des cordeliers, n'arriva pas aux oreilles d'Hervé; celui-ci ne remarqua même pas son frère, dont les traits disparaissaient en partie sous le capuchon de son froc. Les cordeliers passèrent; puis les augustins, les carmes, les dominicains, les aydes et les monoyes, les jacobins, et tant d'autres moines d'accoutrements variés et de toute couleur. Joséphin chercha à mettre entre eux et Hervé la plus grande distance possible et se joignit aux mathurins qui venaient les derniers dans le cortège.

L'esprit d'Odelin commençait à se troubler ; les évènements de la journée auxquels il avait pris part, ses appréhensions au sujet de sa famille, la rencontre de son frère sous l'habit de cordelier, les apprêts du supplice des hérétiques auquel il se voyait contraint d'assister, tout concourait à jeter son esprit en des perplexités mortelles. Odelin se croyait parfois sous l'obsession d'un rêve sinistre. Sa démarche incertaine, presque défaillante, fut remarquée du supérieur des mathurins, qui en manifesta sa surprise à Joséphin ; celui-ci répondit que le novice assistait pour la première fois à une exécution d'hérétiques.

La procession étant arrivée au parvis Notre-Dame, chacun des corps dont elle se composait prit la place qui lui était destinée. Une estrade, recouverte de riches tentures, était disposée pour le roi François Ier, la reine, les princes et princesses de la famille royale, les femmes de la cour, les cardinaux, les archevêques, les maréchaux, les présidents du parlement et les principaux courtisans. En face de l'estrade royale se trouvait le bûcher à distance convenable pour que la noble assistance ne pût être incommodée par la chaleur ni par la fumée, et cependant pour que les spectateurs pussent suivre toutes les péripéties du drame. Le bûcher se composait d'un amoncellement de fagots de quinze à vingt pieds de largeur, sur une hauteur de six à sept pieds. Puis adossées aux fagots, se dressaient six machines ; chacune d'elles avec une poutre perpendiculaire, scellée en terre, enclavée à son faîte et pouvant basculer dans une mortaise, soutenait un autre madrier transversal. A l'une des extrémités du madrier, suspendu par des chaînes, était un siège en fer à dossier et à marchepied, semblables à ceux des escarpolettes ; l'autre extrémité de la poutre transversale, garnie de poulies et de cordes, reposait sur le sol.

Le franc-taupin contemplait ces instruments avec une terreur extrême, soutenant le pauvre Odelin qui était presque défaillant et agité de mouvements convulsifs. Le supérieur des mathurins, qui se trouvait placé près de Joséphin, l'interpelle en souriant :

— Vous ne vous rendez peut-être pas compte du mérite de ces machines qui vont fonctionner sous nos yeux.

— Non... mon cher frère... je ne sais en vérité de quel usage peuvent être ces machines dans la circonstance actuelle.

— C'est une invention due au génie du roi, notre sire, à qui les tortionnaires doivent déjà la roue qui sert aux exécutions des faux monnayeurs. On inaugure pour la première fois aujourd'hui dans la bonne ville de Paris les nouvelles machines que vous regardez avec tant d'intérêt... Le procédé est des plus simples : lorsque le bûcher est bien flambant, on enchaîne le patient sur le siège que vous voyez suspendu à l'extrémité de ce madrier, puis, au moyen d'un mouvement de bascule imprimé à l'autre bout du levier, l'hérétique est alternativement plongé dans les flammes, est retiré du brasier pour être encore replongé, et de plongeons en plongeons, jusqu'à ce que mort s'ensuive... Avez-vous compris la manœuvre ?

— Fort bien, mon révérend... le supplice par le feu, ainsi qu'on le pratiquait d'habitude, tuait trop vite le patient !

— Beaucoup trop vite... quelques minutes de souffrances et tout était terminé, l'hérétique avait rendu le dernier soupir...

— Maintenant, — reprit le franc-taupin, — grâce à cette royale invention de notre sire François Ier, que Dieu garde, on laisse au patient le loisir de brûler lentement... de savourer le fagot, de humer la flamme ! Quelle superbe et mirifique invention !...

— C'est cela même, mon cher frère, vos expressions sont fort justes... savourer le fagot... humer la flamme ! On compte sur une durée de vingt à trente minutes pour l'agonie des patients.

— Il y a trois bûchers pareils dressés aujourd'hui dans Paris, — dit le supérieur des mathurins, continuant de parler ; — celui que nous voyons, un deuxième au pilier des Halles et le troisième à la Croix-du-Trahoir ; de sorte que lorsque notre bon sire aura assisté à cette exécution-ci, il pourra visiter les deux autres en s'en retournant au Louvre (1).

Le colloque du moine fut interrompu par une

---

(1) Ces monstruosités semblent dépasser les limites du possible. Citons les textes des historiens :

« Le soir du même jour (21 janvier 1535) les six coupables furent conduits au parvis Notre-Dame, où l'on avait préparé des feux pour les brûler ; il y avait au-dessus du bûcher des sortes d'estrades élevées, où l'on attacha les patients ; ensuite on alluma le feu au-dessous d'eux, et les bourreaux, lâchant DOUCEMENT la corde du levier, laissaient couler jusqu'à la hauteur du feu ces misérables, pour leur en faire sentir la plus vive impression, puis on les guindait de nouveau en haut, et, après leur avoir fait subir ce cruel tourment à diverses reprises, on les laissa tomber au milieu des flammes où ils expirèrent. » (Histoire de France, par le P. Daniel, de la Compagnie de Jésus, t. IV, pag. 41. Paris, 1751.)

« ..... Ledit jour (21 janvier 1535), en présence du roi, de la reine et de toute sa cour, et après les remontrances susdites, furent amenés les six hérétiques faire amende honorable devant ladite église Notre-Dame de Paris, et incontinent furent brûlés tout vifs. » (Faits et gestes des rois de France et d'Angleterre, par Jean Bouchet. Poitiers, 1557), in-folio, pag. 271-272.)

« .... Pour purger le forfait, lesdits hérétiques furent brûlés ledit jour (21 janvier 1535) en divers lieux, par lesquels le roy passoit et que en vain les pauvres patients crioient, lui demandant grâce et miséricorde. » (Histoire de l'état de la religion, par Jean Sleidan, 1557, liv. IX, pag. 137.) (Citations extraites d'ouvrages catholiques.)

grande rumeur. Ces mots circulèrent de bouche en bouche :

— Silence... silence ! le roi va parler.

Pendant l'entretien du mathurin et du franc-taupin, le roi, sa famille, sa cour, les grands dignitaires de l'Eglise et du royaume, avaient pris place sur l'estrade. Anne de Pisseleu, duchesse d'Etampes, qui partageait ses faveurs entre François Ier et son fils, attirait tous les regards par sa parure, non moins éblouissante que sa beauté, alors en pleine maturité. Cette royale courtisane jetait de temps à autre un regard superbe sur ses deux rivales : la reine de France et Catherine de Médicis, femme de Henri, fils du roi. La jeune princesse, alors âgée de seize ans à peine, née à Florence, fille de Laurent de Médicis et nièce du pape Clément VII, offrait le type accompli de la beauté italienne ; pâle, brune de cheveux, blanche de peau ; son regard noir, ardent et rusé, s'attachait souvent à la dérobée sur la duchesse d'Etampes avec une expression de haine sourde ; mais si parfois leurs yeux se rencontraient, Catherine de Médicis avait pour elle un sourire enchanteur. Parmi les grands seigneurs rangés sur l'estrade, l'on remarquait le connétable de Montmorency, le duc Claude de Guise et son frère le cardinal Jean de Lorraine, crapuleux, dissolu, immortalisé par Rabelais, et qu'il désigne par le nom de *Panurge*. Ces Guises, princes lorrains, ambitieux, cupides, altiers, turbulents, que François Ier flattait et subissait à la fois, lui inspiraient de telles appréhensions, qu'il disait d'eux à son dauphin : « Prenez garde, je vous laisserai en pourpoint ; ils vous mettront en chemise. » Non loin des Guises se prélassait Jean Lefèvre, le disciple d'Ignace de Loyola, causant familièrement avec le cardinal chancelier Duprat. Les Jésuites avaient déjà pris pied à la cour du roi de France ; ils dominaient le chancelier, âme damnée de François Ier. Quel était ce prince au physique et au moral ? Voici le portrait qu'en ont laissé les écrivains de l'époque : sa taille atteignait six pieds de hauteur. Larges épaules, gros ventre, face ronde, grasse, fortement colorée, cheveux ras, barbe longue, nez proéminent, grands traits qui révélaient les appétits sensuels. Le sire se dirigea vers son trône en se dodelinant ; ce pesant colosse affectait des attitudes de gladiateur. Il s'assit, ou plutôt se laissa choir sur son siège. Toute l'assistance était debout et découverte, moins les femmes ; il s'adressa ainsi aux princes, aux princesses de sa famille, aux dignitaires de l'Eglise et aux grands officiers du royaume :

« La chose ne vous semblera étrange, messieurs, si vous ne trouvez en moi le visage, la contenance, la parole dont j'ai accoutumé d'user les autres fois que je vous ai assemblés ; mais aujourd'hui, je ne parle pas à vous comme un roi et un maître parle à ses sujets et à ses serviteurs, mais je parle comme étant moi-même sujet et serviteur du roi des rois, du maître des maîtres, qui est le seigneur Dieu tout-puissant.

« Aucuns méchants blasphémateurs, gens de petite condition et de moindre doctrine, ont, contre l'honneur du saint Sacrement, machiné, dit, proféré, écrit plusieurs grands blasphèmes ; à cette cause, j'ai bien voulu faire cette solennelle procession, pour invoquer la grâce de notre Rédempteur. J'ordonne que rigoureuse punition soit faite des hérétiques, pour être exemple à tous de ne tomber en ces damnées opinions, admonestant à ce propos les bons de persévérer dans leurs doctrines, les hésitants de se raffermir, les dévoyés de retourner en la voie de la sainte foi catholique, en laquelle ils me voient persévérer avec les prélats spirituels.

« Donc, messieurs, je vous prie et admoneste : que tous mes sujets prennent garde, non seulement à eux-mêmes, mais encore à leur famille, et spécialement à leurs enfants, pour les faire si bien instruire, qu'ils ne puissent tomber en mauvaises doctrines ; aussi, je vous ordonne que chacun ait à dénoncer tous ceux qu'il connaîtrait ou soupçonnerait d'adhérer à l'hérésie, sans nul égard d'alliance, de lignage ou d'amitié. Quant à moi, — ajouta François Ier d'une voix éclatante, — de même que si j'avais un bras infecté de pourriture, je le voudrais séparer de mon corps, de même, si, par malheur, mes enfants tombaient en ces maudites hérésies, je les voudrais immoler et en faire le sacrifice à Dieu »

Le discours du roi François Ier fut écouté dans un religieux silence et applaudi avec enthousiasme.

Cette bande de prostituées, de gens d'Eglise, d'hommes de cour, de guerre, que le roi très chrétien traînait après lui, savait comment on héritait des biens des hérétiques. Brûler ou massacrer les Réformés, c'était battre monnaie pour la bande royale, le souverain ayant le droit de transmettre aux bons catholiques les richesses confisquées sur les condamnés. Tuer les hérétiques, les torturer, les brûler vifs, ne suffit pas encore au dévot monarque, il fallait atteindre la pensée. Le prince continua sa harangue : « Il est notoire que la pestilence de l'hérésie se répand surtout par la voie de l'imprimerie ; mon chancelier va lire un arrêt portant l'abolition de l'imprimerie dans mes Etats, sous peine de la hart ! »

Le cardinal chancelier Duprat donne lecture à haute voix de cet arrêt du *Père des lettres*, ainsi que les bateleurs de cour appellent François Ier, par une insigne flatterie :

« Nous, François Ier, par la grâce de Dieu, roi de France, nous voulons et ordonnons, et nous plaît de prohiber et défendre à tous imprimeurs généralement, et de quelque qualité ou condition qu'ils soient, qu'ils n'aient A IMPRIMER AUCUNE CHOSE, SOUS PEINE D'ÊTRE PENDUS.

« Tel est notre bon plaisir,
« FRANÇOIS. »

Allons! un dernier effort, écoutez la fin de la légende, fils de Joel. Ma main tremble en traçant ces lignes, mes yeux se voilent de pleurs, mon cœur saigne... Cependant, je dois continuer mon horrible récit.

Après la lecture de l'édit qui interdisait en France l'imprimerie, sous peine de mort, le lieutenant criminel vint prendre les ordres du chancelier. Celui-ci demanda les ordres du roi, lequel ordonna qu'on procédât sans plus de retard au supplice des six hérétiques. Les galantes causeries des courtisanes cessèrent, et les regards de la royale assemblée se dirigèrent du côté du bûcher.

Le franc-taupin et Odelin étaient placés au milieu des mathurins, près du lieu du supplice; non loin d'eux se tenaient les cordeliers. Hervé, debout entre fra Girard et le supérieur général de l'ordre, paraissait être l'objet des préférences de ce dignitaire. Les deux fils de Christian Lebrenn allaient donc assister à cette exécution... Leur sœur Hèna, condamnée au feu, ainsi qu'Ernest Rennepont, comme hérétiques, relaps et sacrilèges, devaient figurer parmi les victimes... Le spectacle épouvantable passa devant les yeux d'Odelin comme une vision lugubre. Sans faire un seul mouvement, sans éprouver de frissons, sans répandre de larmes, pétrifié par la terreur, il regarda... de même que l'homme en proie à un rêve affreux reste immobile sur sa couche... Horrible cauchemar!...

L'ordre d'exécution ayant été donné par François 1er, et transmis aux moines mathurins, plusieurs d'entre eux se rendirent sous le portail de la basilique de Notre-Dame, où les condamnés avaient d'abord été conduits pour faire amende honorable à deux genoux devant l'église. L'un des patients eut la langue coupée pour avoir proféré des plaintes contre les prêtres catholiques pendant le trajet de la prison au parvis. Les mathurins amenèrent processionnellement les victimes au lieu de leur supplice ; lorsqu'elles en approchèrent, tous les ordres religieux entonnèrent d'une voix retentissante cette psalmodie funèbre :

De profundis clamavi ad te, Domine!

Les hérétiques, au nombre de six (1), marchaient deux à deux, tête nue, pieds nus, tenant un cierge à la main. D'abord venaient Jean Dubourg et son ami Etienne de Laforge; puis frère Saint-Ernest-Martyr, soutenant l'architecte maçon Poille. Cet infortuné avait eu la langue coupée; le sang ruisselait de sa bouche et teignait sa longue chemise blanche. Derrière eux venaient Marie-la-Catelle et Hèna Lebrenn, en religion sœur Sainte-Françoise-au-Tombeau, toutes deux pieds nus, les cheveux épars sur leurs épaules, vêtues de longs sarraus blancs et ceintes d'une corde. Hèna pressait sur son cœur une petite bible de poche imprimée par Christian chez M. Robert Estienne qu'on lui avait laissée. Cher livre que la famille lisait souvent le soir en commun et qui rappelait à Hèna tout un monde de souvenirs.

Hervé reconnut sa sœur parmi les condamnés ; il tressaillit, devint d'une pâleur cadavéreuse, et, détournant la tête, s'appuya sur le bras de fra Girard. Les bourreaux avaient mis le feu au bûcher qui offrit bientôt l'aspect d'une nappe de flammes. Les patients arrivant sur le lieu du supplice et avisant les sièges à bascule, comprirent à quel horrible supplice ils étaient destinés. La pauvre Hèna, dans son épouvante, se mit à pousser des cris déchirants, et se jeta dans les bras de Marie-la-Catelle. Le cierge et la petite bible qu'elle tenait dans les mains roulèrent à terre. Le saint livre avait touché un tison et commençait de s'enflammer, l'un des bourreaux le crossa du bout du pied et le rejeta du côté du franc-taupin. Celui-ci se baissa, ramassa la petite bible et la mit dans la poche de son froc... Odelin, comme pétrifié par la terreur, continuait de regarder... Les cris effrayants de sa sœur arrivaient à peine à son oreille, étouffés par le bourdonnement des artères de ses tempes. Les bourreaux sont à l'œuvre : Hèna et les cinq autres martyrs sont saisis, enchaînés et placés sur leurs sièges respectifs, puis les bascules sont mises en branle à la fois... Ce fut un spectacle... atroce, effrayant... digne d'un roi !...Les victimes étaient plongées dans la fournaise... puis reparaissaient dans les airs, vêtements et cheveux flambants... pour être de nouveau englouties dans le gouffre de feu... pour en ressortir et y être encore précipitées !...

Odelin regardait toujours, immobile, les bras croisés sur sa poitrine et raidis comme s'ils eussent été en état de catalepsie. Le franc-taupin regardait l'infortunée Hèna quand le mouvement de la bascule l'élevait dans les airs,

---

(1) Entre lesquels furent brûlés à Paris, ce jour-là, 21 janvier 1535, Jean Dubourg, marchand-drapier de Paris, demeurant en la rue Saint-Denis, à l'enseigne du *Cheval noir* ; Etienne de Laforge, de Tournay, mais dès longtemps habitant Paris, homme fort riche et très charitable; une maîtresse d'école nommée Marie-la-Catelle et Antoine Poille, maçon d'auprès de Meaux, mais béni de Dieu pour emporter le prix entre les martyrs, pour avoir été le plus cruellement traité (il avait eu la langue coupée), comme plus amplement il est contenu au livre des martyrs. (*Chroniques ecclésiastiques*.— Théodore de Bèze, vol. I, pag. 1 *id.*)

et aussi quand elle descendait dans l'abîme du feu... Il compta les *plongeons,* ainsi que disait plaisamment le supérieur des mathurins... Il en compta vingt-cinq !... Aux premières descentes, la pauvre Héna se raidissait, se tordait sur son siège en poussant des cris terribles ; aux descentes qui suivirent les cris devinrent des gémissements ; quand elle disparut dans ce cratère flamboyant pour la dix-septième fois, on ne l'entendit plus gémir... Elle était mourante ou déjà morte... La machine continua de basculer jusqu'à vingt-cinq fois... mais ce n'était plus qu'un cadavre noirci, demi nu, dont la tête allait ballant et battant le dossier du siège... Le franc-taupin suivit également du regard Ernest Rennepont, qui avait été placé face à face d'Héna. Durant l'exécution, cet infortuné n'avait pas poussé un seul cri, ni même fait entendre une plainte ; ses yeux demeuraient attachés sur sa fiancée... Etienne Laforge, Jean Dubourg et Marie-la-Catelle firent preuve du plus sublime courage... On les entendait chanter des psaumes au milieu des flammes, sauf Antoine Poille, auquel on avait coupé la langue. Enfin l'agonie fit expirer les voix sur les lèvres des hérétiques. Les bourreaux n'agitaient plus que des cadavres à demi calcinés.

Le sacrifice était accompli... François Ier, suivi de sa cour, quitta son estrade afin d'assister, en s'en retournant au Louvre, à deux autres exécutions d'hérétiques ; après quoi le roi très chrétien alla coucher chez sa maîtresse la duchesse d'Etampes.

. . . .

Lorsque la terrible vision eut disparu, Odelin défaillit, tomba sur le sol en proie à de violentes convulsions. Deux moines aidèrent le franc-taupin à transporter le jeune novice dans l'une des maisons voisines ; mais avant de quitter le lieu du supplice, Joséphin s'arrêta devant le brasier qui achevait de consumer les cadavres, et prononça cette imprécation : Haine et exécration sur les bourreaux catholiques, rois, prêtres et moines ! Guerre implacable à cette religion infâme qui torture et qui brûle les réfractaires à sa doctrine ! Représailles et vengeance ! Par la mort de ma sœur, par le supplice de sa fille plongée vingt-cinq fois dans la fournaise ; je jure de mettre à mort vingt-cinq prêtres catholiques !

Lorsque Odelin eut repris connaissance, l'oncle et le neveu s'acheminèrent vers le refuge de la rue Saint-Honoré, où déjà les attendait M. Robert Estienne. Ce généreux ami était proscrit et devait partir le lendemain pour Genève, la princesse Marguerite avait à grand'peine obtenu pour lui la grâce de la vie. Il apprit à Odelin la fuite de son père à La Rochelle, la mort de Brigitte ; il engagea Joséphin à quitter Paris à l'heure même avec Odelin et à se mettre en route pour La Rochelle, pour éviter de tomber aux mains des limiers de la police qui étaient à leur recherche. En même temps, il remit à Joséphin l'argent nécessaire au voyage, et se chargea de faire prévenir maître Raimbaud — dans le cas où celui-ci voudrait également se réfugier à La Rochelle. — Il resta convenu entre eux que le franc-taupin et son neveu attendraient maître Raimbaud à Etampes pendant deux jours. Les conseils de M. Robert Estienne furent approuvés et mis immédiatement à exécution. Joséphin et Odelin partirent de Paris dans la soirée et gagnèrent Etampes sans encombre, grâce à leur costume religieux. Maître Raimbaud et sa femme vinrent les y rejoindre avant la fin du deuxième jour, et tous les quatre se mirent en route pour La Rochelle, où ils arrivèrent le 17 février 1535. Les voyageurs se firent indiquer la demeure de Christian Lebrenn. Sa famille, hélas ! était réduite à trois membres : le père, le jeune fils et le brave Joséphin. Le franc-taupin remit à son beau-frère la petite *bible de poche* ramassée par lui près du bûcher lors du supplice d'Héna... Cette bible fut ajoutée aux autres reliques de la famille Lebrenn.

DEUXIÈME PARTIE

LA FRANCE AU XVIe SIÈCLE

La famille Lebrenn à La Rochelle. — Évènements publics importants de 1535 à 1560

Trente-quatre ans se sont écoulés depuis le supplice d'Héna Lebrenn, d'Ernest Rennepont et autres hérétiques brûlés devant le parvis Notre-Dame en présence de François Ier et de sa cour, le 21 janvier 1535. — Moi, ANTONICQ LEBRENN, fils d'*Odelin* et petit-fils de *Christian* Lebrenn, l'imprimeur, je continue la légende de notre famille.

Christian Lebrenn, arrivé sain et sauf à la Rochelle, y fut rejoint par son fils Odelin et par Joséphin le franc-taupin ; mais déjà en proie à une profonde affliction causée par la mort de sa femme Brigitte et par la révélation de l'amour incestueux de son fils Hervé, mon aïeul, apprenant l'épouvantable mort de sa fille Héna, ne résista pas longtemps à ce nouveau coup ; il languit près d'une année, écrivit la légende dont celle-ci est la suite, et mourut le 17 décembre 1535 à La Rochelle ; il y exerçait son métier d'imprimeur chez maître Auger, ami de M. Robert Estienne. Celui-ci termina ses jours en exil, à Genève. *Odelin Lebrenn*, mon père, se livra, comme par le passé, à son état d'armurier chez maître Raimbaut, aussi établi à La Rochelle depuis 1535 ; il trafiquait de ses belles armes avec l'Angleterre. Grâce à leur énergie, à leurs franchises municipales, les Rochelois, en immense majorité partisans de la Réforme, et défendus par la position presque inexpugnable de leur cité, souffrirent peu des persécutions qui ensanglantèrent les autres provinces de la Gaule, jusqu'au jour de la prise d'armes des protestants contre leurs oppresseurs. L'heure de la révolte sonnée, les Rochelois devaient être des premiers à marcher au combat. Marié en 1545 à *Marcienne*, sœur du capitaine Mirant, l'un des meilleurs et des plus hardis mariniers de La Rochelle, mon père eut de ce mariage trois enfants : *Thérèse*, née en 1546 ; moi, *Antonicq*, né en 1549, et *Marguerite*, née en 1551. J'embrassai la profession de mon père ; il avait, après la mort de maître Raimbaud, décédé veuf et sans héritiers, succédé à son commerce d'armurerie. Il y a environ quatre ans, le malheur des temps conduisit à La Rochelle, où, ainsi que d'autres protestants, il venait chercher un refuge, Louis Rennepont, neveu de frère Saint-Ernest-Martyr, fiancé d'Héna, et brûlé comme elle le 21 janvier 1535. Louis Rennepont, lorsqu'il eut l'âge de raison, instruit par son père du supplice du moine augustin, prit en horreur la religion romaine, au nom de laquelle se commettaient tant d'atrocités, et, après la mort de son père, il entra dans le sein de l'Eglise évangélique ; avocat au parlement de Paris et décrété d'accusation, il échappa au bûcher en fuyant à La Rochelle. Un jour, passant sur le quai devant notre maison, l'enseigne de mon père : — *Odelin Lebrenn, armurier*, — attira son attention ; il entra dans notre demeure pour prendre des informations sur notre parenté avec Héna Lebrenn. Nous lui apprîmes alors que celle-ci avait été mariée à son oncle par un pasteur réformé. Louis Rennepont, presque notre parent, continua de visiter notre famille ; bientôt il parut épris de la grâce et des qualités de ma sœur Thérèse ; son amour fut partagé. C'était un jeune homme au noble cœur, d'un caractère modeste et laborieux ; dépouillé de son patrimoine par sa condamnation comme hérétique, il gagnait sa vie à La Rochelle en exerçant sa profession d'avocat. Mon père apprécia le mérite de Louis Rennepont, lui accorda ma sœur Thérèse ; mariés en 1568, leur bonheur justifie les espérances de mon père. Ma plus jeune sœur, Marguerite, a disparu de la maison paternelle à l'âge de huit ans dans des circonstances assez mystérieuses que je vais raconter. Mon père, depuis son établissement à La Rochelle, éprouvait un vif désir de nous conduire, ma mère, mes sœurs et moi, en Bretagne, afin d'y accomplir une sorte de pieux pèlerinage, en nous rendant au berceau de notre famille, près les pierres sacrées de Karnak. Le trajet était court par la voie de terre, mais les guerres religieuses ravageaient aussi la Bretagne à cette époque ; mon père craignait de se hasarder avec sa femme et ses enfants au milieu de partis ennemis. Son beau-frère Mirant, le marin, devant faire la traversée de La Rochelle à Douvres, proposa à mon père de le prendre à bord avec nous sur son brigantin. Le navire aurait relâché à Vannes, port très voisin de Karnak et, notre pèlerinage accompli, on aurait mis à la voile pour Douvres, où mon père expédiait souvent des armes, et aurait visité son correspondant dans cette ville ; notre oncle Mirant, après avoir pris un chargement de marchandises, serait revenu en France, après une absence de deux ou trois semaines. Mon père accepta ces propositions avec joie. Peu de temps avant notre départ, ma sœur Marguerite fut atteinte d'une maladie peu dangereuse, mais qui ne lui permit pas cependant d'être du voyage, dont le jour était fixé ; mes parents la laissèrent à la garde de sa marraine, excellente femme, mariée à *Jean Barbot*, maître chaudronnier. Nous partîmes pour Vannes, à bord du brigantin du capitaine Mirant. En notre absence, notre sœur Marguerite se rétablit ; sa marraine la conduisait souvent à la promenade en dehors des remparts. Un jour, comme elle jouait avec d'autres petites filles dans un endroit planté d'arbres, elle s'écarta de dame Barbot ; quand sa marraine voulut la ramener à la maison, l'enfant ne se retrouva plus. On fit d'actives recherches qui n'amenèrent aucun résultat. L'enfant avait été enlevée par les ravisseurs qui restèrent inconnus. Marguerite fut pleurée et regrettée par nous tous. Notre pèlerinage à Karnak, berceau de la famille de Joel, avait fait sur mon esprit une impression profonde, ineffaçable ; plus tard, je reviendrai sur les conséquences de ce voyage. Le capitaine Mirant, frère de ma mère, et devenu veuf après quelques années de mariage, avait une fille nommée *Cornélie*. Je l'aimai d'abord comme une sœur, puis, à mesure que nous grandissions, notre affection devenant plus vive, nos parents projetèrent de nous unir. Cornélie, par ses vertus, son courage, promettait de ressembler à une Gauloise des temps héroïques et de se montrer digne de ses aïeules. Ma cousine, ayant très jeune encore, perdu sa mère, accompagnait parfois son père dans ses rudes navigations. Le caractère de cette jeune fille offrait, comme sa beauté, un mélange de douceur et de virilité, de grâce et de force. A l'époque où commence ce récit, Cornélie avait dix-sept ans, moi, vingt ans; nos familles avaient décidé de fixer à trois ou quatre années plus tard l'exécution du projet de mariage et nous avaient déjà fiancés.

Mon grand-oncle, le franc-taupin, peu de temps après son arrivée à La Rochelle, avait cédé aux instances de mon aïeul Christian qui, sentant sa fin prochaine, avait supplié le brave aventurier de ne pas se séparer de son neveu, bientôt sans doute orphelin. Le franc-taupin ajourna la vengeance de la mort de Brigitte et d'Héna, resta près de mon père Odelin et s'enrôla dans les archers de notre ville. Il avait, à la suite de nos chagrins de famille, renoncé à sa vie désordonnée; la tutelle de son neveu, encore adolescent, lui créait de nouveaux devoirs. Il sut mériter le grade de sergent de la milice urbaine; mais lorque le massacre de Vassy souleva les protestants d'un bout à l'autre de la Gaule, et qu'enfin ils coururent aux armes, le franc-taupin alla se joindre aux insurgés, fut nommé chef d'une bande de partisans et se montra impitoyable dans ses représailles. Il avait juré de tirer vengeance des actes de férocité des catholiques à l'égard de sa sœur et de sa nièce. L'Anjou et la Saintonge prirent une large part aux guerres religieuses; mon père, marié depuis plusieurs années, quitta son armurerie pour aller servir parmi les volontaires de l'armée protestante, fit bravement son devoir sous les ordres de MM. de *Coligny*, de *Condé*, de *Lanoüe*, de *Dandelot*, et reçut deux blessures. Je l'accompagnai lors de la nouvelle prise d'armes de 1568 à 1570 — époque à laquelle j'eus, hélas! la douleur de le perdre; — j'avais marché avec lui comme volontaire, laissant à La Rochelle ma mère, ma sœur Thérèse, mariée à Louis Rennepont, et ma cousine Cornélie, qui voulut s'en aller en croisière avec son père, le capitaine Mirant, afin de donner la chasse aux navires royaux, tandis que j'irais combattre à l'armée de M. de Coligny.

Avant de commencer cette légende, je retracerai brièvement, selon l'usage de la chronique de notre famille, les faits accomplis depuis l'année 1535 jusqu'en l'année 1569.

Le meurtre juridique dont Héna Lebrenn fut une des victimes, le 21 janvier 1535, inaugura une nouvelle période de persécutions. Les Vaudois, descendants des Albigeois, et qui, séparés depuis des siècles de la communion catholique, exerçaient paisiblement leur culte, sont massacrés par des bandes armées; la contrée qu'ils habitaient est livrée au pillage, à l'incendie. Charles-Quint envahit la Provence en 1536, s'avance jusqu'à Aix, met le pays à feu et à sang, repasse les Alpes devant les forces supérieures du connétable de Montmorency. En 1537, la guerre avec Charles-Quint continue acharnée; les Espagnols envahissent de nouveau nos frontières et assiègent Thérouanne; une trêve de dix mois est signée. La guerre se rallume au printemps suivant. Après de nouveaux désastres, la paix est conclue pour dix ans; mais en 1541, les ambassadeurs de François Ier sont assassinés en se rendant à Venise; la guerre se déchaîne de nouveau. Les Rochelois s'insurgent, se constituent en cité républicaine; cette place forte devint un asile assuré pour les Réformés. Le trésor public est épuisé par les frais de guerres ruineuses, par le faste effréné de François Ier; ce roi chevalier a recours à sa ressource habituelle: il bat monnaie en créant et vendant de nouvelles charges judiciaires, multipliant à un point dérisoire le nombre des officiers des cours souveraines; ses coffres remplis, il lève de nouvelles troupes et redouble de prodigalités. L'Angleterre, l'Espagne et l'Allemagne se liguent contre la France; malgré le gain de la bataille de Cérisoles par les généraux de François Ier, le roi d'Angleterre, en 1544, descend à Calais, assiège Boulogne, Montreuil, s'empare de cette place; Luxembourg, Ligny, Commercy, Saint-Dizier, tombent au pouvoir de l'Empereur, et François Ier, en retour, est forcé de signer une paix honteuse avec Charles-Quint, le 17 septembre 1544. Le roi anglais Henri VIII poursuit la guerre: en 1546, François Ier achète encore une paix humiliante, ruineuse, au prix de huit cent mille écus d'or de dédommagement payés à l'Angleterre; après quoi, le roi très chrétien meurt des suites d'une maladie honteuse, le 31 mars 1547, à l'âge de cinquante-trois ans, digne fin d'une pareille vie! — « Il s'en va, le galant vérolé, il s'en va! » — disait gaiement au fils de l'agonisant Diane de Poitiers, duchesse de Valentinois, en manière d'oraison funèbre.

Henri II devint roi de France. Catherine de Médicis, sa femme, était alors dans toute la fleur de sa jeunesse et de sa beauté. L'Italienne était dissimulée; elle avait pour évangile le livre de Machiavel — le Prince, — le code de la tyrannie. Elle avait compris que l'heure de sa domination n'était pas encore venue, et elle attendait... Henri II, habile écuyer, gladiateur, indolent, débauché, laisse prendre tout empire à Diane de Poitiers; elle s'unit au maréchal de de Saint-André et aux deux chefs de la maison de Guise, le cardinal Jean de Lorraine et le duc Claude, pour faire curée du royaume. Les

Le massacre de Vassy (page 358)

Guises, princes lorrains, voulaient à la fois être indépendants comme seigneurs étrangers, et jouir des privilèges des princes français; ils voulaient primer la branche de Bourbon et écraser la maison de Montmorency; ils prétendaient descendre de Charlemagne, ils affectaient les allures de maires du Palais, aspirant à détrôner la dynastie régnante. La curée de la France se fit donc entre les Guises, les Montmorency et Diane de Poitiers; elle convia aussi au partage le maréchal de Saint-André, son amant. Que de gens à pourvoir!... le duc Claude de Guise avait six enfants; le connétable de Montmorency, cinq fils et trois neveux; le maréchal de Saint-André, onze neveux ou parents, tous fort pauvres; enfin, Diane de Poitiers tenait à enrichir ses filles, ses bâtardes et ses gendres. Mais, grâce aux labeurs de Jacques Bonhomme et à la confiscation des biens des hérétiques, cette bande de vautours se gorgeait à plein ventre. De nouvelles guerres étrangères désolent la Gaule; les Guises, par intérêts de famille, poussent Henri II à s'allier avec l'Angleterre contre l'Allemagne, et à sommer Charles-Quint de venir, en sa qualité de comte de Flandre, lui prêter foi et hommage, ainsi que tout grand vassal doit agir envers son suzerain. « Je me rendrai au sacre du roi de France à la tête de cinquante mille lances, » répond le fier empereur; mais il n'y vint point sur l'heure, trop occupé des Luthériens d'Allemagne. Dans l'espoir de concilier la religion catholique et la Réforme, en les amenant à des concessions mutuelles, il avait engagé le pape PAUL III à réunir un concile à Trente. Le pape, plus soucieux des intérêts de sa maison que du Catholicisme, met à la réunion du concile cette condition : que Charles-Quint accordera la sou-

14e livraison

veraineté du duché de Parme et de Plaisance à Louis Farnèse, son fils, à lui, Paul III — ces vicaires de Dieu ont presque tous des bâtards ; — mais n'obtenant pas ce qu'il attendait de Charles-Quint, le saint-père ne réunit pas de concile, évoqua la question religieuse par devant lui, comme suprême arbitre. Cet arbitrage avorta, les guerres religieuses continuèrent d'ensanglanter une partie de l'Allemagne. En 1548, une formidable insurrection éclate en France : Henri II, à bout de ressources, imagine de forcer chaque habitant de la Guyenne à acheter une certaine quantité de sel, dont l'Etat se réservait la vente, et qu'il taxait à des prix exorbitants; les malheureux qui refusaient d'acheter vingt fois plus de sel qu'ils n'en pouvaient consommer, et de le payer cent fois sa valeur, sont traînés en prison. Exaspérés par l'iniquité de ces édits et par les violences dont ils sont accompagnés, la Guyenne, le Périgord, le Poitou se soulèvent, massacrent les gabeleurs ; Bordeaux tombe au pouvoir des insurgés, mais le connétable de Montmorency entre dans cette ville à la tête d'une armée, fait pendre, rouer, écarteler ceux qui ont pris part à cette révolte, et force les échevins de déterrer avec leurs ongles le corps d'un officier royal tué pendant l'insurrection ; puis, Bordeaux est dépouillé de ses franchises. Pendant que le sang ruisselle dans les provinces, Henri II assiste aux fêtes du mariage d'Antoine de Bourbon avec Jeanne d'Albret — cette femme héroïque devait être la mère de Henri de Bourbon. — En 1550, meurent les deux chefs de la maison de Guise : le duc Claude et son frère Jean, cardinal de Lorraine ; François, fils aîné du duc Claude, devient duc de Guise, et son frère Charles, jusqu'alors archevêque de Reims, s'empourpre du cardinalat. Ce cardinal, le plus dissolu, le plus orgueilleux, le plus ambitieux, le plus fourbe, le plus rapace des prélats, joignit, à la mort de son oncle, ses bénéfices aux siens, et, ainsi riche de plus de cinq cent mille livres de rente, ne paya pas une seule des dettes du défunt ; tous les créanciers furent ruinés. Les persécutions contre les Réformés redoublent de fureur; le Parlement, auquel on donna le nom de *Chambre ardente*, parce qu'il envoyait indistinctement tous les accusés au bûcher, ordonnait supplices sur supplices; les biens des condamnés étaient partagés entre les juges, Henri II et Diane de Poitiers. Les Guises, soutenus par l'Espagne et par Rome, commencèrent à se déclarer protecteurs et chefs suprêmes des catholiques en France. Le cardinal Charles de Lorraine, voulant s'assurer de Diane de Poitiers, en fait sa maîtresse; François de Guise domine, de son côté, Henri II ; et les deux Guisards, ayant pour instruments le roi et la vieille courtisane, les poussent à des mesures implacables contre la Réforme. A cette époque, *Del Monte*, le prélat le plus corrompu du sacré collège, est élu pape, sous le nom de *Jules III;* son premier acte est de donner le chapeau de cardinal à son entremetteur habituel, qui, de plus, gardait les singes de sa ménagerie, d'où le surnom lui resta de *cardinal Singe*. — Charles-Quint, vieillissant, subit le joug de la société de Jésus, dont l'influence allait toujours grandissant, il établit l'Inquisition dans les Pays-Bas ; le feu n'était pas un supplice assez horrible, on *enterrait vivants* hommes et femmes hérétiques jusqu'à la ceinture ; ils périssaient ainsi par la faim et dévorés par les vers engendrés par leurs excréments. — En 1551, nouvelle guerre avec l'Allemagne ; plus tard, Charles-Quint, las du monde, du trône et des batailles, se retire au couvent de Saint-Just, en 1555, et abdique en faveur de son fils *Philippe II*, élève et adepte des Jésuites. La même année, le cardinal Caraffa est élu pape, sous le nom de *Paul IV*. Philippe II et Paul IV, c'était l'Inquisition sur le trône d'Espagne et au Vatican ; une seule pensée les guide : éteindre l'hérésie dans le sang. Ils ont bientôt pour allié Henri II, dominé par les Guises; ceux-ci font épouser à son fils, *François II*, leur nièce, *Marie Stuart*, et poursuivent leur œuvre d'extermination contre les protestants. Malgré les persécutions, la Réforme gagnait chaque jour des partisans ; Genève était le grand foyer de l'église évangélique, Calvin y dominait ; malheureusement, le réformateur entacha sa mémoire par la condamnation à mort de *Servet*. Étrange aberration de l'esprit humain ! Calvin, le défenseur de la liberté de conscience, envoya Servet au bûcher parce qu'il était sceptique et libre-penseur. — En 1558 — 15 février, — *Paul IV* publie une bulle, souscrite par tous les cardinaux, renouvelant les arrêts des conciles contre les protestants ; cette bulle déclarait en outre : « Que tous prélats, princes, rois ou empereurs qui tomberaient dans l'hérésie, ou pactiseraient avec elle, seraient privés de leurs bénéfices, états, royaumes, empires, lesquels seraient dévolus au premier occupant catholique. » Cette menace d'interdiction, planant sur les rois rebelles aux exigences de l'Eglise de Rome, pouvait et devait un jour ouvrir aux Guises, descendants de Charlemagne, la perspective du trône de France. — En 1540, ligue entre Philippe II et Henri II pour l'extermination de l'hérésie. Le pape impose à Henri II, par l'entremise des Guises, l'établissement de l'Inquisition en France. Le roi s'empressa d'obéir, comptant sur le servilisme ordinaire du Parlement pour l'enregistrement de l'édit ; mais il comptait sans la cupidité de plusieurs et sans les scrupules de quelques-uns des membres de cette cour. Comme les dépouilles des protestants revenaient de droit aux conseillers, plusieurs refusèrent d'en faire l'abandon aux Inquisiteurs. Le Parlement refusa d'enregistrer l'édit promulguant l'établissement de l'Inquisition en France; et *Anne Dubourg*, l'un des rares honnêtes gens de cette assemblée, répondit courageusement: « — Je vois commettre tous les jours des crimes, des adultères, des meurtres, qui restent impunis, tandis qu'on invente chaque jour de nouveaux supplices contre de prétendus hérétiques à qui l'on ne peut reprocher nul méfait. » — *Dufour*, autre honnête et courageux parlementaire, répondit au roi Henri II, qui s'était rendu au Parlement afin de l'intimider par sa présence et de forcer ainsi l'enregistrement de l'édit: « — Sire, il faut bien s'entendre, et désigner ceux qui, dit-on, troublent l'Eglise, de peur qu'il n'advienne ce qu'Hélie dit à Achab: *C'est toi qui troubles Israël.* » — Henri fait arrêter ces deux audacieux et ordonne l'enregistrement de l'arrêt; mais ce prince, mort à la suite d'un tournoi le 29 juin 1559, ne put jouir de l'exécution d'Anne Dubourg et de Dufour, qui tous deux furent brûlés vifs en place de Grève. Honte et exécration sur l'abominable religion catholique!

Henri II épouse Catherine de Médicis, laisse plusieurs bâtards et sept enfants légitimes, dont quatre fils: FRANÇOIS II (né le 19 janvier 1543), qui monte sur le trône; *Charles* (né le 27 juin 1550), il régna plus tard sous le nom de *Charles IX*, d'exécrable mémoire; le *duc d'Anjou* (né le 21 septembre 1551), plus tard *Henri III*, de non moins exécrable mémoire; et *Hercule, duc d'Alençon* (né le 18 mars 1554). Des trois filles, la première, *Elisabeth*, devint reine d'Espagne par son mariage avec Philippe II; la seconde, *Claude*, épousa l'un des Guises, François II, duc de Lorraine; et la troisième *Marguerite*, devra épouser plus tard Henri de Bourbon, roi de Navarre. François II, roi de France à l'âge de quinze ans et demi, était l'époux de la belle Marie Stuart, nièce des Guises; elle dominait ce roi chétif et scrofuleux. Catherine de Médicis, tenace, patiente, rusée, dévorée de la soif du pouvoir, n'avait pas attendu si longtemps l'heure de régner à son tour sous le nom de son fils, pour laisser aux Guisards la toute puissance; mais il lui fallait compter avec ces Lorrains. Elle entreprend de miner leur influence en liguant contre eux le connétable de Montmorency et Antoine de Bourbon, roi de Navarre; elle emmène son fils François II, à Saint-Germain, où elle l'isole, pour qu'il achève de s'énerver dans les bras de Marie Stuart. Dès lors, Catherine de Médicis commença de poursuivre les ténébreuses menées qui, jusqu'à la fin de sa vie et sous le règne de ses trois fils, lui donnèrent une si grande part dans le gouvernement de la France. Vous verrez l'Italienne à l'œuvre, fils de Joel, vous jugerez ce monstre d'après ses actes; vous saurez comment, par politique, elle ménagea et accabla les Huguenots, dont elle commanda l'extermination. Lorsque François II monta sur le trône Catherine de Médicis n'était pas encore poussée par ses intérêts à ménager les Réformés; la persécution déchaînée contre par eux l'Eglise et par les Guisards, instruments des Jésuites, atteignait les dernières limites de la férocité: aux exécutions juridiques succédaient des massacres accomplis par une populace aveugle et fanatique. Les Réformés se décidèrent enfin d'en appeler aux armes pour défendre leur foi, leur vie, leurs familles, leurs biens. *La Renaudie*, gentilhomme du Périgord, se met en rapport avec les chefs protestants des diverses provinces de France, leur donne rendez-vous à Nantes; ils s'y trouvent réunis le 1er février 1560. Il leur propose d'accepter pour général en chef de l'armée insurrectionnelle le prince de Condé, de se diriger sur Blois, où la cour séjournait alors, d'enlever les Guises, de les mettre en jugement de François II la convocation des Etats-généraux, qui, en assurant à chacun la liberté d'exercer son culte, mettrait terme aux violences dont était victime l'Eglise nouvelle. Les projets de La Renaudie sont accueillis par la majorité des chefs réformés; mais un traître, nommé *Avenelle*, révèle leurs desseins au duc de Guise; celui-ci fait aussitôt partir de Blois le roi et la cour et les conduit à Amboise sous bonne escorte. Plusieurs troupes de protestants, déjà en marche pour Blois, déroutés par ce changement de résidence, sont attaquées par des troupes postées sur leur passage; d'autres Réformés avertis à temps, échappent à cette embuscade, s'introduisent dans Amboise par petites bandes; ils y sont saisis et exécutés sans forme de procès. « Il ne se passait ni jour ni nuit, — dit un témoin oculaire des faits, — que l'on n'en fît mourir un grand nombre, et tous personnages d'apparence; les uns étaient noyés, les autres pendus, les autres décapités; mais, chose étrange et inusitée sous toute forme de gouvernement, on les menait au supplice, sans prononcer aucune sentence, sans leur faire connaître la cause de leur condamnation, sans même prononcer leurs noms... On réservait l'exécution des principaux de ces hérétiques pour les après-dîners, afin de donner une récréation aux dames qui s'ennuyaient en ce lieu, et de vrai, les Guises et elles, s'arrangeaient aux fenêtres du château, comme s'il se fût agi d'assister à quelque comédie. Le roi et ses jeunes frères comparaissaient à ces spectacles, et les patients leur étaient montrés par M. le cardinal de Lorraine, avec les signes d'un homme grandement réjoui, afin d'animer les jeunes princes contre les hérétiques; et lorsque l'un d'eux mourait avec audace. — Voyez, sire, disait M. le cardinal, — quelle est l'audace de ces effrontés et enragés; la crainte de la mort ne peut abattre leur félonie et leur orgueil ; que feraient-ils de vous s'ils vous tenaient en leur pouvoir ? »

Le prince de Condé, le chef présumé de l'expédition, s'était rendu à Amboise avec les Réformés ; aucune charge précise ne s'élevant contre lui, les Guises n'osent le faire emprisonner. Il quitte Amboise, attendant un moment plus favorable pour se mettre à la tête du mouvement protestant. De tous côtés, en France, on demandait la convocation des Etats généraux ; les catholiques eux-mêmes réclamaient des réformes urgentes ; enfin les huguenots espéraient que la liberté de conscience leur serait enfin accordée. Les Guises, voulant obtenir une assemblée nationale hostile à la nouvelle religion, avaient mandé à tous les parlements que nul ne devait être envoyé aux Etats généraux s'il ne faisait une profession de foi catholique, apostolique et romaine. Les récalcitrants ne pouvaient pas être élus à l'assemblée, et devaient être emprisonnés, jugés et leurs biens confisqués. Les députés devaient se rendre à Orléans, où était convoquée l'Assemblée nationale. Les princes du sang et les grands officiers de la couronne, le *prince de Condé*, le *roi de Navarre*, *Coligny*, son frère *Dandelot*, et d'autres chefs protestants qui avaient le droit d'assister, en vertu de leur naissance ou de leurs fonctions, à l'ouverture des Etats devaient être mis en demeure de signer une profession de foi catholique sous menace de mort. Antoine de Bourbon, roi de Navarre, et le prince de Condé, sont arrêtés à leur arrivée à Orléans. *Nicolas Mouche*, écuyer de l'amiral de Coligny, m'a raconté à moi, Antonicq Lebrenn, qui écris ceci, qu'aux environs d'Orléans l'amiral avait rencontré un huguenot fuyant cette ville, — « où déjà, — disait-il, — étaient arrivés trente à quarante des plus experts bourreaux des lieux circonvoisins, qu'on avait habillés d'une même livrée, aux couleurs des draperies de l'échafaud. Ils devaient, disait-on, trancher la tête du prince de Condé, du roi de Navarre, de Coligny et des autres seigneurs hérétiques. Il devait y avoir, en outre, un grand massacre dans Orléans, et les habitants avaient l'ordre de ne sortir de leurs maisons, après midi sonné, ni regarder par les fenêtres, sous peine d'être pendus ; enfin le sac de la ville avait été promis aux gens de guerre. » Coligny avait souri et il continua son chemin vers Orléans ; un hasard le sauva, lui et tant d'autres victimes du massacre prémédité. François II, qui était malade depuis plusieurs mois, expira le 5 décembre 1560. On a prétendu que Catherine de Médicis n'avait pas pu trouver d'autre moyen pour arracher son fils à l'influence de Marie Stuart que de lui verser du poison. Son fils mort, Catherine de Médicis opposa aux Guisards, par un revirement de sa politique, ceux là mêmes qu'elle avait poursuivis de sa haine : Antoine de Bourbon, le prince de Condé, Coligny, son frère Dandelot et les autres chefs de la Réforme. L'appui que Catherine de Médicis cherchait en eux contre les princes lorrains la fit incliner vers les huguenots, et la convocation de l'Assemblée nationale, naguère si menaçante pour eux, leur donna, au contraire, de grandes espérances. Coligny exigea de la reine que Michel de L'Hôpital, l'un des plus purs génies dont s'honore l'humanité, fût appelé aux fonctions de chancelier de France et ouvrît les Etats-généraux ; l'Italienne, par crainte et en haine des Guises, consentit à tout, même au bien, et l'Assemblée nationale fut convoquée pour le 13 décembre 1560. Les princes lorrains, stupéfaits, atterrés de la brusque résolution de la reine, faillirent, en cette circonstance, à leur audace accoutumée, ils se retirèrent dans leur principauté de Lorraine et dépêchèrent leurs agents à Philippe II et au pape, pour les instruire des dangers dont l'Eglise catholique était menacée, réclamant pour le soutien de la foi l'appui de Rome et de l'Espagne. Les nominations des députés aux Etats-généraux échappant à la pression des Guisards, les catholiques et les protestants se trouvèrent à peu près en nombre égal à l'Assemblée nationale, qui fut ouverte à Orléans le 13 décembre 1560. Le discours du chancelier Michel de L'Hôpital fut un noble appel à la sagesse, au calme, au patriotisme, à la concorde ; il adjura les deux partis d'oublier leurs dissensions pour ne s'occuper que de leur devoir de citoyens. — « Renonçons, — leur dit-il, à ces mots envenimés par les factions ; renonçons à ces noms de huguenots, de papistes ; conservons le nom de chrétiens. » — Les cahiers du tiers-état, contenant des réclamations nombreuses, révélaient un sentiment du bien public, le zèle pour l'ordre, la haine des abus, la science pratique des choses, un désir de conciliation ; c'était tout un nouveau code rédigé avec une telle précision, qu'il pouvait immédiatement être converti en loi. L'esprit d'examen et de liberté avait été ravivé par le souffle de la Réforme. Les députés des communes demandaient :

« *L'élection* aux dignités ecclésiastiques, par le concours du clergé et d'un certain nombre de citoyens ; — l'attribution d'une *partie des revenus* de l'Eglise à l'établissement de nouvelles chaires dans l'Université, et la fondation *dans chaque ville d'un collège communal*; — *l'interdiction aux prêtres de recevoir des testaments*; — la réduction des jours fériés *à un petit nombre de fêtes*; — *l'élection des juges* par le concours de l'ordre judiciaire, des membres des municipalités et du pouvoir royal

— la révision des anciennes ordonnances ; — la poursuite immédiate des crimes notoires, sans qu'il fût besoin de la partie intéressée ; — la suppression des droits de péage intérieurs, et *l'adoption d'un seul poids et d'une mesure dans tout le royaume;* l'établissement de tribunaux *électifs, de commerce et de police;* — la restriction des justices seigneuriales ; — la déchéance des droits seigneuriaux pour tout noble convaincu d'exactions envers les habitants de ses domaines ; — enfin la tenue des Etats-généraux au moins tous les cinq ans. »

Les trois ordres composant l'Assemblée nationale se trouvèrent en désaccord au sujet des questions religieuses, mais non sur les questions de finances. Les députés déclarèrent qu'il y avait nécessité de réduire les charges publiques et les impôts. Ils se prononcèrent énergiquement contre le système des emprunts de la royauté. La dette s'élevait à plus de *quarante-trois millions* de marcs — équivalant à quatre cent millions de francs, — dont seize millions de marcs empruntés à des maisons de banque, quinze millions à des particuliers ; les douze millions de surplus comprenaient les dots accordées aux sœurs du roi. La cour était endettée de quarante-trois millions, représentant quatre fois le revenu de la France, évalué en ce temps-ci à *douze millions* de marcs. Les Etats-généraux refusèrent de voter de nouveaux subsides avant d'avoir pris l'avis de leurs bailliages et, afin de les consulter, retournèrent dans leurs provinces. Ces Etats provinciaux s'assemblent le 2) mars suivant. Un prêtre, un noble et un bourgeois sont nommés par chacune des treize provinces de France, et trente-neuf députés se réunissent à Pontoise au mois d'août ; les laïques seuls assistent aux séances ; les ecclésiastiques se rendent au *colloque de Poissy,* convoqué sur l'avis du chancelier de l'Hôpital, pour amener les deux religions à de mutuelles concessions. Les délégués du clergé, qui étaient presque tous affiliés aux Jésuites, rejetèrent toutes les propositions de conciliation. — Les treize nobles et les treize bourgeois, avec les Etats-généraux, tombèrent d'accord sur les moyens de réfréner la royauté.

Il y a deux siècles, Etienne Marcel disait à notre aïeul *Mahiet-l'Avocat-d'armes* : — Je peux mourir demain, j'ai semé pour l'avenir ; pas de défaillance, le progrès est certain, mais laborieux et lent ; les siècles comptent à peine pour des heures dans la marche de l'humanité. » — Le lendemain du jour où il prononçait ces paroles prophétiques, le prévôt des marchands tombait victime de la fureur de ses ennemis ! Peuple ingrat, mobile parce qu'il est ignorant ! O martyr de la liberté ! ô Marcel ! c'était ton œuvre que poursuivaient les réformateurs de 1561, de même que tu poursuivais l'œuvre de tes devanciers, les échevins des communes affranchies, quasi-républicaines. Les vingt-six députés des Etats-généraux de 1561 déclaraient, comme Etienne Marcel : L'EXERCICE DU POUVOIR ROYAL SUBORDONNÉ AU POUVOIR DE L'ASSEMBLÉE NATIONALE. Ils affirmaient : — le droit absolu de l'Etat sur les biens de l'Eglise ; — le droit de vendre toutes les propriétés ecclésiastiques, sauf à indemniser les membres du clergé ; — le produit de ces ventes, évalué à cent vingt millions de marcs d'argent, — ou six cent millions de francs, — devait être affecté : — à l'extinction de la dette publique, — à solder une pension aux membres du clergé dépossédés, — à l'établissement d'universités enseignantes dans les provinces, — et à des placements à intérêt dans les villes et ports de mer, afin de donner un grand développement au commerce et à l'industrie. — Les offices de finances, de justice et de police, devaient être réduits et remplacés par des commissions *électives et triennales ;* la convocation des Etats-généraux serait fixée à deux ans ; — enfin, les huguenots jouiraient *du plein et libre exercice de leur religion.* »

Ces vœux, ces remontrances des Assemblées nationales n'étant pas appuyés par la force, furent accueillis avec dédain par la cour ; cependant, grâce à la fermeté de Michel de L'Hôpital et de Coligny, quelques-unes des réformes réclamées furent accordées : pour la première fois, l'exercice de la religion réformée fut légalement toléré en vertu d'un édit ; mais les parlements, non moins menacés dans leurs privilèges que la royauté par les vœux de l'Assemblée nationale, se refusèrent d'enregistrer plusieurs arrêts du chancelier empreints de l'esprit émancipateur des communes ou en éludèrent l'exécution. Néanmoins, quelques pas furent faits dans la voie de la destruction des abus : Catherine de Médicis, en haine et en crainte des Guises, soutenait Michel de L'Hôpital, protecteur des protestants. Les exécutions juridiques sous prétexte d'hérésie cessaient ; et si la populace, fanatisée par les moines, massacrait encore des huguenots, l'on recherchait les auteurs de ces meurtres. Cette trève tacite dura quelques mois. Les Réformés, pleins de confiance dans l'édit de tolérance, s'assemblaient paisiblement pour entendre leurs pasteurs ; calme décevant ! espérances trompeuses ! Le roi d'Espagne et le pape se plaignirent de la faiblesse dont on usait envers l'hérésie, et menacèrent Catherine de Médicis de l'excommunication si elle ne revenait pas aux mesures de rigueur contre la Réforme. Le duc François de Guise et le cardinal de Lorraine, assurés de l'appui de Rome et de l'Espagne, ne gardèrent plus de mesure dans les vexations infligées aux protestants. Voici, fils de Joël, le récit d'un carnage prémédité et accompli par les princes lorrains. C'est un témoin du massacre de Vassy qui raconte les faits :

« Vassy est une petite ville appartenant au roi aux confins du duché de Barrois, du ressort de laquelle était de toute ancienneté la baronnie de Joinville, principale résidence du duc de Guise. L'église évangélique fut dressée à Vassy, le 12 octobre 1561, par un pasteur de Troyes en Champagne; les catholiques, voyant le grand nombre des Réformés merveilleusement accru, essayèrent premièrement d'épouvanter les fidèles en envoyant devers eux quelques hommes d'armes au commencement de novembre 1561; les Réformés ne s'émurent pas ; alors les catholiques firent venir à Vassy l'évêque de Châlons accompagné d'un moine que l'on estimait fort suffisant théologien, lesquels ayant voulu, le 16 décembre, controverser avec le pasteur à l'heure du prêche, eurent tellement le dessous dans cette discussion, que plusieurs catholiques venus avec ce moine et l'évêque furent gagnés à l'Eglise évangélique. L'évêque, bien courroucé, de retour à Joinville, inventa de dire qu'on l'avait outragé, demanda vengeance des Réformés de Vassy; et madame Antoinette de Bourbon, mère du duc de Guise et capitale ennemie de la Réforme, voulut intimider les gens de Vassy en les menaçant des vengeances de son fils, qui devait bientôt arriver de Lorraine. Ces menaces ne furent pas vaines : de retour d'Allemagne au mois de mars 1562, M. le duc de Guise, accompagné de madame la duchesse de Guise, sa femme, du cardinal de Lorraine, son frère, et suivi d'environ deux cents hommes armés d'arquebuses, de pistolets et de coutelas, ayant couché à Dampmartin-le-Franc, alla droit à Vassy, le 1er mars, où sa compagnie d'hommes d'armes l'attendait depuis huit jours; arrivé devant la halle de Vassy, le duc de Guise descendit de cheval, entra dans le couvent, où il conféra avec le prieur et un autre moine nommé Claude-le-Saint. Pendant cet entretien, les Réformés étaient assemblés, au nombre de mille à douze cents, dans une grange voisine du couvent, où hommes, femmes et enfants écoutaient paisiblement et sans armes la parole de Dieu. Le duc de Guise, à la tête de ses gens, les uns à pied, les autres à cheval, tira droit vers cette grange; *Labrosse*, guidon de la compagnie d'armes du duc, entra le premier dans le temple, accompagné de cinq ou six soldats ; les Réformés voisins de la porte offrirent à Labrosse de s'asseoir parmi eux, le sermon étant déjà commencé; mais soudain le guidon s'écria, en blasphémant horriblement, qu'il fallait tout tuer! Au même instant, les autres soldats restés en dehors, rencontrant à la porte de la grange un pauvre crieur de vin, lui demandèrent à quoi il croyait ; il répondit : *Je crois en Jésus-Christ :* ils abattirent pour cela ce malheureux d'un coup d'épée, et l'achevèrent à la porte de la grange, et tuèrent aussi là deux jeunes gens sortis aux cris de la victime. Dès lors, la porte du temple fut forcée par les hommes du duc de Guise, et la tuerie commença, bien que ces malheureux ne fissent aucune résistance; le duc de Guise, l'épée à la main, présidait le massacre, ayant à ses côtés le frère aîné du guidon Labrosse, lieutenant de sa compagnie. Quand l'un des égorgés criait : — Seigneur Dieu, sois-nous en aide! — les soldats lui répondaient : — Seigneur diable te châtie! — et aux autres qui invoquaient Christ : — Appelle-le donc plus fort, ton Christ, et qu'il te sauve! — Il y eu des Réformés qui percèrent le toit pour se sauver, puis se jetèrent du haut en bas de la muraille; ceux qui pouvaient se relever étaient tués à coups d'épée ou à coups d'arquebuse, entre autres la femme d'un échevin nommé *Nicolas Thielman*, laquelle, se voulant échapper, fut tuée par deux laquais du duc qui lui volèrent sa ceinture d'argent et ses bagues; son fils, voulant la défendre, fut tué à ses côtés; le pasteur reçut premièrement un coup d'épée lorsqu'il était à genoux, puis deux autres coups de coutelas sur la tête, et se croyant blessé à mort, il s'écria bien haut, disant ces mots du psaume :

Seigneur, mon âme, en tes mains je vais rendre,
Car tu m'as racheté, ô Dieu de vérité.

On le traîna devers le duc de Guise, qui commanda de dresser une potence et de le pendre... Le cardinal de Lorraine, pendant ce carnage, s'était tenu près du mur du cimetière; son frère, le duc de Guise, après la tuerie, lui apporta une grande bible saisie dans le temple, et dit au cardinal : — Lisez, mon frère, le titre du livre de ces huguenots. — Le cardinal lut et répondit : — C'est la Sainte Ecriture... — De quoi le duc se sentant confus repartit (en tirant sa barbe, signe de colère chez lui) : — Comment, sang-Dieu! la Sainte Ecriture! Il y a quinze cents ans et plus que la Sainte Ecriture est faite, et il n'y a qu'un an que ces livres sont imprimés! Par la mort-Dieu! tout n'en vaut rien! Satanées écritures !

« S'ensuivent les noms de ceux que l'on a pu noter, tant des tués que des blessés, dont les uns moururent sur-le-champ, les uns après quelque temps de langueur, les autres demeurés impotents; sans compter ceux, et le nombre en est bien grand, dont l'on n'a pu savoir les noms; et nous avons voulu ici nommer les personnes, tant pour montrer si c'est sans justice que ces Réformés prirent enfin les armes défensives contre l'intolérable tyrannie des Guises. Voici donc les noms de ceux qui furent tués à Vassy : — *la veuve Pierre-Denis Morisol*, — *Jean Moisy*, — *Jean de la Loge*, — *le valet* du capitaine *Claude Lejeune*, — *Jacques de Mongo*, — *Daniel, gendre de Colas Déchès*, — *Jacob Delavi*, — *Guillaume Huciel*, — *Poignant, gendre de Havé*, — *Guillaume Ardouin*, etc., etc. »

Près de trois cents protestants furent tués ou blessés au massacre de Vassy. La nouvelle de cette boucherie souleva d'indignation les Réformés d'un bout de la France à l'autre. Cependant, avant de courir aux armes, ils en appelèrent encore à la justice; ils réclament la protection de la loi. Le prince de Condé expose leurs doléances à Catherine de Médicis. Théodore de Bèze, l'un des membres les plus vénérés de l'église évangélique, Michel de L'Hôpital, Coligny et Dandelot, son frère, joignent leurs instances à celles de Condé; ils supplient la reine de ne pas exposer la France aux horreurs de la guerre civile par un déni de justice. Mais Catherine de Médicis, redoutant les menaces de Rome et l'Espagne, et sentant que tolérer plus longtemps la Réforme, c'est donner aux Guises, chefs du parti catholique, un avantage sur elle, répond aux prières de Michel de L'Hôpital et des principaux protestants par un arrêt défendant, sous peine de mort, l'exercice de cette Réforme. Le connétable de Montmorency, à Paris même, fait incendier deux temples protestants dans le faubourg Saint-Jacques, fait massacrer tous ceux qui assistaient au prêche. Les protestants n'ayant plus à attendre ni justice ni miséricorde de leurs ennemis, durent se préparer à la guerre. Le prince de Condé, accompagné de Coligny, de son frère et d'autres chefs réformés, se rend à Orléans, dont les habitants appartenaient en majorité à la nouvelle religion. On expédie des courriers à toutes les églises évangéliques de France, pour les instruire du danger dont elles sont menacées, par suite de la défense de l'exercice de leur culte sous peine de mort. Les huguenots courent aux armes et se rendent maîtres des villes où ils sont le plus nombreux; Rouen se soulève et s'érige en Commune républicaine; on y nomme deux conseils, l'un suprême, composé de douze échevins, l'autre secondaire, composé de cent citoyens élus pour exercer le pouvoir souverain. La Rochelle, Orléans, Poitiers, Nantes, et plusieurs autres villes, s'organisent aussi en Communes. Dans les cités où les catholiques sont supérieurs en force, les huguenots sont massacrés, comme ils l'ont été à Vassy. Les guerres religieuses se déchaînent sur la Gaule dans toute leur fureur. Les protestants s'emparent de Tours, de Blois, du Mans, d'Angers. D'autres villes suivent l'exemple de Rouen, s'insurgent au nom de la Réforme: Dieppe, le Havre, Pont-Audemer, Caen, Bayeux, Coutances, Falaise; il en est ainsi de la plupart des villes de l'Angoumois, de la Saintonge, de la moitié du Languedoc, de la Guyenne, de la Gascogne, d'une partie de la Provence et du Dauphiné. Lyon court aux armes, et avec lui presque toute la Bourgogne se soulève. Mais en Champagne, en Picardie, en Bretagne et dans l'Ile-de-France, les protestants, en minorité, sont bannis ou massacrés par les catholiques. *Sens*, dont le cardinal de Guise est archevêque, devient le théâtre de carnages; une centaine de protestants, hommes, femmes, enfants, sont mutilés et torturés, égorgés ou précipités dans l'Yonne. Les Réformés qui, jusqu'alors, dans les provinces et les villes où ils se trouvaient en force, s'étaient montrés humains et même généreux envers les catholiques, répondent à cette tuerie de Sens par des représailles. Le maréchal de Montluc, forcené catholique, tigre à face humaine et gouverneur en Guyenne, pousse la férocité jusqu'aux dernières limites. Les huguenots exaspérés, ravagent, détruisent, incendient les couvents, les églises, brisent, profanent les statues des saints, se vengent d'une oppression séculaire en jetant au vent les cendres des princes et des rois, si souvent complices des papes de Rome. A Angoulême, les tombeaux des Valois, ancêtres de la famille régnante, sont ouverts, et leurs os sont traînés dans la boue; A Cléry, les restes de Louis XI, ce roi moitié renard, moitié loup, sont brûlés dans un feu de joie. A Orléans, on jette dans un bûcher le cœur de François II; à Rouen, justice tardive! on saccage les tombeaux du vieux Rolf, duc de Northmandie; à Paris, on égorge les protestants en pleine rue, sans que le Parlement intervienne pour protéger les victimes. Les moines poussent les paysans de l'Ile-de-France au carnage de tous ceux qu'on leur signale comme hérétiques. Plusieurs villes prises par les huguenots sont reprises par les catholiques dans diverses provinces; les succès de la guerre se balancent entre les deux partis. Le 19 décembre 1562, les armées catholique et protestante se rencontrent près de Dreux, les catholiques sont conduits par François, duc de Guise, et le maréchal de Saint-André; les protestants ont pour chefs Coligny et le prince de Condé. Après un long combat, dans lequel les généraux en chef des deux armées furent faits prisonniers, le champ de bataille reste à l'armée royale. Coligny, déployant de jour en jour les rares qualités d'un grand capitaine, opère sa retraite en bon ordre et va rejoindre à Orléans son frère Dandelot, chargé de la défense de la ville; François, duc de Guise, concentre toutes ses forces contre cette place et vient l'assiéger. Mais le 18 février 1563, en parcourant son camp, François de Guise reçoit un coup de pistolet tiré à bout portant par un jeune gentilhomme angevin nommé *Poltrot de Méré*, qui voulait venger les victimes de Vassy. Le duc de Guise ne survécut que peu de jours à sa blessure, et mourut le 24 février. L'amiral de Coligny profita de la stupeur où la mort du duc de Guise plongeait les catholiques pour négocier avec la reine sur la paix. Il s'engagea, au nom des Réformés, à déposer les armes si l'exercice du culte évangélique était autorisé ; le chancelier de l'Hôpital, resté au pouvoir dans l'espérance d'atténuer les malheurs dont il n'avait pu sauver la France, pressa la reine de consentir aux propositions de Coligny. L'insurrection devait, comme toujours, porter ses fruits, hélas ! ensanglantés. Ce que les Réformés n'avaient pu obtenir par les supplications, en invoquant le bon droit et la justice, ils l'enlevèrent *par la force*. Le 19 mars 1563 fut rendu, à Amboise, un édit qui, en attendant la majorité du roi et les décisions d'un concile, « permettait à tous, barons, châtelains, hauts justiciers, seigneurs, tenant pleins fiefs de haubert, de pratiquer librement dans leurs maisons, avec leurs familles et les habitants de leurs domaines, *la religion qu'ils disent réformée*. Le culte réformé était également autorisé dans les villes où il se pratiquait avant le 7 mars de cette année ; mais, à l'avenir, il ne serait autorisé que dans une ville par baillage, et il demeurerait complètement interdit à Paris et dans les villes, bourgs et villages de son ressort. Tous les arrêts contre les Réformés rendus depuis le règne de Henri II étaient rapportés ; les confiscations non encore exécutées, mises à néant ; le prince de Condé, l'amiral de Coligny et tous les autres chefs et soldats volontaires de l'insurrection protestante devaient être considérés comme bons et loyaux sujets, et aucune poursuite touchant au passé ne devait être exercée contre eux. »

Cet arrêt, quoique très restrictif, fut loyalement accepté par les huguenots ; mais il courrouça l'Eglise et le parti catholique. Le chancelier de l'Hôpital fut accusé d'une tolérance sacrilège envers l'hérésie ; le Parlement de Paris ne consentit à l'enregistrement de cet arrêt qu'après plusieurs remontrances ; quelques parlements des provinces refusèrent même de le promulguer. La veuve du duc de Guise, son frère le cardinal, leur famille et ses partisans, reprochaient à l'amiral de Coligny d'avoir soudoyé l'assassin de François de Guise, soufflaient de nouveau le feu de la guerre civile, et demandaient à Catherine de Médicis la mise en accusation de l'amiral. Le pape lançait de nouveaux anathèmes contre les protestants ; un concile réuni à Trente reconnaissait la puissance souveraine du saint-père sur l'Eglise de Rome ; Philippe II offrait aux chefs catholiques son or et l'appui de ses armes. Au commencement de l'année 1564, arrivait en France une ambassade envoyée par le pape, l'empereur, le roi d'Espagne et le duc de Savoie, dans le but d'engager le jeune roi Charles IX à accepter les décrets du concile de Trente, à se soumettre aux ordres de l'Eglise et à révoquer l'édit d'Amboise.

« L'édit d'Amboise, — dit Lanoüe dans ses mémoires, — avait causé en France un contentement universel ; toutefois, la haine et l'envie du côté des catholiques, la défiance du côté des Réformés, ne furent pas amortis, mais demeurèrent cachées sans se montrer. Les principaux de la religion, qui ouvraient les yeux pour la conservation tant d'autrui que d'eux-mêmes, savaient et disaient qu'on les voulait miner peu à peu, et, puis tout d'un coup leur donner le coup de la mort ; des causes qu'ils alléguaient, les unes étaient manifestes, les autres secrètes. Les premières consistaient dans le démantèlement des villes où les Réformés dominaient, la construction de forteresses aux lieux où ils exerçaient leur culte ; enfin *les massacres* qui, en plusieurs endroits se commettaient de nouveau, et les *assassinats de gentilshommes* signalés comme chefs de protestants, cruautés dont on n'avait pu obtenir justice ; les catholiques répétaient que *bientôt ceux de la religion réformée ne lèveraient pas la tête si haut* ; enfin, on remarquait de nombreux enrôlements de Suisses dans l'armée royale. Quant aux causes secrètes, on parlait de lettres interceptées, venant de Rome et d'Espagne, où les desseins des catholiques se découvraient en plein : la résolution prise à Bayonne (dans une entrevue de Catherine de Médicis et du *duc d'Albe*, ministre du sanguinaire Philippe II) d'exterminer les huguenots de France et les gueux de Flandre. Toutes ces choses, et d'autres dont je me tais, réveillaient fort ceux qui n'avaient point envie qu'on les prît endormis ; il y eut plusieurs assemblées des chefs réformés, afin de chercher des expédients légitimes et honnêtes avant de recourir aux dernières extrémités pour défendre leur vie et leurs biens. Néanmoins, plus par le conseil de M. l'amiral de Coligny que de tout autre, chacun fut prié d'avoir encore patience ; en affaires si graves et qui, disait l'amiral, amenaient tant de maux, on devait plutôt céder à la nécessité que de courir au devant des événements par la promptitude de la volonté. — Mais bientôt l'on sut par M. le prince de Condé et M. de Coligny qu'ils tenaient d'un personnage de la cour très affectionné à ceux de la religion réformée, qu'il avait été tenu chez la reine un conseil secret où délibération avait été faite de se saisir des deux chefs de la Réforme, de tuer l'un (Coligny), de garder l'autre prisonnier (le prince de Condé), de révoquer l'édit d'Amboise et de défendre de nouveau l'exercice du culte réformé. Les plus sensitifs et impatients des protestants tinrent ce langage :

— « Veut-on attendre que l'on nous vienne

L'escadron volant de la reine (page 367)

lier les pieds et les mains ? Avons-nous mis en oubli que plus de *trois mille personnes* de notre religion ont péri de mort violente depuis la paix d'Amboise, sans que nous ayons jamais pu obtenir justice ? Nos pères ont eu patience plus de quarante ans, pendant lesquels on leur a fait éprouver mille supplices pour la confession du nom de Jésus-Christ, laquelle cause nous maintenons aussi. Prenons donc une bonne et prompte résolution : en nous perdant, nous perdrions une multitude de gens. »

Lanoüe ne dit que trop vrai : Malgré l'édit d'Amboise, les catholiques recommençaient de massacrer les protestants dans les villes où ceux-ci se trouvaient inférieurs en nombre ; ces meurtres, demeurés impunis et prêchés publiquement par les moines, poussèrent les Réformés à recourir une seconde fois aux armes pour défendre leur vie. Les chefs convinrent d'enlever la reine et le roi à leurs funestes conseillers, entre autres les Italiens Gondi et Birago, dont l'influence neutralisait les efforts de l'Hôpital ; la cour se trouvait alors à Meaux. Le prince de Condé et Coligny, à la tête d'une nombreuse cavalerie de volontaires accourus à leur premier appel, se dirigèrent en hâte vers Meaux ; mais la reine, avertie à temps avait mandé six mille Suisses, et, le 25 septembre 1567, elle se mit, sous l'escorte de cette infanterie, en route pour Paris avec le jeune roi Charles IX. Condé, à la tête de quatre ou cinq cents chevaux, rejoint ces bataillons et demande à présenter à la reine une pétition des Réformés ; les Suisses refusent de le laisser pénétrer dans leurs rangs. Il les fait charger par ses escadrons. Pendant cette escarmouche, le connétable de Montmorency conduit en hâte le roi Charles IX et sa mère à Paris, et l'édit d'Amboise, déjà aboli de fait par les nou-

147e livraison

velles persécutions contre les protestants est publiquement révoqué. La religion réformée est interdite, sous peine de mort, et la guerre se rallume. Les huguenots, maîtres du cours de la Marne, établissent une garnison à Montereau, s'emparent de Saint-Denis, où le prince de Condé établit son quartier général. Les protestants offrent à la reine de mettre bas les armes si le roi veut consentir à licencier les Suisses, à accorder aux Réformés l'exercice de leur culte, à convoquer les Etats-généraux et à s'en remettre à leur décision au sujet de la liberté de conscience. Ces propositions ayant été rejetées, Condé, à la tête de deux mille hommes, attend sous les murs de Paris l'armée du connétable de Montmorency, forte de seize mille soldats. Une rencontre a lieu entre les huguenots et les catholiques. Le connétable est tué dans la bataille, les huguenots se retirent en bon ordre à Saint-Denis, où ils sont rejoints par des renforts. La mort du connétable jeta dans l'armée royale un grand découragement. Le pape et Philippe II envoient à la reine des troupes italiennes et espagnoles. Les Réformés appellent à leur tour l'étranger à leur aide ! Des troupes allemandes protestantes, au nombre de sept mille *reitres* (ou cavaliers) et de mille *lanshenets* (ou fantassins) passent la frontière. L'amiral et Condé, sans artillerie, sans bagages, se mettent en marche à travers la Champagne et opèrent leur jonction avec ces auxiliaires. Coligny continue sa marche au cœur de l'hiver et parvient à amener, du fond de la Lorraine, en Beauce, une armée de vingt mille hommes, sans magasins, sans artillerie. Il débloque Orléans prend Blois et Beaugency, et vient mettre le siège devant Chartres, après avoir battu à Houdan un corps d'armée catholique commandé par M. de La Valette. Catherine de Médicis fait alors des propositions de paix. Un nouvel édit de tolérance est rendu à Longjumeau le 23 mars 1568. Les huguenots lèvent le siège de Chartres, rendent Soissons, Auxerre, Blois, Orléans, la Charité-sur-Loire, et licencient leurs auxiliaires allemands. Coligny pressentait un nouveau piège sous cette paix trompeuse. Philippe II et Pie V, indignés de ce qu'ils appelaient un nouveau pacte avec l'hérésie, adressent à Catherine de Médicis des reproches menaçants. En attendant de violer de nouveau la foi jurée, Catherine de Médicis renforce ses troupes suisses au lieu de les licencier, ainsi qu'avaient fait les Réformés de leurs auxiliaires allemands ; elle conserve près d'elle les compagnies envoyées par le pape ; elle met des garnisons dans toutes les places protestantes et commence par défendre dans les villes du domaine royal l'exercice du culte réformé. Le clergé pousse les populations catholiques aux massacres des protestants. On égorge une centaine de huguenots à Amiens ; autant et plus à Rouen, à Bourges, à Issoudun, à Troyes, à Saint-Léonard, à Blois et à Orléans. Les Réformés s'enferment alors dans les villes dont ils sont maîtres. Montauban, Sancerre, Castres, Cahors, Milhaud, Vezelay, refusent de recevoir les soldats et les gouverneurs envoyés par le roi ; La Rochelle augmente ses fortifications, s'approvisionne de munitions, devient dans l'Ouest la place d'armes des huguenots. Enfin le meurtre du comte de Cipierre, en Provence, et celle de trente-cinq de ses coreligionnaires ouvre les yeux aux moins clairvoyants. Le roi envoie l'ordre au maréchal de Tavannes d'arrêter le prince de Condé et l'amiral de Coligny ; mais prévenus à temps de la mesure dont ils étaient l'objet, ils quittèrent leur résidence. Tavannes, chargé de leur capture, était incapable de cette félonie. Les chefs huguenots s'échappent avec leurs familles et se dirigent vers La Rochelle, où ils arrivent le 18 septembre 1568. Ils y sont bientôt rejoint par JEANNE d'ALBRET, reine de Navarre, accompagnée de son fils Henri de Béarn, à peine âgé de quinze ans. Cette vaillante princesse amenait avec elle à La Rochelle quarante-deux *enseignes* (compagnies) d'infanterie et huit *cornettes* (escadrons) de cavalerie. D'autres chefs réformés, *Ivoi* et *Blosset*, soulevaient le Poitou ; *Soubise*, le Périgord ; *Clermont*, le Quercy ; *Montgomery*, la Normandie ; *Lavarain*, la Picardie ; de nombreux renforts, partis de ces contrées, s'acheminaient vers La Rochelle, rendez-vous général de l'armée protestante. Niort, Fontenay, Saint-Maixent, Saintes, Saint-Jean-d'Angely, Cognac, Blaye et Angoulême s'insurgent. Le conseil de Charles IX, le 18 septembre 1568, avait rendu un arrêt enregistré par le Parlement de Paris et interdisant, « *sous peine de mort et de confiscation des biens*, l'exercice de tout autre culte que le culte catholique ; ordonnant aux ministres de quitter le royaume sous quinze jours. Les huguenots qui abjureraient leur foi et rentreraient dans le giron de l'Eglise catholique devaient seuls être amnistiés. » Le roi Charles IX déclarait enfin dans cet édit : « que c'était contre son gré qu'il avait précédemment toléré le culte hérétique ; mais qu'il avait toujours eu la ferme volonté de le détruire lorsque l'occasion serait favorable. » Le chancelier de l'Hôpital, perdant alors tout espoir de conjurer une nouvelle guerre civile, se démit de ses fonctions et renonça au service du roi. Voici en quels termes cet homme de bien explique sa détermination d'abandonner la cour :

« ..... Je fis place aux armes... et me retirai aux champs avec ma femme, ma famille et mes petits-enfants, priant à mon départ le roi et la reine de cette seule chose : que, puisqu'ils avaient arrêté de rompre la paix et de poursuivre par la guerre ceux avec lesquels peu de temps auparavant ils avaient accordé la paix, et que j'étais contraire à cette entreprise, je les priai, dis-je, s'ils n'acquiesçaient à mon conseil, qu'au moins, après avoir soûlé et rassasié leur cœur et leur soif du sang de leurs sujets, ils embrassent la première occasion de paix qui s'offrirait. Ayant fait cette remontrance en vain, je m'en allai avec une grandissime tristesse. »

Le nouvel arrêt rendu au nom du jeune roi Charles IX éclairait le passé, le présent et faisait présager ce que l'on réservait pour l'avenir aux huguenots. Il n'y avait pour eux que l'une de ces alternatives : abjurer, mourir ou combattre. La campagne s'ouvrit au mois de décembre 1568; les armées escarmouchèrent sans action décisive, et bientôt leurs opérations furent complètement suspendues par les rigueurs de l'un des hivers les plus rudes qu'on eût jamais vus. La fin de l'année 1568 et les deux premiers mois de 1569 se passèrent dans l'inaction ; catholiques et protestants profitèrent de cette suspension d'armes obligée pour recruter des auxiliaires. Le roi Charles IX fit appel aux Espagnols, aux Italiens et aux Suisses. Coligny et Condé réclamèrent l'assistance des princes protestants d'Allemagne; l'un d'eux, le duc des Deux-Ponts, se mit en marche pour la France à la tête d'un corps de troupes considérable; mais avant sa jonction avec l'amiral de Coligny et Condé, ceux-ci, à la fin de l'hiver, livrèrent une bataille rangée aux catholiques, le 15 mars 1569, à Jarnac, sur les bords de la Charente, non loin de Cognac. De fausses manœuvres, dues à l'inexpérience et au manque de discipline inévitables chez des soldats volontaires, déjouèrent les plans de Coligny ; séparé du gros de son armée, il soutint, à la tête de son avant-garde, le choc de toutes les forces royalistes, commandées par le duc d'Anjou, frère de Charles IX, sous la surveillance du maréchal de Tavannes, qui était le véritable général de l'armée royale. Les huguenots firent des prodiges de valeur ; le prince de Condé, au moment de l'attaque, eut la jambe cassée d'un coup de pied de cheval ; malgré la douleur que devait lui faire éprouver sa blessure, il chargea à la tête de ses cavaliers. Nouvelle disgrâce ; son cheval est frappé d'une balle, tombe et l'entraîne dans sa chute. Ainsi engagé, entouré d'ennemis, il se rendit prisonnier et remit son gantelet à un gentilhomme catholique, nommé d'*Argence*, lui demandant la vie sauve. Le gentilhomme reçoit à merci son prisonnier. Soudain le prince voit accourir vers lui *Montesquiou*, capitaine des gardes suisses du duc d'Anjou. « A moi d'Argence, s'écria Condé, je suis perdu ! cet homme-là va m'assassiner ! » — En effet, Montesquiou tua, d'un coup de pistolet, le prince de Condé, prisonnier sur parole... Après la funeste journée de Jarnac, l'amiral rallia ses troupes, opéra sa retraite en bon ordre, et se retira dans Cognac. Enfin, à la suite de plusieurs mouvements stratégiques pendant lesquels les catholiques n'osèrent prendre l'offensive, et après quelques engagements partiels favorables aux huguenots, le duc des *Deux-Ponts* et les troupes luthériennes allemandes parvinrent à rejoindre l'armée de Coligny. L'amiral put alors donner une nouvelle impulsion aux opérations militaires. C'est à cette époque, vers le milieu du mois de juin 1569, que commence, fils de Joel, la légende suivante.

LES FILLES D'HONNEUR OU L'ESCADRON VOLANT DE LA REINE

Un monastère pendant les guerres religieuses du seizième siècle. — L'abbaye de Saint-Séverin. — Le comte Néroweg de Plouernel. — L'escorte. — Catherine de Médicis et le cardinal Charles de Lorraine. — Les filles d'honneur ou *l'escadron volant* de la reine. — *Pasquils* et satires du seizième siècle. — Mœurs de la cour. — Le philtre amoureux. — Anna-Bell, un enfant trouvé. — Le capitaine des gardes du duc d'Anjou. — Dominique l'empoisonneur. — M. de Gondi et sa mission. — Le révérend père Lefèvre, de la Compagnie de Jésus et Catherine de Médicis. — Pacte infernal du triumvirat. — Le prince Frantz de Gerolstein. — La cassette de Catherine de Médicis et ses poisons. — Le flacon d'or. — Départ d'Anna-Bell, fille d'honneur de la reine, pour le camp des Huguenots.

L'abbaye de *Saint-Séverin*, située sur la route de Limoges, à peu de distance de la petite ville de Malraye, appartenait à l'ordre de Saint-Bernard. C'était, avant le commencement des guerres religieuses, un splendide monument édifié des mains de *Jacques Bonhomme*, ainsi que tant d'autres moustiers dont est couvert le sol de la France. Jacques Bonhomme, comme vassal de l'Église, transportait sur son dos ou à l'aide de ses bœufs, au grand dommage de la culture de ses guérets, les pierres, les charpentes, le sable, la chaux nécessaires à la bâtisse des fastidieuses demeures monacales. Il apportait ensuite aux moines fainéants, la dîme de son grain, de ses bestiaux, de ses volailles, de ses œufs, de son beurre, de son vin, de son huile, des toisons de ses brebis, de son miel, de son lin, enfin la prime fleur de tout ce qu'il produisait à la sueur de son front. Puis venaient les corvées : labourer, ensemencer, sarcler, moissonner les terres du couvent, entretenir viables les chemins du couvent, faciliter les prés du couvent, curer les étangs du couvent, faire le guet et payer de sa personne pour défendre le couvent contre les bandes de routiers et de malandrins. En retour de tous ces services, lorsque vieux ou malade ou à bout de forces, Jacques Bonhomme ne pouvait plus travailler, il allait à la porte du monastère tendre son écuelle, que les moines daignaient parfois remplir des eaux grasses de leur cuisine. Lorsque le vassal de l'Eglise agonisait sur la paille de sa tanière, les bons pères venaient l'assister, le consoler avec des *oremus* : — Dieu a créé l'homme pour la douleur et la misère, — lui disaient-ils, — tu as souffert... Dieu est satisfait. Tu auras une fameuse place en paradis!... Pour toi les joies du céleste séjour. »

Mais lorsque l'esprit de la Réforme pénétra dans quelques provinces... Jacques Bonhomme commença de prêter l'oreille aux vérités. — « Pauvre peuple ignorant, pauvre peuple abusé ; — disent les pasteurs de l'Eglise nouvelle, — les offrandes aux saints, les messes, les purgatoires, sont des idolâtries, des mensonges, des fourberies, des inventions sacrilèges à l'aide desquelles les prêtres et les moines s'approprient l'argent déposé par les imbéciles sur l'autel ou aux pieds des images de bois ou de pierre. Peuple! lis le saint livre, tu verras que Dieu défend ce trafic dont s'engraissent des milliers de tonsurés et d'enfroqués! » Devant cette révélation, appuyée des textes de l'Ecriture sainte, Jacques Bonhomme, dans son rustique bon sens, se dit : — Voire! je suis trompé, dupé, larronné, depuis des siècles, par l'Eglise de Rome! — Jacques Bonhomme s'est rué alors sur les couvents, sur les Eglises ; il a renversé, brisé, profané les autels, les reliques, les statues de saints et de saintes si longtemps l'objet de sa vénération.

Par contre, dans les provinces où les populations étaient dominées par le clergé, Jacques Bonhomme se rua sur les maisons des huguenots, les mit à feu et à sang, viola les femmes, égorgea les vieillards et les enfants.

L'abbaye de Saint-Séverin, occupée, avant les guerres religieuses, par des moines bernardins, avait été saccagée comme beaucoup des résidences monacales du Poitou, du Quercy et du Limousin. Ce couvent, bâti dans une admirable situation, au versant d'une colline ombragée de bois touffus, portait les traces du sac qu'il avait subi récemment : les fenêtres brisées, les portes défoncées ou arrachées de leurs gonds, une partie des murailles noircies par l'incendie, des chapiteaux, des colonnettes du cloître mutilés par les décharges d'arquebuserie, témoignaient de la furie des dévastateurs.

Vers le milieu du mois de juin 1569, comme le jour touchait à sa fin, le silence des ruines du monastère de Saint-Séverin fut troublé par l'arrivée de deux escadrons de chevau-légers de l'armée catholique. Cette cavalerie escortait un long convoi de mulets de bât, dont les conducteurs portaient les couleurs et les armoiries de la maison royale de France et de la maison de Lorraine. Ce convoi entra dans la cour du cloître ; les gens de livrée, déchargeant les mulets, prirent possession de l'abbaye déserte. Les chevau-légers, ainsi que leur nom l'indiquait, formaient une cavalerie armée à la légère de morions et de corselets à bourguignotte, avec brassards, gantelets et tassettes à demi-couvertes par la botte ; leur petite arquebuse, de trois pieds de long, bien polie, pendait à l'arçon de leur selle ; ils avaient encore l'estoc et la masse de fer. Cette gendarmerie avait pour commandant le maréchal des camps comte *Néroweg de Plouernel*, homme de soixante ans passés, d'une figure rude, hautaine et guerrière ; il était couvert de la tête aux pieds d'une armure damasquinée d'or. Son cheval turc, d'un gris d'argent, était caparaçonné au cou, au poitrail et sur la croupe, de légères lames d'acier flexible richement ciselées et dorées ; sa housse et sa selle, de velours orange, étaient ornées de passements vert et argent, couleurs héraldiques de la maison de Plouernel. La saie ou casaque flottante que le comte portait par-dessus son armure était aussi de velours orange rehaussé de passements vert et argent. Le chef du détachement descendit de cheval, fit fouiller le monastère, établit des postes et des factionnaires aux avenues et entrées principales de l'habitation ; puis il reprit la direction de Limoges, suivi seulement de l'un de ses escadrons. Aussitôt après le départ du comte, les fourriers du logis de la reine Catherine de Médicis, aidés de ses serviteurs et de ceux de Charles de Guise, cardinal de Lorraine, s'empressèrent de tirer le meilleur parti possible des appartements dévastés de l'abbaye pour y préparer le logement de la reine et du prélat dont l'arrivée était attendue. Les mulets, au nombre de plus de soixante, transportaient sur leur bât ou dans de grands coffres, un ameublement complet de voyage : tentures, pliants, tapis, escabeaux, lits démontés, rideaux, matelas, vaisselle d'argent, et de plus des provisions de bouche, des vins, des ustensiles de cuisine, et même de la glace qui était renfermée dans des sacs de cuir. Les valets de chambre se mirent à l'œuvre, et, avec une promptitude merveilleuse, tapissèrent l'appartement destiné à la reine et au cardinal, en accrochant aux murs, au moyen de clous, de riches tentures garnies à l'avance d'anneaux dorés ; puis ils meublèrent ces pièces des objets apportés à dos de mulet. Une chambre séparée de celle de la reine par un couloir fut aussi disposée pour recevoir quatre de ses filles d'honneur et leur gouvernante. Les pages, les gentilshommes, les chambellans, les officiers, les écuyers, devaient camper comme à la guerre dans les dépendances de l'abbaye, dont l'immense cuisine fut envahie par le maître queux et ses aides, qui préparèrent le souper, tandis que les maîtres d'hôtel disposaient la table royale dans le réfectoire du monastère. Peu de temps avant le coucher du soleil, des éclaireurs vinrent annoncer l'arrivée de la reine. Après les coureurs parut une avant-garde, ensuite plusieurs escadrons de gendarmes, au centre desquels se trouvait la litière royale, fermée de rideaux de velours violet brodé d'or et portée par deux mulets aussi harnachés de velours violet; une seconde litière, moins richement ornée, vide alors, était réservée à celles des filles d'honneur qui avaient été fatiguées de la chevauchée; mais les jeunes filles et leur gouvernante avaient achevé la route montées sur de belles haquenées splendidement caparaçonnées de velours brodé rehaussé des armoiries de la maison de France. Des pages, des écuyers suivaient les filles d'honneur; puis s'avançait la litière du cardinal, enveloppée de rideaux de taffetas pourpre et entourée des principaux officiers de ce prince de l'Eglise.

Avant d'entrer dans la cour de l'abbaye, le prélat entr'ouvrit les rideaux de sa litière et fit mander près de lui, par l'un de ses gentilshommes, le commandant des troupes de l'escorte. Charles de Guise, cardinal de Lorraine, avait alors quarante-six ans; sur ses traits, qui étaient fort beaux, mais flétris par la débauche, se reflétaient la finesse, la ruse, et surtout l'orgueil, qui étaient les vices dominants de son caractère. Le comte Néroweg de Plouernel, mandé par le prélat s'approcha de sa litière.

— Monsieur, — lui dit le cardinal d'un ton impérieux, vous répondez de la sûreté de la reine et de la mienne!

— Oui, monsieur le cardinal.

— Avez-vous pris des précautions suffisantes contre toute surprise de la part de cette bande de partisans huguenots — qu'on nomme les vengeurs d'Israël — commandés par un scélérat surnommé le Borgne.

— Monsieur le cardinal, je réponds sur ma vie de la sûreté de la reine. Les partisans huguenots ne sont pas à craindre; l'armée de Sa Majesté couvre notre escorte. M. le maréchal de Tavannes est instruit de l'arrivée de la reine, et il a certainement fait éclairer la route que suit sa Majesté. J'ai déjà fait observer à Votre Eminence qu'il eût été préférable de pousser droit jusqu'à l'armée de M. de Tavannes au lieu de passer la nuit dans cette abbaye...

— Croyez-vous donc, monsieur, que la reine et moi puissions voyager sans débrider, comme deux gendarmes?

— Monsieur le cardinal, — reprit le comte Néroweg de Plouernel avec hauteur, — il n'appartient à personne de me rappeler le respect que je dois à Sa Majesté...

— Monsieur! — dit vivement le cardinal, — vous parlez à un prince de la maison de Lorraine... Soyez plus respectueux.

— Monsieur le cardinal, si vous savez l'histoire de votre maison... je connais l'histoire de la mienne. Pépin de Héristal, l'aïeul de Charlemagne, dont vous prétendez descendre, était un fort petit compagnon alors que la maison de Néroweg, illustre en Germanie bien avant la conquête franque, était depuis deux siècles établie en Gaule dans ses domaines saliques de l'Auvergne, qu'elle tenait de l'épée d'un de ses ancêtres, leude de Clovis...

— Baissez le ton, monsieur... ne m'obligez pas de vous rappeler que le colonel de Plouernel, votre frère, est l'un des chefs de ces révoltés qui se dressent en armes contre l'Eglise et la royauté...

En ce moment le colloque fut interrompu par l'arrivée d'un page qui vint prévenir le cardinal de l'entrée de la reine dans la cour du cloître.

Le prélat, laissant le comte Néroweg de Plouernel sous le coup du reproche de félonie, sortit de sa litière pour accourir auprès de la reine et venir lui rendre ses hommages. Catherine de Médicis était alors dans sa cinquantième année; elle avait conservé des traces de sa beauté; un léger embonpoint ne nuisait en rien à la majesté de sa taille élevée; ses épaules, ses bras, ses mains, d'une blancheur éblouissante, eussent, par leur perfection, offert un modèle aux statuaires; ses cheveux, encore noirs, étaient à demi cachés par le bec d'un chaperon de damas, violet comme sa robe traînante, découvraient un front d'airain. La ruse, la perfidie, la cruauté étaient empreints sur sa physionomie et donnaient à son visage une expression saisissante. Catherine de Médicis, s'appuyant sur le bras du cardinal de Lorraine, son amant, entra dans l'abbaye, suivie de ses filles d'honneur, de ravissantes jeunes filles.

Les filles d'honneur de Catherine de Médicis se livrent en ces temps-ci, et par son ordre, à d'étranges agissements. On leur applique la désignation ironique d'*escadron volant de la reine*. En effet, selon les besoins de sa politique, Catherine de Médicis commande à ses filles d'honneur de se prostituer et de prendre pour amants les jeunes seigneurs qu'elle veut attirer à son parti, ou ceux dont elle veut connaître les secrets. Parfois même la reine signale à ses nymphes les gens dont il lui importe d'être débarrassée. Alors, RENÉ, parfumeur de la cour, prépare les poisons les plus subtils, les plus sûrs, dont les filles d'honneur imprègnent les gants de leurs galants, ou les pétales d'une fleur, ou des boules de senteur, ou des dragées qu'elles offrent aux victimes qui leur sont désignées. Catherine de Médicis dit d'habitude à ses nouvelles recrues : « Mignonne, tu peux pratiquer à ton gré le culte de Diane ou celui de Vénus ; mais si tu sacrifies au petit dieu *Cupido*, prends garde aux enflures de la taille. »

Après souper, le cardinal de Lorraine est resté seul avec la reine ; ses filles d'honneur devisent entre elles dans une chambre voisine de l'appartement royal. Elles sont quatre et d'un genre de beauté différent ; la plus jeune a dix-huit ans, la plus âgée vingt-deux ; un vernis de grâce et d'élégance couvre la dégradation précoce de ces belles filles. Elles sont superbement vêtues. Catherine de Médicis aime le luxe, et, en voyage, les personnes de sa suite emportent dans des coffres chargés à dos de mulet de splendides parures. L'une des filles d'honneur, Berthe de Verceil, est momentanément absente. Diane de Sauveterre, l'aînée de l'escadron de la reine, est une beauté blonde, blanche et rose, elle porte une cotte d'azur ornée de passements d'argent découpés à jour ; son chaperon de taffetas blanc, orné de petites plumes frisées bleues et argentées, marque de son bec le milieu du front, puis, s'évasant de chaque côté des tempes en deux ailes arrondies, découvre d'opulents cheveux blonds relevés à leur racine. Clorinde de Vaucernay, mignonne créature aux cheveux noirs et aux yeux bleus, est vêtue d'une robe et d'une cotte de damas jaune-paille partilée d'argent ; son chaperon, de pareille étoffe, est bordé d'un fil de perles. Enfin, Anna Bell, la plus jeune et la plus jolie, semble réunir en elle les charmes variés des autres filles d'honneur : sa taille est accomplie, son teint d'une blancheur éblouissante, son épaisse chevelure châtain-clair contraste avec ses sourcils, d'un noir de jais comme ses longs cils voilant à demi ses grands yeux d'un brun velouté ; sa cotte de satin rose vif rehaussé de cannetilles d'argent tranche sur sa robe de satin blanc ; son rose chaperon est garni de petites plumes blanches frisées. Anna Bell paraît être sous l'impression d'une mélancolie profonde ; retirée quelque peu à l'écart de ses compagnes, accoudée à une fenêtre ouverte sur l'enclos de l'abbaye, elle contemple, rêveuse, le ciel étoilé, prêtant à l'entretien suivant une oreille distraite :

CLORINDE DE VAUCERNAY. — Tu disais donc, ma chère Diane, qu'il y a des philtres qui peuvent rendre les hommes amoureux.

DIANE DE SAUVETERRE. — Assurément ; la puissance de certains philtres ne peut être contestée. Ainsi, à l'appui de mon dire, je citerai madame de Noirmoutier ; qui a pu verser quelques gouttes d'un breuvage dans le verre de M. de Langeais ; et, avant qu'on eût terminé le repas, ce jeune seigneur était tombé amoureux fou de la Noirmoutier.

CLORINDE DE VAUCERNAY. — Cependant il y a des incrédules qui doutent de l'efficacité des philtres amoureux... Et toi, Anna Bell, es-tu de ces personnes rebelles ?

ANNA BELL, *soupirant*. — L'amour sincère est le seul philtre qui puisse opérer des prodiges !

En ce moment, Berthe de Verceil, vient rejoindre ses compagnes. C'est une beauté mâle et brune, d'une taille élevée ; ses abondants cheveux noirs, ses sourcils prononcés, donneraient à sa figure un caractère de dureté si un sourire d'une joyeuse ironie n'effleurait ses lèvres purpurines estompées d'un léger duvet brun. Elle est superbement vêtue d'une robe de damas ponceau et d'une cotte blanche semée de fleurs d'or ; son chaperon, de pareille étoffe, est orné d'un cordon de rubis. Elle tient à la main plusieurs feuillets de papier et dit gaîment à ses compagnes :

— Je viens partager avec vous, mes chéries, une bonne fortune qui m'est échue.

DIANE DE SAUVETERRE. — Eh bien ! distribue-nous tes richesses.

BERTHE DE VERCEIL. — Ce matin, au moment où nous montions à cheval, arrivait de Paris un page que m'envoyait mon cher Brissac... ce page m'apportait des dragées, des fleurs conservées fraîches à miracle, et une lettre des plus amoureuses. Mais ce n'est pas tout ; cette lettre, que j'ai pu lire seulement tout à l'heure, contient... trésor inestimable... les *pasquils* les plus nouveaux, les plus hardis et les plus mordants ! C'est un vrai régal de l'esprit.

DIANE DE SAUVETERRE. — Oh ! la bonne aubaine ! Et contre qui sont-ils dirigés ces pasquils ?

BERTHE DE VERCEIL. — Innocente !... Contre qui seraient-ils écrits, sinon contre la reine, contre M. le cardinal, contre la cour, et contre les filles d'honneur de l'escadron volant de la reine ? Nous sommes fortement en jeu.

CLORINDE DE VAUCERNAY. — Les malins nous ménagent peu... Nous sommes du moins chansonnées en superbe et royale compagnie. Par Vénus et Cupidon nous devons en être fières.

DIANE DE SAUVETERRE. — Voyons, Berthe, récite-nous ces vers ; la reine peut nous mander d'un moment à l'autre pour son coucher.

BERTHE DE VERCEIL, *montrant à ses compagnes Anna Bell silencieuse et absorbée, leur dit à demi voix*. — Décidément, cette petite est amoureuse ; les oreilles ne lui dressent point à ce joli mot de *pasquil* ! divine friandise d'esprit et de méchanté dont le sel vaut cent fois, mille fois le sucre des dragées.

CLORINDE DE VAUCERNAY. — Je gage qu'elle rêve tout éveillée à ce prince allemand dont elle parle en dormant... Quel indiscret que le sommeil ! Pauvre fille, elle croit son secret bien gardé !

DIANE DE SAUVETERRE. — Berthe, les pasquils ! je brûle d'envie de les entendre.

BERTHE DE VERCEIL. — A tout seigneur tout

honneur... commençons par notre bonne dame la reine. (*Elle lit.*)

> L'on demande de ressemblance
> De Catherine et Jésabel,
> L'une ruine d'Israël,
> L'autre ruine de la France :
> L'une est d'une malice extrême,
> L'autre est la malice même.
> Enfin le jugement fut tel,
> Par une vengeance divine ;
> Les chiens mangèrent Jésabel,
> La charogne de Catherine
> Sera différente en ce point,
> C'est que les chiens n'en voudront point.

Les filles d'honneur rient aux éclats ; Anna Bell, toujours pensive et retirée à l'écart près de la croisée ouverte, laisse son regard errer dans l'espace et reste étrangère à l'hilarité de ses compagnes ; elle n'a prêté aucune attention à la lecture des vers.

CLORINDE DE VAUCERNAY. — Vous verrez que, supposant notre bonne dame Catherine capable d'avoir avalé par mégarde quelque dragée destinée à l'une de ses victimes, ces fripons de chiens craindront que les restes de notre vénérable souveraine ne soient empoisonnés... et reculeront devant sa charogne.

DIANE DE SAUVETERRE. — Il faudra lire ce pasquil à la reine. Si elle est de belle humeur elle en rira fort.

BERTHE DE VERCEIL. — De vrai, rien ne la divertit davantage que la lecture de vers hardis et badins. Vous souvenez-vous qu'ayant lu dernièrement le *discours merveilleux* dû à la plume satirique du fils du fameux imprimeur Robert Estienne, la bonne dame s'est mise à rire à gorge déployée, nous disant : « — Il y a du vrai là dedans ! Mais ils ne savent pas tout... que serait-ce donc s'ils étaient mieux instruits ? » — Maintenant, écoutez. Après la reine, M. le cardinal, cela va de soi... On le suppose... on le désire mort... rien de plus naturel... voici son épitaphe. (*Elle lit.*)

> Le cardinal, lequel durant sa vie
> Troubla le ciel, et la mer, et la terre,
> Sert maintenant aux enfers de furie
> Et aux damnés comme à nous fait la guerre.
> Pourquoi vient-on jeter sur son tombeau
> Tant d'eau bénite et plus que de coutume ?
> C'est qu'il gît là de guerre le flambeau,
> Et que l'on craint qu'encore il se rallume.

DIANE DE SAUVETERRE. — Pauvre M. le cardinal ; quelle vilaine calomnie ! Lui, si poltron, pour un Guisard... c'est le dernier des lâches... le comparer à un foudre de guerre !...

BERTHE DE VERCEIL. — Non pas foudre ; mais flambeau. Il se contente de tenir le flambeau de la guerre, comme madame de Gondi, gouvernante des princes et princesses royales, tenait le flambeau de Vénus pour éclairer les amours du feu roi Henri II, dont elle était la digne entremetteuse, en d'autres termes, la noble maquerelle.

CLORINDE DE VAUCERNAY. — Moi, j'approuve fort la reine d'avoir donné à ses enfants pour gouvernante l'entremetteuse de son mari ; c'est une manière de charge héréditaire que l'on ne saurait confier en de trop dignes mains et perpétuer dans les familles titrées.

BERTHE DE VERCEIL. — Aussi la Gondi, fidèle aux devoirs de son emploi de maquerelle, s'est-elle chargée de remettre le premier billet amoureux de mademoiselle *Margot* au jeune Henri de Guise que nous allons voir à l'armée de M. de Tavannes ; et les malicieux de dire : « En ces temps-ci, ce ne sont plus les hommes qui prient les femmes ; mais les femmes qui prient les hommes d'amoureuse merci. »

CLORINDE DE VAUCERNAY. — Quoi d'étonnant à cela ? N'est-ce point aux reines à faire les premiers pas vers leurs sujets ? Que sommes-nous ? Reines... Que sont les hommes ? Nos sujets... Puis il est si beau, si vaillant, si amoureux, Henri de Guise ; quoiqu'il ait à peine dix-huit ans, toutes les femmes en raffolent... moi la première !... Mes bras lui sont ouverts...

DIANE DE SAUVETERRE. — Ah ! Clorinde ! si Biron l'entendait.

CLORINDE DE VAUCERNAY. — Il m'a entendue, il sait qu'en parlant de constance, on excepte toujours l'aventure d'une rencontre avec Henri de Guise... Mais les autres pasquils, Berthe ?

BERTHE DE VERCEIL. — Le suivant est piquant, il a trait à la nouvelle coutume empruntée à l'Espagne par la reine. Il s'agit du titre de *Majesté*, dont elle veut qu'on la salue, ainsi que le roi son fils. (*Elle lit.*)

> La France décroissant, pour toute récompense,
> A pris sur l'Espagnol l'idolâtre vantance
> Qui égale de nom... l'homme à la déité
> Et, lorsque leur état ruineux s'hypocrise,
> Je vois facilement, sans que l'on m'en advise,
> Nos majestés en train... d'être sans majesté.

CLORINDE DE VAUCERNAY. — Je trouve plaisant ce dernier vers : Nos Majestés en train... d'être sans majesté.

DIANE DE SAUVETERRE. — A défaut de la chose on a le nom... cela suffit pour imposer aux sots.

BERTHE DE VERCEIL, *indiquant aux autres filles d'honneur leur compagne, toujours assise près de la fenêtre et rêvant le front appuyé sur sa main.* — Voyez donc Anna Bell. En quelle noire mélancolie est-elle plongée ?

DIANE DE SAUVETERRE. — Peste soit de la mélancolie ! Aimez donc des princes allemands... pour devenir si piteuse !

BERTHE DE VERCEIL. — Quel peut être ce beau prince ? Nous ne savons rien du secret de cette langoureuse, sinon quelques mots qu'elle a prononcés durant son sommeil. « Prince... Allemagne !... Allemagne !... Mon cœur est à vous tout entier. Hélas ! mon amour ne peut être partagé. »

CLORINDE DE VAUCERNAY. — Anna Bell serait-elle Allemande ?

BERTHE DE VERCEIL. — Interroge à ce sujet notre bonne dame Catherine ; elle connaît sans doute le mystère de la naissance d'Anna Bell et pourra te renseigner sur ce que tu désires savoir. Pour moi je ne sais absolument rien.

CLORINDE DE VAUCERNAY. — Le prince allemand lui a fait tourner la tête et oublier complètement le pauvre Solange.

DIANE DE SAUVETERRE. — Les plus fameux prédicateurs, et parmi eux Feu-Ardent, et fra Hervé le Cordelier, n'avaient pu faire revenir le marquis de Solange, au giron de l'Eglise ; Anna Bell entreprend la conversion et, par la grâce d'en haut ou... d'en bas, par la vertu de ses yeux bleus ou de ses belles hanches, le huguenot devient fervent catholique.

CLORINDE DE VAUCERNAY. — Est-ce bien à l'église qu'il fait ses dévotions ou à la chapelle de notre mignonne compagne ? (*Les filles d'honneur rient aux éclats.*) Revenons aux pasquils.

BERTHE DE VERCEIL. — Celui-ci est curieux par la forme... et la chute en est bouffonne... Jugez-en... (*Elle lit.*)

> Le pauvre peuple endure tout ;
> Les gendarmes ravagent tout ;
> La Sainte Eglise soudoie tout ;
> Les favoris demandent tout ;
> Le cardinal accorde tout ;
> Le Parlement vérifie tout ;
> Le chancelier scelle tout ;
> La reine-mère conduit tout ;
> Le Saint-Père pardonne tout ;
> Et le diable seul rit de tout ;
> Car le diable emportera tout.

La bruyante hilarité des demoiselles d'honneur, excitée par ce dernier trait, attire enfin l'attention d'Anna Bell ; ses traits sont empreints d'une tristesse profonde, ses yeux sont humides de larmes ; elle craint d'être l'objet des railleries de ses compagnes, essuie furtivement ses pleurs, se lève et se rapproche lentement des autres jeunes filles. Elle vient s'asseoir auprès de Berthe de Verceil.

CLORINDE DE VAUCERNAY. — Nous sommes un peu comme le diable, nous autres, nous rions de tout... Seule entre nous, Anna Bell, tu es aussi triste qu'une femme qui verrait revenir son mari de voyage ou partir son galant pour l'armée. Quelle est donc la cause de ton chagrin ?

ANNA BELL, *s'efforçant de sourire*. — Oubliez-moi, de même que la femme oublie son mari... Je suis en un jour de tristesse.

BERTHE DE VERCEIL, *avec malice*. — Peut-être le souvenir d'un mauvais rêve ? Peut-être de fâcheuses nouvelles d'un bel ami absent ?

ANNA BELL, *rougissant*. — Non... ma chère Berthe... J'éprouve de vagues impressions chagrines... sans cause ni objet... Du reste, vous le savez, je ne suis pas d'un naturel fort gai.

DIANE DE SAUVETERRE, *vivement*. — Ah ! mon Dieu ! en fait de rêve, je vous dirai que j'en ai fait un des plus effrayants, la nuit passée ; je voyais notre escorte attaquée par ces bandits huguenots qu'on nomme *les Vengeurs d'Israël*.

BERTHE DE VERCEIL. — Leur chef est, dit-on, un damné borgne, qui attaque particulièrement les moines et les prêtres, et quand il les a faits prisonniers, il leur enlève la peau du crâne... il appelle cela les ordonner cardinaux ! les coiffer de la calotte rouge !

CLORINDE DE VAUCERNAY. — C'est à faire frissonner d'épouvante ; rien que le récit de pareilles atrocités !

DIANE DE SAUVETERRE. — Nous n'avons pas à craindre de tomber entre les mains de ce réprouvé, puisque nous avons entendu une messe spéciale pour le bon succès de notre voyage.

BERTHE DE VERCEIL. — J'ai médiocre confiance dans la messe, ma chère Diane, mais une très grande dans le courage de M. Néroweg de Plouernel, qui commande notre escorte. Les bandits huguenots n'oseront pas s'approcher de nos escadrons de gendarmes et de chevau-légers ! Le sabre est une meilleure sauvegarde pour nous que le goupillon.

DIANE DE SAUVETERRE, *riant*. — Que Dieu nous tienne en sa garde ! Mais je ne serais pas mécontente de passer par une semblable alerte, même de courir certains risques d'enlèvement avec les conséquences accessoires, rien que pour voir la mine effarée de M. le cardinal qui est aussi poltron qu'un lièvre.

BERTHE DE VERCEIL. — En vérité, je ne comprends pas ces accusations de couardise que tu émets contre M. le cardinal, après tant de preuves de bravoure qu'il a données.

DIANE DE SAUVETERRE, *riant*. — Tu veux plaisanter en parlant de la bravoure de M. le cardinal... et des preuves qu'il en a données.

BERTHE DE VERCEIL. — Mais non, ma chère Diane, je parle sérieusement. D'abord, n'a-t-il pas poussé le courage jusqu'à donner l'assaut à la vieille Diane de Poitiers, comme il eût fait pour une citadelle ? N'a-t-il pas accompli un autre exploit, en passant des bras de Diane dans ceux de notre bonne reine Catherine, chargée d'ans et d'embonpoint ? Et nous savons... (*avec un sourire sinistre*) que galantiser avec Catherine de Médicis, c'est parfois courtiser la mort.... Voilà pour quelles causes je regarde M. le cardinal comme un César !...

CLORINDE DE VAUCERNAY. — Tu parlerais d'or, ma mie, si au lieu d'affronter ce borgne que l'on dit si féroce, M. le cardinal devait donner un nouvel assaut à une borgnesse...

DIANE DE SAUVETERRE. — Si le ciel est juste,

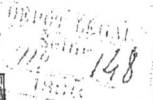

Le jésuite Lefèvre chez Catherine de Médicis (page 374)

il mettra le bandit huguenot en face du cordelier Hervé. Alors on verra de terribles choses. Le moine commande une compagnie de catholiques, gens de sac et de corde; il a pour armes un chapelet dont les grains sont des balles d'arquebuse, et un lourd crucifix en fer dont il se sert comme d'une massue... Tous les hérétiques qui tombent au pouvoir de la troupe de fra Hervé sont mis à mort avec toutes sortes de raffinements de cruauté, que ce soient des hommes ou des femmes, des vieillards ou des enfants... Mais revenons à nos pasquils.

BERTHE DE VERCEIL. — J'ai à vous lire les meilleurs, les plus mirifiques, les plus drôles, mais ils sont en prose. (*Elle lit.*)

OUVRAGES NOUVEAUX COMPOSANT LA BIBLIOTHÈQUE DE LA COUR

Le *Pot-Pourri des affaires de France*, traduit d'italien en français, par la reine de France.

L'Oisonnerie générale, par le cardinal de Bourbon. Recueil des contes badins.

Histoire de Ganymède, par le duc d'Anjou, fils favori de la reine.

DIANE DE SAUVETERRE, *riant*. — Le cher prince n'aura point écrit ce beau livre sans collaborateur; je gage que le gentil Odet, fils de M. Néroweg de Plouernel, son aide de camp, aura aidé monseigneur le duc d'Anjou dans ses travaux... littéraires. Les deux jouvenceaux sont devenus inséparables, de jour et... de nuit!

CLORINDE DE VAUCERNAY, *riant à gorge déployée*. — O Italiam !... Italiam !... Italie ! la rivale de Gomorrhe et de Lesbos !

DIANE DE SAUVETERRE, *riant*. — Tu parles donc latin, ma mie ?

CLORINDE DE VAUCERNAY. — Par vergogne, pour ne pas effaroucher la pudeur... des filles d'honneur !... mes jolies poulettes...

148ᵉ livraison

BERTHE DE VERCEIL. — Les petits hermaphrodites, me font horreur... ils sont attifés comme des femmes, portant fraises gauderonnées, joyaux aux oreilles, éventail à la main ! Que Vénus nous garde du règne des mignons ! Que le feu arde ces damoiseaux !

Je continue le pasquil. Attention, chères mignonnes ! *(Elle lit).*

Traité singulier de l'inceste, par Mgr l'archevêque de Lyon, imprimé nouvellement et dédié à Mlle de Grisolles, sa sœur. Joli couple !

Mgr l'archevêque étudie les cas réservés... dans la confession, pour les mettre en pratique.

Sermons du révérend père Feu-Ardent, fidèlement recueillis par les crocheteurs de Paris.

Le Parfait Cochon, par M. de Villequier, revu, corrigé et considérablement augmenté par Mme de Villequier. Porc et truie !

Les filles d'honneur éclatent de rire en entendant ce titre burlesque, et elles répètent en chœur : *Le parfait Cochon.*

BERTHE DE VERCEIL. — Voici pour le bouquet : il s'agit encore de nous et de notre bonne dame Catherine... A elle les honneurs, comme toujoujours. Méditez sur ces jolies choses. *(Elle lit).*

LE MANIFESTE DES DAMES DE LA COUR

Soit manifeste à tous que les dames de la cour n'ont pas moins de repentance que de péchés, selon les lamentations qui suivent.

CATHERINE DE MÉDICIS, MÈRE DU ROI

Mon Dieu ! mon cœur, sentant la mort prochaine, appréhende votre ire, et ma damnation quand pour régner je considère combien de péchés j'ai commis, tant de ma personne que de morts violentes, à l'endroit des autres et même de mes plus proches, — élevant mes enfants en tous vices, blasphèmes et perfidies ; — mes filles en licence impudique ; souffrant, autorisant un bourdeau dans ma cour ; — La France m'a fait ce que je suis ; — je la défais tant que je puis ; — et avec le bon roi David je dis : — *Tibi soli peccavi.*

DIANE DE SAUVETERRE, *riant.* — C'est pousser bien loin la fiction... Je ne crois pas que notre bonne dame Catherine puisse se repentir d'aucune des choses que le malin pasquil met à sa charge, ni de ses puteries ni de ses autres méfaits : Débauches et assassinats.

CLORINDE DE VAUCERNAY. — L'expression « un bourdeau », est un peu bien impertinente à notre endroit ! On eût dû écrire, comme notre cher Rabelais, « une abbaye de Thélème » ; ou bien « un moustier de Cypris... dont la reine est la mère abbesse... » cela eût été galant... sans nuire à la vérité... Bourdeau ou bordel !... fi ! fi ! les vilains mots !... Nous sommes les prêtresses de Vénus, rien de plus.

BERTHE DE VELCEIL. — Je ne savais pas, ma chère, que tu fusses devenue un modèle de pruderie ! Quand on pratique un métier, on doit en accepter les dénominations et se montrer indifférente au mot sous lequel on le désigne.

MANIFESTE DES FILLES D'HONNEUR

Ah... ah... ah ! mon Dieu ! que deviendrons-nous donc, Seigneur ? Ah ! que deviendrons nous, si tu n'étends sur nous, ta grande, très grande... miséricorde ! Nous crions donc à haute voie que tu nous veuilles pardonner tant de péchés de la chair, commis avec rois, cardinaux, princes, gentilshommes, abbés, prieurs, poètes, musiciens et de toute sorte d'autres gens de tous états, métiers et qualités, jusqu'aux muletiers, pages et laquais ; jusqu'aux ladres, pouâcres, punais, tondus, essorillés, grêlés, poivrés ! Ainsi disons avec la bonne Mme de Villequier : — Mon Dieu ! miséricorde ! donne-nous miséricorde ! et si nous ne trouvons maris allons aux Filles repenties.

Donné à Chercheau, voyage de Nérac.

Signé... CUCUFIN.

(Avec permission de Mgr. l'archevêque de Lyon.)

Tel était le cynisme et la corruption de ces infortunées, viciées, gangrenées jusqu'au cœur presque dès l'enfance, par la perversité d'une cour infâme, par les exemples et les conseils de Catherine de Médicis, que cette sanglante satire fut, de tous les pasquils, celui qui provoqua le plus d'hilarité de l'*escadron volant* de la reine. Tout sentiment de pudeur était effacé. Seule, Anna Bell rougit et baissa la tête.

Les éclats de rire de ces belles pécheresses, furent interrompus par l'entrée solennelle de leur gouvernante.

— Silence donc ! dit celle-ci, — silence, mes damoiselles ! Sa Majesté est ici près en conférence avec monseigneur le cardinal.

— Ah ! chère comtesse, — reprit Berthe de Verceil, cherchant à étouffer ses éclats de rire, si vous saviez quel malin pasquil nous venons de lire ! D'après l'auteur, il semblerait que nous sortions de notre dortoir, comme la déesse Vérité de son puits, ou aussi peu vêtues que madame Eve en son paradis.

— Paix donc, folles ! paix donc ! — reprit la gouvernante.

Puis s'adressant à Anna Bell :

— Venez, ma vie, la reine veut vous entretenir après sa conférence avec S. E. monseigneur le cardinal. Vous allez attendre dans le cabinet voisin, séparé de la chambre de Sa Majesté par un petit couloir ; lorsqu'elle vous mandera en frappant comme de coutume, trois fois sur un timbre, vous entrerez chez elle.

Anna Bell sortit avec la gouvernante, laissant ses folles compagnes continuer de rire et de plaisanter sur les pasquils.

Catherine de Médicis et le cardinal Charles de Larraine poursuivaient leur entretien commencé après souper. Le prélat, souple, rusé, attentif aux moindres paroles de l'Italienne, se montrait tantôt respectueux et réservé, tantôt familier, suivant la tournure que prenait la conversation. La reine, moins occupée de ce que disait le Guisard que de chercher à deviner ce qu'il taisait, le haïssant et le craignant à la fois, tâchait de surprendre sur son visage le secret de ses pensées. L'un et l'autre se tenaient sur leurs gardes, luttant, ces deux complices, de dissimulation et de perfidie. Italienne rusée, prélat cauteleux.

— Monsieur le cardinal, — dit Catherine de Médicis avec un pointe d'ironie — vous me rappelez en ce moment-ci... et vous excuserez la comparaison suivante... car je suis chasseresse, vous le savez...

— Votre Majesté réunit toutes les déités, — Junon sur le trône .. Diane dans les bois... Vénus dans son temple à Cythère...

— De grâce, monsieur le cardinal, ne parlons pas de ces reines de la mythologie; elles étaient vieilles, et elles ont vécu... Diane comme les autres... habite actuellement l'empyrée.

Cette allusion à ses amours avec la vieille Diane de Poitiers, duchesse de Valentinois, piqua au vif l'orgueilleux prélat; il voulut rendre coup sur coup, et répondit en faisant à son tour allusion à ses amours avec la reine.

— Je vois, madame... que la mort de la duchesse de Valentinois n'a point encore désarmé votre jalousie... En vérité, je sens renaître en mon cœur l'espérance...

Catherine de Médicis s'était donnée à ce prêtre par calcul politique, de même que celui-ci l'avait recherchée par calcul d'ambition. L'Italienne feignit de ne pas comprendre l'allusion faite par le cardinal à leurs relations intimes, darda vers lui son regard de vipère et reprit;

— Je vous le disais, monsieur, en vous priant d'excuser cette comparaison empruntée à la fauconnerie, que vos circonlocutions oratoires me rappellent les évolutions du faucon, lorsqu'il s'élève dans les airs pour fondre sur sa proie. J'ai cherché dans les nuages de votre discours quelle proie vous poursuivez, sans pouvoir la découvrir. Vous m'avez engagée à me rendre à l'armée auprès de mon fils d'Anjou, pour réconforter le moral des chefs catholiques. Il me semble cependant que nos féaux sujets devraient être suffisamment réconfortés depuis la mort de M. le duc des Deux-Ponts, celle de M. de Condé et celle de Dandelot, le frère de Coligny, trois chefs les plus considérables de leur parti, enlevés en moins d'un mois... Ce sont là de fort heureux évènements.

— Le doigt de Dieu est là, madame, — dit le cardinal ; — ces trois morts... subites sont providentielles. Ce sont des avertissements de Dieu.

— Providentielles... — comme vous le dites, Monsieur le cardinal — poursuivit la reine. — Néanmoins, les huguenots poussent la campagne avec une grande énergie, et les chefs catholiques faiblissent. Vous avez pensé que ma présence au camp de la Roche-la-Belle pouvait exercer une influence favorable sur les destinées de la campagne, et je me suis mise en route pour rejoindre notre armée. Maintenant vous me donnez à entendre que ce voyage pourrait amener d'étranges découvertes ; vous avez même prononcé le mot de trahison... Je vous dirai encore, monsieur le cardinal, que je vois les évolutions du faucon, mais non la proie qu'il menace... En d'autres termes, s'il y a trahison, dites-moi où elle est. S'il est un traître, désignez-le. Parlez sans ambages.

— Eh bien ! Madame, il y a un complot ourdi par M. de Tavannes... Cette révélation paraît causer quelque surprise à Votre Majesté. Je vous demande la permission d'entrer dans les détails de l'affaire, et vous serez alors édifiée sur l'objet.

— Monsieur le cardinal, aucune trahison ne saurait m'étonner ; mais je cherche toujours à me rendre compte des causes qui peuvent l'avoir produite... Poursuivez votre confidence.

— J'ai appris, par voie sûre, que M. de Tavannes négociait avec M. de Coligny. Négociation, en ce cas, fait pressentir la trahison.

— Quel serait donc, suivant vous, Monsieur le cardinal, le but des négociations de Tavannes avec Coligny ?

— Amener monseigneur le duc d'Anjou, le fils de Votre Majesté, à embrasser la Réforme... à se joindre aux huguenots.

— Mon fils d'Anjou serait donc mêlé au complot ? Ce serait, en vérité, fort étrange.

— Oui, madame ; l'empereur d'Allemagne et M. de Coligny ont promis à monseigneur le duc d'Anjou — s'il consent à passer à la Réforme — la souveraineté des Pays-Bas, de la Saintonge et du Poitou. On espère pousser le jeune prince à se mettre en révolte ouverte contre son frère régnant, Sa Majesté Charles IX.

— Monsieur le cardinal, votre insinuation qui vise un des fils de France a un tel caractère de gravité, que je dois présumer que vous avez en mains des preuves certaines du complot que vous dénoncez ; j'exige que vous produisiez ces preuves à l'instant.

— Je suis aux ordres de ma reine. Je m'empresse de mettre sous les yeux de Votre Majesté les correspondances qui ont trait au complot. Voici une lettre de Sa Majesté Philippe II qui, le premier, a été instruit de la trame par un de ses agents des Pays-Bas. Voici, en outre, les propositions écrites de Sa Majesté catholique et du Saint-Père, pour une action commune, avec Votre Majesté, pour combattre la rébellion huguenote.

— Voyons quelles sont les propositions de Sa Majesté catholique et de notre vénéré pontife.

— Le roi Philippe II et notre saint père Pie V offrent à Votre Majesté, en outre des cinq mille soldats wallons et italiens qui ont renforcé notre armée, un nouveau corps de six mille soldats, sous la condition que Votre Majesté mettra M. de Tavannes à l'écart et donnera le commandement en chef des troupes à M. le duc d'Albe.

— Alors, — répliqua Catherine de Médicis en attachant son regard sur le cardinal, — nos deux alliés, sa Sainteté et le roi Philippe, demandent que le duc d'Albe, général espagnol, commande en chef les troupes françaises?

— Tel est leur désir, madame; mais il est convenu aussi que le duc d'Albe n'exercerait qu'un commandement nominal, et que les opérations militaires seraient dirigées par mon frère d'Aumale et mon neveu Henri de Guise, placés immédiatement sous ses ordres.

Devant cette proposition de livrer le commandement des troupes royales au duc d'Albe, âme damnée de Philippe II, et d'adjoindre au duc pour lieutenants le frère et le neveu du prélat, Catherine de Médicis demeura impassible, ne témoignant ni surprise, ni courroux; elle parut réfléchir et, après quelques instants de silence, elle dit au cardinal :

— Ceci n'est pas inacceptable. Ces bases serviront à une combinaison que nous trouverons.

Les traits du cardinal trahirent sa joie secrète, malgré son empire sur lui-même. La reine parut ne pas s'en être aperçue et ajouta :

— Mais il faudrait alors retirer à mon fils d'Anjou le commandement de l'armée.

— Il faudrait surtout, madame, faire des remontrances au jeune prince et l'éloigner de mauvais conseillers...

— Ce serait, en effet, le parti le plus sage à suivre, si le complot existe, comme je crains de ne pouvoir en douter devant les preuves que vous me présentez... Cependant, je dois vous le dire, j'éprouverais quelque répugnance à mettre le duc d'Albe à la tête de notre armée; je craindrais surtout de mécontenter les autres chefs militaires et les hauts dignitaires de notre cour. La mesure leur paraîtra un outrage.

— J'ai eu l'honneur de dire à Votre Majesté que, dans ce cas, mon frère et mon neveu seraient adjoints au duc.

— Soyez assuré, monsieur le cardinal, que, sans la condition expresse de l'adjonction de MM. d'Aumale et de Guise au généralissime espagnol, je n'aurais pas un instant prêté l'oreille à une pareille aventure.

Le prélat, mis en défaut de perspicacité par la reine, reprit vivement :

— Ah! madame, j'en jure Dieu, le trône n'a pas de plus fidèle soutien que la maison de Guise.

— Fourbe! — Scélérat! — dit à part soi l'Italienne, — j'ai pénétré tes pensées: j'ai pressenti tes trahisons!... Mais je suis obligée de dissimuler et de ménager ta famille que j'abhorre...

L'un des pages de la reine, de faction en dehors de la porte de la pièce, qui était autorisé par certaines exigences de service, à entrer dans le cabinet de la reine sans y être appelé, souleva la portière, et s'inclinant respectueusement, dit :

— Madame, M. le comte de La Rivière, capitaine des gardes de monseigneur le duc d'Anjou, et venant du camp, demande à être introduit immédiatement auprès de Votre Majesté.

— Amène-le, répondit Catherine de Médicis.

Puis, au moment où le page s'éloignait :

— Si M. de Gondi arrivait ici dans la soirée, ou même pendant la nuit, on devra me faire prévenir sans aucun retard.

Le page s'inclina de nouveau et sortit. Les dernières paroles de la reine parurent causer une certaine inquiétude au cardinal, qui dit vivement à l'Italienne :

— Madame attend M. de Gondi?

— Gondi a dû trouver une lettre de moi à Poitiers; dans laquelle je lui mandais de venir me rejoindre au camp de mon fils au lieu de poursuivre sa route vers Paris.

Le Guisard était à peine revenu de sa surprise, lorsque M. de La Rivière, capitaine des gardes du duc d'Anjou, fut introduit par le page. Catherine de Médicis dit au prélat avec un gracieux sourire :

— Nous nous reverrons avant la fin de la soirée, monsieur le cardinal. J'aurai besoin des conseils de nos amis en ces tristes occurrences, et je réclamerai les vôtres en temps opportun.

Charles de Lorraine comprit qu'il devait se retirer, il salua respectueusement la reine et sortit en proie à une vive anxiété.

. . . .

Le capitaine des gardes du duc d'Anjou, présentant une lettre à Catherine de Médicis, lui dit :

— Madame, monseigneur m'a ordonné de remettre cette lettre entre les mains propres de Votre Majesté.

— La santé de mon fils est-elle bonne? demanda la reine en prenant la missive. — Quoi de nouveau à l'armée?

— Monseigneur se porte à merveille, madame. Il y eut, hier, un engagement d'avant-garde entre nous et les huguenots, l'affaire a été de peu d'importance, quelques hommes tués de part et d'autre.

Catherine décachète la lettre, et au cours de la lecture qu'elle en fait, ses traits assombris peu d'instants auparavant se détendent et reflètent la joie et une vive satisfaction.

— Ce Guisard — murmure-t-elle à voix basse — osait accuser mon fils de négocier avec l'amiral! Ah! l'infâme calomniateur!

Et s'adressant au comte de la Rivière :

— Mon fils m'informe de votre dessein, monsieur... vous voulez servir Dieu, le roi et la France ! Votre bras et votre cœur sont à nous.

— Madame, je désire faire comme M. de Montesquiou... et débarrasser le roi de l'un de ses plus dangereux ennemis...

— Vous primerez Montesquiou, si la chose réussit, monsieur !... Un Coligny... vaut dix fois Condé... Mais êtes-vous sûr de l'homme dont me parle mon fils ?

— Cet homme a juré sur son âme qu'il ne faillirait pas sur l'action ; il a reçu un acompte de six mille livres sur les cinquante mille promises... qui ne doivent être payées qu'après l'affaire. Voilà notre garantie.

— Pouvu qu'il n'ait pas quelque méchant retour de conscience... Et comment avez-vous connu cet homme ?

— Hier, ainsi que j'ai eu l'honneur de le dire à Votre Majesté, il y eut une escarmouche à nos avant-postes ; M. l'amiral de Coligny chargeait en personne, et Dominique, — c'est le nom de l'homme en question — menait en main l'un des chevaux de relais de son maître...

— Il était donc au service de M. de Coligny ?

— Oui, madame ; depuis son enfance, il appartient à la maison de l'amiral. Il s'est trouvé séparé de lui pendant l'engagement, deux de mes gendarmes allaient dépêcher ce Dominique, comme on dépêche tous les huguenots, lorsque, me voyant, il m'a crié : « Quartier ! — Qui es-tu ? — lui ai-je demandé. — Serviteur de M. l'amiral, — m'a-t-il répondu. » Alors, subitement j'ai songé au parti que l'on pouvait tirer de cet homme ; et comptant déjà me l'attacher par la reconnaissance, je lui ai accordé la vie sauve... Puis sont venues les propositions d'un breuvage à faire prendre à l'amiral et d'une riche récompense pour l'homme.

— Si votre prisonnier a tout d'abord accepté, — dit la reine en hochant la tête, — il faudrait se méfier de ses promesses.

— Il a, madame, au contraire, longtemps hésité... mais l'importance de la somme promise a fait taire ses scrupules... Monseigneur lui a remis certaine poudre dont il lui a indiqué l'usage. C'est affaire conclue.

— Comment notre homme expliquera-t-il son retour au camp des hérétiques ?

— Très naturellement, madame. Il dira que, fait prisonnier par nous, il a réussi à s'échapper ; l'amiral ne saurait avoir de défiance pour un serviteur élevé dans sa maison.

— J'ose à peine croire au succès ! Dans un seul mois nous avons été débarrassés de trois ennemis : le duc des Deux-Ponts... Condé... Dandelot... Maintenant ce serait au tour de Coligny ! A quel moment l'homme doit-il quitter le camp pour aller rejoindre les huguenots ?

— Cette nuit même, madame.

— Ainsi demain ?...

— S'il plaît à Dieu, madame ; notre sainte Eglise et le royaume auront triomphé d'un ennemi redoutable.

— Que je voudrais être à demain !... — reprit d'une voix sourde Catherine de Médicis, au moment où le même page, se présentant de nouveau à la porte, dit à la reine :

— Madame, M. de Gondi et un autre cavalier descendent de cheval. Selon les ordres de Votre Majesté, j'accours pour vous en donner la nouvelle et attendre vos instructions.

— Fais entrer Gondi, — dit l'Italienne.

Et s'adressant au comte de la Rivière :

— Allez vous reposer, monsieur, vous partirez au point du jour ; je vous remettrai une lettre pour mon fils... Et que la chose réussisse ou non, nous récompenserons votre zèle pour le triomphe de la foi catholique et le service du roi ; deux intérêts sacrés.

— Votre Majesté me permet-elle de lui rappeler que Maurevert vient de recevoir le collier de l'ordre de Saint-Michel, pour avoir mis à mort M. de Mouy, capitaine huguenot, après s'être introduit dans le camp des Réformés sous prétexte de renoncement à la foi catholique ? Je désirerais être l'objet d'une pareille distinction.

— Monsieur de La Rivière, vous serez aussi satisfait de nous que nous le sommes de vous... Un assassinat commis pour le service du roi mérite une récompense... Vous serez nommé chevalier de l'ordre de Saint-Michel.

La capitaine des gardes du duc d'Anjou salue la reine et se retire au moment où entre M. de Gondi en costume de voyage. Cet Italien partage avec Ricago, son compatriote, la confiance de Catherine de Médicis. Elle fait vivement deux pas à l'encontre de Gondi, lui disant avec une impatiente curiosité :

— Quelles nouvelles de Bayonne ?

— Madame, je ne reviens pas seul. J'amène avec moi le révérend père Lefèvre, l'une des lumières de la foi, élève et disciple du célèbre Ignace de Loyola, le fondateur de l'ordre des Jésuites.

— Mais de ta mission particulière, quel est le résultat ?

— Aux premiers mots que j'en ai touché à M. le duc d'Albe, il m'a répondu, m'arrêtant net : « Monsieur de Gondi, le révérend père Lefèvre allait se rendre auprès de la reine afin de l'entretenir de l'objet qui vous amène ici... il a reçu les instructions du roi mon maître et de notre saint-père... Ces instructions, il les fera connaître à la reine. » Il m'a été impossible de rien tirer de plus de M. le duc d'Albe ; force m'a donc été de repartir, madame, et je vous amène le père Lefèvre...

— Ceci est étrange... Quel homme est-ce donc que ce Jésuite ?

— Un homme qui ne laisse deviner ni pénétrer sa pensée. Vous en jugerez quand il sera devant vous. Il demande à être reçu par Votre Majesté ce soir même.

— Et ma fille? Quelles nouvelles de ma pauvre Elisabeth?

— La santé de la reine d'Espagne va toujours déclinant, madame; elle ne quitte plus son lit.

— Hélas! Gondi, nous apprendrons quelque jour que Philippe II a empoisonné ma fille, comme nous avons su, l'an passé, qu'il avait fait mettre à mort son fils don Carlos!... Ah! Philippe, moine couronné... vampire qui te nourris de sang humain!

Et après un moment de silence: — Fais entrer le Jésuite.

M. de Gondi sort et revient presque aussitôt accompagné de l'ancien ami de Christian l'imprimeur. La reine fait un signe à M. de Gondi indiquant qu'il doit la laisser seule avec le Jésuite.

— Vous êtes le père Lefèvre et vous appartenez à la compagnie de Jésus? Notre saint-père et le roi d'Espagne vous ont chargé d'une mission près de moi? Parlez, je vous écoute.

— Madame, le saint-père et S. M. Philippe II sont fort mécontents... de vous. Veuillez prendre connaissance de cette lettre de Sa Sainteté.

Le Jésuite tire d'un étui de soie une cédule scellée du sceau pontifical, la porte respectueusement à ses lèvres, puis la remet à Catherine de Médicis. La reine rompt les sceaux et lit ceci:

« Madame et chère fille,

« En aucune façon et pour aucune cause que ce soit, il ne vous faut épargner les ennemis de Dieu. J'ai ordonné au commandant de mes troupes, M. le comte de Santa-Fiore, *de faire* TUER SUR PLACE *tous les huguenots qui tomberaient entre les mains de ses soldats*; aucun respect humain touchant les personnes et les choses ne doit donc vous induire en la pensée d'épargner les ennemis de Dieu, qui n'ont jamais épargné ni Dieu, ni vous-même. Ce n'est que par l'entière extermination des hérétiques que le roi pourra rendre à ce noble royaume son antique religion. Il faut que ces hommes très scélérats soient livrés à de justes supplices.

« Recevez, madame, notre bénédiction apostolique.

« PIE »

Catherine de Médicis, après avoir lu la cédule apostolique, la place sur une table, et reprend:

— Ainsi, mon révérend, à Rome, à Madrid, on m'accuse de tolérance envers les huguenots? On m'impute les longueurs de la guerre; on y voit un calcul politique de ma part, d'où il suit que, si je continue de mal contenter Rome et Madrid, on avisera?

— Le saint-père, vicaire de Dieu sur la terre, peut délier les sujets de leur obéissance envers le souverain, s'il tombe dans l'hérésie, pactise avec elle ou la tolère.

— Concluez, mon révérend.

— La bulle confirmatrice de Sa Sainteté Paul IV est formelle: le pape de Rome, en vertu de son droit divin, excommunie, interdit, dépose les rois coupables de lèse-majesté divine, ou favorables à ce crime irrémissible; après quoi leur trône, déclaré vacant, est dévolu au premier occupant... bon catholique.

— C'est une menace... adressée à mon fils Charles IX et à moi.

— Un paternel avertissement, madame.

— Pour parler net, mon fils risquerait de se voir déposé par le pape.

— Éventualité fâcheuse, madame.

— Mon révérend, je suppose le trône déclaré vacant... Par qui notre saint-père le fera-t-il occuper? Ce ne serait pas assurément par un Bourbon, puisque la maison des Bourbons est hérétique... Or, le bon catholique serait probablement, selon les vues de Rome et de l'Espagne, le jeune Henri de Guise, descendant de Charlemagne, si l'on en croit les Lorrains?

— Question temporelle, où je n'ai rien à voir, madame!... Il est notoire que le jeune Henri de Guise, fils du martyr d'Orléans, porte un nom cher à l'Église et à tous les catholiques.

— Ainsi, le but de votre mission, mon révérend, est une menace?... Mais pourquoi m'imputer, à moi femme, les lenteurs de la guerre contre les huguenots?

— L'on pense, madame, que vous prenez trop d'ombrage du chef qui serait en état d'assurer le triomphe des armées catholiques, et que vous entravez à dessein les opérations militaires en excitant les rivalités des capitaines et en les opposant les uns aux autres. On vous impute la faute stratégique qui a permis à M. le duc des Deux-Ponts de pénétrer au cœur de la France et d'amener aux huguenots un renfort de troupes... A cette heure, la jonction des corps d'armée est faite...

— Le duc des Deux-Ponts! — dit Catherine de Médicis avec un sourire sinistre. — Vous ignorez ce qui est advenu de ce chef hérétique? Mais avant de parler de ce mécréant, je veux vous mettre à même d'apprécier les faits qui me concernent. Je serai franche... mon intérêt le commande...

— Madame, je suis prêt à vous entendre.

— Pour vous donner la clé de ma conduite faussement interprétée, je commence par vous déclarer ceci: je n'ai point de religion... Ce début vous étonne et vous indigne peut-être?

— En aucune façon.

— En ce cas, mon révérend, nous pourrons nous entendre; car vous justifierez ce que l'on rapporte des gens de votre ordre... tolérance pour les vices si les apparences sont sauvegardées... Donc, je n'ai point de religion ; d'où il suit que je n'ai souci que des évènements qui peuvent servir mon ambition.

— On ne peut pousser plus loin la franchise.

— J'ajouterai avec la même sincérité que j'aime le pouvoir... Régner, c'est ma vie... On me compare à la reine Brunehaut ; on dit que j'ai favorisé chez mes fils une débauche précoce afin de les énerver, de les abêtir ; on prétend que je sème entre mes enfants des germes de jalousie, d'ambition et de galanteries.

— On dit ces choses et beaucoup d'autres, madame... encore plus graves...

— Il faut accorder fiance aux *on dit*, mon révérend ; en ce qui me concerne du moins, ils se trompent rarement... Je poursuis. Les guerres religieuses m'ont fourni le moyen d'abattre, les uns par les autres, les seigneurs catholiques ou protestants, qui, sous le règne de mon époux, s'occupaient de reconstituer une féodalité. J'ai encore à lutter contre les Guisards, comme la vieille Brunehaut a eu à lutter contre les maires du palais ! Alors j'ai toléré la Réforme, et j'ai soutenu les huguenots contre les catholiques, suivant les besoins de ma politique. Actuellement je connais les protestants, et je sais de quelle manière je dois m'y prendre pour les anéantir, quand sera venu le moment de frapper le grand coup.

— Vous avez fait une exposition de vos théories, madame, mais vous n'avez cité aucun acte à l'appui de vos prédilections pour notre sainte Eglise. Il nous faut des preuves.

— Passons aux actes, mon révérend. Vous avez cité, il y a quelques instants, le nom du duc des Deux-Ponts, accouru de l'Allemagne au secours des huguenots, Condé, Coligny et son frère Dandelot.

— Les têtes de l'hydre de l'hérésie, madame.

— Eh bien ! mon révérend, l'hydre a déjà trois têtes de moins... Le duc des Deux-Ponts est mort ; M. Dandelot est mort, le prince de Condé est mort !

Le Jésuite, stupéfait, regarde Catherine de Médicis avec une expression de défiance.

— Vous désirez peut-être avoir des détails sur ces évènements, continue la reine. Je vais satisfaire votre curiosité. Le lendemain de sa jonction avec l'armée protestante, le duc des Deux-Ponts était empoisonné... Le mot est cru, mon révérend ; mais vous et moi, avons souci des choses et point des mots. Le duc des Deux-Ponts a été empoisonné dans une coupe remplie de vin d'Espagne qui lui était versé par les mains d'une jeune beauté. Deux jours après, Dandelot, attaqué d'une fièvre lente... avalait un breuvage pharmaceutique qui emportait le mal et le malade. A la bataille de Jarnac, le prince de Condé, qui avait rendu son épée à d'Argence sur sa parole qu'il aurait la vie sauve, a été tué d'un coup de pistolet par Montesquiou, capitaine des gardes suisses de mon fils d'Anjou. Cet accident a failli rendre mon pauvre enfant fou de joie !... Lorsqu'il a été prévenu de ce qui s'était passé, il est accouru pour voir le corps ; il l'a crossé du pied et s'est mis à danser... C'était du délire ! Enfin, par divertissement, il a eu l'idée de faire placer le cadavre sur une ânesse, la tête battant de ci, les jambes de là, ni plus ni moins qu'un veau. C'est dans ce bel équipage qu'il a renvoyé à l'armée protestante son défunt général, au milieu des huées de nos soldats.

— Voilà comment mes enfants traitent leurs parents hérétiques. Le pape dira-t-il encore que nous pactisons avec les huguenots, que nous avons des ménagements pour les ennemis de l'Eglise ?

— Ah ! madame, — s'écria le jésuite à demi-suffoqué, la parole me manque pour vous exprimer mon admiration.

— Vous prétendiez, — reprend Catherine de Médicis avec des minauderies d'hyène, — que je favorisais les huguenots ! Les Guisards, le saint-père et Philippe II, agiraient peut-être mieux que moi ?... La campagne est à peine ouverte, et déjà Condé, l'âme du parti protestant français a cessé de vivre ; le duc des Deux-Ponts, l'âme du parti allemand est mort ; Dandelot, l'un des meilleurs généraux protestants, mort également... Et ce n'est pas tout ! — ajouta l'Italienne en prenant sur la table la lettre du duc d'Anjou apportée par son capitaine des gardes et la donnant au père Lefèvre :
— lisez ceci...

Le jésuite prend la lettre, et après en avoir lu le contenu, s'écrie en regardant la reine :

— On peut aussi espérer que demain Coligny... aura été rejoindre son frère Dandelot...

— Eh bien ! trouvez-vous que j'aie assez fait de besogne ?

— Ah ! madame... vous avez atteint et dépassé ce que le saint-père et le roi d'Espagne auraient pu demander.

— J'ai cependant encore à vous faire une communication... Puis la reine, s'interrompant, frappe deux coups sur un timbre placé près d'elle ; un page paraît.

Apporte-moi, -- lui dit Catherine, — une cassette d'ébène placée dans ma chambre sur une table près de mon lit.

Le page sort, et Catherine de Médicis s'adressant au Jésuite :

— Vous connaissez, sans nul doute, le prince Frantz de Gerolstein de nom et de réputation ?

— Je sais, madame, que la principauté de cette famille hérétique est un foyer de pestilence. Nous avons les yeux ouverts sur ces mécréants

— Le duc des Deux-Ponts avait désigné pour le commandement de ses troupes le vieux Wolgang de Mansfeld, mais en lui recommandant de laisser la direction effective des opérations au prince de Gerolstein, l'un des plus jeunes et des plus habiles généraux de la Germanie..... Alors cette nuit même une de mes filles d'honneur devait partir...

Les confidences de la reine sont interrompues par la rentrée du page; il dépose la cassette près de Catherine et disparaît.

— Vous disiez, madame, — poursuit le père Lefèvre, — qu'une de vos filles d'honneur devait partir cette nuit...

— Vous paraissez très affriandé de mes communications, mon révérend, cependant il n'y a que peu d'instants vous me traitiez presque de huguenote.

— De grâce, madame, assez de railleries; ces nouvelles si imprévues, si heureuses, dont Votre Majesté me fait part, le saint-père et le roi d'Espagne les ignoraient lorsque je les ai quittés; or, je vous le déclare, madame, ces évènements modifient profondément la mission dont je suis chargé près de vous.

— Eh! mon révérend, je ne cesse de dire à l'ambassade d'Espagne et au légat du pape en France : « Attendez... laissez-moi faire... patientez... Mais non, le saint-père obéit à toutes les inspirations des agents du cardinal de Lorraine; et Philippe II rêve le démembrement de la France et songe à mettre Henri de Guise sur le trône. Philippe II joue là une partie dangereuse, mon révérend! Renverser la dynastie en France serait donner aux peuples un mauvais exemple et porter un coup mortel aux monarchies. Nous vivons en de terribles temps! Tout conspire contre la royauté. Les huguenots, du moins certains d'entre eux qui s'intitulent les plus avancés en politique, proclament le droit pour les peuples de se fédérer en république, à l'instar des cantons suisses. Et vous-même, mes révérends, vous attaquez l'autorité royale et prêchez la doctrine du régicide.

— Cela est vrai, madame, nous disons qu'on doit frapper les rois qui ne travaillent point à la plus grande gloire de l'Eglise.

— Ni mes fils ni moi ne refusons de travailler à la plus grande gloire de votre Eglise. Il doit être indifférent au saint-père que les huguenots soient exterminés par nous, au lieu d'être anéantis par les Guises et par l'Espagne. Quel avantage pourrait avoir la cour de Rome à supprimer la dynastie des Valois.

— Sa Sainteté voit clair dans le jeu du roi d'Espagne. Elle ne favorisera pas ses visées ambitieuses au détriment de votre dynastie, à moins qu'elle n'y soit obligée par votre résistance aux ordres de la cour de Rome. Nous voulons l'extirpation de l'hérésie par l'extermination des huguenots, et j'ai été chargé, madame, de vous engager à poursuivre la guerre avec vigueur.

— La guerre! — reprit la reine avec impatience et d'un ton de mépris ironique. — Comment, vous, jésuite, homme de ruse et de science, vous faites-vous l'écho du pape et de Philippe II, deux esprits à courte vue? Raisonnons ensemble, mon révérend. Pour tuer votre ennemi, choisirez-vous le moment où il est sur ses gardes et armé? N'attendrez-vous pas qu'il ait remis l'épée au fourreau et qu'il dorme paisible en sa maison? Et pour l'amener à cet état d'apparente sécurité, ne viendrez-vous pas à lui le sourire sur les lèvres, la main tendue, lui disant : « Oublions nos inimitiés. »

— Mais il faut, pour que cette tactique réussisse, que notre ennemi ait confiance en nous.

— On appuie les protestations d'amitié par des serments.

— Oh! oh!... Piège éventé... Votre Majesté s'abuse si elle croit pouvoir endormir les huguenots avec des serments.

— Je suis de l'école de Machiavel, mon révérend, et j'ai confiance dans l'efficacité du serment. Ecoutez le passage du volume intitulé : « *le Prince,* » que j'ai appris par cœur et qui traite de cette matière : « Les animaux dont le prince doit savoir revêtir la forme sont le RENARD et le LION; le premier se défend mal contre le loup, et le second donne facilement dans les pièges qu'on lui tend; le prince apprendra donc du renard à être adroit, du lion à être fort. Ceux qui dédaignent le métier du renard n'entendent rien au gouvernement des hommes; on d'autres termes, un prince ne peut, ne doit tenir sa parole que lorsqu'il le peut sans se faire tort... Le point est de bien jouer son rôle, de savoir à propos feindre et dissimuler. Pour ne citer qu'un exemple, le pape *Alexandre VI* se fit toute sa vie un jeu de tromper; cependant, malgré son infidélité bien reconnue, il réussit dans tous ses artifices : protestations, serments... » Vous entendez, mon révérend, — ajouta l'Italienne, en appuyant sur le mot *serments.* — Jamais prince ne viola plus souvent sa parole, ne respecta moins ses engagements, parce qu'il possédait parfaitement l'art de gouverner. » Alexandre VI était un pape incestueux, meurtrier, sacrilège, et certains croyaient néanmoins pouvoir se fier à ses serments. Je suis une mère incestueuse; j'ai fait verser le sang à flots; j'ai fait empoisonner mes ennemis; on met à ma charge tous ces méfaits et d'autres encore. Eh bien! malgré tout cela, on aura foi dans mes serments; jugez de l'avenir par le passé. Rappelez-vous qu'après la révocation de l'édit d'Amboise, le parti huguenot s'est laissé prendre au leurre de l'édit de Longjumeau, confirmé par notre parole royale. Mais passons à un autre ordre d'idées, mon révérend.

Les férocités catholiques (page 383)

Donnez-moi cette cassette... non pas celle que le page vient d'apporter, prenez l'autre...

Le Jésuite remet le coffret que lui a désigné la reine; elle l'ouvre au moyen d'une petite clé suspendue à sa cordelière et en retire un papier qu'elle remet au père Lefèvre. Prenez connaissance de ce document, mon révérend...

Le père Lefèvre lut ce qui suit : « Sommaire des choses premièrement accordées entre le *duc de Montmorency*, connétable, le *duc de Guise*, grand maître, pair de France, et le *maréchal de Saint-André*, pour la conspiration du triumvirat, et depuis mises en délibération à l'entrée du sacré et saint concile de Trente, et arrêtées entre les parties en leur privé conseil, fait contre les hérétiques et le roi de Navarre, en tant qu'il gouverne mal les affaires de Charles IX, roi de France mineur, lequel roi de Navarre est partisan de la nouvelle secte qui pullule en France. »

— Comment Votre Majesté est-elle en possession de ce pacte secret, demande le Jésuite très surpris et fort intrigué ?

— Peu importe la provenance...

Le jésuite poursuit sa lecture : « Premièrement, afin que la chose soit conduite par plus grande autorité, on est d'avis de donner la superintendance de toute l'affaire au roi très catholique des Espagnes, *Philippe II*, qui serait le conducteur de l'entreprise. Il querellera le roi de Navarre sur l'appui qu'il prête à la nouvelle religion, et si ledit Navarrais se montre difficile, ledit roi Philippe II essayera de l'attirer en lui promettant la restitution de la Navarre, ou quelque autre grand profit ou émolument, l'adoucira ainsi, afin de l'attirer à conspirer contre la secte hérétique; s'il résiste, le roi Philippe II fera quelques levées en Espagne, prendra le Navarrais à l'imprévu, l'opprimera

149ᵉ livraison

facilement; le duc de Guise, se déclarant alors *chef de la confession catholique*, fera de son côté amas de gendarmes, et ainsi serré des deux côtés, le Navarrais tombera aisément en proie. »

— Vous le voyez, mon révérend... Ce pacte remonte à l'an 1561; il y a huit ans de cela... et déjà François de Guise se déclarait *chef de la confession catholique* sous la protection du roi d'Espagne. Il n'y est question ni de moi régente... ni de mon fils, roi de France, quoique mineur.

Le jésuite continue de lire. « L'empereur de l'Allemagne et autres princes encore catholiques boucheront les passages qui vont en France pendant la guerre qui s'y fera, de peur que les princes protestants ne secourent les Navarrais et que les cantons suisses ne bougent. Il faut pour cela que les cantons catholiques déclarent la guerre aux autres, et que le pape aide de tant de forces qu'il pourra lesdits cantons catholiques, et qu'il leur baille sous main argent et autres choses nécessaires au soutènement de la guerre.

« Le duc de Savoie, pendant que la guerre troublera ainsi la France et la Suisse, se ruera à l'imprévu sur Genève et Lausanne, s'emparera de ces deux villes, *passera tout au fil de l'épée*; *on jettera dans le lac tous les vivants qui y seront trouvés, sans distinction* D'AGE OU DE SEXE, pour donner à connaître à tous que la divine puissance a compensé le retardement du supplice par sa grandeur, a voulu que les enfants portent la peine de l'hérésie de leurs pères, en conformité du texte de la Bible. »

— Ah!... il faut le reconnaître, madame, — dit le Jésuite en suspendant sa lecture, — le duc François de Guise était nourri de la moëlle du catholicisme...

— Nous sucerons le même os, et nous réaliserons le rêve du Guisard... assassiné le lendemain de la signature de cet acte...

« De même en France, » — poursuivit le jésuite continuant sa lecture, — « pour bonnes et justes raisons, *il faut frapper sans distinction ni pitié tous les hérétiques* — EN PROFITANT DE LA PAIX ; — et sera baillée cette mission d'extirper tous ceux de la nouvelle religion, au duc de Guise, qui, en outre, aura charge d'effacer entièrement le nom de la race et de la famille des Bourbons navarrais, de peur que d'eux ne sorte quelqu'un qui poursuive la vengeance de ces choses, ou remette sur pied la nouvelle religion. On devra aviser sur toutes ces choses.

« Les choses ainsi ordonnées en France, il serait bon d'envahir l'Allemagne protestante avec l'aide des empereurs et des évêques, et de rendre cette contrée au saint-siège apostolique; pour ce faire, le duc de Guise *prêtera à l'empereur et aux autres princes catholiques tout l'argent provenant de la confiscation et des dépouilles de tant de nobles et de riches bourgeois* TUÉS *en France comme* HÉRÉTIQUES ; le duc de Guise sera plus tard remboursé de ce prêt par les *dépouilles des luthériens qui, pour le même fait d'hérésie, auront été* TUÉS *en Allemagne*.

« Les cardinaux du sacré collège ne font doute que l'on ramènera pareillement les autres royaumes en troupeau sous le pasteur apostolique ; mais que, premièrement, il plaise à Dieu aider et favoriser les présents desseins, SAINTS et PLEINS DE PIÉTÉ. »

— Saints et pleins de pitié étaient les desseins des catholiques, — exclama le R. P. Lefèvre, en remettant sur la table le pacte du triumvirat. — Hélas ! la mort a arrêté le duc de Guise au début de son œuvre.

— Le Seigneur voulait, sans doute, mon révérend, réserver à nous, *Valois*, l'exécution du plan organisé par le Guisard dans un but d'ambition personnelle. Je couverai l'œuf sanglant pondu par le Lorrain; mais l'éclosion ne peut avoir lieu que pendant la paix. C'est quand les huguenots auront cessé d'être sur leurs gardes, quand ils seront endormis dans une sécurité trompeuse, à l'aide d'une paix que nous aurons ménagée, que l'œuvre d'extermination pourra s'accomplir. On tuera tout, hommes, femmes, enfants, vieillards; pas un hérétique n'échappera au glaive vengeur. Que Rome et Madrid me donnent le temps d'agir; que Pie V et Philippe II ne soient point sans cesse à me harceler, à me menacer, parce que la guerre traîne en longueur ! Est-ce à dire qu'il faille brusquement la terminer ? Non, non, l'on doit profiter de ses chances pour détruire, comme je l'ai déjà fait, le plus de huguenots qu'il se pourra, surtout les chefs. En ceci le duc d'Albe dit vrai : « Un saumon vaut mieux que dix mille grenouilles. » Mais il faut, à la première occasion, traiter avec les protestants, leur accorder tout ce qu'ils demanderont. Plus le traité sera favorable aux huguenots, plus coulante sera la corde qui les étranglera..... Lorsque l'édit sera promulgué, il sera exécuté scrupuleusement pour amener nos adversaires à désarmer. Et, le moment venu, nous organiserons la tuerie, pour le même jour, sur tous les points de la France...

— Le saint-père et le roi d'Espagne seront mis au courant des projets de Votre Majesté. Ils sauront que c'est grâce à vous, madame, que Dandelot, le Duc des Deux-Ponts et le prince de Condé *ont été renvoyés devant leur juge naturel*.

— Les gens de votre robe, mon révérend, — réplique la reine, — savent donner aux choses un tour ingénieux et particulier.

— Puisqu'il est question, madame, de ceux-là pour qui l'on avance simplement l'heure du dernier jugement, je recommanderai derechef à l'attention de Votre Majesté ce prince allemand si dangereux, — Frantz de Gerolstein.

— Ce jeune prince est venu, l'an passé, à ma cour, avant la nouvelle prise d'armes des Réformés. Il a de l'esprit, de l'audace, de grands talents militaires ; c'est par son influence que le duc des Deux-Ponts s'est décidé à conduire à l'armée protestante le renfort de troupes allemandes. Frantz de Gerolstein est aujourd'hui le véritable chef du corps d'armée dont le vieux Wolfgang de Mansfeld n'a que le commandement nominal.

— Vous espérez délivrer l'Eglise de ce pestilentiel Gerolstein ?

— L'une de mes filles d'honneur se chargera de cette mission délicate, mon révérend.

— Puis, s'interrompant soudain et prêtant l'oreille du côté d'une petite porte communiquant dans la salle, Catherine de Médicis ajoute : N'avez-vous rien entendu de ce côté, mon révérend ?

— Non madame.

— Il me semble qu'il s'est fait là quelque bruit ; allez ouvrir cette porte, je vous en prie, et voyez s'il se trouve quelqu'un aux écoutes. Le Jésuite entrebâille la porte, regarde au dehors et dit à la reine : Madame, je ne vois personne dans ce couloir obscur.

— Je me serai trompée ; c'est sans doute le sifflement du vent que j'aurai entendu, — répond l'Italienne, tandis que le père Lefèvre revient près d'elle.

— Madame, puisqu'il est question entre nous de personnes dangereuses, — dit le Jésuite, — je vous prierai de signaler aux généraux du roi deux hérétiques : Odelin Lebrenn et son fils, armuriers de leur état, qui servent comme volontaires dans l'armée de l'amiral. Vous voudrez bien recommander qu'on épargne la vie de l'un et de l'autre de ces hérétiques si on parvient à les faire prisonniers.

— Ai-je bien entendu, mon révérend, on devra accorder la vie sauve à ces deux mécréants ?

— La grâce ne sera qu'un court répit que nous mettrons à profit avec la torture pour leur arracher certains secrets avant de les envoyer au juge suprême.

— Ce sont là, mon révérend, des détails dont je ne saurais m'occuper ; vous vous entendrez, à ce sujet, avec M. Néroweg de Plouernel, chef de mon escorte.

— La Providence, madame, me sert à souhait ; je ne pourrais mieux m'adresser qu'à M. Néroweg de Plouernel pour cette affaire.

— Revenons aux grandes questions, mon révérend. Il me reste à vous toucher deux mots du cardinal de Lorraine. Le Guisard a voulu, ce soir, me donner à croire que M. de Tavannes, commandant l'armée de mon fils d'Anjou, traitait secrètement avec M. de Coligny. Il s'agirait, d'après M. le cardinal de Guise, d'offrir à mon fils la souveraineté des Pays-Bas, de la Guyenne et autres provinces, à la condition qu'il embrasserait la religion réformée... Avez-vous eu connaissance de ce projet par vos espions ? S'il n'est pas indispensable à vos intérêts de me tromper là-dessus... Répondez-moi sincèrement. Je sais entendre toutes les vérités.

Le Jésuite réfléchit un moment et reprend : — En effet, madame, nous avons eu connaissance de cette négociation... et c'est ce qui a fait décider la mission que je remplis auprès de vous.

— Et afin de déjouer ce complot, le cardinal de Lorraine a engagé Philippe II à me proposer le duc d'Albe comme général en chef de l'armée catholique, ayant pour lieutenants le jeune Henri de Guise, neveu du cardinal, et son frère, le duc d'Aumale ?

— Ces propositions ont été faites au roi d'Espagne. Cela est vrai.

— Qui les a favorablement accueillies, sans nul doute.

— Oui, madame... mais Sa Majesté catholique ignorait les derniers évènements que vous m'avez appris ; de même qu'il ignore encore votre résolution d'en finir avec l'hérésie quand sera venu le moment de frapper le grand coup, ainsi que vous le dites.

— Vous avez pris connaissance, mon révérend, de la lettre de mon fils d'Anjou, et vu ce qu'il projette à l'endroit de M. de Coligny. Le cardinal mentait sciemment en accusant mon fils de traiter avec l'amiral... mais il compte sur les dénégations de mon fils et de M. de Tavannes pour jeter le doute, le trouble dans mon esprit et m'amener à remettre le commandement de l'armée française aux mains du duc d'Albe et de ses neveux.

— A ce point de vue, madame, le mensonge de M. le cardinal ne manquerait point d'habileté ; c'est d'un bon diplomate.

— Maintenant, mon révérend, je résume notre conversation en quelques mots : guerre aux huguenots, guerre impitoyable tant qu'elle durera... et ensuite offrir ou accepter une paix pendant laquelle nous préparerons leur extermination. Telle est ma ligne de conduite.

— Ma mission auprès de vous a pris fin, madame... Dès demain, je repars, afin d'instruire le roi d'Espagne et le saint-père des actes si heureusement accomplis et qui garantissent l'exécution de vos promesses pour l'avenir.

— Mon révérend, puis-je vous accorder quelque grâce, vous faire agréer quelque présent ? Cela est acquis de droit à tout négociateur.

— Nous avons, madame, peu de souci des biens et des honneurs de ce monde ; je me bornerai à vous prier d'obtenir de votre fils, le roi Charles IX, qu'il change de confesseur... et qu'il en prenne un de notre compagnie, le père révérend Auger. C'est un homme d'esprit fort accommodant qui sait tout entendre, tout permettre... et tout conseiller...

— Je vous promets d'amener mon fils Charles à prendre le père Auger pour confesseur. Bonsoir, mon révérend, allez vous reposer ; je vous verrai demain avant votre départ, et je vous remettrai une lettre pour le saint-père.

La reine frappe alors deux coups sur un timbre placé près d'elle. Un page entre : Conduis le révérend chez M. Néroweg de Plouernel.

Puis elle frappe de nouveau, non plus deux coups, mais trois coups sur le timbre. Le Jésuite, après s'être incliné devant Catherine de Médicis, sort sur les pas du page. Presque aussitôt Anna Bell entre dans la salle par la porte s'ouvrant sur le couloir.

Catherine de Médicis est frappée de la pâleur et de l'expression inquiète, presque effarée des traits de sa fille d'honneur, lorsque celle-ci se présente à l'appel du timbre. Elle dit à Anna Bell, en attachant sur elle son regard pénétrant :

— Tu es bien pâle, mignonne, tes mains sont agitées d'une sorte de tremblement, tu as peine à contenir ton émotion !

— Que Votre Majesté daigne m'excuser...

— Quelle est donc la cause de cette grande agitation ?

— Madame, la frayeur... Je me suis empressée d'accourir à votre appel, et, en traversant ce couloir obscur... Illusion ou réalité, madame, il m'a semblé apercevoir une forme blanche.

— Ce sera quelque belle trépassée, qui, croyant encore retrouver ici l'abbé de ce monastère... venait lui rendre une visite nocturne. Mais laissons là les morts et parlons des vivants... Je t'aime, chère mignonne, entre toutes les compagnes.

— Votre Majesté a eu compassion d'une pauvre enfant.

— Oui, Paula, l'une de mes femmes, il y a de cela huit ou neuf ans, passant sur la place du Châtelet, vit une Bohémienne tenant par la main une petite fille. Paula, frappée de la beauté, de la gentillesse de cette enfant, a proposé à la vieille de la lui céder moyennant quelque argent ; la zingara s'est empressée d'accepter le marché. Paula m'a conté l'aventure. J'ai voulu voir sa protégée... c'était toi ; la Bohémienne t'avait sans doute volée à tes parents, huguenots, je le crains, à en juger du moins par une petite médaille de plomb pendue à ton cou, et représentant : *un pasteur appelant les brebis de l'Église du désert*, ainsi que disent ces réprouvés dans leur langage cabalistique.

— Hélas ! madame, il ne me reste aucune souvenance de ma famille... et vous me pardonnerez d'avoir conservé cette médaille...

— Donc, lorsque Paula t'amena devers moi, tu m'as charmée par ta grâce enfantine, je t'ai fait soigneusement ver dans l'art de plaire, et je t'ai placée parmi mes filles d'honneur.

— Toute ma reconnaissance est acquise à Votre Majesté... Et lorsqu'Elle a commandé, j'ai toujours obéi, même lorsqu'elle exigeait de moi un sacrifice... quoiqu'il m'en ait coûté...

— Tu fais allusion, mignonne, à la conversion du marquis de Solange ! Je t'avais dit : Solange est huguenot, et il a de l'influence dans sa province ; si la guerre se rallume, il peut devenir pour moi un dangereux ennemi ; il se propose de quitter la cour... Rends-le amoureux, et ne lui sois pas cruelle. Une jolie fille comme toi vaut bien une messe. Le marché a été conclu ; il y a un catholique de plus et une pucelle de moins.

Anna Bell cache dans ses mains son visage pourpre de honte.

Catherine de Médicis, sans paraître remarquer la confusion de la jeune fille, poursuit ainsi : Par la vertu de tes beaux yeux, Solange est devenu... fervent catholique et l'un de mes plus fidèles serviteurs. En cette occurrence, tu m'as témoigné de ton entier dévoûment ; du reste ça été un doux sacrifice pour toi, mignonne, Solange est un gentilhomme accompli, jeune, beau, brave et spirituel. Mais, de cet amoureux il n'y a plus à s'occuper ; j'ai d'autres visées sur toi ; je songe à te marier. Je veux faire de toi une princesse et réaliser le plus cher de tes vœux secrets que j'ai deviné. Anna Bell... tu n'aimes pas Solange... tu ne l'as jamais aimé... et tu nourris au fond du cœur une passion insensée pour le jeune prince Frantz de Gerolstein...

— Grand Dieu !... madame... ayez pitié de moi ! Miséricorde !

— La chose, en soi, n'est nullement pitoyable. Le prince est fait pour plaire ; son renom de bravoure, de magnificence, de galanterie, l'avait précédé à ma cour, où tu l'as vu l'an passé ; il a souvent conversé avec toi en tête à tête ; et lorsque d'autres femmes le provoquaient de leurs agaceries, ta jolie figure s'altérait... Oh ! rien ne m'échappe, à moi ; les affaires de l'État m'absorbent pas à ce point que, du coin de l'œil, je ne suive vos amourettes, mes mignonnes... c'est mon délassement... J'aime à voir la belle jeunesse se vouer au culte de Vénus, pratiquer l'adage des Thélémites de Rabelais : *Fais ce que voudras !* Combien de fois n'ai-je pas été m'asseoir parmi vous, chères filles, pour causer de vos galants, de vos raccords, de vos infidélités. Quels bons contes nous faisions ! Ces pauvres galants, comme vous les trompiez ! De vrai, ils vous le rendaient avec usure et à la plus grande gloire de la déesse Aphrodite ! Cependant, quoique je t'aie fait élever, mignonne, en vrai professe de l'abbaye de Thélèmes, ayant pour dieu Cupido, pour patronne la volupté, tu as toujours été dépaysée parmi tes compagnes. Sérieuse, mélancolique, tu es une sorte de béguine auprès de tes compagnes. Il te faut, à toi, un amour dévoué, fidèle, un mari à adorer sans remords, une couvée d'enfants à chérir : voilà pourquoi, mignonne, je veux te marier à Frantz de Gerolstein.

— Il plaît à Votre Majesté de se railler de moi... Prenez pitié de la pauvre Anna.

— Non, pardieu ! Donc tu aimes ce beau prince allemand. Je lis dans ton âme mieux que tu n'y lis toi-même... Or voici ce que tu penses à cette heure où je te parle : « Oui, j'aime Frantz de Gerolstein ! — mais un abîme me sépare, me séparera toujours de lui. Il est dans le camp opposé de celui de la reine ma bienfaitrice ; il est le chef d'une maison souveraine ; il ignore mon amour, et le connût-il, jamais il ne pourrait songer à m'épouser ! Que suis-je ? une pauvre fille ramassée dans la rue ; j'ai déjà eu un galant ; puis les filles d'honneur de Catherine de Médicis ont mauvaise réputation et très méritée. Les satires, les pasquils nous désignent sous l'appellation d'*escadron volant de la reine*. Je serais insensée de songer à un mariage avec Frantz de Gerolstein... »

— Madame... ayez pitié de moi, — reprit Anna Bell, ne pouvant retenir ses larmes ; — lors même que vous diriez vrai, lors même que vous liriez au plus profond de ma pensée... ne vous faites pas un jeu de mes secrets chagrins.

— Mignonne, donne-moi cette petite cassette de bois de sandal, cerclé d'or, qui est sur la table... Elle renferme de singulières choses.

Anna Bell obéit. La reine prend l'une des petites clés attachées à sa cordelière et ouvre le coffret. Rien de plus charmant que les objets contenus dans la cassette : c'étaient des gants brodés et parfumés, des pommes de senteur, des drageoirs de vermeil remplis de dragées de diverses couleurs, et plusieurs petits flacons d'or ou de cristal. Catherine de Médicis prend l'un d'eux, referme soigneusement le coffret et le remet à Anna Bell. Celle-ci va replacer le coffret sur la table et revient près de la reine. Catherine dit à sa fille d'honneur, en souriant et en faisant miroiter à ses yeux le flacon d'or : Tu vois ceci, mignonne ! ce joli flacon renferme l'amour de Frantz de Gerolstein.

— Quel soupçon ! — pensa Anna Bell avec une secrète épouvante. — Mais ne laissons pas voir à la reine que j'ai pressenti ce qu'elle doit me proposer.

— Crois-tu, mignonne, à la puissance des philtres qui font aimer ?

— Ce soir... — dit la fille d'honneur, s'efforçant de dominer son émotion, — ce soir même, Clorinde de Vaucernay nous racontait, madame, qu'une femme de la cour était parvenue, au moyen de l'un de ces breuvages enchantés, à captiver un homme qui, auparavant, avait pour elle une extrême aversion.

— Ainsi, tu crois à l'action des philtres ?

— Mais oui... madame, — répond Anna Bell, afin de ne pas éveiller les défiances de la reine, j'ai pleine créance dans leur efficacité qui me semble appuyée sur des faits incontestables.

— Le doute même à ce sujet n'est pas permis, ma fille, car douter serait vouloir fermer les yeux pour nier la lumière... Eh bien ! mignonne, le philtre contenu dans ce flacon et composé par Ruggieri, mon alchimiste, sous la conjection d'astres merveilleusement favorables, possède une telle vertu, que quelques gouttes de ce breuvage, versées par une femme qui veut être aimée d'un homme, suffisent à le rendre pour toujours amoureux.

Prends donc ce philtre, mignonne... va trouver ton beau prince... Qu'il boive le contenu du flacon... et accorde-lui le don d'amoureuse merci !

Anna Bell a compris les intentions de la reine. Saisie d'effroi, elle reste muette, tenant machinalement le flacon dans ses mains. La reine, attribuant le saisissement et le silence d'Anna Bell à l'excès de joie ou à l'anxiété que lui causent tant de difficultés à surmonter pour se rapprocher du prince, reprend :

— Pauvre chère fille, te voilà tout interdite, comme si t'éveillant en sursaut au milieu d'un rêve, il devenait une réalité. Tu me demandes sans doute comment tu devras t'y prendre pour arriver jusqu'à Frantz ?... Rien de plus facile... si ton courage est à la hauteur de ton amour.

Anna Bell, dominant son trouble, répond d'une voix assurée : — J'espère, madame, ne pas manquer de courage...

— Ecoute-moi bien... Nous sommes à quelques lieues seulement de l'armée ennemie. Je vais donner l'ordre à M. Néroweg de Plouernel de charger un guide sûr de te conduire jusqu'aux avants-postes des Réformés. Tu seras portée dans une de mes litières attelée de deux mulets. Demain, au point du jour, tu tomberas infailliblement dans quelque parti d'éclaireurs qui battent l'estrade aux environs du camp protestant.

— Grand Dieu ! madame... je tremble à l'idée de tomber entre les mains des huguenots !...

— Si ton courage défaille... tout s'en va à vau-l'eau ! Mais, sache bien que tu ne cours aucun danger. Les huguenots ne tuent pas les femmes... ni surtout les jolies filles comme toi... Tu seras donc simplement prisonnière de ces mécréants.

— Que devrai-je faire alors, madame ?

— Tu diras à ceux-là qui t'arrêteront : « Messieurs, je suis l'une des filles d'honneur de la reine, j'allais rejoindre Sa Majesté ; les porteurs de ma litière ont pris une fausse direction ;

veuillez me faire conduire près du prince Frantz de Gerolstein.

— Le reste va de soi ; les huguenots te conduisent vers le prince. En gentilhomme qu'il est, ma belle enfant, il te gardera en son logis ou sa tente, te donnera la place d'honneur à sa table... et... au lit... Tu auras plus d'une occasion de mêler au breuvage de Frantz quelques gouttes de ce philtre...

Cet entretien fut interrompu par l'entrée d'un page dans la chambre de la reine, ayant à annoncer le comte Néroweg de Plouernel qui demandait à être admis en présence de Sa Majesté pour une communication pressante et de haute importance. Catherine ordonna au page d'introduire le comte, puis elle congédia Anna Bell qu'elle baisa au front en lui donnant ses dernières instructions. Tu vas t'occuper à l'instant des préparatifs de ton voyage, mignonne ; M. de Plouernel désignera le guide qui devra t'accompagner ; l'un de mes écuyers disposera une litière. Je me propose de te voir encore avant ton départ.

La fille d'honneur suivit les instructions de la reine ; mais comme l'entretien de M. de Plouernel se prolongea plus que Catherine de Médicis ne l'avait pensé, elle ne put revoir Anna Bell et lui fit passer un billet pour l'engager à se mettre en route.

Vers une heure du matin, la fille d'honneur, montée dans l'une des litières de la reine, quitta l'abbaye de Saint-Séverin.

LES VENGEURS D'ISRAËL

Le franc-taupin et les Vengeurs d'Israël. — La chapelle de Saint-Hubert. — Le cordelier ordonné cardinal. — La prisonnière. — La médaille de l'église du désert. — Le camp des huguenots. — La prière des Huguenots. — La prière au corps de garde. — Odelin et Antonicq Lebrenn. — L'amiral de Coligny. — Son testament. — Lanoïic et la lettre de Charles IX. — Le colonel de Plouernel. — Nicolas Mouche. — Combat d'avant-postes. — Le père et la fille. — Les deux frères. — Le comte Néroweg de Plouernel et son fils Odet. — Bataille de la Roche-la-Belle. — Le fratricide.

Le soleil se lève ; ses premiers rayons éclairent la cîme d'une forêt située à une lieue environ de Saint-Iricix, gros bourg servant de centre au campement de l'armée protestante. Une chapelle, autrefois dédiée à saint Hubert par un forcené chasseur, s'élève aux confins de ces grands bois ; leur lisière est gardée par des vedettes à cheval, postées de loin en loin. Cette chapelle a été dévastée pendant les guerres religieuses ; les clochetons, les chapiteaux, les nervures de son portail sont brisés, ses vitraux défoncés, la statue de saint Hubert, patron des veneurs, gît décapitée au milieu des décombres, ainsi que celle du seigneur fondateur de ce saint lieu, choisi par lui pour sa sépulture ; les fragments de son image de marbre, où il figurait couché, les mains jointes, son cor de chasse en sautoir, son lévrier favori étendu à ses pieds, sont dispersés près de l'ouverture du caveau funéraire, ouvert et en ruines. L'intérieur de la chapelle sert d'écurie et de corps de garde à un piquet de partisans huguenots placés là en grand'garde ; leurs chevaux, sellés et bridés, sont alignés dans l'un des bas-côtés de la nef, de chaque côté d'une porte communiquant à l'ancienne sacristie, et, à défaut de fourrage, ils mangent les feuilles de plusieurs fascines de branchages verts placés à leurs pieds. Les cavaliers debout, assis ou couchés, enveloppés dans leurs manteaux, ne sont pas uniformément vêtus ; leurs armes défensives et offensives, quoique disparates ou rouillées, sont en bon état. Ces partisans volontaires ont pris le nom de *Vengeurs d'Israël ;* Joséphin, le franc-taupin, les commande ; les catholiques lui ont donné le surnom *du Borgne.* Les Vengeurs d'Israël se montraient en toute occasion d'une intrépidité sans égale, réclamant les postes les plus périlleux, et toujours des premiers au combat ; l'indomptable courage du franc-taupin, sa rare intelligence de la guerre de partisans, sa haine impitoyable contre les catholiques, sur lesquels il avait juré de venger sa sœur Brigitte et sa nièce Héna, lui avaient valu le commandement de ces hommes redoutés. Ce jour-là, au lever du soleil, le commandant préside une sorte de tribunal, composé de plusieurs de ses compagnons d'armes et siégeant au milieu des ruines de la chapelle de Saint-Hubert. Les années ont complétement blanchi la chevelure et la barbe du franc-taupin sans diminuer sa vigueur et son énergie ; il porte un vieux morillon d'acier couvert de rouille comme son corselet de fer ; ses chausses bouffantes, de drap rouge, sont à demi cachées par de grandes bottes de cuir poudreuses ; à sa bandoulière, contenant ses cartouches, est suspendu, par une ficelle, un court bâton entaillé de dix-sept coches ; chacune d'elles indique la mort d'un prêtre ou d'un moine ; la dague de fin acier de Milan, présent d'Odelin, pend au côté droit du franc-taupin, et à son côté gauche, une longue épée à poignée de fer. Ses traits bronzés, décharnés, rendus plus sinistres encore par le large emplâtre noir qui couvre son œil, expriment en ce moment une cruauté sardonique ; il procède au jugement d'un cordelier, homme de haute et robuste taille, arrêté à l'aube dans les bois voisins. Quelques lettres trouvées sur lui prouvent que le tonsuré sert d'espion à l'armée royaliste ;

et l'un des Vengeurs d'Israël l'a reconnu comme ayant pris part au carnage de Mirebeau, où près de douze cents prisonniers huguenots ont été mis à mort avec d'horribles raffinements de cruauté. Entouré de plusieurs de ses compagnons, assis comme lui sur les ruines de l'autel, le franc-taupin vient de tirer sa dague et commence à l'aiguiser lentement sur une pierre placée entre ses jambes, sans regarder le moine, qui, livide de terreur, debout à quelques pas et les mains liées derrière le dos, s'écrie :

— Damnés sacrilèges ; vous abusez de votre force.. la main du Seigneur s'appesantira sur vous ! chiens d'hérétiques !

LE FRANC-TAUPIN, *continuant d'aiguiser sa dague.* — Bon ! hardi ! pousse, mon révérend, dégorge ta bile monacale ! crache ton fiel apostolique ; ton sort n'empirera point ! attends-toi à tout ! tu seras encore loin de ce que je te réserve ! Nous n'avons nul souci de tes menaces.

LE CORDELIER. — Rien non plus ne pourra empirer votre sort ! réprouvés ! lorsque vous serez tous, jusqu'au dernier, plongés dans les flammes éternelles !

LE FRANC-TAUPIN. — Mort de ma sœur !... tu as tort de parler de flammes ! tu me rappelles ce que je n'oublie guère... Ma nièce, pauvre innocente enfant, a été plongée vivante vingt-cinq fois dans les flammes d'un bûcher... Frères, apprenez à ce tonsuré pourquoi nous nous sommes enrôlés dans le corps des Vengeurs d'Israël et pour quels motifs nous sommes impitoyables. (*Il continue d'aiguiser sa dague.*)

UN HUGUENOT. — Moine, écoute ceci : en pleine paix, après l'édit d'Orléans ; ma maison a été assaillie en mon absence par une bande de fanatiques ; le vicaire de la paroisse les conduisait... Mon vieux père, aveugle, demeuré dans notre logis, a été égorgé... C'est pour venger mon père que je me suis enrôlé dans la milice des Vengeurs d'Israël. Donc : guerre à l'Église catholique, mort à tous les tonsurés !

DEUXIÈME HUGUENOT. — Le maréchal de Montluc commandait en Guyenne ; six soldats de sa compagnie d'ordonnance logeaient dans notre métairie ; un jour, ils forcent la porte de la cave, s'enivrent et font violence à la femme de mon frère. Blessé de coups de coutelas en voulant la défendre, il se traîne tout sanglant chez M. de Montluc pour lui demander justice ; M. de Montluc l'a fait pendre ! Moine, j'ai juré de venger mon frère ! Mort aux catholiques !

TROISIÈME HUGUENOT. — Je suis de Guyenne, comme mon compagnon ; un dimanche, confiant dans l'édit de Lonjumeau, j'assistais au prêche avec ma mère et ma sœur ; une compagnie de bandouliers de M. de Montluc, conduite par son chapelain, envahit le temple, y renferme les hommes, chasse les femmes au dehors et met le feu au bâtiment : nous y étions au nombre de soixante-cinq, tous sans armes. Neuf d'entre nous ont pu échapper aux flammes ; les autres, brûlés, étouffés par la fumée ou écrasés sous la chute de la toiture, ont péri. Les femmes, les jeunes filles, traînées dans un enclos voisin du saint lieu, dépouillées de leurs vêtements, ont été forcées à coups de piques de danser nues devant les soldats catholiques, et ensuite ont été victimes de leur lubricité... Ma mère a été tuée en voulant sauver ma sœur du dernier outrage... ma sœur, neuf mois après, est morte en mettant au monde le fruit du viol... Moine, j'ai juré de venger ma sœur ! j'ai juré de venger ma mère ! Mort aux seigneurs, aux nobles catholiques !

QUATRIÈME HUGUENOT. — Je suis de Montaland, près Limoges ; trois mois après le nouvel édit, j'assistais au prêche avec mon jeune fils ; une bande de paysans, ayant à leur tête deux carmes et un dominicain, entrent dans le temple, nous assaillent à coups de fourche et de faux... Mon pauvre enfant... qui n'avait pas quinze ans... a eu, d'un coup de faux, la tête séparée du tronc... Moine, j'ai juré de venger mon fils ! Mort à toute la gent monacale !

LE CORDELIER. — Est-ce donc moi qui ai commis ces actes dont vous poursuivez la vengeance ? Lâches scélérats.

LE FRANC-TAUPIN *s'interrompt d'aiguiser sa dague et jette sur le moine un regard sardonique.* — Oh ! oh ! voici la dix-septième fois que j'entends cette réponse... car tu es le dix-septième tonsuré que je condamne... Vois-tu ce bâtonnet ? Je l'entaille d'une coche à chaque représaille... Quand je serai à vingt-cinq, le compte sera réglé... la fille de ma sœur a été plongée vivante vingt-cinq fois dans la fournaise... par les prêtres catholiques, les suppôts du pape.

— Moine, il y a écrit dans la Bible : « Et en général, on rendra œil pour œil, dent pour dent, main pour main, pied pour pied, meurtrissure pour meurtrissure, plaie pour plaie, brûlure pour brûlure. » Voire ! faute de te brûler comme il convient... je veux te faire cardinal. Et l'aventurier, de la pointe de sa dague, décrit un cercle autour de son crâne ; le moine comprend la signification de ce geste effrayant, devient livide et pousse un cri affreux... Les Vengeurs d'Israël le renversent et le maintiennent au pied de l'autel ; le franc-taupin passe son doigt sur le tranchant de sa dague, s'accroupit auprès du patient. A ce moment, un des cavaliers entre précipitamment dans la chapelle en criant : — Bonne prise ! bonne prise !... une fille d'honneur de Jésabel !

L'arrivée de la captive suspend le supplice du moine qui reste étendu garrotté aux pieds de Joséphin... Celui-ci se relève, jette sur la prisonnière, qui n'était autre qu'Anna Bell, un long regard; puis ses traits se détendent, il tressaille, cache son visage entre ses mains et pleure... Il a cru voir apparaître dans cette jeune fille Hèna, la pauvre martyre tant regrettée!... Cet homme inexorable demeure durant quelques moments abîmé dans de navrantes pensées au milieu du profond silence des Vengeurs d'Israël; la fille d'honneur est glacée d'effroi; elle a reconnu qu'elle se trouvait au pouvoir de ce terrible *Borgne* dont la férocité jette l'épouvante chez les catholiques.

Le franc-taupin passe le revers de sa main sur son œil ardent et cave, dont l'éclat féroce semble augmenté par la larme qui vient de le baigner; puis s'adressant durement à Anna Bell, il lui ordonne de s'approcher.

— Tu es fille d'honneur de la reine?

ANNA BELL, *d'une voix tremblante*. — Oui, monsieur. J'appartiens à Sa Majesté la Reine.

LE FRANC-TAUPIN. — D'où viens-tu?

ANNA BELL. — De Meilleret. Fatiguée du voyage, je m'étais reposée dans cette petite ville; de là; j'ai continué ma route, afin d'aller rejoindre la reine... Mon guide s'est égaré, vos cavaliers ont arrêté ma litière... Ayez pitié de moi... et faites-moi conduire près de monseigneur le prince de Gerolstein... J'ose compter sur sa courtoisie...

LE FRANC-TAUPIN. — A quelle heure es-tu partie de Meilleret?

ANNA BELL. — Vers une heure du matin.

LE FRANC-TAUPIN. — Tu mens!... Il est à peine cinq heures... tu voyageais en litière, et il faut plus de huit heures pour venir de Meilleret ici à cheval et en pressant sa marche.

ANNA BELL, *tremblante et balbutiant*. — Monsieur, je vous en conjure, faites-moi conduire près du prince de Gerolstein... c'est la seule grâce que je réclame de votre bonté...

Le franc-taupin, frappé de l'insistance avec laquelle la fille d'honneur demande d'être menée vers Frantz de Gerolstein, la contemple avec défiance et dit soudain:

— Fouillez cette femme!

Deux huguenots exécutent l'ordre et retirent des poches d'Anna Bell une bourse, une lettre et un flacon d'or... Le franc-taupin ouvre la lettre, déjà décachetée, en prend lecture, semble interroger le sens d'un passage de cette missive, reste un moment pensif; puis, frappé d'une révélation subite, il lance un coup d'œil terrible sur la fille d'honneur, examine en silence le flacon d'or, et le montrant à Anna Bell:

— Femme, que contient ce flacon?

ANNA BELL, *avec effort*. — Je... je... ne sais...

LE FRANC-TAUPIN, *avec un éclat de rire sardonique*. — Ah! tu ne sais... Misérable créature..... Tu as bien l'audace d'une criminelle.

Il s'approche lentement de la jeune fille, la saisit par le bras, et ajoute, en approchant le flacon de ses lèvres:

— Bois cela sans retard, ou je te poignarde.

ANNA BELL, *épouvantée, défaillante, tombe à genoux*. — Grâce!... grâce!... Je vous demande grâce... Pitié!... miséricorde!...

LE FRANC-TAUPIN. — Empoisonneuse!

La fille d'honneur, agenouillée, s'affaisse sur elle-même, cache son visage entre ses mains et pousse des sanglots étouffés. Les huguenots se regardent avec stupeur; un nouveau silence se fait.

LE FRANC-TAUPIN. — Frères... écoutez la lecture de cette lettre que vous venez de saisir dans la poche de cette femme:

« Un courrier de mon fils *Charles* arrive de Paris, chère mignonne, et m'oblige de conférer à l'instant avec M. le cardinal; je ne peux te voir avant ton départ. Adieu, bon courage; tu viendras à bout de ton prince... J'oubliais une recommandation importante; il faut verser le philtre aussitôt après avoir débouché le flacon. »

— Cette lettre est signée C. M., Catherine de Médicis!...

Ainsi la reine envoie une de ses prostituées pour empoisonner Frantz de Gerolstein...

Les huguenots encore sous l'impression du lâche assassinat de Condé, des récents empoisonnements du duc des Deux-Ponts et du frère de l'amiral Coligny, éclatent en imprécations; la jeunesse, la beauté de la fille d'honneur, rendent à leurs yeux ses criminels desseins plus exécrables encore. Anna Bell veut cependant tenter un dernier effort pour échapper au sort dont elle se voit menacée; elle se dresse sur ses genoux, et les mains jointes, s'écrie: Par pitié!... écoutez-moi... je vais tout avouer...

LE FRANC-TAUPIN, *avec une exaltation farouche*. — O Hèna... pauvre martyre! je vengerai ta mort sur cette infâme créature... belle comme toi... jeune comme toi! — Amoncelons hors de la chapelle ces fascines dont nos chevaux ont mangé les feuilles. Le bois est vert... Il brûlera lentement... Sur ce bûcher... nous lierons ensemble l'empoisonneuse et le moine, dès que je l'aurai ordonné cardinal...

LES HUGUENOTS, *répètent tous en chœur*: — Au bûcher, l'empoisonneuse et le moine!

L'esprit d'Anna Bell commence à s'égarer; livide, frissonnante, ployée sur elle-même, sa voix s'étrangle dans son gosier desséché par la terreur, et ne laisse échapper que des sanglots convulsifs. Les Vengeurs d'Israël se hâtent d'entasser des fascines autour d'un grand chêne planté devant le portail de la chapelle; le franc-taupin se rapproche du cordelier, murmurant d'une voix agonisante: *Miserere mei, Domine... miserere*.

Soudain l'on entend au loin le bruit d'une nombreuse cavalerie; et bientôt apparaît le

Anna Bell

prince Frantz de Gerolstein à la tête de ses hommes d'armes. Ce nouveau personnage était le petit-fils de Karl de Gerolstein qui, en 1534, assistait à la réunion des Réformés dans la carrière de Montmartre, ainsi que Christian Lebrenn, l'imprimeur. Le jeune prince a vingt-cinq ans; la courte visière de son morion découvre ses traits d'une régularité parfaite : ils expriment à la fois la bienveillance et la résolution ; d'une taille svelte et robuste, sa lourde cuirasse noire à la reître et ses épais brassards ne semblent pas lui peser; ses chausses bouffantes, de drap écarlate, disparaissent à demi sous ses grandes bottes de cuir fauve à éperons d'argent; une large ceinture de taffetas blanc, signe de ralliement des protestants, est nouée à son côté. A peine entré dans la chapelle, le prince s'adresse au franc-taupin : Je viens d'apprendre, camarades, que vos vedettes ont arrêté une fille d'honneur de la reine...

Avant que le franc-taupin ait eu le temps de répondre au prince, Anna Bell se jette aux pieds du jeune homme et s'écrie : Par pitié! monseigneur, daignez m'entendre.

FRANTZ DE GEROLSTEIN *qui a reconnu la jeune fille, lui tend la main et l'oblige à se relever.* — Je me souviens, mademoiselle, de vous avoir rencontrée à la cour de France l'an passé... Rassurez-vous... il y a, sans doute, à votre sujet une funeste méprise...

ANNA BELL *saisit les mains du prince, les baise, les couvre de larmes.* — Je suis innocente du crime horrible dont on m'accuse!

LE FRANC-TAUPIN. — Prince, il faut que cette femme meure !... cette misérable est une empoisonneuse, une émissaire de l'infâme Catherine de Médicis, et c'est vous qui deviez être sa victime. Nous allons en faire bonne justice.

150e livraison

PLUSIEURS HUGUENOTS. — Pas de pitié pour les prostituées de l'Italienne !... pour ses messagères de mort !...

FRANTZ DE GEROLSTEIN. — Mes amis, je ne puis croire au crime dont vous accusez cette jeune fille ; je l'ai connue à la cour de France ; j'ai souvent conversé avec elle et j'en jurerais, quelle que soit la déplorable renommée de ses compagnes, elle est une heureuse exception parmi elles...

ANNA BELL, *avec un accent de reconnaissance ineffable.* — Oh ! merci, monseigneur, merci, de rendre de moi ce témoignage...

LE FRANC-TAUPIN. — Prince, cette hypocrite avait son masque au temps dont vous parlez ! Lisez cette lettre de la reine... vous apprendrez pourquoi sa fille d'honneur s'est jetée à dessein dans nos avant-postes et a demandé instamment à être conduite près de vous... Quant à ce flacon .. *(il se tourne vers Anna Bell)* contient-il, oui ou non, du poison ?...

ANNA BELL, *d'une voix déchirante.* — Monseigneur, ne croyez pas aux apparences... si vous saviez !...

Frantz de Gerolstein jette un regard glacé sur la fille d'honneur ; puis, détournant la tête, il se dirige vers la porte de la chapelle.

ANNA BELL *s'élance vers le prince, tombe à ses pieds, embrasse ses genoux et s'écrie :* — Monseigneur, ne m'abandonnez pas !...... Au nom de votre mère, daignez m'entendre ! Ce n'est pas la mort que je redoute... c'est votre mépris... je suis innocente !...

L'accent de la vérité pénètre souvent les cœurs les plus prévenus. Frantz de Gerolstein, ému malgré lui, s'arrête et contemplant la fille d'honneur avec une douloureuse pitié :

— Soit... je veux encore douter du crime dont on vous accuse... expliquez ce qu'il y a de mystérieux dans votre démarche.

Et jetant les yeux autour de lui, il remarque l'entrée de la sacristie, s'ouvrant sur l'un des bas-côtés de la chapelle.

— Venez, mademoiselle, je pourrai vous écouter sans témoin dans ce lieu retiré.

Anna Bell se relève avec effort, et, d'un pas chancelant, suit Frantz de Gerolstein au fond de la sacristie. La fille d'honneur se recueille un moment, et, s'adressant au jeune prince huguenot d'une voix tremblante:

— Monseigneur, devant Dieu qui m'entend, voilà la vérité... Hier soir, un peu avant minuit, à l'abbaye de Saint-Séverin, où la reine a séjourné, elle m'a mandé près d'elle, et après m'avoir rappelé ce que je devais à sa générosité, car, — ajouta Anna Bell en fondant en larmes, — je suis une créature abandonnée, ramassée par charité sur le pavé des rues... — l'une des femmes de la reine m'a achetée, il y a environ dix ans, m'a-t-elle dit, à une bohémienne qui me faisait mendier devant le parvis de Notre-Dame, à Paris.

— Par quelles circonstances êtes-vous devenue fille d'honneur de Catherine de Médicis ?

— La femme qui m'avait recueillie m'a présentée à la reine, et, pour mon malheur !... pour ma honte !... la reine s'est intéressée à moi !...

— Pour votre malheur ?... pour votre honte ?...

— Monseigneur, — répond Anna Bell avec une expression navrante, — hélas ! quoique à peine sortie de l'enfance, il y a deux ans, grâce aux principes, aux conseils, aux exemples que j'avais reçus... mon éducation était faite et parfaite... j'étais digne de faire partie de l'*escadron volant* de la reine !...

— Je vous comprends !... pauvre fille.

— Ce n'est pas tout, monseigneur... Vint le jour où je dus prouver à la reine ma reconnaissance... C'était pendant la dernière trêve des guerres religieuses... M. Solange, quoique protestant venait souvent à la cour... Il fallait le détacher de la cause, monseigneur. Il m'avait témoigné quelques préférences ; la reine m'a dit : « M. de Solange t'aime ; il te sacrifiera sa foi... si tu n'es pas cruelle envers lui... » J'ai cédé aux obsessions de la reine... Je n'ai eu conscience de l'indignité de ma conduite que le jour où...

Mais Anna Bell, s'interrompant, devient pourpre de confusion... Soudain retentissent dans l'intérieur de la chapelle des cris affreux, bientôt étouffés ; cependant parfois encore, malgré le bâillonnement qui les comprime, ils s'échappent en sourds rugissements de douleur... La fille d'honneur, épouvantée se rapproche brusquement du prince, semble implorer sa protection, et murmure d'une voix entrecoupée de sanglots :

— Monseigneur... entendez-vous ces cris... entendez-vous ces hurlements ?...

— Ah ! — reprend Frantz de Gerolstein avec un douloureux accablement, — maudits à jamais soient ceux-là qui, les premiers par leur férocité, ont provoqué ces représailles !...

Les gémissements qui parvenaient au fond de la sacristie se changèrent en râles sourds, convulsifs, de plus en plus affaiblis... puis le silence se fit de nouveau... le moine, expirant, était ordonné cardinal par le franc-taupin !...

— Je suis arrivé à temps, mademoiselle, pour vous sauver de la vengeance de ces hommes impitoyables, — reprit le prince. — La franchise de vos paroles me paraît prouver la fausseté des accusations portées contre vous... pourtant cette lettre de la reine... ce flacon... sont des preuves accablantes contre vous...

— Hier soir, reprend Anna Bell, avertie par notre gouvernante que la reine désirait m'entretenir, j'attendais ses ordres dans un couloir très obscur qui séparait la chambre où je me trouvais de l'appartement de la reine ; mais au moment où j'allais ouvrir la porte, j'entends prononcer votre nom, monseigneur... La reine parlait de vous avec le père Lefèvre, un prêtre de la compagnie de Jésus, l'un des conseillers du roi d'Espagne.

— A quel propos mon nom était-il prononcé par la reine et par le jésuite ?

— Vous êtes à leurs yeux, paraît-il, monseigneur, un ennemi redoutable, la reine a promis au père Lefèvre de tenter de se défaire de vous... Une de ses filles d'honneur devait être chargée d'accomplir ce meurtre par le poison... Cette fille d'honneur, c'était moi.... Madame Catherine me choisissait pour cette horrible besogne.
Epouvantée, je ne pus retenir un cri de terreur involontaire ; presque aussitôt j'entends le bruit des pas de quelqu'un qui s'approchait de la porte ; mais heureusement j'eus le temps de sortir du couloir et de regagner la chambre voisine sans être découverte ni même soupçonnée d'avoir surpris l'entretien de la reine, car bientôt celle-ci me manda près d'elle... La reine me rappela d'abord ses bontés pour moi et ajouta qu'elle voulait combler les plus chers... les plus secrets désirs de mon cœur...

— « Anna Bell, a-t-elle ajouté, tu n'aimes plus M. de Solange... ton amour s'est reporté sur le prince de Gerolstein que tu as vu à la cour l'an passé... Prends ce flacon ; il contient un philtre qui fait aimer... Un guide te conduira aux avant-postes des huguenots, tu tomberas entre leurs mains, tu demanderas à être conduite auprès du prince de Gerolstein... Il est gentilhomme, il aura compassion de toi, il te logera sous sa tente... L'amour t'inspirera, tu trouveras le moyen de verser quelques gouttes de ce philtre à Frantz de Gerolstein... et ainsi... tu viendras à bout de ton prince... » c'est ce que la reine a répété dans son billet...

— Et devinant que ce philtre était du poison, craignant d'éveiller les soupçons de la reine... vous avez feint d'accepter cette mission de mort ?... Tel est le complément de votre récit.

— Oui, monseigneur, dans l'espoir de vous mettre en garde contre les dangers dont vous étiez menacé !
Epuisée par tant d'émotions, écrasée de honte, la pauvre enfant se laisse tomber sur un des bancs de la sacristie, fond en larmes et cache sa figure entre ses mains.
Cette révélation, empreinte d'une irrésistible franchise, éveille dans le cœur de Frantz de Gerolstein le plus touchant intérêt pour cette infortunée.

— Mademoiselle, — lui dit-il d'une voix pénétrante, — je crois à votre sincérité... je crois à vos malheurs...

— Maintenant, monseigneur, je peux mourir...

— Loin de vous ces pensées sinistres... une consolation inespérée vous attend peut-être. D'après certains détails que vous m'avez donnés sur vos premières années, je suis presque certain de connaître vos parents !... Vous devez être née à La Rochelle... et votre père devait exercer le métier d'armurier.

— Oui ! — s'écrie Anna Bell, — oui, je me souviens, l'aspect des armes frappait mes yeux pendant mon enfance...

— Lorsque vous avez été enlevée à votre famille, ne portiez-vous aucun collier, aucun bijou que vous ayez pu conserver ?

— Je portais au cou, et j'ai toujours conservé depuis, une petite médaille de plomb ; la voici attachée à cette chaîne.
Frantz de Gerolstein court à la porte de la sacristie et appelle Joséphin ; celui-ci s'approche à pas lents tout occupé d'entailler le bâton suspendu à sa cartouchière : *Dix-huit !...* Voire ! encore sept pour atteindre *vingt-cinq !...* Oh ! j'aurai mon compte, mort de ma sœur ! j'aurai mon compte !...
Frantz de Gerolstein, s'adressant au franc-taupin :

— A quel âge la fille d'Odelin a-t-elle été enlevée à sa famille ?

LE FRANC-TAUPIN, *surpris*. — La pauvre enfant avait huit ans... Il y a dix ans que la chère enfant a été enlevée.

FRANTZ DE GEROLSTEIN. — Ne portait-elle rien sur elle qui pût la faire reconnaître un jour ?

LE FRANC-TAUPIN, *soupirant*. — Elle portait au cou une médaille de *l'Eglise du désert*, ainsi que tous les enfants protestants... médaille que j'avais donnée à sa mère le jour de la naissance de la pauvre petite créature.

FRANTZ DE GEROLSTEIN, *montrant au franc-taupin la médaille qu'Anna Bell vient de lui remettre*. — Reconnaissez-vous cette médaille ? *Puis désignant Anna Bell*. — Joséphin, cette jeune fille a été enlevée, il y a dix ans à sa famille... elle portait au cou cette médaille...

LE FRANC-TAUPIN, *examine Anna Bell avec un trouble croissant*. — C'est la fille d'Odelin... voilà pourquoi j'ai été tout d'abord frappé par sa ressemblance avec Héna...

ANNA BELL. — Quoi, Monsieur, vous connaissez mes parents !... De grâce, indiquez-moi où je pourrai les trouver !...

LE FRANC-TAUPIN, *accablé*. — Ah ! pour la famille, quelle honte ! quelle honte !... une fille d'honneur de la reine...

UN OFFICIER *de M. de Coligny entre dans la sacristie et s'adressant à Frantz de Gerolstein*. — Monseigneur, je viens de la part de M. l'amiral donner l'ordre aux grand'gardes et aux avant-postes de se replier sans le moindre retard sur Saint-Yrieix.

FRANTZ DE GEROLSTEIN, *se tourne vers les*

Vengeurs d'Israël qui ont suivi l'officier. — A cheval, messieurs ! (*S'adressant à AnnaBell*). Venez, mademoiselle... remontez en litière... nous vous accompagnerons à Saint-Yrieix... et en chemin je vous instruirai de ce qui concerne votre famille..... à laquelle j'appartiens...

— Quelle découverte pour Odelin... pour Antonicq, se dit à part lui le franc-taupin, lorsque, tout à l'heure, à Saint-Yrieix, ils vont apprendre que cette malheureuse créature... flétrie, déshonorée, est la fille de l'un, et la sœur de l'autre...

Les Vengeurs d'Israël et l'escadron de reîtres allemands, à la tête desquels Frantz de Gerolstein était allé pousser une reconnaissance aux environs de la forêt, se sont éloignés depuis quelque temps, la chapelle de Saint-Hubert est silencieuse et déserte; la brise matinale balance le corps du moine pendu à l'une des branches d'un grand chêne planté devant le portail du saint lieu; l'expression des traits de ce cadavre est horrible, ils ont conservé l'empreinte des tortures de l'agonie du cordelier; la peau de son crâne est enlevée... on le dirait coiffé d'une calotte rouge...

Représailles abominables sans nul doute, et cependant moins abominables que les crimes dont elles sont l'expiation vengeresse !

Le bourg de Saint-Yrieix formait le centre du camp retranché occupé par l'armée de l'amiral de Coligny. Inflexible sur la discipline, l'amiral maintenait parmi ses troupes un ordre rigoureux; jamais de pillage, jamais de maraude; ses soldats payaient tout ce qu'ils demandaient aux gens des cités ou des campagnes; bien plus, si d'aventure les paysans, effrayés à l'approche des gens de guerre, quittaient momentanément leur village, les officiers laissaient dans les maisons, par ordre de M. de Coligny, *le prix des denrées, des fourrages dont s'approvisionnaient les soldats en l'absence des maîtres du logis;* enfin, exemple nécessaire et terrible : tout pillard surpris par ses chefs, en flagrant délit de vol, était impitoyablement pendu ; l'on attachait à ses pieds les objets larronnés par lui. Jamais non plus l'on ne voyait dans le camp huguenot ces essaims de femmes de mauvaise vie qui encombraient d'ordinaire les bagages de l'armée catholique, placées, selon l'antique usage, sous la surveillance du roi des Ribauds.

Les mœurs des protestants du corps d'armée de M. de Coligny étaient pieuses, austères et probes; mais l'amiral ne pouvait imposer une discipline rigide aux bandes nombreuses qui parfois se ralliaient temporairement à lui, et qui, d'habitude, se livrant à une guerre de partisans, rivalisaient alors de rapine et de cruauté avec les royalistes.

L'amiral, les princes d'Orange, de Nassau et de Gerolstein, le fils du prince de Condé, assassiné par ordre du duc d'Anjou, le jeune Henri de Béarn et les autres principaux chefs protestants, occupaient quelques maisons de Saint-Yrieix. L'ancien prieuré servait de logis à M. de Coligny. Au point du jour celui-ci avait quitté sa chambre, selon sa coutume, accompagné de ses serviteurs, afin d'assister à la prière faite au camp des huguenots et appelée : « Prière du corps de garde. » Les officiers et soldats du poste de l'amiral, joints à ceux de quelques postes voisins, remplissaient la cour du prieuré, debout, tête nue, silencieux, ils attendaient avec recueillement l'heure d'élever leur âme vers Dieu ; vieux soldats à barbe grise, couturés de blessures, jeunes enrôlés touchant encore à l'adolescence, riches gentilshommes élevés dans les loisirs des châteaux, laboureurs accourus, ainsi que les bourgeois et les artisans des cités, à la défense de l'Église du désert, tous animés d'une foi ardente, s'unissaient sous le niveau de l'égalité évangélique ; le seigneur, combattant côte à côte de son vassal pour la sainte cause de la liberté de conscience, ne voyait plus en lui qu'un frère. Ainsi germaient chez les protestants ces tendances de fraternité qui devaient plus tard faire disparaître les distinctions de castes et de race si précieuses aux royalistes. Une légère rumeur, témoignage de l'affection et du respect qu'il inspirait, accueillit l'arrivée de l'amiral de Coligny. Sa haute taille s'était voûtée par suite des rudes fatigues de tant de guerres ; ses cheveux, blancs comme sa barbe, la pâleur de son noble visage, profondément altéré depuis la perte de son frère traîtreusement empoisonné, donnaient à la physionomie du chef suprême des armées protestantes une expression vénérable et touchante ; couvert de pied en cap d'une armure de fer bruni sans aucun ornement et à demi cachée par la casaque flottante ou saye de drap blanc, signe de ralliement des huguenots, il avait la tête nue ; près de lui se trouvait le brave François de Lanoüe, gentilhomme breton, atteignant à peine la maturité de l'âge ; le courage, la droiture, la bonté, se lisaient sur sa figure mâle et loyale ; une sorte de bras d'acier, artistement forgé par Odelin Lebrenn, et à l'aide duquel M. de Lanoüe pouvait conduire son cheval, remplaçait le bras perdu à la bataille par le hardi capitaine. Quand la rumeur qui avait accompagné la venue de l'amiral se fut apaisée ; l'un des pasteurs qui suivaient l'armée, nommé Féron, prononça d'une voix grave cette courte prière :

« Notre aide soit au nom de Dieu, qui a fait le ciel et la terre. Ainsi soit-il !

« Notre Père et Sauveur, puisqu'il t'a plu, au milieu des chances de la guerre, nous conserver cette nuit jusqu'à ce jour, veuille faire que nous l'employions tout à ton service ; ô Père céleste ! nos frères se reposent sur notre vigilance et notre courage, à nous leurs défenseurs ; daigne, par ta grâce, nous aider à accompagner fidèlement notre charge, sans négligence, ni lâcheté : enfin qu'il te plaise, ô grand Dieu des armées, de changer ce temps calamiteux en un temps heureux où règneront la justice et la religion ! Alors nous ne serons plus réduits à nous défendre, alors ton saint nom sera de plus en plus glorifié par le monde ! Toutes ces choses, ô Dieu, notre Père ! ô Dieu juste et bon ! nous te les demandons au nom et par la grâce de notre Sauveur Jésus-Christ. Nous te prions d'augmenter notre foi, de laquelle nous faisons confession, en disant : Je crois en Dieu le Père tout-puissant, et en son Fils notre rédempteur.

« Que la bénédiction de Dieu le Père, la grâce et la faveur de Notre Seigneur Jésus-Christ soient et demeurent éternellement pour nous tous, par la communion du Saint-Esprit.

« Ainsi soit-il. »

— Ainsi soit-il, reprend M. de Coligny d'une voix grave et recueillie.

— Ainsi soit-il ! — répètent les soldats.

La prière du matin est dite.

Pendant que l'amiral assistait religieusement à la prière dans la cour de son logis, celui de ses serviteurs qui avait été fait prisonnier la veille par les royalistes, nommé Dominique, poursuivait l'exécution du crime tramé par le duc d'Anjou et son capitaine des gardes.

Dominique entre dans la chambre de M. de Coligny alors absent, et s'avance avec précaution, l'œil et l'oreille au guet, épiant de ci, de là, s'il n'est ni vu ni entendu ; puis il s'approche d'une table où se trouve, à côté de plusieurs papiers, un vase de grès contenant un breuvage rafraîchissant que M. de Coligny buvait habituellement chaque matin et que préparait son fidèle écuyer Nicolas Mouche. Celui-ci assistait en ce moment à la prière du matin avec les autres serviteurs de la maison. Dominique s'était abstenu de ce devoir, comptant sur l'éloignement de ses camarades pour accomplir ce forfait. L'empoisonneur saisit le vase de grès pour y jeter le poison... Il hésite un moment... Elevé dans la maison de M. de Coligny, traité par lui avec une bonté paternelle... il songeait au passé... mais sa cupidité étouffe toute pitié dans l'âme de l'assassin ; il tire de sa poche un sachet contenant une poudre grise, le verse dans le vase et l'agite pour mélanger le poison au breuvage ; il replaçait le pot où il l'avait pris, lorsqu'il entend des pas au dehors de l'appartement ; il tressaille et s'éloigne brusquement de la table. C'était ODELIN LEBRENN qui venait apporter le casque de l'amiral qu'il avait été chargé de redresser, ayant été faussé la veille par une balle de grosse arquebuse, pendant une reconnaissance faite par M. de Coligny. Odelin, tout en servant comme volontaire dans l'armée protestante avec Antonicq, son fils, continuait son métier d'armurier, au moyen d'une forge portative. Trente-trois ans se sont écoulés depuis l'époque de son retour d'Italie avec maître Raimbaud ; il atteint sa quarante-huitième année : sa barbe et ses cheveux grisonnent ; ses traits expriment la franchise et la résolution. Odelin n'avait pas revu Dominique depuis sa capture par les catholiques, et il le félicite cordialement de son évasion du camp des ennemis.

Mais, remarquant la lividité de ce misérable, il ajoute :

— Qu'avez-vous, mon cher Dominique ? Vous êtes d'une pâleur mortelle...

— Je ne sais... ce que... vous voulez dire, — balbutia Dominique. Et l'empoisonneur sort précipitamment.

Ce brusque départ, la pâleur, le trouble de cet homme éveillent les soupçons de l'armurier, mais il est bientôt distrait de ses pensées par l'arrivée subite de son fils Antonicq accourant, la figure bouleversée, des larmes dans les yeux, et s'écriant :

— Ah ! mon père ! venez, au nom du ciel, venez rejoindre le prince de Gerolstein qui est de retour au camp avec mon oncle Joséphin, le franc-taupin...

A ce moment, Nicolas Mouche, écuyer de confiance de l'amiral, entre chez son maître, et ne pouvant encore envisager ni Odelin ni son fils qui lui tournaient le dos, il s'écrie surpris et inquiet : — Qui êtes-vous ! que faites-vous ici ?...

Mais reconnaissant l'armurier et son fils, auxquels il portait une vive amitié, le vieil écuyer reprit :

— Pardon... mon cher Lebrenn, je ne vous avais pas tout d'abord reconnu... pardon, vous et votre fils, vous êtes, à bien dire, de la maison, votre présence ne m'inspire aucune inquiétude pour mon maître.

— Je rapportais le casque de M. de Coligny, — reprend Odelin... — mon fils est venu me chercher... et je ne connais pas encore la cause de son émotion... Voyez comme sa figure est altérée... Que s'est-il passé d'extraordinaire, mon enfant ?

— Ma sœur... Marguerite... que nous croyions à jamais perdue pour nous. Elle est retrouvée...

— Grand Dieu !

— Venez, mon père... le prince... et mon oncle... vous diront tout... vous raconteront cet évènement extraordinaire...

— Quoi ! — s'écria Nicolas Mouche, s'adressant à Odelin, — cette pauvre enfant depuis si longtemps disparue... serait retrouvée ! Le ciel en soit loué !...

— Ah ! je ne peux croire encore à un pareil

bonheur! — reprit Odelin, palpitant de doute et d'espérance.

— Venez donc, mon père, vous saurez tout...

— Adieu! — dit l'armurier à Nicolas Mouche, en suivant son fils, non moins éperdu que lui à la pensée de cette découverte inattendue.

— Pauvre père! pensait le vieil écuyer en suivant Odelin des yeux, — pourvu qu'il ne coure pas au devant d'une cruelle déception.

Puis, se rapprochant, afin de s'assurer que l'écritoire de son maître ne manquait pas d'encre, Nicolas Mouche jette un regard sur le vase de grès, le voit plein jusqu'aux bords et s'écrie : — M. l'amiral n'a pas seulement bu une gorgée de son eau de chicorée! En vérité, il est, quant aux soins à prendre de lui-même, le cher et vaillant homme, aussi insoucieux qu'un enfant! Justement, le voici... il n'échappera point à la semonce.

Et s'adressant à M. de Coligny qui rentrait dans sa chambre après la prière, l'écuyer lui dit d'un ton de reproche familier qu'autorisent ses longs services : — Eh bien! monsieur l'amiral, et votre eau de chicorée! Ce pot est aussi plein que lorsque je vous l'ai apporté à votre réveil...

— C'est vrai, — reprit M. de Coligny en souriant. Mais tu rends ce breuvage si terriblement amer que je retarde le plus possible le moment de le boire.

— Voilà-t-il pas une belle raison, monsieur l'amiral? l'amertume de ce breuvage le rend surtout efficace! Monsieur, vous allez boire tout de suite... devant moi!

— Voyons, composons... Je te promets d'avoir bu tout le contenu de ce pot avant une heure...

— Nos chevaux sont-ils sellés et bridés?

— Oui, monsieur. Si nous montons à cheval ce matin, j'emmènerai, pour conduire vos relais, Julien, le Basque et Dominique. Ce pauvre garçon, malgré sa mésaventure d'avant-hier, qui pouvait lui coûter cher, m'a supplié ce matin de le désigner pour vous accompagner aujourd'hui s'il y avait quelque engagement.

— Dominique est un digne serviteur.

— Comment Dominique ne serait-il pas un honnête homme; élevé chez vous, monsieur, et fils d'un de vos anciens serviteurs, ce brave forestier de vos bois de Châtillon?

— Ah! ma pauvre maison de Châtillon, mes prés, mes bois, mes vignes, mes guérets, mes bons laboureurs; vous reverrai-je jamais? — dit M. de Coligny avec un soupir mélancolique.

— Ah! la vie des champs! la vie de famille!...

Et après un moment de silence recueilli, il ajoute :

— Laisse-moi; j'ai à écrire.

L'écuyer sortit, M. de Coligny se dirige lentement vers la table, en rapproche un escabeau et s'asseoit; il appuie son front dans sa main, reste longtemps rêveur et se dit :

— Pourquoi cette pensée m'est-elle venue plutôt aujourd'hui qu'un autre jour? Je ne sais; Dieu me l'inspire, écoutons ses avertissements... Il est bon, à tout hasard, de se mettre en règle avec le ciel; puis il me faut bien répondre devant Dieu et devant les hommes aux accusations portées contre moi; il me faut bien répondre à cette sentence capitale et infamante dont moi et les miens sommes frappés...

Et, prenant un papier sur la table, l'amiral lut ce qui suit : « Comme principal auteur et conducteur de la conspiration et rébellion faites contre le roi et son État, ledit sieur de Coligny est condamné à être pendu et étranglé en place de Grève, pour être ensuite porté au gibet de Montfaucon... Ses biens sont acquis et confisqués au roi; ses enfants seront déclarés ignobles, infâmes, incapables de tenir office ou de posséder des biens dans le royaume. Cinquante mille écus d'or sont promis à qui livrera, mort ou vif, ledit sieur de Coligny. Les enfants de son frère, le sieur Dandelot, sont aussi déclarés infâmes.

Et rejetant sur la table ce feuillet contenant l'extrait de l'arrêté du roi enregistré au parlement de Paris le 27 mai 1569, M. de Coligny ajoute avec un accent de douleur profonde, levant au ciel ses yeux baignés de larmes : — Mon pauvre et bon frère! ils t'ont lâchement tué par le poison! tes enfants sont orphelins, ils n'ont plus que moi pour soutien... et ma vie est mise à prix! et aujourd'hui, demain, dans un combat, Dieu peut me rappeler à lui!... Ah! que j'emporte du moins la consolation de penser que les orphelins de mon frère et les miens seront confiés en de dignes mains!

M. de Coligny reste pendant quelques instants encore absorbé; puis il prend une feuille de papier, une plume, et, se recueillant de nouveau, il écrit ainsi son TESTAMENT :

« Entre toutes les créatures, Dieu a créé l'homme pour la plus excellente; aussi doit-il, durant sa vie, faire toutes choses pour glorifier le Seigneur, rendre bon témoignage de sa foi, donner bon exemple à son prochain et laisser, autant qu'il le peut, le repos à ses enfants, quand il a plu à Dieu de lui en donner.

« Quoique nos jours soient comptés devant Dieu, rien n'est plus incertain que l'heure à laquelle il lui plaira nous appeler; nous devons nous tenir si préparés que nous ne soyons pas surpris : ce pourquoi j'ai voulu faire le présent écrit, afin que ceux qui demeureront après moi entendent mes intentions, sachent ma volonté.

« En premier lieu, après avoir invoqué le nom de Dieu, je lui fais une confession sommaire de ma foi, le suppliant qu'elle me serve à l'heure à laquelle il lui plaira m'appeler, parce qu'il sait que je fais cette confession de cœur et d'affection et dans toute la sincérité de mon âme.

« Je crois à ce qui est contenu au vieil et nouveau Testament comme étant la vraie parole de Dieu, à laquelle il ne faut ni ajouter ni retrancher, ainsi qu'elle l'enseigne. Enfin, je cherche en Jésus-Christ et par lui seul, mon salut et la rémission de mes péchés, suivant ce qu'il a promis. Je souscris à la confession de foi de l'Église réformée en ce royaume ; je veux vivre et mourir dans cette foi, m'estimant bien heureux s'il faut pour cela que je souffre.

« Je sais que l'on m'accuse d'avoir voulu attenter aux personnes du roi, de la reine et de messeigneurs, frères du roi ; je proteste devant Dieu que je n'en eus jamais ni envie ni volonté. L'on m'accuse aussi d'ambition, à cause de la prise d'armes que j'ai faite avec les Réformés ; je proteste que le seul intérêt de la religion et la nécessité de défendre ma vie et celle de ma famille m'ont fait prendre les armes. A ce sujet, je confesse que ma plus grande faute a été de ne pas ressentir les injustices et meurtres que l'on faisait de mes frères ; il a fallu que je fusse poussé à prendre les armes par les dangers, par les trames dont j'étais l'objet. Mais je le dis aussi devant Dieu, j'ai essayé par tous les moyens de pacifier, ne craignant rien tant que la guerre civile, prévoyant qu'elle porterait après soi la ruine de ce royaume, dont j'ai toujours désiré la conservation. J'écris ceci parce que, ignorant l'heure à laquelle il plaira à Dieu de m'appeler, je ne veux pas laisser mes enfants notés d'infamie et de rébellion...

« J'ai pris les armes, non contre le roi, mais contre ceux dont la tyrannie a obligé les Réformés à défendre leur vie ; je savais en conscience que l'on agissait souvent contre la volonté du roi, selon plusieurs lettres et instructions qui en font foi. Je sais que je dois comparaître devant le trône de Dieu et y recevoir mon jugement ; qu'il me condamne si je mens en disant que mon plus vif désir est qu'il soit servi en toute pureté, selon ses ordres, et que le royaume de France soit conservé. A ces conditions, j'oublierai bien volontiers tout ce qui m'est personnel, injures, outrages, confiscation de mes biens, pourvu que la gloire de Dieu et le repos public soient assurés ; à cela, je suis résolu de m'employer jusqu'au dernier soupir de ma vie. Voilà ce que je veux faire entendre afin de ne point laisser de mauvaise impression de moi après ma mort.

« Je prie et ordonne que mes enfants soient toujours entretenus en l'amour et la crainte de Dieu ; qu'ils continuent leurs études jusqu'à l'âge de quinze ans sans interruption ; j'estime ce temps-là mieux employé que de les envoyer dans une cour ou à la suite de quelque seigneur. Surtout je prie leurs tuteurs de ne jamais leur laisser hanter mauvaise ou vicieuse compagnie, nous sommes trop enclins à mal par notre nature même ; je prie que ceci soit souvent rappelé à mes enfants, afin qu'ils sachent bien que telle est mon intention, telle que je la leur ai plusieurs fois déclarée moi-même.

« Je prie que mes enfants soient élevés avec ceux de mon frère Dandelot, ainsi qu'il l'a désiré lui-même par son testament ; que les uns et les autres prennent exemple de la bonne et fraternelle amitié qui a toujours existé entre mon frère et moi...

« Aimant tous mes enfants également, j'entends que chacun d'eux recueille en ma succession ce que leur accordent les coutumes du pays où sont situés mes biens (si la confiscation qui les frappe doit cesser) ; je prie que les joyaux qui appartiennent à feu ma femme soient également départis à mes deux filles.

« Je désire que mon fils aîné porte le nom de *Châtillon* ; Gaspard, mon second fils, celui de *Dandelot*, et Charles, le troisième, celui de *La Brétèche*.

« Je prie madame Dandelot, ma belle-sœur, de vouloir bien garder près d'elle mes deux filles tant qu'elle demeurera en veuvage ; si elle se remarie, je prie madame de la Rochefoucault, ma nièce, de se charger d'elles.

« Ayant appris que l'on a brûlé le collège fondé par moi à Châtillon, je veux et entends qu'il soit rebâti, parce que c'est un bien public par lequel Dieu peut être honoré et glorifié...

« J'ordonne de payer à mes serviteurs et pensionnaires tout ce qui sera dû le jour de mon décès, et, de plus, de leur accorder une année de gages. — Pour le grand contentement que j'ai de Lagrèle, précepteur de mes enfants, et du soin qu'il a d'eux, je lui donne mille francs. — A Nicolas Mouche, à sa femme Jeanne, pour leurs bons services envers moi et feu ma femme, je leur donne *cinq cents francs* et dix-sept setiers de blé par an durant leur vie, parce qu'ils ont beaucoup d'enfants.

« Quand il plaira à Dieu de m'appeler, je désire, s'il est possible, que mon corps soit porté à ma maison de Châtillon, pour y être enterré auprès de ma femme, sans aucune pompe funèbre ni autre cérémonie que celle de la religion réformée.

« Et pour accomplir les choses susdites, je supplie M. le comte de Châtillon, mon frère, M. de la Rochefoucauld, mon neveu, MM. de Lanoüe et de Saragosse, d'être les exécuteurs de mes dernières volontés. Je leur recommande surtout *l'éducation et l'instruction de mes enfants*. Je les consacre au service de Dieu, le suppliant de les voir toujours se conduire et se guider par son Saint-Esprit, et faire que, par leurs actions, ils contribuent à sa gloire, au bien public et à la pacification du royaume. Je supplie Dieu d'avoir pour agréable la bénédiction que je donne à mes enfants afin d'attirer sur eux celle du ciel.

« Et quant à moi, offrant au Seigneur le mérite de Jésus-Christ en rédemption de mes péchés, je le prie de recevoir mon âme et de lui accorder la vie bienheureuse et éternelle en attendant la résurrection des corps.

« Pour conclusion, je supplie MM. de la Rochefoucauld, de Saragosse et de Lanoüe d'être tuteurs et curateurs de mes enfants... »

M. de Coligny achevait d'écrire ce testament, dont chaque ligne respirait la sincérité, la droiture, la sagesse, la modestie, les plus touchantes vertus familiales, la foi dans la sainteté de sa cause, l'amour de la France et l'horreur de la guerre civile, lorsque M. de Lanoüe entre chez l'amiral, les traits empreints d'indignation ; il tient une lettre à la main ; il va adresser la parole à M. de Coligny, losque celui-ci, le prévenant :

— Mon ami, je viens d'écrire votre nom au bas de mon testament, vous priant, ainsi que M. de la Rochefoucauld, de vouloir bien être les tuteurs de mes enfants et de ceux de mon frère.

Puis, tendant sa main à Lanoüe :

— Vous acceptez, n'est-ce pas, cette marque suprême de mon amitié, de ma confiance ? Elevés sous vos yeux, mes neveux et mes enfants, s'il plaît à Dieu, seront gens de bien.

— Monsieur l'amiral, — répond Lanoüe avec une émotion profonde, — je serai, par le cœur du moins, digne de la mission sacrée dont vous m'honorez.

— Que l'on puisse dire un jour de mes neveux et de mes fils : « Ils ont les vertus de Lanoüe ! » Dieu aura exaucé ma dernière prière. Je vous confie ce testament, mon ami, gardez-le.

— Il n'est pas cacheté, monsieur l'amiral.

— Mes amis et mes ennemis peuvent le lire... ce que l'on a dit à Dieu, les hommes peuvent l'entendre, — répondit l'amiral avec une grandeur antique.

— Me voici en règle avec moi-même, — reprend l'amiral ; — parlons de nos dispositions militaires de la journée.

— Ah ! quelle guerre !... s'écrie Lanoüe. — Non, ce n'est plus la guerre ; c'est le guet-apens, c'est l'assassinat ! Et le guet-apens honoré ! l'assassinat dignifié !... Je reçois une lettre de Paris ; l'on me donne copie d'une missive du duc d'Anjou à son frère au sujet de Maurevert.

— Le lâche assassin de Mouy ?

— Oui, ce lâche assassin, ce Maurevert, venu à notre camp en ami, et qui, profitant de la nuit et du sommeil du brave de Mouy, l'a tué à coups de couteau et s'est enfui après le meurtre ! Ecoutez, monsieur l'amiral, écoutez ! c'est le roi de France CHARLES IX, aujourd'hui régent, qui écrit à son frère :

« A mon frère le duc d'Alençon,

« Mon frère, pour le signalé service que m'a fait Charles de Louvier, sieur de Maurevert, présent porteur, ÉTANT CELUY QUI A TUÉ MOUY *de la façon qu'il vous dira*, je vous prie, mon frère, de lui bailler de ma part le collier de mon ordre, ayant été choisi et élu par les frères du dit ordre, pour y être associé et de plus faire en sorte qu'il soit (ledit Maurevert) gratifié par les manants et habitants de ma bonne ville de Paris, *de quelque honnête présent* SELON SES MÉRITES, priant Dieu, mon frère, qu'il vous tienne en sa sainte et digne garde.

« Ecrit au Plessis-les-Tours, le 1er jour de juin 1569.

« Votre bon frère,
« CHARLES. »

— La glorification de l'assassinat a-t-elle jamais été poussée plus loin ! — ajoute Lanoüe après la lecture de cette royale cédule. — Ah ! monsieur l'amiral, vous l'avez dit souvent : vous comme moi, comme tant d'autres, nous sommes attachés de cœur, de principes, sinon au roi, du moins à la royauté ; mais cette famille de Valois se couvrira de tant de crimes qu'elle inspirera la haine de la monarchie. Ne voyons-nous pas ce désir de se fédérer républicainement, ainsi que les cantons suisses, désir déjà commun à grand nombre d'esprits honnêtes, faire chaque jour de nouveaux progrès ?

Nicolas Mouche paraît en ce moment au seuil de la porte.

— Je gage, — pense-t-il, — je gage que le breuvage salutaire, l'eau de chicorée a encore été oubliée.

Puis, s'approchant de son maître :

— Eh bien ! monsieur l'amiral !... l'heure s'est écoulée.

— Quoi ? — répondit M. de Coligny absorbé par de pénibles pensées éveillées en lui par paroles de Lanoüe, — que veux-tu dire ?

— Et votre tisane ? — reprend l'écuyer.

Puis se tournant vers l'ami de son maître :

— Monsieur de Lanoüe, je vous en supplie, joignez-vous à moi pour faire entendre raison à M. l'amiral ; il sait que son chirurgien, M. Ambroise Paré, lui a surtout recommandé l'eau de chicorée en campagne, M. l'amiral restant souvent douze à quinze heures à cheval sans se débotter. Eh bien ! il ne veut pas suivre l'ordonnance du médecin.

— Vous entendez les doléances de ce digne serviteur, monsieur l'amiral ? — reprit Lanoüe en souriant. — Je conviens qu'il a raison... Vous devez suivre les ordonnances de maître Ambroise Paré.

— Allons, allons... qu'il en soit ainsi que le désire M. Nicolas ! — répond M. de Coligny.

Et prenant sur la table le pot de grès, il en

Odelin Lebrenn et fra Hervé (page 308)

contemple un moment le contenu verdâtre avec une visible répugnance ; puis il porte le vase à ses lèvres...

A ce moment, Odelin Lebrenn, accourant au dehors, se précipite dans la chambre et arrachant le vase des mains de l'amiral le brise à ses pieds en s'écriant :

— Merci Dieu ! J'arrive à temps !...

Lanoüe, Nicolas Mouche, saisis de stupeur, restent muets ; Odelin, suffoqué par l'émotion, haletant de sa course rapide, s'appuie d'une main sur la table, fait signe qu'il va parler. Enfin, il dit d'une voix palpitante :

— Un moment plus tard, M. l'amiral était empoisonné... par le breuvage... qu'il allait prendre...

— Grand Dieu ! — s'écrie Lanoüe en pâlissant, tandis que Nicolas Mouche tremblait comme la feuille en regardant son maître, — expliquez-vous, mon cher monsieur Lebrenn !

— Ce matin, à l'heure où vous écoutiez la prière, ainsi que vos serviteurs, monsieur l'amiral, — reprend Odelin, s'adressant à M. de Coligny, — je suis venu rapporter votre casque ; Dominique se trouvait seul ici...

— En effet, — dit Nicolas Mouche, — il n'assistait pas à la prière comme les autres...

— Sans m'étonner de la présence de Dominique dans la chambre de son maître, — poursuit Odelin, — je remarquai seulement le trouble... la pâleur de cet homme, et plus tard, béni soit Dieu ! je me rappelai qu'en entrant, je l'avais vu s'éloigner brusquement de la table où était ce vase renfermant, ainsi que me l'a dit Nicolas Mouche, une tisane que vous buvez chaque matin, monsieur l'amiral... Dans cette tisane, dans cette eau de chicorée, Dominique a jeté du poison...

151e livraison

— Lui ! — dit Coligny avec horreur, — c'est impossible... un serviteur élevé chez moi... depuis son enfance...

— Ah ! le misérable ! — s'écrie Nicolas Mouche. — Ce matin, me voyant préparer ce breuvage... Dominique m'a offert de se charger de ce soin... Je n'avais vu là qu'une prévenance...

— Mon Dieu ! — reprend Lanoüe jusqu'alors muet d'indignation et de terreur, — mon Dieu, ne permettez-vous donc de tels forfaits que pour inspirer au monde l'exécration des méchants ? Monsieur Lebrenn, tant de scélératesse est-elle donc possible ?

— Dominique a tout avoué... Les instigateurs de ce meurtre sont le comte d'Anjou et le comte de la Rivière, l'un de ses capitaines de gardes... L'appât d'une somme considérable a déterminé l'assassin à accomplir le forfait.

— O Catherine de Médicis ! tes enfants se montrent dignes de toi ; ils suivent les exemples qu'ils ont reçus de toi ! — s'écrie Lanoüe.

— Mais comment avez-vous découvert ce crime, monsieur Lebrenn ? Donnez-nous des explications.

— Mes remarques de ce matin eussent sans doute à l'heure même éveillé mes soupçons, mais distrait par la brusque arrivée de mon fils et par la nouvelle qu'il m'apportait, je le suivis en hâte ; je passais avec lui à peu de distance d'ici, devant l'ancienne auberge où sont logés les chevaux de M. l'amiral, lorsque je vis sortir de l'écurie Dominique, monté à poil sur un courtaud qu'il venait de brider à la hâte, et partir au galop ; l'effarement des traits de cet homme, son empressement à fuir du camp, réveillent mes premiers soupçons, je m'élance à sa poursuite en criant : Arrête ! arrête... Mon oncle, le franc-taupin, et quelques-uns de ses hommes se trouvaient sur le passage de ce misérable ; ils se jettent à la bride de son cheval ; j'accours. — « Tu as empoisonné M. l'amiral, » — lui dis-je à brûle-pourpoint. La surprise, l'épouvante, le remords... lui arrachent aussitôt l'aveu de son crime... « C'est vrai, — répondit-il, — et je me repens. Le duc d'Anjou m'a offert une grosse somme si je voulais empoisonner mon maître... J'ai consenti... On m'a donné le poison, et je suis revenu ici pour commettre le meurtre. » A ces mots, laissant mon fils près de Dominique, je suis accouru ici.....

— Monsieur Lebrenn, — dit Coligny, en serrant avec effusion les mains d'Odelin, — il y a trente ans et plus, j'ai vu votre digne père à l'une des premières réunions des Réformés de Montmartre ; j'étais bien jeune alors, et votre père, artisan de l'imprimerie de Robert Estienne, avait déjà vaillamment servi notre cause... Il m'est doux de vous devoir la vie... à vous, son digne fils...

— Le canon !... — s'écrie soudain Lanoüe en prêtant l'oreille à un grondement sourd et lointain, apporté par la brise matinale. — C'est le canon... qui gronde et semble se rapprocher de nous. Les détonations se succèdent rapidement.

— Nicolas, — dit Coligny, sans témoigner de surprise, — regarde à mon horloge de poche ; il doit être près de dix heures.

— Oui, monsieur l'amiral, — répond l'écuyer, après avoir consulté l'horloge, — il est bientôt dix heures.

— La Rochefoucauld a ponctuellement exécuté mes ordres. Nous ne pouvons tarder à voir arriver l'un de ses officiers... Lanoüe, préparons-nous à monter à cheval, dit M. de Coligny, et se tournant vers son écuyer : — Fais amener les chevaux devant la porte du prieuré... M. Lebrenn, je compte sur votre fils pour m'accompagner sur le lieu de l'action et donner mes ordres comme d'habitude.

— Le voici, monsieur l'amiral, — répond Odelin, voyant entrer Antonicq, auquel il dit vivement : Et ce misérable ?

— Mon père, il a renouvelé ses aveux, accusant de nouveau le duc d'Anjou et son capitaine des gardes de l'avoir poussé à ce crime, dont il témoignait un profond repentir. Mais les soldats exaspérés ont fait sur l'heure justice de l'empoisonneur... ils l'ont pendu... Son cadavre se balance actuellement attaché à un chêne.

Un officier huguenot, couvert de poussière, paraît au seuil de la porte, et M. de Coligny lui dit :

— Je vous attendais ; l'escarmouche est engagée ? Chacun fait bien son devoir ?

— Oui, monsieur l'amiral, quelques compagnies de l'armée royale, répondant à notre attaque, ont passé la petite rivière qui couvrait le front de leur camp.

— M. de la Rochefoucauld a dû feindre un mouvement de retraite vers la colline du Haut-Moulin, à l'abri de laquelle sont massés les vingt escadrons de reîtres du prince de Gerolstein. Toutes mes instructions ont été suivies ?

— Oui, monsieur l'amiral, au moment où il m'a dépêché près de vous, M. de la Rochefoucauld exécutait ce mouvement de retraite et, peu de temps avant l'engagement, le prince était venu prendre le commandement de sa cavalerie. Tout le monde est en ligne de bataille.

— Tout va bien ! — dit Coligny à Lanoüe ; les escadrons du prince ne doivent, selon mes ordres, se démasquer et charger qu'au moment où les troupes royales, entraînées à la poursuite des nôtres, arriveront au pied de la colline. Nous pouvons espérer un bon résultat.

— Monsieur l'amiral, M. de la Rochefoucauld m'a aussi commandé de vous faire part d'une nouvelle importante. Quelques prisonniers royalistes nous ont appris que ce matin la reine et

M. le cardinal étaient venus rejoindre à son camp M. le duc d'Anjou...

L'amiral, instruit de l'arrivée de Catherine de Médicis, réfléchit, se rapproche de la table, écrit rapidement quelques mots, les remet à l'officier en lui disant :

— Monsieur, retournez à toute bride porter cet ordre à M. de la Rochefoucauld.

Et s'adressant à Lanoüe, pendant que l'officier sort précipitamment pour remplir la mission dont il a été chargé :

— La présence de la reine parmi les troupes royales pourra suggérer à M. de Tavannes le désir d'engager une action décisive... Venez, mon ami, — ajoute Coligny en quittant la chambre, — je vais me consulter avec messieurs les princes d'Orange et de Nassau, avant de monter à cheval.

Presque aussitôt après la venue de l'officier dépêché par M. de la Rochefoucauld auprès de l'amiral, Odelin Lebrenn et Antonicq s'étaient en hâte rendus à leur demeure, où Anna Bell les attendait, leur entrevue avec elle ayant été retardée par la découverte du crime dont M. de Coligny devait être victime.

Odelin Lebrenn avait établi son atelier d'armurerie au rez-de-chaussée de l'une des maisons de Saint-Yrieix, abandonnée par ses habitants. Frantz de Gerolstein occupait avec ses gentilshommes et ses pages quelques chambres, situées au-dessus de la salle basse, servant de demeure à Odelin, à son fils et au franc-taupin; une litière de paille, où ils couchaient tous les trois, garnissait le fond de ce réduit. Près d'une haute cheminée, l'on voyait les marteaux, l'enclume, la forge portative des armuriers. Le jour touchait à sa fin. Anna Bell, depuis le matin, n'avait pas quitté ce logis ; assise sur un banc de bois, son front appuyé dans ses deux mains, elle prêtait de temps à autre l'oreille du côté de la rue. A la bruyante animation du camp succédaient la solitude et le silence; toutes les troupes, moins quelques compagnies, chargées de la garde des bagages, s'étaient portées en avant du bourg et des retranchements, afin d'aller se former en bataille à une lieue de là, l'amiral prévoyant la possibilité d'un combat général.

Odelin Lebrenn avait eu dans la matinée une première entrevue avec Anna Bell, entrevue touchante et pénible à la fois. Il retrouvait une enfant, jadis aimée tendrement, et longtemps pleurée; mais il la retrouvait flétrie du titre de fille d'honneur de Catherine de Médicis! et avec une franchise navrante, l'infortunée lui avouait ses désordres passés... Anna Bell achevait de raconter sa vie à son père, lorsqu'on appela tous les protestants aux armes. Antonicq se rendit auprès de M. de Coligny après avoir entendu les révélations de sa sœur, et Odelin, quelques moments plus tard, cédant à l'impérieuse voix du devoir, quitta sa fille éplorée, afin de rejoindre l'escadron où il servait en qualité de cavalier volontaire.

Anna Bell, restée seule, éprouva de mortelles angoisses, son père, son frère... et Frantz de Gerolstein allaient courir les dangers d'une bataille ! L'aveu arraché de ses lèvres par une nécessité terrible semblait rendre plus profond, plus douloureux encore l'amour de la jeune fille pour le prince; cet amour, elle espérait moins que jamais le voir partagé; cependant elle éprouvait une sorte de consolation amère en songeant que Frantz de Gerolstein n'ignorait plus qu'elle l'aimait passionnément, et que, pour le sauvegarder d'un meurtre, elle avait risqué sa vie ; ce chaos de navrantes pensées, rendues plus cruelles encore par ses alarmes pour ceux qu'elle chérissait, plongeait Anna Bell dans d'inexprimables angoisses; elle comptait les heures avec une inquiétude croissante ; tout à coup les sourds roulements des tambours, les fanfares des trompettes, résonnent au loin ; la jeune fille tressaille, écoute ; bientôt elle entend des chevaux s'approcher, puis s'arrêter devant le logis; elle court à la porte, l'entr'ouvre, espérant revoir son frère et son père; mais elle aperçoit un page vêtu aux livrées du prince de Gerolstein et tenant un second cheval en main.

— Monsieur... — dit Anna Bell avec inquiétude à l'adolescent, — quelles nouvelles de la bataille ?

— Il n'y a pas eu de bataille, mademoiselle... mais un vif engagement d'avant-postes, les royalistes ont été écharpés ! — puis le jouvenceau, étouffant un soupir, ajouta, les larmes aux yeux : — Malheureusement, mon pauvre camarade Wilhem, l'un des pages de monseigneur le prince de Gerolstein a été tué dans l'une de ces escarmouches... je ramène son cheval...

— Et le prince ? — demanda vivement Anna Bell. — Le prince n'a-t-il pas été blessé ?

— Non, mademoiselle, je précède monseigneur, il va rentrer au camp avec ses escadrons, — répondit le page en descendant de cheval ; et il se reprit de nouveau à soupirer, tandis que de grosses larmes roulèrent sur ses joues.

Anna Bell, rassurée sur la vie de Frantz de Gerolstein, eut un mot de compassion pour la douleur du page, et lui dit :

— Je vous plains, monsieur... perdre un ami de votre âge...

— Ah ! mademoiselle... je l'aimais tant... il est mort si vaillamment! Un arquebusier mettait le prince en joue... Wilhem se jette au devant du coup... et reçoit la balle en pleine poitrine... il est tombé pour ne plus se relever.

— Généreux enfant ! — dit Anna Bell ; et elle ajouta dans sa pensée : — Mourir pour Frantz !...

sous ses yeux !... Ah ! c'est un sort digne d'envie.

— Pauvre Wilhem ! continua tristement le page, ses dernières paroles ont été pour sa mère ; il m'a prié de lui remettre, si je retourne au pays, une écharpe brodée par elle, et qu'il a laissée dans notre logis avec ses habits de gala...

Anna Bell, à ces derniers mots du page, parut frappée d'une idée subite ; mais voyant de loin venir Odelin au grand trot de son cheval avec d'autres cavaliers, elle s'écria : Voilà mon père ! Merci à vous, mon Dieu ! il n'est pas blessé ! Mais je n'aperçois pas mon frère !

Anna Bell, n'osant, par réserve, paraître aux yeux des étrangers dont était accompagné l'armurier, rentra dans la salle basse ; Odelin conduisit sa monture dans une écurie où logeaient aussi les chevaux de Frantz de Gerolstein, et se hâta de venir rejoindre sa fille ; elle s'élança vers lui, baisa respectueusement et à plusieurs reprises sa main et lui dit :

— Grâce au ciel, mon père, vous êtes sain et sauf... mais mon frère, notre cher Antonicq, est-il comme vous revenu sans blessure ?

— Rassure-toi, — répondit Odelin en embrassant tendrement sa fille, — Antonicq n'est pas blessé ; il escorte ainsi que d'autres volontaires, plusieurs prisonniers que l'on amène au camp... Pauvre enfant, ton anxiété a dû être grande depuis que je t'ai quittée !... Viens dans les bras de ton père...

— Ah ! je comptais les heures... les minutes.

— Encore ! embrasse-moi encore ! — reprit Odelin les larmes aux yeux en tendant de nouveau les bras à sa fille et la serrant passionnément contre lui. — O divine puissance du bonheur ! il apporte avec lui l'oubli du passé ! Je te retrouve, fille chérie... en un jour, des années de chagrin sont effacées !...

Anna Bell, contenant à peine ses larmes, répondit avec l'effusion de la reconnaissance aux caresses d'Odelin ; son ineffable clémence ne se démentait pas.

— Mon père, — lui dit-elle, — voulez-vous qu'en l'absence d'Antonicq je vous aide à vous désarmer ? Votre cuirasse doit vous fatiguer... laissez moi l'enlever.

— Merci, mon enfant, — répondit l'armurier en allant allumer un falot suspendu au mur, afin d'éclairer la salle basse déjà envahie par les ombres de la nuit ; puis, ôtant son casque et débouclant son ceinturon, il revint près de sa fille et reprit : — Je resterai armé ; M. l'amiral a donné l'ordre aux troupes de prendre quelques heures de repos, de faire leur repas, et de se tenir prêtes à marcher à tout évènement.

— Mon Dieu... on va donc encore se battre !

— J'ignore les projets de M. de Coligny, je sais seulement... et c'est là pour moi l'important... je sais que nous avons quelques heures à passer ensemble. Assieds-toi là, chère enfant, en face de la lumière de ce falot, que je te voie bien à loisir... car, ce matin, les larmes à chaque instant obscurcissaient mes yeux...

Et ayant contemplé Anna Bell pendant un moment avec une tendre et silencieuse curiosité, Odelin reprit :

— Oui, ta douce beauté est bien celle que promettait ta mine charmante... Ah ! que de fois j'ai quitté mon enclume et mon marteau pour caresser ta tête blonde !... Tes cheveux ont bruni... beaucoup bruni... tu étais, dans ton enfance blonde comme ma sœur Héna... Plusieurs de tes traits rappellent les siens ; elle et moi nous nous ressemblions ; mais ce sont toujours tes beaux yeux bruns veloutés... leur couleur n'a pas changé... Je retrouve ta fossette au menton... l'on en voyait aussi deux petites au coin de tes joues, lorsque tu riais... et tu riais toujours... chère, bien chère enfant.

— Ah ! j'étais heureuse alors ! — murmura la jeune fille, en songeant avec d'amers regrets à ses jours d'innocence. — J'étais près de vous, mon père... près de ma mère... et depuis...

Anna Bell n'acheva pas et fondit en larmes.

— Ciel et terre ! — s'écria l'armurier dont les traits naguère épanouis s'assombrirent, — penser que tu as mendié ton pain !... pauvre enfant... battue peut-être par cette bohémienne qui t'a enlevée à notre tendresse...

— Mon père, — reprit la jeune fille avec une expression navrante, — ces jours de misère n'ont pas été mes plus mauvais jours... que ne suis-je restée mendiante !...

— Je comprends ta pensée, malheureuse enfant ! Écartons les tristes pensées.

Et frappant du pied avec fureur il ajouta :

— Oh ! reine infâme ! c'est toi, monstre qui as corrompu ma fille ! Malheur sur toi et sur ton exécrable progéniture !

Puis après un douloureux silence, Odelin reprit d'une voix saccadée :

— Tiens... je t'en conjure, ne parlons plus du passé... Tâchons de l'oublier à jamais...

— Hélas ! mon père, si votre clémence oublie, ma conscience se souviendra... chaque jour elle me dira que je suis la honte de ma famille... mon Dieu ! la rougeur me monte au front à la seule idée de paraître devant ma sœur... devant ma mère !

— Ta mère ! mais tu ignores donc les trésors d'amour, d'indulgence, de pitié, que renferme le cœur d'une mère ? Mais tu viendrais à elle coupable... et repentante, que ta mère te pardonnerait encore ! Et tu n'es pas coupable... tu es victime et non complice du passé ! Ton cœur est resté bon, les sentiments honnêtes... élevés... tes pleurs... tes remords... tes craintes me le prouvent... Non, non, rassure-toi, ta mère, ta sœur, t'accueilleront avec bonheur, avec confiance, parce que, j'en jurerais, la vie sera désormais la nôtre, pure, modeste, laborieuse... Ah! je le sais... et de cela mon cœur saigne... et ma tendre compassion pour toi redouble... tu ne dois jamais connaître les austères et douces joies de l'épouse... de la mère!

C'est la sévère punition d'une faute qu'il n'est permis qu'à ta famille d'absoudre ; mais les enfants de la sœur seront les tiens ; ton frère aussi se mariera. Cornélie, sa fiancée, est digne de notre affection ; tu tromperas le besoin de ton cœur, en aimant ces enfants comme tu aurais aimé les tiens ; ils te chériront, tu vieilliras près d'eux, près de nous ; va, crois moi, le foyer domestique est inépuisable en consolations pour les affligés... en douces joies et en salutaires distractions...

Ces paroles, pleines de mansuétude, émurent si profondément Anna Bell que, tombant aux genoux de son père; elle couvrit ses mains, son visage, de larmes, de baisers. Puis le contemplant avec une sorte d'admiration respectueuse:

— O mon père! vivante image de Dieu! votre bonté, votre miséricorde, peuvent seule égaler la sienne!

— C'est que tu souffres... pauvre chère enfant ! — reprit Odelin, dont les yeux se noyèrent de pleurs.

Et relevant sa fille, qu'il assit près de lui, il l'enlaça de ses bras et recommença de la couvrir de caresses.

— C'est que tu as encore à souffrir... c'est que tu aimes... c'est que tu dois aimer... sans espoir ! — reprit l'armurier avec un accent solennel et tendre. — Cette fois seulement je te parlerai de ce douloureux amour... Si j'aborde un pareil sujet, moi, ton père... c'est qu'il m'est impossible de blâmer le choix de ton cœur! Frantz de Gerolstein, par l'élévation de son caractère, la générosité de ses sentiments, la noblesse de sa vie entière, mérite d'être passionnément aimé... Hélas ! sans ce fatal passé, ton amour n'eût pas été sans espoir... car tantôt, pendant une halte, Frantz de Gerolstein, me dit : « Pourquoi faut-il que la seule barrière infranchissable pour moi... l'honneur... me sépare à jamais de votre fille ?... Ce n'était pas là une consolation banale ; je connais le dédain de Frantz pour les distinctions des castes ; d'ailleurs nous sommes du même sang, notre famille a la même origine... mais ce fatal passé... tel est l'abîme infranchissable qui nous sépare à jamais du prince... Et voilà pourquoi tu m'inspires tant de compassion ! Oui, tu me deviens plus chère, en raison de ce que tu souffres, en raison de ce que tu dois souffrir encore, pauvre chère créature, innocente du mal que tu as commis !
— ajouta Odelin avec un redoublement de tendresse ; — mais courage !... Cet amour sans espoir est du moins honorable et pur... tu peux sans honte le conserver dans le profond secret de ton âme... Je ne te dirai plus un mot de cette funeste passion... Mais lorsque, de retour au milieu de nous, entourée de notre affection... je te verrai parfois rêveuse, attristée, les yeux noyés de pleurs... crois-moi, pauvre affligée, je plaindrai ton chagrin, dont je saurai la cause... chacune de tes larmes retombera sur mon cœur...

Odelin prononçait ces derniers mots, lorsque son fils, les traits assombris, bouleversés, entre vivement dans l'atelier d'armurerie ; Anna Bell courut au devant du jeune homme et lui dit : Grâce à Dieu, mon frère, je vous revois sain et sauf !

Tel était le trouble d'Antonicq, que, sans répondre à sa sœur, sans jeter les yeux sur elle, il l'écarta même légèrement de la main en se rapprochant de son père, et l'emmenant au fond de la salle, il l'entretient à voix basse avec animation. Anna Bell, douloureusement surprise de se voir presque repoussée par son frère, qui n'avait pour elle ni une parole, ni un regard, alors qu'elle lui exprimait sa joie de le voir revenir sain et sauf de la bataille, se crut méprisée de lui.

— Hélas ! — pensa la fille d'honneur, — mon frère ne me pardonne pas le passé... l'âme d'un père seule est capable d'indulgence... Grand Dieu... si ma sœur... si ma mère, devaient aussi m'accueillir avec dédain... ou aversion ! j'aimerais mieux mourir que de m'exposer à tant de honte !

Antonicq continuait de parler bas à son père; soudain celui-ci frémit et cacha sa figure entre ses mains. Un profond silence se fit... Anna Bell, ressentant de plus en plus ces ombrageuses défiances que la conscience d'une faute inspirée à une âme repentante, se crut l'objet de l'entretien mystérieux de son père et de son frère ; les traits d'Odelin rembrunis, courroucés, exprimaient le dégoût, l'indignation, il ne put retenir ces mots murmurés avec un douloureux accent : Pourtant, malgré ces horreurs révoltantes, je lui suis attaché par un lien sacré ! Ah ! maudit soit ce jour qui nous a rapprochés ! maudite soit cette fatale découverte ! Mais ce dernier devoir accompli... que le ciel me délivre à jamais de son odieuse présence !... Ecoute !— ajouta l'armurier en baissant de nouveau la voix et s'adressant à son fils avec une extrême animation, il lui parla pendant quelques instants et ajouta : — tel est mon projet...

Tous deux poursuivirent leur secret entretien. Anna Bell fut persuadée qu'il s'agissait d'elle. Et cependant quelques instants auparavant Odelin lui témoignait la plus tendre indulgence. De ce brusque revirement, la jeune fille cherchait en vain à deviner la cause ! Quelle était cette fatale découverte dont Antonicq venait d'instruire son père et qui semblait exciter tout à coup son indignation, son courroux ? Anna Bell n'avait-elle pas fait les aveux les plus sincères ; de quoi pouvait-on l'accuser encore ?... En proie à une anxiété profonde, son esprit se troubla ; elle se sentit presque défaillir en voyant son père prendre à la hâte son épée, son casque et s'apprêter à sortir avec Antonicq.

Le jeune homme alla chercher sur la litière de paille une ample et longue mante de gros drap brun à capuchon écarlate, dont se servent communément les Rochelois, aida son père à endosser ce vêtement par dessus son armure ; puis, se coiffant de son casque, et sans adresser un regard à sa fille qui, tremblante, effrayée, suivait tous ses mouvements, Odelin se dirigea vers la porte suivi de son fils.

Anna Bell pleura longtemps... Ses larmes taries, elle envisagea l'avenir avec une sinistre résolution ; elle se croyait un objet de dégoût, d'aversion pour son père et pour son frère ; abandonnée d'eux, un abîme infranchissable... l'honneur... la séparait pour toujours de Frantz de Gerolstein ; elle n'avait donc plus qu'à mourir... Soudain un éclair de joie brille dans ses yeux rougis par les larmes ; elle se redresse et dit : — Oui, mourir ! mais mourir sous les yeux de Frantz... mourir pour lui peut-être comme ce jeune page tué tantôt en se jetant au devant du coup qui allait frapper son maître... L'armée va sans doute retourner au combat ; les vêtements, le cheval du page mort aujourd'hui, sont ici...

Remarquant alors sur le manteau de la cheminée quelques feuillets de papier, une plume et de l'encre contenue dans un débris de vase, Anna Bell ajoute en soupirant :

— O mon père ! ô mon frère ! malgré vos mépris, votre aversion, vous aurez mes dernières pensées !

Hervé Lebrenn, cet incestueux qui leva sur sa mère une main parricide, fra Hervé le cordelier, ainsi qu'on l'appelait dans l'armée royale, ne méritait que trop son nom de prédicateur fougueux, de chef, de partisan implacable ; ses sermons d'une farouche éloquence, ses férocités à la guerre, inspiraient aux catholiques une admiration fanatique ; blessé, puis fait prisonnier lors des derniers engagements de la journée, on l'a conduit garrotté à Saint-Yrieix et renfermé dans un cachot ténébreux. La porte de cette prison s'ouvre ; la lueur d'une lanterne dissipe en partie les ténèbres de ce lieu souterrain. Fra Hervé, assis sur le sol et adossé à la muraille, voit entrer un homme enveloppé d'une mante brune, son capuchon écarlate, complètement rabattu, cache le visage du visiteur nocturne ; ce visiteur est Odelin Lebrenn ; il referme la porte, dépose à terre son falot, et, en proie à de cruelles émotions, il contemple silencieusement son frère qui ne l'a pas encore reconnu ; il le revoit pour la première fois, depuis ce jour où, encore adolescent, et revenant d'Italie avec maître Raimbaud, l'armurier, il a involontairement assisté au supplice de sa sœur Héna et de frère Saint-Ernest-Martyr... Hervé aussi assistait au supplice de sa sœur en compagnie de fra Gérard, son démon tentateur !

Odelin Lebrenn regardait avec une muette horreur son frère prisonnier ; la lanterne, placée sur le sol, jetait de bas en haut sa vive lumière coupée d'ombres noires et dures sur les traits cadavéreux, ascétiques, décharnés de fra Hervé ; son large front chauve, jaune et crasseux, était à demi caché par un bandeau de toile ensanglantée ; le sang de cette blessure avait coulé, puis séché sur une de ses joues osseuses, se coagulant dans sa barbe épaisse ; son froc brun, usé, rapiécé en vingt endroits, est ceint d'une corde à laquelle pend un chapelet de balles d'arquebuse, terminé par une petite croix de plomb ; des éperons de fer rouillé sont attachés par des lanières de cuir à ses pieds fangeux, chaussés de sandales ; fra Hervé, ne pouvant distinguer la figure de son frère, abritée sous le capuchon de sa casaque, tourne lentement la tête vers lui, avec une expression de sombre dédain, s'agenouille et dit d'une voix caverneuse : — C'est la mort ?... je suis prêt...

Le cordelier, inclinant alors son grand front chauve, en élevant ses deux mains garrottées vers la voûte du cachot, murmure à voix basse la funèbre invocation des agonisants. Odelin ramène en arrière son capuchon, prend le falot, l'élève de sorte que ses traits sont vivement éclairés.

— Mon frère ! — dit-il au moine avec un accent qui trahissait sa profonde émotion, — je suis Odelin Lebrenn !

Fra Hervé, toujours agenouillé, se rejette en arrière, examine pendant quelques instants le visage d'Odelin, rassemble ses souvenirs, le reconnaît... soudain un éclair de haine illumine ses yeux caves, un sourire infernal crispe ses lèvres blêmes, il s'écrie : — Dieu t'envoie ! je cracherai la vérité à ta face d'apostat ! Oh ! que ton père n'est-il là...

— Respectez sa mémoire... notre père est mort !

— Dans l'impénitence ?...

— Il est mort dans sa foi !

— Il est mort damné ! — répond fra Hervé avec un éclat de joie féroce, — à jamais damné ! ce corrupteur de mon enfance ! ce lépreux d'hérésie ! ce pourri de pestilence ! damné ainsi que sa femme. J'y comptais, Seigneur ! Dans ta colère, tu l'as voulu... le feu de l'enfer leur sera doublement ardent ! ils verront éternellement, face à face, leur fille damnée par eux, damnée

comme eux, se tordre au milieu des flammes éternelles !
— Ne prononcez pas les noms de notre sœur... pauvre martyre ; de notre mère... misérable fanatique, auteur de tous leurs maux !
— Notre mère, notre sœur ! — répéta le moine avec un éclat de rire sardonique.
— Ce rénégat ! il ose invoquer des liens brisés... abhorrés !! Homme... je n'ai d'autre père que le vicaire du Christ... d'autre mère que l'Eglise, d'autres frères que les catholiques... Hors de cette famille sainte... sainte, trois fois sainte ! je ne vois que des bêtes féroces acharnées dans leur rage à déchirer en lambeaux le corps sacré de ma sainte mère ! Et je les tue, je les égorge, je les immole au Dieu vengeur !... Ah ! que n'es-tu, comme elles, tombé sous mon lourd crucifix de fer, béni par le saint-père ! quel plus bel holocauste à offrir au courroux implacable du Seigneur ! lui dire comme Abraham sur la montagne : « Seigneur ! que la vapeur de ce sang monte vers toi doublement expiatoire... ce sang c'est le mien ! c'est celui de ma race ! »
— Le sang... toujours le sang ! reprit Odelin, frissonnant de dégoût et d'horreur. — Hervé, le sang vous a enivré ; vous êtes, ainsi que d'autres prêtres, en proie à une frénésie sauvage... une folie sanguinaire égare votre esprit ; j'ai pour vous la pitié qu'inspire un fou furieux... Vous êtes, après une résistance désespérée, tombé au pouvoir de plusieurs cavaliers protestants ; mon fils, l'un d'eux, vous a reconnu à la lugubre renommée dont votre nom est entouré ; ses compagnons voulaient vous tuer sur l'heure, il a obtenu d'eux que votre mort fût différée, prétextant qu'elle serait plus exemplaire en présence de tous les soldats de notre camp ; l'avis de mon fils a prévalu, vous avez été amené ici, dans ce caveau dépendant du prieuré occupé par M. l'amiral de Coligny, qui, grâce à Dieu, a échappé aujourd'hui au poison... à un nouveau et abominable crime... On vous a conduit ici ; mon fils est venu tout à l'heure m'instruire de votre capture et de son désir de vous sauver... Ce désir, je le partage... puisque le malheur veut que nous soyons fils du même père... sinon j'aurais laissé votre destinée s'accomplir... Votre religion vous ordonne de me tuer, la mienne m'ordonne de vous sauver... Je vais délier vos mains, vous endosserez cette casaque, vous rabaisserez le capuchon sur votre visage ; mon fils est votre seul gardien ; il a proposé au factionnaire placé près de cette porte de le remplacer ; cette offre a été acceptée ; nous allons sortir de ce caveau ; la mante rocheloise que vous porterez cachera votre froc et éloignera tout soupçon ; vous me suivrez ; je suis connu des gens et des soldats que nous pourrons rencontrer en traversant le vestibule et la cour de la maison de l'amiral. J'espère ainsi, à la faveur du déguisement que je vous apporte, assurer votre fuite... Ce devoir sacré pour moi, je l'accomplis au nom de nos parents qui ne sont plus... au nom des êtres chéris qui nous ont tant aimés.

— O Dieu vengeur ! — s'écria fra Hervé avec une exaltation farouche, — toujours tu frappes, dans ta colère, tes ennemis d'aveuglement ! ils brisent eux-mêmes les chaînes de leurs immolateurs !... ils se livrent sans défense à leurs plus implacables ennemis !...

Et tendant à son frère ses bras garrottés, le moine ajoute :

— Vil instrument du roi des rois ! délivre ces mains de leurs liens ! elles ont encore à moissonner le champ sanglant de l'hérésie ! elles doivent encore exterminer les suppôts de Satan.

Odelin, calme et triste, délie les mains de fra Hervé. A peine celui-ci a-t-il retrouvé la liberté de ses mouvements que, lançant à son frère un regard de tigre, il recule de deux pas en arrière, saisit le lourd chapelet de balles de plomb qui pend à son côté, lui imprime le mouvement d'une fronde, et avant que son libérateur, stupéfait d'une si brusque attaque, ait eu le temps de se mettre en défense, il lui assène sur la tête avec furie plusieurs coups du pesant chapelet ; ces chocs violents, quoique amortis par l'épaisseur du casque d'Odelin, l'étourdissent d'abord ; un moment il chancelle ; mais, reprenant ses esprits, il tire son épée au moment où fra Hervé va redoubler ses atteintes, les pare, et d'un revers coupant la cordelle qui reliait les balles de plomb, elles s'égrènent et tombent aux pieds du moine. Cependant Odelin, emporté par la colère, par l'indignation, abandonne son épée, se précipite sur son frère, le saisit au cou, le renverse et le maintient sous ses genoux ; dans cette lutte où, affaibli par sa blessure, fra Hervé a le désavantage, il mord avec furie la main d'Odelin ; celui-ci ne peut retenir un cri de douleur ; à cette exclamation, Antonicq, de guet à la porte du caveau s'y précipite, voit son père aux prises avec le cordelier, qui, dans sa rage ne démordait pas, tâchant, après avoir entamé jusqu'à l'os, de broyer entre ses dents le pouce de son frère. Antonicq, exaspéré, ramasse l'épée d'Odelin et, d'un coup de pommeau de cette arme asséné sur la mâchoire de fra Hervé, lui fait lâcher prise en lui brisant plusieurs dents. Odelin se relève ; le cordelier, haletant de fureur, épuisé par la violence de la lutte, tombe sur ses genoux, arrache le bandeau qui met à nu la blessure béante de son crâne, et, dans un silence farouche, étanche à plusieurs reprises le sang qui coule à flots de sa bouche.

— Mon fils, tu vois ce moine, — dit d'une voix altérée Odelin à Antonicq ; — cet homme a été jadis rempli de tendresse, de respect pour mon père et pour ma mère... il nous chérissait, ma sœur et moi... Elevé comme nous dans la pratique du juste et du bien, doué d'une intelligence remarquable, il était la joie, l'orgueil, l'espoir de notre famille... Regarde-le, frémis... le voilà tel que les prêtres de l'infâme catholicisme l'ont fait!...

— Ah! c'est horrible! — répondit Antonicq en cachant sa figure entre ses mains.

Puis soudain, prêtant l'oreille à un tumulte lointain qui, à travers le profond silence de la nuit, arrivait jusqu'aux profondeurs du caveau :

— Mon père, entendez-vous ce bruit? Les troupes sont sur pied ; la cavalerie s'ébranle.

— Oui, — reprit Odelin en écoutant à son tour. — Sans doute l'amiral veut surprendre l'armée royaliste avant le jour ; nous allons bientôt nous mettre en marche. Reste en faction à la porte de ce caveau ; le prisonnier est l'objet de tant de haine, que l'on ne saurait tarder à venir le chercher pour le mettre à mort avant la bataille. On trouvera son cachot vide ; tu diras la vérité ; tu diras que cet homme était mon frère et que j'ai favorisé sa fuite. Tu viendras, avant de monter à cheval, me rejoindre au logis ; nous y avons laissé la pauvre sœur, notre brusque départ a dû la surprendre, l'inquiéter peut-être ; car, dans mon trouble, je n'ai pas songé à la rassurer... Hâtons-nous.

Et jetant à fra Hervé la cape rocheloise :

— Si vous voulez échapper à la mort, endossez ce vêtement et venez... Envers vous et malgré vous, j'aurai agi en frère...

— Et moi, je te poursuivrai d'une haine vengeresse, apostat! — répond le moine d'une voix implacable en se redressant et vêtissant la casaque. — Le Seigneur me délivre par ta main ; à ses desseins ; je serai l'exterminateur de la race hérétique!... Marche... guide-moi... sauve-moi!... Dieu le l'ordonne... obéis!...

Grâce au déguisement de fra Hervé, vêtu de la cape rocheloise, ainsi qu'un grand nombre de volontaires protestants, Odelin, réussit à le faire évader du prieuré qui lui servait de prison ; puis tous deux traversèrent les rues de Saint Yrieix, encombrées de soldats se rendant silencieusement à leur poste ; l'amiral, afin de surprendre l'ennemi par une marche de nuit, avait défendu de rassembler les troupes au son du tambour. Odelin et fra Hervé virent passer non loin d'eux le franc-taupin et les Vengeurs d'Israël, qui se rendaient à la prison du cordelier afin de procéder à son supplice... mais quelques instants après, fra Hervé, conduit par son frère jusqu'aux dernières limites du camp, disparaissait à travers les ténèbres, marchant à grands pas, en jetant un cri de haine, de vengeance et d'anathème contre son libérateur.

Odelin retourna précipitamment à son logis, afin de rassurer sa fille et de l'embrasser avant de marcher au combat ; mais Anna Bell, laissant une lettre sur l'enclume de l'armurier, avait disparu... sa chambre était vide.

L'armée protestante, forte d'environ vingt-cinq mille hommes, a quitté Saint-Yrieix vers une heure du matin dans un profond silence. La masse noire et mobile de cette longue file de bataillons et d'escadrons se distingue à peine au milieu de la demi-obscurité de la nuit, faiblement éclairée par le scintillement des étoiles ; la colonne suit les courbes de la route blanchâtre qui se perd à l'horizon dans la direction de la Roche-la-Belle, campement des royalistes. La marche mesurée des fantassins, la trépidation sonore de la cavalerie, le cliquetis des armures, le roulement cahoté de l'artillerie, se confondent en un seul bruit sourd et imposant ; des éclaireurs, l'œil et l'oreille au guet, le pistolet au poing, précèdent l'avant-garde. A la tête de cette avant-garde marche l'amiral de Coligny, ayant à ses côtés deux adolescents : Henri de Béarn, fils de la vaillante Jeanne d'Albret, reine de Navarre, et Condé, fils du prince assassiné par Montesquiou ; d'autres chefs protestants, et parmi eux Lanoüe et Saragosse, accompagnent aussi l'amiral. Il monte ce jour là un vaillant cheval turc, gris d'argent, blessé sous lui à Jarnac, et qu'il préfère à toute autre monture ; une légère maille de fer couvre le col, le poitrail et la croupe du fier animal. M. de Coligny porte son armure de fer bruni sans ornements ; ses bottes fortes montent jusqu'à la naissance de ses cuissards ; sa casaque flottante de drap blanc à larges manches, laisse apercevoir sa cuirasse ; à son baudrier est suspendue sa vieille épée de bataille ; la crosse de ses longs pistolets sort de ses arçons. Il chevauche voûté par l'âge, par le chagrin, par la fatigue de tant de guerres ; sa tête vénérable semble s'incliner sous le poids de son casque ; il guide son cheval de la main gauche, son gantelet droit s'appuie à sa cuisse. Soudain il se redresse sur sa selle, arrête sa monture, et dit d'une voix grave :

— Halte, messieurs !

Cet ordre se répète de rang en rang jusqu'à l'arrière-garde ; l'un des volontaires servant d'aide de camp à l'amiral part au galop, afin d'ordonner aux éclaireurs de rester stationnaires. Une lueur presque imperceptible commençant à blanchir l'horizon annonce l'aurore ; un vent tiède s'élève du couchant et devient assez vif pour chasser devant lui quelques nuages ; ils voilent d'abord çà et là les étoiles, puis envahissent peu à peu toute l'étendue du firmament. Coligny, examinant l'aspect du ciel avec attention, reporte ses regards sur son escorte et dit à ses lieutenants :

— Le vent d'ouest, s'élevant au moment de l'aurore, présage ordinairement un jour pluvieux ; il faudra, messieurs, pousser vivement

Le fratricide (page 4.7)

l'attaque avant que la pluie survienne, sinon le feu de notre infanterie serait à peu près nul.

Et s'adressant à Lanoüe :

— Mon ami, les chefs de corps ont mes ordres, faites mettre l'armée en bataille.

Lanoüe et quelques officiers s'éloignent afin d'exécuter les instructions de l'amiral. La route, en cet endroit, traversait un vaste plateau de plus d'une lieue d'étendue où l'armée protestante se développa et prit ses positions. Coligny, ayant pour lieutenants Lanoüe et Jean de Soubise. Le prince Louis de Nassau, commandait la droite ; la Rochefoucauld commandait le centre et avait sous ses ordres Henri de Béarn et Condé, le prince d'Orange, Wolfgang de Mansfeld, le prince de Gerolstein. Enfin la gauche avait pour chef Saragosse ; les colonels Piles et Baudiné couvraient le flanc droit avec leurs régiments ; les colonels Rouvray et Pouilly, le flanc gauche. Les lansquenets et l'artillerie s'étendaient sur les ailes, et un corps considérable de cavalerie (vingt escadrons) se tenait en réserve, prêt à entrer en ligne, appuyé de plusieurs régiments d'infanterie.

A mesure que la clarté crépusculaire rendait au loin l'horizon plus distinct, l'on apercevait du point culminant du plateau où se déployait l'armée protestante, et environ à une demi-lieue de distance, le clocher de l'église de la Roche-en-Belle, bourg occupé par les royalistes dont les retranchements se profilaient en noir sur l'aube blanchissant l'orient.

L'armée rangée en bataille, Coligny dit à Antonicq, l'un des volontaires qui remplissait les fonctions d'aide de camp :

— Monsieur Lebrenn, allez donner l'ordre au colonel de Plouernel de se porter en avant avec son régiment et dix compagnies auxiliaires ;

152ᵉ livraison

surtout recommandez-lui d'exécuter sa marche dans le plus profond silence, sans tambours ni clairons, afin de surprendre l'ennemi. Le colonel s'emparera de la chaussée de l'étang, fortement défendue ; lorsque ce poste sera enlevé, vous viendrez m'en avertir.

Antonicq part au galop et se dirige vers l'extrémité de l'aile droite, poste du colonel de Plouernel, frère puîné du comte Néroweg de Plouernel, chef d'escorte de Catherine de Médicis lors de son arrivée au monastère de Saint-Séverin. Les discordes religieuses avaient jeté ces deux frères dans les camps opposés, funeste division, si fréquente en ces malheureux temps. Le colonel, durant le cours des guerres civiles, avait, ainsi que tant d'autres protestants, cherché un refuge à La Rochelle ; Odelin savait, grâce à la légende laissée par son père Christian, que celui-ci, lors de l'une des premières réunions des Réformés dans les carrières de Montmartre, avait eu beaucoup à se louer de la courtoisie du chevalier de Plouernel (on l'appelait ainsi à cette époque). Un jour, à La Rochelle, Odelin vit entrer dans sa forge le chevalier, devenu colonel dans l'armée huguenote ; il venait acheter des armes, et remarquant sur l'enseigne de la boutique le nom de Lebrenn, il s'enquit, de l'armurier, s'il existait quelque parenté entre lui et un artisan autrefois imprimeur chez M. Robert Estienne. Odelin répondit qu'il était fils de cet artisan ; et, touché de la façon cordiale dont il l'entendit parler de son père par M. de Plouernel, il noua quelques relations avec lui, trouvant un charme singulier dans ces rapports affectueux avec l'un des descendants de cette antique famille franque, en face de laquelle les fils de Joel s'étaient tant de fois rencontrés les armes à la main, à travers les âges. Enfin, appréciant de plus en plus le noble caractère, le cœur généreux, la simplicité du colonel de Plouernel, dénué de tout orgueil de race et pénétré mieux que personne des principes égalitaires des Réformés, il lui raconta le hasard de l'antagonisme séculaire de leurs deux familles avant et depuis la conquête de Clovis, et lui donna connaissance des passages de la chronique domestique relatifs à ces faits historiques. Peu à peu une étroite intimité se forma entre Odelin et M. de Plouernel ; celui-ci, durant l'interruption des guerres civiles, ayant épousé une jeune fille de Vannes, dont il avait deux fils encore enfants, fut forcé de chercher, avec eux et sa femme, un refuge à La Rochelle lors de la dernière prise d'armes des protestants ; il loua des chambres vacantes dans la maison d'Odelin, désirant laisser madame de Plouernel et ses enfants près d'une famille dont il appréciait les vertus. Il ressentait pour Antonicq, fils d'Odelin Lebrenn, un attachement presque paternel ; car il existait entre eux une grande différence d'âge. M. de Plouernel, grâce à sa valeur, à sa renommée, à ses talents militaires et à son expérience de la guerre, fort appréciés des protestants, commandait dans cette campagne un régiment composé presque exclusivement de Bretons ; ces soldats, remplis de courage, d'ardeur, mais malheureusement enclins à l'indiscipline, comme tous les volontaires, et encore peu rompus au métier des armes, méconnaissaient souvent l'autorité d'une tactique habile, prudente, et n'écoutaient que leur aveugle intrépidité. Ce régiment et les compagnies auxiliaires comptaient environ trois mille hommes, rangés en bataille à l'extrémité de l'aile droite, lorsque Antonicq, porteur des ordres de l'amiral, arriva au galop de son cheval devant le front de cette troupe. Les uns, gens de campagne, portaient l'antique vêtement gaulois, la saye flottante, les braies sanglées aux reins par une ceinture et le bonnet de laine ; les autres, artisans ou bourgeois des cités, portaient des chausses larges et le pourpoint recouvert du corselet, de la bourguignote, de la brigandine, du jaque de mailles ou d'autres armes défensives dont chacun se munissait à son gré. Les coiffures offraient un aspect aussi varié ; casques, morions, bassinets, salades, chapeaux clabauds, protégés par deux cercles de fer croisés. Les armes offensives n'étaient pas moins diverses : lances, piques, hallebardes, épieux, antiques arbalètes à croc, vieilles épées à deux mains de quatre pieds de longueur, masses de fer, coutelas, arquebuses de chasse, arquebuses de guerre, pistolets ; quelques bûcherons, quelques laboureurs s'armaient d'une cognée ou d'une faux emmanchée à revers. Le seul signe uniforme, commun à tous, était un brassard ou une ceinture d'étoffe blanche. Ces hommes, d'une apparence peu militaire et presque toujours incomplètement armés, montraient cependant beaucoup d'élan, beaucoup d'ardeur à la guerre, et, souvent, il leur arrivait, dans la furie d'une attaque, de culbuter les meilleures troupes royales, infanterie ou cavalerie, façonnées par une longue discipline.

Le colonel de Plouernel, armé à la reître, casque noir, cuirasse noire et casaque blanche, montait une vigoureuse cavale bretonne d'un bai doré, caparaçonnée d'écarlate. Lorsque Antonicq s'approcha de lui, il s'entretenait avec plusieurs officiers de son régiment ; parmi eux se trouvait un pasteur, nommé Féron, doué d'une rare énergie, d'une figure austère et résolue. Souvent, ainsi que beaucoup d'autres ministres de la religion réformée, il marchait au combat à la tête des troupes, chantant des psaumes, ainsi que les bardes des Gaules précédaient les guerriers en chantant leurs héroïques bardits ; le pasteur Féron, blessé plusieurs fois, inspirait aux protestants autant de confiance que de vénération. Antonicq transmit les ordres de M. de Coligny au colonel de Plouernel; celui-ci se retourna vers sa troupe et dit aux capitaines dont il était entouré:

— Monsieur l'amiral nous fait l'honneur, messieurs, de nous confier la première attaque; nous serons dignes de cette distinction... Il s'agit de surprendre l'armée royale; le jour va bientôt paraître; mais le revers de cette colline, au pied de laquelle se prolonge la route que nous allons suivre, cachera notre marche aux vedettes de l'ennemi; nous pourrons ainsi arriver sans être aperçus jusqu'aux abords de l'étang. Dans la prévision de l'attaque dont nous sommes chargés, j'ai, tout à l'heure, envoyé le franc-taupin et quelques-uns de ses hommes déterminés, sonder les passages guéables de la rivière et de l'étang. A vos rangs, messieurs; que les tambours, que les clairons restent muets, et que nos hommes gardent le plus profond silence.

— Mon frère, — dit le pasteur Féron avec exaltation, — à quoi bon dissimuler aux Philistins notre venue? Le Seigneur ne marche-t-il pas devant les enfants d'Israël? Fions-nous à lui seul, et les tours orgueilleuses de Sion tomberont devant le souffle de l'Éternel... Allons à l'attaque, non pas comme de timides et rusés larrons, mais ouvertement, hardiment, en vrais soldats de Dieu! C'est à ciel ouvert que David attaqua et vainquit Goliath!

— Oui, oui, pas de détours! — s'écrièrent plusieurs officiers, — marchons droit à l'ennemi, en chantant les louanges du Seigneur... il est avec nous... nous vaincrons...

— Mes amis, — dit le colonel de Plouernel, — suivez mon conseil, agissons prudemment; l'armée royale est très supérieure en forces à la nôtre; il nous faut suppléer au nombre par la tactique; arrivons sans bruit près des avant-postes ennemis, où les occasions de prouver votre vaillance ne vous manqueront pas. Allez vous mettre à la tête de vos compagnies, messieurs, et en avant au pas redoublé, mais dans le plus profond silence.

L'autorité de la parole de M. de Plouernel, la sagesse de ses ordres, la confiance des volontaires dans sa valeur militaire, triomphèrent cette fois de leur bouillante impatience, quoique le pasteur Féron parût mécontent d'une manœuvre où il voyait une sorte de faiblesse, de dissimulation indigne des enfants d'Israël; les officiers prirent leur rang, la colonne s'avança silencieusement, couverte à sa droite par le versant d'un coteau prolongé qui la masquait complètement du côté des retranchements ennemis. La route qu'elle suivait traversait alors une vaste plaine de bruyères roses, trempées de la rosée nocturne et répandant leur fraîche odeur aromatique; M. de Plouernel aspirant avec délices cette senteur matinale et s'adressant à Antonicq qui marchait à ses côtés au pas de son cheval:

— Ah mon enfant! ce doux parfum, ces suaves odeurs me rappellent les landes de la Bretagne: je les respire à pleins poumons.

— La Bretagne! c'est le rêve de ma vie!... Mon père, dans mon enfance, nous a conduits à Vannes en pélérinage, près des pierres sacrées de Karnak; elles s'élèvent non loin de l'endroit où devait se trouver le berceau de notre famille, au temps de Jules César... Mon père, en raison de mon âge, ne m'avait alors que sommairement raconté notre légende... mais à cette heure je l'ai lue tout entière; aussi n'ai-je qu'un désir, et mon père le partage; c'est de pouvoir, si Dieu met un terme à ces funestes guerres, quitter un jour la Rochelle, et aller nous établir à Vannes; peut-être trouverons-nous à acheter quelque coin de terre sur les bords de la mer, près des pierres de Karnak.

— Ces pierres sacrées témoin du sacrifice volontaire de votre aïeule Héna, la vierge de l'île de Sèn, cette vieille Armorique dont votre aïeul Vortigern a si vaillamment défendu l'indépendance contre les fils Charlemagne.

— Jugez que de souvenirs pour nous, colonel, dans ce seul mot: Bretagne.

— Eh bien! mon enfant, je songeais dernièrement que votre désir et celui de votre père pourraient se réaliser.

— Comment cela?

— A mon frère seul appartiennent, en vertu de son droit d'aînesse, les immenses domaines héréditaires de notre famille en Auvergne et en Bretagne; mais le père de ma chère femme, Jocelyne, bon et brave Breton bretonnant, possède quelques biens situés non loin des pierres de Karnak, au bord de l'Océan, et, selon ce que votre père m'a raconté de vos légendes, cette métairie doit se composer en partie des champs de votre aïeul Joel le Brenn de la tribu de Karnak; or, si Dieu veut que nous ayons la paix, rien ne me serait plus facile que d'obtenir du père de ma femme la cession, soit par vente, soit à louer, de quelques-unes de ces terres où vous pourrez vous établir avec votre famille.

— Ah! colonel... vous devoir le bonheur de vivre en Bretagne, près du berceau de notre famille, avec mon père... ma mère, mes sœurs et Cornélia, ma fiancée devenue ma femme!

— Chose étrange cependant, mon enfant, nos aïeux se sont haïs, combattus à travers les âges, et, je me hâte de le dire, le bon droit autorisait les terribles représailles des conquis sur le conquérant, en ce temps d'effroyable oppression; il fallait la rude école des guerres religieuses pour rapprocher, dans une croyance, les fils de Joel le Gaulois et de Néroweg le Frank ainsi que dit votre père... Ce premier pas dans la fraternité évangélique est un progrès immense; ainsi peu à peu des haines séculaires se calment, l'antagonisme des races s'efface, ainsi qu'il s'est effacé entre nos deux familles si hostiles l'une à l'autre...

— ...Et maintenant, colonel, unies par les liens d'une inaltérable amitié. Puisse-t-elle se perpétuer dans notre descendance!

— C'est mon ferme espoir, mon cher Antonicq; j'élève mes fils dans cette pensée; plus d'une fois je leur ai cité en exemple certains faits des légendes de votre famille, afin de pénétrer leur jeune intelligence de cette vérité; que ces droits, ces privilèges, ces titres dont la noblesse est si fière, si jalouse, ont pour principe ou pour origine les abominables violences de la conquête.

Pendant cet entretien du colonel de Plouernel et d'Antonicq, le régiment continuait sa marche à l'abri du versant d'une colline assez élevée, mais dont l'extrémité s'abaissait graduellement jusqu'au niveau d'une vaste prairie baignée par les eaux de l'étang et de la rivière qui protégeaient le front du camp de l'armée royale. Selon les ordres de l'amiral, apportés au colonel de Plouermel, la colonne d'attaque, cheminant sans bruit, devait déboucher dans la prairie avant le lever du soleil, et ainsi, assaillir à l'improviste la chaussée de l'étang, fortement retranchée. L'exécution de ce plan fut déjouée par l'impatience belliqueuse des volontaires surexcités par l'exaltation du pasteur Féron, plein d'une confiance aveugle dans l'irrésistible puissance du bras d'Israël. Les huguenots se trouvaient encore à une demi-heure de marche de l'ennemi, lorsque soudain le pasteur, précédant les tambours, qui, selon l'ordre donné, ne battaient pas, entonna d'une voix retentissante ce psaume, bien connu des protestants:

L'Eternel ici-bas regarde
Nuit et jour du haut des cieux;
A tous les mortels il prend garde
Et rien ne se cache à ses yeux.

De son trône auguste
Ce roi saint et juste
Voit distinctement
Tout ce qui se passe
Dans le grand espace
Du bas élément.

Au fort des alarmes
Ni camp, ni gendarmes
Ne sauvent un roi!
Le fer, le courage,
Sont de nul usage
Eternel... sans toi!

Oui, Dieu de ses ailes
Couvre les fidèles
Et veille toujours,
Pour qui le révère,
Pour qui rien n'espère,
Que de son secours.

A peine le pasteur eut-il entonné ce psaume, d'une poésie biblique, que chacun de ces versets fut répété en chœur par les huguenots. Rien de plus solennel que ce choral de trois mille voix sonores et mâles, éclatant au milieu du profond silence de la plaine et semblant saluer d'un hymne guerrier les premières lueurs de ce jour de bataille; mais ces chants, d'une funeste inopportunité, révélaient à l'ennemi l'approche des protestants. Le colonel de Plouernel, désespéré de cette infraction aux ordres de l'amiral, essaya d'abord de rétablir le silence en s'adressant aux premières compagnies; vains efforts, vaines suppliques; les soldats s'exaltaient à leurs propres voix.

— Ah! l'indiscipline nous sera toujours fatale! — dit M. de Plouernel à Antonicq; — nous avons ainsi, presque toujours compromis ou perdu des batailles dont le succès était certain! La faute est commise, l'ennemi est instruit maintenant de notre approche; annonçons-la du moins résolûment!

Et s'adressant aux tambours:

— Enfants! battez la marche redoublée.

Le tambour résonne aussitôt, sans couvrir la voix des protestants, accompagnement militaire et imposant. La colonne accélère son pas; après une demi-heure de marche, ses premiers rangs débouchent dans la prairie. Les premières lueurs du soleil, perçant un amoncellement de nuages, rougissaient les eaux d'un vaste étang où venait se déverser un cours d'eau alimenté par plusieurs ruisseaux descendant d'une vallée dominée par le bourg de la Roche-la-Belle. Cette rivière et cet étang, bornés du côté du camp royal par un retranchement, formaient la première ligne défensive de l'ennemi; une épaisse châtaigneraie s'étendait à gauche de l'étang; sa chaussée, s'avançant à angle droit, était fortifiée d'un parapet de terre aux embrasures armées de sacres et de fauconneaux; cette artillerie légère pouvait balayer, dans toute sa longueur, le cours d'eau qu'il fallait traverser pour attaquer une enceinte palissadée, crénelée de meurtrières pour l'arquebuserie, et complétant la défense du campement des catholiques. Enfin, à droite, plusieurs pièces de grosse artillerie, assises sur un coteau assez élevé, pouvaient aussi battre la rivière; feux croisés qui rendaient ce passage doublement périlleux; mais ce péril eût été presque écarté par l'exécution des ordres de l'amiral; car la colonne d'attaque, arrivant silencieusement au point du jour, surprenait les royalistes endormis, et avant que ceux-ci eussent eu le temps de courir aux armes, aux canons, de former leurs rangs, les huguenots traversaient la rivière et assaillaient vigoureusement les positions, bientôt soutenus par le corps d'armée. Il en fut autrement. Le retentissement du chant des psaumes donna l'éveil à l'ennemi, déjoua les projets de Coligny; les tambours des catholiques battaient déjà de toutes parts le rappel dans leur camp, lorsque la première compagnie des Réformés déboucha dans la prairie. Le colonel de Plouernel fit faire halte, descendit de cheval, réunit les capitaines et leur dit, afin de s'épargner de nouvelles déconvenues :

— Nous ne pouvons plus espérer surprendre l'ennemi ; je vais, messieurs, vous instruire de mon nouveau plan d'attaque.

A peine le colonel eut-il prononcé ces mots qu'il entendit une vive arquebusade crépiter du côté de la chaussée de l'étang ; il tourna ses yeux vers cet endroit sans pouvoir s'imaginer d'abord sur qui l'on tirait, car lui et sa troupe se trouvaient hors de la portée de ces projectiles ; mais bientôt les ricochets des balles sur la surface de l'étang attirèrent l'attention de M. de Plouernel, et il distingua çà et là, à une assez grande distance les unes des autres, plusieurs têtes d'hommes casqués s'élevant à fleur d'eau, et qui, de temps à autre, plongeaient dans l'espoir d'échapper aux arquebusades.

— C'est le franc-taupin et quelques Vengeurs d'Israël ; ils viennent de sonder les passages guéables de la rivière et de l'étang, — dit vivement le colonel ; — leurs renseignements vont nous être d'une grande utilité.

Puis il s'écria :

— Malheur ! l'un de ces braves a été atteint !

En effet, l'un des Vengeurs d'Israël qui, à l'exemple du franc-taupin, et afin de ne pas offrir tout leur corps au tir de l'ennemi, rampaient dans l'eau à mesure qu'elle diminuait de profondeur aux abords du rivage couvert de roseaux, l'un des Vengeurs d'Israël reçut une balle d'arquebuse en pleine tête, se dressa debout par un mouvement convulsif, étendit les bras, pirouetta sur lui-même et disparut sous l'onde, bientôt rougie en cet endroit. Le franc-taupin et ses compagnons continuèrent de se traîner à travers les joncs jusqu'aux bords de l'étang ; là les balles ne pouvaient plus les atteindre ; ils retrouvèrent leurs armes, leurs munitions, déposées par eux à quelques pas de la rive, reprirent leurs fournimentset se dirigèrent vers le groupe d'officiers qu'ils voyaient au loin, près de la dernière ondulation du pli de terrain qui masquait encore la colonne. Antonicq, descendu de cheval, ainsi que M. de Plouernel, courut au devant du franc-taupin et l'embrassa, lui disant : — Grâce à Dieu, vous venez d'échapper à la mort !

— Bonjour, mon garçon, — répondit l'aventurier. — Mais assez d'embrassades... tu vas te mouiller, car je fait la taupe dans ma jeunesse, je fais l'écrevisse des marais dans ma vieillesse... donc, assez d'embrassades... D'ailleurs, je suis courroucé contre ton père et toi... grâce à vous, Hervé, ce scélérat, a échappé au supplice. Nous avons trouvé cette nuit sa prison vide... Qui a fait évader ce frocard, sinon toi, à mon insu, chargé de sa garde?

— Mon oncle, les liens du sang...

— Mort de ma sœur ! les a-t-il respectés les liens du sang !...

Et s'approchant de M. de Plouernel :

— Colonel, voici le résultat de nos observations de ce matin : avant l'aube, nous sommes arrivés ici ; nous avons laissé nos chevaux dans cette métairie en ruines que vous voyez là-bas ; nous nous sommes mis à l'eau. Les royalistes n'avaient pas l'éveil. L'étang est guéable à la cavalerie à partir de cette ligne de roseaux qui s'étend obliquement ; la rivière est partout guéable à l'infanterie ; l'eau n'a pas plus de quatre pieds en son plus profond, et partout le sol est ferme ; si vous vouliez prendre à revers le retranchement de la chaussée de l'étang, il faudrait remonter sa rive pendant environ trois mille pas, du côté de cette châtaigneraie ; là se trouve, à travers le marais, une jetée assez large ; dix hommes peuvent y marcher de front ; elle aboutit à un épaulement palissadé facile à enlever, c'est le côté faible de la défense de l'ennemi. Ces renseignements sont certains, colonel ; j'ai tout vu par moi-même.

— L'on peut se fier complètement à vous, Joséphin, je le sais, — répondit M. de Plouernel : — vos informations me confirment dans le plan d'attaque que j'avais projeté.

Puis, s'adressant au groupe d'officiers, auxquels venait de se joindre le pasteur Féron :

— Voici, messieurs, quel est mon plan : nous perdrions inutilement beaucoup de monde en assaillant de front la chaussée de l'étang et l'enceinte palissadée ; l'ennemi est sur pied, la rivière où il nous faut traverser serait battue de droite et de gauche par des feux croisés d'artillerie. Donc, afin de rendre l'attaque plus sûre et moins meurtrière, nous nous diviserons en trois corps ; le premier (j'en prendrai le commandement) tentera le passage de la rivière, si périlleux qu'il soit, afin d'attirer l'ennemi sur ce point, tandis que notre second corps de troupes, masqué par la châtaigneraie, remontera jusqu'à la jetée du marais, afin de prendre à revers les retranchements de la chaussée ; enfin, notre troisième corps se portera vers cet autre ouvrage que vous voyez au-delà de la courbe de la rivière. L'attaque ainsi engagée sur trois points à la fois, le gros de l'armée qui nous suit à peu de distance viendra nous soutenir. Le combat sera chaud, messieurs, épargnons autant que possible le sang de nos soldats. Courage et prudence !

— De la prudence ! de l'hésitation ! lorsque le Seigneur combat pour notre droit ! — s'écria le pasteur Féron, dans son bouillant enthousiasme ;

— enfler l'orgueil de ces Philistins en n'osant les aborder de front! Pusillanimité, manque de confiance en Dieu!

— Diviser nos forces au lieu d'accabler l'ennemi en les réunissant sur un seul point! — ajouta l'un des principaux officiers, — monsieur de Plouernel, y songez-vous?

— Messieurs, s'écria le colonel, croyez à ma vieille expérience... attaquer de front et en masse cette position est une entreprise aussi folle que dangereuse!

— L'intrépidité est la force des enfants d'Israël — s'écria le pasteur; — unis, ils sont invincibles! En avant tous! côte à côte, comme des frères! en avant! le front haut et sans peur! Le doigt de Dieu nous montre le chemin!...

— Oui, oui, attaquons en masse avec furie! — répétèrent les officiers. — En avant tous! ne nous séparons pas! réunis, rien ne pourra nous résister! Dieu est avec nous!

Hélas! cette fois encore, ainsi que cela s'est vu si souvent durant nos guerres, pour le plus grand malheur de nos armes, l'outre-vaillance aveugle, l'inexpérience, l'indiscipline, une foi exagérée dans le triomphe de *la cause*, prévalurent encore sur les sages commandements d'un officier vieilli sous le harnais, et dont la science militaire égalait la bravoure. Les capitaines, et bientôt les soldats, instruits de rang en rang de l'objet de la délibération, exaltés par l'ardente parole du pasteur, croyant affaiblir leurs forces en les divisant, craignant surtout de paraître hésiter devant l'ennemi, demandèrent à grands cris de marcher en masse au combat; le colonel de Plouernel pratiquait depuis trop longtemps les soldats volontaires bretons et connaissait trop leur opiniâtreté proverbiale pour songer à les ramener à son avis; aussi les voyant exaltés jusqu'au délire de l'héroïsme, il dit froidement aux officiers :

— Vous le voulez, messieurs? Marchons!... Tambours, battez la charge!... En avant sur l'ennemi!... Bataille sur toute la ligne.

M. de Plouernel, tirant alors son épée d'une main, serre de l'autre celle d'Antonicq et lui dit à voix basse :

— Mon ami, nous allons à la boucherie. Si vous échappez au carnage que je prévois, vous porterez à ma femme, à mes fils et à votre digne père mes adieux.

— Ces braves gens sont fous! nous serons écharpés — dit à son tour le franc-taupin à Antonicq. — Je mourrai donc sans avoir mis à mort mes vingt-cinq catholiques! le diable m'en doit encore sept!... Hardi! mon garçon, ne nous quittons pas; nous aurons au moins tous les deux cette rivière pour tombeau... Voire! moi qui, dans ma jeunesse, aimais tant le vin... mourir en pleine eau!...

La colonne s'ébranle en masses compactes, au pas de charge, tambours en tête; et, précédant les tambours, le pasteur Féron entonne ce psaume, bientôt répété en chœur par les protestants, au milieu d'une grêle de balles et de boulets :

Dieu fut toujours ma lumière et ma vie.
Mort, je te brave! ah! qu'ai-je à redouter?
Dieu me soutient de sa force infinie!
L'homme mortel peut-il s'épouvanter?

Quand les méchants m'ont livré cent combats,
Lorsqu'ils m'ont cru déchirer de leurs dents,
Je les ai vus, ces ennemis ardents,
Broncher, tomber, mourir à chaque pas!

Que tout un camp m'approche et m'environne,
Mon cœur jamais ne s'en alarmera!
Qu'en ce péril tout secours m'abandonne,
La main de Dieu toujours me soutiendra!

La bataille est dans toute sa furie; les prévisions du colonel de Plouernel se sont réalisées; malgré des prodiges d'intrépidité, sa colonne, traversant la rivière en masses serrées, compactes, a été accueillie de front et sur les flancs par de terribles feux croisés d'arquebuserie et d'artillerie; les trois quarts des volontaires sont tombés sous cette pluie de fer avant d'avoir pu traverser la moitié du cours d'eau. Coligny, surpris de la longueur de cette attaque d'avant-poste, dont il croyait le succès assuré en la confiant à M. de Plouernel, a vu soudain revenir Antonicq Lebrenn à toute bride, la cuisse percée d'une balle; instruit par lui des causes du funeste résultat du combat, l'amiral a ordonné aux colonels du Bueil et Piles de se porter au pas de course à la tête de leurs vieux régiments vers la jetée du marais, afin de prendre la chaussée à revers. MM. de Soubise, de la Rochefoucauld, de Saragosse reçoivent et exécutent d'autres ordres avec leur intelligence habituelle. Bientôt la bataille, engagée sur tous les points, a changé de face; l'artillerie des huguenots a riposté à la batterie du coteau et éteint son feu; les royalistes, assaillis de front, sur leur droite et sur leur gauche, sont délogés des retranchements de l'étang. Ils se retirent derrière une première enceinte palissadée, d'où ils continuent un feu meurtrier; mais les palissades sont rompues; l'infanterie, puis la cavalerie des protestants s'y précipitent par plusieurs brèches; la mêlée s'engage acharnée au moment où les sourds roulements du tonnerre et de grosses gouttes de pluie s'échappant des nuages annoncent l'approche de l'orage prévu dès le matin par M. de Coligny.

Moi, Antonicq Lebrenn, qui écris cette légende, j'éprouve un grand chagrin à la compléter, la fin de ce récit devant réveiller en moi de cruels souvenirs.

Lorsque j'étais allé instruire l'amiral de l'échec subi par la colonne de M. de Plouernel, ce généreux vieillard avait exigé que son chirurgien pensât ma plaie. Quoique grave, ma blessure ne m'empêchait pas de me tenir à cheval; le pansement terminé, je me hâtai de retourner sur le lieu du combat. Une nombreuse cavalerie, commandée par le maréchal de Tavannes, ayant à ses côtés le duc d'Anjou, frère de Charles IX et le jeune Henri de Guise, couvrait la droite du camp royaliste; M. de Coligny lança, contre ces gens d'armes et ces chevau-légers, vingt escadrons de reîtres, sous les ordres du prince Frantz de Gerolstein. Je rejoignais alors le champ de bataille. Les coups de tonnerre, de plus en plus fréquents, dominaient les détonations de l'artillerie; l'orage allait bientôt éclater dans toute sa furie. La cavalerie protestante s'avançait au galop sur trois lignes de profondeur, afin de charger la cavalerie catholique. Frantz de Gerolstein, l'épée à la main, précédait de quelques pas les escadrons, entouré de gentilshommes et de pages; parmi ceux-ci, je crus reconnaître ma sœur Anna Bell... Mais cette vision disparut au milieu de la fumée des pistolades et du choc terrible de cette masse de cavaliers s'abordant le pistolet au poing et échangeant une première décharge. Soudain, j'entends la voix de mon père me criant :

— Dieu t'envoie, mon enfant; viens combattre à mes côtés !

— Mon père, — lui dis-je en rangeant mon cheval près du sien, car il se trouvait à la droite et à l'extrémité d'une ligne de cavaliers volontaires rochelois qui suivaient les reîtres à cette charge, — mon père, cette nuit, lorsque vous m'avez quitté, avez-vous revu ma sœur ?

— Hélas! non; mais j'ai trouvé une lettre d'elle, et...

Mon père ne put en dire davantage. Deux régiments d'arquebusiers à cheval, sous le commandement du comte Néroweg de Plouernel (frère du colonel), venaient nous charger afin de nous isoler des reîtres. Cette manœuvre réussit: L'impétuosité de l'attaque jette le désordre dans nos rangs, l'ennemi les rompt; nous ne pouvons plus combattre en ligne. La mêlée s'engage, on combat homme à homme ; je parviens, malgré ce grand désarroi, à rester près de mon père. La fatalité nous pousse, lui et moi, en face du comte Néroweg de Plouernel ; à ses côtés chevauchait son fils Odet, adolescent de seize ans, l'un des favoris du duc d'Anjou. J'entends le comte s'écrier :

— Courage, mon fils, frappez fort et tuez le plus d'ennemis que vous le pourrez; montrez-vous digne du sang des Néroweg !

Presque aussitôt je vois le comte se dresser sur ses arçons, son épée va toucher mon père, lorsque celui-ci, d'une pistolade tirée à bout portant, casse l'épaule de Néroweg de Plouernel. Il laisse tomber son épée, pousse un grand cri ; son fils dirige sa légère arquebuse sur mon père, qui remettait son pistolet dans ses fontes. J'enlève mon cheval de deux coups d'éperons ; il s'élance, et d'un bond heurte poitrail contre poitrail le courtaud d'Odet de Plouernel, à qui j'assène, à l'instant où il décharge son arquebuse sur mon père, un si furieux coup de sabre, que j'ouvre le casque et le crâne du jouvenceau; il étend les bras, et, sanglant, tombe renversé sur la croupe de son cheval; le mien, les reins brisés par deux balles, s'affaisse et tombe sur moi, pesant de tout son poids sur ma cuisse blessée. La douleur m'empêche de me dégager ; plusieurs combattants me foulent aux pieds ; mon corselet se fend sous les fers des chevaux ; mon morion, faussé, aplati, enserre dans ses parois mon crâne comme dans un étau ; ma vue se trouble, je me sens défaillir, lorsqu'un spectacle affreux, en me causant une violente émotion, retient pour ainsi dire mes esprits prêts à m'abandonner... La mêlée se poursuivait plus loin, laissant derrière elle sur le champ de carnage les morts, les mourants, les blessés, parmi lesquels je gisais... Je vois, à quelques pas de moi, mon père, désarçonné par l'arquebusade du jeune Odet de Plouernel, se redresser livide sur son séant et porter ses mains à sa cuirasse, trouée par une balle. Au même instant arrivent à mon oreille ces cris forcenés :

— Tuez tout !... tuez tout !...

Alors, au milieu des éclats de la foudre, à travers le miroitement des éclairs, apparaît à mes yeux, monté sur un petit cheval noir aux longs crins flottants, fra Hervé, vêtu de sa robe brune retroussée jusqu'aux genoux et découvrant ses jambes décharnées, nues comme ses pieds, chaussés de sandales éperonnées, dont il talonne sa monture; un bandeau recouvre sa récente blessure et ceint son crâne tonsuré ; ses yeux caves étincellent d'une furie sauvage, et, armé d'un large coutelas dégouttant de sang, il continue de crier :

— Tuez tout ! tuez tout !...

Le moine guidait au carnage une bande d'hommes à figures patibulaires, *valets coutilliers* de l'armée catholique, chargés d'achever les blessés à coups de fer, de haches et de couteaux. Hervé reconnaît son frère Odelin, qui, une main appuyée sur l'orifice de la blessure et l'autre sur le sol, essayait de se relever. Une expression de haine diabolique éclate sur la figure du cordelier ; il saute à bas de son cheval et pousse un rugissement de triomphe féroce. Mon père se voit perdu ; cependant, il tente de fléchir son bourreau et s'écrie d'une voix suppliante :

— Hervé, mon frère ! j'ai une femme, des enfants; cette nuit, je vous ai sauvé la vie !...

— Seigneur ! — s'écrie le prêtre d'une voix

pantelante en levant ses yeux flamboyants et son coutelas vers le ciel tonnant, sillonné d'éclairs, — Dieu vengeur! Dieu des catholiques! reçois en holocauste le sang de ce Caïn!...

Et fra Hervé se précipite sur son frère, le renverse, s'accroupit sur sa poitrine, le saisit d'une main aux cheveux et de l'autre brandit son coutelas... Odelin pousse un cri d'horreur, ferme les yeux, tend la gorge... Le fratricide est accompli!... Fra Hervé se relève couvert du sang de son frère, crosse du pied le cadavre et s'élance sur son cheval en hurlant :

— Tuez tout! Egorgez tous les blessés!...

A cet épouvantable spectacle, mes esprits, jusqu'alors tenus en suspens par la terreur même, m'abandonnent, et je perds complètement connaissance. Le carnage continue...

Lorsque je sortis de mon évanouissement, j'étais couché sur la paille, dans notre armurerie à Saint-Yrieix ; le franc-taupin et le colonel de Plouernel étaient près de moi. Ils m'apprirent l'issue de la bataille de La Roche-la-Belle, funeste aux royalistes, complètement battus en cette rencontre. Le violent orage de la veille, suivi d'une pluie torrentielle, ne permit pas à l'amiral de Coligny de poursuivre l'armée catholique dans sa retraite; les protestants, victorieux, rentrèrent le soir à Saint-Yrieix. Le franc-taupin et les Vengeurs d'Israël, ramenés par les mouvements de la bataille vers le lieu où j'étais étendu sans mouvement sous mon cheval, près du cadavre de mon père, égorgé par fra Hervé, m'avaient reconnu et placé sur l'une des charrettes destinées au transport des munitions de l'artillerie. Le champ de bataille nous restait ; le franc-taupin, aidé de ses compagnons, creusa pieusement une fosse où fut enterré mon père. J'ai appris plus tard, par le prince de Gerolstein, le triste sort de ma sœur, et je retrouvai la lettre qu'elle avait écrite à mon père. L'infortunée, se croyant méprisée, abandonnée de nous, était, disait-elle, décidée à mourir, et nous adressait des adieux navrants; voulant éclairer mon père et ses coreligionnaires sur les ténébreux et sanglants projets de Catherine de Médicis, Anna Bell rapportait dans sa lettre le secret entretien de la reine et du père Lefèvre au sujet des Réformés (entretien surpris par Anna Bell lors de son séjour au monastère de Saint-Séverin). Après nous avoir ainsi témoigné son attachement jusqu'à la fin, elle obtint de l'un des pages du prince d'endosser les habits de et de monter le cheval de l'adolescent tué dans le combat du matin; elle espérait trouver la mort près de Frantz de Gerolstein : hélas! son vœu fut exaucé. Elle rejoignit le prince; celui-ci, aussi surpris qu'alarmé de son dessein, la supplia vainement de se retirer un moment avant le choc des deux corps de cavalerie. Ni Anna Bell, ni Frantz ne furent blessés à cette première rencontre; mais peu d'instants après, les reîtres traversant une seconde fois la rivière pour poursuivre la cavalerie ennemie, Anna Bell, frappée d'une balle au cœur pendant ce nouvel engagement, tomba de cheval dans la rivière, où elle se noya, sans que le prince de Gerolstein, entraîné par l'impétuosité du combat, pût revenir sur ses pas et tenter de sauver ma sœur. Enfin, le colonel de Plouernel, instruit par mon récit de la double lutte de son frère le comte de Néroweg et de son fils Odet contre mon père et moi, apprit plus tard que tous les deux, succombant aux suites de leurs blessures, le laissaient chef de sa maison et seul héritier de leurs immenses domaines.

. . . .

Les protestants, victorieux à la Roche-la-Belle, éprouvèrent une cruelle défaite au mois de septembre de cette même année 1569. L'armée royale et l'armée protestante se rencontrèrent en Poitou, près de la ville de Montcontour ; Coligny, très inférieur en nombre, manœuvrant avec sa prudence et son habileté ordinaires, se retrancha derrière la rivière de la Dive, position presque inexpugnable, à l'abri de laquelle il voulait attendre des renforts promis par Montgomery, presque entièrement maître de la Gascogne. Mais, ainsi que cela était déjà tant de fois arrivé, pour le malheur de la *cause*, l'amiral, malgré la fermeté de son caractère, dut céder à la fougueuse impatience de son armée, en majorité composée de volontaires ; la campagne durait depuis longtemps, chefs et soldats avaient abandonné leurs familles, leurs biens, leurs métiers, leurs champs, leurs maisons, pour la défense de la religion ; ils désiraient vivement revoir leurs foyers ; aussi, espérant par une victoire imposer de nouveau la paix au roi Charles IX et reconquérir le libre exercice de leur culte, ils demandèrent à grands cris le combat ; Coligny se résigna. Le 3 septembre 1569, il livra bataille à une armée presque deux fois supérieure à la sienne ; malgré les prodiges de bravoure des huguenots, et quoique les royalistes eussent essuyé des pertes considérables dans cette journée, ils restèrent victorieux. Mais après Montcontour, comme après Jarnac, Coligny, loin de se laisser abattre par un revers prévu et qu'il avait en vain tenté de conjurer, opéra une retraite si menaçante, que l'armée catholique n'osa le poursuivre ; durant la nuit même qui suivit la défaite, les chefs protestants, réunis à Parthenay, expédièrent des courriers en Ecosse, en Allemagne, en Suisse, pour faire appel à leurs coreligionnaires, rassemblèrent les débris de leurs armées, laissèrent de fortes garnisons à Niort, à Saint-Jean-d'Angély, à Saintes, à la Rochelle, passèrent la Charente, allèrent rejoindre en Gascogne Montgomery, maître de cette province, et Coligny

Catherine de Médicis

recommença la guerre avec succès, choisissant pour base de ses opérations les fleuves du Tarn et de la Garonne. Des bandes de partisans intrépides, harcelaient, lassaient les troupes royales. Charles IX et sa mère avaient cru les huguenots anéantis après les défaites de Jarnac et de Montcontour : ils renaissaient plus ardents, plus dévoués que jamais à la défense de leurs droits. Catherine de Médicis, de plus en plus persuadée que la paix et non la guerre offrait le seul moyen d'*en finir avec les huguenots*, songea dès lors résolument à l'exécution du projet infernal conçu par François de Guise à l'époque du triumvirat, et confié par elle au père Lefèvre ; elle fit faire à Coligny des ouvertures au sujet d'un nouveau traité de pacification ; cette offre fut écoutée. L'amiral et plusieurs autres chefs protestants, députés comme plénipotentiaires des huguenots, conférèrent longuement avec les envoyés de Charles IX, et le 10 août 1570 fut signé, à Saint-Germain, un nouvel édit, le plus large qui eût jusqu'alors été accordé aux protestants.

Le voici en substance :

« La mémoire de toutes les choses passées de part et d'autre est abolie. — La liberté de conscience est implicitement accordée dans tout le royaume. — Personne ne pourra être désormais contraint à rien faire contre sa conscience au sujet de la religion. — Aucune distinction n'est établie entre les catholiques et les protestants pour leur admission dans les écoles, universités, hôpitaux, maladreries et autres établissements d'instruction ou de charité. — Nul ne pourra être recherché pour ses actes passés. — Coligny et les autres chefs protestants sont déclarés bons et fidèles sujets. — Les protestants sont aptes à posséder toutes charges royales, seigneuriales et municipales. — Les jugements rendus contre les huguenots seront à jamais effacés des registres judiciaires. — Enfin, pour garantir l'exécution de cet édit, Charles IX donnait en garde pour deux ans, aux princes de Navarre et de Condé et à vingt chefs protestants, les villes de la Rochelle, Cognac, Montauban et la Charité, places dites de *refuge*, pour ceux qui n'oseraient encore retourner dans leurs maisons. »

Hélas! ceux-là qui, selon l'édit, *n'osaient encore retourner dans leurs maisons*, malgré la paix signée, promulguée, jurée, prévoyaient avec raison quelque nouveau piège caché sous cette paix trompeuse. Antonicq Lebrenn ne s'était séparé de MM. de Coligny et de Lanoüe qu'à la fin de la guerre; il leur avait confié la lettre d'Anna Bell adressée à Odelin Lebrenn, lettre dans laquelle la fille d'honneur de Catherine de Médicis rapportait l'entretien surpris par elle entre cette reine infâme et le jésuite Lefèvre, leur projet d'endormir les huguenots dans la sécurité d'une pacification mensongère, afin de les surprendre désarmés, confiants, et de les exterminer le même jour à la même heure, sur tous les points du royaume. Ce projet parut si monstrueux à Coligny, qu'il le considéra comme un rêve de la scélératesse en délire et le crut impraticable, ne fût-ce que par le manque de bourreaux nécessaires pour exécuter cette immense boucherie.

L'amiral se trompait: les bourreaux ne font jamais défaut dans le parti catholique; ils se lèvent par milliers à la voix des prêtres de Rome... Tout prêtre est un bourreau patenté par la foi!

Voici le récit de la Saint-Barthélemy.

LA SAINT-BARTHÉLEMY

La ville de La Rochelle et ses franchises communales. — L'armurerie. — Marcienne, veuve d'Odelin Lebrenn. — Thérèse Rennepont. — Cornélie Mirant, fiancée d'Antonicq. — Le capitaine Mirant. — Barbot le Chaudronnier. — Le franc-taupin. — Soirée de famille. — La *Servitude volontaire* d'Estienne de la Boétie. — Retour de Louis Rennepont. — Récit d'un témoin oculaire de la Saint-Barthélemy à Paris. — Jacques Henri, maire de la Rochelle. — L'Hôtel de Ville. — Aux armes, Rochelois! — Le siège. — Les femmes guerrières. — François de Lanoüe. — La chaudière de maître Barbot. — Mine et contre-mine du franc-taupin. — L'aqueduc. — Fra Hervé. — Le duc d'Anjou et ses mignons. — Vingt-cinquième coche du franc-taupin. — Levée du siège de La Rochelle. — Les royalistes battus. — Edit de tolérance de 1573. — Mort horrible de Charles IX. — Avènement de Henri III. — La ligue. — Assassinat du duc de Guise. — Assassinat de Henri III. — Interrègne. — Henri IV. — L'Edit de Nantes. — Fin des guerres religieuses du seizième siècle. — Assassinat de Henri IV. — Avènement de Louis XIII. — Le cardinal de Richelieu.

Avant de continuer le récit de cette légende, terminée par la levée du siège de la Rochelle et la défaite de l'armée royale, jetons un rapide regard sur le passé, fils de Joel; disons quelques mots de cette plantureuse Saintonge, dont la Rochelle est la vaillante capitale; ce coup d'œil à travers les siècles, vous prouvera que, d'âge en âge, jusqu'à nos jours, les Rochelois se sont montrés dignes du vieux sang gaulois qui coule dans leurs veines.

Au temps de l'indépendance de la Gaule fédérée en république, bien des siècles avant l'invasion romaine, la tribu des SANTONES occupait le territoire aujourd'hui appelé Saintonge, Aunis et Angoumois, provinces dont les capitales sont maintenant Angoulême, Poitiers, Saintes et la Rochelle, fertiles contrées baignées à l'ouest par l'Océan, au sud par la Gironde. Un demi-siècle avant J.-C., la tribu des Santones prit part à la guerre des Gaules contre l'Espagne et à celle du brenn Bellovèse en Italie, où ils fondèrent la ville de Médiolan (Milan). Vint l'invasion romaine. Les Santones, unis aux Bretons de l'Armorique, coururent aux armes contre l'étranger, lutte héroïque où notre aïeul Joel, le brenn de la tribu de Karnak, entouré de ses enfants, hommes et femmes, combattit avec eux jusqu'à la mort contre les soldats de Jules César; Bretons et Santones, vaincus par le nombre mais non découragés, se soulèvent de nouveau contre l'étranger, à la voix patriotique des druides; ils se joignent aux autres tribus gauloises insurgées et commandées par VERCINGÉTORIX, le chef des cent vallées. Une fois encore écrasés par le nombre, nos pères succombent devant Alais, et la Gaule est asservie. Sous le règne de l'empereur Auguste, les Santones, impatients du joug étranger, se révoltent de nouveau; et plus tard, Bagaudes courant la Bagaudie, Vagres courant la Vagrerie, comme nos aïeux Kervan le Bagaude et Ronan le Vagre, ils font une guerre de partisans aux derniers gouverneurs romains et aux premiers comtes franks ou leudes de Clovis, ce bandit couronné et sacré par l'Eglise. Mais les Santones n'étaient pas comme les Gaulois de l'Armorique, défendus par l'Océan, par des montagnes, par des forêts, par des marais impraticables, contre la double invasion des évêques et des Franks; les bardes, les druides, dont la voix exaltait le patriotisme des peuples, furent massacrés; de faux prêtres du Christ leur succédèrent, prêchant aux conquis la sainteté de l'esclavage, la soumission, le respect envers leurs conquérants. Ces tribus, jadis fières, viriles, s'habituèrent au joug étranger, hébétées par de superstitieuses terreurs. Cependant les Gaulois retrouvèrent d'âge en âge leur antique énergie pour combattre les invasions étrangères, dont les ravages rendaient plus horrible encore le sort des populations asservies. Sous Karl Martel, dont notre aïeul Amael fut l'un des capitaines, les Santones combattirent Abd-el-Rahman et Abd-el-Kader, lorsque, à la tête de leurs hordes, ces émirs, venus du fond de l'Afrique, mirent à feu et à sang la Touraine, la Saintonge et le Poitou ; plus tard, les Santones ne combattirent pas moins valeureusement les pirates north-mans débarqués sur les côtes, pirates venus de ces lointaines contrées du Nord où les malheurs des temps jetèrent l'un de nos aïeux. Son fils Gaëlo (compagnon de guerre du vieux Rolf) devait être l'ancêtre d'une lignée de princes régnants souverains, dont le premier, ayant émigré de Norwège en Germanie, où il épousa une femme possédant quelques terres, fut élu chef héréditaire de la tribu de Gerolstein, le vaillant chef de la cavalerie des Réformés, héritier de cette souveraineté agrandie avec le temps, mais d'origine élective et plébéienne.

A l'époque des croisades, beaucoup de vassaux des seigneurs d'Aquitaine, de Saintonge et du Poitou, dans l'espoir d'échapper aux misères du servage accompagnèrent en terre sainte Wilhem IX, duc d'Aquitaine, ce forcené ribaud, témoin du sac de Jérusalem, où se trouvait aussi notre aïeul Fergan le Carrier qui, après son combat contre son seigneur, Néroweg, sire de Plouernel, le laissa enseveli sous les sables du désert.

Les ducs et seigneurs franks, maîtres par droit de conquête, de la Saintonge et de l'Aquitaine, guerroyèrent longtemps la royauté, afin de rester indépendants de la couronne ; durant ces luttes féodales, ils appelèrent souvent les Anglais à leur aide ; ces flottes d'outre-mer débarquaient à la Rochelle. Ce havre habité d'abord par des pêcheurs, par des serfs fugitifs et par leurs familles, devint peu à peu un port considérable ; ne dirait-on pas que cette ville, fondée dans une situation presque inexpugnable par des pêcheurs libres comme la mer et par des serfs échappés au joug de l'esclavage, doit à cette double origine la vitalité de ses franchises séculaires, franchises, défendues d'âge en âge par ses habitants, presque toujours indépendants, si l'on compare leur sort à celui des autres villes des Gaules, tour à tour au pouvoir des seigneurs féodaux ou des rois. La Saintonge et La Rochelle repoussèrent également la domination anglaise, dont avait triomphé JEANNE DARC, « victime des gens de cour, des gens de guerre et des gens d'Eglise, » ainsi que disait notre aïeul Mahiet l'Avocat d'armes. Dans toutes les guerres, les femmes de La Rochelle combattirent résolument, à l'exemple des Gauloises, et leur intrépidité est devenue proverbiale en ces temps-ci. Lors de la grande insurrection de la Guyenne, soulevée par les exactions des gabeleurs, les Rochelois se joignirent aux révoltés. La Réforme jeta de profondes racines en Saintonge, en Poitou, en Angoumois, où se recrutèrent les armées protestantes ; ces contrées furent le théâtre des principales batailles livrées par l'amiral de Coligny ; enfin La Rochelle devint la plus importante des villes de refuge des huguenots. Après la dernière trêve de 1570, Charles IX voulut visiter cette cité ; mais, selon les antiques franchises dont elle jouit, il fut obligé de *demander*, par un héraut, que les portes lui fussent ouvertes. Elles le furent ; et, ainsi que le voulait la coutume, le roi fut arrêté dans sa marche par un cordon de soie tendu de l'une à l'autre muraille de la voûte d'entrée. « Sire, — lui dit le maire, — ce cordon est le symbole de la résistance que nous avons juré d'opposer à quiconque voudrait violer nos libertés communales ; ce cordon s'abaissera devant vous, sire, lorsque vous aurez juré sur les saints Evangiles le maintien de nos franchises. » Le maréchal de Montmorency, soldat brutal, contempteur du droit, comme le sont d'ordinaire tous les porte-glaives, coupa le lacet d'un revers de son épée ; Charles IX entra dans la ville sans prêter le serment voulu et répondit avec hauteur à l'échevinage assemblé : « Soyez-moi sujets fidèles... je vous serai bon roi... »

Les Rochelois n'oublièrent pas cette atteinte à leurs droits ; après le départ de Charles IX, ils refusèrent de recevoir le gouverneur envoyé par lui et d'admettre dans leurs murs une garnison royale. Ils ajoutèrent à la défense de la place de nouvelles fortifications ; et en cette année-ci (1572), ils sont préparés à la guerre, si l'édit de 1570 est parjuré, ainsi que l'ont été les précédents. Les franchises de La Rochelle ressortaient de sa puissante organisation communale, unique en France aujourd'hui. Les habitants investis du droit de cité élisent soixante-quinze pairs et vingt-quatre échevins ; ces quatre-vingt-dix-neuf élus choisissent trois candidats, parmi lesquels le sénéchal de Poitou désigne le maire à la nomination du roi. Cette municipalité est chargée du gouvernement de la ville, de la fixation de l'impôt, de la gestion des travaux publics, de la police, de la défense commune, de l'entretien et de la construction des fortifications, de l'approvisionnement de l'arsenal en armes, en munitions de guerre, de la nomination des chefs de la milice urbaine, enfin de la juridiction de toutes les causes civiles, commerciales ou criminelles, y compris les crimes encourant la peine capitale ; mais les condamnés peuvent en appeler à la juridiction royale ; un tribunal, composé de douze échevins renouvelés chaque année par l'élection, connaît de toutes les causes et les juge ; le maire, revêtu de pouvoirs considérables presque absolus, est inviolable durant sa magistrature, mais s'il a abusé de son autorité jusqu'à méconnaître les délibérations du conseil de ville, il est mis en jugement à l'expiration de son mandat, et condamné comme traître s'il forfait à ce serment prêté par lui à la face de Dieu et des hommes :

« Je jure de garder les privilèges, franchises, libertés, statuts, ordonnances et droits de la commune, et de les défendre, quoi qu'il advienne ! »

Vous le voyez, fils de Joel, la commune de La Rochelle se gouvernait, s'administrait républicainement par elle-même, de même que les communes du douzième siècle, celle de LAON, entre autres, à la défense de laquelle périt notre aïeul Fergan le Carrier, dont le fils Colombaïk fut blessé, puis proscrit pour la même cause ; mais depuis cette époque, les libertés communales des cités de la Gaule, usurpées ou étouffées par le despotisme royal, ont disparu peu à peu ; il fallut aux citoyens de La Rochelle la situation presque inexpugnable de leur ville, leur énergie, leur vaillance, leur généreux esprit d'indépendance, pour conserver ainsi d'âge en âge leurs antiques franchises.

Depuis le nouvel édit de pacification de 1570, de graves évènements se sont passés. A dater de la paix de 1570, Catherine de Médicis et son fils Charles IX commencèrent d'ourdir la trame où ils voulaient envelopper tous les protestants, surtout leurs chefs, et principalement Coligny, l'homme de guerre et l'homme d'Etat du parti ; les princes de Béarn et de Condé, touchant encore à l'adolescence, n'avaient d'important que le nom ; mais ce nom était un drapeau ; il fallait l'abattre. La mère de l'un de ces jeunes gens, la courageuse Jeanne d'Albret, reine de Navarre, Coligny, la Rochefoucauld, Lanoüe et le plus grand nombre des chefs protestants, conservant une invincible défiance de Catherine de Médicis, s'étaient, après l'édit de 1570, retirés à La Rochelle, forte ville de refuge, d'où ils pouvaient braver les trahisons de leur ennemie ; dès lors celle-ci et son fils n'eurent qu'une pensée incessante : attirer les chefs huguenots hors de leur retraite et les exterminer ; l'Italienne était d'autant plus résolue à hâter l'accomplissement de ce forfait inouï, qu'elle voyait déjà réalisées, envers une autre reine, les menaces dont le révérend père Lefèvre avait été l'organe au nom du pape ; ce vicaire de Dieu sur la terre avait, le 15 février 1571, excommunié Elisabeth d'Angleterre pour crime d'hérésie et déclaré le trône vacant et dévolu à la reine catholique Marie Stuart, nièce des ducs de Guise, veuve de François II, princesse aussi fameuse par sa beauté, son esprit, sa grâce, que par sa dépravation et ses débauches. La révolte soulevée par la cour de Rome avorta ; Marie Stuart fut décapitée, ainsi que deux des plus puissants seigneurs d'Angleterre, les ducs de Northumberland et de Westmoreland, chefs du parti catholique. Malgré son insuccès, cette tentative prouvait l'audace de Rome et sa haine implacable contre les princes rebelles à son omnipotence ; enfin, cette tentative, vaine en Angleterre, dont l'immense majorité appartenait à la religion réformée, pouvait réussir en France, où les catholiques dominaient sous le patronage des Guisards, forts de l'appui du saint-siège et du roi d'Espagne. L'Italienne se mit donc à l'œuvre ; tel était le problème à résoudre : « Attirer hors d'un refuge assuré des gens défiants et sachant, par expérience, leur ennemie capable de tous les crimes. » Afin d'arriver à ce résultat, voici comment procéda Catherine de Médicis ; d'abord elle écrivit à Jeanne d'Albret la lettre la plus tendre, la plus touchante, lui proposant, afin de cimenter la paix et de mettre à jamais terme aux dissensions religieuses, de donner sa fille Marguerite au jeune Henri de Béarn ; cette alliance d'un prince protestant et d'une princesse catholique devait être, d'après elle, le symbole, le gage, de l'union des deux partis et de l'oubli du passé. Jeanne d'Albret, non moins flattée dans son orgueil maternel que dans son espérance de voir la paix pour toujours assurée par ce mariage, accueillit favorablement les propositions de la reine, et demanda le temps de réfléchir à une ouverture si importante. Charles IX, ayant épousé, le 26 novembre, Elisabeth d'Autriche, fille de l'empereur Maximilien, invita aux fêtes de son mariage ses cousins de Béarn et de Condé, ainsi que Coligny et différents chefs huguenots ; mais ceux-ci craignant de tomber dans un guet-apens, déclinèrent l'honneur de l'invitation royale et ne sortirent pas de La Rochelle. L'année suivante, vers le mois de mars 1571, le maréchal de Cossé vient formellement, au nom de Catherine de Médicis, proposer à Jeanne d'Albret, pour son fils, la main de la princesse Marguerite : le maréchal lui faisait surtout valoir cette union comme un gage de réconciliation destiné à consolider la paix entre les protestants et les catholiques. Jeanne d'Albret, malgré les avantages politiques de cette union, ne peut vaincre complètement ses défiances et ajourne encore sa réponse ; Catherine de Médicis commençait à désespérer de pouvoir attirer hors de leur refuge ceux qu'elle voulait perdre, lorsqu'un évènement inattendu vint en aide à ses desseins. Les Pays-Bas et les Flandres, poussés à bout par les exactions de Philippe II, résolus de secouer le joug de l'Espagne et du clergé catholique, députèrent le prince Louis de Nassau à La Rochelle, le chargeant de faire à Coligny les ouvertures suivantes : « Si la France appuyait le soulèvement des Pays-Bas en envoyant à leur secours une armée commandée par Coligny, ces provinces se sépareraient de l'Espagne ; les unes formeraient une confédération républicaine et protestante sous le protectorat du prince de Nassau, et les Flandres deviendraient françaises. » Ce plan devait séduire l'amiral à plusieurs titres ; il voyait un glorieux agrandissement de territoire pour son pays et il espérait diminuer pour l'avenir la chance des guerres civiles en ralliant pour l'expédition projetée catholiques et protestants sous le même drapeau ; enfin, les Pays-Bas, fédérés en République sous l'autorité d'un prince protestant, seraient, en cas de nouvelles persécutions, un refuge ouvert aux huguenots. Il engagea le prince de Nassau à se rendre auprès de Charles IX et de l'assurer que si la France appuyait le mouvement des Pays-Bas, il était prêt à prendre le commandement de l'armée que l'on enverrait à son secours. Le prince de Nassau arrive à la cour de France ; Charles IX et sa mère tressaillent d'une joie sinistre : ils peuvent enfin amener dans le piège, non seulement Coligny, mais peu à peu les principaux chefs huguenots. Les communications du prince de Nassau sont, en apparence, très favorablement écoutées par Catherine de Médicis ; mais elle objecte que la conduite de si graves intérêts exige impérieusement la présence de M. de Coligny à la cour ; la reine charge donc le prince de Nassau de retourner à La Rochelle et de répondre à l'amiral que Charles IX, frappé des immenses avantages que peut offrir à la France la conquête des Flandres, désire conférer avec lui sur cette affaire importante. Coligny avait jusqu'alors obéi à ses défiances personnelles ; il les surmonta lorsqu'il espéra pouvoir accomplir une entreprise glorieuse pour son pays et profitable à ses coreligionnaires. Il se rendit à la cour ; son départ de La Rochelle fut un deuil public ; les plus noirs pressentiments accablèrent ses amis ; Jeanne d'Albret elle-même, quoiqu'elle n'eût pas rompu les négociations relatives au mariage de son fils, supplia l'amiral de ne pas se livrer à ses ennemis. Il fut inflexible : il s'agissait du bien public. Le 18 septembre 1571, Coligny rejoignit la cour à Blois. Le roi accueillit le vieillard avec effusion. « Maintenant, mon père, — lui dit Charles IX en l'embrassant, — nous vous tenons... *vous ne nous échapperez plus.* »

Ces paroles à double sens, prononcées par un jeune homme de vingt et un ans à peine, devaient éveiller de terribles soupçons dans l'esprit de l'amiral ou l'aveugler complètement ; elles l'aveuglèrent. Cette loyale et grande âme ne pouvait supposer tant d'audace dans la trahison. Charles IX et sa mère s'entretinrent longuement avec Coligny de ses projets sur les Flandres ; afin d'augmenter sa confiance et celle des protestants (car l'on ne tenait encore que l'amiral), le roi lui rendit sa place aux conseils de l'Etat, et, vers cette époque, des catholiques trop impatients ayant massacré des huguenots à Rouen et à Orange, Catherine de Médicis fit rigoureusement sévir contre les coupables, prévenant ainsi les récriminations de Coligny. Celui-ci, de plus en plus rassuré, fit partager sa confiance à Jeanne d'Albret, à qui il écrivait souvent, et il engagea la reine de Navarre à se rendre à la cour afin de conclure le mariage de son fils avec la sœur du roi. Jeanne d'Albret quitta La Rochelle, y laissant cependant son fils auprès de son cousin, le jeune prince de Condé ; elle éprouvait encore une vague défiance. Le 4 mars 1572, la reine de Navarre arrive à Paris ; Charles IX l'accueille non moins tendrement que Coligny et l'appelle : « Sa grand'tante, son tout, sa mieux aimée ! » Puis le soir il dit en riant à Catherine de Médicis : « N'ai-je pas bien joué mon rôlet, ma mère ? Laissez-moi faire, je vous les amènerai tous au filet ! »

Des conférences s'ouvrent au sujet de l'union projetée ; Jeanne d'Albret s'attendait à de graves objections sur ceci : que ni elle ni son fils ne voulant entendre parler de messe, ils exigeaient que le mariage eût lieu selon le rite protestant et fût béni par un pasteur. « Qu'à cela ne tienne, ma chère grand'tante, répond Charles IX à Jeanne d'Albret, — nous obtiendrons de Rome des dispenses ; et si M. le pape *faisait trop la bête* et refusait ces dispenses pour ma sœur, je prendrais moi-même Margot par la main et j'irais la marier en plein prêche. » Ces mots effacent tout soupçon de l'esprit de Jeanne d'Albret ; les conditions du mariage arrêtées, elle se décide à mander son fils à Paris ; son cousin Condé ne pouvait manquer de l'accompagner. L'Italienne tenait donc déjà dans la nasse homicide : Coligny, Jeanne d'Albret, son fils et le prince de Condé. C'était beaucoup ; ce n'était pas tout : il fallait encore attirer à Paris les principaux chefs protestants ; les fêtes du mariage conciliateur devaient être une amorce certaine. L'amiral cependant commençait à s'étonner des atermoiements continuels que lui opposait Charles IX, au sujet de l'envoi convenu d'une armée dans les Pays-Bas, afin d'y faire éclater et de soutenir la révolte de ces provinces contre l'Espagne ; mais, selon Catherine et son fils, ces évènements devant amener une rupture ouverte avec Philippe II, il ne fallait pas être pris au dépourvu par cette guerre, mais s'y préparer. Néanmoins, afin de ne point éveiller les défiances de Coligny, il fut convenu que M. de Lanoüe passerait dans les Pays-Bas à la tête de quelques troupes réunies à petit bruit sur la frontière, et tenterait un coup de main sur Mons ; en cas de réussite, et si les Pays-Bas se soulevaient à cette agression, Coligny marcherait à la tête de l'armée, sinon l'on attendrait une occasion plus opportune. La mort subite de Jeanne d'Albret, le 9 juin 1572, attribuée au poison par les uns, à une pleurésie par les autres, parut d'un sinistre augure ; cependant Henri de Béarn ne quitta pas Paris, ne renonça pas à son mariage avec la princesse Marguerite, fixé d'abord au 15 août. La mort de Jeanne d'Albret, que l'on crût ou non à son empoisonnement, augmenta les défiances du parti protestant, et surtout des réfugiés de la Rochelle, lorsqu'ils apprirent qu'à la suite de son attaque infructueuse sur Mons, François de Lanoüe était resté prisonnier sans que les Flandres se fussent soulevées. Ceci se passait à la fin du mois de juillet. Les Rochelois, de plus en plus inquiets du sort de l'amiral et des chefs des Réformés, attirés presque tous à Paris par la célébration du mariage d'Henri de Béarn, députèrent à Coligny un envoyé, afin de s'enquérir des faits. L'avocat Louis Rennepont, mari de Thérèse, l'une des filles d'Odelin Lebrenn, fut chargé de cette mission et partit pour Paris dans les premiers jours d'août.

Vers la fin du mois d'août 1572, la famille Lebrenn était réunie, à la tombée du jour, dans la grande salle formant le magasin d'armurerie d'Antonicq Lebrenn, qui continuait à la Rochelle le métier de son père. Ce magasin ressemblait à un arsenal : l'on voyait, rangés sur des râteliers fixés aux murailles, une grande quantité d'armes de toute espèce ; ici des épées, des dagues, des sabres, des coutelas, des piques, des hallebardes, des masses et des haches de combat ; ailleurs, des arquebuses longues et courtes, des pistolets et quelques armes à feu d'une nouvelle espèce, très légères et très maniables, nommées *mousquets*, invention du célèbre Gaspard de Milan ; l'on voyait encore dans l'armurerie d'Odelin Lebrenn des casques, des morions, des salades, des cuirasses, des corselets, des brigandines, des brassards, des targes et boucliers, les uns en fer, les autres en bois couvert de lames d'acier. L'atelier, ses forges, ses enclumes, étaient situés derrière le magasin où, vers la fin du jour, se trouvait rassemblée la famille Lebrenn, au nombre de six personnes : Marcienne, veuve d'Odelin ; Antonicq, son fils ; Thérèse, sa sœur, mariée depuis trois ans à Louis Rennepont, neveu de frère Saint-Ernest-Martyr ; Joséphin, le franc-taupin ; le capitaine Mirant, frère de Marcienne, et sa fille Cornélie, fiancée d'Antonicq. Enfin, Jean Barbot, chaudronnier, veuf de Jacqueline Barbot, marraine d'Anna Bell, morte deux ans auparavant, assistait à cette réunion, ainsi que les deux artisans de l'armurerie, Bois-Guillaume et Roland, et un apprenti de quinze ans, surnommé par eux Serpentin.

Ces différents personnages, quoique l'heure du repos eût sonné, ne demeuraient pas inactifs : Marcienne, veuve d'Odelin Lebrenn, filait au rouet. Vêtue de noir, elle voulait conserver le deuil toute sa vie, en mémoire des morts tragiques de son mari et de sa fille Anna Bell : les traits de la veuve fortement accentués, sa physionomie à la fois grave, ferme et douce, offraient le type primitif des femmes *santones*, qui, selon les historiens s'est conservé pur d'âge en âge et presque sans alliances de sang étranger depuis les temps antiques de la Gaule. Thérèse, fille aînée de Marcienne, s'occupait d'un travail de couture et, de temps à autre, jetait un regard de sollicitude maternelle sur son enfant, endormi dans son berceau que parfois elle balançait du pied ; Thérèse attendait avec une anxiété croissante le retour de son mari, Louis Rennepont, parti depuis les premiers jours du mois pour Paris, où il avait été député auprès de l'amiral Coligny par les Rochelois. Thérèse est coiffée, selon la mode séculaire du pays, d'une haute coiffe blanche montée sur un fond piqué ; sa robe, d'étamine grise, est coupée par une pièce d'estomac à carreaux rouges cachant à demi sa guimpe blanche et empesée ; à la ceinture de son tablier pendent deux longues chaînes d'argent à l'extrémité desquelles sont attachés son couteau, ses ciseaux, une pelote, un étui, des clés et autres ustensiles dont une bonne ménagère est inséparable. Non loin de Thérèse Rennepont et derrière elle, Cornélie Mirant, sa cousine, fiancée d'Antonicq, repasse, debout près d'une table, le linge de la maison ; la figure de Cornélie réunit aussi dans toute leur pureté primitive les traits d'une Santone gauloise des temps héroïques ; opulente chevelure châtain-clair à reflets cuivrés, lissée en bandeaux et tordue en épais chignon ; teint frais et blanc ; petit front ; sourcils peu prononcés, d'une nuance moins brillante que celle des cheveux et se dessinant presque droit au-dessus de ses grands yeux, d'un brun orangé, au regard vif et résolu ; son nez, droit, continuait presque la ligne du front, ainsi que cela se remarque dans les fières statues antiques ; ses lèvres charnues, d'un pourpre humide, son menton fermement accusé, donnaient à son visage un caractère de grandeur remarquable ; sa taille élevée, son cou nerveux, ses larges épaules, ses bras blancs et forts, les sobres contours de son sein, rappelaient les nobles proportions de la Minerve grecque. A cette mâle apparence se joignait chez Cornélie l'enjouement, le charme doux et timide de la jeune fille. Vêtue à la rocheloise, comme sa cousine Thérèse, elle avait, afin d'être plus à l'aise, relevé à demi les manches de sa robe, et les muscles vigoureux de ses bras, d'une blancheur de marbre, se renflaient à chaque pression du fer chaud sur le linge qu'elle repassait ; mais de temps à autre ce fer restait un moment inactif. Cornélie redressait la tête afin de prêter une oreille plus attentive à la lecture qu'Antonicq faisait à la famille réunie, et le contemplait, non pas avec une tendresse furtive, mais en cherchant au contraire son regard avec l'assurance sereine d'une fiancée. Le père de Cornélie, le capitaine Mirant, l'un des plus intrépides marins de La Rochelle, homme encore dans la vigueur de l'âge, s'occupait de crayonner le plan de quelques ouvrages de défense qu'il jugeait nécessaires à la sûreté du port. Près du capitaine était assis son compère Jean Barbot, le chaudronnier de l'île de Ré ; sa femme, marraine d'Anna Bell, après avoir longtemps pleuré l'enlèvement de sa filleule, qu'elle se reprochait comme un oubli de surveillance, était morte de chagrin. Jean Barbot, afin de ne pas rester oisif, fourbissait un corselet d'acier avec autant de soin qu'il eût fourbi l'un de ces beaux bassins de cuivre à ornements artistement repoussés, ou l'un de ces plats de fer étamés qui, exposés dans sa chaudronnerie, brillaient d'un éclat pareil à celui de l'or et de l'argent. Barbot, homme d'un rare courage, et surtout d'un grand calme dans le péril, avait pris part aux dernières guerres religieuses ; entre autres cicatrices, il portait la trace d'un coup de sabre si furieusement asséné, qu'abattant l'oreille gauche du chaudronnier, labourant sa joue, il lui avait en outre coupé l'extrémité du nez ; malgré cette mutilation, les traits de Jean Barbot conservaient une expression d'inaltérable bonne humeur. Le franc-taupin polissait un canon d'arquebuse sorti terne et fruste de la forge. L'ancien chef des Vengeurs d'Israël, cet homme d'une implacable férocité envers les papistes, et qui toujours portait, suspendu à une ficelle nouée à la boutonnière de son pourpoint, ce morceau de bois où il nombrait par des coches les prêtres catholiques tués par lui en représailles de la mort de sa sœur et des tortures d'Iléna (ces entailles atteignaient alors le chiffre de vingt-quatre), ce vengeur implacable, assis de l'autre côté du berceau du fils de Thérèse Rennepont, partageait avec elle le soin d'imprimer à la barcelonnette un léger balancement ; et lorsque parfois l'enfant s'éveillait, le franc-taupin, laissant sur ses genoux le canon d'arquebuse, souriait à l'enfant... comme pouvait sourire le franc-taupin. Il vivait d'une petite pension que la municipalité de la Rochelle lui accordait en récompense des longs services rendus par lui en qualité de sergent des archers de la cité. Il reportait sur Antonicq, sur sa sœur, sur leur mère, le tendre et inaltérable attachement dont il avait donné tant de preuves à Christian Lebrenn, à sa femme Brigitte, à sa fille et à Odelin. Enfin les deux ouvriers de l'armurerie, Bois-Guillaume et Roland, ainsi que l'apprenti Serpentin, s'occupaient de menus travaux de leur métier, plutôt par délassement que par labeur, en écoutant la lecture qu'Antonicq faisait à haute voix. Il lisait le Contre-un, ouvrage écrit par Estienne de la Boétie, mort en l'année 1563. Jamais la raison, la dignité humaine, la conscience du droit, le saint amour de la liberté, la généreuse horreur de la tyrannie, n'ont parlé un langage plus éloquent, plus chaleureux, que dans ce livre immortel ! C'est un cri d'exécration et d'anathème contre l'oppression ; ce cri vengeur, sorti de l'âme indignée d'un grand citoyen, fait vibrer tous les nobles cœurs. Ces pages, où chaque mot respire une conviction ardente, ont redoublé la foi des honnêtes gens qui, poussés à bout par les crimes affreux dont la royauté, complice ou instrument de l'Eglise de Rome, s'est encore souillée en ce siècle-ci, songent fermement, ainsi que plusieurs provinces des Pays-Bas, à suivre l'exemple des cantons suisses, fédérés en République. Le livre d'Estienne de la Boétie, en appelant tous les opprimés à la résistance contre un qui les opprime, leur expose avec une âpre et impitoyable logique les causes abjectes de leur *servitude volontaire*, second titre de ce livre admirable !

Antonicq Lebrenn poursuivait donc ainsi la lecture du Contre-un, au milieu du profond silence de la famille réunie :

« ... Il y a trois sortes de tyrans, je parle des méchants princes ; les uns ont le royaume par l'élection du peuple ; les autres, par la force des armes ; les autres par la succession de leur race. Ceux qui l'ont acquis par le droit de la guerre se comportent comme en terre de conquête ; ceux qui naissent rois ne sont communément guère meilleurs : nourris dans le sang de la tyrannie, ils tirent avec le lait la nature du tyran, et regardent leurs peuples comme des serfs héréditaires. Celui à qui le peuple a donné l'Etat devrait être (ce semble) plus supportable, et le serait, comme je crois, si, se voyant dès lors élevé par dessus des autres et flatté par je ne sais quoi que l'on appelle la grandeur, il ne prenait communément le parti de conserver la puissance que le peuple lui a baillée et de la transmettre à ses enfants.

« Ainsi, pour en dire la vérité, je vois bien qu'il y a entre ces différents tyrans quelque différence ; mais de choix, je n'en vois point, la question de régner étant quasi semblable. — Les élus gouvernant comme s'ils avaient des taureaux à dompter ; — les conquérants regardant leur peuple comme leur proie ; — les rois héréditaires voyant dans leurs sujets des esclaves naturels. »

« Pour parler à bon escient, c'est un extrême malheur d'être sujet à un maître duquel l'on ne peut être jamais assuré qu'il soit bon, puisqu'il est toujours en sa puissance d'être mauvais quand il voudra... Je ne veux pas à cette heure débattre cette question, à savoir ? — si les Républiques sont meilleures que la monarchie ? — à quoi si je voulais venir, encore voudrais-je savoir quel rang la monarchie doit avoir entre les Républiques ? et si elle y en doit avoir aucun, pour ce qu'il est malaisé de croire qu'il y ait rien de public en ce gouvernement où *tout est à un ?*

« Je voudrais comprendre comment il peut se faire que tant de citoyens, tant d'hommes, tant de villes, tant de nations, endurent quelquefois un tyran seul, qui n'a puissance que celle qu'on lui donne ? qui n'a pouvoir de leur nuire que parce que l'on a de l'endurer ? Quoi ! un million d'hommes, misérablement asservis, ayant le cou sous le joug, non contraints par la force, mais enchantés, charmés par ce mot UN, duquel ils ne doivent craindre ni la puissance puisqu'il est seul, ni aimer les qualités, puisqu'il est, à leur endroit, inhumain et sauvage ; mais la faiblesse d'entre nous, hommes, est telle ! »

« ... Mais, ô bon Dieu ! que peut-être cela ? comment dirons-nous que cela s'appelle ? quel malheur est celui-là ! ou quel vice ? ou plutôt quel malheureux vice ? Voir un nombre infini, non pas obéir, mais servir ! non pas être gouvernés, mais tyrannisés ! n'ayant ni biens ni parents, ni enfants, ni leur vie même qui soit à eux ! Souffrir les pilleries, les paillardises, les cruautés, non pas d'une armée, non pas d'un camp barbare, contre lequel il faudrait répandre son sang et risquer sa vie ! mais souffrir cela d'*un seul* ! Non pas d'un Hercule ou d'un Samson, mais d'un seul hommeau, et le plus souvent du plus lâche, du plus efféminé de la nation ! non pas accoutumé à la poudre des batailles, mais encore à grand'peine au sable des tournois ! Appelons-nous cela lâcheté ? Dirons-nous que ceux-là qui restent asservis sont couards ? Que deux, que trois, que quatre, ne se défendent d'*un*, cela est étrange, mais toutefois possible ; et l'on pourra dire alors à bon droit que c'est faute de cœur. Mais si cent, si mille, endurent tout d'un seul dira-t-on qu'ils ne veulent point, qu'ils n'osent pas se prendre à lui, et que c'est, non couardise, mais plutôt mépris et dédain ? Alors, quel monstre de vice est ceci, qui ne mérite pas encore le titre de couardise, ou ne trouve de nom assez vilain, que nature désavoue avoir fait, et la langue refuse de le nommer ? »

Cette éloquente malédiction contre l'aveuglement des peuples asservis arrache un cri d'admiration à tous les membres de la famille Lebrenn, et Antonicq interrompt pendant un moment sa lecture.

— Ah ! le livre a raison ! — dit d'une voix grave la veuve d'Odelin. — Quel monstre de vice est donc celui-là, qui courbe des milliers d'hommes sous le joug d'un seul ? Ce n'est pas lâcheté ! Les plus lâches, se voyant mille contre un, ne craindraient pas de l'assaillir... Le livre a raison... Quel est donc ce vice sans nom ?

« C'est le peuple qui s'asservit, qui se coupe la gorge, qui, ayant le choix d'être sujet ou d'être libre, quitte sa franchise pour le joug, qui consent à son mal ou plutôt le pourchasse ; s'il devait coûter quelque chose de recouvrir sa liberté, je ne l'en presserais point, quoique ce soit que l'homme doive avoir de plus cher, que de reprendre ses droits naturels, et, à bien dire, de bête redevenir homme.

« Mais non, je ne demande pas au peuple une si grande hardiesse... Quoi ! si pour avoir sa liberté, il ne lui faut que la désirer ! s'il n'a besoin que d'un simple vouloir, se trouvera-t-il nation au monde qui l'estime trop chère, le pouvant gagner d'un seul souhait ? Et qui hésiterait à recouvrer un bien que l'on devrait racheter au prix de son sang, lequel bien perdu, tous les gens d'honneur doivent estimer la vie déplaisante et la mort salutaire.

« ...Mais non ! plus les tyrans pillent, plus ils exigent, plus ils ruinent, plus ils détruisent ; plus on leur baille, plus on les sert, et d'autant plus ils se fortifient.

« Cependant, si on ne leur donnait rien, si on ne leur obéissait point, et cela sans combattre, sans frapper, ils demeureraient nus, défaits, ne seraient plus rien ; de même que la racine, n'ayant plus d'humeur ou aliment, devient une branche sèche et morte. »

— Voire, — reprit le franc-taupin, — le livre a raison, toujours raison !... Il est des hommes ânes et des hommes lions. Dit-on à l'âne : Rugis, bondis, mords, déchire ton ennemi ! Point ; on lui dit : Ane tu es, âne tu seras, reste âne !... L'on n'attend pas même de toi que tu t'élèves à l'héroïsme césarien de la ruade ! non, bête pacifique ! seulement demeure coi, immobile, têtu, et ne va point au moulin !... Et de vrai, mes amis, que pourraient faire les meuniers et leurs garçons si, malgré leurs gourdins, des millions d'ânes, se donnant le mot, refusaient net de marcher ? On les rouerait de coups ? voire, leur épargne-t-on les coups lorsqu'ils marchent ? Battu pour battu, autant rester coi et ruiner le meunier... Oui, — ajoute le franc-taupin, dont les traits s'assombrissent, — mais comment ce malheureux peuple pourrait-il seulement concevoir la pensée de cette résistance inerte ? Est-ce que les moines ne lui moinaudaient pas depuis le berceau jusqu'à la tombe : Va, bête de somme, lèche les mains qui

L'amiral de Coligny

te fouaillent... bénis le fardeau qui t'écrase et mets ton échine à vif... ton salut est au prix de tes tourments... A nous ton large dos ; nous t'enfourchons pour te conduire au paradis ! Enfin, — ajoute le franc-taupin, — veut-on arracher ces malheureux hébétés aux griffes de la moinauderie ? Vite et tôt ! prison, coutelas, bûcher, torture !... et ma sœur Brigitte est morte en prison ! et sa fille a été brûlée vive ! et Christian est mort de chagrin ! et Odelin, son fils, a été égorgé par son frère, Hervé le cordelier ! Exécration sur ces prêtres catholiques.

Ces paroles, qui rappelaient tant de pertes douloureuses à la famille Lebrenn, furent suivies d'un morne silence ; des larmes coulent sur les joues de Marcienne, veuve d'Odelin, le mouvement de son rouet s'arrête, elle incline la tête sur sa poitrine et dit :

— Mon deuil sera comme ma douleur... éternel !.. Ah ! mes enfants, deux places resteront toujours vides à notre foyer... celle de votre père, celle de votre sœur... qui a pu douter de notre indulgence... de notre tendresse !...

— O Catherine de Médicis ! reine, infâme ! mère de fils exécrables ! sonnera-t-elle enfin l'heure de la vengeance ? — s'écrie le capitaine Mirant. — Quoi ! les plus pervers frémissent des crimes de ces monstres couronnés ! on les subit ! et il suffirait d'un souffle pour les renverser !... Ah ! répétons-le, comme le livre de la Boétie : Par quel vice sans nom des millions d'hommes souffrent-ils donc volontairement un pouvoir abhorré ?

— Du moins, mon compère, — dit Barbot le Chaudronnier, — nous autres huguenots, nous avons montré les dents aux monstres... Mais, en homme du métier, j'avoue nos torts... nous aurions dû mettre une bonne fois à la fonte ce

154e livraison

vieux chaudron royal où depuis des mille et des cents ans les rois font bouillir Jacques Bonhomme et l'accommodent à toute sauce pour s'en repaître... Le chaudron fondu, c'était fait de cette cuisine du diable!

— Oui, compère, — répond le capitaine Mirant, — telle a été notre faiblesse, à nous autres, les plus hardis pourtant! à nous autres, tant de fois abusés, trahis par des édits menteurs! Fasse Dieu que le dernier édit n'ait pas le sort des premiers, et que Louis Rennepont, à son prochain retour de Paris, ne justifie pas nos craintes!...

— Mon frère, — dit Marcienne, — je sais combien il faut se défier des promesses, des serments de Charles IX et de sa mère... Hélas! je ne peux oublier les révélations contenues dans la lettre écrite à son père par ma pauvre fille avant de courir volontairement à la mort, lors de la bataille de Roche-la-Belle... Catherine de Médicis et ses fils sont capables d'avoir rêvé le massacre dont cette reine sanguinaire avait confié le plan au jésuite son complice; mais rappelons-nous aussi que M. l'amiral de Coligny, si prudent, si sage, si expérimenté, enfin mieux à même que personne de juger les choses, puisqu'il voit de près la cour, est plein de confiance dans la durée de la paix. N'a-t-il pas donné un gage certain de sa sécurité en engageant les protestants à rendre au roi, avant le terme fixé par l'édit, les villes de refuge dont ils étaient maîtres?

— Sœur... sœur! — répond le capitaine Mirant, — je me féliciterai toujours d'avoir été, dans le conseil des échevins, l'un des plus opposés à la reddition de La Rochelle! Grâce à Dieu, cette place forte nous est restée; nous y sommes du moins en sûreté... Je crains que la loyauté de l'amiral ne soit dupe des trahisons de l'Italienne!

— Ah! j'attends avec une double impatience le retour de mon mari! dit Thérèse Rennepont en soupirant. — Il aura vu M. de Coligny, il lui aura exprimé les défiances, les craintes des Rochelois, et nous saurons du moins avec certitude si nous devons craindre ou nous rassurer.

— Est-ce donc vivre que cela? — s'écrie le capitaine Mirant. — Quoi! nous gens de bien, toujours en alarmes comme des criminels! toujours la défiance au cœur! toujours l'oreille au guet, la main sur l'épée! D'où naissent ces inquiétudes mortelles? De ce que, malgré nos vieilles franchises municipales, malgré les remparts de notre ville, nous sommes, après tout, sujets du roi au lieu de nous appartenir à nous-mêmes, ainsi que les cantons suisses, librement fédérés en République! O liberté! liberté! verrons-nous jamais ton règne parmi nous?

— Oui, reprend Antonicq, — oui, nous le verrions, ce beau règne, si ces admirables sentiments de la Boétie pénétraient toutes les âmes... Ecoutez encore, écoutez :

« Ah! liberté! bien si grand, si plaisant, que, elle perdue, les maux viennent à la file, et les biens mêmes qui demeurent après elle perdent entièrement leur goût et saveur, corrompus par la servitude! la seule liberté, les hommes ne la désirent point, non pour autre raison (ce semble) que s'ils la désiraient, ils l'auraient! On dirait qu'ils refusent cette belle conquête seulement parce qu'elle est trop aisée! Les bêtes (ce m'aid'Dieu), si les hommes sont trop les sourds, leur crient : *Vive liberté!* Plusieurs d'entre elles meurent sitôt qu'elles sont prises; le poisson perd la vie aussitôt que l'eau; celles-là meurent pour ne pas survivre à leur naturelle franchise! Si les animaux avaient entre eux des rangs, ils feraient de liberté... noblesse! Des plus grands jusqu'aux plus petits, lorsqu'on les prend, ils font si grande résistance des ongles, des cornes, du pied, du bec, qu'ils déclarent assez combien ils tiennent cher ce qu'ils perdent. Sont-ils pris, ils nous donnent tant de signes apparents de la connaissance de leur malheur, que s'ils continuent leur vie, c'est plus pour plaindre leur liberté perdue, que pour se plaire en servitude!

« Pauvres gens misérables! peuples insensés! nations opiniâtres en votre mal! aveugles en votre bien; vous vous laissez emporter devant vous, ravir le plus beau, le plus clair de votre revenu, piller vos champs, voler vos maisons, les dépouiller des meubles anciens et paternels! Vous vivez de sorte que vous pouvez dire que rien n'est à vous. En serait-il de la sorte, si vous n'étiez receleurs du larron qui vous pille? complices du meurtrier qui vous tue? traîtres de vous-mêmes? Vous semez vos fruits afin qu'il en fasse le dégât! vous meublez vos maisons pour fournir à ses voleries! vous nourrissez vos filles afin qu'il ait de quoi souler sa luxure! vous nourrissez vos enfants afin qu'en ses guerres il les mène à la boucherie, qu'il les fasse les ministres de ses convoitises, les exécuteurs de ses vengeances! Vous épuisez à la peine vos personnes afin qu'il puisse se mignarder en ses délices et se vautrer dans les sales et vilains plaisirs!

« Mais, certes, les médecins conseillent bien de ne mettre pas la main aux plaies incurables; je ne fais pas sagement de vouloir en ceci conseiller le peuple; il a perdu dès longtemps toute connaissance, il ne sent plus son mal, sa maladie est mortelle! »

— Ces reproches sont sévères et, ce me semble, immérités, dit la veuve d'Odelin. — Estienne de la Boétie, mort il y a dix ans à peine, n'a-t-il pas vu trois fois les protestants courir aux armes pour défendre leur foi?

— Sœur, — reprend le capitaine Mirant, — le

peuple entier a-t-il couru aux armes! Hélas! non, la majorité, la masse, aveugle, ignorante et misérable, dominée par les moines, ne s'est-elle pas toujours, à leur voix, ruée sur les hérétiques avec une rage fanatique? Et parmi nous-mêmes, n'est-ce pas seulement le petit nombre qui pense, ainsi que le disait si sagement Christian l'imprimeur, père de ton mari, que la liberté de conscience dépendant du bon vouloir des rois, complices éternels de l'Eglise, l'on ne conquerra jamais d'une manière durable ni cette liberté, ni les autres, tant qu'existera la royauté!... La majorité des protestants, l'amiral de Coligny, ne témoignent-ils pas de leur respect, de leur dévouement, sinon pour les rois, du moins pour la monarchie? Ne la mettent-ils pas en dehors et au-dessus des guerres religieuses?... Sœur, le livre dit vrai : la masse du peuple, avilie, hébétée, dégradée par une ignorance, un servage et une misère séculaires, ne sent pas *le mal de la servitude!* S'ensuit-il que cette maladie soit incurable, mortelle? Non! non! en cela, j'espère mieux que la Boétie... L'histoire, d'accord avec les chroniques de la famille de ton mari, prouve qu'un lent et mystérieux progrès s'accomplit à travers les âges; les serfs ont remplacé les esclaves; les vassaux ont remplacé les serfs... et, un jour, le vasselage disparaîtra comme ont disparu esclavage et servage!... Enfin, les guerres religieuses de notre siècle sont un pas de plus vers l'affranchissement... la révolte contre le trône suivra de près la révolte contre l'Eglise... Mais, hélas! que d'années encore avant l'aurore de ce beau jour prédit par Victoria la Grande... ainsi que dit votre légende!

— Ah! — reprend Antonicq, — le génie de la tyrannie est si fécond en infernales ressources pour assurer son empire! Tenez, mon oncle, vous avez été, comme moi, frappé du nombre infini de fêtes publiques, de tournois, de carrousels, de processions, dont quelques voyageurs nous faisaient le récit, à leur retour de Paris!

— Oui... et nous écoutions ces récits comme ceux d'un voyage au pays des fées, — répond Cornélie. — Nous nous demandions comment le peuple pouvait se montrer si joyeux à Paris, courir à ces fêtes données sur ces places encore rougies du sang des martyrs, encore chaudes de la cendre des bûchers!

— Cornélie, — dit Antonicq, fier et ému des nobles paroles de sa fiancée, — les tyrans règnent moins peut-être par la force qui épouvante que par la corruption qui déprave... Témoin ces profondes et effrayantes paroles de la Boétie :

« ..... La ruse des tyrans pour abêtir leurs sujets ne se peut connaître plus clairement que par ce que Cyrus fit aux Lydiens, après qu'il se fût emparé de Sardes, la maîtresse ville de Lydie, et qu'il eût pris à merci Crésus, ce tant riche roi, et l'eût emmené captif. On apprit à Cyrus que les Sardins s'étaient révoltés; il les eut bientôt réduits sous sa main; mais ne voulant pas mettre à sac une tant belle ville, ni être toujours en peine d'y tenir une armée pour la garder, il s'avisa d'un grand expédient pour s'en assurer. Il y établit des maisons de débauche, des tavernes et jeux publics, et fit publier un édit qui ordonnait aux habitants de fréquenter ces mauvais lieux; il se trouva si bien de cette garnison, qu'il ne fallut jamais depuis tirer l'épée contre les Lydiens.

« Aussi, ne pensez pas qu'il n'y ait nul oiseau qui se prenne mieux à la pipée, ni aucun poisson qui, pour la friandise ne s'accroche plus vite à l'hameçon que tous les peuples ne s'allèchent vitement à la servitude pour la moindre plume qu'on leur passe (comme on le dit) dans la bouche. Les théâtres, les jeux, les farces, les spectacles, les gladiateurs, les bêtes étranges, les médailles, les tableaux et autre drogueries, étaient, aux peuples anciens, l'appât de la servitude, le prix de leur liberté, les outils de la tyrannie.

« Ces allèchements tenaient les sujets sous le joug. Ainsi les peuples assotis, trouvant beaux ces passe-temps, amusés d'un vain plaisir qui leur passait devant les yeux, s'accoutumaient à servir aussi niaisement, mais plus mal que les petits enfants, qui, pour voir les luisantes images des livres enluminés apprennent à lire.

« Les Romains tyrans s'avisèrent encore de festoyer souvent la populace, qui se laisse aller, plus qu'à toute chose, au plaisir de la bouche. Le plus entendu de tous n'eût pas quitté son écuelle de soupe pour recouvrer la liberté de la République de Platon! Les tyrans faisaient largesse du quart de blé, du sextier de vin, du sesterce; et lors, c'était pitié d'ouïr crier : *Vive le roi!* Ces lourdauds n'avisaient pas qu'ils ne faisaient que recouvrer une partie du leur; et que cela même qu'ils recouvraient, le tyran le leur eût pu donner, si auparavant il ne le leur avait point ôté à eux-mêmes. »

— Le plus entendu de tous n'eût pas quitté son écuelle de soupe pour recouvrer la République! — répéta le capitaine Mirant. — Le trait est sanglant et navrant de vérité! Les hommes deviennent brutes s'ils sacrifient tout aux instincts pervers, à leurs appétits grossiers!

Mais, exécration aux tyrans! ils excitent ces appétits, afin de dominer le cœur par le ventre, l'esprit par les yeux, en attirant le peuple à ces fêtes, à ces carrousels, amusements honteux de sa servitude, payé du fruit de ses labeurs!

— Va, pauvre Jacques Bonhomme! — ajoute le franc-taupin, — remplis ta panse et tend le dos! paie le gala! ronge les os et crie largesse!...

Ah! si tu savais! si tu le voulais! d'un coup d'épaule tu mettrais bas le tyran et ses cohortes!

— Non, non! — reprend Antonicq, — ne croyez pas que nos tyrans, Catherine de Médicis et Charles IX, soient surtout défendus par leurs arquebusiers d'ordonnance, par leurs chevau-légers et leurs gens d'armes... non, non!

« ... Mais maintenant je viens à un point, lequel est le secret et le ressort de la domination, le soutien et le fondement de la tyrannie. Celui-là qui pense que les hallebardes des gardes font la sûreté de la défense des tyrans, à mon jugement se trompe fort... Non, ce ne sont point les armes qui défendent le tyran ; on ne le croira pas du premier coup, toutefois, c'est le vrai ; ce sont quatre ou cinq (de ses complices) qui maintiennent le tyran et qui lui tiennent le pays en servage. Toujours il a été que cinq ou six ont eu l'oreille du tyran, et ont été appelés par lui pour être les complices de ses cruautés, les compagnons de ses plaisirs, les entremetteurs de ses voluptés, les copartageants de ses pilleries. Ces *cinq ou six* ont au-dessous d'eux CINQ OU SIX CENTS personnes qui leur sont ce qu'ils sont eux-mêmes au tyran... et ces cinq ou six cents ont à leur tour au-dessous d'eux CINQ OU SIX MILLE larronneaux, auxquels ils ont fait donner le gouvernement des provinces, le maniement des deniers, afin qu'ils satisfassent à l'avarice et à la cruauté du tyran ; qu'ils exécutent ses ordres en leur temps, et fassent d'ailleurs tant de mal, qu'ils ne puissent durer que sous son ombre, ni échapper que par lui aux lois et à leurs châtiments! Grande est la suite qui vient après cela ; et qui voudra s'amuser à dévider ce filet verra que, non-seulement les six mille, mais des cent mille, des millions se tiennent par cette corde au tyran, qui, s'aidant d'icelle, peut (comme en Homère, Jupiter s'en vante) amener à soi tous les dieux en amenant à lui la chaîne. »

. . . .

— Non, jamais le pouvoir centralisateur de la royauté, ce terrible instrument de la tyrannie, n'a été si ardemment mis à nu! — s'écrie le capitaine Mirant. — Ah! de plus en plus j'en suis convaincu, la fédération des provinces, indépendantes en leur particulier, mais liées entre elles pour ce qui touche les intérêts généraux de l'union, ainsi que la République des cantons suisses, offre seule des garanties à la liberté ! Commune et Fédération.

— Et maintenant, — reprend Antonicq Lebrenn, — admirez avec quelle profondeur Estienne de la Boétie retrace le châtiment intérieur du tyran et les hideuses conséquences de la tyrannie :

« ...Dès qu'un roi s'est déclaré tyran, toute la lie du royaume, je ne dis pas seulement un tas de larronneaux et d'essorillés, mais tous ceux qui sont mus par une ardente ambition et une notable avarice, s'amassent autour du tyran, le soutiennent pour avoir part au butin et être, sous le grand tyran, tyranneaux eux-mêmes. Ainsi font les grands voleurs et les corsaires : les uns découvrent le pays, les autres dévalisent les voyageurs; les uns sont en embuscade, les autres au guet ; les uns massacrent, les autres dépouillent... »

. . . .

« ...Voilà pourquoi le tyran n'est jamais aimé ni n'aime. L'amitié est don sacré, chose sainte! elle n'existe jamais qu'entre gens de bien, ne se prend que par une mutuelle estime; elle s'entretient, non tant par bienfaits que par la bonne vie. Ce qui rend un ami assuré de l'autre, c'est la connaissance qu'il a de son intégrité ; les répondants qu'il en a, c'est son bon naturel, la foi, la constance! Mais il ne peut exister d'amitié là où est la cruauté, la déloyauté, l'injustice! Entre les méchants, quand ils s'assemblent, c'est complot... non compagnie ! ils ne s'entre-soutiennent pas, ils s'entrecraignent! ils ne sont pas amis... mais complices de crimes, de forfaits!... »

. . . .

« Voilà pourquoi il y a bien (ce dit-on), entre les voleurs, quelque foi au partage du butin, parce qu'ils sont pairs et compagnons et qu'ils ne veulent pas, en se désunissant, rendre la force moindre. »

« ...Là commencent les châtiments des tyrans ; et lorsqu'ils sont morts, leur nom exécré est noirci de l'encre de mille plumes, leur réputation déchirée, leurs os mêmes traînés aux gémonies par la postérité, les punissent de leur méchante vie! Apprenons donc à bien faire, levons les yeux vers le ciel, demandons-lui l'amour de la vertu! Quant à moi, je pense bien qu'il n'est rien de si contraire à Dieu que la tyrannie, et qu'il réserve pour les tyrans quelque peine particulière. »

— Ah! mes enfants ! — dit la veuve d'Odelin, — ce livre où respirent la haine de la tyrannie, une généreuse indignation contre les lâches, qui feraient douter de la justice divine en subissant si allégrement l'iniquité ; ce livre où sont écrits à chaque page l'amour du juste, l'exécration du mal, ce livre devrait être mis aux mains des adolescents arrivés à l'âge de raison ; il serait pour leur âme une nourriture salubre et forte; ils y puiseraient dès leur jeune âge une sainte horreur de cette lâche et aveugle SERVITUDE VOLONTAIRE, et tous, au nom du droit, de la dignité, du juste, de l'honnête, se soulèveraient CONTRE UN, selon le titre de ces pages sublimes, et proclameraient en tous lieux la Commune et la Fédération!

— Ma tante, — dit timidement Cornélie, —

ce livre ne devrait-il pas être aussi celui de jeunes filles en âge de raison? Elles deviennent épouses et mères. Ne faut-il pas qu'elles soient aussi nourries dans l'amour du juste et dans l'horreur de la tyrannie, afin de pouvoir élever leurs enfants dans ces mâles principes, revendiquer pour les femmes des droits égaux à ceux des hommes, et partager les dévoûments, les dangers de leurs époux, lorsque vient l'heure des sacrifices et du combat?

Cornélie était si belle en prononçant ces viriles et patriotiques paroles, que tous les membres de la famille Lebrenn tournèrent les yeux vers la jeune fille avec émotion.

— Oh! ma vaillante fiancée! — dit Antonicq en se levant et prenant entre ses mains celles de Cornélie dans un élan d'amour et d'enthousiasme, — que d'orgueil m'inspire ton amour! quels généreux devoirs il m'impose! Enfin, c'est demain! jour heureux entre tous!... c'est demain que notre union sera bénie!

Antonicq achevait à peine de parler, lorsque soudain l'on entendit le pas d'un cheval, qui s'arrêtait au dehors devant l'armurerie. Thérèse Rennepont tressaillit, se leva, courut à la porte en s'écriant: — Mon mari!!!

Le pressentiment de la jeune femme ne la trompait pas, la porte s'ouvrit et Thérèse tomba dans les bras de Louis Rennepont.

La joie de la famille Lebrenn, en voyant l'un des siens domina d'abord tout autre sentiment; mais, après les affectueux épanchements, une même question s'échappe de toutes les lèvres:

— Quelles nouvelles de Paris et de l'amiral de Coligny?

Hélas! seulement alors, les membres de la famille Lebrenn remarquant la profonde altération du visage de Louis Rennepont, et sa femme, scrutant les traits du jeune homme avec une avide et inquiète curiosité, s'écrie tout à coup: — Grand Dieu! Louis, tes cheveux ont blanchi!...

En effet, lors du départ de Louis Rennepont, vers la fin du mois précédent, aucune mèche blanche n'argentait la noire chevelure du jeune homme, et, à son retour, elle était grise! il semblait vieilli de dix ans!... Ce changement devait avoir pour cause quelque émotion soudaine et terrible... L'exclamation de Thérèse fut suivie d'un morne silence; tous les regards s'attachaient sur Louis Rennepont avec une anxiété croissante; il répondit à sa femme d'une voix altérée:

— Oui, chère Thérèse, oui, mes amis, mes cheveux ont blanchi en une nuit... dans la nuit de « la Saint-Barthélemy », du 23 au 24 de ce mois d'août de cette présente année 1572!

Et frémissant encore d'épouvante, la poitrine secouée par les sanglots, le jeune homme, cachant sa figure entre ses mains, murmura:

— Mon Dieu! mon Dieu!... Puis s'adressant à la mère de sa femme, — vous souvenez-vous de ce projet infernal de Catherine de Médicis, surpris par la pauvre Anna Bell pendant l'entretien de la reine et du père Lefèvre, disciple de Loyola?

— Grand Dieu! — s'écrie Antonicq, — ce projet de massacrer tous les protestants, désarmés par la paix...

— Ce massacre commencé à Paris, sous mes yeux, pendant la nuit de la Saint-Barthélemy, — répond Louis Rennepont avec effort, — ce massacre dure encore à cette heure dans la plupart des grandes villes de France...

— Ah! — s'écrie le capitaine Mirant, — devant un tel forfait, le vertige vous saisit... l'on doute de soi-même... on se demande si l'on veille ou si l'on rêve.

— Mort de ma sœur! nous ne rêvons pas! — reprend le franc-taupin, — voire! compagnons, en regardant un torrent couler à nos pieds, souvent, pendant un instant la tête nous tourne... Ainsi nous advient... Nous voyons couler un torrent, ce torrent est de sang... ce sang, c'est celui de nos frères!...

— Misère de moi! — s'écrie Barbot le Chaudronnier en levant son poing fermé vers le plafond, — Le sang des catholiques, s'il ne coule pas à torrents, coulera goutte à goutte devant La Rochelle!... Qu'ils viennent nous attaquer!

— Ils viendront! — reprend le capitaine Mirant; — ils doivent être en marche! Nos remparts seront notre tombeau! Merci Dieu! nous ne serons pas égorgés comme des bœufs à l'abattoir! nous mourrons en hommes!

Cornélie, pâle, immobile comme la statue de la douleur, les deux mains croisées sur son sein palpitant, le visage ruisselant de larmes, et jusqu'alors demeurée dans une consternation muette, fait deux pas vers son fiancé, lui disant d'une voix altérée.

— Antonicq, demain nous devions nous marier... l'on ne se marie pas en deuil, et dès aujourd'hui je porte le deuil de nos frères massacrés pendant la Saint-Barthélemy!... Une femme doit obéissance à son mari, suivant nos lois, — lois iniques, dégradantes pour les femmes, — et je veux rester libre jusqu'après la guerre...

— Cornélie, l'heure des sacrifices est venue... — répond Antonicq d'une voix émue; mon courage égalera le tien.

— Nous avons payé tribut à la faiblesse humaine, — reprend la veuve d'Odelin en étouffant un soupir; envisageons sans défaillance la grandeur du désastre qui frappe la sainte cause... Louis, nous écoutons votre récit de la nuit de la Saint-Barthélemy.

— Lors de mon départ pour Paris, au commencement de ce mois, j'ai voulu, en passant à Poitiers, à Angers, à Orléans, visiter dans ces villes plusieurs pasteurs, afin de savoir s'ils partageaient nos inquiétudes ; je trouvai les uns complètement rassurés par la loyale exécution du dernier édit, et surtout par la certitude du mariage de Henri de Béarn avec la sœur de Charles IX, gage des bonnes résolutions de ce prince et de la fin des discordes religieuses ; d'autres pasteurs, au contraire, ressentaient de vagues alarmes : ne doutant pas que Jeanne d'Albret n'eût été empoisonnée par Catherine de Médicis, ils voyaient, non sans crainte, la confiance téméraire de l'amiral de Coligny envers la cour. Somme toute, la majorité parmi nos frères était remplie de sécurité. A peine arrivé à Paris, je me rendis, rue de Béthisy, chez M. de Coligny ; je lui exprimai les craintes des Rochelois sur les dangers que pouvait courir sa vie, si précieuse à *la cause*, et leur défiance au sujet de Charles IX et de sa mère ; telle fut la réponse de M. l'amiral : « Mon ami, l'unique motif qui me retienne à la cour est l'espoir à peu près certain que les Flandres et les Pays-Bas se soulèveront enfin contre la sanglante tyrannie de Philippe II. L'appui de la France peut seul assurer le succès de ce soulèvement. Si ces riches et industrieuses provinces presque entièrement protestantes, se détachent de l'Espagne, elles seront pour nos frères la terre promise ; ils trouveront ainsi un refuge, non plus comme aujourd'hui, derrière les remparts de quelques villes de sûreté trop peu nombreuses, mais dans ces provinces wallones, devenues françaises, en stipulant de solides garanties pour leurs libertés, ou dans les Pays-Bas républicainement confédérés, à l'imitation des cantons suisses, sous le protectorat de M. le prince de Nassau. Je suis attaché, par tradition de famille et par principe, au gouvernement monarchique ; mais, je le sais, beaucoup de nos frères, et vous êtes de ce nombre, révoltés des crimes de la maison régnante, inclinent fortement vers la République. A ceux-ci, la fédération des Pays-Bas, si elle s'établit, offrira une forme de gouvernement selon leurs vœux. » Mais, monsieur l'amiral, — lui dis-je, — si nos soupçons se réalisent, si l'appui que vous promettent depuis si longtemps le roi et sa mère, au sujet du soulèvement des Pays-Bas, est un leurre et cache un piège ? « Je ne le pense pas, — me répondit M. de Coligny ; — mais cela peut être... Il faut s'attendre à tout de la part de Catherine de Médicis et de son fils... » Eh quoi ! monsieur l'amiral, — m'écriai-je, — malgré cette possibilité, vous restez à la cour, parmi vos ennemis mortels ; vous ne cherchez pas à vous mettre en garde contre une trahison probable ? « Mon ami, — reprit M. de Coligny avec une gravité mélancolique, — pendant de longues années, j'ai fait de toutes les guerres la plus horrible, la plus atroce, la guerre civile... Elle m'inspire une aversion insurmontable... Le soulèvement des Flandres et des Pays-Bas, s'il s'accomplit, m'offre le moyen d'arrêter l'effusion du sang français et d'assurer une nouvelle et libre patrie à nos frères ; or, de deux choses l'une : ou les promesses du roi sont sincères, ou elles ne le sont pas. Si elles le sont, je regarderais comme un crime de ruiner par mon impatience ou par mes défiances la réussite d'un dessein si favorable à l'avenir des protestants. » Et si le roi n'est pas sincère, monsieur l'amiral, — lui dis-je ; — si ces promesses n'ont d'autre but que de gagner du temps, afin d'assurer le succès d'une nouvelle et effroyable trahison ? « En ce cas, mon ami, je serai victime de la trahison, — reprit tranquillement M. de Coligny. — Est-ce à ma vie qu'on en veut ? J'en ai depuis longtemps offert le sacrifice à Dieu... Du reste, avant-hier, j'ai déclaré au roi que, surtout après la tentative d'insurrection étouffée à *Mons*, et à la suite de laquelle M. de Lanoüe, mon meilleur ami, était demeuré prisonnier des Espagnols, la France ne pouvait hésiter plus longtemps à soutenir la révolte des Pays-Bas contre Philippe II. » Et que vous a répondu le roi, — demandai-je à l'amiral. — Vous a-t-il donné quelque garantie de sa résolution ? « Le roi, — reprit M. de Coligny, — m'a répondu ceci : *Mon bon père, voici venir les noces de ma sœur* MARGOT ; *accordez-moi encore une huitaine de jours pour m'ébattre et me divertir, ensuite de quoi, je vous le jure, foi de roi... vous serez, vous et les vôtres, contents de moi.* »

Louis Rennepont, à cet endroit de son récit, s'interrompit et s'écria, tressaillant d'horreur :

— Le croiriez-vous, mes amis... Charles IX adressait à M. de Coligny ces perfides et doucereuses paroles vers le 15 août, et dans la nuit du 23 au 24 de ce même mois, huit jours après, le massacre de nos frères avait lieu !.....

— Oh ! ces rois !... — dit Marcienne, levant les yeux au ciel, — ces rois ! notre sang ne leur suffit plus ! ils en sont repus ! Il leur faut railler afin d'égayer le meurtre !

— Mort de ma sœur ! s'écria le franc-taupin, — M. l'amiral était donc frappé de vertige ! Connaissant de longue date ce tyranneau... ce jeune tigre, il n'a pas été mis en éveil par le double sens que l'on pouvait prêter à ces paroles ? Quelle imprudence !

— Hélas ! non ! — reprit Louis Rennepont. — Et à l'observation que je fis à M. de Coligny, au sujet des paroles du roi, qui, en raison de son caractère pouvaient éveiller les soupçons, M. l'amiral me répondit : « Si l'on en voulait à ma vie, ne m'aurait-on pas déjà tué, depuis six mois que je suis à la cour ? » Mais, monsieur, — lui dis-je, — ce ne sont pas seulement vos jours qui sont menacés, mais peut-être aussi ceux de tous les chefs du parti protestant. Nos ennemis comptent sans doute sur votre exemple, sur votre présence à la cour, et sur les fêtes du mariage de Henri de Béarn, pour attirer les principaux d'entre nous à Paris, les frapper à un moment convenu, et, le signal donné, massacrer nos frères sur tous les points de la France... Oubliez-vous, monsieur l'amiral, ce projet discuté entre Catherine de Médicis et le jésuite Lefèvre? « Non, non, mon ami, — me répondit M. de Coligny, — mon cœur, ma raison, se refusent à croire à une monstruosité impossible, puisqu'elle dépasse les limites de la scélératesse humaine... Les plus effroyables tyrans dont le nom ait épouvanté la terre n'ont rien rêvé qui puisse approcher de ce forfait, qui serait sans nom ! »

— Ah! ce forfait a maintenant un nom... il s'appelle: « la nuit de la Saint-Barthélemy!...» dit Cornélie en frémissant. — De quel nom s'appellera la vengeance?

— La vengeance s'appellera peut-être: le siège de La Rochelle? — répondit le capitaine Mirant, père de la jeune fille. — Nos murailles sont fortes et nos cœurs résolus !...

— La guerre sera rude, reprit maître Barbot le Chaudronnier, tandis que Louis Rennepont continuait ainsi son récit : — Je quittai M. de Coligny sans pouvoir éveiller ses soupçons. Il alla passer quelques jours à sa maison des champs de Châtillon, sa chère et paisible retraite; il ne revint à Paris que le 17 août, veille du mariage de Henri de Béarn et de la princesse Marguerite. Cette union d'un prince protestant et d'une princesse catholique, où tant des nôtres voyaient le terme des discordes religieuses, attira dans Paris presque tous les chefs protestants. Parmi ceux que j'ai visités, je citerai, entre autres : M. de la Rochefoucauld, M. de la Force et le brave colonel Piles. Ne redoutant aucune trahison, ils partageaient les espérances de M. de Coligny au sujet du soulèvement des Pays-Bas. La sécurité de nos frères me gagna moi-même... Le mariage de Henri de Béarn et de la princesse Marguerite eut lieu le 18 de ce mois ; et jusqu'au 21, ce fut, à la cour et à la ville, une liesse générale, des fêtes splendides ! Je m'étais logé à l'auberge du *Cygne*, rue Saint-Thomas-du-Louvre, à proximité de la demeure de M. de Coligny. L'hôtelier était des nôtres. Il vint me trouver dans ma chambre, le 22 août, vers neuf heures du matin, et me dit avec une sorte de surprise mêlée d'inquiétude : « Voici qui est étrange... J'ai appris que les dizainiers de chacun des quartiers de la ville allaient de maison en maison, s'informant de la religion des habitants et notant les huguenots, sous prétexte d'un recensement général de la population... Puis, hier, — ajouta l'hôtelier, — le régiment des arquebusiers des gardes est entré dans Paris. L'on dit enfin que cette nuit l'on a transporté de l'arsenal à l'Hôtel de Ville un grand nombre d'armes, surtout des coutelas et des dagues. Ces renseignements m'ont été fournis par ma nièce. Elle est catholique et l'une des filles de chambre de madame la duchesse de Nevers. Ce recensement de huguenots, l'arrivée du régiment des arquebusiers des gardes, ces transports d'armes à l'Hôtel de Ville annoncent peut-être quelques projets contre les Réformés. Vous devriez informer M. l'amiral de ce qui se passe. » L'avis de l'hôtelier me parut sage. Je courus rue de Béthisy, chez M. de Coligny; je ne le rencontrai pas. Il s'était, selon sa coutume, rendu au Louvre de très grand matin. Son vieil écuyer Nicolas Mouche, à qui je fis part de mes renseignements, s'en émut; nous convînmes d'aller aussitôt attendre M. l'amiral à la sortie du palais. Nous traversions le cloître de Saint-Germain-l'Auxerrois, où l'on construit plusieurs maisons, lorsque nous apercevons M. de Coligny revenant à pied, suivi de deux serviteurs ; il lisait une lettre en marchant lentement. Nous hâtons le pas afin de le rejoindre, lorsque soudain nous sommes éblouis par la clarté d'un coup de feu tiré par la fenêtre basse de l'une des maisons du cloître de Saint-Germain-l'Auxerrois, et Nicolas Mouche s'encourt vers son maître en criant : « Miséricorde! M. l'amiral est assassiné!... Au secours! au secours! »

Une exclamation d'horreur s'échappe des lèvres de tous les membres de la famille Lebrenn, attentifs au récit de Louis Rennepont; et le capitaine Mirant s'écrie :

— Meurtre et trahison! c'est donc ainsi qu'ils ont tué ce grand homme!... Vengeance! Vengeance!...

— Non, — répondit Louis Rennepont avec un pénible effort. — M. de Coligny, tué d'un coup de feu, serait du moins mort en soldat... Je m'élance sur les pas de Nicolas Mouche, je le rejoins au moment où M. de Coligny, pâle mais calme, disait en désignant du geste la fenêtre par laquelle on avait tiré : « Le coup est parti de là... » L'arquebuse était chargée de deux balles; l'une avait emporté un doigt de M. l'amiral, et il avait reçu l'autre balle dans le bras près du coude: affaibli par la perte de son sang, qui coulait à flots, M. de Coligny, dit à Nicolas Mouche : « Je pourrai en m'appuyant sur toi, aller jusqu'à ma maison ; marchons ! » En effet, il s'y rendit à pied. Quelques officiers protestants le suivaient à distance ; apprenant le crime qui venait d'être commis, ils entrent de force dans la maison où s'était embusqué l'assassin ; mais il venait, leur dit-on, de prendre la fuite par une porte de derrière où l'attendait un cheval sellé tenu en main par un page à la livrée de Guise... Leurs perquisitions ne firent en effet découvrir aucun assassin.

— Les Guises ! Toujours ces Guisards coupables ou complices de l'assassinat des plus vaillants de nos frères ! dit en frissonnant la veuve d'Odelin. — Ah ! depuis la boucherie de Vassy, de combien de sang ces princes lorrains ont rougi leurs mains !... Et la blessure de M. de Coligny fut-elle mortelle ?

— Non... malheureusement pour M. l'amiral... car le lendemain... — Mais, Louis Rennepont, s'interrompant : — Vous me demandez, ma mère, si les Guises étaient complices du meurtre tenté sur M. de Coligny ? Oui, ils avaient trempé dans ce nouveau forfait, à l'instigation de la reine-mère... Et ici se déroule une trame dont la scélératesse semblerait incroyable, si l'on ne connaissait Catherine de Médicis et son fils. Je vous dirai plus tard de qui je tiens ces faits, dont il est impossible de douter. La reine, ainsi que nous l'a révélé sa conversation avec le jésuite Lefèvre, conversation surprise par la pauvre Anna Bell, haïssait et redoutait autant les Guises que l'amiral. Elle songea donc d'abord à faire assassiner M. de Coligny par les Guises, à se défaire ensuite de ceux-ci par les protestants, et enfin de se défaire des protestants par les soldats du roi. Cette infernale combinaison vous semble impraticable ? Cependant elle faillit réussir. Voici comment : les Guises continuaient de calomnier M. l'amiral en l'accusant d'avoir soudoyé Poltrot, qui tua François de Guise, lors du siège d'Orléans, et leur haine de famille demeurait aussi implacable qu'autrefois. La surveille du mariage de Henri de Béarn, la reine et son fils Charles IX dirent benoîtement au jeune Henri de Guise qu'il devrait, afin d'augmenter la sécurité des huguenots et celle de M. de Coligny, lui donner en apparence un gage de réconciliation, lui demander l'oubli des haines si longtemps vivaces entre leurs familles, et lui tendre amicalement la main, de sorte que l'amiral, rassuré par cette avance cordiale, se tiendrait de moins en moins sur ses gardes, et qu'il serait alors très facile de le faire assassiner !... La reine offrait pour cela... un homme à son fils et à elle : « MAUREPERT, surnommé le Tueur du Roi depuis le meurtre du brave de Mouy, crime payé à ce Maurevert par le collier de l'ordre de Saint-Michel. L'avis de l'Italienne fut goûté, le jeune de Guise tendit la main au vieil amiral... deux jours après, M. de Coligny recevait, à son retour du Louvre, une arquebusade de Maurevert !

— Le Tueur du Roi, en blessant M. de Coligny, au lieu de le mettre à mort, ruinait le projet de Catherine de Médicis et de son fils : ils avaient compté sur le meurtre de M. l'amiral pour exciter un grand tumulte dans Paris, leurs affiliés devant répandre le bruit que les Guisards étaient coupables de l'attentat ; les huguenots, exaspérés par cette nouvelle couraient aux armes, vengeaient M. de Coligny en massacrant les Guises et leurs partisans ; ensuite de quoi les troupes royales faisaient à leur tour main basse sur les huguenots, ainsi pris en flagrant délit de rupture des édits de pacification : et le massacre s'étendait ensuite de Paris à toute la France ! Machiavel n'eût pas mieux tramé ! L'arquebusade de Maurevert eût délivré à la fois Charles IX de M. de Coligny, des Guises et des protestants ; mais le Tueur du Roi ayant manqué son coup, il fallut aviser à un autre moyen... et surtout persuader au parti réformé, afin de l'entretenir dans sa funeste sécurité, que l'attentat de Maurevert était le fait d'une vengeance individuelle ; aussi Charles IX courait-il à l'instant chez M. l'amiral... Le jeune tigre a pleuré, il a appelé M. de Coligny *son bon père !* il lui a promis, « *foi de roi*, que, si haut placés que fussent les meurtriers, ils seraient atteints par la justice ! » De ces larmes, de ces protestations royales, j'ai été témoin, car plusieurs de nos amis et moi, nous étions restés auprès du lit où M. de Coligny s'était couché en attendant les chirurgiens. Nous avons donc assisté à son entrevue avec Charles IX...

— Ainsi, Louis, vous l'avez vu, ce tigre à face humaine ? — demanda Cornélie avec la curiosité du dégoût et de l'horreur. — Quelle figure a-t-il ce monstre ?

— Une figure pâle, sinistre, l'œil vitreux et éteint, quelque chose d'endormi dans ce regard, comme si ce fervent catholique, cet assassin couronné, rêvait toujours le crime ! — répondit Louis Rennepont. — Et voyez la ruse sanguinaire de cet élève de Machiavel, pour qui la foi jurée, le serment, ne sont que des formes de mensonge plus efficaces, savez-vous, après s'être apitoyé sur la blessure de son bon père et lui avoir, *foi de roi*, promis justice, savez-vous quelles furent les premières paroles de Charles IX ? « Je vais à l'instant donner l'ordre de fermer les portes de Paris, afin que personne ne sorte ; ainsi le meurtrier ne pourra s'échapper... De plus, j'autorise, ou plutôt j'engage fortement les seigneurs protestants à qui j'ai offert l'hospitalité au Louvre, pour les fêtes du mariage de ma sœur Margot, à mander leurs amis près d'eux en manière de sauvegarde... »

— Je devine la ruse du tigre, — reprit le capitaine Mirant. — En fermant les portes de Paris, il empêchait la sortie des huguenots voués au massacre !

— Sans doute, — ajouta maître Barbot le Chaudronnier. — De même qu'en engageant les seigneurs protestants logés au Louvre à s'entourer de leurs amis, Charles IX voulait les avoir sous la main pour les faire égorger !

— Les évènements ont prouvé que tel était

Massacres de la Saint-Barthélemy (pages 428 et 429)

le secret dessein du roi, — répondit Louis Rennepont ; — mais il fallait se hâter... La nouvelle de l'assassinat de M. de Coligny, connue dans les provinces, pouvait mettre les huguenots sur leurs gardes. La reine assembla le soir même son conseil et le présida. Voici les noms des conseillers : — Le roi Charles IX, — son frère le duc d'Anjou, — le bâtard d'Angoulême, — le duc de Nevers, — Birago, — Gondi, âmes damnées de Catherine de Médicis. Il fut décidé que la tuerie aurait lieu dès l'aube. Le prévôt des marchands, excellent catholique, avait, sous prétexte d'un recensement général, dressé la liste de tous les protestants de Paris ; leur demeure ainsi connue, l'on savait où aller les frapper. Ensuite l'on agita la question de savoir si Henri de Béarn serait tué. Catherine de Médicis et son fils insistaient fort sur la nécessité de ce meurtre ; mais leurs conseillers, cependant peu scrupuleux, objectèrent que le monde entier se révolterait d'horreur contre l'assassinat d'un prince égorgé, pour ainsi dire sous les yeux de la mère et du frère de sa femme. Le Béarnais était d'ailleurs léger, vacillant, sans croyance bien arrêtée ; il serait facile, par promesse ou par menace de lui faire abjurer la religion réformée. La mort du prince de Condé fut aussi longuement discutée, deux fois on la résolut ; mais son beau-frère, le duc de Nevers, garantit l'abjuration de ce prince. Du reste, cet adolescent, jusqu'alors drapeau du parti huguenot, mais sans valeur personnelle, inspirait peu de crainte, surtout si on le comparait à M. de Coligny. Vers une heure du matin, le jeune duc de Guise, mandé au Louvre, fut introduit parmi les conseillers ; on lui offrit et il accepta la haute direction du carnage. Chose étrange, au dernier moment, Charles IX eut un

155ᵉ livraison

vague remords à la pensée du meurtre de l'amiral, de ce vieillard qu'il avait le matin même appelé son *bon père*... mais l'hésitation du roi fut de courte durée; telles furent ses dernières paroles : « Par la mort-Dieu ! puisque vous trouvez bon que l'on tue l'amiral, je le veux; mais je veux aussi que l'on tue tous les huguenots, tous jusqu'au dernier, afin qu'il n'en reste pas un qui puisse me reprocher la mort de l'amiral ! »

— Dieu juste ! — s'écria la veuve d'Odelin en levant les mains vers le ciel, — tu l'as donc permis, ce forfait inouï, lui réservant, ô Dieu vengeur ! un châtiment terrible ! tu l'as donc permis, ce complot de palais ! ce conciliabule nocturne ! Là, Charles IX, armé du pouvoir souverain, certain de la féroce obéissance de ses soldats, de ses sicaires, a, de même que l'assassin embusqué au coin d'un bois, ténébreusement ourdi cet infâme et sanglant guet-apens, où à leur réveil sont tombés tant de nos frères, la veille, hélas ! endormis confiants dans la foi, dans leurs droits, dans les serments de ce prince ! Combien de fois n'avait-il pas juré, à la face de Dieu et des hommes, de respecter le dernier édit de paix ! Oui tu les a permises, ces horreurs, Dieu vengeur ! afin que cette royauté de race franque et l'Eglise de Rome, sa complice éternelle, tombent bientôt sous l'exécration soulevée par le massacre de la Saint-Barthélemy ! Mort aux rois, mort à leurs infâmes complices, les nobles et les prêtres !

La famille Lebrenn se joignit du cœur et des lèvres aux imprécations de la veuve ! et, sa vive émotion calmée, Louis Rennepont reprit : — Avant de rentrer le soir à mon hôtellerie, je parcourus la ville, assez calme en apparence; je rencontrai plusieurs des nôtres; effrayés de la tentative de meurtre exercée sur l'amiral, ils avaient en vain tenté de quitter Paris : les portes étaient rigoureusement fermées, selon les ordres de Charles IX. De retour, le soir, à mon hôtel, je n'y trouvai pas l'hôtelier, sur qui je comptais pour savoir peut-être quelques nouvelles. Brisé de fatigue, agité de vagues inquiétudes, je me jetai habillé sur mon lit et m'endormis; je fus réveillé, vers trois heures du matin, par l'hôtelier ; il tremblait d'épouvante. « La mort de tous les protestants de Paris est jurée ! — me dit-il, — le massacre va commencer au point du jour. Ma nièce, fille de chambre de madame la duchesse de Nevers, a surpris quelques mots du complot; elle vient d'accourir me le révéler. J'en ai averti ceux de nos frères qui logent céans ; ils viennent de fuir. Vous avez une chance d'échapper au carnage : suivez la première bande d'égorgeurs que vous rencontrerez; vous paraîtrez être des leurs ; vous pourrez gagner ainsi peut-être l'une des portes de Paris et quitter la ville. Ils ont pour signe de reconnaissance une croix de papier blanc attachée au chapeau et une manche détachée du corps de la chemise et passée, en manière de brassard, par dessus la manche du pourpoint ; leur cri de ralliement est : « Vive Dieu et le roi !... » Fuyez, fuyez ! que le Seigneur vous protège !... J'ai, grâce à ma nièce, une retraite assurée à l'hôtel de Nevers... » Au moment où l'hôtelier me parlait ainsi, j'entends à travers ma fenêtre, que j'avais laissée ouverte, car la chaleur de cette nuit d'août était étouffante, j'entends soudain, au milieu du profond silence qui régnait dans la ville, tinter lentement la grosse cloche de la tour du Palais. « C'est le signal du massacre ! — s'écrie l'hôtelier en sortant de ma chambre à la hâte : — fuyez, vous n'avez pas une minute à perdre. Ma maison est signalée; elle ne tardera pas d'être assaillie par les tueurs !... »

— Grand Dieu ! — s'écria Thérèse, la jeune femme de Louis Rennepont, serrant passionnément son enfant entre ses bras sans pouvoir retenir ses larmes.

Et s'adressant à son mari :

— Tu es là, près de nous, sain et sauf, pauvre ami ! et malgré moi je frissonne, je pleure, en songeant à tes cruelles angoisses en ce moment terrible !... — Tu as sans doute suivi le conseil de l'hôtelier ? Tu as pris le signe de reconnaissance des catholiques.

— C'était ma seule planche de salut. Je taillai une croix de papier blanc et l'attachai à mon chapeau ; je coupai la manche d'une chemise, dont je revêtis mon bras droit, et je sortis de l'hôtellerie. La rue était encore sombre et déserte ; mais le glas funèbre de toutes les paroisses de Paris s'étant joint au tintement de la cloche du Palais, sonnant alors à toute volée, grand nombre de fenêtres s'ouvrirent et s'illuminèrent peu à peu.

— Malédiction sur les gens de Paris ! — s'écrie la veuve d'Odelin. — Le plus grand nombre était donc complice de cette boucherie?

— Hélas ! oui, ma mère... il faut l'avouer à leur honte éternelle, les gens de Paris ont été les complices de Charles IX et nos bourreaux ! Le peuple et une notable partie de la bourgeoisie, fanatisés par les moines, devaient prendre part au massacre... d'autres, enfin, cédant à la crainte, obéirent aux dizainiers qui avaient ordonné que tout propriétaire de maison fît placer des lumières aux premiers coups de cloche que l'on entendrait sonner pendant la nuit. Ma première pensée fut de courir au logis de l'amiral, afin de le prévenir du massacre projeté. En gagnant rapidement la rue de Béthisy, je vis sortir de plusieurs maisons des hommes portant croix blanche au chapeau et manche de chemise en brassard ; ils brandissaient des piques, des épées, des coutelas, et criaient : « Vive Dieu et le roi !... tue, tue les huguenots ! »

Puis, réunis par groupes, ils s'arrêtaient devant certaines portes, marquées à la craie d'une croix blanche, se ruaient sur ces portes, les enfonçaient, se précipitaient dans le logis en criant : « Tue, tue les huguenots !... »

— Je me dirigeais en hâte vers l'hôtel de l'amiral, lorsqu'au tournant de la rue de Béthisy, je vois s'avancer un bataillon d'arquebusiers de la garde, précédés du jeune duc Henri de Guise, accompagné de son oncle le duc d'Aumale et du bâtard d'Angoulême, frère de Charles IX, tous trois revêtus d'une armure de guerre et l'épée à la main ; des pages portaient des torches devant eux. Grand nombre d'égorgeurs catholiques, reconnaissables aux signes de ralliement que je portais moi-même, marchaient pêle-mêle avec les soldats des gardes ; je me joins à eux. Cette troupe arrive devant l'hôtel de Coligny ; les soldats frappent à coups de crosse d'arquebuse sur la grande porte. Elle s'ouvre à l'instant ; et, malgré cette obéissance, quelques serviteurs de M. de Coligny, trouvés dans la cour, sont mis à mort. Les deux Guisards et le bâtard d'Angoulême, entourés de leurs pages s'arrêtent devant la façade de l'hôtel, à quelques pas du perron, dont les degrés menaient au vestibule. Le duc Henri de Guise fait un signe, et à l'instant son écuyer Besmes et les capitaines Cosseins, Cardillac, Attain et Petrucci s'élancent, suivis de plusieurs soldats et gravissent rapidement les montées du premier étage, où se trouve l'appartement de l'amiral. Le voyant perdu, j'étais resté dans la cour, confondu parmi les catholiques ; mais j'ai connu quelques moments après, les détails du meurtre. M. de Coligny, éveillé par les cris de ses serviteurs, devina le sort qui l'attendait ; près de lui avaient veillé durant la nuit son fidèle Nicolas Mouche et le pasteur Merlin. « Notre heure est venue ; recommandons notre âme à Dieu ! » leur dit simplement l'amiral. Et, sortant de son lit, il revêt un manteau de chambre et s'agenouille dans la ruelle ; le ministre, le vieux serviteur, s'agenouillent aussi ; tous trois se mettent en prière. Soudain la porte est enfoncée : Besmes, l'écuyer du duc Henri de Guise, entre le premier, l'épée haute, suivi des capitaines ; il marche droit à M. de Coligny, qui, sa prière faite, se relevait calme et digne. « C'est toi qui es l'amiral, — lui dit Besmes ; — tu vas mourir. — Que la volonté du Seigneur s'accomplisse ! Jeune homme, tu n'abrèges ma vie que de peu de jours, — répond M. de Coligny. » Ce furent les derniers mots de ce grand homme ! Besmes le saisit par le cou d'une main, et lui plonge son épée dans le côté ; le vieillard tombe sur ses genoux ! Le capitaine Cardillac le renverse, lui ouvre la gorge d'un coup de sa dague ; les autres officiers tuent le ministre Merlin et Nicolas Mouche !

— J'étais resté dans la cour ; là, je fus témoin d'une scène plus exécrable que le meurtre. Le duc de Guise, au bout de quelques minutes à peine, s'approche de la façade de l'hôtel et crie impatiemment d'une voix retentissante : « Hé, Besmes ! est-ce fait ! » L'une des croisées du premier étage s'ouvre, l'écuyer s'y montre tenant à la main son épée sanglante et répond : « Oui, monseigneur, c'est fait, il est mort. — Alors, — reprend Henri de Guise, — jette-nous le cadavre, afin que nous le voyions. » Besmes disparaît un moment et revient à la fenêtre traînant, assisté du capitaine Cosseins, le corps de M. de Coligny ; ils le soulèvent... Il me semble voir encore la tête blanche du vieillard, inerte, pendante, dépasser l'appui de la croisée, ses bras ballants dans le vide... Enfin Besmes et le capitaine font un dernier effort ; le cadavre, précipité dans la cour, tombe et roule aux pieds du duc de Guise... Le vieillard n'était vêtu que d'un manteau de lit, endossé à la hâte ; c'est ainsi que, demi nu et chauf, il fut lancé par la fenêtre. Son front chauve rebondit sur le pavé, bientôt rougi ; la victime était tombée sur le ventre. Le duc de Guise se baisse et aidé du bâtard d'Angoulême, il retourne le cadavre sur le dos, essuie du bout de son écharpe le sang dont est couvert le visage auguste du grand homme, le contemple avec une joie féroce ; puis, croisant cette tête blanche du bout de sa botte : « Enfin... il est bien mort ! » — s'écrie-t il et se retournant vers les soldats et les tueurs catholiques : — Compagnons ! allons continuer notre œuvre... le pape le veut... le roi l'ordonne... » J'avais, presque défaillant et incapable de faire un mouvement, assisté à cette scène de cannibales... elle était le prélude d'une autre plus affreuse encore... Les ducs de Guise, d'Aumale et le bâtard d'Angoulême quittent, avec leurs soldats, la cour de l'hôtel de Coligny, bientôt envahie par une bande d'hommes, de femmes, d'enfants déguenillés, troupe hideuse, brandissant des bâtons, des couteaux, des barres de fer, et conduite par un moine cordelier tenant un coutelas d'une main, de l'autre un crucifix ; il criait à tue-tête : « Vive Dieu et le roi ! » À ces cris répondaient les hurlements de la foule. Deux hommes à figure patibulaire portaient des torches devant le moine ; en reconnaissant le cadavre du martyr, le cordelier pousse une exclamation de joie infernale, s'élance, s'accroupit sur le corps inanimé de M. de Coligny, lui scie le cou avec son coutelas, sépare la tête du tronc, la saisit par ses cheveux blancs, la montre à la foule, criant d'une voix retentissante : « C'est la part du saint père... Je lui enverrai à Rome la tête de Coligny. » Et ce moine, — ajoute Louis Rennepont d'une voix altérée, répondant à un cri d'exécration échappé à toutes les lèvres, — ce moine ; honte et malheur !... ce moine est le frère... et l'assassin

d'Odelin!... Ah!... Que Dieu aie pitié de nous !
— Fra Hervé?... — s'écrièrent tout d'une voix les membres de la famille Lebrenn ; et un silence d'épouvante, d'horreur, régna dans l'armurerie.

— J'ai hâte d'en finir avec ces monstruosités, — reprend Louis Rennepont d'une voix haletante. Après le tigre vinrent les chacals... après la bête féroce, la bête immonde. A peine fra Hervé eut-il détaché du tronc la tête de l'amiral, aux acclamations de la troupe hideuse, qu'elle s'abat sur les restes du cadavre ; on coupe les pieds, les mains ; on arrache, on se dispute les entrailles... Ces mutilations sacrilèges semblent dépasser les limites de l'horrible... et pourtant, ce n'est pas tout. Des femmes, des furies acharnées sur les débris sanglants, ont... Je n'ose dire davantage devant ma mère ; devant vous, Cornélie ; devant toi, ma femme... Enfin la voix retentissante de fra Hervé domine le tumulte de cette orgie d'anthropophages : « Mes frères ! — s'écrie-t-il, — j'enverrai au pape la tête de cette charogne huguenote ; mais portons sa carcasse étripée au gibet de Montfaucon. C'est là que doivent être accrochés les restes du scélérat qui a infecté la France de son hérésie et déchiré le sein de notre mère l'Eglise catholique, apostolique et romaine. — « A Montfaucon la charogne hérétique ! » — hurla cette bande féroce. Une sorte de cortège se forme : fra Hervé remet son coutelas au fourreau, plante la tête de l'amiral au bout d'une pique, prend ce trophée d'une main, de l'autre son crucifix, et s'avance le premier éclairé par les porteurs de torches ; les restes informes du cadavre sont liés d'une corde, des égorgeurs s'y attèlent, les traînent ainsi dans la boue ; et la troupe se met en marche en hurlant : « A Montfaucon ! la charogne hérétique ! — Vive Dieu et le roi ! » En ce moment, malgré ma terreur, je me souvins des conseils de l'hôtelier. — Montfaucon étant situé hors des murs de la cité, une porte s'ouvrirait sans doute devant la bande du cordelier ; je me joins à elle, dans l'espoir de pouvoir m'échapper de Paris. Nous quittons la cour de l'hôtel de Coligny ; le jour était venu. Fra Hervé, avant d'aller à Montfaucon, voulut offrir son sanglant trophée aux yeux de Charles IX et de sa mère ; nous nous dirigeons vers le Louvre. Là avaient lieu de nouvelles scènes de carnage. Les seigneurs et officiers protestants venus à la suite des princes de Béarn et de Condé, lors des fêtes du mariage de la sœur du roi, avaient été logés au palais ; confiants dans l'hospitalité royale, surpris pendant leur sommeil et traînés demi-nus dans la cour, on les tuait, on les égorgeait. Je reconnus de loin, entre autres : MM. de Morge, de Pardaillan, Saint-Martin, et les braves colonels Piles, Baudiné, Puy-Vaud ; ils se débattaient, en chemise, au milieu des soldats qui les criblaient de coups de hallebarde ou les assommaient à coups de crosse d'arquebuse, puis dépouillaient les corps de leur dernier vêtement. J'étais en proie à une sorte de vertige causé par les gémissements, par les imprécations des victimes et par l'aspect des ruisseaux de sang où nous marchions, jusqu'à la cheville. Les bourreaux avaient étendu devant la façade du Louvre et rangé presque en ordre les cadavres encore chauds, pantelants, complètement nus et couchés sur le sol ; on en comptait plus de quatre cents. Je vois soudain apparaître sur un perron, d'où l'on dominait ce carnage, Catherine de Médicis, accompagnée de ses filles d'honneur et d'autres dames de la cour... Elles venaient...

Mais s'interrompant, Louis Rennepont cacha son visage entre ses mains... Hélas ! j'ai à vous apprendre quelque chose de plus affreux que ce que vous avez déjà entendu ! — Les furies qui profanèrent le cadavre de Coligny, dégradées par la misère, l'ignorance, hébétées par un fanatisme sauvage, obéissaient à ce fanatisme ; mais Catherine de Médicis et les femmes qui l'accompagnaient, élevées dans le luxe des cours, venaient, en raillant, insulter à des cadavres. Et, le croiriez-vous, elles... — Puis, s'interrompant de nouveau, Louis Rennepont s'écria : — Je ne souillerai pas vos oreilles de ces infamies sans nom... — Et il reprit : — Pendant que Catherine de Médicis, ses filles d'honneur et les dames de la cour se tenaient sur le perron, fra Hervé, portant la tête de Coligny au bout d'une pique, adressa à la reine quelques paroles que je ne pus entendre, mon attention étant attirée par l'apparition de Charles IX au balcon d'une fenêtre du Louvre. Le roi tenait à la main une longue arquebuse, un page en portant une autre pareille se tenait debout derrière lui, prête à la lui offrir. Soudain le roi abaisse son arme, la met en joue, souffle sur la mèche du serpentin, l'approche du bassinet... le coup part... Charles IX relève son arquebuse, regarde au loin et se met à rire... satisfait comme le chasseur qui vient d'abattre le gibier... Ce monstre à face humaine tirait sur les huguenots... qui fuyaient la tuerie commencée au faubourg Saint-Germain et essayaient d'échapper à la mort en traversant la Seine à la nage...

— Fra Hervé, après avoir harangué Catherine de Médicis, se mit en marche pour Montfaucon, à la tête de sa bande, qui traînait sur le pavé les restes informes de l'amiral. Je dus traverser Paris presque en entier ; je fus encore témoin de scènes horribles. Je rencontrai le maréchal de Tavannes, commandant de l'armée royale au combat de la Roche-la-*** ; il poussait au massacre, à la tête d'un régiment des gardes en criant : « Tuez!... saignez!... saignez! la saignée est bonne en août comme en mai!... » Et l'on saignait... l'on saignait tant, que les ruisseaux des rues charriaient du sang, non plus de l'eau. Les haines de voisin contre voisin s'assouvissaient sous prétexte de religion. Entre mille faits affreux dont j'ai été témoin en ce jour terrible, je ne vous en citerai plus qu'un, parce qu'il dépasse en horreur tout ce que j'avais vu jusqu'alors... Lors de mon arrivée à Paris, malgré mes préoccupations, attiré par la renommée de Ramus, l'un des plus célèbres professeurs de l'université et l'un des plus grands hommes de bien de ce temps-ci, j'étais allé souvent écouter les leçons de ce savant illustre; des écoliers, des hommes faits, des vieillards, se pressaient alors autour de sa chaire. Donc, suivant toujours la bande de fra Hervé, je passais devant la maison de Ramus, envahie par les tueurs... Un nombreux rassemblement arrêta pendant un moment notre marche. La foule demandait à grands cris la mort du savant célèbre; les plus acharnés à réclamer ce meurtre étaient une troupe d'écoliers de douze à quinze ans au plus, conduits par deux moines : un carme et un dominicain. Enfin les assassins poussent Ramus, demi-nu, hors de sa maison; le malheureux, déjà criblé de blessures, aveuglé par le sang qui baignait son visage, trébuchait comme un homme ivre, étendant les mains devant lui... Je crois le voir encore... Il tombe, on l'achève... et alors... ces écoliers, ces enfants se précipitent sur le savant, l'éventrent, arrachent ses entrailles fumantes, retournent le corps, relèvent la chemise sanglante qui le couvrait à peine... et fouettent ce cadavre avec les intestins en riant et disant : « Ramus a fait fouetter assez d'écoliers; qu'il soit à son tour fouetté!... »

— Je continuais de suivre la bande de fra Hervé; elle arrive à l'une des portes de Paris conduisant au gibet de Montfaucon. Cette porte, selon mon espoir, s'ouvre devant le cordelier... je ralentis le pas, je reste le dernier de la troupe, et, au détour d'un chemin, je me jette et me blottis dans un champ de blé; les épis élevés me cachent à tous les yeux. La bande de fra Hervé s'est enfin éloignée; je gagne les chemins qui contournent extérieurement les remparts, et à la tombée du jour, j'arrive, épuisé de fatigue, à une auberge où je passai la nuit, me donnant pour un bon catholique. A l'aube, je me mets en route pour Etampes; à mon entrée dans la ville, on achevait le carnage ! il durait encore à Orléans lorsque j'y suis passé; à Blois, à Tours, à Angers, à Poitiers, même tuerie de nos frères... Ainsi devait s'accomplir, après de longues années d'hypocrisie et de ruse, le pacte des triumvirs inspiré par François de Guise, le boucher de ...ssy ! Ah ! mes amis ! Catherine de Médicis l'avait dit au père Lefèvre : « Engagez le saint-père et Philippe II à la patience... Endormons les Réformés dans une sécurité trompeuse... Je couverai l'œuf sanglant pondu par Guise... et le même jour, à la même heure, les huguenots seront exterminés en France. » l'Italienne a tenu sa promesse... L'œuf réchauffé dans son sein a éclos. L'extermination en est sortie tout armée.

Soudain la veuve d'Odelin Lebrenn se dressa, pâle, imposante, leva vers le ciel l'une de ses mains vénérables avec un geste de malédiction, et dit d'une voix solennelle, au milieu du profond silence de sa famille :

— Qu'ils soient à jamais maudits de Dieu et des hommes, ceux-là qui, aujourd'hui ou dans les siècles à venir, ne répudieront pas l'Eglise de Rome... cette Eglise infâme, la seule... qui ait jamais enfanté de pareils forfaits!...

— Mort de ma sœur ! — s'écria le franc-taupin, — la voix d'Estienne de la Boétie sera-t-elle enfin entendue? Verrons-nous *tous* se liguer *contre* UN ? les opprimés, les artisans, la plèbe, anéantir enfin l'oppresseur et écraser la royauté?...

Le franc-taupin achevait à peine de parler que le maire de La Rochelle, Jacques Henry, entra précipitamment ; et, s'adressant à Louis Rennepont : — Mon ami, quelques mots dits par vous, lors de votre arrivée, à quelques personnes que vous avez rencontrées, ont été répétés de bouche en bouche et jettent l'alarme dans la cité!... Serait-il vrai que M. de Coligny ait été assassiné?

— M. de Coligny a été assassiné !... tous les chefs protestants ont été égorgés !... — répondit Louis Rennepont. — Tous les protestants de Paris ont été massacrés pendant la nuit de la Saint-Barthélemy ! A Etampes, à Orléans, à Blois, à Tours, à Poitiers, l'extermination se poursuit ; et elle a dû ensanglanter toutes les villes de France... Telle est la vérité...

— Aux armes ! et que le Seigneur nous protège ! — s'écrie Jacques Henry avec énergie. — Préparons-nous à une défense désespérée... La Rochelle est la seule ville de sûreté qui reste au pouvoir des huguenots ! Charles IX ne tardera pas à nous assiéger... Le beffroi va sonner ; le conseil de ville, rassemblé dans une heure à la maison commune, proclamera La Rochelle en danger... Aux armes ! guerre à outrance contre le roi et les catholiques, contre les assassins de nos frères ! Aux armes !...

. . . .

Avant de raconter le siège de La Rochelle, où notre famille, fils de Joel, hommes et femmes, prit une part glorieuse, moi, Antonicq Lebrenn, qui écris cette légende, je crois devoir, en quelques mots, vous retracer les conséquences de la Saint-Barthélemy, si contraires au sinistre espoir de Charles IX et de Catherine de Médicis. Tous deux, ainsi que l'avait dit l'Italienne au jésuite Lefèvre, croyaient en finir tout d'un coup, d'une seule fois, avec les huguenots, par cette immense hécatombe, offerte au pape de Rome et au roi des Espagnes Philippe II. Le soir de la tuerie, Charles, encore ivre de la vapeur du sang, disait joyeusement à sa mère : « N'ai-je pas bien joué mon rôlet? N'ai-je pas bien retenu la leçon et le latin de mon aïeul Louis XI : *Qui nescit dissimulare nescit regnare* (qui ne sait dissimuler ne sait régner). » « Et ce jeune monstre de vingt-deux ans à peine, — ajoute Brantôme, — prit grand plaisir à voir passer sous ses fenêtres plus de quatre mille corps de gens tués ou noyés qui flottaient en aval de la rivière. » Il alla, non moins joyeusement, à Montfaucon, se repaître à l'aspect du cadavre mutilé de Coligny, accroché aux chaînes du gibet par la bande de fra Hervé. Quelques courtisans se plaignant de l'odeur putride de ces débris humains, Charles IX répondit à ces délicats : « L'odeur d'un ennemi mort flaire toujours bon. »

Le nombre des victimes de la Saint-Barthélemy, à Paris et dans les autres villes de France, fut de CINQUANTE A SOIXANTE MILLE PERSONNES. Il fallait laisser à la postérité le souvenir de cette catholique boucherie : le 3 septembre 1572, Favier, général des monnaies, présenta au roi deux médailles commémoratives de la pieuse victoire de l'Eglise contre l'hérésie; Charles IX était représenté assis sur le trône, son sceptre d'une main, son épée de l'autre, et foulant aux pieds des cadavres. « La piété du prince excita sa justice, » disait l'exergue de cette médaille; la seconde portait l'effigie du roi, avec cette inscription : « Charles IX, dompteur des rebelles, 24 août 1572. » Et, au revers, l'on voyait Hercule assommant l'hydre. Quatre jours après la saint-Barthélemy, les cloches de toutes les paroisses de Paris, qui avaient donné le signal du carnage, sonnèrent allégrement un branle, afin d'annoncer aux fidèles « un jubilé universel » ou actions de grâces envers la Providence. Disons-le pourtant, à l'honneur de l'humanité, l'un des gouverneurs pour le roi, un seul!... protesta contre le forfait. Le vicomte d'Orthez, gouverneur de Bayonne, répondit à l'ordre d'extermination envoyé par Charles IX : « Sire, j'ai communiqué le commandement de Votre Majesté à ses fidèles habitants et gens de guerre ; j'ai trouvé de bons citoyens, de braves soldats, mais pas un bourreau. C'est pourquoi, eux et moi, supplions très humblement Votre Majesté de vouloir employer en choses possibles nos bras et nos vies, qui vous appartiennent, mais notre honneur reste intact. »

Rome et Madrid, à la nouvelle de la Saint-Barthélemy, retentirent d'acclamations de joie! Philippe II, ne regrettant plus d'*avoir patienté*, ainsi que Catherine de Médicis le lui avait recommandé par l'entremise du jésuite Lefèvre, écrivit à cette reine : « Je vous baise bien fortement les mains pour m'avoir écrit la grande nouvelle! Le pape Grégoire XIII, à la tête du sacré collège des cardinaux, alla se prosterner au pied des autels et remercier le dieu des catholiques d'avoir appesanti son bras vengeur sur l'hérésie. A Rome, comme à Paris, l'on frappa, en mémoire de la Saint-Barthélemy, une médaille portant d'un côté l'effigie de Grégoire XIII, et, de l'autre, un ange exterminateur, immolant les huguenots. HUGONOTORUM STRAGES (massacre des huguenots), disait l'exergue dans sa naïveté féroce. En outre, éprouvant le pieux désir de perpétuer aux yeux de la postérité le souvenir de cette boucherie, le saint-père fit peindre et exposer publiquement au Vatican un tableau représentant le carnage des hérétiques. Enfin un édit du 5 novembre 1572 déclara que « le roi Charles IX ne voulait souffrir dans son royaume d'autre culte que celui de l'Eglise catholique, apostolique et romaine ; et regarderait comme traîtres et hors la loi ceux qui persisteraient désormais dans l'hérésie. »

Parmi les protestants échappés au massacre, beaucoup quittèrent la France; un petit nombre, frappés de terreur, abjurèrent, et entre autres se déshonorèrent par leur apostasie, les deux jeunes princes, sinon chefs, du moins drapeaux du parti réformé : HENRI DE BÉARN et le PRINCE DE CONDÉ, à qui Charles IX dit résolument: « La messe, la mort ou la Bastille. » Oubliant l'égorgement de leurs frères, oubliant encore, l'un, l'empoisonnement de sa mère, Jeanne d'Albret, l'autre, l'assassinat de son père, prisonnier sur parole, ces deux apostats assistèrent à la messe, le 29 septembre 1572, et poussèrent la lâcheté jusqu'à écrire au pape Grégoire XIII « qu'ils le suppliaient humblement de les recevoir dans le giron de l'Eglise. »

Catherine de Médicis, son fils et le parti catholique ne devaient-ils pas se croire, cette fois, assurés d'un triomphe durable, paisible? L'apostasie, dont les princes de Béarn et de Condé donnaient l'exemple ; la proscription, la terreur, la mort, ne devaient-elles pas avoir, sinon pour toujours, du moins pour un siècle peut-être, abattu, terrifié, décimé, anéanti les huguenots? Le silence du sépulcre ne régnait-il pas dans ces villes où jadis les Réformés chantaient les louanges du Seigneur? « Enfin, — disaient les catholiques, — enfin, après plus d'un demi-siècle de luttes acharnées, les protestants sont anéantis!... Réjouissons-nous de leur extermination ! »

— Non, fils de Joel, le protestantisme n'était pas anéanti !

— Le guet-apens, le massacre, la proscription, la terreur, l'apostasie, atteignent l'homme, mais non la foi! Le tyran tue le corps, mais non l'IDÉE! Immortelle comme l'âme, l'idée échappe aux chaînes, aux meurtriers, plane au-dessus des carnages, pleure les victimes, maudit les bourreaux, arme des bras vengeurs! Le protestantisme va renaître, parce que les protestants ont pour eux le droit, germe fécond, vivace, indestructible.

O fils de Joel! avant l'aube de ce beau jour prédit par Victoria la Grande, de rudes, de sanglantes épreuves vous attendent sans doute encore à travers la nuit des âges! Mais quelque redoutable, quelque écrasant que vous semble le triomphe du mal sur le bien, de la force sur le droit, du scélérat sur l'honnête homme, ne l'oubliez jamais : la justice est éternelle, l'injustice éphémère! Donc, jamais de défaillance, jamais de désespérance! Combattez le mal! combattez le crime! combattez-le sans merci, ni pitié, ni trêve. Insurgez-vous contre lui, quelle que soit sa force! quelle que soit votre faiblesse! si petit que soit votre nombre! Votre épée se brise; combattez avec les ongles, avec les dents; le succès est certain! Le crime est maudit, son heure fixée par la fatalité! Mais combattez!... « Aidez-vous, le ciel vous aidera! » ainsi que disait la vierge des Gaules, la plébéienne de Domrémy, poursuivie par la haine des prêtres, des rois et des gens de guerre... Ils ont martyrisé, brûlé ton corps virginal, ô Jeanne! mais ton nom, mais ta gloire, sont immortels!... Donc, fils de Joel, combattez, combattez toujours! Si vous mourez à la tâche avant de voir la chute du crime, vos fils salueront votre mort avec ivresse, et vous serez vengés!... Rappelez-vous les faits écrits à chaque page de notre légende ; et surtout, voyez l'énergique renaissance du protestantisme! La Saint-Barthélemy a décimé les huguenots, on les croit anéantis... Erreur! Ceux qui survivent se redressent, plus formidables encore que par le passé, contre l'Église et la royauté. L'apostasie des princes de Béarn et de Condé, le meurtre des autres seigneurs protestants ont privé les protestants de leurs anciens chefs, qui défendaient leur foi religieuse en respectant cependant la monarchie : les huguenots chercheront désormais des chefs de souche plébéienne. Ceux-ci n'accepteront plus cette funeste fiction, dont le grand Coligny fut dupe et victime, à savoir : que le roi étant supposé impeccable et toujours trompé par de funestes conseillers, l'on s'armait non contre lui, mais contre eux... Aussi, les huguenots, après la Saint-Barthélemy, déclarent résolument la guerre à la royauté et les idées républicaines font de nouveaux et rapides progrès parmi les insurgés. Ce ne sont plus des princes du sang, des seigneurs, mais des bourgeois, des artisans, qui jettent un nouvel appel aux armes et dirigent,

avec l'énergie du désespoir, le soulèvement des Réformés. Ceux-ci, prenant une initiative aussi hardie qu'imprévue, à Nîmes, à Montauban, à Sancerre, chassent les garnisons royales, s'emparent du gouvernement des villes, les fortifient et y accumulent des munitions et des armes. La haute Guyenne, le Querci, le Rouergue, l'Albigeois, une partie du Dauphiné se révoltent de nouveau, non plus seulement contre le roi Charles IX, mais contre la monarchie. La Réforme déclare se constituer républicainement, à l'exemple des cantons suisses ; on comprend que *tous* ne sont pas nés pour le plaisir d'UN seul. Le livre sublime de LA BOÉTIE a ouvert les yeux des moins clairvoyants ; et cette fois, après tant de siècles de lâche obéissance, TOUS les républicans se liguent contre cet UN, ce Charles IX, qui vient de se baigner dans le sang. La déchéance de ce monstre est insuffisante, ses frères ou ses descendants l'égaleraient peut-être en férocité ; ce que veut la Réforme, c'est l'abolition de la royauté. Est-ce que le gouvernement des hommes doit être subordonné au hasard des naissances royales ? Si, d'aventure, il naît, à travers les siècles, quelques princes sages, éclairés, amis de leurs pays, dévoués au bien public, le plus grand nombre de ces porte-couronne ne se compose-t-il pas de princes nuls, stupides, idiots ou scélérats ?

Les Réformés jettent les bases d'une République fédérative : les provinces nommeront leurs états-généraux composés des délégués des états particuliers de chaque diocèse ; toutes les parties de la fédération auront à la fois leur vie propre, leur gouvernement en ce qui touche leurs intérêts particuliers, mais se rattacheront aux états provinciaux en ce qui touche les intérêts généraux. Ainsi, pas de tyrannie possible. Les états-généraux voudraient-ils imposer une loi inique à la confédération, ils rencontreraient la résistance invincible de chaque état particulier. La République protestante, ou, ainsi que l'on disait en l'année 1572, « l'union civile de l'Église réformée, » devait s'étendre et se constituer, au fur et à mesure de l'adhésion des provinces. Telles étaient les bases principales de cette constitution : COMMUNE ET FÉDÉRATION AVEC LA ROUGE BANNIÈRE.

« Chaque ville de la province élira un chef ou maire pour commander, tant au fait de la guerre que des choses civiles.

« Ce maire assisté d'un conseil de vingt-quatre échevins, élus, comme le maire lui-même, sans acception de qualité, soit parmi les nobles, bourgeois ou peuple de la ville et de sa banlieue.

« Au maire et aux échevins seront adjoints soixante-quinze autres conseillers, aussi élus, et qui délibéreront en commun avec les premiers et formeront le *Conseil des Cent*.

« Le Conseil des Cent décidera des lois à établir ou à réformer, des ordonnances concernant les monnaies, la levée des deniers, des appels en matière criminelle, des trêves de paix ou des déclarations de guerre.

» Les fonctions seront annuelles.

» Tous les maires ou chefs des conseils des villes fédérées éliront un chef général pour commander à la guerre avec cinq lieutenants.

» Ils éliront, de plus, un conseil supérieur, chargé des intérêts généraux de la fédération. »

Plusieurs élus des nouveaux états protestants, avant de fonder la République et de rompre d'une façon irrévocable avec la monarchie, se rendirent près de Charles IX, afin de lui poser leurs dernières conditions. Ils exigeaient en faveur de la religion réformée, beaucoup plus que ne lui avaient jamais accordé les différents édits tour à tour octroyés ou retirés ; Catherine de Médicis, frappée de stupeur s'écria :

« Si Condé était encore en vie, et qu'il fût au cœur de la France, dans Paris, avec cinquante mille hommes et vingt mille chevaux, il n'oserait demander la moitié de ce que ceux-ci ont l'insolence de prétendre ! »

Pour la première fois, Charles IX, sa mère et les prêtres eurent conscience de cette vérité : « Leur forfait, si longuement élaboré, si habilement ourdi, et exécuté avec une audace incroyable, loin d'anéantir la Réforme, la rendait plus vivace, plus impérieuse et plus indomptable... » — Deux mois à peine s'étaient écoulés depuis le massacre de la Saint-Barthélemy, et non seulement les huguenots reprenaient les armes, mais une fraction considérable du parti catholique, révoltée de la cruauté de la cour, du fanatisme du pape et de la sujétion de la France aux exigences de Philippe II, s'alliait aux huguenots pour faire triompher, non seulement la réforme religieuse, mais la réforme politique ; ces nouveaux adversaires de Charles IX et de sa mère prenaient le nom de « politiques. » Le roi, effrayé de l'attitude de plus en plus menaçante des huguenots, ainsi renforcés, voulut encore les tromper par de fausses promesses, louvoyer, atermoyer ; il était trop tard. Une quatrième guerre religieuse éclata ; plusieurs provinces se fédérèrent républicainement ; La Rochelle devint la place d'armes des protestants, et Charles IX dirigea contre elle toutes ses forces, à la fin de l'année 1572... six mois après la Saint-Barthélemy !

Moi, Antonicq Lebrenn, j'ai tenu presque quotidiennement une sorte de journal du siège de La Rochelle et de la défense des habitants, parmi lesquels notre famille a glorieusement combattu. Voici quelques fragments de ce memento, contenant en peu de mots les faits généraux de la guerre, précédant l'un des épisodes du siège, épisode qui termine cette légende. J'ajoute, afin d'aider à l'intelligence du récit, une description sommaire des fortifications de la Rochelle, aussi empruntée à mon journal.

La Rochelle, située au fond d'une baie large et sûre, représente un rectangle allongé, dont le plus grand côté serait d'environ trois mille pieds de longueur, et le plus petit de douze cents pieds, lequel s'appuie à la mer ; la ville s'étend du nord-est au sud-est, entre les marais salants de Rompsai, de Maubec et Tasdon (à l'Est), et ceux de la porte Neuve (à l'Ouest). Ces marais, en partie desséchés ou convertis en prairies, mais sillonnés d'un grand nombre de canaux, peuvent être facilement inondés, au moyen d'écluses ; ils deviennent alors impraticables à l'ennemi. Au centre du front maritime se trouve l'entrée du port, pratiquée au fond de la baie ; elle est défendue par les deux grosses tours de la Chaîne et de Saint-Nicolas, bâties en briques, armées de canons, et qui servent aussi d'arsenal et de poudrière. A droite et à gauche de ces deux tours, laissant entre elles la passe étroite du port, s'étend une muraille, revêtue en pierres de taille, battue par les flots à la marée haute, et rejoignant, à l'Est, la porte Saint-Nicolas, et, à l'Ouest, la tour de la Lanterne, au faîte de laquelle est un phare servant à guider les nautoniers. La ville n'est attaquable, en cet endroit, que par l'étroite langue de terre qui réunit le faubourg de Tasdon à la porte Saint-Nicolas ; mais, en outre du fossé plein d'eau qui protège cette porte, Scipion Vergano, habile ingénieur italien, mandé par nous, Rochelois, avait, en 1569, couvert cette porte d'une espèce de double contre-garde en terre flanquant l'entrée du port en battant les marais de Tasdon. — Le front Est, qui s'étend de la porte Saint-Nicolas à la porte de Congues, n'offre, dans tout son développement, qu'une mauvaise muraille flanquée de tours rondes. C'est l'un des côtés faibles de notre cité. Le front Ouest se prolonge directement depuis la tour de la Lanterne jusqu'au bastion appelé le boulevard de l'Évangile. Cette partie de l'enceinte consiste en un mur flanqué d'un grand nombre de petites tours très rapprochées et terrassées seulement en quelques endroits. Au milieu de cette longue ligne de défense, rendue presque inaccessible par de nombreux canaux, la porte Neuve a été autrefois couverte, par Scipion Vergano, d'un bastion fortement assis. Enfin, le front Nord s'étend, depuis le boulevard de l'Évangile jusqu'à la porte de Congues, sur une longueur de près de mille cinq cents pieds ; l'extrémité gauche de ce vaste front, trop vulnérable, est défendue par le bastion de l'Évangile, couvert par une levée de terre. Au centre et au point culminant de la ligne s'élève le demi-bastion de la Vieille-Fontaine ; il commande, il est vrai, toute la plaine, mais le peu de saillie qu'il offre et l'insuffisance

Les Rochelloises en expédition nocturne (page 436)

de ses flancs ne répondent point aux besoins de la défense ; ce bastion ne couvre qu'imparfaitement les remparts.

Tel est, fils de Joel, l'aspect des fortifications de la Rochelle, boulevard de la Réforme et de la liberté, ville sainte, contre laquelle Charles IX va lancer ses hordes catholiques et l'armée la plus considérable que ses généraux aient jamais commandée !

JOURNAL DU SIÈGE DE LA ROCHELLE

1ᵉʳ SEPTEMBRE 1572. — Les Rochelois, instruits du massacre de la Saint Barthélemy et prévoyant une nouvelle prise d'arme des huguenots, mettent la ville en état de défense. Le maire, Jacques Henry, fait le dénombrement exact des habitants. Ils sont partagés en huit compagnies, sans compter LA COLONELLE, composée du maire et de l'échevinage, jaloux de partager les périls des autres citoyens. Les capitaines élus sont: Jacques David, — Louis Gargouillaud, — Pierre Portier, — Jean Colin, — Charles Chalemot, — Merio-Mari, — Mathurin le grand et Bonneaud. — Tous font partie du conseil des pairs de la Commune. Les échevins et pairs qui ne commandent pas de compagnies inspecteront les postes et seront de garde de nuit et de jour à leur rang, dans la *colonelle* ; on lève en outre six compagnies de gens de pied volontaires, chacune de cent-vingt hommes. Les chefs élus sont : — Desessarts, — Montalembert, — la Rivière, — de Lys, — Bretin, dit le Normand, et Virolet. — Ces capitaines, connus par leur courage, ont tous pris une part glorieuse aux dernières guerres religieuses. Les magistrats s'occupent d'augmenter les approvisionnements de la ville, tandis que la mer est encore libre ; le capitaine Mirant, père de Cornélie, ma fiancée, est chargé du commandement d'une flottille de ravitaillement; il ira chercher des blés sur la côte de Bretagne et des munitions en Angleterre; le hardi marin saura échapper aux croiseurs royalistes ou les combattre. Cornélie doit accompagner son père dans cette navigation, et combattre à ses côtés, en vraie Gauloise; nous nous sommes fait nos adieux ce matin.

5 SEPTEMBRE 1572. — Hier est arrivé à la Rochelle le colonel de Plouernel, chef et héritier de cette ancienne et puissante maison, depuis que son frère aîné, le comte Néroweg de Plouernel, et son fils le vicomte Odet, ont été tués à la bataille de la Roche-la-Belle, dans un engagement où mon père Odelin et moi, nous avons pris part; le colonel a laissé sa femme et ses enfants chez son beau-père, dans la châtellenie de Mezléan, située près des pierres sacrées de Karnak; ce fief renferme dans ses dépendances une maison, un vaste jardin, et plusieurs champs ayant appartenu à notre aïeul Joel avant la conquête de la Gaule par Jules César.

9 SEPTEMBRE 1572. — Depuis quelques jours, grand nombre de fugitifs, échappés au massacre de la Saint-Barthélemy, sont arrivés à La Rochelle; on compte aujourd'hui dans notre cité cinquante gentilshommes du voisinage et leurs familles, et soixante ministres de la religion réformée. Plus de quinze cents soldats, déserteurs de l'armée royale, avec armes et bagages, sont venus se joindre à nous.

30 OCTOBRE 1572. — Le maire, Jacques Henry, et le conseil d'échevinage, chargés de veiller à la défense de la ville, déploient une grande activité. On a établi un conseil militaire dont fait partie le colonel de Plouernel et mon grand-oncle le franc-taupin, très expert en ce qui touche les travaux de siège, et surtout les mines et les contre-mines; le conseil militaire augmente les fortifications; de nouvelles batteries sont établies sur tous les points faibles du front attaquable, depuis la porte de Congues jusqu'au bastion de l'Évangile; on élève une redoute sur l'église Notre-Dame, et sur l'une de ses tours, restée debout, on guinde deux gros canons battant au loin la campagne; d'autres bombardes sont mises en batteries sur les plates-formes de tous les clochers capables de supporter le poids et l'ébranlement de cette artillerie: les tours d'Aix, de Sainte-Catherine, de la Verdière et du Crique, sont ainsi armées. Le franc-taupin, remarquant que certaines parties du fossé entre les boulevards de Congues et de l'Évangile sont mal flanquées, propose d'y construire ce qu'il appelle, en son langage, des *taupinières* ou casemates, dont les embrasures, abritées sont au niveau du sol et peuvent ouvrir sur l'ennemi un feu terrible et pour ainsi dire souterrain; ces casemates sont construites.

Hommes, femmes et enfants travaillent aux fortifications avec un enthousiasme indicible.

3 NOVEMBRE. — Hier a été prise une résolution héroïque, rappelant celle dont nos aïeux Albinik le marin et sa femme Méroë ont été témoins, alors que les Bretons, afin d'affamer l'armée de Jules César, ruinèrent, par l'incendie, leur pays alors si riche, si fertile, et qui devint ainsi un désert depuis Nantes jusqu'à Vannes!... Hier, par ordre du maire de la Rochelle, toutes les maisons du faubourg Saint-Éloi, des quartiers des Salines, des Volliers et de Patère, ont été démolies ou brûlées par leurs possesseurs; on ne veut laisser à l'ennemi aucun couvert pour s'approcher de la place, et rendre ainsi cet investissement plus périlleux.

8 NOVEMBRE 1572. — Aujourd'hui, l'armée catholique, commandée par M. de Biron, a paru en vue de la Rochelle et a pris position hors de portée de notre artillerie.

12 NOVEMBRE 1572. — M. de Biron a reçu des renforts considérables, et une partie de son matériel de siège; il s'est rapproché de la ville et a établi son camp à Saint-André. Le colonel Strozzi, l'un des meilleurs officiers de l'armée catholique, occupe Puy-Liboreau, le colonel Saint-Martin, à la tête de douze cents hommes, s'est logé à la Gord; le colonel Goas à Rompsay, avec six compagnies d'infanterie; et M. du Guast, l'un des mignons du duc d'Anjou (frère du roi Charles IX), occupe Aytré avec deux régiments de vieilles troupes. Nous avons prévu ces dispositions de l'ennemi, et afin qu'il ne trouvât d'autre abri que des décombres, les habitants d'Aytré avaient mis le feu à leur bourg.

8 DÉCEMBRE 1572. — L'armée ennemie reçoit encore des renforts, étend ses quartiers; le blocus se resserre. Chaque jour s'engagent de rudes escarmouches entre nous et les royalistes; ils perdent à ce jeu beaucoup de monde. Confiants en leur nombre, ils s'aventurent au milieu de nos vignobles entourés de murailles et de fossés, ou à travers le labyrinthe de chemins à peine tracés dans les marais salins; nous nous embusquons derrière les haies, au fond des fossés, ou parmi les roseaux des marais, nos arquebuses déciment les catholiques; s'ils tentent de nous poursuivre, ils disparaissent engloutis dans la profondeur des tourbières couvertes d'une herbe verdoyante, qu'ils ne savent distinguer de celle des prairies. C'est une guerre d'embuscades, semblable à cette lutte patriotique que les Armoricains soutenaient dans leurs landes, dans leurs marais, dans leurs bois, contre les soldats du fils de Charlemagne, au temps de notre aïeul Vortigern.

13 DÉCEMBRE 1572. — Hier combat acharné au bourg de la Font (la fontaine), où affluent, dans un réservoir, des sources abondantes, amenées ensuite à la ville par un acqueduc. Les catholi-

ques s'étaient emparés de ce bourg, afin de détourner les eaux et d'en priver la Rochelle; ils y ont réussi. Mon oncle le franc-taupin et son compère Barbot le Chaudronnier, de l'île de Rhé, avaient proposé de s'introduire souterrainement par l'aqueduc mis à sec, d'arriver ainsi sous le logement des troupes campées à la Font, et de les faire sauter au moyen d'un fourneau de mine; malheureusement, cette proposition n'a pas été goûtée, l'on a préféré une attaque de vive force; et nous y avons perdu beaucoup de monde. La Font est restée au pouvoir des catholiques; les canaux ont été coupés; mais les fontaines de la ville et les puits nous fournissent de l'eau en quantité suffisante.

7 JANVIER 1573. — L'ennemi, afin de resserrer davantage le blocus, a construit deux forts à l'entrée de la baie ou rade qui précède le port intérieur de la ville, de sorte que nos vaisseaux seront obligés de passer sous le feu de ces batteries pour s'approcher de la ville.

12 JANVIER 1573. — Maître Barbot le Chaudronnier, notre ami, a accompli avant-hier, un acte sans exemple, je le crois, dans les fastes de la guerre. Il existe non loin de la contrescarpe du bastion de l'Évangile un moulin nommé Brande, où le capitaine Normand plaçait, durant le jour, un poste avancé composé de plusieurs hommes : le soir, ils rentraient à la ville, ne laissant dans le moulin que leurs armes et une sentinelle. Avant-hier soir, le colonel Strozzi, profitant du clair de lune, est venu, à la tête d'un fort détachement ennemi renforcé de deux couleuvrines, attaquer le moulin, où se trouvait seul en vedette maître Barbot; il résolut de tenir ferme et ce qu'il fit, en effet, déchargeant tour à tour sur les assiégeants les arquebuses laissées chargées au râtelier du poste; notre ami poussait de grands cris, contrefaisant plusieurs voix, afin de persuader à l'ennemi que le moulin avait bon nombre de défenseurs. Le capitaine Normand, accouru sur le parapet du bastion au bruit des arquebusades, criait à maître Barbot de ne pas lâcher pied, de rester avec sa compagnie, et qu'on allait lui porter du secours. Le circuit était long; aussi, avant que nos hommes aient pu se rendre du bastion au moulin, situé bien au delà du fossé, maître Barbot, malgré son courage, se vit sur le point d'être forcé; les munitions lui manquaient. Il demande quartier pour lui et sa prétendue troupe; le colonel Strozzi accorde quartier à notre ami, qui, sortant de son poste, montre ainsi que sa compagnie se composait de..... son unique personne. Strozzi, furieux, voulait faire pendre maître Barbot, lorsque les gens du capitaine Normand, arrivant en hâte, ont culbuté les royalistes et leur ont enlevé notre intrépide chaudronnier.

15 JANVIER 1573. — Soyez béni, mon Dieu!... ma sœur Thérèse Rennepont, Cornélie, ma fiancée, ainsi que d'autres hardies Rocheloises, ont échappé, la nuit dernière, à un grand danger. Les brigantins du capitaine Mirant, chargés d'approvisionner La Rochelle de munitions de guerre et de blé, mettent fréquemment à la voile pour le littoral de Bretagne ou pour Douvres, et rentrent dans notre port avec leur ravitaillement. Les catholiques, afin d'intercepter cette navigation ou de la rendre très périlleuse, ont amené depuis Brouage la carcasse d'un grand navire démâté; puis, après l'avoir rempli de sable, l'ont coulée à fond non loin de l'entrée de la baie qui conduit à notre port. Cette espèce de ponton, ainsi à demi-submergé porte plusieurs pièces d'artillerie qui, jointes à celles de la redoute déjà élevée par l'ennemi à l'autre pointe de la baie, doivent croiser leurs feux contre ceux de nos bâtiments qui entreront dans la rade ou qui en sortiront. Hier le conseil a décidé que pendant la nuit, vers trois heures du matin, au moment de la plus basse marée, l'on irait incendier le navire, laissé à sec sur la grève par le retrait des eaux. Ce coup de main dangereux, puisque ceux qui en étaient chargés, sortant de la ville par la porte des Deux-Moulins, devaient aller entasser des combustibles autour de la carène du navire, malgré les arquebusades des soldats qui la gardaient, cette audacieuse expédition n'exigeant d'ailleurs aucune aptitude militaire, mais seulement un grand courage, fut dévolue aux Rocheloises, à leur demande instante et unanime : « Il fallait, — disaient-elles, — réserver pour la bataille le sang et la vie des hommes, si numériquement inférieurs aux assiégeants. » Ces vaillantes se réunirent au nombre d'environ trois cents et d'une assez grande quantité d'enfants de dix à douze ans qui voulurent accompagner leurs mères; cette troupe se composait de bourgeoises, de dames nobles, d'artisanes, de servantes, de femmes de pêcheurs et de marchandes. Parmi celles-ci se trouvaient au premier rang, je le dis avec fierté, ma mère, ma sœur Thérèse Rennepont et Cornélie Mirant, ma fiancée, de retour depuis peu de jours d'une navigation sur les côtes de Bretagne qu'elle avait faite à bord du brigantin de son père. Vers trois heures du matin, elles sortirent de la ville, portant des fascines de bois sec et des bottes de paille; le vent était violent, une nuit profonde favorisait leur marche, guidée entre autres, par la femme d'un pêcheur, surnommée « la Bombarde » parce qu'elle avait encloué l'une des bombardes ennemies. Habituée à la pêche aux sourdons, coquillages très abondants sur nos côtes, la Bombarde connaissait les passages praticables au milieu des roches et des sables mouvants des grèves, et elle dirigea les autres Rocheloises au milieu des ténèbres.

Voici la très curieuse narration de Cornélie sur cet évènement :

« Grâce à l'obscurité de la nuit, au bruit du vent et au silence de notre marche, nous nous sommes approchées à une portée d'arquebuse de la carène du vaisseau, sans donner l'éveil aux royalistes. Ta mère, s'avançant l'une des premières, entre Thérèse et moi, et enfonçant souvent, comme nous, dans l'eau et dans la vase jusqu'aux genoux, s'était toujours refusée à ce que nous la soulagions du poids de la fascine qu'elle portait. Nous n'étions plus qu'à une petite distance du navire, dont les fanaux nous avaient au loin guidées à travers la brume, lorsque le factionnaire de garde, entendant le bruit des pas de notre troupe, crie : « Qui va là ? » — Au feu ! au feu ! — répond ta mère d'une voix forte. C'était le signal convenu. Nous franchissons en courant l'espace qui nous séparait de la carène, et aussitôt, le long de ses flancs, nous amoncelons nos fascines et nos bottes de paille ; le factionnaire tire sur nous au hasard et dans l'ombre une arquebusade, en appelant ses compagnons aux armes. Ils montent en hâte sur le pont avec les canonniers ; mais, ne pouvant pointer de si près et de haut en bas leur batterie sur nous, ils nous envoient au milieu des ténèbres, presque à bout portant, une grêle de coups d'arquebuses, qui firent parmi nous plusieurs victimes. Les balles sifflèrent ; l'une d'elles emporta ma coiffe. Ta mère, ta sœur et moi, nous étions à quelques pas l'une de l'autre, mais nous ne pouvions nous voir à cause de l'obscurité. « Cornélie, es-tu blessée ? me crièrent-elles. — Non..... Et vous ? — Ni nous non plus, — répondit ta mère. » Et elle cria de nouveau : » Hardi ! au feu, mes filles ! » Et elle et la Bombarde qui venaient d'allumer une mèche soufrée, mettent les premières le feu aux fascines et à la paille ; leur exemple est imité en vingt endroits à la fois, malgré les nouvelles arquebusades des royalistes. Bientôt d'épais nuages de fumée entourent la carène ; les combustibles embrasés jettent leur reflet sur les flaques d'eau de la grève et jusque sur les deux tours du port. Nous y voyions aussi clair qu'en plein jour ; mais les catholiques aveuglés par la fumée, que le vent chassait de leur côté avec de grands tourbillons de flammes, ne pouvaient nous apercevoir et tirer sur nous. Aussi avons-nous, par trois fois, jeté fascines sur fascines le long des flancs de ce maudit navire, tellement imprégné d'eau de mer et de vase, que, malgré son ardeur, le feu ne put entamer ces épais bordages, suintant d'humidité. Nos combustibles épuisés, nous avons dû, pour nous retirer, profiter des derniers nuages de fumée qui, nous dérobant à la vue de l'ennemi, ne lui permettaient pas de nous viser. Nous avons alors regagné la ville, emportant les corps de cinq d'entre nous ; parmi elles, Marie Caron, la digne femme du mercier notre voisin, tuée raide d'une balle reçue à la tempe gauche ; son fils, âgé de treize ans, a eu le bras fracassé. Nous avons aussi rapporté ou soutenu plusieurs filles ou femmes d'entre nous, plus ou moins grièvement blessés, au nombre d'une quinzaine. Notre seul regret était de n'avoir pu mener à bonne fin cette entreprise. »

Telle est, fils de Joel, la vaillance des femmes de La Rochelle durant le siège de cette cité... Ne se montrent-elles pas les dignes filles des Gauloises des temps héroïques !

12 FÉVRIER 1573. — Le frère de Charles IX, le duc d'Anjou (il régna plus tard sous le nom de Henri III, d'infâme mémoire), est arrivé hier au camp royaliste pour prendre le commandement de l'armée ; il est accompagné de ses deux cousins, Henri de Béarn et de Condé. Ces deux apostats, qui, après avoir vu égorger sous leurs yeux leurs partisans, leurs meilleurs amis, durant la nuit de la Saint-Barthélemy, ont donné le baiser de paix et d'oubli à Charles IX et le suivent au siège de La Rochelle ; ces fils dégénérés de Jeanne d'Albret et de Condé, viennent guerroyer contre leurs frères avec les bourreaux de leurs familles. Parmi les autres seigneurs et capitaines de la suite du duc d'Anjou, l'on compte : le duc de Montpensier ; le prince Dauphin d'Auvergne ; les ducs de Guise et d'Aumale ; les ducs de Longueville et de Bouillon ; le marquis de Mayenne ; le duc de Nevers ; messires Antoine et Claude de Bauffremont ; René de Voyer, vicomte de Paulmy ; le duc d'Uzès ; le bâtard d'Angoulême ; le maréchal de Cossé ; le comte de Retz, et autre illustre seigneurie ; parmi les gens de guerre les plus renommés, est le vieux maréchal de Montluc, tigre à face humaine. La présence de ce général expérimenté, dont l'âge n'a point amorti la férocité proverbiale, dit assez que, si La Rochelle tombe au pouvoir de l'ennemi, nous serons exterminés jusqu'au dernier...

14 FÉVRIER 1573. — Le brave François de Lanoüe est venu nous rejoindre à La Rochelle par suite d'une étrange convention avec Charles IX. Le soulèvement des Pays-Bas, si ardemment désiré par Coligny, avait avorté par suite de la trahison de la cour de France, trop jalouse de complaire au pape et à Philippe II par le massacre de la Saint-Barthélemy, et pour songer sérieusement à appuyer l'insurrection républicaine de l'une des provinces de la monarchie espagnole ; M. de Lanoüe, abusé par les espérances de l'amiral de Coligny, dupe lui-même des mensongères promesses de Catherine de Médicis et de son fils, M. de Lanoüe s'étant rendu à Mons, afin de se concerter avec les chefs du soulèvement projeté, le tenta sans succès,

fut fait prisonnier, et échappa ainsi, par hasard, au massacre de la Saint-Barthélemy. Charles IX, de plus en plus alarmé de l'attitude indomptable des huguenots, sachant quelle influence M. de Lanoüe exerçait sur eux, demanda sa liberté à Philippe II, l'obtint, appela au Louvre le capitaine protestant et lui dit : « J'ai foi dans votre parole... Allez à La Rochelle, engagez les protestants à se rendre et à se soumettre ; s'ils refusent, promettez-moi de revenir vous mettre prisonnier à ma discrétion. — J'y consens, — répondit Lanoüe. — J'irai à La Rochelle ; et si, en mon âme et conscience, les huguenots me paraissent devoir être vaincus, je les engagerai de tout mon pouvoir à capituler ; mais s'ils me semblent avoir chance de triompher, je les engagerai à la résistance et je leur offrirai mes services.. S'ils refusent mes services, je reviendrai me mettre entre vos mains. » Telle est la confiance qu'un homme de bien inspire, même aux scélérats, que Charles IX a accepté l'offre de M. de Lanoüe. Celui-ci a envoyé un parlementaire auprès du maire de La Rochelle pour l'instruire de ces conditions et lui demander l'entrée de la cité. Le conseil s'est assemblé. Les uns ont énergiquement blâmé M. de Lanoüe de s'être dégradé jusqu'à un compromis avec Charles IX ; les autres, en majorité considérable, ont apprécié l'importance du concours de M. de Lanoüe et pour que ses services fussent agréés. Il a été introduit dans la ville ; ses patriotiques paroles lui ont ramené presque tous les dissidents. Il a visité les travaux de défense de la place, et, persuadé qu'elle peut repousser avec succès l'attaque des royalistes, il a reçu le commandement des troupes, sous la surveillance de l'échevinage.

23 FÉVRIER 1573. — La présence de M. de Lanoüe parmi nous porte déjà d'excellents fruits ; il discipline nos troupes, ne permet plus ces escarmouches meurtrières où tant des nôtres allaient se faire tuer par outre-vaillance ; il refrène l'ardeur des plus bouillants, habitue les volontaires au maniement des armes, à la précision des manœuvres militaires, et substitue la tactique prudente à l'entraînement du courage aveugle, de l'enthousiasme irréfléchi, toujours si nuisible aux armées protestantes.

27 MARS 1573. — M. de Lanoüe, fidèle à sa parole, a quitté hier La Rochelle et est retourné au camp de Charles IX se constituer prisonnier. Depuis qu'il nous commandait, nos sorties causaient de grands dommages à l'ennemi, mais en coûtant beaucoup de monde. Nous ne pouvions réparer nos pertes, puisque nos communications sont coupées du côté de la terre ; tandis que l'ennemi reçoit sans cesse des renforts considérables. Nous ne comptons plus que quatre mille cinq cents citoyens capables de porter les armes ; l'ennemi met en ligne aujourd'hui vingt-cinq mille hommes de troupes et soixante canons. Les travaux du siège sont conduits avec une grande habileté par Scipion Vergano, l'ingénieur qui a fortifié la Rochelle ; ce traître connaît le fort et le faible de la place, aussi a-t-il concentré tous les moyens d'attaque des catholiques sur le bastion de l'*Evangile ;* leurs batteries foudroient la ville de ce côté. Enfin, les munitions commencent à nous manquer ; les travaux exécutés par l'ennemi à l'entrée de la baie rendent très difficile l'arrivage des bâtiments, qui seuls nous approvisionnent ; la poudre et le blé deviennent de plus en plus rares. La flottille du capitaine Mirant est allée chercher des munitions en Angleterre, des grains en Bretagne ; chaque jour on attend ces navires, si le vent contraire les retient encore ou s'ils ne parviennent pas à pénétrer dans notre havre, une horrible disette régnera bientôt dans la ville. M. de Lanoüe, ayant pesé les effrayantes difficultés de notre situation, n'a pas cru que nous puissions résister longtemps à des forces cinq à six fois supérieures aux nôtres ; il a engagé le conseil de ville à traiter avec le duc d'Anjou, afin d'obtenir une capitulation honorable et une paix avantageuse, ajoutant que lui, Lanoüe, avait juré sa foi d'homme d'encourager, d'aider les Rochelois à la résistance, tant qu'il croirait, en son âme et conscience, la résistance possible ; mais que, du jour où il la regarderait impraticable, il engagerait les assiégés à capituler ; promettant, dans le cas où l'on ne suivrait pas ses avis, d'aller se remettre prisonnier aux mains du roi. Le conseil de ville, après une séance solennelle, sous la présidence du maire Jacques Henry, épuisé, presque mourant de ses fatigues, de ses blessures, mais soutenu par son énergie républicaine, le conseil de ville a déclaré, à une forte majorité, que les Rochelois résisteraient aux catholiques jusqu'à la mort... M. de Lanoüe a quitté la ville.

O fils de Joel ! admirez la résolution de ce maire, de ces échevins, de ces chefs de milice civique ! de ces bourgeois ! Ces généreux citoyens ne combattaient pas par ambition, par cupidité, ainsi que la plupart des capitaines de Charles IX, soudards sans foi ni loi, gens d'épée qui vendent leur peau et tuent pour vivre, batailleurs par état, pour qui la guerre, d'où qu'elle vienne, quelle qu'elle soit, juste ou injuste, sainte ou atroce, est un métier lucratif. Non, ces bourgeois combattaient pour leur liberté, pour leur foi, pour leurs droits, pour la défense de leur foyer ; et, seule, la conscience de combattre pour la plus sacrée des causes peut enfanter des prodiges d'héroïsme ! Honneur à ces vaillants bourgeois ! Honte, exécration sur les gens de guerre !

. . . .

Ces fragments du siège de la Rochelle, écrits

par moi, Antonicq Lebrenn, nous conduisent jusque vers le milieu du mois de mai (1573), où se passeront les évènements suivants.

L'Hôtel de Ville de la Rochelle, presque entièrement reconstruit, il y a bientôt un siècle, en l'année 1486, est l'un des plus beaux monuments dont se soit jamais enorgueilli le patriotique amour de la cité. La foi catholique a élevé jusqu'aux nues ses splendides cathédrales, où les prêtres, ô Christ ! exaltent l'assassinat des huguenots, prêchent l'extermination des hérétiques ! Le culte des franchises communales a édifié ces hôtels de ville, berceau de nos libertés, sanctuaires civiques, où l'on jure sur la bannière de la Commune de mourir pour son indépendance ! ainsi que mouraient les communiers dont notre aïeul, FERGAN LE CARRIER a partagé les combats, au temps de Louis le Gros. Le monument municipal dont nous autres Rochelois nous sommes si justement fiers, se compose d'un vaste corps de logis, flanqué de deux pavillons à toits aigus. Sa façade principale, ornée de vingt-sept consoles très rapprochées, dont le triple renflement disparaît sous des guirlandes de feuilles et de fruits ciselés, fouillés dans la pierre, est surmontée d'une terrasse crénelée, aux frêtes décorées d'un riche enroulement de feuilles d'acanthe ; au-dessus de chacun des deux pavillons s'élance dans les airs un beffroi d'une merveilleuse richesse architecturale ; celui de gauche offre aux yeux étonnés une cage de fer doré, non moins admirablement forgée que son dôme, découpé à jour aussi délicatement que peut l'être une dentelle et soutenu par trois colossales figures de pierre. Il faut renoncer à décrire la profusion de gargouilles qui semblent saillir des murailles de l'édifice, et représentent des sphinx, des chimères d'un dessin rempli de hardiesse et de grâce ; il faut renoncer à décrire les festons de pierre qui brodent le monument de sa base à son faîte, les enroulements infinis de feuillages ou de fleurs qui grimpent le long des nervures ogivales, des portes, des fenêtres, embrassent leurs linteaux, se tordent autour de leurs piliers, de leurs colonnettes, et couronnent leurs chapiteaux ; innombrables sculptures fleuries, touffues, épanouies, charmantes, pareilles à une végétation luxuriante, soudain pétrifiée par un pouvoir magique. Cette imparfaite description peut seulement donner une idée de la beauté matérielle de l'Hôtel de Ville de la Rochelle ; mais il avait, si cela se peut dire, une âme, un souffle, une voix ! C'était l'âme vaillante, le souffle puissant, la voix patriotique de la Commune, qui semblaient animer un corps de pierre de l'antique édifice : là, surtout depuis la guerre, et de même que la vie se concentre dans le cœur, se concentrait la vie de la cité ! tout partait de là, tout aboutissait là, parce que là siégeait le pouvoir souverain de cette République urbaine, représentée par le maire et par l'échevinage, élus de leurs concitoyens. Nuit et jour assemblés à l'Hôtel de Ville en nombre suffisant pour répondre à toutes les nécessités du moment, ces vaillants édiles ne quittaient la salle du conseil que pour aller combattre aux remparts ou risquer des sorties contre les redoutes ennemies ; souvent aussi il leur fallait calmer, dominer ou dompter les agitations populaires causées par les malheurs du temps. Telle était alors la rude tâche réservée à Morisson, nouveau maire de la Rochelle, qui succédait à Jacques Henry, mourant de ses fatigues et des suites de ses blessures. Glorifiez la Commune, fils de Joel, et ses héroïques défenseurs !

Donc, ce jour-là, vers le milieu du mois de mai 1573, une foule tumultueuse, uniquement composée de femmes et d'enfants, les hommes valides restaient aux murailles ou prenaient tour à tour quelques heures de repos, envahissant les abords de l'Hôtel de Ville de la Rochelle, criaient avec la navrante énergie de la faim : « Du pain ! du pain ! » Non moins amaigries, non moins hâves que leurs enfants, grand nombre d'entre ces femmes, ayant combattu avec les hommes de la Rochelle pour repousser un assaut tenté par les royalistes, avaient le front ceint d'un bandeau sanglant ou le bras soutenu par une écharpe ; quelques enfants de dix à douze ans portaient aussi les traces de blessures reçues en accompagnant leurs mères à la bataille. Cette foule, déjà aigrie, épuisée par les fatigues, par les privations de toutes sortes, résultant d'un long siège, voyait avec épouvante approcher la famine. Depuis la veille, les boulangers, manquant de farine, avaient fermé leurs boutiques, aucune distribution de vivres, aussi minime qu'elle fût, n'avait été faite selon l'usage. Ces infortunées demandaient à grands cris « du pain ! » et à grands cris aussi appelaient Morisson, le nouveau maire, le chef de la Commune.

Morisson parut sous la voûte de l'Hôtel de Ville ; il s'avança vers la foule : le maire était à la fois aimé, craint et respecté ; encore dans la vigueur de l'âge, il portait un corselet et des brassards de fer ; une lourde épée pendait à son côté ; il s'élança sur l'un des montoirs de pierre placés de chaque côté de la porte, réclama d'un geste le silence, et s'adressant à la foule d'une voix sonore, ferme mais paternelle :

— Mes enfants ! le conseil est assemblé... Je n'ai pas de temps à perdre en discours... Déléguez-moi l'une d'entre vous, elle me dira ce que vous désirez de moi... je répondrai...

La Bombarde, acclamée tout d'une voix la déléguée de ses compagnes, se fit jour parmi elles, et s'approchant de Morisson : Maire ! nous avons faim et nous demandons du pain ! les boulangers n'ont plus ni blé ni farine ; les étaux des bouchers sont fermés. On distribuait dans ces derniers jours quelques poignées de fèves ou de pois... depuis hier l'on n'a rien distribué... Avant le siège, la plupart d'entre nous vivaient de leur pêche et de celle de leurs maris ; nous ne tendions la main à personne... aujourd'hui tout bâteau pêcheur qui se risque hors du port est criblé de coups de canon par les redoutes royalistes ! Comment faire ? Nous ne pouvons pas rester sans manger, nous avons faim... il nous faut du pain pour nos enfants et pour nous ! Que l'échevinage avise.

— Oui ! — répétèrent les Rocheloises avec de grandes clameurs. — Du pain !... du pain !...
— Morisson, il nous faut du pain !

Après cette explosion de plaintes et de cris, le silence se rétablit dans l'assistance ; le maire reprit d'une voix émue :

— Pauvres chères femmes... il vous faut du pain !... et comment voulez-vous que je vous en donne ?... — il ne reste pas un grain de blé dans les greniers de la ville...
Mais nous attendons d'heure en heure les brigantins du capitaine Mirant ; ils rapportent d'Angleterre un chargement de poudre, et de Bretagne un chargement de blé ; ils sont mouillés à huit lieues d'ici sur la côte, au havre de Redon ; ils ne peuvent, faute d'un vent favorable, cingler vers notre port ; il y a cent chances sur une pour que la brise régnante depuis plusieurs jours change d'un moment à l'autre, tout à l'heure, peut-être... En ce cas, la ville est approvisionnée de munitions et de blé pour plusieurs mois. Pour le moment il nous reste une ressource précieuse, jusqu'ici négligée ; la pêche des sourdons. Il faudra pêcher aux sourdons. Vous avez bien compris.

— Maire ! sais-tu qu'il y a maintenant autant de danger à pêcher aux sourdons qu'à marcher sur une batterie ! reprend la Bombarde ; aller à la pêche, c'est courir à la mort.

— Je le sais bien... et si les brigantins du capitaine Mirant n'entrent pas aujourd'hui dans le port !... ma femme et mes deux filles iront avec vous cette nuit, à deux heures, moment de la marée basse, pêcher aux sourdons, — répondit stoïquement Morisson.

— C'est dit ! compte sur nous, maire ! réplique la Bombarde. — Si les brigantins du capitaine Mirant n'arrivent pas avant ce soir, nous patienterons avec la faim jusqu'à cette nuit... et nous irons pêcher aux sourdons... Celles qui seront tuées sur la grève n'auront plus besoin de rien. C'est bien entendu, et à la grâce de Dieu !

Au moment où la Bombarde prononçait ces derniers mots, les détonations de plusieurs décharges d'artillerie, ébranlant les vitres de l'Hôtel de Ville, annoncèrent que l'ennemi rouvrait son feu suspendu depuis le matin ; et presqu'en même temps on entendit le son retentissant et de plus en plus rapproché d'un clairon. Bientôt un grand nombre de femmes, de toutes conditions, suivant les pas d'un pasteur à cheveux blancs, que le clairon précédait, déboucha sur la place de la Caille.

— Aux remparts, mes sœurs ! — Aux remparts ! — cria le pasteur avec une exaltation guerrière. — Le Dieu des armées rendra vos bras forts ! Vos époux, vos pères, vos frères, vos fils combattent pour le triomphe de la liberté... Venez près d'eux... Aux remparts ! aux remparts ! l'ennemi va donner l'assaut au bastion de l'Evangile ! Vive la Commune !

— Aux remparts ! mes vaillantes ! Et ce soir, la pêche des sourdons, aussi meurtrière qu'une bataille ! — s'écria Morisson, tandis que la Bombarde et ses compagnes, se joignant aux autres Rocheloises, répétèrent en chœur ce psaume entonné par le ministre :

> Seigneur, guide ces faibles femmes !
> Et de ton feu remplis leurs âmes !
> Brise l'ennemi comme Oreb !
> Et comme l'orgueilleux Zéeb !
> Renverse et ces rois et ces princes
> Qui, dans leur ire et leurs fureurs,
> Versent le sang, rient de nos pleurs,
> En tombeaux changent nos provinces !
> Comme une boule va roulant,
> Comme un tourbillon violent,
>
> Qu'à son gré l'ouragan déchaîne !
> Comme un feu qui réduit en cendre
> Une forêt qui fait fondre
> Des rochers la cime hautaine.
>
> Qu'ainsi ton orage, ô mon Dieu !
> Les force et les frappe en ce lieu !
> Ta foudre gronde sur leur tête,
> Ils vont sombrer dans la tempête !

Le bastion de l'Evangile, contre lequel l'armée royale concentrait depuis longtemps tous ses moyens d'attaque, formait un angle très saillant ; ses flancs n'étaient pas suffisamment protégés par d'autres ouvrages ; aussi l'ennemi, dirigeant sur le flanc gauche de ce bastion le feu de ses deux principales batteries, avait, sous le choc réitéré des boulets, ouvert une brèche dans le rempart, dont la bâtisse supérieure s'étant, sur une largeur de cinquante pieds environ, écroulée au fond du fossé d'enceinte, le comblait à peu près en cet endroit, et rendait ainsi l'assaut praticable. Les assiégeants pouvaient, grâce à cet amas de décombres qui leur servait de pont, traverser le fossé, presque de plain-pied, escalader les dernières assises de la dernière muraille en ruine et pénétrer dans la ville, si toutefois ils refoulaient devant eux les défenseurs de la brèche. Du haut du bastion de l'Evangile l'on dominait au loin la plaine, l'on apercevait, à une portée de canon, l'immense ligne de circonvallation des royalistes, commençant au faubourg Saint-Eloi, limite des marais salants et finissant au faubourg du Colombier. Cette ligne cernait complètement la campagne, coupait les routes de Limoges et de Nantes, à l'angle desquelles étaient établies les batteries dont le feu avait ouvert la brèche du bastion. Tout le terrain compris entre la tranchée des assiégeants et les fortifications de la ville, jadis couvert d'arbres et de maisons, était découvert, dénudé, dévasté, profondément labouré par les projectiles. Au delà s'étendaient les retranchements de l'ennemi, élevés en terre, renforcés de gabions, de fascines et çà et là crénelés par les nombreuses embrasures de leurs batteries; puis derrière cette ligne de travaux, l'on voyait le faîte des tentes des officiers, surmontées de banderoles et de pennons flottants. Enfin, à l'extrême horizon, ondulaient des collines boisées. La brèche pratiquée, les catholiques avaient suspendu leur feu pour le rouvrir peu de temps avant de monter à l'assaut. C'est au retentissement de cette canonnade, annonçant une attaque imminente et décisive, que le vieux pasteur traversa la place de l'Hôtel de Ville, à la tête d'un grand nombre de Rocheloises, recruta la Bombarde et ses compagnes, et se dirigea vers le bastion de l'Évangile. Là se trouvaient réunis environ la moitié des défenseurs de la Rochelle, se préparant à un combat acharné. Les autres troupes, réparties ailleurs, pouvaient faire face à d'autres attaques. Le conseil de défense, prévoyant que l'ennemi, en lançant une colonne de troupes à l'assaut, tenterait sans doute une diversion simultanée, des femmes répareraient provisoirement, au moyen de fascines et de tonneaux remplis de sable, la trouée faite dans le parapet du rempart. Le colonel de Plouernel, chargé ce jour-là de la défense du bastion, et le capitaine Gargouillaud, commandant l'artillerie, donnaient leurs derniers ordres. Les canonniers bourgeois pointaient d'avance leurs pièces sur le parcours, complètement découvert, que devaient traverser les royalistes en sortant de leurs retranchements, afin de gagner le revers du fossé du rempart et de monter à la brèche; elle était largement praticable; cependant avant d'atteindre le parapet, les assiégeants avaient à gravir un amoncellement de décombres, formant un talus très rapide de douze à quinze pieds d'élévation. Au-dessus de ce talus se dressait un engin de défense redoutable, dont la manœuvre était confiée aux femmes de la Rochelle. Cette machine de guerre, inventée par maître Barbot le Chaudronnier, se nommait l'« encensoir: » elle se composait d'une immense cuve de cuivre de la capacité d'une tonne, et suspendue par des chaînes de fer à l'extrémité d'un long madrier tournant sur un axe et placé en potence au faîte d'une poutre solidement scellée en terre, de sorte qu'au moyen d'un mouvement de bascule, imprimé au madrier, l'immense chaudière pouvait déverser sur la tête des assaillants son contenu, à savoir: une mixture de goudron, de soufre et d'huile; le tout bouillant jusqu'à l'incandescence. Des Rocheloises, parmi lesquelles Thérèse Rennepont et Cornélie, fiancée d'Antonicq, s'occupaient, soit d'aviver le brasier flamblant sous la cuve, soit d'y verser l'huile, le goudron ou le soufre renfermés dans des barillets placés près de là. Cornélie, ses manches retroussées jusqu'au coude et découvrant ses bras blancs et nerveux, agitait dans la chaudière, au moyen d'un fourgon de fer, emmanché de bois, la mixtion déjà fumante. Maître Barbot, la tête couverte d'un morion de fer, la poitrine protégée par une brigandine, ayant dague et coutelas au côté, s'appuyait sur le canon de son arquebuse, souriant complaisamment à son œuvre et dirigeait les travailleuses.

— Courage, ma brave fille! — disait-il à Cornélie, — mélange soigneusement cette huile, ce bitume et ce soufre, que cela soit épais, fondu, moelleux, savoureux, comme ces brouets aux œufs, au fromage et à la farine que tu accommodes si plantureusement, et dont ton père et moi sommes si friands! Mais au diable ce souvenir affriolant, en ce temps de famine où bienheureux l'on est quand on a pour régal une poignée de fèves... A propos de disette et de ton père... ces gros nuages qui se lèvent là-bas vers le sud pronostiquent presque toujours un changement de temps et de vent; peut-être verrons-nous aujourd'hui les brigantins du capitaine Mirant, chargés de poudre et de blé, entrer dans le port, toutes voiles dehors, faisant, comme on dit, feu des quatre pattes et de la queue, en passant sous le canon des batteries royalistes, élevées de chaque côté du goulet de la rade. Vive la Commune!

— Dieu vous entende, maître Barbot! car aujourd'hui j'embrasserais mon père, et la disette aurait son terme! — répond Cornélie, continuant d'agiter la mixture, à laquelle Thérèse Rennepont allait ajouter une pannerée de soufre, lorsque maître Barbot lui dit :

— Non, assez de soufre, ma chère Thérèse; il faut, dans ce ragoût infernal, que le goudron et l'huile prédominent; le soufre est là dedans pour le coup d'œil appétissant du régal, en raison de la jolie flamme bleue qui voltige à la surface du liquide lorsqu'il devient incandescent, ainsi qu'il le sera tout à l'heure... Quant à présent, mes filles, virez un peu le madrier, afin d'éloigner la chaudière du brasier, sans pourtant laisser refroidir ce plat de notre métier; nous le remettrons sur le feu lorsque les catholiques tenteront l'escalade du talus, et alors... nous les servirons tôt, vite et bouillant.

Pendant que les Rocheloises préparaient ainsi la manœuvre de l'« encensoir, » d'autres rou-

Cornélie chez le duc d'Anjou (page 448)

laient à grands renforts de bras d'énormes fragments de pierre de taille, débris du revêtement démoli par les boulets de l'ennemi, et les équilibraient en suspens, et de telle sorte, près de l'ouverture de la brèche, que le bras d'un enfant pouvait le précipiter sur les assiégeants ; d'autres roulaient des tonneaux remplis de sable, qui, après avoir protégé les arquebusades des défenseurs du parapet, devaient aussi être lancés sur la pente rapide que l'ennemi avait à gravir ; enfin, grand nombre de femmes, sous la direction de Marcienne, veuve d'Odelin Lebrenn, préparaient des brancards destinés aux blessés. Thérèse et Cornélie n'étant pas en ce moment occupées à la manœuvre de l' « encensoir, » se rapprochèrent de la veuve, et bientôt furent rejointes près de Marcienne par Antonicq et Louis Rennepont.

— Ma mère, — dit Antonicq d'une voix tendre, — ce matin, lorsqu'à l'aube je suis sorti de la maison, vous dormiez... je n'ai pu vous dire adieu... Embrassez-moi.

Marcienne comprit la pensée de son fils : un assaut meurtrier allait s'engager ; ils ne se reverraient peut-être jamais. Elle tendit les bras à Antonicq, le pressa sur son sein : — Sois béni, — lui dit-elle d'un ton ferme et pénétré, — toi qui ne m'as jamais causé un chagrin ! Si, comme ton père tu meurs en combattant les catholiques, tu auras été homme de bien jusqu'à la fin... Si je succombe en ce jour, tu emporteras mes dernières bénédictions... Et toi aussi, Cornélie, — ajouta Marcienne, — sois bénie, mon enfant ; je mourrai paisible en sachant qu'Antonicq a trouvé en toi un cœur digne du sien par la vertu, par le courage... tu as été, pour tes parents, la meilleure des filles... tu seras aussi, pour ton mari, une tendre épouse.

157ᵉ livraison

La veuve d'Odelin s'exprimait ainsi, lorsque Louis Rennepont, après avoir échangé à voix basse avec Thérèse quelques paroles inspirées par la solennité du moment, dit vivement : — vois-donc... là au-dessous de nous... parmi les décombres de la brèche... n'est-ce pas le franc-taupin ?... ton oncle semble sortir de dessous terre; il doit préparer quelque tour de son métier.

— En effet... c'est lui ! — répondit Antonicq, non moins surpris que son beau-frère, — et voici mon apprenti Serpentin... qui sort également de ce trou !

Ces paroles attirèrent l'attention de Cornélie, de Thérèse et de la veuve d'Odelin; leurs regards se portèrent au dessous d'elles, sur le talus assez rapide formé par l'écroulement de la crête du rempart. Le franc-taupin venait de surgir d'une excavation étroite, profonde, pratiquée au milieu des décombres; un enfant de treize à quatorze ans le suivait; tous les deux comblèrent l'ouverture qui leur avait donné passage; après quoi Serpentin, l'apprenti armurier d'Antonicq, se mit à genoux, et marchant à reculons, toujours agenouillé, dévida, selon les indications du franc-taupin, une longue mèche, de la grosseur d'une cordelle, dont l'extrémité plongeait dans l'excavation comblée récemment; puis, toujours remontant vers le parapet, Serpentin continua de dévider sa mèche, et, d'après l'ordre de Joséphin, il s'arrêta à une vingtaine de pas des ruines du parapet et s'assit sur une pierre.

— Hé, mon oncle ! — cria Antonicq, se penchant au bord d'une embrasure, — nous sommes ici, venez nous rejoindre.

Le franc-taupin, entendant la voix de son neveu, leva la tête, lui fit signe de l'attendre, et après de nouvelles recommandations à Serpentin, le vieillard gravit les décombres avec une agilité surprenante pour son âge, rejoignit Antonicq, qui, s'avançant vers lui ?

— D'où venez-vous donc, cher oncle ?

— Voire ! mon garçon... que veux-tu ?... Taupin j'étais dans mon adolescence, et vieux, je retourne à mes taupinières... Je sors de dessous terre, moyennant un petit boyau que j'ai creusé au milieu des décombres, avec l'aide de Serpentin, à cent pas d'ici ; là, j'ai chargé un fourneau de mine, au beau milieu du talus de brèche par lequel ces bons catholiques vont monter à l'assaut ; quoi voyant, je mettrai amoureusement le feu à la mèche... et, triple pétarade ! ces agneaux de la Saint-Barthélemy gigoteront la berlididondaine des cinq cents diables ! la tête en bas, les pieds en l'air ! Et voire ! la danse finira par une pluie de membres !...

— Bien ! hardi ! mon vieux taupin ! — dit maître Barbot. Feu dessous ! feu dessus ! à l'instar de ces belles tourtières que je martelle. L'ardente lave de mon « encensoir » flambera sur le crâne de ces royalistes, ta fougasse flambera leurs chausses et vous bombardera ces coquins dans les airs, cabriolant, pirouettant, moulinant, et... Mais s'interrompant soudain, maître Barbot, se laissa glisser à terre, et joignant la parole à l'action, s'écria :

— Tous à plat ventre ! gare les boulets !

Le conseil de maître Barbot fut suivi ; tous ceux qui l'entouraient se jetèrent comme lui, à plat ventre au moment où une volée de boulets s'abattit en sifflant sur la brèche, les uns ricochant, renversant gabions et fascines, les autres labourant les décombres où se tenait Serpentin, assis à côté de la mèche du fourneau de mine. Le courageux enfant, malgré le danger, ne bougea pas de son poste ; et par un heureux hasard, cette reprise du feu des royalistes ne blessa personne. Maître Barbot, l'un des premiers debout, jeta les yeux sur les batteries ennemies, encore à demi-enveloppées des nuages de la fumée produite par la décharge de l'artillerie, aperçut les premiers rangs de la colonne d'assaut sortir des retranchements, et donna le signal d'alarme : Tout le monde à son poste, l'ennemi s'avance !

Aux armes, Rochelois ! aux armes !...

L'appel de maître Barbot fut couvert par un long roulement de tambours ordonné par le colonel de Plouernel ; sa voix mâle et vibrante, dominant le tumulte, fit entendre ces mots :

— Soldats aux remparts ! Canonniers à vos pièces ! Feu partout.

— Que Dieu vous protège, ma mère ! ma sœur ! Cornélie ! — dit Antonicq.

— Que Dieu veille sur toi, ma femme ! — dit Louis Rennepont.

— Au revoir, compère Barbot, — cria le franc-taupin, tirant un briquet de sa poche et se dirigeant vers le talus de la brèche, afin de rejoindre Serpentin. — Je vais me préparer à trinqueballer dans les airs les membres de ces agneaux de la Saint-Barthélemy...

— Et vous, mes vaillantes, à l'« encensoir ! » — dit maître Barbot aux Rocheloises. — Remettez notre brouet sur le feu, et faites basculer la chaudronnée sur les assaillants quand je vous crierai : Servez bouillant !... Vous autres, prenez vos leviers, tenez-vous près de ces grosses pierres, de ces tonnes de sable, et à mon commandement : Roulez !... poussez ferme de haut en bas !

Soudain, des détonations d'artillerie, lointaines, redoublées, venant du côté de la porte de Congue, annoncèrent que l'ennemi tentait une diversion par deux attaques simultanées de la ville. En ce moment, le pasteur arrivait sur le rempart à la tête de la troupe de femmes auxquelles s'étaient jointes la Bombarde et ses compagnes ; les unes renforcèrent les Rocheloises chargées de rouler des pierres sur les assaillants ; d'autres s'organisèrent pour le transport des blessés; d'autres, enfin, armées de coutelas, de piques, de haches, se préparèrent à combattre, à repousser l'assaut, et, à leur tête, la Bombarde brandissait un harpon.

Les tireurs les plus habiles se placèrent, par ordre du colonel de Plouernel, dans des casemates souterraines, formant au delà du chemin de ronde, une seconde ligne de défense, dont les meurtrières, à peu près semblables aux soupiraux de cave, permettaient de diriger un feu meurtrier sur l'ennemi. Enfin, des compagnies d'arquebusiers se massèrent sur la brèche, défendue par un rang de fascines et de gabions que les Rocheloises achevaient de rétablir. Il y eut parmi les assiégés quelques instants d'un silence solennel, pendant le temps que les royalistes mirent à parcourir l'espace qui les séparait du revers du fossé des fortifications : chacun sentait que de cet assaut allait dépendre le sort de la Rochelle.

Le vieux maréchal de Montluc commandait en chef. M. de Goas, à la tête de six bataillons de vieilles troupes suisses, était en tête de la colonne; M. de Montluc au centre, et, à l'arrière-garde, le colonel Strozzi, l'un des meilleurs officiers de l'armée catholique. Il devait soutenir et renforcer l'attaque dans le cas où les premières compagnies engagées faibliraient ou seraient repoussées. Ces troupes s'avançaient en bel ordre, tambours battants, clairons sonnants, enseignes déployées, ayant pour chefs la fleur de la seigneurie : les ducs de Guise et d'Aumale, le bâtard d'Angoulême, Henri le Béarnais, beau-frère de Charles IX, et Henri de Condé; ces deux jeunes renégats venaient aussi combattre les défenseurs de la *cause*; enfin, Mayenne, Biron, Cosseins, d'O, Château-Vieux, et tant d'autres nobles capitaines, se pressaient autour du duc d'Anjou, frère du roi, marchant au centre, à côté du maréchal de Montluc. Au moment où les premiers rangs de l'avant-garde atteignent les revers du fossé, l'échevin Gargouillaud, voyant l'ennemi à demi-portée de ses canonniers, leur commande un feu plongeant et à ricochets; l'effet de ce tir fut terrible : il emporta des files entières de soldats. L'avant-garde, ainsi foudroyée, hésite, s'arrête; les Rochelois ont le temps de recharger leurs pièces, une nouvelle canonnade, aussi meurtrière que la première, redouble les pertes et l'indécision des assaillants. Le vieux maréchal de Montluc, Biron, Cosseins, raffermissent le courage ébranlé de leurs troupes, les enlèvent, les entraînent; et, laissant derrière elles morts et blessés, ils traversent le fossé, presque comblé, répondent par leurs arquebusades à celles des assiégés en gravissant le talus de la brèche, sous le feu croisé des casemates, dont les tireurs prennent l'ennemi en flanc, tandis que les compagnies formées sur les remparts l'accueillent de front par une grêle de balles. Les royalistes, malgré des pertes considérables, continuent de gravir le talus de la brèche, Le franc-taupin et son aide Serpentin, jusqu'alors couchés à plat ventre derrière un monceau de décombres, et ainsi protégés contre les arquebusades, se relèvent et regagnent à toutes jambes le chemin de ronde, après avoir mis le feu à la mèche du fourneau; à peine sont-ils à l'abri, que la mine éclate sous les pieds de l'ennemi. Une effroyable explosion soulève une trombe de terre, de poussière et de pierres, mêlée de jets de feu, fulgurants comme des éclairs à travers les tourbillons d'une épaisse fumée; elle se dissipe... l'on voit alors la pente du talus coupée par une déchirure profonde dont les abords sont jonchés de morts, de mourants, de corps mutilés, de membres épars... Les soldats d'avant-garde échappés au désastre, saisis d'épouvante, tournent casaque, refluent sur le centre, le culbutent, y jettent la panique, en criant que le trajet de la brèche est miné sous les pas des assiégeants; les rangs se débandent, se confondent, la déroute commence. Les canonniers rochelois, tirant à coups redoublés, font de larges trouées à travers cette masse compacte de fuyards, tandis que le franc-taupin, debout près de l'une des embrasures du rempart, et croisant tranquillement ses mains derrière son dos, disait à maître Barbot :

— Voire! compère, têtes, bras, troncs, jambes, ont dansé la sarabande au son de la musique de mon fourneau de mine! J'ai donné le bal aux catholiques, aux défenseurs du trône et de l'autel.

— Hé! hé! — reprit le chaudronnier, — ces agneaux de la Saint-Barthélemy s'en retournent plus vite qu'ils ne sont venus... s'ils remontent, je leur servirai ma cuvée fumante et bouillante, afin de les réconforter... ces égorgeurs bénis par le pape! Je les aspergerai avec mon eau bénite.

Les soldats royaux ne purent être ralliés par leurs chefs que lorsqu'ils se trouvèrent hors de la portée de l'artillerie rocheloise; ils furent alors reformés en colonnes; les plus vaillants capitaines de l'armée se mirent résolument à la tête des soldats pour les ramener à l'assaut; et, précédant cette petite phalange d'intrépides, un cordelier, tenant d'une main un crucifix et de l'autre un coutelas, s'élance le premier à l'attaque en criant d'une voix tonnante le mot d'ordre de la Saint-Barthélemy : « Vive Dieu et le roi! » L'exemple de ce moine, l'élan des capitaines, entraînent les assaillants; ils oublient leur panique récente et retournent batailler aux cris de « vive Dieu et le roi! » En vain le feu des assiégés leur cause derechef des pertes énormes, ils gravissent le talus au pas de course et dépassent l'excavation produite par le fourneau de mine du franc-taupin; alors maître Barbot crie aux Rocheloises chargées de la manœuvre de l'« encensoir » : — Tôt, tôt, mes filles... versez chaud sur la vermine catholique ! Servez l'huile sainte et consacrée à ces dévots papistes.

Et s'adressant ensuite aux autres femmes chargées de faire rouler sur l'ennemi des pierres : — Hardi, mes vaillantes ! Poussez dru aux royalistes !... Escarbouillez toute cette fripouille ; exterminons cette satanée engeance.

Aussitôt des flots d'huile, de bitume et de soufre incandescents pleuvent en une nappe de flammes sur les premiers rangs des assaillants ; ils reculent, culbutent ceux qui les suivent et poussent des hurlements de damnés : chaque goutte de cette averse embrasée troue la chair jusqu'à l'os. Au même instant, des blocs de pierre énormes, des tonnes remplies de sable, roulent rapides, irrésistibles, sur la pente de la brèche, renversent, brisent, écrasent, broient tout ce qui se trouve sur leur passage. A cette défense meurtrière se joint le feu terrible et presque à bout portant des arquebusiers embusqués dans les casemates. Pourtant les royalistes, décimés, écharpés, poursuivent l'assaut ; ils touchent enfin au chemin de ronde. Là cessent les arquebusades et s'engage une mêlée furieuse à l'arme blanche, lutte corps à corps, acharnée, sans merci, sans pitié. Les Rocheloises, parmi lesquelles Cornélie, armée du fourgon de fer de l'« encensoir, » et la Bombarde brandissant son harpon, rivalisent d'outre-vaillance ; les Rocheloises se mêlent aux combattants et font rage, en vraies filles de ces Gauloises aux bras blancs et forts qui bataillaient si bien contre les soldats de Jules César. Par deux fois, le colonel de Plouernel, le capitaine Normand, l'échevin Gargouillaud, maître Barbot, Antonicq Lebrenn, Louis Rennepont, et tant d'autres, ont repoussé les catholiques au delà de la brèche ; deux fois les catholiques, supérieurs en nombre, repoussent les Rochelois sur le terre-plain du rempart. Soudain accourt à leur aide le maire Morisson, à la tête d'une troupe de citoyens. Ce renfort change la face du combat ; les assaillants, une troisième fois refoulés hors de la brèche, après une dernière attaque, sont précipités dans les fossés ou ramenés battant sur le talus ; ils le redescendent en masse confuse, effarée. L'arquebuserie, suspendue par la lutte corps à corps, mais reprise, décime les fuyards ; et l'artillerie les foudroie ; leur déroute, cette fois, est complète. Les royalistes échappés au carnage regagnent à toutes jambes et à la débandade leur ligne fortifiée.

Victoire aux Rochelois ! fils de Joel, victoire ! Vive la Commune !

La victoire des Rochelois fut sanglante et chèrement achetée ; ils comptèrent environ onze cents personnes mortes ou hors de combat, hommes ou femmes. Cornélie Mirant reçut une blessures à la naissance de l'épaule ; la Bombarde périt sur la brèche ; Marcienne, veuve d'Odelin, fut atteinte d'une balle et tuée, non loin du rempart, en secourant un blessé ; Antonicq eut le bras percé de part en part d'un coup de pertuisanne ; le colonel Plouernel, atteint de deux arquebusades, fut emporté dans sa demeure presque mourant ; Louis Rennepont, Thérèse, sa femme, maître Barbot, le franc-taupin et Serpentin, son aide mineur, sortirent sains et saufs de cet engagement. Les Rocheloises relevèrent les morts et les blessés ; la famille Lebrenn transporta dans sa maison le corps de la veuve d'Odelin. Navrantes funérailles ! Mais, hélas ! en ces terribles temps, les exigences du salut public l'emportent sur les plus saintes douleurs ; l'on n'a le loisir de pleurer ses morts qu'après les avoir vengés. Le triomphe du jour ne délivre pas des appréhensions du lendemain ; l'assaut si vaillamment repoussé par les gens de la Rochelle pouvait être renouvelé le jour suivant, grâce aux réserves de l'armée royale, dont une faible partie avait concouru à l'attaque du bastion de l'Évangile. Le conseil de ville convia tous les citoyens valides à s'occuper activement de réparer la brèche durant la nuit, à la faveur du clair de lune et d'élever, de ce côté, de nouveaux travaux de défense ; il fallait aussi préserver le pays des horreurs de la famine. Les brigantins du capitaine Mirant, chargés d'un ravitaillement de poudre de guerre et de blé, ne paraissaient pas en haute mer, quoiqu'une fraîche brise du sud-est se fût élevée au coucher du soleil ; l'on avait distribué les derniers sacs de fèves aux combattants, exténués de besoin et de fatigue. Cette distribution suffisait à peine à calmer les angoisses de leur faim ; aussi, afin d'assurer l'alimentation du lendemain, les femmes et les enfants furent, par ordre des échevins, convoqués à la porte des Deux-Moulins, vers une heure du matin, moment de la marée basse, heure favorable pour recueillir les sourdons. Cette pêche offrait aux assiégés de précieuses ressources ; mais elle était aussi périlleuse qu'une bataille, la redoute de Chef-de-Baie, élevée par les royalistes à l'extrémité de la pointe de terre qui s'avançait dans les eaux de la rade, pouvant, de ses canons, balayer la plage où l'on irait pêcher les coquillages. Le beffroi de l'Hôtel de Ville tinta plusieurs coups vers une heure du matin ; à ce signal convenu, les Rocheloises de toute condition, accompagnées d'enfants de dix à douze ans, chargés, comme elles, de paniers, se rendirent à la porte des Deux-Moulins, où les avaient déjà devancées la femme et les deux filles du maire Morisson, qui des premières donnaient l'exemple de l'intérêt commun. Ainsi, pendant que les Rochelois réparaient activement la brèche, leurs femmes, leurs enfants sortaient de la ville, afin de pourvoir à la subsistance de tous.

Cornélie Mirant, quoique blessée à l'épaule, voulut, malgré les inquiétudes d'Antonicq, partager les périls de la pêche avec Thérèse Rennepont, et se joignit au groupe des femmes.

Les Rocheloises, au nombre de quatre ou cinq cents, sortirent par la porte des Deux-Moulins, voisine de la tour du phare; elles arrivèrent bientôt sur la plage. Dominée à droite par une ceinture de rochers, elle formait à gauche l'une des rives de la rade qui précédait le port intérieur de la Rochelle, rade resserrée vers son entrée par le prolongement des deux pointes de terre, armées chacune d'une redoute ennemie; celle dite de Chef-de-Baie pouvait à la fois, de son feu, battre l'étroit goulet de cette baie, et pouvait battre aussi d'enfilade toute l'étendue de la grève où se dispersèrent les Rocheloises, ramassant activement sur le sable au pied des rochers, grâce à la brillante clarté de la lune, les coquillages. Elles ne furent pas d'abord inquiétées par la redoute de Chef-de-Baie, quoique l'attention de l'ennemi dût être attirée par la vue de cette multitude de coiffes blanches et de jupes écarlates, costume traditionnel des femmes de la Rochelle; déjà les paniers se remplissaient de sourdons, cette « manne céleste, » ainsi que le disait le maire Morisson, lorsque soudain une vive lueur projette son reflet de feu sur les flaques d'eau de la plage, une détonation éclate et un léger nuage de fumée s'élève au-dessus de la redoute de Chef-de-Baie. Un sourd frémissement court parmi les pêcheuses, et un profond silence succède au bourdonnement de leur babil.

— Les royalistes nous ont aperçues! — dit Thérèse Rennepont à Cornélie; — on commence à tirer sur nous.

— Non! — s'écrie Cornélie, regardant au loin dans la direction de la batterie. — L'ennemi tire sur les brigantins de mon père!... Enfin les voilà! les voilà!... Soyez béni, mon Dieu! s'ils entrent dans le port, la Rochelle est sauvée de la famine!... Les vois-tu, Thérèse?... vois-tu là-bas leurs voiles blanches éclairées par la lune? Les brigantins s'avancent; ils nous apportent la victoire dans leurs flancs.

Et la jeune fille, émue, leva vers le ciel son mâle et beau visage, disant d'une voix pénétrée:

— Seigneur, protégez les jours de mon père!... Faites triompher la sainte cause de la liberté!...

La pêche fut momentanément suspendue; toutes les Rocheloises, pressées au bord du rivage, les yeux fixés sur les navires, attendaient avec une inexprimable angoisse l'issue d'un combat d'où allait dépendre l'approvisionnement de la ville. L'heure était solennelle, le spectacle imposant. Les deux pointes de terre qui resserraient l'étroite entrée de la rade se dessinaient sombres sur la nappe des eaux argentées par la lune; les quatre brigantins, toutes voiles dehors, s'avançaient, à la suite les uns des autres, vers le dangereux passage qu'ils devaient traverser sous le feu croisé des deux redoutes. Le feu s'ouvrit précipité, terrible, après le coup de canon d'avertissement qui venait d'attirer l'attention des Rocheloises; déjà le premier des navires donnait dans la passe, lorsque soudain Cornélie, malgré la fermeté de son caractère, pousse un cri de détresse et dit à Thérèse d'une voix altérée:

— Vois, la mâture du premier des brigantins vint de tomber, brisée par un boulet... Grand Dieu! mon père est perdu s'il est à bord de ce vaisseau... ainsi démâté, exposé immobile et en plein au feu de l'ennemi!

— Tout est perdu! Hélas! tout est perdu!

— Les brigantins regagnent la haute mer!

— Le capitaine Mirant fuit sans engager le combat, sans riposter! fuit sans tirer un coup de canon!...

— Allons, pêchons aux sourdons, désormais la seule ressource de la Rochelle!... Continuons la pêche aux sourdons!...

— Non! mon père ne fuit pas le combat! — réplique Cornélie. — En se retirant, pour un moment sans doute, hors de la portée des batteries, il a fait remorquer le bâtiment démâté, afin de ne pas le laisser exposé au feu de l'ennemi... Non, le capitaine Mirant ne fuit pas le combat! Ne voyez-vous pas maintenant ses navires rester en panne, au lieu de regagner la haute mer?

L'observation de Cornélie, dès longtemps familiarisée avec la science nautique par suite de ses navigations à bord du vaisseau de son père, ranima l'espoir des Rocheloises; leurs regards se tournèrent avec anxiété vers l'entrée de la rade... Mais, hélas! aucune d'elles ne s'aperçut que des soldats de l'armée royale, sortis de la redoute de Chef-de-Baie et protégés par l'ombre et par l'élévation des rochers, qui s'étendaient à droite de la plage, se glissaient silencieusement derrière ces blocs massifs.

— Que vous disais-je? — répliqua Cornélie. — Les brigantins font de nouveau voile vers la passe... Le premier qui s'avance, ayant à sa remorque le navire démâté, ouvre le feu contre les redoutes royalistes... Non, les canons du capitaine Mirant ne sont pas devenus muets!...

En effet, le brigantin remorqueur donna intrépidement dans la passe, en faisant de chaque bord feu de son artillerie et de son arquebuserie; les redoutes ennemies, et surtout celle de Chef-de-Baie, la mieux armée des deux, répondirent aux bordées du brigantin. Mais soudain un cri d'effroi soulève toutes les poitrines; le navire remorqué se couvre d'une épaisse fumée, déjà rougie çà et là par des lueurs enflammées.

L'angoisse des Rocheloises redouble; leur attention, captivée par ce qui se passait à l'entrée de la baie, ne leur permet pas de remarquer les soldats catholiques qui s'embusquaient derrière les rochers de la plage... Tout à coup l'écho de ces rochers répéta, comme autant de tonnerres, le retentissement d'une effroyable explosion... le brigantin démâté, chargé d'une provision de poudre, sautait après avoir été incendié, non par l'ennemi, mais par le capitaine Mirant, et, en sautant, il démantelait en partie la redoute de Chef-de-Baie, de sorte que grand nombre des soldats et des canonniers qui la défendaient périssaient écrasés sous les ruines de leur batterie. Telle avait été la manœuvre de l'intrépide marin : voyant l'un de ses bâtiments mis hors d'état de continuer sa marche, il le prit à la remorque, vira de bord, afin d'éloigner pendant quelques moments sa flottille de la portée des canons ennemis ; garnit de matières inflammables le navire démâté, y laissa les poudres, transborda les matelots qui le montaient, revint alors, toutes voiles dehors, pour forcer l'entrée de la rade, et remorquant la machine incendiaire qu'il venait d'improviser, y mit le feu et coupa la remorque peu d'instants avant d'arriver par le travers de la redoute de Chef-de-Baie, certain, d'après sa profonde connaissance de la direction des courants de la côte, qu'ils pousseraient à la dérive et accoteraient aux flancs de la redoute, baignée par la mer, le brûlot enflammé chargé de poudre, et que son explosion, démantelant la batterie royaliste, la mettrait hors de service. Il en fut ainsi ; la redoute de Chef-de-Baie ruinée, le capitaine Mirant n'avait plus à craindre que la batterie élevée à l'autre pointe de terre, et d'ailleurs faiblement armée. Il l'élongea vaillamment à la tête de ses brigantins, répondant par ses bordées au feu de l'ennemi. Enfin, après avoir reçu quelques boulets dans leurs voiles et dans leur membrure, les trois navires cinglèrent droit à l'entrée du port intérieur de la Rochelle, qu'ils allaient sauver de la famine et approvisionner de munitions de guerre.

— Soyez béni, Seigneur ! le salut de la ville est assuré !... Puisse mon père être sorti sain et sauf de ce combat ! —s'écria Cornélie, tandis que les Rocheloises acclamaient de leurs cris de joie et d'espérance le triomphe du capitaine Mirant.

Le dernier des trois brigantins venait d'entrer dans le port, lorsque soudain de nombreuses arquebusades éclatèrent derrière les rochers qui, à droite, bordaient la plage où étaient rassemblées les Rocheloises ; les balles pleuvent ; des femmes, des enfants, mortellement frappés, tombent près de Cornélie et de Thérèse. Cette attaque imprévue des soldats royalistes embusqués jette la stupeur, l'épouvante parmi ces infortunées, venues à la pêche sans armes et croyant n'avoir à redouter que les boulets de la redoute de Chef-de-Baie ; mais une partie de sa garnison se composait des gardes du duc d'Anjou, commandés par le marquis de Montbar, l'un des mignons du prince, et le plus grand débauché de l'armée. Aussi, voyant du haut du parapet les Rocheloises se répandre sur la grève, le marquis avait mis ses soldats sur pied, quitté la redoute, filé silencieusement à l'abri des rochers et de l'ombre qu'ils projetaient, espérant, grâce à ce guet-apens, massacrer grand nombre de ces femmes héroïques, dont les royalistes avaient si souvent éprouvé la vaillance, et s'emparer de plusieurs d'entre elles, qu'il destinait aux débauches du duc d'Anjou ; aussi, M. de Montbar, démasquant son embuscade après le premier feu, se précipita sur les Rocheloises à la tête de ses soldats, leur criant ; — Maintenant, écharpez les vieilles ; mais faites prisonnières les plus jeunes et les plus jolies !... Sang-Dieu ! vous pouvez choisir ; il fait clair de lune !

Ce fut alors une scène horrible. Beaucoup de « vieilles » furent massacrées, ainsi que l'ordonnait le capitaine catholique ; d'autres, après avoir échappé aux arquebusades et au carnage, incapables de lutter désarmées contre les soldats, lâchèrent de fuir vers la porte des Deux-Moulins ; d'autres, enfin, se défendirent avec l'énergie du désespoir contre les gardes qui voulaient s'emparer d'elles. Parmi celles-ci fut Cornélie, séparée de Thérèse Rennepont, qui, entraînée par le flot de ses compagnes, qui, comme elles éperdue, s'efforça de regagner la ville. Le marquis de Montbar, amené d'aventure près de Cornélie, qui se débattait entre les mains des soldats, frappé de sa mâle beauté, s'écria : — Ménagez-la... prenez-la vivante, sang-Dieu ! Celle-ci est un morceau royal... je la réserve à monseigneur le duc d'Anjou !...

Cornélie, dont la blessure venait de se rouvrir durant la résistance qu'elle opposait aux royalistes, se sentit défaillir, épuisée par ses efforts et par la perte de son sang ; elle tomba évanouie aux pieds de M. de Montbar. Par son ordre, deux de ses gardes, la soulevant par les pieds et par les épaules, la transportèrent comme un cadavre. Plusieurs Rocheloises aussi entraînées captives vers la redoute de Chef-de-Baie, à demie démantelée par le capitaine Mirant, furent victimes de la brutalité des capitaines et des soldats ; d'autres, enfin, en assez grand nombre, parvinrent à atteindre la porte des Deux-Moulins, alors qu'une compagnie de protestants, attirée par les arquebusades, sortait de la ville, se dirigeant en hâte vers la plage... Mais, hélas ! il était trop tard ; déjà la marée, montant rapidement, submergeait, mortes ou mourantes, les victimes du guet-apens des catholiques ; déjà les eaux, commençant de baigner le pied des rochers de la côte, interceptaient le passage aux Rochelois. Ils ne purent poursuivre l'ennemi, qui, entre autres prisonnières, emportait inanimée la fille du capitaine Mirant, presque à l'heure même où ce hardi marin entrait dans le port de La Rochelle, aux acclamations de ses habitants.

Le quartier général de l'armée royale campait à la Font, bourg alors en ruine ; il devait son nom (la Font ou la Fontaine) à l'existence d'un grand nombre de sources d'eaux vives filtrant des coteaux voisins, et qui, réunies dans un immense réservoir, situé à l'extrémité de ce bourg, étaient, avant la guerre, conduites jusqu'au centre de La Rochelle par un aqueduc d'une demi-lieue de longueur. Mais, au commencement des travaux de circonvallation des assiégeants, ceux-ci, s'emparant de la Font après un combat acharné, coupèrent et murèrent l'aqueduc pour se sauvegarder d'une surprise souterraine, et détournèrent les eaux, afin d'en priver les Rochelois, auxquels il resta d'ailleurs la ressource des puits et des fontaines de leur cité.

Le duc d'Anjou, frère de Charles IX, et qui plus tard régna sous le nom de Henri III, occupait à la Font, au milieu du campement catholique, une maison appelée « Réservoir, » parce que, dans un enclos de sa dépendance, se trouvait le réservoir d'où les eaux, s'écoulant ensuite par l'aqueduc, allaient autrefois alimenter les fontaines de La Rochelle. La demeure du prince, dévastée par la guerre, avait été réparée, mise en état de recevoir son royal hôte, grâce à l'habileté de ses valets de chambre-tapissiers, et au grand nombre de draperies, de tapis, de meubles portatifs dont on chargeait les mulets de bât suivant l'armée. L'oratoire du prince, où, par une dérision sacrilège, ou plutôt par un accouplement de fanatisme et de luxure, il se livrait à ses dévotions et à ses débauches, était tendu de velours violet rehaussé de franges et de bordures en cannetilles d'or et d'argent ; le jour ne pénétrait jamais dans ce réduit voluptueux, éclairé par un lampadaire de vermeil garni de flambeaux de cire parfumée. On voyait d'un côté un prie-Dieu surmonté d'un Christ en ivoire, et, de l'autre, un lit de repos garni de coussins ; un tapis de Turquie couvrait le sol ; une portière de velours, alors fermée, communiquait à une pièce voisine.

Il est environ huit heures du soir : Cornélie Mirant, emmenée la veille prisonnière par le marquis de Montbar, vient d'être conduite par lui dans l'oratoire du duc d'Anjou ; une animation fébrile donne un coloris inaccoutumé au visage de la jeune fille ; ses yeux brillent, sa beauté rayonne ; une certaine coquetterie a présidé à l'arrangement de sa chevelure ; ses vêtements, mis presque en lambeaux, ont été échangés contre une robe en brocart ponceau. Une large écharpe brodée supporte et cache la main et le bras droit de la jeune fille ; la blessure qu'elle a reçue la veille, à la naissance de l'épaule, a été pansée avec soin par l'un des écuyers chirurgiens du duc d'Anjou. M. de Montbar est âgé de vingt ans à peine ; sa figure régulière et juvénile est déjà flétrie par la débauche. Il a quitté son harnais de guerre pour un habit de cour ; ses cheveux sont artistement frisés ; il porte des boucles d'oreilles de pierreries, une fraise à tuyaux goudronnés, un court manteau, des chausses justes, un toquet rehaussé d'une agrafe de rubis. Le marquis vient d'introduire Cornélie dans l'oratoire et lui dit : — Ma belle parpaillotte... tu es ici dans l'oratoire de monseigneur le duc d'Anjou, frère de notre bien-aimé roi Charles IX.

— L'on se croirait dans un palais de fées ! — répond Cornélie, regardant autour d'elle et feignant une admiration naïve. — Oh ! les splendides tentures !... les riches ornements !... — Je crois rêver, monseigneur !... Est-il possible que le prince, un si grand prince, daigne abaisser les yeux sur une pauvre fille comme moi ?

— Allons, jouvencelle, ne baisse pas les yeux. Sois sincère, tu serais glorieuse d'être... ne fût-ce que pour un jour... la maîtresse du frère du roi de France ? Mais à quoi songes-tu ?

— Monseigneur, tout ce qui se passe ici me semble un rêve... Non ! vous vous raillez d'une pauvre fille ; monseigneur le duc d'Anjou ne songe pas à moi.

— Dans un instant, tu le verras, te dis-je ; il est, à cette heure, en conférence avec fra Hervé, son confesseur.

Puis il ajoute, se tournant vers la porte de la tapisserie, encore abaissée : — J'entends tirer les courtines et marcher dans la pièce voisine... c'est sans doute monseigneur.

A peine le marquis a-t-il prononcé ces mots que la draperie se soulève et donne passage au duc d'Anjou. Le prince est âgé de dix-huit ans ; la mollesse, l'afféterie de sa démarche, ses traits efféminés, quelque chose d'insidieux, d'hypocrite, de cruel dans le sourire et dans le regard, l'excessive recherche de sa parure, donnent à l'ensemble de sa personne un caractère à la fois mignard et sinistre. M. de Montbar fait quelques pas à l'encontre du duc d'Anjou et lui parle à l'oreille en lui désignant du geste Cornélie. Celle-ci tressaille, semble rapprocher convulsivement de sa poitrine son bras et sa main droite cachés sous les larges plis de l'écharpe, et observe le prince avec un mélange d'horreur et de curiosité ; un éclair brille dans ses yeux : mais bientôt elle les baisse devant le regard lubrique du duc d'Anjou, qui, continuant de parler bas au marquis, contemple la jeune fille et répond à son favori : — C'est vrai, mignon... elle doit rendre grâce à sa beauté virile... Maintenant, laisse-nous... peut-être te rappellerai-je.

M. de Montbar s'éloigne. Le duc d'Anjou, resté seul avec Cornélie, se dirige vers le lit de repos, s'y étend nonchalamment et la tête renversée sur les coussins ; il tire un drageoir d'or de sa poche, y prend une pastille, la mâchonne entre ses dents et après quelques moments de rêverie il dit à la Rocheloise :

— Hé ! la fille... approche...

Cornélie lève les yeux au ciel d'un air inspiré, pâlit légèrement, son regard étincelant devient humide, l'expression d'un sentiment navrant se lit sur son visage, et tout bas elle murmure :

— Adieu, mon père... adieu, Antonicq... l'heure du sacrifice va sonner pour moi.

Le duc d'Anjou, surpris de l'immobilité de Cornélie, dont il ne peut apercevoir les traits, se relève sur son séant et reprend d'un ton d'impatience : — Ah çà ! la fille... tu es sourde, je pense, autant que muette... Je t'ai dit : Viens... Par la mort-Dieu ! Dépêchons !... Viens te coucher à mes côtés...

Cornélie, sans que le prince ait remarqué ce mouvement, dégage son coude des plis de l'écharpe qui cache encore son bras et sa main droite, se rapproche lentement du lit de repos où le duc d'Anjou s'est étendu de nouveau en faisant signe à la jeune fille de s'étendre près de lui : — Viens çà, dit-il ; — je craindrais de me damner avec toi, hérétique endiablée, si fra Hervé ne m'avait promis l'absolution après nos ébats amoureux !...

Et le prince, se soulevant du lit de repos, tend ses deux bras à Cornélie ; elle s'approche, se courbe, puis par un mouvement plus rapide que la pensée, elle saisit de sa main gauche le duc d'Anjou aux cheveux et sort brusquement des plis de l'écharpe sa main armée d'une petite dague très acérée, dont elle frappe le prince à l'endroit du cœur en s'écriant : — Meurs, bourreau de mes frères !... Meurs, lâche assassin de femmes et d'enfants !...

Le duc d'Anjou portait sous son pourpoint une cotte de mailles d'acier si finement tissue, si finement trempée, que la dague se brise sous le coup asséné par Cornélie. Elle reste stupéfaite, tandis que le prince s'écrie d'une voix glapissante : — A moi !... à l'aide !... au meurtre !... Accourez à mon secours, on m'assassine !... Au secours ! au secours !...

A ces cris, au bruit de la lutte, le marquis de Montbar et plusieurs seigneurs de la domesticité royale s'élancent de la pièce voisine où ils se tenaient d'habitude, se précipitent dans l'oratoire, saisissant Cornélie par les poignets, tandis que le prince, à peine délivré de l'étreinte de la jeune fille, court, livide, éperdu, à son prie-Dieu, s'y agenouille, les lèvres blêmes, frissonnantes, les dents claquant de terreur, balbutie : — Dieu tout-puissant, grâces te soient rendues ! tu as protégé ton serviteur indigne !...

Puis, courbant le front jusqu'au sol et se frappant la poitrine : — Meâ culpâ... meâ culpâ... meâ maximâ culpâ !...

Pendant que le duc d'Anjou rend ainsi grâce à son Dieu d'avoir échappé au poignard de la jeune protestante, celle-ci toujours aux mains des seigneurs qui l'accablent d'injures, de menaces de mort, redresse le front, les brave d'un œil ferme, en gardant un dédaigneux silence. Le marquis de Montbar, se croyant responsable des faits et gestes de la huguenote, conduite par lui jusqu'au lit de son maître, dégaine son épée ; il va frapper Cornélie, lorsque le prince, se relevant de son prie-Dieu, s'écrie : — Ne la tue pas, mignon !... Oh ! non, non, il ne faut pas qu'elle meure encore !

Le favori remet son épée au fourreau ; le duc d'Anjou, pâle de rage, va s'asseoir sur son lit de repos, essuie son front, jette un regard implacable sur la jeune fille, et après un moment de silence : — Donc, ma belle ? — lui dit-il, — tu voulais m'assassiner ?

— Oui ; et voici pourquoi : Parce que tu es le digne fils de Catherine de Médicis... le digne frère de Charles IX... parce que tu as soudoyé un assassin pour empoisonner Coligny.

Le duc d'Anjou reste imperturbable ; puis il ajoute avec un sourire cruel : — Tu es une fille de résolution... et d'action... J'ai failli l'apprendre à mes dépens ! Comment te nomme-t-on ?

— Cornélie Mirant.

— Quoi ! tu es la fille de ce marin qui, l'autre nuit a quasi démantelé notre redoute de Chef-de-Baie, tu es la fille de cet endiablé huguenot qui a ravitaillé La Rochelle !

Fra Hervé le cordelier, soulevant la portière, allait pénétrer dans l'oratoire quand il entendit la jeune fille déclarer qu'elle se nommait Cornélie Mirant ; le moine demeure sur le seuil de la chambre, à demi-caché par la tapisserie, et continue d'écouter l'entretien de la huguenote et du prince.

— Tu dois être une fille de bonnes mœurs... comment t'es-tu si facilement décidée à te rendre aux propositions du marquis ?

— Dans l'espérance de pouvoir te frapper avec le poignard que j'ai trouvé dans la tente de ton officier, répond hardiment Cornélie.

— ...Nouvelle Judith, tu voyais en moi un moderne Holopherne. Tout respire en toi le courage, l'honneur, la chasteté... Vrai Dieu ! tu m'intéresses... Tu as voulu ma mort... Eh bien ! moi, je veux que tu vives... Une si vaillante fille ne doit pas mourir...

— Quoi ! monseigneur, cette misérable échapperait au supplice ! s'écria le marquis de Montbar..... Cornélie, frémissant, se disait : — La clémence du fils de Catherine de Médicis m'épouvante... bien plus que sa colère.

Charles IX.

— Oui, mignon, je suis en un jour de miséricorde, — répond le duc d'Anjou, s'adressant à son favori. Je pratique l'évangélique morale de Jésus, notre Sauveur, je rends le bien pour le mal : or, je lui veux du bien à cette fière républicaine, digne des temps de Sparte et de Rome ; je lui veux tant de bien, à cette vaillante fille... que voici à quoi je la condamne... On va lier les mains de cette vierge, la surveiller de façon à ce qu'elle ne puisse attenter à ses jours ; puis... on la livrera aux goujats du camp... Par la mort-Dieu ! ces coquins feront chère-lie !...
— Qu'on emmène cette vierge immaculée... mais qui va cesser d'être vierge...
— Oh ! par pitié, la mort ! la mort la plus horrible !... Prenez pitié de moi... — balbutia Cornélie, sortant de sa stupeur.

Et, tombant agenouillée aux pieds du duc d'Anjou, elle lève vers lui ses mains suppliantes et s'écrie avec un accent déchirant : — Le martyre... par grâce, le martyre !...

Le prince s'adressant à ses favoris : — Que l'on conduise tôt et vite cette belle hérétique au quartier des goujats, et tout à l'heure, mes mignons, nous irons assister à la liesse de ces bonnes gens.

Déjà l'on emmène Cornélie, lorsque soudain apparaît fra Hervé. Les courtisans s'inclinent devant le confesseur du duc d'Anjou.

— Mon fils, dit le cordelier, marchant droit au prince, — révoquez l'ordre que vous venez de donner... cette hérétique ne doit pas être livrée aux soldats...

— Mon père, — reprend vivement le duc d'Anjou, — ignorez-vous que cette fille a voulu m'assassiner ?

— Je sais tout... la tentative et l'avortement du crime. Vous allez révoquer l'ordre donné.

158ᵉ livraison

— Sang-Dieu ! mon révérend, puisque vous savez tout.., je vous déclare, nonobstant mon respect pour vous, que je tiens à ma vengeance, Mes ordres seront exécutés...

— Mon fils, vous êtes un enfant... — répond fra Hervé d'un ton de supériorité dédaigneuse. Se penchant alors à l'oreille du prince, il lui parle bas, tandis que Cornélie, reconnaissant fra Hervé, frémit de tout son corps et se dit :

— La clémence du prince m'épouvantait... la pitié de ce moine me terrifie. Seigneur, mon Dieu, je n'espère qu'en vous !...

— Vive Dieu ! mon révérend, vous disiez vrai ! je n'étais qu'un enfant !... s'écrie le duc d'Anjou, rayonnant de joie infernale après avoir écouté la confidence du moine.

Puis se tournant vers ses familiers : — Que cette hérétique soit conduite chez le révérend. Mais surtout, mon bon père, veillez sur elle... sa vie, maintenant, vous est aussi précieuse qu'à moi.

Et l'on entraîne Cornélie sur les pas du moine fratricide.

Fra Hervé demeurait dans la maison du Réservoir de la Font, dans une sorte de réduit voûté, sombre, humide comme une cave, et servant autrefois de communication directe avec l'aqueduc, par un degré de pierre recouvert d'une trappe. L'on arrivait au logis du moine par un couloir aboutissant à l'une des pièces du rez-de-chaussée, transformée depuis le siège de la Rochelle en salle des gardes réservée aux officiers du duc d'Anjou.

L'intérieur du réduit de fra Hervé révèle l'austérité de ses habitudes cénobitiques. Une caisse de bois remplie de cendres, semblable à un cercueil, lui sert de lit ; un escabeau est placé en face d'une table grossière sur laquelle on voit un sablier, un bréviaire, une tête de mort et une lampe de fer ; elle jette sa clarté douteuse dans cette espèce de cave, en un coin de laquelle une lourde trappe masque le degré de pierre par lequel on descendait autrefois sous la voûte de l'aqueduc, intérieurement muré par les royalistes, de crainte de surprise, depuis que ses eaux ont été détournées au commencement du siège de la Rochelle.

Cornélie, amenée dans ce lieu sinistre, se trouve seule avec le moine. Elle sait n'avoir aucune chance de salut ou de fuite. Cette salle n'a d'autre issue que le couloir aboutissant à la salle des gardes du prince, et là se tiennent constamment les gens de sa suite. Les traits de fra Hervé sont macérés ; son front, garni de quelques mèches de cheveux blancs, est osseux et luisant comme le crâne de la tête de mort placée sur la table. A voir la tête blafarde et décharnée du moine, on dirait la face d'un cadavre, sans le sombre éclat de ses yeux caves. Il s'est assis sur l'escabeau. Cornélie, debout, frissonne d'horreur ; elle est seule avec ce monstre qui, à la bataille de la Roche-la-Belle, a égorgé Odelin, père d'Antonicq. Fra Hervé s'est un instant recueilli, il a dit à la jeune fille, d'une voix caverneuse : — Tu connais le sort que te réservait monseigneur le duc d'Anjou en punition de ta tentative de meurtre... tu devais être livrée aux goujats de l'armée...

— Je suis en votre pouvoir ; que voulez-vous de moi ?...

— Le salut de ton âme ?

— Mon âme appartient à Dieu... J'ai vécu, je mourrai dans ma foi et dans l'horreur de l'Eglise catholique.

— Voilà bien l'impiété de cette famille Lebrenn, famille de réprouvés, de maudits, à laquelle cette créature devait s'unir par un lien plus étroit que celui qui l'y attachait déjà.

— Quoi ! — s'écrie Cornélie, — vous savez ?...

— Un prisonnier rochelois m'a appris que tu étais la fiancée d'Antonicq, le fils de celui qui fut mon frère...

— Moine, je n'invoquerai pas près de vous nos liens de famille... vous avez rougi vos mains du sang de votre frère... je n'invoquerai pas votre pitié... vous êtes impitoyable... mais comme on n'a pas brûlé d'hérétiques depuis quelque temps déjà, j'espère que vous consentirez à me faire condamner au bûcher comme hérétique endurcie ! J'abhorre le pape, son Eglise et ses prêtres ! je les abhorre à l'égal des rois ! J'exècre les moines, tous les tonsurés !...

Cornélie comptait, en exaspérant la fureur du cordelier, lui arracher l'ordre de la conduire au supplice, seul refuge qui lui restât contre les menaces du duc d'Anjou ; mais le suprême espoir de l'infortunée est trompé ; fra Hervé l'a écoutée impassible, et il reprend :

— Tu es rusée... tu aspires au supplice, parce que la mort te protégerait contre l'outrage que te réservent les redoutes... je ne suis point ta dupe... Il n'y aura pas de bûcher pour toi !...

— Malheur ! — murmure la jeune fille voyant la ruine de sa dernière espérance, — malheur ! je suis perdue !...

— Tu es sauvée... si tu le veux ! — reprend fra Hervé.

— Qu'entends-je ? — s'écrie Cornélie renaissant à une lueur d'espérance ; — que faut-il faire ? Parlez...

— Abjurer publiquement ton hérésie ! renier Satan ton père ; supplier humblement notre sainte mère l'Eglise catholique, apostolique et romaine de te recevoir dans son sein à merci et miséricorde. Ta souillure lavée, tu prononceras des vœux éternels ! tu iras ensevelir dans l'ombre d'un cloître ton passé criminel... Choisis donc... et sur l'heure abjure... sinon, tu seras livrée aux soldats !... Ces pieux catholiques épuiseront sur toi tous les genres de lubricité !...

— Seigneur! Seigneur! — s'écrie Cornélie frappée de terreur et sentant son esprit se troubler. — Est-ce que je veille?... est-ce que je rêve?... un prêtre... un homme... outrager à ce point la pudeur d'une femme!... Sois maudit, misérable!

— Quelle audace!... la pudeur!... une femme!... — reprend fra Hervé avec un éclat de rire diabolique. — Est-ce qu'une hérétique est une femme?... Non!... Une hérétique est une femelle... comme la louve des forêts... Et qu'est-ce que la pudeur de la louve?

— Pitié! — balbutie Cornélie éperdue, — ayez pitié de moi!...

— Pas de pitié!... — reprend fra Hervé. — Tu entreras dans un cloître, sinon... tu seras livrée aux soldats... Il faut que cela soit... Et maintenant, regarde ce sablier... — ajouta fra Hervé, désignant le clepsydre placé sur la table près de la tête de mort. — Lorsque le sable aura descendu, si tu n'as pas résolu d'abjurer à l'instant et de partir cette nuit même pour un couvent, tu seras livrée aux soldats... à nos bons soldats catholiques!...

Et le moine, appuyant son coude sur la table, son menton dans sa main, reste muet et suit d'un regard fixe l'évolution du clepsydre tout en égrenant dans ses doigts un lourd chapelet.

— Que faire? — se demandait la jeune protestante, — que faire en cette extrémité? Dieu tout puissant, ayez pitié de moi!

— La moitié du sablier est déjà écoulée! — dit fra Hervé de sa voix sépulcrale; — décide-toi... il est temps!...

A ce lugubre avertissement, Cornélie sent sa raison se troubler de plus en plus... cependant, une seule pensée lucide domine ce vertige croissant et obsède la pensée de la jeune fille... c'est la pensée de mettre fin à ses jours... Son regard, déjà égaré, furetant çà et là les sombres recoins du réduit, à peine éclairé par la pâle lumière de la lampe, cherche machinalement quelque objet dont elle puisse se faire une arme pour se donner la mort!... Soudain, les yeux de Cornélie s'agrandissent démesurément; elle suspend sa respiration, reste pétrifiée, se croyant le jouet d'un songe. Voici ce qu'elle voit et ce que fra Hervé ne peut apercevoir, ayant les yeux fixés sur le clepsydre et tournant le dos à la trappe qui masque le degré de pierre conduisant aux profondeurs de l'aqueduc... Cette trappe se soulève sans bruit par un mouvement presque insensible, et à mesure qu'elle se soulève ont apparu deux mains, puis les deux bras tendus qui la font jouer, puis le cimier d'un casque de fer... puis enfin le visage que coiffe ce casque... et Cornélie a reconnu Antonicq... son fiancé, Antonicq Lebrenn!...

— Le sable aura coulé avant que tu aies eu le temps de dire un *Ave...* — reprend le cordelier Hervé de sa voix caverneuse, contemplant toujours le clepsydre, et il ajoute: — Hérétique!... hérétique! hâte-toi... abjure ton idolâtrie... sinon, tu vas être livrée aux goujats de l'armée!... livrée à nos bons soldats catholiques!...

L'imminence du péril, l'espoir du salut, ont rendu à la jeune fille toute sa présence d'esprit; et à l'aspect de son fiancé, elle est restée muette, immobile, attentive. Les dernières menaces du moine arrivant aux oreilles d'Antonicq au moment où il venait de soulever presque entièrement la trappe, il pousse malgré lui une exclamation de fureur; fra Hervé se retourne brusquement et bondit de surprise en voyant le jeune homme s'élancer hors du souterrain. Cornélie, conservant son sang-froid, n'a pas oublié que le logis du moine n'est séparé de la salle des gardes que par un couloir d'une vingtaine de pas de longueur. Elle court vers la porte qui s'ouvre sur ce couloir, afin de la verrouiller en dedans; fra Hervé devine l'intention de la jeune fille, veut s'y opposer, se précipite sur elle. A ce moment, Antonicq la rejoint, la dégage de l'étreinte du cordelier, saisit celui-ci par les épaules, le fait pirouetter sur lui-même en le repoussant violemment; Cornélie a eu le temps de pousser le lourd verrou de fer que les gens du duc d'Anjou devront enfoncer pour pénétrer dans le réduit de fra Hervé. Celui-ci s'écrie alors d'une voix assez retentissante pour être entendue de la salle des gardes: A l'aide, au secours!

— Trahison!... Aux armes!... à l'aide!... Les huguenots!

Soudain la voix du cordelier expire sur ses lèvres, une main vigoureuse le prend à la gorge, une lame brille... et par deux fois elle est plongée dans le sein du fratricide. Il tombe renversé, baigné dans son sang, se raidit, écume, exhale son dernier soupir... et une voix sourde lui crie: — *Vingt-cinq!* J'ai mon compte... Je peux mourir... ma sœur et sa fille sont vengées!... La rançon du crime est complétée.

Cette voix est celle du franc-taupin, sorti du souterrain après Antonicq et précédant le capitaine Mirant qui est allé se jeter dans les bras de sa fille, tandis que Josephin poignardait le fratricide.

— Fuyons!... dit Cornélie à son père et à son fiancé, après avoir répondu à l'effusion de leur tendresse. — Les cris du moine sont parvenus jusqu'à la salle des gardes, qui est au bout de ce corridor... On accourt... Entendez-vous ces pas? ce bruit de voix?...

— Nous n'avons rien à craindre; ta présence d'esprit, chère fille, a assuré notre retraite... L'on ne pourra pénétrer facilement ici; la porte est épaisse et le verrou solide, — dit le franc-taupin, examinant et assurant cette fermeture avec un sang-froid imperturbable. — Cornélie,

Antonicq et vous, capitaine Mirant, descendez vite dans l'acqueduc, prenez les devants et restez en deçà du fourneau de mine que j'ai ménagé dans le souterrain, et auprès duquel fourneau maître Barbot et les matelots attendent un appel pour venir nous rejoindre ici.

Le franc-taupin s'adressant alors à Serpentin, l'apprenti, qui avait suivi le capitaine Mirant, et se trouvait également dans la pièce :

— Viens çà, drôlet !... apporte-moi la machinette à escarbouillade... Nous allons servir aux royalistes un ragoût poivré...

Cornélie, son père et Antonicq se hâtèrent de descendre le degré souterrain masqué naguère par la trappe ; ils viennent à peine de disparaître, laissant le franc-taupin et l'apprenti dans le réduit, lorsque ceux-ci entendent au dehors heurter violemment à la porte et au milieu de bruits confus, une voix appeler :

— Fra Hervé !... fra Hervé !...

— Tout à l'heure il criait : A l'aide ! à la trahison ! — ajoute la voix du marquis de Montbar. — Il ne répond rien... Cette sorcière est capable d'avoir étranglé le révérend !...

Et les voix continuent de crier au dehors : — Fra Hervé !... fra Hervé !... — Impossible d'entrer chez lui ! — La porte est verrouillée en dedans ! — Au nom du Diable, fra Hervé, ouvrez donc ! Nous accourons à votre appel.

— Vite, des leviers, une hache... ou mieux encore, qu'on enfonce cette porte, — reprend la voix du marquis de Montbar. — Courez avertir quelques soldats de ma compagnie ; nous vous attendons ici ! Alerte ! alerte !

— Oh ! oh ! — dit le franc-taupin après avoir silencieusement écouté ce qui venait de se dire en dehors de la porte, dont il s'était rapproché ; — les royalistes se convient en grand nombre au régal que je leur mitonne ! Pourquoi non ? Quand il y a du brouet pour cinq convives... il y en a pour dix, selon la ménagère économe... Et, voire ! il foisonne à ce point, mon brouet ! il est si succulent qu'une écuellée peut régaler à jamais vingt ou trente personnes.

— Maître Joséphin, voici la machinette à escarbouillade, — dit tout bas Serpentin, tirant d'un bissac suspendu à son épaule et remettant au franc-taupin une lourde boîte de fer, longue d'un pied sur six pouces de hauteur et de largeur. Cette boîte, bourrée de poudre, boulonnée solidement, est percée en son milieu d'une étroite ouverture donnant passage à une mèche soufrée. Le franc-taupin prend ce redoutable pétard, dont il s'était précautionné à toute occasion, examine attentivement la structure de la porte, et, après un instant de réflexion, il introduit, non sans peine, la boîte de fer sous la saillie du gond inférieur de l'huis, et s'adressant tout bas à l'apprenti en lui donnant amicalement une petite tape sur la joue :

— Dis-moi, drôlet... pourquoi est-ce que je place cette machinette ainsi serrée entre le sol et le gond de la porte ?

Serpentin réfléchit un moment, se gratte l'oreille, puis répond tout d'un trait, ainsi qu'un enfant récitant sa leçon :

— Maître, vous placez ainsi la machinette, à seule fin qu'en éclatant elle fasse sauter la porte et le gond, lequel gond entraînera le chambranle où il est scellé, lequel chambranle entraînera une partie de la muraille, laquelle muraille une partie du plafond ; ensuite de quoi ces décombres s'écrouleront sur ces mangeurs de messes, déjà escarbouillés par les morceaux de fer de la machinette, lancés de tous côtés, sifflant et ricochant comme des balles d'artillerie...

— Judicieuse... très judicieuse réponse, drôlet !... — répond le franc-taupin en pinçant l'oreille de l'apprenti d'un air satisfait. — Profite ainsi de mes leçons, tu deviendras fin mineur, bon taupineur, et tu contribueras gentiment à l'escarbouillement d'une infinité de papistes et de royalistes... Maintenant, éloigne-toi, descends le degré souterrain et attends-moi à la dernière marche.

Serpentin obéit. Le franc-taupin s'agenouille au seuil de la porte, prend à son côté une corne remplie de poudre, dont il verse sur le sol une quantité suffisant à recouvrir la mèche du pétard ; puis, marchant à reculons sur ses genoux, il sème une longue traînée de pulvérin ; elle côtoie le cadavre de fra Hervé et aboutit à l'ouverture de la trappe, par laquelle Joséphin descend. Mais il s'arrête aux premiers degrés de l'escalier, de sorte que sa tête apparaît seule au-dessus du niveau de l'excavation. Prêtant alors l'oreille du côté de la porte, derrière laquelle il entend un bruit de voix confus, il se dit : — La vermine catholique grouille derrière cette porte, mais j'ai le temps de marquer ma *vingt-cinquième* coche.

Et il prend un bâtonnet suspendu par une cordelle à l'une des boutonnières de son pourpoint, tire sa dague, et, entaillant le bâtonnet, le vieillard ajoute :

Hèna, la fille de ma sœur, a été plongée *vingt-cinq fois* dans les flammes par les prêtres de l'Eglise de Rome... je viens de mettre à mort mon *vingt-cinquième* prêtre catholique, apostolique et romain !...

Joséphin, ce disant, contemple, silencieux, le corps de fra Hervé, étendu sur le dos dans une mare de sang, les bras raidis, les poings crispés, les genoux demi-pliés ; la lumière de la lampe éclaire en plein la face livide du moine, contractée par les convulsions de l'agonie. Elle conserve son expression farouche: les mâchoires sont serrées, les lèvres écumantes ; les yeux du cadavre, vitreux, fixes, encore menaçants, semblent sortir de la profondeur des orbites.

— Ah ! — dit le franc-taupin en soupirant et d'une voix légèrement attendrie, — combien de fois, hélas ! combien de fois, assis au foyer de ma pauvre sœur, lorsque ce malheureux... que voilà mort écumant de rage..... était encore enfant, combien de fois je l'ai pris, lui et son frère Odelin, sur mes genoux ! caressant leurs petites têtes blondes, baisant leurs joues rondelettes... Heureux de leur joie enfantine, je les amusais, je les égayais en leur chantant ma chanson de franc-taupin !... Alors, Hervé égalait son frère par la douceur du caractère, par la bonté du cœur ; tous deux étaient la joie, l'orgueil, l'espérance de ma sœur et de Christian ! Mais un jour, un moine, un démon, fra Girard, s'empare de l'esprit de ce malheureux Hervé, le domine, l'égare, le corrompt et le perd à jamais !... Oh ! prêtres de Rome, prêtres de Rome !... soyez maudits !... Hélas ! de ce doux enfant que j'aimais tant, vous avez fait un fanatique sanguinaire... un fou enragé... un fratricide... et j'ai dû le frapper de ma dague... lui... lui... le fils de ma sœur !...

Le franc-taupin est distrait de sa rêverie par le bruit retentissant de plusieurs coups de masse et de crosse d'arquebuse violemment assénés du dehors et qui ébranlent la porte, tandis que, dominant le tumulte, la voix du marquis de Montbar s'écrie : — Ferme ! hardi ! redoublez ! enfoncez cette porte !...

— Voire !... c'est l'heure de l'escarbouillade pour ces agneaux de la Saint-Barthélemy ! — dit le franc-taupin. Et sans se hâter, sans perdre son sang-froid, il tire de sa poche un briquet, de l'amadou, une pierre, et en frappant le silex avec le fer, il chantonne entre ses dents la vieille chanson que lui ont rappelé ses souvenirs de l'enfance d'Odelin et de fra Hervé....

Un franc-taupin un arc de frêne avait
Tout vermoulu, à corde renouée.
Sa flèche était de papier empennée,
Ferrée au bout d'un ergot de chapon,
Deri, deri deron, vignette sur vignon !
Deri, deron !

Durant la cantilène du vieillard, qui continuait de battre le briquet, les coups assénés en dehors contre la porte redoublent de violence ; bientôt l'huis craque, se fend, se brise, et l'un de ses fragments tombe en dedans du réduit... Aussitôt Joséphin approche l'amadou allumé de la traînée de poudre et disparaît dans le souterrain, en refermant sur sa tête la lourde trappe... La traînée de poudre s'enflamme, serpente, rapide comme un trait de feu, atteint la mèche du pétard, il éclate avec fracas au moment où la porte complètement brisée, livre passage au marquis de Montbar, suivi de ses compagnons... Ils sont, ainsi que lui, renversés, mutilés ou tués par les fragments de la boîte de fer, qui vole en morceaux. Le chambranle de la porte, soulevé par l'explosion, se détache, entraînant une partie de la muraille et de la voûte, qui s'écroulent sur les royalistes et sur ces bons catholiques.

Cornélie, Antonicq, maître Barbot, le capitaine Mirant et les marins déterminés qui s'étaient réunis à lui, mais dont le concours n'avait pas été nécessaire, furent bientôt rejoints dans la profondeur de l'aqueduc par l'apprenti et le franc-taupin. Celui-ci fit jouer le fourneau de mine préparé à l'avance, afin d'obstruer complètement le souterrain et de barrer ainsi le passage aux royalistes s'ils tentaient de poursuivre les fugitifs, qui arrivèrent sains et saufs à la Rochelle, où ils trouvèrent Louis Rennepont et sa femme en proie à une anxiété mortelle sur l'issue de l'entreprise.

Voici comment la délivrance de Cornélie put être accomplie : Lors de l'embuscade des soldats catholiques qui enlevèrent ou massacrèrent un grand nombre de Rocheloises pêchant aux sourdons, Thérèse avait entendu le marquis de Montbar dire aux hommes de sa compagnie qui s'emparaient de Cornélie : « Ménagez ses jours ; c'est un morceau de roi... Je la réserve à monseigneur le duc d'Anjou... » Thérèse, séparée de la fiancée d'Antonicq pendant le tumulte de l'attaque, étant parvenue, ainsi que d'autres femmes de la Rochelle, à rentrer dans la ville, instruisit la famille Lebrenn de la capture de Cornélie et du sort qui la menaçait. Le capitaine Mirant, dont la valeur héroïque, au combat de Chef-de-Baie, venait de sauver la cité de la famine, apprit à son retour la mort de Marcienne, veuve d'Odelin, et la captivité de Cornélie. La famille Lebrenn ne s'abandonna pas à un désespoir stérile ; elle tint aussitôt conseil sur le moyen d'enlever Cornélie du quartier général, où elle devait être nécessairement conduite pour être livrée au duc d'Anjou ; enfin, après plusieurs moyens débattus, le franc-taupin, expert en ruses de guerre, ouvrit cet avis :

« L'on savait que le duc d'Anjou occupait à la Font la maison du Réservoir, dont Joséphin connaissait les abords et les êtres. Si Cornélie était amenée au duc d'Anjou, c'est dans son logis qu'il fallait aller la chercher. L'on ne pouvait songer à tenter une attaque de vive force sur le quartier général des royalistes ; la ruse seule pouvait réussir. Le franc-taupin rappela que, lors de l'occupation du bourg de la Font par les ennemis, il avait proposé de s'introduire dans le camp par le passage souterrain de l'aqueduc, mis à sec par le détournement des eaux ; cette proposition, jadis écartée, le franc-taupin la renouvelait, y voyant la possibilité de délivrer Cornélie. Les royalistes, avaient, il est vrai, muré l'aqueduc à six cents pas environ de la Font, afin de se couvrir de toute surprise de ce côté; mais l'on pouvait s'ouvrir un passage à travers ce mur avec le pic et le levier, pénétrer ainsi nuitamment jusque dans l'intérieur de la maison du duc d'Anjou et tenter d'enlever Cornélie. Une douzaine d'hommes déterminés, bien armés, sachant leur retraite à peu près assurée, pouvaient mener à bonne fin cet audacieux coup de main. »

L'avis du franc-taupin fut accepté; seul il offrait une chance de succès, si hasardeuse qu'elle fût. Le matin, à l'aube, Antonicq, malgré sa blessure, maître Barbot, le franc-taupin, l'apprenti Serpentin, le capitaine Mirant et six des plus intrépides matelots de son brigantin, descendirent dans l'aqueduc par l'issue qui aboutissait à l'intérieur de la Rochelle, et se dirigèrent ainsi souterrainement vers le quartier général des royalistes. La percée du mur, très-épais et solidement maçonné qui obstruait l'aqueduc, offrit de longues et pénibles difficultés; l'on ne pouvait employer la mine, de crainte d'éveiller l'attention de l'ennemi, et le passage était si étroit, qu'un seul homme à la fois pouvait se livrer à ce travail de démolition. Enfin, le mur fut percé, les Rochelois pénétrèrent jusqu'au réduit de fra Hervé... Cornélie fut sauvée!

La sanglante défaite des royalistes, lors du dernier assaut livré par eux au bastion de l'Evangile fut le présage de la levée du siège de la cité; après deux nouveaux combats acharnés, où les troupes royales furent encore vaincues, le duc d'Anjou envoya aux Rochelois plusieurs seigneurs chargés de propositions de paix. La majorité du conseil de ville répondit que les huguenots ne déposeraient les armes que lorsqu'un nouvel édit royal consacrerait leurs droits et leur liberté; la minorité du conseil, sachant le peu de valeur des édits royaux, voulait rompre à jamais avec la royauté. Mais la majorité l'emporta. L'on nomma des commissaires de part et d'autre, afin de régler les bases du nouvel édit. Les commissaires catholiques furent : le seigneur de la Vauguyon, René de Villequier, François de la Baume, comte de Suze, le seigneur de Malicorne, le maréchal de Montluc, Armand de Gontaut-Biron et le comte de Retz. Les commissaires rochelois étaient deux bourgeois : le maire Morisson et le capitaine Gargouillaud. Les Réformés maintinrent énergiquement leurs prétentions et les stipulèrent, non seulement en leur nom, mais au nom de tous les Réformés de l'Union républicaine protestante (stipulations rejetées, d'ailleurs, par cette Union, lorsqu'elle le connut, prétendant avec raison, n'avoir point été consultée et refusant de reconnaître l'autorité royale). Ainsi, grâce à leur courageuse insurrection et à leur résistance héroïque, les Rochelois imposèrent à Charles IX le nouvel édit du 15 juillet 1573; il consacrait, en les augmentant, tous les droits entièrement conquis par les Réformés. Une clause de cet édit, écrasante pour le parti catholique portait: « Que toutes les prises d'armes effectuées DEPUIS LA NUIT du 24 AOUT 1572, étaient amnistiées. » Ainsi, Charles IX l'avouait lui-même, les Réformés avaient légitimement tiré l'épée pour venger le forfait de la Saint-Barthélemy !...

Le siège de la Rochelle fut donc honteusement levé par l'armée catholique. Cette expédition coûta au roi des sommes immenses; il perdit dans les différentes attaques, et par les maladies, environ *vingt-deux mille hommes;* parmi les seigneurs et les capitaines tués pendant le siège, on comptait : le duc d'Aumale, MM. de Clermont, de Tallard, de Cosseins, de Goas, etc., et plus de trois cents officiers subalternes, de petite noblesse.

Vous le voyez, fils de Joel, la glorieuse issue du siège de la Rochelle consacre une fois de plus cette vérité, si fréquemment inscrite par l'histoire dans les annales de notre famille plébéienne : « Jamais de défaillance! Luttons, combattons sans cesse; c'est uniquement, fatalement et toujours, par la force, par les armes, par L'INSURRECTION, que nous conquerrons nos libertés, nos droits, toujours niés, méconnus ou violés, par nos ennemies éternelles : L'ÉGLISE DE ROME ET LA ROYAUTÉ. »

A la suite de la levée du siège de la Rochelle, moi, Antonicq Lebrenn, qui écris cette légende, j'épousai Cornélie Mirant, ma fiancée. Peu de temps après mon mariage, je mis à exécution ce projet, depuis si longtemps caressé par moi : aller habiter en Bretagne non loin du berceau de notre famille. Le colonel de Plouernel, avant de quitter la Rochelle, me proposa de nouveau de me céder à bail une métairie dépendante de la châtellenie de Mezléan, héritage du père de sa femme, et appelée la métairie de Karnac, parce qu'elle avoisinait les pierres druidiques de ce nom, encore debout et rangées en longues avenues, ainsi qu'elles l'étaient, au temps de Jules César, alors que notre aïeule Hêna, la vierge de l'île de Sên, s'offrit aux dieux en holocauste, dans l'espoir de les rendre favorables aux armes des Gaulois défendant leur sol, leur foyer, leur indépendance. J'acceptai l'offre du colonel de Plouernel. Cette offre agréait à Cornélie et à son père; naviguant presque toujours entre la Rochelle et Vannes, port situé près de Karnac, le capitaine Mirant passerait près de nous tout le temps qu'il ne consacrerait pas à son métier de marin. J'ai cédé mon armurerie. Ma sœur Thérèse et son mari, Louis Rennepont, ont préféré continuer de résider à la Rochelle; mais ils nous ont promis, ainsi que maître Barbot, de venir chaque année nous visiter à notre métairie de Karnac. Nous n'avons pas voulu nous séparer de notre bon vieil oncle Joséphin;

il se promet de bercer sur ses genoux nos enfants et de leur chanter sa chanson du franc-taupin, comme il la chantait à mon père Odelin et à son frère Hervé de lugubre mémoire.

Le 20 octobre de l'année 1573, nous nous sommes établis, Cornélie, mon oncle Joséphin et moi, dans notre métairie de Karnac; et d'armurier, je suis devenu métayer.

Ce jourd'hui, 17 janvier de l'an 1574, moi, Antonicq Lebrenn, j'achève d'écrire cette légende; elle fait suite à celle que nous a léguée mon grand-père Christian l'imprimeur, l'ami de Robert Estienne. Je la joindrai aux annales et aux reliques de notre famille, ainsi que la BIBLE DE POCHE imprimée par mon aïeul, et que sa fille Héna, baptisée en religion sœur Sainte Françoise au Tombeau, tenait avant d'être plongée vivante vingt-cinq fois dans les flammes le 21 janvier 1535, sous les yeux du roi François Ier, pour la plus grande gloire de l'Eglise catholique, apostolique et romaine! Honte et exécration sur cette Eglise catholique!

Je continuerai, selon la coutume de nos devanciers, de joindre aux annales de notre famille le récit des évènements publics importants qui se passeront de nos jours.

L'édit de pacification de la Rochelle parut insuffisant aux huguenots des autres provinces, plus que jamais partisans de la fédération républicaine des Eglises réformées. Ils aspiraient au sort de ces provinces des Pays-Bas espagnols, qui, secouant enfin le joug de Philippe II et de l'Eglise de Rome, maintenaient leur République protestante. De nombreuses assemblées eurent lieu en Dauphiné, en Languedoc, en Guienne. L'on y décréta la saisie des biens ecclésiastiques. Le parti des « politiques, » grossissant chaque jour et partageant les aspirations d'indépendance des Réformés, se joignait à eux pour combattre l'autorité royale; les jeunes princes de Condé et Henri de Béarn, rougissant enfin de leur apostasie et de leur inaction, tentèrent de fuir la cour de Charles IX afin d'aller rejoindre les protestants. Condé parvint le premier à s'échapper, gagna Strasbourg, et de cette ville adressa un manifeste où il reniait son abjuration catholique et se vouait pour toujours à la cause dont son père avait été l'un des martyrs et des plus fermes soutiens. Henri de Béarn, moins heureux que son cousin, ne pouvant tromper la surveillance de Catherine de Médicis, fut resserré plus étroitement; aussi, en 1574, une fraction des politiques et des huguenots, eurent-ils la déplorable pensée de prendre pour drapeau et de mettre à leur tête le duc d'Alençon, frère puîné de Charles IX et du duc d'Anjou. Cette résolution n'amena aucun résultat important. L'assassin ténébreux, le fauteur du guet-apens nocturne de la Saint-Barthélemy, usé par des débauches précoces, s'éteignait lentement, consumé par une fièvre ardente; des rêves affreux tourmentaient le sommeil de Charles IX, de sinistres visions épouvantaient ses veilles; sujet depuis sa maladie à de fréquentes hémorrhagies, il agonisait, inondé des flots de son propre sang. « Ah! nourrice! — s'écriait-il, livide, frissonnant d'horreur et l'esprit égaré, s'adressant à la femme qui le soignait et l'avait allaité! — Ah! nourrice que de sang... C'est celui de la saint-Barthélemy... Oh! que de meurtres... que de victimes qui se débattent sous le couteau... Je les vois... Oh! que j'ai eu de méchants conseillers! Mon Dieu, mon Dieu! pardonne-moi et me fais miséricorde. Infâme religion catholique! »

Dites, fils de Joel, n'est-elle pas d'une fatalité terrible la punition du crime? Charles IX mourant baigné dans le sang!

Ce monstre, glorifié par l'Eglise de Rome, expira le 30 mai 1574. Il n'avait pas encore vingt-quatre ans. Sa mère, aussitôt qu'il eût trépassé, dépêcha un courrier à son fils, le duc d'Anjou, élu roi de Pologne, où il régnait alors. Ce sybarite aux goûts infâmes et ses mignons efféminés se trouvaient mal à l'aise parmi cette noblesse polonaise, rude, hautaine et guerrière. Aussi, recevant, le 14 juin, la lettre de Catherine de Médicis qui lui annonçait la mort de Charles IX, le duc d'Anjou ne songea plus qu'à fuir de Cracovie, afin d'aller trôner au Louvre. Il parvint, en effet, ainsi que ses mignons, à s'évader nuitamment, du 16 au 17 juin, à l'insu des grands de Pologne, en larronnant les pierreries de la couronne des Jagellons qu'il venait de ceindre, et évaluées à cinq cent mille écus. Les seigneurs polonais s'apercevant trop tard de la fuite du prince et de son larcin, montèrent à cheval et poursuivirent le royal voleur, beaucoup plus jaloux de rattraper leurs joyaux que leur ignoble souverain; mais, grâce à ses mesures prises d'avance et à sa diligence, ils ne purent l'atteindre. Arrivé en France, il y fut tôt et vite sacré par l'Eglise, et introniséwings sous le nom de HENRI III. Fidèle à la tradition de sa famille, il pensa tout d'abord à révoquer l'édit de pacification de La Rochelle et à exterminer les protestants. Il invoqua le secours du ciel pour mener à bien cette pieuse entreprise et, dans l'espoir de se rendre agréable au Seigneur, il s'affilia, lui et ses mignons, à une confrérie de pénitents flagellants; il parcourait ainsi les rues en chantant des litanies et se donnant la discipline, le corps à moitié nu : le canon des protestants de Nîmes et du Languedoc, combattant pour la fédération républicaine des Eglises réformées, répondit aux litanies de Henri III, et lorsqu'il passa, ainsi que Catherine de Médicis, près de Livron, petite ville huguenote sur les bords du Rhône, les habitants envoyèrent, du haut de leurs murailles, une volée de boulets à la royale chevauchée, en lui criant : « Hau ! massacreurs ! vous ne nous poignarderez pas dedans nos lits, comme vous avez fait de monsieur l'amiral ! Amenez-nous donc un peu vos mignons goudronnés et parfumés ! Qu'ils viennent courtiser nos filles et nos femmes, ils verront si c'est proie facile à emporter. »

Lors de son sacre à Reims, le nouvel oint du Seigneur avait prononcé le serment habituel imposé aux rois par l'Eglise catholique en retour de sa consécration de la prétendue divinité de leur droit : « Je jure d'exterminer l'hérésie. » Serment plus aisé à faire qu'à tenir. Les huguenots remportaient de grands avantages dans cette nouvelle guerre religieuse. Henri de Béarn, dont les jours étaient menacés, parvenant enfin à s'échapper de la cour de Catherine de Médicis, alla rejoindre l'armée protestante. « On a fait mourir la reine ma mère. à Paris, — dit ce prince en arrivant au camp des Réformés. — L'on a tué monsieur l'amiral et mes meilleurs serviteurs ; on avait envie de m'en faire autant. Je n'y retournerai plus que l'on ne m'y traîne. » Dès lors, le Béarnais prit une part active aux opérations militaires commencées dans l'Anjou et dans le Maine. Henri III, effrayé des nouveaux succès des Réformés avec lesquels s'étaient alliés « les politiques, » jugea qu'il fallait obtenir la paix à tout prix, ne se refuser à aucune concession, puis, la paix signée, ne tenir parole qu'aux politiques, les désintéresser ainsi, afin de les séparer des huguenots, qu'il serait alors plus facile d'écraser. Le 30 avril 1576, un nouvel édit confirma les droits de la nouvelle Eglise. « Libre et public exercice du culte réformé, par tout le royaume, sans restriction de temps, de lieux ou de personnes. — Défense d'inquiéter les prêtres et les religieux mariés depuis leur conversion au protestantisme. — Création de chambres mi-parties dans les huit parlements du royaume pour juger la cause des huguenots. — Rétablissement du prince de Condé, de Henri de Navarre et de leurs adhérents dans leurs charges. — *Désaveu des excès commis à Paris et autres villes, le 24 août 1572 et jours suivants.* — Restitution des biens confisqués aux héritiers des victimes. — Annulation des sentences rendues contre les Réformés, depuis le règne de Henri II, et nominativement celle portée contre l'amiral de Coligny. — Octroi pour un temps illimité, aux protestants et catholiques unis, de huit places de sûreté. — Suppression des garnisons et gouverneurs établis dans l'intérieur du royaume, depuis Henri II. — Enfin, réunion des états-généraux dans le délai de six mois. »

La fraction protestante purement républicaine était en minorité ; elle dût accepter ce nouvel édit, bien qu'elle prévît qu'il serait violé, comme l'avaient été les précédents, puisqu'il n'offrait d'autre assurance qu'une parole royale, et invoqua en vain l'exemple des Provinces-Unies de Hollande, complètement séparées de la monarchie espagnole depuis 1572, et luttant avec une persévérance héroïque pour maintenir le seul gouvernement qui puisse garantir à un peuple le souverain exercice de ses droits et de sa liberté ; mais la situation géographique des Provinces-Unies est toute spéciale, et, en ce siècle-ci, l'établissement de la République des Gaules fédérées n'est qu'une généreuse aspiration vers l'idéal qu'il nous faut poursuivre jusqu'à sa réalisation prochaine ou lointaine. L'octroi du nouvel édit en faveur des Réformés déchaîna les fureurs du parti catholique. Le clergé fit un nouvel appel au fanatisme du peuple de Paris, lui montra dans cet édit la journée de la Saint-Barthélemy désavouée avec une lâcheté impie par Henri III et par sa mère. Le chapitre de Notre-Dame refusa de chanter un *Te Deum* en glorification de l'apaisement de la guerre civile. Le Parlement refusa d'établir la chambre mi-partie catholique et protestante, destinée à juger les procès des Réformés. Un concert de malédictions s'éleva contre Catherine de Médicis et son fils. Ils devinrent aussi odieux aux catholiques qu'aux huguenots. Le duc Henri de Guise (surnommé le Balafré), fidèle aux traditions de la maison de Lorraine, visait au trône de France, sous le protectorat du pape et de Philippe II. Le Guisard et ses créatures fomentèrent, avivèrent les haines populaires soulevées à la voix des moines contre Henri III et sa mère accusés de complicité avec les Réformés, en raison du dernier édit de tolérance. La Compagnie de Jésus, façonnée à l'obéissance passive, par son fondateur, Ignace de Loyola, exerçait en France une influence souveraine sur les ordres monastiques, inspirait à Rome le collège des cardinaux, et dominait en Espagne le conseil de Philippe II. Les jésuites favorisèrent les visées de la maison de Guise, et poussèrent à la fondation de la Ligue, vaste association secrète qui couvrit bientôt la France de ses réseaux. Cette Ligue était créée pour l'extermination des hérétiques, et pour détrôner la famille régnante, au profit des Guises ou de Philippe II roi des Espagnes.

La Ligue, à peine constituée, fait violer par ses affiliés le dernier édit de pacification de 1573. Des émeutes éclatent ; on recommence à courir sus aux huguenots. Ils reprennent les armes. Condé s'empare de St-Jean-d'Angély ; le Béarnais surprend Agen. Une nouvelle guerre religieuse ensanglante la France. Henri III ignorait encore les véritables projets des ligueurs ; il en fut instruit par un hasard singulier. Les papiers d'un avocat au parlement de Paris, mort à Lyon à son retour d'Italie, tombèrent entre les mains d'un protestant. Parmi ces papiers se trouvait un mémoire daté de Rome et portant ceci :

Bataille entre huguenots et catholiques, nationaux et royalistes (page 463)

« Hugues Capet a usurpé la couronne, au détriment des derniers Karlovingiens. — L'occasion est venue de rendre le trône à ses héritiers légitimes. — Le duc de Guise, descendant de Charlemagne, doit être reconnu chef suprême de la Ligue contre l'hérésie. — Le pape a été requis d'approuver par forme de pragmatique sanction, entre le saint-siège et le royaume de France, l'acte de la Ligue. — Tout prince du sang qui s'opposera à la volonté des états-généraux sera déclaré *incapable de succéder à la couronne*. Les seigneurs, gentilshommes ou autres, coupables de la même rébellion, seront atteints dans leurs biens et dans leur vie. — Les édits en faveur des hérétiques seront révoqués. — Le duc de Guise nommé lieutenant-général du royaume. — Les États requerront que le duc d'Alençon, frère du roi, soit mis en jugement pour le crime de lèse-majesté divine et humaine qu'il a commis en pactisant avec les hérétiques. — Le jour où ladite requête sera formulée par les états-généraux, la Ligue prendra les armes, dans tout le royaume, afin de se *saisir du frère du roi et de ses complices et d'exterminer partout les hérétiques*. — Le lendemain de la victoire, le frère du roi et ses complices châtiés, ainsi qu'ils doivent l'être, M. le duc de Guise, par l'avis et permission du saint-père, *enfermera le roi Henri III dans un monastère*. Ledit duc de Guise sera proclamé roi de France, les libertés de l'Eglise gallicane abolies et le saint-siège pleinement reconnu et restauré, dominateur suprême des rois et des peuples. »

Les huguenots publièrent le *Mémoire daté de Rome* dans les papiers de l'avocat défunt. Henri III crut d'abord à une imposture des protestants pour nuire aux papistes; mais l'ambassadeur de France en Espagne, Jean de Vivonne de Saint-Goar, expédia au roi une copie identique du même mémoire, envoyé du Vatican à Philippe II et approuvé de tout point par ce monarque. Le duc de Guise, aussitôt mandé par Henri III, nie effrontément avoir eu connaissance du traité, ne voulant lever le masque qu'après la convocation des états-généraux, qu'il savait devoir être, en majorité, composés de ligueurs. Mais cette majorité, malgré la pression du parti catholique, fut numériquement très faible et requit néanmoins le roi (26 décembre 1576) d'interdire en France la religion réformée. Les protestants, nonobstant les arrêts, continuant de tenir la campagne, sous les ordres de Henri de Navarre et du prince de Condé, remportent des avantages considérables sur les catholiques et imposent un édit de pacification, signé à Bergerac, le 2 octobre 1577. Ce nouveau pacte avec l'hérésie fut attaqué par la Ligue avec une violence inouïe. Le clergé redoubla ses prédications contre Henri III et Catherine. Les mœurs infâmes de la cour, où trônait la sodomie couronnée, les dilapidations du trésor public, l'insatiable avidité des mignons, aidèrent aux manœuvres de la Ligue; les impôts devenaient exorbitants. Paris, taxé, en 1581, à une surtaxe de 200,000 écus, refusa de payer. Henri III fit saisir la caisse des rentes de l'Hôtel de Ville. Le déchaînement fut à son comble. Catherine et son fils haïssaient non moins les ligueurs que les huguenots. Cependant, frappé des talents militaires déployés par Henri de Béarn et comptant l'opposer au duc de Guise, comme chef du parti catholique, Henri III propose au Béarnais, s'il consent d'abjurer une seconde fois sa religion, de le reconnaître solennellement comme héritier du trône (Henri III n'avait pas d'enfant, et son frère, le duc d'Alençon, se mourait). Le Béarnais, en rusé Gascon, déclina l'offre de son cousin de Valois, se disant qu'abandonner le parti huguenot, c'était le laisser aux mains de Condé, qu'il jalousait comme un rival, et quitter ainsi le certain pour l'incertain, doutant fort d'attirer à lui le parti catholique. L'offre faite au Béarnais par Henri III transpira; la Ligue s'exaspéra contre ce prince qui songeait à appeler au trône un hérétique relaps; Guise crut le moment venu de faire un pas de plus vers le pouvoir royal, et masquant ses prétentions d'un prête-nom, il fit choisir par la Ligue, pour héritier présomptif de la couronne, un vieillard imbécile, le cardinal de Bourbon, oncle de Henri de Navarre; le trône lui appartenait, en effet, à défaut de son neveu, exclu comme hérétique. Le cardinal accepta le rôle qu'on lui destinait, et, le 31 décembre 1584, fut signé au château de Joinville un traité secret entre le duc de Guise et son frère, le duc de Mayenne, stipulant tant en .eur nom qu'en celui de l'ambassadeur de Philippe II. Selon ce traité, les parties contractantes s'engagèrent « d'extirper l'hérésie de la France et des Pays-Bas; — d'exclure du trône de France les princes hérétiques ou qui *accorderaient l'impunité aux hérétiques*; — et à poursuivre à outrance, jusqu'à les anéantir, ceux qui refuseraient de rentrer dans le sein de l'Eglise. — En cas de mort de Henri III, le cardinal de Bourbon, son successeur, s'engageait à abandonner à Philippe II le monopole de la navigation des Indes, d'aider l'Espagne à recouvrer Cambrai et de lui abandonner certaines provinces du midi de la France. »

Le père Mathieu, jésuite lyonnais, surnommé le « Courrier de la Ligue », fut chargé d'aller à Rome demander au pape son adhésion à ce traité. Le révérend père, à son retour d'Italie, annonça au duc de Guise que « Grégoire XIII, après avoir conféré avec son ministre et le *général des jésuites*, autorisait la prise d'armes contre les hérétiques, *avec ou sans la permission du roi, levant tout scrupule de conscience* à cet égard, accordant l'indulgence plénière pour cette *œuvre sainte* (l'extermination des huguenots), et aussitôt après, le saint-père proclamerait le roi de Navarre et le prince de Condé incapables de succéder au trône. — Le pape ne trouvait point expédient et opportun que l'on attentât aux jours du roi; mais si l'on pouvait se saisir de sa personne royale et lui donner un guide qui le tint fermement en bride, le saint-père trouverait cela fort bon. »

Henri III, de plus en plus effrayé des violences de la Ligue, mais toujours indécis, songeait parfois à s'appuyer sur les huguenots et à s'allier aux Etats protestants, l'Angleterre et les Provinces-Unies de Hollande, dont la puissance allait chaque jour grandissant, et il accueillit avec une bienveillance marquée les ambassadeurs de cette République députés vers lui, le 12 février 1585. Le général des jésuites, le pape et Philippe II, instruits des vagues projets de Henri III au sujet d'une alliance avec les pays protestants, sommèrent le duc de Guise d'exécuter le traité secret signé à Joinville, et la Ligue tira l'épée. Le Balafré s'empare de Châlons, et le duc de Mayenne, de Dijon. La noblesse ligueuse de Picardie, conduite par le duc d'Aumale, se rend auprès du vieux cardinal de Bourbon, le conduit à Péronne, centre de la Ligue, et le 31 mars 1585, elle lance son manifeste, déclarant Charles de Bourbon, premier prince du sang et cardinal, appelé à régner dans le cas où Henri III mourrait ou serait déchu du trône. Le Béarnais lance, de son côté, un manifeste où il proteste contre l'exclusion dont il est frappé, maintient le principe de la liberté religieuse, et, de concert avec le prince de Condé, propose au roi de lui remettre toutes les places de sûreté alors au pouvoir des huguenots, à la condition que les ligueurs désarmeront également. Henri III, ainsi placé entre les deux partis, est forcé de se déclarer ouvertement contre les huguenots ou contre les ligueurs; ceux-ci lui paraissant plus redoutables, car le duc de Guise avait poussé son quartier général jusqu'à Nemours, le roi se rend, le 18 juillet 1585, au Parlement de Paris, afin d'y faire enregistrer, devant lui, la révocation des édits de tolérance accordés jusqu'alors aux protestants. Cette tardive concession de Henri III ne désarme pas les ligueurs; ils continuent la guerre contre leurs adversaires, guerre acharnée, mêlée de succès et de revers pour les deux partis. Les chefs de la Ligue à Paris forment un comité directeur composé de seize membres, d'où leur resta le nom des Seize. Henri III, quoiqu'il se soit mis à la tête de ses troupes pour combattre Henri de Navarre et Condé, est sommé par les « Seize », sous menace de déchéance, « de faire publiquement soumission et adhésion à la Ligue ; — de promulguer les actes du concile de Trente ; — et d'établir le tribunal de l'Inquisition à Paris et dans les principales villes de France. » Le duc de Guise, afin d'appuyer par sa présence les injonctions de la Ligue, se rend à Paris, malgré la défense du roi, qu'il espère ainsi contraindre à quelque extrémité dont il saura profiter ; le 9 mars 1588, il entre dans la capitale, escorté d'une foule de gentilshommes et d'une nombreuse troupe armée. Il est reçu avec enthousiasme par les ligueurs aux cris de : « Vive Guise! à bas le Valois! » Henri III, haineux, lâche et féroce, pâlit de rage en apprenant l'arrivée du Guisard et l'accueil qu'il reçoit des Parisiens. « Le Balafré est venu! — s'écrie le digne frère de Charles IX ; — par la mort-Dieu ! il en mourra ! » Et mandant aussitôt un colonel corse, Alphonse Ornano, il le charge d'assassiner le duc de Guise. MM. de Bellièvre et de Cheverni, conseillers du roi, le conjurent de renoncer à ce meurtre, qui causerait à Paris un soulèvement effroyable. Henri III hésitait, lorsqu'il voit entrer Catherine de Médicis et le duc de Guise. Tant d'audace confond le roi, et s'adressant au Balafré avec hauteur : « Je vous avais défendu, monsieur, de paraître ici ! — Sire, répondit le duc, — feignant la déférence, je suis venu ici pour demander à Votre Majesté justice des calomnies de mes ennemis. — On verra bien si vous avez été calomnié, selon que votre présence causera ou non des troubles dans Paris, » — répond le roi. Le Balafré se retire, convoque les Seize et les principaux ligueurs à l'hôtel de Guise, où il se retranche comme dans une place d'armes. Henri III, de son côté, se retranche dans le Louvre ; et craignant un soulèvement populaire, il ordonne aux Suisses casernés dans les faubourgs d'entrer dans Paris ; le régiment des gardes se joint aux Suisses. Ces troupes prennent position sur les principales places de la cité. Les Seize et les moines, exaspérés par ces préparatifs menaçants, crient aux armes, soulèvent le populaire ; on élève des barricades dans toutes les rues ; les ligueurs engagent le feu contre les troupes royales aux cris de : « Vive Guise ! à bas le Valois ! » Les Suisses et les soldats aux gardes sont mis en déroute et massacrés. Le maréchal de Biron, leur commandant, se rend à l'hôtel du duc de Guise et le conjure de faire cesser le massacre des troupes ; le Balafré y consent, sort de son hôtel en pourpoint blanc, une baguette à la main, et se dirige vers la place de Grève. Les acclamations des ligueurs le suivent. « Il faut conduire M. le duc à Reims et le sacrer roi ! — s'écrient les catholiques les plus exaltés. — Mes amis, c'est assez, c'est trop ! » — répondait le Balafré avec une modestie affectée. Arrivé devant l'Hôtel de Ville, il demande au peuple la grâce des soldats du roi : elle est accordée au Guisard. Il retourne à son hôtel au milieu d'un immense concours de population en armes. Bientôt il voit entrer chez lui Catherine de Médicis ; elle venait intercéder pour son fils. Le Balafré, habile et prudent, n'ambitionnait, quant au présent, que les fonctions des anciens « maires du palais » des rois fainéants. Il dicte ses volontés à la reine mère : « Il sera nommé lieutenant-général du royaume ; — Henri de Béarn et les autres princes hérétiques seront déclarés exclus de la succession au trône ; — le duc d'Epernon, le maréchal de Biron et autres favoris et familiers de Henri III, bannis du royaume ; — tous les grands offices d'Etat confiés aux ligueurs ; — les Etats-généraux convoqués dans un bref délai. » — Catherine de Médicis reporte ces dures conditions à son fils. Celui-ci, épouvanté par le bruit du tocsin et des arquebusades, ne songeait qu'à fuir. Il monte à cheval en toute hâte aux écuries des Tuileries, ainsi que bon nombre de ses dignitaires, de ses conseillers, de ses mignons, et la royale chevauchée tire au large. Les ligueurs occupant le corps de garde de la porte de Nesle, du côté du faubourg Saint-Germain, envoyèrent une volée de coups d'arquebuse et mille injures au roi fuyard, qui galopait sur l'autre rive de la Seine. Ainsi Charles IX avait arquebusé d'un bord à l'autre de la rivière les huguenots qui essayaient d'échapper au massacre de la Saint-Barthélemy !... Henri III, arrivé sur les hauteurs de Chaillot, s'arrêta pour laisser souffler son cheval, et se retournant vers Paris qu'il dominait de cette colline : Ah ! ville ingrate ! ville maudite ! — s'écria-t-il, — je jure de ne rentrer dans tes murs que par la brèche ! » Et il se dirigea sur Chartres, suivi du régiment des gardes et des Suisses.

Henri III, forcé de fuir de Paris devant le soulèvement des ligueurs, ne vit d'autre chance de salut que de se livrer à la Ligue. Il signe à Rouen, le 21 juillet 1588, le pacte de l'Union catholique, renouvelant le serment de son sacre : « d'employer, même au péril de sa vie, tous les moyens pour exterminer l'hérésie, sans jamais lui accorder ni paix ni trève ; — ordonnant à ses sujets de prononcer le même serment que lui et de jurer qu'après sa mort ils ne reconnaîtraient comme roi aucun prince hérétique ; — déclarant rebelles et criminels de lèse-majesté les particuliers et corporations ou villes qui refuseraient d'adhérer à l'union de la sainte Ligue catholique ou s'en sépareraient après l'avoir signée. — De plus, par articles secrets, Henri III s'engageait à envoyer ses troupes contre les huguenots, — à confisquer leurs biens, — à reconnaître le concile de Trente, — à établir l'Inquisition en France. — Il s'engageait à éloigner ses favoris, — à confier au duc de Guise une autorité presque égale à la sienne, en le nommant *connétable de France*, — enfin à convoquer les Etats-généraux à Blois le 10 octobre 1588. »

Les Etats furent en effet réunis à Blois à cette époque ; et en raison des manœuvres et de la pression de la Ligue, presque tous les députés lui appartenaient. Mais il advint ceci ; les idées républicaines, propagées d'abord en toute conviction par les protestants, puis par la Ligue, qui s'en faisait à la fois une arme contre Henri III et une amorce pour séduire le populaire, les idées républicaines avaient tellement gagné les esprits que les Etats-généraux réunis à Blois soulevèrent les questions les plus hostiles au principe monarchique. Ainsi le tiers état et une fraction importante de la noblesse affirmaient et déclaraient :

« Que la souveraineté appartenait AUX ÉTATS et NON AU ROI.

« Qu'il fallait procéder envers le souverain, non par supplication, mais PAR RÉSOLUTIONS.

« Enfin, que le roi n'était que le PRÉSIDENT DES ÉTATS, lesquels ont TOUT POUVOIR. »

N'était-ce pas implicitement affirmer le gouvernement républicain que de réduire la royauté de droit divin à cette position subalterne, ainsi que l'avait tenté courageusement Etienne Marcel au quatorzième siècle ? Ces attaques contre le principe monarchique, formulées par les Etats de Blois, furent accompagnées des blâmes les plus véhéments contre la dilapidation des deniers publics et les prodigalités de la cour.

Le roi, déjà exaspéré par ces humiliations, qu'il attribuait aux menées du Guisard, apprit que le Balafré comptait achever à Blois l'entreprise tentée à Paris lors de la journée des barricades, c'est-à-dire se faire nommer par les Etats-généraux aux fonctions de connétable (fonctions qu'il tenait seulement jusqu'alors du bon plaisir royal) ; pour s'assurer les moyens de reléguer Henri III dans un monastère, d'exiler Catherine de Médicis et de proclamer la déchéance des Valois. Le frère de Charles IX résolut de prévenir les desseins de son adversaire en le faisant assassiner ; le meurtre fut débattu au conseil royal et résolu après ces paroles de Henri III : « Mettre le Guisard en prison serait tirer un sanglier aux filets qui pourrait être plus puissant que nos cordes, tandis qu'en le tuant, il ne nous fera plus de peine. Homme mort ne guerroie plus ! A mort le Guisard ! »

(Moi, Antonicq Lebrenn, j'ai lu dans un livre de ce temps-ci le récit suivant écrit par un témoin oculaire de la mort du fameux duc de Guise) :

« Le lundi 22 de ce mois, le duc de Guise, se mettant à table pour dîner, trouva sous sa serviette un billet portant qu'il prît garde, qu'on était sur le point de lui jouer un mauvais tour. — Le duc écrivit au crayon de sa main sur le billet : « L'on n'oserait », et jeta le papier sous la table. Le vendredi 23 décembre, le roi manda de bon matin au duc de Guise et au cardinal son frère qu'ils vinssent au conseil, afin de s'entretenir de choses importantes. Ils y vinrent et trouvèrent les gardes renforcées, ce à quoi toutefois ne prenant pas garde, les deux frères passèrent outre. Et quoique le duc eût reçu le matin même un nouvel avis de se tenir sur ses gardes, il mit l'avis dans sa pochette en disant : « Voilà le neuvième avis d'aujourd'hui. » Le duc de Guise entra dans la salle du conseil habillé d'un habit de couleur grise très léger pour la saison. On vit l'œil du côté de sa balafre pleurer, et il saigna par le nez quelques gouttes de sang. Il envoya un de ses pages quérir un autre mouchoir, et il eut, un instant après, comme un affaiblissement, interprété par beaucoup de personnes comme suite de ses excès de la nuit, qu'il avait passée avec une dame de la cour. Sur ce, le roi manda près de lui le duc, par Revol (l'un des serviteurs d'Etat), qui le trouva serrant dans un drageoir d'argent des fruits confits dont il venait de manger quelques-uns à cause de son affadissement de cœur ; et à l'instant le duc se rendit chez le roi. Sa Majesté avait laissé dans sa chambre huit des plus déterminés des *quarante-cinq* gentilshommes de sa garde, et se retira dans un cabinet donnant sur le jardin avec le colonel Ornano ; — douze autres des *quarante-cinq* furent placés en réserve dans un second cabinet ; d'autres enfin sur les degrés d'un escalier dérobé. M. d'Entrague alla requérir un des chapelains du roi de dire messe : pour le bon succès d'une entreprise de Sa Majesté au regard du salut de la France. Comme le duc entrait dans le cabinet du roi, l'un des *quarante-cinq*, Monséri, lui saisit le bras droit (au duc) et lui porta un coup de poignard dans la poitrine ; Sainte-Maline, autre garde, frappa en même temps le duc par derrière, et trois ou quatre autres lui sautèrent au corps, s'accrochèrent à ses jambes et l'empêchèrent de lever son épée. Il était si grand et si puissant, que, criblé de coups, étouffé par le sang de ses blessures, il entraîna ceux qui le tenaient d'un bout du cabinet à l'autre, et se débarrassant de leurs mains par un suprême effort, il s'avança vers Loignac, le chef des meurtriers, les poings fermés ; Loignac le repoussa d'un coup de fourreau d'épée, et le duc alla tomber mort au pied du lit du roi, qui, sortant de son réduit, Loignac lui ayant crié que c'était fait, contempla le cadavre, disant : — *Nous ne sommes plus deux... Je suis roi maintenant!* — Et le regardant encore : *Mon Dieu! comme il est grand! Il paraît encore plus grand mort que vivant!* — Et le roi donna un coup de pied dans le visage du mort, ainsi que le défunt Balafré avait jadis donné un coup de pied dans le visage du cadavre de M. de Coligny. Le cardinal de Guise, assis au conseil avec l'archevêque de Lyon, entendant le bruit et la voix du duc criant : Merci à Dieu! entre les coups de dague et d'épée, voulut se lever en disant : « Voilà qu'on tue mon frère! » Mais les maréchaux d'Aumont et de Retz, mettant l'épée à la main, empêchèrent le cardinal et l'archevêque de sortir, leur disant : « Vous êtes morts si vous bougez. » Ils furent tous deux conduits prisonniers en un galetas ; et le lendemain, le cardinal fut aussi égorgé à coups de dague, par ordre du roi. Le soir, les corps des deux Guise furent dépecés, par ordre de Sa Majesté, dans une salle basse du château, puis brûlés et mis en cendres, ensuite les cendres jetées aux vents, de peur que le peuple de Paris n'en fît des reliques.

« Le roi, le meurtre du Balafré accompli, se rendit chez la reine sa mère, afin de l'instruire du fait, car elle l'ignorait. « Madame, — lui dit-il en entrant, je me suis rendu roi de France ; j'ai fait mourir le roi de Paris. » La reine-mère d'abord garda le silence de la surprise, et dit ensuite : « Vous avez fait mourir M. de Guise!... *C'est bien coupé... mais, mon fils, saurez-vous recoudre?* »

Vous le voyez, fils de Joel, prompt ou tardif, le châtiment vengeur atteint toujours le crime ! François de Guise, le boucher de Vassy, l'assassin des huguenots, est à son tour assassiné par Poltrot, devant Orléans, et laisse un fils digne de lui, Henri de Guise le Balafré. Celui-ci est chargé d'organiser le massacre de la Saint-Barthélemy. Il court à l'hôtel de Coligny ; le corps du vieillard est jeté sur le pavé, et Henri de Guise crosse du pied le visage de ce cadavre... Seize ans après, le Balafré est à son tour assassiné dans un guet-apens, et à son tour Henri III crosse du pied le visage de son ennemi expirant!... Enfin, peu de jours après ce meurtre, qu'un autre meurtre vengera bientôt, Catherine de Médicis termine sa vie souillée de crimes (5 janvier 1589). De ces crimes, quel était le mobile ? — Capter le parti catholique ; — exterminer les huguenots ; — affermir le trône des Valois, ébranlé par la Réforme... — La vieille reine meurt, et en mourant, elle voit le parti huguenot, plus fort que jamais, lutter, combattre avec énergie... la vieille reine meurt, et en mourant, elle entend demander à grands cris, par les catholiques, la déchéance ou la mort de son fils, le dernier des Valois... En effet, à la nouvelle du meurtre du duc de Guise, la Ligue demande avec fureur la déchéance ou la mort de Henri III, et contre lui Paris s'insurge de nouveau. Les prêtres refusent l'absolution à ceux qui reconnaissent ce prince pour leur souverain légitime ; sa déchéance est proclamée par la Sorbonne. Cependant le Parlement proteste ; ses membres sont mis, le 16 janvier, à la Bastille, et les « Seize » instituent un nouveau parlement ; grand nombre de villes proclament également la déchéance de Henri III. Le 12 février, le duc de Mayenne, frère du Balafré, se rend à Paris ; il y est reconnu chef de la Ligue et mis à la tête du conseil général de l'Union catholique. Le roi, épouvanté de ce déchaînement populaire, tente et effectue un rapprochement avec Henri de Béarn, qui, tenant toujours la campagne à la tête de l'armée protestante, battait souvent les ligueurs. L'armée royale et l'armée protestante, unies sous les ordres du Béarnais, battent les ligueurs devant Senlis, marchent sur Paris, s'emparent du pont de Saint-Cloud, le 31 juillet 1589, et y établissent leur quartier général. Mais le 1er août de cette même année (1589), le châtiment vengeur atteignait encore le crime... Le moine Jacques Clément planta son couteau dans le ventre de Henri III. Voilà le récit de cet assassinat :

« 1er août 1589. — Le mardi de ce mois, un jeune religieux, prêtre de l'ordre de Saint-Dominique, dit Jacobin, né à Sorbonne, à quatre lieues de la ville de Sens, en Bourgogne, âgé de vingt-trois à vingt-quatre ans, nommé Jacques Clément, partit de Paris le matin, se fit conduire chez le roi, où il eut entrée par M. de la Guesle, procureur général au parlement de Paris ; il était environ huit heures du matin. Le roi, averti qu'il y avait là un moine qui désirait lui parler, était assis sur sa chaise percée, sans autre vêtement qu'un manteau sur les épaules. Il entendit ses gardes repousser le moine, de quoi le roi se courrouça, disant qu'on fît entrer ce frère, car si on le rebutait, il s'en irait répéter dans Paris que le roi chassait les moines et ne les voulait point voir. Incontinent le jacobin entra, ayant son couteau tout nu dans sa manche, se présenta au roi, lequel finissait d'attacher ses chausses, et lui présenta une lettre de la part du comte de Bienne, alors prisonnier à Paris, ajoutant (le jacobin) que, outre du contenu de la lettre, il était chargé de dire à Sa Majesté quelque chose d'important en secret. Le roi ne pensant qu'aucun meschef pût lui advenir de la part de ce chétif petit moine, commanda que ceux qui se trouvaient là se retirassent, et commença de lire la lettre que lui avait baillée le moine; celui-ci voyant le roi attentif à lire, tira de sa manche un couteau, en donna droit dans le ventre du roi, au-dessous du nombril, et si avant, qu'il laissa le couteau au trou, lequel couteau le roi retira aussitôt à grand'force et en donna un coup de la pointe sur le sourcil gauche du moine, en s'écriant : « Ah ! le méchant moine ! il m'a tué ! Qu'on le tue ! » Auquel cri étant vitement accourus ses gardes et autres, ceux qui se trouvèrent les plus près massacrèrent ce petit assassin de jacobin aux pieds du roi, et sur ce que plusieurs estimaient que c'était quelque soldat déguisé, cet acte étant trop hardi pour un moine, le meurtrier fut reconnu pour ce qu'il était, à savoir : pour un vrai moine, de ces moines dont on devait se garder de tous côtés comme de méchantes bêtes. Le mercredi, 2 août, le roi mourut, à deux heures après minuit. L'on ouvrit son corps, et l'on reconnut que la blessure était de celles dont l'on ne réchappe point. Son corps fut embaumé et mis en plomb; puis le roi de Navarre proclamé roi de France en l'armée, par les chefs et seigneurs, comme héritier légitime de la couronne. »

Ainsi finit la branche des Valois, rameau pourri de cette vieille souche : la royauté franque, transplantée de Germanie en Gaule par la conquête de Hlood-Wig (Clovis). Hélas ! fils de Joel, depuis dix siècles et plus que cette race de rois opprime la Gaule, cherchez combien elle a fourni de souverains éclairés, humains, amis de leurs peuples et honorés dans l'histoire !... Cherchez combien de souverains nuls, imbéciles, fous ou scélérats, cloués au pilori de l'histoire ! et dites de combien les méchants l'emportent sur les bons !... Cherchez un règne... un seul... et des meilleurs, où le peuple des villes et des campagnes n'ait été écrasé par les impôts !... Alors, vous comprendrez pourquoi tant d'esprits sont partisans de la religion nouvelle et du gouvernement républicain. Les peuples sont las d'être légués comme un troupeau de bœufs à ces lignées royales. Courage, fils de Joel, courage, ils s'approchent, ces temps de délivrance où le double joug de l'Eglise de Rome et de la royauté sera pour toujours brisé, ces temps glorieux où la République des Gaules fédérées s'abritera sous son antique drapeau rouge, surmonté du coq symbolique... Vigilance et vaillance !

Le meurtre de Henri III fut salué par la Ligue et par le clergé avec un enthousiasme frénétique; mais un grand nombre de catholiques royalistes reconnurent Henri de Béarn comme héritier légitime du trône, sous le nom de Henri IV. Ce Béarnais était vaillant soldat, grand capitaine, esprit droit, politique habile, point hypocrite, ayant au moins la cynique sincérité de ses vices, bonhomme au fond, à moins qu'il ne s'agit de braconniers ou de certains rivaux en amour, auxquels cas il devenait inexorable ; ce Béarnais était, en outre, joueur comme un lansquenet, luxurieux et le plus rusé, le plus madré des Gascons. Il ne vit jamais dans les religions qu'il abjura ou renia que des expédients politiques, ne se souciant pas plus de la messe que du prêche; mais, il faut le dire à sa louange, ferme partisan de la liberté de conscience, il promulgua la déclaration suivante le 4 août 1589 :

« Nous, Henri, par la grâce de Dieu, roi de France et de Navarre, promettons et jurons foi et parole de roi de *maintenir et conserver* en notre royaume la religion catholique... etc. ;

« Que cependant, il ne sera fait aucun exercice d'autre religion que la catholique, *sinon ès villes et lieux où il se fait à présent*... jusqu'à ce que autrement il ait été avisé par une paix générale et par les Etats-généraux ;

« Que les villes, places et forteresses qui seront réduites en notre obéissance seront commises par nous au gouvernement de nos bons sujets catholiques... *sauf celles qui, par les édits, ont été réservées à ceux de la religion réformée* (une place forte par bailliage) ;

« Que tous offices et gouvernements venant à *vaquer ailleurs que dans les villes et places fortes qui sont au pouvoir de la religion réformée*, il sera pourvu à ces offices et à ces gouvernements par des personnes catholiques. »

Le rusé Gascon parvenait ainsi à satisfaire à peu près les exigences des catholiques du parti national et celles des protestants. Il était redevenu huguenot, ayant abjuré le catholicisme, qu'il avait embrassé peu de temps après la Saint-Barthélemy; mais il promit aux catholiques de revenir de nouveau à son vomissement et de se faire encore catholique, *lorsqu'il serait suffisamment instruit et touché de la grâce d'en haut*... ajoutant à part lui que, « pour certain, ni l'instruction, ni la grâce ne lui viendraient jamais. » Quoique sans nulle créance en sa foi religieuse, huguenots et catholiques durent se ranger autour de Henri IV; il portait le drapeau de la France, opposé au drapeau de la Ligue, où se lisait : *Espagne, — Démem-*

brement de la France, — *Rome avec son pape*, — *Inquisitum*, — *Jésuites*.

Henri IV, après sa déclaration du 4 août, reçoit les serments des chefs de l'armée royale et des troupes protestantes; mais la Ligue refuse de reconnaître le pouvoir de ce roi hérétique; les moines prêchent l'assassinat contre lui et canonisent Jacques Clément. Le Béarnais, après une attaque infructueuse contre Paris, marche sur la Normandie. Dieppe lui est livré moyennant argent; il commence ainsi à racheter des ligueurs chaque ville, chaque province de son royaume, à des prix énormes, non pas au comptant, car le trésor était à sec, mais s'engageant par billets royaux. Le duc de Mayenne vient, à la tête de dix mille hommes, attaquer Dieppe le 16 septembre 1589; il est complètement battu à la bataille d'Arques. Encouragé par cette victoire, Henri IV, à la fin d'octobre, met de nouveau le siège devant Paris. Le 1er novembre, les faubourgs Saint-Germain, Saint-Michel et Saint-Jacques sont emportés d'assaut; mais, manquant de grosse artillerie, le Béarnais ne peut poursuivre son succès et opère sa retraite devant l'armée catholique, traverse la Beauce, s'empare de plusieurs villes ou achète leurs gouverneurs, et entre à Tours le 21 novembre. Ce même jour, le duc de Mayenne se fait proclamer à Paris, par le Parlement, lieutenant-général du royaume avec tous les attributs de la royauté. L'ambitieuse visée de la maison de Lorraine est enfin satisfaite : un Guisard est investi de l'autorité suprême; le duc de Mayenne règne de fait, occupe le trône de France; royauté d'un jour achetée au prix d'un demi-siècle de guerres religieuses. En 1590, le cardinal Gaétan, légat du pape, est reçu à Paris par la Ligue avec acclamation; ce saint homme venait engager les Parisiens à une résistance désespérée, leur promettant de prochains secours de l'Espagne. Le Béarnais, après plusieurs batailles gagnées, décide du sort de la campagne en taillant en pièces, à Ivry (14 mars 1590), l'armée du duc de Mayenne; celui-ci échappe à grand'peine à la déroute et arrive à Saint-Denis, où le légat du pape et Mendoza, ambassadeur de Philippe II, viennent le trouver afin de se concerter avec lui au sujet de la défense de Paris, et assurent les ligueurs de la prochaine arrivée d'une armée espagnole, sous le commandement du duc de Parme. Henri IV se rend sous les murs de Paris, et établit le blocus de cette ville. Pendant le siège, les ligueurs font de nombreuses processions, en invoquant le secours du ciel. Le légat du pape et l'ambassadeur d'Espagne engagent la Ligue à s'opiniâtrer dans la défense de la ville; le légat reçoit des chefs catholiques le serment de vaincre ou de mourir, au nom du saint-père leur souverain spirituel, ensuite de quoi le légat les bénit et leur garantit l'appui du Tout-Puissant. Malgré cette bénédiction apostolique, une effroyable disette décime Paris; deux cent mille habitants renfermés dans les murs de cette ville souffraient les tortures de la faim. On mangea d'abord les animaux ; cette ressource épuisée, on pila des ardoises que l'on délaya dans l'eau. On fit plus : on déterra les os des morts, on les réduisit en poudre dont on fit une sorte de brouet. Une femme, riche de trente mille écus, fit saler par sa servante ses deux enfants, morts de faim, et mourut elle-même après avoir essayé de se sustenter avec cette horrible nourriture. Les crapauds, les couleuvres, les bêtes immondes, envahissaient les maisons désertes ou rampaient sur les cadavres dont les rues étaient remplies... Hélas ! Paris expiait cruellement la Saint-Barthélemy ! Henri IV allait s'emparer de la ville, lorsque, pour la seconde fois, il dut lever le siège devant l'armée du duc de Parme, venue au secours des ligueurs. Dans les provinces, la Ligue continue de batailler contre les protestants, les royalistes et les nationaux. Le pape redouble d'anathèmes et envoie en France le nonce Landriano, chargé de deux monitoires fulminant l'excommunication contre Henri IV et le déclarant hérétique, relaps, persécuteur de l'Église, privé de tous ses royaumes et de tous ses domaines en ce monde, et éternellement damné dans l'autre; le Béarnais rit dans sa barbe et enjoint à son Parlement, siégeant à Tours, de riposter aux monitoires de Grégoire XII en les déclarant nuls, abusifs, scandaleux et séditieux.

Les Seize avaient écrit, le 20 septembre de cette année, par l'intermédiaire du jésuite MATTHIEU, surnommé le Courrier de la Ligue. Dans cette lettre, « ils remerciaient le roi d'Espagne des secours qu'il envoyait aux bons catholiques, l'assurant que leurs souhaits et leurs vœux les plus ardents étaient DE LE VOIR TENIR LE SCEPTRE DE LA FRANCE ET RÉGNER SUR EUX, ou bien qu'il établît en France quelqu'un de sa postérité, ou bien encore qu'il se choisît un gendre, que les catholiques recevraient pour roi avec joie et amour; ils désignaient, à ce sujet, au choix de Philippe II, le jeune duc de Guise, fils du Balafré. » La missive était signée Martin, docteur en théologie; — Sanguin, chanoine de la cathédrale; — Hamilton, curé de Saint-Côme. Cette lettre restera comme un monument de honte pour le parti catholique! L'anarchie, le chaos, étaient à leur comble; il y avait alors quatre rois en France, chacun intrônisé par ses partisans : — HENRI IV, — le duc DE MAYENNE, — CHARLES X (le cardinal DE BOURBON), — et le duc DE GUISE (fils du Balafré), chef des Seize. En 1592, Henri IV, après des succès balancés par des défaites, entre en Champagne et prend Epernay. En 1593, Philippe II cède à l'appel des catholiques et envoie en ambassade solennelle à Paris le duc de Frias « réclamer, au nom de son maître Philippe II, la couronne de France en faveur de l'infante d'Espagne, née d'Elisabeth de France, fille aînée du roi Henri II. Au moment d'accomplir ce parricide, une fraction du parti catholique éprouve un remords tardif ; la Ligue, divisée sur cette question, commence de tomber en dissolution. Paris, la France entière, depuis si longtemps surexcitée, fanatisée par le clergé, éprouvaient alors cette prostration qui succède aux fièvres ardentes ; la misère était horrible dans toutes les classes de la société. Cinquante années de guerres religieuses avaient couvert la France de ruines ; et sauf le clergé, toujours opiniâtre, implacable, toujours inexorable dans sa haine, ou quelques enragés catholiques et fougueux ligueurs, tous les partis aspiraient à la paix.

Le Béarnais et ses deux conseillers, Duplessis-Mornay et Sully, trop habiles pour ne pas remarquer ces symptômes, profitèrent de la lassitude des factions. Les qualités militaires du Béarnais, son habileté politique, sa joyeuse humeur, son apparente bonhomie, et l'absence de tout autre prétendant national à la couronne, lui ralliaient alors la majorité des catholiques anciens ligueurs ; mais ils ne pouvaient se résigner à reconnaître l'autorité d'un roi hérétique. Alors ils firent savoir au Béarnais que, s'il embrassait de nouveau la religion catholique, ils se rangeraient à son parti. Le rusé Gascon, aussi peu soucieux de la messe que du prêche, voyant enfin le moyen de mettre un terme à la guerre civile, consentit à redevenir catholique. Il mande près de lui l'archevêque de Bourges et d'autres prélats, afin de se faire éclairer sur les mystères de la foi... La lumière, on le devine, ne se fit point attendre ; quelques heures d'entretien avec ces princes de l'Église suffirent à l'instruction religieuse du Béarnais ; soudain illuminé, dit-il, par la grâce d'en haut, il promit de faire un troisième plongeon et d'abjurer solennellement l'hérésie. Le lendemain même de cette pieuse conférence, à la suite de laquelle l'Esprit-Saint l'avait *illuminé*, le joyeux compère écrivait à sa maîtresse la belle Gabrielle d'Estrées :

« J'arrivai au soir de bonne heure, et fus importuné de Dieu jusqu'à mon coucher. Nous croyons que la trêve se conclut aujourd'hui. Pour moi, je suis, à l'endroit des ligueurs, de l'ordre de saint Thomas (qui croyait ce qu'il touchait). *Je commence ce matin à parler aux évêques, outre ceux que je vous mandai hier.* L'espérance que j'ai de vous voir demain retient ma main de vous faire de plus longs discours. *Ce sera dimanche* QUE JE FERAI LE SAUT PÉRILLEUX... Bonjour mon cœur, venez demain de bonne heure, car il me semble qu'il y a déjà un an que je vous ai vue. Je baise un million de fois les belles mains de mon ange, la gorge et la bouche de ma chère maîtresse !

« HENRI.

« Saint-Denys, ce 23 juillet 1593. »

« Le saut périlleux, » c'était l'abjuration ; le troisième plongeon, » c'était cette jonglerie que l'adroit Gascon exécuta, le dimanche 25 juillet 1593, avec sa souplesse habituelle. Il se rendit en grande pompe à la basilique de Saint-Denis, à la tête d'un long cortège. Les portes de l'église étaient fermées ; Henri IV frappe, elles s'ouvrent. Sous le grand portail se tenait l'archevêque de Bourges officiant, environné de sept évêques et d'un nombreux clergé. « Qui êtes-vous ? — demanda l'archevêque au Béarnais, lorsqu'il mit le pied sous le porche. — Je suis le roi. — Que demandez-vous ? — Je demande à être reçu au giron de l'Eglise catholique, apostolique et romaine. — Agenouillez-vous, sire, et faites votre profession de foi. »

Et le madré compère de répondre dans sa barbe grise : « Je proteste et jure, devant la face du Dieu tout-puissant, de vivre et mourir dans la religion catholique, de la protéger et de la défendre envers et contre tous, au péril de mon sang et de ma vie, renonçant à toutes les hérésies contraires à icelle. »

Ceci dit, le royal néophyte fut béni, avala un pain à cacheter, ce qu'on appelle communier, assista le soir à vêpres, à complies, au sermon, et termina cette rude journée chez sa maîtresse, la belle Gabrielle. Les protestants ayant reçu des engagements secrets de Henri IV au sujet de la religion croyaient, et ils ne se trompèrent pas, que, sous son règne, la liberté de la conscience serait scrupuleusement respectée ; cependant, grand nombre de huguenots, plaçant les devoirs de la conscience au-dessus de la politique, blâmèrent la nouvelle apostasie du Béarnais. Grâce à « ce troisième plongeon, à ce saut périlleux, » comme il le disait, Henri IV put entrer à Paris, dont il acheta d'ailleurs chèrement les clés au comte de Cossé-Brissac, gouverneur au nom de la Ligue. La Ligue avait commis tant d'excès, les Parisiens avaient tant souffert de la famine et de la guerre, enfin, Rome et l'Espagne inspiraient tant d'aversion, qu'Henri IV fut accueilli dans Paris avec joie. Le légat du pape et l'ambassadeur de Philippe II sortirent de Paris par capitulation. La reddition de la capitale entraîna la soumission de presque toutes les villes qui tenaient encore pour la Ligue, soumission que le Béarnais dut payer à des prix énormes, ainsi que celle du duc de Guise, fils du Balafré, du duc d'Aumale et autres chefs ligueurs. La compagnie de Jésus, le pape et Philippe II, voyant la ruine de leurs projets sur la France, songèrent alors à faire assassiner Henri IV. Le

Assassinat de Henri IV par Ravaillac (page 460)

27 novembre, au moment où Henri IV entrait dans la chambre de Gabrielle d'Estrées, un jeune homme de dix-huit ans, qui s'était glissé parmi les gens de la suite du roi, tenta de le poignarder, mais le blessa seulement à la lèvre. L'assassin, arrêté, confessa se nommer Jean Châtel et être élève des Jésuites de la rue Saint-Jacques. L'élève de la compagnie de Jésus fut tiré à quatre chevaux, et ses maîtres, par arrêt du 29 décembre, furent invités à déguerpir de France, dans un délai de quinze jours, comme corrupteurs de la jeunesse, perturbateurs du repos public, etc., etc.

Le rachat des villes tenant pour la Ligue et la soumission des chefs catholiques avaient coûté à Henri IV beaucoup d'argent et des engagements à payer des sommes énormes.

Voici la copie d'un document, dont l'original a été écrit de la main du Béarnais.

« A M. de Lorraine et autres, selon son traité et promesses secrètes, 3,766,825 liv. ; — à M. de Mayenne et autres, 3,580,000 liv. ; — à M. de Guise, prince de Joinville, 3,888,000 liv. ; — à M. de Nemours, 378,000 liv. ; — à M. de Mercœur, pour Blavet, Vendôme et Bretagne, 4,295,530 liv. ; — à M. d'Elbeuf, pour Poitiers, 970,000 liv. ; — à M. de Villars, pour la Normandie, 3,477,000 liv. ; — à M. d'Epernon, 496,000 liv. ; pour la réduction de Marseille, 406,000 liv. ; — à M. de Brissac, réduction de la ville de Paris, 1,695,400 liv. ; — à M. de Joyeuse, pour Toulouse, 1,470,000 liv ; — à M. de la Châtre, pour Orléans et Bourges, 898,000 liv. ; — à M. de Villeroy et son fils, pour Pontoise, 476,000 liv. ; — à M. de Bois-Dauphin, 670,000 liv. ; — à M. de Balagny, pour Cambrai 828,000 liv. ; — à MM. de Viry et Médavid, 380,000 liv. ; — Vidame d'Amiens, d'Estourmel

160e livraison

et autres, pour Amiens, Abbeville, Péronne, 1,260,000 liv.; — à Belin, Joireville, pour Troyes, Nogent, Vitry, Rocroy, Chaumont, 830,000 liv. : — pour Vezelay, Mâcon, Mailly et places de Bourgogne, 457,000 liv.; — à Canillac, pour la ville du Puy, 547,000 liv.; — pour Montpesat, Montespan et villes de Guyenne, 390,000 liv.; — pour les traités de Lyon, Vienne, Valence, 636,800 liv.; — pour Dinan, Baudoin et Revilliers, 34,000 liv. — Total : — TRENTE-DEUX MILLIONS CENT QUARANTE-DEUX MILLE LIVRES. »

Il fallait, pour réaliser cette somme et satisfaire à d'autres dépenses plus considérables encore, recourir à de nouveaux impôts; cependant, les ressources des cités étaient épuisées par les pilleries d'une foule de chefs militaires. Absolus dans les commandements qu'ils exerçaient en province, ils renouvelaient les horreurs de la féodalité, pressurant, torturant les gens des villes et des campagnes pour leur arracher leur dernier sou. Aussi, en 1594, le Poitou, la Saintonge, le Limousin, la Marche, le Périgord, l'Agénois, le Querci, se soulèvent en masse; les paysans refusent de payer les tailles, les dîmes, les droits féodaux, se ruent à coups de fourche sur les gens de guerre, les gens du fisc et les seigneurs, qui « croquaient » le pauvre monde, — disait Jacques Bonhomme. Henri IV ordonna à plusieurs gouverneurs royaux d'employer la persuasion et de promettre la réforme des abus, afin de mettre un terme à cette nouvelle Jacquerie. Dans d'autres provinces, les gouverneurs employèrent la force pour dissiper les réunions de croquants; mais, dans ces luttes, les révoltés ne furent pas toujours vaincus, tant s'en faut, et l'on dut compter avec eux. En Guyenne, en Gascogne, des assemblées populaires de trente à quarante mille croquants se rassemblèrent dans la forêt d'Abzac, et, délibérant en armes, députèrent à Henri IV des envoyés chargés de lui représenter les excès des gens de guerre et des seigneurs; le Béarnais promit d'aviser à leur requête.

La tentative d'assassinat dont il avait failli être victime éclaira Henri IV sur les desseins implacables du parti ultramontain. Aussi le Béarnais accomplit-il un acte politique, national et populaire en déclarant la guerre à l'Espagne, le 17 janvier 1595; et à la journée de Fontaine-Française, le 30 mai de la même année, il remporte une première victoire sur les Espagnols, commandés par le connétable de Castille. Bientôt la Bourgogne se détache de la Ligue, et l'année suivante, les ducs de Mayenne et de Joyeuse, ainsi que presque tous les chefs de l'Union, concluent un traité de paix avec Henri IV, traité payé au poids de l'or, comme tous ceux de la même nature; d'où il suit que ces forcenés catholiques, se souciant de la catholicité aussi peu que le Béarnais s'en souciait lui-même, ne songeaient qu'à grossir leur escarcelle. Enfin, la Ligue est presque complètement dissoute; seul, le duc de Mercœur continuait la lutte dans une partie de l'Armorique, afin de se faire acheter la paix. Henri IV, en 1598, se rend en Bretagne, et pour achever la pacification de cette province, consent à faire épouser à César de Vendôme, l'un de ses nombreux bâtards, la fille du duc de Mercœur. Le Béarnais se rend à Nantes et y signe, le 30 avril 1598, le fameux ÉDIT DE NANTES, qui accordait la liberté de conscience aux huguenots.

Voici le texte de ce traité :

« Nous, Henri, roi de France et de Navarre, etc., etc.

« Maintenant qu'il plaît à Dieu commencer de nous faire jouir de quelque repos, nous avons estimé ne pouvoir le mieux employer qu'à pourvoir à ce que son saint nom puisse être adoré et prié par tous nos sujets, *et s'il ne lui a plu encore permettre que ce soit en la même forme de religion, que ce soit au moins d'une même intention* et avec telle règle, qu'il n'y ait point pour cela de trouble ou de tumulte entre eux; nous nous sommes donc, pour cela, décidé à donner à nos sujets, sur cette matière, une loi générale, claire, nette, absolue, un édit perpétuel, irrévocable.

« Les prétendus réformés ont la liberté d'aller habiter par tout le royaume, sans être astreints à rien faire contre leur conscience. — Le libre exercice de leur culte est rétabli ou maintenu dans toutes villes où il se trouvait établi en 1596-1597; — de plus dans une ville ou bourg par bailliage. — Le libre exercice du culte est accordé à tous possesseurs de fiefs de haute justice ou plein-fief de haubert, pour eux, leurs familles et tous ceux qu'ils voudraient recevoir; — aux possesseurs de simples fiefs, pour eux, leurs familles, leurs amis, jusqu'au nombre de trente seulement. — Les protestants seront reçus partout dans les collèges, les écoles, les hôpitaux, et pourront fonder des écoles et des collèges et publier les livres de leur religion, dans les villes où leur culte est autorisé. — Ils seront partout admissibles à toutes charges et emplois, et ne seront astreints, en entrant aux charges, à des cérémonies ou à des formes de serments contraires à leur conscience; — ils auront un lieu de sépulture en chaque ville ou bourg. — Il est interdit d'enlever les enfants à leurs parents pour les faire changer de religion. — Les parents auront droit de pourvoir, par testament, à l'éducation de leurs enfants. — Les exhérédations pour fait de religion ne seront pas valables. — Une nouvelle chambre de l'édit de Nantes sera instituée dans le parlement de Paris pour juger tous les procès où les protestants seront intéressés. — Les protestants se désisteront de toutes pratiques, négociations, intelligences, dedans et dehors le royaume ; leurs conseils provinciaux se dissoudront. — Ils ne lèveront plus de cotisations annuelles sans l'aveu du roi. Le roi donnera une somme annuelle pour l'entretien des ministres du culte réformé. »

. . . .

Henri IV confia l'administration des finances à Sully, homme intègre, ordonné, esprit droit, rigide et calculateur, dévoué au bien public et résolu de le poursuivre avec l'inflexibilité de son caractère entier. Chargé par le roi de s'enquérir personnellement de l'état des finances, il trouva partout le désordre, la rapine organisée par les gens du fisc, les gouverneurs ou autres, qui emboursaient le plus clair du revenu des impôts ; Sully trancha inexorablement dans le vif de ces plaies honteuses ; s'il n'allégea que de peu le poids des taxes, il parvint du moins à faire rentrer intégralement leur produit dans le trésor public et l'employa au service du pays. Sully blâma souvent avec sévérité les folles dépenses du Béarnais, qui prodiguait l'or de la France à ses courtisanes et aux bâtards qu'elles procréaient. Il légitimait ces fruits de l'adultère avec une naïveté d'impudeur, avec un cynisme, qui sembleraient incroyables, si l'acte de légitimation de l'un des bâtards de ce prince ne prouvait à quel degré d'aberration du sens moral peuvent atteindre les rois les plus favorablement doués !

« Henri, par la grâce de Dieu, roi de France et de Navarre, à tous présents et à venir, salut.

« Nous estimons pouvoir véritablement dire avoir, autant que nul de nos prédécesseurs, travaillé pour le bien de l'Etat, ce qui nous a fait espérer que cette vertu et force sera héréditaire à tous les nôtres, et que tout *ce qui proviendra de nous* naîtra et croîtra avec cette intention envers l'Etat ; c'est pourquoi nous avons d'autant plus désiré *d'avoir lignée* et en laisser après nous à ce royaume ; et puisque Dieu n'a pas *encore* permis *que nous en ayons en légitime mariage,* nous avons voulu, *en attendant* qu'il lui plaise de nous donner des enfants qui puissent légitimement succéder à cette couronne, *chercher à en* AVOIR D'AILLEURS EN QUELQUE LIEU DIGNE ET HONORABLE qui soient obligés d'y servir, comme il s'en est vu d'autres de cette qualité qui ont bien mérité de l'Etat. Pour cette occasion, *ayant reconnu les très grandes grâces et perfections, tant de l'esprit que* DU CORPS, qui se trouvent en la personne de notre très chère et bien-aimée la *dame Gabrielle d'Estrées* (épouse du sieur Liancourt), nous l'avons, depuis quelques années, recherchée à CET EFFET (d'avoir des enfants) ; et ladite dame, après nos longues poursuites et *ce que nous y avons apporté de* NOTRE AUTORITÉ, ayant condescendu à nous obéir et complaire et ayant PLU A DIEU *de nous donner d'elle un fils,* nous avons résolu, en l'avouant et reconnaissant notre fils naturel, lui accorder nos lettres de légitimation. — Pour ces causes, avons de notre certaine science, pleine puissance et autorité royale, avons dit et déclaré par ces présentes, signées de notre main, ledit *César* notre fils naturel, et icelui légitime et légitimons, etc., etc., dérogeant, de notre grâce spéciale, à toutes ordonnances qui pourraient être à ce contraires.

« HENRY. »

En résumé, rien de plus clair : le Béarnais n'a point d'enfants de sa femme légitime, il veut *en avoir d'ailleurs,* et ayant reconnu *les grandes perfections d'esprit et de* CORPS réunies dans sa bien-aimée Gabrielle d'Estrées, il l'a recherchée *à cet effet,* quoique mariée à un autre ; et comme IL A PLU A DIEU de faire naître un fils de ce double adultère, le bon sire légitime ce bâtard, révoquant, au nom de son autorité royale, toute loi qui s'oppose à cette légitimation. Ce fut ainsi que cinq autres bâtards, qu'il plut à Dieu de donner successivement à Henri IV, furent légitimés, en janvier 1595, — mars 1597, — janvier 1603, — mars 1608 et novembre 1609. — Nombrer exactement les maîtresses de ce *vert galant* serait impossible ; il faut se borner à énumérer celles que le cri public a signalées. On en connaît TRENTE-QUATRE. — Dame Martine, — la Grecque Dayelle, — Charlotte de Beaune de Semblançay, — la demoiselle du Rouet, — Tignonville, — la Montaigu, — l'Arnaudine (prostituée du plus bas lieu), — Catherine de Luc, — Fleurette (fille du jardinier du château de Nérac : abandonnée du Béarnais, elle se tua de désespoir), — Françoise de Montmorency, — la Boinville, — la Leclain, — madame de Noirmoutiers, — Diane de Corisandre, — madame de la Roche-Guyon, — Claudine de Beauvilliers (abbesse de Montmartre), — Catherine de Verdun (religieuse de Longchamps), — Gabrielle d'Estrées, — mademoiselle d'Entragues, — la Quélen, — la comtesse de Limaux, — la comtesse de Sourdis, — la marquise de Verneuil, — mademoiselle de Guise, — madame de Villers, — la comtesse de Moret, — mademoiselle des Essarts, — la Foulebon, — enfin la princesse de Condé.

Henri IV, si longtemps rebelle à la double autorité royale et pontificale, devenu roi, se montra partisan du pouvoir absolu. Voyant dans les assemblées nationales un pouvoir rival de son autorité, il ne convoqua jamais les Etats-généraux. Cependant, pour donner l'apparence d'une sanction légale à la levée des impôts, il choisit parmi les trois ordres vingt-quatre prélats, quarante-deux membres de la noblesse, cinquante-deux bourgeois, et manda ces notables à Saint-Ouen, afin d'aviser de concert avec eux aux intérêts de l'État. Le madré compère, entre autres gasconnades, dit à ces notables, en affectant la bonhomie et la déférence : « Je vous ai assemblés pour recevoir vos conseils, pour les suivre, pour me mettre en tutelle entre vos mains, envie qui, d'habitude, ne prend guère aux rois, aux barbes grises et aux victorieux. » Ce sont là de nobles et touchantes paroles; quant à leur sincérité... on peut à coup sûr la révoquer en doute, car il répondit à Gabrielle d'Estrées, qui le plaisantait sur ce que le roi, à son âge, voulût se mettre en tutelle : « Ventre Saint-Gris! — mais j'entends *être en tutelle avec* MON ÉPÉE AU CÔTÉ. »

Telles étaient la lourdeur des impôts et la prodigalité du Béarnais, que, choisis, triés, nommés par lui, les notables demandèrent des économies considérables dans les dépenses, proposant d'ailleurs divers moyens de réaliser ces réductions ; parmi ces moyens, les uns étaient excellents et d'une pratique facile, d'autres inexécutables. Sully, non moins jaloux en matière de finances, que le roi en ce qui touchait à son pouvoir, conseilla à ce prince de charger les notables de rédiger eux-mêmes les édits relatifs aux réformes, espérant dégoûter à jamais ces bonnes gens de leurs velléités réformatrices. Il fallait à cette assemblée, pour mener à bien la tâche qu'elle s'imposait, une foule de renseignements, de chiffres, d'états de recettes et de dépenses que Sully, grâce à mille échappatoires, se garda bien de fournir. Qu'advint-il de ce leurre? Les notables, empêchés dans leurs travaux, lassés par le mauvais vouloir du ministre, renoncèrent à l'espoir d'alléger les impôts. « Ces bonnes gens, — dit Sully, — en prenant congé du roi, le supplièrent très humblement de vouloir les décharger de leur commission, rejoindre tous ses revenus, et ensuite disposer du tout, selon son équité, intelligence et prudence accoutumées, à quoi ils furent reçus après quelques difficultés que fit le roi, en riant dans sa barbe, afin de faire mieux valoir sa marchandise. » Néanmoins, grâce à l'administration de Sully, qui blâmait sévèrement les dépenses du Béarnais pour ses maîtresses et sa désastreuse passion pour le jeu, les impôts rentraient dans le trésor public; la France, à l'aide de ses ressources, put poursuivre sa lutte contre l'Espagne, et, en 1600, entreprendre une nouvelle guerre contre le duc de Savoie, guerre terminée en cette même année où Henri IV, après avoir divorcé avec la sœur de Charles IX, épousa Marie de Médicis, fille de François, grand-duc de Toscane. En 1601, un traité de paix conclu avec le duc de Savoie (17 janvier) assure à la France, en échange du marquisat de Saluces, la possession de la Bresse, du Bugey, du Valromey et du pays de Gex. En 1602, le maréchal de Biron et le comte d'Auvergne, fils naturel de Charles IX, sont mis à la Bastille, accusés de conspiration contre Henri IV; Biron est exécuté, les autres graciés. En 1603, les jésuites, chassés de France après l'attentat de Jacques Clément, sont rappelés en France par Henri IV. La République des Provinces-Unies, dont l'influence maritime et le développement commercial allaient toujours croissant, est solennellement reconnue, en 1607, par Henri IV ; il considérait l'alliance de cette République protestante comme l'un des puissants moyens d'action qui devaient concourir à réaliser un plan gigantesque depuis longtemps élaboré, caressé par Sully, et en partie accepté par le Béarnais. Il s'agissait du complet remaniement de l'Europe et de l'établissement de la RÉPUBLIQUE CHRÉTIENNE UNIVERSELLE, en opposition à la MONARCHIE CATHOLIQUE UNIVERSELLE, rêve de Philippe II, à laquelle devait succéder, suivant les jésuites, *la domination théocratique absolue, spirituelle et temporelle du pape de Rome sur l'univers*, but suprême d'Ignace de Loyola. La République chrétienne, telle que la concevait Sully, devait former une vaste confédération, composée de la France, à demi-protestante, et, conséquemment, à demi-républicaine ; de l'Angleterre, protestante et déjà presque républicaine par sa chambre des communes ; de la République des sept Provinces-Unies ; de la République des Cantons suisses; de la République de Venise, et de toutes les principautés protestantes de la Confédération germanique. Chacun des États de la RÉPUBLIQUE CHRÉTIENNE eût délégué des députés à un conseil européen investi du droit souverain de régler par voie d'arbitrage tous les différends, tous les discords, tous les conflits de peuple à peuple, de prince à prince. Sully espérait ainsi fonder, assurer la paix perpétuelle entre les divers États de la République chrétienne et abattre la prépondérance de Rome, de l'Espagne et de l'empire des Césars, trinité funeste, depuis tant d'années, au repos, à la grandeur de la France et à la paix de l'Europe. Henri IV fut frappé de l'élévation des projets de Sully, et sans en accepter immédiatement les conséquences, il résolut d'entreprendre ce qui, du moins, convenait à son activité politique et militaire, à savoir : la guerre contre l'Espagne et l'empire, dès que la France aurait contracté une étroite alliance avec les États protestants de l'Europe. Aussi, de 1608 à 1610, grâce aux efforts et au génie de Sully, les arsenaux furent remplis d'un matériel de guerre considérable, le trésor public entassa millions sur millions, de nombreuses levées de soldats furent effectuées, tandis que d'habiles négociateurs garantissaient à la France des alliances indispensables à l'entreprise de Sully. Rome, l'Espagne et l'empire tremblèrent; les jésuites seuls restèrent impassibles... Il n'y avait, selon les bons pères, aucun motif de s'alarmer. « Quel était le promoteur, l'âme de la RÉPUBLIQUE CHRÉTIENNE ? — Henri IV... — Or, si Henri IV mourait subitement, cette vaste entreprise s'évanouirait comme un songe! » Les bons pères étaient sûrs d'atteindre le but avec temps et patience.

Vers le commencement de l'année 1610, l'armée française était prête à entrer en campagne; mais le fol amour de ce *vert galant* pour la princesse de Condé brusqua la rupture des négociations entamée pour la forme, au sujet de la succession de Clèves. Le Béarnais avait alors cinquante-six ans. Sachant que son ami Bassompierre aimait mademoiselle de Montmorency, et voulait l'épouser : « Bassompierre, — lui dit-il, — je veux te parler en ami. Je suis devenu non-seulement amoureux, mais furieux et outré de mademoiselle de Montmorency; si tu l'épouses et qu'elle t'aime, je te haïrai... Je suis résolu de la marier à mon neveu Condé. Il est jeune et aime cent fois mieux la chasse que les dames; je lui donnerai cent mille francs par an pour passer son temps. »

Bassompierre renonce à ses prétentions sur la main de mademoiselle de Montmorency; elle épouse le prince de Condé. Mais celui-ci, afin de soustraire sa femme aux poursuites du Béarnais, prend la fuite et conduit la princesse hors de France. Henri IV, exaspéré, assemble son conseil, afin de délibérer sur l'équipée de M. de Condé, assez insolent, assez oublieux de ses devoirs de sujet, pour ne vouloir point que son lit conjugal soit souillé par son royal oncle.

« Le roi dépêcha le lendemain M. de Praslin, tant vers M. le prince que vers l'archiduc d'Autriche. M. de Praslin trouva encore le prince et madame la princesse à Landrecies, avec lesquels n'ayant pu traiter pour leur retour, il passa à Bruxelles, où il vit M. l'archiduc d'Autriche, auquel il déclara les menaces du roi. L'archiduc reçut dans ses Etats M. le prince et madame la princesse de Condé, et les garda dans le pays, en dépit des menaces de l'ambassadeur français, ce qui détermina le roi à *exécuter le grand dessein*. »

Ce *grand dessein* était la déclaration de guerre à l'empire et à l'Espagne, afin de tenter l'établissement de la RÉPUBLIQUE CHRÉTIENNE. Henri IV, impatient d'aller reprendre la princesse de Condé à Bruxelles, fit déclarer à l'archiduc d'Autriche que, résolu de porter secours à ses amis et confédérés du duché de Clèves, il traverserait de gré ou de force les Etats autrichiens. Cette menace équivalait à une déclaration d'hostilités. Les troupes françaises devaient entrer en campagne à la fin de mai 1610. Vers le milieu de ce mois, Henri IV céda aux obsessions de sa femme, MARIE DE MÉDICIS, qui le conjurait de la faire sacrer avant qu'il partît pour l'armée. Cette reine, quoiqu'elle eût un fils du Béarnais (ce fils régna sous le nom de Louis XIII), craignait que son royal époux ne voulût demander le divorce, afin de se livrer sans contrainte à sa passion pour la princesse de Condé. Il semblait à Marie de Médicis que son sacre la sauvegarderait de ce divorce redouté. Elle n'était d'ailleurs guère plus fidèle au Béarnais que ne lui étaient fidèles ses nombreuses maîtresses; il vivait en mauvaise intelligence avec elle et avait difficilement consenti à lui confier la régence du royaume; régence dérisoire, le conseil souverain se composant de quinze membres délibérant à la majorité des voix. Henri IV consentit, presque malgré lui, au sacre de la reine, cérémonie qui éveillait en lui de sinistres pressentiments.

« — Hé, mon ami ! — disait-il à Sully, — que ce sacre me déplaît! Le cœur me dit qu'il m'arrivera quelque malheur ! — Puis rêvant et battant de ses doigts l'étui de ses lunettes, il se relevait d'assis qu'il était, et frappant sur ses cuisses : — Pardieu! je mourrai dans cette ville et n'en sortirai jamais. *Ils me tueront !* Ils n'ont d'autre remède en leur danger que ma mort! — Ceci était à l'adresse de Rome, de l'empire et de l'Espagne. Malgré les pressentiments du roi, la reine fut sacrée et couronnée à Saint-Denis, le jeudi 13 mai 1610. Le lendemain, 14, le roi, après dîner, voulut aller rendre visite à M. de Sully, malade et logé à l'Arsenal. Le roi était au fond d'un grand carrosse, dont tous les panneaux étaient ouverts; à côté de lui était le duc d'Epernon, vis-à-vis de lui le marquis de Mirabeau et le comte de Liancourt; les maréchaux de Lavardin et de Roquelaure étaient assis à la portière de droite; le duc de Montbazon et le marquis de la Force à la portière de gauche. — Le carrosse du roi fut arrêté à l'entrée de la rue de la Ferronnerie par un embarras de charrettes; les pages et les valets de pied quittèrent leur poste et entrèrent dans le cimetière, pour couper au court et rejoindre plus loin le carrosse, auprès duquel il ne resta que deux valets. L'un se baissait pour rajuster les cordons de son soulier, lorsqu'un homme de grande taille et de forte corpulence, ayant la barbe rouge, les cheveux noirs, les yeux gros et enfoncés dans la tête, et nommé François Ravaillac, qui suivait le carrosse du roi, le manteau pendant sur l'épaule, le couteau en main et son chapeau dessus pour le cacher, mit un pied sur une borne, l'autre sur les rayons de la roue, et profitant du moment où M. le duc d'Epernon lisait une lettre, le meurtrier frappa le roi d'un grand coup de couteau. — Je suis blessé ! — s'écria Henri IV en levant le bras gauche pour se défendre. Mais l'assassin redoubla d'un second coup, qui traversa le cœur et tua raide le roi.

« Neuf jours après la mort de Henri IV, le mardi 23 mai, il y eut prise entre M. de Léoménie et le père Cotton, en plein conseil. Léoménie disait au jésuite que c'était lui voirement et *sa société de jésuites qui avaient tué le roi...* Le même jour, Ravaillac, interrogé sur le régicide par lui commis, répondit *conformément aux maximes des jésuites Mariana, Becanus et autres, qui ont écrit qu'il est permis de tuer les tyrans.* »

La mort de Henri IV conjura le danger dont Rome, l'empire et l'Espagne se voyaient menacés par cette guerre qui avait pour but l'établissement de la RÉPUBLIQUE CHRÉTIENNE et la paix perpétuelle de l'Europe... Ce nouveau meurtre, commis à l'instigation des disciples de Loyola, eut de fatales conséquences. Mais, tôt ou tard, le bien, le juste triomphent du mal et de l'iniquité; donc, fils de Joel, jamais de défaillance! Un jour, la République universelle arborera la rouge bannière, et brisera le joug de l'Église de Rome et de cette royauté qui, depuis tant de siècles, opprime la Gaule!

. . . .

Cejourd'hui, 29 septembre 1619, moi, Antonicq Lebrenn, dans la soixante et unième année de mon âge, j'achève ici, dans notre métairie de Karnak, ce récit sommaire des évènements accomplis en France depuis 1573, époque à laquelle nous avons quitté la Rochelle. Ma sœur Thérèse et son mari Louis Rennepont habitent toujours la vieille cité protestante; ils viennent chaque année nous voir ici. Mon beau-frère, lors de plusieurs voyages qu'il a faits à Paris, s'est trouvé en relation avec plusieurs huguenots très bien informés des affaires publiques; ses entretiens avec eux, des extraits de divers livres publiés sur les hommes et les choses du dernier siècle et du commencement de celui-ci ont fourni à Louis Rennepont des matériaux qu'il me destinait. Ainsi, j'ai pu, dans ma solitude, retracer brièvement et fidèlement les faits les plus remarquables des règnes de Charles IX, de Henri III et Henri IV.

Depuis bientôt trente-sept ans, j'ai épousé ma chère Cornélie Mirant, qui m'a donné un fils que j'ai nommé Stéphan, après dix années de mariage. Nous avons vécu dans notre métairie, près des pierres sacrées de Karnak, et non loin de Craig'h, colline élevée, où, selon notre légende, était bâtie la demeure de notre aïeul Joel au temps de Jules César. Mon oncle Joséphin, le franc-taupin, est resté près de nous jusqu'à la fin de sa longue carrière, il est mort le 12 novembre 1589.

Louis Rennepont, mon beau-frère, exerce toujours à La Rochelle sa profession d'avocat. Le dernier de ses fils, Marius Rennepont, a embrassé la carrière de marin commerçant, et s'est embarqué fort jeune sur un navire marchand commandé par l'un des amis du capitaine Mirant. Celui-ci est mort en l'année 1593; la même année, nous avons perdu notre vieil ami Barbot le Chaudronnier, de l'île de Rhé. J'avais conservé des relations amicales avec le colonel de Plouernel, devenu chef de cette ancienne et puissante maison par la mort de son frère aîné et du fils de celui-ci, tués tous les deux à la bataille de la Roche-la-Belle. Le colonel de Plouernel nous a affermé, pour quatre-vingt-dix-neuf ans, notre métairie, dépendant du manoir de Mezléan, douaire de sa femme. Peu de temps avant qu'il mourût, nous sommes allés, sur son invitation, visiter le vieux château de Plouernel, où notre aïeul Den-Brao le Maçon a été enseveli vivant, ainsi que d'autres serfs, donjon construit par eux; ce donjon où le fils de Den-Brao, Fergan le Carrier, est allé chercher son fils, pauvre enfant destiné aux maléfices d'Azénor la Pâle, maîtresse de Néroweg VI. Il ne reste de ce manoir féodal que des ruines imposantes. Il a été remplacé par un magnifique château, dans le style de la Renaissance, bâti au pied de la montagne. Le fils du colonel est resté fidèle à la religion réformée; mais, après la mort de celui-ci, son fils a abjuré le protestantisme et allé vivre à la cour de Louis XIII, dont il est devenu l'un des favoris. Ce nouveau chef de la famille de Plouernel n'est jamais revenu à son château, qui demeure régi, ainsi que ses vastes domaines, par les baillis de la seigneurie de Plouernel et de Mezléan. Lors d'un voyage que j'ai fait au port de Vannes, j'ai rencontré un voyageur arrivant d'Allemagne qui m'a appris la mort du prince Karl de Gérolstein, issu de l'une des branches de notre famille plébéienne et descendant de Gaëlo, l'un des compagnons de guerre du vieux Rolf, le chef des pirates normands. Le prince Karl a laissé un fils, héritier de sa principauté, qui est resté fidèle à l'Église réformée.

Notre existence s'est écoulée ici paisible et heureuse; nous cultivons nos champs, ils suffisent à nos besoins. Mon Stéphan, aujourd'hui âgé de dix-sept ans, m'aide dans mes travaux. Il est d'un caractère doux, timide, craintif, quoique né d'une mère aussi virile que l'est la sienne. Il vivra, je l'espère, tranquillement ici, à moins que les discordes civiles, qui déjà menacent la minorité de Louis XIII, ne viennent troubler la Bretagne. Je continuerai d'inscrire chaque année dans nos annales les faits nouveaux qui seront à ma connaissance; mais je dois clore ce récit de LA BIBLE DE POCHE, commencé par mon grand-père Christian l'imprimeur, sous le règne de François Ier, règne funeste qui vit la fondation de la compagnie de Jésus et les premières persécutions contre les Réformés.

LE MARTEAU DE FORGERON OU LE CODE PAYSAN
(1610-1715)

Évènements importants du règne de Louis XIII. — Avénement de Louis XIV au trône. — Le brigantin *le Saint-Éloi*. — La tempête. — Mademoiselle de Plouernel. — La marquise du Tremblay. — L'abbé Bougaron. — La caravelle. Le port de Delft. — La Haye. — M. Serdan. — Salaün et Nominoë Lebrenn. — Jean de Witt, grand pensionnaire de la République des sept Provinces-Unies. — Le ruart de Putten. — Iniquité, parjure et trahison de Louis XIV envers la Hollande. — Invasion des Flandres. — Férocité des troupes royales. — La torture. — Massacre des frères de Witt. — Mademoiselle de Plouernel échappe aux derniers outrages. — La Bretagne sous Louis XIV. — Énormité des impôts. — Exactions et violences des soldats du roi. — Plan d'insurrection de la Guyenne, du Languedoc, de la Normandie et de la Bretagne. — Projets de fédération républicaine. — Les parlementaires. — Haine des paysans bretons contre la noblesse et le clergé. — Tankeru le Forgeron. — Le mariage. — Tina. — Le Baz-Valian et le Brotaër. — L'huissier des tailles, le bailli du comte de Plouernel et le sergent La Montagne. — Mademoiselle Berthe de Plouernel. — Aux armes! Bretons de l'Armorique! — LE CODE PAYSAN. — Insurrection de Nantes et de Rennes. — Le duc de Chaulnes. — Le moderne château de Plouernel. — Soulèvement des paysans, luttes contre les gens du roi. — Les supplices. — Les pierres sacrées de Karnak. — L'expiation. — Évènements publics importants de la fin du règne de Louis XIV. — Évènements historiques de 1671 à 1715. — Mort de Louis XIV.

Moi, SALAUN LEBRENN, fils de Stéphan, qui fut fils d'Antonicq, lequel acheva la légende de la BIBLE DE POCHE, commencée par son grand-père Christian l'imprimeur, moi, Salaün Lebrenn, j'ai écrit le récit suivant.

A toi, mon dernier né, Alain Lebrenn, enfant de ma vieillesse, je lègue cette légende, qui continue nos annales plébéiennes. A ces pages sera joint le fer d'un MARTEAU DE FORGERON ; il augmentera le nombre des reliques de notre famille; tu les transmettras, ainsi que nos annales, à tes descendants.

Mon grand-père, Antonicq Lebrenn, est trépassé, à l'âge de soixante-sept ans, le 11 novembre de l'année 1616. Stephan, fils d'Antonicq, avait vingt-trois ans à la mort de son père. Il a continué d'être métayer de la métairie de Karnak, dépendant du fief de Mezléan, relevant de la seigneurie de Plouernel ; puis, de par le *droit d'usance*, Stephan, au bout d'un certain nombre d'années, est devenu vassal de la seigneurie. Il s'est marié à vingt-six ans (1619) et a eu de ce mariage deux enfants : moi, Salaün (né en 1623) et mon frère GILDAS (né en 1628). Notre père Stephan, aussi bon que timide et résigné, a souffert sans se plaindre toutes les misères, toutes les hontes, toutes les douleurs du vasselage; il est mort à l'âge de cinquante-huit ans, le 13 février 1651. — Mon frère Gildas, aussi bon, aussi patient, aussi résigné que mon père, lui a succédé dans la tenance de la métairie de Karnak, située sur la côte de la Bretagne armoricaine. Moins résigné que Gildas et appelé par ma vocation à l'état de marin, ayant eu la mer sous les yeux depuis mon enfance, je me suis engagé mousse, dès l'âge de quinze ans, à bord de l'un des navires du port de Vannes. J'ai navigué longtemps et je suis parvenu aux fonctions de subrécargue, puis de capitaine d'un bâtiment commerçant ; j'ai pu ensuite, grâce à mes profits, acheter un petit navire et commercer pour mon compte. Je me suis marié, pour la première fois, en 1646, avec Janik Tankeru, sœur d'un forgeron de Vannes; ma chère et regrettée femme a rendu ma vie aussi heureuse qu'elle pouvait l'être ; j'ai rendu à Janik le bonheur que je lui devais. En 1651, elle m'a donné un fils que j'ai appelé Nominoë. Hélas! je devais lui survivre... Vous lirez son histoire dans la légende que je vous lègue, fils de Joel.

Avant d'entreprendre ce pénible récit, je vais, selon l'habitude de ceux des nôtres qui, d'âge en âge, ont continué nos annales, rapporter brièvement les évènements publics les plus importants accomplis depuis la mort de Henri IV (époque à laquelle finit le récit de mon aïeul) jusqu'au commencement du règne de Louis XIV.

. . . .

Après le meurtre de Henri IV, son fils Louis XIII, enfant, monta sur le trône, en 1610. Marie de Médicis, mère de ce roitelet et régente, était alors âgée de trente-trois ans; belle, hautaine, indolente, forcenée catholique et ribaude, elle avait, entre autres amants, un Italien nommé Concini, espèce de bravo, grand, bien fait, habile à tous les exercices du corps; le favori de la reine fut modeste durant la vie de Henri IV ; mais à la mort de ce roi, son insolence devint sans bornes ; les plus grands seigneurs durent compter avec lui. Ce rufian avait une femme nommée Éléonore Galigaï, souple, adroite, rusée, qui favorisait le commerce adultère de son mari avec Marie de Médicis et exerçait sur celle-ci une grande influence. Les gouverneurs des provinces, n'étant plus contenus par Henri IV, se déclarèrent indépendants du pouvoir royal. Leurs soutenants et complices se composaient des gentilshommes qui suivaient la profession des armes: les gouverneurs des provinces soldaient, vêtissaient, nourrissaient, protégeaient ces clients, qui, en retour, devenaient les instruments des exactions, des vengeances de leurs patrons, guerroyaient contre les gouverneurs voisins et, au besoin, contre le roi. Voilà dans quelles conditions se trouvait la France lorsque

Louis XIII, enfant (né le 27 septembre 1601 et d'une légitimité très problématique), fut sacré à Reims, le 14 mai 1610, par le cardinal de Joyeuse.

Ainsi vont les choses dans les monarchies! Un marmot de huit ans est couronné roi; sa mère règne en son nom, et souvent l'amant de la mère règne de fait, ainsi que régna Concini, favori de Marie de Médicis. La reine prodigua les trésors de la France aux princes de la famille royale, toléra la tyrannie des gouverneurs de provinces et parvint, par ces concessions, à retarder jusqu'en 1614 les troubles inséparables des minorités; mais les hauteurs de son favori Concini, devenu marquis et maréchal d'Ancre, la cupidité insatiable de sa femme Galigaï, le mépris et l'aversion que Marie de Médicis inspirait à tous, le poids des impôts, firent de nouveau éclater la guerre civile. Plusieurs princes du sang se retirèrent dans leurs domaines; les gouverneurs des provinces donnèrent les premiers le signal de la révolte. Les uns traitèrent avec l'étranger; les autres se liguèrent contre la régente; plusieurs ne songèrent qu'à agrandir, aux dépens des provinces voisines, le territoire de leurs gouvernements, qu'ils considéraient comme des apanages héréditaires. Après deux années de guerres civiles, auxquelles prennent part les princes de Condé, les ducs de Guise, de Mayenne, de Vendôme, de Nevers, de Rohan, et autres grands seigneurs; le parti de la cour, après de fréquentes défaites, reprend l'avantage. Le prince de Condé est mis à la Bastille. Richelieu, évêque de Luçon, publie, en faveur de la reine, un mémoire très habile, où il expose que le prince de Condé voulait détrôner Louis XIII, et que la révolte des grands seigneurs n'a d'autre cause que leur avidité inassouvie. Ainsi, Richelieu prouve que M. le prince de Condé avait reçu, en six ans, de la reine, 3,660,000 liv.; M. et madame la princesse de Conti, 1,400,000 liv.; M. de Guise, 1,700,000 liv.; M. le duc de Nevers, 1,600,000 liv.; M. le duc de Longueville, 1,200,000 liv.; MM. de Mayenne père et fils, 2,000,000 de liv.; M. le duc de Vendôme, 600,000 liv; M. le duc d'Epernon et ses enfants, 700,000 liv.; M. de Bouillon, 1,000,000 de liv., etc., etc.

Ces sommes énormes prodiguées à ces princes du sang, à ces grands seigneurs, l'impôt les fournissait; et sur qui pesait l'impôt? Hélas! sur Jacques Bonhomme! Louis XIII ordonna la confiscation des biens des révoltés, fit marcher contre eux trois armées, sans remporter de victoire décisive. L'aversion que l'insolente fortune de Concini, le favori de la reine, inspirait à tous était secrètement partagée par Louis XIII. Lâche, soupçonneux, irrésolu et cruel, il abhorrait depuis longtemps l'amant de sa mère, sans oser cependant manifester ouvertement cette haine. Néanmoins, un jour, il se détermine à faire assassiner l'homme qu'il exécrait, mande M. de Vitry, l'un de ses capitaines des gardes, et lui propose le bâton de maréchal de France, à la condition de tuer Concini: marché conclu, M. de Vitry s'associe à son frère et à plusieurs gentilshommes de bon vouloir, et, le 24 avril 1617, le maréchal d'Ancre est assassiné sur le pont tournant, en face du Louvre. Les meurtriers, en gens de prévoyance, dépouillèrent le cadavre, puis allèrent piller l'appartement et les pierreries de la maréchale d'Ancre. « Merci à vous, mes amis; maintenant je suis roi! » — dit Louis XIII à M. de Vitry et à ses compagnons de tuerie, ainsi qu'avait dit Henri III à Loignac et aux *quarante-cinq*, après le meurtre du duc de Guise. Marie de Médicis fut, par ordre de son fils, gardée prisonnière dans son appartement; la veuve de Concini, Eléonore Galigaï, eut la tête tranchée, après quoi son corps fut brûlé.

Au règne du favori de la reine succéda le règne du favori du roi, un bel adolescent, capitaine de fauconnerie, Albert de Luynes, qui exerçait un empire absolu sur Louis XIII, alors âgé de quinze ans et demi. Le jeune roi avait été marié l'année précédente à Anne d'Autriche. Marie de Médicis, prisonnière au château de Blois s'en échappe, en 1619, avec l'aide du duc d'Epernon, ennemi de Luynes. Le favori de Louis XIII égalait en insolence le maréchal d'Ancre, et, comme lui, il souleva la haine de la seigneurie. Une nouvelle guerre civile s'allume en 1620. Marie de Médicis se joint aux mécontents armés contre son fils et commandés par le duc de Longueville. Le roi, d'après les conseils de Condé, sorti de la Bastille, marche contre les rebelles, qui tenaient campagne en Normandie, les met en déroute au pont de Cé, le 8 août, et la reine se soumet à son fils. La paix est signée le 13. Les ducs d'Epernon et de Mayenne, chefs de la révolte, se soumettent également. Depuis la mort d'Henri IV, l'édit de Nantes n'était plus observé; les persécutions se renouvelant contre les Réformés, ceux-ci se voient forcés de reprendre les armes pour défendre leur vie. La place forte du protestantisme était toujours la Rochelle; les chefs huguenots s'y retirent, organisent la résistance de leur parti et tentent de se fédérer républicainement. Ils divisent en huit *cercles* ou Etats les provinces où ils sont en majorité, nomment un chef pour diriger le mouvement de chaque cercle, et, au jour convenu, ils se lèvent en armes contre la royauté. Le duc de Rohan, choisi pour commander le haut Languedoc et la Guyenne, entre en campagne, ainsi que son frère, le duc de Soubise. Louis XIII et de Luynes, son favori, devenu connétable, investissent Montauban le 18 juin; mais après trois mois de siège et des pertes considérables, l'armée royale bat en retraite devant le duc de Rohan, nommé généralissime

Arrestation des membres du Parlement (page 475)

des Églises réformées. Après plusieurs victoires, les huguenots obtiennent le rétablissement de l'édit de Nantes et conservent leurs places de sûreté : Montauban et la Rochelle ; à ces conditions, ils déposent les armes et signent la paix. Cette paix ne devait pas être de longue durée ; les protestants eurent bientôt à combattre un nouvel adversaire, Armand Duplessis, CARDINAL DE RICHELIEU. Amant de Marie de Médicis, comme l'avait été Concini, le cardinal de Richelieu devait à cette reine le commencement de la prodigieuse fortune qu'il couronna par son génie ; génie incomplet, souvent aveugle, hautain, inexorable, irrascible, pervers mais puissant... Doué d'un empire absolu sur lui-même, d'une volonté de fer, d'une sagacité profonde, confiant en lui, méprisant les hommes, diplomate habile et tortueux, négociateur souterrain et corrupteur, sans scrupule sur le choix ou la nature des expédients, capable d'atrocités, non par cruauté naïve, mais par calcul d'intérêt politique ou particulier ; fastueux et cupide, avide et prodigue, pillant sans honte et à ce point le trésor public, qu'à sa mort il laissa deux cents millions à ses héritiers, le cardinal de Richelieu, maître de la France, voulait à sa manière, au moins autant par orgueil personnel que par patriotisme, la grandeur du pays qu'il gouvernait. Il fut le plagiaire des vastes projets de Sully et de Henri IV ; mais en cela seulement qu'il poursuivait par la guerre l'abaissement de l'empire et de l'Espagne. Là s'arrêta son ambition ; ce prêtre sans foi, cet homme sans mœurs, cet égoïste au cœur de roc, ce sceptique contempteur de l'humanité, ce politique à courtes ailes, était incapable de s'élever à la hauteur de la sublime pensée de Sully, qui, dans cet abaissement de l'Espagne et de l'em-

161e livraison

pire, voyait, non point une stérile satisfaction d'amour-propre national, mais l'unique moyen d'assurer à l'avenir la paix, la liberté, l'union, la richesse, la prospérité de l'Europe. Le cardinal de Richelieu déchaîna d'interminables guerres sur l'Europe, épuisa le sang du pays, l'écrasa d'impôts, l'appauvrit, sans autre but que celui d'assurer le triomphe éphémère des armes de la France. Il est cependant une œuvre utile, considérable, qu'accomplit Richelieu; il anéantit l'esprit de rébellion des seigneurs, des gouverneurs royaux et des princes du sang. Il frappa les grands de terreur, les écrasa sous son terrible niveau; la tête de plusieurs d'entre eux tomba sur l'échafaud. C'était justice! Mais ce prêtre, dans le vertige de son despotisme, n'admit aucune différence entre la rébellion du seigneur qui veut piller les faibles et la révolte d'hommes paisibles, industrieux, que la défense de leurs droits, de leur liberté, de leur foi, de leur vie, pousse à une résistance légitime et sainte! Le cardinal, résolu d'anéantir le protestantisme, met, en 1627, le siège devant La Rochelle, place forte des Réformés; ceux-ci se préparent à soutenir ce nouveau siège avec la même vaillance que nos pères lors du siège de 1573. Ils veulent élire pour maire le capitaine GUITON, corsaire intrépide; il refuse, on insiste; alors, tirant son poignard : « Vous le voulez? je serai maire; mais à la condition qu'il me sera permis de poignarder le premier qui proposera de se rendre, et que l'on me poignardera moi-même si j'offre de capituler. Ce poignard restera sur la table du conseil de la ville jusqu'à la fin du siège. » Guiton fut fidèle à sa parole. La force défensive de La Rochelle consistait surtout dans la libre communication du port avec l'Océan; la cité pouvait ainsi, toujours ravitaillée, échapper au blocus, et, de plus, recevoir des munitions, des renforts, envoyés par les protestants d'Angleterre. Richelieu entreprit une œuvre jusqu'alors inouïe: isoler La Rochelle de la mer en fermant sa rade par une jetée gigantesque, construite hors de la portée du canon des assiégés; en outre, du côté de la terre, le cardinal établit autour de la ville une immense ligne de circonvallation, renforcée de tours et de redoutes, aussi solidement édifiées que les murailles d'enceinte d'une place forte. Ainsi, complètement bloqués par terre et par mer, les Rochelois sont peu à peu réduits à une horrible famine. La flotte anglaise tente vainement, à deux reprises, de démolir à coups de canon la jetée qui fermait le port; les vaisseaux anglais s'éloignent, abandonnant La Rochelle à son terrible sort. Le maire Guiton conservait un courage indomptable. Plus de douze mille personnes étaient mortes de faim depuis le commencement du siège. « Pourvu qu'il reste moi ou un autre pour garder les clés de la ville, cela suffit, » — disait le capitaine Guiton. Il poignarda un échevin qui proposait de rendre la ville, et opposa un refus invincible aux offres de capitulation! Honneur à cet intrépide!

Enfin, après une résistance héroïque, prolongée près d'une année durant... les rues s'encombrent de cadavres que les survivants, mourants eux-mêmes, n'avaient pas la force d'ensevelir, et qui mettaient la peste dans la ville, le maire Guiton crut pouvoir écouter les propositions de Richelieu. Les envoyés protestants furent amenés au camp royal, dans les carosses du duc de Bassompierre : leur épuisement ne leur permettait pas de marcher. Le cardinal, en leur présence, le 23 octobre 1628, écrivit de sa main cette promesse : « — L'on assure la vie aux habitants, — la jouissance de leurs biens, — le pardon de leur crime, — et le libre exercice de leur religion, dans une certaine mesure ». — Les troupes royales entrèrent dans la ville. Le temple protestant devint une église catholique; La Rochelle, le siège d'un évêché. Les fortifications de la ville furent rasées; — défense faite à tout habitant de détenir aucune arme ou munition de guerre. Les huguenots, vaincus, mais non soumis, inébranlables dans leur foi religieuse et républicaine, attendirent des jours meilleurs et se préparèrent à lutter de nouveau pour la revendication de leurs droits.

Malgré la terreur dont Richelieu frappait les grands, Gaston, frère de Louis XIII, se révolte en 1631, et Marie de Médicis se joint à cette nouvelle rébellion contre son fils aîné. Le cardinal établit un tribunal pour juger les complices de la reine mère et de Gaston, duc d'Orléans; le maréchal de Montmorency a la tête tranchée, le 16 octobre 1631. Marie de Médicis se retire à Gand. La guerre contre le duc de Lorraine continue en 1633, le roi déclare le duché de Bar réuni à la couronne. L'armée française prend Lunéville, assiège Nancy. Richelieu poursuit, en 1635, la lutte acharnée contre l'Espagne et l'empire; il les attaque dans les Pays-Bas, en Allemagne, en Italie, en Catalogne. Mais, l'année suivante, la France est à son tour envahie. Les Espagnols, sous les ordres de Piccolomini et Jean de Vert, s'emparent de la Capelle, de Catelet et de Corbie; le duc Charles de Lorraine et le général espagnol Galas pénètrent au cœur de la Bourgogne, y portent le ravage; tandis que l'amiral d'Aragon s'empare de Saint-Jean-de-Luz. Une nouvelle campagne s'ouvre en 1637; la France reconquiert plusieurs des villes qu'elle avait perdues. Le 5 septembre 1638, Anne d'Autriche, femme de Louis XIII, met au monde un fils, qui régna sous le nom de Louis XIV. La guerre contre l'Espagne et l'empire persévère, mêlée de succès et de revers: la misère publique est à son comble. En 1639, éclate une nouvelle Jacquerie, celle des *Pieds-nus* ou *Va-nu-pieds*, ayant, pour cause, ainsi que le soulèvement des *Croquants*, sous le règne de Henri IV, l'extrême misère du peuple. Le maréchal de Gassion est envoyé contre les insurgés ; ils sont exterminés près d'Avranches, après une résistance désespérée. Le Roussillon tombe au pouvoir des Français, en 1642, mais les Espagnols restent vainqueurs dans les Pays-Bas. La reine Marie de Médicis meurt, le 5 juillet 1642, à Cologne, et Richelieu meurt à Paris, le 4 décembre de la même année, après avoir réjoui son agonie par le supplice de Cinq-Mars, grand écuyer, et de M. de Thou, accusés de complot contre l'État. A la mort du cardinal, qui disposait en maître du trésor de l'Etat, tenait les clés des prisons et dressait les échafauds, l'allégresse générale fut aussi grande que la terreur avait été profonde pendant sa vie. L'indignation publique fut à son comble lorsqu'on apprit que Richelieu laissait plus de deux cents millions d'héritage, dont une grande partie revenait à sa nièce, la duchesse d'Aiguillon, avec laquelle ce prêtre entretenait un commerce adultère et incestueux. Le 14 mai 1643, Louis XIII meurt, à l'âge de quarante-deux ans. Ce roi fainéant, dont Richelieu fut le maire du palais, laisse deux fils d'Anne d'Autriche : Louis XIV, né le 5 septembre 1638, et Philippe, duc d'Orléans, né le 21 septembre 1640.

. . . .

Louis XIV ayant succédé à la couronne, le 14 mai 1643, à l'âge de quatre ans, est porté au Parlement, dans les bras de son gouverneur, et ce marmot, selon l'antique usage des monarchies, tient ce qu'on appelle « son lit de justice », après quoi la régence est dévolue à Anne d'Autriche, non moins dissolue que sa belle-mère, Marie de Médicis. Un prélat italien, souvent employé par Richelieu à des négociations délicates, et nommé Mazarin, était l'amant d'Anne d'Autriche. Souple, habile, rusé, sans foi ni loi, débauché jusqu'à la crapule, orgueilleux, insolent, plus avide, plus cupide encore, s'il est possible, que le cardinal son maître, mais sans vues, sans portée, sans grandeur, et suppléant ou croyant suppléer à tout par l'astuce et par l'intrigue, ce Mazarin, faux, perfide, insinuant, visant surtout à se créer des partisans, en gagnait autant par d'adroites flatteries que par ses largesses. Toujours jaloux de détacher de la reine ceux dont il redoutait l'influence, il ne reculait devant aucune noirceur afin d'amener leur disgrâce. Doué d'ailleurs de beaucoup d'esprit et d'une prodigieuse aptitude de travail, il possédait l'art de rendre lucides et attrayantes pour la reine les affaires d'État dont il la devait entretenir, à son double titre d'amant et de premier ministre. Anne-Marie d'Autriche, née le 22 septembre 1602, avait quarante et un ans à la mort de Louis XIII. Grande, belle et bien faite, indolente, lubrique et dévote, orgueilleuse, jalouse et hautaine, elle regardait comme un outrage à sa royale majesté la moindre entrave à l'absolutisme royal. Louis XIII, ou plutôt Richelieu en mourant, avait limité sagement l'autorité de la régente ; ces mesures la révoltèrent, non qu'elle voulût exercer le pouvoir par elle-même, sa paresse et le temps que réclamaient ses galanteries ne lui permettaient guère de régner effectivement ; mais elle voulait déférer le pouvoir à ses créatures. En 1643, la guerre engagée par Richelieu contre l'empire et l'Espagne se poursuit souvent avec succès, grâce au génie militaire de M. de Turenne et de M. de Condé ; mais le poids des impôts et la misère deviennent si intolérables en France, qu'en 1644 Jacques Bonhomme se révolte de nouveau. Les paysans du Rouergue, du Dauphiné, se soulèvent ; cette insurrection s'étend, prend des proportions formidables ; mais soldats et bourreaux font justice de ces nouveaux Jacques, poussés à bout par l'excès de leurs maux. Enfin, après de longues et ruineuses guerres, la paix est signée à Munster, le 24 octobre 1648, entre la France et les autres parties belligérantes. Cette même année, le royaume de Naples, las du joug des Espagnols, se révolte contre eux, les chasse après les prodiges de bravoure et, sachant ce que l'on doit attendre des royautés, s'érige en République. Cette même année 1648, l'un des plus puissants peuples du monde, l'Angleterre, cite son roi, Charles Ier, à la barre de la Chambre des Communes, en vertu de la souveraineté du peuple, instruit le procès de ce monarque, le juge, le condamne à mort, fait exécuter la sentence, et s'érige ainsi en République, sous le protectorat d'Olivier Cromwell.

Anne d'Autriche provoque de nouvelles insurrections par ses prodigalités, son despotisme, son mépris pour les misères de la France : durant cette année 1648, l'énormité des impôts ruinait le commerce, l'agriculture, l'industrie, affamait le peuple des villes, écrasait les paysans. Depuis plus d'un demi-siècle, la royauté ne convoquait plus les États-généraux ; cependant il restait une ombre de représentation nationale, à savoir : les parlements, chargés d'enregistrer les édits ; mais, en 1648, le Parlement de Paris ne voulut consentir que sous réserve à l'enregistrement des édits qui lui furent présentés. Anne d'Autriche, révoltée de ce que *ces canailles de robins* hésitaient à enregistrer les édits, se rend au Parlement, accompagnée de son fils, le jeune roi Louis XIV, persuadée qu'intimidés par la royale présence de leurs souverains, les robins n'oseraient refuser d'enregistrer les cinq édits bursaux nécessaires à remplir le trésor. Omer Talon, avocat général du Parlement, répond simplement au roitelet : « Il y a dix ans, sire, que la campagne est ruinée, les paysans réduits à coucher sur la paille, leurs meubles vendus pour le payement des taxes ; des millions de malheureux sont obligés de se nourrir de pain de son et d'avoine. Ces malheureux *ne possèdent que leur âme, seule chose qui ne puisse se vendre à l'encan.* Les habitants des villes, après avoir payé l'impôt de la *subsistance*, payé l'impôt du *quartier d'hiver*, payé les *étapes*, payé les *emprunts*, acquitté le *droit royal* et le *droit de confirmation*, sont encore menacés de nouvelles taxes ! Il faut que le Parlement enregistre la création de nouveaux offices qui sont une perpétuelle charge pour l'État ; car, lorsqu'ils sont établis, il faut que le peuple les nourrisse et les défraye. Cette situation est intolérable. »

Puis, s'adressant à Anne d'Autriche, Omer Talon ajoute d'une voix émue : « Faites, madame, s'il vous plaît, quelques réflexions sur la misère publique dans la retraite de votre cœur... Songez, madame, à la calamité des provinces ; car l'honneur des batailles gagnées, la gloire des provinces conquises, ne peuvent nourrir ceux qui n'ont pas de pain ! »

. . . .

Le Parlement enregistre cependant les édits, mais en mentionnant ses réserves et en apportant de telles modifications aux nouvelles taxes, qu'elles devenaient à peu près illusoires ; de plus, en raison de la gravité des circonstances, le Parlement décide que deux députés de chacune de ses chambres se réuniront, afin d'aviser à une réforme générale des dépenses publiques, et de suppléer ainsi, autant que faire se pourrait, à la convocation des États-généraux. La population de Paris s'émeut, fermente et se dispose à appuyer par l'insurrection, la réforme des abus exigée par les parlementaires. La reine ordonne à leurs députés de se séparer ; ils refusent. Le duc d'Orléans, dans l'espoir de les intimider, vient, en sa qualité de lieutenant-général du royaume, assister à leur séance ; ils cessent leurs délibérations en sa présence, mais les reprennent aussitôt après son départ. Ceci fait dire à Bachaumont, l'un des plus ardents parlementaires, « que le Parlement agissait comme des écoliers qui frondent (se battent à coups de pierres lancées avec des frondes), cessent de fronder dès qu'ils aperçoivent un des gens du lieutenant civil, et recommencent leurs jeux lorsqu'il a disparu. » La plaisanterie resta ; les adversaires de la cour et de Mazarin furent surnommés les Frondeurs, et la guerre civile qui éclata bientôt garda le nom de Fronde. Les députés du Parlement continuaient leurs séances. Entre autres réformes urgentes et indispensables, les députés réclamaient du pouvoir royal la promulgation des deux arrêts suivants :

« 1° Défense, SOUS PEINE DE MORT, aux agents du fisc ou agents royaux, de lever aucune taxe autrement qu'en vertu d'édits vérifiés, approuvés, enregistrés avec liberté du suffrage, par les cours souveraines du Parlement.

« 2° Défense de détenir pendant de vingt-quatre heures aucun citoyen sans l'interroger et le renvoyer devant son juge naturel. »

Ces deux arrêts mettaient un terme aux dilapidations de la cour et à ses vengeances, qu'elle assouvissait en emprisonnant sans procédure ceux qui encouraient ses ressentiments. Anne d'Autriche refusa d'accéder à ces réformes et interdit aux députés de nouvelles réunions ; de cette interdiction ils ne tiennent compte. La reine, outrée, fait arrêter chez eux les plus rebelles parmi ces robins, ainsi qu'elle le disait : Bachaumont, les présidents Blanc-Ménil et Charton, les conseillers Lagné, Loisel Benoît et Broussel. Ce dernier, vieillard vénérable, d'une bienfaisance évangélique, était adoré dans son quartier ; les habitants se soulevèrent. L'insurrection, commencée dans un quartier gagne bientôt tout Paris. Anne d'Autriche ordonne au maréchal de la Meilleraye de se mettre à la tête du régiment des gardes et d'aller châtier ce mauvais peuple. Le maréchal obéit, ensuite de quoi il revient près de son auguste souveraine pour lui apprendre qu'il a failli être assommé, que le régiment des gardes a été mis en déroute par le populaire, lequel exige la mise en liberté de Broussel et des parlementaires, mesure que le maréchal regarde comme la seule capable d'apaiser l'exaspération des esprits. « Rendre la liberté à Broussel ! — s'écria Anne d'Autriche avec rage, — je l'étranglerai plutôt de mes propres mains ! »

Les membres du Parlement restent à la Bastille, mais le lendemain de leur arrestation (27 août 1648) plus de cent mille hommes, artisans et bourgeois, sont en armes, toutes les rues son barricadées. Paris entier s'insurge. Les membres du Parlement, revêtus de leurs robes rouges, s'en vont en corps et processionnellement à travers la cité, demander à la reine la liberté des prisonniers ; Anne d'Autriche et Mazarin, épouvantés des progrès de l'insurrection, donnent l'ordre de relâcher les captifs et quittent Paris en toute hâte. Le Parlement craignant quelque sanglante vengeance de l'Autrichienne, ordonne au prévôt des marchands d'armer les citoyens et de veiller à la sûreté de la ville. Six mois après (8 janvier 1649), le Parlement, après une longue instruction, déclarait le cardinal Mazarin « fauteur des pernicieux conseils qui égaraient la reine, le déclarait déchu de ses offices, lui enjoignait de quitter la cour immédiatement, le royaume sous huit jours, sous peine d'être mis hors la loi. » Cet arrêt fut confirmé par les Parlements de Bretagne, de Normandie, de Guyenne et de Provence. Le cardinal et la reine, ne tenant compte de l'arrêt, rassemblent des troupes. Le prévôt des marchands met Paris en état de défense contre les attaques de la cour et ajoute aux seize régiments de la garde bourgeoise parisienne quatre mille chevaux et dix mille fantassins. Les deniers royaux sont transportés à l'Hôtel de Ville. Une nouvelle guerre civile éclate et désole le pays, guerre provoquée par l'insolente hauteur, par l'iniquité, par les dilapidations d'une reine dissolue et par les détestables conseils d'un prêtre italien, amant et complice de cette femme! Les principaux chefs de la Fronde sont : le prince de Conti, le prince de Marcillac, le coadjuteur de Retz, le duc de Longueville et sa femme, la duchesse de Montpensier. Le prince de Condé suivit d'abord le parti de la cour, puis s'en sépara et se joignit à la Fronde. Cette guerre dura cinq ans, avec des alternatives de succès et de défaites pour les Frondeurs, les Mazarins et les Mitigés, troisième parti composé des gens les moins exaltés des deux factions. La réforme d'abus écrasants, entreprise par le Parlement à défaut des États-généraux, annihilés depuis plus d'un demi-siècle par le pouvoir royal, avait été le motif de la Fronde; mais bientôt elle dévoya complètement de son but réparateur. Le bien public fut oublié pour les intérêts personnels des chefs de parti : la noblesse, abattue par Richelieu, cherchait à recouvrer son indépendance; les femmes, qui jouèrent un rôle si important dans la Fronde, ne virent dans les discordes civiles que l'occasion de donner plus de sel, plus de nouveauté à leurs adultères, en les compliquant des hasards de la guerre ou des menées politiques, et luttèrent d'effronterie pour enchaîner les hommes à leur faction. La reine et Mazarin poursuivirent, au milieu de ce cahos, leur opiniâtre visée de gouvernement absolu ; tantôt (en 1649) s'alliant à la noblesse pour combattre le Parlement, tantôt (en 1650) faisant de larges concessions au Parlement et s'unissant à lui pour proscrire la noblesse. Mais en 1651, la noblesse et le Parlement s'unissent contre les parlementaires, déjà divisés ; ils succombent sous cette ligue. La masse du peuple et la bourgeoisie, ne voyant aucune réforme s'accomplir, restaient indifférents à ces luttes égoïstes. La misère débordait. Le fléau de la guerre étrangère se joignait aux désastres de la guerre civile. Le prince de Condé, après avoir tour à tour servi la Fronde et la cour, vendait son épée à l'Espagne et combattait la France. L'anarchie atteignait à son comble; les partis, sans foi ardente ou généreuse, tombaient en dissolution. Les Parlements n'avaient pas eu l'intelligence et l'audace d'imiter les Communes d'Angleterre, de frapper à la tête une royauté incorrigible et de proclamer la République ; ils portaient la peine de leur mollesse. Mazarin sut profiter, avec sa fourbe habituelle, de la division et de la défaillance des factieux. Le 21 octobre 1652, Louis XIV et sa mère entrèrent à Paris en victorieux courroucés, ayant à venger l'outrage fait à leur majesté. Les Parlements sont appelés au Louvre, où le roi doit tenir son lit de justice. Il entre dans la salle en conquérant, précédé des Cent-Suisses, tambour battant, et accompagné d'une formidable escorte de ses gardes; il se montre d'un orgueil impitoyable, et, en digne fils de l'Autrichienne, il s'exprime ainsi :

« Toute autorité nous appartient... Nous tenons cette autorité de Dieu seul, sans que personne, de quelque condition qu'il soit, puisse y rien prétendre, etc., etc. Nous faisons défense expresse aux gens tenant la cour des parlements de prendre aucune connaissance des affaires de NOTRE ÉTAT et de la direction de NOS finances, sous peine de désobéissance et des châtiments qu'elle entraîne. »

Louis XIV parlait, en cette occasion, comme le sultan des Turcs ; il devait agir ainsi qu'il parlait. L'Espagne, profitant des guerres civiles avait enlevé à la France toutes les conquêtes de Richelieu en Flandre, en Catalogne, en Italie; Condé, toujours à la solde de l'étranger, s'avance jusqu'à nos frontières; Turenne les défend victorieusement, gagne la bataille de Rocroy, en 1654, reprend le Quesnoy, Landrecies. La guerre continue avec avantage jusqu'en 1658, où Turenne recouvre une partie des Flandres. La paix avec l'Espagne et l'Autriche est signée le 7 novembre 1659. Le prince de Condé abandonne l'Espagne, fait sa soumission à Louis XIV, et ce roi épouse, à Fontarabie, l'infante d'Espagne, MARIE-THÉRÈSE, le 9 juin 1660. Mazarin se mourait; sa cupidité semblait s'accroître à mesure qu'il approchait du terme de sa vie. Enfin, ce prêtre expire le 8 mars 1661, laissant, malgré les prodigalités dont il avait comblé sa famille, près de deux cents millions, larronnés, extorqués et subtilisés par cet Italien au bon peuple de France, dont la misère allait toujours empirant. Le cardinal de Richelieu avait commis les mêmes larcins. Ces deux prêtres ont coûté quatre cents millions à la France, sans nombrer les désastres, suite des guerres civiles ou étrangères déchaînées par eux ; sans parler des pleurs et du sang qu'ils ont fait couler. Mais qu'est-ce que cela, fils de Joel? Hélas ! sous le règne de Louis XIV, ce ne sont plus des millions, ce sont des milliards que le despotisme monarchique va arracher au pays ; ce n'est plus à flots, c'est à torrents que le sang va ruisseler durant les guerres les plus dispendieuses, les plus stériles, les plus iniques ou les plus exécrables qui aient jamais ravagé la terre!... Ah ! fils de Joel, vous allez le voir à l'œuvre, ce Louis XIV, qui reçut d'une servile et ignoble flatterie le sobriquet de GRAND ! Oui, vous allez le voir à l'œuvre, ce baladin couronné, ce royal coureur de carrousels, ce demi-dieu en perruque, véritablement pénétré de sa quasi-divinité, prenant, dans le vertige de son orgueil, le soleil pour emblème ! Vous allez le voir, ce despote ombrageux, ce lâche et féroce égoïste, ce pompeux adultère, ce majestueux débauché, ce cagot plus cruel encore qu'il n'est hébété par la peur du diable, marionnette infernale dont les jésuites font dextrement jouer les ficelles aux yeux effarés de Louis le Grand ! Oui, vous allez le juger par ses actes, ce Louis le Grand, et vous direz si jamais l'oppression, la ruine, la misère, la dégradante sujétion des peuples au maître insolent qui les soufflette, ont égalé l'oppression, la ruine, la misère, l'abjection subies par la France durant l'interminable règne de cet homme... Mais vous vous consolerez, mais vous espérerez, pleins de foi dans l'avenir, fils de Joel, en voyant aussi la résistance énergique, intrépide, opiniâtre, passionnée, soulevée contre cet homme à toutes les époques de son règne, et se manifestant par des complots, par des soulèvements, par des luttes armées, dont les chefs inspirés du souffle républicain de la Réforme, toujours vivace, toujours puissant, comprenaient la grandeur de l'exemple et de l'enseignement donnés aux peuples opprimés par les Communes d'Angleterre, accusant, jugeant, condamnant, frappant un roi parjure et proclamant la République !

Moi, Salaün Lebrenn, j'ai écrit le suivant récit, hélas ! bien lamentables et bien souvent trempé de mes larmes.

Au commencement du mois d'août 1672, une violente tempête régnait sur les côtes de Hollande : un brigantin français, LE SAINT ÉLOI, poussé par la tourmente, ayant déjà perdu l'un de ses deux mâts, « fuyait devant le vent, » ainsi que disent les marins ; ne conservant dehors qu'une petite voile triangulaire établie à l'avant, il s'efforçait d'atteindre l'entrée du port de Delft, voisin de la ville de la Haye. Les vagues énormes, déferlant avec furie, couvraient d'un brouillard d'écume la jetée de ce port, dont le brigantin ne se trouvait plus très éloigné, lorsque, de temps à autre, le capitaine faisait-il tirer, en signe de détresse, deux pièces d'artillerie placées sur les gaillards, afin d'appeler quelques pilotes du havre de Delft à bord du navire, en partie démâté, dont la position devenait d'autant plus périlleuse, qu'un coup de mer, brisant à demi son gouvernail, rendait la manœuvre presque impossible. Le *Saint-Éloi* était parti, dans la matinée, de Calais pour Douvres, par un beau temps et par une brise favorable ; mais vers le milieu de la Manche, le vent, changeant soudain, souffla de l'ouest-nord-ouest avec une telle furie, que le brigantin, forcé de fuir devant la tempête, et ne pouvant plus atteindre Douvres ou retourner à Calais, dut chercher un refuge dans l'un des ports des côtes de la Hollande. Les riches passagers qui avaient affrété le *Saint-Éloi*, pour leur passage en Angleterre, étaient au nombre de cinq : madame la marquise du Tremblay ; sa nièce, mademoiselle Berthe de Plouernel ; l'abbé Boujaron ; un laquais et une fille de chambre. Madame du Tremblay allait rejoindre à Londres son neveu, le frère de Berthe, M. le baron Raoul de Plouernel, chargé d'une mission particulière de Louis XIV auprès de Charles II, roi d'Angleterre. Quoique cette dernière puissance et la France fussent, depuis le commencement de l'année, en guerre avec la République de Hollande, ou plutôt des sept Provinces-Unies, les étrangers obtenaient parfois, du collège de l'amirauté d'Amsterdam, des lettres de *sauvegarde*, grâce auxquelles l'on pouvait traverser la Manche sans rien avoir à craindre des croiseurs de l'escadre de l'amiral Ruyter. Le *Saint-Éloi*, muni de l'un de ces sauf-conduits, faisait donc voile pour Douvres, lorsque la tempête l'assaillit ; bientôt les passagers, afin de ne point gêner le travail des pompes à l'aide desquelles une partie du faible équipage s'efforçait de tarir une voie d'eau déclarée dans la cale, furent obligés de monter sur le pont. Leur attitude, en ce moment critique, offrait des contrastes frappants : la marquise du Tremblay, femme d'un âge mûr, autrefois fort belle et d'une physionomie hautaine, gisait frissonnante d'effroi, étendue à l'arrière du navire, sur un matelas, soutenue par sa fille de chambre, et attachée au bordage, au moyen d'une écharpe qui, passant sous son bras, l'empêchait ainsi d'être ballottée par les brusques oscillations du roulis. A côté d'elle, et non moins qu'elle pâle, épouvanté, l'abbé Boujaron, âgé de cinquante ans, ragot, courtaud, joufflu, s'accrochait à un ratelier de manœuvres d'une main crispée, se cramponnait de l'autre au bras du laquais et poussait des gémissements plaintifs entrecoupés de lambeaux d'oraisons jaculatoires, tandis que mademoiselle Berthe de Plouernel, insoucieuse du danger, s'abandonnait à la terrible poésie de la tempête, après avoir en vain tenté de rassurer la marquise sa tante, et de lui faire partager la confiance dont ne manquent jamais les caractères vaillants. Cette jeune fille, âgée de vingt ans à peine, grande, svelte, de proportions accomplies, était brune et d'une beauté resplendissante. L'émotion, non la crainte, animait son teint ordinairement pâle, et l'éclat dont brillaient ses grands yeux noirs, surmontés de sourcils prononcés, disait assez l'espèce d'admiration fébrile que lui causait l'aspect des éléments en furie ; la narine frémissante, le sein palpitant, le front fouetté par les rafales de l'ouragan qui soulevaient et rejetaient en arrière les boucles flottantes de ses cheveux, elle se tenait d'une main ferme à un agrès du navire, cédait aux oscillations du roulis avec une souplesse qui dévoilait les grâces de sa taille, et conservait ainsi son équilibre. Mademoiselle de Plouernel contemplait avec enthousiasme le spectacle offert à ses regards, et témoignait d'autant plus d'indifférence au sujet des périls dont elle était menacée, *qu'elle ne croyait pas à* LA MORT... Oui, fils de Joel, selon l'antique foi des Gaulois nos pères, cette jeune fille avait la conviction qu'à la suite du phénomène appelé *la mort*, l'âme se dégageait de l'enveloppe matérielle, du corps, pour reprendre une nouvelle forme appropriée à sa migration en d'autres sphères ; elle croyait fermement qu'on allait renaître, ou plutôt continuer de vivre, corps et âme, esprit et matière, dans ces mondes étoilés qui constellent le firmament.

Un coup de mer acheva de briser, puis emporta le gouvernail du brigantin ; sa position devint alors désespérée. Le capitaine fit encore tirer le canon d'alarme, dans l'espoir d'attirer enfin l'attention des pilotes de Delft et de les appeler à son aide. Ce signal de détresse fut entendu. L'on vit sortir du port une caravelle, navire solide et léger, capable, plus que tout autre, par sa construction, de lutter contre la violence du vent et la grosseur de la mer. En effet, louvoyant avec autant de hardiesse que d'habileté, disparaissant parfois dans les profondeurs que creusaient entre elles les vagues énormes où on la croyait engloutie, la caravelle reparaissait bientôt à leurs cimes, presque couchée sous sa blanche voilure, et rasant l'écume des flots, comme un oiseau de mer... Elle se dirigeait rapidement vers le brigantin, au risque de sombrer.

— Ah ! — s'écria le capitaine du *Saint-Éloi*, — pour venir à notre secours, malgré une pareille tempête, il faut que le commandant de cette caravelle soit aussi généreux qu'habile et intrépide marin !

Mademoiselle de Plouernel, frappée de ces paroles, suivit avec un redoublement d'intérêt la manœuvre de la caravelle continuant de louvoyer. Elle prenait une nouvelle bordée, afin de pouvoir passer à portée de voix du brigantin qui, privé de son gouvernail et ses mâts rompus, devenait le jouet des flots et du vent, dont la violence le poussait à la côte, où il eût été brisé infailliblement.

Soudain, phénomène fréquent près des atterrissages, la bourrasque s'apaisa presque complètement, mais la mer devait encore rester longtemps très grosse, et son action, jointe à celle du flux dont l'heure arrivait, faisait dériver à la côte hérissée d'écueils le *Saint-Éloi*, hors d'état de gouverner vers l'entrée du port.

La caravelle, profitant des dernières rafales du vent, s'approchait de plus en plus. Quelques matelots la montaient. A sa poupe, maniant le gouvernail d'une main vigoureuse et expérimentée, malgré sa jeunesse, se tenait debout un marin âgé d'environ vingt ans, d'une figure à la fois mâle et charmante, le cou et la tête nus, les cheveux et le front encore ruisselants de l'écume des vagues. Il était vêtu d'une casaque de laine rouge et de larges braies de toile blanche à demi-cachées par de grandes bottes de pêcheur. L'attitude résolue de ce jeune marin venant, au risque de sa vie, sauver des inconnus ; sa physionomie calme, intelligente et hardie, empruntaient à l'héroïsme de son action un tel caractère de grandeur et de touchante générosité, que le courage et la personne du sauveur du brigantin impressionnèrent vivement mademoiselle de Plouernel. Lorsqu'il fut à portée de voix, le jeune maître de la caravelle cria en français au capitaine du *Saint-Éloi*, qu'il allait manœuvrer de façon à donner, quoique la houle fût encore énorme et la mer très dangereuse, une remorque au brigantin, afin de le conduire dans le port. Cette manœuvre laborieuse, délicate et difficile arrachait le navire désemparé à une perte certaine, en l'empêchant d'être jeté sur les brisants par le flot de la marée montante. Cette manœuvre fut heureusement exécutée par le jeune maître de la caravelle ; ses matelots lancèrent une amarre au brigantin, bordèrent leurs gigantesques avirons de galère afin de suppléer à la brise expirante ; et au bout d'une heure, remorqué à force de rames, le *Saint-Éloi*, à l'abri de tout danger, jetait l'ancre dans le port de Delft.

Madame la marquise du Tremblay, débarquée au port de Delft, et reprenant ses esprits jusqu'alors troublés par la frayeur de la tempête, se souvint d'avoir souvent trouvé à Paris un certain M. de Tilly chez M. Van Orbek, riche Hollandais qui, rivalisant de somptuosité avec le fameux traitant Samuel Bernard, donnait les plus belles fêtes du monde où se pressaient la cour et la ville. M. de Tilly avait, en ce temps-là, courtoisement proposé à la marquise de la recevoir à La Haye si par hasard elle y venait, et de mettre son logis à ses ordres. Elle se rappela cette offre, et trouvant très désobligeant d'attendre dans une misérable hôtellerie du port de Delft, soit la réparation du *Saint-Éloi*, soit la partance d'un navire neutre faisant voile pour l'Angleterre, occasion rare depuis la guerre, madame du Tremblay dépêcha un exprès à M. de Tilly, persuadée qu'il se tiendrait très honoré de lui donner l'hospitalité. En effet, celui-ci s'empressa fort galamment de se rendre de La Haye à Delft, d'où il emmena madame du Tremblay, sa nièce et l'abbé Boujaron, mettant sa demeure à leur disposition, et pouvant d'autant mieux leur offrir l'hospitalité, — ajouta-t-il, — que sa femme était alors à Amsterdam, auprès de sa mère malade.

La marquise demeurait depuis vingt-quatre heures à La Haye, chez M. de Tilly, occupant, au premier étage de sa maison, un appartement dont le vaste salon était meublé avec le luxe particulier à ces républicains navigateurs, qui, trafiquant avec le monde entier, rapportaient de la Chine, des Indes et de l'Orient les étoffes, les porcelaines, les meubles les plus précieux : vases du Japon, cabinets et paravents de laque rouge ou noire de Coromandel, tapis de Smyrne, glaces de Venise ; toutes ces raretés se trouvaient en profusion chez M. de Tilly. Madame du Tremblay, encore souffrante des fatigues de sa rude traversée, était à demi étendue sur une chaise longue placée près d'une porte vitrée ouvrant sur un balcon, mis à l'abri des rayons du soleil et des regards des passants par une sorte de vélarium rayé de rouge et de blanc ; mademoiselle de Plouernel était assise non loin de sa tante, qui continuait ainsi un entretien commencé :

— ..... Et maintenant, avouez, ma chère, que le sort de mademoiselle de Kéroualle a été digne d'envie, car le roi...

Mais s'apercevant que sa nièce ne l'écoutait point, la marquise reprit : — Berthe, votre distraction est singulière... A quoi songez-vous donc ? Voyons, parlez.

— A mon frère Raoul... Puisse sa maladie ne pas empirer durant le retard qu'éprouve malheureusement notre voyage à Londres ! — répondit mademoiselle de Plouernel d'un ton pénétré.

Puis, après un moment de silence :

— Et cependant, voilà qui me semble inexplicable : M. de Noirmont a quitté Londres deux ou trois jours après la date de la lettre qui vous apprenait la nouvelle de la maladie subite de mon frère, et M. de Noirmont nous affirmait encore dernièrement à Versailles qu'au moment de son départ d'Angleterre, il avait laissé Raoul en parfaite santé.

— M. de Noirmont aura voulu nous dissimuler la vérité, — reprit la marquise avec quelque embarras, — l'on craint toujours de se faire le messager d'une fâcheuse nouvelle.

— Rien pourtant ne semblait plus sincère que l'extrême surprise dont a été frappé M. de Noirmont en apprenant, de nous, la maladie de mon frère, et...

— Mon Dieu, ma chère, je voudrais, comme vous, pouvoir douter de la réalité, — reprit la marquise, interrompant sa nièce avec impatience, — mais ce doute ne m'est plus permis, et je me console en pensant à l'excellente influence que doit avoir, sur la santé de Raoul, ma présence et surtout la vôtre...

— La mienne ?... — répondit tristement Berthe, — je voudrais l'espérer...

— Cela doit être pour vous, non pas une espérance, mais une certitude...

— Jusqu'à ce jour, mon frère aîné m'a toujours témoigné tant de froideur !...

— Ma nièce, ce reproche...

— Ce n'est pas un reproche... c'est l'expression d'un regret... Du reste, nous avons passé, Raoul et moi, notre enfance et notre première jeunesse presque étrangers l'un à l'autre. Il vivait près de mon père, moi près de ma mère... Je ne saurais donc m'étonner de la froideur de Raoul à mon égard.

— Vous vous méprenez, ma chère, sur ce que vous appelez, très à tort, sa froideur... Oubliez-vous donc qu'en vertu de son droit d'aînesse il est devenu le chef de notre maison, depuis la mort de mon frère ? Cette qualité de chef de notre maison confère à Raoul toute l'autorité que monsieur votre père et madame votre mère, de leur vivant, possédaient sur leurs enfants ; or, l'exercice de cette autorité impose à Raoul, dans ses relations avec vous et Guy, votre second frère, une réserve, une gravité, je dirai presque une sévérité qu'il ne faut nullement confondre avec la froideur ; il vous affectionne au contraire singulièrement. Mais j'ajouterai... et ne voyez point là l'ombre d'un blâme de ma part, — reprit la marquise d'une voix insinuante, — j'ajouterai seulement que certaines libertés de votre esprit, certaine façon téméraire d'envisager diverses choses à un point de vue complètement opposé à celui de Raoul, l'ont parfois, je ne dirai pas indisposé contre vous... mais l'ont peut-être inquiété dans la vive sollicitude qu'il vous porte... puisqu'il doit remplir envers vous les rigides devoirs d'un père.

— Je pourrais, ma tante, vous répondre que Raoul se montrait froid et sévère à mon égard avant la perte de mon père et de ma pauvre mère... perte qui serait, hélas ! irréparable... sans ma certitude d'aller revivre un jour près de cette mère idolâtrée, dans le monde des esprits... où nous nous retrouverons tous.

— La perte de votre père doit-être, pour vous, non moins irréparable que celle de votre mère, — reprit la marquise avec une sorte d'aigreur, — la distinction que vous établissez à propos de vos regrets me semble au moins étrange.

— Ma tante, — reprit Berthe d'une voix ferme, — je respectais mon père et j'adorais ma mère. Elle m'a nourrie, élevée, instruite : je ne l'ai jamais quittée. Mes jours les plus heureux se sont écoulés près d'elle en Bretagne, dans la solitude de notre château de Plouernel, où j'ai passé mes dix-huit premières années, tandis que mon père vivait à la cour... A peine le voyais-je chaque année pendant quelques semaines, lorsque la saison de la chasse l'amenait

Berthe de Plouernel

dans ses domaines; ma mère m'a donc laissé des souvenirs nombreux, incessants et profondément chers : ils me rendent, ils me rendront toujours sa perte... ou plutôt son absence, irréparable, du moins en ce monde. Mais revenons à Raoul ; je vous le disais tout à l'heure, il se montrait déjà, quoique bien jeune encore, froid et hautain envers moi, lorsqu'il accompagnait mon père en Bretagne... et s'offensait de ce que je me permettais d'avoir une manière de voir à moi, et souvent autre que la sienne.

— C'est qu'en effet, pour des gens de notre naissance, ma chère, il n'est au monde qu'une manière de voir à l'égard d'une foule de sujets... de la religion, de la morale, de la politique...

— Je suis, en ce cas, une exception à la règle commune ; mais peu importe ceci. J'ai, croyez-le, ma tante, le plus vif désir de reconnaître ma méprise au sujet des sentiments de Raoul à mon égard, et j'ai été, je l'avoue, profondément touchée de ce qu'il demande à me voir, à cette heure où il est atteint, dit-on, d'une maladie dont je voudrais pouvoir douter encore... Je ne m'attendais pas à cette preuve de tendresse de sa part ; aussi, vous le disais-je il y a un instant, puisse la maladie de Raoul ne s'être pas aggravée, puisque, hélas ! ainsi que tant d'autres, il a conservé le préjugé de la mort, qui ajoute de si cruelles angoisses à la maladie.

— Le préjugé de la mort ! — dit la marquise, haussant les épaules et se contenant à peine, — encore cette extravagante imagination ! Vous entrez en rébellion avec notre sainte religion !

— Sublime extravagance ! — reprit Berthe avec un sourire radieux, — elle supprime les superstitions, elle nous délivre des terreurs du trépas, et nous donne la certitude d'aller revivre auprès de ceux-là que nous avons aimés !

162e livraison

— Tenez, ma nièce, parfois je vous croirais folle, si je ne savais combien vous vous plaisez dans ces affectations d'étrangeté... Quoi qu'il en soit, j'ai l'infirmité de partager avec votre frère et une foule de pauvres esprits faibles le vulgaire préjugé de la mort; j'espère et j'ai tout lieu d'espérer, que l'état de santé de Raoul, bien que grave, n'offre rien de positivement alarmant. Éloigné de son pays, de sa famille, de ses amis, mais regardant comme un devoir sacré de rester à Londres, pour le service du roi, notre maître, il est tombé dans une sorte de langueur maladive, de noire mélancolie, et il compte sur notre présence, surtout sur la vôtre, pour dissiper son chagrin...

— Une maladie de langueur? — reprit mademoiselle de Plouernel pensive. — Une pareille maladie est, ce me semble, ordinairement précédée de symptômes d'abattement, de tristesse, et M. de Noirmont nous disait que, lorsqu'il l'a quitté, Raoul, par son esprit, sa grâce et sa gaieté toute française, éclipsait les plus brillants seigneurs de la cour du roi Charles II.

— Hé, sans doute!... Ce pauvre Raoul est en effet capable des plus grands sacrifices pour représenter dignement son maître, notre grand roi, même de dompter ses souffrances physiques et ses peines morales !

— Excusez-moi, ma tante... mais je ne comprends pas vos paroles; j'ignorais que mon frère eût une mission politique à remplir.

— Rien de plus simple, cependant!... Votre frère, chargé d'une mission auprès du roi Charles II, en l'absence de M. de Croissy, ambassadeur de France, ne représente-t-il pas à Londres Sa Majesté Louis XIV? Dès lors, mon neveu, quelle que soit l'amertume de sa mélancolie, ne doit-il pas la dissimuler aux yeux de la cour d'Angleterre, afin de ne point se laisser primer en grâce, en esprit, en gaieté par les courtisans anglais, et de continuer de les éclipser en l'honneur de son maître? C'est ainsi que Raoul accomplit les devoirs que lui impose sa mission auprès du roi Charles... Mais, — ajouta la marquise, après avoir ainsi répondu d'une manière assez plausible à l'objection de sa nièce, et désirant d'ailleurs changer le sujet d'une conversation qui l'embarrassait, — mais, puisque nous parlons du bon roi Charles... le nom de ce galant et joyeux prince me ramène au cours de l'entretien, dont nous a dévoyées cette longue parenthèse à l'endroit de mon neveu; or, je vous répéterai, ma chère, ce que votre distraction ne vous a pas, tout à l'heure, donné le loisir d'entendre... au sujet de la radieuse bretonne.

— Que disiez-vous donc ma tante?

— Je vous disais : Avouez que le sort de cette belle mademoiselle de Kéroualle, aujourd'hui devenue madame la duchesse de Portsmouth et l'une des plus grandes dames d'Angleterre, par la faveur dont elle est l'objet, est un sort digne d'envie.

Mademoiselle de Plouernel tressaillit; ses beaux traits, ordinairement pâles, se colorèrent; ses noirs sourcils se froncèrent, et, regardant la marquise avec une sorte de stupeur : — C'est à moi que vous adressez une pareille question?

— D'où vient votre surprise, ma chère?

— Vous me demandez, à moi, si le sort de mademoiselle de Kéroualle ne me semble pas digne d'envie?...

— Sans doute, ma chère enfant, cette question est bien naturelle.

— Vous me méprisez donc! — s'écria mademoiselle de Plouernel avec un élan de généreuse indignation. — Vous, la sœur de mon père! Ah! madame... madame!

— En vérité, ma nièce, je tombe des nues! — reprit en toute sincérité la marquise abasourdie. — Quoi! je vous méprise, parce que je vous cite le sort enviable d'une noble jeune fille qui a eu l'honneur insigne de servir les intérêts d'État du grand roi notre voisin... et de..... mériter les faveurs et l'affection d'un puissant monarque.

— Madame, — reprit Berthe d'une voix altérée en interrompant la marquise, — depuis bientôt dix-huit mois que j'ai eu le malheur de perdre ma mère, j'ai vécu près de vous à Paris ou à Versailles, je croyais être quelque peu connue de vous; je me suis trompée, puisque vous paraissez surprise de ce qu'en vérité vous me révolte... et puisque vous osez m'interroger sur un tel sujet...

— Une infamie!... En vérité, vous devenez folle, ma chère nièce.

— Non pas une, mais plusieurs infamies, — reprit avec une sardonique amertume, mademoiselle de Plouernel. — Tenez, madame, il me faut bien vous le dire, grâce à la licence du langage et des mœurs qui règne dans votre salon, à la cour et partout ailleurs, j'ai été malgré moi instruite de choses qu'une jeune fille ne devrait jamais seulement soupçonner, principes et conduite dans le grand monde.

— Et qu'avez-vous donc appris, ma nièce?

— J'ai appris, madame, entre mille indignités, celle-ci... le roi Charles II hésitait encore à déclarer la guerre à la République de Hollande, où nous recevons en ce moment une généreuse hospitalité; Louis XIV charge madame la duchesse d'Orléans de vaincre, à l'aide de certains moyens l'indécision de son frère, Charles II. Elle y consent, part pour Londres, munie d'une somme d'argent considérable, et emmenant à dessein l'une de ses filles d'honneur d'une rare beauté, mademoiselle de Kéroualle... Or, dans quel but la duchesse d'Orléans se faisait-elle accompagner de cette belle

personne?... C'était afin de la livrer au roi Charles, en retour de sa déclaration de guerre aux Hollandais... Luxure contre trahison, infamie! Telle est la politique de ces monarques!
— Permettez, ma nièce, vous vous égarez dans vos appréciations.
— Madame, j'ai parlé de plusieurs infamies... Ai-je trop dit?... comptons : spéculant sur les mœurs dissolues du roi d'Angleterre, Louis XIV envoie sa belle-sœur, madame la duchesse d'Orléans, remplir le métier de... d'entremetteuse?... Est-ce assez infâme?... cette princesse s'abaissant à cet ignoble commerce! Auprès de qui?... de son frère... N'est-ce pas doublement infâme?
— Encore une fois, ma nièce, vous n'entendez rien aux négociations entre souverains.
— Enfin, mademoiselle de Kéroualle, complice de ces ignominies, se vend au roi d'Angleterre, et accepte pour prix de son public opprobre, le duché de Portsmouth... nouvelle infamie... Honte sur tous ces misérables!
— Vous oubliez que... vous parlez de têtes couronnées...
— Il est vrai, madame, j'oubliais qu'un prince de l'Eglise catholique, l'évêque de Meaux, Bossuet, a osé dire, dans la maison de Dieu, en présence de la cour assemblée pour entendre l'oraison funèbre de madame la duchesse d'Orléans : « Qu'elle s'en était allée s'acquérir deux puissants royaumes, par des *moyens agréables*, et que *sa vertu* était sa seule médiatrice entre les deux rois. » Un pareil langage est-il assez infâme chez un homme revêtu d'un caractère auguste. Hypocrisie, servilisme, lâcheté, apanages des prêtres catholiques, corrupteurs du genre humain !

La marquise de Tremblay, après avoir témoigné son sincère étonnement de la véhémente indignation de mademoiselle de Plouernel, puis une sorte de rage, de sourde colère, se ravisa, réfléchit un moment ; puis, donnant à ses traits l'expression la plus doucereuse, à sa voix l'accent le plus affectueux, elle se leva de son siège et dit à sa nièce encore frémissante de mépris et de dégoût :
— Ma chère enfant... venez m'embrasser... Vous êtes un ange...

La jeune fille, étrangement surprise de cet accès de tendresse, hésitait à se rendre au désir de sa tante, qui reprit :
— Oui, venez m'embrasser, vous êtes une noble personne, digne du nom que vous portez, vous êtes un ange et un archange ; vous êtes sortie triomphante d'une petite épreuve que je vous ménageais.
— Une épreuve ? — reprit mademoiselle de Plouernel, sans cacher d'abord son incrédulité: mais bientôt, cédant à la pente des caractères droits et purs, plus disposés à incliner vers le bien que vers le mal, Berthe se rapprocha du siège de la marquise, qui, la prenant dans ses bras, la pressa sur son cœur et la baisa avec effusion à plusieurs reprises.
— Béni soit Dieu... C'était une épreuve ! — reprit la jeune fille, souriant à demi et se sentant allégée d'un grand poids. Mais ma tante, ma chère tante, soit dit sans reproche, l'on n'éprouve que ceux de qui l'on doute : vous doutiez donc de moi?
— Non, certes, mais de nos jours on a vu l'amour d'un roi tourner tant de jeunes têtes et des plus solides... que...
— Vous croyez donc peu à la solidité de la mienne?...
— Si croyante que je fusse, je voulais, chère nièce, vous donner l'occasion de montrer cette solidité dans tout son lustre... Seulement, soit dit à mon tour sans reproche, je déplore qu'une jeune personne de votre naissance s'échappe, ainsi qu'il vous arrive parfois, à ce point de parler d'une façon si irrévérencieuse des prêtres, des évêques, des princes de l'Eglise, et surtout du grand roi, notre maître, dont votre frère a l'honneur d'être un des plus fidèles, des plus dévoués serviteurs...
— Ma tante, ne discutons pas sur les mérites de Bossuet et de ses pareils, non plus que sur les mérites de celui qu'il vous plaît d'appeler votre maître ; jamais il ne sera le mien... Je n'ai qu'un maître ; celui-là est au ciel.
— Sans doute ; mais, après Dieu, viennent les prêtres, ses ministres, le pape, les évêques, puis vient le roi, à qui nous devons une soumission aveugle, un dévouement sans bornes, un pieux respect...
— Un pieux respect !... lorsqu'à Versailles j'ai vu ce roi promener publiquement, dans le même carrosse, la reine sa femme et ses deux maîtresses : l'ancienne et la nouvelle! mademoiselle de la Vallière et madame de Montespan ! Faut-il donc respecter tant d'audace dans les mauvaises mœurs ? Non, je ne respecterai pas ce roi infâme entouré de nobles courtisanes.
— En vérité, ma chère, vous perdez la raison. La violence de votre langage... Où donc avez-vous puisé de semblables principes ?
— Excusez ma franchise bretonne, mais je ne saurais respecter ce qui m'inspire aversion, dégoût et mépris... Quoi ! ce prince sait combien ses scandaleuses amours affligent la reine ! Il sait combien est amère la rivalité de la Vallière et de Montespan ! Et sans pitié pour les secrets déchirements du cœur de ces trois femmes... il les force de dévorer leur outrage, leur jalousie, leurs ressentiments, leur honte ; de paraître côte à côte à la face de tous ; il les traîne triomphalement après soi, comme s'il voulait glorifier son double adultère ! Ah ! je le répète, cette ridicule infatuation de soi-même, cet oubli de toute pudeur, ce brutal dédain de

tout mystère, ce cynisme insolent, cette lâche cruauté envers les femmes, ne sauraient m'inspirer qu'aversion, mépris et dégoût !

— Hé ! ma nièce, dans leur fervente adoration pour leur souverain trop aimé, la Vallière, Montespan et la reine, de même que l'on offre à Dieu ses douleurs en sacrifice, offraient les déchirements de leur cœur à leur idole, le plus beau, le plus grand roi du monde !

Allons, ma tante, voici qui devient par trop hyperbolique. Ne l'ai-je pas vu, ce « grand roi ! » au demeurant assez petit homme, s'évertuant à exhausser sa taille, grâce à des talons démesurés et à d'énormes perruques ! Or, privé de ses talons, de ses perruques, et surtout de son manteau royal, que reste-t-il, je vous prie, de l'idole ? Un bellâtre guindé, gourmé, quelque peu courtaud ! du reste, bon baladin de courante ; encore meilleur cavalier de carrousel ; toujours rogue, sévère, embastillé de sa majesté d'apparat ; ne riant jamais, de peur de montrer ses vilaines dents ; très négligent de soi-même, ne se rasant qu'un jour sur trois ; aimant fort les parfums, parce qu'il sent mauvais de la bouche ; n'ayant en somme de véritablement grand que l'appétit, si j'en juge par sa voracité, dont j'ai été témoin à Versailles en un jour de gala ! Mais la raillerie m'emporte, et j'en rougis, — ajouta mademoiselle de Plouernel, de qui les traits s'attristèrent soudain, — devrais-je jamais oublier que le frère de ma mère a fini ses jours dans un cachot, victime de l'iniquité de Louis XIV !

Madame du Tremblay avait une secrète raison pour ne point fulminer davantage contre ce qu'elle appelait « les énormités de sa nièce, » qui, d'ailleurs, se montrait plus que jamais hostile à l'idole de nos jours néfastes ; se contentant donc de sourire d'un air forcé, la marquise reprit : — Après tout, ma chère, la véhémence de votre langage a son excuse en ceci, que la contagion du pays où nous sommes venus échouer vous aura gagnée. Cette méchante petite République hérétique, si vertement châtiée naguère par Louis XIV, a toujours tenu notre grand roi en particulière aversion ; cette pestilence républicaine et hérétique vous aura monté au cerveau... et qui sait... — ajouta la marquise avec un accent sardonique, — vous sortirez peut-être de céans... huguenote ?

— Du moins, je ne serais pas la seule huguenote de notre famille, — répondit mademoiselle de Plouernel, devenue soudain pensive, je suivrais l'exemple de l'un de nos ancêtres, peu partisan de la royauté. — L'aïeul de mon père n'a-t-il pas été huguenot ? Le colonel de Plouernel, ainsi qu'on l'appelait alors, n'a-t-il pas pris part aux guerres religieuses du siècle passé, sous les ordres du grand Coligny, dont il était l'un des plus vaillants officiers ? N'a-t-il pas combattu avec vaillance les armées royales et catholiques ?

— Hélas ! il n'est que trop vrai ! L'apostasie de ce Plouernel fut une tache pour notre famille. Il en était le puîné : lorsque son frère aîné, le comte et le vicomte son fils furent tués, au premier rang de l'armée royale et catholique, lors de la bataille de la Roche-la-Belle contre les hérétiques rebelles ; le colonel huguenot devint ainsi le chef de notre maison et hérita de ses immenses domaines ; son fils partagea malheureusement l'hérésie paternelle, mais, du moins, son petit-fils, qui fut mon père, est, grâce à Dieu, rentré dans le giron de l'Église catholique et dans l'observance de nos antiques traditions d'amour, de respect, de fidélité pour nos rois. Laissons donc ensevelis dans leur double félonie ces deux Plouernel, indignes de leur race... dont nous devons oublier jusqu'à l'existence.

— Il m'en coûte, ma tante, de vous contredire... mais je puis vous affirmer que le colonel de Plouernel, par son courage, ses vertus, la noblesse de son caractère, a été peut-être le seul homme dont notre famille puisse justement s'enorgueillir.

Mademoiselle de Plouernel, en s'entretenant avec la marquise venait de regarder par hasard à travers l'écartement de l'espèce de velarium qui abritait des rayons du soleil le large balcon près duquel était placée la chaise de la jeune fille ; elle resta un moment silencieuse, tandis que son œil attentif, plongeant sur la place qui s'étendait devant la maison de M. de Tilly, semblait suivre quelqu'un avec un si visible intérêt que la marquise, se soulevant à demi sur sa chaise longue, dit à sa nièce :

— Que regardez-vous donc ? Vous paraissez absorbée dans une singulière contemplation.

— Je regarde ce jeune marin que vous connaissez, — répondit Berthe sans le moindre embarras, — qui vient de passer avec un homme à cheveux gris, son père assurément, car il existe entre eux une extrême ressemblance. Tous deux ont des allures et une physionomie très sympathiques.

— De quel marin me parlez-vous, s'il vous plaît ? Je ne connais personne de cette espèce.

— Ma tante, oublierez-vous donc si vite les services rendus en péril de mort... vous qui croyez à la mort ? Le brigantin où nous étions embarquées ne périssait-il pas corps et biens, sans le dévoûment de ce jeune marin, Français comme nous, et qui a bravé la tempête pour venir à notre secours, pour nous arracher au danger que nous courions ?...

— Eh bien ! est-ce que l'abbé Bonjaron ne lui a pas donné de ma part dix louis, à ce marinier, pour nous acquitter du service qu'il nous a rendu ? Nous sommes quittes envers lui.

— Il est vrai... et recevant avec dignité cette rémunération que n'accompagnait ni un mot de courtoisie, ni une expression partie du cœur, ce jeune marin a pris les dix louis, et les jetant dans le bonnet d'un matelot invalide mendiant sur le port, notre généreux sauveur a dit à ce pauvre homme en souriant: « Tenez, mon ami, voici dix louis que vous donne Monsieur l'abbé... afin que vous priiez pour ses péchés, car nous avons besoin de prières. et M. l'abbé comme tant d'autres. » Après quoi saluant avec respect, il s'est éloigné...

— Et voilà qui était de la dernière impertinence! — s'écrie la marquise, interrompant sa nièce. — Donner ces dix louis à ce mendiant, afin qu'il priât pour les péchés de l'abbé, n'était-ce point donner à entendre que ce saint homme devait avoir la conscience chargée? J'ignorais l'effronterie, l'ingratitude de ce marinier, anéantie que j'étais par le mal de mer et la frayeur... Or, pour revenir à ce manant d'eau salée, son dédain de la gratification qu'on lui offrait nous rend que quittes envers lui.

— Telle n'est pas mon opinion, ma tante... Et j'ai prié M. de Tilly, notre hôte, d'avoir l'obligeance de s'enquérir du nom et de l'adresse de notre courageux compatriote, qui doit habiter momentanément le port de Delft... d'après ce qui m'a été rapporté.

— Et dans quel but cette belle enquête ma chère nièce?

— Je désire charger M. de Tilly d'assurer notre sauveur de notre reconnaissance et de le prier d'excuser l'étrange procédé de M. l'abbé à son égard, excuses que je n'ai pas eu, je l'avoue, le courage de lui offrir dans le premier moment, tant je me sentais confuse de l'humiliation qu'il subissait... et tant je ressentais d'indignation du procédé de l'abbé... Tout à l'heure, en le voyant passer sa place...

— Vous avez eu probablement envie de l'appeler par la fenêtre? — s'écria la marquise suffoquée. — En vérité, ma nièce, vous perdez complètement la tête... Un tel oubli des convenances chez une personne de notre qualité!

— Je ne pensais nullement à appeler notre compatriote par la fenêtre; je regrettais seulement que M. de Tilly ne se fût pas trouvé ici avec nous, il aurait pu le rejoindre et l'engager à monter.

— Tenez, ma chère, vous me dites des choses tellement saugrenues, que je préfère encore vous entendre parler du colonel de Plouernel... bien que le sujet ne soit pas des plus récréatifs.

— Rien de plus facile que de vous satisfaire, ma tante, répondit Berthe avec un demi-sourire qui semblait pronostiquer à la marquise de nombreux sujets de suffocation. — Dans un manuscrit laissé par le colonel de Plouernel sous le titre d'instructions à son fils, se trouve un fait vraiment extraordinaire. Le colonel, en rappelant à son fils l'antiquité de notre famille, qui remonte à l'époque de la conquête des Gaules, ajoute naturellement ceci : qu'il n'y a pas de conquérants sans conquis, et que les Franks, dont nous nous prétendons issus, nous autres de noble race, ont dépouillé, puis asservi les Gaulois; il ajoute qu'une famille gauloise de race, dont le colonel de Plouernel a connu l'un des descendants, lors du siège de la Rochelle, s'est légué d'âge en âge, depuis la conquête des Gaules par les Romains d'abord, puis par les Franks, une série de légendes racontant les souffrances, les malheurs de divers personnages de cette famille, et qui... rapprochement étrange... lors des fréquentes révoltes des Gaulois asservis, ont parfois, d'âge en âge, lutté les armes à la main, et victorieusement, contre les seigneurs de notre maison d'origine franque ! Notre aïeul approuve et exalte le droit des peuples conquis à l'insurrection !

A la fin du siècle dernier, lors du siège de la Rochelle, M. de Plouernel s'était lié d'une étroite amitié avec l'un des descendants de cette famille gauloise, armurier de son état et l'un des plus vaillants soldats de l'amiral Coligny... Or, cet armurier éprouvait le plus vif désir de venir, après la fin de la guerre religieuse, s'établir en Bretagne, antique berceau de sa famille, qui, selon ses légendes domestiques, possédait des champs non loin de Karnak. M. de Plouernel, afin d'être agréable à son ami l'armurier de la Rochelle, offrit à ce vaillant huguenot de prendre à long bail la métairie de Karnak, qu'il possédait et qu'il a transmise à sa descendance avec les domaines de Mezléan. Mais, selon la coutume, *usance* et *habitance* se changeant, au bout d'un certain nombre d'années, en *vassalité*, les descendants de l'armurier, n'ayant jamais quitté la terre de Mezléan, sont aujourd'hui vassaux de mon frère. De ce fait ma mère s'est assurée, en ordonnant au bailli de Plouernel d'écrire au bailli de Mezléan, afin de s'informer si une famille Lebrenn (c'est le nom de cette famille) n'habitait pas la métairie de Karnak; le bailli répondit qu'en effet, depuis l'année 1573, un homme de ce nom avait pris à redevance cette métairie, encore aujourd'hui cultivée par les descendants de cette famille. Le frère aîné du métayer actuel avait, sans doute à raison de la proximité du port de Vannes, suivi la carrière de marin, carrière qui affranchit du vasselage. Ma mère, frappée des circonstances racontées dans le manuscrit du colonel de Plouernel, projetait une excursion à Mezléan, pour connaître cette famille intéressante à tant de titres... Nous devions entreprendre ce petit voyage peu de temps avant la funeste maladie qui m'a séparée de ma mère... jusqu'au jour où j'irai revivre près d'elle, dans le monde qu'elle habite... ajouta Berthe en soupirant, et elle resta pensive durant quelques moments.

— En somme, quelle conclusion ce colonel huguenot tirait-il et tirez-vous des faits fort extraordinaires, j'en conviens, rapportés dans son manuscrit! Je me perds à vouloir suivre vos raisonnements.

— Cette conclusion simple et touchante sert de moralité à l'écrit de M. de Plouernel, et il termine en disant à son fils : « Mon enfant, la mort de mon frère aîné m'a rendu maître des immenses domaines de notre maison en Auvergne, en Beauvoisis et en Bretagne; des milliers de vassaux peuplent ces domaines. Mais ne l'oublie jamais, nos grands biens, notre noblesse, ont pour origine une conquête inique et sanglante; ces terres aujourd'hui nôtres et dont nous sommes les seigneurs, ont appartenu aux Gaulois, libres jadis et dépossédés, asservis, réduits à un affreux esclavage par les Franks nos aïeux ; nos vassaux d'aujourd'hui sont les descendants de cette race déshéritée, tour à tour esclave, serve et vassale de nos ancêtres. Montre-toi donc envers ces vassaux compatissant, équitable, fraternel, bienfaisant, selon la loi humaine et la foi chrétienne! Hélas ! si généreuse que soit ta conduite envers eux, jamais elle n'expiera les maux dont notre race conquérante a rendu victimes les générations gauloises depuis dix siècles et plus... Et afin de te donner conscience et horreur de tant d'iniquités, de tant de souffrances, je joins à ces pages plusieurs fragments de l'histoire d'une famille d'origine gauloise... la famille Lebrenn, de Karnak... »

— Ma nièce! — s'écria la marquise indignée, — il m'est impossible d'écouter plus longtemps de pareilles énormités !...

Madame du Tremblay fut interrompue dans l'expression de son courroux, par l'entrée de l'abbé de Boujaron, son confesseur et son intime, et, il faut le dire, son amant.

La physionomie soucieuse de l'abbé Boujaron, le désordre de sa perruque, de son rabat et de son manteau, frappèrent tellement la marquise du Tremblay, qu'elle s'écria, oubliant le sujet de son discord avec mademoiselle de Plouernel : — Mon Dieu, l'abbé, que s'est-il passé?... Vous voici tout dépenaillé, vous semblez inquiet, agité; en vérité, on dirait que vous sortez d'une bagarre

— J'ai fort raison d'être inquiet, chère marquise... J'ai égaré la lettre que nous avons écrite ce matin à votre neveu, cette lettre confidentielle que vous savez

— Que dites-vous ? — reprit la marquise avec une visible anxiété. — Cette lettre n'était-elle pas placée dans la poche de votre justaucorps, soigneusement pliée ? C'est moi-même qui l'y avais mise. Elle ne peut pas avoir été égarée.

— Je me rendais chez la personne que je devais visiter, selon ce qui avait été convenu entre nous, afin d'obtenir d'elle quelques nouvelles, me promettant de les ajouter à ma lettre, et ayant, à cet effet, retardé de la cacheter... lorsqu'en passant sur une grande place, je suis rejoint et bientôt englobé par une foule nombreuse qui vociférait des cris de mort contre messieurs de Witt et les Français...

— Quels messieurs de Witt ? — demanda la marquise; — sont-ce ces républicains intraitables, ces puritains, de qui nous parlait, l'an passé, M. d'Estrade, en revenant de son ambassade en ce pays-ci.

— Tous les deux sont des hommes de Plutarque, selon ce que nous racontait hier M. de Tilly, notre hôte, — dit mademoiselle de Plouernel sortant de la rêverie où elle était plongée depuis l'entrée de l'abbé, — je ne me lassais pas de l'écouter parler des vertus domestiques de ces deux frères, qu'il regarde comme les plus grands citoyens de la Hollande, de véritables gens de bien.

— Ma chère fille, — répondit l'abbé, notre hôte, appartenant au même parti politique que ces messieurs de Witt, a ses raisons pour les placer très haut... dans votre opinion.

— Mais la lettre, — reprit la marquise avec une angoisse croissante, comment se trouve-t-elle égarée, perdue peut-être ?

— Englobé dans ce rassemblement populaire, qui poussait des cris forcenés en courant vers la prison où l'un des frères de Witt a été conduit... poussé, foulé, bousculé, étouffé par ce flot populaire dont le courant m'entraînait malgré moi, j'ai fait de prodigieux efforts pour fuir cette bagarre, et durant mes soubresauts, les basques de mon habit étant soulevées, ballottées en tous sens, la lettre sera sortie de ma poche, à moins... à moins que la lettre ne soit tombée quand j'ai tiré mon mouchoir, afin d'essuyer la sueur dont mon front ruisselait, lorsque je suis parvenu à me dépêtrer de cette populace, grouillante, hurlante, vociférante.

— Je suis désolée de la perte de cette lettre. Quelque indiscret peut la lire, et, vous me comprenez, l'abbé... ce serait à l'excès désagréable et compromettant.

— Que trop, marquise, je comprends ! que trop! Aussi, par deux fois, je suis revenu sur mes pas, mais impossible de la retrouver ! Pour comble de malheur, elle était décachetée, de sorte que l'homme le plus scrupuleux aura pu y jeter les yeux.. et se mettre au courant de l'affaire qui y est traitée.

— En vérité, ma tante, — dit mademoiselle de Plouernel, — je ne conçois pas la vive anxiété que vous cause, ainsi qu'à monsieur l'abbé, la perte d'une lettre probablement écrite à mon frère, afin de lui apprendre la cause du retard de notre arrivée en Angleterre..... La chose est fort simple et ne tire pas à conséquence. Cessez de vous tourmenter à ce sujet.

— Il est des choses, ma nièce, dont vous ne pouvez apprécier la portée, — répondit madame du Tremblay, — qu'il vous suffise de savoir que la perte de cette lettre est en tout point regrettable.

Le laquais de la marquise entrant en ce moment, après avoir gratté à la porte du salon, dit à sa maîtresse :

— Madame, un homme est là, qui demande à parler sur le champ à monsieur l'abbé, au sujet d'une affaire importante.

— Quel personnage est-ce ?

— C'est un Français, madame.

— A t-il la tournure d'un gentilhomme ?

— Oui, madame, il porte l'épée.

— Marquise ! — dit vivement l'abbé, frappé d'une idée soudaine, — peut-être ce personnage a-t-il trouvé ma lettre, et vient-il me la rapporter... Dieu soit loué, nos inquiétudes vont cesser. Ainsi soit-il !

— Comment cet étranger a-t-il pu connaître votre adresse ?

— N'ai-je point écrit à Raoul que nous logions chez M. de Tilly.

— Mais en ce cas, l'abbé, — reprit la marquise avec un accent d'extrême appréhension, — cet homme aurait lu votre lettre ! Un étranger se trouverait dans la confidence de nos projets ! Il faut de toute façon éclaircir ce point.

Et s'adressant au laquais :

— Introduisez immédiatement cet étranger, puis vous nous laisserez seuls.

— Plus j'y réfléchis, — se disait mademoiselle de Plouernel pensive et étonnée, — plus l'inquiétude de ma tante et de l'abbé, au sujet de cette lettre, me semble inexplicable.

Le laquais a bientôt introduit dans le salon un homme âgé de quarante-cinq ans environ, simplement vêtu de brun, sans galons, ni broderies, et portant seulement un nœud d'épaule écarlate comme la plume de son feutre gris et le ruban de son épée suspendue à un baudrier de buffle. Le teint basané de ce personnage, son œil vif, pénétrant et noir comme sa moustache, semblaient indiquer une origine méridionale ; de stature moyenne, robuste et nerveux, son attitude résolue, sa physionomie où l'intelligence et l'esprit le disputaient à la hardiesse, tout révélait en lui l'énergie d'un homme d'entreprise, mais qui, complètement sûr et maître de soi-même, ne laissait percer de sa personnalité que ce qu'il n'avait point intérêt à cacher. Il se présenta dans le salon avec une aisance parfaite, s'inclina respectueusement devant la marquise et sa nièce, puis les contempla tour à tour et silencieusement toutes les deux, avec une attention si marquée, si tenace, que madame du Tremblay, très embarrassée du regard de cet étranger, dit à sa nièce :

— Venez, Berthe... retirons-nous dans ma chambre, laissons M. l'abbé avec monsieur.

Mademoiselle de Plouernel se disposait à suivre sa tante, lorsque l'inconnu, après avoir contemplé la jeune fille, s'inclina derechef devant madame du Tremblay, en disant : — Si madame la marquise veut bien le permettre, l'entretien que je désire avoir avec elle et M. l'abbé Boujaron, aura lieu en présence de mademoiselle de Plouernel ; la chose est de convenance, même de nécessité.

— Vous nous connaissez, monsieur ? — dit la marquise assez surprise, — vous savez nos noms ?

— J'ai cet honneur, madame, et mon petit savoir ne se borne point là, répondit l'inconnu avec un singulier sourire en observant de nouveau mademoiselle de Plouernel, comme s'il voulait juger de l'âme de la jeune fille d'après l'expression de ses traits ; aussi parut-il bientôt ressentir un intérêt croissant pour elle. Mais ne pouvant remarquer ces diverses nuances, et blessée de la persistance des regards de l'étranger, Berthe rougit, fit un pas afin de s'éloigner en disant à madame du Tremblay :

— Excusez-moi, ma tante, si je vous quitte, si je vous laisse avec ces messieurs.

— Mademoiselle, — dit vivement l'inconnu, devinant la pensée de la jeune fille, — je vous en conjure, n'attribuez pas à l'oubli du respect qui vous est dû, et dont je suis profondément pénétré, l'obstination de mon regard : je cherchais à lire et j'ai lu sur vos traits la droiture, la noblesse de votre cœur, et je me félicite doublement de pouvoir vous rendre un service, un très grand service.

— A moi, monsieur ? — répondit mademoiselle de Plouernel, très étonnée, mais frappée de l'accent évidemment sincère des paroles de l'inconnu. — Quel service pouvez-vous me rendre, à moi que vous ne connaissez pas et que vous voyez pour la première fois ? Ayez la bonté de vous expliquer plus clairement.

— Monsieur, — dit avec hauteur la marquise à l'étranger qui allait répondre à Berthe, — vous vous êtes introduit ici sous prétexte d'un entretien que l'abbé Boujaron a bien voulu vous accorder ; or, jusqu'ici vous n'adressez la parole qu'à mademoiselle, ce qui est un manque de convenance envers moi et monsieur l'abbé.

— Et de plus, monsieur, — ajouta l'abbé, — nous ignorons complètement qui vous êtes ? Votre langage est aussi étrange que votre visite.

— Je suis fort votre serviteur, monsieur l'abbé, — répondit l'étranger s'inclinant avec une courtoisie sardonique, et je répondrai, s'il vous plaît, à mademoiselle de Plouernel, qui me fait l'honneur de me demander quel service je suis heureux de pouvoir lui rendre. Ce service se résume en ce simple conseil : Mademoiselle, n'allez point en Angleterre... refusez d'entreprendre ce voyage...

Berthe tressaillit et d'abord resta muette d'étonnement, tandis que sa tante et l'abbé, devenant tous les deux pourpres de confusion et d'anxiété, échangeaient un coup d'œil significatif où se décelait leur extrême embarras. Mademoiselle de Plouernel, un moment interdite, reprit, s'adressant à l'inconnu : — Et pourquoi, monsieur, me déconseillez-vous ce voyage en Angleterre ?

— Pour deux raisons, mademoiselle... deux raisons importantes.

— Monsieur, dit froidement l'abbé, interrompant l'étranger, — je vous ferai remarquer, premièrement, que vous avez commis un abus de confiance... secondement, que vous n'avez point compris un mot de la lettre que vous avez trouvée et que vous vous êtes permis de lire, indiscrétion qu'un galant homme se serait bien gardé de commettre.

— Je vous ferai remarquer à mon tour, monsieur l'abbé, — repartit l'étranger, — premièrement, que lire une lettre décachetée trouvée sur le pavé de la place publique, n'est point un abus de confiance... secondement, que, sans me piquer d'un très grand esprit, j'ai suffisamment d'intellect pour comprendre la valeur des mots ; aussi ai-je conseillé à mademoiselle de ne pas aller en Angleterre... de refuser résolûment d'entreprendre ce voyage...

— Monsieur, — reprit vivement Berthe, cédant soudain à un pénible pressentiment ; — je vous le demande en grâce, expliquez-vous clairement... Veuillez me donner les raisons de votre conseil.

— Permettez, ma chère enfant, — se hâta d'objecter l'abbé, prévenant la réponse de l'inconnu, — je suis l'auteur de la lettre, il m'appartient d'en parler sciemment. Je dirai donc à monsieur que la dépêche qu'il a lue est adressée à un envoyé de Sa Majesté Louis XIV auprès de Sa Majesté Charles II, et qu'elle traite d'affaires d'État fort délicates ; or, j'ajouterai qu'à moins d'être le plus extravagant des hommes, ce que je ne suis point, l'on ne correspond, au sujet de pareilles matières, que par chiffres ou par phrases énigmatiques et à double sens, lesquels deux sens sont tous les deux parfaitement logiques en apparence, mais dont le véritable esprit reste secret entre les correspondants épistolaires, seuls aptes à l'interpréter. Voilà ce qu'il est nécessaire que comprenne monsieur.

— S'il en est ainsi, monsieur l'abbé, il ne me reste qu'à confesser mon erreur, — reprit l'étranger avec une humilité sardonique, — erreur très excusable d'ailleurs, et dont mademoiselle de Plouernel voudra bien être juge, — ajouta-t-il en tirant la lettre de sa poche, — d'après les termes de cette intéressante missive.

— Monsieur, cette lettre est complètement inutile, dès qu'il est établi que cette dépêche ne concerne en rien mademoiselle.

— Sans doute, — reprit l'inconnu, — il n'est question de mademoiselle que d'une façon énigmatique et mystérieuse ; ainsi, monsieur l'abbé, en écrivant à M. le comte de Plouernel : « Nous avons tout lieu d'espérer que l'incomparable beauté de votre sœur, causant une vive impression au roi d'Angleterre, lorsqu'elle lui aura été présentée, pourra le décider à... »

— Mais, monsieur, c'est intolérable ! — s'écria la marquise ; — vous abusez outrageusement de notre patience... et vous m'obligez de vous inviter à sortir de céans !

— Monsieur, je vous écoute... reprend mademoiselle de Plouernel, et, croyez-le, je n'oublierai jamais le service que vous m'aurez rendu... ayez la bonté de continuer la lecture de cette épître.

La marquise et l'abbé, reconnaissant l'inutilité de nouvelles objections à la lecture de la dépêche, croisèrent les bras, levant les yeux au ciel, et parurent se résigner. L'inconnu, s'adressant à Berthe :

— Je passe les détails de l'incident de mer qui a obligé le navire où vous étiez embarquée, mademoiselle, à relâcher au port de Delft ; j'arrive à la partie intéressante de la lettre :

« ..... Vous nous apprenez, mon cher Raoul, que l'on voit décroître l'influence de mademoiselle de Kéroualle, aujourd'hui duchesse de Portsmouth, conduite à Charles II par sa sœur, madame la duchesse d'Orléans, au commencement de cette année-ci, afin de décider plus assurément ce roi libertin à signer, moyennant les charmes de cette belle Kéroualle et un régal de quelques millions, le traité d'alliance de l'Angleterre avec la France contre la République des Provinces-Unies ; vous ajoutez qu'à mesure que décroît l'influence de la duchesse de Portsmouth, milord Arlington, forcené partisan de l'alliance de l'Espagne, de l'Angleterre, de l'empire et des Provinces-Unies contre la France, reprend un grand ascendant sur le vacillant et luxurieux Rowley, ainsi que les familiers de Charles II appellent Sa Majesté, lequel milord Arlington a pour auxiliaire et agent tout à sa dévotion une certaine Nelly-Gwin, créature du plus bas lieu, diablesse incarnée, qui jure, sacre, boit et s'enivre comme un pandour, mais dont la fougue, l'effronterie et la gaieté tapageuse semblent fort ragaillardir Sa Majesté d'Angleterre. De ceci, selon vous, il pourrait advenir, la nymphe et les doublons de l'Espagne et de l'empire aidant, que le roi Charles, après s'être lassé de mademoiselle de Kéroualle et avoir dissipé le régal de quelques

Attentat contre la vie de Jean de Witt, le grand pensionnaire de Hollande (page 494)

millions à lui octroyé par notre maître sous prétexte de *catholicité*, en arrive à rompre l'alliance française afin de retourner à l'alliance de l'Espagne et de la République des Provinces-Unies. C'est en méditant sur ces graves conjonctures qu'il vous est venu à la pensée, mon cher élève, que les beaux yeux et la fière beauté de notre Berthe pourraient opérer un revirement salutaire dans les fâcheuses dispositions du vieux Rowley, balancer la Nelly-Gwin et raffermir le roi Charles dans son alliance avec notre maître. Frappés de l'importance de votre ouverture, à laquelle madame votre tante et moi nous avons longuement réfléchi, l'expédient nous a semblé si excellent et d'une telle urgence, que sans vous répondre et recourant à une ruse innocente, nous avons persuadé à votre sœur que vous étiez assez gravement malade, afin de la décider de venir avec nous en Angleterre.

Nous vous ménagions cette aimable surprise; mais l'affreuse tempête dont je vous ai donné un crayon nous a forcés de relâcher en Hollande, d'où je vous écris, afin de ne point vous inquiéter par le retard prolongé de notre réponse.

« Il va donc de soi, mon cher élève, que lors de notre prochaine arrivée en Angleterre, vous serez, grâce à Dieu, si parfaitement rétabli de de votre maladie, qu'il n'y paraîtra plus. Vous vous empresserez de présenter à la cour de Londres madame la marquise de Tremblay et mademoiselle de Plouernel ; de sorte que si notre légitime espoir n'est pas déçu, le roi Charles, ébloui de la beauté de notre Berthe, s'enflammera, selon qu'il est accoutumé.

« Je vous l'avoue, mon cher enfant, j'envisage non moins radieusement que vous l'envisagez vous-même la grandissime satisfaction qu'un pareil résultat causerait à notre maître; aussi,

163ᵉ livraison

à ce sujet, remémorez-vous très judicieusement dans votre lettre les prodigieuses faveurs emportées de haute main par M. de Vivonne depuis que madame sa sœur, la marquise de Montespan, a été honorée des regards du roi et qu'elle a eu l'auguste bonheur de lui donner progéniture. Donc, si nos projets succèdent selon nos désirs, bien que les choses doivent se passer en Angleterre, vous n'en deviendrez pas moins, mon cher élève, en ce qui touche la faveur de notre maître, le *Vivonne* de notre belle *Montespan* britannique. J'ajouterai que, mettant à profit mon séjour à la Haye, je crois, d'après mes observations et certains entretiens avec une personne de notre compagnie, que l'on ne soupçonne point de nous appartenir, A. M. D. G. (entretien que je compléterai tout à l'heure dans le post-scriptum de cette lettre, me réservant de la cacheter chez ce bon père), je crois que l'on pourrait porter un coup formidable à cette République ensabbatée, à ce foyer d'hérésie, on la... »

Mais l'inconnu s'interrompit dans la lecture de l'épître, et s'adressant à mademoiselle de Plouernel :

— Le reste de la missive a uniquement trait aux confidences d'un membre de la compagnie de Jésus, à laquelle M. l'abbé a l'avantage d'appartenir, ou plutôt d'être affilié... Ces confidences, relatives aux affaires de la République, n'auraient pour vous, mademoiselle, aucun intérêt... En lisant cette lettre, tombée par hasard entre mes mains, j'ai été révolté du rôle destiné à une jeune fille ignorante de ces machinations et peut-être digne d'un profond respect ; aussi me suis-je promis de l'éclairer sur le ténébreux complot tramé contre elle... Tel a été, mademoiselle, l'unique motif de ma visite céans ; et lorsque, tout à l'heure, j'ai lu sur vos traits la noblesse de votre cœur, la générosité de vos sentiments, je me suis doublement applaudi d'avoir pu vous prévenir des honteux projets de votre tante et vous éclairer sur une trame odieuse.

Un moment de silence suivit la communication de la missive diplomatique de l'abbé Boujaron et les dernières paroles de l'inconnu. La marquise et l'abbé quoique d'abord atterrés, s'étonnaient de ce que mademoiselle de Plouernel eût écouté la lecture de cette lettre sans la moindre interruption. En effet, la jeune fille restait muette, accablée, le regard fixe, le sein oppressé, les lèvres contractées par un sourire navrant.

— Monsieur, — reprit enfin mademoiselle de Plouernel, s'adressant à l'étranger avec un accent de profonde reconnaissance, — je ne puis vous dire combien je vous sais gré de m'avoir favorablement jugée, et je tiens à exprimer en votre présence toute ma pensée sur cet incident à madame du Tremblay, ma tante. — Je sais maintenant comment mon frère et vous, madame, prétendiez exercer à mon égard la tutelle qui vous est confiée ; je vous épargnerai les reproches ; ils ne seraient pas compris de vous ; le sens moral vous manque ; seulement, je vous déclare que je n'irai pas en Angleterre et que je suis résolue de ne plus habiter chez vous, madame, soit à Paris, soit à Versailles ; je ne quitterai plus désormais la Bretagne ; je résiderai à Plouernel ou à Mézléan, ayant le droit de demeurer dans la maison de mon père !

— Mon Dieu, mademoiselle, — reprit la marquise avec une sardonique aigreur, — votre vertu se montre étrangement ombrageuse et farouche. Pourquoi tant de courroux ? Monsieur votre frère a pensé que votre présence à la cour de Londres pouvait être de quelque utilité au service du roi notre maître... Où est le mal, je vous prie de nous l'indiquer ? Ne demeuriez-vous donc point libre, au vis-à-vis de Sa Majesté d'Angleterre, d'arrêter ou de pousser les choses à votre gré ? A votre défaut, ce grand roi pourra adresser ses hommages à d'autres.

— Monsieur, vous entendez ? — reprit mademoiselle de Plouernel se tournant vers l'étranger, sans dissimuler le dégoût qu'elle éprouvait ; — peut-on exprimer plus discrètement cette pensée infâme : que mon déshonneur pouvait servir la violence, la cupidité, l'ambition et l'orgueil de princes qui veulent opprimer un peuple !

— Mademoiselle, — dit l'inconnu ému et frappé de l'admirable expression des traits de la jeune fille lorsqu'elle prononça les généreuses paroles qu'il venait d'entendre, — un jour, peut-être, je vous rappellerai votre vaillante malédiction contre les oppresseurs !

Mademoiselle de Plouernel, fort surprise, allait demander à l'étranger l'explication de ses derniers mots, lorsque M. de Tilly entra dans la salle. Il semblait en proie à une grande inquiétude, ses traits étaient bouleversés, sa démarche saccadée ; mais remarquant la présence du nouveau venu, il alla vivement à lui en disant :

— Monsieur Serdan, savez-vous ce qui se passe dans notre cité ?...

Et il lui parla pendant quelques moments à l'oreille, après s'être courtoisement excusé auprès de la marquise, au sujet de cet entretien confidentiel en raison de la gravité et de la nature des évènements.

— Ce mauvais homme s'appelle Serdan. Ne l'oubliez pas, marquise, — dit tout bas l'abbé ; — ce doit être l'un des ennemis du roi... et de la sainte compagnie de Jésus... n'oubliez pas son nom... *Serdan*.

— Je me le rappellerai parfaitement, mon cher abbé, et d'autres le sauront également.

Ah! si nous étions en France, grâce à une lettre de cachet, cet insolent coucherait ce soir à la Bastille, et n'en sortirait plus.

Mademoiselle de Plouernel retomba dans ses pénibles réflexions, pendant que sa tante et l'abbé échangeaient à voix basse quelques paroles, et que M. de Tilly entretenait M. Serdan, qui, après l'avoir écouté avec une angoisse croissante, reprit : — Mais ce serait monstrueux... Non non, c'est impossible!

— D'après ce que je viens d'apprendre, il n'est presque plus permis de douter de cette exécrable iniquité, qui va s'accomplir, — reprit M. de Tilly; — du reste, avant une heure, je saurai tout... et nous aviserons...

— Mais quelle est l'opinion de Jean de Witt sur les évènements?

— Confiant dans l'innocence de son frère et dans l'équité du tribunal, peut-il soupçonner une pareille barbarie? Je me rendrai chez lui, après avoir donné ordre à la cavalerie de La Haye, que je commande, et sur qui je peux compter, de se tenir prête à monter à cheval, car je prévois un grand tumulte.

— Je vous rejoindrai tout à l'heure, chez Jean de Witt, à qui je dois présenter deux de mes compatriotes originaires de Bretagne, et jusqu'à ce que vous veniez la démentir ou la confirmer, je tairai à Jean de Witt l'horrible nouvelle que vous m'avez confiée et dont je veux douter encore, — répondit M. Serdan.

Puis s'inclinant profondément devant Berthe de Plouernel : — Si je ne dois jamais avoir l'honneur de vous revoir, mademoiselle, je conserverai le plus touchant souvenir de l'élévation de vos sentiments; mais si je dois vous rencontrer encore, mademoiselle, je me permettrai de vous rappeler les nobles paroles prononcées par vous en faveur des peuples opprimés.

Puis, se disposant à sortir, M. Serdan dit à M. de Tilly : — Je vous attends chez Jean de Witt, ne tardez pas à venir.

— Avant peu, je vous aurai rejoint chez lui, aussitôt mes dispositions de défense prises, — répondit M. de Tilly à M. Serdan.

Celui-ci sortit, et aussitôt madame du Tremblay, prenant sa physionomie la plus souriante, dit à M. de Tilly :

— Quel aimable homme, que ce M. Serdan? Dites-nous donc, de grâce, monsieur, d'où il vient, d'où il est, ce qu'il est, ce qu'il fait? Nous nous intéressons particulièrement à lui et il nous serait agréable d'être édifiés à son sujet.

— Excusez-moi, madame la marquise, — répondit M. de Tilly, — je n'ai point, quant à présent, le loisir de vous renseigner sur M. Serdan. Il est homme de bien et fort de mes amis... Je suis venu en hâte, afin de vous apprendre, madame, de fâcheuses nouvelles... de terribles évènements dont notre ville est le théâtre.

— De quoi s'agit-il donc, monsieur? — demanda la marquise. — L'abbé, a en effet, remarqué ce matin quelque émotion parmi le populaire. Les choses seraient-elles arrivées à une certaine gravité?

— Vous l'avez dit, madame, il règne à La Haye une extrême agitation ; deux causes la produisent ; d'une part, les manœuvres des agents de M. le prince d'Orange, chef du parti opposé à celui de MM. de Witt; et, d'autre part... excusez, madame, la franchise de mes paroles... d'autre part, dis-je, la révélation des horreurs commises dans notre pays par les armées de Louis XIV... Il circule aujourd'hui à La Haye des lettres venant de plusieurs de nos provinces envahies par les troupes royales; les atrocités dont elles se sont rendues coupables ont exaspéré le peuple! L'on nous rend solidaires, presque complices de la trahison de Louis XIV envers la République, nous que l'on désigne du nom de *parti français*, parce que nous avons toujours, ainsi que MM. de Witt, soutenu l'alliance française. J'entre dans ces détails, madame, afin de vous convaincre qu'à cette heure, telle est l'effervescence des esprits, que vous vous exposeriez à de grands périls si vous sortiez de cette maison et si vous étiez reconnue comme Française... Je me permets donc de vous engager instamment, ainsi que mademoiselle de Plouernel et l'abbé à demeurer aujourd'hui reclus. Enfin, s'il se produisait quelque tumulte sur la place, ne paraissez pas aux fenêtres de ce logis, et Dieu fasse qu'il soit respecté, si les passions populaires sont bientôt déchaînées, ainsi que je le crains... Ai-je besoin d'ajouter, madame, combien il m'est pénible de voir ainsi troubler l'hospitalité que j'ai été si heureux de vous offrir!

Mademoiselle de Plouernel avait silencieusement écouté cet entretien, et voyant sa tante et l'abbé pâles, tremblants, échanger des regards consternés, la jeune fille leur dit avec une ironie amère : — Que voulez-vous ? nous ne sommes plus à la cour de Versailles ! Ici, le parjure, l'iniquité, la violence de votre maître apparaissent dans leur redoutable horreur... Peut-être aujourd'hui l'exécration méritée qu'inspire en ce pays Louis le Grand nous coûtera la vie! Ah! béni soit Dieu! c'est avec joie qu'à cette heure je quitterais ce monde-ci pour aller vivre ailleurs et retrouver ma mère!

Mademoiselle de Plouernel devait à sa mère cette haine vigoureuse du mal, cette indépendance de jugement, ces idées si opposées à celles de la noblesse de cour ; enfin, cette mâle croyance à l'éternité des existences, croyance qui fut celle des Gaulois nos pères. Madame de Plouernel, élevée dans la religion réformée, avait dû embrasser le catholicisme lorsque, très jeune encore et cédant aux obsessions de son père et de sa mère, elle épousa le comte de Plouernel ; mais, au fond du cœur, elle conserva, malgré son abjuration, *ce levain huguenot* dont les généreux ferments donnent tôt ou tard au caractère et à l'esprit l'indépendance qui résulte du libre examen des autorités. Le mariage de madame de Plouernel fut loin d'être heureux ; et lorsqu'elle eut donné deux fils à son mari, celui-ci, certain de la continuité de sa race, ne garda plus aucune mesure envers sa femme, et pour se livrer à de scandaleux amours, il la relégua en Bretagne, au château de Plouernel, où elle devait vivre désormais dans une retraite absolue, n'ayant d'autre soin, d'autre bonheur, que l'éducation de son dernier enfant, Berthe de Plouernel.

La comtesse avait un frère, tendrement affectionné d'elle. Hardi, aventureux, il s'était voué à la profession de marin ; jeune encore, il commandait une frégate de la marine royale. Resté huguenot, comme Duquesne, son amiral, il détesta le despotisme de Louis XIV, et ne parut jamais à sa cour. Aimant fort sa sœur et connaissant les mœurs de M. de Plouernel, il avait en vain tenté de dissuader sa famille d'un mariage dont il prévoyait les suites funestes, et s'était embarqué pour une navigation lointaine. Retenu hors de France durant quelques années par des évènements divers, il apprend à son retour l'espèce d'exil subi par sa sœur et les déportements de son mari. La douleur, l'indignation, transportent l'impétueux marin ; il se rend à Versailles, et là, en pleine galerie, en face de tous les courtisans, il va droit au comte de Plouernel, l'accable d'amers reproches et s'échappe jusqu'à lui dire : « Monsieur, le cynisme infâme de votre conduite, vos adultères sont un outrage pour ma sœur et une flatterie pour votre maître ! » Cette allusion aux amours de Louis XIV fut aussitôt rapportée au despote qui en ressentit une violente colère ; le jour même, le beau-frère du comte de Plouernel fut conduit à la Bastille, et plongé dans l'un des cachots les plus malsains de cette prison, où ce malheureux languit pendant deux ans, au bout desquels il mourut. L'emprisonnement et la mort de son frère causèrent à madame de Plouernel une profonde affliction, et pénétrèrent son âme d'incurables ressentiments contre Louis XIV. Ce nouveau chagrin vint s'ajouter à ses chagrins domestiques ; elle partagea son temps entre l'éducation de Berthe, la lecture et l'étude. La bibliothèque du château, jadis fondée par le colonel de Plouernel, se composait en partie d'ouvrages empreints de l'indépendance politique et religieuse de la Réforme. La comtesse nourrit son esprit de la mâle substance de ces écrits. Les ouvrages de prédilection de madame de Plouernel exaltaient cette rigidité de mœurs, cette élévation de pensées.

cet inflexible amour du juste, cette austère honnêteté dont témoignent eux-mêmes les ennemis déclarés des huguenots. Elle trouva parmi les livres réunis par le colonel de Plouernel un ouvrage excellent sur les traditions et les croyances druidiques, grâce auxquelles les *Gaulois étaient délivrés du* MAL DE LA MORT, en cela qu'ils considéraient la mort comme le signal d'une renaissance complète vers laquelle l'âme s'élançait radieuse et revêtue d'une nouvelle enveloppe. Cette foi à l'immortalité de notre être, esprit et matière, la curiosité passionnée qu'éveille la pensée de ces incessantes migrations des créatures à travers des mondes inconnus et mystérieux, cette croyance enfin, si consolante aux cœurs écrasés sous le poids du présent, devint bientôt la foi de madame de Plouernel et donna une sève plus puissante au développement de ses nobles qualités. Berthe de Plouernel, élevée au milieu d'une solitude presque complète par une mère qui l'adorait et ayant en elle une créance absolue, devait naturellement s'assimiler les convictions, les croyances maternelles. Et ses résolutions, en ce qui concernait l'acte odieux de sa famille, découlaient tout naturellement aussi de son éducation philosophique. Sa tante et l'abbé Boujaron consternés des nouvelles apportées par M. de Tilly au sujet de l'exaspération du peuple de La Haye contre le roi Louis XIV et les Français, restaient en proie à de vives appréhensions, tandis que M. Serdan, se rendait chez Jean de Witt, grand pensionnaire de Hollande.

MM. Corneille et Jean de Witt étaient fils de Jacob de Witt, citoyen renommé par son patriotisme, par ses lumières, et autrefois l'un des chefs les plus considérables du parti de Lowenstein. Ce parti représentant la tradition républicaine, opposée à l'envahissement de l'esprit militaire, tendait surtout à favoriser le développement de la prépondérance maritime dont devait jouir la Confédération des Provinces-Unies, en raison de leur position géographique et du génie commerçant de ses habitants ; aussi, le parti de Lowenstein combattait depuis un demi-siècle l'influence des orangistes, partisans du gouvernement militaire et héréditaire des princes d'Orange. Le stathoudérat héréditaire, joint aux fonctions de capitaine général des armées de terre et de mer, devenait, en effet, une sorte de royauté mitigée, mais toujours redoutable à la liberté des peuples ; aussi, le parti de Lowenstein avait-il fait décréter par l'Assemblée des Etats que les princes de la maison d'Orange ne pourraient commander les armées de terre et de mer, s'ils étaient nommés stathouder (agent exécutif du gouvernement de la République), et que ces fonctions ne seraient jamais héréditaires. Corneille de Witt, l'aîné des deux frères, né à Dordrecht en 1623, fut élu, à l'âge de vingt-trois ans, député de cette ville et *ruart*, ou inspecteur général des digues, dans le bailliage de Putten ; attributions d'une haute importance, en ce pays où les digues protègent la culture et peuvent devenir, par leur rupture volontaire, un moyen de défense désespéré, mais redoutable en cas d'invasion ennemie. Corneille de Witt, homme de vertu antique, ainsi que son frère, et doué de connaissances variées, ne se bornait pas à la pratique des affaires de l'Etat : appliqué dès sa première jeunesse à la science nautique, et devenu excellent marin, il avait, durant la guerre actuelle, puissamment concouru, par ses conseils, au succès de l'attaque de la flotte hollandaise contre le port de Chatam, victoire désastreuse à la marine anglaise; enfin, lors de la bataille navale livrée cette même année aux forces anglaises et françaises par la flotte de l'amiral Ruyter, dans les parages de Solbaie, Corneille de Witt, commissaire de l'amirauté de la République, et en cette qualité assis dans sa chaise d'ivoire, au poste le plus périlleux, sur le château d'arrière du vaisseau amiral, bravant avec un sang-froid héroïque un feu meurtrier, assistait impassible au glorieux combat dont il avait concerté le plan avec Ruyter.

Jean de Witt, plus jeune de deux ans que son frère, le primait comme homme d'Etat et l'égalait en civisme, en vertus, en courage; élu, vers 1662, pensionnaire de Hollande, ou agent exécutif de la République, et ainsi placé à la tête du gouvernement, l'amour qu'il portait à son pays prit un caractère religieux; il regarda ses fonctions comme un sacerdoce : inaccessible aux enivrements du pouvoir, par l'élévation naturelle de son caractère, jamais la simplicité, la modestie de ce grand homme de bien, ne se démentirent; jamais non plus son respect du droit, du devoir et de la foi jurée ne fléchirent devant le prétexte des nécessité sd'Etat. Enfin, chargé des relations diplomatiques des Provinces-Unies auprès des ambassadeurs étrangers, il déjoua leurs pièges, leurs perfidies, leurs menées souterraines, par la rectitude de son caractère et par la pénétration de son esprit. Un trait entre tous suffira pour peindre ce grand citoyen. Il inspirait, même à ses adversaires, une telle confiance, que la princesse d'Orange lui confia la direction de l'éducation de son fils, quoiqu'elle sût Jean de Witt hostile au stathoudérat héréditaire dans la maison d'Orange. L'unique descendant de cette famille, destiné à devenir le chef du parti orangiste, fut confié par la plus éclairée des mères aux soins de Jean de Witt. Il veilla sur cet enfant avec une sollicitude paternelle, s'efforçant d'ouvrir cette jeune âme à l'influence des sentiments généreux, de lui inspirer l'amour de la République, qu'il devait servir en citoyen, et lui montrant les malheurs qu'il déchaînerait sur son pays en devenant l'instrument du parti auquel son nom servait de drapeau. Hélas! les efforts de Jean de Witt échouèrent devant la dissimulation de cet adolescent, morne, frêle, maladif, nerveux, toujours replié en lui-même, cachant des passions ardentes, sous des dehors impassibles, et qui, arrivé à l'âge d'homme, devait, en cette année-ci, répondre aux bontés paternelles de Jean de Witt, par la plus exécrable ingratitude.

Voici les faits... Il y avait de cela environ six semaines, Jean de Witt venait de passer une partie de la nuit à s'occuper des affaires publiques dans son cabinet, au palais des Etats; il en sortait vers deux heures du matin, précédé d'un valet portant un flambeau ; soudain des hommes armés d'épées et de couteaux s'élancent d'une embuscade et attendent Jean de Witt à l'improviste. Il reçoit d'abord un coup de sabre sur le cou; il lutte courageusement, quoique sans armes, est atteint de trois blessures, dont la dernière fort grave, l'abat sur le pavé. Les assassins, le croyant mort, prennent la fuite. Il parvient à se relever et à regagner son logis... Les assassins étaient au nombre de quatre : les deux frères Vander Graëff, Adolphe Borrébugh, commis des postes de Maestricht, et Corneille de Bruyn, officier de la milice de La Haye. Un seul des deux Vander Graëf put être arrêté... son frère et ses deux complices se réfugient... dans le camp du jeune Guillaume d'Orange, nommé commandant des armées de terre depuis la guerre contre la France et l'Angleterre. — On demande à ce prince de livrer les meurtriers de Jean de Witt... le prince refuse.

Dès lors, les soupçons de connivence avec les criminels ont pesé sur Guillaume d'Orange... lui et son parti avaient seuls intérêt à la mort de Jean de Witt, qui, malgré le désordre apporté dans le gouvernement par les malheurs de la guerre, s'efforçait de conjurer les dangers dont le prince d'Orange menaçait intérieurement la République, attaquée au dehors par Louis XIV... Mais ce n'était pas assez pour les orangistes d'avoir armé les assassins de Jean de Witt, il fallait aussi frapper son frère, Corneille de Witt, le ruart de Putten... Une trame horrible fut ourdie.

Malgré ses fonctions de grand pensionnaire de Hollande, Jean de Witt, modeste dans ses goûts, vivait avec simplicité, cherchant auprès de sa femme et de ses deux filles, Agnès et Marie, de douces distractions aux soucis de l'homme d'Etat. A l'époque de ce récit, il atteignait sa quarante-huitième année; sa taille élevée, sa physionomie à la fois douce et grave, son regard pensif, donnaient à l'ensemble de sa personne un caractère imposant. Il était seul et écrivait dans son cabinet, vaste pièce aux murailles cachées par les rayons d'une bibliothèque remplie de livres. Au-dessus du manteau de la cheminée, on voyait le portrait du père de MM. de Witt, austère figure peinte dans le style de Rembrandt. Une table chargée de papiers était placée dans l'embrasure d'une longue fenêtre aux petits carraux treillissés de plomb, de chaque côté de laquelle on voyait, placés sur des crédences, des instruments de physique, car le grand pensionnaire de Hollande était, ainsi que son frère, très versé dans les sciences.

Jean de Witt, assis devant la table, pensif et attristé, écrivait à son ami l'amiral Ruyter cette belle lettre d'une simplicité antique, et où se dévoilait la trame ourdie par les orangistes contre Corneille de Witt :

« A monsieur l'amiral Ruyter.

« Monsieur et bon ami, j'ai reçu la lettre que vous m'avez fait l'honneur de m'écrire le 25 du mois dernier, pour me témoigner combien vous êtes affligé des blessures que j'ai reçues. Je m'en trouve à présent, grâce à Dieu, à peu près guéri ; trois sont cicatrisées ; la dernière, la plus profonde de toutes, paraît devoir se fermer bientôt. L'envie dont quelques méchants poursuivent notre famille a monté si haut en ces temps malheureux, qu'après avoir tenté de se défaire de moi par un assassinat, l'on tâche aujourd'hui de se défaire de mon frère, le ruart de Putten, par les voies de la justice. Vous aurez sans doute appris que le procureur fiscal l'a fait arrêter par ordre des Etats de Hollande et l'a fait conduire ici, dans la châtellenie, où il est présentement gardé. Nous n'avons pu d'abord nous imaginer quelle pouvait être la cause, ou du moins le prétexte de cet emprisonnement ; nous savons aujourd'hui quel est le complot tramé contre mon frère. Ce complot, le voici : Un chirurgien nommé Guillaume Tichelaar a dénoncé avec une hardiesse et une impudence inouïes mon frère, comme ayant voulu le corrompre par une grosse somme d'argent et le porter à assassiner M. le prince d'Orange ! Mon frère n'étant pas capable de concevoir le dessein d'un attentat si exécrable, et encore moins de l'exécuter, j'ai la ferme persuasion qu'ayant plu à Dieu de me délivrer comme par miracle des mains des meurtriers qui me voulaient assassiner, il ne permettra pas que l'innocence soit victime de la calomnie et du mensonge ; mon frère échappera sans doute aux embûches qui lui sont tendues, ainsi que j'ai échappé aux poignards de mes implacables ennemis.

« Tichelaar, le dénonciateur de mon frère, a été autrefois accusé par lui, en sa qualité de *ruart de Putten*, devant le siège de la justice de ce bailliage, d'avoir voulu violer une femme ; et pour ce crime, Tichelaar fut condamné à une peine infamante. Cet homme, noté d'infamie, a voulu se venger de mon frère par une horrible calomnie ; nous savons d'ailleurs, de source certaine, les détails suivants : Il y a trois semaines, Tichelaar étant venu chez mon frère, à Dordrecht, demanda de lui parler seul à seul ; ma belle-sœur, sa femme, ayant reçu et fait entrer cet homme, mais craignant (d'après ce qui s'est passé contre moi) qu'il n'eût de mauvais desseins contre le ruart, commanda à l'un de ses domestiques de se tenir à la porte de la chambre et de prendre garde à ce qui se passerait, dans le cas où ce Trichelaar tenterait quelque mauvais coup contre mon frère. Ce domestique a affirmé sous serment devant le commissaire de la cour : qu'étant ainsi posté près de la porte, il entendit Tichelaar offrir au ruart de lui déclarer quelques affaires secrètes ; à quoi mon frère répondit, connaissant Tichelaar pour un homme perdu :

« Si c'est quelque chose de bon, je suis prêt à vous entendre et à vous seconder ; mais s'il s'agit d'une méchante affaire, ne m'en parlez point, ce sera le mieux pour vous, car je la dénoncerais à la régence ou à la justice. »

« Quelà-dessus, après quelques paroles échangées de part et d'autre, Tichelaar termina l'entretien en disant :

« Puisque monsieur ne désire point que je lui découvre mon secret, je le garderai devers moi et le ferai connaître plus tard à d'autres. »

« Mon frère a confirmé cette déposition, et la dénonciation de Tichelaar étant le seul fait à la charge de mon frère, je ne vois pas qu'il y ait lieu de rien appréhender dans cette affaire ; je ne doute pas qu'il ne soit promptement rendu à la liberté. Regrettons seulement les malheurs du temps et la méchanceté de nos ennemis.

« Du reste, la prise des villes sur le Rhin en si peu de temps par les armées de Louis XIV, l'irruption de l'ennemi jusqu'au bord de l'Yssel presque sans résistance, par lâcheté inouïe ou trahison infâme, m'ont de plus en plus confirmé la vérité de ce qu'autrefois l'on appliquait à la République romaine : *Porspera omnes sibi vindicant, adversa uni impulantur*, (chacun s'attribue la gloire du succès, mais les revers sont attribués à un seul) ; c'est ce que j'éprouve moi-même. Le peuple de Hollande m'a chargé de ses désastres et des calamités de notre République, quoique je n'aie jamais été qu'un fidèle serviteur du pays ; aussi, me suis-je résolu de donner ma démission de ma charge de grand pensionnaire ; les Etats ont eu la bonté de m'accorder ma demande, ainsi que vous pourrez le voir dans l'extrait que je vous envoie. J'ai cru devoir vous instruire de ma décision, afin que vous ne m'adressiez plus désormais les lettres qui regardent l'Etat, mais que vous les envoyiez par prévision à l'adresse de M. le pensionnaire de Hollande et de West-

Frise ou de celui qui exerce présentement cette charge. »

Jean de Witt achevait d'écrire cette lettre à l'amiral Ruyter, lorsqu'une servante vint avertir l'ex-grand pensionnaire de Hollande que M. Serdan, accompagné de deux personnes, demandait à être introduit près de lui.

— Qu'il entre ! — répondit Jean de Witt. — Jamais la présence d'un ami ne m'aura été plus douce qu'en ce moment.

Bientôt après, M. Serdan fut introduit, ainsi que ses deux compagnons. L'un, homme d'un âge mûr, avait les cheveux gris ; l'autre, son fils, était ce jeune et hardi marin, sauveur du brigantin le *Saint-Eloi*, à bord duquel se trouvait mademoiselle Berthe de Plouernel ; et, rapprochement singulier qu'elle ignorait encore, tous deux appartenaient à cette famille gauloise, originaire de la Bretagne, dont parlait le colonel de Plouernel dans son manuscrit, cette famille Lebrenn qui, tour à tour esclave, serve et vassale depuis la conquête de Clovis, se transmettait de génération en génération sa légende plébéienne.

Salaün Lebrenn et son fils Nominoë, entrant sur les pas de Serdan, ne purent contenir ni cacher leur émotion à l'aspect de Jean de Witt, ce grand citoyen qu'ils admiraient et vénéraient plus encore depuis qu'ils avaient appris de M. Serdan mille détails intimes sur cet homme illustre.

— Mon ami, — dit Jean de Witt à Serdan, après avoir répondu avec affabilité au respectueux salut des deux Français, — ces messieurs sont sans doute vos deux compatriotes pour lesquels vous m'aviez demandé d'écrire au collège de l'amirauté, afin d'obtenir un ordre secret de passe et un sauf-conduit, dans le cas où leur navire serait visité par nos croiseurs ?

— Oui, mon cher Jean ; car, en qualité de marins français, ils n'avaient rien à craindre des escadres royales, et la lettre de passe les sauvegardait contre les croiseurs hollandais. En vous remettant, avant-hier, les notes relatives à la Bretagne, que m'a confiées à votre intention M. Salaün Lebrenn, capitaine de navire marchand, résidant au port de Vannes, je vous ai dit dans quelles circonstances j'ai connu M. Lebrenn à Nantes, il y a trois ans ; quelle conformité d'opinions, de religion, d'espérances, nous a dès lors rapprochés ; une correspondance fréquente a resserré nos relations. M. Lebrenn, mieux que personne à même de connaître l'état des choses en Bretagne, et par ses relations de famille et par ses relations commerciales, m'a signalé, dans l'une de ses dernières lettres, des symptômes de mécontentement analogues à ceux que moi et mes amis nous avions remarqués en parcourant le Languedoc, le Dauphiné, le Vivarais, la Guyenne et la Normandie.

Frappé de voir le mécontentement envahir ainsi la plus grande partie des provinces de France, j'ai engagé M. Lebrenn à venir à La Haye, afin de conférer avec vous, et je vous ai remis son mémoire sur des faits d'une haute gravité dont la Bretagne est le théâtre... Je n'ai pas besoin d'ajouter que vous pouvez, que vous devez avoir toute créance dans ces renseignements.

— Je n'en doute pas ; car ils concordent de tous points avec d'autres rapports qui me sont parvenus sur la situation politique de la France, — répondit Jean de Witt.

Et s'adressant à Salaün Lebrenn :

— J'ai donc lu votre mémoire, monsieur, avec une sérieuse et scrupuleuse attention ; les faits navrants, souvent horribles, dont il abonde, ne sont, j'en suis certain, nullement exagérés. Ainsi, par exemple, les pilleries, les ravages, les atrocités inouïes que commettent à cette heure les troupes de Louis XIV dans nos provinces ne témoignent que trop des habitudes de rapine, de violence de vos gens de guerre. En résumé, monsieur, votre mémoire constate, ce me semble, d'une manière irrécusable, que le mécontentement profond dont le progrès en Bretagne est de toute évidence, doit être attribué aux causes suivantes : les taxes, corvées, redevances imposées aux vassaux par les seigneurs et le clergé ; les mauvais traitements et les emprisonnements, parfois même les exécutions capitales dont les vassaux sont victimes sans merci ni recours, grand nombre de seigneurs ayant dans leurs domaines droit de haute et basse justice ; — leurs exactions, les violences des soldats, auxquelles sont exposées les populations des villes et des champs ; — la profonde irritation de la bourgeoisie des grandes villes, telles que Rennes et Nantes, qui, chaque jour, accablées de nouveaux impôts, se voient menacées d'une ruine prochaine ; enfin, l'irritation non moins grande du parlement de Bretagne, outré de voir promulguer sans sa sanction des édits bursaux qu'il eût refusé d'enregistrer, édits tellement onéreux, que la gêne, la détresse, la misère pèsent chaque jour davantage sur toutes les classes de cette province. Tel est, monsieur, le résumé succinct de votre rapport, appuyé de faits d'une douloureuse réalité... Vous ajoutez que, selon vos propres observations, le mécontentement est arrivé à ce point, par suite du despotisme de Louis XIV, qu'un soulèvement général est imminent et peut éclater à la moindre occasion ?

— Oui, monsieur, — répondit Salaün Lebrenn, — telle est ma conviction établie sur une profonde étude des gens et des choses.

— Elle me paraît parfaitement fondée. Cependant, monsieur, — reprend Jean de Witt, permettez-moi de vous faire observer qu'en de si grandes conjonctures, l'on doit surtout se défendre d'illusions... illusions d'autant plus excusables, mais aussi d'autant plus susceptibles de nous égarer qu'elles naissent d'un généreux espoir... d'un désir bien légitime de mettre un terme à de criants abus.

— Soyez-en certain, monsieur, mes vœux ne m'abusent pas, — répondit Salaün Lebrenn. — L'état des esprits, en Bretagne, offre, il est vrai, des chances de succès à notre cause commune, celle de l'humanité ; mais je suis loin de m'aveugler sur plusieurs conséquences possibles du soulèvement que je prévois. Il m'a paru néanmoins opportun de profiter de l'occasion afin de tenter, sinon d'abattre, du moins de réfréner la tyrannie qui épuise, dégrade, opprime la France et a déjà porté un coup terrible à votre République, notre alliée naturelle... Ce qui prouve une fois de plus, monsieur, que puisque, sans consulter les peuples, les rois déclarent la guerre à qui gêne leur ambition ou blesse leur orgueil, les peuples ont à leur tour le droit de s'allier à qui les aide à briser leur joug... Cette opinion, monsieur, n'est-elle pas la vôtre ?

— Oui, — reprit Jean de Witt, — tout peuple opprimé a le droit, au nom de la justice éternelle, de demander secours et appui à un peuple ami contre la tyrannie... la révolte contre les rois est légitime, mais, à cette condition absolue, que cet appui, que ce secours, ne cachent, de la part de ceux qui le prêtent ou de ceux qui le reçoivent, aucun projet contraire à l'intégrité du territoire, à l'indépendance, à l'honneur du pays, à la liberté de tous.

— Aussi, honte sur les catholiques, exécration éternelle à la Ligue ! — s'écria Serdan ; — car la Ligue demandait l'appui de l'Espagne afin d'exterminer les protestants et de détrôner Henri IV, qui, malgré ses vices, ses fautes déplorables, représentait du moins la nationalité de France...

— Tandis que la Ligue... l'Union catholique, représentait au contraire le parti de l'étranger, le parti de Rome, de l'Espagne et de l'Inquisition, — ajouta Salaün Lebrenn. — Les ligueurs dans leur haine des protestants et de l'esprit de liberté, rêvaient un despotisme affreux, pratiqué à leur profit ! N'ont-ils pas caressé la pensée parricide du démembrement de la France ? N'ont-ils pas voulu offrir le trône à Philippe II, ce roi fanatique dont la tyrannie sanglante a épouvanté le monde ? Honneur à vos pères, monsieur de Witt, ils ont, par leur sainte révolte, porté le premier coup à la monarchie espagnole, en fondant, au prix de leur sang, cette République aujourd'hui mise en péril par Louis XIV.

— Rien de plus juste que votre remarque, monsieur, — répondit Jean de Witt, — Oui, à la gloire éternelle du protestantisme, qui est ma foi, les protestants mis hors du droit commun, toujours sous le couteau, ont pu, dans le siècle passé, dans celui-ci, afin de défendre leur famille, leur foyer, leur croyance, leur vie toujours en péril, demander secours aux peuples de leur religion ; mais, de la part de ceux-ci, cet appui a toujours été pur de tout projet d'agrandissement aux dépens de la France ! Cet appui a toujours eu pour but le triomphe de la Réforme et de la liberté de tous ! En résumé, lorsque, opprimé dans son esprit, dans sa chair, dans les siens, dans son bien, dans son droit, dans sa foi, un peuple invoque contre son tyran le secours d'un peuple ami et désintéressé, ce n'est pas l'étranger qu'il appelle à son secours, ce sont ses frères de la grande famille humaine !

— Mon fils, — dit Salaün Lebrenn à Nominoë, — tu es bien jeune encore, nous vivons en de malheureux temps : tu devras sans doute prendre part à des luttes aussi pénibles que celles où nos pères ont été, à travers les âges, tour à tour victorieux et vaincus ; n'oublie jamais ces nobles paroles de l'un des plus grands citoyens dont puisse s'honorer un peuple républicain. Les rois sont hors de la loi, hors du droit commun !

— Mon père ! — répondit Nominoë d'un ton ému et pénétré, — les paroles que j'entends ici resteront à jamais gravées dans ma mémoire, de même que restera toujours présent à ma pensée le souvenir de l'homme illustre que j'ai le bonheur de contempler aujourd'hui. Je voue à la tyrannie, à la royauté, une haine éternelle !

Et le jeune marin ajouta, répondant à un mouvement de Jean de Witt, qui parut embarrassé de la crudité d'une louange où il voyait de l'exagération.

— Ah ! monsieur ! votre esprit est trop élevé, votre expérience des hommes trop sûre, pour confondre avec une basse flatterie le sincère enthousiasme que l'on éprouve à mon âge pour le génie et la vertu ! Mon Dieu ! si vous saviez avec qu'elle avidité j'écoutais notre ami, M. Serdan, lorsqu'il nous racontait la simplicité de votre vie, consacrée depuis tant d'années au service de la République, à la défense de ses droits, au progrès de sa puissance, à l'affermissement de ses libertés !... Si vous saviez combien est doux, combien est salutaire à l'âme le culte religieux que l'on voue aux hommes de bien ! combien cette admiration est féconde en généreux désirs, en vaillantes résolutions ; combien elle redouble en nous l'amour du juste, l'horreur de l'iniquité ! Ah ! monsieur de Witt, si mon admiration blesse votre modestie, laissez-moi du moins vous exprimer ma reconnaissance pour les nobles pensées que vous m'avez inspirées, pour le bien que vous m'avez fait, —

Supplice de Corneille de Witt (page 501)

ajouta Nominoë si ému, que ses yeux se remplirent de larmes.

— A Dieu ne plaise, mon enfant, que je mette en doute votre sincérité ! — répondit Jean de Witt, touché du langage de Nominoë. — Oui, — ajouta-t-il, tendant avec cordialité la main au jeune marin, — oui, vous dites vrai, l'admiration, sinon pour les hommes, du moins pour les principes qu'ils représentent, est salutaire, est féconde ! ce noble sentiment, vous l'exprimez en de tels termes, que je ne puis que féliciter votre père d'avoir un fils tel que vous. Conservez cette haine vigoureuse contre toutes les tyrannies.

Nominoë, dans un élan d'enthousiasme involontaire, au lieu de serrer la main que Jean de Witt lui présentait, s'inclina et l'approcha de ses lèvres par un mouvement de vénération presque filiale, si naturel, si touchant, que son père, M. Serdan et Jean de Witt, sentirent redoubler leur émotion.

Salaün Lebrenn, le regard humide, dit alors au grand pensionnaire de Hollande avec une expansion de bonheur ineffable : — Oui, monsieur, je suis un heureux père.

— Maintenant, mon ami, — reprit Serdan, s'adressant au grand pensionnaire de Hollande, — si vous aviez pu douter de la sûreté des renseignements que vous a transmis M. Lebrenn sur l'état des esprits en Bretagne, la valeur morale de mon digne ami et de son fils vous donnerait en eux et en leurs dires toute créance, je l'espère du moins.

— La droiture de l'esprit, l'élévation de l'âme, doivent en effet inspirer toute créance, — reprit Jean de Witt, — aussi j'écoute avec intérêt tout ce que peut avoir à m'apprendre votre ami sur l'état des affaires politiques de votre pays.

164e livraison

— Voici, monsieur, l'état au vrai des opinions en Bretagne, — répondit Salaün Lebrenn ; — une fraction notable de la bourgeoisie de Rennes et de Nantes appartenant à la religion réformée inclinerait à une République fédérative selon la tradition protestante du siècle dernier ; la majorité des membres du Parlement, de la magistrature et une fraction de la bourgeoisie, quoique en exécrant Louis XIV, tient cependant à la forme du gouvernement monarchique, mais voudrait le subordonner aux pouvoirs des Etats-généraux, dont la souveraineté a été proclamée au quatorzième siècle par *Etienne Marcel!* Cette fraction voudrait réduire les rois aux fonctions d'agents exécutifs des assemblées nationales. La noblesse des villes et des seigneuries est royaliste, mais peu nombreuse. Quant au peuple des villes, vous savez, monsieur, dans quel abaissement, dans quelle ignorance calculée on le tient ; écrasé de taxes, il se rebellera contre la misère et les gens du fisc plutôt que contre le roi ou la forme du gouvernement ! La population des campagnes, presque toute vassale, exploitée, opprimée par le clergé, les seigneurs, les gens des gabelles et les gens de guerre, poussée à bout par l'excès de ses misères, se révoltera contre la souffrance, contre ses seigneurs, contre les prêtres, les gabeleurs et les soldats, mais demeurera non moins insoucieuse de la forme du gouvernement que le peuple des villes. Ainsi, vous le voyez, monsieur de Witt, je ne me fais guère d'illusion. Autant je suis certain de l'explosion prochaine d'un soulèvement en Bretagne, autant je suis incertain des conséquences de ce soulèvement ; sans doute, le gouvernement républicain, à qui vos provinces ont dû tant de puissance, de prospérité, de grandeur, est à mon sens l'idéal du gouvernement, mais je n'espère pas le voir prévaloir dans mon pays en ces temps-ci. Enfin, je dirai plus, il se peut, il est presque probable que si l'insurrection triomphe, et que la Bretagne reconquière par les armes sa liberté, ses franchises, ce triomphe sera compromis dès le lendemain et elle perdra presque tous les fruits de sa victoire par le défaut de concert, d'unité de vues, d'abnégation ou d'intelligence de ceux-là qui auront engagé la lutte ! Néanmoins l'insurrection de la Bretagne aura des conséquences favorables au progrès de l'humanité ; le roi, la noblesse, le clergé, effrayés de la violence de ce mouvement populaire, seront contraints, par la crainte de nouvelles représailles, d'alléger le joug qu'ils font peser sur les peuples. Cet allégement est une conquête modeste, mais assurée. L'expérience justifiera mes paroles ; ma conviction à ce sujet est telle, que je n'hésiterai pas, non plus que mon fils, à prendre part à une lutte dont lui et moi serons peut-être les premières victimes, ainsi que plusieurs de nos ancêtres qui sont morts pour la même cause ! Mais qu'importe ? un grand pas sera fait vers le jour de la délivrance. Voilà pourquoi, monsieur Jean de Witt, je viens, au nom des mécontents de Bretagne, vous demander l'appui moral et matériel de la République des Provinces-Unies, afin de combattre l'exécrable Louis XIV, notre ennemi et le vôtre !

— Mon ami, reprit Jean de Witt, après avoir attentivement écouté Salaün Lebrenn, — l'an passé, à peu près à cette époque, notre ami Serdan venait de parcourir la France, et, de son côté, M. Roux de Marcilly, capitaine huguenot, homme actif, observateur, comptant de nombreux amis parmi les membres indépendants de la Chambre des communes d'Angleterre, opposés à l'alliance française, avait vu poindre, ainsi que notre ami, les germes de ce soulèvement, imminent aujourd'hui ; tous deux me demandaient alors si, le cas échéant, ce soulèvement aurait l'appui de la République...

— Vous m'avez répondu négativement, — interrompit M. Serdan, — parce que, disiez-vous, la République était liée au gouvernement de Louis XIV par un traité conclu en des temps où rien ne donnait à croire que ce prince deviendrait l'oppresseur de ses peuples. Je vous ai prédit que cette alliance, observée par vous, serait au premier jour foulée aux pieds par Louis XIV... Les événements n'ont-ils pas confirmé mes prévisions !

— Il est vrai... mais j'aurais regardé comme un crime de prévenir une trahison par une trahison !... Aujourd'hui, la situation est changée... Louis XIV, au mépris de son serment de renonciation, juré lors de son mariage avec l'infante d'Espagne, a envahi les Flandres, brisé sans motif notre alliance, en nous déclarant la guerre sans l'ombre d'un prétexte et en soudoyant l'Angleterre ; la République se trouve dans le cas de légitime défense et ferait à la fois un acte généreux et politique en prêtant son concours aux populations opprimées. L'on suscitera de la sorte de dangereuses hostilités à Louis XIV dans l'intérieur de son royaume, et, de plus, nous aiderons le peuple de la France, sinon à briser son joug, du moins à l'alléger. Je vous promets donc d'engager formellement mes amis de l'Assemblée des Etats à prêter l'appui moral et matériel de la République au peuple de France... s'il se soulève contre Louis XIV, j'espère les décider à vous fournir des armes et de l'argent.

— Oh ! mon père ! — s'écria Nominoë avec l'ardeur enthousiaste et la présomptueuse confiance du jeune âge, — nous porterons un coup mortel au despotisme !... la République est avec nous !... Commune et Fédération !

Salaün Lebrenn, sans partager l'espoir de

son fils, dit à Jean de Witt, d'un ton pénétré :

— Au nom de tant d'opprimés qui verront, sinon le terme, du moins l'allègement de leurs misères, soyez béni, monsieur, soyez glorifié ! Vous vous montrez une fois de plus fidèle aux principes de votre vie entière... Notre succès dépassera peut-être mes prévisions, grâce à l'appui de la République ; cet appui moral et matériel, à cette heure, nous est acquis... votre puissante influence, en votre qualité de grand pensionnaire de Hollande, sera déterminante, décisive sur l'Assemblée des Etats.

— Pardonnez-moi, monsieur, de vous interrompre... Je ne suis plus grand pensionnaire de Hollande...

Serdan, Salaün Lebrenn et Nominoë se regardèrent, saisis de surprise ; ils restèrent un moment silencieux. Serdan reprit le premier la parole et s'écria : — Quoi, mon ami ! ce que vous nous apprenez là est-il possible ?... Vous avez résigné vos hautes fonctions ?

— Lorsque vous êtes entré, ainsi que ces messieurs, j'achevais d'écrire cette lettre à l'amiral Ruyter. — Et Jean de Witt montra du geste la lettre placée sur la table. — J'instruisais l'amiral de ma démission des fonctions de grand pensionnaire de Hollande... Néanmoins, l'entretien que je devais avoir avec vous et M. Lebrenn était d'une telle importance, que bien que n'occupant plus les fonctions dont j'étais revêtu, j'ai trouvé opportun de conférer avec vous, afin de pouvoir, au besoin, vous assurer mon concours comme membre de l'Assemblée des Etats, où je compte de nombreux amis. Mon appui vous est garanti.

— Ah ! monsieur, — dit tristement Salaün Lebrenn, — si j'en crois mes pressentiments, votre retraite sera funeste à la sainte cause de la liberté ! Votre retraite est un désastre public.

— Mais de votre démission, quelle est la cause ? — reprit Serdan. — Quoi ! Jean ! l'Etat est en péril... et vous résignez les hautes fonctions dont vous êtes revêtu ?

— Mon ami, loin de servir la République, ma présence aux affaires lui serait fatale... Soyez sincère, — reprit Jean de Witt. — Vous êtes depuis peu de jours de retour à La Haye ; mais le changement profond de l'esprit public à mon égard n'a pu échapper à votre pénétration habituelle... Répondez-moi et soyez sincère, — quelle opinion le peuple a-t-il aujourd'hui de moi ?

Eh bien !... je l'avoue, votre popularité, naguère immense, a subi quelque atteinte... mais elle est encore puissante...

— Vous vous abusez, mon ami... ma popularité est complètement perdue... Il y a un mois, lorsque la Providence m'a arraché à une mort presque certaine, ceux-là qui, naguère, auraient maudit mes assassins, ont vu dans ce crime un châtiment providentiel... J'étais un traître... et

la main de Dieu me frappait !... Ces accusations de trahison ont déchaîné la haine publique contre nous... Dernièrement, à Dordrecht, la maison de mon père a été dévastée par une foule furieuse, et mon frère... mon frère ! l'un des plus vertueux citoyens de la République, est, à cette heure, prisonnier, détenu comme assassin, sur l'unique déposition d'un misérable flétri par une peine infamante !... J'espère cependant que malgré l'acharnement de nos ennemis, l'innocence de mon frère triomphera d'une abominable calomnie.

Cette confiance de Jean de Witt dans l'heureuse issue du procès intenté à son frère navra le cœur de Serdan, lui rappela les alarmes qu'une heure auparavant M. de Tilly lui avait témoignées au sujet du sort de Corneille de Witt ; aussi, conservant encore quelque espoir, Serdan ne se sentit pas le courage de troubler la sécurité de l'ex-grand pensionnaire de Hollande. La douloureuse émotion de Nominoë allait croissant depuis quelques moments ; soudain, les yeux humides, et s'adressant à Salaün Lebrenn :

— MM. de Witt accusés d'être traîtres à la République ! Mon Dieu ! c'est à désespérer de l'humanité ! Oh ! peuple aveugle, stupide ou cruel ! seras-tu toujours l'ennemi de tes plus généreux défenseurs ; les laisseras-tu toujours traîner aux gémonies !

— Mon enfant, il ne faut jamais désespérer de l'humanité ; il ne faut jamais flatter le peuple... c'est l'avilir et s'avilir soi-même... Il faut blâmer ses erreurs, mais les excuser... lorsquelles sont excusables, — reprit Jean de Witt, s'adressant à Nominoë avec un accent d'affectueux reproche. — Le peuple croit à ma trahison. Je déplore, je plains son aveuglement plus encore que je ne le condamne ; car il est excusable... par son ignorance.

Nominoë, son père et Serdan regardèrent Jean de Witt avec une extrême surprise, et le jeune marin reprit :

— Quoi ! monsieur, le peuple est excusable de vous accuser de trahison ?... Ne doit-il pas vous juger par vos actes !...

— Et si mes actes aujourd'hui semblent se tourner contre moi de la manière la plus accablante, ceci n'explique-t-il pas l'aveuglement du peuple à mon égard ?...

Et Jean de Witt, répondant à un regard interrogatif de Nominoë, ajouta : — Tenez, mon enfant, la leçon est grave et instructive... écoutez-moi... Mes amis, mon frère et moi (l'on nous désigne sous le nom du *parti français*), nous avons, il y a dix ans de cela, en 1662, usé de toute notre influence sur l'Assemblée des Etats pour engager la République dans une étroite alliance avec la France, selon nous, notre alliée naturelle. Louis XIV était très jeune alors, et s'il montrait certains défauts de la jeunesse, je devais le croire doué également des qualités qu'elle comporte ; la droiture, la générosité, la foi du serment ! Ce roi s'était engagé, en cas de guerre, à assister la République contre l'Angleterre et à respecter le territoire des Flandres espagnoles, d'après l'acte de renonciation inséré au traité des Pyrénées... Qu'arriva-t-il ? La prospérité croissante de notre commerce, qui s'étend d'un bout à l'autre du monde, notre prépondérance maritime, nos richesses, éveillèrent la jalousie et la cupidité de nos voisins... puis l'existence de notre République, de plus en plus florissante, semblait à Louis XIV un funeste exemple pour ses peuples. Aussi, plus tard, soudoyant l'Angleterre, il la pousse à nous déclarer la guerre ; et loin de tenir la foi jurée, de nous assister de ses flottes, il ne nous envoie pas un vaisseau... non, je me trompe... il nous en envoie un seul... *un brûlot*, et nous laisse isolés aux prises avec les Anglais. Enfin, Louis XIV, levant le masque, nous déclare la guerre de concert avec l'Angleterre.

Et répondant à un mouvement d'indignation de Nominoë, Jean de Witt ajouta : — Je vous disais tout à l'heure, mon enfant : Le peuple a tort de croire à ma trahison ; mais cette erreur est excusable... mes actes semblent me condamner... Lorsque la République m'a vu, moi, mon frère et mes amis, user de tout notre pouvoir pour la décider à s'allier avec Louis XIV, nous offrant comme garants de la bonne foi et des promesses de ce prince, la République a eu confiance en nous, l'alliance a été conclue... Et aujourd'hui, nous subissons les conséquences de la trahison de Louis XIV.

Mais quelle que soit l'iniquité dont je vous parais être victime, ne me plaignez pas ; ma conscience est pure, j'ai la conviction d'avoir vécu en honnête homme, en bon citoyen... Dieu me rappellerait à lui demain, que j'irais, l'âme sereine, attendre son jugement... Telle est, mon enfant, la moralité de cette leçon...

Au moment où Jean de Witt prononçait ces derniers mots, écoutés par Nominoë avec un profond recueillement, M. de Tilly entre précipitamment chez l'ex-grand pensionnaire de Hollande.

M. de Tilly, revêtu de son uniforme, portait les signes distinctifs du commandement, le hausse-col et l'écharpe ; il était très pâle et tellement ému, que, frappé de l'altération de ses traits, Jean de Witt lui dit avec inquiétude :

— Mon ami, avez-vous donc à m'annoncer un malheur public !

— Un grand malheur ! — reprit M. de Tilly d'une voix brisée, — un irréparable malheur !

— De quoi s'agit-il ? — répondit Jean de Witt. Quelle affreuse nouvelle m'apprendrez-vous ?

Et désignant du regard à M. de Tilly Salaün Lebrenn et son fils :

— Ces messieurs sont compatriotes de Serdan... vous pouvez parler devant eux en toute sécurité.

— Mon ami, — dit M. de Tilly dominant à peine son trouble, — il faut quitter La Haye aujourd'hui... il faut vous embarquer, avant une heure, s'il se peut... il faut fuir !...

— Fuir ! — s'écria Jean de Witt avec stupeur, — fuir comme un criminel !... Et pourquoi quitterais-je La Haye ?...

— Votre départ est indispensable... partez ! je vous en adjure, au nom de votre femme et de vos filles, partez !...

— Tilly, — reprit Jean de Witt, — j'ai quelque force d'âme ; que je sache au moins la cause de vos alarmes !

— Oui, votre âme est forte... oui, vous supportez les coups du sort avec la sérénité de l'homme de bien... mais votre âme, si forte, est aussi d'une tendresse ineffable pour les objets de votre affection... vous ressentez vivement ce qui les frappe, et...

— Mon frère ! — s'écria Jean de Witt, pâlissant à son tour et interrompant M. de Tilly, — il s'agit de mon frère !

— Ne m'interrogez pas... embrassez votre femme, vos enfants... et quittez La Haye sur-le-champ... vous ne devez pas hésiter un instant.

— Mais mon frère... mon cher et bon frère... que lui est-il arrivé ?...

— Au nom du ciel, ne m'interrogez pas, et partez... dans quelques minutes il serait trop tard.

Jean de Witt tressaillit, essuya du revers de sa main son front baigné de sueur ; puis, surmontant son émotion, il s'inclina devant Salaün Lebrenn et son fils, leur disant d'une voix ferme : — Excusez-moi, messieurs, si je vous quitte ; je ne saurais rester plus longtemps dans la pénible indécision où je suis sur le sort de mon frère... Je cours à la châtellenie, où il est détenu prisonnier.

— Jean ! — vous n'irez pas !... — s'écria M. de Tilly en se jetant au devant du grand pensionnaire de Hollande qui se dirigeait vers la porte, — non, de par Dieu ! vous n'irez pas à la châtellenie !... Je vais tout vous apprendre...

— Ils l'ont tué ! — s'écria Jean de Witt d'une voix déchirante. — Misère de moi ! ils l'ont tué !

— Non ! — reprit M. de Tilly accablé, non, — je vous le jure, Corneille de Witt n'est pas mort !...

Cette assurance calma ce qu'il y avait eu de plus affreux dans les angoisses de Jean de Witt ; mais, encore sous le coup de cette terrible appréhension, il sentit ses genoux fléchir et s'appuya sur le rebord de la table sans pouvoir articuler un mot. Salaün Lebrenn et son fils, consternés, pressentant quelque grand malheur, regardaient M. de Tilly avec une curiosité inquiète, tandis que Serdan lui disait à voix basse : — Hélas ! tout à l'heure encore, Jean de Witt paraissait rassuré sur l'issue de l'accusation qui pèse sur son frère... Je n'ai pas osé lui apprendre les craintes dont ce matin vous m'aviez fait part...

Serdan s'interrompit entendant Jean de Witt dire à M. de Tilly d'une voix assurée : — Pardon de ma faiblesse, mon ami... mais il est des coups imprévus qui vous surprennent et vous brisent... Mon frère, grâce à Dieu, vit encore... Parlez, je vous écoute...

— J'étais, ce matin encore, persuadé, ainsi que vous, du néant de l'accusation portée contre Corneille, lorsque je rencontrai un officier de la milice bourgeoise de garde à la prison ; il est des nôtres, et m'affirma que l'exaspération du peuple contre vous, contre votre frère et le *parti français*, que l'on rend solidaire des férocités commises par les troupes de Louis XIV, devenait si menaçante, que le tribunal chargé de juger Corneille de Witt, et d'ailleurs composé d'orangistes exaltés, s'était décidé, afin de satisfaire aux aveugles ressentiments de la foule... s'était décidé, — reprit M. de Tilly en frissonnant, — de soumettre votre frère et le torture, pour lui arracher l'aveu de son crime... Cette atrocité a été commise !

— Grands dieux ! — s'écria Jean de Witt levant les mains et les yeux au ciel, — quelle affreuse nouvelle !...

Serdan, Salaün Lebrenn et son fils ne purent contenir un cri d'indignation et d'horreur.

— Mais mon frère ! — s'écria Jean de Witt avec désespoir, — il expire peut-être des suites de cette torture !

— Malgré les souffrances qu'il a endurées, sa vie est sauve ! — reprit M. de Tilly ; — je vous le jure !

— Les infâmes ! ils ont pu croire que la torture arracherait à un Witt l'aveu du crime qu'il n'a pas commis ! — dit d'une voix étouffée le grand pensionnaire de Hollande. — Mon frère a dû supporter la torture avec un calme héroïque... — Achevez votre récit, mon ami, je me sens assez de force pour vous écouter.

— Je tiens ces faits du greffier qui assistait à cette horrible scène, — reprit M. de Tilly. — On a lié Corneille sur une table, ses mains ont été placées par le bourreau entre deux planchettes garnies de lames de plomb ; une vis de pression pouvait les serrer jusqu'à briser les os du patient...

— Ah ! — s'écria Serdan avec horreur, — ces détails sont épouvantables...

— Tilly, — reprit Jean de Witt d'un ton ferme, — ne me cachez rien ; je veux tout savoir. Oh ! mon frère, pauvre chère victime !

— Pendant les préparatifs de la torture, la figure de Corneille était pâle, impassible. L'un des juges s'est approché de lui : « Ne voulez-vous donc rien confesser ? a-t-il demandé à votre frère. — Je n'ai rien à confesser, a-t-il répondu. — Ainsi, vous persistez à soutenir que vous n'avez pas conçu le dessein de faire assassiner M. le prince d'Orange ? — Monsieur, a répondu Corneille, si j'avais voulu assassiner M. le prince d'Orange, je n'aurais pas employé le bras d'un autre. — Accusé, reprit le juge, la torture peut vous faire avouer ce que vous refusez de dire. — Monsieur, vous me couperiez en morceaux, que je ne pourrais confesser un acte auquel je n'ai jamais pensé. — Ainsi, vous niez ? — Je nie. » Le bourreau, à un signe du juge, fait jouer la vis de pression, les planchettes se resserrent, écrasant entre elles les mains de Corneille. La souffrance est horrible ; il reste toujours impassible et muet ; mais soudain, une explosion de cris, poussés par le peuple rassemblé sous la tourelle de la prison, arrivent jusqu'aux oreilles de votre frère. Il entend ces imprécations : « Mort au parti français ! — Mort aux complices de Louis XIV ! — Mort aux Witt ! » — A ces cris, — me dit le greffier, — Corneille redresse la tête, élève vers la voûte de la prison son regard inspiré ; ses traits se transfigurent, resplendissent de sérénité ; un sourire divin effleure ses lèvres, sa force d'âme domine la torture du corps, et, pendant que la foule redouble au dehors ses cris de mort, Corneille, d'une voix mâle et vibrante, récite ces vers d'Horace :

« La fureur d'un peuple injuste, les menaces d'un souverain qui n'agit que par caprice, les plus cruels tourments sont incapables d'ébranler la fermeté de l'homme dont la conscience est irréprochable. »

— Oh ! mon noble frère ! — s'écria Jean de Witt, interrompant le silence d'admiration qui avait succédé au récit de M. de Tilly, — tu le disais souvent : « La ténébreuse iniquité des méchants fait rayonner plus vivement encore les vertus du juste ! »

— Oui ! — reprit M. de Tilly, — et à ce moment même ces belles paroles se sont justifiées, car le bourreau, les juges, saisis de respect pour la grandeur d'âme de Corneille de Witt, se regardent avec une sorte d'épouvante, comme si l'absurdité de ce procès odieux se manifestait à leurs yeux. Ils songent enfin que, sur l'accusation d'un misérable noté d'infamie, ils font torturer l'un des plus grands citoyens de la République, l'un des vainqueurs de Chatam et de Sol-Bay ! Le juge, plus pâle que le patient, fit aussitôt cesser la torture, me dit le greffier. Puis, s'adressant à Corneille d'une voix tremblante : « Ainsi, monsieur, vous ne voulez rien confesser ? — Épargnez-moi ces instances, — a répondu Corneille ; — vous pouvez faire continuer la torture ; mon corps est à vous... » — Les juges, reculant devant une nouvelle barbarie, ordonnèrent aux tourmenteurs de délier la victime. Votre frère fut reconduit dans sa prison, où le greffier des Etats vint lui signifier la sentence portée contre lui, et dont voici copie :

« La cour de Hollande, ayant vu et examiné les documents qui lui ont été délivrés par le procureur général de la Cour, contre et à la charge de maître Corneille de Witt, ancien bourgmestre de Dordrecht et ruart du pays de Putten, présentement prisonnier à la prison de ladite Cour, comme aussi son examen, ses confrontations, et ce qui a été dit par lui-même, déclare le prisonnier déchu de toutes ses charges et dignités, le bannit hors de la province de Hollande, sans pouvoir y jamais rentrer, sous peine d'une punition plus sévère, et le condamne aux frais de la justice. »

— Mais cet arrêt même prouve l'innocence de Corneille de Witt ! — s'écria Salaün Lebrenn ; — les juges, quoique dévoués au parti orangiste, ont reculé devant leur propre iniquité ! Ils n'ont pas seulement osé mentionner dans la sentence le crime de l'accusé ! alors que ce crime, s'il est avéré, emporte la peine capitale ! Oh ! les misérables, les infâmes.

— Rien de plus juste que votre observation, — reprit M. de Tilly. — Aussi, après avoir écouté la lecture de l'arrêt, Corneille de Witt dit au greffier : « Monsieur, si je suis assassin, je mérite la mort ; si je suis innocent, je dois être mis en liberté, et mon accusateur puni ; j'appelle de cette sentence au grand conseil. — En ce cas, monsieur, répond le greffier, veuillez formuler votre opposition au bas de cet arrêt et la signer. » Corneille de Witt sourit amèrement, et montrant ses mains mutilées par la torture et enveloppées de bandages sanglants : « Je ne saurais écrire, monsieur. Je vais vous dicter mon opposition à la sentence. Et Corneille a formulé l'opposition d'appel terminée par ces mots : « Il faut qu'à la face des hommes et de Dieu je sois déclaré assassin ou innocent. La mort ou la liberté. »

— Ah ! s'écria Jean de Witt, — j'emploierai tout ce qui me reste de force, de vie, à poursuivre, à obtenir la réhabilitation de mon frère ! A cette tâche je ne faillirai pas !

— Comprenez-vous maintenant, dit M. de Tilly, pourquoi vous vous perdriez sans utilité pour votre frère, en vous rendant à cette heure à sa prison ?... Les agents du prince d'Orange ont eu bientôt répandu dans la foule la nouvelle du bannissement de Corneille de Witt, en s'indignant qu'il ne fût pas condamné à la peine capitale. Ces propos ont augmenté l'exaspération du peuple, redoublé ses appétits de vengeance ; il a menacé d'enfoncer les portes de la prison,

pour en arracher votre frère et en faire justice. Averti en hâte par le greffier, j'ai fait monter à cheval la cavalerie de La Haye. Elle est rangée en bataille devant la châtellenie ; nos cavaliers ne sont pas orangistes, vous le savez, la prison ne sera donc pas forcée tant qu'ils pourront conserver ce poste. Ainsi vous devez être, quant à présent, rassuré sur le sort de Corneille. Je vous en adjure, mon ami ! renoncez au projet de vous rendre à la prison. Vous êtes connu de toute la ville, et la traverser en ce moment d'effervescence, c'est braver inutilement le plus grand péril. Songez à votre chère famille.

— Jean, — ajouta Serdan, — nous vous en conjurons, fuyez au plus tôt ; qui sait si votre maison ne sera pas envahie tout à l'heure peut-être par ces furieux, comme l'a été à Dordrecht la maison de votre père ?

— Conservez-vous pour votre frère, monsieur de Witt, — reprit Salaün Lebrenn, quittez La Haye.

— Vivez pour ce peuple plus aveugle qu'ingrat ! Peut-être un jour il vous suppliera de sauver la République ! — dit Nominoë, les yeux baignés de larmes, voyant Jean de Witt accueillir les instances de ses amis avec une muette impatience, trahissant sa résolution de se rendre auprès de son frère.

Aussi, M. de Tilly, tentant un dernier effort, s'écrie :

— Voulez-vous donc, non seulement risquer votre vie, mais aussi celle de Corneille, en allant le rejoindre ?

Et M. de Tilly, répondant à un mouvement de Jean de Witt, ajouta : — Cela est horrible à dire, mais le premier sang versé le peuple le jette dans une farouche ivresse ; la haine de ces furieux, loin de s'apaiser par votre mort, deviendra telle qu'il sera sans doute impossible de les contenir davantage. Ils forceront les portes de la prison et votre frère sera égorgé...

— Oh ! assez, mon ami ! dit Jean de Witt, frémissant et ébranlé par les instances de ses amis. Il semblait hésiter à donner suite à ses projets lorsqu'il vit entrer madame de Witt.

— Mon ami, — dit-elle à son mari, en lui remettant un papier qu'elle tenait à la main, — l'un des gardiens de la prison vient d'apporter pour vous cette lettre de notre frère Corneille. Elle est très urgente, affirme cet homme ; il attend votre réponse. Il règne, dit-il, quelque émotion dans La Haye, et dans le cas où vous voudriez vous rendre à la châtellenie, il offre de vous y conduire par la ruelle fermée de Borlek et par le passage du Vivier, dont il a la clé ; seulement il prétend qu'il faut vous hâter.

Jean de Witt prit vivement la missive, la parcourut et s'écria : — Mon frère m'écrit qu'il désire me voir à l'instant.

— C'est un piège — dit soudain Serdan, —

vous oubliez que Corneille est incapable d'écrire! Crime et trahison.

— Pourquoi donc serait-il incapable d'écrire? — demanda Mᵐᵉ de Witt, ignorant que son beau-frère avait eu les mains brisées par la torture.

Un silence embarrassé succéda d'abord à la question de Mᵐᵉ de Witt, et M. de Tilly reprit aussitôt :

— Madame, en ce moment, votre beau-frère souffre d'un abcès au doigt, et il lui serait difficile de tenir une plume.

— Marie, mon manteau, mon épée, mes gants, je vous prie, — dit Jean de Witt à sa femme.

Celle-ci sortit afin d'aller quérir ce que lui demandait son mari. A peine fut-elle éloignée, que MM. de Tilly, Serdan, Salaün Lebrenn et son fils s'écrièrent d'une voix alarmée : Renoncez à ce projet! N'allez pas à la prison! — C'est aller à la mort!

— Cette lettre est fausse! — s'écrie Serdan, — l'on vous tend un piège dont le geôlier est complice.

— D'abord, écoutez ce que me mande Corneille, — dit Jean de Witt à ses amis, et il lut : « Cher frère, je suis obligé d'emprunter une main étrangère pour vous écrire. Je vous en adjure, venez à l'instant près de moi à la châtellenie, votre présence est indispensable. L'un des geôliers m'est dévoué ; il vous guidera par un chemin détourné où vous ne rencontrerez personne. Venez, venez. »

— Trahison ! — répéta Serdan, — je vous répète que l'on veut vous attirer dans un piège, un guet-apens !

— Corneille a entendu de sa prison les cris de mort proférés contre lui, contre vous, — ajouta M. de Tilly; — à chaque instant on craint que le peuple furieux n'envahisse la prison, et votre frère vous appellerait en ce moment près de lui ! Non, non ; on vous tend un piège ! c'est une trahison !

— Et si cette lettre a été dictée véritablement par mon frère ! — s'écria Jean de Witt, interrompant M. de Tilly ; si, mourant des suites de la torture, Corneille veut expirer entre mes bras ! S'il attend ma présence comme une consolation suprême ! J'hésiterais devant un devoir sacré ! Non, jamais !

— Jean de Witt venait de prononcer ces mots, lorsque Mᵐᵉ de Witt revint accompagnée de ses deux filles, Agnès et Marie, l'une âgée de treize ans, l'autre de quinze ans ; elles apportaient le manteau et l'épée de leur père. Leurs physionomies candides et riantes offraient un si poignant contraste avec les dangers dont était menacé leur père, que les témoins de cette scène sentirent leurs cœurs navrés.

— Père, dit Marie, en donnant à Jean de Witt son manteau et l'aidant à l'ajuster, — puisque tu vas voir notre cher oncle dans cette maudite prison dont il va sans doute sortir, dis-lui que bien qu'éloigné, il était toujours présent parmi nous, grâce à nos souvenirs.

— Fais mieux encore, père, — dit gaiement Agnès en remettant à son père son épée, — ramène-nous tantôt ce cher oncle. En attendant son retour, tu lui donneras pour moi ce bon baiser...

— Et pour moi celui-là, — ajouta Marie en embrassant à son tour son père.

Jean de Witt, par un effort surhumain, domina son trouble, répondit aux caresses de ses enfants avec une tendre effusion et couvrit de caresses leurs jeunes fronts. Puis, s'adressant à sa femme : — Adieu, fidèle amie, vaillante compagne des mauvais jours, adieu !... J'espère bientôt vous rapporter de meilleures nouvelles de mon frère... — Puis il sortit brusquement, suivi de M. de Tilly, de Salaün Lebrenn et de son fils.

— Le sort en est jeté, — dit à demi-voix M. de Tilly à ses amis, tandis que Jean de Witt descendait l'escalier de sa demeure. — Suivez-le, veillez sur lui... Mon cheval m'attend près d'ici ; je vais rejoindre ma compagnie... nous défendrons de notre mieux les abords de la prison...

— Comptez sur nous, — répondit Serdan. — Ce que trois hommes déterminés peuvent faire, nous le ferons... Puissions-nous sauver Jean de Witt ! et, avec lui, sauver la République !

. . . .

Non loin du palais où s'assemblaient les Etats-généraux de la République des Sept-Provinces s'élevait un vaste bâtiment noirci par les années, flanqué de tourelles et percé d'étroites fenêtres garnies de barreaux de fer. Cette ancienne châtellenie servait alors de lieu de détention. Sa façade principale, percée d'une porte ogivale, à laquelle conduisait un perron de quelques degrés, était séparée de la place de Buytenoff par une grille fermée, devant laquelle se tenaient, rangés en bataille, les cavaliers de M. de Tilly. Ces cavaliers avaient, jusqu'à ce moment, par leur sang-froid et leur force d'inertie, empêché la foule réunie sur la place de forcer la grille de la prison où se trouvait Corneille de Witt. Les rassemblements tumultueux qui proféraient naguère des cris furieux, des menaces de mort contre le *parti français*, se pressaient alors, silencieux, attentifs, autour de plusieurs citoyens de La Haye qui, montés sur les bornes, sur des perrons ou sur des chariots, lisaient et commentaient, au milieu de groupes nombreux, des lettres récemment arrivées des provinces envahies par les armées de Louis XIV. Parmi ces fougueux orateurs, l'on remarquait un riche orfèvre de La Haye, nommé Henri Weroëff, jusqu'alors l'un des membres les plus actifs du parti français ; aussi, lorsque, s'élançant sur un chariot dételé, il annonça qu'il allait prendre à son tour la parole, des huées formidables étouffèrent sa voix. Il tenait une lettre à la main ; d'un geste suppliant il réclama le silence et s'écria : — Mes amis, trompé, abusé, comme tant d'autres, j'ai appartenu jusqu'ici au parti français... mais je viens faire amende honorable, et déclarer à la face du ciel et des hommes que les frères de Witt, chefs de ce parti, méritent l'exécration publique... Complices ou dupes de Louis XIV, ils sont responsables des horreurs que les troupes de ce roi commettent dans nos provinces !... Écoutez la lecture de cette lettre que j'ai reçue ce matin de l'un de mes parents, habitant Bodegrave... « Mon cher ami, je vous écris en hâte ; je dois la vie à un hasard miraculeux. Nos deux bourgs de Swamerdam et de Bodegrave, composés de six cents maisons chacun, viennent d'être réduits en cendres par les armées du roi de France, hormis une seule maison que le hasard a sauvée de l'incendie. Les soldats se sont surtout acharnés à la destruction des temples protestants, aucun n'a été épargné ; les écoles, la maison de ville où se rendait la justice, ont été livrées aux flammes. Les soldats, pour accomplir cette œuvre exécrable, s'étaient munis à Utrecht de torches et de matières combustibles. Voici ce que j'ai vu... On enfermait le père, la mère, les enfants dans leur maison, et ensuite on y mettait le feu... Ceux qui tentaient d'échapper aux flammes étaient massacrés par les soldats ou transpercés à coups de piques... »

Une explosion de cris furieux, soulevés par l'indignation, interrompit Weroëff, et un boucher de taille herculéenne, à cheveux et à barbe rouges, les yeux injectés de sang, la figure blême de rage, s'élança sur l'avant-train du char où se tenait l'orfèvre, et de sa voix de stentor, dominant le tumulte : — La lettre dit vrai ! Ma sœur habite Swamerdam... ses deux enfants ont été brûlés dans son logis... elle a été violée, puis massacrée par les soldats royaux !...

Puis, tirant de sa ceinture son long couteau, il le brandit en s'écriant : — Massacre et tuerie ! à défaut du roi de France, je saignerai ses bons amis en Hollande !

— A mort les Witt ! à mort les complices de Louis XIV ! — répondit la foule, dont l'exaspération devenait inexprimable. — Mort aux traîtres ! — Que le sang qui a coulé retombe sur eux !

Le silence s'étant peu à peu rétabli, l'orfèvre poursuivit ainsi : « Hier, lorsqu'après le départ de l'ennemi, nous sommes rentrés dans nos bourgs et que l'on a pu remuer les cendres des maisons, l'on a trouvé partout des corps consumés, des enfants à demi brûlés dans les bras de leurs mères... Des actes de férocité inouïe ont été froidement commis par les soldats de Louis XIV ! Une femme aveugle et décrépite, objet de compassion, fut tuée en présence de ses quatre enfants et, comme eux, jetée dans les flammes. On a trouvé d'autres enfants horriblement mutilés. Les soldats se faisaient un cruel plaisir de leur couper les membres ; d'autres les lançaient en l'air et les recevaient sur les pointes de leurs baïonnettes ! »

— Des enfants ! de pauvres enfants !... massacre et tuerie ! et ces atrocités ne seront pas vengées ! — cria le boucher dont la voix s'éleva au milieu du premier moment de silence, causé par la stupeur et l'épouvante, bientôt suivi d'imprécations impossibles à rendre... Mort et extermination !

— Écoutez encore, — ajouta Weroëff, — écoutez !

« On violait les filles en présence de leurs mères, les femmes sous les yeux de leurs époux. Les soldats épargnaient du moins aux victimes de leur brutalité la honte de survivre à l'outrage en les noyant dans le canal où on les massacrait. »

A ces mots, qui lui retraçaient le sort de sa sœur, le boucher, au lieu d'éclater de nouveau en imprécations, cacha sa figure entre ses deux mains et se prit à pleurer... L'aspect du douloureux attendrissement de cet homme rude et violent impressionna vivement la foule ; les terribles ferments d'une haine vengeresse, inexorable, aveugle, firent bouillonner les cœurs les plus froids. L'orfèvre acheva ainsi sa lecture au milieu des groupes haletants de rage et impatients d'assouvir leur colère sur les partisans des Français :

« ..... L'avarice, jointe à la cruauté, animait le capitaine aussi bien que le soldat ; on pendait les hommes dans la cheminée de leur maison, et on y allumait ensuite le feu, afin que, la fumée des tourbes et la flamme les suffoquant et les brûlant tour à tour, ils fussent contraints de découvrir l'argent qu'ils possédaient. Souvent ils n'en possédaient pas, et ils périssaient victimes d'une cupidité barbare ; d'autres soldats dépouillèrent de leurs derniers vêtements les femmes et les filles dont ils avaient abusé, et les chassaient nues dans la campagne, où elles périssaient de faim et de froid. Cependant un officier, (rendons-lui justice), trouvant deux demoiselles de haute condition en cet état, eut pitié d'elles, leur donna son manteau et quelque linge qu'il avait, et, avant de se rendre à son poste, recommanda ces infortunées à la pitié d'un autre officier ; mais celui-ci abusa de ces deux jeunes filles, les livra ensuite à ses soldats, qui, après leur avoir fait subir les derniers outrages, les ont affreusement mutilées... Leurs cadavres informes ont été retrouvés avant-hier sur la jetée qui mène de Bodegrave à Woerden.

» L'on m'écrit de Nimègue que l'un de ces

Atrocités commises par les soldats français en Hollande (page 505)

bourreaux à qui l'on ne saurait donner le nom de soldat, et qui avait eu la scélératesse de couper le sein d'une femme en couche et de saupoudrer la plaie de poivre, est mort hier à Nimègue, dans un délire affreux causé par le remords de son crime. Il croyait voir l'image de cette femme et entendre ses cris douloureux. Un batelier, frère du métayer de mon père, a été cloué par les deux mains au grand mât de sa barque, tandis que, sous les yeux de ce malheureux, les soldats assouvissaient leur brutalité sur sa fille... Les morts ne sont pas même respectés; deux cadavres que l'on portait en terre ont été dépouillés de leur linceul et de leur chemise par les soldats de Louis XIV, et les deux corps ont été ensuite jetés dans le canal... »

Le récit de cette profanation sacrilège, doublement abominable aux yeux d'un peuple protestant, si religieux dans son culte pour les morts, fit déborder le bouillonnement de la furie populaire. Il lui fallait à l'instant des victimes pour assouvir la soif de vengeance et de terribles représailles. Ces victimes, le peuple les avait sous la main, les frères de Witt et les autres chefs du parti français, *dupes ou complices* de Louis XIV, ainsi que le disaient les masses avec une effroyable logique. La rage populaire atteignit à son comble; un cri formidable s'échappa de toutes les poitrines : « — Mort aux Witt! — à la prison ! à la prison ! »

Et, par un mouvement spontané, la foule se rua vers la prison, dont M. de Tilly et ses cavaliers étaient parvenus jusqu'alors à couvrir les abords. Le mouvement populaire contre la prison fut si spontané, s'effectua si résolûment, que les cavaliers de M. de Tilly, d'abord assaillis par un grêle de pierres, durent, pour sauvegarder leur vie, mettre le sabre à la main; ils allaient tenter de se dégager en chargeant leurs adversaires, lorsque soudain déboucha sur la place, tambour battant et acclamée par des vivats sympathiques, une compagnie d'infanterie de milice, dite du « Drapeau-Bleu, » qui appartenait au parti orangiste. Cependant le capitaine de cette milice couvrit d'abord la retraite de la cavalerie, et déclara ensuite à M. de Tilly qu'afin d'éviter l'effusion du sang, dans un conflit avec la population, le conseil des États envoyait la compagnie du Drapeau-Bleu prendre la garde de la prison, et relever la cavalerie de ce poste. M. de Tilly dut obéir et abandonner la châtellenie, quoiqu'il ne doutât pas de son envahissement par la foule ameutée. La cavalerie quitta donc la place au milieu des huées, des vociférations et des menaces de cette foule surexcitée jusqu'au paroxysme.

— Après les Witt, à d'autres, et Tilly aura son tour; nous savons où il demeure!... cria l'un des plus farouches orangistes; il a recueilli chez lui des françaises, de grandes dames. Hier, je les ai vues au balcon !

— Massacre et tuerie ! Que la foudre m'écrase si je ne venge pas ma sœur sur ces Françaises ! — s'écria le boucher ; mais avant, saignons les Witt ! la prison est à nous !

Ces menaces du boucher, qui indirectement s'adressaient à mademoiselle de Plouernel et à sa tante, furent entendues de Serdan, de Salaün Lebrenn, et de son fils, qui, revenus sur la place et entraînés par le flot de la foule, s'avançaient aussi vers la prison. Ils avaient en vain tenté de réaliser la promesse faite à M. de Tilly, de veiller sur les jours de Jean de Witt. Celui-ci ayant, sous la conduite du geôlier, quitté sa demeure, Serdan et ses amis prièrent le grand pensionnaire de Hollande de leur permettre de l'accompagner ; il y consentit, et ensemble ils traversèrent deux ruelles privées, dont le geôlier possédait la clé, puis un passage complètement désert ; mais lorsqu'ils furent arrivés à l'entrée d'un couloir voûté conduisant à la châtellenie et fermé par une porte, le geôlier déclara aux compagnons de Jean de Witt qu'ils ne pouvaient passer outre, le grand pensionnaire de Hollande devant seul être introduit dans la prison. Celui-ci pressa ses amis de se retirer, leur serra la main et entra dans la châtellenie, dont la porte se referma sur lui. Il est conduit aussitôt près de son frère, et là s'explique le complot ourdi... Jean de Witt n'a pas été mandé par son frère ; ce dernier se montre plein d'inquiétudes sur les suites d'une pareille visite en ce moment d'effervescence populaire. Une scène déchirante a lieu entre MM. de Witt. Jean veut persuader son frère de tenter du moins de sortir de la prison, dont les portes doivent lui être ouvertes, puisqu'il est condamné au bannissement. Corneille se refuse à cette tentative, il a formé opposition à l'arrêt de proscription : il veut des juges qui le déclarent innocent ou assassin ! Quitter la prison serait accepter la sentence qui le flétrit et contre laquelle il proteste. Jean de Witt, ne pouvant décider son frère à fuir, lui déclare qu'il ne le quittera plus et partagera son sort. Au milieu de ces débats, lutte de générosité fraternelle, deux officiers et quatre miliciens de la compagnie du « Drapeau-Bleu, » pénètrent dans la chambre où se tenaient les deux frères, en proférant contre eux d'horribles menaces !

Hélas! fils de Joel, laissons maintenant parler un témoin oculaire de ce lamentable événement et transmettons-le à notre descendance :

« ...L'officier et les miliciens trouvèrent Corneille de Witt en robe de chambre sur son lit, et son frère assis à son chevet, lui lisant l'Écriture sainte. Le grand pensionnaire tenta d'inspirer quelque sentiment d'humanité aux furieux qui venaient de s'introduire dans la chambre ; mais ils redoublèrent de menaces, forcèrent les deux frères à se lever et à sortir, leur disant qu'ils allaient les conduire à l'endroit où l'on exécutait les criminels. MM. de Witt se dirent adieu et s'embrassèrent avec tendresse au sommet de l'escalier qui aboutit au degré extérieur. Corneille de Witt, qui par suite des souffrances de la torture était très faible, descendit appuyé sur le bras de son frère. Celui-ci, conservant un calme héroïque en un péril aussi imminent, exhortait doucement ceux qui l'emmenaient lui et son frère, à ne pas commettre une si grande iniquité : — Mes amis, — leur disait-il en continuant de descendre et soutenant toujours son frère, — nous sommes innocents, nous ne sommes pas traîtres à la République... Conduisez-nous où vous voudrez ; mais donnez-nous des juges. — Marche, marche, — lui répondit l'officier en le poussant brutalement et le faisant trébucher sur les derniers degrés de l'escalier, — tu verras bientôt où l'on vous conduit, traîtres !

La grille servant de défense aux abords de la châtellenie avait été forcée ; une partie de la foule pénétra dans la première cour, qui séparait de la place la façade de la prison, où s'élevait un perron de plusieurs degrés conduisant à une porte ogivale ; l'ombre de sa voussure laissait seulement apercevoir les dernières marches de l'escalier intérieur que descendaient MM. de Witt. Lorsque ceux-ci apparurent sur la plate-forme du perron, poussés par les miliciens du Drapeau-Bleu, des cris de haine et de vengeance triomphantes éclatèrent de toutes parts :

— Les voilà ! nous les tenons ! — A mort les Witt ! — A mort les traîtres ! — Mort au parti français !

Serdan, Salaün Lebrenn et Nominoë, séparés

des deux victimes par une foule compacte et aussi incapables de porter le moindre secours à MM. de Witt que de fuir le spectacle dont ils allaient être témoins, forcés de contenir leur douleur, leur indignation, craignant de plus d'être reconnus pour Français et massacrés, échangèrent un regard désespéré...

Voici ce qu'ils ont vu :

Au moment où MM. de Witt mirent le pied sur le perron, Jean soutenant toujours son frère, l'un des miliciens leva son mousquet qu'il tenait par le canon, et en asséna un coup furieux sur la tête de Corneille de Witt en s'écriant :

— Meurs, traître! le sang versé par les soldats de Louis XIV retombera sur toi! A mort tous les complices du roi de France!

Corneille de Witt, étourdi par la violence du choc, chancelle; il est saisi aux cheveux par le boucher qui l'entraîne jusqu'en bas du perron, en brandissant son couteau... Jean de Witt s'élance au secours de son frère, descend deux marches ; mais un notaire, nommé Van Soënen, lui barre le passage et lui porte un coup de pique au visage qui est transpercé, en criant d'une voix furieuse:

— Meurs, traître! les amis les Français assassinaient les prisonniers à Swamerdam! Meurs, traître et renégat!

Jean de Witt, aveuglé par le sang, tombe sur ses genoux ; puis il essaye de se relever en criant: — Mon frère... mon frère...

A ce moment, un nommé Van Valen saisit Jean de Witt par le cou, le renverse à terre, et, appuyant son pied sur sa poitrine, lui décharge à bout portant un pistolet dans la tête en vociférant : — Meurs, scélérat... tu as trahi ta patrie! Meurent ainsi tous les complices de Louis XIV, tous les papistes!

Le corps de Jean de Witt est traîné sous l'arcade Buytenoff, auprès du corps de son frère égorgé par le boucher. La foule s'acharne sur ces deux cadavres, les crible de coups, les dépouille, les mutile horriblement, et... terrible représaille dont ces deux martyrs étaient les victimes innocentes! à chaque profanation sacrilège... mille imprécations rappelaient les atrocités commises par les soldats de Louis XIV, qui, après le pillage, l'incendie, le viol, le meurtre, outrageaient jusqu'aux cadavres qu'ils dépouillaient de leur linceul... qu'ils arrachaient de leurs tombes...

Enfin, les débris informes de ces deux grands citoyens furent accrochés au gibet où l'on pendait les criminels...

Salaün Lebrenn, son fils et leur ami, témoins de ce massacre et frissonnant d'épouvante, entendirent bientôt plusieurs voix crier : — Maintenant, au tour de Tilly! — Mort à Tilly! — Allons saccager sa maison! — Mort aux traîtres! Mort aux amis des Français!

— Vengeance et représailles! — hurlèrent les plus forcenés de la foule. — Chez Tilly... chez Tilly! A sac la maison de Tilly!

Les trois Français, qui avaient jusqu'alors suivi, malgré eux, le flot populaire qui les emportait, parvinrent, à la suite de vigoureux efforts, à couper diagonalement ces masses compactes et à s'isoler de la foule pendant que le gros de la troupe prenait la direction de la maison de M. de Tilly.

Madame du Tremblay et l'abbé Boujaron, fidèles aux recommandations de M. de Tilly, tenaient hermétiquement fermés les rideaux des fenêtres, et s'étaient abstenus d'y paraître. L'abbé, debout près de l'une des croisées, essayait, en écartant légèrement les rideaux, de jeter sur la place un regard inquiet et furtif.

— L'abbé... pas d'imprudence! lui cria la marquise.

Mademoiselle de Plouernel, assise, rêveuse à l'autre extrémité de la salle, songeait avec douleur aux odieux desseins que sa famille n'avait pas craint de former sur elle, et restait étrangère à ce qui se passait au dedans et au dehors de l'appartement.

— Eh bien! l'abbé, disait madame du Tremblay, — voyez-vous quelque chose sur la place?

— Marquise! — s'écria l'abbé devenant blême et s'éloignant de la fenêtre, — nous sommes perdus! Une foule d'hommes armés de piques, de haches, viennent de déboucher sur la place. Ils crient: « Mort aux Français!... » Tenez, tenez... les entendez-vous? La foule se précipite de notre côté, hurlant et vociférant...

En effet, à ce moment, de formidables clameurs, de plus en plus rapprochées de la maison, retentirent distinctement, et l'on entendit des voix furieuses crier :

— Mort à Tilly!... — Mort aux Français!... A sac la maison!

— Ils viennent pour massacrer M. de Tilly... — balbutia l'abbé, livide d'épouvante. — C'est fait de nous! Nous sommes perdus!

— L'abbé, vous perdez la raison, — reprit la marquise cherchant à s'abuser sur le péril. Les choses n'en sont pas à cette extrémité.

— Madame... n'entendez-vous pas ces cris : « Vengeance et représailles! » — dit mademoiselle de Plouernel. — Ces gens viennent venger sur nous les atrocités commises par les troupes de votre maître, à l'instigation de vos infâmes évêques catholiques!

Le danger devenait de plus en plus menaçant : l'on entendait dans la maison les pas précipités, les cris des serviteurs effarés qui fermaient avec fracas les volets intérieurs du rez-de-chaussée; la porte, très épaisse et garnie de gros clous de fer, pouvait arrêter les assaillants pendant quelques instants; mais déjà ils l'ébranlaient à coups de hache et de mousquets, tandis qu'une volée de pierres, lancée du dehors, fit voler en éclats les vitres de la salle. Le bris des carreaux permit aux clameurs du dehors d'arriver dans le salon : — Ma sœur a été violée, éventrée, par les soldats de Louis XIV, — criait le boucher de sa voix de stentor. — Vengeance et représailles !... Il y a des Françaises chez Tilly... Feu sur la porte et sur les fenêtres ! Nous entrerons : massacre et furie !

Le bruit d'une décharge de mousqueterie presque instantanée suivit les paroles du boucher ; la maison sembla ébranlée jusque dans ses fondements ; la fusillade continua bien nourrie, puis la porte principale, à demi défoncée par les mousquetades, fut attaquée au dehors à coups de hache et de levier.

Soudain, le plancher du salon tremble en répercutant le choc réitéré de violents coups de masses, et sous leur effort la porte d'entrée tombe enfin avec fracas ; les vociférations des assaillants, qui font irruption dans l'intérieur de la maison, arrivent aux oreilles de l'abbé, de la marquise et de mademoiselle de Plouernel ; leur épouvante est à son comble, mais, au même instant s'ouvre une petite porte pratiquée dans la boiserie du salon.

— Voilà les assassins !... — murmure la marquise demi-morte de terreur, — nous sommes perdus... pitié, miséricorde !

— Nous sommes sauvés ! — s'écrie Berthe de Plouernel reconnaissant Serdan et ses deux amis... ce sont des libérateurs.

Des rumeurs, des piétinements de plus en plus rapprochés, annoncent que les assaillants gravissent l'escalier. Serdan s'élance vers la porte principale du salon et la ferme à double tour. — Mademoiselle ! — s'écrie Serdan revenant en hâte près de la jeune fille en lui montrant l'issue par laquelle il venait de pénétrer dans la salle, — fuyez de ce côté... ce couloir aboutit à un escalier dérobé...

Déjà la porte craque sous les chocs réitérés. Berthe, saisie d'une sorte de vertige, suit machinalement Serdan ; l'abbé pousse la marquise et disparait avec les deux femmes dans le couloir. La pièce est actuellement déserte.

Soudain, la porte du salon, attaquée à coups de hache, se fend, éclate en morceaux, et livre passage au boucher, suivi de sa bande. Les Françaises ont disparu, mais il voit se refermer brusquement la petite porte pratiquée dans la boiserie, et il s'élance pour l'enfoncer, mais la porte résiste. Nominoë n'ayant pu la verrouiller et l'assujettir du côté du couloir, s'était arc-bouté le dos au panneau supérieur, les jambes raidies et les pieds appuyés à chaque paroi de l'étroit passage. Le boucher ne pouvant forcer le passage crie qu'on lui apporte une hache pour briser l'obstacle qui se dresse devant lui.

— Faisons mieux, — esclame un des assaillants ; — déchargeons nos mousquets sur la porte, les balles traverseront le bois et tueront l'homme ! Mort aux traîtres, mort aux Français !

Trois mousquets s'abaissèrent et firent feu.

Pendant ces incidents, plus rapides que la pensée, les fugitifs avaient traversé le couloir et descendu les degrés d'un escalier dérobé qui conduisait à une petite cour intérieure ayant issue sur une ruelle où aboutissaient plusieurs passages sombres et voûtés, communs à La Haye. Serdan connaissait depuis longtemps les êtres de l'habitaton de M. de Tilly, et voulant tenter de soustraire mademoiselle de Plouernel à un terrible danger, il avait songé à la chance de salut que pouvait offrir l'issue pratiquée derrière la maison et qui était ignorée des assaillants. Les serviteurs de M. de Tilly fuyaient également par le passage dérobé.

— Monsieur, — dit Berthe à Salaün d'une voix presque défaillante, — de grâce, dites-moi le nom de celui à qui je dois la vie et l'honneur ! Dites-moi le nom de mon généreux sauveur !

— Nominoë Lebrenn, mon fils, marin du port de Vannes, comme son père, mademoiselle.

A cet instant, la détonation des coups de mousquets tirés sur la porte que défendait Nominoë retentit au fond du couloir que les fugitifs venaient de traverser. Puis, à cette détonation, succéda ce cri lointain et expirant, poussé par le jeune marin. — Adieu, mon père. Fuyez... fuyez !

— Malheureux enfant... ils l'ont tué... — s'écria Salaün Lebrenn avec un accent déchirant, ils ont tué mon cher Nominoë...

Et, abandonnant mademoiselle de Plouernel aux soins de Serdan, qui rentrait après avoir exploré la ruelle, il remonte l'escalier et vole au secours de son fils...

— Venez, venez ! mademoiselle... — dit Serdan, — la ruelle est déserte... Voici la nuit. Je réponds de tout, lorsque nous aurons atteint le premier passage voûté...

Mademoiselle de Plouernel ne parut pas entendre les paroles de son guide, et, immobile, le regard égaré, elle murmurait... — J'ai causé sa mort ! Ils l'ont tué ! Ils ont tué mon libérateur ! Hélas ! hélas !

— Hâtez-vous, madame, traversez la cour... la ruelle... entrez dans le premier passage à votre main droite, et attendez-moi à cet endroit, — dit Serdan à la marquise et à l'abbé qui puisèrent dans leur épouvante la force de suivre les instructions de Serdan.

Celui-ci les rejoignit bientôt, soutenant, portant presque entre ses bras mademoiselle de Plouernel qui avait perdu connaissance.

Salaün Lebrenn, en s'élançant au secours de son fils, se heurta dans le corridor contre le boucher. — Misérable, tu as tué mon fils ! —

Et le prenant à la gorge, il le renverse ; une lutte s'engage entre eux, l'étroit passage est obstrué par les deux combattants et les compagnons du boucher ne peuvent plus avancer. A ce moment une clarté rougeâtre se projette dans le corridor... C'était le commencement d'incendie allumé par les hommes restés dans le salon. Salaün Lebrenn cesse la lutte, et le boucher s'échappe en fuyant par le salon. Le breton peut alors retrouver son fils, baigné dans son sang ; il le charge sur ses épaules, gagne l'escalier dérobé, la cour, la ruelle, et là seulement, se croyant en sûreté, il dépose son précieux fardeau, ne sachant encore si son fils est mort ou vivant. Béni soit Dieu ! Salaün Lebrenn sentit battre le cœur de Nominoë ! !

Mademoiselle de Plouernel, revenue à elle après quelques minutes d'évanouissement, put être portée dans une voiture par les soins de Serdan et conduite avec la marquise et l'abbé au port de Delft. La jeune fille, en quittant La Haye, emporta du moins l'assurance que, quoique très graves, les coups de feu reçus par Nominoë n'étaient pas mortels. Le guide à qui Serdan avait confié les trois personnes s'informa en arrivant à Delft d'un navire en partance. Un capitaine de Hambourg, Etat neutre et dont les vaisseaux marchands n'avaient conséquemment rien à craindre des escadres françaises, anglaises ou hollandaises, consentit à conduire les trois passagers au Havre-de-Grâce, et dans la journée le navire mit à la voile pour la France, où il devait arriver heureusement après une courte traversée.

Le jour même du meurtre des deux frères de Witt, l'Assemblée des Etats de Hollande dépêcha un courrier au jeune prince d'Orange, alors campé avec son armée à Alpen, sur les bords du Rhin, entre Leyde et Woerden. Lorsque le courrier arriva, le prince allait se mettre à table ; il ouvrit l'une des deux dépêches qu'il recevait, la lut et dit : — Messieurs, je vous annonce une bonne nouvelle pour les amis de M. Fagel, que j'aime fort. Il a été nommé hier grand pensionnaire de Hollande, par suite de la démission de M. Jean de Witt. Nous boirons à la santé du grand pensionnaire Fagel.

Le prince, dépliant ensuite la seconde dépêche, la lut... Sa figure resta impassible... son regard ne trahit pas la moindre émotion. Puis, repliant la dépêche et s'asseyant à la table où son couvert était dressé : — J'apprends que MM. de Witt ont été hier massacrés à La Haye, par le populaire... Que Dieu les absolve... messieurs, s'il est vrai qu'ils aient trahi la patrie !

Et s'adressant à son chapelain, le prince ajoute avec componction : — Monsieur, vous ordonnerez des prières pour l'âme de MM. de Witt. Que Dieu leur fasse miséricorde !

Ce fut tout ce que le jeune prince consentit à faire en faveur de la mémoire des frères de Witt!

. . . .

Le bourg de Mezléan, situé sur la côte de Bretagne, à une distance à peu près égale de la ville de Vannes et des pierres druidiques de Karnak, est en majorité habité par des familles protestantes ; leurs ancêtres, lors du progrès de la Réforme en Bretagne et des guerres religieuses de la fin du seizième siècle, avaient quitté Vannes et fondé pour ainsi dire ce bourg, où ils élevèrent un temple. Ce temple, détruit à l'époque de la réaction de la Ligue, dont la basse Bretagne fut le dernier foyer, avait été remplacé par une église catholique, puis, enfin, relevé après la promulgation de l'édit de Nantes par Henri IV. Depuis lors, et pendant longtemps, les Réformés de Mezléan ne furent guère troublés dans l'exercice de leur foi ; mais l'esprit d'intolérance qui provoqua plus tard la révocation de l'édit de Nantes, commença à poindre, et l'évêque de Vannes prétendit avoir le droit de rendre le temple de Mezléan au culte catholique, et suscita mille difficultés, mille vexations aux protestants du bourg. Les recteurs ou curés des paroisses voisines s'efforcèrent de soulever les haines religieuses de leurs ouailles, en leur signalant leurs voisins de Mezléan comme des hérétiques ensabbatés.

Vers la fin du mois de mai 1673, le bourg de Mezléan était depuis le point du jour en émoi pour les préparatifs d'un mariage ; les curieux encombraient les abords de la boutique de Paskou le Long, ainsi surnommé à cause de sa haute et maigre stature, tailleur d'habit de son état et poète renommé à dix lieues à la ronde pour ses chants et ses complaintes, qui était toujours choisi pour remplir les fonctions de « Bazvalan », ou messager d'amour auprès des jeunes filles à marier. Paskou le Long était très aimé des habitants de Mezléan, grâce à son bon cœur, à ses saillies, à son intarissable bonne humeur. Ces qualités, jointes à son talent de poète, le rendaient un incomparable Baz-valan ; et lorsque monté sur son petit cheval blanc, à la crinière tressée de rubans, il partait pour négocier quelque mariage, tenant à la main le symbolique rameau de genêt fleuri, emblème d'amour et d'union, l'amoureux était presque certain de voir revenir le Baz-valan porteur d'une heureuse nouvelle, à moins cependant qu'il n'eût rencontré en sa route une pie, voire un corbeau perchés sur un arbre, augures sinistres qui faisaient rebrousser chemin à Paskou le Long : mais si une tourterelle, nichée dans la feuillée, roucoulait au passage du messager d'amour, le Baz-valan était assuré du succès de son message. Il fallait l'entendre chanter les louanges de son client, mettre en relief les avantages de sa personne, vanter son caractère, nombrer le bétail de son étable, les muids de blé serrés dans son grenier, répondant prestement, joyeusement, aux objections des parents de la *demandée*, sachant enfin égayer les plus moroses ou prouver aux plus incrédules que son client serait le phénix des époux. Donc ce jour-là, les curieux du bourg de Mezléan se pressaient à la porte de la maison de Paskou le Long, voisine d'une auberge dont la cour et les abords étaient encombrés par les chariots attelés de bœufs ou par les chevaux des paysans qui devaient faire partie du cortège nuptial, chargé d'aller quérir l'épousée dans sa maison qui était éloignée du bourg d'une lieue. Le fiancé Nominoë Lebrenn se tenait, ainsi que son père Salaün, dans la chambre haute de Paskou le Long et semblait en proie à une secrète anxiété. Ses traits pâlis, amaigris, portaient l'empreinte de chagrins concentrés. Accoudé à une table, il appuyait sur sa main son front soucieux. Salaün, debout près de son fils, le contemplait avec une expression de stupeur, et après un moment de recueillement, il lui dit : — En vérité, mon enfant, je peux à peine croire à ce que je viens d'entendre... Quoi! nos parents, nos amis, rassemblés dans la maison voisine, t'attendent afin de se joindre à toi pour aller chercher ta cousine Tina et la ramener ici, où votre union doit être célébrée au temple, et voilà que soudain, sans raison, tu sembles irrésolu au sujet de ce mariage, arrêté, convenu depuis si longtemps ?

— Mon père, — répondit Nominoë avec effort, — je ne serai irrévocablement engagé qu'alors que le Baz-valan aura été prendre ma fiancée dans sa demeure... c'est seulement après cette dernière formalité, qu'à moins de passer pour un homme sans foi, sans cœur, sans honneur, il ne m'est plus permis de retirer ma parole...

Salaün écouta son fils avec un redoublement de stupeur et reprit : — Est-ce que je veille, est-ce que je rêve ?... Cette union tant désirée par le frère de ta mère et par moi, cette union projetée, pour ainsi dire, depuis la naissance et celle de Tina, n'était-elle pas votre vœu constant à tous les deux? N'avez-vous pas échangé des anneaux peu de temps après notre voyage de La Haye ? Enfin, n'est-ce pas de concert avec ton oncle, sa fille et toi, que dernièrement, au retour de notre excursion sur les côtes de Saintonge et de Guyenne, l'époque de ton mariage a été fixée ?... Tu viens maintenant prétendre que, faute d'une formalité insignifiante, tu serais en droit de rompre un engagement volontairement accepté par toi depuis plusieurs années ! Je cherche en vain quelle peut être la cause de ce changement dans tes résolutions, changement inconcevable et en dehors de toute prévision.

Nominoë répondit sans lever les yeux sur son père : — J'ai été faible, j'ai manqué de sincérité, je le confesse... mais je puis .. m'arrêter à temps sur une pente funeste. Elevé avec Tina, habitué à voir en elle la future compagne de ma vie, j'ai cru l'aimer d'amour, confondant avec ce sentiment l'affection fraternelle que j'éprouvais pour elle depuis mon enfance ; mais peu à peu la vérité s'est fait jour dans mon cœur, j'ai découvert que Tina n'était, ne serait jamais pour moi qu'une sœur ! Malheureusement, je n'ai pas eu le courage de détruire l'illusion de la pauvre enfant ; puis j'hésitais à la pensée du chagrin que vous causerait, à mon oncle et à vous-même, la rupture d'une alliance désirée par notre famille. Je l'avoue, je reculais devant l'aveu tardif que je suis forcé de vous faire à cette heure... Mais au moment d'unir mon sort à celui de Tina, je m'interroge avec l'inexorable sévérité d'un juge, et, je vous le déclare, mon père, je craindrais, en épousant ma cousine, de ne pas la rendre aussi heureuse qu'elle mérite de l'être. Enfin, autre grave motif de ma résolution de ne pas contracter cette union : D'un moment à l'autre, l'insurrection qui couve depuis si longtemps en Bretagne peut éclater... et je crois qu'il serait imprudent à moi d'épouser Tina à la veille d'une guerre civile où je puis être tué. De toute façon il est préférable que le mariage ne s'accomplisse pas.

La physionomie de Salaün Lebrenn devint de plus en plus triste, sévère. L'embarras de son fils, le peu de solidité des motifs qu'il alléguait pour justifier son brusque changement de résolution, démontraient évidemment qu'il cherchait des prétextes à une rupture dont il cachait la cause réelle.

— Mon fils, — reprit Salaün d'une voix ferme et grave, — pour la première fois de votre vie, peut-être, vous vous abaissez devant moi jusqu'à la ruse, à l'équivoque, au mensonge ! Vous n'osez me regarder en face, et vous balbutiez de prétendus motifs de rupture dont vous avez honte !

Puis, le pauvre père, prenant en commisération l'accablement de son fils, adoucit la sévérité de son accent et reprit : — Nominoë... c'est à la loyauté que je m'adresserai. Je veux te croire, je le crois, tes scrupules, si tardivement exprimés, sont sincères... Tu crains de ne pas rendre Tina aussi heureuse qu'elle le mérite : tu crains de la plonger dans de mortelles angoisses, dans le deuil peut-être, si demain l'insurrection éclate en Bretagne. A cela, je réponds : Tu serais un homme au cœur égoïste, que je te croirais incapable de rendre malheureuse une créature qui t'aime de toutes les forces de son âme. Mais tu es... ce que tu es ; aussi, j'en jure Dieu, quelle que soit la nature de ton affection pour ta femme, elle n'aura rien à envier aux plus heureuses... Ma conviction à cet égard est complète, absolue. Est-ce que sans cela je ne serais pas le premier à désirer, à l'imposer, si tardive qu'elle soit, la rupture de cette union ? Non, non, mon enfant, j'ai plus de confiance en toi que tu n'en as toi-même... Reste cette objection : l'imminence d'un soulèvement auquel nous prendrons part, et conséquemment les angoisses de Tina, lorsqu'elle te saura engagé dans cette lutte. En cela, tu dis vrai, mon fils, tes appréhensions sont fondées, mais les malheurs que tu prévois pour ta fiancée ne sont pas immédiats, tandis que je vois un arrêt de mort certain pour cette pauvre enfant dans ton refus de l'épouser.

— Grand Dieu ! — reprit Nominoë, frissonnant et ne pouvant s'empêcher de partager les craintes de son père.

— Écoute-moi... à l'heure où je te parle, Tina, entourée de ses compagnes, le front paré du ruban des fiançailles, t'attend de minute en minute, les yeux tournés vers la route de Mezléan, le cœur palpitant de joie et de tendre impatience... — Bientôt, dans quelques moments, au lieu de voir paraître au loin, sur le chemin, le cortège nuptial, précédé du joyeux Baz-valan, tenant le rameau de genêt fleuri à sa main, elle le verra s'avancer triste, seul et tenant le rameau brisé... La pauvre enfant comprendra ce symbole, la ruine de ses espérances : tu l'abandonnes, tu ne la juges plus digne d'être ta femme... Elle ne se plaindra pas, aucun mot de reproche ne sortira de ses lèvres ! Elle essayera même d'apaiser l'indignation de son père ; elle lui dira : « Nominoë est le maître de son cœur : il m'a aimée, il ne m'aime plus. J'étais sa promise, je ne serai pas son épousée. Qu'ai-je fait pour être délaissée ?... Je l'ignore et me résigne ; qu'il soit heureux... Enfants, nous avons dormi dans le même berceau ; il a été l'ami de ma jeunesse ; qu'il soit heureux, c'est mon seul vœu, mon dernier vœu !... En prononçant ces mots, — ajouta Salaün ému, — les larmes inonderont les doux et pâle visage de Tina ! — La pauvre enfant dénouera, silencieuse, son ruban de fiançailles, dévêtira sa robe de noces, s'occupera des travaux de la maison, reprendra son rouet... tout cela sans faire entendre une parole d'amertume ; elle souffrira sans se plaindre. Cette souffrance durera plus ou moins, et puis... — ajouta Salaün, dont la voix s'entrecoupa de larmes, — et puis, avant la fin de ce mois, peut-être avant la fin de cette semaine, les gens du bourg de Mezléan se diront : « Vous savez, la petite Tina ! la fille de Tankerù le Forgeron ?... Eh bien ! elle est morte ! »

A ces derniers mots, prononcés par Salaün avec une simplicité poignante, Nominoë ne peut retenir ses larmes. La bonté native de son cœur triompha de ses dernières irrésolutions, il s'écria :

— Ah ! mon père ! vous dites vrai : mon abandon causerait la mort de Tina ! Je ne commettrai pas ce meurtre ! Tu vivras, douce enfant ! tu vivras... et quoi qu'il advienne, je te rendrai heureuse... Que ma destinée s'accomplisse, j'épouserai Tina...

— Et toi aussi tu seras heureux ! — reprit Salaün avec expansion en serrant son fils entre ses bras. — Va ! cher enfant ! mon insistance était le pressentiment du bonheur qui vous attend l'un et l'autre. Vous êtes dignes l'un de l'autre ; vous serez heureux, chers enfants !

Puis, courant à la porte qui ouvrait sur l'escalier intérieur de la boutique du tailleur, Salaün Lebrenn cria du haut du palier : — A cheval, Paskou le Long... à cheval, joyeux Bazvalan ! prévenez nos parents, nos amis ! digne héraut des fiançailles, prenez en main votre gai rameau de genêt fleuri ! et à cheval ! ! !

— C'en est fait... — se disait Nominoë, tandis que son père s'adressait au Baz-valan, — adieu, fol espoir ! adieu, illusions décevantes, insensées ! mais si chères à mon cœur !... Adieu, rêve doré ! rêve aussi éloigné de la réalité que le ciel de l'abîme !... Ce matin, en apprenant l'arrivée de mademoiselle de Plouernel au manoir de Mezléan, j'ai voulu rompre mon mariage... — Pauvre fou !... reviens à la raison, à la réalité. Ce mariage mettra un terme à des visions qui égaraient ton esprit !

— Partons, mon enfant ; hâtons-nous ! La pauvre Tina doit commencer à s'inquiéter ! — dit Salaün à son fils. — Tous nos parents et nos amis nous attendent ; vite, à cheval ! ! !

Bientôt le cortège nuptial, précédé de Bazvalan et de Nominoë, quitta le bourg de Mezléan et se mit en marche vers la maison de Tankerù le Forgeron, père de Tina, la fiancée.

Tankerù, à la fois forgeron et charron, après avoir longtemps habité Vannes avec sa mère et sa fille, était venu demeurer avec elles, à une lieue de Mezléan, dans une maison isolée, située au bas du carrefour, au point de jonction et à la descente de deux routes, dont l'une longeait la forêt de Mezléan. Plusieurs raisons avaient déterminé le choix de Tankerù pour ce logis solitaire. D'abord il était placé au pied de deux côtes pratiquées à travers un sol de roches granitiques, abruptes, rocailleuses, inégales, et il devait arriver que les chevaux et les bœufs, attelés aux chariots, devaient, en les gravissant ou en les descendant, perdre quelques clous de leur ferrure, et le forgeron se trouvait là à point pour réparer les avaries. Ensuite, Tankerù comptait se livrer, dans la forêt de Mezléan, à la chasse qu'il aimait passionnément. Bravant les édits contre les délits de chasse : *la prison,* — *le fouet,* — *les galères,* — et enfin *la potence,* — Tankerù s'adonnait en effet à son goût dominant en toute sécurité de conscience, se disant que les bêtes errantes appartiennent au plus adroit tireur, et que l'on accomplit de plus un acte utile en diminuant le nombre des bêtes fauves. Le gibier est à tous, au vilain comme au noble.

Ce jour-là, une grande animation régnait dans la demeure de Tankerù ; sa forge et son atelier de charronnage étaient remplis de parents, d'amis, de vassaux du voisinage, hâves, amaigris, étiolés par les privations, tous vêtus de leurs meilleures guenilles et oubliant un moment leur misère en fêtant les fiançailles de Tina et de Nominoë ; ils vidaient les pots de cidre, mangeaient le lard du saloir et les galettes de blé noir ; et les filles et les femmes des invités, réunies dans la chambre haute de la maison, assistaient aux derniers préparatifs de la toilette de la mariée. Tankerù était un homme de quarante-cinq ans environ, d'une figure ouverte, résolue, d'une haute stature et doué d'une force athlétique qui lui avait valu souvent le prix de la lutte, lors des fêtes des « aires neuves » ou des « pardons ; » il remplissait de son mieux envers ses hôtes les devoirs de l'hospitalité. — Amis, — disait le forgeron, — vidons le tonneau, le saloir et la huche ! ce qui est bu et mangé échappe aux griffes des gens du roi, de la seigneurie et du clergé... — Tankerù ajouta d'un air sardonique : — Feu et flammes ! Au diable les gens de guerre et les tonsurés ! Compères ! nous sommes de bonnes gens ! Que Satan emporte le pape !

— Si nous sommes de bonnes gens, nous sommes aussi de pauvres gens, Tankerù ! — reprit un paysan à cheveux blancs, — de bien pauvres gens !... Les taxes royales, les redevances seigneuriales, les dîmes de la cure vont toujours augmentant, et voilà que l'on parle de nouveaux impôts. Voire ! l'on nous prenait quasi tout. Si l'on nous prend davantage, que diable nous restera-t-il ?

— Hé ! il nous restera notre peau. Qui sait s'ils ne nous la prendront point pour s'en faire des chausses ? — répondit Tankerù. — Tenez ! j'avais durant vingt ans et plus, à force de forger, de ferrer, de charronner, d'épargner sur mon pain quotidien, amassé une petite somme pour la dot de ma chère fille : or, voici qu'en moins de vingt mois les trois quarts de la somme ont passé dans le sac des collecteurs... Feu et flammes ! nous sommes de bonnes gens ! vidons la tonne, le saloir et la huche ! ce qui est bu et mangé n'est pas saisi ! Au diable les tonsurés et les gens de guerre !

— Tankerù ! tu dis toujours : Nous sommes de bonnes gens ! — reprit le vieux paysan. — Tu entends par là que nous sommes des sots de nous laisser tondre à vif et à sang ; mais que veux-tu que nous fassions, sinon répéter avec toi : Au diable les gens de guerre et les tonsurés !

Tankerù, avisant accrochée au mur une vieille *couple* à bœufs dégarnie de ses ferrures, prit ce joug, le montra aux vassaux, le brisa d'un coup de son genou, et dit en jetant à ses pieds les débris de la couple : Au diable les tonsurés et les gens de guerre !

— Voilà ce qu'on fait !...

Ces brèves paroles, l'énergique expression des traits du forgeron produisirent sur les vassaux une sorte de commotion irrésistible. Tous se levèrent brusquement en serrant les poings d'un air menaçant, et quelques-uns foulèrent sous leurs talons avec une sorte de rage les morceaux du joug brisé par Tankerù. Celui-ci, voulant laisser ses hôtes sous l'influence des réflexions que cet incident devait réveiller dans leur esprit, leur dit :

— Je monte là-haut voir si ma fille est prête !... elle me paraît bien lente dans ses apprêts de toilette ; son fiancé ne peut tarder d'arriver !

Tina, fiancée de Nominoë, entourée de ses amies, de ses parentes qui l'aidaient avec sa grand'mère à achever sa toilette, était assise au milieu d'elles, dans la chambre de son aïeule. L'on ne pouvait imaginer plus charmante, plus mignonne créature que la petite Tina, ainsi que l'appelaient familièrement ses compagnes ; ses blonds cheveux brillaient comme l'or au soleil ; ses yeux, plus bleus que le bluet, reflétaient la douceur de son cœur angélique ; tout respirait l'allégresse autour d'elle, et cependant ses traits délicats, remplis de candeur et de grâce, exprimaient une tristesse profonde... Hélas ! son regard humide, plongeant à travers le vitrail plombé de l'étroite fenêtre de la chambre, errait au loin, cherchant en vain depuis longtemps déjà le cortège nuptial, à la tête duquel devait marcher son fiancé. Les compagnes de Tina échangeaient quelques mots à voix basse, tandis que l'aïeule tenait le ruban des fiançailles, *blanc*, *rose* et *noir* (le blanc signifiait l'innocence de la mariée ; le rose, sa beauté, le noir, ses regrets de quitter sa famille) ; tandis que l'aïeule s'apprêtait à nouer au front de Tina le ruban symbolique, celle-ci sortant de sa rêverie, le prit, le contempla silencieuse et, montrant du doigt la couleur noire, dit avec un soupir navrant :

— Grand'mère ! voilà comme mon ruban de noces devrait être en son entier... noir comme l'aile du corbeau !

— Encore ce souvenir de mauvais présage ! — reprit l'aïeule d'un ton d'affectueux reproche. — Avoir de tristes pensées en un si beau jour, c'est offenser Dieu.

— C'est écouter Dieu, grand'mère ! Dans sa bonté, il nous envoie les présages pour nous préparer aux malheurs !... — répondit Tina

La toilette de la mariée

pensive. — Ce matin, à l'aube, je me suis mise à la fenêtre; le soleil se levait à peine, et déjà... je regardais du côté de Mezléan; j'ai vu arriver par là, volant à tire-d'aile, un corbeau; bientôt il a plané au-dessus de notre maison. Il jetait son cri sinistre... Une petite tourterelle, nichée dans le grand pommier qui ombrage le puits, chantait doucement; dès qu'elle a entendu les cris du corbeau, elle s'est blottie sous les feuilles. Le corbeau a fondu sur elle; alors, pour lui échapper, elle a voleté en tournoyant et descendant vers la margelle du puits, elle y est tombée et s'est noyée... — murmura Tina en frissonnant. Puis elle reprit : — Dieu nous envoie des présages pour nous avertir des malheurs!... Noir doit être mon ruban de fiançailles, grand'mère... noir il doit être. Nominoë ne vient pas; l'heure est passée... il ne viendra plus...

La crédulité aux présages est si générale en Bretagne, que, si étrange, si déraisonnable qu'elle fût en apparence, la persistance des pressentiments de Tina impressionna ses compagnes. Cependant, essayant de la rassurer, l'une d'elles, Janik, son amie la plus chère, lui dit en s'efforçant de sourire :

— Que la gentille tourterelle blanche soit ton image, j'y consens, petite Tina; mais voir ton fiancé Nominoë, lui si beau, si bon, si amoureux de toi... oui, le voir dans ce vilain méchant corbeau... fi! petite Tina, fi! Comment peux-tu avoir de semblables pensées?

— Janik a raison, — reprit l'aïeule, — ton cousin t'aime depuis ton enfance; vous êtes fiancés il y a longtemps. Hier encore, il était ici... Ne t'a-t-il pas dit en nous quittant : « A demain, ma douce Tina. Insensés sont ceux-là qui souvent cherchent le bonheur bien loin, alors qu'ils l'ont près d'eux... et pour moi ce bonheur c'est d'u-

166ᵉ livraison

nir mon sort au tien. A demain, ma douce Tina. » Et après de telles paroles, folle enfant, et pour un retard d'une heure au plus dans l'arrivée du cortège nuptial, tu vas rêver creux et nous parler de rubans noirs, et de corbeaux, oiseaux de mort! Allons! repousse bien loin de telles idées.

— Dans le corbeau, je vois le mauvais sort, grand'mère, — reprit Tina, de plus en plus absorbée par ses pressentiments et les yeux toujours fixés sur la route déserte de Mezléan ; — le mauvais sort qui me menace et me punira peut-être.

— Te punir ! — répéta l'aïeule, non moins surprise que les compagnes de la fiancée. — Et quel mal as-tu jamais fait à personne, innocente et chère créature, aussi pure, aussi innocente que la colombe?

— J'ai eu l'orgueil de me croire aimée de Nominoë. Hélas ! je le sais, je suis sa cousine, nous avons dormi, enfants, dans le même berceau ; mais je ne suis qu'une pauvre ignorante fille, tandis que Nominoë est savant et bien disant comme un clerc. Il a vu les pays lointains. Lui et mon oncle Salaün sont les meilleurs marins de Vannes. Ils ont un vaisseau à eux. Ils sont riches, comparés à mon père, qui ne possède que sa forge et quelques louis d'or dont il s'est dépouillé pour moi. — Mais s'interrompant, Tina reprit avec un accent d'amer reproche contre elle-même : — Ah ! ce que je dis là est mal... c'est faire injure à Nominoë. Lui, me délaisser par avarice ! non, non, son cœur est trop généreux ! Mais voyant combien je l'aimais, il aura eu compassion de moi ; il aura craint de me faire de la peine en ne m'aimant pas... Il est si bon ! Oui, cette nuit, songeant qu'il allait me prendre aujourd'hui pour sa femme, il se sera aperçu qu'il m'aimait seulement par pitié d'âme. Telle est la cause de son absence.

— Nominoë... faire un tel affront... à toi ! à ton père ! à ta famille ! — s'écria l'aïeule en interrompant Tina. — Mais tu perds donc la raison, chère fille ! Quoi ! te figurer de si cruelles choses parce que ton fiancé tarde un peu à venir ; reviens à d'autres sentiments.

— Hé mon Dieu ! de ce retard je devine la cause, reprit Janik, — c'est certainement la faute du Baz-valan. Ce Paskou le Long, le plus long et le plus bavard des tailleurs, aura voulu composer un nouveau chant pour la noce, il l'apprend par cœur... De là vient le retard, mais déjà il est en route pour venir !

Soudain Tina qui, insensible aux consolations que son aïeule et ses compagnes tentaient de lui donner ne cessait d'attacher son regard fixe et noyé de larmes sur la route, jusqu'alors déserte, de Mezléan... soudain Tina se redresse, se lève, pousse un léger cri, et transfigurée, rayonnante, étend les bras vers un objet lointain ; mais bouleversée par le brusque revirement de la désespérance à la certitude du bonheur, elle pâlit, chancelle et s'appuie sur son aïeule, qu'elle embrasse avec effusion en murmurant d'une voix étouffée par la joie : Nominoë arrive, le voilà ! le voilà !

Les compagnes de la fiancée se pressent à la fenêtre et voient au loin les premiers rangs du cortège nuptial descendant la pente de la route, précédé du Baz-valan, monté sur son petit cheval blanc et tenant à la main un rameau de genêt fleuri. A ce moment Tankerù entra dans la chambre en disant gaiement :

— Alerte ! voici le cortège... Es-tu prête, fillette ? quoi ! ton ruban de fiancée n'est pas encore noué dans tes cheveux.

Et remarquant seulement alors la pâleur de Tina, les traces récentes de ses larmes, le forgeron, s'adressant à l'aïeule d'un air inquiet et alarmé : — Ma mère ! que s'est-il passé ? Ma fille pleure... en un jour comme celui-ci ; quelle est donc la cause de son chagrin ?

— Bon père ! — répondit Tina, dont les joues rondes et pures redevenaient de moment en moment plus roses, — j'étais folle ! Ce matin, un mauvais présage m'a attristée malgré moi. Le cortège tardait à paraître... je croyais que Nominoë me délaissait.

— Feu et flammes ! — s'écria le forgeron, dont la rude figure prit une expression terrible, — un tel outrage ! ! !...

Mais, s'interrompant et s'adressant à sa fille avec un accent d'affectueux reproche : — C'est toi, chère enfant, qui, sans y songer, outrages Nominoë et son père, le frère de la mère, en les croyant capables de manquer à leur parole !

— Ami Tankerù, on l'attend, — dit l'un des paysans en entrant. — Le Baz-valan vient de descendre de cheval ; il a déjà frappé deux fois à la porte de la maison. Le cousin Madok, en sa qualité de « Brotaër, » va répondre à Paskou le Long. Ils sont aussi malins l'un que l'autre : les réponses vaudront les demandes.

— Vite, vite, petite Tina, — reprit l'aïeule, — que je noue ton ruban de fiancée sur ton front... Le Brotaër va tout à l'heure t'appeler ; allons, dépêchons, il faut être prête à répondre.

— Oh ! grand'mère, le Brotaër ne m'appellera pas deux fois, — reprit Tina, tendant à son aïeule son front virginal, et toute joyeuse, toute vermeille de bonheur, elle leva au ciel ses deux yeux, naguère voilés de tristesse et alors brillant doucement comme le bluet trempé de la rosée du matin.

Lorsque le cortège nuptial fut proche de la demeure de la fiancée, il s'arrêta. Les conviés descendirent de leurs rustiques chariots ou de leurs maigres chevaux de labour, et se formèrent en cercle. Paskou le Long mit pied à terre, confia sa monture à son apprenti qui lui servait de page, et tenant à la main son frais rameau de genêt fleuri, dandinant son long corps avec l'importance d'un personnage sur lequel tous les yeux sont fixés, le Baz-valan s'avança seul vers la porte du logis alors fermée et y frappa. La porte s'ouvrit, et au seuil parut l'un des parents de Tankerù, un meunier, nommé Madok, malin et jovial garçon, chargé de répondre, en sa qualité de Brotaër (parrain de la fiancée), aux demandes du Baz-valan, messager du fiancé. Paskou le Long commença donc sa cantilène en modulant les tons sur un rhythme lent, sorte de récitatif cadencé :

« Au nom du Seigneur Dieu, — paix et bénédiction sur cette maison, — et joie plus que je n'en ai sur cette terre.

« MADOK LE BROTAER, *avec malice.* — Et qu'as-tu donc, ami? — Comment ton cœur ne serait-il pas joyeux, — toi qui tant prêtes à rire aux autres, — avec ton long cou, tes longues jambes, — tes longs bras, Paskou le Long, mon ami, quel gros chagrin couves-tu dans ton cœur?

« PASKOU LE LONG LE BAZ-VALAN. — Las! las! las! Madok, mon ami! — Bien longues sont mes jambes; — elles n'empêchent point les gens du roi de m'attraper, — de me prendre au collet et de me dire : « Paye, paye, paye, — et paye toujours, et paye encore! — Bien longs sont mes bras! — mais ceux du bailli de notre seigneur et du receveur de la cure — sont encore plus longs! — Si longs ils sont, qu'ils puiseraient au fond de nos poches, fussent-elles creuses... creuses — comme le puits de Mélusine. — Bien long est mon cou... — et monseigneur le gouverneur de Bretagne — pourrait me l'allonger encore... — mon pauvre long cou! — Voilà pourquoi, ami, je ne suis point des plus joyeux sur cette terre.

« MADOK LE BROTAER. — Ah! que le proverbe a raison! — qu'il a donc raison, le proverbe, de dire : — Il faut neuf tailleurs pour faire un homme. Le proverbe est bien applicable.

« PASKOU LE LONG LE BAZ-VALAN. — Il faut juste autant d'ânes — pour faire un meunier, ami Brotaër, — ou plutôt seigneur du Moulin! Allons! va moudre ton grain.

« MADOK LE BROTAER. — Bien répondu, seigneur de la Couture! — Et cependant, je le répète : — Quel pauvre neuvième d'homme tu es, par l'inconséquence! — car te voici tout piteux, tout soucieux, — en parlant de monseigneur... — de monseigneur notre gouverneur. — Oui, ta longue figure se refrogne, s'allonge encore; et cependant, dis-moi, lorsque tu viens à parler — d'un bon gros porc bien gras, — si pansu qu'il peut à peine mouver sa panse, — si mafflu que l'on ne voit plus — ses petits yeux louches cachés sous ses triples bajoues de graisse, — dis, n'est-il point vrai qu'alors — ta longue figure devient large, — tant tu jubiles, tant tu t'éjouis d'admiration — en parlant de ce gras et incomparable porc? — D'où vient donc alors, ami, que tu ne jubiles point — en parlant de monseigneur? — de monseigneur notre gouverneur? Réponds à ma question. »

Les gens de la noce accueillent par de grands éclats de rire cette allusion de Madok le meunier à l'énorme obésité de M. le duc de Chaulmes, gouverneur de Bretagne, surnommé par la population *le gros cochon*, et exécré de toutes les classes, en raison de sa dureté, de ses hauteurs et de ses exactions. Paskou le Long laisse se calmer l'hilarité des assistants et reprend :

« — Certes, ami Brotaër, je m'éjouis fort — à la pensée d'un gras et honnête porc, — lorsque sa profitable personne doit tenir place au saloir; — mais, las! quand je songe à un gros verrat, — méchant et improfitable, — qui s'empâte, s'empiffre, s'engraisse — de ma pauvre maigre pitance, en retour de quoi le goinfre grogne, se vautre à mes pieds, — me bourre de coups de groin et me mord, — est-il étonnant que ma longue figure s'allonge et s'attriste? — Et cependant ce n'est point là, — la plus grande cause de mon chagrin.

« MADOK LE BROTAER. — Quelles sont les causes de ton chagrin? — Parle, fais-les moi connaître, ami Baz-valan.

« PASKOU LE LONG LE BAZ-VALAN. — En mon colombier j'avais un beau pigeon — au plumage changeant, couleur du temps; — j'avais aussi une petite colombe blanche, — l'amour constant de mon beau pigeon. — Mais, las! elle s'est envolée, ma colombe; — elle s'est envolée de mon colombier. Ne l'as-tu point vue, ami, voleter de ce côté?

« MADOK LE BROTAER. — Non ami, non, je n'ai pas vu ta colombe. Je ne songe guère à si maigre oiseau. Une belle poule ferait mieux mon affaire.

« PASKOU LE LONG LE BAZ-VALAN. — Des voisins cependant, m'ont assuré qu'elle s'était abattue dans ton verger. — Je t'en prie, ami, va t'informer de ma petite colombe, — sinon mon pauvre pigeon, je te le dis, — mourrait de tristesse en mon colombier.

« MADOK LE BROTAER. — Afin de te satisfaire, ami, je vais à la recherche de ta colombe. »

Le Brotaër, en disant ces mots, rentre dans la maison de la fiancée, ferme la porte, et la rouvre au bout d'un instant, tenant et conduisant par la main une petite fille de cinq à six ans; il la présente au Baz-valan et lui dit : — « En mon verger, je suis allé; — je n'y ai pas vu ta colombe, — mais plusieurs frais boutons d'églantine (*montrant l'enfant*) : — voici l'une de ces fraîches petites roses; elle réjouira les yeux de ton pigeon, — et il sera consolé de sa tristesse. Je te donne la petite rose pour remplacer ta colombe.

PASKOU LE LONG LE BAZ-VALAN *embrasse l'en-*

tant et répond : — Fraîche et charmante est la petite rose, — mais mon pigeon est trop chagrin, — trop chagrin il est de la perte de sa colombe, — pour l'oublier à la vue d'une fleurette, — tant joliette qu'elle soit. — Va donc voir, ami, si d'aventure — ma colombe ne se serait pas abritée dans ton grenier ?

« MADOK LE BROTAER. — Sois satisfait, mais aussi vrai — que chaque fois qu'il sort... — la bonne et vieille mère — du féroce marquis de Gwerrand — sonne en pleurant et gémissant — la cloche d'alarme du château — pour avertir ses vassaux — de se garer de son impitoyable fils... aussi opiniâtre tu es — à la poursuite de ta colombe — que les gabeleurs sont acharnés — à la poursuite du pauvre monde. »

Madok le Brotaër rentre de nouveau dans la maison de la fiancée, puis il ressort bientôt, amenant par la main une belle matrone de trente ans environ, et il reprend : « — En mon grenier je suis monté ; — les dîmes, les redevances que nous arrachent — le roi, le château et la cure — ne laissent guère chez nous moisir — les gerbes après la moisson. — En mon grenier, pourtant, j'ai trouvé, — échappé par hasard à la rapacité des receveurs, — ce bel épi mûr aux grains savoureux et dorés — *montrant la matrone :* — ce bel épi consolera ton pigeon, — et plus il ne regrettera sa colombe. Je te donne mon bel épi mûr pour remplacer ta colombe. Emmène-la avec toi.

« PASKOU LE LONG LE BAZ-VALAN. — Tant savoureux, tant dorés qu'ils soient, — les grains de ce bel épi mûr — ne tenteraient pas mon pigeon. — Las ! en perdant sa petite colombe blanche — il a perdu le boire et le manger. — Ami, ami, je t'en conjure, — va voir en ton cellier, si d'aventure ma colombe n'y serait pas réfugiée. Visite le cellier dans tous les coins et recoins ; tu y trouveras la petite colombe.

« MADOK LE BROTAER. — Sois satisfait... mais, par le ciel ! les gens du fisc royal — venant dans nos pauvres maisons — établir taxes et redevances, — moins bien que toi savent fouiller — un logis de la cave au grenier ; — donc je vais voir si d'aventure, — ta colombe est réfugiée dans mon cellier. »

Madok le Brotaër rentre une troisième fois dans la maison de la fiancée, d'où il ressort bientôt, tenant par la main une femme très âgée, d'une figure vénérable, et il reprend : « — En mon cellier je suis allé, — je n'y ai point vu ta colombe, — mais j'ai trouvé un bon vieux fruit — *montrant l'aïeule,* — depuis longtemps, bien longtemps cueilli... — Il a, malgré ses rides, conservé saveur et parfum. — Un bon fruit gagne avec le temps. — Je t'offre celui-ci pour ton pigeon.

« PASKOU LE LONG LE BAZ-VALAN. — Certes, ami, les rides d'un bon fruit — sont loin de nuire à sa qualité ; — toujours nourrissant et salubre, — il semble plus précieux, plus doux encore, — lorsque l'hiver venu, — ont disparu les fruits éphémères. — Mais, las ! mon pigeon n'a souci — ni de ton bon vieux fruit — ni de ton bel épi mûr, — ni de ton frais bouton d'églantier. — Va, si tu le veux, semer tes perles devant monseigneur notre gouverneur. — Ce que mon pigeon veut, — c'est sa petite colombe blanche. — Elle est ici, je le sais. — Tu refuses de me la rendre. — J'irai donc la chercher moi-même. Il me faut absolument ma chère petite colombe et je l'aurai.

« MADOK LE BROTAER. — Ami, je t'épargnerai cette peine. Viens avec moi, Baz-valan, viens, — ta petite colombe n'est pas perdue, — c'est moi-même qui te l'ai gardée ; — gardée en une cage d'ivoire — aux barreaux d'or et d'argent. — Oui, elle est ici, ta colombe ; — elle est ici toute gentille, — toute belle, toute parée, toute joyeuse. — Ton beau pigeon point ne mourra. »

Le Brotaër ouvre alors la porte de la maison au Baz-valan. Celui-ci fait signe à Nominoë de descendre de sa monture, le prend par la main et l'introduit dans la demeure de la fiancée, suivi de ses parents et de ses amis. Tina paraît bientôt, conduite par le Brotaër, accompagnée de son père et de son aïeule. Le premier regard de la jeune fille est pour Nominoë, et lui, la voyant si charmante et surtout si rayonnante de bonheur, ne regrette plus d'avoir triomphé de ses irrésolutions au sujet de ce mariage et se dit : « Mon père avait raison... mon refus l'aurait tuée ! — Aux côtés de Nominoë se tiennent Salaün et son frère, Gildas Lebrenn, vassal du comte de Plouernel, en la métairie de Karnak, dépendant du manoir de Mezléan ; les parents plus éloignés, les amis se pressent le long des murailles de la forge, laissant en son milieu un espace vide où viennent se placer les deux fiancés, conduits par le Baz-valan et le Brotaër. La physionomie de ces derniers n'est plus ironique et joviale, mais grave, recueillie ; l'expression touchante des traits de Paskou le Long fait en ce moment oublier sa laideur ridicule. Tankerù et Salaün remettent chacun un anneau d'argent au Baz-valan ; Il les passe aux doigts de Tina et de Nominoë. Après quoi le Brotaër leur dit : — Enfants, à genoux !

Les fiancés s'agenouillent sur le sol. Le Brotaër reprend : — Échangez les anneaux que le Baz-valan vous a donnés en signe d'alliance indissoluble.

Les fiancés échangent leurs anneaux. Le Brotaër ajoute d'une voix grave : — Nominoë Lebrenn, Tina Tankerù, jurez-vous d'être unis l'un à l'autre sur la terre comme le doigt l'est à l'anneau ?

— Oh ! je le jure ! — répond Tina avec une expression de félicité céleste, en approchant de ses lèvres l'anneau que son fiancé a porté momentanément à son doigt.

— Je le jure! — répond aussi Nominoë.

Cependant, au moment de lier sa vie à celle de sa cousine, il ne peut vaincre une dernière irrésolution, et avant de prononcer le serment irrévocable, il a gardé un silence d'une durée imperceptible à tout autre qu'à Salaün Lebrenn. Celui-ci comprend qu'à cette heure solennelle son fils vient d'éprouver une hésitation suprême; son cœur s'est contracté douloureusement.

— Tina Tankerù, Nominoë Lebrenn, — reprend le Broatër, — soyez à jamais unis l'un à l'autre, comme le doigt l'est à l'anneau! Nous vivons en de malheureux temps! opprimés, navrés que nous sommes par les gens du roi, par nos seigneurs et par l'Eglise... Appuyez-vous l'un sur l'autre pour les traverser, ces tristes temps! Puissent vos enfants connaître des jours meilleurs. Et maintenant allons au temple, le Seigneur bénira ceux que l'homme a unis. Tous en route.

La cérémonie achevée, Paskou le Long va prendre par la bride le cheval de Nominoë et l'amène devant la porte de la maison. Une sellette, disposée derrière la selle, permettait à l'époux de prendre en croupe son épouse ; — ils étaient considérés comme mariés depuis l'échange des anneaux. — Nominoë saute sur sa monture. Le Broatër, selon son droit, enlève entre ses bras Tina, souple, légère comme un enfant, et l'asseoit derrière son mari. Le cortège nuptial se met en marche, précédé des joueurs de biniou, cornemuse armoricaine; vient ensuite Paskou le Long chevauchant sur son petit cheval blanc, et Madok le meunier enfourchant son âne, puis Nominoë ayant derrière lui la petite Tina... heureuse... Oh! heureuse, ainsi qu'on peut le croire, d'enlacer de ses bras son époux tant aimé. Puis venait Salaün Lebrenn et Tankerù, monté sur son cheval d'emprunt, Gildas Lebrenn, sa femme, ses parents, ses amis, assis dans des chariots attelés de bœufs à la pesante allure; puis enfin des hommes, des femmes, des enfants cheminant à pied.

Le cortège nuptial marchait lentement; chacun se disait que l'on ne pouvait voir un couple mieux assorti que l'époux et l'épousée : elle est mignonne et charmante; lui d'une beauté mâle, rehaussée par la sévérité du costume breton, chapeau rond à larges ailes, longue veste et soubreveste noires, braies blanches flottantes descendant jusqu'aux genoux et serrée à la taille par une large ceinture de serge écarlate, housseaux de drap gris dessinant la jambe nerveuse de Nominoë, collée au flanc de son vigoureux cheval gris. Tina, dont le rose et frais visage était encadré de sa coiffe, nouée du ruban de fiançailles, portait un corsage d'étoffe verte, orné de passements blancs, carrément échancré à la hauteur de sa gorgerette de lin qui trahissait les pudiques battements de son sein virginal, car, afin de se maintenir à cheval, elle enlaçait Nominoë de l'un de ses bras. La douce enfant gardait le silence depuis son départ de la maison paternelle. Ce silence elle le rompit, et, rougissant, dit d'une voix timide : — Nominoë... je dois te faire un aveu...

— Quel aveu, chère Tina? — répondit affectueusement le jeune homme en tournant la tête vers son épousée, afin de l'envisager par dessus son épaule.

Mais Tina, prévenant ce mouvement, reprit :
— Je t'en prie, ne me regarde pas!! sinon, je n'oserais plus dire un mot.

— Il en sera ainsi que tu le désires, douce enfant. — Et, souriant, il ajouta : — Quel est donc ce redoutable secret que tu crains de m'avouer en face? Parle, ma chère Tina, révèle-moi le secret.

— Un triste secret... dont j'ai honte... et grande honte... Fasse Dieu que tu me pardonnes, car j'ai été bien coupable.

La voix de Tina était si émue en prononçant ces mots, que Nominoë, surpris, fit involontairement un nouveau mouvement afin de se tourner vers son épousée. Mais elle le prévint encore en disant :

— Je t'en prie, ne me regarde pas... — Puis elle ajouta : — Je suis ta femme... tu ne dois ignorer aucune de mes pensées, bonnes ou mauvaises... Non ; rien ne doit être tenu caché à mon mari.

— Une mauvaise pensée venir à ton esprit, angélique créature! Cela n'est pas possible. Tu exagères un tort bien léger, chère Tina.

— Pourtant cela est, Nominoë... J'ai douté de toi, j'ai douté de ton amour.

— Et pourquoi? et quand cela ?

— Ce matin... ne te voyant pas venir, je me disais : Nominoë ne veut plus de moi pour sa femme... Nominoë ne m'aime pas...

Et remarquant un tressaillement involontaire du jeune homme, Tina reprit presque alarmée :

— Tu te sens blessé de ma défiance?... Je le prévoyais! je mérite ton blâme! Voilà pourquoi je m'accuse, j'aime mieux être blâmée par toi que de te cacher quelque chose. Puisse la sincérité de mon aveu me mériter ton pardon!...

Le jeune homme restait silencieux, surpris et frappé de la justesse des pressentiments de Tina... Il se disait à part lui : Quelle fatalité plane donc sur ce mariage? Mon union est consacrée devant les hommes; elle le sera devant Dieu dans un instant... Rassurons du moins cette douce enfant!

Nominoë allait en effet répondre à la jeune épousée, lorsqu'un incident imprévu changea soudain le cours de ses pensées : prêtant d'abord l'oreille aux aveux de Tina, puis, absorbé par ses propres réflexions, Nominoë n'avait pas encore remarqué l'approche d'un détachement de soldats qui hâtait le pas afin de rejoindre le cortège nuptial. Tout à coup le chef de la troupe cria aux paysans de s'arrêter.

— Feu et flammes! Faisons face à ces habits rouges! — dit Tankerù à Salaün. — Nous sommes sans armes, et nous avons avec nous des femmes et des enfants, — répondit Salaün. — Pas d'imprudence... attendons que l'heure ait sonné... Je vais savoir ce que veulent ces soldats.

— Mon père, — dit Nominoë entendant les dernières paroles de Salaün, — je vous accompagne... Vous ne devez pas y aller seul...

— Tu oublies que tu as ta femme en croupe. Restez tous les deux près de Tankerù, — répondit Salaün; et faisant volter son cheval, il se dirigea vers les soldats.

Paskou le Long et Madok le meunier, en leur qualité de Baz-valan et de Brotaër, représentants officiels de la noce, s'étaient joints à Salaün Lebrenn; tous trois s'avancèrent vers le groupe armé, afin de s'informer de l'objet de sa poursuite.

Les soldats du roi, au nombre de quinze et commandés par un sergent, appartenaient au régiment de *la Couronne* et portaient l'uniforme rouge. Le sergent commandant le détachement avait un nom de guerre, il s'appelait la Montagne; c'était un homme robuste, de haute stature, dans la force de l'âge; il se carrait dans son justaucorps écarlate, bordé de galons mi-partie argent et bleu; ses chausses, ses bas, les parements et les retroussis de son habit étaient de couleur bleue, ainsi que son nœud d'épaule; son épée pendait à sa bandoulière blanche comme la cocarde de son chapeau plat à trois pointes, empanaché de plumes bleues et rouges, galonné d'argent et posé triomphalement de côté sur une coiffure à la *cadenette*, conforme au nouveau règlement militaire; ses cheveux étaient frisés sur les tempes et réunis derrière la nuque en une queue épaisse serrée d'un nœud de cuir. Le visage de ce soudard, complètement rasé, sauf la moustache, et balafré d'une profonde cicatrice, avait une expression de dureté, de hardiesse et de railleuse insolence. Il tenait à la main une longue canne à pomme d'ivoire; ses soldats, uniformément vêtus comme lui, sinon qu'un simple galon de laine blanche bordait leur justaucorps et leur chapeau, étaient armés de *fusils*, invention nouvelle qui remplace le mousquet. L'on adapte au canon de ce fusil une lame de fer triangulaire et acérée, ressemblant aux longs poignards des gens de Bayonne, et ainsi appelée *baïonnette*.

Un tambour et un homme couvert d'un sarrau, portant sur l'épaule un trousseau de cordes, et à la main une grosse clochette qu'il agitait lorsque le tambour battait, précédaient le détachement. A sa tête marchait le sergent; derrière lui venaient deux hommes de noir vêtus; l'un bailli du seigneur de Plouernel et Mezléan, l'autre huissier du fisc. Salaün Lebrenn, le Baz-valan et le Brotaër, celui-ci monté sur son âne et ses deux compagnons sur leurs chevaux, s'arrêtèrent à quelques pas de la troupe: tous les trois, selon l'avis de Salaün, désireux d'éviter une collision, mirent pied à terre et s'approchèrent du sergent en tenant leurs montures par la bride. Les soldats avaient fait halte, selon l'ordre de leur chef, et, formés en demi-cercle, ils s'appuyaient sur le canon de leurs fusils.

— Messieurs, — dit courtoisement Salaün, — nous sommes des gens paisibles, nous fêtons un mariage... Je suis le père du marié... Notre cortège est composé de nos amis et parents.

— Moi, — reprit Paskou le Long d'un air important, — je suis le Baz-valan de la noce, le maître des cérémonies.

— Et moi, — ajouta Madok le meunier sans baisser les yeux devant le regard perçant du sergent, — je suis le Brotaër... Vous avez ordonné au cortège de s'arrêter... il a obéi... que voulez-vous? Parlez; nous sommes disposés à vous satisfaire.

— Par la mort Dieu! voilà des rustauds bien curieux! — dit le sergent la Montagne au bailli et à l'huissier après avoir toisé Salaün, Paskou le Long et Madok le meunier.

Puis, s'adressant de rechef à ses deux acolytes, la Montagne ajouta en désignant du bout de sa canne ceux dont il parlait: — Ne sont-ce point là les croquants que vous cherchez?

— Non, — répondirent le bailli et l'huissier. — nos délinquants sont parmi les autres gens de la noce...

— Soldats, armez vos fusils... et feu sur les bonnets de laine, s'ils bronchent! — reprit le sergent. — Tambour, bats la marche et en avant! Soldats! feu sur ces paysans à la moindre résistance.

— Et toi, sonne ta clochette... et en avant! — dit l'huissier à son recors. — La cloche est au civil ce que le tambour est au militaire! En avant, et sonne fort, que ces croquants t'entendent et soient avertis de notre approche.

Les trois Bretons, chagrins et inquiets de voir ainsi leur intervention pacifique repoussée, échangèrent quelques mots à voix basse, et au moment où la troupe allait se remettre en marche, Salaün Lebrenn, s'adressant au sergent, au bailli et à l'huissier d'une voix contenue: — Messieurs, j'ignore les motifs qui vous amènent, mais quels qu'ils soient, veuillez, je vous en conjure, surseoir seulement jusqu'après la cérémonie nuptiale aux mesures que vous avez à prendre... Ne jetez pas le trouble, la frayeur parmi nos parents, nos amis, nos femmes, nos enfants. Vous recherchez quelqu'un, eh bien ! je vous donne ma parole d'honnête homme que personne ne tentera de s'échapper... D'ailleurs, vous pouvez nous escorter jusqu'au bourg de Mezléau...

Salaün Lebrenn s'interrompit, s'apercevant que lui et ses compagnons étaient tombés dans une espèce de guet-apens. Le sergent, quoiqu'il parût attentif aux observations qu'on lui adressait, avait dit quelques mots à voix basse à son caporal ; celui-ci, exécutant ses ordres, venait de disposer ses soldats de telle sorte que les trois Bretons, enveloppés de tous côtés se virent dans l'impossibilité de devancer le détachement et d'aller rejoindre le cortège. Le sergent, s'adressant alors à Salaün Lebrenn qui, non moins surpris que ses compagnons d'être traité en prisonnier, se consultait du regard avec eux, le sergent reprit d'un ton gognenard : — Malgré la promesse qu'aucun de ces bonnets de laine n'essaierait de tirer au large... j'aime mieux tenir que d'avoir à courir dans ce pays du diable, coupé de haies et de fossés ; donc, je vous garde en otages, toi et tes deux compagnons. Vous êtes chefs de la bande, vous serez garants des autres ! s'ils se sauvent, vous irez en prison jusqu'à ce que vous m'ayez payé chacun deux louis d'or pour moi... et six pistoles pour mes hommes. C'est dit, je ne veux ni réponse ni observation, et en avant, marche.

— De sorte que vous nous arrêtez ? — dit froidement Salaün ; — de plus, vous nous mettez à rançon... Mais de quoi nous accusez-vous ? De quel délit nous sommes-nous rendus coupables, sergent ?

— Double rustre! je t'accuse de parler quand tu dois rester coi! Tête et ventre! marche! ou je t'assomme! — s'écria brutalement le bas officier, la canne levée. Puis, caressant sa moustache : — Ah ! il y a une noce ! dépêchons-nous, la mariée vaut peut-être la peine qu'on la chiffonne! Mais, bah ! quelque pataude! Enfin, qui sait ! l'on verra ! Tambour, bats la marche...

Paskou le Long, en entendant les paroles du sergent au sujet de la mariée, avait levé au ciel ses longs bras ; Madok le meunier, homme résolu, serrait les poings et, jetant au soldat un coup d'œil de défi, allait éclater. Salaün, d'un geste, lui recommanda de se retenir. Madok obéit à son ami, réfléchissant qu'il y aurait folie à vouloir lutter en ce moment contre les soldats, au milieu desquels les trois Bretons se résignèrent à marcher, tenant leurs montures par la bride ; et le détachement s'avança, tambour battant, sonnette sonnant, vers le cortège nuptial ; le sergent toujours en avant.

Telle est la terreur qu'inspirent les soldats de Louis XIV aux pauvres gens de nos campagnes, qu'à l'aspect des habits rouges les enfants se jetèrent éplorés dans les bras de leurs mères ; les jeunes filles se rapprochèrent craintives de leurs parents ; bon nombre de vassaux commencèrent à trembler, tandis que le forgeron et plusieurs hommes déterminés contenaient à grand'peine leur irritation. La route s'encaissait à cet endroit entre deux berges surmontées de haies. Le détachement se divisa. La moitié des soldats gagna la tête du cortège, afin de lui barrer au besoin le passage, tandis que les autres se disposaient à lui couper la retraite.

Salaün Lebrenn, Paskou le Long, Madok le meunier, gardés en otage par le peloton d'arrière-garde, ne purent se rapprocher de leurs amis. Nominoë, ayant toujours en croupe son épouse, vit avec autant de surprise que d'angoisse son père retenu prisonnier.

— Que pas un de vous ne bouge ou ne souffle, rustauds ! sinon, par la mort-Dieu ! mes hommes font feu et vous lardent à coups de baïonnette ! — cria le sergent la Montagne en s'avançant, la canne haute, vers les paysans qui refluèrent les uns sur les autres afin de lui livrer passage.

Puis, s'adressant au bailli et à l'huissier :

— Faites votre office... Je m'en vais voir comment est tournée la mariée, — ajouta le soudard, jetant çà et là ses regards.

Bientôt il put contempler la charmante figure de l'épousée, reconnaissable à son ruban de fiançailles et d'autant plus en évidence qu'elle était assise à cheval derrière Nominoë.

— Sang-Dieu ! la jolie fille ! ce tendron est un trop friand morceau pour ce blanc-bec de mari ! — s'écria le sergent, et il fit quelques pas pour se rapprocher de Tina.

Un roulement de tambour, accompagné du tintement réitéré de la sonnette du recors, couvrit les dernières paroles du soudard ; et après ce ban ou avertissement de garder le silence, le bailli de très haut, très puissant, très honoré, très redouté seigneur Justin-Dominique-Raoul Néroweg, COMTE D'ISSOIRE, en Auvergne ; BARON DE NOINTEL, VALDEUIL et autres lieux en Beauvoisis ; seigneur de PLOUERNEL et MEZLÉAN, en Bretagne, etc., etc., exposa : « Que le nommé Gildas Lebrenn, vassal et métayer du fief de Mezléan, ayant, par mal vouloir ou autre cause, différé au delà de l'unique et dernier délai d'acquitter les taxes, surtaxes et redevances, dont il avait été à très haut et très puissant et très redouté seigneur, etc., etc., de frapper ses vassaux de Mezléan, les meules, récoltes, animaux domestiques et de labour, ustensiles de ménage, etc., etc., dudit Gildas Lebrenn, seraient saisis et vendus en vertu de la *contrainte militaire*. Quoi ne suffisant point à acquitter lesdites redevances dudit Gildas, il serait fait action contre une maison à lui appartenant en propre du fait de sa femme, et ladite maison, faute d'acquéreur en bloc, serait démolie, et ses portes, fenêtres, poutres, chevrons et autres produits de la démolition, vendus au plus offrant à la diligence dudit bailli, lequel s'étant présenté à la métairie, dite de Karnak, afin d'exécuter la sentence ci-dessus et d'opérer la saisie, avait trouvé la maison close et l'écurie vide, laquelle devait notamment renfermer deux paires de bœufs blancs et orangés, lesquels pouvant, par malignité dudit Gildas Lebrenn, ne point être réintégrés le soir à la métairie et être subrepticement vendus durant la journée, ledit huissier venait les appréhender au corps, *hic et nunc*, sans préjudice des autres saisies qu'il se réservait d'opérer à la susdite métairie, jusques et y compris les matériaux de la démolition de la susdite maison.

« Le bailli, aussi chargé des pouvoirs de très respectable, discrète, pieuse et vénérable personne, M. le curé de la paroisse, requérait sous bénéfice des mêmes saisies, un arriéré de dîmes dues à ladite vénérable personne par ledit Gildas Lebrenn et autres vassaux ci-dessus nommés, etc., etc.

« Ledit bailli venait aussi, de plus, procéder et instrumenter contre le nommé Tankeru, forgeron, accusé et convaincu de s'être livré au braconnage aux confins de la forêt de Mezléan, afin de nuire méchamment et de propos délibéré aux plaisirs du très haut, très puissant, très redouté seigneur, etc., etc., en tuant ses fauves, notamment un daim dix cors, pendant la nuit du 5 du présent mois, selon qu'il appert de la déposition de l'un des gardes forestiers du dit seigneur, etc., etc. Ensuite de quel crime, ledit Tankeru, forgeron, devait être appréhendé au corps et conduit dans la geôle seigneuriale pour y subir préalablement la peine du fouet, sans préjudice de l'emprisonnement et des amendes à payer, etc., etc., etc. »

Les griefs du bailli, exposés au milieu du morne silence des gens de la noce, le tambour fit entendre un roulement, la clochette du recors tinta derechef, et l'huissier du fisc, prenant la parole à son tour :

— Requit « contre le même Gildas Lebrenn et cinq autres métayers, ci-dessus nommés, etc., etc., qui, par mal vouloir, ou autre mauvaise cause, n'ayant payé ni les tailles, ni les décimes, ni la capitation, etc., etc., étaient furtivement sortis de leur demeure avant que ledit huissier s'y fût présenté le matin, et avaient emmené leurs attelages de bœufs, leurs chariots et leurs chevaux, représentant la plus notable portion de l'avoir desdits, et que, craignant qu'ils ne profitassent du jour de foire de Bezenek, ayant lieu le lendemain au point du jour, pour se défaire subrepticement de leurs bœufs et chevaux, ledit huissier venait opérer *illico* la saisie desdits animaux et chariots, sans préjudice des autres récupérations, etc., etc. »

Les paysans avaient écouté la lecture des précédents grimoires avec une consternation et une colère croissantes, mais sans étonnement, de pareilles saisies s'opérant journellement en Bretagne et dans toutes les provinces de France. Mais ce qui poussa ce jour-là l'indignation des paysans jusqu'à la rage, fut l'insolence du sergent la Montagne. Ce soudard, pendant que le bailli et l'huissier débitaient leur grimoire, s'était approché de Tina, et, le plumet sur l'oreille, tendant le jarret, se cambrant dans son justaucorps galonné, caressant sa moustache d'une main et de l'autre la poignée de son épée, il commença de poursuivre de ses regards effrontés la jeune épouse. Celle-ci, détournant la tête, s'abrita derrière l'épaule de Nominoë qui, outré de l'audace du soldat, pâlit de colère. Cependant il se contint, et, afin de rester plus sûrement maître de lui, il voulut s'éloigner de quelques pas ; mais au moment où il allait reculer son cheval, le sergent saisit rudement la bride et maintint l'animal immobile. Quelques paysans, témoins de la conduite du sergent, commencèrent de murmurer ; mais lui, les toisant d'un regard de dédain et de défi, brandit sa canne en disant : — Tête et ventre ! Rustauds, on bronche... je le crois ? Par la mort-Dieu ! je saurai vous mettre à la raison.

— Pensez à vos femmes, à vos filles, à vos enfants... patience ! patience ! — cria de loin et à haute voix aux paysans Salaün Lebrenn, retenu au milieu des soldats, ainsi que Paskou le Long et le meunier ; — soyez tous calmes et patients, mes amis.

Les sages paroles de Salaün Lebrenn furent écoutées. Les murmures cessèrent. Le soudard, attribuant à la crainte qu'il inspirait la résignation de ces bonnes gens, redoubla d'audace, et, portant une main brutale sur les genoux de Tina, assise en croupe du cheval de Nominoë, il lui dit : — Sang-Dieu ! regarde-moi donc, ma jolie fille... ne crains rien, poulette... ma moustache ne fait trembler que les hommes ; — ajouta-t-il en fixant Nominoë avec mépris.

Puis, portant l'outrage à son comble, le sergent se haussant sur le bout de ses pieds, passe son bras autour du corsage de Tina, et l'attirant à lui : — Donne-moi un beau baiser ! mort-Dieu ! C'est le droit des braves.

Nominoë était sans armes ; mais, par un mouvement plus rapide que la pensée, il dégagea son pied de l'étrier, et, d'un coup de talon vigoureusement appliqué au milieu de la poitrine du sergent, il le renverse à demi sur Tankeru qui s'élançait pour défendre sa fille. Le forgeron saisit le soudard à la nuque et le terrasse.

— A moi, soldats ! — s'était écrié le sergent

Une noce bretonne

d'une voix retentissante au moment où Tankerû le terrassait, — à moi, soldats!

Ceux qui se trouvèrent rapprochés de leur chef voulurent s'élancer à son aide. Mais soudain enveloppés, serrés de près par les plus résolus des paysans, ils ne purent se servir de leurs baïonnettes. Et le forgeron s'écria :

— Désarmons les habits rouges!

Ce cri répété par les paysans et entendu des soldats placés en tête du cortège, ils accourent à l'aide de leurs camarades en écartant à coups de crosse les femmes, les enfants qui refluaient entassés dans la cavité de cette route étroite, et poussaient des clameurs d'épouvante. La mêlée devenait générale.

Au plus fort de cette bagarre, un laquais à cheval arrivait en sens contraire du cortège, précédant d'une vingtaine de pas deux autres personnages aussi chevauchant. Il arrêta sa monture, fit claquer son fouet et s'écriant :

— Place, place à mademoiselle de Plouernel... place à la sœur de monseigneur Néroweg de Plouernel !... Au large... au large...

. . . .

Mademoiselle de Plouernel, venant du manoir de Mezléan, s'approchait en effet du lieu du tumulte. Elle portait un élégant habit de cheval : longue jupe et étroit justaucorps d'étoffe gris perle, rehaussé de nœuds de rubans d'un bleu d'azur comme son nœud d'épaule et les plumes de son large feutre noir. Elle montait avec aisance une haquenée d'un blanc de neige, richement caparaçonnée d'une housse de velours bleu, galonnée d'argent. Un vieil écuyer à cheveux gris, vêtu, comme le laquais, à la livrée de Plouernel, verte, orange et argent, accompagnait Berthe. Ses beaux traits, pâles et souffrants, révélaient les ravages d'une maladie de langueur

167e livraison

dont elle relevait tout récemment. L'amaigrissement de ses joues faisait paraître d'une grandeur presque démesurée ses yeux noirs brillant d'un éclat fiévreux. La mélancolie de sa physionomie, quelque chose de brisé dans son attitude, donnait un charme irrésistible à l'ensemble de la personne de mademoiselle de Plouernel. Celle-ci, surprise des clameurs qu'elle entendait surgir du rassemblement, dont elle se trouvait encore éloignée d'une centaine de pas, envoya son écuyer s'enquérir de la cause de ce tumulte. Il obéit et, arrivant près d'un groupe de femmes éplorées, il eut, par elles, connaissance des évènements précédents, et revint apprendre à sa maîtresse, que le bailli du comte de Plouernel voulait saisir les attelages de plusieurs vasseaux qui se rendaient au temple pour célébrer un mariage, qu'on allait arrêter le père de la mariée, accusé de braconnage, et qu'une rixe s'était élevée entre les paysans et les soldats du régiment de la Couronne, chargés de prêter main-forte au bailli du comte et à un huissier du fisc. Saisie de pitié, mademoiselle de Plouernel, donnant un léger coup de houssine à sa haquenée, se dirigea au galop vers le milieu du rassemblement, en dépit des appréhensions de son vieil écuyer.

La plupart des paysans, subissant l'influence de la terreur que leur inspiraient les soldats, avaient répondu avec hésitation à l'appel de Tankeru : « Désarmons les habits rouges ! » Il résulta de ces irrésolutions que trois ou quatre soldats, d'abord désarmés, purent reprendre leurs armes et charger les Bretons dont ils blessèrent quelques-uns à coups de baïonnette ; ils dégagèrent ensuite le sergent. Tankeru, voyant la tournure que prenait la lutte, céda aux instances de ses amis et de sa fille, grimpa l'escarpement du chemin, se glissa entre les branchages de la haie et prit la fuite à travers champs. Il était hors de danger.

Le bailli et l'huissier, dès le commencement de la mêlée, s'étaient efforcés de s'y soustraire, et tiraient au large lorsqu'ils se rencontrèrent avec mademoiselle de Plouernel, arrivant au galop de sa haquenée qu'elle arrêta aussitôt, reconnaissant à leur habit noir et à leur court mantel le bailli et l'huissier.

— Bailli ! — s'écria Berthe avec vivacité, — je vous ordonne, au nom du comte de Plouernel, mon frère, de renoncer à la saisie que vous venez opérer... Je vous ordonne de laisser libre le braconnier que vous voulez arrêter ?

Le bailli, instruit de la récente arrivée de mademoiselle de Plouernel au manoir de Mezléan, et la voyant accompagnée d'un écuyer aux livrées du comte, ne put douter de l'identité de la jeune fille, et, s'inclinant respectueusement devant elle, il répondit : — Les ordres de mademoiselle seront exécutés...

— Vous êtes l'huissier ? — ajouta mademoiselle de Plouernel s'adressant à l'homme du fisc. — Vous avez aussi une saisie à opérer contre une pauvre famille de paysans ?

— Oui, mademoiselle...

— Vous cesserez ces poursuites... — Combien vous est-il dû ?

— Cent et trois francs d'une part ; *item*, soixante et sept francs ; *item*, trois cent nonante et sept francs huit sous et six deniers : *item*, deux cents... Je puis donner tous les détails des frais et accessoires.

— Il suffit !... Du Buisson, payez cet homme, — dit Berthe à son écuyer en lui remettant une bourse qu'elle prit dans sa poche.

Et s'adressant à l'huissier :

— L'argent reçu, vos poursuites cesseront.

— Naturellement, mademoiselle, et je vais prévenir le sergent chargé d'exercer la *contrainte militaire* que je n'ai plus besoin de ses services, et qu'il peut retourner à ses quartiers avec les soldats.

Le bailli, préjugeant du caractère généreux de mademoiselle de Plouernel par ses premiers actes, et désireux de bien mériter de la sœur de son maître en paraissant s'intéresser aux paysans, ajouta : — Je dois le dire à mademoiselle, en toute équité, les vassaux de monseigneur ne sont pas absolument fautifs au sujet de leur rixe contre les soldats du régiment de la Couronne... La cause de la rixe est une jovialité du sergent, qui a voulu embrasser de force la mariée ; et cette joyeuseté était tout à fait en dehors de son service.

— Ah ! ces gens de guerre... ils se croient toujours en pays conquis, — dit amèrement mademoiselle de Plouernel.

Et s'adressant au bailli :

— Allez quérir ce sergent... je veux lui parler à l'instant !

Le bailli s'éloigna afin d'exécuter ces ordres. Un groupe de femmes et d'enfants, témoins de la scène précédente, aussi émus que surpris de la générosité de mademoiselle de Plouernel, car, hélas ! d'habitude la seigneurie se montre méprisante et dure envers les pauvres gens, comblèrent la jeune fille de bénédictions, entourèrent son cheval et, dans l'effusion de leur reconnaissance, lui demandèrent la faveur de baiser ses mains. Berthe, touchée jusqu'aux larmes, de l'attitude de ces braves gens, leur répondit en désignant du geste la petite fille qui, lors de la cérémonie des épousailles, avait joué le rôle du « bouton d'églantier. »

— Donnez-moi cette jolie petite fille... — Et Berthe, se penchant sur sa selle et tendant les bras pour recevoir la petite fille, ajouta : — En embrassant cette enfant, c'est vous toutes que j'embrasserai, mes chères femmes.....

La mère, toute glorieuse, éleva dans ses bras

la petite fille ; Berthe la prit, la mit sur ses arçons, et baisa tendrement les joues roses de l'enfant. Celle-ci, charmée de ses caresses, jeta ses bras autour du cou de mademoiselle de Plouernel, qui répondit à cette gentille familiarité en embrassant de nouveau l'enfant et à plusieurs reprises.

Puis s'adressant à son écuyer :
— Reste-t-il de l'argent dans ma bourse ?
— Oui, mademoiselle... il y reste sept louis.

Berthe prit la bourse, et la mettant entre les mains de la petite fille : — Tiens, chère enfant, cette offrande allégera la misère de tes parents... Tu leur remettras cette bourse.

Et donnant un dernier baiser à la fillette, mademoiselle de Plouernel la rendit à sa mère, qui, fondant en larmes, s'agenouilla, joignit les mains et s'écria : — Ah, notre demoiselle ! soyez bénie... vous êtes bonne au pauvre monde ! soyez bénie ! nous vous aimerons toujours !
— Oui, oui, soyez bénie, notre demoiselle !
— Nous vous aimerons toujours ! — Soyez bénie ! — répétèrent grand nombre de voix attendries parmi les témoins de cette scène.

Car, peu à peu et de proche en proche, le récit des générosités de mademoiselle de Plouernel et des ordres compatissants donnés par elle au bailli s'était répandu parmi les paysans. Plusieurs d'entre eux, ayant rejoint leurs femmes et leurs enfants, faisaient cercle autour de la jeune fille, au moment où le bailli revenait, suivi du sergent la Montagne, pâle de fureur. Sa brutale insolence ne semblait pas devoir plier devant la qualité de mademoiselle de Plouernel, car à peine fut-il arrivé près d'elle qu'il s'écria : — Par la mort de Dieu ! mademoiselle, je ne suis, moi, ni bailli ni huissier ; je suis sergent au régiment de la Couronne ; je ne reçois d'ordre que de mon colonel ! Plusieurs de ces rustres ont osé porter la main sur moi et me désarmer ! Ils sont entre les mains de mes soldats qui vont les conduire à Vannes ; et si vous êtes curieuse, mademoiselle, je vous procurerai le passe-temps de voir pendre ces brigands ! Le sergent la Montagne veut que ces rustres soient pendus.

Parmi les *brigands* destinés à la potence par le sergent, et que ses soldats retenaient prisonniers à quelque distance et hors de la vue de mademoiselle de Plouernel, se trouvaient Nominoë, Salaün et Madok le meunier. La jeune fille, révoltée de la réponse du soudard, se redressa fière, irritée, menaçante et le regard étincelant d'une telle indignation que, malgré son assurance, le sergent baissa les yeux : — Écoutez-moi bien, — dit mademoiselle de Plouernel d'une voix brève, — votre colonel, M. le marquis de Châteauvieux, réside en ce moment au château de Plouernel, chez mon frère. Votre colonel est homme d'honneur, et il ne souffrira pas que ses soldats insultent les femmes, ainsi que vous avez eu l'audace de le faire tout à l'heure.

— Mademoiselle, — balbutia le sergent, apprenant que son colonel était l'hôte du frère de mademoiselle de Plouernel, — je voulais seulement plaisanter avec cette paysanne...

— Vous mentez ! — reprit durement mademoiselle de Plouernel, — vous avez abusé de l'effroi que vos soldats inspirent à ces bonnes gens pour outrager la mariée de cette noce... Retenez bien ceci... j'enverrai aujourd'hui au château de Plouernel l'un de mes gens, chargé d'une lettre pour votre colonel ; je l'instruirai de votre indigne conduite en le priant de la châtier comme elle mérite de l'être... Il ne me refusera pas cette satisfaction !

— Ah ! mademoiselle ne voudrait pas faire ainsi arriver malheur à un vieux soldat ! — reprit le sergent, effrayé de la menace. — Ces rustauds ont voulu me désarmer...

— Ils avaient le droit de venger leur outrage ! Rendez-les à la liberté... réparez votre faute ; à ce prix je consens à ne pas demander votre punition à M. de Châteauvieux.

Le soudard mordit sa moustache avec une rage contenue. Il en coûtait à son orgueil et à sa convoitise de relâcher les prisonniers qui l'avaient désarmé et qu'il comptait rançonner, puis faire pendre. Il savait d'ailleurs, par mille précédents, n'avoir guère à craindre la sévérité de son colonel, parfaitement indifférent, ainsi que tant d'autres seigneurs, chefs de régiments, aux violences de leurs soldats envers les citadins et les paysans ; mais le soudard savait aussi M. de Châteauvieux fort galant. Or, il était impossible qu'il refusât le châtiment d'un bas officier à une personne aussi belle et d'une aussi grande naissance que mademoiselle de Plouernel. A la suite de ces réflexions, le sergent ôta son chapeau, et, s'inclinant respectueusement devant Berthe :

— J'obéirai aux ordres de mademoiselle... Ces paysans vont être remis en liberté.

Le sergent s'inclina de nouveau respectueusement devant mademoiselle de Plouernel et se dit tout bas :

— Brigands de Bretons ! vous allez triompher de mon humiliation... Mais patience ! je me vengerai ! Chacun aura son tour.

Et la Montagne alla rejoindre son détachement qui, parmi ses prisonniers, retenait Madok le meunier, Salaün Lebrenn et son fils. Ce dernier, lors de la rixe soulevée par la brutalité du sergent, s'était élancé à bas de son cheval, et confiant Tina aux soins de son aïeule, avait désarmé l'un des soldats. Puis, cédant aux avis de son père et voyant la lutte terminée, il se laissa lier les mains. Au bout de quelques instants, le nom de mademoiselle de Plouernel, les bénédictions dont la comblaient les paysans, arrivèrent aux oreilles de Nominoë. Il pâlit, se dressa sur la pointe des pieds et aperçut au loin Berthe à cheval... Ses yeux se noyèrent de larmes... et bientôt baissant la tête, devenant de plus en plus pâle, il resta immobile ; il fut tiré de cette rêverie par la voix d'un soldat qui lui dit : — Je vais te délier les mains... tu es libre... Va au diable !

— Béni soit Dieu ! tu nous es rendu ! — murmura Tina se soutenant à peine et s'approchant de son époux. — Ah ! je renais maintenant... tout à l'heure j'ai failli mourir...

— Mon fils ! monte à cheval, prends ta femme en croupe et partons !... Nous échappons à un double danger ! — ajouta Salaün que l'on venait aussi de remettre en liberté, et qui tenait par la bride sa monture et celle de Nominoë. Mais celui-ci, au lieu d'obéir à son père, attache sur Tina un regard égaré, puis s'écrie d'une voix déchirante : — Adieu ! à vous tous, vous ne me reverrez jamais !...

Et, s'élançant d'un bond sur son cheval, dont il laboure les flancs à coups d'éperons, Nominoë tourne bride, descend au galop la pente de la route, franchit une haie, gagne la lisière de la forêt de Mezléan avec une rapidité vertigineuse, et disparaît dans la profondeur des bois.

. . . .

Le château de Plouernel, situé non loin de Nantes et de Rennes, est l'une des résidences les plus magnifiques de France. Il date de la Renaissance et offre un modèle achevé de cette architecture dont la fantaisie est infinie et charmante. Ici, des coupoles élégantes comme le minaret oriental contrastent avec l'angle aigu des grands toits ; là, des galeries découpées à jour, sorte de pont aérien jeté dans l'espace, relient un corps de logis à l'autre ; ailleurs, ce sont des terrasses à balustres qui semblent brodés dans la pierre. C'est une richesse, une diversité, une efflorescence d'ornementation sculpturale à éblouir, depuis les corps extérieurs de la cheminée, dont chacun est un chef-d'œuvre d'exécution, jusqu'aux gargouilles chimériques et aux encadrements des portes et fenêtres, ornés de chiffres, de fleurs, d'oiseaux, de têtes d'animaux réels ou fabuleux ; et cependant, prodige de l'art, l'inépuisable variété des détails, l'irrégularité fantastique des différentes partie de l'édifice, se fondent en un ensemble rempli de noblesse et de grâce. Enfin, à une demi-lieue environ de cet éblouissant palais de fées, dont la façade fourmille de sculptures dorées par les rayons du soleil, s'harmonise d'une façon si brillante avec l'azur du ciel et la verdure des bois, l'on aperçoit au faîte d'une montagne aride, rocheuse, taillée presque à pic, les ruines de l'ancien manoir féodal de Plouernel à demi cachées par des lierres immenses.

Seul, l'indestructible donjon a défié les âges ; sa masse carrée, noircie par le temps, s'élève à plus de cent vingt pieds de hauteur, encore couronnée de ses créneaux, de ses machicoulis, et flanquée à chacun de ses angles, d'une tourelle d'où les hommes de guet épiaient les parcours de la route et de la rivière, contournant l'une à gauche, l'autre à droite, le pied du roc au sommet duquel était perché, comme un nid de vautour, le repaire seigneurial.

Une avenue d'ormes séculaires, plantée sur quatre rangs et d'une longueur d'une demi-lieue, s'étendait devant la façade du château de Plouernel, élevée sur une vaste cour d'honneur demi-circulaire, entourée d'une colonnade surmontée de terrasses ; cet élégant hémicycle architectural masquait les écuries, les chenils, la fauconnerie et autres dépendances du château, surmontée d'un imposte où se voit, enchâssée au milieu d'attributs de chasse et de guerre artistement sculptés, le blason des seigneurs de Plouernel, *trois serres d'aigle de sable en champ de gueule*, et au milieu de gracieux entrelacs, le chiffre *Guy de Plouernel*, édificateur de ce palais, en l'année 1559, selon la date lapidaire incrustée au-dessous des armoiries. L'activité d'un grand nombre de valets, de palefreniers, de cuisiniers, de gens de vénerie, traversant la cour d'honneur afin de se rendre de l'un à l'autre des bâtiments des communs, annonce que le seigneur du lieu habite le château. Plusieurs soldats vêtus de l'uniforme rouge, et deux factionnaires de garde aux pieds du perron tournant, indiquent aussi que le marquis de Châteauvieux, colonel du régiment de la Couronne, réside chez le comte de Plouernel, celui-ci ayant offert à son ami le colonel de caserner dans les immenses dépendances du château deux compagnies de soldats. Enfin, au loin, des écuyers font manœuvrer des chevaux sur le fin gazon d'une pelouse, au delà de laquelle s'étendent, à perte de vue, les masses verdoyantes du parc qui est dominé à l'orient par la montagne rocheuse au faîte de laquelle se découpent sur l'azur du ciel les ruines imposantes et le noir donjon de l'ancien manoir de Plouernel.

L'intérieur du château moderne répond à la somptuosité de l'extérieur ; une nombreuse livrée remplit le vestibule dallé de marbre, à gauche duquel se prolonge une galerie qui renferme les portraits des seigneurs Néroweg de Plouernel. La plus ancienne de ces peintures, appartenant au dixième siècle et empreinte de toute la raideur byzantine, représentait une Néroweg, Méroflède, abbesse de Meriadek en Plouernel, au temps de Karl Martel ; mais l'antiquité de cette famille remontant à la conquête des Gaules par les Franks, le père du comte actuel avait, par orgueil de race, suppléé au manque de portraits antérieurs au dixième siècle, en consultant sa généalogie et faisant retracer l'image de ceux de ses ancêtres qui vivaient durant les cinq premiers siècles de la monarchie française. Ces portraits, sinon ressemblants, portaient du moins le costume de leur époque. Le premier des Néroweg, leudede Clovis et comte au pays d'Auvergne par le droit de son épée, était représenté dans toute la barbarie du sauvage accoutrement du guerrier frank: cheveux teints d'une couleur cuivrée, reliés au sommet de la tête par un nœud de cuir et retombant sur les épaules comme une queue de cheval, longues moustaches rousses, menton rasé, physionomie farouche ; le buste était à demi couvert d'une sorte de dalmatique de peaux de bêtes, et le guerrier appuyait la main sur sa framée. Parmi cette longue succession de portraits, l'on remarquait un cadre vide, recouvert d'un crêpe noir. L'image absente était celle du colonel de Plouernel, homme de bien et l'un des plus vaillants capitaines des armées protestantes au seizième siècle. Mais l'arrière petit-fils du colonel l'avait retranché de sa famille, flétrissant en lui le huguenot rebelle à son roi et à l'Eglise de Rome. La galerie de portraits conduisait à un salon, au delà duquel se trouvait l'appartement de madame du Tremblay, tante de M. de Plouernel.

La marquise était toujours autant femme de cour que lors de son voyage à La Haye ; elle s'entretenait alors confidemment avec l'abbé Boujaron, qui semblait fort préoccupé.

— Eh bien! l'abbé, — lui dit la marquise, — voulez-vous me donner un résumé de la situation, qui me semble difficile?

— Permettez, ma belle amie, qu'avant de vous répondre, je me remémore tous les faits en remontant à notre maudit voyage de Hollande, où nous avons failli être mis en pièces, mais où du moins nous avons eu la satisfaction d'apprendre le massacre de ces deux républicains hérétiques, les deux frères de Witt. Nous avons pu échapper à la fureur populaire déchaînée contre le *parti français*, quitter La Haye, gagner le port de Delft, grâce à ce Serdan (véritable scélérat nonobstant...), et monter à bord d'un bâtiment neutre en partance pour le Havre, où nous avons débarqué sans encombre.

— Et du Havre, — reprit la marquise, — nous sommes partis pour Versailles... puisqu'il nous a fallu renoncer au voyage d'Angleterre, ma nièce refusant de nous y accompagner, et sa santé était d'ailleurs si altérée que nous aurions dû y renoncer quand bien même elle ne s'y fût pas opposée. Nous l'avons alors ramenée à Versailles.

— En arrivant vous avez mandé M. Fagon, premier médecin de Sa Majesté. Que vous a dit cet illustre docteur, ce flambeau de la science, ce moderne Esculape, touchant la maladie de Berthe? Veuillez me le répéter.

— Qu'il ne comprenait rien à la maladie de ma nièce. Malgré des soins assidus, malgré les ressources de l'art, Berthe a été entre la vie et la mort, minée par une fièvre lente, ayant à peine sa connaissance et dépérissant à ce point qu'elle n'était plus que l'ombre d'elle-même... Enfin nous la croyions au moment de trépasser lorsqu'une crise inattendue, mais salutaire et non moins inexplicable que sa maladie, selon M. Fagon, a rendu Berthe à la santé... Sa convalescence dura plus de six mois... et au printemps de cette année-ci, M. Fagon nous a conseillé d'envoyer Berthe en Bretagne, nous assurant que l'air natal achèverait la guérison... Nous avons alors envoyé Berthe à Plouernel, accompagnée d'un écuyer de son frère, de deux de mes femmes et de cette vieille Marion, autrefois nourrice de ma nièce. Enfin, lors de notre arrivée ici, nous avons trouvé Berthe en assez bonne santé... Ses joues avaient repris une teinte rose.

— Nous sommes rassurés sur l'état physique de votre nièce, ma chère marquise... mais... et c'est le point important.... que pensez-vous de son état moral ; il me semble qu'il laisse bien à désirer?

— Le tour de son esprit et son caractère avaient toujours été plus que bizarres, par suite de la détestable éducation qu'elle a reçue de sa mère; mais, depuis sa maladie, les étrangetés de ma nièce vont toujours empirant, et, sans les motifs que vous connaissez, nous serions résolus, mon neveu et moi, sauf le bon plaisir du roi notre maître, de faire enfermer dans quelque couvent cette extravagante, qui soutient que les prêtres sont des imposteurs, que l'on ne meurt point, et que l'on va revivre en chair et en os dans les étoiles !

— Ceci, chère marquise, est de l'hérésie, et pis encore, du paganisme au premier chef... Rien de plus désordonné d'ailleurs, que la conduite de Berthe. Elle accueille le premier croquant qui se présente au château, sous prétexte d'aumône, et dans le bourg on ne l'appelle que *la bonne demoiselle*, manière d'outrage indirect à l'endroit de son frère. Souvent il lui arrive de monter à cheval le matin et de ne revenir que le soir, accompagnée, il est vrai, d'un vieux laquais et du vieux Du Buisson, l'un des écuyers du comte ; d'autres fois elle sort seule et à pied pour se livrer à d'interminables promenades. Enfin, il y a de jours, Berthe a eu la fantaisie d'aller au manoir de Mezléan, inhabité depuis longtemps, et d'y séjourner quarante-huit heures. De retour de cette excursion depuis avant-hier, elle n'a pas quitté son lit ou sa chambre, se disant indisposée, refusant de vous recevoir, non plus que son frère. Tout ceci, marquise, est plus qu'étrange et touche à l'insanité d'esprit... Ainsi votre tolérance et celle du comte... me semble regrettable et impardonnable. Il faut mettre un terme à cette situation.

— Vous savez bien pourquoi il nous faut nous montrer tolérants? C'est parce que nous espérons que Berthe consentira à épouser le marquis de Châteauvieux, et alors Raoul pourra de son côté épouser mademoiselle de Châteauvieux. Mon neveu attache une extrême importance à ces projets de mariage... le duc de Châteauvieux jouit auprès du roi d'un immense crédit. Mademoiselle de Châteauvieux, par suite de l'héritage que lui a laissé la vicomtesse de Morincourt, est l'un des plus riches partis de France; or, si considérables que soient les biens de Raoul, il est prodigue et magnifique en toutes choses. Les baillis de ses domaines d'Auvergne, de Beauvoisis et de Bretagne, *font suer*... ainsi qu'ils le disent plaisamment, font suer à ses vassaux tout ce qu'ils peuvent humainement rendre; deux cent cinquante à trois cent mille livres bon an, mal an, plus du tiers en sus de ce que rapportaient ces mêmes domaines au temps de son père... et cependant mon neveu en est parfois réduit aux emprunts; d'où il suit que si le roi, selon que nous l'a promis formellement le duc de Châteauvieux, accorde à mon neveu, aussitôt après son mariage, l'ambassade d'Espagne, il ne faudra rien de moins que l'héritage de Morincourt pour permettre au comte de représenter dignement son royal maître à la cour de Madrid.

— Sans doute, rien de plus désirable, de plus opportun que ce mariage, ma chère marquise... Mais vous savez à quelle condition expresse il doit s'accomplir... condition qui ne crée que difficultés.

— Oui, le duc de Châteauvieux... seulement *duc à brevet*, et, entre nous, de mince étoffe quant à l'origine, puisque son bisaïeul était simplement domestique... or, le duc de Châteauvieux, malgré son crédit auprès de Sa Majesté et son brevet de duc, sent que le bât le blesse à l'endroit du manque de naissance. Et pour retremper sa descendance dans l'antique illustration de notre maison, il met pour condition expresse au mariage de Raoul avec mademoiselle de Châteauvieux, le consentement de Berthe à son mariage avec le marquis. Voilà pourquoi Raoul et moi nous sommes, à bien dire, dans la dépendance de ma nièce et pourquoi nous tolérons ses folies.

— Eh bien, marquise! savez-vous ce qui ressort pour moi de cet entretien où, selon mon désir, nous venons de remémorer tous les événements qui se sont passés depuis notre voyage en Hollande?

— Je vous écoute, l'abbé, faites-moi part de toutes vos pensées.

— Il en sera du mariage de Berthe avec M. de Châteauvieux comme il en a été du voyage d'Angleterre! Ce sera un avortement.

— Vous n'y songez pas; ma nièce accueille à merveille les soins du marquis. Elle a donné à M. de Châteauvieux des espérances; elle lui a dit qu'elle admettait les convenances de ce double mariage; mais qu'elle désirait réfléchir mûrement avant de prendre une résolution pour ce qui la concernait.

— Hé! marquise, votre nièce louvoie; elle atermoie, à seule fin de gagner du temps! Elle ne consentira pas à ce mariage.

— Gagner du temps... gagner du temps!... mais dans quel but? Peut-elle espérer un meilleur parti que le marquis? N'est-il pas, sauf son peu de naissance, un gentilhomme accompli, fort riche? Parfaitement en cour, et grâce à la faveur dont jouit son père auprès du roi, le marquis, colonel à vingt-cinq ans, peut viser au bâton, l'abbé... Pensez donc à cela... obtenir le bâton de maréchal!

— Votre nièce a beau souci vraiment du bâton de maréchal et des richesses du marquis! Ne la connaissez-vous point?... Et à propos de richesse, un souvenir me vient à l'esprit... Berthe, selon la coutume de Bretagne, qui assure aux filles une part de l'héritage paternel et maternel, n'a-t-elle pas voulu connaître, non seulement le chiffre de sa légitime, mais avoir en sa possession, dès à présent, les pierreries de sa mère, évaluées à plus de quarante mille écus? Ne s'est-elle pas en outre fait remettre, par l'intendant du comte, mille louis en avance d'hoirie qu'elle détient dans sa cassette avec les pierreries? Toutes ces mesures m'ont beaucoup donné à penser!

— Purs caprices! auxquels nous avons dû accéder par crainte d'un refus de cette écervelée au sujet du mariage!

— Eh bien! marquise, ce que vous regardez comme le caprice d'une écervelée... en d'autres termes, cette ferme volonté d'avoir en sa possession une somme d'argent considérable, est à mes yeux de la part de votre nièce un acte très réfléchi, et ses conséquences peuvent être désastreuses, si, comme je le crains, la pensée qui, cette nuit, m'est venue comme un trait de lumière, m'a mis sur la voie de la vérité; cette pensée m'obsède et me poursuit.

— Quelle pensée? Allons! l'abbé, soyez plus explicite. Ne parlez pas par énigmes.

— Selon moi, Berthe est amoureuse et follement éprise.

— Berthe amoureuse... follement éprise... et de qui? Allons! vous extravaguez.

— Ah! marquise, là, pour moi, est le mystère! Quel est l'objet de cet amour?

La conversation de madame du Tremblay et

de l'abbé fut interrompue par l'entrée du comte de Plouernel.

Raoul Néroweg, comte de Plouernel, alors âgé d'environ trente ans, ne ressemblait aucunement à sa sœur, et, par l'effet de l'une des lois les plus mystérieuses de la nature, le type germanique de la race franque se reproduisait en lui, ainsi que déjà plusieurs fois, à travers les âges, il s'était reproduit dans toute sa pureté chez plusieurs ancêtres. Ce fils des Néroweg avait les cheveux et la barbe d'un blond ardent, le teint blanc, les yeux vert de mer, le nez aquilin, recourbé en bec d'aigle. Le caractère rude, hautain de ses traits, était tempéré par les grâces du courtisan raffiné; il offrait le modèle de tant de grands seigneurs de nos jours : avide et prodigue, glorieux et magnifique, sans pudeur et sans entrailles, dévoré d'ambition et plus encore du désir d'afficher aux yeux de tous la faveur du maître, et capable, pour arriver à ce but, des plus noires scélératesses. Ainsi le comte n'avait vu qu'un expédient naturel et profitable à sa fortune dans le projet de prostituer sa sœur au roi d'Angleterre. Cependant, le comte de Plouernel portait haut l'orgueil de son nom; mais telle est l'aberration d'esprit de la gent courtisane qu'à leurs yeux l'amour adultère des rois, loin de souiller leur sœur, leur femme ou leur fille, l'honore, la grandit, la couronne, la sacre; dès lors, la prostitution devient auguste; l'infamie, chose sainte! La catin royale devient madone!

M. de Plouernel fut donc révolté du mauvais vouloir de Berthe, assez peu soucieuse de la fortune de son frère et du service du roi pour refuser de s'abandonner à Sa Majesté Charles II. Cette jeune fille, déjà si étrange par sa manière d'envisager les choses de son temps, ne fut plus au regard du comte qu'une manière de folle, bonne à enfermer pour le repos de sa maison, ce à quoi il se fût résolu sans la pitié involontaire qu'il ressentit en voyant Berthe presque mourante d'une maladie de langueur. Plus tard, lorsque le duc de Châteauvieux eût fait des ouvertures à M. de Plouernel au sujet d'une double alliance entre les deux familles, celui-ci n'hésita pas à promettre sa sœur au marquis de Châteauvieux. Le hasard voulut que le marquis fût un beau gentilhomme, mais débauché, ivrogne et joueur, ne demeurant ni meilleur ni pire que tant d'autres de sa caste; mais eût-il été vieux, laid, podagre, pourri de corps et d'âme, que le comte eût passé outre sans reculer devant aucun moyen pour contraindre sa sœur à ce mariage.

Lorsque le comte de Plouernel entra dans le salon de madame du Tremblay, il était en proie à une violente irritation, par suite de la nouvelle que lui avait transmise son bailli de Mezléan, dans une lettre qu'il venait de recevoir, lui apprenant l'intervention de Berthe en faveur des vassaux de sa seigneurie. Il lui fallait pourvoir aux énormes dépenses nécessitées par le faste qu'il déployait à Versailles, en équipages, en pierreries, en grande chère, en fêtes splendides, sans compter un jeu effréné. Or, la fortune du courtisan se composant presque uniquement de ses domaines seigneuriaux, il ne pouvait augmenter ses revenus qu'en accablant ses vassaux de taxes exorbitantes. Le comte de Plouernel, ainsi que presque tous ceux de sa caste, ne ressentait, ne pouvait ressentir aucune pitié pour ses vassaux, taillables et corvéables à merci et miséricorde; race conquise, déshéritée; espèce inférieure, tenant le milieu entre l'animal et l'homme; flétrie, brisée, déformée qu'elle était par l'excès de ses maux, de ses labeurs; condamnée par le destin à travailler, à produire, au profit de la seigneurie. Le comte de Plouernel se montrait logique à sa race, à sa tradition, à son temps, en témoignant d'une inexorable dureté envers cette *espèce*, il la regardait sincèrement, naïvement, comme une race inférieure et de tout point dissemblable à la sienne. Aussi, dit-il d'une voix courroucée, l'œil brillant et montrant à la marquise du Tremblay la lettre qu'il tenait à la main et qu'il froissait de rage :

— Savez-vous, madame, de quoi s'est avisée ma sœur durant son très court séjour à Mezléan? Mon bailli de Mezléan m'informe qu'il allait opérer la saisie de plusieurs attelages appartenant à certains vassaux récalcitrants aux taxes dont il m'a dû le charger, lorsque ma sœur, passant d'aventure sur le chemin, s'est imaginée de défendre à mon bailli d'instrumenter et, de plus, d'arrêter un braconnier récidiviste méritant la corde !

— C'est inouï! C'est l'impudence même! — s'écria la marquise.

— Attendez, madame, ce n'est pas tout... — Mon bailli et un huissier des tailles, ayant aussi à opérer contre ces manants et connaissant leur méchant vouloir, s'étaient fait escorter de plusieurs soldats d'une compagnie du régiment du marquis, logée à Vannes depuis que M. le duc de Chaulnes craint quelques mouvements dans les campagnes. Eh bien! madame, croirez-vous à cet excès d'audace? Ces manants ont osé se rebeller contre les soldats de l'escorte du bailli et tenter de les désarmer...

— Mais, mon neveu... ceci est fort inquiétant, et très grave !

— Le sergent de l'escorte, homme résolu, a eu bientôt raison de cette canaille. Il saisit trois des plus mutins... et les fait lier solidement avec des cordes par ses soldats. Alors que fait ma sœur? Non, vous ne croirez pas tant d'audace.

— Elle demande leur grâce; oh! je m'en doute fort; elle intercède en leur faveur.

— Mieux que cela, l'abbé. Elle exige leur mise en liberté immédiate, et menace le sergent de la colère du marquis de Châteauvieux.

— Il faut prendre un parti à l'égard de cette pauvre folle...

— J'y incline d'autant plus volontiers, madame, que, selon la lettre de mon bailli, l'intervention de ma sœur en ces occurences a produit des effets détestables : mes vassaux, ainsi encouragés dans leur résistance à acquitter les taxes, disent hautement qu'elles sont exorbitantes et qu'ils ne les paieront point. Enfin, les plus forcenés, enhardis par l'impunité, ne craignent pas de crier que la fourche d'un Breton ne craint pas la baïonnette d'un soldat du roi ; que, si ceux-ci sont bien armés, les paysans sont plus nombreux, et que la furie de leur désespoir égalisera les chances quand sonnera l'heure de la révolte ! C'est un appel à l'insurrection ! La révolte du populaire !

— Une insurrection, la révolte ! — reprit la marquise alarmée. — Ces croquants oseraient parler d'insurrection, de révolte !

— Nous retombons en pleine Jacquerie ! — ajoute l'abbé levant les mains au ciel ; — des Jacques sous Louis XIV !... sous le grand roi... au dix-septième siècle... Ce serait la fin du monde. Malheur sur nous !

— De prompts et terribles châtiments maintiendront, je l'espère encore, mon cher abbé, ces manants dans le devoir, — répondit le comte, — mais ma sœur a encouragé ces misérables ; sa folle générosité a justement choisi pour objet les plus mauvaises gens de mes domaines. Ce braconnier et ce vassal récalcitrant aux redevances appartiennent à une certaine famille Lebrenn... qui compte parmi ses membres deux marins du port de Vannes, drôles très actifs, très remuants, fort soupçonnés de pousser à la sédition et d'avoir même de secrètes intelligences avec les républicains de Hollande ! Ce sont des gens de délibération et d'action, fort dangereux !

Marquise, — reprit l'abbé en jetant un regard significatif à madame du Tremblay, — que vous disais-je de cette famille, que notre vénérable compagnie de Jésus a depuis près d'un siècle et demi notée dans son registre secret comme étant des plus dangereuses ? Mes renseignements étaient, on ne peut plus justes et fondés. Il faudra faire surveiller ces gens.

— De quoi s'agit-il ? — demanda le comte de Plouernel, — quels renseignements avez-vous pu avoir sur ces gens ?

— Nous reparlerons de ceci plus à loisir, mon cher Raoul, car les détails à ce sujet nous mèneraient trop loin ; tenez seulement pour assuré que vous ne pouvez avoir parmi vos vassaux une famille plus pernicieuse que celle de ces Lebrenn ! Nous aviserons ; ce sont gens qu'il faut supprimer ; je pourrai vous venir en aide à leur endroit ; mais, selon moi, le plus urgent est de mettre votre sœur dans l'impossibilité absolue de poursuivre le cours de ses extravagances, de ses folies.

— Hé ! l'abbé, ne savez-vous pas qu'il y a obstacle et sérieux empêchement ?

— Je sais tout ce que vos projets de double mariage vous imposent de ménagements envers cette écervelée... mais de deux choses l'une : Berthe veut ou ne veut point mener à bonne fin ce mariage ; or, à mon sens, elle ne le veut point ; sa détermination est prise.

— Vous êtes dans l'erreur, l'abbé, — dit le comte de Plouernel ; — Berthe ne se prononce pas contre cette union.

— Mais elle demande à réfléchir ! n'est-ce pas, mon cher Raoul ? Eh bien ! tous ces atermoiements n'ont qu'un but : Berthe veut gagner du temps afin de se livrer sans contrainte à ses folies et peut-être à... C'est là surtout ce dont je suis effrayé pour l'honneur de votre maison... Cette pensée seule me cause épouvante et effroi...

— De cet effroi, quelle est la cause ? Allons ! expliquez-vous.

— Mon cher Raoul, le pauvre abbé croit Berthe amoureuse...

— Bon Dieu ! que prétendez-vous là, madame ? — s'écria le comte avec stupeur. — Berthe amoureuse ! mais, c'est impossible !

— Tout fait supposer que cet amour est un indigne amour, puisque Berthe l'enveloppe d'un profond mystère, — reprit l'abbé, — car ni la marquise, ni vous, ni moi-même, je le confesse, nous n'avons pu soupçonner ou imaginer jusqu'ici l'objet de cette passion évidemment monstrueuse... mais qui doit certainement exister, si j'en crois mes pressentiments.

— En y réfléchissant et en me rappelant certains faits dont je suis maintenant frappée, je partage l'opinion de l'abbé, — ajouta la marquise ; — Berthe aura profité de la liberté que nous lui avons laissée pour s'abandonner à un choix honteux... Quelque jour elle prendra la fuite avec son amant, et l'honneur de notre maison sera pour jamais souillé ! Scandale, déshonneur, honte pour la famille !

— Morbleu ! — s'écria M. de Plouernel, — si jamais ma sœur poussait l'oubli de tout devoir jusqu'à refuser un mariage qui m'assure de si grands avantages, j'en jure Dieu ! si la cause du refus de cette folle était un amour honteux, j'irais à l'instant me jeter aux pieds du roi pour le supplier de faire enfermer cette malheureuse aux *Repenties*, où elle serait traitée avec la dernière rigueur.

— Mademoiselle de Plouernel enfermée aux *Filles repenties* !... Ah ! mon cher enfant, vous n'y songez point ! — dit avec un accent de

Nominoë Lebrenn

benoîte componction l'abbé Boujaron. — Non, non, cela est impossible! mais ce qui est raisonnable et ce qu'il faut, c'est que votre sœur entre en religion et que la légitime qui lui revient, selon la coutume de Bretagne, aide aux bonnes œuvres de la communauté où sera reçue cette grande pécheresse... Or, croyez-moi, mon cher enfant, — ajouta l'abbé en souriant, — il n'est point besoin que notre pécheresse soit enfermée aux *Repenties* pour être traitée avec la dernière rigueur et durement mortifiée dans sa chair, dans sa jactance, en vue du salut de son âme!

Le comte de Plouernel, ne prêtant qu'une oreille distraite aux paroles de l'abbé, reprit avec un courroux croissant : — Ma sœur serait-elle éprise de quelque goujat?... Mon mariage, sur lequel je fondais tant d'espérances, serait donc ruiné par le mauvais vouloir de cette misérable créature! Malédiction! Qu'elle redoute ma colère.

— Mon cher enfant, — dit l'abbé au comte exaspéré, — il est un moyen de sortir de ces perplexités: mettez aujourd'hui, à l'instant même, Berthe en demeure de répondre catégoriquement, oui ou non, au sujet de son mariage avec le marquis.

— Hé, morbleu! l'abbé... je sais à l'avance qu'elle ne dira ni oui ni non...

— Soit; mais lorsque vous l'aurez une dernière fois et en vain pressée, suppliée, conjurée, au nom de vos plus chers intérêts, de se décider aujourd'hui même, sa persistance à atermoyer encore ne vous prouvera-t-elle point sa résolution de ne pas épouser le marquis, qu'elle sacrifie sans doute à quelque indigne amour?

— En ce cas... malheur... malédiction sur elle! un cachot aura raison de sa résistance.

168e livraison

— Il ne faut, mon cher enfant, maudire personne, — dit benoîtement l'abbé ; — mais il faut accomplir fermement les devoirs qui vous incombent, à vous, chef de votre illustre maison. Il faut donc, dès demain, par une mesure prompte et sévère, empêcher votre sœur de déshonorer votre nom et de se déshonorer elle-même... Vous avez des cabanons et des cachots.

— J'en jure Dieu ! — s'écria M. de Plouernel, — si Berthe refuse de se décider aujourd'hui... je serai sans pitié... Oui, et dès demain nous aviserons aux mesures à prendre pour sauvegarder notre honneur.

Le comte fut interrompu par l'entrée d'un laquais qui dit à madame du Tremblay : — Monsieur le marquis de Châteauvieux vient de se présenter et demande à être admis auprès de madame. Puis-je l'introduire ici, madame ?

— Priez M. le marquis d'entrer, — répondit madame du Tremblay. — Ce cher colonel, combien nous sommes heureux de sa visite !

Et aussitôt après la sortie du laquais, elle ajouta précipitamment :

— Mon neveu, pas un mot au marquis de de notre entretien avant d'avoir obtenu de Berthe une réponse quelconque !

Au moment où la marquise venait d'adresser la parole à M. de Plouernel, qui lui répondit par un signe affirmatif, le marquis de Châteauvieux, jeune gentilhomme de belle et grande mine, se présenta dans le salon et salua la compagnie avec l'aisance d'un courtisan. Cependant il semblait soucieux et tenait une lettre à la main.

— Madame, — dit-il à la marquise, — j'ai à vous apprendre une nouvelle dont je suis doublement affligé.

— De quoi s'agit-il, mon cher marquis ?

— Cette dépêche que je viens de recevoir par un courrier de M. le duc de Chaulnes, gouverneur de la Bretagne, m'ordonne de me rendre sur-le-champ près de lui avec deux bataillons de mon régiment que je rallierai en route. Une sédition, que l'on croit fomentée par le Parlement, vient d'éclater à Rennes. L'autorité du roi est attaquée ; les faubourgs sont en armes... Le populaire est entré en rébellion. M. de Chaulnes n'est plus en sûreté.

— Grand Dieu ! — s'écria madame du Tremblay, non moins alarmée que l'abbé ; mais ce que vous nous apprenez là, marquis, est un évènement des plus graves !

— D'autant plus grave, — ajouta M. de Plouernel pensif, — que cette sédition semble coïncider avec la récente rébellion de mes vassaux de Mezléan... Cette canaille, le croiriez-vous, marquis, a eu l'audace de remuer devant vos soldats ; les bonnets de laine ont essayé de désarmer vos hommes ?

— J'ai été instruit de ce fait par une lettre de l'un de mes bas officiers, qui a dû, en cette occurrence, relâcher ses prisonniers d'après les ordres de mademoiselle de Plouernel. Aussi ai-je dû rappeler ce détachement, ne pouvant laisser mes soldats dans une contrée où ils ont eu à subir un outrage impuni ; ils arriveront ici ce soir... L'honneur du régiment demeure compromis jusqu'au châtiment des coupables.

— Croyez, mon cher marquis, que je suis aux regrets de l'outrecuidance de ma sœur en cette rencontre...

— Mademoiselle de Plouernel, sans réfléchir aux conséquences de son acte, a cédé à un sentiment de générosité dont je n'oserais la blâmer. Mais, puisque j'ai l'honneur de prononcer son nom, — ajouta M. de Châteauvieux, — permettez, mon cher comte, et vous, madame la marquise, que je vous adresse une prière... Je dois quitter le château de Plouernel dans deux heures, et si méprisable que soit la révolte de ces mauvaises gens de Rennes, que je vais rudement châtier, la guerre civile a ses hasards : la balle du vieux mousquet rouillé d'un bourgeois porte souvent aussi juste que celle de nos soldats ; je ne sais donc quelle sera ma destinée dans la lutte qui va s'engager ; mais avant de me séparer de vous, cher comte, j'aurais le plus vif désir d'être fixé sur le bon ou le mauvais succès d'un double mariage qui comblerait mes vœux et ceux de mon père.

— Mon cher marquis, reprit M. de Plouernel d'un ton pénétré, — nous nous entretenions justement tout à l'heure avec ma tante et l'abbé de la nécessité d'obtenir aujourd'hui même de ma sœur une réponse qui, je n'en doute point, sera conforme aux désirs de nos deux familles... Les fâcheux évènements qui précipitent votre départ rendent la nécessité de cette réponse plus urgente encore... et si elle est ce qu'elle doit être... ce dont je ne puis douter, notre chapelain vous fiancera aujourd'hui à ma sœur dans la chapelle du château... Ce sera votre introduction dans la famille. Ainsi je l'ai décidé.

— Et lorsque vous aurez châtié ces insolents bourgeois de Rennes, ce qui sera prompt et facile, grâce à vos soldats, mon cher marquis, — ajouta madame du Tremblay se rassurant peu à peu, — vous reviendrez ici. Monsieur le duc, votre père et mademoiselle de Châteauvieux, selon qu'il a été convenu avant notre départ de Versailles, se rendront à Plouernel, où les fêtes du double mariage auront lieu avec un éclat, une magnificence qui seront l'admiration de la Bretagne...

— Surtout, monsieur le marquis, engagez M. le duc de Chaulnes à faire tout d'abord pendre haut et court le plus de bourgeois qu'il pourra, — ajouta l'abbé Boujaron paraissant moins certain que la marquise du prompt apaisement de la sédition. — Il faut frapper l'esprit de ces coquins par la terreur. La répression doit être impitoyable.

— La rigueur habituelle de M. de Chaulnes doit vous être garant, monsieur l'abbé, qu'il ne faiblira point devant le populaire, — répondit M. de Châteauvieux; il sera inexorable.

Puis, s'adressant à la marquise et au comte :
— Combien je suis touché de vos paroles! Je peux maintenant tout espérer... à moins... que la santé de mademoiselle de Plouernel ne mette obstacle à nos fiançailles. Depuis deux jours, elle n'a pas quitté son appartement, ce dont j'ai été désolé, car je n'ai pu lui présenter mes respectueux hommages à son retour de Mezléan. Veuillez me donner des nouvelles de sa santé.

— Rassurez-vous, mon cher marquis, l'indisposition de ma nièce est seulement causée par les fatigues du voyage et ne l'empêchera nullement de se rendre à la chapelle pour ses fiançailles, si, comme je n'en doute pas non plus que mon neveu, elle consent à hâter la conclusion de ce mariage. Je vais de ce pas chez Berthe, la prévenir que son frère et moi désirons avoir à l'instant avec elle un entretien qui, j'en suis assurée, mon cher marquis, justifiera pleinement vos espérances et les nôtres.

Et, ce disant, madame du Tremblay se rendit aussitôt chez sa nièce. Mademoiselle de Plouernel occupait l'appartement autrefois habité par sa mère et avoisinant la bibliothèque du château. En traversant cette vaste pièce, la marquise rencontra dame Marion, nourrice de Berthe, qui lui était aussi dévouée qu'affectionnée : madame du Tremblay lui ordonna d'aller prévenir sa maîtresse qu'elle avait besoin de lui parler à l'instant.

— Si elle est encore au lit, — ajouta-t-elle, — il faut qu'elle se lève et s'habille sur l'heure, afin de nous recevoir, moi, son frère et M. l'abbé; nous avons à lui faire une communication de la plus haute importance.

— Oh! mademoiselle est, depuis plus de deux heures, levée et habillée, madame.

— En ce cas, allez prier M. le comte et M. l'abbé de venir me rejoindre chez ma nièce.

— Madame la marquise ne trouvera pas mademoiselle dans son appartement...

— Où est-elle donc?

— Mademoiselle est allée se promener dans le parc, suivant son habitude.

— Quoi, sortie! et hier et ce matin encore elle se prétendait tellement souffrante qu'elle ne pouvait me recevoir!

— Le temps est si beau que mademoiselle a cru que la promenade lui serait salutaire; elle est descendue et s'est dirigée vers le parc.

— Vous mentez, ma nièce n'est pas sortie.

— Madame la marquise peut s'assurer de la vérité en visitant l'appartement.

— Cette sortie subite est des plus étranges... Vers quel côté du parc s'est dirigée ma nièce?

— Je ne saurais répondre à madame la marquise à ce sujet... mademoiselle a pris ses gants, son masque, son capuchon de taffetas, pour se préserver de l'ardeur du soleil... et elle est sortie... Je ne puis vous en dire davantage.

— Il y a là un mystère... vous me cachez quelque chose...

— Je dis à madame tout ce que je sais...

— Vous êtes complice de toutes les folies de mademoiselle de Plouernel, et vous pourrez vous en repentir!

— J'obéis aux ordres de mademoiselle ainsi que j'ai obéi aux ordres de madame la comtesse, sa mère. C'est mon devoir.

— Il est impossible que ma nièce, qui se disait ce matin encore très souffrante, soit sortie sans motif. Vous le connaissez, ce motif... Répondez... Quelle cause a déterminé ma nièce à quitter sa chambre?

— Je l'ai dit à madame la marquise, le temps est si beau que mademoiselle a cru que la promenade lui serait salutaire.

— Il suffit... — reprit madame du Tremblay d'un ton courroucé en jetant sur la vieille Marion un regard menaçant; — je me souviendrai de votre obstination... Nous saurons découvrir la vérité.

La marquise alla rejoindre aussitôt le comte de Plouernel et l'abbé, qui se montrèrent non moins qu'elle-même surpris, inquiets et courroucés de la sortie imprévue de mademoiselle de Plouernel. Le marquis de Châteauvieux ne pouvait prolonger son séjour au château de quelques heures, de sorte que si, avant son départ, Berthe n'était pas de retour au château, le mariage serait encore forcément ajourné. Aussi, non content d'envoyer à la recherche de sa sœur plusieurs de ses gens dans toutes les directions du parc, le comte monta lui-même à cheval avec M. de Châteauvieux, dans l'espoir de rencontrer mademoiselle de Plouernel, tandis que, pour se livrer de leur côté aux mêmes recherches, l'abbé Boujaron et madame du Tremblay montaient en calèche.

Les ruines de l'ancien manoir féodal de Plouernel s'élevaient à la cime d'une montagne abrupte, jadis aride, mais plantée de bois depuis qu'elle servait de point de vue au château moderne dont elle limitait au nord le vaste parc. L'antique donjon, ainsi que tous les châteaux forts seigneuriaux du moyen âge, avait une issue secrète et souterraine, débouchant à une grande distance du manoir : grâce à cette issue, le seigneur, toujours guerroyant contre ses voisins, pouvait fuir et échapper à ses ennemis, lorsqu'il se voyait sur le point d'être forcé dans son repaire. Le souterrain du donjon de Plouernel, jadis creusé dans le roc vif par les serfs, communiquait d'un côté aux étages construits au-dessous du niveau du sol et où se trouvaient alors les prisons, les chambres tortionnaires, les oubliettes du manoir, et de l'autre côté aboutissait par une pente rapide au pied de la montagne à la cime de laquelle s'élevait le donjon. Cette dernière issue s'ouvrait actuellement au dehors et à proximité du parc planté d'arbres séculaires. L'une des nombreuses portes de ce parc et l'une des plus voisines du château moderne donnait extérieurement sur une allée pratiquée à travers la forêt, dépendant des domaines du comte de Plouernel; à droite de cette allée qui rejoignait la grande route de Rennes, s'étendait une haute futaie, et à deux cents pas environ de sa lisière, au plus épais du bois, débouchait le souterrain du donjon. Cette issue, obstruée pendant des siècles par des broussailles et le lent exhaussement du sol, avait été récemment dégagée, élargie, quoique restant à peu près masquée par un rideau de lierres et de vignes folles, retombant d'une sorte de plateforme naturelle, formée par une saillie rocailleuse où ces plantes parasites avaient pu s'enraciner. Grâce à la légende de sa famille, Salaün Lebrenn en connaissait l'existence, et s'étant mis, ainsi que son fils, en rapport avec quelques vassaux du comte, hommes résolus et chefs de la révolte projetée, il leur indiqua les ruines du donjon, communiquant avec le plat pays par une issue secrète, comme un lieu parfaitement approprié pour un dépôt d'armes et de munitions de guerre. Son ouverture, à demi masquée par des plantes parasites, débouchait à vingt pas environ d'une futaie qui entourait une petite clairière tapissée de gazon; en son milieu s'élevait un chêne énorme, si vieux, si vieux... que, *couronné* par les ans, ainsi que disent les forestiers, sa sève s'était tarie, et aucune feuillée ne verdissait son immense ramure. Une source d'eau vive formait un réservoir naturel à l'extrémité de cette clairière. Un étroit sentier, pratiqué à travers les taillis et la futaie, par le passage des cerfs et des daims, qui venaient, durant la nuit, s'abreuver à la source d'eau vive, aboutissait au chemin qui, faisant face à l'une des portes du parc du château, rejoignait la grande route de Rennes.

A l'heure où la famille de mademoiselle de Plouernel la cherchait dans l'intérieur du parc, Nominoë Lebrenn, debout, adossé au chêne mort planté vers le milieu de la clairière, Nominoë Lebrenn éprouvait une anxiété profonde; pâle, défait, le front penché, le regard fixe, les bras croisés sur sa poitrine, il se disait : — Non, elle ne viendra pas! elle ne viendra pas!... Oh! maintenant que cette tentative désespérée est accomplie, je reconnais combien elle était folle!... Ecrire à dame Marion, la prier de remettre à mademoiselle de Plouernel la lettre jointe à mon billet, déposer le tout chez le concierge du château en lui disant : « Pour dame Marion, » puis disparaître et venir attendre en ce lieu... Croire qu'ELLE viendra... Est-ce assez insensé... Non, non! elle ne viendra pas... — Après un moment de silence, Nominoë reprend : — Qui sait, peut-être s'est-elle égarée! Pourtant les indications contenues dans ma lettre sont précises... « Prendre, à droite de l'allée que l'on suit en sortant du parc, le premier sentier que l'on rencontre et qui conduit à une clairière où se trouvent un chêne mort et une source d'eau vive. » J'ajoutais que j'ai choisi ce lieu de rendez-vous parce qu'il n'est pas éloigné du château, quoique en dehors du parc, dont l'une des portes s'ouvre près d'ici... Ah! je connais ces bois, depuis deux jours j'y rôde comme un bandit!... Ce souterrain, je le connais aussi... ajouta Nominoë, tournant la tête du côté de l'issue masquée par des lierres et des vignes folles. — Dans ce souterrain ont blanchi les os d'un de nos aïeux... serf d'un sire de Plouernel... Puis s'interrompant : — Fatalité étrange, malheur à moi! c'est pour l'une des filles de cette race... tant de fois maudite par les miens à travers les âges, c'est pour une fille des Néroweg que j'éprouve un amour délirant... et bientôt peut-être... mais non, va! Rassure-toi, pauvre fou! elle ne viendra pas... Non, si généreux que soit son cœur, elle ne peut oublier qu'elle est de noble origine, et que ma famille est vassale de son frère!... Non, ELLE ne viendra pas... et d'ailleurs... oserai-je affronter son regard? Ce rendez-vous, ne l'ai-je pas pour ainsi dire imposé à sa reconnaissance! ne lui ai-je pas écrit : « Celui qui, à La Haye, vous a sauvé la vie et l'honneur... vous attend... Vous viendrez si vous avez conservé le souvenir des services rendus!... »

Mais soudain, prêtant l'oreille du côté de la futaie, Nominoë tressaille et se lève brusquement. Les battements de son cœur, d'abord précipités, se suspendent; les forces lui manquent; il veut faire un pas, mais il tombe agenouillé sur le gazon, les mains jointes comme s'il priait. Il a vu mademoiselle de Plouernel, tenant à la main son masque de soie, entrer dans la clairière.

— Mademoiselle de Plouernel acceptera peut-être le rendez-vous que j'impose à sa reconnaissance au nom des services rendus; mais elle viendra le front hautain, le regard sévère, — avait pensé Nominoë.

Quelle fut sa surprise et sa joie! les traits de mademoiselle de Plouernel, loin d'exprimer les ressentiments de la fierté blessée, révélaient un profond attendrissement; elle s'avança d'un pas ferme vers Nominoë, toujours agenouillé, se déganta, lui tendit sa main charmante, hélas! amaigrie par la souffrance; puis son pâle et beau visage se nuançant d'un léger incarnat, elle dit sans chercher à contenir ses larmes qui rendirent plus brillants encore ses grands yeux noirs : — Grâces vous soient rendues, M. Lebrenn ! Vous me donnez enfin l'occasion de vous dire que jamais je n'ai oublié... que jamais je n'oublierai que, sur les côtes de Hollande, vous m'avez sauvé la vie... et qu'à La Haye vous m'avez sauvé l'honneur !... Oui, grâces vous soient rendues... — reprit la jeune fille avec un accent ineffable, tandis que de douces larmes coulaient lentement de ses joues. — Je vous dois le seul moment de bonheur que j'aie goûté depuis longtemps...

L'émotion de mademoiselle de Plouernel, ses paroles, son accent, la cordialité de son geste en tendant la main à Nominoë, le jetèrent dans un tel trouble que, demeurant toujours à genoux et contemplant la jeune fille avec une sorte d'adoration, il reçut en tremblant la main qu'elle lui offrait, la couvrit de larmes, y appuya son front brûlant, et bientôt ses sanglots le suffoquèrent.

Berthe retira doucement sa main d'entre celles de Nominoë, lui disant d'une voix émue : — Monsieur Lebrenn, relevez-vous...

Et, avisant à quelques pas de là une roche couverte de mousse, sorte de banc naturel, la jeune fille ajouta : — Je suis à peine convalescente... ma faiblesse est encore bien grande... je me sens fatiguée... permettez que je me repose sur cette pierre...

Nominoë se releva et obéit à un signe de mademoiselle de Plouernel, qui, après s'être assise, l'invitait à prendre place à ses côtés. Puis, se recueillant un instant, elle continua de parler : — Les positions en apparence difficiles, ou même fausses, deviennent, selon moi, faciles et droites, grâce à la loyauté... Je serai franche. Vous serez sincère, monsieur Lebrenn... Vous répondrez à toutes mes questions.

— Je vous sais gré, mademoiselle, de me juger ainsi, répondit Nominoë ; vous me trouverez loyal et sincère en toute chose.

— Et d'abord, afin de vous rendre intelligible ce qui pourrait vous sembler inexplicable, monsieur Lebrenn, je dois vous dire qu'avant de vous devoir la vie et... l'honneur... je ressentais déjà un vif intérêt, sinon pour vous particulièrement, du moins pour toutes les personnes de votre famille...

Et Berthe ajouta, répondant à un geste de surprise de Nominoë : — Je connaissais une partie de votre légende...

— Vous, mademoiselle, vous connaissez notre légende plébéienne ?

— Grâce à un manuscrit du colonel de Plouernel... de mes ancêtres.

— Cet écrit remonte à la fin du siècle passé ? — reprit Nominoë frappé d'un souvenir soudain. — Le colonel de Plouernel, huguenot, avait destiné ces pages à son fils... Nos légendes en font mention, en effet.

— Ma mère avait découvert ce manuscrit dans la bibliothèque du château... Ma mère avait beaucoup souffert, monsieur Lebrenn, c'était une femme d'un grand sens et d'un grand cœur ; aussi, ses chagrins, loin d'aigrir son caractère, le rendaient plus généreux encore. Connaissant la souffrance, elle compatissait davantage aux souffrances d'autrui ; victime de l'iniquité, elle ressentait une tendre pitié pour les victimes de toutes les iniquités, une haine vigoureuse contre toutes les oppressions ; quoique d'origine patricienne, quoique épouse du comte de Plouernel, ma mère, mûrie par le malheur, par la réflexion, instruite par les révélations de votre légende, en était venue à partager les convictions du colonel huguenot qui fut l'ami de votre aïeul, Odelin Lebrenn, l'armurier de La Rochelle... Oh ! je n'ai rien oublié de cette intéressante légende.

— Quoi ! mademoiselle, vous vous rappelez ce nom obscur !

— Ce nom obscur était celui d'un homme de bien et l'un des courageux soldats de l'amiral de Coligny, disait le colonel de Plouernel dans les pages destinées à son fils. Vous vous étonnez de la sûreté de ma mémoire, monsieur Lebrenn, — ajouta Berthe avec un sourire mélancolique ; — et pourtant là ne se bornent pas mes souvenirs ; j'ai à cette heure, présent à la pensée, le nom d'un autre de vos aïeux, non moins obscur et remontant bien plus avant dans la nuit des âges... Den-Brao le Maçon, qui, aidé d'autres serfs de la seigneurie de Plouernel, a creusé cette galerie souterraine, dont voilà l'une des issues, — ajouta Berthe en désignant l'orifice de la voûte creusée dans le roc. Puis, frissonnant, la jeune fille ajouta : c'est une lugubre histoire que celle de votre aïeul ! Il y est mort de faim.

— Savez-vous pourquoi je rappelle ces légendes ? C'est afin de vous faire comprendre quelle impression profonde ont dû causer à ma mère, puis à moi... ces récits contenus dans le manuscrit du colonel de Plouernel ! Oui, jugez de ce que nous avons dû ressentir, surtout en apprenant que l'un des descendants de cette famille de race gauloise se trouvait en nos jours vassal de la seigneurie de Plouernel, dans le domaine de Mezléan !... « Ah ! mon enfant, me disait ma mère, — n'est-elle pas providentielle cette révélation de siècle en siècle par la famille de ton père sur cette pauvre famille vassale ! Une telle révélation ne doit-elle pas nous mettre sur la voie de l'expiation de tant d'iniquités, de tant de barbaries séculaires ? Hélas ! si j'avais ici quelque pouvoir, j'appellerais près de nous les descendants de cette famille, aujourd'hui nos vassaux... et je m'efforcerais d'apaiser leurs ressentiments par mes bienfaits, par les plus délicates consolations... Je serais leur protectrice, leur amie, leur sœur.. »

— Oh ! cœur généreux ! — s'écria Nominoë attendri jusqu'aux larmes ; — comment, élevée par une telle mère, ne seriez-vous pas digne d'elle, mademoiselle Berthe ?

— Je n'oublierai jamais ses leçons, ses exemples. Enfin, lorsqu'une maladie imprévue frappa ma mère, nous étions sur le point de nous rendre, elle et moi, à Mezléan, pour y visiter le métayer Gildas Lebrenn, qui, je l'ai su depuis, est le frère de votre père... Ce voyage n'eut pas lieu... je perdis ma mère... je dus quitter la Bretagne ; je vins habiter Versailles avec ma tante. Vous avez su peut-être, par votre ami M. Serdan, le but qu'à mon insu l'on se proposait en me conduisant en Angleterre ?

— Oui, mademoiselle... C'est ainsi que M. Serdan a pu juger de l'élévation de vos sentiments, de la grandeur de votre caractère.

— ... L'étrangeté de notre rencontre vous a causé une extrême surprise, n'est-ce pas, monsieur ?... Eh bien ! songez à ce que j'ai dû éprouver, lorsqu'à La Haye, moi, Berthe de Plouernel, — ajouta la jeune fille en attachant son beau regard sur Nominoë, — lorsqu'à La Haye j'ai appris que celui qui m'avait déjà sauvé la vie, et qui, au prix de son sang, me sauvait l'honneur, descendait de cette famille envers laquelle la nôtre avait tant à expier... lorsque j'ai su que mon sauveur valait autant par le cœur que par le courage... lorsqu'il m'a été permis de vous connaître, de vous apprécier...

L'accent, le regard de mademoiselle de Plouernel en prononçant ces dernières paroles, exprimaient un sentiment si touchant, si noble... si tendre... le silence qu'elle garda ensuite parut tellement significatif à Nominoë, qu'une pensée soudaine traversa son esprit ; et malgré sa modestie, son peu de confiance en soi-même, malgré la folle invraisemblance de l'espoir qui fit bondir son cœur, il se crut aimé... l'ivresse du bonheur l'enhardit, et, d'une voix palpitante, il s'écria : — Et vous, mademoiselle, songez à ce que je dois éprouver à cette heure en vous entendant me rappeler les luttes de nos familles à travers les siècles ! et ensuite prononcer les mots d'expiation, de réparation !... Quelle peut donc être cette réparation ?... malgré moi... un espoir insensé... est entré dans mon cœur... Hélas ! je sens trop que mon espérance est folie !... prononcez ma condamnation.

— Qu'espérez-vous donc ? — reprit Berthe d'un ton ferme.

— Non, je n'oserai jamais vous le dire... je redoute d'exciter vos justes dédains... vos railleries... votre colère...

— Si j'avais pour vous du dédain, serais-je près de vous en ce moment ! Notre avenir à nous deux est trop sombre pour que je pense à railler... vous m'avez promis d'être sincère...

Nominoë devint plus pâle encore qu'il ne l'était, baissa la tête et murmura d'une voix tremblante, éperdue, passionnée : — Je vous aime !... je vous aime éperdûment !...

— Moi aussi, Nominoë... je vous aime !... — répondit mademoiselle de Plouernel d'une voix solennelle. — Oui, — reprit-elle, le front haut et serein, — je vous aime... de toute mon âme... je ne crains pas d'en faire l'aveu.

— Joies du ciel ! — s'écria le jeune homme tombant à genoux les mains jointes devant Berthe, — vous m'aimez... Je ne suis pas le jouet d'un songe !... vous m'aimez !

— Oui, je vous aime, je vous le dis sans rougir, parce que je vous crois digne d'un pareil amour, Nominoë ! Joies du ciel ! avez-vous dit... Ah ! vous avez bien dit... nos joies seront célestes ! et non terrestres... notre avenir est sombre ici-bas... mais ailleurs... mais là, où, selon la croyance de vos pères, nous allons revivre corps et âme... notre avenir resplendira... Vous cherchez le sens de mes paroles, Nominoë ! Relevez-vous... asseyez-vous là près de moi, et m'écoutez... Vous connaîtrez toute ma pensée...

Nominoë, partagé entre le doute et l'espérance, enivré par l'aveu de mademoiselle de Plouernel, découragé, presque effrayé par ses dernières paroles, se releva silencieux, se rapprocha du banc de mousse et s'assit près de Berthe, qui reprit :

— Lorsque, pour la première fois, je vous ai vu, c'était au milieu d'une tempête qui allait briser notre vaisseau sur les côtes de la Hollande. Conservant ma liberté d'esprit, malgré le danger... parce que je ne crois pas à la mort... je suivais votre manœuvre avec un inexprimable intérêt, admirant votre dévouement, touchée de votre jeunesse ; et quelques moments après le sauvetage de notre vaisseau, je pouvais apprécier votre esprit, la dignité de votre caractère par votre réponse à propos de la rémunération que vous offrait l'abbé, notre compagnon de voyage... Je croyais alors ne jamais vous revoir, Nominoë ! cependant, je me sentais heureuse de vous être attachée par des liens de reconnaissance, et de ce jour, votre souvenir prit place dans mon cœur.

— Oh ! de ce jour aussi, votre souvenir, votre image, ont toujours été présents à ma pensée !... Comment aurais-je oublié ce moment où, m'approchant de votre brigantin dans l'espoir de le sauver, je vous vis à la poupe de ce navire, si belle, si calme, souriante à la tempête !... Ce fut pour moi une éblouissante vision ! Hélas ! trop souvent depuis elle m'est apparue dans mes rêves !... Enfin, lorsqu'en ce même jour je lus dans vos yeux la peine que vous causait l'humiliation dont j'avais à souffrir... j'ai deviné la bonté, la noblesse de votre cœur! et votre souvenir m'est devenu plus cher encore. Oh! je vous aime... passionnément.

— Je vous crois, Nominoë... Pourquoi l'impression que vous avez ressentie n'aurait-elle pas été aussi vive que celle que j'ai ressentie moi-même? Vint ce jour funeste, terrible, où, blessé de coups de feu, vous avez failli périr pour m'arracher au déshonneur... — ajouta mademoiselle de Plouernel d'une voix émue et les yeux humides de larmes; — ce jour enfin où j'ai appris, rencontre étrange, providentielle! que mon sauveur appartenait à cette famille vassale dont je connaissais la légende... Cette découverte, succédant aux terribles émotions de la soirée, me bouleversa, me porta le dernier coup; je repris cependant un peu conscience de moi-même lorsque M. Serdan, après nous avoir donné les moyens de quitter La Haye, me fit espérer que vos blessures ne seraient peut-être pas mortelles et, en quelques mots partis du cœur, fit de vous un éloge dont je fus pénétrée... Aussi, je vous le jure, Nominoë, si en ce moment je ne m'étais déjà sentie accablée par les premières atteintes d'une maladie grave qui devait durer bien longtemps; si mon esprit n'eût pas été troublé, ma force épuisée par tant de violentes commotions, je n'aurais pas, cette nuit-là, quitté La Haye sans vous avoir revu... sans vous avoir dit tout ce que votre générosité m'inspirait de reconnaissance et d'admiration; mais tous les ressorts de mon âme étaient brisés, je n'ai pu que pleurer... larmes stériles et lâches!... en vous laissant dans cette ville, mourant peut-être et victime de votre dévouement pour moi! Nous sommes parties pour la France. Les fatigues du voyage, jointes à une fièvre lente, avaient rendu mon état presque désespéré lors de mon arrivée à Versailles. J'y suis restée pendant deux ou trois mois entre la vie et la mort... Grâce aux soins des médecins, à ma jeunesse, je sortis de l'état presque désespéré où je languissais depuis mon retour de Hollande; je crus m'éveiller d'un songe pénible... peu à peu je me souvins de tous les évènements de mon voyage à La Haye... Ces souvenirs, rendus par notre séparation doublement chers à mon cœur y éveillèrent pour vous un sentiment plus tendre que la reconnaissance... je vous aimais, Nominoë!... En cela, je cédais surtout à l'irrésistible attrait de cette pensée, que j'aimais en vous le descendant de cette famille si longtemps persécutée par la mienne. Mon amour devenait une expiation du passé!... Je voyais quelque chose de providentiel dans les évènements qui nous avaient rapprochés. Ne vous devais-je pas la vie... l'honneur! à vous, descendant de ces vassaux si souvent frappés dans leur vie, dans l'honneur de leurs filles, de leurs femmes, par mes ancêtres! Oh! Nominoë, si vous saviez avec quelle ferveur je remerciai Dieu de m'avoir inspiré ce vœu de prendre pour époux, moi, fille de Néroweg le Frank, un fils de Joel le Gaulois! N'était-elle pas juste cette réparation de la fille des oppresseurs envers le fils des opprimés? n'était-il pas naturel ce mariage qui consacrait l'union de la race conquise et de la race conquérante? n'était-il pas céleste cet amour puisé à la source de la justice? Je me sentais heureuse à l'idée de cette fusion de nos races.

La parole est impuissante à exprimer certaines émotions. Nominoë, le visage baigné de larmes, restait silencieux. Soudain, une voix lointaine, fraîche et pure... une voix de jeune fille commença de chanter, ou plutôt de réciter, sur un rythme lent et mélancolique, l'un de ces *bardits* (ou chants nationaux bretons) dont quelques-uns, encore populaires en ce temps-ci, remontent à l'antiquité la plus reculée. La chanteuse faisait paître ses brebis sur l'une des pentes ombragées de la montagne, au faîte de laquelle s'élevaient les ruines du donjon féodal de Plouernel. Cette douce voix, affaiblie par la distance, semblait venir des cieux. Aux premiers versets de ce chant, Nominoë, malgré sa profonde émotion, tressaillit, prêta l'oreille et dit à mademoiselle de Plouernel:

— Rencontre étrange! Ce chant, traditionnel en Bretagne depuis des siècles, raconte la mort d'une jeune fille de notre famille au temps de la conquête de la Gaule par Jules César...

— La mort d'une jeune fille! — reprit mademoiselle de Plouernel avec un sourire d'une expression indéfinissable.

Le dernier verset du bardit parvint à peine aux oreilles de Berthe et de Nominoë, car la bergère gravissant en chantant la pente de la montagne, et bientôt la voix se perdit dans l'espace. Mademoiselle de Plouernel avait écouté ce bardit avec une attention profonde, les mains jointes et les yeux levés vers le ciel.

Puis, sortant de sa rêverie et s'adressant à Nominoë avec une angoisse dont il ne pouvait s'expliquer la cause, Berthe lui dit: — La légende de cette vaillante et douce Héna, la vierge de l'île de Sên, fille de Joel, l'un de vos aïeux, s'est aussi conservée dans votre famille? La vierge qui se sacrifie pour apaiser le courroux de Hésus!

— Oui, mademoiselle, c'est une des légendes de notre famille, et à cette légende est jointe une petite faucille dorée, sorte de bijou symbolique et sacré que portaient à leur ceinture les druidesses...

— En effet, Nominoë, je me rappelle que, dans son manuscrit, le colonel de Plouernel raconte qu'à chacune de vos annales de famille se trouve joint un objet presque toujours symbolique et laissé par l'auteur du récit ; ainsi s'est formé de génération en génération l'humble et antique reliquaire de votre famille. M. de Plouernel cite entre autres une petite croix d'argent, laissée par votre aïeule Geneviève, qui a vu supplicier à Jérusalem Jésus de Nazareth !... Quels souvenirs ! quels magnifiques souvenirs !...

Puis, redevenant pensive, Berthe reprit :

— Dites-moi, Nominoë, ces pierres sacrées de Karnac, dont il est parlé dans la ballade d'Héna, la vierge de l'île de Sên, sont-elles celles qui existent encore aujourd'hui ?

— Ce sont les mêmes, et déjà au temps de Jules César leur origine se perdait dans la nuit des âges...

— J'ai visité ces pierres lors de mon dernier voyage à Mezléan... Elles sont gigantesques, leurs avenues colossales s'étendent jusqu'aux bords de la mer qui se brise à leurs pieds !... Ainsi, leur granit a défié les siècles ! elles sont à cette heure telles qu'elles étaient alors que votre aïeule offrait aux dieux son innocente vie pour apaiser leur courroux et sauver la Gaule envahie par l'étranger ! Dévoûment sublime ! sa mémoire s'est perpétuée jusqu'à nos jours ! Ah ! Nominoë ! ma famille orgueilleuse se vante de l'antiquité de sa race, de la noblesse de son origine ! Combien plus ancienne et véritablement noble est la vôtre !... C'est vous, ami, c'est vous qui eussiez *dérogé*, comme ils disent, si cette union, que j'avais rêvée...

Puis, répondant à un mouvement du jeune homme, Berthe ajouta :

— Ne vous l'ai-je pas dit, Nominoë... nos joies seront célestes et non terrestres !... la Providence l'a voulu... et vous devez obéir à cette volonté providentielle... Il faut savoir se résigner, mon ami...

— Berthe, je vous en supplie, ayez pitié du trouble de mon esprit... ce qui se passe aujourd'hui me jette dans une sorte de vertige ; je ne sais si je rêve ou si je veille... Je doute de ce que je vois, de ce que j'entends ! de ce que je ressens ! Tout à l'heure vous avez prononcé le mot mariage ; j'ai cédé malgré moi à l'enivrement d'un espoir insensé... Oh ! bien insensé...

— Je n'ai pas terminé mes aveux, Nominoë ; cette ballade, les idées qu'elle a éveillées en moi, les souvenirs qu'elle vous rappelait, ont interrompu notre entretien... Écoutez encore. Je voyais dans notre mariage une expiation, une réparation des maux dont votre famille avait souffert d'âge en âge de la part de la mienne. Ces projets, à mesure que ma santé s'améliorait, devinrent ma pensée constante ; mais j'étais assaillie de doutes, d'anxiétés. D'abord, vous pouviez ne pas m'aimer... vous pouviez, en apprenant que j'étais une fille de Néroweg, éprouver à mon sujet une aversion instinctive, l'une de ces antipathies de race souvent invincibles... et malheureusement trop justifiées. Je doutais donc parfois que vous pussiez m'aimer. Ensuite, lorsque j'envisageais ce mariage au point de vue des préjugés du monde, j'entrevoyais des abîmes de difficultés... Je ne m'en épouvantais pas... je vous aimais vaillamment, Nominoë... mais je m'épuisai longtemps à chercher les moyens de surmonter tant d'obstacles... et surtout de savoir si vous conserviez quelque souvenir de moi... Enfin, tel fut le fruit de mes longues réflexions : je devais, avant tout, m'assurer de la nature de vos sentiments à mon égard, en m'adressant à vous avec la tranquillité d'un cœur droit, d'une âme pure. Vous étiez marin du port de Vannes, m'avait dit votre père ; d'autres membres de votre famille étaient vassaux du domaine de Mezléan et métayers de Karnac... Il me fallait donc retourner en Bretagne ; là j'avais toute chance de vous rencontrer... Mon sort et le vôtre seraient alors désormais fixés. Cette résolution mit un terme aux anxiétés dont je souffrais depuis longtemps, et opéra une réaction salutaire dans ma santé. Ma convalescence marcha rapidement. Au printemps de cette année, le médecin à qui je fis part de mon désir de retourner en Bretagne non seulement m'approuva, mais ajouta que l'air natal pouvait seul achever ma guérison. Ma tante et mon frère ne pouvant alors quitter Versailles, ils me laissèrent partir pour Plouernel, en compagnie d'un vieil écuyer, et de ma nourrice Marion, honnête et digne femme qui ne m'a jamais quittée. Elle est sûre, fidèle, dévouée, d'origine bretonne, sa famille habite Vannes. Aussitôt mon arrivée à Plouernel, je chargeai Marion d'écrire à un de ses parents, et de le prier de s'informer si M. Lebrenn et son fils, marins au port de Vannes, résidaient encore dans cette ville. On répondit à Marion que votre père et vous étiez absents, mais que votre retour serait prochain. J'attendis... Vers cette époque, car vous ne devez rien ignorer, vers cette époque, mon frère vint séjourner à Plouernel. Les projets qu'il avait, lors de notre voyage d'Angleterre, formés sur moi, ont éteint dès longtemps en moi toute affection, toute estime pour lui. Je le lui ai déclaré un jour, et depuis, par dignité, je ne lui ai plus rappelé ce pénible sujet ; mais ainsi sont faits les gens de cour qu'ils oublient vite une indignité pour en commettre une autre, et bien qu'après tout les nouveaux desseins de mon frère fussent honorables... comparés aux premiers... ils étaient empreints d'un profond égoïsme. Il voulait me marier... L'ambition, la cupidité de M. de Plouernel trouvaient des avantages considérables dans ce mariage... Quoi qu'il en ait coûté à ma franchise, je n'ai pas formellement repoussé ses projets de mariage ; grâce à cette

L'avant-garde des paysans bretons (page 543)

apparente concession, mon frère s'est montré tolérant pour ce qu'il appelle mes bizarreries... Aussi, apprenant, par le parent de Marion, votre retour à Vannes, j'ai pu, sans que le comte s'y opposât, me rendre, accompagnée de ma nourrice et d'un écuyer, au manoir de Mezléan. C'est sur la route de ce bourg que je vous ai vu pour la première fois... lorsque... lorsque... je rencontrai...

Mademoiselle de Plouernel s'interrompit. Des larmes roulèrent dans ses yeux. Ses pleurs, son silence, les palpitations de son sein révélaient une émotion si douloureuse, que soudain Nominoë pâlit, frissonna. Il se rappelait seulement alors ce que, dans son trouble, il avait jusque-là oublié : c'est qu'il conduisait à l'autel Tina, sa fiancée, lors de sa rencontre avec mademoiselle de Plouernel, et qu'elle devait être actuellement instruite de cette union... Accablé par cette pensée, il n'osa plus lever les yeux sur Berthe et sentit s'évanouir ses dernières espérances ! Il retombait du ciel sur la terre.

Mademoiselle de Plouernel, après un moment de silence, domina son émotion, essuya ses pleurs et reprit : — En allant à Mezléan, tel était mon projet, Nominoë : je voulais vous écrire et vous prier de vous rendre au manoir... Le désir si naturel de pouvoir vous exprimer ma reconnaissance des services rendus autorisait ma démarche... Vous vous rendriez à mon invitation... l'amour sincère est pénétrant... j'étais certaine de reconnaître, dès notre première entrevue, si vous partagiez le sentiment que vous m'inspiriez, et si l'élévation de votre cœur répondait à tout ce que j'en attendais... En ce cas, je vous aurais fait l'aveu que je vous ai fait tout à l'heure, en ajoutant ceci : « Nominoë, je suis libre de ma personne... l'indignité

169e livraison

de ma famille envers moi a pour jamais brisé mes liens de sujétion à ses volontés, de déférence à son égard ; je vous offre ma main ; je sais qu'en France un pasteur craindrait de consacrer notre union, redoutant les ressentiments d'une famille aussi puissante que la mienne... Fiançons-nous aujourd'hui ; échangeons nos serments en présence de Dieu et de votre père ; demain nous partirons avec lui de Vannes pour l'Angleterre à bord du navire qu'il possède... Arrivés à Londres, un magistrat nous mariera. Je ne vous parlerai pas de mes biens ; la confiscation peut les atteindre ; mais je possède les pierreries de ma mère et une somme suffisante pour nous assurer une modeste aisance. Nous habiterons l'Angleterre, s'il y a trop de périls pour nous à revenir en France... Préférez-vous braver ces périls au lieu de vous expatrier ? Je vous aime... j'ai du courage... votre désir sera le mien, Nominoë... » Tels étaient mes projets. Tel était mon vœu le plus cher ! Aussi, le lendemain de mon arrivée au manoir de Mézléan, je me rendais à cheval au bourg afin de m'informer de votre résidence et de vous y adresser ma lettre, lorsque j'ai rencontré un cortège nuptial arrêté par les soldats du roi... et au moment où j'apprenais que ce cortège nuptial était le vôtre, Nominoë, le vôtre... je vous ai vu de loin fuir, éperdu, à la douloureuse surprise de votre père et de votre fiancée... La cause de votre fuite m'a paru inexplicable ; mais que m'importait ; votre cœur n'était plus libre... la beauté charmante de la jeune fille que vous devez épouser justifie votre amour pour elle ! Je repartis le lendemain de notre rencontre ; j'arrivai ici brisée par le chagrin... je n'avais, depuis mon retour, quitté mon appartement, lorsque ce matin Marion m'a remis votre lettre, et je suis venue en ce lieu... Maintenant vous savez tout, Nominoë.. Je vous ai, peut-être à tort, dans le cours de notre entretien, reproché de manquer de sincérité lorsque vous protestiez de la constance de votre amour pour moi... Vous êtes honnête homme et incapable d'avoir voulu tromper la jeune fille qui sera votre épouse... Cependant vous prétendez m'avoir aimée toujours... Eh bien ! je vous crois, sinon m'aveu serait à jamais resté enseveli dans mon cœur !... Oui, l'âme humaine est parfois un si étrange mystère, qu'une autre affection a pu trouver place à côté de votre amour pour moi... vous le regardiez comme un rêve ; mais du moins le souvenir de votre amour vous restera doux et cher parce qu'il aura été noble et pur... Votre souvenir à vous, Nominoë, me sera toujours aussi cher, parce ce que vous m'avez inspiré une pensée généreuse, une pensée d'expiation, de réparation... Oui, lorsque selon notre commune croyance, nous nous retrouverons ailleurs qu'ici, nous nous reverrons le front rayonnant d'un bonheur céleste, car je vous l'ai dit, ami, nos joies ne seront pas de ce monde.

Nominoë releva son visage baigné de larmes, et s'efforçant de raffermir sa voix :

— A votre tour, écoutez-moi... et surtout, je vous en adjure, mademoiselle, croyez à ma sincérité...

— Nominoë, appelez-moi Berthe... Cette familiarité fraternelle sera pour moi une sorte de consolation...

— Mon Dieu ! vous voulez donc rendre mon désespoir plus affreux encore en me rappelant, par cette familiarité mon bonheur perdu ? — reprit Nominoë avec un sanglot déchirant. Mais regrettant ses paroles : — Pardon, Berthe, pardon de répondre ainsi à une preuve touchante de votre affection... mais si vous saviez, hélas ! ce que je souffre... Depuis le voyage de La Haye, je vous ai aimée, passionnément aimée... Savez-vous, Berthe, ce qui rendait cet amour irrésistible ? C'est un attrait pareil à celui qui vous entraînait vers moi... Oui, si étrange, si inexplicable que cela semble, j'aimais surtout en vous la fille des Nêroweg ; oui, cet amour sans espoir, cet amour insensé, ne me promettait que déceptions, que chagrins, que souffrances, que néant ! et cependant il avait pour moi le charme fatal du vide qui nous attire à l'abîme ! J'éprouvais je ne sais plus quel sentiment triste et tendre à la fois en aimant en vous une descendante de cette race que j'avais, dès l'enfance, appris à maudire ! Vous étiez à mes yeux un ange de pardon et de concorde !... Ah ! Berthe, si légitime qu'elle soit, la haine est si amère, et le pardon si doux ! En vous j'innocentais vos aïeux ! loin de vous rendre solidaire de leurs iniquités, je les rendais solidaires de vos vertus !... Oui, vous rachetiez les méchants de votre race comme le Christ a racheté le monde par ses vertus, par sa bonté, par sa grâce évangélique !

— Nominoë ! que je suis fière de vous aimer ! — s'écria avec un ravissement inexprimable mademoiselle de Plouernel, remuée jusqu'au plus profond de l'âme par les paroles, par l'accent de Nominoë. — Ah ! je vous le disais bien, notre amour s'inspire de sentiments trop célestes pour être jamais de ce monde-ci...

— En ce monde et dans les autres où nous irons revivre, cet amour, je le sens, durera l'éternité !... sa source est trop haute pour le jamais trahir... il est providentiel... Le matin même de mon mariage, au moment de conduire ma fiancée au temple, j'apprends votre arrivée à Mézléan. J'ignorais, je ne pouvais même supposer vos desseins... Cependant je cédais à un pressentiment invincible ! Je voulais rompre mon mariage ! Fiancé à ma cousine presque dès mon enfance, je l'ai aimée comme la future compagne de ma vie, jusqu'à mon retour de La Haye. Mais, depuis que je vous connaissais, je n'ai plus vécu que pour la passion enivrante, fatale dont je savais la folie. Cependant l'époque de mon mariage avec ma cousine approchait ; je vous l'avoue, la crainte de porter à cette pauvre enfant un coup douloureux en rompant une union depuis si longtemps projetée, la crainte de chagriner mon père, puis cette pensée, que jamais sans doute je ne vous reverrais... enfin l'espoir de trouver dans les douces affections de la famille l'oubli d'un amour insensé, m'ont fait consentir à cette union...

— Tout m'est expliqué maintenant, Nominoë... reprit mademoiselle de Plouernel avec un allègement ineffable. — Oh ! je vous crois, je suis heureuse de vous croire...

— Lorsque je vous ai revue, Berthe, sur la route de Mezléan, mon esprit s'est égaré... une puissance invincible m'a entraîné... j'ai fui éperdu.. j'ai, durant la nuit, erré comme un fou dans la forêt... Puis, mon agitation se calmant peu à peu, j'ai envisagé la réalité... Mon mariage avec ma cousine était désormais impossible... absolument impossible...

— Impossible... — reprit en tressaillant mademoiselle de Plouernel. — Pourquoi impossible, Nominoë ?

— Parce que je suis un honnête homme ! parce qu'aucune puissance humaine ne me ferait épouser cette pauvre enfant, maintenant que je sais, Berthe, que vous m'aimez... J'ai donc quitté Mezléan sans revoir ma famille ; je ne me sentais pas le courage de braver son indignation. Je suis venu à Plouernel, obsédé par l'espoir d'obtenir de vous un entretien, et ensuite, Berthe, je vous le jure devant Dieu qui m'entend et me juge...

— Nominoë, devant Dieu qui nous entend et qui nous juge, répondez ! — dit mademoiselle de Plouernel après un moment de recueillement, et pour ainsi dire transfigurée par le rayonnement d'une espérance ineffable. — Etes-vous résolu de persister dans la rupture de votre mariage ?

— Aucune puissance humaine ne me contraindrait à ce mariage, qui ferait le malheur de ma cousine et le mien...

— Etes-vous résolu de vous expatrier ?

— Oui, car jamais je n'oserais revoir mon père, qui me maudirait, qui m'a maudit, peut-être...

— Quand comptez-vous partir ?

— Aujourd'hui même, — répondit Nominoë étouffant un sanglot. — J'irai m'engager matelot à Nantes, d'où le navire qui m'emportera fera voile pour les Indes. Nous ne nous reverrons jamais sur cette terre, Berthe !

Mademoiselle de Plouernel réfléchit et reprit :

— Existe-t-il près de Nantes, sur la côte, un petit port peu fréquenté où l'on puisse s'embarquer secrètement ?

— Oui, à Saint-Renan, — répondit Nominoë redressant la tête et regardant Berthe avec surprise, — à Saint-Renan, près l'embouchure de la Loire.

— Etes-vous certain de trouver là un bâtiment qui puisse faire voile pour l'Angleterre ?

— Saint-Renan est un port de pêche ; ses bateaux sont pontés, excellents voiliers et peuvent traverser la Manche.

— Pour se rendre en voiture d'ici à Saint-Renan, avec un bon cheval, combien faut-il de temps ?

— Sept à huit heures, en y comprenant le temps d'arrêt, car il faudrait laisser le cheval prendre du repos aux montées de la route.

— La route qui conduit à Saint-Renan est-elle fréquentée ?

— Très peu, c'est une route de traverse.

— Peut-on s'embarquer à Saint-Renan par toute marée ?

— Non, à la marée haute seulement.

— A quelle heure pourrait-on s'embarquer demain ?

— Le flot, à cette époque du mois, doit être de onze heures à minuit. Il faudrait donc être au milieu de la nuit à Saint-Renan.

— Pouvez-vous, d'ici à demain, — demanda Berthe, — vous procurer une voiture attelée d'un bon cheval ?

— Oui, — répondit Nominoë, incapable de résister plus longtemps à un espoir enivrant, et dont le cœur battait à se rompre.

— Il faudrait encore, — reprit mademoiselle de Plouernel, — deux mantes à capuchon, pareilles à celles que portent les paysannes. Nominoë, — poursuivit-elle d'une voix contenue où vibraient cependant toutes les émotions dont son âme était agitée en ce moment solennel, — demain, à trois heures de l'après-midi, trouvez-vous à cent pas d'ici, au carrefour de la Croix, avec la voiture que vous conduirez. N'oubliez pas les deux mantes à capuchon : l'une sera pour moi, l'autre pour Marion ; le capuchon cachera nos traits. Ma sortie du château en plein jour, à l'heure habituelle de ma promenade, n'inspirera aucun soupçon ; nous partirons aussitôt pour Saint-Renan, d'où nous ferons voile pour l'Angleterre, et là, Nominoë, — ajouta Berthe, s'abandonnant enfin à l'effusion de son amour et fondant en larmes d'une douceur céleste, — notre mariage... pourra s'accomplir.

— Votre masque !... mettez votre masque !... Voici quelqu'un... Grand Dieu ! mon père !... — s'écria Nominoë à la vue de Salaün Lebrenn et de Serdan sortant avec précaution de la galerie souterraine qui conduisait aux ruines du donjon de Plouernel.

Mademoiselle de Plouernel s'était empressée de cacher son visage sous le masque de soie, déposé près d'elle au commencement de son entretien avec Nominoë. Celui-ci, stupéfait à l'aspect de son père et de Serdan, resta muet, consterné, tandis que Berthe, masquée, debout, immobile, les bras croisés sur son sein palpitant, attendait avec angoisse l'issue de cette rencontre imprévue.

Salaün Lebrenn, malgré la sévérité de ses traits, ne put contenir un soupir d'allègement en revoyant son fils, au sujet duquel il était dans une angoisse mortelle depuis le jour de sa disparition. Serdan observait d'un regard curieux et défiant cette femme masquée qui se trouvait en tête à tête avec Nominoë, non loin de l'une des portes du parc du château de Plouernel. Salaün, rassuré sur le sort de son fils, allait donner cours à son indignation ; mais la présence de l'inconnue masquée le contint, et tout en se demandant avec anxiété quelle était cette femme, quels rapports pouvaient exister entre elle et Nominoë, il dit à ce dernier d'une voix brève, accompagnant cet ordre d'un geste d'autorité :

— Suivez-moi, mon fils !... Votre oncle et moi avons à vous parler.

— Mon père, veuillez m'indiquer où je pourrai vous rejoindre, et à la fin du jour je me mettrai à vos ordres.

— Suivez-moi sur l'heure... — reprit impérieusement Salaün, — venez à l'instant ! Ce que nous avons à dire ne souffre pas de retard.

— Il m'en coûte de vous refuser... mais en cet instant, mon père, je ne saurais vous accompagner, — répondit Nominoë se rapprochant de Berthe. — Je ne puis laisser madame seule... plus tard, je vous obéirai... J'irai au lieu qu'il vous plaira de m'indiquer.

— Vous osez résister à l'ordre de votre père... malheureux enfant...

— Mon père, n'insistez pas, ce serait inutile... je veux et je dois rester ici.

— Ciel et terre ! — s'écria Salaün, mis hors de lui par le refus de son fils, — homme sans foi et sans honneur !...

— Oh ! assez, par pitié, mon père !... — reprit d'une voix sourde Nominoë, pâlissant de douleur et de colère en s'entendant outrager par son père en présence de mademoiselle de Plouernel.

Mais celle-ci, saisissant la main du jeune homme, lui dit tout bas d'un ton suppliant : — Obéissez à votre père...

— Lebrenn, de grâce, calmez-vous... — ajouta Serdan, continuant d'observer Berthe attentivement. — Il est imprudent, devant une étrangère, de vous laisser emporter par votre juste indignation.

— Cette étrangère ! — s'écria Salaün, interrompant son ami, — cette étrangère ! — Et faisant, d'un air menaçant, un pas vers mademoiselle de Plouernel : — Femme sans mœurs ! c'est toi qui as corrompu... perdu mon fils... Qui es-tu ? Réponds, misérable !

— Misère de Dieu ! un tel outrage à elle ! à elle !... — s'écria Nominoë, s'élançant au-devant de Salaün. — Mon père, vous ignorez à qui vous parlez... Pas un mot de plus...

— Une menace !... à moi !... — reprit Salaün exaspéré, — une menace... lorsque tu devrais tomber repentant, suppliant, à mes pieds... lâche assassin !...

— Assassin !... moi !... — balbutia Nominoë, foudroyé par le regard de Salaün, tandis que celui-ci, de plus en plus courroucé, et s'adressant à mademoiselle de Plouernel :

— Infâme créature, tu es complice de ce meurtre !

— Un meurtre ! — répéta Nominoë stupéfait.

— Celui de Tina, ta fiancée...

— Grand Dieu ! mon père, que dites-vous ! — reprit Nominoë, frissonnant d'épouvante. — Tina, ma fiancée...

— Tu l'as tuée ! misérable ! tu l'as tuée en l'abandonnant !... — répondit Salaün d'une voix entrecoupée d'un sanglot ; — elle est morte... la pauvre enfant n'est plus...

— A genoux devant votre père !... à genoux ! pleurons les morts, Nominoë !... — dit mademoiselle de Plouernel, jetant son masque loin d'elle ; pleurons l'infortunée Tina.

Et, pâle, le visage inondé de larmes, brisée, presque défaillante, elle tomba, ainsi que Nominoë, agenouillée devant Salaün, tandis que Serdan, reculant d'un pas, s'écriait : — Mademoiselle de Plouernel !... en ce lieu...

Salaün, reconnaissant, ainsi que Serdan, la jeune fille, qu'il n'avait pas revue depuis le voyage de La Haye, resta saisi d'étonnement ; et, se rappelant combien à cette époque il avait admiré l'élévation des sentiments de la jeune fille, il regretta la véhémence de son langage envers elle. Mais, ne doutant plus de l'amour qu'elle inspirait à Nominoë, il comprit aussi la cause des irrésolutions de son fils le matin même de ses fiançailles et pourquoi il avait fui éperdu, alors que le cortège nuptial se rendait au temple. Puis, à ces réflexions succéda cette pensée : « Son fils aimait une fille de Néroweg ! une descendante de cette race tant de fois maudite, à travers les âges, par les descendants de Joel ! » Et cependant, la beauté, les larmes de mademoiselle de Plouernel, prosternée à ses pieds, émurent Salaün malgré lui, surtout lorsque Berthe lui dit d'une voix navrante : — J'ignorais la mort de la fiancée de Nominoë, lorsque, tout à l'heure, je le dis sans rougir... j'offrais ma main à votre fils...

— Vous ? — s'écria Salaün, croyant à peine

ce qu'il entendait; — vous mademoiselle!... une Plouernel!...

— Cette union de l'un des descendants de Joel et d'une fille de Néroweg devait à mes yeux expier, réparer les iniquités séculaires dont ma famille a accablé la vôtre...

— Noble et généreux cœur! — s'écria Serdan.

Salaün restait silencieux et pensif; Nominoë, toujours agenouillé près de Berthe et anéanti par la mort de Tina, osa pourtant lever un regard éploré, suppliant vers son père; ce regard semblait dire: — Suis-je donc si coupable d'aimer mademoiselle de Plouernel?

Berthe reprit, et s'adressant à Salaün:

— C'est à genoux, monsieur, que j'ai voulu vous faire l'aveu d'un amour dont cependant j'étais fière! Mais, hélas! cet amour a causé la mort d'une innocente enfant! aussi est-ce à genoux que j'ai voulu vous demander pardon de ce malheur, puisque, à mon insu, juste ciel! à ce malheur je n'ai pas été étrangère!... Et maintenant, debout, Nominoë! — ajouta Berthe en se relevant avec dignité, — votre père, je ne saurais douter, m'a rendu son estime. De cette estime je vous sais gré, monsieur, je ne la démériterai pas, — ajouta la jeune fille, répondant à un mouvement approbatif de Salaün.

Et se tournant vers Nominoë, qui s'était aussi relevé, elle reprit d'une voix contenue, résignée, s'efforçant de dominer les déchirements de son âme:

— Notre mariage, votre père l'approuvât-il, est désormais impossible, Nominoë! le souvenir, l'ombre de cette malheureuse enfant serait toujours entre nous deux! — ajouta Berthe en frémissant.

Puis, avec un sourire poignant:

— Courage, ami! grâce à Dieu, notre vie ne se borne pas à celle de ce monde! En ce moment où je me sépare de vous, je ne vous dis pas adieu, mais à revoir, Nominoë!... Peut-être, quoique bien jeune encore, je vous précéderai dans l'un de ces mondes mystérieux où m'attend ma mère... et où est allée revivre cette douce enfant qui fut votre fiancée!... Ah! du moins, je pourrai sans crainte affronter leur regard, je leur dirai tout... Et le jour où, abandonnant cette terre, vous viendrez nous rejoindre, nos cœurs à toutes les trois voleront au-devant de votre esprit!... Au revoir donc, ami! Hélas! mes prévisions ne m'ont pas trompée! Pour être de ce monde, mon amour s'inspirait de sentiments trop célestes!... venu de là-haut, il doit remonter à sa source divine!... — Et Berthe montra le ciel à Nominoë avec un geste d'une simplicité sublime.

Nominoë, son père et Serdan écoutaient mademoiselle de Plouernel avec une émotion inexprimable, lorsque Madock le Meunier sortit du souterrain du donjon, regardant çà et là autour de lui avec précaution; il resta un moment immobile de surprise en voyant Serdan et Lebrenn s'entretenir avec mademoiselle de Plouernel, qu'il avait aperçue sur la route de Mezléan, le jour des fiançailles de Tina; puis, jetant un sombre regard de reproche sur Nominoë, car il le rencontrait pour la première fois depuis la cérémonie nuptiale où il remplissait les fonctions de Brotaër, le meunier fit signe à Salaün de venir à l'écart et lui dit tout bas:

— Que fait donc ici la *demoiselle?*... Elle est aussi bonne que son frère est méchant, mais... c'est une fille de Plouernel.

— Et nos hommes? — dit Salaün, interrompant Madok et ne trouvant pas opportun de répondre à sa question, — sont-ils arrivés? Ont-ils apporté les armes qu'on nous avait promises, piques et mousquets avec des munitions?

— Oui, ils ont apporté la dernière charge d'armes cachées dans des fagots de ramées; ils sont descendus au souterrain par les ruines du donjon; ils disent que tout est prêt pour cette nuit dans les paroisses... Le tocsin sonnera au lever de la lune!... Un porte-balle, passant par le bourg de Plouernel, a dit qu'on s'est révolté à Nantes et à Rennes, où l'on se bat dans les faubourgs; les troupes ont le dessous.

— Je le savais, — répondit Salaün; — aussi faut-il nous hâter... Attendez-moi un instant, je reviens.

Et il se rapprocha de son fils et de mademoiselle de Plouernel, qui lui dit d'une voix qu'elle s'efforça de rendre ferme: — Monsieur Lebrenn, je retourne au château et demain je partirai pour le manoir de Mezléan, où je veux vivre dans une retraite absolue. Je ne vous reverrai plus, Nominoë... mais du moins j'emporte en ma solitude l'estime de votre père et le souvenir d'un amour dont je suis fière, parce qu'il est né d'un sentiment généreux. Aussi, monsieur Lebrenn, en offrant ma main à votre fils... je comptais faire un acte méritoire.

— Infamie et trahison! sa main à ce vassal! — s'écria soudain une voix tremblante de fureur. Malédiction sur cette misérable.

Et, sortant du taillis où ils étaient cachés depuis un instant, apparurent tout à coup dans la clairière le comte de Plouernel et le marquis de Châteauvieux.

M. de Plouernel, afin d'aller à la recherche de sa sœur à travers le parc et d'obtenir d'elle une réponse au sujet de son mariage avec M. de Châteauvieux, était monté à cheval avec lui, tandis que, pour se livrer aux mêmes recherches, la marquise et l'abbé montaient en calèche. Le comte, après avoir longtemps exploré les avenues, rencontra plusieurs de ses gardes forestiers auxquels il demanda s'ils n'avaient pas rencontré mademoiselle de Plouernel: « Ils l'avaient vue, — répondirent-ils, — deux heures auparavant, se dirigeant vers l'une des portes du parc qu'ils désignèrent au comte. » Celui-ci piqua des deux, ainsi que le marquis, vers cette porte qu'ils trouvèrent ouverte ; et remarquant sur le sable du chemin l'empreinte des petits pieds de Berthe, leur surprise fut extrême ; bientôt elle redoubla, car ils virent la trace des pas de la jeune fille aboutir au sentier ombreux qui conduisait à la clairière. Le comte, agité d'un vague pressentiment, descendit de cheval, ainsi que son ami, et donna l'ordre à l'un des écuyers dont il était accompagné d'aller, à tout hasard, chercher les gardes forestiers qu'il venait de rencontrer. Puis, MM. de Plouernel et de Châteauvieux, confiant leurs montures à la garde de l'autre écuyer, suivirent le sentier, s'enfoncèrent dans le taillis, et, arrivant aux abords de la clairière, restèrent pétrifiés à la vue de Berthe s'entretenant avec des étrangers ; enfin, prêtant l'oreille, ils entendirent seulement les dernières paroles que mademoiselle de Plouernel adressait à Salaün Lebrenn au sujet de l'amour qu'elle éprouvait pour Nominoë. Le comte, instruit par ses baillis que deux des membres d'une famille Lebrenn, vassale de ses domaines et marins du port de Vannes, étaient signalés comme des gens remuants et dangereux, ressentit une fureur indicible en voyant sa sœur avouer son amour pour un misérable marinier de race vassale ! Cet amour, dont se révoltait l'orgueil nobiliaire du comte, ruinait d'ailleurs les projets du double mariage poursuivi par lui. Il s'expliquait alors la cause des continuels atermoiements de Berthe au sujet de son union avec le marquis de Châteauvieux. Celui-ci, non moins blessé dans sa vanité que M. de Plouernel dans sa fierté de race, partagea la fureur de son ami et le suivit, lorsque, ne pouvant se contenir davantage, le comte s'était élancé dans la clairière.

Le comte de Plouernel tire son épée et, du plat de la lame, fouette le visage de Nominoë en s'écriant : — Vil manant ! voilà pour avoir osé lever les yeux sur mademoiselle de Plouernel, en attendant qu'on t'attache à un gibet.

La violence du coup d'épée fut telle, que le sang jaillit de la joue et du front de Nominoë. Celui-ci pousse un cri terrible... crispe les poings ; puis, remarquant au côté de Serdan un coutelas de voyage, il s'en empare et se précipite sur M. de Plouernel !

— Comte ! — s'écrie M. de Châteauvieux, mettant aussi l'épée à la main, — tuons ce vassal comme un chien !...

Salaün court à l'aide de son fils, attaqué par deux adversaires à la fois, saute au collet de M. de Châteauvieux, le terrasse et, malgré sa résistance, le désarme, tandis que Nominoë, après avoir dextrement paré un coup que lui portait le comte de Plouernel, riposte d'un revers de coutelas si rudement asséné sur le poignet du comte, que sa main laisse échapper l'épée et demeure comme paralysée. Tout ceci s'était passé avec une rapidité que peut seule égaler la pensée. Mademoiselle de Plouernel, malgré la conduite du comte à son égard, avait jeté une exclamation d'épouvante en voyant son frère aux prises avec Nominoë ; et, au risque d'être frappée par tous les deux dans la chaleur du combat, elle s'élance pour les séparer. Serdan, tremblant du danger qu'elle brave, la retient en la saisissant à bras le corps ; elle pousse un cri déchirant, chancelle, devient livide ; sa tête se renverse en arrière ; elle défaillit, bouleversée par la terreur, et tomberait inanimée sans Serdan, qui la soutient et l'assoit sur le gazon, adossée au vieux chêne et complètement évanouie... Soudain, les gardes forestiers, que l'un des écuyers du comte était allé quérir, selon ses ordres, pénétrèrent dans la clairière armés de leurs mousquets et de leurs couteaux de chasse.

— A moi, gardes ! arrêtez ces assassins ! Ne les tuez pas, j'en ferai justice ! — s'écrie le comte de Plouernel, mis hors de combat et soutenant de sa main gauche sa main droite, sanglante et mutilée ; tandis que Nominoë, à l'aspect de Berthe étendue sans connaissance au pied du chêne séculaire, jette au loin son coutelas, et, éperdu, se précipite à genoux près de la jeune fille...

A l'appel de leur seigneur, les gardes, au nombre de huit, se sont rués sur Salaün Lebrenn et sur Serdan. Celui-ci, désarmé par Nominoë, ne peut que lutter contre ceux qui veulent le saisir ; mais Salaün, tirant son sabre de marin, rend coup pour coup aux gardes qui l'assaillent, et crie à son fils, toujours agenouillé près de Berthe : — Debout, Nominoë, défends-toi !... défendons-nous...

La voix de Salaün expire sur ses lèvres, il est renversé par un violent coup de crosse de mousquet que l'un des gardes lui assène par derrière et sur le crâne, pendant qu'il fait face aux deux assaillants, dont l'un est blessé. Serdan, malgré ses efforts, est terrassé, puis garrotté avec les bandoulières des gardes, ainsi que Salaün, tombé étourdi sous le coup qu'il vient de recevoir. Nominoë, délirant de douleur, est, sur un signe du comte de Plouernel, arraché d'auprès de Berthe par les forestiers ; sa raison semble égarée ; il se laisse lier sans résistance.

— Monseigneur, — vient dire un laquais au comte de Plouernel, — madame la marquise et M. l'abbé étaient montés en calèche afin d'aller aussi dans le parc à la recherche de mademoiselle ; ils ont rencontré l'écuyer qui amenait les gardes ; la voiture vient de s'arrêter ici près ; madame la marquise m'envoie vers monseigneur. Quels sont ses ordres ?

— Va dire à M. l'abbé que je le prie de venir sur-le-champ, nous avons besoin de ses services, — répond au laquais le comte de Plouernel. Et s'adressant à M. de Châteauvieux :

— Mon ami, vous aiderez l'abbé à transporter ma sœur dans la calèche. J'y monterai aussi... c'est à peine si je puis me soutenir ; je perds tant de sang que je crains de défaillir.

Puis, se tournant vers les trois prisonniers, sombres, immobiles et muets, tenus solidement attachés par les gardes :

— Ah ! bandits ! meurtriers ! j'ai droit de haute et basse justice dans ma seigneurie ; vous serez jugés cette nuit et pendus demain...

Mais s'interrompant de parler et regardant autour de lui :

— Marquis, est-ce que ces brigands n'étaient pas au nombre de quatre ? je n'en vois là que trois ; qu'est devenu le quatrième ?

— En effet, il me semble qu'ils étaient quatre... l'un d'eux portait une veste blanche, — répond M. de Châteauvieux se rappelant avoir remarqué Madok le Meunier, qui, à l'approche des forestiers, s'est jeté au plus épais du taillis.

— Monseigneur, — dit au comte l'un des gardes, — lorsque nous sommes entrés dans la clairière, un homme prenait la fuite à travers le fourré ; c'était peut-être le compagnon des prisonniers, celui que vous cherchez.

— Il faudra battre les bois et retrouver ce bandit... il sera pendu comme ses complices.

— Au même moment arrive l'abbé Boujaron tout effaré. Il est instruit de la tragique aventure et aide M. de Châteauvieux à transporter dans la calèche mademoiselle de Plouernel, pâle, inerte... Elle semblerait morte, sans le tremblement convulsif dont elle est par instants agitée. On l'étend sur les coussins de la voiture, auprès de la marquise. Le comte prend place à côté de sa sœur, et l'on regagne en toute hâte le château.

Berthe fut portée chez elle et enfermée avec sa nourrice dans son appartement, d'où elle ne devait sortir que pour être cloîtrée par ordre du roi. Avant la fin du jour, Serdan, Salaün Lebrenn et son fils, amenés par les forestiers, furent emprisonnés séparément dans les cachots du manoir, car le somptueux palais de la Renaissance avait ses prisons souterraines ainsi que l'antique donjon féodal, le seigneur du dix-septième siècle possédant, comme son aïeul du onzième siècle, droit de haute et basse justice dans sa seigneurie. M. de Châteauvieux, rassuré sur les suites de la blessure du comte de Plouernel, s'empressa d'obéir aux ordres du gouverneur de Bretagne, qui l'appelait à Rennes sur-le-champ, et quitta le château avec les deux compagnies de son régiment, autorisant d'ailleurs le comte à conserver près de lui, pour sa sûreté, le détachement du sergent la Montagne, qu'il avait fait venir depuis la veille à Plouernel.

Il est bientôt minuit ; la lune, alors en son décours, vient de se lever au milieu d'un ciel sans nuages. A peine le croissant argenté a-t-il surgi à l'horizon, que les cloches des paroisses disséminées dans un rayon de dix lieues aux environs de Plouernel sonnent le tocsin à toute volée. A ce signal, une troupe de paysans, armés de haches, de fourches, de faux, de vieilles hallebardes, et précédés d'une sorte d'avant-garde de cinquante hommes armés de mousquets, sont sortis du bourg de Plouernel ; ils suivent, silencieux, la longue avenue conduisant à la grille de la cour d'honneur du château. A la tête de l'avant-garde sont Gildas Lebrenn, métayer de Karnak, Madok le Meunier, trois métayers du domaine de Plouernel, et Tankerù. Celui-ci porte sur l'épaule son lourd marteau de forgeron, sur lequel il a incrusté en langue bretonne les mots : EZ-LIBR (*être libre*) ; ses bras sont nus, et de la poche de son tablier de cuir sort à demi un rouleau de papier. La clarté de la lune éclaire la figure de Tankerù. En deux nuits, ses cheveux ont blanchi ; ses traits sont devenus presque méconnaissables depuis la mort de sa fille Tina : le désespoir leur a imprimé son empreinte ; leur expression est sinistre. Il s'arrête à cent pas environ de la grille du château, et dit à Madok d'une voix sourde : — Nous avons juré à Salaün Lebrenn de suivre ses avis, de mettre le bon droit de notre côté avant d'en venir aux coups et de présenter le CODE PAYSAN à l'acceptation du seigneur comte. Il a déjà peut-être fait pendre Salaün ; mais, mort ou vivant, il a notre parole, nous la tiendrons ! Dis à nos hommes de s'arrêter dans l'avenue... Nous entrerons, nous autres, sans armes, au château.

L'ordre donné est exécuté : l'avant-garde et la grosse troupe de vassaux restent dans l'avenue ombreuse ; Tankerù et ses cinq compagnons s'avancent vers la grille qui ferme la cour d'honneur et s'élève entre deux pavillons servant de logis au concierge. L'on aperçoit le vestibule et toutes les fenêtres du rez-de-chaussée du château brillamment éclairés. Tankerù s'approche de la grille et appelle : — Hé ! concierge ! concierge !... avance...

Le concierge, vêtu d'une riche livrée, sort de l'un des pavillons et s'approchant : — Qui va là ? que voulez-vous ?

— Nous voulons parler à ton maître... et sur l'heure... ouvre la grille du château...

— Toi, drôle ? — répond le concierge avec l'insolence d'un laquais, en avisant à travers la grille le forgeron et ses compagnons, tous pauvrement vêtus. — Passez votre chemin, va-nu-pieds!... sinon, je prends ma canne, je sors, et gare à vos échines !...

— Si tu n'ouvres pas, je force la porte ! — crie Tankerü au concierge, qui regagnait son pavillon en grommelant.

Tankerü prend son marteau à deux mains, le soulève, et d'un coup fait sauter la serrure de la grille ; elle s'ouvre. Le concierge, effrayé, prend sa course vers le perron du château en criant: « A l'aide ! » Les six vassaux entrent dans la cour d'honneur, la traversent en hâtant le pas... Soudain Tankerü s'arrête... Il a vu trois potences dressées récemment, ainsi que l'indique la terre fraîchement remuée à leurs pieds. Il montre à Gildas ces instruments de supplice et dit: — Nous arrivons à temps !... ces potences sont destinées à ton frère Salaün, à son ami Serdan et...

Le forgeron ne prononça pas le nom de Nominoë ; ses traits se contractent, prennent une expression terrible ; il étouffe un sanglot, serre avec une rage convulsive le manche de son marteau de forge et poursuit sa marche, précédant ses compagnons.

Le concierge, effaré, était entré dans le vestibule du château, où une nombreuse livrée jouait aux cartes. Parmi les joueurs se trouvait le sergent la Montagne et son caporal. Les soldats, fatigués de leur étape, reposaient dans l'une des dépendances des communs.

— Plusieurs vassaux viennent de forcer la grille ! — avait crié le concierge à la livrée ; — ils prétendent parler sur-le-champ à monseigneur ! Allez prévenir M. le comte et demander ses ordres.

L'un des laquais court porter cette nouvelle à son maître; celui-ci s'entretenait avec ses baillis, l'abbé Boujaron et la marquise du Tremblay, de la sentence à prononcer au point du jour contre les trois meurtriers. Le comte, stupéfait de l'audace de ses vassaux, bondit d'indignation, sort du salon, suivi de ses baillis et de l'abbé Boujaron. Ce dernier, en traversant le vestibule, aperçoit le sergent la Montagne, s'approche et, rapidement, lui donne à voix basse ses instructions ; aussitôt le sergent appelle son caporal, tous deux quittent l'antichambre par un escalier intérieur. M. de Plouernel, le bras en écharpe, suivi de ses baillis et entouré de laquais galonnés portant des flambeaux, se présente sur le perron, au moment où Tankerü gravissait les premiers degrés de la rampe. Le forgeron, ainsi que ses compagnons, étaient arrivés à moitié des montées. L'abbé disait tout bas au jeune comte de Plouernel :

— Gagnez du temps, un quart d'heure, dix minutes seulement... Le sergent est allé réveiller ses soldats et leur faire prendre les armes, ainsi qu'à vos gardes forestiers ; nous aurons la bande entière.

M. de Plouernel répond à l'abbé par un signe de tête affirmatif, et s'adressant d'une voix courroucée à ses vassaux : — Misérables, qui avez forcé la grille de ma cour ! Que voulez-vous ? que demandez-vous ?

— Vous allez le savoir, monseigneur, — répond Tankerü d'une voix contenue, et tirant de la poche de son tablier de cuir un rouleau de papier ; il monte les marches qui le séparent de la plate-forme du perron où se tient le comte de Plouernel et lui remet le cahier : — Lisez ceci, s'il vous plaît, monseigneur...

— Qu'est-ce que cette paperasse que vous me remettez, rustre ?

— Le CODE PAYSAN, monseigneur..... notre code à nous, pauvres gens... rustres, ainsi que vous nous nommez, comte de Plouernel...

— Qu'est-ce à dire, manants, vous vous permettez de raisonner !

— Monseigneur, — reprend Tankerü, — nous voilà six braves gens, délégués par vos vassaux de Mezléan et de Plouernel. Dans ce cahier, contenant le CODE PAYSAN, nous exposons humblement nos doléances, et nous marquons de notre mieux les règles qu'il vous plaira suivre envers nous, monseigneur, à partir d'aujourd'hui ; c'est très humblement que nous vous présentons notre code.

— Un code ! des règles dictées par cette canaille rustique ! balbutie le comte de Plouernel... Quelle audace !

— Est-ce le comble de l'insolence ? est-ce folie ? ou bien ces marauds sont-ils ivres ?... Arrière, manants, retournez à vos chenils.

— Écoutez cette mauvaise engeance, — dit tout bas l'abbé au comte, — amusez-la... gagnez du temps... les soldats et vos forestiers ne tarderont point à venir ; nous prendrons toute la bande.

— Vraiment, manants ! vous exposez vos doléances ! — reprend M. de Plouernel avec un suprême dédain et un courroux mêlé de stupéfaction ; vous avez rédigé les règles qu'il me plaira de suivre envers vous. — Elles doivent être curieuses les plaintes de cette plèbe !

— Nous avons pris la liberté de vous adresser nos doléances, monseigneur... nous sommes à bout... Faut que ça change !... Enfin de compte, nous vous demandons de ne plus être traités pire que des bêtes de somme ; nous vous demandons, monseigneur, de n'être plus menés à coups de bâton... Nous vous demandons, monseigneur, de ne plus être surchargés de taxes par *votre bon plaisir !*... Nous vous demandons, monseigneur, de ne plus être emprisonnés, battus de verges, envoyés aux galères ou pendus si nous tuons vos cerfs ou vos sangliers, quand ils viennent ravager nos guérets... Nous vous demandons, en outre... Mais lisez le cahier, monseigneur, et vous verrez que nous ne

La révolte des paysans en Bretagne (p. 548)

voulons que *justice*... Lisez le Code paysan! Acceptez-le, vous ne serez point ruiné, tant s'en faut! mais, du moins, nous et nos familles, nous ne crèverons plus à la peine ni plus ni moins que des chevaux fourbus! Nous travaillerons toujours pour vous, de l'aube à la nuit, monseigneur; vous aurez toujours la grosse part, nous la petite... mais vous nous laisserez vivre comme doivent vivre les créatures du bon Dieu!... Acceptez le Code paysan, monseigneur, signez-le... soyez fidèle à votre signature, nous serons fidèles à notre engagement... ça sera paix... une bonne paix pour vous et pour nos familles.

— Ah! ah! — reprend le comte de Plouernel, à qui l'audace de ses vassaux causait toutes sortes d'éblouissements, — si j'accepte votre code, ce sera la paix?... D'où il suit que si je refusais... voyons, complétez votre pensée.

— Dam! alors ce serait la guerre, monseigneur; et voyez-vous, ça serait votre faute, non la nôtre! — répond Tankerû. — Enfin, pour tout règler d'un coup, nous vous demandons qu'il vous plaise mettre en liberté trois prisonniers que vous détenez ici. Vous voulez les faire pendre... or, nous ne voulons point qu'ils soient pendus... Donc, monseigneur, il faut nous les rendre, s'il vous plaît... il faut les mettre en liberté, et sans plus tarder, sinon...

— Sinon?... s'écrie le comte de Plouernel, sentant sa patience à bout. — Si je refuse de mettre ces prisonniers en liberté, que ferez-vous? Réponds donc, misérable drôle, que ferez-vous? je veux le savoir.

— Dam! monseigneur, nous les délivrerons nous-mêmes... Nous commencerons la guerre... C'est vous qui l'aurez voulu...

— C'en est trop! s'écrie le comte de Plouer-

170e livraison

nel. — Mais il s'interrompt, et prêtant l'oreille du côté d'où venait le vent, il s'adresse à l'abbé :
— N'est-ce pas le bruit du tocsin que j'entends au loin ?

— Oui, monseigneur, dit Tankerù d'une voix sourde, mais déjà menaçante. — Dès que la lune s'est levée, le tocsin a sonné dans toutes les paroisses de vos seigneuries de Plouernel et de Mezléan... il sonne à Rennes, à Nantes, à Quimper, où l'on se bat. Partout c'est la révolte : partout ce sera la guerre... si nos seigneurs refusent d'accepter le CODE PAYSAN !... Décidez-vous sur l'heure...

Et étendant la main dans la direction de l'avenue du château où était rassemblée la troupe de vassaux, le forgeron ajoute : — Tous les gens de Plouernel et d'autres paroisses sont là en armes ; ils attendent votre réponse, monseigneur !... Ça sera la paix, si vous signez le CODE PAYSAN et si vous rendez les prisonniers... sinon, feu et flammes ! ce sera la guerre ! — sans pitié ni merci pour vous, comme vous avez été pour nous, sans merci ni pitié...

— Sergent, tuez ces rebelles à coups de baïonnettes... sinon les brigands de l'avenue accourraient au bruit des mousquetades ! — s'écrie soudain le comte de Plouernel, s'adressant au sergent la Montagne, qui venait de se glisser à la tête de ses hommes, dans l'obscurité, le long de la façade du château. — A moi, les forestiers ! — ajoute le comte d'une voix retentissante ; le château va être attaqué !... Tue, tue, la mauvaise plèbe rustique ; tuez-les tous...

— Lardez ces rustauds ! que pas un n'échappe ! Tête et ventre ! ils ont voulu nous désarmer sur la route de Mezléan ! — s'écrie le sergent la Montagne. Maintenant la revanche, embrochez-les tous... à mort les rustiques...

Et à son ordre, les soldats paraissent tout à coup sur le perron, chargeant Tankerù et ses compagnons à coups de baïonnette.

Pendant que l'on massacrait les vassaux sur les marches du perron du château de Plouernel, Nominoë attendait la mort dans le cachot où l'avaient conduit les gardes forestiers du comte. Le bailli de la seigneurie, assisté de son greffier, a procédé à l'interrogatoire de l'accusé reconnu coupable d'une tentative de meurtre suivie de blessure sur très haut, très puissant, très redouté seigneur, etc. Nominoë est resté muet devant toutes les questions du bailli ; il lui a seulement demandé en quel état de santé se trouvait mademoiselle de Plouernel. L'officier de justice, ne jugeant pas opportun de donner ce renseignement au prisonnier, l'a engagé une dernière fois à réfléchir que son refus de répondre aux chefs d'accusation portés contre lui équivaudrait à un aveu de son crime, lequel crime, constaté par le flagrant délit, entraînait la peine capitale. L'accusé devait d'ailleurs, au point du jour, comparoir par-devant le tribunal seigneurial, ainsi que ses deux complices, coupables de tentative de meurtre également suivie de blessure grave sur l'un des gardes forestiers du très haut, très puissant, très redouté seigneur, etc. L'exécution de la sentence suivrait immédiatement le jugement, car trois potences seraient dressées pendant la nuit. Nominoë a persisté dans son silence ; le bailli et le greffier l'ont laissé seul.

— Mourir ! — se dit Nominoë, — je vais mourir... ou mieux... je vais aller renaître ailleurs ! Ah ! je saluerais cette vie nouvelle d'un cri d'allégresse, n'était le regret que j'éprouve de sortir de ce monde au moment où va éclater la révolte dont mon père était l'âme, et qui, sous sa direction, eût pu amener la chute du pouvoir royal. Voilà ce qui m'attachait à la vie.

Nominoë, absorbé dans ses pensées, n'a pas remarqué que, depuis assez longtemps, le son de plusieurs cloches arrivait, affaibli par la distance, jusqu'à lui, à travers un étroit soupirail de son cachot. Soudain de tumultueuses rumeurs, de plus en plus rapprochées, attirent l'attention de Nominoë ; bientôt à ces rumeurs se joignent les détonations de plusieurs décharges de mousqueterie, fréquentes, bien nourries, auxquelles répond un feu irrégulier, mais soutenu ; puis la fusillade cesse peu à peu. Le bruit des clameurs paraît s'engouffrer, un long silence leur succède... et au bout de quelques instants, une vive lueur d'un rouge de feu pénètre par le soupirail du cachot, se reverbère sur la muraille et y jette une clarté flamboyante. C'est la guerre aux châteaux qui commence ! Paix aux chaumières, guerre aux palais !

— Les vassaux ont attaqué le manoir féodal... ils s'en sont rendus maîtres, ils y sont entrés !... Maintenant, ils l'incendient ! — s'écrie Nominoë. — Puis, frappé d'une idée subite : — Grand Dieu ! que va devenir Berthe ?

Nominoë, en proie à une angoisse déchirante, s'élance vers la porte épaisse, garnie de ferrements ; en vain il essaie de l'ébranler à coups d'épaule, lorsqu'il entend ces cris poussés par des gens qui courent et passent non loin du soupirail du cachot : — Les prisonniers sont là !... par ici... par ici... — Allons les délivrer !...
— Le feu gagne !... Sauvons, sauvons les prisonniers...

— Soyez béni, mon Dieu ! je pourrai peut-être encore retrouver Berthe et la sauver encore une fois... — s'écrie Nominoë.

Il approche alors ses lèvres du guichet pratiqué dans la porte et s'écrie : — Amis, à moi ! à moi !...

— Me voici, — répond Tankerù, — je t'ai entendu !... j'accours à ton appel. — Puis à l'aide de la clé, laissée extérieurement à la serrure par le geôlier, la porte est ouverte, et le forgeron entre dans le cachot de Nominoë.

Tankerù est livide, sanglant; il a reçu deux coups de baïonnette, l'un au bras, l'autre à la cuisse. Lorsque les soldats ont chargé les délégués des vassaux, le forgeron, armé de son marteau, arme terrible entre ses mains, a pu se faire jour à travers les soldats et rejoindre ses compagnons du dehors; puis se mettant à la tête de la troupe des vassaux, il avait dirigé l'attaque du château. Les forestiers, les soldats, les gens de la vénerie du comte, embusqués derrière les embrasures des fenêtres du rez-de-chaussée, dirigeaient un feu meurtrier contre les assaillants. Grand nombre d'entre eux tombent mortellement frappés; mais les survivants gravissent le perron, conduits par Tankerù. La porte du vestibule est enfoncée; un combat acharné s'engage alors dans l'intérieur des appartements; mais la victoire demeure aux vassaux. Ceux-ci, rendus furieux par l'ardeur de la lutte, brisent, saccagent tout ce qui tombe sous leurs mains dans ce somptueux palais et incendient le château. Tankerù et plusieurs paysans s'étaient mis à la recherche de Salaün Lebrenn, de Serdan et de Nominoë. Un laquais fuyard, que l'on arrêta, indiqua le bâtiment dépendant des communs où se trouvait la prison, et offrit aux vassaux de les guider en les suppliant de lui laisser la vie. Il les conduisit à la geôle, et c'est alors que Tankerù, ayant entendu Nominoë, était entré dans son cachot.

A l'aspect du père de Tina, Nominoë oublie ses angoisses et recule frappé d'épouvante, comme si un remords vivant se dressait devant lui. Le forgeron, les traits contractés par la fureur, s'élance, son marteau levé sur la tête de celui qu'il accuse de la mort de sa fille.

— Frappez! — dit Nominoë immobile et baissant le front avec résignation, — frappez! c'est votre droit!

Le forgeron abaisse son marteau, se recueille et reprend pour un calme effrayant : — Tu vas mourir... mais avant, tu sauras comment ma fille est morte!...

— Ecoute, assassin... Le jour des noces, j'avais pris la fuite, voyant le désarmement des soldats manqué... La nuit venue, je suis retourné à la maison, j'ai frappé à la porte, ma mère m'a ouvert. Elle était pâle, elle sanglotait... Je lui demande ce qu'elle a... je ne savais rien encore... elle me répond : « Tout est fini. Nominoë s'est sauvé; il a dit à Salaün et à Tina qu'on ne le reverrait jamais... Elle a été ramenée ici sans connaissance; tout à l'heure, elle a repris ses sens. Elle est là-haut... elle file à son rouet comme si rien ne s'était passé. Elle ne parle pas, elle ne pleure pas... elle me fait peur... L'infortunée est devenue folle... »

— Mon Dieu! — murmura Nominoë, cachant son visage entre ses mains, pauvre enfant! pauvre enfant!...

— A ces paroles de ma mère, — poursuivit Tankerù sans paraître entendre la douloureuse exclamation de Nominoë, — à ces paroles de ma mère, j'ai d'abord le vertige, une espèce de coup de sang... je tombe assis sur un banc, la tête me tourne... Enfin la pensée me revient, je me dis : Ma fille est perdue, le chagrin la tuera. Je monte notre escalier. Tina, assise devant son rouet, filait... ses yeux étaient fixes; ses joues, rouges; la sueur coulait de son front... Quand je suis entré, elle avait les yeux tournés de mon côté... elle n'a pas bougé, elle ne me reconnaissait pas... Je l'ai crue folle... les sanglots m'ont suffoqué... Je l'ai appelée : Tina, Tina, mon enfant!... Pas de réponse, pas un regard, rien, rien... Alors, je l'ai laissée aux soins de ma mère; j'ai couru à Vannes chercher un médecin; je tremblais de le ramener trop tard... Je raconte au médecin ce qui s'est passé; il monte à cheval, je le suis; j'allais à pied plus vite que lui. Je frappe à notre porte, et en entrant, je demande à ma mère : « Est-elle morte? — Non, me répond-elle. — Tout à l'heure elle est tombée en faiblesse; mais en revenant à elle, elle m'a reconnue. J'ai voulu la déshabiller pour la coucher; elle m'a priée, en pleurant, de ne pas la dévêtir de ses habits de noce... Elle est sur son lit... » — Nous montons avec le médecin; je la vois couchée sur son lit avec sa coiffure et sa robe de mariée... Elle est devenue si pâle que le frisson me saisit. Cette fois, elle m'a reconnu, m'a tendu ses bras; elle a essayé de se soulever; elle n'en avait pas la force. Je me suis approché de son pâle visage, elle m'a embrassé... ses lèvres étaient glacées, ses joues aussi... J'ai tout de suite senti qu'elle était perdue... on aurait dit qu'on me tordait le cœur, j'ai crié de douleur! Ma mère m'a tiré à elle, j'oubliais le médecin... Il a regardé longtemps ma fille, a touché ses mains, son front, et puis m'a fait signe de sortir avec lui. Le coup subit dont avait été frappée ma fille avait fait refluer tout son sang vers son cœur, un vaisseau s'était rompu, elle allait mourir... voilà ce que m'a dit le médecin. Je suis rentré; elle a essayé de sourire, quel sourire!... et nous a dit, à nous deux, à moi et à ma mère : — « Donnez-moi vos chères mains et laissez-les dans les miennes jusqu'à la fin! » — Et puis, les serrant faiblement, elle a repris : « Ah! cela me réchauffe!... » — Pauvre enfant! elles étaient déjà si froides, ses petites mains, si froides qu'elles me figeaient la moelle des os!... Je voulais la rassurer; elle a secoué la tête et dit à sa mère : « Voyez-vous, grand'-mère, voyez-vous que le ciel nous envoie des présages pour nous avertir de nos malheurs? Ce corbeau noir de ce matin? et cette petite colombe morte?... vous savez?... Non, non, le

Seigneur Dieu ne voulait pas que je fusse l'épousée de Nominoë... Nous avons échangé nos anneaux... — et elle a porté à ses lèvres l'anneau qu'elle avait au doigt ; — j'étais sa femme et me voici, de son vivant, sa veuve... Il m'avait épousée par bonté d'âme, mais le Seigneur Dieu ne voulait pas ce mariage... Que sa volonté s'accomplisse ! Que Nominoë soit heureux ! Il faut, bon père, lui pardonner, comme je lui pardonne le chagrin que, malgré lui, il nous cause... Ce n'est pas de sa faute..., s'il avait pu m'aimer d'amour, il m'aurait aimée... Pardon pour lui... c'est la dernière prière de Tina, votre fille !... Elle vous demande aussi d'être mise en terre avec sa robe de noce, son anneau et son ruban de fiançailles... Bon père, adieu ! grand'mère, adieu !... Laissez encore vos mains dans les miennes... je meurs... »

Tankerù ne put achever ; sa voix, de plus en plus altérée, se brise ; les sanglots le suffoquent, et dans l'attendrissement de la douleur, oubliant un moment la rage vengeresse dont il était transporté, il a répété lui-même les suprêmes paroles de Tina : ce pardon qu'à son heure dernière elle demandait pour Nominoë ! Celui-ci, accablé par ce récit poignant, l'a écouté dans un morne silence ; ses yeux sont noyés de pleurs. Si profonds sont ses regrets, si sincères sont ses remords, qu'il ne songe plus à ses angoisses au sujet de mademoiselle de Plouernel. Mais soudain les larmes de Tankerù se tarissent, son attendrissement cesse avec elles ; seul, son désespoir lui reste ; sa fureur renait, il ramasse son marteau, tombé à ses pieds, le brandit et s'élance vers Nominoë en criant : — Je t'ai dit les souffrances, l'agonie de ta victime... maintenant, meurs, assassin !

Le pesant marteau de forgeron se lève pour s'abattre sur le front de Nominoë ; celui-ci évite l'atteinte, jette ses bras autour du cou de Tankerù, l'embrasse avec effusion, et lui dit d'une voix entrecoupée par les larmes : — Je ne crains pas la mort ! non ! mais, croyez-le, ma mort pèserait un jour sur votre conscience !... Vous chérissiez tant ma mère !... Tina m'a pardonné... vous a demandé ma grâce !... Vous voyez mes larmes, mes remords... vous m'avez aimé... votre cœur est bon... mon oncle, mon oncle ! ne me tuez pas... Vous en auriez un remords éternel !

Les paroles touchantes de Nominoë, ses embrassements, le souvenir de sa sœur, les dernières paroles de Tina, l'affection paternelle qu'il avait toujours portée à son neveu, désarment Tankerù ; son marteau tombe à ses pieds.

A ce moment, Serdan et Salaün Lebrenn, délivrés par leurs vassaux, entrent précipitamment dans le cachot. — Fuyez ! fuyez ! — s'écrie Serdan, — le feu gagne la fauconnerie...

Salaün, ayant entendu les paroles de son fils répondant aux menaces de mort de Tankerù, dit à celui-ci en serrant ses mains dans les siennes : — Frère, j'en jure Dieu ! Nominoë, malgré la grandeur de sa faute, mérite, sinon ton pardon, du moins ta pitié !...

— Le feu ! le feu ! — crièrent soudain les paysans descendus dans les prisons pour délivrer les captifs et qui, regagnant l'escalier, traversaient en courant le couloir des cachots. En présence du danger croissant, le forgeron Salaün et son fils s'élancent à travers les noirs tourbillons et se guident sur les rouges reflets que, du dehors, l'incendie projette sur les marches de l'escalier de la prison, à travers sa porte cintrée, pareille en ce moment à la gueule d'un four embrasé. Nominoë se hâte de suivre les pas de son père et de Tankerù qui le précédent, et, malgré l'imminence du péril, sa pensée revient à mademoiselle de Plouernel, et il murmure d'une voix déchirante : — Malheur ! malheur ! le feu dévore le château !... Qu'est-ELLE devenue ?... Où est Berthe maintenant ?

— Elle est en sûreté ! — répond Serdan qui, marchant à côté de Nominoë, l'avait entendu. — Les paysans nous ont appris que, maîtres du château, leurs compagnons ont veillé sur *leur bonne demoiselle*. Une voiture a été attelée, mademoiselle de Plouernel est partie sa nourrice et un écuyer pour Mezléan. La marquise, frappée de terreur, est morte d'apoplexie.

Tankerù, Serdan, Salaün Lebrenn et son fils ont gravi l'escalier souterrain de la fauconnerie, dont le bâtiment a pris feu, ainsi que les écuries et autres vastes dépendances de l'habitation. Leurs toits s'effondrent avec fracas, au milieu des murailles à demi écroulées dans la fournaise et font jaillir au ciel d'immenses gerbes d'étincelles. Le château, ne renfermant pas ces amas de combustibles de toute sorte dont les communs étaient remplis, a résisté aux progrès de l'incendie ; quelques jets de flammes expirantes au milieu des nuages de fumée sortent encore des fenêtres du rez-de-chaussée, dont les vitres ont volé en éclats et dont les châssis ont brûlé ; mais le feu a épargné les étages supérieurs où les vassaux poursuivent leur œuvre de dévastation, lançant par les fenêtres les meubles, les glaces, les lustres, les livres, les tableaux. Des débris de toute sorte sont amoncelés au milieu de la cour d'honneur, et les révoltés font de cet amas de choses sans nom un immense feu de joie qui éclaire les trois potences qui avaient été dressées pour Salaün, son fils et Serdan, et auxquelles on a attaché le comte de Plouernel, l'abbé Boujaron et le sergent la Montagne, objets de la haine et de la vengeance du peuple ! le *seigneur*, le *prêtre* et le *soldat du roi* !...

Salaün Lebrenn, instruit de la mort de son frère Gildas, massacré avec les délégués des vassaux, a retrouvé son cadavre et l'a déposé dans une fosse creusée avec l'aide de Tankerù, de Serdan et de Nominoë. Ce funèbre devoir accompli, il leur dit avec tristesse, à l'aspect de la scène de dévastation qu'ils n'avaient pu conjurer : — O mon fils ! ô mes amis ! si nous eussions été libres, nous serions parvenus à empêcher ces actes de sauvagerie, funestes à notre cause ! Hélas ! il est trop tard ! Par quelle loi mystérieuse la revendication du droit entraîne-t-elle donc toujours ces excès ? Ainsi, les vassaux du comte de Plouernel lui ont d'abord exposé humblement leurs doléances et leurs demandes, bien légitimes, assurément, formulées dans le CODE PAYSAN... Le comte, en se rendant à ces réclamations, accomplissait un acte d'humanité, de justice, et conservait ses privilèges. En accédant à ces vœux, cet homme se serait montré non-seulement équitable, mais encore intelligent de son propre intérêt, à ne considérer même ses paysans que comme des bêtes de labour ! Ces malheureux, n'endurant plus ces privations homicides qui, avant de les tuer, épuisant peu à peu leur santé, leurs forces, les rendent incapables d'un travail soutenu, auraient produit davantage, auraient rendu plus fertile la terre seigneuriale ! Mais non, dans son impitoyable égoïsme, le comte de Plouernel répond aux suppliques des paysans par le dédain, par l'outrage, par le meurtre ! Alors, ils deviennent furieux, enragés ; ils rendent coup pour coup, meurtre pour meurtre, se livrent à d'effroyables représailles, tuent leur seigneur, ravagent, incendient ce château ? Il en coûtera au frère du comte de Plouernel, pour réparer les désastres de cette seule nuit, vingt fois plus que n'aurait coûté l'allégement de la taxe des vassaux pendant un siècle et plus !... Hélas ! ce fait n'est pas un fait isolé dans l'histoire... Les seigneurs et les évêques n'ont-ils pas procédé de la sorte au moyen âge, à l'égard de ces communes dont notre aïeul Fergan le Carrier fut l'un des plus intrépides communiers ! Elles commençaient aussi par supplier humblement leur seigneur ou leur évêque d'alléger leurs taxes ; mais seigneurs et évêques ordonnaient à leurs gens d'armes de courir sus à ces vilains, à ces manants. Alors, manants et vilains s'insurgeaient et, par les armes, conquéraient au prix de leur sang, après de terribles vengeances, ces franchises, ces chartes, sauvegarde de leur liberté ! Au dernier siècle, les Réformés n'ont-ils pas d'abord demandé humblement le droit d'exercer leur culte ?... Mais l'Eglise et la royauté répondaient à ces suppliques par les bûchers, par les massacres ! Alors les Réformés s'insurgent, et, après un demi-siècle de guerres religieuses acharnées, l'Edit de Nantes consacre et résume les quatre édits de tolérance conquis par les huguenots les armes à la main ! Et pourtant, ainsi que le disait notre aïeul Christian l'imprimeur, au temps de François Ier, un arrêt de deux lignes reconnaissant à chacun le droit d'exercer son culte, en respectant le culte d'autrui, eût conjuré les maux inouïs déchaînés pendant cinquante ans sur la France par l'intolérance catholique... Pourquoi faut-il donc que toute réforme civile, politique ou religieuse ne puisse se conquérir qu'au prix du sang et d'effroyables désastres ?... Hélas ! parce que la noblesse, le clergé, la royauté regardent comme un outrage, comme un vol, comme une ruine toute atteinte à des droits sacrés à leurs yeux ; parce qu'ils ne consentiront jamais volontairement à amoindrir ces droits, source de leur pouvoir, de leur richesse... parce que s'ils octroient quelque réforme sous la pression de la nécessité, ils s'efforcent de retirer ce qu'ils ont concédé dès qu'ils supposent le péril conjuré...

— Mais, du moins, si violentes que soient les réactions contre les réformes octroyées, quelque chose demeure à jamais acquis, — dit Nominoë ; — et ainsi, lentement, laborieusement, pas à pas, se poursuit à travers les âges le progrès de l'humanité...

— Ah ! — reprit Salaün, — sans cette foi profonde au progrès irrésistible de l'humanité, progrès aussi évident que la lumière, que serait donc l'homme ? Le jouet du hasard, une aveugle créature destinée à se consumer en efforts impuissants au milieu des ténèbres éternelles !... Non, non ; tu n'as pas voulu cela, Dieu juste, tu as assigné un but sublime à ta créature ; son libre arbitre choisit la voie, lente ou prompte, facile ou laborieuse, pacifique ou sanglante ; mais ta volonté souveraine doit s'accomplir et s'accomplit... Maintenant, amis, puisque nous n'avons pu empêcher de funestes représailles, rallions les paysans ; notre troupe se grossira de la population de toutes les paroisses insurgées à cette heure. Nous marcherons sur Rennes, afin de porter secours au peuple et à la bourgeoisie révoltés ; les autres chefs, à la tête des paysans du rayon de Nantes et de Quimper se porteront, de leur côté, sur ces villes aussi soulevées. Dès lors, maîtresse de la Bretagne, comme elle l'est sans doute déjà à cette heure de la Guyenne, du Languedoc, de la Saintonge et du Dauphiné, l'insurrection victorieuse imposera le CODE PAYSAN au clergé, à la seigneurie, et ses réformes à Louis XIV !... LA TERRE DOIT APPARTENIR A CEUX QUI LA CULTIVENT.

Le manoir de Mézlan, assez éloigné du bourg de ce nom, est situé à une demi-lieue des pierres druidiques de Karnak, dressées au bord de l'Océan en avenues de piliers gigantesques.

Un mois environ s'est écoulé depuis l'incendie du château de Plouernel ; il est nuit. La nourrice de Berthe, la vieille Marion, file machinalement son rouet dans la vaste salle basse du manoir inhabité si longtemps, et dont l'antique ameublement remonte au règne de Henri IV. Une lampe de cuivre à trois becs est placée sur une table près de laquelle se tient Marion.

— Voilà près de trois semaines que le vieux du Buisson, écuyer de mademoiselle, est en route, et il ne revient pas, — disait Marion avec inquiétude. — Peut-être lui est-il arrivé malheur?... sinon, quelles nouvelles va-t-il rapporter de là-bas? L'on ne sait rien, à Mezléan, de ce qui se passe en Bretagne. Une compagnie de soldats est entrée au bourg ce matin; ils n'ont dû y trouver que des femmes, des enfants, de vieilles gens ou quelques habitants qui n'ont pas pris part à la révolte... Et frémissant à ce souvenir, Marion ajoute : « Ah! quelle nuit! quelle nuit! que celle où les paysans ont assailli le château... J'ai cru ma pauvre Berthe à sa dernière heure quand je les ai vus envahir en armes notre appartement... mais point... « Vous êtes notre *bonne demoiselle*, aussi bonne que votre frère est méchant, — ont-ils dit à Berthe; — vous n'avez rien à craindre, demoiselle... Mais, partez! emportez tout ce que vous voudrez; car nous allons ravager, brûler le château... Nous avons commandé à vos domestiques d'atteler une voiture; elle vous attend... » Alors mademoiselle a pris un petit portrait de sa mère, un coffret renfermant de l'or et des pierreries, un cahier écrit par le colonel de Plouernel; moi, j'ai fait en hâte quelques paquets. Nous avons quitté le château... Hélas! en ce moment, l'on pendait M. le comte, M. l'abbé et le sergent... « Grâce! grâce pour mon frère! » a crié d'une voix déchirante ma pauvre Berthe, tombant agenouillée sur le perron, du haut duquel elle voyait monseigneur le comte, pâle, sanglant, se débattre au milieu des vassaux qui l'entraînaient à la potence!... Il était trop tard, la voix de mademoiselle n'a pas été entendue des paysans... Enfin, nous sommes arrivés ici avec un cocher et un laquais; le vieux du Buisson nous escortait à cheval à la portière. Mademoiselle a renvoyé les gens avec des marques de sa générosité, ne gardant ici pour son service que du Buisson et moi, aidés du concierge et de sa femme... Je tremblais de voir ma pauvre Berthe, après tant de secousses, retomber gravement malade; mais, grâce à Dieu, je me suis trompée! Elle a eu, pendant quelques jours, une fièvre violente résultant de l'effroi que lui a causé la terrible mort de son frère... puis, peu à peu, elle est revenue à la santé... Enfin, depuis sa grande maladie, elle ne s'est jamais mieux portée... elle est plus belle, plus fraîche que je ne l'ai jamais vue!... Elle paraît calme, heureuse, tout cela devrait pourtant me rassurer... et pourtant... de sinistres pressentiments assiègent mon esprit... Je ne puis les vaincre...

Mais Marion, s'interrompant, prête l'oreille du côté de l'une des portes du salon et dit : — J'entends des pas; qui donc peut venir à cette heure?

La porte s'ouvre, et Marion voit entrer du Buisson.

— Dieu soit béni! enfin, du Buisson, vous voilà de retour... Eh bien! quelles nouvelles?

— Mauvaises, ma chère Marion, de partout très mauvaises!...

— Grand Dieu!... Ainsi, M. Nominoë Lebrenn?... pauvre jeune homme!...

— Il aura partagé le sort de tant d'autres... Impossible de trouver ses traces ni celles de son père... Est-il mort, est-il vivant?

— Ah! ma pauvre Berthe! ma pauvre Berthe! Qu'elle est donc à plaindre!

— Heureusement, mademoiselle est courageuse!... Elle n'avait d'ailleurs guère d'espoir dans le bon succès de la commission qu'elle m'a donnée... je l'ai du moins exécutée de mon mieux... Comment est la santé de mademoiselle?

— Excellente! mon cher du Buisson.

— Le ciel soit loué!

— Mademoiselle va faire chaque jour une longue promenade au bord de la mer, du côté des pierres de Karnak; elle semble affectionner cet endroit désert; puis elle rentre, se met à lire le cahier du colonel de Plouernel, reste, surtout le soir, rêveuse pendant des heures en regardant le ciel, et semble très attristée lorsque les étoiles sont cachées par les nuages...

— Elle devait être impatiente de me voir de retour?

— Oui; car, autant que j'ai pu en juger par quelques mots qu'elle m'a dits, elle attend votre retour pour prendre une résolution... Quelle est-elle? Je l'ignore...

— Peut-être veut-elle quitter pendant quelque temps la France, voyager à l'étranger!

— Je crois en effet qu'il s'agit d'un voyage ; plusieurs fois mademoiselle m'a dit que nous étions ici en pied-à-terre.

— Enfin, c'est là l'important, elle est beaucoup moins triste et sa santé est bonne?

— Oui, sa tristesse semble disparue, sa santé est excellente... Et cependant, du Buisson, je me sens parfois cruellement inquiète au sujet de mademoiselle ; j'ai comme le pressentiment d'un malheur... de sinistres pensées assaillent mon esprit jour et nuit...

— De ce pressentiment quelle serait la cause?

— J'ose à peine vous l'avouer, tant je vais vous paraître sotte... Vous vous moquerez de moi... je le présume.

— Rien de ce qui touche notre jeune maîtresse ne peut, Marion, prêter à la raillerie... Expliquez-vous de grâce!

— C'était très peu de temps après votre départ; ma pauvre Berthe, à peine délivrée de sa fièvre, semblait encore assez triste; un jour, mademoiselle, me parlant avec sa bonté ordinaire de ma famille qui habite Vannes, me demandait si quelqu'un des miens n'avait pas besoin d'être secouru; je lui réponds que mon frère, petit marchand, trouvait dans son commerce de quoi subvenir à ses besoins, à ceux de sa femme et de ses enfants; j'ajoute en riant, dans l'espoir d'égayer mademoiselle, que mon frère et moi nous posséderions sans doute, d'un moment à l'autre, des trésors incalculables. Mademoiselle me demande ce que cela signifie; je réponds qu'un de nos cousins, vieillard à moitié fou, *soufflait*, comme tant d'autres font depuis des années, afin de trouver ce qu'il appelait « la poudre de projection... »

— Quoi ! Marion, la soufflerie a aussi pénétré au fond de la Bretagne ? Il y a ici des gens qui se livrent à ces extravagances ?

— Malheureusement; le cousin dont je vous parle est un de ces fous; il avait hérité d'un petit patrimoine, et il a fondu dans les cornues et les alambics. Nonobstant, notre vieux parent est plus persuadé que jamais qu'il va découvrir cette fameuse poudre au moyen de laquelle tout, mais tout se change en or. Je racontais ces folies à mademoiselle, dans l'espoir de l'égayer, lorsque je la vois devenir très sérieuse, se recueillir; et après réflexion, elle me dit qu'il y a plus de vrai que l'on ne pense dans le savoir des alchimistes, qu'elle serait curieuse de visiter le vieux souffleur au milieu de ses alambics, et elle ajoute que le lendemain nous irions à Vannes.

— Ainsi, mademoiselle a pris ces folies au sérieux ? Cela me semble étrange, toutefois sans justifier vos inquiétudes.

— J'ai été fort surprise aussi, je l'avoue; mon étonnement a redoublé lorsque, peu de temps avant de monter en voiture pour nous rendre à Vannes, j'ai vu mademoiselle ouvrir sa cassette, y prendre de l'or, des pierreries, et mettre le tout dans un sachet qu'elle emporta. Nous arrivons au faubourg de Vannes; la voiture s'arrête devant une maison isolée occupée par le bonhomme... je le trouve au milieu de ses fourneaux, je lui annonce la visite de mademoiselle... Elle entre, me dit de l'attendre, et reste seule avec lui pendant un temps assez long. Cela ne vous semble-t-il pas étrange ?

— Ah çà, Marion, vous me parliez de charmes magiques; quoique la visite de mademoiselle à ce vieux fou me semble, je l'avoue, singulière, rien jusqu'ici ne me paraît toucher à la magie.

— M'y voici. J'attendais donc mademoiselle en dehors de l'antre de ce sorcier, lorsque je le vois sortir d'un air effaré, courir vers la maison du faubourg la plus voisine, et bientôt revenir avec... avec un gros chat noir.

— Oh ! oh ! je devine !... Le chat noir est la bête cabalistique par excellence !... Qu'est-il advenu de ce chat noir ?

— Je l'ignore... mais ce qui est certain, c'est qu'au bout d'une heure mademoiselle est sortie de l'antre du souffleur rayonnante de joie, de bonheur; ses pieds ne semblaient pas toucher terre; enfin, l'expression de ses traits avait changé à ce point que je me demandais et parfois je me demande si cet homme n'avait pas eu recours à quelque sorcellerie pour métamorphoser subitement ainsi ma pauvre Berthe... Elle n'a d'ailleurs pas rapporté à Mezléan les pièces d'or et quelques pierreries qu'elle avait prises dans sa cassette, soit que, sachant par moi le bonhomme ruiné, elle ait voulu le secourir, soit qu'elle ait chèrement acheté un charme... Mais non, non, elle est trop sensée pour être dupe de ces jongleries.

— Ma pauvre Marion, tous les chats noirs du monde ne me donneraient créance aux sorcelleries; mais je suis frappé de ce changement que vous dites survenu dans l'esprit de mademoiselle après sa visite à ce souffleur, surtout si les suites de ce changement ont persisté, ainsi que vous me l'affirmez.

— Sans doute, car depuis lors, mademoiselle n'a plus paru attristée, ni accablée ainsi que par le passé. Elle semble attendre impatiemment votre retour pour prendre une résolution qui doit se rapporter à quelque projet de voyage. Enfin, lorsqu'elle me parle de défunte sa bonne mère madame la comtesse, et cela arrive bien souvent, mademoiselle... voici encore ce qui me semble inexplicable... mademoiselle parfois s'exprime au sujet de sa mère comme si elle devait prochainement la revoir... Alors, les yeux de ma pauvre Berthe deviennent si brillants, que je ne peux en soutenir l'éclat; son visage resplendit d'une beauté céleste; elle est comme transfigurée, ainsi que je vous l'ai déjà dit, et...

Mais, s'interrompant soudain, Marion dit au vieil écuyer :

— Silence, voici mademoiselle...

Mademoiselle de Plouernel entre lentement dans le salon; elle est plus fraîche, plus belle qu'elle ne l'a jamais été; elle est vêtue de blanc. Le vieil écuyer s'incline respectueusement et dit à sa maîtresse, qui, en l'apercevant, fait un mouvement de surprise : — Je ne me suis pas hâté de me présenter devant mademoiselle, parce que les nouvelles que j'apporte sont des plus tristes.

— Laissez-nous, bonne Marion, — dit mademoiselle de Plouernel à sa nourrice. J'ai besoin d'entretenir du Buisson un instant.

Celle-ci sort, et Berthe, s'adressant à l'écuyer avec bonté : — Je regrette d'autant plus la peine que je vous ai donnée, du Buisson, que cette peine devait être infructueuse. — Et s'asseyant, la jeune fille ajoute ! — Ne restez pas debout; vous devez être fatigué après ce long voyage...

Et le vieillard, par respect, hésitant à obéir, Berthe répète : — Asseyez-vous, je l'exige.

Du Buisson s'assied; sa maîtresse reprend :
— Ainsi, vous rapportez ma lettre ?
— La voici, mademoiselle, — répond le vieillard, je n'ai pu rencontrer le destinataire.

Et, prenant une lettre dans son portefeuille, il la remet à sa maîtresse; celle-ci dépose le pli près d'elle sur une table et continue ainsi : — Il vous a donc été impossible de rejoindre M. Nominoë Lebrenn! Vous n'avez pu obtenir nulle part de ses nouvelles?

— Impossible, mademoiselle!... En quittant Mezléan, j'ai appris que la troupe des paysans révoltés, en marche pour Rennes, et grossie du contingent des paroisses à mesure qu'elle avançait, avait eu bientôt atteint le nombre d'environ vingt mille hommes plus ou moins bien armés; une véritable armée : MM. Lebrenn et Serdan l'avaient à peu près disciplinée; cependant, malgré leurs efforts, quelques désordres eurent lieu dans les châteaux et dans les curés. La troupe de paysans marchait toujours sur Rennes. J'espérais la rejoindre à Guémenée, mais là, j'ai appris que des envoyés de M. le duc de Chaulnes, gouverneur de Bretagne, étant venus dans cette ville au devant des révoltés, leur avaient annoncé que les nouvelles taxes royales étaient abolies, que le parlement de Bretagne devait s'assembler à Vannes et enregistrer le CODE PAYSAN, que les vassaux seraient ainsi exonérés des taxes royales, et désormais sauvegardés contre les exactions, les mauvais traitements de leurs seigneurs et de leurs curés... Les promesses des émissaires de M. le duc de Chaulnes causèrent aux paysans une joie inexprimable; ils s'écrièrent qu'ayant obtenu ce qu'ils voulaient, la guerre était finie, et qu'ils allaient s'en retourner dans leurs paroisses... Lebrenn et Serdan, loin de partager la confiance des vassaux, les conjurèrent de ne se séparer, de ne pas déposer les armes, les assurant qu'on les trompait, qu'on espérait, par de mensongères promesses, dissoudre leur armée, puis qu'on les écraserait... — Hélas ! mademoiselle!... Ces promesses étaient, en effet, un piège, un leurre; mais ce leurre séduisit les paysans, qui regrettaient leurs clochers, leurs femmes, leurs enfants... En vain leurs chefs les adjurèrent de marcher sur Rennes, lieu ordinaire des séances du parlement pour appuyer cette assemblée dans sa révolte contre le roi.

— Ces conseils ne furent pas écoutés?
— Non, mademoiselle... Les vassaux, charmés de voir leurs espérances réalisées, répondirent qu'il n'était pas possible que monseigneur le gouverneur osât leur mentir vilainement et retournèrent par bandes dans leurs paroisses, proclamant partout sur leur passage l'acceptation du CODE PAYSAN par les seigneurs et les curés. Grande allégresse dans toutes les paroisses de Bretagne; partout on allumait des feux de joie!... Instruit à Guémenée de la dispersion des révoltés, je m'informai des chefs; j'appris que MM. Lebrenn et Serdan s'étaient rendus à Rennes. J'y allai... Le peuple, la bourgeoisie, moins crédules que les paysans, demeuraient toujours en armes, ainsi qu'à Nantes, attendant l'ouverture du parlement, promise par M. le duc de Chaulnes. Durant le temps que je passai à Rennes, je cherchai en vain MM. Lebrenn et Serdan; j'appris plus tard leur départ pour Nantes, j'y allai. En arrivant, je sus qu'un corps de dix mille hommes de troupes, commandés par M. de Forbin, venait d'entrer en Bretagne afin d'écraser les rebelles parlementaires, bourgeois ou paysans... Le lendemain, la ville de Nantes était occupée par deux régiments soutenus de cavalerie et d'artillerie. Les exécutions commencèrent; le premier jour, quarante-sept bourgeois notables furent pendus, et onze hommes du peuple, signalés comme les plus séditieux, roués vifs...

— Mon Dieu! — s'écria mademoiselle de Plouernel avec épouvante, — que de sang! que de sang!

— Un impôt de cent mille écus fut frappé sur la ville et exigible par les soldats en quarante-huit heures; puis l'on afficha un arrêt du gouverneur de Bretagne condamnant à mort tous ceux qui donneraient asile aux chefs des révoltés, et parmi les noms de ces chefs dont la tête était mise à prix... se trouvaient au premier rang les membres de la famille Lebrenn.

— Cela devait être... — dit Berthe avec calme.
— Et, à Nantes, vous n'avez pu retrouver les traces de MM. Lebrenn?
— Non, mademoiselle... Dès lors, j'ai pensé que je n'avais plus qu'à revenir vous apprendre le peu de succès de mon voyage... Mais, hélas ! en traversant la Bretagne... Quel lamentable spectacle! partout le pillage, la désolation, les supplices! Les soldats traitent la Bretagne en pays conquis, exercent les mêmes rapines, les mêmes cruautés qu'en Flandre! J'ai vu sur les routes presque autant de potences que d'arbres! Les paysans sont torturés, massacrés; ceux qui fuient dans les bois y sont traqués, chassés, tués comme des bêtes fauves par les soldats! Ils n'épargnent ni les vieillards ni les enfants; les femmes sont livrées aux derniers outrages! Enfin, il règne dans les campagnes une terreur telle, qu'hier, en passant à Lesneven, où entrait une compagnie de soldats, j'ai vu une vingtaine de paysans se jeter à genoux et, les mains jointes, s'écrier en tendant le cou : « Egorgez-nous,

Le rêve de Berthe (page 559)

s'il vous plaît, sans nous faire languir... » Enfin, ce matin, à Kerer, des soldats ivres ont fait rôtir un enfant vivant!...

— Assez! c'est affreux!... — s'écrie mademoiselle de Plouernel en frissonnant. — O grand siècle! ô grand roi!... bénie soit l'heure où j'abandonnerai cette terre témoin de tant d'horreurs, de tant d'infamies!

— Mademoiselle va donc voyager?

— Oui, reprit mademoiselle de Plouernel avec un sourire indéfinissable, — oui, je vais entreprendre un long voyage...

— J'ose espérer que mademoiselle me conservera près d'elle... je suis vieux mais dévoué...

— Je connais votre dévouement, bon et fidèle serviteur; il égale celui de Marion, ma nourrice... Cependant je ne saurais vous emmener, ni vous ni elle, avec moi...

— Est-il possible? — dit le vieillard, dont les yeux se baignent de larmes. — Quoi, nous n'accompagnerons pas mademoiselle?... Mais, bon Dieu! sans trop d'orgueil, je puis le dire, où mademoiselle trouvera-t-elle des serviteurs plus fidèles, plus dévoués que nous? Nous supplions mademoiselle de nous conserver à son service.

— Pouvez-vous donc croire que si je devais garder des serviteurs, j'en choisirais d'autres que vous?

— Mais mademoiselle, — reprend du Buisson stupéfait, — mais mademoiselle ne songe pas, ne peut pas songer à voyager seule!

— Si fait! Cela vous surprend; je le conçois... Et cependant, il en est ainsi... Je n'ai pas besoin d'ajouter que j'assurerai l'aisance de vos vieux jours... mon bon du Buisson...

— Ah! que mademoiselle ne croie pas que l'intérêt... puisse entrer dans ma pensée.

171e livraison

— Votre désintéressement égale votre probité, votre zèle... je le sais... Aussi, est-ce pour moi un devoir de récompenser vos longs services. Ce n'est pas tout ; je vous chargerai, vous et Marion, d'une mission dont vous me saurez gré, j'en suis certaine ; je ne puis la confier à de plus dignes mains... Ces terribles exécutions, qui par ordre de Louis XIV, vont changer la Bretagne en un vaste cimetière, feront bien des veuves, bien des orphelins... Je vous laisserai, avant mon départ, une somme assez considérable en or et en pierreries... Vous l'emploierez, vous et Marion, à soulager les pauvres familles dont les chefs auront péri, et..,

Marion rentre à ce moment, pâle, tremblante, et dit d'une voix altérée : — Ah ! mademoiselle... Quel étrange évènement !...

— Qu'as-tu, nourrice ?

— J'ose à peine vous le dire, mon Dieu, cela va tant vous surprendre, vous saisir... J'en suis toute bouleversée...

— De quoi s'agit-il ?

— Margarid, la femme du concierge, est tout à l'heure venue m'avertir que l'on avait heurté à la porte du manoir... Elle a ouvert... une personne demandait à me parler...

— Eh bien ?

— J'ai dit à Margarid de faire entrer cette personne... Elle est entrée. Je l'ai vue... c'est... Nominoë Lebrenn...

— Joies du ciel !... Merci, mon Dieu, merci, — dit mademoiselle de Plouernel en joignant les mains avec force et levant au plafond son regard humide.

Puis s'adressant à Marion d'une voix profondément émue : Fais-le entrer... Qu'il vienne !

Marion sort précipitamment, et Berthe, s'adressant au vieil écuyer : Vous n'oublierez pas mes recommandations au sujet de cette somme destinée par moi à secourir les veuves et les orphelins... qu'auront fait les farouches soldats du roi...

— Les volontés de mademoiselle seront exécutées, — répond le vieillard en s'inclinant.

Et il sort, ainsi que Marion, aussitôt après que Nominoë est entré dans la salle. Les vêtements de celui-ci sont poudreux ; il jette sur un fauteuil son sac, son bâton de voyage et reste seul avec Berthe.

Mademoiselle de Plouernel s'avance vivement à la rencontre de Nominoë, lui tend les mains et s'écrie avec ravissement : — Enfin, je vous aurai revu, Nominoë !

— Qu'elle est belle ! mon Dieu, qu'elle est belle ! — murmure involontairement le jeune homme plongé dans une extase contemplative, car jusqu'alors, et même à La Haye, il n'avait éprouvé cette sorte d'éblouissement que lui cause le rayonnement de la beauté de Berthe.

Il demeura quelques instants comme transporté, ravi... dans une sorte d'extase...

Puis, à cette animation, succède chez Nominoë un pressentiment amer ; il se croit passionnément aimé de Berthe. Elle a dû souffrir mille peines cruelles, en songeant aux dangers qu'il courait depuis leur séparation, et surtout en songeant à la ruine de ces projets de mariage, si longtemps caressés par elle ; et, cependant, loin de la retrouver abattue, pâlie, étiolée par le chagrin, par le désespoir, elle apparaissait florissante de fraîcheur et de grâce... L'amour est pénétrant. Mademoiselle de Plouernel devine la secrète pensée de Nominoë, et s'adressant à lui avec un charmant sourire :

— Soyez sincère, ami, vous me trouvez trop belle ?

— Berthe, que dites-vous ?

— Avouez-le, la pâleur siérait mieux à mes traits que la teinte de la rose ? Des larmes récentes devraient ternir l'éclat de mon regard... une expression navrante devrait crisper mes lèvres... mais point ; j'ai l'œil brillant, la joue vermeille, le sourire aux lèvres ; rien en moi ne trahit le morne désespoir ; je parais pleine de sécurité, de calme, de sereine espérance. Que voulez-vous, Nominoë, mon visage, non plus que mon cœur, ne sait mentir... Tout à l'heure, avant votre venue, j'étais heureuse... je vous revois... mon bonheur est doublé... Mes paroles, mon aspect vous étonnent, car vous m'avez laissée brisée par la douleur. Tenez, — ajoute mademoiselle de Plouernel, prenant sur la table le pli que lui a rendu son vieil écuyer, — lisez ceci, vous comprendrez ce qui vous semble inexplicable. J'avais dépêché près de vous, afin de vous remettre cette lettre, un homme de confiance... Il a suivi vos traces à Guémenée, à Rennes, à Nantes ; il lui a été impossible de vous rejoindre...

Le jeune homme prend la lettre. Berthe sort un instant du salon et rentre bientôt après apportant une cassette assez pesante ; elle la dépose sur la table où se trouve ce qui est nécessaire pour écrire et trace quelques lignes d'une main tranquille. Puis elle plie les deux feuillets et écrit sur l'un : — *A ma chère et bonne Marion*. — Et sur l'autre : — *A mon fidèle du Buisson*. — Pendant que mademoiselle de Plouernel s'occupe de ce soin, Nominoë prend connaissance de la lettre qui lui a été remise... Il tressaille et jette sur Berthe un regard baigné de larmes ; ses traits expriment un profond attendrissement ; il dit à demi-voix : — Quel cœur... quel courage ! aussi vaillante que belle !

Puis, la lecture achevée, il porte la lettre à ses lèvres ; les pleurs inondent son visage. Il se lève et semble transfiguré ; ses traits deviennent comme ceux de Berthe, d'une radieuse sérénité ; il redresse le front ; ses larmes sont taries ; un sourire erre sur ses lèvres ; il se recueille un moment, et dit à mademoiselle de Plouernel qui se rapproche de lui :

— Berthe, l'avenir m'éblouit autant que votre beauté ; mais deux mots du passé... la révolte... est étouffée... — Serdan est mort... et mon père ! mon père... est allé revivre ailleurs... mais, hélas ! je n'ai pu lui faire mes adieux suprêmes et clore ses paupières...

— Quand ce malheur est-il arrivé ?

— A Nantes, où nous séjournions avec Serdan ; nous espérions réveiller l'énergie de la population de cette ville et suppléer à la défection des paysans ; mais les promesses de M. de Chaulnes avaient aussi fait des dupes à Nantes. De là une funeste division entre ceux des habitants qui avaient déposé les armes, et ceux-là qui voulaient rester en armes. Au milieu de ces discordes, Nantes fut occupé par des forces considérables. Tenter de résister eût été folie. Les exécutions commencèrent. Mon père, Serdan et moi étions signalés parmi les chefs de la sédition... — Dès que les troupes du roi eurent occupé Nantes, ses portes furent gardées ; nous ne pouvions sortir de la ville. Quelques amis dévoués nous offrirent un refuge, mais il fallut nous cacher séparément. Je quittai mon père et Serdan. Ils furent découverts dans leur retraite. Serdan, surpris pendant son sommeil, fut arrêté. Le lendemain, il était pendu. Mon père a du moins échappé à cet infamant supplice. Retranché dans sa chambre et bien armé, il s'est défendu ; il est tombé sous les coups !... Le lendemain fut proclamé, à son de trompe, l'arrêt du gouverneur, portant la peine capitale contre ceux qui, à l'avenir, donneraient asile aux chefs de la sédition. J'entendis, de ma retraite, la proclamation de cet arrêt. Je voulus me livrer, afin de soustraire mon hôte à la responsabilité qui pesait sur lui. J'étais d'ailleurs las de ma vie. La ruine de nos projets de révolte, la mort de mon père, de Serdan, de Tina, ma fiancée... la certitude d'être aimé de vous, Berthe, l'espoir de renaître dans le monde invisible, tout me poussait au devant de ce qu'ils appellent la mort... Cependant, je regrettais de ne pas vous avoir revue une dernière fois sur cette terre... Mon hôte, effrayé de ma résolution de me livrer, la combattit vivement ; me voyant inébranlable, il me proposa un moyen d'évasion, presque certain, disait-il, quoique bien étrange... — Le cimetière des protestants de Nantes est situé hors des murs, en signe de réprobation. Il est maintenant défendu aux pasteurs des Réformés de les accompagner jusqu'à leur dernière demeure ; mon hôte me proposa de m'enfermer dans un cercueil. Deux hommes devaient me transporter hors la ville, comme s'ils eussent conduit un mort protestant à sa dernière demeure. Ce qui fut exécuté. J'ai donc pu sortir de Nantes. Obsédé par le désir de vous revoir, Berthe, je me suis dirigé vers Mezléan, ne marchant que de nuit, m'arrêtant parfois durant le jour dans quelque métairie solitaire ou me cachant au plus épais des bois. J'ai pu ainsi arriver jusqu'ici... Maintenant, Berthe, oublions le passé, ne songeons pas au présent, un éblouissant avenir apparaît à mes yeux.

Nominoë est interrompu par l'entrée subite de Marion, qui, en proie à une vive anxiété, s'écrie du seuil de la porte :

— Un officier du roi ! et des soldats...

— Que veut cet officier ? — dit Berthe sans s'émouvoir.

— Visiter à l'instant le manoir, afin d'y rechercher, dit-il, un criminel. Le concierge a refusé d'ouvrir la porte sans votre ordre, mademoiselle ; l'officier menace d'entrer ici de force !

— Ciel et terre ! ils ne me prendront pas vivant ! — s'écrie Nominoë, tirant à demi un poignard de sa ceinture. — Les soldats du grand roi n'auront pas le plaisir de me prendre... j'échapperai à leur potence...

— Calmez-vous, ami, calmez-vous, — reprit mademoiselle de Plouernel avec un sourire tranquille et se dirigeant vers la porte du salon.

— Viens, nourrice...

— Berthe, — dit vivement Nominoë, — où allez-vous ?

— Je vais demander à cet officier s'il a complètement perdu la raison ! Quoi ! des gens de guerre osent prétendre, à une heure avancée de la nuit, visiter la maison de mademoiselle de Plouernel, alors qu'elle se trouve en son logis ! Non, non, je vais engager ce gentilhomme à retarder jusqu'à demain sa visite. J'ai l'assurance que cet officier s'estimera trop heureux d'accéder à mon désir...

— Et si cet officier persiste à vouloir entrer ici de force ?

— Mademoiselle, il y a un moyen de fuite assuré, — dit soudain Marion. — Le passage qui conduit du clos au verger est pratiqué sous la route qui longe les murailles du jardin, et et une fois dans le verger, l'on peut gagner les champs et la mer...

— Mademoiselle, dit le vieil écuyer, accourant à son tour effaré, — les soldats attaquent la porte à coups de crosse de fusil...

— La porte est épaisse ; les murailles du clos sont très hautes et le passage du verger nous reste, reprend Berthe avec calme, et elle ajoute presque gaiement : — Si, contre mon attente, après m'avoir entendue... je ne voudrais pas dire après m'avoir vue... à travers la fenêtre grillée du concierge, cet officier s'opiniâtre dans ses façons sauvages, je reviens à l'instant, et nous aurons le temps de mettre à exécution votre projet, Nominoë; car j'ai pénétré votre pensée, qui est conforme à mes désirs.

Mademoiselle de Plouernel, en prononçant ces dernières paroles, jette à Nominoë un regard qui l'enivre; elle sort suivie de Marion et du vieil écuyer se dirigeant vers le manoir.

Nominoë, resté seul, s'écrie avec transport:
— Elle a compris ma pensée! Ah! béni soit Dieu qui m'a ramené à Mezléan! Les moments sont comptés! je dois me hâter d'accomplir les volontés de mon père, au sujet des légendes et des reliques de notre famille. La veille de l'insurrection, il les a déposées à Vannes, entre les mains d'un ami sûr et dévoué, le seul parent que nous ayons en Bretagne.

Nominoë tire de sa poche une enveloppe assez épaisse, la dépose près de lui, et écrit rapidement quelques feuillets, qu'il couvre d'une écriture fine et serrée. Mademoiselle de Plouernel rentre dans le salon au bout de peu de temps, et dit en souriant à Nominoë:
— Nous avions grand tort, ami, de mettre en doute la galanterie de ce gentilhomme. « N'est-il pas vrai, monsieur, — lui ai-je demandé, — que vous ne songez pas à envahir cette nuit la demeure d'une jeune personne, seule en son logis avec sa nourrice et un écuyer à cheveux blancs? Demain il fera jour; la porte du manoir vous sera ouverte; vous rechercherez votre criminel; placez des factionnaires à cette porte, cernez les murailles, si vous craignez de ce côté quelque escalade; demain je m'estimerai heureuse de vous témoigner ma reconnaissance de votre courtoisie, et je vous ferai de mon mieux les honneurs de ma maison... » Notre homme, — ajouta Berthe, — se confond en excuses, remet à demain la visite du manoir, me demande pardon de la liberté qu'il prend de mettre des factionnaires à la porte et au mur du clos pour rendre toute escalade impossible... Sur ce je donnai le bonsoir à l'officier et me voici...

— Maintenant, ami, — poursuit Berthe ensuite de quelques instants de réflexion, — dans une heure le jour aura paru. Il faut qu'avant une heure nous ayons pris et accompli une résolution qui est arrêtée depuis longtemps; vous avez dû vous en convaincre par la lecture de la lettre que je vous écrivais; et, à ce sujet, je vous dirai que lors même que la mort de votre fiancée n'eût pas déjà rendu notre mariage impossible, il le fût devenu en raison de votre rencontre avec mon frère. Vous l'avez frappé de l'épée, et je ne pouvais accepter votre main, rougie du sang de mon frère! Enfin, si légitime que fût la révolte dont il mourait victime, vous étiez l'un des chefs de cette révolte. Un abîme nous séparait donc de ce monde, Nominoë. Revenue ici après l'incendie du château de Plouernel, j'ai envisagé la réalité sans faiblesse. Notre séparation, les impossibilités qui s'imposaient à notre union n'affaiblissaient en rien mon amour; il est au-dessus des atteintes terrestres; mais mon existence actuelle, éprouvée déjà par tant de malheurs, par de si cruelles déceptions, au sein même de ma famille, me devenait intolérable. Notre mariage rompu, ma vie manquait de but. Puis, le désir passionné de revoir ma mère, et, faut-il l'avouer!... une invincible, une dévorante curiosité, au sujet de ces mondes où nous allons revivre, âme et corps, curiosité qui touchait au vertige, alors qu'ici, chaque soir, les yeux attachés sur le firmament, je contemplais ces milliers d'étoiles où s'accomplissent nos renaissances infinies comme l'éternité... Toutes ces causes m'ont déterminée à quitter ce monde-ci, afin d'aller rejoindre ma mère et vous attendre Nominoë, là où nous retrouverons ceux que nous avons aimés... Ma détermination prise, je vous ai écrit, je désirais vous dire adieu et recevoir de vous un mot de souvenir... Mon émissaire partit à votre recherche. Bientôt une métamorphose s'opérait en moi... ces brûlantes insomnies, ces anxiétés douloureuses qui depuis si longtemps me minaient, m'épuisaient, cessèrent devant cette certitude: « Bientôt j'aurai quitté un séjour intolérable, bientôt j'aurai revu ma mère, bientôt enfin mes yeux enchantés s'ouvriront aux merveilles des nouveaux mondes! Cette confiance me rendit le repos d'esprit; ma santé se raffermit; mes jours s'écoulaient au milieu d'ineffables rêveries, en attendant le retour du messager qui vous portait ma lettre... Cependant, parfois, je ressentais une sorte d'hésitation au sujet de la manière dont j'entreprendrais ce voyage, qui semble si lointain et ne dure pourtant que l'expiration d'un souffle... Je me rendais presque chaque jour à Karnak, où votre aïeule, Héna, la vierge de l'île de Sèn, offrit en sacrifice, il y a des siècles, son sang innocent aux dieux de la Gaule! Je me plaisais sur cette grève solitaire, toujours battue des vents et des flots. Parfois, je gravissais la plus élevée des pierres de Karnak qui se termine par une sorte de plateforme, et je pensais à m'élancer de là dans les vagues dont l'écume bouillonne au pied de ce dolmen. D'autres fois, je songeais à imiter votre aïeule Héna, je songeais à trancher d'une main ferme ce fil léger qui retient ici-bas notre existence captive... Mais un jour, Marion m'apprit d'aventure qu'un de ses parents soufflait... de plus, qu'il se ruinait en voulant découvrir la pierre philosophale... Je savais que ces souffleurs, experts en alchimie, trouvent souvent dans leurs alambics ce qu'ils n'y cherchent pas; des poisons subtils, étranges, effrayants, dont notre temps, hélas! a vu le redoutable emploi, entre autres la *poudre de succession*... Je pars avec Marion pour Vannes, où demeurait ce bonhomme... je lui promets une récompense s'il me prépare un breuvage mortel, d'un effet sûr, et qui pût laisser jusqu'au dernier moment une entière liberté d'esprit... Le souffleur, séduit par l'appât du gain, met au feu ses cornues ; et, pour me prouver l'efficacité de son art, il sort pendant un moment et revient apportant... un chat noir !... — « Voyez l'effet de mon philtre ! » — me dit le souffleur avant que j'aie pu m'opposer à cette expérience, — « voyez ! » Et il introduit une goutte de breuvage dans la gueule du pauvre animal... Presque aussitôt celui-ci se couche paisiblement ; ses yeux restent clairs, brillants et gais ; il s'allonge, se joue avec une sorte de béatitude ; mais peu à peu le sommeil semble le gagner, il s'étend sur le côté, fait encore quelques légers mouvements... puis, immobile, il expire sans le moindre tressaillement de douleur... L'alchimiste avait dit vrai ! J'emporte mon trésor... La certitude de cette mort si facile, si douce, mit le comble à ma sécurité... Enfin, aujourd'hui, mon messager, de retour, m'apprend l'inutilité de ses recherches à votre sujet, Nominoë... La révolte, dont vous étiez l'un des chefs, a provoqué d'épouvantables représailles. La Bretagne nage dans le sang... Je me décide à quitter, avant demain, cette terre homicide... je donne mes dernières instructions à mes vieux serviteurs, sous prétexte d'un long voyage ; je joins mon testament à cette cassette... testament contenant mes dernières volontés.

Mademoiselle de Plouernel s'interrompt, remarquant seulement alors que Nominoë, assis dans une attitude attentive et recueillie, le front appuyé sur l'une de ses mains, écrivait de l'autre, mouvement dérobé jusqu'alors aux yeux de Berthe, par l'interposition de la cassette placée sur la table.

— Nominoë ! — dit mademoiselle de Plouernel, — je vous croyais attentif à mes paroles... Qu'écriviez-vous donc là ?

— Je reproduis vos paroles, Berthe.

— Pourquoi les écrire ?

— Pour les joindre à ceci...

Et Nominoë montre une enveloppe déposée sur la table.

— Que contient cette enveloppe, Nominoë ?

— Le récit de notre amour, dont nous avons tous les deux à nous enorgueillir ; la narration de ce qui nous est arrivé, chère Berthe.

— A qui destinez-vous ce récit ?

— A la descendance de la famille Lebrenn. — Puis, lisant tout haut ce qu'il écrivait : « — Oh ! fils de Joël... vous qui un jour lirez ces lignes tracées par moi, Nominoë Lebrenn, en ce moment suprême... au manoir de Mezléan, sous les yeux de Berthe de Plouernel... songez à cet ange de bonté, de concorde, et, en son nom, oubliez, pardonnez le mal que sa famille a fait à la nôtre !... Soyez miséricordieux ! ni vengeances, ni représailles !... »

— Noble cœur, — reprend Berthe, les yeux humides de larmes et contemplant Nominoë avec une expression d'amour ineffable. — Ainsi, vous êtes comme moi, résolu, fermement résolu de quitter cette triste terre pour un autre séjour ?

— Un supplice infamant, auquel la mort seule peut me soustraire, ne m'attendrait pas demain, que mon plus ardent désir serait encore de vous accompagner, Berthe, dans ce mystérieux voyage...

— Mais... à qui donc allez-vous transmettre le recueil de vos légendes ? Est-ce au frère de votre père, à Gildas Lebrenn, le métayer de Karnak ?

— Nous avons creusé la fosse de Gildas, massacré par les soldats du roi sur le perron du château de Plouernel.

— Vos légendes seront-elles léguées au père de votre fiancée, frère de votre mère ?

— Tankerù le Forgeron a été arrêté avant-hier dans sa maison, conduit à Vannes, et rompu vif, ainsi que Madok le Meunier... L'inoffensif Paskou Le Long, le Baz-valan de mes fiançailles, n'a pas été épargné... on l'a pendu comme des milliers d'autres révoltés !...

Nominoë se lève, va prendre un sac de voyage et en tire le fer d'un lourd marteau de forgeron.

— Tenez, Berthe, voici qui viendra s'ajouter à nos reliques de famille ; tristes et douloureuses reliques d'une famille de serfs.

— Quel est ce marteau ? Je vois sur son fer gravés ces mots en langue bretonne : EZ-LIBR.

— *Être libre !* — C'était la devise de Tankerù le forgeron. Ce marteau lui servait d'arme durant la révolte..... Je suis arrivé aujourd'hui avant l'aube dans les bois de Mezléan, vivement inquiet du sort du père de Tina. Je suis allé ce matin à sa demeure ; je comptais y attendre la nuit, n'osant m'approcher de Mezléan pendant le jour. Je n'ai trouvé au logis de Tankerù que sa vieille mère, à moitié folle de désespoir. Elle m'a appris le supplice de son fils... J'ai vu, près de sa forge éteinte, son marteau ; j'en ai pris le fer... et à nos symboliques reliques sera joint le MARTEAU DU FORGERON.

— Ce dépôt devra être remis à un parent éloigné, artisan à Vannes, qui le transmettra à ses enfants. L'un d'eux continuera peut-être un jour nos annales plébéiennes en écrivant la légende de *mademoiselle de Plouernel et de Nominoë Lebrenn...*

« Moi, Nominoë Lebrenn, j'écris ceci, le 17 juillet 1675, au manoir de Mezléan, une heure avant l'aube, Berthe de Plouernel est là près de moi. Dans peu d'instants, nous aurons quitté le manoir, cerné par les soldats. Le passage qui conduit du clos au verger est pratiqué sous la route où veillent les factionnaires... »

Puis, s'interrompant et s'adressant à Berthe :

— Dès que nous serons dans le verger, ne nous sera-t-il pas facile de gagner les champs et le bord de la mer ?

— Très facile, mon ami... les maîtres de ce manoir ont fait autrefois percer ce passage voûté sous la route, afin de n'avoir pas à la traverser pour se rendre du jardin au verger. Les murs dont il est clos nous déroberont à la vue des soldats... vous ouvrirez aisément la porte qui donne dans la campagne.

« En sortant du verger, — reprend Nominoë, continuant d'écrire, — nous gagnerons le bord de l'Océan. Là, s'élèvent les pierres de Karnak. La nuit est sereine ; la lune brille. A sa douce clarté, Berthe et moi, nous tenant par la main, nous gravirons les degrés de l'antique pierre consacrée aux sacrifices, hôtel druidique, où a coulé le sang d'Héna, la vierge de l'île de Sèn. Berthe et moi, parvenus à la plate-forme du bloc de granit, en présence de l'immensité de la mer et du ciel, dont les profondeurs sans bornes se dérouleront à nos regards, nous dirons tous les deux agenouillés, au Dieu juste : Nous n'avons pu être unis dans cette vie... nous avons voulu être unis dans la mort ! La mort... cette aube mystérieuse de nos renaissances éternelles ! Impossible (devant les hommes, cette union expiatrice d'une fille des Franks conquérants et d'un fils des Gaulois asservis ; cette union réparatrice, nous la consacrons devant toi ! Nos deux âmes sont confondues en une seule ! Fais, ô Tout-Puissant ! qu'il en soit ainsi désormais de nos deux races, si longtemps ennemies ! Fais que l'une regrette ses iniquités séculaires et que l'autre les pardonne ! Fais que cette révolte, soulevée par l'excès des maux des opprimés, soit l'enseignement des vainqueurs ! Fais que pour la dernière fois le sang soit versé dans ces luttes impies ! Fais qu'à l'avenir tous tes enfants, fils des conquérants ou fils des conquis, désormais égaux par le droit, égaux par le devoir, égaux par la justice, ne soient plus que des frères en humanité, ô Dieu paternel ! Liberté, égalité, fraternité ; la République universelle !

« Notre prière achevée, Berthe et moi... ».

— Votre plume, ami ! — dit mademoiselle de Plouernel, — votre plume !...

Puis, penchée sur la table, elle écrit ceci sur la page commencée par Nominoë :

« Moi, Berthe de Plouernel, j'achève le récit de ce qui va se passer tout à l'heure... Notre prière achevée, Nominoë et moi, tous deux agenouillés, pleins d'une confiante allégresse, approchant de nos lèvres ce philtre magique qui va nous ouvrir l'accès des sphères étoilées, nous sentirons bientôt notre âme se dégager de son enveloppe terrestre pour s'élancer radieuse vers l'infini !... La mort n'est que la désagrégation de l'âme et du corps... »

Au moment où Berthe trace ces dernières lignes, l'horloge du manoir sonne trois heures du matin.

— Nominoë, — dit mademoiselle de Plouernel, — hâtons-nous, le jour ne tardera pas à paraître... Placez ces papiers et ce fer de marteau dans votre sac de voyage ; vous le laisserez sur la table, avec l'indication de la personne à qui vous le destinez. Il lui sera remis à Vannes par mon vieux serviteur, ainsi que je vais le lui recommander par un dernier mot de ma main, — ajouta mademoiselle de Plouernel en écrivant cette instruction. Tandis que Nominoë renferme dans le sac les papiers et le fer du marteau, Berthe ouvre la cassette, y prend un petit flacon rempli d'une liqueur bleuâtre, le place dans son corsage, s'enveloppe d'une mante de soie, et tendant sa main à Nominoë avec un sourire céleste : — Venez, ami... partons pour ces mondes mystérieux que personne ne connaît... Et que nous allons connaître à l'heure de notre renaissance !

— Partons, Berthe !...

Mademoiselle de Plouernel et Nominoë Lebrenn ont quitté le salon du manoir de Mezléan pour s'enfoncer dans le souterrain.

_____

Le ciel est d'une admirable sérénité ; la rosée nocturne remplit d'une suave fraîcheur l'atmosphère de cette belle nuit d'été ; l'aurore fait pâlir les étoiles et empourpre déjà l'Orient. Le bruit imposant de la mer, déferlant calme et sonore sur le rivage où se dressent les pierres de Karnak, trouble seul le silence de cette solitude... pierres sacrées de la Gaule antique ! Gigantesques piliers d'un temple, qui, pour voûte, a le firmament ! Leurs dix longues avenues conduisent à l'autel colossal du sacrifice. La gloire au Dieu de la Gaule !

L'horizon s'enflamme des premiers feux du jour ; la cime des longues vagues de l'océan d'azur devient d'une transparence vermeille ; la grève poudroie comme un sable d'or ; le soleil flamboie, ses rayons semblent entourer d'une éblouissante auréole la pierre du sacrifice... Les oiseaux font entendre un concert aérien.

Là sont étendus sans vie, l'un près de l'autre, les mains entrelacées dans une chaste et suprême étreinte, Berthe de Plouernel et Nominoë Lebrenn. Leur beauté a survécu au trépas... Le sourire aux lèvres, les yeux demi-clos, on les croirait endormis d'un doux sommeil... Leur âme immortelle a quitté son enveloppe charnelle ; elle est allée se réincarner dans un nouveau corps, approprié au monde où ils doivent résider, de même que le voyageur prend un vêtement plus léger afin de parcourir des contrées tropicales.

Berthe et Nominoë vivent à cette heure, corps et âme, esprit et matière, en ces mondes étoilés où nul de nous n'est allé... où tous nous irons !... après avoir accompli la mission qui nous est dévolue.

Ce récit a été écrit par moi, Salaün Lebrenn. Mon fils avait dû croire au bruit de ma mort. Laissé pour mort, en effet, à Nantes, par les soldats contre lesquels je m'étais défendu avec acharnement, mon hôte lui-même me crut tué, et déjà il s'occupait de mon ensevelissement, lorsqu'un léger mouvement que je fis lui révéla que je vivais encore. Soigné par mon ami avec un dévouement fraternel, je guéris de mes blessures et restai caché dans mon refuge, jusqu'au jour où je pus m'embarquer secrètement à Nantes sur un bâtiment anglais, et d'Angleterre je passai en Hollande, où un armateur me confia le commandement d'un navire. Désormais banni de France, je priai mon parent de Vannes, dépositaire des légendes et des reliques de notre famille, de me renvoyer par un bâtiment breton ce dépôt, augmenté du MARTEAU DE FORGERON de Tankerù et des pages laissées par Nominoë. A l'aide de ces pages et de mes propres souvenirs, moi, Salaün Lebrenn, j'ai complété cette légende que j'ai réunie à celles de nos pères, destinées à notre descendance.

Hélas ! peut-être ai-je à me reprocher la mort de mon cher fils pour ne pas l'avoir suffisamment prémuni contre les idées de suicide, en lui enseignant que, dans aucun cas, il ne nous est permis de devancer l'heure de notre délivrance, en lui apprenant que Dieu punit ceux qui essaient de se soustraire aux épreuves de cette vie, soit en séparant ceux qui avaient espéré être réunis après leur mort, soit en les condamnant à une réincarnation sur cette terre.

Hélas ! mon expiation pour cet oubli a commencé déjà et se continuera pendant de longues années ; puissent les épreuves que je dois traverser désarmer la justice de Dieu et adoucir le châtiment réservé à mon fils, avant sa réunion dans le monde des esprits avec celle qui l'a aimé jusqu'à mourir pour lui.

. . . .

Moi, Salaün Lebrenn, réfugié en Hollande vers l'année 1675, après le double suicide de Berthe de Plouernel et de mon fils Nominoë, je continuerai d'enregistrer sommairement, dans les annales de notre famille plébéienne, les évènements historiques importants de la fin du siècle du « grand roi », ainsi que les courtisans ont surnommé le despote qui règne à cette heure sur la France... Véritable fléau pour la nation ; monstre vomi par les enfers...

A toi, mon fils ALAIN, né de mon second mariage, contracté à Amsterdam en 1680 avec ma chère Wilhelmine Vandaël, veuve d'un armateur dont j'avais commandé le navire ; à toi,
mon fils ALAIN, je lègue les légendes et reliques de notre famille. Puisses-tu les transmettre à notre descendance ! Puisses-tu un jour quitter la République de Hollande, terre d'asile et de liberté pour les bannis, et retourner en France lorsque s'accompliront les prophéties de VICTORIA LA GRANDE, la chute de la monarchie, l'avènement de la République.

Puissiez-vous, fils de Joël, voir bientôt se lever l'aurore de ce jour où notre patrie, répudiant le nom étranger que lui a imposé la conquête franque, revendiquera son nom de *République des Gaules*, et s'abritera sous les plis glorieux de son antique drapeau rouge, surmonté du coq gaulois ! Commune et fédération, avec la rouge bannière.

A la suite de l'insurrection avortée de la Bretagne (1675), le Roussillon s'insurge, et ce soulèvement est noyé dans le sang. La guerre continue ; brillante au point de vue militaire, mais stérile ou désastreuse pour les véritables intérêts du pays. L'un des plus grands capitaines de ces temps-ci, dont le nom reste à jamais souillé par le ravage du Palatinat, TURENNE, est tué le 28 juillet 1675, à l'âge de soixante-quatre ans, près du défilé de Salzbach. En 1678, le prince d'Orange, âme de la coalition des Etats ligués contre Louis XIV, parvient à détacher l'Angleterre de l'alliance française ; le 10 janvier 1678, la Hollande signe avec la Grande-Bretagne un traité offensif et défensif. Cette défection de sa puissante alliée impose la paix à Louis XIV. Cette paix est conclue à Nimègue avec la Hollande, cette même année (1678).

Telle fut la fin de cette longue guerre qui ruina les finances de la France et lui coûta tant de milliers de ses enfants. Ainsi la Hollande, cette petite République hérétique, objet de la haine de Louis XIV, ne perdit dans cette guerre acharnée que deux de ses colonies, le Sénégal et la Guyane, perte plus que compensée par les avantages que s'assurait à la Hollande le traité de commerce signé à Nimègue. La guerre continua avec l'Autriche, le Danemark et plusieurs princes de la basse Allemagne ; mais, à la fin de l'automne 1679, après des luttes acharnées, la paix fut rétablie en Europe.

Les questions religieuses devaient prendre une importance funeste durant le règne de Louis XIV. Libertin et cagot, la peur du diable le talonnait de plus en plus, en raison des progrès de l'âge ; cependant, tel était son orgueil, sa jalousie de toute autorité rivale à la sienne, qu'entrant en lutte contre la papauté, il voulut soustraire en partie à l'influence de Rome ses sujets et son clergé (ainsi que disait le sire, dans son langage outrecuidant) ; telle fut l'origine des libertés de l'*Eglise gallicane*, soutenues par Bossuet. Cette nouvelle Eglise déclarait les décisions du pape soumises à la sanction des conciles, et le temporel politique des États complètement indépendant du saint-siège. Le pape Innocent XI casse l'arrêt des évêques français, leur reproche avec indignation leur crainte servile devant le roi, crainte qui doit les couvrir « d'un opprobre éternel, » et refuse d'accorder l'investiture aux nouveaux évêques gallicans. Cette rébellion du roi très catholique contre Rome donna d'abord quelque espoir d'allégeance aux protestants, de plus en plus lésés, opprimés, malgré l'édit de Nantes, octroyé par Henri IV ; mais ils reconnaissent bientôt que la lutte de Louis XIV et des évêques gallicans contre la papauté a pour mobile une jalouse rivalité, mêlée d'orgueil et de cupidité.

Le clergé, dès l'année 1660, entreprend d'imposer la révocation de l'édit de Nantes à Louis XIV, le menaçant de lui refuser les subsides que l'assemblée cléricale lui accordait sous le titre de *don gratuit*. Ainsi, en 1660, le président d'Aligre, intendant général des finances, expose humblement et révérencieusement à messeigneurs les évêques les besoins de son maître ; mais lesdits seigneurs refusent net de délier les cordons de leur bourse, sous prétexte que : « L'assemblée du clergé n'estimait pas que l'on pût lui demander quelque chose de la part de Sa Majesté, car il avait été fait tant d'infractions aux privilèges de l'Église, et l'assemblée en était dans un si grand étonnement, qu'il la mettait dans l'impuissance de délibérer sur les propositions qui lui étaient faites de la part du roi, jusqu'à ce qu'il plût à Sa Majesté de réparer lesdites infractions. » (*Registres de l'assemblée du clergé*, 1660).

Louis XIV, pressé par le besoin d'argent, aiguillonné par la peur du diable, s'incline devant la volonté des prêtres ; certaines restrictions sont apportées à l'exercice des droits des protestants, malgré l'Édit de Nantes ; en retour de quoi, et afin de l'encourager dans ses bonnes résolutions, messeigneurs octroient au grand roi un don de dix-huit cent mille livres.

En 1665, le président d'Aligre vient de nouveau exposer la détresse de son maître. « Les réservoirs de Sa Majesté sont vides et secs, — dit le financier aux abois. — C'est à vous, messeigneurs, de déterminer la somme que vous octroyerez et qui les remplira d'une bienfaisante rosée. » Le clergé répond que : « Sans doute Sa Majesté a déjà beaucoup accordé pour le triomphe de la vraie religion, mais point encore assez. L'hérésie agonise ; il faut qu'elle meure. » Et, cette fois, l'assemblée cléricale formule ainsi ses exigences en manière de projet d'édit rédigé d'avance.

« Art. 1er. — Qu'il ne soit plus permis aux catholiques de renoncer à leur religion, pour professer la religion réformée. »

Louis XIV répond en marge du projet : *Sa Majesté s'est réservé d'examiner*.

« Art. 2. — Que les universités, académies, collèges où les Réformés enseignent les belles-lettres et leur théologie soient supprimés. » Il fallait épaissir les ténèbres autour des protestants. (En marge): *Sa Majesté y pourvoira*.

« Art. 6. — Que les charges de judicature royale soient uniquement possédées par des catholiques, comme aussi celles des commis des bureaux. » Les Réformés ne pourront remplir ces fonctions. (En marge): *Sa Majesté y pourvoira*.

« Art. 7. — Que les biens que possèdent les consistoires des protestants leur soient ôtés. » La spoliation érigée en principe. (En marge): *Renvoyé devant les commissaires pour être examiné*.

« Art. 18. — Que Sa Majesté retirera les fermes de son domaine qui ont été baillées par engagement à des protestants, qui trouvent ainsi l'occasion de pervertir les sujets de Sa Majesté. » (En marge): *Sa Majesté promet de retirer ses domaines*.

Ces concessions exorbitantes, loin de satisfaire messieurs du clergé, les mettent seulement, ainsi que l'on dit vulgairement, en appétit ; et certains de pousser le grand roi aux dernières rigueurs contre les protestants, par l'appât des subsides, ils refusent de les lui accorder, malgré les touchantes preuves de bon vouloir qu'il donne. Le prétexte de leur refus est que le don gratuit ne peut être renouvelé qu'après un laps de dix ans, et cinq années à peine se sont écoulées depuis le dernier octroi. La véritable cause du refus du clergé était que Louis XIV, au lieu de souscrire aveuglément à tous les articles proposés, se permettait de demander le temps d'en examiner quelques-uns. En 1670 (expiration du délai décennal), l'intendant des finances vient implorer de l'assemblée cléricale un petit subside de deux millions. Ce don gratuit sera consenti par le clergé aux conditions suivantes, soumises à l'acquiescement du roi. Voilà ce que réclamait l'infâme clergé catholique, apostolique et romain :

« Art. 1er. — Les temples bâtis à proximité des églises seront démolis! » Prétexte odieux pour justifier une iniquité ! (*Accordé par Sa Majesté.*)

« Art. 4. — Qu'il soit défendu aux protestants de s'imposer aucune somme. » La charité était déclarée un crime ! (*Accordé par Sa Majesté.*)

« Art. 5. — Que les Réformés soient tenus à l'entretien des églises catholiques. » Les victimes obligées de payer les bourreaux ! (*Accordé par Sa Majesté*)

« Art. 10. — Que les biens des consistoires

Les dragonnades des Cévennes (page 507)

leurs soient retirés. » (*Accordé par Sa Majesté.*)

« Art. 14. — Que les protestants soient exclus des consulats. » (*Accordé par Sa Majesté.*)

« Art. 21. — Que, dans les écoles, les Réformés n'enseignent qu'à lire, écrire et à compter. »

La science érigée en délit ! (*Accordé par Sa Majesté.*)

« Art. 24. — Qu'il soit fait défense aux créanciers des protestants qui embrasseront la foi catholique de poursuivre lesdits convertis durant trois années. » Prime offerte à l'abjuration. (*Accordé par Sa Majesté.*)

« Art. 25. — Que les enfants des Réformés leur SOIENT ENLEVÉS DÈS L'AGE DE SEPT ANS, pour être élevés dans la religion catholique. »

Le rapt des enfants réclamé comme loi d'Etat. (*Sa Majesté avisera.*)

« Art. 26. — Qu'il soit permis aux curés, assistés d'un échevin, de se présenter DE FORCE chez les Réformés malades. »

(*Sa Majesté avisera.*)

« Art. 30. — Qu'il soit défendu, sous peine grave aux protestants de laisser mourir leurs enfants SANS BAPTÊME. »

(*Sa Majesté avisera*).

Vous le voyez, fils de Joel, les franchises des protestants, proclamées par l'Edit de Nantes, leur étaient ainsi presque complètement ravies, quoique le grand roi se fût réservé d'aviser à l'endroit de trois articles du projet clérical. Cet atermoiement se conçoit : le glorieux sire, ne doutant point d'obtenir les deux millions en retour de son acquiescement aux premiers articles, se réservait de vendre à part et fort cher son adhésion aux derniers articles, d'une importance capitale. Ce calcul ne fut point trompé.

172e livraison

Le clergé, satisfait des concessions obtenues, octroya les deux millions de subsides. Il pouvait, dès lors, patiemment attendre l'heure prochaine de la complète révocation de l'Edit de Nantes. En effet, plus tard, les trois derniers articles furent approuvés par Louis XIV, ainsi que les suivants :

« Art. 8. — Les ministres seront soumis à la taille ». (*Accordé par Sa Majesté*.)

« Art. 9. — Il est défendu aux protestants d'avoir des cimetières dans les bourgs, villes et villages ». (*Accordé par Sa Majesté*.)

« Art. 12. — Les mariages qui se feront à l'avenir entre personnes de différentes religions seront déclarés nuls, et les enfants issus d'iceux reputés BATARDS ET INCAPABLES D'HÉRITER ». (*Accordé par Sa Majesté*.)

Enfin, le 9 juillet 1685, l'Edit de Nantes, annulé de fait par des arrêts partiels et successifs, le fut légalement par décret royal. Le clergé paya cette abominable iniquité au prix énorme de DOUZE MILLIONS. Jamais jusqu'alors l'assemblée cléricale n'avait consenti un pareil subside, le chiffre le plus élevé de ses dons gratuits n'ayant jamais excédé TROIS MILLIONS. A cette générosité sacrilège, qui achetait le sang de milliers de Réformés, le clergé ajouta une ignoble flagornerie : il décerna, pour la première fois, à Louis XIV, le sobriquet de GRAND ! Echange de bons procédés entre le trône et l'autel ! Louis devenu LOUIS LE GRAND !

Il va sans dire que la compagnie de Jésus, à la fondation de laquelle vous avez assisté, fils de Joel, fut l'implacable instigatrice de la révocation de l'Edit de Nantes. La compagnie avait cheminé dans le monde; elle avait organisé la Saint-Barthélemy et la Ligue; elle avait favorisé l'influence des Guisards. A partir de ce moment, les enfants de Loyola, s'imposant à la papauté comme sauveurs de la religion, dominèrent le saint-siège. Le pape Paul III autorisa leur compagnie vers 1540, et fixa à soixante le nombre des affiliés; mais quinze ans plus tard, la Société en comptait mille. Leurs richesses s'accroissaient dans une proportion inouïe; ils couvraient les deux mondes d'un invisible réseau, et le général de la compagnie devenait le rival du pape. Sixte-Quint, malgré son énergie, est obligé de renoncer à son projet de dissoudre la milice des enfants d'Ignace; il recule devant leurs protecteurs, Philippe II, le roi Sigismond et le duc de Bavière. De ce moment, malgré l'imposante et passagère opposition de Clément XIII, les bons pères règnent en maîtres dans l'Eglise et hors de l'Eglise, dirigent les conciles, imposent au sacré collège la nomination du saint-père qui leur agrée. Leur doctrine relachée, favorable à toutes les hypocrisies, à tous les vices, à tous les crimes, qu'elle couvre de son manteau, se résume en ces mots du P. Lemoine (*de la Dévotion aisée*) : « La vertu n'est point une fâcheuse, la dévotion est aisée. Il y a eu des saints pâles et mélancoliques; ceux d'aujourd'hui sont d'une complexion plus heureuse : ils ont abondance de cette humeur douce et chaude, de ce sang bénin qui fait la vie ».

Grâce à cette morale facile, les plus gros péchés sont remis, pour peu que l'on se donne le souci de porter au bras un chapelet en forme de bracelet, un rosaire ou une image de la Vierge. Dominateurs du saint-siège, les jésuites proclament l'infaillibilité du pape, afin de le débarrasser de l'opposition des conciles et d'assurer sa suprématie sur les rois; le tout au profit de la compagnie, qui domine les papes, et les rois par les papes. En vain, PASCAL et la secte des jansénistes essaient d'arrêter l'essor des fils de Loyola, Louis XIV, obéissant au père Lachaise, proscrit les jansénistes et détruit le Port-Royal, leur centre d'action.

Les protestants comptaient d'autres ennemis impitoyables, qui depuis longtemps poussaient aussi à la révocation de l'Edit de Nantes, entre autres la Maintenon, royale courtisane, qui portait une sorte d'austérité dans l'adultère, de gravité dans le concubinage; rogue et dure, ambitieuse et froide, elle sut assurer son empire sur Louis XIV en persuadant à ce débauché cagot qu'il pouvait expier les scandales de sa vie en violentant les consciences et persécutant ses sujets hérétiques. Louvois seconde la Maintenon dans cette croisade contre les Réformés, imagine les dragonnades. Hypocrisie, intolérance, tristes apanages du catholicisme.

D'horribles excès sont commis par une soldatesque effrénée; les protestants sont frappés de terreur; les uns abjurent afin d'échapper à tant de maux; d'autres rassemblent leurs ressources et s'apprêtent à fuir de France. L'archevêque de Paris, et le père Lachaise, confesseur du roi, poussent le monarque aux mesures les plus violentes. Les Réformés émigrent en masse dans les pays voisins.

Louis XIV s'émeut de voir les forces vives de son royaume passer à l'étranger. Il rend un arrêt défendant aux Réformés, « sous peine des galères perpétuelles, » de quitter la France. Ce n'est pas suffisant, le grand roi songe à remplir son trésor, et un autre édit déclare les ventes faites par les huguenots émigrants nulles, et ces biens confisqués au profit de Sa Majesté.

Les Réformés, exaspérés, se décident à reprendre les armes et à défendre leur vie, leurs biens, leur foi, leur famille. La guerre civile et religieuse déchaîne de nouveau ses fureurs sur la France. Une vaste insurrection protestante s'organise dans le Languedoc, le Dauphiné, le Vivarais et les Cévennes. Les révoltés déclarent qu'ils exerceront leur culte malgré les arrêts royaux, et qu'ils assisteront, en armes, à leur prêche. Fanatisés par leurs prêtres et sûrs de l'appui de Louis XIV, les catholiques donnent le signal de la guerre civile en massacrant les protestants réunis dans la forêt de *Sâoo*, en Dauphiné, pour y entendre la parole de leur ministre. A cette nouvelle, les huguenots des Cévennes et du Vivarais se soulèvent en masse ; ce premier mouvement est comprimé par des exécutions militaires. Le seul ministre qui eût pris quelque peu le parti des protestants, Colbert, meurt à la peine, après avoir développé la marine, le commerce, l'industrie en France, réglé les finances autant que le permettait le faste de Louis XIV ; le ministre dit à ses amis quelques moments avant d'expirer : « Je ne veux plus entendre parler du roi ; qu'au moins, il me laisse mourir tranquille. Si j'avais fait pour Dieu ce que j'ai fait pour cet homme-là, je serais sauvé dix fois, et maintenant je ne sais ce que je vais devenir. » Colbert mourut le 6 septembre 1683, à l'âge de soixante-quatre ans. Peu de temps après, Louis XIV, veuf de la reine Marie-Thérèse, avait épousé secrètement la Maintenon. Ainsi, ce glorieux monarque, qui prenait le soleil pour emblème, épousa sa vieille concubine, la veuve de Scarron, le cul-de-jatte bouffon ; les témoins de ce burlesque mariage furent un gentilhomme nommé Montchevreuil et Bontemps, valet de chambre du roi. Le père Lachaise officia en présence de Harlay, archevêque de Paris. Cette union devient le signal d'un redoublement de persécutions contre les Réformés. Ceux qui, demeurés en France, autorisent leurs enfants à se marier à l'étranger sont condamnés « aux galères perpétuelles. » — Des tuteurs catholiques sont imposés aux orphelins protestants. — La moitié des biens des émigrants est « accordée à leurs dénonciateurs. » Encouragement à l'espionnage, à la trahison. La morale catholique.

Parmi les moyens employés par les gens du despote pour assurer le triomphe de l'Eglise catholique, il en est d'une simplicité remarquable, à savoir : SUPPRIMER *autant de protestants qu'il se pourra*, en les envoyant aux galères, ou à l'échafaud... Voilà ce qu'écrivait Louvois, le 11 juillet 1686, au marquis de Boufflers, général de l'armée des convertisseurs casqués :

« Conduisez vos troupes en Guyenne, logez-les entièrement chez les religionnaires ; essayez surtout de *diminuer le nombre de ces derniers*, de telle sorte que, dans chaque localité, les catholiques soient deux ou trois fois plus forts que les hérétiques, afin qu'il n'y ait plus à craindre que le petit nombre de huguenots qui restera puisse rien entreprendre.

Les Réformés, livrés aux violences, aux exactions des soldats de Louis XIV et menacés des galères ou de la mort s'ils tentent d'échapper à leur horrible sort, abjurent par milliers. En Guyenne, sur cent cinquante mille Réformés, cent quarante mille renoncent tout d'un trait à l'hérésie. En Languedoc, en Poitou, en Saintonge, les conversions se multiplient dans les mêmes proportions. Louis XIV, hébété par le fanatisme, croit à la réalité de ce merveilleux progrès de la foi, se réjouit des effets pharamineux de la grâce d'en haut et offre à Dieu, en expiation de ses débauches, l'abjuration de ses sujets, obtenue par les moyens suivants, compris dans la révocation de l'édit de Nantes. — Démolition des temples protestants par tout le royaume. — Défense aux Réformés de s'assembler pour l'exercice de ladite religion. — Bannissement des pasteurs qui *refuseront de se convertir*. — Baptême *forcé* des enfants des protestants par les curés des paroisses, qui les *élèveront ensuite dans la religion catholique*. Ordre aux huguenots fugitifs de rentrer en France, faute de quoi leurs biens seront *confisqués*. — Défense aux protestants de sortir du royaume sous *peine des galères* perpétuelles pour les hommes, de la *détention perpétuelle* pour les femmes, et de la *confiscation* des biens des émigrants. — Peine des galères perpétuelles décrétée contre les relaps (réformés convertis en apparence et revenus à leur religion) ; ils seront, à leur mort, traînés sur la claie et privés de sépulture. — Défense aux pasteurs qui, selon l'arrêt, quitteront la France, de vendre leurs biens et d'emmener leurs enfants au-dessous de sept ans. »

Ainsi, la loi !.. LA LOI ordonnait la destruction du foyer domestique, brisait les liens sacrés de la famille, arche sainte jusqu'alors respectée par les plus abominables tyrans.

Louvois, l'infâme ministre de Louis XIV, écrivait, en adressant aux généraux l'édit de révocation :

« Sa Majesté veut que l'on fasse sentir les dernières rigueurs à ceux *qui ne voudront pas se faire de* SA *religion*, et ceux qui auront la sotte gloire de vouloir rester les derniers doivent être poussés jusqu'à la dernière extrémité. — Qu'on laisse d'ailleurs *vivre les soldats très licencieusement chez les huguenots.* »

Cette impunité, accordée à une soldatesque impitoyable, amena un débordement d'excès inouïs ; la rapine, le viol, la torture, le meurtre, furent les moyens ordinaires employés par ces convertisseurs pour ramener les hérétiques au giron de l'Eglise catholique.

« Beaucoup de malheureux moururent ou demeurèrent estropiés des suites des traitements qu'ils avaient subis de la part des soldats, — raconte un historien, témoin oculaire de ces horreurs. — Les tortures obscènes infligées aux femmes ne différaient guère du dernier outrage que par une perversité plus raffinée ; les inventions diaboliques des routiers et des seigneurs du moyen âge pour extorquer des rançons à leurs captifs furent renouvelées pour arracher des conversions ; on chauffa les pieds, on donna l'estrapade, on suspendit les patients par les extrémités, on attacha des mères au bois de leur lit, tandis que leurs enfants, encore à la mamelle, mouraient de faim sous leurs yeux. De la torture à l'abjuration, il n'y avait souvent pas vingt-quatre heures de délai, et les bourreaux devenaient ensuite les éducateurs religieux de leurs victimes. »

Presque tous les évêques étaient complices de ces pratiques horribles. Honte et exécration sur ces prélats infâmes !

« En un certain couvent, l'on plongea les huguenots dans de profonds souterrains, oubliettes des anciens châteaux féodaux. L'on jetait dans ces cachots des animaux putréfiés qui empestaient l'air, et, par leurs exhalaisons morbides causaient la mort des prisonniers ; ou même des reptiles et des rats vivants, etc., etc. »

Le clergé, instigateur de la révocation de l'Edit de Nantes, applaudit à ces atrocités dont l'humanité s'épouvante, il éclate en chants de triomphe ! Bossuet, évêque de Meaux, le courtisan des turpitudes et des scélératesses royales, s'écrie en prononçant l'oraison funèbre du chancelier le Tellier, signataire de la révocation de l'Edit de Nantes : « Chrétiens, épanchons nos cœurs sur la piété de LOUIS LE GRAND ; poussons jusqu'au ciel nos acclamations, et disons à ce nouveau Constantin, à ce nouveau Théodose, à ce nouveau Marcien, à ce nouveau Charlemagne : Vous avez affermi la foi, vous avez exterminé les hérétiques, c'est le digne ouvrage de votre règne ! c'en est le propre caractère ! Par vous, l'hérésie n'est plus. Dieu seul a pu faire cette merveille ! »

L'Eglise frappe des médailles commémoratives en honneur de la révocation de l'Edit de Nantes... On dresse des statues au prince... Le pape partage l'ivresse générale, et, le 15 novembre 1686, il adresse à Louis XIV un bref dans lequel il lui exprime la joie que lui cause l'extermination de l'hérésie, et il célèbre la révocation de l'Edit de Nantes en tenant un consistoire extraordinaire et en chantant un *Te Deum* !
Exécration sur les bourreaux de l'humanité !

Mais l'excès même de l'oppression fait éclater des résistances désespérées. Les protestants, d'abord terrifiés, sortent de leur stupeur ; et, bravant les édits, la proscription, les galères, l'échafaud, ils retournent à leurs temples en ruines, ou s'assemblent en armes au fond des bois, pour écouter le prêche de leurs ministres, tandis qu'un grand nombre de leurs coreligionnaires continuent d'émigrer. Louis XIV recourt aux mesures impitoyables, afin d'arrêter cette émigration et de frapper les non convertis.

La peine de mort, généralisée, est appliquée à presque tous les délits religieux... *La mort* à ceux qui assistent aux prêches ! *La mort* à ceux qui émigrent ! *La mort* à ceux qui essaient d'arracher leurs enfants des mains des prêtres catholiques ! *La mort* aux complices de la fuite de leurs coreligionnaires ! *La mort* partout ! *La mort* toujours ! Et cependant les menaces de la loi sont vaines : deux cent mille protestants, malgré des difficultés inouïes, parviennent à sortir de France. Ils formaient l'élite de la population par leur industrie, par leur richesse, par leur savoir ; ils vont porter à l'étranger cette science, cette industrie, dont la perte doit ruiner le pays. Les soldats, les officiers hérétiques suivent l'exemple de leurs frères persécutés. « De 1686 à 1689, — dit Vauban, — neuf mille matelots, les meilleurs du royaume, douze mille soldats d'élite et six cents officiers, ont passé à l'étranger ». — Duquesne, l'un des plus illustres amiraux du siècle de Louis XIV, abandonne le service, et le maréchal de Schomberg, grand homme de guerre, se retire en Portugal ; Basnage, Rapin, Thoiras, Saurin, Ancillon, Tronchin, Candolle et d'autres historiens cherchent un asile en Suisse, en Allemagne, en Danemark. Les Français réfugiés à Leyde, à Amsterdam, à La Haye, se vengent de Louis XIV en publiant des pamphlets ; leurs sarcasmes marquent ce prince d'une flétrissure indélébile ; la plume, légère, rapide, acérée comme une flèche de guerre, crible et transperce ce royal fétiche ! D'autres écrits retracent les atrocités de cette persécution religieuse, soulèvent l'opinion publique de l'Europe, et poussent les peuples à une nouvelle coalition contre le *Néron catholique*.

A l'intérieur, la France déchoit de sa suprématie industrielle par l'émigration protestante. Des villes populeuses voient des milliers d'artisans subitement dénués de travail, depuis la fuite des familles commerçantes qui occupaient leurs bras. La chapellerie normande émigre en Angleterre ; un faubourg de Londres se peuple d'ouvriers en soieries ; la draperie, la papeterie d'Amiens, vont enrichir la Hollande. Plus de vingt mille protestants portent dans le Brandebourg les procédés de fabrication les plus raffinés. Le petit nombre de protestants manufacturiers demeurés en France, placés sous la menace de la confiscation de leurs biens, renoncent à leur commerce ; et les plus déterminés se préparent à reprendre les armes. Les Etats hérétiques de l'Europe, pénétrant les projets d'alliance de Louis XIV avec Jacques II, roi d'Angleterre, alliance dont le but était l'extermination de la Réforme en Europe, se liguent pour sauvegarder leurs libertés religieuses. Le prince d'Orange, ennemi du grand roi, est l'âme de cette coalition.

L'Allemagne et l'Autriche jugent le moment opportun pour s'affranchir de la suprématie politique de la France. L'espagne catholique elle-même s'apprête à prendre part à la lutte, et Rome, malgré le sanglant holocauste que vient de lui offrir Louis XIV, ne peut pardonner à ce roi son schisme gallican, et souffle le feu de la guerre. Le 16 juin 1686, un an à peine après la révocation de l'Edit de Nantes, la Suède et la Hollande renouvellent leurs traités d'alliance offensive et défensive, s'engageant à défendre la liberté religieuse contre « les fanatiques des Etats voisins » (Louis XIV et Jacques II). — Le 9 juillet 1686, l'empereur d'Autriche, les rois d'Espagne et de Suède, l'électeur de Brandebourg, les cercles de Bavière et de Franconie, les princes de Saxe et des Etats du Haut-Rhin, signent un pacte secret contre Louis XIV, invoquant dans ce traité d'impérieuses nécessités de *sûreté publique*, déclarant vouloir maintenir la scrupuleuse observance des traités de Westphalie, de Nimègue et de la trêve de Ratisbonne ; l'empereur s'engagea, dans le cas où l'un des signataires du traité serait attaqué, à donner le signal de la guerre en marchant au secours de l'allié en péril. Les princes restés étrangers à la coalition pourront plus tard y adhérer. Tels furent les motifs et le but de la célèbre ligue d'Augsbourg, qui porta un coup terrible à la monarchie de Louis XIV. En 1688, le demi-dieu, à qui La Feuillade élevait une statue votive, entourée de lampadaires sans cesse allumés, faillit mourir d'une fistule au fondement, suite de ses débauches ; mais revenu à la santé, il lance un manifeste contre l'empereur, le 24 septembre 1688. La guerre dura neuf ans. Ses conséquences furent désastreuses ; et, par un juste retour de fortune, la France perdit toutes ses conquêtes. Louis XIV rendit aux coalisés la moitié de la Catalogne, la ville et le duché de Luxembourg, le comté de Clèves, les villes de Charleroi, Mons, Ath, Courtrai, avec leurs dépendances et celles de Namur. Il fut contraint de démolir toutes les fortifications élevées sur la rive droite du Rhin, et ne conserva que Strasbourg. Telles furent les honteuses conditions imposées au monarque par la paix de Ryswyck, conclue le 30 octobre 1697. La France, ainsi humiliée, amoindrie à l'extérieur, offrait au dedans le plus déplorable tableau : la misère atteignait à son comble ; les routes étaient devenues impraticables ; l'aggravation des impôts, les exactions des compagnies privilégiées avaient ruiné la marine marchande et les pêcheries en Normandie et à Dunkerque ; les pays frontières étaient écrasés par les contributions ; en Flandre, les cultivateurs propriétaires n'ont touché, durant la guerre, qu'un tiers de leurs revenus ; d'autres, seulement le dixième ; la Picardie a perdu un quart de sa population ; à l'Ouest, même misère, même souffrance, même dépeuplement qu'au Nord et à l'Est ; dans la généralité d'Alençon, les villes sont presque entièrement abandonnées ; la plupart des propriétaires demeurent exposés aux injures du temps, faute d'argent pour réparer leurs maisons ; dans la généralité de Rouen, sur sept cent mille habitants, il n'en est pas cinquante mille qui couchent ailleurs que sur une paille infecte ; le commerce de toile de Bretagne tombe sous l'énormité des droits dont les produits sont frappés ; les papeteries de l'Angoumois, la navigation fluviale, le commerce des vins, sont aussi ruinés par l'exagération des taxes ; le centre de la France est non moins appauvri que les autres provinces ; la Touraine a perdu un tiers de ses laboureurs, un quart de sa population, la moitié de son bétail ; une portion considérable des terres reste en friche, les bras manquent à l'agriculture ; la draperie et la fabrique de soierie de Tours sont anéanties par l'émigration protestante ; la population de cette ville atteignait le chiffre de quatre-vingt mille âmes avant la révocation de l'Edit de Nantes : elle est réduite à trente-trois mille habitants ; une égale détresse frappe l'Anjou, le Maine, le Limousin, le Périgord, le Bourbonnais ; ces provinces ont perdu un cinquième de leur population ; enfin, la persécution religieuse, le passage et le logement des troupes, le recrutement de la milice, la rapacité du fisc royal, ont ruiné, dépeuplé la France. L'émigration protestante continue, malgré les peines édictées contre les fugitifs. Basville, intendant du Languedoc, et l'un des plus impitoyables bourreaux de ces malheureux, avouait qu'il y avait des contrées de *vingt* et *trente* paroisses où l'on n'avait pu, malgré le redoublement de persécution, convertir *un seul* protestant. Les évêques, par la voix de Bossuet, excitaient Louis XIV à persévérer dans ses moyens de contrainte.

« L'on a employé la force à ôter leur religion à ces malheureux idolâtres, — disait l'évêque de Meaux ; — maintenant qu'ils n'ont plus aucune foi, n'est-il pas nécessaire de leur en donner une PAR LA FORCE ? » C'est là la religion catholique qui produit de tels monstres.

Le père Desmarais, directeur de madame de Maintenon, lui écrivait : « Si l'on n'a pas fait de difficultés de recevoir l'abjuration d'un grand nombre d'hérétiques dont on pouvait suspecter la sincérité, pourquoi ne pas les *contraindre*, par les mêmes voies, à recevoir les sacrements ? » Crois ou meurs, dit le prêtre.

De nouvelles guerres étrangères menaçaient d'ajouter aux désastres intérieurs de la France. Guillaume d'Orange, devenu roi d'Angleterre après la chute de Jacques II, momentanément rapproché de Louis XIV par des intérêts communs, traite avec lui du partage éventuel des possessions de l'Espagne après la mort de Charles II. Celui-ci meurt, en effet, le 1er novembre 1700. La junte de Madrid députe des envoyés à Louis XIV, pour lui annoncer que son petit-fils est appelé à régner sous le nom de Philippe V; celui-ci est reconnu en cette qualité à Versailles, le 12 novembre 1701. Le rapprochement de Guillaume et de Louis XIV n'est que momentané. Ils se divisent au sujet de la succession d'Espagne; bientôt l'Angleterre, l'Autriche, la Hollande, contractent une triple alliance, contre la France, dans le but de limiter les possessions du nouveau roi d'Espagne, et de partager ses dépendances d'Amérique et d'Europe entre les signataires du traité.

Guillaume III meurt le 4 mars 1702; mais le gouvernement anglais reste fidèle à la politique de ce prince, politique hostile à Louis XIV. Pendant que Vendôme et Catinat défendent les frontières menacées par le duc de Marlborough, commandant des armées coalisées, une nouvelle guerre religieuse éclate dans le midi de la France. Le signal de l'insurrection est donné du haut des montagnes cévenoles. L'abbé du Chayla, inspecteur des missions et archiprêtre des Cévennes, terrifiait depuis quinze ans ces malheureuses contrées, se montrait impitoyable pour les protestants, perpétuait les dragonnades, faisait de sa maison fortifiée une prison et un lieu de débauches, mêlant la luxure à ces férocités, renouvelant les scélératesses des seigneurs du moyen âge. Vers le milieu de juillet 1702, quelques Cévenols de la religion réformée, arrêtés au moment où ils tentaient de passer la frontière pour fuir la France, furent conduits au pont de Montvert dans la demeure de l'archiprêtre. Un montagnard, nommé Séguier, soulève les bûcherons et les charbonniers, se met à leur tête, envahit la maison de l'abbé du Chayla, qu'il tue après une vigoureuse résistance et délivre les prisonniers. Peu de jours après, Séguier, pris par les soldats du roi, est roué vif; la révolte se propage dans les Cévennes et dans le Vivarais. Les révoltés nomment des capitaines. Les deux plus célèbres sont Roland et Jean Cavalier. Celui-ci, à peine âgé de dix-sept ans, mais doué d'un remarquable génie militaire, lève et discipline une armée de cinq à six mille hommes, prenant le nom d'Enfants de Dieu. Les grottes des montagnes leur servent de citadelles, de retraites et d'arsenaux. Jean Cavalier lève la dîme sur les catholiques; et, usant de représailles après tant d'années de persécutions, il incendie les églises, ravage les monastères, tient avec succès la campagne contre les troupes de Louis XIV, les bat en plusieurs rencontres. Basville, intendant du Languedoc, demande instamment des renforts, voyant l'insurrection descendue des montagnes envahir tout le plat pays, depuis Nîmes jusqu'à la mer. Le comte de Broglie est envoyé à la tête d'un corps d'armée : il est taillé en pièces par Jean Cavalier, près de Vistre, le 12 janvier 1703. Les victoires des Cévenols épouvantent Louis XIV. Croyant écraser la révolte d'un seul coup, il lance contre elle un nouveau corps d'armée, sous le commandement d'un maréchal de France, Montrevel. Ces troupes, choisies parmi les meilleures des armées d'Allemagne et d'Italie, sont accompagnées de vingt pièces d'artillerie et de cinq cents miquelets du Roussillon, habitués à la guerre des montagnes. Le maréchal de Montrevel est battu par Jean Cavalier, ainsi que l'a été le comte de Broglie. Le maréchal se décourage; son armée se démoralise; il demande un armistice. Jean Cavalier refuse et met en déroute l'armée royale dans de nouvelles rencontres. Basville imagine d'enrégimenter des catholiques sous le titre de Cadets de la Croix et de les opposer aux insurgés protestants; mais les Cadets de la Croix, commandés par un ermite muni d'indulgences papales, massacrent ennemis et amis, catholiques et réformés, commettent tant d'excès, que le maréchal de Montrevel est obligé de disperser par les armes ces féroces alliés; puis, désespérant de réduire les insurgés, il demande à Louis XIV, et obtient de lui l'autorisation de recourir à un moyen d'une barbarie jusqu'alors inconnue dans l'histoire, afin de frapper de terreur les populations et d'isoler les révoltés. Le roi donne l'ordre au maréchal de Montrevel de détruire par le feu ou par la mine plus de QUATRE CENTS VILLAGES protestants, peuplés de près de VINGT MILLE HABITANTS. Des massacres en masse.

Lettre confidentielle de M. de Julien, lieutenant général, chargé pour sa part de raser trente et une paroisses d'où dépendaient plus de cent villages :

« Au pont de Montvert, 20 septembre 1706.

« J'ai reçu, madame, dans un moment *bien vif*, votre lettre du 17. Nous commençons demain à faire raser *trente et une* paroisses dépendantes des Hautes-Cévennes, *condamnées par le roi à être rendues désertes*. M. de Montrevel a, dans son canton, *treize paroisses à faire aussi raser*. M. de Canillac en a *trois* avec *deux cent vingt-cinq villages, voisins de l'Aygoal et de Lesperou*. M. de Canillac commença hier parce qu'il avait reçu mille hommes de milice du Languedoc, lesquels ont les outils propres à renverser les maisons... Nous voici donc occupés pour longtemps, à moins que l'on *ne se serve de la mine et du feu, ainsi que je l'ai proposé*. Je souhaite que ce grand et étendu châtiment produise le fruit que l'on en attend, mais je n'en espère rien de bon, etc., etc...

« DE JULIEN. »

Le moyen expéditif proposé par M. de Julien fut employé ; on ne perdit pas de temps à démolir les maisons, on les fit sauter ou on les incendia. Fils de Joël, conservez le souvenir de ces atrocités ! Un écrivain catholique, le père *l'Ouvreleuil*, décrit ainsi poétiquement, dans son enthousiasme religieux, les effets du feu : « Aussitôt cette expédition fut comme une tempête qui ne laisse rien à ravager dans un champ fertile. Les moissons engrangées, les maisons, les métairies écartées, les cabanes, les chaumières, tous les bâtiments tombèrent sous l'activité du feu, ainsi que tombent sous le tranchant de la charrue les fleurs champêtres, les mauvaises herbes et les racines sauvages ! »

Les évêques ne pouvaient manquer d'applaudir à cette monstruosité. Fléchier écrivait au maréchal de Montrevel : « Le projet que vous exécutez est sévère et sera sans doute utile. Il coupe jusqu'à la racine du mal ; il détruit les asiles des séditieux et les resserre dans des limites où il sera plus aisé de les contenir et de les trouver. » La seigneurie et l'Eglise, éternelles ennemies des peuples !

Ainsi *quatre cent soixante-six villages* ou hameaux furent détruits dans les Cévennes par ordre du roi ; et leurs habitants, hommes, femmes, enfants, au nombre de près de vingt mille, désormais sans ressources, sans asile, furent réduits à chercher un refuge dans les bois et dans les cavernes, où la moitié de ces malheureux expirèrent de froid et de faim... Mais ces atrocités ne produisirent pas l'effet que l'on en attendait. Le nombre des insurgés s'accrut de tous ceux qui ne moururent pas de faim et de froid. Après avoir vu leurs demeures incendiées, les populations exaspérées se soulevèrent avec une furie croissante. La guerre prit un caractère d'acharnement terrible. Les troupes de Montrevel furent écharpées. Louis XIV le rappela et envoya de nouveaux renforts commandés par l'un des plus grands hommes de guerre de ce temps, le maréchal de Villars. Non moins habile et délié diplomate que capitaine, Villars conçut le projet de terminer la guerre religieuse sans combattre ; il entreprit de détacher de la cause de la Réforme le jeune chef cévenol, Jean Cavalier, en excitant les convoitises de l'ambition. Jean Cavalier, malgré son génie et de généreuses qualités, se montrait fort orgueilleux ; subissant le vertige du pouvoir et du commandement, il se faisait déjà appeler Prince des Cévennes. M. de Villars lui demanda une entrevue et traita le jeune chef de partisans avec une profonde déférence, loua, exalta outre-mesure ses aptitudes de général, dignes, assurait M. de Villars, de se produire sur un plus noble théâtre que celui de la guerre civile ; puis, faisant appel aux bons sentiments de Cavalier, le trompant par ses promesses, il le persuada du bon vouloir de Louis XIV au sujet des Réformés : ce bon prince n'attendait, pour rétablir l'édit de Nantes (selon le maréchal), que le moment où ils déposeraient les armes. « Continuer la guerre civile, — ajoutait Villars, — serait donc de la part des Réformés nuire aux intérêts de leurs coreligionnaires et verser inutilement un sang précieux. » Jean Cavalier se laissa séduire par les paroles mielleuses, par les offres du maréchal, et, sans être investi de pouvoirs suffisants, il négocia au nom de l'insurrection protestante, et signa le traité suivant proposé par Villars :

« En vertu des pleins pouvoirs que j'ai reçus du roi, il a été convenu et arrêté ce qui suit entre moi, Louis-Hector, duc de Villars, maréchal de France, et Jean Cavalier :

« Art. 1er. — Il est accordé à ceux de la religion réformée qui servent sous les ordres de M. Jean Cavalier le droit de s'assembler, de prier en commun hors des enceintes des villes.

« Art. 2. — Tous ceux des parents des susdits qui sont détenus dans les prisons ou sur les galères de Sa Majesté pour cause de religion, depuis la révocation de l'Edit de Nantes, seront mis en liberté dans l'espace de six semaines.

« Art. 3. — Tous ceux des parents des susdits qui ont abandonné le royaume pour cause de religion, pourront rentrer en France librement et sûrement.

« Art. 4. — Ceux dont les maisons et propriétés auront été incendiées pendant la guerre seront exempts d'impôts pendant dix années.

« Art. 5. — Il sera ultérieurement statué sur la position des protestants du Languedoc. M. de Villars s'engage formellement à appeler la clémence de Sa Majesté sur les fidèles sujets de la religion réformée, dès que la rébellion sera terminée et que les protestants militants auront déposé les armes et prêté serment de fidélité au roi. Pardon général et amnistie.

« Art. 6. — Les susdits avantages, droits et privilèges, seront acquis et assurés aux susdits religionnaires de la troupe de M. Cavalier, dès qu'ils seront formés en deux régiments jouissant d'une haute paye, classés dans les cadres des armées de Sa Majesté et commandés par M. Cavalier, que Sa Majesté daigne élever au grade de mestre de camp. Sa Majesté devant employer ces régiments pour le besoin de son service, ils seront immédiatement dirigés sur la frontière pour entrer en campagne.

« Nîmes, 17 mai 1704. »

Cavalier eut le tort irréparable d'ajouter foi aux promesses de M. de Villars, et surtout de se laisser éblouir par le grade de mestre de camp ; il crut que la soumission de ses troupes amènerait un heureux changement dans la condition de ses frères, et, tout puissant sur l'esprit de ses soldats, il les décida pour la plupart de s'enrôler dans les deux régiments dont le commandement lui était destiné ; plus tard, ces régiments furent dirigés sur la frontière, puis licenciés. Les autres chefs cévenols, accusant Jean Cavalier de trahison, essayèrent, mais sans succès, de continuer la guerre. Peu à peu leurs soldats les abandonnèrent ; M. de Villars écrivait, cette même année 1704, à Chamillard, ministre de la guerre : « Après le départ de Cavalier, outre les bandes isolées, il ne restait que quelques troupes errantes ; je m'appliquai à les priver d'asile, de subsistances, de toute espèce de correspondance ; je faisais raser les maisons de ceux qui entretenaient commerce avec eux ; peu à peu, ils commencèrent de se soumettre et à demander de quitter le pays ; je les fis, par petites bandes, conduire jusqu'aux frontières du royaume ».

Jean Cavalier fut présenté à Louis XIV, qui lui tourna dédaigneusement le dos. Le jeune Cévenol, repentant de sa faiblesse et de sa félonie, abandonna son grade et passa en Angleterre, où il prit du service.

Telle fut la fin de la dernière guerre religieuse... Les horreurs dont elle fut le prétexte n'ont d'analogie dans aucun siècle, dans aucun pays. Charles IX a ordonné la Saint-Barthélemy, et le tocsin a sonné le massacre pendant sept journées... Le tocsin de la Saint-Barthélemy de Louis XIV a sonné pendant plus d'une année, l'incendie, le meurtre et le ravage ! En 1708, un froid extraordinaire, se joignant à la disette et à la détresse générale causée par des impôts exorbitants, décime les populations. Les traitants accaparaient *au profit du roi* le peu de blé produit de la récolte et le revendaient à des prix énormes. Le commerce et l'industrie, frappés de mort par l'émigration protestante, étaient complètement anéantis. Le flot de la misère montait jusqu'à la bourgeoisie, réduite à disputer aux plus pauvres gens et aux mendiants les lits des hôpitaux. On constatait le décès des malheureux *morts de faim* dans les campagne par milliers ; durant cette année funeste, le chiffre de la mortalité fut le double de celui de l'année précédente.

A l'extérieur, la France, battue, affaiblie, déconsidérée par une succession de campagnes désastreuses, voyait ses meilleurs généraux vaincus, ses troupes démoralisées par des revers incessants et perdait une à une les stériles conquêtes de Louis XIV. Il est tôt ou tard, pour le crime couronné, des châtiments redoutables ; le *grand roi* expiait enfin l'invasion des sept Provinces-Unies, le meurtre des frères de Witt ; et, par un juste retour des choses d'ici-bas, il buvait jusqu'à la lie la coupe de l'humiliation. Cette petite République hérétique, jadis traitée par lui avec un insolent dédain, dictait, au nom de ses alliés, les lois les plus dures à cette majesté déchue. Le *grand roi* était obligé d'envoyer en Hollande, Rouillé, son ambassadeur, supplier la République d'accéder aux offres de pacifications honteuses pour lui et pour son petit-fils, le roi d'Espagne : « Celui-ci abandonnerait toutes les dépendances de la monarchie espagnole, sauf Naples et la Sicile. Les clauses commerciales du traité de Ryswyck et le tarif de 1644 seraient rétablis, » incalculables avantages accordés aux Hollandais. Ceux-ci ne trouvant pas ces conditions suffisantes, infligèrent au *grand roi*, légitimes et vengeresses représailles, l'obligation d'envoyer son ambassadeur négocier à Bodegrave, ville où, en 1672, tant d'atrocités avaient été commises par les troupes de Louis XIV ; et la République lui signifia ses volontés : elle exigeait pour couvrir ses frontières, les villes et forteresses de Menin, Ypres, Furne, Condé, Tournay, Maubeuge, Lille, et de plus, la renonciation complète du roi d'Espagne aux possessions de la monarchie espagnole : elle refusait la suspension d'armes que sollicitait Louis XIV, et lui déclarait que son refus d'accepter ces conditions entraînerait la continuation de la guerre. L'homme chargé de tenir à Louis XIV ce dur langage était le grand pensionnaire de Hollande, Heinsius, celui-là même qui, peu de temps après la paix de Nimègue, avait été brutalement menacé de la Bastille par Louis XIV. Le *grand roi* hésitait d'accepter les conditions des coalisés ; ceux-ci exigent davantage, et lui signifient dans les termes les plus durs cet ultimatum le 28 mai 1708 :

« Louis XIV reconnaîtrait Charles III, roi de la monarchie espagnole, et avant deux mois, le duc d'Anjou (petit-fils de Louis XIV) aurait quitté le trône d'Espagne. — Tout prince français exclu des possessions espagnoles. — La France renoncerait à son commerce des Indes. Strasbourg et Khel seraient remis à l'empereur avec leur artillerie. Brisach et Landau appartiendraient à l'Autriche. — Tous les forts français de la rive droite du Rhin seraient démolis. — Dunkerque serait rasé, son port comblé. — Les Hollandais, en outre des places fortes qu'ils réclamaient, tiendraient garnison à Liège, à Huy et à Bonn. — Louis XIV rendrait au duc de Savoie la Savoie et Nice, et lui céderait Exille et Fenestrelles, en Dauphiné. » Chacun de ces articles était un outrage pour le vieux despote.

Accepter ces conditions, c'était livrer la France, désarmée de ses frontières, à la merci de l'Europe. Louis XIV dut refuser une paix qui aurait été si chèrement achetée. Il résolut de continuer la guerre ; mais de cruelles défaites l'obligent d'ouvrir de nouvelles négociations pacifiques ; le 12 juin 1709, il nomma le maréchal d'Uxelles et l'abbé de Polignac ses plénipotentiaires auprès de la République de Hollande, afin de traiter des conditions de la paix. Les envoyés

Les obsèques de Louis XIV (page 570)

du grand roi, n'étant pas officiellement reconnus, durent garder un outrageant incognito. La République, refusant d'ouvrir des conférences à La Haye, capitale des Sept-Provinces, infligea à Louis XIV une nouvelle expiation, en choisissant pour lieu de délibérations diplomatiques, la ville de Gertruydenberg, au fond du Moërdyk, contrée jadis livrée à toutes les dévastations de la conquête, et aussi témoin des férocités de la soldatesque. Les conférences s'ouvrirent le 9 mars 1710; les prétentions des coalisés allèrent croissant. Non seulement les Hollandais exigèrent les concessions réclamées par eux avant l'ouverture de la campagne; mais ils exigeaient de Louis XIV qu'il unît ses forces à celles des coalisés pour expulser de l'Espagne son petit-fils, encore régnant. Ne pouvant se résoudre à ce sacrifice, Louis XIV offre un subside de un million par mois pour subvenir aux frais de la guerre contre son descendant, s'il refuse de se contenter des royaumes de Sicile et de Sardaigne, qu'on lui accordera en échange de la couronne d'Espagne. Les Hollandais furent inflexibles; et après quatre mois de négociations stériles, pendant lesquels les plénipotentiaires du grand roi durent dévorer les plus cruelles humiliations; ceux-ci quittèrent la Hollande, le 25 juillet 1710, et la guerre se poursuivit dans les conditions les plus désastreuses pour la France. La ruine était à son comble, et à cette époque, Fénelon écrivait : « Le trésor de toutes les villes est épuisé. L'on a exigé pour le roi le revenu de dix années d'avance, et l'on n'a point de honte de demander aux villes, avec menaces, d'autres avances nouvelles qui vont au double de celles qui sont déjà faites. Tous les hôpitaux sont ruinés, les intendants enlèvent jusqu'aux dépôts publics. L'on ne peut faire le service qu'en

173e livraison

ESCROQUANT (textuel) de tous les côtés. L'on est menacé d'une banqueroute universelle, nonobstant la violence et la fraude. L'on est souvent contraint d'abandonner certains travaux très nécessaires, dès qu'il faut une avance de deux cents pistoles. Les prisonniers français en Hollande y meurent de faim, faute de payement de la part du roi. Les blessés manquent de tout et meurent de privations. Le pain est presque tout d'avoine. Le prêt manque aux soldats. Les officiers subalternes souffrent à proportion encore plus, etc., etc. »

La campagne continue. Le prince Eugène et le duc de Marlborough, généraux des alliés opposés à Villars et à Berwick, sont encore victorieux. Ils prennent Aire, occupent tout le cours de la Lys, et franchissent les frontières. Le trésor étant complètement épuisé, on ajoute à tant d'impôts déjà écrasants, la *dîme royale* qui, en outre d'une foule de taxes déjà existantes prélevait le septième des revenus bruts des propriétaires: malgré cette nouvelle exaction, le trésor ne payait ni les rentes ni les offices ; l'armée restait souvent sans solde. La France ruinée, dépeuplée, n'ayant plus ni or ni sang à donner pour la continuation de cette guerre désastreuse, le grand roi est forcé de demander une troisième fois humblement la paix. De nouvelles conférences s'ouvrent le 29 janvier 1712, et après plus d'une année de négociations, la paix est signée, le 11 avril 1715, avec l'Angleterre, la Hollande, la Prusse, la Savoie et le Portugal. Cette paix imposait à Louis XIV les concessions les plus funestes. La France perdait dans l'Amérique du nord les possessions qui lui assuraient presque exclusivement le commerce des pelleteries. Elle perdait aussi la grande île de Terre-Neuve ; le Canada, désormais enclavé au milieu des colonies anglaises, restait à leur merci ; aux Antilles, l'île de Saint-Christophe était aussi abandonnée à l'Angleterre. En Flandre, la France perdait plusieurs places fortes: Tournai, sur l'Escaut; Menin, sur la Lys ; Ypres, Furnes; Dunkerque, le port le plus considérable des côtes du Nord, devait être anéanti. Les Hollandais obtenaient non-seulement toutes les places exigées par eux lors des précédentes conférences, afin de couvrir leurs frontières, mais ils s'assuraient d'énormes avantages par une convention commerciale particulière. La Savoie et Nice étaient concédées au duc de Savoie. L'empereur d'Autriche, n'ayant pu obtenir ce qu'il réclamait de Louis XIV, continue seul la guerre jusqu'au 7 mars 1714. Malgré la paix générale, qui, depuis cette époque, règne en Europe, la France épuisée ne peut se relever de sa ruine. En 1715, la situation du pays est devenue telle, qu'elle ne peut plus empirer. Le crédit public et le crédit privé sont anéantis, les revenus de l'État dévorés par une anticipation de plusieurs années. La moitié des terres restant incultes, la disette sévit de nouveau ; le peuple et l'armée affamés se soulèvent en demandant du pain; les rares manufactures encore existantes se ferment, la détresse des villes égale celle des campagnes presque désertes.

Les persécutions religieuses dépassent, s'il est possible, les horreurs du passé. Un arrêt monstrueux (mars 1714) ordonne aux médecins « d'engager leurs malades à se confesser ; le troisième jour de leur maladie, s'ils ne montrent pas un billet de confession, *le médecin, sous peine des galères doit refuser ses soins aux malades.* »

Un arrêt du 18 mars 1715 *déclare bâtards tous les enfants des citoyens non mariés à l'Église catholique.* (En d'autres termes, tous les enfants protestants sont déclarés comme illégitimes.) Enfin, tout sujet du roi qui ne se confesse pas est réputé comme *relaps*, c'est-à-dire, vivant, passible des galères, et mort, traîné sur la claie à la voirie.

Aux jours les plus néfastes de l'histoire des temps anciens ou modernes, le cynisme de la tyrannie a-t-il jamais atteint à ce dédain de ce qu'il y a de plus révéré parmi les hommes! Louis XIV, au mépris de toutes les lois, de toute pudeur, avait osé... *déclarer légitimes ses nombreux bâtards* fruits de ses adultères, et il osait *déclarer bâtards, des milliers d'enfants légitimes*, nés de protestants légalement mariés au nom des hommes et de Dieu, en présence d'un ministre de leur religion ! La tyrannie, arrivée à ce point, touche au vertige... et à cet effroyable vertige de la toute-puissance, le *grand roi* ne survécut pas longtemps. Ces actes furent les derniers du *grand règne*. Le 1er septembre 1715, Louis XIV meurt à l'âge de soixante-dix-sept ans, et, suprême châtiment, le cercueil de cet omnipotent, de ce demi-dieu de la veille, abandonné de tous les siens, et conduit presque furtivement à Saint-Denis, est couvert de boue par le peuple et poursuivi de ses huées, de ses malédictions vengeresses !

Le bien naît de l'excès même du mal. Peut-être à ces soixante années de despotisme politique et religieux, imposé par la terreur, succéderont des temps d'expansion et de liberté! A travers le règne de ce despote, l'esprit républicain, né de la réforme religieuse, toujours ardent et vivace, s'est souvent manifesté, tantôt par des conspirations habilement ourdies, tantôt par des insurrections formidables. Sans doute ces rébellions ont été étouffées dans le sang des rebelles ; mais le sang des martyrs est fécond ! Le droit primera la force...

. . . .

Moi, Salaün Lebrenn, en cette année 1715, la quatre-vingt-quatorzième de mon âge, j'ai terminé d'écrire dans nos annales les événements importants du règne de Louis XIV. Je m'arrête ici, car c'est à peine si ma vue affaiblie et le tremblement de ma main m'ont permis d'achever les dernières pages de ce récit.

Je te lègue cette légende, à toi, mon fils ALAIN... fils de ma vieillesse et de mon exil ; à toi, le frère puîné de mon fils Nominoë, toujours regretté, toujours pleuré, car, à cette heure encore, mes yeux se mouillent de larmes en songeant à son suicide et à celui de Berthe de Plouernel.

A cette légende je joins les reliques de notre famille, augmentées du MARTEAU DE FORGERON laissé par Tankerù.

La mort de Louis XIV va sans doute apporter un terme ou un adoucissement aux persécutions religieuses... des milliers de protestants bannis de France par la terreur vont sans doute rentrer dans leur patrie. Je n'aurai pas ce bonheur, de revoir ma chère patrie, je me sens trop affaibli par les années pour entreprendre ce voyage ; mais si, plus heureux que moi, mon fils, tu revois le berceau de notre race, n'oublie jamais que notre famille a tout à redouter de la compagnie de Jésus, dont l'influence va toujours croissant dans tous les pays.

Enfin, dans le cas où n'ayant pas d'enfants, tu ne pourrais transmettre à des descendants directs notre légende plébéienne, tu la léguerais à l'une des deux branches de notre famille, qui existent encore. La première est celle des Rennepont, dont l'aïeul épousa, à La Rochelle, vers la fin du seizième siècle, la fille d'Odelin l'armurier, fils de Christian l'imprimeur. Je n'ai eu aucune nouvelle de cette branche des Rennepont depuis de longues années. Il faudra t'informer d'elle à La Rochelle, où elle a demeuré jusqu'à la fin du dernier siècle. L'autre branche de notre famille est celle des Gerolstein, princes souverains en Allemagne, et descendants de Gaëlo le Pirate, fils de notre aïeul Eidiol, doyen des nautoniers parisiens au neuvième siècle, lors du siège de Paris par les Normands. Les princes de Gerolstein règnent toujours en Allemagne, fidèles à la religion protestante, depuis qu'elle a été embrassée par le prince Karl de Gerolstein, qui fut l'ami de Coligny, et combattit à la bataille de la Roche-la-Belle avec notre aïeul Odelin l'armurier, de La Rochelle. C'est donc aux Gerolstein ou aux Rennepont que tu léguerais nos légendes et nos reliques, si tu ne revis pas dans un enfant. Avec nos légendes, je lègue à nos descendants notre haine pour l'Eglise et la seigneurie.

Moi, Salaün Lebrenn, j'achève d'écrire ceci à Amsterdam, le 17 novembre 1715, année de la mort de Louis XIV, l'exécrable roi de France.

. . . .

Moi, JEAN LEBRENN, fils de RONAN, qui eut pour père ALAIN, dernier enfant de SALAÜN LEBRENN le marin, je continue l'œuvre de notre famille, écrivant à mon tour ma légende.

Béni soit Dieu... fils de Joel ! je l'ai vu ce beau jour prédit à notre aïeul Scanvoch le soldat, par VICTORIA LA GRANDE, il y a quinze siècles et plus, et attendu d'âge en âge par notre race... J'ai assisté au jugement solennel, au châtiment expiatoire de LOUIS CAPET, le dernier de ces rois d'origine franque... Réjouissez-vous, mânes de mes ancêtres... martyrs de l'Eglise, de la noblesse et de la royauté ! Réjouissez-vous, soldats obscurs de ces luttes acharnées, soulevées d'âge en âge par les opprimés contre leurs oppresseurs séculaires... par les fils des Gaulois conquis contre les fils des Francs conquérants... Réjouissez-vous ! la vieille Gaule a recouvré ses antiques libertés républicaines ; elle a brisé le joug abhorré des rois, le joug infâme des prêtres de Rome... et j'écris ceci L'AN II DE LA RÉPUBLIQUE FRANÇAISE UNE ET INDIVISIBLE.

Mon bisaïeul Salaün Lebrenn mourut à Amsterdam, à l'âge de quatre-vingt-quatorze ans, le 20 décembre 1715. Son fils Alain (né en 1678) avait alors trente-quatre ans. Il exerçait à Amsterdam la profession d'imprimeur, profession lucrative entre toutes, en cela qu'une quantité de livres hostiles à l'Eglise, à la royauté, ne pouvaient s'imprimer qu'à Genève ou en Hollande, terres d'indépendance et de libre examen. Réalisant le modeste patrimoine dont il hérita de son père Salaün, en 1715, mon aïeul Alain quitta la Hollande, et vint au commencement de la régence se fixer en France. L'on y jouissait d'une extrême liberté relative, si l'on comparait cette époque au despotisme de Louis XIV. Mon grand-père, très expert dans son métier d'imprimeur, entra comme premier artisan chez l'un des descendants du fameux Estienne, dans l'imprimerie duquel notre aïeul Christian avait si longtemps travaillé. Alain épousa la nièce de son patron ; de ce mariage naquit, en 1727, mon père Ronan. Il embrassa la profession de mon aïeul. Celui-ci mourut en l'année 1751. Mon père a eu deux enfants : ma sœur VICTORIA, née en 1760, et moi JEAN LEBRENN, né en 1766.

La vie de mon aïeul s'écoula paisible et obscure ; mais de grands malheurs frappèrent notre famille ; et, ainsi que vous le lirez dans la légende suivante, fils de Joël, mon père n'eût pas, hélas ! le bonheur de voir, comme moi, l'éclatante victoire qui a couronné quinze siècles d'efforts incessants, laborieux, sanglants, grâce auxquels nos aïeux, tour à tour esclaves, serfs, vassaux, ont, au prix de leur vie et de révoltes sans nombre, conquis d'âge en âge, pas à pas, une à une, ces franchises que la RÉPUBLIQUE FRANÇAISE vient d'affirmer, de consacrer à la face du monde, en proclamant, au nom des droits de l'homme, la déchéance des rois et la SOUVERAINETÉ DU PEUPLE.

Je me suis servi des notes laissées par mon grand-père, pour écrire le récit sommaire des évènements importants accomplis depuis la mort de Louis XIV jusqu'au 4 mai 1789, première journée de notre immortelle révolution.

Lors de la mort de Louis XIV, son héritier, Louis XV, était âgé de cinq ans et demi. Le 2 septembre 1715, par arrêt du Parlement, la régence fut déférée à PHILIPPE, DUC D'ORLÉANS, contrairement au testament du feu roi, qui désignait pour régent le duc du Maine, l'un de ses bâtards. Le convoi du grand roi, conduit à Saint-Denis, sans aucune pompe, et presque furtivement, fut accablé des malédictions du peuple. On proposa dans la foule d'aller mettre le feu aux maisons des Jésuites. La mort du despote causa une sorte d'allègement universel, suivi d'une réaction violente contre l'hypocrisie, contre le fanatisme, qui avaient donné un caractère sinistre aux dernières années de ce règne; mais cette réaction amena une extrême licence dans les mœurs de la cour. Le régent, investi d'un pouvoir à peu près absolu, composa son gouvernement d'un conseil de régence, sous lequel fonctionnaient les conseils de la guerre, de la marine, etc., etc. Le cardinal de Noailles, janséniste, fut chargé de la feuille des bénéfices. Un autre poste, d'une importance capitale, fut enlevé aux fils de Loyola : celui de confesseur du roi ; l'abbé Fleury fut nommé confesseur du roitelet. Le régent se plongea dans tous les excès, ne reculant pas même devant l'inceste, et eut pour maîtresses ses filles, la duchesse de Berry et l'abbesse de Chelles, Philippe d'Orléans était paresseux et sensuel, insouciant et faible, prodigue à l'excès, vivait en Sardanapale, méprisait les hommes, riait autant de ses vices que de ceux des autres ; ne croyait pas en Dieu, mais parfois au diable; il ne possédait qu'une qualité : il était humain ; les mesures oppressives ou cruelles répugnaient autant à son cœur qu'à son indolence. A son avènement à la régence, il ouvrit la Bastille aux victimes des lettres de cachet. Louis XIV laissait les finances dans un état déplorale, la dette s'élevait à *deux milliards cinq cents millions;* le trésor était vide. Le revenu de l'année s'élevait à SOIXANTE-NEUF millions, la dépense à CENT QUARANTE-SEPT millions. Le duc de Noailles, chargé des finances, prit quelques demi-mesures capables de pallier, mais non de guérir le mal, réduisit l'armée, le nombre des officiers et des charges de la maison du roi; à l'exemple de Sully et de Colbert, il exigea la rentrée directe des taxes au trésor, supprimant l'intermédiaire des traitants. Les impôts les plus lourds furent allégés, mais en même temps l'on réduisit la rente de moitié. Cette banqueroute partielle ne suffisant pas à combler le gouffre de la dette et du déficit, l'on donna une valeur fictive aux monnaies ; cette mesure jetta la perturbation dans les affaires commerciales. L'on essaya de faire rendre gorge aux traitants, aux receveurs généraux ; mais ceux-ci achetèrent l'appui des femmes de la cour du régent ou de ses *roués,* ainsi que l'on appelait les familiers de ce prince. Tel traitant, taxé à douze cent mille livres de restitution, donnait cent cinquante mille livres à la maîtresse d'un haut personnage, ou à l'un des compagnons de débauche de Philippe d'Orléans, et était déclaré libéré envers le trésor. Les sources du revenu public tarissaient ; la banqueroute devenait imminente, lorsqu'un étranger, un Ecossais, JOHN LAW, aventureux, hardi, plein d'esprit et de feu, doué surtout du génie financier, proposa au cardinal de Noailles de combler le déficit, d'éviter la banqueroute, d'établir l'équilibre entre les recettes et les dépenses de l'Etat, et d'ouvrir à la France une ère de prospérité, de richesses inouïes. Law possédait à fond le mécanisme des banques. Frappé des avantages que présente au commerce la lettre de change, c'est-à-dire le *papier-monnaie* sur l'argent, il pensa que l'Etat trouverait d'immenses avantages à constituer une BANQUE NATIONALE, autorisée à émettre un papier monnaie ayant la représentation en espèces dans ses caisses, ou en propriétés territoriales. Les plans de Law séduisirent d'autant plus le régent, que la banqueroute était inévitable : il voulut faire l'essai du système du financier écossais et lui accorda, le 2 mai 1716, le privilège de fonder une banque d'escompte par actions, et autorisa par décret la circulation de ses billets. Cette mesure portait un coup mortel à l'usure et à la rapacité des traitants. Le succès de la banque de Law fut prodigieux. Elle escomptait le papier de commerce à un taux deux ou trois fois moindre que celui imposé par les traitants; les actionnaires reçurent, pour six mois, un dividende de plus de six pour cent. Enhardi par ce premier succès, Law obtient bientôt du régent le monopole du commerce de la Louisiane et la propriété de cette colonie ; il convoque les capitalistes, les éblouit par le tableau des bénéfices que doit réaliser la colonisation de la Louisiane. La compagnie se forme au capital de CENT MILLIONS, divisé en deux cent mille actions de cinq cents livres à fournir en billets d'Etat. Law offrait ainsi un débouché inespéré au papier du trésor, dont les billets, jusqu'alors frappés de discrédit, pouvaient à peine se négocier avec une forte perte. Mais croyant compléter son système, Law eut la funeste pensée de conseiller la refonte des monnaies, afin que la valeur nominale du marc d'argent fût élevée fictivement de quarante à soixante livres. Les porteurs d'écus étaient, il est vrai, autorisés à oindre au numéraire qu'ils versaient à la fonte un cinquième en sus en billets d'Etat, et la totalité de la somme leur était remboursée en nouvelles espèces; mais en vertu de la hausse factice de la valeur du marc d'argent, les détenteurs des billets d'Etat les donnaient gratuitement, et ceux qui ne joignaient pas de billets d'Etat à leurs espèces perdaient davantage encore. Cet arrêt de spoliation n'avait pas été enregistré au Parlement. Ce corps, après un demi-siècle d'oppression sous Louis XIV, sortait de son servilisme. Le 20 juin 1718, il refuse l'enregistrement de l'édit de refonte des monnaies. Le conseil de régence passe outre. Le Parlement de Paris invite les parlements de province à imiter son exemple. L'esprit d'opposition se réveillait de plus en plus dans le public. Les orgies du régent, les scandales des bals masqués de l'Opéra révoltaient les honnêtes gens. L'on appelait le Palais-Royal, résidence de ce prince, *la nouvelle Caprée*. Les débordements de la duchesse de Berry, fille du régent, donnaient créance aux bruits d'inceste qui circulaient dans le public; on ajoutait, — cela du moins était une calomnie avérée, — que Philippe d'Orléans voulait attenter à la vie du jeune roi, afin d'usurper la couronne. Le Parlement, soutenu par l'indignation publique, rend, le 12 août 1718, un arrêt qui réduit la banque de Law aux proportions de sa fondation comme banque particulière, et défend aux directeurs de cette banque de garder aucuns deniers royaux. Le 26 août, le régent, en présence de Louis XV, et parlant au nom de ce marmot couronné, reproche au Parlement, mandé au Palais-Royal, de s'immiscer dans les affaires de finances, et lui défend d'enregistrer désormais aucun arrêt les concernant. Le régent, ainsi délivré de la surveillance du Parlement, institue la banque Law *Banque Royale*, et donne cours forcé à ses billets. Moyennant ces privilèges, la banque de Law s'engageait à prêter deux cents millions pour combler une partie de la dette. — Tout parut d'abord aller pour le mieux. L'attrait de la nouveauté donna une telle faveur au papier-monnaie, et l'argent fut à ce point déprécié, que l'on ne pouvait acquérir des actions de la banque de Law qu'avec de l'or. En octobre 1719, ces actions, émises au taux de *cinq cents francs*, atteignirent le chiffre fabuleux de VINGT MILLE FRANCS. La frénésie de la spéculation s'empara de toutes les classes de la société. La rue Quincampoix, où se tenaient les bureaux de la banque de Law, regorgeait de spéculateurs. On citait des fortunes énormes réalisées en un jour par ces agiotages. Le luxe, la prodigalité, atteignirent à des proportions inouïes, insensées; la démoralisation publique suivit la même proportion; le mépris des gains modestes, honnêtes, laborieusement gagnés,

jeta les citoyens dans les aventures, dans les désastres d'un jeu effréné; des ruines foudroyantes, des suicides, des meurtres, furent la sinistre contre-partie de ces fortunes éphémères dues aux hasards de l'agio. Law, esprit droit et pratique, voyait avec effroi le crédit fictif de sa banque dépasser les limites du raisonnable; il avait voulu fonder le crédit public en y intéressant la nation tout entière, substituer comme signe représentatif des échanges le papier-monnaie au numéraire; mais ces idées, bonnes en elles-mêmes, renfermant le germe d'une révolution économique, furent faussées par l'avidité du régent et de sa cour. Ce prince faisait fabriquer sans contrôle des masses de papier-monnaie, dont s'emparait la spéculation. L'Angleterre voyait avec jalousie ses capitaux émigrer pour s'engouffrer dans la caisse de la banque de la rue Quincampoix. L'abbé Dubois, ministre des affaires étrangères, était vendu au gouvernement anglais; ses hommes d'Etat se servent de ce prêtre pour porter le premier coup à la banque; bientôt une panique se déclare chez les détenteurs de billets et d'actions. Leur remboursement devient impossible; en 1720, l'on acquiert la preuve que la banque, sous la pression du régent, de ses roués et de ses maîtresses, avait émis pour plus de QUATRE MILLIARDS de billets. Le 10 décembre 1720, c'en était fait du système de Law. Une épouvantable détresse suivit l'apparente prospérité des deux années précédentes. Presque toutes les fortunes de France, des plus humbles aux plus considérables, étaient bouleversées; la ruine publique égala les ruines particulières; l'or et l'argent disparaissaient, s'enfouissaient devant la circulation d'une masse énorme de papier discrédité; toutes les industries furent atteintes; l'Etat fit banqueroute, sa dette s'augmenta de *six cents millions*.

L'abbé Dubois, l'un des fauteurs de ce désastre public, commençait de monter à l'apogée de sa prodigieuse fortune. Fils d'un apothicaire de Brives-la-Gaillarde, il était entré dans les ordres ecclésiastiques pour obtenir quelque bénéfice; le hasard attacha cet homme néfaste à la maison d'Orléans, il devint sous-précepteur du duc de Chartres (plus tard régent). Ce Dubois représentait le cynisme, la corruption, la perversité, la bassesse dans leur plus immonde expression; débauché jusqu'à la plus ignoble crapule, cupide, insatiable, avare, tour à tour insolent ou lâche, sardonique ou flatteur selon la rencontre, capable de toutes les infamies, de toutes les noirceurs, de toutes les trahisons par l'appât du lucre; impie, sacrilège, blasphémateur, l'Eglise, dont il devint l'un des princes, n'eut jamais de plus effronté contempteur; doué d'ailleurs d'une profonde pénétration, surtout à l'endroit des mauvais instincts des hommes, il devina les vices précoces du jeune d'Orléans, dont l'éducation morale lui était confiée ; il se fit vite et tôt son entremetteur, favorisa, cultiva ses penchants au libertinage et lui procura sa première maîtresse pour s'assurer de l'influence sur son élève. Celui-ci, devenu régent, trouva plaisant de combler Dubois de faveurs inouïes, en le traitant toujours avec mépris ; ce prince, sceptique et railleur, se divertissait à poursuivre de ses bouffonneries et d'accabler de ses dédains ce prêtre tour à tour évêque, archevêque et cardinal, qu'il appelait familièrement *son drôle*. Enfin, l'amour des plaisirs, l'incurie des choses de l'État augmentant avec l'âge chez le régent, il trouva commode de se décharger des affaires de l'État sur Dubois. Ce coquin, dit Saint-Simon, ne manqua pas de certaines vues politiques, vues étroites, mais pratiques et appropriées au caractère du régent, jaloux surtout de son repos ; aussi s'abandonna-t-il facilement aux avis de son conseiller, qui, gagné par l'argent de l'Angleterre, persuada son maître qu'il devait borner sa politique à maintenir la sécurité de sa régence, et dans le cas où Louis XV mourrait sans enfants, manœuvrer de façon à assurer la couronne à la maison d'Orléans, au détriment des Bourbons d'Espagne, petits-fils de Louis XIV.

Lors de l'avènement de la régence, les protestants espérèrent voir le terme de leurs persécutions. Le gouvernement adoucit la rigueur de quelques édits et substitua pour certains délits la peine des galères à la mort ; mais les enfants protestants continuèrent d'être enlevés à leurs parents et à être considérés comme bâtards. Le régent, insoucieux de la religion, eût accordé volontiers une trêve aux huguenots ; mais Dubois visait au chapeau de cardinal et tenait à faire montre de sa ferveur religieuse pour obtenir le consentement du pape. Le 16 juillet 1721, Dubois fut coiffé du chapeau. Dubois, ministre d'État, archevêque et cardinal, visa plus haut : il rêvait pour lui l'omnipotence de Richelieu et de Mazarin. Le régent, plongé dans une inertie voisine de l'hébêtement par suite de ses orgies, consent, en 1722, à la dissolution du conseil de régence, dernier obstacle opposé à la toute-puissance de Dubois, qui, devenu premier ministre, espérait régner sous Louis XV, ainsi que Richelieu avait régné sous Louis XIII. Le 16 février 1723 était l'époque de la majorité du jeune roi, puisque la monarchie déclare ses rois majeurs à treize ans. Il est reconnu comme premier ministre le 13 octobre 1723, époque de l'intronisation de Louis XV. L'Église de France proclame solennellement Dubois comme président de l'assemblée du clergé. Cependant l'ambition du premier ministre n'était pas encore satisfaite ; ce misérable rêvait la papauté. La chrétienté aurait peut-être eu pour chef spirituel l'infâme cardinal Dubois, s'il eût vécu encore quelque temps, mais il creva à la suite de la rupture d'un abcès à la vessie, fruit de ses crapuleuses débauches.

Le régent, malgré son apathie, malgré son dégoût des affaires publiques, dut succéder à Dubois dans les fonctions de premier ministre ; mais depuis longtemps les excès avaient altéré sa santé. Déjà réduit presque à l'impuissance par la satiété, blasé sur tous les plaisirs de la vie, il résolut d'y mettre terme en se livrant au plaisir avec une sorte de frénésie ; enfin il mourut le 2 décembre 1625, à l'âge de quarante-neuf ans, dans les bras d'une de ses maîtresses.

A la mort du duc d'Orléans, la France subissait des traités qui accordaient à l'Angleterre une prédominance excessive et d'immenses avantages commerciaux. Le gouffre de la dette et du déficit se creusait de plus en plus, la licence des mœurs de la cour dépassait toute créance. Le duc de Bourbon, prince du sang, succéda au duc d'Orléans ; le nouveau ministre devint l'instrument des haines, des caprices et de l'avidité d'une jeune femme, la marquise de Prie. Sa grâce, sa beauté, son esprit, exerçaient un souverain pouvoir sur le duc de Bourbon ; les courtisans rivalisaient de bassesse pour plaire à la favorite. La dépravation de la nouvelle cour égala, si elle ne les dépassa point, les débordements de la régence. Les *roués* affichèrent leurs galanteries avec un redoublement de cynisme ; à leur tête brillait le jeune duc de Richelieu, dont l'éclatante renommée fut l'une des hontes de ce siècle-ci. Les finances furent confiées à un traitant, Pâris Duverney, tout dévoué à madame de Prie, homme d'aventure et de ressources empiriques ; il imagina de renouveler, mais en sens inverse, une partie des mesures financières adoptées par Law ; en moins de deux années (de 1725 à 1727), il fit, par des arrêts successifs, diminuer de près de moitié la valeur nominale des monnaies, et tarifa les salaires, les denrées, les marchandises, les loyers en raison proportionnelle de la dépréciation dont il frappait le numéraire. Les transactions commerciales s'arrêtèrent devant ces mesures arbitraires. Les artisans s'émurent, s'ameutèrent pour réclamer le maintien du taux de leur salaire. Ils furent massacrés dans les rues par les soldats. Les marchands se refusèrent d'abaisser le prix de leurs marchandises : on les renferma à la Bastille. La résistance gagne les provinces, les séditions éclatent dans vingt villes et sont réprimées par la force. Le crédit, l'industrie sont paralysés ; la ruine, la misère générales engendrent alors une mendicité qui prend des proportions effroyables. Pâris Duverney essaie d'arrêter les progrès de cette calamité en réglementant (1725) la situation des mendiants et des vagabonds à l'imitation de l'Angleterre ;

dans chaque province, un asile devait être destiné aux indigents; un hôpital serait ouvert aux malades; un atelier recevrait les artisans sans travail; une prison détiendrait les vagabonds volontaires. L'intention qui dictait ces mesures était bonne; mais leur application exigeait de grandes ressources pécuniaires; or, la pénurie des finances ne permettait pas de réaliser ces projets. Cependant, Pâris Duverney, impatient d'appliquer son système, en ordonna l'exécution immédiate. Les pauvres, les mendiants, les artisans sans travail, furent entassés dans l'étroite enceinte des hospices. « Nourrissez-les au pain et à l'eau et couchez-les sur la paille... ils tiendront moins de place, » écrivait le contrôleur général Dodun, exécuteur des volontés de Pâris Duverney. Des révoltes éclatèrent dans les hospices; les mendiants affamés s'échappaient de ces prisons; alors, on marqua d'un fer chaud les fugitifs. Les mesures de Pâris Duverney furent impuissantes à arrêter le flot du paupérisme, qui alla toujours progressant. Hélas! il en sera ainsi jusqu'à ce que la société, mieux éclairée sur ses devoirs, ait reconnu à chaque individu son droit à une part dans le fonds commun.

Les persécutions contre les protestants s'étaient quelque peu ralenties après la mort du cardinal Dubois; mais bientôt apparut Tressan, évêque de Nantes, qui, voulant conquérir le chapeau de cardinal, poussa le duc de Bourbon à de nouvelles persécutions contre les protestants; ce prince rendit un arrêt qui résumait les lois déjà promulguées contre les Réformés:

« Peine de mort ou des galères perpétuelles contre ceux qui exerçaient le culte réformé, même dans l'intérieur des maisons. — Peine de mort contre les ministres prédicants. — Droit accordé aux curés de visiter les malades sans témoins (l'affirmation d'un curé suffisait pour constater que le malade avait refusé les sacrements, et s'il survivait à sa maladie, il était envoyé aux galères comme relaps). — Peine des galères contre ceux qui s'opposeraient aux conférences secrètes imposées par le curé aux malades. — Tout mariage annulé s'il n'est béni par un prêtre catholique; les enfants issus de ce mariage déclarés bâtards. — Ordres épiscopaux donnés aux curés de refuser le sacrement de mariage aux fiancés de la religion réformée qui ne feraient pas le serment de croire à la damnation éternelle de leurs parents décédés dans l'hérésie. »

Pour ne pas prêter ce serment, un grand nombre de Réformés refusaient de se marier et vivaient en concubinage; d'autres allaient se marier de nuit au *désert*, ainsi qu'ils appelaient les solitudes écartées où les attendaient leurs pasteurs. Terribles fiançailles! car souvent les soldats surprenaient les protestants au fond des solitudes; le ministre réformé était massacré, les nouveaux époux envoyés aux galères.

Le duc de Bourbon était animé de sentiments hostiles à l'égard du fils du régent, le jeune duc d'Orléans, qui, en sa qualité de premier prince du sang, devait régner dans le cas où Louis XV mourrait sans postérité. Le duc de Bourbon, voulant priver la branche d'Orléans des éventualités qui pouvaient l'appeler au trône, rompit le projet d'union qui existait entre l'infante d'Espagne et Louis XV, et lui fit épouser Marie Leczinska, fille de Stanislas Leczinski, roi déchu du trône de Pologne. Philippe V, irrité de l'insulte faite à sa fille, conclut avec Charles VI, empereur d'Autriche, une alliance offensive et défensive contre la France. Celle-ci dut à son tour s'allier à l'Angleterre et à la Prusse; mais la guerre n'éclata pas encore. Les finances périclitaient à ce point qu'il fallut choisir entre une nouvelle banqueroute ou l'aggravation des impôts déjà exorbitants. Pâris Duverney fit décréter une taxe du cinquantième du revenu pour douze ans, et rétablit en outre plusieurs droits fiscaux et féodaux tombés en désuétude: le « don de joyeux avènement » et celui de « la ceinture de la reine. » La disette sévissait cruellement; de sanglantes émeutes provoquées par la cherté des vivres éclatent à Paris, à Caen, à Lisieux; les campagnes se révoltent contre la perception de l'impôt du cinquantième; des bandes d'hommes, de femmes, armés de faux, de fourches, parcourent les campagnes, menaçant de brûler les maisons de ceux qui paieraient le nouvel impôt. L'évêque Hercule de Fleury, précepteur du jeune roi, emploie alors son influence sur l'esprit de son élève pour faire destituer le duc de Bourbon. Le premier ministre est exilé à Chantilly. Madame de Prie, sa maîtresse est envoyée dans ses terres en Normandie, où elle s'empoisonne. L'évêque Fleury est nommé cardinal et premier ministre. Celui-ci, dominé par les jésuites, persécute les jansénistes et les gallicans, contre lesquels il lance des lettres de cachet. Le Parlement fait montre d'une velléité d'opposition, et confirme, le 7 septembre 1731, sous forme d'arrêt, toutes les libertés de l'Église gallicane. Le cardinal de Fleury fait casser l'arrêt. Le Parlement le maintient, et après une lutte d'une année, le 8 septembre 1732, les trois quarts des membres de cette compagnie sont exilés dans diverses localités; puis, bientôt après, le cardinal révoque les mesures de rigueur et rappelle les conseillers. Le Parlement, triomphant, reprend ses séances et accorde son appui aux jansénistes. Ceux-ci tentent de se populariser par des miracles. Une sorte de folie s'empare du peuple; on va faire des neuvaines sur la tombe du diacre Pâris; on forme des assemblées nocturnes, mystérieuses, où le libertinage se mêle à des pratiques superstitieuses. Une guerre sans importance trouble la paix du ministère de Fleury de 1732 à 1739. Après la mort d'Auguste, roi de Pologne, la France porte comme candidat au trône électif de Pologne Stanislas Leczinski, beau-père de Louis XV. Le candidat de l'Autriche et de la Russie est Auguste III. Le cardinal de Fleury, cédant aux engagements que lui impose l'alliance anglaise, ne soutient pas efficacement Stanislas, et malgré la régularité de son élection, celui-ci est renversé par les Russes. La France, l'Espagne, la Sardaigne coalisées attaquent l'Autriche en Italie, et à la suite des batailles de Parme et de Guastalla, l'empire perd les Deux-Siciles et presque toute la Lombardie. La paix est signée à Vienne; on rend le Milanais à l'Autriche. Parme lui est cédée en échange des Deux-Siciles, acquises au second fils de Philippe V, roi d'Espagne. La Lorraine est accordée à Stanislas Leczinski, à la condition qu'après sa mort cette province restera acquise à la couronne de France. Les provinces transmises comme métairies, les peuples cédés comme bétail!

Le véritable caractère de Louis XV commença de se dessiner nettement vers l'année 1739; il n'avait jusqu'alors donné lieu à aucun scandale public; l'espèce de réserve qu'il s'imposait à l'égard des femmes provenait non de la continence, mais d'une grande timidité. Le duc de Richelieu se chargea de déniaiser le jeune monarque : un soir, à souper, il l'enivre et met à ses côtés, dans son lit, une des plus jolies femmes de la cour, la comtesse de Mailly. La glace était rompue; le roi, à partir de ce moment, ne garda plus aucune mesure dans ses débordements; et bientôt il eut dépassé son aïeul Louis XIV dans ses débauches. Madame de Mailly était l'aînée des cinq filles de l'ancienne maison de Nesles. Louis XV séduisit la sœur de sa maîtresse, et la rendit mère, après quoi elle fut mariée au marquis de Vintimille; une troisième sœur de Nesles, la duchesse de Lauraguais, devint favorite de Louis XV. Ce sire trouvait du piquant à cette manière d'inceste, et donnait l'exemple du mépris de toute pudeur, de toute réserve.

La misère publique allait toujours grandissant. « Les hommes mouraient dru comme mouches, ou broutaient l'herbe des champs, — dit d'Argenson, dans ses *Mémoires*, — et durant les années de 1739 à 1740, la misère a fait plus de victimes que la guerre n'en a faites pendant le règne de Louis XIV. A la fin de 1740, la production en toute espèce de denrées avait diminué de plus d'un *sixième*. » Un jour, Louis XV, traversant le faubourg Saint-Victor pour se rendre à Choisy, théâtre habituel de ses orgies, fut accueilli par ces cris du peuple affamé: « *Du pain!... du pain!...* » La guerre vient se joindre, en 1740, à ces calamités. Elle éclate d'abord entre la Turquie et la Russie, alliée de l'Autriche. Puis la France, après avoir offert sa médiation aux parties belligérantes, se ligue avec l'Espagne, la Bavière et la Saxe contre Marie-Thérèse, héritière de la maison d'Autriche. Les Prussiens envahissent la Silésie, la haute Autriche, la Bohême. L'électeur de Bavière est élu empereur; la déchéance de Marie-Thérèse est proclamée; mais cette femme soulève les Hongrois, les Slaves du Danube et reprend possession d'une partie de ses États.

Le 29 janvier 1743, le cardinal de Fleury meurt, laissant la France compromise et engagée dans une guerre funeste. Louis XV supprime les fonctions de premier ministre, déclare que désormais il gouvernera lui-même. Il se forme un Conseil dont il se réserve la présidence et qui se compose : du cardinal de Tencin (effronté coquin de la trempe du cardinal Dubois), du maréchal de Noailles, que son grand âge rendait presque imbécile, et du duc de Richelieu, « corrupteur et maquereau du roi, » disent les mémoires du temps. Orri, contrôleur général, est chargé des finances ; Maurepas, de la marine; d'Argenson, de la guerre; d'Aguesseau, de la justice. La guerre continua contre les coalisés victorieux qui, bientôt, menacent l'Alsace et la Lorraine. Louis XV continuait ses relations avec les deux sœurs de Nesles, mesdames de Mailly et de Vintimille. Celle-ci mourut en couches. Le roi songe alors à s'amender et ne garde que madame de Mailly comme favorite. Cette conversion dura peu ; une quatrième fille de la maison de Nesles, madame de La Tournelle, devint, ainsi que ses aînées, maîtresse du roi ; mais elle l'obligea à rompre tout commerce avec madame de Mailly, sa sœur, et voulut qu'il la fît reconnaître comme maîtresse en titre, sous le nom de duchesse de Châteauroux. Ambitieuse et hardie, elle prit sur Louis XV un extrême ascendant, le fit rougir de sa couardise et le décida à prendre le commandement de son armée. Le monarque tombe gravement malade à Metz ; les prêtres s'emparent de son esprit et l'obligent à chasser sa maîtresse. Puis, revenu à la santé, il chasse les prêtres de son entourage et rappelle la duchesse de Châteauroux. Celle-ci meurt tout à coup. Louis XV revient à Versailles, et le duc de Richelieu lui donne une nouvelle maîtresse. Le pourvoyeur royal avait découvert dans une maison publique de Paris Jeanne Poisson, fille putative d'un boucher ; mais, en réalité bâtarde d'un fermier général, Lenormand d'Étioles. La mère avait élevé cette jeune fille, qui était fort belle, expressément pour en faire la maîtresse du roi, et l'avait dressée comme une courtisane antique. Grâce au duc de Richelieu, elle fut admise comme maîtresse en titre, sous le nom de marquise de Pompadour. Cette courtisane dépassa toutes les favorites en

Les grands philosophes du xviiie siècle (page 578)

faste en ruineuses prodigalités. En 1745 Louis XV fut encore obligé par l'opinion publique de se mettre à la tête de son armée, et, par un hasard étrange, il assista à la bataille de Fontenoy, gagnée par le maréchal de Saxe, le 20 mai 1745. Mais pendant qu'au nord l'ennemi se voyait repoussé des frontières de France, le midi était envahi par les Croates et les Pandours autrichiens. Une paix honteuse est signée, en avril 1748, entre la France, l'Angleterre et la Hollande. Les ministres de Louis XV s'affranchissent de leurs obligations envers les créanciers de l'État par une nouvelle banqueroute; le Parlement fait des remontrances et refuse d'enregistrer les nouveaux édits bursaux relatifs à une aggravation d'impôt (1753) : le roi passe outre; les impôts sont maintenus.

Le Parlement, encouragé à la résistance par le soulèvement de toutes les consciences, renouvelle plus énergiquement encore ses remontrances le 24 juin et le 10 août, flétrissant le gouvernement de Louis XV, l'accusant : « d'infraction formelle des engagements les plus authentiquement contractés ; du déni des paroles les plus solennellement jurées par le roi, et de renverser violemment tout ordre légal moyennant l'expédient des *lits de justice*. » Le Parlement déclarait que « la vérification des lois par ses membres est une de ces lois qui ne peuvent être violées sans atteindre en même temps la loi au nom de laquelle *les rois existent*, sinon l'on compromet à la fois l'autorité du roi et la constitution la plus essentielle, la plus sacrée de la monarchie. »

La cour des aides, présidée par un homme de bien, MALESHERBES, joignit ses remontrances à celles du Parlement et déclara que : « La cour des aides se refusait à croire que si l'on eût mis

174e livraison

sous les yeux du roi ses promesses solennelles, il eût jamais pu prendre sur lui de se contredire si ouvertement, et que si l'on taxait d'exagération la peinture de la misère affreuse des campagnes, les cours supplieraient alors le roi d'écouter ses peuples eux-mêmes par la voix de leurs députés dans une convocation des ÉTATS GÉNÉRAUX. »

Ce premier appel à la convocation des états généraux, qui devaient, quarante années plus tard, précipiter la chute de la monarchie et amener l'avènement de la République, fut l'un des symptômes précurseurs de la révolution de 1789; mais cet appel n'eut alors d'autre conséquence immédiate que celle d'affermir le Parlement de Paris et les parlements des provinces dans leur résistance contre les abus du pouvoir royal. Le duc de Choiseul, chef du conseil du roi, dut obtempérer à ces remontrances; il promit l'allègement de quelques impôts et demanda à la cour des aides de formuler ses demandes en projets de réformes. Sur ces entrefaites, le parlement de Toulouse décrète de prise de corps le duc de Fitz-James, gouverneur du Languedoc et pair de France. Choiseul saisit cette occasion de mettre en opposition, afin de les ruiner les uns par les autres, le Parlement de Paris et les parlements des provinces. En effet, les chambres de Paris ont la faiblesse de céder aux suggestions de Choiseul et cassent l'arrêt du parlement de Toulouse, tout en blâmant les abus de pouvoir dont le duc de Fitz-James s'est rendu coupable. Les parlements de province confirment nonobstant l'arrêt de celui de Toulouse. En 1764, Louis XV, effrayé du mouvement de l'opinion publique est obligé de déclarer formellement qu'il ne prétend régner qu'en observant les lois, et ordonne la cassation des arrêts, causes des résistances parlementaires. Cette concession semblait en promettre d'autres. L'esprit philosophique agitait depuis longtemps la société jusque dans ses dernières profondeurs. VOLTAIRE, MONTESQUIEU, RAYNAL, ROUSSEAU, DIDEROT, D'ALEMBERT, CONDORCET, tant d'autres écrivains, et la puissante phalange des encyclopédistes, minaient, sapaient ou attaquaient ouvertement avec un admirable concert de logique, d'éloquence et de bon sens l'ÉGLISE et la ROYAUTÉ. La cour croit étouffer ces germes de révoltes en frappant d'interdit les écrits philosophiques; malgré cela les livres imprimés en Suisse, en Hollande, en Angleterre, circulent en France, et les esprits ne s'arrêtent plus dans leur marche.

Madame de Pompadour meurt en 1764, à l'âge de quarante-deux ans. Un an après, le Dauphin, fils de Louis XV, s'éteint à trente-six ans, laissant trois fils qui furent Louis XVI, le comte de Provence et le comte d'Artois. Mêlant toujours une superstition imbécile aux fanges de ses débauches, Louis XV, frappé de la mort de sa maîtresse et de celle de son fils, et, d'ailleurs, presque réduit à un état d'impuissance par ses excès, ordonne la fermeture du Parc-aux-Cerfs, abominable sérail où des jeunes filles de tout âge, de toute condition, étaient, soit de gré, soit de force, enfermées pour servir de proie à la luxure de ce prince. Mais, après la mort de la reine (1769), Louis XV prend une nouvelle maîtresse. De cette courtisane voici l'histoire. Le valet de chambre Lebel, pourvoyeur du Parc-aux-Cerfs, avait découvert dans un tripot une fille nommée JEANNE VAUBERNIER, qui servait d'appât à un souteneur du brelan nommé du Barry, pour attirer des dupes à plumer dans le tripot. Louis XV ressentit pour cette courtisane une de ces passions frénétiques qui prennent tant d'empire sur un vieillard. Jeanne Vaubernier fut mariée, pour la forme, au comte du Barry, frère aîné de son ancien amant, et présentée à la cour sous le nom de la COMTESSE DU BARRY. Les filles de Louis XV, et plus tard la jeune femme de son petit-fils (Louis XVI), durent se résigner à vivre dans l'intimité de cette prostituée. Une nouvelle banqueroute menaçait le pays. Le chancelier Maupeou, dans l'espoir de rétablir les finances, eut recours à un empirique nommé l'abbé Terray, homme perdu de mœurs, avide, ambitieux, inexorable, partisan des expédients et des coups de main, osant tout et insouciant du juste et de l'injuste. On en fit un contrôleur général des finances. Tel était l'état dans lequel il trouva le trésor public : — A la fin de 1769, la dépense excédait de *soixante-trois millions* le revenu net; la dette exigible se montait à *cent dix millions*; les anticipations sur les revenus futurs dépassaient *cent soixante et un millions;* enfin l'année 1770 était absorbée d'avance, ainsi que les deux premiers mois de l'année 1771. — Les banquiers et les traitants refusaient de nouvelles avances pour l'année 1770. L'opposition des parlements ne permettait pas de recourir à de nouveaux emprunts. Il fallait donc réduire les dépenses ou ajouter une ruine à tant de ruines en déclarant encore la banqueroute. L'abbé Terray prit un moyen terme, opéra quelques économies sur le service de la maison du roi, et fit partiellement banqueroute, ainsi qu'il suit : Le 7 janvier 1770, il suspend l'amortissement pour huit ans et en applique les fonds au rétablissement des anticipations. Il convertit les tontines en rentes viagères (spoliation évaluée à plus de *cent trente millions*), il réduit l'intérêt au taux de deux et demi pour cent et ouvre un emprunt de *cent soixante millions* sur l'Hôtel de Ville. Il fait deux emprunts *forcés*, l'un de *vingt cinq millions* sur les fermiers généraux, l'autre de *vingt-huit millions* sur les secrétaires du roi et autres officiers royaux: il complète ces mesures en remplaçant les dépôts en espèces, dits *fiduciaires*, par des effets du trésor, papier-monnaie discrédité. A l'aide de ces moyens arbitraires, spoliateurs, oppressifs, l'abbé Terray rétablit momentanément l'équilibre des recettes et dépenses en 1770. La cour applaudit, mais l'opinion publique s'indigne et se révolte. Le Parlement formule remontrances sur remontrances, le chancelier Maupeou n'en tient nul compte, et l'abbé Terray continue de recourir à ces funestes expédients. Bientôt un pacte, concerté entre Louis XV, le chancelier Maupeou et l'abbé Terray, fit déborder l'indignation générale. La récolte des blés avait été mauvaise en 1768. Le peuple, presque affamé, s'émeut, s'insurge en Normandie au cri de « mort aux accapareurs ! » Le parlement de Rouen supplie le roi de suspendre la libre exportation des grains, parce que de mystérieux agents achetaient d'énormes quantités de blé, non pas au marché, selon la prescription des édits, mais dans les greniers des particuliers. Le Parlement ordonne des poursuites contre ces monopoleurs. Les poursuites sont mises à néant par ordre du roi. Le Parlement expose alors ses griefs en ces termes : « Des achats énormes ont été faits en même temps pour un même compte sur divers marchés de l'Europe. Les entreprises des particuliers ne sauraient être si immenses. Il n'y a qu'une société, dont les membres sont puissants en crédit, qui soit capable d'un tel effort ; on a reconnu dans les transactions l'immixtion du pouvoir, *les pas de l'autorité*. Le négociant spéculateur ne s'y est point trompé. Les achats en grenier *ont été faits à l'ombre de l'autorité* par des agents qui bravaient toutes les défenses ; *nous en avons les preuves en main*... La défense de poursuivre les monopoleurs prouve leur existence. *Cette défense émanée du* TRÔNE CHANGE NOS DOUTES EN CERTITUDE. »

Bertin, ministre de la maison du roi, répond aux conseillers du parlement de Rouen : « Vos réflexions ne sont que des conjectures peu conformes au respect dû au roi ; vous les avez accueillies sans preuves et sans approfondir les faits. Vos agissements sont répréhensibles. » Le Parlement n'osant mettre directement le roi en cause, maintient cependant ses affirmations, et réplique : « Lorsque nous avons dit que le monopole du blé existait et qu'il était protégé, à Dieu ne plaise, sire, que nous eussion en vue Votre Majesté ! mais peut-être quelques-uns de ceux à qui *vous distribuez votre autorité et qui en abusent*. »

Le Parlement avait pénétré la trame ourdie entre Louis XV et ses complices, LE PACTE DE FAMINE. Voici comment s'était formée cette association d'affameurs publics : Une société s'étant constituée en 1765, sous le nom de « Malisset et compagnie, » dans le but de monopoliser les grains, Bertin, ministre de la maison du roi, avait été l'un des principaux bailleurs de fonds. Un ancien secrétaire du clergé, le Prévost de Beaumont, eut connaissance de l'acte constitutif de la compagnie Malisset et s'empressa de dévoiler cette machination au parlement de Rouen. Tout à coup il disparaît, et nul ne sait ce qu'il est devenu... Vingt années après, à la prise de la Bastille, le Prévost de Beaumont fut retrouvé au fond de l'un des cachots de cette prison d'État. Les conséquences du PACTE DE FAMINE ne tardèrent pas à se produire. La disette décima le peuple de 1765 à 1767, et le prix des grains atteignit à un taux inouï. Voilà comment procédaient les monopoleurs royaux : si, par exemple, la récolte était abondante dans le Languedoc, l'abbé Terray défendait l'exportation des blés de cette province, et la faisait acheter par ses agents, tandis que si la récolte avait été mauvaise en Bretagne, il ouvrait ses ports à l'importation des grains de la compagnie, entreposés par ses ordres à l'île de Jersey, et les blés étaient revendus avec des bénéfices énormes. Le cynisme de ce trafic fut poussé à ce point, qu'en 1774, l'Almanach royal plaça au nombre des officiers des finances, un sieur Mirlavaux, TRÉSORIER DES GRAINS AU COMPTE DE SA MAJESTÉ. Le peuple affamé enveloppa dans une exécration commune Louis XV et sa cour, les traitants, les prêtres et la noblesse.

Enfin, le moderne Sardanapale reçut dans son lit une pauvre enfant âgée de douze ans à peine, la fille d'un meunier, qui était déjà atteinte de la petite vérole et qu'elle communiqua au roi. Comme le monarque avait le sang vicié par le mal honteux dont François Ier était mort, le nouveau mal prit un caractère dangereux. Louis XV reçut les sacrements, et il voulut bien déclarer que « quoiqu'il ne dût compte de ses actes qu'à Dieu seul, il se repentait d'avoir causé du scandale à ses sujets. » Après quoi, il trépassa le 10 mai 1774, à l'âge de soixante-quatre ans, après cinquante-neuf ans de règne. La charogne royale fut conduite à Saint-Denis, couverte d'imprécations, de huées, ainsi que l'avait été le cadavre de Louis XIV.

Louis XVI monta sur le trône le 11 mai 1774. La vie de ce prince offre un mélange de fautes, de malheurs, de crimes résultant d'une faiblesse, de l'indécision, de la fourberie et de la lâcheté du caractère, produit de l'éducation monarchique. Louis XVI était persuadé « qu'un roi est d'une essence supérieure à celle du commun de l'humanité, qu'en lui seul réside toute autorité, que lui seul a le droit, le pouvoir d'améliorer le sort de ses peuples, mais à son temps, à sa convenance, à sa mode, et dans certaines mesures et limites qu'il appartient à sa souveraineté de fixer, sans jamais souffrir qu'elles soient outre-passées. » En effet, les qualités de ce prince furent pour la plupart viciées par la nature même de sa condition royale ; mais ses vertus domestiques demeurèrent intactes. Néanmoins, quoiqu'il fût humain et que souvent il eût de généreuses aspirations vers le bien, il fit fatalement le mal ; il commit des attentats odieux, il fit couler le sang ; il chercha à dissoudre par la force la représentation nationale; il fut traître à la foi jurée ; il pactisa avec les rois étrangers, appelant leurs armées pour imposer à son peuple le maintien de privilèges odieux, contre lesquels la nation se soulevait tout entière. Ce fut un grand crime que Louis XVI expia sur l'échafaud.

Dès son avènement au trône, et plus tard dans le cours de son règne, Louis XVI eut le bonheur de rencontrer des hommes aussi éclairés qu'intègres et désireux du bien public; ainsi Malesherbes, homme d'une probité antique, esprit droit, cœur chaleureux, âme compatissante et élevée. Ce ministre voulait raffermir la royauté en l'engageant dans la voie des réformes réclamées par l'opinion publique. Il voulait donner à tous les accusés le droit d'être défendus ; aux protestants la liberté de conscience ; aux écrivains la liberté de la presse; à tous les Français, la sécurité pour leurs biens et pour leurs personnes. Il proposa le rétablissement de l'Edit de Nantes, l'abolition de la censure, des lettres de cachet et de la torture. Il appela près de lui Turgot, son ami, qui le valait par le cœur et qui le primait peut-être par la hauteur de ses conceptions; celui-ci, préoccupé du sort des classes déshéritées, demandait à Louis XVI la suppression de la vassalité, l'unité provinciale, la contribution de la noblesse et du clergé au paiement de l'impôt. Malesherbes et Turgot voulaient donner à Louis XVI l'honorable initiative de ces réformes. Le roi lui-même, quand les fumées de l'orgueil n'obscurcissaient pas son bon sens naturel, sentait la nécessité des mesures radicales proposées par Malesherbes et Turgot. Le prince n'avait qu'à vouloir le bien pour qu'il s'accomplît, pour mériter l'amour, la reconnaissance du pays, pour retarder la chute de la royauté par des concessions indispensables, mais un roi est toujours roi ; Louis XVI, habitué par tradition de race à considérer le clergé, la noblesse comme le lustre, comme le soutien de son trône, céda aux clameurs des prêtres et des courtisans, et il fut assez faible, assez lâche, pour sacrifier aux ressentiments de la cour Malesherbes et Turgot, disant piteusement: « C'est dommage, Turgot et moi, nous sommes les seuls qui voulions vraiment le bonheur du peuple. » Ces actes sont impardonnables, en cela que le prince avait pleinement conscience des fautes qu'il commettait; ils suffisent à peindre l'homme, et donnent la clé de ces contradictions, de ces faiblesses qui, de faute en faute, de fourberie en fourberie, de crime en crime, l'ont conduit fatalement aux grands attentats qu'il a expiés par sa mort sur l'échafaud...

Turgot a pour successeur, en 1776, Clugny, ancien intendant de Saint-Dominique, bientôt remplacé lui-même par Necker, banquier genevois, homme versé dans la science financière, esprit droit, intègre, pratique, ennemi des abus (dans une certaine mesure), mais fort au-dessous de Turgot quant à l'étendue et à l'élévation de ses vues. Ses intentions étaient d'ailleurs excellentes. Ce financier désirait équilibrer les recettes et les dépenses de l'Etat, soumettre le décret des impôts à la sanction des assemblées provinciales, initier le pays à l'emploi des deniers publics, et en empêcher la malversation ou le mauvais emploi par des redditions de comptes. Cette fois encore, Louis XVI pouvait, s'il l'eût voulu, opérer, grâce à Necker, d'utiles réformes, quoique sur une échelle moindre que celle des projets de Turgot; mais la faiblesse de ce prince paralysa de nouveau ses velléités de bon gouvernement, il sacrifia encore Necker à l'animosité de la cour. Le ministre se retira en 1781, après avoir publié ses comptes-rendus de finances, qui, pour la première fois dévoilèrent à la France l'abîme financier creusé par les prodigalités de la monarchie. La reine Marie-Antoinette prit, dès cette époque, un grand ascendant sur Louis XVI, et fut l'une des causes les plus actives de sa perte. Cette princesse, belle, attrayante, mais altière, impérieuse, inexorable, lorsqu'il s'agissait de ses prérogatives royales, se montrait cependant d'une familiarité voisine de la licence des mœurs, lorsqu'il s'agissait de ses plaisirs. Elle exigea du roi qu'il prît pour ministre des finances Calonne, esprit brillant, spécieux et corrompu qui avait une grande influence sur la reine et sur son entourage. Selon cet étrange financier, l'ordre, l'économie en matière financière, étaient choses puériles et stériles : la prodigalité seule devenait féconde ; il dota de riches pensions les courtisans familiers de la reine, éblouit celle-ci par les fêtes splendides qu'il lui donna, et ne refusa jamais les demandes de fonds qu'elle lui adressait. Il eut ainsi bientôt épuisé les ressources laissées au trésor par la sage administration de Necker. Le trésor vide, il fallut décréter de nouveaux impôts; mais restait à désigner sur qui on devait les prélever. Le tiers état, à bout de sacrifices, faisait entendre par les mille voix de l'opinion publique de menaçantes paroles, et déclarait qu'il refuserait de payer de nouveaux impôts jusqu'à la convocation des États généraux, *qui, seuls, pouvaient*, disait-on, *mettre terme à des abus intolérables*. La noblesse et le clergé, retranchés dans leurs privilèges, se montraient intraitables à l'endroit de leur participation dans les charges de l'Etat. Calonne, autant pour frapper les esprits par une nouveauté que pour paraître faire des concessions à l'opinion publique, convoqua, le 22 février 1787, une assemblée de notables à Versailles. Les notables choisis, triés par le ministre, formaient une assemblée subordonnée au bon plaisir royal, et docile jusqu'à la servilité. Cependant, telle fut la force des choses, qu'ils ne dissimulèrent point leurs craintes, leur mécontentement, en apprenant de Calonne que les emprunts s'étaient élevés à UN MILLIARD SIX CENT CINQUANTE MILLIONS, depuis peu d'années, et que le déficit annuel montait à cent cinquante millions. Cette découverte amena la chute de Calonne ; et Brienne, archevêque de Toulouse, l'antagoniste de Calonne dans l'assemblée des notables, lui succéda. Les notables, après s'être laissé arracher le vote d'un nouvel impôt sur le timbre, se séparèrent le 27 mai 1787 ; ses membres, de retour dans leurs provinces, dénoncèrent à la France les dilapidations du trésor public, l'avidité des courtisans et l'imminence d'une nouvelle banqueroute. Le gouvernement de Louis XVI comptait sur le produit de l'impôt du timbre pour faire face aux nécessités urgentes ; mais le Parlement, de plus en plus hostile au ministre Brienne, refuse l'enregistrement de ce nouvel impôt. Louis XVI, à l'imitation de son aïeul Louis XV, passe outre. L'édit est confirmé par un lit de justice ; quelques membres du Parlement sont arrêtés. Leurs collègues protestent énergiquement. Les cours de province encouragent celles de Paris dans sa résistance et proclament l'inviolabilité de leurs membres. La cour répond par de nouvelles arrestations, parmi lesquelles celles de deux parlementaires énergiques : Goislard et d'Espremesnil. Enfin, Brienne, par l'organe du chancelier Lamoignon, dépouille le Parlement de Paris de ses attributions politiques et en investit une cour plénière nommée par le roi ; les membres des compagnies sont exilés. Des troubles éclatent en Bretagne, en Dauphiné, en Provence, en Flandre, en Languedoc. Une portion de la noblesse de province et du clergé partage l'hostilité des parlementaires et du tiers état contre le gouvernement et réclame avec insistance la convocation des états généraux. Brienne engage Louis XVI à surmonter l'aversion que lui inspirait la réunion d'une *assemblée nationale*. Les raisons données par Brienne à Louis XVI et la pression de l'opinion publique le décident à la convocation qu'il redoutait, mais la reine indignée exige de lui le retrait de cette concession et la destitution de Brienne ; celui-ci quitte le ministère (25 août 1788). Les embarras financiers augmentent ; le payement des rentes sur l'Etat est suspendu. Cette nouvelle banqueroute porte à son comble les inquiétudes ; l'irritation est générale et se manifeste d'une façon tellement redoutable, que la reine elle-même, effrayée, n'ose plus s'opposer à ce que Louis XVI convoque les Etats généraux. Leur ouverture est fixée au 1er mai 1789. Le rappel de Necker est imposé au roi par l'opinion publique. Cet homme d'Etat, rentré triomphant au ministère, à l'applaudissement de tous, s'occupe des dispositions nécessaires à l'élection et à la tenue de l'Assemblée nationale. Par arrêté royal du 27 novembre 1788, le nombre des députés est fixé à MILLE. Ceux du tiers état égaleront en quantité les députés de la noblesse et du clergé. Enfin, Necker obtient l'admission des curés comme candidats dans l'ordre du clergé, celle des protestants dans la représentation du tiers état. Les élections eurent lieu. Quelques députés de la noblesse furent des hommes populaires ; mais, en majorité, ils se montrèrent partisans des privilèges dont ils jouissaient ; le clergé nomma des évêques qui défendirent également les privilèges de l'Eglise et quelques curés qui se montrèrent disposés à défendre la cause populaire ; la représentation du tiers état fut en immense majorité composée d'hommes formés, éclairés, animés de l'esprit du siècle, hostiles à la noblesse, à l'Eglise, à l'arbitraire royal et décidés à imposer à la monarchie les réformes les plus radicales au nom de la souveraineté du peuple.

Maintenant, fils de Joel, glorifiez la mémoire de nos obscurs aïeux ! souvenez-vous des luttes soutenues par eux, d'âge en âge, depuis la conquête des Gaules par Jules César et plus tard par les Francs ; souvenez-vous que, tour à tour esclaves, serfs, vassaux, ils ont combattu la royauté, s'arrêtant parfois épuisés par la bataille, mais ne reculant jamais. Rappelez-vous que, pas à pas, siècle à siècle, d'insurrections en insurrections, ils ont marché à leur affranchissement, et préparé ainsi le triomphe de notre immortelle révolution de 1789-1792 !

Sièyès, dans une brochure devenue fameuse : *Qu'est-ce que le tiers état* ? a résumé ainsi cette guerre de quinze siècles entre les Gaules et les Francs :

« Si les aristocrates entreprennent, au prix même de cette liberté dont ils se montrent indignes, de retenir le peuple dans l'oppression le tiers état osera demander à quel titre. Si on lui répond : *A titre de conquête* ! il ne craindra pas de remonter à la source du passé. Pourquoi ne renverrait-il pas alors dans les forêts de la Germanie ces familles qui prétendent être issues de la race des conquérants ? La nation ainsi épurée pourra se consoler d'être réduite aux descendants des Gaulois ! »

Jetons un coup d'œil à travers les âges, fils de Joel, et nous verrons quelle a été la marche de nos pères pour arriver à ce but, l'affranchis sement du peuple ! Au sixième siècle, à la suite des insurrections auxquelles prirent part nos aïeux, Karadeuk le Bagaude et Ronan le Vagre, le roi Clotaire II est obligé de céder certaines chartes qui assurent quelques franchises aux révoltés. Ainsi, Loisik, le moine laboureur, frère de notre aïeul Ronan, obtient l'indépendance des habitants de la vallée de Charolles. Plus tard, du dixième au douzième siècle, l'insurrection fut encore le principe et la source des deux grandes formes de la constitution municipale : *la commune* proprement dite et *la cité* régie par les consuls. Rappelez-vous ce premier article de la commune de Laon :

« Les hommes de la commune de Laon demeureront *entièrement libres de leurs biens et de leurs personnes ; ni le roi, ni les évêques*, ni aucuns autres ne pourront réclamer d'eux quoi que ce soit, si ce n'est par le jugement des échevins élus par les gens de la commune. La Commune sauvegardant les biens et la liberté de chaque citoyen. »

Ces franchises des communiers leur sont bientôt ravies par les rois, par la noblesse et par l'Eglise. La lutte recommence, acharnée entre les fils des conquis et des conquérants ; au quatorzième siècle, Étienne Marcel, prévôt des marchands, impose à la royauté une constitution radicale et républicaine :

« Les états généraux se réuniront à l'avenir *toutes les fois qu'il paraîtra convenable, et ce*... sans avoir besoin du consentement du roi, *pour délibérer sur le gouvernement du royaume*, sans que l'avis de la noblesse et du clergé puisse *lier ou obliger en rien les députés* des communes. Le peuple est au-dessus du clergé et de la noblesse.

« Les deniers provenant des subsides accordés par les états généraux seront levés et distribués, *non par les officiers royaux*, mais par les députés élus par les états généraux, et ils jureront de résister à *tout ordre du roi et de ses ministres*, si le roi ou ses ministres voulaient employer l'argent à d'autres dépenses que celles ordonnées par lesdits états. » Rois et ministres, dilapidateurs de la fortune publique, mais contraints de compter avec le peuple.

. . . .

« Désormais, le roi, le dauphin, les princes, la noblesse, les prélats, quel que soit leur rang, *seront soumis à l'impôt ainsi que tous les citoyens.* » L'impôt doit frapper toutes les castes.

Les aspirations républicaines d'Etienne Marcel devançaient son temps de plusieurs siècles, et ce grand citoyen paya de sa vie la hardiesse de ses vues ; mais les germes dont il semait le champ de l'avenir furent féconds, développés dans les âges suivants. Les états généraux du 5 janvier 1484 osent déclarer que « *la royauté est un office,* — non un héritage. — Le peuple,

souverain dans l'origine, créa les rois. — *La souveraineté appartient au peuple*, — et non aux princes, qui n'existent que *par sa volonté*. »

Plus tard, à l'époque de la lutte de la Réforme contre l'Eglise de Rome, les états généraux de 1560 disent que :

« L'élection des magistrats judiciaires doit être faite par le peuple avec le concours des officialités ; — ils demandent la suppression des péages intérieurs ; l'adoption d'un poids et d'une mesure *uniformes dans tout le royaume* ; — le droit *absolu de l'Etat sur les biens du clergé*, sauf à lui accorder une indemnité sous forme de pensions viagères ; — le produit de la vente des immenses domaines de l'Eglise devait être affecté à l'amortissement de la dette publique et à la fondation d'établissements d'utilité publique. Toutes réformes équitables et nécessaires. »

Le mouvement des esprits en ce siècle était si profondément empreint des idées républicaines, que François Hotman écrivait que « la domination royale, lorsqu'elle n'est pas enchaînée, tend naturellement à la tyrannie ; que c'est pour cela que *l'hérédité est mauvaise et que le peuple a toujours le* droit de choisir un chef a son gré. » Tout fonctionnaire public éligible et révocable.

Hubert Linguet, à la même époque, écrivait au nom du parti républicain ces axiomes de droit public :

« Personne ne naît ni ne se fait roi ; on est donc roi *par la sanction populaire*. Si l'hérédité s'est établie dans quelque pays, c'est *pure tolérance* ; l'élection n'en reste pas moins un droit inaliénable. Il n'est point de prescription pour les nations. La souveraineté permanente du peuple est donc légitime. »

Rappelez-vous, fils de Joel, ce passage des *Mémoires de l'Etat de France*, sous Charles IX :

« Les représentants de la nation sont auteurs des princes ; les *ayant faits*, ils peuvent les défaire. »

Enfin, songez quelle terrible prophétie renfermait ce passage rapporté dans la légende de notre aïeul Christian l'imprimeur, et emprunté à la *Gaule franque*, l'un des livres de François Hotman :

« Il est deux cas de tyrannie : le premier, d'un usurpateur dont rien n'a sanctionné l'avènement ; alors chacun a sur lui le droit de mort, *parce qu'il n'y a pas eu de contrat* : dans le second cas, c'est un monarque légalement élu et reconnu qui tombe dans la tyrannie. Alors il ne peut être frappé que par le glaive des états généraux. » Les tyrans sont justiciables du poignard de Brutus.

Ainsi ce principe d'une inflexible équité : « que les rois coupables et convaincus de trahison ne pouvaient être frappés que par le glaive des états généraux, » était formulé dès 1573 ;

plus de deux siècles avant que fût prononcé contre Louis Capet l'arrêt solennel exécuté le 21 janvier 1793 !

Peut-être verrons-nous le jour où la République reprendra l'antique nom de Gaule, personnification de notre race et de notre origine nationale, dont la conquête nous a dépouillés depuis tant de siècles. La motion en a été faite au directoire du département de la Seine par le citoyen Ducalle :

« Citoyens administrateurs,

« Jusques à quand souffrirez-vous que nous portions encore le nom de *Français ?* Tout ce que la démence a de faiblesse, tout ce que l'absurdité a de contraire à la raison, tout ce que la turpitude a de bassesses ne sont pas comparables à notre manie de nous couvrir du nom de *Français !* Quoi, une troupe de brigands, *Clovis* et ses hordes *franques !* vient nous ravir nos biens, nous soumet à ses lois, nous réduit en esclavage. Les descendants de ces conquérants, pendant quatorze siècles, nous réduisent à la plus dure servitude, nous accablent d'outrages, et lorsque, enfin, nous brisons nos fers, nous avons encore l'extravagante bassesse de continuer de porter le nom de nos oppresseurs séculaires ! Sommes-nous descendants de leur sang impur ?... A Dieu ne plaise, citoyens ! Nous sommes du sang pur des *Gaulois*... Souffrirez-vous donc que nous ayons fait la révolution et que nous continuions de porter le nom de nos bourreaux ?... Non ! et vous recourrez comme moi *à l'autorité de la Convention nationale, afin qu'*elle nous rende le nom de gaulois. »

Et maintenant, fils de Joel, moi, Jean Lebrenn, je vais ajouter la légende suivante à nos chroniques, et joindre à nos reliques de famille le sabre d'honneur, dont mon civisme a été récompensé en 1793, sous notre glorieuse République française.

De grands changements se sont introduits dans le gouvernement de notre Gaule bien-aimée, au point de vue politique ; et tout nous fait présager que les réformes ne s'arrêteront pas aux rouages administratifs du pays ; l'organisation sociale réclame impérieusement des améliorations ; de généreux esprits ont déjà posé les bases d'un ordre de choses qui serait de nature à assurer le bien-être général. Les prémisses de la réforme sociale ont été posées dans un seul axiome : Nul n'a droit au superflu tant que chacun n'a pas le nécessaire. Sont venues ensuite les propositions qui en découlent. A chacun selon ses besoins ; de chacun selon ses forces. Le droit et le devoir. Si la société ne possède pas un fonds de richesses suffisant pour les besoins de chaque citoyen, elle a pour devoir de régler la distribution de toute chose de manière à ce que chacun reçoive sa juste part, sa part proportionnelle dans les richesses de la communauté. Dans l'ordre moral, Liberté de conscience, séparation de l'Eglise et de l'Etat ; chaque citoyen choisit son prêtre et salarie son culte, ou il n'en adopte aucun si sa raison est rebelle à toute croyance religieuse. Dans l'ordre intellectuel, Education commune, gratuite, professionnelle, intégrale, obligatoire et laïque.

Pour conclusion : Egalité de droits pour l'homme et pour la femme dans l'ordre civil et politique ; à l'instar des anciennes coutumes de nos pères, les Gaulois, qui admettaient les femmes dans les conseils, à la guerre et dans la cité. — C'est à la solution de ces problèmes économiques, sociaux et politiques, que travaillent aujourd'hui les libres-penseurs et nos philosophes !

LE SABRE D'HONNEUR OU LA FONDATION DE LA RÉPUBLIQUE FRANÇAISE

(1715-1851)

La maison de la rue Saint-François. — Samuel le Juif. — Victoria Lebrenn. — Frantz de Gerolstein. — Le comte de Plouernel. — Les voyants. — L'abbé Rodin et son fils. — Le souper. — Prise de la Bastille. — Les victimes. — Jean Lebrenn. — L'avocat Desmarais. — Peuple et bourgeoisie. — Une séance au club des Jacobins. — Enrôlements volontaires. — Jean Lebrenn et Louis Capet. — Procès de Louis XVI. — Proclamation de la République française.

Vers le milieu du mois d'avril 1789, par une nuit que le rayonnement de la lune rendait assez claire, un homme, enveloppé d'une houppelande et coiffé d'un chapeau rabattu, semblait surveiller avec soin les abords d'une demeure située dans l'une des rues les plus solitaires de Paris, la rue Saint-François, au Marais. Un mur très élevé, dont les années verniculaient les pierres noirâtres, se prolongeait dans presque toute la longueur de la rue, servait de contrefort à une terrasse plantée d'arbres centenaires. A travers leurs épais branchages apparaissaient le fronton de pierre, le toit aigu et les hautes cheminées de briques d'une maison bâtie dans le style du siècle de Louis XIV; une muraille, percée de quelques jours de souffrance grillagés, offrait une baie profonde et cintrée, encadrant une porte cochère en chêne massif, garnie d'énormes clous de fer; elle ne paraissait pas avoir été ouverte depuis longtemps, à en juger d'après l'épaisse couche de poussière et de toiles d'araignées dont elle était couverte. Une petite porte bâtarde, percée d'un guichet et non moins massive que la porte principale, s'ouvrait intérieurement sur un passage étroit et voûté. A gauche de ce passage l'entrée d'un bâtiment dont les fenêtres donnaient sur un vaste jardin, dessiné dans le goût du dernier siècle et orné de vases et de statues de pierres, noircies ou mutilées par le temps. Au centre de ce jardin s'élevait une autre maison dont on avait muré la porte et clos les fenêtres sous des plaques de plomb soudées, maintenues par des châssis de fer scellés dans la muraille.

Une annexe au bâtiment, jadis destinée au concierge de cette demeure et avoisinant la porte d'entrée, était seule occupée par un juif et par sa femme. Les deux époux devisaient, ce soir-là, dans une chambre basse dont la porte entre-bâillée donnait sur le passage voûté aboutissant à la rue.

David Samuel avait environ trente ans; sa femme Bethsabée, vingt-cinq ans. Le type israélite caractérisait leurs traits. Bethsabée, assise devant une petite table, éclairée par une lampe de cuivre, se préparait à écrire sous la dictée de son mari. Celui-ci, assis dans un fauteuil, le front appuyé sur sa main, paraissait pensif, et, s'adressant à sa femme, après quelques moments de silence :

— Plus je réfléchis aux circonstances actuelles, plus je suis convaincu qu'il est prudent et urgent de nous trouver en mesure contre des éventualités fâcheuses... Malgré nos précautions extérieures et intérieures, ce qui se passe ici peut être un jour ou l'autre découvert par les gens du lieutenant de police; nous serions alors emprisonnés tous les deux, ma chère Bethsabée ! Or, si je mourais en prison...

— Ah ! mon ami !... quelle sinistre prévision ! Ne pensons pas à de si tristes éventualités.

— Il faut tout prévoir.., Or, dans le cas où je mourrais, notre cousin Lévy, sur qui je compte comme sur moi-même... tu le sais...

— Ta confiance est bien placée.

— J'en ai la certitude... Aussi je désire le charger, le cas échéant, de me suppléer dans la mission sacrée que mon père et mon aïeul m'ont transmise... Voilà pourquoi je veux tenir toute prête, à l'avance, la note qui instruira notre parent de ce qu'il doit connaître, afin de me remplacer... Tu vas donc écrire cette lettre sous ma dictée.

Au moment où Samuel prononçait ces derniers mots, il entendit heurter à la porte bâtarde d'une façon particulière. On frappa d'abord trois coups, puis deux, séparés par une intermittence, puis deux autres : total, *sept*, chiffre cabalistique.

A ce signal, le juif ne manifesta nulle surprise; il sortit de la chambre, traversa le passage, s'approcha du guichet de la porte bâtarde, et le dialogue suivant s'établit à demi-voix entre Samuel et la personne qui venait de heurter :

— Qui frappe ici ? — Un aveugle.
— Que vient-il chercher? — La lumière.
— Quelle heure est-il ? — L'heure de l'obscurité, mon frère.

Samuel, en suite de cette dernière réponse, entr'ouvre la porte de la rue. Deux personnages enveloppés de manteaux traversent le couloir et disparaissent dans le jardin. Le juif revient auprès de sa femme, aussi peu étonnée que lui de la mystérieuse introduction des deux nouveaux venus.

— Mon ami, tu peux dicter, j'écris.

« En l'année 1660, — commence Samuel, — M. Marius Rennepont, riche capitaine armateur protestant, se trouvait à Lisbonne. Il avait amené de France, à bord de son navire, M. le

Victoria Lebrenn

duc San Borromeo, l'un des plus grands seigneurs de Portugal. Le jour même de son arrivée à Lisbonne, M. Rennepont, logé dans une hôtellerie située sur la place Mayor, vit les préparatifs d'un auto-da-fé. Il s'enquit et apprit que le lendemain un juif nommé Samuel devait être brûlé pour cause de religion. M. Rennepont, homme humain et généreux, d'autant plus compatissant au sort des hérétiques, que déjà en France ses coreligionnaires protestants commençaient d'être persécutés malgré l'Edit de Nantes, résolut d'arracher ce juif au supplice, comptant sur l'appui et la protection du duc de San Borromeo.

« Celui-ci plus d'une fois, durant la traversée, lui avait offert ses services; le hasard voulait qu'il fût le frère aîné de l'inquisiteur de Lisbonne; l'espoir de M. Rennepont se réalisa: le duc San Borromeo, grâce à son crédit, obtint que la peine capitale portée contre le juif fût commuée par le tribunal de l'Inquisition en un bannissement perpétuel. M. Rennepont, après avoir sauvé son protégé, s'informa de sa moralité et recueillit sur son compte les meilleurs renseignements. Il lui proposa de l'accompagner en France. Le juif accepta avec reconnaissance. Plus tard, M. Rennepont le chargea de la gérance de son comptoir d'armateur; Samuel se dévoua corps et âme à son bienfaiteur. Cet israélite, mon aïeul, put bientôt prouver sa gratitude à M. Marius Rennepont. Les persécutions contre les protestants redoublaient de fureur. Ceux qui refusaient de se convertir se voyaient exposés aux violences, aux exactions de toute nature. M. Rennepont avait un fils qu'il aimait passionnément. Pour assurer à ce fils la jouissance de ses biens en les mettant à l'abri de la confiscation, il abjura le protestantisme. Il paya cher ce moment de faiblesse. La compagnie de Jésus, pour une cause mystérieuse dont mon aïeul n'a jamais été instruit, poursuivait d'âge en âge, de sa surveillance occulte et de sa haine une famille LEBRENN, à laquelle l'un des aïeux de M. Rennepont s'était allié vers le milieu du seizième siècle. Pour des raisons exposées ci-après, la branche des Rennepont avait rompu ses relations avec la branche des Lebrenn ; elle ignorait même si cette famille avait laissé des rejetons.

« La compagnie de Jésus, enveloppant de ses investigations occultes tous ceux qui, de près ou de loin, appartenaient à la famille Lebrenn, apprit de ses affiliés que M. Marius Rennepont, malgré son apparente conversion à la religion catholique, assistait, ainsi que plusieurs de ses coreligionnaires, au prêche d'un pasteur. M. Rennepont, dénoncé par les jésuites, encourait les peines terribles prononcées contre les relaps ; les galères perpétuelles et la confiscation de ses biens. A cette même époque, son fils unique succomba dans un duel sans témoins... Son père eut alors la coupable pensée d'attenter à ses jours pour échapper à la peine des galères. Il se réfugia dans une maison distante de quelques heures de Paris, manda près de lui mon aïeul Samuel, lui confia ses volontés dernières et son testament. La confiscation des biens du relaps était, par arrêt royal, abandonnée à ses délateurs. Les jésuites bénéficièrent de la fortune de M. Rennepont. Mais celui-ci, depuis longtemps préoccupé de laisser à son fils, quoi qu'il advînt, un certain patrimoine, avait enfoui cinquante mille écus en or dans une cachette. Il confia cette somme à mon aïeul, le chargeant de racheter cette maison où nous sommes, alors estimée environ sept à huit mille écus. Samuel devait en outre remplir certaines instructions relatives au corps de logis principal de cette demeure et habiter, ainsi que sa descendance, l'annexe que nous occupons.

« Le dépôt remis aux mains de mon aïeul, montant à *quarante mille écus*, devait être placé par lui à intérêt aussi sûrement que possible ; les sommes provenant des revenus devaient être capitalisées et accumulées pendant un siècle et demi environ ; à savoir jusques en l'année 1832. Samuel était autorisé à prélever annuellement deux mille livres sur le produit des placements et léguer cette gérance et cette rétribution à son fils, ou, au cas de mort de celui-ci, à l'un de ses parents ou coreligionnaires dont la probité lui serait connue.

« Telle est la solidarité qui nous lie et fait notre force, à nous autres israélites, que mon aïeul, à défaut de son fils, eût trouvé un mandataire fidèle ; mais Dieu a voulu que mon père Isaac pût lui-même s'acquitter de cette dette de reconnaissance envers le bienfaiteur de notre aïeul, et que, à mon tour, je puisse remplir le même devoir.

« Le but de M. Marius Rennepont, en nous léguant le soin de capitaliser ainsi pendant un siècle et demi les intérêts du dépôt qu'il confiait à notre aïeul était de laisser à la troisième ou quatrième génération de ses héritiers une fortune énorme dont il se réservait de régler l'emploi lors de l'ouverture de son testament, dont ses représentants auront communication dans quarante-trois ans, le 13 *février* 1832, en cette maison, dont la porte restera murée, les fenêtres scellées jusqu'à cette époque... »

Samuel est interrompu dans sa dictée par le bruit de nouveaux coups frappés en manière de signal à la petite porte. Il disparaît un moment et revient bientôt, disant à sa femme :

— Nous allons suspendre notre dictée ; nous la reprendrons plus tard. Tu peux maintenant vaquer à tes occupations. Le prince Frantz de Gerolstein est arrivé avec un nouvel affilié qu'il désire entretenir ici, dans cette chambre, avant son initiation.

— Nous continuerons donc plus tard cette dictée, mon ami, — répond Bethsabée se levant. Et elle ajoute, étouffant un soupir : Puisses-tu ne pas avoir à regretter de t'être affilié aux *Voyants*.

— Non, chère femme, je ne regretterai jamais de m'être affilié aux *Voyants*. Les idées dont ils se sont faits les propagateurs amèneront infailliblement le règne de la fraternité et l'émancipation du genre humain. Alors, nous, juifs maudits, nous rentrerons dans la communion de la grande famille humaine. En m'affiliant aux *Voyants* de Paris, en leur offrant le local souterrain dont je pouvais disposer pour leurs réunions, je servais notre cause personnelle, et aussi celle des déshérités, des opprimés de ce monde ; j'accomplis donc un devoir sacré. Quoiqu'il arrive, je ne regretterai pas d'avoir aidé à l'œuvre émancipatrice.

— Cette sainte cause à laquelle tu t'es voué âme et corps... sera-t-elle victorieuse ? Que de dangers à courir pour un résultat incertain.

— Tout annonce le prochain triomphe de notre cause. Ayons bon espoir.

— Illusion, Samuel... illusion d'un généreux cœur ! Je redoute pour toi de cruelles déceptions.

— Ce n'est pas une illusion, Bethsabée... Ne faut-il pas que l'attraction de la vérité soit irrésistible... pour que l'héritier d'un prince soit affilié aux *Voyants* ?

— Le prince Frantz de Gerolstein ?

— Il a été initié en Allemagne, berceau de cette société secrète... et il est devenu l'un de ses plus ardents prosélytes. Béni soit le jour où il m'a été donné de connaître ce noble jeune homme ! jamais la cause de l'humanité n'a eu de plus éloquent apôtre, de défenseur plus magnanime ? Et, cependant, cette société dont il est l'adepte, a déclaré une guerre implacable aux privilèges de la naissance et de la richesse, à toute autorité royale ou religieuse ! Ni rois, ni prêtres ! Telle est sa devise. Le prince soutient ces idées égalitaires, émancipatrices... lui, de race souveraine ! lui, destiné à régner un jour ! Ne sont-ce pas là des symptômes saisissants ? les idées d'affranchissement des classes ouvrières sont propagées par des princes souverains... L'empereur d'Autriche, Joseph II, le frère de la reine de France, Marie-Antoinette, sans être affilié aux *Voyants*, et sans accepter complètement leurs principes, parcourt *incognito* l'Europe en philosophe, ne souffrant nulle part qu'on lui rende les honneurs dus au sang royal, fréquentant la bourgeoisie, le bas peuple, se mêlant à toutes les classes de la société... observant par lui-même le mouvement des esprits, sympathisant aux idées nouvelles, subissant, à son insu peut-être, l'influence du souffle régénérateur qui passe sur le vieux monde. Le règne de la justice et de l'égalité est proche !

— En effet... ces symptômes sont saisissants, — reprend Bethsabée pensive.

— Oui, chère femme, la fin des persécutions et des iniquités approche... dans peu d'années, l'on aura de la peine à se persuader qu'il fut un temps... où nous, israélites, mis au ban de l'humanité, nous étions rançonnés, torturés, pendus, brûlés, pour cela seulement que nous étions juifs... et où les protestants étaient, comme nous-mêmes, envoyés aux galères ou mis à mort, seulement parce qu'ils étaient luthériens ou calvinistes. Ah ! du moins, les descendants de M. Marius Rennepont pourront jouir en sécurité de la fortune énorme dont ils hériteront, qu'ils soient catholiques ou protestants ; j'en ai le ferme espoir.

— Mon ami, — reprend Bethsabée après un moment de réflexion, — il est une chose que je ne comprends pas. M. Marius Rennepont n'a laissé en mourant pour tout héritage à ses descendants que *cinquante mille écus* d'or, sur lesquels il a fallu que ton aïeul, payât le prix de cette maison. Comment sa descendance peut-elle hériter de la fortune colossale dont tu parles ?

— Voilà l'explication, Bethsabée... Mon aïeul, après la mort de M. Rennepont, au moyen de certaines opérations financières, était parvenu, au bout de peu de temps, à récupérer les huit mille écus, prix du rachat de cette maison. Mon aïeul ayant complété, en 1683, les cinquante mille écus nets, les fit valoir, capitalisa les intérêts, les bénéfices, et quinze années après, en 1696, la somme se montait déjà à trois cent mille livres, lesquelles, doublées en 1710, par la capitalisation, ont produit six cent mille livres. Enfin, en 1719, lors de la mort de mon grand père, la somme s'élevait déjà à près d'un million... Le doublement du capital, s'effectue en dix, douze ou quatorze années, suivant le taux de l'intérêt, à sept, six ou cinq pour cent par an, selon les conventions.

Lors de la mort de mon aïeul, le million qu'il laissait s'élevait, en 1724, à *un million deux cent mille livres;* en 1752 (deux années après ma naissance), à près de *cinq millions;* en 1766, à *neuf millions six cent mille livres;* en 1780, à *dix-neuf millions six cent mille livres;* et à cette heure où je te parle, l'héritage de M. Marius Rennepont s'élève à la somme de TRENTE-QUATRE MILLIONS, TROIS CENT MILLE LIVRES, HUIT SOUS, ONZE DENIERS. Ce n'est pas tout ; voyons à quel chiffre s'élèvera cet héritage dans quarante années d'ici, en suivant la même progression... En 1794, il se montera environ à *trente-huit millions;* en 1808, à *soixante-seize millions;* en 1822, à *cent cinquante millions;* et enfin, en l'année 1832, époque fixée pour l'ouverture du testament de M. Marius Rennepont et pour le partage de son héritage entre ses descendants, cet héritage aura atteint le chiffre énorme de DEUX CENT VINGT MILLIONS.

— C'est prodigieux... et malgré tes explications si claires sur la progression naturelle des sommes capitalisées... ma surprise touche au vertige... Mais, — ajoute Bethsabée avec une émotion profonde, — ce vertige — ne m'empêche pas de ressentir un noble orgueil en songeant que ton aïeul, ton père et toi, mon époux, vous avez été jusqu'ici les dignes dépositaires d'un pareil trésor !... Ah ! Samuel... vous acquittez la dette de gratitude contractée par votre aïeul envers M. Marius Rennepont...

— Nous accomplissons un devoir sacré confié à notre bonne foi et à notre prudence, — répond le juif. — Mon aïeul, mon père et moi, nous n'avons jamais voulu exposer la moindre portion de cette somme dans des spéculations aventureuses ; nous nous sommes rigoureusement bornés à des placements d'une sûreté certaine, grâce aux relations financières de nos coreligionnaires avec toutes les banques de l'Europe ; si Dieu nous donne un fils, chère femme, il aura, je l'espère, la prudence et la probité de ses pères... Si le bonheur d'avoir un fils nous est refusé, ou si quelque événement m'empêche de continuer cette mission d'honneur... notre parent Lévy, dont je connais la droiture, me remplacera, ou bien encore, le Seigneur, en m'accordant une longue vieillesse, me permettra de remettre moi-même, à l'âge de quatre-vingt-deux ans, en 1832, aux héritiers Rennepont, le fidéicommis que leur aïeul a confié à mon ancêtre. Ce sera pour moi un jour aussi beau qu'inespéré, si je puis assister à l'ouverture du testament de M. Marius Rennepont. Mais Dieu seul connaît l'avenir !

— Un moyen ingénieux avait été conçu et appliqué par M. Marius Rennepont pour la réunion de ses héritiers à l'époque éloignée de l'ouverture du testament. M. Rennepont, peu de temps avant sa mort, avait fait remettre à chacun de ses héritiers des médailles... — qui portaient gravé d'un côté cet exergue :

VICTIME DE L. C. D. J.
PRIEZ POUR MOI,
1682.

Et sur l'autre face de la médaille ces mots :

A PARIS, RUE SAINT-FRANÇOIS, N° 3,
DANS UN SIÈCLE ET DEMI VOUS SEREZ
LE 13 FÉVRIER 1832 (1).

— C'est donc à l'aide de ces médailles transmises de génération en génération que les héritiers Rennepont seront un jour réunis ici, dans la maison de leur ancêtre.

— Mon ami, — reprend Bethsabée, — dans la note que tu me dictais à l'adresse de notre ami Lévy, tu parlais d'une famille Lebrenn, alliée de M. Rennepont, laquelle, malgré sa parenté, ne prendrait probablement point de part dans l'héritage... D'où peut donc venir cette exclusion ?

— J'ai su par mon père que l'aïeul de M. Rennepont, après son abjuration avait pris en haine singulière ses parents de la branche Lebrenn, avait cessé toute relation avec eux, et même avait caché leur existence à son fils, de crainte que celui-ci ne subît quelque jour l'influence de cette famille, ennemie implacable de l'Église.

— Le père de M. Marius Rennepont est-il resté fidèle à la religion romaine ?

— Oui, ma chère Bethsabée ; mais son fils, M. Marius Rennepont, atteignant l'âge de raison peu de temps après la perte de son père, embrassa le protestantisme, que plus tard il feignit d'abjurer... pour conserver sa fortune à son fils. Acte de faiblesse regrettable.

— Comment a-t-il donc découvert l'existence de cette branche des Lebrenn ? Tout cela me paraît mystérieux et excite ma curiosité.

— Peu de temps avant sa mort, par suicide, il avait compulsé des papiers de famille remontant au seizième siècle, à l'époque des guerres religieuses... Il acquit ainsi la certitude de l'alliance des Rennepont et des Lebrenn... mais ceux-ci avaient-ils laissé des descendants ? c'est ce qu'il ignorait.

— D'où il suit, Samuel, que s'il existe encore des descendants de cette famille lors du partage de l'héritage Rennepont, les Lebrenn n'y auraient aucun droit ?... La volonté formelle du testateur est que ceux-là seulement qui, en l'année 1832, se présenteront ici munis de leur médaille héréditaire, soient admis au bénéfice de la succession. Je me conformerai aux instructions qui m'ont été transmises. Selon ce que m'a dit mon père, qui le tenait de notre aïeul confident de M. Rennepont, cette clause, si étrange en apparence, avait été dictée au testateur par des motifs dont il donne l'explication dans son testament.

— Tout est singulier dans cette affaire... Personne ne sait sans doute où se trouvent actuellement les descendants de M. Rennepont ?...

— Quant à moi, Bethsabée, je l'ignore absolument... Cependant mon père m'a appris que deux fois en sa vie... des héritiers Rennepont, attirés par la curiosité ou par un vague intérêt pécuniaire, se sont présentés ici avec leur médaille héréditaire portant l'adresse de cette maison... Curiosité et cupidité qui se sont trouvées déçues.

— Que leur a répondu ton père ?

— Ce que je répondrais moi-même en pareille occurence : « Je n'ai aucune communication à vous faire. Cette maison m'appartient, elle m'a été léguée par mon père... Je ne sais à quel propos ni dans quelle intention votre aïeul a pu désigner cette demeure à ses héritiers comme lieu de rendez-vous, à un siècle et demi de date. »

— Une pareille réponse est en effet commandée par la prudence, Samuel... Tout le monde doit ignorer de quelle valeur considérable est le dépôt dont tu es chargé.

— De graves raisons nous imposent un secret absolu à ce sujet... D'abord, selon que mon père le tenait de mon aïeul, la compagnie de Jésus, toujours si bien servie par d'innombrables espions, a pu apprendre que M. Rennepont avait mis une somme importante à l'abri de la confiscation dont les révérends pères ont eu le bénéfice. Dénonciateurs et bourreaux se sont partagés ses dépouilles.

— Samuel... ces prêtres sont, dit-on, si puissants, si habiles, ils ont tant de moyens d'action souterrains... s'ils soupçonnaient jamais la vérité !... Je tremble à cette seule pensée.

— Rassure-toi, chère femme, le danger serait grand, mais je saurais le conjurer. Enfin, il était d'autant plus nécessaire à mon aïeul et à mon père surtout de garder un profond secret sur les trésors qu'ils possédaient, que les gouvernements de Louis XIV, du régent et de Louis XV, toujours besoigneux, toujours aux expédients, étaient peu scrupuleux sur les moyens de se créer des ressources ; nous autres juifs avons toujours été à peu près hors du droit commun... Aussi, mon aïeul ou mon père, soupçonnés d'être détenteurs d'une somme de plusieurs millions, pouvaient être enlevés en vertu d'une lettre de cachet, plongés dans le

---

(1) Cette légende a reçu son développement et sa solution dans un ouvrage de l'illustre romancier, écrit en 1842, sous ce titre « LE JUIF-ERRANT » et qui est encore aujourd'hui l'objet de la plus vive curiosité. Éditeurs : J. Rouff et Cⁱᵉ, Cloître-Saint-Honoré, 14, Paris.

cachot de quelque prison d'État jusqu'à ce qu'ils eussent racheté leur liberté, leur vie peut-être, par l'abandon du trésor dont on les aurait supposés les gardiens.

— Ah! Samuel, je frémis en songeant qu'en ces mauvais jours toute iniquité était possible, et que l'on pouvait mettre ton père à la torture.

— Grâce à Dieu, tout cela est impossible aujourd'hui... et d'ailleurs, prévoyant l'éventualité de ces exactions, nous avons toujours placé nos valeurs en lieu et en mains sûrs ; aussi, cette maison serait fouillée de fond en comble, que le trésor dont nous sommes dépositaires échapperait aux recherches...

Samuel, prêtant l'oreille du côté de la porte de la rue, s'interrompt de parler, puis il se dit à part lui :

— Qui frappe là?... ce n'est pas l'un des nôtres...

— L'heure est indue, — reprend Bethsabée avec inquiétude, — il est minuit passé... cette rue écartée est depuis longtemps déserte... ne serait-ce point notre veilleur qui viendrait nous avertir de l'approche de quelque péril ?

— Non, notre veilleur eût donné le signal convenu — dit le juif. — Je vais voir qui ce peut être.

Et, prenant la lampe, il sort de la chambre basse, s'approche du guichet de la petite porte, et, à la clarté de son luminaire, il aperçoit au dehors un laquais vêtu d'une livrée orange et verte galonnée d'argent. Cet homme, après avoir heurté de nouveau avec violence, trébuche et semble ivre.

— Hé ! l'ami ! — dit Samuel, — ne frappez pas si fort... Peut-être vous trompez-vous de maison ?...

— Je... je frappe comme il convient... — répond le laquais d'une voix avinée. — Ouvre cette porte... sur l'heure ; je veux entrer chez toi... gibier de potence...

— Que demandez-vous ?

— Tu ne veux pas ouvrir ta porte... chien de juif... pourceau... mon maître te fera mourir sous le bâton... il m'a dit : « Porte... cette lettre au juif Samuel... et surtout... drôle... ne l'arrête pas au cabaret... » Je veux donc entrer dans ton taudis, satané juif.

— Comment nommez-vous votre maître?

— Mon maître est monseigneur le comte de Plouernel, colonel aux gardes... tu le connais bien... Tu lui as déjà prêté de l'argent... triple arabe !... à ce que m'a dit l'intendant de... monseigneur... et à gros intérêts encore, chien d'usurier.

— Avez-vous une lettre de votre maître ?...

— Oui... pourceau... par ainsi, ouvre... ou sinon... j'enfonce la porte.

— Donnez-moi cette lettre à travers le guichet, et dépêchez, ou je me retire et vous laisse céans.

— Mulet ! est-il têtu cet animal, dit le laquais ; et introduisant la lettre à travers le grillage du guichet : — Il me faut la réponse... bonne et prompte, suivant ce qui m'a été dit.

— Vous aurez la réponse quand j'aurai lu cette lettre.

— Me faire attendre à la porte... comme un chien... moi, premier laquais de monseigneur !

Samuel, sans prêter la moindre attention à ces insolences, lit la lettre du comte de Plouernel à la clarté de la lampe, puis répond au laquais :

— Dites à votre maître que j'irai chez lui demain matin à son hôtel. Votre commission est remplie, vous pouvez vous retirer.

— Vous ne me donnez pas de réponse écrite ?...

— Non... la réponse verbale transmise à votre maître suffira.

Puis, laissant le valet maugréer au dehors, Samuel ferme le guichet de la porte et rentre dans la chambre basse. Bethsabée lui dit avec un accent de légère inquiétude :

— Mon ami... il m'a semblé entendre une voix menaçante.

— C'était celle d'un laquais ivre... qui m'apportait une lettre du comte de Plouernel...

— Sans doute c'est encore une demande d'emprunt...

— Il me charge, en effet, de m'entremettre pour lui procurer une somme de cent mille livres... il ne m'adresse pas la demande directe du prêt, car il me croit trop pauvre pour lui avancer cette somme.

— Tu lui prêteras cet argent, mon ami ?

— Certes, moyennant d'excellentes garanties et au denier trente... Le comte est solvable, je me plais à le rançonner, ainsi que d'autres seigneurs, au profit de la caisse des Voyants...

Samuel finissait de prononcer ces mots, lorsque le prince Frantz de Gerolstein, accompagné d'une autre personne, entrait dans la chambre. Tous les deux restèrent seuls, tandis que Samuel et Bethsabée montèrent à l'étage supérieur du bâtiment.

Le prince Frantz de Gerolstein, alors âgé d'environ vingt-cinq ans, d'une haute stature, à la fois élégante et robuste, doué d'une physionomie noble, expressive, où se lisaient la franchise, la résolution, la bonté, était vêtu avec simplicité. Son compagnon, ou plutôt sa compagne, car c'était une femme travestie sous des habits d'homme, paraissait aussi jeune que lui, quoiqu'elle eût trente ans ; ses traits étaient virils, malgré leur rare beauté ; sa taille svelte, élevée ; un duvet brun estompait fortement sa lèvre supérieure ; tout s'harmonisait avec ses vêtements masculins ; mais la beauté de cette femme avait un caractère sinistre; sa pâleur de marbre, le feu de ses yeux noirs, la contraction de ses sourcils, l'amertume du sourire, parfois cruel, qui faisait plisser ses lèvres, tout semblait témoigner du ravage des passions ou d'un incurable chagrin. Courtisane superbe ou Madeleine repentante.

Lorsque Frantz de Gerolstein et sa compagne furent entrés dans la salle basse, le prince garda un moment le silence, puis d'une voix grave, presque solennelle :

— Victoria... Il y a trois mois, je visitais la prison des *Filles repenties*... votre beauté, empreinte d'une tristesse profonde, m'a tout d'abord frappé... je me suis informé des causes qui vous avaient fait condamner à la réclusion... Ces causes, lorsque je les connus, m'émurent vivement... De cette époque date l'intérêt que vous m'avez inspiré... J'eus le bonheur, grâce à l'intervention d'un ami puissant, d'obtenir votre mise en liberté...

— Oui, je vous ai dû ma liberté, Frantz, répond Victoria d'une voix mâle, — et, de plus, vous m'avez donné, dans mon infortune, des preuves d'affection...

— L'intérêt que je vous ai témoigné a d'autres motifs que votre infortune, quoique vos malheurs m'aient grandement intéressé.

— Quels sont ces motifs... Frantz? Parlez, je vous écoute.

Le prince reste un moment silencieux, puis : Savez-vous qui je suis ?

La jeune femme regarde le prince avec surprise et répond : — Ne m'avez-vous pas dit que vous étiez étudiant dans l'une des universités d'Allemagne, votre pays natal ?

— Je vous ai trompée sur ma condition... Victoria... je ne suis pas étudiant.

— Me tromper, vous?... vous que je croyais si loyal !...

— Je vous apprendrai tout à l'heure pour quel motif j'ai dû vous déguiser la vérité... mais je veux d'abord vous faire connaître la nature du sentiment que vous m'inspirez... Je ne puis retarder plus longtemps cette confidence... Écoutez-moi donc... Victoria...

La jeune femme tressaille, interrompt le prince et répond avec un accent d'amertume :

— Si je ne m'abuse, je pressens le but de cet entretien, Frantz; aussi, avant de le poursuivre, et dans l'espoir de vous épargner un refus dont vous pourriez être blessé, je dois vous déclarer qu'aucun changement n'est survenu en moi... depuis que vous me connaissez... Je dois vous répéter ce que je vous ai dit lors de nos premières entrevues... « Mon cœur est mort à l'amour... une seule passion me domine : la vengeance !!! » Je ne vous ai rien caché du passé...

— Oui, je sais que vous avez souffert... Victoria... Si votre cœur est mort, le mien ne m'appartient plus... je l'ai laissé en Allemagne, à une jeune fille, un ange de candeur, de vertu, de beauté. Elle est pauvre et d'obscure naissance, j'ai juré Dieu qu'elle serait ma femme!!! Je serai fidèle à mon amour et à mon serment.

— Merci, Frantz... merci de votre confiance... elle me délivre d'une pénible appréhension, — dit Victoria soupirant d'allégement. — Je vous aime avec une tendresse de sœur... ou plutôt d'ami... car je ne suis plus femme, et il m'eût été cruel de vous inspirer un sentiment que je ne pouvais partager... Mais quelle est donc, selon vous, la nature de votre affection pour moi?...

— Je ressens pour vous la tendre compassion due aux malheurs de votre enfance et de votre première jeunesse... une profonde estime pour les qualités qui, en vous, ont résisté, survécu à tant de causes de dégradation ; enfin, je vous suis uni, Victoria, par un lien indissoluble qui se rattache au passé le plus lointain... Celui de la parenté...

Victoria regarde le prince avec une sorte de stupeur. Il poursuit : — Nous sommes du même sang, Victoria... nous sommes parents... même berceau, même origine pour nos familles. — Vous avez lu les légendes que vos pères se sont transmises d'âge en âge... depuis dix-huit siècles et plus?...

— J'ai pris connaissance de ces légendes durant les deux années que j'ai passées près de ma mère et de mon frère... à la suite des évènements que je vous ai racontés... La lecture de nos annales, jointe à tous les ferments de haine déjà amassés dans mon âme et à la disparition de mon père, mort à cette heure ou languissant au fond de quelque cachot de la Bastille, a développé, surexcité en moi ce besoin de vengeance, ou plutôt de représailles dont je suis possédée... Je veux assouvir cette vengeance, au prix de ma vie, s'il le faut... C'est pour ce motif que j'ai consenti à cette initiation... dont l'heure est enfin venue... La vengeance sera justice, et je la veux impitoyable.

— L'heure est venue, en effet, Victoria, et aussi le moment de vous révéler ce que nous sommes l'un à l'autre... Vous avez dans vos annales plébéiennes... un nom princier, celui de Karl de Gérolstein. Ce prince descendait de Gaëlo le Pirate, qui, vers le neuvième siècle, accompagnait, au siège de Paris, le vieux ROLF, chef des pirates normands... L'un des descendants de Gaëlo, quittant la Norwège, alla s'établir, vers le dixième siècle, dans l'une des tribus indépendantes de la Germanie. Son courage, son génie militaire, le firent élire chef de cette tribu; son fils, l'égalant en intelligence, en bravoure, lui succéda au commandement. Le pouvoir fut dès lors héréditaire dans cette famille. Plus tard, la tribu de Gerolstein devint l'une des principautés de la confédération germanique. C'est ainsi que les descendants de Gaëlo fondèrent la maison souveraine de Gerolstein... aujourd'hui représentée par mon père... qui règne en Allemagne sur sa principauté... Notre parenté n'est pas douteuse, Victoria, et ses liens avaient été déjà resserrés par nos pères au seizième siècle, lors des guerres religieuses, où tous les deux servaient sous l'amiral de Coligny.

— Ainsi, Frantz, vous êtes de race souveraine... Puis elle reprend : — Il y a trois mois, vous m'avez retirée de prison ; la honte, la douleur, le mépris de moi-même, m'empêchaient de retourner auprès de ma mère et de mon frère ; je me trouvais sans ressources ; je voulais gagner ma vie en reprenant le métier de couturière que ma mère m'avait fait apprendre lors de mon séjour auprès d'elle... c'était le parti le plus sage à adopter. Pourquoi vous êtes-vous opposé à cette résolution ?

— Parce que j'ai pensé que vous pouviez servir la cause de l'humanité... plus utilement qu'en vous occupant de travaux d'aiguille.

— Vous m'avez dit que je devais subir une initiation de quelques mois pendant lesquels je ne pourrais demander aucune ressource à mon travail... J'ai accepté de vous l'argent nécessaire à mes modestes besoins. Vous étiez pour moi un frère et un éducateur... Je vous ai vu chaque jour durant de longues heures... peu à peu mes yeux se sont ouverts à la lumière... de radieux horizons ont ébloui ma vue... Vous m'avez fait partager vos généreuses aspirations... vous m'avez inspiré cette fièvre de dévouement, de résignation, cette soif de sacrifices... qui fait les séides et les martyrs. Vous suiviez avec un grand intérêt mes progrès dans la voie nouvelle que vous m'ouvriez... me faisant de jour en jour espérer... que mon initiation terminée... je pourrais revendiquer ma part d'action dans vos projets... Mais depuis que vous m'avez révélé votre naissance... votre rang... je me prends à douter de vous. Le but de cette secte est-il réellement celui que vous m'avez montré, la revendication des droits ravis aux classes déshéritées ?

— Le moindre doute de votre part à ce sujet, Victoria, serait pour moi une cruelle injure... Nous sommes armés pour la justice et le droit.

— Excusez-moi, Frantz... Ainsi... le *niveau*... cet inflexible emblème... le niveau social...

— Est notre emblème. Egalité des droits pour l'homme et la femme.

— C'est votre emblème, monseigneur... à vous, fils d'un souverain ?

— Le but de ma vie est le triomphe de la liberté !... l'avènement de la République.

— Ecoutez-moi, Victoria, — reprend le prince d'une voix douce et grave, après un nouveau silence : — Vous avez subi les rigueurs, les souffrances, les hontes de la prison... Qui, de vous... ou d'une personne étrangère aux horreurs de la prison, les connaît mieux... les hait davantage ?

— Je comprends votre pensée, le despotisme vous fait horreur.

— Et vous ne vous étonnez plus de ce que moi... de race souveraine et d'origine plébéienne comme la vôtre... puisque le berceau de notre famille est le même, je prenne le niveau pour symbole ?

— Je ne m'étonne plus, Frantz... mais à l'étonnement succède en moi un sentiment d'admiration... — et les yeux pleins de larmes, ployant les genoux devant Frantz de Gérolstein, elle lui baise la main. — Soyez béni et glorifié pour ces généreux sentiments.

— Relevez-vous, Victoria, dit le prince ému, — ma conduite ne mérite pas votre admiration... C'est un mince sacrifice que celui de nos privilèges comparé à la grandeur de notre cause... Réfléchissez en ce moment solennel où vous allez être initiée... Il est temps encore de renoncer à vous lier à nous...

— Frantz... voilà trois mois d'épreuves écoulés... je ne faiblirai pas à la dernière heure !... Je suis prête pour l'initiation.

— Songez aux engagements redoutables que vous allez prendre.

— Quels qu'ils soient, je serai à la hauteur de mon rôle par la foi, par le courage, par le dévouement.

— J'ai voulu vous révéler quels étaient nos liens de famille afin de pouvoir vous faire accepter sans embarras, ainsi qu'il en doit être entre parents, les moyens de subvenir désormais à votre existence... dans le cas où vous ne donneriez pas suite à votre dessein. Votre liberté d'action demeure complète et absolue.

— J'accepterai de vous, Frantz, un service sans rougir, mais plus que jamais, je suis résolue de me vouer à votre cause, à la cause des déshérités, si vous me croyez digne de la servir.

— Je ne vous parlerai pas de périls à affronter... vous êtes vaillante entre toutes ; mais il faudra vous résigner à une complète abnégation de vous-même. Vous serez un instrument, non pas aveugle, mais à la fois intelligent et passif ; les *Voyants* sont obligés d'employer pour la délivrance, la régénération et le bonheur de l'humanité, quelques-uns des moyens d'action dont se sert la compagnie de Jésus pour hébéter, asservir les hommes. Le fer, selon l'usage qu'on en fait, sert de poignard à l'assassin, ou de glaive au citoyen qui défend la patrie. Avec le glaive, Brutus combat l'aristocratie romaine et poignarde César.

— Je connais le but vers lequel on me guide, le triomphe du droit et de la justice; j'obéirai.

— Peut-être même devrez-vous sacrifier votre espoir de vengeance... de représailles... Cela serait-il au-dessus de vos forces?

La jeune femme tressaille, ses traits assombris révèlent une lutte intérieure et elle s'écrie d'une voix altérée:

— Quoi! Frantz... ces siècles d'oppression... n'auraient pas leur jour d'expiation!... Tant de crimes séculaires resteraient impunis!... Les mânes de nos pères martyrs ne seraient pas vengés!... Un exemple de justice inexorable ne serait pas donné au monde, au nom de la morale éternelle!... Quoi! on nous refuserait un jour, un seul jour de légitimes représailles après quinze cents ans d'iniquités! Les victimes seraient-elles contraintes de pardonner à leurs bourreaux?

— Victoria, ceux-là qui veulent l'avènement du règne de la fraternité sur la terre... ont horreur du sang... ils espèrent pouvoir affranchir, régénérer l'humanité par la clémence et le pardon... et en instruisant les classes ouvrières.

— Je renoncerai donc à ma vengeance! — reprend la jeune femme; — mais si les éternels ennemis de l'humanité s'opposent, par la ruse ou par la violence, à l'affranchissement, à la régénération des opprimés; si, de leur part, la lutte s'engage sans merci ni pitié, les victimes devront-elles s'agenouiller, tendre le cou au couteau et se laisser égorger?

— En ce cas, Victoria, que le sang retombe sur ceux-là qui le verseront les premiers! Maudits soient ceux-là qui répondront par la fourberie, par la violence à des paroles d'amour, de concorde, de justice et de réparation! Alors s'accomplira une fois de plus cette loi du progrès humain qui, tant de fois à travers les âges, a ensanglanté la conquête des réformes les plus équitables, une fois encore, la dernière sans doute... l'insurrection opposera aux oppresseurs ces concessions, dont l'octroi volontaire eût préservé le monde de tant de maux! Maudits soient alors ceux qui auront essayé de s'opposer par la force aux nécessités du temps... Alors, Victoria, ce sera la guerre, la guerre ardente, implacable! Ce sera le déchaînement des passions populaires... Aucun frein ne pourra les contenir! La justice de Dieu passera sur la terre saisie de terreur... Alors, au milieu de cette tempête qui emportera les trônes et les autels... alors... Victoria! vous apparaîtrez redoutable comme la déesse de la vengeance... frappant de son glaive le vieux monde condamné au nom du salut des peuples!

— Oh! ma vie... ma vie entière pour une heure de ces représailles! — s'écrie la jeune femme palpitante d'une exaltation farouche; — oui, ma vie dût-elle être cent fois plus misérable, plus abjecte, plus horrible que celle qu'un roi m'a faite... je recommencerais de vivre pour assister à l'heure de ces grandes représailles... Une journée, une heure de vengeance pour une vie de misère!

— Venez donc, Victoria, vous serez à nous comme nous serons à vous, dans la vie, dans la mort, dans le triomphe, dans la vengeance!

Le prince de Gerolstein et Victoria Lebrenn sortent de la salle basse, traversent le jardin, et pénètrent dans une ancienne orangerie à demi souterraine, faiblement éclairée par la reverbération d'une lumière placée au bas d'un escalier. Frantz prend sur la première marche un paquet dont il tire deux robes flottantes et deux masques; puis, s'adressant à la jeune femme:

— Vêtissez cette robe par-dessus vos habits et cachez vos traits sous ce masque.

Tous deux descendent les degrés qui aboutissent à un couloir éclairé par une lampe suspendue à la voûte. A l'extrémité de ce passage, un homme vêtu d'une robe rouge et masqué de noir tient à la main une épée nue; il est debout et fait deux pas à la rencontre des deux nouveaux venus, puis les interroge:

— Qui êtes-vous?

— Des *déshérités*, — répond Frantz. — Nous avons eu pour père, l'*asservissement*... pour mère, l'*ignorance*... pour condition, la *misère*. Nous sommes les pauvres, les opprimés, les damnés d'ici-bas.

— Que voulez-vous, mes frères?

— Liberté... science et bonheur.

— Frappez à cette porte, — dit le personnage masqué, s'effaçant afin de donner passage à Frantz et à sa compagne. — Frappez, et l'on vous ouvrira... demandez, l'on vous accordera.

La porte s'ouvre et se referme derrière les deux initiés. Ils se trouvent dans un lieu brillamment éclairé.

Le prince de Gerolstein et Victoria Lebrenn restent un moment éblouis de la lumière dont est inondé ce lieu souterrain, éclairé par *soixante et dix* candélabres portant chacun *sept bougies*, nombres mystiques. Les parois des murailles disparaissent sous des tentures rouges; au fond une estrade supportant un dais fermé de rideaux; sur le frontail de ce dais est figuré *un niveau*. A quelques pas de l'estrade, sur une table recouverte d'un tapis, sont jetés pêle-mêle, une couronne royale, un sceptre, une tiare pontificale, une crosse d'évêque, des colliers d'ordres de chevalerie, des couronnes princières et ducales; puis des sacs à demi ouverts et renfermant des pièces d'or et d'argent.

Sept hommes masqués, vêtus de longues robes, se tiennent derrière cette table, debout, silencieux, les bras croisés sur leur poitrine, sept spectres, sept apparitions fantastiques.

Le Parc-aux-Cerfs, le royal lupanar, sous Louis XV (page 595)

Victoria se sent vivement impressionnée par ce spectacle étrange.

Celui des affiliés qui préside à la réception de l'initié, est debout derrière une table, chargée des emblèmes de la religion, de la royauté, de l'aristocratie et de la richesse. Trois *Voyants* sont à sa droite, trois *Voyants* à sa gauche ; il interpelle Victoria :

— Femme quel âge as-tu ?

— Quinze siècles et plus. Je suis née le premier jour de l'esclavage et de la misère de mes frères.

— Que veux-tu ?

— La fin de l'oppression ; je veux abattre les trônes, les autels, les privilèges de la naissance et de la fortune, tous les antiques monuments de l'ignorance, de l'asservissement et de l'iniquité, tous les monopoles, tous les privilèges qui se dressent au-dessus du peuple.

— Qu'adviendra-t-il, lorsque le niveau aura passé sur le vieux monde... et quand les exploiteurs des peuples auront disparu ?...

— A l'ombre séculaire succédera la chaleur vivifiante de la lumière qui fertilisera le sol ; de riches moissons couvriront de leurs gerbes ce sol labouré par une révolution féconde...

— Es-tu complètement détachée du vieux monde ?

— Je suis détachée du vieux monde et ralliée au monde nouveau.

— Regarde cette tiare pontificale, cette couronne royale, regarde ces symboles de la noblesse, regarde ces sacs remplis d'or et d'argent ; tu peux demander aux rois, aux prêtres, aux nobles, aux riches de ce monde les jouissances de la vie... en te dévouant corps et âme à ces idoles de la tyrannie...

— Je veux renverser ces idoles ; je voue une

176ᵉ livraison

haine implacable aux ennemis du peuple.
— A partir de cette heure, tu vas être à nous comme nous serons à toi... en vertu de notre devise : *Tous pour chacun... Chacun pour tous...*. Comme conséquence de cette devise, la solidarité remplacera dans l'avenir l'égoïsme des maîtres du vieux monde... Qui a causé les maux dont cet égoïsme a été la source ? « Celui-là qui, le premier, a creusé un fossé afin d'enclore une parcelle du sol commun à tous, en disant : Ceci est à moi... » Cette usurpation a été consacrée par les hommes assez simples pour respecter ces limites arbitraires ; cette spoliation de quelques-uns par un seul s'est peu à peu transformée en droit ; le fait est devenu la loi, l'exception, la règle. La tyrannie découlant de ce principe, imposée par la violence, perpétuée par la coutume, s'est enracinée chez les peuples... et ils en sont venus à reconnaître pour leur roi un enfant vagissant au berceau ; à baiser le soulier du pape... De ces aberrations quelles ont été les conséquences ? L'égorgement des peuples les uns par les autres. La terre a eu ses damnés, plus à plaindre que ceux dont la superstition peuple l'enfer. Les damnés d'ici-bas s'appellent vassaux, serfs, prolétaires, artisans, laboureurs ! De ces damnés nous voulons la rédemption ! Le renversement des trônes et des autels suffira-t-il à la délivrance des victimes ? Non ! non ! à la tyrannie de l'Eglise succéderait une exploitation plus tyrannique, celle de la *tribu mercantile...* puisque le dispensateur du travail et du salaire exerce, grâce au capital, un empire absolu sur les travailleurs salariés... Sur les ruines des trônes et des autels se constituerait bientôt *l'oligarchie marchande et bourgeoise*. Il faut donc aussi renverser cette oligarchie. Tel est notre but. Notre dessein est d'unir par le lien d'une foi commune, des milliers d'initiés et d'affiliés choisis dans chaque contrée de l'Europe, d'abord en France, en Allemagne, en Angleterre et ailleurs ; de les élever graduellement, par l'initiation, à la connaissance du but de notre association ; de leur faire jurer obéissance à des chefs, visibles ou invisibles, appartenant à toutes les classes de la société, des plus hautes aux plus humbles ; de nous créer des partisans et des intelligences jusque dans les conseils des rois... jusqu'au sein du palais des papes... Nos ennemis se trouveront placés, à leur insu, sous nos yeux ; leurs trames nous seront dévoilées ; quelques-unes de leurs créatures, en apparence les plus dévouées, obéiront à nos ordres, saperont les bases de l'édifice social ; et, à l'heure de la revendication, le vieux monde s'écroulera, ensevelissant sous ses débris prêtres, nobles et rois !

Femme... — poursuit l'initiateur, étendant la main vers Victoria Lebrenn, — tu connais nos projets. Voici quels sont nos moyens d'action. Une cotisation annuelle de tous nos frères, qui se nombrent par millions, nous rend maîtres d'un trésor considérable... Telle est la source de l'opulence dont jouissent ceux des nôtres qui doivent se mêler aux puissants du jour, partager leurs plaisirs, leurs dissipations. Renards pour tromper, loups pour dévorer nos ennemis. Victoria Lebrenn, tu peux devenir l'une de nos plus actives auxiliaires, grâce aux dons remarquables que tu tiens de la nature. Mais pour servir utilement notre cause, il faut que tu fasses abnégation de ta volonté et que tu sois prête, à toute heure du jour ou de la nuit, à obéir à nos ordres...

— Commandez, j'obéirai.

— Je dois d'abord faire connaître à nos frères les particularités de ta vie, dont tu as confié le récit à ton initiateur, écrit en entier de ta main.

« En l'année 1772, j'avais alors onze ans et demi, je traversais le jardin des Tuileries ; je portais le dîner de mon père, ouvrier dans une imprimerie de la rue du Bac... Je m'étais un instant arrêtée pour regarder de petits enfants qui jouaient entre eux. Une femme bien vêtue et d'une physionomie respectable s'approcha de moi ; elle m'examina attentivement, me fit d'une voix doucereuse des compliments sur ma gentillesse ; puis, remarquant l'écuelle contenant le repas de mon père, et apprenant par moi que je me rendais près de lui, elle me proposa de m'y conduire en voiture. Enchantée d'aller en carosse pour la première fois de ma vie, je cédai à ses propositions. Un fiacre où je montai avec ma conductrice, l'attendait près du *Pont-Tournant*. Elle m'offrit quelques pastilles dans sa bonbonnière que j'acceptai. Ces bonbons contenaient sans doute un narcotique, car au bout de quelques instants je tombai dans un profond sommeil. Lorsque je me suis réveillée, il faisait nuit ; je me vis couchée dans dans un grand lit à courtines de damas. La chambre avait un plafond peint et doré et était meublée avec une grande magnificence. J'étais éblouie ; je croyais rêver. Assise à mon chevet, se tenait la femme qui m'avait amenée en ces lieux. Je lui demandai où j'étais. Je pleurais en songeant à l'inquiétude de mes parents : cette femme me rassura, me promettant qu'ils seraient bientôt près de moi ; elle ajouta que je me trouvais dans la maison d'une personne de grande qualité qui, s'intéressant à ma jeunesse, me voulait beaucoup de bien et enrichirait ma famille. Je vis bien que je ne rêvais pas, mais je me crus l'héroïne d'un conte de fées. Deux matrones entrèrent ; elles me firent lever et me mirent dans un bain parfumé ; puis elles tressèrent mes cheveux, où l'on enroula un fil de perles ; l'on me vêtit de soie et de dentelles, puis on me servit à souper sur des assiettes de vermeil et d'or. J'éprouvais une sorte de vertige ; j'obéissais machinalement. Cependant je demandai encore mon père et ma mère. La femme me dit que dans peu d'instants ils arriveraient, bien glorieux de me voir si belle... Un homme d'une physionomie dure entra dans la chambre. J'entendis la vieille femme l'appeler M. Lebel, en lui parlant avec une extrême déférence ; cet homme m'examinait avec beaucoup d'attention. — Petite me dit-il, il faut maintenant te coucher. — Et il sortit. Sans doute l'on m'avait fait boire quelques verres de vin capiteux. Je sentais ma raison se troubler. Je me laissai mettre au lit, m'informant encore de mes parents. L'on me promit de me mener près d'eux le lendemain matin. La femme et ses deux compagnes m'engagèrent à bien dormir, éteignirent les bougies qui brûlaient dans des candélabres d'or et ne laissèrent pour luminaire qu'une lampe d'albâtre, qui jetait une pâle clarté dans cette vaste chambre. J'allais céder moins au sommeil qu'à l'engourdissement de l'espèce d'ivresse où j'étais plongée, lorsque la frayeur me rendit, pendant quelques instants, toute ma connaissance. Mon lit était placé au fond d'une alcôve. Deux des panneaux dorés qui la formaient s'écartèrent en glissant dans des rainures et je vis apparaître un vieillard vêtu d'une robe de chambre... Je poussai un cri de surprise. Je reconnus le roi Louis XV... que j'avais vu peu de temps auparavant à Paris, lors d'une cérémonie publique... Je restai immobile de stupeur. Derrière le roi se tenait, dans le couloir secret aboutissant à l'alcôve, une jeune et belle femme à demi-vêtue d'un manteau de lit et portant à la main un bougeoir. Elle riait aux éclats et dit au roi, en le poussant par l'épaule : — Allons, *La France...* voici l'heure du berger !... — Cette femme, je l'ai su plus tard, était la comtesse du Barry... Bientôt l'épouvante me fit évanouir... J'étais victime d'un odieux attentat... Cinq jours après, une autre pauvre enfant, âgée comme moi de douze ans à peine, et fille d'un meunier de Trianon, livrée ainsi que je l'avais été aux lubricités de Louis XV, lui donnait la petite vérole dont il trépassa. Deux jours avant la mort de ce prince, la femme dont j'ai parlé, l'une des royales entremetteuses de cette époque, me fit sortir de nuit des petits appartements du palais de Versailles et monter dans une voiture, m'assurant qu'elle me reconduisait chez mes parents, que je demandais sans cesse en pleurant... Je n'avais cependant pas encore complètement conscience de ma flétrissure. Au lieu de me reconduire auprès de ma famille, l'entremetteuse me mena et me laissa dans une maison isolée, située à peu de distance de Versailles. Des murailles élevées entouraient le jardin de cette maison ; l'on n'y pénétrait que par une porte toujours soigneusement gardée ; toute évasion devenait presque impossible. J'eus pour compagnes dans cette demeure quelques jeunes filles. La plus jeune avait à peu près mon âge, et la plus âgée vingt ans. Des grands seigneurs, des prélats, des financiers hantaient ce lieu ; ils venaient y souper avec nous ; les repas se terminaient par des orgies. Mes compagnes, précoces victimes, ainsi que moi, des débauches royales, m'éclairèrent peu à peu sur l'étendue de mon opprobre. D'abord j'en éprouvai une grande honte ; puis, l'habitude du vice, la contagion de l'exemple, l'influence du milieu corrompu où je vivais étouffèrent en moi les sentiments honnêtes de ma première éducation. Je n'aurais d'ailleurs, à cette époque, osé retourner dans ma famille. J'atteignis ma seizième année sans être sortie de cette infâme maison. La réflexion, les chagrins avaient mûri ma raison. Alors commença de se joindre à la conscience de ma dégradation une haine implacable contre le roi et ceux qui, après lui, m'avaient plongée plus avant encore dans la fange de la corruption. J'assistais journellement aux orgies des gens de cour, d'Eglise et de finances ; ils ne supposaient pas des créatures de notre espèce capables d'attacher la moindre importance aux paroles qu'ils prononçaient devant nous ; ils témoignaient, sans contrainte, leur dédain et leur aversion pour le peuple. Vers cette époque, quelques émeutes, causées par la cherté des vivres, avaient été dissipées à coups de fusil : nos commensaux regrettaient que la répression n'eût pas été plus impitoyable encore, disant : *Ces incendies-là ne s'éteignent que sous des flots de sang !* — Ainsi se développait en moi, fille du peuple, une sourde ardeur de vengeance. Louis XV était mort ; mais je poursuivais de mon exécration la royauté, la noblesse, le clergé, la finance. Nos relations avec des hommes de ces castes m'habituaient à voir en eux nos ennemis implacables. Cependant le bien-être matériel et ma dégradation précoce engendraient en moi une lâche inertie. Je ne me sentais ni le courage ni même le désir de fuir le repaire où je vivais. J'éprouvais des transes mortelles à la seule pensée de revoir mon père, ma mère, mon jeune frère ; de souiller notre foyer par ma présence ; enfin, comme leur existence était laborieuse et pauvre, il me paraissait impossible de reprendre le goût du travail et de partager leurs privations ; l'oisiveté, le luxe, m'énervaient, me dépravaient. Plusieurs années se passèrent ainsi. J'atteignais ma vingt-deuxième année. La femme qui nous détenait près d'elle mourut. Mes compagnes et moi nous dûmes quitter la maison. Je me trouvais sans ressources et incapable de gagner mon pain, mon apprentissage de l'état de couturière ayant été interrompu par mon enlèvement. L'effroi de la misère, ma résolution de ne pas continuer à vivre dans l'abjection, l'incertitude de l'avenir, enfin mon attachement pour ma famille me donnèrent le courage de retourner près de mes parents et de surmonter les terreurs de ma honte. Mes parents me croyaient morte : mon aspect les combla de joie et les rendit cléments. Je fis à mon père et à ma mère l'aveu du passé. Tous les deux me couvrirent de larmes, de caresses et ne m'adressèrent pas un reproche. Mon père me donna à lire notre légende plébéienne. Mon pauvre père, exaspéré de l'attentat dont mon enfance avait été souillée, imprima et répandit sous main, dans le public, un écrit dont il était l'auteur et intitulé : *Une Nuit de Louis XV*. Peu de jours après la publication de cet écrit, mon père ne revint pas le soir à la maison... Depuis lors, nous avons toujours ignoré ce qu'il était devenu. Sans doute il est mort ou il languit dans les cachots d'une prison d'État. Je restai une année près de ma mère et de mon jeune frère... je m'efforçai de réhabiliter mon passé, j'avais repris mon apprentissage de couturière, et bientôt je cessai d'être à charge à ma mère : mon corps était souillé, mon cœur restait pur. Je n'avais jamais aimé... Je ressentis un violent amour pour un jeune sergent aux gardes françaises, fils de l'une de nos voisines, et nommé Maurice. Ce brave garçon ignorait dans quelle fange s'était traînée ma première jeunesse et me croyait en tout digne de lui; je n'eus pas la force de le désabuser, tant je craignais ses mépris. Il demanda ma main à mère. Je la conjurai de cacher à Maurice mes hontes passées; émue par mes larmes, elle consentit à garder le silence. Nous fûmes fiancés, Maurice et moi. Je touchais au comble de mes vœux; j'éprouvais cependant un secret remords de tromper l'homme qui m'offrait loyalement sa main; mais je me rassurais, certaine d'accomplir scrupuleusement mes devoirs d'épouse, et de rendre mon mari aussi heureux que possible. Ma dissimulation fut cruellement punie. Un jour, me promenant avec ma mère et mon fiancé, nous fûmes rencontrés par une de mes anciennes compagnes; elle me reconnut et m'apostropha en termes d'une signification terrible. Epouvantée de l'expression des traits de Maurice à cette révélation, mon cœur se brisa, je défaillis. Lorsque je repris connaissance, ma mère, restée près de moi, fondait en larmes. Voici ce qu'elle m'apprit : sommée par mon fiancé de lui dire toute la vérité, car il ne pouvait encore se résoudre à croire à mon indignité passée, ma mère n'osa mentir. Maurice, instruit du passé, s'enfuit éperdu de douleur, car il m'aimait passionnément. De retour à la caserne, l'esprit bouleversé, il se trouva par hasard en présence de son colonel, le comte de Plouernel, il ne songea pas à le saluer. Le comte, irrité de ce manque de respect, jeta bas d'un coup de canne le chapeau de Maurice. Celui-ci, devenu presque fou de désespoir, leva la main sur M. de Plouernel. Ce crime d'un soldat contre son supérieur entraînait la peine de mort par les verges. Le lendemain, le jeune sergent subissait ce supplice infamant et expirait... La mort de l'homme que j'aimais me jeta dans une sorte de frénésie. Souvent déjà, comme le racontait la légende de notre famille, nos pères, esclaves, serfs ou vassaux, s'étaient, à travers les âges, rencontrés face à face les armes à la main avec les descendants des Plouernel. Ce souvenir redoubla ma haine contre le colonel; dégoûtée de la vie par la perte de mon unique amour, je résolus de venger la mort de Maurice en tuant le comte de Plouernel. Je me rendis à la caserne des gardes françaises à l'heure où je savais devoir rencontrer le colonel au quartier; mon espoir fut trompé : ma pâleur, mon agitation, éveillèrent les soupçons de deux bas officiers auxquels je m'adressais, ils me demandèrent le motif de l'entretien que je sollicitais de leur chef. La brusquerie de mes réponses, mon air sinistre, égaré, augmentèrent leur défiance. Ils se jetèrent sur moi, me fouillèrent et trouvèrent dans ma poche un poignard. Je dis alors quel était mon projet. L'on m'arrêta. Je fus conduite aux *Filles repenties*. Je subis dans cette prison les traitements les plus barbares. Un jour, un étranger visitait la prison. Il m'interrogea. Mes réponses le frappèrent. Quelques jours après, je fus rendue à la liberté, grâce aux démarches de cet étranger, nommé *Frantz*, qui vint lui-même me chercher aux *Filles repenties.* »

L'initiateur, après avoir lu les feuillets précédents, les déposa sur la table : — La relation de notre sœur est véridique en tous points.

— A ce récit de ma triste vie je n'ai rien à ajouter, — dit Victoria, — j'ai seulement appris aujourd'hui le nom du généreux étranger à qui je dois ma sortie de prison; et, de nouveau, je déclare être prête à mettre mon dévoûment au service de la cause de l'humanité... Guerre implacable aux oppresseurs!

— Des plus obscurs aux plus éclatants, tous les dévoûments sont égaux devant cette grand cause, et devant l'un de ses plus nobles martyrs, l'immortel crucifié de Nazareth ! — ajoute l'initiateur, écartant les rideaux du dais qui laissent apercevoir un Christ en croix, surmonté du *niveau* égalitaire; puis, s'adressant à Victoria : — Femme... au nom du pauvre charpentier de Nazareth... l'ami des souffrants et des déshérités... l'ennemi des prêtres et des puissants de son temps, femme, jures-tu foi, amour et obéissance à la cause?

— Je le jure! — répond Victoria d'une voix

sonore en levant ses mains vers le Christ. — Je jure foi et obéissance à la cause.

— Tu es donc à nous ainsi que nous sommes à toi, — reprit l'initiateur laissant retomber les rideaux du dais. — Dès demain notre frère Frantz te donnera nos instructions, et à l'œuvre ! l'ouverture des États généraux sera le signal de l'affranchissement du peuple. Les trônes disparaîtront sous la tourmente révolutionnaire.

Au moment où l'initiateur prononce ces paroles, l'affilié chargé de veiller au dehors du *temple* frappe précipitamment trois coups à la porte, et donne ainsi l'alarme. Presque aussitôt, les lumières qui éclairaient la réunion s'éteignent comme par enchantement, et une obscurité profonde règne dans ce lieu souterrain.

ANACHARSIS CLOOTZ, l'initiateur masqué, dit à demi-voix à ceux des *Voyants*, aussi masqués, dont il était assisté pour la réception de Victoria Lebrenn :

— BABŒUF, sors avec BUONARROTTI, DANTON et CONDORCET par l'issue de droite... je vais prendre le couloir du côté gauche avec FRANTZ, LOUSTALOT, MARAT et notre néophyte.

. . . .

Pendant qu'Anacharsis Clootz, riche banquier allemand, surnommé plus tard « l'orateur du genre humain, » affiliait Victoria Lebrenn à la secte des VOYANTS, Samuel, demeuré seul avec sa femme après le départ de Frantz de Gerolstein et de sa compagne, s'était préparé à dicter à Bethsabée la note explicative destinée à son cousin Lévy, et relative à l'héritage Rennepont, lorsque soudain le juif avait entendu heurter à la porte de la rue d'une façon particulière par le veilleur placé au dehors de la maison, afin de donner le signal d'alarme. Samuel, se hâtant de se rendre à cet appel, vit le brave veilleur tenant par la main un tout jeune enfant pleurant à chaudes larmes.

— Ce pauvre petit s'est sans doute égaré, — dit le veilleur d'un ton apitoyé en présentant l'enfant à Samuel, — il était assis là... dans le renfoncement de la porte... il sanglotait... Vous devriez le garder chez vous cette nuit, et demain au jour, on le reconduirait dans sa famille... si l'on peut savoir de lui où il demeure.

Samuel, touché de la douleur du garçonnet, l'emmena dans la salle basse et s'efforça, ainsi que Bethsabée, de le consoler. Cet enfant paraissait avoir de neuf à dix ans ; il était proprement vêtu et d'une apparence chétive et malingre ; son aspect n'offrait rien des grâces riantes des enfants de son âge ; ses traits anguleux, sa pâleur terreuse, maladive, ses lèvres minces et blafardes, son regard tantôt sournois et fuyant, tantôt observateur, pénétrant, où se révélait une intelligence précoce, enfin quelque chose de bas, de rampant, de tortueux dans l'allure de cet enfant, auraient sans doute inspiré plus de répulsion que de sympathie aux deux époux, n'eût été l'abandon cruel dont il semblait victime. A peine entré dans la salle basse, il se mit à genoux, se signa, et, joignant les mains, s'écria en continuant de pleurer :

— Béni soyez-vous, Seigneur, mon Dieu ! d'avoir eu pitié de votre petit serviteur en le conduisant chez ce bon monsieur et chez cette bonne dame ! Réservez-leur une place dans votre paradis.

Et se traînant sur ses genoux auprès du juif et de sa femme, le garçonnet baisa leurs mains avec effusion et des suffocations de reconnaissance trop exagérées pour être sincères. Bethsabée le prit sur ses genoux et lui dit en essuyant les larmes dont son visage était couvert : — Arrête-toi de pleurer, pauvre petit... nous prendrons soin de toi, et demain l'on te conduira chez tes parents... mais, où demeurent-ils et comment t'appelles-tu ?...

— Je m'appelle Claude RODIN, — répond l'enfant, et il ajoute avec un bruyant soupir, — le bon Dieu a fait la grâce à mes parents de les rappeler dans son saint paradis !...

— Pauvre chère créature... — reprit Samuel attendri, — tu es donc orphelin ?

— Hélas ! oui, mon bon monsieur... Défunt mon père était donneur d'eau bénite à Saint-Médard... défunte ma mère était loueuse de chaises à la même paroisse... Ils sont tous les deux maintenant avec les anges, en la compagnie des saints et des saintes.

— Et où demeures-tu, mon pauvre enfant ?

— Chez M. l'abbé Morlet... ma bonne dame, un saint homme de Dieu... mon doux parrain.

— Et comment se fait-il, mon enfant, que tu te trouves égaré à une heure aussi avancée de la nuit ? — reprend Samuel. — Tu es donc sorti tout seul de ta demeure ?

— Tantôt après le salut... répond le petit Rodin en se signant dévotement, — M. l'abbé, mon doux parrain, m'a emmené promener avec lui à la place Royale... Il y avait là beaucoup de monde rassemblé autour de plusieurs bateleurs... J'ai péché ! — ajoute le garçonnet en se frappant la poitrine avec contrition, — le Seigneur Dieu m'a puni. C'est ma faute... ma faute... ma très grande faute !... Dieu voudra-t-il me pardonner mon péché ?

— Et quelle faute si grande as-tu donc commise ? — reprend Bethsabée.

— Les bateleurs sont des hérétiques, des réprouvés dignes de l'enfer, — répond le petit Rodin en pinçant ses lèvres d'un air méchant et se frappant de nouveau la poitrine. — J'ai péché, vilainement péché... en regardant les jeux de ces réprouvés. Le Seigneur Dieu m'a puni en me séparant de mon doux parrain... un mouvement de la foule m'a éloigné de lui... J'ai eu beau le chercher... beau l'appeler... impossible de le retrouver. C'est ma très grande faute...

— Comment es-tu venu de la place Royale jusqu'ici, car il y a loin d'un endroit à l'autre ?

— Après avoir fait plusieurs fois mon oraison mentale et jaculatoire afin d'invoquer l'assistance de la miséricorde divine, répond le petit Rodin d'un ton emphatique et béat, — je me suis mis en route afin de m'en retourner chez nous, bien loin... tout au bout du faubourg du Roule, près de la *Folie-Beaujon*...

— Pauvre petit ! — reprend Bethsabée. — Plus d'une lieue à parcourir... Ce cher enfant m'a fait pitié... Continuez votre récit.

— C'est un long trajet, sans doute, mais il n'y avait du moins qu'à suivre la direction des boulevards, — ajouta Samuel. — Comment vous êtes-vous égaré de ce côté ?

— Un digne monsieur, à qui j'ai demandé mon chemin, m'a répondu que j'arriverais beaucoup plus tôt chez nous en passant par les rues, j'ai marché pendant toute la soirée, mais je me suis égaré. La malédiction du Seigneur me poursuivait ! — Et le petit Rodin soupira et se frappa la poitrine. — Enfin, tout à l'heure, passant devant votre maison, je me sentis si fatigué, si fatigué... que je suis tombé de lassitude à votre porte, en priant le bon Dieu de me venir en aide... Il a daigné exaucer la prière de son petit serviteur, puisque vous avez pitié de moi, mon bon monsieur, ma bonne dame. Que Dieu vous reçoive en son paradis !

— Tu passeras la nuit ici, cher enfant, et demain l'on te reconduira chez ton parrain ; ainsi, tu ne dois plus te désoler.

— Hélas ! mon bon monsieur, ce saint homme va être bien inquiet... il me croira perdu !...

— Il est impossible de calmer actuellement ses inquiétudes. As-tu faim ? as-tu soif ? Veux-tu boire ou manger ?

— Non, ma bonne dame ; j'ai seulement grand sommeil, et je voudrais me coucher.

— Je le crois bien, — répond Bethsabée s'adressant à son mari. — Après tant de fatigues et d'anxiétés, ce pauvre petit doit être harassé... il est bien naturel qu'il ait si fort envie de s'étendre sur un lit pour dormir..

— Mais où le coucher ?... nous sommes bien embarrassés, nous n'avons qu'un lit.

— Oh ! mon bon monsieur... ne vous gênez point pour moi... je dormirai très bien là, si vous le permettez, — dit vivement le petit Rodin avisant d'un œil scrutateur et désignant du geste un coffre dont le couvercle, garni de cuir et rembourré, formait un banc placé au fond de la salle. Voilà bien tout ce qu'il me faut.

— Je ne songeais pas à ce coffre... — dit Samuel. — L'enfant a raison ; à son âge l'on dort partout... En le couvrant chaudement, il passera la nuit là, presque aussi bien que dans un lit. Tout s'arrange pour le mieux.

— Je vais aller chercher un coussin et un manteau, afin que ce pauvre petit soit couché le mieux possible, répond Bethsabée en quittant la chambre.

Le garçonnet s'asseoit et se blottit comme s'il ne pouvait résister à la lassitude et au sommeil, penche sa tête sur sa poitrine, ferme les yeux, mais bientôt il entr'ouvre les paupières et remarque, sur la table placée près de lui, des plumes, de l'encre et quelques feuilles de papier couvertes d'une écriture fraîchement tracée. C'était la note en cours d'exécution.

— J'ai été bien inspiré en demandant à dormir ici... murmura-t-il dans un aparté. Rappelons-nous sans rien oublier les ordres de mon doux parrain... — pensait le petit Rodin au moment où la femme du juif rentrait portant un manteau et un coussin.

— Allons, cher petit, dit-elle, — je vais te coucher et te mettre à l'abri du froid...

L'enfant ne bougea pas, simulant un profond sommeil. — Pauvre créature... le voici déjà endormi... je vais le porter... — dit Bethsabée ; puis enlevant le petit Rodin entre ses bras, elle l'étend sur le coffre pendant que Samuel place le coussin sous la tête du garçonnet et le couvre du manteau. Ces soins remplis, il prie sa femme de terminer la note destinée à leur cousin Lévy, mais ayant été troublé dans cette rédaction par de fréquents dérangements, Samuel, afin de bien coordonner la fin de ses instructions, engage sa femme de relire le commencement de la note, après quoi il la complète pendant que l'enfant semble profondément endormi.

Bethsabée s'occupait de relire à haute voix son manuscrit lorsque soudain retentit un coup frappé de nouveau à la porte.

— Samuel... — dit la juive pâlissant et tressaillant, — cette fois le veilleur nous donne le signal d'alarme...

Samuel se dirige vers la porte, ouvre le guichet et dit au veilleur : — Que se passe-t-il ?

— Il y a environ un quart d'heure, j'ai remarqué deux hommes enveloppés de manteaux, qui ont débouché par la rue Saint-Gervais, et se sont arrêtés à l'angle du mur du jardin. Ils ont examiné avec beaucoup d'attention la maison. Je me suis aussitôt étendu sur l'un des bancs de pierre placés sous la voûte obscure de la porte cochère et j'ai feint de dormir. Ils ont d'abord passé deux ou trois fois près de moi, sans m'apercevoir, se promenant de long en large, tantôt examinant les dehors de la maison, tantôt causant à voix basse. Ils ont cependant fini par me remarquer, se disant tout haut : « Voilà un ivrogne qui cuve son vin... » Ils se sont de nouveau éloignés ; puis, revenant encore de mon côté, j'ai entendu ces paroles : « Et maintenant, allons prévenir l'exempt de la maréchaussée... » Ils ont hâté le pas et on disparu à l'angle de la rue Saint-François. Maintenant, vous êtes averti, maître Samuel.

— Depuis que vous avez observé leur présence, personne n'est entré céans? Pouvez-vous nous l'affirmer, brave veilleur?

— Personne... sauf l'enfant que je vous ai amené et que vous avez recueilli.

— Ces deux hommes doivent appartenir à la police, puisqu'ils ont annoncé le dessein d'aller chercher un exempt; or, leurs soupçons sur ce qui se passe ici n'ont pu être éveillés par leurs remarques durant cette soirée.

— Il n'y avait cependant personne dans la rue lorsque nos frères sont entrés ici... J'en suis certain, je faisais bonne et sûre garde.

— Il faut que les soupçons de ces deux hommes datent de plus loin qu'aujourd'hui; or, en ce cas, au premier soupçon de l'un de ses agents, le lieutenant de police eût déjà fait fouiller cette maison. Il y a donc dans la conduite de ces hommes quelque chose d'inexplicable... Et s'ils ont deviné que vous ne dormiez pas et pouviez les entendre... je croirais qu'ils ont voulu vous donner une fausse alerte... mais alors dans quel but? Il n'importe, nous profiterons de l'avertissement. Veillez toujours, et du plus loin que vous apercevrez ou entendrez la maréchaussée, avertissez-moi de son approche par le signal convenu.

Samuel court à l'orangerie et donne le signal d'alarme. Ce signal est répété par l'initié chargé de la garde de la porte du *temple*; puis le juif revient dans la salle basse, où l'attend sa femme.

— Eh bien! mon ami, — dit vivement et à demi-voix Bethsabée, ne pouvant dominer son inquiétude, — que se passe-t-il?

— Le péril n'est pas imminent. Je viens cependant d'avertir nos frères de quitter le temple par les deux issues secrètes. La dalle mobile qui masque la descente pratiquée sous l'orangerie sera replacée, de sorte que les gens du lieutenant de police cerneraient maintenant la maison et viendraient la fouiller, qu'ils ne découvriraient rien... et nos amis auront eu le temps de fuir... Rassure-toi donc, chère femme. Nous ne courons aucune espèce de danger.

— Plus bas, mon ami, de crainte de réveiller cet enfant, — dit Bethsabée, montrant le petit Rodin toujours endormi, mais dont la paupière clignotait imperceptiblement. — Fasse que l'alarme de cette nuit soit vaine et que tu échappes à tout danger!

— Ayons, chère femme, confiance dans la Providence. Elle m'a inspiré la pensée d'écrire cette note destinée à notre cousin Lévy, et, quoi qu'il arrive maintenant mes précautions sont prises... La mission sacrée que nous a léguée notre aïeul sera remplie, et j'aurai sauvegardé l'héritage de M. Marius Rennepont.

— « 1° Une dalle mobile masque la descente pratiquée sous l'orangerie..... — 2° Ce réprouvé de juif veut sauvegarder l'héritage d'un certain Marius Rennepont, » — répétait mentalement le petit Rodin, n'ayant pas perdu un seul mot de la conversation de Samuel et de sa femme. — Oh! maintenant, je n'oublierai point ce nom, pas plus que les deux issues secrètes du *temple*, la dalle mobile de l'orangerie et bien d'autres choses...

L'alerte donnée par le veilleur fut prématurée, car ni l'exempt ni la maréchaussée ne se présentèrent durant cette nuit-là pour explorer la maison de la rue Saint-François.

. . . .

Plus de quatre mois se sont écoulés depuis cette nuit où Victoria Lebrenn a été initiée à la secte des *Voyants* et où le petit Rodin, témoignant d'une astuce précoce, a surpris les secrets du juif Samuel, gardien de l'héritage Rennepont. Les évènements suivants se passent à Paris, dans la soirée du 13 juillet 1789, à l'hôtel de Plouernel, situé au faubourg Saint-Germain et bâti, au commencement du dix-septième siècle, par les ordres de Raoul de Plouernel, pair et maréchal de France, ambassadeur en Espagne. Ce seigneur, ayant sa résidence habituelle à Versailles ou à Paris, chargeait ses intendants et ses baillis de régir ses domaines d'Auvergne, de Beauvoisis et de Bretagne: il ne visitait jamais son château de Plouernel, dévasté lors de l'insurrection des Bretons. Le maréchal de Plouernel avait fait transporter à son hôtel de Paris ses portraits de famille, dont le plus ancien représentait Néroweg, leude de Clovis et comte au pays d'Auvergne. Ces tableaux ornaient l'une des salles de l'hôtel de Plouernel, et parmi eux, l'on remarquait un cadre voilé d'un crêpe noir en signe de deuil. Le portrait dissimulé sous le crêpe était celui du colonel de Plouernel, traître à sa foi et à son roi (selon la tradition monarchique).

Le premier laquais du comte de Plouernel nommé Lorrain, celui-là même qui avait été chargé quelques mois auparavant d'une missive pour le juif Samuel, introduisit dans le salon dit « des portraits, » l'abbé Morlet, de la compagnie de Jésus, saint homme en Dieu et parrain du petit Rodin, qui lui ressemblait au point de laisser supposer qu'il en était le fils et non point le filleul. C'était un homme de quarante ans environ, de noir vêtu, de taille moyenne, frêle et nerveuse, au front décharné, presque chauve et couronné de rares cheveux d'un blond jaunâtre; sa physionomie, tour à tour méchante, insidieuse ou béate, était surtout remarquable par son sourire caustique et son regard à demi-voilé comme celui d'un reptile. L'abbé semblait affairé, inquiet, il dit au laquais qui venait de l'introduire :

— Annonce-moi à ton maître, sans tarder.

— Monsieur l'abbé, — répondit respectueusement Lorrain, — monseigneur ne tardera pas à venir céans... Il est en ce moment occupé à sa toilette avec ses valets de chambre.

— Sa toilette!... songer à de pareilles puérilités!... c'est de la démence.

Puis, s'interrompant et remarquant l'air de fête et l'éclairage à giorno des salons du rez-de-chaussée : — Le comte attend donc ici nombreuse compagnie?

— Monseigneur donne un grand souper.

— Comment se fait-il qu'ensuite de l'agitation qui règne depuis avant-hier et ce soir dans Paris, le comte ne soit pas à la tête de son régiment des gardes?

— Monsieur l'abbé ignore donc que monseigneur est allé ce matin à Versailles donner sa démission et remettre le commandement de son régiment...

— Se démettre du commandement de son régiment! — répéta le jésuite avec une sorte de stupeur et comme s'il ne pouvait croire à ce qu'il entendait.

En ce moment Lorrain quitta le salon, s'en allant à reculons, en voyant entrer son maître.

Le comte Gaston de Plouernel atteignait alors sa trentième année ; les traits de sa race, d'origine germanique, s'étaient reproduits en lui. L'ensemble de sa personne était hardi, hautain, arrogant ; il offrait le type accompli du grand seigneur de ce temps-ci, et portait avec aisance son habit de gros de Tours bleu clair, pailleté d'argent et brodé d'or ; sa veste de taffetas blanc, aussi brodée d'or, disparaissait à demi sous les flots de dentelle de son jabot de point d'Alençon, d'un travail aussi précieux que celui de ses manchettes flottantes. Ses souliers à talons rouges étaient ornés de boucles de diamants ; des diamants étincelaient aussi à la poignée de sa petite épée placée en verrouil sous l'une des basques de son habit.

Le comte, à la vue de l'abbé Morlet, parut surpris ; et lui tendant cordialement la main :

— Eh! bonjour, mon révérend... quel bon vent vous amène? Je vous croyais encore à cent lieues de Paris?

— Je suis arrivé tantôt, et, après avoir accompli quelques devoirs indispensables, je m'empresse d'accourir près de vous, afin de vous communiquer, mon cher comte, à vous, l'un des chefs du *parti de la cour*... des renseignements importants sur le résultat de mes observations durant ma tournée dans plusieurs de nos provinces... Jugez de ma stupeur... lorsqu'en arrivant chez vous, j'apprenais par votre premier laquais... que vous vous êtes démis aujourd'hui même du commandement de votre régiment! Ainsi, la monarchie, la noblesse, le clergé, sont attaqués comme ils ne l'ont pas été durant les plus mauvais jours de notre histoire!... et c'est à cette heure que vous... vous, l'un des plus grands seigneurs de France... vous, homme d'esprit et de courage, vous remettez votre épée au fourreau... à cette heure où la bataille est engagée avec le tiers état!... Ah! comte... si vous n'apparteniez à la maison de Plouernel, je dirais que vous êtes lâche ou traître... Or, comme vous n'êtes ni lâche ni traître, je dirai que vous êtes fou.

— Jamais, au contraire, je n'ai plus sagement agi, mon cher abbé... jamais je n'ai plus utilement servi notre cause et mieux prouvé mon dévouement éclairé, non point au roi... sa faiblesse me révolte... mais à la reine, mais à la royauté!

— Ainsi, vous avez cru habile et politique d'abandonner le commandement de votre régiment dans les conjonctures où nous sommes? Est-ce donc à moi, débarqué aujourd'hui ici, de vous apprendre que Paris est dans la plus grande fermentation, et peut-être à la veille d'une formidable insurrection? N'ai-je vu, de l'autre côté de la Seine, commencer d'élever des barricades? N'ai-je pas rencontré à chaque coin de rue des groupes du populaire harangués par des cabaleurs du tiers état!

— Tout ceci est vrai, l'abbé... nous approchons d'un moment de crise décisive... Cette fièvre révolutionnaire dure depuis avant-hier samedi, 10 juillet. Le premier acte a eu lieu au Palais-Royal, lorsque le renvoi de Necker a transpiré dans le public. Un jeune homme, nommé Camille Desmoulins, a ameuté les gobe-mouches du jardin, en criant que le roi concentrait des troupes sur Paris, pour dissoudre l'Assemblée nationale, arrêter les meneurs et mitrailler les Parisiens. Les plus résolus des assistants crient aux armes, aux barricades, et joignent l'action à la parole. Bezenval, commandant militaire de Paris, instruit du tumulte, fait monter à cheval les dragons du marquis de Crussol : les dragons sabrent la canaille ; mais voilà que le populaire se fâche et l'agitation gagne les faubourgs. Un soldat de mon régiment apprend au peuple que des gardes françaises ont été mis à l'Abbaye ; car, vous le savez, mon révérend, l'insubordination a gagné mon régiment... J'avais fait mettre les mutins aux fers à l'Abbaye en attendant le moment de les condamner aux verges, lorsque la populace se rue sur la prison de l'Abbaye, met en déroute le poste qui veut se défendre et délivre les gardes françaises. Ceux-ci reçoivent une manière d'ovation ni plus ni moins que s'ils avaient eu l'honneur d'être M. Necker ou M. de Mirabeau!

— Ce détestable esprit de rébellion n'est que trop conforme à celui qui empeste plusieurs de nos provinces... Mais ces saturnales ont été, je

Le comte de Mirabeau

l'espère, réprimées avec la dernière rigueur!
— Nullement, mon révérend. Un roi qui prétend au titre de « père du peuple » ne le châtie... que peu... Aussi, qu'arrive-t-il? La mollesse de la répression redouble l'audace du populaire; le succès de l'expédition de l'Abbaye le met en appétit, et il attaque la prison de la Force où il délivre les détenus pour dettes. L'insurrection prenant un caractère de plus en plus grave, le prince de Lambesc reçoit enfin du maréchal de Broglie, le nouveau ministre de la guerre, l'ordre de monter à cheval avec son régiment, le Royal-Allemand, et de charger ce mauvais peuple, alors ameuté dans le jardin des Tuileries ; l'on m'ordonne en même temps de marcher à la tête de mon régiment, afin de soutenir au besoin la cavalerie de Lambesc...
— Les gardes françaises, commandées par un colonel tel que vous, comte, devaient facilement écraser les rebelles... Et cependant, vous abandonnez votre commandement... Ceci, pour moi, est une énigme!
— Rien pourtant de plus clair. Savez-vous quelle différence existe entre un Allemand et un Français?
— Que voulez-vous dire?
— Imaginez-vous qu'un tribun de carrefour, nommé Gonchon, ne parlant jamais de soi-même qu'à la troisième personne, vienne haranguer des soldats allemands au nom de la fraternité humaine... Le soldat allemand ne comprenant rien à ce pathos démagogique, dégaine au commandement de son colonel, et sabre Gonchon et la canaille! Ainsi ont fait les dragons de Lambesc ; ainsi auraient fait à cœur joie, les cavaliers de Berchiny, d'Esterhazy, de Roëmer, ou les régiments de Desbach, de Salis ou de Royal-Suisse...

177ᵉ livraison

A peine Lambesc et ses cavaliers ont-ils eu sabré la canaille rassemblée dans ledit jardin des Tuileries, que ladite canaille reflue sur la place Louis XV où je me trouvais à la tête de mon régiment en bataille. Je commande feu sur cette masse effarée... Quelques murmures s'élèvent dans les rangs des soldats, quelques-uns répondent : *Nous ne tirons pas sur le peuple!* J'ordonne de saisir ces mutins et de les fusiller sur place... Les murmures redoublent. Je commande le feu une seconde fois. Bast!... plusieurs soldats me couchent en joue... des compagnies entières se débandent et lèvent en l'air les crosses de leurs fusils.

— Tout serait perdu, si on ne peut compter sur l'armée...

— Vous dites, l'abbé, si le parti de la cour n'était résolu de servir la royauté à l'exclusion du roi. Devant l'attitude de mes hommes, j'ai dû faire rebrousser chemin aux gardes françaises et les ramener au quartier. Ce matin je me suis rendu à Versailles et, introduit près de Sa Majesté j'ai supplié le roi de m'autoriser à assembler un conseil de guerre, pour juger et faire condamner à mort sur l'heure même une centaine de soldats ou de bas officiers de mon régiment, les chefs de la révolte.

Après une longue réflexion, Sa Majesté m'a répondu d'un air confit que, s'il s'agissait de fusiller une demi-douzaine d'insubordonnés, il n'y verrait pas de grands inconvénients, mais qu'il n'entendait point que l'on procédât par des tueries en masse. Sur cette déclaration le roi m'a tourné le dos d'un air bourru, en remontant ses chausses... et s'en est allé dans ses appartements privés. Voilà, mon révérend, pour quel motif j'ai renoncé au commandement des gardes françaises...

Mais rassurez-vous, je ne resterai ni passif ni oisif... je compte servir notre cause plus activement, et sans contredit, plus utilement à cette heure que lorsque j'étais à la tête de mon régiment des gardes.

— Cette assurance me comble de joie, cher comte... Quels sont donc vos projets ?

— D'abord, je donne ce soir à souper... un souper joyeux, dans lequel je réunis les chefs influents du parti de la cour... afin de concerter nos dernières mesures, sous la présidence de la femme la plus extraordinaire et la plus adorable que j'aie rencontrée dans ma vie.

Le jésuite regarde M. de Plouernel avec un profond ébahissement et reprend : — Parlez-vous sérieusement? Vous songez à faire présider une réunion politique d'une pareille importance... par une femme ?

— Votre étonnement cessera, cher abbé, lorsque vous connaîtrez madame la marquise Aldini, vénitienne de naissance, veuve du marquis Aldini, grand seigneur florentin qui a laissé à sa femme une fortune immense. La marquise réside à Paris depuis un mois environ.

— Vous connaissez cette dame depuis un mois seulement... et vous osez l'initier aux secrets de notre parti !

— Eh! l'abbé, la marquise est plus de notre parti que nous n'en sommes nous-mêmes... Patricienne et catholique, elle ressent une invincible horreur du populaire et des révolutions... Nous n'aurons jamais une auxiliaire plus ardente que la marquise... Et puis, elle est belle, séduisante, irrésistible !

— Où avez-vous fait la connaissance de cette belle personne ?

— Un jour, — au cours du mois passé, — je reçois un billet empreint d'une fierté courroucée. La signataire, qui était la marquise Aldini, s'adressait à moi, colonel aux gardes, pour se plaindre de l'insolence de plusieurs de mes soldats qui avaient battu ses laquais. Frappé du caractère altier de ce billet, je me rends chez la marquise, qui occupait l'hôtel de la comtesse de Saint-Mégrin actuellement en Angleterre, et tenait dans cet hôtel le plus grand état de maison... L'un des valets de chambre de la marquise m'introduisit dans son salon... Ah! l'abbé... A l'aspect de la marquise, je reste ébloui, fasciné; l'extrême beauté de cette étrangère... le feu de son regard, l'expression de sa physionomie, la perfection de sa taille... l'admirable ensemble de sa personne... tout me transporta d'admiration.

— Enfin, la marquise réalisait, surpassait un idéal cent fois rêvé par moi, las que j'étais de nos mièvres beautés de la ville ou de la cour... Quelle différence... ou plutôt quelle distance entre elles et la marquise !... La fierté du sang patricien, la résolution du caractère, l'ardeur, l'emportement de la passion, se lisaient sur ses traits d'une pâleur mate, dans son regard de flamme... Quelque chose d'impérieux dans son attitude, de viril dans l'accent de sa voix, donnait à l'aspect de cette femme extraordinaire.. et à nulle autre pareille... un charme irrésistible... car avant qu'elle eût prononcé une parole, je me suis senti pris, enchaîné, ensorcelé.

— De mieux en mieux, et probablement, lorsque cette belle dame eût parlé... la fascination augmenta... si c'est possible, — répond le jésuite d'un ton sardonique, — la sirène vous prit par les yeux et par les oreilles... Elle vous accueillit, j'en réponds, de la façon la plus charmante, la plus galante ?

— Point... Elle m'accueillit au contraire le visage arrogant, irrité; me reprocha durement l'insolence de mes soldats...

— Cette tigresse finit par s'adoucir...

— Oui, à grand renfort de protestations de ma part et d'assurances que je châtierais les soldats coupables.

— La colère de la marquise calmée... l'entretien prit sans doute un tour des plus tendres ?
— Nous avons causé des affaires du temps.
— Voici qui me semble étrange... Un colonel de trente ans, homme de cour par surcroît... parlant congrûment des affaires du temps... avec une belle dame... aux dehors si passionnés !
— Il en fut pourtant ainsi, mon révérend... je ne songeais pas même, lors de cette première entrevue, à risquer le moindre mot de galanterie... tant j'étais frappé de l'esprit de la marquise... Morbleu !... j'étais pâle de mâle rage en entendant les sarcasmes acérés de la marquise ; j'avais envie, Dieu me damne ! de me placer à la tête de mon régiment et d'aller fusiller tous les bourgeois des états généraux.
— Ce zèle rétrospectif partait d'un sentiment excellent en soi... et je ne saurais qu'applaudir cette belle Vénitienne d'avoir ainsi surexcité en vous ce sentiment... J'approuve fort les sarcasmes, les mépris de cette belle dame à l'endroit des bavards du tiers-état et de la populace qui les soutient... Cependant il me paraît très surprenant qu'une étrangère s'intéresse si chaudement à nos affaires... — ajouta le jésuite pensif.
Mais s'interrompant, le prêtre ajoute :
— Dites-moi, comte... Avez-vous fait châtier les soldats assez insolents pour battre les laquais de madame la marquise...
— Il a été impossible de les découvrir.
— Elle n'a pas réclamé de vous ce châtiment ? Voilà qui est étrange... Voulez-vous connaître ma pensée, comte ? Cet outrage était imaginaire. La marquise a pris ce prétexte pour avoir avec vous une première entrevue.
— Allons, l'abbé, vous déraisonnez... Dans quel but eût-elle cherché le prétexte de s'entretenir avec moi ?
— Je vous l'apprendrai, comte... car je devine la fin de l'aventure.. Vous avez revu souvent la marquise ? Vous êtes devenu amoureux d'elle ? et bientôt la belle Vénitienne, partageant votre passion, vous a octroyé le don d'amoureuse merci, après vous avoir subtilisé les secrets de notre parti...
— Vous êtes dans l'erreur, mon révérend. Foi de gentilhomme, la marquise m'aime aussi passionnément que je l'aime... mais elle a mis certaines conditions à ses bontés.
— Et quelles sont les conditions auxquelles madame la marquise met ses bontés ?
— La lutte à outrance contre la révolution... le relèvement de la royauté, des privilèges de la noblesse et du clergé... l'extermination de nos ennemis... A ces conditions, l'abbé... mon amour recevra sa plus douce récompense...
— Comte, dit le jésuite après un moment de silence, — vous avez vingt ans... Que dis-je ?... c'est à peine si vous avez seize ans... âge d'innocence et de crédulité naïve. Vous êtes aveuglé, abusé, joué, berné, comme le serait le plus candide des jouvenceaux. Ah ! les femmes !...
Et vous vous croyez un Lovelace, un roué, mon pauvre comte... et vous prétendez jouer... un rôle politique dans le parti de la cour !
— Monsieur l'abbé Morlet, la familiarité a ses bornes... ne m'obligez pas de vous le rappeler trop durement ! — s'écrie M. de Plouernel cédant à un premier mouvement de colère.
Puis, se contenant, il reprend d'un ton sardonique, s'adressant toujours au jésuite :
— Il vous sied parbleu ! mon révérend, de me persifler à l'endroit de l'empire que les femmes exercent sur moi... Aucune femme n'a-t-elle régné sur vous ? La chronique des sacristies ne parle-t-elle pas d'une plantureuse commère, loueuse de chaises à l'église Saint-Médard et veuve du bonhomme Rodin, le donneur d'eau bénite de la même paroisse... Votre maîtresse est la mère de ce petit Rodin que vous m'avez amené un des jours de l'an passé.
Le jésuite reste impassible, malgré les sarcasmes de M. de Plouernel, et il reprend :
— Vos railleries sont du dernier plaisant... elles viennent surtout fort à point... en ceci qu'elles me fourniront, comte, l'occasion de vous donner une excellente leçon... Vous avez besoin du mors, de la bride et même de la cravache... mon gentilhomme.
— Je vous écoute... mon révérend...
— Votre amour pour de belles dames irrésistibles... peut vous conduire aux folies les plus funestes, tandis que moi, par suite de mon amour pour ma commère Rodin, je serai, je l'espère, à même de prévenir et... mieux... de réparer vos folies.
— C'est fort curieux, l'abbé, poursuivez...
— Il y a environ quatre mois vers le commencement d'avril, à une heure assez avancée de la nuit, un enfant épuisé de fatigue tombait au seuil d'une maison de la rue Saint-François, au Marais.
— Rue Saint-François, au Marais !... Un coquin de juif, un fesse-matthieu d'usurier, demeure dans cette rue. Vous le connaissez, mon révérend ; il rend aussi des services au clergé.
— C'est à la porte de sa maison que ledit enfant est tombé de fatigue, pleurant et gémissant. Le juif, apitoyé, donne asile au garçonnet qui, dit-il, s'est égaré... Puis, accablé de lassitude et de sommeil, l'enfant s'endort sur le banc d'une chambre où s'entretenaient le juif et sa femme.
— Vertubleu ! mon révérend, votre voix chevrote, votre nez rougit, votre regard s'attendrit et votre œil se mouille... Cet enfant d'une intelligence si précoce... ce prodige ne peut être assurément que le petit Rodin, votre fillot ? — Honneur à vous, l'abbé... ainsi qu'à votre com-

mère. Vous avez fait un prodige, comme la vierge Marie avec le Saint-Esprit !

— Toujours est-il que le garçonnet ne perdait pas un seul mot de l'entretien du juif et de sa femme... et grâce à une fausse alerte, adroitement donnée en dehors par moi et par l'un de nos pères, mon fillot, durant son sommeil simulé, a surpris deux secrets d'une importance capitale pour le salut de la religion et de la monarchie. Vous allez en juger.

— Vous vous moquez, l'abbé, en voulant me faire croire que de l'entretien d'un misérable juif et de sa femelle... entretien surpris par un marmot, il puisse ressortir des faits de cette importance.

— Comte... que pensez-vous d'un héritage de deux cent vingt millions de francs environ ? N'est-ce pas un magnifique héritage ? Ces deux cent vingt millions passant en la possession d'un parti religieux, habile, infatigable... plein de souplesse et d'audace, ne peuvent-ils pas devenir un levier d'une puissance immense ? Maintenant, supposez qu'il existe une secte mystérieuse, dont le but soit l'anéantissement de l'Église catholique, le renversement des trônes, l'abolition de tous les privilèges de naissance et de fortune ; supposez que cette secte redoutable étende ses ramifications dans toute l'Europe, qu'elle compte des affiliés dans les classes les plus diverses de la société... des plus basses aux plus élevées, et même parmi celles qui touchent aux trônes ; supposez que cette société dispose d'un trésor considérable ; supposez que ses adeptes, hommes et femmes, soient capables de prendre au besoin tous les masques, toutes les apparences ; qu'à la faveur de ces faux semblants, ils s'introduisent parmi les royalistes et surprennent les secrets de ce parti... Or, comte, que penseriez-vous de la découverte d'une pareille secte... et cette découverte ne serait-elle point aussi d'une importance capitale ? Répondez à ma question.

— Certainement ; mais à la condition que cette prétendue secte existât... Or je vois avec surprise et chagrin un homme de bon sens comme vous, mon révérend, donner dans le panneau de ces fables absurdes relatives aux *Voyants*, aux *Illuminés* d'Allemagne et autres billevesées, véritables contes de la mère l'oie !

— Si je vous prouve l'existence de cette société... si je vous fais connaître le lieu où se réunissent ses adeptes... admettez-vous que son révélateur ait rendu un signalé service à la religion et au trône ? Eh bien ! comte, à cette heure, comparez les résultats de votre passion écervelée pour cette belle marquise étrangère, et les conséquences de ce que vous appelez mon *amour* pour ma commère Rodin !... Selon vous, mon fillot est l'une des conséquences visibles et charnelles de cet amour ; or, s'il en était ainsi, je devrais à ce garçonnet si bien avisé : 1° la découverte d'un trésor qui doit s'élever un jour à plus de deux cents millions, et à la piste duquel notre Compagnie était depuis plus d'un siècle... 2° La découverte du repaire d'une société de *Voyants*.

M. de Plouernel se préparait à répondre au Jésuite lorsqu'il en fut empêché par l'arrivée de plusieurs de ses convives du parti de la cour, ducs, marquis, chanoines, archevêques. Parmi ces convives se trouvait le vicomte de Mirabeau, surnommé, en raison de son obésité, *Mirabeau-Tonneau*. Il était colonel d'infanterie, frère puîné du célèbre tribun du tiers état. Il semblait en grand courroux, et s'adressant à M. de Plouernel d'une voix éclatante :

— Bonsoir, cher comte... Au diable cette infâme ville de Paris et les Parisiens ! Vive Versailles, la vraie capitale de la France !

— D'où te vient, vicomte, cette colère ?

— Sache donc que tout à l'heure, ce vil populaire qui afflue de soir dans les rues, a eu l'audace d'arrêter mon carrosse sur le pont Louis XV ! Par la mort Dieu ! je châtierai cette populace !

— Et qu'as-tu dit à ces insolents ?

— Je traitais déjà d'abjecte canaille cette fraction du *peuple souverain*, lorsque mon laquais, tremblant comme un lièvre et espérant nous dégager, eut l'infernale idée de crier à ces gredins : « Faites donc place, s'il vous plaît, au carrosse de M. de Mirabeau... » Aussitôt, la tempête se change en bonace... et le stupide populaire m'ouvre passage aux cris de : Vive Mirabeau !

— L'on te prenait pour ton frère..

— Mort et furie ! Il n'est que trop vrai ! Je ne pardonnerai jamais à mon frère cette avanie...

— Calme-toi, vicomte ; sous peu de jours, cette immonde populace sera refoulée dans la fange, à grands renforts de horions.

— Son excellence la marquise Aldini ! — annonce en ce moment, à haute voix, l'un des valets de chambre de M. de Plouernel ouvrant les deux battants de la porte du salon où il introduit Victoria Lebrenn sous son nom et sous son titre d'emprunt.

Les convives de M. de Plouernel voyaient pour la première fois la marquise Aldini ; tous restèrent surpris et frappés de sa beauté rehaussée par la splendeur de sa parure. Victoria portait une robe traînante de gros de Tours ponceau ornée de dentelles noires. La coupe de ses vêtements laissaient nus ses bras, ses épaules et la naissance de son sein qui semblaient taillés dans le marbre le plus pur. Ses cheveux noirs ne disparaissaient pas, selon la coutume, sous une couche de poudre blanche, mais brillaient du lustre de l'ébène, et, s'enroulant en nattes nombreuses et épaisses autour de sa tête, venaient couronner son front; un triple fil de sequins de Venise lui servait de diadème et de collier. Rien ne saurait donner une idée de l'effet de cette parure originale, élégante et sévère, d'autant plus remarquable qu'elle différait complètement des atours pomponnés de ce temps-ci et s'harmonisait à merveille avec le genre de beauté de Victoria.

Les convives de M. de Plouernel, saisis d'admiration, gardent un moment le silence; tous les regards s'attachent sur cette étrangère, dont l'abbé Morlet subit lui-même le charme fascinateur, et, la contemplant, il se dit à lui-même:

— Je conçois que le comte soit affolé d'elle... Le danger est plus grand que je ne le soupçonnais... C'est une véritable sirène.

Le jésuite était le seul des convives de M. de Plouernel qui fût frappé du véritable caractère de la beauté de Victoria. Sa pâleur, son œil noir ardent, son regard profond, son sourir amer et sardonique, donnaient à ses traits quelque chose de sombre concordant avec la sévérité de sa parure rouge, noire et or.

Le maître d'hôtel de M. de Plouernel vient bientôt annoncer que le souper est servi. Le comte offre son bras à Victoria. Il la conduit dans une vaste salle à manger aux murailles de stuc blanc rehaussé de moulures dorées encadrant de grands panneaux peints d'oiseaux, de fruits, de fleurs; une splendide argenterie ciselée couvre la table servie en porcelaine de Sèvres aux couleurs éclatantes; la lueur des bougies roses, que supportent des candélabres de vermeil, fait étinceler le bruni des nombreuses pièces d'argenterie. Les convives prennent place autour de la table. Le comte a fait asseoir Victoria près de lui, et bientôt s'engage la conversation.

LE COMTE DE PLOUERNEL. — Permettez-moi, mes amis, d'user d'une mode anglaise récemment introduite en France, et de porter un premier *toast* à madame la marquise Aldini, qui a daigné accepter mon invitation pour ce souper. *(Il se lève en tenant son verre à la main.)* A madame la marquise Aldini!

Tous les convives se lèvent, ainsi que le comte, tenant à la main leur verre, et répètent: « A madame la marquise Aldini! » Puis ils boivent et se rassoient.

Victoria se lève à son tour tenant son verre à la main. Après un moment de recueillement, elle prononce les paroles suivantes · Afin de répondre à la courtoisie de M. le comte de Plouernel, et à la vôtre, messeigneurs les prélats... messieurs les gentilshommes, je porterai du cœur et des lèvres un toast à l'Eglise, à la monarchie, à la noblesse... et à l'extermination des révolutionnaires.

Victoria, ce disant, trempe ses lèvres dans le vin dont est rempli son verre, tandis que tous les convives de M. de Plouernel, transportés des paroles de la jeune femme, répètent avec entraînement en choquant leurs verres:

— A l'Eglise! Au roi! à la noblesse! à l'extermination des révolutionnaires!

Les convives se rassoient.

L'ABBÉ MORLET, *à part à soi*. — Ah! si la marquise est sincère... quelle auxiliaire nous avons en elle!... Quel effet magique l'énergie de ses paroles a produit sur ces gentilshommes frivoles, sur ces prélats imbéciles et imprudents qui ne savent pas même couvrir leurs vices de leur robe sacrée!...

VICTORIA *examine à la dérobée le jésuite et se dit:* — Ce prêtre au masque cadavéreux attache constamment sur moi son regard de reptile... C'est le seul ici qui paraisse en défiance à mon égard... redoublons de prudence et d'audace... La partie est bien engagée.

UN CARDINAL *se dit à part lui*. — Je ne puis me rappeler où j'ai rencontré cette belle marquise, ou du moins une fille qui lui ressemblait fort. Ah! je me souviens!!! C'était dans la petite maison où la Dubois tenait ses nymphes, près de Versailles. Allons... c'est une illusion... à moins que ce seigneur italien, Aldini, ignorant les antécédents de l'ancienne pensionnaire de la Dubois, ait bien pu lui donner son nom, son titre et le reste... Mais examinons avant de porter un jugement qui pourrait être téméraire.

LE VICOMTE DE MIRABEAU. — Madame la marquise a été l'interprète de nos vœux pour l'anéantissement des révolutionnaires de tout rang, de toutes conditions... Je comprends qu'un bourgeois, qu'un manant, soient révolutionnaires... mais je ne puis admettre que des princes, des nobles, des tonsurés se mêlent parmi cette engeance.

UN DUC. — Tous les révolutionnaires sont pendables... mais, l'opinion des croyants peut s'expliquer par leur désir de secouer le joug. Le populaire se sent à bout de patience et de forces; il regimbe, il se rebelle.

LE VICOMTE DE MIRABEAU. — Tu parles d'or, cher duc, nous les pendrons tous, et nous serons sans pitié pour ces prétendus révolutionnaires, les d'Orléans, Talleyrand, La Fayette... et mon indigne frère Mirabeau qui est en train de déshonorer notre maison.

LE COMTE DE PLOUERNEL. — Point de pitié pour les traîtres, à quelque catégorie qu'ils appartiennent, noblesse, clergé ou bourgeoisie.

LE CARDINAL. — Au jour du châtiment, ces félons doivent être pendus haut et court!...

UN MARQUIS, *riant*. — Ils seront tous pendus à même hauteur... pour le principe d'égalité.

VICTORIA. — Par le sang du Christ! n'est-il donc pas en votre pays de France un révolutionnaire cent fois plus damnable que les gentilshommes, que les évêques, et même que les princes du sang qui pactisent avec la révolution? Je veux dire le plus coupable.

LE COMTE DE PLOUERNEL, *très surpris, ainsi que tous les convives.* — Quel est donc ce révolutionnaire... plus haut placé, selon vous... que les gentilshommes, les évêques et même... qu'un prince du sang?

VICTORIA. — Le roi Louis XVI!

Un silence de stupeur se fait parmi les convives interdits. Quelques-uns échangent des regards effarés; d'autres, pensifs, cherchent le mot de cette énigme; d'autres contemplent Victoria avec une curiosité inquiète.

L'ABBÉ MORLET, *à part soi.* — J'ai compris la pensée de cette femme.

LE COMTE DE PLOUERNEL. — Comment, marquise... selon vous le roi... serait... un révolutionnaire... alors destiné à la pendaison.

VICTORIA. — Pour quel motif, comte, avez-vous donné votre démission de colonel aux gardes françaises?

LE COMTE DE PLOUERNEL. — Ainsi que je vous l'ai écrit, marquise, j'ai résigné le commandement de mon régiment parce que le roi se refusait à autoriser des rigueurs qui, seules, à mon sens pouvaient rétablir la discipline parmi mes soldats et les empêcher de devenir les auxiliaires de la révolution.

VICTORIA. — Et vous vous étonnez que je prononce le nom du complice des révolutionnaires! Je dénonce le roi Louis XVI.

LE VICOMTE DE MIRABEAU, *avec exaltation.* — Vous êtes une femme de génie, madame! Vous signalez avec justesse l'une des causes de la révolution... Honneur à vous, madame...

VICTORIA. — Je n'ai aucun droit à ces éloges, vicomte, je suis une femme que Dieu a douée de quelque bon sens... voilà tout... Je suis patricienne et catholique...

LE DUC. — Cependant, madame la marquise, il me semble hasardé... de prétendre que le roi, notre maître... soit révolutionnaire... C'est vraiment pousser la métaphore à ses extrêmes limites. J'hésite à vous suivre sur ce terrain.

LE MARQUIS, *riant.* — D'un côté le roi révolutionnaire... de l'autre le peuple souverain... qu'elle drôlerie!... Quel gâchis!...

VICTORIA. — Le roi Louis XVI est le premier, le plus condamnable des révolutionnaires! Ni grâce ni pitié pour le coupable. Ce que dis, je le maintiens... je le prouve... Je veux essayer de réveiller en vous tous, le remords... car vous qui représentez ici la noblesse, la finance et le clergé, vous êtes presque aussi coupables que le roi, vous le reconnaîtrez bientôt.

LE VICOMTE DE MIRABEAU. — Vive Dieu! marquise, je suis de votre avis. Il y a six mois que la noblesse aurait dû monter à cheval, et, que le roi y consentît ou non, courir sus à la révolution et sabrer tous les manants.

L'ABBÉ MORLET. — Il y a six mois que les curés auraient dû exalter, soulever leurs ouailles au son du tocsin et leur mettre les armes à la main. Il fallait entrer en campagne.

VICTORIA. — Nous nous comprenons, monsieur l'abbé... nous avons même manière de juger la situation, monsieur le vicomte de Mirabeau... Une prise d'arme générale...

LE DUC. — Mais nous autres, moins perspicaces, nous confessons l'infirmité de notre entendement, nous repoussons vos conclusions.

LE MARQUIS, *riant.* — Nous sommes là trois grues, moi, le duc et le cardinal.

LE CARDINAL. — *(A part, observant Victoria.)* Décidément, je suis dupe d'une ressemblance. Cette marquise, patricienne, n'a rien de commun avec la belle nymphe du lupanar de la Dubois.

VICTORIA. — Louis XVI n'est-il pas le pire des révolutionnaires? Jugez-en! Le 5 mai de cette année 1789, il a convoqué les états généraux, au lieu d'appeler à Versailles vingt-cinq mille hommes qu'il avait sous la main, commandés par des chefs résolus? A ce moment, la révolution, à peine éclose, rentrait dans le néant. Mais je veux bien admettre une excuse pour cette faute; mais voilà qui est plus grave. Les états généraux se réunissent le 5 mai. La majorité de la noblesse et du clergé tentent de maintenir la délibération par ordre, et refusent de se mêler aux bourgeois pour la vérification des pouvoirs. Le tiers état insiste, et, sur un nouveau refus de la noblesse et du clergé, il passe outre. Enfin, les députés des communes ont l'insolence de se déclarer, le 17 juin, *Assemblée nationale*, au nom même de la prétendue *souveraineté du peuple*; ils s'arrogent le droit de voter l'impôt et déclarent que si l'autorité royale leur commande de se dissoudre, ils ne tiendront pas compte de cette défense. Le roi n'a-t-il pas toléré toutes ces audaces?...

LE VICOMTE DE MIRABEAU. — Cela est vrai; cela s'est passé sous nos yeux... à Versailles.

VICTORIA. — C'est le deuxième crime à imputer au roi. Louis XVI pouvait encore étouffer dans son germe cette rébellion naissante, dissiper par la force une poignée de factieux.

LE DUC. — C'est ce qui a été essayé, madame, par nous autres du parti de la cour; nous avons décidé Sa Majesté à permettre que le lieu des séances de l'Assemblée fût occupé par la troupe! Le 19 juin, au matin, ces soi-disant représentants du peuple ont trouvé les abords de leur local occupés par deux compagnies de grenadiers, avec les mousquets chargés.

LE MARQUIS, *amèrement.* — Le roi a eu l'art de commettre en cette occasion un attentat contre l'Assemblée nationale, au point de vue des révolutionnaires, en faisant envahir le lieu de leurs séances par la troupe, et un nouvel attentat contre la royauté, en n'empêchant pas ces factieux de se réunir au Jeu de Paume de Versailles ; encore de nouvelles fautes.

LE VICOMTE DE MIRABEAU. — Tout ceci est de la dernière évidence... Cet infortuné roi semble atteint de folie...

VICTORIA. — On enferme les rois fous ou on les supprime, ensuite on avise au salut de la monarchie, monsieur le vicomte.

LE CHEVALIER. — Grâce à Dieu, son frère, monseigneur le comte de Provence, reste à la hauteur des évènements ; en cette fâcheuse conjoncture, le prince a pris aussitôt une mesure énergique ; sans même consulter le roi, il a fait louer, pour un mois, la salle du Jeu de Paume.

VICTORIA, *avec un éclat de rire sardonique.* — Voilà un chef de parti bien audacieux et bien avisé ! Il n'y a pas à s'extasier sur son courage.

LE VICOMTE DE MIRABEAU. — Madame la marquise a raison... Cette mesure n'a eu d'autre résultat, pour les rebelles, que de les obliger, le lendemain, à s'installer dans l'église de Saint-Louis.

LE COMTE DE PLOUERNEL. — Et alors le clergé, ou du moins une partie du clergé a commis une autre faute, ce fut de se rallier au tiers état ! Les tonsurés ont leur part de responsabilité en tout ceci.

LE CARDINAL. — Le haut clergé a protesté contre cette trahison, qui doit être mise sur le compte des curés de campagne.

L'ABBÉ MORLET, *durement.* — Monsieur le cardinal se trompe... la fraction du clergé qui s'est ralliée au tiers état a témoigné d'un très grand sens politique. Le bas clergé a fait ce qu'il devait faire.

LE CARDINAL, *avec un accent de souverain mépris.* — Paix l'abbé .. paix là ! ! vous déraisonnez, mon cher !

L'ABBÉ MORLET. — Je maintiens ce que j'avance... mais j'ai peu de souci de l'approbation de monsieur le cardinal.

LE CARDINAL, *irrité.* — Qu'est-ce à dire l'abbé, mesurez vos paroles !

L'ABBÉ MORLET, *impassible.* — Je désire persuader les gens raisonnables... Ceci s'adresse à vous, messieurs. Or, le pouvoir royal ayant toléré l'existence de cette assemblée de factieux, le haut et le bas clergé devaient accepter le fait accompli, à seule fin d'en tirer le meilleur parti possible, et s'adjoindre au tiers état ; au besoin, il devait adhérer aux motions révolutionnaires, afin de pousser les factieux aux dernières extrémités, au paroxysme de la rage.

VICTORIA. — Monsieur l'abbé est un profond politique... Il est dans le vrai de la situation.

LE CARDINAL, *outré.* — Au risque de vous contredire, madame la marquise, je déclare que l'abbé montre une fois de plus le mauvais esprit de la compagnie de Jésus, qui a toujours été pour l'Eglise une véritable peste... Abominable, exécrable société !...

VICTORIA, *à part.* — Ce prêtre est un jésuite.

L'ABBÉ MORLET. — La véritable peste de l'Eglise... a toujours été pourprée. Cardinaux et prélats, presque tous des sots, des imbéciles et des vaniteux.

LE CARDINAL, *furieux.* — A-t-on l'idée de l'impudence de ce prestolet, de ce bélître, de ce tartuffe !... Hors d'ici l'insolent !

VICTORIA, *vivement.* — Par le sang du Christ ! est-ce donc l'heure des discordes et des récriminations ? Votre Eminence oublie-t-elle... oubliez-vous, monsieur l'abbé, qu'à ce moment, le salut de l'Eglise et du trône dépend de l'union de ses défenseurs ?

TOUS LES CONVIVES, *moins le cardinal et l'abbé.* — C'est vrai... c'est évident ! Ne l'oublions pas ! Restons unis pour le combat.

VICTORIA. — En jetant un rapide regard sur le passé, mon intention n'a pas été de susciter entre vous des défiances, de soulever des divisions ! En vous signalant les fautes commises, j'ai voulu sauvegarder l'avenir de pareilles erreurs, et vous montrer la voie à suivre pour éviter de nouvelles fautes ! Veuillez donc me prêter encore quelques minutes d'attention : La séance du Jeu de Paume était un défi brutal jeté à la monarchie... La reine, qui est une vaillante femme, l'avait compris ; elle pousse le roi à prendre des mesures énergiques et l'engage à faire dissiper par la force l'Assemblée nationale. Louis XVI subit l'influence de la reine ; le 28 juin, il se rend au sein de l'Assemblée, au milieu de gardes, et par l'organe de son chancelier, il ordonne aux députés de se séparer, casse leurs décrets et annule leurs délibérations. Il fait acte de souverain.

LE DUC. — Sa Majesté montra beaucoup d'énergie ce jour-là, et un grand nombre de députés de la noblesse et du clergé applaudirent à l'acte de dissolution et quittèrent immédiatement la salle.

VICTORIA, *sardonique.* — Le roi, sa fidèle noblesse, son fidèle clergé, quittent la salle... mais ils laissent les rebelles derrière eux... Alors l'abbé Sieyès s'élance à la tribune et s'écrie : « Continuons de siéger, représentants du peuple !... nous sommes aujourd'hui ce que nous étions hier !... »

LE DUC. — Mais Sa Majesté n'a pas faibli, vive Dieu !... et le roi a commandé au marquis de Brezé d'aller intimer aux factieux l'ordre de se séparer.

LE COMTE DE MIRABEAU, *avec indignation.* — Honte et malheur ! Ce fut alors que mon frère répondit à Brezé : « Allez dire à votre maître que nous sommes ici par la volonté du peuple, et que nous ne quitterons cette salle que par la force des baïonnettes !... »

VICTORIA. — Eh bien! monsieur le vicomte, votre frère indiquait au pouvoir royal son moyen de salut : *la force des baïonnettes.* Par le sang du Christ! qu'a fait Louis XVI pour mettre les factieux à la raison? Absolument rien. Alors ceux-ci, encouragés par l'impunité, ont décrété, séance tenante, l'inviolabilité de l'Assemblée nationale.

LE VICOMTE DE MIRABEAU. — Hélas! ce fut sur la motion faite par mon abominable frère que le décret fut rendu. Je crois, sang-Dieu! comprendre le fratricide en ce moment.

VICTORIA. — Votre maison ne sera pas la seule à gémir de tant de félonie, monsieur le vicomte. Est-ce que presque tous les députés de la noblesse, même les plus hostiles à la révolution, ne se sont pas ralliés au tiers état, entraînant avec eux tout le clergé?

LE DUC. — Les membres de la noblesse devaient-ils donc, madame la marquise, par cela même que la royauté montrait de la faiblesse, l'abandonner sans essayer de la défendre au sein de l'Assemblée? Non, bien certainement non.

VICTORIA. — Monsieur le duc, les membres de la noblesse et du clergé, fidèles au trône, sont en minorité. Que peuvent-ils pour la royauté? Rien. Et leur présence parmi les factieux ne sert qu'à justifier les défaillances du roi, car maintenant il peut répondre avec une apparence de raison : « Je ne puis dissoudre une Assemblée qui renferme un si grand nombre de mes serviteurs. »

LE COMTE DE PLOUERNEL. — Telle a été, en effet, la réponse faite par Sa Majesté à la reine, lorsqu'elle a obtenu le renvoi de Necker et la nomination du nouveau ministère choisi par M. de Broglie. Néanmoins, avec l'appui du maréchal, la monarchie pourra encore dompter la révolution ; c'est du moins ma conviction.

VICTORIA. — Dieu le veuille! mais jusqu'ici, le nouveau ministère n'a commis que des fautes...

Victoria est interrompue en ce moment par la rentrée de l'un des laquais que M. de Plouernel avait renvoyés de la salle à manger, pour que les convives pussent s'entretenir confidemment sur les affaires politiques.

UN LAQUAIS. — L'intendant de monseigneur demande à lui parler sur-le-champ.

LE COMTE DE PLOUERNEL. — Qu'il entre. (*Le laquais sort, et M. de Plouernel, s'adressant à ses convives :*) J'ai chargé mon intendant d'envoyer plusieurs de mes gens déguisés s'informer par eux-mêmes de ce qui se passe dans plusieurs des quartiers de Paris.

VICTORIA. — Il est en effet très utile, dans les jours d'effervescence, d'être exactement renseigné sur l'état des choses...

(L'intendant entre, salue humblement la compagnie et reste au seuil de la porte dans l'attitude d'un serviteur qui attend un ordre.)

LE COMTE DE PLOUERNEL, *à l'intendant.* — Eh bien! maître Robert... quelles nouvelles?

L'INTENDANT. — Hélas! de bien mauvaises, monseigneur. L'un de nos gens arrive du faubourg Saint-Antoine. La rue est couverte de barricades; on fabrique des piques dans les ateliers de serruriers et de forgerons; les maisons sont illuminées... Les gens transportent sur les toits des poutres, des pavés, pour écraser les troupes de S. M. Louis XVI, que Dieu garde!... Des femmes, des enfants fondent des balles et confectionnent des cartouches. On a pillé les boutiques d'armuriers du quartier. Enfin, monseigneur, tout ce mauvais peuple grouille dans les rues et pousse des hurlements de damnés... surtout à l'encontre de S. M. notre bonne reine, et de S. A. R. monseigneur le comte d'Artois, et de LL. AA. SS. nos seigneurs les princes de Conti et de Condé!!!

LE COMTE DE PLOUERNEL. — Et quels sont les prétextes de ces cris insolents et de ces préparatifs de rébellion?

L'INTENDANT. — Monseigneur, on dit dans ce mauvais peuple que la cour veut du mal aux députés du tiers, et que Sa Majesté notre sire, que Dieu garde! s'apprête à marcher sur Paris, à la tête de cinquante mille hommes, pour mettre les faubourgs à feu, à sang, à sac et au pillage, les filles et les femmes à viol!

LE VICOMTE DE MIRABEAU. — Cette canaille a du moins conscience du châtiment qu'elle mérite... et qui lui sera infligé.

LE COMTE DE PLOUERNEL, *à l'intendant.* — Et quel est l'état des esprits dans les autres quartiers? Le populaire est-il en ébullition?

L'INTENDANT. — Du côté de la porte Saint-Honoré, la canaille a envahi le Garde-Meuble et s'est emparée de vieilles armes qui s'y trouvaient rassemblées. C'est une pitié, monseigneur; on voit des brigands en haillons, pieds nus, casque en tête, cuirasse au dos et la lance au poing. Tant de belles armes en de telles mains! une profanation!

LE MARQUIS, *riant.* — Voilà de galants chevaliers... armés de pied en cap pour le tournoi!

L'INTENDANT. — Parmi ce mauvais peuple, ceux qui ont un bonnet y attachent des cocardes d'étoffe ou de papier vert, comme signe de l'espérance... Monseigneur, c'est comme un délire; on voit en pleine rue des scélérats s'embrasser sans se connaître et, les larmes aux yeux, crier comme des orfraies : « Aux armes, citoyens! à bas la tyrannie! vive la !!liberté! vive la nation!

LE COMTE DE PLOUERNEL. — Et les autres faubourgs sont-ils aussi agités que ce maudit faubourg Saint-Antoine?

L'INTENDANT. — Oui, monseigneur, si ce n'est que presque tout le faubourg Saint-Marcel est quasi désert... Les méchantes gens de ce quartier, au nombre d'une vingtaine de mille, s'en

Le peuple s'empare des canons et des fusils déposés aux Invalides

étaient allés dans la journée à l'Hôtel de Ville pour demander des armes... Le prévôt des marchands, M. de Fesselles, les a envoyés chez les lazaristes. Quand cette grande bande de gueux est arrivée au couvent des révérends, ces bons religieux ont répondu que M. de Fesselles s'était moqué d'eux, vu que jamais un grain de poudre ou un fusil n'était entré dans le couvent de Saint-Lazare. Alors les bandits du faubourg Saint-Marcel ont proféré des menaces de mort contre M. de Fesselles ; ils ont été rejoindre une autre bande de scélérats du faubourg Saint-Victor, et tous ensemble s'en sont allés aux Invalides pour y chercher des armes

LE COMTE DE PLOUERNEL. — Et ils ont été reçus à coups de fusil par ces braves vétérans, sans nul doute !

L'INTENDANT. — Hélas ! non, monseigneur ; les invalides n'ont fait aucune résistance, et ce mauvais peuple s'est emparé là de plus de trente mille fusils et de plusieurs canons.

LE VICOMTE DE MIRABEAU. — Les invalides ! eux, vieux soldats, ont livré leurs armes !!! On rencontrera donc partout défection et trahison ! Eh bien ! on pendra et on fusillera les invalides, soldats et officiers, jusqu'au dernier.

LE MARQUIS, *riant*. — Parbleu ! voilà tous ces va-nu-pieds avec trente mille fusils... et des canons... dont ils ne sauront pas faire usage.

LE COMTE DE PLOUERNEL, *à l'intendant*. — Tu n'as pas d'autres nouvelles à nous apprendre ?

L'INTENDANT. — Non, monseigneur.

LE COMTE DE PLOUERNEL. — Renvoie de nouveau nos gens aux informations ; aussitôt qu'ils seront rentrés, tu viendras me rendre compte de ce qu'ils auront observé.

(L'intendant sort. Quelques-uns des convives

178e livraison

semblent consternés des nouvelles qu'ils viennent d'apprendre et se consultent du regard.)

LE CARDINAL. — Savez-vous, messieurs, que tout ceci devient effrayant? J'en ai froid jusque dans la moelle des os.

LE DUC. — M'est avis que la France ne sera bientôt plus habitable... il nous faudra fuir dans les pays étrangers.

LE COMTE DE PLOUERNEL. — Allons donc, cher duc, quelques régiments d'infanterie, soutenus de pièces d'artillerie suffiront pour exterminer cette populace! La noblesse française en aura raison. Nous mettrons flamberge au vent.

L'ABBÉ MORLET. — Je vous dis que cette canaille aura raison des meilleures troupes, dès qu'elle aura senti l'odeur de la poudre...

LE VICOMTE DE MIRABEAU. — Vous déraisonnez, l'abbé; il n'est pas possible que des va-nu-pieds en guenilles, mal armés, sans discipline, puissent triompher de troupes aguerries... Si cela arrivait, je briserais mon épée!

VICTORIA. — Un roi félon vous défendra de la briser, monsieur le vicomte, et il vous ordonnera de la remettre au fourreau...

LE VICOMTE DE MIRABEAU. — C'est à nous d'avoir le courage de sacrifier le roi au salut de la monarchie. Nous aurons toutes les audaces.

LE DUC. — Morbleu! la chose est grave, et mérite qu'on y songe !... Sacrifier le roi...

LE CARDINAL. — Que ferions-nous du roi?

VICTORIA. — On enfermait autrefois les rois fainéants au fond d'un cloître. Forcez Louis XVI d'abdiquer; le dauphin est enfant, vous constituerez un conseil de régence, composé d'hommes inflexibles; le mauvais peuple a trop de sang; il lui monte à la tête et lui donne une énergie factice; saignez, saignez-le à blanc pour l'abattre et le dompter! Vous avez canons et fusils; mitraillez et fusillez.

LE COMTE DE PLOUERNEL. — Ah! marquise! vous êtes le redoutable archange qui, de sa flamboyante épée, doit défendre la monarchie et la noblesse... vous avez raison... Le salut est dans l'abdication du roi et la nomination d'un conseil de régence, composé d'hommes inflexibles... Le monarque doit être éliminé.

VICTORIA. — Votre ennemi le plus dangereux, comte de Plouernel, c'est le *tiers état!* Cette bourgeoisie ne vous a-t-elle pas dit, par l'organe de Siéyès, que *jusqu'ici elle n'avait été rien*... elle qui DEVAIT ÊTRE TOUT... Là est l'ennemi. Le peuple, après son ivresse passée, retombera dans sa misère, dans l'abjection; après avoir hurlé sur la place publique... la faim le ramènera au joug. « Le peuple, toujours dominé par le besoin... n'a jamais le *temps d'achever* les révolutions qu'il tente! » C'est la bourgeoisie qu'il faut combattre à outrance.

LE COMTE DE PLOUERNEL. — Une preuve entre mille de la vérité de l'assertion... l'avocat Desmarais n'est-il pas l'un des plus fougueux tribuns de l'Assemblée nationale?

LE CHEVALIER. — Mais, cher comte... n'as-tu pas fait donner autrefois des coups de bâton à un homme de ce nom?

LE COMTE DE PLOUERNEL. — Ce Desmarais est précisément l'homme aux coups de bâton !...

VICTORIA, *à part.* — Mon frère Jean... est épris... de mademoiselle Desmarais! Singulière coïncidence...

LE CARDINAL. — Pour quel motif avez-vous dû recourir aux coups de bâton, cher comte.

LE COMTE DE PLOUERNEL. — Mes gens d'affaires soutenaient par devant la Tournelle un procès au sujet d'une succession dévolue à mon frère cadet, l'abbé de Plouernel, actuellement à Rome; Desmarais, oubliant le respect dû à un homme de ma qualité, eut l'insolence de parler de moi en termes peu révérencieux; instruit du fait par mes procureurs, je fis happer un soir, par trois de mes gens, Desmarais, au sortir de son logis. Ils lui donnèrent une volée de bois vert; après quoi, mon premier laquais dit à l'avocat : « Monsieur, les coups de bâton que nous venons d'avoir l'honneur de vous administrer, sont de la part de monseigneur de Plouernel, notre maître... Que cette leçon vous soit profitable. »

LE VICOMTE DE MIRABEAU. — C'est l'équivalent de la plantureuse bastonnade jadis appliquée à Arouet de Voltaire, par les ordres du prince de Rohan... On doit traiter ainsi la bourgeoisie.

LE DUC. — Voltaire a peut-être dû sa gloire à la correction qui lui a été administrée.

L'ABBÉ MORLET. — Madame la marquise a énoncé tout à l'heure une grande vérité : l'Église, la noblesse et la royauté n'ont pas d'ennemi plus terrible que la bourgeoisie... Dans un État, trois éléments sont nécessaires pour la bonne organisation : *un Dieu... un roi... un peuple...* pour produire et nourrir les représentants de Dieu et du roi, la bourgeoisie doit être supprimée.

LE DUC. — Vous êtes parcimonieux dans vos distributions, l'abbé... supprimez-vous donc la noblesse?

L'ABBÉ MORLET. — Qui dit roi, dit noblesse... et qui dit Dieu, dit clergé... En d'autres termes, si nous voulons jouir en paix de nos privilèges, il faut extirper ou annuler la bourgeoisie... Or, si nous savons bien user du populaire, il nous viendra en aide pour cette extirpation; car la plèbe déteste plus le bourgeois que le noble.

LE COMTE DE PLOUERNEL. — Cependant nous voyons le populaire affolé des députés du tiers état! Plusieurs sont devenus ses idoles.

VICTORIA. — La bourgeoisie est et sera longtemps encore aussi hostile au populaire qu'à la noblesse .. ce que le peuple sait et ce qui le rend hostile à la bourgeoisie...

L'ABBÉ MORLET. — C'est merveille de voir

combien les pensées de madame la marquise s'accordent avec les miennes. Cet antagonisme qu'elle signale sera peut-être un jour notre salut, car je n'ai aucune confiance dans le parti de la cour, composé en partie de jeunes écervelés.

TOUS LES CONVIVES. — Morbleu! l'abbé, vous êtes outrecuidant!

L'ABBÉ MORLET, *impassible*. — La révolution précipitera son cours... La royauté et la noblesse tomberont les premières sous les attaques des tribuns du tiers-état. L'Eglise tombera ensuite, mais pour se relever plus puissante... pour dresser les échafauds et rallumer les bûchers de l'Inquisition.

LE COMTE DE MIRABEAU. — Vous déraisonnez, l'abbé!... — Vos pronostics sont désespérants!

L'ABBÉ MORLET. — La noblesse, la royauté disparaîtront dans la tempête... mais il dépend de nous que cette disparition devienne l'une des phases d'une renaissance théocratique plus absolue que jamais... Le moment sera décisif, solennel. Il pourra se faire qu'un jour... la bourgeoisie confonde sa cause avec celle du populaire, décrète l'éducation commune, gratuite, intégrale et laïque; supprime la propriété individuelle et la remplace par la propriété collective, en répartissant à tous et à chacun les instruments de travail. Si la bourgeoisie se décide à émanciper les prolétaires... le trône et l'autel sont pour toujours supprimés; c'est donc à nous de chercher à entretenir l'antagonisme qui existe déjà entre le populaire et la bourgeoisie, à envenimer leur défiance, leurs griefs mutuels! il faut exciter les frayeurs de la bourgeoisie à l'endroit du populaire; il faut accroître les défiances des ouvriers à l'égard des bourgeois... il faut pousser le peuple aux excès... il faut surtout appeler au pillage et aux massacres cette bête féroce qui n'est pas le peuple, mais qui se confond avec lui aux jours de révolution... Ce sera le SPECTRE ROUGE dont nous nous servirons pour terrifier la bourgeoisie et l'amener à séparer sa cause de celle du progrès. C'est ainsi que nous pouvons préparer la mine de la révolution... et contraindre les souverains à se coaliser, à envahir la France, à exterminer nos ennemis... Mêlons-nous sous des déguisements à la populace; provoquons, irritons ses appétits sanguinaires... nous et nos agents, portons les premiers coups... pillons... incendions... coupons des têtes... fût-ce celles de nos amis... car il faut éviter avant tout d'éveiller les soupçons... faisons couler le sang afin d'allécher la bête féroce et de la mettre en goût de pillage et de massacre!

LE VICOMTE DE MIRABEAU, *avec horreur*. — Mordieu, monsieur l'abbé! nous prenez-vous pour des bourreaux?

LE COMTE DE PLOUERNEL. — Faire de nous des coupeurs de têtes! C'est de la démence

L'ABBÉ MORLET. — Vous êtes bien délicats!

LE COMTE DE PLOUERNEL. — Vous avez perdu la raison, l'abbé! Oser nous proposer un pareil rôle... Nous assimiler à des hyènes!

L'ABBÉ MORLET. — Nous autres gens d'église, nous le prendrons pour nous ce rôle, puisqu'il vous répugne si fort, messieurs de la noblesse. Vous craignez de tacher de boue et de sang vos manchettes de dentelles et vos bas de soie... Nous autres, moins propres et qui allons d'ordinaire grossièrement vêtus, nous n'avons point de ces délicatesses-là; nous retrousserons nos manches jusqu'au coude, et nous ferons la besogne... Nous vous sauverons donc, messieurs les gentilshommes, avec ou sans votre aide... ce sera un compte à régler plus tard entre nous.

VICTORIA, *à part*. — Ce prêtre est vomi par les enfers; c'est un démon incarné.

LE COMTE DE PLOUERNEL. — Nous saurons sauver la monarchie, monsieur l'abbé, ne vous en déplaise, sans qu'il soit besoin des gens d'église. Vous oubliez que c'est notre épée qui a fondé la monarchie en Gaule et restauré l'Eglise catholique, il y a quatorze siècles, sans le concours des ensoutanés de cette époque.

L'ABBÉ MORLET. — Voilà de belles paroles, mais des paroles creuses. Puisque vous êtes si bien déterminé à tirer l'épée, monsieur le comte, voudriez-vous bien me dire pourquoi, hier même, vous avez résigné entre les mains du roi le commandement de votre régiment? Votre jactance est hors de saison.

LE COMTE DE PLOUERNEL. — Vous le savez de reste, monsieur l'abbé, mon régiment était devenu indisciplinable... le mal, d'ailleurs, datait de loin... Le premier symptôme d'insubordination parmi les gardes françaises remonte à deux années. Un sergent nommé Maurice... (*Victoria tressaille*)... eut, à cette époque, l'insolence de passer devant moi sans me saluer... et après que j'eus jeté à bas son chapeau d'un coup de canne, il eut l'audace de lever la main sur son colonel... J'ai fait passer ce mutin par les verges jusqu'à ce que mort s'ensuivit... Voilà comment je sais venger mon honneur.

Victoria, entendant M. de Plouernel raconter l'épisode du sergent Maurice, ne peut se dominer, ses traits se contractent et son regard s'attache menaçant sur M. de Plouernel... Une soudaine rougeur envahit son visage.

L'ABBÉ MORLET, *à part soi*. — Quel est ce mystère? La marquise vient de jeter sur le comte un regard implacable... puis elle a rougi, elle qui est toujours d'une pâleur de marbre! Quels rapports peuvent donc avoir existé entre cette marquise italienne et ce sergent aux gardes, mort il y a deux ans déjà!

(L'intendant entre en ce moment dans la salle à manger et s'approche du comte de Plouernel.)

LE COMTE DE PLOUERNEL. — Robert, quelles nouvelles nous apportez-vous ?

L'INTENDANT. — Terribles !... monseigneur...

LE COMTE DE PLOUERNEL. — Mons Robert n'est pas optimiste... En quoi consistent donc ces terribles nouvelles ?

L'INTENDANT. — Les barrières du trône et de Saint-Marcel sont en feu... on sonne partout le tocsin ! Les districts se sont rassemblés dans plusieurs églises !

LE CARDINAL, *vivement*. — Voyez quel est l'empire de notre sainte religion sur le populaire ; on prie devant les autels.

L'INTENDANT. — Hélas ! monseigneur, ce n'est point pour prier que les rebelles ont envahi les églises, mais bien pour y entendre des énergumènes, et entre autres un comédien nommé *Collot-d'Herbois*, qui prêche l'insurrection ! On piétine sur les vases sacrés, on crache sur les hosties, on déchire les ornements sacerdotaux.

LE CARDINAL. — Sacrilège ! profanation !

L'INTENDANT. — Un de nos gens, a vu afficher des placards que la canaille lisait à la lueur des torches ; sur l'un de ces placards il y avait écrit : « A vendre, par suite de décès, la charge de grand maître des cérémonies. S'adresser à la veuve Brezé pour traiter de la cession... »

LE MARQUIS, *riant*. — Ah ! pauvre *Braisé*... te voilà cuit ; il n'y a plus qu'à te manger.

L'INTENDANT. — Sur d'autres placards il y a écrit en grosses lettres : « NOM DES TRAÎTRES A LA NATION : *Louis Capet*, — *Marie Antoinette*, — *Provence*, — *d'Artois*, — *Conti*, — *Bourbon*, — *Polignac*, — *Broglie*, — *Breteuil*, — *Foulon*... » et autres noms !

LE VICOMTE DE MIRABEAU. — C'est désigner ces noms à la fureur de la populace !

L'INTENDANT. — Le bruit court dans Paris que demain le peuple doit se soulever en armes et marcher sur Versailles.

LE VICOMTE DE MIRABEAU. — Tant mieux, morbleu ! l'on écharpera cette canaille... canonniers, à vos pièces, feu !...

LE COMTE DE PLOUERNEL, *à Robert*. — Racontez à ces messieurs ce que vous savez. Est-ce tout ?

L'INTENDANT. — Hélas ! non, monseigneur... Ce mauvais peuple en armes entoure et menace l'Hôtel de Ville ; l'ancien échevinage est dissous, il est remplacé par une commission révolutionnaire, qui a pris en main le pouvoir...

LE COMTE DE PLOUERNEL. — Connaît-on les noms des membres de cette commission ?

L'INTENDANT. — Oui, monseigneur, l'on a jeté par les fenêtres de l'Hôtel de Ville, au peuple ameuté, des listes de ces noms... En voici une qui a été ramassée par notre émissaire. « Président du comité permanent, M. *de Flesselles*, ex-prévôt des marchands... »

LE DUC, *riant*. — Ah ! parbleu !... Si les autres membres de la commission sont des révolutionnaires de cette force-là... nous pouvons dormir tranquilles... Flesselles est à nos gages.

LE COMTE DE PLOUERNEL, *à l'intendant*. — Achevez la lecture de votre papier.

L'INTENDANT, *lisant*. — Ledit comité décrète séance tenante : — Article premier. — Une milice bourgeoise sera immédiatement organisée dans chaque district et composée des patentés. — Art. 2. — La cocarde de cette milice sera bleu et rouge, couleurs de la cité.

LE COMTE DE PLOUERNEL, *à l'intendant*. — Est-ce tout ?... Terminez votre rapport.

L'INTENDANT. — L'un de nos émissaires, arrivant du quartier du Palais-Royal, a entendu proférer dans ce quartier des menaces contre Sa Majesté Louis XVI, et surtout contre Sa Majesté la reine. L'on s'attend pour demain, monseigneur, à des évènements terribles !...

LE COMTE DE PLOUERNEL, *à l'intendant*. — Retirez-vous et envoyez encore aux informations.

VICTORIA. — Maintenant, messieurs, la gravité de la situation domine tout, il n'y a plus lieu de délibérer, il faut agir, le temps presse... Comte... la cour a-t-elle prévu que la fermentation de Paris pouvait pousser les factieux à la révolte ouverte ; et est-elle prête à combattre ?

LE COMTE DE PLOUERNEL. — Tout a été prévu... madame, on est en mesure de repousser les rebelles ; j'ai reçu ce matin même communication des projets de la cour.

LE CARDINAL. — Pourquoi alors nous laissez-vous nous égarer dans des suppositions et des discussions sans objet ?

LE COMTE DE PLOUERNEL. — On m'avait recommandé la plus extrême discrétion sur les dispositions de la cour ; mais devant les renseignements que mon intendant vient de nous donner sur l'état des esprits à Paris et sur les attentats que méditent les factieux, je crois devoir vous donner communication des plans de la cour... (*Le comte de Plouernel tirant de sa poche une note et lisant.*) — « M. le maréchal de Broglie est nommé généralissime des troupes. Il a dit ce matin à la reine : — Madame, avec les cinquante mille hommes dont j'ai le commandement, je me charge de mettre à la raison les beaux esprits de l'Assemblée nationale et la foule d'imbéciles qui les écoute. Le fusil et le canon feront rentrer sous terre ces tribuns insolents, et le pouvoir absolu reprendra la place que lui dispute l'esprit républicain...

« M. le maréchal de Broglie est investi des pleins pouvoirs militaires ; Bezenval commande Paris, de Launay tient la Bastille et menace de ses canons le faubourg Saint-Antoine ; la garnison de cette forteresse a été depuis quelques jours augmentée en secret, des munitions y ont été envoyées ; la Bastille est la clé de Paris, en cela qu'elle tient en respect les plus dangereux faubourgs et peut les anéantir par le canon.

« Les derniers régiments mandés de province par M. le maréchal arriveront cette nuit dans les environs de Versailles et renforceront l'effectif des Suisses et des régiments étrangers; une artillerie imposante, une cavalerie considérable, complèteront ce corps d'armée. Ces troupes ainsi réunies envahiront, après-demain 15 juillet, l'Assemblée nationale, qu'on aura laissée se réunir; l'Assemblée sera cernée par les régiments allemands; les meneurs du tiers état aussitôt arrêtés... » *(Le comte ajoute d'un ton confidentiel :)* — Les plus dangereux des factieux seront fusillés sur l'heure... Bon nombre des rebelles seront jetés dans les culs-de-basse-fosse des différentes prisons d'Etat du royaume. Enfin, le menu des députés du tiers état sera exilé à cent lieues au moins de Paris. Un arrêt royal dissoudra l'Assemblée nationale, déclarera nuls ses décrets; après quoi, M. le maréchal de Broglie, à la tête de son armée, marche sur Paris, l'occupe militairement, établit des conseils de guerre qui jugent sur l'heure et font passer par les armes tous les chefs de sédition, bannit les moins coupables et confisque leurs biens au profit du trésor royal. En cas de résistance, Paris est attaqué et traité en ville conquise... trois jours et trois nuits de pillage sont accordés aux troupes. Après quoi, l'autorité royale sera enfin rétablie dans la plénitude de sa grandeur... » — Voilà, messieurs, quel est le plan de la cour.

(Les acclamations des convives, moins celles de l'abbé, accueillent l'exposé du projet communiqué par M. de Plouernel.)

VICTORIA. — Ce plan me semble de tous points excellent, expéditif et pratique. Il a pour lui des chances de réussite... Cependant la cour a-t-elle prévu le cas où Paris, couvert de barricades et défendu par des gens déterminés, opposerait la résistance du désespoir ? La cour a-t-elle prévu le cas où M. le maréchal de Broglie échouerait dans sa lutte contre le populaire ?

LE COMTE DE PLOUERNEL. — Madame... ce cas est parfaitement prévu. Le roi et la famille royale, protégés par une force imposante, quitteraient Versailles et se retireraient dans une place forte des frontières... L'empereur d'Autriche, les rois de Prusse, de Suède, ainsi que la plupart des princes de la Confédération germanique seraient prêts à donner main forte au pouvoir royal; leurs armées passeraient la frontière, et Sa Majesté, à la tête des armées coalisées, rentrerait dans sa capitale, qui serait soumise à un châtiment terrible...

LE VICOMTE DE MIRABEAU. — Nous sommes tous décidés à verser sang pour la réussite de ce plan... courons à la bataille.

VICTORIA. — Ce projet a-t-il reçu l'approbation du roi; peut-on compter sur ses résolutions ?

LE COMTE DE PLOUERNEL. — La reine attendra que le moment de l'exécution soit arrivé pour en instruire Sa Majesté. Cependant, le roi a déjà consenti au rassemblement d'un corps d'armée dans le voisinage de Versailles; voilà un premier point obtenu.

VICTORIA. — Mais si le roi refuse d'adhérer à ce plan ? Quel parti songez-vous à prendre ?

LE COMTE DE PLOUERNEL. — L'on se passera du consentement de Louis XVI; s'il le faut, on procédera à sa déchéance; alors M. le comte de Provence serait déclaré lieutenant-général du royaume et la reine régente, avec un conseil composé de royalistes inflexibles. Les conseils de guerre et les pelotons d'exécution en permanence ! Des fusillades sans interruption.

VICTORIA, *à part*. — C'en est fait de la royauté, si le parti de la cour ose mettre ses projets à exécution... demain la Bastille sera prise... (*Haut... la figure rayonnante et tenant son verre à la main.*) A l'extermination de la révolution !... au rétablissement de la royauté, au triomphe de l'Eglise ! Vive la reine !...

TOUS LES CONVIVES. — Mort à la révolution !

LE COMTE DE PLOUERNEL. — Je vous donne rendez-vous à Versailles pour demain matin, messieurs... à la bataille...

TOUS, *moins l'abbé*. — Nous serons tous à Versailles pour exterminer le populaire !...

LE COMTE DE PLOUERNEL, *remarquant la froideur sardonique du jésuite*. — Etes-vous devenu muet, l'abbé, ou bien manquez-vous de confiance dans les projets de la cour ?

L'ABBÉ MORLET. — Je n'ai pas la moindre confiance dans vos plans; votre parti marchera de fanfaronnades en reculades jusqu'à sa suprême culbute, qui sera celle de la monarchie... mais nous serons là... nous autres tonsurés, prestolets, comme vous nous appelez, gens d'église, hypocrites et tartufes, pour réparer vos fautes, vos sottises, vos lâchetés... Les enfroqués et les ensoutanés vous méprisent.

(*Explosion de cris indignés poussés par les convives. Des menaces se croisent.*)

LE VICOMTE DE MIRABEAU. — Corbleu ! l'abbé, si vous n'étiez un homme de robe... vous paieriez cher vos injures...

LE CARDINAL, *haussant les épaules*. — Laissez déraisonner ce cafard de sacristie, ce rat d'église, ce jésuite...

UN LAQUAIS, *entrant et à haute voix*. — Mademoiselle Guimard attend Son Eminence dans son carrosse.

LE CARDINAL, *se levant*. — Diable !... diable ! J'avais de fait oublié la Guimard au milieu de mes préoccupations politiques... Allons affronter les colères de ma tigresse !

(Les convives de M. de Plouernel se lèvent de table et se forment en groupes avant de se séparer. Les discussions continuent.)

L'ABBÉ MORLET, *à part, les suivant de l'œil*.

— Niais courtisans... chevaliers imbéciles... prélats stupides... allez à Versailles... allez! Demain, la lie de la populace aura coupé sa première tête!!! l'appétit du meurtre vient en égorgeant... Quant à cette marquise étrangère, dont il faut se défier, s'il y a utilité à s'en débarrasser, sa belle tête à cheveux noirs... pourrait bien être promenée dès demain au bout d'une pique!!! Allons prévenir ce sacripant de *Lehiron,* l'ancien suisse de la paroisse de Saint-Médard, qu'il ait à réunir cette nuit même une bande de scélérats prêts à tout faire!... Allons aussi préparer mon déguisement et celui de mon filleul, le petit Rodin...

Les convives du comte de Plouernel ont quitté son hôtel depuis une demi-heure environ. Il est demeuré seul avec Victoria Lebrenn dans le salon des portraits : celle-ci semble absorbée dans la contemplation des tableaux...

M. de Plouernel, étonné du long silence de la marquise, et suivant la direction de son regard, se rapproche d'elle et lui dit avec un accent de surprise et de voix passionnée :

— Savez-vous, madame la marquise, que je deviens jaloux de mes ancêtres... car je remarque qu'eux seuls, depuis quelques instants, sont assez heureux pour attirer votre attention.

— C'est vrai, comte... Je réfléchis à l'illustration de votre race... et de cette glorieuse origine j'étais fière pour vous...

— Ah! Victoria... ces paroles... mais laissez-moi vous dire, madame la marquise, combien je vous aime... je sens que ma folle passion augmente chaque jour... Foi de gentilhomme, vous m'auriez poussé à la félonie aussi facilement que vous m'avez affermi dans la voie loyale que je suis... Vous m'avez affolé à ce point... que, pour être aimé de vous, j'aurais trahi mon roi, et entaché mon blason... Puis, tombant aux genoux de la marquise, le comte ajoute d'une voix palpitante : — Est-ce assez vous aimer... Victoria?... Au moment où M. de Plouernel saisit et couvre de baisers la main de Victoria, on frappe à la porte du salon.

— Relevez-vous, comte, — dit vivement la jeune femme, — c'est quelqu'un de vos gens...

L'intendant Robert entre précipitamment, tenant à la main un plateau sur lequel est une dépêche et dit à son maître :

— Un courrier venant du château de Versailles apporte cette dépêche pour monseigneur. Ce courrier a eu les plus grandes peines du monde à parvenir jusqu'ici; il a dû laisser son cheval à quelque distance de la barrière et quitter sa livrée royale, afin de traverser les rues pour éviter d'être arrêté par le peuple!...

— Sortez, dit M. de Plouernel à l'intendant après avoir pris la dépêche.

Il décachette l'enveloppe et se hâte de lire la missive, tandis que Victoria la suit d'un œil curieux, disant de sa voix la plus insinuante, la plus tendre en s'approchant du comte : — Quelque importante nouvelle, sans doute, mon cher Gaston? Vous en paraissez fort ému.

— Lisez... marquise, car je n'ai pas de secret pour vous, — répond M. de Plouernel remettant la dépêche à Victoria, — jugez de l'extrême gravité de cette nouvelle!

La jeune femme prend vivement la dépêche, y jette les yeux, puis, souriant à demi : — Cette dépêche est chiffrée... Donnez-m'en la clé. Je ne saurais la lire... sans votre aide.

— C'est vrai... pardon de ma distraction... — répond M. de Plouernel, et il lit ce qui suit, déchiffrant à mesure :

« Les évènements qui se sont accomplis aujourd'hui à Paris, et les nouvelles reçues de province sont d'une telle nature qu'il faut hâter l'exécution de nos mesures. Rendez-vous sur-le-champ à Versailles. Qu'aucun de nos amis ne manque. L'on agira probablement demain.

» Versailles, sept heures du soir. »

— Et il est minuit passé... — dit Victoria, vous auriez dû recevoir cette dépêche il y a au moins deux ou trois heures, D'où vient ce retard? Faut-il l'attribuer à la négligence ou à la trahison? Toutes les suppositions sont admises.

— Vous ne songez pas, marquise... que le courrier a dû prendre de grandes précautions pour entrer dans Paris et que ces précautions ont dû entraîner des retards. Donc, ni trahison ni négligence, aucun coupable.

— C'est juste... mais il n'y a pas un moment à perdre; il faut que vous vous rendiez à Versailles sur-le-champ .. demandez votre carrosse à l'instant. Que votre cocher brûle le pavé.

— Il serait imprudent à moi de sortir en voiture. Je vais monter à cheval suivi de deux ou trois de mes gens et me diriger vers le Gros-Caillou, le Cours-la-Reine, pour rejoindre la route qui mène de Courbevoie à Versailles. De là, ventre à terre jusqu'à Versailles.

M. de Plouernel tend la main à la jeune femme, et ajoute d'une voix émue : — Dieu sauve le trône!

Victoria se dirige elle-même vers la porte, s'arrête un instant au seuil, fait un dernier geste d'adieu à M. de Plouernel et disparaît en se disant à part elle :

— Pour terrifier la cour, pour faire avorter ses plans... il faut que demain le peuple s'empare la Bastille! Pas d'hésitation, il faut attaquer.

. . . .

M. Desmarais, avocat au parlement de Paris, député par le tiers état à l'Assemblée nationale, celui-là même qui avait été bâtonné par ordre du comte de Plouernel, demeurait près de la porte Saint-Honoré; il occupait une belle maison récemment construite et ornée avec goût.

Le lendemain de cette soirée où les principaux chefs du parti de la cour s'étaient réunis chez M. de Plouernel, madame Desmarais et sa fille Charlotte, âgée de dix-sept ans, échangeaient entre elles de tristes paroles.

— Ah ! mon enfant, disait madame Desmarais à sa fille, combien je me sens troublée de ce qui passe à Paris...

Madame Desmarais s'interrompt, voyant sa fille plongée dans une profonde rêverie.

La jeune fille reste encore un moment silencieuse ; puis, rougissant et les yeux bientôt noyés de larmes, elle se jette au cou de sa mère, avec effusion, cache sa figure dans le sein maternel et murmure d'une voix étouffée :

— Pour la première fois de ma vie, j'ai manqué de confiance envers toi, chère mère ; pardonne à ton enfant !

Madame Desmarais, surprise, inquiète, serre sa fille contre sa poitrine, essuie ses larmes, s'efforce de la calmer, l'embrasse tendrement, puis lui dit :

— Toi, manquer de confiance à mon égard, Charlotte ; tu aurais un secret pour moi ? Ne suis-je donc pas ta meilleure amie ?

— Hélas !... je m'accuse de l'avoir presque oublié... Sois indulgente envers ton enfant.

— As-tu donc à te reprocher quelque faute ?

— Peut-être... mais vous serez miséricordieuse pour votre fille...

— Mon Dieu !... dans quelle angoisse tu me jettes... je ne puis croire à ce que j'entends ; toi... avoir commis une faute !

— J'ai douté de votre cœur... de votre équité... j'ai porté un mauvais jugement sur mon père et sur vous qui m'avez comblée de tendresse depuis mon enfance.

— Achève cette confidence, si pénible qu'elle soit pour toi. Mets un terme à mon inquiétude.

Charlotte se recueille quelques instants ; puis elle reprend d'une voix tremblante :

— Il y a environ six mois, nous sommes venus occuper le second étage de cette maison encore inachevée... Mon père s'est lié avec l'un des artisans...

— Tu veux parler de Jean Lebrenn... promicr ouvrier de notre serrurier, maître Roussel...

— Mon père, frappé de l'excellente éducation et de l'intelligence de M. Jean Lebrenn, lui a offert l'usage de sa bibliothèque, et l'a engagé à venir nous visiter aux jours de fête... Mon père a donc jugé que M. Jean Lebrenn était digne d'être admis dans notre intimité. C'est ainsi que j'ai dû interpréter les procédés de mon père.

— Mon père a témoigné peut-être trop de bienveillance à ce jeune garçon, et mon frère a blâmé mon mari de ce qu'il autorisait des relations trop intimes entre nous et un simple ouvrier. Chacun doit rester à sa place.

— Mon oncle Hubert, répond Charlotte, s'est toujours montré très hostile à M. Jean Lebrenn, et même jaloux de lui...

— Ton oncle Hubert est un riche banquier, et ne peut avoir contre le protégé de mon mari ni hostilité ni jalousie.

— Cependant, le protégé de mon père a pu lui être de quelque utilité, car j'ai souvent entendu mon père dire à M. Jean que c'était à lui, à ses démarches, qu'il était redevable de son élection comme député de Paris.

— C'était de la part de mon mari une façon obligeante de remercier ce jeune artisan de quelques démarches qu'il a pu faire dans l'intérêt de l'élection de ton père.

— Permets-moi, chère mère ! de te faire observer que mon père ne voit pas les choses comme toi, puisque dimanche dernier il a invité M. Jean Lebrenn à dîner avec nous, l'a appelé « son ami. » Mon père lui a répété à plusieurs reprises que, grâce à la marche de la révolution... les privilèges de la naissance seraient bientôt abolis... que l'égalité, la fraternité, régneraient parmi les hommes.

— Eh bien ! Charlotte, en supposant que l'égalité dût régner parmi les hommes, qu'en veux-tu conclure ?

— M. Jean Lebrenn étant l'égal de mon père, des liens d'amitié peuvent exister entre eux.

— J'admets cela, pour un moment, qu'un garçon serrurier puisse se croire l'égal d'un avocat au Parlement de Paris... Arrive à la conclusion.

— J'espérais que vous me comprendriez, — balbutie la jeune fille confuse, et d'autant plus embarrassée qu'elle voyait combien sa mère était éloignée de soupçonner la nature de la confidence qu'elle avait à lui faire...

Soudain une commotion sourde, prolongée, répétée d'écho en écho, fait bruire et trembler les vitres du salon.

— Quel est ce bruit ?... — s'écrie vivement madame Desmarais en tressaillant et prêtant l'oreille avec plus d'attention.

De nouvelles commotions, plus distinctes que la première, se précipitant coup sur coup, ébranlent de nouveau les vitres et jusqu'aux portes du salon. A cet instant, l'une des servantes de madame Desmarais accourt effarée en s'écriant : — Madame ! ah ! madame... C'est le canon !... C'est l'artillerie qui tonne !...

— Grand Dieu ! — s'écrie madame Desmarais pâlissant, — et mon mari ! A quels dangers va-t-il être exposé ?

— Rassure-toi, mon père est à Versailles.

— L'on se bat à Paris... le contre-coup se fera sentir à Versailles !... Il y aura émeute, insurrection et massacres !...

— Les faubourgs attaquent la Bastille... reprend Gertrude tremblante. Au point du jour, notre voisin, M. Lebrenn, le serrurier, armé d'un sabre et d'un fusil, s'est mis à la tête d'un

rassemblement et s'est dirigé vers la Bastille.
— Hélas! il va au-devant de la mort... je ne le reverrai plus!... — s'écrie Charlotte en se levant ; et, brisée par l'émotion et l'épouvante, elle pâlit, ses yeux se ferment et elle s'évanouie entre les bras de sa mère et de la servante... Les deux femmes lui prodiguent leurs soins.

. . . .

Quelque temps s'est écoulé depuis que Charlotte Desmarais s'est évanouie. Les détonations de l'artillerie et de la fusillade se sont peu à peu ralenties, puis ont complètement cessé ; un silence profond règne au dehors. Charlotte a repris ses esprits ; elle cache son visage entre ses mains ; elle est assise à côté de sa mère. Celle-ci, grave, sévère, attache sur sa fille un regard attristé; elle semble d'abord hésiter à parler à sa fille et lui dit d'une voix brève et sèche : — Grâce à Dieu, Charlotte, te voici revenue de ton évanouissement. Continuons notre entretien, si malheureusement interrompu... il me paraît avoir pour nous tous une extrême importance... et je crois en démêler le but.

L'expression des traits de madame Desmarais, la froideur de son accent intimident la jeune fille; cependant elle se remet de cette émotion passagère, redresse la tête, laisse voir son visage baigné de larmes et reprend : — Je n'ai jamais employé avec vous la dissimulation. D'ailleurs, dans les circonstances actuelles, il me serait impossible de cacher les craintes que m'inspire le sort de M. Jean Lebrenn, car je l'aime passionnément! Je lui ai engagé ma foi... j'ai reçu ses serments... Nous nous sommes juré d'être l'un à l'autre. Voilà, chère mère, la confidence que j'avais à vous faire.

— Ah malheur à nous! Les prévisions de mon frère se sont réalisées ! Combien il avait raison de reprocher à mon mari le danger de ses relations avec cet artisan, — s'écrie madame Desmarais indignée ; puis, s'adressant à Charlotte: — Fille indigne ! Comment as-tu pu oublier tes devoirs à ce point et songer à unir ton sort à celui d'un misérable ouvrier ? Ignominie et bassesse ! Pour la famille c'est le déshonneur.

— Ma mère ! — répond Charlotte, relevant fièrement le front, — mon amour est noble et pur comme l'homme qui me l'a inspiré.

Gertrude, la servante, entrant de nouveau précipitamment, s'écrie du seuil de la porte: — Madame... bonne nouvelle!! Votre mari vient d'entrer dans la cour.

— Mon mari à Paris!... Quels évènements ont donc eu lieu à Versailles ?... Peut-être l'Assemblée est dissoute... peut-être est-il fugitif, proscrit? Mon Dieu! ayez pitié de nous.

Et s'élançant vers la porte, afin d'aller au-devant de l'avocat, madame Desmarais s'arrête au seuil, puis, s'adressant à Charlotte : — Jure-moi sur l'heure d'oublier ce honteux amour; à cette condition, je consens à ne point parler à ton père de cette triste confidence.

— Mon père doit tout savoir... répond résolument Charlotte, au moment où M. Desmarais entre dans le salon.

Le député du tiers-état est un homme arrivé à la maturité de l'âge; sa figure intelligente accuse plus de finesse que de franchise ; ses vêtements en désordre, la sueur dont est couvert son visage, témoignent de la précipitation de son retour; sa pâleur, l'altération de ses traits, l'effroi qu'ils révèlent, trahissent ses préoccupations ; mais l'expression de sa figure change à la vue de Charlotte et de sa mère. Il les serre l'une et l'autre entre ses bras à plusieurs reprises et s'écrie avec expansion : — Chère femme... chère fille ! embrassez-moi encore... je n'ai jamais ressenti davantage de quelle consolation peut être en ces temps maudits la douceur des joies du foyer domestique.

Et embrassant de nouveau sa femme et sa fille, l'avocat ajoute : Bénie soit votre présence à toutes les deux... elle peut pour un moment me faire oublier le souvenir des atrocités commises par un peuple de cannibales!!!

M. Desmarais prononçait ces derniers mots, lorsqu'une explosion de chants de triomphe, lointains d'abord, puis de plus en plus rapprochés, éclate au dehors. — Victoire! — La Bastille est au peuple! — A bas la cour! — A bas les traîtres! — A bas le roi! — Mort à la reine! — Vive la nation!

Puis peu à peu le bruit de ce tumulte s'amoindrit et s'éloigne.

— La Bastille est prise... mais que de sang a dû couler pendant cette héroïque attaque ? — pensait Charlotte, s'efforçant de dominer ses appréhensions au sujet de Jean Lebrenn ; puis, portant son mouchoir à ses lèvres pour étouffer un sanglot : — Il est mort peut-être... Mon Dieu, ayez pitié de ma douleur...

— Que signifient ces cris, mon ami ?... — avait dit madame Desmarais à son mari. — Est-il possible que la Bastille soit au pouvoir du peuple ?... Les ouvriers ont-ils donc vaincu l'armée ? En quel temps vivons-nous ?

— La Bastille est prise! Jour néfaste! Le peuple est vainqueur.

Charlotte écoute, stupéfaite, les plaintes de son père au sujet de la victoire que vient de remporter le peuple ; mais avant qu'elle ait pu s'expliquer ce revirement dans les idées de son père, Gertrude entre dans le salon, criant du seuil de la porte avec allégresse : — Encore une bonne nouvelle! La mère Lebrenn, notre voisine, vient d'envoyer un de ses apprentis pour vous prévenir qu'on venait de lui apporter un billet de M. Jean, lui annonçant qu'il a reçu un simple coup de feu à l'épaule pendant la bataille... et que le peuple est vainqueur partout.

Les vainqueurs de la Bastille

— Jean Lebrenn ! — s'écrie M. Desmarais d'un air courroucé, — il a pris part à cette insurrection ! Faites répondre à la mère Lebrenn que je ne prends aucun intérêt aux complices des massacres ! exclame impétueusement M. Desmarais... Puis, se ravisant : Vous direz à l'apprenti que vous avez fait sa commission...

— Pas même un mot d'intérêt pour Jean blessé ! — pensait Charlotte. Ah ! du moins merci, mon Dieu... la blessure de Jean est légère ! je n'ai pas à trembler pour ses jours !

— Si la révolution doit un jour avorter... ce sont les fous de l'espèce de ce Lebrenn qui en seront la cause, — reprit M. Desmarais avec amertume. — Ils ne veulent pas comprendre que l'idéal du gouvernement est une royauté bourgeoise, constitutionnelle... soustraite à l'influence des cours, désarmée, et subordonnée à une assemblée composée de représentants du tiers état... Ces misérables ouvriers déshonorent la révolution par l'assassinat...

— Mon père, — reprend Charlotte d'une voix ferme et le front empourpré par un généreux ressentiment, — M. Jean Lebrenn... ne peut pas être considéré comme un assassin.

— J'ai cru à l'honnêteté de cet ouvrier que j'ai comblé de bontés... malgré les reproches de ton oncle Hubert... répond M. Desmarais. — Mais puisque Jean Lebrenn a pris part à cette insurrection, je lui retire mon estime... je le regarde comme un brigand !...

— Jean Lebrenn ! un brigand ! — s'écrie Charlotte, ne pouvant réprimer son indignation. — C'est vous, mon père... qui outragez ainsi un homme que vous appeliez naguère votre ami ! Quelle contradiction dans ce langage !

— Mon cher mari, — reprend madame Desmarais, interrompant sa fille, afin de retarder

179ᵉ livraison

une explication dont elle redoutait l'issue, — tu ne nous as pas dit encore quelles circonstances ont nécessité ton départ de Versailles, et pourquoi tu es à Paris au lieu de siéger à l'Assemblée nationale.

— Hier soir et durant cette nuit, les bruits les plus sinistres circulaient à Versailles... Selon les uns, le parti de la cour avait obtenu du roi la dissolution de l'Assemblée... les membres du côté gauche devaient être arrêtés comme factieux, incarcérés ou bannis du royaume.

— Grand Dieu! tu sièges de ce côté, mon ami!... A quel danger n'étais-tu pas exposé!

— L'on ne m'eût pas arraché vivant de ma chaise curule... — répond majestueusement l'avocat. — Mais le parti de la cour, effrayé par le bruit du canon de la Bastille, que l'on entendait de Versailles... a reculé devant un pareil attentat dont les conséquences étaient à redouter.

— Je respire! — dit madame Desmarais avec un soupir d'allégement. — Tu n'es ni fugitif ni proscrit... Dieu en soit loué!

— D'autres bruits agitaient Versailles et l'Assemblée au sujet de la fermentation de Paris. On avait aperçu, pendant la nuit, des combles du château, la lueur des barrières incendiées... Au matin, un courrier dépêché par le baron de Bezenval, commandant de Paris, avait informé le gouvernement que les gens du faubourg Saint-Antoine, aidés par ceux des autres faubourgs, assiégeaient la Bastille. Cette agression fut considérée par la majorité des représentants comme une entreprise aussi coupable qu'insensée; nul ne pouvait admettre qu'un ramassis de peuple, en haillons, presque sans armes, pourrait s'emparer d'une forteresse défendue par une garnison et de l'artillerie. L'entreprise était au suprême degré, extravagante.

— La victoire du peuple tient réellement du prodige! — reprend madame Desmarais. C'est vraiment de l'héroïsme.

— Hélas! encore quelques prodiges comme celui-là et le pouvoir royal est renversé, et nous tombons dans l'anarchie, — répond l'avocat avec amertume. — Le peuple, enivré de son triomphe, ne se contentera pas de sages réformes; après avoir abattu la royauté, la noblesse et le clergé, il se tournera contre la bourgeoisie, et nous, ses alliés pendant le combat, nous deviendrons ses victimes après la victoire. Il poussera jusqu'au bout la logique des principes.

— Grand Dieu... mon ami, tu exprimes aujourd'hui les mêmes opinions que tu combattais naguère chez mon frère.

— Ton frère Hubert est un homme violent qui n'entend rien à la politique... — répond l'avocat assez embarrassé de l'observation de sa femme, et il ajoute: — Ce matin, l'Assemblée nationale désirant être fixée sur les bruits contradictoires relatifs à l'état des choses à Paris, a chargé plusieurs de ses membres... je suis de ce nombre... d'aller s'informer *de visu* de la marche des événements et d'arrêter l'effusion du sang, s'il est possible. Malgré notre hâte à nous rendre à Paris, le peuple, à notre arrivée, était déjà maître de la Bastille; et déjà il avait déshonoré sa victoire en massacrant le marquis de Launay, gouverneur de la forteresse, ainsi que plusieurs officiers. Ces meurtres ont même été suivis de scènes de cannibales dont j'ai été témoin. Mais chaque chose viendra en son temps. Nous nous sommes rendus, mes collègues et moi, à l'Hôtel de Ville... Nous parvenons, à grand'peine, à nous frayer un passage à travers les flots d'une populace en armes; nous voyons le malheureux Flesselles, président de la commission des Notables, les vêtements en lambeaux... livide... accablé de coups, d'outrages, traîné sur la place et massacré!... Après le noble, le bourgeois!

Parmi ses assassins, j'ai remarqué une espèce de géant, à face patibulaire, et un homme de petite stature dont le visage disparaissait à demi sous une énorme barbe rousse, évidemment postiche, et ayant à ses côtés un enfant de huit à neuf ans. Un instant, j'eus l'espoir que le malheureux Flesselles pouvait être sauvé, mais les déclamations de l'homme à la barbe rousse et du géant portèrent au paroxysme l'exaspération d'une bande de cannibales qu'ils paraissaient diriger, et je reconnus bientôt que le prévôt des marchands était perdu. L'homme à barbe rousse s'approche de lui et lui casse la tête d'un coup de pistolet tiré à bout portant; la bande féroce se jette sur l'infortuné au moment où il tombe à terre, et le crible de blessures; le géant termine l'horrible besogne, coupe la tête et la plante au bout d'une pique. Tous ces scélérats et le petit enfant au milieu de la bande se mettent à danser autour de ce hideux trophée en chantant, en vociférant.

— Mon sang se glace dans mes veines, mon ami, en songeant au danger que tu courais au milieu de cette populace, reprend madame Desmarais. Ces forcenés sont pires que des cannibales, et Paris semble être en leur pouvoir.

— Voilà ce que j'ai vu, et malheureusement ce ne sera pas le seul crime qu'il y aura à déplorer. D'autres meurtres suivront ce premier assassinat! Le sang versé jette le peuple dans une sorte de frénésie... Enfin, j'ai pu m'échapper, j'ai pu sortir de la foule, et je suis accouru auprès de toi, chère femme, et auprès de notre fille. Voilà de quels crimes sont fauteurs ou complices les vainqueurs de la Bastille!... En donnant le signal de l'insurrection, ils ont lancé la populace dans tous les hasards de la révolte. Voilà pour quelle raison Jean Lebrenn n'est à mes yeux qu'un brigand.

— Vous êtes injuste, mon père, à l'égard de celui que vous appeliez votre ami, — dit Charlotte d'une voix ferme et résolue. — La réflexion vous fera revenir à des sentiments plus équitables envers M. Lebrenn.

L'avocat, étonné des paroles et de l'accent de sa fille, interroge sa femme du regard, comme pour lui demander la cause de l'étrange appui prêté par Charlotte à Jean Lebrenn.

— C'est moi, mon père, qui dois vous donner les explications que vous paraissez demander à ma mère. Je n'hésite pas à le faire.

Je ne vous rappellerai pas combien de fois vous vous êtes exprimé en termes bienveillants sur le compte de M. Lebrenn ; cette bonne opinion que vous aviez de lui était méritée, et j'ose affirmer qu'il continue à s'en montrer digne.

Je ne vous rappellerai pas les preuves de dévouement que vous a données M. Lebrenn.. notamment à l'occasion de votre élection... je ne veux vous faire souvenir que du fait qui a trait à l'outrage dont vous avez été victime de la part de M. le comte de Plouernel, et dont vous lui fîtes la confidence un soir, il y a deux mois. Il m'en coûte beaucoup de raviver une plaie saignante dans votre cœur... mais souvenez-vous de quelle généreuse colère fut pris M. Lebrenn à cette révélation !... « Je ne suis qu'un artisan, et sans doute ce grand seigneur me trouvera indigne de tirer l'épée contre lui... » — vous dit M. Jean Lebrenn : — « mais j'en jure Dieu, je saurai punir le misérable, avec ces bras robustes que le ciel m'a donnés. » Déjà il s'élançait vers la porte du salon pour aller vous venger, lorsque vous l'avez arrêté, vous et ma mère, à grand'peine, et vous avez dû employer des supplications pour lui faire promettre de ne pas attaquer votre ennemi... Après quoi, le serrant dans vos bras, vous lui avez dit, d'une voix émue et des larmes dans les yeux : — « Ah ! mon ami... vous seriez mon fils, que vous ne ressentiriez pas autrement l'outrage que j'ai reçu. Cette marque d'attachement, jointe à tant d'autres preuves de votre affection, vous rendent si cher à mon cœur qu'à partir de ce moment je vous regarde comme l'un des membres de ma famille. Toute notre affection vous est acquise... »

— Qu'est-ce que tout ceci a de commun avec les excès dont M. Lebrenn a été l'un des instigateurs, et avec l'assassinat dont j'ai été témoin ? Allons, parle en termes clairs, explique ta pensée. Je ne comprends rien à ce pathos.

— De quel droit, mon père, voulez-vous rendre M. Lebrenn responsable d'un meurtre auquel il est absolument étranger ?

— Mais quel si grand intérêt, ma fille, avez-vous à prendre le parti de M. Lebrenn contre votre père ?

— Malgré mon ignorance de la politique, cher père, je comprends qu'en attaquant la Bastille, le peuple a voulu détruire le repaire où gémissent tant d'innocentes victimes... et que M. Lebrenn, en s'unissant aux insurgés, a peut-être espéré qu'il trouverait son père au fond de l'un des cabanons de cette forteresse.

— Et quand même le hasard amènerait cette découverte ! — s'écrie l'avocat Desmarais de plus en plus surpris et commençant à s'irriter de la persistance de sa fille à défendre Jean Lebrenn, — ce hasard absoudrait-il les excès dont la prise de la Bastille a été le signal ? Et leur responsabilité ne doit-elle pas retomber sur ceux-là qui ont pris part à cette attaque, sur M. Lebrenn entre autres, qui est, paraît-il, l'un des chefs de l'insurrection ?

— Le souvenir des services rendus vous pèse-t-il à ce point, mon père, que vous cherchiez à vous dégager de toute reconnaissance, sous le prétexte d'une responsabilité que vous voulez faire peser sur un homme généreux pour des crimes commis par d'autres ?

— Savez-vous, Charlotte, reprend l'avocat, après un instant de réflexion et d'un ton de voix sévère, que votre persévérance à défendre cet homme pourrait me donner d'étranges soupçons sur votre sagesse.

— Mon ami, interrompt madame Desmarais, il ne faut pas attacher d'importance à quelques paroles échappées à notre fille dans un moment d'exaltation...

— Vous vous trompez, chère mère... je suis parfaitement calme... mais je ne puis entendre calomnier un homme de cœur et d'honneur sans protester contre ce que je regarde comme une grande iniquité à son égard...

Pourquoi ne dirais-je pas à mon père... ce que je vous ai avoué à vous, ma mère?... Que depuis deux mois, j'ai engagé ma foi à M. Jean Lebrenn, que je lui ai juré de ne jamais avoir d'autre époux que lui. Et j'ajouterai devant vous, mon père, devant vous, ma mère, que je serai fidèle à ma promesse...

— Grand Dieu... — murmure l'avocat frappé de stupeur, — ce misérable ouvrier a osé lever les yeux sur ma fille. Il a suborné mon enfant ! Mort et damnation ! j'en tirerai vengeance.

— Vous êtes dans l'erreur, mon père... votre fille n'a point été subornée, — répond fièrement Charlotte. — Ce *misérable* ouvrier en présence duquel vous vous êtes élevé tant de fois contre les priviléges de la naissance, contre les distinctions qui séparent les classes de la société... ce *misérable* ouvrier que vous traitiez en ami, en égal, alors que vous jugiez son appui nécessaire à votre ambition... ce *misérable* ouvrier a cru à la sincérité de vos opinions, mon père; il a vu en moi son égale... et son amour a été aussi pur, aussi respectueux que profond... et dévoué... et mon cœur s'est donné à lui...

— Vous êtes une effrontée ! — s'écrie l'avocat pâle de colère, — Sortez de ma présence, vous déshonorez mon nom !

— Je crois au contraire honorer votre nom, mon père, en pratiquant ces principes d'égalité, de fraternité, dont vous vous êtes fait le généreux promoteur...

En ce moment, des voix nombreuses se font entendre sous les fenêtres de l'appartement de M. Desmarais et l'acclament avec enthousiasme : « Vive le citoyen Desmarais ! Vive l'ami du peuple ! Vive notre représentant ! » Ces témoignages de la confiance et de l'affection populaires adressés à M. Desmarais offraient une contradiction si étrange avec les reproches qu'il venait d'adresser à Charlotte, que l'avocat, sa femme, sa fille, sous l'impression de ce contraste, gardèrent le silence.

— Vous entendez, mon père ? — dit enfin Charlotte, — ces braves gens croient, ainsi que moi, à la sincérité de vos principes égalitaires. Ils vous acclament comme l'ami du peuple.

Au même moment, Gertrude accourt essoufflée dans le salon, en disant : — Une troupe de vainqueurs de la Bastille, conduite par M. Lebrenn, est arrêtée devant la maison ; on invite monsieur à paraître au balcon et à faire une harangue.

— Mort de ma vie ! c'en est trop ! — reprend l'avocat au moment où de nouveaux cris retentissent au dehors : — Vive le citoyen Desmarais ! — Vive l'ami du peuple ! — Qu'il paraisse ! — Qu'il paraisse... Vive la nation ! A bas le roi ! Mort aux aristocrates !

— Mon ami, il n'y a pas à hésiter... il y aurait pour toi le plus grand danger à refuser de paraître et d'adresser quelques bonnes paroles à ces forcenés. Il faut faire contre mauvaise fortune bon cœur, — dit madame Desmarais alarmée ; puis, s'adressant à Gertrude : — Vite, vite, ouvrez la fenêtre du balcon.

La servante s'empresse d'exécuter cet ordre, et tel est le spectacle que présente en cet endroit la rue Saint-Honoré : Aussi loin que le regard peut s'étendre, cette rue est encombrée de foule ; les habitants des maisons voisines, attirés par le bruit, occupent toutes les fenêtres ; la colonne des vainqueurs de la Bastille stationne en face et aux abords de la demeure de l'avocat Desmarais ; cette colonne se compose en majorité d'hommes du peuple, vêtus de leurs habits de travail ; les uns portent des fusils, des piques, des sabres ; beaucoup d'entre eux sont armés des outils de leur profession. Tous, bourgeois, artisans, soldats, acclament la victoire populaire aux cris mille fois répétés de : — Vive la nation !

Au centre de la colonne, deux canons d'artillerie légère pris dans les cours de la forteresse ; sur le caisson de l'un de ces canons, debout, appuyée sur la hampe d'une pique à banderole tricolore, se tient une femme de haute stature, un mouchoir rouge ceint à demi sa chevelure dont les longues tresses flottent sur ses épaules... une robe de couleur sombre laisse nus ses bras robustes. Elle tient sa pique d'une main et de l'autre une chaîne de fer brisée. Cette femme du peuple semble être le génie de la liberté... c'est Victoria Lebrenn.

Derrière les canons, stationne une charrette attelée d'un cheval, ornée de branchages et entourée d'hommes portant, au bout de longues perches ou de piques, des chaînes, des carcans de force, des bâillons, des brodequins de fer, des corselets de fer, des tenailles et autres horribles instruments de torture d'une forme étrange, enlevés aux souterrains de la Bastille. Dans la charrette, trois des captifs délivrés par le peuple... L'un d'eux est le prévôt de Beaumont, emprisonné depuis quinze ans pour avoir dénoncé le pacte de famine. Un autre semble avoir perdu la raison par suite des souffrances d'une longue captivité, c'est le comte de Solage, emprisonné par lettre de cachet sous le règne de Louis XV. Le dernier de ces trois prisonniers est cassé, voûté, perclus ; ses cheveux sont blancs comme sa longue barbe. Il lève vers le ciel ses yeux atones... hélas ! ce malheureux est devenu aveugle dans son cachot, c'est le père de Jean Lebrenn... Il s'appuie sur le bras de son fils, blessé à l'épaule d'un coup de feu... Pauvre victime de la tyrannie !

Tel est le tableau qui s'offre à la vue de l'avocat Desmarais lorsqu'il se met au balcon de sa demeure, ayant à ses côtés sa femme et sa fille. Le premier regard de Charlotte a cherché et bientôt trouvé Jean Lebrenn... Elle devine que ce vieillard arraché aux cachots de la Bastille est le père de Jean. La présence de l'avocat Desmarais et de sa famille a été saluée par une nouvelle explosion d'acclamations enthousiastes : Vive l'ami du peuple!

L'avocat Desmarais a cédé aux nécessités politiques de sa position ; il fait contre fortune bon cœur. Souriant, avenant, empressé, il commence par saluer du sourire, du regard et du geste le populaire assemblé sous ses fenêtres, il s'incline ensuite, place la main sur son cœur afin d'exprimer par cette pantomime l'émotion, la reconnaissance dont il est censé pénétré pour la manifestation dont il est l'objet.

Le silence se rétablit dans la foule... Jean Lebrenn, toujours debout sur la charrette, près de son père, s'adresse alors à l'avocat d'une voix vibrante et sonore :

— Citoyen Desmarais, défenseur des droits du peuple ! merci à vous, notre mandataire à l'Assemblée nationale ! vos actes, vos discours patriotiques ont répondu à tout ce que nous attendions de vous ! Honneur à l'ami du peuple !

L'avocat fait signe qu'il désire répondre. Le tumulte s'apaise, le représentant du tiers état s'exprime ainsi :

— Citoyens ! mes amis, mes frères ! Les termes me manquent pour vous exprimer l'admiration que m'inspire votre victoire ! grâce à vos généreux efforts, le plus formidable rempart du despotisme est renversé !.. Soyez assurés, citoyens, que vos représentants comprendront la signification de la prise de la Bastille...

L'Assemblée a déclaré que les ministres et les conseils actuels de Sa Majesté, de *quelque rang de l'État* qu'ils pussent être, étaient *personnellement* responsables des malheurs présents et de ceux qui peuvent suivre. Responsabilité des ministres et de tous les fonctionnaires.

— Bravo ! — Vive Desmarais ! — Vive l'Assemblée ! — Vive la nation ! — Mort au roi ! — Mort à la reine ! A bas les aristocrates !

— Rien ne pouvait m'être plus agréable, citoyens, que le choix que vous avez fait du citoyen Lebrenn comme l'interprète des sentiments qui vous animent... Honneur à ce jeune et vaillant ouvrier, fils de l'une des victimes arrachées aux cachots de la Bastille...

Cette allocution, prononcée par l'avocat Desmarais avec toute l'apparence d'un grand attendrissement, émeut le populaire ; des larmes coulent de tous les yeux. Le père de Jean Lebrenn serre son fils dans ses bras, et Charlotte, ne pouvant plus contenir ses pleurs, se dit en levant vers le ciel un regard de reconnaissance :

— Merci, mon Dieu !... mon père est revenu à de meilleurs sentiments ; il a reconnu l'injustice de ses préventions contre Jean !

Quand l'émotion produite par cette scène est passée, l'avocat Desmarais reprend : — Adieu et au revoir, citoyens ! mes amis... mes frères... je retourne à Versailles... L'Assemblée avait chargé trois de mes collègues et moi de venir nous informer par nous-mêmes de l'état des choses à Paris... Nous rendrons compte de notre mission à l'Assemblée comme il convient de le faire. Vive la nation !

Après un dernier geste de salut adressé à la foule, l'avocat Desmarais quitte le balcon. Il est rentré dans l'intérieur de son appartement.

Peu d'instants après que l'avocat Desmarais eût quitté le balcon de sa maison, la colonne des vainqueurs de la Bastille se remit en marche, s'éloigna. Presque aussitôt déboucha tumultueusement dans la rue Saint-Honoré une bande d'hommes dont l'aspect contrastait étrangement avec celui des gens du peuple harangués par M. Desmarais. Les uns étaient couverts de guenilles, les autres étaient vêtus d'une façon moins sordide, mais presque tous portaient sur leur figure le stigmate du vice ou du crime : cette bande était composée de gens sans aveu, artisans fainéants, ouvriers débauchés, bourgeois ruinés par l'inconduite, devenus filous, escrocs, souteneurs de tripots et de mauvais lieux, voleurs et repris de justice, assassins ; tourbe hideuse, capable de tous les crimes ; tourbe exécrable que nos éternels ennemis soudoient et poussent facilement à ces saturnales, dont le peuple est trop souvent rendu responsable... misérables à la solde des prêtres, des nobles et de la police.

A la tête de ces bandits marchait un homme d'une figure patibulaire, d'une taille gigantesque, d'une carrure herculéenne et assez bien vêtu. Ancien sergent racoleur, puis souteneur de brelans, enfin *suisse* de l'église de Saint-Médard, Lehiron, c'était le nom du chef de la bande, avait été chassé de ce dernier emploi pour vol du tronc des pauvres ; il portait une ceinture de laine rouge laissant voir deux pistolets d'arçon et un coutelas sans fourreau. Sans habit et les manches de sa chemise retroussées jusqu'aux coudes, il montrait ses bras nus rougis de sang. Il portait au bout d'une pique la tête de M. de Flesselles, et de temps à autre, brandissant ce trophée, il criait d'une voix de stentor : — Vive la nation ! — Les aristocrates à la lanterne ! A mort tous les nobles !

— A mort les ennemis du peuple ! — Les aristocrates à la lanterne ! — répétaient ces bandits agitant leurs piques, leurs sabres ou leurs fusils noircis par la poudre.

— Les aristocrates à la lanterne ! criait aussi d'une voix grêle, mais perçante, un enfant donnant la main à un homme misérablement vêtu, l'homme à la barbe postiche dont avait parlé M. Desmarais. C'était le jésuite Morlet, et l'enfant, son filleul, le petit Rodin. Au moment où cette bande fut en vue de la maison de l'avocat, le jésuite s'approcha de Lehiron et lui dit quelques mots à voix basse. Celui-ci s'arrêta, fit faire silence à ses acolytes, et cria d'une voix de stentor : — Mort aux bourgeois ! — Mort aux traîtres ! — A la lanterne Desmarais !

Puis la bande se remet en marche ; mais l'abbé Morlet, qui se trouvait en tête de la colonne, ne tarda pas à rejoindre les dernières files des vainqueurs de la Bastille, et il aperçut Victoria debout sur l'affût du canon, d'où elle dominait la foule... Malgré le changement que son costume apportait dans sa physionomie, le jésuite reconnut en elle la marquise Aldini. Cette découverte stupéfia l'abbé Morlet. Mais soudain Victoria étant descendue de l'affût du canon, le jésuite quitta ses compagnons pour essayer de la rejoindre et éclaircir ses soupçons à l'encontre de l'héroïne du peuple.

Le petit Rodin suivit son doux parrain, et tous les deux, se faufilant parmi les gens du quartier, surpris et effrayés des cris de mort poussés par la bande sinistre, s'informèrent au sujet de cette belle femme brune coiffée d'un mouchoir rouge et qui se tenait naguère debout sur l'affût d'un canon, ayant une communication à lui faire, prétendait l'abbé. Une mercière, attirée sur le seuil de sa boutique, répondit à l'abbé Morlet qui l'interpellait à ce sujet :

— Cette belle jeune femme qui, tout à l'heure, a sauté à bas de son canon, est entrée dans la maison n° 17, avec notre voisin Jean Lebrenn. Voilà ce que je puis vous dire.

— La famille Lebrenn demeure donc dans cette rue, ma chère dame ?

— Certainement, la mère Lebrenn occupe avec sa famille deux chambres au quatrième étage de la maison du n° 17.

— Je vous remercie, ma chère dame, de vos renseignements, — répond le jésuite cachant à peine la joie que lui cause cette découverte inattendue... grands remerciements.

— Enfin, — se disait l'abbé, — je retrouve la trace de cette famille que nous avions perdue de vue depuis plus d'un siècle... Quelle heureuse chance ! Prendre deux lièvres au gîte... la prétendue marquise Aldini et la famille Lebrenn... Des ennemis découverts sont à moitié vaincus. Dressons nos batteries en conséquence.

— Doux parrain, — dit en ce moment à l'abbé le petit Rodin d'un air déterminé, — je n'ai pas peur de voir couper des têtes.

— Mon enfant, — répond le jésuite d'un air paterne et béat, — il faut non seulement ne point avoir peur... mais se sentir le cœur allègre... lorsqu'on voit mettre à mort des ennemis de notre sainte mère l'Eglise de Rome.

— Doux parrain, M. de Flesselles était donc un ennemi de notre sainte mère l'Eglise ?

— Mon enfant, la mort de M. de Flesselles, innocent ou coupable, était utile à la bonne cause... La bande Lehiron continuait de crier en passant sous les fenêtres de l'avocat Desmarais : — A mort les ennemis du peuple ! — A mort les bourgeois ! A la lanterne Desmarais !

Ces cris n'étaient pas tout d'abord parvenus aux oreilles de l'avocat, et à peine quittait-il le balcon que sa fille, se jetant à son cou, lui disait d'une voix entrecoupée par des sanglots de joie :

— Merci... oh ! merci, mon père, de ce que vous venez de dire.

— De quoi me remerciez-vous ?

— Je vous remercie des bonnes paroles que vous venez d'adresser à M. Jean Lebrenn — répond Charlotte avec expansion, ne remarquant pas encore le brusque changement qui s'était opéré dans la physionomie de l'avocat.

— Comment ! vous prétendriez abuser de la nécessité où je me suis trouvé réduit, d'adresser à cet ouvrier quelques paroles de bienveillance pour sauvegarder ma maison du pillage... et peut-être pour sauver ma vie... celle de ma femme et la vôtre, pour m'obliger à donner mon consentement à votre union avec un garçon serrurier ! Vous êtes une indigne fille.

— Ainsi... vos paroles si cordiales... vos protestations si touchantes étaient autant de mensonges !... murmure la jeune fille anéantie. Tout cela était comédie et imposture !

— Charlotte, — continue M. Desmarais d'un ton résolu, — pour couper court à cette passion qui serait pour nous tous un déshonneur, je vous déclare que vous ne reverrez plus cet homme, et, dès demain, vous quitterez Paris. Telle est ma volonté.

— Mon père... de grâce... revenez sur cette détermination...

— Ma chère amie, — poursuit M. Desmarais sans écouter sa fille et s'adressant à sa femme, — je retarderai d'un jour mon retour à Versailles... fais en hâte tous les préparatifs de voyage... nous partirons demain matin. Je t'emmène avec moi ainsi que notre fille.

— Par pitié, mon père, ne me poussez pas au désespoir.

— Vous connaissez ma volonté... rien ne pourra me fléchir...

— Maudit soit ce jour... — s'écrie la jeune fille avec indignation — où vous me forcez à oublier le respect que je dois à mon père ! !... Hélas ! c'est vous, c'est bien vous, mon père, qui, tout à l'heure, protestiez de votre amour pour le peuple, de votre dédain pour les privilèges de la fortune et de la naissance ; et, maintenant, vous déclarez devant moi que vos protestations étaient mensongeuses, que vous méprisez le peuple, que vous le redoutez, que vous le haïssez !.... L'imposture et le mensonge me poussent à la révolte.

— Vous tairez-vous... fille indigne ! ne voyez-vous pas que la fenêtre est ouverte et qu'on pourrait entendre du dehors vos imprudentes paroles... Avez-vous donc juré de nous faire égorger ? — s'écrie M. Desmarais courant à la croisée du balcon pour la fermer.

C'est en ce moment que passait la bande de Lehiron sous les fenêtres de l'avocat ; et à l'instant où il va prendre l'espagnolette pour fermer la fenêtre, apparaît à la hauteur de son visage... la tête livide de Flesselles plantée au bout d'une pique... et tenue par l'un des scélérats... M. Desmarais jette un cri d'épouvante et se recule en portant les mains devant ses yeux pour ne pas voir cet horrible spectacle. La bande s'est arrêtée sous les fenêtres de l'avocat ; de nouveaux cris éclatent au dehors :

— Vive la nation ! — A mort les ennemis du peple ! — A la lanterne les aristocrates ! — A la lanterne Desmarais !

Ces clameurs semblaient, par une étrange coïncidence, répondre si à propos aux paroles adressées par Charlotte à son père, que madame Desmarais, saisie d'épouvante, se jette à genoux dans l'attitude de la prière, joint les mains et balbutie une invocation à Dieu.

— A la lanterne Desmarais! — A mort le traître! — hurle encore la bande de Lehiron, qui se remet en marche. Puis les cris de mort s'éloignent avec la bande qui continue à suivre les vainqueurs de la Bastille. La bande de chacals venait derrière les lions.

M. Desmarais sort peu à peu de l'état de stupeur où il était plongé, et, s'adressant à Charlotte, s'écrie d'une voix rendue frémissante par une colère contenue : — Fille dénaturée! fille parricide! Avez-vous entendu ces cris de mort vociférés contre votre père... par ces cannibales qui portent en trophée la tête de Flesselles? Ces hommes qui, bientôt peut-être, auront fait subir le même supplice à votre père, sont les amis, les frères de Jean Lebrenn. Votre amant est, comme eux, un assassin! J'ai en horreur toute cette plèbe révoltée.

. . . .

Pendant que l'avocat Desmarais accablait Charlotte de reproches au sujet de son amour pour Jean Lebrenn, celui-ci était près de sa mère, dans le modeste logis de la famille, composé de deux chambres, au quatrième étage d'une vieille maison de la rue Saint-Honoré ; dans la plus grande des deux pièces se voyaient deux lits ; l'un, que nul n'occupait depuis bien des années, depuis le jour où Ronan Lebrenn avait disparu sans qu'on sût ce qu'il était devenu ; la pièce contenait une sorte de petite bibliothèque, garnie de livres imprimés par lui, un établi portatif où Jean parachevait à la veillée quelques œuvres de serrurerie, des ustensiles, des meubles de ménage et un buffet de bois de noyer renfermant les reliques et les légendes de la famille.

Madame Lebrenn est âgée d'environ soixante ans ; ses chagrins domestiques, plus encore que les années, ont affaibli, ruiné sa santé ; sa figure vénérable est d'une pâleur et d'une maigreur extrêmes ; la pauvre femme tient en ce moment, dans ses mains, la tête de son fils, agenouillé devant elle. La pauvre mère l'embrasse à plusieurs reprises, et lui dit d'une voix émue :

— Cher enfant, tu m'es enfin rendu... Me voilà rassurée sur l'état de ta blessure... Hélas! combien étaient grandes mes angoisses pendant tout le temps qu'a duré cet affreux combat... Le billet que tu m'as envoyé après la prise de la Bastille a bien un peu calmé mes terreurs à ton sujet, mais sans me rassurer complètement, je craignais que, par tendresse, tu cherchasses à m'abuser sur la gravité de la blessure que tu avais reçue... Maintenant, je commence à me remettre de mes terreurs, et cependant j'ai encore besoin de te serrer dans mes bras... cher et unique enfant que Dieu a laissé à la pauvre veuve ; comme il est doux à une mère d'embrasser son fils!

— Allons, bonne mère,.. je vois que tu as encore l'esprit troublé par suite de tes angoisses de la matinée. Est-ce que tu es veuve. Est-ce que je suis ton unique enfant?

— Hélas!... ton père et ta sœur... n'ont-ils pas disparu?... Ne sont-ils pas perdus pour toujours pour ta pauvre mère?

— Pourquoi donc ne nous seraient-ils pas rendus quelque jour?

— Cher enfant... s'ils vivaient... ton père et la sœur, qui nous aimaient tant... ne nous auraient-ils pas donné de leurs nouvelles, lors même qu'il leur eût été impossible de revenir à nous?

— Tu as raison, bonne mère, mais tu admets qu'il leur eût été possible de nous faire donner connaissance de leur sort ; mais ne pouvions-nous pas supposer que mon père ait été jeté dans quelque prison d'État, et qu'il ait été privé de toute communication avec le dehors. Cette triste supposition n'a rien d'étrange en soi.

— Dans ce cas, mon enfant, cette prison aura été la tombe de ton pauvre père, qui était d'une santé si débile... Nous ne pouvons espérer qu'il ait pu survivre aux rigueurs de sa captivité.

— Mais il se peut aussi... bonne mère... que l'espérance de nous revoir un jour... l'ait aidé à supporter bien des souffrances.

— N'essaie pas, cher enfant, de faire naître dans mon cœur des espérances qui, déçues bien vite, me replongeraient dans le désespoir! Mon cher mari est bien perdu pour moi, hélas! Quant à la sœur... nous devons croire que jamais nous ne la reverrons... elle aussi est perdue pour nous... sans nul doute elle aura cherché dans la mort un refuge contre son désespoir... lors de la fatale révélation de son passé devant son fiancé, le sergent Maurice...

— Rien n'est venu jusqu'ici confirmer tes appréhensions au sujet de ce malheur, chère et bonne mère...

— Si ma pauvre fille n'est pas morte... quel aura été son sort?... Je frémis rien qu'en y songeant!... La misère ou le déshonneur.

— Je ne veux pas, bonne mère, te donner des espérances... qui venant à être déçues, pourraient, en effet, raviver tes douleurs et compromettre gravement ta santé, peut-être ta vie... Mais je crois pouvoir sans inconvénient habituer ton esprit à l'idée que ma sœur vit encore, et n'a pas démérité de ton affection, et aussi que mon père, après avoir langui pendant des années au fond d'un cachot a pu recouvrer sa liberté, et que nous pourrons le revoir... C'est pour mon cœur une espérance que je veux te faire partager. Suis bien mon raisonnement...

— Ce serait trop de bonheur pour moi... je ne puis y croire, et, y croirais-je, que je me demande si j'aurais la force de supporter tant de joie... On peut mourir de saisissement, mon cher enfant.

— Aussi, chère mère, si de tels évènements devaient se présenter, j'aurais recours à des moyens détournés pour t'apprendre peu à peu des nouvelles aussi inespérées... S'il s'agissait de mon père... je te dirais... par exemple... que le peuple vainqueur a pénétré dans la Bastille, a délivré des prisonniers qui étaient plongés dans les cachots, et que, parmi eux, il y en avait un qui ressemblait à mon père... que nous avons pris les registres d'écrou et que nous les avons compulsés pour y chercher les traces d'un prisonnier qui m'était bien cher, pour le cas où mon père eût été du nombre des prisonniers; que, sur l'un de ces registres, j'ai lu cette date: — *22 avril, 1783*, et à la suite... *n° 1297 — écroué — ordre supérieur — cachot n° 18*.

— 22 avril 1783... — répète madame Lebrenn d'un air pensif. — C'est le lendemain du jour où ton pauvre père a disparu.

— Je te dirais qu'à côté de cette date on n'avait pas mis le nom du prisonnier, l'usage étant de remplacer les noms par un numéro... J'ajouterais que, frappé de la singulière coïncidence de cette date et de celle de la disparition de mon père... j'étais descendu pour visiter le cachot n° 18 qui était indiqué sur le livre d'écrou...

— Eh bien?... — reprend vivement madame Lebrenn avec une anxiété croissante.

— Le cachot était vide... mais on me dit que le prisonnier qui occupait ce cachot était un vieillard, hélas! devenu aveugle pendant sa captivité... Je demandai en quel endroit on avait conduit cet infortuné, et je me précipitai à sa recherche... Tout cela n'est-il pas intéressant, ma mère?

— Pourquoi interrompre ton récit? car je comprends que tes suppositions n'étaient qu'une préparation à une révélation que tu as à me faire... Ton regard se détourne de moi... Jean... mon enfant... mon cher enfant! — ajoute madame Lebrenn s'élançant vers son fils et le forçant de retourner la tête vers elle... Tu pleures!... plus de doute, Seigneur Dieu! ce vieillard... c'était... c'était...

Elle ne peut achever, la parole expire sur ses lèvres, elle est près de s'évanouir. Jean, toujours agenouillé devant elle, la soutient dans ses bras, lui disant: — Bonne mère... du courage! Ecoute la fin de mon récit.

— Du courage, dis-tu? mais tu me trompes donc? Ce n'était donc pas... ton père?...

— C'était lui... c'était bien lui que j'ai serré dans mes bras. Il vit... tu le verras bientôt. Mais, pauvre chère mère, du courage... Nous ne sommes pas à la fin de nos épreuves.

— Mais puisque ton père vit, le courage m'est facile! Qu'on l'amène vite près de nous

— Hélas!... tu oublies que dans son cachot mon père a pu perdre la vue... En outre, le poids de ses fers... l'humidité de son cachot ont perclus, paralysé ses membres, il peut à peine se traîner.

— Mais il vit!!! Eh bien! Ses infirmités nous le rendront plus cher encore! — s'écrie madame Lebrenn dans une exaltation fiévreuse et se levant soudain. — Allons à sa rencontre.

— Un moment, bonne mère... On va l'amener près de nous... mais j'ai encore à te préparer à un autre bonheur. Tu connais le proverbe, chère mère, « un bonheur ne vient jamais seul. » Mais, auparavant, je veux t'apprendre qui avait brisé le cachot de mon père, qui l'a délivré de ses fers, qui lui a donné les premiers soins...

— Dis-moi, cher fils, quel est le libérateur de ton père...

— Ce libérateur ou, pour mieux dire, cette libératrice est une femme intrépide, héroïque, qui, pendant l'attaque de la Bastille, bravant la fusillade, la mitraille, guidait les assaillants un drapeau rouge à la main... Cette femme, qui avait franchi, sous une grêle de balles, le pont volant jeté sur les fossés de la forteresse, avait couru la première aux cachots pour délivrer les prisonniers. C'est elle qui a arraché mon père de son cabanon...

— Bénie soit elle... je la chérirai comme ma fille!

— Cette femme héroïque, qui est vraiment digne de votre amour, c'est Victoria! Est-ce assez de bonheur pour nous?... Mon père, ma sœur sont rendus à ta tendresse. Ils sont là, près de nous, chez notre voisin Jérôme... ils n'attendent que le signal convenu ou trois coups frappés à la cloison... pour entrer ici.

Et Jean Lebrenn, joignant l'action à la parole frappe à la muraille les trois coups indiqués.

La porte s'ouvre,., et en même temps paraissent sur le seuil le père Lebrenn s'appuyant sur le bras de Victoria et du voisin Jérôme. Madame Lebrenn, ivre de joie, se précipite dans les bras de son mari et de sa fille.

La famille Lebrenn, ainsi réunie, s'abandonne aux plus doux épanchements. Le père raconte à sa femme, à ses enfants, les tortures de sa longue captivité; Victoria raconte ensuite les évènements auxquels elle avait pris part depuis qu'elle les avait quittés, et notamment, son affiliation à la secte des *Voyants*. Cette part donnée par la famille Lebrenn aux préoccupations civiques du moment, leur entretien tombe sur leurs intérêts privés. Jean instruit son père de son amour pour Charlotte Desmarais, et de l'espoir qu'il nourrit de pouvoir unir bientôt sa destinée à celle de cette aimable fille. Le vieillard, après avoir écouté son fils avec grande attention, lui dit d'un ton empreint de tris-

Franz de Gérolstein

tesse : — Hélas ! mon cher Jean... Je n'augure rien de bon de cet amour ! L'avocat Desmarais est riche ; il appartient à la bourgeoisie, et la bourgeoisie a, comme la noblesse, de la morgue, de la fierté ; je doute fort qu'il donne son consentement à ce mariage.

— Cela était vrai autrefois... mon bon père, — reprit Jean ; — mais les idées se sont bien modifiées depuis quelques années, de grands progrès se sont accomplis durant la captivité... Peuple et bourgeoisie ne font plus maintenant qu'un seul parti... unis par les mêmes intérêts, par les mêmes espérances, et tous les deux résolus à abolir les privilèges de leurs ennemis... la royauté, l'Église et la noblesse... La bourgeoisie a compris que, dans la lutte qu'elle a engagée contre la monarchie, elle n'a d'autre appui que le peuple. Si elle est la tête, nous sommes le bras. Le tiers état possède les lumières, la richesse ; mais nous autres, gens du peuple, nous avons la force, le nombre, le courage... Or, pour accomplir la révolution... notre concours... est absolument nécessaire à la bourgeoisie... il faut compter avec les ouvriers, les prolétaires ; nous aurons la force et le droit.

— Soit, mon fils ; mais... des préjugés séculaires ne s'effacent point en un jour... et pendant longtemps encore, je le crains... le bourgeois verra entre lui et l'artisan la même distance qui le sépare, lui bourgeois, de la noblesse...

— Cependant, mon ami, — reprend madame Lebrenn, — M. Desmarais a toujours traité notre fils sur le pied de l'égalité, l'appelant son ami, l'invitant à venir passer chez lui les soirées en famille... Il comble notre fils de marques de sa reconnaissance...

— Et à quel propos, Marianne... ces marques de reconnaissance, — demande le vieil aveugle ;

180ᵉ livraison

— quel service notre fils a-t-il rendu à M. Desmarais? Son amitié est-elle désintéressée?

— Je me suis employé de mon mieux à assurer son élection aux états généraux, — reprend le jeune artisan.

— Ainsi, — dit le vieillard pensif, — l'avocat Desmarais doit son élection à tes efforts, à tes démarches?

— Il la doit à son mérite... à son civisme... J'ai seulement désigné M. Desmarais au choix de ceux de nos concitoyens qui ont confiance en moi, et tous l'ont acclamé...

— En somme, tu as puissamment concouru à son élection... Je ne m'étonne plus qu'il te traite en ami, en égal... Mais il y a loin, mon fils, des paroles aux actes... Je doute de la sincérité de l'affection de l'avocat.

— Ce doute ne viendrait pas à ton esprit, bon père, si tu connaissais cet excellent homme... Si tu l'avais entendu se prononcer, comme il l'a fait devant moi, contre toutes les distinctions de la naissance et de la fortune...

— Peut-être n'a-t-il en vue que les privilèges de la noblesse... — reprend Victoria jusqu'alors silencieuse et pensive. — Les préjugés du tiers état sont bien tenaces.

— J'ajouterai, chère sœur, qu'il idolâtre sa fille à tel point que, pour la voir heureuse, il sacrifierait tous les préjugés de sa classe, s'il était encore sous leur empire, ce que je ne puis admettre... Je suis bien rassuré à cet égard.

— Et sa fille est un ange... — reprit madame Lebrenn ; j'ai pu la voir et l'apprécier.

— L'excellent choix de notre fils n'est pas l'objet d'un doute, — repartit le vieillard à demi convaincu ; — et, après tout, il se peut que M. Desmarais appartienne à cette fraction de la bourgeoisie qui voit dans le peuple déshérité depuis tant de siècles... un frère qu'elle a mission de guider, d'éclairer dans la voie d'affranchissement. S'il en est ainsi, mon fils... ton mariage avec mademoiselle Desmarais peut se réaliser et ce serait la joie de ma vieillesse.

— Mon frère, — reprend Victoria, — mademoiselle Desmarais a-t-elle instruit sa famille de ces projets d'union?

— Lors de notre dernier entretien, elle m'avait assuré qu'elle s'ouvrirait bientôt à sa mère sur ce sujet... et lui apprendrait qu'elle m'avait engagé sa foi... comme je lui avais engagé la mienne... mais je ne puis te dire si la confidence a été faite.

— Mademoiselle Desmarais semble-t-elle douter du consentement de ses parents?

— Parmi ses parents... il y a un oncle, M. Hubert, riche banquier, qui, sans nul doute, fera opposition à nos projets de mariage... Ce bourgeois enrichi affiche pour la classe ouvrière le plus profond dédain... Mais la violence de ses opinions a amené une rupture entre lui et M. Desmarais... Quant à celui-ci et à sa femme, mademoiselle Charlotte ne doute pas de leur consentement, en raison de l'affection et de l'estime qu'ils m'ont toujours témoignée.

— Mon frère, — reprit Victoria après un moment de réflexion, — je t'engage à faire la demande de la main de mademoiselle Charlotte aujourd'hui même. Et j'appuie mes conseils sur des motifs péremptoires. Si M. Desmarais voit en toi un ami, un égal... si son dévouement au peuple, à la révolution est sincère, la part de gloire que tu viens de conquérir à l'occasion de la prise de la Bastille ne peut que plaider en ta faveur ; son consentement te sera donné immédiatement... Si, au contraire, ses protestations d'amour pour le peuple n'étaient qu'un masque d'hypocrisie, il est préférable de savoir de suite à quoi s'en tenir ; dans ce cas, il repoussera ta demande ou il évitera de te donner une réponse catégorique. Mon frère... il ne s'agit pas seulement ici de ton amour... mais de notre cause... mais d'une grave responsabilité qui pèse sur toi... tes amis ont eu confiance en tes paroles lorsque tu leur as demandé leurs votes pour M. Desmarais ; tu dois, maintenant que l'occasion s'en présente, faire une épreuve décisive et t'assurer que les convictions de M. Desmarais sont sincères. — S'il te refuse la main de sa fille, c'est qu'il est avec nous les lèvres... et non du cœur. Dans ce cas, il serait démontré que l'avocat Desmarais est un hypocrite... un traître! Alors, ne serait-il pas de ton devoir, de ton honneur, mon frère... de démasquer ce fourbe?

— Rien de plus juste que ce que vient de dire Victoria, — reprit le vieillard. — Tu dois, mon fils, mettre en demeure M. Desmarais de se prononcer aujourd'hui même.

Jean, après un moment de réflexion : — Vous avez raison, mon père, ma ligne de conduite est toute tracée ; je vais, de ce pas, chez M. Desmarais et je ferai officiellement la demande de la main de Charlotte.

— Mon frère... — ajoute Victoria étouffant un soupir, — tu as dû instruire M. Desmarais de la disparition de mon père? Il doit être au courant de ce douloureux événement.

— M. Desmarais savait qu'ensuite d'un écrit publié par notre père... il avait disparu... et que nous le croyions mort ou enfermé dans quelque prison d'État... Il connaît même le pamphlet écrit par notre père ; et souvent il lui est arrivé de répandre des larmes devant moi en parlant de l'attentat dont tu avais été victime de la part du roi Louis XV.

Un sourire amer contracte les lèvres de Victoria, et elle reprend : — Mon père se bornait, dans son écrit, à stigmatiser le crime... et jetait un voile sur les conséquences de mon déshonneur... Dans tes confidences à M. Desmarais... as-tu levé le voile qui couvrait ma vie?...

As-tu parlé des suites du rapt dont j'avais été victime?

— Ma sœur, répond Jean Lebrenn — par respect pour notre famille, je n'ai pas entretenu M. Desmarais des conséquences qu'avaient eues pour toi cet attentat... J'ai dit à M. Desmarais que tu nous avais été enlevée, ainsi que notre père, et que nous ignorions ce que vous étiez devenus. Mes confidences n'ont pas été au-delà.

— Ta réserve était sage et prudente, cher frère... continue de garder mon secret envers M. Desmarais comme envers sa fille. Pour eux, comme pour tous ceux qui vous connaissent, je dois être comme morte.

— Qu'il en soit ainsi que tu le désires, ma sœur! Mais cette dissimulation pèsera sur mon cœur comme une lâcheté...

— Cette dissimulation est aujourd'hui nécessaire, mon frère, mais elle pourra avoir son terme... Lorsque tu auras une connaissance plus approfondie du caractère de la femme; lorsque quelques années de mariage et de maternité auront mûri sa raison... Alors, mais seulement alors, tu pourras lui faire une confidence complète sur mon passé. Jusque-là, je dois être morte pour elle, comme pour tous... sinon pour vous trois... et pour un autre de nos parents... le prince de Gerolstein, mon initiateur à la secte des *Voyants*. Morte pour le monde, mais vivante pour vous et pour Frantz de Gerolstein.

— Ce Frantz de Gerolstein, — reprend le vieillard, — n'est-il pas l'un des princes de cette maison souveraine d'Allemagne, jadis fondée par les descendants de notre aïeul Gaëlo le Pirate?

— Oui, mon père, l'héritier d'un prince régnant a été aujourd'hui l'un des plus intrépides assaillants de la Bastille...

A ce moment l'on entendit frapper à la porte.

— Entrez... — dit Jean. Frantz de Gerolstein parut aux yeux surpris de la famille Lebrenn.

Jean reconnut alors l'un des combattants de la journée, dans ce prince que Victoria venait de nommer.

— Frantz... voici mon frère, dont je vous ai souvent entretenu, — dit Victoria prenant la main de Jean et la mettant dans celle du prince; — vous êtes parents, soyez amis; vous êtes dignes l'un de l'autre... Tous deux vous marchez dans la même voie.

— Mon cher Jean... car ainsi l'on doit se traiter entre amis et parents du même âge, — reprend Frantz de Gerolstein avec une cordiale familiarité en serrant affectueusement dans sa main celle du jeune artisan, — je savais par votre sœur tout le bien que l'on doit penser de vous... c'est vous dire combien je suis heureux de notre rencontre.

— Moi aussi, mon cher Frantz, je suis heureux de retrouver en vous un parent, un ami, — répond Jean non moins cordialement que le prince, — le hasard vous a fait de race souveraine... et vous combattez pour l'affranchissement du peuple...

— Mon cher Jean... je suis comme vous, fils de Joel, le brenn de la tribu de Karnak. Plus d'une fois, à travers les âges, l'ardeur républicaine du vieux sang gaulois s'est réveillée dans ma race plébéienne... quoique, par un jeu bizarre de la destinée, on l'ait affublée d'une souveraineté et d'une couronne grand-ducale.

— Oui, nous sommes bien du même sang, vos discours, vos actes le prouvent, — dit le vieil aveugle. — Votre main... que je serre aussi votre main, brave jeune homme!

Frantz fait un pas au-devant de M. Lebrenn.

— Je suis bien sensible à ces marques de bonté paternelle... c'est pour moi une consolation des rigueurs de mon père, qui m'a banni de sa présence et chassé de ses Etats.

— D'une pareille sévérité quelle est donc la cause? — reprend le vieillard surpris. — Quel a donc été votre crime?

— Mon crime !... — répond Frantz avec un demi-sourire, — mon crime a été de me soucier assez peu de notre souveraineté. J'ai essayé plus d'une fois de ramener mon père à une appréciation plus juste, plus modeste de notre origine : « Notre famille, lui disais-je, n'est-elle pas devenue régnante par suite de l'audace d'un aventurier... Que la terre soit légère à notre ancêtre Gaëlo !... mais c'était le compagnon et l'émule du vieux Rolf, un affreux bandit qui, chaque printemps venait ravager les rives de la Loire et de la Seine.

Mon père me répondait que tous les porte-couronnes de ce bas monde, petits ou grands, n'avaient pas une origine moins sauvage... A quoi je répliquai à mon père que viendrait le jour... où les peuples, éclairés sur l'origine de leurs prétendus *maîtres*, se lasseraient d'être la propriété exploitable, corvéable à merci, *la chose* de quelques familles royales dont les fondateurs avaient mérité les galères ou la potence... et que je redoutais pour les rois, les princes, les empereurs et les papes que, par un terrible retour des choses d'ici-bas, les peuples, poussés à bout, ne les traitassent comme avaient mérité de l'être leurs augustes fondateurs, et comme la plupart d'entr'eux aujourd'hui encore méritent d'être traités.

— De fait, — dit Jean Lebrenn, souriant, — ce langage était sévère dans la bouche d'un prince... à l'encontre des monarques.

— Aussi, mon cher Jean, mon père se courrouçait-il de ce langage. En somme, je concluais en l'engageant à donner un grand exemple aux autres princes de la Confédération germanique, à se démettre de sa couronne grand-ducale

« Déposez, — lui disais-je, — un pouvoir entaché d'une criminelle origine, poussez le peuple de vos Etats et des autres principautés germaniques à se fédérer républicainement comme les cantons suisses et les provinces unies des Pays-Bas ! Les Polonais, les Hongrois, les Moldaves, les Valaques asservis par la Prusse, par la Russie et par l'Autriche, mais de fait républicains par leur ancienne coutume élective, seront bientôt entraînés par l'exemple et par le cri de liberté !... Alors les trois dernières puissances despotiques d'Europe, la *Prusse*, l'*Autriche*, la *Russie*, se trouveront cernées, menacées par la coalition des peuples libres, et on aura bientôt raison de ces derniers repaires de la royauté ! »

— C'était préparer pour l'avenir ! — s'écrie le vieillard... les *Etats-Unis* de l'Europe ! la RÉPUBLIQUE UNIVERSELLE !

— Mon père a préféré garder son trône, — reprend Frantz de Gerolstein, — dès lors, convaincu de l'inutilité de mes instances, et croyant que le devoir du citoyen prime celui du fils, je passai de la parole à l'action... je propageai de tout mon pouvoir et par tous les moyens, en Germanie, son berceau, la secte des *Voyants;* mon père m'a banni de ses Etats...

— Ce que vous venez de nous raconter, monsieur de Gerolstein, augmente encore l'estime que vous m'inspiriez, — reprit le vieillard.

— Ces bienveillantes paroles me sont doublement précieuses, monsieur Lebrenn, elles doivent resserrer nos liens de parenté... C'est au nom de ces liens que je vais vous exposer l'un des motifs de ma visite... l'offre cordiale de mes services !... — C'est un parent, c'est un ami qui vous parle, monsieur Lebrenn ; donc, je vous en supplie, ne cédez pas à une susceptibilité honorable, mais peut-être exagérée. Voici les faits : vous étiez imprimeur ; votre travail a pendant longtemps pourvu aux besoins de votre famille... mais vous avez perdu la vue en prison... vous êtes devenu perclus... madame Lebrenn est valétudinaire... quelles vont être vos ressources pour faire face aux besoins matériels de l'existence ?

— Ma santé, grâce à Dieu, n'est pas à ce point affaiblie que je ne puisse plus travailler, reprend vivement madame Lebrenn... la présence de mon mari doublera mes forces.

— Et moi, ma mère... ne suis-je pas là près de vous ?... Rassurez-vous, Frantz... mon père et ma mère ne manqueront de rien... Nous n'en sommes pas moins très reconnaissants de votre offre... Nous vous remercions, mais nous refusons catégoriquement...

— Jean... permettez-moi de vous interrompre, — dit le prince — je sais par votre sœur combien vous êtes laborieux et habile artisan ; mais de grâce, examinons ensemble la situation. Depuis quatre jours... avez-vous pu vous rendre à votre atelier ?... Dans l'attente des grands évènements prochains, dont la prise de la Bastille est le signe précurseur... pouvez-vous compter sur la libre disposition de votre temps ? La lutte engagée entre la nation et le pouvoir royal, ne va-t-elle pas continuer, ardente... implacable ?... Est-ce au moment où l'affranchissement du peuple est en jeu que vous devez abandonner le champ de bataille ?... Et cependant il faut que votre famille vive, et elle ne peut vivre que par votre labeur quotidien !

— Souvent je l'ai dit, — s'écrie Victoria, — le peuple *n'a jamais eu le temps d'achever les révolutions qu'il a commencées !* ou bien, si elles ont été promptes, décisives et momentanément complètes... le *temps* lui a toujours manqué pour défendre sa conquête, pour la maintenir, la consolider, la féconder ! ! Ses ennemis, au contraire, gens de loisir, à l'abri du besoin, rois, prêtres, nobles ou traitants... ont attendu... tapis dans l'ombre... l'heure certaine de ravir au peuple sa conquête éphémère...

— Hélas ! il n'est que trop vrai... — reprend le vieillard. — Le *temps* a toujours manqué au peuple, le temps et l'argent.

— C'est là une vérité fatale ! — dit Frantz de Gerolstein. Puisse cette vérité, mon cher Jean, convaincre le peuple que, s'il peut, chose rare, faire quelques épargnes sur son modique salaire... ce n'est point au cabaret qu'il les doit dépenser, car cette épargne du travailleur doit, le jour venu, lui assurer en partie le *loisir de s'affranchir !* Et s'il n'a pu rien épargner, il a tort de céder à un scrupule exagéré de délicatesse et de repousser l'aide que ses amis lui offrent fraternellement, afin de lui assurer l'un des moyens de consolider la victoire.

— Un fait singulier dont j'ai été témoin ce matin, reprend le jeune artisan, vient à l'appui de l'opinion que vous émettez. L'un de mes amis, ouvrier charpentier, et plusieurs autres de nos camarades, se trouvaient au point du jour, aux abords de la Bastille, attendant le signal de l'attaque ; un homme simplement vêtu, et d'une figure ouverte, les accoste : « Frères, — leur dit-il, — vous allez combattre pour votre liberté... c'est votre devoir... mais aujourd'hui vous n'irez pas à l'atelier, partant point de salaire... Si vous avez une famille... de quoi vivra-t-elle demain ? Et si vous êtes célibataires, de quoi vous-mêmes vivrez-vous ?... Permettez donc à un de vos amis inconnus de vous venir fraternellement en aide... Ce n'est pas une aumône que je vous offre ; je vous assure seulement le *loisir* de cette grande journée, en vous délivrant des préoccupations de son lendemain. »

— Cet homme était le riche banquier Anacharsis Clootz, le trésorier des *Voyants*, assez riche pour aider nos frères pendant bien longtemps encore, — dit tout bas Frantz à Victoria.

— Mes camarades acceptèrent l'offre qui leur était faite d'une façon aussi délicate, sans grande hésitation.

— Maintenant, monsieur Lebrenn, pourrez-vous hésiter encore à accepter, ainsi que Jean, mes offres de service.

— Non, monsieur de Gerolstein, ni moi, ni mon fils, nous n'hésiterons plus à accepter vos offres généreuses, s'il y a nécessité d'y recourir, — répond le vieillard.

— Jean, dit soudain Victoria, l'heure s'écoule, il faut te rendre de suite chez M. Desmarais, qui, d'un moment à l'autre, peut repartir pour Versailles. Cette démarche ne peut être différée.

— C'est vrai, — répond le jeune homme en tressaillant ; — cette démarche est doublement importante. Je dois la faire sans retard.

— Mes amis, vous connaissez l'avocat Desmarais, député du tiers état aux états généraux ? — demande Frantz de Gerolstein ; — on le dit bon citoyen et partisan de la révolution.

— Tout nous fait croire que M. Desmarais n'est pas du nombre de ces bourgeois défiants et poltrons qui tremblent devant la révolution, — répond Jean Lebrenn, — je n'éprouve aucune répugnance à faire la démarche dont nous sommes convenus, — dit Jean se dirigeant vers la porte ; puis se retournant : — A revoir, j'espère, mon cher Frantz ; il me semble déjà que nous sommes de vieux amis

— Frantz attendra ici le résultat de ta visite, mon frère. Je vais l'instruire de quelle importance peut être pour toi et pour notre cause le refus ou le consentement de M. Desmarais au sujet de la demande que tu vas lui adresser.

. . . .

M. Desmarais, toujours sous l'impression des cris de mort poussés par la bande de Lehiron, ne pouvait s'expliquer la cause du brusque revirement des sentiments du peuple à son égard ; il s'entretenait avec sa femme et le frère de celle-ci, M. Hubert, qu'il avait mandé près de lui pour le consulter sur les graves déterminations qu'il avait à prendre, soit au sujet de sa fille, soit pour la ligne politique qu'il comptait suivre au milieu des circonstances qui se produisaient. M. Hubert, beau-frère de M. Desmarais, riche banquier de Paris, était un fort honnête homme, dans toute l'acception du mot honnêteté, dans le jargon commercial ; c'est-à-dire qu'il remplissait scrupuleusement ses engagements et ne prêtait ses fonds qu'au taux prescrit par la loi ; quant au cœur, il était sec, et son esprit jaloux, ombrageux. Homme d'opinion inflexible, il avait une égale aversion pour le clergé, la noblesse et les prolétaires. Il regardait le tiers état comme appelé à régner sous l'autorité fictive d'un chef, empereur ou roi constitutionnel, qu'il appelait un « cochon à l'engrais », à l'instar de ce qui a lieu en Angleterre ; l'intervention du peuple dans les affaires publiques lui semblait le comble de l'absurdité. M. Hubert habitait le quartier Saint-Thomas du Louvre, quartier hostile à la révolution ; le banquier venait d'y être promu au grade de chef du bataillon dit des *Filles de Saint-Thomas du Louvre*, presque entièrement composé de royalistes. M. Hubert était âgé de cinquante ans environ ; de stature frêle, l'on devinait à sa physionomie, à son regard, que chez lui l'énergie morale suppléait à la force physique ; il gardait en ce moment un silence recueilli. Sa sœur et M. Desmarais semblaient attendre avec une curiosité inquiète le résultat des réflexions du financier. Celui-ci parut avoir achevé ses méditations, et relevant la tête, il dit d'un ton sardonique :

— Ensuite de vos confidences, mon cher beau-frère... je devrais vous rappeler qu'il y a quatre mois je vous disais que vous aviez tort de vous laisser entraîner dans ce vous appeliez « la cause du peuple. » Ma sincérité a amené entre nous une sorte de rupture, mais à votre premier appel me voilà revenu... Mes prévisions ont été dépassées ; en cette journée la populace est déchaînée, et je vous vois tout épouvanté des cris de mort qui ont retenti à vos oreilles !

— Mon cher Hubert, — répond M. Desmarais avec une impatience contenue et interrompant le financier, — de grâce... ne nous occupons pas de politique en ce moment. Nous vous avons fait prier de venir près de nous pour nous aider de vos conseils, vous avez mis de côté nos discordes, je vous en remercie ; veuillez donc nous aider à rappeler à la raison notre indigne fille qui s'est follement éprise du garçon serrurier, notre voisin, que vous avez rencontré quelquefois dans notre maison.

— Eh bien ! mon cher Desmarais, laissons de côté la politique pour le moment... Cependant, puisqu'il s'agit de cet amour indigne de ma nièce pour cet artisan... il me faut bien vous rappeler que souvent je vous ai reproché votre intimité avec ce garçon... Aujourd'hui, un grave péril vous menace. Regrets tardifs.

— Mon cher Hubert, nous perdons un temps précieux en vaines récriminations sur le passé ; malheureusement, ce qui est fait est fait. Parlons, je vous en prie, du présent. Ma femme et moi, afin de rompre cet attachement de Charlotte pour M. Jean Lebrenn, nous nous sommes décidés à emmener notre fille avec nous à Versailles. Que pensez-vous de cette résolution ?

— Qu'elle n'atteindra pas le but que vous vous proposez. Versailles est trop près de Paris. Si votre homme est aussi persévérant qu'amoureux, non de Charlotte, mais de sa cassette, car, ne vous y trompez point, ce garçon ne vise qu'à la dot, il saura bien la rejoindre. Mon avis serait d'envoyer momentanément mademoiselle Charlotte à cent lieues de Paris, pour dépister l'amoureux, par exemple de la faire conduire à Lyon, chez notre cousine Dusommier ; ma sœur devra accompagner Charlotte et rester près d'elle tout le temps nécessaire pour attendre que cette amourette soit oubliée ; un mois ou deux suffiront à cela.

— Ton conseil, mon frère, me paraît sage ; mais je crains que Charlotte ne consente pas à ce voyage.

— Morbleu ! ma sœur, l'autorité paternelle est-elle un vain mot ? Une péronnelle de dix-sept ans osera-t-elle refuser d'obéir aux ordres de ses parents ? Cela n'est pas probable, assurément ; ayez de l'énergie.

— Mais enfin, il faut tout prévoir ; admettons ce cas-là ; elle refuse d'obéir.

— En ce cas-là, beau-frère, on emballe, bon gré malgré, mademoiselle Charlotte dans le coche de Lyon... et fouette, cocher !...

Gertrude, la servante, entre en ce moment et dit à ses maîtres : — M. Jean Lebrenn désirerait parler à monsieur pour une affaire très pressante. Il est là dans le vestibule.

— Comment, ce misérable a l'audace de se présenter encore ici ! — s'écrie M. Hubert, pourpre de colère.

— Il ignore que ma fille a révélé l'engagement qui les lie tous les deux, et d'ailleurs, tantôt, — répond M. Desmarais rougissant de confusion, j'ai dû lui faire un accueil bienveillant.

— Mon ami, — reprend madame Desmarais venant en aide à l'avocat, — tantôt une colonne de la Bastille, commandée par Jean Lebrenn, s'est arrêtée devant notre maison, en criant : — Vive le cityen Desmarais ! Vive l'ami du peuple !

— Eh bien ! j'ai cru devoir céder à la nécessité, — reprend l'avocat Desmarais ; — j'ai été forcé de haranguer les insurgés.

— A merveille, beau-frère, à merveille ! — reprend M. Hubert avec un éclat de rire sardonique, — la leçon et le châtiment ont été pour vous complets !

— Mon ami... si tu reçois ce jeune homme, reste calme, je t'en conjure, — dit avec inquiétude madame Desmarais à l'avocat ; — éconduis-le poliment...

— Mort de ma vie ! ma pauvre sœur, tu n'as donc pas une goutte de sang dans les veines ?

— Mon frère... je t'en conjure... ne parle pas si haut... Jean Lebrenn est peut-être actuellement dans la salle à manger...

— Ah ! morbleu ! s'il est là... tant mieux ! Et puisque personne ici n'ose parler net à l'un de ces fameux vainqueurs de la Bastille, je vais me charger de ce soin, dit M. Hubert, le regard étincelant de colère, et se dirigeant vers la porte du salon.

Mais madame Desmarais, alarmée, suppliante, saisit le financier par le bras, en s'écriant d'une voix tremblante : — Mon frère, je t'en conjure ! Aie pitié de nous, mon Dieu !

M. Hubert s'arrête et cède aux prières de sa sœur, au moment où M. Desmarais sort de sa rêverie et dit à sa femme, avec un soupir d'allègement : — Chère amie, j'ai trouvé un moyen très plausible, dans le cas où M. Lebrenn aurait l'audace de venir me demander la main de notre fille, de repousser cette demande, sans qu'il puisse en quoi que ce soit s'en formaliser. Je saurai l'éconduire sans l'irriter.

— Encore une lâcheté que tu médites... — s'écrie M. Hubert exaspéré. — Laissez-moi recevoir votre ouvrier.

— Je vous remercie, beau-frère, de vos offres... Veuillez me laisser seul... Je saurai faire respecter ma dignité !

Puis, s'adressant à Gertrude :

— Faites entrer M. Lebrenn.

— Nous te laissons, mon ami, — dit madame Desmarais à son mari. — Viens, mon frère ! allons retrouver Charlotte... Je compte sur ton influence pour la dissuader d'une telle union et la ramener à de bons sentiments.

M. Hubert prend le bras de sa sœur, la suit ; mais il se dit à part soi : Morbleu ! je ne perdrai pas cette occasion de dire son fait à cet ouvrier, ne fût-ce que pour l'honneur de la famille. J'aurai mon tour de parole.

Au moment où la femme et le beau-frère de l'avocat disparaissaient par l'une des portes latérales, Jean Lebrenn, introduit par Gertrude, entre par la porte principale du salon.

M. Desmarais, à l'aspect du jeune artisan, domine et dissimule sa colère sous un masque de cordiale aménité ; il fait deux pas au-devant de Jean, et lui tendant affectueusement la main :

— Avec quel plaisir je vous revois, mon cher ami ! Votre blessure, je l'espère, est sans gravité ; nous nous intéressons beaucoup à vous.

— Grâce à Dieu, ma blessure est légère, et je suis vraiment touché de l'intérêt que vous me témoignez.

— Quoi d'étonnant, mon cher Jean ; ne savez-vous pas que je suis votre ami ?

— C'est donc en invoquant votre amitié que j'ose tenter la démarche qui me conduit ici.

— Eh bien ! de quoi s'agit-il ?

— Il est de mon devoir, en ce moment solennel, de vous répondre sans détour, monsieur, — dit Jean Lebrenn d'une voix émue et d'un ton pénétré. — J'aime votre fille. Elle n'est pas restée indifférente à mon amour et je viens vous demander sa main.

— Qu'entends-je ? — s'écrie l'avocat Desmarais, simulant une surprise extrême.

— Mademoiselle Charlotte, j'en suis certain,

approuvera la demande que je vous adresse en raison des sentiments qu'elle m'a manifestés.

— Ainsi, mon cher Jean, — reprend l'avocat d'un air paterne, qui paraît du meilleur augure au jeune artisan, — ma fille et vous, vous vous aimez, et vous vous êtes juré d'être l'un à l'autre? Telle est la situation.

— Voilà six mois, monsieur Desmarais, que nous nous sommes fait cette promesse.

— Après tout, il n'y a dans cet amour-là rien qui puisse me surprendre, — répond M. Desmarais, comme s'il se fût parlé à lui-même. — Charlotte m'a entendu cent fois apprécier, comme ils devaient l'être, le caractère, l'intelligence, l'excellente conduite de notre cher Jean. Elle sait que je n'admets aucune distinction sociale entre les hommes, pourvu qu'ils soient gens de bien; tous sont égaux à mes yeux, quels que soient les hasards de la naissance et de la fortune. Rien de plus naturel. Je dis mieux, rien de plus normal que cet amour de ma fille pour mon jeune et digne ami!

— Ah! monsieur, — s'écrie le jeune artisan, les larmes aux yeux et avec un accent de gratitude ineffable, — vous consentiriez donc à notre union?

— Dam! — répond Desmarais, continuant d'affecter une imperturbable bonhomie, — si cette union convient à ma fille, il en sera selon son désir. Je ne veux point contrarier ses goûts.

— De grâce, interrogez sur l'heure mademoiselle Charlotte.

— C'est inutile, mon cher Jean, parfaitement inutile, car, entre nous, mille circonstances, jusqu'à présent insignifiantes à mes yeux, me reviennent à la mémoire, — répond l'avocat en souriant d'un air fin. — Aussi n'ai-je pas besoin d'interroger ma fille pour savoir que Charlotte vous aime autant que vous l'aimez, mon jeune ami. Ma conviction est faite.

— Tenez, monsieur, excusez-moi, je crois à peine ce que j'entends, les paroles me manquent pour vous peindre ma joie, ma reconnaissance, ma surprise.

— Et de quoi, mon cher Jean, êtes-vous donc surpris?

— De voir que ce mariage ne soulève pas la moindre objection de votre part, monsieur; j'en suis étonné et bien heureux. La façon si touchante, si flatteuse, dont vous exprimez votre consentement en double pour moi le prix.

— Mon Dieu! rien de plus simple cependant que ma conduite. Ni moi, ni ma femme, je vous réponds de son consentement, nous ne pouvons élever aucune objection contre ce mariage. Est-ce la question de fortune? Je suis riche, et vous êtes pauvre. Qu'importe? est-ce que la valeur des gens se pèse au marc le franc? Est-ce qu'enfin votre famille n'est pas aussi honorable, en d'autres termes, aussi honnête que la mienne, mon cher Jean? Est-ce que nos deux familles ne sont pas également sans reproche et sans tache? Est-ce que...

Mais soudain l'avocat Desmarais s'interrompt comme s'il était frappé d'une idée soudaine, foudroyante. Ses traits s'assombrissent et expriment une douleur croissante; il cache sa figure entre ses mains en balbutiant :

— Grand Dieu! quel affreux souvenir! Ah! malheureux jeune homme! malheureux père que je suis!

M. Desmarais tombe accablé dans un fauteuil, en tenant toujours ses deux mains sur son visage comme pour cacher son émotion.

Jean Lebrenn, stupéfait, alarmé, regarde l'avocat avec une angoisse inexprimable. Un secret pressentiment traverse son esprit, et d'une voix altérée il dit au père de Charlotte en se rapprochant de lui : — Monsieur, expliquez-moi la cause de l'accablement soudain où je vous vois plongé.

— Laissez-moi, mon pauvre ami! laissez-moi, je suis anéanti, brisé.

Jean Lebrenn, de plus en plus inquiet, contemple dans une silencieuse angoisse le père de Charlotte, et n'aperçoit pas que l'une des portes latérales du salon est entre-bâillée par M. Hubert, qui avance avec précaution la tête, se disant à part lui :

— Je viens de laisser ma sœur avec sa fille dans leur appartement. Voyons ce qui se passe ici où mon intervention peut avoir son utilité.

La porte demeure entr'ouverte et M. Hubert assiste invisible à l'entretien du jeune artisan avec M. Desmarais. Celui-ci, après un silence prolongé que Jean a craint d'interrompre, se lève; il feint d'essuyer une larme, puis, tendant ses bras à Jean Lebrenn, il lui dit d'une voix étouffée :

— Mon ami, nous sommes bien malheureux!

Le jeune artisan, déjà ému par les anxiétés que lui cause cette scène, répond à l'appel de M. Desmarais, se jette dans ses bras, et lui dit avec effusion :

— Monsieur, qu'avez-vous? J'ignore la cause de ce chagrin, qui, tout à coup, a semblé vous poigner; mais, quel qu'il soit, j'y compatis de toute mon âme.

— Votre tendre compassion, mon ami, me consolera, me réconfortera, — dit M. Desmarais d'une voix entre-coupée, en serrant à plusieurs reprises Jean Lebrenn entre ses bras; et semblant faire un violent effort sur lui-même, il reprend d'un ton plus ferme : — Allons, mon ami, du courage, il nous en faut, à vous et à moi pour aborder un triste sujet!

— Monsieur, je ne sais ce que vous voulez dire, et cependant, malgré moi, je tremble.

— Ah! du moins, mon cher Jean, il nous

restera notre amitié. Elle sera le refuge de notre commun malheur.

— Mais à quel propos ?...

L'avocat Desmarais, observant d'un coup d'œil oblique la physionomie bouleversée de Jean Lebrenn, pâle et sans voix, pousse un soupir lamentable, porte encore son mouchoir à ses yeux, et de nouveau cache son visage dans ses mains.

— Où diable mon beau-père veut-il en venir ? se disait M. Hubert, avançant avec précaution la tête à travers la porte entr'ouverte et observant aussi le jeune artisan. Celui-ci, atterré, le front penché, le regard fixe, éprouvant une sorte d'étourdissement, cherchait en vain dans le trouble de son cerveau à pénétrer le véritable sens des lamentations de M. Desmarais.

Enfin, Jean Lebrenn, voulant à tout prix échapper au cahos d'anxiétés où s'égarait son esprit, aux angoisses de son cœur ; dit d'une voix brisée à l'avocat :

— Monsieur, il m'est impossible de vous peindre les appréhensions dont je suis torturé... Je vous en adjure, au nom de l'affection que vous m'avez jusqu'ici témoignée, expliquez-vous clairement ! Cette cause de notre commun malheur, quelle est-elle ? Vous venez d'en appeler à mon courage, j'aurai du courage... Mais, par pitié, que je sache du moins quel est le coup dont je suis, dont nous sommes menacés !

— Vous avez raison, mon cher Jean ; excusez ma faiblesse. Nous saurons envisager, en gens de cœur, la réalité, si pénible qu'elle soit... M. Desmarais prend dans ses mains les mains du jeune homme et le contemplant avec une expression de tendresse paternelle, — vous eussiez assuré le bonheur de mon unique enfant... c'est ma conviction... mais ce mariage est impossible !!!

Puis voyant, à ces mots, le jeune artisan devenir d'une pâleur mortelle et chanceler, l'avocat le soutient et lui dit d'une voix paterne :

— Jean, mon ami... j'ai compté sur vous pour nous aider à supporter le coup dont nous sommes atteints... vous faiblissez...

Jean Lebrenn se domine, reprend ses esprits, se recueille, et d'une voix qu'il essaye de raffermir : — Me voici plus calme ; veuillez donc m'apprendre comment ces projets d'union, d'abord accueillis par vous avec tant de bienveillance... sont soudain devenus impossibles ?

— Hélas !... parce que tout à la joie... dont me comblaient vos propositions, j'avais oublié comme vous... une circonstance funeste... Et tout à coup son souvenir... s'est présenté à mon esprit... Votre famille... est-elle comme la mienne.... sans tache ? Hélas ! non... Votre père a écrit... imprimé... publié une brochure dans laquelle il raconte que sa fille... votre sœur... AVAIT ÉTÉ LA MAITRESSE DU ROI LOUIS XV.

— Vous connaissez ma susceptibilité en ce qui touche l'honneur !... Ma fille ne peut entrer dans une famille... ayant une tache indélébile.

— Ah ! par ma foi !... le tour est prodigieux ! — dit M. Hubert, sortant de la chambre voisine et entrant lentement dans le salon sans être d'abord aperçu de Jean Lebrenn et de M. Desmarais.

. . . .

Lorsque M. Desmarais eût déclaré à Jean Lebrenn : « Que Charlotte ne pouvait entrer dans une famille déshonorée, parce que l'une des personnes qui la composaient avait été la *maîtresse du roi Louis XV*, » celui-ci éprouva d'abord une sorte de vertige ; mais éclairé par son bon sens naturel, et rappelant les doutes de son père et de Victoria au sujet du consentement de M. Desmarais à l'union de sa fille avec un *garçon serrurier*, il entrevit un refus hypocrite déguisé sous le prétexte invoqué par l'avocat. Cruelle fut la déception du jeune homme. Elle ruinait à la fois ses plus chères espérances et sa confiance, jusqu'alors absolue dans la sincérité des opinions du représentant du tiers état. Cette double déception parut si cruelle à Jean Lebrenn, qu'hésitant à croire au mal, ainsi que tout caractère généreux, il lui vint soudain à l'esprit cette pensée : — Peut-être M. Desmarais ayant eu connaissance des conséquences du forfait de Louis XV, sait-il que ma sœur a demeuré dans une maison de débauche, et ensuite a été emprisonnée aux Filles repenties. Instruit de ces faits, M. Desmarais ne peut, ainsi que Victoria me l'a fait observer, ne peut, par un scrupule explicable, consentir à me donner sa fille.

Jean Lebrenn, conservant donc l'espoir, non de vaincre les préventions du père de Charlotte, mais de ne pas être réduit à voir en lui un fourbe et un traître, refoula ses émotions, releva le front et, tournant les yeux vers M. Desmarais, s'aperçut seulement alors de la présence de M. Hubert, pour lequel il éprouvait une antipathie profonde. Il fut surpris et affecté de la présence de ce personnage dans une conjoncture si délicate ; remarquant surtout que le financier s'entretenait à voix basse et d'un air sardonique avec son beau-frère.

— Monsieur, — dit Jean à M. Desmarais, — vous reconnaîtrez, je l'espère, que notre entretien est d'une telle nature qu'il ne doit se continuer qu'entre vous et moi.

— D'où il suit que le citoyen Jean Lebrenn me met poliment à la porte ! — répond M. Hubert avec un sourire railleur.

— Monsieur, — reprit impatiemment le jeune artisan, — je désire être seul avec M. Desmarais pour des explications de famille.

— Je ferai remarquer au... citoyen Jean Lebrenn que mon beau-frère n'a point de secret

Charlotte Desmarais

pour moi, en ce qui touche l'honneur de notre famille; je puis donc assister à la conférence.

M. Desmarais, d'abord très contrarié de la présence imprévue du financier, se résigna ensuite d'assez bonne grâce à ce contre-temps, où il espérait trouver le prétexte de précipiter la fin d'un entretien qui devenait très embarrassant pour lui; aussi se hâta-t-il de dire très affectueusement au jeune artisan:

— Mon cher ami, je vous ai fait connaître la cause qui s'oppose à un mariage qui eût comblé mes vœux. Ne revenons donc jamais sur ce sujet, si pénible pour nous deux à tant de titres.

— Pardon, monsieur, avant de prendre congé de vous, j'aurais une seule question à vous adresser, reprend le jeune artisan d'une voix ferme, et à laquelle vous voudrez bien répondre.

— Parlez, mon cher Jean, de quoi s'agit-il?

— Vous me refusez la main de mademoiselle Charlotte, parce que ma sœur a été *la maîtresse de Louis XV?*

— Hélas! oui, votre père lui-même, sans nommer, il est vrai, sa fille, a flétri, dénoncé à l'indignation publique ce fait horrible! Il a raconté comment votre infortunée sœur, après avoir été subrepticement enlevée à l'âge de onze ans et demi, n'était sans doute sortie du *Parc-aux-Cerfs,* que pour disparaître à jamais, puisque, depuis cette funeste époque, l'on n'a plus eu de nouvelles de cette pauvre créature, embarquée, selon toute probabilité, pour l'Amérique, où elle aura trouvé la fin de sa triste vie, hélas! Telle est du moins mon opinion.

— Ainsi, monsieur, vous partagez notre créance au sujet de la disparition de ma sœur? La victime aurait été sacrifiée?

— Eh! sans doute, mais d'où vient votre insistance à ce sujet, mon cher Jean?

181e livraison

L'expression des traits de l'avocat, prouvaient sa sincérité. Il ignorait évidemment le séjour prolongé de Victoria dans le royal lupanar de Versailles et son emprisonnement aux Filles repenties; fatales circonstances qui, selon Jean Lebrenn, auraient pu expliquer le refus de M. Desmarais. La dernière illusion de Jean Lebrenn s'évanouit. Il contint son indignation, et s'adressant à l'avocat : — Ainsi, monsieur, mon mariage avec mademoiselle Charlotte est impossible, en raison de ce seul fait, que ma sœur, enlevée à sa famille par une entremetteuse, a été, à l'âge de onze ans, violentée par Louis XV.

— Cette cause n'est-elle pas suffisante !

— Enfin, le citoyen Jean Lebrenn est-il satisfait? — reprend M. Hubert, qui depuis quelques instants contenait à peine ses emportements. Le congé est donné en bonne forme, morbleu ! Vous n'avez plus qu'à vous retirer.

— De grâce, mon cher Jean, n'attachez aucune importance aux emportements de mon beau-frère, — reprend l'avocat Desmarais tendant la main au jeune homme. — Excusez, je vous en supplie, ses boutades, il me serait trop pénible de vous voir quitter ma maison sous une fâcheuse impression.

— Citoyen Desmarais, j'ai longtemps cru à votre amitié, — reprend Jean Lebrenn avec amertume, sans prendre la main que lui tendait l'avocat. — Je ne suis pas dupe du vain prétexte dont vous colorez votre refus, citoyen Desmarais. Ce n'est pas le frère de la malheureuse enfant déshonorée par Louis XV que vous repoussez, c'est l'artisan, c'est l'ouvrier serrurier.

— Ah ! mon cher Jean, je proteste, au nom de nos principes, contre une telle supposition, vous êtes dans l'erreur.

— Morbleu ! beau-frère, ayez donc le courage de votre opinion, — s'écrie M. Hubert, incapable de se contenir, — osez dire la vérité. Tant d'hypocrisie et de lâcheté me révoltent.

— Encore une fois, monsieur mon beau-frère, mêlez-vous de ce qui vous regarde ! — s'écrie l'avocat exaspéré. — Je sais ce que j'ai à dire ! je trouve intolérable votre prétention de me dicter mes réponses.

Jean Lebrenn se tournant vers le financier, et affectant de ne plus adresser la parole à l'avocat. — Vous, citoyen Hubert, vous êtes sincère dans votre aversion, dans votre dédain pour nous. Vous êtes un ennemi déclaré de la classe ouvrière, mais loyal. L'on peut vous combattre et vous estimer. Vous êtes un homme de cœur, malgré vos préjugés. Hélas ! le peuple et la bourgeoisie unis et poursuivant le même but, seraient invincibles, et changeraient la face du vieux monde. Mais les bourgeois se méfient des ouvriers et se tournent contre eux, tandis qu'ils devraient les soutenir, les conduire, les diriger dans les soulèvements qui ont pour but la revendication de droits qui leur sont communs. Le peuple a témoigné jusqu'ici de son affection, de sa confiance pour la bourgeoisie. Il a eu, il aura foi en elle jusqu'à la fin, mais, malheur irréparable pour vous et pour nous, si un jour la bourgeoisie, après s'être servie du peuple pour combattre, pour abattre la noblesse, voulait régner à l'ombre d'une royauté fictive, voulait substituer ses privilèges à ceux qu'elle aurait détruits avec notre aide, voulait se borner à changer la forme de notre joug et refusait de satisfaire à nos exigences légitimes. Alors, ce jour-là, nous combattrons cette royauté de l'écu, cette oligarchie bourgeoise, de même que nous combattons à cette heure la royauté du droit divin et l'aristocratie !

— La *faim vous domptera*, vils artisans, car il vient toujours le moment où il vous faut reprendre le joug du travail forcé.

A ce moment la porte du salon s'ouvre et Charlotte, pâle, les yeux rougis et remplis de larmes, entre précipitamment, suivie de sa mère.

L'altération des traits de Charlotte, leur expression douloureuse a frappé Jean Lebrenn d'une pénible émotion. L'avocat Desmarais et son beau-frère semblent aussi surpris qu'irrités de la présence de la jeune fille. Celle-ci, après un moment de recueillement, s'adresse d'une voix ferme à M. Desmarais :

— Je viens d'apprendre par ma mère que M. Jean Lebrenn était venu vous demander ma main, et que votre intention était de répondre à cette demande par un refus.

— Oui, ma nièce, reprend M. Hubert, — votre père vient de refuser votre main à M. Jean Lebrenn. Nous nous opposons tous à cette union qui serait un opprobre pour la famille.

— Mon père, avez-vous pris cette résolution ?

— Ma fille, des raisons, qu'il est inutile de vous faire connaître, s'opposent, en effet, à ce mariage. Je ne puis y donner mon consentement.

— Ces raisons atteignent-elles, en quoi que ce soit, l'honneur, la probité, la conduite de M. Jean Lebrenn ? — demande la jeune fille d'une voix ferme.

— M. Jean Lebrenn est un honnête homme; mais l'avocat Desmarais ne peut donner, ne donnera jamais sa fille en mariage à un garçon serrurier. Il n'y a pas de raisons à fournir.

— Ainsi, mon père, votre refus n'a pas d'autre cause que le préjugé d'inégalité de condition entre M. Lebrenn et moi ?

— Nulle autre cause, mais celle-là suffit pour rendre cette union impossible.

— Monsieur Jean Lebrenn, dit Charlotte en s'avançant vers le jeune artisan et lui tendant la main par un geste plein de grâce et de dignité, — en présence de Dieu, qui me voit et m'entend, vous avez ma foi !... Je n'épouserai personne autre que vous... je serai votre femme, ou je resterai fille toute ma vie...

— Adieu, Charlotte, vous serez l'unique amour de ma vie, je serai jusqu'à la mort fidèle à ma promesse. Ayons foi dans l'avenir pour briser tous les obstacles.

Les deux fiancés échangent un tendre serrement de main; après quoi, Charlotte se retire, accompagnée de sa mère, tandis que Jean Lebrenn sort du salon en saluant M. Desmarais et son beau-frère, sans leur adresser la parole.

. . . .

Pendant que la famille Lebrenn attendait patiemment le résultat des démarches de Jean auprès de l'avocat Desmarais, le vieil aveugle, installé dans son humble foyer, avait voulu, sinon *voir*... cette faculté lui était désormais ravie... mais du moins *toucher* ses reliques domestiques, renfermées, ainsi que les légendes, dans un coffre de chêne soigneusement fermé. Le prince de Gerolstein éprouva une vive émotion lorsque Victoria déposa sur une table, avec les parchemins ou les papiers jaunis par les siècles, ces objets si précieux pour la famille par les souvenirs qui s'y rattachaient.

— Oh! Frantz, — dit au prince de Gerolstein Victoria Lebrenn, d'une voix émue, après avoir longtemps contemplé ces reliques sacrées, transmises dans sa famille de génération en génération depuis dix-huit siècles et plus, — que de navrants souvenirs! que de douleurs, de misères, d'iniquités, d'oppressions, de tortures, rappellent à notre pensée ces objets inanimés, témoins du martyrologe séculaire de notre famille plébéienne! Maudits soient nos oppresseurs : rois, gens d'église, hommes d'épée!

— Hélas! notre lamentable histoire est celle de tout un peuple asservi, opprimé d'âge en âge depuis la conquête franque, — reprit Frantz de Gerolstein. — Ah! si l'on osait douter de la légitimité de la Révolution décisive que la prise de la Bastille vient d'inaugurer aujourd'hui, LE DROIT de cette sainte Révolution ne serait-il pas prouvé par cette légende écrite avec les larmes et le sang de nos pères! Quels enseignements le passé donne aux générations actuelles!

— Peut-être le moment est-il venu d'accomplir le vœu émis autrefois par notre aïeul Christian l'imprimeur, — reprit M. Lebrenn. — Il pensait que tôt ou tard il serait utile de publier notre légende, comme œuvre d'enseignement historique pour nos frères du peuple, laissés jusqu'ici dans une profonde ignorance de leur véritable histoire.

— Rien ne serait, en effet, plus opportun que cette publication en ce temps-ci; oui, ces récits, publiés sous le titre des MYSTÈRES DU PEUPLE, auraient une puissante influence sur l'esprit des masses.

— La compagnie de Jésus est de nos jours aussi vivace que jamais, — ajouta Victoria, faisant mentalement allusion à sa rencontre de la veille avec l'abbé Morlet; — habile à tous les déguisements, cette compagnie va sans doute, comme au temps de la Ligue, prendre le masque populaire et pousser aux excès pour nuire à la cause du peuple. La recommandation de LOYOLA, relative à notre légende, a dû être conservée dans les archives de la compagnie, où le nom de notre famille et celui de tant d'autres sont mis à l'*index*; il faut donc nous attendre, tôt ou tard, à quelque tentative des jésuites pour s'emparer de nos légendes.

— Bon père, — dit Frantz de Gerolstein, — je partage les inquiétudes de Victoria. Voici donc ce que je vous propose : je sais une retraite à peu près inaccessible à nos ennemis; nous pourrons y transporter les manuscrits; ils y seront en toute sûreté. Un éditeur actif, intelligent, discret, et dont je réponds comme de moi-même, commencera dès demain la copie de nos légendes, et bientôt nous serons en mesure de publier les MYSTÈRES DU PEUPLE.

Frantz de Gerolstein est interrompu par le retour de Jean Lebrenn. A peine est-il entré dans la chambre, que Victoria, remarquant l'expression des traits du jeune homme, devine sa déconvenue.

— Hélas! M. Desmarais t'a refusé la main de sa fille?

— Il est vrai, — répond Jean, — Charlotte a déclaré résolument, en présence de sa famille, qu'elle n'aurait jamais d'autre époux que moi, Tel est le résultat de ma démarche.

— Mon fils, écoute; quelles sont ces rumeurs? — dit soudain madame Lebrenn, prêtant l'oreille du côté de l'escalier. On dirait qu'il y a un rassemblement dans notre cour.

Tout à coup la porte de la chambre s'ouvre, et le voisin Jérôme, qui logeait sur le même palier que la famille Lebrenn, entre pâle, effaré, en criant d'une voix alarmée :

— Vous êtes perdus... ils montent... les voilà... ils veulent vous tuer.

A ce moment, l'on entend retentir dans l'escalier des pas tumultueux accompagnés de clameurs : Vive la nation! — A mort les traîtres! — Les aristocrates à la lanterne! Mort aux nobles et à ceux qui les soutiennent!

Jean Lebrenn, après un premier moment de stupeur partagé par sa famille, s'écrie en courant vers la porte : Que veulent ces hommes?...

— C'est une bande d'enragés... — répond Jérôme haletant. — Ils prétendent qu'il y a ici une aristocrate... une *marquise*, qu'ils veulent mettre à la lanterne... Fuyez et n'essayez pas d'engager une lutte.

Victoria, frappée d'une idée subite : — Le jésuite qui assistait au souper chez Néroweg m'aura reconnue lors du passage de notre colonne; c'est lui qui me signale au glaive des assassins comme marquise.

— Quant à moi, — répond le prince de Gerolstein, en sortant des poches de sa veste une paire de pistolets à deux coups, — je brûlerai la cervelle à quatre de ces brigands!

— Frantz, songeons, avant tout, à protéger ma mère et mon père! — s'écrie Victoria; et, dégaînant le couteau de chasse que le prince porte suspendu à son côté, elle brandit cette arme d'une main virile, et se prépare à défendre le vieillard et sa femme, qui s'étaient instinctivement réfugiés dans l'angle de la chambre.

Tout ceci s'est passé plus rapidement que la pensée. Jean Lebrenn, qui, malgré les prières, les efforts du voisin Jérôme, s'est avancé jusque sur le palier, afin de voir quels hommes envahissaient la maison et montaient l'escalier, a été bientôt refoulé en dedans du seuil de la chambre par Lehiron. Une douzaine de scélérats armés de piques et de sabres restent groupés sur le palier et sur les dernières marches de l'escalier. Jean Lebrenn, s'élançant alors sur son fusil armé de sa baïonnette, s'est rapproché de Frantz et de Victoria, afin de couvrir de son corps sa mère et son père, muets, terrifiés, tremblants de tous leurs membres. Les deux hommes et Victoria sont prêts à repousser toute attaque.

Lehiron, entré seul dans la chambre, paraît d'abord surpris et inquiet de l'attitude résolue des trois personnages. Frantz, des doubles canons de ses pistolets, menace les agresseurs; Victoria, intrépide, l'œil étincelant, est armée d'un couteau de chasse, et Jean Lebrenn se tient prêt à charger les bandits à la baïonnette. Soudain apparaît le petit Rodin. Il s'est glissé à travers les compagnons de Lehiron, entre à son tour dans la chambre, s'approche du géant, et, se dressant sur la pointe des pieds, lui fait signe de se baisser à sa portée, puis il lui dit à l'oreille : — N'oublie point les *papiers*.

— Tais-toi, vermine, on sait ce qu'on a à faire, — répond Lehiron; et faisant deux pas vers Jean, qu'il menace de son coutelas :

— Citoyen Lebrenn, tu trahis le peuple! tu caches ici une aristocrate... la marquise Aldini... la voilà... — et le géant désigne de son coutelas Victoria. — C'est une des harpies du parti de l'Autrichienne. Je l'assistais hier soir à un conciliabule royaliste. Tu conspires avec elle contre la nation. Tu vas nous livrer cette coquine, ainsi que tous les papiers qui sont dans ta maison et que réclame la justice; ou sinon... nous vous égorgeons tous...

— A la lanterne l'aristocrate! — Vive la nation! — A mort les traîtres! — Les compagnons de Lehiron brandissant leurs piques, leurs sabres, font irruption dans la chambre. Mais le géant, tenu en respect par les pistolets braqués sur lui et ne voulant recourir à la force qu'à la dernière extrémité, contient d'un geste les brigands et s'adressant à Jean :

— Livre l'aristocrate et les papiers, je te fais grâce de la vie; mais obéis sans retard.

— Hélas! mon Dieu, ayez pitié de nous! — murmure madame Lebrenn, égarée par l'épouvante et serrant dans ses bras le vieil aveugle.

— Hors d'ici, scélérats, — avait répondu Jean Lebrenn à la sommation de Lehiron. Celui-ci fait un geste de commandement à ses bandits et s'écrie :

— En avant! Les traîtres à la lanterne!

Ce disant, Lehiron se jette de côté et se baisse avec prestesse, pour échapper au feu de Frantz de Gerolstein. Mais celui-ci change non moins prestement la direction de son arme, l'abaisse, tire, et le géant, après s'être redressé presque debout, étend les bras en croix, abandonne son coutelas, s'affaisse sur ses genoux et tombe la face contre terre, blessé grièvement.

Tout à coup, au milieu du tumulte, on entend une exclamation de douleur de madame Lebrenn, qui s'écrie :

— Ah! le méchant enfant, il me mord!

Jean se retourne, et pendant que ses camarades précipitent les bandits du haut en bas de l'escalier, il court auprès de sa mère et la voit aux prises avec le petit Rodin. Celui-ci, fidèle aux recommandations de son doux parrain, et espérant profiter de la bagarre, venait de s'emparer d'une liasse de manuscrits; madame Lebrenn s'efforçait de les lui arracher, et le petit Rodin mordait sa main avec furie. Prendre par le fond de sa culotte le fillot du jésuite et l'envoyer rouler à dix pas, après lui avoir enlevé les légendes, tel fut le premier mouvement du jeune artisan. L'affreux enfant, rampant et glissant comme une vipère à travers les jambes des camarades de Jean Lebrenn, disparaît et gagne l'escalier.

La tentative d'arrestation de Victoria et d'enlèvement des légendes justifiait les craintes de la famille sur les machinations des jésuites; le soir même, le prince déposa en un lieu sûr les légendes et les reliques de la famille Lebrenn.

Ici finit la première partie du récit écrit par moi, JEAN LEBRENN, car, depuis le mois de juillet 1789, jusqu'au mois de décembre 1792, il ne se passa dans notre famille d'autre évènement important que la perte de nos parents bien-aimés. Mon père mourut le 11 août 1789; ma mère, déjà malade et depuis des années, ne lui survécut que peu de temps : elle expira dans nos bras le 29 octobre de la même année.

Charlotte Desmarais, deux jours après notre entrevue, m'a écrit une lettre digne et touchante. Elle m'annonçait son départ pour Lyon, où elle se rendait avec sa mère. M. Desmarais continue de siéger à l'extrême gauche de l'Assemblée nationale, près de Robespierre. Il a défendu Marat à la tribune et il fait partie du groupe républicain dont les chefs sont Brissot, Camille Desmoulins, Condorcet et Bonneville. M. Desmarais, d'abord membre du club des Jacobins, leur a préféré plus tard le club des Cordeliers. Il semble craindre de perdre sa popularité, qu'il considère comme la sauvegarde de ses biens et peut-être de sa vie. M. Hubert, au contraire de son beau-frère, a le courage de ses opinions, il se déclare franchement du parti des modérés. Le financier commande toujours le bataillon dit des Filles-Saint-Thomas, l'un des plus hostiles à la Révolution. Frantz de Gerolstein a été subitement rappelé près de son père, tombé gravement malade. Nos reliques de famille sont toujours déposées dans le lieu sûr où Frantz les avait placées.

Ma sœur Victoria partage ma demeure et vit du produit de son métier de couturière. Nous avons promis à Frantz de Gerolstein de recourir à son aide en cas d'urgence. Je vois avec inquiétude le caractère de Victoria s'assombrir davantage; sa ferveur révolutionnaire dégénère parfois en exaltation.

En vain je m'efforce de calmer Victoria, en vain je fais appel à son cœur, à son bon sens afin de la convaincre que, hormis le cas d'insurrection et de légitime défense, nous ne devons jamais frapper nos ennemis que du glaive de la loi, la justice du peuple étant souvent aveugle en ses entraînements!

— Et lorsque le glaive de la loi, confié aux mains de nos ennemis, reste dans le fourreau; et lorsque la trahison dérobe les grands criminels à la justice légale et leur assure l'impunité, que doit faire le peuple souverain? — me demande Victoria.

A ceci je réponds: — Le peuple souverain, source et dispensateur de tout pouvoir par l'élection, doit déposer ses mandataires infidèles à l'expiration de leur mandat, et s'ils sont des traîtres, les renvoyer devant leurs juges naturels. C'est la marche rationnelle à suivre.

— Non, répond ma sœur, toutes ces formalités entraînent à trop de lenteur; en certaines occasions le peuple doit exterminer ses ennemis au nom du salut public!

Hélas! c'est au nom du salut public que les hommes les plus purs, les plus héroïques de la Révolution se frapperont un jour mutuellement au profit de ses ennemis éternels.

. . . .

Victoria n'a pas revu le comte de Plouernel. Celui-ci, malgré son audace, saisi de stupeur et d'effroi après la prise de la Bastille, a été l'un des premiers émigrants à la suite du comte d'Artois et des princes de Conti et de Condé. Nous n'avons revu M. de Plouernel qu'en 1793.

Lehiron a survécu à sa blessure; il put, sans doute à l'instigation de l'abbé Morlet, tenter plus tard (j'ignore dans quel but) un autre coup de main sur une maison isolée, rue Saint-François, au Marais, occupée par un juif et par sa femme. Pendant longtemps les *Voyants* se sont réunis dans cette demeure; la tentative de Lehiron n'a eu aucun résultat, selon ce que le juif a plus tard raconté à ma sœur sans s'expliquer davantage sur la cause de cette entreprise.

L'intervalle qui s'étend du mois de juillet 1789 à la fin du mois de décembre 1792, époque à laquelle commence la seconde partie de mon récit, a été fécond en grands évènements dont la portée est et sera immense; je les ai consignés dans nos légendes, en y intercalant les extraits d'un journal tenu par moi, et dans lequel, en rentrant le soir au logis, je consignais les faits marquants dont Victoria ou moi avions été témoins durant la journée; j'ajoutais souvent à ces notes quelque passages saillants des journaux révolutionnaires de notre temps. Epoque héroïque qui marquera dans les fastes du peuple!

La prise de la Bastille (14 juillet 1789) portait un coup mortel à la puissance morale de la monarchie; de même que son influence morale, celle de la noblesse et du clergé furent anéanties lorsque, à la suite du serment du Jeu de Paume, et bravant les ordres de dissolution prononcés par Louis XVI, les députés du tiers état se constituèrent en assemblée souveraine, constituante et inviolable. Les conséquences de l'immortelle journée du 14 juillet 1789 furent admirables pour la cause du peuple. Le roi dut venir à Paris, afin de rendre hommage à la victoire populaire, et il quitta sa cocarde blanche pour la nouvelle cocarde nationale aux trois couleurs bleu, blanc et rouge.

La chute de la Bastille eut, en France, un immense retentissement. Partout le peuple et la bourgeoisie des villes s'insurgent contre les représentants du pouvoir royal et leur substituent des municipalités élues par les citoyens.

Le soulèvement général des villes et des campagnes contre le pouvoir royal, contre les privilèges de la noblesse et du clergé, jette l'épouvante dans le côté droit de l'Assemblée nationale où siégeaient les plus violents ennemis de la Révolution.

Le centre de l'Assemblée, appelé tour à tour *la plaine* ou *le marais* n'avait pas de convictions arrêtées. La gauche était presque entièrement composée de députés du tiers état; parmi lesquels on citait pour leur éloquence Siéyès, Duport, Barnave. La noblesse avait aussi de ce côté ses représentants et, parmi eux, le plus illustre, Mirabeau (l'aîné), grand tribun mais homme corrompu; le duc d'Orléans, le marquis de La Fayette, les Lameth, etc., etc... A l'extrême gauche siégeait un député, alors obscur et presque inconnu. Ce représentant du peuple devint bientôt l'incarnation de la Révolution française, il se nommait Maximilien de Robespierre, avocat du barreau d'Arras.

Devant l'attitude menaçante de la nation s'écroule en une seule nuit, dans la nuit du 4 août 1789, le vieil édifice féodal.

O fils de Joel, glorifions la mémoire de nos obscurs aïeux, ce sont eux qui ont préparé le triomphe de la Révolution.

L'œuvre impérissable de l'Assemblée nationale fut la *Déclaration des droits de l'homme*; l'unité territoriale et administrative; l'égalité sociale, civile, politique, religieuse, et surtout la reconnaissance formelle de la *souveraineté du peuple*, source de tout pouvoir, de toute fonction qu'il déléguait par l'élection. Cependant, nous devons reconnaître que la Constitution de 1789-1791 renfermait plusieurs lacunes et certaines atteintes à la souveraineté du peuple, telles que la distinction établie entre les citoyens *actifs* et les citoyens *passifs*, l'*élection à deux degrés*, l'obligation de *payer un cens* pour être éligible aux fonctions de *représentant du peuple*. La Convention fit plus tard justice de ces iniquités. Nous devons encore constater que la Constitution de 1789-1791 ne renfermait aucune disposition relative aux femmes. Nos pères, les Gaulois, admettaient les femmes dans les conseils de la cité, même dans les délibérations relatives aux choses de la guerre. L'égalité des droits civils et politiques de la femme et de l'homme aurait dû figurer en tête de la Constitution. La question du mariage aurait dû y être posée et résolue dans le sens des unions libres, selon les goûts et les convenances réciproques. La propriété eût dû également être modifiée et déclarée collective à l'égard de l'Etat, du département, du district, de la commune, suivant sa nature, l'individu ne devant posséder qu'à titre temporaire l'instrument de travail ou le lot de terre qui lui est dévolu, et qui lui serait attribué par la commune gratuitement. L'abolition de l'héritage s'ensuivrait naturellement, et la suppression de l'intérêt du capital. L'éducation commune, gratuite, obligatoire, intégrale et laïque aurait dû être proclamée. Le droit à l'assistance pour l'enfance, pour la vieillesse, pour les époques de maladies ou de chômage.

Quoi qu'il en soit, malgré ces lacunes regrettables dans la nouvelle Constitution, hommage aux travaux des constituants de 1789 : le clergé, la noblesse, la monarchie, frappés dans leur prestige, dans leurs biens, dans leurs privilèges, dans leur autorité séculaire, ont reçu un coup mortel. L'Assemblée nationale a inauguré l'ère de l'affranchissement; elle peut, à bon droit, dater son œuvre de l'an I de la liberté;

ainsi que l'on dit aujourd'hui. Mais aussi n'oublions pas que l'attitude révolutionnaire de la population de Paris, lors de l'attaque de la Bastille, a déterminé l'éclosion de nos libertés.

Mais un fait qui s'est produit bien souvent, et presque de siècle en siècle, va se représenter. Le pouvoir royal, contraint de faire des concessions, ne chercha qu'à les éluder ou à les annuler, employant tour à tour, à ces fins, la perfidie, le parjure ou la violence!

Bientôt l'hostilité de la cour se montre à découvert; Louis XVI refuse de sanctionner la *Déclaration des droits de l'homme*, base fondamentale de la Constitution, et oppose son *veto* à la loi qui décrète la vente des biens du clergé. Puis les projets liberticides se révèlent avec une insolence inouïe. Le 1er octobre (1789), des régiments étrangers sont appelés à Versailles; les gardes du corps invitent à un banquet les officiers nouveaux venus et ceux des dragons de Montmorency, des régiments suisses, des Cent-Suisses, de la maréchaussée et de la prévôté; quelques capitaines monarchiens, choisis dans la garde nationale de Versailles, sont aussi conviés; les officiers de l'armée, au lieu de porter la cocarde nationale aux trois couleurs, se parent avec affectation d'énormes cocardes blanches. La cour offre à ces militaires un somptueux banquet, dont le roi fait les frais; la table est servie dans la salle de spectacle du palais de Versailles, brillamment illuminée. La musique du régiment de Flandre et des gardes du corps fait entendre pendant le repas des airs royalistes ou de circonstance, tels que : *Vive Henri IV* ou *O Richard, ô mon roi, l'univers t'abandonne*. Le vin, largement distribué, échauffe les têtes; on porte la santé de la famille royale; un capitaine de la garde nationale propose la santé de la nation : il est couvert de huées. Bientôt les officiers introduisent leurs soldats dans la salle, dont ils garnissent toutes les loges. En ce moment, le roi entre en habit de chasse, accompagné de la reine, tenant le dauphin par la main. A l'aspect de Louis XVI et de sa famille, des transports d'enthousiasme éclatent parmi les officiers : la musique du régiment allemand fait entendre la *Marche des uhlans*, chant de guerre étranger; alors l'ivresse se change en frénésie; on profère des injures, des menaces sanguinaires contre la Révolution, contre l'Assemblée; les trompettes de cavalerie sonnent la charge; les officiers mettent l'épée à la main aux cris de : Vive le roi! La cocarde tricolore est foulée aux pieds; puis ces factieux, entraînant leurs soldats ivres comme eux, se répandent dans les cours du château, en proférant des imprécations sauvages contre les représentants du peuple. L'Assemblée nationale, intimidée, sans défenseurs, au milieu de ces saturnales de la force militaire, et comptant peu sur le secours de la garde nationale de Versailles, ose à peine manifester ses craintes. Impardonnable faiblesse. Mais le peuple de Paris veille dans ses clubs ; la presse sonne l'alarme. A la revanche.

« Le samedi soir, Paris s'émeut! » — écrit Camille Desmoulins dans son journal (*Révolutions de France et de Brabant*). — « C'est une dame qui, voyant que son mari n'est pas écouté au district, accourut la première au café de Foy (Palais-Royal) dénoncer l'orgie royaliste. Marat vole à Versailles, revient comme l'éclair, et nous crie : *O morts, levez-vous!* — Danton, de son côté, tonne au club des *Cordeliers* ; et le lendemain, ce district patriote affiche son manifeste en demandant à marcher sur Versailles. Partout le peuple s'arme ; on pourchasse les cocardes blanches et les cocardes noires (autre signe de ralliement catholique), et, justes représailles! ces cocardes sont foulées aux pieds. Partout le peuple se rassemble, se consulte sur l'imminence du danger. On tient conseil dans le jardin du Palais-Royal, au faubourg Saint-Antoine, au bout des ponts, sur les quais. On se dit que la hardiesse des aristocrates croît à vue d'œil, que le bateau chargé de farines, qui arrivait de Corbeil matin et soir, n'arrive plus que tous les deux jours. La cour veut donc prendre Paris par la famine? On se dit que, malgré les ordres de l'Assemblée, les parlements donnent toujours signe de vie, que celui de Toulouse brûle des brochures patriotiques ; que celui de Rouen décrète de prise de corps des citoyens absous par l'Assemblée, que celui de Paris enregistre et s'opiniâtre à se servir de sa formule gothique : *Louis, par la grâce de Dieu, et tel est notre bon plaisir*. On se dit, enfin, qu'il se tient des conciliabules dans les hôtels des aristocrates, et qu'on enrôle clandestinement des bandes de mouchards pour la cour. »

Loustalot, hardi jeune homme, généreux cœur, noble caractère, et l'un des plus brillants esprits de son temps, écrit de son côté dans son journal, *les Révolutions de Paris* (n° XIII) :

« Il faut un *second accès de révolution*, disions-nous il y a quelques jours : tout s'y prépare. L'âme du parti aristocratique n'a pas quitté la cour! Une foule de chevaliers de Saint-Louis, d'anciens officiers, de gentilshommes et d'employés déjà compris dans les réformes, ou qui vont l'être, ont signé un engagement de se joindre aux gardes du corps et autres. Ce registre contient déjà plus de trente mille noms. Le projet de la cour est de conduire le roi à Metz et d'y attendre le secours des étrangers, pour entreprendre la guerre civile et exterminer la Révolution!! »

Enfin Marat, dans l'*Ami du Peuple* (4 octobre 1789), donne les conseils suivants, avec cette promptitude de décision, cette sagacité profonde, cet admirable bon sens pratique qui le caractérisaient :

« ... L'orgie a eu lieu! L'alarme est générale. Il n'y a pas un instant à perdre. Tous les bons patriotes doivent s'assembler en armes, envoyer de forts détachements pour s'emparer des poudres d'Essonne ; chaque district doit aller chercher ses canons à l'Hôtel de Ville. La garde nationale n'est pas assez dépourvue de sens pour refuser de s'unir à nous et s'assurer de ses chefs, s'ils donnaient des ordres hostiles au peuple. Enfin, le péril est tellement imminent, que c'est fait de nous si le peuple ne nomme un tribun et ne l'arme de la force publique! »

Paris, averti, éclairé, soulevé par ces ardents appels à son énergie révolutionnaire, bientôt se rassemble et s'insurge ; mais, chose étrange et touchante à la fois, le signal de cette nouvelle insurrection est donné par des femmes! Les farines commençaient de manquer par suite du complot de la cour ; une jeune fille du quartier des halles entre dans le corps de garde de Saint-Eustache, s'empare d'un tambour, parcourt les rues en battant la charge et criant : *Du pain... du pain!* — Une foule de femmes se joignent à elle et envahissent l'Hôtel de Ville, où se tient rassemblé le directoire notoirement *monarchien* ; ces viriles Gauloises réclament des armes et de la poudre, s'écriant : « Que si les hommes sont assez lâches pour ne pas se rendre avec elles à Versailles, elles iront seules demander du pain au roi et venger l'insulte faite à la cocarde nationale! » Stanislas Maillard, huissier, l'un des héros de la Bastille, harangue ces vaillantes. Elles le reconnaissent pour leur chef et marchent sur Versailles. Une députation de grenadiers de la garde nationale se présente à l'Hôtel de Ville et, s'adressant au général La Fayette, lui fait entendre un langage menaçant :

« Général, nous sommes députés par six compagnies de grenadiers ; nous ne voulons pas encore vous croire un traître, mais nous croyons que le gouvernement nous trahit ; il faut que cela finisse! Le peuple manque de pain et en demande. Nous ne devons pas tourner nos baïonnettes contre des femmes ; la source du mal est à Versailles, allons y chercher le roi et amenons-le à Paris. Il faut châtier les gardes du corps et les officiers du régiment de Flandre, qui, dans une orgie royale, ont foulé aux pieds la cocarde nationale. Si le roi est trop faible pour porter sa couronne, qu'il la dépose. »

Devant l'exaspération du peuple, La Fayette se décide à monter à cheval et à donner lui-même le signal du départ. La garde nationale se met en route pour Versailles, précédée d'une avant-garde d'environ dix mille femmes. Ma sœur Victoria se joignit à ces amazones ; je tiens d'elle le récit suivant de leur expédition.

« ... Chemin faisant, les femmes recrutent dans leur sexe des compagnes de voyage pour Versailles; le quai de la Ferraille est couvert de racoleuses; la robuste cuisinière, l'élégante modiste et l'humble couturière grossissent la phalange de ces guerrières; la vieille dévote, qui allait à la messe, se voit enlevée pour la première fois de sa vie, et crie au rapt! Les femmes avaient nommé entre elles une *présidente* et un état-major; toutes celles que l'on empruntait à leurs maris ou à leurs parents étaient présentées d'abord à la présidente et à ses aides de camp, qui promettaient *de veiller sur les mœurs et sur l'honneur des personnes qu'elles emmenaient*, et cette promesse était religieusement observée. On n'a pas eu le plus petit désordre à déplorer. »

. . . .

Les femmes arrivent à Versailles. Maillard engage ses compagnes à envoyer une députation de douze d'entre elles à l'Assemblée nationale pour obtenir qu'il leur soit adjoint plusieurs représentants du peuple ayant mission de les accompagner auprès du roi. L'Assemblée fait droit à leur requête et charge quelques-uns de ses membres de conduire au château les déléguées des Parisiennes. La députation est conduite auprès de Louis XVI. Celui-ci accueille les femmes avec une apparente bonhomie et leur promet de veiller à l'approvisionnement de Paris. Pendant le colloque du roi avec les déléguées des femmes de Paris, se tramait un complot, celui de la fuite de Louis XVI. Mais le projet fut éventé et le château placé sous la surveillance des gardes nationaux. Pendant la nuit qui suivit, la multitude de femmes et d'hommes venus de Paris, augmentée de l'armée de La Fayette, cherche un abri dans les églises, ou bivouaque sur la place du château. Au petit jour, des citoyens, apercevant un garde du corps à l'une des fenêtres du château, lui adressent des injures; celui-ci arme son fusil, ajuste un citoyen et le tue. Les prétoriens de Louis XVI engageaient la lutte. Les Parisiennes, les gardes nationaux, cédant à leur légitime indignation, envahissent le château; le sang coule. Le peuple vainqueur exige le retour du roi et de sa famille à Paris. Tel fut le résultat des journées du 5 et du 6 octobre 1789.

A la fin de cette même année 1789, l'Assemblée décréta l'abolition des dîmes sans rachat et la vente immédiate des propriétés du clergé. La valeur de ces propriétés s'élevait à plus de QUATRE MILLIARDS! Au commencement de l'année 1790, l'Assemblée nationale se déclare CONVENTION. Dans cette mémorable séance, Mirabeau prit la parole et, après un admirable discours, il termina par cette péroraison:

« On demande depuis quand les députés du peuple sont devenus *Convention nationale?* — s'écrie à ce sujet Mirabeau. — Je réponds: C'est le jour où trouvant l'entrée de leurs séances environnée de soldats, ils allèrent se réunir au *Jeu de Paume*, où ils jurèrent de périr plutôt que d'abandonner les droits de la nation! Nos pouvoirs ont, de ce jour, changé de nature, et ceux que nous avons exercés ont été légitimés, sanctifiés par l'adhésion du peuple! Je vous rappellerai le mot de ce grand homme de l'antiquité, qui avait négligé les formes légales pour sauver la patrie. Sommé par un tribun factieux de dire s'il avait observé les lois, il répondit: — Je jure que j'ai sauvé la patrie! Et se tournant vers les députés, Mirabeau ajoute: — *Je jure que vous avez sauvé la France!* »

L'Assemblée entière se lève avec transport et déclare qu'elle ne se séparera qu'après l'achèvement de son œuvre.

Malgré cette énergique attitude de l'Assemblée nationale, la cour continue ses complots ténébreux contre la Révolution. Louis XVI prépare une nouvelle fuite pour aller solliciter le secours des souverains étrangers.

C'est à ce moment qu'éclate un immense scandale par la découverte du *Livre Rouge*.

Le député Camus avait trouvé parmi les pièces dont la communication avait été réclamée par le comité des finances, un registre relié en maroquin rouge, lequel contenait le relevé des dépenses secrètes de Louis XV et de Louis XVI. Dans les articles inscrits sur ce registre, figuraient les princes, les grands seigneurs et toute la coterie royale. Le comte d'Artois, frère du roi, était porté comme ayant touché, sous le ministère de Calonne, QUATORZE MILLIONS CINQUANTE MILLE CINQUANTE LIVRES, *seulement en secours extraordinaires;* — Monsieur, comte de Provence, autre frère du roi, pour sa part, TREIZE MILLIONS HUIT CENT QUATRE-VINGT MILLE LIVRES. — Parmi les courtisans, la famille Polignac était inscrite pour SEPT CENT MILLE LIVRES de pension. — Un marquis d'Autichamp pour quatre pensions: la première, pour services de feu son père; la deuxième pour le même objet; la troisième pour les mêmes raisons, et la quatrième, pour les mêmes causes. — Un prince allemand pour quatre pensions: la première, pour ses services comme colonel; la deuxième, *idem*; la troisième, *idem*; la quatrième, pour ses services comme *non-colonel*. — Un certain Desgalois de la Tour pour vingt-deux mille sept cent vingt livres, total de ses quatre pensions: la première, comme premier président et intendant; la deuxième, comme intendant et président; la troisième, *mêmes considérations que ci-dessus*, etc.. etc.

« Enfin, nous le tenons, le *Livre Rouge*, — écrit à cette époque Camille Desmoulins, avec sa verve étincelante d'esprit et son bon sens impitoyable. — Le comité des finances a rompu

Arrestation de la famille royale (page 647)

les sept sceaux dont était fermé ce livre fatidique ; la voilà accomplie la terrible menace du prophète, la voilà accomplie avant le jugement dernier : *Revalabo pudenta tua !* JE DÉVOILERAI TES TURPITUDES !

Le clergé attendait le moment de souffler le feu de la guerre civile, en fanatisant les populations de certaines provinces. La cour et Louis XVI se croyaient au moment du triomphe, ayant gagné à leur cause, à prix d'argent, Mirabeau, le fougueux tribun, le puissant orateur qui avait servi jusqu'alors la liberté. Hélas ! il n'est que trop vrai... Mirabeau, ce grand esprit, dévoré de la soif du luxe et des plaisirs, s'était vendu à la cour moyennant *un million* comptant et une pension de *cent mille livres* par mois. La mort ne lui permit pas de jouir des fruits de sa trahison.

Le 2 avril 1791, Mirabeau mourut. Quelques heures avant d'expirer, il entendit tirer le canon et dit dans son orgueil titanique : « Sont-ce déjà les funérailles d'Achille ? » Ses dernières paroles, où se révèle sa trahison, furent celles-ci : « J'emporte le deuil de la monarchie ; ses débris vont être la proie des factieux. » Le peuple confiant et crédule, ignorant la félonie de son tribun, apprit sa mort avec une consternation profonde. J'ai parcouru Paris ce jour-là ; partout le deuil fut immense. On eût dit qu'une calamité publique s'appesantissait sur la France; l'on s'abordait par ces mots empreints d'un douloureux accablement : « Mirabeau est mort ! » Les larmes coulaient de tous les yeux. La foule éplorée suivit religieusement les cendres du grand orateur, qui furent déposées au Panthéon. Deux voix cependant, deux voix prophétiques, s'élevant seules au-dessus de ce concert de regrets civiques, protestèrent contre ce pieux

182e livraison

hommage rendu à la mémoire d'un traître :

« Pour moi, — écrivait Camille Desmoulins dans son journal — lorsqu'on eût levé le drap mortuaire qui couvrait le corps de Mirabeau, et à la vue d'un homme que j'avais idolâtré, j'avoue que je n'ai pas senti une larme... et je l'ai regardé d'un œil aussi sec que Cicéron regardait le corps de César percé de vingt-trois coups. C'est la dépouille d'un traître.. »

Enfin, Marat, éclairé par une sorte d'intuition, écrivait dans l'*Ami du Peuple*, le lendemain des funérailles de Mirabeau :

« Rends grâce aux dieux, peuple ! Ton plus redoutable ennemi n'est plus ! il meurt victime de ses nombreuses trahisons, de la barbare prévoyance de ses complices (longtemps sa mort a été attribuée au poison). La vie de Mirabeau fut souillée de crimes. Qu'un voile désormais en cache le tableau hideux ! Au Panthéon ! Mirabeau... Quel homme intègre voudra reposer auprès de lui ! Les cendres de *Rousseau*, de *Montesquieu* frémiraient de se trouver en compagnie de ce traître ! Ah ! si jamais la liberté s'établissait en France, si jamais quelque législateur, se souvenant de ce j'ai fait pour la patrie, était tenté de me décerner les honneurs du Panthéon, je proteste ici hautement contre ce sanglant affront ! j'aimerais mieux ne jamais mourir ! Qu'il sort maudit le nom de Mirabeau ! »

Etrange prophétie ! Les papiers secrets de Mirabeau, découverts le 10 août 1792, dans l'*armoire de fer* des Tuileries, ayant révélé les preuves irrécusables de sa trahison, la Convention nationale, le 27 novembre 1793, rendait cet arrêt mémorable :

« *La Convention nationale, considérant* QU'IL N'Y A PAS DE GRAND HOMME SANS VERTU, *décrète que le corps d'Honoré-Gabriel Riquetti Mirabeau sera retiré du Panthéon. Le corps de* MARAT *y sera transféré.* »

Ah ! fils de Joel ! n'oubliez jamais ces paroles sacrées : *Il n'y a pas de grand homme sans vertu.* Car nul ne fut plus grand par le génie que Mirabeau ! Et cependant la Convention nationale, par un sentiment de justice et d'impartialité qui l'honore, chassa du Panthéon le corps de l'homme de génie, du grand orateur, du fougueux tribun qui s'était vendu à la cour, pour y placer celui de Marat, l'humble journaliste, l'homme probe, désintéressé, l'ami du peuple, l'incorruptible citoyen !

La mort de Mirabeau, déconcertant la cour, lui ôtant l'espoir de dominer, de désarmer, de vaincre la Révolution par l'Assemblée nationale, la cour de Louis XVI résolut d'exécuter un projet dès longtemps mûri, et déjà vainement tenté à Versailles, lors des journées des 5 et 6 octobre. Tel était le projet :

« Le roi se réfugierait dans une place forte de nos frontières ; et là, au milieu de troupes dévouées, commandées par un général royaliste (*le marquis de Bouillé*), Louis XVI protesterait solennellement à la face de l'Europe contre l'usurpation et les actes de l'Assemblée nationale, invoquerait hautement la solidarité qui devait liguer tous les souverains contre la Révolution française, et l'exterminerait avec le concours des armées étrangères. »

Ce projet criminel, Louis XVI fut sur le point de le réaliser. Cependant, Marat, toujours vigilant, toujours prophétique, avait, quelques jours avant la fuite du roi, dénoncé le fait en ces termes dans l'*Ami du peuple* (16 juin 1791) :

« ... L'on veut à toute force entraîner le roi dans les Pays-Bas, sous prétexte que sa cause est celle de tous les rois de l'Europe ! Vous serez assez imbéciles pour ne pas prévenir la fuite de la famille royale. Parisiens... insensés Parisiens ! ! je suis las de vous le répéter ! retenez le roi et le dauphin dans nos murs, gardez-les avec soin ; renfermez la reine, son beau-frère et sa famille. La perte du roi peut être fatale à la nation et creuser la tombe de trois millions de Français. »

Moi, Jean Lebrenn, je joins ici quelques fragments de mon journal, où j'ai écrit presque quotidiennement les évènements de cette immortelle époque. Ces extraits vous donneront, fils de Joel, un tableau assez exact de la situation de Paris lorsque l'on y apprit la fuite du roi, effectuée dans la nuit du 21 juin (1791).

21 juin 1791. — Aujourd'hui, dès le matin, le bruit du départ de Louis XVI et de sa famille a circulé dans Paris.

Nous sommes sortis, Victoria et moi, pour nous rendre compte de l'impression causée par la fuite du roi et de la reine. Une foule innombrable encombrait le jardin du Palais-Royal, la place de l'Hôtel de Ville, les abords des Tuileries et de l'Assemblée nationale. A dix heures du matin, la municipalité fit tirer trois coups de canon en signe d'alarme ; le tocsin sonnait, les tambours de la garde nationale battaient le rappel. L'émotion était indescriptible.

Nous avons rencontré, dans notre parcours, M. Hubert ; c'était la première fois que je me trouvais en face de lui, depuis le jour de ma demande en mariage de sa nièce. M. Hubert, vêtu de son uniforme, se rendait à sa section, où était convoqué le bataillon du district des Filles-Saint-Thomas, composé de royalistes. M. Hubert m'aborda et m'interpellant brusquement : — Hé bien ! le roi est parti. Mais nous ne voulons pas de la République et nous défendrons la constitution jusqu'à la mort.

— Quelle constitution prétendez-vous défendre ? — reprit Victoria. — La constitution reconnaît un roi héréditaire, ce roi s'évade. La force des choses impose la République.

M. Hubert resta muet un moment. — Citoyenne! l'Assemblée nommera provisoirement La Fayette protecteur du royaume. Du reste, l'Assemblée a envoyé des commissaires à la poursuite du roi, et nous espérons qu'ils auront pu l'atteindre avant qu'il ait gagné la frontière, la question se trouvera simplifiée.

Alors, Louis Capet, souverain réfractaire, sera condamné à la royauté constitutionnelle à perpétuité!

A ce moment un flot de la foule vint nous séparer et nous entraîna, Victoria et moi, vers le château des Tuileries. Les factionnaires, placés au pied du grand escalier, laissaient monter dans les appartements toutes les personnes qui se présentaient. Les visiteurs étaient, comme nous, sous l'impression d'une curiosité railleuse en se rappelant que le monarque, qui habitait ces somptueux appartements « se plaignait de l'insuffisance des quarante millions de sa liste civile, et prétendait qu'il ne pouvait se procurer les commodités de la vie ». En sortant du château, nous avons gagné les boulevards, pour nous rendre au faubourg Saint-Antoine. Partout se manifestaient l'aversion pour la royauté, le mépris pour la personne de Louis XVI et la haine contre l'autrichienne, Marie-Antoinette.

Plusieurs organes de la presse patriote encourageaient les tendances républicaines, soit en demandant ouvertement la République, soit en réclamant la déchéance de Louis XVI.

Marat, dans l'*Ami du Peuple*, signalait à l'indignation du peuple la trahison du roi, de sa cour et de ses ministres.

« ... Citoyens, Louis XVI a pris la fuite cette nuit... Ce roi parjure, sans foi, sans pudeur, sans remords, est allé rejoindre les rois étrangers, ses complices. La soif du pouvoir absolu, qui dévore son âme, le rendra bientôt assassin féroce. Il reviendra se baigner dans le sang de *ses sujets*, qui refusent de se soumettre à son joug tyrannique... En attendant, il se rit de la sottise des Parisiens qui ont eu foi en ses serments... Citoyens, vous êtes perdus, si vous prêtez l'oreille à l'Assembée nationale, qui ne cessera de vous cajoler, de vous endormir, jusqu'à l'arrivée de l'ennemi sous vos murs! Faites partir à l'instant des courriers pour les départements; appelez les fédérés bretons à votre secours! emparez-vous de l'arsenal; désarmez les alguazils à cheval, les gardes des ports, les chasseurs des barrières, la troupe soldée... tous contre-révolutionnaires... Citoyens, nommez sur l'heure un dictateur impitoyable, qui, du même coup, fasse tomber la tête des ministres, de leurs subalternes, de La Fayette, de tous les scélérats de son état-major, de tous les contre-révolutionnaires, de tous les traîtres de l'Assemblée nationale! »

Camille Desmoulins caractérisait, dans les *Révolutions de France*, avec sa verve railleuse, la situation présente :

« ... Le roi a couché la nation en joue, le coup a raté... à la nation de tirer maintenant. Sans doute elle dédaignera de se mesurer contre un homme désarmé, fût-ce un roi ! et je serai le premier à tirer en l'air... mais il faut que l'agresseur *me demande la vie...* »

Des placards, des inscriptions de toute nature, affichés sur les murs de Paris, agissaient puissamment sur l'opinion publique.

Vers la fin de la journée, le journal la *Bouche de fer* donnait, dans un supplément, la proclamation adressée aux Français par Louis XVI, pièce saisie chez Laporte, l'un des affidés de la cour, qui était chargé de la faire imprimer et placarder dans Paris :

« Le roi, — est-il dit dans ce manifeste, — a longtemps espéré de voir l'ordre et le bonheur renaître par l'Assemblée, il renonce à cette espérance; la sûreté des personnes et la propriété sont compromises; l'anarchie est partout. Le roi, *se considérant comme captif depuis son séjour forcé à Paris*, PROTESTE CONTRE TOUS LES ACTES DE L'ASSEMBLÉE, CONTRE LA CONSTITUTION *qui outrage l'Eglise, — avilit la royauté, la subordonne* à l'Assemblée, la réduit à une liste civile insuffisante, etc., etc. — D'après ces motifs, dans l'impossibilité où je suis d'empêcher le mal, il faut chercher ma sûreté ! Français! vous que j'appelais les habitants de ma bonne ville de Paris, méfiez-vous des factieux ! Revenez à votre roi ! Il sera toujours votre ami, quand notre sainte religion sera respectée, quand le gouvernement sera stable et la liberté établie sur des bases inébranlables! »

Signé : LOUIS.

Aux abords de la Bastille et sur quelques décombres de la forteresse, un jeune citoyen qui, par la recherche de sa mise, sa coiffure soigneusement poudrée, semblait appartenir à la haute bourgeoisie, fit la motion suivante :

« Messieurs, il serait très malheureux dans l'état actuel des choses, que ce roi perfide et scélérat nous fût ramené ! Qu'en ferions-nous !... Ce transfuge viendrait comme Thersite, verser ces *larmes grasses* dont parle Homère. Donc, si l'on commet l'énorme faute de nous ramener Louis XVI, je fais cette motion : — Qu'on expose l'*exécutif* pendant trois jours à la risée publique. Qu'on le conduise par étapes jusqu'à la frontière... et que là, les commissaires de la République qui l'auront escorté donnent solennellement à ce dernier des rois... *du pied au cul et l'envoient au Diable »*.

Cette motion originale fut accueillie des assistants par des éclats de rire et des applaudissements. « *Du pied au royal cul.* »

En résumé, tel était, le 21 juin 1791, l'état des esprits à Paris : la majorité de la bourgeoisie, consternée de l'évasion de son roi, était résolue, dans le cas où les commissaires de l'Assemblée dépêchés à sa poursuite ne pourraient atteindre et ramener Louis XVI, de s'abriter derrière le protectorat provisoire offert à La Fayette, si toutefois l'on ne parvenait à obtenir du duc d'Orléans qu'il acceptât la royauté constitutionnelle. Le peuple, au contraire, se montrait heureux d'être débarrassé du roi et aspirait à la République.

Le soir nous sommes allés au club des Jacobins où se pressait une nombreuse assistance.

O fils de Joel! je ne saurai vous dépeindre avec quelle émotion patriotique, mêlée de respect, nous autres, contemporains des grandes journées de la Révolution, nous pénétrions dans cette vieille salle du couvent des Jacobins de la rue Saint-Honoré, salle immense, aux murailles de pierre noircies et dégradées par le temps, seulement éclairées par quelques chandelles placées sur la table grossière servant de bureau, et derrière laquelle se tenaient le président du club et ses secrétaires.

Le club des Jacobins est l'église révolutionnaire la plus fréquentée du peuple. Dans ce forum plébéien se débattent les grandes questions qui agitent Paris, la France, l'Europe! C'est de ce foyer brûlant de patriotisme que rayonnent les vertus civiques qui d'un bout à l'autre du pays vont embraser tous les cœurs. Le club des Jacobins est l'école politique du prolétariat ; c'est là que les ouvriers prennent directement part à la chose publique ; c'est au milieu de ces orageux débats que s'élucide, que se formule l'opinion du peuple, qui souvent pèse d'un poids immense sur les délibérations de l'Assemblée nationale. C'est du haut de la tribune retentissante des Jacobins, que les citoyens vigilants épient et signalent les manœuvres de nos ennemis, surveillent les fonctionnaires publics ; c'est de cette tribune populaire que partent les cris de défiance ou d'alarme. C'est enfin de cette tribune que les patriotes, à l'approche des grands périls, réveillent l'opinion publique attiédie, abusée ou endormie, l'activent, surexcitent et rallument en elle la fièvre révolutionnaire. Mission sublime !

Hélas ! par une inexplicable erreur de jugement ou de tact politique, les Jacobins, au 21 juin 1791, jour de la fuite de Louis XVI, n'ont pas répondu aux vœux du peuple. Les Jacobins n'ont pas profité de cette circonstance aussi favorable qu'inespérée, *la désertion du roi*, pour demander à l'Assemblée nationale, au nom de la constitution, la déchéance de Louis XVI. Dans cette séance, si émouvante d'ailleurs, la conduite des Jacobins fut indécise, équivoque et coupable ; car, en révolution, *ne pas profiter de l'occasion* est une faute irrémissible. Une seule faute amène la défaite.

Lorsque, vers les huit heures du soir, nous sommes entrés, Victoria et moi, dans la salle des Jacobins, cette salle et les tribunes regorgeaient de spectateurs, attirés par l'importance des débats que devaient soulever les évènements de la journée. Hommes, femmes, jeunes filles, attendaient dans une fiévreuse impatience que la séance fût ouverte. L'un des caractères particuliers de notre Révolution est l'intérêt passionné des femmes pour la chose commune ; déjà vous les avez vues, fils de Joël, ces vaillantes Gauloises, prendre aussi virilement part à l'action qu'à la discussion, ainsi que leurs mères de la Gaule antique.

Le bruit tumultueux s'apaise peu de temps après que les membres du bureau ont pris leur place ; le citoyen Prieur (de la Marne) préside le club, et à ses côtés sont les secrétaires Huot-Goncourt, Chéry fils, Lampidor et Danjou. La sonnette du président se fait entendre. Il annonce la lecture d'une adresse envoyée à toutes les sociétés fraternelles des départements correspondant avec le club central. Ainsi se trouve expliqué le merveilleux accord de la *société mère* des Jacobins et des sociétés affiliées des provinces. Un profond silence règne bientôt dans la salle et dans les tribunes ; le citoyen Danjou, l'un des secrétaires, donne lecture de l'adresse des Jacobins à leurs frères des départements au sujet de la fuite de Louis XVI.

« Frères et amis,

« Le roi, *égaré par des suggestions criminelles*, s'est *éloigné* de l'Assemblée nationale. Loin d'être abattu par cet évènement, notre courage et celui de nos concitoyens s'est élevé au niveau des circonstances. Aucun trouble, aucun mouvement désordonné n'a accompagné l'impression que nous avons sentie.

« Une fermeté calme et déterminée nous laisse la disposition de toutes nos forces ; consacrées à la défense d'une juste cause, elles seront victorieuses !

« Toutes les divisions sont oubliées, tous les patriotes sont réunis. L'Assemblée nationale, *voilà notre guide* ; la Constitution, *voilà notre cri de ralliement*. »

Il me serait difficile d'exprimer la surprise, la déconvenue, je dirais presque la douleur, qui succède parmi les assistants à la lecture de ce manifeste anodin, accepté par la majorité des membres du club.

Mais survient Camille Desmoulins. Il se dirige vers la tribune et demande au président la parole pour une communication qu'il a à faire aux Jacobins.

Camille Desmoulins, très jeune encore, est un membre influent du club des Cordeliers. Sa physionomie est expressive, ironique et fine. Il s'est élancé à la tribune, et, de sa voix incisive, il donne carrière à sa verve railleuse et mordante et sobre de gestes et d'allures.

« Citoyens, pendant que l'Assemblée nationale décrète... toujours, et décrète encore... tant bien que mal, et plutôt mal que bien... le peuple fait admirablement la police... et, se montrant non moins ami du provisoire que l'Assemblée nationale... il décrète que tout pillard sera provisoirement... accroché à la lanterne... En traversant tout à l'heure le quai de Voltaire, je vois La Fayette qui s'apprêtait à passer la revue des bataillons de *bleuets*, rangés sur ledit quai ; moi, convaincu du besoin de se réunir autour d'un chef, je cède à un mouvement d'attraction qui m'entraîne vers le fameux *cheval blanc*... — Monsieur de La Fayette, lui criai-je, j'ai bien dit du mal de vous depuis un an, et je n'en pense pas moins. Voici l'heure de me convaincre de faux témoignage en sauvant la chose publique ! — Je vous ai toujours reconnu pour un bon citoyen, — me répond galamment le général en me tendant la main ; — le danger commun a réuni tous les partis. Il n'y a plus dans l'Assemblée nationale qu'un seul esprit. — Un seul esprit ! C'est pour une si nombreuse et si illustre Assemblée, — ai-je reparti au général. — Mais pourquoi cet unique esprit de l'Assemblée affecte-t-il de placer dans ses décrets le mot *enlèvement* du roi, tandis que l'*exécutif* écrit à l'Assemblée qu'on ne l'enlève point et qu'il part ?

« Je pardonne le mensonge à une servante qui ment dans la crainte d'être chassée si elle dit la vérité, — poursuit Camille Desmoulins; — mais l'Assemblée n'est point, que je sache, la servante de l'*exécutif* présent ou fuyard. L'Assemblée a trois millions de piques ou de baïonnettes à son service... D'où vient donc la bassesse ou la trahison qui lui ont dicté un si gros mensonge ! — *Le roi enlevé !* — L'Assemblée corrigera cette *faute de rédaction*, m'a répondu le général, et il a plusieurs fois ajouté : — La conduite du roi est *bien infâme*.

Camille Desmoulins s'interrompt, voyant Robespierre entrer dans la salle et s'apprête à descendre de la tribune en disant avec un accent de cordiale déférence :

» Voici mon ami et mon maître... à lui la parole!... »

Sans la certitude d'entendre un discours de Robespierre, le public des tribunes eût certainement réclamé la suite de l'allocution du spirituel orateur. Robespierre était l'un des orateurs du club des Jacobins les plus goûtés, et il méritait cette flatteuse appréciation pour son admirable talent, son infatigable énergie, l'élévation de son caractère, son intégrité, l'austérité de ses mœurs et pour son dévouement à la cause révolutionnaire. Malheureusement cette médaille avait un revers ; Robespierre poussait la défiance contre les hommes à un degré extrême ; il se montrait parfois ombrageux, atrabilaire, soupçonneux, au point d'être poussé à des actes injustes à l'égard de citoyens aussi dévoués que lui-même à la chose publique, mais qui prétendaient la servir par des moyens différents des siens.

Un profond silence s'était rétabli dans la salle; les entretiens particuliers avaient cessé, Robespierre est à la tribune. Ses traits, ordinairement impassibles comme un masque de marbre, sont empreints d'une ironie amère, et il s'exprime ainsi d'une voix brève, sonore, métallique :

« Ce n'est pas à moi, citoyens, que la fuite du premier fonctionnaire de l'Etat devrait paraître un évènement désastreux... ce jour pouvait être le plus beau jour de la Révolution. *Il peut le devenir encore !* Le gain de QUARANTE MILLIONS que coûtait l'entretien de l'individu royal serait le moindre des bienfaits de cette journée. Mais pour cela, citoyens, il eût fallu prendre d'autres mesures que celles qui ont été adoptées par l'Assemblée nationale... et je saisis le moment où sa séance est suspendue pour venir ici vous parler de ces mesures... qu'il ne m'a pas été permis de proposer... »

« Le roi pour déserter son poste, a choisi le moment où les prêtres tentent de soulever contre la constitution tout ce que les lumières de la philosophie ont laissé d'idiots ou d'aveugles dans les quatre-vingt-trois départements de la France, le moment où l'empereur d'Autriche et le roi de Suède sont à Bruxelles pour recevoir ce roi déserteur et parjure... Cela ne m'effraie point, non !... Que l'Europe se ligue contre nous... La Révolution vaincra l'Europe !

« Non, je ne crains pas les rois coalisés, — reprend Robespierre d'un ton de fier dédain ; — mais savez-vous, citoyens, ce qui m'épouvante? C'est d'entendre nos ennemis tenir le même langage que nous... c'est de les entendre acclamer comme nous qu'il faut se rallier pour défendre la constitution... Or, Louis XVI ne compte pas seulement sur l'appui des forces étrangères pour rentrer triomphant dans son royaume ; il compte aussi sur l'appui d'un parti à l'intérieur qui prend aujourd'hui le masque du patriotisme, et l'Assemblée nationale est complice de ce parti ! »

Cette nouvelle affirmation si claire, si précise, de la conduite coupable de l'Assemblée excite de nouveau les murmures des Jacobins et les applaudissements des tribunes. On attend, dans une anxieuse impatience, que Robespierre signale quelles sont les mesures à prendre pour que le jour de la fuite du roi soit le plus *beau jour de la Révolution.*

« Ce que je viens de vous dire est l'exacte vérité, — reprend Robespierre d'un ton solen nel. — Cette vérité, pouvais-je la faire entendre à l'Assemblée nationale? Non... je n'aurais pas été écouté. Ah! je le sais, cette dénonciation est dangereuse pour moi; peu importe! car elle est utile à la chose publique. Cette dénonciation aiguise contre moi mille poignards! Je vais être l'objet de la haine de mes collègues de l'assemblée, presque tous contre-révolutionnaires... les uns par ignorance, d'autres par terreur... d'autres par ressentiments privés, d'autres par une confiance aveugle, d'autres par corruption... Je me dévoue à la haine... à la mort! Je le sais... » ajoute Robespierre avec une tranquillité stoïque.

Puis sa physionomie, ordinairement impassible, se détend peu à peu; il s'interrompt un instant et reprend d'une voix émue :

« Ah! lorsque, encore inconnu, je siégeais à l'Assemblée, j'avais déjà fait le sacrifice de ma vie à la vérité, à la patrie! Mais aujourd'hui que je dois tant à la reconnaissance, à l'amour de mes concitoyens, j'accepterais la mort comme un bienfait! Elle m'empêcherait d'être témoin de maux inévitables... »

Puis, dominant son émotion passagère et revenant à son naturel inflexible, Robespierre ajoute d'un ton ferme et bref :

« Je viens de faire le procès à l'Assemblée... qu'elle fasse le mien... »

La péroraison de ce discours produit un effet extraordinaire sur les assistants, et, lorsque Robespierre descend de la tribune, les Jacobins se lèvent par un mouvement spontané. Camille Desmoulins s'élance vers l'orateur, et, le visage baigné de pleurs il enlace Robespierre d'une étreinte fraternelle en s'écriant!

— Nous mourrons avec toi!

L'un des caractères saillants du génie de Robespierre est de ne pas hasarder le succès d'une motion. De là cette contradiction entre le début et la fin de son discours; il se proposait évidemment de conseiller une mesure prompte, décisive contre le pouvoir royal et contre l'Assemblée; mais, *tâtant le terrain* et s'assurant que les mesures annoncées par lui devaient rencontrer de l'opposition parmi les Jacobins, Robespierre crut plus sage, plus *politique*, de temporiser et de se borner à mettre l'Assemblée nationale en suspicion.

Presque aussitôt que Robespierre fût descendu de la tribune, on vit entrer dans la salle, d'abord Danton, homme d'énergie et d'action, puis La Fayette.

La présence de ces deux hommes, personnifiant l'*action* et la *réaction*, la révolution et la contre-révolution, provoqua de bruyantes manifestations de la part des assistants et se traduisit par des acclamations et des bruits de sifflets. L'extérieur de ces deux hommes offrait le même contraste que leurs opinions. Le jeune marquis de La Fayette, d'une stature élevée, svelte, gracieuse, offrait le type accompli du grand seigneur; il portait cavalièrement son uniforme de commandant général de la garde nationale; botté, éperonné, l'épée au côté, le chapeau sous le bras, il pénétrait dans cette sombre salle où il pouvait lire sur tous les visages les sentiments hostiles qu'il inspirait, et néanmoins il s'avançait avec autant d'aisance aristocratique que s'il se fût présenté au cercle de la cour à Versailles. Son front intrépide annonçait l'homme insensible au danger; son regard fin, parfois indécis et fuyant, révélait le politique habile, délié, mais flottant toujours au gré de ses ambitions, changeantes et diverses comme les évènements qui les faisaient naître; enfin, son sourire presque invariablement affable, courtois et insinuant, semblait quêter la popularité. Danton, jeune aussi, d'une carrure athlétique, était négligé dans ses vêtements; la fougue à peine contenue de son allure, son œil de feu, sa physionomie à la fois sensuelle, hardie, spirituelle et tendre; son organisation robuste, sanguine, exubérante, révélaient en lui les sentiments les plus contraires; vices et vertus, énergie et faiblesse, cruauté étourdie, bonté ineffable, réfléchie, petitesse et héroïsme.

La présence de Danton dans la salle des Jacobins réveille, surexcite le peuple des tribunes : — Voilà *Danton!* voilà *Danton!* — Ces mots circulent parmi les assistants avec un frémissement de curiosité, de sympathie et de confiance.

Danton monte à la tribune, et, de sa voix tonnante, il s'écrie :

« Citoyens, du résultat de cette séance dépendra peut-être le salut de la patrie! Le premier fonctionnaire de l'Etat vient de disparaître! Ici, dans cette réunion, se sont assemblés les hommes chargés de régénérer la France. Les uns puissants par leur génie, les autres par leur influence! La France serait sauvée si toutes les divisions intestines avaient cessé... Il n'en est pas ainsi... L'expérience nous révèle l'étendue de nos maux. Je dois parler... Je parlerai... comme si je burinais l'histoire pour la postérité!

« Et d'abord, — poursuit Danton, désignant La Fayette d'un geste méprisant, — et d'abord, j'interpelle monsieur de La Fayette, ici présent. Je lui demande ce qu'il vient faire ici... lui... aux Jacobins? Lui, le signataire de tant de projets de lois liberticides! lui qui a demandé la dissolution du club des Jacobins, presque entièrement composé, disait-il, d'hommes sans aveu, soudoyés pour perpétuer l'anarchie! lui qui a conduit triomphalement les habitants du faubourg Saint-Antoine à la destruction du donjon de Vincennes, ce dernier repaire de la tyrannie, et qui, le même soir, a accordé protection aux assassins armés de poignards pour favoriser la fuite du roi ! Ne nous abusons pas ! Cette évasion est le résultat d'un complot dont les fonctionnaires publics sont complices. Et vous, La Fafayette, qui répondiez sur votre tête de la personne de Louis XVI, avez-vous payé votre dette ? »

La Fayette, à cette véhémente apostrophe qui soulève les applaudissements des tribunes, garde une contenance imperturbable, sourit et indique, par un signe de tête, qu'il se propose de répondre à l'orateur.

« Citoyens ! poursuit Danton, — pour sauver la France, il faut au peuple de grandes satisfactions et des réformes radicales... »

« Le peuple est las d'être bravé par ses ennemis ! Il veut les faire rentrer dans le néant.

« Ce n'est pas altérer le principe de l'irrévocabilité des représentants du peuple que de chasser de l'Assemblée nationale et de livrer à la justice ceux des députés qui appellent la guerre civile en France par l'audace d'une infâme rébellion... Mais si la voix des défenseurs du peuple est étouffée... si nos ménagements coupables mettent la patrie en danger, j'en appelle à la postérité. C'est à elle de juger entre eux et moi ! »

Danton descend ensuite de la tribune.

Grande est la consternation du populaire, une fois encore déçu de ses espérances ; car les accusations légitimes, lancées par l'orateur contre La Fayette et la vague proposition de *chasser les traîtres de l'Assemblée*, ne concluaient en fait à aucune mesure positive, n'indiquaient aucun moyen de pourvoir au salut de la patrie. Après Danton vient à la tribune La Fayette ; il s'y installe avec aisance ; puis, faisant d'un très grand air sa révérence à l'auditoire, il se débarrase de son chapeau et dit d'une voix calme avec un accent de parfaite courtoisie ;

« Messieurs, l'un de MM. les préopinants m'a fait l'honneur de me demander pourquoi je viens me réunir aux Jacobins ? Je viens me joindre à eux, parce que c'est à eux que tous les citoyens doivent se réunir en ces temps de crises et d'alarmes. Il faut, messieurs, plus que jamais combattre pour la liberté. J'ai dit l'un des premiers : Qu'un peuple qui voulait devenir libre, avait sa destinée dans ses mains... Je n'ai jamais été plus assuré de la liberté qu'après avoir joui du spectacle que vient de nous offrir la capitale durant cette journée. »

Après une seconde révérence à l'auditoire non moins courtoise que la première, le marquis de La Fayette descend de la tribunal et gagne allègrement la porte de la salle.

. . . .

26 juin 1791. — Hier soir, Victoria et moi, nous avons assisté à la rentrée de Louis XVI dans Paris. Le roi a été arrêté à Varennes, dans la nuit du 22 au 23 juin. Le citoyen Drouet, ancien dragon et maître de poste à Sainte-Menehould, au moment où les voitures du roi fuyard relayaient dans cette ville, avait reconnu Louis XVI sous son déguisement de valet de chambre. La reine, munie d'un faux passeport, voyageait sous le nom de la *baronne* DE KORFF et de sa suite. Le citoyen Drouet n'avait pas osé arrêter le fugitif à Sainte-Menehould, les voitures étant escortées par un de ces détachements de dragons et de hussards que le marquis de Bouillé, général commandant à Metz et complice de la fuite du roi, avait échelonnés sur la route depuis Paris jusqu'à la frontière ; mais Drouet, après le départ de la berline royale, était monté à cheval avec un de ses postillons, et prenant un chemin de traverse, avait devancé les voyageurs mystérieux à Varennes. On était au milieu de la nuit. Il donna immédiatement l'alarme et annonça la nouvelle de la prochaine arrivée de Louis XVI. La garde nationale se rassembla en armes, et procéda à l'arrestation du roi dès qu'il fût entré dans la ville. Louis XVI et sa famille furent ramenés à Paris par les commissaires de l'Assemblée, Barnave et Pétion, qui avaient été dépêchés pour cette mission.

Pendant les jours qui s'écoulèrent entre la fuite du roi et son retour forcé à Paris, les diverses nuances de l'opinion se sont vivement manifestées. Brissot, dans son journal *le Patriote français*, a résumé, en termes nets et concis, les conséquences des évènements qui, depuis cinq jours, agitent les esprits :

« Que faire dans les circonstances actuelles ? — L'on propose six partis : — Abolir la royauté et y substituer le gouvernement républicain.— Faire juger le roi et la question de royauté par la nation. — Faire juger le roi par une cour nationale. — Exiger son abdication. — Interdire Louis Capet et nommer un régent. — Enfin, laisser le roi sur le trône, en lui donnant un conseil électif. — La première opinion présentée au public est tranchante : PLUS DE ROIS, SOYONS RÉPUBLICAINS. »

La tendance vers la République s'est considérablement accrue, ainsi que l'indignation publique contre Louis XVI et contre la majorité constitutionnelle de l'Assemblée. Plusieurs causes ont produit ces résultats, et d'abord le manifeste du marquis de Bouillé, le général monarchiste, adressé aux représentants du peuple, se termine par cette menace :

« ... Je connais mes forces ; bientôt votre châtiment servira d'exemple mémorable à la postérité ! Ainsi doit vous parler un homme à qui vous avez d'abord inspiré de la pitié. N'accusez personne de complot contre votre *infernale constitution*. Le roi n'a pas fait les ordres qui ont été donnés ; moi seul ait tout ordonné. Contre moi seul aiguisez donc vos poignards et préparez vos poisons. *Vous répondez des jours du roi,* A TOUS LES ROIS DE L'UNIVERS. Si on lui ôte un cheveu de la tête, *il ne restera pas pierre sur pierre à Paris. Je connais les chemins,* JE GUIDERAI LES ARMÉES ÉTRANGÈRES. Adieu, messieurs, je finis sans commentaires, mes sentiments vous sont connus.

« MARQUIS DE BOUILLÉ. »

Ces insultes, ces menaces, adressées à la Révolution, à la France, au nom *de tous les rois de l'univers,* par un royaliste confident et complice de Louis XVI, par un général qui, « connaissant les chemins, conduira les armées étrangères jusqu'à Paris, dont il ne restera pas pierre sur pierre, » dévoilaient, avec une brutale franchise, le plan des souverains coalisés. Cependant, tel fut l'aveuglement de la majorité de l'Assemblée nationale, qu'au lieu de prononcer la déchéance de Louis XVI et de le citer à sa barre, elle se contenta de décider par décret : « qu'une garde serait donnée au roi pour répondre de sa personne, et que *les complices de sa fuite seraient interrogés* par les commissaires de l'Assemblée, qui ENTENDRAIENT LES DÉCLARATIONS *de Louis XVI et de la reine.* »

Nous nous sommes rendus, Victoria et moi, aux Champs-Elysées, vers les six heures dans l'après-midi du 25 juin, afin d'assister à l'entrée de Louis XVI dans *sa bonne ville de Paris.*

Une foule immense encombrait les Champs-Elysées et la place Louis XV. Nous sommes parvenus, après de grands efforts, à nous approcher de la double haie formée par la garde nationale pour laisser une voie libre au passage du cortège royal.

Une rumeur d'abord lointaine et répétée de proche en proche en proche, annonça l'arrivée du roi. Le général La Fayette passa au galop, escorté d'un brillant état-major de *bleuets,* et se porta à la rencontre du cortège.

Le brave Santerre, si cher aux habitants du faubourg Saint-Antoine, passa également à cheval, pour rejoindre l'escorte royale ; il était accompagné de deux patriotes, Fournier l'Américain et le marquis de Saint-Huruque, l'un de ces aristocrates qui embrassèrent la cause révolutionnaire. Santerre s'avançait à la tête de son bataillon, recruté dans les sections du faubourg Saint-Antoine. Presque tous les citoyens de ce bataillon, trop pauvres pour acheter des habits d'uniforme, portaient leurs habits d'artisans. La plupart étaient armés de piques au lieu de fusils. L'aspect de ces hommes, la poitrine demi-nue, à la physionomie honnête, mais énergique et rude, à l'attitude résolue, aux vêtements usés par un labeur quotidien, et coiffés du bonnet de laine du prolétaire, offrait un contraste frappant avec la tenue des *bonnets de peaux d'ours,* ainsi que l'on appelait les grenadiers de la garde nationale des quartiers du centre de Paris, presque tous monarchistes constitutionnels.

Bientôt on a entendu ces mots, répétés de proche en proche : Voilà le roi ! Voilà Capet ! Voilà monsieur et madame *Veto* ! L'attention générale s'est alors portée vers le cortège royal. Au moment où il passa devant nous se formait un orage, les éclairs, les coups de tonnerre devenaient fréquents, le ciel s'assombrit et donna une teinte lugubre au spectacle dont nous étions témoins. Un bataillon de garde nationale, précédé de l'état-major de La Fayette, ouvrait la marche ; puis venaient les deux voitures royales. Ah ! ce n'est plus le temps des splendeurs monarchiques, payées des sueurs d'un peuple asservi ! Ce n'est plus le temps des équipages dorés, entourés de pages, de laquais, et rapidement emportés par huit chevaux richement caparaçonnés, précédés de piqueurs aux livrées éclatantes, escortés d'écuyers, de gardes, de gentilshommes chamarrés de broderies d'or et d'argent, et passant comme un éblouissant tourbillon sur les avenues des parcs royaux !

La première des deux voitures qui contenaient la famille royale et sa suite était une énorme berline jaune, qui avait servi à la fuite de Louis XVI. Couverte de poussière et de boue, elle était traînée par six chevaux de poste attelés avec des cordes, et montés par des postillons aux chapeaux ornés de cocardes et de longs rubans tricolores.

La voiture avançant au pas, nous avons pu voir la famille royale. Louis XVI était vêtu d'un habit marron à collet droit : c'était son déguisement de valet de chambre de la prétendue baronne de Korff ; il occupait la place de droite, au fond de la berline, à la portière de laquelle se pavanait à cheval le général La Fayette. La figure bouffie de Louis XVI, empreinte de la molle inertie de son caractère, n'exprimait ni crainte, ni colère, ni surprise ; il poussa du coude la reine, assise à côté de lui au fond de la voiture, et lui montra du doigt l'un des écriteaux, où étaient écrits en grosses lettres ces mots : SILENCE, ET RESTEZ COUVERTS, CITOYENS... LE ROI VA PASSER DEVANT SES JUGES.

Sur le devant de la voiture, nous avons vu la sœur du roi, madame Elisabeth, figure triste et douce ; elle semblait fort effrayée et tenait les yeux baissés. Près d'elle se tenait Pétion, l'un des commissaires de l'Assemblée ; il était grave et sévère. L'autre commissaire, Barnave, l'un des chefs du parti girondin, beau jeune homme, attachait parfois un regard furtif et passionné sur Marie-Antoinette, dont il était fort épris, suivant la chronique. Il tenait entre ses genoux le *dauphin,* fils de Marie-Antoinette, joli enfant à la chevelure blonde et bouclée, qui souriait dans l'insouciance de son âge.

La seconde voiture contenait les personnes

Sur l'autel de la patrie, au Champ de Mars (page 650);

de la cour qui avaient participé à l'évasion du roi; venait ensuite une petite calèche découverte ornée de rameaux de verdure auxquels flottaient des drapeaux tricolores. Dans cette voiture se tenaient debout, dans une attitude triomphale, le maître de poste Drouet et son postillon Guillaume, qui tous deux avaient provoqué l'arrestation de Louis XVI à Varennes.

La marche du cortège était fermée par le bataillon du faubourg Saint-Antoine, commandé par Santerre. A son aspect, le peuple acclame tout d'une voix : Vive la loi! Vive la nation! L'orage éclatait alors sur Paris, et Louis XVI dut entendre ces acclamations mêlées aux roulements de la foudre, au moment où il rentrait en prisonnier dans le *palais de ses pères*.

Tel est l'aveuglement de l'Assemblée dans son égoïsme bourgeois, dans sa défiance du peuple, dans son absurde haine du gouvernement républicain, qu'elle songe encore imposer à la France l'autorité de ce roi avili, méprisé même de ses partisans, ce roi convaincu de parjure, de trahison, de complot avec l'étranger.

. . . .

17 JUILLET 1791 (*dimanche, à minuit*). — Je viens de rentrer dans notre logis, et mon esprit est encore sous une impression d'horreur et d'épouvante; j'ai assisté au MASSACRE DU CHAMP DE MARS. Malédiction sur La Fayette!

Le récit de ce déplorable évènement, qui est à la charge de la bourgeoisie, pourra servir d'enseignement à la descendance des fils de Joel.

En cette mémorable journée, dès le matin, le temps était magnifique; pas un nuage ne voilait l'azur du ciel; une masse énorme de populaire se dirigeait ainsi que moi vers le Champ de Mars : hommes, femmes, enfants vêtus de leurs habits de fêtes. Tous les visages respi-

183e livraison

raient un air de joie et sur toutes les physionomies l'on remarquait une sorte de satisfaction recueillie. Les femmes égalaient au moins le nombre des citoyens se rendant au Champ de Mars. Elles éprouvaient un légitime orgueil de pouvoir, elles aussi, faire preuve de civisme en apposant leur signature sur une pétition destinée à l'Assemblée nationale.

Vers huit heures et demie du matin, au moment où j'arrivais au Gros-Caillou, près de l'une des portes de l'esplanade du Champ de Mars, j'entends des clameurs, et presque aussitôt la foule qui était en avant de moi fait volte-face et reflue de mon côté, comme en proie à un indicible sentiment d'horreur. Je reconnais de loin le géant Lehiron marchant à la tête d'une bande d'hommes à figures patibulaires ; Lehiron, que j'avais cru tué par Frantz de Gerolstein, mais qui n'avait été que blessé, réapparaissait à mes yeux. Ce scélérat portait au bout d'une pique une tête fraîchement coupée ; un de ses acolytes tenait une seconde tête également fichée dans une pique et vociférait : « A mort les aristocrates ! A la lanterne les ennemis du peuple!» Quelques mégères, avinées et déguenillées, s'étaient jointes aux assassins et répétaient leurs cris de mort ; dans le groupe je reconnus, malgré leur déguisement féminin, l'abbé Morlet et son filleul le petit Rodin.

La bande d'égorgeurs et ses affreux trophées passèrent devant mes yeux comme une vision.

Enfin, vers les deux heures de l'après-midi, arrive une députation de Jacobins. L'orateur explique à la foule attentive qu'une adresse rédigée la veille, pouvant être interprétée comme une rébellion à l'égard de l'Assemblée avait été retirée par le club. La déconvenue du peuple fut d'abord extrême, puis une foule de voix crièrent à l'orateur :

— Alors rédigez sur-le-champ une autre pétition, nous la signerons.

L'orateur jacobin et quatre délégués choisis parmi les assistants, les citoyens Peyre, Vachart, Robert, Demoy, rédigèrent à l'instant l'adresse suivante, dont le citoyen Demoy donna lecture en ces termes :

« Sur l'autel de la Patrie, au Champ de Mars, le 17 juillet de l'an III de la liberté

« Représentants de la nation !

» Vous touchiez au terme de vos travaux. Un grand crime se commet. Louis XVI fuit, abandonne indignement son poste. Des citoyens l'arrêtent à Varennes. Il est ramené à Paris. Le peuple de cette capitale demande instamment de ne rien décider sur le sort du coupable avant de connaître l'expression du vœu des quatre-vingt-trois départements de la France. Une foule d'adresses réclament de vous le jugement de Louis XVI. Vous, messieurs, vous avez préjugé qu'il était innocent et inviolable !

« Législateurs, tel n'était pas le vœu du peuple ! Justice doit être faite.

« Tout nous fait une loi de vous demander, au nom de la France entière, de revenir sur votre décision, de considérer que le délit de Louis XVI est prouvé ; que ce roi, par le fait seul de sa fuite, a abdiqué.

« Recevez donc son abdication.

« Législateurs, convoquez un nouveau pouvoir constituant, qui procédera d'une manière vraiment nationale au jugement du roi coupable, et surtout à l'organisation d'un nouveau pouvoir exécutif.

« *Signé :* Peyre, Vachart, Robert, Demoy. »

La lecture de cette pétition, concise, mesurée, mais énergique, fut accueillie par des applaudissements unanimes ; sa teneur sommaire, répétée de bouche en bouche d'un bout à l'autre du Champ de Mars, obtint l'assentiment général. Alors ce fut un spectacle admirable : les pétitionnaires, hommes, femmes, enfants, montant en longues files et avec un ordre parfait, du côté gauche de l'estrade, s'arrêtaient tour à tour au pied de l'autel de la Patrie, apposaient leur signature sur d'épais cahiers, dont un lacet reliait les feuillets, puis redescendaient de l'autre côté de l'estrade, et cela sans confusion, sans bruit, chacun étant pénétré de l'importance de cet acte civique.

Vers les trois heures du soir, je vis monter sur l'estrade trois officiers municipaux ceints de leur écharpe. Ils se nommaient Leroux, Hardy et Renaud. Les délégués leur ayant donné connaissance de la pétition, l'un des commissaires, après l'avoir lue à ses collègues, dit à haute voix, s'adressant à la foule :

« Citoyens, votre pétition est *parfaitement légale ;* nous sommes charmés de ce que nous voyons. Tout se passe ici avec un ordre admirable. L'on nous avait dit qu'il y avait du tumulte au Champ de Mars ; nous sommes maintenant convaincus qu'il n'en est rien ; et loin de vous empêcher de signer votre pétition, *nous vous aiderions de la force publique si l'on vous troublait dans l'exercice de vos droits.* »

Ces paroles des commissaires de la Commune de Paris sont applaudies par la foule. Ils s'éloignent et l'on continue d'affluer à l'autel de la Patrie pour signer la pétition.

Nous arrivons à la fin de cette journée. Le soleil allait disparaître derrière la colline de Meudon ; huit heures du soir sonnaient à l'horloge de l'École militaire ; une partie de la foule, qui m'enveloppait, regagnant ses foyers, se dirigeait vers l'issue du Champ de Mars qui s'ouvre sur le Gros-Caillou ; chacun se félicitait d'avoir assisté à cette grande manifestation.

Soudain l'on entend dans le voisinage de la porte du Gros-Caillou, vers laquelle moi et tant d'autres nous nous dirigions, le bruit d'un grand nombre de tambours battant le pas redoublé ; puis, durant les intermittences de cette marche, le roulement sonore de plusieurs pièces d'artillerie; tandis qu'au même instant, mais plus loin et du côté de la porte de l'Ecole militaire, retentissaient des fanfares de cavalerie ; enfin, plus loin encore, d'autres tambours faisaient rage du côté du pont jeté sur la Seine à l'extrémité du Champ de Mars. Ainsi cette vaste plaine encaissée de glacis, dont le revers à pic surplombant des fossés profonds, allait être à la fois envahie par la force armée s'avançant vers les trois issues où se portait la population afin de regagner l'intérieur de Paris. Cet immense déploiement de troupes, infanterie, cavalerie, artillerie, convergeant à la même heure sur le Champ de Mars, rempli d'une foule inoffensive qui s'apprêtait à le quitter, causa une surprise générale et croissante, mais n'inspira d'abord aucune crainte ni défiance. Les groupes dont j'étais entouré, cédant à l'innocente curiosité de la *badauderie* parisienne, hâtèrent le pas afin de *voir passer la troupe*, tout en se demandant quel pouvait être le but de ce rassemblement de forces militaires. L'avant-garde de la colonne, qui entra par la porte du Gros-Caillou, se composait d'un bataillon de garde nationale du district des *Filles-Saint-Thomas*, puis venait le général La Fayette entouré de son brillant état-major, et ensuite le maire de Paris, Bailly, accompagné de plusieurs officiers municipaux. L'un d'eux portait un bâton enroulé d'un morceau d'étoffe rouge non déployée, à peine visible, car mon attention ne fut attirée sur ce point que par cette exclamation d'un vieillard derrière lequel j'étais placé :

— Il me semble que l'on arbore le drapeau rouge ; je croyais qu'on ne déployait le drapeau rouge qu'en présence d'un danger public, devant une insurrection, et lorsque la *loi martiale* avait été proclamée par l'Hôtel de Ville.

— En ce cas, — dit l'un des spectateurs, — l'on aurait proclamé la *loi martiale* dans l'intérieur de Paris ?

— Il y a donc des troubles, un tumulte populaire, une insurrection dans l'intérieur de la ville ? mais sur quel point ?

Pendant que l'on échangeait ces paroles autour de moi, avec une certaine anxiété, l'apparition du drapeau rouge presque invisible, le souvenir de l'expression de joie sinistre que je venais de remarquer sur la physionomie de plusieurs gardes nationaux avinés qui, défilant devant la foule, frappaient leurs fusils en criant : « Nous allons envoyer des pilules aux Jacobins ! » Tout ce concours de circonstances m'amena à pressentir ce qui devait arriver. Les batteries d'artillerie commençaient à déboucher par la porte du Gros-Caillou, lorsque la garde bourgeoise, qui marchait en colonne, fit halte,
et, se déployant en front de bandière, s'avança l'arme au bras et au pas accéléré sur la foule qu'elle fit refluer, tandis qu'au même instant la cavalerie entrait au grand trot par la porte de l'Ecole militaire, et qu'une autre colonne débouchait par le pont de la Seine. Grâce à cette manœuvre simultanée, les quarante mille personnes environ qui restaient encore dans le Champ de Mars, encaissé de talus et de glacis, se virent cernées de toutes parts, les issues étant occupées par la troupe.

Il m'est impossible de donner une idée de la stupeur, puis de l'épouvante, et bientôt de la panique dont fut saisie cette multitude entassée sur elle-même. Quel tableau, grand Dieu ! quelles clameurs déchirantes ! les cris des enfants, des femmes, se mêlaient aux imprécations des hommes, dont l'énergie était paralysée, soit par l'impossibilité matérielle d'agir au milieu de cet encombrement, soit par la préoccupation de sauvegarder une épouse, une mère, une fille, des enfants en bas âge exposés à être étouffés ou foulés aux pieds.

Soudain, je vois apparaître, au faîte du talus des glacis, Lehiron et une vingtaine d'hommes de sa bande accompagnés de quelques enfants déguenillés qui criaient à tue-tête :

— A bas la garde nationale ! à bas les bleuets !
— à bas La Fayette !

Lehiron, pendant que ses acolytes lançaient une grêle de cailloux à la garde bourgeoise, prend un pistolet dans sa poche, et, sans même ajuster, il décharge son arme dans la direction du groupe de l'état-major en hurlant : — A mort La Fayette !

Au même instant, sans déployer le drapeau rouge, sans que Bailly, le maire de Paris, eût fait une seule sommation, une compagnie de la garde bourgeoise engage le feu, mais en tirant en l'air dans la direction du talus où se tenaient Lehiron et sa bande. Cette première fusillade, quoique inoffensive, jette néanmoins dans la multitude une terreur inexprimable. Presque aussitôt après, nous sommes criblés de feux de peloton, meurtriers cette fois ; je vois blêmir, sous le sang qui coule à flots, de son front troué, le grand vieillard placé près de moi. Presque en même temps une jeune femme, qui tenait son fils, âgé de quatre à cinq ans, élevé à bras au-dessus de sa tête, afin qu'il ne fût pas étouffé par la pression de la foule, sent l'enfant se raidir, puis s'alourdir : il venait d'être atteint d'une balle à travers le corps. Des cris perçants ou de sourds gémissements poussés autour de moi me prouvaient que d'autres coups avaient porté. La fusillade continue, un mouvement de recul et de *sauve-qui-peut* se produit dans la multitude entassée ; on se bouscule, on s'écrase. Au milieu de cet effroyable pêle-mêle, je perds l'équilibre et je tombe sous le cadavre du vieillard jusqu'alors soutenu debout par l'entassement de mes voisins. Ce cadavre me sauva la vie, et empêcha que je ne fusse broyé sous les pieds de la foule. Cependant, je reçois sur la tête de si violentes atteintes que mon sang coule par de nombreuses plaies ; je me sens défaillir, et je perds complètement connaissance.

. . . .

Lorsque je revins à moi, dix heures du soir sonnaient à l'horloge de l'École militaire; la lune, rayonnant au milieu d'un ciel sans nuages et brillant d'étoiles, inondait le Champ de Mars de sa douce clarté. La fraîcheur nocturne me ranima. Ma première pensée fut pour ma sœur. Quelles devaient être ses angoisses ! Je voyais, çà et là, au loin, dans diverses directions, les lumières errantes de plusieurs falots isolés, à l'aide desquels des hommes, des femmes, qui venaient chercher, reconnaître, parmi les morts et les mourants ceux-là qu'ils avaient laissés derrière eux.

Soudain, à peu de distance de moi, je remarque une femme d'une taille svelte, élevée, vêtue d'une robe blanche. Cette femme ne portait pas de falot, elle allait et venait précipitamment ; puis s'arrêtant et se baissant, elle contemplait chaque victime, semblait interroger leurs traits. Mon cœur bondit, j'avais deviné que cette femme était Victoria.

— Ma sœur ! lui criai-je d'une voix affaiblie.

Victoria, instruite par la rumeur publique du massacre qui avait eu lieu, était accourue au Champ de Mars, où elle me retrouvait. Ses soins empressés, quelques gorgées d'eau-de-vie, ranimèrent mes forces. Victoria étancha le sang qui coulait des blessures que j'avais reçues à la tête, banda mes plaies, et, appuyé sur son bras, je me dirigeai vers l'issue aboutissant au Gros-Caillou. Nous avons passé près de l'estrade où s'élevait l'autel de la Patrie. Les marches disparaissaient sous les cadavres.

De retour chez nous avec Victoria, après une heure de repos, j'ai voulu ce soir même consigner, dans mon journal, le récit de cette fatale journée du *17 juillet 1791.*

J'ai joint à mon récit ce fragment d'un article du journal de Camille Desmoulins, qui explique les causes du massacre du Champ de Mars. La narration de Camille Desmoulins, sauf un point noté par moi, est d'une *scrupuleuse exactitude ;* je copie textuellement.

CAMILLE DESMOULINS, *envoyant à* LA FAYETTE *sa démission de journaliste :*

Nous avions tort, la chose est par trop claire,
Et nos fusils ont prouvé cette affaire.

« La Fayette ! libérateur des deux mondes ! fleur des janissaires-agas ! phénix des alguazils-majors ; don Quichotte des Capet et des deux Chambres ! constellation du cheval blanc ! je profite du premier moment où j'ai touché une terre de liberté pour vous envoyer ma démission de journaliste et de censeur national que vous me demandez depuis si longtemps ; je la mets aussi aux pieds de M. Bailly et de son drapeau rouge ; je sens que ma voix est trop faible pour s'élever au-dessus de trente mille mouchards et d'autant de vos satellites, au-dessus du bruit de vos quatre cents tambours et de vos centaines de canons.

« ... Vous et vos complices de l'Hôtel de Ville et de l'Assemblée, vous redoutiez l'émission des vœux du peuple de Paris qui vont bientôt devenir ceux de la France entière ; vous redoutiez votre jugement prononcé par la nation en personne, séante en son lit de justice, au Champ de Mars ! Comment faire ? vous êtes-vous dit.

« Eh ! appelons à notre aide la *loi martiale !* contre des pétitionnaires tranquilles et sans armes, qui usent paisiblement du droit de réunion.

« Or, voilà ce qu'imaginent les constitutionnels, afin de nous gratifier une seconde fois de la loi martiale, et, au lieu de faire pendre un homme (comme le boulanger François), ILS EN FONT MASSACRER DEUX. »

Ici Camille Desmoulins raconte l'arrestation des deux individus trouvés dans la matinée sous l'autel de la Patrie et continue :

« ... *Les mouchards, les* BANDITS APOSTÉS, *contrefont les patriotes exagérés, se jettent sur deux malheureux, les mettent en pièces, leur coupent la tête, qu'ils vont promener dans Paris.*

« On voulait préparer ainsi les citoyens, par l'horreur de ce spectacle, à supporter la loi martiale. Aussitôt se répand dans la cité, avec la rapidité de l'éclair, cette nouvelle : *qu'on a coupé deux têtes au Champ de Mars !* Donc, haro sur les pétitionnaires, les Jacobins et les Cordeliers ! Voici les municipaux enchantés. »

Ici Camille Desmoulins oublie ou passe sous silence un fait honorable pour la minorité du conseil de la Commune de Paris. Les trois municipaux, de retour du Champ de Mars, apprenant la proclamation de la loi martiale, s'étonnent et affirment, attestent sur l'honneur, que l'ordre le plus admirable règne au Champ de Mars ; qu'ils ont pris connaissance de l'adresse aux représentants du peuple ; qu'elle est parfaitement convenable et légale ; qu'ils ont assuré les pétitionnaires que, loin de les troubler « dans l'exercice de leur devoir, l'autorité municipale les protégerait au besoin ». Enfin, les trois officiers, émus, indignés, s'écrient les larmes aux yeux, que c'est les déshonorer, les perdre, eux, que de marcher contre les pétitionnaires auxquels ils ont promis, garanti, une complète sécurité. Mais, malgré le généreux langage des trois municipaux, La Fayette excite ses prétoriens ; ils s'écrient :

« Voilà le drapeau rouge déployé : le plus difficile est fait. Maintenant, si tous les clubs, toutes les sociétés fraternelles pouvaient aller à leur rendez-vous du Champ de Mars, pour signer les pétitions de déchéance de Louis XVI, quel nectar pour nous que ce sang jacobin !

« Et les prétoriens poussent leurs mesures en conséquence ; ils rassemblent dix mille hommes de troupe : infanterie, cavalerie, artillerie ; le temps a marché, la nuit approche, les treize aides de camp de La Fayette se répandent dans les lieux publics, disant que leur général a été assassiné par un Jacobin... Mais qu'on juge de la fureur des idolâtres, des *bleuets* du Néron des deux mondes ! En un moment, vous les eussiez vus sortir furieux de leurs casernes ou plutôt de leurs cavernes. Ils s'assemblent, ils chargent à balle devant le peuple ; on bat de tous les côtés la générale ; les vingt-sept bataillons les plus garnis d'aristocrates reçoivent l'ordre de marcher sur le Champ de Mars. Ils s'animent au massacre ; on entend dire en chargeant leurs fusils : — *Nous allons envoyer des pilules aux Jacobins.*— La cavalerie brandit ses sabres. C'est *à huit heures et demie du soir* que le drapeau sanglant se déploie pour donner le signal du massacre des pétitionnaires inoffensifs ! Les bataillons arrivent par le Champ de Mars, non par un seul côté, afin que les citoyens puissent se dissiper, mais la troupe arrive par toutes les issues à la fois, afin que les pétitionnaires soient cernés de tous les côtés. Voici maintenant la dernière perfidie, celle qui met le comble aux horreurs de la journée. Les décharges — *toujours sans sommation* — se font sur les pétitionnaires qui, voyant la mort s'avancer de tous les côtés et ne pouvant fuir, la reçoivent en embrassant l'autel de la Patrie... en un moment jonché de cadavres. . . . . »

. . . .

Telle fut la funeste *journée du Champ de Mars*. Le vœu des pétitionnaires : – la déchéance de Louis XVI, et conséquemment la proclamation de la République, — était tellement sensé, logique, dans la marche des évènements, par la force des choses, tellement inévitable, que, l'année suivante, Louis XVI fut déchu du trône, accusé de haute trahison, et que la Convention nationale acclama la République. Hélas ! que de victimes !

Après le massacre du Champ de Mars, la réaction se crut toute puissante et se montra impitoyable : les presses des journaux patriotes furent brisées, leurs écrivains réduits à fuir ou à se cacher ; les clubs, sous le coup de l'intimidation, demeurèrent presque silencieux.

Louis XVI, rétabli dans la plénitude de son pouvoir, renoua ses trames au dedans de la France, avec les ennemis de la Révolution, les nobles et les prêtres, et au dehors avec les émigrés, avec les souverains étrangers.

L'Assemblée constituante, ayant terminé ses travaux, soumet à la sanction royale la Constitution, et se déclare dissoute le 29 septembre 1791. Le roi, quoique bien résolu à mettre à néant cette Constitution, jure solennellement de la maintenir. L'Assemblée constituante fait place à l'Assemblée législative ; aucun des anciens constituants ne pouvait, selon la loi, être réélu. Robespierre et les autres chefs de la minorité ne siégèrent donc pas parmi les nouveaux représentants du peuple ; mais les principes qui inspiraient la minorité de la Constituante devinrent en partie ceux de la majorité de la Législative, expression de l'opinion générale en France. Ces élections résumaient surtout l'esprit de la Révolution. La *droite* de la nouvelle Assemblée n'était pas composée, comme celle de la Constituante, de grands seigneurs, de cardinaux, d'évêques, de bourgeois aristocrates, de gens de cour ou d'épée, défenseurs de l'ancien régime ; la *droite* de la Législative appartenait au parti constitutionnel représenté au dehors par le club des Feuillants. Les chefs de ce parti, La Fayette, Mathieu, Dumas, Ramond, Vaublanc, Beugnot, etc., etc., voulaient le maintien de Louis XVI et de la Constitution ; les chefs de la *gauche* appartenaient en grand nombre au département de la Gironde, d'où le nom de Girondins donné à Vergniaud, Guadet, Gensonné, Ducos, etc., etc. Leurs tendances étaient ou devinrent celles des républicains purs. Enfin Bazire, Chabot, Merlin siégeaient à l'extrême gauche : mais cette fraction était, ainsi que les Girondins, dévouée à la Révolution et résolue de la maintenir, de la défendre par tous les moyens ; le *centre* de l'Assemblée, indécis et flottant, votait selon son inspiration du moment, tantôt avec la gauche, tantôt avec la droite. En somme la majorité de la Législative, ne pouvant douter des trahisons de Louis XVI et de son entente secrète avec la coalition, se montre hostile à la royauté. Il avait même été décrété, lors de la première séance, de supprimer dans les rapports des représentants du peuple souverain, avec son *commis exécutif*, ces ridicules appellations de *sire*, de *majesté*, débris surannés du fétichisme monarchique.

Louis XVI, de son côté, se croyant certain de l'appui des souverains étrangers, comptant à l'intérieur sur l'action du clergé et sur la complicité des généraux et des officiers, jette des défis à l'Assemblée. Le roi choisit son ministère dans le club des Feuillants, notoirement contre-révolutionnaire. En vain l'Assemblée rend des décrets contre les prêtres, qui soufflaient le feu de la guerre civile; contre les aristocrates, qui allaient rejoindre les corps d'émigrés rassemblés en armes sur les frontières; Louis XVI oppose son *veto* à l'exécution de ces décrets. Or, ce fut au sujet de la guerre étrangère que bientôt s'organisa entre le roi, ses ministres, le parti de la cour et les despotes de l'Europe, une trame odieuse :

Les émigrés préparaient ouvertement sur nos frontières une invasion armée sous la protection des princes allemands limitrophes de la France, et devaient servir d'avant-garde aux troupes de la coalition. Ces préparatifs menaçants émeuvent les représentants du peuple; Isnard monte à la tribune et s'écrie :

« Représentants du peuple, soyons à la hauteur de notre mandat; parlons au roi, à ses ministres, à l'Europe, avec la fermeté qui nous convient. — Disons au roi : Vous ne régnez que par le peuple et pour le peuple! Lui seul est souverain ! — Disons aux ministres : Choisissez entre la reconnaissance publique et la vengeance des lois... — Disons à l'Europe : La France tire l'épée; elle en jettera le fourreau derrière elle... Alors elle engagera la guerre à mort des peuples contre les rois, et bientôt les peuples s'embrasseront à la face des tyrans détrônés; la terre sera consolée, le ciel sera satisfait! »

Louis XVI paraît se soumettre aux injonctions de l'Assemblée; il promet de tenir aux princes allemands un langage digne et ferme. Promesse de roi! Sous le prétexte de l'éventualité des hostilités, le roi choisit pour ministre de la Guerre le comte de Narbonne, jeune courtisan plein d'audace et d'ambition. Celui-ci organise trois corps d'armée; le premier est placé sous le commandement du marquis de La Fayette; les deux autres corps d'armée sont mis sous les ordres du marquis de Rochambeau et du maréchal de Lukner, deux ennemis de la Révolution.

Robespierre, Danton et Billaud-Varenne eurent la prévision des complots cachés sous le prétexte de la guerre.

Dans la séance mémorable des Jacobins, du 12 décembre 1791, plusieurs orateurs du parti républicain prirent la parole.

« Je ne viens pas m'élever contre la cruelle nécessité d'une guerre inévitable, — dit BILLAUD-VARENNE, — non ! car lorsqu'en 1789 l'on s'applaudissait, disant que jamais Révolution n'avait coûté si peu de sang, j'ai toujours répondu : qu'un peuple qui brisait le joug de la tyrannie ne pouvait sceller irrévocablement sa liberté qu'en traçant l'acte qui le consacre avec la pointe des baïonnettes! mais au moins faut-il les plonger dans le sein de nos ennemis ! C'est pour s'en débarrasser à jamais qu'il faut les combattre !

« Si la question était de savoir si, en définitive, nous aurons la guerre, je répondrais... Oui... — dit à son tour DANTON. — Oui, les clairons de la guerre sonneront ; oui, l'ange exterminateur de la liberté fera tomber les satellites du despotisme; mais quand devons-nous avoir la guerre ? N'est-ce pas après avoir bien jugé notre situation, après avoir tout pesé, avoir *profondément scruté les intentions du roi qui vient nous proposer la guerre ?* Tenons-nous en garde contre l'exécutif. »

Billaud-Varenne dénonçait aux Jacobins le plan de contre révolution dont la guerre était le prétexte. Danton, partageant la même défiance, inclinait cependant à la guerre, demandant qu'avant de déclarer les hostilités l'Assemblée scrutât les intentions de Louis XVI. Brissot occupa la tribune et conclut à la guerre, mais à la *guerre révolutionnaire*.

Robespierre prit à son tour la parole.

« Il me semble que ceux qui désirent provoquer la guerre n'ont adopté cette opinion que parce qu'ils n'ont pas fait assez attention à la nature de la guerre que nous entreprendrions et aux circonstances où nous sommes. Que nous propose-t-on de déclarer ? Est-ce la guerre d'une nation contre les autres nations ? est-ce la guerre d'un roi contre les autres rois ? est-ce la guerre révolutionnaire d'un peuple libre contre les tyrans qui asservissent les autres peuples ? Non, ce qu'on nous propose, citoyens, *c'est la guerre de tous les ennemis de la Révolution française* CONTRE CETTE RÉVOLUTION ELLE-MÊME. Ceci, je vais le prouver en examinant ce qui s'est passé jusqu'à ce jour, depuis le ministère du duc de Broglie, qui, en 1789, se proposait d'anéantir l'Assemblée nationale, jusqu'aux derniers successeurs de ce ministre.

. . . .

« Voyez quels tissus de prévarications et de perfidies, de violence et de ruse! voyez la sédition soudoyée ! voyez la conduite de la cour et du ministère... et c'est à ce ministère, c'est aux agents du pouvoir exécutif que vous confieriez la conduite de cette guerre? Ainsi vous abandonneriez la sûreté du pays à ceux-là qui veulent vous perdre!

« ...De là résulte ce que nous avons le plus à redouter, c'est la guerre... La guerre est le plus grand fléau qui puisse, dans les circonstances où nous sommes, menacer la liberté! Car ce n'est point une guerre allumée par l'inimitié des peuples. C'est une guerre concertée avec les ennemis de notre Révolution! Quels sont leurs desseins probables ? quel usage veut-on faire de ces forces militaires, de ce surcroît de pouvoir que l'on vous demande sous le prétexte de cette guerre? L'on veut, en augmentant la puissance de la couronne, nous imposer une transaction ! Si nous la refusons, on tentera de nous l'imposer par la force des armes que nous aurons mises aux mains des royalistes.

« Quoi ! il y a des rebelles à punir : les représentants de la nation les ont frappés d'un décret ! Et le roi oppose son *veto* à ce décret ! Quoi ! au lieu de donner cours à la punition dont l'Assemblée a frappé les émigrés... le roi vient lui proposer une déclaration de guerre, guerre simulée, dont l'unique but est de mettre une formidable force militaire à la disposition des ennemis de la Révolution... ou de leur ouvrir nos frontières, grâce à la trahison des généraux aristocrates encore à la tête de nos armées ! Voilà les secrets desseins de l'intrigue ministérielle !... voilà le nœud de cette intrigue qui nous perdra si nous tombons dans ce piège habilement coloré de patriotisme et d'ardeur guerrière, toujours si puissante sur l'esprit français ! »

La sagacité de Robespierre dévoilait ainsi le double projet de Louis et du *comité autrichien*, foyer permanent de conspiration. La reine en était l'âme, et les nombreux émissaires de ce comité entretenaient des relations avec l'émigration et les souverains étrangers ; mais Louis XVI et la cour, par un calcul de duplicité, apportaient la trahison dans la trahison : ils trompaient leurs complices.

Louis XVI voulait la guerre, parce qu'il comptait sur une victoire des rois coalisés et sur leur prochaine entrée dans Paris. La Fayette et son parti n'auraient jamais trempé dans cette machination contre la patrie ; aussi afin d'obtenir leur appui dans la question de la guerre, Louis XVI avait-il dû feindre de conspirer avec eux, pour le triomphe de la royauté constitutionnelle et des institutions monarchiques.

Les Girondins, pressentant le péril et la trahison, cherchèrent à conjurer les dangers de la situation en imposant à Louis XVI trois ministres qu'ils croyaient dignes de leur confiance : le général Dumouriez fut chargé des Affaires étrangères, Servan du département de la Guerre, et Roland du ministère de l'Intérieur. Quels étaient les mérites de ces hommes ?

Dumouriez, homme de guerre, plein de ressources, d'audace et de feu, politique délié, subtil, mais déjà vieilli dans les intrigues souterraines de la diplomatie occulte ; ambitieux, sceptique, de mœurs déréglées, cupide jusqu'à l'exaction, intraitable dans son orgueil, sans vertus, sans principes, capable de servir vaillamment la Révolution et la République ou de les trahir indignement, selon les nécessités de son intérêt ou de son ambition.

Servan, officier du génie, militaire intègre, laborieux, modeste, esprit droit et pratique, et dévoué à la Révolution.

Roland, l'un des plus purs, des plus beaux caractères de ce temps-ci ; simple, stoïque, austère, désintéressé, d'une probité scrupuleuse, d'une fermeté de volonté égale à la rigidité de ses convictions républicaines qui étaient partagées par sa jeune et charmante femme, l'âme du parti girondin, où elle régnait, par l'élévation de son esprit, par les qualités de son cœur et par l'attrait de sa personne.

Le 19 avril 1792, l'Assemblée déclara la guerre à l'Autriche. Quelques jours après l'entrée en campagne, le corps d'armée du comte Théobald de Dillon, au premier engagement, se débande devant les coalisés ; les officiers royalistes poussent le cri de *sauve-qui-peut*, et provoquent la panique des troupes ; l'armée fuit en pleine déroute. L'étranger envahit nos frontières, et le cœur de la France est menacé par les cohortes étrangères.

Les Girondins reconnaissent le piège où leur patriotisme est tombé et prennent quelques mesures révolutionnaires. Ils exilent les prêtres réfractaires, promoteurs de la guerre civile, qui avaient refusé de prêter serment à la constitution. L'Assemblée décrète la dissolution des gardes soldées de Louis XVI, et ordonne la formation d'un camp de vingt mille hommes sous Paris, pour former une armée de réserve et couvrir la capitale menacée par l'étranger. Mais Louis XVI entre en lutte ouverte avec l'Assemblée, maintient son *veto* relatif aux prêtres réfractaires, et refuse de sanctionner le décret ordonnant la formation du camp sous Paris. Roland et Servan, les deux ministres patriotes, sont destitués le 13 juin 1792. Louis XVI forme un nouveau ministère avec des membres pris parmi les ennemis du peuple.

La Fayette, toujours abusé sur les desseins de Louis XVI, et croyant que le moment de faire un coup d'État était venu, écrit de son camp à l'Assemblée, le 16 juin 1792, une lettre menaçante. L'Assemblée cite La Fayette à sa barre. Son procès est instruit en son absence, et il est acquitté à une immense majorité. Les clubs entrent en fermentation. Danton aux Cordeliers, Robespierre aux Jacobins, organisent, pour le 20 juin 1792, anniversaire du serment du Jeu de Paume, une manifestation pacifique, pour donner à Louis XVI un solennel avertissement. Une foule immense, à laquelle se joignent les femmes, les enfants, s'ébranle et descend des faubourgs ; les hommes sont en armes ; chaque district traîne avec lui ses canons. Les délégués de la manifestation sont introduits à la barre de l'assemblée ; l'orateur s'exprime ainsi :

« Législateurs, le peuple vient aujourd'hui vous faire part de ses craintes et de ses inquiétudes. Ce jour nous rappelle l'époque mémorable du 20 juin 1789, au Jeu de Paume, où les représentants de la nation se sont réunis et ont

juré à la face du ciel de ne point abandonner notre cause, de mourir pour la défendre. Le peuple est debout et à la hauteur des circonstances, prêt à user des moyens décisifs pour venger Sa Majesté outragée. Ces moyens de rigueur sont justifiés par l'article 11 de la Déclaration des Droits de l'homme :
Résistance a l'oppression.

Pendant qu'une partie des manifestants stationne aux abords du lieu des séances de l'Assemblée, une autre fraction importante de la multitude plante l'arbre symbolique de la Liberté dans le jardin des Tuileries. L'envahissement du château des Tuileries s'est accompli avec un ordre parfait. Louis XVI se tenait debout sur une chaise placée dans l'embrasure d'une fenêtre et était gardé par un groupe de gardes nationaux.

Un citoyen, qui portait un bonnet rouge au bout d'un bâton, passant à son tour devant le roi, s'arrêta un instant et cria : « Vive la nation ! » Alors, Louis XVI, se penchant et faisant signe au citoyen d'approcher de lui son bâton, prit *volontairement le bonnet rouge et s'en coiffa*. Les assistants applaudirent le roi.

Comme il faisait, ce jour-là, une chaleur étouffante, Louis XVI, voyant un garde national, muni d'une gourde, indiqua, par signes, qu'il désirait boire ; le garde national offrit sa gourde avec empressement au roi, qui lampa lestement le contenu.

L'importante manifestation du 20 juin ne changea en rien les dispositions de la cour. Louis XVI continue ses machinations ténébreuses, et, le 25 juillet 1792, le duc de Brunswick, généralissime des armées de la coalition, lançait, au nom du roi de Prusse, de l'empereur d'Autriche et de la Confédération germanique, un manifeste contre la France.

Voici quels étaient les plans de la cour : le duc de Brunswick, à la tête des Prussiens, devait passer le Rhin à Coblentz, remonter la rive gauche de la Moselle, attaquer ce point et marcher sur Paris par Longwy, Verdun et Châlons. Le prince de Hohenlohe, commandant les troupes du duché de Hesse et un *corps d'émigrés*, devait marcher sur Thionville et sur Metz. Le général Clairfayt, à la tête des troupes de l'empereur d'Autriche et d'un autre *corps d'émigrés*, devait traverser la Meuse et se diriger sur Paris par Reims et Soissons. D'autres corps de l'armée ennemie, placés sur la frontière du Rhin et du nord, devaient attaquer nos troupes et favoriser la marche concentrique des coalisés sur la capitale, pour en prendre possession.

La publication du manifeste des tyrans de l'Europe, loin d'abattre l'énergie révolutionnaire, l'exalte jusqu'à l'héroïsme.

Le journal *les Révolutions de Paris* rendit compte en termes brûlants de l'état des esprits à Paris et dans les départements.

« ... L'Assemblée nationale l'a enfin prononcée cette formule terrible... ce signal de péril... cet appel au courage du peuple : *La patrie est en danger!* Le danger est immense, en effet... Le directoire du département de Paris est le plus puissant instrument dont se sert la cour pour opprimer la liberté. La majorité des autres directoires des départements, tous les administrateurs, tous les tribunaux de justice, toutes les autorités constituées sont ouvertement ou secrètement complices de Louis XVI, de Marie-Antoinette l'Autrichienne, de La Fayette, de la cour de Berlin et de la cour de Vienne. Louis XVI accorde une protection éclatante à tous les fanatiques, aux artisans de la guerre civile. Cet ennemi, déguisé sous le nom de *roi constitutionnel* des Français, nous fait à lui seul plus de mal que ne pourraient nous en faire tous les despotes de l'Europe. La France est tombée dans un état convulsif, qui la précipite vers la servitude ou l'anarchie... La patrie est en danger ; le peuple est en insurrection! Français, vous êtes donc enfin devenus libres !

« La France n'a que deux ennemis dangereux : La Fayette et Louis XVI, et si celui-ci était abattu, La Fayette n'existerait plus.

« *Que Louis XVI soit donc chassé pour jamais du trône, et la patrie est sauvée... Peuple, aux armes !* »

Une insurrection seule pouvait sauver la chose publique. Le 4 août 1792, Danton disait aux Cordeliers : « Il faut en appeler au peuple, lui montrer que l'Assemblée ne peut le sauver. Il n'y a de salut que dans une insurrection générale. — « Il n'y a qu'une question à résoudre, — disait Robespierre, le 9 août, aux Jacobins. — Cette question est la déchéance de Louis XVI.

Depuis le commencement du mois d'août, la fermentation allait croissant dans Paris ; tous les patriotes, pressentant l'approche d'un grand danger public, rivalisaient de civisme pour le conjurer.

Les sections de Paris se réunissaient chaque soir afin de délibérer sur la chose commune. La section des *Quinze-Vingts*, faubourg Saint-Antoine, qui était de toutes la plus influente, prit l'initiative des mesures insurrectionnelles :

« *Procès-verbal de la section des* Quinze-Vingts *du 9 août* 1792.

« La section a reçu les commissaires des sections : Poissonnière, — Bonne-Nouvelle, — Gobelins, — de Montreuil, — des Gravilliers, — de Beaubourg, — de la Croix-Rouge, — du Ponceau, — des Lombards, — de Mauconseil, — de Popincourt, — de l'Arsenal, — des Tuileries, etc., etc., etc. Toutes ont adhéré aux arrêtés de la section des *Quinze-Vingts*, reconnaissant

Prise des Tuileries par le peuple (page 661)

qu'ils ne tendaient qu'au salut de la chose publique, à la régénération de la France.

« Lecture d'une adresse de fédérés des quatre-vingt-deux départements demandant à se réunir en armes aux sections de Paris.

« La section arrête, sur la proposition d'un de ses membres, que chacune des sections de Paris nommera trois commissaires, lesquels se réuniront à l'Hôtel de Ville de Paris, y remplaceront le Conseil municipal actuel, et aviseront aux moyens de sauver la chose publique.

« Les sections ne recevront d'autres ordres que ceux émanant de la majorité de leurs commissaires formant la *Commune de Paris*.

« Commissaires nommés pour représenter à la Commune la section des Quinze-Vingts : — Huguenin, Rossignol — et Balin. »

Chaque section avait formulé les pouvoirs donnés à ses commissaires chargés par elle de composer le nouveau conseil de la Commune de Paris. Ainsi, telle était la formule des QUINZE-VINGTS : — *La section donne à ses commissaires pouvoir illimité de tout faire pour sauver la patrie.*

Au nombre des commissaires nommés par les sections pour constituer la nouvelle *Commune de Paris*, étaient ROBESPIERRE, BILLAUD-VARENNE, FABRE D'EGLANTINE, CHAUMETTE, FOUQUIER-TAINVILLE, etc., etc.

Le premier acte des membres de cette *Commune révolutionnaire* fut de se rendre à l'Hôtel de Ville dans la nuit du 9 au 10 août, et au nom du *peuple souverain*, dont ils étaient les mandataires, de déposer l'ancien Conseil municipal de ses fonctions, en décrétant ce qui suit :

« L'Assemblée des commissaires des sections, réunis avec pleins pouvoirs de sauver la chose publique, considérant que la première

184ᵉ livraison

mesure de salut est de prendre en main tous les pouvoirs que la Commune de Paris avait délégués, et d'ôter à l'état-major de la garde nationale sa malheureuse influence sur le sort de la liberté publique, décrète :

« 1° L'état-major est suspendu de ses fonctions ;

« 2° Le Conseil municipal est suspendu ; le citoyen *Pétion*, maire, et le citoyen Rœderer, procureur de la Commune, continueront leurs fonctions ».

Ces mesures prises au nom de la majorité des citoyens de Paris, dont elle avait reçu la délégation, la nouvelle *Commune de Paris* se constitue et s'établit en permanence à l'Hôtel de Ville, se préparant à agir révolutionnairement, tandis que le peuple charge ses armes et ses canons et se dispose à marcher sur le château des Tuileries. A bas le roi !

J'ai écrit presque jour par jour les évènements auxquels j'ai assisté, notamment les fameuses séances de nuit et de jour tenues du *10 au 11 août*, par l'Assemblée nationale.

NUIT DU 9 AU 10 AOUT — JOURNÉES DES 10 ET 11 AOUT 1792

Appelé à faire partie du bataillon de ma section (section des *Piques*), je me trouvais de garde au poste de l'Assemblée nationale, dans la nuit du 9 au 10 août. Vers les onze heures et demie du soir, j'ai entendu battre le rappel et sonner le tocsin. Bientôt sont arrivés en hâte, soit isolément, soit par groupes, un assez grand nombre de représentants du peuple. Ils se rendaient au lieu de leurs séances, éveillés par le tocsin, par le tambour, et prévoyant quelque grand évènement ; la plus grande tranquillité avait d'ailleurs régné jusqu'alors dans le quartier des Tuileries. Je venais d'achever ma faction : je me rendis dans l'une des tribunes publiques de l'Assemblée ; il était plus de minuit. Néanmoins, les tribunes ne tardèrent pas à se remplir d'une foule avide, inquiète, en majorité composée de femmes, de jeunes filles, de vieillards ; la partie masculine qui assistait d'habitude aux séances était occupée ailleurs, c'est-à-dire s'était portée vraisemblablement sur les points de Paris où se préparait l'insurrection. Tous ouvriers étaient sous les armes.

Au fond de l'hémicycle de la salle des séances s'élevait la tribune dominée par le fauteuil du président ; derrière le fauteuil s'ouvrait une sorte de renfoncement, d'une quinzaine de pieds carrés, fermée par une grille ; cette loge était celle des *logotachyagraphes*, individus experts dans l'art d'écrire aussi promptement que la parole, qui étaient chargés de reproduire les discours des orateurs.

On racontait dans les tribunes publiques que toutes les sections de Paris se réunissaient en armes dans leur quartier, que leurs commissaires étaient en marche vers l'Hôtel de Ville, afin de s'emparer du pouvoir de la Commune de Paris. On disait encore que les *fédérés marseillais*, rassemblés aux Cordeliers, avaient envoyé une patrouille dans les environs des Tuileries et arrêté près du Carrousel, une contre-patrouille de royalistes, parmi lesquels se trouvaient le journaliste Suleau, l'abbé Bourgon et un ex-garde du corps, nommé *Beau-Viguier*. On racontait également que deux mille ci-devant nobles avaient été convoqués aux Tuileries, ainsi que bon nombre d'anciens officiers ou de gardes du corps, pour défendre le château. On disait que les régiments suisses, renforcés de ceux de la caserne de Courbevoie, se trouvaient aux Tuileries, appuyés par une artillerie formidable, et que MANDAT, commandant des gardes nationales, avait annoncé qu'il écraserait l'insurrection. Les abords du château étaient gardés par la gendarmerie à pied et à cheval ; tout faisait donc prévoir une résistance désespérée, si la lutte s'engageait entre le peuple et les défenseurs des Tuileries.

Les représentants, au nombre de deux cents environ, se disposent, vers les deux heures du matin, à ouvrir la séance. Le tocsin, accompagné du bruit lointain des tambours battant le rappel ou la générale, se fait toujours entendre. Le citoyen Pastoret, en l'absence du président de l'Assemblée, monte au fauteuil ; les secrétaires prennent place au bureau. A peine la séance est-elle ouverte que les délégués de la section des Lombards sont introduits à la barre de l'Assemblée.

« L'ORATEUR DE LA DÉPUTATION, *coiffé d'un bonnet rouge et armé d'un fusil*. — Citoyens représentants, la cour trahit le peuple ! la section des Lombards s'est jointe à l'insurrection, et, au point du jour, elle va prendre part à l'attaque des Tuileries. Nous allons nous réunir à nos frères.

« PASTORET. — Le peuple doit respecter la loi et la Constitution ».

A ces paroles du citoyen Pastoret, de violentes exclamations s'élèvent à l'extrême gauche de l'Assemblée. Pastoret cède le fauteuil à Morlot, président de l'Assemblée. En ce moment, trois officiers municipaux appartenant à l'ancien conseil sont introduits à la barre.

« LE PRÉSIDENT, *aux officiers municipaux*. — Vous avez la parole.

« UN OFFICIER MUNICIPAL, *pâle et ému*. — Le tocsin sonne dans Paris, la fermentation est à son comble... partout les sections se rassemblent en armes ; plusieurs de nos collègues envoyés par l'Hôtel de Ville pour s'assurer de l'état des choses ont été arrêtés. Les insurgés se préparent à marcher au point du jour contre les Tuileries.

« UN MEMBRE DE LA GAUCHE. — Ce serait un

acte de haute justice. C'est aux Tuileries que réside l'ennemi le plus acharné de la chose publique! Il faut qu'il soit anéanti par le peuple souverain! » (Applaudissements enthousiastes dans les tribunes.)

Pendant ce tumulte, un huissier s'est approché précipitamment du fauteuil et a remis une lettre au président. Celui-ci la lit, puis agite sa sonnette afin de réclamer le silence.

« LE PRÉSIDENT. — Messieurs, je suis averti par les administrateurs de la police qu'à chaque instant des envoyés des sections viennent demander M. Pétion à l'Hôtel de Ville, assurant que le bruit se répand qu'il est allé au château cette nuit et qu'il y court un grand danger de mort; les royalistes peuvent l'assassiner. »

A ces mots, l'inquiétude et l'agitation sont extrêmes dans les tribunes. Le patriotisme, le courage de Pétion, son dévouement sans bornes à la Révolution, l'ont rendu cher au peuple.

A ce moment, Pétion entre dans la salle et s'avance à la barre. Sa présence excite les acclamations des tribunes, rassurées sur les dangers que courait aux Tuileries le maire de Paris.

« LE PRÉSIDENT. — Monsieur Pétion, l'Assemblée était vivement inquiète à votre égard... Veuillez vous expliquer sur les dangers auxquels on vous disait exposé...

« PÉTION, *calme et grave*. — Occupé tout entier de la chose publique, j'oublie facilement ce qui m'est personnel. Il est vrai que cette nuit, à mon arrivée au château, j'ai été très mal accueilli. Des épées sont sorties des fourreaux; j'ai entendu s'élever contre moi des propos menaçants. Ils ne m'ont pas déconcerté. »

Les premiers rayons du soleil ont fait pâlir la lumière des lustres qui éclairaient la salle des séances; presque tous les représentants du peuple sont rassemblés. Ils siègent à leurs places accoutumées. Les députés de la droite semblent plongé dans la consternation.

Tout à coup un député entre dans la salle, court à son banc, placé à droite, et, les traits bouleversés, les vêtements en désordre, s'écrie d'une voix tremblante d'émotion:

« — Les Tuileries vont être attaquées, les sections en armes garnissent tous les abords du château. Une portion notable de la garde nationale, principalement ses canonniers, fraternise avec les sections! Des canons sont braqués contre le château: les troupes qui le défendent sont décidées à une lutte désespérée; le sang va couler, la vie du roi et de sa famille n'est plus en sûreté! »

L'Assemblée garde un silence solennel. Un député de la droite se lève, et d'une voix tremblante: « Je demande qu'une commission soit nommée à l'instant, afin d'aller engager le roi et sa famille à se rendre au sein de l'Assemblée pour se mettre sous notre protection. »

« LE PRÉSIDENT. — Il n'y a pas à délibérer sur la proposition qui vient de vous être faite, la constitution laisse au roi la faculté de se rendre au sein de l'Assemblée lorsqu'il le trouve convenable. »

Un juge de paix, dans un état d'agitation extrême, se présente à la barre:

« — Monsieur le président, je me trouvais, il y a un quart d'heure, dans la cour du château. J'ai été témoin de faits très graves, ils peuvent éclairer l'Assemblée sur la situation présente des assaillants et des défenseurs du château, en ce moment où une lutte terrible va s'engager et où peut sombrer la monarchie.

« LE PRÉSIDENT. — Parlez, monsieur.

« LE JUGE DE PAIX. — Ce matin, à six heures, le roi est descendu dans la cour des Tuileries, afin de passer la revue des troupes. La reine l'accompagnait; derrière eux venait un groupe de gentilshommes en habits de ville, armés les uns d'épées, les autres de couteaux de chasse, d'autres de carabines ou d'espingoles; cette escorte insolite a tout d'abord produit le plus mauvais effet sur la garde nationale; puis autant la contenance de la reine était ferme et décidée, autant l'attitude du roi était indécise, embarrassée, j'oserais dire bourrue, il paraissait encore à demi endormi. Cependant, des cris de « Vive le roi! » se sont fait entendre dans quelques compagnies, mais les bataillons de la Croix-Rouge et tous les canonniers ont crié « Vive la nation! » J'ai même entendu quelques cris de « A bas *Veto!* à bas le traître! » Le roi a pâli, a fait un geste de colère, est rentré brusquement au château. La reine, restée dans la cour, s'est approchée de l'état-major des bataillons de Mauconseil et des Arcis qui arrivaient, et leur a dit, en leur montrant le groupe de gentilshommes qui l'accompagnaient:

— Ces messieurs sont nos meilleurs amis; ils accourent auprès de nous au moment du danger, ils montreront à la garde nationale comment on meurt pour son roi... »

Le juge de paix est interrompu, sa voix est couverte par le bruit d'un grand tumulte, qui s'élève au dehors de la salle dans la cour du Manège; l'on entend des clameurs de plus en plus rapprochées. Un grand nombre de députés se lèvent; quelques-uns descendent précipitamment de leurs bancs et s'écrient avec frayeur: « Le peuple envahit l'Assemblée! » Plusieurs de leurs collègues s'adressent à ceux qui viennent de quitter leurs bancs: « Restez à vos postes! — Sachons mourir, s'il le faut, à notre poste! » L'agitation est à son comble, dans les tribunes et dans la salle. En vain, le président agite sa sonnette, conjurant ses collègues de regagner leurs bancs ou de se rasseoir. Ses admonitions n'étant pas écoutées, il se lève et se couvre. Les clameurs du dehors se rapprochent de plus en plus. Quelques huissiers accourent. L'un d'eux, gravissant les degrés qui conduisent au fauteuil, adresse quelques paroles au président ; celui-ci joint les mains par un mouvement de surprise extrême ; puis il se découvre et agite de nouveau sa sonnette avec force, pendant que les autres huissiers, allant de groupe en groupe ou montant sur les bancs, répandent parmi les représentants une nouvelle qui semble produire une sensation extraordinaire. Le calme se rétablit peu à peu. Le président peut se faire entendre, et il dit d'une voix émue : « — Messieurs, le roi et sa famille ont abandonné le château, ils se rendent au sein de l'Assemblée nationale. »

Un membre de l'ancienne municipalité se présente ensuite à la barre et dit :

« — Monsieur le président, le roi demande à venir ici accompagné de sa garde, qui veillera sur lui et sur l'Assemblée. »

A cette proposition, une partie du centre, la gauche, l'extrême gauche et les tribunes font éclater leur indignation, et de tous les côtés l'on s'écrie : — Non ! Non ! — L'Assemblée est sous la sauvegarde du peuple ! — Pas de baïonnettes ici ! — A bas les prétoriens ! — Vive la nation ! A bas le roi !

« LE PRÉSIDENT, *agitant sa sonnette et d'une voix forte*. — Je propose l'arrêté suivant : L'Assemblée nationale, considérant qu'elle n'a besoin d'autre garde que l'amour du peuple, charge les commissaires de veiller au maintien de la tranquillité dans son enceinte et passe à l'ordre du jour. »

Un tonnerre d'applaudissements couvre cette motion, votée à une immense majorité. L'officier municipal sort afin de communiquer au roi la décision de l'Assemblée nationale, et presque aussitôt un huissier rentrant :

« — Le roi et sa famille demandent à être introduits au sein de l'Assemblée. »

Le roi est vêtu d'un habit de soie violet, laissant entrevoir le cordon bleu en sautoir ; il porte un chapeau de garde national qu'il avait échangé contre son chapeau à plumet blanc. Ses traits bouffis, empourprés par la chaleur et par l'émotion, luisants de sueur, exprimaient un mélange de frayeur et d'irritation sournoise ; son obésité rendait sa démarche pesante et embarrassée ; derrière lui s'avançait Marie-Antoinette, donnant le bras au comte Dubouchage, ministre de la Marine, et tenant par la main le dauphin. Tremblant, effaré, l'enfant se serrait contre sa mère, qui, pâle et fière, plus courroucée qu'effrayée, s'avançait d'un pas ferme, jetant autour d'elle des regards de dédain. Elle précédait la sœur du roi, madame Élisabeth, appuyée au bras du ministre des Affaires étrangères, Bigot de Sainte-Croix ; elle se soutenait à peine, et cachait dans son mouchoir sa figure baignée de larmes. Venait ensuite la marquise de Tourzel, gouvernante des enfants de France, donnant le bras au major d'Hervilly, l'un des officiers du roi ; enfin, derrière elle, la belle princesse de Lamballe, l'amie intime de la reine, accompagnée d'un autre seigneur de la cour.

Un silence profond règne dans l'Assemblée. Louis XVI, jusqu'alors resté seul couvert, se lève, ôte son chapeau de garde national, et d'une voix brusque où se révèle à la fois la frayeur et une sourde colère, il dit :

« — Je suis venu ici pour éviter un grand crime, je pense que je serai en sûreté parmi vous, messieurs.

« LE PRÉSIDENT. — Vous pouvez compter, sire, sur la fermeté de l'Assemblée nationale, ses membres ont juré de mourir pour soutenir les droits du peuple et les autorités reconnues par la constitution.

« BAZIRE. — Je propose que Louis XVI et sa famille soient invités à occuper la loge des logotachygraphes, qui se trouve dans l'intérieur de l'Assemblée, mais en dehors du lieu de ses délibérations. »

Cette proposition est adoptée. La famille royale et sa suite sortent de la salle, afin d'aller occuper la loge désignée, dont l'entrée s'ouvre sur l'un des couloirs.

Le roi et la famille reparurent bientôt dans la loge des logotachygraphes, séparée de la salle par un grillage de fer : Louis XVI placé à droite, la reine à gauche, le dauphin entre eux deux ; derrière eux se tiennent les personnes de la suite royale. A peine le roi fut-il assis, qu'il reçut des mains du major d'Hervilly du pain, une assiette, sur laquelle on avait placé une volaille, une fourchette et un couteau. Louis XVI, ayant mis l'assiette sur ses genoux, commença de dépecer le poulet et de manger avec avidité, obéissant à ce formidable appétit particulier de la race des Bourbons.

Le procureur syndic de la Commune, Rœderer, est introduit à la barre, et, sur l'invitation du président, il s'exprime ainsi :

« — Je viens, messieurs, vous informer de ce qui se passe dans Paris à cette heure. Je suis resté ce matin auprès du roi, jusqu'à ce que la place du Carrousel et les rues environnantes aient été envahies par les sections en armes traînant leurs canons ; voyant grand nombre de bataillons de la garde nationale fraterniser avec le peuple, j'ai conseillé au roi et à la famille royale d'abandonner le château et de se rendre au sein de l'Assemblée nationale. Le peuple en armes sait maintenant que le roi est ici. L'attaque du château n'ayant ainsi plus d'objet, il est à espérer que la lutte ne s'engagera pas, et que l'on n'aura pas à déplorer l'effusion du sang. »

A peine Rœderer a-t-il prononcé ces mots,

que la détonation d'une décharge d'artillerie ébranle et fait bruire les vitres des fenêtres de la salle ; le combat s'engageait aux Tuileries, car à cette décharge répond bientôt une vive fusillade entrecoupée par le retentissement précipité de nouveaux coups de canon. La stupeur règne d'abord dans l'Assemblée, dans les tribunes. Nouvelle trahison royaliste.

Les décharges d'artillerie et de mousqueterie, presque sans intermittence, témoignaient de la chaleur de l'action. Il m'est impossible de peindre l'anxiété, l'agitation tumultueuse de la salle et des tribunes ; dans celles-ci, l'exaspération était à son comble ; on éclatait en menaces, en injures contre *Veto*, contre l'Autrichienne. A bas le roi ! A bas la reine !

A un certain moment la canonnade devint furieuse ; les commotions étaient si violentes, que les vitres de plusieurs fenêtres de la salle des séances tombèrent en éclats. Mais bientôt le feu se ralentit ; il devint de moins en moins vif et fréquent, puis l'on n'entendit plus que quelques coups de fusil... rares, isolés, lointains... puis enfin... l'on n'entendit plus rien...

La victoire, et non une suspension d'armes, terminait la bataille. La victoire était décidée. Quels étaient les vainqueurs ? Les sectionnaires ou les régiments suisses ? Terrible alternative ! En présence de cette incertitude, le tumulte, à son comble, quelques minutes auparavant, s'apaise soudain presque de lui-même. Une oppression poignante pèse sur toutes les poitrines, étouffe les voix, paralyse les mouvements ; un morne silence règne dans les tribunes, dans l'Assemblée. Si l'insurrection est victorieuse, c'en est fait de Louis XVI et de la monarchie. Marie-Antoinette croit le combat terminé à l'avantage des troupes royales, car son attitude, sa physionomie, révèlent sa pensée secrète.

L'incertitude a bientôt pris fin ; une députation des membres de la nouvelle Commune de Paris se présente à la barre de l'Assemblée accompagnée de citoyens portant une bannière où l'on voit écrit : LIBERTÉ, ÉGALITÉ, FRATERNITÉ. L'orateur de la députation :

« — Citoyens ! nous sommes vainqueurs ! Après des prodiges d'héroïsme, le peuple s'est emparé des Tuileries ! Vive la nation ! »

La majorité des représentants se lève, et tous répètent avec enthousiasme : — Vive la nation !

— La joie, l'exaltation patriotique des tribunes touchent au délire.

La séance jusqu'alors si agitée reprend un calme relatif : la victoire du peuple a tranché la question ; les représentants regagnent leurs places. Le président agite sa sonnette.

« LE PRÉSIDENT. — J'engage les membres de l'Assemblée, ainsi que le public des tribunes, à s'abstenir de toute interruption. Plus les circonstances sont graves, plus nous devons apporter de calme, de dignité dans nos délibérations. Le délégué de la Commune a la parole.

« L'ORATEUR DE LA COMMUNE. — Citoyens législateurs... au nom du peuple vainqueur, nous venons vous demander la déchéance de LOUIS CAPET. *Tous les yeux se tournent vers la loge où Louis XVI tient son front caché dans ses mains.*) Demain nous apporterons à l'Assemblée le procès-verbal de cette mémorable *journée du 10 août 1792*. Ce procès-verbal doit être envoyé aux quarante-quatre mille municipalités de France, afin d'enflammer leur civisme ! (*Bravos.*) Nous vous annonçons que Pétion, Manuel et Danton sont toujours nos collègues à la Commune... nous avons nommé le citoyen Santerre au commandement de la force armée de Paris.

« LE PRÉSIDENT. — Un citoyen, blessé à l'attaque du château, vient de remettre à l'instant sur le bureau une boîte de bijoux trouvée dans l'appartement de la reine.... pendant l'invasion des Tuileries par le peuple...

« BAZIRE. — Je propose à l'Assemblée de décréter que les citoyens suisses et autres étrangers résidant à Paris, sont placés sous la sauvegarde de la loi et des vertus hospitalières du peuple français ! »

Cette motion est adoptée à l'unanimité aux applaudissements redoublés des tribunes.

Plusieurs des combattants des Tuileries, couverts de poussière, paraissent à la barre. L'un d'eux, vêtu en garde national, le front ceint d'un bandeau ensanglanté, tient d'une main son fusil, et de son autre main traîne après lui un soldat suisse pâle et défait ; son uniforme rouge est en lambeaux. Ce malheureux semble prêt à s'évanouir. Le citoyen blessé, tout en soutenant son arme, s'approche de la barre et d'une voix émue :

« — Législateurs, nous venons vous exprimer notre indignation ! Depuis longtemps une cour perfide se joue du peuple français. Aujourd'hui, elle a fait couler notre sang ; nous n'avons pénétré dans le château que sur les cadavres de nos frères massacrés. Nous avons fait prisonniers plusieurs soldats suisses, malheureux instruments de la tyrannie ! Quelques-uns ont mis bas les armes. Quant à nous, nous ne voulons employer contre eux que les armes de la générosité ; nous voulons les traiter en frères. »

. . . .

Il est dix heures du soir ; la clarté du lustre a remplacé la lumière du jour. L'assemblée est en permanence depuis la nuit du 9 au 10 août. La séance est suspendue pendant une heure.

A onze heures, l'Assemblée reprend le cours de ses délibérations. La loge des logotachygraphes est toujours occupée par la famille royale ; Louis XVI est très abattu ; sa lèvre flasque, ses yeux, fixes et alourdis, annoncent la prostration morale. Marie-Antoinette semble, au contraire, avoir conservé toute l'énergie de son caractère. Ses yeux sont rouges et secs; mais son regard, lorsqu'il se promène parfois autour d'elle, a repris son expression de dédain haineux et de défi.

Le dauphin dort sur les genoux de Madame Elisabeth, qui penche son front pâle au-dessus de l'enfant. Mesdames de Tourzel et de Lamballe demeurent silencieuses et consternées.

Presque aussitôt après la réouverture de la séance, un citoyen se présente à la barre:

« Législateurs! les soldats suisses arrêtés dans la journée, par les ordres de l'Assemblée, ont été placés dans le bâtiment des Feuillants. Ils ont été, comme nous, victimes d'une trahison des royalistes. Il faut sauver ces soldats.

« MAILHE, *à la tribune*. — Je viens de haranguer le peuple; il est disposé à entendre le langage de la justice et de l'humanité. Je demande que les Suisses soient admis dans cette enceinte, et qu'ils n'en sortent qu'après que tout danger aura disparu pour eux et quand ils pourront être conduits en lieu de sûreté. »

Le vaste espace réservé derrière la barre aux députations qui s'y présentaient est soudain rempli par les patriotes, qui amenaient avec eux des soldats suisses, pâles et tremblants, et plusieurs blessés!

Que d'épisodes attendrissants, admirables, dans ce pêle-mêle de reconnaissance et de générosité chez tous les combattants!

Vaincus et vainqueurs *fraternisaient*. L'Assemblée tout entière, se levant spontanément devant ce spectacle, fit éclater son enthousiasme par des acclamations.

L'émotion s'apaise peu à peu, le silence se rétablit, et l'un des patriotes qui vient de ramener les Suisses s'avançant à la barre:

« — Citoyens président, l'un de ces braves soldats qui parle français, demande la parole, au nom de ses camarades, pour expliquer leur conduite :

Un jeune sergent suisse s'avance à la barre :

« — Si le roi et la famille royale fussent restés au château, nous nous serions fait tuer tous jusqu'au dernier pour leur défense! C'était notre devoir de soldats! Mais, ayant connu le départ du roi, nous avons refusé de tirer sur le peuple, malgré les ordres, malgré les menaces de nos officiers. Eux seuls sont responsables du sang qui a coulé. C'est l'un d'eux et un gentilhomme du château qui, les premiers, ont fait feu du haut des marches de l'escalier du vestibule au moment où nous fraternisions avec les sectionnaires. Ceux-ci ont crié à la trahison: ils ont fait feu à leur tour, et le combat a commencé. La victoire est restée au peuple.

« LE PRÉSIDENT. — L'on vient de transporter ici onze caisses contenant l'argenterie des Tuileries, sauvée de l'incendie par de braves citoyens qui ont concouru à éteindre le feu. Ils ont aussi apporté plusieurs liasses de papiers trouvés dans une armoire de fer, armoire secrète pratiquée dans l'un des murs de l'appartement du roi. (*Profonde sensation.*) Ces papiers, d'une haute importance sans doute, vont être envoyés aux comités ».

Lorsque le président annonça la découverte des papiers trouvés dans l'*armoire de fer*, Louis XVI parut foudroyé par cette révélation; sa figure devint livide; son premier regard chercha celui de la reine, et, malgré sa fermeté, celle-ci tressaillit et devint non moins pâle que le roi. Que de secrets renfermait cette armoire!

. . . .

Voici venir le dénouement de ce drame émouvant, dont la marche précipitée, les péripéties passionnées, inattendues, dépassent tout ce que l'imagination pourrait inventer ou rêver. Le temps a paru marcher avec une rapidité vertigineuse durant cette séance *de deux nuits et un jour!* La nuit du 9 au 10 août, la journée du 10 août, et la nuit du 10 au 11. Cette nuit touche à sa fin.

La comité extraordinaire avait fait demander à la Commune de Paris, dans la journée du 10 août, si le palais du Luxembourg pouvait être approprié à la résidence du roi et de sa famille. Cette mesure concordait alors avec les dispositions indécises de la majorité de l'Assemblée, qui voulait seulement décréter la suspension des pouvoirs du roi; mais l'attitude de la population victorieuse et en armes avait heureusement pesé sur l'Assemblée. Le choix de Danton comme ministre de la Justice témoignait du revirement opéré dans la majorité des représentants du peuple; on admettait la nécessité de la déchéance de l'individu royal. Louis XVI était considéré comme prisonnier, sous le coup d'une accusation de haute trahison. Quelle localité de Paris servirait de prison?

. . . .

La journée du 10 AOUT 1792 présente un admirable tableau où l'héroïsme des combattants s'ajoute à leur désintéressement, à leur générosité envers leurs ennemis.

Hélas! pourquoi faut-il qu'à si peu de distance les néfastes *journées des 2 et 3 septembre 1792* aient offert un si douloureux contraste. Loi inexorable des représailles!

La colère du peuple devient impitoyable lorsqu'il croit sa bonne foi surprise, ses espérances trompées; lorsqu'il voit que sa générosité envers ses ennemis assure leur impunité, et les encourage à de nouveaux forfaits. Telle est la cause des journées des 2 et 3 septembre 1792, connues sous le nom DU MASSACRE DES PRISONS. Justice populaire et implacable.

Pétion, maire de la Commune de Paris, parlant à la barre de l'Assemblée, avait dit :
« Le peuple demande justice de ses ennemis; il l'attend de vous, législateurs ! »

Le secret des *journées de Septembre* est presque tout entier dans ces paroles de Pétion. L'attente du peuple fut trompée. Les tribunaux se montrèrent indignes de leur mission en absolvant des criminels avérés. Alors le peuple, d'autant plus irrité qu'il s'était montré plus magnanime envers ses ennemis, se *fit justice lui-même*.

Voici quelles étaient les circonstances qui déterminèrent la formidable explosion : Après la victoire du 10 août, dont les conséquences furent la déchéance de Louis XVI, son emprisonnement au Temple, la convocation d'une *Convention nationale* qui devait proclamer la République et instruire le procès du ci-devant roi, Paris attendit d'abord avec calme ces grands évènements. L'on comptait sur le jugement des complices de Louis XVI, renvoyés pardevant la *haute-cour* nationale d'Orléans. Or la haute-cour d'Orléans acquitta les prévenus, malgré leur culpabilité; entre autres le comte de Montmorin, ancien ministre des Affaires étrangères, qui avait aidé à la fuite de Louis XVI. La haute-cour acquitta le prince de Poix, contre-révolutionnaire exalté; Bakman, colonel des Suisses, l'un des instigateurs de la résistance des soldats, et, par suite, l'auteur du carnage aux Tuileries.

A ce moment les prisons étaient remplies de *suspects*, royalistes déclarés, et de prêtres réfractaires, prévenus d'excitation à la guerre civile, tous coupables au premier chef.

On apprit qu'à l'intérieur même des prisons existaient des fabriques de faux assignats qui étaient mis en circulation à l'aide des intelligences que les prisonniers avaient avec leurs amis du dehors. Cette connivence des aristocrates et des prêtres prisonniers avec les faussaires, leurs compagnons de captivité, était manifeste.

La contre-révolution, enhardie par l'acquittement des conspirateurs, redressait la tête à Paris et dans les provinces. Chaque jour venaient du dehors des nouvelles de plus en plus alarmantes : une partie de l'Ouest et du Midi, égarée par la noblesse, fanatisée par le clergé, était sur le point de se soulever; on disait que l'Assemblée avait renvoyé l'instruction du procès à une Convention, n'osant pas statuer sur le sort de Louis XVI, et que les armées coalisées seraient à Paris avant le 20 septembre 1792, époque fixée pour l'ouverture de la nouvelle Assemblée. Ces prédictions furent, en effet, sur le point de s'accomplir. Le 1er *septembre*, l'on apprend à Paris l'envahissement de la frontière par l'armée prussienne; Longwy est pris; l'ennemi investit Verdun; cette place forte, laissée à dessein presque sans défense par Louis XVI, *ne peut résister;* or, de cette ville, les armées coalisées pouvaient arriver *en trois jours devant Paris !*

Qu'on juge de la surexcitation de la population de Paris !

Les royalistes n'attendaient que le moment de déchaîner leurs vengeances sur la capitale.

Toutes ces causes réunies devaient amener un cataclysme, et c'est ce qui eût lieu dans les terribles journées des 2 et 3 septembre.

Extraits du *journal* que j'ai écrit presque heure par heure pendant les lugubres évènements : Le 2 septembre, vers les onze heures du matin, j'ai entendu le retentissement du canon d'alarme, auquel se joignaient le tintement précipité du tocsin et le roulement des tambours battant le rappel et la générale. La nouvelle de la prise de Longwy par les Prussiens s'était répandue la veille dans Paris et avait jeté une grande consternation dans la population.

J'ai quitté mon travail de serrurerie, je me suis revêtu en hâte de mon uniforme de garde national, pour me rendre à ma section (*section des Piques*, autrefois de la place Vendôme). J'allais entrer dans la chambre de Victoria, où je supposais qu'elle était occupée à coudre, selon son habitude, lorsque je l'ai vue revenir du dehors.

— Ignorant ton absence, j'allais chez toi pour te dire que je me rendais à ma section. Puisque tu étais sortie, tu vas pouvoir me raconter ce qui se passe dans Paris.

— Il est enfin venu le jour des grandes représailles! — réplique ma sœur d'un ton de voix éclatant. — O martyrs séculaires des rois, de la noblesse et du clergé!

O mânes de nos pères, de nos mères, filles et fils de Joel, réjouissez-vous! Elle a sonné l'heure de la vengeance! Ah! durant des siècles, vos sueurs, vos larmes, votre sang ont coulé! Martyrs des rois, des prêtres et de ces nobles issus de la race conquérante, le voilà venu, pour vos bourreaux, le jour de l'expiation, le jour des représailles!

— Ma sœur, — m'écriai-je, frissonnant d'épouvante, — quelles sont ces représailles?

Mais Victoria, en proie à une sorte d'hallucination, continue sans paraître m'entendre : Est-ce qu'il ne crie pas vengeance le sang des esclaves, des serfs, des vassaux, dépouillés, exploités, torturés, suppliciés à milliers par la seigneurie et la royauté depuis la conquête franque? est-ce qu'il ne crie pas vengeance le sang des *ariens*, massacrés à milliers par les hordes de Clovis à la voix des prêtres de Rome ? est-ce qu'il ne crie pas vengeance le sang des Vaudois, des Albigeois, massacrés à milliers par les bandits de Simon de Montfort à la voix des prêtres de Rome? est-ce qu'il ne crie pas vengeance le sang des Réformés, massacrés à milliers par les Valois et les Guises? Et l'hécatombe de la Saint-Barthélemy? et les protestants pendus, roués, dragonnés, écartelés par les soldats de Louis XIV? Dieu juste! s'il avait coulé en un seul jour tout ce sang, la terre des Gaules deviendrait une mer rouge! Dieu juste! si l'on empilait les os de nos pères, de nos mères, victimes de la royauté, de la seigneurie et du clergé, cet ossuaire s'élèverait jusqu'au ciel!

La sauvage éloquence de Victoria, l'éclat de ses yeux étincelants, sa sombre beauté, qui, en ce moment, lui donnaient l'aspect de la déesse de la Vengeance, ont produit sur moi une sorte de fascination. L'effrayante énumération des victimes de la royauté, de la seigneurie et de l'Église romaine ; la mémoire des martyrs que nous pleurions dans notre propre famille depuis tant de siècles, l'exaspération générale que je partageais en ce moment contre les trames homicides de nos ennemis éternels, égarèrent ma raison, et durant ce trouble, moi aussi je crus à la légitimité des représailles.

— Tu dis vrai, ma sœur, tu dis vrai! Trop longtemps la vengeance céleste a épargné les bourreaux : qu'ils tombent enfin sous le glaive du peuple !

— Oui, frère, la justice pour être tardive n'en sera que plus terrible ! Le châtiment ne ressuscitera pas les morts que nous pleurons ; mais nos ennemis, anéantis ou frappés d'épouvante, hésiteront à faire de nouvelles victimes! En vengeant le passé, on sauvegarde l'avenir. L'instinct du peuple est sûr, notre légende est la sienne! Il ignore les faits de son martyrologe séculaire, mais il se sent le *représentant des martyrs*; il a conscience d'être la tradition vivante des misères, des tortures des générations passées. C'est en leur nom qu'il juge et qu'il frappe.

A cet instant, l'un de mes camarades, artisan comme moi, le fils de notre voisin Jérôme, appartenant aussi à la section des Piques, m'appelle du dehors : — Jean, n'entends-tu pas le tambour ? On vient de placarder dans les rues que la patrie était en danger. Longwy est pris! Les Prussiens marchent sur Paris. On bat partout le rappel et la générale, viens, viens, allons prendre notre poste de combat.

Craignant de manquer à mon devoir civique en tardant davantage de me rendre à ma section, j'ai pris congé de ma sœur et quitté notre demeure. Nous nous sommes, mon camarade et moi, dirigés vers la place Vendôme, lieu de réunion de notre section.

Il m'est impossible de peindre les mille aspects de la foule, dont les angles des rues et les carrefours étaient encombrés, car c'est en ces endroits que l'on affichait de préférence les placards émanés de la presse patriote ou des clubs,
ainsi que les décrets rendus presque d'heure en heure par l'Assemblée nationale en permanence ou par la *Commune de Paris*, nommée par les sections insurgées dans la nuit du 9 au 10 août.

Comment expliquer les aspects, les sentiments si divers de la population ? Tantôt consternée par l'approche d'un grand danger public, elle semblait anéantie ; tantôt elle éclatait en malédictions, en cris de mort contre les royalistes et les despotes étrangers : ou bien, emportée par un élan de patriotisme, elle s'écriait : Aux frontières! Paris entier oscillait tour à tour entre la terreur, la haine ou les transports d'une vengeance aveugle !

La lecture des placards, des décrets, peut seule expliquer les abattements, les fureurs, et parfois les appétits féroces de cette population en délire.

Placard extrait du *Courrier des Départements*, journal publié par GORSAS (Girondin) :

PLAN DES FORCES COALISÉES CONTRE
LA FRANCE

« Plus de *deux cents chefs royalistes*, répartis dans les différents centres de la France, ont des points de réunion. — Ils tiennent les signatures nombreuses de personnes prêtes à se joindre aux armées des rois coalisés dès qu'elles auront franchi la frontière. — Les armées combinées marcheront sur les places fortes comme pour en faire le siège, mais ne prendront possession que de celles qui ouvriront leurs portes. — Le duc de Brunswick contiendra avec ses troupes les corps d'armée français disséminés sur la frontière, tandis que le roi de Prusse s'avancera à la tête de ses forces, *grossies des contre-révolutionnaires de l'intérieur*. L'on marchera d'abord sur Paris. *L'on réduira cette ville par la famine*. Aucune considération, pas même le danger de la famille royale, ne pourra rien changer aux dispositions suivantes : — Les habitants de Paris seront conduits en rase campagne, on fera le triage. LES RÉVOLUTIONNAIRES SERONT SUPPLICIÉS. — On avisera au sort des autres. — Peut-être suivra-t-on le système de l'empereur d'Autriche : de n'épargner que les femmes et les enfants. — En cas d'inégalité de forces, l'on *mettra le feu aux villes*, car, selon l'expression des rois ligués : DES DÉSERTS SONT PRÉFÉRABLES A DES LIEUX HABITÉS PAR DES PEUPLES RÉVOLTÉS.

« *Aux armes, citoyens!* L'ENNEMI EST A NOS PORTES ! »

Autre placard affiché sur les murs de Paris :

AUX ARMES, CITOYENS ! ! !

« Citoyens,

« L'ennemi sera bientôt sous les murs de Paris !

« Longwy est pris !

Massacre dans les prisons (page 671)

« Verdun ne peut tenir que pendant quelques jours ! Ses défenseurs font appel au peuple.

« Les citoyens qui défendent le château ont juré de mourir plutôt que de se rendre, ils vous font un rempart de leurs corps ; il est de votre devoir de les secourir.

« Citoyens !

« Aujourd'hui même et à l'instant, que tous les amis de la liberté se rangent sous ses drapeaux !

« Allons nous réunir au Champ de Mars, qu'une armée de soixante mille hommes se forme sans retard.

« Citoyens ! ! !

« Marchons à l'ennemi, ou pour tomber sous ses coups ou pour l'exterminer sous les nôtres !

« *La Commune de Paris décrète*:

« Article premier. — Les sections donneront l'état des hommes prêts à partir.

« Art. 2. — Le Comité militaire sera permanent pour recevoir les enrôlements.

« Art. 3. — Le canon d'alarme sera tiré, le tocsin sera mis en branle jour et nuit.

« Citoyens ! la Patrie est en danger !

« Aux armes ! »

— Sauvez Paris ! sauvez la France ! Sinon, malheur à nous ! répètent des voix de femmes éplorées, dont les clameurs, les gémissements se mêlent au bruit du tocsin.

A ce moment s'avance, à travers la foule qui s'écarte, un officier municipal portant un drapeau et suivi de plusieurs tambours battant la charge. Ils précédaient une troupe de volontaires de tout âge et de toute condition, chantant la *Marseillaise*, cet hymne sacré de la Révolution ; entre chaque strophe, ils agitaient leurs piques, leurs fusils, leurs sabres, leurs bonnets, leurs chapeaux en criant:

185ᵉ livraison

— Aux armes, frères! au Champ de Mars! Ce soir, en route pour la frontière!

La plupart des citoyens qui, après la lecture du décret de la Commune, s'étaient écriés: « Aux armes! » se sont joints aux volontaires. J'ai vu, entre autres, un homme dans la force de l'âge, les traits rayonnant d'ardeur civique, embrasser sa femme et ses petites filles qui l'accompagnaient, et, les yeux pleins de larmes, s'écrier: — Adieu, je vais vous défendre!

J'étais encore sous l'impression de cet acte patriotique, lorsque j'entends lire à haute voix ce fragment d'un placard affiché, disait-on, par ordre des ministres:

« ... Citoyens de Paris, vous avez des TRAITRES DANS VOTRE SEIN... Ah! SANS EUX, le combat serait bientôt fini... »

. . . .

— Quels sont les traîtres? — disait-on autour de moi; — qui sont-ils, sinon les royalistes cachés dans les deux cents repaires signalés par Gorsas, sinon les prêtres et les moines?

— Et nos pères, nos maris, nos fils, nos frères, s'enrôlent en masse pour courir aux frontières! s'écrie une femme avec épouvante.

— Qui nous défendra contre la fureur des *ennemis intérieurs.*

— Les royalistes déchaîneront dans Paris les faussaires et les brigands renfermés avec eux dans les prisons!

— Misère de Dieu! Pendant que nous serons aux frontières, ces scélérats pilleront nos boutiques, violeront nos filles, égorgeront nos femmes. Non, non, cela ne sera pas.

— Pouvons-nous partir en laissant derrière nous les femmes, les enfants, les vieillards, exposés à la rage de nos ennemis? Quel parti devons-nous prendre?

— L'AMI DU PEUPLE nous dit ce qu'il faut faire! — s'écrie une voix dans la foule. — Vive Marat! A la lanterne, les aristocrates!

« *L'Ami du peuple* AUX PARISIENS,

« Folie! folie! Il est inutile de faire leur procès aux contre-révolutionnaires.

« *Peuple, porte-toi en armes à l'Abbaye.*

« Arraches-en les traîtres, les officiers suisses et leurs complices, les prêtres, les jésuites, les moines, PASSE-LES AU FIL DE L'ÉPÉE!

« Peuple, frappe tes ennemis de terreur; sinon TU ES PERDU! »

— Nous approuvons le conseil! — crièrent plusieurs voix. La justice légale absout les scélérats, remplaçons les juges, et frappons les coupables. A l'Abbaye... à l'Abbaye!

Epouvanté de la tournure que prenaient les choses et redoutant les conséquences de l'assentiment donné à l'appel de Marat, je tentai de conjurer le massacre des prisonniers. Elevant la voix au milieu du tumulte, en m'adressant à l'orateur:

— Citoyen, il est vrai qu'il existe à l'Abbaye de grands criminels; mais tous les prisonniers ne sont pas coupables au même degré! N'en est-il pas d'incarcérés seulement comme *suspects*? Savez-vous si parmi ceux-là mêmes il n'en est pas d'innocents? Et, dans ce doute, faut-il les tuer tous?... Non, citoyen, un pareil crime souillerait la Révolution!

Mon intervention, parut, pour un moment, avoir ramené la foule à des sentiments moins barbares. Mais tout à coup arrive un ouvrier haletant, qui monte sur une borne:

— Citoyens! — s'écrie-t-il, — je sors de l'Assemblée... Je vous apporte de graves nouvelles!

— Silence! — Ecoutons!

— Lorsque les commissaires de la Commune ont eu donné lecture de ses décrets à l'Assemblée, Vergniaud s'est écrié: « Je reconnais Paris au courage de sa démarche, et maintenant on peut dire que la patrie est sauvée! » Il a appelé Longwy, qui s'est rendu aux Prussiens, *la ville des lâches!* Vergniaud, entendant le refrain de la *Marseillaise*, a dit: « C'est assez chanter la liberté, il faut la défendre. Ce ne sont plus des rois de bronze qu'il faut renverser, ce sont les despotes de l'Europe! A bas les rois! » Vergniaud a terminé son discours par ces paroles: « Je demande que l'Assemblée, en ce moment corps militaire plus que législatif, envoie à l'instant, et chaque jour, douze commissaires au camp retranché du Champ de Mars, non pour exhorter par de vains discours les citoyens à travailler, mais pour prendre eux-mêmes la pioche. Il n'est plus temps de discourir: il faut creuser la fosse de nos ennemis. *Nos ennemis sont devant nous et derrière nous.*»

— Devant nous les Prussiens, derrière nous les royalistes, les prêtres, les congréganistes, les brigands des prisons!

— Lorsque Vergniaud est descendu de la tribune, Roland, ministre de l'Intérieur, a demandé la parole pour instruire l'Assemblée de nouvelles très importantes: « La Vendée, fanatisée par les prêtres réfractaires, s'est soulevée en plusieurs endroits, et des patriotes ont été massacrés. Une partie du Midi, fanatisée par les prêtres et par les ci-devant nobles, est le foyer d'une vaste conspiration, dont le comte de Saillant est le chef; Il s'intitule *lieutenant-général de l'armée des princes.* »

— Après Roland, — continue l'orateur, — Lebrun, ministre des Affaires étrangères, a annoncé que vingt mille Russes traversaient la Pologne et l'Allemagne pour marcher contre nous, tandis qu'une flotte russe sortait de la mer Noire pour franchir les Dardanelles et venir débarquer à Marseille.

— Danton a été sublime! « Tout s'émeut, tout s'ébranle, tout brûle de combattre — s'est écrié Danton. — Verdun n'est pas encore au pouvoir de l'ennemi; la garnison a juré d'immoler ceux qui parleraient de se rendre. Une partie du peuple va courir aux frontières, une autre va creuser des retranchements; une autre armée défendra la ville à coups de piques.

— « Citoyens représentants, — a continué Danton, — nous vous demandons de concourir avec nous à diriger le mouvement héroïque du peuple. Quiconque refusera de servir de sa personne ou de livrer ses armes, sera puni de mort. Tous ceux qui ne sont pas avec nous sont contre nous! » A ces dernières paroles, prononcées par Danton, l'Assemblée entière s'est levée avec enthousiasme, — ajoute l'orateur. — « Le tocsin qui sonne n'est pas un signal d'alarme! s'est écrié Danton. — Non! c'est la charge contre les ennemis de la patrie. Pour les vaincre, il nous faut de L'AUDACE, ENCORE DE L'AUDACE, TOUJOURS DE L'AUDACE, et la France est sauvée! »

Il est impossible de peindre la commotion électrique dont fut soulevée la foule frémissante à ces paroles de Danton, paroles héroïques qu'accompagnaient les tintements du tocsin, les échos prolongés du canon d'alarme tirant de cinq minutes en cinq minutes, et auxquels se joignaient les roulements lointains du tambour et les accents de la *Marseillaise*, chantée en chœur par les colonnes de volontaires. L'énergie de Danton sembla embraser toutes les âmes, surexcita jusqu'à sa plus haute puissance l'amour sacré de la patrie et réveilla les ardeurs de vengeance. En ce moment suprême, le massacre des prisons était considéré par la population, bourgeois ou artisans, comme une mesure de SALUT PUBLIC, mesure suprême que beaucoup de citoyens déploraient, mais qu'ils regardaient comme une nécessité fatale, comme une question de vie ou de mort pour leurs familles, pour la France, pour la Révolution.

Des afficheurs vinrent placarder les nouveaux décrets rendus par la Commune de Paris qui s'était déclarée en permanence.

Le premier était ainsi conçu :

« LA COMMUNE DE PARIS ARRÊTE ET DÉCRÈTE :

« ARTICLE PREMIER. — Tous les chevaux en état de servir seront requis à l'instant et remis aux citoyens qui se rendent aux frontières.

« ART. 2. — Tous les citoyens se trouveront prêts à marcher au premier signal.

« ART. 3. — Ceux qui, par leur âge, leurs infirmités, ne peuvent se mettre en marche, déposeront leurs armes à leurs sections, et on armera ceux des citoyens peu fortunés qui vont voler à la frontière.

« ART. 4. — *Les barrières seront fermées.*

« Paris, 2 septembre 1792.

« COULOMBEAU. »

Ce dernier paragraphe ordonnant la *fermeture des barrières*, causa une sorte de frémissement mêlé d'une joie farouche dans la foule; cette pensée vint à tous les esprits : « La Commune ordonne de fermer les barrières, afin que nos ennemis de l'intérieur ne puissent échapper!!! L'œuvre de justice en sera plus facile. »

« LA COMMUNE DE PARIS

« Décrète :

« 1° Les enrôlements se feront dans les sections, dans les théâtres, dans les églises et sur les places publiques.

« 2° Les citoyens étrangers s'enrôleront à l'Hôtel de Ville.

« 3° Le département de Paris fournira sur-le-champ soixante mille hommes.

« 4° Les armuriers, serruriers, forgerons, se rendront au comité militaire pour déclarer combien ils peuvent fabriquer de fusils, de piques, de sabres, etc.

« 5° *Les cercueils de plomb seront fondus pour faire des balles;* les invalides se chargeront de ce travail.

« Paris, 2 septembre 1792.

« COULOMBEAU. »

En cette terrible journée, tout concourait à jeter la population dans un sombre vertige. Il n'est pas une des circonstances de ces journées qui n'ait poussé à la *fatalité* du massacre des prisons.

— Vive la nation! — A mort les traîtres!

Les délégués de la section du Luxembourg ont déclaré à la Commune que, à l'unanimité, il a été adopté, puis écrit sur le registre des délibérations « qu'il était urgent de *purger les prisons* avant de courir aux frontières ». Trois commissaires sont venus notifier l'arrêté à la Commune. Les sections des Thermes de Julien, des Quinze-Vingts, de Mauconseil ont pris le même arrêté.

— Aux prisons! aux prisons! Exterminons les scélérats! — Purgeons les prisons! — A bas la calotte! — A mort les aristocrates!

J'étais plongé dans la stupeur. Je ne pouvais plus en douter, *l'opinion publique* se prononçait pour l'extermination en masse des prisonniers royalistes. Les sections députaient leurs délégués à la Commune pour lui notifier l'urgence de PURGER les prisons. La Commune, par l'organe de Tallien, approuvait le massacre; enfin, Danton l'approuvait aussi, Danton ministre de la *justice*, élu par l'Assemblée! Comment lutter contre de pareilles convictions? Je l'essayai pourtant, n'ignorant pas, d'ailleurs, que je risquais ma vie; car, en ces moments d'effervescence populaire et d'entraînement, se prononcer contre le vœu général, c'est s'exposer à passer pour un traître. Je m'élance sur un banc qui se trouvait près de moi, et je m'écrie d'une voix où palpitaient toutes les angoisses de mon âme :

— Citoyens, au nom de la patrie, au nom de la Révolution, écoutez-moi !

Ma pâleur, mes larmes, mes accents suppliants, impressionnent la foule, le silence se rétablit, l'on m'écoute et je reprends :

— Citoyens, supposez que nous tous, patriotes ici présents, nous soyons incarcérés par nos ennemis triomphants... Nos ennemis se précipitent dans notre prison, nous surprennent sans défense, sans moyen de fuir, et nous massacrent tous ! Ne serait-ce pas une action lâche, horrible ? Voudriez-vous commettre une semblable atrocité ?

Des cris, des huées, des imprécations couvrent ma voix.

— C'est un endormeur ! — Un traître ! — Un royaliste déguisé !

— A mort, les traîtres !

En ce moment, j'ai cru que ma dernière heure allait sonner. Précipité du banc où j'étais monté, la foule en furie m'entoure, me serre, me saisit ; mon uniforme est mis en lambeaux ; un sabre était déjà levé sur ma tête, lorsque plusieurs patriotes, s'interposant entre mes adversaires et moi, m'arrachent aux mains qui m'entraînaient, me font un rempart de leurs corps, et me poussent sous la voûte d'une porte cochère, puis referment cette porte sur moi. Je tombai brisé, presque défaillant, et bientôt j'entendis la foule se disperser en criant :

— Vive la nation ! — Aux prisons, aux prisons ! — Mort aux royalistes !

C'en était fait, le massacre allait s'accomplir. J'avais, dans mon humble sphère, employé tout ce que j'avais d'intelligence et de force morale afin de ramener aux principes de l'éternelle justice la foule égarée ; j'avais sciemment risqué ma vie afin de conjurer ce qui me semblait un crime et un malheur pour la Révolution ; j'avais rempli mon devoir jusqu'au bout ; ma conscience, du moins, ne me reprochait rien.

Le concierge de la maison où j'avais trouvé asile, maison voisine de ma demeure, me donna, ainsi que sa femme, des soins empressés ; tous deux me connaissaient de vue comme un enfant du quartier. Je me remis peu à peu de la commotion, le portier me prêta une carmagnole, afin de remplacer mon uniforme de garde national mis en pièces. Je n'oublierai jamais les quelques mots prononcés par ces excellentes personnes au moment où je les quittais, en les remerciant de leurs bons secours.

— Que diable ! mon cher voisin, entre nous, vous étiez dans votre tort tout à l'heure, — me dit le brave homme, qui, du seuil de sa porte, venait d'être témoin de la scène précédente. —
Eh ! sans doute, vous étiez dans votre tort, quoique vous ayez cédé à votre bon cœur ! Mon Dieu ! moi aussi j'ai bon cœur, et tel que vous me voyez, je serais incapable de couper le cou à un poulet ! Pourtant je me dis : Ceux qui, en ce moment-ci, ont le courage d'aller *purger* les prisons sauvent la patrie et notre Révolution, en empêchant nos ennemis de déchaîner la guerre civile sur toute la France, et de se joindre à l'étranger pour la combattre. Hélas ! c'est bien terrible d'être forcé d'en arriver là ; mais *nécessité n'a pas de loi*. Il s'agit de tuer ou d'être occis. Dans ce cas-là, chacun pour sa peau !

— Mais, dam ! oui, — ajoute en reprenant son tricot la portière, femme d'une figure débonnaire ; — et puis, à qui la faute ? Les ci-devant et les prêtres ne cessent de conspirer depuis trois ans avec *Veto* et l'Autrichienne. Ils lancent les Prussiens, les pandours sur notre pauvre pays. Dam ! écoutez donc, voisin, on se lasse, et il faut bien que, d'une manière ou d'une autre, tout ça finisse !

— Ma femme a raison ; et puis, voyez-vous, voisin, lorsque les sections, même la Commune et M. Danton, tout le monde enfin dit qu'on doit *purger* les prisons, on doit croire que tant de personnes ne s'accorderaient pas dans une seule et même pensée, si au fond ce n'était pas juste ou tout au moins nécessaire.

J'ai cité ces paroles, parce qu'elles sont la fidèle expression du sentiment général au sujet du massacre des prisons.

En sortant de la maison où j'avais trouvé un refuge, je me suis rendu, non pas à ma section, afin d'y rejoindre mes camarades de la garde nationale, ainsi que je me l'étais d'abord proposé, mais, selon l'appel fait par l'Assemblée à tous les artisans armuriers, forgerons ou serruriers, qui devaient être chargés de fabriquer en hâte le plus grand nombre d'armes possible, je me suis dirigé vers l'assemblée nationale, où se tenait en permanence le comité militaire. J'espérais que le nombre d'ouvriers de ces métiers serait plus que suffisant à la fabrication des armes : en ce cas, j'étais résolu de partir le lendemain pour l'armée. Deux motifs me dictaient cette résolution : d'abord mon devoir civique, puis le profond chagrin où me jetait l'égarement de l'esprit de Victoria. En ce moment sans doute, affreuse pensée ! — elle assistait au massacre des prisons, calme et farouche comme la déité des Représailles. J'avais d'ailleurs reçu, depuis peu de jours, une lettre de Charlotte Desmarais. Elle résidait toujours à Lyon, auprès de sa mère, et m'assurait de sa tendresse ; de sa constance inébranlables, ajoutant qu'en face des périls dont les armées coalisées menaçaient le pays, mon devoir de citoyen était tracé ; qu'elle supporterait avec fermeté les nouvelles épreuves qui l'attendaient si je partais pour la frontière. Malheureusement, je ne pus m'enrôler ; la quantité d'artisans capables de façonner le fer devait à peine suffire à la fabrication des armes : il leur fut défendu de quitter Paris par un décret de l'Assemblée, rendu le 4 septembre 1792.

Voici le spectacle dont j'ai été témoin en me rendant à l'Assemblée, spectacle émouvant dans sa simplicité :

Au milieu de la place Vendôme s'élevait une tente soutenue, à chaque angle, par une pique surmontée d'un bonnet rouge. Sous cette tente, des officiers municipaux, ceints de l'écharpe tricolore, recevaient l'enrôlement des citoyens; deux tambours superposés servaient de table. Sur le tambour de dessus se trouvaient un encrier, une plume et le registre où s'inscrivaient les noms des volontaires; chacun d'eux recevait l'accolade fraternelle de l'un des municipaux, et partait aux cris de « Vive la nation ! » poussés par la foule dont la place était encombrée. Jours sans pareils dans l'histoire ! jours étranges où l'amour de la patrie, l'héroïsme du dévouement civique, l'exaltation des plus saintes vertus de la famille se mêlaient à des appétits de vengeance et d'extermination ! J'entendais déjà dire autour de moi, ici avec une satisfaction farouche, ailleurs avec l'accent de l'indifférence ou de la résignation qu'impose une nécessité cruelle : « On est en train d'exécuter les conspirateurs, on purge les prisons. — A mort les prêtres ! A mort les aristocrates ! »

Sous la tente où les officiers municipaux recevaient les enrôlements, j'ai vu entrer un grand et beau vieillard; ses cinq fils l'accompagnaient, le plus jeune semblait avoir dix-huit ans; l'aîné, âgé d'environ quarante ans, tenait par la main son fils, à peine adolescent. Ces sept personnages, complètement armés, équipés à leurs frais, portaient sur le dos le havre-sac du soldat. Le vieillard, prenant la parole et s'adressant à l'un des officiers municipaux :

— Citoyen, je me nomme MATTHIEU BERNARD, je suis maître tanneur, je demeure rue SAINT-VICTOR, n° 71, avec mes cinq fils et mon petit fils; nous venons, eux et moi, nous enrôler; nous partons pour la frontière.

La femme de ce brave citoyen, sa fille, jeune personne de dix-sept ans, et l'épouse de son fils, les attendaient au dehors. On ne lisait sur le visage de ces trois femmes ni crainte ni regret; les larmes dont brillaient leurs regards étaient des larmes d'enthousiasme.

— Au revoir, ma femme! au revoir, ma fille et ma bru ! Nous partons tranquilles sur votre sort; les prisons sont purgées, — dit le vieillard d'une voix calme et forte. — Nous n'avons plus à combattre que les Prussiens aux frontières; adieu et au revoir ! Vive la nation ! vive la République ! Mort aux prêtres et aux aristocrates !

Au milieu du défilé des enrôlements, j'ai entendu le claquement d'un fouet, et ces mots criés d'une voix joyeuse et sonore :

— Gare ! citoyens, gare ! s'il vous plaît. Oh hé ! tout beau, *Gris-gris!* tout beau, *Rouget!*

— Et bientôt j'ai vu s'approcher à travers la foule, qui s'écartait à son passage, un homme dans la force de l'âge, d'une figure ouverte et martiale, coiffé d'un chapeau ciré, vêtu d'une houppelande; il montait un cheval gris, et conduisait en main un cheval bai, tous les deux harnachés pour le trait; l'une des bêtes était chargée en croupe d'une sacoche d'avoine, d'une provision de foin renfermée dans un filet; l'autre cheval portait une valise. La houppelande de ce citoyen était serrée à la taille par le ceinturon d'un sabre de cavalerie pendant à son côté. J'ai remarqué avec surprise que le cuir blanc de la dragonne de ce sabre était rougi... et paraissait humide de sang.

— Citoyens municipaux, — dit le cavalier sans descendre du cheval qu'il montait et qu'il arrêta au seuil de la tente, — inscrivez comme enrôlé volontaire Jacques Duchemin, cocher de fiacre à son compte et ancien canonnier; j'ai vendu mon berlingot pour payer mes frais de route; je pars pour la frontière avec *Gris-gris* et *Rouget*, dont je fais offrande à la patrie, demandant la faveur de ne pas me séparer de mes bêtes et d'être enrôlé avec elles dans un régiment d'artillerie à cheval. On les verra donner crânement dans le collier, si on les attelle à une pièce de quatre. Donc, citoyens municipaux, inscrivez-nous, mes bêtes et moi. J'ai prêté un coup de main aux patriotes qui *travaillaient à l'Abbaye*, — ajoute le cocher en portant la main à la garde de son sabre rougi de sang.

— L'affaire est faite, les prisons sont purgées; maintenant, aux frontières !

Le jour touchait à sa fin, lorsque je suis arrivé à l'Assemblée nationale, afin de me mettre à la disposition du comité militaire. En attendant mon tour d'inscription, je suis entré dans les tribunes de l'Assemblée; j'étais anxieux de savoir si le massacre des prisons était connu des représentants du peuple. J'appris qu'en effet l'Assemblée, instruite des évènements qui se passaient à l'*Abbaye*, à la *Force* et au *Châtelet*, avait envoyé sur les lieux, avec mission de s'opposer au carnage, une commission composée des citoyens Bazire, Dussaulx, François de Neufchâteau, Isnard et Lequinio.

Plusieurs des commissaires rentraient alors dans la salle, accompagnés de Tallien, membre de la Commune.

Tallien, à la barre, demande la parole et dit :

« Citoyens, les commissaires de la Commune ont été impuissants à conjurer la vengeance du peuple, vengeance juste, en quelque sorte, car, nous devons le dire, ses coups ont frappé des fabricateurs de faux assignats, que la loi condamne à mort. Ce qui a excité la vengeance du peuple, c'est qu'il n'y avait dans les prisons que des scélérats reconnus !

. . . .

En ce moment, j'ai quitté la salle des séances de l'Assemblée, pour reprendre ma place dans le rang et passer devant le comité militaire qui enrôlait les ouvriers pour la fabrication des armes. Le comité était présidé, ce jour-là, par Carnot l'aîné, officier du génie, l'un des plus nobles caractères de la Révolution, et l'un des plus grands capitaines de notre temps. Je me suis fait inscrire au comité militaire en qualité d'artisan serrurier ; j'ai reçu l'ordre de me rendre le lendemain, au point du jour, dans l'orangerie du Louvre, où l'on établissait un des ateliers de fabrication d'armes de guerre.

En attendant Victoria, je me suis occupé de relater, sur mon journal, les différents faits dont j'avais été témoin durant cette journée. Une heure du matin sonna ; ma sœur ne paraissait pas ; je n'avais, jusqu'alors, éprouvé aucune inquiétude sur son sort. Ceux-là seuls qui auraient essayé de désarmer le courroux populaire, ceux-là seuls devaient, en ce jour, courir quelque péril. Victoria partageait le sentiment général de Paris au sujet de la nécessité d'une extermination en masse. Mais, soudain, je me rappelai le jésuite Morlet et son complice Lehiron ; je savais la haine du révérend Père à l'égard de ma sœur. Ces pensées me jetaient dans une anxiété croissante : le jésuite et Lehiron étaient capables de tous les crimes, et en ce jour néfaste, où le sang coulait à flots, rien n'aurait été plus facile, pour ces misérables, que d'immoler Victoria. L'abbé Morlet, fidèle à son espoir de voir la Révolution se souiller ou se perdre par des excès, avait dû pousser au carnage des prisonniers ; il pouvait, sous un nouveau déguisement, s'être rendu aux prisons avec Lehiron et ses égorgeurs, et, rencontrant ma sœur, la désigner à leurs coups.

Ces pensées éveillèrent en moi les plus noires appréhensions. Mes alarmes croissaient de minute en minute ; hélas ! aucun moyen de les calmer. Mes angoisses atteignaient à leur comble, lorsque j'entends des pas précipités sur le palier de l'escalier ; je cours à la porte ; elle s'ouvre. Victoria jette un cri de joie, s'élance dans mes bras, me serre convulsivement sur sa poitrine, et fond en larmes. Enfin, à travers ses sanglots, elle murmure d'une voix étouffée, délirante de bonheur :

— Mon frère, mon pauvre frère, je te retrouve ! Dieu soit loué !

L'émotion de Victoria se calme, et elle m'apprend ainsi la cause de ses alarmes :

— Tout à l'heure, en revenant ici, j'ai rencontré, à dix pas de notre maison, notre voisin Dubreuil ; je l'ai reconnu à la clarté du réverbère. Il s'est arrêté à mon aspect, m'a regardée pendant un instant avec l'expression d'une surprise poignante, puis il m'a dit : « Est-ce que vous venez pour voir Jean ? — Sans doute, lui ai-je répondu. — Hélas ! le pauvre Jean a harangué la foule ce matin, à cette place même ; il a parlé contre le massacre des prisons... on l'a pris pour un traître, et la foule, dans sa fureur... » Mais notre voisin s'interrompt et cache son visage entre ses mains. Je comprends tout : cédant à la générosité de ton cœur, voulant t'opposer à ce que la justice populaire suivît son cours, tu avais payé de ta vie cette tentative !... Telle a été ma première pensée ; je suis restée pendant un moment saisie de stupeur : mon esprit s'est troublé, j'ai cru que j'allais devenir folle, puis j'ai couru jusqu'à notre porte : « Mon frère ! mon frère ! me suis-je écriée. — D'où vient votre inquiétude, mademoiselle ? — m'a répondu le portier. — Monsieur Jean est rentré ici depuis deux heures. » Mon cœur a bondi ; mais je n'ai été complètement rassurée qu'après t'avoir vu !

Je racontai à ma sœur la cause de l'erreur de notre voisin, et avouant que j'avais failli payer de ma vie mon intervention en faveur des prisonniers ; je confiai ensuite à Victoria les alarmes que m'avait causées son absence prolongée ; car, instruit de la haine dont la poursuivait le jésuite Morlet, je supposais qu'il s'était peut-être trouvé aux prisons lors du massacre, pour surexciter la fureur populaire.

— Il est vrai, — me répondit ma sœur, — le jésuite a paru un instant à la prison de l'Abbaye avec Lehiron et quelques-uns de ses brigands. Ils ont vu que ce n'était pas leur place, car à l'Abbaye on ne pillait pas, l'on n'assassinait pas ; on jugeait, on condamnait les coupables... et l'on mettait les innocents en liberté.

— Hélas ! au nom de quelle loi a-t-on condamné les uns, absous les autres ?

— Au nom de la justice éternelle, qui frappe les méchants et épargne les bons :

J'écoutais Victoria avec une sorte de stupeur ; et quand il serait vrai, m'écriai-je, qu'un simulacre de jugement ait présidé à ce carnage, de quel droit ces hommes se constituaient-ils accusateurs, juges et bourreaux des prisonniers ?

— Frère, de quel droit les jurés qui assistent aux séances du tribunal révolutionnaire institué le *17 août* de cette année déclarent-ils les accusés innocents ou coupables ?

— Ils usent d'un droit que leur confère la loi.

— Ainsi la loi reconnaît en certains cas aux citoyens élus par le peuple le pouvoir de juger ou d'absoudre.

— En certains cas, oui, et le cas duquel il s'agit n'était pas de ce nombre.

—Jean, ce sont là des subtilités d'avocat. Voici ce qui s'est passé sous mes yeux : le peuple a élu par acclamation et constitué dans la prison un tribunal révolutionnaire de *onze jurés* : l'on traduisait devant eux les prisonniers. Or, j'ai tout vu, tout entendu, et j'en jure Dieu, en mon âme et conscience, oui, tous ceux qui ont été condamnés méritaient la mort. Ma raison est calme, mon esprit lucide. Ecoute ce que j'ai à te raconter, tu prononceras ensuite entre ceux qui glorifient les évènements de Septembre et ceux qui les condamnent. Voici quelles circonstances ont amené l'envahissement de cette prison : trois voitures renfermant des prêtres réfractaires, accusés d'avoir fomenté la guerre civile, se dirigeaient vers l'Abbaye ; au moment où les véhicules approchaient de la prison, l'un de ces prêtres qui, par la violence de ses propos, bravait la foule, fut par elle invectivé. Furieux, il frappe de sa canne l'un de ceux qui l'injuriaient ; la foule, exaspérée, entre à la suite des voitures dans l'Abbaye, et massacre les prêtres qui se trouvaient dans les véhicules.

C'est à ce moment que je suis entrée à l'Abbaye. Presque en même temps que moi arrivait Manuel, procureur-syndic de la Commune. Le peuple sommait alors les gardiens de livrer les prisonniers. Manuel demande la parole ; il commence par lire un arrêté de la Commune, ainsi conçu :

« Au nom du peuple, citoyens, il vous est enjoint de JUGER *tous les prisonniers de l'Abbaye sans distinction, à l'exception de l'abbé* LENFANT, *que vous mettrez dans un lieu sûr*.

« A l'Hôtel de Ville, 2 septembre 1792.

« *Signé* : PANIS, SERGENT, *administrateurs* ».

Manuel, après avoir donné lecture de cet arrêté, s'écrie :

« Citoyens, votre ressentiment est juste : guerre ouverte aux ennemis du bien public ; combattez-les à mort, il faut qu'ils périssent ; mais vous aimez la justice, et vous frémirez à la pensée de tremper vos mains dans le sang innocent. Cessez donc de vous jeter comme des tigres sur des hommes, vos frères ».

— Un tribunal élu par les assistants et présidé par Maillard, s'assemble dans le greffe : on entrait dans la pièce par un guichet communiquant à l'intérieur de la prison ; on en sortait par une porte s'ouvrant sur la cour ; c'était là que les justiciers attendaient les condamnés pour les immoler. Maillard avait devant lui sur la table, le registre d'écrou ; ce registre indiquait les accusations à la charge du prisonnier, le motif de son arrestation ; un guichetier, à l'appel du nom de chaque détenu, allait le quérir : on l'introduisait devant le tribunal, et voici, du reste, de quelle manière procédait le tribunal : L'on a amené un chevalier de Saint-Louis, ex-capitaine des chasseurs du roi. L'accusé, jadis seigneur de plusieurs paroisses, jouit encore d'une grande fortune : il se nomme Journiac de Saint-Méard. Le voici devant le tribunal ; il décline ses nom, prénoms. « Etes-vous royaliste ? — lui demande Maillard. Et comme, à cette question, Saint-Méard se troublait, Maillard ajoute : — Répondez sincèrement et sans crainte : nous sommes ici POUR JUGER NON LES OPINIONS MAIS LEURS RÉSULTATS. »

Le chevalier de Saint-Méard, homme ferme et loyal, répond ; « Je suis royaliste, je regrette l'ancien régime ; je crois la France essentiellement monarchique ; mes regrets, je ne les ai pas cachés ; j'ai l'esprit naturellement moqueur ; j'ai publié dans quelques recueils, appartenant à mon opinion, plusieurs pièces de vers satiriques contre la Révolution. Tels sont les principaux faits à ma charge ; quant aux autres, je possède ici des papiers qui me permettront, heureusement, citoyens, de vous démontrer mon innocence. » Et Saint-Méard tire d'un portefeuille, plusieurs pièces ; elles sont soigneusement examinées ; des témoins, que le hasard amenait là, sont entendus pour et contre l'accusé ; sa défense, très développée, dure plus d'une demi-heure, et il la termine en ces termes : « Je regrette l'ancien régime ; mais je n'ai pas conspiré contre le nouveau ; je n'ai point émigré ; j'ai regardé comme un crime l'appel aux armées étrangères. J'espère vous avoir prouvé, citoyens, mon innocence, et je pense que vous me rendrez à la liberté, à laquelle je tiens beaucoup par principe et par nature. » Les jurés se consultent à voix basse ; et, quelques instants après, Maillard se lève, se découvre, et dit d'une voix haute : « Accusé, vous êtes libre. » Puis, s'adressant à trois patriotes armés de piques et de sabres ensanglantés, Maillard ajoute : « Veillez sur la sûreté du citoyen : reconduisez-le jusqu'à son domicile. »

— Ah ! — me suis-je écrié, éprouvant un mélange d'attendrissement et d'horreur, — le cœur de l'homme est un abîme, un abîme... et la raison s'y perd en voulant le sonder ! ! !

— C'est ainsi que les choses se sont passées à l'Abbaye, — poursuit Victoria, — après interrogatoire et libre défense, j'ai vu mettre encore en liberté, Bertrand de la Molleville, frère d'un ministre ; Maton de la Varenne, homme de loi ; l'abbé Salomon Duveyrier, le comte d'Afry, colonel d'un des régiments suisses, après preuve faite par lui de son absence de Paris lors des évènements du 10 août.

Je dois achever le récit des faits dont j'ai été témoin lors du jugement des prisonniers. Je t'ai dit, frère, comment on acquittait les innocents, je dois t'apprendre comment on exécutait les coupables. Pour exemple, je te citerai MONTMORIN, double traître absous par la haute-cour d'Orléans. Cet acquittement scandaleux a été l'une des causes des évènements d'aujourd'hui. Le peuple, lassé, irrité de voir les criminels soustraits au glaive de la loi, s'est fait justice à lui-même en les frappant ! — Montmorin, amené devant le tribunal, se présente fier, arrogant ; un sourire de mépris contracte ses lèvres. « Vous êtes le citoyen Montmorin ? Les crimes dont vous êtes accusé sont notoires. Qu'avez-vous à dire pour votre défense ? — demande Maillard à l'ancien ministre. — Je refuse de répondre ; je ne vous reconnais pas le droit de me juger, — réplique Montmorin. En vain, Maillard l'engage à parler, l'accusé s'obstine à garder le silence. — Conduisez l'accusé à la Force, » dit Maillard après avoir consulté du regard les jurés, qui tous approuvent d'un signe de tête affirmatif la condamnation du comte de Montmorin.

— Cependant Maillard venait d'ordonner de conduire l'accusé à la prison de la Force.

— Mots de convention afin d'épargner jusqu'au dernier moment aux prévenus les angoisses de la mort. *Conduisez l'accusé à la Force* ou *élargissez l'accusé*, étaient des formules de la condamnation suprême. On ouvrait devant lui la porte donnant sur la cour, puis la porte se refermait sur lui et les justiciers faisaient leur office.

— Contradiction étrange ; commisération et férocité !

— Montmorin, trompé sur le sens de ces mots, prononcés par Maillard, « conduisez l'accusé à la Force », dit d'une voix hautaine : « Je ne vais pas à pied ; qu'on fasse approcher une voiture. — Elle vous attend à la porte, » répond Maillard. — On pousse Montmorin dans la cour, où il est égorgé. Bahman, colonel d'un régiment suisse, acquitté par la haute-cour d'Orléans, a subi le même sort que Montmorin. Ainsi ont été exécutés Vigne de Cuzay, l'un des officiers qui ont présidé au massacre du Champ de Mars ; Protot et Valvins, fabricateurs de faux assignats ; l'abbé Bardy, un monstre qui avait coupé son frère en morceaux, et... mais nous pouvons nous en tenir à ces exemples.

Victoria est restée muette, silencieuse ; je lui ai tendu la main avec commisération, et je suis entré dans ma chambre pour chercher dans le sommeil l'oubli de ces journées funestes..

Tallien fait l'historique des évènements antérieurs aux journées de Septembre, et signale parmi les causes de l'indignation publique les scandaleux acquittements de la haute-cour d'Orléans, et l'approche des armées étrangères, à la suite de la prise de Verdun et de Longwy ; puis il continue :

« A la même époque, un criminel, exposé sur la place publique, eut la témérité de crier sur l'échafaud : *Vive le roi! vive la reine! vive La Fayette! vivent les Prussiens! au diable la nation!* Ces vociférations excitèrent l'indignation publique ; ce misérable eût été à l'instant immolé si le procureur de la Commune ne lui eût fait un rempart de son corps et ne l'eût conduit dans la prison pour le livrer aux tribunaux. Dans son interrogatoire il déclara :

» — *Que, depuis plusieurs jours, l'argent était répandu avec profusion dans les prisons, et qu'au premier signal* LES BRIGANDS QU'ELLES RENFERMAIENT SERAIENT ARMÉS POUR SERVIR LA CAUSE DES CONTRE-RÉVOLUTIONNAIRES.

« Personne n'ignorait, d'ailleurs, que c'était dans les prisons que se fabriquaient les faux assignats répandus dans la circulation ; et, en effet, après l'expédition du 2 septembre, *on a trouvé dans les prisons les planches, le papier, tous les ustensiles nécessaires pour fabriquer des assignats. Ces pièces existent et sont déposées aux greffes des tribunaux.*

. . . .

« Bientôt des milliers de citoyens sont réunis sous les drapeaux de la liberté, prêts à marcher ; mais avant de partir, une réflexion simple et naturelle se présente à leur esprit :

» — Au moment où nous marchons à l'ennemi, — disent-ils, — où nous allons verser notre sang pour la défense de la patrie, nous ne voulons pas que nos pères, nos femmes, nos enfants, nos vieillards, restent exposés aux coups des scélérats que renferment les prisons. Avant d'aller combattre les ennemis de l'extérieur, il faut anéantir ceux de l'intérieur.

« Tel était le langage de ces citoyens, lorsque deux prêtres réfractaires, que l'on conduisait à l'Abbaye, font entendre des cris séditieux et profèrent des invectives contre la Révolution. La fureur du peuple est à son comble, etc., etc.

» Les Suisses, les assassins du peuple dans la journée du 10 août, renfermés au nombre de près de trois cents, sont mis en liberté et incorporés dans les bataillons nationaux.

« Telles furent les circonstances qui précédèrent et provoquèrent les *évènements de Septembre*, évènements terribles, sans doute, qui, dans un moment de calme, auraient dû provoquer les vengeances des lois ; mais sur lesquels, dans un temps d'agitation, il faut tirer un voile et laisser à l'historien le soin d'apprécier cette époque de la Révolution, qui a été BEAUCOUP PLUS UTILE QU'ON NE PENSE. »

Enfin, je complète les pièces de ce redoutable procès par le fragment d'un discours de Robespierre :

« L'on vous a parlé bien souvent des évènements du 2 septembre : c'est le sujet auquel j'étais impatient d'arriver. Je le traiterai d'une manière absolument désintéressée, etc...

« Le conseil général de la Commune, loin de provoquer les évènements de Septembre, a fait tout son possible pour les empêcher. Pour se former une idée juste de ces faits, il faut chercher la vérité, non dans les écrits ou dans les

La Convention nationale décrète : La royauté est abolie en France (page 673)

discours calomnieux qui les ont dénaturés, mais dans l'histoire de la Révolution. Si vous avez pensé que le mouvement imprimé aux esprits par l'insurrection du 10 *août* était entièrement expiré au commencement de *septembre*, vous vous êtes trompés : il n'y a aucune analogie entre les deux époques.

« ... Les plus grands conspirateurs du 10 août furent soustraits à la colère du peuple victorieux, qui avait consenti à les remettre entre les mains d'un nouveau tribunal ; mais le peuple était décidé à exiger leur punition. Cependant, après le jugement de trois ou quatre criminels subalternes, le tribunal se reposa : Montmorin avait été absous, le prince de Poix, et d'autres conspirateurs de cette importance, avaient été mis en liberté frauduleusement. De grandes prévarications en ce genre avaient transpiré, de nouvelles preuves de la conspiration de la cour se développaient chaque jour ; presque tous les patriotes blessés au château des Tuileries mouraient entre les bras de leurs frères parisiens ; l'indignation était dans tous les cœurs. Une nouvelle cause porta la fermentation à son comble : grand nombre de citoyens avaient pensé que la journée du 10 août rompait le fil des conspirations royalistes ; ils regardaient la guerre comme terminée ; soudain la nouvelle de la prise de Longwy se répand dans Paris ; Verdun a été livré. Brunswick, à la tête d'une armée, marche sur Paris ; aucune place forte ne nous séparait de nos ennemis. Notre armée, divisée, presque détruite par les trahisons de La Fayette, manquait de tout ; il fallait trouver des armes, des effets de campement, des vivres, des soldats ; le Conseil exécutif ne dissimulait ni ses craintes, ni ses embarras. Danton se présente à l'Assemblée, peint

186ᵉ livraison

vivement les périls et les ressources, la porte à prendre quelques mesures vigoureuses; il se rend à l'Hôtel de Ville, fait sonner le tocsin, tirer le canon d'alarme, et déclarer la patrie en danger. En un instant quarante mille hommes, armés et équipés, marchent sur Châlons. Au milieu de cet entraînement universel, l'approche des armées étrangères réveille dans tous les cœurs les sentiments d'indignation, de vengeance contre les traîtres qui avaient appelé l'ennemi. Avant d'abandonner leurs femmes, leurs enfants, les citoyens, vainqueurs des Tuileries, veulent la punition des conspirateurs, qui leur avait été promise. On court aux prisons; les magistrats pouvaient-ils arrêter le peuple? car c'était un mouvement populaire, et non, comme on l'a ridiculement supposé, la sédition partielle de quelques scélérats payés pour assassiner leurs semblables. La Commune, dira-t-on, devait proclamer la loi martiale; la loi martiale contre le peuple, lorsque l'ennemi s'approchait! la loi martiale après la *journée du 10 août*! la loi martiale en faveur des complices du tyran détrôné par le peuple! Que pouvaient les magistrats contre la volonté déterminée du peuple indigné, qui opposait à leurs discours le souvenir de son héroïsme au 10 août, son dévouement actuel à courir à la frontière, et la longue impunité des traîtres?

. . . .

« On assure que dans ces exécutions des innocents ont péri; on s'est plu à en exagérer le nombre. Un seul, c'est trop, sans doute, citoyens! pleurez cette méprise cruelle, nous l'avons longtemps pleurée! *pleurez même les victimes coupables* RÉSERVÉES A LA VENGEANCE DES LOIS *et qui sont tombées* SOUS LE GLAIVE DE LA JUSTICE POPULAIRE! »

Les volontaires qui, durant les journées de septembre s'enrôlaient en masse, étaient d'abord dirigés sur des camps intermédiaires où ils recevaient un commencement d'organisation militaire; de là ils étaient envoyés à l'armée. Leur courage sauva la France et inaugura les victoires de la République.

. . . .

Merci, Dieu! je l'ai vu ce jour de triomphe qui couronne quinze siècles de luttes soutenues par nos pères opprimés contre leurs oppresseurs, par les esclaves, les serfs, les vassaux contre les rois, le seigneurie et le clergé; par les descendants des Gaulois conquis contre les descendants des Francs conquérants.

La Gaule était ESCLAVE, je la vois SOUVERAINE! Ses oppresseurs casqués et mitrés sont anéantis.

Il est des événements d'une si imposante majesté, que la plus admirable éloquence, la possédât-on, serait impuissante à les peindre: il faut laisser la parole aux faits.

« LA CONVENTION s'assemble et siège au palais des Tuileries, *vendredi 21 septembre 1792, à midi et un quart.*

« Président : PÉTION ; secrétaires : CONDORCET, BRISSOT, RABAUD SAINT-ÉTIENNE, VERGNIAUD, CAMUS, LASSOURCE.

« COUTHON, *à la tribune*. — Citoyens, notre mission est sublime! Le peuple nous a témoigné sa confiance, rendons-nous-en dignes.

« COLLOT-D'HERBOIS. — Il est une délibération que vous ne pouvez remettre à demain, sans être infidèles au vœu de la nation : c'est l'abolition de la royauté.

« L'ABBÉ GRÉGOIRE. — Certes, personne ne proposera de conserver en France la race des rois; nous savons que toutes-les dynasties n'ont été que des races dévorantes; mais il faut rassurer les amis de la liberté; il faut détruire encore ce talisman, dont la force magique serait encore propre à stupéfier bien des hommes; je demande donc que, par une loi solennelle, vous consacriez l'abolition de la royauté! »

L'Assemblée entière, se levant par un mouvement spontané, décrète par acclamation la proposition de Grégoire.

« L'ABBÉ GRÉGOIRE. — LES ROIS SONT DANS L'ORDRE MORAL CE QUE SONT LES MONSTRES DANS L'ORDRE PHYSIQUE! Les cours sont l'atelier des crimes et la tanière des tyrans! L'HISTOIRE DES ROIS EST LE MARTYROLOGE DES NATIONS! Nous sommes tous pénétrés de cette vérité; qu'est-il besoin de discuter? Je demande que ma proposition soit mise aux voix, sauf à la rédiger ensuite avec un considérant digne de la solennité de ce décret.

« DUCOS. — Le considérant de votre décret, citoyen, ce sera l'histoire des crimes de Louis XVI.

« LE PRÉSIDENT se lève et lit le décret ainsi conçu :

« LA CONVENTION NATIONALE DÉCRÈTE:
« LA ROYAUTÉ EST ABOLIE EN FRANCE. »

Les acclamations de joie, les cris de « Vive la nation! Vive la République! » répétés par tous les membres de la Convention et par les spectateurs des tribunes, se prolongent pendant plusieurs instants.

La séance est levée.

Les membres de la Convention se séparent aux cris de *Vive la nation! Vive la République! A bas les rois et les aristocrates!*

Et maintenant, moi, Jean Lebrenn, j'ajoute à notre légende la seconde partie du récit intitulé LE SABRE D'HONNEUR. Ma sœur Victoria a écrit la partie de cet épisode qui me concernait personnellement.

Dans la soirée du *10 décembre 1792*, M. Desmarais s'entretenait avec sa femme dans le salon de leur demeure. L'avocat, nommé membre de la Convention au mois de septembre, ne se contente plus d'affecter le patriotisme dans ses actes et dans ses paroles; son extérieur témoigne d'un *sans-culottisme* de mauvais aloi. Ainsi, lui, jadis soigneux de sa personne, ne se rase plus qu'une fois par semaine; ses cheveux, sans poudre, sont coupés presque ras à la *jacobite;* il porte une carmagnole, des souliers ferrés, un pantalon grossier, signe distinctif des *sans-culottes,* et un mouchoir à carreaux rouges roulé autour du cou, à la Marat. Dans l'un des angles du salon, actuellement sans glaces, sans rideaux et presque démeublé, l'on voit une grande caisse carrée, construite en bois de sapin; sur son couvercle, ces mots sont écrits en grosses lettres au pinceau: *Objets très fragiles.* Ce coffre semble construit avec plus de soin et de solidité que ne le sont d'ordinaire les caisses d'emballage; son couvercle, au lieu d'être simplement cloué, peut se lever à l'aide de charnières; une forte serrure le maintient fermé. Madame Desmarais, arrivée de Lyon depuis une demi-heure à peine, n'a pas encore quitté ses vêtements de voyage; sa physionomie exprime l'anxiété; les traits de son mari sont pâles, sombres; il paraît ému, agité; sa femme continuait l'entretien :

— Tu comprends, mon ami, qu'effrayée de ces rumeurs qui couraient à Lyon, au sujet du triomphe d'une conspiration royaliste, ensuite de laquelle Paris était à feu et à sang, la Convention dissoute, ses membres exposés aux plus grands dangers...

— Il m'est impossible d'imaginer quel a été le but des propagateurs de ces bruits sinistres, — répond M. Desmarais. — On est sur les traces d'un complot royaliste, dont le procès de cet infortuné roi est le prétexte; mais le complot ne peut qu'avorter : Paris semble pris du vertige depuis le 10 août !

— Quoi qu'il en soit, mon ami, effrayée de ces rumeurs, je me suis mise en route pour Paris; d'ailleurs, il m'en coûtait trop de vivre loin de toi en ces terribles temps. Les motifs de notre séparation avaient été notre espoir de détruire la passion de notre fille pour le jeune Lebrenn et le on vif désir de me soustraire au spectacle des insurrections, des mouvements populaires qui se succèdent à Paris; mais le but principal n'a pas été atteint, Charlotte persiste dans sa volonté de rester fille ou d'épouser l'ouvrier serrurier. Elle lui écrit et reçoit ses lettres. Or, qu'elle soit à Paris ou à Lyon, il n'en sera ni plus ni moins à l'endroit de cet amour; enfin, par cela même que tu peux être exposé à des dangers de toute sorte, ma place est auprès de toi, mon ami: je suis donc résolue à ne plus te quitter. J'éprouve aussi les plus vives alarmes au sujet de mon frère. Voilà plus d'un mois que je n'ai eu de ses nouvelles : peux-tu me dire ce qu'il est devenu?

— Je sais qu'il a été décrété d'accusation comme *suspect;* il est probablement resté à Paris, où il se cache et conspire en faveur de la monarchie; je n'en saurais douter.

— Que m'apprends-tu là? Mon frère décrété d'accusation ! Mon Dieu ! en ces temps-ci, une pareille accusation est chose terrible et peut le conduire à l'échafaud !

— Sans nul doute; mais pourquoi ne consent-il pas à se résigner, comme je le fais, à hurler avec les loups, à rugir avec les tigres ?

— Pauvre Hubert ! — dit Madame Desmarais pleurant, — au milieu des dangers qu'il court pour sa vie, peut-être il songe à l'anniversaire de ma naissance; il m'envoie un souvenir de sa tendresse fraternelle, — ajoute la femme de l'avocat, tournant les yeux vers la caisse déposée dans l'un des angles du salon. — Cher et bon frère ! Combien je suis émue de cette nouvelle preuve de son affection !

— S'il t'aimait véritablement, il ne risquerait pas de te causer les plus grands chagrins! et, par contre, de me compromettre!

— Mon ami, il m'est pénible d'entendre ces reproches adressés à mon frère, alors qu'il est exposé à de grands périls...

— A qui la faute, sinon à la violence, à l'aveuglement de son caractère ? Il abhorre, dit-il, les excès de la Révolution ! Hélas ! moi aussi, je les exècre, et cependant je feins d'y applaudir. Qu'il fasse de même pour assurer notre repos à tous et éviter la guillotine. Ainsi, demain, les membres de la Convention feront paraître à la barre de l'Assemblée l'infortuné Louis XVI, il sera interrogé pour la forme, on instruira son procès et il sera condamné à mort. Eh bien ! je voterai pour la mort.

— Mon Dieu ! murmure Madame Desmarais avec épouvante, — mon mari régicide !...

— Mais, puis-je me soustraire à cette fatale nécessité ?

— Que la fatalité s'accomplisse donc ! — répond Madame Desmarais avec un morne abattement et des sanglots dans la voix.

— Résumons-nous, — dit l'avocat Desmarais, après un assez long silence, pendant lequel son agitation s'est peu à peu calmée, — résumons-nous. Notre fille est donc toujours éprise de ce Lebrenn ?

— Elle aime Jean Lebrenn autant et plus que par le passé; il lui a écrit, dans l'une de ses dernières lettres, qu'il avait été promu à certaines fonctions, à la Commune de Paris, et elle s'enorgueillit de ce succès.

— En effet, cet ouvrier a été élu officier municipal; on lui avait même proposé, tant est grande l'influence dont il jouit dans ce quartier et au club des Jacobins, de le porter candidat à la Convention ; mais il a décliné l'offre qui lui était faite. Du reste, sa position aux Jacobins l'a mis en rapport avec plusieurs personnages marquants de la Révolution : Tallien,

Robespierre, Legendre, Billaud-Varenne, Danton et autres farouches démocrates.

— As-tu renoué quelques relations avec ce jeune homme depuis le jour où tu lui as refusé la main de notre fille ?

— Non ; je l'ai rencontré parfois aux Jacobins, mais j'ai évité de lui adresser la parole. Il a imité ma réserve. Du reste, je dois lui rendre cette justice : il s'est toujours exprimé sur mon compte dans des termes favorables. Fidèle à cette promesse : « Que, quelle que fût sa manière de voir à l'endroit de la sincérité de mes convictions, il garderait son opinion secrète jusqu'au jour où mes actes me dénonceraient eux-mêmes. » Or, mes actes, mes discours ont été et seront conformes aux nécessités de ma position. Mais c'est trop parler de ce Lebrenn. Je t'ai dit que ton retour inattendu me surprenait, mais qu'il concordait avec mes projets récents. J'ai en vue pour notre fille un mariage auquel j'attache une grande importance, car je deviendrais, par cette union, le beau-père d'un homme appelé à compter bientôt parmi les personnages les plus influents de la Révolution. Le futur gendre est très jeune, d'une beauté remarquable ; il appartient à la haute bourgeoisie, touchant même à la noblesse. Il est enfin l'ami intime, l'élève, le séide, le bras droit de Robespierre. Ce jeune homme, qui s'est déjà révélé à l'Assemblée par deux discours dont le retentissement a été immense, se nomme M. de Saint-Just.

— Hélas ! mon ami, à Lyon, j'ai entendu parler de ce jeune homme. Son nom excite la même exécration que ceux de Robespierre et de Marat chez les royalistes, et même chez les républicains modérés de la nuance des Girondins. As-tu songé à cela.

— C'est précisément en raison de l'aversion qu'il inspire aux royalistes, aux Girondins, aux modérés, que j'ai jeté les yeux sur M. de Saint-Just. L'un de nos amis communs, Billaud-Varenne, a dû, aujourd'hui même, faire à mon jeune collègue des ouvertures au sujet de ce mariage qui serait fort à ma convenance.

— Mon ami, tout ce que tu me dis me cause des surprises et des étonnements qui jettent un grand trouble dans mon esprit. Tu déclares éprouver un vif regret d'être entré dans la voie révolutionnaire, et, par une étrange contradiction, tu parles de marier ta fille à l'un des hommes qui sont le plus en horreur aux honnêtes gens.

— Il n'y a point là de contradiction. Les faits sont des faits ; j'ai le malheur d'avoir pour beau-frère un contre-révolutionnaire forcené. Hubert est décrété d'accusation, et sans nul doute, à cette heure, il complote contre la République. Tout ceci peut me compromettre de la manière la plus dangereuse. Marat a l'œil sur moi. Or, si Marat avait pénétré mes pensées, je me trouverais en grand péril ; l'influence de Saint-Just, devenu mon gendre, pourrait sauver ma tête...

En ce moment, Gertrude entre dans le salon d'un air à la fois mystérieux et effaré, et dit à son maître d'une voix altérée : — Monsieur... le frère de madame est là...

— Hubert ici ! — s'écrie M. Desmarais avec effroi ; — je ne veux pas le voir. Dites que je suis absent !

— Hélas ! monsieur, votre beau-frère m'a dit qu'il était poursuivi par la police et qu'on était sur ses traces.

— Grand Dieu ! murmure d'une voix défaillante Madame Desmarais, — mon frère !

— Qu'il sorte de chez moi ! — s'écrie l'avocat pâle de frayeur, — qu'il sorte à l'instant !...

— Repousser mon frère, en danger de mort, peut-être ! — s'écrie Madame Desmarais avec indignation. Et s'adressant à Gertrude en courant à elle : — Où est mon frère ?

— Il est dans la salle à manger, occupé à se débarrasser de sa houppelande... — Mais s'interrompant : — Voilà M. Hubert.

Celui-ci, en effet, paraît à la porte du salon : il est ému ; il reçoit sa sœur dans ses bras et l'embrasse avec effusion. L'avocat Desmarais, en proie à la plus vive anxiété, ne sait encore quel accueil il doit faire à son beau-frère. Il interroge Gertrude à voix basse :

— Croyez-vous que le portier ait reconnu M. Hubert ?

— M. Hubert, avec son chapeau clabaud enfoncé sur les yeux, ses lunettes bleues et le collet de sa houppelande qui lui cachait le bas du visage, était méconnaissable.

L'avocat réfléchit pendant quelques secondes, et continue son dialogue avec Gertrude : Vous avez une clé de la petite porte du jardin ? Allez donc ouvrir cette porte ; vous la laisserez entrebaillée ; quand dix minutes se seront écoulées, vous irez d'un air alarmé prévenir le portier que l'individu qui est venu me demander était un voleur, que vous venez de le surprendre la main dans le tiroir du buffet de la salle à manger ; que celui-ci a pris la fuite dès qu'il s'est vu découvert, qu'il a descendu l'escalier en hâte, et s'est probablement sauvé par le jardin en escaladant la muraille. Vous avez bien compris tout ce que je vous ai dit ? Exécutez ponctuellement mes ordres, et pas un mot sur la présence de mon beau-frère.

— Tout sera fait selon vos désirs.

— Pas un mot de tout ceci à Jeannette ou à Germain ; ne laissez entrer personne dans le salon, pour quelque raison que ce soit, et ne revenez que lorsque je vous sonnerai. — Puis, réfléchissant, M. Desmarais ajoute : — Pour plus de sûreté, je vais pousser le verrou de la porte ; allez !

Gertrude sort. M. Desmarais verrouille soigneusement la porte du salon.

— Te revoir, mon frère, et peut-être au moment de te perdre pour jamais ! — disait Madame Desmarais à M. Hubert d'une voix entrecoupée de sanglots, — que cette idée me rend donc malheureuse !

— Rassure-toi, ma sœur ; je saurai déjouer les poursuites dont je suis l'objet. J'ai dépisté les mouchards attachés à mes pas ; et on ne viendra certes pas me chercher chez un membre de la Convention. Je demande asile à ton mari jusqu'à minuit seulement ; à cette heure je quitterai cette maison.

— Ah ! je le jure, moi, tu l'auras quittée avant dix minutes ! — dit à part soi l'avocat Desmarais revenant lentement auprès de sa femme, au moment où M. Hubert, apercevant le coffre de bois blanc, dit à sa sœur :

— Ah ! voilà ma caisse.

— Pauvre frère ! — reprend Madame Desmarais interrompant le financier, — au milieu de tes anxiétés, tu as encore songé à l'anniversaire de ma naissance ; combien je suis touchée de cette preuve de ton affection !

— Je ne mérite pas ce remerciement, ma chère sœur ; cette caisse ne t'es pas destinée, elle renferme quelques objets précieux et des papiers que je désirais soustraire aux visites domiciliaires qui s'exécutent chez les suspects.

— Des papiers, compromettants sans doute ! — dit M. Desmarais à l'écart. — Un tel dépôt chez moi !

— J'ai pensé que ces objets seraient plus en sécurité ici que partout ailleurs, c'est pourquoi je te les ai envoyés dans une caisse — poursuit M. Hubert ; — mais, pour des raisons inutiles à te dire, il faut que ton domestique et le portier transportent immédiatement cette caisse dans une maison dont je te donnerai l'adresse.

— Je vais à l'instant prévenir nos gens, — répond Madame Desmarais en se dirigeant vers la porte. Mais l'avocat l'arrête par la main et lui dit froidement :

— Vous ne sortirez pas, madame !

— Pardon, mon cher beau-frère de ne vous avoir pas encore serré la main, à vous, de qui j'attends une hospitalité de quelques heures, — dit M. Hubert s'avançant à la rencontre de l'avocat ; — mais il y a si longtemps que je n'ai vu ma sœur, que mon premier mouvement a été de courir à elle, et...

— Citoyen Hubert, — répond l'avocat, pâle, tremblant de colère et de peur, — la maison d'un montagnard de la Convention ne servira pas de refuge aux traîtres.

— Grand Dieu ! — murmure Madame Desmarais joignant les mains avec épouvante.

— Quoi ! beau-frère, je viens vous demander asile pour quelques heures, à vous mon parent, à vous jadis mon ami, et vous auriez le courage de me chasser de votre maison.

— Citoyen Hubert, les ennemis de la République sont mes ennemis ; je les traite en adversaires politiques lorsqu'ils tombent sous ma main ! Hors de céans !

— Un pareil accueil de votre part — murmure M. Hubert frappé de stupeur.

— Mon frère ! — s'écrie Madame Desmarais, — ne crois pas à ce que te dit mon mari ; il est incapable de commettre une semblable infamie. Il n'y a que peu d'instants qu'il maudissait les excès de la Révolution.

— Malheureuse ! — vocifère M. Desmarais en saisissant sa femme par le poignet ; — vous tairez-vous ? — Puis, apostrophant son beau-frère : — Citoyen Hubert, si vous ne sortez pas à l'instant de cette demeure, j'envoie chercher la garde à la section, et je vous fais arrêter.

— Hélas ! dit M. Hubert avec indignation, — je viens demander à un parent un refuge de quelques heures, et ce lâche, dans la crainte d'être compromis, veut m'envoyer à l'échafaud !

Au moment où M. Hubert prononce ces derniers mots, Gertrude frappe à la porte et crie d'une voix effarée :

— Ouvrez, ouvrez ; le commissaire de la section, ceint de son écharpe, arrive avec la maréchaussée ; il monte l'escalier.

M. Hubert tire alors de ses goussets une paire de pistolets à deux coups, les arme, et d'une voix sourde : — Je vendrai chèrement ma vie ; mais, mille dieux ! ma première balle sera pour toi, beau-frère lâche et traître !

L'avocat Desmarais s'élance du côté où se trouve la porte et en tire le verrou. Sa femme, frappée d'une idée subite et puisant dans la terreur même dont elle est saisie une nouvelle énergie, entraîne son frère dans sa chambre à coucher, dont la porte s'ouvre sur le salon ; elle referme la porte et pousse le verrou.

M. Hubert suit sa sœur dans la chambre voisine, dont la porte se referme sur lui. M. Desmarais n'a pu s'apercevoir de la disparition de son beau-frère, car en ce moment il quittait le salon pour courir au devant du commissaire.

Mais l'avocat, ne trouvant pas d'abord, contre son attente, le commissaire dans la pièce voisine, va jusqu'au palier de l'escalier où il rencontre le magistrat, et il rentre avec lui dans l'appartement. Le commissaire est un homme d'une physionomie froide, rigide ; il est suivi de gendarmes de la République et de plusieurs agents de police. L'avocat s'arrête au seuil de la porte du salon et dit au commissaire : — Citoyen, si j'avais un fils traître à la nation, je le livrerais moi-même aux agents de la force publique. Je suivrais l'exemple de Brutus le romain.

Puis s'interrompant soudain et jetant autour de lui des regards stupéfaits, il ajoute : — Mais par où donc mon beau-frère a-t-il passé?

— C'est à moi de vous le demander, citoyen représentant du peuple, — répond le commissaire. — Cette disparition est étrange!...

— Je commence à comprendre ; ma femme a fait évader son frère par la chambre à coucher. L'escalier de service descend dans la cour, et de la cour ce scélérat aura gagné le jardin !

L'avocat se jette sur la porte de la chambre, et, y frappant à coups redoublés, il crie d'une voix haletante: Dieu soit loué! le traître ne pourra nous échapper.

— Allez recommander à nos gens de redoubler de surveillance, — dit le commissaire à deux de ses hommes. Ils sortent précipitamment; la porte de la chambre à coucher cède sous les efforts de l'avocat. La chambre à coucher est vide.

Soudain l'un des deux agents remonte essoufflé, s'écriant du seuil de la porte : Trahison! notre homme s'est échappé! Tout à l'heure, — continue l'agent, — deux femmes, dont l'une était enveloppée d'une longue pelisse fourrée, portant un chapeau à voile rabattu, se sont présentées à la porte cochère où se tenaient deux gendarmes; l'une des femmes lui a dit : « Je suis Madame Desmarais, je sors avec ma fille. »

— Mensonge, car ma fille est chez elle et ne peut quitter sa chambre.

— Courez après les fugitifs, dit le commissaire à quelques-uns des hommes qui l'entouraient ; — puis, se retournant vers M. Desmarais d'un air soupçonneux : — Citoyen représentant, cette évasion me semble habilement tramée ; mais il y a encore autre chose à votre charge — et désignant le coffre de bois blanc: — Au nom de la loi, je vous somme de me dire quel est le contenu de cette caisse.

L'avocat se souvient que M. Hubert a dit à sa sœur avoir usé du prétexte d'un présent à elle envoyé pour l'anniversaire de sa naissance, afin de soustraire aux visites domiciliaires effectuées chez les *suspects* des objets précieux et des *papiers* : ces papiers peuvent être de la nature la plus compromettante. L'épouvante de M. Desmarais est à son comble; ce misérable, forcé par la logique de son hypocrisie de s'engager de plus en plus dans la voie où il croit trouver son salut, se recueille, et d'une voix ferme dit au commissaire: Citoyen, avant de répondre à votre question au sujet de ce coffre, je requiers l'arrestation de ma femme, comme complice de l'évasion d'un conspirateur.

— Je n'ai point de mandat d'arrêt contre la citoyenne Desmarais, j'en référerai au procureur de la Commune.

— Quant au coffre, l'objet de votre sommation, je réponds qu'il ne m'appartient pas ; il a été envoyé ici par mon beau-frère, il y a de cela quelques jours. Il devait renfermer, d'après ce qui nous avait été dit, un présent destiné à ma femme pour le jour anniversaire de sa naissance. Je me hâte d'ajouter que j'ai tout lieu de supposer que le citoyen Hubert, abusant de ma confiance, a cherché à mettre à l'abri de perquisitions des papiers compromettants, en faisant transporter cette caisse chez moi. Je n'ai eu connaissance de cette circonstance que par certaines paroles échappées à mon beau-frère, tout à l'heure, quand je menaçais de le faire arrêter. Je n'ai rien autre chose à ajouter.

— Faites sauter le couvercle de ce coffre, — dit le commissaire aux gendarmes.

Ceux-ci introduisent leurs baïonnettes entre le couvercle et la serrure de la caisse, laquelle cède sous leurs pesées. La caisse est ouverte. L'avocat Desmarais jette un regard inquiet sur l'intérieur du coffre, lequel est rempli de poignards, de pistolets, de paquets de cartouches. Au milieu se trouvent des liasses de proclamations provenant du comité royaliste insurrectionnel.

M. Desmarais, malgré sa profonde dissimulation et l'empire qu'il exerçait d'ordinaire sur lui-même, ne put cacher l'épouvante que lui causait la découverte du contenu de la caisse. Mais se remettant de son trouble, par un effort de volonté, il simule l'indifférence et rejette dans la caisse l'un des exemplaires de la proclamation qu'il venait de parcourir.

Le commissaire s'assied à une table, tire un encrier de sa poche et verbalise.

Soudain apparaît à la porte du salon Madame Desmarais, pâle, défaillante, se soutenant à peine. Cependant on lit dans son regard la joie que lui cause la délivrance de son frère, et en entrant elle se dit en levant les yeux au ciel:

— Béni soyez-vous, mon Dieu! il est sauvé!

M. Desmarais, à l'aspect de sa femme, bondit de fureur, court à elle, la saisit rudement par le bras et s'écrie d'une voix où se traduisent toutes ses terreurs:

— Citoyenne Desmarais, vous êtes coupable d'un crime de lèse-nation! J'ai requis votre emprisonnement.

Madame Desmarais regarde son mari avec stupeur et semble d'abord ne pas comprendre ses paroles. En ce moment, Charlotte, instruite par Gertrude de ce qui se passe, entre dans le salon; elle entend les dernières paroles de l'avocat, court auprès de Madame Desmarais, la serre entre ses bras et s'écrie:

— Grand Dieu! emprisonner ma mère ! C'est vous, mon père, vous qui la menacez !

— Retirez-vous, — répond l'avocat accompagnant ces paroles d'un geste impérieux ; — retirez-vous, ma fille! Votre présence est inutile.

— Me retirer! lorsque vous menacez ma mère! Non, je resterai près d'elle.

— Mon enfant, rassure-toi, — répond à demi-voix Madame Desmarais jetant un coup d'œil d'intelligence à sa fille et lui montrant le commissaire, — ton père ne parle pas sérieusement. Tout s'expliquera à notre satisfaction.

Ces paroles, que le commissaire peut avoir entendues, exaspèrent l'avocat, qui, toujours poussé par la logique de son hypocrisie et de sa terreur, s'écrie: — Citoyenne Desmarais, en vous rendant complice de l'évasion d'un criminel de lèse-nation, vous vous êtes exposée à porter votre tête sur l'échafaud!

En entendant ces paroles, Charlotte pousse un cri déchirant et se jette au cou de sa mère, qu'elle continue d'enlacer de ses bras; mais celle-ci, toujours persuadée que son mari jouait un rôle pour conjurer les périls qu'il redoutait, dit à demi-voix à sa fille, afin de calmer son trouble et ses angoisses:

— Mais, pauvre enfant, sache donc que ton père est forcé de parler ainsi en présence du commissaire de police.

Madame Desmarais, bouleversée par tant d'émotions, ne songea pas à baisser suffisamment le ton de sa voix en parlant à sa fille. Ses paroles arrivèrent très distinctement aux oreilles de son mari, qui était auprès du commissaire de la section, toujours occupé de verbaliser.

Les gens traîtres et lâches, lorsque la peur les talonne, sont capables d'actes atroces pour sauvegarder leur vie. Il en fut ainsi en ce moment de M. Desmarais; car, livide d'effroi, il se dit:

— Je suis perdu! le commissaire a entendu les paroles de ma femme; — alors s'adressant au magistrat:

— Citoyen, j'ai requis de vous l'arrestation immédiate de la citoyenne Desmarais.

— Citoyen, — reprend le commissaire, — je vous ai répondu que je n'avais pas de mandat d'arrêt contre votre femme.

— Ma chère enfant, dit à voix basse madame Desmarais à sa fille, — ton père insiste sur mon arrestation, sachant qu'il ne l'obtiendra pas; rassure-toi donc.

— Puisque vous refusez d'arrêter ma femme, citoyen commissaire, je vous somme de laisser ici deux de vos agents pour garder à vue la citoyenne Desmarais jusqu'à ce que l'on ait statué à son égard.

— Je consens à laisser deux de mes agents à votre disposition pour la surveillance de la citoyenne Desmarais, puisque vous insistez sur cette mesure, — avait répondu le commissaire; puis, se levant en donnant la plume à l'avocat:

— Veuillez signer le procès-verbal de la saisie d'armes, de munitions et de proclamations opérée à votre domicile.

— Je désire lire attentivement ce procès-verbal avant de le signer, citoyen commissaire; nous pourrions être en désaccord sur la rédaction de cet acte.

— J'attendrai donc que vous l'ayez lu, — répond le magistrat. Et pendant que l'avocat prend connaissance du procès-verbal, le commissaire s'approche de Madame Desmarais; puis, lui souriant avec bonhomie et d'un air significatif: — Vous n'êtes pas très effrayée, citoyenne, de la rigueur de votre mari?

— Monsieur, — répond en hésitant Madame Desmarais ignorant si elle doit ou non se défier du commissaire, — la conduite de mon mari me semble un peu étrange.

— Eh! mon Dieu! elle est toute simple. Hélas! en ces malheureux temps, les honnêtes gens sont obligés de mettre parfois certains masques.

— Serait-ce grâce à votre généreuse intervention que mon frère a dû son salut!

— Prenez garde, madame, que mes hommes ne vous entendent, tous ne sont pas sûrs; mais j'ai un dernier conseil à vous donner. Tâchez de faire prévenir monsieur votre frère d'avoir à quitter Paris le plus tôt possible et de sortir par la barrière Saint-Victor.

— Ah! monsieur, que de bontés!

— Je savais que M. Desmarais affectait par nécessité des opinions bien éloignées de son cœur. N'ayez donc, madame, aucune crainte; j'ai compris sa pensée lorsqu'il a requis votre arrestation; aussi je vais vous donner deux geôliers, les meilleurs gens du monde. Adieu, madame, gardez-moi le secret, et comptez sur mon dévouement, — ajoute à demi-voix le magistrat; il faut hurler avec les loups.

Pendant que le commissaire s'éloigne, madame Desmarais dit à sa fille avec expansion: — Quel excellent homme! Grâce à lui, mon frère pourra peut-être quitter Paris cette nuit sans danger. Quelle reconnaissance nous lui devrons!

— Par la barrière Saint-Victor, ma mère; sans doute, cette barrière est moins surveillée que les autres. Mais, comment pourrons-nous faire passer à mon oncle cette précieuse indication? Là gît la difficulté.

— Il m'a donné l'adresse d'un endroit, chez un de ses amis, où je puis lui adresser une lettre; je vais lui écrire tout à l'heure, et Gertrude ira porter ma missive.

Ces différents entretiens à voix basse, et surtout la conversation de sa femme et du commissaire, avaient mis M. Desmarais au supplice. Mais, obligé de porter son attention sur le procès-verbal, il ne pouvait que jeter de temps à autre un regard rapide sur les interlocuteurs. Il acheva donc la lecture du procès-verbal, et, en ayant trouvé la rédaction irréprochable, il le signa; puis, l'ayant remis au commissaire:

— Je vous rappelle, citoyen, que je requiers l'arrestation de la citoyenne Desmarais, et, en attendant, je demande que deux de vos agents demeurent ici à ma disposition.

— Je viens de donner des ordres en conséquence, citoyen; je vous laisse deux hommes qui sauront allier leur devoir aux égards... Adieu, citoyen, je n'oublierai pas votre recommandation au sujet du *bon exemple* que vous donnez aux patriotes en requérant l'arrestation de la citoyenne Desmarais. Aujourd'hui même le citoyen Marat sera édifié par moi sur votre patriotisme.

Le commissaire, après ces mots, qui prêtaient à une double interprétation, s'incline devant madame Desmarais et sa fille, sort avec ses gens, qui emportent la caisse d'armes, et dit à deux des hommes dont il était accompagné :

— Vous resterez au dehors de ce salon aux ordres du citoyen Desmarais. — Puis il ajoute à voix basse : Demeurez en observation aux abords de la maison; vous suivrez la personne qui sortira d'ici.

Au même instant, madame Desmarais se disait :

— Hâtons-nous d'écrire à mon frère qu'il doit, cette nuit même, quitter Paris par la barrière Saint-Victor; — et, se rapprochant vivement de son mari au moment où les battants de la porte du salon se refermaient, madame Desmarais s'écrie avec expansion :

— Ah! mon ami, quel brave homme que ce commissaire! il fait comme toi : *il rugit avec les tigres! Il hurle avec les loups!*

— Hein!... reprend avec épouvante l'avocat — vous dites?...

— Que ce digne homme a bien compris qu'en demandant mon arrestation, pauvre ami, tu jouais un rôle; n'est-ce pas, Charlotte?

— Oh! oui, car il a dit à ma mère : « En ces temps de révolution, les honnêtes gens sont obligés de porter un masque. »

— J'ai répondu, continue madame Desmarais, qu'en effet tu étais obligé de *rugir avec les tigres*, comme tu me l'as répété plusieurs fois aujourd'hui.

— Malheureuse! — s'écrie l'avocat, et il se précipite sur sa femme, le poing levé, dans le paroxysme de sa rage.

— Mon père, revenez à vous, par pitié!

Soudain, à l'action de fureur de M. Desmarais succède la prostration : ses traits se couvrent d'une pâleur livide, il chancelle, et n'a que le temps de se jeter sur un fauteuil, en murmurant d'un air égaré :—Je suis perdu!... la guillotine!

Madame Desmarais et sa fille s'empressent auprès de l'avocat, relèvent sa tête inerte et lui font respirer des sels. A peine a-t-il repris ses sens, que Gertrude entre, et s'adressant à son maître :

— M. Billaud-Varenne demande à parler à monsieur pour une affaire urgente.

L'annonce de la visite de son collègue à la Convention semble ranimer l'avocat : une lueur d'espérance brille dans son regard naguère éteint ; il se lève brusquement, en se disant :

— Billaud doit avoir vu Saint-Just; si celui-ci accepte mes propositions, je suis sauvé! — Puis, d'une voix brève et dure, s'adressant à sa femme : — Rentrez chez vous, madame, j'ai à causer d'affaires, de graves affaires politiques, avec le citoyen Billaud-Varenne.

Madame Desmarais se retire suivie de sa fille.

M. Desmarais ordonne à Gertrude d'introduire au salon le citoyen Billaud-Varenne.

La servante sort. Les deux agents de police placés en surveillance sont assis près de la porte du salon.

— Remettons-nous, — se dit l'avocat essuyant la sueur dont son front était inondé. — Billaud-Varenne est une autre espèce de monstre, et peut-être plus dangereux que Marat. Quelle réponse m'apporte-t-il? Si Saint-Just consent à devenir mon gendre! je n'ai plus rien à craindre ; sinon... Ah! quel enfer!

Billaud-Varenne entre dans le salon : ce n'est pas un *monstre*, ainsi que l'a dit l'avocat, mais un homme de convictions inflexibles et d'une probité rigide, jouissant de quelque fortune; il ne touche pas, non plus que Lepelletier Saint-Fargeau, Hérault de Séchelles et autres riches citoyens, l'indemnité allouée aux représentants du peuple ; doué d'une éloquence naturelle, souvent entraînante, il n'est pas un patriote plus dévoué à la Révolution et à la République que ne l'est Billaud-Varenne. Il est coiffé d'une perruque noire de cheveux ras, et vêtu d'un habit marron à boutons d'acier; il porte, ainsi que Robespierre, Saint-Just, Camille Desmoulins et autres Jacobins, la dignité de soi jusque dans le soin de sa personne et de ses habits.

— Eh bien! collègue, — dit en entrant Billaud-Varenne, — que viens-je d'apprendre par le commissaire de votre section que j'ai rencontré sortant de chez vous?

— Qu'a-t-il est piquant que ce soit chez l'un de nous autres montagnards que l'on trouve un dépôt de poignards royalistes?

— Ce fait s'explique naturellement : vous recevez une caisse en dépôt, vous ignorez son contenu, rien de plus simple.

— Pensez-vous, mon cher collègue, que la chose ait paru aussi simple au commissaire?

— Il n'en saurait être autrement. Mais, entre nous, vous vous êtes montré d'une rigueur extrême envers votre femme.

— Vous savez aussi?...

La comte Neroweg de Plouernel

— Je sais que vous avez requis son arrestation et que vous avez exigé deux gardiens que je viens de voir là, dans la pièce voisine. La précaution me paraît excessive.

— Vous désapprouvez cette mesure, vous Billaud-Varenne, vous, homme de fer ?

— Je désapprouve tout à fait votre procédé, mon cher collègue, il est des devoirs pénibles auxquels on se résigne, mais il est des rigueurs inutiles que l'on ne provoque point contre les siens. Telle est ma manière de voir.

Billaud-Varenne, sans remarquer ou sans paraître remarquer l'inquiétude que ses dernières paroles ont causées à l'avocat Desmarais, continue :

— Mais, parlons de l'objet de ma visite. Je sors des Jacobins où j'ai vu Saint-Just. Il a été très sensible aux ouvertures que je lui ai faites de votre part, au sujet de vos projets de mariage entre votre charmante fille et lui ; mais il se refuse à contracter une union quelconque.

— Il refuse ! — murmure M. Desmarais pâle et consterné ; — ce refus n'est peut-être pas irrévocable ?

— Saint-Just ne revient jamais sur une détermination prise.

— Mais enfin, de ce refus puis-je connaître la cause? Répondez à ma question, cher collègue.

— Saint-Just eût été heureux d'entrer dans votre famille, m'a-t-il dit, si mademoiselle Desmarais eût bien voulu accueillir sa recherche ; mais il pense que, dans les graves circonstances où nous sommes, un homme politique doit rester libre de tous liens, même de ceux de la famille, afin de se consacrer entièrement à la chose publique Il veut se tenir prêt à tous les sacrifices, même à celui de sa vie.

— Peut-être Saint-Just pense-t-il que ma

187e livraison

fille n'a pas été élevée dans des principes d'un civisme assez pur ; et, s'il me regardait comme un meilleur patriote, sa réponse eût été sans doute différente ?

— En vérité, mon cher collègue, vous êtes un homme singulier. A la Constituante, vous avez voté avec l'extrême gauche; aux Jacobins, je vous ai entendu faire les motions les plus révolutionnaires; vous votez avec nous à la montagne ; et vous semblez craindre que l'on suspecte la sincérité de vos convictions.

— Et pourquoi donc aurais-je à craindre que l'on suspectât ma sincérité ?

— Ma foi, chargez-vous de la réponse.

— En ce cas, la réponse est fort simple, mon cher Billaud : la Révolution est et doit être pour ceux qui lui sont dévoués une maîtresse jalouse, ombrageuse, exigeante, et je crains toujours de n'avoir pas assez fait pour elle et d'être accusé de tiédeur. — Puis, voulant rompre un entretien qui l'embarrassait et cacher le cruel désappointement que lui causait le refus de Saint-Just, M. Desmarais ajoute; — Quoi de nouveau ce soir aux Jacobins?

— Un discours qui a duré un quart d'heure à peine, et qui a causé dans l'auditoire une sensation inexprimable.

— A propos de quel sujet ce discours.

— A propos de la peine à infliger à Louis XVI.

— Quel a été l'orateur ?

— Un jeune homme que je suis fier de compter parmi mes amis, car sa modestie égale son patriotisme et son mérite : c'est un simple artisan serrurier. Nous voulions le porter candidat à la Convention, il a refusé nos offres, il a cependant consenti à accepter des fonctions municipales.

— Ce jeune patriote est Jean Lebrenn.

— Précisément, c'est l'orateur en question.

— C'est mon élève, mon cher élève, — répliqua M. Desmarais. C'est moi qui ai fait son éducation révolutionnaire.

— Ce jeune homme, d'une nature ardente, généreuse, mais tendre et délicate, n'a qu'une règle de conduite : *la justice et la morale éternelle*. C'est un esprit élevé.

Marat et Maximilien Robespierre sont venus féliciter Jean Lebrenn sur son discours.

Voilà quelle a été sa conclusion :

— « Louis XVI était né bon, humain, doué de qualités privées, — a dit Jean Lebrenn, — et voyez ce qu'il y a de corrupteur, de subversif, de détestable dans l'essence même de la royauté : elle a fait de cet homme, heureusement doué, un traître, un parjure, un meurtrier, un parricide, car il a déchaîné contre la mère-patrie les armées étrangères et les émigrés! Ah! citoyens, en jugeant, en condamnant ce grand coupable, c'est moins encore l'homme que le roi, et moins encore le roi que la royauté que vous frapperez ! La hache qui fera tomber la tête de Louis XVI décapitera la monarchie et cette dynastie de race étrangère imposée à la Gaule depuis des siècles par la violence et la conquête ! »

— C'est superbe ! — s'écria l'avocat, — c'est admirable ! Voilà le fruit de mes leçons.

— Votre élève, dans une habile péroraison, a opposé aux journées de Septembre la condamnation juridique de Louis Capet. « Avant le 10 août, les crimes de Louis XVI étaient notoires, il méritait la mort. Supposez que le peuple, dans sa fureur, eût fait une justice sommaire du coupable; supposez qu'il eût été frappé pendant l'insurrection ; comparez ce trépas, presque furtif, à demi voilé par la fumée de la bataille, au spectacle auguste que la Convention va offrir au monde, à la face de Dieu et des hommes ! Un peuple, calme dans sa souveraineté, accusant, jugeant et condamnant, au nom de la loi, le criminel qui fut son roi. Au poignard de Brutus opposons le glaive de la justice! Le tyran doit être frappé au nom de tous, sur la place publique ! Il doit passer du trône à l'échafaud. Puissent tomber de même les têtes de tous les monarques ! »

— Tout cela est superbe ! — s'écrie M. Desmarais. Je me sens fier de mon élève.

— Ce qui double le mérite de votre élève, mon cher collègue, c'est que sa modestie égale son patriotisme. Robespierre, montant à la tribune après Jean Lebrenn, a ainsi commenté son discours : « Ce jeune homme vient de vous parler le langage du philosophe, de l'historien et de l'homme d'État; c'est un simple ouvrier qui travaille dix heures par jour à son rude métier de serrurier pour subvenir à ses besoins.

— Ces mots prononcés par Robespierre ont consacré l'ovation de Jean Lebrenn aux Jacobins. Et, maintenant, je prends congé de vous, mon cher Desmarais, vous réitérant mes regrets d'avoir échoué dans la mission dont vous m'aviez chargé auprès de Saint-Just. Il vous dira d'ailleurs lui-même demain, à la Convention, combien il a été sensible à vos offres, et pour quelles raisons il est obligé de les décliner.

— J'aurais été heureux d'avoir pour gendre un homme aussi éminent par le talent que par son patriotisme; je suis bien résolu de ne donner ma fille qu'à un républicain de notre trempe, cher collègue.

— Mais j'y songe, — reprend Billaud-Varenne revenant sur ses pas, comme frappé d'une idée subite. — Vous désirez avoir pour gendre un républicain éminent par le patriotisme et par le talent ? Tel est véritablement votre désir.

— C'est mon vœu le plus ardent !

— Eh bien ! mon cher Desmarais, vous l'avez sous la main, ce gendre ! Votre élève, le citoyen Jean Lebrenn ! Ce jeune homme a vécu dans votre intimité, vous devez être édifié sur sa moralité, sur ses qualités privées. Mademoiselle Desmarais, élevée par vous dans les bons principes, devrait, sauf sa convenance personnelle qu'il faut toujours respecter, accueillir un tel prétendant à sa main. Jean Lebrenn est jeune, d'un extérieur attrayant ; or, si ce mariage agréait à votre fille, ne serait-ce point un acte de nature à attirer les sympathies universelles sur vous, qui auriez inauguré la fusion des classes. Tout le monde applaudirait au mariage de la fille du riche bourgeois, de l'avocat de renom avec un simple artisan. Que pensez-vous de mon idée, cher collègue ?

— Vous allez le savoir, — répond l'avocat Desmarais après un moment de réflexion et paraissant céder à une inspiration ; puis il court à la table, s'assied, prend du papier, une plume et écrit quelques lignes, en se disant à part soi :

— Il n'y a plus à hésiter, en face du péril. Le sacrifice est consommé. Après les réflexions de Billaud-Varenne sur la fusion des classes, je ne peux plus hésiter. Il s'intéresse à Jean Lebrenn, et il peut l'instruire des propositions qu'il m'a faites, et ainsi apprendre de ce garçon qu'il aime ma fille depuis près de quatre ans et qu'il est aimé d'elle. Dès lors il serait évident pour Billaud-Varenne que l'unique raison de mon opposition à ce mariage est ma répugnance à donner ma fille à un artisan. Je frémis en calculant les suites d'une pareille révélation. Malheur à moi ! tout ceci, coïncidant avec l'évasion d'Hubert, avec le dépôt d'armes et de proclamations royalistes trouvés chez moi, pourrait m'envoyer tout droit à la guillotine.

L'avocat Desmarais se livrait à ces réflexions en écrivant à Jean Lebrenn la lettre suivante :

« Mon cher Jean,

« Je vous attends sur-le-champ chez moi. *Ma fille est à vous*, à une seule condition, que j'attends de votre loyauté, en laquelle j'ai une confiance absolue.

« Cette condition, la voici :

« *Ne dites à personne, et notamment à* BILLAUD-VARENNE, *que vous aimez ma fille depuis quatre ans.*

« Je vous attends.

« Salut et fraternité,

« DESMARAIS. »

Cette lettre écrite, Desmarais sonne.

Bientôt Gertrude paraît, et l'avocat lui dit :

— Portez à l'instant cette lettre chez le citoyen Jean Lebrenn, notre voisin, et attendez la réponse.

— Oui, monsieur, — répond la servante, et elle sort pour remplir la commission.

— Mon cher collègue, je vous laisse un moment seul, et je vais voir si ma femme et ma fille peuvent vous recevoir.

Billaud-Varenne, resté seul, se livrait aux réflexions suivantes :

— Je ne comprends rien à ce qui se passe ici. Pourquoi Desmarais veut-il me présenter à sa femme et à sa fille ? Il y a des nuances singulières dans la conduite de cet homme ; parfois il m'inspire une vague défiance ; cependant ses votes, ses discours, ses actes, ont toujours été d'accord avec les principes révolutionnaires les plus avancés. D'où vient cette crainte continuelle que tout révèle en lui, de passer pour un traître ! Tout à l'heure il a paru surpris, presque choqué de la pensée qui m'est venue de lui proposer Jean Lebrenn pour gendre. Le *bourgeois sans-culotte* serait-il un *bourgeois gentilhomme ?...* Le riche avocat craindrait-il de déroger en donnant sa fille à un artisan ? Enfin, tout à l'heure encore, par une affectation de stoïcisme absurde, n'a-t-il pas requis l'arrestation de sa femme, parce qu'elle avait cédé à la voix de la tendresse fraternelle, sentiment fort respectable ? Ne s'est-il pas constitué son geôlier ? Ces exagérations masqueraient-elles un défaut ou une extrême couardise ? Desmarais serait-il traître ou lâche ? ou bien traître et lâche à la fois ? Après tout, qu'importe ? C'est un instrument, il est populaire, éloquent, subtil, très écouté à l'Assemblée... Mais, dans les temps de réaction, les traîtres, les lâches qui se sont fait une certaine popularité, par leurs exagérations en un sens, deviennent non moins exagérés dans l'autre sens, se montrent implacables et envoient de préférence à l'échafaud leurs anciens amis, pour sauver leurs têtes et donner *des gages*... Desmarais pourrait bien un jour, si mes défiances sont fondées, devenir l'un de ces réactionnaires enragés. En ce cas, la preuve de trahison acquise, il faut couper le mal dans sa racine, — ajoute Billaud-Varenne avec un geste d'une signification terrible ; puis il ajoute : — Du reste, attendons les faits pour porter un jugement définitif. La pénétration de Marat n'est jamais en défaut, et *il a l'œil* sur le cher collègue.

Le monologue de Billaud-Varenne est interrompu par le retour de l'avocat Desmarais, accompagné de sa femme et de sa fille. Celle-ci paraissait doucement émue de la confidence que lui avait faite son père, de sa détermination relative à son mariage avec Jean Lebrenn. Madame Desmarais était au contraire sous l'impression de pensées douloureuses, par suite des évènements dans lesquels se trouvait mêlé son frère dont le sort lui inspirait de vives inquiétudes et ne retenait qu'à grand'peine ses larmes prêtes à couler.

Le conventionnel, s'inclinant avec une politesse, tout à la fois bienveillante et respectueuse, devant la femme de son collègue :

— Je regrette, madame, que ce soit dans un

moment si pénible pour vous que j'aie l'honneur de vous être présenté; mais j'espère, je suis certain que mon cher collègue ne prolongera pas plus longtemps votre captivité et vous délivrera de vos gardiens.

— Citoyen Billaud-Varenne, qu'il en soit ainsi que vous le désirez; je vais renvoyer les agents chargés de la garde de la citoyenne Desmarais; des geôliers figureraient du reste fort mal à notre foyer en un jour de fiançailles.

— Que voulez-vous dire, citoyen, — reprend Billaud-Varenne, — en parlant de fiançailles ?

— La lettre que j'ai écrite, tout à l'heure, était destinée à mon élève, à Jean Lebrenn; je lui annonçais tout simplement que je lui offrais la main de ma fille.

— Votre procédé est vraiment digne d'éloge, — s'écrie Billaud-Varenne.

— Maintenant, ma fille, — reprend M. Desmarais d'un ton solennel, — répondez en toute sincérité. Avant votre départ de Paris pour Lyon, vous avez vu ici et souvent notre jeune voisin Jean Lebrenn. Quelle est votre opinion sur ce jeune citoyen ?

— Je pense qu'il n'est pas d'esprit plus élevé, de caractère plus généreux, de cœur meilleur que le sien. C'est un jeune homme de mérite.

— Consentiriez-vous à l'épouser ?

— J'y consentirais d'autant plus volontiers, mon père, que, depuis longtemps, j'aime M. Jean Lebrenn, le vaillant ouvrier serrurier, *à votre insu et à l'insu de ma mère*. Je crois même que mon affection est payée de retour.

— Cette jeune fille est charmante de grâce et de candeur, — se disait Billaud-Varenne. — Quelle étrange rencontre! Ces deux jeunes gens s'aimaient en secret! En vérité, c'est tout un roman, c'est une idylle.

— Quoi! ma fille, vous aimiez notre jeune ami et il vous aimait! — avait repris l'avocat, simulant une grande surprise. — Et vous me cachiez cet amour! d'où vient donc que vous et notre ami Jean Lebrenn vous m'ayez fait un mystère de cet amour que vous ressentiez l'un pour l'autre ?

La rentrée de Gertrude interrompt le colloque.

— Eh bien ! quelle réponse a fait à ma lettre notre jeune voisin?

— Le citoyen Jean Lebrenn était absent; le portier m'a dit qu'en sortant du club des Jacobins il était rentré chez lui, afin de revêtir son habit d'officier municipal pour se rendre à la prison du Temple, où il est de garde cette nuit pour veiller sur Louis Capet. J'ai rapporté la lettre; la voici.

— Ah! je regrette ce contretemps, cher collègue, — dit l'avocat; — surtout maintenant que je suis instruit de l'amour de ces deux enfants l'un pour l'autre. J'aurais été ravi de vous rendre témoin d'un bonheur dont ils vous sont en partie redevables.

— Je partage vos regrets, cher collègue, — répond Billaud-Varenne; puis, réfléchissant et souriant : — Il dépend de vous de me donner une compensation, à laquelle je serai très sensible. Confiez-moi cette lettre que je pourrai faire remettre, ce soir même, au Temple, à notre jeune ami.

— Ah! monsieur, combien vous êtes obligeant, dit vivement Charlotte, émue et rougissante. Merci pour votre gracieux procédé.

— Voici la lettre, cher collègue; je vous sais gré ainsi que ma fille de votre cordial empressement, — dit l'avocat remettant à Billaud-Varenne la missive et se disant : — Billaud-Varenne est incapable de décacheter une lettre à lui confiée et adressée à Jean Lebrenn; il ne le verra pas ce soir; je n'ai donc à craindre aucune indiscrétion de la part de ce garçon, et j'ai intérêt à l'instruire le plus tôt possible de mes projets et de la condition que je lui impose pour ce mariage.

— Adieu, madame; adieu, mademoiselle, — dit Billaud-Varenne en s'inclinant devant les deux femmes; — j'emporte du moins la certitude que cette soirée, commencée sous de tristes auspices, se termine par une joie domestique.

Madame Desmarais, brisée par les appréhensions que lui cause le sort de son frère, salue et répond tristement : — Je vous remercie, monsieur, de votre bienveillance.

— A demain, cher collègue, — dit l'avocat, reconduisant Billaud-Varenne jusqu'à la porte du salon, puis il ajoute à demi-voix : — Si, comme je n'en puis douter, Jean Lebrenn épouse ma fille, ne serait-il pas à propos de mentionner le mariage de ma fille et de Jean Lebrenn dans le journal de notre ami Marat?

— Je vous promets, collègue, d'en parler à Marat; il avisera, — répond Billaud-Varenne avec un accent d'ironie, et il se dit : — Encore une affectation : cette recherche de popularité réveille en partie mes défiances !

— Citoyens, — dit l'avocat aux deux agents du commissaire de la section, — vous pouvez vous retirer. Salut fraternel. — Et s'adressant à Billaud-Varenne : A demain, cher collègue.

— A demain, — répond Billaud-Varenne; — je vais à l'instant au Temple, et, avant une heure, Jean Lebrenn aura votre lettre; — puis le conventionnel ajoute à part soi : — Définitivement, je crois que Marat devra avoir l'œil sur Desmarais. Ce doit être un hypocrite bon à surveiller.

. . . .

Pendant que ces évènements se passaient chez l'avocat Desmarais, un conciliabule royaliste se tenait rue Saint-Roch, au quatrième étage d'une vieille maison bâtie au fond d'une cour; un ex-bedeau de la paroisse, dévoué à l'abbé Morlet, et généreusement payé sur la caisse du parti prêtre et aristocratique, recevait les conspirateurs dans son logis, composé de deux pièces mansardées. Une issue secrète, pratiquée au fond d'un placard, communiquait de la dernière de ces deux pièces au grenier de la maison voisine, où les royalistes avaient aussi des intelligences. A l'angle de ce grenier s'ouvrait une trappe donnant accès à une *cachette*, ainsi que l'on dit en ces temps-ci, cachette assez spacieuse pour contenir quatre lits, et recevant suffisamment d'air et de jour à l'aide d'un tuyau aboutissant à un corps de cheminée, dont la maçonnerie formait l'une des parois de ce lieu de refuge, parfaitement combiné; car si l'on eût opéré une perquisition au domicile de l'ex-bedeau, celui-ci, prévenu par le portier, lequel était dans la confidence, avertissait les personnes réfugiées chez lui: elles sortaient alors par l'issue secrète et gagnaient la cachette, d'autant plus sûre que, l'issue du placard même découverte, l'on devait supposer que les fugitifs s'étaient évadés par l'escalier de la maison voisine. Il existe dans Paris beaucoup de ces lieux de refuge, destinés aux prêtres réfractaires, aux ci-devant nobles et aux suspects, qui conspirent contre la République.

Donc, ce soir-là, un conciliabule royaliste se tenait dans ce logis de l'ex-bedeau: le comte de Plouernel, son frère puîné, évêque *in partibus* de Gallipoli; le marquis de Saint-Estève, ce rieur insupportable, qui, environ quatre ans auparavant, assistait au souper donné par le comte à la marquise Aldini; le jésuite Morlet; tels sont les membres présents du conciliabule; ils sont assis sur des chaises d'église, autour d'un poêle de faïence; tous sont vêtus bourgeoisement et portent leurs cheveux sans poudre; seul, le marquis est frisé à frimas, il a un élégant habit de drap amarante à boutons d'or, des culottes d'étoffe pareille à l'habit; ses bas de soie blancs sont à demi cachés par les revers de ses bottes à la jockey; sa bonne humeur et sa jovialité se lisent sur ses traits, aussi épanouis que si, à cette heure, il ne jouait pas sa tête. L'évêque de Gallipoli, de quelques années moins âgé que le comte de Plouernel, est vêtu en laïque; tous deux, ainsi que le marquis, depuis longtemps émigrés, sont récemment parvenus à passer la frontière et à gagner Paris, où ils se tiennent cachés, de même qu'un grand nombre d'autres aristocrates revenus des pays étrangers. La physionomie du jésuite Morlet est toujours calme et sardonique; il porte une carmagnole et un bonnet rouge. Onze heures sonnent à l'église de Saint-Roch.

LE COMTE DE PLOUERNEL. — Onze heures... nous devions tous être réunis ici à dix heures, et nous ne sommes que quatre exacts au rendez-vous. Le comité se compose pourtant de vingt membres! Une telle négligence est impardonnable! Les absents encourent la responsabilité.

L'ÉVÊQUE. — Cette négligence est d'autant plus impardonnable qu'il faut agir demain, puisque c'est demain que le roi sera conduit à cette caverne de scélérats, nommée la Convention.

LE COMTE DE PLOUERNEL. — Il faut que nos amis soient retenus par quelque empêchement: des gentilshommes ne peuvent être soupçonnés de couardise!

LE MARQUIS. — Des gentilshommes! et ce maltôtier, ce M. Hubert! Tête bleue! je ne voulais point d'abord être de la partie, dès que j'ai su que je devais siéger à côté de ce bourgeois; mais, après tout, il porte le nom du grand saint Hubert, patron des veneurs. (*Il rit.*) Hi! hi! hi! et, en raison du patronage, j'admets le drôle.

LE COMTE DE PLOUERNEL. — Pour Dieu! marquis, mets un frein à ton hilarité; parlons raison. Ce mons Hubert est un drôle résolu et très influent sur les anciens grenadiers du bataillon des Filles-Saint-Thomas.

LE MARQUIS, *riant*. — Hi! hi! hi! un bataillon de filles placé sous le vocable de saint Thomas, qui *voulait toucher pour croire*. Hi! hi! hi! Vertuchoux! comte, j'enseignerais bien à ce bataillon-là une évolution qui serait de nature à nous réjouir. Chargez et déchargez! Hi! hi!...

LE JÉSUITE MORLET, *après réflexion*. — Personne ne vient, nous perdons un temps précieux: délibérons. Le portier doit siffler en cas d'alarme. A ce signal, mon filleul, le petit *Rodin*, de guet au second étage, montera prévenir le bedeau, et nous aurons le temps de fuir ou de gagner la cachette, en passant par ce placard. Rendez-vous compte de l'état des lieux.

LE MARQUIS. — Ce placard à double fond me rappelle... hi! hi! hi! une certaine galante aventure dont je fus le héros, et que je vais vous narrer.

LE COMTE DE PLOUERNEL. — Au diable le fâcheux! Fais-nous grâce de tes histoires.

L'ÉVÊQUE. — Marquis, pourquoi es-tu rentré en France? Réponds catégoriquement.

LE MARQUIS. — Tête bleue! pour sauver mon roi; pour l'arracher aux mains des philistins.

L'ÉVÊQUE. — Et c'est ainsi que tu prétends le sauver, en interrompant nos délibérations par tes lazzis; par des facéties hors de saison?

LE MARQUIS. — Mais vous ne délibérez sur rien; vous restez là comme trois coquecigrues.. hi! hi! hi! Vous n'avancez pas en besogne.

LE JÉSUITE MORLET. — Cet étourneau a raison. Nous n'en finirons point, si nous ne mettons de l'ordre en ceci. Je prends la présidence et j'ouvre la séance.

L'ÉVÊQUE. — Vous présidez, mon révérend; c'est bientôt dit. Et de quel droit?

LE JÉSUITE MORLET. — Du droit que l'homme sensé a sur les fous tels que le marquis; du droit que me donne mon âge ; car je suis ici, et de beaucoup votre aîné à tous.

LE COMTE DE PLOUERNEL. — Soit, présidez !

L'ÉVÊQUE. — S'il s'agit uniquement d'une préséance d'âge, j'y consens.

LE MARQUIS. — Moi de même... hi ! hi ! hi !

LE COMTE DE PLOUERNEL. — Mon Dieu ! marquis c'est à te jeter par les fenêtres.

LE JÉSUITE MORLET. — Taisez-vous les uns et les autres ; je vais poser en deux mots la question. Demain Louis XVI sera conduit de la prison du Temple à la barre de la Convention. L'occurence a semblé favorable pour enlever le roi durant le trajet ; voici le moyen proposé ; cinq ou six cents hommes résolus, armés, sous leurs habits, de pistolets et de poignards, se réuniront en différents lieux convenus, se rendront ensuite par groupes isolés sur le passage du prince, se mêleront à la foule, affecteront le langage des sans-culottes et répéteront ce bruit propagé à dessein depuis quelques jours, à savoir : que la majorité de la Convention est résolue d'épargner la vie de Capet, et qu'il faut que le peuple en fasse justice lui-même. Nos gens s'efforceront ainsi de soulever la population : lors du passage du roi, il poussèront le cri : *Mort au tyran* ! A ce cri, signal convenu, ils attaqueront résolument l'escorte à coups de pistolets et de poignards ; l'on espère, à la faveur du tumulte, enlever Louis XVI par un audacieux coup de main, et ensuite le conduire en un lieu sûr et préparé d'avance. Nos gens marchent alors sur la Convention et exterminent ses membres ! ceci heureusement effectué, des proclamations déjà imprimées seront placardées dans Paris, appelleront les honnêtes gens aux armes contre la République. Une portion des anciennes compagnies d'élite de la garde nationale, tous les royalistes et les constitutionnels de Paris, les émigrés qui sont arrivés depuis quinze jours répondront à cet appel aux armes et conduiront le roi aux Tuileries. De nombreux émissaires se rendront aussitôt dans l'Ouest, dans le Midi, à Lyon, prêts à se soulever à la voix des nobles et des prêtres qui y sont cachés. La guerre civile se déchaîne à la fois sur plusieurs points du royaume : les armées étrangères, démoralisées par la victoire de Valmy, opèrent un retour offensif sur la frontière, et l'on espère que, moyennant la guerre civile, le chaos des évènements, les coalisés reprendront l'avantage qu'ils avaient au début de la campagne, s'avanceront à marches forcées sur Paris, auquel ils infligeront un châtiment terrible. Cette conjuration, préparée de longue main (sauf le mode à employer pour délivrer le roi), était près d'éclater lors des massacres de Septembre ; or ces massacres ont eu un bon et un mauvais côté.

L'ÉVÊQUE. — Vous osez dire que ce carnage a eu un bon côté. Votre langage est odieux.

LE JÉSUITE MORLET. — Les massacres de Septembre ont eu un bon et un mauvais côté. Voici le mauvais : les chefs les plus actifs de la conspiration, détenus comme *suspects* dans les prisons où elle se tramait, ayant été égorgés, les royalistes de Paris et des provinces, frappés de terreur, sont demeurés dans l'inaction. Il a fallu près de trois mois pour renouer chaque fil de la conspiration brisée par la mort des chefs ; les massacres de Septembre ont encore eu pour nous ce mauvais côté qu'ils se sont combinés avec un élan de patriotisme ; les volontaires courant en masse aux frontières ont changé complètement, par la furie de leurs attaques, l'ancienne tactique de la guerre. L'infanterie prussienne, la meilleure de l'Europe, a été culbutée par ces forcenés ; il est à craindre qu'elle ne demeure longtemps sous l'influence de la panique que lui a causée la première charge à la baïonnette des volontaires, à la bataille de Valmy.

LE COMTE DE PLOUERNEL. — Morbleu ! mon révérend, ne parlez pas de guerre, vous n'y entendez rien ! Je servais dans le corps d'émigrés qui a enlevé la position de la Croix-aux-Bois à la bataille de l'Argonne ; j'étais à côté du duc de Brunswick lors de l'affaire de Valmy, et j'affirme que si l'infanterie prussienne a été ébranlée par ces va-nu-pieds, qui se précipitaient sur elle comme des sauvages, elle est maintenant remise de cette panique et ne demande qu'à venger son affront ; oui, et vienne la guerre, la vraie guerre, la grande guerre, les coalisés feront une boucherie de ces hordes indisciplinées. Les prussiens ont u e revanche à prendre.

LE JÉSUITE MORLET. — Vous dévoyez complètement de la question.

LE COMTE DE PLOUERNEL. — Morbleu ! mon révérend... mesurez vos expressions.

LE MARQUIS. — Peste, mon révérend, il ne vous manque qu'une étrivière pour nous donner la fessée... hi ! hi ! hi !

LE JÉSUITE MORLET. — Et vous la mériteriez particulièrement, marquis. Or, je continue, et j'arrive à ce que les massacres de Septembre ont eu pour nous de bon, d'excellent.

L'ÉVÊQUE. — Il m'est impossible d'entendre affirmer de sang-froid que cet abominable carnage ait produit de bons résultats.

LE JÉSUITE MORLET. — Monseigneur, il ne vous appartient point de qualifier des faits auxquels vous n'avez pas pris part. Je les ai vus de près, ces massacres, déguisé en charbonnier ; mon *fillot*, déguisé en ramoneur. Oh ! je tiens parole ! Rappelez-vous, comte, ce que je vous disais à souper, il y a quatre ans, la veille de la prise de la Bastille : « Il faut que la bête féroce lèche le sang pour la mettre en rut de carnage. » Eh bien ! il en a été ainsi ; et, pour faire couler ce sang, j'ai retroussé mes manches jusqu'au coude et à la besogne ! Donc, je reprends et je dis : les massacres de Septembre ont eu pour nous ceci de bon, d'excellent, qu'ils ont soulevé en Europe une horreur générale, exaspéré les puissances étrangères, y compris l'Angleterre, jusqu'alors à peu près neutre, et qui va devenir l'âme de la coalition. A Paris même, cet exécrable foyer de la Révolution, ces massacres, il faut le dire, considérés en un moment de vertige par la population de toutes les classes comme une mesure de salut public, ces massacres inspirent maintenant une indicible horreur ! les révolutionnaires mêmes sont divisés en deux camps : les *patriotes du 10 août* et les *septembriseurs*, germe précieux de discordes intestines entre ces scélérats. Somme toute, il y a pour nous du bon, beaucoup de bon dans les journées de Septembre ; la terreur qu'elles causent pourrait venir en aide au complot en question. Tout est prêt ; les postes sont désignés, les dépôts d'armes indiqués, les proclamations imprimées ; Lehiron, un coquin à toute épreuve, si on le paye bien, est chargé de la conduite de la bande de faux sans-culottes qui doit assaillir l'escorte du roi. On peut répondre de l'intelligence et du courage de Lehiron ; il attend les derniers ordres dans la pièce voisine ; enfin, ce soir même, Louis XVI, malgré la surveillance dont on l'entoure, a dû recevoir de son valet de chambre Cléry communication du projet, à seule fin que ce prince ne s'effraye point du tumulte, et suive de confiance ceux qui lui donneront pour mot d'ordre : *Dieu et roi ! Pitnitz et Brunswick !* Tel est donc actuellement l'état des choses ; un complot a été tramé, l'on est à la veille de passer à l'action. Or, je pose nettement cette question : le moment d'agir est-il venu ?

Le comte, le marquis, l'évêque, se regardent avec une surprise extrême, qui, pendant un moment, les rend muets.

LE COMTE DE PLOUERNEL. — Comment ! vous venez d'exposer les détails, les moyens, le but du complot, dont l'exécution est fixée à demain, et maintenant vous semblez mettre en doute qu'il faille agir ?

LE JÉSUITE MORLET. — Je propose de délibérer sur ceci : premièrement, serait-il opportun d'attendre jusqu'au jour de l'exécution de Louis XVI — sa condamnation n'est pas douteuse — et de tenter seulement alors le coup de main, dans l'espoir que l'horreur de ce régicide augmenterait le nombre de nos partisans. Secondement, et c'est moi, *proprio motu*, qui pose cette grave question, sous ma responsabilité : ne serait-il point expédient, dans l'intérêt bien entendu de l'Eglise et de la monarchie, de laisser simplement guillotiner Louis XVI ?

Cette proposition, aussi étrange qu'inattendue, formulée par le jésuite, jette ses auditeurs dans une telle stupeur, qu'ils restent muets et la bouche béante. Le silence est interrompu par le bruit de trois coups frappés discrètement à la porte de la chambre.

LE JÉSUITE MORLET. — C'est mon *fillot*. (*D'une voix plus haute.*) Entre !

Le petit Rodin est vêtu d'une carmagnole et d'un bonnet rouge à l'instar du révérend ; il salue la compagnie.

LE JÉSUITE MORLET. — Quoi de nouveau, mon enfant ; qu'as-tu à nous apprendre ?

LE PETIT RODIN. — Doux parrain, il y a en bas, chez le portier, un homme déguisé en femme ; il a donné le mot de passe et de ralliement ; mais le portier, ne connaissant pas cet individu, a répondu qu'il ne savait pas ce qu'il voulait lui dire avec ses mots de passe, le portier flairant un mouchard. Et il a fait monter sa femme au deuxième étage, où je suis en faction, pour me prévenir de ce qui arrive.

LE COMTE DE PLOUERNEL. — C'est sans doute quelqu'un des nôtres, obligé de recourir à ce déguisement.

L'ÉVÊQUE. — C'est fort grave ; comment s'assurer que ce personnage soit des nôtres ?

LE MARQUIS. — Un homme déguisé en femme : sommes-nous en carnaval ?

LE JÉSUITE *au petit Rodin.* — Tu connais de vue tous nos amis ?

LE PETIT RODIN. — Oh ! oui, doux parrain ; dès que j'ai vu quelqu'un une fois, je n'oublie point sa figure : le Seigneur Dieu (*Il se signe*) a gratifié son petit serviteur de ce don de réminiscence qu'il met en pratique.

LE JÉSUITE MORLET. — Descends dans la loge du portier ; examine ce personnage : si tu le reconnais, dis au portier de le laisser monter ; sinon, reviens me prévenir.

LE PETIT RODIN. — Oui, doux parrain, vos ordres seront exactement suivis. (*Il sort.*)

L'ÉVÊQUE. — Mais cet enfant ne peut-il se tromper ? La mission me semble mal confiée.

LE JÉSUITE MORLET. — Mon *fillot* est un prodige de finesse et de pénétration.

La délibération est momentanément suspendue, nous la reprendrons tout à l'heure.

LE COMTE DE PLOUERNEL *avec indignation.* — Je récuse comme président un homme, un prêtre, un sujet du roi, qui a la sacrilège audace de vouloir mettre en délibération cette question abominable : « Est-il, oui ou non, expédient de laisser guillotiner Louis XVI ? »

L'ÉVÊQUE. — Cette abomination semblerait incroyable, si l'on ne savait que la Compagnie de Jésus a souvent prêché le régicide.

LE JÉSUITE MORLET. — La Compagnie a prêché, a dû conseiller le régicide lorsqu'il importait de supprimer des rois, *ad majorem Dei gloriam*! L'Eglise est au-dessus des monarques.

LE MARQUIS. — La bonne plaisanterie! nous sommes ici pour aviser au moyen de sauver le roi, et le révérend propose de lui laisser couper le cou. Elle est bonne votre idée!...

Le petit Rodin rentre, salue la compagnie, et s'adressant au jésuite :

— Doux parrain, j'ai reconnu M. Hubert dans l'individu déguisé en femme.

LE JÉSUITE MORLET. — Fais entrer M. Hubert.

M. Hubert apparaît; il porte une pelisse fourrée et un chapeau de femme. A son entrée, le marquis le salue par des éclats de rire.

M. Hubert, pâle de rage, jette à ses pieds son chapeau de femme, se dépouille de la pelisse qui cachait sa veste et ses culottes grises, s'élance vers le marquis d'un air menaçant, et lui mettant le poing sur le visage, s'écrie :

— Vous me rendrez raison de votre insolence, hobereau de colombier !

Mais le comte de Plouernel et son frère l'évêque s'interposent entre eux et parviennent à calmer l'irritation du financier, en lui affirmant que le marquis est tête à l'évent.

LE MARQUIS. — Pardon, cher monsieur, hi! hi! ou plutôt chère madame. Ah! ah! ah! si vous saviez quelle figure pharamineuse vous avez... hi! hi! pardon, c'est plus fort que moi, voilà que ça me reprend... ah! ah! ah! Oh! la rate! Je mourrai d'un rire rentré si je ne puis me donner carrière.

Le marquis recommence de rire aux éclats; M. Hubert, d'un caractère violent, s'exaspère de nouveau ; mais de nouveau s'étant apaisé, grâce aux instances du comte et de son frère, il leur apprend la cause de son déguisement, et comment il doit son salut au dévouement de sa sœur; durant ces confidences, les rires du marquis ont cessé.

LE COMTE DE PLOUERNEL. — Puisque cette partie de la rue Saint-Honoré où vous avez failli être arrêté, cher monsieur Hubert, se trouvait ainsi surveillée ce soir par la police, j'aurais pu, en sortant de chez moi, tomber entre les mains des agents, car le refuge où je me cache, depuis mon retour à Paris, est situé près de la porte Saint-Honoré. La femme d'un ancien piqueur de la vénerie du roi me donne asile ; et, de la lucarne de la mansarde que j'habite, j'aperçois la maison de ce Desmarais votre beau-frère, que je regrette maintenant de n'avoir pas fait autrefois mourir sous le bâton, lorsque je l'ai fait châtier par mes laquais!

LE JÉSUITE MORLET. — Vous demeurez près la porte Saint-Honoré, dites-vous, comte? Quel est le numéro de la maison, s'il vous plaît?

LE COMTE DE PLOUERNEL. — Numéro dix-neuf, l'entrée se distingue par une porte bâtarde.

LE JÉSUITE MORLET. — Vous ne pouviez plus mal choisir votre refuge. Je suis bien aise de vous prémunir contre un danger. Au n° 17 de cette même rue demeurent deux membres de la famille Lebrenn : Jean, l'ouvrier serrurier, et cette belle personne que vous connaissez sous le nom de marquise Aldini. Soyez sur vos gardes, car si ces gens-là venaient à savoir où vous êtes caché, ils ne manqueraient pas l'occasion d'assouvir sur vous la haine dont ils poursuivent votre famille depuis tant de siècles.

LE COMTE DE PLOUERNEL. — Maintenant que ce fou de marquis est redevenu à peu près raisonnable, nous pouvons reprendre le cours de notre délibération.

S'adressant à M. Hubert :

— Lorsque vous êtes entré, le révérend prétendait mettre en délibération la question de savoir s'il était opportun de retarder le mouvement projeté jusqu'après la condamnation du roi, au lieu d'agir demain, ainsi que nous nous le proposions.

M. HUBERT. — Ce retard serait d'autant plus funeste, que ce soir une caisse d'armes, contenant aussi plusieurs exemplaires de nos proclamations, a été saisie chez mon beau-frère. Le comité de sûreté générale doit avoir en ce moment les preuves flagrantes de la conspiration : donc, il faut, selon moi, se hâter d'agir ; hier et avant-hier j'ai vu beaucoup d'officiers et de grenadiers de mon ancien bataillon, très influents dans leur quartier; ils n'attendent qu'un signal pour courir aux armes ; la bourgeoisie a en horreur la République.

LE COMTE DE PLOUERNEL. — Avouez, monsieur Hubert, qu'il valait encore mieux, pour la bourgeoisie, se résigner à ce que l'on appelait « les privilèges du trône, les immunités de la noblesse et du clergé », que de subir la tyrannie de la populace?

M. HUBERT. — Monsieur le comte, une observation à ce sujet : vous avez, il y a quelques années, fait donner des coups de bâton, par vos laquais, à un homme que j'ai le malheur d'avoir pour beau-frère; moi, à sa place, je vous les aurais rendus, non par procuration, mais directement! Or, tout grand seigneur que vous étiez, qu'eussiez-vous fait, le cas échéant?

LE COMTE DE PLOUERNEL. — Eh mon Dieu! mon pauvre monsieur Hubert, si je ne vous avais pas, dans le premier moment de colère, passé mon épée à travers le corps, j'eusse été dans l'obligation de demander une lettre de cachet pour vous faire mettre à la Bastille.

M. HUBERT. — Parce qu'un homme de votre naissance ne pouvait condescendre à se battre avec un bourgeois?

LE COMTE DE PLOUERNEL. — Évidemment, car le tribunal du *point d'honneur*, composé de nos seigneurs les maréchaux de France, auquel la noblesse déférait toutes ses affaires d'honneur,

Louis XVI est conduit du Temple à la Convention (page 694)

m'eût formellement défendu ce duel, et nous nous engageons par serment à respecter les décisions du tribunal de messieurs les maréchaux. Nous tenons en mépris les roturiers.

L'ÉVÊQUE. — Il me semble que nous nous écartons singulièrement du sujet de la délibération ? Rentrons dans la discussion.

M. HUBERT. — Point du tout, monsieur l'évêque, car il faut savoir pourquoi nous conspirons. Si nous conspirons pour renverser la République, il faut savoir par quel régime nous la remplacerons. Sera-ce par une royauté absolue comme devant, ou par la royauté constitutionnelle de 1791 ? Eh bien ! messieurs de la noblesse, messieurs du clergé, ce que nous voulons, nous bourgeois, nous du tiers-État, nous, gens de roture, que vous méprisez, c'est la royauté constitutionnelle, tenez-vous-le pour dit.

LE COMTE DE PLOUERNEL. — Parce que la bourgeoisie régnera de fait, à l'abri de ce simulacre de royauté ? Nous repoussons ce gouvernement.

M. HUBERT. — Naturellement.

LE COMTE DE PLOUERNEL. — D'où il suit que vous voulez substituer l'oligarchie bourgeoise, le privilège de l'écu, à notre aristocratie ?

M. HUBERT. — Sans doute, car nous tenons en égale aversion l'ancien régime, c'est-à-dire le règne du bon plaisir et la République.

LE JÉSUITE MORLET. — Reprenons l'ordre de notre délibération. La bourgeoisie, la noblesse, le clergé, ont en horreur la République, c'est un fait : occupons-nous donc premièrement de renverser la République ; l'on avisera ensuite à son remplacement. Donc, décidons immédiatement s'il faut ou non retarder l'exécution du complot d'abord fixé à demain. Première question et... seconde question qui devrait, à bien dire, primer la première : ne serait-il point, au

188ᵉ livraison

contraire, expédient, dans l'intérêt bien compris de l'Église, de la monarchie, de la noblesse et de la bourgeoisie, de laisser, purement et simplement, guillotiner Louis XVI?

Ces derniers mots du jésuite sont accueillis de nouveau par les imprécations de l'évêque et de M. de Plouernel, tandis que le marquis, trouvant l'idée de plus en plus bouffonne, rit aux éclats; M. Hubert, fort surpris, mais curieux d'entendre le jésuite développer sa pensée, insiste pour connaître les raisons sur lesquelles il appuie cette opinion. Le silence se rétablit.

LE JÉSUITE MORLET. — Je soutiens et je prouve que la condamnation et l'exécution de Louis XVI nous offriraient de précieux avantages; je vais m'expliquer. Ce prince, j'en appelle à vous, comte, et à vous, monsieur Hubert, ce prince est complètement perdu dans l'opinion, et comme roi absolu, puisqu'il manque d'énergie, et comme roi constitutionnel, puisqu'il a vingt fois tenté d'anéantir la Constitution qu'il avait juré de maintenir. Tout cela est vrai et incontestable. Donc, la mort de Louis XVI nous délivre de la fâcheuse éventualité d'un roi absolu sans énergie, si la royauté absolue doit prévaloir, et nous délivre d'un roi constitutionnel sans fidélité à son serment, si prévaut la royauté constitutionnelle. Premier point acquis et d'un extrême intérêt. Second point, l'exécution du roi porte un coup mortel à la République : Louis XVI devient ainsi un martyr, et la fureur des souverains étrangers est exaspérée à sa dernière puissance contre cette République naissante qui, pour premier défi, leur jette une tête de roi, et appelle leurs peuples à la révolte! L'extermination de la République devient donc, pour les monarchies européennes, une question de vie et de mort; elles disposent d'un million de soldats, de trésors considérables décuplés par le crédit de l'Angleterre : l'issue de la lutte peut-elle être douteuse? La France, sans armée disciplinée; la France, ruinée, réduite aux assignats, déchirée par les factions, par la guerre civile que nous, prêtres, nous déchaînerons dans l'Ouest et le Midi; la France ne pourra pas résister à l'Europe. Mais, pour exaspérer les souverains étrangers, pour exciter leur haine, leur rage, il faut qu'ils voient rouler à leurs pieds la tête de Louis XVI!

LE COMTE DE PLOUERNEL. — Révérend, vous m'épouvantez avec de semblables doctrines!

LE JÉSUITE MORLET, *paternellement*. — Grand enfant!... Je termine mes explications; de deux choses l'une : ou le complot de demain succédera bien, ou il succédera mal. Dans le premier cas, Louis XVI est délivré; la Convention est exterminée. Un millier d'hommes résolus peuvent réussir à ce coup de main, mais après? Vous aurez à combattre les faubourgs, les sections, les troupes voisines de Paris, qui accourront au secours de la capitale.

M. HUBERT. — On les combattra!

LE COMTE DE PLOUERNEL. — On les écharpera! Ni merci ni miséricorde pour les rebelles.

L'ÉVÊQUE. — On fera mettre le feu aux quatre coins de ces faubourgs par les bandits des prisons! Un embrasement général.

LE MARQUIS. — Et ces estimables faubouriens, voyant brûler leurs masures, ne songeront plus qu'à tirer au large, afin d'aller éteindre le feu, hi! hi! hi! L'idée est réjouissante.

LE JÉSUITE MORLET. — Monsieur Hubert, à quel nombre évaluez-vous les bourgeois énergiques qui prendront part à la lutte?

M. HUBERT. — Cinq à six mille anciens gardes nationaux. Je puis répondre de ce nombre.

LE JÉSUITE MORLET. — Je consens à en porter le nombre à dix mille, ci 10,000 hommes. Et vous, comte, à quel nombre évaluez-vous les émigrés rentrés, les anciens officiers et soldats de la garde constitutionnelle de Louis XVI, enfin les ex-serviteurs du roi et des princes : cochers, laquais, piqueurs, palefreniers et autres gens de la valetaille, qui forment votre milice prête à entrer en ligne?

LE COMTE DE PLOUERNEL. — Je compte quatre mille personnes au moins.

LE JÉSUITE MORLET. — Mettons cinq mille, ajoutons-les aux dix mille gardes nationaux de M. Hubert, total *quinze mille hommes*. Maintenant, quoique Paris ait vomi aux frontières depuis le mois de septembre une cinquantaine de milliers de volontaires, à combien évaluez-vous le nombre restant des sans-culottes et jacobins des faubourgs, des sections, des fédérés, et enfin des régiments d'infanterie, de cavalerie et d'artillerie, qui sont républicains?

M. HUBERT. — Il y a quinze mille hommes environ de troupes de toutes armes, non à Paris, mais dans le régime constitutionnel, c'est-à-dire à douze lieues de la capitale.

LE JÉSUITE MORLET. — Ces troupes peuvent en un jour de marche être rendues à Paris; voici donc quinze mille hommes de troupes réglées, aguerries : cavalerie, infanterie, artillerie, dévouées à la République et à la Convention, troupes égales en nombre à vos quinze mille insurgés; nous pouvons évaluer la population jacobine des faubourgs et des sections, et les hordes des fédérés, à une trentaine de mille gredins, armés de piques ou de fusils, et ayant aussi leurs canons!... Donc, je suppose le roi délivré, les conventionnels exterminés, vous vous trouvez en face d'une armée régulière ou irrégulière de quarante-cinq mille scélérats déterminés, alors que vous êtes au nombre de quinze mille hommes sans artillerie et fort mal approvisionnés de munitions.

M. HUBERT. — On ne compte pas ses ennemis, et l'on marche en avant!

LE COMTE DE PLOUERNEL. — Nous avons pour auxiliaires les armées étrangères, et la guerre civile soulevée dans l'Ouest et dans le Midi.

LE JÉSUITE MORLET. — Ne dévoyons point... Il s'agit d'une levée de boucliers qui doit avoir lieu demain à Paris ; il s'agit d'une lutte qui doit être terminée en un jour dans la capitale.

L'ÉVÊQUE. — Si nous sommes vaincus à Paris, nous nous retirons dans les provinces révoltées ! Nouvel aliment pour la guerre civile.

LE JÉSUITE MORLET. — La mitre pèse trop sur votre cervelle, monseigneur ; nous nous retirerons, dites-vous ; mais si l'insurrection est vaincue, combien pourront s'échapper des mains de ceux qui auront pris part à la lutte ? Tous ou presque tous seront massacrés ou guillotinés.

LE COMTE DE PLOUERNEL. — Eh ! nos amis les étrangers nous vengeront ! Ils brûleront Paris

LE JÉSUITE MORLET. — Et le roi ? Il aura été, je le suppose, délivré par un hardi coup de main ; mais, l'insurrection vaincue, il sera repris et n'échappera pas à la mort !

LE COMTE DE PLOUERNEL. — Eh bien ! nous le vengerons par la guerre civile comme par la guerre étrangère.

LE JÉSUITE MORLET. — Résumons. Puisque, de votre aveu, il y a cent contre un à parier qu'alors même que vous parviendriez à arracher Louis XVI à ses geôliers pour un instant, il ne peut manquer de retomber en leur pouvoir et d'avoir le cou tranché, à quoi aura servi votre insurrection ? Laissez donc ce bon populaire couper tranquillement le cou à cet excellent prince ; son supplice sera le signal de la guerre civile, de l'invasion étrangère et de l'extermination de la République. Ne risquez point inutilement votre vie et celle de nos amis : ils peuvent, ainsi que vous, le moment venu, rendre de grands services. Donc, je me résume : notre intérêt à tous, bourgeoisie, noblesse et clergé, est que Louis XVI soit guillotiné dans le plus bref délai. J'ai dit.

L'inflexible logique de ce prêtre impressionne vivement ses auditeurs ; il disait vrai en ce qui touchait la certitude de la défaite de l'insurrection royaliste et du redoublement de fureur où la mort de Louis XVI jetterait les souverains étrangers. Rien de plus formidable, en effet, que le concert de leurs efforts, de leurs moyens d'action contre la République appauvrie, déchirée par les factions et presque sans armées disciplinées. Mais le jésuite ne soupçonnait pas, ne pouvait pas comprendre, malgré sa profonde sagacité, quels prodiges devaient enfanter bientôt le patriotisme et la foi républicaine.

LE COMTE DE PLOUERNEL. — Morbleu ! mon révérend, alors pourquoi avez-vous approuvé nos projets ; pourquoi avez-vous mis à notre disposition Lehiron et sa bande, d'affreux coquins à son image, afin d'engager l'affaire ?

LE JÉSUITE MORLET. — Premièrement, je puis m'être trompé jusqu'ici dans mes conjectures : *Errare humanum est.* Or, le fait de l'homme sensé est de ne point s'opiniâtrer dans son erreur. Secondement, et ceci pour moi est capital, j'ai reçu du général de notre ordre, séant à Rome, cette instruction : *Il importe à notre sainte mère l'Église que Louis XVI soit couronné des palmes du martyre.* Donc, après avoir prouvé le péril, l'inutilité de la conspiration, je déclare nettement ne vouloir pas y prendre la moindre part ; je déclare lui refuser les moyens d'action dont je puis disposer, m'y opposer enfin par tous les moyens possibles, licites ou illicites. Sur ce, ajoute le jésuite en se levant et en saluant, — je tirerai, s'il vous plaît, mon humble révérence à votre honorable compagnie ; je n'ai plus rien à faire ici.

LE JÉSUITE, *impassible et se dirigeant vers la porte.* — J'ai dit...

M. HUBERT, *l'arrêtant au passage.* — Misérable soutanier, hypocrite, cafard, seriez-vous, en effet, capable de nous dénoncer ?

LE JÉSUITE. — Je suis capable de tout, afin d'empêcher un acte désapprouvé par le général de mon ordre. Le général des Jésuites s'est prononcé ; tous doivent obéir, même les rois, même le pape... Silence et obéissance.

Ceci dit, le jésuite, profitant de la stupeur où son audace et son sang-froid jettent les autres conspirateurs, quitte la chambre.

— En route, *fillot,* — dit le jésuite au petit Rodin, se dirigeant vers la porte, — viens, mon enfant ; d'autres soins nous réclament ailleurs.

— Me voici, — répond l'enfant se signant et se relevant, — me voici prêt à vous suivre... doux parrain. Commandez ! Entendre c'est obéir.

. . . .

Jean Lebrenn était donc chargé, au 10 décembre 1793, comme officier municipal, de concourir à la surveillance exercée sur Louis XVI, détenu au Temple avec sa famille, et occupait une pièce précédant la chambre du ci-devant roi. Jean Lebrenn éprouvait une sorte de compassion pour le prisonnier en songeant que cet homme, né avec de bons penchants, doué de certaines qualités domestiques, avait été poussé par le fait de sa condition royale à des actes pervers qui devaient entraîner pour lui un sévère châtiment. Louis XVI subissait sa captivité avec un mélange d'insouciance et de résignation, témoignait rarement de l'aigreur ou de la colère au sujet de la surveillance dont il se voyait l'objet, et d'ailleurs il espérait que la peine prononcée contre lui par la Convention n'excéderait pas la détention jusqu'à la paix, et ensuite le bannissement. Louis XVI montrait une grande sollicitude pour sa femme, pour sa sœur, pour son fils et pour sa fille; nouvelle preuve du vice originel de la royauté, qui peut transformer le bon époux, le bon père, le bon frère, l'homme sans fiel dans la vie privée, en un exécrable tyran capable de tous les forfaits.

Les rideaux qui masquaient la porte vitrée qui séparait l'antichambre de la pièce occupée par Louis XVI se trouvant par hasard écartés, Jean Lebrenn aperçut le roi se promenant de long en large dans sa chambre, quoique depuis longtemps eût sonné l'heure à laquelle il se mettait au lit. Le prince paraissait en proie à une agitation qui tranchait avec sa nature apathique; il devait comparaître le lendemain à la barre de la Convention, et dans la journée il avait appris de son valet de chambre Cléry, grâce aux intelligences de celui-ci avec les royalistes, que l'on tenterait un coup de main pour l'enlever à son escorte, durant le trajet du Temple à la Convention. Pour se distraire, sans nul doute, de ses pensées, il ouvrit la porte de la chambre contiguë où se tenait Jean Lebrenn, afin de s'entretenir avec lui. La physionomie de son surveillant lui inspirait quelque confiance; il avait remarqué sur les traits du jeune homme une expression de compassion facile à confondre avec le respectueux intérêt qu'un sujet pouvait ressentir pour son roi prisonnier. Il entra donc dans la chambre de son surveillant. Celui-ci, non par respect pour le roi, mais par commisération pour l'homme captif, se leva du lit de camp où il se tenait assis. Louis XVI lui dit du ton le plus affable : — Mon ami, je ne me sens pas disposé au sommeil, ce soir. Si vous le voulez bien, nous causerons ensemble, afin de rendre mon insomnie moins pénible.

— Volontiers, SIRE, — répond Jean Lebrenn.

Louis XVI, pour la première fois depuis sa captivité, recevait le titre de *sire* de l'un de ses surveillants : habituellement on l'appelait *citoyen* ou *monsieur*, ou *Louis Capet*.

Louis XVI cherchant à lire au plus profond de la pensée de celui-ci, reprit après un moment de silence : — Mon ami, je ne pense pas me tromper en croyant que vous plaignez mon sort? J'ai été calomnié, mais la lumière se fera un jour, bientôt peut-être; grâce à Dieu, j'ai encore des amis. Je ne sais quoi me dit que vous êtes l'un de ces sujets fidèles et dévoués auxquels je fais allusion.

— Sire, je suis trop loyal pour vous laisser un seul instant dans cette erreur. Je n'accepte pas la qualité de *sujet*, sire! je suis *citoyen* de la République française.

— Soit, monsieur, je me suis trompé, — reprend avec amertume Louis XVI; — je vous sais gré, du moins, de votre franchise.

— Cette conduite m'est commandée par ma dignité, d'abord, puis par ma commisération pour le malheur, non du roi, mais de l'homme.

— Monsieur! — s'écrie Louis XVI avec hauteur, — je n'ai besoin de la pitié de personne : la miséricorde du ciel et ma conscience me suffisent! Brisons là-dessus.

— Sire, je n'ai nullement recherché l'honneur de cet entretien, et, s'il doit se continuer, il est bon que vous soyez fixé sur la nature de mes sentiments à l'égard de la royauté; je vous épargnerai, de la sorte, de nouvelles déconvenues. La Révolution et la République n'ont pas eu de soldat plus dévoué que moi. Maintenant, sire, je suis à votre disposition, si vous désirez poursuivre cette conversation.

Louis XVI ne manquait pas de bon sens, et son premier ressentiment apaisé, il s'avoua que la conduite de cet officier municipal était d'autant plus louable, qu'en se déclarant révolutionnaire et républicain, il traitait cependant avec égard un roi captif.

— J'ai été un bourru tout à l'heure, j'en suis fâché; mais j'avais eu l'espoir, un instant, de rencontrer en vous un sujet fidèle, et je trouve en face de moi un ennemi. La déconvenue était grande. Discourons néanmoins sur ce thème : votre haine contre la royauté. Quel mal vous a donc fait, à vous et à vos pareils, cette royauté, cette noblesse, ce clergé, contre lesquels vous déblatérez?

— Je pourrais, sire, vous répondre en quelques mots, sans déclamations et par des faits... mais je voudrais ne pas blesser vos idées préconçues, et surtout éviter de vous donner lieu de faire un triste rapprochement...

Voici la troisième fois, depuis quatorze siècles, qu'un descendant de ma famille se rencontre avec l'un des héritiers de la monarchie de Clovis, et cela dans des circonstances...

— Sans doute elles sont fort intéressantes? Quelles sont ces circonstances? Vous piquez beaucoup ma curiosité.

— Sire, ces circonstances sont sinistres; il me serait pénible de vous donner lieu de faire un triste rapprochement entre votre position actuelle et celle des princes vos prédécesseurs.

— Racontez-moi cette partie de vos légendes, monsieur Lebrenn; ma curiosité est fort excitée, et ma confiance dans un avenir meilleur ne sera nullement atténuée par vos récits.

— Pour vous obéir, sire, je commence. C'était en l'année 738; l'un de mes aïeux, nommé AMAEL, soldat d'aventure et compagnon de guerre de Karl Martel, se trouvait en Anjou, au couvent de SAINT-SATURNIN. Mon aïeul avait été chargé par Karl Martel de garder prisonnier dans le couvent un pauvre enfant de neuf ans. Cet enfant s'appelait CHILPÉRIC, c'était le fils unique de Thierry IV, le roi fainéant. Cet enfant mourut bientôt: ainsi s'éteignit dans le dernier rejeton des Mérovingiens... la race de Clovis qui avait couvert la Gaule de ruines!

Deux siècles et demi plus tard, en l'année 987, au château de Compiègne, un autre de mes aïeux, fils d'un forestier du domaine royal, se trouvant seul dans la chambre de Louis le Fainéant avec ce prince, le vit soudain défaillir, devenir d'une lividité cadavéreuse, et bientôt agoniser. « Il interpela ainsi le roi mourant : — Ludwig, l'an passé, Hugh le Chappet, comte de Paris, a fait empoisonner ton père le roi Lother par la reine sa femme, concubine de l'évêque de Laon... Ludwig, tu vas mourir du poison que vient de te faire prendre ta femme, la reine Blanche. Elle a promis à Hugh le Chappet, son complice, de l'épouser l'an prochain. » Et il en fut ainsi, le dernier des Karlovingiens mort, Hugh le Chappet épousa la veuve du défunt et s'intronisa roi de France... Voilà, sire, comment finissent et comment se fondent les dynasties?

— Ce sont là d'étranges hasards, monsieur Lebrenn, — reprend Louis XVI : Un de vos aïeux a été chargé de la garde du dernier prince de la dynastie de Clovis; un autre de vos aïeux a vu mourir le dernier rejeton de la monarchie de Charlemagne; et cette nuit, vous devez veiller sur moi, que vous considérez peut-être comme le dernier roi de la dynastie de Hugues Capet. Vous reconnaîtrez bientôt votre erreur.

— Sire, répondit Jean Lebrenn, — vous avez insisté pour connaître les évènements dont je vous ai parlé, à propos de cette question que vous m'adressiez tout à l'heure : « Quel mal vous a donc fait, à vous et à vos pareils, cette royauté, cette noblesse, ce clergé, pour lesquels on vous a inspiré tant d'aversion ? »

— Oui, monsieur Lebrenn, malgré l'étrangeté des circonstances que vous venez de m'apprendre, je vous réitère ma question.

— D'abord, sire, nous savons par quels crimes se fondent ou finissent les dynasties; ensuite nous ne pouvons aimer ni respecter une royauté qui nous a été imposée par la conquête.

— Toutes les monarchies ont une pareille origine. Le comte de Boulainvilliers a, dans ce siècle-ci, établi et démontré comment la terre des Gaules appartient de droit ou de fait au roi et à la noblesse, représentants des Francs conquérants, par la grâce de Dieu et le droit de leur épée. Les Gaulois avaient été vaincus.

Louis XVI garde pendant quelques moments le silence; puis il reprend brusquement : — Triomphez dans votre haine, monsieur, vous voici le geôlier du descendant de ces rois que vous et les vôtres abhorrez depuis des siècles.

— La circonstance qui me rapproche de vous, sire, est d'une trop haute moralité pour m'inspirer un sentiment aussi misérable que celui de la haine assouvie.

— Que ressentez-vous donc, monsieur ?

— Une religieuse émotion, sire; celle qu'inspire à toute âme honnête l'un de ces mystérieux arrêts de la justice éternelle qui, tôt ou tard, se manifeste dans sa grandeur divine et atteint les coupables en quelque rang qu'ils soient placés.

— Ainsi, monsieur, vous me rendez solidaire du mal que mes aïeux pourraient avoir fait à leurs sujets.

— Les monarques doivent être solidaires des crimes de leurs ancêtres, de même qu'ils se prétendent les maîtres des peuples en vertu du droit de conquête et par droit divin. Tout héritage s'accepte avec ses avantages et ses charges. Cela est d'une logique irréfutable.

— Demain, des sujets rebelles s'arrogeront le droit de faire comparaître le roi devant eux, — reprit Louis XVI. — Que la volonté du ciel s'accomplisse en toute chose : il punit les méchants et protège les bons !

Louis XVI venait de prononcer ces mots, lorsque le concierge du Temple entra dans la chambre, et remettant à Jean Lebrenn la lettre de l'avocat Desmarais : — Citoyen municipal, voici une lettre que vient d'apporter pour vous le citoyen Billaud-Varenne, en m'enjoignant de vous la remettre à l'instant.

— Bonsoir, monsieur Lebrenn, dit Louis XVI. Et s'adressant au concierge : — Envoyez-moi mon valet de chambre Cléry, pour procéder à ma toilette de nuit, je veux me mettre au lit.

Louis XVI rentre dans sa chambre, tandis que Jean Lebrenn, très surpris de reconnaître l'écriture de M. Desmarais à l'adresse de la missive que lui envoie Billaud-Varenne, la décachette vivement avec un battement de cœur involontaire.

Jean Lebrenn, après la lecture de la missive de l'avocat Desmarais, crut pendant un moment rêver ; il hésitait à ajouter foi à ce bonheur inattendu, à cette réalisation de ses plus chères espérances. En vain il cherchait à pénétrer le motif de la condition singulière mise par l'avocat à son mariage avec sa fille. Cette condition examinée par lui au point de vue du devoir, de l'honneur et de la délicatesse, lui parut du reste acceptable ; il s'engageait simplement à une discrétion dont il ne s'était point jusqu'alors départi à l'endroit de son amour pour Charlotte.

A quoi bon peindre l'ineffable félicité de Jean Lebrenn ? La nuit s'acheva, pour lui, dans une délicieuse félicité.

Jean Lebrenn était au nombre des officiers municipaux chargés de conduire Louis XVI à la barre de la Convention. Le jour suivant, vers les neuf heures, le maire de Paris, Chambon, accompagné d'un greffier, vint signifier au roi l'ordre de comparaître devant la Convention.

Une voiture attelée de deux chevaux attendait Louis XVI à la porte de la grosse tour, dans l'enceinte du Temple; les généraux Santerre et

Witenkoff se tenaient à cheval près des portières. Louis XVI monta dans le véhicule, se plaça sur la banquette du fond, à côté du maire de Paris; Jean Lebrenn et un de ses collègues de la municipalité occupaient la banquette du devant. Lorsque le carrosse sortit de la cour du Temple, Louis XVI comprit, dans le développement de forces militaires dont on entourait sa translation à la Convention nationale, que le comité de sûreté générale avait été instruit du complot royaliste, et voulait rendre impossible tout coup de main tendant à l'enlèvement du prisonnier.

Pendant que Louis XVI se rendait à la Convention, cette Assemblée souveraine, ayant depuis deux heures ouvert la séance, s'occupait avec calme et dignité des affaires publiques. Le procès du ci-devant exécutif était sans doute d'une importance considérable, mais, en intervertissant l'ordre de ses travaux ou en les interrompant sans motif, avant la comparution de l'accusé, la Convention eût paru presque intimidée de la grandeur de l'acte qu'elle allait accomplir à la face des rois de l'Europe coalisée. La physionomie des diverses fractions offrait de singuliers contrastes. Les tribunes étaient remplies de patriotes; ceux-ci, en communauté de principes avec la montagne et le club des Jacobins, voyaient le salut de la République et de la Révolution dans la condamnation de Louis XVI à la peine de mort.

Le ciel sombre de cette pluvieuse journée de décembre jetait ses clartés blafardes à travers les vitrages de la vaste salle. Les membres de la droite et le marais semblaient en proie à de pénibles préoccupations; les montagnards étaient impassibles. L'un d'eux discutait à la tribune les articles d'un décret relatif aux exceptions à apporter dans la loi concernant les émigrés, lorsqu'une sourde rumeur répandue dans la salle annonça l'approche de Louis XVI; le montagnard réclame le silence et continue la discussion de l'article; il est mis aux voix et adopté: puis le président, se levant, dit à l'Assemblée: « J'avertis l'Assemblée que Louis Capet est à la porte de la salle. Citoyens représentants, vous allez exercer le droit de justice; la République attend de vous une conduite ferme et sage; l'Europe vous regarde, l'histoire enregistrera vos actions; la postérité vous jugera. La dignité de votre séance doit répondre à la majesté du peuple français: il va donner par votre organe une leçon aux rois et un exemple utile à l'affranchissement des nations. » Citoyens des tribunes, n'oubliez pas que la justice ne préside qu'aux délibérations calmes.

Puis s'adressant aux huissiers de l'Assemblée: — Introduisez l'accusé.

Les généraux Santerre et Witenkoff, s'avancent à la barre, tenant chacun par le bras le roi déchu; viennent ensuite Chambon, maire de Paris; Jean Lebrenn et son collègue de la municipalité; plusieurs sièges sont disposés près de la barre. Louis XVI ôte sa redingote, la place sur le dossier de sa chaise, se découvre et s'assied, tenant son chapeau sur ses genoux. Ses gros yeux, à fleur de tête, errent d'abord çà et là sur les bancs des conventionnels avec une sorte de curiosité puérile, puis sa physionomie reprend son habituelle expression d'apathie; ses paupières s'abaissent; sa lèvre flasque retombe et surplombe son triple menton gras et fuyant; il s'établit de son mieux sur sa chaise et semble complètement étranger à ce qui se passe autour de lui.

Les rumeurs produites dans la salle et dans les tribunes par l'entrée de Louis XVI s'apaisent peu à peu, et Deferment, le président de la Convention, interpelle l'accusé sur les faits qui sont à sa charge et qui forment la base de l'accusation.

. . . .

— Je viens d'assister à l'interrogatoire de Louis Capet: ses réponses hypocrites, évasives ou tissues d'impostures; ses dénégations opposées à des faits avérés; son oubli de toute pudeur morale, de toute dignité, sinon comme roi, du moins comme homme, ont dû éteindre chez les assistants, comme en moi, jusqu'à la moindre pitié pour ce prince, qui n'avait ni le courage d'avouer ses crimes, ni la noblesse de s'en repentir, et qui recourait, pour sa défense, aux expédients des plus vils criminels: la dénégation et le mensonge.

Il faisait nuit; de retour du Temple depuis une demi-heure, j'attendais en silence le résultat des réflexions de ma sœur Victoria, qui, assise auprès de sa table de travail, éclairée par une lampe, tenait, pensive, la lettre écrite la veille par l'avocat Desmarais, et une lettre que m'avait adressée Charlotte durant la journée.

Le manuscrit se continue de la main de Victoria Lebrenn, comme il sera facile de le reconnaître par le langage empreint de tendresse fraternelle et par des éloges que moi, Jean Lebrenn, je ne puis m'attribuer.

Victoria, après la lecture des deux lettres que son frère venait de lui remettre, restait pensive.

— Sœur, dit Jean Lebrenn, serais-tu plus perspicace que moi au sujet de la condition mise par M. Desmarais à mon mariage avec sa fille?

— Je ne saurais t'en donner l'explication, mais je soupçonne qu'il y a quelque lâcheté dans ce mystère. Tu vois souvent Billaud-Varenne, il ne t'a pas dit, que je sache, qu'il fût étroitement lié avec le père de Charlotte. Et pourtant je lis dans la lettre de Desmarais « qu'il te recommande de garder auprès de Billaud-Varenne le secret de ton amour pour sa fille ».

— Sans doute, et il te sera facile d'éclaircir le mystère en allant voir Billaud-Varenne et en l'interrogeant sur la nature de ses relations avec Desmarais.

— Ne serait-ce pas manquer à la discrétion que m'impose le père de Charlotte comme condition à mon mariage?

— Nullement; il te recommande de garder auprès de son collègue le secret de ton amour pour Charlotte : rien de plus; or, tu peux et tu dois être, à ce sujet, mon cher frère, aussi réservé que par le passé dans ton entretien avec Billaud-Varenne.

— C'est juste, et je vais le voir ce soir même... certain que je suis de le trouver chez lui. Enfin, quoi qu'il en soit, cette condition mise par le père de Charlotte à notre mariage te semble, comme à elle, comme à moi, acceptable, au point de vue de l'honorabilité.

— Certes, mon frère, ce secret que te demande Desmarais, ne l'as-tu pas toujours gardé par délicatesse? Quel inconvénient y aurait-il à t'engager sur l'honneur à continuer d'être discret? Aucun. Quant à la cause mystérieuse de cette condition, que t'importe? Rends-toi chez M. Desmarais; Charlotte en t'attendant compte les heures, les minutes, la pauvre enfant!

— Ah! Victoria! — s'écrie Jean Lebrenn avec expansion et les yeux remplis de douces larmes, — j'ai peine à croire à ce bonheur inattendu. Epouser Charlotte! vivre en famille avec ma sœur bien aimée!

— Moi! vivre auprès de toi et de ta femme? Mon frère, c'est impossible; songe au passé.

— Victoria, j'ai pu hésiter autrefois à révéler à Charlotte le mystère de ta vie; il n'en est plus ainsi maintenant, sœur bien aimée; la conduite de ma fiancée m'a prouvé la fermeté de son esprit; je suis sûr d'elle comme de moi-même ; elle saura tout ce qui a trait à ta douloureuse existence. Son vœu le plus cher sera, comme le mien, j'en suis certain, de te voir passer les jours près de nous.

— J'admets que ta fiancée ait l'esprit assez élevé pour se mettre au-dessus des préjugés; mais en est-il de même de sa famille?

— Je répondrai à cela, ma chère sœur, qu'il n'y a pas d'autre parti à prendre que celui que je viens d'indiquer. N'as-tu pas toujours vécu près de nos parents ou près de moi depuis le jour de la prise de la Bastille, où tu nous as été rendue? Ne me suis-je pas maintes fois entretenu de toi avec Billaud-Varenne; et s'il a des relations d'intimité avec le citoyen Desmarais, n'est-il pas probable qu'il aura parlé de toi? Enfin, dernière raison, la plus grave de toutes, ne sait-on pas dans le quartier que nous demeurons ensemble? Le père de Charlotte, notre voisin, doit être instruit de ces circonstances. Me résignerai-je à un mensonge, en affirmant que tu n'es pas ma sœur? Que penseront alors Charlotte et son père; que sera donc à leurs yeux cette femme jeune et belle qui partage ma demeure; que sera-t-elle à leurs yeux, sinon ma maîtresse?

Victoria garda le silence : elle ne trouvait, et il n'y avait, en effet, rien à répondre à l'observation de Jean Lebrenn. Celui-ci triomphant dans son affection fraternelle, se leva, embrassa tendrement sa sœur et lui dit :

— Te voici convaincue de la nécessité de ma confidence à Charlotte. Eh bien! réponds, sœur chérie, que préfèreras-tu : Vivre seule, ou auprès de nous?

La jeune femme ne répondit rien ; mais son pâle visage fut bientôt baigné de larmes, toujours si rares chez elle, et serrant son frère contre sa poitrine, elle murmura d'une voix entrecoupée de sanglots :

— Ah! ne crains pas que le spectacle de votre bonheur rende mes chagrins plus amers; je les oublierai peut-être, au contraire, en vous voyant heureux.

Jean Lebrenn embrassa Victoria avec un redoublement d'affection, puis il se rendit chez Billaud-Varenne, qu'il voulait voir avant son entretien avec l'avocat Desmarais.

Victoria, demeurée seule, réfléchissait depuis quelque temps à sa récente conversation avec son frère; puis, prêtant machinalement l'oreille aux rafales du vent d'hiver qui soufflait au dehors, elle reprit le travail de couture dont elle s'occupait à la clarté de sa lampe, placée sur le poêle qui chauffait son modeste logis. Soudain la jeune femme pousse un cri de surprise et se lève brusquement : l'un des carreaux de la fenêtre mansardée qui s'ouvrait sur le toit de la maison venait de voler en éclats, et au moment où les débris de la vitre tombent sur le plancher, une main, passant à travers l'ouverture laissée vide par le bris du carreau, soulève avec force et fait remonter dans sa rainure le châssis supérieur de la croisée. La bise s'engouffre dans la chambre, éteint la lampe qui l'éclairait, et au milieu des ténèbres une voix étouffée, suppliante, dit à Victoria :

— Ayez pitié de moi! je suis émigré, on me poursuit; j'ai cent louis sur moi; ils sont à vous si vous me sauvez.

En même temps que ces paroles sont prononcées, Victoria entend sur le plancher le bruit des pas du fugitif qui vient de s'introduire par la fenêtre.

Victoria, aux premiers mots qui lui furent adressés, crut reconnaître la voix qui se faisait entendre dans les ténèbres.

— O Providence! O justice vengeresse! c'est *lui!* — se dit la jeune femme, d'abord immobile de stupeur; puis transportée d'une joie farouche, elle court dans l'ombre à la porte qu'elle ferme à double tour, met la clé dans sa poche, et s'assure en même temps qu'elle a sur elle le petit pistolet à deux coups dont elle est toujours munie depuis qu'elle sait avoir tout à redouter du jésuite Morlet ou de Lehiron. Ces précautions prises, Victoria cherche à tâtons sur la commode une allumette, l'approche du brasier du poêle, alors que le fugitif, surpris du silence que gardait l'habitante de la mansarde, reprenait, croyant l'argument irrésistible pour la maîtresse du pauvre logis :

— Je suis émigré ; il y a cent louis à gagner si vous me sauvez ; vous n'avez donc aucun intérêt à me livrer.

Victoria, qui approchait d'une chandelle placée sur la commode l'allumette enflammée, répondit à voix basse :

— Poussez le rideau devant la fenêtre, de peur que le vent n'éteigne la lumière.

L'émigré s'empresse d'exécuter cet ordre, Victoria allume la chandelle; la lumière se fait dans la mansarde ; et, lorsque le comte de Plouernel — c'était lui — se retourne, il reste pétrifié à la vue de la jeune femme : il reconnaît en elle, malgré la pauvreté de ses vêtements, la marquise Aldini. Son regard noir étincelle ; la haine donne à son visage une expression si effrayante, que M. de Plouernel frissonne d'épouvante et se dit :

— Je suis perdu... L'abbé Morlet m'avait bien dit que la demeure de ces Lebrenn était voisine de mon refuge... Fuyons...

Et il s'élance vers la porte, afin de l'ouvrir et de gagner l'escalier ; mais la porte est fermée ; en vain il cherche à l'ébranler.

— Comte, dit froidement Victorin avec un accent de raillerie, — sachez que cette maison est habitée par de bons patriotes ; le bruit que vous feriez ici pourrait donner l'éveil, et vous seriez arrêté à l'instant même.

— Infâme créature ! — s'écrie M. de Plouernel, blême de rage, cessant d'ébranler la porte; puis, se rapprochant vivement de Victoria, il tire de sa gaine un poignard qu'il porte caché sous ses vêtements ; — tu veux me livrer à l'échafaud, mais avant de mourir, je me vengerai ! Ta vie est entre mes mains.

— Peut-être, — répond la jeune femme en braquant son pistolet à double coup sur la poitrine du comte ; il recule atterré. Victoria, tenant toujours M. de Plouernel ajusté, se rapproche de l'une des cloisons, y frappe du poing, et élevant très haut la voix :

— Voisin Jérôme, êtes-vous chez vous ?

— Oui, citoyenne, — répond Jérôme à travers la cloison, — nous sommes là, mon fils et moi, à votre service ; nous venons de rentrer et nous allons souper.

— Ma montre est arrêtée, savez-vous quelle heure il est, voisin ?

— Dix heures viennent de sonner à l'ex-paroisse de l'Assomption ; il se fait tard, ma voisine. Nous vous souhaitons une bonne nuit.

M. de Plouernel est consterné ; il ne peut songer à fuir par la fenêtre ; un mouvement de Victoria le précipiterait de la toiture dans la rue. Briser la porte serait non moins dangereux : les deux locataires de la mansarde, et bientôt tous les habitants de la maison accourraient à l'appel de la jeune femme.

Enfin, tenter de la tuer serait un expédient aussi périlleux que les autres : il fallait braver deux coups de feux tirés à brûle-pourpoint et par une main sûre.

Victoria, s'asseyant de l'autre côté de sa table de travail, qui la séparait ainsi du comte, et conservant toujours à la main son pistolet, dit à M. de Plouernel :

— Comte de Plouernel, tu es le chef d'une de ces familles qui tiennent à honneur de faire remonter leur origine aux premiers temps de la conquête. Plus vous revendiquez de siècles, plus vous prenez à votre compte de crimes, plus le châtiment qui vous est réservé doit être terrible. Les représentants de ces familles paieront, comme toi, Neroweg, comte de Plouernel, la dette de sang.

Victoria s'exprimait avec une exaltation farouche, lorsque son frère, Jean Lebrenn, muni d'une double clé de la chambre, y pénètre soudain ; son oreille a été frappée des derniers mots adressés par sa sœur à M. de Plouernel. Celui-ci, à l'aspect imprévu du jeune artisan, se recule d'un air défiant, portant machinalement la main au poignard qu'il cache sous ses vêtements.

— Jean, ferme la porte à clé, — dit vivement Victoria, — cet homme se nomme Neroweg, comte de Plouernel !

A l'aspect de Jean Lebrenn, qui devait partager les ressentiments dont sa sœur poursuivait les fils de Neroweg, le comte redressa le front et sembla défier le jeune serrurier : Allons, citoyen, fais ton métier de pourvoyeur de l'échafaud.

Jean Lebrenn, sans paraître ému de l'insulte qui lui est adressée, jette sur l'émigré un froid regard, puis il dit à Victoria :

— Comment cet homme se trouve-t-il ici ?

— Il fuyait sans doute les ge..s chargés de l'arrêter ; il a rampé sur le toit de la maison voisine et s'est introduit ici par la fenêtre en brisant un carreau.

— Ainsi, — dit Jean Lebrenn à M. de Plouernel, — vous êtes émigré, décrété d'accusation ? Vous êtes recherché pour être jugé.

— Ce maraud a l'audace de m'interroger, —

Louis XVI devant la Convention (page 704)

répond le comte avec un éclat de rire sardonique. Les étrivières à ce faquin.

— Comte de Plouernel, — reprend Jean Lebrenn imperturbable, — je suis d'un avis différent de celui de ma sœur sur la nature du châtiment à vous infliger. La Révolution, en anéantissant la royauté, la noblesse et le clergé, a châtié les crimes des ennemis du peuple ; le mal que votre race a fait à la nôtre est expié. Comte de Plouernel, les conquis ont pris leur revanche sur les conquérants ; la nation est rentrée dans sa souveraineté ; la République est proclamée ; justice est faite !

— Sang Dieu ! — dit M. de Plouernel, — ce va-nu-pieds aura l'insolence de m'octroyer ma grâce au nom du peuple souverain.

— Comte de Plouernel, vos juges et non moi vous feront grâce, si vous le méritez, — répond Jean Lebrenn, s'efforçant de rester au-dessus des injures de l'émigré ; — vous seriez demeuré paisible en France, comme quelques ci-devant nobles, je vous aurais laissé en paix, j'en jure Dieu ! malgré tout le mal que votre famille a fait à la mienne. Je vous aurais pardonné, comte de Plouernel, et je vais vous dire pour quel motif je me serais montré clément : il y a un siècle et plus, un de mes aïeux, Nominoë, disait à Berthe de Plouernel, dont il était aimé et qu'il aimait passionnément : « J'éprouve je ne sais quel ressentiment triste et tendre à la fois, en aimant en vous une descendante de cette race que j'ai, dès l'enfance, appris à maudire ; vous êtes à mes yeux, Berthe, un ange de pardon et de concorde. En vous, j'innocente vos aïeux ; *loin de vous rendre solidaires de leurs iniquités, je les rend solidaires de vos vertus !*

Vous rachetez les méchants de votre race comme Christ a racheté, dit-on, le monde par

189ᵉ livraison

sa grâce évangélique. » C'est en souvenir de ces paroles de mon aïeul Nominoë que je vous aurais pardonné, comte de Plouernel, en vous rendant solidaire, non des crimes de votre race, mais des vertus de cette jeune fille et des qualités d'un autre de vos ancêtres, protestant et républicain en son temps, le colonel de Plouernel, l'ami du grand Coligny et de mon aïeul Odelin, l'armurier de La Rochelle.

— Tu mens ! — s'écrie le comte exaspéré, — jamais femme ou fille de la maison de Plouernel ne s'est déshonorée à ce point d'aimer un vassal. Quant au colonel de Plouernel, renégat et protestant, il a été la honte de notre famille, et comme tel, il peut avoir été, en effet, l'ami d'un homme de la plèbe.

— Donc, je vous pardonne, comte de Plouernel, le mal que votre famille a fait à la mienne ; mais si j'ai le droit de me montrer généreux envers un ennemi personnel, mon devoir de citoyen me défend de donner asile à un ennemi de la nation et de la République, à un conspirateur monarchiste.

— Quel hypocrite ! — s'écrie le comte, — ce drôle, sous les apparences d'une générosité qui serait pour moi une insulte, veut assouvir sa haine et m'envoyer à l'échafaud.

— Je vous ai dit que mon devoir civique me défendait de donner asile à un ennemi de la République, mais je ne suis pas un délateur, je ne livrerai pas mon ennemi personnel, lorsqu'il s'est réfugié sous mon toit. Sortez d'ici, descendez à petit bruit, et vous pouvez gagner la rue, la porte cochère n'est pas fermée ; si vous n'étiez pas sous le coup d'une accusation capitale, je vous châtierais, comme vous le méritez, pour vos insolences. Allons ! hors d'ici, mon ci-devant gentilhomme.

— Ah ! misérable vassal, — réplique M. de Plouernel, pâle de rage, — tu oses me menacer ; et se jetant à l'improviste sur Jean Lebrenn, il lui applique un soufflet qui rend cramoisie la joue du jeune artisan.

— Cet homme m'appartient maintenant ! — dit Jean Lebrenn. Il s'approche de son établi de serrurier et s'empare d'une barre de fer qui s'y trouvait. Puis, jetant au comte de Plouernel un sabre qui était appendu à la muraille : — Allons, prends cette arme, comte de Plouernel, et défends-toi.

— Jean ! — s'écrie Victoria éperdue, — tu ne dois pas exposer la vie contre un homme armé d'un sabre, n'ayant qu'une barre de fer pour lutter contre lui.

M. de Plouernel, ayant ramassé le sabre, se mit de suite en garde.

Victoria assistait frémissante à ce duel entre les deux hommes.

— Fils des Néroweg ! — s'était écrié Jean Lebrenn en brandissant sa barre de fer, mon bras vengeur va s'appesantir sur toi.

— Je t'attends, — répondit froidement le comte en se mettant en garde, la pointe au corps, et prêt à se fendre droit sur son adversaire. Le robuste serrurier s'élança sur M. de Plouernel en décrivant un moulinet ou *huit de chiffre* si serré, si rapide, et auquel la vigueur de son poignet donnait une telle puissance que, rencontrant le sabre au moment où le ci-devant colonel aux gardes se fendait droit sur son adversaire, la barre de fer brisa la lame et retomba d'aplomb sur le crâne de M. de Plouernel... Soudain, celui-ci, presque sans répandre de sang et sans pousser un seul cri, s'affaisse sur lui-même et roule sur le plancher comme un bœuf assommé d'un coup de masse.

Victoria, d'un bond, s'élance au cou de son frère, l'enserre de ses bras dans une étreinte convulsive, et, suffoquée par l'émotion, fond en larmes, sans pouvoir articuler une parole. Jean Lebrenn, partageant l'émotion de sa sœur, la presse tendrement sur sa poitrine ; mais tout à coup, ils tressaillent en entendant frapper à la porte de la mansarde, et la voix du concierge s'écriant au dehors :

— Citoyen Jean, si vous êtes couché, levez-vous, on cherche un émigré dans la maison !

Le portier venait de prononcer ces mots, lorsqu'au milieu du silence que gardaient Jean et sa sœur, ils entendent un sourd gémissement poussé par M. de Plouernel. Au même instant, le portier appelle d'une voix plus haute, en frappant de nouveau à la porte.

— Ce malheureux n'est pas mort, — et nous ne pouvons pas le livrer, dit l'artisan à sa sœur, lui désignant du regard M. de Plouernel.

— Citoyen Jean, réveillez-vous ! — crie encore le portier, heurtant la porte à coups redoublés. Le commissaire de la section est là.

— Qui frappe à la porte ? qui va là ? — répond l'artisan, faisant à sa sœur un signe d'intelligence et lui disant à voix basse : « Je vais feindre de sortir d'un lourd sommeil ; aide-moi à transporter cet homme dans ta chambre, car livrer un ennemi agonisant, serait infâme. Je dirai que tu es souffrante, au lit, et on ne fera pas de visite chez toi. »

— C'est Jacques, répond le portier ; vous dormiez d'un fier somme, citoyen Jean, voilà la troisième fois que je frappe à votre porte.

— Ah ! c'est vous, père Jacques, je dormais si bien que je ne vous avais pas entendu. Que voulez-vous ?

— Le commissaire de la section et ses agents sont à la recherche d'un émigré ; ils ont déjà visité trois étages de la maison ; on va sans doute aussi visiter vos chambres, pour la forme, s'entend : on sait bien que vous ne cacheriez pas d'émigrés chez vous.

— C'est bien, père Jacques, je passe mon pantalon et je vais ouvrir ma porte pour recevoir le commissaire.

Jean Lebrenn avait, tout en répondant au portier, ôté sa cravate, sa veste, son habit d'officier municipal; il ne garda que son pantalon, et, feignant de s'être à demi vêtu à la hâte au sortir de son lit, il ouvrit sa porte au moment où le commissaire de la section, celui-là même qui avait opéré la veille une perquisition chez l'avocat Desmarais, paraissait sur le palier de l'escalier, suivi de ses agents et de plusieurs gendarmes. Ce magistrat, ami de Marat, connaissait Jean Lebrenn, il lui dit cordialement:

— Je regrette, citoyen Lebrenn, qu'on vous ait réveillé, vous êtes de ceux-là chez lesquels on n'a nul besoin de faire des recherches et des perquisitions.

— Il n'importe, citoyen, entrez, accomplissez votre devoir ; je vous prie seulement de ne pas visiter la chambre de ma sœur qui est couchée et souffrante...

— Je n'entrerai ni dans la chambre de votre sœur ni dans la vôtre, citoyen Lebrenn.

— Quel est donc l'individu recherché ?

— C'est un ci-devant, le comte de Plouernel, ancien colonel aux gardes ; il était installé dans une maison voisine de celle-ci, chez la femme d'un ex-piqueur de la vénerie de Louis Capet; mais, averti sans doute de notre approche, le ci-devant a pris la fuite. J'avais d'abord pensé qu'il avait pu s'évader par les toits ; mais, après inspection des lieux, j'ai dû reconnaître qu'un couvreur seul, et des intrépides, aurait pu, non sans risquer sa vie, s'aventurer sur la pente de la toiture; je vais cependant, par acquit de conscience, visiter le grenier de cette maison ; sur ce, bonsoir, citoyen Lebrenn, — ajoute le magistrat en tendant la main au jeune artisan. Celui-ci rentre chez lui et ferme la porte de sa chambre après avoir vu le commissaire se diriger vers le grenier de la maison.

. . . .

Le lendemain du jour où les événements précédents se passaient dans la demeure de Jean Lebrenn, Charlotte Desmarais s'entretenait avec sa mère: celle-ci pâle, abattue, les yeux rougis par les larmes, tremblait toujours pour la vie de son frère qui, éventant sans doute le piège caché sous le conseil du commissaire, de quitter Paris par la barrière Saint-Victor, était resté dans son refuge. La femme de l'avocat disait à sa fille : — Ainsi tu es heureuse, bien heureuse de ton mariage, mon enfant?

— Oh ! ma mère, — répond la jeune fille en couvrant de baisers la main de madame Desmarais, — rien ne manquerait à mon bonheur, si je ne te voyais pas aussi triste.

— De ma tristesse tu connais la cause.

— Peut-être mon mariage, auquel tu n'as consenti qu'à regret, a-t-il ajouté aux autres causes de chagrin ?

— Puisque tu me fournis l'occasion de m'expliquer avec toi, à ce sujet, ma chère fille, je te dirai que les idées dans lesquelles j'ai été élevée, ou mes préjugés, si tu le veux, me faisaient regarder ce mariage avec un ouvrier comme une mésalliance ; je m'y suis opposée de tout mon pouvoir jusqu'en ces derniers temps, mais, je te l'avoue avec la même sincérité, mon enfant : hier au soir, lorsque ton père a eu annoncé à M. Jean Lebrenn qu'il lui accordait ta main, il s'est montré si reconnaissant, il s'est exprimé en si bons termes, il m'a témoigné tant d'attentions, tant de déférence, il a parlé de sa sœur d'une manière si touchante, il s'est si bien montré ce qu'il est certainement : un homme plein de cœur et de générosité, que mes répugnances se sont évanouies. Ce mariage me satisfait de tous points.

— Quel bonheur j'éprouve, bonne mère, en t'entendant parler ainsi, — répond Charlotte se jetant au cou de madame Desmarais. — Jean sera pour toi le plus tendre des fils.

— Il le serait, je n'en doute pas, mais, — ajoute madame Desmarais d'une voix altérée, — je ne pourrai être témoin de votre bonheur, chère enfant. Je connais la droiture de ton esprit, la fermeté de ton caractère; aussi je vais te faire un aveu bien grave et pénible : ton père m'a blessée au cœur, il a perdu mon estime, mon affection, il me sera impossible de vivre désormais près de lui. Tu as été le témoin de sa conduite envers moi, tu as entendu ses dénonciations réitérées.

— Hélas ! — répond Charlotte, s'efforçant d'excuser son père, — c'était un vilain rôle qu'il jouait par nécessité, sois-en bien persuadée, chère mère.

— Non, ce n'était pas un rôle, — répond madame Desmarais. — Il faut que tu connaisses toute la vérité. Hier au soir, après le départ de M. Lebrenn, ton père m'a tenu le langage suivant, lorsque nous avons été seuls:

— « Madame, retenez bien ceci une fois pour toutes, vous et votre misérable frère, vous avez aujourd'hui failli m'envoyer à la guillotine, et Dieu veuille que les périls que je redoutais soient conjurés pour l'avenir, grâce au mariage de ma fille avec ce... ce Lebrenn.

« Nous vivons, madame, en de si terribles temps, et je suis dans une position telle, qu'il se peut qu'un jour je n'aie pas d'autres moyens d'échapper à la mort que d'en faire guillotiner d'autres à ma place ; or, dans cette extrémité, je vous enverrais vous-même au tribunal révolutionnaire.

« Que ces paroles sient toujours présentes à votre esprit, madame, et règlent désormais votre conduite, — a dit ton père en terminant. »

Tel a été, mon enfant, le langage de ton père, — ajoute madame Desmarais en cachant dans son mouchoir son visage baigné de larmes.

Charlotte ne répond rien; elle luttait contre les douloureux ressentiments que lui inspirait le souvenir de l'hypocrisie de son père. La jeune fille, élevée dans l'affection et le respect filial, souffrait de se voir obligée de mésestimer son père. Enfin le dernier entretien de l'avocat et de madame Desmarais ne pouvait plus laisser de doute dans son esprit sur le caractère de son père.

Madame Desmarais poursuit ainsi, après avoir essuyé ses larmes :

— J'ai maintenant, mon enfant, trop l'expérience du caractère de ton père. Sa présence m'est odieuse; il me serait impossible de demeurer près de lui; il faudra donc nous séparer, ma pauvre enfant.

— Nous séparer! — s'écrie Charlotte, embrassant avec effusion madame Dermarais et mêlant ses larmes aux siennes, — et où veux-tu donc aller?

— Je retournerai à Lyon, près de ma cousine, j'y suis résolue, puisque, hélas! je ne puis plus rien ici pour ton propre bonheur ni pour le salut de mon frère.

— Espérons, mère, espérons, dit soudain Charlotte à travers ses larmes. — Il est peut-être un moyen de ne pas nous séparer, bonne mère, et de sauver mon oncle. Ah! mère, le bonheur, et surtout le désir de voir partager ce bonheur par ceux que nous aimons, rend l'esprit inventif. Hier soir, après que mon père et toi vous avez eu donné votre consentement à mon mariage avec Jean, nous sommes, lui et moi, restés seuls pendant quelques instants. Voici ce que Jean m'a appris : avant de venir ici, il était allé chez M. Billaud-Varenne, et il a su de lui qu'il avait été chargé par mon père d'offrir ma main à M. de Saint-Just. Alors Jean a compris que mon père avait compté trouver en lui une sauvegarde contre les dangers qu'il redoute, et que tel était le motif qui l'avait décidé à lui offrir ma main, à défaut et sur le refus de M. de Saint-Just. Il n'importe; mais Jean a su aussi de M. Billaud-Varenne que celui-ci avait dit à mon père : « Puisque vous avez un si grand désir de marier votre fille à un bon républicain, que ne la donnez-vous à Jean Lebrenn? Il a été, dites-vous, votre élève : il jouit de l'estime et de l'amitié des hommes les plus éminents de la Révolution. »

— Plus de doute, ton père espérait, en te mariant à M. de Saint-Just...

— ..... Se créer une puissante sauvegarde contre les dangers qu'il redoute; mais M. de Saint-Just n'ayant pas accepté cette alliance, et M. Billaud-Varenne proposant Jean Lebrenn pour gendre à mon père, il a craint de paraître mépriser un artisan en lui refusant ma main.

— Et quelle opinion M. Lebrenn a-t-il exprimée sur ton père?

— Jean m'a dit que la conduite de mon père manquait de droiture; et il a ajouté ceci : « Je n'ai jamais manqué de franchise envers vous, Charlotte; s'il vous convient de vivre auprès de votre père, je me soumettrai à vos désirs, et je lui cacherai toujours le peu d'estime que, malheureusement, m'inspire son caractère : mais s'il entrait dans vos vues de ne plus habiter la maison paternelle après notre mariage, je serais d'autant plus satisfait de cette résolution qu'elle me permettrait de ne pas séparer de ma sœur. » Et, à ce sujet, ma mère, — ajoute Charlotte avec une touchante émotion, — Jean m'a donné une preuve de confiance aussi honorable pour lui que pour sa sœur : il m'a raconté tout ce qui a trait à cette infortunée, mais sous le sceau du secret. Si mademoiselle Lebrenn a été la plus malheureuse créature qui soit au monde, par suite d'évènements terribles, personne plus qu'elle ne mérite le respect de tous.

— Gertrude me parlait hier de mademoiselle Lebrenn, et m'assurait que, depuis plus de quatre ans qu'elle habite notre quartier, chacun s'accordait à louer sa conduite... Mon mari s'est servi de ce prétexte pour donner à croire à M. Lebrenn que, s'il lui avait autrefois refusé ta main, uniquement parce que sa sœur *avait été la maîtresse de Louis XV*, cet obstacle n'existait plus, mademoiselle Lebrenn ayant, par ses vertus, racheté le passé. Tant de fourberie ne suffirait-il pas, hélas! sans les autres griefs que j'ai contre mon mari, à me séparer de lui? Telle est notre situation.

— Ma mère, — reprend Charlotte interrompant madame Desmarais, — je t'ai dit que Jean, tout en consentant à demeurer avec moi dans la maison paternelle, préférait de beaucoup vivre dans notre ménage avec sa sœur. Eh bien! ma mère, comme je ne puis éprouver pour mon père les sentiments qui font chérir la maison paternelle, je suis résolue de m'en éloigner après mon mariage; et maintenant, mère, quel motif pourrais-tu alléguer pour une séparation entre nous?

— Chère enfant, — répond madame Desmarais, pleurant et embrassant sa fille, — tu combles mes vœux; cette demande de réunion de nos deux ménages, je n'osais te l'adresser. Et je ne sais encore si je dois accepter ton offre. Vivre près de toi serait mon plus cher désir, mais M. Lebrenn sait que je me suis opposée constamment à votre mariage et peut-être ne lui serait-il pas agréable de me voir dans sa maison.

— Voilà Jean, chère mère, — dit Charlotte en voyant entrer Jean Lebrenn, que Gertrude venait d'introduire dans le salon, — c'est lui qui va se charger de rassurer ton cœur.

Lorsque la servante se fut retirée, Charlotte dit aussitôt à son fiancé, qui saluait respectueusement madame Desmarais :

— Mon cher Jean, dans le cas où, après notre mariage, il me conviendrait de ne plus habiter la maison paternelle, vous serait-il agréable que ma mère vînt demeurer avec nous?

— Je vous répondrai, Charlotte, en toute sincérité, — dit le jeune artisan ; — je serais d'autant plus heureux de voir madame Desmarais demeurer près de nous, qu'il me semble presque impossible, après ce qui s'est passé entre elle et son mari, lors de l'évasion de M. Hubert, qu'elle puisse se résigner désormais à habiter la maison conjugale.

Et s'adressant à madame Desmarais : — Croyez-le, madame, par mon respect, par mon attachement filial, je m'efforcerai de vous faire oublier ce que vous avez souffert ; je vous promets, en outre, de m'employer à faire cesser les poursuites dont votre frère est l'objet.

— Grand Dieu ! — s'écrie madame Desmarais avec l'accent de la reconnaissance, — il serait possible?...

— J'ai quelque espoir d'arriver à un bon résultat, grâce à mes relations politiques, pour ce qui concerne la sûreté de votre frère.

— Ah ! Jean ! — reprend Charlotte, — vous avez deviné ma pensée, devancé mes vœux, car, tout à l'heure, en essayant de rassurer ma mère sur la destinée de mon oncle, je songeais à vous demander pour lui votre appui.

— Et moi, monsieur Lebrenn, je suis d'autant plus reconnaissante de votre générosité envers mon frère, que vous n'ignorez pas qu'il s'est toujours opposé, ainsi que moi, à votre mariage avec ma fille, — ajoute madame Desmarais d'une voix entrecoupée de larmes. — Ah ! quelle que soit l'issue de vos démarches, ma gratitude envers vous sera éternelle, monsieur Lebrenn ; mais, hélas ! comment sauver mon frère?

— Madame, écrivez ceci à M. Hubert... que s'il promet, *sur l'honneur*, de n'entrer désormais dans aucune conspiration et de vivre paisible dans Paris, j'espère, grâce à mes relations avec le procureur de la Commune et quelques membres du Conseil de sûreté générale, obtenir qu'on arrête le cours des poursuites dirigées contre lui. Je ne lui demande rien qu'un homme d'honneur ne puisse accepter ; je ne lui demande rien qui touche à l'abandon de ses opinions, rien qui l'engage envers la République, sinon de respecter les lois établies.

— Ah ! mon oncle est sauvé, ma mère : cette proposition est trop loyale pour qu'il ne l'accepte pas. Que ton cœur s'ouvre à l'espérance.

— Ah ! monsieur Lebrenn, que de bonté, que de grandeur d'âme ! me pardonnez-vous de vous avoir si longtemps méconnu?

— Jean, pour toute réponse, embrassez *notre* mère, — reprend Charlotte en poussant doucement son fiancé vers madame Desmarais. Celle-ci répond en tendant les bras au jeune artisan qu'elle presse sur son cœur.

— Oui, oui, vous serez pour moi désormais le meilleur des fils ; je vous devrai l'oubli de mes chagrins, peut-être la vie de mon frère, et, assurément, le bonheur de Charlotte.

— Et maintenant, causons de nos projets, — reprit la jeune fille : — il est bien entendu, mère, qu'après mon mariage, tu viens demeurer près de nous? Il n'y a pas à revenir sur cela.

— C'est mon vœu le plus cher.

— Puisque nous parlons de projets, Charlotte, — ajouta Jean, — je dois faire connaître à votre mère et à vous l'intention où je suis de continuer mon métier de serrurier : mon patron, maître Gervais, m'a, depuis longtemps, proposé de me céder son établissement, dont je lui rembourserai le prix au moyen d'annuités que nous déterminerons ; je ne suis plus d'âge à prendre une autre carrière que celle à l'aide de laquelle j'ai vécu jusqu'ici.

— Mais, mon cher Jean, — reprit madame Desmarais, — puisque vous me faites connaître votre intention de continuer votre métier de serrurier, je vous répondrai que ma fille a une dot... d'une certaine importance.

— C'est à quoi, je vous l'avoue, je n'ai jamais songé, — répond Jean Lebrenn ; — la dot de Charlotte lui appartient, elle en usera comme bon lui semblera. Quant à moi... et je suis certain que ni vous ni elle ne me désapprouverez... quant à moi, je suis résolu de vivre de mon travail, ainsi que j'ai fait jusqu'ici. L'établissement, parfaitement achalandé, que me cèdera maître Gervais, au prix de trente mille livres, rapporte, bon an, mal an, de cinq à six mille livres ; les produits de ma forge nous permettront donc de vivre dans une certaine aisance, et de m'acquitter en peu d'années envers mon patron, selon les arrangements qui auront été convenus.

— Mais, mon cher Jean, la dot de ma fille se monte à plus de cent vingt mille livres en bons louis d'or, enfouis ici dans notre cave, sans parler de ma fortune personnelle.

— Chère belle-mère, et permettez-moi de vous interrompre, — reprit Jean Lebrenn en souriant, — votre fortune personnelle vous appartient, la dot de Charlotte est son bien, elle et *vous* en disposerez selon votre gré et en actes de bienfaisance ; je désire seulement vous prouver que mon travail suffira pour l'entretien de notre ménage, en dehors de vos ressources.

— J'ai toujours rendu justice à votre délicatesse, mon cher Jean, — répond madame Dasmarais.

— Je vous en sais gré, ma chère belle-mère, — dit Jean, — vous comprendrez d'autant mieux que je veuille continuer à vivre de mon métier. Du reste, rassurez-vous, — ajoute en souriant le jeune artisan, — ni Charlotte ni vous ne serez assourdies du bruit de l'enclume. L'atelier de maître Gervais donne sur la rue d'Anjou, une grande cour le sépare d'une jolie maison entourée d'un jardin. Cette demeure est actuellement occupée par maître Gervais, mais comme il se propose d'aller vivre à la campagne, il m'en cédera le bail et la jouissance. Nous serons, ma chère belle-mère, vous, Charlotte, ma sœur et moi, convenablement logés dans cette maison, rendue très riante par les ombrages du jardin dont elle est environnée. Tels sont mes projets, d'ailleurs subordonnés à votre adhésion et à celle de Charlotte, sauf, je le répète, ce qui touche à ma ferme volonté de continuer de vivre des produits de ma forge.

— Moi, d'abord, j'adhère aux projets de Jean, — répond gaiement la jeune fille ; — cette maison, entourée d'un jardin, me ravit d'avance ; mais ne croyez pas, monsieur Jean, que je craindrai d'aller noircir ma robe à la fumée de votre forge ; je vous prouverai aussi que je ne redoute pas non plus d'être assourdie du bruit de votre enclume. Et toi, mère, que dis-tu de nos projets ? Ont-ils ton approbation ?

— Je dis que notre cher Jean est l'honneur, la probité, la délicatesse même, — répond madame Desmarais avec une émotion croissante ; — je dis que je vivrais, s'il le fallait, dans un grenier, plutôt que de me séparer de vous, mes enfants ; je dis que, maintenant, j'ai honte des préjugés dans lesquels j'ai vécu jusqu'ici à l'égard des gens du peuple. Jean m'apprend à les apprécier comme ils méritent de l'être.

— Ah ! chère belle-mère, — reprit Jean Lebrenn, — ces préjugés dont vous vous accusez, je les comprends, je les excuse ; ce qui les cause, ce qui même les justifie parfois, ce sont les défauts de tant de malheureux déshérités qui ont été laissés dans la misère, dans l'ignorance, dans l'abandon, qui presque toujours engendrent fatalement des vices. Aussi, savez-vous pour quel motif je tiens à succéder à maître Gervais dans son établissement, où sont toujours employés une vingtaine d'ouvriers et d'apprentis ? C'est pour former dans notre atelier une sorte d'école pratique d'artisans, laborieux, probes, instruits, jaloux de leurs droits de citoyens, mais aussi pénétrés de leurs devoirs civiques ; j'espère rendre encore plus fervent, plus éclairé leur amour pour la patrie, pour la République ; je veux, en les associant à mes travaux, les associer aux bénéfices qu'ils produisent ; je compte, enfin, veiller avec une sollicitude paternelle sur mes jeunes apprentis : je les choisirai, autant que possible, orphelins, afin de leur rendre une famille et de les élever en bons républicains ; je n'ai pas trop présumé de vous, Charlotte, n'est-ce pas, en comptant sur votre aide en faveur de ces pauvres enfants ?

— Ah ! comptez aussi sur mon concours, mon cher Jean, — dit madame Desmarais, les yeux remplis de larmes. — Je comprends maintenant la grandeur, l'utilité, la sainteté de la tâche que vous vous imposez envers ces ouvriers, ces apprentis : vous deviendrez leur éducateur, vous aurez charge d'âmes !

Gertrude, entrant en ce moment, dit au jeune artisan :

— M. Desmarais sait que vous êtes ici, monsieur Lebrenn ; il vous prie de l'attendre au salon ; il sera ici dans quelques minutes.

— Ma mère, — dit tristement Charlotte, — si pénible que soit la dissimulation, il est, je crois, nécessaire de ne pas instruire mon père de notre résolution de vivre séparés de lui après mon mariage.

— Je ne suis pas de votre avis, ma chère Charlotte, — objecta Jean Lebrenn, de qui la droiture était quelque peu blessée de cette réticence. — Du reste, nous avons le temps d'aviser à ce sujet ; mais il est urgent de convenir, avant l'arrivée de M. Desmarais, du moyen de faire parvenir à M. Hubert la proposition que je vous ai faite, ma chère belle-mère.

— Mon cher Jean, — répond madame Desmarais, — j'ai un moyen sûr de correspondre avec mon frère ; mais enfin, si ma lettre était interceptée et qu'on y lût votre nom, ne craignez-vous pas d'être compromis ?...

— Si l'on saisissait votre lettre, il n'en résulterait absolument rien pour moi ; la démarche que je fais est loyale. J'accepterai hautement la responsabilité du contenu de la lettre, de même que, cette nuit, j'ai assumé sur moi la responsabilité plus grave encore, en apparence, en donnant à un émigré qui s'était réfugié chez moi le moyen, non d'échapper à la justice, mon devoir s'y opposait, mais de sortir de notre maison. Grâce à moi, le ci-devant comte de Plouernel, a pu, sans péril, gagner un refuge.

— Ce grand seigneur qui avait autrefois si indignement outragé mon mari ? — dit avec surprise madame Desmarais.

— M. de Plouernel, — reprit Charlotte, — le descendant de cette ancienne famille de guerriers franks qui a fait tant de mal à votre famille plébéienne ?

— Précisément ; or, par une fatalité étrange, une lutte qu'il a provoquée s'est engagée entre nous cette nuit même ; j'ai cru l'avoir tué, il n'était que blessé ; lorsque, ce matin, avant le jour, M. de Plouernel a eu complètement repris ses sens et ses forces, je l'ai conduit jusqu'au seuil de notre maison ; le portier, reconnaissant ma voix, a ouvert la porte de la rue à l'émigré; maintenant, que la justice des hommes s'accomplisse : je ne pouvais dénoncer ou livrer un ennemi vaincu et blessé.

L'avocat Desmarais entre à ce moment dans le salon, en tendant cordialement la main à Jean Lebrenn :

— Bonjour, mon cher ami, mon digne *élève*.

— Puis remettant au jeune artisan un papier qu'il tenait à la main, l'avocat ajoute : — Lisez cela tout haut, mon cher Jean.

Le fiancé de Charlotte lut ce qui suit :

« Citoyen collègue,

« Je vous annonce le mariage de ma fille, Charlotte Desmarais, avec le citoyen Jean Lebrenn, ouvrier serrurier.

« Le serment des deux époux sera reçu par l'officier municipal de la section des Piques, le jour où la tête du tyran Louis Capet tombera sur l'échafaud.

« Salut et fraternité.

« Le 12 décembre, an Ier de la République une et indivisible.

« Brutus Desmarais »

— C'est le modèle de la circulaire que je viens d'adresser à mes collègues de la Convention, afin de leur faire part de votre mariage avec ma fille. Que dites-vous de la rédaction de ma circulaire, et surtout de l'époque choisie pour votre mariage?

— Mon Dieu ! — pensait madame Desmarais en frissonnant, — le sort de Louis XVI a excité la pitié de mon mari, et il choisit le jour du supplice de ce prince pour marier notre fille. Quelle abominable hypocrisie !

Et madame Desmarais quitte le salon.

— Vous me demandez, citoyen Desmarais, ce que je pense de votre lettre de faire part et de l'époque choisie par vous pour mon union avec Charlotte, je vous répondrai, en toute sincérité, que je trouve très regrettable que vous ayez choisi le jour de l'exécution de Louis XVI pour notre mariage.

— Je suis, mon père, de l'avis de Jean.

— Je vous soupçonne, ma fille, d'être une petite royaliste, — reprend l'avocat d'un ton aigre-doux, — et quant à vous, mon cher élève, je ne croyais pas devoir vous rappeler que le jour où tombe la tête d'un roi est un jour de fête, d'allégresse pour tous les bons patriotes.

— Citoyen Desmarais, je siégerais à la Convention, que je voterais la mort de Louis XVI, comme parjure et coupable de lèse-nation ; mais ce ne sera pas pour la République un jour de joie que celui où le glaive de la loi frappera le dernier des rois.

— Et que sera-ce donc, ô mon élève; un jour de deuil, peut-être ?

— Il n'y aura pour les bons patriotes ni joie, ni deuil, citoyen Desmarais, ce sera un jour de recueillement. Louis XVI n'est pas un homme, mais un principe représentant la plus antique monarchie d'Europe. En frappant Louis XVI.... c'est la royauté que l'on décapite ! Ce n'est pas une tête qui tombera sur l'échafaud, mais une couronne.

— Ma foi ! mon cher élève, vous pourriez bien avoir raison contre votre maître: la mort du tyran, en effet, causera aux patriotes mieux encore que le délire de la joie, un recueillement religieux, ainsi que vous le dites avec beaucoup de justesse ; mais ce qui est fait est fait : j'ai envoyé ce matin ma circulaire à tous nos amis de la Montagne ; il m'est donc impossible de changer l'époque fixée pour votre mariage.

— Mon père, — répond Charlotte d'une voix grave, — Jean et moi nous avons attendu pendant plusieurs années ce jour qui doit combler nos vœux, nous consentons volontiers à reculer encore le moment où nous serons unis, pour ne pas le faire coïncider avec celui de la mort du roi, si coupable qu'il puisse être.

— Assez sur ce sujet, ma chère fille, l'heure presse ; et vous, mon élève, vous allez, s'il vous plait, m'accompagner chez mon notaire, afin de poser les bases de votre contrat ; puis nous irons à la Convention, dans la salle des conférences, et là, je vous présenterai, comme mon futur gendre, à mes collègues de la Montagne.

— Je vous ferai observer, citoyen Desmarais, que je n'entends pas intervenir dans la rédaction du contrat, lequel sera fait comme il vous conviendra.

— Il faut cependant, mon cher élève, que vous sachiez quelle dot je donne à ma fille.

— Cette question d'intérêt m'est indifférente.

— Ah ! mes enfants, — dit l'avocat d'un ton dolent, — quel regret j'éprouve de ne pouvoir vous doter ainsi que je l'aurais voulu ; mais je me suis ruiné en dons patriotiques... aussi, mes enfants, sauf cette maison et quelques petites propriétés d'un rapport presque nul... il me reste en tout huit cent cinquante louis, que je partage avec vous, mes enfants. Cette dot est bien minime, mon cher Jean, auprès de celle que vous espériez peut-être obtenir de votre beau-père.

— Jamais la pensée d'une dot ne s'est présentée à mon esprit, soyez-en bien persuadé, monsieur Desmarais.

— Je vous crois, mon cher élève, et n'attendais pas moins de votre délicatesse. Mais, en outre des quatre cent vingt-cinq louis que je vous abandonne, vous serez logé ici, défrayé de tout, car nous ne nous séparerons jamais, mon cher élève ; nous ne ferons qu'une seule famille, et nous trouverons encore une chambre à donner à votre sœur, qui a si admirablement racheté son passé; aussi je ne vois plus en elle la *maîtresse de Louis XV*, mais la digne fille du prolétaire. Ainsi, mon cher Jean, il est bien convenu que ni vous, ni ma fille ne vous séparez de moi ; j'y tiens essentiellement, absolument. Question de repos et de bonheur mutuel.

Charlotte était aussi indifférente que Jean Lebrenn à la question du chiffre de la dot que lui accordait son père; cependant, sachant par madame Desmarais que cette dot devait primitivement s'élever à *cent vingt mille livres*, enfouies dans la cave de la maison, la jeune fille fut blessée du secret calcul de l'avocat qui, pensait-elle, — et elle ne se trompait pas, — en la dotant si pauvrement, comptait obliger Jean Lebrenn à demeurer auprès de lui.

— Je vous remercie de vos offres, citoyen Desmarais, je ne désirais qu'une chose au monde, la main de Charlotte; je l'ai obtenue, tout le reste n'est à mes yeux que d'un intérêt secondaire ; je n'y arrête pas mon attention.

— Une pareille délicatesse ne me surprend nullement de votre part, mon cher Jean : ainsi vous acceptez les bases du contrat pour ce qui concerne la dot de ma fille ?

— Parfaitement et sans conteste.

— En ce cas, allons sur-le-champ nous occuper de la rédaction des conventions matrimoniales. Le tabellion nous attend.

— Adieu, Charlotte. Je verrai tout à l'heure les membres du Comité de sûreté générale au sujet de votre oncle, — dit tout bas Jean Lebrenn à sa fiancée.

— Ah ! si j'avais pu hésiter à quitter la maison paternelle, — répond la jeune fille à son fiancé, — ce dernier entretien avec mon père lèverait tous mes scrupules.

— Allons, mon élève, partons, — dit l'avocat se rapprochant des deux jeunes gens. — Adieu, ma fille ; tu diras à ta mère que notre cher Jean dînera ici. Le dîner des fiançailles.

— A revoir, mon père, — répond la jeune fille, échangeant un regard d'intelligence avec Jean, qui sortit, accompagnant M. Desmarais.

. . . .

S'il avait pu subsister le moindre doute sur les crimes de haute trahison dont on accusait Louis XVI, ce doute se fût évanoui devant les preuves écrasantes fournies contre lui lors de son interrogatoire. Desèze, Tronchet et Malesherbes, chargés de la défense du prévenu, invoquèrent surtout le bénéfice de l'inviolabilité royale garantie par la Constitution de 1791.

Selon les défenseurs de Louis XVI (et bien plus suivant le texte même de la Constitution), le roi eût-il violé la Constitution, trahi l'Etat, eût-il même envahi la France, à la tête d'une armée étrangère, mis le pays à feu et à sang... qu'il n'aurait encouru d'autre peine que LA DÉCHÉANCE! Telle était la thèse des avocats du roi.

Cette doctrine, où l'absurde le dispute au monstrueux, ne fut pas jugée digne d'une réfutation par la Convention. Les accusateurs de Capet ont envisagé la question d'un point de vue plus élevé, en affirmant et démontrant la nullité du pacte constitutionnel de 1791. Telle a été l'opinion de Robespierre, de Saint-Just, de Condorcet, de Carnot, de Danton, de plusieurs Girondins et de la grande majorité des membres de la Convention.

Au nom de la justice, du droit et de la raison, Louis XVI devait être déclaré coupable.

La souveraineté du peuple étant permanente, indivisible, inaliénable, la Constitution de 1791 était radicalement nulle, par cela seulement qu'elle consacrait l'aliénation héréditaire d'une portion du peuple en faveur de la famille ci-devant royale; les conventionnels de 1793 n'étaient donc pas plus engagés envers la Constitution de 1791 que les constituants de 1789 n'étaient engagés envers les institutions monarchiques, féodales et religieuses qui pesaient sur la France depuis quatorze siècles.

Une nation a le *pouvoir*, mais jamais le droit d'aliéner en tout ou en partie sa souveraineté, en la déléguant à une famille héréditaire. Cette aliénation, imposée par la violence de la conquête, subie par habitude du joug ou consentie dans un moment d'égarement populaire, ne lie ni la génération actuelle ni les générations futures. Or la Constitution de 1791 étant virtuellement nulle par le fait seul de l'aliénation d'une partie de la souveraineté nationale, Louis Capet ne pouvait invoquer le bénéfice de cette Constitution, qui garantissait l'inviolabilité de l'individu royal, et se bornait à le frapper de déchéance en certains cas prévus : Louis XVI était donc légalement mis en cause. La nation, en reconquérant, le 10 août, la plénitude de sa souveraineté, avait investi la Convention des pouvoirs nécessaires au jugement du ci-devant roi. Ses crimes étaient notoires, flagrants : leur châtiment était inscrit dans la loi, égale pour tous les concitoyens ; il devait donc subir la peine de ses forfaits !

Moi, Jean Lebrenn, j'extrais de mon journal ces passages relatifs aux procès, au jugement et à l'exécution de Capet.

15 JANVIER 1793. — La Convention, après avoir entendu la défense de Desèze, l'un des avocats de Louis XVI, met aux voix cette première question :

« LOUIS CAPET EST IL COUPABLE DE CONSPIRATION CONTRE LA LIBERTÉ DE LA NATION ET D'ATTENTAT CONTRE LA SURETÉ GÉNÉRALE DE L'ETAT ? »

L'Assemblée se composait de *sept cent quarante-neuf* membres.

Six cent quatre-vingt-trois membres ont répondu :

OUI, L'ACCUSÉ EST COUPABLE.

Exécution de Louis XVI (page 706)

Le recensement des votes accompli, le président de l'assemblée a proclamé l'arrêt suivant:
« — Au nom du peuple français, la Convention nationale déclare :
« Oui, Louis Capet est coupable de conspiration contre la liberté de la nation et d'attentat contre la sûreté générale de l'État. »
— Deuxième question :
« — Le jugement de la Convention nationale sera-t-il soumis a la ratification du peuple ? »
Membres qui ont voté pour la ratification du jugement par le peuple: *deux cent quatre-vingt-un.*
Membres qui ont rejeté la ratification par le peuple : *quatre cent vingt-trois.*
Le président a annoncé en ces termes le résultat du scrutin :
« La Convention nationale déclare que le jugement rendu contre Louis Capet ne sera pas renvoyé a la ratification du peuple. »

. . . .

16 et 17 janvier 1793. — Hier et avant-hier, les séances de la Convention ont été permanentes, vu la gravité des circonstances ; cette troisième question a été mise aux voix.
Quelle peine sera infligée a Louis XVI ?
J'ai assisté aux séances où les mandataires du peuple ont décidé du sort de cette monarchie franque, imposée à la Gaule depuis quatorze siècles. Ce n'était pas seulement l'homme, le roi, que la Convention décapitait... c'était la monarchie la plus ancienne de l'Europe. Ce n'était pas seulement la tête de Capet que la République voulait jeter en défi aux despotes de l'Europe coalisés, c'était la couronne du dernier des rois!
Il était huit heures du soir: les convention-

100ᵉ livraison

nels, répondant à l'appel nominal, ont tour à tour monté à la tribune, et chacun d'eux a exprimé son vote au milieu d'un silence solennel.

Le jeudi, à huit heures du soir, le résultat du scrutin a été proclamé par Vergniaud, au milieu d'un religieux silence:

« L'Assemblée est composée de *sept cent quarante-neuf membres;* 15 sont absents par commission, 7 par maladie, 1 sans cause et censuré, 5 se récusent.

« Le nombre restant est de *sept cent vingt-et-un.*

« La majorité absolue est de *trois cent soixante-et-un.*

« Membres votant pour la mort sans conditions: *trois cent quatre-vingt-sept.*

« Membres votant pour la détention, les fers ou la mort conditionnelle: *trois cent trente-quatre.*

« *Je déclare, au nom du peuple et de la Convention nationale, que la peine qu'elle prononce contre Louis Capet* :

« EST LA PEINE DE MORT » . . . .

La motion de Mailhe: *Faut-il* SURSEOIR A L'EXÉCUTION *de Louis Capet?* a été discutée pendant les séances d'hier et d'avant-hier (17 et 18 janvier). A la fin de la première séance, le président a mis aux voix cette question:

« *Sera-t-il sursis à l'exécution de Louis Capet,* OUI *ou* NON? »

Le vote a donné ce résultat:

Votants *pour* le sursis, *trois cent dix voix.*

Votants *contre* le sursis, *trois cent quatre-vingts voix.*

Le sursis est rejeté. Vergniaud, pâle, les traits empreints d'une *douloureuse* émotion, est monté à la tribune et a dit d'une voix altérée :

« La Convention nationale déclare :

« Art. 1ᵉʳ. — *Louis Capet,* dernier roi des Français, est coupable de conspiration contre la liberté de la nation et d'attentat contre la sûreté générale de l'État.

« Art. 2. — La Convention nationale déclare que Louis Capet SUBIRA LA PEINE DE MORT.

« Art. 3. — Il sera envoyé au conseil exécutif une expédition du décret qui condamne Louis Capet à la peine de mort.

« Le conseil exécutif est chargé de notifier dans le jour le décret à Louis XVI, et de le faire exécuter dans les vingt-quatre heures.

« Il sera enjoint aux maires et officiers municipaux de Paris de laisser à Louis Capet la liberté de communiquer avec sa famille, et d'appeler près de lui le ministre des cultes qu'il indiquera pour l'assister dans ses derniers moments. »

La séance a été levée à trois heures du matin, le dimanche 20 janvier 1793.

La foule a quitté les tribunes aux cris de : *Vive la nation! Vive la République!*

23 JANVIER 1793. — Telles ont été les mémorables séances de l'assemblée nationale des 15, 17, 19 et 20 janvier 1793.

Gloire aux énergiques, aux inexorables!

L'exécution de Louis Capet a eu lieu avant-hier, *lundi 21 janvier 1793* !

Nous avons assisté au supplice de Louis Capet, ma sœur et moi, au milieu d'une foule innombrable sur la place de la Révolution. L'échafaud se dressait en face de l'avenue des Champs-Élysées, à peu de distance de l'endroit qu'occupait la statue de Louis XV.

A dix heures vingt minutes du matin, une sourde rumeur, propagée de proche en proche, a annoncé l'arrivée du condamné; nous nous trouvions, ma sœur et moi, placés non loin de l'échafaud, derrière la haie de gardes civiques; nous avons vu s'arrêter une voiture à deux chevaux, escortée par le général Santerre et quelques officiers de son état-major. Claude Bernard et Jacques Roux (ex-prêtre), officiers municipaux chargés de la surveillance de Capet, sont descendus les premiers de la voiture, où il était resté deux minutes environ en conférence avec son confesseur; puis, d'un pas assez ferme, soutenu par les exécuteurs, il a monté les degrés de la plate-forme : il portait des culottes grises et une camisole de molleton blanc; sa figure pourprée révélait une extrême animation ; il s'est avancé vivement jusqu'au pied du plancher de l'échafaud, et s'adressant au peuple, il s'est écrié :

— Français, je suis innocent...

Un roulement de tambours commandé par le général Santerre ayant couvert les premières paroles, Louis XVI a jeté un regard de colère sur les tambours, et leur a crié, d'une voix courroucée, d'avoir à s'arrêter.

Le roulement a continué... Louis Capet s'est livré aux mains de Samson, l'exécuteur des hautes œuvres, et de ses aides... Quelques secondes après, le *soixante-sixième* de ces rois étrangers à la Gaule avait subi le châtiment de ses forfaits, expié les crimes de la monarchie, dont il était la dernière incarnation.

La tête du roi montrée au peuple par le bourreau a été saluée par les acclamations de la foule. A la lanterne, les prêtres et les aristocrates!

Le journal de MARAT (nº 155) termine le récit de l'exécution de Capet par les réflexions suivantes :

« ... La tête du tyran vient de tomber sous le glaive de la loi, le même coup a renversé les fondements de la monarchie parmi nous; je crois enfin à la République... Pas une voix n'a crié grâce pendant le supplice; un profond silence régnait autour de l'échafaud, et lorsque la tête de Capet a été montrée au peuple, de toutes parts se sont élevés les cris de : « Vive la nation! Vive la République!... » Le supplice de Louis XVI est l'un de ces évènements mémorables qui font époque dans la vie des nations; il aura une influence prodigieuse sur le sort des despotes de l'Europe et sur celui des peuples qui n'ont pas encore brisé leurs fers. »

ROBESPIERRE, dans une de ses lettres à ses commettants (II° trimestre, page 3), apprécie ainsi les conséquences de ce grand évènement politique :

« Citoyens ! le tyran est tombé sous le glaive des lois. Ce grand acte de justice a consterné l'aristocratie, anéanti la superstition royale, créé la République; il imprime un grand caractère à la Convention nationale et la rend digne de la confiance des Français. L'attitude imposante et majestueuse du peuple en cette circonstance solennelle doit épouvanter les tyrans de la terre plus que l'échafaud de leur pareil : un silence profond a régné jusqu'au moment où la tête de Louis XVI est tombée sous le glaive de la loi. A cet instant les airs retentirent de ce cri unanime poussé par cent mille citoyens : *Vive la République !...* Ce n'était point la barbare curiosité d'hommes qui viennent repaître leurs regards du supplice d'un homme, c'était l'intérêt puissant d'un peuple passionné pour la liberté qui s'assurait des derniers soupirs de la royauté !... Jadis, lorsqu'un roi mourait à Versailles, on annonçait aussitôt le règne de son successeur par ces cris : —*Le roi est mort, vive le roi !* comme pour faire comprendre à la nation que le despotisme était immortel. Ici, tout un peuple, avec un instinct sublime, s'écria : —*Vive la République !* pour apprendre à l'univers que la tyrannie était morte avec le tyran. » Puisse même sort être réservé à tous les rois.

. . . .

26 JANVIER 1793. — Cette date, je l'inscris sans commentaire dans mon journal... Aujourd'hui j'ai épousé Charlotte Desmarais.

Je continue ci-après notre légende.

Malgré la circulaire adressée à ses collègues de la Convention par l'avocat Desmarais, circulaire dans laquelle il fixait l'époque du mariage de sa fille avec Jean Lebrenn au *jour du supplice du tyran*, Charlotte, sans égard pour le très vif désappointement de son père et pour ses instances réitérées, ne voulut consentir à se marier que le *26 janvier*. L'avocat, considérant cette union comme une sauvegarde, avait choisi Robespierre et Marat comme témoins pour l'épousée; ceux de Jean Lebrenn furent Billaud-Varenne et Legendre. L'officier municipal reçut à la section le serment des deux époux, dans la soirée qui suivit la séance de la Convention du 26 janvier. Jean Lebrenn avait depuis plusieurs jours obtenu de son ancien patron, maître Gervais, la cession de son établissement de serrurerie et du loyer de sa maison; les réparations, les modestes embellissements de sa future demeure furent achevés la veille de son mariage.

Les nouveaux époux, au retour de la municipalité, ont reçu les vœux et les félicitations de leurs témoins; puis ceux-ci les ont reconduits et laissés chez M. Desmarais.

L'avocat a dit à Jean Lebrenn :

— Mon cher gendre, je vous quitte un instant pour aller chercher la dot de ma fille et vous la remettre.

Lorque M. Desmarais eût quitté le salon, sa femme s'adressant à Jean Lebrenn et à sa fille:

— Mes enfants, voici l'instant décisif; j'aimerais mieux mourir que de vivre plus longtemps auprès de mon mari...; mais je tremble en songeant à la colère où va le jeter notre résolution. Ne m'abandonnez pas.

— Chère mère, répond Charlotte. Peux-tu bien avoir une pareille pensée? Notre vie n'est-elle pas liée à la tienne.

— Et pourtant, s'il s'opposait à cette séparation? il en a peut-être le droit, mes enfants?

— Rassurez-vous, chère belle-mère, — reprend Jean Lebrenn; — d'abord, cette séparation allégera M. Desmarais d'une appréhension, celle d'être compromis par ses rapports de parenté avec M. Hubert, votre frère, qui, malheureusement... a refusé d'accepter la proposition que vous lui avez faite en mon nom.

— Hélas! mon frère a répondu qu'il appréciait vos sentiments à son égard en cette circonstance, mais qu'il regarderait comme une lâcheté de prendre l'engagement de rester passif, et qu'il voulait conserver sa liberté d'action pour combattre la République.

— Hélas! — reprit Charlotte en soupirant, je déplore l'aveuglement de mon oncle, mais je ne puis que rendre hommage à la fermeté de son caractère.

— M. Hubert est, il est vrai, ma chère Charlotte, l'un de ces adversaires qu'on estime même en luttant contre eux; j'espère, ainsi que je l'ai plusieurs fois répété à votre mère, que, surtout frappé de l'attitude de la population de Paris dans la journée du 21 janvier, votre oncle, homme de bon sens, reconnaîtra combien serait vaine maintenant toute tentative contre la République, — ajouta Jean Lebrenn; en tous cas, chère belle-mère, M. Desmarais, si terrifié naguère des périls auxquels il se croyait exposé par la parenté de M. Hubert, votre frère, ne verra sans doute, dans votre détermination de vous séparer de lui, qu'un gage donné à sa sécurité à venir, et il ne songera guère à vous retenir... Telle est du moins mon opinion.

A ce moment, l'avocat rentrait dans le salon tenant à la main un petit coffret en marqueterie qu'il offrit d'un air rayonnant au jeune artisan en lui disant : — Mon cher gendre j'ai trouvé dans ma caisse, en plus de la somme que je vous avais annoncée, une centaine de louis, que j'ajoute à la dot de ma fille. — Mais Jean Lebrenn repoussant du geste le coffret qu'il lui offrait, l'avocat, très surpris, ajouta : — Prenez donc ce coffret, mon cher élève, il contient, en beaux et bons louis, la dot que je vous ai promise et à laquelle je viens d'ajouter deux mille quatre cents livres. En outre, il est entendu, qu'afin de compenser l'exiguïté de cette dot, Charlotte, vous et votre sœur vous serez logés, nourris chez moi, en d'autres termes, défrayés de tout. Nous vivrons en famille.

— Citoyen Desmarais, — répondit Jean Lebrenn, — avant d'accepter la dot que vous me proposez et dont je n'ai d'ailleurs nul besoin, il est de notre devoir, à ma femme et à moi, de vous instruire de nos projets. D'abord, je veux continuer mon état de serrurier.

— C'est admirable, mon chère élève, — s'écrie l'avocat simulant l'enthousiasme. — Loin de rougir de votre condition, loin de voir dans les avantages que vous offre votre mariage avec ma fille, l'occasion de renoncer à vos travaux, et de vivre dans l'oisiveté, vous resterez artisan. C'est admirable !

— Citoyen Desmarais, j'ai hâte de faire cesser un malentendu qui paraît exister entre nous. Ma femme et moi, après mûres réflexions, nous nous sommes décidés à vivre dans notre maison, en complète séparation d'avec vous.

— Qu'est-ce que ça signifie ?

— Cela signifie, citoyen Desmarais, que mon patron m'a vendu son établissement de serrurerie. Il suit de ceci que mes travaux et la surveillance de mon atelier m'obligent d'habiter, ainsi que ma femme, ailleurs que chez vous, citoyen Desmarais ; j'ai, en conséquence, loué la maison jusqu'ici occupée par mon ancien patron, et, dès ce soir, ma femme et moi nous allons prendre possession de notre nouveau domicile. Question posée et résolue.

— Oui, mon père, — ajouta Charlotte, — telle est, en effet, notre résolution bien arrêtée.

A ces mots, prononcés par Jean Lebrenn et par Charlotte avec un accent qui n'admettait pas de réplique, l'avocat Desmarais, muet de stupeur, devint livide. Malgré sa dissimulation, cet homme, égaré par la peur, exaspéré par ce qu'il regardait comme une indignité de la part de sa fille et de son mari, s'écria, tremblant de colère et d'épouvante, en s'adressant à Charlotte : trahison ! infâme trahison :

— Fille sans cœur, fille dénaturée ! Vous paieriez d'une semblable ingratitude mes bontés pour vous ! Vous auriez l'audace de quitter la maison paternelle !... Et vous, — ajouta-t-il en se tournant d'un air menaçant vers Jean Lebrenn, et vous, traître... vous abusez ainsi... de... ma confiance... de ma générosité !

— Pas un mot de plus sur ce ton-là, citoyen Desmarais, — répond Jean Lebrenn, interrompant l'avocat ; ne m'obligez pas d'oublier le respect que je dois au père de ma femme... ne m'obligez pas de vous dire pour quelles raisons votre fille... et sa mère... sont résolues de vivre ailleurs que chez vous.

— Ma femme... elle aussi... oserait... — s'écrie l'avocat avec un redoublement de colère.

— Oui, monsieur, moi aussi je désire me séparer de vous, — reprit Madame Desmarais. — Vous m'avez traitée de la manière la plus cruelle, parce que, mon malheureux frère... proscrit, fugitif, est venu vous demander un abri pour quelques heures. Vous m'avez dénoncée au commissaire de notre section... l'adjurant de m'emmener prisonnière... vous m'avez adressé cette menace : « S'il me fallait, madame, pour sauver ma vie, vous envoyer à l'échafaud... je n'hésiterais pas un instant. Actuellement je dois *rugir avec les tigres*... mais alors je deviendrais tigre ».

— Vous tairez-vous ! — s'écrie l'avocat exaspéré, — vous voulez donc me faire couper le cou en parlant ainsi devant cet homme, qui n'attend peut-être que le moment de me perdre ! Serpent que j'ai réchauffé dans mon sein.

— Citoyen Desmarais, — reprend Jean Lebrenn avec un mélange de dégoût et de pitié, — il dépend de vous de mettre un terme à vos angoisses, à ces terreurs dont vous êtes assailli, et dont ceux qui vous entourent sont les premières victimes... Cessez d'afficher, d'exagérer des opinions contraires à votre croyance... renoncez à la carrière politique... La faiblesse de votre caractère, le trouble de votre conscience, évoquent à vos yeux des fantômes.

M. Desmarais continuant de divaguer :

— C'est un complot ourdi contre ma vie ; on veut que j'attire sur ma tête les fureurs des Jacobins et que je sois envoyé à l'échafaud ; on serait ainsi débarrassé de moi, et mon héritage passerait aux mains de mon gendre et de ma fille !... Non, je ne donnerai pas dans le piège, je resterai à la Convention. Ma fille et mon gendre peuvent s'en aller d'ici ; mais, quant à toi, citoyenne Desmarais, tu ne quitteras pas cette maison... la femme, selon la loi, est tenue de résider là où demeure son mari...

— Je ne veux plus demeurer près de vous, — répond résolument madame Desmarais, — plutôt cent fois mourir !

— Une fois suffit... digne épouse... et je serai, cette fois-là, délivré d'un abominable fardeau.

— Viens, ma mère, — dit Charlotte indignée des paroles de son père. — viens... tu ne dois pas rester ici une minute de plus.

— Ma femme ne sortira pas de chez moi ! s'écrie l'avocat menaçant. — Quant à vous, ma fille... quant à vous, mon gendre... je dénoncerai votre complot exécrable à mes amis du parti des enragés, à Hébert, à Jacques Roux, le prêtre défroqué, à Varlet. Sortez d'ici, je vous chasse de ma maison. — Puis M. Desmarais saisissant sa femme par le bras : — Quant à vous, je vous garde ici.

— Citoyen Desmarais, laissez ma belle-mère libre de ses mouvements, — dit Jean Lebrenn d'une voix contenue et se dominant encore.

— Hors de chez moi, scélérat! — répond l'avocat tenant toujours sa femme par le poignet; — hors d'ici sur l'heure!

— Une dernière fois, citoyen Desmarais, — dit Jean Lebrenn, — laissez madame Desmarais suivre sa fille, puisque tel est son désir. Ma patience est à bout, je ne puis tolérer plus longtemps la brutalité dont je suis témoin.

— Aurais-tu l'audace de porter la main sur moi, malheureux? — repartit l'avocat écumant de fureur et secouant rudement le bras de sa femme. Malheur sur nous tous.

— Oui, je soustrairai votre femme à vos mauvais traitements, — répond Jean Lebrenn, et, de sa main de fer, serrant comme dans un étau le poignet de l'avocat, il le contraint d'abandonner le bras de sa femme. Celle-ci s'empresse de sortir, soutenue par Charlotte; elles disparaissent dans la pièce voisine...

Jean Lebrenn sort du salon pour rejoindre sa femme et sa belle-mère; l'avocat Desmarais, resté seul, cache son visage entre ses mains et tombe anéanti dans un fauteuil.

— Me voici abandonné de ma femme, de ma fille. Je suis condamné à vivre désormais isolé.

. . . .

Jean Lebrenn, depuis son mariage avec Charlotte Desmarais, occupait sa modeste demeure de la rue de l'Arcade, où se trouvait aussi son atelier de serrurerie, transformé depuis deux mois environ en armurerie, car il avait été chargé d'une commande de fusils destinés à armer des volontaires, et il apportait, ainsi que ses compagnons, un grand zèle pour ce travail. Jean Lebrenn, dans la soirée du 30 mai 1793, se délassait des rudes labeurs de la journée, en parcourant quelques journaux, lorsque sa femme vint le rejoindre, se disant d'un air triste et pensif :

— Non... si pénible que me soit cette confidence... mon dernier entretien avec ce malheureux enfant, mon tendre attachement pour Victoria, ne me permettent plus de retarder cette confidence... Elle s'adresse alors à son mari :

— J'ai longtemps hésité, mon ami, au sujet de la communication que je dois te faire, mais l'intérêt que je ressens pour Victoria me commande aujourd'hui de parler... La connaissance du caractère de notre sœur m'a démontré, mon ami, que tu n'exagérais rien en m'affirmant que, malgré la dégradation précoce dont elle a été victime, son cœur était resté pur, j'ai prêté à notre sœur, bien à tort, un mauvais sentiment; à cette heure, j'ai la preuve de ma fâcheuse erreur. J'ai attribué à la jalousie le changement de caractère que nous avons remarqué chez ta sœur. Je me disais que Victoria, habituée à concentrer sur toi toute sa tendresse, à partager ta vie, pouvait éprouver à mon égard cette sorte de jalousie fraternelle que bien des sœurs, et des plus vaillantes par le cœur, ressentent, malgré elles, au sujet de l'épouse d'un frère qu'elles idolâtrent. Je rougis de mon erreur, mon ami, cependant elle est excusable. Te rappelles-tu que, peu de temps après notre mariage, nous avons commencé de remarquer la tristesse, la taciturnité croissantes de notre sœur? Ne semblait-elle pas parfois heureuse et parfois attristée de notre intimité? Ne semblait-elle pas enfin presque toujours sous l'empire d'une préoccupation secrète?

— Il est vrai, et dès lors j'ai aussi remarqué en Victoria une sorte de capricieuse mobilité d'esprit contrastant avec la rectitude ordinaire de son caractère. Ainsi, après avoir consenti à se charger des leçons du soir pour nos trois petits apprentis et pour Olivier, le pauvre orphelin que nous avons recueilli, et qui, malgré ses dix-huit ans, est aussi ignorant que ces enfants, ma sœur nous a brusquement déclaré qu'elle interrompait ses leçons et qu'elle quittait Paris : et cela sans donner d'explications.

— Te rappelles-tu, Jean, ses adieux si poignants, au moment du départ?

— Heureusement, au bout d'une semaine à peine, ma sœur nous est revenue, et — étrange contradiction? — elle a insisté pour reprendre ses fonctions de *maîtresse d'école*.

— Mais sa tristesse, ses tressaillements, le dépérissement de sa santé ne prouvaient que trop la persistance de sa peine secrète, je me disais : « La courageuse femme lutte de toutes ses forces contre le sentiment de la jalousie fraternelle. En vain elle a tenté de fuir; ramenée vers nous par sa tendresse pour Jean, elle préfère souffrir... et demeurer près de nous. » Mais non... mon ami, j'étais dupe d'une erreur... j'en ai maintenant acquis la certitude.

— Alors, à quelle cause attribuer le découragement moral, le profond chagrin de Victoria?

— Je vais bien te surprendre, mon ami, en te révélant le souci... c'est l'amour...

Jean Lebrenn, d'abord muet de stupeur, regarde sa femme sans lui répondre. Puis, souriant tristement et secouant la tête avec l'expression de l'incrédulité :

— Charlotte, tu te trompes; Victoria n'a aimé qu'une fois dans sa vie. Celui qu'elle aimait éperdument est mort. Elle sera fidèle à ce culte d'outre-tombe.

— Tu m'as raconté la douloureuse histoire de Victoria et de Maurice, ce jeune sergent aux gardes françaises mort d'un supplice infâmant. Mais, te rappelles-tu que deux ou trois jours après notre mariage, lorsque tu lui as présenté Olivier et les trois apprentis, auxquels elle voulait apprendre à lire... elle a soudain tressailli, en s'écriant en proie à une sorte d'égarement: « Grand Dieu! est-ce une vision ; est-ce un spectre? C'est lui, c'est Maurice que je revois! »

— Je me souviens de cette circonstance... et Victoria, revenant à elle au bout d'un instant, nous dit qu'elle venait d'éprouver un moment de vertige, d'éblouissement, sans s'expliquer davantage sur ce sujet.

— ...Aussi, remarquant son embarras, son abattement, nous n'avons pas insisté près d'elle pour connaître la véritable cause de ce bizarre incident, mais peu de jours après cette première entrevue avec Olivier, a commencé de se manifester ce changement remarquable dans l'existence de notre sœur.

— Il est vrai, mais que conclure de là ?

— Je conclus, mon ami, qu'à l'aspect d'Olivier, la sœur a été saisie d'une telle stupeur qu'elle s'est écriée : « Est-ce une vision ; est-ce un spectre ? » Eh bien! ces paroles exprimaient le saisissement mêlé d'effroi que causait à Victoria la ressemblance frappante d'Olivier et du sergent Maurice. Et du reste, cette ressemblance s'explique par ce fait que j'ai découvert, Olivier est le frère du sergent Maurice.

— Ce que tu m'apprends est vraiment étrange ; mais comment as-tu fait cette découverte de la parenté des deux jeunes gens ?

— Nous avons dû prendre ici, près de nous, Olivier, depuis qu'il est en proie à cette maladie de langueur qui le rend incapable, malgré son courage, sa bonne volonté, de travailler à l'atelier ; car ce malheureux enfant, miné par une fièvre lente, est dans un état de faiblesse, d'épuisement déplorables.

— Le médecin attribue cette maladie à la croissance ; en effet, Olivier atteint à peine sa dix-huitième année... il a beaucoup grandi en ces derniers temps, ainsi s'explique son affaiblissement momentané.

— Le médecin, selon moi, se trompe sur la cause de la maladie d'Olivier. Je vais, mon ami, t'en dire la raison : tout à l'heure, en revenant de l'atelier, je traversais le jardin ; j'aperçus Olivier assis sous la tonnelle de charmille ; il paraissait plongé dans un morne accablement, son regard était fixe, son visage baigné de larmes. En me voyant, il s'efforça d'essuyer furtivement ses yeux. Ses traits révélaient une souffrance morale ; il était facile de deviner que tout n'était pas physique dans sa maladie. « Olivier, lui dis-je, en m'asseyant près de lui, la cause de votre maladie, n'est pas celle qu'indique le médecin. Vous ressentez un grand chagrin... vous nous le cachez... c'est mal... Mon mari a pour vous l'affection d'un père, pourquoi ne pas lui confier vos peines ?... » Il a paru aussi surpris qu'affligé de ma pénétration : ses réponses embarrassées n'étaient pas sincères, il attribuait ses chagrins à l'isolement où il vivait, n'ayant plus de famille...

— Cette réponse m'étonne de la part d'Olivier... souvent ne nous a-t-il pas témoigné de la manière la plus touchante sa vive reconnaissance de nos bontés ? Nous lui faisions oublier, nous disait-il, le malheur de sa condition d'orphelin ; nous l'entourions de notre sollicitude.

— Évidemment il me dissimulait la vérité, mon ami. J'ai alors parlé à Olivier de la famille qu'il regrettait. Il saisit avec une sorte d'empressement ce sujet d'entretien, y voyant sans doute un moyen d'échapper aux nouvelles questions qu'il redoutait de ma part ; il me donna donc quelques détails sur ses parents. J'appris aussi que ses souvenirs les plus lointains remontaient à l'âge de six ou sept ans ; il y a environ dix ou douze ans de cela. Il se rappelait que son frère Maurice portait l'uniforme des gardes françaises et venait souvent chez leur mère, pauvre ouvrière en dentelles.

— Plus de doute! s'écria Jean Lebrenn au comble de l'étonnement. — En interrogeant plus avant mes souvenirs, mes confus, car j'étais alors presque enfant, il me semble maintenant que le sergent Maurice, que j'ai vu quelquefois à la maison, où il était reçu comme le fiancé de ma sœur, ressemblait en effet à Olivier.

— Aussi, mon ami, qu'y a-t-il d'étonnant à ce que Victoria, retrouvant, pour ainsi dire, Maurice dans son jeune frère, ait cédé malgré elle, à la renaissance d'un sentiment qui avait toujours eu tant d'empire sur elle? Sentiment étrange, contre lequel en vain Victoria se révolte, pour mille raisons, et entre autres celle de la différence d'âge existant entre ma sœur et Olivier, puisque Victoria, quoique jeune encore et dans la maturité de sa beauté, pourrait cependant être la mère de cet orphelin. La maladie lente qui mine la santé d'Olivier n'a pas d'autre cause assurément qu'un secret et fol amour pour notre sœur Victoria.

Ces dernières paroles de Charlotte, rapprochées du souvenir de quelques circonstances jusqu'alors insignifiantes pour lui, portent la conviction dans l'esprit de Jean Lebrenn. Il reste d'abord anéanti sous le poids de ces révélations, et, pressentant leurs funestes conséquences. — Ah! Charlotte! Charlotte! que de malheurs j'entrevois... si les soupçons sont fondés ; et je crois que tu es dans la vérité.

— Mon ami, mes soupçons ne sont que trop fondés ; ainsi s'explique la tristesse de notre pauvre sœur, ainsi s'expliquent ces angoisses dont la cause nous échappait! Hélas ! sa tristesse provient de la lutte que soutient sa raison contre l'entraînement d'une passion bizarre, incompréhensible en apparence. Et, cependant, on peut concevoir que son amour pour Maurice survivant à la mort, ait pu se reporter sur son jeune frère, qui reflètait si parfaitement l'image de l'absent. Enfin il n'y a rien d'étrange, non plus, à ce qu'Olivier ait été attiré vers la sœur par les preuves d'intérêt qu'elle lui donnait, par sa beauté, par l'élévation de son esprit, par la noblesse de son caractère, et qu'il soit devenu amoureux d'elle. Cet amour qu'il croit cacher à tous les yeux, cet amour qu'il ose sans doute à peine s'avouer à lui-même, pensant que jamais il ne sera payé de retour, cet amour le consume, et peut-être le conduira au tombeau.

Jean Lebrenn garda quelques moments le silence, puis il reprit : — La question est si délicate que je n'oserais l'aborder avec Victoria, malgré ma confiance dans son attachement pour moi... Il faut donc agir sur Olivier et essayer d'arracher cet enfant à une passion insensée. Je vais mettre à exécution un projet que j'avais déjà formé pour l'avenir d'Olivier. Tout semble révéler chez cet adolescent une vocation militaire. Longtemps avant sa maladie, j'avais observé, lors des exercices des sections, non seulement son aptitude au maniement des armes, mais avec quelle pénétration il devinait, pour ainsi dire, les manœuvres, et avec quelle précision il les exécutait.

— Certes, tu me l'as souvent répété, mon ami. Il y avait, selon toi, dans Olivier l'étoffe d'un officier.

— Je voulais attendre, pour lui proposer de s'enrôler, que sa santé fut complètement rétablie... mais, quoique la convalescence se fasse bien attendre, je me décide à presser son engagement dans un des corps de l'armée qui sera le plus de son goût. Les distractions du voyage, pour rejoindre son régiment, le changement de lieux, la vie de soldat, en réveillant chez Olivier sa vocation militaire, auront, je n'en doute pas, une influence salutaire sur sa santé ; puis il sentira peu à peu le calme renaître dans son âme à mesure qu'il s'éloignera de Victoria. Enfin, celle-ci, ne voyant plus chaque jour Olivier, parviendra, je l'espère, à dominer ce fatal amour. Ce sera une heureuse solution.

L'entretien de Jean Lebrenn et de sa femme fut interrompu par l'entrée de madame Desmarais ; elle semblait très inquiète, et dit à son gendre d'une voix alarmée:

— Mon Dieu ! que se passe-t-il ce soir dans Paris ? On bat le rappel... il règne une grande agitation dans les rues que je viens de traverser en rentrant ici... Est-ce que l'on doit craindre encore *une journée ?*

— Il y aura probablement demain *une journée*, — répond Lebrenn en souriant, — ainsi que vous le dites, chère belle-mère ; mais elle sera aussi paisible qu'imposante et assurera, je l'espère, le salut de la République.

— Dieu vous entende, mon cher Jean ! je sais quelle foi l'on doit avoir en vos paroles... cependant je ne puis m'empêcher de trembler en songeant que vous êtes mêlé à ces luttes qui peuvent se terminer par des massacres.

Gertrude, la vieille servante de la famille, et qui avait suivi madame Desmarais et sa fille dans leur nouvelle demeure, entre et dit à Jean : — Monsieur, votre contre-maître Castillon est actuellement à l'atelier ; il m'a chargée de vous dire qu'il désirait vous parler.

— Allez lui annoncer qu'il peut venir ici, ma bonne Gertrude.

— Charlotte et moi nous vous laissons, dit madame Desmarais ; si vous sortez, Jean, vous viendrez nous voir avant de partir.

— Certes, chère belle-mère ; — puis, s'adressant à sa femme, Jean Lebrenn ajoute avec un signe d'intelligence : — Si tu vois ma sœur avant moi, garde le silence sur l'objet de notre entretien.

— Puisque vous parlez de Victoria, mes enfants, je vous dirai que l'altération de sa santé me semble inquiétante.

— Nous partageons votre sentiment, bonne mère. Peut-être Victoria souffre-t-elle de quelque peine secrète ; mais tu comprends avec quelle réserve il nous faudrait procéder si nous voulions obtenir de notre sœur une confidence ; imite-nous donc, bonne mère, et jusqu'à ce que Jean et moi nous ayons avisé, ne dis rien à Victoria qui puisse lui faire supposer que nous ayons remarqué le changement dont nous nous affligeons, hélas ! avec trop de raison.

— Vous pouvez compter sur ma discrétion.

Madame Desmarais et sa fille sortent, et bientôt Castillon, contre-maître de Jean Lebrenn, est introduit auprès de son patron.

Le contre-maître de l'atelier de serrurerie de Jean Lebrenn était à peu près du même âge que son patron, et offrait le type de la plupart des artisans républicains de ces temps-ci. Castillon, comme presque tous les prolétaires, avait embrassé les idées révolutionnaires plutôt par instinct que par suite de raisonnements. Il voulait, comme ses frères les ouvriers, l'*égalité devant la loi et la possession de l'instrument du travail*, pour échapper à l'exploitation de la bourgeoisie. Patriote exalté, pénétré de ses droits, et plus encore de ses devoirs de citoyen, honnête homme dans la plus large extension du mot, laborieux, d'une conduite rigide, et malgré son défaut complet d'instruction, doué d'une vive intelligence, excellent ouvrier dans sa profession, Castillon regrettait souvent de ne pas pouvoir aller à la guerre. C'était un véritable enfant de Paris, d'un caractère ouvert, joyeux et résolu, joignant à de solides qualités de cœur un esprit plein de verve, de saillie, et souvent d'un tour original. Jean Lebrenn affectionné à cet artisan, qui travaillait à la même forge que lui depuis plus de dix années, l'appréciait selon ses mérites et exerçait sur lui un empire fondé sur une rectitude de principes, sur la maturité de son jugement et sur une instruction trop rare chez la plupart de ses frères du peuple, et qu'il devait au hasard des circonstances. Le patron et le contre-maître se tutoyaient comme de vieux amis, moins pour obéir à une habitude assez générale en ce temps-ci que par une accoutumance, résultant d'une ancienne affection réciproque et d'une longue communauté de travaux.

— Ah çà, Jean, je ne te dérange pas, au moins, dit Castillon en entrant dans le salon ; — tu étais en conversation avec ta femme et ta belle-mère, je viens peut-être mal à propos ?

— Tu seras toujours le bienvenu, mon brave Castillon. Prends un siège. De quoi s'agit-il ?

— Tel que tu me vois, mon vieux, je suis ambassadeur ; mais sans émoluments ; je ne grèverai pas le trésor de la République.

— Ambassadeur de nos camarades, sans doute, et quel est le sujet de cette ambassade ?

— Voilà : depuis une quinzaine de jours nous n'avons guère eu le temps, ni les uns ni les autres, d'aller le soir aux réunions de la section ; il faut achever la commande de fusils et de mousquetons dont la nation nous a chargés ; or ça, vieux ! c'est sacré, ça passe avant tout. Fabriquer des armes pour nos frères qui vont à la frontière ! Ah ! nom d'une pipe ! ils sont fièrement heureux, ceux-là, de pouvoir taper sur les prussiens.

— Notre jour viendra, Castillon, patience.

— Patience, soit ; mais c'est bougrement dur de ne pouvoir qu'ajuster, fourbir pour les autres ces belles clarinettes de cinq pieds, sur lesquelles on aimerait tant à jouer de *ça ira*, en crachant du plomb aux prussiens ! et *ça ira*!, nom d'une pipe ! *ça ira*! Mais que veux-tu, nous sommes comme les pauvres ouvrières des fabriques de soie de Lyon et de Tours, elles voient porter par de sacrées bourgeoises les belles étoffes qu'elles ont tissées ! Enfin, tant il y a que nous n'avons pu aller à nos sections, puisque nous travaillons sans désemparer depuis six heures du matin jusqu'à minuit ; et, de ce travail civique, tu nous donnes l'exemple, car si tu es avant nous à l'atelier, mon vieux, tu en sors après nous.

— C'est mon devoir, je vous demande de grands efforts au nom de la République, je dois partager vos fatigues.

— Tiens, Jean ! tu es ce que l'on peut appeler un homme, là, un crâne homme.

— Allons, nous sommes de trop anciens camarades pour nous faire des compliments.

— Appelle la chose comme tu le voudras, moi, je répète que tu es un crâne homme. Voyons, qu'est-ce que tu nous as dit quand t'as eu acheté le fonds de notre ci-devant patron, le bonhomme Gervais ? « Nous voilà réunis une vingtaine de bons garçons, travaillant en famille comme de bons républicains. Faisons nos comptes : l'établissement rapporte, ou doit rapporter en moyenne, de bénéfices, *tant*. — Bon : sur ce bénéfice, il nous faudra d'abord prélever la somme que je dois rembourser annuellement à maître Gervais, et au bout de dix ans l'établissement nous appartiendra. Jusque-là, nous nous partagerons les bénéfices proportionnellement aux heures de travail exécuté par chacun de nous. Ma femme, qui tient nos livres de commerce et la caisse, aura comme nous sa part des bénéfices. » Il en a été ainsi que tu l'as dit, Jean, tu pouvais, en devenant notre patron, nous exploiter, ainsi que le font les bourgeois ; mais toi, tu partages avec nous en frère, en bon camarade. Ah çà, maintenant, pour en revenir au sujet de mon ambassade, car j'ai fait un fameux crochet... voici la chose : il y a donc une quinzaine de jours que nous n'avons pu aller ni à nos sections, ni aux Jacobins ou aux Cordeliers, pour nous renseigner sur les évènements ; or, ce soir, on bat le rappel. Nous avons bien su vaguement, de ci de là, que ça chauffait ; mais quoi est-ce qui chauffe... et pour qui ça chauffe-t-il ?... Voilà le hic !... Nous l'apprendrions en allant à nos sections, mais nous nous sommes juré, vu l'urgence du travail civique... de ne jamais quitter l'atelier avant minuit, jusqu'à ce que notre besogne soit terminée. Cependant nous sommes inquiets de ce qui se passe ce soir dans Paris... Nous nous demandons si nous ne devons pas abandonner notre ouvrage pour aller prêter main-forte aux frères et amis, puisqu'on bat le rappel. Voilà pourquoi nos camarades m'envoient vers toi, Jean, pour te demander s'il faut rester à l'atelier ou s'il faut nous rendre à nos sections. Décide de cela ; nous suivrons ton avis.

— Mon avis, c'est que nous devons travailler d'autant plus activement ce soir, que demain, et peut-être après-demain, il faudra que nous descendions dans la rue, pour faire une manifestation, une grande manifestation.

— Pour nous bûcher ! — s'écrie Castillon rayonnant. — Il s'agit peut-être d'exterminer un nouveau complot de Pitt et de Cobourg, ou une manigance des ci-devant et des calotins... Nom d'une pipe ! ça me va... et *ça ira* : je viens de finir d'ajuster un amour de mousqueton... je pourrai l'essayer sur les *noirs* ou sur les *blancs*, sur les Jésuites, les Congréganistes et les nobles ; quelle chance !

— Tu n'auras pas cette triste chance,

— Bûcher les ennemis de la République, tu

Jean Lebrenn

appelles ça une triste chance, toi, mon vieux!
— C'est toujours chose triste que la guerre civile, mon ami, et c'est la mort dans l'âme qu'il faut se résigner à prendre les armes contre nos frères, contre les fils de notre mère commune, la patrie.
— Ah ça! dis-moi donc un peu, Jean, est-ce que ces brigands-là ont fait la bouche en cœur et mis des mitaines pour canarder, pour canonner les patriotes le 14 juillet, les 5 et 6 octobre, et au Champ de Mars, et au 10 août, et partout et toujours? Les aristocrates sont nos ennemis.
— Si nos adversaires sont étrangers au sentiment de la fraternité, devons-nous les imiter, mon ami? Dans la guerre civile tout est deuil, victoire ou défaite.
— Tiens, Jean, nous ne nous entendrons jamais là-dessus. Moi, je ne connais qu'une devise : « A bon chat, bon rat, » ou, si tu l'aimes mieux : « OEil pour œil, dent pour dent, » comme dit l'ancien... voilà pourquoi en septembre nous avons crânement bien fait de *purger* les prisons, je m'en vante!
— Si tu tiens à rappeler des dates, mon bon camarade, parle des grandes journées du 14 juillet, du 10 août. Combattons les abus, et soyons indulgents envers les individus. Nous sommes à la veille d'une crise très grave; demain le peuple entier sera en armes sur la place publique, non pour combattre, Dieu merci! mais pour se manifester au nom de ses droits, dans la plénitude de sa force et de sa puissance souveraine. Tous s'inclineront devant le peuple.
— Bon! j'y suis, mon vieux : il s'agit d'une manifestation comme au 20 juin 92, alors que nous sommes allés dire à feu Capet, entre les deux yeux : « Ah ça, mon homme! tu es le *commis héréditaire* de la nation! elle te donne

91ᵉ livraison

pour ta peine quarante millions de gages... excusez du peu ! et tu trahis la nation au lieu de la servir ! Attention au commandement, mon homme ! si tu ne marches pas droit nous te casserons aux gages, si l'on ne te fait pas pire ! » Capet n'a pas marché droit, au contraire... alors on l'a cassé aux gages et on lui a fait pire... comme de juste ; on lui a coupé le cou.

— La manifestation de demain doit être pacifique comme celle du 20 juin de l'an passé.

— Et à propos de quoi fera-t-on la manifestation ? Il est bon d'en connaître les causes.

— Je t'en instruirai tout à l'heure, ainsi que nos camarades ; descendons à l'atelier, il est neuf heures, et tout en travaillant nous causerons. Je vais emporter quelques papiers qui me sont nécessaires pour vous mettre au fait de ce qui doit se passer, — ajoute Jean Lebrenn, prenant plusieurs feuillets manuscrits dans un carton placé sur un bureau, — Retourne auprès de nos camarades, je vais vous rejoindre.

— C'est dit, mon vieux, nous t'attendons, petits et grands, ouvriers et apprentis ! A propos d'apprentis, comment va donc Olivier ? Nous ne l'avons pas vu aujourd'hui. Pauvre garçon ! sais-tu qu'il a l'air de filer un mauvais coton ! Il est si faible qu'il peut à peine se traîner. Cependant ce n'est pas le cœur qui lui manque ; il rôde autour de l'atelier comme une âme en peine, tant il est chagrin de nous voir travailler tandis qu'il reste oisif malgré lui. Avant-hier il a voulu essayer d'ajuster une platine, un ouvrage de demoiselle pourtant, mais bah ! presque aussitôt une faiblesse l'a empoigné, et nous n'avons eu que le temps d'ouvrir les bras pour le recevoir et le transporter dans le jardin. Il s'était tout de bon évanoui.

— Nous reparlerons de ce brave enfant. J'aurai peut-être à te prier de lui rendre un service.

— Tu n'as qu'à parler ; tout le monde ici aime Olivier, et je suis, à son égard, comme les camarades.

— Merci, Castillon ; je savais bien que je pouvais compter sur toi, — dit Jean Lebrenn. Et agitant la sonnette, il ajouta : — J'ai deux mots à dire à Gertrude avant d'aller rejoindre nos amis à l'atelier ; vous ne m'attendrez pas longtemps. Donc, à tout à l'heure.

Castillon sort, et Gertrude étant entrée à l'appel de la sonnette, Jean Lebrenn dit à sa servante :

— Ma sœur est-elle dans sa chambre ?

— Non, monsieur, elle est sortie il y a plus de deux heures, disant qu'elle ne reviendrait peut-être pas souper. Pauvre demoiselle ! Vous devriez bien, monsieur Jean, consulter pour elle le médecin qui a soigné le petit Olivier.

— Savez-vous où est ce jeune homme ?

— Il est remonté à la fin du jour dans sa chambre ; il se trouvait, disait-il, très fatigué ; il se plaignait de la fièvre et paraissait frissonner de froid. Il m'a priée de lui donner un peu de braise dans un réchaud afin de tenir sa tisane au chaud ; ce que j'ai fait immédiatement.

— Allez, je vous prie, Gertrude, voir comment il se trouve et s'il n'a besoin de rien, — répond Jean Lebrenn, et se parlant à lui-même, il ajoute : — Ah ! que de malheurs j'entrevois si, comme Charlotte le suppose et comme j'ai tout lieu de le craindre, Victoria aime Olivier, et s'il ressent pour elle une folle pasion... Fatal amour sans issue !... Le passé de ma sœur, ses fiançailles avec le frère de ce pauvre enfant la condamnent à ne jamais se marier avec lui. La différence des âges ne serait pas un obstacle au mariage, mais ma sœur a trop de dignité dans l'âme, trop de fermeté dans le caractère pour ne pas se résigner à la cruelle position qui lui est faite par le souvenir de Maurice, lors même que cette résolution devrait la conduire à la tombe. — Et réfléchissant, Jean poursuit ainsi : — Le départ d'Olivier peut seul prévenir les malheurs que je redoute ; il faut s'arrêter à ce parti et brusquer les choses.

En ce moment, Gertrude rentre et dit à Jean Lebrenn d'un air mystérieux, presque effaré :

— Ah ! monsieur, voilà qui est singulier !.....

— Qu'est-ce, Gertrude ?

— En allant voir ce pauvre Olivier ! j'ai dû passer devant la porte de mademoiselle Victoria, et j'ai entendu des bruits de pas chez elle.

— Ma sœur n'est donc pas sortie ?

— Pardon, monsieur, j'ai vu de mes propres yeux, mademoiselle sortir de la maison, et elle m'a remis la clé de sa chambre.

— C'est vraiment singulier ; qui donc pouvait alors se trouver dans sa chambre ?

— Personne, monsieur, car votre sœur ne reçoit âme qui vive ; voilà pour quel motif ce bruit de pas m'a si fort étonnée.

— Expliquez-vous plus clairement.

— J'ai donc entendu ou peut-être cru entendre marcher dans la chambre de mademoiselle : ça ne pouvait être vous, monsieur, puisque vous étiez ici ; ça ne pouvait être non plus ni madame ni sa mère, puisque je venais de les voir au premier étage en montant chez mademoiselle, aussi je me dis en moi-même : « C'est peut-être un malfaiteur qui est entré chez mademoiselle. Alors je frappe à la porte en criant : « Mademoiselle, êtes-vous là !... » Pas de réponse : je frappe encore... pas de réponse. Je me dis : « C'est évidemment un malfaiteur. » Je descends en hâte pour chercher la clé de la chambre de mademoiselle et ma foi, au risque de ce qui pouvait m'arriver, j'ouvre la porte...

— C'est ce que vous auriez dû faire tout d'abord. Le mystère eût été immédiatement éclairci. Qu'avez-vous vu ?

— Personne... absolument personne... Tout

était bien en ordre, comme toujours, dans la chambre de mademoiselle. Sa table à ouvrage et l'autre petite table où elle écrit étaient à leur place accoutumée, près de la fenêtre mansardée qui donne sur le jardin, et comme elle était ouverte, je regarde par la fenêtre, je ne vois ni échelle ni corde qui aurait pu servir au malfaiteur pour s'introduire ou s'évader... Je visite le dessous du lit... j'ouvre la porte de son cabinet... personne! Alors, je me dis...

— Il résulte de ceci, ma bonne Gertrude, que vous avez cru entendre marcher dans la chambre de ma sœur et que vous vous êtes trompée, voilà tout... Maintenant, dites-moi comment se trouve Olivier.

— Lorsque j'ai frappé à sa porte, le jeune homme dormait d'un fier somme, car il ne m'a pas d'abord entendue.

— Tant mieux... S'il dormait profondément, c'est un heureux symptôme; c'est que la fièvre avait disparu...

— Je lui ai demandé à travers la porte comment il allait, s'il avait besoin de quelque chose. Il m'a répondu qu'il s'était couché après avoir bu sa tisane bien chaude, qu'il venait de s'endormir quand je l'ai éveillé, qu'il se trouvait mieux et qu'il espérait passer une bonne nuit. Là-dessus il m'a souhaité le bonsoir.

— Pauvre enfant, puisse cet espoir de repos se réaliser!.. Allez dire, Gertrude, à ma femme, que je vais à l'atelier, et qu'elle n'ait pas à s'inquiéter de mon absence. Je reviendrai souper à dix heures, selon l'habitude, dit Jean Lebrenn en quittant le salon.

La fabrique d'armes de guerre établie par Jean Lebrenn dans son atelier de serrurerie occupait alors une vingtaine d'ouvriers; et tous, apprentis, vieillards, jeunes hommes, rivalisaient d'ardeur civique dans l'accomplissement de leur tâche... Ils sentaient que ce n'était pas là un labeur ordinaire. Ils avaient conscience de servir la République, en confectionnant les armes destinées aux patriotes qui se rendaient aux frontières. Aussi, avec quelle ardeur ces artisans forgent, martellent ou liment le fer, ici à la clarté d'une lampe fumeuse accrochée aux murailles, ailleurs à la lueur resplendissante de la fournaise. Le retentissement cadencé des marteaux frappant l'enclume sert souvent d'accompagnement aux chants populaires de ce temps-ci, répétés en chœur par ces voix mâles. C'est tantôt *la Marseillaise*, tantôt *la Carmagnole* ou le fameux *Ça ira*, dont le rythme bref et précipité semble battre la mesure du pas de charge.

Les artisans de l'atelier interrompent soudain leurs travaux et leurs chants à l'arrivée de Jean Lebrenn. Castillon les a prévenus quelques instants auparavant que *l'ami Jean*, ainsi qu'ils l'appelaient cordialement, viendrait les renseigner au sujet des évènements du lendemain, afin de suppléer aux informations dont ils étaient privés depuis quelque temps.

— Citoyens, — dit Castillon à la vue de Jean Lebrenn, — je fais une motion! Afin de perdre le moins de temps possible, et de pouvoir écouter l'ami Jean sans décesser de travailler, laissons de côté pendant une heure les marteaux et les limes, et occupons-nous de fourbir ou d'ajuster nos pièces, cela peut se pratiquer presque sans bruit; or, ainsi nous ne feignantiserons pas, et nous pourrons écouter l'ami Jean tout à notre aise.

— Adopté la motion! — s'écrient les artisans... Et après quelques instants de tumulte causé par le changement d'occupations auxquelles ils allaient se livrer, le silence se fait. Jean Lebrenn se place à l'établi où il se tient habituellement, puis, s'adressant à ses compagnons et interpellant plusieurs par leurs noms:

— Frères, nous sommes à la veille d'une grande journée, aussi belle, aussi décisive que celles du *14 juillet* et du *10 août*. Cette journée sauvera, je l'espère, la Révolution, la République, la France, plus dangereusement menacées que jamais; et de plus, c'est aussi mon ferme espoir, pas une goutte de sang ne sera versée dans cette journée. La loi, la représentation nationale seront respectées, le peuple saura s'élever à la hauteur de sa mission et vaincre ses adversaires, non plus par la force des armes, mais par son influence morale... Mon langage vous étonne, mes amis, vous, hommes d'action par excellence.

— Ma foi, oui, l'ami Jean. Mais après tout, si l'on peut vaincre sans se cogner, c'est autant de gagné. Va pour le pacifique.

— La victoire n'en sera que plus pure. Mais, pour bien comprendre la portée des évènements qui se préparent, il est nécessaire de parler des faits accomplis. Vous le savez, mes amis, et ç'a été un des plus grands malheurs du temps, la Convention choisie par le peuple pour proclamer la République, formuler et juger Louis Capet, a été, dès le début de son existence, divisée par les rivalités des partis entre eux. Les chefs de ces partis, *montagnards*, *modérés* ou *Girondins*, sont tous plus ou moins coupables de la même faute, je devrais dire du même crime, car, oubliant la chose publique ou la confondant avec leur personnalité, ils ont perdu un temps précieux à s'accuser réciproquement de trahison! Ainsi le procès de Capet a traîné durant quatre mois. La nouvelle Constitution est à peine ébauchée. L'éducation nationale est à l'état de projet; enfin, si l'on excepte l'emprunt forcé d'un *milliard* sur les riches et le décret du *maximum*, nous attendons encore les lois qui doivent compléter l'affranchissement des prolétaires, en décrétant le droit à la possession des instruments de travail, pour tous les citoyens et pour les citoyennes.

— Nous sommes de ton avis, l'ami Jean ; la bourgeoisie a eu sa part de la Révolution, c'est justice, mais Jacques Bonhomme n'a encore que la moitié de sa part à lui. Il a conquis ses droits politiques, le suffrage universel et la République, c'est bien, c'est quelque chose, mais ce n'est pas tout. Il faut pouvoir manger pour vivre, et pour manger, il faut avoir à sa disposition le travail ou l'instrument à l'aide duquel on fait produire ce qui est nécessaire à sa subsistance. La terre au paysan, l'outil à l'ouvrier. A chacune sa part dans le fonds commun.

— A qui la faute, mes amis, si nos légitimes espérances ne sont pas encore réalisées ?

— Nom d'une pipe! l'ami Jean, la faute en est aux lenteurs de la Convention ; c'est clair et limpide comme un beau jour.

— D'où il suit que si nous avions choisi de meilleurs mandataires, nous n'aurions point à souffrir des lenteurs qui nous sont tant préjudiciables. Si la Convention n'a pas jusqu'à présent complété notre affranchissement, à nous autres prolétaires, la faute en est à notre manque de discernement dans le choix de nos représentants. Vous suivez bien mon raisonnement. Allons à la conclusion.

— Au fait, c'est assez juste, l'ami Jean ; car, enfin, si nous avons fait de mauvais choix, à qui nous en prendre ?

— A notre inexpérience, mes amis ; inexpérience toute naturelle ; car nous sommes encore *apprentis* dans l'exercice de nos droits ; mais l'expérience nous enseignant à nous bien servir de l'instrument souverain dont nous disposons, nous obtiendrons par les votes de nos représentants tout ce que nous devons légitimement réclamer, exiger. Ne sommes-nous pas après tout, nous, prolétaires, l'immense majorité du pays ! Sachons donc faire de meilleurs choix pour constituer l'assemblée qui remplacera la Convention, et notre affranchissement sera complet ! Est-ce à dire que la Convention ne compte pas dans son sein de vrais amis du peuple ? Ce serait la calomnier ; mais ceux-là, Robespierre, Saint-Just, Danton et les autres Jacobins, sont malheureusement en minorité ; les Girondins, disposent de la majorité, mais ils sont incapables de conjurer les périls dont la République est actuellement menacée.

— L'ami Jean, une idée. Si l'on priait les Girondins d'aller voir un peu là-bas comment se portent leurs amis Pitt et Cobourg? S'ils n'y consentent pas, on marche en forces sur la Convention, on fait le triage des bons et des mauvais, on la purge des mauvais, et alors... Aux grands maux les grands remèdes...

— Alors, mon vieux Castillon, la SOUVERAINETÉ DU PEUPLE, UNE ET INDIVISIBLE est violée dans la personne de ses représentants girondins; car ceux-ci, ausssi bien que les montagnards, sont sacrés par l'élection populaire, leur inviolabilité les couvre tant qu'il n'existe contre eux aucune preuve de trahison flagrant. Ne sortons pas de la bonne voie. Ce qu'il convient de faire, c'est de sauver la République sans violence, sans illégalité, sans attentat à la souveraineté du peuple, c'est d'obtenir que les Girondins abandonnent — volontairement — le pouvoir aux Jacobins.

— Comment en arriver à ces fins ?

— En usant de notre droit de réunion et de pétition, en faisant entendre à la Convention la voix de l'opinion publique, celle de Paris et celle de la France entière, et, j'en jure Dieu ! cette voix sera écoutée. Les plus réfractaires de nos représentants seront contraints d'obéir.

— Explique-nous la chose clairement.

— Voici, camarades, ce qui s'est passé avanthier, *29 mai* : La section de la *Cité*, par l'organe de son président DOBSEN, a fait appel aux quarante-sept autres sections de Paris, les conviant à déléguer chacune deux commissaires au club électoral séant à l'Evêché. Ces commissaires, revêtus des pleins pouvoirs des sections sur les moyens de sauver la chose publique, devaient se concerter pour agir. L'appel de la Cité a été entendu, et aujourd'hui, *30 mai*, ces quatre-vingt-seize délégués des sections ont nommé une commission supérieure de neuf membres. Cette commission a résolu ce qui suit : Demain, afin de constater la légalité du mandat dont les sections l'ont investie, cette section se rendant à l'Hôtel de Ville, exhibera ses pouvoirs et cassera — (mais seulement pour la forme) — le conseil municipal, dont l'autorité n'existe que par une délégation des sections. Cet acte accompli, le conseil municipal sera réintégré dans ses fonctions, parce qu'il est composé de bons patriotes. Le directoire du département, d'accord avec les sections, engagera de son côté les autorités de la Commune à se trouver demain à l'Hôtel de Ville et à s'adjoindre au conseil municipal afin d'aviser, le cas échéant, aux mesures de sûreté générale. Ainsi, demain, au point du jour, toutes les sections se réuniront avec leurs canons ; c'est-à-dire que tout Paris sera debout, armé, non pour combattre, mais pour se manifester calme et digne dans l'imposant appareil de sa force et de sa souveraineté.

— Je comprends la chose, ami Jean, les ci-devant nobles portaient toujours, même en pleine paix, la brette au côté ; ça faisait pour ainsi dire partie de leur costume. Eh bien ! nom d'une pipe ! dans les grandes occasions, et sans vouloir se battre, le peuple *s'endimanche*! il marche avec ses piques et ses canons... ça fait partie de son costume de cérémonie !

— Tu l'as dit, mon vieux Castillon, le ci-devant gentilhomme n'était complet que l'épée au côté, symbole d'oppression. Le patriote n'est complet que la pique à la main, symbole de résistance à l'oppression. Donc, demain, lorsque les sections, pacifiquement réunies, seront debout en *costume de cérémonie*, comme tu le dis, Castillon, le citoyen Rousselin, orateur de la députation des quarante-huit sections de Paris, et L'Huillier, au nom du directoire du département de Paris, liront à la barre de la Convention les pétitions apportées par les délégués des sections.

— Maintenant, l'ami Jean, je comprends la chose, — reprend Castillon. — On va dire aux Girondins : « Voyons, citoyens, nous sommes là, debout, une centaine de mille bons patriotes parisiens ; et là-bas, en province, d'autres centaines de mille bons patriotes sont comme nous convaincus que vous n'êtes pas ornés d'assez de poils aux yeux pour sauver la République... C'est connu ! Nous avons pour nous, vous le voyez, et le nombre, et la force, et nos canons ; mais du nombre, mais de la force, nous ne voulons point user ; seulement, nous vous disons, au nom du salut de la patrie : Citoyens girondins, puisque vous n'avez pas les reins assez solides pour porter le fardeau, laissez-le donc pour d'autres plus robustes ! Allons, filez... sans quenouille... »

— Tu parles d'or, mon vieux Castillon. Oui, selon toute probabilité, telles seront les conséquences de la journée de demain ; la majorité de la Convention... majorité souvent flottante, indécise, mais qui a jusqu'ici soutenu les girondins, frappée de cette imposante manifestation, de l'attitude calme, digne et légale du peuple ; la majorité, cédant à la pression de l'opinion publique, se séparera des girondins qui l'ont dominée jusqu'ici et s'unira aux Jacobins, qui deviendront ainsi maîtres de la situation. Alors, mes amis, soyez-en convaincus, quels que soient les efforts des monarques de l'Europe coalisée, quels que soient les complots des royalistes et des prêtres, la République, la Révolution, la France... seront sauvées sans que la souveraineté du peuple ait été violée dans la personne d'aucun de ses représentants, de la Commune ou de la Convention, même de ceux qui sont les plus hostiles aux idées nouvelles, et sans qu'une goutte de sang ait été répandue.

Soudain, la femme de Jean Lebrenn entre précipitamment dans l'atelier. Elle est pâle, tremblante, et, du seuil de la porte, elle s'écrie d'une voix altérée :

— Jean, mon ami, viens à l'instant... quel malheur !

— Charlotte... tu m'effraies, — dit Jean Lebrenn, allant vivement à la rencontre de sa femme. Qu'est-il arrivé, mon Dieu ?

— Viens, viens... en hâte...

— Citoyenne Lebrenn, avez-vous besoin de nous ? — s'écrie Castillon aussi ému que ses camarades en voyant l'anxiété peinte sur les traits de la jeune femme ; — parlez... nous sommes là... tous à votre service.

— Merci, mes amis, merci... Hélas ! il n'y a point de remède au malheur dont nous sommes frappés, — répond Charlotte et, prenant le bras de son mari, de plus en plus inquiet, elle sort avec lui de l'atelier et se dirige vers sa maison.

. . . .

Pendant que Jean Lebrenn instruisait ses camarades des évènements probables de la journée du 31 mai (1793), Victoria, de retour vers les neuf heures et demie du soir, était montée dans sa chambre. Elle se débarrasse de sa mante et dépose son luminaire sur la table ; elle s'assoit abattue, brisée ; puis, sombre et pensive, elle appuie son front entre ses mains. Soudain son regard s'arrête sur une feuille de papier placée en évidence au milieu de sa table, et la jeune femme lit d'abord presque machinalement les lignes suivantes, tracées par Olivier d'une main peu experte encore :

« Mademoiselle,

« En osant vous écrire cette lettre, je mets à profit le peu que je sais, et que je dois à vos bontés. Vous avez eu pitié de moi, pauvre orphelin, vous avez eu compassion de mon ignorance. Grâce à vous, je sais lire, former les lettres. Merci, mon Dieu ! car au moins j'aurai pu vous écrire, ce que jamais je n'aurais osé vous dire, redoutant votre colère ou votre mépris. Mais à cette heure qu'ai-je à craindre ?

« Quel changement vient de s'opérer en moi ! Tout à l'heure ma main tremblait à ce point de m'empêcher d'écrire, à la seule pensée de vous avouer que *je vous aime passionnément*. Il me semble que cet aveu ne vous causera ni mépris ni colère, parce que cet aveu est sincère.

« Vous ne m'aimerez, vous ne pourriez jamais m'aimer d'amour, parce que je ne suis pas digne de vous, et puis je suis trop jeune, je suis *un enfant*, ainsi que vous me l'avez répété si souvent. Je ne puis espérer obtenir votre affection.

« Ce soir, vers huit heures, je vous ai vue sortir, j'en ai été content, je préférais ne pas vous savoir ici, et puis je pourrais ainsi en votre absence déposer cette lettre sur votre table, et vous la lirez à votre retour.

« Je me suis enfermé à double tour, j'ai regardé le chéneau ; le passage m'a paru praticable, et, pour m'en assurer, je suis allé jusqu'à votre fenêtre ; elle était ouverte : j'ai vu votre table, votre panier à ouvrage, vos livres. Ah ! comme j'ai pleuré !

« De retour dans ma chambre, j'ai commencé à vous écrire cette lettre, j'irai tout à l'heure la déposer sur votre table, et puis après, grâce à la provision de charbon que je me suis procurée, je mettrai fin... à mon existence...

— Ah! le malheureux enfant! s'écrie Victoria, jetant la lettre loin d'elle et se levant, pâle, éperdue d'épouvante, elle court à la porte de la chambre d'Olivier en criant au secours... — Mais en vain elle frappe à cette porte et s'efforce de l'ébranler. Gertrude, madame Lebrenn et sa mère arrivent en hâte aux cris de Victoria. L'imminence du danger redouble sa présence d'esprit habituelle; ne pouvant parvenir à enfoncer la porte, elle rentre dans sa chambre, s'aventure sur l'étroit cheneau qui a servi de passage à Olivier, arrive ainsi en face de la fenêtre de la mansarde qu'il occupe, brise l'un des carreaux, fait jouer l'espagnolette, s'élance dans la chambre, ouvre la porte fermée en dedans, et bientôt, aidée de madame Desmarais, de Charlotte et de Gertrude, elle s'empresse de donner les premiers soins à l'apprenti étendu sur sa couche. Ce malheureux ne donnait plus signe de vie... Cependant l'air vif et pur, pénétrant par l'ouverture de la porte et de la fenêtre, dissipe les gaz mortels du charbon. La poitrine d'Olivier se soulève, une faible respiration se produit; Victoria et madame Desmarais transportent le moribond près de la fenêtre. Il est placé, soutenu sur une chaise. Bientôt ses traits livides, couverts d'une sueur glacée, se colorent légèrement, et peu à peu la vie renaît en lui.

. . . .

Environ deux heures se sont écoulées depuis qu'Olivier a été arraché à une mort imminente par Victoria : il est complètement revenu à lui. L'on imaginerait difficilement des traits d'une plus rare perfection que ceux de cet adolescent, une physionomie à la fois plus candide et plus charmante. Conduit dans le salon de Jean Lebrenn, l'apprenti se trouve seul avec Victoria : elle est pensive, ses yeux rougis par les larmes, la coloration fébrile qui remplace la pâleur habituelle de ses beaux traits, tout révèle les pénibles émotions de la jeune femme. Elle s'adresse ainsi à l'adolescent d'une voix grave et douce après quelques instants de recueillement: Olivier, vous êtes, je le crois maintenant en état de m'entendre. J'ai prié mon frère et sa famille de me laisser seule avec vous... Notre entretien aura, je l'espère, une heureuse influence sur votre avenir et vous donnera toute satisfaction.

— Je vous écoute, mademoiselle Victoria.

— J'ai lu cette lettre... — ajoute la jeune femme en tirant de son corsage la lettre d'Olivier. — Effrayée de votre résolution de suicide... et ne songeant qu'à vous arracher à la mort s'il en était encore temps... je n'ai pu d'abord achever la lecture de votre billet; maintenant je viens de le lire en entier...

— Qu'entends-je! — s'écrie l'adolescent, joignant les mains avec transport, — ma lettre ne vous a inspiré ni mépris ni colère ?

— Pourquoi du mépris, pourquoi de la colère ? Vous avez cédé à un sentiment de reconnaissance envers moi, et de sympathie pour mon caractère... je ne suis donc pas irritée, mais touchée de votre affection.

— Vous êtes touchée de mon affection, mademoiselle Victoria. Mon Dieu! que dites-vous ?

— Maintenant, mon ami, répondez-moi sincèrement. La crainte de me voir insensible à un aveu, que la timidité avait pendant si longtemps retenu sur vos lèvres, vous a poussé au suicide? Suis-je dans la vérité ?

— Hélas! oui, mademoiselle.

— Soyez sincère, Olivier. Était-ce la maîtresse ou l'épouse que vous rêviez en moi ?

— Grand Dieu! pouvez-vous supposer...

— Vous rêviez en moi la future compagne de votre vie. Eh bien! je déclare que je suis indigne d'être votre femme. Si cruel que me soit cet aveu, Olivier, je dois vous le faire, afin de ne vous laisser aucune illusion, aucune espérance. Mais je vous offre en échange un attachement dévoué, l'affection d'une mère pour son enfant. C'est tout ce que je puis pour vous.

Olivier avait jusqu'alors tenu son visage caché entre ses mains, il les laisse tomber sur ses genoux, et, attachant sur Victoria un regard sombre et significatif, il ne répond rien, se lève avec peine de son siège, et d'un pas chancelant se dirige vers la porte du salon.

Le silence de l'apprenti, l'expression de ses traits, révélaient un désespoir si profond, que Victoria pressent quelque nouveau malheur, s'élance vers Olivier, lui prend la main et l'interpelle : — Où allez-vous ?

— Dans ma chambre, j'ai besoin de repos.

— Vous ne resterez pas seul dans votre chambre, Gertrude et moi nous veillerons sur vous ; nous serons là toute la nuit.

— Bonsoir, mademoiselle Victoria, — répond l'apprenti en faisant un nouveau mouvement pour se diriger vers la porte ; mais Victoria, le retenant toujours par la main : — Olivier, je devine votre pensée, vous ne jouissez pas de votre raison.

— Je vous demande pardon, mademoiselle Victoria, j'ai toute ma raison, et si vous devinez ma pensée, vous devez comprendre que nulle puissance au monde n'est capable de faire obstacle à ma résolution !

— Vous aurez la cruauté de me laisser sous le poids de cette horrible pensée, que moi... moi qui vous chéris comme un fils... j'aurai causé votre mort.

— Votre cœur est compatissant, mademoiselle Victoria, votre caractère généreux. Je veux sortir de ce monde parce que vous ne voulez pas ou vous ne pouvez pas m'aimer.

— Malheureux enfant, lors même que je ne serais pas d'un âge à être votre mère, je vous le dis la rougeur au front; je suis indigne d'être votre femme... Vous ne pouvez pas être mon mari... Une pareille union serait la honte de votre vie et le remords éternel de la mienne...

— A vos yeux peut-être, mais non aux miens, mademoiselle Victoria. Quel que soit un passé que j'ignore, et dont je n'ai nul souci, vous êtes maintenant pour moi ce qu'il y a au monde de plus digne de respect et d'amour. La vie, sans vous, me serait insupportable, je suis résolu de me tuer...

— C'est de la démence ! Je ne vous aime pas d'amour, moi... Pourquoi vous obstiner dans cette lutte contre l'impossible, pauvre insensé ?

— Je ne songe pas à une lutte... je me résigne... et je me supprime.

Ces dernières paroles d'Olivier, prononcées sans emphase, sans amertume, ne pouvaient laisser le moindre doute à Victoria sur la résolution de cet infortuné. Elle avait depuis assez longtemps lu au fond de cette âme ouverte et naïve, pour y reconnaître un mélange de douceur et d'énergie. L'apprenti, à peine échappé à une mort presque certaine, était encore déterminé à chercher dans le suicide la fin de ses tourments. Victoria se recueille, réfléchit, et, après un long silence, reprend : — Olivier, vous êtes résolu à mourir... Je ne veux à aucun prix réveiller vos espérances en prenant envers vous quelque engagement que ce soit. Je ne veux en rien ranimer vos illusions, elles doivent être détruites et pour toujours; mais au nom de l'intérêt que je vous ai toujours porté, au nom même de votre attachement pour moi, je vous demande seulement de me promettre de ne pas attenter à votre vie jusqu'à demain minuit. A cette heure, vous me reverrez ici, dans ce salon, sinon, vous recevrez une lettre de moi. Si l'entretien que j'aurai avec vous, alors, ou si la lecture de ma lettre ne change rien à vos funestes projets, vous les mettrez à exécution, comme il vous conviendra ; que votre destinée alors s'accomplisse.

— Mourir vingt-quatre heures plus tôt... vingt-quatre heures plus tard... peu m'importe... Je vous promets de ne pas me tuer avant l'heure que vous avez fixée, répond l'apprenti avec un accent de *désintéressement* si évident qu'il est facile de deviner que le malheureux ne fonde aucune espérance sur l'atermoiement de son suicide; puis, se dirigeant vers la porte, il ajoute : — Mademoiselle Victoria, demain se décidera ma destinée.

— Olivier, nous avons un jour entier pour réfléchir sur le grave sujet auquel sont liées nos deux existences.

A peine Olivier a-t-il quitté le salon, que Victoria se lève, et allant ouvrir une porte communiquant à une pièce voisine, où se tenaient Jean Lebrenn et sa femme, elle leur dit d'une voix altérée : — Vous avez tout entendu !

— Ah ! l'infortuné ! — s'écrie Jean Lebrenn, — il a la tête perdue... il me paraît certain qu'il mettra à exécution ses fatales idées de suicide.

— Mon Dieu, — ajoute madame Lebrenn, essuyant ses yeux humides de larmes, — l'avoir aujourd'hui sauvé de la mort, et penser que demain peut-être... ah ! c'est horrible !... mais que faire en cette extrémité; que pouvons-nous décider ?... Quelle est ta pensée à ce sujet ?

— Nous pouvons et nous devons tout au moins mettre à profit les vingt-quatre heures de sursis que tu as su obtenir de lui, chère sœur, — reprend Jean Lebrenn. — Je n'ai pas voulu intervenir jusqu'ici en cette pénible circonstance; mais Olivier a pour moi beaucoup d'affection; j'ai sur lui de l'influence, son cœur est excellent, son esprit droit, son caractère généreux ; je ferai appel à ses bons sentiments, je m'efforcerai d'exalter son patriotisme naguère encore si ardent, et que n'a pu refroidir sa folle passion. Je prouverai à Olivier qu'il commet un crime contre la République, contre la mère-patrie en sacrifiant sa vie, au lieu de la dévouer au salut du pays menacé par l'étranger.

— Ah ! mon frère, crois-tu donc que je n'aie pas songé à relever cette âme abattue, découragée. Hélas ! mes efforts n'ont pas abouti. Je connais cet enfant mieux que vous, mes amis. Ecoutez-moi, voici l'heure d'une révélation cruelle, frère : tu sais quelle part dans ma vie a eue Maurice, le sergent aux gardes françaises; l'infortunée victime de M. de Plouernel ?

— Oui, et je sais de plus, ou je crois savoir qu'Olivier est le frère de Maurice. — Puis, répondant à un mouvement de surprise de Victoria : — C'est à la pénétration de Charlotte que je dois cette découverte.

— En effet, Olivier est le frère de Maurice, et par l'un de ces mystères incompréhensibles de la nature, la ressemblance physique qui existe entre eux est peut-être moins extraordinaire encore que leur ressemblance morale. — Ma connaissance du caractère de Maurice m'a donné la clé du caractère d'Olivier. Malheur à moi ! — ajoute Victoria d'une voix déchirante.

— En voyant, en entendant l'un, je croyais voir, entendre l'autre ! Même accent, même regard ! Combien de fois, entraînée par la magie des souvenirs, je me suis surprise, émue, passionnée pour ce vivant fantôme du seul homme que j'aie aimé durant ma triste vie.

— Tu aimes Olivier, ou plutôt en lui tu continues d'aimer Maurice, malheureuse femme !

— Chère sœur ! — dit Charlotte, prenant avec effusion les deux mains de Victoria, muette, accablée, baissant son visage empourpré de honte et inondé de larmes. — Pouvez-vous supposer que nous ayons pour vous une parole de blâme? Vos nouveaux chagrins nous inspirent la compassion la plus tendre. Ah! si notre affection fraternelle pouvait s'accroître, elle augmenterait devant cette preuve touchante de la persistance de l'unique amour de votre vie. Ne savons-nous pas que pour vous, hélas! aimer Olivier, c'est être encore fidèle au souvenir de Maurice!

— Et cependant cet amour, aussi pur que l'autre l'a été, serait odieux, serait révoltant, — murmura Victoria.

— Victoria, — reprend Jean Lebrenn sans pouvoir retenir ses larmes, — ne l'abandonne pas au désespoir. Envisageons froidement la réalité et réglons en conséquence notre conduite.

— Hélas! la réalité! — répond Victoria, — la voici: Aucune puissance humaine n'empêchera le suicide d'Olivier, si je ne lui promets d'être sa femme, ou sa maîtresse! L'alternative est: mon infamie ou sa mort.

Un silence de quelques moments succède aux paroles de Victoria.

— Malheur à nous! — reprend avec accablement Jean Lebrenn, rompant le premier le silence. — Oui, la fatalité nous enferme dans un cercle de fer... Hélas! en ce moment j'éprouve une espèce de vertige en sondant cet abîme de maux inévitables, et cependant, malgré moi, je ne sais quelle vague espérance me soutient encore... il nous viendra quelque inspiration.

— Oui, — reprend Charlotte, — oui, j'ai un espoir, parce que notre sœur Victoria est une noble créature; parce qu'Olivier est doué de généreuses qualités... Je crois qu'il pourra se trouver une solution honorable pour nous tous.

— Oh! femme aimée, s'écrie Jean Lebrenn, tes paroles me réconfortent. Oui, oui, toute situation, si désespérée qu'elle semble, porte en soi sa solution honorable... Sœur chérie! relève ce front abattu... Ayons foi dans l'union des nobles cœurs!

Soudain, Victoria, jusqu'alors pensive, abattue, se redresse, transfigurée, rayonnante, et, embrassant avec une ineffable effusion, la femme de son frère, elle s'écrie:

— Vous avez dit vrai, Charlotte... nous devons sortir à notre honneur de cette situation. Puis, embrassant à son tour Jean Lebrenn avec un redoublement d'effusion, Victoria reprend:

— Ah! frère, de quel poids affreux mon cœur est allégé! Demain, vous saurez tout. Demain, sera brisé ce cercle de fer où nous enfermait la fatalité! Une heureuse inspiration m'est venue.

Le lendemain matin, au moment où Jean Lebrenn se rendait à son atelier, il rencontre dans la cour de la maison la servante Gertrude; elle tire de sa poche une lettre.

— Mademoiselle Victoria m'a chargée de cette lettre pour vous, monsieur Jean.

— Ma sœur est donc sortie?

— Oui, monsieur; elle est partie au point du jour avec Olivier, celui-ci portant une malle sur ses épaules.

— Ma sœur nous a quittés? — balbutie Jean Lebrenn stupéfait. Puis, s'empressant de rompre le cachet de la lettre que vient de lui remettre Gertrude, il lit les adieux suivants:

« Adieu, frère! embrasse tendrement pour moi ta chère femme.

« J'emmène Olivier... Je ne peux à présent t'instruire de mes projets; mais, soyez-en assurés, la solution est *honorable pour tous*. Je suis et serai toujours digne de votre estime et de votre affection. Ne cherchez pas en ce moment à savoir ce que je suis devenue... N'aie aucune inquiétude sur mon sort... Tu recevras chaque semaine une lettre de moi, jusqu'au jour très prochain peut-être, mais peut-être aussi très lointain, où je pourrai revenir près de vous, cher frère, chère sœur, pour ne plus vous quitter.

« En attendant ce jour tant désiré, continuez de m'aimer tous les deux... car jamais je n'ai eu plus besoin de votre affection.

« VICTORIA. »

. . . .

Quelques nouveaux extraits du journal tenu par moi, Jean Lebrenn, serviront à faire connaître les évènements politiques importants accomplis à Paris, depuis le 31 mai jusqu'au mois de novembre 1793.

5 JUIN 1793. — Glorifiez la journée du 31 mai, fils de Joel: elle sera le salut de la République, elle assurera le triomphe de la Révolution. Paris entier debout, représenté par une population de plus de *cent vingt mille* citoyens en armes, a obtenu, par la seule pression morale de son patriotisme, la suspension des représentants girondins. La plupart d'entre eux se sont volontairement imposé l'ostracisme. Le peuple est resté debout, en armes, depuis le 31 mai jusqu'au 4 juin 1793, pendant cinq jours entiers.

6 JUIN 1793 — Un hasard singulier a mis aujourd'hui entre mes mains une note manuscrite de Robespierre. Je me suis empressé d'en prendre copie; elle est du plus haut intérêt. Elle expose en quelques lignes concises, fermes, d'une logique profonde et d'une pratique inflexible comme le génie de ce grand homme, la direction politique qu'il se propose d'imprimer désormais au parti jacobin, maître du pouvoir depuis la journée du 31 mai:

« — Il faut une volonté UNE;

« — Il faut qu'elle soit RÉPUBLICAINE;

« — Pour qu'elle soit républicaine, il faut des ministres républicains, des journaux républicains, des députés républicains, un gouvernement républicain. La République ne peut se

Mort de Marat (page 122)

constituer qu'avec des fonctionnaires honnêtes et républicains.

« La guerre étrangère est un fléau mortel tant que le corps politique souffre des convulsions de la Révolution et de la division des volontés. Les dangers intérieurs viennent des bourgeois; pour vaincre les bourgeois, il faut rallier le peuple. — Il faut que l'insurrection actuelle (31 mai 1793) continue jusqu'à ce que les mesures soient prises pour sauver la République. — Il faut que le peuple se rallie à la Convention et que la Convention se serve du peuple. — Il faut que l'insurrection s'étende de proche en proche sur le même plan, — que les sans-culottes soient payés et restent dans les villes, — il faut leur procurer des armes, les exalter, les éclairer. »

. . . .

— J'ai reçu aujourd'hui, 7 juin, une lettre de Victoria, suivant sa promesse de m'écrire chaque semaine. Sans parler du profond chagrin que nous causait son absence, nos inquiétudes étaient extrêmes, malgré les espérances qu'elle me donnait dans son billet d'adieu. Elle m'informe que la santé d'Olivier s'améliore, que son moral se raffermit. Elle ne désespère pas de le ramener à la raison et à la pratique de ses devoirs civiques. Ma sœur habite, me dit-elle, une localité assez éloignée de la capitale, et ne peut encore me dévoiler ce qu'il y a de mystérieux dans sa conduite et les réticences qu'elle apporte dans sa correspondance.

10 juin 1793. — La majorité de la Convention vient de reconnaître combien a été salutaire l'insurrection morale du 31 mai, en votant l'arrêté suivant :

« La Convention nationale déclare que, dans

les journées du 31 mai au 4 juin, le conseil général révolutionnaire de la Commune et le peuple de Paris ont puissamment concouru à sauver la liberté, l'unité et l'indivisibilité de la République ».

12 juillet 1793. — Les Girondins ont été, le 10 juillet, à la suite d'un rapport de Saint-Just, pour la majorité du moins, déclarés traîtres à la patrie et mis hors la loi. Plusieurs autres membres de ce parti ont été renvoyés devant le tribunal révolutionnaire.

17 juillet 1793. — Samedi dernier, 13 juillet, Marat a été assassiné entre sept et huit heures du soir, par Marie-Anne-Charlotte Corday d'Armans, fille d'un ci-devant noble et demeurant ordinairement à Caen, l'un des foyers de l'insurrection fédéraliste soulevée par les Girondins. Charlotte Corday, jouant le rôle d'une victime qui demandait secours et protection à l'*Ami du peuple*, avait sollicité de lui une entrevue. Épuisé, souffrant, il prenait un bain; mais cédant à un sentiment de compassion pour la personne qui implorait son aide, il consentit à la recevoir; Charlotte Corday, introduite auprès de lui, le frappa d'un coup de couteau. Il est mort presque instantanément. J'enregistre ce nouvel assassinat. Crime abominable ! La jeunesse, la beauté, le caractère résolu de Charlotte Corday n'atténuent en rien son forfait. En vain on la compare à Brutus. Celui-ci frappait César, tyran de sa patrie, tandis que le patriotisme de Marat, l'ami du peuple, n'a jamais été mis en doute. Traduite aujourd'hui devant le tribunal révolutionnaire présidé par Fouquier-Tainville, l'accusée a avoué ses liaisons avec les parti girondin, dont elle est évidemment l'instrument. Elle s'est glorifiée d'avoir assassiné Marat, châtiment mérité de ses crimes, a-t-elle dit. Condamnée à mort à l'unanimité par le jury, Charlotte Corday a subi aujourd'hui sur l'échafaud la peine des homicides. L'universelle consternation des patriotes en apprenant le meurtre de l'Ami du peuple est une nouvelle preuve de la prodigieuse influence qu'exerçait sur les esprits et sur les cœurs cet homme extraordinaire.

Les vers suivants ont été placardés à profusion dans Paris :

« Peuple... Marat est mort. L'amant de la patrie,
Ton ami, ton soutien, l'espoir de l'affligé,
Est tombé sous le coup d'une horde flétrie.
Pleure !... mais souviens-toi qu'il doit être vengé. »

J'ai reçu ce matin, 17 juillet, une lettre de Victoria : elle m'apprend que la santé d'Olivier est rétablie, et que bientôt il me prouvera qu'il n'a pas démérité mon affection. Olivier a confirmé cette espérance par quelques lignes ajoutées de sa main à la lettre de Victoria. Quel est son projet ? Je l'ignore. Du moins elle a arraché ce malheureux au suicide. L'égarement de son esprit paraît apaisé, sa raison raffermie.

30 juillet 1793. — L'insurrection royaliste et fédéraliste de Lyon, de Marseille, de Toulon et de Bordeaux contre la République et la Convention, est d'autant plus alarmante, que la guerre de Vendée s'éternise, prend une grande extension et devient d'une épouvantable férocité. — Lisez, fils de Joël, et frémissez des atroces représailles que peuvent soulever ces horreurs sans nom, commises par les Vendéens soulevés à la voix de leurs prêtres et des ci-devant nobles ! Ah ! si la loi du talion, loi sauvage et barbare, est jamais appliquée aux Chouans et aux Vendéens par les vengeurs des patriotes, que la responsabilité retombe sur ces forcenés.

« Les brigands de la Vendée ont donné le signal et l'exemple des meurtres et des massacres : Machecoul a été le théâtre de scènes d'horreurs; ils ont haché et mis en pièces huit cents patriotes; plusieurs ont été enterrés vivants; on contraignait les femmes à assister au supplice de leurs maris; on les clouait ensuite toutes vivantes, ainsi que leurs enfants, par les pieds et par les mains aux portes de leurs maisons, et on les perçait de mille coups. Le curé constitutionnel fut embroché et promené dans les rues et sur les places de Machecoul, ayant les parties sexuelles coupées. Il fut cloué, encore vivant, à l'arbre de la liberté. Un prêtre vendéen célébra la messe au milieu du sang et sur les cadavres mutilés. Dans les marais de Niort, on massacra, on mutila un bataillon composé de six cents enfants de Nantes. Les brigands renouvelèrent à Chollet les scènes affreuses de Machecoul. Ils livrèrent les patriotes aux tourments les plus affreux avant de leur arracher la vie. Là, encore, ils clouèrent les femmes et les enfants tout vivants aux portes de leurs maisons, et les percèrent ensuite de coups de baïonnettes. Ils ont exercé ces supplices partout où ils ont trouvé des patriotes ou des habitants qui ne voulaient point porter les armes contre la République. Lorsqu'ils se sont emparés de Saumur, tout ce qui jouissait de la réputation de patriote a péri dans les tortures les plus effroyables. Les femmes, leurs enfants dans les bras, se jetaient par les fenêtres; les tigres les poignardaient dans les rues. Les supplices qu'ils faisaient subir à nos braves défenseurs n'étaient pas moins cruels; le moins barbare était de les fusiller ou de les tuer à coups de baïonnettes; mais le plus ordinairement ils les suspendaient à des arbres par les pieds et allumaient un brasier au-dessous de leurs têtes, ou bien ils les clouaient tout vivants à des arbres; ou encore ils les introduisaient des cartouches dans la bouche et dans leurs narines, y mettaient le feu et les faisaient périr dans ces épouvantables tourments. Nous ne pouvons faire un seul pas dans la Vendée sans avoir ces perspectives affreuses, déchirantes, sous les yeux. — Là, en entrant dans un village, s'offrent à nos regards de braves défenseurs de la République taillés en lambeaux ou cloués aux portes des bâtiments ; ici les arbres des bois, les haies nous représentent les images défigurées de nos braves frères d'armes suspendus à leurs branches, les corps à demi brûlés. Plus loin, nous trouvons leurs restes inanimés attachés, cloués à des arbres, à des poteaux, mutilés, percés de coups, le visage brûlé, calciné. — Les brigands ne se bornent point à ces tortures inhumaines : ils remplissent leurs fours de nos braves défenseurs, y mettent le feu, et les font lentement consumer de cette manière atroce. Aujourd'hui les cannibales ont inventé un nouveau genre de supplice : on coupe le nez, les mains, les pieds aux prisonniers, après quoi on les entasse dans de noirs cachots, où ils doivent mourir de faim.

Chalier, représentant du peuple et commissaire de la Convention, l'un des hommes les plus considérés par son civisme, par son courage, par l'élévation de son caractère, porté le premier sur une liste de quatre-vingt-trois patriotes, est monté sur l'échafaud lyonnais. L'instrument du supplice ayant mal fonctionné, Chalier a été par deux fois mutilé... Les cruautés des congréganistes et des royalistes attireront de grandes calamités sur Lyon.

2 août 1793. — Souvent, ma sœur et moi, nous nous étonnions de ne recevoir aucune nouvelle du prince Frantz de Gerolstein, notre parent, et l'un des plus fervents adeptes de la secte des *Voyants*. Le secret du silence de Frantz vient de m'être révélé : un officier de la garnison de Mayence, longtemps prisonnier dans le duché des Deux-Ponts, limitrophe de la principauté de Gerolstein, m'a appris aujourd'hui que, depuis environ quatre ans (époque à laquelle Frantz nous a quittés), il est détenu dans une prison d'État par ordre de son père, le prince régnant actuel. Ainsi Frantz de Gerolstein expie par une dure captivité ses sympathies pour les idées nouvelles.

4 août 1793. — La Convention a rendu hier un décret ayant un caractère socialiste et révolutionnaire.

« La Convention nationale, considérant tous les maux que les accapareurs font à la société par des spéculations meurtrières sur les plus pressants besoins de la vie et sur la misère publique, décrète ce qui suit :

« Art. 1er. — L'accaparement est un CRIME CAPITAL.

. . . .

« Art. 8. — Huit jours après la publication et la proclamation de la présente loi, ceux qui n'auront pas fait les déclarations qu'elle prescrit seront réputés accapareurs, et, comme tels, PUNIS DE MORT ; leurs biens seront confisqués, ainsi que les marchandises ou denrées saisies chez eux. »

7 août 1793. — La loi sur l'accaparement a produit son effet sur les agioteurs. Toutes les denrées servant à l'alimentation du peuple ont subi une baisse importante.

. . . .

La Convention redouble d'énergie pour faire face à tous les dangers dont la République est menacée. De nouvelles intelligences viennent d'être découvertes entre les Vendéens, la veuve de Louis Capet, bon nombre de prêtres et des ci-devant nobles incarcérés.

« La Convention nationale dénonce, *au nom de l'humanité outragée*, à tous les peuples, et *même au peuple anglais*, LA CONDUITE LACHE, PERFIDE, ATROCE DU GOUVERNEMENT BRITANNIQUE, *qui soudoie l'assassinat, le poison, l'incendie et tous les crimes pour le triomphe de la tyrannie et pour l'anéantissement des droits de l'homme.*

. . . .

« Marie-Antoinette est renvoyée devant le tribunal extraordinaire. Elle sera transférée sur-le-champ à la Conciergerie.

« Tous les individus de la famille Capet seront déportés hors du territoire de la République, à l'exception des deux enfants de Louis Capet et des individus de la famille qui sont sous le glaive de la loi.

« Elisabeth Capet ne pourra être déportée qu'après le jugement de Marie Antoinette.

« Les tombeaux et mausolées des anciens rois élevés dans l'église de Saint-Denis, dans les temples et autres lieux dans toute l'étendue de la République seront détruits le 10 août prochain ; leurs cendres seront jetées au vent. »

8 août 1793. — Jusqu'à présent, Victoria, fidèle à sa promesse, m'a écrit régulièrement chaque semaine en son nom et en celui d'Olivier. Il marche, dit-elle, d'un pas ferme dans la voie du devoir. Ma sœur ne lève pas le voile dont son existence est entourée depuis qu'elle a quitté notre maison ; elle m'annonce qu'elle va suspendre sa correspondance, mais que s'il survenait quelque chose de fâcheux, elle m'en instruirait sans retard.

23 août 1793. — L'Europe coalisée augmente les masses de troupes qu'elle lance sur nos frontières, ici envahies, ailleurs menacées. O patrie ! tu fais appel à l'héroïsme de tes enfants, ta voix sera entendue. Le comité de salut public, dont les membres les plus influents sont Robespierre, Saint-Just et Couthon, redouble d'énergie révolutionnaire. La Convention rend

décrets sur décrets, brefs, précipités, vaillants, comme le son du tambour battant la charge.

« La Convention nationale, après avoir entendu le rapport de son comité de salut public, décrète:

« Art. 1er. — Dès ce moment jusqu'à celui où les hordes étrangères et tous les ennemis de la République auront été chassés du territoire, tous les Français sont en réquisition permanente pour le service des armées.

« Les jeunes gens iront au combat, les hommes mariés forgeront des armes et transporteront des subsistances, les femmes feront des tentes, des habits et serviront dans les hôpitaux, les enfants mettront les vieux linges en charpie, les vieillards se feront porter sur les places publiques pour exciter le courage des guerriers, la haine des rois et l'unité de la République.

Le peuple français sera bientôt tout entier debout contre les tyrans. L'effet produit aujourd'hui à Paris par les derniers décrets de la Convention a été immense, indescriptible. Merci Dieu ! la commande de fusils dont je suis chargé sera terminée sous peu de jours. Je pourrai rejoindre l'armée. Castillon et moi nous nous enrôlerons dans l'un des bataillons de volontaires parisiens.

. . . .

18 SEPTEMBRE 1793. — Depuis le commencement de ce mois, *la terreur est à l'ordre du jour*. La terreur règne ; mais à qui imputer cette nécessité fatale, sinon aux ennemis de la patrie ? La République ne frappe qu'après avoir été outragée ; elle n'attaque pas, elle se défend ; elle obéit à cette loi suprême de conservation, droit commun aux individus et au corps social. La *terreur* saura réduire à l'impuissance nos ennemis intérieurs.

17 OCTOBRE 1793. — Hier, le tribunal révolutionnaire a condamné la reine Marie-Antoinette à la peine de mort.

« Le tribunal, d'après la déclaration unanime du jury, faisant droit au réquisitoire de l'accusateur public, et d'après les lois par lui citées, condamne la nommée MARIE-ANTOINETTE, dite Lorraine d'Autriche, veuve de LOUIS CAPET, à la peine de mort ; déclare, conformément à la loi du 10 mars dernier, ses biens, si aucuns ells a dans l'étendue du territoire français, acquis et confisqués au profit de la nation ; ordonne qu'à la requête du ministère public le présent jugement sera exécuté sur la place de la Révolution, imprimé et affiché dans toute l'étendue de la République. »

Marie-Antoinette a conservé une contenance calme et assurée au cours de son procès. Elle est sortie de la salle d'audience après le prononcé du jugement, sans témoigner la moindre émotion et sans adresser un mot aux juges et aux jurés : elle est montée sur l'échafaud à quatre heures et demie du matin, en présence d'un petit nombre de spectateurs.

. . . .

18 OCTOBRE 1793. — La Convention a abrogé l'ancien calendrier, lui en substituant un nouveau basé sur les observations de la science exacte. La nouvelle dénomination des mois est aussi poétique, harmonieuse, et surtout rationnelle, que l'ancienne dénomination était barbare et vide de sens, empruntée qu'elle était en partie aux fêtes et aux princes de l'Empire romain et à la théocratie du paganisme.

Tel est le décret de la Convention :

« Art. 1er. — L'ère des Français compte de la fondation de la République, qui a eu lieu le 22 septembre 1792 de l'ère vulgaire, jour où le soleil est arrivé à l'équinoxe vrai d'automne, et entrant dans le signe de la Balance, à neuf heures dix-huit minutes trente secondes du matin, pour l'Observatoire de Paris.

« Art. 2. — L'ère vulgaire est abolie pour les usages civils.

« Art. 3. — Chaque année commence à minuit avec le jour où tombe l'équinoxe vrai d'automne pour l'Observatoire de Paris.

« Art. 7. — L'année est divisée en douze mois égaux de trente jours chacun. Après les douze mois suivent cinq jours pour compléter l'année ordinaire. Ces cinq jours n'appartiennent à aucun mois.

« Art. 8. — Chaque mois est divisé en trois parties égales de dix jours chacune, qui sont appelées décades.

« Art. 9. — Les noms des jours de la décade sont : *primidi, duodi, tridi, quartidi, quintidi, sextidi, septidi, octidi, nonidi, décadi*. Les noms des mois sont pour l'automne : VENDÉMIAIRE (septembre), BRUMAIRE (octobre), FRIMAIRE (novembre). — Pour l'hiver : NIVOSE (décembre), PLUVIOSE (janvier), VENTOSE (février). — Pour le printemps : GERMINAL (mars), FLORÉAL (avril), PRAIRIAL (mai). Pour l'été : MESSIDOR (juin), THERMIDOR (juillet), FRUCTIDOR (août). »

12 BRUMAIRE AN II (3 octobre 1793). — La commande d'armes dont j'étais chargé est terminée. Nous partons après-demain, Castillon et moi, afin de rejoindre à Lille le dépôt du septième bataillon des volontaires parisiens.

. . . .

Moi, Jean Lebrenn, de retour de l'armée quelque temps avant le 9 thermidor an II (juillet 1794), j'ai continué la légende du SABRE D'HONNEUR et le récit des événements politiques.

Le 5 nivôse an II (26 décembre 1793), un poste avancé ou grand'garde de l'armée de la République occupait militairement une auberge isolée, située à un quart de lieu de la station d'Ingelsheim, bourg français distant de douze lieues environ de Strasbourg. Les génér aux Hoche et Pichegru, commandant les corps d'opération dits « du Rhin et de la Moselle, » avaient porté leur quartier général à Ingelsheim, après plusieurs avantages remportés sur le maréchal Wurmser, sur le duc de Brunswick et sur le prince de Condé. Nos troupes bivouaquaient autour du bourg. La ligne de leurs feux se distinguait à travers l'obscurité d'une nuit d'hiver ; un cordon de sentinelles et de vedettes couvrait le poste avancé établi dans l'auberge et composé d'une compagnie du *septième bataillon des* volontaires parisiens, parmi lesquels se trouvaient Jean Lebrenn et son contremaître Castillon.

Ils appartenaient l'un et l'autre à la compagnie qui occupait l'auberge isolée, devenue ainsi un avant-poste. Jean Lebrenn se trouvait alors de faction ; ses camarades, et parmi eux Castillon, étaient réunis dans la grande salle de l'hôtellerie et dans la cuisine, où flambait un bon feu. Le plus grand nombre de ces volontaires parisiens, prenant leur havre-sac pour oreiller, se reposaient de leurs fatigues, étendus sur une litière de paille fraîche disposée le long des murailles ; d'autres fourbissaient leurs armes ou noircissaient leurs gibernes ; d'autres enfin raccommodaient leurs vêtements délabrés ou s'ingéniaient de leur mieux à rapetasser leurs chaussures, car ni les magasins de l'armée ni les réquisitions en nature ne pouvaient suffire à vêtir, à chausser tous les citoyens appelés sous les drapeaux lors des dernières levées en masse ou à remplacer leurs habits usés à la guerre. Aussi très peu de volontaires portaient-ils dans son intégrité cet uniforme décrété par arrêt de la Convention et déjà illustré par tant de victoires : — « Habit bleu foncé, parements et retroussis rouges ; revers blancs dont la large échancrure laissait voir la veste de drap blanc comme la culotte ; grandes guêtres d'estamette noire, à boutons de cuivre montant au-dessus du genou ; chapeau tricorne, aplati de forme et surmonté d'un panache de crin rouge retombant du côté de la cocarde ; havre-sac de peau de veau et bufleteries blanches. » — Seuls, les volontaires récemment arrivés au bataillon étaient correctement vêtus et portaient l'habit décrété par l'ordonnance.

La compagnie, alors de grand'garde, était commandée par un capitaine nommé Martin, élève du peintre David, le conventionnel. Martin s'était enrôlé après les journées de septembre et était parti pour la frontière ; il avait gagné tous ses grades à l'élection. Déjà blessé deux fois, plein de bravoure et d'élan, sachant se faire obéir de ses soldats au moment de l'action, le capitaine Martin se montrait joyeux, ouvert et avenant dans ses relations habituelles avec les volontaires. Quoiqu'il eût fait constamment la guerre depuis quinze mois, le jeune élève de David ne renonçait nullement à sa première vocation. Il attendait la paix et l'affermissement de la République pour déposer son épée, reprendre ses pinceaux et tenter de s'ouvrir une voie nouvelle dans son art, en retraçant les batailles de la Révolution, et divers épisodes de la vie des camps. Le capitaine Martin, en ce moment même assis au coin d'une table éclairée par une lampe de fer, s'amusait donc à *croquer* sur un petit carnet de poche la figure de l'aubergiste, effarée, lamentable et grotesque à la fois. L'aubergiste, quoiqu'il appartînt à notre Alsace, parlait un patois inintelligible et ne comprenait pas le français ; Castillon, son interlocuteur, lui montrant du geste un jeune volontaire habillé tout *battant neuf*, soigneusement peigné, rasé, enfin *tiré*, comme on le dit, *à quatre épingles*, s'écriait :

— Le citoyen demande une vingtaine de bouteilles de vin de la Moselle, en les payant, bien entendu. C'est pourtant assez clair, ce que je te dis là... sauvage !!!

Ce à quoi l'aubergiste, multipliant ses gestes de détresse, répondait dans un patois des moins harmonieux.

Puis, animé par l'impatience, et prenant l'accent allemand, Castillon s'écrie, dans l'espoir d'être enfin compris : — Mais, tonnerre de Dieu ! nous *foutir' du phin* ! nous *temantir du phin à doi* ! Le capitaine Martin, recourant à un moyen fort simple pour clore ce débat trop prolongé, dessine sur son carnet un verre et une bouteille, montre à l'aubergiste cette image, ainsi qu'un assignat qu'il tire de sa poche. L'Alsacien exclame un soupir d'allègement, fait signe qu'il comprend, et il va courir à sa cave, lorsque le capitaine, afin de prévenir de nouveaux malentendus, retient l'hôtelier, écrit le chiffre 20 au-dessous de l'image de la bouteille, et lui montre cette indication, à laquelle l'aubergiste répond par des gestes désordonnés accompagnés d'un *ia* formidable.

— L'animal ! il ne pouvait pas répondre cela tout de suite ! — dit Castillon haussant les épaules ; et s'adressant au volontaire novice :
— Si cet aubergiste avait été moins cruche, il y a au moins une demi-heure que nous aurions pu boire à ta bienvenue au bataillon, citoyen Duresnel !

— C'est vrai ; mais nous aurions déjà bu, tandis que nous allons avoir le plaisir d'ingurgiter, — répond Duresnel d'une voix flûtée, faisant, suivant l'adage, « la bouche en cœur », en grasseyant, zézayant en Parisien renforcé.

— Hé ! hé ! tu arrives à temps, camarade, — reprend un volontaire en ricanant, — l'on se cogne demain matin, tu verras ce que c'est que d'aller au feu. Nous allons en découdre.

— Je suis venu pour cela, — répond Duresnel de sa voix timide ; — seulement... et vous allez vous moquer de moi, citoyens, je vous l'avoue, n'ayant jamais vu le feu, j'ai une peur...

— Laquelle, laquelle? — répètent en chœur les volontaires, s'amusant fort de la naïveté du jeune Parisien, — quelle crainte as-tu? Allons, camarade, explique-toi.

— Dam! citoyens, j'ai peur... d'avoir peur...

Cette réponse provoque une explosion d'hilarité générale. Duresnel ajoute, sans se décontenancer : — Mais oui... *paole* d'honneur, citoyens ; n'ayant jamais vu le feu, et ignorant l'effet que cela produira sur moi, j'ai peur... d'avoir peur... c'est tout simple.

— Bravo, mon camarade, — reprend le capitaine Martin, — ce ne sont pas toujours les plus crânes qui font d'avance blanc de leur épée; ta modestie est d'un bon augure; aussi je gagerais que demain tu recevras bravement le baptême du feu au cri de vive la République! Aie seulement un peu de confiance en toi.

— Vous êtes bien honnête, capitaine, je ferai de mon mieux ; car il serait, *paole* d'honneur, désagréable pour moi de reconnaître que je suis un poltron, après être venu en poste de Paris à la frontière pour rejoindre le bataillon.

— Tu es venu en poste? — répond Castillon, — tu étais donc bien pressé d'accourir ici?

— Sans doute, j'ai déjà tant perdu de temps, on m'a gardé au dépôt du bataillon, séant à la caserne de Picpus, où j'ai appris un peu la manœuvre; après quoi, j'ai pris une chaise de poste pour venir à Strasbourg, j'ai profité tantôt de l'escorte qui accompagnait à Ingelshéim les citoyens représentants du peuple Saint-Just et Lebas, j'ai rejoint le bataillon et me voilà...

— Un verre de vin de la Moselle te donnera du courage camarade, — dit le capitaine Martin, ressentant de la sympathie pour ce jeune homme; et voyant revenir l'aubergiste avec deux paniers remplis de bouteilles: Allons, mes amis, buvons à la bienvenue du citoyen Duresnel. Trinquons, camarades, à l'extermination des rois, des prêtres, des jésuites et des aristocrates.

— Merci, capitaine, je ne bois que de l'eau, et avisant sur le buffet de la cuisine une carafe, Duresnel se verse une rasade ; puis, élevant son verre : — A la santé de mes braves compagnons du septième bataillon de volontaires parisiens! A l'extermination de tous les monarques ! A la lanterne, les aristocrates.

— Capitaine, — reprend Duresnel, — j'aurais une grâce à vous demander, puisque vous êtes mon chef militaire.

— Accordé d'avance, à une condition.

— Laquelle, s'il vous plaît, capitaine?

— C'est que tu nous tutoieras, moi et nos camarades, comme nous te tutoyons, c'est un signe de confraternité politique.

— Eh bien ! capitaine, voici la demande que j'ai à t'adresser : — Je suis maintenant soldat de l'armée de Rhin et Moselle, il me semble que je prendrais plus de goût au métier si je savais où nous en sommes de la guerre. Sans cela, je serais comme ces gens qui, se prenant à lire un récit en son milieu n'y comprennent absolument rien, vu qu'ils ignorent le commencement.

— Ce que tu dis là, camarade, est juste, — répond le capitaine Martin ; je ferai droit à ta requête à l'une de nos prochaines veillées.

A ce moment, l'attention des volontaires est attirée par la présence d'un nouveau personnage dans la salle ; l'individu portait l'uniforme de canonnier à cheval et les insignes du grade de maréchal-des-logis-chef; son habit, comme ceux des volontaires, était rapiécé en maints endroits. L'on ne pouvait voir une figure plus martiale que celle de ce canonnier ; ses longues moustaches étaient couvertes de givre. Il fit, en entrant dans la grande salle de l'auberge, le salut militaire et dit gaiement: — Bonsoir, citoyens, y a-t-il pour un moment place au feu et à la chandelle pour un canonnier à cheval de l'armée du Rhin ?

— Parbleu ! — répond Castillon en s'écartant du foyer afin de faire place au nouveau venu. Puis, l'envisageant avec attention et rappelant ses souvenirs : — Ah çà, mais dis donc, camarade, il me semble que ce n'est pas la première fois que nous nous rencontrons ?

— C'est possible, — répond le canonnier, envisageant à son tour Castillon et paraissant aussi se remémorer certaines circonstances. — En effet, attends donc... nous nous sommes vus dans une occasion qu'il est, sacrebleu ! bien difficile d'oublier... vu qu'elle est unique !

— L'an passé, *au 2 septembre*.

— A la prison de la Force !...

— Lorsque nous la purgions des prêtres, des sacrés tonsurés et aristocrates.

— Camarade, tu es Jacques Duchemin, — dit le capitaine Martin au canonnier en lui tendant la main. — J'ai entendu prononcer ton nom à l'Assemblée nationale parmi ceux des donataires à la patrie ; j'ai admiré ton dévoûment... Tu offrais tout ce que tu possédais... ta vie et tes deux chevaux...

— Ah ! tu étais à l'Assemblée ce jour-là.

— Oui, je revenais de l'Abbaye...

— Où tu avais aussi travaillé?

— Nécessité terrible et fatale... je le croyais et je pense encore de même... A mort les aristocrates et les prêtres !

— Comme on se retrouve pourtant ! — Puis, s'adressant au canonnier : — Ah çà ! un verre de vin, mon ancien.

— Ce n'est pas de refus, camarade... je suis

gelé, je suis perclus, — répond Duchemin, et il s'écrie d'un ton de récrimination courroucé :
— Brigand de *Rouget* !
— De quel *Rouget* parles-tu, l'ancien ?
— C'est le nom d'un des deux chevaux dont j'avais fait don à la patrie... Mes deux bêtes et moi, nous nous étions enrôlés, en 92, dans le septième régiment d'artillerie volante ; mais mon autre cheval, mon *Gris-Gris*, manque à l'appel depuis la bataille de Watignies... par l'inconvénient d'un boulet de quatre qu'il a reçu dans le ventre, alors que le montait l'un des servants de ma bien-aimée *Carmagnole*.
— Comment ? tu as une bonne amie que tu appelles *Carmagnole* ; l'idée est originale !
— J'ai baptisé de ce nom patriotique la pièce de quatre dont j'ai le commandement dans ma batterie... Ah ! citoyens, — ajoute Duchemin répondant à l'hilarité des volontaires, — si vous saviez quelle bonne pièce, quelle amoureuse petite bouche... à feu ! comme elle vous crache gentiment sa mitraille au nez des Austro-Prussiens et autres Austrogoths !
— Ah çà ! vieux loustic, tu nous prends pour des conscrits ! — dit en riant Castillon, — tu vas nous donner à croire que les pièces de canon en général... et *Carmagnole* en particulier... ont un caractère.
— Si elles ont un caractère ! nom de Dieu ! interroge là-dessus les bons canonniers, tu entendras leur réponse... Il est des bougresses de pièces sur lesquelles on ne peut jamais compter pour la justesse du tir !... Tandis que chez *Carmagnole*... jamais de caprices... Vous pointez à tant de lignes de hausse... elle tire juste en hausse ; à tant de lignes de bas... elle tire juste en bas... Un ange de bouche à feu ! quoi ! Un amour !
— Camarades, — reprend gaiement le capitaine Martin, — pénétré d'admiration pour le caractère, les vertus et la bravoure de la citoyenne *Carmagnole*, je propose de boire à sa santé et à celle des braves canonniers de l'armée du Rhin !
— A la santé de *Carmagnole* ! à la santé des canonniers de l'armée du Rhin ! — répètent en chœur les volontaires de l'armée de la Moselle, en trinquant avec Duchemin. Celui-ci, touché de cette preuve de sympathie pour son canon et pour ses frères d'armes, lève à son tour son verre et s'écrie :
— Merci, camarades, merci ! je ferai bien des amitiés de votre part à *Carmagnole*, et je vous réponds qu'elle et moi, à la bataille de demain, nous nous patinerons ni peu ni trop, mais assez... En attendant, je bois en son nom et au mien : A la santé des braves de l'armée de la Moselle ! et à la prise de Landau... Vive la République ! A la lanterne les aristocrates, les calottins et tous les jésuites !

— Nous aurons Landau ou la mort ! acclament les volontaires parisiens avec enthousiasme. — Vive la République !...
— Eh bien ! *parole* d'honneur, je crois que je n'aurai pas peur demain, — s'écrie Duresnel, électrisé par l'élan de ses camarades. — Vive la République !... Mort aux aristocrates et à bas la calotte !
— Citoyen Duresnel, — reprend en souriant le capitaine Martin, — tu verras que ce n'est pas le diable que d'aller pour la première fois au feu en compagnie de braves camarades.
— Ma foi ! capitaine, je commence à le croire — répond Duresnel — tandis que Castillon, s'adressant à Duchemin :
— Ah çà, mon vieux, ton amour pour *Carmagnole* t'a empêché de nous raconter tes griefs contre ton cheval, ce brigand de *Rouget*, jusqu'ici fameux patriote à sa manière, nous disais-tu, et que tu soupçonnes avoir été suborné par un picotin d'avoine que lui aura fait manger un agent de Pitt et de Cobourg.
— Or, camarades, pour en revenir à *Rouget*, oui, je dis que cette bête est patriote à sa manière... jugez-en : Dernièrement, à l'affaire de Kaiserslautern, nous allions au galop, avec une section de ma batterie, prendre position ; j'active à coups de plat de sabre deux bougres de mauvais charretiers conducteurs d'artillerie, qui menaient les six chevaux attelés à *Carmagnole*, et qui rechignaient pour aller au feu... lorsque soudain un escadron de uhlans prussiens, jusqu'alors à nous caché par un pli de terrain, se démasque et nous charge. Nous étions soutenus par un escadron du fameux troisième hussards... On se peigne en règle ; mais voilà-t-il pas qu'au milieu de la bagarre, mon brave *Rouget* empoigne par le chignon de l'encolure le cheval d'un uhlan. Mon brave *Rouget* ne démordait pas son prussien à quatre pattes... il reçoit une balle dans la cuisse, il tombe... et moi aussi. Je me trouvais dessous, mais je parvins à me dégager, grâce à l'intervention de deux fameux *duo* du troisième hussards. C'était la première fois que je voyais ces deux inséparables de l'armée du Rhin ! Victor et Olivier, deux fameux lapins !
— Ces deux cavaliers se nomment, dis-tu, Olivier et Victor ; — puis, réfléchissant, Castillon répétait à part soi : Singulière idée que me suggèrent ces deux noms. Notre apprenti et la sœur du patron seraient-ils ces deux vaillants hussards !... malgré l'étrangeté du déguisement, on sait dans l'armée qu'il y a plusieurs femmes patriotes qui se sont enrégimentées pour suivre leurs amants à la guerre...

Pendant que Castillon se livrait à ses réflexions, un coup de feu retentit à cent pas environ de l'auberge, tiré par l'une des sentinelles avancées qui couvraient le poste. Le ca-

pitaine Martin, s'adressant à un sous-officier :
— Sergent, prends quatre hommes et allez voir ce qui se passe au dehors : ce doit être notre camarade Lebrenn qui a tiré ce coup de fusil.
— Peut-être il a fait feu sur quelque espion qui, voulant s'approcher de nos lignes, n'aura pas répondu au qui-vive du factionnaire, — ajoute Duchemin pendant que le sergent s'empresse de sortir avec ses hommes.

Malgré cet incident, Castillon, toujours préoccupé au sujet du *duo* du troisième hussards, se rapproche du canonnier, puis :
— Camarade, as-tu revu les deux braves cavaliers du troisième hussards ?
— Je les ai vus très souvent, notre batterie, depuis l'affaire de Kaiserslautern, ayant été attachée à leur division.
— Quel âge peut avoir Olivier ?
— Il a dix-huit ans au plus ; cheveux noirs, yeux bleus... C'est un joli hussard, mais, en fait de beauté, son camarade lui dame le pion.
— Victor est donc aussi un beau garçon ?
— Il est même trop bien pour un homme ; quelle crâne mine !... quel œil de feu !...
— Plus de doute ! c'est la citoyenne Victoria et Olivier qui se sont enrôlés dans les hussards ! — pensait Castillon au moment où le sergent rentrait avec son escouade, moins un soldat qui avait relevé Jean Lebrenn de son poste. Un homme et un enfant de dix à onze ans, vêtus en paysans alsaciens, marchaient au milieu des volontaires. Cet homme était le jésuite Morlet ; son fillot, le petit Rodin, l'accompagnait.

Jean Lebrenn rencontrait pour la première fois, et il ne pouvait reconnaître le petit Rodin, l'ayant à peine entrevu le soir de la prise de la Bastille, où il avait tenté de s'emparer des papiers de la famille Lebrenn. Le petit Rodin et son *doux* parrain semblaient parfaitement calmes en entrant dans la salle de l'auberge. Ils ne tressaillirent même pas lorsqu'ils entendirent Jean Lebrenn, les désignant du geste, dire au capitaine Martin :
— Je crois que nous avons mis la main sur deux espions.
— Et comment sont-ils tombés dans nos lignes de vedettes, camarade Lebrenn ? — demanda le capitaine Martin.
— Voilà ce qui s'est passé, capitaine : — Je montais ma faction ; le brouillard était si épais que, de mon poste, l'on n'apercevait pas les feux de notre bivouac. La terre, durcie par la gelée, est très sonore. Soudain, j'entends à quelque distance le pas de gens qui s'approchaient presque directement sur moi, je les entends d'autant mieux qu'ils portaient des sabots. Je ne distingue rien, mais je crie : « Halte-là ! qui vive ? » A ma voix, ces individus veulent fuir, mais ils n'aperçoivent point une flaque d'eau glacée sur laquelle leurs sabots glissent ; le bruit de leur culbute arrive jusqu'à moi. Je tire mon coup de fusil pour donner l'alarme, et je m'élance dans leur direction ; je joins ces individus au moment où ils se relevaient ; je saisis l'homme au collet, l'enfant par son sarrau ; ils essaient d'abord de m'échapper, puis, reconnaissant que j'avais le poignet solide, ils ne font plus de résistance, et cet homme m'adresse la parole dans un jargon inintelligible. Nos camarades accourent et nous vous amenons nos prisonniers.

— Petit brigand, tu viens d'avaler un papier ! — s'écrie soudain le capitaine Martin s'élançant, mais trop tard, sur le jeune Rodin, qui, un instant auparavant, venait de porter vivement à sa bouche l'une de ses deux mains jusqu'alors cachées sous son sarrau.

— Fouillons ces coquins, — s'écrie le capitaine ; et, relevant brusquement la blouse du petit Rodin, il s'aperçoit que l'enfant tient sa main gauche fermée : il la lui ouvre et quelques fragments de papier déchiré tombent sur le sol. Jean Lebrenn et Castillon ne découvrent rien sur le révérend père Morlet. Le capitaine Martin rassemble les débris de papiers enlevés au fillot du jésuite, sur lesquels il ne voit que des chiffres. Après examen, il dit vivement : — Plus de doute, cet homme et cet enfant sont des émissaires de l'ennemi. La lettre dont ils étaient porteurs est chiffrée, moins deux noms que je lis sur l'un des fragments, Condé, puis un autre nom dont quelques lettres manquent sans doute ; — et, approchant de la lampe le papier, le capitaine Martin ajoute : — Ce nom est... *Plouar... Plouer...*

— *Plouernel !* sans aucun doute, — reprit Jean Lebrenn. — Le ci-devant comte de Plouernel, ancien colonel des gardes françaises, a été aide de camp du duc de Brunswick, et doit servir maintenant dans le corps d'émigrés du prince de Condé.

— Cela est d'autant plus probable que le corps des ci-devant nobles fait partie de l'armée de Wurmser, que nous devons attaquer au point du jour, — répond le capitaine Martin, tandis que Jean Lebrenn se dit à part soi : — Demain peut-être, je me trouverai de nouveau, les armes à la main, face à face avec ce descendant des Néroweg, celui-là même auquel j'ai sauvé la vie l'an passé !

— Ton compte ne sera pas long à régler, vieux drôle, — avait dit au jésuite le capitaine Martin en réunissant les débris de la dépêche. — Tu vas être conduit au quartier-général et naturellement fusillé comme espion... après interrogatoire préalable... bien entendu... Il faut à tout... des formes !

Le jésuite, impassible, ne parut pas entendre cette menace et répondit dans un idiome

Les crimes des Chouans et des Vendéens (page 723)

improvisé par lui pour la circonstance : — *Rama o schlik !*

— Oui, oui, *Rama lo schlik !* c'est clair comme le jour. Donc, tu seras pendu ! — ajoute le capitaine Martin ; — puis, s'adressant au petit Rodin, non moins imperturbable que son doux parrain : — Tu commences bien jeune un joli métier, petit scélérat, brigandeau; l'aplomb, la présence d'esprit ne te manquent pas d'ailleurs !... L'on t'avait sans doute chargé de la dépêche, dans l'espoir que l'on ne te soupçonnerait pas d'en être le porteur, si vous étiez arrêtés ! Tu es trop jeune pour être fusillé, mais l'on t'appliquera une bonne fessée, après quoi l'on t'enverra dans une maison de correction.

Le petit Rodin se montra digne de son maître et parrain ; il ne sourcilla pas, attacha sur le capitaine son regard de reptile ; puis, se frappant d'une main la poitrine avec componction, il porta son autre main tour à tour à son oreille et à sa bouche, faisant comprendre par cette pantomime qu'il était sourd et muet.

— Ainsi, pauvre petit, tu es sourd et muet? — dit le capitaine. — En ce cas, tu es libre, va-t-en. Que le diable t'emporte.

Mais le petit Rodin resta imperturbable, ne parut pas avoir entendu le capitaine et fit de nouveau signe qu'il était sourd et muet en poussant un soupir lamentable. Ce soupir, le geste et la physionomie de l'enfant furent empreints d'une expression d'une telle sincérité, que le capitaine Martin et les braves volontaires, témoins de cette scène, inclinèrent à croire que le fillot du jésuite n'avait l'usage ni de l'ouïe ni de la parole.

Le capitaine reprit : — Si ce petit gueux est, en effet, comme il le paraît, sourd et muet, on l'enverra chez l'abbé Sicard ; il aura là un fa-

193e livraison

meux élève! — Puis, s'adressant au jésuite; — Mais toi, vieux coquin, qui n'es ni sourd ni muet, tu seras récompensé selon tes mérites! Allons, en route pour le quartier général.

— *Mira ta bi lou,* — répond le jésuite, simulant l'impatience d'un homme fatigué d'entendre des balivernes.

— Je comprends parfaitement, — reprend le capitaine Martin. — Sois tranquille, tu seras solidement pendu! — et se tournant vers Lebrenn : — Camarade, tu vas conduire les prisonniers au quartier-général, tu remettras ces fragments de papier à l'un des aides de camp de service auquel tu rendras compte de ta capture. Un ou deux volontaires t'accompagneront pour surveiller nos deux drôles.

— Ne dégarnis pas ton poste, citoyen capitaine, — dit Duchemin, — en m'en retournant à ma batterie, j'accompagnerai le camarade jusqu'à la maison occupée par le général.

Jean Lebrenn, remarquant pour la première fois le canonnier dont le civisme l'avait si vivement touché un an auparavant, l'interpelle : — Citoyen Jacques Duchemin !

— Présent, camarade, mais d'où diable me connais-tu ?

— Je vais te l'apprendre durant notre trajet au quartier général, — répond Jean Lebrenn ; — et bientôt, prenant le jésuite au collet, tandis que Duchemin conduisait le petit Rodin par la main, le volontaire et le canonnier sortent de la salle de l'auberge et se dirigent vers le bourg d'Ingelsheim.

— La capture de ces espions m'a empêché d'apprendre à l'ami Jean la découverte que je viens de faire au sujet de notre apprenti Olivier et de la citoyenne Victoria, — se dit Castillon, s'étendant sur la paille afin de se livrer au sommeil. La confidence se fera un peu plus tard.

. . . .

Hoche avait établi son quartier-général dans la maison commune du bourg d'Ingelsheim; des soldats et des sous-officiers de divers corps de l'armée servant d'ordonnances, prêts à porter des ordres, se tenaient dans une sorte de vestibule précédant une chambre réservée aux aides de camp des généraux Hoche et Pichegru, en conférence avec les représentants du peuple Saint-Just, Lebas, Randon et Lacoste, commissaires extraordinaires de la Convention auprès des armées du Rhin et de la Moselle. Parmi les différents plantons assis sur les bancs et sommeillant pour la plupart, vaincus par les fatigues de la journée, se trouvaient placés à l'écart derrière l'un des battants de la porte et devisant ensemble, un cavalier et un maréchal-des-logis du 3ᵉ régiment de hussards, Victoria et Olivier. La beauté virile de la jeune femme, son teint pâle et brun, le léger duvet noir qui estompait sa lèvre vermeille, ses sourcils épais, l'élévation de sa taille, la carrure de ses épaules, la hardiesse de son maintien, l'éclat et le feu de son regard, l'expression de sa mâle physionomie, se prêtaient merveilleusement à l'illusion de son déguisement. Olivier semblait moralement transfiguré. Ses traits rayonnaient de jeunesse, d'espérance et d'ardeur guerrière. Son grand œil bleu, limpide et brillant, semblait refléter d'éblouissantes visions. On eût dit le dieu Mars en costume de hussard.

Il conversait en ce moment avec Victoria. — Avec quelle impatience, disait-il, j'attends la journée de demain ! Je le sens là, au cœur, je serai tué ou nommé sous-lieutenant sur le champ de bataille. Hoche, notre général en chef, était sous-lieutenant à vingt-deux ans ; je serais officier à dix-huit ans! Quel avenir s'ouvrirait devant moi !

Et le jeune soldat, rêvant à cette carrière dont le mirage l'exaltait, garde pendant assez longtemps le silence. Victoria l'observe avec attention. Un sourire d'une expression indéfinissable contracte ses lèvres, lorsque soudain, et comme par réminiscence de son amour, Olivier, sortant de sa rêverie, ajoute en rougissant : — Si je suis nommé officier, peut-être me jugeras-tu enfin digne de toi, Victoria ? Oh ! bonheur ! mériter le gage suprême de ta tendresse ou mourir sous tes yeux !

— Tu te laisses trop aller aux enivrements de la gloire, — répond Victoria d'un ton grave où perce un accent de reproche.

— La gloire des armes n'est-elle pas de toutes la plus sublime ?

— Olivier ! malheur à ceux-là qui, aimant seulement les armes pour les armes, la gloire pour la gloire, subissent son enivrement. Leur raison se trouble, leur âme se détrempe, leur civisme s'énerve. Ils sont bien près de sacrifier le droit, la liberté, la dignité à cette gloire dont l'éclat cache souvent tant d'âpres ambitions, tant de servilisme abject, tant d'appétits honteux, tant de vanités égoïstes et puériles. Les chefs militaires sont presque tous des gens méprisables, même sous le régime républicain.

— Victoria ; ton accent est bien rude ? — reprit tristement Olivier, — ai-je donc mérité quelque reproche ?

— Lorsque Saint-Just et Lebas sont revenus ici pour tenir conseil avec les généraux sur la bataille de demain, j'ai remarqué ton hésitation pour leur faire, selon l'usage, le salut militaire.

— J'éprouve, en effet, une extrême répugnance à saluer un commissaire de la Convention auprès des armées, parce que ces gens-là ne sont point militaires: si je devenais un jour général, je ne consentirais pas à soumettre mes plans de campagne à un représentant du peuple. Nulle autorité ne doit primer celle du général dans son armée ! Cette autorité doit être unique, absolue, obéie sans discussion, quitte à lui de répondre de ses actes. Ses soldats ne doivent entendre qu'une voix : la sienne ; ne reconnaître qu'un pouvoir : le sien !

— Voilà le langage que tenait Dumouriez la veille du jour où il a trahi la République ! — répond Victoria avec amertume, au moment où Jean Lebrenn et Duchemin entrent dans le vestibule, conduisant leurs prisonniers.

Jean Lebrenn n'aperçut pas d'abord Victoria placée à l'extrémité du vestibule ainsi qu'Olivier ; mais la jeune femme, doublement surprise de rencontrer à la fois son frère et le jésuite Morlet, qu'elle reconnut sous ses habits rustiques, fut au moment de s'élancer à la rencontre de Jean ; mais craignant que celui-ci, incapable de maîtriser son saisissement, ne compromît le secret qu'elle voulait garder au sujet de son déguisement, s'arrêta dans son élan et dit tout bas à Olivier, non moins stupéfait qu'elle à l'aspect de son ancien patron : — Mon frère est entré ainsi que ce paysan et cet enfant dans la chambre où se tiennent les aides de camp de service... Va dire au canonnier Duchemin de me rejoindre dans la cour. — Et la jeune femme, prenant son sabre sous son bras gauche avec une aisance toute militaire, ajoute en se dirigeant vers la porte et désignant du regard les autres soldats : — Je ne veux pas que ma première entrevue avec mon frère ait lieu en présence de nos camarades... son émotion pourrait me trahir.

— J'obéis, Victoria ! — répond tristement Olivier ; — ma surprise de rencontrer à l'armée votre frère m'a empêché de vous demander en quoi j'ai mérité les cruelles paroles que vous m'avez tout à l'heure adressées.

— Mon attachement pour vous, Olivier, me commande de ne point vous cacher la vérité, si sévère qu'elle soit ; c'est le seul moyen de prévenir des entraînements dont vous n'avez peut-être pas même conscience... Nous reprendrons plus tard cet entretien, ajoute-t-elle en sortant du vestibule dont le pavé résonne sous ses bottines éperonnées.

La cour qui précédait la maison commune était spacieuse ; l'on y voyait rangés les chevaux des divers cavaliers destinés au service des ordonnances. Le brouillard se dissipait, les étoiles brillaient au ciel ; et, à la faveur de cette nuit claire et froide, Victoria, apercevant bientôt le canonnier s'avancer vers elle, fit quelques pas à sa rencontre, puis : — J'ai désiré te parler, citoyen, pour te donner des renseignements au sujet de cet homme et de cet enfant, que toi et un volontaire vous venez d'amener prisonnier au quartier général.

— Ce sont deux espions de Pitt et de Cobourg tombés dans nos avant-postes et arrêtés, il y a une heure seulement, par un parisien en faction en avant de nos grand' gardes.

— Ce volontaire parisien ne se nomme-t-il pas Jean Lebrenn ?

— Est-ce que tu connais le particulier, mon brave hussard ?

— Sans nul doute ; nous sommes d'anciens amis. Mais voici le renseignement en question : l'homme arrêté est un prêtre français, un jésuite, un ennemi de la République.

— Un jésuite !... Ah ! double brigand de calottin ! Gibier de potence !

— Il se nomme l'abbé Morlet. Il est urgent que tu ailles à l'instant instruire de cette circonstance Jean Lebrenn, témoin sans doute de l'interrogatoire que subit à cette heure le révérend. L'espion doit être démasqué.

— L'interrogateur donnera sa langue aux chiens, si le calottin répond dans le charabia qu'il nous dégoisait tout à l'heure, afin de dépister les soupçons.

— Se voyant reconnu, il ne persistera pas sans doute dans sa ruse... Va donc, mon camarade, apprendre à Jean Lebrenn que son prisonnier est le jésuite Morlet, qu'il connaît déjà d'ailleurs de réputation. Tu diras ensuite à Jean Lebrenn, qu'un cavalier du troisième régiment de hussards voudrait l'entretenir un instant, et l'attend ici dans cette cour.

— C'est convenu ; les deux commissions seront faites, comme tu le demandes.

Victoria se promenait pensive dans la cour en se disant : — Cher frère !... il a tenu sa promesse... il paie sa dette de sang à la République, le voilà soldat. Je vais donc pouvoir dévoiler à Jean le mystère et le but de ma conduite à l'égard d'Olivier !

Jean Lebrenn, instruit par le canonnier Duchemin qu'un hussard du troisième régiment désirait l'entretenir, sortit de la maison commune, et, avisant à quelques pas du seuil de la porte, grâce à la demi-clarté de la nuit, un cavalier de l'arme désignée, il se dirigea vers lui, et dit à Victoria :

— Est-ce vous, camarade, qui m'avez fait appeler par un sous-officier de canonniers à cheval, pour une communication à me faire ?

— C'est moi, — répond Victoria faisant deux pas vers Jean Lebrenn. Celui-ci, d'abord immobile de stupeur en entendant une voix qu'il croit reconnaître, se rapproche vivement. Victoria, incapable de se laisser plus longtemps dans le doute, se jette au cou du volontaire, en lui disant d'une voix étouffée : — Mon frère ! cher et tendre frère !.. pardonne-moi les angoisses que je t'ai causées !

— Tout est oublié maintenant ! — murmure Jean Lebrenn pleurant de joie et étreignant sa sœur contre sa poitrine. — Enfin je te retrouve... sœur bien aimée !

— Et bientôt, je l'espère, nous ne nous quitterons plus. Ma tâche touche à sa fin... — Puis, s'interrompant : — Et ta digne femme ?

— J'ai reçu avant-hier de ses nouvelles ; sa santé est bonne, et elle supporte courageusement mon absence. Ah ! Charlotte m'est doublement chère maintenant... car elle est mère !

— Combien elle doit être heureuse !

— Dans ce bonheur, elle songeait encore à toi. Il n'est pas une de ses lettres dans laquelle elle ne me parle de toi, s'alarmant du mystère dont tu entourais ta vie depuis plusieurs mois. Mon Dieu ! te retrouver ici à l'armée, sous cet uniforme... je ne sais si je rêve ou si je veille. A peine mon émotion, mon trouble, me permettent de lier deux idées. — Et, se recueillant pendant un moment de silence, Jean Lebrenn ajoute : — Pardon, sœur !... me voici plus calme... Maintenant je crois deviner la cause qui t'a conduite à t'engager, à l'exemple de plusieurs héroïnes qui combattent les ennemis de la République... Olivier sert sans doute dans le même régiment que toi ? Tu as voulu continuer de le diriger, de veiller sur lui...

— Oui, cher frère, et déjà, par sa bravoure et pour son aptitude aux choses de la guerre, Olivier a conquis ses premiers grades... Un brillant avenir s'ouvre devant lui.

— Ma sœur, — reprend Jean Lebrenn avec une légère hésitation, — le résultat est inespéré... mais...

— A quel prix l'ai-je obtenu, n'est-ce pas, Jean ?... Je pénètre ta pensée. Je n'ai pas à rougir du moyen dont je me suis servi. Voici ce qui s'est passé entre nous : Olivier, le jour de sa tentative de suicide, m'avait juré de ne pas attenter à sa vie pendant vingt-quatre heures. Avant le jour, j'ai frappé à sa porte... Il ne s'était pas couché... Sa physionomie m'a paru aussi sinistre que la veille. — « Olivier, lui ai-je dit, partons à l'instant. — Où allons-nous ? Vous le saurez... Vous m'avez juré de renoncer jusqu'à ce soir à vos projets de suicide... Peu vous importe de passer votre dernière journée ici ou ailleurs, venez... » — Olivier m'a suivie. Nous sommes allés à Sceaux, où j'avais passé quelques jours peu de temps auparavant, espérant en vain trouver dans la solitude l'apaisement de mes chagrins. Tu as peut-être oublié que lorsque le château de Sceaux est devenu propriété nationale, notre ancien portier de la rue Saint-Honoré, bon patriote, a été, grâce à ta recommandation auprès de Cambon, nommé l'un des gardiens du domaine de Sceaux. Ce brave homme occupait avec sa femme, à l'une des portes du parc, le rez-de-chaussée d'un pavillon d'entrée. Le premier étage restant inhabité, j'y avais logé lors de mon récent séjour à Sceaux. Ce fut là que je conduisis Olivier. Je le présentai au gardien et à sa femme, comme l'un de nos parents à qui l'on ordonnait l'air de la campagne pour rétablir sa santé ; je devais rester auprès de lui pour le soigner. Ces bonnes gens nous accueillirent avec empressement. Ils disposèrent une chambre pour Olivier, grâce aux débris du garde-meuble du château, et ils se chargèrent de préparer nos repas. J'avais environ six cents livres, produit de mes économies. Cette somme devait suffire pour quelque temps à nos besoins. Mes arrangements terminés avec le concierge, j'emmenai Olivier dans le parc. Nous avions quitté Paris avant l'aube. A notre arrivée à Sceaux, la nature était dans tout l'éclat de sa fraîcheur matinale. Le soleil de mai jetait ses premiers rayons sur ces sites enchantés ; nous cheminions silencieux à travers des pelouses qu'ombrageait une admirable végétation, réfléchie dans le miroir des pièces d'eau. Ailleurs, des vases, des statues de marbre se dessinaient sur la verdure des charmilles ; puis, c'étaient des fontaines jaillissantes entourées de massifs de rosiers alors en pleine floraison. Leur parfum embaumait l'air... Ces détails te sembleront puérils, mon frère... cependant ils ont leur importance...

— Je le conçois ; tu espérais sans doute rattacher ce malheureux enfant à la vie en lui montrant, par cette belle matinée de printemps, la nature dans son plus riant aspect.

— Telle était ma pensée. J'observais Olivier ; sa physionomie, d'abord morne et sombre, s'épanouissait peu à peu. Il aspirait à pleins poumons la senteur matinale des bois, des prairies et des fleurs. Il prêtait l'oreille avec ravissement au gazouillement des oiseaux nichés dans les feuilles. Son regard, jusqu'alors éteint, brillait parfois de l'ardeur de la jeunesse. Il se reprenait à l'existence en s'abandonnant à ces douces sensations éveillées en lui par la contemplation de la nature. Je cherchais à faire vibrer les cordes les plus sensibles, les plus délicates de l'âme de cet adolescent. Ma familiarité tempérait ce qu'il y avait eu jusqu'alors de grave, de maternel dans mes rapports avec lui ; je lui parlais enfin plus en sœur qu'en mère.

— Ce serait le paradis sur la terre que de vivre ici !

— Etablissons-nous donc dans ce village, Olivier.

— Quoi !... Vous consentiriez à partager avec moi cette solitude ? — Sans doute, je vous ai même conduit ici dans cette espérance, Olivier. — Il rayonnait... Mais soudain s'attristant, il me demande ce que *je serais pour lui*. — Votre sœur, lui dis-je. Mais le voyant redevenir sombre, j'ajoutai en souriant : « Hier, mon ami, je ne voulais être que votre mère... je consens aujourd'hui à me rajeunir assez pour être votre sœur... n'est-ce pas un grand progrès ? — Ainsi ! s'écria-t-il, transporté, vous me laissez espérer.

— Je vous laisse espérer ce que j'espère moi-même, Olivier ; c'est qu'un jour je ressentirai pour vous un sentiment plus tendre que la fraternité... Cela dépend de vous, encore plus que de moi. — Et pour cela, que faut-il donc faire ?
— Il faut devenir un homme, Olivier... un homme dont je puisse être fière... Olivier s'abandonna d'abord avec transport à cette espérance ; puis il reprit avec l'expression du soupçon : — Vous ne prenez envers moi aucun engagement... songez-vous donc à m'éloigner de vous ? — Nullement, Olivier, et bien plus, voici ce que je vous propose : nous resterons dans cette charmante solitude jusqu'à votre complet rétablissement, nous partirons ensuite pour rejoindre l'armée, et nous nous enrôlerons dans le même régiment. — Et répondant à un mouvement de stupeur d'Olivier, j'ajoutai : — Serais-je donc la première femme qui ait partagé les périls de nos soldats en conservant le secret de son déguisement ?... Je vous verrais monter de grade en grade. Viendrait ensuite le jour, prochain peut-être, où une action d'éclat vous élevant à la hauteur que je rêve pour vous et notre commune espérance... Maintenant, Olivier, choisissez entre un suicide et le glorieux avenir qui s'offre à vous.

— Tout m'est expliqué maintenant, digne et vaillante sœur ! — s'écrie Jean Lebrenn.

— Je suis heureuse de reconnaître que mon influence sur Olivier s'affaiblit de jour en jour. Son ardeur guerrière, l'enivrement de ses premiers succès, l'activité de la vie des camps, ont, selon mon calcul... dominé peu à peu la passion d'Olivier... Je prévoyais que l'amour devait être éphémère dans cette âme guerrière ; je voulais avant tout l'arracher au suicide, à une défaillance... je voulais ranimer par un vague espoir son courage abattu, l'initier à la carrière des armes, où sa vocation l'appelait, veiller sur lui comme une mère, et partageant sa vie de soldat, le préserver des écarts qui perdent tant de jeunes gens. Je voulais enfin l'affermir dans la voie du juste et du bien, développer ses vertus civiques, rendre plus fervent encore son amour de la patrie et de la République. Puis, ce devoir que je m'imposais accompli, je me réservais le moyen d'abandonner Olivier à la destinée que semble lui réserver l'avenir... Tel était mon projet... qui s'est en partie réalisé... La passion de la guerre est maintenant l'unique enivrement de ce jeune homme. Je vais donc pouvoir me séparer bientôt d'Olivier.

A ce moment de notre conversation, nous vîmes sortir de la maison commune le jésuite Morlet et le petit Rodin, escortés par des soldats ; l'un d'eux tenait une lanterne ; le canonnier Duchemin marchait derrière eux.

— Hé ! camarade, — dit Jean Lebrenn au maréchal-des-logis en s'approchant de lui, tandis que Victoria demeurait à l'écart. — J'ai une communication à te faire.

— Tu peux parler, citoyen.

— Sais-tu ce qu'on a décidé au sujet de cet espion doublement dangereux, puisqu'il appartient à la compagnie de Jésus ?

— D'après ce que je viens d'entendre, le calottin doit être fusillé demain matin. On le conduit au poste du grand prévôt de l'armée chargé de l'exécution, et comme ma batterie est voisine de la prévôté, je fais la conduite à l'agent de Pitt et Cobourg.

L'un des aides de camp de Hoche sortit précipitamment de la maison commune, traversa la cour et se dirigea en courant vers le poste d'honneur du quartier-général. Une compagnie de grenadiers de garde à ce poste prit aussitôt les armes, le tambour à droite, les officiers en tête, et bientôt les quatre représentants du peuple, SAINT-JUST et LEBAS, commissaires extraordinaires de la Convention à Strasbourg, LACOSTE et RANDON, commissaires auprès de l'armée du Rhin et de Moselle, descendirent les degrés du seuil de la maison commune, précédés de quelques sous-officiers munis de fallots et suivis des généraux Hoche, Pichegru et des officiers supérieurs commandant les divisions. Tous se découvrirent respectueusement au moment de se séparer des représentants du peuple. Ceux-ci, coiffés de chapeaux dont l'un des bords, relevé d'un côté, était surmonté d'un panache tricolore, portaient l'habit bleu à larges revers sans broderies, une écharpe aux couleurs nationales, un pantalon bleu comme l'habit, et des bottes à retroussis éperonnées ; un sabre de cavalerie pendait à leur côté. Saint-Just marchait le premier. Il avait à peu près le même âge que Hoche (vingt-quatre ans environ). Tous d'eux s'entretenaient à voix basse, distançant ainsi de quelques pas les autres représentants du peuple et les généraux. Les traits, l'attitude de Hoche et de Saint-Just, éclairés par la lueur des fallots que portaient les sous-officiers, contrastaient vivement. Le général républicain, d'une stature robuste, d'une physionomie ouverte, intelligente et résolue, que rendait plus martiale encore une glorieuse cicatrice, témoignait en ce moment d'une insistance presque suppliante en s'adressant à Saint-Just. Celui-ci, de taille moyenne, le front haut et fier, prêtait aux instances de Hoche une attention silencieuse. Ses traits pâles, rigides, encadrés d'une longue chevelure plate et noire, donnait à l'homme un caractère d'impassibilité sculpturale. La vie, l'ardeur semblaient concentrées dans son regard méditatif.

— Mon frère, remarques-tu la physionomie d'Olivier ? — dit Victoria. — Son orgueil se reflète sur son visage ; il paraît considérer comme des actes de servilisme les marques de respect dont les représentants du peuple sont l'objet de la part des officiers.

— L'expression des traits d'Olivier est significative, — répond à voix basse Jean Lebrenn.

— Hé ! le planton du 3ᵉ hussards ! crie en ce moment du seuil de la porte du vestibule un sous-officier tenant à la main un pli cacheté; — à cheval ! voilà une dépêche à porter à Sultz.

— Présent ! — répond Victoria ; puis elle ajoute d'une voix émue en tendant la main à Jean Lebrenn : — Adieu frère... à demain... Peut-être l'ordre de la bataille ou les hasards du combat nous rapprocheront l'un de l'autre.

— Je l'espère et le crains, ma sœur, — dit Jean Lebrenn, les yeux humides de larmes, songeant que peut-être pour la dernière fois il voyait Victoria. — Tu t'es montrée vaillante, dévouée, généreuse dans ta conduite envers Olivier... A demain...

— Adieu, frère, — dit Victoria s'empressant d'aller prendre la dépêche dont elle était chargée, tandis que Jean Lebrenn retournait au bivouac du bataillon des volontaires parisiens.

Le général Hoche, de retour dans la chambre qu'il occupait, écrivit le soir même au citoyen Bouchotte, ministre de la guerre, une dépêche que Victoria porta à Sultz.

Ingelsheim, 5 nivôse an II, une heure du matin.

« Je m'empresse de t'instruire, citoyen ministre, que les représentants du peuple viennent de me donner le commandement des deux armées de Rhin et Moselle pour marcher au secours de Landau.

« Aucune prière, supplique ou instance de ma part n'a pu faire changer de résolution les représentants du peuple. Juge-moi... N'ayant que du courage, pourrai-je résister à un si grand poids ?... Je ferai pourtant mon possible pour bien servir la République !

» Salut et fraternité,

« HOCHE. »

La lettre de Hoche, où se révèle la modestie qui égalait le génie militaire de ce grand capitaine, montre également ses anxiétés au sujet de la responsabilité qui allait peser sur lui, anxiété dont l'expression noble et touchante n'avait pu ébranler la volonté de Saint-Just.

Le jésuite Morlet et son fillot, le petit Rodin, avaient été conduits au poste de la prévôté. Le révérend attendait l'heure de son exécution, fixée à l'aube. La corde qui le liait par les deux coudes se rattachait au poteau d'un hangar, servant d'abri à des cavaliers de la maréchaussée, commandés par un capitaine, prévôt de l'armée. Le jésuite était accroupi au pied du pilier ; trop fermement trempé pour ne pas envisager la mort avec un certain calme, il disait à son fillot : — Je n'ai aucune chance d'échapper à mon sort, je serai fusillé au point du jour. Ma destinée s'arrête là.

— Vous serez bientôt avec les anges, — répond le petit Rodin d'un ton de voix sec.

— Pauvre petit ! mon fils bien-aimé, tu dois être bien contristé de ma mort prochaine ?

— Vous êtes un élu du Seigneur, un prédestiné, et vous allez être placé à sa droite pour l'éternité ! — *Hosannah in excelsis!* Je me réjouis au contraire de votre martyre.

— Si jeune !... et déjà insensible aux affections de la nature ! murmure à demi-voix le jésuite. — N'es-tu pas inquiet à l'idée d'être laissé à l'abandon après ma mort ?

— Le Seigneur Dieu veillera sur son serviteur, comme il veille sur les petits oiseaux du ciel... A tous il donne la pâture.

— Ecoute, cher enfant, lorsque Dieu m'aura rappelé à lui, tu iras à Rome auprès du *général* de l'ordre... et Dieu fera le reste...

— J'irai à Rome ; vos recommandations seront exactement suivies, doux parrain ; je servirai la sainte cause de Dieu.

Au moment où le petit Rodin prononçait ces derniers mots, un planton s'approchant, dit au cavalier de maréchaussée de faction auprès du jésuite et de son fillot : Camarade, peux-tu m'indiquer le quartier du citoyen général Donadieu ; j'ai une commission pour lui ?

— Il est tout près d'ici... Traverse le hangar, tourne à main droite, tu verras un piquet de cavalerie à la porte d'une maison... c'est là que loge le général Donadieu, — répond le factionnaire au planton, qui s'éloigne dans la direction indiquée.

— Doux parrain, le général Donadieu est attaché à cette armée. Bonne nouvelle pour nous.

— Mais, cher fillot, à quoi peut nous servir la présence de ce général ?

— Doux parrain, — reprend à voix basse le jeune Rodin, — si vous le voulez, vous n'irez pas encore aujourd'hui visiter les anges du Seigneur. Pensez-y et décidez ce qu'il convient de faire. Je suis là pour vous obéir.

Le jésuite approuve d'un signe de tête le conseil donné par son fillot, et avisant le cavalier de maréchaussée qui se rapprochait de lui :

— Hé, factionnaire ! il est bien décidé que l'on me fusille au point du jour...

— En deux temps, quatre mouvements, mon vieux... Tu n'as pas longtemps à attendre.

— Hé bien ! s'il en est ainsi, je me décide à faire des révélations... et de grande importance.

— Je vais appeler le brigadier, il te conduira au prévôt.

— Non : c'est à un général que je veux faire mes révélations. Prévenez vos chefs sans retard.

— Tu entends, brigadier, — dit le factionnaire à un sous-officier qui assistait à l'entretien ; — le vieux bougre demande à faire des révélations à un général.

— Je vais consulter le prévôt, — répond le brigadier. — Il s'éloigne tandis que le jésuite confère à voix basse avec son fillot.

Le brigadier, de retour depuis quelques instants, s'approche du pilier où était enroulée la corde qui retenait le révérend, et lui dit :

— En route chez le général Donadieu ; mais gare à toi si tes confidences sont des frimes. — Et, voyant le jeune Rodin se disposer à suivre le prisonnier, le soldat ajoute : — Est-ce que ce mioche-là aurait aussi des renseignements à donner ; il n'a que faire avec nous ?

— Cet enfant attestera, avec la candeur de son âge, la sincérité de mes communications et les complètera s'il y a des lacunes dans ma mémoire.

Le général Donadieu, commandant une brigade de cavalerie légère de l'armée de Rhin et Moselle, achevait de lire un ordre qu'il venait de recevoir, lorsque l'un de ses aides de camp l'informa qu'un espion, condamné à être fusillé au point du jour, demandait à donner des indications de la plus haute importance ; mais désirait que son entretien avec le général n'eût d'autre témoin qu'un enfant dont ce prisonnier était accompagné.

— Je n'accepte pas la proposition du coquin, — répond le général à son aide de camp ; sa proposition est compromettante. Faites entrer cet homme et restez près de moi.

Le jésuite paraît accompagné de son fillot ; l'un et l'autre sont calmes. Le général toise l'espion et lui dit brusquement :

— Tu prétends avoir d'importants renseignements à me communiquer et tu as dit que ces renseignements intéressaient l'armée ?

— Je t'écoute... mais sois bref et n'abuse pas de ma patience.

Lorsque nous serons seuls, — répond le jésuite en désignant du regard l'aide de camp. Notre entretien doit être secret.

— Mon aide de camp est un second moi-même... il doit tout entendre... parle... parle à l'instant ou va au diable...

— Je parlerai donc, général, puisque vous l'exigez... Voici les faits : — C'était le lendemain de la bataille de Watignies... un colonel de cavalerie de l'armée républicaine fait prisonnier... était conduit au quartier général.

— Attends un moment, — dit le général Donadieu visiblement troublé dès les premières paroles du jésuite, et s'adressant au prisonnier : Tu espères sans doute obtenir un sursis pour prix de tes révélations ?

— J'espère mieux qu'un sursis, je serai remis en liberté.

— Je ne pourrais t'accorder ni sursis ni liberté sans l'autorisation des représentants du peuple. — Puis, se tournant vers son aide de camp : — Capitaine, allez sur-le-champ trouver le citoyen Saint-Just et lui demander si je puis faire surseoir à l'exécution de cet homme, dans le cas où ses révélations me sembleraient dignes de créance.

— Je vais exécuter vos ordres, mon général, — répond l'aide de camp sortant de la chambre.

Le général, parvenant à dominer l'inquiétude dont il a été saisi aux premières paroles du jésuite, reprend d'une voix hautaine, espérant imposer au prisonnier :

— Tu disais donc que, le lendemain de la bataille de Watignies, un colonel de cavalerie...

— Général Donadieu, — répond le jésuite d'un ton impérieux, — les moments sont comptés ; si, avant le retour de votre aide de camp, vous ne trouvez pas le moyen de me mettre en liberté, vous êtes perdu. Écoutez et avisez : prisonnier à la bataille de Watignies, vous avez été conduit par le comte de Plouernel au quartier général de monseigneur le prince de Condé, qui vous a accueilli de la manière la plus flatteuse. Vous lui avez avoué que vous ne serviez qu'avec regret dans une armée assez dépourvue d'orgueil militaire pour subir le joug des représentants du peuple. Vous avez ajouté, — toujours parlant à monseigneur le prince de Condé, — ce sont vos paroles textuelles : « Monseigneur, ma dignité d'officier est tellement révoltée de la sujétion où nous réduit la tyrannie de ces proconsuls bourgeois, que, sans un scrupule de conscience, je vous offrirais mon épée et je combattrais à vos côtés. »

— Ah ! vraiment, j'ai dit cela au prince de Condé ! Et peut-être tu diras que tu as les preuves de ce que tu avances ?...

— Les preuves sont écrites sur certain registre particulier tenu à l'état-major du prince, registre où sont portés les noms de tous les officiers de l'armée républicaine sur lesquels, le cas échéant, le parti royaliste croit pouvoir compter. Le fait qui vous concerne m'a été raconté par le comte de Plouernel, autrefois colonel aux gardes françaises, et présent à votre entretien avec monseigneur le prince de Condé, entretien ainsi résumé par ces paroles que Son Altesse Sérénissime à vous adressées : « Mon cher colonel, restez dans les rangs de l'armée républicaine... vous pourrez y servir plus efficacement la cause de notre roi légitime, en poussant à un moment donné, votre régiment à se soulever, au nom de l'honneur militaire, contre ces misérables proconsuls bourgeois... Soyez certain, mon cher colonel, qu'au jour du triomphe de la bonne cause, vous serez récompensé selon vos mérites... Jusque-là, gardez votre masque républicain. » Or, — ajoute le jésuite, vous avez si bien gardé votre masque, qu'après l'échange des prisonniers, vous êtes rentré dans l'armée où vous avez été promu au grade de général de brigade... puis au grade de général de division...

— Enfin, conclus, — répond d'un ton sardonique le général complètement rassuré. — Quel est ton projet à cette heure? Tu comptes faire ces révélations à d'autres qu'à moi... si je ne te donne sur-le-champ le moyen de fuir?

— Oui, général, telle est mon intention.

— Il n'existe à ceci qu'un inconvénient.

— Lequel, général, ayez la bonté de me le signaler. Nous y trouverons un remède.

— Eh! — mon Dieu! — répond Donadieu en se dirigeant vers la porte : — Je vais appeler le brigadier de maréchaussée qui t'a amené, lui donner l'ordre de te fusiller sur l'heure, et ton secret va mourir avec toi. Le moyen est simple et expéditif.

— Et Saint-Just?.., à qui vous avez fait demander l'autorisation de surseoir à mon exécution? Vous avez oublié ce détail.

— Je répondrai à Saint-Just que tes révélations n'étant que des balivernes, j'ai laissé exécuter la condamnation... Saint-Just n'est pas homme à me reprocher d'avoir hâté la mort d'un contre-révolutionnaire... Donc, — ajoute le général Donadieu faisant un nouveau pas vers la porte, — tu vas être fusillé sur l'heure. Notre conversation a pris fin.

— Et moi? — dit soudain le jeune Rodin, jusqu'alors impassible et silencieux dans un coin obscur de la chambre... — Et moi? — On ne me fusillera point, bien sûr... j'ai à peine onze ans. Or, si vous envoyez mon parrain chez les anges, je raconterai à tout le monde ce que je viens de voir et d'entendre...

— D'où il suit, général, — ajoute le révérend, — que vous n'avez d'autre moyen de salut que de favoriser notre fuite... et, si vous êtes prudent, de nous accompagner en portant au quartier général autrichien ce que vous savez du plan de bataille qui doit se livrer demain.

— Cette fenêtre basse donne sur la campagne, — reprend Rodin examinant le châssis supérieur de la croisée; nous pouvons, général, nous évader de ce côté avant le retour de votre aide de camp... Le reste, à la grâce de Dieu!

— L'aube naissante nous permettra d'éviter la ligne des vedettes, parmi lesquelles nous sommes tombés cette nuit, — ajoute le révérend, s'approchant à son tour de la croisée, à travers laquelle on distinguait les blancheurs de l'aube; puis, s'adressant à Donadieu, éperdu de terreur : — Allons, général, débarrassez-moi de mes liens... il faut que je sois loin d'ici avant le retour de votre aide de camp.

— Que faire? balbutie le général, en proie à une sorte d'égarement; — mon aide de camp va revenir avec les ordres de Saint-Just... l'évasion de ces prisonniers me perd... Je serai soupçonné de l'avoir favorisée... et le soupçon, c'est la mort...

— Doux parrain! — s'écrie Rodin, qui venait de fureter dans la chambre et d'ouvrir une porte conduisant à une autre pièce, — écoutez mon avis. Le général ne veut pas fuir avec nous... il va nous laisser évader... Il dira à son aide de camp, qu'étant entré pendant quelques instants dans la chambre voisine... nous avons profité de son absence momentanée pour couper les cordes qui enserraient vos poignets et que nous avons fui par cette fenêtre...

— Quelle présence d'esprit... s'écrie le jésuite; — et s'adressant au général : — Mon fillot a raison... vous n'avez pas d'autre parti à prendre! Vous serez accusé de négligence.. c'est grave... mais vous avez au moins des chances pour écarter les soupçons.

— D'autant plus que si le général avait eu l'intention de favoriser notre fuite... il n'aurait pas envoyé son aide de camp prendre les ordres de Saint-Just, — ajoute judicieusement Rodin. — Vous avez donc toute chance de ne pas être inquiété pour notre évasion, général. Mais si vous faites fusiller mon parrain... je vous dénoncerai à Saint-Just...

Le raisonnement était péremptoire; le général Donadieu choisit des deux éventualités la moins dangereuse. Il dit au révérend, en le dégageant précipitamment de ses liens : — Fuyez vite. Vous trouverez à cent pas d'ici un bouquet d'arbres en dedans de la ligne de nos avant-postes... Cachez-y jusqu'à ce que vous entendiez le canon... La bataille sera engagée en avant de ce bourg... vous n'aurez plus rien à craindre... Partez, ajouta le général soulevant entièrement le châssis supérieur de la fenêtre, — partez vite.

— Je ne serai pas ingrat, — dit le jésuite en passant par l'issue qu'on lui ouvrait; — lorsque je rejoindrai le quartier général du prince de Condé, je lui dirai qu'il peut toujours compter sur vous.

L'enfant se glisse comme une couleuvre par l'ouverture de la fenêtre et disparaît; le jésuite prend le même chemin.

— Eh bien! se dit à part lui le général Donadieu. — Je passe à l'ennemi si je m'aperçois que Saint-Just me soupçonne de connivence dans l'évasion du jésuite. Nous autres, militaires, savons agir et trahir selon que le commandent nos intérêts ou notre sécurité. Je livrerai les plans de la bataille aux Autrichiens. J'aurai sauvé ma vie et mes appointements de général : A bas la République!

. . . .

LE 6 NIVOSE AN II (*25 décembre 1794*). — Vers

Les assaillants et les défenseurs disparaissent au milieu d'une épaisse fumée (page 742)

les huit heures du matin, par une brume épaisse, Saint-Just et Hoche marchaient côte à côte au pas de leurs chevaux, précédés de quelques cavaliers détachés en éclaireurs. Un groupe d'aides de camp et d'officiers d'ordonnance, qu'escortait un piquet de dragons, se tenait à peu de distance du représentant du peuple et du général en chef.

Le brouillard, jusqu'alors épais, commence à s'éclaircir à mesure que souffle la brise du nord. Bientôt l'on entend s'approcher le bruit du galop d'un cheval, et un aide de camp de Hoche apparaît à travers la brume de moins en moins opaque, pique droit au commandant en chef... et arrêtant sa monture :

— Citoyen général, nos éclaireurs viennent de se rencontrer avec un parti de uhlans... Nous les avons chargés et ramenés assez près de l'avant-garde ennemie pour pouvoir distinguer un corps de cavalerie considérable...

Le vent du nord, s'élevant avec une force croissante, refoulait vers le sud les humides vapeurs. L'atmosphère s'éclaircissait de plus en plus, et bientôt Saint-Just, Hoche et son état-major, placés sur un plateau assez élevé, purent embrasser d'un coup d'œil l'ensemble des lieux où allait se livrer la bataille. En face, à l'extrême horizon, se développait, du nord-ouest au sud-est, la silhouette régulière des retranchements ou lignes de Wissembourg, parallèles au cours de la Lauter, rivière rapide qui servait de fossé à ces ouvrages fortifiés. A droite, les cimes dépouillées de la forêt de Bienvald, que bordait aussi la Lauter, à demi voilées par les dernières brumes, se perdaient au loin dans la direction de Lauterbourg, quartier général de l'armée de Condé, ville située proche de l'une des sinuosités du Rhin.

194e livraison

Hoche, à l'aide de sa lunette, ayant observé les positions de l'armée autrichienne, dit à Saint-Just :

— Le général autrichien, ainsi que je le prévoyais, surpris par notre marche qui lui enlève l'offensive, vient de modifier son plan de bataille en faisant rétrograder son infanterie à mi-côte du plateau de Geisberg. Il faut se hâter de profiter de l'hésitation que ce mouvement de recul défensif a dû causer dans l'armée ennemie. — Puis, s'adressant à l'un de ses officiers d'ordonnance, Hoche ajouta : — Citoyen, va ordonner au général Férino de porter en avant la cavalerie et l'artillerie volante de sa division. Ses canonniers ouvriront le feu contre les escadrons ennemis, et lorsqu'ils seront ébranlés, le général lancera sa cavalerie.

L'officier d'ordonnance s'éloigne au galop, afin de transmettre l'ordre de Hoche au général Férino, commandant l'avant-garde de l'armée républicaine formée sur trois colonnes, la cavalerie à sa droite, l'artillerie à sa gauche, et en seconde ligne les réserves, les parcs et les ambulances. Soudain, un bruit lointain, sourd et prolongé, se faisait entendre à gauche et dans la direction de Nothweiller, Hoche s'écrie :

— Le canon ! le canon ! Gouvion Saint-Cyr a exécuté mes ordres ; il a débouché par la vallée de la Lauter, il attaque la position de Brunswick... Voici les prussiens engagés... ils ne pourront guère porter de secours aux autrichiens... Si Desaix a aussi exécuté son mouvement et attaqué le corps de Condé à Lauterbourg, l'armée autrichienne est réduite à ses seules forces... Les lignes de Wissembourg sont à nous, et nous débloquons Landau !

En ce moment, le général Férino, obéissant aux ordres de Hoche, approchait au grand trot à la tête de la cavalerie et de l'artillerie de sa division. Aux côtés de ce général chevauchait Lebas, représentant du peuple auprès des armées. Comprenant l'importance de cette première charge pour le succès de la journée, il voulait assister à l'attaque et marcher au premier rang. Saint-Just et Hoche, entouré de son état-major, assistèrent au défilé des escadrons et de l'artillerie.

— Allons, mon brave Férino, — dit Hoche à ce général lorsqu'il passa devant lui, — tu vas sabrer rondement cette cavalerie autrichienne, après l'avoir ébranlée à coups de canon !

— Compte sur moi, général ! je vais envoyer les habits blancs boire à la Lauter, qu'ils aient soif ou non, — répond Férino. — Puis, agitant son sabre, il s'écrie en se tournant vers ses escadrons : — En avant mes enfants, en avant... Vive la République !...

— Vive la République ! — répétèrent les cavaliers en brandissant leurs sabres et défilant devant Hoche. — Nos camarades ont pris Toulon ; nous enlèverons Landau !...

— Soldats ! — reprit Hoche en élevant la voix, — montrez-vous dignes de vos victoires passées... la République compte sur l'armée de Rhin et Moselle. Vaincre ou mourir !

La bataille est engagée ; l'artillerie du général Férino a décimé la cavalerie autrichienne, première ligne de l'armée de Wurmser ; et, profitant de ce désordre, enlevant ses escadrons, chargeant à leur tête, Férino a culbuté l'ennemi et l'a ramené le sabre aux reins jusqu'aux carrés d'infanterie de la seconde ligne. Hoche alors a lancé sa colonne d'attaque sur le centre de Wurmser, tandis que l'aile gauche de ce général était exposée au feu de plusieurs batteries d'artillerie volante. L'une de ces batteries, composée de six pièces de quatre, venait prendre position sur un mamelon où se trouvait une ferme isolée. L'on pouvait, de ce mamelon, battre à revers le flanc gauche des autrichiens. Un escadron du 3e hussards et deux compagnies du 11e bataillon de volontaires parisiens avaient été détachés pour servir de garde à cette artillerie. Telle est la disposition des lieux que vient de reconnaître le capitaine commandant la batterie, suivi d'un trompette. Le bâtiment de la métairie occupe à peu près le centre d'un tertre de trois cents pas environ de surface. Il forme, du côté de l'ennemi, un talus d'une pente rapide et d'une élévation d'une trentaine de pieds, tandis qu'il est presque de niveau du côté de la plaine où se tient la réserve de l'armée républicaine. Un bouquet de bois et un verger clos de haies vives s'étendent à droite, et un peu en arrière, du mamelon où s'établit la batterie française. Les habitants de la métairie ont pris la fuite depuis le commencement de la bataille, emmenant leurs bestiaux et emportant leurs objets les plus précieux. Les bouches à feu arrivent successivement, afin de se placer en batterie. La première de ces pièces est *Carmagnole*, la tendre amie du maréchal-des-logis Duchemin ; elle offre, par la singularité presque grotesque de son attelage, un curieux spécimen de l'étrange aspect que présentent en ce temps-ci les charrois de l'artillerie.

L'attelage a fait demi-tour, Duchemin et ses huit servants ont sauté à bas de leurs chevaux confiés à deux canonniers chargés de les tenir en main. La cheville ouvrière qui relie l'affût à l'avant-train est enlevée ; la pièce se trouve ainsi en batterie sur ses deux roues et séparée de l'avant-train, où est fixé le caisson contenant les gargousses. Les charretiers s'empressent d'aller, au galop de leurs chevaux, se mettre à l'abri des bâtiments de la métairie, distante d'une cinquantaine de pas du mamelon, où sont bientôt établies les six bouches à feu. Les officiers commandant l'escadron de hussards et les deux compagnies d'infanterie de garde à la batterie profitent aussi de la disposition des lieux, afin de garantir autant que possible leurs soldats, lors du moment prochain sans doute où une batterie autrichienne répondra au feu de la batterie républicaine. L'une des compagnies de volontaires parisiens, masquée par la lisière du bouquet de bois, par les arbres et par les haies du verger, est placée de façon à pouvoir tirailler à couvert dans le cas où l'ennemi tenterait d'enlever la batterie. L'autre compagnie est abritée par une muraille de pierres sèches, clôturant la cour de la ferme, et par ses bâtiments derrière lesquels s'étaient déjà rendus les attelages de l'artillerie et l'escadron de hussards rangé en bataille.

Le hasard de la guerre réunissait parmi les défenseurs de la batterie Olivier et Victoria, appartenant à l'escadron du 3ᵉ hussards ; Jean Lebrenn et Castillon, appartenant à la compagnie de volontaires commandée par le capitaine Martin ; enfin le jeune parisien Duresnel faisait aussi partie de cette compagnie.

— Eh bien ! camarade, — lui dit le capitaine Martin, — comment ça va-t-il ? Le cœur est-il solide ? Ayez bon espoir, tout ira bien.

— Jusqu'à présent, capitaine, ça ne va pas trop mal... mais il faut voir la fin... ou plutôt le commencement... car nous n'avons pas encore été engagés.

— Il paraît que ça va chauffer, reprend Castillon. — Nom d'une pipe !... quelle canonnade ! C'est le camarade Duchemin qui, en ce moment doit en faire cracher des litrons de prunes à sa *Carmagnole* ; je vais tâcher de l'apercevoir par dessus le mur.

Et Castillon, se guindant sur la pointe des pieds, se hisse suffisamment au-dessus du mur de pierres sèches pour jeter un coup d'œil sur les canons encore à demi enveloppés de la fumée produite par les dernières salves. Duchemin, un genou en terre, après avoir examiné une batterie ennemie à l'aide d'une petite lorgnette de poche, s'occupe de rectifier le tir de sa pièce déjà pointée par le brigadier, tandis que les servants de droite et de gauche, armés de leur écouvillon, de leur refouloir, de leur levier, sont immobiles aux côtés de leur affût. L'un d'eux tient la lance à feu qui, au commandement, doit enflammer l'étoupille. Les cinq autres pièces, rangées parallèlement à *Carmagnole*, sont également entourées de leurs servants et pointées en ce moment par des sous-officiers. Le capitaine d'artillerie et ses lieutenants sont à cheval et surveillent la manœuvre. Au loin, la ligne des autrichiens et les colonnes françaises disparaissent presque complètement au milieu de la fumée de la canonnade engagée de toutes parts. Cependant les pointements de la batterie française ont distingué une masse d'infanterie déjà si fortement entamée, ébranlée par leur tir nourri et d'une grande justesse, que le général ennemi a fait prendre position à quatre obusiers et à quatre pièces de six destinés à éteindre le feu de la batterie républicaine. Aussi Duchemin, après avoir rectifié soigneusement le tir de *Carmagnole*, se redresse, et avisant, grâce à sa lorgnette, le premier obusier de gauche de la batterie ennemie, il étend le poing dans la direction des autrichiens et murmure sous sa large moustache :

— Ah ! c'est toi qui prétends faire taire *Carmagnole*, bigre de nez camard ! (Allusion à la structure courte et *camuse* des obusiers.) Je vas te prouver, moi, que tu n'es pas foutu pour couper la parole à mes amours.

En ce moment, obéissant à un signe du capitaine, le trompette artilleur donne le signal de faire feu.

— Allons, mon cadet, — disait Duchemin au servant chargé d'enflammer l'étoupille, — la soupe est trempée... il n'y a plus qu'à servir... allume... allume... ça ira !

Le canonnier approche sa lance à feu de la lumière, le coup part quelques secondes avant la charge générale de la batterie, et Duchemin, se servant de nouveau de sa lorgnette, afin de juger de la portée de son coup, s'écrie : ça y est !... Le nez camard est démonté d'une roue... deux servants de droite sont déquillés !... Vive la République !

Le boulet de *Carmagnole* avait en effet brisé une des roues de l'obusier et renversé deux canonniers autrichiens un instant avant que les autres pièces de cette batterie ennemie eussent ouvert leur feu ; mais presque aussitôt elle se couronna de plusieurs petits nuages de fumée blanche et épaisse traversés d'éclairs enflammés... une détonation prolongée se fit entendre, et Duchemin s'écria, se tournant vers la muraille de pierres sèches derrière laquelle s'abritaient les fantassins volontaires :

— Citoyens ! attention aux obus !

A peine Duchemin a-t-il donné cet avertissement aux volontaires, que l'ouragan de fer vomi par les canons ennemis arrive rapide comme la foudre, les boulets rugissent, les obus ricochent et éclatent... Le commandant de l'artillerie républicaine est coupé en deux par un boulet ; ses restes informes se balancent encore sur son cheval, qui s'abat sous le choc du contre-coup. Un obus éclate entre deux pièces, l'un des servants est tué, deux autres gravement blessés tombent, puis se traînent à l'ambulance placée à l'abri de la ferme.

— Canonniers ! charge à volonté... Pointez

aux pièces ! — crie le plus ancien des lieutenants d'artillerie, qui prend dès lors le commandement. La trompette traduit cet ordre par une sonnerie précipitée. Les canonniers rivalisent d'ardeur à la charge de leurs pièces, tandis que les cris : Au feu ! au feu ! se font entendre derrière les bâtiments de la ferme. Un nuage de noire et épaisse fumée l'enveloppe bientôt : un obus faisant explosion dans un grenier rempli de fourrage a causé l'incendie...

— D'un côté, ça n'est pas mauvais, cette flamberie-là, attendu qu'il fait un froid de chien ! — dit Castillon ; mais trop est trop, et tout à l'heure nous allons roussir.. — Puis, avisant le volontaire Duresnel, pâle, appuyé sur son fusil, agitant ses lèvres comme s'il eût parlé, quoique aucun son ne sortît de sa bouche : — Eh bien ! voisin, nous y voilà... *paole d'honneur*... Que diable vois-tu donc là-bas pour écarquiller les yeux de la sorte ?... ajoute Castillon, suivant la direction du regard fixe, effaré, de Duresnel, et avançant la tête par dessus l'épaule de son serre-file, Castillon ajoute en frissonnant, et attirant à lui le jeune volontaire : — Allons, camarade, ne regarde plus de ce côté... tu n'as pas encore l'habitude de la chose, c'est la chance des combats.

— Mon Dieu ! — balbutie Duresnel en suivant le conseil de Castillon ; — mon Dieu ! c'est horrible... Pauvres victimes !

Un boulet, ricochant en dedans du mur de pierres sèches, derrière lequel s'abritaient les volontaires serrés les uns contre les autres, avait atteint une de leurs files, tuant ceux-ci... mutilant ou blessant ceux-là... Les cadavres et les blessés gisaient pêle-mêle dans une mare de sang... Le capitaine Martin, frappé le dernier par le boulet dont la force de projection expirait, avait été renversé, mais seulement contusionné à l'épaule. Se relevant, après le premier étourdissement du choc, il s'empresse d'aider les soldats de sa compagnie, et parmi eux Jean Lebrenn, à conduire ou à transporter les blessés au poste des chirurgiens établi à quelque distance. Ceux-ci donnaient leurs soins à des canonniers et à quelques hussards du 3ᵉ régiment, un obus ayant aussi éclaté au milieu de leur escadron, en avait tué ou blessé plusieurs.

L'escadron de hussards où se trouvaient Victoria et Olivier était toujours en bataille. L'artillerie républicaine continuait de faire merveille, alors le général ennemi, craignant de voir sa droite décimée par l'artillerie républicaine, envoya l'un de ses aides de camp donner l'ordre au régiment des cuirassiers de Gerolstein d'enlever la batterie. Jusqu'alors couvert et masqué par un pli de terrain, ce régiment de grosse cavalerie de réserve n'avait pas pris part à l'action ; il formait une partie du contingent que la principauté de Gerolstein devait mettre au service de la Confédération germanique, et était commandé par le grand-duc régnant. Ce prince, âgé de soixante ans passés (père de Frantz de Gerolstein, qu'il détenait dans une prison d'État), conservait la verdeur et l'élan de la jeunesse ; à sa bravoure naturelle se joignait l'excitation de la haine dont il poursuivait la Révolution. Le comte de Plouernel, marié depuis peu de temps à la fille du prince de Holtzern, commandait en second les cuirassiers du grand-duc. Les cavaliers portaient la cuirasse et le casque d'acier, l'habit aux couleurs du grand-duc, — bleu clair à collet et retroussis orange, — bottes fortes et culotte de daim blanc. En somme, ce régiment était l'un des plus solides, des plus beaux de l'armée coalisée. Les hommes, tous dans la force de l'âge, aguerris, exercés, bien vêtus, bien nourris, bien soldés, choyés enfin comme une troupe d'élite, étaient disciplinés à coups de canne par leurs officiers, selon la coutume allemande. Ces cuirassiers offraient le type parfait du *soldat monarchique*, instrument de la volonté du maître, prêts à sabrer leur père, leur frère, leur mère, leurs concitoyens, ou à marcher à l'ennemi avec la même indifférence... tuant, parce qu'on leur dit : *Tue !*... se battant, parce qu'on leur dit : *En avant !*... A la droite du régiment se trouvait le grand-duc ; homme robuste, de haute stature, d'une physionomie fière et dure ; son visage était à demi caché par la visière de son casque, surmonté d'une riche aigrette de plumes de héron. Les gentilshommes et les officiers de sa maison étaient groupés à quelque distance de lui ; il conversait alors avec le comte de Plouernel, aussi revêtu de l'uniforme de colonel de cuirassiers ; tous les deux poursuivant ainsi leur entretien :

— Comte, j'ai vu hier le prince de Condé, de passage à Wissembourg et se rendant à son quartier général de Lauterbourg. Voici ce qu'il m'a dit : « La République n'est plus trahie par ses généraux. Nous sommes *foutus !*

L'observation du prince est juste, et je prévois, pour nos armes, une suite de revers. Il est donc sage de prendre des mesures en vue d'événements funestes, et, — pour le cas où je serais tué dans la bataille actuelle, — je vous rappelle la promesse que vous m'avez faite. Vous irez trouver le prince Frantz, mon fils, dans la prison où il est détenu ; vous lui direz que mes dernières pensées ont été des pensées de malédiction sur lui... — Puis, il ajouta d'un air sinistre : — Vous veillerez à ce que la justice ait son cours, à son égard. Mon tribunal suprême a jugé et condamné ce fils indigne... il a été convaincu de complot révolutionnaire contre la sûreté de mes États, de rébellion contre ma personne... il a encouru la peine de mort... La sentence devra recevoir son exécution dans le plus bref délai possible. Mon neveu Othon, de qui vous avez épousé la cousine, devra hériter de ma couronne grand-ducale. Toutes ces dispositions, relatées soigneusement dans mon testament, doivent avoir leur entière exécution.

— Ecartez de votre esprit ces sombres pensées, monseigneur ! Vous régnerez longtemps encore, et vous déciderez sur toutes questions.

Le régiment de Gerolstein, le prince en tête, s'ébranle et part au grand trot. Le sol tremble sous les pieds de ces huit cents chevaux ; le cliquetis des sabres, des mousquetons et des cuirasses retentit avec un bruit formidable. L'on aperçoit à six cents toises le mamelon où est établie la batterie républicaine dominant le terrain plat où s'avancent les cuirassiers. Ce mamelon est flanqué à sa gauche d'un bouquet de bois, et à sa droite de la métairie, dont la toiture vient de s'effondrer au milieu d'une immense gerbe de flamme et de fumée. Le grand-duc de Gerolstein, ne pouvant tourner la batterie, couverte à sa gauche par un bois, à sa droite par des bâtiments à demi embrasés, dut aborder de front les bouches à feu qu'il s'agissait d'enlever, ignorant qu'elles étaient soutenues par la cavalerie et par l'infanterie que la disposition des lieux ne lui permettait pas d'apercevoir.

— La position des républicains est trop forte, monseigneur, pour être attaquée de front, — dit le comte de Plouernel, — et cependant il serait dangereux de tenter de la tourner.

— Je suis résolu de l'attaquer de front, je réponds de l'élan de mes cuirassiers, — reprit le prince. — Nous voilà à petite portée de canon. Ces gens-là ne tirent pas.

— Ils attendent que nous soyons plus près d'eux, monseigneur, afin de rendre plus meurtrière leur décharge à mitraille.

— Rapprochons donc la distance afin d'engager l'action, — s'écrie le grand-duc.

Les trompettes sonnent la charge. La cavalerie prend le grand trot, formée d'abord en colonne afin d'offrir moins de surface au tir de la batterie républicaine ; puis, à deux cents pas environ du mamelon, là où commence la pente rapide que les cuirassiers ont à gravir pour arriver aux pièces qu'ils doivent enlever, ils se développent sur deux lignes, et, au commandement du grand-duc de Gerolstein, ils lancent leurs chevaux au galop en poussant des hourras prolongés, et arrivent au pied du mamelon. L'impétuosité de leur allure est alors ralentie par la raideur de la pente dont ils ont à gagner le sommet... Ils déchargent leurs mousquetons sur les servants de la batterie, dont les pièces, pointées de haut en bas et muettes jusqu'à ce moment, répondent par une effroyable volée de mitraille. La compagnie de volontaires parisiens, placée en tirailleurs sur la lisière du bois et couverte par les haies du verger, vise aux chevaux et fait pleuvoir sur les assaillants une grêle de balles qui se croisent avec les feux plongeants de la compagnie postée à droite, derrière les murs de clôture de la métairie. Cette pluie de fer et de plomb ayant surtout atteint les chevaux du premier rang, ceux-ci, blessés ou tués, tombent ou se cabrent, se culbutent, se renversent sur leurs cavaliers, jettent dans la seconde ligne un tel désordre, que, malgré la force d'impulsion, les cavaliers s'arrêtent, puis reculent. Le grand-duc commande un demi-tour au galop, afin d'aller reformer ses escadrons hors de la portée de la mitraille.

Ce mouvement de retraite est salué par les cris répétés de Vive la République ! poussés par les français. La mousqueterie des cavaliers allemands, tirant de bas en haut, a passé par dessus la tête des canonniers ; quelques-uns seulement sont blessés, les autres se hâtent de recharger leurs pièces ; les volontaires mettent une nouvelle cartouche dans leurs fusils afin de saluer la seconde attaque des ennemis. Les cuirassiers, raffermis, exaltés par le désir de venger le premier échec, se sont reformés en décrivant un assez grand circuit dans la plaine. Ils reviennent à fond de train, non plus développant leur front, mais en colonne, entraînés par l'exemple du grand-duc. Les cuirassiers gravissent de nouveau la pente du mamelon, courbés sur l'encolure de leurs chevaux, dont ils labourent les flancs à coups d'éperons ; ils reçoivent une nouvelle décharge de mitraille, presque à bout portant, et bientôt ils vont, dans l'impétuosité de leur élan, atteindre le plateau du mamelon, précédés du prince. Les assaillants sont attendus par les deux compagnies de volontaires, formées en carré au centre duquel ont été retirées les bouches à feu, que les canonniers rechargent précipitamment. Le premier des trois rangs formant le carré a un genou en terre ; les hommes des autres rangs sont debout, le corps penché en avant et appuyé sur la jambe droite ; les soldats ont le fusil épaulé, en joue, et sont prêts à tirer au commandement du capitaine Martin.

Il y eut un moment de silence solennel parmi les volontaires, lorsqu'ils virent d'abord apparaître à trente-cinq pas environ, achevant de gravir la pente du plateau, le grand-duc accosté d'un colosse casqué, cuirassé, portant l'étendard du régiment et accompagné de quelques officiers de la maison militaire du duc de Gerolstein.

Castillon, placé au second rang du carré, ayant devant lui Jean Lebrenn, un genou en terre, et derrière lui le volontaire novice Duresnel, dit au premier à voix basse :

— L'ami Jean, cotisons-nous pour déquiller ce tambour-major à cheval qui porte le drapeau... ça va-t-il ? Faisons coup double.

— Ça va... vise à l'homme, je tire au cheval.
— Citoyens, je mets en joue le géant, — dit Duresnel de sa voix flûtée, — et si vous le permettez, je suis de votre écot?

En ce moment, le capitaine voit derrière le grand-duc, poindre à mi-corps le premier rang des cuirassiers; alors seulement, la cavalerie étant à découvert, le capitaine Martin crie: Citoyens, attention au commandement!... que chacun vise un ennemi... Joue... feu!

— En avant, cuirassiers!... sabrez cette canaille! — criait le grand-duc de Gerolstein faisant faire un bond énorme à son cheval afin de se précipiter sur le front du carré, — en avant! hourra! Foncez, mes braves, en avant!

Les assaillants et les défenseurs disparaissent au milieu d'une épaisse fumée produite par l'artillerie et la fusillade. Mais bientôt le vent a porté au loin les vapeurs de la bataille; et voilà le tableau qui apparaît aux yeux des survivants de la mêlée :

Les cuirassiers du premier rang, foudroyés par la décharge du carré, étaient presque tous tombés avec leurs montures, ou avaient été culbutés sur les rangs suivants qui achevaient de gravir la pente du plateau. Cependant le grand-duc de Gerolstein et plusieurs de ses soldats emportés par la force d'impulsion avaient pénétré dans l'intérieur du carré malgré la forêt de baïonnettes dont il était hérissé, mais s'étaient arrêtés lorsque leurs coursiers, épuisés par ce dernier élan, criblés de coups de baïonnettes s'étaient abattus. Castillon avait été sabré à l'épaule par le vieux prince; Duresnel culbuté, contus, mais non blessé. Tous les deux, après leur premier émoi, aperçurent le grand-duc dans l'intérieur du carré, engagé sous son cheval percé de coups; le grand cordon orange que portait le prince le désignait comme un chef militaire. Castillon et Duresnel se précipitèrent sur lui et le firent prisonnier. Jean Lebrenn, de son côté, avait visé juste et logé une balle dans le poitrail de la monture du porte-étendard. Celui-ci, préservé des balles par son casque, sa cuirasse et par l'épaisseur de ses bottes fortes, se dégage et, son sabre d'une main, son étendard de l'autre, se défend contre Jean Lebrenn, qui s'est élancé, la baïonnette croisée, contre le géant. Celui-ci décrit autour de lui un moulinet et atteint Jean Lebrenn d'une estocade à l'articulation du genou. Jean Lebrenn, quoique blessé, s'élance et s'empare de l'étendard.

Un autre épisode se passait presque simultanément et à quelques pas: un sous-officier des cuirassiers de Gerolstein se voyant enserré dans le cercle, attaquait tête le maréchal-des-logis Duchemin et ses servants. Duchemin, en vieux routier, s'était retranché en dedans et derrière l'une des roues de l'affût de *Carmagnole*; cette roue le couvrait ainsi presque à mi-corps contre les coups de sabre et contre les atteintes du cheval de son adversaire, sur lequel il avait en vain déchargé son mousqueton. Aussi se défendait-il à l'aide d'un refouloir; il parvint à en asséner un coup violent sur le casque du cuirassier; celui-ci chancelle et tombe de cheval à demi assommé. Les servants de *Carmagnole* achèvent de charger la pièce qui est mise en batterie avec les bouches à feu, derrière les rangs du carré faisant face à l'ennemi. Les rangs s'ouvrent, l'artillerie vomit de nouveau la mitraille sur le dernier escadron du régiment de Gerolstein, réserve que le comte de Plouernel ramenait une dernière fois à la charge. Soudain les cuirassiers, saisis d'une sorte de panique, font demi-tour et se précipitent, effarés, au galop de leurs chevaux, sur la pente déclive du mamelon et bientôt fuient à toute bride. Cette débandade n'était pas seulement causée par le feu vif et soutenu de l'artillerie républicaine; l'escadron du troisième régiment de hussards, jusqu'alors rangé en bataille derrière les bâtiments de la batterie incendiée, n'avait pu d'abord prendre part à l'action; le capitaine de cet escadron et son lieutenant avaient été, le premier tué, le second mis hors de combat par l'explosion d'un obus. Olivier, quoique le plus jeune des sous-officiers jouissait déjà d'une telle réputation de bravoure que, d'un commun accord, les soldats lui avaient décerné le commandement de l'escadron. Le bouillant jeune homme, se penchant vers Victoria qui chevauchait à ses côtés à la droite du premier peloton, lui dit avec exaltation: — Ah! j'en avais le pressentiment, je serai tué ou je gagnerai aujourd'hui mes épaulettes... Je serai nommé officier sur le champ de bataille.

L'escadron français, lancé au galop, atteignait les derniers rangs des cuirassiers de Gerolstein, tandis que la tête de leur colonne était culbutée, refoulée en désordre par les feux de la batterie et du carré de volontaires. Olivier charge avec furie les cavaliers allemands. La mêlée s'engage. Le comte de Plouernel, qui s'efforce en vain de rallier les fuyards, est soudain attaqué par un jeune hussard dont le shako est tombé dans le tumulte de la bataille.

Victoria, car c'était elle-même, attaque le comte de Plouernel, pointe droit au visage et lui crève un œil. Le comte, rendu furieux par cette blessure, fait une riposte et plonge son sabre dans la poitrine de son adversaire. Néroweg pousse son cheval vers l'aile gauche de l'armée autrichienne, et échappe à la poursuite des hussards républicains.

. . . .

La nuit est venue. Les feux des bivouacs de l'armée républicaine brillent à travers les brouillards de décembre. Nos troupes campent sur le champ de bataille. Le quartier général est établi dans les ruines du château de Geisberg, à demi démoli par les boulets. Une vaste grange, dépendante de la métairie de ce domaine, a été consacrée au service de l'une des ambulances de l'armée... Les blessés sont étendus sur des litières de paille et reçoivent les soins des officiers de santé à la clarté des falots. Parfois l'on entend les gémissements qu'arrache la douleur d'une amputation ou l'extraction d'une balle. A l'extrémité de la grange, une clôture de planches sépare l'*aire* du reste du bâtiment. Mortellement blessée par le comte de Plouernel et d'abord portée à l'ambulance, Victoria a été plus tard transportée dans l'espèce de réduit pratiqué à l'extrémité de la grange, le sexe de la jeune femme ayant été reconnu au moment où on allait poser le premier appareil sur sa blessure. Un falot accroché à une poutre éclaire cette scène lugubre. Jean Lebrenn, aussi blessé, est agenouillé près de sa sœur, étendue sur la paille et à demi enveloppée d'une couverture. Olivier, adossé à la muraille, cache son visage entre ses mains et peut à peine étouffer ses sanglots. Castillon, dont le mâle visage est sillonné de grosses larmes, se tient debout à quelques pas, appuyé à l'un des montants de la porte du réduit.

La pâleur de Victoria, ses aspirations entrecoupées, tout annonce qu'elle touche à ses derniers moments. Son frère tient convulsivement serrée dans les siennes la main de sa sœur; il sent cette main devenir de plus en plus froide; symptôme de l'approche de l'agonie.

— Adieu, Olivier... — dit Victoria d'une voix affaiblie, en tournant ses regards vers le jeune homme. — Aime et sers la République comme une mère; souviens-toi que tu es citoyen avant d'être soldat... souviens-toi surtout que ceux qui ne voient dans la guerre qu'un champ ouvert à leur ambition, à leur orgueil, sont les pires ennemis d'un peuple. — Puis, s'adressant à son frère, Victoria reprend : — Adieu, frère, avant le combat... j'avais le pressentiment de finir comme notre aïeule Anna Bell... dont la triste vie a tant de rapports avec la mienne... — Puis, frappée d'une idée subite, Victoria se recueille et reprend : — Le grand-duc régnant de Gerolstein est prisonnier, m'as-tu dit, mon frère? Il faut instruire Saint-Just des services rendus à notre cause par Frantz de Gerolstein, et signifier au grand-duc qu'il restera prisonnier jusqu'au jour où son fils aura été remis en liberté... Frantz... c'est un combattant rendu à la Révolution...

— Tes recommandations seront suivies, — répond Jean Lebrenn entre deux sanglots ; — je pleure sur notre séparation, sœur bien-aimée. Tu vas partir pour un voyage sans retour. Je suis jeune encore, et de longues années se passeront peut-être avant que je puisse te revoir.

— Ces années s'écouleront pour toi comme un jour... embellies par la tendresse de ta femme... par l'amour de tes enfants... par l'accomplissement de tes devoirs civiques!... Puis, de même que la flamme d'une lampe expirante jette encore quelques vives clartés au moment de s'éteindre, la jeune femme se redresse sur son séant; ses grands yeux noirs s'illuminent d'un rayonnement interne ; sa voix, naguère haletante, voilée, redevient sonore, vibrante; ses beaux traits resplendissent d'enthousiasme, elle s'écrie : — Ah ! frère, je le sens... mon esprit se dégage de mon corps actuel... pour aller animer ailleurs une enveloppe nouvelle... L'avenir se dévoile à ma vue...

— Salut à ce beau jour prédit par Victoria la Grande... salut!... radieuse est ton aube! Je vois des fers brisés, des bastilles écroulées, des trônes, des autels en poudre, et, dominant les décombres du vieux monde, un échafaud, l'instrument de supplice destiné aux monarques... Salut, échafaud sacré... symbole de la justice populaire... O République! radieuse est ton aurore... Ton soleil éblouissant se lève sur l'Europe... Ton astre en son plein, ô République! déverse des torrents de lumière sur le monde régénéré... Il verdoie... il fleurit... il s'épanouit... il déploie en paix ses trésors, ses richesses, ses pompes, ses merveilles au milieu de l'allégresse de ses enfants libres, égaux, affranchis à jamais du double joug de la religion et de la misère... et à jamais unis par la fraternelle solidarité des peuples confédérés...

Les témoins de cette scène, entraînés, transportés par la parole de Victoria, trompés par l'éclat de son regard, par la surexcitation où elle puisait un suprême élan d'énergie, oubliaient qu'elle agonisait. Victoria, les yeux demi-clos, le visage livide et trempé d'une sueur glacée, s'affaisse entre les bras de son frère, et après un instant d'agonie, elle sort de cette vie pour aller continuer de vivre en ces mondes mystérieux où tous nous irons !

. . . .

L'armée devait se mettre en marche au point du jour. Jean Lebrenn et Castillon creusèrent à l'aube, sur les hauteurs de Geisberg, une fosse destinée à Victoria. Elle y fut conduite sur un brancard porté par le capitaine Martin, Castillon, Duchemin et Olivier. Jean Lebrenn, grièvement blessé, suivait le deuil de sa sœur, appuyé au bras du jeune volontaire Duresnel. La neige tombait, la fosse de Victoria disparut bientôt sous le blanc linceul qui couvrait les hauteurs de Geisberg au moment où l'armée quitta ses bivouacs pour marcher sur les lignes de Wissembourg, qui pouvaient encore être défendues par l'armée autrichienne; mais celle-ci abandonnant ses retranchements pendant la nuit, évacua Wissembourg. Les hordes des monarques battaient en retraite devant nos légions.

Olivier fut nommé sous-lieutenant au 3ᵉ hussards. Le capitaine Martin fut élu commandant du bataillon de volontaires parisiens, en remplacement de son prédécesseur, tué à l'attaque du plateau du Geisberg. L'étendard des cuirassiers de Gerolstein ayant été porté à Hoche par Jean Lebrenn, celui-ci reçut de la main du jeune général, en honneur et mémoire de ce fait d'armes, un sabre pris sur l'ennemi.

. . . .

Le 10 nivôse, le général Donadieu, traduit devant le tribunal révolutionnaire, et convaincu de trahison, fut condamné à la peine mort... qu'il subit sur l'échafaud.

Les conséquences de la bataille dite *des lignes de Wissembourg*, gagnée par le général Hoche décidèrent du succès de toute la campagne.

La Convention, sur le rapport de Barère, rendit, le 12 nivôse, cet arrêté :

LA CONVENTION NATIONALE DÉCRÈTE :

LES ARMÉES DU RHIN ET DE LA MOSELLE, LES CITOYENS ET LA GARNISON DE LANDAU ONT BIEN MÉRITÉ DE LA PATRIE.

Jean Lebrenn, étant soldat de l'armée du Rhin et Moselle, fit alors graver ces mots sur la lame du sabre dont Hoche l'avait gratifié : « JEAN LEBRENN A BIEN MÉRITÉ DE LA PATRIE »

La guerre continua; Jean Lebrenn, à peine guéri de sa blessure, voulut rejoindre l'armée de Rhin et Moselle; mais la plaie, mal cicatrisée, se rouvrit, s'aggrava par suite des fatigues d'une nouvelle campagne : il fut évacué à l'hôpital de Strasbourg au mois de germinal (mars) de l'an II (1794).

. . . .

Charlotte Lebrenn, pendant l'absence de son mari, continuait d'habiter avec sa mère la maison de la rue d'Anjou. Maître Gervais avait consenti à reprendre la direction de l'atelier de serrurerie cédé par lui à Jean Lebrenn, jusqu'à son retour de l'armée. Charlotte, ainsi que par le passé, tenait les livres de commerce de la maison ; elle s'occupait de ce soin dans la journée du 23 prairial an II (mai 1794). La jeune femme, dans un état de grossesse avancée, était vêtue de noir, portant le deuil de Victoria, sa belle-sœur. Madame Desmarais travaillait à un ouvrage de couture.

Charlotte, ayant terminé son travail de comptabilité, ferme ses livres de commerce et place devant elle un cahier de papier blanc, sur lequel elle s'apprête à écrire.

— Je vais te paraître bien curieuse, ma chère fille, dit madame Desmarais à Charlotte, mais je suis intriguée à l'endroit de ces feuilles de papier que tu remplis chaque soir de ton écriture, et qui auront bientôt formé un volume.

— C'est une surprise que je ménage à Jean, pour son retour, ma bonne mère.

— Puisse-t-il, pour lui et pour nous, jouir bientôt de cette surprise ! Sa dernière lettre nous donne du moins l'espérance de le revoir d'un moment à l'autre. Il a écrit dernièrement de Strasbourg dans le même sens à M. Billaud-Varenne, qui, en venant nous voir avant-hier, croyait trouver ici ton mari.

— Jean n'attendait plus que l'autorisation du chirurgien pour se mettre en route, car les suites de sa blessure exigent de grandes précautions. Ah ! mère ! combien je suis glorieuse d'être sa femme, avec quel bonheur, avec quelle fierté je vais l'embrasser !

— Hélas ! cette gloire-là coûte cher ; ma crainte est que notre pauvre Jean reste boiteux pour toute sa vie. Ah ! la guerre ! — reprend madame Desmarais ; — et, ses yeux devenant humides, elle ajoute: Pauvre Victoria ! quelle terrible fin que la sienne !...

— Vaillante sœur ! elle a vécu en martyre, elle est morte en héroïne. Jamais je n'ai été plus émue qu'en lisant la lettre que Jean nous écrivait de Wissembourg le lendemain du jour où Victoria expirait entre ses bras, prophétisant la République universelle, Commune et fédération avec la rouge bannière. — Puis, souriant à demi et montrant à sa mère les papiers épars sur sa table, Charlotte ajoute: Ceci nous ramène à la *surprise* que je ménage à notre cher Jean. Lis le titre de ce cahier.

Madame Desmarais prend le cahier que lui présente sa fille, et lit ces mots, tracés en gros caractères : « A MON ENFANT ! »

— Ainsi, reprend madame Desmarais avec émotion, — ces pages que tu écris depuis quelques jours...

— ... Sont adressées, dans ma pensée, à mon enfant. Il vient le jour à une époque terrible. Si c'est un garçon, je ne saurais lui citer un meilleur exemple à suivre que celui de son père ; si c'est une fille... — et la voix de Charlotte s'altéra légèrement... je lui offrirai comme modèle cette courageuse femme que le hasard m'a permis de connaître, d'aimer, d'admirer peu de temps avant son supplice.

— Lucile ! — s'écrie madame Desmarais, frissonnant à ce souvenir, — l'épouse infortunée de Camille Desmoulins ! Pauvre Lucile ! si belle, si modeste, si bonne ! et mère d'un petit enfant ! Rien n'a pu apitoyer les monstres qui siègent au tribunal révolutionnaire ; ils l'ont envoyée à l'échafaud, cette innocente jeune femme de vingt ans !

— Hélas ! la veille de sa mort, elle a adressé à madame Duplessis, sa mère, cette lettre de deux lignes :

« Bonsoir, ma chère maman ; une larme

Camille Desmoulins et Danton

s'échappe de mes yeux, elle est pour toi. Je vais m'endormir dans le calme et l'innocence.

« LUCILE »

— Touchants adieux! — reprend Charlotte, essuyant ses yeux devenus humides. — Moi aussi je saurais mourir!

— Tu m'épouvantes, — s'écrie madame Desmarais toute tremblante; puis, se rassurant : — Mais non, tu es enceinte et, grâce à Dieu, les femmes dans ta position échappent à l'échafaud.

— L'enfant sauve la mère! aussi j'adresse cet écrit à mon enfant, auquel, peut-être, je devrai la vie... Camille Desmoulins, Danton, ces hommes illustres, ces grands patriotes, ont été sacrifiés hier: mon mari qui les égale en vertus civiques, peut être mis en jugement et guillotiné demain. Douloureuse perspective!

— Ah! du sang! toujours du sang!... — murmure d'une voix défaillante madame Desmarais. Mon Dieu! pitié de nous.

— Bonne mère, je vais lire quelques lignes des mémoires que j'écris pour mon enfant sur les évènements de notre temps :

Tu naîtras en des temps sans pareils au monde, cher enfant; et lorsque ta raison sera suffisamment développée, tu liras les pages écrites par moi sous les yeux d'une mère chérie, pendant que ton père combattait pour l'indépendance de la patrie, pour le salut de la Révolution et de la République.

Peut-être un jour, tu entendras calomnier, maudire cette redoutable et héroïque époque pendant laquelle tu es né. Peut-être, un jour, et pour un jour seulement, tu verras surgir encore les fantômes de l'Église de Rome et de la royauté.

Christ, le prolétaire de Nazareth, avait dit :

195e livraison

— « Les fers des esclaves seront brisés : — tous les hommes seront unis dans une fraternelle égalité ; — les pauvres, les veuves et les orphelins seront secourus ».

Et voici ce qui est arrivé :

Ceux qui se disent les ministres de Dieu, ont continué, pendant dix-huit siècles, de posséder des esclaves, des serfs, des vassaux. En un seul jour, la Révolution a réalisé la prophétie de Christ, méconnue par ses prêtres !

— Cela est pourtant vrai, ma fille, — reprend madame Desmarais, — la République a fait en un jour ce que l'Eglise s'était refusée d'accomplir depuis des siècles ; il dépendait d'elle, du moins, de prêcher d'exemple en affranchissant les esclaves, les serfs ou les vassaux qui lui appartenaient avant la Révolution. Que l'Eglise soit maudite !

— Tu reconnais donc, mère, qu'en ces temps-ci, le bien l'emporte de beaucoup sur le mal, — répond Charlotte. — Elle poursuit sa lecture :

L'Eglise et la royauté laissaient à dessein le peuple dans une profonde ignorance, afin de le rendre plus docile au servage. Voici ce que la République décrète, 8 nivôse an II (1794) :

La Convention nationale arrête :

« L'enseignement est libre et sera gratuit et obligatoire. La Convention charge son comité d'instruction de lui présenter des livres élémentaires destinés à former l'éducation des citoyens. Les premiers de ces livres doivent être la Déclaration des droits de l'homme, — la Constitution, — le Tableau des actions héroïques ou vertueuses, — les Principes de la morale éternelle.

La Convention nationale décrète :

« Un concours sera ouvert pour les ouvrages traitant :

« Instruction sur la conservation de la santé des enfants, depuis la grossesse de la mère jusqu'à leur naissance, et sur leur éducation physique et morale jusqu'à l'époque de leur entrée dans les écoles nationales. »

28 nivôse, an II (1794).

La Convention nationale décrète :

« Il sera formé dans chaque district du territoire de la République une bibliothèque nationale publique. »

— Ce sont là, en effet, comme tu le dis, ma chère fille, de grandes et utiles choses.

Charlotte continue ainsi sa lecture :

La Convention nationale, après avoir entendu le rapport du comité de salut public, décrète :

« Il sera ouvert dans chaque département un registre qui aura pour titre : Livre de la bienfaisance nationale.

« — Le premier titre sera intitulé : Cultivateurs vieillards ou infirmes.

« Le second : Artisans vieillards ou infirmes.

« Le troisième sera consacré aux mères et aux veuves ainsi qu'aux filles-mères, ayant des enfants dans les campagnes. »

Ces décrets prouvent que la République, dans sa commisération pour l'infortune, lui consacre une sorte de culte religieux ; non-seulement elle soulage les misères du peuple, mais elle honore le malheur ; ce n'est pas une dégradante aumône qu'elle lui jette, c'est la dette de la patrie qu'elle acquitte envers ces vieillards qui ont usé leur vie au travail de la terre ou des métiers ; cette dette, la République l'acquitte encore envers les pauvres veuves qui ne peuvent subvenir aux besoins de leur jeune famille. Le VIEILLARD, l'ENFANT et la FEMME sont l'objet constant de la sollicitude de la République.

Gertrude entre soudain dans le salon d'un pas précipité ; sa physionomie est à la fois joyeuse et émue ; Charlotte se lève vivement et, s'adressant à la servante, s'écrie : — Jean, mon mari, est arrivé !

— Madame... c'est-à-dire... mais, pour l'amour de Dieu, n'allez point trop vous émouvoir dans l'état où vous êtes, — répond Gertrude.

— Monsieur Jean est bien arrivé, si vous le voulez... venez...

Jean Lebrenn, à l'instant où Charlotte et sa mère vont courir à sa rencontre, paraît à la porte du salon, appuyé sur le bras de Castillon. Tous les deux sont encore vêtus de l'uniforme des volontaires de la République. Jean, après avoir embrassé sa femme et madame Desmarais avec effusion, essuie ses yeux baignés de larmes, car la vue de Charlotte dans un état de grossesse avancée lui cause une émotion profonde ; puis il dit, ainsi qu'à sa belle-mère, lui montrant Castillon, resté à l'écart et qui ne peut non plus retenir ses pleurs :

— Embrassez donc aussi Castillon ; il a été pour moi, dans cette campagne, plus qu'un camarade, il a été un frère.

— Je le savais par tes lettres, — répond Charlotte, et elle embrasse cordialement le contre-maître.

— Vous souperez avec nous, citoyen Castillon, vous ne nous laisserez pas seules fêter le retour de mon mari.

— Vous êtes bien honnête, citoyenne Lebrenn ; j'accepte votre offre de grand cœur, la journée sera complète, — répond le contre-maître. — Je vais aller dire bonjour aux camarades de l'atelier ; mais n'oubliez pas d'empêcher l'ami Jean de marcher, sans quoi il risque de rester boiteux, — ajoute Castillon en sortant du salon.

— Mon enfant, — dit madame Desmarais, — il faut que ton mari quitte son uniforme et se couche ; sa blessure a sans doute besoin d'être pansée ; nous allons procéder à ces soins.

La journée touche à sa fin ; Jean Lebrenn et

sa femme ont passé plusieurs heures dans ces délicieux épanchements qui suivent les longues séparations.

— Lorsque je t'ai quittée, tu étais pour moi la plus chère, la meilleure des épouses, je te retrouve la plus éclairée des mères... Les paroles me manquent pour t'exprimer combien je suis ému du sentiment qui t'a dicté cet écrit adressé à notre enfant, que tu viens de me remettre et dont j'ai pris connaissance.

J'ai apprécié depuis longtemps la fermeté de ton caractère et je ne dois pas craindre de te faire connaître ma pensée sur la situation politique de notre pays. Je suis effrayé, non pour l'avenir, mais pour le présent, pour la génération actuelle; les esprits les plus droits semblent ici frappés d'un vertige furieux, et cependant partout les armées républicaines sont victorieuses, partout les peuples opprimés nous tendent les mains. La *terreur* est devenue une nécessité fatale. La Convention, après avoir relevé le crédit public, assuré la subsistance du peuple, rend chaque jour des décrets d'un sentiment aussi généreux, aussi élevé, d'une pratique aussi féconde que ceux dont tu fais mention dans ces pages adressées à notre enfant; les biens nationaux offrent encore à la nation d'énormes ressources financières; le peuple, calme, rassis, a jeté comme l'on dit la gourme de son effervescence et de son inexpérience politique; et il se montre maintenant plein de respect pour la loi, pour la Convention, où il voit l'incarnation de sa propre souveraineté. Et cependant, c'est en cet instant suprême que les meilleurs patriotes se déciment, s'entretuent avec une fureur aveugle. Anacharsis Clootz, Héraut de Séchelles, Camille Desmoulins, Danton, et tant d'autres, et des meilleurs ou des plus illustres citoyens, sont envoyés à l'échafaud !

— Eh ! sans doute ; et s'il est quelque chose de surprenant, c'est votre étonnement, mon cher Lebrenn, — prononce soudain une voix.

Charlotte et son mari retournent vivement la tête et aperçoivent Billaud-Varenne, debout au seuil de la porte ouverte; il écoutait depuis quelques instants les confidences de Jean Lebrenn, indiscrétion presque involontaire; les deux époux, absorbés dans leur conversation, n'avaient point aperçu le conventionnel. Celui-ci, s'approchant alors, dit à Charlotte :

— Vous m'excuserez, madame, d'avoir écouté aux portes. Il est vrai que la porte de votre chambre était ouverte; cette circonstance atténue un peu mon *espionnage;* — puis, s'opposant par un geste amical à ce que Jean Lebrenn se levât de la chaise longue où il se tenait à demi-couché, Billaud-Varenne ajoute en serrant affectueusement la main de l'époux de Charlotte : — Ne bougez pas, mon cher blessé, vous avez conquis le droit de rester étendu sur ce canapé. Votre aimable femme a dû vous écrire quel intérêt j'ai pris à tout ce qui vous concernait depuis votre départ pour l'armée.

— Ma femme m'a fait part bien souvent de votre affectueux souvenir, mon cher Billaud, et, de plus, je sais que, grâce à votre intervention, le citoyen Hubert, frère de ma belle-mère, est oublié dans la prison des Carmes, où il est depuis longtemps détenu comme suspect... Grâce à vous, sa vie n'est plus menacée.

— C'en est assez, c'en est trop même sur ce sujet, — reprend Billaud-Varenne, moitié souriant, moitié sérieux, — n'éveillez pas en moi le remords d'une iniquité : le citoyen Hubert a été, sera toujours l'un des ennemis acharnés de la République... A ce compte, il ne devrait pas être épargné. Je devrais faire tomber sa tête.

. . . .

Le 8 thermidor de l'an II de la République (26 juillet 1794), trente-neuf jours après la visite de Billaud-Varenne à Jean Lebrenn, la scène suivante se passe, vers les huit heures du soir, chez l'avocat Desmarais. Seul dans son salon, tantôt il se promène avec agitation, tantôt il s'assied, pensif, le front appuyé dans ses deux mains. Les angoisses, les terreurs dont cet hypocrite a été incessamment bourrelé ont, en deux ans, complètement blanchi ses cheveux; ses traits livides, bilieux, révèlent les tortures de son âme : il vient s'asseoir avec accablement se disant : — Ils vont venir ! Une pareille réunion chez moi ! Je tremble en y songeant, je puis être envoyé demain à la guillotine, si Robespierre triomphe. Malédiction sur ma femme, sur ma fille, qui m'ont abandonné ! Cependant, honte à ma faiblesse ! Il ne se passe pas de jour que je ne regrette ces indignes créatures ! J'étais si heureux de la vie de famille ! J'aimais ma fille, je l'aime encore autant qu'il soit possible d'aimer une créature sur cette terre ! De quelle tendresse, de quelle sollicitude elle entourerait ma vieillesse ! Je serais consolé, réconforté ; car, pour ma fille, je n'aurais pas de secret, et ses confidences allègeraient mon âme. Mon Dieu ! que je suis malheureux !

L'avocat Desmarais, après cette exclamation, reste longtemps silencieux, accablé ; puis, se levant soudain, il s'écrie : — Infâme Lebrenn ! c'est lui qui est la cause de tous mes maux. Il est venu apporter le trouble dans ma maison.

Le monologue de l'avocat est interrompu par l'entrée de sa servante dans son cabinet. Celle-ci vient le prévenir que plusieurs citoyens demandent à être introduits auprès de lui.

— Faites entrer ces citoyens, — répond l'avocat ; et, après le départ de sa servante, il ajoute à part lui : — Au diable Fouché, qui a eu l'idée de choisir ma maison pour lieu de réunion de ses amis. Périlleux honneur que je voudrais pouvoir décliner.

Bientôt sont introduits dans le salon les conventionnels Tallien, Durand-Maillane et Fouché ; le révérend père Morlet les accompagne. Les trois représentants du peuple appartiennent aux partis coalisés contre Robespierre. Durand-Maillane compte parmi les membres de la droite — côté royaliste — de l'assemblée ; Tallien est montagnard, et Fouché — ex-moine de l'Oratoire — est terroriste. Il est impossible d'imaginer une physionomie plus ignoble que celle de Fouché. Cette face patibulaire, encadrée de cheveux d'un blond couleur de filasse, révèle le vice, la ruse, la fourberie, la bassesse, la cruauté dans leur complet épanouissement ; un sourire cynique relève un coin de sa lèvre blafarde. Il se présente le premier dans le salon de l'avocat et, lui désignant du geste le jésuite Morlet : — Citoyen collègue, je te présente un ci-devant calottin, le révérend père Morlet ; il était de la Compagnie de Jésus, comme j'étais, moi, de l'ordre de l'Oratoire ; soutane et froc vont de conserve.

— Mais, — répond l'avocat très inquiet, en répondant au salut du jésuite, — l'objet de la conférence qui nous réunit ne doit pas être discuté devant un témoin.

— Le révérend est des nôtres, réplique Fouché ; — il arrive de Londres et nous apporte des renseignements du plus haut intérêt. Quant à sa discrétion, sa tête en répond : il est prêtre réfractaire. Et sur ce, causons de nos affaires.

Fouché, Durand-Maillane, Tallien, l'abbé Morlet et l'avocat Desmarais s'asseyent autour d'une table ronde.

La séance est ouverte. La présidence est déférée à l'avocat Desmarais.

DURAND-MAILLANE. — Je demande la parole, afin de préciser la question et d'établir à quelles conditions, en qualité de fondé de pouvoirs du côté droit de l'assemblée, j'apporte ici l'assurance du concours de mes amis politiques, — royalistes, cléricaux et conservateurs.

DESMARAIS. — Vous avez la parole.

DURAND-MAILLANE. — Messieurs, personne de vous n'ignore qu'en présentant à la Convention, il y a six semaines, la loi du 22 prairial, Robespierre espérait obtenir, pour le comité de salut public et sous la responsabilité de trois de ses membres, le droit de décréter d'accusation les représentants du peuple sans consulter l'assemblée ; d'où il suit que, moyennant les signatures de Saint-Just et de Couthon, qui lui sont acquises, Robespierre, à un moment donné, pourrait envoyer devant le tribunal révolutionnaire, c'est-à-dire à l'échafaud, les conventionnels dont il aurait voulu se défaire. La loi de *prairial* menaçait particulièrement les terroristes ; on aurait ensuite éclairci les autres partis.

Il s'agit d'examiner et de discuter entre nous les passages les plus significatifs du discours prononcé aujourd'hui par Robespierre à la Convention, pour déclarer ce qu'il convient de faire, pour en atténuer les effets et pour conjurer le danger dont nous sommes menacés. Voici les points explicites de son discours.

(*Il tire de sa poche un papier et lit*).

. . . .

La contre-révolution est dans toutes les parties de l'économie politique. Les conspirateurs nous ont précipités malgré nous *dans des mesures violentes que leurs crimes seuls ont rendues nécessaires*. Ce système était l'ouvrage de l'étranger, qui l'a proposé par l'organe vénal de Chabot, de Lhuilier, d'Hébert et de tant d'autres scélérats. Il faut tous les efforts du génie *pour ramener la République à un régime naturel et doux ;* cette œuvre n'est pas encore commencée. Laissez flotter un moment les rênes de la Révolution, *vous verrez* LE DESPOTISME MILITAIRE S'EN EMPARER, RENVERSER LA REPRÉSENTATION NATIONALE AVILIE ; un siècle de guerres civiles et de calamités désoler notre patrie, et nous périrons pour n'avoir pas voulu saisir un moment marqué dans l'histoire des hommes pour fonder la liberté ; oui nous livrerons notre patrie à des calamités sans nombre, et les malédictions du peuple s'attacheront à notre mémoire, qui devait être chère au genre humain.

. . . .

Voici la conclusion : Que ferons-nous ? Notre devoir ! Que peut-on objecter à celui qui veut dire la vérité et qui consent à mourir pour elle ? Disons donc qu'il existe *une conspiration contre la liberté publique, qu'elle doit sa force à une coalition criminelle qui intrigue au sein même de la Convention ;* que cette coalition a des complices dans le *comité de sûreté générale* et dans les bureaux de ce comité qu'elle domine ; que les ennemis de la République ont opposé ce comité au comité de *salut public*, et constitué ainsi deux gouvernements ; que des membres du *comité de salut public* entrent dans ce complot ; que la coalition ainsi formée cherche à perdre les patriotes et la patrie. Quel est le remède à ce mal ? *Punir les traîtres*, renouveler les bureaux du comité de sûreté générale, *épurer ce comité lui-même*, et le subordonner au comité de salut public ; *épurer le comité de salut public lui-même ;* constituer l'unité du gouvernement sous l'autorité suprême de la Convention nationale, qui est le centre et le juge, *et écraser ainsi toutes les factions du poids de l'autorité nationale*, pour élever sur leurs ruines la puissance de la justice et de la liberté ; tels sont les principes. S'il est impossible de les réclamer sans passer pour ambitieux, j'en conclurai que les principes sont proscrits, et que la tyrannie règne parmi nous, mais non que je doive me taire ; car, que peut-on objecter à un homme qui a raison et qui sait mourir pour son pays ? Je suis fait pour combattre le crime, non pour le gouverner. Le temps n'est point arrivé où les hommes de bien peuvent servir impunément la patrie: les défenseurs de la liberté ne seront que des proscrits, TANT QUE SUBSISTERA LA HORDE DES FRIPONS ET DES SCÉLÉRATS.

DURAND-MAILLANE. — Ainsi, messieurs, en résumant le discours de Robespierre, l'on reconnaît qu'il veut « ramener la République à un régime plus doux, arrêter l'effusion du sang, épurer la Convention et les comités, écraser les factions sous le poids de l'autorité nationale, et combattre le crime, parce que les défenseurs de la liberté ne seront que des proscrits, tant que subsistera la horde des fripons et des scélérats. » Il ne reste, à bien dire, que Robespierre et les Jacobins capables de défendre, de conserver, d'affermir la République ; aussi sommes-nous décidés, nous, les royalistes et les cléricaux, à entrer dans une coalition avec les terroristes et les montagnards pour envoyer à l'échafaud Robespierre et les principaux meneurs du parti jacobin.

LE JÉSUITE MORLET. — Je déclare approuver de tout point ce que vient de dire le préopinant. Robespierre est notre ennemi, à nous autres catholiques et royalistes, et il est également l'adversaire des terroristes et montagnards ici présents et de quelques-uns de leurs amis, qui demandent à vivre avec splendeur en paix et en joie aux dépens du populaire.

TALLIEN. — Robespierre veut tenter demain une *journée* avec l'appui d'Henriot et de la Commune; il faut prévenir ses desseins.

FOUCHÉ. — Le meilleur et le plus sûr moyen d'arriver à nos vues est d'étouffer la voix de Saint-Just dès qu'il montera à la tribune afin de compléter le discours de Robespierre; celui-ci voudra prendre la défense de son séide, nos cris redoubleront: A bas le tyran ! A bas le dictateur ! A mort Saint-Just et Robespierre!

DURAND-MAILLANE. — Il est donc arrêté que, dès le début de la séance, on interrompra Saint-Just et Robespierre, et qu'on demandera à l'assemblée leur arrestation immédiate. — Qui portera le premier la parole ?

TALLIEN. — Je me charge de lancer le brûlot.

DESMARAIS. — Collot-d'Herbois, l'ennemi implacable de Robespierre préside l'assemblée, la chose ira rondement.

LE JÉSUITE. — Il est probable que la Convention ne se bornera point à envoyer à la guillotine Robespierre, Saint-Just, Couthon, Lebas et autres chefs du parti vertueux ; on ajoutera à la fournée plusieurs des plus forcenés jacobins en dehors de la Convention.

TALLIEN. — Nous y enverrons les gros bonnets du club et les Jacobins de la Commune, Fleuriot Lescot, le maire, Coffinhal et consorts.

LE JÉSUITE. — Je désirerais extrêmement, pour des motifs particuliers, voir englober dans ladite fournée un certain Jean Lebrenn, nommé membre du conseil général de la Commune depuis son retour de l'armée.

FOUCHÉ, *à Desmarais.* — Collègue, le révérend demande la tête de ton gendre.

DESMARAIS. — Brutus a livré ses fils, et ce Jean Lebrenn n'est pas même de ma famille. Je vous accorde la tête de ce Jacobin.

DURAND-MAILLANE. — A demain, messieurs, soyons à l'Assemblée avant l'ouverture de la séance pour avoir le temps de préparer nos collègues du côté droit et du centre à ce que nous attendons d'eux.

TALLIEN. — Fouché et moi, nous répondons des voix des terroristes et des montagnards.

LE JÉSUITE, *à part.* — La République est perdue... Le supplice des Jacobins nous la livre pieds et poings liés, *ad majorem Dei gloriam !* à la plus grande gloire de Dieu! Périsse la France et que notre saint Ordre triomphe !

La séance est levée — sur cette invocation mentale du jésuite.

Desmarais reconduit les assistants et rentre seul dans le salon, où il reste quelque temps silencieux et sombre ; puis, se levant soudain :
— Est-ce bien moi qui ai demandé qu'on guillotinât mon gendre ?... Après tout, ce ne serait que justice ; je lui aurai rendu le mal pour le mal. N'est-il pas, à vrai dire, la cause première de mes tourments? Après sa mort, ma fille et ma femme reviendront auprès de moi! Tout sera pour le mieux.

. . . .

La scène suivante se passe aux Tuileries, dans la salle de la Convention, le 9 THERMIDOR AN II DE LA RÉPUBLIQUE (27 juillet 1794). Il est huit heures du matin ; les chefs des factions coalisées contre Robespierre et le parti jacobin sont depuis longtemps arrivés dans la salle. Tallien, en se rendant à son siège situé à la crète de la montagne, passe devant les banquettes de la droite, et dit à Durand-Maillane et à ses amis: « — Oh ! les braves gens que les « gens du côté droit. » — Collot-d'Herbois, cet ex-comédien, voleur et criminel, occupe le fauteuil ; Saint-Just, entrant alors dans la salle, s'approche de Robespierre, qui paraît lui faire quelque recommandation. Couthon est porté par deux huissiers jusqu'à son banc, il prend place entre Robespierre jeune et Lebas, il est impotent, cul-de-jatte; ces trois citoyens sont cités parmi les plus purs, les plus généreux, les plus énergiques de notre temps. Bien avant l'ouverture de la séance, les tribunes ont été remplies de gens choisis et apostés par les ennemis de Robespierre. Celui-ci monte à son banc ; on lit sur ses traits austères un mélange de préoccupation et de ferme assurance ; car il ignore le complot ourdi contre lui et compte sur le discours de Saint-Just pour élucider la question laissée la veille si malheureusement dans le vague. Les chefs des factions coalisées échangent des signes d'intelligence entre eux. Billaud-Varenne cause avec l'un des vice-présidents de la Convention, Thuriot, terroriste irréprochable. L'aspect général de l'Assemblée est sinistre. Soudain, le tintement de la sonnette de Collot-d'Herbois domine le bruit des entretiens qui cessent peu à peu.

. . . .

Résultat de la séance de la Commission : sont décrétés d'accusation : Robespierre l'aîné, Robespierre le jeune, Saint-Just, Lebas, Couthon. Un officier de gendarmerie est chargé par le président de conduire les accusés en prison.

Ce même jour, 9 *thermidor*, vers les cinq heures de l'après-midi, madame Desmarais et sa fille, assises l'une à côté de l'autre dans leur salon, prêtent l'oreille au bruit du tambour auquel se joint de temps à autre le tintement lointain et précipité du tocsin.

— Mon Dieu ! — s'écrie madame Desmarais avec angoisse, — encore une *journée*, encore des luttes sanglantes !

— Rassure-toi, bonne mère, les méchants ne triomphent pas, Robespierre est décrété d'arrestation, mais les Jacobins et les sections viendront à son secours ; la Commune a déclaré la patrie en danger, le tocsin appelle le peuple aux armes.

— Voilà ce qui m'épouvante pour ton mari ; il s'est rendu à l'Hôtel de Ville comme membre du conseil général. La Commune s'insurge contre la Convention, et, si la Commune est vaincue, Jean peut être mis hors la loi.

— Mon mari fait son devoir ; l'avenir appartient à Dieu !

Soudain Castillon entre dans le salon en criant : — Bonne nouvelle ! — Les sections prennent les armes et se rassemblent pour se rendre à la Commune avec leurs canons, le club des Jacobins s'est déclaré en permanence. Robespierre a été conduit à la prison du Luxembourg ; son frère à Saint-Lazare ; Saint-Just, à la prison des Ecossais ; Couthon, à la Bourbe, et Lebas, au Châtelet. Au moment où j'ai quitté l'Hôtel de Ville, on délibérait sur les moyens d'aller les délivrer.

— Tu le vois, ma mère, les sections sont en majorité avec la Commune.

— Ah ! madame, madame, — dit Gertrude, accourant effarée, — ne vous émotionnez pas trop... Ah ! mon Dieu ! le voilà !

A peine Gertrude a-t-elle prononcé ces mots que l'avocat Desmarais, pâle, éperdu d'épouvante, se précipite dans le salon, en s'écriant :

— Sauvez-moi ! au nom du ciel... — Et courant à sa femme et à sa fille, qu'il presse l'une et l'autre entre les bras : — Cachez-moi ; on me poursuit.

— La frayeur a troublé votre esprit, mon père, — dit Charlotte ; — personne n'est à votre recherche.

Madame Desmarais s'est empressée de chercher un flacon de sels qu'elle fait respirer à son mari, prêt à défaillir. Celui-ci se ranime ; puis, il reprend d'une voix affaiblie : — Merci, vous êtes généreuses. Maintenant, je vous en conjure toutes les deux, cachez-moi quelque part. Le mari de Charlotte peut revenir ici et se trouver accompagné de quelque membre du conseil général ; je serais reconnu, arrêté et guillotiné. Ayez pitié de moi...

— Mais, mon père, vos craintes sont tout à fait exagérées ; mon mari saurait bien empêcher qu'on vous arrêtât dans sa maison.

A ce moment, Gertrude, entre-bâillant la porte, dit à sa jeune maîtresse d'un air mystérieux : — Madame, venez tout de suite.

— Qu'est-ce, Gertrude ? — demande Charlotte. Qui donc se présente ici ?

— Un cavalier de la maréchaussée demande à vous parler.

En entendant énoncer la qualité du visiteur, l'épouvante de M. Desmarais est à son comble, sa raison se trouble ; il court à une fenêtre et s'efforce de se cacher en s'enveloppant dans les rideaux. Charlotte sort du salon, dont elle referme la porte. Quelques instants après, elle était de retour et, s'empressant de montrer une lettre qu'elle tenait à la main : C'est une bonne nouvelle, chère mère. — Puis, s'interrompant et cherchant des yeux l'avocat : — Où est donc mon père ?

Madame Desmarais, du geste, indique à sa fille la croisée dont les rideaux dessinent la forme de l'avocat et laissent voir ses pieds, puis elle ajoute à voix basse : Si nous ne cachons pas ton père quelque part, il mourra d'angoisse et de frayeur.

— Cette frayeur est sans objet, mais enfin je partage ton avis, — répond Charlotte, aussi à voix basse ; — nous pouvons conduire mon père dans l'appentis du grenier, qui ferme à clé ; mon père se trouvera là, sans doute, en sûreté. Ses craintes se calmeront.

Puis, se dirigeant vers la fenêtre, dont elle écarte les rideaux, elle aperçoit son père, livide, le visage baigné d'une sueur froide, se soutenant à peine au chambranle de la croisée.

— Ce gendarme, — balbutie l'avocat, — que voulait-il ?

— Il venait m'apporter une lettre de Jean. Je vais vous donner connaissance de son contenu, à vous et à ma mère ; après quoi je vous conduirai, selon votre désir, dans un réduit, tout en haut de la maison, et vous n'aurez plus à craindre d'être aperçu par personne.

Voici ce que m'écrit Jean :

« Chère et bien-aimée femme, tout va bien jusqu'ici; le conseil général de la Commune est presque au complet; nous avisons à des mesures énergiques et promptes, promptes surtout, car la Convention agit de son côté. Nous sommes en séance; la majorité des sections est avec nous; l'on nous apprend à l'instant que les faubourgs Antoine et Marceau sont prêts à marcher; nous attendons leurs délégués; la place de l'Hôtel-de-Ville est couverte d'une foule armée, munie de plusieurs pièces de canons, et criant : Vive la République ! à bas les brigands de la Convention ! Robespierre et ses amis sont toujours en prison; on va les délivrer. Sois ferme, et souviens-toi que tu ne vis *pas seule*. A toi.

« J. L.

« Dis à Castillon de venir me rejoindre le plus tôt possible; c'est un homme sûr, j'aurai besoin de lui. »

— Si les faubourgs marchent avec la Commune, la Convention est perdue ! — murmure l'avocat. — Malheur à moi ! — Conduisez-moi à ce réduit dont vous me parlez...

Tu m'y renfermeras à clé, tu garderas la clé sur toi, tu ne la donneras à personne, pas même à ton mari; tu me le promets !

— Je vous le jure. — Et, s'efforçant de sourire, la jeune femme ajoute : — Seule je serai votre geôlière. Venez, venez. — Puis, au moment de sortir, Charlotte dit à sa mère : prie Gertrude de recommander à Castillon de m'attendre au salon.

L'avocat sort chancelant, et appuyé sur le bras de sa fille. Madame Desmarais, en suivant son mari du regard, se dit : — Malheureux homme ! j'en ai compassion ! — Elle se livre ensuite à de tristes réflexions : — Le triomphe de Robespierre peut entraîner la mort pour Billaud-Varenne, notre ami, notre protecteur, celui-là qui a empêché, jusqu'à ce jour, que mon frère ne soit appelé devant le tribunal révolutionnaire.

Mais, quand il ne sera plus là, qui le remplacera pour sauvegarder les jours de mon frère ? Hélas ! cette journée, quelle que soit son issue, aura pour notre famille des suites funestes. Comment parer à cette éventualité ?

Charlotte rentre en ce moment, portant le coffret de chêne dans lequel sont renfermées les légendes de la famille Lebrenn. Madame Desmarais, allant vivement à elle, lui dit d'un ton de reproche, en l'aidant à déposer ce coffret sur une table : — Ne pouvais-tu appeler Gertrude, au lieu de te charger d'un si pesant fardeau ?

— As-tu fait prier Castillon de venir ici, bonne mère ? J'ai à le charger d'une commission.

— J'ai oublié ta recommandation, ma fille; je vais réparer cet oubli et chercher le contremaître; mais, dis-moi, avant tout, pourquoi tu as apporté ce coffret ici.

— Je veux le faire mettre en un lieu sûr et secret, à l'aide de Castillon, ma chère mère. Tu sais quel prix nous attachons, Jean et moi, aux papiers, aux objets contenus dans ce coffret.

En ces temps de révolution, il faut songer à tout. — Et, ce disant, Charlotte agite la sonnette. — Jean me saura gré d'avoir pris cette précaution.

Castillon entre en ce moment. Le contre-maître paraît soucieux; il a repris sa giberne, son sabre et son fusil de volontaire.

— Chargez ce coffret sur vos épaules et suivez-moi, brave Castillon.

— Je serai bientôt de retour, chère mère. Espoir et courage; tout ira bien ! La Commune triomphera de la Convention.

— Oh ! mes pressentiments — murmure madame Desmarais, après la sortie de sa fille et de Castillon. — Mes pressentiments ne me trompent pas ! cette journée nous sera fatale !

. . . .

Il est dix heures du soir; le conseil général de la Commune est depuis cinq heures et demie de relevée (9 thermidor) assemblé dans la grande salle de l'Hôtel de Ville, salle dite de l'*Égalité :* les fenêtres ouvertes donnent sur la place encombrée de citoyens; le fer des baïonnettes et des piques brille à la lueur des torches nombreuses; plusieurs pièces d'artillerie ont été amenées par les sectionnaires, et de temps à autre on entend les cris de : Vive la République ! vive la Commune ! — Des flambeaux éclairent la vaste salle et la table autour de laquelle siègent, sous la présidence du maire de Paris, Fleuriot-Lescot, les membres du conseil de la Commune.

LE MAIRE DE PARIS. — Je vais donner lecture au conseil de la proclamation qui va être immédiatement placardée dans Paris. (*Il lit*.)

« Citoyens, la patrie est plus que jamais en danger; des scélérats dictent des lois à la Convention, qu'ils oppriment. On poursuit Robespierre, qui fit déclarer le principe consacrant de l'existence de l'Être suprême et de l'immortalité de l'âme ! Saint-Just et Lebas, ces deux apôtres de la vertu ; Couthon, ce citoyen qui n'a que le cœur et la tête de vivants, mais qui les a brûlants de l'ardeur du patriotisme; Robespierre le jeune, qui présida aux victoires de l'armée d'Italie.

« Peuple, lève-toi, ne perdons pas le fruit du 10 août et du 31 mai, et précipitons au tombeau tous les traîtres !

« Signé : Lescot-Fleuriot, *maire*,
« Blin, *secrétaire-adjoint*. »

Au moment où la proclamation du maire de Paris est déclarée adoptée par les assistants, Jean Lebrenn, qui s'est approché d'une des fenêtres de l'Hôtel de Ville, remarque que non seulement le nombre des sectionnaires armés a diminué, mais qu'une nouvelle désertion se manifeste. Bientôt la place de l'Hôtel-de-Ville, sauf quelques groupes clairsemés çà et là, reste silencieuse et vide. Jean Lebrenn retourne siéger au conseil. Les portes de la salle s'ouvrent avec fracas devant les nouveaux arrivants, Robespierre aîné, Robespierre jeune, Lebas, Saint-Just et Couthon, porté sur une chaise par deux citoyens. Les représentants du peuple, escortés de quelques citoyens du club des Jacobins, entrent dans la salle. A leur aspect, les membres du conseil de la Commune se lèvent spontanément aux cris de : Vive la République! L'émotion calmée, le maire de Paris prend la parole : — Citoyens, dès ce moment, les fonctions du conseil général de la Commune doivent changer de nature; je propose de le transformer en comité d'action, et d'en confier la présidence à Maximilien Robespierre. La Révolution commence.

ROBESPIERRE *aîné*. — Citoyens, j'ai longtemps résisté aux instances des patriotes qui sont venus me délivrer de prison; je voulais respecter la légalité, par cela même que nos ennemis la foulent aux pieds; je voulais, à l'exemple de Marat, comparaître devant le tribunal révolutionnaire. S'il eût prononcé mon acquittement, les scélérats de la Convention étaient confondus et les honnêtes gens triomphaient; dans le cas contraire, si l'on eût prononcé mon arrêt de mort, j'aurais bu la ciguë avec calme. Mais j'ai dû céder devant les évènements. Le comité d'action est constitué; j'accepte la présidence. L'ère révolutionnaire est ouverte.

Soudain entre dans la salle le général Henriot, pâle, éperdu, ses habits en désordre : Tout est perdu, s'écrie-t-il.

Léonard Bourdon et Barras, délégués par la Convention et escortés d'une cinquantaine de gendarmes armés de pistolets et de mousquetons, font irruption dans la salle; les soldats mettent en joue les membres du conseil de la Commune et les cinq représentants du peuple; tous restent debout, calmes, impassibles.

. . . .

Le 10 *thermidor*, à l'aube naissante, Charlotte Lebrenn et madame Desmarais, pâlies par une nuit d'insomnie, silencieuses, inquiètes, prêtaient l'oreille du côté des fenêtres du jardin, laissées ouvertes durant cette belle et tiède nuit d'août; les oiseaux, nichés dans les feuilles des arbres, saluaient de leurs gazouillements les premières clartés du soleil qui rougissait à l'orient l'azur du ciel. La nature était souriante. Repos et calme sur toute la ligne.

— L'on n'entend plus rien, absolument rien ! — dit madame Desmarais, rompant la première le silence. — Voilà plus d'une heure que le bruit du tocsin a cessé.

— S'il en est ainsi, ma mère, du courage! Le tocsin a cessé, la Commune est vaincue... La Convention triomphe! — répond la jeune femme d'une voix légèrement altérée. — Puis, ne pouvant vaincre l'émotion qui la gagne, Charlotte fond en larmes, et, levant les mains au ciel, s'écrie : — Dieu juste ! épargnez mon mari !

Gertrude entre ce moment et dit à sa maîtresse : — Madame, il y a dans l'antichambre un citoyen qui se dit chargé par votre mari de vous donner de ses nouvelles.

— Qu'il entre, — répond vivement Charlotte à Gertrude; et, s'adressant à sa mère : — Quelles vont être ces nouvelles ?

Le jésuite Morlet paraît à la porte du salon ; tout d'abord, sa physionomie cafarde provoque une sorte de répulsion chez Charlotte ; mais, se reprochant bientôt cette impression involontaire, elle fait quelques pas au-devant du jésuite, lui disant : — Citoyen, vous venez de la part de mon mari ?

— Oui, citoyenne, afin de vous rassurer, et pour vous annoncer qu'il est en lieu sûr.

— Tu entends, ma pauvre enfant, — s'écrie madame Desmarais, pleurant de joie et embrassant sa fille, — il est hors de danger.

— Pouvez-vous, citoyen, me conduire à l'instant près de mon mari ?

— La démarche serait fort imprudente, citoyenne; mon ami Jean Lebrenn me dépêche vers vous, pour vous rassurer d'abord sur sa position, ensuite, pour vous mettre au courant des évènements. L'Hôtel de Ville est au pouvoir des troupes de la Convention, commandées par Léonard Bourdon et Barras! Lebas s'est suicidé; Robespierre jeune s'est jeté par une fenêtre et s'est cassé les deux cuisses; Robespierre aîné a eu la mâchoire fracassée d'un coup de pistolet que lui a tiré un gendarme; Saint-Just et Couthon sont arrêtés; ils seront guillotinés dans la journée, sans autre forme de procès, ayant été mis hors la loi par décret de la Convention, ainsi que les membres du Conseil général de la Commune, lesquels seront pareillement guillotinés sans jugement, puisqu'ils sont aussi hors la loi. Enfin, pour tout vous dire : la République est perdue, les brigands triomphent!

Charlotte reste un moment silencieuse; ses larmes coulent. Rassurée sur le sort de son mari, elle pleure sur les cinq premières victimes du 9 thermidor, ces citoyens illustres et vertueux.

— Heureusement pour lui, mon ami Jean Lebrenn a pu s'échapper de la bagarre, —

Exécution de Robespierre (page 756)

reprend le jésuite; — grâce à moi, il a trouvé un bon gîte et un refuge assuré.

— Ma reconnaissance envers vous sera éternelle, — dit Charlotte essuyant ses larmes; — conduisez-moi près de mon mari, je vous en supplie; il me tarde de le revoir.

— Faire ce que vous me demandez, citoyenne, serait commettre une grande imprudence: peut-être même n'aboutirions-nous qu'à mettre la police sur ses traces. Ne parlez pas de la reconnaissance que vous croyez me devoir; entre patriotes on se doit aide et protection, j'ai fait ce que je devais en contribuant à soustraire Jean Lebrenn aux recherches de nos ennemis, rien de plus. Mais, les moments pressent, et j'ai hâte de m'acquitter envers vous de la commission dont votre mari m'a chargé. C'est de me faire remettre par vous un certain coffret qui renferme, m'a-t-il dit, de précieuses légendes qu'il est important de transporter loin d'ici pour qu'elles ne tombent pas aux mains de nos ennemis, lesquels ne tarderont pas à venir faire des perquisitions dans cette maison.

— J'ai devancé à ce sujet les vœux de mon mari, — répond Charlotte; et prévoyant que, dans la lutte engagée contre la Convention, la Commune pouvait être vaincue, mon mari décrété d'accusation, cette maison fouillée, j'ai fait porter le coffret chez l'un de nos amis. — Et remarquant un léger froncement de sourcils du jésuite, la jeune femme se dit : — Cet homme est peut-être un traître, soyons prudente.

— Madame, — dit Gertrude, entrant avec un enfant qu'elle tient par la main, — voilà un pauvre enfant qui a demandé à parler à ce monsieur, je l'ai amené près de vous.

— Le fillot du jésuite, car c'était le jeune Rodin, salue révérencieusement Charlotte qui,

196ᵉ livraison

en ce moment, dit à sa mère : — Mes angoisses au sujet de Jean se réveillent malgré les assurances de cet homme; j'ai le pressentiment qu'il nous trompe.

— Doux parrain, murmurait Rodin au jésuite, à voix basse, — je viens de voir Jean Lebrenn déboucher d'une rue tout au bout de la rue d'Anjou, et il se dirige de ce côté.

— Diable! — pense à part lui le jésuite, — notre homme arrive plus tôt que je ne le pensais ; je paierai d'audace. Rien n'est encore perdu. — Et s'adressant toujours à voix basse à son fillot : — Les agents de police sont-ils à leur poste et en nombre suffisant ?

— Ils sont en surveillance autour de la maison et j'en ai compté vingt; Jean Lebrenn sera pris comme une souris dans une ratière, *Ad majorem Dei gloriam* !

— Pendant que l'on fouillera cette maison de la cave au grenier, tu suivras les agents pour explorer tous les coins et recoins, afin de mettre la main sur le coffret que tu connais.

— Ma mère, disait alors la jeune femme, — il se trame quelque trahison : — puis, soudain, s'élançant vers la porte du salon qui vient de s'ouvrir : — Voilà mon mari!

Charlotte s'est jetée dans les bras de Jean Lebrenn. Celui-ci est très pâle, ses habits sont en désordre, ses traits baignés de sueur, sa poitrine haletante; il dit à sa femme d'une voix entrecoupée, en répondant à son étreinte : — Ma bien-aimée Charlotte, je n'ai pu résister au besoin de te voir un instant, de te rassurer ainsi que ta mère sur mon sort avant de fuir. La Commune est vaincue, je suis hors la loi, mais j'espère pouvoir échapper à nos ennemis. Du courage... — Mais ses yeux s'arrêtant alors sur le jésuite et sur le petit Rodin, il reconnaît en eux les espions qu'il a jadis arrêtés aux avant-postes de l'armée républicaine, et se rappelle que Victoria lui a signalé le jésuite Morlet comme l'ennemi de la famille Lebrenn. Jean, frappé de stupeur, dit à sa femme, en lui désignant le révérend : — Que fait ici cet homme? Comment s'est-il introduit chez moi?

— Il s'est dit envoyé par toi, mon ami. Il m'a demandé de ta part le coffret renfermant les légendes de la famille.

— Ah! mon révérend, la compagnie de Jésus ne perd pas la piste de ceux qu'elle veut atteindre! dit Jean Lebrenn ; et d'un geste menaçant, indiquant la porte au jésuite: Misérable, infâme espion, sortez!

— Pas avant vous, — répond le révérend se redressant, et indiquant du geste à Jean Lebrenn le commissaire de la section, nouvellement nommé par la Convention, qui apparaissait au seuil de la porte, accompagné de plusieurs agents.

— Que la maison soit fouillée de la cave au grenier, — dit le magistrat. Puis, s'adressant à Jean Lebrenn et lui remettant un papier : Citoyen, voici un mandat d'arrêt décerné contre toi ; j'ai, de plus, l'ordre de mettre les scellés sur tes papiers et de les transporter au greffe du tribunal révolutionnaire.

Jean Lebrenn, après avoir pris connaissance du mandat lancé contre lui, dit au magistrat :
— Je suis prêt à te suivre, citoyen.

— Je dois mettre d'abord les scellés en ta présence sur tous les meubles et particulièrement sur tes papiers.

Les agents de police, en fouillant la maison, arrivent au réduit où se trouvait caché M. Desmarais, et en brisent incontinent la porte. L'avocat est bientôt mis au courant des événements par les agents. Il a promptement préparé le nouveau rôle qu'il doit jouer dans l'occurrence. Il descend l'escalier et, pénétrant dans le salon, il va droit au commissaire.

— Citoyen, au nom de la loi, je dénonce une machination dont je suis victime; depuis hier, je suis séquestré dans cette maison!

Pendant le colloque de l'avocat et du commissaire, Charlotte raconte en quelques mots à son mari l'histoire de la prétendue séquestration de son père, et ajoute : — Maintenant, mon ami, par dignité pour toi, par égard pour ma mère et pour moi, garde le silence du mépris. Ce malheureux est mon père.

— Chère femme, à cette heure et en ta présence, je garderai le silence, mais plus tard, j'aviserai, — répond Jean Lebrenn, cédant aux justes observations de Charlotte; puis, réfléchissant, Jean Lebrenn ajoute : Qu'est devenu le coffret?

— Il est en lieu sûr. Hier, j'avais d'abord songé à l'enfouir dans la cave à l'aide de Castillon, mais il m'a proposé de le porter chez un de ses amis, ouvrier comme lui, et qui demeure au faubourg Antoine ; c'est à ce dernier parti que je me suis décidée.

— Tu as sagement agi. La présence de ce jésuite ici me prouve que l'on doit se livrer aux plus minutieuses recherches, afin de découvrir ces légendes, dont la Compagnie de Jésus a déjà plusieurs fois tenté la destruction.

Jean Lebrenn est interrompu par une exclamation de madame Desmarais, s'écriant : — Mon frère ! — Et, courant au-devant du financier, qui vient d'entrer précipitamment dans le salon : — Hubert! toi ici !... tu es libre !

— Oui, libre ! — répond M. Hubert, embrassant sa sœur avec effusion. — Ma première visite est pour toi. Les prisons sont ouvertes, et tous les royalistes suspects élargis font place aux brigands, aux terroristes.

— Ah! mon frère !— tu oublies que nous sommes chez mon gendre Jean Lebrenn, décrété d'accusation! et sous le coup d'un mandat d'arrêt

— Qu'entends-je ? — répond M. Hubert, n'ayant jusqu'alors remarqué ni Jean Lebrenn ni l'avocat. Serait-il vrai ? — Puis, avisant le jeune homme et lui tendant la main : — J'ignorais le malheur qui vous frappe, monsieur Lebrenn ; je sais quel intérêt vous m'avez toujours porté, et si je puis à mon tour aujourd'hui vous être utile, je suis tout à votre service.

Le commissaire a reçu le rapport de ses agents ; l'on n'a découvert aucun papier dans les meubles de la maison ni dans l'atelier de serrurerie ; on a sondé le sol de la cave, examiné le terrain du jardin, rien ne peut faire supposer l'existence d'une cachette. Ces renseignements sont confirmés au jésuite Morlet par le petit Rodin.

— Citoyen, dit le magistrat à Jean Lebrenn, — un fiacre est à la porte de cette maison ; es-tu prêt à me suivre ?

— Nous sommes prêts, — répond Charlotte, qui s'est empressée de prendre un mantelet. — Allons, mes amis, partons. J'accompagnerai mon mari jusqu'à la porte de la prison.

— Adieu, bonne et chère mère, — dit Jean Lebrenn à madame Desmarais en l'embrassant ; — du courage, nous nous reverrons bientôt, je l'espère. Adieu, citoyen Hubert, les révolutions ont de singuliers retours !... Vous royaliste, vous êtes libre, et moi, républicain, je suis prisonnier.

— Quelles que soient vos opinions, j'ai toujours trouvé en vous un homme de cœur, — dit le financier d'une voix émue ; — et si une consolation peut adoucir pour vous le chagrin d'une séparation momentanée, ce sera la certitude que ma sœur et ma nièce, votre femme, trouveront en moi l'ami le plus tendre et le plus dévoué. Je veillerai sur l'une et sur l'autre.

Jean Lebrenn sort avec Charlotte et le commissaire ; M. Hubert et madame Desmarais les accompagnent jusqu'à la voiture qui les attend, et leur adressent un dernier adieu.

. . . .

J'ajoute à mon récit quelques mots sur les derniers moments des martyrs du 9 *thermidor*. Laissons la parole à un témoin oculaire des faits. Le récit n'en sera que plus émouvant :

Robespierre aîné a été transporté de l'Hôtel de Ville au comité de salut public, le 10 thermidor, entre une et deux heures du matin ; il était porté sur une planche par quelques canonniers et des citoyens armés. Il a été déposé sur la table de la salle d'audience qui précède le lieu des séances du comité. Une boîte de sapin, qui contenait quelques échantillons de pain de munition, envoyés de l'armée du Nord, fut posée sous sa tête et lui servit, en quelque façon d'oreiller ; il resta près d'une heure dans un état d'immobilité qui laissait croire qu'il allait cesser d'être. Enfin, au bout d'une heure, il commença à ouvrir les yeux ; le sang coulait avec abondance de la blessure qu'il avait à la mâchoire inférieure gauche : cette mâchoire était brisée, sa joue percée d'un coup de feu ; sa chemise était ensanglantée. Il était sans chapeau et sans cravate ; il avait un habit bleu-de-ciel, une culotte de nankin, des bas de coton blanc, rabattus jusque sur ses talons. Vers trois à quatre heures du matin, on s'aperçut qu'il tenait dans sa main un petit sac de peau blanche sur lequel était écrit : Au grand monarque, *Lecourt, fournisseur du roi et de ses troupes, rue Saint-Honoré, près celle des Poulies, à Paris.* Il se servait de ce sac pour retirer le sang caillé qui sortait de sa bouche. Les citoyens qui l'entouraient observaient tous ses mouvements ; quelques-uns d'entre eux lui donnèrent même du papier blanc, faute de linge, qu'il employait au même usage, en se servant de la main droite seulement et en s'appuyant sur le coude gauche. Robespierre, à deux ou trois reprises différentes, a été invectivé par quelques citoyens, mais particulièrement par un canonnier de son pays qui lui reprocha militairement sa perfidie et sa scélératesse. Vers six heures du matin, un chirurgien qui se trouvait dans la cour du Palais National fut appelé pour le panser. Il lui mit par précaution une clé dans la bouche ; il trouva qu'il avait la mâchoire fracassée ; il lui tira deux ou trois dents, banda sa blessure, et fit placer à côté de lui une cuvette remplie d'eau ; Robespierre s'en servait de temps en temps et retirait le sang qui remplissait sa bouche avec des morceaux de papier, qu'il ployait à cet effet en plusieurs doubles, de sa seule main droite. Au moment où l'on y pensait le moins, il se mit sur son séant, releva ses bas, se glissa subitement au bas de la table, et courut se placer dans un fauteuil. A peine assis, il demande de l'eau et du linge blanc. Pendant tout le temps qu'il resta couché sur la table, lorsqu'il eût repris connaissance, il regarda fixement tous ceux qui l'environnaient, et principalement les employés du comité de salut public qu'il reconnaissait ; il levait souvent les yeux au plafond ; mais à quelques mouvements convulsifs près on remarqua constamment en lui une grande impassibilité, même dans les instants du pansement de sa blessure, qui dut lui occasionner des douleurs très aiguës. Son teint, habituellement bilieux, avait la lividité de la mort.

A neuf heures du matin, Couthon et Gombeau, l'un des conspirateurs de la Commune, furent apportés chacun sur un brancard, jusqu'au pied du grand escalier du comité, où ils furent déposés. Les citoyens préposés à leur garde restèrent auprès d'eux, pendant qu'un commissaire et un officier de la garde nationale vinrent rendre compte de leur mission à

Billaud-Varenne, Barère et Collot-d'Herbois, alors réunis en comité. Ils prirent, à eux trois, un arrêté portant que Robespierre, Couthon et Gombeau seraient transférés de suite à la Conciergerie. Cet arrêté fut exécuté à l'instant même, par les bons citoyens à qui la garde de ces trois conspirateurs avait été confiée.

Saint-Just et Dumas furent amenés au comité jusqu'à la salle d'audience, et conduits l'instant d'après à la Conciergerie par ceux qui les avaient amenés. Saint-Just regarda le grand tableau de la déclaration des DROITS DE L'HOMME, placé dans cette salle, et dit en le montrant: *C'est pourtant moi qui ait fait décréter cela.*
Telle fut la fin de Robespierre. Son agonie fut encore plus cruelle que sa mort. Ses collègues des comités vinrent l'insulter, le frapper, lui cracher au visage; des commis de bureau le piquèrent de leurs canifs.

. . . .

De ce grand citoyen glorifions la mémoire, fils de Joel; qu'elle soit aussi sacrée pour nous la mémoire des autres victimes de thermidor, martyrs illustres] comme SAINT-JUST, LEBAS, COUTHON, ROBESPIERRE jeune, ou martyrs obscurs comme cette foule de patriotes dont le sang coula par torrents sur l'échafaud pendant *quatre jours !* La réaction thermidorienne fit guillotiner sans jugement, ASSASSINA la plupart des derniers défenseurs de la République.

. . . .

Moi, Jean Lebrenn, j'ai achevé d'écrire la légende du *Sabre d'honneur*, aujourd'hui 26 germinal an III de la République (1794), huit mois environ après les évènements de thermidor. M'étant échappé de la prison où j'avais été conduit, je suis resté caché pendant plusieurs semaines dans le refuge que j'ai dû à l'amitié de Billaud-Varenne, ainsi qu'une *carte de circulation* sous un autre nom que le mien, à l'aide de laquelle, quittant Paris, j'ai pu gagner le Havre, où je me suis embarqué pour Vannes, sur un bâtiment caboteur. J'avais choisi Vannes pour lieu de résidence, non seulement parce que j'étais inconnu dans cette localité reculée, mais parce qu'elle se trouve voisine du berceau de notre famille, vers lequel, après tant d'agitations, tant de cruelles déceptions politiques, je me sentais attiré. Au bout d'un mois de séjour à Vannes, certain que je pouvais y demeurer sans danger, j'écrivis à ma femme de venir me rejoindre en Bretagne avec sa mère et notre fils Marius, né le 7 vendémiaire an III. J'eus le bonheur d'être bientôt réuni à ma famille; elle apportait avec elle le trésor de nos légendes domestiques, heureusement soustraites aux perquisitions du jésuite Morlet. Ma blessure, reçue à la bataille de Wissembourg, s'étant rouverte, je devins pendant longtemps presque impotent; je dus renoncer à mon état de serrurier. Madame Desmarais pouvant disposer de quelques fonds, Charlotte désira qu'ils fussent employés à l'établissement d'un magasin de toile et de lingerie à Vannes.

Cette industrie offrait à ma femme et à ma belle-mère une occupation en rapport avec leurs goûts et leurs aptitudes; je pouvais, de mon côté, quoique impotent, me rendre en carriole dans les foires et dans les campagnes, où j'achetais la toile dont nous tenons boutique. Tout me fait espérer que mon nom obscur aura été oublié au milieu des évènements nés de la réaction thermidorienne. Peu de temps après l'arrivée de ma bien-aimée femme ici, nous sommes allés faire un pèlerinage aux pierres sacrées de Karnak; nous les avons trouvées telles qu'elles étaient depuis tant de siècles. Tu entreprendras ce même pèlerinage, lorsque tu auras atteint l'âge de raison, mon fils, toi, MARIUS LEBRENN, à qui je lègue cette légende et le *Sabre d'honneur*, que je joins aux reliques de notre famille.

. . . .

Aujourd'hui, 22 *septembre* (1830), anniversaire de la proclamation de la République de 1792, moi, Jean Lebrenn, parvenu à la soixantième année de mon âge, et depuis longtemps de retour à Paris, où je me suis installé, rue Saint-Denis, avec ma famille, j'ajoute les pages suivantes à la légende du *Sabre d'honneur*.

Depuis le jour de mon arrivée en Bretagne, après les journées de thermidor (1794), j'ai transcrit les faits historiques les plus importants, à l'aide des journaux de l'époque. Plus tard, je suis rentré dans la vie politique et j'ai pris part aux évènements du 18 brumaire, des Cent-Jours et de la révolution de 1830 (accomplie depuis deux mois). Je vais essayer de reproduire brièvement les faits capitaux de ces trois époques : — 1800, — 1815, — 1830, sous la forme de *jeux-partis*, ainsi que disait notre aïeul *Mylio le Trouvère*, à propos de sa légende de la croisade contre les Albigeois.

Si je venais à quitter ce monde-ci avant d'achever la tâche à laquelle je consacre mes loisirs, mon fils Marius Lebrenn, aujourd'hui âgé de trente-six ans, me suppléerait dans ce travail, à l'aide des notes, des matériaux laissés par moi et de ses souvenirs personnels. Je retardais d'année en année cette continuation de notre légende domestique, attendant l'accomplissement de deux prophéties qui vont planer sur ces récits : l'une s'est réalisée, de 1800 à 1814; l'autre n'a eu qu'un simulacre de réussite au mois de juillet de cette année 1830.

Hélas! nous l'avons vue s'accomplir la prédiction de Robespierre, le martyr de thermidor. *Les brigands ont triomphé, la République est perdue;* les rênes de la Révolution sont tombées entre des mains corrompues, perfides et criminelles; la représentation nationale a été avilie, anéantie en brumaire par Bonaparte, *le despotisme militaire* s'est *emparé* du pouvoir, et la *guerre civile a désolé notre patrie.*

La seconde prophétie a déjà commencé de s'accomplir. La tradition républicaine a jeté dans le peuple, depuis 1793, des racines vivaces, profondes, indestructibles. Elle a protesté contre le Consulat de Bonaparte par la conspiration de Topino Lebrun et d'Aréna ; contre l'Empire par la fondation de la société secrète des *Philadelphes* et par la conspiration du général Mallet ; contre la Restauration par plusieurs conspirations, entre autres par celle des quatre sergents de la Rochelle.

Ayons-en la ferme assurance, malgré ses éclipses, l'astre républicain rayonnera sur la France, sur le monde, et nos enfants salueront l'avènement des États-Unis de l'Europe, de la RÉPUBLIQUE UNIVERSELLE.

Désormais les déshérités gémissent et tremblent devant les fureurs contre-révolutionnaires. A Avignon, à Tarascon, à Lyon, à Marseille, les patriotes prisonniers sont massacrés sans que les égorgeurs aient même l'excuse de ceux-là qui, en septembre, mettaient à mort les traîtres au nom du salut public et de la patrie menacée au dedans et au dehors ! Les victimes de la réaction royaliste ont été dix fois plus nombreuses que celles de la terreur. Ce qu'il y eût d'égorgements à Lyon dépasse toute créance, et cela en pleine paix, sans provocation, sans motif. En un seul jour et dans une seule prison, cent quatre-vingt-dix-sept détenus, parmi lesquels se trouvaient trois femmes, furent assassinés par la jeunesse dorée. A Marseille, au fort Saint-Jean, deux cent dix patriotes furent hachés en morceaux ou brûlés vifs dans le même jour.

Mais jetons un voile sur ces saturnales, et reposons notre pensée en songeant à la gloire des armées républicaines. Nos armées avaient appris avec douleur la chute de Robespierre ; mais alors, soumises au pouvoir civil et militaire, au respect des arrêts de la Convention, elles acceptèrent le gouvernement thermidorien : et, sous le commandement de Hoche, de Marceau, de Jourdan, de Moreau, d'Augereau, de Joubert, elles continuèrent de battre les rois coalisés. La Hollande, affranchie par nos armes, se constitua de nouveau en République ; la Prusse et l'Espagne demandèrent la paix et l'obtinrent ; les royalistes, encouragés par la réaction, tentèrent de soulever de nouveau la Vendée, avec l'appui des Anglais, qui opérèrent une descente à Quiberon ; mais Hoche étouffa cette guerre civile dans son germe. La Convention modifia, le 11 thermidor an III (22 août 1795), la Constitution de 1793 ; la masse des prolétaires fut dépouillée de ses droits politiques. Selon la Constitution de 1793, tout citoyen âgé de vingt-et-un ans accomplis, né et domicilié en France, était électeur et membre du souverain ; selon la Constitution de 1795, au contraire, il fallait payer *un cens* pour être investi du droit électoral ; la Constitution de l'AN III divisait le pouvoir législatif en deux assemblées, le *conseil des Cinq-Cents* et le *conseil des Anciens* ; il fallait être âgé de quarante ans pour faire partie de ce dernier ; le pouvoir exécutif, ou *Directoire*, se composait de cinq membres, choisis par les deux conseils, élus eux-mêmes par l'élection censitaire à deux degrés. Les assemblées primaires nommaient les électeurs, et ceux-ci nommaient les députés aux Conseils ; l'imposition d'un cens électoral excluant les prolétaires du scrutin et le livrant à la bourgeoisie réactionnaire, le parti royaliste ne douta pas du triomphe de ses candidats ; la majorité de la Convention, composée en partie de tièdes républicains oligarchiques, et surtout de corrompus opposés à une restauration monarchique, dont ils redoutaient les vengeances (beaucoup d'entre eux ayant été régicides), tenta d'annihiler le succès certain des royalistes, lors des élections futures, en décrétant que les *deux tiers* des conventionnels seraient obligatoirement réélus ; cette contrainte imposée à la liberté des suffrages était à la fois inique, absurde ; elle fut la cause d'une nouvelle guerre civile ; la Constitution de l'an III et le décret relatif à la réélection des deux tiers des membres de la Convention devaient être soumis à la sanction des assemblées primaires, composées de censitaires ; et parmi eux, grâce à l'exclusion du prolétariat, dominait la réaction. Certaine d'obtenir la majorité lors des prochaines élections, elle comptait ainsi, disposant des *Conseils* et du *Directoire*, porter les derniers coups à la République expirante et restaurer la monarchie. Les royalistes, déçus de leur espoir par le décret imposant la réélection des deux tiers des conventionnels, soulevèrent contre ce décret les assemblées primaires ; le 11 vendémiaire an III (octobre 1795), les sections bourgeoises et aristocratiques du centre de Paris, celles des Filles-Saint-Thomas et de la Butte-des-Moulins, entre autres, devinrent le centre du mouvement, et une foule d'émigrés et d'ex-suspects formèrent l'insurrection. Les rebelles déclarèrent le décret de la réélection des deux tiers des conventionnels attentatoire aux droits du *peuple souverain*, ils prirent les armes et organisèrent un conseil de résistance sous la présidence du DUC DE NIVERNAIS. La Convention nomma un comité de défense et appela à son secours les patriotes des faubourgs. Douze ou quinze cents patriotes répondirent à cet appel. Les royalistes, au nombre de *quarante mille hommes* environ, commandés par les généraux Danican, Duhoux et l'ex-garde du corps Lafond, marchèrent contre les troupes de la Convention et remportèrent d'abord quelque avantage dans cette lutte. Barras, général en chef de la force armée dont disposait l'Assemblée, s'adjoignit le chef de bataillon Bonaparte, dont la renommée militaire datait du siège de Toulon. Celui-ci fit venir l'artillerie du camp des Sablons, prit d'habiles dispositions stratégiques, et avec l'aide des patriotes de 93, l'insurrection royaliste fut écrasée sur les marches de l'église Saint-Roch, le 13 vendémiaire an III. La Convention employa sa dernière séance à organiser les Conseils : celui des *Anciens* fut composé de deux cent cinquante membres, les autres députés formèrent le Conseil des *Cinq-Cents*.

Les membres du *Directoire*, élus par ces Conseils, étaient, — sauf Barras, — d'honnêtes gens, républicains modérés, mais sincères ; ces directeurs furent Carnot, Rewbell, Laréveillère-Lepaux, Letourneur et Barras. Le 4 brumaire an III (1795), la Convention prononça sa dissolution. Cette Assemblée datait de la fondation de la République (21 septembre 1792).

LES JOURNÉES DE BRUMAIRE

17, 18, 19 Brumaire an VII (8, 9 et 10 Novembre 1799)

Les scènes que nous avons à décrire se passent à Paris, dans l'atelier du citoyen Martin, membre du Conseil des Cinq-Cents et ancien chef de bataillon des volontaires parisiens qui combattirent à Wissembourg. Des tableaux achevés ou des ébauches représentant plusieurs épisodes de nos guerres républicaines sont placés çà et là sur des chevalets ; des moules de statues antiques, des études d'après nature garnissent les murailles de son atelier. On y remarque aussi une panoplie composée des épaulettes du commandant Martin, de ses armes de guerre et de son chapeau militaire, percé de deux balles. Il vient d'embrasser avec effusion Jean Lebrenn, qui a déposé sur un meuble le sac de voyage dont il était chargé.

JEAN LEBRENN. — Combien je suis heureux de vous revoir, mon ami, après tant d'évènements et une si longue séparation !

MARTIN. — Elle était rendue moins pénible pour moi, grâce à notre correspondance. Donnez-moi des nouvelles de votre digne femme, de votre petit Marius et de madame Desmarais.

LEBRENN. — J'ai laissé toute ma famille en parfaite santé.

MARTIN. — Votre commerce de toiles prospère-t-il suivant vos désirs ?

LEBRENN. — Notre travail nous fournit les moyens de subvenir à nos modestes besoins ; nous ne désirons rien de plus. Notre vie s'écoule doucement, à Vannes, dans cette vieille Armorique, berceau de notre famille.

MARTIN. — Je comprends combien doit vous plaire ce pays.

LEBRENN. — Et cependant, il nous faudra bientôt quitter notre retraite, car il m'est impossible, en ce pays, de donner à mon fils une éducation convenable. Dans un an ou deux, et même peut-être avant, nous reviendrons nous établir à Paris, où nous continuerons d'ailleurs notre commerce de toiles de Bretagne. Telle est du moins mon intention et celle de ma chère femme et de sa mère.

MARTIN. — Vivat ! Puisse ce projet se réaliser le plus tôt possible, mon ami ; nous n'en serons plus réduits aux consolations de la correspondance.

LEBRENN. — Vos dernières lettres m'ont décidé à venir à Paris, ayant cru y démêler que la République était en danger de périr. J'ai pensé que je pourrais vous être utile dans l'occurence, et peut-être aussi à la République, en prenant un fusil pour combattre ses ennemis.

MARTIN. — La situation politique est grave ; cependant il n'y a pas lieu de redouter une catastrophe prochaine. Il y a au Conseil des Cinq-Cents une imposante majorité républicaine ; nous sommes décidés à sauver la liberté, à combattre à outrance les cléricaux, les Jésuites et les monarchistes.

LEBRENN. — Je ne mets pas en doute votre énergie ni celle de vos amis ; mais la République est depuis longtemps privée de l'élément populaire, sa vie, son âme, sa force.

MARTIN. — Il est vrai que depuis thermidor, il s'est fait un grand vide dans les rangs des républicains. Assurément, le général Bonaparte, malgré son renom militaire, n'oserait affronter ni Vergniaud, ni Danton, ni Robespierre, s'ils se trouvaient au Conseil des Cinq-Cents. A leur voix, le peuple se lèverait en armes, et l'ambitieux dictateur serait envoyé au tribunal révolutionnaire.

LEBRENN. — Ces regrets sont tardifs. Mais expliquez-moi comment le Directoire, connaissant de longue main les trames ourdies en faveur de Bonaparte par ses frères, par Fouché et par cet ancien évêque, non moins scélérat que lui, Talleyrand : comment le Directoire a-t-il été assez faible pour ne pas renvoyer devant un conseil de guerre le général Bonaparte, coupable d'avoir déserté son armée en Egypte, à plus de six cents lieues de la France ? Aux grands jours de la Convention, un pareil acte ne serait pas resté impuni.

MARTIN. — La faiblesse du Directoire et notre indécision, à nous autres républicains des Cinq-Cents, tiennent à plusieurs causes. Siéyès est l'âme de la conspiration contre la constitution de l'an III, tandis que nous, républicains, nous défendons cette constitution, si défectueuse qu'elle soit, pour ne pas faire courir de nouveaux dangers à la République. Siéyès, membre du Directoire, Roger Ducos, son collègue et complice, sont à la tête des conjurés contre la constitution actuelle. Parmi les conjurés se trouvent la majorité du Conseil des Anciens et quelques membres du Conseil des Cinq-Cents; puis viennent une foule d'intrigants de toute sorte: des agioteurs, des gens tarés, des fournisseurs enrichis, des bourgeois trembleurs, des corrompus, des repus, des terroristes repentants, comme Fouché et votre beau-père, l'avocat Desmarais, membre du Conseil des Anciens. Le but de Siéyès est de renverser la constitution de l'an III par un coup d'État et de la remplacer par une oligarchie bourgeoise. Après quoi viendrait une monarchie constitutionnelle analogue à celle de 1792, et ce serait fait de la République. — Tel est le plan et le but des conjurés. Maintenant, voici notre situation, à nous autres républicains, formant la majorité du Conseil des Cinq-Cents : nous comptons sur l'appui de deux membres du Directoire, dévoués à la République, Moulins et Gohier ; enfin, le cas échéant d'un conflit, nous avons lieu d'espérer que le général Bernadotte, dont l'influence militaire peut être opposée à celle du général Bonaparte, marcherait avec nous. Le Conseil des Cinq-Cents a de plus, pour soutiens, les débris des divers partis républicains, girondins ou montagnards, jacobins ou terroristes, ainsi qu'un bon nombre d'anciens membres de la Commune, échappés comme vous à l'échafaud après thermidor, et appartenant à la bourgeoisie, hommes de progrès et libres-penseurs.

LEBRENN. — Et le peuple, les ouvriers des faubourgs, sont-ils toujours plongés dans l'inertie? Ce serait un fort appui pour nous.

MARTIN. — Hélas! ils demeurent indifférents à la chose publique, sauf quelques ouvriers de la brasserie de Santerre et quelques vieux sans-culottes, tels que votre ancien contre-maître Castillon, que vous verrez ce matin sans doute, car je lui ai mandé votre arrivée.

LEBRENN. — Merci, mon ami, de m'avoir ménagé ce plaisir; je serais très heureux de voir ce brave Castillon.

MARTIN. — C'est toujours le laborieux et honnête artisan que vous savez... seulement, crédule et naïf comme un véritable enfant du peuple, il est, ainsi que tant d'autres républicains sincères, grand partisan de Bonaparte.

LEBRENN. — Castillon, si dévoué jadis à la République !

MARTIN. — Justement, puisqu'il n'est pas de meilleur républicain que le général Bonaparte selon lui et ses amis, du moins !

Le domestique de Martin entre dans l'atelier et remet une lettre à son maître, en lui disant:
— « Un dragon d'ordonnance vient d'apporter cette lettre, citoyen, et il attend la réponse. »
— Martin décachète l'enveloppe et lit à haute voix ce qui suit :

« Peut-être vous souvenez-vous, monsieur, d'un sous-officier du troisième régiment des hussards qui, en ces jours de terrorisme où l'honneur national était réfugié aux armées, a concouru avec vous à la défense d'une batterie, à la bataille de Wissembourg ? Ce sous-officier a fait son chemin; il a eu cette heureuse fortune de servir sous les ordres du plus grand capitaine des temps anciens et modernes et duquel la France attend aujourd'hui son salut.

« Sachant, monsieur, votre grande renommée de peintre de batailles, je désirerais vous charger d'un tableau. Je vous prie de me faire savoir à quelle heure vous pourrez, aujourd'hui, m'accorder quelques moments d'entretien au sujet de ce tableau, dont vous fixerez vous-même le prix.

« Agréez, monsieur, l'assurance de mes sentiments distingués.   « OLIVIER,
« Colonel du 7ᵉ régiment de dragons, aide de camp du général Bonaparte. »

MARTIN, *après un moment de réflexion, dit à son domestique* : — Répondez à ce militaire que j'attendrai le colonel ce matin. (*Le serviteur sort. Martin donne la lettre d'Olivier à Jean Lebrenn.*)

LEBRENN, *après avoir pris connaissance de l'épître* : — Les pressentiments de ma sœur ne l'ont pas trompée. « Olivier, — me disait-elle, — aime les batailles; il ne voit dans la guerre qu'un métier, qu'un moyen de parvenir à la fortune. Orgueil et ambition. » Olivier est devenu colonel et l'un des séides du général Bonaparte.

MARTIN. — La commande du tableau n'est qu'un prétexte pour renouveler connaissance avec moi, et pour essayer de m'attirer dans le parti de son général.

LEBRENN. — Si pénible que doive être pour moi la rencontre d'Olivier, je m'en félicite presque ; je ne ménagerai pas la vérité à celui qui fut mon apprenti, et peut-être, grâce à mon ancienne influence sur son esprit, parviendrai-je à ouvrir ses yeux à la lumière?

MARTIN. — J'aime à croire que du moins il ne s'est pas montré ingrat envers vous. Je sais tout ce qu'il doit à votre famille, et surtout au dévouement de votre sœur.

LEBRENN. — Olivier m'a écrit quelquefois

d'Italie pour m'instruire de ses avancements dans l'armée ; puis il a cessé peu à peu de correspondre, et, depuis près de deux ans, j'ai complètement cessé de recevoir de ses nouvelles. Oubli et ingratitude.

En ce moment entre dans l'atelier Castillon, accompagné de Duchemin, ancien maréchal-des-logis de canonniers à cheval dans l'armée de Rhin et Moselle. Celui-ci porte la petite tenue d'artilleur et les galons de son grade ; son bras gauche est soutenu par une écharpe ; ses traits, brunis par le soleil d'Egypte, sont aussi bronzés que ceux d'un Arabe.

CASTILLON, *à Lebrenn, d'une voix entrecoupée.* — Ah ! l'ami Jean !... (*Il ne peut s'empêcher de pleurer de joie.*)

LEBRENN, *avec effusion.* — Embrasse-moi, mon vieux Castillon, je te retrouve tel que je t'ai laissé, le meilleur des hommes !

Lebrenn et son ancien contre-maître, après s'être embrassés cordialement, échangent quelques paroles à voix basse, tandis que Duchemin dit à Martin, qui l'examine avec attention, cherchant à rappeler ses souvenirs : — Vous ne me reconnaissez pas, capitaine ?

MARTIN. — Il me semble...... que nous nous sommes déjà vus.

DUCHEMIN. — Ce *foutu* soleil d'Egypte a gâté la fraîcheur de mon teint, sans quoi vous reconnaîtriez Duchemin, ancien canonnier à cheval dans l'armée de Rhin et Moselle, où nous servions ensemble.

MARTIN, *lui tendant la main.* — Je vous reconnais maintenant, mon vieux camarade. (*Souriant*) Et Carmagole?... Et Rouget ?

DUCHEMIN, *soupirant.* — Mon pauvre Rouget a eu le sort de Gris-Gris, il est mort en brave cheval de guerre ; il a reçu un boulet dans le ventre à la bataille d'Altenkirchen. Quant à Carmagole, mon amour de bouche à feu, elle a crevé de rire, la bonne pièce... en envoyant une triple charge de mitraille aux autrichiens ; après quoi, veuf de Carmagnole, je suis parti pour l'Orient.

MARTIN. — Ainsi vous avez fait la campagne d'Egypte ?

DUCHEMIN. — Pour mon malheur ! Chienne de guerre !... Et Bonaparte ?... Filer son nœud sans tambour ni trompette... laisser l'armée dans le pétrin... Nom d'un nom ! quels cris, quelles vociférations contre le *petit caporal*, quand on a su qu'il nous abandonnait. Si on l'avait tenu, on l'eût écharpé !

MARTIN. — Vous avez donc quitté l'Egypte après lui ?

DUCHEMIN. — Trois jours après, avec un convoi de blessés qu'on renvoyait en France ; notre navire a eu la chance d'échapper aux croiseurs anglais et de débarquer à Toulon. De là, j'ai demandé à venir en convalescence dans mon vieux Paris, pour revoir mon faubourg Antoine et les sans-culottes de 93. Il n'en reste pas épais, mais ceux qui sont encore de ce monde, sont des bons, des solides, à preuve le camarade Castillon, l'un des premiers que j'aie rencontrés dans le faubourg. Il m'a dit qu'il venait vous voir ce matin, capitaine, et en ma qualité d'ancien soldat de l'armée de Rhin et Moselle et de pur jacobin, j'ai cru pouvoir me permettre d'accompagner Castillon.

MARTIN. — Vous ne pouviez me faire un plus grand plaisir, mon camarade ; les fidèles de 93 sont rares de notre temps.

LE DOMESTIQUE, *entrant.* — M. le colonel Olivier demande à vous parler, citoyen.

MARTIN. — Faites entrer le colonel Olivier. (*Le domestique sort.*) Castillon, et vous, Duchemin, allez au faubourg Antoine vous aboucher avec les ouvriers de Santerre ?

LEBRENN. — Le rendez-vous ici, pour ce soir à huit heures, afin de décider des mesures à adopter selon les évènements.

Le colonel Olivier est introduit ; il porte avec aisance le brillant uniforme des dragons. Sa physionomie est hautaine, impérieuse et rude ; tout décèle en lui l'arrogance du commandement ; il n'a d'abord reconnu, ou plutôt il n'a accordé nulle attention à Lebrenn, à Castillon et à Duchemin, et s'adressant à Martin : Je suis enchanté, monsieur, de cette occasion de renouveler connaissance avec un ancien frère d'armes.

MARTIN. — Citoyen, je suis non moins que vous heureux de la circonstance qui nous rapproche, ainsi que trois de nos anciens camarades de l'armée de Rhin et Moselle. (*Il désigne du geste Lebrenn, Castillon et Duchemin.*)

LEBRENN, *surpris, allant vivement à Lebrenn, et lui tendant la main.* — Quelle bonne rencontre !... Vous, ici... Comment se porte madame Lebrenn et votre fils ?

LEBRENN. — Toute la famille est en bonne santé ; mon fils grandit, et j'espère faire de lui un bon républicain.

CASTILLON, *s'approchant du colonel, et lui frappant familièrement sur l'épaule.* — Ah çà, dis donc, mon garçon, est-ce que ton grade de colonel t'a rendu myope ?

OLIVIER, *tressaillant, et, pourpre de colère, toisant Castillon.* — Qui êtes-vous, pour vous permettre tant de familiarité ?

CASTILLON. — Eh bien ! c'est moi, quoi donc ; Castillon, ton ancien contre-maître, celui qui t'a appris à manier la lime à marteler le fer, quand tu étais notre apprenti.

LE COLONEL OLIVIER, *avec hauteur et impatience.* — Bonjour, mon cher, bonjour. (*A Lebrenn.*) Et quel heureux hasard vous amène à Paris ? Donnez-moi quelques détails à ce sujet.

CASTILLON, *touchant le bras d'Olivier.* — Dis

Les journées de Brumaire (page 567)

donc, mon garçon, est-ce que vraiment tu serais devenu pour tout de bon aristocrate, depuis que tu appartiens à l'état-major du général Bonaparte, comme le dit Duchemin, notre ancien camarade des lignes de Wissembourg, ici présent, et que tu n'as pas l'air de reconnaître?

DUCHEMIN, *bas à Castillon.* — Tais-toi donc, mon vieux; il me fera flanquer à la salle de police par le commandant de place de Paris, et nous ne pourrons pas aller au faubourg.

LE COLONEL OLIVIER, *après un moment de silence et se contenant avec peine.* — Je répondrai à M. Castillon que si j'ai été son apprenti, ce dont je ne rougis pas... il devrait comprendre que mon âge et le grade que je dois à mon épée rendent peu convenables des familiarités permises alors que j'avais dix-huit ans.

CASTILLON. — Pardon, excuse, monsieur le marquis. Ah! c'est comme cela que l'on se comporte à l'état-major du général Bonaparte.

LE COLONEL OLIVIER, *d'un ton rude à Duchemin.* — Quant à toi, qui es encore au service, n'oublie pas que l'on met les insolents au cachot, et que l'on fusille les insubordonnés.

DUCHEMIN. — Mon colonel, je n'ai pas dit mot.

LE COLONEL OLIVIER. — Tais-toi, rossard! et va au diable.

CASTILLON. — Allons, bouche close, et viens t'en, mon vieux camarade, vu que tu n'as que le choix entre le cachot et la fusillade; mais moi qui, en ma qualité de citoyen, n'ai souci ni du cachot, ni de la fusillade, ni des épaulettes à graines d'épinards, je te dis ceci, à toi, Olivier, enfant du peuple, pauvre orphelin, ramassé dans la rue par la charité de l'ami Jean... tu méprises tes frères; soldat de la République, tu conspires contre elle; ingrat et traître. Mais un jour viendront les remords.

197e livraison

LE COLONEL OLIVIER, *exaspéré, menaçant*, — Ne me pousse à bout, misérable, ou sinon...

Castillon et Duchemin sortent. Martin les accompagne jusqu'à la porte extérieure de son appartement, Lebrenn l'ayant prié de le laisser pendant quelques moments seul avec le colonel Olivier. Celui-ci tient la tête baissée et garde un silence embarrassé.

LEBRENN. — Les reproches de Castillon paraissent vous avoir ému, Olivier.

LE COLONEL OLIVIER. — En aucune manière; ces insolences ne pouvaient m'atteindre... Mais laissons ces misères, et parlons de vous et de votre famille, mon cher Lebrenn.

LEBRENN. — Parlons plutôt de vous, Olivier; parlons aussi de ma sœur, dont la mémoire doit être sacrée pour vous. Ses prévisions à votre sujet se sont réalisées, je crains que son dévouement pour vous ait été stérile...

LE COLONEL OLIVIER. — En quoi ma conduite peut-elle justifier ce jugement? N'ai-je pas servi la République de mon épée?

LEBRENN. — Vous avez servi votre ambition, et, à cette heure, vous paraissez être en disposition de sacrifier la République. (*Mouvement du colonel.*)

LE COLONEL OLIVIER. — Je crois fermement que la France a besoin d'ordre, de repos, de stabilité, de subordination; je crois que l'autorité doit être concentrée entre les mains du plus grand capitaine des temps modernes.

LEBRENN. — Et quels sont les titres de Bonaparte au gouvernement du pays?

LE COLONEL OLIVIER. — Ses victoires!

LEBRENN. — Mais la gloire militaire de Hoche, de Marceau, de Joubert, de Masséna, de Moreau, de Kléber, d'Augereau, de Bernadotte, de Desaix, n'égale-t-elle pas celle de ton général? Et serait-il le plus grand capitaine des temps anciens et modernes, qu'il n'y aurait pas lieu de lui décerner la dictature. Une nation ne doit jamais remettre ses destinées aux mains d'un homme et lui confier ce pouvoir exorbitant qui frappe de vertige les têtes les plus fermes.

Martin rentre en ce moment, et d'un regard semble demander à son ami le résultat de son entretien avec le colonel. Jean Lebrenn répond par un signe de tête négatif.

MARTIN, *au colonel*. — J'aurais à m'excuser auprès de vous, citoyen, de m'être absenté, si je ne vous avais laissé en compagnie de notre camarade Jean Lebrenn. Je suis à votre disposition. Voulez-vous que nous causions du tableau de bataille que vous désirez me commander? Quelques explications me seraient utiles.

LE COLONEL OLIVIER. — Il s'agit d'une charge brillante exécutée par un escadron de mon régiment contre des mameluks de Hussein-Bey. Je pourrai vous apporter, monsieur, un croquis du champ de bataille, dessiné par l'un de mes officiers, et quelques notes prises par moi au sujet de ce fait d'armes.

MARTIN. — Ces documents faciliteront beaucoup mon œuvre, et je pourrais, si vous le désirez, citoyen, commencer le tableau dans un mois (*souriant*), à moins cependant que je ne sois proscrit ou fusillé.

LE COLONEL OLIVIER. — Pourquoi seriez-vous proscrit ou fusillé, monsieur?

MARTIN. — Je suis du Conseil des Cinq-Cents, et très résolu, ainsi que la majorité de mes collègues, à défendre la République et la Constitution, contre les factieux; mais les défenseurs des meilleures causes peuvent être vaincus; or, votre général paraissant se rallier aux conspirateurs, est capable, s'il triomphe, de faire transporter les députés républicains à Cayenne ou de les faire fusiller à la plaine de Grenelle.

LE COLONEL OLIVIER, *avec dédain*. — Monsieur, j'ignore si le vainqueur de Lodi, d'Arcole et des Pyramides fait partie d'une conspiration; mais s'il conspire, il a pour complice la France entière, et en ce cas, les factieux seraient ceux-là qui tenteraient de s'opposer au vœu national.

Duresnel, le jeune engagé dans le bataillon parisien où servait le capitaine Martin à la bataille de Wissembourg, est introduit dans l'atelier. Le colonel salue les personnes présentes et quitte l'appartement. Duresnel, après avoir attentivement regardé Jean Lebrenn, lui dit : — Eh! si je ne me trompe, j'ai le plaisir de rencontrer chez un ami commun un ancien camarade du septième bataillon de volontaires?

LEBRENN, *cordialement*. — Lequel camarade a été témoin de votre premier fait d'armes, citoyen Duresnel, lorsqu'après la charge des cuirassiers allemands contre notre batterie, vous et Castillon avez forcé le grand-duc de Gerolstein de se rendre prisonnier.

─────

Ce même jour, 17 brumaire, la scène suivante se passe chez M. Hubert, membre du Conseil des Anciens, banquier, et oncle de Charlotte. Ce banquier a décuplé sa fortune dans les entreprises de fournitures pour les armées de la République sous le Directoire, c'est-à-dire en volant le peuple et en affamant les soldats. Le révérend père Morlet est en conférence avec le financier. La question politique est sur le tapis.

HUBERT. — Mon révérend, veuillez me dire pour quel motif le parti catholique et royaliste s'abstient de prendre part aux évènements politiques. Ne comprenez-vous point qu'appuyer la dictature du général Bonaparte, c'est porter le dernier coup à la République.

LE JÉSUITE. — Au profit de quel personnage? Veuillez m'éclairer sur ce point.

HUBERT. — Au profit du général, c'est bien entendu.

LE JÉSUITE. — L'ambition de Bonaparte n'a

point de bornes. Il n'ignore point qu'une monarchie qui doit sa restauration à un Monck n'a pas de plus impérieux besoin que celui de se débarrasser du traître lorsqu'elle n'a plus besoin de ses trahisons. Il est ainsi plus que probable que le général Bonaparte préférera le rôle de Cromwell ou de César. En ces deux cas, nous autres catholiques et royalistes, nous serons contre lui, parce que ainsi il atermoierait pour longtemps peut-être le retour de l'ancien régime ; mais comme, après tout, et si improbable qu'elle soit, il est une chance sur mille pour qu'il songe à une restauration, nous garderons pour l'instant une complète neutralité dans les évènements qui se préparent.

UN DOMESTIQUE, *à Hubert*. — M. Jean Lebrenn demande à parler à monsieur.

HUBERT, *surpris*. — Jean Lebrenn à Paris !... (*Au domestique*.) Priez M. Lebrenn d'attendre un instant. (*Le domestique sort*.)

LE JÉSUITE. — Mon cher M. Hubert, je désire ne point me rencontrer avec ce forcené jacobin... et pour des motifs d'une nature particulière.

HUBERT. — Passez par mon cabinet, vous descendrez par le petit escalier.

LE JÉSUITE. — En cas d'évènements imprévus, vous m'écrirez... où vous savez.

HUBERT. — Ah ! j'oubliais de vous demander des nouvelles du comte de Plouernel.

LE JÉSUITE. — Il est à Vienne avec sa femme qui vient de lui donner un fils, selon ce que m'a écrit dernièrement le frère du comte, l'évêque *in partibus* que vous connaissez.

HUBERT. — Et votre fillot, le petit Rodin ?

LE JÉSUITE. — Il grandit sous l'œil du Seigneur, et il est à Rome au séminaire de notre compagnie.

Le financier conduit le révérend père Morlet jusqu'à la porte de son cabinet, puis il sonne et dit à son domestique d'introduire immédiatement Jean Lebrenn.

HUBERT. — Quel peut être le motif du voyage de mon neveu à Paris ? Pourvu qu'il ne m'apporte pas de mauvaises nouvelles de ma pauvre sœur ; ses dernières lettres ne me faisaient pourtant présumer rien de fâcheux. Ah ! le voici. (*Allant vers Jean Lebrenn et lui tendant la main*). Soyez le bienvenu, mon cher neveu, et d'abord rassurez-moi de suite au sujet de ma chère sœur et de ma nièce. Leur santé laisse-t-elle à désirer ?

LEBRENN. — Charlotte et sa mère sont en parfaite santé ; elles m'ont chargé de venir vous en donner la certitude ; j'ai tenu à m'acquitter de cette commission le jour même de mon arrivée. Nous vivons heureux dans la paisible ville de Vannes, toujours occupés de notre commerce de toiles.

HUBERT. — J'en conclus que vous ne vous occupez plus de politique. Je vous en félicite, mon cher neveu. La République était une chimère, comme je le disais autrefois ; la voilà quasi-morte aujourd'hui, et elle aura exhalé demain son dernier soupir. Vous venez juste à temps pour assister à son enterrement. Puisse-t-elle ne point renaître de ses cendres !

LEBRENN. — La République est comme le Lazare de l'Evangile ; on l'ensevelit, elle brise la pierre de son cercueil. Mais laissons de côté la politique, nous ne nous sommes jamais entendus sur ce point ; il en sera toujours ainsi. Je suis chargé par ma femme et par sa mère de m'informer près de vous de la santé de mon beau-père, votre collègue au Conseil des Anciens dont nous n'avons pas de nouvelles.

HUBERT. — Mon beau-frère est toujours le même, traînant sa misérable existence d'apostasies en apostasies ; tourmenté de la peur de mourir.

LEBRENN. — Quelle existence que la sienne !

HUBERT. — Mon beau-frère est le plus lâche des hommes, et aussi le plus loquace et le plus vaniteux des avocats. Or, sa position de représentant du peuple à la Convention ou de député au Conseil des Anciens flatte son orgueil et lui offre l'occasion de lâcher bride à sa faconde oratoire. Voilà pourquoi et voilà comment, ballotté entre sa vanité qui le pousse à travers les hasards de la vie politique, si orageuse de notre temps, et sa couardise qui lui fait craindre chaque jour de recevoir le prix de ses apostasies, la vie de ce misérable est et sera toujours un enfer, pour parler comme les catholiques.

UN DOMESTIQUE, *annonçant*. — M. Desmarais !

L'avocat, à peine entré dans le salon, s'arrête aussi surpris que contrarié de la présence inattendue de son gendre ; il reste un moment interdit et muet. M. Hubert lui dit d'un ton sardonique : — Quoi ! beau-frère ! c'est ainsi qu'après une séparation de plusieurs années vous accueillez votre gendre?

DESMARAIS, *reprenant son assurance*. — M. Lebrenn doit savoir qu'un abîme sépare les honnêtes gens des Jacobins de 93, des septembriseurs, des terroristes, des communistes et autres socialistes.

LEBRENN. — Citoyen Desmarais, nous nous connaissons de longue date ; vous êtes le père de ma bien-aimée femme, à laquelle je dois le bonheur de ma vie, et quelles que soient vos paroles ou votre conduite à mon égard, il est des bornes que je n'outrepasserai jamais en ce qui vous concerne ; vous ne m'inspirez ni colère, ni haine, mais une profonde pitié, parce que vous êtes malheureux.

DESMARAIS. — Quelle insolence !... Entendre de telles paroles sortir des lèvres du mari de ma fille et ne pouvoir l'en châtier !

LEBRENN. — Ma pitié pour vous a une cause bien naturelle. Je m'apitoie sur votre sort, parce que vous devez ressentir un cruel chagrin de votre séparation d'avec votre femme et votre fille.

DESMARAIS, *outré*. — Scélérat ! c'est toi qui es venu jeter le trouble, la discorde entre les membres de ma famille et moi !

LEBRENN. — Citoyen Desmarais, vous êtes parvenu au déclin de la vie, votre solitude vous pèse ; vous regrettez, vous regretterez chaque jour davantage les douceurs du foyer domestique ; notre maison vous est et vous sera toujours ouverte. Renoncez à la vie politique, source incessante de vos angoisses, de vos alarmes, parce que la foi vous manque ; revenez auprès de votre femme et de votre fille ; elles oublieront le passé. Mais lorsque la peur vous domine, vous êtes comme les gens qui se noient : ils perdent la tête, et tout moyen de salut leur est bon, dussent-ils sacrifier autrui. Ainsi donc, lorsque vous le voudrez, citoyen Desmarais, vous trouverez place à notre foyer ; vous jouirez près de nous d'une existence aussi paisible, aussi heureuse que la vôtre a été jusqu'ici tourmentée. (*A Hubert*.) Adieu, citoyen, je reviendrai avant mon départ prendre vos commissions pour Vannes.

HUBERT. — Adieu, cher neveu, vous êtes, quoique jacobin, l'un des hommes que j'estime le plus. (*Lebrenn sort*.)

. . . .

La scène suivante se passe le même jour (17 brumaire), dans le salon de LAHARY, membre influent du Conseil des Anciens. — Les conspirateurs présents, divisés en plusieurs groupes s'entretiennent avec animation.

Hubert et l'avocat Desmarais font leur entrée dans le salon.

LAHARY. — Messieurs, nous sommes en nombre ; nous pouvons délibérer. La séance est ouverte. Je préside la séance. Notre collègue Régnier a la parole.

RÉGNIER. — Messieurs, hier, durant une longue conférence tenue chez notre ami, le président du Conseil des Anciens, divers avis ont été émis et discutés, mais nous nous sommes séparés sans avoir pris de résolution, renvoyant à aujourd'hui une dernière délibération. Nous ne devons pas atermoyer davantage : le temps presse, l'opinion publique, très inquiète, très agitée, est en éveil ; l'on s'attend d'un moment à l'autre, ainsi que l'on dit, à un coup d'Etat... Cette disposition des esprits est particulièrement favorable à nos projets ; il faut donc nous empresser de profiter des circonstances et précipiter les évènements, sinon le Conseil des Cinq-Cents nous gagnera de vitesse pour faire appel à l'insurrection, au nom de la Constitution menacée ; nous perdrions ainsi une partie de nos avantages.

FOUCHÉ. — Oui, hâtons-nous, croyez-en ma vieille expérience. En révolution, celui qui attaque a trois chances contre une.

RÉGNIER. — L'expérience et l'autorité de notre ami Fouché en matière de conspiration ne sauraient être trop comptée. Je suis d'avis d'attaquer, et cela dès demain, 18 brumaire. Voici mon projet : le Conseil des Cinq-Cents est le seul obstacle réel au renversement de la Constitution qui doit faire place à une autre forme de gouvernement, laquelle sera ultérieurement décidée ; or donc, le Conseil des Cinq-Cents, composé en immense majorité de républicains, étant le seul obstacle à mes projets... il faut le supprimer ou l'annihiler.

FOUCHÉ. — Il est plus que probable que ces canailles des faubourgs ne bougeront point ; néanmoins agissons avec prudence, comme si une insurrection était à redouter. Mettons en campagne tous les roussins et argousins de la police pour réprimer toute idée d'insurrection.

RÉGNIER. — Pour conjurer le péril d'une insurrection, voici ce que je propose : La Constitution de l'an III nous attribue exclusivement à nous, membres du Conseil des Anciens, le droit de désigner ou de changer le lieu où siègent les assemblées ; or, en vertu de ce droit constitutionnel, nous transférerons le lieu des séances des Cinq-Cents et le nôtre à Saint-Cloud, que nous ferons occuper par cinq ou six mille hommes de troupes, dont nous donnerons le commandement au général Bonaparte. Les choses ainsi préparées, si le Conseil des Cinq-Cents refuse d'adhérer à nos mesures ultérieures, refus indubitable, nous prononçons la dissolution du Conseil des Cinq-Cents, en chargeant le général Bonaparte de l'exécution de cet arrêté. Le triomphe est assuré.

LUCIEN BONAPARTE. — Je suis autorisé par mon frère à vous déclarer, messieurs, que s'il est chargé du commandement en chef des troupes, il répond de tout, quand même il devrait brûler Paris.

LES CONJURÉS. — Ce sont là des mesures suprêmes, mais devant lesquelles il ne faut pas reculer. On devra brûler Paris.

DESMARAIS. — Je partage l'avis de mes collègues ; le Conseil des Cinq-Cents, relégué à Saint-Cloud, n'est plus à craindre ; mais quelle cause motivera cette translation aux yeux de l'opinion publique ?

FOUCHÉ, *riant*. — Citoyen Brutus Desmarais, tu as donc oublié les cinquante mille septembriseurs qui sont dans les catacombes ! Mes mouchards et nos roussins se répandront demain matin dans tout Paris pour annoncer aux bons bourgeois qu'un grandissime complot a été découvert cette nuit par M. Fouché, ministre de la police ; lequel voulant déjouer les abominables projets de ces scélérats de terroristes, qui avaient pour complices les Cinq-

Cents, tous jacobins, a prévenu le Conseil des Anciens de ce qui se tramait, les nobles pères conscrits, que les terroristes devaient égorger les premiers, ont alors décidé de transférer à Saint-Cloud le lieu des séances de la représentation nationale.

LEMERCIER. — Va pour le grand complot; ce motif-là en vaut bien un autre, en insistant surtout sur ce que la vie des membres du Conseil des Anciens était menacée s'ils restaient à Paris pour y siéger.

PLUSIEURS CONJURÉS. — Oui, oui, appuyé le grandissime complot.

RÉGNIER. — Il est donc entendu que la découverte d'un complot — excellente invention de la police — motivera la translation des assemblées à Saint-Cloud. Il s'agit maintenant d'assurer l'exécution de ce projet.

LEMERCIER. — Il faut à cet effet convoquer extraordinairement, pour demain matin, nos collègues du Conseil des Anciens, sans leur faire connaître le but de cette convocation.

DESMARAIS. — Je ferai observer à mon honorable collègue qu'il serait, à mon sens, très prudent de ne pas convoquer la minorité républicaine qui siège parmi nous. Ces gens-là feraient les questions les plus indiscrètes, les plus saugrenues; ne se contentant point de cette affirmation qu'un grand complot a été découvert, ils demanderaient des preuves de ce complot, des détails sur cette découverte; il serait très difficile de leur répondre.

CORNET. — L'observation de Desmarais est fort juste, je suis d'avis que nous tous ici présents, nous nous chargions de voir personnellement dans la soirée nos collègues de la majorité, afin de les instruire du but de la séance extraordinaire de demain matin, et de n'adresser qu'à eux seuls des lettres de convocation. Trahison sur toute la ligne. Le succès en dépend. Mon avis est-il pris en considération?

LEMERCIER — Si la minorité républicaine se plaint de n'avoir pas été convoquée, l'on rejettera cette erreur sur les inspecteurs de la salle.

LUCIEN BONAPARTE. — Il sera urgent de faire, par précaution, doubler les postes des troupes chargées de la garde du Conseil des Anciens, car il faut tout prévoir. On y mêlera même des escouades d'agents de police.

RÉGNIER. — Le général Bonaparte peut, mieux que personne, servir nos desseins; nous comptons sur le général Bonaparte, dites-lui qu'il peut compter sur nous.

FOUCHÉ. — Ah çà, Lucien, si ton frère commande de faire marcher les troupes, toi, en ta qualité de président du Conseil des Cinq-Cents, que tu trahis avec un si admirable aplomb, comment t'y prendras-tu pour faire taire ces bavards qui crieront comme des geais quand on les dissoudra?

LUCIEN BONAPARTE. — Je tiendrai tête à l'orage, sois tranquille.

RÉGNIER. — Et maintenant, chers collègues, hâtons-nous, la journée s'avance, nous n'avons pas un moment à perdre ; convenons de nos faits. Qui se charge d'aller faire préparer les lettres de convocation?

LAHARY. — Moi ; je m'entendrai avec les inspecteurs de la salle, qui sont des nôtres. Ce sont tous des gens prêts à se vendre.

RÉGNIER. — Mon cher Lucien, vous vous chargez de faire connaître au général le résultat des délibérations de notre conciliabule.

LUCIEN BONAPARTE. — Je me rends à l'instant chez mon frère, rue de la Victoire.

RÉGNIER. — Qui se charge de s'entendre avec les inspecteurs de la salle pour faire doubler les postes demain matin?

CORNET. — Moi ; je renforcerai les postes avec les mouchards.

RÉGNIER. — Nos autres collègues et moi nous nous partagerons le soin d'aller sur l'heure avertir nos amis, à leurs domiciles respectifs, du motif de la convocation extraordinaire de demain.

BOULAY (*de la Meurthe*). — Nous devrons surtout les engager à garder le plus profond secret sur cette affaire, faute de quoi elle s'ébruiterait, et nous verrions arriver demain matin la minorité républicaine du Conseil qui nous embarrasserait fort par ses questions.

RÉGNIER. — Un secret absolu va de soi, et je le recommanderai particulièrement à nos amis.

FOUCHÉ. — Et moi, je vais faire la leçon à mes mouchards, à mes agents de police, tous gredins et canailles, prêts à tout faire, pourvu qu'on les paye bien.

DESMARAIS, *à Lucien*. — Ainsi, demain soir, le plus grand capitaine des temps modernes, votre illustre frère, ce grand homme revêtu de la dictature que lui seul peut exercer, décidera de la forme gouvernementale qu'il lui plaira d'octroyer à la France. Nous reverrons les beaux jours de la monarchie.

HERWIN, *surpris*. — Comment! la dictature serait dévolue à Bonaparte!

CORNET. — Nous n'entendons pas laisser le général Bonaparte décider seul de la forme du nouveau gouvernement.

LUCIEN BONAPARTE, *à part*. — Quel maladroit que ce Desmarais! (*Haut*). Messieurs, je vous en donne ma parole d'honnête homme, mon frère n'a d'autre prétention que celle de mettre son génie et son épée au service du Conseil des Anciens. Il est franchement républicain et il ne songe point à la dictature.

RÉGNIER, *échangeant un regard d'intelligence avec Lucien*. — Ne nous occupons pas, chers collègues, d'une question prématurée; renversons d'abord la Constitution de l'an III, prononçons la dissolution du Conseil des Cinq-Cents qui la soutient. Ceci fait, nous aviserons, mais d'abord, triomphons de l'ennemi commun ; et maintenant, messieurs, à demain !

LES CONJURÉS, *se séparant.* — A demain ! A demain les grands événements !

. . . .

Le 18 brumaire an VIII (novembre 1799) les membres du Conseil des Anciens sont réunis dès huit heures du matin dans la salle de leurs séances. Plusieurs des membres de la minorité républicaine qui n'avaient pas été convoqués se sont pourtant rendus à l'Assemblée, prévenus par la rumeur publique ; ils forment un groupe et s'entretiennent avec animation au pied de la tribune. Lemercier, président du Conseil des Anciens, agite sa sonnette ; le silence se fait, les membres de l'Assemblée regagnent leurs sièges.

LE PRÉSIDENT LEMERCIER. — Messieurs, notre collègue Cornet, président de la commission des inspecteurs, a la parole.

CORNET, *à la tribune.* — Représentants du peuple, la confiance dont vous avez investi votre commission des inspecteurs lui a imposé l'obligation de veiller à votre sûreté individuelle, à laquelle se rattache le salut de la chose publique ; car, dès que les représentants d'une nation sont menacés dans leurs personnes, dès qu'ils ne jouissent pas dans leurs délibérations de l'indépendance la plus absolue, il n'y a plus de République. Votre commission des inspecteurs sait que les conjurés se rendent en foule à Paris ; que ceux qui s'y trouvent déjà n'attendent qu'un signal pour lever leurs poignards sur les représentants de la nation, sur les membres des premières autorités de la République. En présence du danger qui vous menace, représentants du peuple, votre commission a dû vous convoquer extraordinairement pour vous en instruire ; elle a dû provoquer les délibérations du Conseil sur le parti qu'il lui convient de prendre dans cette circonstance. Le Conseil des Anciens a dans ses mains le moyen de sauver la patrie et la liberté ; ce serait douter de sa prudence, de sa sagesse, que de penser qu'il ne s'en saisira pas avec son courage et son énergie accoutumés.

MONTMAYON, *membre de la minorité.* — Il est inconcevable que ni moi, ni plusieurs de mes collègues nous n'ayons pas été avertis de la convocation de l'Assemblée. Cet oubli volontaire ou involontaire doit être expliqué.

LE PRÉSIDENT LEMERCIER. — Vous n'avez pas la parole... Votre motion est tout à fait intempestive... j'accorde la parole à M. Régnier.

RÉGNIER *à la tribune.* — Représentants du peuple, quel est l'homme assez stupide pour douter encore des dangers qui nous environnent ? Les preuves n'en sont que trop multipliées ; mais ce n'est pas le moment de dérouler ici leur épouvantable série. Le temps presse et le moindre retard pourrait devenir si fatal, qu'il ne fût plus en votre puissance de délibérer sur les remèdes. A Dieu ne plaise que je fasse l'injure aux citoyens de Paris de les croire capables d'attenter à la représentation nationale ! Je ne doute pas, au contraire, qu'ils ne lui fissent, au besoin, un rempart de leurs corps, mais cette ville immense renferme dans son sein une foule de brigands audacieux et de scélérats désespérés ; ils attendent avec une impatience féroce un moment d'imprévoyance ou de surprise pour vous frapper, et par conséquent frapper au cœur la République elle-même. (*Explosion de cris de feinte indignation, poussés par les conjurés.* — *Tumulte.*)

HUBERT, *à part.* — En avant les septembriseurs de Fouché...

UN MEMBRE DE LA MINORITÉ. — S'il existe une conspiration contre la République... dévoilez-la... Vos assertions n'ont pas le moindre fondement. Apportez-en les preuves.

LE PRÉSIDENT LEMERCIER. — Vous n'avez pas la parole !

RÉGNIER, *à la tribune.* — Je vous propose, messieurs, aux termes de la Constitution, le projet de décret irrévocable qui suit, et je vous le propose avec d'autant plus de confiance, qu'un grand nombre de nos collègues, honorés de votre confiance, ont partagé mon vœu. (*Il lit.*)

« Le Conseil des Anciens, en vertu des articles 102, 103 et 104 de la Constitution, décrète ce qui suit :

« Art. 1er. — Le Corps législatif est transféré dans la commune de Saint-Cloud. Les deux Conseils, celui des Cinq-Cents et celui des Anciens y siégeront dans les deux ailes du palais.

« Art. 2. — Ils y seront rendus demain 19 brumaire, à midi.

« Toute continuation de fonctions et de délibérations est interdite ailleurs avant ce temps.

« Art. 3. — Le général Bonaparte est chargé de l'exécution du présent décret ; il prendra toutes les mesures nécessaires pour la sûreté de la représentation nationale. Toutes les troupes sont mises sous le commandement en chef du général Bonaparte ; il sera appelé dans le sein du Conseil pour y recevoir une expédition du présent décret et prêter serment. Il se concertera avec la commission des inspecteurs des deux Conseils.

« Art. 5. — Le présent décret sera de suite transmis par un messager d'Etat au Conseil des Cinq-Cents et au Directoire exécutif. »

La lecture de ce décret, acclamé par la majorité factieuse, soulève les réclamations les plus énergiques de la part des membres républicains de la minorité.

CORNUDET, *à la tribune.* — Représentants du

peuple, je propose l'adoption de cette adresse aux français. (*Il lit.*)

« Français, le Conseil des Anciens use du droit qui lui est délégué par l'article 102 de la Constitution, de changer la résidence du Corps législatif.

« Le salut commun, la prospérité commune, tel est le but de cette mesure constitutionnelle. Il sera atteint.

« Et vous, habitants de Paris, soyez calmes; dans peu de jours la présence du Corps législatif vous sera rendue.

« Français, les résultats de cette journée feront bientôt voir si le Corps législatif est digne de préparer votre bonheur, et s'il le peut.

« *Vive le peuple!* » par qui et en qui est la République. »

La majorité factieuse se lève en masse pour l'adoption de cette adresse aux Français; en vain la minorité essaie de protester de nouveau, ses protestations sont étouffées par les clameurs des conjurés.

LE PRÉSIDENT LEMERCIER. — Huissiers, introduisez à la barre le général Bonaparte.

Le général Bonaparte est introduit par les huissiers, il porte le sévère uniforme des généraux de la République : habit bleu à larges revers, écharpe tricolore, comme le panache du chapeau, pantalon très juste en drap blanc, et bottes à retroussis jaune, ne dépassant pas le milieu du mollet. Le teint maladif et bilieux du général corse fait paraître plus remarquable la maigreur de son visage, accentué fortement et encadré de cheveux noirs longs et plats. L'expression de son regard est indéfinissable : elle révèle à la fois l'orgueil et la dissimulation, l'astuce et l'énergie. Son sourire, tour à tour insidieux, sardonique ou hautain, complète cette physionomie étrange. Les généraux Berthier, Lefebvre, Moreau, Macdonald, Murat, Moncey, Beurnonville, Marmont et plusieurs aides de camp, parmi lesquels se trouve le colonel Olivier, escortent le général Bonaparte. Leur attitude est altière et déjà triomphante, et le bruit de leurs sabres traînants et de leurs bottes éperonnées retentit sur les dalles de la salle, mais bientôt un profond silence règne dans l'assemblée.

LE PRÉSIDENT LEMERCIER, *à Bonaparte*. — Général, le Conseil des Anciens vous a mandé près de lui pour vous donner ses instructions.

LE GÉNÉRAL BONAPARTE, *d'une voix très claire, presque aiguë et avec un accent bref et hautain*. — Représentants du peuple, la République périssait; vous l'avez su, et votre décret vient de la sauver. Malheur à ceux qui voudraient le trouble et le désordre! je les arrêterai, aidé du général Lefebvre, du général Berthier et de tous mes compagnons d'armes. Malheur aux factieux ! (*Applaudissements chaleureux, bravos enthousiastes de la majorité. Vive le général Bonaparte!*)

LE PRÉSIDENT LEMERCIER. — Général, le Conseil des Anciens reçoit vos serments ; il ne forme aucun doute sur leur sincérité et sur votre zèle à les remplir. Celui qui ne promit jamais en vain des victoires à la patrie ne peut qu'exécuter avec dévouement de nouveaux engagements de la servir et de lui rester fidèle.

Le général Bonaparte sort suivi de son état-major. La majorité se lève aux cris de Vive la République!...

. . . .

Le 19 brumaire an VIII (1799) les membres du Conseil des Anciens sont réunis en séance dans la grande galerie du palais de Saint-Cloud, sous la présidence de Lemercier, l'un des chefs les plus actifs de la conspiration.

UN HUISSIER, *annonçant*. — Monsieur le général Bonaparte.

Le général Bonaparte entre dans la galerie l'air altier, ses aides de camp l'accompagnent, et à travers les portes de la galerie laissées ouvertes, l'on aperçoit les fusils et les bonnets à poil d'un peloton de grenadiers.

QUELQUES MEMBRES DE LA MINORITÉ, *avec indignation*. — Quoi ! des soldats ici ! — De quel droit le général Bonaparte se fait-il annoncer dans cette enceinte ? — Vient-il donc jouer le rôle d'un nouveau César ?

LE GÉNÉRAL BONAPARTE, *d'une voix impérieuse et brève*. — Je demande la parole.

SAVARY. — A quel titre, de quel droit pénétrez-vous dans cette enceinte ?

LE PRÉSIDENT LEMERCIER. — Le général Bonaparte a la parole.

LE GÉNÉRAL BONAPARTE. — Représentants du peuple, vous n'êtes point dans des circonstances ordinaires ; vous êtes sur un volcan. Permettez-moi de vous parler avec la franchise d'un soldat, avec celle d'un citoyen zélé pour le bien de son pays ; et suspendez, je vous en prie, votre jugement jusqu'à ce que vous m'ayez entendu jusqu'à la fin. — J'étais tranquille à Paris, lorsque je reçus le décret du Conseil des Anciens, qui m'ouvrit les yeux sur ses dangers, sur ceux de la République. A l'instant j'appelai, je retrouvai mes frères d'armes, et nous vîmes vous donner notre appui ; nous vîmes vous offrir les bras de la nation, parce que vous en étiez la tête. Nos intentions furent pures, désintéressées ; et, pour prix du dévouement que nous avons montré hier et aujourd'hui, déjà l'on nous abreuve de calomnies ! On parle d'un nouveau César, d'un nouveau Cromwell ; on prétend que je veux établir un nouveau gouvernement militaire. (*Applaudissements de la majorité ; la minorité demeure impassible.*)

LE GÉNÉRAL BONAPARTE *de plus en plus me-*

naçant, impérieux et irrité. — Si l'on parlait de me mettre *hors la loi*, j'en appellerais à vous, braves défenseurs de la République, avec lesquels j'ai partagé tant de périls pour affermir la liberté et l'égalité ; je m'en remettrais, mes braves amis, au courage de vous tous et à ma fortune ! (*Frémissements d'indignation parmi la minorité, révoltée de cet audacieux appel à la force.*) Je vous invite, représentants du peuple, à vous former en comité général et à y prendre les mesures salutaires que l'urgence des dangers commande impérieusement. Vous trouverez toujours mon bras pour faire exécuter vos résolutions.

Le général Bonaparte se retire suivi de ses aides de camp.

Pendant que la majorité du Conseil des Anciens s'inféodait au dictateur militaire, la majorité républicaine du Conseil des Cinq-Cents réunie dans l'Orangerie du château de Saint-Cloud, était en proie à une vive agitation.

Un profond silence s'établit ; le représentant du peuple Emile Gaudin se dirige vers la tribune. Je demande la parole pour une motion d'ordre.

LE PRÉSIDENT LUCIEN BONAPARTE. — Vous avez la parole...

ÉMILE GAUDIN, *à la tribune*. — Citoyens représentants, un décret du Conseil des Anciens a transféré les séances du Corps législatif dans cette commune. Cette mesure extraordinaire ne pouvait être provoquée que par la crainte ou l'approche d'un danger extraordinaire. En effet, le Conseil des Anciens a déclaré aux Français qu'il usait d'un droit qui lui est délégué par l'article 102 de la Constitution *pour enchaîner les factions qui prétendent subjuguer la représentation nationale, et pour rendre la paix intérieure.* Je demande : 1º qu'il soit formé une commission de sept membres chargés de faire un rapport sur la situation de la République et sur les moyens de la sauver ; 2º que cette commission fasse son rapport séance tenante ; 3º que jusque-là toute délibération soit suspendue ; 4º que toute proposition qui serait faite lui soit renvoyée. (*Applaudissements prolongés.*) Que l'Assemblée décide.

DELBREL. — Représentants du peuple, de grands dangers menacent en effet la République ; mais ceux qui veulent la détruire sont ceux-mêmes qui, sous prétexte de la sauver, veulent changer ou renverser la forme du gouvernement existant. En vain ces hypocrites conspirateurs ont cru nous effrayer en déployant autour de nous l'appareil de la force armée. Si néanmoins les conspirateurs parvenaient à tromper ou à égarer le courage de nos soldats, nous saurions mourir à notre poste, en défendant la liberté publique contre les tyrans, contre les dictateurs qui veulent l'opprimer !

Nous voulons *la Constitution*

Acclamations prolongées ; une foule de membres se lèvent spontanément et répètent avec enthousiasme :

— .. La Constitution ou la mort !...

Lucien Bonaparte agite sa sonnette et réclame le silence.

DELBREL, *avec énergie*. — Les baïonnettes ne nous effrayent pas : nous sommes libres ici ! Je demande que tous les membres du Conseil, appelés individuellement, renouvellent à l'instant le serment de maintenir la Constitution de l'an III.

L'assemblée se lève en masse.

PLUSIEURS MEMBRES. — A bas les dictateurs ! Vive la Constitution ! Mort aux traîtres, aux conspirateurs !

GRANDMAISON. — Je demande que nous fassions le serment de nous opposer au rétablissement de toute espèce de tyrannie. (*Bravos enthousiastes.*)

Grandmaison quitte la tribune aux bruits des applaudissements et des acclamations de l'Assemblée ; les cris : *Vive la Constitution !* se prolongent pendant plusieurs minutes. Lucien Bonaparte, pouvant à peine dissimuler son irritation secrète, est forcé de mettre enfin aux voix la prestation du serment. Elle est votée à l'unanimité, l'infime minorité factieuse et complice du président n'osant pas se démasquer ouvertement par un refus de serment.

Lucien Bonaparte, étant descendu de son fauteuil de président afin de prêter aussi le serment, monte à la tribune, et au milieu d'un profond silence et ayant tous les regards attachés sur lui, il dit à son tour d'une voix fortement altérée :

— Je jure *fidélité à la République et à la Constitution de l'An III.*

BRIOT, *vivement*. — Secrétaire du *Moniteur*, insérez au procès-verbal le serment solennel du citoyen Lucien Bonaparte ! (*Bravos*)

GRANDMAISON. — S'il trahit son serment, la trahison vivra dans l'histoire !

Soudain l'une des portes de l'Orangerie s'ouvre avec fracas, et l'on voit apparaître au seuil de la salle le général Bonaparte, entouré de généraux et d'aides de camp, suivi d'une compagnie de grenadiers, baïonnette au bout du fusil. A l'aspect de cette invasion de la force armée dans la salle de leurs séances, les représentants du peuple bondissent sur leurs bancs comme frappés d'une commotion électrique ; leur indignation éclate et les clameurs se croisent de toutes parts : — Quoi ! des baïonnettes ici ! — Des traîneurs de sabre ! — A bas le dictateur !

Le général Bonaparte, malgré son assurance, est intimidé par le soulèvement que provoquent sa présence et celle de ses soldats ; il se découvre et du geste témoigne qu'il veut parler ;

Invasion des armées coalisées contre la France (page 772).

Il va dépasser le seuil de l'entrée de la salle, lorsque le représentant du peuple Bigonnet se précipite au devant de lui et lui barrant le passage ainsi qu'à son escorte armée, il s'écrie : Retirez-vous... téméraire... retirez-vous à l'instant... vous violez le sanctuaire des lois ! — Cette attitude du représentant du peuple, son accent énergique, impressionnent vivement le général Bonaparte ; il pâlit, hésite et s'arrête. Une nouvelle explosion de clameurs retentit dans la salle : — A bas le dictateur ! — Hors la loi l'audacieux ! — Vive la Constitution ! Mourons à notre poste ! Vive la République ! — Le général Bonaparte, dominant son émotion, redresse la tête d'un air altier, semble d'un geste de commandement exiger la parole ; il va franchir l'entrée de la salle, suivi de ses aides de camp, lorsque plusieurs représentants s'élancent au devant de lui, le somment de se retirer, et le citoyen Destrem s'écrie d'une voix indignée : — Général, as-tu donc vaincu pour insulter à la représentation nationale ? De nouveau se font entendre, avec un redoublement d'énergie, les cris : — Vive la Constitution ! — Hors la loi le dictateur ! — Le général Bonaparte, blême, atterré, recule devant la réprobation unanime dont il est l'objet ; son audace n'est plus à la hauteur de la situation, il fait un signe à ses officiers, dont plusieurs portaient la main à la poignée de leur sabre, et sort précipitamment, suivi de son escorte.

Lucien Bonaparte, secret complice des projets liberticides de son frère, et qui a suivi avec angoisse les divers incidents de la scène précédente, semble consterné de la retraite du général. Une grande agitation succède au départ du général Bonaparte. Le calme se rétablit peu à peu dans les rangs de la représentation nationale.

198ᵉ livraison

En ce moment, un capitaine de grenadiers entre brusquement dans la salle des séances; la porte laissée ouverte, permet d'apercevoir au dehors un peloton de soldats. L'officier se dirige vivement vers le groupe au milieu duquel Lucien Bonaparte, véhémentement interpellé par ses collègues, leur répond avec non moins de véhémence; le capitaine s'approche de Lucien, lui dit quelques mots à l'oreille, et aussitôt celui-ci sort en hâte de la salle, suivi de l'officier et escorté par les soldats. Cette nouvelle violation du lieu des séances du Conseil des Cinq-Cents par la force armée a été si soudaine, le départ du président a été tellement inattendu, que les représentants du peuple restent d'abord frappés de stupeur; puis une foule de voix s'écrient: — Nous sommes trahis! Notre président va se concerter avec le général Bonaparte. L'agitation de l'Assemblée est à son comble.

Lucien Bonaparte, escorté d'un peloton de grenadiers, a quitté précipitamment la salle du Conseil des Cinq-Cents et s'est dirigé vers un rassemblement considérable de troupes d'infanterie et de cavalerie, disposées en ligne au milieu de la pelouse du parc de Saint-Cloud. Un assez grand nombre de gens, habitants de la commune ou venus de Paris, attirés par la curiosité, se tiennent derrière les rangs des soldats; au nombre de ces spectateurs se trouvent Jean Lebrenn et Duresnel; des aides de camp et des généraux entourent le général Bonaparte, placé devant le front des troupes; il est très pâle et en proie à une vive anxiété, car le bruit s'est répandu parmi la foule et les soldats qu'il vient d'être mis hors la loi par décret du Conseil des Cinq-Cents. Soudain Lucien, accourant et feignant la plus vive indignation, rejoint son frère, lui dit quelques mots qui le rassurent, le raniment; car la chance de cette journée tournait contre lui sans la présence d'esprit de Lucien. En effet, celui-ci, se portant au devant du front des troupes, s'écrie d'une voix retentissante :

« Citoyens, soldats! moi, président du Conseil des Cinq Cents, je vous déclare que la majorité de ce Conseil est en ce moment sous la terreur de quelques représentants à stylet, qui assiègent la tribune, présentant la mort à leurs collègues, et enlèvent les délibérations les plus affreuses.

« Soldats, je vous le déclare, ces audacieux brigands, sans doute *soldés par l'Angleterre*, se sont mis en rébellion contre le Conseil des Anciens, ils ont osé parler de mettre hors la loi le général chargé de l'exécution de son décret, comme si nous étions encore en ces temps affreux du règne de la terreur, où ces mots *hors la loi* suffisaient pour faire tomber les têtes les plus chères à la patrie. »

Les aides de camp et les généraux qui entourent le général Bonaparte font entendre des menaces contre les membres du Conseil des Cinq-Cents; — le colonel Olivier, tirant son sabre et le brandissant: — Il faut en finir avec ces brigands! — Oui, oui! — répondent une foule de voix dans les rangs de la troupe. Vive le général Bonaparte!

LUCIEN BONAPARTE. — Soldats, je vous déclare que ce petit nombre de représentants furieux se sont mis eux-mêmes hors la loi par leurs attentats contre la liberté de ce Conseil. Eh bien! au nom de ce peuple, qui est le jouet de ces misérables enfants de la terreur, je vous confie, braves soldats, le soin de délivrer la majorité de leurs représentants, afin que, délivrée des stylets par les baïonnettes, elle puisse délibérer sur le sort de la République.

Les officiers, les soldats accueillent par leurs acclamations ces paroles de Lucien Bonaparte, l'exaspération est à son comble contre les prétendus *représentants à stylet*. — Les scélérats... c'est le poignard sur la gorge qu'ils ont forcé les autres de décréter la mise hors la loi de notre général, — s'écrient plusieurs soldats. — Il faut les fusiller sur place! — A mort les assassins! Au peloton d'exécution ces avocats.

LUCIEN BONAPARTE, *à son frère de plus en plus rassuré sur le succès de cette jonglerie.* — Général! et vous, soldats! vous ne reconnaîtrez pour législateurs de la France que ceux qui vont se rendre auprès de moi... Quant à ceux qui resteront dans la salle de l'Orangerie, que la force les en expulse. Ces brigands ne sont plus représentants du peuple, mais représentants du poignard... Que ce titre leur reste... qu'il les suive partout, et lorsqu'ils oseront se montrer au peuple, que tous les doigts les désignent sous ces noms mérités, *ces représentants du poignard*... Vive la République!

Pendant que Lucien était allé rejoindre le général Bonaparte, les représentants du peuple, ne doutant plus de la complicité de leur président et des projets du futur dictateur, et en proie à une agitation inexprimable, s'efforçaient de conjurer le malheur qu'ils redoutaient. Les propositions se succédaient et se croisaient, à peine entendues au milieu du tumulte.

UNE FOULE DE VOIX. — Mourons pour la liberté! — Hors la loi le dictateur. — Vive la Constitution! — Vive la République!

On entend les roulements des tambours se rapprochant de plus en plus, puis le pas sonore, pesant et régulier d'une nombreuse troupe de soldats; la porte de la salle des séances est ouverte à coups de crosse de fusil; le général Leclerc entre, l'épée à la main, suivi de ses grenadiers. A leur aspect, et comme par enchantement, un silence religieux a régné dans l'assemblée. Les représentants, calmes et graves, ont regagné leurs sièges, où ils s'assoient, impassibles comme les sénateurs de l'antique Rome. Le droit, succombant sous les coups de la force brutale, proteste en tombant et condamne l'iniquité victorieuse... Arrêt suprême qui retentit dans la postérité.

LE GÉNÉRAL LECLERC, *à la tribune.* — Au nom du général Bonaparte, le Conseil des Cinq-Cents est dissous; que les bons citoyens se retirent..., Grenadiers, en avant! piquez droit aux poitrines!

Les grenadiers pénètrent dans toute la longueur de la salle, en présentant la pointe de leurs baïonnettes aux mandataires de la nation. Le plus grand nombre d'entre les représentants du peuple cèdent à la force et se retirent lentement et pas à pas, faisant face aux soldats, en criant: Vive la République! D'autres se précipitent sur la pointe des baïonnettes, mais les grenadiers relèvent leurs fusils et entraînent les représentants hors de la salle.

— César triomphe, mais viendra le jour de Brutus! Exécration sur Bonaparte!

Telles furent les journées de brumaire.

. . . .

La guerre, aussitôt après le coup d'État de brumaire, fut poussée avec vigueur. Moreau reçut le commandement en chef de l'armée du Rhin, et Bonaparte, le 16 floréal an VIII (6 mai 1800), partit pour se mettre à la tête de l'armée d'Italie. Il remporta le 25 prairial de la même année, la brillante victoire de Marengo, qui, achevant l'œuvre commencée sous le Directoire, refoula les Autrichiens hors de l'Italie.

Du 8 janvier 1801 au 25 mars 1802, les différentes puissances en guerre avec la France demandèrent tour à tour la paix. L'Angleterre la signa la dernière à Amiens. Cette paix devait être éphémère; mais Bonaparte profite de ces jours de calme pour restaurer une grande partie des abus détruits par la révolution, et jette les premières bases de son futur pouvoir héréditaire. Sceptique, mais considérant la religion comme un instrument de domination, et voulant se ménager l'appui du clergé, il traite avec le pape, afin de rétablir le catholicisme dans tout son lustre. Il fonde l'ordre de la *Légion d'honneur*, ordre ridicule et anti-démocratique, rétablissant ainsi l'inégalité sociale. Bientôt le calendrier républicain est remplacé par le calendrier grégorien; enfin, le premier consul brave le courant de l'opinion publique, en remontant de plus en plus vers les traditions surannées de l'ancien régime.

Le 6 mai 1802, le Tribunat émit le vœu que les pouvoirs du premier Consul fussent prolongés de dix ans, et deux mois après, sur la proposition du Sénat, docile instrument de Bonaparte, le Consulat à vie lui fut décerné.

Le pape Pie VII vint à Paris pour oindre et couronner le front de NAPOLÉON Ier, empereur des Français, *par la grâce de Dieu*.

Les conséquences du rétablissement de la monarchie héréditaire en France ne se firent pas attendre. Napoléon s'empara peu à peu de toutes les républiques naissantes, écloses au souffle de la révolution, et les adjoignit à son empire, ou les octroya en apanage à sa famille. Une partie de l'Italie, incorporée à la France, fut donnée en vice-royauté au prince Eugène Beauharnais, beau-fils de l'empereur, et l'une des sœurs de Napoléon reçut le duché de Modène.

Le 11 avril 1803, une nouvelle coalition se forma entre l'Angleterre, l'Autriche et la Russie; un moment préoccupé d'une descente en Angleterre, Napoléon abandonna ce projet aventureux. Rappelé de Boulogne pour faire face à la guerre continentale, le 2 décembre 1805, Napoléon, toujours servi par son génie militaire, gagna l'éclatante victoire d'Austerlitz, et la paix fut imposée à l'Autriche; elle la signa le 26 décembre à Presbourg, et fut réduite à d'énormes abandons de territoire.

En 1806, le roi de Naples ayant violé ses traités avec la France fut dépossédé de son trône au profit de Joseph Bonaparte, l'un des frères de l'empereur. Peu de temps après, la république batave fut octroyée à Louis Bonaparte, son autre frère.

Napoléon rêvant la monarchie universelle, et rétrogradant vers l'époque de la barbarie féodale, érigeait des duchés étrangers en fiefs relevant de l'Empire. Ces continuels envahissements de territoires rallumèrent la guerre; une quatrième coalition se forma contre l'Empire: la Prusse, neutre dans la dernière guerre, prend part à cette ligue; mais le 14 octobre 1806, elle est écrasée à la bataille d'Iéna; le 26, l'armée française entrait triomphante à Berlin.

La Russie, battue à Friedland, à Eylau, demanda la paix; elle est conclue à Tilsitt, le 21 juin 1807.

A chacune de ces nouvelles victoires, s'augmentait le vertige de Napoléon. Enivré par la constance de ses succès, la monarchie universelle devenait son idée fixe, et un autre de ses frères, Jérôme Bonaparte, fut investi d'un royaume composé de plusieurs États de la Confédération germanique. Le seul membre de la famille Bonaparte qui ne prit pas part à la curée des trônes que distribuait le conquérant, fut Lucien. Voulut-il expier ainsi volontairement sa complicité dans les événements de brumaire, ou fut-il victime de l'ingratitude de l'empereur? Lucien ne reçut en partage aucune couronne. Le recul de Napoléon vers les traditions de l'ancien régime, dans ce qu'elles avaient de plus antipathique à la nation, devenait de plus en plus exorbitant; ainsi le droit d'aînesse, aboli par la Révolution, fut rétabli. Cette iniquité, au point de vue social et familial, était imposée à l'empereur par la logique de ses erreurs; il reconstituait la noblesse, il fallait bien assurer sa perpétuité par les substitutions.

Le 1er mars 1813, le gouvernement prussien, cédant au cri de l'opinion publique en Allemagne, de plus en plus hostile à Napoléon, donna le signal des défections en brisant son alliance avec l'empire français, en s'unissant à l'Angleterre et à la Russie. Cette nouvelle coalition se recruta de la Suède, dont Bernadotte, ancien général de la République, était devenu roi. Les victoires de Lutzen et de Bautzen semblèrent d'abord assurer l'avantage à Napoléon. L'Autriche proposa sa médiation aux parties belligérantes; elles conclurent, le 4 juin 1813, l'armistice de Plessewitz; un congrès, assemblé à Prague, offrit à Napoléon nos limites naturelles, conquises par les armées de la République, le Rhin, la Meuse et les Alpes. Napoléon repoussa ces propositions avec dédain: il craignait de perdre son prestige aux yeux du monde et de la France, qu'il ne pouvait, dans sa pensée, continuer d'asservir que grâce aux éblouissements des victoires.

La guerre recommence, mais bientôt sonne coup sur coup l'heure des revers. Macdonald est battu en Silésie, Ney en Prusse, Vandamme à Culm. Les princes de la Confédération germanique, encouragés par ces échecs et subissant la pression de l'opinion publique de leurs peuples, abandonnent Napoléon Ier sur le champ de bataille même de Leipzig; ils tournent leurs troupes contre les siennes: l'armée française, en pleine déroute, se retire derrière ses frontières, le 31 octobre 1813, et bientôt elles sont menacées par les coalisés. Napoléon, de retour à Paris, le 9 novembre de la même année, ordonne de nouvelles levées. Des milliers de familles avaient, moyennant des prix exorbitants, racheté plusieurs fois leurs enfants de la conscription. Un dernier appel les leur enleva. L'ogre corse dévorait la génération entière.

La situation semblait désespérée; les Autrichiens s'avançaient par l'Italie et par la Suisse; les Anglais, maîtres de l'Espagne et du Portugal, descendaient des Pyrénées, commandés par Wellington; les Prussiens, sous les ordres de Blücher, envahissaient Francfort, et l'armée du Nord, ayant à sa tête Bernadotte, pénétrait en France par la Belgique. Ces forces immenses, convergeant sur Paris, s'avançaient à marches forcées. En vain nos soldats firent des prodiges de valeur; en vain, les Prussiens furent écrasés à Montmirail, à Champaubert, à Château-Thierry, et les Autrichiens culbutés à Montereau; ces stériles victoires étaient le dernier effort du génie guerrier de Napoléon.

Le 30 mars 1814, les armées étrangères entrèrent dans la capitale, honte que la France n'avait subie qu'une fois à travers les siècles, sous la monarchie, lors du règne du roi Jean. Talleyrand et Fouché, si longtemps les serviles instruments du maître, furent les premiers à le trahir. Napoléon, le 11 avril 1814, abdiqua l'empire après un règne de dix ans.

Le Sénat, d'un servilisme abject pendant la durée de l'Empire, mit le comble à son ignominie en décrétant et motivant ainsi qu'il suit la déchéance de l'homme dont ces mêmes sénateurs avaient été les complices.

« Le Sénat conservateur,

« Considérant que, dans une monarchie constitutionnelle, le monarque n'existe qu'en vertu de la Constitution ou du pacte social;

« Que Napoléon Bonaparte, pendant quelque temps chef d'un gouvernement ferme et prudent, avait donné à la nation des sujets de compter pour l'avenir sur ses actes de sagesse et de justice; mais qu'ensuite il a déchiré le pacte qui l'unissait au peuple français, notamment en levant des impôts, en établissant des taxes autres qu'en vertu de la loi, contre la teneur expresse du serment qu'il avait prêté à son avènement au trône, conformément à l'article 43 de l'acte des constitutions du 28 floréal an XII;

« Qu'il a commis cet attentat aux droits du peuple, lors même qu'il venait d'ajourner sans nécessité le Corps législatif, et de faire supprimer, comme criminel, un rapport de ce Corps, auquel il contestait son titre et sa part à la représentation nationale;

« Qu'il a entrepris une suite de guerres en violation de l'article 50 de l'acte de la Constitution du 22 frimaire an VIII, qui veut que les déclarations de guerre soient proposées, discutées, décrétées et promulguées comme des lois;

« Qu'il a inconstitutionnellement rendu plusieurs décrets portant peine de mort, nommément les deux décrets du 5 mars dernier; qu'il a prétendu faire considérer comme nationale une guerre qui n'avait lieu que dans l'intérêt de son ambition démesurée;

« Qu'il a violé les lois constitutionnelles par ses décrets sur les prisons d'État;

« Qu'il a anéanti la responsabilité des ministres, confondu tous les pouvoirs et détruit l'indépendance du corps judiciaire;

« Considérant que la liberté de la presse, établie et consacrée comme l'un des droits de la nation, a été constamment soumise à la censure arbitraire de sa police, et qu'en même temps il s'est toujours servi de la presse pour remplir la France et l'Europe de faits controuvés, de maximes fausses, de doctrines favorables au despotisme et d'outrages contre les gouvernements étrangers;

« Que des actes et rapports entendus par le

Sénat ont subi des altérations dans la publication qui en a été faite ;

« Considérant qu'au lieu de régner dans la seule vue de l'intérêt, du bonheur et de la gloire du peuple français, aux termes de son serment, Napoléon a mis le comble aux malheurs de la patrie par son refus de traiter à des conditions que l'intérêt national l'obligeait d'accepter, et qui ne compromettaient pas l'honneur français, ni les intérêts de la nation ;

« Par l'abus qu'il a fait de tous les moyens qu'on lui a confiés en hommes et en argent ;

« Par l'abandon des blessés sans pansement, sans secours, sans subsistances ;

« Par différentes mesures dont les suites étaient la ruine des villes, la misère et la dépopulation des campagnes, la famine et les maladies contagieuses ;

« Considérant que par toutes ces causes, le gouvernement impérial, établi par le sénatus-consulte du 28 floréal an XII, a cessé d'exister, et que le vœu manifeste de tous les Français appelle un ordre de choses dont le premier résultat soit le rétablissement de la paix générale, et qui soit aussi l'époque d'une réconciliation solennelle entre tous les Etats de la grande famille européenne ;

« Le Sénat déclare et décrète ce qui suit :

« Art 1er. Napoléon Bonaparte est déchu du trône, et le droit d'hérédité établi dans sa famille est aboli ;

« Le peuple français et l'armée sont déliés du serment de fidélité envers Napoléon Bonaparte qui a cessé d'être empereur. »

Le cœur se soulève d'indignation et de dégoût en songeant à l'impudeur de ces misérables sénateurs. Non seulement pas un d'entre eux n'avait osé protester même par son silence contre ces actes qu'ils condamnaient actuellement, mais ces actes n'avaient pas eu de défenseurs plus forcenés qu'eux-mêmes.

Une dernière épreuve était réservée à la France et à Napoléon. Ce dernier pouvait, un an plus tard (en 1815) expier, racheter le passé ; son orgueil dynastique, sa haine de la révolution, devaient rendre impossible cette expiation suprême, et un châtiment terrible devait plus tard s'appesantir sur lui. En 1814, Bonaparte, quoique déchu du trône, fut reconnu souverain de l'île d'Elbe ; les rois coalisés lui assignèrent ce lieu comme résidence, et il s'y rendit, accompagné de quelques officiers et soldats fidèles à son infortune.

La France éprouvait un tel besoin de paix, de repos et d'indépendance, après ces dix années de guerre et de dure servitude, que, malgré sa profonde aversion pour les Bourbons, leur retour fut accueilli avec joie. La royauté de 1814, nouvelle usurpation de la souveraineté du peuple, une, indivisible, imprescriptible et inaliénable, consacrait une fois de plus l'iniquité du principe monarchique, contre lequel la minorité républicaine avait en vain protesté.

Le 3 mai 1814, Louis XVIII fit son entrée solennelle à Paris, au milieu des princes de sa famille, escorté de la plupart des maréchaux de l'empire, mêlés aux émigrés et aux généraux étrangers : légitime punition de Napoléon !

Les Bourbons blessèrent profondément le sentiment national par un retour aux usages de l'ancien régime, ou par des outrages aux actes de la révolution. Des décrets rendirent aux émigrés leurs biens non vendus ; les emprunts contractés par Louis XVIII en pays étranger furent rangés au nombre des dettes de l'Etat. Des ordonnances prescrivirent l'observance des fêtes de l'Eglise et du dimanche ; la censure fut maintenue presque aussi rigoureuse que sous l'Empire. Les processions recommencèrent de circuler au dehors des églises. Le gouvernement royal devenait aussi odieux que l'avait été le gouvernement impérial. Plusieurs conspirations militaires s'organisèrent : une fraction de la bourgeoisie songeait à appeler au trône *le duc d'Orléans,* tandis que le parti républicain espérait, de son côté, profiter des évènements. Mais les destinées de la France étaient, à bien dire, entre les mains de l'armée, attachée à Napoléon et par les privilèges dont il l'avait comblée et par des souvenirs de gloire. Le peuple, depuis longtemps déshabitué de la vie politique, tenu à l'écart par Napoléon et blessé dans ses instincts révolutionnaires par les Bourbons, restait inerte, sauf quelques vieux patriotes des grands jours de la révolution ; l'armée seule pouvait donc décider du sort de la Restauration. Tel était l'état des esprits en France depuis le 3 mai 1814, jour de l'entrée de Louis XVIII à Paris, jusqu'au commencement du mois de mars 1815, époque à laquelle s'ouvre le récit dialogué que moi, Jean Lebrenn, ai joint à notre légende de famille.

EXPULSION DES BOURBONS — RETOUR DE NAPOLÉON — LES CENT JOURS
(20 Mars au 28 Juin 1815)

Il est dix heures du matin, M. Desmarais et son beau-frère, M. Hubert, attendent dans un salon des Tuileries l'audience qu'ils ont demandée au duc de Blacas, ministre de Louis XVIII, et son plus intime favori. Ils ont devancé l'heure de cette audience, afin d'être arrivés des premiers, car la foule des solliciteurs est grande chez M. de Blacas, dont la recommandation est toute-puissante auprès du roi. M. Desmarais et M. Hubert portent le costume de pairs de France. Le premier, d'abord sénateur sous le Consulat, puis sous l'Empire, avait en outre été créé *comte* par Napoléon. Ainsi, devenu royaliste, de même qu'il avait été bonapartiste et, en remontant le cours de sa carrière politique, — thermidorien, — terroriste, — jacobin, — constitutionnel, le comte Desmarais a dû à son récent dévouement royaliste d'être compris dans la liste des sénateurs, devenus pairs de France lors du premier retour des Bourbons. Il touche à sa soixante-neuvième année ; ses traits soucieux, chagrins, révèlent une sorte d'affaissement sénile. M. Hubert, tout au contraire, paraît vif et alerte ; il est devenu possesseur d'une fortune énorme, grâce à ses fournitures sous le Directoire, époque à laquelle il était membre du Conseil des Anciens. Il n'a demandé aucune faveur à l'Empire, dont l'absolutisme blessait ses principes politiques ; son idéal avait toujours été une royauté constitutionnelle subordonnée à une oligarchie bourgeoise. M. Hubert avait été compris dans une *fournée* de grands propriétaires que Louis XVIII avait introduite à la Chambre des pairs. Mais, doué d'un grand bon sens, il n'avait pas tardé de se désaffectionner du gouvernement restauré, qui accumulait fautes sur fautes. M. Hubert s'était rallié à la faction orléaniste.

M. Desmarais et son beau-frère sont engagés dans une conversation politique, dans le salon du duc de Blacas, au château des Tuileries, et attendent leur tour d'audience.

Entre Fouché, duc d'Otrante, introduit par un huissier. — Vous préviendrez Son Excellence que le duc d'Otrante le prie de lui donner audience. — L'huissier s'incline et sort.

FOUCHÉ. — Tiens, c'est toi, citoyen Brutus Desmarais ? Que viens-tu solliciter ici ? Un ordre de début à l'Opéra pour la danseuse que tu entretiens ?

M. HUBERT. — Ce diable de Fouché sait tout ; on le croirait encore ministre de la police.

FOUCHÉ. — La caque sent toujours le hareng, mon cher. J'ai vu, ce matin, deux de mes anciens agents qui continuent de me faire leurs petites confidences.

M. HUBERT. — Préfet de police, chef des roussins. Jolie fonction et bien peu honorable !

FOUCHÉ. — Prends garde à toi, citoyen Hubert. J'aurai l'œil sur la conspiration orléaniste, dans laquelle tu as pris un rôle.

M. HUBERT. — Tes mouchards volent ton argent ; tu es fort mal renseigné.

FOUCHÉ. — Pourquoi essayer de me donner le change ? Tout le monde conspire à ciel ouvert aujourd'hui ! Ces Bourbons sont des imbéciles et leur préfet de police, M. André, est un crétin ! nous les jouons par dessous jambes.

M. LE COMTE DESMARAIS. — Comment oses-tu tenir un pareil langage dans le palais habité par nos bien-aimés souverains ?

FOUCHÉ. — Allons donc ! Toi et tes pareils de la Chambre des pairs, vous êtes des conspirateurs et les ennemis des Bourbons.

M. HUBERT. — Pures plaisanteries que vos conspirations !

FOUCHÉ. — Eh bien ! je dis que toi, Hubert, tu conspires pour le duc d'Orléans. Plusieurs officiers généraux conspirent en faveur de Bonaparte ; nombre de colonels commandant des régiments sont affiliés à ce deuxième complot ; enfin, d'anciens Jacobins, et notamment Jean Lebrenn, ton gendre, citoyen Brutus, ainsi que le peintre Martin et leurs amis conspirent pour la République ; c'est la troisième conspiration.

LE COMTE DESMARAIS. — Tous ces complots sont de votre invention.

FOUCHÉ, *riant*. — C'est vrai ; mais si je ne suis jamais des conspirations que j'invente, je me fourre toujours dans celles que mijotent les imbéciles. J'ai un pied partout : chez les républicains, comme ex-terroriste ; chez les bonapartistes, comme ex-ministre de l'empereur ; chez les orléanistes, comme ancien ami de Philippe-Égalité ; enfin, la meilleure preuve que je puisse vous donner de l'existence de ces complots, c'est que je viens les dénoncer. *(Desmarais et Hubert regardant Fouché avec stupeur.)* Oui, je viens dénoncer ces complots à cette buse de Blacas.

UN HUISSIER. — Son Excellence aura l'honneur de recevoir monsieur le duc d'Otrante. *L'huissier fait une profonde révérence à Fouché.*

FOUCHÉ, *en se dirigeant vers la porte ouverte par l'huissier.* — Messieurs, un royaliste comme moi passe avant tout le monde.

Au moment où la porte se referme sur Fouché, d'autres solliciteurs entrent dans le salon d'attente. Ces nouveaux venus sont le *comte de Plouernel*, alors lieutenant-général, et commandant en second la compagnie des mousquetaires noirs de la maison militaire de Louis XVIII ; le fils du comte, enfant de treize ans, le *vicomte Gontran*, porte l'habit de page du roi ; enfin le *cardinal de Plouernel*, frère puîné du comte, l'accompagne. Ce prélat est vêtu d'une soutane et d'une calotte rouges. Ces nouveaux personnages forment d'abord un groupe à l'écart et assez éloigné du comte Desmarais et de M. Hubert, puis M. de Plouernel, s'avançant vers ce dernier, qu'il ne reconnaît pas d'abord, engage le colloque suivant :

— Auriez-vous la bonté, monsieur, de me dire si l'audience est commencée ?

HUBERT *examine M. de Plouernel et rappelle peu à peu ses souvenirs.* — Oui, monsieur, tout à l'heure le duc d'Otrante a été mandé par M. le duc de Blacas... Mais, pardon, n'est-ce pas à M. le comte de Plouernel que j'ai l'honneur de parler ?

LE COMTE DE PLOUERNEL. — Oui, monsieur.

M. HUBERT. — Monsieur, vous ne me reconnaissez pas ? Mais je vais aider votre mémoire : nous nous sommes vus en 1792, lors du procès de notre malheureux roi... Nous conspirions alors contre la République...

LE COMTE DE PLOUERNEL. — Rue Saint-Roch, chez l'ancien bedeau de cette paroisse ? Je me le rappelle maintenant.

M. HUBERT. — Qui nous eût dit alors, monsieur le comte, que plus de vingt ans après cette rencontre, nous nous retrouverions dans le palais du frère du royal martyr ?

LE COMTE DE PLOUERNEL. — Je crains que cette terrible leçon ne soit perdue pour la royauté.

M. HUBERT. — Entre nous, et sans reproche, vous avez été quelque peu cause de ces malheurs, vous, messieurs de la noblesse.

LE COMTE DE PLOUERNEL. — En conspirant contre la Constitution républicaine, nous défendions nos biens, notre honneur ! cette République nous dépouillait de nos droits seigneuriaux, droits sacrés et consacrés que nous tenions de Dieu et de notre épée.

M. HUBERT. — Ah ! l'éternelle lutte des Francs et des Gaulois... Pourquoi mon neveu Lebrenn n'est-il pas là pour vous répondre !...

LE COMTE DE PLOUERNEL, *tressaillant à ce nom*. — Que dites-vous, monsieur ? Ce Lebrenn... cet artisan serrurier serait devenu votre neveu ! Quelle singulière nouvelle !

M. HUBERT. — Il a épousé ma nièce, la fille de l'avocat Desmarais, aujourd'hui comte et pair de France.

Le comte de Plouernel reste silencieux sous l'impression des souvenirs éveillés en lui par le nom de Lebrenn. Le cardinal se rapproche des interlocuteurs, et tenant par la main son neveu, le vicomte Gontran. L'Eminence, mieux servie par sa mémoire que M. de Plouernel, a tout d'abord reconnu M. Hubert, et s'adressant à lui du ton le plus courtois :

— Il y a bien des années que nous nous sommes vus, monsieur, car j'ai bonne souvenez, j'accompagnais mon frère au conciliabule de la rue Saint-Roch. Quelle époque ! Quels tristes temps !

M. HUBERT. — En effet, et Votre Eminence a dû rappeler au respect qu'il lui devait le révérend père Morlet, qui s'arrogeait la présidence de notre réunion. Le révérend était accompagné de son fillot, qui semblait promettre beaucoup ; il avait à peu près l'âge de ce joli page (*montrant le vicomte Gontran*) ; mais il était loin de lui ressembler, car je n'ai jamais vu de figure plus sournoise, plus cafarde, que celle de cet enfant de l'Eglise...

LE CARDINAL. — Le révérend père Morlet est mort, et son fillot, reçu à Rome dans les ordres, sous le nom de l'abbé Rodin, fait partie de la compagnie de Jésus. Le révérend père Rodin, secrétaire intime du général actuel de l'ordre, jouit d'une grande influence... (*S'interrompant.*) Ah ! par ma foi ! la rencontre est singulière ! J'ignorais que ce maître cafard se trouvât à Paris.

La porte du salon s'est ouverte au moment où le cardinal prononçait ces dernières paroles ; le révérend père Rodin entre dans le salon, accompagné d'un huissier auquel il dit quelques mots à l'oreille. Rodin a dépassé la trentième année. Visage maigre, imberbe et blafard, œil de reptile à demi couvert et toujours fuyant, dos légèrement voûté, crâne déjà chauve, cou tors, démarche oblique, attitude d'humilité affectée, sur laquelle perce le dédain pour autrui. Tel est le signalement du révérend père Rodin, presque arrivé à la maturité de l'âge. Il est vêtu d'habits noirs dépenaillés, blanchis aux coutures ; ses gros souliers sont boueux ; il tient d'une main son chapeau crasseux, et de l'autre un vieux parapluie de cotonnade à carreaux rouges et blancs. L'huissier, après s'être incliné respectueusement devant le Jésuite, lui dit avec un accent de grande déférence : — Mon révérend père, je vais avoir l'honneur de vous conduire à l'instant dans l'arrière-cabinet de Monseigneur, actuellement en conférence avec le duc d'Otrante.

Rodin fait un signe d'assentiment ; n'ayant pas aperçu le cardinal, il passe devant lui, tenant à la main un mouchoir sordide à carreaux bleus, l'œil fixé sur la pointe de ses souliers.

LE CARDINAL, *à l'huissier, avec hauteur*. — Huissier, j'ai à vous dire deux mots. M. le comte de Plouernel et moi, nous sommes arrivés ici avant le révérend (*avec un dépit contenu*), ce qu'il ignore. (*Rodin s'incline jusqu'à terre devant le cardinal.*) Le révérend voudra donc bien attendre son tour d'audience et ne point usurper le nôtre.

L'HUISSIER. — J'aurai l'honneur de faire observer à Son Eminence que j'ai des ordres de Mgr le duc de Blacas au sujet du révérend père Rodin : il doit être introduit chez Son Excellence toutes les fois qu'il se présente et avant toutes autres personnes. J'obéis à la consigne que j'ai reçue.

LE CARDINAL, *irrité*. — Je ne puis pas admettre qu'un simple prêtre ait ici le pas sur un prince de l'Eglise ! (*Rodin s'incline de nouveau devant le cardinal, à plusieurs reprises, sans lever les yeux sur lui.*)

L'HUISSIER. — Les ordres sont formels.

LE CARDINAL, *outré, à M. de Plouernel*. —

Eh bien! mon frère, voilà où nous en sommes! Par le nombril du pape, je voudrais faire assommer ce maraud!

Rodin, impassible et muet, s'est de nouveau et très humblement incliné devant le cardinal; après quoi, se redressant, il fait signe à l'huissier de marcher devant lui, et il disparaît bientôt par une porte opposée à celle qui lui a donné accès dans le salon.

La porte d'entrée s'ouvre de nouveau devant le lieutenant général comte Olivier, revêtu du grand uniforme de son grade, décoré de la Légion d'honneur et des insignes de plusieurs ordres étrangers; il porte le grand cordon rouge en écharpe, l'ordre de la couronne de fer en sautoir, et la croix de *Saint-Louis* à l'une des boutonnières de son habit étincelant de broderies. L'ancien apprenti de Jean Lebrenn atteint sa trente-huitième année; sa moustache est encore noire, mais ses cheveux grisonnent; sa figure est toujours belle et martiale. Étranger aux autres personnes réunies dans le salon, le général Olivier s'assied à peu de distance du groupe formé par le cardinal, le comte de Plouernel et M. Hubert; le comte Desmarais s'est retiré dans l'embrasure d'une croisée.

LE CARDINAL, *à M. de Plouernel*. — Ce jésuite, ce bélître, ce prestolet est introduit chez M. de Blacas avant moi, prince de l'Église! je le déclare, du train dont vont les choses, et moyennant cette exécrable charte de 1814, nous marchons à un nouveau 93. La France est perdue!

M. HUBERT. — La Restauration fait cependant une assez belle part au clergé, monsieur le cardinal. Vous avez grand tort de récriminer contre le roi et son gouvernement.

LE COMTE DE PLOUERNEL. — Je me range à l'opinion de mon frère pour ce qui concerne la noblesse. Je blâme fort le roi d'avoir donné le commandement de deux compagnies de ses gardes à des ex-maréchaux de l'Empire, des croquants, des gens de rien, comme tous ces roturiers, à peine décrassés par la noblesse dont Bonaparte les a affublés. *(Mouvement d'indignation du général Olivier, inaperçu jusqu'alors du comte de Plouernel).* Le roi n'aurait pas dû confier des commandements à ces héros de casernes, empestant la pipe et le rogomme, malotrus que nous sommes obligés de coudoyer aux Tuileries, nous, anciens émigrés, qui les avons combattus sous la République. Nous avons tout sacrifié à nos maîtres, et ils nous font l'outrage de traiter à notre égal ces parvenus! Ces espèces-là, du temps de leur empereur, s'exprimaient sur la maison de Bourbon de la façon la plus injurieuse, et ils acceptent aujourd'hui des grâces, des faveurs, des commandements du roi! C'est donc pour le trahir un jour; à moins que ce ne soit tout simplement de la part de ces renégats le dernier degré de la bassesse et qu'ils n'aient pas même conscience de leur apostasie!

LE GÉNÉRAL OLIVIER *se lève, pâle de colère et s'approchant brusquement de M. Plouernel, lui dit d'une voix contenue.* — Monsieur, vous regretterez, j'en suis convaincu, les dernières paroles que vous venez de prononcer, lorsque vous saurez que moi, lieutenant général, comte Olivier, j'ai servi l'empereur, à qui je dois mes grades et mon titre, car j'ai l'honneur d'être soldat de fortune, monsieur. Je saurai châtier toutes les insolences qui me seraient adressées.

LE COMTE DE PLOUERNEL, *toisant d'un regard dédaigneux le général Olivier*. — Eh bien! monsieur, moi, Gaston, comte de Plouernel, commandant en second les mousquetaires noirs de Sa Majesté, j'ai l'honneur de n'avoir jamais servi que mes maîtres; je les ai suivis en émigration et je ne suis rentré en France qu'en 1814. Mon opinion est faite sur les traîtres et sur les renégats.

LE GÉNÉRAL OLIVIER. — Le roi m'a confié le commandement d'une division militaire, et il a bien voulu m'accorder la croix de Saint-Louis; pour ce commandement et cette faveur, serais-je, monsieur, à vos yeux un traître ou un renégat? *(Avec véhémence).* Répondez, monsieur.

LE COMTE DE PLOUERNEL. — Puisque vous m'interrogez, monsieur, je vous répliquerai en toute sincérité.... Au moment où il va compléter sa phrase, M. de Plouernel est soudain interrompu par les éclats d'hilarité d'un nouveau personnage qui se précipite dans le salon en riant à gorge déployée. C'est le marquis de Saint-Estève, ce fâcheux insupportable, que les évènements les plus graves n'empêchent jamais de se livrer à sa gaîté. Le marquis, poudré à blanc, est coiffé d'ailes de pigeon; sa petite queue frétille sur le collet de son habit bourgeois orné d'épaulettes d'or; il porte son épée en verrouil, une culotte courte, des bottes à revers; il offre le type accompli de ces émigrés surnommés *les voltigeurs de Louis XV*. A la vue de M. de Plouernel, il court vers lui, l'étreint dans ses bras, et continuant de se pâmer de rire, il s'écrie: — Ah! comte, soutiens-moi, je meurs. Oh! la rate... ah! ah! ah! Cette fois, j'en crèverai, c'est sûr... oh! oh! oh! si tu savais... la... plaisante a... ven... ture! Ah! la rate! Pour sûr je vais étouffer... mais de rire.

LE COMTE DE PLOUERNEL, *repoussant le marquis.* — Au diable le fâcheux!

LE GÉNÉRAL OLIVIER, *à part.* — Maudit émigré qui est venu nous interrompre au moment où j'allais souffleter cet insolent!

LE MARQUIS, *riant aux éclats.* — Vous ne savez pas!... ah! ah! ah! Buonaparte... a... a... oh! la rate... a débarqué... au... oh! oh! oh!... au golfe... Juan, près de la ville d'Antibes! Si ce n'est pas à crever de rire... hi! hi! hi!...

La France sous la Restauration

UN HUISSIER, *entrant effaré et hors de lui.* — Messieurs, Son Excellence vient d'être mandée en hâte chez le roi pour une cause importante et imprévue; vous pouvez déguerpir de céans, les audiences sont remises à un autre jour.

FOUCHÉ, *sortant précipitamment du cabinet de M. de Blacas en se frottant les mains; il avise Desmarais, pâle, éperdu à l'annonce du débarquement de Napoléon.* — Si le tyran ne te fait pas fusiller à son retour, citoyen comte Brutus, ma foi, tu auras de la chance cette fois-ci, mon cher. Fais ton testament.

LE CARDINAL, *à Fouché.* — Une pareille catastrophe! Les desseins de Dieu sont impénétrables.

FOUCHÉ. — C'est au contraire l'évènement le plus heureux qui se puisse produire sous la calotte des cieux. Vous ne voyez donc pas que Bonaparte tombe dans le traquenard que je lui ai tendu. Son retour est une folie; il arrivera sans coup férir à Paris, car ces Bourbons sont exécrés; mais avant un mois, l'Europe entière sera en marche contre la France.

Pendant le monologue de Fouché, les différents personnages se dirigent vers la porte de sortie, en proie à des préoccupations diverses.

. . . .

Les *Cent-jours* touchent à leur fin; ils auront passé comme l'éclair dans une nuit d'orage. Napoléon, ne comptant que sur son génie et sur son armée, a livré au hasard d'une bataille son empire et l'indépendance du pays. Cette bataille, il l'a perdue à Waterloo, malgré les prodiges d'héroïsme de nos soldats.

Qu'il soit maudit le nom de Napoléon!

Quelques jours se sont écoulés depuis ce grand désastre; la scène suivante a lieu dans le magasin de toile de Jean Lebrenn, rue Saint-Denis, à l'enseigne de l'*Epée de Brennus.* Une conver-

199e livraison

sation est engagée entre Jean Lebrenn et le général Olivier, revenu blessé de la bataille de Waterloo, où il s'est bravement conduit.

JEAN LEBRENN. — Eh bien ! Olivier, le général Bonaparte a donc conduit la France à sa perte ; nous avons perdu les frontières conquises par la République ! Pour la seconde fois l'étranger est au cœur de notre pays !

LE GÉNÉRAL OLIVIER. — Ah ! que ne suis-je resté à Waterloo, comme tant d'autres de mes compagnons d'armes ; mais la mort n'a pas voulu de moi !

JEAN LEBRENN. — Je ne vous ferai pas de reproches, Olivier ; vous êtes vaincu, malheureux, vous revenez à nous. Jetons un voile sur le passé.

LE GÉNÉRAL OLIVIER. — Combien étaient justes les prévisions de votre vaillante sœur ! J'ai sollicité un titre nobiliaire, des ordres de chevalerie, une dotation. Pour soutenir l'Empire, j'aurais fait fusiller parents et amis. La Restauration venue, j'ai fait comme la plupart des maréchaux et des généraux. Pour conserver mon grade, mon titre, mes croix, ma dotation, j'ai renié mon passé, j'ai servi les Bourbons que je méprisais. Il me restait encore une large aisance, lors même, et cela était presque impossible, que l'on m'eût rayé des contrôles de l'armée ! Mais non, j'étais devenu servile et courtisan, j'avais respiré l'air des cours : je ne pouvais plus vivre ailleurs ; j'ai crié : Vive le roi ! j'ai été à la messe, j'ai suivi les processions, un cierge à la main, j'ai dévoré les mépris dont les émigrés nous souffletaient lorsqu'ils nous voyaient à la cour, inclinés devant leurs princes. Ah ! Victoria ! la honte et le malheur se sont appesantis sur moi ; j'ai trahi la République en brumaire ; je me suis vendu à la Restauration en 1814, je l'ai trahie pendant les Cent-Jours, et me voici réduit à m'expatrier. Juste punition de mes apostasies.

JEAN LEBRENN. — Vous avez, du moins, Olivier, conscience et repentir de ce triste passé ; mais vous verrez combien peu, parmi les maréchaux et les généraux de l'Empire, se repentiront comme vous de ces actes que vous flétrissez maintenant ! Oui, vous verrez encore les princes, les ducs, les comtes de l'Empire ; pour peu que la nouvelle restauration les y convie, reprendre la cocarde blanche aussi allègrement qu'ils l'ont quittée, il y a trois mois, pour la cocarde tricolore. La plupart des maréchaux sont gorgés de richesses, la dignité leur serait si facile ! Mais non, il leur faudrait renoncer à des vanités trop chères à leur orgueil ! Dieu juste ! Les voilà donc les fruits de cette maxime de Napoléon : « C'est avec des hochets que l'on mène les hommes ! »

LE GÉNÉRAL OLIVIER. — J'entrevois trop tard à quels abîmes Napoléon a conduit la France.

Le peintre Martin, l'ancien capitaine au bataillon des volontaires parisiens, entre chez Jean Lebrenn.

MARTIN, *vivement et au seuil de la porte*. — Ah ! mon cher ami, tout espoir est perdu. Carnot désespère de la situation.

LE GÉNÉRAL OLIVIER, *à Jean Lebrenn*. — Cependant, la position est encore excellente. Paris, considéré comme un immense camp retranché, nous donne la disposition des cinq ponts sur la Seine ; l'on peut, par une marche de nuit, porter nos troupes sur l'une ou sur l'autre rive du fleuve et anéantir l'armée prussienne. Mais, pour suivre ce plan, il faudrait armer le peuple, ce que ne veut pas Napoléon. Le peuple en armes, ce serait la Révolution et la République.

JEAN LEBRENN, *à Martin*. — Ce que dit Olivier est marqué au coin du bon sens.

MARTIN. — Nos amis ont dit à Carnot : « L'empereur sera forcé d'abdiquer, ses espérances dynastiques sont détruites ; les alliés ne se borneront pas à le renvoyer à l'île d'Elbe ; il a tout à redouter de leur part. Eh bien ! si désespérée que semble sa position, jamais, s'il le veut, elle n'aura été plus belle ! il peut être le sauveur de la France et l'admiration de la postérité ! Qu'il redevienne le *général Bonaparte*, qu'il se mette à la tête des troupes et du peuple en armes, aux cris de *Vive la République ! Vive la nation* ! La liberté triomphe et la France se relève à jamais victorieuse ! »

LE GÉNÉRAL OLIVIER. — Le cœur bondit d'enthousiasme en écoutant un si noble langage. Oui ! oui ! Vive la République ! Plus de monarque. Ni rois ni maîtres !

MARTIN. — L'empereur est résolu d'abdiquer, — a répondu Carnot ; — il sait bien qu'il n'aurait qu'à coiffer le bonnet rouge et à crier aux armes, pour que le peuple entier soit debout ; mais il ne veut pas d'une nouvelle révolution ; il ne veut pas sortir de la légalité. Il n'a plus aucune autorité ; la Chambre des députés s'est saisie du pouvoir exécutif, elle traite avec les alliés ; le rôle de l'empereur est fini, il ne peut rien pour la France. Sans son concours, je me regarde comme impuissant pour lutter. Telle a été la réponse de Carnot.

Castillon et Duchemin entrent dans la boutique du marchand de toiles ; le premier, vêtu en ouvrier est ceint de son tablier de cuir, noirci par la forge ; Duchemin, dont les moustaches sont devenues blanches, porte l'uniforme des vétérans ; il a été incorporé dans ce corps après la campagne de Russie, où il a servi comme maréchal-des-logis chef d'artillerie dans la garde impériale.

JEAN LEBRENN. — Eh bien ! mes amis, quelles nouvelles des faubourgs ?

CASTILLON. — Au faubourg Antoine on demande des armes pour aller se battre à la barrière de la Villette, que l'on dit menacée par les Prussiens. — Des fusils! votre empereur ne vous en donnera jamais, — leur ai-je répondu. (*Il s'interrompt et, s'adressant au général Olivier, qu'il examine depuis quelques moments*) : Ah çà, je n'ai pas la berlue, c'est... Olivier... Quelle surprenante rencontre !

JEAN LEBRENN, *souriant*. — C'est bien Olivier notre ancien apprenti.

CASTILLON, *au général Olivier.* — Ah! c'est toi, mon gars! Eh bien! il paraît que tu es devenu général? Ah çà, il n'y a pas d'affront, car tu es brave ; mais j'ai appris aussi, et voilà ce qui, foi d'homme! ferait rire une poule, j'ai lu que tu étais devenu comte!!! S'il est possible! (*Pouffant de rire.*) Toi, comte ! un ex-galopin qui manœuvrait le soufflet de notre forge, et à qui j'ai appris la romance des beaux jours... (*Il fredonne*) *Ah çà ira, çà ira, les aristocrates à la lanterne!*

LE GÉNÉRAL OLIVIER, *souriant tristement et tendant la main à Castillon.* — Moque-toi de moi, tu en as le droit, mon vieux Castillon ; tes railleries sont méritées; j'avoue mes torts. Sois indulgent pour ton ancien camarade. Aujourd'hui, je veux combattre pour la République.

CASTILLON, *ému, serrant la main du général.* — Nom de Dieu ! tu me dis ça d'un air qui ferait venir les larmes aux yeux.

DUCHEMIN, *riant et saluant militairement.* — Présent, mon général ; encore un de l'armée de Rhin et Moselle. Vous ne vous rappelez pas de moi au passage de la Bérésina ?

LE GÉNÉRAL OLIVIER, *riant.* — Bien, bien ! Je me souviens de *Carmagnole*, un amour de bouche à feu.

CASTILLON, *s'adressant au général Olivier, et désignant du geste Duresnel qui entre à ce moment.* — Voici un ex-volontaire du bataillon de volontaires parisiens. C'est un patriote éprouvé, un républicain de la bonne école.

JEAN LEBRENN, *à Duresnel.* — Ah ! mon ami, si vous ne nous apportez pas de meilleures nouvelles que celles que vient de nous donner Martin, notre réunion d'aujourd'hui n'a plus de but. Les masses demeurent indifférentes.

DURESNEL, *soupirant.* — *Consummatum est!* Je sors de la Chambre des députés, l'empereur a envoyé son abdication, et il se dispose, dit-on, à partir pour la Malmaison, où il attendra que les souverains alliés aient décidé de son sort.

JEAN LEBRENN. — Et quelles nouvelles avez-vous recueillies de l'armée ?

DURESNEL. — Le prince d'Eckmühl, qui commande les troupes réunies sous les murs de Paris, a rassemblé ce matin les généraux, et tous ou presque tous se sont ralliés au gouvernement des Bourbons. Donc plus d'espoir ; il nous faudra supporter l'ignominie d'une seconde restauration.

CASTILLON. — En ce cas, l'ami Jean, que faire ? Sans armes, sans direction, sans chefs, le peuple ne peut rien !

DUCHEMIN. — Les anciens sans-culottes du faubourg Saint-Antoine ne demandent qu'à aller de l'avant ; en désespoir de cause, ils doivent aujourd'hui se porter en masse à l'Elysée, dans l'espoir que Napoléon cédera devant les acclamations du populaire.

JEAN LEBRENN. (*Tirant sa montre.*) — Mais je suis de faction à six heures, à l'Elysée ; comme garde-national, je dois retourner à mon poste. (*Adieu, mes amis.*) (*Au général Olivier.*) — Venez ce soir souper avec nous en famille, et avec nos anciens camarades que voici. Nous ferons nos adieux au soldat proscrit, et avant de nous séparer, Olivier, nous boirons un dernier verre de vin à la renaissance de la République. Ni dieux ni maîtres ! Commune et Fédération avec la rouge bannière !

LE GÉNÉRAL OLIVIER. — A ce soir ! Vive la République ! Guerre aux rois ! A bas les Bourbons !

Il est huit heures du soir, le jour touche à sa fin ; l'ombre s'étend déjà sous les épais ombrages du jardin de l'Elysée, où est descendu Napoléon à son retour de Waterloo. Une foule compacte encombre l'allée de Marigny, dont l'un des côtés est borné par la terrasse du palais, plantée d'arbres et de massifs de verdure. Cette foule est presque entièrement composée d'artisans et de fédérés des faubourgs. De temps à autre, le bourdonnement bruyant de ces groupes est dominé par les cris que poussent des milliers de voix : — A bas les Bourbons ! — A bas l'étranger ! — A bas les traîtres ! — Des armes ! — Aux frontières ! — Vive l'empereur ! — ce dernier cri: Vive l'empereur ! est cependant, depuis la veille, devenu plus rare. — Le peuple comprend enfin que Napoléon, dont il a salué le retour avec tant d'espérance, préfère abandonner la France au malheur de ses destinées plutôt que de faire appel à l'élan révolutionnaire. Le Corse a cessé d'être l'idole du peuple. Maudit soit le nom de Napoléon.

Jean Lebrenn est de faction et se promène de long en large, l'arme au bras, sur la terrasse du jardin de l'Elysée. On entend les acclamations de la foule : — A bas les traîtres ! — A bas les Bourbons ! — Des armes ! — L'empereur ! l'empereur ! Guerre à outrance contre les envahisseurs !

A ce moment, Napoléon, coiffé d'un chapeau rond et vêtu d'un habit bourgeois, débouche d'une allée aboutissant à la terrasse. L'empereur déchu se promène, rêveur, les mains croisées derrière le dos. L'obscurité, rendue plus sombre par les grands arbres de la terrasse, a empêché jusqu'alors Napoléon d'apercevoir le factionnaire. Il s'arrête soudain à son aspect, et cédant à son habitude de questionner ceux qu'il rencontre, il dit à Jean Lebrenn, qui se met au port d'armes : — Avez-vous servi ?

JEAN LEBRENN. — Oui sire. *(A part.)* J'appelais ainsi Louis Capet lorsque j'étais commis à sa garde, dans la prison du Temple, et j'appelle Napoléon Ier « sire » le jour de sa déchéance.

NAPOLÉON. — Quelles campagnes avez-vous faites ? Répondez.

JEAN LEBRENN. — Celle de 1794, dans l'armée de Rhin et Moselle.

NAPOLÉON. — Sous la République ! Depuis avez-vous servi ?

JEAN LEBRENN. — Non, sire. J'étais marié ; je servais la République.

NAPOLÉON. — Quelle est votre profession ?

JEAN LEBRENN. — Je suis marchand de toile.

NAPOLÉON. — Quel quartier habitez-vous ?

JEAN LEBRENN. — La rue Saint-Denis.

NAPOLÉON. — Que dit-on de l'empereur chez les commerçants de la rue Saint-Denis ? Répondez-moi sans chercher de phrases.

A ce moment, une nouvelle explosion de cris poussés par la foule arrive aux oreilles de Napoléon. — A bas les Bourbons ! — A bas les traîtres ! — Des armes ! Aux frontières ! — L'empereur ! — Vive l'empereur !

NAPOLÉON, *haussant les épaules*. — Encore ! *(A Jean Lebrenn.)* Eh bien ! que dit-on de moi dans la rue Saint-Denis ?

JEAN LEBRENN. — La majorité de la bourgeoisie voit avec répugnance une nouvelle restauration ; mais pour la bourgeoisie commerçante, la Restauration, c'est la paix assurée, c'est la reprise des affaires.

NAPOLÉON. — Toujours les mêmes, ces bourgeois ; la paix, les affaires. Ils n'ont que ces mots à la bouche. Chez eux, jamais l'ombre du sentiment national ! Et quelle est l'attitude du peuple, des ouvriers de votre quartier ?

JEAN LEBRENN. — Les uns s'étonnent de votre inaction, sire, les autres sont plus sévères.. leurs reproches visent votre politique générale.

NAPOLÉON. — Est-ce que je n'ai pas les mains liées par la Chambre des députés, par des bavards, des avocats, des idéologues ! Ils n'ont songé qu'à pérorer, qu'à m'accabler de reproches, au lieu de m'aider à sauver le pays. Ils discutaient comme les Grecs du Bas-Empire, tandis que les barbares étaient aux portes de Paris. Ce sont des misérables !

JEAN LEBRENN. — J'étais à Saint-Cloud lors des journées de brumaire, sire, vous avez fait chasser de leurs sièges, par vos grenadiers, les représentants du peuple. A cette heure, où il s'agit du salut de la patrie, que n'employez-vous les mêmes procédés envers les députés qui vous empêchent de sauver la France.

NAPOLÉON, *vivement*. — Les Cinq-Cents étaient des terroristes, des factieux, des assassins. Tous méritaient la mort.

JEAN LEBRENN. — J'assistais à la séance du Conseil des Cinq-Cents. Vous n'avez couru aucun danger ; nul poignard n'a été levé sur vous. Enfin les Cinq-Cents n'étaient pas des factieux, ils défendaient la loi, la Constitution !

NAPOLÉON. — Vous êtes un Jacobin ?

JEAN LEBRENN. — Oui, sire, j'ai toujours été Jacobin depuis 1793, et je crois qu'aujourd'hui, comme en 93, la République seule pourrait résister à l'Europe coalisée, surtout si la République avait votre épée !

NAPOLÉON *change de physionomie, sourit avec cette finesse mêlée de grâce et de bonhomie apparente qui lui donnait surtout un si grand charme auprès des simples.* — Ah ! ah ! monsieur le Jacobin, il est bien heureux pour vous que je sache si tard ce que vous êtes. Vous avez sans doute quelque influence dans votre quartier ; *(riant)* je vous aurais envoyé pourrir à Vincennes, la nouvelle prison d'État, dans un cul de basse-fosse !

De nouveaux cris éclatent au dehors : — A bas les Bourbons ! — Des armes ! — Aux frontières ! — Vive l'empereur ! — Guerre à outrance contre les étrangers !

NAPOLÉON. — Braves gens ! ils se feraient encore hacher pour moi, ceux-là ! et pourtant ils ont souffert du poids des impôts, des nécessités de la guerre, tandis que mes maréchaux et tous les chefs militaires que j'ai comblés de richesses, me trahissent ! Mon rôle est fini ; j'irai en Amérique me faire planteur et philosopher sur le néant des choses humaines ; j'écrirai mes campagnes, comme César !

JEAN LEBRENN. — Sire, vous oubliez la France. Mettez votre épée à son service ; redevenez le général Bonaparte, comme aux beaux jours d'Arcole et de Lodi...

NAPOLÉON, *avec un accent emphatique*. — Monsieur, lorsque l'on a été empereur des Français, l'on ne peut déroger. Tomber frappé de la foudre n'est pas être abaissé. Je ne consentirai jamais à redevenir simple général.

UN AIDE DE CAMP, *venant rejoindre Napoléon*. — Sire, le colonel Gourgaud attend les ordres de Votre Majesté.

NAPOLÉON. — Qu'il monte dans la voiture à six chevaux et sorte par la grande porte de l'Élysée, afin d'attirer l'attention de la foule qui entoure le palais. Je monterai, moi, dans la voiture à deux chevaux, et sortirai par la porte des écuries. *(L'aide de camp fait un mouvement pour s'éloigner.)* Ecoutez, j'ai un autre ordre à vous donner.

Napoléon prend l'aide de camp par le bras, lui parle à voix basse et s'éloigne avec lui. Bientôt tous les deux ont disparu au détour d'une allée. La nuit est venue; l'obscurité est complète. Les cris de la foule se font de nouveau entendre au dehors : — Des armes ! — Aux frontières ! — L'empereur ! l'empereur! Guerre à outrance contre les envahisseurs !

JEAN LEBRENN. — Ton empereur, ô peuple, s'évade nuitamment. Il fuit les devoirs que ta voix aurait dû lui rappeler. Il pouvait entourer son nom d'une gloire nouvelle, mais pure et éternellement radieuse, celle-là. La fatalité le pousse au devant d'un châtiment terrible... la captivité... peut-être la mort. Et ainsi sera vengé le coup d'Etat de brumaire, et ainsi seront vengés les attentats de Bonaparte contre la liberté des peuples. Puisse même sort être réservé à tous les monarques de l'univers !

RÉVOLUTION

DÉCHÉANCE DE CHARLES X — EXPULSION DES BOURBONS — 1830

Quinze ans se sont écoulés depuis la seconde restauration, accomplie après les Cents-Jours, Le gouvernement des Bourbons semblait avoir pris à tâche de faire déborder l'indignation publique. Voici quels étaient les griefs de la France contre les Bourbons : Provocations, iniquités, barbaries, la *terreur blanche* de 1815 ; — les cours prévôtales, où s'assouvissaient les rancunes, les haines de l'émigration ; — l'assassinat organisé, béni, glorifié dans le Midi ; — les *Trestaillon* et autres défenseurs de l'autel et du trône, égorgeant impunément leurs concitoyens ; — la Chambre des députés *introuvable* ; tous les membres royalistes sauf un ! — le milliard d'indemnité accordé aux émigrés. Les ultramontains et les ultraroyalistes proposant la loi du sacrilège et celle du droit d'aînesse ; — les empiètements du clergé ; — les saturnales des missionnaires.

Les conspirations militaires ou civiles venaient protester contre les Bourbons par le sang des martyrs. — La *charbonnerie*, vaste société secrète, étendait ses ramifications dans toute la France et conservait la tradition républicaine. Dissolution de la Chambre des députés, coupable d'avoir déclaré à Charles X, par l'organe de sa majorité, dans son adresse à la couronne, que l'accord n'existait plus entre le corps législatif et le gouvernement. — La Chambre dissoute, le pays légal, consulté par de nouvelles élections, nommant les 221 députés de l'opposition composant la majorité de l'Assemblée. — Le roi Charles X, au lieu de céder devant cette manifestation du pays, s'imagina qu'il pourrait, grâce aux succès des armes françaises en Algérie, tenter un coup d'Etat, dont le ministre Polignac était l'instrument, en rendant les ordonnances du 26 juillet, qui supprimaient les libertés de la nation.

Jean Lebrenn a continué son commerce de toiles de Bretagne pendant les quinze années de la Restauration. M. Desmarais, devenu fou lors du second retour des Bourbons, est mort dans l'isolement. Marik, fils de Lebrenn, a épousé Hénory Kerdren, fille d'un négociant de Vannes, correspondant de Jean Lebrenn ; un enfant est né de ce mariage ; il est âgé de deux ans, et a reçu le nom de l'un des héros de la Gaule antique : Sacrovir. Nous sommes au 27 juillet 1830 ; il est onze heures du soir environ ; madame Lebrenn et sa belle-fille, Hénory, leur magasin fermé, sont montées à l'entresol qu'elles habitent, et, réunies dans le salon, s'occupent de faire de la charpie, en prévision de l'insurrection qui doit éclater le lendemain. Marik Lebrenn et Castillon fabriquent des cartouches. Castillon, alors âgé de soixante-trois ans, a les cheveux blancs, mais il est encore alerte et robuste, et exerce toujours son métier d'artisan serrurier ; un berceau, où dort Sacrovir, le petit-fils de Jean Lebrenn, est placé près d'Hénory. Tableau des douces joies de la famille.

MADAME LEBRENN. — En présence des évènements qui se passent, et surtout de ceux qui se préparent, j'éprouve cette émotion grave, presque solennelle, que je ressentais dans ma jeunesse, lors des grandes journées de la Révolution. Spectacles grandioses !

HÉNORY. — Terribles et glorieux temps, ma mère ! Impérissables souvenirs !

CASTILLON. — Nom d'un nom ! on se battra, madame Hénory. Ces cartouches ne seront pas perdues ! A bas Charles X, Polignac et toute la clique ! A bas la calotte !

Jean Lebrenn entre en ce moment ; tous se lèvent et l'entourent ; il tend la main à sa femme et baise au front Hénory, sa belle-fille.

JEAN LEBRENN. — Les délégués des ouvriers patriotes du quartier ne sont pas encore venus ?

MARIK. — Non, mon père.

MADAME LEBRENN. — Quelles nouvelles, mon ami, as-tu recueillies sur ton parcours ?

JEAN LEBRENN. — Bonnes et mauvaises.

MARIK. — Commençons par les mauvaises, mon père.

JEAN LEBRENN. — Les 221 députés de l'opposition manquent d'énergie ; j'en excepte une minorité de citoyens résolus : Mauguin, Labbey de Pompières, Dupont de l'Eure, Audry de Puyraveau, Daunou et quelques autres ; mais la majorité semble paralysée par la peur ; Thiers est un lâche, Casimir Périer un poltron. Ces deux misérables prétendent qu'il faut donner à la royauté le temps de se repentir et de rentrer dans la légalité. Ils proposent une transaction avec la monarchie.

CASTILLON, *bourrant une cartouche*. — A mort Thiers, le petit bourgeois ? A mort ses complices ! A la lanterne, tous les traîtres.

MADAME LEBRENN. — Même peur, même défiance de la part de la bourgeoisie qu'en 1789. Aujourd'hui, comme alors, la bourgeoisie est prête à se jeter aux pieds du roi pour implorer son appui contre la Révolution.

MARIK. — Quelle est l'attitude de Jacques Laffitte ? Se montre-t-il résolu dans la lutte ?

JEAN LEBRENN. — Le courage civil ne lui fait pas défaut; il est calme, souriant; son hôtel est le rendez-vous du parti orléaniste, lequel s'agite fort ; mais aucune résolution énergique.

MADAME LEBRENN. — La Fayette se range-t-il du côté du peuple ?

JEAN LEBRENN.—C'est toujours le même homme que nous avons connu, il y a quarante ans, indécis, flottant, incapable de prendre une résolution. La Fayette est de toutes les coteries.

MADAME LEBRENN. — Le général La Fayette sait bien que si Charles X est vainqueur dans la lutte qui va s'engager, sa vie est en danger.

JEAN LEBRENN. — Le courage du général est au-dessus de tout soupçon ; mais son manque de décision peut avoir des conséquences désastreuses pour notre cause.

MADAME LEBRENN. — Sa popularité est bien grande et il peut aspirer à la présidence de la République.

JEAN LEBRENN. — Nos amis lui ont déclaré aujourd'hui que, le cas échéant, l'on comptait sur lui pour la présidence, dans le cas où la République serait proclamée. Il a répondu qu'il n'avait nulle ambition et qu'il fallait voir les évènements se dessiner.

En ce moment, le peintre de batailles, Martin, l'ancien commandant du bataillon de volontaires parisiens et Duresnel entrent dans le magasin de toiles ; tous les deux sont armés de fusils de chasse et portent un carnier garni de cartouches. Martin et Duresnel, chefs de vente dans la charbonnerie républicaine, ont pris part à plusieurs des conspirations dont a été suivi le retour des Bourbons. Duresnel a subi trois ans de prison, à la suite d'une condamnation pour délit de presse comme propriétaire-gérant d'un journal libéral. Martin, compromis dans la conspiration de Belfort, et condamné à mort par contumace, s'est réfugié en Angleterre, où il a résidé quatre ans, et n'est revenu en France qu'après l'amnistie. — Martin et Duresnel ont conservé toute l'ardeur civique de leur jeunesse. Ce sont de francs républicains, partisans de la Commune.

MARTIN, *déposant son fusil*. — Bonsoir, madame Lebrenn ; vous vous occupez de faire de la charpie, c'est une bonne précaution, car demain, au point du jour, ça chauffera, si je ne me trompe. (*S'adressant à la femme de Martin Lebrenn.*) Bonsoir, madame Hénory. (*Souriant et montrant le berceau.*) Votre petit Sacrovir pourra bien entendre demain une musique qui ne sera pas aussi agréable à son oreille que le chant sacré : *Do do, l'enfant, do...*

HÉNORY, *souriant*. — Il est bon que mon fils s'habitue jeune à cette musique-là, monsieur Martin ; peut-être devra-t-il l'entendre souvent, car je veux faire de lui un républicain, comme son père et son grand-père.

JEAN LEBRENN. — Quelles nouvelles apportez-vous, mes amis ?

DURESNEL. — Je sors du bureau du *National* ; il y avait une réunion de journalistes de l'opposition. Armand Carrel regarde toute tentative d'insurrection comme insensée. Il ne peut admettre qu'une population indisciplinée puisse triompher d'une armée.

MARTIN. — Le peuple, fort heureusement, ne se guide pas sur l'opinion du journaliste. La fermentation gagne tous les quartiers. Quelques attroupements, sommés d'évacuer la place de la Bourse, ont assailli la troupe et ont crié : Vive la charte ! A bas le Roi ! Les Jésuites de Polignac à la lanterne !

DURESNEL. — Ce même fait s'est reproduit sur la place de Notre-Dame-des-Victoires et sur le boulevard Saint-Denis.

MARTIN. — On se prépare à la lutte même dans le quartier Saint-Honoré. Paris sera demain, au point du jour, hérissé de barricades. Les combattants afflueront par milliers ; plusieurs imprimeurs ont licencié leurs ateliers ; le brasseur Maës, du faubourg Marceau, est prêt à descendre dans la rue, à la tête de ses ouvriers. En traversant le passage Dauphine, je suis entré chez notre ami Joubert, dont le magasin de librairie est un véritable arsenal tout rempli d'armes.

DURESNEL. — Plusieurs boutiques d'armuriers ont été envahies. J'ai rencontré sur la place de la Bourse Etienne Arago, le directeur du théâtre du Vaudeville, qui conduisait une charretée de fusils et de sabres chez le citoyen Charles Teste, chargé d'en faire la distribution aux combattants. On a des munitions en abondance.

MARTIN. — J'ai vu, ce soir, au faubourg Antoine, des femmes, des enfants, transporter des pavés aux étages supérieurs des maisons, afin d'écraser la troupe sous les projectiles. Le mot d'ordre était : A bas les prétoriens ! A mort tous les officiers !

MADAME LEBRENN. —Lorsque les femmes prennent part à une révolution, c'est d'un bon augure. Voilà d'anciens amis qui se présentent, ajoute Mme Lebrenn. Ils apportent aussi des nouvelles.

Le général Olivier entre accompagné de l'ancien canonnier à cheval de l'armée de Rhin et Moselle. Les cheveux et les moustaches de Duchemin sont d'un blanc de neige ; il est encore alerte et porte sous le bras un vieux mousqueton rouillé. Les chagrins de l'exil ont sillonné de rides précoces le visage d'Olivier, et rendu sa chevelure presque aussi blanche que celle de son compagnon.

LE GÉNÉRAL OLIVIER, *tendant affectueusement la main à Charlotte.* — Bonsoir, ma chère madame Lebrenn. (*Saluant la femme de Marik*). Bonsoir, madame Hénory, (*Remarquant qu'elles préparent de la charpie*). Oh ! oh ! vous voilà occupées comme des Gauloises de l'ancien temps la veille d'un combat. Et, sur cette petite table, le brave Castillon faisant des cartouches ; le tableau est complet.

DUCHEMIN, *après avoir salué militairement la compagnie.* — En ma qualité d'ancien artilleur, je vais te donner un coup de main, Castillon.

JEAN LEBRENN, *cordialement, au général.* — Enfin, vous voilà : nos amis et moi nous commencions à être surpris, presque inquiets, de ne pas vous avoir encore vu depuis la promulgation des ordonnances.

LE GÉNÉRAL. — Avant deux jours les Bourbons seront chassés de France. L'armée ne peut tenir contre Paris soulevé. Il n'y a pas douze mille hommes de troupes à Paris. La victoire du peuple est assurée.

MARTIN. — Je crains que vous ne soyez dans l'erreur, général.

LE GÉNÉRAL. — Soyez certain de ce que je vous dis. Je tiens mes renseignements de plusieurs anciens officiers supérieurs de l'Empire qui ont conservé quelques relations au ministère de la guerre.

JEAN LEBRENN. — Vos anciens amis songent peut-être à donner au mouvement un caractère bonapartiste ?

LE GÉNÉRAL OLIVIER. — Ils y songent sérieusement ; ils m'avaient engagé à me rendre à une réunion chez le colonel Gourgaud, où j'ai rencontré Dumoulin, Dufays, Bacheville, Clavel et autres anciens camarades. Je me suis efforcé, mais inutilement, de les convaincre qu'il n'y avait plus d'empire possible, Napoléon étant mort ; je me suis trouvé seul de mon opinion.

JEAN LEBRENN. — Je craignais pour vous l'action d'anciens souvenirs de guerre, l'influence de vieux compagnons d'armes.

LE GÉNÉRAL OLIVIER, *ému.* — Ah ! mon ami, je n'ai plus d'autre désir, aujourd'hui, que celui d'expier les erreurs de ma vie militaire. Je suis résolu de combattre avec vous et nos amis pour le triomphe de la République.

JEAN LEBRENN. — Nous avons examiné avec Martin la position de la maison, et l'angle très ouvert que forme l'alignement de la rue à vingt pas d'ici nous semble commander l'établissement d'une barricade presque à notre porte, afin de couper la communication des troupes qui viendraient par les boulevards pour opérer leur jonction avec celles qui occuperont sans doute l'Hôtel-de-Ville.

LE GÉNÉRAL OLIVIER. — L'emplacement est bien choisi.

DURESNEL, *riant.* — En ce cas, je fais la motion de nommer le général commandant en chef de la barricade.

TOUS. — Appuyé ! Appuyé !

LE GÉNÉRAL OLIVIER. — J'accepte la fonction, mais pour commander une barricade, il faut qu'elle existe.

JEAN LEBRENN. — Voici, mon ami, la situation des choses : mon fils et moi nous jouissons dans cette rue d'un certain renom de patriotisme ; les hommes d'action du quartier, en majorité composé d'ouvriers, ont toute confiance en nous. Quelques-uns d'entre eux sont venus plusieurs fois dans la journée nous demander conseil. Ils sont résolus d'engager le combat s'il le faut, et attendent que nous leur donnions le signal. Notre responsabilité est grande : il nous faut, si nous les poussons à la lutte, en y prenant part à leur tête, être convaincus, en notre âme et conscience, de l'opportunité de la résistance. J'ai donc assuré ces braves patriotes que ce soir, après avoir parcouru les différents quartiers de Paris et m'être de mon mieux renseigné de l'état des choses par moi-même et par mes amis, je répondrais si on devait prendre ou non les armes. Ils doivent venir vers onze heures ou minuit recevoir le mot d'ordre. Voici onze heures et demi, leurs délégués ne tarderont pas à arriver. Maintenant, mes amis, l'heure est suprême, avisons ; ne l'oublions pas : parmi les citoyens énergiques qui n'attendent qu'un mot de nous pour courir au feu, beaucoup ont des femmes, des enfants dont ils sont les uniques soutiens, et, tués ou vaincus, leurs familles seront plongées dans la détresse. C'est donc à nous de décider si la lutte est commandée par le devoir civique ; si elle offre assez de chances de succès pour que nous donnions le signal du combat, nous qui, plus heureux que nos frères prolétaires, sommes du moins certains, si nous succombons, de ne pas laisser nos familles sans ressource. Voici donc, mes amis, ce que je propose : nous avons parcouru les divers quartiers de Paris ; nous avons assisté ou nous sommes suffisamment initiés aux délibérations des différents partis de l'opposition libérale ou républicaine ; enfin, Olivier me paraît exactement informé de la force des troupes sur lesquelles Charles X compte pour imposer ses ordonnances. De toutes ces notions, il résulte que nous connaissons aussi bien que possible la situation des esprits, des hommes et des choses ; nous pouvons donc, en conscience, appeler aux armes les patriotes, ou les engager, au contraire, à se borner à une résistance légale ; je vous propose de mettre aux voix, entre nous, notre résolution.

MADAME LEBRENN. — C'est une terrible extrémité que la guerre civile : vainqueurs ou vaincus, la mère-patrie a toujours des enfants à pleurer ; mais il n'y a pas à hésiter aujourd'hui ; il faut choisir entre la servitude ou la révolte. Aussi, le deuil dans l'âme, en songeant à cette lutte fratricide, je dis à mon mari, à mon fils : Il faut combattre pour défendre les libertés dont a royauté ne nous a pas encore dépossédés ; il faut combattre pour reconquérir, s'il se peut, l'héritage de la grande République. Elle seule peut affranchir moralement et matériellement les déshérités de ce monde, en vertu de ces immortels principes : Liberté, — Egalité, — Fraternité, — Solidarité ; donc, selon moi, il faut combattre. Que le sang qui va couler retombe sur la royauté ! elle seule a provoqué cette lutte impie ! Aux armes ! aux armes !

JEAN LEBRENN, à sa belle-fille. — Quel est votre avis, chère Hénory ?

HÉNORY. — Je pense absolument comme ma mère. Il faut en appeler à l'insurrection.

JEAN LEBRENN. — Quelle est ton opinion, Castillon ? Réponds, mon brave camarade.

CASTILLON. — Bûcher à mort, et ça ira ! Commune et Fédération, avec la rouge bannière.

DUCHEMIN. — C'est pas la peine de m'interroger, monsieur Lebrenn ; vous n'avez qu'à regarder mon mousqueton ; la batterie est huilée et le chien garni d'une pierre neuve. Vive la République démocratique et sociale !

JEAN LEBRENN. — Qu'en pensez-vous, mon cher Martin ? Quel est votre avis ?

MARTIN. — Je dis comme madame Lebrenn : c'est une terrible extrémité que la guerre civile ; mais la résistance légale est impossible ou dérisoire. Lorsqu'un gouvernement en appelle au canon pour soutenir son coup d'Etat, l'insurrection devient le plus sacré des devoirs. Vive la République !

JEAN LEBRENN. — Est-ce votre avis, Duresnel ?

DURESNEL. — Oui, et d'autant plus que, selon moi, l'insurrection a toute chance de succès. Quant à affirmer que le succès amènera le rétablissement de la République, je m'en garde, de crainte d'une déception ; mais nous aurons toujours fait un grand pas en chassant une dernière fois les Bourbons ; et, quel que soit le gouvernement qui leur succède, il nous rapprochera forcément de la République ! Donc, à bas le roi ! A bas les Jésuites et les prêtres !

LE GÉNÉRAL OLIVIER, prévenant la question que va lui adresser Jean Lebrenn. — Mon ami, je n'ai qu'une manière d'expier le passé, c'est de me battre pour la République, ou de me faire tuer pour elle !

JEAN LEBRENN, à son fils. — Quant à toi, Marik, tu as regardé comme inévitable une insurrection, dès que tu as eu connaissance des ordonnances. Tu es donc pour une prise d'armes, inévitable.

MARIK. — Je suis pour la bataille, mon père.

JEAN LEBRENN. — Eh bien ! donc, la guerre ! Vive la République !

LA SERVANTE, entrant. — On demande à parler à monsieur.

JEAN LEBRENN — Ce sont les délégués de nos amis qui viennent prendre le mot d'ordre. (A la servante.) Priez ces messieurs d'entrer.

La servante introduit dans le salon trois ouvriers en costume de travail. L'un d'eux, homme jeune encore et d'une figure énergique, s'adressant à Jean Lebrenn : — Se bat-on ou ne se bat-on pas dans le quartier ? On dit que ça chauffe dans le faubourg Saint-Antoine et qu'on y commence des barricades. La rue Saint-Denis est en retard ; ce serait humiliant pour le quartier.

JEAN LEBRENN. — Mes enfants, vous m'avez demandé un conseil.

L'OUVRIER. — Nous avons besoin d'être mis au courant des choses, monsieur Lebrenn. Oui, car au fond nous nous sommes dit d'abord : Les ordonnances, les coups d'Etat, qu'est-ce que ça nous fait à nous autres ? Notre misère est grande, notre salaire nous donne à peine du pain pour nous et nos enfants ; notre détresse sera-t-elle plus grande après le coup d'Etat qu'auparavant ? Et pourtant nous disons que ces Bourbons, les blancs, sont les ennemis du peuple, et qu'il faut saisir l'occasion de les foutre dehors. Mais après qu'adviendra-t-il pour nous ? Même misère que par le passé.

LES DEUX AUTRES OUVRIERS. — Qu'est-ce que nous aurons gagné, nous autres, à chasser Charles X, Polignac et les bandes de calotins ?

JEAN LEBRENN. — Mes enfants, voici en deux mots, le vrai des choses : aujourd'hui, en 1830, les prolétaires des villes et des campagnes, en d'autres termes, l'immense majorité des citoyens produisent presque seuls par leur labeur la richesse du pays, et pourtant ils vivent dans la misère. Pourquoi en est-il ainsi ? Parce que vous ne possédez aucun droit politique.

L'OUVRIER. — A quoi nous serviraient des droits politiques ?

JEAN LEBRENN. — Supposez que vous soyez tous électeurs comme l'étaient vos pères de la grande République, vous nommez des représentants ; ces représentants, vos mandataires, font les lois ; or, si vous choisissez des représentants amis du peuple, n'est-il pas évident que, faisant les lois, ils les feront favorables au peuple ? Ainsi la loi peut décréter, par exemple,

La Révolution de 1830 (page 786)

comme au temps de la République, l'éducation des enfants, instruits et entretenus aux frais de l'État, depuis l'âge de cinq ans jusqu'à douze. — La loi peut décréter l'assistance pour les prolétaires invalides, pour les veuves chargées d'enfants ; la loi peut décréter l'abolition de l'esclavage dans les colonies, l'égalité des droits civils et politiques de la femme et de l'homme ; la loi peut assurer, par des moyens économiques, du travail aux citoyens en cas de chômage, et les soustraire à l'exploitation du capital ; enfin, la loi peut changer votre sort du tout au tout, puisque la loi est souveraine. La loi peut tout dans la limite du possible ; or, comme par leur nombre, les prolétaires composent l'immense majorité des citoyens, ils sont donc assurés d'avoir la majorité dans les élections : d'où il suit que s'ils choisissent bien leurs représentants, toutes les lois que font ceux-ci sont en faveur des prolétaires. Comprenez-vous cela, mes enfants ?

L'OUVRIER. — En vertu de notre droit politique, nous choisissons les représentants qui font la loi, et ils la font à notre profit.

LES DEUX AUTRES OUVRIERS. — C'est facile à comprendre.

JEAN LEBRENN. — Voilà pourquoi, aussi longtemps que vous ne jouirez pas de vos droits politiques, votre condition continuera d'être précaire et misérable.

L'OUVRIER. — Mais comment obtenir des droits politiques ?

JEAN LEBRENN. — En combattant les gouvernements qui refusent de reconnaître vos droits ou qui vous en ont dépouillés, comme a fait Napoléon, le Corse maudit, et comme ont fait les Bourbons.

L'OUVRIER. — Ça donne du cœur au ventre que

200ᵉ livraison

de savoir qu'en se battant contre Charles X et Polignac, nous obtiendrons des droits qui nous permettront de choisir des représentants qui feront des lois en notre faveur. Alors aux barricades ! Tapons ferme sur les gendarmes, sur les officiers des troupes.

LES DEUX AUTRES OUVRIERS. — Aux barricades ! A mort les gendarmes !

JEAN LEBRENN. — En résumé, mes enfants, je vous le dis en toute sincérité, il est possible, quoique douteux, que nous conquérions cette fois la République, qui pourrait seule vous affranchir moralement et matériellement, en vous rendant l'exercice de votre souveraineté. Maintenant, mes enfants, décidez.

LES OUVRIERS, *avec enthousiasme*. — Aux barricades ! A bas Charles X ! A bas Polignac ! A bas les Jésuites et toute la calotte !

TOUS. — Vive la République ! Aux barricades !

. . . .

La scène suivante se passe le 31 juillet, dans la chambre de Marik Lebrenn, grièvement blessé, le 28 juillet, en défendant, avec son père, ses amis et grand nombre d'ouvriers de la rue Saint-Denis, la barricade élevée, dans les journées du 27 et du 28, à peu de distance de la maison paternelle. Marik Lebrenn a eu le bras cassé par une balle ; cette blessure, déjà fort grave, s'est compliquée d'une atteinte de tétanos, causée par la chaleur torride qui régnait durant ces jours d'été. Marik, grâce aux soins du docteur Delaberge, ami politique de son père et l'un des héros de juillet, a échappé aux dangers du tétanos, presque toujours mortel ; mais, pendant trois jours, il a été en proie à un violent délire, et sa raison lui est revenue depuis une heure à peine. Sa mère est assise à son chevet, et sa femme, penchée vers le lit, tient entre ses bras son petit enfant.

MARIK *d'une voix faible*. — Qu'il est doux, en revenant à la vie, de se trouver entre une mère, une femme chérie et d'embrasser son enfant, et aussi de se souvenir qu'on a rempli son devoir de patriote. Mais où est mon père ?

MADAME LEBRENN. — Ton père n'a pas été blessé. Il est sorti, il y a une heure, afin de se rendre à une dernière réunion chez M. Godefroy Cavaignac, le vaillant démocrate.

MARIK. — Et nos amis ; Martin, Duresnel, le général Olivier ?

MADAME LEBRENN. — Tu les verras bientôt. Ni le général, ni M. Martin n'ont été blessés ; M. Duresnel a été touché légèrement d'un coup de baïonnette.

MARIK. — Et Castillon ? et Duchemin ?

MADAME LEBRENN, *échangeant un regard d'intelligence avec sa fille, qui vient de remettre son enfant dans le berceau*. — Nous n'avons pas encore de nouvelles de ces deux braves champions, Castillon et Duchemin.

MARIK, *avec inquiétude*. — Alors ils doivent être grièvement blessés. Castillon n'aurait pas manqué de venir me voir, car c'est lui qui m'a relevé lorsque je suis tombé dans la barricade.

HÉNORY. — Nos amis sont probablement dans quelque ambulance ; mais, de grâce, ne t'alarme pas ainsi, tu es encore très faible, une émotion te serait funeste ; nous pouvons seulement t'apprendre que ton père n'est point blessé, et que l'insurrection est victorieuse.

MARIK. — La victoire reste au peuple, c'est bien ; mais à qui profitera-t-elle ?

Jean Lebrenn et le général Olivier entrent dans la chambre : madame Lebrenn se lève et dit à son mari, dans l'expansion de sa joie maternelle. — Notre fils est complètement revenu à lui, à la suite de ce sommeil prolongé qui nous rassurait déjà ; Marik, environ une heure après ton départ, s'est réveillé la tête parfaitement libre ; nos dernières inquiétudes sont dissipées ; la convalescence s'annonce bien.

JEAN LEBRENN, *s'approchant rapidement du lit, contemple un instant Marik, puis l'embrassant avec tendresse*. — Te voici hors de danger, cher fils. Ah ! de quel poids mon cœur est soulagé. Le bonheur que j'éprouve me consolera du moins de nos déceptions.

MADAME LEBRENN. — Mon ami, je t'en supplie... Le médecin a recommandé d'éviter toute cause d'émotion vive à notre cher blessé.

JEAN LEBRENN. — Peut-être eût-il mieux valu en effet laisser ignorer à Marik le résultat de notre victoire, mais actuellement il n'est plus possible de lui cacher la vérité.

MARIK. — Vous pouvez tout me dire, cher père, une déception est cruelle sans doute, mais nous l'avions fait entrer déjà dans nos prévisions. Quel que soit le gouvernement qui succède à celui de Charles X, il sera toujours un progrès sur le régime abhorré des Bourbons.

JEAN LEBRENN. — Eh bien ! donc, mon fils, voici quelle est notre déception : la République a été évincée par les intrigants de la bourgeoisie et le duc d'Orléans a été acclamé à l'Hôtel de Ville lieutenant général du royaume. Dans quelques jours les Députés lui offriront la couronne.

MARIK. — Nos amis sont donc restés l'arme au bras après le succès ? Et La Fayette n'est pas intervenu dans la question de royauté ?

JEAN LEBRENN. — Voici comment s'est jouée la comédie : ses amis, voyant les progrès de l'insurrection triomphante et Charles X à peu près perdu, se sont rapprochés des orléanistes.

JEAN LEBRENN. — Je continue mon récit : Les députés convinrent hier de se réunir au palais Bourbon en séance solennelle. Il en fut ainsi, M. Laffitte, nommé président de l'assemblée, propose nettement de déférer au duc d'Orléans la lieutenance générale du royaume. La majorité applaudit et nomme une commission chargée de se rendre à la chambre des pairs, aussi réunie, et de l'instruire de la décision des députés. Les pairs acclament d'enthousiasme la lieutenance générale du duc d'Orléans, pour sauver leurs places, leurs titres et leurs pensions. Une seule voix protesta contre cette turpitude : celle de Chateaubriand. Voici maintenant ce qui s'est passé à l'Hôtel de Ville : une commission municipale s'était établie à la maison commune avant l'arrivée de La Fayette : elle se composait de Casimir Périer, du général Lobau et de MM. de Schonen, Audry de Puyraveau et Mauguin. Ces deux derniers républicains et opposés aux orléanistes voulaient que la commission s'intitulât gouvernement provisoire, mais la majorité n'y consentit point, voulant au contraire, soit comme Casimir Périer, pouvoir traiter avec Charles X, soit, comme le général Lobau, garder la place au duc d'Orléans. En effet, MM. de Sémonville et de Sussy, s'étant présentés de la part de Charles X, qui alors proposait d'abdiquer en faveur du duc de Bordeaux, Casimir Périer consentit à écouter leurs ouvertures. Mais Audry de Puyraveau s'écrie, indigné : — « Si vous ne rompez pas ces négociations honteuses, je fais monter le peuple ici, monsieur ! » — Ce langage intimida Casimir Périer, les négociateurs des Bourbons se retirent sur l'injonction de Mauguin : — « Il est trop tard, messieurs ! » — Une députation, à la tête de laquelle se trouvaient les deux frères Garnier-Pagès, s'était rendue auprès du général La Fayette pour lui offrir le commandement général des gardes nationales du royaume : ce qu'il avait accepté. C'était en ce moment la dictature. Le général se rend à l'Hôtel de Ville, au milieu des transports de la foule; il pouvait tout alors; il était maître de donner à la révolution son essor logique ! Mais, sauf Mauguin et Audry de Puyraveau, la commission municipale, en se subordonnant à La Fayette, le circonvient, le flatte et l'effraye à la fois, en le posant à ses propres yeux en arbitre suprême de la situation, lui montrant la responsabilité qui pèse sur lui, les calamités prêtes à se déchaîner sur la France et sur l'Europe, s'il ne se rallie pas à la royauté du duc d'Orléans, laquelle par un bonheur inespéré, peut concilier l'ordre et la liberté, tandis que la République, c'est l'anarchie, c'est la guerre civile, c'est la guerre avec l'Europe ! Ces paroles caressent à la fois l'orgueil de La Fayette et inquiètent sa conscience d'honnête homme; il entrevoit un rôle qui ne manquait pas, en apparence, d'une certaine grandeur : sacrifier sa conviction personnelle à la paix du pays.

MARIK. — C'était sacrifier la République à des craintes insensées !

JEAN LEBRENN. — L'histoire reprochera sévèrement à La Fayette cette désertion, ce manque de foi dans les principes qu'il soutenait, qu'il propageait depuis un demi-siècle. Mais son caractère n'étant pas à la hauteur de la position où le portaient les évènements, il faillit et promit son appui aux orléanistes.

En juillet 1830, comme en thermidor, nos ennemis nous ont gagné de vitesse, et cependant nous avions pour nous le droit et le peuple : la Commune devait, à cette époque, triompher des scélérats de la Convention, de même qu'aujourd'hui l'Hôtel de Ville devait triompher des intrigants du palais Bourbon. Puisse cette nouvelle leçon profiter aux insurgés de l'avenir.

MARIK. — Maudits soient les députés conservateurs ! On eût dû les faire fusiller.

JEAN LEBRENN. — Notre programme contenait en substance ceci : — « La France est libre, — elle veut une Constitution, — elle n'accorde au gouvernement provisoire que le droit de consulter la nation, — le peuple ne doit ni ne peut aliéner sa souveraineté, — plus de royauté, — le pouvoir exécutif délégué par l'élection à un président temporaire, responsable et révocable, — le pouvoir législatif délégué à une assemblée nommée par le suffrage universel. — Pour ces principes, nous venons d'exposer notre vie, de verser notre sang, nous les soutiendrons au besoin par une nouvelle insurrection... »

MARIK. — Quel effet produisit la lecture de ce programme ?

JEAN LEBRENN. — Il fut applaudi par le petit nombre de ceux qui l'entendirent... quelques-uns même s'écrièrent naïvement : C'est le programme de La Fayette... Vive La Fayette !... — Mais à ce moment arrivait à l'Hôtel de Ville un singulier cortège : il s'ouvrait par une chaise à porteur où se trouvait M. Laffitte, qu'un mal de jambe empêchait de marcher ; puis venait le duc d'Orléans à cheval, accompagné des généraux Gérard, Sébastiani et autres, et suivi de la commission des députés qui l'appelait à la lieutenance générale du royaume ; le prince était pâle, inquiet, bien qu'il affectât de sourire à la foule des combattants encore armés ; leur attitude, leurs paroles devenaient de plus en plus menaçantes : quelques fusils même s'abaissaient dans la direction de cet homme, qui venait, après le combat, usurper la souveraineté populaire ; mais un sentiment d'humanité releva bientôt les armes, et quelques minutes après parurent au balcon de l'Hôtel de Ville le duc d'Orléans et La Fayette ; celui-ci l'embrassa et le présenta au peuple en s'écriant : — Voici, mes amis, la meilleure des républiques...

C'est pour un pareil résultat que le peuple de Paris s'est battu depuis trois jours ! c'est pour cela que nous avons risqué notre vie... que tu as versé ton sang, mon fils... et que nos vieux amis Castillon et Duchemin sont morts vaillamment comme tant d'autres patriotes.

MARIK, *se dressant sur son séant.* — Grand Dieu! mon père... que dis-tu?... Castillon... Duchemin... morts l'un et l'autre!

JEAN LEBRENN, *péniblement affecté, s'adressant à sa femme.* — Notre fils ignorait donc la destinée de nos amis?...

MARIK, *essuyant ses yeux pleins de larmes.* — Pauvre vieux Castillon... je l'aimais tant... Brave Duchemin!... Quelle a été la fin de ce brave Duchemin?

LE GÉNÉRAL OLIVIER. — Malgré son âge, il ne m'avait pas quitté pendant la journée du 27; son exaltation patriotique semblait doubler ses forces... Nous rentrions chez moi le soir; le 28, au point du jour, nous rejoignions, rue des Prouvaires, des citoyens défendant une barricade. Le colonel qui commandait la troupe, désespérant d'enlever cette barricade, essaye de la démolir à coups de canon... Une pièce est mise en batterie, et à sa première salve, un boulet ricoché vient broyer la cuisse de Duchemin; il tombe en criant : — Vive la République! Puis s'efforçant de sourire, Duchemin me dit: — Je meurs en vieux canonnier républicain. Vive la Commune!

La servante entre en ce moment, et s'adressant à Jean Lebrenn: — Monsieur, l'un des ouvriers qui s'est présenté il y a quatre jours, demande des nouvelles de M. Marik.

JEAN LEBRENN. — Introduisez ici le citoyen.

C'est l'ouvrier qui, le 27, portait la parole au nom de ses camarades de la rue Saint-Denis; sa tête est enveloppée d'un bandeau ensanglanté; il est aussi blessé à la jambe et s'appuie sur le fourreau d'un sabre de cavalerie.

L'OUVRIER. — J'ai appris que votre fils était blessé... monsieur Lebrenn, je venais prendre de ses nouvelles.

MADAME LEBRENN. — L'état de mon fils ne nous inspire plus d'inquiétude. Veuillez vous asseoir à ma place auprès de son lit, car vous êtes aussi blessé.

L'OUVRIER. — J'ai reçu un coup de sabre sur la tête et un coup de baïonnette à la jambe ; dans peu de jours, il n'y paraîtra plus.

MARIK, *tendant la main à l'ouvrier.* — Merci à vous, citoyen, pour avoir songé à moi... Merci pour cette marque de sympathie.

L'OUVRIER, *serrant cordialement la main de Marik.* — C'est tout simple... monsieur Marik... seulement je suis fâché de revenir seul vous voir, car les deux camarades qui m'accompagnaient ici... l'autre soir...

JEAN LEBRENN, *vivement.* — Ils sont aussi blessés.

L'OUVRIER, *soupirant.* — Ils sont morts, monsieur Lebrenn...

MADAME LEBRENN. — Encore des martyrs! Que de sang les rois font couler! que de deuils ils apportent dans les familles!

JEAN LEBRENN. — Voici, cher fils, comment s'est achevée la comédie politique : la majorité des 221 députés opposants, personnifiée dans Casimir Périer, Dupin, Sébastiani, Guizot, Thiers et autres scélérats, a été épouvantée lorsqu'elle a vu l'insurrection devenir formidable dès le 28; car, si elle était vaincue, les 221 seraient regardés comme ses instigateurs, et, comme tels, assurés d'être condamnés pour crime de haute trahison, à mort ou à un emprisonnement perpétuel; si l'insurrection était victorieuse ils avaient à redouter l'avènement de la République. Pour conjurer ce double péril ils ont déclaré dans leurs réunions particulières qu'ils regardaient toujours Charles X comme roi légitime, et que s'il révoquait les ordonnances et changeait son ministère, il fallait à tout prix conserver la branche aînée; aussi, pénétrés de cette pensée, se sont-ils rendus, le 28, auprès du maréchal Marmont, afin de le supplier de faire cesser le feu, affirmant que si les ordonnances étaient rapportées, Paris rentrerait dans le devoir. Le prince de Polignac, plein de confiance dans l'armée, ne voulut, ni le 27 ni le 28, adhérer à aucune proposition. Il comptait sur l'intervention de Dieu! Le stupide monarque et son ministre ne commencèrent à se rendre compte de la gravité de la situation que dans la soirée du 29, lorsque les troupes, en pleine déroute, battaient en retraite sur Saint-Cloud; alors les ordonnances furent révoquées, et MM. de Mortemart et Gérard nommés ministres. Charles X s'imaginait que ces concessions contenteraient les insurgés et feraient mettre bas les armes.

MARIK. — Et quel a été le rôle de Jacques Laffitte?

JEAN LEBRENN. — La minorité des députés se réunissait chez lui; et, dès le 28, il jugeait la royauté de Charles X à peu près perdue. Cédant surtout aux conseils de Béranger, il travaillait dès lors très activement en faveur du duc d'Orléans. La riche bourgeoisie, le haut commerce, un certain nombre d'officiers généraux : Gérard, Lobau, entre autres, se ralliaient d'ailleurs au parti orléaniste, désirant une nouvelle royauté qui laisserait de fait le gouvernement à une oligarchie bourgeoise.

La maison de Jacques Laffitte était le centre des menées des orléanistes.

JEAN LEBRENN, *à l'ouvrier.* — Vous m'avez demandé conseil, avant de combattre, au nom de vos camarades ; je vous ai engagé à prendre les armes, sans vous dissimuler que toutes nos espérances pourraient ne pas se réaliser... Or, la République n'a pas été proclamée. Devant cette déception, regrettez-vous d'avoir coopéré à la Révolution.

L'OUVRIER. — Non, monsieur Lebrenn, je n'ai aucun regret d'avoir pris les armes ; sans doute, nous n'avons pas obtenu ce que nous aurions désiré, le gouvernement du peuple ; mais n'est-ce rien que d'avoir chassé les Bourbons qui voulaient nous asservir ? Si nous n'avons pas cette fois la République, qui seule peut nous rendre nos droits et nous affranchir, nous savons maintenant de quelle manière on doit s'y prendre pour chasser les rois et battre leur armée... Nous en appellerons à l'insurrection !

JEAN LEBRENN. — Le jour de la revanche viendra, mes amis. Quelques élus, non par l'universalité des citoyens, mais par une faible partie représentant le privilège de la richesse, ont décidé de la forme du gouvernement de la France et ont offert la couronne à Louis-Philippe ; ils se sont rendus coupables d'usurpation de la souveraineté du peuple, une, indivisible et inaliénable. A l'usurpation, nous répondrons par une conspiration permanente jusqu'au jour de la nouvelle révolution où sera proclamé le gouvernement républicain, seul compatible avec la souveraineté populaire, seul capable d'affranchir matériellement et moralement les prolétaires. Commune et fédération avec la rouge bannière : Ni dieux, ni rois, ni maîtres !

L'OUVRIER. — Ce jour-là, monsieur Lebrenn, nous nous lèverons en armes au cri de : Vive la République ! Vive la Commune !

. . . .

Moi, Jean Lebrenn, j'ai écrit ce récit le 29 décembre 1831, la veille du jour où est née une fille à mon fils Marik ; il l'a nommée Velléda, en mémoire de notre nationalité gauloise.

A toi, Marik Lebrenn, mon fils bien-aimé, je lègue ce récit ainsi que le sabre que j'ai reçu de Hoche le jour de la bataille de Wissembourg ; tu les joindras à la légende et aux reliques de notre famille, et tu les légueras à ton fils Sacrovir ; tu ajouteras à ces pages l'historique des nouveaux évènements accomplis de ton temps, et notre descendance continuera, de génération en génération, ses annales domestiques.

Et maintenant, fils de Joel, courage, persévérance, espoir... non pas seulement espoir, mais certitude ! Malgré les éclipses passagères de l'astre républicain depuis le commencement de ce siècle, malgré la déception dont nous avons été victimes en l'année 1830, malgré les épreuves que nous et nos enfants nous aurons peut-être encore à subir, l'avenir du monde appartient à la démocratie.

. . . .

Moi, Marik Lebrenn, j'inscris ici, avec une profonde douleur, la date du 17 avril 1832, jour néfaste où mes père et mère bien-aimés ont, en quelques heures, et à peu de distance l'un de l'autre, succombé à une attaque de choléra ; ils ont jusqu'à la fin conservé la sérénité des âmes irréprochables, et sont allés nous attendre dans les mondes mystérieux où nous allons renaître afin de continuer de vivre âme et corps, et poursuivre ainsi notre existence éternelle.

LES PÉRÉGRINATIONS DE LA FAMILLE LEBRENN

Comment la famille Lebrenn, ayant achevé, le 1er décembre 1851, la lecture de l'*Histoire d'une famille de prolétaires à travers les âges*, reçut la visite inattendue de Rodolphe de Gerolstein. — Comment le R. P. Rodin, que l'on avait cru mort, en 1832, d'une atteinte de choléra, était revenu à la vie et jouissait d'une parfaite santé, malgré son grand âge. — Surprenantes propositions de Rodolphe de Gerolstein à la famille Lebrenn, qui les accepte avec reconnaissance.

Rappelons au lecteur les principaux évènements servant d'introduction à nos récits. Ces évènements, le lecteur a pu en oublier quelques-uns durant cette longue pérégrination historique qu'il vient d'accomplir à travers les siècles, assistant aux vicissitudes de l'existence de notre *famille de prolétaires*, — depuis la conquête de la Gaule, par Jules César, époque où vivait Joel Lebrenn, le chef de la tribu de Karnac, jusqu'à la Révolution de juillet 1830, dernier épisode de la légende intitulée le *Sabre d'honneur*, et écrite par Jean Lebrenn, témoin ou acteur de tous les évènements mémorables de l'ère révolutionnaire, commençant au jour de la prise de la Bastille et se terminant par l'établissement du Consulat du général Bonaparte, après le 18 Brumaire. Jean Lebrenn avait vu l'Empire, la première Restauration, les Cents-Jours, la seconde Restauration, puis la Révolution de juillet 1830, dont il avait écrit le récit dramatique quelques mois avant sa mort et celle de sa femme, tous deux emportés le même jour par le choléra, le 17 avril 1832.

Rappelons encore au lecteur que Marik, fils de Jean Lebrenn, et blessé en 1830, sur la barricade élevée rue Saint-Denis, presque à la porte de la maison paternelle, avait continué le commerce de toilerie de son père, à l'enseigne de l'*Epée de Brennus*, pendant le règne de Louis-Philippe, et qu'il avait pris une part active à la Révolution de février 1848, ainsi que son fils Sacrovir. L'on sait, de plus, que le comte Gontran de Plouernel, séparé de son régiment et chargeant à la tête d'un peloton de dragons, dans la rue Saint-Denis, fut renversé de son cheval, et dut la vie à M. Lebrenn, qui lui offrit un refuge, quoique le colonel eût nourri quelque velléité de séduction à l'endroit de Velléda, fille de M. Lebrenn, laquelle, peu de temps après la Révolution de 1848, épousa Georges Duchêne, artisan menuisier.

Rappelons enfin au lecteur que, lors des fatales journées de juin 1848, Marik Lebrenn, alors capitaine de la garde nationale, s'était avancé sans armes, ainsi que plusieurs citoyens de sa compagnie, vers une barricade occupée par les insurgés. Ils espéraient, par leurs paroles, mettre terme au funeste malentendu qui divisait les républicains en deux camps. Déjà la voix de M. Lebrenn était écoutée; déjà les ouvriers comprenaient que, si légitimes que fussent leurs griefs, une insurrection serait en ce moment le triomphe des ennemis de la République à peine affermie, quand, soudain, une pluie de balles tombe dans la barricade derrière laquelle parlementait Marik Lebrenn. Un bataillon de gardes mobiles attaquait cette position; les insurgés se défendaient en héros; la plupart sont tués, un petit nombre est fait prisonnier. Marik Lebrenn, confondu avec eux, et plus tard traduit devant un conseil de guerre, déclare loyalement que, déplorant l'insurrection, tout en en reconnaissant la légitimité, il espérait faire entendre aux insurgés le langage de la conciliation au moment de l'attaque de la barricade. M. Lebrenn se vit condamner aux galères, comme plusieurs autres victimes de ces néfastes journées; il dut, à son insu, sa sortie du bagne, aux sollicitations du comte de Plouernel, — étrange revirement des évènements politiques, — jaloux d'acquitter la dette contractée par lui envers Marik Lebrenn, à qui il avait dû la vie en février 1848.

Ce fut quelques jours après le retour de Marik Lebrenn du bagne de Rochefort, à Paris, vers le commencement du mois de septembre (1848), que sa famille avait commencé de lire, chaque soir, leurs légendes domestiques.

M. Lebrenn et sa femme Hénory, Sacrovir, sa sœur Velléda et son mari, assistaient à la lecture des légendes.

Que le lecteur veuille bien franchir, par la pensée, l'espace de temps qui a dû s'écouler jusqu'au 1er décembre 1851, où nous retrouvons les mêmes personnages réunis dans la soirée de ce jour, qui était un dimanche, dans le modeste salon de l'entresol dépendant du magasin de la famille Lebrenn.

Sacrovir continue de répondre à une question de son père.

SACROVIR. — En 1848, la prophétie a été bien près de s'accomplir... Partout les trônes chancelaient: Révolution à Naples, à Vienne, à Berlin, à Milan, à Rome; l'Italie en feu, la Confédération germanique voulant décréter la fédération républicaine à la diète de Francfort;
révolution à Francfort; la Hongrie soulevée; la Pologne et l'Espagne frémissantes; l'Europe entière révolutionnée, sauf la Russie. Et que pouvait son autocrate contre tous les peuples confédérés et ligués contre lui dans une sainte alliance, trois fois sainte, celle-là! Un pas encore, et notre génération saluait les États-Unis de l'Europe... Mais, hélas! ce mouvement sublime a avorté. Se reproduira-t-il de longtemps?

MARIK. — Qu'importe, mes enfants, que nous assistions ou non à l'aurore de ce beau jour, si nous avons la certitude que sa lumière brillera bientôt sur le monde régénéré! La déception même de 1848 est un gage assuré de l'accomplissement de la prophétie de notre aïeule Victoria. La croyez-vous donc éteinte cette lave révolutionnaire qui, en 1848, a fait irruption sur tant de points en Europe? Non! non! quelles que soient les apparences, quelle que soit la compression, l'idée révolutionnaire couve à cette heure sous le sol; elle s'étend et gagne en profondeur par mille rameaux souterrains; tôt ou tard, l'on verra soudain sa dernière et irrésistible explosion, et, sur les débris du vieux monde, s'établir la société nouvelle.

HÉNORY LEBRENN. — Comment douter de ce grand avènement, mes enfants? Le progrès est une loi de l'humanité, pour les sociétés aussi bien que pour les individus. Nos légendes plébéiennes en fournissent la preuve irréfragable. Nos aïeux, soumis par la conquête des Romains, puis par la conquête des Francs, au plus dur esclavage, ont progressé peu à peu vers la liberté. D'abord, esclaves et vendus, exploités, traités comme un vil bétail humain, ils deviennent serfs, et de serfs vassaux. Enfin, ils revendiquent et conquièrent leur souveraineté, consacrée par l'immortelle République de 1792, et confirmée par celle de 1848. Lorsqu'on voit un tel progrès accompli à travers les siècles, comment douter de celui que nous réserve l'avenir?

GEORGES DUCHÊNE. — La connaissance du passé donne une foi sainte dans l'avenir!

VELLÉDA. — Quelle étrange émotion l'on ressent en songeant à tous les personnages de notre antique famille, pour ainsi dire vivants et sortant de la poussière des anciens âges! *Héna*, la vierge de l'île de Sên; *Joel*, le chef de la tribu de Karnak; *Sylvest*, l'esclave romain, et sa sœur *Siomara*; puis *Geneviève*, qui vit mettre à mort Jésus de Nazareth; *Scanvoch*, le soldat, frère de lait de Victoria la Grande; et *Ronan le Vagre*, cet intrépide révolté contre la conquête des Francs; *Loysik le Moine Laboureur*, témoin de la mort de Brunehaut; *Amael*, compagnon d'armes de Karl Martel, et commis à la garde du dernier rejeton de Clovis; *Vortigern*, qui fut aimé de Tétralde, fille de Charlemagne; *Eidiol le Nautonier parisien*; puis *Gaëlo le*

Pirate, ancêtre du prince de Gerolstein et l'un des compagnons d'armes de Rolf, devenu duc de Normandie et gendre du roi de France Charles le Sot; *Yvon le Forestier*, témoin de la mort de *Louis* le Fainéant, dernier rejeton des Carlovingiens, et auquel succéda Hugh le Chappet, intronisant sa dynastie par l'adultère et par le meurtre; *Fergan le Carrier*, serf des sires de Plouernel, et qui, partant pour la Palestine, assista au siège de Jérusalem; son fils *Colombaïk*, l'un de ces hardis communiers de la ville de Laon, combattant contre leur seigneur l'évêque, et affranchissant les communes du joug féodal; *Karvel le parfait*, supplicié avec sa douce femme *Morise*, lors de la croisade contre les Albigeois; *Mazurec l'Aignelet*, époux d'*Aveline-qui-jamais-n'a-menti*, fille de Guillaume Caillet, le chef immortel des Jacques; *Mahiet l'Avocat d'armes*, qui vit mourir Jeanne Darc, la vierge des Gaules; *Lebrenn l'Imprimeur*, dont la fille *Héna* fut brûlée vive devant François Ier; *Antonicq*, qui combattait intrépidement au siège de la Rochelle avec *Cornélie Miron*, sa vaillante fiancée; *Lebrenn le Marin*, l'un des héros de la révolte des vassaux de Bretagne, voulant imposer le CODE PAYSAN à leurs seigneurs et à leurs évêques sous le règne de Louis XIV; enfin, *Jean Lebrenn*, notre aïeul, dont la sœur *Victoria* fut victime de la lubricité de Louis XV; Jean Lebrenn, commis à la garde de Louis XVI, et qui n'a pu saluer, hélas! la République de 1848! Lorsque tant de personnages de notre sang, de notre race, apparaissent à ma pensée à travers les profondeurs des siècles, j'éprouve une sorte de vertige, en remontant d'âge en âge vers le berceau de notre famille, au temps de la République des Gaules.

Ces paroles de Velléda avaient été écoutées avec recueillement par les membres de la famille. M. Lebrenn rompit le premier ce religieux silence, et reprit : — Mes enfants, si la valeur de notre légende est grande, c'est que cette légende est non seulement l'histoire de notre famille, mais elle est aussi, à bien dire, l'histoire de tous les prolétaires, de tous les bourgeois descendants de la race gauloise, conquise et asservie par les Francs, conquérants jusqu'en 1789, heure de leur complet affranchissement. La lutte des fils de *Joel* à travers les âges contre les fils de *Néroweg*, dont M. de Plouernel est le descendant, résume les luttes séculaires entre les vainqueurs et les vaincus, entre les oppresseurs et les opprimés. Elle doit, en nous donnant connaissance et conscience de ce que nos pères ont souffert pour conquérir leur liberté, leurs droits, consacrés par la proclamation de la souveraineté du peuple, lors de l'immortelle République du 22 septembre 1792, nous rendre plus fiers et plus jaloux encore de cette souveraineté conquise au prix de tant de larmes, de tant de misères, de tant de sang, et nous inspirer le dévouement nécessaire pour la défendre jusqu'à la mort!

Gildas, le garçon de magasin, entre en ce moment dans le salon et dit à M. Lebrenn, en lui remettant une carte de visite : — Monsieur, la personne qui vous fait tenir cette carte demande à vous parler sur-le-champ pour une cause très urgente.

M. Lebrenn prend la carte que lui remet Gildas, et lit tout haut ce nom :

— RODOLPHE DE GEROLSTEIN.

— Quoi! — dit vivement madame Lebrenn à son mari, — serait-ce l'un des descendants du prince Frantz de Gerolstein, parent et ami de ton père, et que le grand-duc régnant garda si longtemps prisonnier d'Etat pendant la révolution?

— Je l'ignore; mais je crois que seule cette maison princière d'Allemagne porte ce nom. Je vais d'ailleurs m'informer du motif de la visite de M. Rodolphe de Gerolstein, — répond M. Lebrenn, sortant du salon pour se rendre dans une pièce qui lui sert de cabinet, et où Gildas a fait entrer le grand-duc de Gerolstein, dont les lecteurs des *Mystères de Paris* ont peut-être conservé quelque souvenir. Il avait alors les cheveux presque blanchis par l'âge et par les chagrins.

LE DUC. — Permettez-moi, monsieur, de vous serrer la main, nous sommes parents.

MARIK. — Votre aïeul, Frantz de Gerolstein, a été l'ami de mon père; ils combattaient ensemble à la prise de la Bastille.

LE DUC. — Mon aïeul a payé cher son dévouement à la cause des libertés des peuples.

MARIK. — Il a été enfermé dans une forteresse par le grand-duc régnant.

LE DUC. — Pardonnez-moi, monsieur, de vous interrompre, — dit Rodolphe avec une visible anxiété, — mes moments... ou plutôt... les vôtres sont comptés.

MARIK. — Que voulez-vous dire?

LE DUC. — Avant une heure, peut-être, vous serez arrêté; il faut fuir.

MARIK. — Arrêté, moi! et pour quel motif?

LE DUC. — Un coup d'Etat se prépare. Vous êtes signalé dans votre quartier comme un homme dangereux; vous avez été condamné lors des journées de juin; vous serez arrêté cette nuit; le mandat d'arrestation est déjà signé; je l'ai eu entre les mains.

MARIK. — Ce que vous m'apprenez, monsieur, ne me surprend que médiocrement; je prévoyais le coup d'Etat; mais vous comprenez que, s'il a lieu, je dois combattre.

LE DUC. — Je ne viens pas vous proposer de fuir aujourd'hui, mais de quitter cette maison, où vous seriez infailliblement arrêté cette nuit, et avant une heure, peut-être.

MARIK. — Vous en êtes certain ?

LE DUC. — Aussi certain qu'on peut l'être, il y a deux jours seulement, la découverte de quelques papiers laissés ici par mon aïeul Frantz de Gerolstein, lors de son séjour à Paris, en 1789, m'ont appris notre parenté, ainsi que celle qui nous unit à cette famille Rennepont, que la Compagnie de Jésus voulait dépouiller d'un immense héritage.

MARIK. — Oui, en 1832, époque à laquelle devait être ouvert le testament de Marius Rennepont, dans la maison de la rue Saint-François ; complot dévoilé dans un livre qui eut un grand retentissement, le *Juif errant*.

LE DUC. — Cependant, n'ayant pas reçu l'une de ces médailles, dont, selon la volonté du testateur, mort en 1792, devaient être pourvus les héritiers appelés au partage de la succession, vous ne vous êtes pas rendu rue Saint-François à l'époque désignée, — répond Rodolphe de Gerolstein. — Mais il ne s'agit pas maintenant de ces évènements : le révérend père Rodin, que l'on a cru mort à la suite d'une violente attaque de choléra, a donné quelque signe d'existence au moment où on allait l'ensevelir ; il est revenu à la vie ; il existe aujourd'hui.

MARIK. — Il doit être presque octogénaire, car il avait déjà huit à dix ans en 1792 ?

LE DUC. — Malgré son grand âge, il est encore alerte. Les Jésuites ont la vie dure, comme les serpents ; j'ai donc connu ce soir, par une personne à laquelle le père Rodin a confié ce secret, les préparatifs du coup d'Etat.

MARIK. — Mais comment l'abbé Rodin a-t-il pu savoir ?...

LE DUC. — Rien de plus naturel, car... le prince Louis Napoléon est membre de la Compagnie de Jésus, et, à ce titre, le subordonné du père Rodin... — Puis, s'interrompant, Rodolphe de Gerolstein ajoute : — Les moments sont comptés, vous pouvez être arrêté d'un instant à l'autre, et votre légende de famille saisie, à l'instigation des Jésuites. Il faut donc, sur l'heure, la mettre à l'abri et vous soustraire à une arrestation. Il sera même prudent que votre fils vous accompagne, car il court les mêmes dangers que vous.

MARIK. — Vers quelle contrée diriger nos pas.

LE DUC. — Vous devez gagner un refuge assuré que je vous offre ; là, vous attendrez que la marche des évènements se décide, et si plus tard vous êtes contraint de quitter la France avec votre famille, un bateau à vapeur qui m'appartient est à l'ancre et m'attend au Havre ; nous nous y embarquerons, vous, les vôtres et moi.

MARIK. — En vérité, monsieur, votre obligeance, l'intérêt que vous me témoignez... tous vos procédés sont empreints d'une bonté parfaite. Comment vous en témoigner ma gratitude ?

LE DUC. — Je reconnais que ma démarche, mes offres puissent vous paraître étranges ; vous ne me connaissez pas, vous pouvez supposer que je veux abuser de votre confiance et vous trahir. Rien ne prouve enfin que je sois en effet le prince Rodolphe de Gerolstein. Voici en résumé, ce que je vous propose : Ma voiture est à votre porte ; vous allez y monter avec votre fils et moi, emportant ou laissant ici, en un lieu sûr et secret, vos légendes de famille ; nous nous rendrons à la légation de Gerolstein, lieu inviolable, refuge assuré pour vous et votre fils ; et, selon le cours des évènements qui se préparent, si vous devez plus tard vous expatrier, j'ai, à moins que vous ne soyez prisonnier, les moyens d'assurer votre fuite, celle des vôtres, hors de France. Maintenant, acceptez ou refusez mon offre. Si vous l'acceptez, vous aurez la preuve, en arrivant à la légation de Gerolstein, que je ne vous ai pas trompé.

MARIK. — Votre physionomie, votre langage, respirent la loyauté ; je suis incapable de répondre par d'odieux soupçons au généreux service que vous voulez me rendre.

LE DUC. — Vous acceptez mes offres ?

MARIK. — Avec joie et reconnaissance. Permettez-moi seulement d'aller prévenir ma femme, ma fille et mon gendre, de mon départ, et je reviens à l'instant avec mon fils.

Cinq minutes après, M. Marik Lebrenn, son fils Sacrovir, portant la précieuse cassette contenant les reliques et les légendes de leur famille, partaient dans la voiture et en compagnie de Rodolphe pour l'ambassade de Gerolstein.

. . . .

Le 12 *décembre* 1851, onze jours après la première entrevue de Marik Lebrenn et de Rodolphe de Gerolstein, le bateau à vapeur *la République universelle* sortait de la rade du Havre, gagnant la haute mer et se dirigeait vers l'autre hémisphère.

Sur ce bâtiment se trouvait Rodolphe, la famille Lebrenn et plusieurs personnages des *Mystères de Paris*, du *Juif-Errant* et des *Misères des Enfants trouvés*, personnages dont quelques-uns de nos lecteurs ont peut-être gardé la mémoire.

— Mais quelles circonstances avaient réuni ces personnages ? Quel était le but de cette pérégrination si lointaine qu'ils entreprenaient de compagnie avec Rodolphe de Gerolstein et la famille Lebrenn ? — dira le lecteur.

— La question qu'il veut bien nous adresser trouvera sa solution dans l'œuvre qui devait être la suite des *Mystères du Peuple*, et qu'un jour nous écrirons peut-être en d'autres temps.

. . . .

ÉPILOGUE AUX MYSTÈRES DU PEUPLE

PAR
MAURICE LACHATRE

De retour d'exil après neuf années passées sur la terre étrangère, nous pouvons enfin reprendre le cours de nos travaux littéraires interrompus par les évènements politiques.

Nos livres étaient nos crimes.

J'étais et suis toujours
L'ennemi des princes, des prêtres et des abus,
L'ami des pauvres, et... rien de plus

« Les riches, en ce siècle, comme les patriciens aux époques antérieures, ne sont nullement disposés à restituer aux classes spoliées la part des biens ravis à leurs ancêtres; il faut recourir à l'insurrection pour la revendication de nos droits. Donc, guerre sans trêve ni merci aux exploiteurs, aux nobles, aux prêtres, aux tyrans. »

Telle est la conclusion à laquelle se rallie Eugène Suë, dans son œuvre immortelle. C'est aussi notre sentiment sur la lutte engagée aujourd'hui entre le Travail et le Capital, entre les pauvres et les riches. Nous dirons à nos frères et à nos sœurs des classes ouvrières : l'Ennemi,

201ᵉ livraison

c'est le maître ; combattez-le à outrance et sous quelque aspect qu'il se présente. La terre est le domaine de l'homme, tous les êtres qui y naissent ont un droit égal à sa possession. L'individu est le produit de la collectivité ; la collectivité doit aide et assistance à l'individu dans les différentes phases de son existence ; nul ne peut le priver de sa part dans l'héritage commun. Par contre, l'individu a pour devoir de remettre à la collectivité les fruits de son labeur et les créations de son génie qui viendront ainsi accroître la masse des richesses sociales. La répartition des produits doit s'effectuer d'après la loi de nature : *A chacun suivant ses besoins*. S'il y a insuffisance de produits, la répartition doit subir une réduction proportionnelle : « *A chacun sa juste part*. » Ni opulence pour les privilégiés, ni misère pour les masses populaires ; le bien-être universel ; l'opulence pour tous ou la misère générale, suivant les phases heureuses ou malheureuses par lesquelles devra passer l'humanité.

Les peuples ne peuvent espérer ni repos ni bonheur aussi longtemps que vivront ses trois ennemis, *Dieu, le Roi, le Maître*. Il reste à examiner quels remèdes peuvent être employés pour combattre la peste noire, c'est-à-dire pour arriver à l'élimination des prêtres, des gens d'Église, des congréganistes du corps social, et de même, quels moyens peuvent être mis en œuvre pour faire disparaître les causes déterminantes des calamités qui affligent les nations, c'est-à-dire pour supprimer le roi et le maître.

Nous écrivons en 1889 ; dix-huit années se sont écoulées depuis les sanglantes journées de mai 1871, journées néfastes, qui n'ont point d'analogues dans les temps passés, même aux époques les plus lugubres de notre histoire.

Trois siècles auparavant, les horreurs de la Saint-Barthélemy, 24 août 1572, avaient épouvanté le monde ; le souvenir des tueries des Huguenots par les Catholiques demeurait gravé dans l'esprit des peuples, et leurs auteurs, le roi Charles IX, la reine-mère Catherine de Médicis et les Guises, étaient signalés comme des monstres dans la nature.

Hélas ! les hécatombes humaines ordonnées par Thiers, les massacres exécutés par Mac-Mahon et ses hordes de cannibales dans Paris au mois de mai 1871, ont le triste privilège de reléguer à l'arrière-plan les anciennes légendes des guerres de religion. L'auréole de sang des deux bourreaux du peuple éclipse celle de leurs sinistres devanciers.

Thiers et Mac-Mahon, les deux chefs de cette oligarchie bourgeoise connue sous le nom de « gouvernement de Versailles », choisie par une assemblée de députés assassins pour présider à l'extermination du peuple de Paris, ont mérité de passer à la postérité comme les types de barbarie et de lâche férocité. Que leurs noms soient maudits et traversent les âges chargés de l'exécration des hommes !

Le châtiment a déjà commencé pour ces deux monstres ; le peuple français nomme Thiers, actuellement descendu dans la tombe, « Nabot sanglant », par allusion à la taille exiguë du sinistre vieillard et pour rappeler le souvenir des crimes qui sont à sa charge, les égorgements de la rue Transnonain, en 1834, les massacres de 1871. Son complice, Mac-Mahon, devenu son successeur au gouvernement de la France et plus tard contraint de se démettre des fonctions de président de la République est désigné par le sobriquet grotesque de « Mâche-la-honte ».

Mais nous n'en sommes qu'aux préludes de l'expiation ; il est écrit dans le Talmud : *œil pour œil, dent pour dent*. La peine du talion est d'institution divine, suivant les commentateurs des livres saints et les fakirs mitrés de l'Église romaine. Quels supplices seront infligés à tous ceux qui ont trempé dans les crimes de la répression. C'est le secret de l'avenir.

En attendant le jour de la justice, il convient d'instruire le procès des hommes de Versailles de tous ceux qui ont aidé à la perpétration des forfaits et des vils instruments qui ont coopéré à l'œuvre infernale. C'est à cette tâche redoutable que nous nous dévouons corps et âme.

Le peuple de Paris prononcera les sentences quand il aura suffisamment examiné les accusations, pesé les témoignages et entendu les défenses. L'instruction judiciaire doit être complète et contradictoire.

Nous interrogerons les vivants et les morts ; nous remuerons le sol et les pavés des rues de Paris pour retrouver les corps des victimes enfouis dans les tranchées qui y ont été creusées, nous en extrairons les ossements calcinés des fédérés brûlés vifs ! Nous produirons, comme témoins muets des assassinats, les vêtements des suppliciés, troués par les balles ou déchirés par les baïonnettes des soldats versaillais. Nous transcrirons les dépositions des prisonniers jetés dans les geôles de la réaction ou envoyés sur les pontons ; nous dénoncerons au monde civilisé les plaintes des martyrs placés sous le bâton des argousins au bagne de l'Île de Nou, dans la Nouvelle-Calédonie, et celles des condamnés qui ont langui dans ces lieux maudits qu'on nomme Nouméa, l'Île de Pins et la presqu'île Ducos. Nous irons trouver les proscrits revenus de tous les points du globe pour les interroger sur les auteurs de leurs souffrances.

La lumière doit se faire sur ces lugubres évènements. Tous les individus qui ont participé aux attentats ou aux persécutions subiront ce premier châtiment, d'être cloués au pilori de

ÉPILOGUE

l'histoire et de voir leurs noms voués au mépris public. Le complément de la punition due à leurs scélératesses viendra en son temps. Justice sera faite de tous ces infâmes et une justice exemplaire.

Mais, pour procéder à cette grande enquête, les forces d'un homme ne suffiraient pas, il faut que plusieurs de nos frères de l'exil viennent se grouper autour de nous pour mener cette entreprise gigantesque à bonne fin. Dans ce but, nous faisons appel aux courages et aux dévouements, et convaincu que chacun de nos amis politiques voudra concourir à l'œuvre de justice, nous entrons hardiment dans la carrière. Il faut être prêts pour le jour des revendications. Nous vengerons la Commune.

La mesure des crimes est comble. Qui pourrait en douter après un simple exposé et une récapitulation sommaire des évènements? Le gouvernement conservateur avait fui lâchement de Paris devant l'insurrection triomphante au 18 mars 1871 et s'était réfugié à Versailles. La victoire du peuple n'avait pas entraîné que deux morts d'homme : 1° l'exécution du général Lecomte, jugé par une cour martiale pour avoir commandé à cinq reprises différentes aux troupes de tirer sur le peuple; il avait été condamné à mort, et ses propres soldats le fusillèrent; 2° l'exécution d'un général de la garde nationale, Clément Thomas, qui était venu, sous des habits bourgeois, pour reconnaître les positions des fédérés aux buttes Montmartre qu'il se proposait d'attaquer. Clément Thomas, reconnu par les fédérés et conduit devant la même cour martiale qui avait jugé Lecomte, fut déclaré coupable d'espionnage. On lui appliqua la peine édictée par le code militaire ; il fut passé par les armes. Après ces deux condamnations capitales, il ne fut pas versé une goutte de sang depuis le 18 mars jusqu'au 23 mai, en dehors des combats que les fédérés eurent à soutenir contre les troupes de Versailles.

Tout au contraire, le gouvernement de la réaction se montra atroce dès les premiers jours de la lutte. Au 3 avril, on fusillait les prisonniers fédérés, les uns sur le lieu même où ils avaient été capturés, les autres dans le transfèrement, pendant qu'on les conduisait à Versailles, d'autres encore dans les camps improvisés de Satory où ils étaient mitraillés par groupes, cent, deux et trois cents à la fois. On exécutait de cette manière les combattants et même les citoyens qui étaient arrêtés voyageant sur les lignes de chemins de fer par les agents de police, quand on les soupçonnait d'avoir pactisé avec l'insurrection.

Le commandant en chef de l'armée de Versailles, Mac-Mahon, vieux soudard, inepte, brutal, forcené catholique, remplissait ainsi les ordres de Thiers, qui s'intitulait Président de la République conservatrice. Celui-ci avait déclaré solennellement à l'Assemblée, à Versailles, que la répression serait impitoyable, et Mac-Mahon tenant à honneur de justifier la confiance que le sinistre petit vieillard avait mise en lui, avait enjoint à tous les chefs militaires, ses subordonnés, de tuer les fédérés sans miséricorde ni merci. Les officiers et les soldats rivalisèrent entre eux de barbarie pour mériter les distinctions et les récompenses promises à ceux qui auraient égorgé le plus grand nombre des prétendus rebelles.

Ce fut à l'occasion d'une de ces scènes de carnage pendant laquelle deux généraux fédérés, Flourens et Duval, furent traîtreusement assassinés, que la Commune rendit un décret ordonnant l'arrestation d'individus habitant Paris, signalés comme des ennemis naturels du peuple ou pactisant avec Versailles, lesquels devaient servir d'otages et répondre sur leur tête de la vie des prisonniers fédérés tombés aux mains des Versaillais. Le décret n'avait rien d'insolite au point de vue de belligérants. Au nom de la philosophie, nous pouvons répudier les moyens qui outragent la justice et l'humanité, mais on doit reconnaître que la Commune n'avait pas outrepassé son droit de défense, en opérant l'arrestation de cent vingt ennemis et en les conservant à titre d'otages. Parmi eux se trouvaient l'archevêque de Paris, Darboy, un sénateur de l'Empire, Bonjean, un journaliste, Chaudey, qui, au 22 janvier précédent, étant adjoint du maire de Paris, avait fait tirer des fenêtres de l'Hôtel de Ville sur des rassemblements inoffensifs et avait jonché de cadavres la place de Grève. On comptait encore parmi les otages des hommes à soutane et à froc, des Dominicains, dignes successeurs de ceux qui de leur ordre qui avaient fait brûler vifs tant de milliers d'hérétiques sur les bûchers de l'Inquisition; il y avait aussi des Jésuites, des Carmes, des curés, des gendarmes, des agents de la police impériale, des mouchards, des roussins, tous ennemis de la République, tous surpris en flagrant délit de trahison ou convaincus de connivence avec Versailles.

Malgré le décret rendu par la Commune et quoique les généraux versaillais continuassent de faire tuer les blessés et les prisonniers fédérés, la vie des otages fut respectée par le peuple. Mais après l'entrée des troupes versaillaises dans Paris, lorsque les rues et les places publiques se trouvèrent transformées en immenses abattoirs, et quand des milliers d'innocents eurent été sacrifiés par les ordres de l'infâme Thiers et du forcené Mac-Mahon, les derniers représentants de la Commune, réunis aux chefs des fédérés, décidèrent que l'heure des représailles avait sonné : soixante-quatre otages furent passés par les armes, du 23 au 27 mai.

Que leur sang retombe sur Thiers et Mac-Mahon, dont les cruautés et les exécutions avaient poussé au paroxysme la fureur des derniers défenseurs de la République.

Nous devons encore mettre au compte de la Commune : le renversement de la colonne de Vendôme, monument de la tyrannie impériale, la destruction des bois de la guillotine, brûlés solennellement devant la statue de Voltaire; et aussi, à la charge des fédérés, les incendies qui ont dévoré les palais de la royauté et les forteresses qui avaient abrité la bourgeoisie, les Tuileries, le Louvre, l'Hôtel de Ville, la Préfecture de police.

Le parti républicain accepte la responsabilité de tous ces actes, il n'en répudie aucun, il les glorifie. Vive la Commune !

Voilà le bilan de la révolution parisienne du 18 mars au 27 mai, il n'y a rien à en retrancher, rien à y ajouter : les fédérés ont tué soixante-six de leurs ennemis en dehors des combats.

Une enquête a été faite, sous la direction de nos plus implacables ennemis, par ordre de l'assemblée de Versailles pour rechercher les causes et l'origine de l'insurrection du 18 mars. Dans cette enquête, les calomnies et les mensonges ont été amoncelés contre les hommes de la Commune, mais le résultat a tourné à la confusion des partis monarchiques. Le gouvernement de Versailles demeure flétri, conspué, maudit pour ses agissements, pour ses fautes, pour ses crimes; et les défenseurs de la Commune sont sortis de l'épreuve vengés et réhabilités. Les rôles sont actuellement changés ; les vaincus d'hier se dressent en accusateurs contre les vainqueurs, et ils les appellent devant les Assises du peuple.

Les morts parleront, les victimes sortiront de leurs tombes pour porter témoignage contre les bourreaux.

Nous avons à porter au compte de nos ennemis de l'armée, de l'Eglise et de la bourgeoisie : CINQUANTE MILLE MEURTRES d'hommes, de femmes, de vieillards, d'enfants, même d'enfants à la mamelle. Les soldats de Mac-Mahon, véritables tigres à face humaine, ont commis des atrocités sans nom, après que la trahison leur eût ouvert une des portes de Paris et quand ils eurent vaincu la Commune. Ils ont tué sur place les prisonniers, achevé les blessés; en certains endroits ils ont envahi les hôpitaux et les ambulances, arraché de leurs lits les fédérés mutilés et les ont fusillés dans les salles ou dans les cours et ont passé également par les armes les médecins et les chirurgiens qui les soignaient. Ailleurs, ils ont jeté pêle-mêle dans les tranchées les morts et les blessés encore vivants, et les ont recouverts de terre et de chaux; enfin, pour comble d'horreur, des officiers ont commandé à leurs soldats de répandre du pétrole sur des blessés pour les faire brûler vifs !.....

Que les noms de Thiers et de Mac-Mahon soient maudits pour ces atrocités !

Nous avons encore à enregistrer au compte de la trilogie infernale, noblesse, clergé et bourgeoisie : CINQUANTE MILLE PRISONNIERS entassés dans les geôles de Paris, aux camps de Satory, à Versailles, dans les caves de l'Orangerie, sur les pontons de Brest et de Cherbourg, et décimés par les maladies, les privations, les souffrances morales.

Donc, entre morts et prisonniers, CENT MILLE VICTIMES sacrifiées par le gouvernement de Versailles, CENT MILLE FAMILLES plongées dans le désespoir, privées de leur chef, de leur soutien, d'un père, d'un mari ou d'un fils : c'est-à-dire, en comptant quatre individus par famille, QUATRE CENT MILLE PERSONNES CONDAMNÉES A MOURIR DE MISÈRE ET DE FAIM !

Encore et toujours nous avons à inscrire au compte de la réaction cléricale, bourgeoise et nobiliaire : le pillage des maisons des fédérés sous le prétexte de perquisitions, le vol des bijoux, des meubles, des titres et valeurs par les soldats de Mac-Mahon et par les agents de police de Thiers. A la charge de ces misérables, une partie des incendies qui ont consumé des rues entières; à la charge de ces monstres, le viol et le stupre accomplis sur les femmes et les enfants, à l'intérieur des maisons et sur les places publiques. Entre autres forfaits de ce genre, les journaux de cette époque ont raconté que dix-huit jeunes filles qui avaient été prises aux barricades, subirent le dernier outrage sur la place Vendôme, et, après avoir été violées par la soldatesque, furent éventrées à coups de baïonnettes ou criblées de balles...

Que les noms de Thiers et de Mac-Mahon soient voués à l'exécration du genre humain pour tous ces crimes qu'ils ont commandés ou autorisés.

Maintenant, il devient facile de résumer les comptes respectifs et d'établir la balance. Hommes de Versailles, bonapartistes et doctrinaires, légitimistes, orléanistes, cléricaux et conservateurs qui vous intitulez le « grand parti de l'ordre », il vous reste à solder un arriéré formidable. Les larmes, les douleurs, le sang des victimes ont été supputés, pesés et comptés ; vous avez été impitoyables, il ne vous sera fait non plus ni grâce ni miséricorde. Prêtres, nobles et bourgeois, votre Dieu a prononcé l'arrêt ; CENT MILLE des vôtres doivent répondre corps pour corps pour nos martyrs, nos femmes, nos filles, nos vieillards, nos enfants massacrés, torturés, enterrés vivants ou brûlés vifs par vos soldats farouches et par vos ordres !

La fatalité semble pousser aux représailles;

ÉPILOGUE

Le pendule, dans la vie des peuples, aussi bien que dans l'ordre physique, a des oscillations régulières ; il obéit à une loi naturelle, il parcourt une égale distance de l'un et de l'autre côté du point de départ.

Le sombre QUATRE-VINGT-TREIZE a réglé les comptes de la Saint-Barthélemy avec la guillotine en permanence ; les têtes royales ont roulé sur l'échafaud, le couperet a tranché aussi les têtes de princes et de princesses, de nobles, de prêtres, de financiers, de bourgeois ; holocaustes offertes aux manes des Huguenots.

Combien sera plus terrible que la Terreur en 1793 l'époque où devra se payer la dette de sang contractée par les factions monarchiques en 1871.

Au jour de la bataille, il ne sera fait aucun quartier ; la mort moissonnera comme la faux dans les prairies tout ce qui viendra se placer devant le peuple. *Vœ victis!* Malheur aux vaincus ! Noblesse et armée, clergé et bourgeoisie, tout sera balayé et emporté par la trombe révolutionnaire.

Le sang des fédérés a été répandu par torrents pendant la semaine rouge de mai ; le sang des ennemis du peuple coulera en cataractes.

Tous les monuments, tous les emblèmes qui rappellent des temps abhorrés seront livrés aux flammes, rien ne sera épargné. Les églises flamboieront ; les châteaux, les palais, les riches hôtels s'écrouleront, s'abîmeront dans des incendies immenses.

Peuple ! écoute la voix de tes prophètes : la victoire n'aura pour toi de lendemain que si l'œuvre de destruction peut être accomplie pendant le combat. Appelle la science à ton aide pour anéantir dans un jour les édifices qui ont protégé tes ennemis depuis des siècles. A l'intérieur des monuments tu placeras un lit de paille, des poutres, des débris de bois ; sur ces matériaux tu auras soin de disposer de distance en distance des barils de pétrole, d'huile, de goudron, ou d'essences, ou d'alcools, ou tout ce que tu auras à ta disposition pour alimenter l'incendie dans les quartiers de la ville où tu seras en forces. Une étincelle suffira pour faire éclater l'embrasement. La chaleur intense produite par l'amoncellement des matières inflammables, calcinera les pierres, transformera les marbres en chaux, fera couler en laves ardentes les supports en fer et en fonte ; les édifices s'abîmeront sous leur propre poids. Les pagodes catholiques, les églises, les chapelles, les couvents, les séminaires sont les forteresses de la superstition, elles doivent disparaître ; les palais des rois, les châteaux, les splendides hôtels de l'aristocratie et de la bourgeoisie doivent être détruits ; les Jacques, nos ancêtres, ont brûlé tous les donjons de la noblesse au moyen âge. Nous, les exploités, les parias, les meurt-de-faim, les victimes des classes privilégiées, suivons l'exemple des Jacques. Les casernes, les arsenaux, les forts, où s'abritent les milices armées contre nos libertés, doivent être renversés, détruits de fond en comble. Tous les repaires des ennemis du peuple doivent être attaqués à la fois. Si le feu est impuissant à mordre le granit, on a recours à la poudre, à la dynamite, au picrate de potasse… La sape, la pioche et la mine ont raison des plus épaisses murailles ; employons-les tour à tour ou simultanément contre les bastions et les bastilles : VIVE LA COMMUNE !

Peuple de Paris ! tu renverseras tous les monuments inutiles ou dangereux, les arcs-de-triomphe, les statues des rois, des reines, des princes, des empereurs, les colonnes élevées par nos tyrans ; tu détruiras les octrois, les douanes, les barrières ; tu exhumeras les momies impériales et royales pour les brûler et en jeter les cendres aux quatre points cardinaux.

Mais, au lendemain de la victoire, peuple de Paris ! sois clément et miséricordieux, n'imite pas les auteurs des massacres et des terribles journées de mai 1871.

Tu n'égorgeras pas les prisonniers comme ont fait les soldats féroces de Mac-Mahon.

Tu n'achèveras pas les blessés, tu ne les enterreras pas vivants, tu ne les enduiras pas de pétrole pour les faire brûler vifs, comme ont fait les gendarmes, les argousins et les policiers de Thiers.

Tu ne feras pas subir les derniers outrages aux femmes de tes ennemis, même aux catins de l'Empire, aux courtisanes de l'Église ou aux impures de la bourgeoisie.

Tu ne pilleras pas les demeures des riches ; tu ne voleras ni l'or, ni l'argent, ni les titres, ni les valeurs, car ces choses appartiennent à la nation. Toutes les richesses doivent faire retour au fond commun.

Tu ne jetteras pas dans les geôles tes adversaires de la veille, tu ne les enverras pas sur les pontons, ni dans les bagnes, ni dans les colonies lointaines.

Tu n'élèveras pas de poteau pour les sacrifices humains, ni à Satory, ni à Marseille, ni à Lyon, ni dans aucune ville.

Tu ne constitueras pas des conseils de guerre pour condamner des innocents ou même pour décider sur le sort des coupables ; tu ne transformeras pas en juges des soudards idiots, gorgés d'absinthe : tu ne leur donneras pas pour mission d'interpréter les lois pour satisfaire leur haine, pour exercer des vengeances, pour tuer des hommes, comme ont fait les cours martiales de Mac-Mahon et les conseils de guerre de Thiers.

Tu ne récompenseras pas les meurtriers, tu ne payeras pas le prix du sang ; tu n'imiteras pas l'exécrable gouvernement de Versailles, distribuant des croix, des médailles, des galons, des grades et des pensions aux bourreaux.

Tu n'institueras pas une Commission d'assassins sous le titre menteur de Commission des grâces, à l'instar de celle nommée par nos ennemis, en 1871, composée de quinze membres choisis et triés parmi les plus féroces des députés siégeant à Versailles, ayant pour mission d'approuver les crimes judiciaires des chefs militaires.

Peuple de Paris ! tu brûleras encore, comme sous la Commune, les bois de la guillotine et tu aboliras la peine de mort.

Tu n'exerceras aucune persécution contre nos ennemis, tu ne leur feras subir aucun mauvais traitement ; mais tu décréteras le « travail obligatoire. » Nul, sur cette terre, à moins d'empêchement légitime, ne peut se refuser en droit et en équité, à donner à la société l'équivalent de ce qu'il en reçoit pour ses besoins journaliers, c'est-à-dire ne peut se dispenser de payer sa dette de travail. Les individus qui appartiennent aujourd'hui aux castes privilégiées, à la noblesse et à la bourgeoisie, au clergé, à l'armée, à la marine, à la magistrature, enfin tous ceux qui font partie des « classes dirigeantes », leurs femmes, leurs fils et leurs filles, tous — sans exception — devront prendre leur part au labeur social, aux champs et à l'atelier ; tous et toutes devront manier l'outil, l'instrument, vaquer aux soins du ménage, pourvoir aux besoins de la famille, de la Commune et de l'Etat, de la Nation, de l'Humanité, dans les occupations ou les métiers en rapport avec leurs goûts, leurs aptitudes, et selon leurs forces.

Peuple de Paris ! tu ne toléreras pas un jour, une minute de plus, l'insolence fastueuse de ces gens qui vivent à tes dépens depuis si longtemps. Plus de fakirs mitrés, plus de maréchaux et d'amiraux, plus de princes, de ducs ni de nobles, plus de hauts fonctionnaires, plus de banquiers, de financiers rentés à millions, plus de ces sangsues qui boivent ton sang ; plus de ces pieuvres qui étendent leurs membres gluantes sur toutes les sources de la richesse publique. Ceux qui portaient l'épée ou le fusil manieront la charrue ; les évêques, les prêtres et les moines, habitués à secouer le goupillon sur les dévots imbéciles, troqueront leur mitre, leur soutane ou leur froc pour la blouse de l'ouvrier ; d'inutiles et dangereux qu'ils étaient pour la société, ils en deviendront les membres utiles et précieux. Les femmes et les filles du monde aristocratique changeront leurs vêtements contre le costume modeste des ouvrières, des femmes et des filles du peuple, et se mêleront à leurs travaux dans les ateliers de la Commune, aux comptoirs ou aux champs.

Ce sera le règne de l'Egalité, de la Justice.

Partout l'exemple de Paris devra être suivi ; et sur tous les points du territoire et de la République, le peuple ne devra laisser debout ni une église, ni un couvent, ni un séminaire, ni une forteresse, ni une caserne, ni un arsenal, ni aucun des monuments ou des édifices qui auront servi à maintenir son esclavage.

Tous les emblèmes de la superstition devront être enlevés et détruits.

Guerre aux châteaux, paix aux chaumières !

Abolition des titres nobiliaires, des ordres civils ou militaires ; plus de croix ni de médailles ; plus de galons ni de distinctions prétendues honorifiques.

Suppression des pensions immorales ou scandaleuses allouées aux serviteurs des monarchies, ou à leurs veuves ; révision des pensions de retraites des fonctionnaires et des veuves de fonctionnaires pour les ramener à un type répondant aux besoins des titulaires.

Plus de privilèges, de monopoles et de sinécures.

Abolition des corporations et des sociétés créées pour favoriser l'égoïsme ou l'orgueil des individus.

Le niveau égalitaire doit passer sur toutes les têtes.

Toutes les richesses renfermées dans les entrailles de la terre ou disséminées sur la surface du globe, les mines, les carrières, les chemins de fer, les canaux, les forêts, les maisons, les édifices, etc., seront déclarés propriétés de la nation.

Plus d'armées permanentes ; tous les soldats seront renvoyés dans leurs foyers et rendus à l'agriculture, aux arts et aux métiers.

La marine militaire sera transformée en marine marchande.

Plus de police, ni de gendarmes, ni de juges.

Le jury sera chargé de décider sur tous les conflits entre citoyens, sur toutes les causes au civil et au criminel.

Plus de religion officielle ni de cultes salariés par l'Etat.

Peuple de Paris ! il ne suffit pas de vaincre, il faut consolider la victoire, et empêcher tout retour au passé, ou bien ton esclavage sera éternel.

Ton émancipation certaine et durable est attachée au programme de la Commune ; tu dois rester armé, même après la victoire, pour en assurer l'exécution.

PROGRAMME DE LA COMMUNE

La base de la liberté, c'est le droit au travail, lequel implique la possession des instruments ; la terre au paysan, l'outil à l'ouvrier. La propriété collective substituée à la propriété indi-

ÉPILOGUE

viduelle. La Commune déclarée la dispensatrice de toutes les richesses sociales.

A chacun sa part dans l'héritage commun.

Nul n'a droit au superflu tant que chacun n'a pas le nécessaire.

Ni opulence ni misère, le bien-être universel.

A chacun suivant ses besoins.

De chacun selon ses forces

Plus d'oppression fondée sur une prétendue infériorité de sexe ou de race ou sur une nuance dans la couleur de la peau.

Liberté pour les nègres comme pour les blancs, pour les individus de toutes les races sur quelque point du globe qu'ils se trouvent.

Egalité des droits civils et politiques de la femme et de l'homme.

L'individu libre dans la famille ;
La famille libre dans la Commune ;
La Commune libre dans la province ;
La province libre dans la nation ;
La nation libre dans l'humanité.

Education commune, gratuite, intégrale, obligatoire et laïque.

Assistance à l'enfance, aux malades, aux infirmes, aux vieillards, à ceux et à celles qui pour une cause quelconque, seraient empêchés de travailler.

Le mariage civil et religieux transformé en contrat de société entre l'homme et la femme, et subordonné aux convenances réciproques pour les clauses et pour la durée.

La loi de justice et de réciprocité appliquée à tous les services et aux échanges des produits.

Egalité des traitements des fonctionnaires, pour toutes les catégories, du plus haut degré au plus bas de la hiérarchie, proportionnés aux besoins des individus et aux ressources de la société.

Toutes les fonctions accessibles aux citoyens et aux citoyennes suivant certaines conditions de capacité et conformément aux règlements adoptés par les assemblées populaires.

Le pouvoir législatif et exécutif décerné aux mandataires du peuple élus par le suffrage universel et toujours révocables à la volonté des citoyens.

Le suffrage universel exercé par l'ensemble des citoyens et des citoyennes ayant atteint l'âge fixé pour la majorité, et reconnus aptes pour l'exercice électoral.

RÉPUBLIQUE FÉDÉRALE, DÉMOCRATIQUE, SOCIALE, UNIVERSELLE
COMMUNE ET FÉDÉRATION AVEC LA ROUGE BANNIÈRE

Peuples épars sur le globe et opprimés par des monarques, par des prêtres ou des castes privilégiées ! osez déployer la rouge bannière et proclamer la Commune, et votre régénération s'accomplira.

La science prépare les révolutions et en assure le triomphe.

Or, voici quels sont les enseignements de l'histoire appuyés par la science : Peuples ! si vous voulez supprimer la monarchie, il est indifférent que l'empereur ou le roi vive ou meure ; ne tuez pas le souverain, mais fermez ses palais et ses châteaux, mettez la main sur toutes les richesses que le monarque s'était appropriées, ne lui laissez que la possession du champ qu'il devra cultiver de ses mains avec sa femme et ses enfants, afin de pourvoir aux besoins de sa famille.

Peuples ! si vous voulez supprimer l'Eglise, il est indifférent que les prêtres, les moines, et toute l'engeance congréganiste continue à vivre au milieu de vous ou soit tenue à l'écart ou disparaisse dans la tourmente révolutionnaire ; n'attentez à la vie d'aucun des tonsurés ou frocards ou ministres de quelque religion que ce soit, mais brûlez tous les monuments religieux. Les chrétiens ont appliqué ce système aux peuples de l'antiquité et du moyen âge ; ils ont détruit par le fer et par le feu les temples païens, les chefs-d'œuvre de l'architecture, de la statuaire, de la peinture ; ils ont lacéré, mutilé, brûlé les manuscrits et les livres d'une civilisation supérieure, mais qui préconisait d'autres croyances que les leurs ; et, par ce mode de destruction générale, ils ont atteint le but qu'ils se proposaient, l'anéantissement de toutes les religions rivales. Que le système se retourne aujourd'hui contre le catholicisme. Ecrasez l'infâme ! mais n'imitez pas les chrétiens dans leurs abominables attentats contre les individus ; plus de tortures ni de supplices ; ne relevez pas les bûchers de l'Inquisition, ne renouvelez pas les persécutions, les tueries, les massacres.

Peuples ! si vous voulez supprimer la noblesse, la bourgeoisie, c'est-à-dire les oligarchies, il n'y a pas lieu d'emprisonner ou de massacrer aucun de ceux qui appartiennent à ces castes oppressives ; vous devez faire disparaître dans un embrasement général tous les édifices qui aident à affermir leur domination, où se négocient les sueurs et le sang des ouvriers.

Peuples ! si vous voulez supprimer les armées permanentes, il est indifférent que vous exterminiez ou que vous laissiez vivre les soldats qui les composent, même les chefs qui les commandent ; mais vous devez incendier les casernes, les écoles militaires, les ministères, les arsenaux, les citadelles, les bastilles les donjons.

Peuples! si vous voulez supprimer la propriété individuelle, abusive, qui crée l'opulence pour quelques-uns et la misère pour l'immense majorité des humains, il est indifférent que les grands propriétaires vivent ou meurent; mais vous devez brûler les titres et les parchemins amoncelés dans les archives du cadastre, de l'enregistrement, dans les études des notaires, dans les greffes des tribunaux; vous devez réduire en cendres tous les contrats, les baux, les conventions et les documents officiels ayant trait à la propriété individuelle.

Vive la Commune!

EUGÈNE SUË

BIOGRAPHIE
PAR
MAURICE LACHATRE

Eugène Suë est né à Paris, le 17 janvier an XII de la République (1804), d'une famille originaire de Lacolme, près Cannes, en Provence, dans laquelle la profession médicale semble avoir été héréditaire. Eugène Suë, dont les véritables prénoms sont Marie-Joseph, avait eu pour marraine l'impératrice Joséphine. Lorsqu'il eût atteint l'âge d'homme, il embrassa, comme son père et ses aïeux, la carrière médicale, et entra dans la marine avec le titre de chirurgien. En cette qualité, il visita l'Asie, l'Amérique, les Antilles ; il assista, à bord du vaisseau de ligne *le Breslaw*, à la bataille de Navarin. Cette vie d'aventures et d'observation personnelle préparait heureusement l'esprit de l'écrivain et lui fournissait la matière des premiers romans qu'il devait publier bientôt : *Kermock, le Pirate, Plick et Plock, Atar-*

Gull, la *Salamandre*, la *Vigie de Koatven*, romans maritimes qui tous eurent un éclatant succès et fondèrent la réputation de l'auteur. Il réussit également dans le roman historique et lutta de réputation avec Walter Scott en publiant *Latréaumont*, *Jean Cavalier*, *Létorières* et *le Commandeur*. Enfin, il attaqua le roman de mœurs, le roman par excellence, et publia *Arthur*, la *Coucaratcha*, *l'Hôtel Lambert* et *Mathilde*. Tous ces romans, le dernier surtout qui est un chef-d'œuvre, eurent un succès immense et élevèrent au plus haut point la renommée et la gloire du romancier. Mais son triomphe littéraire devait être porté encore plus haut par une œuvre inouïe, étrange, hardie, qui montrait au monde attendri, ému, saisi d'horreur et d'épouvante, les mystères de la vie quotidienne de l'horrible Capharnaüm qu'on nomme Paris, mais le Paris en haillons, croupissant dans la misère, se ruant dans les ruisseaux infects, grouillant dans les geôles, pour finir au bagne ou à l'échafaud. Alors parurent LES MYSTÈRES DE PARIS. Ici Eugène Suë va remplir un grand devoir; il va faire œuvre de moraliste et de philosophe; il va nous montrer les plaies hideuses que recouvre à peine le vernis de notre civilisation, et va appeler sur ce mal immense, profond, les remèdes énergiques des hommes chargés du gouvernement des sociétés. Jamais écrit n'a produit une telle sensation sur un monde entier de lecteurs. L'évènement politique le plus terrible ou le plus glorieux n'aurait pas été capable de détourner l'attention publique entièrement captivée par cette étrange révélation, cette lecture d'incantation. Les noms des personnages de ce livre étaient dans toutes les bouches; *Fleur-de-Marie*, *Rigolette*, *Pipelet*, *Rodolphe*, *Cabrion*, etc., etc., et tenaient en suspens tous les esprits. Le livre avait produit l'effet que l'auteur attendait : il avait attiré l'attention de tous sur les plaies sociales; et l'année suivante, il continua l'œuvre réformatrice par le roman du JUIF-ERRANT, qui devait jouir du même succès. L'intention de l'auteur, en publiant ces deux livres, se révèle dans la dédicace de son roman du *Juif-Errant* : « J'ai mis çà et là en relief et en mouvement quelques faits consolants ou terribles se rattachant de près ou de loin à la question de l'organisation du travail, question brûlante qui bientôt dominera toutes les autres, parce que, pour les masses, c'est une question de vie ou de mort. Dans plusieurs épisodes de cet ouvrage, j'ai tenté de montrer l'action admirablement satisfaisante et pratique qu'un homme de cœur noble, et d'esprit éclairé, pourrait avoir sur la classe ouvrière; par opposition, j'ai peint ailleurs les effroyables conséquences de l'oubli de toute justice, de toute charité, de toute sympathie envers ceux qui, depuis longtemps voués à toutes les privations, à toutes les misères, à toutes les douleurs, souffrent en silence, ne réclamant que le droit au travail, c'est-à-dire un salaire certain, proportionné à leurs rudes labeurs et à leurs besoins. A défaut de talent, on trouvera du moins dans mon œuvre de salutaires tendances et de généreuses convictions. »

Ces tendances, ces généreuses convictions se sont montrées en effet dans *le Juif-Errant* et dans tous les travaux postérieurs du grand écrivain, notamment dans *les Misères des enfants trouvés*. Pour terminer cette liste de chefs-d'œuvre, nous mentionnerons LES MYSTÈRES DU PEUPLE, ou *Histoire d'une famille de prolétaires à travers les âges*. Dans cet ouvrage, Eugène Suë fait ressortir les plus hauts enseignements de l'histoire sous une forme constamment attrayante. *Les Mystères du Peuple* sont une de ces œuvres qui placent leur auteur parmi les plus grands écrivains dont puisse s'honorer la littérature d'une nation, et qui ont bien mérité de l'humanité.

Les premières livraisons parurent au mois de novembre 1849 et obtinrent un prodigieux succès qui dépassa même celui des *Mystères de Paris* et du *Juif-Errant*. De tous les points de la France affluèrent aux Bordes, où il résidait, dans le département du Loiret, des adresses de félicitations pour encourager l'auteur et l'inviter à continuer son œuvre patriotique. Il écrivit alors aux nombreux abonnés de l'ouvrage la lettre suivante, dans laquelle l'auteur indique le plan de son œuvre et le but qu'il se proposait :

Chers lecteurs,

« Permettez-moi d'abord de vous remercier du bienveillant accueil fait par vous aux *Mystères du Peuple*, dont le succès dépasse aujourd'hui toutes mes espérances; j'ai reçu de précieux encouragements, de vives preuves de sympathie. Après y avoir répondu privément, je suis heureux et fier de vous en témoigner publiquement ma reconnaissance ; ce cordial appui double mes forces.

« Jusqu'ici (sauf quelques éminents et modernes historiens) l'on avait toujours écrit l'histoire de nos rois, de leurs cours, de leurs amours adultères, de leurs batailles, mais jamais notre histoire, à nous autres bourgeois et prolétaires ; on nous la voilait, au contraire, afin que nous ne puissions y puiser ni mâles enseignements, ni foi, ni espérance ardente en un avenir meilleur, par la connaissance et la conscience du passé. Ça a été un grand mal, car plus nous aurons conscience et connaissance de ce que nos pères et nos mères ont souffert pour nous conquérir à travers les âges, pas à pas, siècle à siècle, au prix de leurs larmes, de leur martyre, de leur sang, les libertés et les droits consacrés, résumés aujourd'hui par la souveraineté du peuple écrite dans notre Constitution, plus les libertés, plus les droits nous seront chers et sacrés, plus nous serons résolus à les conquérir et à les défendre!

« Plus nous aurons conscience et connaissance de l'épouvantable esclavage moral et physique sous lequel nos ennemis de tous les temps, les rois et les seigneurs, issus de la conquête franque, ainsi que les ultramontains, leurs dignes alliés, jésuites, prêtres, congréganistes, inquisiteurs, etc., etc., ont fait gémir nos aïeux à nous, race de Gaulois conquis, plus nous serons résolus de briser le joug sanglant et abhorré des classes privilégiées, si l'on tentait de nous l'imposer de nouveau.

« Enfin, chers lecteurs, plus nous aurons conscience et connaissance du progrès incessant de l'humanité qui, l'histoire le prouve, n'a jamais fait un pas rétrograde, plus nous serons inébranlables dans notre foi à un avenir toujours progressif, et plus victorieusement nous triompherons de ce découragement funeste dont les plus forts se laissent souvent accabler au jour des rudes épreuves, découragement fatal, car nos ennemis, sans cesse en éveil, l'exploitent avec un art infernal, pour arrêter, momentanément, notre marche vers la terre promise.

« Enfin et surtout, plus nous aurons conscience et connaissance des barbaries, des usurpations, des pilleries, des désastres, des guerres civiles, sociales ou religieuses, des bouleversements et des révolutions sans nombre, renaissant pour ainsi dire à chaque siècle de notre histoire, depuis le sacre de ce bandit couronné, nommé Clovis, jusqu'en 1848 ; plus nous rirons de ces hâbleurs qui ont la triste audace de nous représenter le gouvernement monarchique de droit divin ou autre comme une garantie d'ordre, de paix, de bonheur et de stabilité, et plus nous serons convaincus qu'il n'y a désormais de salut et de repos pour la France que dans la République.

« C'est donc cette conscience et cette connaissance du passé qui, seule, peut donner foi et certitude dans l'avenir, que je tâche de vous inspirer, par ces recits, selon la faible mesure de mes forces, en écrivant non seulement une histoire authentique des misères, des souffrances, des luttes, et souvent, grâce à Dieu, des triomphes de nos pères à nous autres prolétaires et bourgeois, mais encore une histoire authentique de leur origine, de leurs religions, de leurs lois, de leurs mœurs, de leur langage, de leurs costumes, de leurs habitations, de leurs arts, de leur industrie, de leurs métiers, etc., etc. ; et cette conviction, que je cherche à vous inspirer, je l'ai puisée aux sources les plus profondes et les plus pures de l'histoire.

« Et voilà pourquoi, chers lecteurs, je vous conjure de nouveau de lire attentivement cette œuvre si cordialement encouragée par vous dès son début.

« Permettez-moi d'espérer que vous me continuerez cette précieuse bienveillance, et croyez à tous mes efforts pour m'en rendre de plus en plus digne.

« Eugène Sue.

« Aux Bordes, 20 janvier 1850. »

Pendant la publication du premier volume des *Mystères du Peuple*, un siège étant venu à vaquer dans l'Assemblée législative pour la ville de Paris, des députations de tous les corps de métiers vinrent à la campagne des Bordes, près Beaugency (Loiret), offrir à l'auteur la candidature et, au 10 avril 1850, Eugène Suë fut acclamé représentant du peuple par 117,000 votes.

L'année suivante, lors du coup d'État du 2 décembre 1851, par Louis-Napoléon Bonaparte, alors président de la République, Eugène Suë fut renfermé au fort du Mont-Valérien avec un certain nombre de représentants du peuple, ses collègues, qui s'étaient prononcés, comme lui, pour la République.

Il sortit de prison pour se rendre en exil à Annecy, en Savoie, qui faisait partie, à cette époque, du royaume de Sardaigne.

A la suite des évènements politiques qui troublèrent profondément la France, et en face des rigueurs exercées contre la presse par les agents du gouvernement, la publication de l'ouvrage fut suspendue, par mesure de prudence, et ne put être reprise qu'après une interruption de dix-huit mois, et grâce à de puissantes interventions. Le succès prit alors des proportions formidables et se continua sans la moindre interruption jusqu'au dernier volume que l'auteur termina en 1857. Eugène Suë adressa ses adieux aux abonnés des *Mystères du Peuple*, dans la lettre suivante, qui devait précéder de cinq semaines seulement l'heure suprême où son âme, se dégageant des liens de la matière, allait revivre dans le monde des esprits :

Chers lecteurs,

Il y a environ neuf ans, peu de jours après la proclamation de la République, au mois de février 1848, je commençais d'écrire ce livre ; je viens de l'achever en exil. La tâche était immense, c'est-à-dire qu'elle était au-dessus de mes forces ; je l'ai cependant poursuivie de mon mieux jusqu'à la fin, soutenu par votre bienveillance et mon inébranlable foi dans la cause à laquelle j'ai voué les dernières années de ma vie, et dont cet ouvrage est la *manifestation historique*. Je ressens, en le terminant, la satisfaction profonde que l'on éprouve après l'accomplissement d'un grand devoir ; car je le dis avec trop d'orgueil peut-être, cette œuvre avait à mes yeux l'importance d'un *devoir civique*.

S'il en était ainsi, la plus glorieuse récompense de mes travaux serait de penser que J'AI BIEN MÉRITÉ DE LA DÉMOCRATIE.

Annecy, 28 juin 1857.

EUGÈNE SUË

Depuis longtemps déjà, le parti clérical avait organisé une croisade contre *les Mystères du Peuple*; les journaux catholiques fulminaient leurs anathèmes contre l'ouvrage, les évêques et les archevêques le dénonçaient dans leurs mandements à l'animadversion des dévots, lançaient contre l'auteur leurs excommunications. Alors le gouvernement, cédant aux obsessions auxquelles il avait résisté jusqu'à cette époque, se décida à ordonner la saisie de l'ouvrage dans les premiers jours du mois de juillet suivant ; c'est-à-dire quelques jours après que l'auteur eût écrit sa lettre d'adieu aux abonnés.

Le coup fut terrible pour Eugène Suë, c'était le premier et le seul procès qui lui eût jamais été intenté dans toute sa carrière d'écrivain ; sa santé, jusqu'alors si robuste, en fut ébranlée, et une attaque de paralysie vint attrister ses amis, mais, sur l'espoir qui lui fût donné que la poursuite serait abandonnée par la chambre des mises en accusation, son moral se raffermit, et on pût croire qu'il avait triomphé de la maladie ; hélas ! cette amélioration dans son état de santé fut de courte durée ; bientôt il ne fut plus possible de lui cacher les sentiments d'hostilité implacable dont était l'objet le livre qu'il considérait comme son œuvre capitale, ni les conséquences des poursuites qui étaient maintenues, c'est-à-dire la condamnation et la destruction des *Mystères du Peuple*; un violent et profond chagrin étreignit son âme et amena une nouvelle attaque de paralysie qui dura trente-six heures et se termina par la mort. Eugène Suë expira entre les bras de son ami le colonel Charras, le 3 août 1857. Les dernières paroles qu'il lui fut possible de prononcer furent celles-ci : « Je meurs en libre penseur. »

Dès que la triste nouvelle fut répandue, une population innombrable accourut de tous les villages de la Savoie et de la Suisse pour assister aux funérailles de celui qui était considéré comme le premier parmi les écrivains dévoués à la cause démocratique, et plus de trente mille personnes le conduisirent à sa dernière demeure; mais la haine du clergé accompagna aussi le cadavre, et l'évêque d'Annecy, usant de son autorité, ne laissa à la dépouille mortelle d'Eugène Suë qu'un coin de terre dans la partie du cimetière réservée aux suppliciés.

On peut résumer en quelques lignes les enseignements que l'illustre écrivain s'est efforcé de vulgariser dans ses derniers ouvrages, fruits de ses études et de ses méditations, notamment dans les MYSTÈRES DU PEUPLE, son œuvre magistrale.

Au point de vue moral et philosophique, EUGÈNE SUË professait la doctrine exposée par *Jean Reynaud*, dans son admirable livre « *Ciel et terre* », croyance à Dieu et à l'immortalité de l'âme ; il considérait la mort comme un simple accident, la désagrégation de l'esprit et du corps ; il croyait à la réincarnation des esprits en ce monde ou dans les autres planètes.

Cette doctrine, formulée depuis par *Allan Kardec* dans plusieurs ouvrages fort remarquables, notamment dans *le Livre des Esprits*, est répandue aujourd'hui dans toutes les parties du monde, et compte ses adeptes par millions, c'est le « SPIRITISME ».

Au point de vue politique, EUGÈNE SUË se déclarait partisan des opinions les plus avancées : RÉPUBLIQUE UNIVERSELLE, COMMUNE ET FÉDÉRATION AVEC LA ROUGE BANNIÈRE..

Chaque ville, chaque village devait organiser sa *commune*, s'administrer, sans l'intervention de l'ETAT ; il voulait l'autonomie de la Commune. Les groupes de communes d'une même province nommant des délégués, pour former les assemblées provinciales dans chaque chef-lieu et régler les affaires intéressant la province. Les provinces d'un même Etat, nommant des députés pour former les assemblées nationales, siégeant dans la capitale, chargées du règlement des affaires intéressant l'Etat. Enfin les nations nommant des députés spéciaux chargés de représenter dans un Congrès, pour régler toutes les affaires intéressant le globe entier. LA RÉPUBLIQUE UNIVERSELLE.

Sur aucun point du monde, ni Rois, ni Reines, ni Empereurs, ni Papes, ni cardinaux, archevêques ou évêques, ni princes, archiducs ou ducs, ni marquis, comtes ou barons, ni maréchaux ou amiraux, ni généraux, ni ordres militaires, ni ordres religieux, ni confréries, ni congrégations ; tous les hommes égaux, tous les peuples frères.

Abolition des armées, des castes, des privilèges, des monopoles, des titres nobiliaires, des signes et insignes dits honorifiques, décorations ou médailles; ni mitres, ni sabre, ni goupillon dans le gouvernement des peuples.

Dans l'ordre civil et religieux, séparation des Eglises et de l'Etat.

Liberté des cultes, mais suppression des cérémonies ou pratiques contraires à l'ordre public, à la morale.

Liberté du mariage pour les prêtres catholiques, comme elle existe pour les ministres protestants, les rabbins juifs et les muftis mahométans.

L'homme et la femme égaux devant la loi; mêmes droits civils et politiques.

Abolition de l'indissolubilité des liens du mariage, comme contraire à la nature humaine, essentiellement mobile et changeante.

L'union libre, contractée selon les convenances réciproques, pour la forme et pour sa durée, sans l'intervention des Eglises ni celle de l'Etat.

L'assistance publique exercée comme un devoir social à l'égard de tous les enfants, filles et garçons, à l'égard des malades, des infirmes et des vieillards.

La justice rendue par le jury, c'est-à-dire par les citoyens eux-mêmes en toute matière, au civil comme au criminel.

Le suffrage universel, c'est-à-dire le droit reconnu aux hommes et aux femmes remplissant certaines conditions d'âge et de capacité, de conférer par voie du vote toute espèce de fonctions sans l'intervention des gouvernants.

Suppression des casernes, des couvents, des lupanars, des monastères; ni soldats, ni moines, ni béguines; suppression du genre neutre; hommes et femmes rendus tous au travail, à la production, à la procréation.

Dans l'ordre économique, *Eugène Suë* préconisait la COMMUNAUTÉ, c'est-à-dire, la mise en pratique de ces admirables maximes :

Tous pour tous.
A chacun suivant ses besoins.
De chacun selon ses forces.
Nul n'a droit au superflu tant que chacun n'a pas le nécessaire.

Le grand romancier voulait, comme moyens transitoires, pour préparer l'avènement du Communisme :

L'éducation laïque, commune, gratuite, obligatoire et intégrale.

Le travail obligatoire, mais exercé selon les aptitudes et les goûts respectifs, réglé sur les besoins de la Société et proportionné aux forces de l'individu.

L'instrument de travail, terre ou capital, fourni gratuitement à toutes et à tous.

Abolition de la loi d'hérédité.

Reconnaissance du droit pour chaque individu, par le fait seul de sa naissance, à une part dans l'ensemble des richesses sociales, au même titre que ceux qui l'ont précédé dans la vie ; et retour de cette part à la société après la mort de l'individu.

Tous héritent de chacun. Chacun héritier de tous.

Abolition des droits d'aubaine, de fermages, de rentes, d'intérêts de capital sous toutes ses formes.

La loi de justice et de réciprocité appliquée à l'échange des produits et des services. Les salaires de tous les fonctionnaires ramenés à cette formule : proportionnés aux besoins des individus et aux ressources sociales.

Enfin, jusqu'à l'adoption de ces différentes mesures : application du principe de l'impôt proportionnel et progressif sur les revenus pour couvrir les charges publiques.

Telles sont les réformes radicales que préconise *Eugène Suë* dans ses différents ouvrages; et il démontre, par les faits historiques, que chaque siècle amène le triomphe de l'une ou de l'autre de ces réformes, mais hélas ! au prix de cruels sacrifices, par des luttes sanglantes contre les castes privilégiées, monarchiques et cléricales.

Ces enseignements virils et les protestations énergiques de l'illustre écrivain contre les hontes et les turpitudes des monarchies, devaient déchaîner les colères de ceux qui soutenaient l'Empire, et, en effet, *Eugène Suë* se vit bientôt l'objet de persécutions de la part des hommes qui exploitaient le peuple, qui dévoraient la France. Au coup d'Etat, au 2 décembre 1851, il fut emprisonné, puis envoyé en exil; mais ses implacables ennemis n'étaient pas encore satisfaits, ils s'en prirent à ses œuvres, même à ses romans les plus inoffensifs ; ils firent défense aux journaux de Paris de publier ses feuilletons et, enfin, ordonnèrent la saisie des *Mystères du Peuple*.

Cette œuvre admirable fut déférée aux tribunaux de l'empereur NAPOLÉON III, qui rendirent la sentence dont nous copions le texte intégralement, sans y rien ajouter, sans en rien retrancher.

COUR IMPÉRIALE DE PARIS
(Chambre correctionnelle)

Président : M. ZANGIACOMI,

Avocat général : M. BARBIER

Audience du mercredi

Jugement rendu le 25 septembre 1857 contre LES MYSTÈRES DU PEUPLE, par EUGÈNE SUË

1. — « Attendu que l'ouvrage intitulé LES MYSTÈRES DU PEUPLE, ou *Histoire d'une famille de prolétaires à travers les âges*, par *Eugène Suë*, est resté la propriété de *Maurice La Châtre*, aux termes d'un acte sous seing privé en date du 1ᵉʳ janvier 1854; qu'il l'a publié avec Chabot, dit Fontenay ; que la veuve Dondey-Dupré l'a imprimé ;

2. — « Attendu que si cet ouvrage a été commencé en 1849, il a été continué jusqu'en 1857; que, dès lors, ses publicateurs et imprimeurs ne peuvent invoquer la prescription, puisqu'il a été imprimé et publié depuis moins de trois ans ; qu'en effet les premiers volumes ont été l'objet de nouveaux tirages, ainsi qu'il résulte

du procès-verbal du commissaire de police Nusse, en date du 7 mai 1857 ;

3. — « Attendu que l'auteur des Mystères du Peuple, Eugène Suë, décédé au cours de la poursuite, n'a entrepris cet ouvrage qu'en 1849 et ne l'a continué jusqu'en 1857 qu'en haine des institutions et du gouvernement de son pays, que dans un but évident de démoralisation ;

4. — « Que l'on y trouve, en effet, dans chaque volume, à chaque page, la négation ou le renversement de tous les principes sur lesquels reposent la religion, la morale et la société ;

5. — « Que la morale religieuse y est outragée et travestie, les bonnes mœurs outragées par des descriptions immorales, par des tableaux indécents, obscènes, la morale publique méconnue, abaissée par un système de réhabilitation d'actes aussi odieux que criminels, flétris à toutes les époques et par toutes les sociétés ;

6. — « Qu'Eugène Suë représente la France comme ayant été partagée de tous temps en deux races, l'une, la race franque, conquérante et oppressive, l'autre, la race gauloise, conquise et opprimée ; qu'il présente cette division de race comme ayant traversé tous les âges, s'étant perpétuée jusqu'à nos jours et ayant amené l'oppression de la classe de la société qu'il appelle la classe des prolétaires, les successeurs des Gaulois, par une autre classe qu'il appelle celle des tyrans couronnés, casqués, mitrés, successeurs des Francs ; qu'il excite les premiers à se compter et à faire aux seconds une guerre d'extermination ;

7. « Qu'à la tête de chacun des volumes des Mystères du Peuple, il a mis une légende qui contient un appel à l'insurrection ; qu'il fait l'apologie directe et la justification du massacre de septembre 1792, du pillage, de l'incendie, du viol, du régicide, présentant ces actes criminels comme de justes et légitimes représailles que les prolétaires sont en droit d'exercer contre les souverains, la noblesse, les riches, le clergé, les puissants, non seulement à raison des souffrances que ceux qui exerceraient ces vengeances auraient pu endurer, mais encore en raison des maux soufferts par leurs aïeux et de ceux qui attendent leurs descendants ;

8. — « Qu'il excite à arborer le drapeau rouge ; qu'il représente la propriété comme une usurpation ;

9. — « Qu'il excite à la haine et au mépris du gouvernement établi par la Constitution, en faisant appel à la République universelle, fondée sur le renversement du gouvernement français d'abord, et ensuite de tous les autres gouvernements ;

10. — « Qu'il fait l'éloge des sociétés secrètes, en disant que les membres de ces sociétés ne sont animés que des plus nobles sentiments ; qu'ils ne travaillent qu'à détruire les oppresseurs du peuple, que les insurgés sont d'honnêtes gens qui ne se battent que pour ne pas mourir de faim, pour sauver leurs filles de la prostitution ;

11. — « Que la monarchie écrase le pays par la violence, le vol, le meurtre ; que les prolétaires ont toutes les vertus, et qu'il n'y a que vices et corruption partout ailleurs ;

12. — « Attendu qu'il y a danger pour la société à laisser plus longtemps en circulation l'ouvrage des Mystères du Peuple ; qu'on ne saurait douter de ce danger en présence de la saisie de cet ouvrage, qui a été faite sur la plupart des membres des sociétés secrètes poursuivis et condamnés depuis plusieurs années ;

13. — « Attendu, en conséquence, qu'il résulte de l'instruction et du débat qu'en publiant, en vendant et en mettant en vente depuis moins de trois ans l'ouvrage des Mystères du Peuple, par Eugène Suë, Maurice La Châtre et Chabot, dit Fontenay, le premier propriétaire, et tous deux publicateurs en commun dudit ouvrage, ont commis les délits : 1° d'outrage à la morale publique et religieuse et aux bonnes mœurs ; 2° d'outrages à la religion catholique ; 3° d'excitation à la haine et au mépris des citoyens les uns contre les autres ; 4° d'apologie de faits qualifiés crimes ou délits par la loi pénale ; 5° d'attaques contre le principe de la propriété ; 6° d'excitation à la haine et au mépris du gouvernement établi par la Constitution, délits prévus et punis par les articles 6 de la loi du 17 mai 1819, 26 de la loi du 26 mai 1819, 1er de la loi du 25 mars 1822, 3 de la loi du 27 juillet 1849, et 3 et 4 du 18 août 1848 ;

14. — « Que la veuve Dondey-Dupré, qui a imprimé les Mystères du Peuple, s'est rendue complice desdits délits, en assistant, avec connaissance, La Châtre et Chabot, dit Fontenay, dans les faits qui ont préparé ou facilité ces délits et dans ceux qui les ont consommés, et en leur fournissant les moyens de les commettre ;

15. — « Faisant application à tous les prévenus des dispositions des lois précitées et des art. 59 et 60 à la veuve Dondey-Dupré et de l'art. 464 à ladite ;

16. — « Condamne Maurice La Châtre à un an de prison et à 6,000 francs d'amende ; Chabot dit Fontenay, à deux mois de prison et 2,000 francs d'amende, et la veuve Dondey-Dupré, à un mois de prison et à mille francs d'amende ;

17. — Ordonne la destruction des clichés et la suppression de l'ouvrage les Mystères du Peuple, par Eugène Suë, de tous les exemplaires saisis et de tous ceux qui pourront l'être, et en ordonne l'entière suppression.

18. « — Ordonne l'insertion du présent jugement dans cinq journaux :
19. — « Condamne Maurice La Châtre, Chabot et la veuve Dondey-Dupré aux frais ;
20. — « Les condamne solidairement et par corps ;
21. — » Fixe la contrainte, à l'égard de Maurice La Châtre, à deux ans, à l'égard de Chabot et de la veuve Dondey-Dupré, la fixe à un an. »

. . . .

Depuis la condamnation prononcée contre les Mystères du Peuple, 25 septembre 1857, de grands évènements se sont accomplis ; Napoléon III est tombé avec le régime impérial, sous l'indignation et le mépris universels, au 4 septembre 1870, laissant la France livrée presque sans défense à une invasion formidable de la Prusse, et ayant placé nos armées sous le commandement de maréchaux et de généraux ineptes, incapables ou traîtres, ayant laissé les arsenaux dégarnis, les forts démantelés, les caisses de l'État vides, tous les services désorganisés.

Les barbares ont pu alors pénétrer au cœur de la France, envahir trente-cinq départements et mettre le siège devant Paris.

Après cinq mois de cruelles souffrances, après avoir enduré la famine, après avoir lutté héroïquement contre les forces prussiennes, après avoir subi les horreurs du bombardement, Paris a capitulé, ou, pour mieux dire, la Capitale et la France ont été livrées, le 3 janvier 1871, par les chefs incapables que le peuple avait conservés à sa tête, sous le titre de gouvernement de la Défense nationale.

Une assemblée de députés de tous les départements convoqués à *Bordeaux*, le 8 février 1871, avait confirmé les conditions de la paix désastreuse, consentie par le gouvernement de la Défense nationale, et décrété sa translation à *Versailles*.

Au 18 mars 1871, éclate à Paris une insurrection formidable contre l'assemblée de Versailles ; la Commune sort des urnes populaires et arbore la rouge bannière.

La lutte engagée entre l'assemblée de *Versailles* et la Commune de Paris dure deux mois entiers et se termine par la défaite de la Commune.

Hélas ! l'histoire devra se couvrir d'un crêpe funèbre, quand elle écrira les épisodes de cette terrible épopée ; car elle aura à raconter des scènes terribles, des atrocités sans nom, des massacres épouvantables commis par les soldats de Versailles.

Les palais des rois, les monuments publics, de riches hôtels, des rues entières s'abîmèrent dans les flammes au cri de : *Vive la Commune* ; soixante deux otages furent passés par les armes par les fédérés, mais, par contre, les soldats de l'armée de Versailles exécutèrent par masses les défenseurs de la Commune, ceux qui étaient pris les armes à la main, et même ceux qui n'avaient pas combattu. Des citoyens paisibles furent arrachés de leurs maisons, des femmes même et des enfants de l'âge le plus tendre furent impitoyablement massacrés.

Après les grandes tueries, les exécutions sommaires, puis les cours martiales qui fonctionnèrent et fusillèrent ; enfin, les arrestations sur la plus vaste échelle, les entassements de prisonniers dans les caves de l'Orangerie de *Versailles*, dans le camp de Satory, sur les pontons de *Brest* et de *Cherbourg*.

Combien de milliers d'innocents fusillés, percés de coups de sabres-baïonnettes ? Combien ont succombé dans ces jours de terreur ? Nul n'a pu les compter ; et cependant on prétend que le nombre des cadavres dépassait cinquante mille !

Les squares, les boulevards, les places publiques, les fossés des fortifications étaient coupés de larges tranchées où s'amoncelaient les corps sur dix rangs de profondeur. Pendant huit jours entiers, du 21 au 28 mai, les scènes de carnage ne discontinuèrent pas, et les fossoyeurs ne s'arrêtèrent pas une minute, ni de jour ni de nuit, dans leur affreuse besogne.

Les conseils de guerre se réunirent ensuite pour juger les prisonniers.

La résistance des fédérés avait été terrible, la répression fut impitoyable ; la Commune avait lutté pendant deux mois contre l'armée de Versailles, forte de deux cent mille hommes. L'assemblée de Versailles devait prolonger pendant huit années les jugements des fédérés. Cinquante mille prisonniers, de tous les âges, de toutes les conditions, vieillards, femmes et enfants passèrent devant les conseils de guerre !

Mais, chose étrange ! les vaincus, les condamnés mouraient en criant : Vive la Commune ! Vive la République ! et les vainqueurs, les juges, ceux qui condamnaient les fédérés pour avoir pris les armes, croyant la République menacée par les partis monarchiques, déclarèrent à leur tour que la République était le seul gouvernement possible en France.

La Commune est vaincue, mais la République est fondée, République conservatrice, ainsi que la nomment ses nouveaux partisans, avec des institutions défectueuses et surannées, mais qui constituent un progrès réel, incontestable, sur l'ordre de choses antérieur, sur l'empire et sur la monarchie du droit divin ou sur la royauté bourgeoise. Un grand pas a été fait dans la voie de la liberté ; ce pas sera suivi d'autres conquêtes, sans qu'il soit nécessaire de recourir à de nouvelles insurrections ; du moins si nos ennemis séculaires, devenus aujourd'hui, malgré eux, les alliés de la démocratie, consentent à servir fidèlement le gouvernement républicain.

Une fois de plus se dégage des évènements cette vérité proclamée par EUGÈNE SUÉ, et prouvée par les faits historiques, *qu'il n'est pas une seule réforme sociale, politique ou religieuse que nos pères n'aient été forcés de conquérir de siècle en siècle, au prix de leur sang, par l'*INSURRECTION.

Dieu veuille qu'aujourd'hui, et pour toujours, soit fermée l'ère des luttes sanglantes, des combats fratricides!

Puisse-t-elle être sincère et durable, l'union des partis!

Alors la France pourra réparer ses désastres, guérir ses blessures, travailler à l'émancipation des classes déshéritées, et préparer l'avènement du règne de la justice, de la RÉPUBLIQUE UNIVERSELLE, but glorieux poursuivi par tous les philosophes et les libres-penseurs.

Avec la RÉPUBLIQUE : Paix, union, concorde, harmonie universelle.

Avec la MONARCHIE, les enseignements de l'histoire sont là pour nous en convaincre : Guerres sans trêve, sans fin, sans merci.

SOUVENONS-NOUS !

Peuple de France! choisis tes représentants parmi tes amis, impose à tes élus le mandat de défendre la République contre les castes privilégiées, contre le clergé, la noblesse, la bourgeoisie; reconstitue l'autonomie de la Commune.

Vive la République démocratique, sociale et universelle !

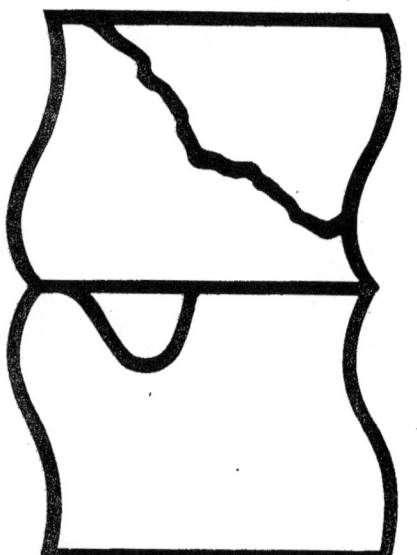

Texte détérioré — reliure défectueuse
NF Z 43-120-11

Reliure serrée

www.ingramcontent.com/pod-product-compliance
Lightning Source LLC
Chambersburg PA
CBHW061725300426
44115CB00009B/1111